JN032740

新版 会計法規集

第13版

中央経済社 編

中央経済社

序

　わが国のディスクロージャー（企業内容等の開示）制度は、昭和23年に米国の証券法および証券取引所法を範として制定された証券取引法に端を発している。証券取引法は、第二次大戦後の荒廃した日本経済を復興させるための基礎として、公正な証券市場の確立を目指したものであった。これを受けて、昭和24年には、証券市場の発達ひいては国民経済全体の発展にとって不可欠な制度の中核をなすものとして、「企業会計原則」が公表された。

　「企業会計原則」は、企業の健全な発展や証券投資の民主化を促進するために設定されたものであり、公認会計士が証券取引法に基づいて財務諸表の監査をなす場合に従わなければならない基準であるとともに、将来において商法や税法等の関係諸法令が制定・改廃される場合において尊重されなければならないものとされてき□。

　□の後、わが国の制度は、長年にわたり、「企業会計原則」を礎として、商法・□□規則および証券取引法・財務諸表等規則などを支柱として構成され、企業□□の活動を中心として展開されてきた。

　□経済のグローバル化の急速な進展等に伴い、ディスクロージャー制度の環□□変化してきた。このような環境の変化に対応して、連結財務諸表を中心□□度への転換をはじめとして、四半期報告制度や内部統制報告制度の導入な□□スクロージャー制度の整備・改善が進められてきた。

　□法制度においても、平成18年5月に会社法および関係省令が施行され、平成19年□月には、証券取引法が金融商品取引法として再編され、それに伴い、財務諸表等規則、連結財務諸表規則および企業内容等開示府令などの関係内閣府令が改正された。

　また、会計基準の国際的統合に対応するために、平成13年には民間の会計基準設定機関として企業会計基準委員会（ASBJ）が設立され、これまでに数多くの企業会計基準・同適用指針等を公表している。

平成21年12月には、国際会計基準（IFRS）の適用に係る連結財務諸表規則および会社計算規則等の改正が行われるとともに、金融庁告示により国際会計基準審議会（IASB）による国際会計基準を国内基準と同等に扱うことが可能になった。さらに国際会計基準の任意適用の積上げの一方策として、修正国際基準が制定されるなど、日本の制度は新たな局面を迎えつつある。

　ここに編集した『新版 会計法規集』は、これら法務省や金融庁によって制定された諸法令、および企業会計審議会や企業会計基準委員会によって公表された会計基準等を体系的に整理し、利用しやすいように収録している。

　第13版の「会計諸基準編」では、令和4年10月に公表された企業会計基準第27号「法人税、住民税及び事業税等に関する会計基準」の改正、同第25号「包括利益の表示に関する会計基準」の改正等を反映している。

　「会社法編」では、会社法や会社法施行規則、会社計算規則の改正をフォローしている。

　その他、金融商品取引法および同施行令、企業内容等の開示に関する内閣府令等の改正をフォローしている。

　なお、企業会計基準等の新設を受け、紙幅に制約もあることから、改訂ごとに収録内容の見直しを行っており、第10版からは四半期財務諸表等規則・同ガイドライン、四半期連結財務諸表規則・同ガイドラインを割愛している。

　本書が会計学の学習・研究に、また、会計実務の伴侶として、ますます活用されることを願ってやまない。

　令和5年2月

編

本書の利用にあたって

1　本書は、令和5年2月1日までに公表された会計基準および法令等について収録しています。

2　読者の利便性を考慮し、次のような特徴を持たせています。

（1）　会社法および金融商品取引法では、政令または省令の条項を参照条文として条文末に次のように示しました。

　①　会社法　　会社法施行令第1条　　令1

　　　　　　　　会社法施行規則第3条第1項　　規3①

　　　　　　　　会社計算規則第4条　　計規4

　②　金融商品取引法　金融商品取引法施行令第1条　　令1

（2）　財務諸表等規則、連結財務諸表規則などの会計規則では、関連するガイドラインを □ で囲み、相互参照しやすいよう配置してい　す。

（3）　本書の旧版（最新増補第30版および第31版）に収録してい　　　　　う
　　　ち、監査に関係する以下の①〜⑦については、『監査法規集』
　　　本書では割愛していますので、ご留意ください。

　　　①四半期レビュー基準、②監査に関する品質管理基準、③財務情
　　　係る保証業務の概念的枠組みに関する意見書、④財務報告に係る内部
　　　基準・実施基準、⑤内部統制府令・同ガイドライン、⑥財務諸表等の監
　　　証明に関する内閣府令・同ガイドライン、⑦公認会計士法・同施行令・同
　　　施行規則

3　「企業会計基準の最終改正日及び適用日一覧」を次頁に収録していますので、ご参照ください。

4　本書は、公認会計士試験の論文式（会計学）において配布される『論文式試験用配布法令基準等』や、税理士試験・簿記検定試験などの出題傾向をふまえて受験学習にも役立つように編集しています。

企業会計基準の最終改正日及び適用日一覧

	企業会計基準	最終改正日 （修正日）	適用日	早期適用の 可否
第1号	自己株式及び準備金の額の減少等に関する会計基準	2015年3月26日	○	
第2号	1株当たり当期純利益に関する会計基準	2013年9月13日 （2020年3月31日）	○	
第3号	「退職給付に係る会計基準」の一部改正	2005年3月16日	（廃止）	
第4号	役員賞与に関する会計基準	2005年11月29日		
第5号	貸借対照表の純資産の部の表示に関する会計基準	2021年1月28日 （2022年10月28日）	○	
第6号	株主資本等変動計算書に関する会計基準	2013年9月13日⁽⁴⁾ （2022年10月28日）	○	
第7号	事業分離等に関する会計基準	2013年9月13日 （2019年1月16日）	○	
第8号	ストック・オプション等に関する会計基準	2005年12月27日⁽⁵⁾ （2013年9月13日）	○	
第9号	棚卸資産の評価に関する会計基準	2019年7月4日 （2020年3月31日）	○	
第10号	金融商品に関する会計基準	2019年7月4日 （2022年10月28日）	○	
第11号	関連当事者の開示に関する会計基準	2006年10月17日 （2016年12月16日）	○	
第12号	四半期財務諸表に関する会計基準	2020年3月31日	○	
第13号	リース取引に関する会計基準	2007年3月30日	○	
第14号	「退職給付に係る会計基準」の一部改正 （その2）	2007年5月15日	（廃止）	
第15号	工事契約に関する会計基準	2007年12月27日	（廃止）	
第16号	持分法に関する会計基準	2008年12月26日 （2015年3月26日）	○	
第17号	セグメント情報等の開示に関する会計基準	2010年6月30日 （2020年3月31日）	○	
第18号	資産除去債務に関する会計基準	2008年3月31日 （2012年5月17日）	○	
第19号	「退職給付に係る会計基準」の一部改正 （その3）	2008年7月31日	（廃止）	
第20号	賃貸等不動産の時価等の開示に関する会計基準	2011年3月25日 （2019年7月4日）	○	
第21号	企業結合に関する会計基準	2019年1月16日⁽⁵⁾ （2020年3月31日）	○	
第22号	連結財務諸表に関する会計基準	2013年9月13日⁽⁴⁾ （2020年3月31日）	○	

第23号	「研究開発費等に係る会計基準」の一部改正	2008年12月26日	○	
第24号	会計方針の開示、会計上の変更及び誤謬の訂正に関する会計基準	2020年3月31日	○	
第25号	包括利益の表示に関する会計基準	2013年9月13日 (2022年10月28日)	○	
第26号	退職給付に関する会計基準	2016年12月16日 (2022年10月28日)	○	
第27号	法人税、住民税及び事業税等に関する会計基準	2022年10月28日	2024年4月1日以後開始する連結会計年度及び事業年度の期首（早期適用可）	
第28号	「税効果会計に係る会計基準」の一部改正	2018年2月16日 (2021年8月12日)	○	
第29号	収益認識に関する会計基準	2020年3月31日[6] (2022年8月26日)	○	
第30号	時価の算定に関する会計基準	2019年7月4日 (2022年7月1日)	○	
第31号	会計上の見積りの開示に関する会計基準	2020年3月31日	○	

(注)
1．本表は、2023年2月1日現在のものです。
2．適用日欄の○は、すでに適用されているものです。
3．本表は、読者の便宜のために作成したものです。実際の適用日等については各基準の適用時期等をご参照ください。
4．2013年9月13日に公表された企業会計基準第21号「企業結合に関する会計基準」及び関連する他の会計基準等のうち、字句等の誤りが見つかったものについて、2014年11月18日に訂正が行われています。なお、本訂正は会計処理及び開示に関する定めを実質的に変更するものではありません。
5．本会計基準は字句等に誤りが見つかったため、2022年7月1日に訂正が行われています。なお、本訂正は会計処理及び開示に関する定めを実質的に変更するものではありません。
6．本会計基準は字句等に誤りが見つかったため、2020年7月6日に訂正が行われています。なお、本訂正は会計処理及び開示に関する定めを実質的に変更するものではありません。

目　　次

会計諸基準編

税効果会計に係る会計基準

固定資産の減損に係る会計基準

国際会計基準（IFRS）への対応のあり方に関する当面の方針

会 社 法 編

会 社 法（抄）

会社法施行令

会社法施行規則（抄）

会社計算規則

金融商品取引法編

金融商品取引法（抄）

金融商品取引法施行令(抄)

企業内容等の開示に関する内閣府令(抄) ……………………………… 1015

財務諸表等規則

(財務諸表等の用語、様式及び作成方法に関する規則)

財務諸表等規則ガイドライン(抄)

(「財務諸表等の用語、様式及び作成方法に関する規則」の取扱いに関する留意事項について)

連結財務諸表規則

(連結財務諸表の用語、様式及び作成方法に関する規則)

連結財務諸表規則ガイドライン

（「連結財務諸表の用語、様式及び作成方法に関する規則」の取扱いに関する留意事項
について）

連結財務諸表規則に規定する金融庁長官が定める企業会計の基準を指定する件

財務諸表等規則に規定する金融庁長官が定める企業会計の基準を指定する件

関 連 法 規 編

税 理 士 法

会計諸基準編

企業会計原則・同注解

企業会計原則の設定について

$$\begin{array}{l}\text{昭和24年7月9日}\\\text{経済安定本部企業会計制度対策調査会中間報告}\end{array}$$

目　的

一　我が国の企業会計制度は、欧米のそれに比較して改善の余地が多く、且つ、甚しく不統一であるため、企業の財政状態並びに経営成績を正確に把握することが困難な実情にある。我が国企業の健全な進歩発達のためにも、社会全体の利益のためにも、その弊害は速かに改められなければならない。

　　又、我が国経済再建上当面の課題である外資の導入、企業の合理化、課税の公正化、証券投資の民主化、産業金融の適正化等の合理的な解決のためにも、企業会計制度の改善統一は緊急を要する問題である。

　　仍つて、企業会計の基準を確立し、維持するため、先ず企業会計原則を設定して、我が国国民経済の民主的で健全な発達のための科学的基礎を与えようとするものである。

会計原則

二　1　企業会計原則は、企業会計の実務の中に慣習として発達したもののなかから、一般に公正妥当と認められたところを要約したものであつて、必ずしも法令によつて強制されないでも、すべての企業がその会計を処理するに当つて従わなければならない基準である。

　　2　企業会計原則は、公認会計士が、公認会計士法及び証券取引法に基き財務諸表の監査をなす場合において従わなければならない基準となる。

　　3　企業会計原則は、将来において、商法、税法、物価統制令等の企業会計に関係ある諸法令が制定改廃される場合において尊重されなければならないものである。

財務諸表の体系

三　企業会計原則に従つて作成される財務諸表の体系は、次の通りである。

　　　　損益計算書
　　　　剰余金計算書
　　　　剰余金処分計算書
　　　　貸借対照表
　　　　財務諸表付属明細表

　　(注)　現行商法の規定に基き、財産目録を作成する必要ある場合は、この原則に準じて作成するものとする。

財務諸表準則

四　財務諸表準則は、企業会計原則を適用した場合における財務諸表の標準様式及び作成方法を定めたものである。

企業会計原則及び財務諸表準則の部分修正について

昭和29年7月14日
大蔵省企業会計審議会中間報告

一　企業会計原則及び財務諸表準則が中間報告として昭和24年7月公表されて以来、公認会計士制度並びに証券取引法に基く財務諸表制度の実施と相まつて、我が国の企業会計が画期的改善の緒につくに至つたことは周知のとおりである。この中間報告の公表に際し、将来税法及び商法の改正にあたり、企業会計原則が尊重されるように要望したのであるが、昭和25年の改正法人税法並びに昭和26年の改正商法の規定には、企業会計原則の趣旨が相当程度反映されるに至つた。しかしながら商法及び税法の改正の結果、企業会計原則及び財務諸表準則自体においても、部分的修正を要する個所を生じ、特に用語の不適当な点、字句の不統一な点等については、これを是正する必要が認められるに至つたので、本審議会はこれらの点に関する調査審議の結果をここに中間報告として公表することとしたのである。

二　企業会計原則及び財務諸表準則の制定に関しては、その全体系を網羅的に簡潔に叙述することを主眼としたため、その定義、注解等は一切これを付さない建前をとつたのである。しかし企業会計原則及び財務諸表準則のなかの重要な項目について、その意義、適用の範囲等に関し、解釈上疑義のある点が少くないので、今回これらの解釈を明らかにするため、本審議会は主要項目18を採り上げ、これに対する注解を付し、企業会計原則注解としてあわせて公表することとしたのである。

　なお、この注解は、本審議会が調査審議の結果採用した暫定的な結論であるから、今後の慎重な研究にまつて更に補足修正するとともに、製造原価報告書の様式その他の重要項目に関する見解を随時公表し、江湖の批判を仰ぐ予定である。

企業会計原則の一部修正について

昭和38年11月5日
企業会計審議会

　昭和24年7月に「企業会計原則」が公表されて以来、本審議会は、「監査基準」、「商法と企業会計原則との調整に関する意見書」、「税法と企業会計原則との調整に関する意見書」、「企業会計原則と関係諸法令との調整に関する連続意見書」第一ないし第五、ならびに「原価計算基準」を公表して、企業会計制度の改善統一のための基礎を確立することにつとめてきた。

　会計原則は会計処理の妥当性に関する規範であるから、商法の計算規定および税法における課税所得の算定に関する諸規定と密接な関連をもつているが、商法は債権者保護その他の見地から、法的に必要な範囲において会計に関する諸規定を設け、また、税法は課税所得の決定に関する根拠を明らかにするため会計諸基準について種々の規定を設けている。従つて、会計原則は法的規範たるこれらの諸規定とは立場を異にするが、基本的にはその間に一致点が見い出されなければならないものである。当初企業会計原則を設定するに当たり、企業会計原則は企業会計に関係ある諸法令が将来において制定改廃される場合に、尊重されなければならない旨を要望し、さらに前述の意見書を公表したゆえんである。

　このような要望が反映して、昭和25年に法人税法および商法の改正が行なわれ、さらに昭和37年4月に企業会計原則を大幅に取り入れた商法の改正が行なわれ昭和38年4月1日から実施されるにいたつた。しかし商法の計算規定は、いまだ企業会計原則と矛盾する部分を残しているので、この部分については、商法が強行法規たることに鑑み、企業会計原則を修正しなければならないことになつたのである。

　今回の企業会計原則の一部修正は、右の理由によると同時に、公認会計士に財務諸表監査の根拠を与え、また改正をせまられている証券取引法に基づく財務諸表規則の改正に資料を提供するため、

改正商法の計算規定の改正に対応して改正することを主眼とした。なお、できるだけ原価計算基準等を反映することにもつとめたけれども、会計原則自体の内部的な理由に基づく根本的改正は、将来にゆずるほかなかったのである。財務諸表準則の改正を延期したのも、今回の改正が応急的なものにすぎないという事情によるものである。

（付　記）

　昭和24年公表の企業会計原則の前文「企業会計原則の設定について」のうち、財務諸表の体系における剰余金計算書は、利益剰余金計算書と読みかえるものとし、財産目録に関する付記は削除することとする。

商法と企業会計原則との調整について

> 昭和44年12月16日
> 大蔵省企業会計審議会報告

一　先般、法制審議会商法部会から公表された「株式会社監査制度改正要綱案」は、職業的専門家としての公認会計士による監査を商法にとり入れることを改正の主眼の一つとしている。本審議会としても、わが国企業経理の健全化のための方策としてこの制度が早期に実現されることを期待している。

二　「株式会社監査制度改正要綱案」による監査制度の円滑な実施を確保するためには、商法と証券取引法との会計基準を一致させることにより、両監査の実質的な一元化を図ることが緊要である。このため、本審議会は、本年2月以来、商法の計算規定と企業会計原則との調整問題について鋭意審議を進めてきたが、今般、別添のような企業会計原則の修正案をとりまとめるに至つた。

三　企業会計原則は、本来、関係法令の将来の改廃に際して提言するための根拠となるべきものであるが、今回の調整に当たつては、商法が強行法規たることにかんがみ、企業会計原則の指導原理としての性格を維持しながら、注解等において商法に歩みよることとした。これにより

両者の間に残されている相違点は一掃されることになつたが、下記の諸点については、商法において所要の措置がとられることを考慮して企業会計原則修正案をとりまとめた。今後、関係方面においてこの修正案の趣旨を尊重し、格別の配慮がなされることを期待したい。

記

一　商法と証券取引法とにおける会計基準が一致し、同一の会計基準に従つて監査が行なわれることを明確にするための規定を商法に置くこと。

「理由」　企業会計原則は、「企業会計の実務の中に慣習として発達したもののなかから、一般に公正妥当と認められるところを要約したもの」であるから、商法の計算規定の解釈指針となるべきものであり、証券取引法上の監査においてもこの指針に基づいて取り扱われるものである。

　しかしながら、商法と企業会計原則とのこのような関係が一般に必ずしも明確に理解されていない現状のもとでは、商法の監査制度に公認会計士監査をとり入れた場合には、拠るべき会計基準を巡つて無用の混乱を生ずるおそれがある。

　したがつて、商法上の監査と証券取引法上の監査を一元化し、その円滑な実施を図るためには、商法と証券取引法との会計基準が一致し、同一の会計基準に従つて監査が行なわれることを明確にする規定を商法に置く必要がある。

二　商法の計算規定において、従属会社株式については、低価法の適用を認めないこととすること。

「理由」　投資有価証券は、投資目的で長期にわたつて保有される資産であるから、換金処分を予定する一時所有の有価証券のように時価を考慮した貸借対照表価額を付することは妥当でなく、かえつて企業の財政状態及び経営成績の適正な表示を妨げる結果となる。したがつて、投資有価証券については、取引所の相場のあるものであつても、低価法の適用を認めるべきではない。

　商法としては、従来、投資有価証券の範

囲が必ずしも明確でないという理由から、有価証券の評価方法を取引所の相場の有無によつて区別している。今回の修正案においては、投資有価証券一般については商法と同様に取り扱うこととしたが、このうち、従属会社株式は、支配従属関係を維持するための典型的な投資有価証券であり、かつ、そのことが外形上も明確であるので、投資有価証券本来の評価原則を適用し、低価法を認めないこととした。「株式会社監査制度改正要綱案」において支配従属会社の範囲を明確に定義したこととの関連においても、商法として所要の措置をとるべきであると考えられる。

三 企業会計原則修正案の趣旨にそい、法務省令「株式会社の貸借対照表及び損益計算書に関する規則」及び大蔵省令「財務諸表等の用語、様式及び作成方法に関する規則」を修正し、両者の一致を図ること。

「理由」 商法上の監査と証券取引法上の監査との一元化のためには、両者の会計処理の基準のみでなく、財務諸表表示の基準についても一致を図る必要がある。

企業会計原則の一部修正について

（昭和49年8月30日
企業会計審議会）

一 「企業会計原則」は、昭和24年7月に、わが国の企業会計制度の改善統一のための基礎を与えることを目的として公表され、その前文において、将来、企業会計に関係ある諸法令が制定改廃される場合において「企業会計原則」が尊重されるよう要望していた。以来、「企業会計原則」の趣旨は、商法における計算規定及び税法における課税所得の計算に関する規定に逐次反映されてきたところである。

また、同じくその前文において、「企業会計原則」は公認会計士が財務諸表の監査をなす場合において従わなければならない基準となるべきことを述べているが、証券取引法に基づく財務諸表の監査においては、当初から「企業会計原則」がその公正妥当な基準として実質的に機能してきており、「企業会計原則」に基づいて意見の表明を行うという公認会計士監査の実務は既に定着しているところである。

二 昭和49年4月2日に公布された商法の改正により、商法第32条第2項に「商業帳簿ノ作成ニ関スル規定ノ解釈ニ付テハ公正ナル会計慣行ヲ斟酌スベシ」という規定が設けられるとともに、大会社に対する公認会計士監査が実施されることとなつた。このため、公正なる会計慣行を要約したものとしての「企業会計原則」は、商法の計算規定の解釈指針として、また、監査制度の円滑な実施を確保するための基準として、重要な役割を果すこととなつたのである。

三 このような情勢の展開に備えて、本審議会は、昭和44年12月、「企業会計原則修正案」を公表したが、その後における諸般の事情を考慮して、さらに必要な見直しを行い、慎重審議を行つた結果、別添のとおり、「企業会計原則」の一部修正を確定することとした。この「企業会計原則」が商法の計算規定の解釈指針としての機能を適切に果し、かつ新しい監査体制のもとにおける基準となることを期待する。

四 今回の修正により、「企業会計原則」によつて作成される財務諸表は、次のとおりとなる。

損益計算書
貸借対照表
財務諸表附属明細表
利益処分計算書

企業会計原則の一部修正について

（昭和57年4月20日
企業会計審議会）

一 昭和56年6月の商法及び株式会社の監査等に関する商法の特例に関する法律の一部改正により、商法の計算・公開等に関する規定の改正が行われたが、この改正事項には「企業会計原則」に関係する事項が含まれている。

本審議会は、商法等の改正を機会に「企業会

計原則」について見直しを行い、別添(1)のとおり「企業会計原則」の一部修正を行つた。

二 「企業会計原則」の一部修正には、企業会計原則注解18（負債性引当金について）及び同注解14（負債性引当金以外の引当金について）に関する修正が含まれているが、その修正の趣旨及び理由は、別添(2)の「負債性引当金等に係る企業会計原則注解の修正に関する解釈指針」のとおりである。

なお、「企業会計原則」の一部修正に伴い、本審議会が従来公表している監査基準・監査報告準則、連結財務諸表原則注解、中間財務諸表作成基準及び中間財務諸表監査基準についても見直しを行い、別添(3)のとおり「企業会計原則」の修正事項に直接関係する事項について修正した。

三 本審議会は、「企業会計原則」が従前同様、企業会計の実務指針及び公認会計士の監査指針としてその機能を適切に果すことを期待する。

企業会計原則

$$\left(\begin{array}{l}\text{昭和24年 7 月 9 日}\\\text{最終改正昭和57年 4 月20日}\end{array}\right)$$

〈過去の修正〉

（編集部注）

企業会計原則および同注解の〈過去の修正〉を各頁の右側に示している。

企業会計原則等が、公表（施行）後、時代の要請等により修正を重ねていることの一端に触れられるよう収録している。

凡　例

＊各条文の上に付した□数字は、次のことを示す。

24 昭和24年設定（昭和29年修正前）の関連原則文言

29 昭和29年修正（昭和38年修正前）の関連原則文言

38 昭和38年修正（昭和49年修正前）の関連原則文言

49 昭和49年修正（昭和57年修正前）の関連原則文言

57 昭和57年修正の新設原則文言

＊単純な表現整備のための、重要性の乏しいと考えられる文言修正については、その記載を省略している。

＊各修正前に示されていた事項については、21頁以下の**【参考】**にも掲記している。

第一　一般原則

[真実性の原則]
一　企業会計は、企業の財政状態及び経営成績に関して、真実な報告を提供するものでなければならない。

[正規の簿記の原則]
二　企業会計は、すべての取引につき、正規の簿記の原則に従つて、正確な会計帳簿を作成しなければならない。(注1)

[資本取引・損益取引区分の原則]
三　資本取引と損益取引とを明瞭に区別し、特に資本剰余金と利益剰余金とを混同してはならない。(注2)

[明瞭性の原則]
四　企業会計は、財務諸表によつて、利害関係者に対し必要な会計事実を明瞭に表示し、企業の状況に関する判断を誤らせないようにしなければならない。(注1)(注1-2)(注1-3)(注1-4)

[継続性の原則]
五　企業会計は、その処理の原則及び手続を毎期継続して適用し、みだりにこれを変更してはならない。(注1-2)(注3)

＊　昭和49年修正で下記の後段文言を削除し、注解注3へ移記。

　　　正当な理由によつて、会計処理の原則又は手続に重要な変更を加えたときは、これを財務諸表に注記しなければならない。

[保守主義（安全性）の原則]
六　企業の財政に不利な影響を及ぼす可能性がある場合には、これに備えて適当に健全な会計処理をしなければならない。(注4)

[単一性の原則]
七　株主総会提出のため、信用目的のため、租税目的のため等種々の目的のために異なる形式の財務諸表を作成する必要がある場合、それらの内容は、信頼しうる会計記録に基づいて作成されたものであつて、政策の考慮のために事実の真実な表示をゆがめてはならない。

第二　損益計算書原則

（損益計算書の本質）
[損益計算書の本質]
一　損益計算書は、企業の経営成績を明らかにするため、一会計期間に属するすべての収益とこれに対応するすべ

38　一　損益計算書は、企業の経営成績を明らかにするため、一会計期間に発生したすべての収益とこれに

ての費用とを記載して経常利益を表示し、これに特別損益に属する項目を加減して当期純利益を表示しなければならない。

[発生主義の原則]

A　すべての費用及び収益は、その支出及び収入に基づいて計上し、その発生した期間に正しく割当てられるように処理しなければならない。ただし、未実現収益は、原則として、当期の損益計算に計上してはならない。

　　前払費用及び前受収益は、これを当期の損益計算から除去し、未払費用及び未収収益は、当期の損益計算に計上しなければならない。(注5)

[総額主義の原則]

B　費用及び収益は、総額によつて記載することを原則とし、費用の項目と収益の項目とを直接に相殺することによつてその全部又は一部を損益計算書から除去してはならない。

[費用収益対応の原則]

C　費用及び収益は、その発生源泉に従つて明瞭に分類し、各収益項目とそれに関連する費用項目とを損益計算書に対応表示しなければならない。

(損益計算書の区分)

[損益計算書の区分]

二　損益計算書には、営業損益計算、経常損益計算及び純損益計算の区分を設けなければならない。

[営業損益計算]

A　営業損益計算の区分は、当該企業の営業活動から生ずる費用及び収益を記載して、営業利益を計算する。

　　2つ以上の営業を目的とする企業にあつては、その費用及び収益を主要な営業別に区分して記載する。

[経常損益計算]

B　経常損益計算の区分は、営業損益計算の結果を受けて、利息及び割引料、有価証券売却損益その他営業活動以外の原因から生ずる損益であつて特別損益に属しないものを記載し、経常利益を計算する。

対応するすべての費用とを記載し、当期純利益を表示しなければならない。

＊　昭和49年修正で下記の後段文言修正。

　　前払費用及び前受収益は、これを当期の損益計算から除去し、未払費用は、当期の損益計算に計上しなければならない。

　　未収収益は、これを貸借対照表資産の部に記載したときは、当期の損益計算に計上する。(注1)

24 B　損益は、総額により記載することを原則とし、費用の項目と収益の項目とを直接に相殺することにより損益計算書から除去してはならない。

38 二　損益計算書は、少くとも、営業損益計算と純損益計算とに区分しなければならない。

38 A　営業損益計算の区分は、当該企業の主たる営業活動から生ずる費用及び収益を記載して、営業利益を計算する。

　　2つ以上の営業を目的とする企業にあつては、その費用及び収益を営業別に細分して記載する。

38 B　純損益計算の区分は、営業損益計算の結果を受けて、利息及び割引料、有価証券売却損益その他主たる営業活動以外の原因から生ずる損益を記載し、当期純利益を計算する。

24 B　純損益計算の区分には、利息、割引料、有価証券売却損益その他主たる営業活動以外の原因より生ずる損益を記載する。

[純損益計算]

C　純損益計算の区分は、経常損益計算の結果を受けて、前期損益修正額、固定資産売却損益等の特別損益を記載し、当期純利益を計算する。

[未処分損益計算]

D　純損益計算の結果を受けて、前期繰越利益等を記載し、当期未処分利益を計算する。

（営業利益）

[営業損益計算の内容]

三　営業損益計算は、一会計期間に属する売上高と売上原価とを記載して売上総利益を計算し、これから販売費及び一般管理費を控除して、営業利益を表示する。

[役務業の兼業]

A　企業が商品等の販売と役務の給付とをともに主たる営業とする場合には、商品等の売上高と役務による営業収益とは、これを区別して記載する。

[売上高の計上基準]

B　売上高は、実現主義の原則に従い、商品等の販売又は役務の給付によつて実現したものに限る。ただし、長期の未完成請負工事等については、合理的に収益を見積り、これを当期の損益計算に計上することができる。(注6)(注7)

＊　昭和29年修正で下記の文言削除。

C　純損益計算は、営業損益計算の結果をうけて純損益を計算する。

49　（新　設）

49　（新　設）

38　B　売上高は、実現主義の原則に従い、商品の販売又は役務の給付によつて実現したものに限る。未だ売却済とならない積送品及び試用販売、割賦販売、予約販売等に関する未実現収益は、原則として、当期の収益に算入してはならない。但し、長期の未完成請負工事等については、適正に利益を見積り、これを当期の収益に計上することができる。(注2)(注3)

24　B　売上高は、実現主義の原則に従い、商品の販売又は役務の給付によつて実現したものに限る。未だ売却済とならない積送品、試用販売、割賦販売、予約販売等に関する未実現収益は、原則として、当期の収益に算入してはならない。但し、長期の未完成請負工事等につき適正に利益を見積り計上することができる。

＊　昭和49年修正で下記の文言削除。

[売上原価の表示方法]

C　売上原価は、売上高に対応する商品等の仕入原価又は製造原価であつて、商業の場合には、期首商品たな卸高に当期商品仕入高を加え、これから期末商品たな卸高を控除する形式で表示し、製造工業の場合には、期首製品たな卸高に当期製品製造原価を加え、これから期末製品たな卸高を控除する形式で表示する。(注8)
　(注9)(注10)

[売上総利益の表示]

D　売上総利益は、売上高から売上原価を控除して表示する。

　　役務の給付を営業とする場合には、営業収益から役務の費用を控除して総利益を表示する。

[内部利益の除去]

E　同一企業の各経営部門の間における商品等の移転によつて発生した内部利益は、売上高及び売上原価を算定するに当たつて除去しなければならない。(注11)

[販売費・一般管理費の計上と営業利益の計算]

F　営業利益は、売上総利益から販売費及び一般管理費を控除して表示する。販売費及び一般管理費は、適当な科目に分類して営業損益計算の区分に記載し、これ

C　売上高は、総額主義の原則に従い、総売上高から売上値引、戻り高等を控除する形式で純売上高を表示する。

＊　昭和49年修正で下記の後段文言削除。

　　当期商品仕入高は、その総仕入高から仕入値引、戻し高等を控除する形式で純仕入高を表示する。

24　D　売上原価は、販売した商品の仕入原価又は製造原価であつて、商業の場合には、当期の商品仕入高に期首商品棚卸高を加え、期末商品棚卸高を控除する形式で記載し、製造工業の場合には、当期の製品製造原価に期首製品棚卸高を加え、期末製品棚卸高を控除する形式で表示する。

　　当期の商品仕入高は、その総仕入高から仕入値引、戻し高等を控除する形式で純仕入高を表示する。

　　当期の製品製造原価は製造原価要素に細分して記載する。

29　E　売上総利益は、純売上高から売上原価を控除して表示する。

　　役務の給付を営業とする場合には、営業収益から役務の費用を控除して総利益を表示する。

24　E　純売上高から売上原価を控除する形式で売上総利益を表示する。

　　役務の給付を営業とする場合には、営業収益に対する役務の費用を売上原価に準じて計上し総利益を表示する。

38　G　営業利益は、売上総利益から販売費及び一般管理費を控除して表示する。販売費及び一般管理費は、適当な科目に分類して営業損益計

を売上原価及び期末た卸高に算入してはならない。ただし、長期の請負工事については、販売費及び一般管理費を適当な比率で請負工事に配分し、売上原価及び期末た卸高に算入することができる。

（営業外損益）

［営業外収益と営業外費用］

四　営業外損益は、受取利息及び割引料、有価証券売却益等の営業外収益と支払利息及び割引料、有価証券売却損、有価証券評価損等の営業外費用とに区分して表示する。

（経常利益）

［経常利益の計算］

五　経常利益は、営業利益に営業外収益を加え、これから営業外費用を控除して表示する。

（特別損益）

［特別利益と特別損失］

六　特別損益は、前期損益修正益、固定資産売却益等の特別利益と前期損益修正損、固定資産売却損、災害による

算の区分に記載し、原則として、これを売上原価及び期末棚卸高に算入してはならない。但し、長期の請負工事等については、販売費又は一般管理費を適当な比率で配分して期末仕掛高に計上することができる。

24　G　総利益から一般管理費及び販売費を控除して営業利益を表示する。一般管理費及び販売費は、適当な科目に分類して営業損益計算に記載し、原則として、これを売上原価又は期末棚卸高に算入してはならない。特定注文工事の期末仕掛高に一般管理費及び販売費を適当な比率で配分した場合には、この金額を一般管理費及び販売費から除去しなければならない。

29　四　営業外損益は、受取利息、割引料、有価証券売却益、有価証券評価益等の営業外収益と支払利息、割引料、貸倒償却、有価証券売却損、有価証券評価損等の営業外費用とに区分して表示する。

24　四　受取利息、受取割引料、有価証券売買益等の営業外収益と支払利息、支払割引料、貸倒金償却、有価証券売買損等の営業外費用とを区分して記載する。

＊　昭和49年修正前は当期業績主義損益計算書が採用されていたため、経常利益が当期純利益として示されていた。

38　五　当期純利益は、営業利益に営業外収益を加え、これから営業外費用を控除して表示する。

＊　昭和49年修正後は包括主義損益計算書が採用されたため、以下の事項が新設追加された。修正前に示されていた利益剰

損失等の特別損失とに区分して表示する。(注12)

（税引前当期純利益）

［税引前当期純利益の計算］

七　税引前当期純利益は、経常利益に特別利益を加え、これから特別損失を控除して表示する。

（当期純利益）

［税引後当期純利益の計算］

八　当期純利益は、税引前当期純利益から当期の負担に属する法人税額、住民税額等を控除して表示する。(注13)

（当期未処分利益）

［当期未処分利益の計算］

九　当期未処分利益は、当期純利益に前期繰越利益、一定の目的のために設定した積立金のその目的に従つた取崩額、中間配当額、中間配当に伴う利益準備金の積立額等を加減して表示する。

第三　貸借対照表原則

（貸借対照表の本質）

［貸借対照表の記載内容］

一　貸借対照表は、企業の財政状態を明らかにするため、貸借対照表日におけるすべての資産、負債及び資本を記載し、株主、債権者その他の利害関係者にこれを正しく表示するものでなければならない。ただし、正規の簿記の原則に従つて処理された場合に生じた簿外資産及び簿外負債は、貸借対照表の記載外におくことができる。(注1)

［資産・負債・資本の記載の基準］

A　資産、負債及び資本は、適当な区分、配列、分類及び評価の基準に従つて記載しなければならない。

余金計算書に関する事項は《参考1》（21頁）に掲記している。

49　（新　設）

49　（新　設）

49　（新　設）

38　一　貸借対照表は、企業の財政状態を明らかにするため、一定の時に保有するすべての資産、負債及び資本を適当な区分、配列、分類の基準及び適当な評価の基準に従つて記載しなければならない。

24　一　貸借対照表は、企業の財政状態を明らかにするため、一定のときに保有するすべての資産及び負債の金額を適当な区分、配列、分類、評価基準に従つて記載し、且つ資本の金額と構成とを表示しなければならない。

38　A　貸借対照表は、原則として、企業の所有するすべての資産及び企業の負担するすべての負債を、株主、債権者その他の利害関係者に正しく表示するものでなければならない。

正規の簿記の原則に従つて処理された場合生じた簿外資産は、貸

[総額主義の原則]

B　資産、負債及び資本は、総額によつて記載すること
を原則とし、資産の項目と負債又は資本の項目とを相
殺することによつて、その全部又は一部を貸借対照表
から除去してはならない。

[注記事項]

C　受取手形の割引高又は裏書譲渡高、保証債務等の偶
発債務、債務の担保に供している資産、発行済株式1
株当たり当期純利益及び同1株当たり純資産額等企業
の財務内容を判断するために重要な事項は、貸借対照
表に注記しなければならない。

[繰延資産の計上]

D　将来の期間に影響する特定の費用は、次期以後の期
間に配分して処理するため、経過的に貸借対照表の資
産の部に記載することができる。（注15）

借対照表の記載外におくことがで
きる。（注11）

24　A　貸借対照表は、原則として、企
業の所有するすべての資産及び企
業の負担するすべての負債を、株
主、債権者その他の利害関係者に
正しく表示するものでなければな
らない。

正規の簿記の原則及び減価償却
方法に従つて処理された場合生じ
た簿外資産は、貸借対照表の記載
外におくことができる。

24　B　資産、負債及び資本は、総額に
より記載することを原則とし、資
産と負債又は資本とを相殺するこ
とによりこれを貸借対照表から除
去してはならない。

49　C　資産の評価の基準、固定資産の
減価償却の方法、受取手形の割引
高又は裏書譲渡高、保証債務等の
偶発債務、債務の担保に供してい
る資産等企業の財政状態を判断す
るために重要な事項は、貸借対照
表に注記しなければならない。

38　C　特定の資産を債務の担保に供し
たときには、その旨を貸借対照表
に付記しなければならない。

24　C　特定の資産を債務の担保に供し
たときは、その旨を貸借対照表脚
注又は明細表に記載しなければな
らない。

差入有価証券は、貸借対照表に
有価証券と区別して記載しなけれ
ばならない。

29　D　将来の期間に影響する営業経費
並びに当期純利益又は剰余金の処
分によつて処理することのできな
い巨額の臨時的損失は、企業の堅
実性を害しない限り、次期以後の
期間に配分して処理するため、経
過的に貸借対照表の資産の部に記

載することができる。(注12) (注13)

24 D　将来の期間に影響する営業経費及び前払費用並びに当期純利益又は剰余金の処分によつて処理することのできない巨額の臨時的損失は、企業の堅実性を害しない限り、次期以後の期間に配分して処理するため、経過的に貸借対照表の資産の部に記載することができる。

[資産と負債・資本の平均]
　E　貸借対照表の資産の合計金額は、負債と資本の合計金額に一致しなければならない。

(貸借対照表の区分)
　[貸借対照表の区分]
二　貸借対照表は、資産の部、負債の部及び資本の部の三区分に分ち、さらに資産の部を流動資産、固定資産及び繰延資産に、負債の部を流動負債及び固定負債に区分しなければならない。

38 二　貸借対照表は、資産の部、負債の部及び資本の部の三区分に分ち、さらに資産の部を流動資産、固定資産及び繰延勘定に、負債の部を流動負債及び固定負債に、資本の部を資本金及び剰余金に区分しなければならない。

24 二　貸借対照表は、資産の部、負債の部及び資本の部の三区分に分ち、さらに資産の区分を流動資産、固定資産及び繰延勘定に、負債の区分を流動負債及び固定負債に、資本の区分を資本金、資本剰余金及び利益剰余金に区分しなければならない。

(貸借対照表の配列)
　[項目の配列の方法]
三　資産及び負債の項目の配列は、原則として、流動性配列法によるものとする。

38 三　貸借対照表に記載される資産及び負債の項目の配列は、流動性配列法によるものとする。

(貸借対照表科目の分類)
　[科目の分類原則]
四　資産、負債及び資本の各科目は、一定の基準に従つて明瞭に分類しなければならない。

38 四　貸借対照表に記載する資産、負債及び資本の各科目は、明瞭性、継続性、比較性を保つように分類しなければならない。

24 四　貸借対照表に記載する資産、負債及び資本の各科目は、比較性、明瞭性、継続性を保つように分類しなければならない。

（一） 資　産

[資産の分類及び科目名称]

　資産は、流動資産に属する資産、固定資産に属する資産及び繰延資産に属する資産に区別しなければならない。仮払金、未決算等の勘定を貸借対照表に記載するには、その性質を示す適当な科目で表示しなければならない。(注16)

[流動資産の内容と表示]

A　現金預金、市場性ある有価証券で一時的所有のもの、取引先との通常の商取引によつて生じた受取手形、売掛金等の債権、商品、製品、半製品、原材料、仕掛品等のたな卸資産及び期限が1年以内に到来する債権は、流動資産に属するものとする。

　前払費用で1年以内に費用となるものは、流動資産に属するものとする。

　受取手形、売掛金その他流動資産に属する債権は、取引先との通常の商取引上の債権とその他の債権とに区別して表示しなければならない。

[固定資産の分類及び内容]

B　固定資産は、有形固定資産、無形固定資産及び投資その他の資産に区分しなければならない。

　建物、構築物、機械装置、船舶、車両運搬具、工具器具備品、土地、建設仮勘定等は、有形固定資産に属するものとする。

　営業権、特許権、地上権、商標権等は、無形固定資産に属するものとする。

　子会社株式その他流動資産に属しない有価証券、出資金、長期貸付金並びに有形固定資産、無形固定資産及び繰延資産に属するもの以外の長期資産は、投資その他の資産に属するものとする。

38 （一） 資　産

　資産は、一定の基準に従つて、流動資産に属する資産と固定資産に属する資産とに区別しなければならない。会計帳簿に仮払金、未決算等の勘定を設けた場合においても、これを貸借対照表に記載するにはこれらの科目をもつてせず、その性質を示す適当な科目で表示しなければならない。(注13)

38 A　現金預金、市場性ある有価証券及び商品、製品、半製品、原材料、仕掛品等の棚卸資産並びに受取手形、売掛金その他期限が1年以内に到来する債権は、流動資産に属するものとする。(注18)

　受取手形、売掛金その他流動資産に属する債権は、取引先との通常の商取引上の債権とその他の債権とに区別し、その他の債権のうち株主、役員、従業員に対するものと関係会社に対するものとは、特定の科目を設けて明瞭に区別して表示しなければならない。

　受取手形及び売掛金に対する貸倒引当金は、それぞれ受取手形及び売掛金から控除する形式で、これを記載する。

＊　昭和57年修正前は減価償却累計額が減価償却引当金とされていた。

38 B　固定資産は、有形固定資産、無形固定資産及び投資に区分しなければならない。

　建物、構築物、機械装置、船舶、車輌運搬具、工具器具備品、土地、建設仮勘定等は、有形固定資産に属するものとする。

　営業権、特許権、地上権、商標権等は、無形固定資産に属するものとする。

[減価償却累計額の表示]

　有形固定資産に対する減価償却累計額は、原則として、その資産が属する科目ごとに取得原価から控除する形式で記載する。(注17)

[無形固定資産の表示]

　無形固定資産については、減価償却額を控除した未償却残高を記載する。

[繰延資産の内容と表示]

C　創立費、開業費、新株発行費、社債発行費、社債発行差金、開発費、試験研究費及び建設利息は、繰延資産に属するものとする。これらの資産については、償却額を控除した未償却残高を記載する。(注15)

[貸倒引当金の表示]

D　受取手形、売掛金その他の債権に対する貸倒引当金は、原則として、その債権が属する科目ごとに債権金額又は取得価額から控除する形式で記載する。(注17)

　(注18)

[役員・親会社・子会社に対する債権]

　債権のうち、役員等企業の内部の者に対するものと親会社又は子会社に対するものは、特別の科目を設けて区別して表示し、又は注記の方法によりその内容を明瞭に示さなければならない。

(二)　負　債

[負債の分類及び科目名称]

　負債は、流動負債に属する負債と固定負債に属する負債とに区別しなければならない。仮受金、未決算等の勘定を貸借対照表に記載するには、その性質を示す適当な科目で表示しなければならない。(注16)

　関係会社有価証券、出資金、長期貸付金等は、投資に属するものとする。

　有形固定資産に対する減価償却は、一定の償却方法によつて耐用期間の全期間にわたつて行い、減価償却額は、減価償却引当金としてその累計額を固定資産取得原価から控除する形式で記載する。

　有形固定資産を除却した固定資産の取得原価とその減価償却引当金とを固定資産の区分から除去しなければならない。

　無形固定資産は、一定の償却方法によつて償却し、その未償却残高を記載するものとする。

57　一部修正

49　一部修正

38　一部修正

＊　修正前関連文言は《参考２》(22頁)に収録。

49　（新　設）

38　負債は、一定の基準に従つて、流動負債に属する負債と固定負債に属する負債とに区別しなければならない。会計帳簿に仮受金、未決算等の勘定を設けた場合においても、これを貸借対照表に記載するにはこれらの科目をもつてせず、その性質を示す適当な科目で表示しなければならない。(注13)

　期限経過の債務は、その旨を付記し

[流動負債の内容]

A　取引先との通常の商取引によつて生じた支払手形、買掛金等の債務及び期限が1年以内に到来する債務は、流動負債に属するものとする。

　　支払手形、買掛金その他流動負債に属する債務は、取引先との通常の商取引上の債務とその他の債務とに区別して表示しなければならない。

　　引当金のうち、賞与引当金、工事補償引当金、修繕引当金のように、通常1年以内に使用される見込のものは流動負債に属するものとする。(注18)

[固定負債の内容]

B　社債、長期借入金等の長期債務は、固定負債に属するものとする。

　　引当金のうち、退職給与引当金、特別修繕引当金のように、通常1年をこえて使用される見込のものは、固定負債に属するものとする。(注18)

[役員・親会社・子会社に対する債務]

C　債務のうち、役員等企業の内部の者に対するものと親会社又は子会社に対するものは、特別の科目を設けて区別して表示し、又は注記の方法によりその内容を明瞭に示さなければならない。

㈢　資　本

[資本金と資本剰余金の区別]

　　資本は、資本金に属するものと剰余金に属するものとに区別しなければならない。(注19)

[資本金の記載]

A　資本金の区分には、法定資本の額を記載する。発行済株式の数は普通株、優先株等の種類別に注記するものとする。

なければならない。

57　一部修正

49　一部修正

38　一部修正

29　一部修正

＊　修正前関連文言は《参考3》(23頁) に収録。

57　一部修正

49　一部修正

38　一部修正

29　一部修正

＊　修正前関連文言は《参考4》(23頁) に収録。

49　（新　設）

38　A　資本金は、発行済資本金を普通株、優先株等の種類に区別して記載しなければならない。会社が発行する株式の総数及び発行済株式の数は、これを資本金の区分に付記しなければならない。

29　A　資本金は、発行済資本金を普通株、優先株等の種類並びに額面、無額面の別に従つて記載しなければならない。会社が発行する株式の総数、未発行株式の数及び発行済株式の数は、これを資本金の区分に付記しなければならない。

24　A　資本金の区分は、資本金（授権株）、未発行資本金、発行資本金

を表示し、それぞれ普通株、優先株、無額面株等株式の種類と金額を記載しなければならない。無額面株の資本金額は、払込剰余金を控除した金額で記載する。

（註）　株式会社資本金制度中無額面株式等の制度については、本報告は未だ充分検討を加えていない。

57　一部修正
49　一部修正
38　一部修正
29　一部修正

＊　修正前関連文言は《参考５》（24頁）に収録。

[剰余金の分類とその内容]

B　剰余金は、資本準備金、利益準備金及びその他の剰余金に区分して記載しなければならない。

　　株式払込剰余金、減資差益及び合併差益は、資本準備金として表示する。

　　その他の剰余金の区分には、任意積立金及び当期未処分利益を記載する。

[新株式払込金等の表示]

49　（新　設）

C　新株式払込金又は申込期日経過後における新株式申込証拠金は、資本金の区分の次に特別の区分を設けて表示しなければならない。

[資本準備金等に準ずるものの表示]

49　（新　設）

D　法律で定める準備金で資本準備金又は利益準備金に準ずるものは、資本準備金又は利益準備金の次に特別の区分を設けて表示しなければならない。

（資産の貸借対照表価額）

[資産の評価原則]

五　貸借対照表に記載する資産の価額は、原則として、当該資産の取得原価を基礎として計上しなければならない。

[費用配分の原則]

　　資産の取得原価は、資産の種類に応じた費用配分の原則によつて、各事業年度に配分しなければならない。有形固定資産は、当該資産の耐用期間にわたり、定額法、定率法等の一定の減価償却の方法によつて、その取得原価を各事業年度に配分し、無形固定資産は、当該資産の有効期間にわたり、一定の減価償却の方法によつて、その取得原価を各事業年度に配分しなければならない。繰延資産についても、これに準じて、各事業年度に均等額以上を配分しなければならない。(注20)

38　五　貸借対照表に記載する資産の価額は、原則として、当該資産の取得原価を基礎として計上しなければならない。取得原価以外の評価基準によつて資産を評価した場合には、その評価基準を貸借対照表脚注に記載するものとする。

　　資産の取得原価は、資産の種類に応じた費用配分の原則によつて、各事業年度に配分しなければならない。有形固定資産は、その取得原価を当該固定資産の耐用期間にわたり、一定の減価償却方法によつて各事業年度に配分し、無形固定資産及び繰延資産は、有償取得の対価を一定の償却方法によつて

[たな卸資産の評価]

A　商品、製品、半製品、原材料、仕掛品等のたな卸資産については、原則として購入代価又は製造原価に引取費用等の付随費用を加算し、これに個別法、先入先出法、後入先出法、平均原価法等の方法を適用して算定した取得原価をもつて貸借対照表価額とする。ただし、時価が取得原価より著しく下落したときは、回復する見込があると認められる場合を除き、時価をもつて貸借対照表価額としなければならない。(注9)(注10)
(注21)

[低価基準の適用]

たな卸資産の貸借対照表価額は、時価が取得原価よりも下落した場合には時価による方法を適用して算定することができる。(注10)

[有価証券の評価]

B　有価証券については、原則として購入代価に手数料等の付随費用を加算し、これに平均原価法等の方法を適用して算定した取得原価をもつて貸借対照表価額とする。ただし、取引所の相場のある有価証券については、時価が著しく下落したときは、回復する見込があると認められる場合を除き、時価をもつて貸借対照表価額としなければならない。取引所の相場のない有価証券のうち株式については、当該会社の財政状態を反映する株式の実質価額が著しく低下したときは、相当の減額をしなければならない。(注22)

[低価基準の適用]

取引所の相場のある有価証券で子会社の株式以外のものの貸借対照表価額は、時価が取得原価よりも下落した場合には時価による方法を適用して算定することができる。

[債権の評価]

C　受取手形、売掛金その他の債権の貸借対照表価額は、債権金額又は取得価額から正常な貸倒見積高を控除した金額とする。(注23)

[有形固定資産の評価]

D　有形固定資産については、その取得原価から減価償却累計額を控除した価額をもつて貸借対照表価額とする。有形固定資産の取得原価には、原則として当該資

各事業年度に配分しなければならない。

49　一部修正
38　一部修正
29　一部修正
＊　修正前関連文言は《参考6》(24頁)に収録。

38　B　市場性ある有価証券で一時的所有のものは、原則として、取得原価で記載する。但し、有価証券の市場価格がいちじるしく下落し回復可能でないと認められるときは、時価まで価額を引き下げなければならない。

市場性ある有価証券で一時的所有のものの時価が取得原価よりも下落した場合は時価によつて評価する方法を採用することができる。(注18)

29　B　市場性ある有価証券で一時的所有のものは、原則として、時価によつて評価する。但し、市場の状況等を勘案し、適当な減価を考慮して評価することができる。

38　C　売掛金及び受取手形の価額は、債権額から正常の貸倒見積高を控除した金額による。

49　一部修正
38　一部修正
29　一部修正
＊　修正前関連文言は《参考7》(25頁)に

産の引取費用等の付随費用を含める。現物出資として受入れた固定資産については、出資者に対して交付された株式の発行価額をもつて取得原価とする。(注24)

　償却済の有形固定資産は、除却されるまで残存価額又は備忘価額で記載する。

［無形固定資産の評価］

E　無形固定資産については、当該資産の取得のために支出した金額から減価償却累計額を控除した価額をもつて貸借対照表価額とする。(注25)

［無償取得資産の評価］

F　贈与その他無償で取得した資産については、公正な評価額をもつて取得原価とする。(注24)

収録。

[38]　E　無形固定資産は、有償取得の場合に限り、その対価をもつて取得原価とする。

[38]　F　投資は、原則として、取得原価で記載する。(注17)

[29]　F　投資は、市場価格の変動にかかわらず、原則として、取得価額又は投資価値で記載する。(注18)

【参 考】　修正経過の補足資料

《参考１》　次に掲記するのは、12頁の修正関連文言である。

【利益剰余金計算書】

[38]　（利益剰余金）

六　利益剰余金は、利益の留保額からなる剰余金であつて、利益以外の源泉から生ずる資本剰余金と区別されなければならない。(注7)

　正当な理由がなければ、資本剰余金を利益剰余金に直接又は間接に振り替えてはならない。(注8)

　利益剰余金をもつて欠損を填補し得ないときには、資本剰余金をもつて填補することができる。(注9)

[29]　六　剰余金は、利益の留保額から成る利益剰余金と利益以外の源泉から生ずる剰余から成る資本剰余金とに区別しなければならない。(注6)

　正当な理由がなければ、資本剰余金を利益剰余金に直接又は間接に振り替えてはならない。(注7)

　利益剰余金をもつて欠損を填補し得ない

ときには、資本剰余金をもつてその填補に充てることができる。この場合には、これを剰余金計算書及び貸借対照表に明示しなければならない。(注8)(注9)

[38]　（利益剰余金計算書）

七　利益剰余金計算書は、一会計期間における利益剰余金の変動を記載し、当期未処分利益剰余金を表示しなければならない。但し、損益計算書に利益剰余金計算の区分を設けて記載し、利益剰余金計算書の作成を省略することができる。

　利益剰余金の変動を記載するには、左のいずれかの方法による。(注10)

A　前期未処分利益剰余金から前期剰余金処分額を控除して繰越利益剰余金を算定し、これに前期以前の損益計算における修正額、当期の固定資産売却損益等を加減して、繰越利益剰余金期末残高を算定し、これに当期純利益を加えて当期未処分利益剰余金を表示する。

B　繰越利益剰余金に前期以前の損益計算における修正額、当期の固定資産売却損

益等を加減して、繰越利益剰余金期末残高を算定し、これに当期純利益を加えて当期未処分利益剰余金を表示する。この場合、前期未処分利益剰余金及びその処分額の控除に関する計算は、脚注に記載する。

29 （剰余金計算書）

　七　剰余金計算書は、利益剰余金計算と資本剰余金計算とに区分し、それぞれの剰余金の変動を記載するものとする。但し、利益剰余金については、その明細を損益計算書に剰余金計算の区分を設けて記載し、資本剰余金については、その明細を貸借対照表に記載することができる。

　　A　利益剰余金計算の区分は、前期未処分利益剰余金から前期剰余金処分額を控除し、これに前期以前の損益計算における修正額、当期の固定資産売却損益等を加減して、繰越利益剰余金期末残高を算定し、これに当期純利益を加えて当期未処分利益剰余金を表示する。(注10)

　　B　資本剰余金計算の区分は、株式発行差金（額面超過金）、無額面株式の払込剰余金、固定資産評価差益、減資差益、合併差益等の資本剰余金の前期繰越高に当期増加高を加え、これから当期減少高並びに正当の処理方法による処分額を控除して次期繰越高を表示する。この場合の増減計算は、原則として、剰余金の項目別に行うものとする。

24 （剰余金計算書）

　七　剰余金計算書は、利益剰余金計算書と資本剰余金計算書に区分して、それぞれの剰余金の変動を記載するものとする。但し、利益剰余金については、その明細を損益計算書に剰余金計算の区分を設けて記載し、資本剰余金については、その明細を貸借対照表に記載することができる。

　　A　利益剰余金計算書は、前期未処分利益剰余金から前期剰余金処分額を控除し、これに前期以前の損益計算における過不

足額の修正記入と当期の固定資産の売却損益等を加減して、繰越利益剰余金期末残高を算定し、これに当期の純利益を加えて、当期未処分利益剰余金を表示する。

　　　前期から欠損金が繰越された場合には、これを当期の純利益から差引き、当期純損失が発生した場合には繰越利益剰余金期末残高から控除する。

　　B　資本剰余金計算書は、前期繰越資本剰余金に当期における株式発行差金、資本払込剰余金、減資差益、合併差益、固定資産評価益等その他の資本剰余金増加高を加え、当期の減資差損、合併差損、固定資産評価損等の資本剰余金の減少高並びに正当の処理方法による処分額を控除して次期繰越資本剰余金を表示する。

　　　この場合の増減計算は、原則として、剰余金の項目別に行うものとする。

38 （剰余金処分計算書）

　八　剰余金処分計算書は、当期未処分利益剰余金と利益剰余金処分額とを記載し、次期繰越利益剰余金を表示するものとする。

24 　八　剰余金処分計算書には、利益処分案に従い、当期未処分利益剰余金と配当金、賞与金、積立金その他の利益金処分額とを記載し、次期繰越利益剰余金を表示する。

《参考2》　次に掲記するのは、17頁の修正関連文言である。

【繰延資産の内容と表示】

38 　C　繰延勘定は、前払費用と繰延資産とに区分し、前払費用は、未経過分を資産の部に記載して繰り延べ次期以降の費用として引き当て、創立費、開業費、新株発行費、社債発行費、社債発行差金、開発費、試験研究費等の繰延資産は、一定の償却方法によつて償却し、その未償却残高を記載する。

　　　前払費用で1年以内に費用となるものは、流動資産に属するものとする。(注14)

29 　C　繰延勘定は、前払費用と繰延資産とに区分し、前払費用は未経過分を資産の部に記

載して繰り延べ次期以降の費用として引き当て、創業費、株式発行費、開発費、試験研究費等の繰延資産は、一定の償却方法によつて償却し、その未償却残高を記載する。

前払費用で1年以内に費用となるものは、流動資産に属するものとする。(注15)

24 C 繰延勘定は、前払費用と繰延資産とに分ち、前払費用は未経過分を資産の部に記載して繰り延べ、次期以降の費用として引当て、開発費、試験研究費、創業費、株式発行費等の繰延資産は、一定の償却方法によつて償却し、有形固定資産に準じて貸借対照表に記載する。

前払費用にして1年以内に償却されて費用となるものは、流動資産の区分に記載する。

《参考3》 次に掲記するのは、18頁の修正関連文言である。

【流動負債の内容】

49 A 取引先との通常の商取引によつて生じた支払手形、買掛金等の債務及び期限が1年以内に到来する債務は、流動負債に属するものとする。

支払手形、買掛金その他流動負債に属する債務は、取引先との通常の商取引上の債務とその他の債務とに区別して表示しなければならない。

負債性引当金のうち、賞与引当金、工事補償引当金のように、通常1年以内に使用される見込のものは流動負債に属するものとする。(注18)

38 A 支払手形、買掛金、未払金、未払費用その他期限が1年以内に到来する債務は、流動負債に属するものとする。(注15)

支払手形、買掛金その他流動負債に属する債務は、取引先との通常の商取引上の債務とその他の債務とに区別し、その他の債務のうち株主、役員、従業員に対するものと関係会社に対するものとは、特定の科目を設けて明瞭に区別して表示しなければな

らない。関係会社からの債務は、買掛金とその他の債務とに区別して記載する。

納税引当金、修繕引当金等は、流動負債に属するものとする。(注16)

前受収益は、流動負債に属するものとする。

29 A （前段文言省略）

納税引当金、修繕引当金、渇水準備金等は、流動負債に属するものとする。(注17)

前受収益は、流動負債に属するものとする。

24 A （前段文言省略）

納税引当金、修繕引当金等を設けたときは、流動負債の部に記載する。

前受収益は、流動負債の部に記載しなければならない。

《参考4》 次に掲記するのは、18頁の修正関連文言である。

【固定負債の内容】

49 B 社債、長期借入金等の長期債務は、固定負債に属するものとする。

負債性引当金のうち、退職給与引当金のように、通常1年をこえて使用される見込のものは、固定負債に属するものとする。(注18)

38 B 固定負債は、社債、銀行からの長期借入金その他の長期債務に区別し、適当な科目で記載しなければならない。社債は額面で記載し、発行価額との差額は社債発行差金として、貸借対照表に区別して表示しなければならない。

退職給与引当金、特別修繕引当金等は、固定負債に属するものとする。(注16)

29 B （前段文言省略）

退職給与引当金、特別修繕引当金等は、固定負債に属するものとする。(注17)

期限経過の長期債務は、その旨を付記しなければならない。

《参考５》 次に掲記するのは、19頁の修正関連文言である。

【剰余金の分類とその内容】

49　B　剰余金は、資本準備金、利益準備金及びその他の剰余金に区分して記載しなければならない。

　　　株式発行差金（額面超過金）、無額面株式の払込剰余金、減資差益及び合併差益は、資本準備金として表示する。

　　　その他の剰余金の区分には、任意積立金及び当期未処分利益を記載する。

38　B　剰余金は、一定の基準に従つて、資本剰余金と利益剰余金とに区別しなければならない。（注7）

　　　資本剰余金は、株式発行差金（額面超過金）、無額面株式の払込剰余金、減資差益、合併差金、再評価積立金等に区別して表示しなければならない。

　　　利益剰余金は、利益準備金、任意積立金及び当期未処分利益剰余金に区別して表示する。

　　　当期未処分利益剰余金は、繰越利益剰余金期末残高と当期純利益とに区別して記載しなければならない。

　　C　貸借対照表上の欠損金は、利益剰余金から控除する形式で記載する。

　　　利益剰余金が存在しない場合又は欠損金が利益剰余金の額をこえる場合には、欠損金は資本の合計から控除する形式で記載する。

29　B　剰余金は、一定の基準に従つて、資本剰余金と利益剰余金とに区別しなければならない。（注6）

　　　資本剰余金は、株式発行差金（額面超過金）、無額面株式の払込剰余金、固定資産評価差益、減資差益、合併差益、再評価積立金、国庫補助金（建設助成金）、工事負担金、保険差益等に区別して表示しなければならない。

　　　（後段文言省略）

24　B　剰余金は、利益剰余金と資本剰余金とに区分する。

　　　資本剰余金は、株式発行割増金、無額面株式払込剰余金その他の資本剰余金に区別して表示する。株式発行割増金、払込剰余金を法定準備金に繰り入れたときは、この法定準備金は、利益留保による法定準備金と区別して資本剰余金の区分に計上する。

　　　利益剰余金は、法定準備金、別途積立金、当期未処分利益剰余金に区別して表示する。

　　　繰越利益剰余金期末残高及び当期純利益（又は当期純損失）は、当期未処分利益剰余金の内訳として別記しなければならない。

《参考６》 次に掲記するのは、20頁の修正関連文言である。

【たな卸資産の評価】

38　A　商品、製品、半製品、原材料、仕掛品その他貯蔵品等の棚卸資産の取得原価は、実際購入原価又は実際製造原価によつて決定するものとする。先入先出法、後入先出法、平均原価法等によつて取得原価を算定することが困難な場合には、基準棚卸法、小売棚卸法等による一定の棚卸評価基準を採用することができる。但し、棚卸資産の市場価格の下落がいちじるしく、かつ回復可能の見込がないと認められるときは、時価まで価額を引き下げなければならない。（注4）（注5）（注17）

　　　商品、製品及び原材料等の棚卸資産については、棚卸資産の時価が取得原価よりも下落した場合に時価によつて評価する方法を採用することができる。（注5）

29　A　商品、製品、半製品、原材料、仕掛品、その他貯蔵品等の棚卸資産の取得原価は、実際購入原価又は実際製造原価によつて決定するものとする。先入先出法、後入先出法、平均原価法等によつて取得原価を算定することが困難な場合には、基準棚卸法、小売棚卸法等による一定の棚卸評価基準を採用することができる。（注18）

　　　商品、製品及び原材料等の棚卸資産につ

いては、その時価が取得原価よりも下落した場合には時価によって評価することができる。(注4)

24 A　商品、原材料、仕掛品、半製品、製品、その他貯蔵品等の棚卸資産の取得原価は、実際購入原価又は平均購入原価により決定するものとする。買入順法、平均原価法等により取得原価を算定し難い場合には、基準棚卸法、小売棚卸法等による一定の棚卸評価基準を採用することができる。

商品及び原材料については、その時価が取得原価よりも下落した場合には時価により評価することができる。

《参考7》　次に掲記するのは、20頁の修正関連文言である。

【有形固定資産の評価】

38 D　有形固定資産の取得原価は、当該資産の購入価額又は製作価額とする。但し固定資産の取得が株式の発行によつて行なわれた場合には、当該有価証券の発行価額をもつて取得原価とする。

贈与によつて固定資産を取得した場合に

は、公正な評価額による。

償却済の有形固定資産は、除却されるまで残存価額又は備忘価額で記載する。

29 D　有形固定資産の取得原価は、当該資産の購入価額又は製作価額とする。但し、固定資産の取得が株式又は社債の発行若しくは株式又は社債との交換によつて行われた場合には、当該有価証券の額面価額又は発行価額等をもつて取得原価とする。

贈与によつて固定資産を取得した場合には、公正な評価額による。

償却済の有形固定資産は、除却されるまで残存価額又は備忘価額で記載する。

24 D　有形固定資産の取得原価は、当該資産の購入価額又は製作価額とする。

但し、固定資産の取得が株式又は社債の発行若しくは株式又は社債との交換によつて行われた場合には、当該有価証券の額面価額をもつて取得原価とする。

贈与によつて固定資産を取得した場合には公正な評価額による。

償却済の有形固定資産は、除却されるまで残存価額又は備忘価額で記載する。

企業会計原則注解

昭和29年7月14日
最終改正昭和57年4月20日

目　次

（編集部注）
　各修正前に示されていた事項については、42頁以下の【参考】にも掲記している。

【注1】　重要性の原則の適用について（一般原則二、四及び貸借対照表原則一）

　企業会計は、定められた会計処理の方法に従つて正確な計算を行うべきものであるが、企業会計が目的とするところは、企業の財務内容を明らかにし、企業の状況に関する利害関係者の判断を誤らせないようにすることにあるから、重要性の乏しいものについては、本来の厳密な会計処理によらないで他の簡便な方法によることも、正規の簿記の原則に従つた処理として認められる。

　重要性の原則は、財務諸表の表示に関しても適用される。

49 **【注1】　重要性の原則の適用について**（一般原則二、四及び貸借対照表原則一）

(3)　負債性引当金のうち重要性の乏しいものについては、これを計上しないことができる。

38 **【注11】　簿外資産及び簿外負債について**（貸借対照表原則一のAの2項）

　貸借対照表完全性の原則によれば、決算日において企業の所有するすべ

重要性の原則の適用例としては、次のようなものがある。

(1) 消耗品、消耗工器具備品その他の貯蔵品等のうち、重要性の乏しいものについては、その買入時又は払出時に費用として処理する方法を採用することができる。

(2) 前払費用、未収収益、未払費用及び前受収益のうち、重要性の乏しいものについては、経過勘定項目として処理しないことができる。

(3) 引当金のうち、重要性の乏しいものについては、これを計上しないことができる。

(4) たな卸資産の取得原価に含められる引取費用、関税、買入事務費、移管費、保管費等の付随費用のうち、重要性の乏しいものについては、取得原価に算入しないことができる。

(5) 分割返済の定めのある長期の債権又は債務のうち、期限が1年以内に到来するもので重要性の乏しいものについては、固定資産又は固定負債として表示することができる。

【注1-2】 重要な会計方針の開示について（一般原則四及び五）

財務諸表には、重要な会計方針を注記しなければならない。

会計方針とは、企業が損益計算書及び貸借対照表の作成に当たつて、その財政状態及び経営成績を正しく示すために採用した会計処理の原則及び手続並びに表示の方法をいう。

会計方針の例としては、次のようなものがある。

イ 有価証券の評価基準及び評価方法

ロ たな卸資産の評価基準及び評価方法

ハ 固定資産の減価償却方法

ニ 繰延資産の処理方法

ホ 外貨建資産・負債の本邦通貨への換算基準

ての資産並びに企業の債務に属するすべての負債は、貸借対照表に記載されなければならないが、正規の簿記の原則に従つて処理された場合に生ずることのある簿外資産は、その例外として認められる。負債については、貸借対照表完全性の原則の例外は認められないから、簿外負債を設ける余地は生じない。

通常、簿外資産が生ずる場合を例示すれば、次のとおりである。

(1) 消耗品、消耗工器具備品その他の貯蔵品等の期中買入高又は期中払出高を費用として処理する会計方法を継続的に採用している場合に生ずる簿外資産

(2) 総合償却法を採用している場合、特定の資産の帳簿価額が零となつた場合に生ずる簿外資産

29 **【注11】 簿外資産及び簿外負債について**（貸借対照表原則一のAの2項）

(1) 消耗品、消耗工器具備品その他の貯蔵品等の期中払出高を費用として処理する会計方法を継続的に採用している場合に生ずる簿外資産

57 （新　設）

へ　引当金の計上基準

ト　費用・収益の計上基準

代替的な会計基準が認められていない場合には、会計方針の注記を省略することができる。

【注1-3】　重要な後発事象の開示について（一般原則四）　57　（新　設）

財務諸表には、損益計算書及び貸借対照表を作成する日までに発生した重要な後発事象を注記しなければならない。

後発事象とは、貸借対照表日後に発生した事象で、次期以後の財政状態及び経営成績に影響を及ぼすものをいう。

重要な後発事象を注記事項として開示することは、当該企業の将来の財政状態及び経営成績を理解するための補足情報として有用である。

重要な後発事象の例としては、次のようなものがある。

イ　火災、出水等による重大な損害の発生

ロ　多額の増資又は減資及び多額の社債の発行又は繰上償還

ハ　会社の合併、重要な営業の譲渡又は譲受

ニ　重要な係争事件の発生又は解決

ホ　主要な取引先の倒産

【注1-4】　注記事項の記載方法について（一般原則四）　57　（新　設）

重要な会計方針に係る注記事項は、損益計算書及び貸借対照表の次にまとめて記載する。

なお、その他の注記事項についても、重要な会計方針の注記の次に記載することができる。

【注2】　資本取引と損益取引との区別について（一般原則三）

(1)　資本剰余金は、資本取引から生じた剰余金であり、利益剰余金は損益取引から生じた剰余金、すなわち利益の留保額であるから、両者が混同されると、企業の財政状態及び経営成績が適正に示されないことになる。従つて、例えば、新株発行による株式払込剰余金から新株発行費用を控除することは許されない。

38　**【注8】**「正当な理由がなければ、資本剰余金を利益剰余金に直接又は間接に振り替えてはならない」という意味について

29　**【注7】**　同　上

＊　修正前関連文言は《参考１》（42頁）に収録。

(2)　商法上資本準備金として認められる資本剰余金は限定されている。従つて、資本剰余金のうち、資本準備金及び法律で定める準備金で資本準備金に準ずるもの以外のものを計上する場合には、その他の剰余金の区分に記載されることになる。

【注3】　継続性の原則について（一般原則五）　49　（新　設）

企業会計上継続性が問題とされるのは、１つの会計事

実について2つ以上の会計処理の原則又は手続の選択適用が認められている場合である。

このような場合に、企業が選択した会計処理の原則及び手続を毎期継続して適用しないときは、同一の会計事実について異なる利益額が算出されることになり、財務諸表の期間比較を困難ならしめ、この結果、企業の財務内容に関する利害関係者の判断を誤らしめることになる。

従つて、いつたん採用した会計処理の原則又は手続は、正当な理由により変更を行う場合を除き、財務諸表を作成する各時期を通じて継続して適用しなければならない。

なお、正当な理由によつて、会計処理の原則又は手続に重要な変更を加えたときは、これを当該財務諸表に注記しなければならない。

【注4】　保守主義の原則について（一般原則六）

49　（新　設）

企業会計は、予測される将来の危険に備えて、慎重な判断に基づく会計処理を行わなければならないが、過度に保守的な会計処理を行うことにより、企業の財政状態及び経営成績の真実な報告をゆがめてはならない。

【注5】　経過勘定項目について（損益計算書原則一のAの2項）

(1)　前払費用

前払費用は、一定の契約に従い、継続して役務の提供を受ける場合、いまだ提供されていない役務に対し支払われた対価をいう。従つて、このような役務に対する対価は、時間の経過とともに次期以降の費用となるものであるから、これを当期の損益計算から除去するとともに貸借対照表の資産の部に計上しなければならない。また、前払費用は、かかる役務提供契約以外の契約等による前払金とは区別しなければならない。

38　**【注14】　前払費用について**（貸借対照表原則四の㈠のC）

前払費用は、一定の契約に従い、継続的に役務の提供を受ける場合、未だ提供されていない役務に対し支払われた対価をいう。従つてこのような役務に対する対価は、時間の経過とともに次期以降の費用となるものであるから、これを当期の損益計算から除去するとともに経過的に貸借対照表の資産の部に計上しなければならない。又前払費用は、かかる役務提供契約以外の契約等による前払金とは区別しなければならない。

29　**【注15】　前払費用について**（貸借対照表原則四の㈡のAの1項）

（文言は昭和38年修正文言とほぼ同じにつき省略）

(2)　前受収益

前受収益は、一定の契約に従い、継続して役務の提供を行う場合、いまだ提供していない役務に対し支払を受けた対価をいう。従つて、このような役務に対する対価は、時間の経過とともに次期以降の収益となる

ものであるから、これを当期の損益計算から除去するとともに貸借対照表の負債の部に計上しなければならない。また、前受収益は、かかる役務提供契約以外の契約等による前受金とは区別しなければならない。

(3) 未払費用

　未払費用は、一定の契約に従い、継続して役務の提供を受ける場合、すでに提供された役務に対していまだその対価の支払が終らないものをいう。従つて、このような役務に対する対価は、時間の経過に伴いすでに当期の費用として発生しているものであるから、これを当期の損益計算に計上するとともに貸借対照表の負債の部に計上しなければならない。また、未払費用は、かかる役務提供契約以外の契約等による未払金とは区別しなければならない。

(4) 未収収益

　未収収益は、一定の契約に従い、継続して役務の提供を行う場合、すでに提供した役務に対していまだその対価の支払を受けていないものをいう。従つて、このような役務に対する対価は時間の経過に伴いすでに当期の収益として発生しているものであるから、これを当期の損益計算に計上するとともに貸借対照表の資産の部に計上しなければならない。また、未収収益は、かかる役務提供契約以外の契約等による未収金とは区別しなければならない。

38 【注15】　未払金及び未払費用について（貸借対照表原則四の(二)のＡの１項）

　未払金は、特定の契約等により既に確定している債務のうち、未だその支払が終らないものをいう。

　未払費用は、未払金とは異なり、一定の契約に従い、継続的に役務の提供を受ける場合、既に提供された役務に対して未だその対価の支払が終らないものをいう。従つて、これに対する対価は、時間の経過に伴い又は役務の受入によつて既に当期の費用として発生しているものであるから、これを当期の損益計算に計上するとともにその額を貸借対照表の負債の部に流動負債として掲げなければならない。

29 【注16】　未払金及び未払費用について（貸借対照表原則四の(二)のＡの１項）

　（文言は昭和38年修正文言とほぼ同じにつき省略）

38 【注1】　未収収益について（損益計算書原則一のＡの３項）

　未収収益とは、既に外部に役務を提供したが、その対価が未収となつている場合又はその対価が確実に成立していない場合における発生収益の見積高をいい、未収収益に含められる取引の範囲は、主として時の経過に伴つて発生する「契約上の収益」（Contractual Revenue）に限られ、商品、製品等の販売に関する取引は除かれる。未収利息、未収地代、未収使用料等はその例である。これらの未収収益は、契約による継続的な

役務の提供に基いて、時の経過とともに決算期末までに会計上発生したものとみなされる収益であつて、商品、製品等の販売による売掛金並びに有価証券、土地、建物等の売却代金の未収額のような未収金とは異なるものである。

かように未収収益は、会計期末において役務の提供が未だ完了していないものであるから、企業会計原則は、未収収益の計上に関して慎重な会計処理を尊重する健全な会計慣行を採用し、未収収益を当期の損益計算から除外することを認めたのである。但し、未収収益の回収が確実なものについては、その相当額を貸借対照表の資産の部に計上するとともにこれを当期の発生収益として損益計算書に記載するものとする。

38 **【注2】 積送品、試用販売、割賦販売及び予約販売における収益の実現について**（損益計算書原則三のB）

委託販売、試用販売、割賦販売、予約販売等特殊な販売契約による場合当期の損益計算に計上されるべき売上収益の実現の基準は、次によるものとする。

(1) 委託販売積送品については、通常の商品販売の場合と異なり、その売上収益の確認のため単なる販売基準を適用することが困難な場合があるから、委託先から販売済の積送品に関する仕切精算書（売上計算書）が到達した日をもつてその売上収益の実現の日とみなすことができる。

(2) 試用販売（文言省略）

(3) 予約販売（文言省略）

(4) 割賦販売

割賦販売については割賦金の入

【注6】 実現主義の適用について（損益計算書原則三のB）

委託販売、試用販売、予約販売、割賦販売等特殊な販売契約による売上収益の実現の基準は、次によるものとする。

(1) 委託販売

委託販売については、受託者が委託品を販売した日をもつて売上収益の実現の日とする。従つて、決算手続中に仕切精算書（売上計算書）が到達すること等により決算日までに販売された事実が明らかとなつたものについては、これを当期の売上収益に計上しなければならない。ただし、仕切精算書が販売のつど送付されている場合には、当該仕切精算書が到達した日をもつて売上収益の実現の日とみなすことができる。

(2) 試用販売

試用販売については、得意先が買取りの意思を表示することによつて売上が実現するのであるから、それまでは、当期の売上高に計上してはならない。

(3) 予約販売

予約販売については、予約金受取額のうち、決算日までに商品の引渡し又は役務の給付が完了した分だけを当期の売上高に計上し、残額は貸借対照表の負債の部に記載して次期以後に繰延べなければならない。

(4) 割賦販売

割賦販売については、商品等を引渡した日をもつて売上収益の実現の日とする。

しかし、割賦販売は通常の販売と異なり、その代金回収の期間が長期にわたり、かつ、分割払であることから代金回収上の危険率が高いので、貸倒引当金及び代金回収費、アフター・サービス費等の引当金の計上について特別の配慮を要するが、その算定に当つては、不確実性と煩雑さとを伴う場合が多い。従つて、収益の認識を慎重に行うため、販売基準に代えて、割賦金の回収期限の到来の日又は入金の日をもつて売上収益実現の日とすることも認められる。

【注7】 **工事収益**について（損益計算書原則三のBただし書）

長期の請負工事に関する収益の計上については、工事進行基準又は工事完成基準のいずれかを選択適用することができる。

(1) 工事進行基準

決算期末に工事進行程度を見積り、適正な工事収益率によつて工事収益の一部を当期の損益計算に計上する。

(2) 工事完成基準

工事が完成し、その引渡しが完了した日に工事収益を計上する。

金の時をもつて売上収益の実現の時とみなし、その期の損益計算に計上する。割賦収益の実現の尺度は、原則として、販売基準ではなくて回収基準とする。割賦販売契約は、通常の販売契約と異なり、その信用期間が比較的長期にわたり、代金の支払が分割払であるとともに代金回収上の危険率も高く、所有権の移転又は取戻しに関する条件も複雑であるから、収益実現の会計上の確認は慎重に行なわれる必要がある。割賦販売の代金のうち決算期末までに未回収の部分は、実現しない収益を含んでいるのであるから、未実現収益は、これを次期以後に繰り延べなければならない。

38 【注3】 **工事収益**について（損益計算書原則三のB但書）

長期の請負工事に関する収益の計上については、企業は工事進行基準又は工事完成基準のいずれかを選択適用することができる。

(1) 工事進行基準

長期の請負工事契約について、工事完成後に工事収益を計上する通常の方法によるときは、工事進行中途の期間における収益が過少になるきらいがあるので、工事進行基準を選択適用することが認められている。この場合、決算期末に工事進行程度を見積り、適正な工事収益率によつて工事収益の一部を当期の損益計算に計上することができる。

(2) 工事完成基準

工事完成基準を選択適用した場合は、工事が完成し、その引渡が完了したときの会計期間に工事収益を計上する。これは通常の実現

【注8】 製品等の製造原価について（損益計算書原則三のC）

製品等の製造原価は、適正な原価計算基準に従つて算定しなければならない。

【注9】 原価差額の処理について（損益計算書原則三のC及び貸借対照表原則五のAの1項）

原価差額を売上原価に賦課した場合には、損益計算書に売上原価の内訳科目として次の形式で原価差額を記載する。

売上原価

1	期首製品たな卸高	×××	
2	当期製品製造原価	×××	
	合　計	×××	
3	期末製品たな卸高	×××	
	標準（予定）売上原価	×××	
4	原価差額	×××	×××

原価差額をたな卸資産の科目別に配賦した場合には、これを貸借対照表上のたな卸資産の科目別に各資産の価額に含めて記載する。

【注10】 たな卸資産の評価損について（損益計算書原則三のC及び貸借対照表原則五のA）

(1) 商品、製品、原材料等のたな卸資産に低価基準を適用する場合に生ずる評価損は、原則として、売上原価の内訳科目又は営業外費用として表示しなければならない。

(2) 時価が取得原価より著しく下落した場合（貸借対照表原則五のA第1項ただし書の場合）の評価損は、原則として、営業外費用又は特別損失として表示しなければならない。

(3) 品質低下、陳腐化等の原因によつて生ずる評価損については、それが原価性を有しないものと認められる場合には、これを営業外費用又は特別損失として表示

主義の基準の適用にほかならない。

49 （新　設）

38 【注4】 原価差額の処理について
（損益計算書原則三のDの1項及び貸借対照表原則五のAの1項）

「原価計算基準」が規定する原価差異の会計処理の方法に従つて原価差額をすべて売上原価に賦課した場合には、損益計算書に売上原価の内訳科目として次の形式で原価差額を記載する。

売上原価

1	期首製品棚卸高	×××	
2	当期製品製造原価	×××	
	合　計	×××	
3	期末製品棚卸高	×××	
	標準売上原価	×××	
4	原　価　差　額	×××	×××

「原価計算基準」が規定する原価差異の会計処理の方法に従つて原価差額を棚卸資産に科目別に配賦した場合には、これを貸借対照表上の棚卸資産の科目別に各資産の価額に含めて計上する。

38 【注5】 低価主義等の評価基準の適用に基く評価損について

29 【注4】 同　上

※ 修正前関連文言は《参考2》（43頁）に収録。

し、これらの評価損が原価性を有するものと認められる場合には、製造原価、売上原価の内訳科目又は販売費として表示しなければならない。

【注11】　内部利益とその除去の方法について（損益計算書原則三のE）

　内部利益とは、原則として、本店、支店、事業部等の企業内部における独立した会計単位相互間の内部取引から生ずる未実現の利益をいう。従つて、会計単位内部における原材料、半製品等の振替から生ずる振替損益は内部利益ではない。

　内部利益の除去は、本支店等の合併損益計算書において売上高から内部売上高を控除し、仕入高（又は売上原価）から内部仕入高（又は内部売上原価）を控除するとともに、期末たな卸高から内部利益の額を控除する方法による。これらの控除に際しては、合理的な見積概算額によることも差支えない。

|38| **【注6】　内部利益とその除去の方法について**
|29| **【注5】　同　上**
*　修正前関連文言は《参考3》（43頁）に収録。

【注12】　特別損益項目について（損益計算書原則六）

　特別損益に属する項目としては次のようなものがある。
(1)　臨時損益
　イ　固定資産売却損益
　ロ　転売以外の目的で取得した有価証券の売却損益
　ハ　災害による損失
(2)　前期損益修正
　イ　過年度における引当金の過不足修正額
　ロ　過年度における減価償却の過不足修正額
　ハ　過年度におけるたな卸資産評価の訂正額
　ニ　過年度償却済債権の取立額

　なお、特別損益に属する項目であつても、金額の僅少なもの又は毎期経常的に発生するものは、経常損益計算に含めることができる。

|38| **【注10】　前期損益修正その他繰越利益剰余金増減項目について**
|29| **【注10】　前期損益修正項目の例示について**
*　修正前関連文言は《参考4》（44頁）に収録。

【注13】　法人税等の追徴税額等について（損益計算書原則八）

　法人税等の更正決定等による追徴税額及び還付税額は、税引前当期純利益に加減して表示する。この場合、当期の負担に属する法人税額等とは区別することを原則とするが、重要性の乏しい場合には、当期の負担に属するものに含めて表示することができる。

|49| （新　設）

【注14】　削　除

*　昭和57年修正で、負債性引当金が引当金に修正された。
|49| **【注14】　負債性引当金以外の引当金について**（損益計算書原則八及び

貸借対照表原則二)

負債性引当金以外の引当金を計上することが法令によつて認められているときは、当該引当金の繰入額又は取崩額を税引前当期純利益の次に特別の科目を設けて記載し、税引前当期利益を表示する。

この場合には、当期の負担に属する法人税額、住民税額等を税引前当期利益から控除して当期利益を表示する。

なお、負債性引当金以外の引当金の残高については、貸借対照表の負債の部に特定引当金の部を設けて記載する。

【注15】　将来の期間に影響する特定の費用について（貸借対照表原則一のD及び四の㈠のC）

「将来の期間に影響する特定の費用」とは、すでに代価の支払が完了し又は支払義務が確定し、これに対応する役務の提供を受けたにもかかわらず、その効果が将来にわたつて発現するものと期待される費用をいう。

これらの費用は、その効果が及ぶ数期間に合理的に配分するため、経過的に貸借対照表上繰延資産として計上することができる。

なお、天災等により固定資産又は企業の営業活動に必須の手段たる資産の上に生じた損失が、その期の純利益又は当期未処分利益から当期の処分予定額を控除した金額をもつて負担しえない程度に巨額であつて特に法令をもつて認められた場合には、これを経過的に貸借対照表の資産の部に記載して繰延経理することができる。

【注16】　流動資産又は流動負債と固定資産又は固定負債とを区別する基準について（貸借対照表原則四の㈠及び㈡）

受取手形、売掛金、前払金、支払手形、買掛金、前受金等の当該企業の主目的たる営業取引により発生した債権及び債務は、流動資産又は流動負債に属するものとする。ただし、これらの債権のうち、破産債権、更生債権及びこれに準ずる債権で１年以内に回収されないことが明らかなものは、固定資産たる投資その他の資産に属するものとする。

貸付金、借入金、差入保証金、受入保証金、当該企業の主目的以外の取引によつて発生した未収金、未払金等

38　【注12】　将来の期間に影響する特定の費用について

29　【注12】　将来の期間に影響する営業経費について

【注13】　巨額の臨時的損失の繰延について

＊　修正前関連文言は《参考５》（44頁）に収録。

38　【注13】　流動資産又は流動負債と固定資産又は固定負債とを区別する一定の基準について（貸借対照表原則四の㈠及び㈡）

受取手形、売掛金、前払金その他の債権又は支払手形、買掛金、前受金その他の債務のうち、貸借対照表日から起算して１年以内に入金又は支払の期限が到来するものは、流動資産又は流動負債に属するものとし、入金又は支払の期限が１年をこえて

の債権及び債務で、貸借対照表日の翌日から起算して1年以内に入金又は支払の期限が到来するものは、流動資産又は流動負債に属するものとし、入金又は支払の期限が1年をこえて到来するものは、投資その他の資産又は固定負債に属するものとする。

現金預金は、原則として、流動資産に属するが、預金については、貸借対照表日の翌日から起算して1年以内に期限が到来するものは、流動資産に属するものとし、期限が1年をこえて到来するものは、投資その他の資産に属するものとする。

所有有価証券のうち、証券市場において流通するもので、短期的資金運用のために一時的に所有するものは、流動資産に属するものとし、証券市場において流通しないもの若しくは他の企業を支配する等の目的で長期的に所有するものは、投資その他の資産に属するものとする。

前払費用については、貸借対照表日の翌日から起算して1年以内に費用となるものは、流動資産に属するものとし、1年をこえる期間を経て費用となるものは、投資その他の資産に属するものとする。未収収益は流動資産に属するものとし、未払費用及び前受収益は、流動負債に属するものとする。

商品、製品、半製品、原材料、仕掛品等のたな卸資産は、流動資産に属するものとし、企業がその営業目的を達成するために所有し、かつ、その加工若しくは売却を予定しない財貨は、固定資産に属するものとする。

なお、固定資産のうち残存耐用年数が1年以下となつたものも流動資産とせず固定資産に含ませ、たな卸資産のうち恒常在庫品として保有するもの若しくは余剰品として長期間にわたつて所有するものも固定資産とせず流動資産に含ませるものとする。

到来するものは、固定資産たる投資又は固定負債に属するものとする。

差入保証金、受入保証金、営業の主要目的以外の売買契約の履行によつて発生した未収入金、未払金等の分類についても前項に準じて処理するものとする。

現金は、原則として、流動資産に属するが、預金については、貸借対照表日から起算して1年以内に期限が到来するものは流動資産に属するものとし、期限が1年をこえて到来する預金等は、投資に属するものとする。

所有有価証券のうち、証券市場において流通するもので、短期的資金運用のために一時的に所有するものは、流動資産に属するものとし、証券市場において流通しないもの若しくは他の企業を支配する目的で長期的に所有するものは、投資に属するものとする。

分割返済の定めのある債権又は債務のうち、契約期間が1年以内のものは、流動資産又は流動負債に属するものとし、契約期間が1年をこえるものは、投資又は固定負債に属するものとする。但し、一般の慣行上このような区分が不可能であるか若しくは困難である場合には、債権については全部を投資に、債務については全部を流動負債に計上することができる。この場合、できれば、そのうち1年以内に弁済を受けるべき債権又は1年以内に支払うべき債務の予定額を、適当な方法によつて貸借対照表に付記することが望ましい。

前払費用については、貸借対照表日から起算して1年以内に費用となるものは、流動資産に属するものと

し、1年をこえる期間を経て費用となるものは、繰延勘定に属するものとする。未払費用及び前受収益は、すべて流動負債に属するものとする。

棚卸資産及び有形固定資産については、債権債務の場合と異なり、厳密に1年の期間を基準として区分することは困難であり、且つ、必ずしも必要ではないので次のように分類する。

(1) 商品、製品、半製品、原材料、仕掛品等の棚卸資産は、流動資産に属するものとし、企業がその営業目的を達成するために所有し、且つ、その加工若しくは売却を予定しない財貨は、固定資産に属するものとする。

(2) 固定資産のうち耐用年数が1年未満となつたものも流動資産とせず固定資産に含ませ、棚卸資産のうち恒常在庫品として保有するもの若しくは余剰品として長期間にわたつて所有するものも固定資産とせず流動資産に含ませるものとする。

38 【注18】　市場性ある有価証券について（貸借対照表原則四のAの2項及び貸借対照表原則五のB）

市場性ある有価証券のうち株式については、取引所の相場のあるものをいう。

49 【注17】　貸倒引当金又は減価償却引当金の控除形式について（貸借対照表原則四の(一)のBの5項及びDの1項）

貸倒引当金又は減価償却引当金は、その債権又は有形固定資産が属する科目ごとに控除する形式で表示することを原則とするが、次の方法によることも妨げない。

(1) 2以上の科目について、貸倒引

【注17】　貸倒引当金又は減価償却累計額の控除形式について（貸借対照表原則四の(一)のBの5項及びDの1項）

貸倒引当金又は減価償却累計額は、その債権又は有形固定資産が属する科目ごとに控除する形式で表示することを原則とするが、次の方法によることも妨げない。

(1) 2以上の科目について、貸倒引当金又は減価償却累計額を一括して記載する方法

(2) 債権又は有形固定資産について、貸倒引当金又は減価償却累計額を控除した残額のみを記載し、当該貸倒引当金又は減価償却累計額を注記する方法

【注18】 引当金について（貸借対照表原則四の㈠のDの1項、㈡のAの3項及びBの2項）

　将来の特定の費用又は損失であつて、その発生が当期以前の事象に起因し、発生の可能性が高く、かつ、その金額を合理的に見積ることができる場合には、当期の負担に属する金額を当期の費用又は損失として引当金に繰入れ、当該引当金の残高を貸借対照表の負債の部又は資産の部に記載するものとする。

　製品保証引当金、売上割戻引当金、返品調整引当金、賞与引当金、工事補償引当金、退職給与引当金、修繕引当金、特別修繕引当金、債務保証損失引当金、損害補償損失引当金、貸倒引当金等がこれに該当する。

　発生の可能性の低い偶発事象に係る費用又は損失については、引当金を計上することはできない。

当金又は減価償却引当金を一括して記載する方法

⑵　債権又は有形固定資産について、貸倒引当金又は減価償却引当金を控除した残額のみを記載し、当該貸倒引当金又は減価償却引当金を注記する方法

49 **【注18】 負債性引当金について**（貸借対照表原則四の㈡のAの3項及びBの2項）

　将来において特定の費用（又は収益の控除）たる支出が確実に起ると予想され、当該支出の原因となる事実が当期においてすでに存在しており、当該支出の金額を合理的に見積ることができる場合には、その年度の収益の負担に属する金額を負債性引当金として計上し、特定引当金と区別しなければならない。

　製品保証引当金、売上割戻引当金、景品費引当金、返品調整引当金、賞与引当金、工事補償引当金、退職給与引当金等がこれに該当する。

　負債性引当金は、金額は未確定であるが、その支出は確実に起ると予想されるものであるから、偶発損失についてこれを計上することはできない。

38 **【注16】 引当金について**（貸借対照表原則四の㈡のAの3項及びBの2項）

　引当金には評価勘定に属するものと負債的性質をもつものとの区別があるが、後者については、流動負債に属するものと固定負債に属するものとを区別する必要がある。

⑴　納税引当金、修繕引当金のように将来における特定の支出に対する引当額が比較的短期間に使用される見込のものは、流動負債に属するものとする。

(2) 退職給与引当金、船舶等の特別
修繕引当金のように相当の長期間
を経て実際に支出が行なわれるこ
とが予定されているものは、固定
負債に属するものとする。

29 **【注17】 引当金について**（貸借対照
表原則四の㈡のＡの３項及びＢの
２項）

(前段文言省略)

(1) 納税引当金、修繕引当金、渇水
準備金のように将来における特定
の支出に対する引当額が比較的短
期間に使用される見込のものは、
流動負債に属するものとする。

(2) （文言省略）

49 剰余金について

38 剰余金の区分について

29 剰余金とその区分について

＊ 修正前関連文言は《参考６》（45頁）に
収録。

【注19】 剰余金について（貸借対照表原則四の㈢）

会社の純資産額が法定資本の額をこえる部分を剰余金
という。

剰余金は、次のように資本剰余金と利益剰余金とに分
れる。

(1) 資本剰余金

株式払込剰余金、減資差益、合併差益等

なお、合併差益のうち消滅した会社の利益剰余金に
相当する金額については、資本剰余金としないことが
できる。

(2) 利益剰余金

利益を源泉とする剰余金

【注20】 減価償却の方法について（貸借対照表原則五の２
項）

固定資産の減価償却の方法としては、次のようなもの
がある。

(1) 定額法 固定資産の耐用期間中、毎期均等額の減価
償却費を計上する方法

(2) 定率法 固定資産の耐用期間中、毎期期首未償却残
高に一定率を乗じた減価償却費を計上する方法

(3) 級数法 固定資産の耐用期間中、毎期一定の額を算
術級数的に逓減した減価償却費を計上する方法

(4) 生産高比例法 固定資産の耐用期間中、毎期当該資
産による生産又は用役の提供の度合に比例した減価償
却費を計上する方法

この方法は、当該固定資産の総利用可能量が物理的

49 （新　設）

に確定でき、かつ、減価が主として固定資産の利用に比例して発生するもの、例えば、鉱業用設備、航空機、自動車等について適用することが認められる。

なお、同種の物品が多数集まつて1つの全体を構成し、老朽品の部分的取替を繰り返すことにより全体が維持されるような固定資産については、部分的取替に要する費用を収益的支出として処理する方法（取替法）を採用することができる。

【注21】　たな卸資産の貸借対照表価額について（貸借対照表原則五のAの1項）

(1)　たな卸資産の貸借対照表価額の算定のための方法としては、次のようなものが認められる。

イ　個別法　たな卸資産の取得原価を異にするに従い区別して記録し、その個々の実際原価によつて期末たな卸品の価額を算定する方法

ロ　先入先出法　最も古く取得されたものから順次払出しが行われ、期末たな卸品は最も新しく取得されたものからなるものとみなして期末たな卸品の価額を算定する方法

ハ　後入先出法　最も新しく取得されたものから払出しが行われ、期末たな卸品は最も古く取得されたものからなるものとみなして期末たな卸品の価額を算定する方法

ニ　平均原価法　取得したたな卸資産の平均原価を算出し、この平均原価によつて期末たな卸品の価額を算定する方法

平均原価は、総平均法又は移動平均法により算出する。

ホ　売価還元原価法　異なる品目の資産を値入率の類似性に従つて適当なグループにまとめ、1グループに属する期末商品の売価合計額に原価率を適用して期末たな卸品の価額を算定する方法

この方法は、取扱品種のきわめて多い小売業及び卸売業におけるたな卸資産の評価に適用される。

(2)　製品等の製造原価については、適正な原価計算基準に従つて、予定価格又は標準原価を適用して算定した原価によることができる。

38　**【注17】　資産の貸借対照表価額について**（貸借対照表原則五のAの1項及びF）

棚卸資産の取得原価とは、当該資産の購入又は製造のために実際に費した金額をいうが、製造に係る資産の取得原価については、「原価計算基準」に従つて、予定価格又は標準原価を適用して算定された原価をも含むものとする。

原材料ばかりでなく、一般に棚卸資産の棚卸原価の算定のために先入先出法、後入先出法、平均原価法等の棚卸方法を適用することができる。この場合、必要に応じ、棚卸資産の種類によつて異なる棚卸方法を選択適用することができる。たとえば、原材料に先入先出法を適用し、半製品に平均原価法を適用するというような場合はその例である。

（後段文言は38年修正で注22に移記された）

29　**【注18】　資産の貸借対照表価額について**（貸借対照表原則五のAの1項及びF）

棚卸資産の取得原価とは、当該資産の購入又は製造のために実際に費した金額をいうのであるが、製造に係る資産の取得原価については、原価計算の基準及び一定の原価計算方法に基き、標準価格又は予定価格を適用して算定された原価をも含むものとする。

【注22】　社債の貸借対照表価額について（貸借対照表原則
五のBの1項）

　　所有する社債については、社債金額より低い価額又は
高い価額で買入れた場合には、当該価額をもつて貸借対
照表価額とすることができる。この場合においては、そ
の差額に相当する金額を償還期に至るまで毎期一定の方
法で逐次貸借対照表価額に加算し、又は貸借対照表価額
から控除することができる。

（後段文言は38年修正で注22に移記
された）

38　【注17】　資産の貸借対照表価額につ
　　　いて（貸借対照表原則五のAの1
　　　項及びF）

　　投資有価証券は、原則として、取
得原価によつて記載するが、投資株
式については、当該会社の財政状態
を反映する株式の実価がその取得原
価よりもいちじるしく低下した場合
には、相当の減額をしなければなら
ない。長期保有の社債については、
社債金額より低い価額で買入れた場
合には、その差額に相当する額を償
還期に至るまで毎期一定の方法で貸
借対照表価額に増額し、社債金額よ
り高い価額で買入れた場合には、そ
の差額に相当する額を償還期に至る
まで毎期一定の方法で社債の貸借対
照表価額から減額することができる。

29　【注18】　資産の貸借対照表価額につ
　　　いて（貸借対照表原則五のAの1
　　　項及びF）

　　投資に属する資産の投資価値とは、
額面以下で取得した投資公社債等の
実価の増加を反映する価額又は子会
社に対する投資株式の実価を反映す
る価額をいう。

49　（新　設）

【注23】　債権の貸借対照表価額について（貸借対照表原則
五のC）

　　債権については、債権金額より低い価額で取得したと
きその他これに類する場合には、当該価額をもつて貸借
対照表価額とすることができる。この場合においては、
その差額に相当する金額を弁済期に至るまで毎期一定の
方法で逐次貸借対照表価額に加算することができる。

【注24】　国庫補助金等によつて取得した資産について（貸
借対照表原則五のDの1項及びF）

　　国庫補助金、工事負担金等で取得した資産については、
国庫補助金等に相当する金額をその取得原価から控除す
ることができる。

　　この場合においては、貸借対照表の表示は、次のいず

49　（新　設）

れかの方法によるものとする。

(1) 取得原価から国庫補助金等に相当する金額を控除する形式で記載する方法

(2) 取得原価から国庫補助金等に相当する金額を控除した残額のみを記載し、当該国庫補助金等の金額を注記する方法

【注25】 営業権について（貸借対照表原則五の E）　　49　（新　設）

　営業権は、有償で譲受け又は合併によつて取得したものに限り貸借対照表に計上し、毎期均等額以上を償却しなければならない。

【参 考】 修正経過の補足資料

《参考1》 次に掲記するのは、28頁の修正関連文言である。

49　**【注2】 資本取引と損益取引との区別について**（一般原則三）

　＊ 昭和57年修正で、株式発行差金が株式払込剰余金に修正された。

38　**【注8】 「正当な理由がなければ、資本剰余金を利益剰余金に直接又は間接に振り替えてはならない。」という意味について**（損益計算書原則六の2項）

　固定資産の償却不足額を陳腐化を理由として当該固定資産の評価差益（又は再評価積立金）に負担せしめ、又は新株の不公正発行による株式引受人の拠出資額から必要費用を控除するような会計処理は、正当な理由なしに資本剰余金を間接に利益剰余金に振り替えたこととなる。又資本的支出に充てられた工事負担金を利益剰余金に算入した場合は、正当な理由なしに資本剰余金を直接に利益剰余金に振り替えたことにほかならない。

　企業会計原則において認められる「正当な理由」による振替の主な例としては、次のような場合がある。

(1) 利益剰余金をもつてなお填補することのできない欠損の填補に充てるため資本剰余金を取り崩して使用する場合

(2) 建設助成金又は工事負担金によつて建設した固定資産が、災害その他の理由で滅失し又は廃棄されたことによつて生じた財産損失を建設助成金又は工事負担金をもつて填補する場合

(3) 再評価した固定資産の陳腐化による減価を当該資産の評価差益（又は再評価積立金）に負担させる場合

(4) 資本助成のため贈与された資産に関する評価損を当該贈与剰余金に負担させる場合

29　**【注7】 「正当な理由がなければ、資本剰余金を利益剰余金に直接又は間接に振り替えてはならない。」という意味について**（損益計算書原則六の2項）

（前段文言省略）

　企業会計原則において認められる「正当な理由」による直接振替又は間接振替の主な例としては、次のような場合がある。

(1) 直接振替の例

　イ 利益剰余金をもつてなお填補することのできない欠損の填補に充てるため資本剰余金を取り崩して使用する場合

　ロ 建設助成金又は工事負担金によつて建設した固定資産が、災害その他の理由で滅失し又は廃棄されたことによつて生じた財産損失を建設助成金又は工事負担金

をもつて塡補する場合

(2) 間接振替の例

イ 再評価した固定資産の陳腐化による減価を当該資産の評価差益（又は再評価積立金）に負担させる場合

ロ 資本助成のため贈与された資産に関する評価損を当該贈与剰余金に負担させる場合

《参考2》 次に掲記するのは、33頁の修正関連文言である。

38 **【注5】 低価主義等の評価基準の適用に基く評価損について**（損益計算書原則三のDの1項及び貸借対照表原則五のA）

商品、製品、原材料等の棚卸資産の棚卸評価については、低価主義の適用が認められているから、評価損の生ずる場合がある。低価主義の適用に基く評価損と、低価主義以外の理由から生ずる評価損とは、会計上区別し、次のように処理することが望ましい。

(1) 商品、製品等直接に販売することを目的とする棚卸資産に低価主義を適用する場合に生ずる評価損については、損益計算書における期末棚卸高と貸借対照表記載の期末棚卸高とを合致させ、評価損を自動的に売上原価の科目に算入する。

原材料に対する評価損については、売上原価の内訳科目として原材料評価損の科目で記載する。

(2) 貸借対照表原則五のAの第1項但書の場合の評価損については、(1)に準じて処理する。

(3) 棚卸資産に関する品質低下、陳腐化、減耗等の原因によつて生ずる評価損については、それが原価性を有しないものと認められる場合には、これを営業外費用として処理する。これらの評価損が原価性を有するものであれば、製造原価、売上原価又は販売費に算入する。

29 **【注4】 低価主義等の評価基準の適用に基く評価損について**（損益計算書原則三のDの1項及び貸借対照表原則五のAの2項）

商品、製品、原材料等の棚卸資産の棚卸評価については、低価主義の適用が認められているから、評価損の生ずる場合がある。低価主義の適用に基く評価損と、低価主義以外の理由から生ずる評価損とは、会計上区分し、次のように処理することが望ましい。

(1) 商品、製品等直接に販売することを目的とする棚卸資産に対し、低価主義を適用する場合に生ずる評価損については、損益計算書における期末棚卸高と貸借対照表記載の期末棚卸高とを合致させ、評価損を自動的に売上原価の科目に算入する。

原材料に対する評価損については、売上原価の内訳科目として原材料評価損の科目で記載する。

(2) 棚卸資産に関する品質低下、陳腐化、減耗等の原因によつて生ずる評価損については、それが原価性を有しないものと認められた場合には、これを営業外費用として処理する。これらの評価損が原価性を有するものであれば、製造原価又は売上原価に算入する。

《参考3》 次に掲記するのは、34頁の修正関連文言である。

38 **【注6】 内部利益とその除去の方法について**（損益計算書原則三のF）

内部利益とは、原則として、本店、支店、事業部等の企業内部における独立した会計単位相互間の内部取引から生ずるものをいう。従つて、会計単位内部における原材料、半製品等の振替から生ずる振替損益は内部利益ではない。

内部利益の除去は、原則として、本支店等の合併損益計算書において売上高から内部売上を控除し、仕入高又は売上原価から内部仕入を控除するとともに、期末棚卸高から内部利益の分を控除する方法による。

この方法によりがたい場合には、本支店等の合併損益計算書において、本支店等相互間

の売上高及び仕入高はそのままとしておき、期末棚卸高から内部利益の分を控除する方法による。

29 【注5】　内部利益とその除去の方法について（損益計算書原則三のF）

内部利益とは、原則として、本店、支店等の企業内部における独立した会計単位相互間の内部取引から生ずるものをいう。従つて、会計単位内部における原材料、半製品等の振替から生ずる振替損益は内部利益とはみなされない。

内部利益の除去の方法には次の二つがあり、そのいずれかを選択適用することができる。

(1)　本支店合併損益計算書によつて本店の売上高から「支店へ売上」を控除し、支店の仕入高又は支店の売上原価から「本店より仕入」を控除するとともに支店の期末棚卸高から内部利益の分を控除する方法

(2)　本支店合併損益計算書において、本支店間の売上高及び仕入高はそのままとしておき期末棚卸高から内部利益の分を控除する方法

《参考4》　次に掲記するのは、34頁の修正関連文言である。

＊　昭和57年修正で、負債性引当金が引当金に修正された。

38 【注10】　前期損益修正その他繰越利益剰余金増減項目について（損益計算書原則七の2項）

前期損益修正その他繰越利益剰余金増減項目としては次のようなものがある。

(1)　貸倒引当金、渇水準備金、特別修繕引当金等の戻入額

(2)　過年度における減価償却の過不足修正額

(3)　過年度における棚卸資産評価の訂正額、価格変動準備金その他棚卸資産準備金の戻入額

(4)　過年度償却済債権の取立額

(5)　法人税の更正決定等による追徴税額及び還付税額

前期損益修正は、原則として利益剰余金調整の方法によつて行うが、金額の僅少なもの又は毎期経常的に発生するものは、毎期の損益計算書に通常の損益（営業外損益として記載する場合も含む。）として計上することを妨げない。

過年度の売上に対する戻り高及び値引又は割引等はその例である。

29 【注10】　前期損益修正項目の例示について（損益計算書原則七のA）

前期損益修正は、原則として、利益剰余金調整の方法によつて行うことになつているが、金額の僅少なもの又は毎期経常的に発生するものは、毎期の損益計算書に通常の損益（営業外損益として記載する場合も含む。）として計上することを妨げない。過年度の売上に対する戻り高及び値引又は割引等は、その例である。前期損益修正項目としては次のようなものがある。

(1)　貸倒引当金又は貸倒準備金、渇水準備金、特別修繕引当金等の戻入額

(2)　過年度における減価償却の過不足修正額

(3)　過年度における棚卸資産評価の訂正額、価格変動準備金その他棚卸資産準備金の戻入額

(4)　過年度償却済債権の取立額

(5)　法人税の更正決定等による追徴税額及び還付税額

《参考5》　次に掲記するのは、35頁の修正関連文言である。

38 【注12】　将来の期間に影響する特定の費用について（貸借対照表原則一のD）

「将来の期間に影響する特定の費用」とは、既に代価の支払が完了し又は支払義務が確定し、これに対応する役務の提供を受けたにもかかわらず、その効果が将来に発現するものと期待される費用をいう。たとえば、開発費、広告宣伝費などで、その効果が次期以後の数期間に及ぶものは、これを数期間に配分するため、経過的に貸借対照表上の資産として計

上することができる。

（後段文言省略）

29 【注12】　**将来の期間に影響する営業経費について**（貸借対照表原則一のD）

「将来の期間に影響する営業経費」とは、既に代価の支払が完了し又は支払義務が確定し、これに対応する役務の提供を受け取つたにもかかわらず、その効果が将来に発現するものと期待される営業経費をいう。たとえば開発費、広告宣伝費などでその支払がある会計期間に行われたとしてもその効果が次期以後の数期間に及ぶ営業経費は、これを費用として数期間に配分するため、経過的に貸借対照表上の資産として計上することができる。

29 【注13】　**巨額の臨時的損失の繰延について**（貸借対照表原則一のD）

天災、戦災などの災害により固定資産又は企業の営業活動に必須の手段たる資産の上に生じた損失すなわち資本的損失が、その期の純利益又は当期未処分利益剰余金から当期の処分予定額を控除した金額をもつて負担しえない程度に巨額である場合には、これを経過的に貸借対照表の資産の部に記載して繰延経理することを認める必要がある。

臨時巨額の損失の繰延経理を認める条件は次のとおりである。

イ　資本的損失が当期未処分利益剰余金から当期の処分予定額を控除した金額で填補しえない額であること

ロ　一定年間に利益剰余金をもつて償却すること

《参考6》　次に掲記するのは、39頁の修正関連文言である。

49 【注19】　**剰余金について**（貸借対照表原則四の（三））

（前段文言省略）

(1)　資本剰余金

株式発行差金（額面超過金）、無額面株式の払込剰余金、減資差益、合併差益等

なお、合併差益のうち消滅した会社の利益剰余金に相当する金額については、資本剰余金としないことができる。

38 【注7】　**剰余金とその区分について**（損益計算書原則六の1項及び貸借対照表原則四の（三）のBの1項）

剰余金とは、会社の純資産額が法定資本の額をこえる部分をいう。

剰余金は、次のように資本剰余金と利益剰余金とに区別する。

(1)　資本剰余金

株式発行差金（額面超過金）、無額面株式の払込剰余金、減資差益、合併差益、再評価積立金、会社更生及び整理等に基き生じた固定資産評価差益、資本的支出に充てられた国庫補助金（建設助成金）及び工事負担金、資本補填を目的とする贈与剰余金又は債務免除益、貨幣価値の変動に基き生じた保険差益等の資本取引によつて生ずる剰余金

商法第288条ノ2の第1項第5号の合併差益のうち、同条第2項によつて利益準備金等に組入れたものについては、資本剰余金から除外するものとする。

29 【注6】　**剰余金とその区分について**（損益計算書原則六の1項及び貸借対照表原則四の（三）のBの1項）

剰余金とは、会社の純資産額が法定資本の額をこえる部分をいう。

剰余金は、次のように資本剰余金と利益剰余金とに区別する。

(1)　資本剰余金

株式発行差金（額面超過金）、無額面株式の払込剰余金、合併差益、資本的支出に充てられた国庫補助金（建設助成金）及び工事負担金、資本補填を目的とする贈与剰余金又は債務免除益、減資差益、固定資産評価差益、再評価積立金、貨幣価値の変動に基き生じた保険差益並びに自己株式の処分等の資本取引によつて生ずる剰余金

＊　下記の注記関連文言は昭和49年修正で削除された。

38 【注9】　資本剰余金及び利益準備金で欠損を
　　　填補する場合の取崩しの順位並びにこの場
　　　合における財務諸表記載の方法について
　　（損益計算書原則六の3項）
　　欠損填補のための資本剰余金及び利益準備
金の使用は、次の順位による。
(1)　(3)及び(4)以外の資本剰余金
(2)　利益準備金
(3)　固定資産評価差益（再評価積立金を含
　　む。）、合併差益及び減資差益を財源とする
　　資本剰余金
(4)　株式発行差金（額面超過金）及び無額面
　　株式の払込剰余金を財源とする資本剰余金
　　資本剰余金を欠損填補に充てた場合には、
その処分額は、資本剰余金の項目別に資本剰
余金計算書に記載し、貸借対照表には各項目
別の期末残高を記載すればよい。但し、この
場合には欠損填補のため資本剰余金を使用し
た旨を脚注その他適当な方法で貸借対照表に
付記しなければならない。利益準備金をもつ
て欠損を填補した場合もこれに準ずる。

29 【注8】　資本剰余金で欠損を填補する場合の
　　　取崩しの順位について（損益計算書原則六
　　　の3項）
　　欠損填補のための資本剰余金の使用は、次
の順位による。
(1)　その他の資本剰余金
(2)　固定資産評価差益（再評価積立金を含
　　む。）、合併差益及び減資差益を財源とする
　　資本剰余金
(3)　株式発行差金（額面超過金）及び無額面
　　株式の払込剰余金を財源とする資本剰余金

29 【注9】　資本剰余金で欠損を填補した場合に
　　　おける財務諸表記載の方法について（損益
　　　計算書原則六の3項）
　　資本剰余金を欠損填補に充てた場合には、
その処分額は、原則として、資本剰余金の項
目別に剰余金計算書に記載し、貸借対照表に
は各項目別の期末残高を記載すればよい。但
し、この場合、欠損填補のため資本剰余金を
使用した旨を脚注その他適当な方法で貸借対
照表に付記しなければならない。

負債性引当金等に係る企業会計原則注解の修正に関する解釈指針

（昭和57年4月20日 企業会計審議会）

　企業会計審議会は、昭和57年4月20日「企業会計原則」の一部修正を行つたが、このうち、企業会計原則注解18に定める「負債性引当金について」及び同注解14に定める「負債性引当金以外の引当金について」に関する規定の修正の趣旨及び主な修正理由は、次のとおりである。

一　企業会計原則注解18に定める「負債性引当金について」の修正について

　今回の修正に当たつては、負債性引当金のみでなく、広く会計上の引当金についてその概念・範囲を明らかにするとともに、修正前の注解18に定める負債性引当金に関する解釈上の疑義をできる限り解消すべく文言の一部修正を行つた。

①　修正前の注解では、負債性引当金の概念・範囲を定めているが、負債性引当金と評価性引当金（例・貸倒引当金）は、いずれも将来の特定の費用又は損失の計上に係る引当金項目であり、その会計的性格は同一と考えられる。このため、企業会計原則上、両者を引当金として一本化するとともに、この趣旨に沿つて名称等を修正した。

　なお、修正前の「企業会計原則」では、減価償却費の累計額を「減価償却引当金」としていたが、当該累計額の性格・概念は、修正後の企業会計原則注解18に定める引当金に該当しないと考えられるので、減価償却引当金を「減価償却累計額」に修正した。

②　修正前の注解では、負債性引当金の計上範囲を「特定の費用（又は収益の控除）たる支出」としているが、「特定の費用」には「特定の損失」（例・債務保証損失引当金及び損害補償損失引当金の繰入対象となる損失）も含まれるので、その文意を明確にするため、

これを「特定の費用又は損失」に修正した。

　なお、「収益の控除」に係る引当金も含まれることは、従前と同様である。

③　修正前の注解では、負債性引当金の設定要件の一つとして「将来において特定の費用たる支出が確実に起ると予想され」としているが、「確実に起ると予想され」の文意は、特定の費用又は損失に係る事象の発生の確率がかなり高いとの意味であるので、その文意を明確にするため、「確実に起ると予想され」を「発生の可能性が高く」に修正した。

④　修正前の注解では、「偶発損失についてこれを計上することはできない」としているが、これは偶発損失の引当計上をすべて否定しているものではなく、発生の可能性が低い場合の引当計上を禁止しているものである。この趣旨を明らかにするため、「発生の可能性の低い偶発事象に係る費用又は損失については、引当金を計上することはできない」と修正した。

⑤　修正後の注解18に掲げられている引当金項目は、実務の参考に供するための例示であるが、この例示に関しては、次の点に留意することを要する。

　すなわち、この例示は、このような科目・名称を用いれば、いかなる引当項目もその性格・金額等のいかんにかかわらず、すべて注解18に定める引当金として正当視されることを意味するものではない。また、この例示は、未払金又は未払費用として処理されるべき項目を引当金として処理すべきことを要求しているものでもない。例えば、注解に「賞与引当金」が掲げられているが、これは、従業員に対する賞与の引当計上が同注解に定める引当金の要件に該当する場合には、これを賞与引当金として計上すべきことを定めているも

のであつて、その性格が未払賞与たるものについても、これを賞与引当金として処理すべきことを要求しているものではない。

二　企業会計原則注解14に定める「負債性引当金以外の引当金」の修正について

　修正前の企業会計原則注解14は、「負債性引当金以外の引当金を計上することが法令によつて認められる場合には、当該引当金残高を負債の部の特定引当金の部に記載する」旨を定めていたが、この規定は、本来、企業会計原則が負債性引当金以外の引当金の計上を容認する趣旨によるものではなく、商法第287条ノ2の規定の解釈上、負債性引当金に該当しないいわゆる利益留保性の引当金の計上が適法なものとして認められるのであれば、企業会計原則上、証券取引法監査と商法監査の一元化の観点から、この種の引当金の計上を認めざるを得ないと判断したことによるものである。

　しかしながら、今回の商法改正により、いわゆる利益留保性の引当金の計上はすべて排除されたので、もはやこのような注解を存置する必要性は認められなくなつた。これが同注解を削除することとした理由である。

　なお、現行実務上、特定引当金の部に掲げられているものの大部分は、①租税特別措置法上の準備金及び②特別法（いわゆる業法）上の準備金であるが、これらの準備金については、次のように取扱うことが妥当と考える。

(1)　租税特別措置法上の準備金について

　租税特別措置法上の準備金であつてもその実態が修正後の企業会計原則注解18に定める引当金に該当すると認められるものについては、損金処理方式により負債の部に計上することが妥当である。しかしながら、その他の準備金については、これを負債の部に計上することは適正な会計処理とは認められないこととなつたので、利益処分方式により資本の部へ計上しなければならないこととなる。

（注）　租税特別措置法上の準備金が修正後の企業会計原則注解18に定める引当金に該当するか

どうかの監査上の取扱いについては、日本公認会計士協会が関係者と協議のうえ必要な措置を講ずることが適当と考える。

(2)　特別法上の準備金について

①　特別法上の準備金は、特別の法令で負債の部に計上することが強制されているものであるが、この準備金のうち、修正後の注解18に定める引当金に該当するものであれば、当該準備金の特別法による処理は同注解に定める処理と異ならないので、企業会計原則上問題は生じない。

②　しかしながら、特別法上の準備金が同注解に定める引当金に該当しない場合には、当該準備金の特別法による処理は同注解に定める引当金の処理と食い違うことになる。この食い違いを避けるために、仮にこの種の準備金について特別法による処理を認める旨の注解を設けることとした場合には、一般に公正妥当と認められる企業会計の基準を定めるべき企業会計原則が、同注解に定める引当金以外のものを容認することになり、企業会計原則の本旨にそわないことになる。

③　特別法上の準備金に係る証券取引法上の運用に当たつては、当面、次のように取扱うことが適当と考える。すなわち、特別法上の準備金については、特定業種の公益性の観点から、その計上が特別の法令で強制されており、また、その繰入及び取崩しの条件が定められている等の事情を考慮して、特別法上の取扱いを認めることとする。

（参　考）

　改正前の商法第287条ノ2の規定に基づいて計上された引当金の残高のうち、利益留保性の引当金の残高を利益処分方式で計上し直す場合、一般の決算手続によれば当該引当金残高を変更年度の特別利益に計上し、同額を利益処分を通じて任意積立金に計上する方法が採られることになるが、この方法によると、多額の引当金残高が特別利益に計上されることになるので、引当金残高を負債の部から、直接、資本の部へ振替える方法を、経過的な措置として法令上認めることが適当と考える。

引当金の部を存置しないことを可とする企業会計審議会意見の理由について

昭和57年2月3日
企業会計審議会
会長　番場嘉一郎

企業会計審議会は、去る1月14日「法務省令制定に関する問題点に対する意見書」を決定した。この意見書で「引当金の部は存置すべきか」に関して、①引当金の部は存置しないことが妥当であること、②引当金の部の存置が法律上の債務でない引当金を計上していることを明らかにするために必要であるとする考え方によるものであるとすれば、その旨の注記を要求することでその趣旨は十分に活かされるものであること、を明らかにしているが、その具体的な理由は次のとおりであるので、御審議の参考にされたい。

一　廃止論の理由

1．企業会計原則のサイドからの理由

企業会計原則は、損益法・誘導法原理を採つており、引当金についてもこの原理に基づいて概念構成をしている。したがつて、債務たる引当金（例えば製品保証引当金）と債務でない引当金（例えば修繕引当金）を区別する考え方を採つていない。それ故、前者を流動負債又は固定負債の部に記載し、後者を引当金の部に記載する考え方には賛成できない。

2．商法サイドに立つての理由

① 新商法では利益留保性の引当金は排除され、公正な会計慣行に照らして費用性を有する引当金（債務たるものを除く）のみが商法第287条ノ2の引当金として計上できることに改められた。他方、商法は昭和37年改正以来、その計算規定について損益法・誘導法を採用している（矢澤惇「企業会計法講義（改訂版）」有斐閣、昭和48年、18ページ及び石井照久・鴻常夫「新版概説商法」勁草書房、昭和54年、208～209ページ）。したがつて、商法においても、上記1で述べた企業会計原則の考え方を採ることが妥当と考えられる。

② もつとも、商法第287条ノ2の引当金は、法律上の債務ではないから、たとえ損益法の原理上、その計上が強制されるとしても、商法上は「許容」される性格のものであり、したがつて、この種の引当金は、計上が「強制」される負債とは区分されるべきであるとの考え方が依然根強いと思われる。しかし、そのような区別記載は絶対に必要なものであるとはいえないことは、現行商法計算書類規則第33条第2項の規定に照らして明らかなところであり、注記を要求することで十分であると考える。

③ 商法上、第287条ノ2の引当金（非債務）を法律上の債務と区別することの実質的な意味・効果が明らかでない。継続企業の公準に立脚する会社会計（商法会計）の実質からみれば、引当金項目も債務項目も将来における資産減少を予定されている項目であり、商法の決算貸借対照表上、両者に本質的な差異はないと考えられる。

3．実際的な意義・効果からみた理由

新商法第287条ノ2の引当金に該当すると思われる引当金は、修繕引当金その他のごく限られたものにすぎないと考えられ、現行の企業会計原則注解18に例示されている負債性引当金項目は「すべて商法上の負債であるから、このような負債性引当金が商法第287条ノ2の引当金に該当するとする説は採用することができない。」（味村治「会社決算の法律と実務」税務研究会、昭和50年、201ページ）とされている。したがつて、新しい法務省令において引当金の部が存置されたとしても、この部の実際的意義・効果は乏しい。

二　存置論の理由とこれに対する批判

1．電気事業法・保険業法等の特別法によつて

強制される準備金・引当金の記載場所として必要である。

（批　判）

　この種の特別法については、現行の「特例省令」におけるように、法務省令の適用除外を明文化しておくか、又は法務省令の本文に除外規定を定めておけば十分であると考える。

2．商法第287条ノ2の引当金の中には、流動負債又は固定負債に分類することが困難なものがあるので、その記載場所として必要である。

（批　判）

① 分類の困難性から「引当金の部」が必要であるというのであれば、引当金に限らず、他の項目についても流動負債の部及び固定負債の部以外の記載区分が必要になる。例えば、金銭債務についても法務省令第28条に明らかなように、分類上の困難が予想されるものがあり、また、退職給与引当金のような条件付債務（商法第287条ノ2の引当金には該当しない。）についてもこれを流動・固定負債に分類することが難しいものが存在するので、このような負債項目についても流動・固定負債以外の記載区分が必要であるという論理になる。

② 公正な会計慣行として考えられている引当金は、条件付であると否とを問わず、将来の費用又は損失についてその「発生の可能性が高いもの」に限られるから、その計上時点において、その発生時期（支出等の時期）が全く不明のため、流動・固定負債の分類が不可能又は著しく困難であるということはない。かりに困難なものがあれば、財務の健全性の観点から、これを流動負債の部に記載することが、妥当な会計慣行である。

③ 分類が困難であるとの理由によって第3の区分（引当金の部）に当該引当金を記載することは、当該引当金の流動・固定分類についての判断を株主等に委ねてしまうことになり、したがって、取締役が会社の財産の状況を正しく示すべき責任を果さないことになると考えられる。

企業会計審議会
外貨建取引等会計処理基準

昭和54年6月26日
最終改正平成11年10月22日

外貨建取引等会計処理基準の設定について

昭和54年6月26日
企業会計審議会

一 経 緯

1. 当審議会においては、昭和43年5月以降、外貨建取引に係る会計処理の基準及び外貨建表示財務諸表項目に関する円換算の基準を「企業会計上の個別問題に関する意見」(以下、「個別意見」という。) の形で次のとおり公表してきた。

   (1) 個別意見第1 「外国通貨の平価切下げに伴う会計処理に関する意見」(昭和43年5月2日)。これは、昭和42年11月にポンドの平価切下げが行われたことに伴い、当面必要とされる主な会計処理基準を示したものである。

   (2) 個別意見第3 「外国為替相場の変動幅制限停止に伴う外貨建資産等の会計処理に関する意見」(昭和46年9月21日)。これは、米国の金兌換停止措置のために、昭和46年8月28日から外国為替の売買相場について、基準外国為替相場の上下1%という従来の変動幅の制限を暫定的に停止する措置が採られたことに伴つて、企業会計上必要とされる主な会計処理基準を示したものである。

   (3) 個別意見第4 「基準外国為替相場の変更に伴う外貨建資産等の会計処理に関する意見」(昭和46年12月24日)。これは、スミソニアン10か国蔵相会議の合意に基づき、昭和46年12月20日に、基準外国為替相場を従来の1米ドルにつき360円から308円に変更する措置が採られたことに伴つて、企業会計上必要とされる主な会計処理基準を示したものである。

   (4) 個別意見第5 「現行通貨体制のもとにお

ける外貨建資産等の会計処理に関する意見」(昭和47年7月7日)。これは、外国為替の売買相場の変動幅を基準外国為替相場の上下2.5%とする国際通貨体制のもとでの決算処理上必要とされる主な会計処理基準を示したものである。

   (5) 個別意見第6 「外国為替相場の変動幅制限停止中における外貨建資産等の会計処理に関する意見」(昭和48年3月29日)。これは、昭和48年2月14日に外国為替の売買相場について、基準外国為替相場の上下2.5%という従来の変動幅の制限が停止されたことに伴い、この措置のもとでの決算処理上必要とされる主な会計処理基準を示したものである。

2. 上記の各個別意見における外貨建取引等に関する会計処理基準は、ポンドの平価切下げ、為替変動幅の制限停止、基準外国為替相場の決定、変動相場制への移行等、重要な外国為替環境の変化に随時対処するためにとりまとめられたものである。したがつて、それらの会計処理基準は、当面必要とされる事項に限られていたため、いずれ適当な時期に、外貨建取引等に関する一般的、かつ、包括的な会計処理基準を設定すべき必要性に迫られていたところである。

3. 国際通貨体制としてのいわゆる変動相場制は、最近かなり定着してきており、また、わが国企業の海外活動も、この制度に慣熟し、外国為替市場の変化に適応した海外活動を行うに至つているように思われる。そこで当審議会としては、この客観情勢に即応した海外活動の包括的・一般的な会計処理基準を示すとともに、併せて、昭和53年3月期以降実施された連結財務諸表制度に関連して、在外子会社等の外貨表示財務諸表項目の換算の基準を示す必要を考慮し、外貨建取引等の会計処理及び財務諸表表示に関する

一般に公正妥当と認められる基準として、ここに「外貨建取引等会計処理基準」を公表する次第である。

二 「外貨建取引等会計処理基準」の性格

1. 当審議会において「外貨建取引等会計処理基準」をとりまとめるにあたつては、既に公表された個別意見、特にその個別意見第6に示された考え方を基調として審議を進めたが、外貨建取引等に係る包括的・一般的な会計処理基準を設定する際の基本的な考え方に関して特に問題となつた事項は、次の諸点である。

(1) 決算時の外貨換算に際していかなる為替相場を選択・適用すべきかについては、流動・非流動法、貨幣・非貨幣法、テンポラル法、決算日レート法等があるが、これらのうちいずれの方法を採るべきか

(2) 外貨建取引の発生日から当該取引に係る外貨建金銭債権債務の決済日に至るまでの間の為替相場の変動による為替差異すなわち為替換算差額及び為替決済損益の処理にあたり、2取引基準及び1取引基準のうちいずれの基準を採るべきか

(3) 為替相場の変動を企業会計上認識するにあたり、当該変動が企業会計に与えた確定的な影響すなわち為替決済損益のみを認識する考え方及び為替換算差額等当該変動が企業会計に与えている暫定的な影響をも認識する考え方のうちいずれの考え方を重視すべきか

これらの問題に関し、当審議会がいかなる考え方を採択したかについて結論を要約すれば、本基準では、(1)については本店及び在外支店の外貨建又は外貨表示貨幣項目の換算に関して貨幣・非貨幣法に流動・非流動法を加味した考え方を採択し、また在外支店のたな卸資産、有形固定資産等の非貨幣項目の換算に関してテンポラル法の考え方を採択し、さらに在外子会社等の外貨表示財務諸表項目の換算に関してテンポラル法の考え方を一部修正したものを採択することとした。

(2)については、外貨建取引と当該取引から生ずる外貨建金銭債権債務等に係る為替差異の発生は、それぞれ別個のものとして処理するという2取引基準の考え方を採つた。

以上、(1)及び(2)の問題のうち特に(1)の問題について本基準が採択した考え方は、結局、(3)に掲げた問題点をどのように考えるかに大きく依存しているところである。今日の企業会計においては、損益計算上不確実な換算差益を計上しないという単純な考え方は採られておらず、むしろ最近では企業内容の開示の観点から公表財務諸表において企業の財務内容の判断に必要なすべての情報の開示を強調する考え方が高まつてきている。これらの点を併せ考慮し、上記(3)に述べた2つの考え方のうち、後者の考え方も十分に考慮に入れる必要があるとの立場を採り、為替変動の暫定的な影響をも認識することが妥当であるとの考え方を採択した。前記(1)及び(2)の問題に関する当審議会の結論は、(3)に関するこのような考え方を反映しているものである。

ただし、為替相場の変動によつて生じた換算差額が不確実なものであるという考え方を考慮すれば、本基準によつて算出された換算差額については、これを確定的な利益として認識するかどうかに関して別途の考慮を必要とする場合もあろう。

2. 本基準は、現行の変動相場制のもとで通常生ずる為替相場の変動の枠内における包括的・一般的な会計処理及び開示の基準を指示したものであり、したがつて著しい為替相場の変動が生じた場合、通貨体制が変更された場合等、本基準を適用することが適当でないと認められる場合は、別途適切な措置を講ずることが必要となるであろう。

なお、外国為替の売買取引又は外貨建売買取引を主たる営業活動として営んでいる企業においては、外国為替相場の変動に対処するための企業活動に特殊性があり、本基準に示された会計処理及び表示方法をそのまま適用することが適当でないこともあると考えられる。かかる場合には、他の合理的な会計処理及び表示方法を採ることが認められる。

外貨建取引等会計処理基準の改訂について

（平成7年5月26日
企業会計審議会）

Ⅰ　経　緯

1．当審議会は、昭和54年6月26日、外貨建取引等の会計処理及び財務諸表表示に関する基準として「外貨建取引等会計処理基準」を設定し、昭和58年12月22日、外貨建長期金銭債権債務等に為替予約を付した場合の会計処理方法に関して、同基準の注解の追加を行った。

その後、外貨建取引等をめぐる内外の環境は、著しく変化した。すなわち、昭和59年の先物為替取引に係るいわゆる「実需原則」の撤廃、通貨オプション・通貨スワップ等の外貨建金融商品の出現、対外直接投資の拡大と在外子会社の位置づけの変化等、現行基準の設定当時には予測しえなかった多くの新しい事態が生じた。

2．当審議会は、こうした状況に鑑み、平成6年3月の総会において、「外貨建取引等会計処理基準」の見直しを審議事項とすることを決定した。これを受けて、同年4月以降、当審議会は、第一部会及び同小委員会において、外貨建取引等の現状、現行基準の問題点及び諸外国の会計基準等を調査検討しつつ、現行基準の見直しについて鋭意審議を重ね、本年2月、審議の結果を「外貨建取引等会計処理基準改訂案」として取りまとめてこれを公表し、広く各界からの意見を求めた。

第一部会及び同小委員会は、各界から寄せられた多数の意見を参考にしつつ更に審議を行い、「改訂案」を一部修正してここに改訂「外貨建取引等会計処理基準」（以下「改訂基準」という）を取りまとめ、公表することとした。

Ⅱ　改訂基準の要点と考え方

現行基準と対比しつつ、改訂基準の要点と考え方を示すと、以下のとおりである。

1．外貨建取引の換算基準

(1)　外貨建取引の処理基準としては、2取引基準の考え方を踏襲した。取引発生時以前に為替予約等を付することにより決済円貨額が確定している取引については、当該円貨額を付するという処理も現行基準のとおりである。この処理は1取引基準の考え方によるものであるとの指摘もあるが、このような取引は事実上の円建取引と考えられるため、現行基準の処理法を踏襲した。

(2)　決算時の換算基準は、現行基準と同様に、外貨建長期金銭債権債務については取得時又は発生時の為替相場、外貨建短期金銭債権債務については決算時の為替相場によることとした。ただし、外貨建長期金銭債権債務に重要な為替差損が生じているときは、決算時の為替相場により換算し、為替差損を認識することとした。これは、そのような重要な為替差損は、将来回復されるという確実な見通しがない限り、それが生じた期に認識すべきであるという考え方に基づいている。なお、この為替差損を認識するための会計処理としては、外貨建長期金銭債権債務を決算時の為替相場により換算することに代えて、引当金を設定するという処理も考えられるが、今回の改訂基準は外貨建金銭債権債務の換算という枠内にとどめることとして、この考え方はとらなかった。

(3)　為替予約の処理法としては、現行基準のいわゆる振当処理による方法を踏襲した。これは、わが国の実務において振当処理による方法が定着していることを考慮したためである。ただし、恣意的な振当を排除するため、決算時における包括予約は、原則として貸借対照表に計上されている外貨建金銭債権債務に振り当てることとした。

外貨建金銭債権債務に為替予約が付された場合における為替予約による円貨額と取得時または発生時の為替相場による円貨額との差額の処理については、短期・長期を問わず外貨建金銭債権債務の予約時までの為替相場の変動による為替差損益を予約時に認識すべきであるという

考え方もある。しかし、現行基準に基づく実務を考慮し、また、外貨建長期金銭債権債務は取得時または発生時の為替相場により換算し、為替相場の変動による損益は原則として認識しないという立場から、外貨建長期金銭債権債務に係る為替予約については、予約時までの為替相場の変動による為替差損益を含めて期間配分するという現行基準の処理法を踏襲した。

(4) 為替相場の変動による損益を減殺する手段である通貨オプション、通貨スワップについても、為替予約に関する現行基準の考え方に沿って、振当処理による方法の枠内で減殺効果を反映させる処理基準を示した。すなわち、通貨スワップ及び権利行使が確実に見込まれる買建通貨オプションについては、為替予約と同様の処理を行うこととした。

(5) 外貨建金銭債権と外貨建金銭債務を対応させることにより為替相場の変動による損益を減殺させている場合については、外貨建金銭債権債務の例外的な換算基準を折り込むことによって減殺効果を反映させる処理基準を示した。その1つは、外貨建長期金銭債権債務等について重要な為替差損を認識するに際して、対応する同一通貨建ての外貨建長期金銭債権債務等に係る為替差益を考慮することとしたことである。また、もう1つは、外貨建長期金銭債権債務等の為替差損益を減殺する目的で保有していると認められる同一通貨建ての外貨建短期金銭債権債務について、一定の要件を満たすものについては、これを換算上は外貨建長期金銭債権債務として扱うこととしたことである。これは、改訂基準では、いわゆるヘッジ会計に関する基準そのものは将来の検討に委ねるという立場から、ヘッジ効果を反映させるために損益を繰り延べるという方法は避け、外貨建金銭債権債務の換算という枠内で対処することとしたためである。

(6) 改訂基準では、いわゆるデリバティブ取引自体の会計基準も将来の検討に委ねるという立場から、振当処理で対応できる範囲内で、為替予約その他のデリバティブ取引の処理基準を示すにとどめた。このため、振り当てられないデリ

バティブ取引の損益は、現行基準と同様に決済基準で認識されることになる。しかし、これらのデリバティブ取引については、現行の会計慣行においても、為替相場の変動状況によっては偶発債務の注記が求められる場合もあり、特に、重要な損失が見込まれる場合は、引当金の設定が必要な場合もありうることに留意すべきである。

2．在外支店の財務諸表の換算基準

在外支店の財務諸表の換算基準は、現行基準のテンポラル法の考え方を踏襲した。これは、在外支店の財務諸表は個別財務諸表の構成要素となるので、本店の外貨建項目の換算基準と整合的であることが望ましいと判断したためである。

3．在外子会社等の財務諸表の換算基準

(1) 在外子会社等の財務諸表の換算基準は、現行基準を変更し、決算日レート法の考え方を採用した。現行基準のいわゆる修正テンポラル法については、いくつかの問題点が指摘されており、その再検討が求められてきた。改訂基準が決算日レート法の考え方を採用したのは、在外子会社等の独立事業体としての性格が強くなり、現地通貨による測定値そのものを重視する傾向が強まったことも1つの理由であるが、テンポラル法による財務諸表項目の換算が実務的に著しく困難になっているという事情を考慮したことが最も大きな理由である。

(2) 在外子会社等の財務諸表の換算に決算日レートを適用する方法にはいくつかの形態があると考えられるが、改訂基準の換算方法の要点は、次のとおりである。

① 資産及び負債は決算時の為替相場により換算する。

② 資本に属する項目については、親会社による株式取得時における項目は、株式取得時の為替相場により換算し、その他の項目は発生時の為替相場により換算する。

③ 収益及び費用は決算時の為替相場または期中平均相場により換算する。

④ 資産及び負債の換算に用いる為替相場と資本に属する項目の換算に用いる為替相場とが

異なることによって生じる換算差額は、為替換算調整勘定として、資産の部または負債の部に計上する。

(3) 当期純利益は決算時に確定されたものであるので、在外子会社等の貸借対照表の資本項目に含まれる当期純利益の額は決算時の為替相場により換算すべきであるという考え方を採れば、在外子会社等の収益及び費用は決算時の為替相場により換算するのが適切である。他方、当期純利益は1期間にわたって生じたものであるので、貸借対照表の資本項目に含まれる当期純利益の額は、期中平均相場により換算すべきであるという考え方を採れば、収益及び費用は期中平均相場により換算するのが適切である。期中平均相場による換算は、また、月次決算、四半期決算等の利益の累計額として年次利益を計算する場合とも整合する。これらの点を考慮して、改訂基準では、収益及び費用の換算基準として決算時の為替相場と期中平均相場のいずれを用いることも認めることとした。

(4) 改訂基準では、為替換算調整勘定を、貸借対照表上、資産の部または負債の部に記載することとしたが、これを資本の部に記載する考え方もある。両者の違いは、換算後の子会社等の資本の額として、決算時の為替相場により換算した資産・負債の差額を重視するか、取得時または発生時の為替相場により換算した資本項目の総額を重視するかにある。改訂基準がこれを資産の部または負債の部に記載することとしたのは、次のような考え方によっている。

すなわち、現地通貨による財務諸表そのものを重視する決算日レート法の主旨からすれば、現地通貨による子会社等の財務諸表上で資本の増減が認識された場合にのみ、換算後の当該子会社等の資本の増減を認識することになるが、為替換算調整勘定は子会社等の財務諸表の換算過程で生じるものであり、現地通貨で認識された子会社等の資本の増減を意味するものではない。したがって、これを資本の部に含めるのは適切ではないという考え方である。さらに、為替換算調整勘定を資本の部に記載すれば、事実

上、留保利益の増減を損益計算書を経由することなく認識することになるが、それは、わが国の現行制度上の基本的な考え方とも相容れないと考えたためである。

なお、この場合に貸借対照表の資産の部または負債の部に記載された為替換算調整勘定は、決算時の為替相場により換算した子会社等の資産・負債の差額を取得時または発生時の為替相場により換算した資本項目の総額に一致させるための、資産・負債全体に対する包括的な調整項目と解すべきものであり、資産性または負債性をもつ独立の項目を意味するものではない。

Ⅲ 改訂基準の適用

外国為替の売買取引または外貨建ての売買取引を主たる営業活動としている企業については、その企業の特殊性から、改訂基準に示された会計処理及び表示方法をそのまま適用することが適当でない場合も考えられる。このような場合に、他の合理的な会計処理及び表示方法を採用することが認められるのは、従前のとおりである。

外貨建取引等会計処理基準の改訂に関する意見書

（平成11年10月22日　企業会計審議会）

一 経 緯

当審議会は、外貨建取引に関する取引慣行及び会計実務の進展等を踏まえ、平成7年5月に「外貨建取引等会計処理基準」の改訂を行ったが、その後、ここ数年間に多くの新たな会計基準の設定や従来の会計基準の改訂を行い、その際、従来の考え方が大きく転換されているものもある。特に、平成11年1月22日に当審議会が公表した「金融商品に係る会計基準の設定に関する意見書」（以下「金融商品に係る会計基準」という。）において、金融商品全般に係る会計基準の整備が行われており、企業の財務活動の実態を適切に財務諸表に反映させ、投資家に対して的確な財務情報を提供す

ることの必要性や会計基準の国際的調和化などの観点から、一定の金融資産について時価評価を導入し、併せて、ヘッジ会計も採用したところである。

このように新たな会計基準が設定された状況において、金融商品に係る会計基準との整合性等を考慮し、現行の「外貨建取引等会計処理基準」について見直しを行うことが必要となった。このため、当審議会は、平成11年２月以降、「外貨建取引等会計処理基準」の改訂について審議を重ね、平成11年６月に「外貨建取引等会計処理基準の改訂に関する意見書（公開草案）」を公表して、広く各界の意見を求めた。当審議会は、寄せられた意見を参考にしつつ更に審議を行い、公開草案の内容を一部修正して、これを「外貨建取引等会計処理基準の改訂に関する意見書」として公表することとした。

二　改訂の基本的考え方

１．換算基準の基本的考え方

外貨建資産負債の換算については、従来、貨幣・非貨幣法に流動・非流動法を加味した考え方を採用してきた。すなわち、貨幣項目の換算については、為替相場の変動が企業会計に与えている暫定的な影響（換算差額）も認識する考え方を原則としつつ、回収又は弁済の期限が決算日の翌日から起算して１年を超える金銭債権債務については、その為替相場の変動の確定的な影響（為替決済損益）が短期的には発生しないことを考慮し、為替換算による暫定的な為替相場の影響を認識しないこととしている。具体的には、決算時において、外貨建短期金銭債権債務は決算時の為替相場により、外貨建長期金銭債権債務は取得時又は発生時の為替相場により円換算することとしている。また、非貨幣項目については、有価証券に低価基準を適用する場合以外は、決算時において取引発生時の為替相場を換算替えしないこととしている。現行基準は、原価評価を基本とした従来の評価基準の枠組みの中で、貨幣項目については、決済時までの期間に係る為替相場の変動の不確実性を考慮しつつ、為替相場の変動をなるべく財務諸表に反映させる考え方である。

今般の現行基準の見直しにおいては、金融商品に係る会計基準の考え方との整合性等を考慮した結果、為替相場の変動を財務諸表に反映させることをより重視する観点から、次のような考え方を採用した。

(1) 外貨建金銭債権債務については、外貨額では時価の変動リスクを負わず、したがって時価評価の対象とならないものであっても、円貨額では為替相場の変動リスクを負っていることを重視し、流動・非流動法による区分は設けずに決算時の為替相場により換算することを原則とすることとした。

(2) 満期保有目的の債券については金銭債権との類似性を考慮して、決算時の為替相場により換算し、その換算差額は当期の損益として処理することとした。なお、満期償還外貨を円転せずに固定資産等に再投資する目的で債券を保有している場合は、その換算差額を繰り延べて再投資する資産の取得価額の調整に充てることができる。

(3) 金融商品に係る会計基準において時価評価を行うこととされている売買目的有価証券やその他有価証券に属する外貨建有価証券に関する換算は、その円貨額による時価評価額を求める過程としての換算であることから、このような有価証券の時価の算定には決算時の為替相場を用いることとした。

この場合、有価証券を時価評価したことによる評価差額は、金融商品に係る会計基準に基づいて処理されることとなる。したがって、売買目的有価証券の評価差額は当期の損益として処理され、その他有価証券の評価差額は税効果会計を適用した上で資本の部に計上される。ただし、評価差額には外国通貨による時価の変動を決算時の為替相場で換算したことにより生じる差額と外国通貨による取得原価を決算時の為替相場で換算したことにより生じる差額がある。そのため、その他有価証券に属する債券については、金銭債権債務の換算方法との整合性の観点から、価格変動リスクと為替変動リスクを分

解して取り扱い、外国通貨による取得原価に係る換算差額は当期の損益に計上するという考え方がある。その他有価証券に属する有価証券は、その保有目的が多義的であること等から、このような考え方も考慮し、債券については取得原価に係る換算差額を損益に計上することもできることとした。

2．ヘッジ会計との関係

現行基準では、為替予約、通貨先物、通貨スワップ及び通貨オプション（以下「為替予約等」という。）が付されている外貨建金銭債権債務の換算等においてヘッジの効果を反映する処理が部分的に導入されているが、ヘッジ会計に関する基準そのものは将来の検討に委ねられていた。今般、金融商品に係る会計基準においてヘッジ会計の基準が整備されたことから、外貨建取引についても、原則的には金融商品に係る会計基準におけるヘッジ会計が適用されることになる。特にそこでは、キャッシュ・フローを固定させて満期までの成果を確定する「キャッシュ・フロー・ヘッジ」の概念のもとで、時価評価損益を繰り延べてその成果を期間配分する「繰延ヘッジ」の会計処理が認められている。そのため、外貨建取引についてもキャッシュ・フロー・ヘッジと共通する考え方に基づき、為替予約等によって円貨でのキャッシュ・フローが固定されているときには、その円貨額により金銭債権債務を換算し、直物為替相場との差額を期間配分する方法（以下「振当処理」という。）が適用できることになる。このようなことから、今般の改訂では、金融商品に係る会計基準を踏まえ、為替予約等の振当処理の方法を統一することとした。なお、金融商品に係る会計基準においては、デリバティブ取引により生じる正味の債権及び債務は金融資産又は金融負債として認識することとなるが、振当処理を適用した場合には、金銭債権債務に振り当てた為替予約等は個別には認識されないこととなる。ただし、予定取引をヘッジ対象としている場合には、為替予約等の評価差額は貸借対照表に計上して繰り延べることとなる。

3．為替換算調整勘定の処理

現行基準では、在外子会社等の財務諸表の換算においては、現地通貨による財務諸表そのものを重視する考え方から、現地通貨による子会社等の資本の増減が認識された場合にのみ、換算後の当該子会社等の資本の増減を認識することとしている。さらに、為替換算調整勘定は子会社等の財務諸表の換算過程で生じるものであり、これを資本の部に記載すれば、留保利益の増減が損益計算書を経由することなく認識されることになるため、従来の制度上の基本的な考え方とも相容れないことから、為替換算調整勘定を、貸借対照表上、資産の部又は負債の部に記載することとしている。

しかし、金融商品に係る会計基準において、その他有価証券に係る評価差額を損益計算書を経由せずに資本の部に直接計上する考え方が導入され、従来の制度上の基本的な考え方が一部変更された。その結果、その他有価証券に係る換算差額も評価差額として資本の部に計上することとしており、同様に、在外子会社等の資本に係る換算差額についても損益計算書を経由せずに貸借対照表の資本の部に直接計上することが可能であると考えられた。

さらに、連結財務諸表原則の見直しにより、従来の個別情報中心のディスクロージャーから連結情報中心のディスクロージャーへの転換が行われており、国際的な会計基準との調和化や財務諸表の比較可能性の確保等の観点を重視するとの要請をも考慮し、今般の改訂において、為替換算調整勘定は資本の部に計上することとした。

三　改訂基準の要点

1．外貨建取引に係る取引時の円換算については、当該取引発生時の為替相場により円換算するとの考え方は変更していないが、為替取引が一層自由化されたこと等の経済環境の変化を踏まえ、恒常的に外国通貨を円転せずに決済に充てることとしている等合理的と認められる場合には、外貨建取引を外国通貨で記録し、一定期間ごとに円換算する方法も採用できることとした。

2．外貨建金銭債権債務については、短期・長期の区分をせず、決算時の為替相場により円換算し、換算差額は原則として当期の損益として処

理することとした。なお、現行基準における外貨建長期金銭債権債務について重要な為替差損が生じている場合の取扱いは必要とされないため廃止した。

3．為替予約等については、金融商品に係る会計基準におけるヘッジ会計の要件を充たす場合には、振当処理を採用することを認めることとしたことから、ヘッジ会計の要件は金融商品に係る会計基準に委ね、現行基準における個別の要件は削除した。したがって、通貨スワップ契約のうち受取円貨額又は支払円貨額が為替予約による円貨額と同等と認められるもの及び直先フラット型のものはヘッジ会計の要件を満たすことになるので振当処理が認められるが、これら以外のものは振当処理は認められないこととなる。

また、外貨建金銭債権債務の取得時又は発生時の円貨額と為替予約等による円貨額との差額の処理については、外貨建金銭債権債務について短期・長期の区分をしないことから、予約時までの為替相場の変動（直々差額）については予約日の属する期の損益として処理し、残額（直先差額）については期間配分する方法に統一した。

4．外貨建有価証券の換算については、満期保有目的の債券は決算時の為替相場により円換算することとし、換算差額は当期の損益として処理することとした。また、金融商品に係る会計基準により時価評価される有価証券については、外国通貨による時価を決算時の為替相場により円換算することとし、評価差額に含まれる換算損益は、原則として、金融商品に係る会計基準における評価差額の処理方法によることとした。ただし、その他有価証券に属する債券については、外国通貨による取得原価に係る換算差額を当期の為替差損益として処理することも認めることとした。

なお、子会社株式及び関連会社株式については、従来の換算基準を踏襲し、取得時の為替相場により円換算することとしている。

5．デリバティブ取引により生じる正味の債権及び債務等、金融商品に係る会計基準により時価評価される金融商品の時価については、有価証券の時価評価と同様、外国通貨による時価を決算時の為替相場により円換算することにより求めることとした。

6．財務諸表の注記については、外貨建金銭債権債務を原則として決算時の為替相場により円換算することとしたため、従来の外貨建長期金銭債権債務に係る決算時の為替相場による円換算額の注記は必要ないと考えられたことから、注記事項は削除することとした。なお、外貨建有価証券その他の外貨建金融商品について必要と認められる注記事項については、金融商品全般に係る注記事項のなかに含まれることとなる。

7．在外支店の財務諸表項目の換算については、基本的に従来の考え方を踏襲し、本店と同様の方法によることを原則とした上で特例を認めることを明確にした。収益及び費用の換算に係る特例においては、本店と同じく取引発生時の為替相場により換算することに代えて、期中平均相場により円換算することができることとした。また、貸借対照表項目の換算に係る特例においては、本店と同じく取得時の為替相場により換算することに代えて、たな卸資産及び有形固定資産等の非貨幣性資産の額に重要性がない場合には、すべての貸借対照表項目について決算時の為替相場により円換算することができることとした。なお、この場合においても、損益項目は本店と同様の方法又は期中平均相場により円換算することを基本としつつ、決算時の為替相場によることも妨げないこととした。

8．在外子会社等の財務諸表の換算に関しては、資産及び負債については決算時の為替相場により円換算し、資本については親会社による株式の取得時の為替相場を付する等基本的に従来の換算基準を踏襲したが、損益項目の円換算に関しては、期中平均相場によることを原則としつつ、決算時の為替相場によることも妨げないこととした。

また、為替換算調整勘定は資本の部に記載することとし、子会社に対する持分への投資に係る為替相場の変動をヘッジするためのヘッジ手段から生じる為替換算差額について、そのヘッ

ジの効果を連結財務諸表に反映させることを可能とするため、これを連結財務諸表上、為替換算調整勘定に含めて処理する方法を採用することもできることとした。なお、為替換算調整勘定についても税効果会計の対象となり得るが、為替換算調整勘定は子会社等の株式を処分したときなどに限り損益として実現するものであることを踏まえ、税効果会計の適用に際しては慎重な配慮が必要である。

四　改訂基準の適用

1．改訂基準は、平成12年4月1日以後開始する事業年度から適用する。ただし、その他有価証券の換算基準に関しては、金融商品に係る会計基準に基づきその他有価証券の時価評価を行う

事業年度から適用することとし、それまでは、従前の基準によることとする。

2．為替換算調整勘定の表示に関しては、平成12年4月1日前に開始する連結会計年度から適用することを妨げないこととする。

3．多数の外貨建金融資産又は外貨建金融負債を保有している金融機関等においては、金融商品に係る会計基準及び本基準の趣旨を踏まえ、より合理的な会計処理及び表示方法を採用することが認められる。

4．改訂基準を適用する場合の具体的な指針等については、金融商品に係る会計基準の適用に関する実務指針を踏まえて、業種固有の問題も含め、日本公認会計士協会が関係者と協議の上適切に措置することが必要である。

外貨建取引等会計処理基準

昭和54年6月26日
最終改正平成11年10月22日
企業会計審議会

外貨建取引等会計処理基準注解

昭和54年6月26日
最終改正平成11年10月22日
企業会計審議会

一　外貨建取引

1．取引発生時の処理

外貨建取引は、原則として、当該取引発生時の為替相場による円換算額をもって記録する。ただ

し、外貨建取引に係る外貨建金銭債権債務と為替予約等との関係が「金融商品に係る会計基準の設定に関する意見書」（以下「金融商品に係る会計基準」という。）における「ヘッジ会計の要件」を充たしている場合には、当該外貨建取引についてヘッジ会計を適用することができる。(注1)(注2)(注3)(注4)(注5)(注6)(注7)

注1　外貨建取引の範囲について

外貨建取引とは、売買価額その他取引価額が外国通貨で表示されている取引をいう。

外貨建取引には、(イ)取引価額が外国通貨で表示されている物品の売買又は役務の授受、(ロ)決済金額が外国通貨で表示されている資金の借入又は貸付、(ハ)券面額が外国通貨で表示されている社債の発行、(ニ)外国通貨による前渡金、仮払金の支払又は前受金、仮受金の受入及び(ホ)決済金額が外国通貨で表示されているデリバティブ取引等が含まれる。

なお、国内の製造業者等が商社等を通じて輸出入取引を行う場合であっても、当該輸出入取引によって商社等に生ずる為替差損益を製造業者等が負担する等のため実質的に取引価額が外国通貨で表示されている取引と同等とみなされるものは、外貨建取引に該当する。

注2　取引発生時の為替相場について

取引発生時の為替相場としては、取引が発生した日における直物為替相場又は合理的な基礎に基づいて算定された平均相場、例えば取引の行われた月又は週の前月又は前週の直物為替相場を平均したもの等、直近の一定期間の直物為替相場に基づいて算出されたものによる。ただし、取引が発生した日の直近の一定の日における直物為替相場、例えば取引の行われた月若しくは週の前月若しくは前週の末日又は当月若しくは当週の初日の直物為替相場によることも妨げない。

注3　外国通貨による記録について

外貨建債権債務及び外国通貨の保有状況並びに決済方法等から、外貨建取引について当該取引発生時の外国通貨により記録することが合理的であると認められる場合には、取引発生時の外国通貨の額をもって記録する方法を採用することができる。この場合には、外国通貨の額をもって記録された外貨建取引は、各月末等一定の時点において、当該時点の直物為替相場又は

合理的な基礎に基づいて算定された一定期間の平均相場による円換算額を付するものとする。

注4　外貨建金銭債権債務について

外貨建金銭債権債務とは、契約上の債権額又は債務額が外国通貨で表示されている金銭債権債務をいう。

注5　為替予約等について

為替予約等には、通貨先物、通貨スワップ及び通貨オプションが含まれる。

注6　ヘッジ会計の方法について

ヘッジ会計を適用する場合には、金融商品に係る会計基準における「ヘッジ会計の方法」によるほか、当分の間、為替予約等により確定する決済時における円貨額により外貨建取引及び金銭債権債務等を換算し直物為替相場との差額を期間配分する方法（以下「振当処理」という。）によることができる。

注7　為替予約等の振当処理について

外貨建金銭債権債務等に係る為替予約等の振当処理（当該為替予約等が物品の売買又は役務の授受に係る外貨建金銭債権債務に対して、取引発生時以前に締結されたものである場合を除く。）においては、当該金銭債権債務等の取得時又は発生時の為替相場（決算時の為替相場を付した場合には当該決算時の為替相場）による円換算額と為替予約等による円貨額との差額のうち、予約等の締結時までに生じている為替相場の変動による額は予約日の属する期の損益として処理し、残額は予約日の属する期から決済日の属する期までの期間にわたって合理的な方法により配分し、各期の損益として処理する。ただし、当該残額について重要性が乏しい場合には、当該残額を予約日の属する期の損益として処理することができる。

取得時又は発生時の為替相場による円換算額と為替予約等による円貨額との差額のうち次期以降に配分される額は、貸借対照表上、資産の部又は負債の部に記載する。

2．決算時の処理

(1)　換算方法

外国通貨、外貨建金銭債権債務、外貨建有価証券及び外貨建デリバティブ取引等の金融商品については、決算時において、原則として、次の処理を行う。ただし、外貨建金銭債権債務と為替予約等との関係が金融商品に係る会計基準

における「ヘッジ会計の要件」を充たしている場合には、当該外貨建金銭債権債務等についてヘッジ会計を適用することができる。(注4)(注5)(注6)(注7)(注8)

① 外国通貨

外国通貨については、決算時の為替相場による円換算額を付する。

② 外貨建金銭債権債務（外貨預金を含む。以下同じ。）

外貨建金銭債権債務については、決算時の為替相場による円換算額を付する。ただし、外貨建自社発行社債のうち転換請求期間満了前の転換社債（転換請求の可能性がないと認められるものを除く。）については、発行時の為替相場による円換算額を付する。(注9)

③ 外貨建有価証券

イ 満期保有目的の外貨建債券については、決算時の為替相場による円換算額を付する。(注9)

ロ 売買目的有価証券及びその他有価証券については、外国通貨による時価を決算時の為替相場により円換算した額を付する。

ハ 子会社株式及び関連会社株式については、取得時の為替相場による円換算額を付する。

ニ 外貨建有価証券について時価の著しい下落又は実質価額の著しい低下により評価額の引下げが求められる場合には、当該外貨建有価証券の時価又は実質価額は、外国通貨による時価又は実質価額を決算時の為替相場により円換算した額による。

④ デリバティブ取引等

デリバティブ取引等①から③に掲げるもの以外の外貨建ての金融商品の時価評価においては、外国通貨による時価を決算時の為替相場により円換算するものとする。

(2) 換算差額の処理

決算時における換算によって生じた換算差額は、原則として、当期の為替差損益として処理する。ただし、有価証券の時価の著しい下落又は実質価額の著しい低下により、決算時の為替相場による換算を行ったことによって生じた換

算差額は、当期の有価証券の評価損として処理する。また、金融商品に係る会計基準による時価評価に係る評価差額に含まれる換算差額については、原則として、当該評価差額に関する処理方法に従うものとする。(注10)

注8 決算時の直物為替相場について

決算時の直物為替相場としては、決算日の直物為替相場のほか、決算日の前後一定期間の直物為替相場に基づいて算出された平均相場を用いることができる。

注9 償却原価法における償却額の換算について

外貨建金銭債権債務及び外貨建債券について償却原価法を適用する場合における償却額は、外国通貨による償却額を期中平均相場により円換算した額による。

注10 その他有価証券に属する債券の換算差額の処理について

その他有価証券に属する債券については、外国通貨による時価を決算時の為替相場で換算した金額のうち、外国通貨による時価の変動に係る換算差額を評価差額とし、それ以外の換算差額については為替差損益として処理することができる。

3．決済に伴う損益の処理

外貨建金銭債権債務の決済（外国通貨の円転換を含む。）に伴って生じた損益は、原則として、当期の為替差損益として処理する。

二 在外支店の財務諸表項目の換算

在外支店における外貨建取引については、原則として、本店と同様に処理する。ただし、外国通貨で表示されている在外支店の財務諸表に基づき本支店合併財務諸表を作成する場合には、在外支店の財務諸表について次の方法によることができる。(注11)

注11 在外支店のたな卸資産に係る低価基準等について

在外支店において外国通貨で表示されているたな卸資産について低価基準を適用する場合又は時価の著しい下落により評価額の引下げが求められる場合には、外国通貨による時価又は実

質価額を決算時の為替相場により円換算した額による。

１．収益及び費用の換算の特例

収益及び費用（収益性負債の収益化額及び費用性資産の費用化額を除く。）の換算については、期中平均相場によることができる。(注12)

> **注12　期中平均相場について**
>
> 収益及び費用の換算に用いる期中平均相場には、当該収益及び費用が帰属する月又は半期等を算定期間とする平均相場を用いることができる。

２．外貨表示財務諸表項目の換算の特例

在外支店の外国通貨で表示された財務諸表項目の換算にあたり、非貨幣性項目の額に重要性がない場合には、すべての貸借対照表項目（支店における本店勘定等を除く。）について決算時の為替相場による円換算額を付する方法を適用することができる。この場合において、損益項目についても決算時の為替相場によることを妨げない。

３．換算差額の処理

本店と異なる方法により換算することによって生じた換算差額は、当期の為替差損益として処理する。

三　在外子会社等の財務諸表項目の換算

連結財務諸表の作成又は持分法の適用にあたり、外国にある子会社又は関連会社の外国通貨で表示されている財務諸表項目の換算は、次の方法による。

１．資産及び負債

資産及び負債については、決算時の為替相場による円換算額を付する。

２．資　本

親会社による株式の取得時における資本に属する項目については、株式取得時の為替相場による円換算額を付する。

親会社による株式の取得後に生じた資本に属する項目については、当該項目の発生時の為替相場による円換算額を付する。

３．収益及び費用

収益及び費用については、原則として期中平均相場による円換算額を付する。ただし、決算時の為替相場による円換算額を付することを妨げない。なお、親会社との取引による収益及び費用の換算については、親会社が換算に用いる為替相場による。この場合に生じる差額は当期の為替差損益として処理する。(注12)

４．換算差額の処理

換算によって生じた換算差額については、為替換算調整勘定として貸借対照表の資本の部に記載する。(注13)

> **注13　子会社持分投資に係るヘッジ取引の処理について**
>
> 子会社に対する持分への投資をヘッジ対象としたヘッジ手段から生じた為替換算差額については、為替換算調整勘定に含めて処理する方法を採用することができる。

企業会計審議会

連結キャッシュ・フロー計算書等の作成基準

（平成10年3月13日）

連結キャッシュ・フロー計算書等の作成基準の設定に関する意見書

（平成10年3月13日
企業会計審議会）

連結キャッシュ・フロー計算書等の
作成基準の設定について

一 経 緯

証券取引法に基づくディスクロージャー制度における資金情報としては、昭和61年10月に当審議会が公表した「証券取引法に基づくディスクロージャー制度における財務情報の充実について（中間報告）」により資金繰り情報の改善が提言され、これに基づき、昭和62年4月以降、有価証券報告書及び有価証券届出書の「経理の状況」において財務諸表外の情報として個別ベースの資金収支表が開示されてきている。当審議会は平成9年6月に公表した「連結財務諸表制度の見直しに関する意見書」において、連結情報重視の観点から、連結ベースのキャッシュ・フロー計算書を導入するとともに個別ベースの資金収支表を廃止することを提言した。この提言に基づき連結ベースのキャッシュ・フロー計算書を導入する場合、連結財務諸表を作成しない会社については、従来の資金収支表に代えて個別ベースのキャッシュ・フロー計算書を導入することが適当と考えられる。

当審議会は、このような経緯及び考え方に基づき、平成9年8月以降、連結キャッシュ・フロー計算書及び個別ベースのキャッシュ・フロー計算書の作成基準について審議を重ねてきたが、その過程で、半期報告書において中間連結キャッシュ・フロー計算書を作成することとし、連結財務諸表を作成しない会社においては個別ベースの中間キャッシュ・フロー計算書を作成することが適当

であるとされたため、これらの作成基準についても審議の対象とした。

以上のような経過を経て、当審議会は、平成9年12月、「連結キャッシュ・フロー計算書等の作成基準の設定に関する意見書（公開草案）」を公表し、連結キャッシュ・フロー計算書及び個別ベースのキャッシュ・フロー計算書並びに中間連結キャッシュ・フロー計算書及び個別ベースの中間キャッシュ・フロー計算書（以下これらを総称して『キャッシュ・フロー計算書』という。）の全てを対象とした作成基準案を提示して、広く各界の意見を求めた。

当審議会は、寄せられた意見を参考にしつつ更に審議を行い、公開草案の内容を一部修正して、これを「連結キャッシュ・フロー計算書等の作成基準の設定に関する意見書」として公表することとした。

二 キャッシュ・フロー計算書の位置付け

『キャッシュ・フロー計算書』は、一会計期間におけるキャッシュ・フローの状況を一定の活動区分別に表示するものであり、貸借対照表及び損益計算書と同様に企業活動全体を対象とする重要な情報を提供するものである。

我が国では、資金情報を開示する資金収支表は、財務諸表外の情報として位置付けられてきたが、これに代えて『キャッシュ・フロー計算書』を導入するに当たり、これを財務諸表の一つとして位置付けることが適当であると考える。

なお、国際的にもキャッシュ・フロー計算書は財務諸表の一つとして位置付けられている。

三 「連結キャッシュ・フロー計算書等の作成基準」の概要

1.「連結キャッシュ・フロー計算書等の作成基準」の構成

「連結キャッシュ・フロー計算書等の作成基準」は、「連結キャッシュ・フロー計算書作成基準」、個別ベースの「キャッシュ・フロー計算書作成基準」、「中間連結キャッシュ・フロー計算書作成基準」及び個別ベースの「中間キャッシュ・フロー計算書作成基準」を含むものであるが、これらの作成基準は基本的には同一であるため、年度の「連結キャッシュ・フロー計算書作成基準」を示し、他はそれを準用する形としている。

2.資金の範囲

(1) 現行の資金収支においては、現預金及び市場性のある一時所有の有価証券が資金とされているが、資金の範囲が広く、企業における資金管理活動の実態が的確に反映されていないとの問題点が指摘されている。

このため、『キャッシュ・フロー計算書』では、対象とする資金の範囲を現金（手許現金及び要求払預金）及び現金同等物とし、現金同等物は、「容易に換金可能であり、かつ、価値の変動について僅少なリスクしか負わない短期投資」であるとして、価格変動リスクの高い株式等は資金の範囲から除くこととしている。

なお、現金同等物に具体的に何を含めるかについては経営者の判断に委ねることが適当と考えられるが、『キャッシュ・フロー計算書』の比較可能性を考慮して、取得日から3カ月以内に満期日又は償還日が到来する短期的な投資を、一般的な例として示している。

(2) 資金の範囲に含めた現金及び現金同等物の内容については、注記することとする。また『キャッシュ・フロー計算書』の現金及び現金同等物の期末残高と貸借対照表上の科目との関連性について併せて注記することとする。

なお、資金の範囲を変更した場合には、その旨、その理由及び影響額を注記することとする。

3.表示区分

(1) 『キャッシュ・フロー計算書』においては、一会計期間におけるキャッシュ・フローを「営業活動によるキャッシュ・フロー」、「投資活動によるキャッシュ・フロー」及び「財務活動によるキャッシュ・フロー」の三つに区分して表示することとする。

(2) 「営業活動によるキャッシュ・フロー」の区分には、商品及び役務の販売による収入、商品及び役務の購入による支出等、営業損益計算の対象となった取引のほか、投資活動及び財務活動以外の取引によるキャッシュ・フローを記載することとする。

なお、商品及び役務の販売により取得した手形の割引による収入等、営業活動に係る債権・債務から生ずるキャッシュ・フローは、「営業活動によるキャッシュ・フロー」の区分に表示することとする。

(3) 「投資活動によるキャッシュ・フロー」の区分には、固定資産の取得及び売却、現金同等物に含まれない短期投資の取得及び売却等によるキャッシュ・フローを記載することとする。

(4) 「財務活動によるキャッシュ・フロー」の区分には、株式の発行による収入、自己株式の取得による支出、社債の発行・償還及び借入れ・返済による収入・支出等、資金の調達及び返済によるキャッシュ・フローを記載することとする。

(5) 法人税等の表示区分としては、「営業活動によるキャッシュ・フロー」の区分に一括して記載する方法と三つの区分のそれぞれに分けて記載する方法とが考えられるが、それぞれの活動ごとに課税所得を分割することは一般的には困難であると考えられるため、「営業活動によるキャッシュ・フロー」の区分に一括して記載する方法によることとする。

(6) 利息及び配当金の表示区分としては、次の二つの方法が考えられるが、継続適用を条件

として、これらの方法の選択適用を認めることとする。

① 損益の算定に含まれる受取利息、受取配当金及び支払利息は「営業活動によるキャッシュ・フロー」の区分に、損益の算定に含まれない支払配当金は「財務活動によるキャッシュ・フロー」の区分に記載する方法

② 投資活動の成果である受取利息及び受取配当金は「投資活動によるキャッシュ・フロー」の区分に、財務活動上のコストである支払利息及び支払配当金は「財務活動によるキャッシュ・フロー」の区分に記載する方法

4．表示方法

「営業活動によるキャッシュ・フロー」の表示方法には、主要な取引ごとに収入総額と支出総額を表示する方法（直接法）と、純利益に必要な調整項目を加減して表示する方法（間接法）とがあるが、次のような理由から、継続適用を条件として、これらの方法の選択適用を認めることとする。

① 直接法による表示方法は、営業活動に係るキャッシュ・フローが総額で表示される点に長所が認められること。

② 直接法により表示するためには親会社及び子会社において主要な取引ごとにキャッシュ・フローに関する基礎データを用意することが必要であり、実務上手数を要すると考えられること。

③ 間接法による表示方法も、純利益と営業活動に係るキャッシュ・フローとの関係が明示される点に長所が認められること。

なお、「営業活動によるキャッシュ・フロー」を間接法により表示する場合には、法人税等を控除する前の当期純利益から開始する形式によることとし、法人税等の支払額は独立の項目として明示する。

四　実施時期等

1．連結キャッシュ・フロー計算書（連結財務諸表を作成しない会社については個別ベースのキャッシュ・フロー計算書）の作成は、平成11年4月1日以後開始する事業年度から実施されるよう措置することが適当である。

また、中間連結キャッシュ・フロー計算書（連結財務諸表を作成しない会社については個別ベースの中間キャッシュ・フロー計算書）の作成は、平成12年4月1日以後開始する中間会計期間から実施されるよう措置することが適当である。

連結キャッシュ・フロー計算書等の作成に関する実務指針については、今後、日本公認会計士協会が関係者と協議のうえ適切に措置することが必要と考える。

2．事業内容の特殊性から、本作成基準に示された様式により『キャッシュ・フロー計算書』を作成することが適当でない企業については、他の合理的な様式により作成することができるものとする。

連結キャッシュ・フロー計算書等の作成基準

平成10年3月13日
企業会計審議会

連結キャッシュ・フロー計算書等の作成基準注解

平成10年3月13日
企業会計審議会

連結キャッシュ・フロー計算書作成基準

第一 作成目的

連結キャッシュ・フロー計算書は、企業集団の一会計期間におけるキャッシュ・フローの状況を報告するために作成するものである。

第二 作成基準

一 資金の範囲

連結キャッシュ・フロー計算書が対象とする資金の範囲は、現金及び現金同等物とする。

1．現金とは、手許現金及び要求払預金をいう。(注1)

2．現金同等物とは、容易に換金可能であり、かつ、価値の変動について僅少なリスクしか負わない短期投資をいう。(注2)

(注1) 要求払預金について
　　要求払預金には、例えば、当座預金、普通預金、通知預金が含まれる。

(注2) 現金同等物について
　　現金同等物には、例えば、取得日から満期日又は償還日までの期間が3か月以内の短期投資である定期預金、譲渡性預金、コマーシャル・ペーパー、売戻し条件付現先、公社債投資信託が含まれる。

二 表示区分

1．連結キャッシュ・フロー計算書には、「営業活動によるキャッシュ・フロー」、「投資活動によるキャッシュ・フロー」及び「財務活動によるキャッシュ・フロー」の区分を設けなければならない。

　① 「営業活動によるキャッシュ・フロー」の区分には、営業損益計算の対象となった取引のほか、投資活動及び財務活動以外の取引によるキャッシュ・フローを記載する。(注3)

　② 「投資活動によるキャッシュ・フロー」の区分には、固定資産の取得及び売却、現金同等物に含まれない短期投資の取得及び売却等によるキャッシュ・フローを記載する。(注4)

　③ 「財務活動によるキャッシュ・フロー」の区分には、資金の調達及び返済によるキャッシュ・フローを記載する。(注5)

2．法人税等（住民税及び利益に関連する金額を課税標準とする事業税を含む。）に係るキャッシュ・フローは、「営業活動によるキャッシュ・フロー」の区分に記載する。

3．利息及び配当金に係るキャッシュ・フローは、次のいずれかの方法により記載する。

　① 受取利息、受取配当金及び支払利息は「営業活動によるキャッシュ・フロー」の区分に記載し、支払配当金は「財務活動によるキャッシュ・フロー」の区分に記載する方法 (注6)

　② 受取利息及び受取配当金は「投資活動によるキャッシュ・フロー」の区分に記載し、支

払利息及び支払配当金は「財務活動による
キャッシュ・フロー」の区分に記載する方法
4．連結範囲の変動を伴う子会社株式の取得又は
売却に係るキャッシュ・フローは、「投資活動
によるキャッシュ・フロー」の区分に独立の項
目として記載する。この場合、新たに連結子会
社となった会社の現金及び現金同等物の額は株
式の取得による支出額から控除し、連結子会社
でなくなった会社の現金及び現金同等物の額は
株式の売却による収入額から控除して記載する
ものとする。

営業の譲受け又は譲渡に係るキャッシュ・フ
ローについても、「投資活動によるキャッシュ
・フロー」の区分に、同様に計算した額をもっ
て、独立の項目として記載するものとする。

(注3) 「営業活動によるキャッシュ・フロー」の
区分について
「営業活動によるキャッシュ・フロー」の区
分には、例えば、次のようなものが記載される。
(1) 商品及び役務の販売による収入
(2) 商品及び役務の購入による支出
(3) 従業員及び役員に対する報酬の支出
(4) 災害による保険金収入
(5) 損害賠償金の支払

(注4) 「投資活動によるキャッシュ・フロー」の
区分について
「投資活動によるキャッシュ・フロー」の区
分には、例えば、次のようなものが記載される。
(1) 有形固定資産及び無形固定資産の取得によ
る支出
(2) 有形固定資産及び無形固定資産の売却によ
る収入
(3) 有価証券（現金同等物を除く。）及び投資
有価証券の取得による支出
(4) 有価証券（現金同等物を除く。）及び投資
有価証券の売却による収入
(5) 貸付けによる支出
(6) 貸付金の回収による収入

(注5) 「財務活動によるキャッシュ・フロー」の
区分について
「財務活動によるキャッシュ・フロー」の区
分には、例えば、次のようなものが記載される。
(1) 株式の発行による収入
(2) 自己株式の取得による支出

---

(3) 配当金の支払
(4) 社債の発行及び借入れによる収入
(5) 社債の償還及び借入金の返済による支出
(注6) 利息の表示について
利息の受取額及び支払額は、総額で表示する
ものとする。

三 連結会社相互間のキャッシュ・フロー

連結キャッシュ・フロー計算書の作成に当たっ
ては、連結会社相互間のキャッシュ・フローは相
殺消去しなければならない。

四 在外子会社のキャッシュ・フロー

在外子会社における外貨によるキャッシュ・フ
ローは、「外貨建取引等会計処理基準」における
収益及び費用の換算方法に準じて換算する。

第三 表示方法(注7)

一 「営業活動によるキャッシュ・フロー」 の表示方法

「営業活動によるキャッシュ・フロー」は、次
のいずれかの方法により表示しなければならない。
1．主要な取引ごとにキャッシュ・フローを総額
表示する方法（以下、「直接法」という。）
2．税金等調整前当期純利益に非資金損益項目、
営業活動に係る資産及び負債の増減、「投資活
動によるキャッシュ・フロー」及び「財務活動
によるキャッシュ・フロー」の区分に含まれる
損益項目を加減して表示する方法（以下、「間
接法」という。）

(注7) 連結キャッシュ・フロー計算書の様式に
ついて
利息及び配当金を第二の二の3①の方法によ
り表示する場合の連結キャッシュ・フロー計算
書の標準的な様式は、次のとおりとする。

様式1 （「営業活動によるキャッシュ・フロー」
を直接法により表示する場合）
Ⅰ 営業活動によるキャッシュ・フロー
営業収入 ×××

原材料又は商品の仕入支出　−×××
人件費支出　−×××
その他の営業支出　−×××
　　小計　×××
利息及び配当金の受取額　×××
利息の支払額　−×××
損害賠償金の支払額
………………　×××
法人税等の支払額　−×××
営業活動によるキャッシュ・フロー　×××

Ⅱ　投資活動によるキャッシュ・フロー
有価証券の取得による支出　−×××
有価証券の売却による収入　×××
有形固定資産の取得による支出　−×××
有形固定資産の売却による収入　×××
投資有価証券の取得による支出　−×××
投資有価証券の売却による収入　×××
連結範囲の変更を伴う子会社株式の取得　−×××
連結範囲の変更を伴う子会社株式の売却　×××
貸付けによる支出　−×××
貸付金の回収による収入　×××
………………　×××
投資活動によるキャッシュ・フロー　×××

Ⅲ　財務活動によるキャッシュ・フロー
短期借入れによる収入　×××
短期借入金の返済による支出　−×××
長期借入れによる収入　×××
長期借入金の返済による支出　−×××
社債の発行による収入　×××
社債の償還による支出　−×××
株式の発行による収入　×××
自己株式の取得による支出　−×××
親会社による配当金の支払額　−×××
少数株主への配当金の支払額　−×××
………………　×××
財務活動によるキャッシュ・フロー　×××

Ⅳ　現金及び現金同等物に係る換算差額　×××
Ⅴ　現金及び現金同等物の増加額　×××
Ⅵ　現金及び現金同等物期首残高　×××
Ⅶ　現金及び現金同等物期末残高　×××

様式2　（「営業活動によるキャッシュ・フロー」
　　　を間接法により表示する場合）
Ⅰ　営業活動によるキャッシュ・フロー
税金等調整前当期純利益　×××
減価償却費　×××
連結調整勘定償却額　×××
貸倒引当金の増加額　×××

受取利息及び受取配当金　−×××
支払利息　×××
為替差損　×××
持分法による投資利益　×××
有形固定資産売却益　−×××
損害賠償損失　×××
売上債権の増加額　−×××
たな卸資産の減少額　×××
仕入債務の減少額　−×××
………………　×××
　　小計　×××
利息及び配当金の受取額　×××
利息の支払額　−×××
損害賠償金の支払額　−×××
………………
法人税等の支払額　−×××
営業活動によるキャッシュ・フロー　×××

Ⅱ　投資活動によるキャッシュ・フロー
（様式1に同じ）

Ⅲ　財務活動によるキャッシュ・フロー
（様式1に同じ）

Ⅳ　現金及び現金同等物に係る換算差額　×××
Ⅴ　現金及び現金同等物の増加額　×××
Ⅵ　現金及び現金同等物期首残高　×××
Ⅶ　現金及び現金同等物期末残高　×××

二　「投資活動によるキャッシュ・フロー」及び「財務活動によるキャッシュ・フロー」の表示方法

「投資活動によるキャッシュ・フロー」及び「財務活動によるキャッシュ・フロー」は、主要な取引ごとにキャッシュ・フローを総額表示しなければならない。（注8）

（注8）　純額表示について
　期間が短く、かつ、回転が速い項目に係るキャッシュ・フローについては、純額で表示することができる。

三　現金及び現金同等物に係る換算差額の表示方法

現金及び現金同等物に係る換算差額は、他と区

別して表示する。

第四 注記事項

連結キャッシュ・フロー計算書については、次の事項を注記しなければならない。

1. 資金の範囲に含めた現金及び現金同等物の内容並びにその期末残高の連結貸借対照表科目別の内訳

2. 資金の範囲を変更した場合には、その旨、その理由及び影響額

3. (1) 株式の取得又は売却により新たに連結子会社となった会社の資産・負債又は連結子会社でなくなった会社の資産・負債に重要性がある場合には、当該資産・負債の主な内訳

 (2) 営業の譲受け又は譲渡により増減した資産・負債に重要性がある場合には、当該資産・負債の主な内訳

4. 重要な非資金取引 (注9)

5. 各表示区分の記載内容を変更した場合には、その内容

(注9) **重要な非資金取引について**

 連結キャッシュ・フロー計算書に注記すべき

重要な非資金取引には、例えば、次のようなものがある。

1 転換社債の転換

2 ファイナンス・リースによる資産の取得

3 株式の発行による資産の取得又は合併

4 現物出資による株式の取得又は資産の交換

キャッシュ・フロー計算書作成基準

個別ベースのキャッシュ・フロー計算書は、連結キャッシュ・フロー計算書に準じて作成するものとする。

中間連結キャッシュ・フロー計算書作成基準

中間連結キャッシュ・フロー計算書は、連結キャッシュ・フロー計算書に準じて作成するものとする。ただし、中間会計期間に係るキャッシュ・フローの状況に関する利害関係者の判断を誤らせない限り、集約して記載することができる。

中間キャッシュ・フロー計算書作成基準

中間キャッシュ・フロー計算書は、中間連結キャッシュ・フロー計算書に準じて作成するものとする。

企業会計審議会
研究開発費等に係る会計基準

（平成10年3月13日）

研究開発費等に係る会計基準の設定に関する意見書

（平成10年3月13日
企業会計審議会）

研究開発費等に係る会計基準の設定について

一 経 緯

当審議会は、重要な投資情報と位置づけられている研究開発費に係る会計基準について検討することとし、平成9年7月以降審議を行い、同年12月、「研究開発費等に係る会計基準の設定に関する意見書（公開草案）」を公表して、広く各界の意見を求めた。

当審議会は、寄せられた意見を参考にしつつ更に審議を行い、公開草案の内容を一部修正して、これを「研究開発費等に係る会計基準の設定に関する意見書」として公表することとした。

二 会計基準の整備の必要性

研究開発は、企業の将来の収益性を左右する重要な要素であるが、近年、商品サイクルの短期化、新規技術に対するキャッチアップ期間の短縮及び研究開発の広範化・高度化等により、研究開発のための支出も相当の規模となっており、企業活動における研究開発の重要性が一層増大している。そのため、研究開発費の総額や研究開発の内容等の情報は、企業の経営方針や将来の収益予測に関する重要な投資情報として位置づけられている。

研究開発費に類似する概念として、我が国には試験研究費及び開発費がある。しかし、試験研究費及び開発費は、その範囲が必ずしも明確でなく、また、資産への計上が任意となっていること等から、内外企業間の比較可能性が阻害されていると

の指摘がなされている。

このような状況を踏まえ、企業の研究開発に関する適切な情報提供、企業間の比較可能性及び国際的調和の観点から、研究開発費に係る会計基準を整備することが必要である。

また、コンピュータの発達による高度情報化社会の進展の中で、企業活動におけるソフトウェアの果たす役割が急速に重要性を増し、その制作のために支出する額も次第に多額になってきている。このソフトウェアの制作過程には研究開発に当たる活動が含まれているが、ソフトウェアについての明確な会計基準が存在せず、各企業において区々の会計処理が行われており、会計基準の整備が望まれている。

このため、本基準では、ソフトウェア制作過程における研究開発の範囲を明らかにするとともに、ソフトウェア制作費に係る会計処理全体の整合性の観点から、研究開発費に該当しないソフトウェア制作費に係る会計処理についても明らかにすることとした。

三 要点と考え方

1 研究及び開発の定義について

研究及び開発の定義は研究開発費の範囲と直接結びついている。本基準では、研究開発費に関する内外企業間の比較可能性を担保するため、諸外国における定義を参考とするとともに、我が国の企業が実務慣行上研究開発として認識している範囲等を考慮しつつ検討を行い、研究及び開発を次のように定義することとした。

研究とは、「新しい知識の発見を目的とした計画的な調査及び探究」をいい、開発とは、「新しい製品・サービス・生産方法（以下、「製品等」という。）についての計画若しくは設計又は既存の製品等を著しく改良するための計画若しくは設計として、研究の成果その他の知識を具体化する

こと」をいう。

　例えば、製造現場で行われる改良研究であっても、それが明確なプロジェクトとして行われている場合には、開発の定義における「著しい改良」に該当するものと考えられる。なお、製造現場で行われる品質管理活動やクレーム処理のための活動は研究開発には含まれないと解される。

2　研究開発費の発生時費用処理について

　重要な投資情報である研究開発費について、企業間の比較可能性を担保することが必要であり、費用処理又は資産計上を任意とする現行の会計処理は適当でない。

　研究開発費は、発生時には将来の収益を獲得できるか否か不明であり、また、研究開発計画が進行し、将来の収益の獲得期待が高まったとしても、依然としてその獲得が確実であるとはいえない。そのため、研究開発費を資産として貸借対照表に計上することは適当でないと判断した。

　また、仮に、一定の要件を満たすものについて資産計上を強制する処理を採用する場合には、資産計上の要件を定める必要がある。しかし、実務上客観的に判断可能な要件を規定することは困難であり、抽象的な要件のもとで資産計上を求めることとした場合、企業間の比較可能性が損なわれるおそれがあると考えられる。

　したがって、研究開発費は発生時に費用として処理することとした。

3　ソフトウェア制作費について

(1)　ソフトウェアの制作費は、その制作目的により、将来の収益との対応関係が異なること等から、ソフトウェア制作費に係る会計基準は、取得形態（自社制作、外部購入）別ではなく、制作目的別に設定することとした。

　したがって、購入・委託したソフトウェアを加工することにより、目的の機能を有するソフトウェアを完成させる場合、当該購入・委託に要した費用は、下記(3)に示すようにそれぞれの制作目的に応じて処理することとなる。

(2)　研究開発目的のソフトウェアの制作費は研究開発費として処理されることとなるが、研究開発目的以外のソフトウェアの制作費についても、制作に要した費用のうち研究開発に該当する部分は研究開発費として処理する。

(3)　研究開発費に該当しないソフトウェア制作費の会計基準を制作目的別に定めるにあたっては、販売目的のソフトウェアと自社利用のソフトウェアとに区分し、販売目的のソフトウェアをさらに受注制作のソフトウェアと市場販売目的のソフトウェアに区分することとした。

① 　受注制作のソフトウェア

　受注制作のソフトウェアについては、請負工事の会計処理に準じた処理を行うこととした。

② 　市場販売目的のソフトウェア

　ソフトウェアを市場で販売する場合には、製品マスター（複写可能な完成品）を制作し、これを複写したものを販売することとなる。

　製品マスターの制作過程には、通常、研究開発に該当する部分と製品の製造に相当する部分とがあり、研究開発の終了時点の決定及びそれ以降のソフトウェア制作費の取扱いが問題となる。

イ　研究開発の終了時点

　新しい知識を具体化するまでの過程が研究開発である。したがって、ソフトウェアの制作過程においては、製品番号を付すこと等により販売の意思が明らかにされた製品マスター、すなわち「最初に製品化された製品マスター」が完成するまでの制作活動が研究開発と考えられる。

　これは、製品マスターの完成は、工業製品の研究開発における量産品の設計完了に相当するものと考えられるためである。

ロ　研究開発終了後のソフトウェア制作費の取扱い

　製品マスター又は購入したソフトウェアの機能の改良・強化を行う制作活動のための費用は、著しい改良と認められない限り、資産に計上しなければならない。

　なお、バグ取り等、機能維持に要した費

用は、機能の改良・強化を行う制作活動には該当せず、発生時に費用として処理することとなる。

製品マスターは、それ自体が販売の対象物ではなく、機械装置等と同様にこれを利用（複写）して製品を作成すること、製品マスターは法的権利（著作権）を有していること及び適正な原価計算により取得原価を明確化できることから、当該取得原価を無形固定資産として計上することとした。

③ 自社利用のソフトウェア

将来の収益獲得又は費用削減が確実である自社利用のソフトウェアについては、将来の収益との対応等の観点から、その取得に要した費用を資産として計上し、その利用期間にわたり償却を行うべきと考えられる。

したがって、ソフトウェアを用いて外部に業務処理等のサービスを提供する契約が締結されている場合や完成品を購入した場合には、将来の収益獲得又は費用削減が確実と考えられるため、当該ソフトウェアの取得に要した費用を資産として計上することとした。

また、独自仕様の社内利用ソフトウェアを自社で制作する場合又は委託により制作する場合には、将来の収益獲得又は費用削減が確実であると認められる場合を除き費用として処理することとなる。

(4) 無形固定資産として計上したソフトウェアの取得原価は、当該ソフトウェアの性格に応じて、見込販売数量に基づく償却方法その他合理的な方法により償却しなければならない。ただし、毎期の償却額は、残存有効期間に基づく均等配分額を下回らないことが必要である。

市場販売目的のソフトウェアの製品マスター等においては、見込販売収益に基づき費用配分する方法も合理的な方法の一つと考えられる。

なお、社内利用のソフトウェアについては、一般的には、定額法による償却が合理的である

と考えられる。

四　ディスクロージャーについて

1　財務諸表における開示

研究開発の規模について企業間の比較可能性を担保するため、当該年度の一般管理費及び当期製造費用に含まれる研究開発費の総額を財務諸表に注記することとする。

なお、研究開発費は、当期製造費用として処理されたものを除き、一般管理費として当該科目名称を付して記載することが適当である。

2　研究開発活動の記載

有価証券報告書等の「事業の概況」等における研究開発活動の状況の記載については、企業間比較が可能となるよう記載項目（研究体制、研究成果等）を統一すべきであるとの意見もあった。

しかし、記載項目を統一した場合、画一的な記載内容となるおそれがあるため、現行どおり、概括的な記載を求めることが適当であると判断した。

なお、研究開発活動に関する情報は、企業の経営方針や将来の収益予測に関する重要な投資情報であると考えられるため、各企業において、これを自発的、積極的に開示することが望まれる。

五　実施時期等

研究開発費等に係る会計基準は、平成11年４月１日以後開始する事業年度から実施されるよう措置することが適当である。

なお、本基準の実施にあたっては、関係各方面に与える影響等を考慮し、本基準の実施前において既に資産計上されている研究開発費等については、従前の会計処理を継続する等の措置を講ずるとともに、本基準を実務に適用する場合の具体的な指針等については、今後、日本公認会計士協会が関係者と協議のうえ適切に措置する必要があると考える。

研究開発費等に係る会計基準

平成10年3月13日
企業会計審議会

研究開発費等に係る会計基準注解

平成10年3月13日
企業会計審議会

一　定　義

1　研究及び開発

研究とは、新しい知識の発見を目的とした計画的な調査及び探究をいう。開発とは、新しい製品・サービス・生産方法（以下、「製品等」という。）についての計画若しくは設計又は既存の製品等を著しく改良するための計画若しくは設計として、研究の成果その他の知識を具体化することをいう。

2　ソフトウェア

ソフトウェアとは、コンピュータを機能させるように指令を組み合わせて表現したプログラム等をいう。

二　研究開発費を構成する原価要素

研究開発費には、人件費、原材料費、固定資産の減価償却費及び間接費の配賦額等、研究開発のために費消されたすべての原価が含まれる。(注1)

> **（注1）　研究開発費を構成する原価要素について**
> 特定の研究開発目的にのみ使用され、他の目的に使用できない機械装置や特許権等を取得した場合の原価は、取得時の研究開発費とする。

三　研究開発費に係る会計処理

研究開発費は、すべて発生時に費用として処理しなければならない。

なお、ソフトウェア制作費のうち、研究開発に該当する部分も研究開発費として費用処理する。(注2)(注3)

> **（注2）　研究開発費に係る会計処理について**
> 費用として処理する方法には、一般管理費として処理する方法と当期製造費用として処理する方法がある。
>
> **（注3）　ソフトウェア制作における研究開発費について**
> 市場販売目的のソフトウェアについては、最初に製品化された製品マスターの完成までの費用及び製品マスター又は購入したソフトウェアに対する著しい改良に要した費用が研究開発費に該当する。

四　研究開発費に該当しないソフトウェア制作費に係る会計処理

1　受注制作のソフトウェアに係る会計処理

受注制作のソフトウェアの制作費は、請負工事の会計処理に準じて処理する。

2　市場販売目的のソフトウェアに係る会計処理

市場販売目的のソフトウェアである製品マスターの制作費は、研究開発費に該当する部分を除き、資産として計上しなければならない。ただし、製品マスターの機能維持に要した費用は、資産として計上してはならない。

3　自社利用のソフトウェアに係る会計処理

ソフトウェアを用いて外部へ業務処理等のサービスを提供する契約等が締結されている場合のように、その提供により将来の収益獲得が確実であると認められる場合には、適正な原価を集計した

上、当該ソフトウェアの制作費を資産として計上しなければならない。

社内利用のソフトウェアについては、完成品を購入した場合のように、その利用により将来の収益獲得又は費用削減が確実であると認められる場合には、当該ソフトウェアの取得に要した費用を資産として計上しなければならない。

機械装置等に組み込まれているソフトウェアについては、当該機械装置等に含めて処理する。

4　ソフトウェアの計上区分

市場販売目的のソフトウェア及び自社利用のソフトウェアを資産として計上する場合には、無形固定資産の区分に計上しなければならない。(注4)

> **(注4)　制作途中のソフトウェアの計上科目について**
> 制作途中のソフトウェアの制作費については、無形固定資産の仮勘定として計上することとする。

5　ソフトウェアの減価償却方法

無形固定資産として計上したソフトウェアの取得原価は、当該ソフトウェアの性格に応じて、見込販売数量に基づく償却方法その他合理的な方法により償却しなければならない。

ただし、毎期の償却額は、残存有効期間に基づく均等配分額を下回ってはならない。(注5)

> **(注5)　ソフトウェアの減価償却方法について**
> いずれの減価償却方法による場合にも、毎期見込販売数量等の見直しを行い、減少が見込まれる販売数量等に相当する取得原価は、費用又は損失として処理しなければならない。

五　財務諸表の注記

一般管理費及び当期製造費用に含まれる研究開発費の総額は、財務諸表に注記しなければならない。(注6)

> **(注6)　ソフトウェアに係る研究開発費の注記について**
> ソフトウェアに係る研究開発費については、研究開発費の総額に含めて財務諸表に注記することとする。

六　適用範囲

1　委託・受託契約

本基準は、一定の契約のもとに、他の企業に行わせる研究開発については適用するが、他の企業のために行う研究開発については適用しない。

2　資源の開発

本基準は、探査、掘削等の鉱業における資源の開発に特有の活動については適用しない。

企業会計審議会

税効果会計に係る会計基準

（平成10年10月30日）

税効果会計に係る会計基準の設定に関する意見書

（平成10年10月30日
企業会計審議会）

税効果会計に係る会計基準の設定について

一 経緯

　税効果会計は、企業会計上の収益又は費用と課税所得計算上の益金又は損金の認識時点の相違等により、企業会計上の資産又は負債の額と課税所得計算上の資産又は負債の額に相違がある場合において、法人税その他利益に関連する金額を課税標準とする税金（以下「法人税等」という。）の額を適切に期間配分することにより、法人税等を控除する前の当期純利益と法人税等を合理的に対応させることを目的とする手続である。当審議会が昭和50年6月に公表した「連結財務諸表の制度化に関する意見書」では、連結財務諸表の作成における税効果会計の有用性に触れてはいるが、その適用は任意とされていた。

　当審議会は、平成9年6月に「連結財務諸表制度の見直しに関する意見書」（以下「連結意見書」という。）を公表し、連結情報を中心とするディスクロージャー制度への転換を図ることが必要である旨提言するとともに、連結財務諸表が企業集団に関するより適切な投資情報を投資者に提供するものとなるよう、連結財務諸表原則を全面的に改訂し、その一環として、連結財務諸表の作成上、税効果会計を全面的に適用することを原則とすることとした。また、税効果会計は本来連結財務諸表のみでなく個別財務諸表においても適用されるべきものであり、個別財務諸表における税効果会計の適用について、商法との調整を進めることが必要である旨提言した。

　その後、当審議会は、本年3月に「中間連結財務諸表等の作成基準の設定に関する意見書」（以下「中間連結意見書」という。）を公表し、新たに「中間連結財務諸表作成基準」を設定するとともに、個別ベースの「中間財務諸表作成基準」を改訂し、中間連結財務諸表及び中間財務諸表の作成上、法人税等については、原則として年度決算と同様の方法により計算することとした。

　当審議会は、「連結意見書」及び「中間連結意見書」の内容を踏まえ、本年4月以降、財務諸表、連結財務諸表、中間財務諸表及び中間連結財務諸表（以下これらを総称して『財務諸表』という。）における税効果会計に係る包括的な基準について審議を行い、本年6月、「税効果会計に係る会計基準の設定に関する意見書（公開草案）」を公表して、広く各界からの意見を求めた。

　当審議会は、寄せられた意見を参考にしつつ更に審議を行い、公開草案の内容を一部修正して、これを「税効果会計に係る会計基準の設定に関する意見書」として公表することとした。

二 税効果会計の適用の必要性

1. 法人税等の課税所得の計算に当たっては企業会計上の利益の額が基礎となるが、企業会計と課税所得計算とはその目的を異にするため、収益又は費用（益金又は損金）の認識時点や、資産又は負債の額に相違が見られるのが一般的である。

　　このため、税効果会計を適用しない場合には、課税所得を基礎とした法人税等の額が費用として計上され、法人税等を控除する前の企業会計上の利益と課税所得とに差異があるときは、法人税等の額が法人税等を控除する前の当期純利益と期間的に対応せず、また、将来の法人税等

の支払額に対する影響が表示されないことになる。

このような観点から、『財務諸表』の作成上、税効果会計を全面的に適用することが必要と考える。

2．税効果会計を適用すると、繰延税金資産及び繰延税金負債が貸借対照表に計上されるとともに、当期の法人税等として納付すべき額及び税効果会計の適用による法人税等の調整額が損益計算書に計上されることになる。

このうち、繰延税金資産は、将来の法人税等の支払額を減額する効果を有し、一般的には法人税等の前払額に相当するため、資産としての性格を有するものと考えられる。また、繰延税金負債は、将来の法人税等の支払額を増額する効果を有し、法人税等の未払額に相当するため、負債としての性格を有するものと考えられる。

三 「税効果会計に係る会計基準」の概要

税効果会計の方法には繰延法と資産負債法とがあるが、本会計基準では、資産負債法によることとし、次のような基準を設定することとする。

1．一時差異（貸借対照表上の資産及び負債の金額と課税所得計算上の資産及び負債の金額との差額）に係る税金の額を適切な会計期間に配分し、計上するものとする。また、将来の課税所得と相殺可能な繰越欠損金等については、一時差異と同様に取り扱う。

2．一時差異には、当該一時差異が解消するときに税務申告上その期の課税所得を減額させる効果を持つもの（将来減算一時差異）と、当該一時差異が解消するときに税務申告上その期の課税所得を増額させる効果を持つもの（将来加算一時差異）とがある。

将来減算一時差異に係る繰延税金資産及び将来加算一時差異に係る繰延税金負債の金額は、回収又は支払いが行われると見込まれる期の税率に基づいて計算するものとする。

3．法人税等について税率の変更があった場合には、過年度に計上された繰延税金資産及び繰延税金負債を新たな税率に基づき再計算するもの

とする。また、繰延税金資産については、将来の支払税金を減額する効果があるかどうか、すなわち、将来の回収の見込みについて毎期見直しを行うものとする。税務上の繰越欠損金については、繰越期間内に課税所得が発生する可能性が低く、繰越欠損金を控除することができると認められない場合は相当額を控除する。

4．繰延税金資産と繰延税金負債の差額を期首と期末で比較した増減額は、当期に納付すべき法人税等の調整額として計上しなければならない。

ただし、資産の評価替えにより生じた評価差額が直接資本の部に計上される場合には、当該評価差額に係る繰延税金資産又は繰延税金負債を当該評価差額から控除して計上するものとする。また、資本連結に際し、子会社の資産及び負債の時価評価により生じた評価差額がある場合には、当該評価差額に係る繰延税金資産又は繰延税金負債を当該評価差額から控除した額をもって、親会社の投資額と相殺の対象となる子会社の資本とするものとする。

5．繰延税金資産及び繰延税金負債は、原則として、これらに関連した資産・負債の分類に基づいて、流動項目（流動資産又は流動負債）と固定項目（投資その他の資産又は固定負債）に分けて表示する。例えば、流動資産に対する貸倒引当金の損金算入限度超過額に係る繰延税金資産は、流動資産として表示する。

また、当期の法人税等（利益に関連する金額を課税標準とする事業税を含む。）として納付すべき額及び法人税等調整額は、法人税等を控除する前の当期純利益から控除する形式により、それぞれ区分して表示する。

6．財務諸表及び連結財務諸表には、繰延税金資産及び繰延税金負債の発生原因別の主な内訳など、一定の事項を注記する。

ただし、中間財務諸表及び中間連結財務諸表については、簡便な方法により法人税等を計上することが許容されていること等から、注記は求めないこととする。

四　実施時期等

1．財務諸表及び連結財務諸表における税効果会計の適用は、平成11年4月1日以後開始する事業年度から実施されるよう措置することが適当である。

　　なお、平成11年4月1日前に開始する事業年度に係る財務諸表及び連結財務諸表について税効果会計を適用することを認めるよう措置することが適当である。

2．中間財務諸表及び中間連結財務諸表における税効果会計の適用は、平成12年4月1日以後開始する中間会計期間から実施されるよう措置することが適当である。

　　なお、平成12年4月1日前に開始する中間会計期間に係る中間財務諸表及び中間連結財務諸表について税効果会計を適用することを認めるよう措置することが適当である。

3．税効果会計が適用される最初の事業年度においては、過年度に発生した一時差異等に係る税効果相当額について、前期繰越利益（損失）又は連結剰余金（欠損金）期首残高の調整項目として処理する方法によることが適当と考える。

　　また、利益処分により租税特別措置法上の諸準備金等が資本の部に計上されている場合には、当該諸準備金等に係る繰延税金負債を、当該諸準備金等から控除して計上するものとする。

4．利益に関連する金額を課税標準とする事業税については、連結財務諸表上、平成10年4月1日以後開始する事業年度から法人税等を控除する前の当期純利益から控除して表示することとされており、財務諸表においても、平成10年4月1日以後開始する事業年度から同様に表示されるよう措置することが適当である。

5．『財務諸表』に係る税効果会計の適用に関する実務指針については、今後、日本公認会計士協会が関係者と協議のうえ適切に措置することが必要と考える。

税効果会計に係る会計基準

> 平成10年10月30日
> 企 業 会 計 審 議 会

税効果会計に係る会計基準注解

> 平成10年10月30日
> 企 業 会 計 審 議 会

第一　税効果会計の目的

　税効果会計は、企業会計上の資産又は負債の額と課税所得計算上の資産又は負債の額に相違がある場合において、法人税その他利益に関連する金額を課税標準とする税金（以下「法人税等」という。）の額を適切に期間配分することにより、法人税等を控除する前の当期純利益と法人税等を合理的に対応させることを目的とする手続である。(注1)

（注1）　法人税等の範囲

　法人税等には、法人税のほか、都道府県民税、市町村民税及び利益に関連する金額を課税標準とする事業税が含まれる。

第二　税効果会計に係る会計基準

一　一時差異等の認識

1．法人税等については、一時差異に係る税金の額を適切な会計期間に配分し、計上しなければ

ならない。

2．一時差異とは、貸借対照表及び連結貸借対照表に計上されている資産及び負債の金額と課税所得計算上の資産及び負債の金額との差額をいう。

一時差異は、例えば、次のような場合に生ずる。

(1) 財務諸表上の一時差異

① 収益又は費用の帰属年度が相違する場合

② 資産の評価替えにより生じた評価差額が直接資本の部に計上され、かつ、課税所得の計算に含まれていない場合

(2) 連結財務諸表固有の一時差異

① 資本連結に際し、子会社の資産及び負債の時価評価により評価差額が生じた場合

② 連結会社相互間の取引から生ずる未実現損益を消去した場合

③ 連結会社相互間の債権と債務の相殺消去により貸倒引当金を減額修正した場合

3．一時差異には、当該一時差異が解消するときにその期の課税所得を減額する効果を持つもの（以下「将来減算一時差異」という。）と、当該一時差異が解消するときにその期の課税所得を増額する効果を持つもの（以下「将来加算一時差異」という。）とがある。(注2)(注3)

4．将来の課税所得と相殺可能な繰越欠損金等については、一時差異と同様に取り扱うものとする（以下一時差異及び繰越欠損金等を総称して「一時差異等」という。）。

(注2) **将来減算一時差異について**

将来減算一時差異は、例えば、貸倒引当金、退職給付引当金等の引当金の損金算入限度超過額、減価償却費の損金算入限度超過額、損金に算入されない棚卸資産等に係る評価損等がある場合のほか、連結会社相互間の取引から生ずる未実現利益を消去した場合に生ずる。

(注3) **将来加算一時差異について**

将来加算一時差異は、例えば、利益処分により租税特別措置法上の諸準備金等を計上した場合のほか、連結会社相互間の債権と債務の消去により貸倒引当金を減額した場合に生ずる。

二　繰延税金資産及び繰延税金負債等の計上方法

1．一時差異等に係る税金の額は、将来の会計期間において回収又は支払が見込まれない税金の額を除き、繰延税金資産又は繰延税金負債として計上しなければならない。繰延税金資産については、将来の回収の見込みについて毎期見直しを行わなければならない。(注4)(注5)

2．繰延税金資産又は繰延税金負債の金額は、回収又は支払が行われると見込まれる期の税率に基づいて計算するものとする。(注6)

3．繰延税金資産と繰延税金負債の差額を期首と期末で比較した増減額は、当期に納付すべき法人税等の調整額として計上しなければならない。

ただし、資産の評価替えにより生じた評価差額が直接資本の部に計上される場合には、当該評価差額に係る繰延税金資産又は繰延税金負債を当該評価差額から控除して計上するものとする。また、資本連結に際し、子会社の資産及び負債の時価評価により生じた評価差額がある場合には、当該評価差額に係る時価評価時点の繰延税金資産又は繰延税金負債を当該評価差額から控除した額をもって、親会社の投資額と相殺の対象となる子会社の資本とするものとする。(注7)

4．連結財務諸表及び中間連結財務諸表の作成上、子会社の留保利益について、親会社に対して配当される可能性が高くその金額を合理的に見積もることができる場合には、将来、親会社が子会社からの受取配当金について負担することになる税金の額を見積計上し、これに対応する金額を繰延税金負債として計上しなければならない。

5．中間財務諸表及び中間連結財務諸表の作成上、法人税等は、中間会計期間を含む事業年度の法人税等の計算に適用される税率に基づき、年度決算と同様に税効果会計を適用して計算するものとする。ただし、中間会計期間を含む事業年度の税効果会計適用後の実効税率を合理的に見積もり、法人税等を控除する前の中間純利益に当該見積実効税率を乗じて計算することができる。

（注４）　繰延税金資産及び繰延税金負債の計上に係る重要性の原則の適用について

重要性が乏しい一時差異等については、繰延税金資産及び繰延税金負債を計上しないことができる。

（注５）　繰延税金資産の計上について

繰延税金資産は、将来減算一時差異が解消されるときに課税所得を減少させ、税金負担額を軽減することができると認められる範囲内で計上するものとし、その範囲を超える額については控除しなければならない。

（注６）　税率の変更があった場合の取扱いについて

法人税等について税率の変更があった場合には、過年度に計上された繰延税金資産及び繰延税金負債を新たな税率に基づき再計算するものとする。

（注７）　繰延税金資産及び繰延税金負債の金額を修正した場合の取扱いについて

法人税等について税率の変更があったこと等により繰延税金資産及び繰延税金負債（資本連結に際し、子会社の資産及び負債の時価評価により生じた評価差額に係るものを含む。）の金額を修正した場合には、修正差額を法人税等調整額に加減して処理するものとする。ただし、資産の評価替えにより生じた評価差額が直接資本の部に計上される場合において、当該評価差額に係る繰延税金資産及び繰延税金負債の金額を修正したときは、修正差額を評価差額に加減して処理するものとする。

第三　繰延税金資産及び繰延税金負債等の表示方法

１．繰延税金資産及び繰延税金負債は、これらに関連した資産・負債の分類に基づいて、繰延税金資産については流動資産又は投資その他の資産として、繰延税金負債については流動負債又は固定負債として表示しなければならない。ただし、特定の資産・負債に関連しない繰越欠損金等に係る繰延税金資産については、翌期に解消される見込みの一時差異等に係るものは流動資産として、それ以外の一時差異等に係るものは投資その他の資産として表示しなければならない。

２．流動資産に属する繰延税金資産と流動負債に属する繰延税金負債がある場合及び投資その他の資産に属する繰延税金資産と固定負債に属する繰延税金負債がある場合には、それぞれ相殺して表示するものとする。

ただし、異なる納税主体の繰延税金資産と繰延税金負債は、原則として相殺してはならない。

３．当期の法人税等として納付すべき額及び法人税等調整額は、法人税等を控除する前の当期純利益から控除する形式により、それぞれ区分して表示しなければならない。

第四　注記事項

財務諸表及び連結財務諸表については、次の事項を注記しなければならない。

１．繰延税金資産及び繰延税金負債の発生原因別の主な内訳(注8)

２．税引前当期純利益又は税金等調整前当期純利益に対する法人税等（法人税等調整額を含む。）の比率と法定実効税率との間に重要な差異があるときは、当該差異の原因となった主要な項目別の内訳

３．税率の変更により繰延税金資産及び繰延税金負債の金額が修正されたときは、その旨及び修正額

４．決算日後に税率の変更があった場合には、その内容及びその影響

（注８）　繰延税金資産の発生原因別の主な内訳の注記について

繰延税金資産の発生原因別の主な内訳を注記するに当たっては、繰延税金資産から控除された額（注５に係るもの）を併せて記載するものとする。

企業会計審議会
固定資産の減損に係る会計基準

（平成14年8月9日）

固定資産の減損に係る会計基準の設定に関する意見書

平成14年8月9日
企業会計審議会

一 経 緯

1. ディスクロージャー制度の中核となる会計基準は、近年の市場環境や企業行動の激変に伴って、急速な変化を余儀なくされてきた。また、市場の国際化の進展により、会計基準の国際的調和が喫緊の課題として求められてきた。

　そうした状況にあって、当審議会は、我が国会計基準の整備を精力的に進めてきたが、連結財務諸表、キャッシュ・フロー計算書、研究開発費会計、退職給付会計、税効果会計、金融商品会計などの基準の整備が一段落した平成11年10月の総会で、「固定資産の会計処理について」が審議事項に取り上げられ、固定資産の会計処理について幅広い観点から検討することとされた。

2. 固定資産の会計処理に関する検討は、平成11年12月以降、先ず、第一部会において行われた。第一部会では、固定資産に係る我が国の会計実務や海外の会計基準及びその動向等について審議が行われた。その結果、固定資産の会計処理に関し、最優先の課題は減損の処理であり、先ず、その基準を整備することが必要であるという結論に達した。また、国際会計基準において投資不動産の会計処理が定められ、時価基準と原価基準の選択適用が認められることとなったため、それにどのように対処するかについて検討することとされた。当審議会は、このような審議を踏まえ、固定資産の会計処理について検討すべき論点を取りまとめ、平成12年6月に「固定資産の会計処理に関する論点の整理」を公表した。

3. 平成12年7月に開催された総会において、第一部会で審議されてきた固定資産の会計処理の問題を同部会から引き継いで検討するために、固定資産部会が設置された。固定資産部会においては、平成12年9月以降、固定資産の減損及び投資不動産の取扱いについて審議が重ねられたが、当審議会は、平成13年7月に、それまでの議論の概要や考え方等を取りまとめた「固定資産の会計処理に関する審議の経過報告」を公表した。当審議会は、この経過報告に対する意見も踏まえて検討を続け、平成14年4月に「固定資産の減損に係る会計基準の設定に関する意見書（公開草案）」を公表して、広く各界の意見を求めた。

　当審議会は、寄せられた意見を参考にしつつ更に審議を行い、公開草案の内容を一部修正して、これを「固定資産の減損に係る会計基準の設定に関する意見書」として公表することとした。

二 会計基準の整備の必要性

　我が国においては、従来、固定資産の減損に関する処理基準が明確ではなかったが、不動産をはじめ固定資産の価格や収益性が著しく低下している昨今の状況において、それらの帳簿価額が価値を過大に表示したまま将来に損失を繰り延べているのではないかという疑念が示されている。また、このような状況が財務諸表への社会的な信頼を損ねているという指摘や、減損に関する処理基準が整備されていないために、裁量的な固定資産の評価減が行われるおそれがあるという見方もある。国際的にも、近年、固定資産の減損に係る会計基準の整備が進められており、会計基準の国際的調和を図るうえでも、減損処理に関する会計基準を整備すべきとの意見がある。

このような状況を踏まえ、固定資産の減損について適正な会計処理を行うことにより、投資者に的確な情報を提供するとともに、会計基準の国際的調和を図るなどの観点から、固定資産の減損に係る会計基準を設定することが必要である。

三　基本的考え方

1．事業用の固定資産については、通常、市場平均を超える成果を期待して事業に使われているため、市場の平均的な期待で決まる時価が変動しても、企業にとっての投資の価値がそれに応じて変動するわけではなく、また、投資の価値自体も、投資の成果であるキャッシュ・フローが得られるまでは実現したものではない。そのため、事業用の固定資産は取得原価から減価償却等を控除した金額で評価され、損益計算においては、そのような資産評価に基づく実現利益が計上されている。

しかし、事業用の固定資産であっても、その収益性が当初の予想よりも低下し、資産の回収可能性を帳簿価額に反映させなければならない場合がある。このような場合における固定資産の減損処理は、棚卸資産の評価減、固定資産の物理的な滅失による臨時損失や耐用年数の短縮に伴う臨時償却などと同様に、事業用資産の過大な帳簿価額を減額し、将来に損失を繰り延べないために行われる会計処理と考えることが適当である。これは、金融商品に適用されている時価評価とは異なり、資産価値の変動によって利益を測定することや、決算日における資産価値を貸借対照表に表示することを目的とするものではなく、取得原価基準の下で行われる帳簿価額の臨時的な減額である。

2．固定資産の帳簿価額を臨時的に減額する会計処理の一つとして、臨時償却がある。臨時償却とは、減価償却計算に適用されている耐用年数又は残存価額が、予見することのできなかった原因等により著しく不合理となった場合に、耐用年数の短縮や残存価額の修正に基づいて一時に行われる減価償却累計額の修正であるが、資産の収益性の低下を帳簿価額に反映すること自体を目的とする会計処理ではないため、別途、減損処理に関する会計基準を設ける必要がある。

3．固定資産の減損とは、資産の収益性の低下により投資額の回収が見込めなくなった状態であり、減損処理とは、そのような場合に、一定の条件の下で回収可能性を反映させるように帳簿価額を減額する会計処理である。

減損処理は、本来、投資期間全体を通じた投資額の回収可能性を評価し、投資額の回収が見込めなくなった時点で、将来に損失を繰り延べないために帳簿価額を減額する会計処理と考えられるから、期末の帳簿価額を将来の回収可能性に照らして見直すだけでは、収益性の低下による減損損失を正しく認識することはできない。帳簿価額の回収が見込めない場合であっても、過年度の回収額を考慮すれば投資期間全体を通じて投資額の回収が見込める場合もあり、また、過年度の減価償却などを修正したときには、修正後の帳簿価額の回収が見込める場合もあり得るからである。

なお、減価償却などを修正して帳簿価額を回収可能な水準まで減額させる過年度修正は、現在、修正年度の損益とされている。遡及修正が行われなければ、過年度修正による損失も、減損による損失も、認識された年度の損失とされる点では同じである。したがって、当面、この部分を減損損失と区分しなくても、現行の実務に大きな支障は生じない。そのため、本基準では、他の基準を適用しなければならないものを除いて、回収を見込めない帳簿価額を一纏めにして、減損の会計処理を適用することとした。

将来、過年度修正に対して遡及修正が行われるようになった場合には、本基準において減損損失に含められているもののうち、減価償却の過年度修正に該当する部分については、減価償却の修正として処理される必要があると考えられる。また、この場合には、減価償却の修正前に減損損失を認識することについて、再検討される必要がある。

四 会計基準の要点と考え方

1．対象資産

本基準は、固定資産に分類される資産を対象資産とするが、そのうち、他の基準に減損処理に関する定めがある資産、例えば、「金融商品に係る会計基準」における金融資産や「税効果会計に係る会計基準」における繰延税金資産については、対象資産から除くこととした。また、前払年金費用についても、「退職給付に係る会計基準」において評価に関する定めがあるため、対象資産から除くこととする。

2．減損損失の認識と測定

⑴ 減損の兆候

本基準では、資産又は資産グループ（⑹①における最小の単位をいう。）に減損が生じている可能性を示す事象（減損の兆候）がある場合に、当該資産又は資産グループについて、減損損失を認識するかどうかの判定を行うこととした。これは、対象資産すべてについてこのような判定を行うことが、実務上、過大な負担となるおそれがあることを考慮したためである。

企業は、内部管理目的の損益報告や事業の再編等に関する経営計画などの企業内部の情報及び経営環境や資産の市場価格などの企業外部の要因に関する情報に基づき、減損の兆候がある資産又は資産グループを識別することとなる。

⑵ 減損損失の認識

① 減損損失の測定は、将来キャッシュ・フローの見積りに大きく依存する。将来キャッシュ・フローが約定されている場合の金融資産と異なり、成果の不確定な事業用資産の減損は、測定が主観的にならざるを得ない。その点を考慮すると、減損の存在が相当程度に確実な場合に限って減損損失を認識することが適当である。

本基準では、減損の兆候がある資産又は資産グループについて、これらが生み出す割引前の将来キャッシュ・フローの総額がこれらの帳簿価額を下回るときには、減損の存在が相当程度に確実であるとし、そのような場合には減損損失を認識することを求めている。この減損損失を認識するかどうかの判定は、減価償却の見直しに先立って行う。

② 減損損失を認識するかどうかを判定するために見積られる割引前の将来キャッシュ・フローは、少なくとも土地については使用期間が無限になりうることから、その見積期間を制限する必要がある。また、一般に、長期間にわたる将来キャッシュ・フローの見積りは不確実性が高くなる。このため、減損損失を認識するかどうかを判定するために割引前将来キャッシュ・フローを見積る期間は、資産の経済的残存使用年数又は資産グループ中の主要な資産（資産グループの将来キャッシュ・フロー生成能力にとって最も重要な構成資産をいう。）の経済的残存使用年数と20年のいずれか短い方とすることとした。

③ 資産又は資産グループ中の主要な資産の経済的残存使用年数が20年を超える場合には、21年目以降に見込まれる将来キャッシュ・フローに基づいて、20年経過時点の回収可能価額（⑶における回収可能価額をいう。）を算定し、20年目までの割引前将来キャッシュ・フローに加算することになる。

また、資産グループ中の主要な資産以外の構成資産の経済的残存使用年数が、主要な資産の経済的残存使用年数を超える場合には、主要な資産の経済的残存使用年数経過以降に見込まれる将来キャッシュ・フローに基づいて、当該経済的残存使用年数経過時点の主要な資産以外の構成資産の回収可能価額を算定し、主要な資産の経済的残存使用年数経過時点までの割引前将来キャッシュ・フローに加算することになる。

⑶ 減損損失の測定

減損損失を認識すべきであると判定された資産又は資産グループについては、帳簿価額を回収可能価額まで減額し、当該減少額を減損損失

として当期の損失とすることとした。

この場合、企業は、資産又は資産グループに対する投資を売却と使用のいずれかの手段によって回収するため、売却による回収額である正味売却価額（資産又は資産グループの時価から処分費用見込額を控除して算定される金額）と、使用による回収額である使用価値（資産又は資産グループの継続的使用と使用後の処分によって生ずると見込まれる将来キャッシュ・フローの現在価値）のいずれか高い方の金額が固定資産の回収可能価額になる。

また、正味売却価額を算定する場合の時価とは、公正な評価額であり、通常、それは観察可能な市場価格をいうが、市場価格が観察できない場合には合理的に算定された価額がそれに該当することになる。

なお、減損損失は、固定資産売却損などと同様に、固定資産に関する臨時的な損失であるため、原則として、特別損失とすることとした。

(4) **将来キャッシュ・フロー**

① 減損損失を認識するかどうかの判定及び使用価値の算定に際して、将来キャッシュ・フローを見積る必要がある。このような将来キャッシュ・フローは、資産又は資産グループの時価を算定するためではなく、企業にとって資産又は資産グループの帳簿価額が回収可能かどうかを判定するため、あるいは、企業にとって資産又は資産グループがどれだけの経済的な価値を有しているかを算定するために見積られることから、企業に固有の事情を反映した合理的で説明可能な仮定及び予測に基づいて見積ることとした。

② 将来キャッシュ・フローは、現時点における資産又は資産グループの回収可能性を反映すべきであることから、資産又は資産グループの現在の使用状況及び合理的な使用計画等を考慮して見積られる必要がある。したがって、計画されていない将来の設備の増強や事業の再編の結果として生ずる将来キャッシュ・フローは、見積りに含めな

いこととした。また、将来の用途が定まっていない遊休資産については、現在の状況に基づき将来キャッシュ・フローを見積ることになる。

一方、資産又は資産グループの現在の価値を維持するための合理的な設備投資については、それに関連する将来キャッシュ・フローを将来キャッシュ・フローの見積りに含めることになると考えられる。

③ 将来キャッシュ・フローの見積りの方法には、生起する可能性の最も高い単一の金額を見積る方法と、生起し得る複数の将来キャッシュ・フローをそれぞれの確率で加重平均した金額（期待値）を見積る方法がある。これらのうち、企業の計画等に基づいて単一の金額を見積る前者の方法が一般的であると考えられるが、企業が固定資産の使用や処分に関して、いくつかの選択肢を検討している場合や、生じ得る将来キャッシュ・フローの幅を考慮する必要がある場合には、期待値を用いる後者の方法も有用であると考えられるため、いずれの方法も適用できることとした。

④ 使用価値の算定においては、将来キャッシュ・フローがその見積値から乖離するリスクについて、将来キャッシュ・フローの見積りに反映させる方法と割引率に反映させる方法のいずれの方法も認めることとした。他方、減損損失を認識するかどうかを判定する際に用いる割引前将来キャッシュ・フローの算定においては、将来キャッシュ・フローがその見積値から乖離するリスクを将来キャッシュ・フローに反映させるか否かで異なる結果が導かれることになるため、リスクを反映させない方法で統一した。

⑤ 資産又は資産グループの将来キャッシュ・フローを見積るためには、当該資産又は資産グループが将来キャッシュ・フローを生み出すために必要な本社費等の間接的な支出も考慮する必要がある。したがって、資産又は資産グループに関連して

間接的に生ずる支出は、関連する資産又は資産グループに合理的な方法により配分し、当該資産又は資産グループの将来キャッシュ・フローの見積りに際し控除することとした。

⑥　利息の支払額並びに法人税等の支払額及び還付額については、通常、固定資産の使用又は処分から直接的に生ずる項目ではないことから、将来キャッシュ・フローの見積りには含めないこととした。

⑸　**使用価値の算定に際して用いられる割引率**

資産又は資産グループの使用価値の算定に際しては、将来キャッシュ・フローがその見積値から乖離するリスクを反映させる必要がある。その方法としては、将来キャッシュ・フローの見積りに反映させる方法と、割引率に反映させる方法がある。前者を採用した場合には、割引率は貨幣の時間価値だけを反映した無リスクの割引率となり、後者を採用した場合には、割引率は貨幣の時間価値と将来キャッシュ・フローがその見積値から乖離するリスクの両方を反映したものとなる。

また、将来キャッシュ・フローが税引前の数値であることに対応して、割引率も税引前の数値を用いる必要がある。

⑹　**資産のグルーピング**

①　資産のグルーピングの方法

複数の資産が一体となって独立したキャッシュ・フローを生み出す場合には、減損損失を認識するかどうかの判定及び減損損失の測定に際して、合理的な範囲で資産のグルーピングを行う必要がある。

そこで、資産のグルーピングに際しては、他の資産又は資産グループのキャッシュ・フローから概ね独立したキャッシュ・フローを生み出す最小の単位で行うこととした。実務的には、管理会計上の区分や投資の意思決定（資産の処分や事業の廃止に関する意思決定を含む。）を行う際の単位等を考慮してグルーピングの方法を定めることになると考えられる。

なお、連結財務諸表は、企業集団に属する親会社及び子会社が作成した個別財務諸表を基礎として作成されるが、連結財務諸表においては、連結の見地から資産のグルーピングの単位が見直される場合がある。

②　資産グループについて認識された減損損失の配分

資産グループについて認識された減損損失は、当該資産グループの各構成資産に配分する。その方法としては、帳簿価額に基づいて各構成資産に比例配分する方法が考えられるが、各構成資産の時価を考慮した配分等他の方法が合理的であると認められる場合には、当該方法によることができることとした。

⑺　**共用資産の取扱い**

①　共用資産

本基準では、複数の資産又は資産グループの将来キャッシュ・フローの生成に寄与する資産のうち、のれん以外のものを共用資産と呼んでいる。例えば、全社的な将来キャッシュ・フローの生成に寄与する本社の建物や試験研究施設が該当するが、全社的な資産でなくても、複数の資産又は資産グループを含む部門全体の将来キャッシュ・フローの生成に寄与している資産は、当該部門の共用資産となる。

②　共用資産に係る資産のグルーピング

共用資産の取扱いについては、共用資産と、その共用資産が将来キャッシュ・フローの生成に寄与している資産又は資産グループを含む、より大きな単位でグルーピングを行う方法と、共用資産の帳簿価額を各資産又は資産グループに配分して、配分後の各資産又は資産グループについて減損損失の認識と測定を行う方法があるが、一般に、共用資産の帳簿価額を合理的な基準で各資産又は資産グループに配分することは困難であると考えられるため、本基準は、前者の方法を原則としている。すなわち、共用資産に減損の兆候がある場合の共用資産に

係る減損の判定は、共用資産が関連する複数の資産又は資産グループに共用資産を加えた、より大きな単位で行う。ただし、共用資産の帳簿価額を合理的な基準で配分することができる場合には、各資産又は資産グループに共用資産の帳簿価額を配分することもできることとした。この場合には、共用資産に減損の兆候があるかどうかにかかわらず、その帳簿価額を各資産又は資産グループに配分することとなる。

③　より大きな単位でグルーピングを行う方法を採用した場合の会計処理

　共用資産に関して、より大きな単位でグルーピングを行う場合には、減損の兆候の把握、減損損失を認識するかどうかの判定及び減損損失の測定は、先ず、共用資産を含まない資産又は資産グループごとに行い、その後、共用資産を含む、より大きな単位で行うことになる。

　また、共用資産を含む、より大きな単位でグルーピングを行う場合には、共用資産を含まない各資産又は資産グループにおいて算定された減損損失控除前の帳簿価額に共用資産の帳簿価額を加えた金額と、割引前将来キャッシュ・フローの総額とを比較することによって、減損損失を認識するかどうかを判定する。その結果、減損損失を認識することとなった場合には、共用資産を加えることによって算定される減損損失の増加額は、原則として、共用資産に配分する。ただし、共用資産に配分された減損損失が、共用資産の帳簿価額と正味売却価額の差額を超過することが明らかな場合には、当該超過額を合理的な基準により各資産又は資産グループに配分することとなる。

④　共用資産の帳簿価額を資産又は資産グループに配分する方法を採用した場合の会計処理

　共用資産の帳簿価額を各資産又は資産グループに配分したうえで減損損失を認識するかどうかを判定する場合には、各資産グ

ループについて認識された減損損失は、帳簿価額に基づく比例配分等の合理的な方法により、共用資産の配分額を含む当該資産グループの各構成資産に配分する。

(8)　のれんの取扱い

①　のれんの帳簿価額の分割

　のれんが認識される取引において、取得の対価が概ね独立して決定され、取得後も内部管理上独立した業績評価が行われる複数の事業が取得される場合がある。このような複数の事業に係るのれんを一括して減損処理することは適当ではない。したがって、のれんの減損処理を検討するに当たり、その帳簿価額は、先ず、のれんが認識された取引において取得された事業の単位に応じて、合理的な基準に基づき分割することとした。

②　のれんに係る資産のグルーピング

　のれんは、それ自体では独立したキャッシュ・フローを生まないことから、分割されたそれぞれののれんに減損の兆候がある場合に、減損損失を認識するかどうかの判定は、共用資産と同様に、のれんが帰属する事業に関連する複数の資産グループにのれんを加えた、より大きな単位で行うこととした。ただし、のれんの帳簿価額を関連する資産グループに合理的な基準で配分することができる場合には、のれんの帳簿価額を各資産グループに配分したうえで減損損失を認識するかどうかを判定することができることとした。この場合には、のれんに減損の兆候があるかどうかにかかわらず、その帳簿価額を各資産グループに配分することとなる。

③　より大きな単位でグルーピングを行う方法を採用した場合の会計処理

　のれんに関して、より大きな単位でグルーピングを行う場合には、減損の兆候の把握、減損損失を認識するかどうかの判定及び減損損失の測定は、先ず、のれんを含まない資産グループごとに行い、その後、

のれんを含む、より大きな単位で行うことになる。

また、のれんを含む、より大きな単位でグルーピングを行う場合には、のれんを含まない各資産グループにおいて算定された減損損失控除前の帳簿価額にのれんの帳簿価額を加えた金額と、割引前将来キャッシュ・フローの総額とを比較することによって、減損損失を認識するかどうかを判定する。その結果、減損損失を認識することとなった場合には、当該判定単位の超過収益力がもはや失われていると考えられるため、のれんを加えることによって算定される減損損失の増加額は、原則として、のれんに配分する。ただし、のれんに配分された減損損失が、その帳簿価額を超過する場合には、当該超過額を合理的な基準により各資産グループに配分する。

④ のれんの帳簿価額を資産グループに配分する方法を採用した場合の会計処理

のれんの帳簿価額を各資産グループに配分したうえで減損損失を認識するかどうかを判定する場合には、各資産グループについて認識された減損損失は、同様の理由により、のれんに優先的に配分し、残額は、帳簿価額に基づく比例配分等の合理的な方法により、当該資産グループの各構成資産に配分することとした。

⑤ 企業結合会計に関する審議との関係

このようなのれんの取扱いは、現行の会計制度において、のれんが資産計上され、一定の期間で償却される場合を前提としている。当審議会の第一部会では、企業結合に係る会計基準の審議が行われており、これには、のれんに係る会計処理も検討の対象に含まれている。したがって、企業結合会計に係る会計基準の設定に際し、減損の兆候、資産のグルーピング、回収可能価額の算定等について、別途の検討を行う必要性が生ずる場合がある。

3．減損処理後の会計処理
(1) 減価償却

減損処理を行った資産についても、減損処理後の帳簿価額をその後の事業年度にわたって適正に原価配分するため、毎期計画的、規則的に減価償却を実施することとなる。

(2) 減損損失の戻入れ

減損処理は回収可能価額の見積りに基づいて行われるため、その見積りに変更があり、変更された見積りによれば減損損失が減額される場合には、減損損失の戻入れを行う必要があるという考え方がある。しかし、本基準においては、減損の存在が相当程度確実な場合に限って減損損失を認識及び測定することとしていること、また、戻入れは事務的負担を増大させるおそれがあることなどから、減損損失の戻入れは行わないこととした。

4．ファイナンス・リース取引の取扱い

ファイナンス・リース取引に係る借手側の会計処理方法としては、通常の売買取引に係る方法に準ずる会計処理（売買処理）のほか、リース物件の所有権が借手に移転すると認められるもの以外の取引については、通常の賃貸借取引に係る方法に準ずる会計処理（賃貸借処理）が認められている。売買処理を採用している場合には、借手側が当該ファイナンス・リース取引により使用している資産（リース資産）は、本基準の対象資産となり減損会計が適用されるが、賃貸借処理を採用している場合であっても、売買処理を採用した場合との均衡上、減損会計と同様の効果をもつ会計処理を行う必要がある。

このため、賃貸借処理を採用している場合のファイナンス・リース取引に係るリース資産又は当該リース資産を含む資産グループの減損処理を検討するに当たっては、当該リース資産の未経過リース料の現在価値を当該リース資産の帳簿価額とみなして本基準を適用することとした。この場合、リース資産に配分された減損損失は負債として計上し、リース契約の残存期間にわたり規則的に取崩すこととなる。

五 実施時期等

1. 固定資産の減損に係る会計基準については、今後、関係各方面の準備作業、企業側の受入準備が必要であり、これらを考慮して、平成17年4月1日以後開始する事業年度から実施されるよう措置することが適当である。

　また、平成16年4月1日以後開始する事業年度から適用することを認めるよう措置することが適当である。

　なお、平成16年3月31日から平成17年3月30日までに終了する事業年度に係る財務諸表及び連結財務諸表についても適用することを妨げないものとする。

2. 本基準を実務に適用する場合の具体的な指針等については、今後、関係府令を整備するとともに、次の事項を含め、企業会計基準委員会において適切に措置していくことが適当である。

(1) 減損の兆候の例示、正味売却価額の見積方法、将来キャッシュ・フローの見積方法、使用価値の算定に際して用いられる割引率、資産のグルーピングの方法、共用資産の取扱い、のれんの取扱い等の細目

(2) 中間会計期間において減損処理を行った資産に係る取扱い

3. 「土地の再評価に関する法律」により再評価を行った土地については、再評価後の帳簿価額に基づいて減損会計を適用する。減損処理を行った場合の土地再評価差額金の取扱い等については、企業会計基準委員会において適切に措置していくことが適当である。

六 投資不動産

1. 投資不動産の会計処理

　国際会計基準は、企業が自ら使用するもの及び棚卸資産を除いた、賃貸収益又は資本増価を目的として保有する不動産を投資不動産としている。このような投資不動産については、他の有形固定資産と比べて、比較的容易に時価が把握可能であり、また、当該時価により売買・換金等を行うことが可能ではないかという観点から、投資不動産

に関する経営成績を適正に開示するためには、時価評価が適当であるという考え方がある。

　しかし、活発な市場を有する一部の金融資産に比べ、投資不動産の時価を客観的に把握することは困難ではないかという懸念がある。また、工場、本社建物のみならず外形的には賃貸収益を目的として保有されるような不動産であっても、直ちに売買・換金を行うことに事業遂行上の制約がある場合等、事実上、事業投資と考えられるものがあり、このような事業投資では、一般に、時価の変動を企業活動の成果とは捉えないという考え方が妥当である。

　さらに、外形的には投資不動産とみられるものでも、時価の変動により利益を得ることを目的として保有するものから、前述のように、事実上、事業投資と考えられるものまで存在するため、その保有目的等を全く考慮せずに時価評価を行うことは、必ずしも、企業の財政状態及び経営成績を適切に財務諸表に反映させることにはならないと考えられる。

　もちろん、有価証券のように個々の保有目的等に応じてそれぞれの会計処理を定める方法も考えられるが、棚卸資産との関係の整理、それに含まれる類似の不動産との区別など、細分化するに当たっての合理的な基準を設けることは困難であると考えられる。

　したがって、投資不動産についても、時価の変動をそのまま損益に算入せず、他の有形固定資産と同様に取得原価基準による会計処理を行い、本基準の規定に従って減損処理を行うことが適当であると考えられる。

2. 投資不動産の時価情報の注記

　前述のように、投資不動産については、取得原価基準による会計処理を行うことが適当であるが、国際会計基準は、企業が取得原価基準による会計処理を選択した場合には、時価を注記するよう求めている。このような国際会計基準の規定との調和や、他の有形固定資産と比べ相対的に換金性が高いという性格に鑑み、投資情報として投資不動産の時価を注記することが適当であるという意見

がある。

　他方、投資不動産については、活発な市場を有する一部の金融資産に比べ、時価を把握することが比較的困難であり、また、直ちに売買・換金を行うことに事業遂行上の制約がある投資不動産について時価を注記することは、投資者にとって有用な情報を提供することにならないのではないか、などの理由から、時価を注記することは適当でないという意見がある。

　このように、投資不動産の時価情報の注記に関しては、その要否や投資不動産の範囲も含め、理論及び実務の両面で、なお検討を要する問題が残されていることから、本意見書では、議論の要点を示すに止め、今後の課題とすることとした。

固定資産の減損に係る会計基準

平成14年8月9日
企業会計審議会

固定資産の減損に係る会計基準注解

平成14年8月9日
企業会計審議会

一　対象資産

　本基準は、固定資産を対象に適用する。ただし、他の基準に減損処理に関する定めがある資産、例えば、「金融商品に係る会計基準」における金融資産や「税効果会計に係る会計基準」における繰延税金資産については、対象資産から除くこととする。(注1)(注12)

> **(注1)**　本基準における用語の定義は、次のとおりである。
> 　1．回収可能価額とは、資産又は資産グループの正味売却価額と使用価値のいずれか高い方の金額をいう。
> 　2．正味売却価額とは、資産又は資産グループの時価から処分費用見込額を控除して算定される金額をいう。
> 　3．時価とは、公正な評価額をいう。通常、それは観察可能な市場価格をいい、市場価格が観察できない場合には合理的に算定された価額をいう。
> 　4．使用価値とは、資産又は資産グループの継続的使用と使用後の処分によって生ずると見

込まれる将来キャッシュ・フローの現在価値をいう。
> 　5．共用資産とは、複数の資産又は資産グループの将来キャッシュ・フローの生成に寄与する資産をいい、のれんを除く。

> **(注12)**
> 　1．ファイナンス・リース取引について、借手側が賃貸借取引に係る方法に準じて会計処理を行っている場合、借手側が当該ファイナンス・リース取引により使用している資産（以下「リース資産」という。）又は当該リース資産を含む資産グループの減損処理を検討するに当たっては、当該リース資産の未経過リース料の現在価値を、当該リース資産の帳簿価額とみなして、本基準を適用する。ただし、リース資産の重要性が低い場合においては、未経過リース料の現在価値に代えて、割引前の未経過リース料を、リース資産の帳簿価額とみなすことができる。
> 　2．賃貸借取引に係る方法に準じて会計処理を行っているファイナンス・リース取引に係るリース資産に本基準を適用した場合、リース資産に配分された減損損失は負債として計上し、リース契約の残存期間にわたり規則的に取崩す。取崩された金額は、各事業年度の支

払リース料と相殺する。

二　減損損失の認識と測定

1．減損の兆候

　資産又は資産グループ（6.(1)における最小の単位をいう。）に減損が生じている可能性を示す事象（以下「減損の兆候」という。）がある場合には、当該資産又は資産グループについて、減損損失を認識するかどうかの判定を行う。減損の兆候としては、例えば、次の事象が考えられる。

　① 　資産又は資産グループが使用されている営業活動から生ずる損益又はキャッシュ・フローが、継続してマイナスとなっているか、あるいは、継続してマイナスとなる見込みであること

　② 　資産又は資産グループが使用されている範囲又は方法について、当該資産又は資産グループの回収可能価額を著しく低下させる変化が生じたか、あるいは、生ずる見込みであること(注2)

　③ 　資産又は資産グループが使用されている事業に関連して、経営環境が著しく悪化したか、あるいは、悪化する見込みであること

　④ 　資産又は資産グループの市場価格が著しく下落したこと

(注2) 　資産又は資産グループが使用される範囲又は方法について生ずる当該資産又は資産グループの回収可能価額を著しく低下させる変化とは、資産又は資産グループが使用されている事業を廃止又は再編成すること、当初の予定よりも著しく早期に資産又は資産グループを処分すること、資産又は資産グループを当初の予定と異なる用途に転用すること、資産又は資産グループが遊休状態になったこと等をいう。

2．減損損失の認識

　(1) 　減損の兆候がある資産又は資産グループについての減損損失を認識するかどうかの判定は、資産又は資産グループから得られる割引

前将来キャッシュ・フローの総額と帳簿価額を比較することによって行い、資産又は資産グループから得られる割引前将来キャッシュ・フローの総額が帳簿価額を下回る場合には、減損損失を認識する。

　(2) 　減損損失を認識するかどうかを判定するために割引前将来キャッシュ・フローを見積る期間は、資産の経済的残存使用年数又は資産グループ中の主要な資産の経済的残存使用年数と20年のいずれか短い方とする。(注3)(注4)

(注3) 　主要な資産とは、資産グループの将来キャッシュ・フロー生成能力にとって最も重要な構成資産をいう。

(注4) 　資産又は資産グループ中の主要な資産の経済的残存使用年数が20年を超える場合には、20年経過時点の回収可能価額を算定し、20年目までの割引前将来キャッシュ・フローに加算する。

3．減損損失の測定

　減損損失を認識すべきであると判定された資産又は資産グループについては、帳簿価額を回収可能価額まで減額し、当該減少額を減損損失として当期の損失とする。

4．将来キャッシュ・フロー

　(1) 　減損損失を認識するかどうかの判定に際して見積られる将来キャッシュ・フロー及び使用価値の算定において見積られる将来キャッシュ・フローは、企業に固有の事情を反映した合理的で説明可能な仮定及び予測に基づいて見積る。

　(2) 　将来キャッシュ・フローの見積りに際しては、資産又は資産グループの現在の使用状況及び合理的な使用計画等を考慮する。(注5)

(注5) 　計画されていない将来の設備の増強や事業の再編の結果として生ずる将来キャッシュ・フローは、見積りに含めない。また、将来の用途が定まっていない遊休資産については、現在

の状況に基づき将来キャッシュ・フローを見積る。

(3) 将来キャッシュ・フローの見積金額は、生起する可能性の最も高い単一の金額又は生起しうる複数の将来キャッシュ・フローをそれぞれの確率で加重平均した金額とする。(注6)

(4) 資産又は資産グループに関連して間接的に生ずる支出は、関連する資産又は資産グループに合理的な方法により配分し、当該資産又は資産グループの将来キャッシュ・フローの見積りに際し控除する。

(5) 将来キャッシュ・フローには、利息の支払額並びに法人税等の支払額及び還付額を含めない。

(注6) 将来キャッシュ・フローが見積値から乖離するリスクについては、将来キャッシュ・フローの見積りと割引率のいずれかに反映させる。ただし、減損損失を認識するかどうかを判定する際に見積られる割引前将来キャッシュ・フローの算定においては、このリスクを反映させない。

5．使用価値の算定に際して用いられる割引率

使用価値の算定に際して用いられる割引率は、貨幣の時間価値を反映した税引前の利率とする。

資産又は資産グループに係る将来キャッシュ・フローがその見積値から乖離するリスクが、将来キャッシュ・フローの見積りに反映されていない場合には、割引率に反映させる。(注6)

6．資産のグルーピング

(1) 資産のグルーピングの方法

減損損失を認識するかどうかの判定と減損損失の測定において行われる資産のグルーピングは、他の資産又は資産グループのキャッシュ・フローから概ね独立したキャッシュ・フローを生み出す最小の単位で行う。

(2) 資産グループについて認識された減損損失の配分

資産グループについて認識された減損損失は、帳簿価額に基づく比例配分等の合理的な方法により、当該資産グループの各構成資産に配分する。

7．共用資産の取扱い

共用資産に減損の兆候がある場合に、減損損失を認識するかどうかの判定は、共用資産が関連する複数の資産又は資産グループに共用資産を加えた、より大きな単位で行う。(注7)

共用資産を含む、より大きな単位について減損損失を認識するかどうかを判定する際しては、共用資産を含まない各資産又は資産グループにおいて算定された減損損失控除前の帳簿価額に共用資産の帳簿価額を加えた金額と、割引前将来キャッシュ・フローの総額とを比較する。この場合に、共用資産を加えることによって算定される減損損失の増加額は、原則として、共用資産に配分する。(注8)

共用資産の帳簿価額を当該共用資産に関連する資産又は資産グループに合理的な基準で配分することができる場合には、共用資産の帳簿価額を各資産又は資産グループに配分したうえで減損損失を認識するかどうかを判定することができる。この場合に、資産グループについて認識された減損損失は、帳簿価額に基づく比例配分等の合理的な方法により、共用資産の配分額を含む当該資産グループの各構成資産に配分する。

(注7) 共用資産又はのれんに係る資産のグルーピングを、共用資産又はのれんが関連する複数の資産又は資産グループに共用資産又はのれんを加えた、より大きな単位で行う場合、減損の兆候の把握、減損損失を認識するかどうかの判定及び減損損失の測定は、先ず、資産又は資産グループごとに行い、その後、より大きな単位で行う。

(注8) 共用資産に配分される減損損失が、共用資産の帳簿価額と正味売却価額の差額を超過することが明らかな場合には、当該超過額を合理

的な基準により各資産又は資産グループに配分する。

8．のれんの取扱い

のれんを認識した取引において取得された事業の単位が複数である場合には、のれんの帳簿価額を合理的な基準に基づき分割する。(注9)(注10)

分割されたそれぞれののれんに減損の兆候がある場合に、減損損失を認識するかどうかの判定は、のれんが帰属する事業に関連する複数の資産グループにのれんを加えた、より大きな単位で行う。(注7)

のれんを含む、より大きな単位について減損損失を認識するかどうかを判定するに際しては、のれんを含まない各資産グループにおいて算定された減損損失控除前の帳簿価額にのれんの帳簿価額を加えた金額と、割引前将来キャッシュ・フローの総額とを比較する。この場合に、のれんを加えることによって算定される減損損失の増加額は、原則として、のれんに配分する。(注11)

のれんの帳簿価額を当該のれんが帰属する事業に関連する資産グループに合理的な基準で配分することができる場合には、のれんの帳簿価額を各資産グループに配分したうえで減損損失を認識するかどうかを判定することができる。この場合に、各資産グループについて認識された減損損失は、のれんに優先的に配分し、残額は、帳簿価額に基づく比例配分等の合理的な方法により、当該資産グループの各構成資産に配分する。

> (注9)　のれんの帳簿価額を分割し帰属させる事業の単位は、取得の対価が概ね独立して決定され、かつ、取得後も内部管理上独立した業績報告が行われる単位とする。
>
> (注10)　のれんの帳簿価額の分割は、のれんが認

識された取引において取得された事業の取得時における時価の比率に基づいて行う方法その他合理的な方法による。

> (注11)　のれんに配分された減損損失が、のれんの帳簿価額を超過する場合には、当該超過額を合理的な基準により各資産グループに配分する。

三　減損処理後の会計処理

1．減価償却

減損処理を行った資産については、減損損失を控除した帳簿価額に基づき減価償却を行う。

2．減損損失の戻入れ

減損損失の戻入れは、行わない。

四　財務諸表における開示

1．貸借対照表における表示

減損処理を行った資産の貸借対照表における表示は、原則として、減損処理前の取得原価から減損損失を直接控除し、控除後の金額をその後の取得原価とする形式で行う。ただし、当該資産に対する減損損失累計額を、取得原価から間接控除する形式で表示することもできる。この場合、減損損失累計額を減価償却累計額に合算して表示することができる。

2．損益計算書における表示

減損損失は、原則として、特別損失とする。

3．注記事項

重要な減損損失を認識した場合には、減損損失を認識した資産、減損損失の認識に至った経緯、減損損失の金額、資産のグルーピングの方法、回収可能価額の算定方法等の事項について注記する。

企業会計審議会

国際会計基準（IFRS）への対応のあり方に関する当面の方針

（平成25年6月19日）

一　はじめに

企業会計審議会においては、これまで国際会計基準（IFRS）を巡る諸問題について議論を行ってきた。

2009年6月30日には「我が国における国際会計基準の取扱いに関する意見書（中間報告）」を公表し、IFRSの任意適用や将来的な強制適用の検討などについての考え方を示した。この中間報告に基づいて、2010年3月期から一定の要件を充たす我が国企業についてIFRSの任意適用が開始されるなど、所要の対応が図られてきている。

さらに、企業会計審議会総会・企画調整部会合同会議では、2011年6月から約1年間にわたり審議を重ね、2012年7月、「国際会計基準（IFRS）への対応のあり方についてのこれまでの議論（中間的論点整理）」を公表した。この中間的論点整理では、連単分離を前提に、IFRSの任意適用の積上げを図りつつ、IFRSの適用のあり方について、その目的や我が国の経済や制度などにもたらす影響を十分に勘案し、最もふさわしい対応を検討すべきである、とされたところである。

企業会計審議会総会・企画調整部会合同会議は、引き続き、この中間的論点整理に基づいて議論を行った。この間、米国においては、2012年7月に証券取引委員会（SEC）の最終スタッフ報告が公表されたが、IFRS適用の具体的な方向性やスケジュールに関する言及はなされていない。また、2013年3月に、IFRS財団モニタリング・ボードから、モニタリング・ボードのメンバー要件である「IFRSの使用」の定義を明確化したプレスリリースが公表された。同年4月には、国際会計基準審議会（IASB）と各国の会計基準設定主体との新しい連携の枠組みとして、日本の企業会計基準委員会（ASBJ）を含む12か国の会計基準設定主体等からなる会計基準アドバイザリー・フォーラム（ASAF）が設置された。我が国におけるIFRS任意適用企業数は、2013年5月末時点では、適用公表企業を含め、20社となっている。

企業会計審議会総会・企画調整部会合同会議では、関係者における今後の対応に資する観点から、これまでの議論や国内外の動向等を踏まえ、IFRSへの対応のあり方について、当面の方針を取りまとめることとした。

二　IFRSへの対応のあり方に関する基本的な考え方

2008年のワシントンサミットの首脳宣言で示された、「単一で高品質な国際基準を策定する」という目標がグローバルに実現されていくことは、世界経済の効率化・活性化を図る観点から有効であり、また、我が国としてもこの目標を実現していくために主体的に取組むことは、日本の企業活動・資金調達に有益であるとともに、日本市場の国際的競争力を確保する観点からも重要と考えられる。

また、日本の会計基準は、これまでのコンバージェンスの結果、高品質かつ国際的に遜色のないものとなっており、欧州よりIFRSと同等との評価も受けているが、引き続き、会計基準の国際的な調和に向けた努力は継続する必要があり、日本基準を高品質化するような会計基準の変更については前向きに対応し、高品質な日本基準を維持していくことが重要である。

IFRSは今後とも世界の関係者が参加して改善されていくべきものであることから、IFRS策定への日本の発言権を確保していくことがとりわけ重要となる。そのためにも、IFRS財団への人的・資金的貢献を継続するとともに、IFRS財団モニタリング・ボードのメンバー要件である「IFRS

の使用（強制または任意の適用を通じた IFRS の顕著な使用）」を勘案しながら、日本の IFRS への態度をより明確にすることを検討していく必要がある。このことは、国内企業において IFRS の適用を検討する前提を明確にするためにも望ましいと考えられる。その際、現在の IFRS の内容については、基本的考え方として受け入れ難い項目や、日本の企業経営や事業活動の実態にそぐわず、導入コストが過大であると考えられる項目が一部存在し、また、IASB において開発中の項目も存在することを念頭に置く必要がある。併せて、米国の動向など国際情勢に不確実性が存在することを十分に勘案する必要がある。

以上のことから、単一で高品質な会計基準の策定というグローバルな目標に向けて、国際的に様々な動きが見られる中で、我が国がこれにどのように関わっていくのかという観点から、今後数年間が我が国にとって重要な期間となる。企業会計審議会総会・企画調整部会合同会議としては、このような認識に基づき、まずは、IFRS の任意適用の積上げを図ることが重要であると考えられることから、IFRS への対応の当面の方針として、「任意適用要件の緩和」、「IFRS の適用の方法」及び「単体開示の簡素化」について、以下の通り、考え方を整理することとした。

これらの課題についての詳細な規定の整備などは、行政当局等において適切に対応すべきである。

こうした課題への対応に関連して、金融商品取引所においても、新たに開発することとされている新指数の対象企業の選定にあたって、IFRS の適用を考慮することが期待される。これに加え、その他の関係者においても、任意適用の積上げを図るために他に採りうる措置がないか検討がなされることを期待する。

他方、我が国における IFRS の強制適用の是非等については、上記のような諸情勢を勘案すると、未だその判断をすべき状況にないものと考えられる。この点については、今後、任意適用企業数の推移も含め今回の措置の達成状況を検証・確認する一方で、米国の動向及び IFRS の基準開発の状況等の国際的な情勢を見極めながら、関係者による議論を行っていくことが適当である。なお、仮に強制適用を行うこととなった場合には、十分な準備期間を設ける必要がある。

また、我が国の IFRS に関する意見発信の強化のための取組みや IFRS の適用に際しての実務的な不確実性を緩和するための取組みについては、引き続き、関係者が協力して適切に対応していく必要がある。

なお、中間的論点整理で示した連単分離、中小企業等への対応の方針については、引き続きこれを維持すべきである。

三　IFRS 任意適用要件の緩和

現行の IFRS の任意適用制度においては、

(1)　上場していること、

(2)　IFRS による連結財務諸表の適正性確保への取組・体制整備をしていること、

(3)　国際的な財務活動又は事業活動を行っていること、

という要件を全て充たした会社を「特定会社」と定義し、IFRS を適用して連結財務諸表を提出することができることとしている（連結財務諸表規則第１条の２）。

近年、IFRS を適用することにより国際的な同業他社との比較可能性を高めることへのニーズが高まっており、そのような意義に鑑みれば、任意適用の対象となる企業を上記要件のすべてを充たす企業に限定する必要はないものと考えられる。また、上記要件を充たさない企業の中には海外からの投資を幅広く受けている企業が存在することも勘案する必要がある。このため、任意適用要件を緩和し、IFRS に基づく適正な財務諸表を作成する意欲と能力がある企業が IFRS を適用できるような制度上の改善を図るべきである。このことは、我が国として単一で高品質な会計基準を策定するという目標に向けて着実に歩みを進めていることを示す意味でも有意義なことであると考えられる。

IFRS の任意適用要件を緩和することにより、IFRS を任意適用する企業数が増加することが見

込まれ、国際的にも、IFRS策定への日本の発言力の確保等に資することになる。

また、IFRSの任意適用要件を緩和することによって、上場準備段階からIFRSの適用を希望するIPO企業の負担が軽減されるなど、新興市場の育成という観点からも有用である。

IFRSの任意適用要件のうち、上場していること、国際的な財務活動・事業活動を行っていることという要件を撤廃したとしても、IFRSによる連結財務諸表の適正性確保への取組・体制整備という要件が充たされているのであれば、財務諸表の質が低下することはないと考えられる。また、会計基準が収斂していく過程で、一時的に異なる基準を適用する企業が存在することは許容せざるを得ないとの指摘もある。

以上を踏まえ、IFRSの任意適用要件のうち、IFRSに基づいて作成する連結財務諸表の適正性を確保する取組・体制整備の要件は維持することとし、「上場企業」及び「国際的な財務活動・事業活動」の要件は撤廃することとすべきである。これにより、IFRSの任意適用が可能な企業数は大幅に増加することになる。

四　IFRSの適用の方法

現行制度においては、我が国におけるIFRS任意適用企業が適用するIFRSは、金融庁長官が「指定国際会計基準」として定めることとされている（連結財務諸表規則第93条）。「指定国際会計基準」を定めるに当たっては、一部の基準を指定しないことも可能な枠組みとなっているが、一部の基準を修正する手続を念頭に置いた規定とはなっていない。なお、現時点では、IASBが策定した全ての基準がそのまま「指定国際会計基準」とされている。

IFRSの取り込み方法は各国様々であるが、多くの国・地域でエンドースメント手続（自国基準へのIFRSの取込み手続）が導入されている。現行の指定国際会計基準については、一部の基準を指定しないことも可能な枠組になっているという点では一種のエンドースメントであると言えるが、一部の基準を修正する手続を念頭に置いた規

定とはなっておらず、実態的にはピュアなIFRSのアドプションとなっている。また、ピュアなIFRSを適用する意図で既に任意適用している企業が存在することなどを踏まえると、ピュアなIFRSは維持する必要がある。なお、この点に関しては、我が国におけるピュアなIFRSの指定方法について再検討すべきである。

このような状況の下で、ピュアなIFRSのほかに、我が国においても、「あるべきIFRS」あるいは「我が国に適したIFRS」といった観点から、個別基準を一つ一つ検討し、必要があれば一部基準を削除又は修正して採択するエンドースメントの仕組みを設けることについては、IFRS任意適用企業数の増加を図る中、先般の世界金融危機のような非常時に我が国の事情に即した対応を採る道を残しておくことになるなど、我が国における柔軟な対応を確保する観点から有用であると考えられる。

また、エンドースメントされたIFRSは、日本が考える「あるべきIFRS」を国際的に示すこととなることから、今後引き続きIASBに対して意見発信を行っていく上でも有用である。ただし、会計基準の国際的な調和を図る観点から、我が国が行うエンドースメントが前向きな取組みであるということについて、国際的な理解を得ながら進めていく必要がある。

なお、日本基準、米国基準、ピュアIFRS、エンドースメントされたIFRSという四つの基準が並存することに関して、制度として分かりにくく、利用者利便に反するという懸念があるとの指摘がある。この点については、IASBに対する意見発信やコンバージェンスに向けた取組み等、単一で高品質な国際的な会計基準がグローバルに適用される状況に向けての努力は継続されるべきであり、4基準の並存状態は、大きな収斂の流れの中での一つのステップと位置付けることが適切である。

我が国において具体的にエンドースメントされたIFRSを検討するに当たっては、一定の企業においてエンドースメントされたIFRSを採用する意欲があることを踏まえ、これらの企業にとってエンドースメントされたIFRSが有用であるよう、

そのニーズも勘案した上で検討する必要がある。また、エンドースメントされたIFRSは、強制適用を前提としたものではなく、あくまでも任意適用企業を対象としたものとして位置づけるべきである。さらに、IFRSのエンドースメント手続が導入されたとしても、現行の日本基準について、引き続き、これを高品質化するよう、前向きに対応していくことが重要であることは言うまでもない。

　具体的なエンドースメントの手続については、まず、会計基準の策定能力を有するASBJにおいて検討を行い、さらに、現行の日本基準と同様に、ASBJが検討した個別基準について、当局が指定する方式を採用することが適当である。

IFRSの個別基準をエンドースメントする際の判断基準としては、公益及び投資者保護の観点から、例えば、以下の点を勘案すべきである。

・会計基準に係る基本的な考え方
・実務上の困難さ（作成コストが便益に見合わない等）
・周辺制度との関連（各種業規制などに関連して適用が困難又は多大なコストを要することがないか）等

他方、削除又は修正する項目の数が多くなればなるほど、国際的にはIFRSとは認められにくくなり、IFRS策定に対する日本の発言力の確保等へ影響が生じる可能性がある。このため、我が国の国益も勘案しつつ、単一で高品質な会計基準の策定という目標を達成する観点から、削除又は修正する項目は国際的にも合理的に説明できる範囲に限定すべきである。

なお、この方針を踏まえ、ASBJにおいて速やかにエンドースメントの検討が行われることを期待する。

五　単体開示の簡素化

　我が国では、上場会社が作成する財務計算に関する書類は、「金融商品取引法（以下「金商法」という。）に基づいて作成する財務諸表」と「会社法に基づいて作成する計算書類」の2種類があ

る。これらの書類には、それぞれ、作成会社たる個社の状況を示す（単体）財務諸表・計算書類と、作成会社とその子会社から成る企業集団の状況を表す連結財務諸表・連結計算書類の2種類がある。

金商法に基づいて作成する財務諸表に関しては、連結財務諸表が主たる財務諸表、単体財務諸表は従たる財務諸表と位置づけられているが、会社法に基づいて作成する計算書類については、（単体）計算書類は全ての会社が対象である一方、連結計算書類は大会社かつ金商法対象会社にのみ義務付けられている。

金商法における開示制度では、連結財務諸表と単体財務諸表の両方の開示が義務づけられているが、連結財務諸表の開示が中心であることが定着した現在においては、制度の趣旨を踏まえ、単体開示の簡素化について検討することが適当である。

また、金商法適用会社は、会社法においても連結計算書類と（単体）計算書類の両方の作成が義務づけられているが、金商法において会社法の要求内容と別の内容の単体財務諸表の作成を求めることは、作成者である企業にとって二重の負担になると考えられる。

他方、金商法による単体財務諸表は、連単倍率の低い企業や親子間取引が多い企業などにおいて、連結財務諸表と同様に重要であり、簡素化を図るに当たっては、個別の項目ごとに慎重な検討が必要であるという指摘がある。

以上を踏まえて、以下のような考え方の下で、金商法における単体開示の簡素化を図ることが適当である。

○　本表（貸借対照表、損益計算書及び株主資本等変動計算書）に関しては、大多数の企業が経団連モデルを使用している状況を踏まえれば、会社法の計算書類と金商法の財務諸表とでは開示水準が大きく異ならないため、会社法の要求水準に統一することを基本とする。

○　注記、附属明細表、主な資産及び負債の内容に関しては、会社法の計算書類と金商法の財務諸表とで開示水準が大きく異ならない項目については会社法の要求水準に統一することを基本とする。また、金商法の連結財務諸

表において十分な情報が開示されている場合には、金商法の単体ベースの開示を免除することを基本とする。上記以外の項目については、その有用性、財務諸表等利用者のニーズ、作成コスト、国際的整合性、監査上の観点等を斟酌した上で、従来どおりの開示が必要か否かについて検討すべきである。

○　単体開示の簡素化に当たっては、単体開示の情報が少なくなることへの懸念に対応しつつ、金商法の単体財務諸表と会社法の（単体）計算書類の統一を図る観点から、例えば、連結財務諸表におけるセグメント情報の充実や、注記等の記載内容を非財務情報として開示することなどについて検討すべきである。

○　単体開示のみの会社については、連結財務諸表の作成負担がなく、単体の簡素化に伴い代替する連結財務諸表の情報もないため、仮にこういった会社に対してまで簡素化を行うとした場合には、連結財務諸表を作成している会社との間で情報量の格差が生じてしまうおそれがある。したがって、単体開示のみの会社については基本的に見直しを行うべきではない。

○　規制業種については、所管省庁が政策目的を達成する観点から、法令において必要な財務情報の作成及び報告を義務付けている。一方、財務諸表等規則においては、各業法に基づく開示が当該業種の実態を理解する上で有用との観点から、規制業種を別記事業と位置付け、各業法で要求している内容を優先して適用することを定めている。また、規制業種については、特に単体開示の有用性が高いとの意見がある。このような点を踏まえ、所管省庁の意見も聴取しながら検討を行う必要がある。

以　上

企業会計基準第 1 号

自己株式及び準備金の額の減少等に関する会計基準

平成 14 年 2 月 21 日
改正平成 17 年 12 月 27 日
改正平成 18 年 8 月 11 日
最終改正平成 27 年 3 月 26 日
企業会計基準委員会

目 的

1．本会計基準は、以下の会計処理を定めること
を目的とする。

(1) 自己株式の取得、保有、処分（募集株式の
発行等の手続による場合）及び消却

(2) 資本金、資本準備金及び利益準備金（以下、
資本準備金及び利益準備金を合わせて「準備
金」という。）の額の減少

2．平成14年 2 月21日に、本会計基準を適用する
際の指針を定めた企業会計基準適用指針第 2 号
「自己株式及び準備金の額の減少等に関する会
計基準の適用指針」（以下「自己株式等会計適
用指針」という。）が公表されている。このため、
本会計基準の適用にあたっては、当該適用指針
も参照する必要がある。

会計基準

範 囲

3．本会計基準は、すべての会社における自己株
式の取得、保有、処分及び消却並びに資本金及
び準備金の額の減少の会計処理に適用する。な
お、本会計基準は、特に明示しない限り、個別
財務諸表における会計処理を想定して定めてい
る。連結財務諸表における会計処理は、個別財
務諸表における会計処理に準じて行う。

用語の定義

4．「自己株式処分差額」とは、自己株式の処分
の対価から自己株式の帳簿価額を控除した額を
いう。

5．「自己株式処分差益」とは、自己株式処分差額が正の値の場合における当該差額をいう。

6．「自己株式処分差損」とは、自己株式処分差額が負の値の場合における当該差額をいう。

自己株式の会計処理及び表示
自己株式の取得及び保有

7．取得した自己株式は、取得原価をもって純資産の部の株主資本から控除する。

8．期末に保有する自己株式は、純資産の部の株主資本の末尾に自己株式として一括して控除する形式で表示する。

自己株式の処分

9．自己株式処分差益は、その他資本剰余金に計上する。

10．自己株式処分差損は、その他資本剰余金から減額する。

自己株式の消却

11．自己株式を消却した場合には、消却手続が完了したときに、消却の対象となった自己株式の帳簿価額をその他資本剰余金から減額する。

その他資本剰余金の残高が負の値になった場合の取扱い

12．第10項及び第11項の会計処理の結果、その他資本剰余金の残高が負の値となった場合には、会計期間末において、その他資本剰余金を零とし、当該負の値をその他利益剰余金（繰越利益剰余金）から減額する。

自己株式の処分及び消却時の帳簿価額の算定

13．自己株式の処分及び消却時の帳簿価額は、会社の定めた計算方法に従って、株式の種類ごとに算定する。

自己株式の取得、処分及び消却に関する付随費用

14．自己株式の取得、処分及び消却に関する付随費用は、損益計算書の営業外費用に計上する。

連結財務諸表における子会社及び関連会社が保有する親会社株式等の取扱い

15．連結子会社が保有する親会社株式は、親会社が保有している自己株式と合わせ、純資産の部の株主資本に対する控除項目として表示する。株主資本から控除する金額は親会社株式の親会社持分相当額とし、非支配株主持分から控除する金額は非支配株主持分相当額とする。

16．連結子会社における親会社株式の売却損益（内部取引によるものを除いた親会社持分相当額）の会計処理は、親会社における自己株式処分差額の会計処理（第9項及び第10項参照）と同様とする。非支配株主持分相当額は非支配株主に帰属する当期純利益に加減する。

17．持分法の適用対象となっている子会社及び関連会社が親会社株式等（子会社においては親会社株式、関連会社においては当該会社に対して持分法を適用する投資会社の株式）を保有する場合は、親会社等（子会社においては親会社、関連会社においては当該会社に対して持分法を適用する投資会社）の持分相当額を自己株式として純資産の部の株主資本から控除し、当該会社に対する投資勘定を同額減額する。

18．持分法の適用対象となっている子会社及び関連会社における親会社株式等の売却損益（内部取引によるものを除いた親会社等の持分相当額）は、親会社における自己株式処分差額の会計処理（第9項及び第10項参照）と同様とし、また、当該会社に対する投資勘定を同額加減する。

資本金及び準備金の額の減少の会計処理
資本剰余金と利益剰余金の混同の禁止

19．資本剰余金の各項目は、利益剰余金の各項目と混同してはならない。したがって、資本剰余金の利益剰余金への振替は原則として認められない。

資本金及び資本準備金の額の減少によって生ずる剰余金

20．資本金及び資本準備金の額の減少によって生

ずる剰余金は、減少の法的効力が発生したとき（会社法（平成17年法律第86号）第447条から第449条）に、その他資本剰余金に計上する。

利益準備金の額の減少によって生ずる剰余金

21．利益準備金の額の減少によって生ずる剰余金は、減少の法的効力が発生したとき（会社法第448条及び第449条）に、その他利益剰余金（繰越利益剰余金）に計上する。

開 示

22．取締役会等による会社の意思決定によって自己株式を消却する場合に、決議後消却手続を完了していない自己株式が貸借対照表日にあり、当該自己株式の帳簿価額又は株式数に重要性があるときであって、かつ、連結株主資本等変動計算書又は個別株主資本等変動計算書の注記事項として自己株式の種類及び株式数に関する事項を記載する場合（企業会計基準第6号「株主資本等変動計算書に関する会計基準」（以下「株主資本等変動計算書会計基準」という。）第9項(1)②及び(2)）には、決議後消却手続を完了していない自己株式の帳簿価額、種類及び株式数を当該事項に併せて注記する。

適用時期

23．平成18年改正の本会計基準は、平成18年改正の本会計基準公表日以後、会社法の定めが適用される処理に関して適用する。ただし、平成18年改正の本会計基準は、平成18年改正の本会計基準公表日前において、会社法の定めが適用される処理に関して適用することができる。

なお、平成18年改正の本会計基準の適用前の処理については、平成17年改正の本会計基準による。ただし、会社法の定めが適用される前の処理については、平成14年公表の本会計基準（平成17年12月27日改正前の本会計基準をいう。以下同じ。）による。

23-2．平成27年改正の本会計基準は、公表日以後最初に終了する事業年度の年度末に係る財務諸表から適用する。

議 決

24．平成14年公表の本会計基準は、第9回企業会計基準委員会に出席した委員13名全員の賛成により承認された。なお、出席した委員は、以下のとおりである。

（略）

25．平成17年改正の本会計基準は、第94回企業会計基準委員会に出席した委員12名全員の賛成により承認された。なお、出席した委員は、以下のとおりである。

（略）

25-2．平成18年改正の本会計基準は、第110回企業会計基準委員会に出席した委員13名全員の賛成により承認された。なお、出席した委員は、以下のとおりである。

（略）

25-3．平成27年改正の本会計基準は、第308回企業会計基準委員会に出席した委員13名全員の賛成により承認された。なお、出席した委員は、以下のとおりである。

（略）

結論の背景

検討の経緯

26．平成13年に、「商法等の一部を改正する等の法律」（平成13年法律第79号）、及び新株予約権の制度を定める「商法等の一部を改正する法律」（平成13年法律第128号）（以下合わせて「平成13年改正商法」という。）が公布された。この平成13年改正商法には、自己株式の取得及び保有規制の見直し、並びに法定準備金の減少手続が含まれ、当該改正後は、自己株式の取引が増加し、会社の財政状態に与える影響が大きくなることが想定されたことなどから、自己株式に関する会計処理の全面的な見直し、並びに資本金及び法定準備金の減少により生じた剰余金及びそれらの処分の会計処理を定める必要が生じた。

そこで、当委員会は、平成14年2月21日に本会計基準を公表した。さらに、本会計基準では、これらの会計処理に関連する資本の部の区分に

ついても定めた。

27. 当委員会は、自己株式の取得及び処分に関する手続の整備、株式の消却手続の整理、並びに剰余金の配当等における株主に対する会社財産の払戻行為に関する統一的な財源規制の創設を含む会社法が平成17年7月26日に公布されたことに伴い、本会計基準について所要の改正を行い、平成17年12月27日に公表した。

28. 平成17年改正の本会計基準では、資本の部の区分に関する定めを削除した。これは、平成17年12月9日公表の企業会計基準第5号「貸借対照表の純資産の部の表示に関する会計基準」において、純資産の部の表示についての包括的な見直しが行われたことによる。

　　また、平成17年改正の本会計基準では、開示に関する定めの一部を削除した。これは、平成17年12月27日公表の株主資本等変動計算書会計基準が適用され、株主資本等変動計算書を作成するときから、利益処分計算書（又は損失処理計算書）及び連結剰余金計算書が廃止されること、当期未処分利益（又は当期未処理損失）の計算が損益計算書の末尾に表示されなくなること、また、発行済株式及び自己株式に関する注記が株主資本等変動計算書において記載されることによる。

28-2. 平成18年改正の本会計基準では、平成18年5月1日に会社計算規則（平成18年法務省令第13号）が施行されたことなどに伴い、自己株式を消却したときの消却原資に係る会計処理などについての見直しを行った。

28-3. 平成27年改正の本会計基準では、平成26年3月26日に単体開示の簡素化を図るため、「財務諸表等の用語、様式及び作成方法に関する規則等の一部を改正する内閣府令」（平成26年内閣府令第19号）が施行され、「財務諸表等の用語、様式及び作成方法に関する規則」（以下「財務諸表等規則」という。）等が改正されたことに伴い、個別財務諸表における決議後消却手続を完了していない自己株式に関する注記の取扱い（第22項参照）を明らかにした。

自己株式の会計処理及び表示
自己株式の取得及び保有

29. 会社法では、株主総会の決議によって以下の事項を定め（会社法第156条）、分配可能額（会社法第461条第2項）の範囲内で、株主との合意による自己株式の取得ができることとされた。

(1) 取得する株式の数（種類株式発行会社にあっては、株式の種類及び種類ごとの数）

(2) 株式を取得するのと引換えに交付する金銭等（当該株式会社の株式等を除く。）の内容及びその総額

(3) 株式を取得することができる期間（ただし、1年を超えることができない。）

30. 自己株式については、かねてより資産として扱う考えと資本の控除として扱う考えがあった。資産として扱う考えは、自己株式を取得したのみでは株式は失効しておらず、他の有価証券と同様に換金性のある会社財産とみられることを主な論拠とする。また、資本の控除として扱う考えは、自己株式の取得は株主との間の資本取引であり、会社所有者に対する会社財産の払戻しの性格を有することを主な論拠とする。

31. 以前は、商法が「株式会社の貸借対照表、損益計算書、営業報告書及び附属明細書に関する規則」により自己株式を貸借対照表の資産の部に記載すべきと定めていたため、実務的にはそれに従った処理が行われていた。一方、会計上は資本の控除とする考えが多く、「商法と企業会計原則との調整に関する意見書」（昭和26年9月28日経済安定本部企業会計基準審議会中間報告）においては資本の控除とする考えが述べられており、本会計基準公表以前においても連結財務諸表では資本の控除とされていた。また、国際的な会計基準においても、一般的に資本の控除とされている。平成14年公表の本会計基準では、これらを勘案し、資本の控除とすることが適切であるとされ、平成17年改正の本会計基準においても同様の考えによることとした。

32. 自己株式を純資産の部の株主資本の控除とする場合の会計処理は、取得原価で一括して株主資本全体の控除項目とする方法以外に、株主資

本の構成要素に配分して直接減額する方法などが考えられてきた。後者の方法は、自己株式の取得を自己株式の消却に類似する行為とする考えに基づくと思われるが、自己株式を取得したのみでは発行済株式総数が減少するわけではなく、取得後の処分もあり得る点に着目し、自己株式の保有は処分又は消却までの暫定的な状態であると考え、取得原価で一括して純資産の部の株主資本全体の控除項目とする方法が適切であると考えた。

33. 自己株式は第29項に示した方法以外に、例えば以下の方法によっても取得される（会社法第155条）が、取得の方法によって会計処理を区別する理由はないと考え、すべての自己株式の取得に同様の会計処理を適用することが適切であると考えた。

(1) 取得条項付株式において条件の達成により取得する場合

(2) 譲渡制限株式の譲渡を承認せずに会社が買い取る場合

(3) 取得請求権付株式の取得請求に応じる場合

(4) 全部取得条項付種類株式を総会決議に基づき取得する場合

(5) 譲渡制限株式の相続人等に売渡請求した場合

(6) 単元未満株式の買取請求に応じる場合

(7) 他の会社の事業の全部を譲り受ける場合において当該他の会社が有する当該会社の株式を取得する場合

(8) 合併後消滅する会社から当該会社の株式を承継する場合

(9) 吸収分割をする会社から当該会社の株式を承継する場合

なお、自己株式の取得の対価が金銭以外の場合の会計処理については、自己株式等会計適用指針において定めている。

自己株式の処分

34. 本会計基準では、自己株式処分差額の基本的な会計処理と考えられる募集株式の発行等の手続（会社法第199条）による処分に関する会計処理を取り扱う。

なお、単元未満株主からの売渡請求（会社法第194条第3項）に基づく自己株式の処分については、募集株式の発行等の手続による処分の場合と同様に会計処理することが適切と考えられる。また、企業再編時における自己株式の処分及び抱合せ株式の消滅については、平成17年12月27日公表の企業会計基準適用指針第10号「企業結合会計基準及び事業分離等会計基準に関する適用指針」、新株予約権の権利行使時における自己株式の処分については、平成17年12月27日公表の企業会計基準適用指針第11号「ストック・オプション等に関する会計基準の適用指針」において示されている。

35. 自己株式処分差額の表示科目名については、以前、自己株式売却損益が用いられていた。しかし、平成13年改正商法施行後は、自己株式の処分が売却だけに限定されなくなったことから、正の自己株式処分差額を自己株式処分差益とし、負の自己株式処分差額を自己株式処分差損とした。

36. 自己株式を募集株式の発行等の手続で処分する場合、自己株式の処分は株主との間の資本取引と考えられ、自己株式の処分に伴う処分差額は損益計算書には計上せず、純資産の部の株主資本の項目を直接増減することが適切であると考えた。また、自己株式の取得と処分については一連の取引とみて会計処理することが適切であると考えた。

37. まず、自己株式処分差益については、自己株式の処分が新株の発行と同様の経済的実態を有する点を考慮すると、その処分差額も株主からの払込資本と同様の経済的実態を有すると考えられる。よって、それを資本剰余金として会計処理することが適切であると考えた。

38. 自己株式処分差益については、資本剰余金の区分の内訳項目である資本準備金とその他資本剰余金に計上することが考えられる。会社法において、資本準備金は分配可能額からの控除項目とされているのに対し、自己株式処分差益についてはその他資本剰余金と同様に控除項目と

されていない（会社法第446条及び第461条第2項）ことから、自己株式処分差益はその他資本剰余金に計上することが適切であると考えた。

39. 他方、自己株式処分差損については、自己株式の取得と処分を一連の取引とみた場合、純資産の部の株主資本からの分配の性格を有すると考えられる。この分配については、払込資本の払戻しと同様の性格を持つものとして、資本剰余金の額の減少と考えるべきとの意見がある。また、株主に対する会社財産の分配という点で利益配当と同様の性格であると考え、利益剰余金の額の減少と考えるべきとの意見もある。

40. 自己株式の処分が新株の発行と同様の経済的実態を有する点を考慮すると、利益剰余金の額を増減させるべきではなく、処分差益と同じく処分差損についても、資本剰余金の額の減少とすることが適切であると考えた。資本剰余金の額を減少させる科目としては、資本準備金からの減額が会社法上の制約を受けるため、その他資本剰余金からの減額が適切である。

なお、その他資本剰余金の残高を超えた自己株式処分差損が発生した場合は残高が負の値になるが、資本剰余金は株主からの払込資本のうち資本金に含まれないものを表すため、本来負の残高の資本剰余金という概念は想定されない。したがって、資本剰余金の残高が負の値になる場合は、利益剰余金で補てんするほかないと考えられる。

41. その他資本剰余金の残高を超える自己株式処分差損をその他利益剰余金（繰越利益剰余金）から減額するとの定めについて、資本剰余金と利益剰余金の区別の観点から好ましくなく、特に資本剰余金全体の金額が正の場合は、その他資本剰余金の負の残高とすべきであるとの意見がある。しかし、その他資本剰余金は、払込資本から配当規制の対象となる資本金及び資本準備金を控除した残額であり、払込資本の残高が負の値となることはあり得ない以上、払込資本の一項目として表示するその他資本剰余金について、負の残高を認めることは適当ではない。よって、その他資本剰余金が負の残高になる場合は、利益剰余金で補てんするほかないと考えられ、それは資本剰余金と利益剰余金の混同にはあたらないと判断される。したがって、その他資本剰余金の残高を超える自己株式処分差損については、その他利益剰余金（繰越利益剰余金）から減額することが適切であると考えた。

42. また、その他資本剰余金の残高を超える自己株式処分差損が発生した場合の会計処理については、以下の方法が考えられる。

(1) 負の値となったその他資本剰余金を、その都度、その他利益剰余金（繰越利益剰余金）で補てんし、その残高を確定する方法

(2) 負の値となったその他資本剰余金を、会計期間末において、その他利益剰余金（繰越利益剰余金）で補てんし、その残高を確定する方法

これについては、その他資本剰余金の額の増減が同一会計期間内に反復的に起こり得ること、(1)の方法を採用した場合、その他資本剰余金の額の増加と減少の発生の順番が異なる場合に結果が異なることなどを理由に、(2)の方法が適切と考えた。

したがって、例えば、中間決算日又は会社法における臨時決算日（会社法第441条第1項）において、その他資本剰余金の残高が負の値となった場合には、中間決算等において、その他利益剰余金（繰越利益剰余金）で補てんすることとなる。また、年度決算においては、中間決算等における処理を洗替処理することとなる。

43. また、仮にその他資本剰余金の負の残高を認めないとしても、自己株式処分差損をその他利益剰余金（繰越利益剰余金）から減額した期の翌期以後に自己株式処分差益が生じた場合は、自己株式処分差損をその他利益剰余金（繰越利益剰余金）から減額した範囲でその他利益剰余金（繰越利益剰余金）を増額すべきであるとの意見がある。しかし、払込資本に生じた毀損を留保利益で埋め合わせるのは、その期に完結する処理であり、そこで充当した留保利益を翌期以後の資本取引に基づく剰余金と入れ替えて元に戻すのは適切ではないと考えられる。数期間

を通算したときに結果が変わってしまうのは、自己株式処分差損だけに特有の問題ではないと思われる。

自己株式の消却

44. 会社法では、取締役会等による会社の意思決定をもって、保有する自己株式を消却することができるとされているが、会計上は自己株式処分差損の場合と同様に、消却の対象となった自己株式の帳簿価額を、資本剰余金から減額するか、利益剰余金から減額するかが問題となる。

45. 従来、本会計基準では、資本剰余金又は利益剰余金のいずれから減額するかは、会社の意思決定に委ねることとし、消却した場合に減額するその他資本剰余金又はその他利益剰余金（繰越利益剰余金）については、取締役会等の会社の意思決定機関で定められた結果に従い、消却手続が完了したときに会計処理することとしていた。しかしながら、会社計算規則において優先的にその他資本剰余金から減額することが規定された（会社計算規則第24条第3項）ため、平成18年改正の本会計基準では、これに合わせることとした。また、自己株式を消却したことにより、会計期間末におけるその他資本剰余金の残高が負の値となった場合には、その他資本剰余金を零とし、当該負の値をその他利益剰余金（繰越利益剰余金）から減額することとした（第12項及び第42項参照）。

46. 自己株式の消却の会計処理は、消却手続が完了したときではなく、取締役会等による会社の意思決定の段階で行うべきとの意見があるが、自己株式の消却を取締役会等で意思決定しただけでは、法的に発行済株式数が減少するわけではないため、消却手続が完了したときに会計処理することとした（第11項参照）。なお、取締役会等による意思決定後消却手続が完了していない期末における自己株式に重要性がある場合は、注記することとした（第22項及び第64項参照）。

自己株式の処分及び消却時の帳簿価額の算定

47. 自己株式の取得は、第29項に記載した株主総会の決議による方法の他、第33項に記載した方法によっても行うことができる。

48. 以前は、取得目的ごとに譲渡時の帳簿価額の算定を行っていたが、平成13年改正商法により、取得目的を明示せずに取得及び保有ができることとなったため、取得目的ごとに譲渡時の帳簿価額の計算を行うことは適切ではなくなった。よって、自己株式の処分及び消却時の帳簿価額の算定は、株式の種類単位で行うことが適切であると考えた。

49. また、移動平均法等の計算方法については、特に限定する必要はないと考え、会社の定めた計算方法に従えばよいと考えた。

自己株式の取得、処分及び消却に関する付随費用

50. 自己株式の取得、処分及び消却時の付随費用（取得のための手数料、消却のための手数料、処分時に募集株式の発行等の手続を行うための費用等）は、損益計算書に計上する考えと、取得に要した費用は取得価額に含め、処分及び消却に要した費用は自己株式処分差額等の調整とする考えがある。

51. 損益計算書に計上する考えは、付随費用を財務費用と考え、損益取引とする方法であり、本会計基準公表以前から消却目的の自己株式の取得に要した付随費用に用いられていた方法である。この考えは、付随費用は株主との間の資本取引ではない点に着目し、会社の業績に関係する項目であるとの見方に基づく。

52. 一方、取得に要した費用は取得価額に含め、処分及び消却時の費用は自己株式処分差額等の調整とする考えは、付随費用を自己株式本体の取引と一体と考え、資本取引とする方法である。この考えは、自己株式の処分時及び消却時の付随費用は、形式的には株主との取引ではないが、自己株式本体の取引と一体であるとの見方に基づいており、国際的な会計基準で採用されている方法である。

53. 本会計基準では、新株発行費用を株主資本か

ら減額していない処理との整合性から、自己株式の取得、処分及び消却時の付随費用は、損益計算書で認識することとし、営業外費用に計上することとした。

54. なお、この問題は新株発行費の会計処理と合わせ、資本会計の本質に関わる問題であり、今後その本質について十分な議論をする予定である。

連結財務諸表における子会社及び関連会社が保有する親会社株式等の取扱い

55. 連結子会社が保有する親会社株式（持分相当額）は、企業集団で考えた場合、親会社の保有する自己株式と同様の性格である。よって、連結財務諸表上では親会社が保有する自己株式と合算して表示することが適切であると考えた。

56. 連結子会社における親会社株式の処分差額（内部取引によるものを除いた親会社持分相当額）についても、連結財務諸表上では、その性格は親会社における自己株式処分差額と同様であるため、会計処理も親会社における自己株式処分差額と同様とすることが適切であると考えた。

57. 持分法の適用対象となっている子会社及び関連会社における親会社株式等についても、その取得及び売却は、連結子会社の場合と同様に資本取引であると考えられる。したがって、親会社株式等の親会社等の持分相当額は自己株式として純資産の部の株主資本から控除し、投資勘定を同額減額することが適切であると考えた。また、親会社株式等の売却損益（内部取引によるものを除いた親会社等の持分相当額）は、親会社における自己株式処分差額の会計処理と同様とし、投資勘定を同額加減することが適切であると考えた。

資本金及び準備金の額の減少の会計処理
資本金及び資本準備金の額の減少によって生ずる剰余金

58. 会社法では、株主総会の決議及び債権者保護手続を経て、減少の効力が生ずる日における資本金の額を上限とする資本金の額の減少が可能となった（会社法第447条）。また、準備金の額の減少についても同様の定めがある（会社法第448条）。

59. 資本金及び資本準備金の額の減少によって生ずる剰余金は、いずれも減額前の資本金及び資本準備金の持っていた会計上の性格が変わるわけではなく、資本性の剰余金の性格を有すると考えられる。よって、それらは資本剰余金であることを明確にした科目に表示することが適切と思われ、減少の法的効力が発生したときに、その他資本剰余金に計上することが適切であると考えた。

資本剰余金と利益剰余金の混同の禁止

60. 従来、資本性の剰余金と利益性の剰余金は、払込資本と払込資本を利用して得られた成果を区分する考えから、原則的に混同しないようにされてきた。平成13年改正商法において、資本金及び資本準備金の額の減少によって生ずる剰余金が配当可能限度額に含められることとなったが、この資本性の剰余金を利益性の剰余金へ振り替えることの可否についての定めはなかった。また、会社法においても、資本金及び資本準備金の額の減少によって生ずる剰余金は分配可能額に含まれることとなる。ここで、資本金及び資本準備金の額の減少によって生ずる剰余金を利益性の剰余金へ振り替えることを無制限に認めると、払込資本と払込資本を利用して得られた成果を区分することが困難になり、また、資本金及び資本準備金の額の減少によって生ずる剰余金をその他資本剰余金に区分する意味がなくなる。したがって、平成13年改正商法及び会社法における配当に関する定めは、資本剰余金と利益剰余金の混同を禁止する企業会計の原則を変えるものではないと考え、資本剰余金と利益剰余金を混同してはならない旨を定めることとした。

61. この考えに基づくと、資本剰余金の利益剰余金への振替は原則として認められない。ただし、利益剰余金が負の残高のときにその他資本剰余

金で補てんするのは、資本剰余金と利益剰余金の混同にはあたらないと考えられる。もともと払込資本と留保利益の区分が問題になったのは、同じ時点で両者が正の値であるときに、両者の間で残高の一部又は全部を振り替えたり、一方に負担させるべき分を他方に負担させるようなケースであった。負の残高になった利益剰余金を、将来の利益を待たずにその他資本剰余金で補うのは、払込資本に生じている毀損を事実として認識するものであり、払込資本と留保利益の区分の問題にはあたらないと考えられる。

なお、会社法では、株主総会の決議により、剰余金の処分として、剰余金の計数の変更ができることとされたが（会社法第452条）、会計上、その他資本剰余金による補てんの対象となる利益剰余金は、年度決算時の負の残高に限られる。これは、期中において発生した利益剰余金の負の値を、その都度資本剰余金で補てんすることは、年度決算単位でみた場合、資本剰余金と利益剰余金の混同になることがあるからである。

62. また、会社法では、剰余金の額を減少させて、準備金の額を増加させることができることとされた（会社法第451条）が、これも資本剰余金と利益剰余金の混同を禁止する企業会計の原則を変えるものではなく、減少させる剰余金と同一区分の準備金の額を増加させることが適切と考えられる。したがって、その他資本剰余金を原資として準備金の額を増加させる場合には、資本準備金の額を増加させることになる。

利益準備金の額の減少によって生ずる剰余金

63. 会社法では、株主総会の決議及び債権者保護手続を経て、減少の効力が生ずる日における準備金の額を上限とする準備金の額の減少が可能となった（会社法第448条）。利益準備金はもともと留保利益を原資とするものであり、利益性の剰余金の性格を有するため、利益準備金の額

の減少によって生ずる剰余金は、その他利益剰余金（繰越利益剰余金）の増額項目とすることが適切であると考えた。

開　示

64. 取締役会等による会社の意思決定によって自己株式を消却する場合で、意思決定後消却手続を完了していない自己株式が貸借対照表日にあり、当該自己株式の帳簿価額又は株式数に重要性があるときは、財務諸表に対する補足情報として重要な意味があると考えられる。よって、その場合は当該自己株式の帳簿価額、種類及び株式数を注記することとした。

64-2. 前項に関連し、平成26年3月に改正された財務諸表等規則において、財務諸表提出会社が連結財務諸表を作成している場合には、自己株式に関する注記を記載することを要しない（財務諸表等規則第107条第2項）とされたことから、個別財務諸表における決算後消却手続を完了していない自己株式に関する注記の取扱いについて開示の要否が明確でないという意見が聞かれた。

この財務諸表等規則の改正を踏まえ、自己株式に関する注記が個別財務諸表において開示されない中で、決議後消却手続を完了していない自己株式に関する注記のみの開示を求める趣旨ではないことを明らかにするため、平成27年改正の本会計基準では、注記の記載箇所を貸借対照表から株主資本等変動計算書に変更し、連結株主資本等変動計算書又は個別株主資本等変動計算書の注記事項として自己株式の種類及び株式数に関する事項を記載する場合には、決議後消却手続を完了していない自己株式の帳簿価額、種類及び株式数を当該事項に併せて注記することとした（第22項参照）。

以　上

企業会計基準第2号

1株当たり当期純利益に関する会計基準

平成14年9月25日
改正平成18年1月31日
改正平成22年6月30日
最終改正平成25年9月13日
企業会計基準委員会

本会計基準は、2020年3月31日に公表された次の会計基準等による修正が反映されている。

・企業会計基準第24号「会計方針の開示、会計上の変更及び誤謬の訂正に関する会計基準」（2020年3月31日改正）

目　次

目　的

1. 本会計基準は、1株当たり当期純利益及び潜在株式調整後1株当たり当期純利益の算定方法を定めることを目的とする。

2. 従来から、1株当たり当期純利益は商法及び証券取引法に基づいて、また、潜在株式調整後1株当たり当期純利益は証券取引法に基づいて開示が要求されてきた。平成13年6月及び11月の商法改正において、自己株式の取得及び保有規制の見直し、種類株式制度の見直し、新株予約権及び新株予約権付社債の導入などが行われたことを契機として、当委員会は、国際的な会計基準の動向も踏まえて、1株当たり当期純利益及び潜在株式調整後1株当たり当期純利益の算定方法を会計基準として定め、平成14年9月に公表した。

平成18年には、会社法（平成17年法律第86号）が平成17年7月に公布されたこと及び同年11月に企業会計基準第4号「役員賞与に関する会計基準」が公表されたことなどに伴い、平成14年9月に公表した会計基準（以下「平成14年会計基準」という。）に所要の改正を行っている。

また、本会計基準を適用する際の指針を定めた企業会計基準適用指針第4号「1株当たり当期純利益に関する会計基準の適用指針」が公表

されているため、本会計基準の適用にあたっては、当該適用指針も参照する必要がある。

なお、本会計基準は、開示項目としての1株当たり当期純利益及び潜在株式調整後1株当たり当期純利益の算定方法を定めたものであり、損益計算書における当期純利益の算定等、会計処理に影響を与えるものではない。このため分子となる当期純利益の調整は、分母となる株式数の調整等に伴って必要とされるものに限定されることに留意する必要がある。

3. 1株当たり当期純利益及び潜在株式調整後1株当たり当期純利益の算定及び開示の目的は、普通株主に関する一会計期間における企業の成果を示し、投資家の的確な投資判断に資する情報を提供することにある（第37項及び第38項参照）。

会計基準

範　囲

4. 本会計基準は、財務諸表において、1株当たり当期純利益又は潜在株式調整後1株当たり当期純利益を開示するすべての場合に適用する。

なお、財務諸表以外の箇所において、1株当たり当期純利益又は潜在株式調整後1株当たり当期純利益を開示する場合にも、その算定方法については、本会計基準を適用することが望ましい。

用語の定義

5. 「普通株式」とは、株主としての権利内容に制限のない、標準となる株式をいう。

6. 「普通株主」とは、普通株式を有する者をいう。

7. 「配当優先株式」とは、普通株式よりも配当請求権（剰余金の配当を受ける権利）が優先的に認められる株式をいう。

8. 「優先配当」とは、配当優先株式における優先的な剰余金の配当であって、本会計基準では留保利益から行われるものをいう。

9. 「潜在株式」とは、その保有者が普通株式を取得することができる権利若しくは普通株式への転換請求権又はこれらに準ずる権利が付された証券又は契約をいい、例えば、ワラントや転

換証券が含まれる。

10. 「ワラント」とは、その保有者が普通株式を取得することのできる権利又はこれに準じる権利をいい、例えば、新株予約権が含まれる。

11. 「転換証券」とは、普通株式への転換請求権若しくはこれに準ずる権利が付された金融負債（以下「転換負債」という。）又は普通株式以外の株式（以下「転換株式」という。）をいい、例えば、一括法で処理されている新株予約権付社債や一定の取得請求権付株式が含まれる（第43項参照）。

1株当たり当期純利益

1株当たり当期純利益の算定

12. 1株当たり当期純利益は、普通株式に係る当期純利益（第14項参照）を普通株式の期中平均株式数（第17項参照）で除して算定する。

$$\text{1株当たり当期純利益} = \frac{\text{普通株式に係る当期純利益}}{\text{普通株式の期中平均株式数}}$$

$$= \frac{\text{損益計算書上の当期純利益} - \text{普通株主に帰属しない金額（第15項参照）}}{\text{普通株式の期中平均発行済株式数} - \text{普通株式の期中平均自己株式数}}$$

また、損益計算書上、当期純損失の場合にも、当期純利益の場合と同様に、1株当たり当期純損失を算定する（本会計基準においては、1株当たり当期純利益に1株当たり当期純損失を含むものとする。）。

なお、本会計基準においては、損益計算書上の当期純利益、当期純損失は、連結財務諸表においては、それぞれ親会社株主に帰属する当期純利益、親会社株主に帰属する当期純損失とする。

13. 普通株式と同等の株式が存在する場合には、これらの株式数を含めて1株当たり当期純利益を算定する。

普通株式に係る当期純利益

14. 第12項にいう普通株式に係る当期純利益は、損益計算書上の当期純利益から、剰余金の配当に関連する項目で普通株主に帰属しない金額

（以下「普通株主に帰属しない金額」という。）を控除して算定する。

15. 第14項にいう普通株主に帰属しない金額には、優先配当額（第16項参照）などが含まれる。

16. 第15項にいう普通株主に帰属しない金額に含まれる優先配当額は以下による。

(1) 累積型配当優先株式（第46項参照）の場合
1株当たり当期純利益の算定対象となる会計期間に係る要支払額

(2) 非累積型配当優先株式（第46項参照）の場合
1株当たり当期純利益の算定対象となる会計期間に基準日が属する剰余金の配当を基礎として算定した額

普通株式の期中平均株式数

17. 第12項にいう普通株式の期中平均株式数は、普通株式の期中平均発行済株式数から期中平均自己株式数を控除して算定する。なお、連結財務諸表において1株当たり当期純利益を算定する際には、本会計基準にいう自己株式数は、子会社及び関連会社が保有する親会社等（子会社においては親会社、関連会社においては当該会社に対して持分法を適用する投資会社）の発行する普通株式数のうち、親会社等の持分に相当する株式数を含めるものとする。

18. 潜在株式は、実際に権利が行使されたときに、普通株式数に含める。

19. （削　除）

潜在株式調整後1株当たり当期純利益
希薄化効果

20. 潜在株式に係る権利の行使を仮定することにより算定した1株当たり当期純利益（以下「潜在株式調整後1株当たり当期純利益」という。）が、1株当たり当期純利益を下回る場合に、当該潜在株式は希薄化効果を有するものとする。

潜在株式調整後1株当たり当期純利益の算定

21. 潜在株式が希薄化効果を有する場合、潜在株式調整後1株当たり当期純利益は、普通株式に係る当期純利益（第14項参照）に希薄化効果を有する各々の潜在株式に係る当期純利益調整額（以下「当期純利益調整額」という。）を加えた合計金額を、普通株式の期中平均株式数（第17項参照）に希薄化効果を有する各々の潜在株式に係る権利の行使を仮定したことによる普通株式の増加数（以下「普通株式増加数」という。）を加えた合計株式数で除して算定する。

$$\frac{\text{潜在株式調整後}}{1株当たり当期純利益} = \frac{\text{普通株式に係る当期純利益} + \text{当期純利益調整額}}{\text{普通株式の期中平均株式数} + \text{普通株式増加数}}$$

本会計基準では、潜在株式の代表的な例としてワラント（第24項から第26項参照）と転換証券（第27項から第30項参照）が存在する場合の当期純利益調整額及び普通株式増加数の算定について定めている。

22. 潜在株式が複数存在する場合は、最大希薄化効果を反映した潜在株式調整後1株当たり当期純利益を算定する。

23. 以下の場合は、その旨を開示し、潜在株式調整後1株当たり当期純利益の開示は行わない。

(1) 潜在株式が存在しない場合

(2) 潜在株式が存在しても希薄化効果を有しない場合

(3) 1株当たり当期純損失の場合

ワラントが存在する場合

24. 普通株式の期中平均株価がワラントの行使価格を上回る場合に、当該ワラントがすべて行使されたと仮定することにより算定した潜在株式調整後1株当たり当期純利益は、1株当たり当期純利益を下回るため、当該ワラントは希薄化効果を有することとなる。

25. 各々のワラントが希薄化効果を有する場合、潜在株式調整後1株当たり当期純利益の算定（第21項参照）にあたっては、普通株式の期中平均株式数（第17項参照）に普通株式増加数（第26項参照）を加える。

26. 第25項にいう普通株式増加数は、下記の(1)により算定された普通株式数から、(2)により算定された普通株式数を差し引いて算定する。なお、

ワラントが期中に消滅、消却又は行使された部分については、期首又は発行時から当該消滅時、消却時又は行使時までの期間に応じた普通株式数を算定する。

(1) 希薄化効果を有するワラントが期首又は発行時においてすべて行使されたと仮定した場合に発行される普通株式数

(2) 期中平均株価にて普通株式を買い受けたと仮定した普通株式数

　　ワラントの行使により払い込まれると仮定された場合の入金額を用いて、当期にワラントが存在する期間の平均株価にて普通株式を買い受けたと仮定した普通株式数を算定する。

転換証券が存在する場合

27. 1株当たり当期純利益が、転換証券に関する当期純利益調整額(第29項参照)を普通株式増加数(第30項参照)で除して算定した増加普通株式1株当たりの当期純利益調整額を上回る場合に、当該転換証券がすべて転換されたと仮定することにより算定した潜在株式調整後1株当たり当期純利益は、1株当たり当期純利益を下回るため、当該転換証券は希薄化効果を有することとなる。

28. 各々の転換証券が希薄化効果を有する場合、潜在株式調整後1株当たり当期純利益の算定(第21項参照)にあたっては、普通株式に係る当期純利益(第14項参照)に当期純利益調整額(第29項参照)を加え、普通株式の期中平均株式数(第17項参照)に普通株式増加数(第30項参照)を加える。

29. 第28項にいう当期純利益調整額は、以下の金額とする。

(1) 転換負債に係る当期の支払利息の金額、社債金額よりも低い価額又は高い価額で発行した場合における当該差額に係る当期償却額及び利払いに係る事務手数料等の費用の合計額から、当該金額に課税されたと仮定した場合の税額相当額を控除した金額

(2) 転換株式について、1株当たり当期純利益を算定する際に当期純利益から控除された当

該株式に関連する普通株主に帰属しない金額(第14項参照)

30. 第28項にいう普通株式増加数は、下記の(1)及び(2)によって算定された普通株式数の合計とする。

(1) 希薄化効果を有する転換証券が期首に存在する場合、期首においてすべて転換されたと仮定した場合に発行される普通株式数(なお、転換証券のうち転換請求期間が期中に満了した部分又は期中に償還した部分については、期首から当該満了時又は償還時までの期間に応じた普通株式数を算定する。また、期中に転換された部分については、期首から当該転換時までの期間に応じた普通株式数を算定する。)

(2) 希薄化効果を有する転換証券が期中に発行された場合は、発行時においてすべて転換されたと仮定し算定した当該発行時から期末までの期間に応じた普通株式数(なお、上記(1)の括弧書きは、転換証券が期中に発行された場合にも準用する。)

株式併合又は株式分割が行われた場合

30-2. 当期に株式併合又は株式分割(発行済普通株式のみ変化する場合であり、同一種類の株式が交付される株式無償割当て等、株式分割と同様の効果を有する事象の他、時価より低い払込金額にて株主への割当てが行われた場合に含まれる株式分割相当部分を含む。以下同じ。)が行われた場合、1株当たり当期純利益の算定上、普通株式の期中平均株式数は、表示する財務諸表のうち、最も古い期間の期首に当該株式併合又は株式分割が行われたと仮定する。また、当期の貸借対照表日後に株式併合又は株式分割が行われた場合も、同様に仮定して算定する。

30-3. 当期に株式併合又は株式分割が行われた場合、潜在株式調整後1株当たり当期純利益の算定上、第21項にいう普通株式増加数は、表示する財務諸表のうち、最も古い期間の期首に当該株式併合又は株式分割が行われたと仮定する。また、当期の貸借対照表日後に株式併合又は株式分割が行われた場合も、同様に仮定して算定

する。

会計方針の変更又は過去の誤謬の訂正が行われた場合

30-4．企業会計基準第24号「会計方針の開示、会計上の変更及び誤謬の訂正に関する会計基準」（以下「企業会計基準第24号」という。）に従い、会計方針の変更又は過去の誤謬の訂正により財務諸表に遡及適用又は修正再表示が行われた場合は、表示期間（企業会計基準第24号第7項(1)）の1株当たり当期純利益及び潜在株式調整後1株当たり当期純利益を、遡及適用後又は修正再表示後の金額により算定する。

30-5．過去の期間の財務諸表に注記された潜在株式調整後1株当たり当期純利益は、その後の期間の転換証券の普通株式への転換又は普通株式の株価の変動などにより、潜在株式に係る権利の行使の際に仮定した事項が変化した場合であっても、遡及的に修正しない。

暫定的な会計処理の確定が行われた場合

30-6．企業会計基準第21号「企業結合に関する会計基準」（以下「企業結合会計基準」という。）に従い、企業結合年度の翌年度の財務諸表と併せて表示する企業結合年度の財務諸表に暫定的な会計処理の確定による取得原価の配分額の見直しが反映されている場合、当該企業結合年度の翌年度の財務諸表と併せて表示する企業結合年度の財務諸表の1株当たり当期純利益及び潜在株式調整後1株当たり当期純利益は、当該見直しが反映された後の金額により算定する。

開　示

31．当期に株式併合又は株式分割が行われた場合には、その旨及び表示期間の1株当たり当期純利益及び潜在株式調整後1株当たり当期純利益を第30-2項及び第30-3項に従い算定している旨を注記する。また、当期の貸借対照表日後に株式併合又は株式分割が行われた場合も、同様の注記を行う。

32．（削　除）

33．財務諸表において、1株当たり当期純利益又は潜在株式調整後1株当たり当期純利益を開示する場合には、当該金額の算定上の基礎も注記する。

適用時期等

34．平成18年改正の本会計基準（以下「平成18年改正基準」という。）は、会社法施行日以後終了する中間連結会計期間及び中間会計期間に係る中間連結財務諸表及び中間財務諸表並びに連結会計年度及び事業年度に係る連結財務諸表及び財務諸表から適用する。

　なお、平成18年改正基準の適用前の1株当たり当期純利益及び潜在株式調整後1株当たり当期純利益については、平成14年会計基準による。

34-2．平成22年改正の本会計基準（以下「平成22年改正基準」という。）は、平成23年4月1日以後開始する事業年度から適用する。

34-3．平成22年改正基準の適用については、会計基準等の改正に伴う会計方針の変更として取り扱う。

34-4．平成25年に改正された本会計基準（以下「平成25年改正基準」という。）第12項は、平成25年に改正された企業会計基準第22号「連結財務諸表に関する会計基準」（以下「平成25年連結会計基準」という。）の表示方法に係る事項が適用された連結会計年度から適用する。

34-5．平成25年改正基準第30-6項の適用時期は、平成25年に改正された企業結合会計基準(以下「平成25年企業結合会計基準」という。）の適用時期と同様とする。

議　決

35．平成18年改正基準は、第97回企業会計基準委員会に出席した委員12名全員の賛成により承認された。

36．第97回企業会計基準委員会に出席した委員は、以下のとおりである。
　　（略）

36-2．平成22年改正基準は、第204回企業会計基準委員会に出席した委員9名全員の賛成によ

り承認された。なお、出席した委員は以下のとおりである。

（略）

36－3．平成25年改正基準は、第272回企業会計基準委員会に出席した委員13名全員の賛成により承認された。なお、出席した委員は、以下のとおりである。

（略）

結論の背景

37．本会計基準では、1株当たり当期純利益及び潜在株式調整後1株当たり当期純利益の算定の目的は、普通株主に関する一会計期間における企業の成果を示すことにあるとしている（第3項参照）。これは、市場で流通する株式の多くは普通株式であり、また、同一企業の他の会計期間との経営成績の比較（時系列比較）及び他企業との経営成績の比較（企業間比較）等を向上させるための情報の開示を行うことが、投資家の的確な投資判断に資すると考えられることによる。

38．本会計基準において潜在株式調整後1株当たり当期純利益の算定の目的は、必ずしも1株当たり当期純利益に対する将来の潜在的な変動性を示す警告指標とすることではなく、1株当たり当期純利益と同様に、原則として、過去の情報として開示することであり、これにより時系列比較等を通じ将来の普通株式の価値の算定に役立つものと位置付けている。これは、企業の成果を示す会計情報が、基本的に過去の情報であるという考え方に基づくものである。したがって、本会計基準では、国際的な会計基準の考え方と同様に、期末の時点のみの株式数及び時価又は将来予測の要素は考慮せずに、潜在株式調整後1株当たり当期純利益の算定を行うことを意図している。

これに対し、特に潜在株式調整後1株当たり当期純利益の算定の目的は、警告指標とすべきではないかという意見もある。このため、1株当たり当期純利益に対する将来の潜在的な変動性を理解できるように、1株当たり当期純利益

又は潜在株式調整後1株当たり当期純利益の算定上の基礎の注記（第33項参照）には、当期の潜在株式調整後1株当たり当期純利益の算定に含まれなかった潜在株式の概要を含むべきと考えられる。

38－2．平成25年改正基準では、平成25年連結会計基準において少数株主持分を非支配株主持分に変更し、従来の当期純利益は親会社株主に帰属する当期純利益と表示することに変更されたこと及び平成25年企業結合会計基準において暫定的な会計処理の確定が企業結合年度の翌年度に行われた場合の取扱いが変更されたことに伴い、所要の改正を行った（第12項及び第30－6項参照）。

範　囲

39．1株当たり当期純利益については、昭和57年の企業会計原則の改正に伴い、商法及び証券取引法（現在は、会社法及び金融商品取引法）に基づいて開示が要求されてきた。また、潜在株式調整後1株当たり当期純利益については、証券取引法に基づいて開示が要求されてきた。このような経緯を踏まえ、本会計基準では、どのような場合に算定し開示するか個々には定めず、財務諸表において、1株当たり当期純利益又は潜在株式調整後1株当たり当期純利益の開示が要求されているすべての場合に適用するものとしている（第4項参照）。

用語の定義

40．本会計基準で対象とする普通株式（第5項参照）は、権利内容に制限のない標準となる株式であり、普通株主（第6項参照）は、株式数に応じ、配当請求権（剰余金の配当を受ける権利）、残余財産分配請求権（残余財産の分配を受ける権利）及び株主総会における議決権を有する。

41．本会計基準で対象とする配当優先株式（第7項参照）には、配当請求権は普通株式より優先するが、残余財産分配請求権は劣後する混合株式も含むものとする。

42．本会計基準で対象とするワラント（第10項参照）

は、その保有者が普通株式を取得することのできる権利又はこれに準じる権利であるため、株式を発行する会社からみれば、普通株式を対象とした売建コール・オプションという性格を有する。

43. 本会計基準で対象とする転換証券（第11項参照）は、金融負債又は普通株式以外の株式の対価部分と普通株式への転換請求権又はこれに準じる権利の対価部分とに区分せず一体として処理する方法（一括法）により会計処理されたものに限られることとなる。

これは、転換証券が、金融負債又は普通株式以外の株式の対価部分と、普通株式への転換請求権又はこれに準じる権利の対価部分とに区分して処理する方法（区分法）により会計処理された場合には、区分して処理された普通株式への転換請求権又はこれに準じる権利は、ワラントと同様に取り扱われるためである。

1株当たり当期純利益
1株当たり当期純利益の算定

44. 普通株式と同等の株式が存在する場合、1株当たり当期純利益の算定上、それらを普通株式から区分して取り扱うことが困難であるため、1株当たり当期純利益を算定する際には、普通株式と同様に取り扱うこととした（第13項参照）。

普通株式に係る当期純利益

45. 1株当たり当期純利益の算定の目的は、普通株主に関する企業の成果を示すことにある（第3項参照）ため、普通株主に帰属しない優先配当額は、1株当たり当期純利益の算定上、損益計算書上の当期純利益から控除することが適当である（第15項参照）。

46. ある会計期間における優先配当が定められた額に達しない場合に、その不足額を累積して次の会計期間以降の利益からその累積した不足額を支払うかどうかにより、配当優先株式は累積型と非累積型とに分類される。普通株主に帰属しない金額に含まれる優先配当額は、累積型配当優先株式の場合、定められた優先配当額に達しないときの当該不足額が翌会計期間以降に優

先的に支払われるため、社債に係る支払利息と同様に、当該会計期間に係る要支払額を算定し、また、非累積型配当優先株式の場合には、剰余金の配当の決議により決定する当該優先株主に帰属する額を基礎として算定することが適当であると考えられる。

なお、累積型配当優先株式において、定められた優先配当額に達しないときの過年度の不足額は、過年度の1株当たり当期純利益の算定において既に反映されている。このため、当期の1株当たり当期純利益の算定において、当該不足額は考慮せず、普通株主に帰属しない金額に含まれる優先配当額は、当該会計期間に係る要支払額となることに留意する必要がある。

47. 期末後の株主総会又は取締役会において剰余金の配当の議案が決議され優先配当額が決定される場合、1株当たり当期純利益の算定上、普通株主に帰属しない金額に含まれる非累積型配当優先株式の優先配当額は、決議された株主総会又は取締役会の日の属する会計期間の当期純利益から控除するのではなく、基準日の属する会計期間の剰余金の配当を基礎として算定し、当該会計期間の当期純利益から控除することが適当と考えられる（第16項(2)参照）。

なお、1株当たり当期純利益を財務諸表に開示する際に剰余金の配当の議案がまだ決議されていない場合には、普通株主に帰属しない金額は、剰余金の配当の議案に基づき算定されることとなる。

48. 優先配当額を普通株主に帰属しない金額として損益計算書上の当期純利益から控除するのは、1株当たり当期純利益の算定の目的に照らして普通株式に係る当期純利益を算定するためである。したがって、別途積立金のような普通株主に帰属する積立金の変動は計数の変動のみであって損益計算書上の当期純利益から控除しない。また、優先配当積立金や役員退職慰労積立金のような普通株主に帰属しない積立金の変動であっても、1株当たり当期純利益の算定対象となる会計期間に係るものではない場合には、損益計算書上の当期純利益から控除する普通株

主に帰属しない金額には該当しないことに留意する必要がある。

49. その他資本剰余金の処分による優先配当等は、基本的に株主資本の払戻の性格を持つため、1株当たり当期純利益の算定上、当期純利益から控除される普通株主に帰属しない金額には該当しないと考えられる。このため、本会計基準では、1株当たり当期純利益の算定上、当期純利益から控除される優先配当は、留保利益から行われるものに限っている（第8項参照）。

普通株式の期中平均株式数

50. 普通株式の期中平均株式数を算定するにあたっては、以下のいずれの方法も考えられるが、同様の結果となる。

　(1)　期首における普通株式の発行済株式数に、期中に普通株式が発行された場合は当該発行時から期末までの期間に応じた普通株式の発行済株式数を加算し、期中平均自己株式数を控除して算定する方法

　(2)　会計期間における日々の普通株式の発行済株式数から自己株式数を控除した株式数の累計を平均して算定する方法

51.（削　除）

潜在株式調整後1株当たり当期純利益
希薄化効果

52. 本会計基準では、潜在株式に係る権利の行使を仮定することにより算定した場合の潜在株式調整後1株当たり当期純利益が、1株当たり当期純利益を下回る場合に、当該潜在株式は希薄化効果を有するものとしており（第20項参照）、1株当たり当期純損失の場合には、潜在株式に係る権利の行使を仮定することにより算定した額が、当該1株当たり当期純損失を上回る場合でも、希薄化効果を有しないものとして取り扱う。

潜在株式調整後1株当たり当期純利益の算定

53. 潜在株式調整後1株当たり当期純利益を算定する際に用いる普通株式に係る当期純利益（第

14項参照）及び普通株式の期中平均株式数（第17項参照）は、1株当たり当期純利益を算定する際に用いられたものと同じものである。

54. 国際的な会計基準では、継続事業からの税引後利益のように、当期純利益以外の利益指標によって希薄化効果の有無を判定している（この際に用いる利益はコントロール・ナンバーと呼ばれている。）が、本会計基準においては、当期純利益以外の利益指標によって希薄化効果の有無を判定するというような考え方を採用していない。これは、希薄化効果の意義（第20項参照）から、その有無は当期純利益によって判定することが適切であること、また、当期純利益以外に税金控除後の利益が存在しない我が国においては、現状、国際的な会計基準のような考え方を導入することが困難であると考えられることによる。

ワラントが存在する場合

55. 潜在株式調整後1株当たり当期純利益を算定するにあたり、第25項及び第26項で示した方法によって、ワラントの希薄化効果を反映させる方式（以下「自己株式方式」という。）では、普通株式の期中平均株価がワラントの行使価格を上回る場合に、当該ワラントがすべて行使されたと仮定することにより算定した潜在株式調整後1株当たり当期純利益は1株当たり当期純利益を下回るため、当該ワラントは希薄化効果を有することとなる（第24項参照）。

56. 潜在株式調整後1株当たり当期純利益を算定するにあたり、ワラントの希薄化効果を反映させる方式としては、以下が考えられる。

　(1)　無調整方式（期末の株価が行使価格を上回る場合、ワラントが行使されたと仮定するが、行使による入金額の使途は考慮しない。）

　(2)　自己株式方式（期中平均株価が行使価格を上回る場合、ワラントが行使されたと仮定し、また、行使による入金額は、自己株式の買受に用いたと仮定する。）

　(3)　利益調整方式（期中平均株価が行使価格を上回る場合、ワラントが行使されたと仮定し、

また、行使による入金額は、例えば、国債への投資又は負債の返済に用いたと仮定する。）

本会計基準では、潜在株式調整後1株当たり当期純利益の目的が、1株当たり当期純利益と同様に、企業の成果を示すこと（第3項参照）であり、それは過去の情報として算定することであるため期末の時点のみの株式数及び時価を考慮することは適当ではないこと、行使による入金額の使途は一概には決められないため自己株式の買受に用いたと仮定することにも一定の合理性があること、また、自己株式方式は従来の方法に類似し比較的簡便で客観的であることから、国際的な会計基準と同様に、(2)の自己株式方式を採用している。

なお、平成14年会計基準以前の我が国における方法は、期中平均株価が行使価格を上回る場合、期末にワラントが行使され、期中平均株価で自己株式の買受を行うと仮定していたが、期中平均株価が行使価格を上回る場合に期中平均株価で自己株式の買受を行うと仮定するためには、期首にワラントが行使され、この入金額を用いて期中に平均的に自己株式を買い受けたと仮定することが、自己株式方式としては適当である。このため、本会計基準では、国際的な会計基準と同様に、期首にワラントが行使されたと仮定することとしている。

転換証券が存在する場合

57. 潜在株式調整後1株当たり当期純利益を算定するにあたり、第28項から第30項において示した方法によって、転換証券の希薄化効果を反映させる方式（以下「転換仮定方式」という。）では、1株当たりの当期純利益が転換証券に関する増加普通株式1株当たりの当期純利益調整額を上回る場合に、当該転換証券がすべて転換したと仮定することにより算定した潜在株式調整後1株当たり当期純利益は、1株当たり当期純利益を下回るため、希薄化効果を有する（第27項参照）。

58. 潜在株式調整後1株当たり当期純利益を算定するにあたり、転換証券の希薄化効果を反映さ

せる方式としては、以下が考えられる。

(1) 期末転換仮定方式（期末の株価が行使価格を上回る場合、転換証券が普通株式に転換されたと仮定する。）

(2) 転換仮定方式（1株当たり当期純利益が転換証券に関する増加普通株式1株当たりの当期純利益調整額を上回る場合、転換証券が期首に普通株式に転換されたと仮定する。この結果、転換証券は当期には存在しなかったものとみなす。）

(3) 修正転換仮定方式（1株当たり当期純利益が転換証券に関する増加普通株式1株当たりの当期純利益調整額を上回り、かつ、期末の株価が行使価格を上回る場合、転換証券が期首に普通株式に転換されたと仮定する。この結果、転換証券は当期には存在しなかったものとみなす。）

従来から我が国では、国際的な会計基準と同様に、(2)の転換仮定方式を採用しているが、転換仮定方式は、将来、転換の可能性が少ない場合でも転換を仮定しているため適切ではないという意見がある。このような意見に対しては、上述した(1)の期末転換仮定方式や(3)の修正転換仮定方式が考えられる。しかしながら、潜在株式調整後1株当たり当期純利益の算定目的は、1株当たり当期純利益と同様に、企業の成果を示すこと（第3項参照）であり、それは過去の情報として算定し開示することであるため上記(1)及び(3)のように、期末の時点のみの時価を考慮することは適切ではないと考えられる。したがって、本会計基準では、従来どおり、(2)の転換仮定方式を採用することとしている。

59. 希薄化効果を有する転換証券が期首又は発行時においてすべて転換されたと仮定した場合に発行される普通株式数は、第30項に従って算定する方法の他、当期において転換証券が存在する期間について、転換されたと仮定した場合に発行される普通株式数を、当該期間に応じて算定する方法によって行っても同様の結果となる。

株式併合又は株式分割が行われた場合

59－２．当期に株式併合又は株式分割が行われた場合、行われた時点以降の期間に反映させる考え方と、遡及的に処理する考え方があるが、株式併合又は株式分割は期末に行われても既存の普通株主に一律に影響するものであるため、普通株主に関する企業の成果を示すためには、普通株式の期中平均株式数及び普通株式増加数を、表示する財務諸表のうち、最も古い期間の期首に、当該株式併合又は株式分割が行われたと仮定して算定することが適当である（第30－２項及び第30－３項参照）。これは、株式併合又は株式分割の影響が、株価とともに１株当たり当期純利益にも反映されることによって、株価収益率(株価を１株当たり当期純利益で除した率)が適切に算定されるという見方とも整合する。

59－３．当期の貸借対照表日後に株式併合又は株式分割が行われた場合は、本来、開示後発事象に該当するものであるが、国際的な会計基準では、当期の貸借対照表日後に株式併合又は株式分割が行われた場合も、当期に株式併合又は株式分割が行われた場合と同様、１株当たり当期純利益及び潜在株式調整後１株当たり当期純利益の算定に、当該株式併合又は株式分割の影響を反映している。

　前項のとおり、株価収益率が適切に算定されるという見方との整合性や、国際的な会計基準とのコンバージェンスの観点からも、株式併合又は株式分割が当期の貸借対照表日後に行われた場合に、その影響を反映することが適当であると考えられる。このため、平成22年改正会計基準では、普通株式の期中平均株式数及び普通株式増加数を、表示する財務諸表のうち、最も古い期間の期首に当該株式併合又は株式分割が行われたと仮定して算定することとした（第30－２項及び第30－３項参照）。なお、これは開示後発事象の例外的な取扱いであるが、いつの時点までに行われた株式併合又は株式分割の影響を反映するかの判断については、開示後発事象の開示に関する現行の実務に委ねられることとなる。

会計方針の変更又は過去の誤謬の訂正が行われた場合

59－４．平成21年12月に公表された企業会計基準第24号では、会計方針の変更又は過去の誤謬の訂正が行われた場合に、表示期間における遡及適用後又は修正再表示後の１株当たり情報に対する影響額を開示することを求めている。また、国際的な会計基準でも同様の取扱いが定められている。このため、本会計基準においても、遡及適用後又は修正再表示後の１株当たり情報の開示を求めることとした。

暫定的な会計処理の確定が行われた場合

59－５．平成25年企業結合会計基準において、暫定的な会計処理の確定が企業結合年度の翌年度に行われ、企業結合年度の財務諸表と併せて企業結合年度の財務諸表を表示するときには、比較情報の有用性を高める観点から、当該企業結合年度の財務諸表に暫定的な会計処理の確定による取得原価の配分額の見直しを反映させることとされた。このため平成25年改正基準において、企業結合年度の翌年度の財務諸表と併せて表示する企業結合年度の財務諸表に暫定的な会計処理の確定による取得原価の配分額の見直しが反映されている場合、当該企業結合年度の財務諸表の１株当たり当期純利益及び潜在株式調整後１株当たり当期純利益は、当該見直しが反映された後の金額により算定することとした（第30－６項参照）。

開 示

60．当期に株式併合又は株式分割が行われた場合、これは既存の普通株主に一律に影響するものであり、また、時系列比較を確保するため、表示する財務諸表のうち、最も古い期間の期首に当該株式併合又は株式分割が行われたと仮定した場合における１株当たり当期純利益及び潜在株式調整後１株当たり当期純利益を開示することが適当である。同様に、株式併合又は株式分割が当期の貸借対照表日後に行われた場合も、表示期間の１株当たり当期純利益及び潜在株式調

整後1株当たり当期純利益は、当該株式併合又は株式分割を反映して開示することが適当である（第31項参照）。

61.（削 除）

適用時期等

62. 平成22年改正基準は、財務諸表の企業間比較及び時系列比較を確保する観点から、企業会計基準第24号と併せて適用することが適当と考えられるため、平成23年4月1日以後開始する事業年度から適用することとし、また早期適用は認めないこととした。

平成25年改正基準の公表による他の会計基準等についての修正

63. 平成25年改正基準により、当委員会が公表した会計基準等については、次の修正を行う（下線は追加部分、取消線は削除部分を示す。）。

（以下略）

以 上

企業会計基準第4号

役員賞与に関する会計基準

平成17年11月29日
企業会計基準委員会

目 的

1. 本会計基準は、取締役、会計参与、監査役及び執行役（以下合わせて「役員」という。）に対する賞与（以下「役員賞与」という。）の会計処理を定めることを目的とする。

　役員賞与の会計処理について、既存の会計基準において本会計基準と異なる取扱いを定めている場合でも、本会計基準の取扱いが優先することとなる。

会計基準

範 囲

2. 本会計基準は、すべての会社における役員賞与の会計処理に適用する。

　なお、役員に対する金銭以外による支給や退職慰労金については取り扱わない。

会計処理

3. 役員賞与は、発生した会計期間の費用として処理する。

適用時期等

4. 本会計基準は、会社法（平成17年法律第86号）施行日以後終了する事業年度の中間会計期間（当該事業年度に係る株主総会で決議（委員会

設置会社にあっては報酬委員会の決定）される役員賞与）から適用する。

　なお、本会計基準の適用により、実務対応報告第13号「役員賞与の会計処理に関する当面の取扱い」（以下「実務対応報告第13号」という。）は廃止する。

議 決

5. 本会計基準は、第93回企業会計基準委員会に出席した委員9名全員の賛成により承認された。
6. 第93回企業会計基準委員会に出席した委員は、以下のとおりである。

　　　（略）

結論の背景

検討の経緯

7. 従来、我が国においては、取締役や監査役に対するいわゆる報酬（以下「役員報酬」という。）は、発生時に費用として会計処理し、取締役や監査役に対する役員賞与は、利益処分により、未処分利益の減少とする会計処理を行うことが一般的であった。

　このような実務慣行の中、平成15年4月1日施行の「商法等の一部を改正する法律」（平成14年法律第44号）に基づく機関設計や役員報酬額についての定め方の相違により、内容的に同様の性格と考えられる取締役、執行役及び監査役の職務に関連する支給についての会計処理が異なるおそれがあるという意見や、連結財務諸表において、親子会社間の会計処理の整合が図られないという意見があった。当委員会では、これらを契機に役員賞与の会計処理を検討し、平成16年3月9日に実務対応報告第13号を公表した。

8. 実務対応報告第13号では、商法上、株主総会における支給手続と会計処理が連動すると考え

られることから、役員賞与の会計処理について、以下のように定めている。

(1) 役員賞与は、発生した会計期間の費用として会計処理することが適当である。この場合には、取締役報酬額又は監査役報酬額の株主総会決議（旧商法第269条第1項又は第279条第1項参照）により支給することになる。

(2) 当面の間、これまでの慣行に従い、費用処理しないことも認められる。この場合には、利益処分案の株主総会決議（旧商法第283条第1項参照）により支給し、未処分利益の減少として会計処理する。

9. 平成17年7月26日に公布された会社法では、役員賞与は、役員報酬とともに職務執行の対価として株式会社から受ける財産上の利益として整理され、定款に報酬等に関する一定の事項を定めていないときは、株主総会の決議（委員会設置会社における取締役、会計参与及び執行役については、報酬委員会の決定。以下同じ。）によって定めることとされた（会社法第361条、第379条、第387条、第404条第3項及び第409条参照。なお、会社法では、委員会設置会社における利益の処分としての役員に対する金銭の分配の禁止（旧商法特例法第21条の31第2項参照）に相当する定めはない。）。また、会社法では、利益処分案の株主総会決議（旧商法第283条第1項参照）に相当する定めは存在しない。

このように、会社法では、役員賞与と役員報酬とが同一の手続により支給されることとなったため、株主総会における支給手続は会計処理の制約とはならず、当該制約を前提とした実務対応報告第13号を見直すことが必要となった。

10. また、会社法施行後に役員賞与を支給する場合、これまでの実務慣行であった処分可能な剰余金を原資とする支給が可能であるかどうかは、会社法上、必ずしも明らかではない。

このため、役員賞与が支給された場合、会計上、費用に計上すべきか、剰余金の額の減少として処理することも認められるのかを明らかにすることが必要となった。

11. 当委員会では、以上の点に鑑み、役員賞与に関する会計処理について審議を行い、平成17年9月に企業会計基準公開草案第9号「役員賞与に関する会計基準（案）」を公表し、広く各界の意見を求めた。当委員会では、寄せられた意見も参考にしてさらに審議を行い、本会計基準を公表することとした。

会計上の考え方

12. 本会計基準では、以下の理由から、役員賞与は発生した会計期間の費用として処理することとした。

(1) 役員賞与と役員報酬の類似性

役員報酬は、確定報酬として支給される場合と業績連動型報酬として支給される場合があるが、職務執行の対価として支給されることにかわりはなく、会計上は、いずれも費用として処理される。役員賞与は、経済的実態としては費用として処理される業績連動型報酬と同様の性格であると考えられるため、費用として処理することが適当である。

この点に関して、役員賞与は、利益をあげた功労に報いるために支給されるものであって、利益の有無にかかわらず職務執行の対価として支給される役員報酬とは性格が異なるとの見解もあるが、会社の利益は職務執行の成果であり、この功労に報いるために支給される役員賞与もやはり業績連動型の役員報酬と同様に職務執行の対価と考えられる。

(2) 役員賞与と役員報酬の支給手続

役員賞与と役員報酬は職務執行の対価として支給されるが、職務執行の対価としての性格は、本来、支給手続の相違により影響を受けるものではないと考えられるため、その性格に従い、費用として処理することが適当である。

なお、第9項に記載のとおり、会社法では、役員賞与と役員報酬の支給手続は同じ条文で示されており、同一の手続により支給されることになる。

13. 当事業年度の職務に係る役員賞与を期末後に開催される株主総会の決議事項とする場合には、

当該支給は株主総会の決議が前提となるので、当該決議事項とする額又はその見込額（当事業年度の職務に係る額に限るものとする。）を、原則として、引当金に計上する。

なお、子会社が支給する役員賞与のように、株主総会の決議はなされていないが、実質的に確定債務と認められる場合には、未払役員報酬等の適当な科目をもって計上することができる。

14. 中間財務諸表における役員賞与の会計処理は、財務諸表における会計処理に準じて処理する。

なお、役員賞与の金額が事業年度の業績等に基づき算定されることとなっているため中間会計期間において合理的に見積ることが困難な場合や、重要性が乏しいと想定される場合には、中間会計期間においては、費用処理しないことができる。

15. 本会計基準の適用に伴い、役員賞与を発生した会計期間の費用として会計処理することとなった場合には、会計基準の変更に伴う会計方針の変更として取り扱うことに留意する必要がある。

以　上

企業会計基準第5号

貸借対照表の純資産の部の表示に関する会計基準

2005年（平成17年）12月9日
改正2009年（平成21年）3月27日
改正2013年（平成25年）9月13日
最終改正2021年1月28日
企業会計基準委員会

本会計基準は、2022年10月28日までに公表された次の会計基準等による修正が反映されている。
・企業会計基準第25号「包括利益の表示に関する会計基準」（2022年10月28日改正）

目　次

目　的

1．本会計基準は、貸借対照表における純資産の部の表示を定めることを目的とする。貸借対照表の表示に関して、既存の会計基準と異なる取扱いを定めているものについては、本会計基準の取扱いが優先することとなり、本会計基準において特に定めのないものについては、該当する他の会計基準の定めによる。また、貸借対照表項目の認識及び消滅の認識、貸借対照表価額の算定などの会計処理については、既存の会計基準によることとなる。

2．本会計基準の適用にあたっては、企業会計基準適用指針第8号「貸借対照表の純資産の部の表示に関する会計基準等の適用指針」も参照する必要がある。

会計基準

範　囲

3．本会計基準は、すべての株式会社の貸借対照表における純資産の部の表示を定める。

純資産の部の表示

4．貸借対照表は、資産の部、負債の部及び純資産の部に区分し、純資産の部は、株主資本と株主資本以外の各項目（第7項参照）に区分する。

5．株主資本は、資本金、資本剰余金及び利益剰余金に区分する。

6．個別貸借対照表上、資本剰余金及び利益剰余金は、さらに次のとおり区分する。
　(1) 資本剰余金は、資本準備金及び資本準備金以外の資本剰余金（以下「その他資本剰余金」という。）に区分する。
　(2) 利益剰余金は、利益準備金及び利益準備金以外の利益剰余金（以下「その他利益剰余金」という。）に区分し、その他利益剰余金のうち、任意積立金のように、株主総会又は取締役会の決議に基づき設定される項目については、その内容を示す科目をもって表示し、それ以外については繰越利益剰余金にて表示する。

7．株主資本以外の各項目は、次の区分とする。
　(1) 個別貸借対照表上、評価・換算差額等（第8項参照）、株式引受権及び新株予約権に区分する。
　(2) 連結貸借対照表上、評価・換算差額等（第8項参照）、株式引受権、新株予約権及び非支配株主持分に区分する。

なお、連結貸借対照表において、連結子会社の個別貸借対照表上、純資産の部に計上されている評価・換算差額等は、持分比率に基づき親会社持分割合と非支配株主持分割合とに按分し、親会社持分割合は当該区分において記載し、非支配株主持分割合は非支配株主持分に含めて記載する。

8．評価・換算差額等には、その他有価証券評価差額金や繰延ヘッジ損益のように、資産又は負債は時価をもって貸借対照表価額としているが当該資産又は負債に係る評価差額を当期の損益としていない場合の当該評価差額や、為替換算調整勘定、退職給付に係る調整累計額等が含まれる。当該評価・換算差額等は、その他有価証券評価差額金、繰延ヘッジ損益、退職給付に係る調整累計額等その内容を示す科目をもって表示する。

なお、当該評価・換算差額等については、これらに関する、当期までの期間に課税された、法人税その他利益に関連する金額を課税標準とする税金（以下「法人税等」という。）の額及び繰延税金資産又は繰延税金負債の額を控除した金額を記載することとなる。

適用時期等

9．平成17年に公表された本会計基準（以下「平成17年会計基準」という。）は、会社法（平成17年法律第86号）施行日以後終了する中間連結会計期間及び中間会計期間に係る中間連結財務諸表及び中間財務諸表並びに連結会計年度及び事業年度に係る連結財務諸表及び財務諸表から適用する。

10．平成17年会計基準の適用初年度においては、これまでの資本の部の合計に相当する金額を注記するものとする。

10-2．平成21年に改正された本会計基準（以下「平成21年改正会計基準」という。）は、平成20年12月に公表された企業会計基準第22号「連結財務諸表に関する会計基準」（以下「平成20年連結会計基準」という。）が適用された連結会計年度から適用する。

10-3．平成25年に改正された本会計基準（以下「平成25年改正会計基準」という。）は、平成25年に改正された企業会計基準第22号「連結財務諸表に関する会計基準」（以下「平成25年連結会計基準」という。）の表示方法に係る事項が適用された連結会計年度から適用する。

10-4．2021年に改正された本会計基準（以下「2021年改正会計基準」という。）は、「会社法の一部を改正する法律」（令和元年法律第70号）の施行日である2021年３月１日以後終了する連結会計年度及び事業年度に係る連結財務諸表及び財務諸表並びに四半期連結会計期間及び四半期会計期間に係る四半期連結財務諸表及び四半期財務諸表から適用する。

議 決

11．平成17年会計基準は、第94回企業会計基準委員会に出席した委員12名全員の賛成により承認された。

12．第94回企業会計基準委員会に出席した委員は、以下のとおりである。

（略）

12-2．平成21年改正会計基準は、第173回企業会計基準委員会に出席した委員13名全員の賛成により承認された。なお、出席した委員は、以下のとおりである。

（略）

12-3．平成25年改正会計基準は、第272回企業会計基準委員会に出席した委員13名全員の賛成により承認された。なお、出席した委員は、以下のとおりである。

（略）

12-4．2021年改正会計基準は、第450回企業会計基準委員会に出席した委員14名全員の賛成により承認された。なお、出席した委員は以下のとおりである。

（略）

結論の背景

経　緯
(平成17年会計基準の公表)

13. これまで貸借対照表は、資産の部、負債の部及び資本の部に区分するものとされ、さらに資本の部は、会計上、株主の払込資本と利益の留保額（留保利益）に区分する考え方が反映されてきた。

14. 平成11年1月に企業会計審議会から公表された「金融商品に係る会計基準」（平成18年8月に企業会計基準第10号「金融商品に関する会計基準」として改正されている。）において、その他有価証券に係る評価差額は、損益計算書を経由せず資本の部に直接計上する考え方が導入された。同様に、平成11年10月に企業会計審議会から公表された改訂「外貨建取引等会計処理基準」において、在外子会社等の財務諸表の換算によって生じた換算差額（為替換算調整勘定）も連結貸借対照表の資本の部に直接計上することとされていた。

15. 平成9年6月に企業会計審議会から公表された改訂「連結財務諸表原則」（以下「連結原則」という。）において、連結貸借対照表には、資産の部、負債の部、少数株主持分及び資本の部を設けるものとされ、子会社の資本のうち親会社に帰属しない部分は少数株主持分として、負債の部の次に区分して記載するものとされていた。これは、親会社説の考え方による連結原則の下において、資本の部は、原則として、親会社の株主に帰属するものを示すこと、少数株主持分は、返済義務のある負債ではないことによる。この結果、少数株主持分は、負債の部と資本の部の中間に独立の項目として表示することとされていた。

16. このように、近年、資本の部に対する考え方の変更や中間区分の設定が見られる中、当委員会から平成16年12月に公表された企業会計基準公開草案第3号「ストック・オプション等に関する会計基準（案）」では、ストック・オプションに対応する金額の貸借対照表上の表示について、負債の部と資本の部の中間に独立の項目として計上するものとされていた。

しかしながら、このような項目の性格についてはいまだに論争が多く、概念上の整理が定着しているとはいえないこと及び個別財務諸表に新たに中間区分を設けることについては、慎重な検討が必要という意見も多いことから、当該公開草案では、「別途早急に貸借対照表における貸方項目の区分表示のあり方全般について検討を行うこととし、その検討の中でストック・オプションに対応する金額の表示区分について引き続き議論することとした。」とされていた。

このため、当委員会では、貸借対照表表示検討専門委員会を設置し、当該専門委員会での討議を含め、これらの問題に対する審議を行い、平成17年8月に、企業会計基準公開草案第6号「貸借対照表の純資産の部の表示に関する会計基準（案）」を公表し、広く各界からの意見を求めた。当委員会では、寄せられた意見も参考にしてさらに審議を行い、公開草案の内容を一部修正して、平成17年会計基準を公表した。

17. なお、我が国の会計基準を設定するにあたって、概念フレームワークを明文化する必要性が各方面から指摘されたのを受け、当委員会は、外部の研究者を中心としたワーキング・グループを組織して、その問題の検討を委託し、平成16年9月に討議資料「財務会計の概念フレームワーク」を公表している。この討議資料に示されているのは、当委員会の見解ではなく、当委員会に報告された当該ワーキング・グループの見解であるが、今後の基準設定の過程で有用性をテストされ、市場関係者等の意見を受けてさらに整備・改善されれば、いずれはデファクト・スタンダードとしての性格を持つことも期待されている。このため、平成17年会計基準を検討するにあたり、当委員会では、この討議資料の一部も素材に議論を重ねた。

(平成21年改正会計基準の公表)

17-2. 平成21年改正会計基準及びその適用指針の改正は、平成20年連結会計基準において、支配獲得時の子会社の資産及び負債の評価は全面

時価評価法のみとされたことなどに対応して、技術的な改正を行ったものである。

（平成25年改正会計基準の公表）

17-3．平成25年改正会計基準は、平成25年連結会計基準において、少数株主持分を非支配株主持分に変更したことに伴い、所要の改正を行ったものである。なお、本会計基準においては、過去の経緯等を示す場合にも、便宜上、非支配株主持分の用語を使用している場合がある。

（2021年改正会計基準の公表）

17-4．2021年改正会計基準は、実務対応報告第41号「取締役の報酬等として株式を無償交付する取引に関する取扱い」（以下「実務対応報告第41号」という。）において、純資産の部の株主資本以外の項目として株式引受権を定めたことに伴い、所要の改正を行ったものである。

貸借対照表の区分

18．平成17年会計基準の公表前まで、貸借対照表上で区分されてきた資産、負債及び資本の定義は必ずしも明示されてはいないが、そこでいう資本については、一般に、財務諸表を報告する主体の所有者（株式会社の場合には株主）に帰属するものと理解されており、また、連結貸借対照表における資本に関しては、連結財務諸表を親会社の財務諸表の延長線上に位置づけて、親会社の株主に帰属するもののみを反映させることとされてきた。

19．また、資産は、一般に、過去の取引又は事象の結果として、財務諸表を報告する主体が支配している経済的資源、負債は、一般に、過去の取引又は事象の結果として、報告主体の資産やサービス等の経済的資源を放棄したり引渡したりする義務という特徴をそれぞれ有すると考えられている。このような理解を踏まえて、返済義務のあるものは負債の部に記載するが、非支配株主持分や為替換算調整勘定のように返済義務のないものは負債の部に記載しないこととする取扱いが、連結財務諸表を中心に行われてきた（第14項及び第15項参照）。

20．このように、資本は報告主体の所有者に帰属

するもの、負債は返済義務のあるものとそれぞれ明確にした上で貸借対照表の貸方項目を区分する場合、資本や負債に該当しない項目が生ずることがある。この場合には、独立した中間的な区分を設けることが考えられるが、中間区分自体の性格や中間区分と損益計算との関係などを巡る問題が指摘されている。また、国際的な会計基準においては、中間区分を解消する動きがみられる。

21．このような状況に鑑み、平成17年会計基準では、まず、貸借対照表上、資産性又は負債性をもつものを資産の部又は負債の部に記載することとし、それらに該当しないものは資産と負債との差額として「純資産の部」に記載することとした（第4項参照）。この結果、報告主体の支払能力などの財政状態をより適切に表示することが可能となるものと考えられる。

なお、「純資産の部」という表記に対しては、平成17年会計基準の公開草案に対するコメントにおいて、「株主持分の部」とすべきという意見があった。しかしながら、持分には、単なる差額概念以上の意味が含まれる可能性があり、資産と負債との差額を表すには、純資産と表記することが内容をより適切に示すものと考えられる。

また、平成17年会計基準の公開草案に対するコメントの中には、資本と純資産とが相違することに対する懸念も見られた。これに対しては、以前であれば、株主に帰属する資本が差額としての純資産となるように資産及び負債が取り扱われてきたが、その他有価証券評価差額金を資本の部に直接計上する考え方（第14項参照）が導入されて以降、株主に帰属する資本と、資産と負債との差額である純資産とは、既に異なっているという見方がある。平成17年会計基準では、資本と利益の連繋を重視し（第29項及び第30項参照）、資本については、株主に帰属するものであることを明確にすることとした。また、前項で示したように資産や負債を明確にすれば、これらの差額がそのまま資本となる保証はない。このため、貸借対照表の区分において、資本と

は必ずしも同じとはならない資産と負債との単なる差額を適切に示すように、これまでの「資本の部」という表記を「純資産の部」に代えることとした。

22. 前項までの考え方に基づき、平成17年会計基準においては、新株予約権や非支配株主持分を純資産の部に区分して記載することとした。

(1) 新株予約権

新株予約権は、将来、権利行使され払込資本となる可能性がある一方、失効して払込資本とはならない可能性もある。このように、発行者側の新株予約権は、権利行使の有無が確定するまでの間、その性格が確定しないことから、これまで、仮勘定として負債の部に計上することとされていた。しかし、新株予約権は、返済義務のある負債ではなく、負債の部に表示することは適当ではないため、純資産の部に記載することとした。

(2) 非支配株主持分

非支配株主持分は、子会社の資本のうち親会社に帰属していない部分であり、返済義務のある負債でもなく、また、連結財務諸表における親会社株主に帰属するものでもないため、これまで、負債の部と資本の部の中間に独立の項目として表示することとされていた。しかし、平成17年会計基準では、独立した中間区分を設けないこととし、純資産の部に記載することとした。

23. さらに、平成17年会計基準では、貸借対照表上、これまで損益計算の観点から資産又は負債として繰り延べられてきた項目についても、資産性又は負債性を有しない項目については、純資産の部に記載することが適当と考えた。このような項目には、ヘッジ会計の原則的な処理方法における繰延ヘッジ損益（ヘッジ対象に係る損益が認識されるまで繰り延べられるヘッジ手段に係る損益又は時価評価差額）が該当する（第8項参照）。

24. なお、この他にも、例えば、仮受金や未決算勘定、割賦未実現利益、修繕引当金など、損益計算の観点から資産又は負債として繰り延べら

れてきたのではないかと考えられる項目もある。しかしながら、仮受金や未決算勘定については、将来、収益に計上される可能性ではなく外部に返済される可能性を重視すれば負債に該当すること、割賦未実現利益や修繕引当金については、利益の繰り延べではなく資産の控除項目という見方もあることなどから、平成17年会計基準では、繰延ヘッジ損益以外の項目について、既存の会計基準と異なる取扱いを定めることはしないものとした。

25. 平成17年会計基準では、第13項から第16項で示した経緯を踏まえ、貸借対照表の純資産の部の表示を定めることを目的としており、表記上、これまでの資本の部を純資産の部に代え（第21項参照）、その上で新株予約権や非支配株主持分、繰延ヘッジ損益を当該純資産の部に記載することとした（第22項及び第23項参照）。

また、平成17年会計基準公表前において資本の部には、払込資本や留保利益のほか、その他有価証券評価差額金など、払込資本でもなく損益計算書を経由した利益剰余金でもない項目が含まれて表記されていた。このため、平成17年会計基準では、純資産のうち株主（連結財務諸表においては親会社の株主）に帰属する部分を、「資本」とは表記せず、株主に帰属するものであることをより強調する観点から「株主資本」と称するものとしている。

26. 貸借対照表の表示に関しては、「企業会計原則」などに定めがあるが、これらの会計基準と異なる取扱いを定めているものについては、本会計基準の取扱いが優先することとなり、自己株式の表示など本会計基準において特に定めのないものについては、該当する他の会計基準の定めによる（第1項参照）。

また、表示を除く会計処理については、既存の会計基準と異なる定めはしていないため、貸借対照表項目の認識及び消滅の認識、貸借対照表価額の算定などの会計処理については、既存の会計基準によることとなる（第1項参照）。

なお、繰延ヘッジ損益については、純資産の部に計上されることとなるため、その他有価証

券評価差額金などと同様に、当該繰延ヘッジ損益に関する、当期までの期間に課税された法人税等の額及び繰延税金資産又は繰延税金負債の額を控除して計上することとなる（第8項なお書き参照）。

26-2. 平成25年改正会計基準においても、第21項から第26項の考え方を踏襲している。

純資産の部の表示

27. かつて、資本の部は資本金、資本準備金、利益準備金及びその他の剰余金に区分されていたが、平成13年における商法の改正により、資本金及び資本準備金の取崩によって、株主からの払込資本でありながら資本金、資本準備金では処理されないものが生ずることとなった。また、同改正に伴う自己株式の取得や処分規制の緩和により生ずることとなった自己株式処分差益も、同様の性格を有するものと考えられている。これらに対応するために、当委員会では、平成14年2月に企業会計基準第1号「自己株式及び法定準備金の取崩等に関する会計基準」（平成17年12月に「自己株式及び準備金の額の減少等に関する会計基準」として改正されている。）を公表し、資本性の剰余金を計上する資本剰余金の区分を設け、また、これに合わせ、利益性の剰余金を計上する利益剰余金の区分を設けた。

28. このような区分は、債権者保護の観点から資本の部を資本金、法定準備金、剰余金に区分してきた商法の考え方と、払込資本と留保利益に区分する企業会計の考え方の調整によるものと考えられる。もちろん、払込資本も留保利益も株主資本であることには変わりはなく、会計上はこの留保利益を含む株主資本の変動（増資や配当など）と、その株主資本が生み出す利益との区分が本質的に重要である。しかし、同じ株主資本でも株主が拠出した部分と利益の留保部分を分けることは、配当制限を離れた情報開示の面でも従来から強い要請があったと考えられる。このため、平成17年会計基準でも従来の考え方を引き継ぎ、株主資本は、資本金、資本剰余金及び利益剰余金に区分するものとしている

（第5項参照）。

29. 財務報告における情報開示の中で、特に重要なのは、投資の成果を表す利益の情報であると考えられている。報告主体の所有者に帰属する利益は、基本的に過去の成果であるが、企業価値を評価する際の基礎となる将来キャッシュ・フローの予測やその改訂に広く用いられている。当該情報の主要な利用者であり受益者であるのは、報告主体の企業価値に関心を持つ当該報告主体の現在及び将来の所有者（株主）であると考えられるため、当期純利益とこれを生み出す株主資本は重視されることとなる。

30. 平成17年会計基準では、貸借対照表上、これまでの資本の部を資産と負債との差額を示す純資産の部に代えたため、資産や負債に該当せず株主資本にも該当しないものも純資産の部に記載されることとなった。ただし、前項で示したように、株主資本を他の純資産に属する項目から区分することが適当であると考えられるため、純資産を株主資本と株主資本以外の各項目に区分することとした。この結果、損益計算書における当期純利益の額と貸借対照表における株主資本の資本取引を除く当期変動額は一致することとなる。

31. 平成17年会計基準の検討においては、第4項及び第7項のように純資産を株主資本と株主資本以外の各項目に並列的に区分するのではなく、株主資本をより強調するように、純資産を株主資本とその他純資産に大きく区分し、その他純資産をさらに評価・換算差額等、新株予約権及び非支配株主持分に区分するという考え方も示された。しかし、株主資本以外の各項目をその他純資産として一括りにする意義は薄いと考えられたため、そのような考え方は採用しなかった。

　また、純資産の部の区分においては、財務分析における重要な指標であるROE（株主資本利益率又は自己資本利益率）の計算上、従来から、資本の部の合計額を分母として用いることが多く、また、この分母を株主資本と呼ぶことも多いため、株主資本、評価・換算差額等及び

新株予約権を括った小計を示すべきではないかという指摘があった。しかしながら、ROE のみならず、自己資本比率や他の財務指標については、本来、利用目的に応じて用いられるべきものと考えられ、平成17年会計基準の適用によっても、従来と同じ情報は示されており、これまでと同様の方法による ROE などの財務指標の算定が困難になるわけではないと考えられる。このため、企業の財政状態及び経営成績を示す上で、株主資本、評価・換算差額等及び新株予約権を一括りとして意味をもたせることが必ずしも適当ではないと考え、これらを括ることは行わなかった。

32. 平成17年会計基準では、新株予約権は、報告主体の所有者である株主とは異なる新株予約権者との直接的な取引によるものであり、また、非支配株主持分は、子会社の資本のうち親会社に帰属していない部分であり、いずれも親会社株主に帰属するものではないため、株主資本とは区別することとした(第7項及び第22項参照)。

　また、連結貸借対照表上、非支配株主持分には、平成17年会計基準公表前と同様に連結子会社における評価・換算差額等の非支配株主持分割合が含められる。さらに、非支配株主持分を純資産の部に記載することとしても、連結財務諸表の作成については、従来どおり、親会社の株主に帰属するもののみを連結貸借対照表における株主資本に反映させることとしている。

33. 平成17年会計基準では、評価・換算差額等は、払込資本ではなく、かつ、未だ当期純利益に含められていないことから、株主資本とは区別し、株主資本以外の項目とした（第7項及び第8項参照）。

　平成17年会計基準の検討過程では、その他有価証券評価差額金や繰延ヘッジ損益、為替換算調整勘定などは、国際的な会計基準において、「その他包括利益累積額」として区分されているため、国際的な調和を図る観点などから、このような表記を用いてはどうかという考え方も示されたが、包括利益が開示されていない中で「その他包括利益累積額」という表記は適当で

はないため、その主な内容を示すよう「評価・換算差額等」として表記することとした。なお、当委員会は平成22年6月に企業会計基準第25号「包括利益の表示に関する会計基準」（以下「企業会計基準第25号」という。）を公表し、平成24年改正の企業会計基準第25号により、当面の間、同会計基準を個別財務諸表には適用しないこととしたため、個別財務諸表上は引き続き「評価・換算差額等」として表記することとしている。

　また、平成17年会計基準の公開草案に対するコメントの中には、評価・換算差額等の各項目は株主資本に含める方が妥当ではないかという意見があった。これは、その他有価証券評価差額金や為替換算調整勘定などが、資本の部に直接計上されていたことなどの理由によるものと考えられる。しかしながら、一般的に、資本取引を除く資本の変動と利益が一致するという関係は、会計情報の信頼性を高め、企業評価に役立つものと考えられている。平成17年会計基準では、当期純利益が資本取引を除く株主資本の変動をもたらすという関係を重視し、評価・換算差額等を株主資本とは区別することとした。

33-2. 平成25年改正会計基準においても、第28項から第33項の考え方を踏襲している。

33-3. 2021年に公表した実務対応報告第41号では、取締役の報酬等として株式を無償交付する取引のうち、事後交付型に該当する場合の報酬費用の相手勘定について、貸借対照表の純資産の部の株主資本以外の項目に株式引受権として計上することとしている（実務対応報告第41号第15項及び第17項）。

株主資本の区分

34. 株主資本は、平成17年会計基準の公表前と同様に、資本金、資本剰余金及び利益剰余金に区分する。資本性の剰余金を計上する資本剰余金は、個別貸借対照表上はさらに、会社法で定める資本準備金とそれ以外のその他資本剰余金に区分する。これまで、その他資本剰余金は、資本金及び資本準備金の取崩によって生ずる剰余

金や自己株式の処分差益等がその内容を示す科目に区分して表示されていた。しかし、平成17年会計基準の適用時期と同時に導入される株主資本等変動計算書があれば当期の変動状況は把握できることなどから、継続的にその他資本剰余金の残高を内容に応じて区別しておく必然性は乏しく、平成17年会計基準では、個別貸借対照表上においても、その他資本剰余金の内訳を示さないものとした（第6項(1)参照）。

35. 利益性の剰余金を計上する利益剰余金は、個別貸借対照表上、利益準備金及びその他利益剰余金に区分する。これまで、利益剰余金は、利益準備金、任意積立金及び当期未処分利益（又は当期未処理損失）に区分されていた。これは、任意積立金と当期未処分利益を括るだけの区分を設ける実益に乏しいことなどの理由による。しかしながら、会計上は任意積立金の区分を設ける必然性はなく、また、会社法上も利益準備金、任意積立金及びその他の各項目が示されれば足りると解されることから、平成17年会計基準では、利益剰余金の区分を資本剰余金の区分と対称とすることとした。さらに、その他利益剰余金のうち、任意積立金のように、株主総会又は取締役会の決議に基づき設定される項目については、その内容を示す科目をもって表示し、それ以外については「繰越利益剰余金」として表示するものとした。後者は、今後、決算日後の利益処分としてではなく剰余金の配当を行うことができるようになることなどから、これまで利益処分の前後で使い分けられてきた「当期未処分利益」と「繰越利益」に代え、「繰越利益剰余金」と称したものである（第6項(2)参照）。

　なお、その他利益剰余金又は繰越利益剰余金の金額が負となる場合には、マイナス残高として表示することとなる。

36. 平成17年会計基準の公表前まで、個別損益計算書においては、前期繰越利益に当期純利益やその他当期に生じた利益剰余金の変動額（一定の目的のために設定した積立金のその目的に従った取崩額、中間配当額、中間配当に伴う利益準備金の積立額等）を加減して当期未処分利益が表示されてきた。これを受けて個別貸借対照表では「当期未処分利益」が表示され、決算日後の利益処分を経て、利益処分計算書において当期未処分利益から利益処分額を控除し「次期繰越利益」が示されていた。平成17年会計基準の適用時期と同時に導入される株主資本等変動計算書により、前期末のその他利益剰余金に当期純利益や配当額などの当期の変動額を加減して当期末のその他利益剰余金が示されることとなる。

37. なお、資本剰余金には、(1)株主からの払込資本を表す払込剰余金のほか、(2)贈与により発生する剰余金(資本的支出に充てた国庫補助金等)や、(3)資本修正により発生する剰余金(貨幣価値変動に伴う固定資産の評価替等）を含むとの考えがある。しかし、(2)については実際上ほとんど採用されていないと思われ、(3)は我が国の現行の制度上生ずる余地がない。したがって、これらの論点については、平成17年会計基準では検討の対象とはしていない。

37-2. 平成25年改正会計基準においても、第34項から第37項の考え方を踏襲している。

適用時期等

38. 平成17年会計基準の適用時期について、公開草案では、平成18年4月1日以後開始する事業年度から適用することを提案していた。しかし、その後、会社法の計算書類に関する規定が、当該施行日以後終了する事業年度から適用されることが明らかとなったため、平成17年会計基準では一律に、会社法施行日以後終了する中間連結会計期間及び中間会計期間に係る中間連結財務諸表及び中間財務諸表並びに連結会計年度及び事業年度に係る連結財務諸表及び財務諸表から適用するものとした。

　なお、会社法施行日以後終了する連結会計年度及び事業年度に係る連結財務諸表及び財務諸表から適用した場合でも、これは平成17年会計基準及び会社法の定めに基づくものであって、中間期において複数の会計処理が認められている中から選択適用する場合ではないため、いわ

ゆる中間・年度の首尾一貫性が保持されていない場合には該当しないものと考えられる。

39. 平成17年会計基準の適用初年度においては、期間比較を容易にするように、これまでの資本の部の合計に相当する金額を注記することが適当である。なお、適用初年度においては、会計基準の変更に伴う会計方針の変更として取り扱うことに留意する。

2021年改正会計基準の公表による他の会計基準等についての修正

40. 2021年改正会計基準により、当委員会が公表した会計基準等については、次の修正を行う（下線は追加部分、取消線は削除部分を示す。）。

企業会計基準適用指針第9号「株主資本等変動計算書に関する会計基準の適用指針」第3項

（略）

以　上

企業会計基準第6号

株主資本等変動計算書に関する会計基準

平成17年12月27日
改正平成22年6月30日
最終改正平成25年9月13日
企業会計基準委員会

本会計基準は、2022年10月28日までに公表された次の会計基準等による修正が反映されている。

・「企業会計基準第21号「企業結合に関する会計基準」に関連する他の会計基準等の訂正について」（2014年（平成26年）11月18日公表）
・企業会計基準第24号「会計方針の開示、会計上の変更及び誤謬の訂正に関する会計基準」（2020年3月31日改正）
・企業会計基準第25号「包括利益の表示に関する会計基準」（2022年10月28日改正）

目 次

目 的

1．本会計基準は、連結株主資本等変動計算書及び個別株主資本等変動計算書(以下合わせて「株主資本等変動計算書」という。)の表示区分及び表示方法等を定めることを目的とする。株主資本等変動計算書は、貸借対照表の純資産の部の一会計期間における変動額のうち、主として、株主（連結上は親会社株主）に帰属する部分である株主資本の各項目の変動事由を報告するために作成するものである。

本会計基準の適用にあたり、既存の会計基準と異なる取扱いを定めているものについては、本会計基準の取扱いを優先する。

2．本会計基準の適用にあたっては、企業会計基準適用指針第9号「株主資本等変動計算書に関する会計基準の適用指針」も参照する必要がある。

会計基準

範 囲

3．本会計基準は、株主資本等変動計算書を作成することとなるすべての会社に適用する。

表示区分

4．株主資本等変動計算書の表示区分は、企業会計基準第5号「貸借対照表の純資産の部の表示に関する会計基準」（以下「純資産会計基準」という。）に定める貸借対照表の純資産の部の表示区分に従う。

表示方法

5．株主資本等変動計算書に表示される各項目の当期首残高及び当期末残高は、前期及び当期の貸借対照表の純資産の部における各項目の期末残高と整合したものでなければならない。

なお、企業会計基準第24号「会計方針の開示、会計上の変更及び誤謬の訂正に関する会計基準」（以下「企業会計基準第24号」という。）に従って遡及処理を行った場合には、表示期間のうち最も古い期間の株主資本等変動計算書の期

首残高に対する、表示期間より前の期間の累積的影響額を区分表示するとともに、遡及処理後の期首残高を記載する。

5-2. 会計基準等における特定の経過的な取扱いとして、会計方針の変更による影響額を適用初年度の期首残高に加減することが定められている場合には、第5項なお書きに準じて、期首残高に対する影響額を区分表示するとともに、当該影響額の反映後の期首残高を記載する。

5-3. 企業会計基準第21号「企業結合に関する会計基準」(以下「企業結合会計基準」という。)に従って暫定的な会計処理の確定が企業結合年度の翌年度に行われ、当該年度の株主資本等変動計算書のみの表示が行われる場合には、第5項なお書きに準じて、期首残高に対する影響額を区分表示するとともに、当該影響額の反映後の期首残高を記載する。

株主資本の各項目

6. 貸借対照表の純資産の部における株主資本の各項目は、当期首残高、当期変動額及び当期末残高に区分し、当期変動額は変動事由ごとにその金額を表示する。

7. 連結損益計算書の親会社株主に帰属する当期純利益(又は親会社株主に帰属する当期純損失)は、連結株主資本等変動計算書において利益剰余金の変動事由として表示する。また、個別損益計算書の当期純利益(又は当期純損失)は、個別株主資本等変動計算書においてその他利益剰余金又はその内訳科目である繰越利益剰余金の変動事由として表示する。

株主資本以外の各項目

8. 貸借対照表の純資産の部における株主資本以外の各項目は、当期首残高、当期変動額及び当期末残高に区分し、当期変動額は純額で表示する。ただし、当期変動額について主な変動事由ごとにその金額を表示(注記による開示を含む。)することができる。

注記事項

9. 株主資本等変動計算書には、次に掲げる事項を注記する。

(1) 連結株主資本等変動計算書の注記事項

① 発行済株式の種類及び総数に関する事項

② 自己株式の種類及び株式数に関する事項

③ 新株予約権及び自己新株予約権に関する事項

④ 配当に関する事項

(2) 個別株主資本等変動計算書の注記事項

自己株式の種類及び株式数に関する事項

なお、個別株主資本等変動計算書には、上記の事項に加え、(1)①、③及び④に準ずる事項を注記することを妨げない。

また、連結財務諸表を作成しない会社においては、(2)の事項に代えて、(1)に準ずる事項を個別株主資本等変動計算書に注記する。

中間株主資本等変動計算書

10. 中間連結株主資本等変動計算書及び中間個別株主資本等変動計算書(以下合わせて「中間株主資本等変動計算書」という。)は、株主資本等変動計算書に準じて作成する。

適用時期等

11. 株主資本等変動計算書は、会社法(平成17年法律第86号)施行日以後終了する連結会計年度及び事業年度から作成する。また、中間株主資本等変動計算書は、会社法施行日以後終了する中間連結会計期間及び中間会計期間から作成する。

12. 平成17年に公表された本会計基準(以下「平成17年会計基準」という。)の適用に伴い、個別損益計算書の末尾は当期純利益(又は当期純損失)、中間個別損益計算書の末尾は中間純利益(又は中間純損失)とし、また、連結剰余金計算書及び中間連結剰余金計算書は廃止する。

13. 平成17年会計基準の適用初年度における株主資本等変動計算書の前期末残高の記載は、前期末の貸借対照表において該当する各項目の残高を記載する。この際、「繰越利益剰余金」の前

期末残高は「当期未処分利益（又は当期未処理損失）」の残高を記載する。

なお、「繰延ヘッジ損益」（これらに関する、当期までの期間に課税された、法人税その他利益に関連する金額を課税標準とする税金及び税効果を調整後の金額）については、当期末の貸借対照表に計上された額を当期変動額及び当期末残高の欄に記載する。

13-2. 平成22年改正の本会計基準（以下「平成22年改正会計基準」という。）は、平成23年4月1日以後開始する連結会計年度及び事業年度から適用する。

13-3. 平成25年改正の本会計基準（以下「平成25年改正会計基準」という。）第5-2項及び第5-3項の適用時期は、平成25年に改正された企業結合会計基準（以下「平成25年企業結合会計基準」という。）及び平成25年に改正された企業会計基準第22号「連結財務諸表に関する会計基準」（以下「平成25年連結会計基準」という。）の適用時期と同様とする。

13-4. 平成25年改正会計基準第7項は、平成25年連結会計基準の表示方法に係る事項が適用された連結会計年度から適用する。

議 決

14. 本会計基準は、第94回企業会計基準委員会に出席した委員12名全員の賛成により承認された。

15. 第94回企業会計基準委員会に出席した委員は、以下のとおりである。

（略）

15-2. 平成22年改正会計基準は、第204回企業会計基準委員会に出席した委員9名全員の賛成により承認された。なお、出席した委員は以下のとおりである。

（略）

15-3. 平成25年改正会計基準は、第272回企業会計基準委員会に出席した委員13名全員の賛成により承認された。なお、出席した委員は、以下のとおりである。

（略）

結論の背景

検討の経緯

16. これまで、個別財務諸表においては、当期未処分利益の計算が個別損益計算書の末尾で表示され、株主総会における利益処分（又は損失処理）の結果を受けて、利益処分計算書（又は損失処理計算書）が開示されてきた。

連結財務諸表においては、資本剰余金及び利益剰余金の変動を表すものとして連結剰余金計算書が開示されてきた。

17. テーマ協議会からの提言書（平成13年11月12日）において、近年の会計基準の新設又は改正により、資本の部に直接計上される項目（その他有価証券評価差額金、為替換算調整勘定等）が増えていること、また、商法改正により、自己株式の取得、処分及び消却等、資本の部の変動要因が増加していることなどから、ディスクロージャーの透明性確保のため、株主の持分の変動に関する開示制度の導入が望まれるとされており、このような計算書については、当委員会で取り上げるべき検討課題とされた。

さらに、国際的な会計基準では、「株主持分変動計算書」が財務諸表の1つとして位置付けられている。

18. こうした中、平成17年7月26日に公布された会社法では、すべての株式会社は、貸借対照表及び損益計算書に加え、株主資本等変動計算書を作成しなければならないこととされた。これは、会社法において、株式会社は、株主総会又は取締役会の決議により、剰余金の配当をいつでも決定でき、また、株主資本の計数をいつでも変動させることができることとされたため、貸借対照表及び損益計算書だけでは、資本金、準備金及び剰余金の数値の連続性を把握することが困難となるためである。

19. このような状況を考慮し、当委員会では、これらの問題に対する審議を行い、平成17年8月に企業会計基準公開草案第8号「連結株主資本等変動計算書等に関する会計基準（案）」を公表し、広く各界の意見を求めた。当委員会では、

寄せられた意見も参考にしてさらに審議を行い、公開草案の内容を一部修正して、平成17年会計基準を公表した。

19-2．また、平成22年改正会計基準は、企業会計基準第24号により、遡及処理における累積的影響額を期首残高に反映する取扱いが定められたことを踏まえて、改正を行った。

19-3．平成25年改正会計基準は、平成25年連結会計基準において、従来の当期純利益は親会社株主に帰属する当期純利益としたこと及び平成25年企業結合会計基準等の適用にあたって、過去の期間のすべてに新たな会計方針を遡及適用した場合の、適用初年度の期首時点の累積的影響額を適用初年度の期首の資本剰余金及び利益剰余金に加減する経過的な取扱いを定めたことに伴い、所要の改正を行ったものである（第5-2項及び第7項参照）。

また、平成25年企業結合会計基準において、暫定的な会計処理の確定の処理を改正したことに伴い、暫定的な会計処理の確定が企業結合年度の翌年度に行われ、当該年度の株主資本等変動計算書のみの表示が行われる場合の取扱いについても所要の改正を行ったものである（第5-3項参照）。

表示区分及び表示方法

20．株主資本等変動計算書に記載すべき項目の範囲については、主として、次の2つの考え方がある。

(1) 純資産の部のすべての項目とする考え方

(2) 純資産の部のうち、株主資本のみとする考え方

(1)は、資産と負債の差額である純資産について、国際的な会計基準では、株主資本以外の項目についても、一会計期間の変動を開示する考え方であるため、新たな会計基準を開発する場合には、国際的な会計基準との調和を重視すべきとの考えを主な論拠とする。また、評価・換算差額等の残高が大きい場合には、その変動が将来の株主資本の変動に大きな影響を与える可能性があり、その変動事由を示すことも財務諸表利用者にとって有用な場合があるとの意見がある。

一方、(2)は、財務報告における情報開示の中で、財務諸表利用者にとって特に重要な情報は投資の成果を表す利益の情報であり、当該情報の主要な利用者であり受益者である株主に対して、当期純利益とこれを生み出す株主資本との関係を示すことが重要であるとの考えを主な論拠とする。

この他、(2)を支持する意見としては、会社法の下で必要となる開示項目は株主資本の各項目で足りると解されること、現時点では、いわゆる包括利益は当期純利益を超える有用性が確認されていないといわれることから、評価・換算差額等については変動事由ごとに表示することが必ずしも必要とはいえないこと、親会社説に基づく報告主体の所有者への情報提供を一義的なものと考えれば、新株予約権者や少数株主との取引を変動事由ごとに開示する重要性は相対的に低いと考えられること、さらに、以上の考えの中で、現行の連結剰余金計算書等と大きく異なる財務諸表の作成を企業に要請することに対する事務負担への懸念などが挙げられる。

21．平成17年会計基準では、このような考え方を踏まえ、開示項目の範囲については、国際的調和等の観点から純資産の部のすべての項目とするものの、株主資本とそれ以外の項目とでは一会計期間における変動事由ごとの金額に関する情報の有用性が異なること、及び株主資本以外の各項目を変動事由ごとに表示することに対する事務負担の増大などを考慮し、表示方法に差異を設けることとした。具体的には、株主資本の各項目については、変動事由ごとにその金額を表示することとし、株主資本以外の各項目は、原則として、当期変動額を純額で表示することとした。

ただし、これは純資産の部における株主資本以外の各項目について変動事由ごとにその金額を表示することを妨げる趣旨ではないため、重要性等を勘案の上、株主資本以外の各項目についても主な変動事由及びその金額を株主資本等

変動計算書に表示（注記による開示を含む。）することができることとした（第8項ただし書き参照）。

平成25年連結会計基準などを踏まえて見直された平成25年改正会計基準においても、従来の考え方を引き継いでいる。

22. 計算書の名称については、純資産の部のすべての項目を開示対象としているため「純資産変動計算書」という名称も検討したが、本計算書は、主として、株主資本の各項目の変動を示すものとしていることから「株主資本等変動計算書」とした。なお、「株主持分変動計算書」という名称も検討したが、貸借対照表の純資産の部の表示区分と異なるため採用していない。

この結果、連結財務諸表における名称は「連結株主資本等変動計算書」、個別財務諸表における名称は「株主資本等変動計算書」となる。

なお、本会計基準において個別財務諸表における株主資本等変動計算書にのみ言及する場合には、対象となる計算書を明確にするため、個別株主資本等変動計算書と表記している（第1項参照）。

23. 株主資本等変動計算書の表示区分は、貸借対照表の純資産の部の表示区分に従うこととし（第4項参照）、各項目の残高について、貸借対照表の純資産の部における各項目の残高との整合を定めた（第5項参照）。また、連結損益計算書の親会社株主に帰属する当期純利益を利益剰余金の変動事由として、個別損益計算書の当期純利益をその他利益剰余金又はその内訳科目である繰越利益剰余金の変動事由として、それぞれ表示することとした（第7項参照）。これは、株主資本等変動計算書が財務諸表の1つであり、財務諸表間での開示項目及び金額の整合が必要であるためである。

注記事項

24. 株主資本等変動計算書の注記事項については、株主資本に関して、他の会計基準で求めている注記事項に加え、国際的な会計基準で求められている注記事項にも配慮して定めている。

他の会計基準で求めている注記事項については、平成17年12月の改正前の企業会計基準第1号「自己株式及び法定準備金の取崩等に関する会計基準」（平成17年12月に「自己株式及び準備金の額の減少等に関する会計基準」として改正されている。）において注記事項とされていた期末における発行済株式の種類及び総数、期末に保有する自己株式の種類及び株式数を株主資本等変動計算書の注記事項として統合することとした。さらに、企業会計基準第8号「ストック・オプション等に関する会計基準」における注記事項との整合性も考慮して、新株予約権及び自己新株予約権に関する事項を連結株主資本等変動計算書の注記事項とした。

また、国際的な会計基準では、上記以外に配当に関する事項の注記が求められていること及び配当情報の重要性を勘案し、当該事項を注記することとした。

なお、現在の情報開示の中心が連結財務諸表であることから、注記事項は、原則として、連結株主資本等変動計算書に記載することとし、連結株主資本等変動計算書と個別株主資本等変動計算書の注記内容が異なる自己株式の種類及び株式数に関する事項については、個別株主資本等変動計算書にも記載することとした。

中間株主資本等変動計算書

25. 中間会計期間においても、他の中間財務諸表と同様に、中間株主資本等変動計算書を作成することとし、その作成方法は、株主資本等変動計算書に準ずることが適当と考えた。

適用時期等

26. 平成17年会計基準は、純資産会計基準の定めによる貸借対照表の純資産の部の表示区分を前提とするとともに、会社法施行日を考慮していることから、株主資本等変動計算書は会社法施行日以後終了する連結会計年度及び事業年度から作成するものとした。

なお、会社法施行日以後終了する連結会計年度及び事業年度から株主資本等変動計算書を作

成した場合でも、いわゆる中間・年度の首尾一貫性が保持されていない場合に該当しないものと考えられる。これは、会社法施行日前に終了する中間連結会計期間及び中間会計期間においては、中間株主資本等変動計算書に関する制度自体が存在していないこと、また、連結会計年度及び事業年度から株主資本等変動計算書を作成するのは、平成17年会計基準及び会社法の定めによるものであるからである。

27. 中間株主資本等変動計算書についても、会社法施行日以後終了する中間連結会計期間及び中間会計期間から作成することとした。これは、純資産会計基準の適用時期にあわせることが適当と考えられるためである。

28. これまで当期未処分利益（又は当期未処理損失）は、個別損益計算書の末尾において、当期純利益（又は当期純損失）に前期繰越利益（又は前期繰越損失）等を加減して計算されてきた。これらは、個別株主資本等変動計算書において表示されることになるため、平成17年会計基準を適用し個別株主資本等変動計算書を作成するときから、個別損益計算書の末尾は当期純利益（又は当期純損失）となる。なお、中間個別損益計算書についても同様である。

また、連結剰余金計算書で示される剰余金の増減は、連結株主資本等変動計算書に包含されるため、平成17年会計基準を適用して連結株主資本等変動計算書を作成するときから、連結剰余金計算書は廃止することになる。なお、中間連結剰余金計算書についても同様である。

以　上

企業会計基準第7号

事業分離等に関する会計基準

平成17年12月27日
改正平成20年12月26日
最終改正平成25年9月13日
企業会計基準委員会

本会計基準は、平成31年1月16日までに公表された次の会計基準等による修正が反映されている。

・「企業会計基準第21号「企業結合に関する会計基準」に関連する他の会計基準等の訂正について」（平成26年11月18日公表）
・企業会計基準適用指針第10号「企業結合会計基準及び事業分離等会計基準に関する適用指針」（平成31年1月16日改正）

目　次

目　的

1．企業会計基準第21号「企業結合に関する会計基準」（以下「企業結合会計基準」という。）では、企業結合に該当する取引を対象とし、結合企業を中心に結合当事企業の会計処理を定めている。これを受けて本会計基準では、会社分割や事業譲渡などの場合における事業を分離する企業（分離元企業）の会計処理（移転損益を認識するかどうか。第10項参照）や、合併や株式交換などの企業結合における結合当事企業の株主に係る会計処理（交換損益を認識するかどうか。第32項参照）などを定めることを目的とする。

2．本会計基準の適用にあたっては、企業会計基準適用指針第10号「企業結合及び事業分離等に関する会計基準の適用指針」も参照する必要がある。

会計基準

用語の定義

2-2．「企業」とは、会社及び会社に準ずる事業体をいい、会社、組合その他これらに準ずる事業体（外国におけるこれらに相当するものを含む。）を指す。

3．「事業」とは、企業活動を行うために組織化され、有機的一体として機能する経営資源をいう。

4．「事業分離」とは、ある企業を構成する事業を他の企業（新設される企業を含む。）に移転することをいう。なお、複数の取引が1つの事業分離を構成している場合には、それらを一体として取り扱う。

5．「分離元企業」とは、事業分離において、当該企業を構成する事業を移転する企業をいう。

6．「分離先企業」とは、事業分離において、分離元企業からその事業を受け入れる企業（新設される企業を含む。）をいう。

7．「結合当事企業」とは、企業結合に係る企業をいい、このうち、他の企業又は他の企業を構成する事業を受け入れて対価（現金等の財産や自社の株式）を支払う企業を「結合企業」、当該他の企業を「被結合企業」という。また、企業結合によって統合された1つの報告単位となる企業を「結合後企業」という。

8．「事業分離日」とは、分離元企業の事業が分離先企業に移転されるべき日をいい、通常、事業分離を定める契約書等に記載され、会社分割の場合は分割期日、事業譲渡の場合は譲渡日となる。また、事業分離日の属する事業年度を「事業分離年度」という。

範　囲

9．本会計基準は、以下の会計処理を定める。

(1) 事業分離における分離元企業の会計処理

(2) 資産を移転し移転先の企業の株式を受け取る場合（事業分離に該当する場合を除く。）の移転元の企業の会計処理

(3) 共同支配企業の形成及び共通支配下の取引以外の企業結合における結合当事企業の株主（被結合企業又は結合企業の株主）に係る会計処理

なお、分離元企業（分割会社）がある事業を分離先企業（承継会社又は新設会社）に移転し、移転に係る対価である当該承継会社又は新設会社の株式を事業分離日（分割期日）に直接、分割会社の株主に交付していると考えられる吸収分割又は新設分割（いわゆる「分割型の会社分割」）における当該分割会社の株主に係る会計処理も定める（第49項から第51項参照）。

また、株主が現金以外の財産（ただし、分割型の会社分割による新設会社又は承継会社の株式を除く。以下同じ。）の分配を受けた場合も、企業結合に該当しないが、本会計基準では、当該株主の会計処理も定めている（第52項参照）。

分離元企業の会計処理

10．分離元企業は、事業分離日に、次のように会計処理する。

(1) 移転した事業に関する投資が清算されたとみる場合には、その事業を分離先企業に移転

したことにより受け取った対価となる財の時
価と、移転した事業に係る株主資本相当額（移
転した事業に係る資産及び負債の移転直前の
適正な帳簿価額による差額から、当該事業に
係る評価・換算差額等及び新株予約権を控除
した額をいう。以下同じ。）との差額を移転
損益として認識するとともに、改めて当該受
取対価の時価にて投資を行ったものとする。

　現金など、移転した事業と明らかに異なる
資産を対価として受け取る場合には、投資が
清算されたとみなされる（第14項から第16項
及び第23項参照）。ただし、事業分離後にお
いても、分離元企業の継続的関与（分離元企
業が、移転した事業又は分離先企業に対して、
事業分離後も引き続き関与すること）があり、
それが重要であることによって、移転した事
業に係る成果の変動性を従来と同様に負って
いる場合には、投資が清算されたとみなされ
ず、移転損益は認識されない。

(2)　移転した事業に関する投資がそのまま継続
しているとみる場合、移転損益を認識せず、
その事業を分離先企業に移転したことにより
受け取る資産の取得原価は、移転した事業に
係る株主資本相当額に基づいて算定するもの
とする。

　子会社株式や関連会社株式となる分離先企
業の株式のみを対価として受け取る場合には、
当該株式を通じて、移転した事業に関する事
業投資を引き続き行っていると考えられるこ
とから、当該事業に関する投資が継続してい
るとみなされる（第17項から第22項参照）。

　いずれの場合においても、分離元企業におい
て、事業分離により移転した事業に係る資産及
び負債の帳簿価額は、事業分離日の前日におい
て一般に公正妥当と認められる企業会計の基準
に準拠した適正な帳簿価額のうち、移転する事
業に係る金額を合理的に区分して算定する。

11.　事業分離に要した支出額は、発生時の事業年
度の費用として処理する。

12.　移転損益を認識する場合の受取対価となる財
の時価は、受取対価が現金以外の資産等の場合

には、受取対価となる財の時価と移転した事業
の時価のうち、より高い信頼性をもって測定可
能な時価で算定する。

13.　市場価格のある分離先企業の株式が受取対価
とされる場合には、受取対価となる財の時価は、
事業分離日の株価を基礎にして算定する。

受取対価が現金等の財産のみである場合の分離元企業の会計処理

子会社を分離先企業として行われた事業分離の場合

14.　現金等の財産のみを受取対価とする事業分離
において、子会社へ事業分離する場合、分離元
企業（親会社）は次の処理を行う。

(1)　個別財務諸表上、共通支配下の取引として、
分離元企業が受け取った現金等の財産は、移
転前に付された適正な帳簿価額により計上す
る。この結果、当該価額と移転した事業に係
る株主資本相当額との差額は、原則として、
移転損益として認識する。

(2)　連結財務諸表上、移転損益は、企業会計基
準第22号「連結財務諸表に関する会計基準」
（以下「連結会計基準」という。）における未
実現損益の消去に準じて処理する。

関連会社を分離先企業として行われた事業分離の場合

15.　現金等の財産のみを受取対価とする事業分離
において、関連会社へ事業分離する場合、分離
元企業は次の処理を行う。

(1)　個別財務諸表上、分離元企業が受け取った
現金等の財産は、原則として、時価により計
上する。この結果、当該時価と移転した事業
に係る株主資本相当額との差額は、原則とし
て、移転損益として認識する。

(2)　連結財務諸表上、移転損益は、企業会計基
準第16号「持分法に関する会計基準」（以下「持
分法会計基準」という。）における未実現損
益の消去に準じて処理する。

子会社や関連会社以外を分離先企業として行われた事業分離の場合

16.　現金等の財産のみを受取対価とする事業分離
において、子会社や関連会社以外へ事業分離す
る場合、分離元企業が受け取った現金等の財産

は、原則として、時価により計上し、移転した事業に係る株主資本相当額との差額は、原則として、移転損益として認識する。

受取対価が分離先企業の株式のみである場合の分離元企業の会計処理

分離先企業が子会社となる場合

17. 事業分離前に分離元企業は分離先企業の株式を有していないが、事業分離により分離先企業が新たに分離元企業の子会社となる場合、分離元企業（親会社）は次の処理を行う。

(1) 個別財務諸表上、移転損益は認識せず、当該分離元企業が受け取った分離先企業の株式（子会社株式）の取得原価は、移転した事業に係る株主資本相当額に基づいて算定する。

(2) 連結財務諸表上、分離元企業（親会社）の事業が移転されたとみなされる額と、移転した事業に係る分離元企業（親会社）の持分の減少額との間に生じる差額については、資本剰余金とする。

なお、分離元企業は、分離先企業を取得することとなるため、分離元企業の連結財務諸表上、パーチェス法を適用する。

18. 事業分離前に分離元企業は分離先企業の株式を有しその他有価証券（売買目的有価証券の場合を含む。以下同じ。）又は関連会社株式としており、事業分離により分離先企業が新たに分離元企業の子会社となる場合、分離元企業（親会社）は次の処理を行う。

(1) 個別財務諸表上、前項(1)と同様に、移転損益は認識せず、当該分離元企業が追加的に受け取った分離先企業の株式の取得原価は、移転した事業に係る株主資本相当額に基づいて算定する。

(2) 連結財務諸表上、分離元企業（親会社）の事業が移転されたとみなされる額と、移転した事業に係る分離元企業（親会社）の持分の減少額との間に生じる差額については、資本剰余金とする。

なお、分離元企業の連結財務諸表上、分離先企業を被取得企業としてパーチェス法を適

用する際、分離先企業に対して投資したとみなされる額は、分離元企業が追加的に受け取った分離先企業の株式の取得原価（(1)参照）と事業分離前に有していた分離先企業の株式の支配獲得時（事業分離日）の時価との合計額とし、当該時価と、その適正な帳簿価額との差額（その他有価証券としていた場合）又はその持分法評価額との差額（関連会社株式としていた場合）は、当期の段階取得に係る損益として処理する。また、当該投資したとみなされる額と、これに対応する分離先企業の事業分離直前の資本との差額をのれん（又は負ののれん）とする。

19. 事業分離前に分離元企業は分離先企業の株式を有し子会社株式としており、事業分離により分離先企業の株式（子会社株式）を追加取得した場合、分離元企業（親会社）は次の処理を行う。

(1) 個別財務諸表上、第17項(1)と同様に、移転損益は認識せず、当該分離元企業が追加取得した分離先企業の株式（子会社株式）の取得原価は、移転した事業に係る株主資本相当額に基づいて算定する。

(2) 連結財務諸表上、追加取得により、子会社に係る分離元企業（親会社）の持分の増加額（追加取得持分）と、移転した事業に係る分離元企業（親会社）の持分の減少額との間に生じる差額は、資本剰余金とする。

分離先企業が関連会社となる場合

20. 事業分離前に分離元企業は分離先企業の株式を有していないが、事業分離により分離先企業が新たに分離元企業の関連会社となる場合（共同支配企業の形成の場合は含まれない。次項及び第22項において同じ。）、分離元企業は次の処理を行う。

(1) 個別財務諸表上、移転損益は認識せず、当該分離元企業が受け取った分離先企業の株式（関連会社株式）の取得原価は、移転した事業に係る株主資本相当額に基づいて算定する。

(2) 連結財務諸表上、持分法適用において、関連会社に係る分離元企業の持分の増加額と、

移転した事業に係る分離元企業の持分の減少
額との間に生じる差額は、次のように処理す
る。

① 分離先企業に対して投資したとみなされ
る額と、これに対応する分離先企業の事業
分離直前の資本（関連会社に係る分離元企
業の持分の増加額）との間に生じる差額に
ついては、のれん（又は負ののれん）とし
て処理する。

② 分離元企業の事業が移転されたとみなさ
れる額と、移転した事業に係る分離元企業
の持分の減少額との間に生じる差額につい
ては、持分変動差額として取り扱う。

ただし、①と②のいずれかの金額に重要性
が乏しいと考えられる場合には、重要性のあ
る他の金額に含めて処理することができる
（次項及び第22項において同じ。）。

21. 事業分離前に分離元企業は分離先企業の株式
を有しその他有価証券としており、事業分離に
より分離先企業が新たに分離元企業の関連会社
となる場合、分離元企業は次の処理を行う。

(1) 個別財務諸表上、前項(1)と同様に、移転損
益は認識せず、当該分離元企業が追加取得し
た分離先企業の株式の取得原価は、移転した
事業に係る株主資本相当額に基づいて算定す
る。

(2) 連結財務諸表上、持分法適用において、次
のようにのれん（又は負ののれん）と持分変
動差額を処理する。

① 分離先企業の株式を受け取った取引ごと
に分離先企業に対して投資したとみなされ
る額の合計と、その取引ごとに対応する分
離先企業の資本の合計との間に生じる差額
については、のれん（又は負ののれん）と
して処理する。

② 分離元企業の事業が移転されたとみなさ
れる額と、移転した事業に係る分離元企業
の持分の減少額との間に生じる差額につい
ては、持分変動差額として取り扱う。

22. 事業分離前に分離元企業は分離先企業の株式
を有し関連会社株式としており、事業分離によ

り分離先企業の株式（関連会社株式）を追加取
得した場合、分離元企業は次の処理を行う。

(1) 個別財務諸表上、第20項(1)と同様に、移転
損益は認識せず、当該分離元企業が追加取得
した分離先企業の株式（関連会社株式）の取
得原価は、移転した事業に係る株主資本相当
額に基づいて算定する。

(2) 連結財務諸表上、持分法適用において、追
加取得により、関連会社に係る分離元企業の
持分の増加額（追加取得持分）と、移転した
事業に係る分離元企業の持分の減少額との間
に生じる差額は、次のように処理する。

① 分離先企業に対して追加投資したとみな
される額と、これに対応する分離先企業の
事業分離直前の資本（追加取得持分）との
間に生じる差額については、のれん（又は
負ののれん）として処理する。

② 分離元企業の事業が移転されたとみなさ
れる額と、移転した事業に係る分離元企業
の持分の減少額との間に生じる差額につい
ては、持分変動差額として取り扱う。

分離先企業が子会社や関連会社以外となる場合

23. 分離先企業の株式のみを受取対価とする事業
分離により分離先企業が子会社や関連会社以外
となる場合（共同支配企業の形成の場合を除
く。）、分離元企業の個別財務諸表上、原則とし
て、移転損益が認識される。また、分離先企業
の株式の取得原価は、移転した事業に係る時価
又は当該分離先企業の株式の時価のうち、より
高い信頼性をもって測定可能な時価に基づいて
算定される。

**受取対価が現金等の財産と分離先企業の株式で
ある場合の分離元企業の会計処理**

分離先企業が子会社となる場合

24. 現金等の財産と分離先企業の株式を受取対価
とする事業分離において、分離先企業が子会社
となる場合や子会社へ事業分離する場合、分離
元企業は次の処理を行う。

(1) 個別財務諸表上、共通支配下の取引又はこ
れに準ずる取引として、分離元企業が受け

取った現金等の財産は、移転前に付された適正な帳簿価額により計上する。この結果、当該価額が移転した事業に係る株主資本相当額を上回る場合には、原則として、当該差額を移転利益として認識（受け取った分離先企業の株式の取得原価はゼロとする。）し、下回る場合には、当該差額を受け取った分離先企業の株式の取得原価とする。

(2) 連結財務諸表上、移転利益は、連結会計基準における未実現損益の消去に準じて処理する。また、子会社に係る分離元企業の持分の増加額と、移転した事業に係る分離元企業の持分の減少額との間に生じる差額は、第17項から第19項に準じ、資本剰余金とする。

なお、事業分離前に分離先企業の株式をその他有価証券又は関連会社株式として保有していた場合には、当該分離先企業の株式は、事業分離日における時価をもって受け取った分離先企業の株式の取得原価に加算し、その時価と適正な帳簿価額との差額は当期の段階取得に係る損益として認識する。

分離先企業が関連会社となる場合

25. 現金等の財産と分離先企業の株式を受取対価とする事業分離において、分離先企業が関連会社となる場合や関連会社へ事業分離する場合、分離元企業は次の処理を行う。

(1) 個別財務諸表上、分離元企業で受け取った現金等の財産は、原則として、時価により計上する。この結果、当該時価が移転した事業に係る株主資本相当額を上回る場合には、原則として、当該差額を移転利益として認識（受け取った分離先企業の株式の取得原価はゼロとする。）し、下回る場合には、当該差額を受け取った分離先企業の株式の取得原価とする。

(2) 連結財務諸表上、移転利益は、持分法会計基準における未実現損益の消去に準じて処理する。また、関連会社に係る分離元企業の持分の増加額と、移転した事業に係る分離元企業の持分の減少額との間に生じる差額は、第20項から第22項に準じ、原則として、のれん

（又は負ののれん）と持分変動差額に区分して処理する。

分離先企業が子会社や関連会社以外となる場合

26. 現金等の財産と分離先企業の株式を受取対価とする事業分離により、分離先企業が子会社や関連会社以外となる場合には、分離先企業の株式のみを受取対価とする場合における分離元企業の会計処理（第23項参照）に準じて行う。

開 示

損益計算書における表示

27. 移転損益は、原則として、特別損益に計上する。

注記事項

（事業分離の注記事項）

28. 事業分離年度において、共通支配下の取引や共同支配企業の形成に該当しない重要な事業分離を行った場合、分離元企業は次の事項を注記する。なお、個々の取引については重要性が乏しいが、事業分離年度における取引全体について重要性がある場合には、(1)及び(2)について、当該取引全体で注記する。また、連結財務諸表における注記と個別財務諸表における注記が同じとなる場合には、個別財務諸表においては、連結財務諸表に当該注記がある旨の記載をもって代えることができる。

(1) 事業分離の概要

分離先企業の名称、分離した事業の内容、事業分離を行った主な理由、事業分離日及び法的形式を含む取引の概要

(2) 実施した会計処理の概要（第18項(2)なお書き及び第24項(2)なお書きにより認識された損益の金額を含む。）

(3) セグメント情報の開示において、当該分離した事業が含まれていた区分の名称

(4) 当期の損益計算書に計上されている分離した事業に係る損益の概算額

(5) 分離先企業の株式を子会社株式又は関連会社株式として保有すること以外で分離元企業の継続的関与があるにもかかわらず、移転損益を認識した場合、当該継続的関与の主な概

要。ただし、軽微なものについては注記を省略することができる。

29.（削　除）

（重要な後発事象等の注記事項）

30. 分離元企業は、貸借対照表日後に完了した事業分離や貸借対照表日後に主要条件が合意された事業分離が、重要な後発事象に該当する場合には、第28項（ただし、貸借対照表日後に主要条件が合意された事業分離にあっては、(1)及び(3)に限る。）に準じて注記を行う。

また、当事業年度中に事業分離の主要条件が合意されたが、貸借対照表日までに事業分離が完了していない場合（ただし、重要な後発事象に該当する場合を除く。）についても、第28項(1)及び(3)に準じて注記を行う。

資産の現物出資等における移転元の企業の会計処理

31. 資産を移転し移転先の企業の株式を受け取る場合（事業分離に該当する場合を除く。）において、移転元の企業の会計処理は、事業分離における分離元企業の会計処理に準じて行う。

結合当事企業の株主に係る会計処理
被結合企業の株主に係る会計処理

32. 被結合企業の株主は、企業結合日に、次のように会計処理する。

(1) 被結合企業に関する投資が清算されたとみる場合には、被結合企業の株式と引き換えに受け取った対価となる財の時価と、被結合企業の株式に係る企業結合直前の適正な帳簿価額との差額を交換損益として認識するとともに、改めて当該受取対価の時価にて投資を行ったものとする。

現金など、被結合企業の株式と明らかに異なる資産を対価として受け取る場合には、投資が清算されたとみなされる（第35項から第37項及び第41項参照）。ただし、企業結合後においても、被結合企業の株主の継続的関与（被結合企業の株主が、結合後企業に対して、企業結合後も引き続き関与すること）があり、

それが重要であることによって、交換した株式に係る成果の変動性を従来と同様に負っている場合には、投資が清算されたとみなされず、交換損益は認識されない。

(2) 被結合企業に関する投資がそのまま継続しているとみる場合、交換損益を認識せず、被結合企業の株式と引き換えに受け取る資産の取得原価は、被結合企業の株式に係る適正な帳簿価額に基づいて算定するものとする。

被結合企業が子会社や関連会社の場合において、当該被結合企業の株主が、子会社株式や関連会社株式となる結合企業の株式のみを対価として受け取る場合には、当該引き換えられた結合企業の株式を通じて、被結合企業（子会社や関連会社）に関する事業投資を引き続き行っていると考えられることから、当該被結合企業に関する投資が継続しているとみなされる（第38項から第40項及び第42項から第44項参照）。

33. 交換損益を認識する場合の受取対価となる財の時価は、受取対価が現金以外の資産等の場合には、受取対価となる財の時価と引き換えた被結合企業の株式の時価のうち、より高い信頼性をもって測定可能な時価で算定する。

34. 市場価格のある結合企業の株式が受取対価とされる場合には、受取対価となる財の時価は、企業結合日の株価を基礎にして算定する。

受取対価が現金等の財産のみである場合の被結合企業の株主に係る会計処理
子会社を被結合企業とした企業結合の場合

35. 子会社を被結合企業とする企業結合により、子会社株式である被結合企業の株式が現金等の財産のみと引き換えられた場合、当該被結合企業の株主（親会社）に係る会計処理は、事業分離における分離元企業の会計処理（第14項から第16項参照）に準じて行う。

関連会社を被結合企業とした企業結合の場合

36. 関連会社を被結合企業とする企業結合により、関連会社株式である被結合企業の株式が現金等の財産のみと引き換えられた場合、被結合企業

の株主は次の処理を行う。

(1) 個別財務諸表上、被結合企業の株主が受け取った現金等の財産は、原則として、時価により計上する。この結果、当該時価と引き換えられた被結合企業の株式の適正な帳簿価額との差額は、原則として、交換損益として認識する。

(2) 被結合企業の株主の子会社又は他の関連会社を結合企業とする場合、連結財務諸表上、交換損益は、連結会計基準及び持分法会計基準における未実現損益の消去に準じて処理する。

子会社や関連会社以外の投資先を被結合企業とした企業結合の場合

37. 子会社や関連会社以外の投資先を被結合企業とする企業結合により、子会社株式や関連会社株式以外の被結合企業の株式が、現金等の財産のみと引き換えられた場合、被結合企業の株主は次の処理を行う。

(1) 個別財務諸表上、被結合企業の株主が受け取った現金等の財産は、原則として、時価により計上する。この結果、当該時価と引き換えられた被結合企業の株式の適正な帳簿価額との差額は、原則として、交換損益として認識する。

(2) 被結合企業の株主の子会社又は関連会社を結合企業とする場合、連結財務諸表上、交換損益は、連結会計基準及び持分法会計基準における未実現損益の消去に準じて処理する。

受取対価が結合企業の株式のみである場合の被結合企業の株主に係る会計処理

子会社を被結合企業とした企業結合の場合

（被結合企業の株主（親会社）の持分比率が減少する場合）

38. 子会社を被結合企業とする企業結合により、子会社株式である被結合企業の株式が結合企業の株式のみと引き換えられ、当該被結合企業の株主（親会社）の持分比率が減少する場合、当該被結合企業の株主（親会社）に係る会計処理は、事業分離における分離元企業の会計処理（第

17項から第23項参照）に準じて行う。

（被結合企業の株主（親会社）の持分比率が増加する場合）

39. 子会社を被結合企業とする企業結合により、子会社株式である被結合企業の株式が結合企業の株式のみと引き換えられ、企業結合前に、被結合企業の株主が被結合企業の株式（子会社株式）に加え結合企業の株式（子会社株式）も有していることから、当該被結合企業の株主としての持分比率が増加（結合企業の株主としての持分比率は減少）する場合、当該被結合企業の株主としての持分の増加については、追加取得に準じて処理し、当該結合企業の株主としての持分の減少については、第17項における分離元企業の会計処理に準じて行う。

関連会社を被結合企業とした企業結合の場合

（被結合企業の株主の持分比率が減少する場合）

40. 関連会社を被結合企業とする企業結合により、関連会社株式である被結合企業の株式が結合企業の株式のみと引き換えられ、当該被結合企業の株主の持分比率は減少するが、結合後企業が引き続き当該被結合企業の株主の関連会社である場合（関連会社株式から関連会社株式）、被結合企業の株主は次の処理を行う。

(1) 個別財務諸表上、交換損益は認識せず、結合後企業の株式（関連会社株式）の取得原価は、引き換えられた被結合企業の株式（関連会社株式）に係る企業結合直前の適正な帳簿価額に基づいて算定する。

(2) 連結財務諸表上、持分法適用において、関連会社となる結合後企業に係る被結合企業の株主の持分の増加額と、従来の被結合企業に係る被結合企業の株主の持分の減少額との間に生じる差額は、次のように処理する。

① 被結合企業に対する持分が交換されたとみなされる額と、これに対応する企業結合直前の結合企業の資本（関連会社となる結合後企業に係る被結合企業の株主の持分の増加額）との間に生じる差額については、のれん（又は負ののれん）として処理する。

② 被結合企業の株式が交換されたとみなさ

れる額と、従来の被結合企業に係る被結合
企業の株主の持分の減少額との間に生じる
差額については、持分変動差額として取り
扱う。

ただし、①と②のいずれかの金額に重要性
が乏しいと考えられる場合には、重要性のあ
る他の金額に含めて処理することができる。

41. 関連会社を被結合企業とする企業結合により、
関連会社株式である被結合企業の株式が結合企
業の株式のみと引き換えられ、当該被結合企業
の株主の持分比率が減少し、結合後企業が当該
被結合企業の株主の関連会社に該当しないこと
となる場合（関連会社株式からその他有価証
券）、被結合企業の株主は次の処理を行う。

(1) 個別財務諸表上、原則として、交換損益を
認識する。結合後企業の株式の取得原価は、
当該結合後企業の株式の時価又は被結合企業
の株式の時価のうち、より高い信頼性をもっ
て測定可能な時価に基づいて算定される。

(2) 連結財務諸表上、これまで関連会社として
いた被結合企業の株式は、個別貸借対照表上
の帳簿価額をもって評価する。

（被結合企業の株主の持分比率が増加する場合）

42. 関連会社を被結合企業とする企業結合により、
関連会社株式である被結合企業の株式が結合企
業の株式のみと引き換えられ、企業結合前に、
被結合企業の株主が被結合企業の株式（関連会
社株式）に加え結合企業の株式（子会社株式又
は関連会社株式）も有していることから、当該
被結合企業の株主としての持分比率が増加（結
合企業の株主としての持分比率は減少）する場
合、当該被結合企業の株主としての持分の増加
については、追加取得に準じて処理する。

また、当該結合企業の株主としての持分の減
少については、結合後企業が子会社となる場合
には、第17項における分離元企業の会計処理に
準じて行い、結合後企業が関連会社となる場合
には、子会社の時価発行増資等により支配を喪
失して関連会社になる場合における親会社の会
計処理又は関連会社の時価発行増資等における
投資会社の会計処理に準じて行う。

**子会社や関連会社以外の投資先を被結合企業とした
企業結合の場合**

**（結合後企業が子会社や関連会社以外の投資先となる
場合）**

43. 子会社や関連会社以外の投資先を被結合企業
とする企業結合により、子会社株式や関連会社
株式以外の被結合企業の株式が結合企業の株式
のみと引き換えられ、結合後企業が引き続き、
当該株主の子会社や関連会社に該当しない場合
（その他有価証券からその他有価証券）、被結
合企業の株主の個別財務諸表上、交換損益は認識
されず、結合後企業の株式の取得原価は、引き
換えられた被結合企業の株式に係る企業結合直
前の適正な帳簿価額に基づいて算定する。

（結合後企業が子会社や関連会社となる場合）

44. 子会社や関連会社以外の投資先を被結合企業
とする企業結合により、子会社株式や関連会社
株式以外の被結合企業の株式が結合企業の株式
のみと引き換えられ、企業結合前に、被結合企
業の株主が被結合企業の株式に加え結合企業の
株式（子会社株式又は関連会社株式）も有して
いることから、当該被結合企業の株主としての
持分比率が増加（結合企業の株主としての持分
比率は減少）し、結合後企業は当該株主の子会
社又は関連会社となる場合（その他有価証券か
ら子会社株式又は関連会社株式）、当該被結合
企業の株主としての持分の増加については、段
階取得に準じて処理する。

また、当該結合企業の株主としての持分の減
少については、結合後企業が子会社となる場合
には、第17項における分離元企業の会計処理に
準じて行い、結合後企業が関連会社となる場合
には、子会社の時価発行増資等により支配を喪
失して関連会社になる場合における親会社の会
計処理又は関連会社の時価発行増資等における
投資会社の会計処理に準じて行う。

**受取対価が現金等の財産と結合企業の株式である
場合の被結合企業の株主に係る会計処理**

子会社を被結合企業とした企業結合の場合

45. 子会社を被結合企業とする企業結合により、

子会社株式である被結合企業の株式が、現金等の財産と結合企業の株式とに引き換えられ、当該被結合企業の株主（親会社）の持分比率が減少する場合、当該被結合企業の株主（親会社）に係る会計処理は、事業分離における分離元企業の会計処理（第24項から第26項参照）に準じて行う。

なお、企業結合前に、被結合企業の株主が被結合企業の株式（子会社株式）に加え結合企業の株式（子会社株式）も有していることから、当該被結合企業の株主としての持分比率が増加（結合企業の株主としての持分比率は減少）する場合、第39項に準じて処理する。また、連結財務諸表上、交換利益は、連結会計基準における未実現損益の消去に準じて処理する。

関連会社を被結合企業とした企業結合の場合

46. 関連会社を被結合企業とする企業結合により、関連会社株式である被結合企業の株式が、現金等の財産と結合企業の株式とに引き換えられ、当該被結合企業の株主の持分比率は減少するが、結合後企業が引き続き当該被結合企業の株主の関連会社である場合（関連会社株式から関連会社株式）、被結合企業の株主は次の処理を行う。

(1) 個別財務諸表上、被結合企業の株主が受け取った現金等の財産は、原則として、時価により計上する。この結果、当該時価が引き換えられた被結合企業の株式に係る適正な帳簿価額を上回る場合には、原則として、当該差額を交換利益として認識（受け取った結合企業の株式の取得原価はゼロとする。）し、下回る場合には、当該差額を受け取った結合企業の株式の取得原価とする。

(2) 連結財務諸表上、持分法適用において、交換利益は、持分法会計基準における未実現損益の消去に準じて処理する。また、関連会社となる結合後企業に係る被結合企業の株主の持分の増加額と、従来の被結合企業に係る被結合企業の株主の持分の減少額との間に生じる差額は、第40項(2)に準じ、原則として、のれん（又は負ののれん）と持分変動差額に区分して処理する。

なお、企業結合前に、被結合企業の株主が被結合企業の株式（関連会社株式）に加え結合企業の株式（子会社株式又は関連会社株式）も有していることから、当該被結合企業の株主としての持分比率が増加（結合企業の株主としての持分比率は減少）する場合、第42項に準じて処理する。

また、結合後企業が子会社や関連会社に該当しないこととなる場合には、第36項及び第41項に準じて処理する。

子会社や関連会社以外の投資先を被結合企業とした企業結合の場合

47. 子会社や関連会社以外の投資先を被結合企業とする企業結合により、子会社株式や関連会社株式以外の被結合企業の株式が、現金等の財産と結合企業の株式とに引き換えられた場合、被結合企業の株主は、企業会計基準第10号「金融商品に関する会計基準」（以下「金融商品会計基準」という。）に準じて処理する。

なお、企業結合前に、被結合企業の株主が被結合企業の株式に加え結合企業の株式（子会社株式又は関連会社株式）も有していることから、当該被結合企業の株主としての持分比率が増加（結合企業の株主としての持分比率は減少）し、結合後企業は当該株主の子会社又は関連会社となる場合（その他有価証券から子会社株式又は関連会社株式）、第44項に準じて処理する。また、連結財務諸表上、交換損益は、連結会計基準及び持分法会計基準における未実現損益の消去に準じて処理する。

結合企業の株主に係る会計処理

48. 結合企業の株主は、次の処理を行う。

(1) 企業結合により結合企業の株主の持分比率が減少する場合

① 子会社を結合企業とする企業結合により、当該結合企業の株主の持分比率が減少する場合、子会社を被結合企業とする企業結合における被結合企業の株主の会計処理（第38項参照）に準じて処理する。また、関連会社を結合企業とする企業結合により、当

該結合企業の株主の持分比率が減少する場合、関連会社を被結合企業とする企業結合における被結合企業の株主の会計処理（第40項及び第41項参照）に準じて処理する（結合企業の株主が被結合企業の株式も有しており、結合後企業は当該株主の子会社又は関連会社となる場合については、第39項、第42項及び第44項参照）。

② 子会社や関連会社以外の投資先を結合企業とする企業結合により、当該結合企業の株主の持分比率が減少する場合（その他有価証券からその他有価証券）、結合企業の株主は何も会計処理しない。

(2) 企業結合により結合企業の株主の持分比率が増加する場合

① 企業結合前に、結合企業の株主が結合企業の株式に加え被結合企業の株式（子会社株式又は関連会社株式）も有していることから、当該結合企業の株主としての持分比率が増加（被結合企業の株主としての持分比率は減少）し、結合後企業は当該株主の子会社又は関連会社となる場合、有している被結合企業の株式が子会社株式であるときには第38項、有している被結合企業の株式が関連会社株式であるときには第40項による。

② 企業結合前に、結合企業の株主が結合企業の株式に加え被結合企業の株式（その他有価証券）も有していることから、当該結合企業の株主としての持分比率が増加（被結合企業の株主としての持分比率は減少）するが、結合後企業が引き続き子会社や関連会社以外の投資先である場合（その他有価証券からその他有価証券）、結合企業の株主は何も会計処理しない。

分割型の会社分割における分割会社の株主に係る会計処理
受取対価が新設会社又は承継会社の株式のみである場合の分割会社の株主に係る会計処理

49. 分割型の会社分割により分割会社の株主が新設会社又は承継会社の株式のみを受け取った場合、当該分割会社の株主は、これまで保有していた分割会社の株式の全部又は一部と実質的に引き換えられたものとみなして、被結合企業の株主に係る会計処理（第38項から第44項参照）に準じて処理する。

50. 前項（次項の場合を含む。）を適用するにあたっては、被結合企業の株主に係る会計処理における被結合企業の株式に係る企業結合直前の適正な帳簿価額に代えて、分割した部分に係る分割会社の株式の適正な帳簿価額を用いる。これは、分割直前の分割会社の株式の適正な帳簿価額のうち、引き換えられたものとみなされる部分を合理的な方法によって按分し算定する。

受取対価が現金等の財産と新設会社又は承継会社の株式である場合の分割会社の株主に係る会計処理

51. 分割型の会社分割により分割会社の株主が現金等の財産と新設会社又は承継会社の株式を受け取った場合、当該分割会社の株主は、これまで保有していた分割会社の株式の全部又は一部と実質的に引き換えられたものとみなして、被結合企業の株主に係る会計処理（第45項から第47項参照）に準じて処理する。

現金以外の財産の分配を受けた場合の株主に係る会計処理

52. 株主が現金以外の財産の分配を受けた場合、企業結合に該当しないが、当該株主は、原則として、これまで保有していた株式と実質的に引き換えられたものとみなして、被結合企業の株主に係る会計処理（第35項から第37項参照）に準じて処理する。

この際、これまで保有していた株式のうち実質的に引き換えられたものとみなされる額は、分配を受ける直前の当該株式の適正な帳簿価額を合理的な方法によって按分し算定する。

開 示
損益計算書における表示

53. 交換損益は、原則として、特別損益に計上する。

注記事項

（子会社を結合当事企業とする株主（親会社）の注記事項）

54．子会社を結合当事企業とする株主（親会社）は、結合当事企業（子会社）の企業結合により、子会社に該当しなくなった場合には、当該企業結合日の属する連結会計年度において、連結財務諸表上、当該企業結合に関する次の事項を注記する。

　　ただし、重要性が乏しい取引については、注記を省略することができるものとし、個々の取引については重要性が乏しいが、連結会計年度における取引全体について重要性がある場合には、(1)及び(2)を当該取引全体で注記する。

(1)　子会社が行った企業結合の概要

　　各結合当事企業の名称、その事業の内容、企業結合を行った主な理由、企業結合日及び法的形式を含む取引の概要

(2)　実施した会計処理の概要（第44項に定める段階取得に準じた処理の結果認識された損益の金額を含む。）

(3)　セグメント情報の開示において、当該結合当事企業が含まれていた区分の名称

(4)　当期の連結損益計算書に計上されている結合当事企業に係る損益の概算額

(5)　結合後企業の株式を関連会社株式として保有すること以外で結合当事企業の株主の継続的関与があるにもかかわらず、交換損益を認識した場合、当該継続的関与の主な概要。ただし、軽微なものについては注記を省略することができる。

55．（削　除）

（重要な後発事象等の注記事項）

56．子会社を結合当事企業とする株主（親会社）は、貸借対照表日後に完了した企業結合や貸借対照表日後に主要条件が合意された企業結合が、重要な後発事象に該当する場合には、第54項（ただし、貸借対照表日後に主要条件が合意された企業結合にあっては、(1)及び(3)に限る。）に準じて注記を行う。

　　また、当事業年度中に企業結合の主要条件が合意されたが、貸借対照表日までに企業結合が完了していない場合（ただし、重要な後発事象に該当する場合を除く。）についても、第54項(1)及び(3)に準じて注記を行う。

適用時期等

57．平成17年公表の本会計基準（以下「平成17年会計基準」という。）は、平成18年4月1日以後開始する事業年度から適用する。

57－2．平成20年改正の本会計基準（以下「平成20年改正会計基準」という。）は、平成22年4月1日以後実施される事業分離等から適用する。

　　ただし、平成21年4月1日以後開始する事業年度において最初に実施される事業分離等から適用することができる。この場合、企業結合会計基準、連結会計基準、企業会計基準第23号『「研究開発費等に係る会計基準」の一部改正』及び平成20年に改正された持分法会計基準についても適用する。

57－3．平成20年改正会計基準の適用初年度においては、会計基準の変更に伴う会計方針の変更として取り扱う。ただし、会計方針の変更による影響額の注記は要しない。

　　また、平成20年改正会計基準の適用前に実施された事業分離等に係る会計処理の従前の取扱いは、平成20年改正会計基準の適用後においても継続し、平成20年改正会計基準の適用日における会計処理の見直し及び遡及的な処理は行わない。

57－4．平成25年に改正された本会計基準（以下「平成25年改正会計基準」という。）の適用時期等に関する取扱いは、次のとおりとする。

(1)　平成27年4月1日以後開始する事業年度の期首から適用する。

(2)　(1)の定めにかかわらず、平成26年4月1日以後開始する事業年度の期首から適用することができる。なお、その場合には、平成25年改正会計基準と同時に改正された企業結合会計基準及び連結会計基準（第39項を除く。）も同時に適用する必要がある。

(3)　(1)及び(2)の適用にあたっては、非支配株主

との取引について過去の期間のすべてに新たな会計方針を遡及適用した場合の適用初年度の期首時点の累積的影響額を、適用初年度の期首の資本剰余金及び利益剰余金に加減し、当該期首残高から新たな会計方針を適用する。

(4) また、(3)の定めによらず、平成25年改正会計基準が定める新たな会計方針を適用初年度の期首から将来にわたって適用することができる。

(5) 平成25年改正会計基準の適用初年度においては、会計基準等の改正に伴う会計方針の変更として取り扱う。

議 決

58. 平成17年会計基準は、第95回企業会計基準委員会に出席した委員12名全員の賛成により承認された。

59. 第95回企業会計基準委員会に出席した委員は、以下のとおりである。

(略)

59-2. 平成20年改正会計基準は、第168回企業会計基準委員会に出席した委員12名全員の賛成により承認された。なお、出席した委員は、以下のとおりである。

(略)

59-3. 平成25年改正会計基準は、第272回企業会計基準委員会に出席した委員13名全員の賛成により承認された。なお、出席した委員は、以下のとおりである。

(略)

結論の背景

経 緯

平成17年会計基準

60. 企業会計審議会から、平成15年10月に公表された「企業結合に係る会計基準の設定に関する意見書」四3．では、企業結合会計基準を実務に適用する場合の具体的な指針等については、今後、関係府令を整備するとともに、企業会計基準委員会において適切に措置していくことが適当であるとしていた。このため、当委員会では、具体的な指針等を取りまとめるために、平成15年11月以降、企業結合専門委員会を設置し、審議を行った。

61. 平成15年10月に公表された「企業結合に係る会計基準」(以下「平成15年企業結合会計基準」という。)では、企業結合に該当する取引を対象とし、結合企業を中心に結合当事企業の会計処理を定めていたが、企業再編(組織再編)では、その他に、分離元企業の会計処理や結合当事企業の株主に係る会計処理なども検討する必要があった。このため、当委員会では、別途、事業分離専門委員会を設置し審議を行い、それまでの議論を、平成16年4月には「事業分離等に係る会計処理に関する論点の整理」として、また、平成17年1月には「『事業分離等に係る会計基準』の検討状況の整理」としてそれぞれ公表した。その後、これらに対して寄せられたコメントも参考にし、論点として掲げた項目を含め、審議を行い、平成17年7月に、企業会計基準公開草案第5号「事業分離等に関する会計基準(案)」を公表し、広く各界の意見を求めた。当委員会では、当該公開草案に対して寄せられた意見も参考にしてさらに審議を重ね、その内容を一部修正して、平成17年会計基準を公表した。

平成20年改正会計基準

61-2. 当委員会は、平成19年8月に国際会計基準審議会(IASB)と共同で公表したいわゆる東京合意に基づき、平成15年企業結合会計基準における企業結合に係る会計処理のうち、平成20年までの短期コンバージェンス・プロジェクトとして掲げた項目について審議を行い、平成20年12月に企業結合会計基準を改正・公表した。企業結合会計基準では、企業結合に係る会計処理に関する従来の定めを見直すものが含まれているが、それらの見直しの結果、平成17年会計基準も併せて見直すことが必要となった。平成20年改正会計基準は、平成20年6月に公表した公開草案に対して一般から寄せられた意見を参考にしつつ審議を重ね、公開草案の内容を一部修正し公表したものである。

平成25年改正会計基準

61-3．平成20年改正会計基準の公表後、当委員会では、いわゆる東京合意に基づき中期的に対応することとしていた既存の差異に関連するプロジェクト項目の検討を行い、平成21年7月に、「企業結合会計の見直しに関する論点の整理」（以下「平成21年論点整理」という。）を公表した。そして、一般から寄せられた意見を参考にしつつ審議を重ね、平成25年1月に「企業結合に関する会計基準（案）」を始めとした企業結合に関する一連の会計基準の公開草案の一つとして少数株主持分（非支配株主持分）の取扱いを主な見直し内容とする「事業分離等に関する会計基準（案）」を公表した。平成25年改正会計基準は、公開草案に対して一般から寄せられた意見を踏まえてさらに検討を行い、公開草案の内容を一部修正した上で公表するものである。

なお、平成25年に改正された連結会計基準では、少数株主持分を非支配株主持分に変更することとしたため、過去の経緯等を示す場合にも、便宜上、非支配株主持分の用語を使用している場合がある。

用語の定義と範囲
事業分離

62．事業分離は、会社分割や事業譲渡、現物出資等の形式をとり、分離元企業が、その事業を分離先企業に移転し対価を受け取る。分離元企業から移転された事業と分離先企業（ただし、新設される企業を除く。）とが1つの報告単位に統合されることになる場合の事業分離は、企業結合（企業結合会計基準第5項）でもある。この場合には、分離先企業は結合企業にあたり、事業分離日と企業結合日とは同じ日となる。

なお、複数の取引が1つの事業分離又は企業結合を構成している場合には、それらを一体として取り扱うことに留意する（この点については、第4項及び企業結合会計基準第5項を参照のこと）。通常、複数の取引が1事業年度内に完了する場合には、一体として取り扱うことが適当であると考えられるが、1つの事業分離又は

は企業結合を構成しているかどうかは状況によって異なるため、当初取引時における当事者間の意図や当該取引の目的等を勘案し、実態に応じて判断することとなる。

分割型の会社分割

63．従来、人的分割ともいわれた分割型の会社分割（第9項(3)なお書き参照）には、分割会社の株主の保有する株式数の割合に応じて交付される按分型と、その株式数の割合とは異なる割合で交付される非按分型がある。

このような分割型の会社分割については、分割会社の株主に対する現物の分配と同様の1つの取引と考える見方があるが、会社法（平成17年法律第86号）においては、会社分割（従来物的分割ともいわれた分社型の会社分割をいう。）とこれにより受け取った承継会社又は新設会社の株式の分配という2つの取引と考える見方がなされていることから、本会計基準においては、原則として、2つの取引と考えている。このため、分割型の会社分割に係る分離元企業（分割会社）の会計処理については、特段の定めをしていない。

現物出資等

64．現物出資などにより、事業には該当しない資産を移転し移転先の企業の株式を受け取る場合がある。また、会社法においては、自己株式の処分等に際して、現金以外の財産が給付される場合の手続等も示されている。このため、本会計基準では、事業分離に該当する場合のほか、事業分離には該当しないが、資産を移転し移転先の企業の株式を受け取る場合における移転元の企業の会計処理を示している。

被結合企業の株主

65．企業結合により被結合企業の株主は、現金等の財産（負債の引受けを含む。）や結合企業の株式を得る。合併や株式交換・株式移転等による企業結合では、被結合企業の株主が保有していた被結合企業の株式は、結合企業の株式と引き換えられることが多い。

結合企業の株主

66．本会計基準における結合当事企業の株主に係

る会計処理には、被結合企業の株式を保有していた株主の会計処理のみならず、結合企業の株式を保有している株主の会計処理も含んでいる。これは、企業結合により、結合企業の株主は当該結合企業の株式を直接引き換えないが、当該結合企業に対する持分比率が変動する場合があり、その場合の結合企業の株主に係る会計処理を定める必要があることによる。

会計処理の考え方
企業結合会計基準における持分の継続

67. 一般的な会計処理においては、企業と外部者との間で財を受払いした場合、企業の支払対価が現金及び現金等価物のときには、購入（新規の投資）の会計処理が行われ、企業の受取対価が現金及び現金等価物のときには、売却（投資の清算）の会計処理が行われる。また、企業と外部者との間で現金及び現金等価物以外の財と財とが受払いされたときには、交換の会計処理が行われる。

しかしながら、企業結合においては、企業と外部者の間の取引ではなく、企業自体が取引の対象となる場合があるため、必ずしも一般的な会計処理のように企業の観点からは判断できず、この場合には、総体としての株主にとっての投資が継続しているかどうかを判断せざるを得ない。このため、企業結合会計基準は、結合当事企業に対する総体としての株主の観点から、持分の継続が断たれた側では、いったん投資を清算し、改めて当該資産及び負債に対して投資を行ったと考えられるものとし、持分が継続している側では、これまでの投資がそのまま継続していると考えられるものとしている。

68. 企業結合会計基準では、持分プーリング法を廃止することとしたものの、持分の継続か非継続かという概念を用いて企業結合を整理している。すなわち、企業結合には、取得企業の持分は継続しているが被取得企業の持分はその継続が断たれたとみなされる「取得」と、すべての結合当事企業の持分が継続しているとみなされる「持分の結合」という異なる経済的実態を有

するものが存在するとし、「取得」に対しては対応する資産及び負債を時価で引き継ぐ方法により、「持分の結合」に対しては対応する資産及び負債を帳簿価額で引き継ぐ方法により会計処理することが考えられる（企業結合会計基準第75項）。これらは、一般的な会計処理に照らせば、次のように考えられる（この点については、企業結合会計基準第74項を参照のこと）。

(1) 「取得」と判定された場合に用いられる方法は、購入（新規の投資）の会計処理に該当する。また、企業の損益計算の観点からいえば、企業結合時点での資産及び負債の時価を新たな投資原価とし、そのような投資原価を超えて回収できれば、その超過額が企業にとっての利益となる。

(2) 「持分の結合」と判定された場合に用いられる方法は、ある種の非貨幣財同士の交換の会計処理に該当する。また、企業の損益計算の観点からいえば、投資の清算と再投資は行われていないのであるから、結合後企業にとっては企業結合直前の帳簿価額がそのまま投資原価となり、この投資原価を超えて回収できれば、その超過額が企業にとっての利益となる。

持分の継続と分離元企業の会計処理及び結合当事企業の株主に係る会計処理の考え方

69. 企業結合会計基準において示されている「持分の継続・非継続」という考え方は、企業結合の会計処理に固有のものではなく、むしろ一般に事業の成果をとらえる際の投資の継続・清算とも整合した概念であり、実現概念に通ずる考え方（第71項参照）である（企業結合会計基準第67項及び第68項）。すなわち、第67項で示されたように、企業結合には、企業自体が取引の対象となる場合があり、総体としての株主にとっての投資が継続しているかどうかを判断せざるを得ないときがあるため、その特徴を踏まえ、企業結合の会計処理を、結合当事企業にとって一般的な会計処理と整合することができるように考えられたのが「持分の継続・非継続」と

いう概念である。このため、企業結合における結合企業の会計処理のみならず、分離元企業や結合当事企業の株主も合わせた組織再編の会計処理を、同じ考え方に沿って統一的に行うことが考えられる。

70. 「持分の継続・非継続」の基礎になっている考え方、すなわち、一般に事業の成果をとらえる際の投資の継続・清算という概念によって整理すれば、分離元企業の会計処理及び結合当事企業の株主に係る会計処理は、次のように考えられる。

(1) 売却や異種資産の交換の会計処理に見られるように、いったん投資を清算したとみて移転損益や交換損益を認識するとともに、改めて時価にて投資を行ったとみる場合

　この場合には、事業分離時点や交換時点での時価が新たな投資原価となり、その後の損益計算の観点からは、そのような投資原価を超えて回収できれば、その超過額が企業にとっての利益となる。

(2) 同種資産の交換の会計処理に見られるように、これまでの投資がそのまま継続しているとみて、移転損益や交換損益を認識しない場合

　この場合には、事業分離や株式の交換によっても投資の清算と再投資は行われていないとみるため、移転や交換直前の帳簿価額がそのまま投資原価となり、その後の損益計算の観点からは、この投資原価を超えて回収できれば、その超過額が企業にとっての利益となる。

71. 投資の継続・清算という概念は、投資が実際に続いているのか終了したのかということではなく、会計上の利益計算において観念的に用いられている考え方であり、実現概念とも表裏の関係をなしている。実現概念の核心や本質をどこに見出すのかについては、これまでにもさまざまな議論が繰り返されてきたが、投資から得られる成果がその主要なリスクから解放されたかどうかに着目する考え方は、比較的有力なものと思われる。

　事業投資に係る利益の計算においては、当該事業投資の担い手たる企業の期待（投資額を上回る資金の獲得）がどれだけ事実へと転化したのかに着目して成果をとらえることが適当である。ただし、事実への転化は、必ずしも資金それ自体の流入を意味するわけではなく、将来の環境変化や経営者の努力に成果の大きさが左右されなくなった場合や、企業が従来負っていた成果の変動性（すなわち事業投資のリスク）を免れるようになった場合には、投資は清算されたものとみなされ、事業投資の成果は確定したものといい得る。

　このため、損益計算の観点からは、分離元企業や結合当事企業の株主にとって、事業分離や企業結合により従来の事業投資の成果が確定したものといえるのかどうかを考察することとなる。

72. 企業結合会計基準では、企業結合に該当する取引を対象とし、結合企業（分離先企業）を中心に結合当事企業の会計処理を定めている。結合企業（分離先企業）が、移転する事業に係る資産及び負債の移転直前の適正な帳簿価額を引き継ぐ場合、原則として、分離元企業が対価として受け取る分離先企業の株式等の取得原価は、当該適正な帳簿価額となるため、移転損益は生じないと考えられる。

　一方、結合企業（分離先企業）が、取引時点の取得の対価となる財の時価をもって取得原価とする場合でも、必ずしも、分離元企業が対価として受け取る分離先企業の株式等の取得原価をその時価とし、移転損益を認識することとなるとは限らない。これは、一般的な売買又は交換取引においても、例えば、売却代金の回収リスクが相当程度ある場合や売却後に重要な継続的関与がある場合のように、資産の譲受者が新規の購入として取得の対価となる財の時価をもって取得原価とする場合でも、それによって必ず資産の譲渡者が投資の清算として実現損益を認識するとは限らないことにも見られるものである。また、総体としての株主にとっての投資が継続しているかどうかの観点から、企業結

合が取得又は持分の結合と判定されたことをもって、結合当事企業の個々の株主に係る会計処理が必ずしも決まるわけではない。これらは、各企業の会計処理が、取引の相手企業の会計処理と常に対称となるわけではなく、個々の企業の判断によって行われていることから生じるものと考えられる。

このため、本会計基準では、結合企業（分離先企業）において企業結合会計基準に従いパーチェス法により会計処理するときであっても、必ずしも分離元企業が移転損益を認識するわけではなく、また、結合当事企業の株主が交換損益を認識するわけではないという考え方に立っている。

分離元企業の会計処理と結合当事企業の株主に係る会計処理の考え方の関係

73. 次のように、事業分離における分離元企業と、100％子会社を被結合企業とする企業結合における当該被結合企業の株主（親会社）とでは、経済的効果が実質的に同じであることから、両者の会計処理を整合的なものとすることが適当と考えられる。
   (1) 事業分離は、分離元企業が100％所有（支配）する事業を分離先企業に移転し、当該分離元企業が対価を受け取る。
   (2) 被結合企業の株式をすべて保有している場合（100％子会社を被結合企業とする場合）の企業結合は、当該被結合企業の株主（親会社）が子会社である被結合企業の株式を通じて100％所有（支配）する事業を結合企業に移転し、当該結合企業から対価を受け取る。
   さらに、被結合企業の株主が親会社である場合には、被結合企業の株式をすべて保有しているとき（被結合企業が100％子会社の場合）でも、すべては保有していないとき（被結合企業が100％子会社以外の子会社の場合）でも整合的な会計処理とすることが適当と考えられる。

分離元企業の会計処理
分離元企業の会計処理の基本的な考え方
移転損益を認識するかどうかについて

74. 本会計基準では、一般に事業の成果をとらえる際の投資の継続・清算という概念に基づき、実現損益を認識するかどうかという観点から、分離元企業の会計処理を考えている。これは、企業結合の会計処理を一般的な会計処理と整合させるために考えられた「持分の継続・非継続」という概念の根底にある考え方である（第69項参照）。分離した事業に関する投資が継続しているとみるか清算されたとみるかによって、一般的な売却や交換に伴う損益認識と同様に、分離元企業において移転損益が認識されない場合と認識される場合がある（第10項参照）。

75. 投資が継続しているとみるか清算されたとみるかを判断するためには、具体的に明確な事実として観察することが可能な要件を定める必要がある。平成15年企業結合会計基準では、企業結合における「持分の継続」を「対価の種類」と「支配」という2つの観点から判断することとしていたため、事業分離においても、これらを要件としてはどうかという意見がある。

しかしながら、事業分離の場合には、移転損益が認識されるかどうかが論点となるため、一般的な購入、売却や交換の会計処理と同様に、企業結合と事業分離の会計処理における観察可能な具体的要件が必ずしも同じになるとは限らない。

本会計基準では、企業結合会計基準と同様に、一般に事業の成果をとらえる際の投資の継続・清算という概念に基づいて、事業分離の会計処理を考えるものの、観察可能な具体的要件については、他の会計基準の考え方との整合性を踏まえると、対価が移転した事業と異なるかどうかという「対価の種類」は該当するが、「支配」については必ずしも該当しないものと考えている。

76. さらに、一般的な売却や交換の会計処理に照らせば、例えば、買戻しの条件が付されている事業分離のように、継続的関与があり、それが

重要である場合には、移転損益を認識することはできないと考えられる。分離先企業が子会社や関連会社にあたるかどうかを判断する際、持分比率以外の要素も加味するため、一定の継続的関与（例えば、分離元企業が分離した事業又は分離先企業に対して、多くの融資や重要な営業又は事業上の取引を行うことなど）は既に考慮されているものと考えられる。しかし、それ以外に、分離元企業の継続的関与がある場合には、移転損益の認識にあたり、実現概念や投資のリスクからの解放という考え方（第71項参照）に照らして実質的に判断する必要がある。この結果、重要な継続的関与によって、移転した事業に係る成果の変動性を従来と同様に負っていると考えられる場合には、移転損益を認識することはできないこととなる（第10項(1)参照）。もっとも、一般的な売却や交換と同じように、分離先企業の株式を子会社株式又は関連会社株式として保有するため、連結上は移転した事業に係る成果の変動性を従来と同様に負っていても、個別上、それ以外に分離元企業の重要な継続的関与がなく、現金等の財産を受け取る場合には、移転損益を認識することとなる。また、継続的関与があっても重要ではなく、移転損益を認識する場合もあるが、この場合には、当該継続的関与の主な概要を注記することが適当である（第28項(5)参照）。

なお、重要な継続的関与があるため、受取対価に現金を含むものの移転損益を認識しない場合には、移転した事業を裏付けとする金融取引として会計処理することとなると考えられる。

分離元企業における移転した事業に係る資産及び負債の帳簿価額

77. 分離元企業において、移転した事業に関する投資が清算されたとみる場合には、移転損益を認識し（第10項(1)参照）、投資が継続しているとみる場合には、移転損益を認識せず、移転直前の適正な帳簿価額をそのまま投資原価とする（第10項(2)参照）。

いずれの場合においても、分離元企業において、事業分離により移転した事業に係る資産及び負債の帳簿価額は、一般に公正妥当と認められる企業会計の基準に準拠した適正な帳簿価額であることが必要である。したがって、分離元企業は、重要な会社分割などの場合には、事業分離日の前日に決算又は仮決算を行い、適正な帳簿価額を確定させる必要がある。

78. さらに、事業分離における分離元企業の場合には、合併における被合併会社と異なり、事業分離日の前日における分離元企業の適正な帳簿価額を、事業分離により移転する事業に係る部分と分離元企業に残る部分とに分割計画や分割契約、事業譲渡契約に従い、適切に区分する必要がある。

79. 事業分離に要した支出額は、発生時の事業年度の費用として処理する。これは、移転した事業に関する投資が継続しているとみる場合には、事業分離によって受け取る対価を構成しないと考えられること、また、投資が清算されたとみる場合でも、通常の売却に要した支出額は発生時の費用として処理することによる。

なお、移転した事業に関する投資が清算されたとみる場合において、現金以外の財の受取りに要した支出額についても同様に処理する。

分離元企業において移転損益を認識する場合の時価

80. 分離元企業において、移転した事業に関する投資が清算されたと考えられる場合、通常、事業分離日において移転損益を認識する。この際、受取対価の金額の算定は、一般的な交換取引における考え方と同様に、その交換のために引き渡された財の時価と受け入れた財の時価のうち、より高い信頼性をもって測定可能な時価で測定される（企業結合会計基準第84項）。

81. 移転損益は事業分離日に認識するとしても、いつの時点の時価で測定すべきか、すなわち、売却価額といえる移転する事業の時価又は受取対価となる財の時価は、事業分離の合意公表日（事業分離の主要条件が合意され公表された時点）の時価で測定されるべきか、事業分離日の時価で測定されるべきかという論点がある。特に、分離元企業が対価として分離先企業の株式を受け取る場合においては、主要な交換条件が

合意されて公表された時点での株価を用いるべきか、事業分離日の株価を用いるべきかが論点となる。

この点につき、平成17年会計基準では、市場価格のある分離先企業の株式が受取対価とされる場合には、受取対価となる財の時価は、原則として、事業分離の合意公表日前の合理的な期間における株価を基礎に算定することとされていた。しかしながら、平成20年改正会計基準では、企業結合会計基準第86項で示されているとおり、株式以外の財産を引き渡した場合の測定日と株式を交付した場合の測定日が異なるのは整合的でないとする見方があることや、主要条件が合意され公表された時点では未だ取得原価は確定していないとも考えられるといった意見もあることを踏まえつつ、企業結合会計基準において国際的なコンバージェンスを図るべく見直しが行われたことから、受取対価となる市場価格のある分離先企業の株式の時価は、事業分離日の時価に基づいて算定するものとした（第13項参照）。

受取対価が現金等の財産のみである場合の分離元企業の会計処理

82. 第71項で示されたように、ある事象が生じたときに投資の清算とみるかどうかということは、投資が実際に終了したのかということではなく、会計上の利益計算において観念的に用いられている考え方であり、投資のリスクから解放されたかどうかによりとらえられてきたものと考えられる。この際、事業分離の対象となる事業への投資（事業投資）は、これまでの会計基準においても、事前に期待される成果がどれだけ事実へと転化したのかに着目して成果がとらえられており、事業分離により、企業が従来負っていた成果の変動性(すなわち事業投資のリスク)を免れるようになった場合に、投資は清算されたものとみなされる。このため、分離元企業が現金など、移転した事業と明らかに異なる財産を受取対価としてある事業を移転した場合には、通常、分離元企業の投資が清算されたとみなさ

れる。

83. 事業分離において、分離先企業が子会社となる場合や子会社を分離先企業とする場合には、共通支配下の取引又はそれに準ずる取引となり、親会社の立場からは企業集団内における純資産等の移転取引として内部取引と考え、個別財務諸表の作成にあたっても、基本的には、企業結合の前後で当該純資産等の帳簿価額が相違することにならないよう、企業集団内における移転先の企業は移転元の帳簿価額により計上することとなる（企業結合会計基準第119項）。したがって、共通支配下の取引又はこれに準ずる取引のうち、分離先企業の株式を受取対価とする場合には原則として移転損益を認識しないものの、現金等の財産を受取対価とする場合において、分離元企業が受け取った現金等の財産の移転前に付された適正な帳簿価額が、移転した事業に係る株主資本相当額と異なるときには、当該差額を移転損益として認識せざるをえないこととなる（第14項(1)参照）。

移転した事業と明らかに異なる現金等の財産のみを受取対価とし、関連会社へ事業分離する場合には、共通支配下の取引には該当しないため、子会社や関連会社以外へ事業分離する場合（第16項参照）と同様に、分離元企業で受け取った現金等の財産は、原則として、時価で計上することが適当と考えられる。この結果、当該時価と移転した事業に係る株主資本相当額との差額は、分離元企業の個別財務諸表上、原則として、移転損益として認識する（第15項(1)参照）。

84. 分離元企業の連結財務諸表上、子会社や関連会社を分離先企業として行った事業分離により認識された移転損益を内部取引として消去するにあたっては、連結会計基準及び持分法会計基準における未実現損益の消去に準じて処理する（第14項(2)及び第15項(2)参照）。この場合、分離元企業において、事業分離により移転した事業に係る資産及び負債の適正な帳簿価額を算定するために生じた減損損失などの損益は、消去される内部取引に該当しないことに留意する。

受取対価が分離先企業の株式のみである場合の分離元企業の会計処理

85. 分離先企業の株式を受取対価とする事業分離は、現金等の財産のみを受取対価とする事業分離と異なり、当該株式を通じて移転した事業と引き続き関係を有することとなるため、投資の継続とみなされる可能性がある。

86. 分離元企業が分離先企業の株式を受け取る結果、持分比率等により、分離元企業は、分離元企業の子会社や関連会社となる場合がある。このため、本会計基準では、分離元企業の会計処理について、企業結合会計基準や連結会計基準による定めとの関係から、個別財務諸表上の取扱いと連結財務諸表上の取扱いをそれぞれ定めている。

分離先企業が子会社となる場合
(移転損益を認識するかどうかについて)

87. 分離先企業の株式のみを受取対価とする事業分離において、分離先企業が新たに分離元企業の子会社となる場合、経済実態として、分離元企業における当該事業に関する投資がそのまま継続していると考えられる。したがって、当該取引において、移転損益は認識されず、当該分離元企業が受け取った分離先企業の株式（子会社株式）の取得原価は、移転した事業に係る株主資本相当額に基づいて算定する（第17項(1)参照）。このような考え方は、次のように、企業結合会計基準においても、具体的に示されている。

(1) 新設分割による子会社の設立（企業結合会計基準第118項）

(2) 現物出資又は吸収分割による子会社化の形式をとる企業結合（企業結合会計基準第114項）

(分離元企業の連結財務諸表上において生じる差額について)

88. このように、分離先企業が子会社となる場合、親会社となる分離元企業において移転損益は認識されないが、分離元企業の連結財務諸表上、移転した事業に係る株主資本相当額と分離先企業に対する分離元企業（親会社）の持分との間に差額が生じる場合がある。

89. 当該差額については、次のような見方が考えられる。

(1) 事業分離によって分離先企業が新たな子会社となるため、企業結合時（支配獲得時）に生じたのれん（又は負ののれん）を構成するものとして取り扱う見方

(2) 事業は既に支配されているため、支配獲得後における子会社の時価発行増資等において生じる持分変動差額として取り扱う見方

(1)の見方による場合、連結上のパーチェス法の適用につき、連結上、増加した非支配株主持分の額を取得原価とすることとなるが、企業結合会計基準における取得原価の算定は、支払対価となる財の時価と受け入れた資産の時価のうち、より高い信頼性をもって測定可能な時価で測定されるため、当該差額は企業結合会計基準におけるのれん（又は負ののれん）には該当しないと考えられる。

平成20年改正会計基準では、(2)の見方、すなわち、企業結合会計基準の考え方に沿って、分離元企業における当該事業に関する投資が継続しているとみるとともに、連結会計基準に従い、支配獲得後に生じた当該差額は、子会社の時価発行増資等に伴い生じる親会社持分の増減額（持分変動差額）として取り扱う見方によっていた。

90. 平成25年改正会計基準では、平成25年に改正された連結会計基準及び企業結合会計基準において、非支配株主との取引によって生じた親会社の持分変動による差額を資本剰余金とした（連結会計基準第28項から第30項、企業結合会計基準第46項）ことに伴い、分離元企業の連結財務諸表上において生じる差額は、資本剰余金とすることとした（第17項(2)参照）。

91. (削 除)

(事業分離前に分離先企業の株式をその他有価証券又は関連会社株式として保有している場合であって、事業分離により分離先企業が子会社となるときの当該保有していた株式の取扱いについて)

91-2. 分離元企業が事業分離前に分離先企業の

株式を保有している場合、平成17年会計基準では、当該株式がその他有価証券と関連会社株式のいずれのときにおいても、事業分離前の帳簿価額が、分離先企業に対して投資したとみなされる額を構成するものとされていた。平成20年改正会計基準では、分離元企業が追加的に受け取った分離先企業の株式の取得原価については平成17年会計基準と同様であるものの、支配の獲得が複数の取引により達成された場合（段階取得）の被取得企業の連結財務諸表における取得原価は、支配を獲得するに至った個々の取引すべての企業結合日における時価で算定し、当該支配を獲得するに至った個々の取引ごとの原価の合計額との差額は損益として処理するものとした企業結合会計基準（企業結合会計基準第25項）と平仄を合わせるため、事業分離前にその他有価証券又は関連会社株式として保有していた分離先企業の株式は、連結財務諸表上、事業分離日における時価をもって分離先企業に対して投資したとみなされる額を構成するものとし、その時価と適正な帳簿価額との差額は当期の段階取得に係る損益として認識するものとした（第18項(2)及び第24項(2)参照）。

（分離元企業の連結財務諸表上において取得が複数の取引により達成された場合のパーチェス法の適用について）

92. 取得又は支配が複数の取引により達成された場合、平成15年企業結合会計基準におけるパーチェス法の適用は、「連結財務諸表原則」における全面時価評価法の適用と整合的ではあるが、部分時価評価法の適用とは整合的ではないことから、これらとの関係をどのように考えるかという論点があった。これについて平成17年会計基準では、部分時価評価法か全面時価評価法かという子会社の資産及び負債の評価方法は、現金による取得を前提とした連結財務諸表上の会計処理の原則及び手続であり、それ以外による取得については企業結合会計基準によるものと解していた。

平成20年に公表された連結会計基準では、全面時価評価法のみとされたため、今後は、この点に関する連結会計基準との整合性についての論点はないこととなる。

（子会社への事業分離による分離先企業（子会社）の株式の追加取得について）

93. 分離先企業の株式（子会社株式）を受取対価とする子会社への事業分離は、企業結合会計基準の定めから、企業集団を構成する子会社の株主と子会社を支配している親会社との間の取引である非支配株主との取引に準じて処理することが考えられる。この考え方によれば、個別財務諸表上、子会社株式の取得原価は、当該株式の時価又は支出した対価となる財の時価で測定され、この金額と移転した事業に係る株主資本相当額との差額は移転損益として計上されることとなる。

しかしながら、分離先企業の株式のみを受取対価とする事業分離により、分離先企業が新たに分離元企業の子会社となる場合と同様に、分離先企業の株式（子会社株式）を追加取得する事業分離において、当該事業に関する投資は継続しているものとみなされ移転損益は認識されないと考えられることから、そのような会計処理は適当ではない。このため、分離元企業の個別財務諸表においては、共通支配下の取引と同様に移転損益は認識されず、追加取得した分離先企業の株式（子会社株式）の取得原価は、移転した事業に係る株主資本相当額に基づいて算定する（第19項(1)参照）。

94. 一方、分離元企業の連結財務諸表上、事業分離前後の分離元企業（親会社）の持分は、一般に増減することとなる。このうち、分離先企業（子会社）に対して追加投資したとみなされる額と、これに対応する分離先企業の事業分離直前の資本（追加取得持分）との間に生じる差額は、子会社株式の追加取得から生じるものであり、企業結合会計基準における非支配株主との取引（企業結合会計基準第46項）に該当するものである。したがって、平成17年会計基準において、非支配株主との取引に準じ、その差額は、のれん（又は負ののれん）として処理することとしていた。

しかし、平成25年改正会計基準では、平成25年に改正された連結会計基準及び企業結合会計基準において、非支配株主との取引によって生じた親会社の持分変動による差額を資本剰余金としたことから、当該差額も同様に取り扱うこととした（第19項(2)参照。この考え方については第89項及び第90項も参照のこと。）。

95.（削　除）

分離先企業が関連会社となる場合
(移転損益を認識するかどうかについて)

96. 分離先企業の株式のみを受取対価とする事業分離において、分離先企業が新たに関連会社となる場合、分離元企業による当該事業に関する投資は清算されたものとみて移転損益を認識するという見方と、投資が継続しているものとみて移転損益を認識しないという見方がある。

97. 投資の清算に該当するという見方は、次のような理由によるものと考えられる。

(1) 事業分離により分離先企業の株式（子会社株式）を受け取る場合とは異なり、この場合には、分離元企業の事業の多くと分離先企業の事業の多くとが引き換えられるため、事前に期待していた当該投資の成果が事実に転化されたとみることができる。

(2) 移転された事業に関する分離元企業の支配が失われることをもって投資の清算と考えることは、支配をより重視する最近の国際的な動向にも配慮した企業結合会計基準の考え方にも沿っている。

(3) 事業分離により分離先企業が関連会社となる場合には、分離先企業のこれまでの株主が、総体として当該事業を支配することとなるため取得と判断される。分離先企業において取得と判断されるときに、分離元企業において売却とすることは理解しやすい。

(4) 投資の継続とみる場合、新たに関連会社となる事業分離のみならず、関連会社への事業分離による関連会社株式の追加取得でも移転損益は生じないこととなるが、企業結合会計基準では、共通支配下の取引についてのみ、特段の定めをしているにすぎない。

98. これに対し、本会計基準では、次のような理由から、投資の継続に該当するという見方によっている（第20項(1)参照）。

(1) 関連会社株式は、関連会社への影響力の行使を目的として保有することから、子会社株式の場合と同じく事実上の事業投資と同様の会計処理を行うこととされている（金融商品会計基準第74項）。これを踏まえれば、事業分離により、移転された事業に対する支配は失われているが、関連会社への影響力の行使を通じて、子会社と同様に、移転された事業に関する事業投資を引き続き行っているとみることができることから、当該事業に関する投資が継続していると考えられることとなる。

(2) 事業分離により分離先企業が子会社となる場合と関連会社となる場合には、分離元企業の事業の一部と分離先企業の事業の一部が引き換えられる程度が、基本的に過半になるか否かに違いがある。いずれの場合も投資のリスクは変質しているものの、過半になるか否かという程度によって、事前に想定されていた当該投資の成果がリスクから解放され、期待に対応する事実が生じたと言える積極的な理由はない。また、移転された事業に対する分離元企業の支配（事業の財務及び経営方針を左右する能力）が失われることをもって投資の清算と考えることは、事前の期待が支配自体にあった場合には該当するが、移転された事業の活動から便益を享受することが事前の期待であれば、支配の有無は投資の清算を考える際の絶対的な要件とは言えない。

むしろ、現行の会計基準等における考え方からは、事業分離により子会社株式を保有する場合と同様に関連会社株式の保有によっても、その投資の性質は変わらないものとみて、移転された事業に関する投資が継続していると考える方が適当と考えられる。

(3) 分離先企業において取得のときに分離元企業において売却と解することは理解しやすいが、もともと分離先企業の取扱いにより分離元企業の会計処理が必ずしも決まる必要はな

い。

(4) 企業結合会計基準では、共通支配下の取引を定めているが、これと矛盾した考え方でない限り、企業結合会計基準が他の取扱いを妨げているわけではないため、前項(4)のような指摘はあたらない。

99. 事業分離により分離先企業が新たに関連会社となる場合における分離元企業の会計処理は、現行の会計基準等における考え方を踏まえれば、事業分離により分離先企業が新たに子会社となる場合と同様に、移転された事業に関する投資が継続しているとみることが適当と考えられる。

すなわち、金融商品会計基準において、関連会社株式は、子会社株式の場合と同じく事実上の事業投資と同様の会計処理を行うことが適当であるため、取得原価をもって貸借対照表価額とすること、連結会計基準や持分法会計基準等において、持分法は、一行連結といわれるように、その当期純利益及び純資産に与える影響は同一であり、連結（完全連結）のいわば簡便的な会計処理であるととらえられていることから、事業分離において、分離先企業が新たに関連会社となる場合には、子会社となる場合と同様に、投資は継続しているとみる考え方が整合的である。

100. この論点は、現行の会計基準等との整合性を重視するか、それよりも、移転された事業に対する分離元企業の支配の喪失が、当該事業投資のリスクから解放され、移転損益を認識するという不可逆的な成果が得られた状態を指すものと考えられるかどうかという問題ともいえる。

もし、支配の喪失によって移転損益を認識することが、事業分離を伴う投資の実態や本質であると判断された場合には、その考え方を通じ、前述したような持分法の位置付けや関連会社株式の貸借対照表価額等、他の会計処理を今後、これと整合的になるよう改廃していくことが考えられる。

事業分離の会計処理を考えるにあたっては、移転された事業に対する分離元企業の支配が継続しているか失われたかが最も重要であるとい

う立場も有力であるが、本会計基準では、その立場をとってまで他の会計基準等を含む体系に影響を与える意義は薄いという考え方により、必ずしも支配が失われることをもって投資の清算とみることとはしていない。

（分離元企業の連結財務諸表上において生じる差額について）

101. 投資の継続に該当するという見方において、分離元企業の連結財務諸表上、持分法適用により、関連会社に係る分離元企業の持分の増加額と、移転した事業に係る分離元企業の持分の減少額との間に生じる差額については、次のような考え方がある。

(1) 当該差額は、のれん（又は負ののれん）とする。

(2) 当該差額は、持分変動差額とする。

(3) 当該差額のうち、移転した事業に係る分は持分変動差額として、持分が増加した事業に係る分はのれん（又は負ののれん）とする。

本会計基準では、(3)の見方が適当であると考えている（第20項(2)参照）。これは、既存の企業に事業分離し当該分離先企業が新たに関連会社となる場合と、新設した関連会社に事業分離し当該関連会社が他の企業や他の企業の事業を受け入れ分離元企業の持分比率が減少する場合とは、経済的に同一の効果となるため、同じような会計処理になることが適当であるという意見に基づくものであり、また、持分法適用において、持分が増加した事業に係る差額はのれん（又は負ののれん）とすべきことによる。

さらに、当該差額のうち移転した事業に係る分は、分離元企業の事業の時価に、増加した分離元企業以外の株主の持分比率を乗じた額（分離元企業の事業が移転されたとみなされる額）と、移転した事業に係る株主資本相当額に増加した分離元企業以外の株主の持分比率を乗じた額（移転した事業に係る分離元企業の持分の減少額）との差額に等しくなるため、その部分がいわば分離元企業以外の株主に売却されたと言えるのではないかという意見にも対応するものである。

102. （削　除）

103. （削　除）

分離先企業が子会社や関連会社以外となる場合

104. 分離先企業の株式のみを受取対価とする事業分離により分離先企業が子会社や関連会社以外となる場合（共同支配企業の形成の場合を除く。）、分離元企業の財務諸表において、分離先企業の株式はその他有価証券に分類されることとなる。

　事業分離により受け取る分離先企業の株式が子会社株式や関連会社株式に分類される場合、支配又は重要な影響により、移転した事業を含む当該株式の保有を通じて、移転した事業に関する事業投資としての性格が継続しているとみるが、その他有価証券に分類されることとなる場合には、これとは異なり、もはや移転した事業に関する投資は継続していないものとみて、原則として、移転損益を認識する（第23項参照）。

受取対価が現金等の財産と分離先企業の株式である場合の分離元企業の会計処理

分離先企業が子会社となる場合

105. 事業分離の受取対価が分離先企業の株式のみであり、分離先企業の株式が子会社株式となるときには、移転損益が認識されない。しかし、分離先企業が子会社となる場合において、受取対価に現金等の財産を一部含む場合に移転損益を認識するかどうかについては、一般的な売却や交換の会計処理と同様に、次のような考え方がある。

(1) 投資が継続しているとみるためには、受取対価のすべてが、原則として、分離先企業の株式であることが要件となるという考え方（したがって、受取対価に現金等の財産が含まれている場合には、原則として、移転損益が認識されることになる。）（次項参照）

(2) 投資が継続しているとみるためには、受取対価に含まれる現金等の財産が一定の割合以下であることが要件となるという考え方（したがって、受取対価のうち現金等の財産が一定の割合を超える場合には、移転損益が認識

されることになる。）（第107項参照）

(3) 投資が継続しているかどうかは、受取対価の種類ごとに区別して判断するという考え方（したがって、受取対価のうち、分離先企業の株式に対応する部分は移転損益が認識されず、受取対価が現金等の財産に対応する部分は移転損益が認識されることになる。）（第108項参照）

106. 平成15年企業結合会計基準では、持分の結合と判定されるための要件として、対価の種類の観点からは、企業結合に際して支払われた対価のすべてが、原則として、議決権のある株式であることとしていた。この点を考慮すると、分離元企業において投資が継続しているとみるためには、前項(1)のように、受取対価のすべてが分離先企業の議決権のある株式であることが要件となるという考え方が整合的である。

107. しかしながら、一般的な売却や交換の会計処理に照らせば、事業分離の場合には、第105項(2)のように、受取対価に現金等の財産が含まれていても、それが一定の割合以下の場合、移転損益は認識されないという会計処理が考えられる。もっとも、一定の割合以下とはどの程度を指すか、共通支配下の取引にあたる場合に現金等の財産が一定の割合を超えれば当該現金等の財産を時価とすることは企業結合会計基準の定めとは異なるのではないかという問題がある。

108. 第105項(1)や(2)は、受取対価に現金等の財産が、少しでも含まれているか一定割合以上含まれているかという違いはあるが、投資の清算とみる場合には一括して移転損益を認識し、投資の継続とみる場合には移転損益をまったく認識しないという点では共通である。これに対し、第105項(3)のように、受取対価の種類ごとに区別し、受取対価のうち現金等の財産に対応する部分について移転損益を認識する場合には、現金等の財産の比率に応じて移転損益が認識されることとなる。しかしながら、このような会計処理は必ずしも一般的ではない。また、この場合には、受け取った分離先企業の株式の取得原価が、移転損益の認識に応じて増減し、共通支

配下の取引にあたる場合には、移転された資産及び負債の適正な帳簿価額に基づいて算定されたとは言えないため、企業結合会計基準の定めと異なるのではないかという問題がある。

109. 本会計基準では、これらの考え方ではなく、まず、企業結合会計基準における共通支配下の取引の会計処理の定めに従い、現金等の財産と分離先企業の株式を受取対価とする事業分離において、分離先企業が子会社となる場合や子会社へ事業分離する場合、分離元企業が受け取った現金等の財産は、移転前に付された適正な帳簿価額により計上するものとした。次に、分離元企業が受け取った現金等の財産の移転前に付された適正な帳簿価額が、移転した事業に係る株主資本相当額を上回る場合には、当該差額を移転利益として認識するものとした（第24項(1)参照）。

これは、分離先企業の株式を受け取っていることや共通支配下の取引であることから積極的に損益を認識するわけではないが、移転した事業と明らかに異なる現金等の財産も受け取っているため、子会社株式の保有以外に重要な継続的関与（第76項参照）がない限り、移転利益とするという考えによるものである。

なお、受け取った現金等の財産の価額が移転した事業に係る株主資本相当額を下回る場合に生じる差額は、共通支配下の取引の会計処理の定めに従い、分離先企業の株式の取得原価とすることとなる（第24項(1)参照）。このような取引の場合には、移転損失は生じないこととなるが、事業分離直前に移転した事業に係る資産及び負債の適正な帳簿価額を算定するにあたって、分離元企業は、減損損失等を適切に計上する必要があることに留意する。また、適正な帳簿価額を算定するために計上された減損損失等は、分離元企業の連結財務諸表上、消去される内部取引に該当しない。

109-2. 平成17年会計基準では、連結財務諸表上は、移転利益を、連結会計基準における未実現損益の消去に準じて処理するとともに、受取対価が分離先企業の株式のみである場合におい

て分離先企業が子会社となるときの会計処理に準ずるものとしていた。この結果、子会社に係る分離元企業の持分の増加額と、移転した事業に係る分離元企業の持分の減少額との間に生じる差額は、のれん（又は負ののれん）と持分変動差額に区分して処理することとしていた。

しかし、平成25年改正会計基準では、平成25年に改正された連結会計基準及び企業結合会計基準において、非支配株主との取引によって生じた親会社の持分変動による差額は資本剰余金としたことから、その差額も同様に取り扱うこととした（第24項(2)参照）。

分離先企業が関連会社となる場合

110. 本会計基準では、受取対価が分離先企業の株式のみであって、分離先企業が関連会社となる場合や関連会社へ事業分離する場合には、投資は継続しているものとみている。現金等の財産と分離先企業の株式を受取対価とする事業分離においても、その考え方を踏まえているが、この場合には共通支配下の取引にあたらないため、分離元企業が受け取った現金等の財産は、原則として、時価で計上することが適当と考えられる。この結果、当該現金等の財産の時価が、移転した事業に係る株主資本相当額を上回る場合には、原則として、当該差額を移転利益として認識する（第25項(1)参照）。

開　示

損益計算書における表示

111. 移転損益は、通常、臨時的に生じる損益であるため、原則として、特別損益に計上する。

注記事項

112. 諸外国の会計基準では、損益計算書上、過年度分も含めて、分離した事業に係る損益を非継続事業による損益として区分掲記することが求められている。我が国においては、財務諸表の開示が1年を単位として独立しており過年度の遡及的な処理の慣行はないこと等を考慮して、本会計基準では、当期の損益計算書に計上されている分離した事業に係る損益の概算額を注記するものとした（第28項(4)参照）。

なお、本会計基準は、その適用範囲を超えて、事業分離前後の比較可能性を高める追加的な情報を任意で開示することを妨げるものではない。

113. 分離元企業は、継続的関与があるものの移転損益を認識した場合、継続的関与が軽微であるものを除き、当該継続的関与の主な概要を注記することが適当と考えられる（第28項(5)参照）。なお、継続的関与があり、それが重要である場合には、移転損益を認識することはできないと考えられることに留意する（第76項参照）。

資産の現物出資等における移転元の企業の会計処理

114. 財を受け入れ自社の株式を引き渡す場合には、受け入れた財が資産であれば、のれん（又は負ののれん）は計上されないが、事業であれば企業結合となり、通常、のれん（又は負ののれん）が計上されることとなる。しかしながら、財を移転し移転先の企業の株式を受け取る場合には、移転した財が資産か事業かの相違によって、移転元の企業の会計処理が大きく異なる理由は見当たらない。

また、各企業の会計処理は、取引の相手企業の会計処理と常に対称となるわけではなく、個々の企業の判断によって行われる。このため、移転元の企業の会計処理と移転先の企業の会計処理とは、必ずしも対称的になる必要はないと考えられる。

したがって、現物出資や現金以外の財産による移転先の自己株式の処分により、資産を移転し移転先の企業の株式を受け取る移転元の企業の会計処理は、事業分離に該当しない場合であっても、共通支配下の取引の会計処理を含む事業分離における分離元企業の会計処理に準じて行うことが適当であると考えられる。

結合当事企業の株主に係る会計処理
被結合企業の株主に係る会計処理の基本的な考え方
交換損益を認識するかどうかの判定

115. 本会計基準では、一般に事業の成果をとら

える際の投資の継続・清算という概念に基づき、実現損益を認識するかどうかという観点から、分離元企業の会計処理（第74項参照）と同様に、被結合企業の株主に係る会計処理を考えている。したがって、企業結合により、保有していた被結合企業の株式が、結合企業の株式などの財と引き換えられた場合に、その投資が継続しているとみるか清算されたとみるかによって、被結合企業の株主に係る会計処理でも、一般的な売却や交換に伴う損益認識と同様に、交換損益が認識されない場合と認識される場合が考えられる（第32項参照）。

なお、金融商品会計基準では、金融資産の交換について直接取り扱ってはいないが、金融資産の譲渡に係る消滅の認識は財務構成要素アプローチによること（金融商品会計基準第58項）とされている。株式は金融資産であることから、金融商品会計基準との関係も考慮する必要がある。

被結合企業の株主において交換損益を認識する場合の時価

116. 被結合企業の株主において、保有していた株式に関する投資が清算されたと考えられる場合、通常、企業結合日において交換損益を認識する。この際、受取対価の金額の算定は、一般的な交換取引における考え方と同様に、引き渡された被結合企業の株式の時価と受け取った結合企業の株式の時価のうち、より高い信頼性をもって測定可能な時価で測定される（企業結合会計基準第84項）。

117. 交換損益は企業結合日に認識するとしても、企業結合の合意公表日の時価で測定されるべきか、企業結合日の時価で測定されるべきかという論点がある。本会計基準では、結合企業や分離元企業の会計処理と同様にとらえ、原則として、企業結合日の時価に基づいて算定するものとした。

受取対価が現金等の財産のみである場合の被結合企業の株主に係る会計処理

118. 事業分離における分離元企業の会計処理と

同様に、当該株主が保有していた被結合企業の株式がそれとは明らかに異なる現金等の財産と引き換えられた場合、通常、被結合企業の株主の投資が清算されたとみなされる（第35項から第37項参照）。

　また、株主が投資先から現金等の財産を受け取る場合には、投資の清算とみるか投資の継続とみた上で投資成果の分配とみるかという論点がある。企業結合により、保有していた被結合企業の株式が、現金等の財産のみと引き換えられた場合には、投資先自体が企業結合により消滅し、被結合企業の株主は現金等の財産を受け取り、保有していた株式と引き換えられるものであるため、一般的には、投資が清算されたとみなされる。

119. 事業分離（第76項参照）と同様に、例えば、被結合企業の株式を買戻す条件が付されているときのように、被結合企業の株主の継続的関与があり、それが重要であるため、交換した株式に係る成果の変動性を従来と同様に負っていると考えられる場合には、交換損益を認識することはできない。結合後企業が子会社や関連会社にあたるかどうかを判断する際、持分比率以外の要素も加味するため、一定の継続的関与は考慮されるものと考えられるが、継続的関与には様々な態様があるため、交換損益の認識にあたっては、実現概念や投資のリスクからの解放という考え方（第71項参照）に照らして実質的に判断する。

受取対価が結合企業の株式のみである場合の被結合企業の株主に係る会計処理

120. 被結合企業の株主が保有していた被結合企業の株式は、企業結合により、現金等の財産のみと引き換えられるよりも、結合企業の株式と引き換えられることが多く、この場合には、当該株式を通じて引き換えられた株式と引き続き関係を有することとなるため、投資の継続とみなされる可能性がある。

121. 本会計基準では、結合当事企業が子会社又は関連会社の場合における被結合企業の株主に

係る会計処理については、個別財務諸表上の取扱いと連結財務諸表上の取扱いをそれぞれ定めている。

子会社を被結合企業とした企業結合の場合

122. 事業分離における分離元企業と、100％子会社を被結合企業とする企業結合における当該被結合企業の株主（親会社）とでは、経済的効果が実質的に同じであることから、これらの会計処理は整合的であることが適当と考えられる。その上で、被結合企業の株式をすべて保有している場合（被結合企業が100％子会社の場合）と整合性を保つように、被結合企業の株式のすべては保有していないが子会社である場合（被結合企業が100％子会社以外の子会社の場合）において、被結合企業の株主に係る会計処理を考慮することが適当と考えられる（第73項参照）。

123. 金融商品会計基準では、被結合企業の株主の個別財務諸表上、子会社株式は金融資産としており、当該金融商品会計基準による会計処理との関係では、企業結合により、保有していた子会社株式の消滅を認識し、対価として受け取る結合企業の株式は、新たな資産又は残存部分として取り扱われる（金融商品会計基準第11項から第13項）。当該結合企業の株式は、交換損益が認識される場合には新たな資産として、交換損益が認識されない場合には残存部分として取り扱われることとなる。

関連会社を被結合企業とした企業結合の場合

124. 企業結合前に被結合企業の株主が結合企業の株式を有していないものとすると、企業結合により、被結合企業の株主の結合後企業に対する持分比率は、従来の被結合企業に対する持分比率より減少する。このため、被結合企業がその株主の関連会社であった場合、当該株主にとって結合後企業は、関連会社になる場合（第40項参照）もあるが、関連会社に該当しない場合（第41項参照）もある。このような場合に、被結合企業の株主の投資は清算されたとみるか継続しているとみるかが論点となる。

　なお、被結合企業が関連会社であった場合、被結合企業の株主は、もともと当該被結合企業

を支配していないため、支配の有無をもって投資の継続にあたるかどうかを判断することはできない。

125. 受取対価が現金等の財産であれば、一般に、重要な継続的関与がない限り、期待が事実に転化したと考えられ、損益が認識される。しかしながら、他の財との引き換えがあっても、以前と同様の資産を獲得した場合には、期待が事実に転化していないと判断され、損益は認識されない。このような例は、次のような場合に見られる。

(1) 一般的な非貨幣財同士の交換において、獲得したのは同種の資産の場合

(2) 金融商品会計基準における消滅の認識において、受取対価が残存部分の場合

このような他の会計処理に鑑み、本会計基準では、これまでの被結合企業の株式への投資の性格が、企業結合により、当該被結合企業を含む結合後企業の株式と引き換えられたことによっても同じであるかどうか、具体的には、事業投資と同様の性格を引き続き有しているか否かによって判断することとした。これは、収益認識の有力な考え方である投資のリスクからの解放、すなわち、企業の期待がどれだけ事実に転化したのかに着目して成果をとらえる考え方に通ずるものである。

126. 関連会社株式は、子会社株式の場合と同じく事実上の事業投資と同様の会計処理を行うこととされている（金融商品会計基準第74項）。このため、企業結合により、関連会社である被結合企業の株式が当該被結合企業を含む結合後企業の株式と引き換えられたことによっても、結合後企業が関連会社である場合には、当該株式を通じて、被結合企業に関する事業投資を引き続き行っているとみられることから、交換損益は認識されないことが考えられる。

もっとも、関連会社という分類は同じであっても、まったく異なる事業を営んでいたりその規模が大きく異なったりするなどのために、異種の資産と引き換えられたと考えられるときがあるのではないかという意見がある。しかしな

がら、金融商品会計基準では、子会社株式の場合と同じく事実上の事業投資と同様の会計処理を行うこととされている。企業結合の前後で子会社である場合には、その株主は被結合企業に関する事業投資を引き続き行っており、したがって、投資が継続しているとみるものとすれば、被結合企業がその株主の関連会社であって当該株主にとって結合後企業は関連会社である場合にも同様に考え、交換損益は認識されないものとみることとなる（第40項参照）。

127. 一方、本会計基準では、企業結合により、関連会社である被結合企業の株式が当該被結合企業を含む結合後企業の株式と引き換えられたことによって、結合後企業は関連会社に該当しないこととなる場合には、もはや被結合企業に関する事業投資は継続していないものとみて、交換損益を認識することとした（第41項参照）。

128. なお、被結合企業の株主にとって、当該企業結合の前後において投資の継続にあたるかどうかについては、次のように他にもいくつかの判断規準が考えられるが、本会計基準では必ずしも適当とは考えていない。

(1) 被結合企業が被取得企業であるかどうか

これは、結合当事企業が取得企業となる場合と被取得企業となる場合の会計処理とに整合性をもたせ、取得企業の株主は交換損益を認識しないが、被取得企業の株主は交換損益を認識することとなるという考え方である。

しかしながら、企業結合において取得か否かを区別する持分の継続・非継続という考え方は、企業結合の会計処理に固有のものではなく、むしろ一般に事業の成果をとらえる際の投資の継続・清算と整合した概念であり、実現概念に通ずる考え方である（第69項及び第71項参照）。また、一般的な売買又は交換取引において、資産の譲受者と譲渡者が必ず対称的に会計処理を行うとは限らない。このため、取得にあたる事業分離において、分離元企業が移転損益の認識を行うとは限らないし、同様に、結合当事企業の個々の株主が交換損益の認識を行うとは限らない。個々の株

主の会計処理は、総体としての株主ではなく、個々の株主の観点から別途、判断することが適当と考えられる（第72項参照）。

(2) 事業に連続性があるかどうか

これは、個々の株主の会計処理は、個々の株主の観点から、一般の非貨幣財同士の交換や金融商品会計基準に照らして、被結合企業の事業と結合企業の事業に連続性があるかどうか（事業の継続）により判断する考え方である。

しかしながら、投資先が大規模な事業の入れ替え等を行い、事業に連続性がない場合でも、株式が引き換えられないときには、通常、株主は損益を認識しないこと、また、株式が引き換えられた場合でも、個々の株主が、投資先の事業に連続性があるかどうかを判断することが可能かどうかなどの問題があると考えられる。

129. また、現行の金融商品会計基準の適用においては、子会社株式又は関連会社株式の売却により持分比率が減少し、子会社株式又は関連会社株式に該当しなくなった場合（子会社株式又は関連会社株式からその他有価証券）には、帳簿価額をもって変更後の区分に振り替えることから、子会社又は関連会社である被結合企業の株式が当該被結合企業を含む結合後企業の株式と引き換えられたことによって、結合後企業が子会社や関連会社に該当しないこととなっても、交換損益は認識されないのではないかという意見がある。

しかしながら、株主が同一の株式を売却し持分比率が減少した場合と、投資先の企業が他の企業又は事業を受け入れたことに伴い持分比率が減少した場合とは、必ずしも同じ状況ではないため、同じ会計処理を行う必要はないものと考えられる。本会計基準では、子会社又は関連会社の企業結合により、被結合企業の株式が当該被結合企業を含む結合後企業の株式と引き換えられたことによって、子会社株式又は関連会社株式に該当しなくなった場合には、異種の資産と引き換えられたものとみなして、交換損益

を認識するものとした。

子会社や関連会社以外の投資先を被結合企業とした企業結合の場合

130. 企業結合前に被結合企業の株主が結合企業の株式を有していないものとすると、企業結合により、被結合企業の株主の結合後企業に対する持分比率は、従来の被結合企業に対する持分比率より減少する。このため、被結合企業がその株主の子会社や関連会社以外の投資先であった場合、当該株主にとって結合後企業の株式は、引き続き、子会社株式や関連会社株式に該当しないこととなる（その他有価証券からその他有価証券。なお、本項から第135項にあるその他有価証券には、売買目的有価証券の場合は含まないものとする。）。

131. 本会計基準では、被結合企業がその株主の子会社や関連会社以外の投資先であった場合において、当該企業結合が被結合企業の株主にとって投資の継続にあたるかどうかにつき、被結合企業が関連会社であった場合（第125項参照）と同様に、企業結合により被結合企業を含む結合後企業の株式と引き換えられたことによっても、これまでの被結合企業の株式（その他有価証券）への投資の性格が同じと考えられるかどうかによって判断することを考えている。

この場合、企業結合によって持分比率が減少しても、被結合企業の株主は、当該被結合企業を含む結合後企業の株式（その他有価証券）の保有を通じた投資を行っている。それは、売買目的有価証券（金融投資）と子会社株式及び関連会社株式（事業投資）との中間的な性格を有するものとしてとらえられており（金融商品会計基準第75項）、当該企業結合によって、企業が事前に考えていた当該投資の成果が期待されていたような結果になったとは必ずしも言えないため、交換損益を認識しないことが考えられる。

132. さらに、企業結合により、被結合企業の株式が、仮に異種の資産と考えられる結合企業の株式と引き換えられたときでも、その他有価証券に分類している場合には、当該被結合企業の

株主自身の積極的な意思によるものとは言い難いため、実務上、交換損益を認識することは適当ではないという考え方がある。

133. これらの考え方に対して、その他有価証券という分類は同じであっても、株式自体の流動性が大きく異なっていたり株式を通じた業務上の関係等が変化したりするなど、異種の資産と引き換えられたと考えられるときがあるのではないかという意見がある。これは、その他有価証券が、業務上の関係を有する企業の株式等から市場動向によっては売却を想定している有価証券まで多様な性格を有しており、保有目的等自体も多義的であり、かつ、変遷していく面があること等から、金融投資と事業投資との中間的な性格を有するものとして一括してとらえられており、様々な性格を有することによるものである。

しかしながら、金融商品会計基準では、その多様な性格に鑑み保有目的等を識別・細分化する客観的な基準を設けることが困難であるため、一括してその他有価証券としており、改めて、個々の保有目的等に応じてその性格付けをさらに細分化してそれぞれの会計処理を定めることは容易ではない。さらに、いわゆる財務構成要素アプローチが採られている現行の金融商品会計基準の適用において、被結合企業の株式をその他有価証券とし、結合後企業の株式がその他有価証券とされる場合でも、結合後企業の株式を新たな資産とはせず、したがって、損益は認識されていないと考えられる。

134. また、結合当事企業が取得企業となる場合と被取得企業となる場合との会計処理に整合性をもたせ、取得企業の株主は交換損益を認識しないが、被取得企業の株主は交換損益を認識するという意見もある。しかし、第128項(1)にて示されたように、個々の株主の会計処理は、総体としての株主ではなく、個々の株主の観点から別途、判断することが適当と考えられる。この際、取得企業となる場合でも被取得企業となる場合でも、個々の株主にとって投資のリスクは変質しているものの、その他有価証券に分類した投資先が他社を取得したか他社に取得されたかによって、個々の株主の期待に対応する事実が生じたと言えるかどうか疑問と考えられる。

135. 本会計基準では、これらを総合的に考え、企業結合によって被結合企業の株式が、当該被結合企業を含む結合後企業の株式と引き換えられたことによっても、結合後企業の株式がその他有価証券という同じ分類となる場合には、その投資の性格に変化がないとみて、投資の継続に該当するものとしている。

なお、引き換えの前後においてその他有価証券という同じ分類となる場合でも、企業結合とは別に、単純な株式同士の交換のように、ある企業の株式が他の企業の株式と引き換えられた場合には、異種の資産を受け取ったものとみて投資の清算に該当すると考え、通常、交換損益が認識されるものと考えられる。

受取対価が現金等の財産と結合企業の株式である場合の被結合企業の株主に係る会計処理

136. 被結合企業の株式が、結合企業の株式と引き換えられる場合であっても、分離元企業の会計処理と同様に、受取対価に現金等の財産が一部含まれているときの被結合企業の株主に係る会計処理には、いくつかの考え方がある。

137. 子会社株式や関連会社株式は、金融商品であるものの事業投資と同様の性格を有しているため、金融商品会計基準の定めにかかわらず、これらを被結合企業とする企業結合により、その株式が引き換えられた場合の会計処理は、事業分離における分離元企業の会計処理と整合的に行うことが適当と考えられる（第45項及び第46項参照）。

138. これに対して、子会社や関連会社以外の投資先を被結合企業とする企業結合により、子会社株式や関連会社株式以外の被結合企業の株式が引き換えられた場合は、金融商品会計基準に準じて処理することが適当と考えられる（第47項参照）。

結合企業の株主に係る会計処理

139. 結合当事企業の株主のうち、結合企業の株式を保有している株主は、企業結合によっても当該結合企業の株式を直接引き換えないが、当該企業結合に伴い、当該結合企業に対する持分比率が変動する。この場合における結合企業の株主に係る会計処理は、連結会計基準や金融商品会計基準等に従えば、次のように考えられる。

(1) 結合企業の株主の個別財務諸表

結合企業の株主が結合企業を子会社としていたが、企業結合により当該株主（親会社）の持分比率が減少し子会社に該当しなくなった場合には、結合企業の株主の個別財務諸表上、子会社株式から関連会社株式やその他有価証券に取得原価で振り替え、損益を認識しない。

また、結合企業の株主が結合企業を関連会社としていたが、企業結合により当該株主（投資会社）の持分比率が減少し関連会社に該当しなくなった場合には、関連会社株式からその他有価証券に取得原価で振り替え、損益を認識しないこととなる。

(2) 結合企業の株主の連結財務諸表

結合企業の株主が結合企業を子会社としており、企業結合により当該株主（親会社）の持分比率が減少した場合、親会社の持分の一部が非支配株主持分に振り替わることから生じる差額は、親会社の持分変動により生じた差額として、資本剰余金として処理することとなる。

また、結合企業の株主が結合企業を関連会社としており、企業結合により当該株主（投資会社）の持分比率が減少した場合、投資会社の持分の一部が他の持分に振り替わることから生じる差額は、原則として、持分変動差額として処理することとなる。

これらの会計処理は、企業結合によっても結合企業の株主においては、結合企業の株式を直接、他の財とは引き換えられないことを前提としているように考えられる。

140. これに対し、個々の株主にとっては、企業結合により、被結合企業の株主が新たに結合企業の株主となっても、引き続き結合企業の株主であっても、同様の経済的効果を有する場合がある。例えば、子会社であった被合併会社が合併により消滅し、被合併会社の株主は新たに合併会社を関連会社とする場合と、子会社であった合併会社が、合併により持分比率が減少し関連会社となった場合とは、結合当事企業の株主にとって、それぞれの合併による経済的効果は実質的に同じであるものと考えられる。このような場合には、被結合企業の株主に係る会計処理と結合企業の株主に係る会計処理とは、同様になるべきであると考えられる。このため、結合企業の株主に係る会計処理は、被結合企業の株主に係る会計処理に準じて行うものとした（第48項参照）。

分割型の会社分割における分割会社の株主に係る会計処理

141. 分割型の会社分割では、分割会社の株主が保有していた分割会社の株式は、新設会社又は承継会社の株式と直接引き換えられない。このため、当該分割会社の株主は、被結合企業の株主には該当しない。しかしながら、分割会社の株主が新たに受け取った新設会社又は承継会社の株式は、分割会社の事業が新設会社又は承継会社に移転されたことにより受け取るものと考えられる。したがって、被結合企業の株主に準じ、これまで保有していた分割会社の株式と実質的に引き換えられたものとみなすことが適当であると考えられる。

その上で、分割会社の株主が保有していた分割会社の株式に関する投資が清算されたとみる場合には、交換損益を認識し、投資が継続しているとみる場合には、交換損益を認識しないこととなる（第49項参照）。

142. 株主が、投資先から現金等の財産を受け取った場合、一般に、当該投資が清算されたとみて損益が認識される場合のほか、投資が継続しているとみるときにおいて、投資先から投資成果の分配を受けたとみなされ損益が認識される場

合がある（第144項また書き参照）。

しかしながら、分割型の会社分割において、分割会社の株主が新設会社又は承継会社の株式を受け取ることは、投資先である分割会社の事業分離により、投資先から財産を受け取ることを意味し、投資先から投資成果の分配を受けたものとはみなされない。このため、投資が継続しているとみる場合には、交換損益を認識しないこととなる。

現金以外の財産の分配を受けた場合の株主に係る会計処理

143. 株主が現金以外の財産の分配を受けた場合、これまでの現金配当の実務にあわせた処理を考慮すれば、当該株主の会計処理は、分配側の原資（払込資本か留保利益か）に従って区別することが考えられる。しかしながら、そもそも分配側の原資により、自動的に受取側の会計処理（投資の払戻か投資成果の分配か）が決定されるわけではない。現金以外の財産の分配を受けた株主の会計処理は、むしろ、交換等の一般的な会計処理の考え方に準じて、会計処理することが適当である。したがって、本会計基準では、原則として、これまで保有していた株式が実質的に引き換えられたものとみなして、被結合企業の株主に係る会計処理に準じて行うものとした（第52項参照）。

144. 被結合企業の株主は、被結合企業の株式と明らかに異なる資産を対価として受け取る場合には、通常、投資が清算されたとみなされる（第32項(1)参照）。このため、現金以外の財産の分配を受けた株主は、原則として、現金以外の財産の時価と受け取った部分に係る株式の適正な帳簿価額との差額を損益として認識することとなる。

しかしながら、当初から現金以外の財産での分配を期待している場合など、投資が継続しているとみなされるときもあり、この場合には、分配された財産の取得価額は、これまで保有していた株式のうち実質的に引き換えられたものとみなされる額とすることとなる。

また、投資後に生じた利益の分配など、投資が継続しているとみなされる中で当該投資の成果として現金以外の財産の分配が行われた場合には、分配された財産の時価をもって収益として計上することが合理的と考えられる。

開　示

損益計算書における表示

145. 交換損益は、通常、臨時的に生じる損益であるため、原則として、特別損益に計上する。

注記事項

146. 本会計基準では、事業分離における分離元企業と、企業結合において、100％子会社を被結合企業とする当該被結合企業の株主（親会社）とでは、経済的効果が実質的に同じであり、また、被結合企業の株主が親会社である場合の会計処理は、被結合企業が100％子会社の場合でも100％子会社以外の子会社の場合でも整合的に行うものとしている（第73項及び第122項参照）。このため、注記事項についても、子会社を結合当事企業とする株主（親会社）は、事業分離における分離元企業と同様の開示を行うことが適当である。

適用時期等

147. 平成17年会計基準は、平成15年企業結合会計基準と合わせて適用することが適当であると考えられるため、平成18年4月1日以後開始する事業年度から適用する。

148. 平成20年改正会計基準の適用初年度においては、会計基準等の改正に伴う会計方針の変更として取り扱うこととなるが、この場合であっても、事業分離等は一般に毎期継続して行われるものではないこと、また、平成20年改正会計基準の適用前に実施された事業分離等に係る従前の取扱いは平成20年改正会計基準の適用後においても継続することとされたこと、さらには、事業分離等が行われたときにはその概要等の注記が求められていることから（例えば、第28項参照）、会計方針の変更による影響額の注記は

要しないものとした（第57-3項参照）。

149. 平成20年改正会計基準の適用初年度において、事業年度の事業分離等に関する会計処理が当該事業年度を構成する中間又は四半期会計期間における会計処理と異なることとなる場合であっても、いわゆる中間又は四半期・年度の首尾一貫性が保持されていない場合には該当しない。

　　　ただし、平成20年改正会計基準の適用日の前後において、経済的に同一の事象と考えられる事業分離等が同一事業年度（又は同一中間若しくは四半期会計期間）内に行われており、かつ、適用される会計処理が異なる場合には、会計処理の相違が重要なものについて、その旨及びその内容を追加情報として財務諸表に注記することが適当である。

150. 平成25年改正会計基準適用前の財務諸表に対して、平成25年改正会計基準が定める新たな会計方針の遡及適用（企業会計基準第24号第4項(9)）を行うためには、過去の事業分離等について、長期にわたり相当程度の情報を入手することが必要になることが多く、そうした場合は実務的な対応に困難を伴うため、平成25年改正会計基準適用前の財務諸表への遡及適用は求めるべきではないとの意見があった。一方、比較

的最近の事業分離等の取引のみである場合等、遡及適用が可能な場合にはあえてその適用を妨げる必要はないとの意見もあった。

　　　これらの点を踏まえ、また、遡及適用による実務上の負担を考慮すべきという公開草案に寄せられた意見も検討した結果、平成25年改正会計基準は、企業会計基準第24号第6項(1)の会計基準等に定める特定の経過的な取扱いとして、非支配株主との取引について過去の期間のすべてに新たな会計方針を遡及適用した場合の適用初年度の期首時点の累積的影響額を、適用初年度の期首の資本剰余金及び利益剰余金に加減し、当該期首残高から新たな会計方針を適用することとした。そのうえで、前述のように通常は遡及適用を行うことは困難であることを考慮し、遡及適用を行わない場合、それが困難である等の条件は付さず、非支配株主との取引について新たな会計方針を適用初年度の期首から将来にわたって適用できることとした（第57-4項(4)参照）。

　　　なお、平成25年改正会計基準の適用初年度においては、企業会計基準第24号第10項(1)から(6)に定める所定の注記を行うことに留意する。

　　　　　　　　　　　　　　　　以　上

企業会計基準第8号

ストック・オプション等に関する会計基準

（平成17年12月27日
企業会計基準委員会）

本会計基準は、2022年7月1日までに公表された次の会計基準等による修正が反映されている。

- ・企業会計基準第10号「金融商品に関する会計基準」（2008年（平成20年）3月10日改正）
- ・企業会計基準第21号「企業結合に関する会計基準」（平成20年12月26日改正）
- ・企業会計基準第22号「連結財務諸表に関する会計基準」（平成25年9月13日改正）
- ・「企業会計基準の訂正について」（2022年7月1日公表）

目　次

目　的

1．我が国では、平成13年11月の商法改正において新株予約権制度が導入されたことを契機として、新株予約権のストック・オプションとしての利用が活発化している。本会計基準は、主としてストック・オプション取引の会計処理及び開示を明らかにすることを目的としている。

会計基準

用語の定義

2．本会計基準における用語の定義は次のとおりとする。

(1)　「自社株式オプション」とは、自社の株式（財務諸表を報告する企業の株式）を原資産とするコール・オプション（一定の金額の支払により、原資産である自社の株式を取得する権

利）をいう。新株予約権はこれに該当する。

　なお、本会計基準においては、企業が、財貨又はサービスを取得する対価として自社株式オプションを取引の相手方に付与し、その結果、自社株式オプション保有者の権利行使に応じて自社の株式を交付する義務を負う場合を取り扱っている。

(2)　「ストック・オプション」とは、自社株式オプションのうち、特に企業がその従業員等（本項(3)）に、報酬（本項(4)）として付与するものをいう。ストック・オプションには、権利行使により対象となる株式を取得することができるというストック・オプション本来の権利を獲得すること（以下「権利の確定」という。）につき条件が付されているものが多い。当該権利の確定についての条件（以下「権利確定条件」という。）には、勤務条件（本項(10)）や業績条件（本項(11)）がある。

(3)　「従業員等」とは、企業と雇用関係にある使用人のほか、企業の取締役、会計参与、監査役及び執行役並びにこれに準ずる者をいう。

(4)　「報酬」とは、企業が従業員等から受けた労働や業務執行等のサービスの対価として、従業員等に給付されるものをいう。

(5)　「行使価格」とは、ストック・オプションの権利行使にあたり、払い込むべきものとして定められたストック・オプションの単位当たりの金額をいう。

(6)　「付与日」とは、ストック・オプションが付与された日をいう。会社法（平成17年法律第86号）にいう、募集新株予約権の割当日（会社法第238条第1項第4号）がこれにあたる。

(7)　「権利確定日」とは、権利の確定した日をいう。権利確定日が明らかではない場合には、原則として、ストック・オプションを付与された従業員等がその権利を行使できる期間（以下「権利行使期間」という。）の開始日の前日を権利確定日とみなす。

(8)　「権利行使日」とは、ストック・オプションを付与された者がその権利を行使したことにより、行使価格に基づく金額が払い込まれた日をいう。

(9)　「対象勤務期間」とは、ストック・オプションと報酬関係にあるサービスの提供期間であり、付与日から権利確定日までの期間をいう。

(10)　「勤務条件」とは、ストック・オプションのうち、条件付きのものにおいて、従業員等の一定期間の勤務や業務執行に基づく条件をいう。

(11)　「業績条件」とは、ストック・オプションのうち、条件付きのものにおいて、一定の業績（株価を含む。）の達成又は不達成に基づく条件をいう。

(12)　「公正な評価額」とは、一般に、市場において形成されている取引価格、気配値又は指標その他の相場（以下「市場価格」という。）に基づく価額をいうが、市場価格がない場合でも、当該ストック・オプションの原資産である自社の株式の市場価格に基づき、合理的に算定された価額を入手できるときには、その合理的に算定された価額は公正な評価額と認められる。また、単位当たりの公正な評価額を「公正な評価単価」という。

(13)　「失効」とは、ストック・オプションが付与されたものの、権利行使されないことが確定することをいう。失効には、権利確定条件が達成されなかったことによる失効（以下「権利不確定による失効」という。）と、権利行使期間中に行使されなかったことによる失効（以下「権利不行使による失効」という。）とがある。

(14)　「公開企業」とは、株式を証券取引所に上場している企業又はその株式が組織された店頭市場に登録されている企業をいう。「未公開企業」とは、公開企業以外の企業をいう。なお、ここにいう証券取引所及び店頭市場には海外の証券取引所及び店頭市場を含み、また、組織された店頭市場とは、株価を公表するシステムが存在する店頭市場をいう。

(15)　ストック・オプションに係る「条件変更」とは、付与したストック・オプションに係る条件を事後的に変更し、ストック・オプションの公正な評価単価、ストック・オプション

数又は合理的な費用の計上期間のいずれか1つ以上を意図して変動させることをいう。

範　囲

3．本会計基準は、次の取引に対して適用される。

(1) 企業がその従業員等に対しストック・オプションを付与する取引

(2) 企業が財貨又はサービスの取得において、対価として自社株式オプションを付与する取引であって、(1)以外のもの

(3) 企業が財貨又はサービスの取得において、対価として自社の株式を交付する取引

なお、(2)又は(3)に該当する取引であっても、企業会計基準第21号「企業結合に関する会計基準」（以下「企業結合会計基準」という。）等、他の会計基準の範囲に含まれる取引については、本会計基準は適用されない。

ストック・オプションに関する会計処理
権利確定日以前の会計処理

4．ストック・オプションを付与し、これに応じて企業が従業員等から取得するサービスは、その取得に応じて費用として計上し、対応する金額を、ストック・オプションの権利の行使又は失効が確定するまでの間、貸借対照表の純資産の部に新株予約権として計上する。

5．各会計期間における費用計上額は、ストック・オプションの公正な評価額のうち、対象勤務期間を基礎とする方法その他の合理的な方法に基づき当期に発生したと認められる額である。ストック・オプションの公正な評価額は、公正な評価単価にストック・オプション数を乗じて算定する。

6．ストック・オプションの公正な評価単価の算定は、次のように行う。

(1) 付与日現在で算定し、第10項(1)の条件変更の場合を除き、その後は見直さない。

(2) ストック・オプションは、通常、市場価格を観察することができないため、株式オプションの合理的な価額の見積りに広く受け入れられている算定技法を利用することとなる。

算定技法の利用にあたっては、付与するストック・オプションの特性や条件等を適切に反映するよう必要に応じて調整を加える。ただし、失効の見込みについてはストック・オプション数に反映させるため、公正な評価単価の算定上は考慮しない。

7．ストック・オプション数の算定及びその見直しによる会計処理は、次のように行う。

(1) 付与されたストック・オプション数（以下「付与数」という。）から、権利不確定による失効の見積数を控除して算定する。

(2) 付与日から権利確定日の直前までの間に、権利不確定による失効の見積数に重要な変動が生じた場合（第11項の条件変更による場合を除く。）には、これに応じてストック・オプション数を見直す。

これによりストック・オプション数を見直した場合には、見直し後のストック・オプション数に基づくストック・オプションの公正な評価額に基づき、その期までに費用として計上すべき額と、これまでに計上した額との差額を見直した期の損益として計上する。

(3) 権利確定日には、ストック・オプション数を権利の確定したストック・オプション数（以下「権利確定数」という。）と一致させる。

これによりストック・オプション数を修正した場合には、修正後のストック・オプション数に基づくストック・オプションの公正な評価額に基づき、権利確定日までに費用として計上すべき額と、これまでに計上した額との差額を権利確定日の属する期の損益として計上する。

権利確定日後の会計処理

8．ストック・オプションが権利行使され、これに対して新株を発行した場合には、新株予約権として計上した額（第4項）のうち、当該権利行使に対応する部分を払込資本に振り替える。

なお、新株予約権の行使に伴い、当該企業が自己株式を処分した場合には、自己株式の取得原価と、新株予約権の帳簿価額及び権利行使に

伴う払込金額の合計額との差額は、自己株式処分差額であり、企業会計基準第1号「自己株式及び準備金の額の減少等に関する会計基準」第9項、第10項及び第12項により会計処理を行う。

9. 権利不行使による失効が生じた場合には、新株予約権として計上した額（第4項）のうち、当該失効に対応する部分を利益として計上する。この会計処理は、当該失効が確定した期に行う。

ストック・オプションに係る条件変更の会計処理
ストック・オプションの公正な評価単価を変動させる条件変更

10. ストック・オプションにつき、行使価格を変更する等の条件変更により、公正な評価単価を変動させた場合には、次のように会計処理する。

(1) 条件変更日（条件変更が行われた日のうち、特に条件変更以後をいう。）におけるストック・オプションの公正な評価単価が、付与日における公正な評価単価を上回る場合には、第5項の定めに基づき条件変更前から行われてきた、付与日におけるストック・オプションの公正な評価単価に基づく公正な評価額による費用計上を継続して行うことに加え、条件変更日におけるストック・オプションの公正な評価単価が付与日における公正な評価単価を上回る部分に見合う、ストック・オプションの公正な評価額の増加額につき、以後追加的に第5項の定めに基づく費用計上を行う。

(2) 条件変更日におけるストック・オプションの公正な評価単価が付与日における公正な評価単価以下となる場合には、条件変更日以後においても、第5項の定めに基づき条件変更前から行われてきた、ストック・オプションの付与日における公正な評価単価に基づく公正な評価額による費用計上を継続する。

なお、新たな条件のストック・オプションの付与と引換えに、当初付与したストック・オプションを取り消す場合には、実質的に当初付与したストック・オプションの条件変更と同じ経済実態を有すると考えられる限り、ストック・オプションの条件変更とみなして会計処理を行う。

ストック・オプション数を変動させる条件変更

11. ストック・オプションにつき、権利確定条件を変更する等の条件変更により、ストック・オプション数を変動させた場合には、条件変更前から行われてきた、第5項の定めに基づく費用計上を継続して行うことに加え、条件変更によるストック・オプション数の変動に見合う、ストック・オプションの公正な評価額の変動額を、以後、合理的な方法に基づき、残存期間にわたって計上する。

費用の合理的な計上期間を変動させる条件変更

12. ストック・オプションにつき、対象勤務期間の延長又は短縮に結びつく勤務条件の変更等により、費用の合理的な計上期間を変動させた場合には、当該条件変更前の残存期間に計上すると見込んでいた金額を、以後、合理的な方法に基づき、新たな残存期間にわたって費用計上する。

未公開企業における取扱い

13. 未公開企業については、ストック・オプションの公正な評価単価に代え、ストック・オプションの単位当たりの本源的価値の見積りに基づいて会計処理を行うことができる。この場合、本会計基準の他の項で「公正な評価単価」を、「単位当たりの本源的価値」と読み替えてこれを適用する。この結果、特に第6項(1)の適用に関しては、付与日現在でストック・オプションの単位当たりの本源的価値を見積り、その後は見直さないこととなる。

ここで、「単位当たりの本源的価値」とは、算定時点においてストック・オプションが権利行使されると仮定した場合の単位当たりの価値であり、当該時点におけるストック・オプションの原資産である自社の株式の評価額と行使価格との差額をいう。

財貨又はサービスの取得の対価として自社株式オプションを付与する取引の会計処理

14. 企業が従業員等からサービスを取得する対価

としてストック・オプションを用いる取引について定めた前項までの会計処理は、取引の相手方や取得する財貨又はサービスの内容にかかわらず、原則として、取得の対価として自社株式オプションを用いる取引一般に適用される。ただし、次の点に留意する必要がある。

(1) 取得した財貨又はサービスが、他の会計基準に基づき資産とされる場合には、当該他の会計基準に基づき会計処理を行う。

(2) 取得した財貨又はサービスの取得価額は、対価として用いられた自社株式オプションの公正な評価額若しくは取得した財貨又はサービスの公正な評価額のうち、いずれかより高い信頼性をもって測定可能な評価額で算定する。

(3) 自社株式オプションの付与日における公正な評価単価の算定につき、市場価格が観察できる場合には、当該市場価格による。

財貨又はサービスの取得の対価として自社の株式を交付する取引の会計処理

15. 企業が財貨又はサービスの取得の対価として、自社の株式を用いる取引については、次のように会計処理を行う。

(1) 取得した財貨又はサービスを資産又は費用として計上し、対応額を払込資本として計上する。

(2) 取得した財貨又はサービスの取得価額は、対価として用いられた自社の株式の契約日における公正な評価額若しくは取得した財貨又はサービスの公正な評価額のうち、いずれかより高い信頼性をもって測定可能な評価額で算定する。

開 示

16. 次の事項を注記する。

(1) 本会計基準の適用による財務諸表への影響額

(2) 各会計期間において存在したストック・オプションの内容、規模（付与数等）及びその変動状況（行使数や失効数等）。なお、対象

となるストック・オプションには、適用開始より前に付与されたものを含む（第17項）。

(3) ストック・オプションの公正な評価単価の見積方法

(4) ストック・オプションの権利確定数の見積方法

(5) ストック・オプションの単位当たりの本源的価値による算定を行う場合（第13項）には、当該ストック・オプションの各期末における本源的価値の合計額及び各会計期間中に権利行使されたストック・オプションの権利行使日における本源的価値の合計額（第60項から第63項）

(6) ストック・オプションの条件変更の状況

(7) 自社株式オプション又は自社の株式に対価性がない場合には、その旨及びそのように判断した根拠（第29項）

財貨又はサービスの対価として自社株式オプション又は自社の株式を用いる取引（ストック・オプションを付与する取引を除く。）についても、ストック・オプションを付与する取引に準じて、該当する事項を注記する。

適用時期及び経過措置

17. 本会計基準は、会社法の施行日以後に付与されるストック・オプション、自社株式オプション及び交付される自社の株式について適用する。

ただし、第16項(2)の開示については、会社法の施行日より前に付与されたストック・オプションであっても、会社法の施行日以後に存在するものについて適用する。

18. 会社法の施行日より前に付与され、本会計基準が適用されていないストック・オプションの条件を会社法の施行日以後に変更した場合には、ストック・オプションの条件変更日における公正な評価単価が付与日における公正な評価単価を上回った部分に見合うストック・オプションの公正な評価額の増加額につき、条件変更日以後、本会計基準を適用して会計処理を行う。

議 決

19. 本会計基準は、第95回企業会計基準委員会に出席した委員12名全員の賛成により承認された。

20. 第95回企業会計基準委員会に出席した委員は、次のとおりである。

　　　（略）

結論の背景

経 緯

21. 我が国では、平成13年11月の商法改正により新株予約権制度が導入されて以来、新株予約権のストック・オプションとしての利用が活発化し、また海外においても、ストック・オプション等の会計基準が整備されつつあったことから、当委員会では、平成14年5月にストック・オプション等専門委員会を設置して、本会計基準及びその適用指針の開発を進めてきた。これまでの検討の経緯は、概ね次のとおりである。

　当委員会はまず、「わが国におけるストック・オプション制度に関する実態調査」（以下「実態調査」という。）を実施するとともに、この分野における国際的な動向に関する基礎調査の結果を踏まえ、会計基準を開発する上で考慮すべき基本的な論点を整理し、平成14年12月に「ストック・オプション会計に係る論点の整理」（以下「論点整理」という。）として公表した。これに関して、コメントを求めるとともに、公聴会を開催し公述人より意見を聴取した。

　当委員会では、このようにして得られたコメント、公述意見や実態調査の結果を踏まえて慎重に審議を重ね、平成16年12月に、会計処理の枠組みを企業会計基準公開草案第3号「ストック・オプション等に関する会計基準（案）」（以下「公開草案第3号」という。）として公表した。その後、これに対して寄せられたコメントを踏まえ、公開草案第3号の見直しを進めるとともに、その適用に際して必要と考えられる適用指針の開発を行った。平成17年10月には、その結果を、企業会計基準公開草案第11号「ストック・オプション等に関する会計基準（案）」及び企業会計基準適用指針公開草案第14号「ストック・

オプション等に関する会計基準の適用指針（案）」として公表し、これに対して寄せられたコメントを踏まえて、さらに検討を加えた。

　本会計基準及びその適用指針は、当委員会における以上のような検討の結果として公表されるものである。

　なお、公開草案第3号の検討の過程で、重要な論点の1つとなった、「ストック・オプションの権利の行使又は失効までの間の費用認識の相手勘定」の問題に関しては、貸借対照表における貸方項目の区分表示のあり方全般として検討する必要があると判断し、そのためのプロジェクトを新たに立ち上げ、この中で、公開草案第3号に対して寄せられたコメントの内容も十分に斟酌しつつ審議を行った。その結果は、平成17年12月に、企業会計基準第5号「貸借対照表の純資産の部の表示に関する会計基準」及び企業会計基準適用指針第8号「貸借対照表の純資産の部の表示に関する会計基準等の適用指針」として公表されており、本会計基準の内容もこれに沿ったものである。

22. 会社法（平成17年法律第86号）においては、本会計基準の処理に対応して、募集新株予約権について、「割当日」と「払込期日」を区分して、ストック・オプションを付与された者が、その割当日（本会計基準にいう付与日）から新株予約権者になることを明らかにするとともに、払込金額が存在する場合については、払込期日までに払い込めばよいこととされている（もし、払込期日までに払込金額全額の払込みがなされない場合には、権利行使できないこととされている。）（会社法第245条及び第246条）。

　また、ストック・オプションの発行の際に払込金額を定めた場合には、本会計基準の処理に対応して、従業員等がサービス提供を行うことにより、従業員等が株式会社に対して報酬債権を取得し、新株予約権者は、株式会社の承諾を得て、払込みに代えて、当該株式会社に対する債権をもって相殺するという法的な構成を行うことが可能とされている（会社法第246条第2項）。

　なお、ストック・オプションについては、会社法上の払込金額の有無又は多寡にかかわらず、本会計基準を適用の結果算定された金額で費用及び新株予約権の計上を行うとともに（第4項及び第5項）、その行使があった場合には、これを前提に払込資本への計上等の会計処理（第8項）を行うことに留意する必要がある。

範　囲
範囲の考え方

23．本会計基準の検討は、平成13年11月の商法改正における新株予約権制度の導入に伴い、新株予約権のストック・オプションとしての利用が活発化していることを踏まえ、このような取引の会計処理を明らかにするという要請に応えるために行われたものであり、本会計基準が適用対象として中心的に想定する取引は、従業員等に報酬として付与される自社株式オプション（ストック・オプション）である。従業員等に付与される自社株式オプションは、一般的に報酬としての性格を持つと考えられる。このように、本会計基準の一義的な目的は、従業員等に対する報酬として、現金等の会社財産ではなく、自社株式オプションを付与する取引の会計処理を明らかにすることである。

24．本会計基準では、親会社が子会社の従業員等に、親会社株式を原資産とした株式オプションを付与する取引についても検討した。もともと、子会社とその従業員等との間には、雇用や業務執行に係る継続的な契約関係があり、両者の間でこれに基づくサービスと報酬の授受が行われている。子会社の従業員等に、親会社株式のオプションが付与された場合に、これに対応して量又は質の面で追加的に提供されると考えられるサービスの直接の受領者もまた子会社である。しかし、親会社が子会社の従業員等に自社株式オプションを付与するのは、子会社の従業員等に対し、親会社自身の子会社に対する投資の価値を結果的に高めるようなサービス提供を期待しているためと考えられる。したがって、このような取引にも対価性を認めることができ、第

3項(2)の取引に該当するものとして本会計基準の適用範囲に含まれると考えられる。

25．第21項で述べた検討の経緯から、本会計基準においては、企業が従業員等からサービスの提供を受ける際に、対価として自社株式オプションを付与するストック・オプションの取引に係る会計上の取扱いを明らかにすることを主眼としている（第23項）。しかしながら、ストック・オプション取引の性質のうち会計的に重要な部分は、企業がサービス等を取得する際の対価として自社株式オプションを用いるという点にあると考えられる。この点は、取引の相手方が自社の従業員等であるか否か、及び企業が取得するものの内容が労働サービス等であるか否かにかかわらず、自社株式オプションを財貨又はサービスの取得の対価として用いる取引全般に共通しており、このような取引全体に整合的な会計上の取扱いが求められるものと考えられる。そのため、本会計基準では、ストック・オプションに関する会計処理を中心的な適用範囲として想定しつつも、企業が自社株式オプションをこのような対価として用いる取引一般についても適用範囲に含めることとした。

26．自社株式オプションを対価として用いた場合には、権利行使が行われてはじめて自社の株式を交付することとなるが、当初から自社の株式を対価として用いる取引も想定される。本会計基準では、このような財貨又はサービスの取得の対価として自社の株式の交付に結び付き得る方法を選択した場合の取引についても、適用範囲に含めている。

　自社の株式を対価とする取引は、自社株式オプションを対価とした場合とは異なり、権利の行使や失効に係る会計処理上の問題は生じない。しかし、対価の内容が自社の株式の交付に結び付く（又はその可能性がある）という点では、自社株式オプションと共通であり、このような対価の付与又は交付によって取得した財貨又はサービスを財務諸表上で認識すべきか否かという点は、両者に共通する問題である。

範囲に含まれない取引

27. 本会計基準は、第3項で述べた取引に適用される。したがって、本会計基準は、次のような取引には適用されない。

(1) 自社株式オプション又は自社の株式を用いない取引（第28項）

(2) 付与した自社株式オプション又は交付した自社の株式が、財貨又はサービスの取得の対価にあたらない場合（第29項）

(3) デット・エクイティ・スワップ取引（第30項）

(4) 取得するものが事業である場合（第31項）

(5) 従業員持株制度において自社の株式購入に関し、奨励金を支出する取引（第32項）

(6) 敵対的買収防止策として付与される自社株式オプション（第33項）

28. 企業が従業員等に付与する報酬の額や、財貨又はサービスの取得に際して付与する対価の額が、何らかの形で自社の株式の市場価格に連動するものであっても、自社株式オプションや自社の株式を用いない限り、本会計基準の適用対象とはならない。

ストック・オプションに関する会計処理を取り扱っている他の国際的な会計基準においては、取得の対価として自社株式オプションや自社の株式を用いる取引のみならず、対価として現金を支払うものの、その金額が契約等により自社の株式の市場価格と連動することとされている取引や、企業又は従業員等の選択により、自社の株式又はその市場価格に基づく価額に相当する現金が交付される取引についても取り扱っているものがある。

しかし、第23項で述べたとおり、本会計基準は、我が国におけるストック・オプション制度の運用の実態に即して、その会計処理を明らかにする必要性に応えることを主な目的とするものであることから、自社株式オプションや自社の株式を財貨又はサービスの取得の対価とする取引に限って検討を行った。

29. 本会計基準は、付与した自社株式オプションや交付した自社の株式が、取得の対価として用いられることが前提となっている。経済的に合理的な行動を行う企業が自社株式オプションや自社の株式を付与又は交付するからには、それらは基本的に対価性を有していると考えられる。そうではない場合は、企業が当該企業の株主としての地位を有する者に対して、その地位に基づき自社株式オプションや自社の株式を付与又は交付したが、それらの者の一部がたまたま従業員等でもあるといった場合を除いては、極めて稀であると考えられる。そのため、企業が自社株式オプションや自社の株式を付与又は交付する取引に関しては、対価性があることを当然の前提として基準を設けるべきだとする意見がある。しかし、論点整理に対するコメントや公聴会における公述意見の中には、ストック・オプションの対価性自体に疑問を呈するものもあった。そのため、本会計基準の導入に際しては、企業が自社株式オプションや自社の株式を付与又は交付する取引であっても、対価性の存在しないことを立証できる場合には、本会計基準の適用対象外とした。ただし、対価性がないと判断するためには、対価性の推定を覆すに足りるだけの明確な反証が必要と考えられ、その反証の内容につき開示を求めることとした（第16項(7)）。

30. 本会計基準が適用されるのは、企業が自社の従業員等にストック・オプションを付与する取引を含め、企業が財貨又はサービスを取得する取引において、対価として自社株式オプションや自社の株式を用いる取引である（第3項）。したがって、債権者と債務者の事後の合意に基づき、債権者側から見て債権を株式とする取引である、いわゆるデット・エクイティ・スワップ取引は、本会計基準の適用範囲に含まれない。

31. 自社株式オプションや自社の株式を対価として取得するものが事業にあたる場合には、企業結合会計基準が適用され、本会計基準の適用対象とはならない（第3項）。

32. 企業によっては、いわゆる従業員持株制度等、従業員が当該企業の株式を購入する上での便宜を図るための制度を設けている場合がある。こ

のような制度において、企業側から従業員等に対して何らかの経済的支援が行われている場合にも、それらの経済的支援は当初から奨励金等として報酬の額に加算される形をとっており、既に財務諸表において認識されていることが通常である。このような取引は本会計基準の適用対象とはならない。

33. 敵対的買収防止策として、一定の者に自社株式オプションが付与される場合があるが、このような自社株式オプションは財貨又はサービスを取得する対価として付与されているわけではなく、第3項の適用範囲には含まれないと考えられる。

   このような自社株式オプションの付与は、通常、第37項にいう、「対価関係にある給付の受入れを伴わない取引」に該当すると考えられ、そのように対価性のないことが明確である取引の場合には、当該取引に関して費用を認識しないことになる。

ストック・オプションに関する会計処理
取得したサービスの認識
（論点整理に対するコメント等）

34. 費用認識の要否に関する論点整理に対しては多くのコメントや公述意見が寄せられたが、会計上の考え方に関する主な指摘事項は、次のように整理することができる。

   (1) 費用認識に根拠があるとする指摘（第35項）
      従業員等は、ストック・オプションを対価としてこれと引換えに企業にサービスを提供し、企業はこれを消費しているから、費用認識に根拠がある。

   (2) 費用認識の前提条件に疑問があるとする指摘（第36項）
      費用認識に根拠があるとする指摘の前提となっている、ストック・オプションがサービスに対する対価として付与されているという前提（対価性）に疑問がある。

   (3) 費用認識に根拠がないとする指摘（第37項及び第38項）
      ストック・オプションの付与によっても、

新旧株主間で富の移転が生じるに過ぎないから、現行の会計基準の枠組みの中では費用認識には根拠がない。また、ストック・オプションを付与しても、企業には現金その他の会社財産の流出が生じないため、費用認識に根拠がない。

   (4) 見積りの信頼性の観点から、費用認識が困難又は不適当であるとする指摘（第40項）
      ストック・オプションの公正な評価額の見積りに信頼性がない。

（費用認識に根拠があるとする指摘の検討）

35. 費用認識に根拠があるとする指摘は、従業員等に付与されたストック・オプションを対価として、これと引換えに、企業に追加的にサービスが提供され、企業に帰属することとなったサービスを消費したことに費用認識の根拠があると考えるものである。

   企業に帰属し、貸借対照表に計上されている財貨を消費した場合に費用認識が必要である以上、企業に帰属しているサービスを消費した場合にも費用を認識するのが整合的である。企業に帰属したサービスを貸借対照表に計上しないのは、単にサービスの性質上、貯蔵性がなく取得と同時に消費されてしまうからに過ぎず、その消費は財貨の消費と本質的に何ら異なるところはないからである。

（費用認識の前提条件に疑問があるとする指摘の検討）

36. 前項の議論は、自社株式オプションが、従業員等によって提供されるサービスの対価として付与されたものであるとの理解が前提となっており、対価である自社株式オプションと引換えに、サービスが企業に帰属することになったと考えるものであるが、これに対して、そもそも従業員等に付与された自社株式オプションの対価性に疑問があるとの指摘もある。例えば、論点整理に対するコメントの中には、従業員等に付与される自社株式オプションの価値は直接的には当該企業の株価と連動しており、サービスの提供と間接的な結び付きはあっても、必ずしもこれと十分に連動しているとはいえないとの指摘があるが、これは、このような自社株式オ

プションの対価性を問題にしているものと解釈できる。

　しかし、一般的には、合理的な経済活動を営んでいる企業が見返りも無く自社株式オプションを付与しているとは考えにくい。そのため、審議の中では、企業が従業員等に自社株式オプションを付与した場合には、そのような自社株式オプションは、基本的に報酬性を有するものと理解すべきと考えられた。本会計基準の検討に際して実施した実態調査の結果を見ても、過半の企業が、従業員等に付与した自社株式オプションが報酬であるとの認識を持っている旨回答している。さらに、直接的に報酬であるとは回答していない企業についても、業績向上・モチベーション増進等を目指したインセンティブ制度として付与していると回答しているなど、実質的に報酬として付与しているとみられる例がほとんどであった。同じ調査の中で、圧倒的な多数がストック・オプション制度の目的として勤労意欲の増進を挙げていることからも明らかなように、従業員等に付与された自社株式オプションが、多かれ少なかれインセンティブ効果を有すること、すなわち、これを従業員等に付与した場合に量又は質の面で追加的なサービスの提供が期待されること自体については、あまり異論はないものと考えられた。自社株式オプションの価値が当該企業の株価と連動しているのは確かであるが、これをストック・オプションとして用いる場合には、その付与日における価値を前提として、サービス取得の対価として用いていると考えることができる（第44項）。

　もっとも、第29項で述べたとおり、従業員等に付与された自社株式オプションについて、対価性がないことが立証できる場合には、本会計基準の適用対象外としている。

（費用認識に根拠がないとする指摘の検討）

37. 費用認識に根拠がないとする指摘の背景として、現行の会計基準の枠組みにおいては、単に新旧株主間で富の移転が生じるだけの取引では費用認識を行っていないことが挙げられる。例えば、新株が時価未満で発行された場合には、新株を引き受ける者が当該株式の時価と発行価格との差額分の利益を享受する反面、既存株主にはこれに相当する持分の希薄化が生じ、新旧株主間で富の移転が生じている。このような場合、現行の会計基準の枠組みの中では、企業の株主持分の内部で富の移転が生じたに過ぎないと考え、時価と発行価額との差額については特に会計処理を行わない。もし、サービスの対価として従業員等にこれを付与する取引も会計上これと同様の取引であると評価することができれば、現行の会計基準の枠組みの中では費用認識に根拠はないということになる。

　確かにストック・オプションの付与も新旧株主間における富の移転を生じさせ得るものではあるが、新旧株主間において富の移転を生じさせたからといって、それだけで費用認識が否定されるわけではない。例えば、ストック・オプションに代えて株式そのものを発行した場合でも新旧株主間における富の移転は生じ得るが、そのことをもって、資産の取得や費用の発生が認識されないということにはならない。ストック・オプションは、権利行使された場合に新株が時価未満で発行されることに伴ってオプションを付与された側に生ずる利益（付与時点では、その利益に対する期待価値）を、サービスの対価として付与するものであり、この取引の結果、企業に帰属することとなったサービスを消費することにより、費用を生じる取引としての性格を有していると考えられる。

　このように、同じように新旧株主間の富の移転を生ずる取引であっても、従業員等に対してストック・オプションを付与する取引のように、対価として利用されている取引（対価関係にあるサービスの受領・消費を費用として認識する。）と、自社の株式の時価未満での発行のように、発行価額の払込み以外に、対価関係にある給付の受入れを伴わない取引とは異なる種類の取引であり、この2つを会計上同様の取引として評価する本項冒頭に掲げた指摘は必ずしも成り立たないと考えられる。

38. 費用認識に根拠がないとする指摘には、前項の指摘の他、費用として認識されているものは、いずれかの時点で現金その他の会社財産の流出に結び付くのが通常であるが、従業員等にサービス提供の対価としてストック・オプションを付与する取引においては、付与時点ではもちろん、サービスが提供され、それを消費した時点においても、会社財産の流出はないことを理由とするものがある。しかし、第35項で述べたように、提供されたサービスの消費も財貨の消費と整合的に取り扱うべきであり、ストック・オプションによって取得されたサービスの消費であっても、消費の事実に着目すれば、企業にとっての費用と考えられる。

　さらにこの指摘は、サービスの提供を受けることの対価として会社財産の流出を伴う給付がないことに着目したものとも考えられる。確かに、サービスの消費があっても対価の給付がない取引では、費用は認識されない（仮に認識するとしても、無償でサービスの提供を受けたことによる利益と相殺され、損益に対する影響はない。）。しかし、ストック・オプションを付与する取引では、株式を時価未満で購入する条件付きの権利を対価としてサービスの提供を受けるのであり、無償でサービスの提供を受ける取引とは異なる。

　このように考えると、対価としての会社財産の流出は費用認識の必要条件ではなく、企業に現金その他の会社財産の流出がない場合には費用認識は生じないという主張は必ずしも正しくない。例えば、現行の会計基準の枠組みの中でも、償却資産の現物出資を受けた場合や、償却資産の贈与を受けた場合には、対価としての会社財産の流出はないが、当該資産の減価償却費は認識されることになる。

39. 前項までの検討から、ストック・オプションに対価性が認められる限り、これに対応して取得したサービスの消費を費用として認識することが適当であると考えられる。

（見積りの信頼性の観点から、費用認識が困難又は不適当であるとする指摘の検討）

40. 以上の費用認識の根拠とは別に、「ストック・オプションの公正な評価額の見積りに信頼性がない」として、ストック・オプションの価値の見積りの信頼性の観点から、費用認識が困難又は不適当であるとする指摘がある。公開企業については、現在利用可能な算定技法を用いれば、投資家にとって十分有用な情報が提供されることは、他の国際的な会計基準においても、広く認められている。また、ストック・オプションの価値の見積りの信頼性が特に問題となるのは、対象となる企業が未公開企業である場合であり、これについては、別途、未公開企業に関する取扱いとして検討した（第60項から第63項）。

ストック・オプションの権利の行使又は失効までの間の費用認識の相手勘定

41. 新株予約権は、将来、権利行使され払込資本になる可能性がある（第8項）一方、失効して払込資本にならない可能性もある。このように、発行者側の新株予約権は、権利行使の有無が確定するまでの間、その性格が確定しないことから、これまでは、仮勘定として負債の部に計上することとされていた。しかし、新株予約権は、本来は返済義務のある負債ではないことから、公開草案第3号においても費用認識の相手勘定の表示区分が論点となり、この点について特にコメントが求められた。一方、この問題は単にストック・オプションの問題にとどまらない広がりを持つことから、当委員会では、これを契機として、貸借対照表における貸方項目の区分表示のあり方全般について検討を行うプロジェクトを別途立ち上げ、この問題の検討を同プロジェクトに委ねることとした。公開草案第3号に対して寄せられたコメントの中で、この問題に関係するコメントについては、同プロジェクトの中で十分に検討された。同プロジェクトの検討結果は、企業会計基準第5号「貸借対照表の純資産の部の表示に関する会計基準」として公表されており、その中で、新株予約権は、負

債の部に表示することは適当ではなく、純資産の部に表示することとされた。

ストック・オプションが失効した場合の会計処理

42. ワラントや新株予約権の会計処理等に関する既存の会計基準は、これらが失効した場合に、対応する部分を利益に計上することを求めている（企業会計基準第10号「金融商品に関する会計基準」第38項）。これとの整合性の観点からは、ストック・オプションが失効した場合にも、対応する部分を利益に計上すべきと考えられる。しかし、論点整理に対するコメントの中には、権利不行使による失効のケースについて、利益に計上することを要しないとの見解もみられたことから、当委員会では、既存の会計基準との整合性を覆すだけの合理的な理由があるか否かが検討されたが、そのような特段の理由は見出されなかった。既存の会計基準と整合的なストック・オプション等の会計処理については、次のように理解することができることから、妥当であると判断した。

43. ストック・オプションは、権利行使された場合に新株が時価未満で発行される（又は自己株式が時価未満で交付される）ことに伴ってオプションを付与された側に生ずる利益を根拠とした経済的価値を有している。このように経済的価値を有するストック・オプションを、企業が一定の条件を満たすサービスの提供を期待して従業員等に付与した場合には、企業と従業員等との間にいわば条件付の契約が締結されていると考えることができる。

44. 企業の取引が経済合理性に基づくものであるならば、この契約についても等価での交換が前提となっていると考えられる。すなわち、企業は、ストック・オプションを付与（給付）する対象者に対して、権利確定条件（勤務条件や業績条件）を満たすようなサービスの提供（反対給付）を期待し、契約締結時点であるストック・オプションの付与時点において、企業が期待するサービスと等価であるストック・オプションを付与していると考えられる。

45. ただし、ストック・オプションの付与時点において前項のような契約が締結されたとしても、それが取引として完結するのは、両当事者が、実際に契約条件に沿った給付を果たした場合である。すなわち、付与されるストック・オプションは条件付きのものであることが通常であり、権利確定条件を満たすサービスが提供されてはじめて付与された自社株式オプションの権利が確定する。権利確定条件に沿った給付がなされて取引が完結するか否か、言い換えれば付与されたストック・オプションの権利が確定するか否かが未定の間は、権利が確定する部分を見積って費用計上を行うことになる。

そして、権利確定部分の見積りに基づいて計上していた費用のうち、実績として取引が完結せず権利が確定しないこととなった部分については、その実績に基づいて修正すべきであると考えられる。

46. 取引が完結し、付与されたストック・オプションの権利が確定した後に、株価の低迷等の事情により権利が行使されないままストック・オプションが失効した場合でも、これと引換えに提供されたサービスが既に消費されている以上、過去における費用の認識自体は否定されない。しかし、ストック・オプションは自社の株式をあらかじめ決められた価格で引き渡す可能性であるにすぎないから、それが行使されないまま失効すれば、結果として会社は株式を時価未満で引き渡す義務を免れることになる。結果が確定した時点で振り返れば、会社は無償で提供されたサービスを消費したと考えることができる。このように、新株予約権が行使されずに消滅した結果、新株予約権を付与したことに伴う純資産の増加が、株主との直接的な取引によらないこととなった場合には、それを利益に計上した上で株主資本に算入する（なお、非支配株主持分に帰属する部分は、非支配株主に帰属する当期純利益に計上することになる。）。

47. 前項における利益は、原則として特別利益に計上し、「新株予約権戻入益」等の科目名称を用いることが適当と考えられる。

公正な評価単価

48. 公正な評価単価とは、一義的には、市場において形成されている取引価格であり（第2項(12)）、本来、ストック・オプションの公正な評価単価の算定についても、市場価格が観察できる限り、これによるべきものと考えられる。しかし、ストック・オプションに関しては、通常、市場価格が観察できないため、株式オプションの合理的な価格算定のために広く受け入れられている、株式オプション価格算定モデル等の算定技法を利用して公正な評価単価を見積ることとした。

    「株式オプション価格算定モデル」とは、ストック・オプションの市場取引において、一定の能力を有する独立第三者間で自発的に形成されると考えられる合理的な価格を見積るためのモデルであり、市場関係者の間で広く受け入れられているものをいい、例えば、ブラック・ショールズ式や二項モデル等が考えられる。

49. 本会計基準においては、付与したストック・オプションと、これに応じて提供されたサービスとが対価関係にあることが前提とされており、企業の経済合理性を前提とすれば、当該ストック・オプションとサービスとは、契約成立の時点において、等価で交換されていると考えることができる。等価で交換されていると考える以上、相互に対価関係にある財貨やサービスの間で、いずれかより高い信頼性をもって測定可能な評価額で、対価関係にある他方の財貨又はサービスの価値を算定することとなるが、特に取得するものが従業員等から提供される追加的なサービスである場合には、信頼性をもって測定することができないため、その価値を、付与されたストック・オプションの価値で算定する。

50. ストック・オプションの公正な評価単価は常に変動しているため、その算定の基準日が問題となる。この点については、論点整理の段階で多くのコメントが寄せられたが、ほぼ一致して、付与日を算定の基準日とする見解が支持された。これは、付与日以後のストック・オプションの公正な評価単価の変動はサービスの価値とは直接的な関係を有しないものとみているためと考えられる。

    第44項で述べたとおり、ストック・オプションを用いた取引においても、他の対価を用いた取引と同様に等価での交換が前提となっていると考えられる。この等価性の判断において前提となっているストック・オプションの価値は、条件付の契約が締結されたといえる、ストック・オプションの付与日における価値であると考えるのが合理的である。そこで、本会計基準では、付与日におけるストック・オプションの公正な評価単価をもとに算定を行うこととした。

ストック・オプション数

51. 第7項及び第9項に規定するように、ストック・オプションに関する会計処理に関しては、権利不確定による失効数と権利不行使による失効数を反映させる必要がある。前者は、勤務条件や業績条件が達成されないことによる失効数である。このうち、業績条件の中には、株価を条件とするもののように、一般に、権利不確定による失効数を見積ることが困難なものが含まれている。ただし、株価を条件とする業績条件とする場合であっても、例えば、離散時間型モデル等を利用して合理的に見積った失効数を反映することは認められると考えられる。

52. 会計処理にあたっては、ストック・オプションの権利不確定による失効数についても最善の見積りを行うことが原則であると考えられる。しかし、十分な信頼性をもって、ストック・オプションの失効数を見積ることができない場合には、見積りを行うべきではない。また、会計処理上、ストック・オプションの失効数の見積りを行った場合には、その見積方法を注記することとなる（第16項(4)）。

53. ストック・オプションの権利不行使による失効数については、失効の実績に基づいて会計処理を行うべきである（第9項）。ただし、期末において、当該企業の株式の市場価格が行使価格を大幅に下回っており、かつ、当該ストック・オプションの権利行使期間の残存期間が極めて

短いため、残る権利行使期間内に株価が行使価格を上回るまで回復する可能性が認められないような場合には、失効数が確定したとみなすことができるものと考えられる。

ストック・オプションに係る条件変更の会計処理

ストック・オプションの公正な評価単価を変動させる条件変更

54. 付与されたストック・オプションに関して、当初の条件を事後的に変更することが考えられる。このような条件変更の態様として様々なものが想定されるが、その典型例は、ストック・オプションの付与後に株価の著しい下落が生じ、権利行使される可能性が減少することにより、当初期待していたインセンティブ効果が大幅に失われたため、これを回復する目的で行使価格を引き下げる場合である。本会計基準では、この行使価格引下げの会計処理をはじめ、ストック・オプションについて事後的に条件変更が行われた場合の会計上の取扱いについて、原則的な考え方を示すこととした。

55. 本会計基準においては、付与日におけるストック・オプションの公正な評価単価に基づく公正な評価額を基礎として、各会計期間における費用計上額を算定することとしている（第5項）。しかし、当該ストック・オプションにつき行使価格の引下げ等の条件変更が行われた場合には、これによりストック・オプションの公正な評価単価についての修正が行われたとみることができる。そのため、条件変更が行われた場合には、第5項の定めに基づき条件変更前から行われてきた、ストック・オプションの付与日における公正な評価単価に基づく費用計上を継続することに加え、条件変更日におけるストック・オプションの公正な評価単価が付与日における公正な評価単価を上回る部分に見合う、ストック・オプションの公正な評価額の増加額につき、以後追加的に、第5項の定めに基づく費用計上を行うこととなる（第10項(1)）。

56. ただし、ストック・オプションの条件変更日における公正な評価単価が付与日における公正

な評価単価を下回る場合についても、前項と同様の会計処理を行おうとすると、条件変更により費用を減額させることになると考えられるが、このように、ストック・オプションの条件を従業員等にとってより価値あるものとすることにより、かえって費用を減額させるというパラドックスを回避するため、ストック・オプションの条件変更日における公正な評価単価が付与日における公正な評価単価を上回る場合には、前項で述べた会計処理によることとし、ストック・オプションの条件変更日における公正な評価単価が付与日における公正な評価単価以下となる場合には、条件変更後においても、付与日における公正な評価単価に基づくストック・オプションの公正な評価額により費用計上を行う、条件変更前からの会計処理を継続することとした（第10項(2)）。

ストック・オプション数を変動させる条件変更

57. 勤務条件や業績条件等の権利確定条件を変更した場合には、一般にストック・オプション数が変動することになる。ストック・オプション数の見直しの会計処理については、第7項(2)に規定があるが、この規定の前提となっているのは、環境の変化等の企業が意図しないストック・オプション数の変動であり、そのため重要な変動が生じた場合には、その影響額を見直した期に損益として計上することとされている。

しかし、企業の意図による条件変更の結果、ストック・オプション数に変動が生じた場合（第11項）には、将来にわたる効果を期待して条件変更を行ったものと考えられるため、その影響額は条件変更後、残存期間にわたって反映させることとした。したがって、条件変更によってストック・オプション数の変動が生じた場合には、専ら第11項の規定が適用され、第7項(2)の規定は適用されないこととなる点に留意する必要がある。

費用の合理的な計上期間を変動させる条件変更

58. 条件変更の結果、当該ストック・オプションと対価関係にある対象勤務期間が変動する場合には、厳密にいえば、条件変更の前後で報酬と

しての同一性を失い、別の報酬に置き換わると理解することもできる。

　しかし、行使価格の引下げ等にあわせて、対象勤務期間の延長に結びつく勤務条件の変更が行われることもあり得るため、当初の対象勤務期間が延長又は短縮された場合には、条件変更の問題として取り扱うこととした。

複合的な条件変更

59. 上記３つの類型の条件変更は、相互に排他的なものではない。例えば、ストック・オプション数を変動させる勤務条件の変更は、通常、対象勤務期間の変更を伴い、合理的な費用の計上期間をも変動させる場合がある。また、勤務条件の変更は、権利確定日の変更を伴い、権利行使期間の開始日と一致することの多い権利確定日が変更されれば、ストック・オプションの公正な評価単価を算定する上での変数の１つである、ストック・オプションの予想残存期間に影響を及ぼす可能性がある。

　さらに、行使価格の引下げと同時に、対象勤務期間の延長が行われるなど、複数の条件変更が同時に行われることもあり得る。

　このような、複合的な条件変更の場合にも、その会計処理は、それぞれの要素に分解することで対応することになる。

未公開企業における取扱い

60. 未公開企業については、ストック・オプションの公正な評価額について、損益計算に反映させるに足りるだけの信頼性をもって見積ることが困難な場合が多いと考えられる。そこで、未公開企業では一般投資家がいないことも考慮し、本則であるストック・オプションの公正な評価単価に代え、その単位当たりの本源的価値の見積りによることを認めることが検討された。

61. しかし、本源的価値によった場合には、ストック・オプションが、原資産である自社の株式の評価額が行使価格を上回る状態で付与された場合を除き、ストック・オプションの価値がゼロとなる結果、事実上費用が計上されないこととなる。そこで、ストック・オプションの価値を

本源的価値によって見積る場合には、当該ストック・オプションの権利行使日に至るまでその本源的価値を見直し、最終的に権利行使日において実現した価値に基づいて費用を計上する方法が検討された。

62. 第50項で述べたように、本会計基準は、契約の前提としたストック・オプションの価値で取得するサービスの価値を算定することが合理的であるとの見方を採っている。この見方を採った場合、権利行使日における本源的価値に基づいて、費用を計上するという考え方は、その価値を契約の前提とした付与日におけるストック・オプションの価値の代理数値とみていることになる。しかし、この点については、ストック・オプションの付与日以後の予期せざる株価変動の影響まで含めて、契約の前提とした付与日におけるストック・オプションの価値の代理数値とみなすことができるのか、疑問視する意見も少なくない。

63. このように、権利行使日における本源的価値を、契約の前提とした付与日におけるストック・オプションの価値の代理数値とみることができるか否かについて評価が分かれているため、これを直ちに損益計算に反映させることは適当ではなく、付与日以後のストック・オプションの本源的価値に関しては、注記を求めることが適当と判断した。そこで、損益計算上は、ストック・オプションの本源的価値による算定を行う場合であっても、その付与日における価値によることとし、その後の見直しは求めないこととする一方、そのようなストック・オプションの各期末における本源的価値の合計額及び各会計期間中に権利行使されたストック・オプションの権利行使日における本源的価値の合計額につき、注記で開示を求めることとした（第16項(5)）。以上の取扱いは、公開企業の企業集団内にある未公開企業においても異ならない。

　さらに、ストック・オプションの公正な評価単価の見積りに、過去の株価の推移等、過去の一定期間の情報を利用する場合には、信頼性のある計算に必要な情報を公開後直ちに収集する

ことが困難な場合もあり得ることから、公開直後の企業についても、ストック・オプションの本源的価値による算定を認める必要があるかどうかが検討された。

しかし、公開後の企業については、公開後の日は浅くとも自社の株価を参照することができること、一般投資家のいない未公開企業と同列に考えることはできないこと、及び仮に公開後の日の浅い企業についてもストック・オプションの本源的価値による算定を認めることとした場合には、その範囲を明確に画する必要があるが、一律にその範囲を画することは困難であること等の理由から、未公開企業に限ってストック・オプションの本源的価値による算定を認めることとした。

財貨又はサービスの取得の対価として自社株式オプションを付与する取引の会計処理

64. 前項までは、企業が従業員等から取得するサービスの対価として自社株式オプションを用いる取引について述べている。しかし、第25項で述べたように、財貨又はサービスの取得の対価として自社株式オプションを用いる取引であれば、取引の相手方のいかんを問わず、また、取引の結果、取得することとなる財貨又はサービスの内容のいかんを問わず、ストック・オプションの会計処理と整合的な会計処理を適用することが適当と考えられる。そこで、本会計基準では、一般的に取引の対価として自社株式オプションを用いる取引を適用範囲とし、この場合にも、ストック・オプションに関する会計処理と整合的な会計処理が求められることを明らかにした。

取得した財貨又はサービスの取得価額は、対価として用いられた自社株式オプションの公正な評価額若しくは取得した財貨又はサービスの公正な評価額のうち、いずれかより高い信頼性をもって測定可能な評価額で算定することとされており（第14項(2)）、取得した財貨又はサービスの公正な評価額で算定する場合にも、等価での交換の前提となっている契約成立の時点の

価値で算定するのが合理的であると考えられる（第50項）。

財貨又はサービスの取得の対価として自社の株式を交付する取引の会計処理

65. 本会計基準では、自社の株式を対価として用いる取引の会計処理についても適用範囲とした（第26項）。自社の株式を対価として用いる取引では、自社株式オプションを対価として用いる取引に関して生じる会計上の問題のうち、オプションを対価とすることに起因する問題は生じないため、自社の株式を対価として取得した財貨又はサービスの認識の要否が専らの論点となる。

財貨又はサービスの取得の対価として、自社株式オプションを付与する取引と同様、対価として自社の株式を交付する取引であっても、取得した財貨又はサービスを財務諸表上認識する必要があると考えられる。その論拠については、ストック・オプションについて検討された内容（第34項から第39項）がそのまま該当し、自社の株式を対価とする取引の結果、企業に帰属することになる財貨又はサービスの認識を行うべきこととなる。

66. 取得した財貨又はサービスの取得価額は、交付した自社の株式の公正な評価額若しくは取得した財貨又はサービスの公正な評価額のうち、いずれかより高い信頼性をもって測定可能な評価額で算定することとされているが（第15項(2)）、通常、公開企業については、自社の株式の市場価格による信頼性のある測定が可能であり、これに基づいて算定すべきものと考えられる。算定の基準日は、いずれの評価額で算定を行う場合であっても、契約日とすることが合理的であると考えられる（第50項）。

適用時期及び経過措置

67. ストック・オプションは、付与から権利行使又は失効に至るまで、通常、複数の事業年度に及ぶため、本会計基準の適用開始時期を定めたとしても、それより前に付与されたストック・

オプションで、適用開始時期以後においても存在するものについて本会計基準が適用されるのか否かを明確にする必要がある。

　本会計基準は、適用開始時期以後に付与されたストック・オプションを対象とし、これより前に付与されたものについては、適用開始時期以後においても本会計基準を適用しないこととした。ただし、第16項(2)については、その内容の性格上、後述のようにこの例外とした（第69項）。

68. 本会計基準においては、ストック・オプションの付与日において算定した公正な評価単価に基づく公正な評価額による会計処理を求めているが、条件変更は、この算定の基礎となるストック・オプションの公正な評価単価の修正であると考えられる（第55項）。

　本会計基準の適用前に付与されたストック・オプションに関し、本会計基準の適用開始後に条件変更が行われた場合には、条件変更後の公正な評価単価が、条件変更前のそれを上回る場合に限り、その公正な評価単価の修正に係るストック・オプションの公正な評価額の増額部分について、第5項による費用計上を行うことになる。

69. 開示に関する適用開始時期については、項目ごとに、それぞれの開示を求める趣旨に照らし

て検討を行った。本会計基準で開示が求められる項目のうち、内容、規模（付与数等）及びその変動状況（行使数や失効数等）を除く項目は、ストック・オプションの付与に伴い、財務諸表に計上される数値の見積方法や見積りのための基礎データであることから、適用開始以後に付与され、財務諸表に計上されるストック・オプションを対象とした。

　他方、内容、規模（付与数等）及びその変動状況（行使数や失効数等）（第16項(2)）は、適用以後の各会計期間において存在するストック・オプションの全貌の開示を求めるものである。したがって、この項目に関しては、その開示の趣旨から、適用開始前に付与されていたものを含め、各会計期間中に存在したすべてのストック・オプションを対象とした。

70. 新たな会計基準が導入された場合、特に支障がない限り、早期適用を認めることが多く、本会計基準についても、早期適用を認めるべきとの意見もあった。しかし、本会計基準の適用については、その可否に関する法的な不明確さを回避するため、会社法の施行に合わせることとし、早期適用は適切でないと判断した。

以　上

企業会計基準第9号
棚卸資産の評価に関する会計基準

> 2006年（平成18年）7月5日
> 改正2008年（平成20年）9月26日
> 最終改正2019年7月4日
> 企業会計基準委員会

本会計基準は、2020年3月31日までに公表され
た次の会計基準等による修正が反映されている。
・企業会計基準第29号「収益認識に関する会計
　基準」（2020年3月31日改正）

目　次

目　的

1. 本会計基準は、棚卸資産の評価方法、評価基準及び開示について定めることを目的とする。

2. 棚卸資産の評価方法、評価基準及び開示に関しては、「企業会計原則」及び「原価計算基準」に定めがあるものの、本会計基準が優先して適用される。

会計基準

範　囲

3. 本会計基準は、すべての企業における棚卸資産の評価方法、評価基準及び開示について適用する。棚卸資産は、商品、製品、半製品、原材料、仕掛品等の資産であり、企業がその営業目的を達成するために所有し、かつ、売却を予定する資産のほか、売却を予定しない資産であっても、販売活動及び一般管理活動において短期間に消費される事務用消耗品等も含まれる。

なお、売却には、通常の販売のほか、活発な市場が存在することを前提として、棚卸資産の

保有者が単に市場価格の変動により利益を得ることを目的とするトレーディングを含む。

用語の定義

4．「時価」とは、公正な評価額をいい、市場価格に基づく価額をいう。市場価格が観察できない場合には合理的に算定された価額を公正な評価額とする。ただし、本会計基準第15項及び第60項でいうトレーディング目的で保有する棚卸資産の「時価」の定義は、企業会計基準第30号「時価の算定に関する会計基準」（以下「時価算定会計基準」という。）第5項に従い、算定日において市場参加者間で秩序ある取引が行われると想定した場合の、当該取引における資産の売却によって受け取る価格とする。

5．「正味売却価額」とは、売価（購買市場と売却市場とが区別される場合における売却市場の時価）から見積追加製造原価及び見積販売直接経費を控除したものをいう。なお、「購買市場」とは当該資産を購入する場合に企業が参加する市場をいい、「売却市場」とは当該資産を売却する場合に企業が参加する市場をいう。

6．「再調達原価」とは、購買市場と売却市場とが区別される場合における購買市場の時価に、購入に付随する費用を加算したものをいう。

会計処理

棚卸資産の評価方法

6-2．棚卸資産については、原則として購入代価又は製造原価に引取費用等の付随費用を加算して取得原価とし、次の評価方法の中から選択した方法を適用して売上原価等の払出原価と期末棚卸資産の価額を算定するものとする。

(1) 個別法

取得原価の異なる棚卸資産を区別して記録し、その個々の実際原価によって期末棚卸資産の価額を算定する方法

個別法は、個別性が強い棚卸資産の評価に適した方法である。

(2) 先入先出法

最も古く取得されたものから順次払出しが行われ、期末棚卸資産は最も新しく取得されたものからなるとみなして期末棚卸資産の価額を算定する方法

(3) 平均原価法

取得した棚卸資産の平均原価を算出し、この平均原価によって期末棚卸資産の価額を算定する方法

なお、平均原価は、総平均法又は移動平均法によって算出する。

(4) 売価還元法

値入率等の類似性に基づく棚卸資産のグループごとの期末の売価合計額に、原価率を乗じて求めた金額を期末棚卸資産の価額とする方法

売価還元法は、取扱品種の極めて多い小売業等の業種における棚卸資産の評価に適用される。

6-3．棚卸資産の評価方法は、事業の種類、棚卸資産の種類、その性質及びその使用方法等を考慮した区分ごとに選択し、継続して適用しなければならない。

通常の販売目的で保有する棚卸資産の評価基準

7．通常の販売目的（販売するための製造目的を含む。）で保有する棚卸資産は、取得原価をもって貸借対照表価額とし、期末における正味売却価額が取得原価よりも下落している場合には、当該正味売却価額をもって貸借対照表価額とする。この場合において、取得原価と当該正味売却価額との差額は当期の費用として処理する。

8．売却市場において市場価格が観察できないときには、合理的に算定された価額を売価とする。これには、期末前後での販売実績に基づく価額を用いる場合や、契約により取り決められた一定の売価を用いる場合を含む。

9．営業循環過程から外れた滞留又は処分見込等の棚卸資産について、合理的に算定された価額によることが困難な場合には、正味売却価額まで切り下げる方法に代えて、その状況に応じ、次のような方法により収益性の低下の事実を適切に反映するよう処理する。

(1) 帳簿価額を処分見込価額（ゼロ又は備忘価額を含む。）まで切り下げる方法

(2) 一定の回転期間を超える場合、規則的に帳簿価額を切り下げる方法

10. 製造業における原材料等のように再調達原価の方が把握しやすく、正味売却価額が当該再調達原価に歩調を合わせて動くと想定される場合には、継続して適用することを条件として、再調達原価（最終仕入原価を含む。以下同じ。）によることができる。

11. 企業が複数の売却市場に参加し得る場合には、実際に販売できると見込まれる売価を用いる。また、複数の売却市場が存在し売価が異なる場合であって、棚卸資産をそれぞれの市場向けに区分できないときには、それぞれの市場の販売比率に基づいた加重平均売価等による。

12. 収益性の低下の有無に係る判断及び簿価切下げは、原則として個別品目ごとに行う。ただし、複数の棚卸資産を一括りとした単位で行うことが適切と判断されるときには、継続して適用することを条件として、その方法による。

13. 売価還元法を採用している場合においても、期末における正味売却価額が帳簿価額よりも下落している場合には、当該正味売却価額をもって貸借対照表価額とする。

　　ただし、値下額等が売価合計額に適切に反映されている場合には、次に示す値下額及び値下取消額を除外した売価還元法の原価率により求められた期末棚卸資産の帳簿価額は、収益性の低下に基づく簿価切下額を反映したものとみなすことができる。

【値下額及び値下取消額を除外した売価還元法の原価率】

（「企業会計原則と関係諸法令との調整に関する連続意見書　第四　棚卸資産の評価について」（以下「連続意見書　第四」という。）に定める売価還元低価法の原価率）

$$\frac{\text{期首繰越商品原価}＋\text{当期受入原価総額}}{\text{期首繰越商品小売価額}＋\text{当期受入原価総額}＋\text{原始値入額}＋\text{値上額}－\text{値上取消額}}$$

14. 前期に計上した簿価切下額の戻入れに関しては、当期に戻入れを行う方法（洗替え法）と行わない方法（切放し法）のいずれかの方法を棚卸資産の種類ごとに選択適用できる。また、売価の下落要因を区分把握できる場合には、物理的劣化や経済的劣化、若しくは市場の需給変化の要因ごとに選択適用できる。この場合、いったん採用した方法は、原則として、継続して適用しなければならない。

トレーディング目的で保有する棚卸資産の評価基準

15. トレーディング目的で保有する棚卸資産については、時価をもって貸借対照表価額とし、帳簿価額との差額（評価差額）は、当期の損益として処理する。

16. トレーディング目的で保有する棚卸資産として分類するための留意点や保有目的の変更の処理は、企業会計基準第10号「金融商品に関する会計基準」（以下「金融商品会計基準」という。）における売買目的有価証券に関する取扱いに準じる。

開　示

通常の販売目的で保有する棚卸資産の収益性の低下に係る損益の表示

17. 通常の販売目的で保有する棚卸資産について、収益性の低下による簿価切下額（前期に計上した簿価切下額を戻し入れる場合には、当該戻入額相殺後の額）は売上原価とするが、棚卸資産の製造に関連し不可避的に発生すると認められるときには製造原価として処理する。また、収益性の低下に基づく簿価切下額が、臨時の事象に起因し、かつ、多額であるときには、特別損失に計上する。臨時の事象とは、例えば次のような事象をいう。なお、この場合には、洗替え法を適用していても（第14項参照）、当該簿価切下額の戻入れを行ってはならない。

(1) 重要な事業部門の廃止

(2) 災害損失の発生

通常の販売目的で保有する棚卸資産の収益性の低下に係る損益の注記

18. 通常の販売目的で保有する棚卸資産について、収益性の低下による簿価切下額（前期に計上した簿価切下額を戻し入れる場合には、当該戻入額相殺後の額）は、注記による方法又は売上原価等の内訳項目として独立掲記する方法により示さなければならない。ただし、当該金額の重要性が乏しい場合には、この限りではない。

トレーディング目的で保有する棚卸資産に係る損益の表示

19. トレーディング目的で保有する棚卸資産に係る損益は、原則として、純額で売上高に表示する。

トレーディング目的で保有する棚卸資産に係る注記

19-2. トレーディング目的で保有する棚卸資産については、売買目的有価証券に関する注記に準じて、金融商品会計基準第40-2項(3)「金融商品の時価のレベルごとの内訳等に関する事項」のうち、売買目的有価証券について注記される項目について注記する。ただし、重要性が乏しいものは注記を省略することができる。なお、連結財務諸表において注記している場合には、個別財務諸表において記載することを要しない。

適用時期等

20. 2006年（平成18年）7月公表の本会計基準（以下「2006年（平成18年）会計基準」という。）は、2008年（平成20年）4月1日以後開始する事業年度から適用する。ただし、2008年（平成20年）3月31日以前に開始する事業年度から適用することができる。

21. 2006年（平成18年）会計基準が適用される最初の事業年度において、簿価切下額が多額に発生し、それが期首の棚卸資産に係るものである場合には、第17項の取扱いによらず、次のいずれかの方法により特別損失に計上することがで

きる。なお、この場合には、洗替え法を適用していても（第14項参照）、当該簿価切下額の戻入れを行ってはならない。

(1) 2006年（平成18年）会計基準を期首在庫の評価から適用したとみなし、期首在庫に含まれる変更差額を特別損失に計上する方法

(2) 2006年（平成18年）会計基準を期末在庫の評価から適用するが、期末在庫に含まれる変更差額のうち前期以前に起因する部分を特別損失に計上する方法

（2008年（平成20年）改正会計基準）

21-2. 2008年（平成20年）月改正の本会計基準（以下「2008年（平成20年）改正会計基準」という。）は、2010年（平成22年）4月1日以後開始する事業年度から適用する。ただし、2010年（平成22年）3月31日以前に開始する事業年度から適用することができる。

21-3. 2008年（平成20年）改正会計基準の適用初年度において、棚卸資産の評価方法を後入先出法（最も新しく取得されたものから棚卸資産の払出しが行われ、期末棚卸資産は最も古く取得されたものからなるとみなして期末棚卸資産の価額を算定する方法）から2008年（平成20年）改正会計基準に定める評価方法へ変更したことによる影響額が多額である場合、適用初年度の期首における棚卸資産の帳簿価額合計額とその時点の再調達原価合計額の差額（適用初年度の期首の棚卸資産に係る保有損益相当額）のうち当期の損益に計上された額を、特別損益に表示することができる。［計算例１］

21-4. 2008年（平成20年）改正会計基準の適用初年度において、会計基準の変更に伴い後入先出法から2008年（平成20年）改正会計基準に定める評価方法への変更が財務諸表に与える影響を記載する際には、後入先出法を適用した場合の損益と変更後の評価方法による損益との差額に代えて、払い出した棚卸資産の帳簿価額合計額（売上原価）と払出し時点の再調達原価合計額の差額（当期の損益に含まれる棚卸資産の保有損益相当額）を、当該会計方針の変更の影響として注記することができる。この場合、当該

保有損益相当額の算定方法の概要及び当該保有損益相当額の算定に含めた棚卸資産の範囲等に関する事項をあわせて注記することとする。[計算例2]

(2019年改正会計基準)

21-5．2019年改正の本会計基準（以下「2019年改正会計基準」という。）は、2021年4月1日以後開始する連結会計年度及び事業年度の期首から適用する。

21-6．前項の定めにかかわらず、2020年4月1日以後開始する連結会計年度及び事業年度の期首から2019年改正会計基準を適用することができる。また、2020年3月31日以後終了する連結会計年度及び事業年度における年度末に係る連結財務諸表及び個別財務諸表から2019年改正会計基準を適用することができる。なお、これらのいずれかの場合には、2019年改正会計基準と同時に公表又は改正された時価算定会計基準及び金融商品会計基準についても同時に適用する必要がある。

21-7．トレーディング目的で保有する棚卸資産の時価の定義（本会計基準第4項参照）の見直し（2019年改正会計基準）により生じる会計方針の変更については、時価算定会計基準の適用初年度における原則的な取扱い（時価算定会計基準第19項）と同様に将来にわたって適用する。この場合、その変更の内容について注記する。

議　決

22．2006年（平成18年）会計基準は、第107回企業会計基準委員会に出席した委員11名全員の賛成により承認された。なお、出席した委員は、以下のとおりである。

（略）

22-2．2008年（平成20年）改正会計基準は、第160回企業会計基準委員会に出席した委員11名全員の賛成により承認された。なお、出席した委員は、以下のとおりである。

（略）

22-3．2019年改正会計基準は、第411回企業会計基準委員会に出席した委員14名全員の賛成により承認された。なお、出席した委員は、以下のとおりである。

（略）

結論の背景

検討の経緯

23．我が国においては、これまで、取得原価をもって棚卸資産の貸借対照表価額とし（原価法）、時価が取得原価よりも下落した場合には時価による方法を適用して算定すること（低価法）ができるものとされてきた。このように、棚卸資産の貸借対照表価額に関しては、原価法と低価法の選択適用が認められてきたため、会計方針として、棚卸資産の評価基準及び評価方法を記載するものとされてきた。なお、原価法を適用している場合でも、時価が取得原価より著しく下落したときは、回復する見込みがあると認められる場合を除き、時価をもって貸借対照表価額とする（強制評価減）ものとされてきた。

24．棚卸資産の評価基準については、2001年（平成13年）11月のテーマ協議会において、レベル2の優先度（比較的優先順位の高いグループであるレベル1以外のグループ）とした提言がなされている。これは、会計処理の継続性が求められるものの、企業により原価法と低価法の選択適用が認められていることに対する是非や、国際的な会計基準との調和の観点から行われた提言と考えられる。

25．当委員会では、テーマ協議会からの提言を受け、低価法に関する実態調査を行い、また、学識経験者を含むワーキング・グループを設け、棚卸資産の評価基準及び開示について検討してきた。その後、2005年（平成17年）4月に棚卸資産専門委員会を設置し、専門委員による討議や参考人として専門委員以外の財務諸表作成者の意見聴取など幅広く審議し、同年10月には「棚卸資産の評価基準に関する論点の整理」（以下「論点整理」という。）を公表した。当委員会では、論点整理に対して寄せられた意見を踏まえ、さらに検討を重ね、2006年（平成18年）4月に「棚卸資産の評価原則に関する会計基準（案）」

を公開草案として公表し、広く意見を求めた。その後、当該公開草案に対して寄せられた意見を参考にして、審議を行い、その内容を一部修正した上で、2006年（平成18年）会計基準を公表することとした。

26．なお、我が国の会計基準を設定するにあたって、概念フレームワークを明文化する必要性が各方面から指摘されたのを受け、当委員会は、外部の研究者を中心としたワーキング・グループを組織して、その問題の検討を委託し、2004年（平成16年）9月に討議資料「財務会計の概念フレームワーク」を公表している。この討議資料に示されているのは、当委員会の見解ではなく、当委員会に報告された当該ワーキング・グループの見解であるが、会計基準開発の過程でその有用性がテストされ、市場関係者等の意見を受けてさらに整備・改善されることにより、会計基準設定の指針になることが期待されている。このため、2006年（平成18年）会計基準を検討するにあたり、当委員会では、この討議資料の一部も素材として議論を重ねた。

（2008年（平成20年）年改正会計基準の公表）

26－2．我が国では、これまで、棚卸資産の評価方法について、個別法、先入先出法、後入先出法、平均原価法等が認められてきた。棚卸資産の評価方法は、期末棚卸資産の価額を算定する方法として説明されることがあるものの、この金額を算定することによって、同時に、払い出された棚卸資産の価額についても算定することとなる。すなわち、棚卸資産の評価方法は、当期の売上原価や原材料費等の算定にも結びついている。企業は、取引の実態も考慮して、これらの評価方法の中から特定の方法を選択し、これを継続して適用してきたものと考えられる。

26－3．前項のように、我が国では、後入先出法は先入先出法や平均原価法と同様に一定の仮定に基づく評価方法の1つとして認められてきたが、国際財務報告基準（IFRS）における国際会計基準第2号「棚卸資産」（以下「IAS第2号」という。）においては、棚卸資産の評価方法として後入先出法は認められていない。また、欧州連合（EU）における第三国会計基準の同等性評価に関連して提案された欧州証券規制当局委員会（CESR）による「技術的助言」（2005年（平成17年）7月）の中でも、後入先出法の取扱いは、棚卸資産の原価法と低価法の選択適用の取扱いとともに、我が国の会計基準とIFRSの相違点として指摘されていた。このため、当委員会と国際会計基準審議会（以下「IASB」という。）との会計基準の国際的なコンバージェンスに向けた共同プロジェクトの中でも、棚卸資産の後入先出法の取扱いは、2006年（平成18年）3月に開催された共同プロジェクト第3回会合において長期項目に位置付けられていた。

26－4．その後、2007年（平成19年）8月に当委員会とIASBとの間で、「会計基準のコンバージェンスの加速化に向けた取組みへの合意（東京合意）」が公表されるなど、会計基準の国際的なコンバージェンスの取組みが加速化している。こうした状況を受けて、当委員会は、棚卸資産の後入先出法の取扱いを短期項目に変更し、我が国の後入先出法の採用状況に関する実態調査の結果等を踏まえ、2007年（平成19年）11月より後入先出法を含む棚卸資産の評価方法の見直しについて審議を行ってきた。2008年（平成20年）改正会計基準は、2008年（平成20年）3月に公表した公開草案に対して当委員会に寄せられたコメントを検討し、公開草案を一部修正した上で公表に至ったものである。

（2019年改正会計基準の公表）

26－5．我が国では、これまで、トレーディング目的で保有する棚卸資産の評価について、時価の一形態である市場価格に基づく価額をもって貸借対照表価額とするとしていた。当委員会は2019年7月に、時価の定義について国際的な会計基準との整合性を図ることを目的に時価算定会計基準を公表した。その審議の過程において、時価算定会計基準は主に金融商品を対象とするものの、売買目的有価証券と同様の会計処理が求められるトレーディング目的で保有する棚卸資産については、時価の算定においても金融商

品との整合性を図ることが適切であるため、時価算定会計基準の範囲に含めることとした。

26－6．また、当委員会は、時価算定会計基準の公表に併せ、金融商品の時価に関する開示についても国際的な会計基準との整合性を図ることを目的に、金融商品会計基準及び企業会計基準適用指針第19号「金融商品の時価等の開示に関する適用指針」を改正した。その審議の過程において、トレーディング目的で保有する棚卸資産についても、売買目的有価証券と同様の開示が有用となる可能性があると考えられるとした。

26－7．2019年改正会計基準は、これらの審議の結果を受けて、トレーディング目的で保有する棚卸資産の評価及び開示について定めるものである。

範　囲

対象から除外される範囲

27．すべての企業における棚卸資産に本会計基準を適用する。ただし、棚卸資産であっても、他の会計処理により収益性の低下が適切に反映されている場合には、本会計基準の評価基準の定めを適用する必要はない。また、企業がその営業目的を達成するために所有し、かつ、売却を予定する資産であっても、金融商品会計基準に定める売買目的有価証券や、「研究開発費等に係る会計基準」に定める市場販売目的のソフトウェアのように、他の会計基準において取扱いが示されているものは、該当する他の会計基準の定めによる。

棚卸資産の範囲

28．これまで、棚卸資産の範囲は、原則として、連続意見書　第四に定める次の4項目のいずれかに該当する財貨又は用役であるとされている。

(1)　通常の営業過程において販売するために保有する財貨又は用役

(2)　販売を目的として現に製造中の財貨又は用役

(3)　販売目的の財貨又は用役を生産するために短期間に消費されるべき財貨

(4)　販売活動及び一般管理活動において短期間に消費されるべき財貨

29．連続意見書　第四では、前項(4)のように、棚卸資産には、事務用消耗品等の販売活動及び一般管理活動において短期間に消費されるべき財貨も含まれるとしている点で、国際的な会計基準と必ずしも同じではないといわれている。このような財貨は、製造用以外のものであっても、短期的に消費される点や実務上の便宜が考慮され、棚卸資産に含められているが、一般に重要性が乏しいと考えられる。

30．このため本会計基準では、棚卸資産の範囲に関しては、連続意見書　第四の考え方及びこれまでの取扱いを踏襲し、企業がその営業目的を達成するために所有し、かつ、売却を予定する資産のほか、従来から棚卸資産に含められてきた販売活動及び一般管理活動において短期間に消費される事務用消耗品等も棚卸資産に含めている（第3項参照）。このように、本会計基準では、棚卸資産の範囲を従来と変えることなく、その評価基準を取り扱っている。

31．棚卸資産には、未成工事支出金等、注文生産や請負作業についての仕掛中のものも含まれる。なお、工事契約及び受注制作のソフトウェアに係る収益に関する施工者の会計処理及び開示については、2020年に改正した企業会計基準第29号「収益認識に関する会計基準」において定めている。

販売用不動産等

32．論点整理に関して寄せられたコメントの中には、販売用不動産や開発事業等支出金に関して、棚卸資産の範囲に含まれることに異論はないものの、その価格の測定に幅がある点や客観性を欠くという理由をもって、収益性の低下に基づく簿価切下げの対象から除外することを求める意見があった。この点については、これまでも強制評価減の適用に際し、販売用不動産等の時価や評価損の金額の算定が行われていることから、対象から除外する理由としては乏しいと判断した。

用語の定義

33. 本会計基準では、連続意見書 第四で用いられていた正味実現可能価額という用語に代えて、「正味売却価額」という用語を用いている（第5項参照）。これは、実現可能という用語は不明確であるという意見があることや、「固定資産の減損に係る会計基準」（以下「減損会計基準」という。）において正味売却価額を用いていることとの整合性に配慮したものであるが、これらの意味するところに相違はない。

33-2. 「時価」とは、公正な評価額をいい、市場価格に基づく価額をいう。市場価格が観察できない場合には合理的に算定された価額を公正な評価額とする。ただし、トレーディング目的で保有する棚卸資産については、時価の算定において金融商品との整合性を図ることが適切であることから、時価算定会計基準第5項の時価の定義を適用している。

34. 売価とは、売却市場における市場価格に基づく価額であり、このような市場価格が存在しないときには、合理的に算定された価額をいう。棚卸資産の種類により種々の取引形態があるが、ここでいう取引形態には、取引参加者が少なく、当該企業のみが売手となるような相対取引しか行われない場合までも含む。そのため、合理的に算定された価額には、観察可能でなくとも売手が実際に販売できると合理的に見込まれる程度の価格を含むことに留意する必要がある。

会計処理
棚卸資産の評価方法

34-2. 企業会計原則では、商品、製品、半製品、原材料、仕掛品等の棚卸資産については、原則として購入代価又は製造原価に引取費用等の付随費用を加算し、これに個別法、先入先出法、後入先出法、平均原価法等の方法を適用して算定した取得原価をもって貸借対照表価額とするとしてきた（企業会計原則 第三5A）。また、企業会計原則注解（注21）(1)では、棚卸資産の貸借対照表価額の算定のための方法として、個別法、先入先出法、後入先出法、平均原価法及び売価還元原価法等が認められるものとされてきた。

34-3. 原価計算基準では、材料費は、実際の消費量にその消費価格を乗じて計算するものとされているが、この材料の消費価格の計算方法として、先入先出法、移動平均法、総平均法、後入先出法、個別法が示されてきた（原価計算基準11（三））。また、総合原価計算における完成品総合原価と期末仕掛品原価を計算する方法としても、平均法、先入先出法、後入先出法が、具体的な計算方法とあわせて示されてきた（原価計算基準24（二））。

34-4. 現在、一部の企業で採用されている最終仕入原価法は、最終仕入原価によって期末棚卸資産の価額を算定する方法である。この方法は、企業会計原則注解（注21）(1)では棚卸資産の評価方法として例示されておらず、本会計基準においても、この方法を棚卸資産の評価方法として定めていない。最終仕入原価法によれば、期末棚卸資産の一部だけが実際取得原価で評価されるものの、その他の部分は時価に近い価額で評価されることとなる場合が多いと考えられ、無条件に取得原価基準に属する方法として適用を認めることは適当ではない。このため、期末棚卸資産の大部分が最終の仕入価格で取得されているときのように期間損益の計算上弊害がないと考えられる場合や、期末棚卸資産に重要性が乏しい場合においてのみ容認される方法と考えられる。

後入先出法
（後入先出法の特徴）

34-5. 後入先出法は、最も新しく取得されたものから棚卸資産の払出しが行われ、期末棚卸資産は最も古く取得されたものからなるとみなして、期末棚卸資産の価額を算定する方法であり、棚卸資産を払い出した時の価格水準に最も近いと考えられる価額で収益と費用を対応させることができる方法である。当期の収益に対しては、これと同一の価格水準の費用を計上すべきであるという考え方によれば、棚卸資産の価格水準

の変動時には、後入先出法を用いる方が、他の評価方法に比べ、棚卸資産の購入から販売までの保有期間における市況の変動により生じる保有損益を期間損益から排除することによって、より適切な期間損益の計算に資すると考えられてきた。実際に、我が国において、後入先出法は、主として原材料の仕入価格が市況の変動による影響を受け、この仕入価格の変動と製品の販売価格の関連性が強い業種に多く選択される傾向にあった。

34-6．一方で、後入先出法は、棚卸資産が過去に購入した時からの価格変動を反映しない金額で貸借対照表に繰り越され続けるため、その貸借対照表価額が最近の再調達原価の水準と大幅に乖離してしまう可能性があるとされている。後入先出法以外の評価方法を採用した場合、棚卸資産の受払いによって棚卸資産の貸借対照表価額が市況の変動を何らかの形で反映するのに対し、後入先出法を採用した場合には、棚卸資産の受払いが生じているにもかかわらず、市況の変動を長期間にわたって反映しない可能性がある。

34-7．また、棚卸資産の期末の数量が期首の数量を下回る場合には、期間損益計算から排除されてきた保有損益が当期の損益に計上され、その結果、期間損益が変動することとなる。この点については、企業が棚卸資産の購入量を調整することによって、当該保有損益を意図的に当期の損益に計上することもできるという指摘がある。

　なお、2006年（平成18年）会計基準により、期末における正味売却価額が取得原価よりも下落している場合には、当該正味売却価額をもって貸借対照表価額とされ、取得原価と当該正味売却価額との差額は当期の費用として処理されることとなり（第7項参照）、保有利益のみが長期間繰り延べられることとなったため、期首の棚卸資産が払い出された場合、累積した過年度の保有利益だけがまとめて計上されることとなる。

34-8．IAS第2号では、2003年（平成15年）の改正にあたって、第34-6項及び第34-7項の

ような理由に加え、後入先出法は、一般的に、棚卸資産の実際の流れを忠実に表現しているとはいえないことから、それまで選択可能な処理方法として認めていた後入先出法の採用を認めないこととしている。

（後入先出法の見直し）

34-9．市況が短期的には上昇や下降を繰り返すものの、中長期的には平均的な水準で推移するような場合であれば、後入先出法とそれ以外の評価方法との間には、その結果に大きな違いはない。一方、市況が長期的に上昇する場合には、後入先出法を採用し、期間損益計算から棚卸資産の保有利益を排除することによって、適切な期間損益の計算に資すると考えられてきた（第34-5項参照）。

　しかしながら、この点については、後入先出法を採用することによって、特定の時点で計上されることになる利益を単に繰り延べているに過ぎないのではないかという見方がある。先入先出法や平均原価法を採用しても保有利益の繰延べは生じるが、後入先出法との比較において、その問題は小さいと考えられる。また、第34-7項で示されたように、後入先出法を採用することにより、棚卸資産の期末の数量が期首の数量を下回る場合には、累積した保有利益が計上されることとなる。

　さらに、後入先出法を採用している上場企業は少ない上に、近年、その採用企業数は減少してきている。

34-10．審議の過程において、我が国では法令等で在庫の備蓄義務が課されている場合があり、こうした場合におけるいわゆる備蓄在庫の保有損益については当期の損益に含めるべきではないため、後入先出法の採用を引き続き認めることが適当であるという指摘があった。しかし、この指摘が、備蓄在庫についてその性質や実態に即した払出計算をすべきであるという考え方によるものであれば、備蓄在庫を通常の在庫と区分して、会計上、別の種類の棚卸資産として評価方法をそれぞれ適用することも考えられるという意見もあった。ただし、この意見につい

ては、法令等で備蓄義務が課されている場合に
おいても備蓄在庫が物理的に区分されているわ
けではないため、これらを区分する会計処理は
適当ではないという指摘もあった。

34-11．また、米国の実務も参考に、第34－6項
及び第34－7項で指摘されている事項を補うた
めの一定の事項を注記することとすれば、後入
先出法を棚卸資産の評価方法として引き続き採
用することに問題はないのではないかという意
見もあった。

34-12．後入先出法の採用を引き続き認める必要
があるか否かについて、当委員会の検討の過程
では、第34－9項から第34-11項のように、い
ずれの取扱いについても、それぞれを支持する
考え方や意見があった。検討の結果、後入先出
法は、先入先出法や平均原価法と同様、棚卸資
産の規則的な払出しの仮定に基づく評価方法と
して有用性があり、この採用を引き続き認める
べきではないかという意見もあるものの、当委
員会は、近年 IASB が IAS 第2号の改正にあ
たって後入先出法の採用を認めないこととした
こと（第34－8項参照）を重視し、会計基準の
国際的なコンバージェンスを図るため、本会計
基準においては、選択できる評価方法から後入
先出法を削除することとした。

通常の販売目的で保有する棚卸資産の評価基準
（これまでの取扱い）

35．我が国において、これまで棚卸資産の評価基
準が原則として原価法とされてきたのは、棚卸
資産の原価を当期の実現収益に対応させること
により、適正な期間損益計算を行うことができ
ると考えられてきたためといわれている。すな
わち、当期の損益が、期末時価の変動、又は将
来の販売時点に確定する損益によって歪められ
てはならないという考えから、原価法が原則的
な方法であり、低価法は例外的な方法と位置付
けられてきた。

（棚卸資産の簿価切下げの考え方）

36．これまでの低価法を原価法に対する例外と位
置付ける考え方は、取得原価基準の本質を、名

目上の取得原価で据え置くことにあるという理
解に基づいたものと思われる。しかし、取得原
価基準は、将来の収益を生み出すという意味に
おいての有用な原価、すなわち回収可能な原価
だけを繰り越そうとする考え方であるとみるこ
ともできる。また、今日では、例えば、金融商
品会計基準や減損会計基準において、収益性が
低下した場合には、回収可能な額まで帳簿価額
を切り下げる会計処理が広く行われている。

　そのため、棚卸資産についても収益性の低下
により投資額の回収が見込めなくなった場合に
は、品質低下や陳腐化が生じた場合に限らず、
帳簿価額を切り下げることが考えられる。収益
性が低下した場合における簿価切下げは、取得
原価基準の下で回収可能性を反映させるように、
過大な帳簿価額を減額し、将来に損失を繰り延
べないために行われる会計処理である。棚卸資
産の収益性が当初の予想よりも低下した場合に
おいて、回収可能な額まで帳簿価額を切り下げ
ることにより、財務諸表利用者に的確な情報を
提供することができるものと考えられる。

37．それぞれの資産の会計処理は、基本的に、投
資の性質に対応して定められていると考えられ
ることから、収益性の低下の有無についても、
投資が回収される形態に応じて判断することが
考えられる。棚卸資産の場合には、固定資産の
ように使用を通じて、また、債権のように契約
を通じて投下資金の回収を図ることは想定され
ておらず、通常、販売によってのみ資金の回収
を図る点に特徴がある。このような投資の回収
形態の特徴を踏まえると、評価時点における資
金回収額を示す棚卸資産の正味売却価額が、そ
の帳簿価額を下回っているときには、収益性が
低下していると考え、帳簿価額の切下げを行う
ことが適当である。

（品質低下又は陳腐化に起因する簿価切下げとそれ以
外に起因する簿価切下げ）

38．品質低下や陳腐化による評価損と低価法評価
損との間には、その発生原因等の相違が存在す
るといわれてきた。

	品質低下評価損	陳腐化評価損	低価法評価損
① 発生原因	物理的な劣化	経済的な劣化（商品ライフサイクルの変化）	市場の需給変化
② 棚卸資産の状態	欠陥		正常
③ 売価の回復可能性	なし		あり

39．これまでは、低価法を例外的処理と位置付けてきたことと相俟って、品質低下・陳腐化評価損と低価法評価損の間には、その取扱いに明確な差異がみられた。しかし、発生原因は相違するものの、正味売却価額が下落することにより収益性が低下しているという点からみれば、会計処理上、それぞれの区分に相違を設ける意義は乏しいと考えられる。また、特に経済的な劣化による収益性の低下と、市場の需給変化に基づく正味売却価額の下落による収益性の低下は、実務上、必ずしも明確に区分できないという指摘も多い。以上により、本会計基準では、これらを収益性の低下の観点からは相違がないものとして取り扱うこととしている。

（正味売却価額の考え方）

40．前述したように本会計基準では、棚卸資産の場合、販売により投下資金の回収を図るため、正味売却価額が帳簿価額よりも低下しているときには、収益性が低下しているとみて、帳簿価額を正味売却価額まで切り下げること（第37項参照）が他の会計基準における考え方とも整合的であると考えている。

41．棚卸資産への投資は、将来販売時の売価を想定して行われ、その期待が事実となり、成果として確定した段階において、投資額は売上原価に配分される。このように最終的な投資の成果の確定は将来の販売時点であることから、収益性の低下に基づく簿価切下げの判断に際しても、期末において見込まれる将来販売時点の売価に

基づく正味売却価額によることが適当と考えられる。

42．なお、期末の正味売却価額という場合でも、一般的に、販売までに要する期間があることから、それは期末における将来販売時点での正味売却価額を指すことも多い。例えば、契約により取り決められた一定の売価（第8項参照）や、仕掛品における加工後の販売見込額に基づく正味売却価額などが該当する。もっとも、将来販売時点の売価を用いるとしても、その入手や合理的な見積りは困難な場合が多いことから、合理的に算定された価額として、期末前後での販売実績に基づく価額も用いられる（第8項参照）。このため本会計基準では、いずれも含まれるように、期末における正味売却価額が取得原価よりも下落している場合には、当該正味売却価額をもって貸借対照表価額とするものとした（第7項参照）。

43．また、期末の売価に基づき正味売却価額を把握する場合には、突発的な売価変動の影響を受けるおそれがあるという指摘がある。本来、正味売却価額は、将来販売時点の見込みであるため、期末時点の正味売却価額が突発的な要因により、異常な水準となっているときには、期末時点の正味売却価額を用いることが不適切であることは明らかである。そのような場合には、期末における正味売却価額を用いるとしても、期末時点の売価ではなく、期末付近の合理的な期間の平均的な売価に基づく正味売却価額によることが適当である。

（正味売却価額がマイナスの場合）

44．見積追加製造原価及び見積販売直接経費が売価を超えるときには、正味売却価額はマイナスとなるが、その場合には、棚卸資産の帳簿価額をゼロまで切り下げたとしても、当該マイナス部分については、反映できない。

例えば、売価100、見積追加製造原価及び見積販売直接経費120、仕掛品の帳簿価額30の場合、正味売却価額はマイナス20であり、簿価切下額は50となる。収益性の低下により仕掛品の帳簿価額30をゼロまで切り下げたとしても、残

る20の損失は認識されない。このように、切り下げるべき棚卸資産の帳簿価額が存在しない場合でも、マイナスの正味売却価額を反映させるため引当金による損失計上が行われることがある。これらについては、企業会計原則注解（注18）との関連で別途扱うべき問題であると考えられる。

（期末時点の正味売却価額の下落が収益性の低下と結びつかない場合）

45. 期末における正味売却価額は、本来、将来販売時点の正味売却価額を意味する（第41項参照）ことから、期末時点の正味売却価額が帳簿価額より下落していても、期末において見込まれた将来販売時点の正味売却価額が帳簿価額よりも下落していない場合には、正味売却価額の下落が収益性の低下に結びつかないため、簿価切下げを行う必要はないこととなる。

　しかしながら、期末付近の合理的な期間の平均的な売価に基づく正味売却価額を用いたにもかかわらず、期末直後に当該価額以上の金額で販売されたような極めて例外的な場合を除けば、期末の正味売却価額が帳簿価額より下落しているものの、収益性が低下していないことを示すことは通常困難であると考えられる。このため、本会計基準では、期末の正味売却価額の下落が収益性の低下に結びつかない場合は、極めて限定的であると想定している。

46. なお、反対に、期末時点の正味売却価額が帳簿価額よりも下落していないものの、将来販売時点の正味売却価額が帳簿価額よりも下落している場合が考えられる。この場合、すぐに販売可能であれば、企業は販売により投資を回収すると考えられるが、契約や事業遂行上等の制約により、すぐに販売できないものは、収益性の低下を反映するように帳簿価額を切り下げる必要がある。ただし、他の会計処理によって収益性の低下が適切に反映されている場合には、この限りではない。

（販売活動及び一般管理活動目的で保有する棚卸資産の簿価切下げ）

47. 販売活動及び一般管理活動目的で保有する棚卸資産に関しては、棚卸資産の範囲には含まれるものの（第3項及び第30項参照）、販売により投資が回収されるものではないため、価格の下落が必ずしも収益性の低下に結びつかないと考えられる。しかし、少なくとも当該棚卸資産の価格下落が物理的な劣化又は経済的な劣化に起因している場合、収益性の低下に準じて通常の販売目的の棚卸資産と同様に簿価切下げを行うことが適当である。

（正味売却価額の見積り）

48. 棚卸資産の売却市場において、市場価格が存在する場合には、当該市場価格に基づく価額を売価とするが、棚卸資産については、市場価格が存在することは多くない。そのため、企業は、売却市場における合理的に算定された価額による必要がある。当該価額は、同等の棚卸資産を売却市場で実際に販売可能な価額として見積ることが適当であり、これには、実務上、期末前後での販売実績に基づく価額や、特定の販売先との間の契約で取り決められた一定の売価も含まれる（第8項参照）。しかしながら、実務上、収益性が低下していないことが明らかであり、事務負担をかけて収益性の低下の判断を行うまでもないと認められる場合には、正味売却価額を見積る必要はないと考えられる。

49. 正味売却価額について、期末前後での販売実績に基づく価額を把握することさえも困難な場合があるという意見がある。しかしながら、そのような場合には、製造業における原材料等を除き、陳腐化が生じている場合が多い。これまでも、実務上、販売されずに滞留在庫となっている棚卸資産や処分を予定している棚卸資産については、その状況に応じて、帳簿価額を処分見込価額（ゼロ又は備忘価額を含む。）まで切り下げたり、一定の回転期間を超える棚卸資産について規則的な簿価切下げを行うことにより、棚卸資産の収益性の低下を財務諸表に反映させてきた。本会計基準では、そのような簿価切下げの方法も、正味売却価額まで切り下げる方法に代えて取り扱うことができるものとしている（第9項参照）。

50. 製造業における原材料は、製品を構成することとなり、完成後の製品売却に基づく正味売却価額が帳簿価額を上回っていれば、帳簿価額を切り下げる必要はない。しかし、通常は、再調達原価の方が把握しやすいと考えられるため、正味売却価額が再調達原価に歩調を合わせて動くと想定されるときには、再調達原価によることができるものとした。再調達原価の方が把握しやすいという点は、原材料等に限らず他の購入品の場合でも同様と考えられるため、本会計基準では、正味売却価額が再調達原価に歩調を合わせて動くと想定されるときには、継続して適用することを条件に、正味売却価額の代理数値として再調達原価によることができるものとした（第10項参照）。再調達原価には、購入に付随する費用が含められるが、重要性等を考慮して、含めないものとすることができる。

51. 企業が複数の売却市場に参加し得る場合（第11項参照）とは、次のように、特定の棚卸資産に関して企業自身が複数の販売経路を有しており、その販売経路ごとに売価が異なる場合をいう。

(1) 消費者への直接販売と代理店経由の間接販売

(2) 正規販売とアウトレット

(3) 特定の販売先との契約により一定の売価で販売することが決定されている場合とそのような契約がない場合

52. 前項のように複数の売却市場が存在する場合、企業は売価の高い市場に参加することが想定される。その売価は、売手である当該企業が実際に販売できると見込む売価であることに留意する必要がある。なお、複数の売却市場が存在し、売価が異なる場合であっても、棚卸資産をそれぞれの市場向けに区分できないときには、それぞれの市場の販売比率に基づいた加重平均売価等による。

（収益性低下の判断及び簿価切下げの単位）

53. 棚卸資産に関する投資の成果は、通常、個別品目ごとに確定することから、収益性の低下を判断し、簿価切下げを行う単位も個別品目単位であることが原則であるが、次のような場合には、複数の棚卸資産を一括りとした単位で行う方が投資の成果を適切に示すことができると判断されるため、複数の品目を一括りとして取り扱うことが適当と考えられる（第12項参照）。

(1) 補完的な関係にある複数商品の売買を行っている企業において、いずれか一方の売買だけでは正常な水準を超えるような収益は見込めないが、双方の売買では正常な水準を超える収益が見込めるような場合

(2) 同じ製品に使われる材料、仕掛品及び製品を1グループとして扱う場合

（売価還元法を採用している場合）

54. 小売業等の業種においては、棚卸資産の評価方法として、次に示す原価率（連続意見書 第四に定める売価還元平均原価法の原価率）による売価還元法を採用しているケースが多いが、この場合でも、期末における正味売却価額（棚卸資産の値入率等の類似性に基づくグループの売価合計額から見積販売直接経費を控除した金額）が帳簿価額よりも下落しているときには、当該正味売却価額をもって貸借対照表価額とする必要がある（第13項参照）。

【連続意見書 第四に定める売価還元平均原価法の原価率】

$$\frac{期首繰越商品原価＋当期受入原価総額}{期首繰越商品小売価額＋当期受入原価総額＋原始値入額＋値上額－値上取消額－値下額＋値下取消額}$$

55. 他方、値下額及び値下取消額を除外した売価還元法の原価率（連続意見書 第四に定める売価還元低価法の原価率）を採用している企業がある。値下額及び値下取消額を除外した売価還元法の原価率を適用する方法は、収益性の低下に基づく簿価切下げという考え方と必ずしも整合するものではないが、本会計基準では、これまでの実務上の取扱いなどを考慮し、値下額等が売価合計額に適切に反映されている場合には、当該原価率の適用により算定された期末棚卸資産の帳簿価額は、収益性の低下に基づく簿価切下額を反映したものとみなすことができることとした（第13項ただし書き参照）。

（洗替え法と切放し法）

56. 固定資産の減損処理においては損失発生の可能性の高さを要件とするのに対し、棚卸資産における収益性の低下は、期末における正味売却価額が帳簿価額を下回っているかどうかによって判断するため、簿価切下額の戻入れを行う洗替え法の方が、戻入れを行わない切放し法に比して、正味売却価額の回復という事実を反映するため、収益性の低下に着目した簿価切下げの考え方と整合的であるという考え方がある。

57. 他方、収益性の低下に基づき過大な帳簿価額を切り下げ、将来に損失を繰り延べないために行われる会計処理において、いったん費用処理した金額を正味売却価額が回復したからといって戻し入れることは、固定資産の減損処理と同様に、適切ではないという考え方がある。この場合、評価性引当金により費用処理を間接的に行っているのであれば、見積りの変更により戻し入れるが、直接的に帳簿価額を切り下げる場合は、切放し法が整合的であるとされる。

58. 実務上、収益性低下の要因を物理的な劣化や経済的な劣化による場合とそれ以外の場合に区分できる企業においては、前者の要因による売価が反騰することは通常考えられないことから、前者については切放し法、後者については洗替え法による処理が適切との指摘もある。しかし、洗替え法を採用した場合であっても、正味売却価額の回復がなければ、戻入額と同額以上の簿価切下額が期末に計上されるため、損益に与える影響は切放し法による場合と変わらない。このため、要因別に区分できるときには、簿価切下げの要因ごとに選択できるものとした。また、これまで洗替え法と切放し法の両方が認められてきたことから、洗替え法と切放し法のいずれが実務上簡便であるかに関しては、企業により異なる。これらの理由により、本会計基準では、洗替え法と切放し法のいずれによることもできるものとし、いったん採用した方法に関しては、継続して適用しなければならないものとした（第14項参照）。

59. この場合、1つの経済実態に対して複数の会計処理が認められることは適当ではないという指摘がある。確かに、前期末に帳簿価額を切り下げた棚卸資産の正味売却価額が回復し、かつ当期末時点で在庫となっている場合には、両者の結果が異なる。しかしながら、一般的に、正味売却価額が回復するケースは、必ずしも多くないと考えられることや、仮に正味売却価額が回復している場合には、通常、販売され在庫として残らないと見込まれることから、洗替え法と切放し法の選択を企業に委ねても、結果は大きく異ならないものと考えられる。

トレーディング目的で保有する棚卸資産の評価基準

60. 当初から加工や販売の努力を行うことなく単に市場価格の変動により利益を得るトレーディング目的で保有する棚卸資産については、投資者にとっての有用な情報は棚卸資産の期末時点の市場価格に求められると考えられることから時価をもって貸借対照表価額とすることとした（第15項参照）。その場合、活発な取引が行われるよう整備された、購買市場と販売市場とが区別されていない単一の市場（例えば、金の取引市場）の存在が前提となる。また、そうした市場でトレーディングを目的に保有する棚卸資産は、売買・換金に対して事業遂行上等の制約がなく、市場価格の変動にあたる評価差額が企業にとっての投資活動の成果と考えられることから、その評価差額は当期の損益として処理することが適当と考えられる。

61. トレーディング目的で保有する棚卸資産に係る会計処理は、売買目的有価証券の会計処理と同様であるため、その具体的な適用は、金融商品会計基準に準ずることとしている（第16項参照）。したがって、金融商品会計基準のほか、その具体的な指針等も参照する必要がある。

開　示
通常の販売目的で保有する棚卸資産の収益性の低下に係る損益の表示

62. 企業が通常の販売目的で保有する棚卸資産に

ついて、収益性が低下した場合の簿価切下額は、販売活動を行う上で不可避的に発生したものであるため、売上高に対応する売上原価として扱うことが適当と考えられる。

ただし、収益性が低下した場合において、原材料等に係る簿価切下額のうち、例えば品質低下に起因する簿価切下額など製造に関連し不可避的に発生すると認められるものについては、製造原価として処理することとなる（第17項参照）。なお、そのような場合であっても、当該簿価切下額の重要性が乏しいときには、売上原価へ一括計上することができるものと考えられる。

63. 簿価切下額が、販売促進に起因する場合には販売費として表示することが考えられるが、本会計基準では当該会計処理を示していない。これは、当該会計処理を認めた場合には、販売促進に起因するという意味を拡大解釈し、本来販売費として処理すべきではない簿価切下額についても販売費とするような濫用のおそれがあるという、公開草案に寄せられた意見を踏まえたものである。ただし、これは、棚卸資産を見本品として使用する場合に、他勘定振替処理により販売費として計上する処理まで否定するものではない。

64. なお、収益性の低下に基づき帳簿価額を切り下げる場合には、従来の強制評価減が計上される余地はないものと考えられることから、正味売却価額が帳簿価額よりも著しく下落したという理由をもって、簿価切下額を営業外費用又は特別損失に計上することはできない。

65. 洗替え法を採用する企業において、前期末に計上した簿価切下額の戻入額の損益計上区分と、当期の簿価切下額の損益計上区分とが異なる場合、前期の戻入額と販売による当期の売上総利益のマイナス（販売されていない場合には、追加の簿価切下額）が両建計上されてしまうため、両者を同じ区分に計上することが適当である。

通常の販売目的で保有する棚卸資産の収益性の低下に係る損益の注記

66. これまで低価法による棚卸資産の評価減に関

しては、注記又は売上原価等の内訳記載が求められてきたことや、国際的な会計基準でも同様の注記が求められていることから、本会計基準では、収益性の低下に基づく簿価切下げにより費用計上された金額の注記又は独立掲記を求めている（第18項参照）。

トレーディング目的で保有する棚卸資産に係る注記

66-2. トレーディング目的で保有する棚卸資産には売買目的有価証券と同様の会計処理が求められる（本会計基準第15項参照）。注記についても、有用な情報を提供する可能性があると考えられることから、売買目的有価証券に準じて、金融商品会計基準第40-2項(3)の「金融商品の時価のレベルごとの内訳等に関する事項」のうち、売買目的有価証券について注記される項目について注記を求めることとした。したがって、金融商品会計基準のほか、その具体的な指針も参照する必要がある。

適用時期等

67. これまでの会計慣行では、棚卸資産の評価基準を原価法から低価法に変更した場合には、期末棚卸資産の評価から低価法を適用することが一般的であり、そこで求められる低価法評価損は、売上原価又は営業外費用として表示される。しかしながら、これまで原価法を適用してきた企業においては、強制評価減適用の要否は検討していたとはいえ、棚卸資産の回転期間の長い企業など、少なくない金額の簿価切下額が生ずるケースも想定される。このため、簿価切下額のうち期首の棚卸資産に係る部分に関しては、前期損益修正損の性格があり、特別損失として計上することを許容すべきという意見があることから、2006年（平成18年）会計基準の適用初年度の例外として定めた（第21項参照）。

68. 2006年（平成18年）会計基準の適用時期に関して、公開草案の段階では、2007年（平成19年）４月以後開始する事業年度から2006年（平成18年）会計基準を適用することとしていたが、公

開草案に対して寄せられたコメントの中には、2006年（平成18年）会計基準を導入するための企業側の受入準備が整わないという意見があった。かかるコメントを踏まえ、当委員会において審議した結果、早期適用を認めつつ、適用時期を1年遅らせ、2008年（平成20年）4月1日以後開始する事業年度から適用することとした。なお、2006年（平成18年）会計基準を早期適用する場合には、次の点に留意する必要がある。

(1) 一部適用は認められないこと

通常の販売目的で保有する棚卸資産の評価基準に係る会計処理（第7項参照）と、トレーディング目的で保有する棚卸資産の評価基準に係る会計処理（第15項参照）を、時期を違えて適用することによる弊害を防ぐため、2006年（平成18年）会計基準の早期適用にあたり一部適用は認めない。

(2) 連結財務諸表における連結子会社にも適用すること

2006年（平成18年）会計基準を早期適用する場合には、財務諸表提出会社の個別財務諸表と連結財務諸表の両方について同時に適用する。

(3) 早期適用にあたっては、受入準備が整った段階から適用できること

2006年（平成18年）会計基準を早期適用する場合であっても期首からの適用を前提としているが、受入準備が整った段階から適用することができる。そのため、受入準備が整っていないという理由により、中間会計期間末には、早期適用しないときでも、その後受入準備が整った場合には、事業年度末から適用することができる（第21項の方法を含む。）。

ただし、この場合には、中間・年度の会計処理の首尾一貫性が保持されていない場合の取扱いに準じて、2006年（平成18年）会計基準が中間会計期間には適用されていない旨、その理由及び当中間会計期間で2006年（平成18年）会計基準を適用した場合の当中間財務諸表に与える影響額を注記する。

(2008年（平成20年）改正会計基準)

69. 2008年（平成20年）改正会計基準の適用によっ

て、棚卸資産の評価方法を後入先出法からその他の評価方法に変更した結果、適用初年度の期首の棚卸資産に係る保有損益相当額の全部又は一部が当期の損益に計上されることとなる。これまでの会計慣行では、棚卸資産の評価方法を変更した場合において、その影響額は特に区分せず売上原価に含めて表示されている。しかし、2008年（平成20年）改正会計基準の適用による会計方針の変更は自発的なものではないこと、また、適用初年度においては当該変更の影響が多額である場合も想定されることから、期首の棚卸資産に係る保有損益相当額のうち当期の損益に計上された額を特別損益として区分して表示することを許容すべきであるという意見があるため、当委員会は、適用初年度の表示方法として認めることとした（第21-3項参照）。

70. なお、審議の過程では、後入先出法からその他の評価方法に変更した場合の影響について、期首利益剰余金の調整項目とする方法も検討した。この場合の期首利益剰余金の調整については、適用初年度の期首において後入先出法により評価していた棚卸資産を期首時点の再調達原価に評価替えした場合の評価差額とすることや、過去に遡って変更後の評価方法を適用して算定される適用初年度の期首までの累積的な影響額とすることが検討された。しかし、こうした適用初年度の期首利益剰余金の調整項目とする方法は、本来的には過年度の財務諸表に対する新たな会計処理の遡及適用を前提とした取扱いとも関係することから、現行の我が国の会計実務を踏まえ、平成20年改正会計基準においては、このような処理を特別に定めないこととした。

71. 2008年（平成20年）改正会計基準の適用により、後入先出法からその他の評価方法に会計方針を変更する場合、当該変更が財務諸表に与える影響として、適用初年度において後入先出法を適用した場合の損益と変更後の評価方法による損益との差額を注記することとなるが、当該影響額を正確に算定することが実務上困難な場合もあると考えられる。このため、こうした場合には、当該影響に関する適当な方法による概

算額として、当期の損益に含まれる棚卸資産の保有損益相当額を注記することができることとした（第21－４項参照）。

　当該会計方針の変更の影響を記載するにあたっては、棚卸資産の一定の範囲について、このような方法による概算額を用い、その他の棚卸資産については、原則的な計算方法である適用初年度において後入先出法を適用した場合の損益と変更後の評価方法による損益との差額によって当該影響額を算定することもできる。ただし、当該保有損益相当額の算定方法の概要及び当該保有損益相当額の算定に含めた棚卸資産の範囲等に関する事項をあわせて注記する必要があることに留意する。

72. なお、一部の企業では、棚卸資産の市況の変動によって当期の損益に棚卸資産の保有損益相当額が多額に含まれる場合、当期の損益に含まれる棚卸資産の保有損益相当額等に関する情報を、投資家向けの情報（IR情報）として自主的に開示している。これらの情報の開示については、投資家が企業の実質的な収益力を分析するための有用な情報となっているという指摘があり、当委員会はこの指摘についても検討した。検討の結果、こうした情報には特に定められた算定及び開示の方法があるわけではなく、実務上の対応が困難であるという意見があることなどから、当該情報を財務諸表に注記することができるとする旨を2008年（平成20年）改正会計基準では明記しないこととした。

（2019年改正会計基準）

73. 2019年改正会計基準の適用時期は、その改正の契機となった時価算定会計基準の適用時期に合わせることとした。

2019年改正会計基準の公表による他の会計基準等についての修正

74. 2019年改正会計基準により、当委員会が公表した会計基準等については、次の修正を行う（下線は追加部分、取消線は削除部分を示す。）。

　　　（以下略）

参　考（計算例）

　以下の計算例は、2008年（平成20年）改正会計基準で示された内容について理解を深めるために参考として示されたものであり、各企業の実情等に応じて異なることに留意する必要がある。

［計算例１］　適用初年度の期首の棚卸資産に係る保有損益相当額のうち当期の損益に計上された額（特別損益）の算定（第21－３項関係）

１．前提条件

　　A社は、2008年（平成20年）改正会計基準の適用により、棚卸資産の評価方法を後入先出法から総平均法に変更している。A社は、外部の業者より購入した棚卸資産Xを販売する事業を行っている。なお、適用初年度の期首における棚卸資産Xの購入単価は@24円であった（付随費用は生じないものとする。）。

２．棚卸資産Xの期首残高、当期受払高及び期末残高

（単位：円）

	受入 （数量×@単価）	払出 （数量×@単価）	残高 （数量×@単価）
期首残高			60,000 （＝6,000×@10）

当期受払高及び期末残高	750,000 （＝30,000×＠25）	675,000 （＝30,000×＠22.5）	135,000 （＝6,000×＠22.5）

3．期首の棚卸資産Xに係る保有損益相当額及び当期の損益に計上された額の計算例

> 期首保有利益相当額：再調達原価6,000×＠24円－帳簿価額60,000円＝84,000円
> うち、当期の損益に計上された額[注]：84,000円×30,000／（6,000＋30,000）＝70,000円

（注）　期首の棚卸資産に係る保有損益相当額のうち当期の損益に計上された額：
　　　　期首保有損益相当額×当期払出数量／（期首保有数量＋当期受入数量）

［計算例2］　当期の損益に含まれる棚卸資産の保有損益相当額の算定（第21-4項関係）

1．前提条件

　B社は、2008年（平成20年）改正会計基準の適用によって棚卸資産の評価方法を後入先出法から総平均法に変更している。B社は複数の事業分野に参入しているが、このうちY事業に係る商品について[1]、当期の損益に含まれる当該商品の保有損益相当額を計算する。

　当期の当該商品の各販売日の売上数量と、その時点の購入単価及び当該商品の再調達原価（売上数量×販売日の購入単価）は次のとおりであった（付随費用は生じないものとする。）。

　1月16日　売上数量　80,000　購入単価　＠140円　再調達原価　11,200千円
　3月11日　売上数量　60,000　購入単価　＠170円　再調達原価　10,200千円
　12月5日　売上数量　58,000　購入単価　＠150円　再調達原価　8,700千円

2．Y事業に係る商品の期首残高、当期受払高及び期末残高

	数量	平均単価（円）	金額（千円）
期首残高	20,000	＠100	2,000
当期受入高	200,000	＠150	30,000
当期払出高	198,000	＠145.45…	28,800
期末残高	22,000	＠145.45…	3,200

3．当期の損益に含まれるY事業に係る商品の保有損益相当額の計算例

> 払い出した商品の帳簿価額合計額（売上原価）：28,800千円
> 払出し時点の再調達原価合計額[注]：11,200千円＋10,200千円＋8,700千円＝30,100千円
> 当期の損益に含まれる当該商品の保有利益相当額：30,100千円－28,800千円＝1,300千円

（注）　払出し時点の商品の再調達原価合計額に代えて、当期の払出数量（198,000）に当期受入高の平均単価（＠150円）あるいは各月末、各四半期末における再調達原価の平均単価を乗じた金額等を用いることも考えられる。

以　上

1　2008年（平成20年）改正会計基準の適用による会計方針の変更の影響を記載するにあたり、棚卸資産の一定の範囲について、［計算例2］のような方法による概算額を用いることとしている（第71項参照）。

企業会計基準第10号

金融商品に関する会計基準

1999年（平成11年）1月22日
企業会計審議会
改正2006年（平成18年）8月11日
改正2007年（平成19年）6月15日
改正2008年（平成20年）3月10日
最終改正2019年7月4日
企業会計基準委員会

本会計基準は、2022年10月28日までに公表された次の会計基準等による修正が反映されている。
・企業会計基準第25号「包括利益の表示に関する会計基準」（2022年10月28日改正）

目　次

目　的

1．本会計基準は、金融商品に関する会計処理を定めることを目的とする。なお、資産の評価基準については「企業会計原則」に定めがあるが、金融商品に関しては、本会計基準が優先して適用される。

2．本会計基準の適用にあたっては、以下も参照

する必要がある。

(1) 日本公認会計士協会会計制度委員会報告第14号「金融商品会計に関する実務指針」

(2) 企業会計基準適用指針第12号「その他の複合金融商品（払込資本を増加させる可能性のある部分を含まない複合金融商品）に関する会計処理」

(3) 企業会計基準適用指針第17号「払込資本を増加させる可能性のある部分を含む複合金融商品に関する会計処理」

(4) 企業会計基準適用指針第19号「金融商品の時価等の開示に関する適用指針」

(5) 企業会計基準第30号「時価の算定に関する会計基準」（以下「時価算定会計基準」という。）

(6) 企業会計基準適用指針第31号「時価の算定に関する会計基準の適用指針」（以下「時価算定適用指針」という。）

会計基準

Ⅰ．範　囲

3．本会計基準は、すべての会社における金融商品の会計処理に適用する。

Ⅱ．金融資産及び金融負債の範囲等

1．金融資産及び金融負債の範囲 (注1)(注1-2)

4．金融資産とは、現金預金、受取手形、売掛金及び貸付金等の金銭債権、株式その他の出資証券及び公社債等の有価証券並びに先物取引、先渡取引、オプション取引、スワップ取引及びこれらに類似する取引（以下「デリバティブ取引」という。）により生じる正味の債権等をいう。

5．金融負債とは、支払手形、買掛金、借入金及び社債等の金銭債務並びにデリバティブ取引により生じる正味の債務等をいう。

(注1)　**金融資産及び金融負債の範囲について**
　金融資産及び金融負債の範囲には、複数種類の金融資産又は金融負債が組み合わされている複合金融商品も含まれる。また、現物商品（コモディティ）に係るデリバティブ取引のうち、通常差金決済により取引されるものから生じる正味の債権又は債務に

ついても、本会計基準に従って処理する。

（注1-2）　有価証券の範囲について

　　　有価証券の範囲は、原則として、金融商品取引法に定義する有価証券に基づくが、それ以外のもので、金融商品取引法上の有価証券に類似し企業会計上の有価証券として取り扱うことが適当と認められるものについても有価証券の範囲に含める。なお、金融商品取引法上の有価証券であっても企業会計上の有価証券として取り扱うことが適当と認められないものについては、本会計基準上、有価証券としては取り扱わないこととする。

２．時　価

6．金融資産及び金融負債の「時価」の定義は、時価算定会計基準第5項に従い、算定日において市場 ^(注2) 参加者間で秩序ある取引が行われると想定した場合の、当該取引における資産の売却によって受け取る価格又は負債の移転のために支払う価格とする。

（注2）　市場について

　　　市場には、公設の取引所及びこれに類する市場のほか、随時、売買・換金等を行うことができる取引システム等も含まれる。

Ⅲ．金融資産及び金融負債の発生及び消滅の認識

１．金融資産及び金融負債の発生の認識

7．金融資産の契約上の権利又は金融負債の契約上の義務を生じさせる契約を締結したときは、原則として、当該金融資産又は金融負債の発生を認識しなければならない ^(注3)。

（注3）　商品等の売買又は役務の提供の対価に係る金銭債権債務の発生の認識について

　　　商品等の売買又は役務の提供の対価に係る金銭債権債務は、原則として、当該商品等の受渡し又は役務提供の完了によりその発生を認識する。

２．金融資産及び金融負債の消滅の認識

(1)　金融資産の消滅の認識要件

8．金融資産の契約上の権利を行使したとき、権利を喪失したとき又は権利に対する支配が他に移転したときは、当該金融資産の消滅を認識しなければならない。

9．金融資産の契約上の権利に対する支配が他に移転するのは、次の要件がすべて充たされた場合とする。

(1)　譲渡された金融資産に対する譲受人の契約上の権利が譲渡人及びその債権者から法的に保全されていること

(2)　譲受人が譲渡された金融資産の契約上の権利を直接又は間接に通常の方法で享受できること ^(注4)

(3)　譲渡人が譲渡した金融資産を当該金融資産の満期日前に買戻す権利及び義務を実質的に有していないこと

（注4）　譲受人が特別目的会社の場合について

　　　金融資産の譲受人が次の要件を充たす会社、信託又は組合等の特別目的会社の場合には、当該特別目的会社が発行する証券の保有者を当該金融資産の譲受人とみなして第9項(2)の要件を適用する。

(1)　特別目的会社が、適正な価額で譲り受けた金融資産から生じる収益を当該特別目的会社が発行する証券の保有者に享受させることを目的として設立されていること

(2)　特別目的会社の事業が、(1)の目的に従って適正に遂行されていると認められること

(2)　金融負債の消滅の認識要件

10．金融負債の契約上の義務を履行したとき、義務が消滅したとき又は第一次債務者の地位から免責されたときは、当該金融負債の消滅を認識しなければならない。

(3)　金融資産及び金融負債の消滅の認識に係る会計処理

11．金融資産又は金融負債がその消滅の認識要件を充たした場合には、当該金融資産又は金融負

債の消滅を認識するとともに、帳簿価額とその対価としての受払額との差額を当期の損益として処理する。

12. 金融資産又は金融負債の一部がその消滅の認識要件を充たした場合には、当該部分の消滅を認識するとともに、消滅部分の帳簿価額とその対価としての受払額との差額を当期の損益として処理する。消滅部分の帳簿価額は、当該金融資産又は金融負債全体の時価に対する消滅部分と残存部分の時価の比率により、当該金融資産又は金融負債全体の帳簿価額を按分して計算する。

13. 金融資産又は金融負債の消滅に伴って新たな金融資産又は金融負債が発生した場合には、当該金融資産又は金融負債は時価により計上する。

Ⅳ．金融資産及び金融負債の貸借対照表価額等

1．債権

14. 受取手形、売掛金、貸付金その他の債権の貸借対照表価額は、取得価額から貸倒見積高に基づいて算定された貸倒引当金を控除した金額とする。ただし、債権を債権金額より低い価額又は高い価額で取得した場合において、取得価額と債権金額との差額の性格が金利の調整と認められるときは、償却原価法（注5）に基づいて算定された価額から貸倒見積高に基づいて算定された貸倒引当金を控除した金額としなければならない。

2．有価証券

(1) 売買目的有価証券

15. 時価の変動により利益を得ることを目的として保有する有価証券（以下「売買目的有価証券」という。）は、時価をもって貸借対照表価額とし、評価差額は当期の損益として処理する。

(2) 満期保有目的の債券

16. 満期まで所有する意図をもって保有する社債その他の債券（以下「満期保有目的の債券」という。）は、取得原価をもって貸借対照表価額とする。ただし、債券を債権金額より低い価額又は高い価額で取得した場合において、取得価額と債券金額との差額の性格が金利の調整と認

められるときは、償却原価法（注5）に基づいて算定された価額をもって貸借対照表価額としなければならない（注6）。

(注5)　償却原価法について

　償却原価法とは、金融資産又は金融負債を債権額又は債務額と異なる金額で計上した場合において、当該差額に相当する金額を弁済期又は償還期に至るまで毎期一定の方法で取得価額に加減する方法をいう。なお、この場合、当該加減額を受取利息又は支払利息に含めて処理する。

(注6)　満期保有目的の債券の保有目的を変更した場合について

　満期保有目的の債券の保有目的を変更した場合、当該債券は変更後の保有目的に係る評価基準に従って処理する。

---

(3) 子会社株式及び関連会社株式

17. 子会社株式及び関連会社株式は、取得原価をもって貸借対照表価額とする。

(4) その他有価証券

18. 売買目的有価証券、満期保有目的の債券、子会社株式及び関連会社株式以外の有価証券（以下「その他有価証券」という。）は、時価をもって貸借対照表価額とし、評価差額は洗い替え方式に基づき、次のいずれかの方法により処理する。

(1) 評価差額の合計額を純資産の部に計上する。

(2) 時価が取得原価を上回る銘柄に係る評価差額は純資産の部に計上し、時価が取得原価を下回る銘柄に係る評価差額は当期の損失として処理する。

　なお、純資産の部に計上されるその他有価証券の評価差額については、税効果会計を適用しなければならない。また、当該評価差額に課される当事業年度の所得に対する法人税、住民税及び事業税等がある場合には、企業会計基準第27号「法人税、住民税及び事業税等に関する会計基準」（以下「法人税等会計基準」という。）第5項から第5-5項の処理を行う。

(注7)　(削　除)

---

(5) 市場価格のない株式等の取扱い

19. 市場価格のない株式は、取得原価をもって貸借対照表価額とする。市場価格のない株式とは、市場において取引されていない株式とする。また、出資金など株式と同様に持分の請求権を生じさせるものは、同様の取扱いとする。これらを合わせて「市場価格のない株式等」という。

(6) 時価が著しく下落した場合

20. 満期保有目的の債券、子会社株式及び関連会社株式並びにその他有価証券のうち、市場価格のない株式等以外のものについて時価が著しく下落したときは、回復する見込があると認められる場合を除き、時価をもって貸借対照表価額とし、評価差額は当期の損失として処理しなければならない。

21. 市場価格のない株式等については、発行会社の財政状態の悪化により実質価額が著しく低下したときは、相当の減額をなし、評価差額は当期の損失として処理しなければならない。

22. 第20項及び第21項の場合には、当該時価及び実質価額を翌期首の取得原価とする。

(7) 有価証券の表示区分

23. 売買目的有価証券及び一年内に満期の到来する社債その他の債券は流動資産に属するものとし、それ以外の有価証券は投資その他の資産に属するものとする。

3. 運用を目的とする金銭の信託

24. 運用を目的とする金銭の信託（合同運用を除く。）は、当該信託財産の構成物である金融資産及び金融負債について、本会計基準により付されるべき評価額を合計した額をもって貸借対照表価額とし、評価差額は当期の損益として処理する(注8)。

(注8) 運用目的の信託財産の構成物である有価証券の評価について

　　運用目的の信託財産の構成物である有価証券は、売買目的有価証券とみなしてその評価基準に従って処理する。

---

4. デリバティブ取引により生じる正味の債権及び債務

25. デリバティブ取引により生じる正味の債権及び債務は、時価をもって貸借対照表価額とし、評価差額は、原則として、当期の損益として処理する。

5. 金銭債務

26. 支払手形、買掛金、借入金、社債その他の債務は、債務額をもって貸借対照表価額とする。ただし、社債を社債金額よりも低い価額又は高い価額で発行した場合など、収入に基づく金額と債務額とが異なる場合には、償却原価法(注5)に基づいて算定された価額をもって、貸借対照表価額としなければならない。

V. 貸倒見積高の算定

1. 債権の区分

27. 貸倒見積高の算定にあたっては、債務者の財政状態及び経営成績等に応じて、債権を次のように区分する。

(1) 経営状態に重大な問題が生じていない債務者に対する債権（以下「一般債権」という。）

(2) 経営破綻の状態には至っていないが、債務の弁済に重大な問題が生じているか又は生じる可能性の高い債務者に対する債権（以下「貸倒懸念債権」という。）

(3) 経営破綻又は実質的に経営破綻に陥っている債務者に対する債権（以下「破産更生債権等」という。）

2. 貸倒見積高の算定方法

28. 債権の貸倒見積高は、その区分に応じてそれぞれ次の方法により算定する(注9)。

(1) 一般債権については、債権全体又は同種・同類の債権ごとに、債権の状況に応じて求めた過去の貸倒実績率等合理的な基準により貸倒見積高を算定する。

(2) 貸倒懸念債権については、債権の状況に応じて、次のいずれかの方法により貸倒見積高を算定する。ただし、同一の債権については、

債務者の財政状態及び経営成績の状況等が変化しない限り、同一の方法を継続して適用する。

① 債権額から担保の処分見込額及び保証による回収見込額を減額し、その残額について債務者の財政状態及び経営成績を考慮して貸倒見積高を算定する方法

② 債権の元本の回収及び利息の受取りに係るキャッシュ・フローを合理的に見積ることができる債権については、債権の元本及び利息について元本の回収及び利息の受取りが見込まれるときから当期末までの期間にわたり当初の約定利子率で割り引いた金額の総額と債権の帳簿価額との差額を貸倒見積高とする方法

(3) 破産更生債権等については、債権額から担保の処分見込額及び保証による回収見込額を減額し、その残額を貸倒見積高とする（注10）。

> **（注９）　債権の未収利息の処理について**
> 債務者から契約上の利払日を相当期間経過しても利息の支払を受けていない債権及び破産更生債権等については、すでに計上されている未収利息を当期の損失として処理するとともに、それ以後の期間に係る利息を計上してはならない。
>
> **（注10）　破産更生債権等の貸倒見積高の処理について**
> 破産更生債権等の貸倒見積高は、原則として、貸倒引当金として処理する。ただし、債権金額又は取得価額から直接減額することもできる。

Ⅵ．ヘッジ会計
1．ヘッジ会計の意義
29．ヘッジ会計とは、ヘッジ取引のうち一定の要件を充たすもの（注11）について、ヘッジ対象に係る損益とヘッジ手段に係る損益を同一の会計期間に認識し、ヘッジの効果を会計に反映させるための特殊な会計処理をいう。

> **（注11）　ヘッジ取引について**
> ヘッジ取引についてヘッジ会計が適用されるためには、ヘッジ対象が相場変動等による損失の可能性にさらされており、ヘッジ対象とヘッジ手段とのそれぞれに生じる損益が互いに相殺されるか又はヘッジ手段によりヘッジ対象のキャッシュ・フローが固定されその変動が回避される関係になければならない。なお、ヘッジ対象が複数の資産又は負債から構成されている場合は、個々の資産又は負債が共通の相場変動等による損失の可能性にさらされており、かつ、その相場変動等に対して同様に反応することが予想されるものでなければならない。

2．ヘッジ対象
30．ヘッジ会計が適用されるヘッジ対象は、相場変動等による損失の可能性がある資産又は負債で、当該資産又は負債に係る相場変動等が評価に反映されていないもの、相場変動等が評価に反映されているが評価差額が損益として処理されないもの若しくは当該資産又は負債に係るキャッシュ・フローが固定されその変動が回避されるものである。なお、ヘッジ対象には、予定取引（注12）により発生が見込まれる資産又は負債も含まれる。

> **（注12）　予定取引について**
> 予定取引とは、未履行の確定契約に係る取引及び契約は成立していないが、取引予定時期、取引予定物件、取引予定量、取引予定価格等の主要な取引条件が合理的に予測可能であり、かつ、それが実行される可能性が極めて高い取引をいう。

3．ヘッジ会計の要件
31．ヘッジ取引にヘッジ会計が適用されるのは、次の要件がすべて充たされた場合とする。

(1) ヘッジ取引時において、ヘッジ取引が企業のリスク管理方針に従ったものであることが、次のいずれかによって客観的に認められること

① 当該取引が企業のリスク管理方針に従ったものであることが、文書により確認できること

② 企業のリスク管理方針に関して明確な内部規定及び内部統制組織が存在し、当該取引がこれに従って処理されることが期待されること

(2) ヘッジ取引時以降において、ヘッジ対象とヘッジ手段の損益が高い程度で相殺される状態又はヘッジ対象のキャッシュ・フローが固定されその変動が回避される状態が引き続き認められることによって、ヘッジ手段の効果が定期的に確認されていること

4．ヘッジ会計の方法
(1) ヘッジ取引に係る損益認識時点

32．ヘッジ会計は、原則として、時価評価されているヘッジ手段に係る損益又は評価差額を、ヘッジ対象に係る損益が認識されるまで純資産の部において繰り延べる方法による(注13)(注14)。

ただし、ヘッジ対象である資産又は負債に係る相場変動等を損益に反映させることにより、その損益とヘッジ手段に係る損益とを同一の会計期間に認識することもできる。

なお、純資産の部に計上されるヘッジ手段に係る損益又は評価差額については、税効果会計を適用しなければならない。また、当該損益又は評価差額に課される当事業年度の所得に対する法人税、住民税及び事業税等がある場合には、法人税等会計基準第5項から第5-5項の処理を行う。

(注13) 複数の資産又は負債から構成されているヘッジ対象に係るヘッジ会計の方法について

複数の資産又は負債から構成されているヘッジ対象をヘッジしている場合には、ヘッジ手段に係る損益又は評価差額は、損益が認識された個々の資産又は負債に合理的な方法により配分する。

(注14) 金利スワップについて

資産又は負債に係る金利の受払条件を変換することを目的として利用されている金利スワップが金利変換の対象となる資産又は負債とヘッジ会計の要件を充たしており、かつ、その想定元本、利息の受払条件（利率、利息の受払日等）及び契約期間が当該資産又は負債とほぼ同一である場合には、金利スワップを時価評価せず、その金銭の受払の純額等を当該資産又は負債に係る利息に加減して処理することができる。

(2) ヘッジ会計の要件が充たされなくなったときの会計処理

33．ヘッジ会計の要件が充たされなくなったときには、ヘッジ会計の要件が充たされていた間のヘッジ手段に係る損益又は評価差額は、ヘッジ対象に係る損益が認識されるまで引き続き繰り延べる。

ただし、繰り延べられたヘッジ手段に係る損益又は評価差額について、ヘッジ対象に係る含み益が減少することによりヘッジ会計の終了時点で重要な損失が生じるおそれがあるときは、当該損失部分を見積り、当期の損失として処理しなければならない。

(3) ヘッジ会計の終了

34．ヘッジ会計は、ヘッジ対象が消滅したときに終了し、繰り延べられているヘッジ手段に係る損益又は評価差額は当期の損益として処理しなければならない。また、ヘッジ対象である予定取引が実行されないことが明らかになったときにおいても同様に処理する。

Ⅶ．複合金融商品
1．払込資本を増加させる可能性のある部分を含む複合金融商品(注1)

35．契約の一方の当事者の払込資本を増加させる可能性のある部分を含む複合金融商品である新株予約権付社債の発行又は取得については、第36項から第39項により会計処理する。

(1) 転換社債型新株予約権付社債
発行者側の会計処理

36．転換社債型新株予約権付社債の発行に伴う払込金額は、社債の対価部分と新株予約権の対価

部分とに区分せず普通社債の発行に準じて処理する方法、又は転換社債型新株予約権付社債以外の新株予約権付社債に準じて処理する方法のいずれかにより会計処理する。

取得者側の会計処理

37. 転換社債型新株予約権付社債の取得価額は、社債の対価部分と新株予約権の対価部分とに区分せず普通社債の取得に準じて処理し、権利を行使したときは株式に振り替える。

(2) 転換社債型新株予約権付社債以外の新株予約権付社債

発行者側の会計処理

38. 転換社債型新株予約権付社債以外の新株予約権付社債の発行に伴う払込金額は、社債の対価部分と新株予約権の対価部分とに区分する^{（注15）}。

(1) 社債の対価部分は、普通社債の発行に準じて処理する。

(2) 新株予約権の対価部分は、純資産の部に計上し、権利が行使され、新株を発行したときは資本金又は資本金及び資本準備金に振り替え、権利が行使されずに権利行使期間が満了したときは利益として処理する。

取得者側の会計処理

39. 転換社債型新株予約権付社債以外の新株予約権付社債の取得価額は、社債の対価部分と新株予約権の対価部分とに区分する^{（注15）}。

(1) 社債の対価部分は、普通社債の発行に準じて処理する。

(2) 新株予約権の対価部分は、有価証券の取得として処理し、権利を行使したときは株式に振り替え、権利を行使せずに権利行使期間が満了したときは損失として処理する。

（注15） **新株予約権付社債を区分する方法について**

1 発行者側においては、次のいずれかの方法により、新株予約権付社債の発行に伴う払込金額を社債の対価部分と新株予約権の対価部分とに区分する。

(1) 社債及び新株予約権の払込金額又はそれらの合理的な見積額の比率で配分

する方法

(2) 算定が容易な一方の対価を決定し、これを払込金額から差し引いて他方の対価を算定する方法

2 取得者側においては、1の(1)又は(2)のいずれかの方法により、新株予約権付社債の取得価額を社債の対価部分と新株予約権の対価部分とに区分する。ただし、保有社債及び新株予約権に市場価格がある場合には、その比率により区分することもできる。

2．その他の複合金融商品 ^{（注1）}

40. 契約の一方の当事者の払込資本を増加させる可能性のある部分を含まない複合金融商品は、原則として、それを構成する個々の金融資産又は金融負債とに区分せず一体として処理する。

Ⅶ-2．注記事項

40-2．金融商品に係る次の事項について注記する。ただし、重要性が乏しいものは注記を省略することができる。なお、連結財務諸表において注記している場合には、個別財務諸表において記載することを要しない。

(1) 金融商品の状況に関する事項

① 金融商品に対する取組方針

② 金融商品の内容及びそのリスク

③ 金融商品に係るリスク管理体制

④ 金融商品の時価等に関する事項についての補足説明

(2) 金融商品の時価等に関する事項

なお、市場価格のない株式等については時価を注記しないこととする。この場合、当該金融商品の概要及び貸借対照表計上額を注記する。

(3) 金融商品の時価のレベルごとの内訳等に関する事項

Ⅷ．適用時期等

1．適用時期

41. 本会計基準の適用は、次のとおりとする。

(1) 1999年（平成11年）1月公表の本会計基準（以下「1999年（平成11年）会計基準」という。）は、2000年（平成12年）4月1日以後開始する事業年度から適用する。

① その他有価証券については、2000年（平成12年）4月1日以後開始する事業年度は帳簿価額と期末時価との差額について税効果を適用した場合の注記を行うこととし、財務諸表における時価評価は2001年（平成13年）4月1日以後開始する事業年度から実施することが適当である。ただし、2000年（平成12年）4月1日以後開始する事業年度から財務諸表において時価評価を行うことも妨げないこととする。

② 1999年（平成11年）会計基準のうち、金融商品の評価基準に関係しない金融資産及び金融負債の発生又は消滅の認識、貸倒見積高の算定方法については、実施に関する実務上の対応が可能となった場合には、2000年（平成12年）4月1日前に開始する事業年度から適用することを妨げないこととする。

(2) 2006年（平成18年）改正の本会計基準（以下「2006年（平成18年）改正会計基準」という。）は、2006年（平成18年）改正会計基準公表日以後に終了する事業年度及び中間会計期間から適用する。ただし、会社法施行日（2006年（平成18年）5月1日）以後2006年（平成18年）改正会計基準公表日前に終了した事業年度及び中間会計期間については、2006年（平成18年）改正会計基準を適用することができる。なお、第26項ただし書きの適用は、2006年（平成18年）改正会計基準の適用初年度において、会計基準の変更に伴う会計方針の変更として取り扱うことに留意する。

(3) 2007年（平成19年）改正の本会計基準（以下「2007年（平成19年）改正会計基準」という。）は、金融商品取引法の施行日以後に終了する事業年度及び中間会計期間から適用する。

(4) 2008年（平成20年）改正の本会計基準（以下「2008年（平成20年）改正会計基準」という。）は、2010年（平成22年）3月31日以後終了する事業年度の年度末に係る財務諸表から適用する。ただし、当該事業年度以前の事業年度の期首から適用することを妨げない。

なお、金融商品に係るリスク管理体制（第40-2項(1)③参照）のうち、企業会計基準適用指針第19号において特に定める事項については、2011年（平成23年）3月31日以後終了する事業年度の年度末に係る財務諸表から適用することができるものとする。

(5) 2019年改正の本会計基準（以下「2019年改正会計基準」という。）は、2021年4月1日以後開始する連結会計年度及び事業年度の期首から適用する。

(6) (5)の定めにかかわらず、2020年4月1日以後開始する連結会計年度及び事業年度の期首から2019年改正会計基準を適用することができる。また、2020年3月31日以後終了する連結会計年度及び事業年度における年度末に係る連結財務諸表及び個別財務諸表から2019年改正会計基準を適用することができる。なお、これらのいずれかの場合には、2019年改正会計基準と同時に公表又は改正された時価算定会計基準及び企業会計基準第9号「棚卸資産の評価に関する会計基準」についても同時に適用する必要がある。

2．経過措置

42. いわゆるローン・パーティシペーションやデット・アサンプションは、本会計基準における金融資産及び金融負債の消滅の認識要件を充たさないこととなるが、当分の間、次のように取り扱うこととする。

(1) ローン・パーティシペーションは、我が国の商慣行上、債権譲渡に際して債務者の承諾を得ることが困難な場合、債権譲渡に代わる債権流動化の手法として広く利用されている。このような実情を考慮し、債権に係るリスクと経済的利益のほとんどすべてが譲渡人から譲受人に移転している場合等一定の要件を充

たすものに限り、当該債権の消滅を認識することを認めることとする。

(2) デット・アサンプションは、我が国では社債の買入償還を行うための実務手続が煩雑であることから、法的には債務が存在している状態のまま、社債の買入償還と同等の財務上の効果を得るための手法として広く利用されている。したがって、改めて、オフバランスした債務の履行を求められることもあり得るが、このような手続上の実情を考慮し、取消不能の信託契約等により、社債の元利金の支払に充てることのみを目的として、当該元利金の金額が保全される資産を預け入れた場合等、社債の発行者に対し遡求請求が行われる可能性が極めて低い場合に限り、当該社債の消滅を認識することを認めることとする。

43. ヘッジ会計の適用にあたり、決済時における円貨額を確定させることにより為替相場の変動による損失の可能性を減殺するため、為替予約、通貨先物、通貨スワップ及び権利行使が確実に見込まれる買建通貨オプションを外貨建金銭債権債務等のヘッジ手段として利用している場合において、ヘッジ会計の要件が充たされているときは、「外貨建取引等会計処理基準」における振当処理も、ヘッジの効果を財務諸表に反映させる一つの手法と考えられるため、当分の間、振当処理を採用することも認めることとする。

44. なお、これらの経過措置を必要とすることに関し実務上の制約がなくなったときは、本会計基準に従って会計処理される必要があるため、今後、適宜、当該経過措置の見直しを行うものとする。

44-2. その他有価証券の期末の貸借対照表価額に期末前1か月の市場価格の平均に基づいて算定された価額を用いることができる定めの削除（本会計基準第50-4項参照）及び市場価格のない株式等以外の時価を把握することが極めて困難な有価証券の定めの削除（本会計基準第81-2項参照）など、時価の定義（本会計基準第6項参照）の見直しに伴う本会計基準の2019年改正により生じる会計方針の変更は、時価の算

定を変更することになり得るという意味では時価算定会計基準が定める新たな会計方針の適用と同一であるため、時価算定会計基準の適用初年度における原則的な取扱い（時価算定会計基準第19項）と同様に将来にわたって適用する。この場合、その変更の内容について注記する。

Ⅸ．議　決

45. 2006年（平成18年）改正会計基準は、第110回企業会計基準委員会に出席した委員13名全員の賛成により承認された。

46. 第110回企業会計基準委員会に出席した委員は、以下のとおりである。

（略）

46-2. 2007年（平成19年）改正会計基準は、第130回企業会計基準委員会に出席した委員13名全員の賛成により承認された。なお、第130回企業会計基準委員会に出席した委員は、以下のとおりである。

（略）

46-3. 2008年（平成20年）改正会計基準は、第147回企業会計基準委員会に出席した委員13名全員の賛成により承認された。なお、第147回企業会計基準委員会に出席した委員は、以下のとおりである。

（略）

46-4. 2019年改正会計基準は、第411回企業会計基準委員会に出席した委員14名全員の賛成により承認された。なお、第411回企業会計基準委員会に出席した委員は、以下のとおりである。

（略）

結論の背景

経　緯

47. 企業会計審議会から1990年（平成2年）5月に「先物・オプション取引等の会計基準に関する意見書等について」が公表されるなど、先物取引、オプション取引及び市場性のある有価証券に係る時価情報の開示基準等が整備され、その後も、先物為替予約取引及びデリバティブ取引全般についての開示基準等の整備により、金

融商品に係る時価情報の提供が広範に行われてきた。しかし、その後の証券・金融市場のグローバル化や企業の経営環境の変化等に対応して企業会計の透明性を一層高めていくためには、注記による時価情報の提供にとどまらず、金融商品そのものの時価評価に係る会計処理をはじめ、新たに開発された金融商品や取引手法等についての会計処理の基準の整備が必要とされる状況となった。

48. 企業会計審議会は、国際的動向も踏まえ、1996年（平成8年）7月以降、金融商品部会（1997年（平成9年）2月の部会改組以前は「特別部会・金融商品委員会」）において、金融資産及び金融負債の発生及び消滅の認識、金融商品の評価基準、貸倒見積高の算定方法、ヘッジ会計、複合金融商品等、金融商品に係る広範な問題についての審議を重ね、1999年（平成11年）1月に「金融商品に係る会計基準」及び「金融商品に係る会計基準の設定に関する意見書」を公表した。

49. なお、1997年（平成9年）及び1998年（平成10年）における、諸般の課題に係る一連の会計基準等の整備は、①内外の広範な投資者の我が国証券市場への投資参加を促進し、②投資者が自己責任に基づきより適切な投資判断を行うこと及び企業自身がその実態に即したより適切な経営判断を行うことを可能にし、③連結財務諸表を中心とした国際的にも遜色のないディスクロージャー制度を構築するとの基本的認識に基づいて、21世紀に向けての活力と秩序ある証券市場の確立に貢献することを目指すものであり、1999年（平成11年）会計基準も、このような基本的認識に沿った会計基準の整備の一環をなしている。

50. 2006年（平成18年）改正会計基準は、貸借対照表の純資産の部の表示を定めた企業会計基準第5号「貸借対照表の純資産の部の表示に関する会計基準」（以下「純資産会計基準」という。）や会社法及び会社法への対応として公表された複数の会計基準等を踏まえ、これらとの関係で最小限必要な改正を行ったものである。

50-2. 2007年（平成19年）改正会計基準は、これまで適当と考えられてきた企業会計上の有価証券の範囲を大きく変えないようにするために、技術的な改正を行った（第53項参照）。これは、金融商品取引法の施行によって同法で定める有価証券の範囲が拡大することに対応したものである。

50-3. 2008年（平成20年）改正会計基準は、金融取引を巡る環境が変化する中で、金融商品の時価情報に対するニーズが拡大していること等を踏まえて、すべての金融商品についてその状況やその時価等に関する事項の開示の充実を図るために改正を行ったものである。

50-4. 2019年改正会計基準は、日本基準を国際的に整合性のあるものとするための取組みとして時価算定会計基準及び時価算定適用指針を公表したことに伴い、主として時価の定義を見直したことなど時価の算定に関する事項を改正したものである。これらの改正に伴い、その他有価証券の期末の貸借対照表価額に期末前1か月の市場価格の平均に基づいて算定された価額を用いることができる定めについては、その価額が改正後の時価の定義を満たさないことから削除した。

51. なお、金融市場の発展及び金融取引の開発はさらに進んでいくものと考えられることから、企業会計を取り巻く環境の変化に応じ、会計基準等の整備・改善について努力していく予定である。

Ⅰ．金融資産及び金融負債の範囲等
1．金融資産及び金融負債の範囲

52. 本会計基準の適用対象となる金融資産及び金融負債については、適用範囲の明確化の観点から、米国基準等に見られる抽象的な定義によるのではなく、現金預金、金銭債権債務、有価証券、デリバティブ取引により生じる正味の債権債務等の具体的な資産負債項目をもって、その範囲を示すこととした。なお、デリバティブ取引に関しては、その価値は当該契約を構成する権利と義務の価値の純額に求められることから、

デリバティブ取引により生じる正味の債権は金融資産となり、正味の債務は金融負債となる（第4項及び第5項参照）。このように金融資産及び金融負債の範囲を具体的に定めたことにより、国際的な基準における適用範囲との差異が生じるものではない。なお、金融資産、金融負債及びデリバティブ取引に係る契約を総称して金融商品ということにするが、金融商品には複数種類の金融資産又は金融負債が組み合わされているもの（複合金融商品）も含まれる。

53. 有価証券については、原則として、金融商品取引法に定義する有価証券に基づいて、本会計基準を適用するが、それ以外のもので、金融商品取引法上の有価証券に類似し企業会計上の有価証券として取り扱うことが適当と認められるものについても、本会計基準を適用することが適当である。なお、金融商品取引法上の有価証券であっても企業会計上の有価証券として取り扱うことが適当と認められないものについては、本会計基準上、有価証券としては取り扱わないこととする。また、商品先物のような現物商品（コモディティ）に係るデリバティブ取引は、本来の金融商品とは異なる面を有するが、通常、差金決済により取引が行われることにより金融商品と類似する性格をもつと認められるものについては、本会計基準を適用することが適当である。

2．時　価

54. 金融資産及び金融負債の「時価」の定義は、時価算定会計基準第5項に従い、算定日において市場参加者間で秩序ある取引が行われると想定した場合の、当該取引における資産の売却によって受け取る価格又は負債の移転のために支払う価格とした（第6項参照）。

　なお、金融商品の種類により種々の取引形態があるが、市場には公設の取引所及びこれに類する市場の他、随時、売買・換金等を行うことができる取引システム等が含まれる。

Ⅱ．金融資産及び金融負債の発生及び消滅の認識

1．金融資産及び金融負債の発生の認識

55. 商品等の売買又は役務の提供の対価に係る金銭債権債務は、一般に商品等の受渡し又は役務提供の完了によりその発生を認識するが、金融資産又は金融負債自体を対象とする取引については、当該取引の契約時から当該金融資産又は金融負債の時価の変動リスクや契約の相手方の財政状態等に基づく信用リスクが契約当事者に生じるため、契約締結時においてその発生を認識することとした（第7項参照）。

　したがって、有価証券については原則として約定時に発生を認識し、デリバティブ取引については、契約上の決済時ではなく契約の締結時にその発生を認識しなければならない。

2．金融資産の消滅の認識

(1)　基本的考え方

56. 金融資産については、当該金融資産の契約上の権利を行使したとき、契約上の権利を喪失したとき又は契約上の権利に対する支配が他に移転したときに、その消滅を認識することとした（第8項参照）。例えば、債権者が貸付金等の債権に係る資金を回収したとき、保有者がオプション権を行使しないままに行使期間が満了したとき又は保有者が有価証券等を譲渡したときなどには、それらの金融資産の消滅を認識することとなる。

(2)　金融資産の譲渡に係る支配の移転

57. 金融資産を譲渡する場合には、譲渡後において譲渡人が譲渡資産や譲受人と一定の関係（例えば、リコース権（遡求権）、買戻特約等の保持や譲渡人による回収サービス業務の遂行）を有する場合がある。このような条件付きの金融資産の譲渡については、金融資産のリスクと経済価値のほとんどすべてが他に移転した場合に当該金融資産の消滅を認識する方法（以下「リスク・経済価値アプローチ」という。）と、金融資産を構成する財務的要素（以下「財務構成要素」という。）に対する支配が他に移転した

場合に当該移転した財務構成要素の消滅を認識し、留保される財務構成要素の存続を認識する方法（以下「財務構成要素アプローチ」という。）とが考えられる。証券・金融市場の発達により金融資産の流動化・証券化が進展すると、例えば、譲渡人が自己の所有する金融資産を譲渡した後も回収サービス業務を引き受ける等、金融資産を財務構成要素に分解して取引することが多くなるものと考えられる。このような場合、リスク・経済価値アプローチでは金融資産を財務構成要素に分解して支配の移転を認識することができないため、取引の実質的な経済効果が譲渡人の財務諸表に反映されないこととなる。

58. このため、本会計基準では、金融資産の譲渡に係る消滅の認識は財務構成要素アプローチによることとし、金融資産の契約上の権利に対する支配が他に移転するのは次の三要件がすべて充たされた場合とすることとした（第9項参照）。

(1) 譲渡された金融資産に対する譲受人の契約上の権利が譲渡人及びその債権者から法的に保全されていること

譲渡人に倒産等の事態が生じても譲渡人やその債権者等が譲渡された金融資産に対して請求権等のいかなる権利も存在しないこと等、譲渡された金融資産が譲渡人の倒産等のリスクから確実に引き離されていることが必要である。したがって、譲渡人が実質的に譲渡を行わなかったこととなるような買戻権がある場合や譲渡人が倒産したときには譲渡が無効になると推定される場合は、当該金融資産の支配が移転しているとは認められない。なお、譲渡された金融資産が譲渡人及びその債権者の請求権の対象となる状態にあるかどうかは、法的観点から判断されることになる。

(2) 譲受人が譲渡された金融資産の契約上の権利を直接又は間接に通常の方法で享受できること

譲受人が譲渡された金融資産を実質的に利用し、元本の返済、利息又は配当等により投下した資金等のほとんどすべてを回収できる等、譲渡された金融資産の契約上の権利を直

接又は間接に通常の方法で享受できることが必要である。したがって、譲渡制限があっても支配の移転は認められるが、譲渡制限又は実質的な譲渡制限となる買戻条件の存在により、譲受人が譲渡された金融資産の契約上の権利を直接又は間接に通常の方法で享受することが制約される場合には、当該金融資産の支配が移転しているとは認められない。

なお、譲受人が特別目的会社の場合には、その発行する証券の保有者が譲渡された金融資産の契約上の権利を直接又は間接に通常の方法で享受できることが必要である。

(3) 譲渡人が譲渡した金融資産を当該金融資産の満期日前に買戻す権利及び義務を実質的に有していないこと

譲渡人が譲渡した金融資産を満期日前に買戻す権利及び義務を実質的に有していることにより、金融資産を担保とした金銭貸借と実質的に同様の取引がある。現先取引や債券レポ取引といわれる取引のように買戻すことにより当該取引を完結することがあらかじめ合意されている取引については、その約定が売買契約であっても支配が移転しているとは認められない。このような取引については、売買取引ではなく金融取引として処理することが必要である。

3．金融負債の消滅の認識

59. 金融負債については、当該金融負債の契約上の義務を履行したとき、契約上の義務が消滅したとき又は契約上の第一次債務者の地位から免責されたときに、その消滅を認識することとした（第10項参照）。したがって、債務者は、債務を弁済したとき又は債務が免除されたときに、それらの金融負債の消滅を認識することとなる。

60. 第一次債務を引き受けた第三者が倒産等に陥ったときに二次的に責任を負うという条件の下で、債務者が金融負債の契約上の第一次債務者の地位から免責されることがある。この場合には、財務構成要素アプローチにより当該債務に係る金融負債の消滅を認識し、その債務に対

する二次的な責任を金融負債として認識することとなると考えられる。

4．金融資産及び金融負債の消滅の認識に係る会計処理

61．金融資産又は金融負債がその消滅の認識要件を充たした場合には、当該金融資産又は金融負債の消滅を認識するとともに、それらの帳簿価額とその対価としての受払額との差額を当期の損益として処理することとした（第11項参照）。

62．金融資産又は金融負債の一部の消滅を認識する場合には、当該金融資産又は金融負債全体の時価に対する消滅部分の時価と残存部分の時価の比率により、当該金融資産又は金融負債の帳簿価額を消滅部分と残存部分の帳簿価額に按分することとした（第12項参照）。

63．また、金融資産又は金融負債の消滅に伴って新たに発生した金融資産又は金融負債は時価により計上することとした（第13項参照）。

Ⅲ．金融資産及び金融負債の評価基準に関する基本的考え方

64．金融資産については、一般的には、市場が存在すること等により客観的な価額として時価を把握できるとともに、当該価額により換金・決済等を行うことが可能である。

このような金融資産については、次のように考えられる。

(1)　金融資産の多様化、価格変動リスクの増大、取引の国際化等の状況の下で、投資者が自己責任に基づいて投資判断を行うために、金融資産の時価評価を導入して企業の財務活動の実態を適切に財務諸表に反映させ、投資者に対して的確な財務情報を提供することが必要である。

(2)　金融資産に係る取引の実態を反映させる会計処理は、企業の側においても、取引内容の十分な把握とリスク管理の徹底及び財務活動の成果の的確な把握のために必要である。

(3)　我が国企業の国際的な事業活動の進展、国際市場での資金調達及び海外投資者の我が国

証券市場での投資の活発化という状況の下で、財務諸表等の企業情報は、国際的視点からの同質性や比較可能性が強く求められている。また、デリバティブ取引等の金融取引の国際的レベルでの活性化を促すためにも、金融商品に係る我が国の会計基準の国際的調和化が重要な課題となっている。

65．また、金融資産の時価情報の開示は、時価情報の注記によって満足されるというものではない。したがって、客観的な時価の測定可能性が認められないものを除き、時価による自由な換金・決済等が可能な金融資産については、投資情報としても、企業の財務認識としても、さらに、国際的調和化の観点からも、これを時価評価し適切に財務諸表に反映することが必要であると考えられる。

66．しかし、金融資産の属性及び保有目的に鑑み、実質的に価格変動リスクを認める必要のない場合や直ちに売買・換金を行うことに事業遂行上等の制約がある場合が考えられる。このような保有目的等をまったく考慮せずに時価評価を行うことが、必ずしも、企業の財政状態及び経営成績を適切に財務諸表に反映させることにならないと考えられることから、時価評価を基本としつつ保有目的に応じた処理方法を定めることが適当であると考えられる。

67．一方、金融負債は、借入金のように一般的には市場がないか、社債のように市場があっても、自己の発行した社債を時価により自由に清算するには事業遂行上等の制約があると考えられることから、デリバティブ取引により生じる正味の債務を除き、債務額（ただし、社債を社債金額よりも低い価額又は高い価額で発行した場合など、収入に基づく金額と債務額とが異なる場合には、償却原価法に基づいて算定された価額）をもって貸借対照表価額とし、時価評価の対象としないことが適当であると考えられる。

Ⅳ．金融資産及び金融負債の貸借対照表価額等

1．債　権

68．一般的に、金銭債権については、活発な市場がない場合が多い。このうち、受取手形や売掛金は、通常、短期的に決済されることが予定されており、帳簿価額が時価に近似しているものと考えられ、また、貸付金等の債権は、時価を容易に入手できない場合や売却することを意図していない場合が少なくないと考えられるので、金銭債権については、原則として時価評価は行わないこととした。一方、債権の取得においては、債権金額と取得価額とが異なる場合がある。この差異が金利の調整であると認められる場合には、金利相当額を適切に各期の財務諸表に反映させることが必要である。したがって、債権については、償却原価法を適用することとし、当該加減額は受取利息に含めて処理することとした。なお、債務者の財政状態及び経営成績の悪化等による債権の実質価額の減少については、別途、「Ⅴ．貸倒見積高の算定」において取り扱うこととした（第14項、第27項及び第28項参照）。

2．有価証券

69．有価証券については、保有目的等の観点から次のように分類し、それぞれ貸借対照表価額及び評価差額等の処理方法を定めた。

(1)　売買目的有価証券

70．時価の変動により利益を得ることを目的として保有する有価証券（売買目的有価証券）については、投資者にとっての有用な情報は有価証券の期末時点での時価に求められると考えられる。したがって、時価をもって貸借対照表価額とすることとした。また、売買目的有価証券は、売却することについて事業遂行上等の制約がなく、時価の変動にあたる評価差額が企業にとっての財務活動の成果と考えられることから、その評価差額は当期の損益として処理することとした（第15項参照）。

(2)　満期保有目的の債券

71．企業が満期まで保有することを目的としていると認められる社債その他の債券（満期保有目的の債券）については、時価が算定できるものであっても、満期まで保有することによる約定利息及び元本の受取りを目的としており、満期までの間の金利変動による価格変動のリスクを認める必要がないことから、原則として、償却原価法に基づいて算定された価額をもって貸借対照表価額とすることとした（第16項参照）。

72．なお、このような考え方を採用するにあたっては、満期時まで保有する目的であることを債券の取得時及び取得時以降に確認し得ることが必要であり、保有目的が変更された場合には、当該変更後の保有目的に係る評価基準により債券の帳簿価額を修正することが必要である。

(3)　子会社株式及び関連会社株式

子会社株式

73．子会社株式については、事業投資と同じく時価の変動を財務活動の成果とは捉えないという考え方に基づき、取得原価をもって貸借対照表価額とすることとした（第17項参照）。なお、連結財務諸表においては、子会社純資産の実質価額が反映されることになる。

関連会社株式

74．関連会社株式については、個別財務諸表において、従来、子会社株式以外の株式と同じく原価法又は低価法が評価基準として採用されてきた。しかし、関連会社株式は、他企業への影響力の行使を目的として保有する株式であることから、子会社株式の場合と同じく事実上の事業投資と同様の会計処理を行うことが適当であり、取得原価をもって貸借対照表価額とすることとした（第17項参照）。なお、連結財務諸表においては、持分法により評価される。

(4)　その他有価証券

基本的な捉え方

75．子会社株式や関連会社株式といった明確な性格を有する株式以外の有価証券であって、売買目的又は満期保有目的といった保有目的が明確に認められない有価証券は、業務上の関係を有

する企業の株式等から市場動向によっては売却を想定している有価証券まで多様な性格を有しており、一義的にその属性を定めることは困難と考えられる。このような売買目的有価証券、満期保有目的の債券、子会社株式及び関連会社株式のいずれにも分類できない有価証券（その他有価証券）については、個々の保有目的等に応じてその性格付けをさらに細分化してそれぞれの会計処理を定める方法も考えられる。しかしながら、その多様な性格に鑑み保有目的等を識別・細分化する客観的な基準を設けることが困難であるとともに、保有目的等自体も多義的であり、かつ、変遷していく面があること等から、売買目的有価証券と子会社株式及び関連会社株式との中間的な性格を有するものとして一括して捉えることが適当である。

時価評価の必要性

76. その他有価証券については、前述の評価基準に関する基本的考え方に基づき、時価をもって貸借対照表価額とすることとした（第18項参照）。

評価差額の取扱い

（評価差額の取扱いに関する基本的考え方）

77. その他有価証券の時価は投資者にとって有用な投資情報であるが、その他有価証券については、事業遂行上等の必要性から直ちに売買・換金を行うことには制約を伴う要素もあり、評価差額を直ちに当期の損益として処理することは適切ではないと考えられる。

78. また、国際的な動向を見ても、その他有価証券に類するものの評価差額については、当期の損益として処理することなく、資産と負債の差額である「純資産の部」に直接計上する方法や包括利益を通じて「純資産の部」に計上する方法が採用されている。

79. これらの点を考慮して、本会計基準においては、原則として、その他有価証券の評価差額を当期の損益として処理することなく、これらに関する、法人税その他利益に関連する金額を課税標準とする税金（以下「法人税等」という。）及び税効果を調整の上、純資産の部に記載する考え方を採用した（第18項参照）。なお、評価差額については、毎期末の時価と取得原価との比較により算定することとした。したがって、期中に売却した場合には、取得原価と売却価額との差額が売買損益として当期の損益に含まれることになる。

（評価差額の一部の損益計算書への計上）

80. その他有価証券のうち時価評価を行ったものの評価差額は、前述の考え方に基づき、当期の損益として処理されないこととなる。他方、企業会計上、保守主義の観点から、これまで低価法に基づく銘柄別の評価差額の損益計算書への計上が認められてきた。このような考え方を考慮し、時価が取得原価を上回る銘柄の評価差額は純資産の部に計上し、時価が取得原価を下回る銘柄の評価差額は損益計算書に計上する方法によることもできることとした（第18項(2)参照）。この方法を適用した場合における損益計算書に計上する損失の計上方法については、その他有価証券の評価差額は毎期末の時価と取得原価との比較により算定することとの整合性から、洗い替え方式によることとした。

(5) 市場価格のない株式等

81. 時価をもって貸借対照表価額とする有価証券であっても、市場価格のない株式等については取得原価に基づいて算定された価額をもって貸借対照表価額とすることとした（第19項参照）。

81-2. 2019年改正会計基準では、時価の定義を時価算定会計基準第5項の定義に変更している。時価算定会計基準においては、時価のレベルに関する概念を取り入れ、たとえ観察可能なインプットを入手できない場合であっても、入手できる最良の情報に基づく観察できないインプットを用いて時価を算定することとしている。このような時価の考え方の下では、時価を把握することが極めて困難と認められる有価証券は想定されない。2019年改正会計基準による改正は、時価を用いる場合の時価の算定方法を明らかにするもので、時価評価の範囲の変更を意図するものではないが、時価を把握することが極めて困難と認められる有価証券の定めを残した場合、2019年改正会計基準の下でも時価を把握するこ

とが極めて困難と認められる有価証券が存在するとの誤解を生じさせかねないため、時価を把握することが極めて困難と認められる有価証券の定めを削除した。

ただし、市場価格のない株式等に関しては、たとえ何らかの方式により価額の算定が可能としても、それを時価とはしないとする従来の考え方を踏襲し、引き続き取得原価をもって貸借対照表価額とする取扱いとした。

82.（削　除）

(6)　**時価が著しく下落した場合**

83.　従来、取引所の相場のある有価証券について、その時価が著しく下落したときには、回復する見込があると認められる場合を除き、時価をもって貸借対照表価額とすることとされている。また、市場価格のない株式等については、その実質価額が著しく低下したときには相当の減額をすることとされている。このような考え方は、取得原価評価における時価の下落等に対する対応方法として妥当であると認められる。本会計基準においても、市場価格の有無に係わらせて、従来の考え方を踏襲することとした（第20項及び第21項参照）。

84.　また、その他有価証券の時価評価について洗い替え方式を採っていることから、その時価が著しく下落したときには、取得原価まで回復する見込があると認められる場合を除き、当該銘柄の帳簿価額を時価により付け替えて取得原価を修正することが必要である。この場合には、当該評価差額を当期の損失として処理することとした（第20項から第22項参照）。

3．運用を目的とする金銭の信託

85.　運用を目的とする金銭の信託（合同運用を除く。）については、企業が当該金銭の信託に係る信託財産を構成する金融資産及び金融負債を運用目的で間接的に保有しているものと考えられる。加えて、金銭の信託契約の満了時に、当該金銭の信託に係る信託財産又はそれを時価により換金した現金により支払を受ける場合、投資者及び企業双方にとって意義を有するのは信

託財産の時価であると考えられる。また、信託財産の価値を、例えば保有期間中の配当収入と元本部分の価値に分けて捉えることもあるが、両者の合計は時価そのものであり、分けて捉える必要はないと考えられる。したがって、運用を目的とする金銭の信託の貸借対照表価額には、信託財産を構成する金融資産及び金融負債のうち時価評価が適切であるものについて、その時価を反映することが必要と考えられる。

86.　このため、運用を目的とする金銭の信託については、当該金銭の信託に係る信託財産を構成する金融資産及び金融負債に付されるべき評価額を合計した額をもって貸借対照表価額とすることとした。この際、運用を目的とする金銭の信託に係る信託財産については委託者の事業遂行上等の観点からの売買・換金の制約がないことから、当該信託財産を構成する金融資産及び金融負債については時価評価を行い、評価差額は当期の損益に反映させることとした（第24項参照）。

87.　なお、特定金銭信託又は指定金外信託等については、一般に運用を目的とするものと考えられるので、有価証券の管理目的等運用以外の目的であることが明確である場合を除き、運用を目的とする金銭の信託と推定される。

4．デリバティブ取引により生じる正味の債権及び債務

88.　デリバティブ取引は、取引により生じる正味の債権又は債務の時価の変動により保有者が利益を得又は損失を被るものであり、投資者及び企業双方にとって意義を有する価値は当該正味の債権又は債務の時価に求められると考えられる。したがって、デリバティブ取引により生じる正味の債権及び債務については、時価をもって貸借対照表価額とすることとした。また、デリバティブ取引により生じる正味の債権及び債務の時価の変動は、企業にとって財務活動の成果であると考えられることから、その評価差額は、後述するヘッジに係るものを除き、当期の損益として処理することとした（第25項参照）。

89. （削　除）

5．金銭債務

90. 旧商法では、金銭債務の貸借対照表価額は債務額とすることとしていたことから、1999年（平成11年）会計基準では、社債は社債金額をもってその貸借対照表価額とし、社債を社債金額よりも低い価額又は高い価額で発行した場合には、当該差額に相当する金額を、資産（繰延資産）又は負債として計上し、償還期に至るまで毎期一定の方法により償却することとしてきた。

　　ただし、会計上は、金銭債権を債権金額より低い価額又は高い価額で取得した場合において、この差額の性格が金利の調整と認められるときは、償却原価法に基づいて算定された価額をもって貸借対照表価額とすることとなる。金銭債務についても、その収入額と債務額とが異なる場合、当該差額は一般に金利の調整という性格を有しているため、償却原価法に基づいて算定された価額をもって貸借対照表価額とすることが適当と考えられる。

　　会社法では、債務額以外の適正な価格をもって負債の貸借対照表価額とすることができることとされたことから、2006年（平成18年）改正会計基準では、償却原価法に基づいて算定された価額をもって貸借対照表価額とすることとした（第26項参照）。

V．貸倒見積高の算定
1．基本的考え方

91. 本会計基準では、債務者の財政状態及び経営成績等に応じて、債権を、①経営状態に重大な問題が生じていない債務者に対する債権（一般債権）、②経営破綻の状態には至っていないが、債務の弁済に重大な問題が生じているか又は生じる可能性の高い債務者に対する債権（貸倒懸念債権）及び③経営破綻又は実質的に経営破綻に陥っている債務者に対する債権（破産更生債権等）に区分し、その区分ごとに貸倒見積高の算定方法を示すこととした（第27項及び第28項参照）。

2．貸倒見積高の算定方法

92. 一般債権については、債権全体又は同種・同類の債権ごとに、債権の状況に応じて求めた過去の貸倒実績率等合理的な基準により貸倒見積高を算定することができる。また、債務者が既に経営破綻等に陥っている場合には、個々の債権ごとに担保等により回収できない部分を貸倒見積高とすることが必要となる（第28項(1)及び(3)参照）。

93. これに対し、貸倒懸念債権については、一般債権と破産更生債権等の中間に位置し、個々の債権の実態に最も適合する算定方法を採用することが必要である。このため、貸倒懸念債権に係る貸倒見積高の算定方法としては、担保の処分見込額及び保証による回収見込額を考慮する方法の他、元利金の将来のキャッシュ・フローを見積ることが可能な場合、元利金のキャッシュ・フローの予想額を当初の約定利子率で割り引いた金額の総額と当該債権の帳簿価額の差額を貸倒見積高とする方法を示し、債務者の状況や債務返済計画等が変わらない限り、いずれかの方法を継続して適用することとした（第28項(2)参照）。

94. なお、例えば、劣後債券、劣後受益権及び資産担保型証券のように債権の内容が特殊なものである場合には、当該債権の内容に応じて適切な貸倒見積高を算定する必要がある。

95. また、貸倒引当金の対象となる債権には未収利息が含まれるが、契約上の利息支払日を相当期間経過しても利息の支払が行われていない状態にある場合や、それ以外でも債務者が実質的に経営破綻の状態にあると認められる場合には、未収利息を収益として認識することは適当でないと考えられることから、このような状態に至った場合には、すでに計上している未収利息を取り消すとともに、それ以後の期間に係る未収利息は計上してはならないこととした。

Ⅵ．ヘッジ会計
1．基本的考え方

96. ヘッジ取引とは、ヘッジ対象の資産又は負債

に係る相場変動を相殺するか、ヘッジ対象の資産又は負債に係るキャッシュ・フローを固定してその変動を回避することにより、ヘッジ対象である資産又は負債の価格変動、金利変動及び為替変動といった相場変動等による損失の可能性を減殺することを目的として、デリバティブ取引をヘッジ手段として用いる取引をいう。

97．ヘッジ手段であるデリバティブ取引については、原則的な処理方法によれば時価評価され損益が認識されることとなるが、ヘッジ対象の資産に係る相場変動等が損益に反映されない場合には、両者の損益が期間的に合理的に対応しなくなり、ヘッジ対象の相場変動等による損失の可能性がヘッジ手段によってカバーされているという経済的な実態が財務諸表に反映されないこととなる。このため、ヘッジ対象及びヘッジ手段に係る損益を同一の会計期間に認識し、ヘッジの効果を財務諸表に反映させるヘッジ会計が必要と考えられる。

98．本会計基準においては、ヘッジ会計を導入することとし、先物取引に係るヘッジ会計の考え方を示した企業会計審議会の「先物・オプション取引等の会計基準に関する意見書等について」を踏まえ、デリバティブ取引をヘッジ手段として利用しているヘッジ取引全般に対応し得るよう、ヘッジ会計に係る処理を包括的に定めることとした。なお、デリバティブ取引以外にヘッジ手段として有効であると認められる現物資産があり得る場合には、本会計基準の考え方に沿って、ヘッジ会計を適用する余地があると考えられる。

99．また、多数の金融資産又は金融負債を保有してる金融機関等においては、それぞれの相場変動等によるリスクの減殺効果をヘッジ対象とヘッジ手段に区別して捉えることが困難あるいは適当でない場合がある。このような場合に、リスクの減殺効果をより適切に財務諸表に反映する高度なヘッジ手法を用いていると認められるときには、本会計基準の趣旨を踏まえ、当該ヘッジ手法の効果を財務諸表に反映させる処理を行うことができる。

2．ヘッジ会計が適用されるヘッジ対象及びヘッジ手段

100．ヘッジ会計が適用されるヘッジ対象には、相場変動等による損失の可能性がある資産又は負債のうち、相場等の変動が評価に反映されていないもの及び相場等の変動が評価に反映されていてもその評価差額が損益として処理されないものの他、相場等の変動を損益として処理することができるものであっても、当該資産又は負債に係るキャッシュ・フローが固定されその変動が回避されるものはヘッジ対象となる（第30項参照）。

101．また、ヘッジ対象には、この他、予定取引（未履行の確定契約を含む。）により発生が見込まれる資産又は負債も含まれる（第30項参照）。ただし、予定取引については、主要な取引条件が合理的に予測可能であり、かつ、その実行される可能性が極めて高い取引に限定することとした。

102．なお、他に適当なヘッジ手段がなく、ヘッジ対象と異なる類型のデリバティブ取引をヘッジ手段として用いるいわゆるクロスヘッジもヘッジ会計の対象となる。

3．ヘッジ会計の要件

103．ヘッジ取引についてヘッジ会計が適用されるためには、基本的には、ヘッジ対象が相場変動等による損失の可能性にさらされており、ヘッジ対象とヘッジ手段のそれぞれに生じる損益が互いに相殺される関係にあること若しくはヘッジ手段によりヘッジ対象の資産又は負債のキャッシュ・フローが固定されその変動が回避される関係にあることが前提になる。

104．さらに、ヘッジ会計を適用できるか否かの具体的な判定にあたっては、企業の利益操作の防止等の観点から、「先物・オプション取引等の会計基準に関する意見書等について」における事前テストと事後テストというヘッジ会計の適用基準の考え方を踏まえ、ヘッジ取引時にはヘッジ取引が企業のリスク管理方針に基づくものであり、それ以降は上記の前提の効果につい

て定期的に確認しなければならないという具体的な要件を定めている（第31項参照）。

４．ヘッジ会計の方法

(1) 原則的処理方法

105. 1999年（平成11年）会計基準では、ヘッジ会計は、時価評価されているヘッジ手段に係る損益又は評価差額を、ヘッジ対象に係る損益が認識されるまで資産又は負債として繰り延べる方法によることを原則としていたが、当該ヘッジ手段に係る損益又は評価差額は、純資産会計基準により、法人税等及び税効果を調整の上、純資産の部に記載することとなる（第32項参照）。

(2) ヘッジ対象に係る損益を認識する方法

106. ヘッジ対象である資産又は負債に係る相場変動等を損益に反映させることができる場合には、当該資産又は負債に係る損益とヘッジ手段に係る損益とを同一の会計期間に認識する考え方がある。諸外国の会計基準では、このような考え方に基づく処理も採用されていることを考慮し、これを認めることとした（第32項参照）。

(3) 金利スワップの取扱い

107. 金利スワップを利用したヘッジ取引には、例えば固定利付債務の支払利息を変動利息に、あるいは、変動利付債務の支払利息を固定利息に実質的に変換するなど、原価評価されている資産又は負債に係る金利の受払条件を変換することを目的として利用されているものがある。当該資産又は負債と金利スワップがヘッジ会計の要件を充たしているものについては、本来、金利スワップの評価差額を貸借対照表に計上する処理を行うが、金利スワップの想定元本、利息の受払条件（利率、利息の受払日等）及び契約期間が金利変換の対象となる資産又は負債とほぼ同一である場合には、金利スワップを時価評価せず、両者を一体として、実質的に変換された条件による債権又は債務と考え、金利スワップの評価差額を繰り延べる処理に代えて、当該金利スワップに係る金銭の受払の純額等を当該資産又は負債に係る利息に加減して処理することも認めることとした。

５．ヘッジ会計の終了等

108. ヘッジ対象が消滅したときには、その時点でヘッジ会計が終了し、繰り延べられているヘッジ手段に係る損益又は評価差額を当期の損益として処理することとした。また、ヘッジ対象である予定取引が行われないことが明らかになったときにおいても同様に処理することとした（第34項参照）。

109. これに対し、ヘッジ会計の要件が充たされなくなったときには、ヘッジ会計の要件が充たされていた間のヘッジ手段に係る損益又は評価差額をヘッジ対象に係る損益が認識されるまで引き続き繰り延べる。ただし、繰り延べられたヘッジ手段に係る損益又は評価差額に関し、見合いのヘッジ対象に係る含み益の減少によりヘッジ会計の終了時点で重要な損失が生じるおそれがあるときは、当該損失部分を見積り、当期の損失として処理することとした（第33項参照）。

110. なお、ヘッジ会計の要件が充たされなくなったとき以後のヘッジ手段に係る損益又は評価差額を繰り延べることはできないこととなる。

Ⅶ．複合金融商品

111. 複合金融商品については、払込資本を増加させる可能性のある部分を含む複合金融商品とその他の複合金融商品に区別して、それぞれ処理方法を定めることとした。

１．払込資本を増加させる可能性のある部分を含む複合金融商品

112. 新株予約権付社債のように契約の一方の当事者の払込資本を増加させる可能性のある部分を含む複合金融商品について、払込資本を増加させる可能性のある部分とそれ以外の部分の価値をそれぞれ認識することができるならば、それぞれの部分を区分して処理することが合理的である。個々の複合金融商品の様態及び取引実態において、転換社債型新株予約権付社債以外の新株予約権付社債は払込資本を増加させる可能性のある部分とそれ以外の部分が同時に各々

存在し得ることから、その取引の実態を適切に表示するため、それぞれの部分を区分して処理することが必要である。しかし、募集事項において、社債と新株予約権がそれぞれ単独で存在し得ないこと及び新株予約権が付された社債を当該新株予約権行使時における出資の目的とすること（会社法第236条第1項第2号及び第3号）をあらかじめ明確にしている転換社債型新株予約権付社債については、以前の転換社債と経済的実質が同一であり、それぞれの部分を区分して処理する必要性は乏しいと考えられる。

113. こうした考え方に基づき、以前の転換社債と経済的実質が同一である転換社債型新株予約権付社債については社債部分と新株予約権部分を区分せず一体とした処理又は転換社債型新株予約権付社債以外の新株予約権付社債の処理に準じた処理をすることとし（ただし、取得者側については前者のみ認められる。）、転換社債型新株予約権付社債以外の新株予約権付社債については社債部分と新株予約権部分を区分して処理することとした（第36項から第39項参照）。

114. 新株予約権付社債の発行者が、新株予約権付社債を社債の対価部分と新株予約権の対価部分に区分して処理する場合の新株予約権の対価部分の取扱いについて、新株予約権が行使され、新株を発行したときには、当該対価は株式発行の対価としての性格が認められることになることから資本金又は資本金及び資本準備金に振り替えられることとなる。また、権利行使の有無が確定するまでの間は、その性格が確定しないことから、これまでは仮勘定として負債の部に計上することとしてきたが、純資産会計基準により、純資産の部に計上することとなる（第38項参照）。

115. なお、2001年（平成13年）11月に公布された「商法等の一部を改正する法律」（平成13年法律第128号）施行前に発行した新株引受権付社債の会計処理については、権利が行使されたときに新株引受権の対価部分が資本準備金に振り替えられる点を除き、新株予約権付社債の取扱いに準ずる。

2．その他の複合金融商品

116. 上記以外の複合金融商品には、金利オプション付借入金のように現物の資産及び負債とデリバティブ取引が組み合わされたもの及びゼロ・コスト・オプションのように複数のデリバティブ取引が組み合わされたものがある。

117. このような複合金融商品を構成する複数種類の金融資産又は金融負債は、それぞれ独立して存在し得るが、複合金融商品からもたらされるキャッシュ・フローは正味で発生する。このため、資金の運用・調達の実態を財務諸表に適切に反映させるという観点から、原則として、複合金融商品を構成する個々の金融資産又は金融負債を区分せず一体として処理することとした（第40項参照）。ただし、通貨オプションが組み合わされた円建借入金のように、現物の金融資産又は金融負債にリスクが及ぶ可能性がある場合に、当該複合金融商品の評価差額が損益に反映されないときには、当該複合金融商品を構成する個々の金融資産又は金融負債を区分して処理することが必要である。

118. なお、金融機関のように、経営上、複合金融商品を構成する個々の金融資産又は金融負債を継続して区分して管理しており、投資情報としても区分して処理することが経営の実態を表す上で有用な場合には、区分して処理することも認められるものとする。

Ⅷ．注記事項

119. 金融商品については、1990年（平成2年）5月に企業会計審議会第一部会から公表されている「先物・オプション等の会計基準に関する意見書等について」等に基づき、これまで有価証券やデリバティブ取引の時価等の開示が行われてきている。しかし、その後の証券化の拡大や金融商品の多様化等、金融取引を巡る環境が変化する中で、それ以外の金融商品についても時価情報に対するニーズが拡大しており、また、国際的な会計基準でも、時価に関する情報開示は拡大している。

120. 本会計基準では、金融資産について、時価

評価を基本としつつもその属性及び保有目的に鑑み、そのすべてについて時価評価を行っているわけではなく、また、時価をもって貸借対照表価額としても評価差額を当期の損益としない会計処理も定めている（第65項及び第66項参照）。金融負債については、原則として時価評価の対象としないことが適当であるとしている（第67項参照）。これらの取扱いは、企業の経営成績を適切に財務諸表に反映させるという観点から行われていると考えられる。これらをさらに見直すことについては、企業活動の成果と金融商品の保有目的との関係の整理（これには、金融負債の評価における企業自身の信用リスクの取扱いなどが含まれる。）や金融商品以外の資産及び負債（非金融商品）における取扱いとの関係など、なお検討を要する問題が残されている。

一方、損益計算とは離れて、市場価格がない場合でも、時価を把握することが極めて困難と認められるもの（第81-2項参照）を除き、金融商品の時価を開示することは、投資者に対して有用な財務情報を提供することになるという意見も多い。また、金融商品の状況やリスク管理体制は企業によって異なるものの、企業が現に有する金融商品に係るリスクの測定状況等の情報があれば、当該情報の開示を促すことに加え、会計基準等によって企業の側において金融商品のリスク管理等を一層徹底するインセンティブを高めるためにも金融商品の時価等を開示することに意義があるという意見もある。さらに、国際的な会計基準では、金融商品に係る時価やリスクに関して広く開示が求められている。したがって、このような点に鑑み、2008年

（平成20年）改正会計基準では、金融商品の状況やその時価等に関する事項の開示の充実を図ることとした。

120-2. 国際的な会計基準は、公正価値に関する測定のガイダンス及び開示を定めている一方で、それらで要求されている公正価値に関する開示の多くは日本基準で定められていないことなどから、特に金融商品を多数保有する金融機関において国際的な比較可能性が損なわれているのではないかとの意見が聞かれていた。2019年改正会計基準では、国際的な会計基準との整合性を図る取組みとして、国際的な会計基準における公正価値に関する開示と整合的な開示を金融商品の時価のレベルごとの内訳等に関する事項として追加することとした。

Ⅸ．2008年（平成20年）改正会計基準の公表による他の会計基準等についての修正

121. 2008年（平成20年）改正会計基準の公表に伴い、当委員会が公表した会計基準等については、次の修正を行う（下線は追加部分、取消線は削除部分を示す。）。

(1)～(13)（略）

Ⅹ．2019年改正会計基準の公表による他の会計基準等についての修正

122. 2019年改正会計基準の公表に伴い、当委員会が公表した会計基準等については、次の修正を行う（下線は追加部分、取消線は削除部分を示す。）。

(1)～(13)（略）

以　上

企業会計基準第11号
関連当事者の開示に関する会計基準

（平成18年10月17日
企業会計基準委員会）

本会計基準は、平成28年12月16日までに公表された次の会計基準等による修正が反映されている。
・企業会計基準第26号「退職給付に関する会計基準」（平成28年12月16日改正）

目 次

目 的

1. 本会計基準は、財務諸表の注記事項としての関連当事者の開示について、その内容を定めることを目的とする。

2. 会社と関連当事者との取引は、会社と役員等の個人との取引を含め、対等な立場で行われているとは限らず、会社の財政状態や経営成績に影響を及ぼすことがある。また、直接の取引がない場合においても、関連当事者の存在自体が、会社の財政状態や経営成績に影響を及ぼすことがある。関連当事者の開示は、会社と関連当事者との取引や関連当事者の存在が財務諸表に与えている影響を財務諸表利用者が把握できるように、適切な情報を提供するものでなければならない。

3. 平成18年10月17日に、本会計基準を適用する際の指針を定めた企業会計基準適用指針第13号「関連当事者の開示に関する会計基準の適用指針」が公表されているため、本会計基準の適用にあたっては、当該適用指針も参照する必要がある。

会計基準

範 囲

4. 本会計基準は、すべての会社の連結財務諸表又は個別財務諸表における関連当事者の開示に適用する。なお、連結財務諸表で関連当事者の

225

開示を行っている場合は、個別財務諸表での開示を要しないこととする。

用語の定義

5. 本会計基準における用語の定義は次のとおりとする。

(1) 「関連当事者との取引」とは、会社と関連当事者との取引をいい、対価の有無にかかわらず、資源若しくは債務の移転、又は役務の提供をいう。また、関連当事者が第三者のために会社との間で行う取引や、会社と第三者との間の取引で関連当事者が当該取引に関して会社に重要な影響を及ぼしているものを含む。

(2) 会社と関連当事者との取引における「会社」とは、連結財務諸表上は連結会社(連結財務諸表作成会社及び連結子会社をいう。以下同じ。)をいい、個別財務諸表上は財務諸表作成会社をいう。

(3) 「関連当事者」とは、ある当事者が他の当事者を支配しているか、又は、他の当事者の財務上及び業務上の意思決定に対して重要な影響力を有している場合の当事者等をいい、次に掲げる者をいう。

① 親会社

② 子会社

③ 財務諸表作成会社と同一の親会社をもつ会社

④ 財務諸表作成会社が他の会社の関連会社である場合における当該他の会社(以下「その他の関係会社」という。)並びに当該その他の関係会社の親会社及び子会社

⑤ 関連会社及び当該関連会社の子会社

⑥ 財務諸表作成会社の主要株主及びその近親者

⑦ 財務諸表作成会社の役員及びその近親者

⑧ 親会社の役員及びその近親者

⑨ 重要な子会社の役員及びその近親者

⑩ ⑥から⑨に掲げる者が議決権の過半数を自己の計算において所有している会社及びその子会社

⑪ 従業員のための企業年金(企業年金と会社の間で掛金の拠出以外の重要な取引を行う場合に限る。)

なお、連結財務諸表上は、連結子会社を除く。また、個別財務諸表上は、重要な子会社の役員及びその近親者並びにこれらの者が議決権の過半数を自己の計算において所有している会社及びその子会社を除く。

(4) (3)①から⑤及び⑩に掲げる会社には、会社だけでなく、組合その他これらに準ずる事業体が含まれる。その場合、業務執行組合員が組合の財務及び営業又は事業の方針を決定しているときには、(3)⑩の「議決権」は「業務執行を決定する権限」と読み替える。

(5) その他の関係会社には、「共同支配投資企業」(財務諸表作成会社を共同で支配する企業)が含まれる。また、関連会社には、「共同支配企業」(財務諸表作成会社(連結財務諸表上は連結子会社を含む。)と他の独立した企業により共同で支配されている企業)が含まれる。

(6) 「主要株主」とは、保有態様を勘案した上で、自己又は他人の名義をもって総株主の議決権の10%以上を保有している株主をいう。

(7) 「役員」とは、取締役、会計参与、監査役、執行役又はこれらに準ずる者をいう。

(8) 「近親者」とは、二親等以内の親族、すなわち、配偶者、父母、兄弟、姉妹、祖父母、子、孫及び配偶者の父母、兄弟、姉妹、祖父母並びに兄弟、姉妹、子、孫の配偶者をいう。

開示対象となる関連当事者との取引の範囲

6. 会社と関連当事者との取引のうち、重要な取引を開示対象とする。連結財務諸表においては、連結会社と関連当事者との取引を開示対象とし、連結財務諸表を作成するにあたって相殺消去した取引は開示対象外とする。

7. 無償取引や低廉な価格での取引については、独立第三者間取引であったと仮定した場合の金額を見積った上で、重要性の判断を行い、開示対象とするかどうかを決定する。

8. 形式的・名目的に第三者を経由した取引で、

実質上の相手先が関連当事者であることが明確な場合には、開示対象に含めるものとする。

9．関連当事者との取引のうち、以下の取引は、開示対象外とする。

 (1) 一般競争入札による取引並びに預金利息及び配当の受取りその他取引の性質からみて取引条件が一般の取引と同様であることが明白な取引

 (2) 役員に対する報酬、賞与及び退職慰労金の支払い

関連当事者との取引に関する開示

10．開示対象となる関連当事者との取引がある場合、原則として個々の関連当事者ごとに、以下の項目を開示する。

 (1) 関連当事者の概要

 (2) 会社と関連当事者との関係

 (3) 取引の内容。なお、形式的・名目的には第三者との取引である場合は、形式上の取引先名を記載した上で、実質的には関連当事者との取引である旨を記載する。

 (4) 取引の種類ごとの取引金額

 (5) 取引条件及び取引条件の決定方針

 (6) 取引により発生した債権債務に係る主な科目別の期末残高

 (7) 取引条件の変更があった場合は、その旨、変更内容及び当該変更が財務諸表に与えている影響の内容

 (8) 関連当事者に対する貸倒懸念債権及び破産更生債権等に係る情報（貸倒引当金繰入額、貸倒損失等）。なお、第5項(3)に掲げられている関連当事者の種類ごとに合算して記載することができる。

関連当事者の存在に関する開示

11．親会社又は重要な関連会社が存在する場合には、以下の項目を開示する。

 (1) 親会社が存在する場合には、親会社の名称等

 (2) 重要な関連会社が存在する場合には、その名称及び当該関連会社の要約財務情報。なお、

要約財務情報は、合算して記載することができる。

適用時期等

12．本会計基準は、平成20年4月1日以後開始する連結会計年度及び事業年度から適用する。ただし、平成19年4月1日以後開始する連結会計年度及び事業年度から本会計基準を適用することができる。

13．本会計基準の適用にあたり、日本公認会計士協会監査委員会報告第62号「関連当事者との取引に係る情報の開示に関する監査上の取扱い」については、改廃を検討することが適当である。

議　決

14．本会計基準は、第114回企業会計基準委員会に出席した委員12名全員の賛成により承認された。なお、出席した委員は、以下のとおりである。

　　　(略)

結論の背景

経　緯

15．我が国における関連当事者の開示は、これまで、特定の会計基準に基づくものではなく、証券取引法上の規則に基づき行われてきた。

　平成2年以前、役員及び支配株主との取引の開示については、有価証券報告書等の「関係会社に関する事項」の中で行われていたが、平成2年6月に日米構造協議最終報告の中で、「関連当事者との取引の開示の充実」が盛り込まれ、関連当事者との取引の開示範囲を米国財務会計基準書第57号「関連当事者の開示」（以下「SFAS第57号」という。）と同様にすることとし、関連会社、主要株主、その他重要な関連当事者との取引まで開示範囲が拡充されることとなった。これに基づき、平成2年12月に「企業内容等の開示に関する省令」の改正が行われ、有価証券報告書等の「企業集団等の状況」に「関連当事者との取引」の項が設けられた。その改正理由としては、関連当事者との取引は、一般には見

ることのできない条件で行われることがあり、その状況が財務諸表から容易に識別できないため、財務諸表作成会社の財政状態や経営成績に及ぼす影響を、その利用者が適切に理解できるようにすべきであるという点が挙げられている。

その後、平成9年6月、企業会計審議会により公表された「連結財務諸表制度の見直しに関する意見書」において、「関連当事者との取引」を連結財務諸表の注記とする方針が示されたことを受けて、平成10年11月及び平成11年3月に連結財務諸表規則及び財務諸表等規則等が改正され、「関連当事者との取引」は、連結財務諸表又は財務諸表の注記事項となり、監査対象になった。また、監査上の実務指針として、平成11年4月に日本公認会計士協会監査委員会報告第62号「関連当事者との取引に係る情報の開示に関する監査上の取扱い」が公表された。

このように、我が国における関連当事者の開示は、専ら、証券取引法上の規則に基づいて行われてきた。しかし、関連当事者の開示に関する規定は、米国会計基準や国際財務報告基準などの国際的な会計基準では、会計基準の1つとして位置付けられている。また、関連当事者の定義や開示する取引範囲などについては、我が国の現行の財務諸表等規則及び連結財務諸表規則（以下「証券取引法関係規則」という。）と国際的な会計基準には差異が見られる状況にある。

こうした中、関連当事者の開示については、いわゆる「純粋持株会社」（グループ全体の経営戦略の立案及び子会社管理に専念し、株式所有を通じて、実際に製造・販売などの事業活動を行う会社を支配する会社をいう。以下同じ。）の増加を踏まえて見直すべきではないかという指摘があることに加え、平成17年3月から開始した当委員会と国際会計基準審議会（以下「IASB」という。）との会計基準のコンバージェンスに向けた共同プロジェクトでの検討項目とされ、協議を行った。当委員会は、こうした状況も踏まえ、現行の証券取引法関係規則と国際会計基準第24号「関連当事者についての開示」

（以下「IAS第24号」という。）及びSFAS第57号との比較検討等を行った上で、会計基準として整備することとした。

目　的

16. 本会計基準の目的は、関連当事者の開示に係る内容を定めることとしている。現行の証券取引法関係規則では関連当事者との取引に関する開示を規定していることから、会計基準上の開示内容も関連当事者との取引に限定すべきという意見があった。しかし、親会社等の情報は、会社の財務諸表を理解する上で有用な情報と考えられるため、国際的な会計基準と同様に、関連当事者との取引の開示だけでなく、関連当事者の存在に関する開示として、親会社等の情報も含めることとしている（第2項及び第11項参照）。

なお、関連当事者の開示は財務諸表の注記情報であることから、コーポレート・ガバナンスに関する側面は、副次的な位置付けとしている。

関連当事者の範囲
関連当事者の判定基準

17. 関連当事者の開示について適切な開示を求める観点から、関連当事者の範囲は形式的に判定するのではなく、実質的に判定する必要がある。

主要株主

18. 主要株主とは、一般的には、自己又は他人の名義をもって総株主の議決権の10%以上を保有している株主であるが、本会計基準では、証券取引法第163条第1項（金融商品取引法施行後は同法第163条第1項）に規定する主要株主と同様、保有態様等の事情から主要株主には該当しない者を除外することとしている。この点について、SFAS第57号では、財務諸表作成会社の議決権の10%以上を保有する株主名簿上の株主又は知れたる株主を主要株主としている。一方、IAS第24号では、重要な影響を及ぼしているか否かに基づき関連当事者かどうかを判断することとしており、関連当事者とする株主を議

決権で判断することは明示していない。

検討の結果、主要株主については、米国会計基準では関連当事者としており、また、証券取引法関係規則と異なる定義を設ける必要性は乏しいと考え、本会計基準では主要株主の取扱いは、証券取引法関係規則の取扱いと同様とすることとしている（第5項(3)⑥及び同項(6)参照）。

その他の関係会社の親会社及び子会社並びに財務諸表作成会社の主要株主が議決権の過半数を所有する会社及びその子会社

19. 本会計基準は、現行の証券取引法関係規則と同様に、その他の関係会社の親会社及び子会社並びに財務諸表作成会社の主要株主が議決権の過半数を所有する会社及びその子会社も関連当事者として明示している（第5項(3)④及び⑩参照）。その理由としては、①関連当事者の範囲を可能な限り明確にすることと、②その他の関係会社の子会社並びに財務諸表作成会社の主要株主が議決権の過半数を所有する会社及びその子会社は、その他の関係会社や財務諸表作成会社の主要株主の強い意向を受けて取引を行っている場合も多いと考えられ、その他の関係会社や財務諸表作成会社の主要株主との取引として開示すべき取引をその子会社などに移管した場合も開示対象とすることが挙げられる。

親会社の役員

20. 親会社の役員の子会社に対する影響力が大きい場合もあることや、IAS 第24号においては親会社の役員が関連当事者の範囲に含まれていることを踏まえ、親会社の役員を関連当事者の範囲に含めることとしている（第5項(3)⑧参照）。

重要な子会社の役員

21. 子会社の役員と連結会社との取引が、連結財務諸表に重要な影響を及ぼす場合もあることから、子会社の役員を関連当事者の範囲に含めるかどうかについて検討を行った。例えば、財務諸表作成会社が純粋持株会社の場合において、実質的に事業活動を行っている子会社の経営に

従事している役員が当該子会社と取引を行っているケースが考えられる。

この点について、一律に子会社の役員を関連当事者の範囲に含めると、会社グループ全体の経営には必ずしも重要な影響を及ぼしていない者が含まれるだけでなく、役員の人数が非常に多くなり、過度な情報収集の負担を財務諸表作成者に強いることにもなりかねないため、財務諸表作成会社が直接議決権を有する子会社の役員に範囲を限定すべきであるという意見があった。その一方、例えば、連結財務諸表に対する影響の大きい孫会社の役員が除かれるのは適当ではないという意見があった。

検討の結果、関連当事者の開示の趣旨を踏まえ、会社グループの事業運営に強い影響力を持つ者が子会社の役員にいる場合には、当該役員も関連当事者としている（第5項(3)⑨参照）。例えば、会社グループの中核となる事業活動を子会社に委ねている場合にあっては、当該子会社の役員のうち当該業務を指示し、統制する役員は、会社グループの事業運営に強い影響力を持つものと考えられる。

主要株主及び役員の近親者

22. 主要株主及び役員の近親者の範囲については、IAS 第24号の規定に合わせて、配偶者などを例示した上で、主要株主若しくは役員に影響を与える又は主要株主若しくは役員から影響を受けると予測される親族という形で規定すべきという意見があった。しかし、このような方法での親族の規定では、実務に適用するにあたり、対象者の範囲の特定が難しいと考えられる。また、現行の証券取引法関係規則と異なる定義を設ける必要性も乏しいと考えられる。

検討の結果、開示対象を可能な限り明確化する観点から、現行の証券取引法関係規則と同様、役員の近親者として二親等以内の親族を明示することとしている（第5項(8)参照）。

従業員のための企業年金

23. 国際的な会計基準では、従業員のための退職

給付制度（IAS 第24号）や従業員の便益のための信託財産（SFAS 第57号）を関連当事者として規定している。これらの規定は、従業員のための退職給付制度が、資金を提供している会社から強い影響を受けることを考慮したものと考えられる。米国の実際の開示例では、企業年金が会社に不動産を賃貸している取引が挙げられている。このような国際的な扱いも踏まえ、企業年金と会社の取引（掛金の拠出を除く。）が会社の財務諸表に重要な影響を及ぼす場合は、国際的な会計基準と同様に、関連当事者との取引として開示することとした（第5項(3)⑪参照）。

我が国における従業員のための企業年金には、確定拠出年金制度、確定給付企業年金制度（規約型及び基金型）、厚生年金基金制度などがあるが、いずれの場合でも、掛金の拠出を除き、会社と直接取引を行わないのが通常である。また、従業員のための企業年金に対する会社からの掛金の拠出（退職給付信託の設定を含む。）は、関連当事者の開示の趣旨に鑑み、開示対象の取引には該当しないと考えられる。このため、我が国の企業年金に関しては、関連当事者との取引として開示対象となるような取引は通常生じないものと考えられる。

ただし、厚生年金基金及び基金型の確定給付企業年金が個別指図による運用を行い、会社と直接取引を行う場合や、例外として認められている厚生労働大臣の承認を受けた場合の借入を基金が会社から行う場合、これらの取引に重要性がある場合は開示対象となることも考えられる。また、退職給付信託を設定している場合でも、年金資産の入替えや返還を行うときで、これらの取引に重要性がある場合は、開示対象になるものと考えられる。

わが国の企業年金制度では、上記のとおり、関連当事者の開示の対象となる取引が生じることは限定的と考えられるが、海外子会社については、それぞれの国の企業年金制度に応じて、開示対象となる取引が存在するか否かを検討する必要がある。

共同支配投資企業及び共同支配企業

24. 「企業結合に係る会計基準」（平成15年10月31日企業会計審議会）（平成20年12月に企業会計基準第21号「企業結合に関する会計基準」として改正されている。）において、新たに共同支配投資企業と共同支配企業が定められたことを踏まえ、IAS 第24号と同様に関連当事者に該当することを明記することとし、共同支配投資企業はその他の関係会社、共同支配企業は関連会社に含まれることを明らかにしている（第5項(5)参照）。

その他の関連当事者

25. 現行の証券取引法関係規則では、関連当事者を具体的に列挙して定義する方法を採用しているが、列挙した者以外に、関連当事者の開示の目的に照らして開示すべき対象者が生じる可能性を否定できないことから、包括的な規定を設けるべきであるという意見があった。例えば、創業者一族など、役員を退任してからも経営に強い影響力を持つ者が存在し得るからである。

しかし、この例の場合は、実質的な判定を行うことを明確にすることで、「役員に準ずる者」に含まれることになると考えられる。また、本会計基準で規定している関連当事者の範囲は、IAS 第24号と可能な限り合致させる方向で検討を行った結果、現行の証券取引法関係規則よりも拡大することとなる。さらに、子会社や関連会社については、国際財務報告基準と同様、支配力基準及び影響力基準も加味して定義付けられている。

これらの点を踏まえ、現行の証券取引法関係規則やIAS 第24号と同様、包括的な規定としての「その他の関連当事者」は設けないこととしている。

開示対象となる関連当事者との取引の範囲
連結子会社と関連当事者との取引

26. 連結財務諸表上、連結子会社と関連当事者との間に取引がある場合には、IAS 第24号やSFAS 第57号と同様、開示対象に含めることと

している（第6項参照）。その結果、例えば、組織再編で純粋持株会社を設立した場合、財務諸表作成会社であった事業会社が純粋持株会社の連結子会社となり、それまで開示されていた関連当事者との取引が開示されなくなるという問題は解消されると考えられる。

連結財務諸表の作成にあたり相殺消去した取引

27. 連結財務諸表を作成するにあたって相殺消去した取引を開示することは、企業集団内の資金の流れをはじめ、各種取引の流れの全体像を把握できることとなり、経営者と同じ視点で当該企業集団の状況を把握することが可能になるという意見があった。また、我が国では、子会社の債務を親会社が連帯して責任を負わないなど親子一体の法制になっていないことを踏まえ、親子間取引の開示のあり方を検討すべきであるという意見があった。

しかし、連結財務諸表上の関連当事者との取引の開示は、連結財務諸表にどの程度の影響を与えているかについての情報を財務諸表利用者に提供するものである。また、国際的な会計基準も連結財務諸表上では連結財務諸表の作成にあたり相殺消去した取引を開示対象としていない。

これらの点を踏まえ、連結財務諸表上では、連結財務諸表の作成にあたって相殺消去した取引を関連当事者との取引の開示から除外することとしている（第6項参照）。

資本取引

28. 資本取引については、現行の証券取引法関係規則と同様、開示対象の取引に含めることとしている。会社と関連当事者との間での増資の引受けや自己株式の取得などは、開示対象の取引となるが、公募増資は、取引条件が一般の取引と同様であることが明白な取引（第9項(1)参照）に該当するため、開示対象外の取引と考えられる。なお、関連当事者との取引に関する開示項目で求めている期末残高の開示は、資本取引の場合、債権債務関係とは異なるため、求めていない。

無償取引及び低廉な価格での取引

29. 関連当事者との無償取引（無利子貸付や寄付など）や、有償取引における低利貸付などのように取引金額が時価に比して著しく低い場合には、財務諸表に重要な影響を及ぼし、投資判断情報として重要な場合がある。また、無償取引及び低廉な価格での取引については、実際の取引金額ではなく、第三者間取引であったと仮定した場合の金額を見積った上で重要性の判断を行うこととしている（第7項参照）。

形式的・名目的には第三者との取引である取引

30. 現行の証券取引法関係規則上の取扱いと同様、本会計基準では、第三者との取引について、当該取引の実質的な相手先が関連当事者に該当することが明らかな場合には、関連当事者との取引とすることとしている（第8項参照）。これは、第三者との取引が形式的・名目的な場合において適用されるものである。

取引条件が一般取引と同様であることが明白な取引

31. IAS第24号のように、金融機関や政府関係機関など、取引の相手先が誰であるかによって、開示対象外の取引とするかどうかを決定することも考えられる。しかし、例えば、関連当事者の定義に該当する金融機関との取引の全てを開示対象から除いたときには、借入などの多額の相対取引が開示対象外となり、企業経営に重要な影響を及ぼす可能性のある資金貸借取引が開示されないおそれがある。また、関連当事者の定義に該当する政府関係機関や公共事業体などとの取引の全てを開示対象外とした場合には、補助金や利子補給などに関する重要な取引の開示が行われないおそれがある。

本会計基準では、このような点を踏まえ、現行の証券取引法関係規則やSFAS第57号と同様、取引先が誰であるかではなく取引の内容に焦点を当てて、開示対象外の取引とするかどうかを定めている（第9項参照）。

32. また、取引条件が一般の取引と同様であるこ

とが明白な取引（第9項(1)参照）を除き、第三者との取引と同等な条件（以下「一般的な取引条件」という。）であっても開示は省略できないこととしてしている。これは、一般的な取引条件に該当するかどうかの判断が難しい場合もあり、恣意的な判断が介入する余地があると考えられるためである。

役員報酬

33. 役員報酬の開示については、その必要性が国内外で認識されているが、財務情報として位置付けるかどうかについての考え方は分かれている。国際的には、IAS第24号では主要な経営陣の報酬総額とその内訳の記載を関連当事者の開示として求めているが、SFAS第57号では求めておらず、米国では非財務情報として開示を求めている。我が国においても、例えば、現行の「企業内容等の開示に関する内閣府令」（以下「開示府令」という。）では、非財務情報であるコーポレート・ガバナンスに関する情報の中で役員報酬の内容の開示を規定している。

　検討の結果、我が国や米国での役員報酬に関する現行の開示方法を考慮して、本会計基準では開示対象外としている（第9項(2)参照）。

連結会社が直接関わらない関連当事者同士の取引

34. 例えば、関連会社は連結会社に該当しないが、関連会社と当該関連会社以外の関連当事者との取引でも連結財務諸表に重要な影響を及ぼす可能性があるため、開示する必要があるという意見があった。

　しかしながら、連結会社が直接関わらない関連当事者同士の取引については、正確かつ網羅的な情報の入手が困難であることや、連結財務諸表に与える影響が軽微な場合が多いと考えられることなどから、現行の証券取引法関係規則と同様、開示対象外としている。

関連当事者との取引に関する開示
取引条件

35. 会社と関連当事者との取引条件については、

関連当事者との取引が会社の連結財務諸表にどの程度の影響を与えているかを理解する上で有用な情報であるため、現行の証券取引法関係規則や国際的な会計基準と同様、開示を求めることとしている（第10項(5)参照）。

36. 競争的で自由な取引市場が存在しない場合に、関連当事者との取引が独立第三者間取引と同様の一般的な取引条件で行われた旨を記載するには、関連当事者以外の第三者との取引と比較して同等の取引条件であることを要すると考えられる。

貸倒懸念債権及び破産更生債権等

37. 関連当事者との取引による貸倒懸念債権及び破産更生債権等に関する情報は、開示することにより信用不安を発生させる可能性があるため、開示すべきではないという意見があった。しかし、投資判断情報として有用な情報であると考えられ、かつ、IAS第24号では開示が求められている。また、我が国の現行実務においても、関連当事者との取引の中で開示されているケースがみられる。これらの点を踏まえて、本会計基準では開示を求めることとしている。なお、開示方法については、上記の指摘も考慮して、関連当事者の種類ごとに合算して記載することができることとしている（第10項(8)参照）。

関連当事者の存在に関する開示
親会社の名称等

38. 親会社の存在の有無は、投資家が投資の意思決定をするにあたって有用な情報であると考えられるため、IAS第24号やSFAS第57号と同様、親会社の名称等の開示を求めることとしている（第11項(1)参照）。なお、IAS第24号では、財務諸表利用者が親会社の財務情報を把握できるようにすることも想定しているものとみられるが、我が国でも、上場会社等においては、現行の開示府令で親会社の財務情報等の開示が求められているので、親会社の財務情報を投資判断情報として利用できるものと考えられる。

重要な関連会社の財務情報

39. 連結財務諸表上、重要な関連会社への投資については、持分法で開示されており、現行の開示の枠組みの下では、これらの情報に関する追加開示を求めることは必ずしも適切ではないという意見があった。その一方、重要な関連会社の業績が悪化した場合には、その企業集団の財政状態や経営成績に多大な影響を及ぼす可能性があり、そうした関連会社の財務情報の開示が必要であるとする意見があった。また、共同支配企業に関しては、その形成の際に移転した資産及び負債が当該共同支配投資企業の連結財務諸表には表示されなくなることから、財務情報の開示が必要であるという意見もある。この点について、米国では会計原則審議会意見書第18号（APB第18号）「持分法による普通株式投資の会計」において、国際財務報告基準ではIAS第28号「関連会社に対する投資」及びIAS第31号「ジョイント・ベンチャーに対する持分」において、共同支配企業を含む関連会社に関する要約財務情報の注記開示を求めている。

　検討の結果、国際的な会計基準の開示も参考にして、重要な関連会社については、要約財務情報の開示を求めることとした（第11項(2)参照）。

適用時期

40. 関連当事者の範囲の拡大に伴い、財務諸表作成会社における受入準備が必要であることを考慮して、平成20年4月1日以後開始する連結会計年度及び事業年度から本会計基準を適用することとしている。ただし、平成19年4月1日以後開始する連結会計年度及び事業年度から適用することもできることとしている。

以　上

企業会計基準第12号

四半期財務諸表に関する会計基準

2007年（平成19年）3月14日
改正2008年（平成20年）12月26日
改正2009年（平成21年）3月27日
改正2009年（平成21年）6月26日
改正2010年（平成22年）6月30日
改正2011年（平成23年）3月25日
改正2012年（平成24年）6月29日
改正2014年（平成26年）5月16日
最終改正2020年3月31日
企業会計基準委員会

目　的

1．本会計基準は、四半期財務諸表に適用される会計処理及び開示を定めることを目的とする。

2．本会計基準を適用する際の指針を定めた企業会計基準適用指針第14号「四半期財務諸表に関する会計基準の適用指針」（以下「適用指針」という。）が公表されているため、本会計基準の適用にあたっては、当該適用指針も参照する必要がある。

会計基準

範　囲

3．本会計基準は、上場会社等が四半期報告制度に基づいて又は同制度に準じて開示する四半期財務諸表に適用する。

用語の定義

4．本会計基準における用語の定義は、次のとおりとする。

(1)　「四半期会計期間」とは、1連結会計年度又は1事業年度（以下「年度」という。）が3か月を超える場合に、当該年度の期間を3か月ごとに区分した期間をいう。

(2)　「期首からの累計期間」とは、年度の期首から四半期会計期間の末日までの期間をいう。

(3)　「四半期財務諸表」とは、四半期連結財務諸表及び四半期個別財務諸表をいう。

(4)　「四半期報告書」とは、四半期財務諸表を含んだ報告書をいう。

四半期財務諸表の範囲等
四半期財務諸表の範囲
四半期連結財務諸表の範囲

5．四半期連結財務諸表の範囲は、企業会計基準第25号「包括利益の表示に関する会計基準」（以下「企業会計基準第25号」という。）に従って、1計算書方式による場合、四半期連結貸借対照表、四半期連結損益及び包括利益計算書、並びに四半期連結キャッシュ・フロー計算書とする。また、2計算書方式による場合、四半期連結貸借対照表、四半期連結損益計算書、四半期連結包括利益計算書及び四半期連結キャッシュ・フロー計算書とする。

5-2．前項にかかわらず、第1四半期及び第3四半期において、四半期連結キャッシュ・フロー計算書の開示の省略を行うことができる。この場合には、第1四半期より行うものとする。

四半期個別財務諸表の範囲

6．四半期個別財務諸表の範囲は、四半期個別貸借対照表、四半期個別損益計算書及び四半期個別キャッシュ・フロー計算書とする。

　ただし、四半期連結財務諸表を開示する場合には、四半期個別財務諸表の開示は要しない。

6-2．前項にかかわらず、第1四半期及び第3四半期において、四半期個別キャッシュ・フロー計算書の開示の省略を行うことができる。この場合には、第1四半期より行うものとする。

四半期財務諸表等の開示対象期間

7．四半期報告書に含まれる財務諸表の開示対象期間は次のとおりとする。
  (1) 四半期会計期間の末日の四半期貸借対照表及び前年度の末日の要約貸借対照表
  (2) 期首からの累計期間の四半期損益及び包括利益計算書又は四半期損益計算書及び四半期包括利益計算書、並びに前年度における対応する期間の四半期損益及び包括利益計算書又は四半期損益計算書及び四半期包括利益計算書
  (3) 期首からの累計期間の四半期キャッシュ・フロー計算書及び前年度における対応する期間の四半期キャッシュ・フロー計算書

7-2．前項(2)にかかわらず、四半期損益及び包括利益計算書又は四半期損益計算書及び四半期包括利益計算書の開示対象期間は、期首からの累計期間及び四半期会計期間、並びに前年度におけるそれぞれ対応する期間とすることができる。

7-3．前項に従い四半期会計期間に係る四半期損益及び包括利益計算書又は四半期損益計算書及び四半期包括利益計算書の開示を行う場合には、第1四半期より行うものとする。

7-4．前年度における対応する四半期において開示を行わず、当年度の四半期より開示を行う場合、第7項(3)及び第7-2項にかかわらず、前年度における対応する期間に係る開示は要しない。

7-5．第7項(2)、第7-2項、第7-3項で使用されている「四半期損益及び包括利益計算書又は四半期損益計算書及び四半期包括利益計算書」という用語は、四半期個別財務諸表上は「四半期個別損益計算書」と読み替えるものとする。

四半期連結財務諸表の作成基準
会計処理
四半期個別財務諸表への準拠

8．四半期連結財務諸表は、企業集団に属する親会社及び子会社が一般に公正妥当と認められる企業会計の基準に準拠して作成した四半期個別財務諸表を基礎として作成しなければならない。

会計方針

9．四半期連結財務諸表の作成のために採用する会計方針は、四半期特有の会計処理を除き、原則として年度の連結財務諸表の作成にあたって採用する会計方針に準拠しなければならない。ただし、当該四半期連結財務諸表の開示対象期間に係る企業集団の財政状態、経営成績及びキャッシュ・フローの状況に関する財務諸表利用者の判断を誤らせない限り、簡便的な会計処理によることができる。

会計方針の継続適用

10．前年度の連結財務諸表及び直前の四半期連結

財務諸表を作成するために採用した会計方針は、これを継続して適用し、みだりに変更してはならない。

会計方針の変更

10-2. 会計方針の変更を行う場合、企業会計基準第24号「会計上の変更及び誤謬の訂正に関する会計基準」（以下「企業会計基準第24号」という。）第6項及び第7項に準じて、過去の期間に新たな会計方針を遡及適用する。ただし、会計基準等の改正に伴う会計方針の変更の場合で、会計基準等に特定の経過的な取扱いが定められているときは、その経過的な取扱いに従う。

10-3. 前項の遡及適用の原則的な取扱いが実務上不可能な場合は、企業会計基準第24号第9項に準じて取り扱う。

　ただし、第2四半期会計期間以降に会計方針の変更を行う際に、当年度の期首時点において、過去の期間のすべてに新たな会計方針を遡及適用した場合の累積的影響額を算定することが実務上不可能なとき（企業会計基準第24号第9項(2)）は、当年度の期首以前の実行可能な最も古い日から将来にわたり新たな会計方針を適用する。

企業結合に係る暫定的な会計処理の確定

10-4. 企業結合に係る暫定的な会計処理の確定した四半期連結会計期間においては、企業会計基準第21号「企業結合に関する会計基準」（以下「企業結合会計基準」という。）（注6）に準じて、企業結合日の属する四半期連結会計期間に遡って当該確定が行われたかのように会計処理を行う。

四半期特有の会計処理

11. 四半期連結財務諸表作成のための特有の会計処理は、原価差異の繰延処理及び税金費用の計算とする。

（原価差異の繰延処理）

12. 標準原価計算等を採用している場合において、原価差異が操業度等の季節的な変動に起因して発生したものであり、かつ、原価計算期間末までにほぼ解消が見込まれるときには、継続適用を条件として、当該原価差異を流動資産又は流動負債として繰り延べることができる。

13. （削　除）

（税金費用の計算）

14. 親会社及び連結子会社の法人税その他利益に関連する金額を課税標準とする税金（以下「法人税等」という。）については、四半期会計期間を含む年度の法人税等の計算に適用される税率に基づき、原則として年度決算と同様の方法により計算し、繰延税金資産及び繰延税金負債については、回収可能性等を検討した上で、四半期貸借対照表に計上する。

　ただし、税金費用については、四半期会計期間を含む年度の税引前当期純利益に対する税効果会計適用後の実効税率を合理的に見積り、税引前四半期純利益に当該見積実効税率を乗じて計算することができる。この場合には、四半期貸借対照表計上額は未払法人税等その他適当な科目により流動負債として（又は繰延税金資産その他適当な科目により投資その他の資産として）表示し、前年度末の繰延税金資産及び繰延税金負債については、回収可能性等を検討した上で、四半期貸借対照表に計上することとする。

四半期連結決算日

15. 四半期連結財務諸表を作成するにあたり、子会社の四半期会計期間の末日が四半期連結決算日と異なる場合には、子会社は、四半期連結決算日に本会計基準に準ずる合理的な手続により、四半期決算を行わなければならない。

　なお、子会社の四半期会計期間の末日と四半期連結決算日との差異が3か月を超えない場合には、子会社の四半期決算を基礎として、四半期連結決算を行うことができる。ただし、この場合には、決算日が異なることから生ずる連結会社間の取引に係る会計記録の重要な不一致については、必要な整理を行うものとする。

子会社を取得又は売却した場合等のみなし取得日又はみなし売却日

16. 四半期連結財務諸表を作成するにあたり、支配獲得日、株式の取得日又は売却日等が子会社の四半期会計期間の末日以外の日である場合には、当該日の前後いずれかの四半期会計期間の

末日等に支配獲得、株式取得又は売却等が行われたものとみなして処理することができる。

過去の誤謬の訂正

16 - 2．過去の連結財務諸表及び四半期連結財務諸表における誤謬が発見された場合には、企業会計基準第24号第21項に準じて修正再表示を行う。

開 示

四半期連結財務諸表の科目の表示

（科目の集約記載）

17．四半期連結財務諸表の表示方法は、年度の連結財務諸表に準じる。ただし、四半期連結財務諸表における個々の表示科目は、当該四半期連結財務諸表の開示対象期間に係る企業集団の財政状態、経営成績及びキャッシュ・フローの状況に関する財務諸表利用者の判断を誤らせない限り、集約して記載することができる。

（連結財務諸表の表示科目及び表示区分との整合性）

18．四半期連結財務諸表における資産、負債、純資産、収益、費用等の各表示科目及び表示区分は、年度の連結財務諸表における表示との整合性を勘案しなければならない。

表示方法の変更

18 - 2．四半期連結財務諸表の表示方法を変更した場合、企業会計基準第24号第14項に準じて財務諸表の組替えを行う。ただし、財務諸表の組替えが実務上不可能な場合には、財務諸表の組替えが実行可能な最も古い期間から新たな表示方法を適用する。

注記事項

19．四半期連結財務諸表には、次の事項を注記しなければならない。

(1)　連結の範囲に含めた子会社、持分法を適用した非連結子会社及び関連会社に関する事項その他連結の方針に関する事項について、重要な変更を行った場合には、その旨及びその理由

(2)　重要な会計方針について変更を行った場合には、変更を行った四半期会計期間以後において、その内容、その理由及び影響額

(2-2)　遡及適用の原則的な取扱いが実務上不可能な場合には、(2)のほか、その理由、会計方針の変更の適用方法及び適用開始時期を記載する。

(3)　当年度の第2四半期会計期間以降に自発的に重要な会計方針について変更を行った場合には、(2)又は (4-2) の記載に加え、第2四半期以降に変更した理由

(3-2)　前年度の第2四半期会計期間以降に自発的に重要な会計方針について変更を行っており、かつ、遡及適用により当年度に比較情報として開示する前年度の四半期連結財務諸表と、前年度に開示した四半期連結財務諸表に適用した会計方針との間に相違がみられる場合には、その旨

(4)　会計上の見積りについて重要な変更を行った場合には、変更を行った四半期会計期間以後において、その内容及び影響額

(4-2)　会計方針の変更を会計上の見積りの変更と区分することが困難な場合には、変更を行った四半期会計期間以後において、変更の内容、その理由及び影響額

(5)　（削　除）

(6)　四半期特有の会計処理を採用している場合には、その旨及びその内容

(7)　セグメント情報等に関する事項

①　報告セグメントの利益（又は損失）及び売上高

②　企業結合や事業分離などによりセグメント情報に係る報告セグメントの資産の金額に著しい変動があった場合には、その概要

③　報告セグメントの利益（又は損失）の合計額と四半期連結損益及び包括利益計算書又は四半期連結損益計算書の利益（又は損失）計上額の差異調整に関する主な事項の概要

④　報告セグメントの変更又は事業セグメントの利益（又は損失）の測定方法に重要な変更があった場合には、変更を行った四半期会計期間以後において、その内容

⑤　当年度の第2四半期以降に④の変更が

あった場合には、第2四半期会計期間以降に変更した理由

⑥　前年度において④の変更を行っており、かつ、前年度の対応する四半期会計期間と当四半期会計期間との間で、①の報告セグメントの区分方法又は利益（又は損失）の測定方法に相違が見られる場合には、その旨、変更後の方法に基づく前年度の対応する期間の①及び③の事項

なお、当該事項のすべて又はその一部について、記載すべき金額を正確に算定することができない場合には概算額を記載することができる。また、記載すべき金額を算定することが実務上困難な場合には、その旨及びその理由を記載する。

⑦　固定資産について重要な減損損失を認識した場合には、その報告セグメント別の概要

⑧　のれんの金額に重要な影響を及ぼす事象（重要な負ののれんを認識する事象を含む。）が生じた場合には、その報告セグメント別の概要

(7-2)　収益の分解情報に関する事項

①　顧客との契約から生じる収益について、収益及びキャッシュ・フローの性質、金額、時期及び不確実性に影響を及ぼす主要な要因に基づく区分に分解した情報

②　①に従って開示する収益の分解情報と、(7)①報告セグメントの売上高との間の関係を財務諸表利用者が理解できるようにするための十分な情報

①及び②の事項は、(7)のセグメント情報等に関する事項に含めて記載している場合には、当該注記事項を参照することにより記載に代えることができる。

(8)　1株当たり四半期純損益、潜在株式調整後1株当たり四半期純利益及び当該金額の算定上の基礎

(9)　（削　除）

(10)　（削　除）

(11)　（削　除）

⑿　配当に関する事項

⒀　株主資本の金額に著しい変動があった場合には、主な変動事由

⒁　四半期会計期間の末日に継続企業の前提に重要な疑義を生じさせるような事象又は状況が存在する場合であって、当該事象又は状況を解消するあるいは改善するための対応をしてもなお継続企業の前提に関する重要な不確実性が認められるときは、その旨及びその内容等。ただし、四半期会計期間の末日後において、当該重要な不確実性が認められなくなった場合は、注記することを要しない。

⒂　事業の性質上営業収益又は営業費用に著しい季節的変動がある場合には、その状況

⒃　重要な保証債務その他の重要な偶発債務

⒄　重要な企業結合に関する事項

①　取得とされた重要な企業結合

企業結合の概要、四半期連結損益及び包括利益計算書又は四半期連結損益計算書に含まれる被取得企業等の業績の期間、実施した会計処理の概要

②　（削　除）

③　重要な共通支配下の取引等及び共同支配企業の形成

企業結合の概要、実施した会計処理の概要

⒅　重要な事業分離に関する事項

事業分離の概要、実施した会計処理の概要、四半期連結損益及び包括利益計算書又は四半期連結損益計算書に計上されている分離した事業に係る損益の概算額

⒆　四半期連結財務諸表を作成する日までに発生した重要な後発事象

⒇　四半期連結キャッシュ・フロー計算書における現金及び現金同等物の四半期末残高と四半期連結貸借対照表に掲記されている科目の金額との関係。ただし、第5-2項に従い、第1四半期及び第3四半期において四半期連結キャッシュ・フロー計算書の開示の省略を行った場合は注記を要しない。

(20-2)　第5-2項に従い、第1四半期及び第3四半期において四半期連結キャッシュ・フ

ロー計算書の開示の省略を行った場合、期首からの累計期間に係る有形固定資産及びのれんを除く無形固定資産の減価償却費及びのれんの償却額（負ののれんの償却額を含む。）を注記することとする。

(21) 企業集団の財政状態、経営成績及びキャッシュ・フローの状況を適切に判断するために重要なその他の事項

(22) 過去の誤謬の修正再表示を行った場合には、その内容及び影響額

四半期個別財務諸表の作成基準
会計処理
会計方針

20. 四半期個別財務諸表の作成のために採用する会計方針は、四半期特有の会計処理を除き、原則として年度の個別財務諸表の作成にあたって採用する会計方針に準拠しなければならない。ただし、当該四半期個別財務諸表の開示対象期間に係る企業の財政状態、経営成績及びキャッシュ・フローの状況に関する財務諸表利用者の判断を誤らせない限り、簡便的な会計処理によることができる。

会計方針の継続適用

21. 前年度の個別財務諸表及び直前の四半期個別財務諸表を作成するために採用した会計方針は、これを継続して適用し、みだりに変更してはならない。

会計方針の変更

21-2. 会計方針の変更を行う場合、企業会計基準第24号第6項及び第7項に準じて、過去の期間に新たな会計方針を遡及適用する。ただし、会計基準等の改正に伴う会計方針の変更の場合で、会計基準等に特定の経過的な取扱いが定められているときは、その経過的な取扱いに従う。

21-3. 前項の遡及適用の原則的な取扱いが実務上不可能な場合は、企業会計基準第24号第9項に準じて取り扱う。

ただし、第2四半期会計期間以降に会計方針の変更を行う際に、当年度の期首時点において、過去の期間のすべてに新たな会計方針を遡及適用した場合の累積的影響額を算定することが実務上不可能なとき（企業会計基準第24号第9項(2)）は、当年度の期首以前の実行可能な最も古い日から将来にわたり新たな会計方針を適用する。

企業結合に係る暫定的な会計処理の確定

21-4. 企業結合に係る暫定的な会計処理の確定した四半期会計期間においては、企業結合会計基準（注6）に準じて、企業結合日の属する四半期会計期間に遡って当該確定が行われたかのように会計処理を行う。

四半期特有の会計処理

22. 四半期個別財務諸表作成のための特有の会計処理については、第11項から第14項の取扱いに準じる。

過去の誤謬の訂正

22-2. 過去の個別財務諸表及び四半期個別財務諸表における誤謬が発見された場合には、企業会計基準第24号第21項に準じて修正再表示を行う。

開 示
四半期個別財務諸表の科目の表示
（科目の集約記載）

23. 四半期個別財務諸表の表示方法は、年度の個別財務諸表に準じる。ただし、四半期個別財務諸表における個々の表示科目は、当該四半期個別財務諸表の開示対象期間に係る企業の財政状態、経営成績及びキャッシュ・フローの状況に関する財務諸表利用者の判断を誤らせない限り、集約して記載することができる。

（個別財務諸表の表示科目及び表示区分との整合性）

24. 四半期個別財務諸表における資産、負債、純資産、収益、費用等の各表示科目及び表示区分は、年度の個別財務諸表における表示との整合性を勘案しなければならない。

表示方法の変更

24-2. 四半期個別財務諸表の表示方法を変更した場合、企業会計基準第24号第14項に準じて財務諸表の組替えを行う。ただし、財務諸表の組替えが実務上不可能な場合には、財務諸表の組

替えが実行可能な最も古い期間から新たな表示
方法を適用する。

注記事項

25. 四半期個別財務諸表には、次の事項を注記し
なければならない。

(1) 重要な会計方針について変更を行った場合
には、変更を行った四半期会計期間以後にお
いて、その内容、その理由及び影響額

(1-2) 遡及適用の原則的な取扱いが実務上不
可能な場合には、(1)のほか、その理由、会計
方針の変更の適用方法及び適用開始時期を記
載する。

(2) 当年度の第2四半期会計期間以降に自発的
に重要な会計方針について変更を行った場合
には、(1)又は(3-2)の記載に加え、第2四
半期以降に変更した理由

(2-2) 前年度の第2四半期会計期間以降に自
発的に重要な会計方針について変更を行って
おり、かつ、遡及適用により当年度に比較情
報として開示する前年度の四半期個別財務諸
表と、前年度に開示した四半期個別財務諸表
に適用した会計方針との間に相違がみられる
場合には、その旨

(3) 会計上の見積りについて重要な変更を行っ
た場合には、変更を行った四半期会計期間以
後において、その内容及び影響額

(3-2) 会計方針の変更を会計上の見積りの変
更と区分することが困難な場合には、変更を
行った四半期会計期間以後において、変更の
内容、その理由及び影響額

(4) (削 除)

(5) 四半期特有の会計処理を採用している場合
には、その旨及びその内容

(5-2) セグメント情報等に関する事項

① 報告セグメントの利益(又は損失)及び
売上高

② 企業結合や事業分離などによりセグメン
ト情報に係る報告セグメントの資産の金額
に著しい変動があった場合には、その概要

③ 報告セグメントの利益(又は損失)の合
計額と四半期個別損益計算書の利益(又は

損失)計上額の差異調整に関する主な事項
の概要

④ 報告セグメントの変更又は事業セグメン
トの利益(又は損失)の測定方法に重要な
変更があった場合には、変更を行った四半
期会計期間以後において、その内容

⑤ 当年度の第2四半期会計期間以降に④の
変更があった場合には、第2四半期以降に
変更した理由

⑥ 前年度において④の変更を行っており、
かつ、前年度の対応する四半期会計期間と
当四半期会計期間との間で、①の報告セグ
メントの区分方法又は利益(又は損失)の
測定方法に相違が見られる場合には、その
旨、変更後の方法に基づく前年度の対応す
る期間の①及び③の事項

なお、当該事項のすべて又はその一部に
ついて、記載すべき金額を正確に算定する
ことができない場合には概算額を記載する
ことができる。また、記載すべき金額を算
定することが実務上困難な場合には、その
旨及びその理由を記載する。

⑦ 固定資産について重要な減損損失を認識
した場合には、その報告セグメント別の概
要

⑧ のれんの金額に重要な影響を及ぼす事象
(重要な負ののれんを認識する事象を含
む。)が生じた場合には、その報告セグメ
ント別の概要

(5-3) 収益の分解情報に関する事項

① 顧客との契約から生じる収益について、
収益及びキャッシュ・フローの性質、金額、
時期及び不確実性に影響を及ぼす主要な要
因に基づく区分に分解した情報

② ①に従って開示する収益の分解情報と、
(5-2)①報告セグメントの売上高との間の
関係を財務諸表利用者が理解できるように
するための十分な情報

①及び②の事項は、(5-2)のセグメント情
報等に関する事項に含めて記載している場合
には、当該注記事項を参照することにより記

載に代えることができる。

(6)　1株当たり四半期純損益、潜在株式調整後1株当たり四半期純利益及び当該金額の算定上の基礎

(7)　（削　除）

(8)　（削　除）

(9)　（削　除）

(10)　配当に関する事項

(11)　株主資本の金額に著しい変動があった場合には、主な変動事由

(12)　四半期会計期間の末日に継続企業の前提に重要な疑義を生じさせるような事象又は状況が存在する場合であって、当該事象又は状況を解消するあるいは改善するための対応をしてもなお継続企業の前提に関する重要な不確実性が認められるときは、その旨及びその内容等。ただし、四半期会計期間の末日後において、当該重要な不確実性が認められなくなった場合は、注記することを要しない。

(13)　事業の性質上営業収益又は営業費用に著しい季節的変動がある場合には、その状況

(14)　関連会社に持分法を適用した場合の投資の額及び投資損益の額

(15)　重要な保証債務その他の重要な偶発債務

(16)　重要な企業結合に関する事項

①　取得とされた重要な企業結合

ア　企業結合の概要、四半期個別損益計算書に含まれる被取得企業等の業績の期間、実施した会計処理の概要

イ　取得企業が存続企業と異なる場合には、パーチェス法を適用したとした場合の四半期個別貸借対照表及び四半期個別損益計算書に及ぼす損益への影響の概算額

②　（削　除）

③　重要な共通支配下の取引等及び共同支配企業の形成

企業結合の概要、実施した会計処理の概要

(17)　重要な事業分離に関する事項

事業分離の概要、実施した会計処理の概要、四半期個別損益計算書に計上されている分離した事業に係る損益の概算額

(18)　四半期個別財務諸表を作成する日までに発生した重要な後発事象

(19)　四半期個別キャッシュ・フロー計算書における現金及び現金同等物の四半期末残高と四半期個別貸借対照表に掲記されている科目の金額との関係。ただし、第6-2項に従い、第1四半期及び第3四半期において四半期個別キャッシュ・フロー計算書の開示の省略を行った場合は注記を要しない。

(19-2)　第6-2項に従い、第1四半期及び第3四半期において四半期個別キャッシュ・フロー計算書の開示の省略を行った場合、期首からの累計期間に係る有形固定資産及びのれんを除く無形固定資産の減価償却費及びのれんの償却額（負ののれんの償却額を含む。）を注記することとする。

(20)　企業の財政状態、経営成績及びキャッシュ・フローの状況を適切に判断するために重要なその他の事項

(21)　過去の誤謬の修正再表示を行った場合には、その内容及び影響額

適用時期等

26．2007年（平成19年）公表の本会計基準（以下「2007年（平成19年）という。）は、2008年（平成20年）4月1日以後開始する連結会計年度及び事業年度から適用する。

27．2007年（平成19年）会計基準の適用初年度においては、第7項(2)及び(3)の定めにかかわらず、前年度の対応する四半期会計期間及び期首からの累計期間に関する四半期財務諸表を記載することを要しない。

28．（削　除）

(2008年（平成20年）改正会計基準)

28-2．2008年（平成20年）改正の本会計基準（以下「2008年（平成20年）改正会計基準」という。）は、2010年（平成22年）4月1日以後開始する連結会計年度及び事業年度の第1四半期会計期間から適用する。

28-3．2008年（平成20年）改正会計基準の適用初年度においては、セグメント情報等に関する

事項の前年度の対応する四半期会計期間及び期首からの累計期間に関する開示を要しない。また、第19項(7)②、④及び⑥並びに第25項(5-2)②、④及び⑥の開示についても記載することを要しない。

28-4．2008年（平成20年）改正会計基準の適用初年度の第1四半期会計期間においては、セグメント情報等に関する事項について、次の事項を記載しなければならない。

(1) 報告セグメントの決定方法

(2) 各報告セグメントに属する製品及びサービスの種類

（2009年（平成21年）3月改正会計基準）

28-5．2009年（平成21年）3月改正の本会計基準（以下「2009年（平成21年）3月改正会計基準」という。）（ただし、第11項及び第13項を除く。）の適用時期は、2008年（平成20年）に改正された企業結合会計基準（以下「2008年（平成20年）改正企業結合会計基準」という。）と同様とする。

28-6．後入先出法における売上原価修正の削除に関連した2009年（平成21年）3月改正会計基準第11項及び第13項の適用時期は、2008年（平成20年）9月に改正された企業会計基準第9号「棚卸資産の評価に関する会計基準」（以下「棚卸資産会計基準」という。）の適用時期と同様とする。

（2009年（平成21年）6月改正会計基準）

28-7．2009年（平成21年）6月改正の本会計基準（以下「2009年（平成21年）6月改正会計基準」という。）第19項(14)及び第25項(12)は、2009年（平成21年）6月30日以後終了する四半期会計期間から適用する。

（2010年（平成22年）改正会計基準）

28-8．2010年（平成22年）改正の本会計基準（以下「2010年（平成22年）改正会計基準」という。）（ただし、第5項、第6項、第7項(2)、第19項(7)③、(17)①及び(18)並びに第25項(5-2)③、(16)①及び(17)を除く。）の適用時期は、企業会計基準第24号と同様とする。2010年（平成22年）改正会計基準の適用初年度は、企業会計基準第24号

第24項に準じた事項を注記する。

28-9．包括利益の表示に関連した、第5項、第6項、第7項(2)、第19項(7)③、(17)①及び(18)並びに第25項(5-2)③、(16)①及び(17)の適用時期は、企業会計基準第25号と同様とする。

28-10．2010年（平成22年）改正会計基準の適用初年度においては、第19項(3-2)及び第25項(2-2)の注記事項に代えて、2010年（平成22年）改正前の第19項(4)及び第25項(3)の注記事項を記載する。

（2011年（平成23年）改正会計基準）

28-11．2011年（平成23年）改正の本会計基準（以下「2011年（平成23年）改正会計基準」という。）は、2011年（平成23年）4月1日以後開始する連結会計年度及び事業年度の第1四半期会計期間から適用する。

（2012年（平成24年）改正会計基準）

28-12．2012年（平成24年）改正の本会計基準（以下「2012年（平成24年）改正会計基準」という。）の適用時期は、2012年（平成24年）に改正された企業会計基準第25号「包括利益の表示に関する会計基準」（以下「2012年（平成24年）改正企業会計基準第25号」という。）と同様とする。

（2014年（平成26年）改正会計基準）

28-13．2014年（平成26年）改正の本会計基準（以下「2014年（平成26年）改正会計基準」という。）の適用時期は、2013年（平成25年）に改正された企業結合会計基準（以下「2013年（平成25年）改正企業結合会計基準」という。）の暫定的な会計処理の確定の取扱いに係る事項の適用時期と同様とする。

（2020年改正会計基準）

28-14．2020年改正の本会計基準（以下「2020年改正会計基準」という。）の適用時期は、2020年に改正された企業会計基準第29号「収益認識に関する会計基準」（以下「収益認識会計基準」という。）と同様とする。

28-15．2020年改正会計基準の適用初年度においては、収益の分解情報に関する事項（第19項(7-2)及び第25項(5-3)参照）の前年度の対応する期首からの累計期間に関する開示を要し

ない。

議 決

29．2007年（平成19年）会計基準は、第124回企業会計基準委員会に出席した委員10名全員の賛成により承認された。なお、出席した委員は、以下のとおりである。

（略）

29-2．2008年（平成20年）改正会計基準は、第168回企業会計基準委員会に出席した委員12名全員の賛成により承認された。なお、出席した委員は、以下のとおりである。

（略）

29-3．2009年（平成21年）3月改正会計基準は、第173回企業会計基準委員会に出席した委員13名全員の賛成により承認された。なお、出席した委員は、以下のとおりである。

（略）

29-4．2009年（平成21年）6月改正会計基準は、第179回企業会計基準委員会に出席した委員14名全員の賛成により承認された。なお、出席した委員は、以下のとおりである。

（略）

29-5．2010年（平成22年）改正会計基準は、第204回企業会計基準委員会に出席した委員9名全員の賛成により承認された。なお、出席した委員は以下のとおりである。

（略）

29-6．2011年（平成23年）改正会計基準は、第221回企業会計基準委員会に出席した委員11名全員の賛成により承認された。なお、出席した委員は、以下のとおりである。

（略）

29-7．2012年（平成24年）改正会計基準は、第246回企業会計基準委員会に出席した委員10名全員の賛成により承認された。なお、出席した委員は以下のとおりである。

（略）

29-8．2014年（平成26年）改正会計基準は、第287回企業会計基準委員会に出席した委員13名全員の賛成により承認した

委員は以下のとおりである。

（略）

29-9．2020年改正会計基準は、第428回企業会計基準委員会に出席した委員14名全員の賛成により承認された。なお、出席した委員は以下のとおりである。

（略）

結論の背景

検討の経緯

30．2005年（平成17年）6月に公表された金融審議会金融分科会第一部会ディスクロージャー・ワーキング・グループ報告「今後の開示制度のあり方について」（以下「金融審議会報告書」という。）において「四半期開示のあり方」が示され、四半期財務諸表に係る作成基準の一層の整備に関しては、「（財）財務会計基準機構・企業会計基準委員会においてすみやかに策定作業が進められるよう要請したい。」という内容が盛り込まれた。企業会計基準委員会（以下「当委員会」という。）では、この金融審議会報告書を受けて、2005年（平成17年）7月に四半期会計基準専門委員会を設置し、本会計基準及びその適用指針の開発を進めた。2007年（平成19年）会計基準の公表までの経緯は、概ね次のとおりである。

当委員会では、まず、財団法人財務会計基準機構内に設けられているテーマ協議会から2001年（平成13年）11月に中長期テーマとして「四半期開示の検討」が提言されたことに加え、証券取引所による上場会社への四半期財務情報の開示の要請等を踏まえ、2003年（平成15年）11月から研究プロジェクトを立ち上げ、国際的な会計基準の調査を行うとともに、市場関係者へのヒアリングを幅広く行った。その後、金融審議会金融分科会第一部会での四半期開示に関する検討開始を受け、2005年（平成17年）1月からは、四半期開示ワーキング・グループを設置して、四半期財務情報の開示の実態調査を行った上で、検討すべき点についての洗い出し作業を行った。そして、2005年（平成17年）7月に、

前述の金融審議会報告書において四半期財務諸表の位置付けが明らかになったことを踏まえ、会計基準の開発に本格的に着手するために四半期会計基準専門委員会を設置して検討を行ってきた。2005年（平成17年）12月には、それまでの議論を踏まえ、論点ごとに可能な限り検討の方向性も示した「四半期財務諸表の作成基準に関する論点の整理」を取りまとめ、広く一般から意見を募集するために公表した。

その後、上記の金融審議会報告書に沿って2006年（平成18年）6月に「金融商品取引法制」を整備する法改正が成立し、上場会社等を対象として2008年（平成20年）4月1日以後開始する連結会計年度及び事業年度から四半期報告制度が導入されることとなった。当委員会では、上記の論点整理に寄せられたコメントを分析した上で検討を重ね、2006年（平成18年）11月には公開草案として公表し、広くコメント募集を行った。2007年（平成19年）会計基準は、当委員会において寄せられたコメントを検討し、公開草案を一部修正した上で、公表するに至ったものである。

30-2．当委員会は、2008年（平成20年）3月に企業会計基準第17号「セグメント情報等の開示に関する会計基準」（以下「セグメント情報等会計基準」という。）が公表されたことに伴い、同会計基準適用後の四半期財務諸表のセグメント情報の開示について検討した。2008年（平成20年）改正会計基準は、2008年（平成20年）7月に公表した公開草案に対して当委員会に寄せられたコメントを検討し、公開草案を一部修正した上で、2007年（平成19年）会計基準の改正を行ったものである。

30-3．2009年（平成21年）3月改正会計基準は、2008年（平成20年）9月改正の棚卸資産会計基準により選択できる評価方法から後入先出法が削除されたことや、2008年（平成20年）改正企業結合会計基準における持分プーリング法の廃止等に対応して、技術的な改正を行ったものである。

30-4．2009年（平成21年）6月改正会計基準は、2009年（平成21年）4月に改正された財務諸表等規則等により、継続企業の前提に重要な疑義を生じさせるような事象又は状況が存在する場合であって、当該事象又は状況を解消するあるいは改善するための対応をしてもなお継続企業の前提に関する重要な不確実性が認められるときに注記が求められることとなったことを踏まえて、改正を行ったものである。

30-5．2010年（平成22年）改正会計基準は、2009年（平成21年）12月に公表された企業会計基準第24号により、会計方針の変更や過去の誤謬の訂正などを行った場合に、過去の財務諸表の遡及処理が求められたことを踏まえて、改正を行ったものである。また、企業会計基準第25号において、1計算書方式の場合、損益計算書に替えて損益及び包括利益計算書を作成することと、2計算書方式の場合、損益計算書に加えて包括利益計算書を作成することが定められたことに伴い、四半期財務諸表の範囲についても改正を行った。なお、現在企業会計審議会で個別財務諸表に関する全般的な議論が行われているため、当委員会では、企業会計基準第25号の個別財務諸表への適用を求めるかどうかについては、当該審議の状況も踏まえて対応することとし、企業会計基準第25号の公表から1年後を目途に判断することとしている。したがって、2010年（平成22年）改正会計基準における、包括利益の表示に関連した事項の四半期個別財務諸表への適用についても、これと同様になる。

30-6．2011年（平成23年）改正会計基準は、2010年（平成22年）8月に公益財団法人財務会計基準機構内に設けられている基準諮問会議から、当委員会に対し、四半期報告の大幅な簡素化が必要であるとの意見も考慮して本会計基準及びその適用指針を見直すことが適当であるとする提言がなされたことを踏まえている。この提言は、財務諸表作成者から、半期報告制度を採用している欧州等と比較して開示書類の作成負担が過重であるため、四半期報告の大幅な簡素化を要望する意見が寄せられたことや、2010年（平成22年）6月に閣議決定された「新成長

戦略」において、我が国の企業・産業の成長を支える金融等の観点から、2010年（平成22年）度中に実施する施策として「四半期報告の大幅な簡素化」が盛り込まれたことを受けてのものである。当委員会では、本会計基準及びその適用指針について、四半期報告制度導入から2年経過したことによる適用状況のレビューという視点も加味して、2010年（平成22年）9月から見直しに着手し、市場関係者からの意見聴取を実施して財務諸表作成者の負担軽減の具体的な要望事項や財務諸表利用者の開示ニーズを確認した上で、審議を重ね、2010年（平成22年）12月には公開草案を公表し、広くコメント募集を行った。2011年（平成23年）改正会計基準は、当委員会において寄せられたコメントを検討し、公開草案を一部修正した上で、改正を行ったものである。

30-7．2012年（平成24年）改正会計基準は、2012年（平成24年）改正企業会計基準第25号により、当面の間、企業会計基準第25号を個別財務諸表には適用しないことに対応して、技術的な改正を行ったものである。

30-8．2014年（平成26年）改正会計基準は、2013年（平成25年）改正企業結合会計基準により、暫定的な会計処理の確定に関する取扱いが改正されたことを踏まえて、所要の改正を行ったものである。

30-9．2020年改正会計基準は、2020年3月に収益認識会計基準が改正されたことに伴い、同会計基準適用後の四半期財務諸表の収益認識に関する開示について、所要の改正を行ったものである。

検討の前提
金融審議会報告書の内容

31．2007年（平成19年）会計基準の検討にあたっては、金融審議会報告書の「四半期開示のあり方」において示された一定の方向性を前提条件として検討を行った。その後、2005年（平成17年）12月に公表された金融審議会金融分科会第一部会報告においても、金融審議会報告書に沿って、四半期報告制度の制度化を進めることが適当であるとされた。

金融審議会報告書で示された四半期報告制度の概要は、次のとおりである。

(1) 四半期開示の対象会社は、上場会社を基本とする。

(2) 開示時期は、四半期終了後、最低限45日以内とした上で、できる限りその短縮化を図る。

(3) 開示内容は、四半期貸借対照表、四半期損益計算書、四半期キャッシュ・フロー計算書及び四半期セグメント情報並びに非財務情報とし、原則として連結ベースで記載する。

(4) 四半期財務諸表に係る作成基準の一層の整備を図る。

(5) 四半期財務諸表の保証手続としてレビューの導入を図ることとし、レビュー手続に係る保証基準の整備を図る。

(6) 四半期開示を証券取引法上の制度として位置付けていくにあたって、次の要件が満たされることを前提に、半期報告制度を廃止し、四半期報告制度に統一することを検討する。

　① 財務情報が投資判断を行うために必要な詳しさのものとなること

　② 必要な非財務情報が開示されること

　③ 必要に応じて単体情報についても開示されること（特に、第2四半期）

　④ 開示企業の内部統制が適正に確保されていることを前提に、公認会計士等によるレビュー手続が投資者の信頼を十分に確保した形で実施されること

32．したがって、当委員会では、2007年（平成19年）会計基準の検討にあたり、①上場会社等においては半期報告制度が廃止されて四半期報告制度へ統一され、中間財務諸表が第2四半期の四半期財務諸表に置き換わり、第1四半期、第2四半期、第3四半期という形で四半期財務諸表による開示が行われること、②原則として四半期連結財務諸表ベースでの開示のみが求められ、特定の会社を除き四半期個別財務諸表の開示は求められないこと、③四半期会計期間終了後、公認会計士又は監査法人のレビュー手続を

経た上で、遅くとも45日以内での開示が求められるという、適時性に係るより強い制約があることを前提とした。

なお、2006年（平成18年）6月に成立した金融商品取引法において、「内閣府令で定める事業を行う会社」以外の会社は、四半期個別財務諸表の開示は求められないことになった点も踏まえて検討を行った。

証券取引所での四半期開示

33. 2007年（平成19年）会計基準の検討においては、現行の「中間連結財務諸表作成基準」及び「中間財務諸表作成基準」（以下合わせて「中間作成基準」という。）だけでなく、証券取引所の要請に基づく上場会社の四半期財務情報の開示が定着しつつあることから、上場会社の開示状況も参考にした。

しかし、証券取引所の要請に基づく四半期開示は中間財務諸表制度を前提とし、また、公認会計士等による意見表明を求めていないことなど、金融審議会報告書に示された前提条件とは大きく異なっていることから、この点も考慮に入れて検討を行った。

国際的な会計基準等

34. また、米国基準、国際会計基準、カナダ基準などの国際的な会計基準の内容や米国証券取引委員会の規則（以下「米国SEC規則」という。）に基づく四半期開示の状況も参考にしながら、検討を行った。特にカナダ基準は、予測主義に基づく米国基準に内在する問題点等を踏まえて2000年（平成12年）に改訂されたものであるため、その改訂内容を参考にした。

四半期連結財務諸表の作成基準と四半期個別財務諸表の作成基準を設ける理由

35. 四半期連結財務諸表は、中間作成基準と同様、企業集団に属する親会社及び子会社が一般に公正妥当と認められる企業会計の基準に準拠して作成した四半期個別財務諸表を基礎として作成するものと考えられる。また、上場会社の中には連結対象となる子会社が存在しないため個別財務諸表のみを開示している会社が見られる。

したがって、本会計基準では、四半期連結財務諸表の作成基準に加え、四半期個別財務諸表の作成基準も定めることとした。

四半期財務諸表の範囲等

四半期財務諸表の範囲

36. 四半期財務諸表の範囲については、年度の財務諸表との整合性を踏まえ、四半期貸借対照表、四半期損益計算書及び四半期キャッシュ・フロー計算書に加え、四半期株主資本等変動計算書も含めるという考え方がある。その理由としては、①企業会計基準第6号「株主資本等変動計算書に関する会計基準」の公表に伴い、株主資本等変動計算書が基本財務諸表の1つとなり、中間連結財務諸表でも、中間連結剰余金計算書が中間連結株主資本等変動計算書に置き換えられたこと、②国際会計基準やカナダ基準では、四半期財務諸表に「連結剰余金計算書」又は「連結株主持分変動計算書」を含めていること、③会社法施行後の四半期配当の実施などにより必要性が高まると考えられることなどが挙げられる。

その一方、四半期財務諸表の範囲については、四半期貸借対照表、四半期損益計算書及び四半期キャッシュ・フロー計算書とし、株主資本の金額に著しい変動があった場合に、主な変動事由等を注記すれば足りるという考え方がある。その理由としては、①四半期開示制度の定着している米国においても、四半期財務諸表としての「連結株主持分変動計算書」の開示は求めておらず、財政状態に重大な変動がある場合に注記が求められていること、②連結株主資本等変動計算書は従来の連結剰余金計算書よりも作成に負担を要するものであり、45日以内での開示が必要な点を考えると、作成は不要とすべきであるという見方があることなどが挙げられる。

検討の結果、本会計基準では、四半期開示制度が定着している米国の状況や四半期開示における適時性の要請などを踏まえ、四半期株主資本等変動計算書の開示は求めず、株主資本の金額に著しい変動があった場合には、主な変動事由を注記事項として開示することとした（第19

項(13)及び第25項(11)参照)。

　なお、注記の記載方法については、株主資本の金額の著しい変動の内訳が一覧できるよう、表形式で開示することができるものと考えられる。

36-2．2011年（平成23年）改正会計基準では、第1四半期及び第3四半期における四半期キャッシュ・フロー計算書の取扱いを見直した。財務諸表作成者からは、四半期財務諸表の中で、特に作成にかかる負担が大きい四半期キャッシュ・フロー計算書について、第1四半期と第3四半期における作成及び開示義務の免除を要望する意見が寄せられた。一方、財務諸表利用者からは、四半期キャッシュ・フロー計算書は基本となる財務諸表の1つであるので開示の省略を認めるべきではないという意見が出されたが、開示を省略するのであれば、キャッシュ・フローの状況を把握するのに資する情報を代替的に開示すべきという意見も寄せられた。

　検討の結果、重要な非資金損益項目のうち、貸借対照表及び損益計算書より推計することが困難な有形固定資産及びのれんを除く無形固定資産の減価償却費及びのれんの償却額について、注記による開示を求めることとした（第5-2項及び第6-2項並びに第19項（20-2）及び第25項（19-2）参照）。なお、のれんの償却額には、2008年（平成20年）改正企業結合会計基準の適用前に実施された企業結合に係る負ののれんの償却額が含まれることに留意する。

　なお、第1四半期及び第3四半期における四半期キャッシュ・フロー計算書の開示の省略を行うか否かは、財務諸表作成者の判断によることとなるが、公開草案に寄せられたコメントを踏まえて検討を行った結果、年度内における首尾一貫性を確保する観点から、第1四半期より行うこととした（第5-2項及び第6-2項参照）。ただし、第3四半期において大規模な企業結合などにより開示を行うことが実務上困難となり、年度内における首尾一貫性を維持できないことも想定されるが、その場合には、その旨及びその理由を記載することが考えられる。

四半期財務諸表等の開示対象期間

37．四半期損益計算書の開示方法としては、次のように、大きく3つの考え方がある。

　(1)　期首からの累計期間の情報のみを開示。これは、四半期損益計算書は年間の業績見通しの進捗度を示す情報を開示するという考え方に基づく。

　(2)　四半期会計期間の情報のみを開示。これは、収益動向の変化点を開示するという考え方に基づく。

　(3)　期首からの累計期間及び四半期会計期間の情報をともに開示。これは、年間の業績見通しの進捗度の情報だけでなく、収益動向の変化点を把握するための情報も開示するという考え方に基づく。

　我が国の上場会社の四半期損益計算書の開示状況をみると、期首からの累計期間の情報のみを開示している場合が多い。これは、年間の業績見通しの進捗度の開示という点に加え、中間財務諸表制度も影響していると思われる。このため、四半期会計期間の情報開示を求めることは、財務諸表作成者の負担の増加につながると危惧する意見がある。しかし、四半期会計期間の情報については、米国基準等の国際的な会計基準では開示が求められており、また、我が国でも証券アナリスト等から強い開示ニーズが指摘されている。ただし、証券アナリストにおいても、担当業種の特性によっては、開示ニーズが多少異なっているという意見もある。

　検討の結果、2007年（平成19年）会計基準では、証券市場がグローバル化している状況や証券アナリスト等の開示ニーズを踏まえ、国際的な会計基準と同様に、四半期損益計算書の情報については、四半期会計期間及び期首からの累計期間の情報をともに開示することとした。

37-2．2011年（平成23年）改正会計基準では、四半期損益計算書の開示対象期間を見直した。財務諸表作成者からは、簡素化の一環として、期首からの累計期間のみの開示を要望する意見が寄せられた。一方、財務諸表利用者からは、開示情報をいずれかの期間に一本化する場合は、

収益動向の変化点の把握に資する四半期会計期間の情報とすべきであるという意見が出されたが、期首からの累計期間のみの開示となる場合には、四半期会計期間の売上高、営業利益金額、四半期純利益金額及び1株当たり利益の開示を要望する意見も寄せられた。

検討の結果、四半期会計期間の情報は、当四半期における期首からの累計期間の情報と直前四半期における期首からの累計期間の情報に基づいて、財務諸表利用者により売上高及び四半期純利益金額の推計が可能であること、また、期首からの累計期間の情報は年間の業績見通しの進捗度を示す情報として有用であることから、期首からの累計期間の情報のみの開示を基本とすることとした（第7項参照）。併せて、四半期会計期間の情報の開示を引き続き望む財務諸表利用者及び財務諸表作成者のニーズを踏まえて、四半期損益計算書において四半期会計期間の情報も開示することができることとした（第7-2項参照）。

なお、四半期損益計算書における四半期会計期間の情報の開示を行うか否かは、財務諸表作成者の判断によることとなるが、公開草案に寄せられたコメントを踏まえて検討を行った結果、年度内における首尾一貫性を確保する観点から、第1四半期より行うこととした（第7-3項参照）。

37-3. また、2011年（平成23年）改正会計基準では、四半期損益計算書における四半期会計期間の情報及び四半期キャッシュ・フロー計算書について、前年度における対応する四半期において開示を行わず、当年度の四半期より開示を行う場合に、当年度の四半期財務諸表において比較情報の開示を求めるか否かに関しては、公開草案に寄せられたコメントを踏まえて検討を行った。検討の過程では、前年度の四半期報告書で開示していないことから、前年度における対応する期間の開示を要しないとする意見のほか、比較情報としての開示は行うべきではないとする意見も出されたが、検討の結果、前年度における対応する期間の開示を要しないこと

した。なお、このような場合においても比較情報としての有用性を勘案し、財務諸表利用者の開示ニーズも踏まえ、公認会計士又は監査法人によるレビュー手続を経た上で、財務諸表作成者が任意に開示することを妨げるものではないと考えられる（第7-4項参照）。

38. 四半期キャッシュ・フロー計算書についても、四半期損益計算書の開示方法との整合性の観点から、カナダ基準のように、期首からの累計期間の情報に加えて四半期会計期間の情報の開示を求める必要があるか否かの検討を行った。

検討の結果、本会計基準では、開示ニーズと四半期開示の適時性とを比較衡量して、米国基準や国際会計基準と同様、四半期キャッシュ・フロー計算書については、期首からの累計期間の情報のみを開示することとした（第7項(3)参照）。

四半期財務諸表の作成基準
四半期財務諸表の性格

39. 四半期財務諸表の性格付けについては、中間財務諸表と同様、「実績主義」と「予測主義」という2つの異なる考え方がある。

「実績主義」とは、四半期会計期間を年度と並ぶ一会計期間とみた上で、四半期財務諸表を、原則として年度の財務諸表と同じ会計方針を適用して作成することにより、当該四半期会計期間に係る企業集団又は企業の財政状態、経営成績及びキャッシュ・フローの状況に関する情報を提供するという考え方である。これは、我が国の中間作成基準や国際会計基準で採用されている考え方である。また、カナダ基準も、基本的には、「実績主義」を採用している。

一方、「予測主義」は、四半期会計期間を年度の一構成部分と位置付けて、四半期財務諸表を、年度の財務諸表と部分的に異なる会計方針を適用して作成することにより、当該四半期会計期間を含む年度の業績予測に資する情報を提供するという考え方である。1973年(昭和48年)に制定された米国基準や我が国の1998年（平成10年）改訂前の「中間財務諸表作成基準」は、

この考え方に基づいている。

当委員会では、「実績主義」と「予測主義」のいずれの考え方によるべきかという点について、国際的な会計基準の動向も踏まえて検討を行った。その結果、本会計基準では、次のような理由から、「実績主義」を基本とすることとした。

(1) 1998年（平成10年）3月に企業会計審議会から公表された「中間連結財務諸表等の作成基準の設定に関する意見書」において、①中間会計期間の実績を明らかにすることにより、将来の業績予測に資する情報を提供するものと位置付けることがむしろ適当と考えられること、②恣意的な判断の介入の余地や実行面での計算手続の明確化などを理由として、中間財務諸表等の性格付けが「予測主義」から「実績主義」に変更されたこと

(2) 季節変動性については、「実績主義」による場合でも、十分な定性的情報や前年同期比較を開示することにより、財務諸表利用者を誤った判断に導く可能性を回避できると考えられること

(3) 当委員会が実施した市場関係者へのヒアリング調査や当委員会等での審議を通じて確認した我が国の市場関係者の意見では、「実績主義」における実務処理の容易さが指摘されただけでなく、「予測主義」によると会社の恣意性が入る可能性があり、また、会社ごとに会計方針が大きく異なると企業間比較が困難になるとの指摘が多かったこと

(4) 2000年（平成12年）9月に改訂されたカナダ基準では、「予測主義」の弊害を掲げて「実績主義」が望ましいと判断されたこと

会計処理
四半期個別財務諸表への準拠

40. 本会計基準では、四半期連結財務諸表は年度の連結財務諸表と同様、企業集団に属する親会社及び子会社が一般に公正妥当と認められる企業会計の基準に準拠して作成した四半期個別財務諸表を基礎として作成することとしている

（第8項参照）。

したがって、四半期連結キャッシュ・フロー計算書についても、各連結会社の四半期個別キャッシュ・フロー計算書に基づいて連結会社相互間のキャッシュ・フローを相殺消去して連結すること（原則法）を想定している。ただし、簡便的に、四半期連結損益及び包括利益計算書又は四半期連結損益計算書、四半期連結貸借対照表の期首残高、四半期末残高の増減額の分析及びその他の情報から作成すること（簡便法）も認められる。その場合には、財務諸表利用者において、原則法を採用した場合と同様のキャッシュ・フローに関する情報が得られるように留意しなければならない。

四半期決算手続

41. 四半期決算手続は、わが国の市場関係者が四半期決算を理解する上で重要なものであるという指摘を踏まえ、論点整理の段階から検討を行った。

その検討においては、「四半期単位積上げ方式」、「累計差額方式」、「折衷方式」の3方式注1を取り上げたが、これらの四半期決算手続は個々の会計処理の集合体として整理することが可能である。すなわち、前述の3方式の選択適用により四半期会計期間の損益に影響が生じるのは、棚卸資産の評価方法や外貨建収益及び費用の為替換算などに、どのような会計処理を選択適用するかによるものと整理することができる注2。

検討の結果、国際的な会計基準では具体的な四半期決算手続について言及していないことも踏まえ、より実務的に個々の会計処理の選択適用に焦点を当てることとした。この結論は、個々の会計処理の選択適用によった場合、「四半期単位積上げ方式」的な考え方と「累計差額方式」的な考え方が混在する可能性もあるが、個々の会計処理の適切な選択適用により、財務諸表利用者の判断を誤らせることはないと考えられることによる。

（注1） 四半期決算手続のうち、「四半期単位積上げ方式」とは、四半期会計期間を1会計期間として3か月情報を作成し、各四半期会計期間の3か月情報を積み上げていく方式をいう。また、「累計

差額方式」とは、年度の財務諸表との整合性を重視して、四半期ごとに過去の四半期財務諸表を洗い替えて再計算することにより累計情報を作成し、3か月情報は当該四半期の累計情報から直前の四半期の累計情報を差し引いて計算する方式をいう。さらに、「折衷方式」とは第3四半期の決算手続においては、中間財務諸表制度や中間納税制度との関係から、第2四半期までは「累計差額方式」で作成し、それに、「四半期単位積上げ方式」で作成した第3四半期の3か月情報を合算する方式をいう（この場合、年度の財務諸表は、半期単位の情報を積み上げた上で所定の決算手続を経て作成するなど、いくつかの作成方法があると考えられる。）。

(注2) 棚卸資産の評価方法については、期末単価の計算方法に総平均法や売価還元法を採用する場合において、四半期、期首からの累計期間等のうち、いずれかの算定期間を選択するかという点に整理できる。また、外貨建収益及び費用の為替換算については、為替相場に期中平均相場を採用する場合の算定期間として月、四半期、期首からの累計期間等のうち、いずれかの算定期間を選択するか、又は決算日の為替相場を選択するかという点に整理できる。さらには、有価証券の減損処理や棚卸資産の収益性の低下に伴う簿価切下げにおいては、四半期段階で切放し法と洗替え法のいずれを選択するかという点に整理できる。

会計方針

42. 本会計基準では、「実績主義」を基本に据えて四半期財務諸表を作成することとしたため、四半期財務諸表は、原則として年度の財務諸表の作成にあたって適用される会計方針に準拠して作成されなければならない（第9項及び第20項参照）。

43. 収益の認識及び測定は、財務諸表の信頼性の根幹をなす重要なものであるため、年度の財務諸表と四半期財務諸表とで同一の会計処理が適用されなければならないと考えられる。

その理由としては、①年度の財務諸表と四半期財務諸表との会計方針の首尾一貫性の観点から、異なる会計処理は認められないこと、②国際的な会計基準においても、収益の認識及び測定に季節的変動等を考慮した例外的な取扱いは設けられていないことなどが挙げられる。

したがって、例えば、年度の財務諸表では検収基準を採用している会社が、四半期財務諸表では迅速な対応を理由に、出荷基準を採用することは認められないと考えられる。

44. 費用の認識及び測定についても、財務諸表の信頼性の根幹をなす重要なものであるため、年度の財務諸表と四半期財務諸表とで、基本的には、同一の会計処理が適用されなければならないと考えられる。

したがって、例えば、年度の財務諸表では棚卸資産の評価方法として先入先出法を採用している会社が、四半期財務諸表において簡便的な会計処理として総平均法を採用することは認められないと考えられる。

45. ただし、年度決算において有価証券の減損処理や棚卸資産の収益性の低下に伴う簿価切下げに切放し法を採用している場合には、関連諸制度との整合性を考慮して、当該年度内に含まれる四半期会計期間においては、切放し法のほか、洗替え法も選択することができるものとすることが適当であると考えられる。

（外貨建収益及び費用の為替換算）

46. 外貨建収益及び費用の為替換算についてはいくつかの問題点が指摘された。特に、在外子会社等を通じた海外事業の占める割合が高く、為替相場の変動の影響を大きく受ける場合において、外貨建収益及び費用を決算日の為替相場や年間（期首からの累計期間）を算定期間とする平均相場等で換算した累計ベースの売上高や損益情報をもとにして、直前の四半期会計期間の累計ベースを差し引いて当該四半期会計期間の売上高や損益情報を算定すると、財務諸表利用者の判断を誤らせる可能性があるとの指摘があった。しかし、外貨建取引等会計処理基準及び同注解では、月間や四半期を算定期間とする平均相場などで換算する方法を選択することもできることから、本会計基準では特別な取扱いを設けないこととした。

（簡便的な会計処理）

47．四半期財務諸表は、年度の財務諸表や中間財務諸表よりも開示の迅速性が求められている。本会計基準では、この点を踏まえ、四半期会計期間及び期首からの累計期間に係る企業集団又は企業の財政状態、経営成績及びキャッシュ・フローの状況に関する財務諸表利用者の判断を誤らせない限り、中間作成基準よりも簡便的な会計処理によることができることとした（第9項及び第20項参照）。

　具体的には、中間作成基準において簡便的な会計処理が認められている項目（棚卸資産の実地棚卸の省略、減価償却方法に定率法を採用している場合の減価償却費の期間按分計算、退職給付費用の期間按分計算、連結会社相互間の債権債務の相殺における差異調整の省略と未実現損益の消去における見積り計算等）に加え、一般債権の貸倒見積高の算定方法、棚卸資産の収益性の低下による簿価切下げの方法、原価差異の配賦方法、固定資産の減価償却費の算定方法、経過勘定項目の処理方法、税金費用の算定方法などが、簡便的な会計処理として考えられる。

　なお、金融商品取引法第24条の4の7の規定の適用を受ける上場会社等のうち、内閣府令で定める事業を行う会社は、第2四半期の四半期財務諸表では別途の対応を行うことが必要であると考えられる。

会計方針の変更

47-2．企業会計基準第24号では、会計方針の変更を行った場合は、会計基準等に特定の経過的な取扱いが定められている場合を除き、新たな会計方針を過去の期間のすべてに遡及適用することとしている。このため、四半期財務諸表においても、年度の取扱いと同様に、遡及適用を求めることとした（第10-2項及び第21-2項参照）。

47-3．会計方針の変更は期首に行われることが一般的であると考えられるが、稀に第2四半期以降で自発的に重要な会計方針を変更する場合もある。国際的な会計基準では、会計年度の途中で会計方針の変更を行う際には、同一の会計

年度中の変更時点より前の期間すべてに新たな会計方針を遡及適用することを定めている。これにより、会計年度（又は期首からの累計期間）を通じて会計方針は単一のものとなるため、同一の会計年度内（又は期首からの累計期間内）の財務諸表に複数の会計方針の適用を認める場合に比べて期間比較可能性が向上し、財務諸表の意思決定有用性が高まることが期待されている。

　当委員会では、このような取扱いを定めるべきかを検討した。審議の過程では、年度の途中で会計方針を変更する場合は、相応の理由があると考えられるため、遡及適用が実務上不可能なときには変更した時点以降から新たな会計方針を適用することを認めるべきであるという意見があった。しかしながら、自発的に会計方針を変更するときは、通常、同一年度の期首から新たな会計方針を適用することが可能であると考えられる。さらに、年度との会計処理の首尾一貫性を重視し、国際的な会計基準とのコンバージェンスを図る観点も踏まえ、2010年（平成22年）改正会計基準においては、第2四半期会計期間以降に会計方針の変更を行う際に、当年度の期首時点において、過去の期間のすべてに新たな会計方針を遡及適用した場合の累積的影響額を算定することが実務上不可能なときは、当年度の期首以前の実行可能な最も古い日から新たな会計方針を適用することとした（第10-3項及び第21-3項参照）。なお、当年度に含まれる、会計方針の変更を行う四半期会計期間より前のすべての四半期会計期間に新たな会計方針を適用することが実務上不可能なときには、年度との会計処理の首尾一貫性の観点から、翌年度の期首時点で会計方針の変更を行い、当該期首以前の実行可能な最も古い日から将来にわたり新たな会計方針を適用することになると考えられる。

企業結合に係る暫定的な会計処理の確定

47-4．2013年（平成25年）改正企業結合会計基準において、暫定的な会計処理の確定が企業結合年度の翌年度に行われた場合には、比較情報

の有用性を高める観点から、企業結合年度に遡って当該確定が行われたかのように会計処理を行うこととしている。このため、四半期財務諸表においても、年度の取扱いと同様に、暫定的な会計処理の確定した四半期会計期間においては、企業結合日の属する四半期会計期間に遡って当該確定が行われたかのように会計処理を行うことを明らかにした（第10‐4項及び第21‐4項参照）。

四半期特有の会計処理
（税金費用の計算）

48. 法人税等は、基本的には年度決算と同様の方法により計算するが、法人税等は年度末において確定するため、累進税率が適用されるような場合には、四半期会計期間を含む年度の法人税等の計算に適用される税率を予測して計算することとした。

　　ただし、本会計基準では、中間作成基準と同様、四半期会計期間を含む年度の税引前当期純利益に対する税効果会計適用後の実効税率を合理的に見積り、税引前四半期純利益に当該見積実効税率を乗じて法人税等の額を計算できることとした。この場合、四半期貸借対照表には未払法人税等その他適当な科目により流動負債として（又は繰延税金資産その他適当な科目により投資その他の資産として）表示し、前年度末の繰延税金資産及び繰延税金負債については、回収可能性や適用税率の変更の影響等を検討した上で、四半期貸借対照表に計上することとした（第14項参照）。

（その他の四半期特有の会計処理）

49. 四半期財務諸表の性格として「実績主義」を貫徹した場合、売上原価や営業費用に関して繰延処理や繰上計上は認められないこととなるが、2007年（平成19年）会計基準では、例外的に、原価差異の繰延処理と後入先出法における売上原価修正を認めるかどうかについて検討を行った。

　　これらは、「中間財務諸表作成基準」の改訂時に「予測主義」から「実績主義」に基本的な考え方を変更する際に、相対的にみて恣意的な

判断の介入の余地が大きい等の理由により削除された処理である。しかし、四半期財務諸表では、中間財務諸表よりも売上原価が操業度等により大きく変動し、売上高と売上原価の対応関係が適切に表示されない可能性があるため、売上原価に関連するこの2項目については例外的に四半期特有の会計処理を認めた方が経済的実態をより適切に表し、財務諸表利用者に対して将来の業績予測に資する情報を提供することができるという見方がある。また、2000年（平成12年)に改訂されたカナダ基準では、「実績主義」を採用しつつ、原価差異の繰延処理や後入先出法における売上原価修正を特例として定めている。

　　検討の結果、四半期決算では、年度決算や中間決算よりも短い会計期間の中で企業集団又は企業の財政状態、経営成績及びキャッシュ・フローの状況に関する情報を適切に提供しなければならないという点を踏まえ、2007年（平成19年）会計基準では、原価差異の繰延処理と後入先出法における売上原価修正について一定の条件を満たした場合には、継続適用を条件に四半期特有の会計処理として認めることとした。なお、後入先出法における売上原価修正については、2008年（平成20年）9月に改正された棚卸資産会計基準において、選択できる評価方法から後入先出法が削除されたことから、2009年(平成21年) 3月改正会計基準で削除されている。

（原価差異の繰延処理）

50. 原価差異の繰延処理は、操業度等が季節的に大きく変動することにより、売上高と売上原価の対応関係が適切に表示されない可能性があることを考慮した会計処理である。そこで、四半期会計期間における経済的実態をより適切に反映させるよう、予定価格又は標準原価が年間(又は6か月等)を基礎に設定されているために発生する原価差異で、原価計算期間末である年度末（又は第2四半期会計期間末等）までにほぼ解消が見込まれる場合には、継続適用を条件として、当該原価差異を流動資産又は流動負債として繰り延べることを認めることとした（第12

項参照)。

　なお、原価計算期間が四半期会計期間と同じ又はそれよりも短い場合や原価計算期間末までに原価差異の解消が見込まれない場合には、当該原価差異は繰り延べることができないことに留意する必要がある。

51.（削　除）

子会社を取得又は売却した場合等のみなし取得日又はみなし売却日

52.　企業会計基準第22号「連結財務諸表に関する会計基準」の注5において、支配獲得日、株式の取得日又は売却日等が子会社の決算日以外の日である場合には、当該日の前後いずれかの決算日に支配獲得、株式の取得又は売却等が行われたものとみなして処理できることとされている。また、2008年（平成20年）3月改正前の日本公認会計士協会会計制度委員会報告第7号「連結財務諸表における資本連結手続に関する実務指針」第7項では、「この場合の決算日には中間決算日が含まれる」とされていた。したがって、四半期連結財務諸表の作成においても、中間連結財務諸表での取扱いと同様、子会社を含む企業集団の経済実態を適切に反映させるため、この決算日には四半期決算日を含むこととした（第16項参照）。

　ただし、取得とされた企業結合における「みなし取得日」は、企業結合の合意公表日以降としなければならないとされていることに、留意する必要がある（企業会計基準適用指針第10号「企業結合会計基準及び事業分離等会計基準に関する適用指針」第117項）。

開　示

四半期財務諸表の科目の表示

（科目の集約記載）

53.　四半期財務諸表の表示科目については、開示の適時性の要請を踏まえ、中間作成基準だけでなく、35日以内での開示を義務づけている米国SEC規則での取扱いを参考にして、主要な科目について独立掲記した上で、その他の科目は集約して記載できることとした（第17項及び第

23項参照）。

（年度の財務諸表の表示区分との整合性）

54.　四半期財務諸表の表示区分については、年度の財務諸表の表示区分との関係で2つの考え方がある。

　1つは、四半期財務諸表と年度の財務諸表との整合性は考慮せず、四半期財務諸表単独で判断するという考え方である。この理由としては、①四半期会計期間を年度と並ぶ1会計期間としてみる「実績主義」の考え方と整合していると考えられること、②金額的重要性の判断について、四半期財務諸表の作成段階で年度の財務諸表における表示区分を合理的に予測することは困難な場合が多いことが挙げられる。

　もう1つは、四半期財務諸表においても、年度の財務諸表における表示区分を考慮して判断するという考え方である。この理由としては、①四半期財務諸表は「実績主義」を基本としつつも、年度の業績予測に資することが期待されていること、②四半期損益計算書と年度の損益計算書の利益の表示区分とが整合している方が、企業業績の分析上は望ましいと考えられることが挙げられる。

　検討の結果、本会計基準では、「実績主義」を基本としつつも、年度の業績予測により資する情報を提供するという観点から後者の考え方を採用し、当該年度の財務諸表における表示区分との整合性を勘案しなければならないこととした（第18項及び第24項参照）。

　なお、実務上の対応を考慮し、金額的重要性により表示区分を判断するものについては、期中での表示区分の変更を容認することが適当であると考えられる。

注記事項

（基本的な考え方）

55.　注記事項については、遅くとも45日以内での開示が求められることを前提にして、中間作成基準や国際的な会計基準あるいは米国SEC規則も参考にして検討を行った。

　検討の結果、四半期財務諸表が年度の財務諸表や中間財務諸表と比較して開示の迅速性が求

められていることや、最近の情報通信技術の発達に伴って過去に公表された財務諸表の入手が容易になったことを踏まえ、中間財務諸表よりも注記事項及び注記内容の簡略化を図ることとし、前年度と比較して著しい変動がある項目など、財務諸表利用者が四半期財務諸表を理解する上で重要な事項を注記事項として定めることとした（第19項及び第25項参照）。四半期財務諸表の注記を行う上での重要性については、年度の業績予測に資する情報を提供するという観点から、年度における注記事項との整合性を考慮して判断できるものと考えられる。なお、本会計基準で定めた項目は、最小限の項目を掲げており、個々の企業集団又は企業が事業内容や事業形態を踏まえ、これを上回る開示を行うことを妨げるものではない。

55-2．2011年（平成23年）改正会計基準では、注記事項についても簡素化の検討を行った。個々の注記事項の検討にあたっては、注記事項に関する従来の基本的な考え方を踏襲することを確認した上で、国際会計基準（IAS）第34号「中間財務報告」における注記事項も参考にしつつ、財務諸表作成者の作成負担と財務諸表利用者の開示ニーズとを勘案した。

　検討の結果、四半期会計期間に関する注記事項については、四半期損益計算書において四半期会計期間の情報を開示している場合に任意で開示することとし、表示方法の変更については、企業会計基準第24号の適用後は過去の財務諸表が新たな表示方法に従って組み替えられることも勘案し、注記事項として開示を求めないこととした。また、簡便的な会計処理については、財務諸表利用者の判断を誤らせないものに限り認められていること、発行済株式総数等に関する情報については、四半期報告書の四半期財務諸表以外の開示項目において入手可能なこと、ストック・オプション関係については、財務諸表利用者の開示ニーズが必ずしも高くないことにより、それぞれ注記事項等の開示を求めないこととした。さらに、財務諸表作成者の作成負担と財務諸表利用者の開示ニーズ及び開示の迅

速性の要請とを勘案し、1株当たり純資産額について開示を求めないこととし、重要な企業結合に関する事項及び企業集団又は企業の財政状態、経営成績及びキャッシュ・フローの状況を適切に判断するために重要なその他の事項についても開示項目の簡素化を図った。

（重要な会計上の見積りの変更）

56．企業会計基準第24号では、会計上の見積りの変更を行った場合には、その内容及び影響額を注記することとされていることから、2010年（平成22年）改正会計基準では、四半期財務諸表の作成において会計上の見積りについて重要な変更を行った場合にも、年度に準じた事項を注記することとした（第19項(4)及び第25項(3)参照）。

（会計方針の変更を会計上の見積りの変更と区分することが困難な場合）

56-2．会計方針の変更を会計上の見積りの変更と区分することが困難な場合、企業会計基準第24号では、その内容、変更を行った正当な理由及び影響額を注記することとされていることから、2010年（平成22年）改正会計基準では、四半期財務諸表の作成において会計上の見積りの変更と区分することが困難な重要な会計方針の変更を行った場合にも、年度に準じた事項を注記することとした（第19項(4)-2及び第25項(3)-2参照）。

（セグメント情報等に関する事項）

57．2007年（平成19年）会計基準の審議では、セグメント情報について、①証券アナリスト等の財務諸表利用者においては、所在地別セグメント情報や海外売上高も含め、中間連結財務諸表と同様の開示ニーズが強く、②財務諸表作成者も、業績の詳細説明をする上で、セグメント別営業損益までの開示が必要であるということであった。このため、2007年（平成19年）会計基準では、セグメント別売上高及び営業損益の情報については、中間連結財務諸表と同様に、事業の種類別セグメント情報、所在地別セグメント情報、海外売上高を開示することとしていた。

　また、セグメント別資産の情報については、大規模な企業買収の事例が散見されることも踏

まえ、情報の有用性と事務負担を比較衡量し、企業結合や事業分離などにより事業の種類別セグメント情報に係るセグメント別資産の金額に著しい変動があった場合に、その概要の開示を求めることとしていた。

58．しかしながら、セグメント情報等会計基準により、企業は、それまでのセグメント情報の開示に代わって、国際的な会計基準で採用されているマネジメント・アプローチに基づくセグメント情報及びその関連情報、固定資産の減損損失に関する報告セグメント別情報並びにのれんに関する報告セグメント別情報を年度の連結財務諸表又は個別財務諸表に開示することとされた（セグメント情報等会計基準第1項及び第3項）。

このため、当委員会は、セグメント情報等会計基準適用後の四半期財務諸表のセグメント情報の開示について、国際的な会計基準の取扱いも参考に、情報の有用性と事務負担を比較衡量して検討を行った。その結果、2008年（平成20年）改正会計基準では、セグメント情報に関する事項として、報告セグメントの利益（又は損失）及び売上高について開示することとし、報告セグメントの資産については、企業結合や事業分離などによりセグメント情報に係る報告セグメントの資産の金額に著しい変動があった場合に、その概要の開示を求めることとした（第19項(7)①及び②並びに第25項（5-2）①及び②参照）。なお、報告セグメントの利益（又は損失）の開示については、財務諸表利用者の当該開示の理解に資する情報として、その合計額と、四半期連結財務諸表における四半期連結損益及び包括利益計算書又は四半期連結損益計算書、若しくは四半期個別財務諸表における四半期個別損益計算書の利益（又は損失）計上額の差異調整に関する主な事項の概要を開示することとした（第19項(7)③及び第25項(5-2)③参照）。

また、報告セグメントの変更又は事業セグメントの利益（又は損失）の測定方法に重要な変更があった場合には、比較可能性を保つための開示を求めることとした（第19項(7)④、⑤及び

⑥並びに第25項（5-2）④、⑤及び⑥参照）。

58-2．さらに、固定資産の減損損失及びのれんに関する報告セグメント別情報の開示について、情報の有用性と事務負担を比較衡量し、重要な減損損失を認識した場合及びのれんの金額に重要な影響を及ぼす事象（重要な負ののれんを認識する事象を含む。）が生じた場合に、その報告セグメント別の概要の開示を求めることとした（第19項(7)⑦及び⑧並びに第25項（5-2）⑦及び⑧参照）。

なお、当委員会は、セグメント情報の関連情報についても、重要な事象の発生によって当該情報の金額に著しい変動があった場合に、その概要の開示を求めるか否かを検討したが、国際的な会計基準において開示が求められていないことや、適時性に係るより強い制約を考慮し、四半期財務諸表での開示は求めないこととした。

58-3．2011年（平成23年）改正会計基準では、第7-2項に従う場合、四半期会計期間に係るセグメント情報等に関する事項についての開示は、財務諸表利用者の開示ニーズを踏まえて、財務諸表作成者の任意により行うことが考えられる。

なお、年度内における首尾一貫性を確保する観点から、各年度において第1四半期より行うべきものと考えられる。

（収益の分解情報に関する事項）

58-4．2020年3月に収益認識会計基準が改正されたことに伴い、同会計基準適用後の四半期財務諸表の収益認識に関する開示について検討を行った。

具体的には、国際的な会計基準が期中財務諸表において求めている次の開示について、我が国の四半期財務諸表において開示を求めるかどうかを検討した。

(1) 収益の分解情報

(2) 顧客との契約から生じた債権又は契約資産について認識した減損損失

58-5．本会計基準は、四半期財務諸表において、損益計算書の分解情報としての性質を有する報告セグメントの利益（又は損失）及び売上高の

開示を求めている（第19項(7)及び第25項（5-2）参照）。

損益計算書のトップラインである売上高の大部分を占める顧客との契約から生じる収益の分解情報を注記することにより、報告セグメントの利益（又は損失）及び売上高と類似の性質を有する情報が開示されるものと考えられる。

審議の過程において、収益の分解情報の注記を求める場合、四半期財務諸表が、年度の財務諸表や中間財務諸表と比較して、開示の適時性に係る強い制約を受けることを考慮する必要があること、また、適時性に係る強い制約がある中、作成者にとって追加的な負担が生じることや、当該情報の有用性についての疑問があること等から、慎重に検討すべきであるとの意見が聞かれた。一方で、四半期財務諸表において収益の分解情報が開示されることにより、企業の業績についての途中経過を適時に、また適切に把握することが可能となり、加えて、企業の中長期の業績を適時に予測するためにも、有用であるとの意見が聞かれた。

検討の結果、次の理由から、2020年改正会計基準では、四半期財務諸表において収益の分解情報についての注記を求めることとした（第19項（7-2）及び第25項（5-3）参照）。

(1) 収益の分解情報は、四半期財務諸表において注記が求められるセグメント情報等に関する事項と同様に、企業の業績についてより細かい粒度で情報を開示するものであり、財務諸表利用者にとって有用な情報となると考えられる。また、収益の分解情報に関する注記は、報告セグメントの情報を補完する情報であると考えられ、当該注記を四半期財務諸表においても記載することにより、情報の有用性がより高まると考えられる。

(2) 国際的な会計基準において、収益の分解情報についての注記が求められている。IFRSにおいては、適時性のニーズがある中、定量的情報のすべての開示を求めることは実務上の負担が過大となる一方で、収益の分解情報は、財務諸表利用者にとって期中の分析にお

いて不可欠であると考えられたことから、収益の分解情報についての注記が求められている。また、米国会計基準においては、情報の有用性と実務上の負担を比較衡量した結果、定量的情報のすべての開示を求めることとされている。

このような中、本会計基準において収益の分解情報についての注記を求めない場合、国際的な会計基準に基づいて作成された期中財務諸表との比較において、期中財務諸表の外観が大きく異なるとの印象を持たれる可能性がある。

58-6. また、前項の審議の過程において、仮に四半期財務諸表において収益の分解情報の注記を求めるとする場合に、第2四半期のみに当該注記を求めることを検討してはどうかとの意見が聞かれた。

この点について、本会計基準は、適時性に係る制約があることを理解した上で、限定的に開示を求めた項目については、有用性の観点から、原則として、いずれの四半期においても当該項目の開示を求めている。

一方、キャッシュ・フロー計算書は、第1四半期及び第3四半期において開示を省略することができるとしている（第5-2項及び第6-2項参照）。これは、特にキャッシュ・フロー計算書の作成にかかる負担が大きいと考えられることに配慮しつつ、キャッシュ・フローの状況を把握するのに資する情報のうち、貸借対照表や損益計算書より推計することが困難な減価償却費等の金額の追加の開示を求めることを前提に認めたものである（第36-2項参照）。

また、総資産の大部分を金融資産が占め、かつ総負債の大部分を金融負債及び保険契約から生じる負債が占める企業集団以外の企業集団においては、適用指針第80項(3)の金融商品の時価情報等について、第1四半期及び第3四半期において開示を省略することができるとしている（適用指針第80項(3)）。これは、これらの企業集団にとっては、金融商品の貸借対照表に占める割合が、一般的に大きなものではないことから、当該開示による情報の有用性が高くなく、開示

される情報の有用性に比較して、作成にかかる
負担が特に大きいと判断されたものと考えられ
る。

　ここで、キャッシュ・フロー計算書について
は、間接法を前提に考えた場合、確定した貸借
対照表と損益計算書に基づいて作成することか
ら、その作成に一定の時間を要するものと考え
られ、作成にかかる負担が特に大きいと考えら
れる。一方、収益の分解情報は、損益計算書の
トップラインの大部分を占める顧客との契約か
ら生じる収益の内訳であり、損益計算書を作成
している段階で把握され得る情報ともいえ、特
に作成にかかる負担が大きいとまでは言えない
と考えられる。

　また、収益の分解情報は、一般的に、損益計
算書のトップラインの大部分を占める顧客との
契約から生じる収益についての分解情報である
ことから、総資産の大部分を金融資産が占め、
かつ総負債の大部分を金融負債及び保険契約か
ら生じる負債が占める企業集団以外の企業集団
における金融商品の時価情報等の有用性と比べ、
情報の有用性は高いものと考えられる。

　以上の理由により、第2四半期のみに開示を
求めることは適当ではなく、すべての四半期に
おいて収益の分解情報についての注記を求める
こととした（第19項（7-2）及び第25項（5-3）
参照）。

58-7．なお、報告セグメントの売上高に関する
　情報（第19項（7）及び第25項（5-2）参照）が、
　収益認識会計基準における収益の会計処理の定
　めに基づいており、かつ、収益及びキャッシュ・
　フローの性質、金額、時期及び不確実性に影響
　を及ぼす主要な要因に基づく区分に分解した情
　報として十分であると判断される場合には、収
　益の分解情報は、報告セグメントの売上高に関
　する情報に追加して注記する必要はないものと
　考えられる。

58-8．前項に示すような状況において、収益の
　分解情報に関する事項を、セグメント情報等に
　関する事項に含めて記載している場合には、収
　益の分解情報に関する事項を記載するにあたり、

当該注記事項を参照することにより記載に代え
ることができることとした（第19項（7-2）及
び第25項（5-3）参照）。

58-9．顧客との契約から生じた債権又は契約資
　産について認識した減損損失の年度の財務諸表
　における開示については、企業会計基準第10号
　「金融商品に関する会計基準」の見直しと併せ
　て検討することとし、収益認識会計基準におい
　て当該開示は求めないこととした（収益認識会
　計基準第158項）。四半期財務諸表においても、
　同様の取扱いとすることが適当と考えられたこ
　とから、本会計基準において当該開示は求めな
　いこととした。

（1株当たり四半期純損益及び1株当たり四半期純損
益の算定上の基礎）

59．財務諸表利用者からは1株当たり四半期純損
　益に加え、その算定上の基礎についても強い開
　示ニーズがあると指摘されている。一方、財務
　諸表作成者からは、開示の迅速性の観点から、
　可能な限り注記情報を厳選すべきであり、1株
　当たり四半期純損益の算定上の基礎の開示は不
　要とすべきであるという指摘がある。

　検討の結果、2007年（平成19年）会計基準で
　は、1株当たり四半期純損益及びその算定上の
　基礎については、財務諸表利用者の強い開示
　ニーズがあることに加え、国際的な会計基準で
　も開示が求められており、かつ、算定上の基礎
　は1株当たり四半期純損益の算定過程で把握さ
　れていると考えられることから、開示を求める
　こととした（第19項（8）及び第25項（6）参照）。

59-2．2011年（平成23年）改正会計基準では、
　第7-2項に従う場合、四半期会計期間に係る
　1株当たり四半期純損益についての開示は、財
　務諸表利用者の開示ニーズを踏まえて、財務諸
　表作成者の任意により行うことが考えられる。

　なお、年度内における首尾一貫性を確保する
　観点から、各年度において第1四半期より行う
　べきものと考えられる。

（継続企業の前提に関する重要な不確実性）

60．継続企業の前提に重要な疑義が存在する場合
　の注記については、公認会計士又は監査法人の

責任やレビュー手続との関係も考慮に入れて慎重に対応すべきであるという意見がある。その一方、財務諸表利用者の強い開示ニーズが指摘されているとともに、米国では公認会計士又は監査法人のレビュー手続を前提とした開示が行われている。

検討の結果、2007年（平成19年）会計基準では、財務諸表に対する二重責任の原則を前提として、継続企業の前提に重要な疑義がある場合の注記を求めることとした。

60-2．その後、2009年（平成21年）4月に改正された財務諸表等規則等では、国際的な取扱いとの整合性等の理由により、継続企業の前提に重要な疑義を抱かせる事象又は状況が存在する場合に直ちに注記を求める取扱いが見直され、継続企業の前提に重要な疑義を生じさせるような事象又は状況が存在する場合であって、当該事象又は状況を解消するあるいは改善するための対応をしてもなお継続企業の前提に関する重要な不確実性が認められるときに、経営者が、その評価の手順にしたがって、当該事象又は状況が存在する旨及びその内容、当該事象又は状況を解消するあるいは改善するための対応策、継続企業の前提に関する重要な不確実性が認められる旨とその理由、及び当該重要な不確実性の影響を財務諸表に反映しているか否かを注記することが求められることとなった。

このため、四半期財務諸表においても、年度の財務諸表の取扱いを踏まえ、継続企業の前提に関する重要な不確実性が認められる場合に、その旨及びその内容等に関する注記を求めることとした（第19項(14)及び第25項(12)参照）。

60-3．ここで、その内容等を記載するにあたっては、直前の年度又は直前の四半期会計期間（以下「前会計期間」という。）の末日から当四半期会計期間末までに継続企業の前提に関する重要な不確実性に特段の変化がない場合には、前会計期間の注記を踏まえる必要があると考えられる。一方、当四半期会計期間末において新たに継続企業の前提に関する重要な不確実性が認められる場合等には、四半期決算の特性も考慮してその内容等を記載する必要があると考えられる。

なお、四半期会計期間の末日後、四半期財務諸表を作成する日までの間に当該重要な不確実性が認められなくなった場合には、年度の財務諸表の取扱いを踏まえ、当該注記を要しない旨を明らかにしている。

(著しい季節的変動)

61．著しい季節的変動の開示については、中間作成基準や国際的な会計基準において注記事項として明示されている。また、売上高に季節的変動のある企業について、財務諸表利用者は証券投資に際して利益の季節的変動を織り込んだ意思決定をしていないものと解釈できる海外の実証研究もあるが、財務諸表利用者の判断を誤らせないためには、定性的情報及び対前年同期比較を併せて開示することが必要と考えられる。

これらの点を踏まえ、本会計基準では、営業収益又は営業費用に著しい季節的変動がある場合には注記を求めることとした（第19項(15)及び第25項(13)参照）。

61-2．2011年（平成23年）改正会計基準では、第7-2項に従う場合、四半期会計期間に係る著しい季節的変動についての開示は、財務諸表利用者の開示ニーズを踏まえて、財務諸表作成者の任意により行うことが考えられる。

なお、年度内における首尾一貫性を確保する観点から、各年度において第1四半期より行うべきものと考えられる。

(重要な偶発債務)

62．偶発債務については、中間作成基準や国際的な会計基準においても注記事項として明示されている。また、偶発債務は財務諸表の本体から把握することができず、偶発債務の金額に重要性がある場合には、財務諸表利用者の意思決定に大きな影響を与えると考えられる。

検討の結果、重要な偶発債務については、金額の変動の有無に関係なく、注記を求めることとした（第19項(16)及び第25項(15)参照）。

(重要な企業結合又は事業分離)

63．重要な企業結合又は事業分離については、当

該企業集団又は企業の将来の業績に重要な影響を与えることになるため、取得とされた企業結合が当年度の期首に完了したと仮定したときの四半期連結損益計算書への与える影響の概算額の開示を含め、年度の財務諸表と同様の開示を求めるべきであるという意見があった。その一方で、開示の迅速性の観点から、企業結合又は事業分離に関する注記事項も必要最小限の記載にすべきであるという意見もあった。

検討の結果、重要な企業結合又は事業分離については、国際的な会計基準や米国の開示状況を参考にするとともに、適時性に係るより強い制約も考慮し、年度の注記事項よりも簡略化することとした（第19項⒄及び⒅、第25項⒃及び⒄参照）。

63 - 2 ．2011年（平成23年）改正会計基準では、取得とされた企業結合が当年度の期首に完了したと仮定したときの四半期損益計算書への与える影響の概算額の開示について、四半期開示の迅速性や作成者の負担も考慮して本会計基準では開示を求めないこととした。

64．(削　除)

(重要な後発事象)

65．重要な後発事象は、財務諸表利用者の意思決定に大きな影響を与えると考えられることから、中間作成基準や国際的な会計基準及び米国の開示状況を参考にして、本会計基準においても注記を求めることとした（第19項⒆及び第25項⒅参照）。

(四半期連結財務諸表を作成していない場合における持分法損益)

66．連結子会社がない会社においては四半期連結財務諸表が作成されないが、関連会社に多額の損益が生じている場合がある。このため、四半期連結財務諸表を作成していない会社においては、年度及び中間個別財務諸表における開示と同様、関連会社に持分法を適用した場合の投資の額及び投資損益の額を注記事項として記載を求めることとした（第25項⒁参照）。

(重要なその他の事項)

67．本会計基準では、中間作成基準や米国SEC

規則等を参考にして、注記事項として個別に定めたもののほか、財務諸表利用者が企業集団又は企業の四半期会計期間及び期首からの累計期間に係る財政状態、経営成績及びキャッシュ・フローの状況を適切に判断するために重要なその他の事項があるときには記載しなければならないとしている（第19項㉑及び第25項⒇参照）。これは、企業集団又は企業にとって開示の対象となる会計事象や取引は、業種・業態によって様々であり、また、同一の企業集団等であっても、その時々において予期し得ない事態が起こることがあるため、本会計基準が特に定めた個別の注記事項のみでは財務諸表利用者が適切に判断できない場合があることを想定したものである。

(過去の誤謬の訂正)

68．企業会計基準第24号では、過去の財務諸表における誤謬が発見された場合には、比較情報として表示される過去の財務諸表を修正再表示することとしている（企業会計基準第24号第21項）。

このため、当四半期会計期間に発見された過去の誤謬の訂正についても、年度の財務諸表との整合性を図る観点から、四半期財務諸表において修正再表示を行い、関連する事項を注記することとした（第16 - 2 項、第19項㉒、第22 - 2 項及び第25項㉑参照）。

年度における四半期財務情報に係る開示

69．(削　除)

各四半期別の企業業績の要約開示

70．上場会社においては第４四半期の四半期財務諸表の作成は求められていない。しかし、四半期データの連続性確保などの観点から、第４四半期の財務情報に対する強い開示ニーズが存在するとの指摘があったため、2007年（平成19年）会計基準の検討においては、米国と同様に、四半期会計期間ごとの売上高や純損益などの限定的な情報を監査対象外の年度の財務情報として記載することが適当であると考えられた。

なお、2010年（平成22年）改正会計基準では、年度末において自発的に重要な会計方針の変更

が行われた場合、企業会計基準第24号により遡及適用することを踏まえ、当年度の既に開示されている各四半期会計期間における財務情報に関する遡及適用後の金額についても、期間比較を適切に行うにあたって有用な情報であると考えられる。

　また、2014年（平成26年）改正会計基準では、企業結合に係る暫定的な会計処理の確定した四半期会計期間においては、企業結合会計基準(注6)に準じて、企業結合日の属する四半期会計期間に遡って当該確定が行われたかのように会計処理を行うことを踏まえ、当年度の既に開示されている各四半期会計期間における財務情報に関する暫定的な会計処理の確定による取得原価の配分額の見直し後の金額についても、期間比較を適切に行うにあたって有用な情報であると考えられる。

70-2．2011年（平成23年）改正会計基準では四半期報告書に含まれる四半期損益計算書等の開示対象期間は期首からの累計期間を基本とすることから、年度の財務情報として記載される四半期の売上高や四半期の純損益などについても、それに合わせた対応が必要と考えられる。

適用時期等

71．2007年（平成19年）会計基準は、金融商品取引法で規定されている四半期報告制度の導入時期とあわせて、2008年（平成20年）4月1日以後開始する連結会計年度及び事業年度から適用することとした（第26項参照）。

72．当委員会の2007年（平成19年）会計基準の審議では、上場会社の多くが四半期損益計算書で累計情報のみを開示している現状や、適用初年度が多くの新会計基準の適用や財務報告に係る内部統制の評価及び監査が開始される時期と重なることを踏まえ、円滑な四半期報告制度の導入のためには、四半期会計期間に係る四半期損益計算書の開示に一定の準備期間を設けることが望ましいとする意見が多くみられた。

以　上

企業会計基準第13号

リース取引に関する会計基準

平成 5 年 6 月17日
企業会計審議会第一部会
改正平成19年 3 月30日
企業会計基準委員会

目　次

目　的

1．本会計基準は、リース取引に係る会計処理を定めることを目的とする。
2．平成19年 3 月30日に、本会計基準を適用する際の指針を定めた企業会計基準適用指針第16号「リース取引に関する会計基準の適用指針」が公表されているため、本会計基準の適用にあたっては、当該適用指針も参照する必要がある。

会計基準

範　囲

3．本会計基準は、リース取引に係る会計処理に適用する。

用語の定義

4．「リース取引」とは、特定の物件の所有者たる貸手（レッサー）が、当該物件の借手（レッシー）に対し、合意された期間（以下「リース期間」という。）にわたりこれを使用収益する権利を与え、借手は、合意された使用料（以下「リース料」という。）を貸手に支払う取引をいう。
5．「ファイナンス・リース取引」とは、リース契約に基づくリース期間の中途において当該契約を解除することができないリース取引又はこれに準ずるリース取引で、借手が、当該契約に基づき使用する物件（以下「リース物件」という。）からもたらされる経済的利益を実質的に享受することができ、かつ、当該リース物件の使用に伴って生じるコストを実質的に負担することとなるリース取引をいう。
6．「オペレーティング・リース取引」とは、ファイナンス・リース取引以外のリース取引をいう。
7．「リース取引開始日」とは、借手が、リース物件を使用収益する権利を行使することができることとなった日をいう。

会計処理

ファイナンス・リース取引の分類

8．ファイナンス・リース取引は、リース契約上の諸条件に照らしてリース物件の所有権が借手に移転すると認められるもの（以下「所有権移転ファイナンス・リース取引」という。）と、それ以外の取引（以下「所有権移転外ファイナンス・リース取引」という。）に分類する。

ファイナンス・リース取引の会計処理

9．ファイナンス・リース取引については、通常の売買取引に係る方法に準じて会計処理を行う。

（借手側）

10. 借手は、リース取引開始日に、通常の売買取引に係る方法に準じた会計処理により、リース物件とこれに係る債務をリース資産及びリース債務として計上する。

11. リース資産及びリース債務の計上額を算定するにあたっては、原則として、リース契約締結時に合意されたリース料総額からこれに含まれている利息相当額の合理的な見積額を控除する方法による。当該利息相当額については、原則として、リース期間にわたり利息法により配分する。

12. 所有権移転ファイナンス・リース取引に係るリース資産の減価償却費は、自己所有の固定資産に適用する減価償却方法と同一の方法により算定する。また、所有権移転外ファイナンス・リース取引に係るリース資産の減価償却費は、原則として、リース期間を耐用年数とし、残存価額をゼロとして算定する。

（貸手側）

13. 貸手は、リース取引開始日に、通常の売買取引に係る方法に準じた会計処理により、所有権移転ファイナンス・リース取引についてはリース債権として、所有権移転外ファイナンス・リース取引についてはリース投資資産として計上する。

14. 貸手における利息相当額の総額は、リース契約締結時に合意されたリース料総額及び見積残存価額の合計額から、これに対応するリース資産の取得価額を控除することによって算定する。当該利息相当額については、原則として、リース期間にわたり利息法により配分する。

オペレーティング・リース取引の会計処理

15. オペレーティング・リース取引については、通常の賃貸借取引に係る方法に準じて会計処理を行う。

開 示

ファイナンス・リース取引の表示

（借手側）

16. リース資産については、原則として、有形固定資産、無形固定資産の別に、一括してリース資産として表示する。ただし、有形固定資産又は無形固定資産に属する各科目に含めることもできる。

17. リース債務については、貸借対照表日後1年以内に支払の期限が到来するものは流動負債に属するものとし、貸借対照表日後1年を超えて支払の期限が到来するものは固定負債に属するものとする。

（貸手側）

18. 所有権移転ファイナンス・リース取引におけるリース債権及び所有権移転外ファイナンス・リース取引におけるリース投資資産については、当該企業の主目的たる営業取引により発生したものである場合には流動資産に表示する。また、当該企業の営業の主目的以外の取引により発生したものである場合には、貸借対照表日の翌日から起算して1年以内に入金の期限が到来するものは流動資産に表示し、入金の期限が1年を超えて到来するものは固定資産に表示する。

ファイナンス・リース取引の注記

（借手側）

19. リース資産について、その内容（主な資産の種類等）及び減価償却の方法を注記する。ただし、重要性が乏しい場合には、当該注記を要しない。

（貸手側）

20. リース投資資産について、将来のリース料を収受する権利（以下「リース料債権」という。）部分及び見積残存価額（リース期間終了時に見積られる残存価額で借手による保証のない額）部分の金額（各々、利息相当額控除前）並びに受取利息相当額を注記する。ただし、重要性が乏しい場合には、当該注記を要しない。

21. リース債権及びリース投資資産に係るリース料債権部分について、貸借対照表日後5年以内における1年ごとの回収予定額及び5年超の回収予定額を注記する。ただし、重要性が乏しい場合には、当該注記を要しない。

オペレーティング・リース取引の注記
（借手側及び貸手側）

22．オペレーティング・リース取引のうち解約不能のものに係る未経過リース料は、貸借対照表日後1年以内のリース期間に係るものと、貸借対照表日後1年を超えるリース期間に係るものとに区分して注記する。ただし、重要性が乏しい場合には、当該注記を要しない。

適用時期等

23．本会計基準は、平成20年4月1日以後開始する連結会計年度及び事業年度から適用する。ただし、平成19年4月1日以後開始する連結会計年度及び事業年度から適用（以下「財務諸表に係る早期適用」という。）することができる。

24．前項にかかわらず、四半期財務諸表に関しては、本会計基準は、平成21年4月1日以後開始する連結会計年度及び事業年度に係る四半期財務諸表から適用する。ただし、平成20年4月1日以後開始する連結会計年度及び事業年度に係る四半期財務諸表から適用（以下「四半期財務諸表に係る早期適用」という。）することができる。

　平成20年4月1日以後開始する連結会計年度及び事業年度（平成21年4月1日以後開始する連結会計年度及び事業年度を除く。）において、四半期財務諸表に係る早期適用を行わない場合、所有権移転外ファイナンス・リース取引に係る残高（通常の賃貸借取引に係る方法に準じた会計処理による場合）が前年度末と比較して著しく変動しているときは、当該四半期財務諸表において、「リース取引に係る会計基準」（企業会計審議会第一部会平成5年6月17日。以下「改正前会計基準」という。）で必要とされていた注記（オペレーティング・リース取引に係る注記を除く。）を記載する。なお、「証券取引法等の一部を改正する法律」第3条により施行が予定される金融商品取引法第24条の4の7の規定の適用を受ける上場会社等のうち、内閣府令で定める事業を行う会社は、第2四半期の四半期財務諸表では別途の対応を行うことが必要であ

ると考えられる。

25．第23項ただし書きに定める財務諸表に係る早期適用を行う場合、その中間連結会計期間及び中間会計期間に係る中間連結財務諸表及び中間財務諸表には適用しないことができる。なお、この場合であっても、年度の連結財務諸表及び財務諸表では、年度の期首から本会計基準を適用する。また、早期適用を行う連結会計年度及び事業年度に係る年度の連結財務諸表及び財務諸表においては、中間・年度の会計処理の首尾一貫性の注記は要しないものとし、中間連結財務諸表及び中間財務諸表には、本会計基準が適用されておらず、改正前会計基準で必要とされていた注記がなされている旨を記載する。

26．本会計基準を適用するにあたっては、日本公認会計士協会会計制度委員会「リース取引の会計処理及び開示に関する実務指針」、同会計制度委員会報告第5号「連結財務諸表におけるリース取引の会計処理及び開示に関する実務指針」及び同会計制度委員会報告第14号「金融商品会計に関する実務指針」などの改廃を検討することが適当である。

議　決

27．本会計基準は、第125回企業会計基準委員会に出席した委員11名全員の賛成により承認された。なお、出席した委員は、以下のとおりである。

　　（略）

結論の背景

経　緯

28．我が国のリース取引に関する会計基準としては、平成5年6月に企業会計審議会第一部会から改正前会計基準が公表されている。改正前会計基準では、ファイナンス・リース取引については、通常の売買取引に係る方法に準じて会計処理を行うこととされており、その理由として、「リース取引に係る会計基準に関する意見書」（企業会計審議会第一部会平成5年6月17日）では、「我が国の現行の企業会計実務において

は、リース取引は、その取引契約に係る法的形式に従って、賃貸借取引として処理されている。しかしながら、リース取引の中には、その経済的実態が、当該物件を売買した場合と同様の状態にあると認められるものがかなり増加してきている。かかるリース取引について、これを賃貸借取引として処理することは、その取引実態を財務諸表に的確に反映するものとはいいがたく、このため、リース取引に関する会計処理及び開示方法を総合的に見直し、公正妥当な会計基準を設定することが、広く各方面から求められてきている。」と記載されている。

29. 改正前会計基準では、法的には賃貸借取引であるリース取引について、経済的実態に着目し通常の売買取引に係る方法に準じた会計処理を採用しており、これはファイナンス・リース取引と資産の割賦売買取引との会計処理の比較可能性を考慮したものと考えられる。また、改正前会計基準は、リース取引をファイナンス・リース取引とオペレーティング・リース取引に分類する点や、借手がリース資産を固定資産として計上する点など、国際会計基準及び米国会計基準と平仄を合わせるものであった。

30. 一方、改正前会計基準では、ファイナンス・リース取引のうち所有権移転外ファイナンス・リース取引については、一定の注記を要件として通常の賃貸借取引に係る方法に準じた会計処理（以下「例外処理」という。）を採用することを認めてきた。現状では大半の企業において、この例外処理が採用されている。

31. 企業会計基準委員会（以下「当委員会」という。）では、この例外処理の再検討について、平成13年11月にテーマ協議会から提言を受け、平成14年7月より審議を開始した。改正前会計基準に対する当委員会の問題意識は、主として次の点であった。

(1) 会計上の情報開示の観点からは、ファイナンス・リース取引については、借手において資産及び負債を認識する必要性がある。特に、いわゆるレンタルと異なり、使用の有無にかかわらず借手はリース料の支払義務を負い、キャッシュ・フローは固定されているため、借手は債務を計上すべきである。

(2) 本来、代替的な処理が認められるのは、異なった経済的実態に異なる会計処理を適用することで、事実をより適切に伝えられる場合であるが、例外処理がほぼすべてを占める現状は、会計基準の趣旨を否定するような特異な状況であり、早急に是正される必要がある。

32. 審議の過程では、主として、我が国のリース取引は資金を融通する金融ではなく物を融通する物融であり、諸外国のファイナンス・リースと異なり賃貸借としての性質が強いことを理由とし、例外処理を存続すべきとの意見も表明された。また、リース契約を通じたビジネスの手法が確定決算主義をとる税制と密接に関係してきたため、会計上の情報開示の観点のみでは結論を得ることが難しい課題であった。

33. 当委員会では、4年にわたりこのテーマを審議してきたが、その間、平成16年3月に「所有権移転外ファイナンス・リース取引の会計処理に関する検討の中間報告」を公表し、また、平成18年7月に試案「リース取引に関する会計基準（案）」、平成18年12月に企業会計基準公開草案第17号「リース取引に関する会計基準（案）」を公表している。審議の過程では、関係各方面からの意見聴取も行い、我が国のリース取引の実態を踏まえ議論を行ってきたが、今般、改正前会計基準において認められていた例外処理を廃止するとの結論に至り、基準を改正することとした。

34. また、当委員会では国際会計基準審議会との間で行っている会計基準のコンバージェンスに向けた共同プロジェクトにおいて、リース会計を短期的な検討項目として位置付けており、この基準の改正が行われることにより、現状の国際会計基準第17号「リース」と平仄が合い、国際的な会計基準間のコンバージェンスに寄与することとなる。

なお、国際会計基準審議会では、平成18年7月に現状のリース会計に係る国際会計基準の改正を議題に加えている。そこでは、ファイナン

ス・リース取引とオペレーティング・リース取引の区別をすることなく、リース契約に係る使用権を資産計上していくことを基礎に検討がなされる予定である。これは、米国財務会計基準審議会との共同プロジェクトとされているが、最終的な基準の公表までには、相当程度の期間を要すると見込まれる。

用語の定義及びリース取引の分類

35. 用語の定義のうち第4項から第6項については、改正前会計基準における定義を変更していない。また、リース取引の分類についても、ファイナンス・リース取引とオペレーティング・リース取引に分類した上で、ファイナンス・リース取引について、所有権移転ファイナンス・リース取引と所有権移転外ファイナンス・リース取引に分類する改正前会計基準の方法を変更していない（第8項参照）。

36. 第5項にいう「リース契約に基づくリース期間の中途において当該契約を解除することができないリース取引に準ずるリース取引」とは、法的形式上は解約可能であるとしても、解約に際し相当の違約金を支払わなければならない等の理由から、事実上解約不能と認められるリース取引をいう。

　　また、「借手が、当該契約に基づき使用する物件（リース物件）からもたらされる経済的利益を実質的に享受する」とは、当該リース物件を自己所有するとするならば得られると期待されるほとんどすべての経済的利益を享受することをいい、「当該リース物件の使用に伴って生じるコストを実質的に負担する」とは、当該リース物件の取得価額相当額、維持管理等の費用、陳腐化によるリスク等のほとんどすべてのコストを負担することをいう。

37. 本会計基準では、リース取引開始日において、ファイナンス・リース取引の借手であればリース資産及びリース債務、あるいは貸手であればリース債権又はリース投資資産を計上するものとしている（第10項及び第13項参照）。この「リース取引開始日」とは、借手が、リース物件を使

用収益する権利を行使することができることとなった日をいうものとしている（第7項参照）。一般的には、当該リース物件に係る借受証に記載された借受日がそれに該当する場合が多いものと考えられる。

会計処理
ファイナンス・リース取引の会計処理
（基本的な考え方）

38. 改正前会計基準では、ファイナンス・リース取引について、原則として通常の売買取引に係る方法に準じて会計処理を行うこととしており、この基本的な考え方は本会計基準でも変更していない（第9項参照）。なお、ファイナンス・リース取引は、リース物件の取得と資金調達が一体として行われ、通常は利用期間と資金調達の期間が一致するため、通常の売買取引と類似性を有するものの、まったく同じ会計処理になるわけではない。また、ファイナンス・リース取引のうち所有権移転外ファイナンス・リース取引については、次の点で、所有権移転ファイナンス・リース取引と異なる性質を有する。

(1) 経済的にはリース物件の売買及び融資と類似の性格を有する一方で、法的には賃貸借の性格を有し、また、役務提供が組み込まれる場合が多く、複合的な性格を有する。

(2) リース物件の耐用年数とリース期間は異なる場合が多く、また、リース物件の返還が行われるため、物件そのものの売買というよりは、使用する権利の売買の性格を有する。

(3) 借手が資産の使用に必要なコスト（リース物件の取得価額、金利相当額、維持管理費用相当額、役務提供相当額など）を、通常、契約期間にわたる定額のキャッシュ・フローとして確定する。

　　したがって、所有権移転ファイナンス・リース取引と所有権移転外ファイナンス・リース取引では、通常の売買取引に係る方法に準じた会計処理を具体的に適用するにあたり、リース資産の減価償却費の算定（第12項及び第39項参照）等で異なる点が生じる。

（借手におけるリース資産の償却）

39. 所有権移転ファイナンス・リース取引については、リース物件の取得と同様の取引と考えられるため、自己所有の固定資産と同一の方法により減価償却費を算定することとした。

　一方、所有権移転外ファイナンス・リース取引については、リース物件の取得とは異なりリース物件を使用できる期間がリース期間に限定されるという特徴があるため、原則として、リース資産の償却期間はリース期間とし、残存価額はゼロとしている（第12項参照）。また、償却方法については、次の観点から、企業の実態に応じ、自己所有の固定資産と異なる償却方法を選択することができるものとした。

(1) 所有権移転外ファイナンス・リース取引は、前項に記載のとおり、リース物件の取得とは異なる性質も有すること

(2) 我が国では、これまで自己所有の固定資産について残存価額を10パーセントとして定率法の償却率を計算する方法が広く採用されてきており、所有権移転外ファイナンス・リース取引に、自己所有の固定資産と同一の償却方法を適用することが困難であること

（貸手における会計処理）

40. 所有権移転ファイナンス・リース取引の場合は、貸手は、借手からのリース料と割安購入選択権の行使価額で回収するが、所有権移転外ファイナンス・リース取引の場合はリース料と見積残存価額の価値により回収を図る点で差異がある。この差異を踏まえ、所有権移転ファイナンス・リース取引で生じる資産はリース債権に計上し、所有権移転外ファイナンス・リース取引で生じる資産はリース投資資産に計上することとした。この場合のリース投資資産は、将来のリース料を収受する権利と見積残存価額から構成される複合的な資産である。

41. リース債権は金融商品と考えられ、また、リース投資資産のうち将来のリース料を収受する権利に係る部分については、金融商品的な性格を有すると考えられる。したがって、これらについては、貸倒見積高の算定等などにおいて、企業会計基準第10号「金融商品に関する会計基準」の定めに従う。

開　示
ファイナンス・リース取引の表示及び注記
（借手側）

42. ファイナンス・リース取引により生じたリース資産については、リース資産の合計額を表す観点や、実務上の過重負担の回避などを考慮し、有形固定資産、無形固定資産の別に、一括してリース資産として表示することを原則とした（第16項参照）。ただし、有形固定資産又は無形固定資産に属する各科目に含めることも認めることとした。なお、例えば、所有権移転ファイナンス・リース取引には有形固定資産又は無形固定資産に属する各科目に含める方法を適用し、所有権移転外ファイナンス・リース取引には、有形固定資産、無形固定資産の別に一括してリース資産として表示する方法を適用することも認められる。

43. 借手における注記としては、リース資産の内容と減価償却の方法を記載することとした（第19項参照）。リース資産の内容について、勘定科目別に金額を注記することも考えられるが、コスト・ベネフィットの観点から主な資産の種類等を記載することで足りることとした。

（貸手側）

44. 貸手におけるリース債権及びリース投資資産については、一般的な流動固定の区分基準に従い、当該企業の営業の主目的で生じたものであるか否かにより、流動資産に表示するか、固定資産に表示するかを区分することとした（第18項参照）。

45. 貸手における注記としては、リース投資資産に含まれるリース料債権部分と見積残存価額部分では性格が異なるため、各々の金額を記載することとした。また、リース料債権部分と見積残存価額部分（各々、利息相当額控除前）とリース投資資産残高との関係を明らかにするために、受取利息相当額を注記することとした。さらにリース債権及びリース投資資産については、当

該企業の主目的たる営業取引により生じたものである場合には流動資産に表示されること、また、通常は回収が長期にわたることから、リース債権及びリース投資資産に係るリース料債権部分について、貸借対照表日後5年以内における1年ごとの回収予定額及び5年超の回収予定額をそれぞれ注記することとした（第20項及び第21項参照）。

適用時期等

46. 本会計基準は平成20年4月1日以後開始する連結会計年度及び事業年度から適用することとしているが、実務面での本会計基準の円滑な適用を図るため、四半期財務諸表に関しては、本会計基準は、平成21年4月1日以後開始する連結会計年度及び事業年度に係る四半期財務諸表から適用することとしている。

47. 第23項ただし書きに定める財務諸表に係る早期適用を行う場合、その中間連結会計期間及び中間会計期間には適用しないことができることとし、この場合に、通常必要とされる中間・年度の会計処理の首尾一貫性の注記は要しないものとした。これは、当該中間連結会計期間及び中間会計期間において、改正前会計基準で必要とされていた注記がなされ、比較可能性が確保されているためである。

以　上

企業会計基準第16号
持分法に関する会計基準

平成20年 3 月10日
改正平成20年12月26日
企業会計基準委員会

本会計基準は、平成27年 3 月26日までに公表された次の会計基準等による修正が反映されている。

・実務対応報告第18号「連結財務諸表作成における在外子会社の会計処理に関する当面の取扱い」（平成27年 3 月26日改正）

目 次

目 的

1．本会計基準は、持分法に関する会計処理及び開示を定めることを目的とする。なお、持分法の会計処理及び開示並びに関連会社の定義については「連結財務諸表原則」（連結財務諸表原則注解を含む。以下同じ。）及び「連結財務諸表制度における子会社及び関連会社の範囲の見直しに係る具体的な取扱い」（平成10年10月企業会計審議会）に定めがあるが、当該事項に関しては、本会計基準が優先して適用される。

2．本会計基準の適用にあたっては、以下も参照する必要がある。

(1) 企業会計基準適用指針第 8 号「貸借対照表の純資産の部の表示に関する会計基準等の適用指針」

(2) 企業会計基準適用指針第22号「連結財務諸表における子会社及び関連会社の範囲の決定に関する適用指針」

(3) 日本公認会計士協会会計制度委員会報告第 9 号「持分法会計に関する実務指針」

会計基準

範 囲

3．本会計基準は、連結財務諸表を作成する場合に適用する。

なお、連結財務諸表を作成していないが、個別財務諸表において持分法を適用して算定された財務情報に係る注記を行う場合には、本会計基準による。

用語の定義

4．「持分法」とは、投資会社が被投資会社の資本及び損益のうち投資会社に帰属する部分の変動に応じて、その投資の額を連結決算日ごとに

修正する方法をいう。

4-2.「企業」とは、会社及び会社に準ずる事業体をいい、会社、組合その他これらに準ずる事業体(外国におけるこれらに相当するものを含む。)を指す。

5.「関連会社」とは、企業(当該企業が子会社を有する場合には、当該子会社を含む。)が、出資、人事、資金、技術、取引等の関係を通じて、子会社以外の他の企業の財務及び営業又は事業の方針の決定に対して重要な影響を与えることができる場合における当該子会社以外の他の企業をいう。

5-2.「子会社以外の他の企業の財務及び営業又は事業の方針の決定に対して重要な影響を与えることができる場合」とは、次の場合をいう。ただし、財務上又は営業上若しくは事業上の関係からみて子会社以外の他の企業の財務及び営業又は事業の方針の決定に対して重要な影響を与えることができないことが明らかであると認められるときは、この限りでない。

(1) 子会社以外の他の企業(更生会社、破産会社その他これらに準ずる企業であって、かつ、当該企業の財務及び営業又は事業の方針の決定に対して重要な影響を与えることができないと認められる企業を除く。下記(2)及び(3)においても同じ。)の議決権の100分の20以上を自己の計算において所有している場合

(2) 子会社以外の他の企業の議決権の100分の15以上、100分の20未満を自己の計算において所有している場合であって、かつ、次のいずれかの要件に該当する場合

① 役員若しくは使用人である者、又はこれらであった者で自己が子会社以外の他の企業の財務及び営業又は事業の方針の決定に関して影響を与えることができる者が、当該子会社以外の他の企業の代表取締役、取締役又はこれらに準ずる役職に就任していること

② 子会社以外の他の企業に対して重要な融資(債務の保証及び担保の提供を含む。)を行っていること

③ 子会社以外の他の企業に対して重要な技

術を提供していること

④ 子会社以外の他の企業との間に重要な販売、仕入その他の営業上又は事業上の取引があること

⑤ その他子会社以外の他の企業の財務及び営業又は事業の方針の決定に対して重要な影響を与えることができることが推測される事実が存在すること

(3) 自己の計算において所有している議決権(当該議決権を所有していない場合を含む。)と、自己と出資、人事、資金、技術、取引等において緊密な関係があることにより自己の意思と同一の内容の議決権を行使すると認められる者及び自己の意思と同一の内容の議決権を行使することに同意している者が所有している議決権とを合わせて、子会社以外の他の企業の議決権の100分の20以上を占めているときであって、かつ、上記(2)の①から⑤までのいずれかの要件に該当する場合

会計処理
持分法の適用範囲

6. 非連結子会社及び関連会社に対する投資については、原則として持分法を適用する。ただし、持分法の適用により、連結財務諸表に重要な影響を与えない場合には、持分法の適用会社としないことができる。

7.(削 除)

被投資会社の財務諸表

8. 持分法の適用に際しては、被投資会社の財務諸表の適正な修正や資産及び負債の評価に伴う税効果会計の適用等、原則として、連結子会社の場合と同様の処理を行う。

9. 同一環境下で行われた同一の性質の取引等について、投資会社(その子会社を含む。)及び持分法を適用する被投資会社が採用する会計方針は、原則として統一する。

10. 持分法の適用にあたっては、投資会社は、被投資会社の直近の財務諸表を使用する。投資会社と被投資会社の決算日に差異があり、その差

異の期間内に重要な取引又は事象が発生しているときには、必要な修正又は注記を行う。

持分法の会計処理

11. 投資会社の投資日における投資とこれに対応する被投資会社の資本との間に差額がある場合には、当該差額はのれん又は負ののれんとし、のれんは投資に含めて処理する。

12. 投資会社は、投資の日以降における被投資会社の利益又は損失のうち投資会社の持分又は負担に見合う額を算定して、投資の額を増額又は減額し、当該増減額を当期純利益の計算に含める。のれん（又は負ののれん）の会計処理は、企業会計基準第21号「企業結合に関する会計基準」（以下「企業結合会計基準」という。）第32項（又は第33項）に準じて行う。

13. 投資の増減額の算定にあたっては、連結会社（親会社及び連結される子会社）と持分法の適用会社との間の取引に係る未実現損益を消去するための修正を行う。

14. 被投資会社から配当金を受け取った場合には、当該配当金に相当する額を投資の額から減額する。

関連会社等に該当しなくなった場合の会計処理

15. 関連会社に対する投資の売却等により被投資会社が関連会社に該当しなくなった場合には、連結財務諸表上、残存する当該被投資会社に対する投資は、個別貸借対照表上の帳簿価額をもって評価する。

なお、持分法の適用対象となる非連結子会社に対する投資の売却等により、当該被投資会社が子会社及び関連会社に該当しなくなった場合には、上記に準じて処理する。

開　示
表　示

16. 連結財務諸表上、持分法による投資損益は、営業外収益又は営業外費用の区分に一括して表示する。

注記事項

17. 連結財務諸表には、次の事項を注記する。
   (1) 持分法を適用した非連結子会社及び関連会社の範囲に関する事項及びこれらに重要な変更があったときは、その旨及びその理由
   (2) 持分法の適用の手続について特に記載する必要があると認められる事項がある場合には、その内容

適用時期等

18. 平成20年3月に公表された本会計基準（以下「平成20年3月会計基準」という。）は、平成22年4月1日以後開始する連結会計年度及び事業年度から適用する。ただし、平成22年3月31日以前に開始する連結会計年度及び事業年度から適用することができる。

18-2. 平成20年12月に改正された本会計基準（以下「平成20年12月改正会計基準」という。）は、平成22年4月1日以後実施される非連結子会社及び関連会社に対する投資に係る会計処理から適用する。

ただし、平成21年4月1日以後開始する連結会計年度において最初に実施される非連結子会社及び関連会社に対する投資に係る会計処理から適用することができる。この場合、企業結合会計基準、企業会計基準第22号「連結財務諸表に関する会計基準」（以下「連結会計基準」という。）、企業会計基準第23号「『研究開発費等に係る会計基準』の一部改正」及び平成20年に改正された企業会計基準第7号「事業分離等に関する会計基準」についても適用する。

なお、平成20年12月改正会計基準の適用初年度においては、会計基準の変更に伴う会計方針の変更として取り扱う。ただし、会計方針の変更による影響額の注記は要しない。

また、平成20年12月改正会計基準の適用前に実施された非連結子会社及び関連会社に対する投資に係る会計処理についての従前の取扱いは平成20年12月改正会計基準の適用後においても継続し、平成20年12月改正会計基準の適用日における会計処理の見直し及び遡及的な処理は行

わない。

　連結財務諸表を作成していないが、個別財務諸表において持分法を適用して算定された財務情報に係る注記を行っている場合も同様とする。

議　決

19. 平成20年3月会計基準は、第147回企業会計基準委員会に出席した委員13名全員の賛成により承認された。なお、出席した委員は、以下のとおりである。

　　　（略）

19-2. 平成20年12月改正会計基準は、第168回企業会計基準委員会に出席した委員12名全員の賛成により承認された。なお、出席した委員は、以下のとおりである。

　　　（略）

結論の背景

経　緯

（平成20年3月会計基準の公表）

20. 持分法に関する会計処理については、企業会計審議会が昭和50年6月に公表した「連結財務諸表の制度化に関する意見書」及び「連結財務諸表原則」において、連結子会社の会計処理と併せる形で取扱いが定められた。同審議会は、平成9年6月に、従来の個別情報を中心としたディスクロージャーから連結情報を中心とするディスクロージャーへ転換を図ることとする「連結財務諸表制度の見直しに関する意見書」及び改訂「連結財務諸表原則」（以下「連結原則」という。）を公表し、連結範囲の見直し等の連結子会社に関する取扱いの改正及び関連会社の範囲や連結財務諸表を作成していない会社における持分法損益の注記等といった持分法に関連する取扱いの改正を行った。

21. これまで、連結原則においては、親会社及び子会社の会計処理については原則として統一するとされているものの、投資会社及び持分法を適用する関連会社（以下「持分法適用関連会社」という。）については、統一すべきか否かが明示されていないため、原則として統一すること

が望ましいと解されてきた。また、持分法の適用対象となる非連結子会社についても、必ずしも統一することを要しないと考えられてきた。

　しかしながら、当委員会では、会計基準の国際的なコンバージェンスを進めるにあたり、持分法の適用対象となる非連結子会社や持分法適用関連会社の会計処理の原則及び手続について、従来の取扱いの見直しに関する審議を行った。審議の結果、連結子会社と同様にこれを原則として統一することとし、これに伴って国際的な会計基準と同様に、持分法に関する会計処理等に係る取扱いを連結原則とは別の会計基準として整備することとした公開草案を平成19年11月に公表し、広く意見を求めた。当委員会では、寄せられた意見を参考にしてさらに審議を行い、平成20年3月会計基準を公表することとした。

（平成20年12月改正会計基準の公表）

21-2. 平成20年3月会計基準の公表後、当委員会では国際的な動向に鑑み、平成20年12月に企業結合会計基準を改正し、また連結会計基準を公表したが、これに関連して、本会計基準についても次の項目を中心に改正を行うこととした。平成20年12月改正会計基準は、平成20年6月に公表した公開草案に対して一般から寄せられた意見を参考にしつつ審議を重ね、公開草案の内容を一部修正した上で公表するものである。

(1) 「関連会社」は、平成20年3月会計基準以外に、「連結財務諸表制度における子会社及び関連会社の範囲の見直しに係る具体的な取扱い」において定義が設けられていたが、連結会計基準において「親会社」及び「子会社」の定義を見直すこととしたことに伴い、平成20年12月改正会計基準でもこの定義を見直すこととした（第5項及び第5-2項参照）。

(2) 平成20年3月会計基準において規則的に償却することとされていた負ののれんについて、平成20年12月改正会計基準では、今後、企業結合会計基準に準じて会計処理することとした（第12項参照）。この結果、負ののれんが生じると見込まれる場合には、被投資会社の資産及び負債の把握並びにそれらに対する取

得原価の配分が適切に行われているかどうかを見直し、見直しを行っても、なお生じた負ののれんは、当該負ののれんが生じた事業年度の利益として処理されることとなる。

範　囲

22. 連結財務諸表を作成していないが、個別財務諸表において持分法を適用して算定された財務情報に係る注記を行う場合には、本会計基準によることとなる（第3項なお書き参照）。したがって、連結財務諸表を作成していない会社において、関連会社への投資に対して持分法を適用した場合の投資の金額及び投資利益又は投資損失の金額等の注記については、本会計基準の定めが適用されることとなる点に留意が必要である。

用語の定義

23. 関連会社の範囲については、投資会社が直接・間接に議決権の一定以上（例えば100分の20以上）を所有しているかどうかにより判定を行う持株基準と、実質的な影響力の有無に基づいて判定を行う影響力基準の考え方があるが、持株基準によると、財務及び営業又は事業の方針決定に対して重要な影響を与えることができると認められる場合であっても、議決権の所有割合が一定未満であるときは、関連会社に該当せず、持分法が適用されないこととなる。

　このため、連結原則は関連会社の判定基準として、会社（当該会社が子会社を有する場合には、当該子会社を含む。）が、子会社以外の他の会社の財務及び営業又は事業の方針決定に対して重要な影響を与えることができるかどうかという観点から判定を行う影響力基準を導入していた。本会計基準でも、このような従来の取扱いを踏襲した取扱いを定めている（第5項参照）。

24. （削　除）

会計処理
被投資会社の財務諸表
（会計方針の統一）

25. 連結原則では持分法を適用するにあたり、投資会社及び被投資会社の会計処理の原則及び手続については統一すべきか否かが明示されていなかったが、本会計基準では同一環境下で行われた同一の性質の取引等について、投資会社及び被投資会社が採用する会計方針は、連結子会社の場合と同様に、これを原則として統一することとした。会計方針の統一が被投資会社の財務諸表上で行われていない場合には、持分法の適用に際して、これを統一するための修正を行うこととなる。

　なお、連結会計基準では親会社及び子会社の会計処理の統一にあたり、より合理的な会計方針を選択すべきであり、親会社の会計処理を子会社の会計処理に合わせる場合も考えられるとされているため、投資会社の会計処理をその連結子会社の会計処理に合わせている場合には、被投資会社の会計処理についても、当該連結子会社に合わせることとなる（第9項参照）。

持分法の会計処理等
（重要性の原則の適用）

26. 持分法の適用に際しては、重要性の原則が適用されることとなる。したがって、持分法のための被投資会社の財務諸表の修正、投資会社及び持分法を適用する被投資会社が採用する会計方針の統一、のれんの処理、未実現損益の消去等に関して、重要性が乏しいものについては、これらの修正又は処理等を行わないことができる。

（投資と資本の差額の会計処理）

26-2. 持分法の適用に際しては、被投資会社の財務諸表について、原則として、連結子会社の場合と同様の処理を行うものとされている（第8項参照）。ただし、連結会計基準の公表により、時価により評価する子会社の資産及び負債の範囲については、少数株主持分に相当する部分を含めてすべてを時価評価する方法（全面時価評

価法）のみにすることとされたが、持分法適用
関連会社については、投資会社の持分に相当す
る部分に限定する方法（部分時価評価法）によ
り、これまでと同様に、原則として投資日ごと
に当該日における時価によって評価する。

26-3．持分法適用関連会社に対する投資が段階
的に行われている場合には、これまでと同様に、
原則として、投資日ごとの原価とこれに対応す
る被投資会社の資本との差額は、のれん又は負
ののれんとして処理することとなる（第11項参
照）。なお、各投資日後に生じた持分法適用関
連会社の利益剰余金のうち当該関連会社に対す
る投資に対応する部分は、投資会社の利益剰余
金として処理することとなる。

開 示
表 示

27．連結原則では、持分法による投資損益につい
ては、投資に係る損益であるため、一括して営
業外損益の区分に表示し、経常損益に反映させ
ることとしていた。本会計基準でも、このよう
な従来の取扱いを踏襲している（第16項参照）。
なお、持分法を適用する被投資会社に係るのれ
んの当期償却額及び減損処理額並びに負ののれ
んについても、持分法による投資損益に含めて
表示することに留意する。

適用時期等

28．平成20年3月会計基準は、第21項で述べたと
おり、持分法に関する会計処理等に係る取扱い
を連結原則とは別の会計基準とするために整備
されたものであり、連結原則に定められていた
持分法に関する会計処理及び開示の定めを、原
則としてそのまま踏襲している。したがって、
平成20年3月会計基準の適用により、原則とし
て新たな会計処理又は表示方法の採用が強制さ
れることはないが、第9項の定めにより、被投
資会社の会計処理の原則及び手続を投資会社と
統一するために変更する場合は、会計基準の変
更に伴う会計方針の変更にあたることに留意が
必要である。

28-2．平成20年12月改正会計基準では、企業結
合会計基準の改正及び連結会計基準の公表を受
けて、関連会社の定義及び負ののれんの会計処
理の改正を行っている。これらの改正後の平成
20年12月改正会計基準を適用する場合には、前
項と同様、会計基準の変更に伴う会計方針の変
更にあたることに留意が必要である。ただし、
この場合であっても、企業結合会計基準及び連
結会計基準と同様に、会計方針の変更による影
響額の注記は要しないものとした（第18-2項
参照）。

28-3．第18-2項における非連結子会社及び関
連会社に対する投資に係る会計処理には、負の
のれん（追加取得の結果生じたものを含む。）
の会計処理（第12項参照）が含まれることに留
意が必要である。

28-4．平成20年12月改正会計基準は、国際的な
動向に鑑み、企業結合会計基準の改正及び連結
会計基準の公表に合わせて新たな取扱いを定め
たものであるため、第18-2項ただし書きの適
用は、企業結合会計基準等を平成21年4月1日
以後開始する連結会計年度及び事業年度におい
て最初に実施される企業結合等から適用した場
合に行うものとした。

28-5．平成20年12月改正会計基準の適用初年度
において、連結会計年度の非連結子会社及び関
連会社に対する投資に係る会計処理が、当該連
結会計年度を構成する中間又は四半期連結会計
期間における会計処理と異なることとなる場合
であっても、いわゆる中間又は四半期・年度の
首尾一貫性が保持されていない場合には該当し
ない。

ただし、平成20年12月改正会計基準の適用日
の前後において、経済的に同一の事象と考えら
れる非連結子会社及び関連会社に対する投資に
係る会計処理が同一連結会計年度（又は同一中
間若しくは四半期連結会計期間）内に行われて
おり、かつ、適用される会計処理が異なる場合
には、会計処理の相違が重要なものについて、
その旨及びその内容を追加情報として連結財務
諸表に注記することが適当である。

本会計基準の公表による他の会計基準等についての修正

29. 平成20年3月会計基準の公表に伴い、当委員会が公表した会計基準等については、次の修正を行う（下線は追加部分、取消線は削除部分を示す。）。

(1)〜(8) （略）

30. 平成20年12月改正会計基準により、当委員会が公表した実務対応報告第23号「信託の会計処理に関する実務上の取扱い」Q2のA3（受益者が複数である金銭の信託が子会社及び関連会社と判定される場合）また書きについては、次の修正を行う（下線は追加部分、取消線は削除部分を示す）。

（以下略）

以 上

企業会計基準第17号

セグメント情報等の開示に関する会計基準

昭和63年 5 月26日
企業会計審議会第一部会
改正平成20年 3 月21日
改正平成21年 3 月27日
最終改正平成22年 6 月30日
企業会計基準委員会

本会計基準は、2020年 3 月31日までに公表された次の会計基準等による修正が反映されている。

・企業会計基準第22号「連結財務諸表に関する会計基準」(2013年(平成25年) 9 月13日改正)
・企業会計基準第24号「会計方針の開示、会計上の変更及び誤謬の訂正に関する会計基準」(2020年 3 月31日改正)

目 次

目 的

1．本会計基準は、次の開示に関する取扱いを定めることを目的とする（以下(1)から(4)を合わせて「セグメント情報等」という。）。

(1) セグメント情報（第 6 項から第28項参照）

(2) セグメント情報の関連情報（第29項から第32項参照）

(3) 固定資産の減損損失に関する報告セグメント別情報（第33項参照）

(4) のれんに関する報告セグメント別情報（第34項及び第34－2 項参照）

2．平成20年 3 月21日に、本会計基準を適用する際の指針を定めた企業会計基準適用指針第20号「セグメント情報等の開示に関する会計基準の適用指針」が公表されているため、本会計基準の適用にあたっては、当該適用指針も参照する必要がある。

会計基準

範 囲

3．本会計基準は、すべての企業の連結財務諸表又は個別財務諸表（以下「財務諸表」という。）におけるセグメント情報等の開示に適用する。

なお、連結財務諸表でセグメント情報等の開示を行っている場合は、個別財務諸表での開示を要しないこととする。

基本原則

4．セグメント情報等の開示は、財務諸表利用者が、企業の過去の業績を理解し、将来のキャッシュ・フローの予測を適切に評価できるように、企業が行う様々な事業活動の内容及びこれを行う経営環境に関して適切な情報を提供するものでなければならない。

5．本会計基準は、企業又はその特定の事業分野について、その事業活動の内容及びこれを行う経営環境を財務諸表利用者が理解する上で有用な情報を、本会計基準に定める事項に加えて開示することを妨げない。

セグメント情報の開示

事業セグメントの識別

事業セグメントの定義

6．「事業セグメント」とは、企業の構成単位で、次の要件のすべてに該当するものをいう。

(1) 収益を稼得し、費用が発生する事業活動に関わるもの（同一企業内の他の構成単位との取引に関連する収益及び費用を含む。）

(2) 企業の最高経営意思決定機関が、当該構成単位に配分すべき資源に関する意思決定を行い、また、その業績を評価するために、その経営成績を定期的に検討するもの

(3) 分離された財務情報を入手できるもの

ただし、新たな事業を立ち上げたときのように、現時点では収益を稼得していない事業活動を事業セグメントとして識別する場合もある。

7．企業の本社又は特定の部門のように、企業を構成する一部であっても収益を稼得していない、又は付随的な収益を稼得するに過ぎない構成単位は、事業セグメント又は事業セグメントの一部とならない。

最高経営意思決定機関

8．「最高経営意思決定機関」とは、企業の事業セグメントに資源を配分し、その業績を評価する機能を有する主体のことをいう。

セグメントの区分方法が複数ある場合の取扱い

9．事業セグメントの要件（第6項参照）を満たすセグメントの区分方法が複数ある場合、企業は、各構成単位の事業活動の特徴、それらについて責任を有する管理者の存在及び取締役会等に提出される情報などの要素に基づいて、企業の事業セグメントの区分方法を決定するものとする。

報告セグメントの決定

報告セグメント

10．企業は、第6項から第9項に基づいて識別された事業セグメント又は第11項に基づいて集約された事業セグメントの中から、量的基準（第12項から第16項参照）に従って、報告すべきセグメント（以下「報告セグメント」という。）を決定しなければならない。

集約基準

11．複数の事業セグメントが次の要件のすべてを満たす場合、企業は当該事業セグメントを1つの事業セグメントに集約することができる。

(1) 当該事業セグメントを集約することが、セグメント情報を開示する基本原則（第4項参照）と整合していること

(2) 当該事業セグメントの経済的特徴が概ね類似していること

(3) 当該事業セグメントの次のすべての要素が概ね類似していること

① 製品及びサービスの内容

② 製品の製造方法又は製造過程、サービスの提供方法

③ 製品及びサービスを販売する市場又は顧客の種類

④ 製品及びサービスの販売方法

⑤ 銀行、保険、公益事業等のような業種に特有の規制環境

量的基準

12．企業は、次の量的基準のいずれかを満たす事業セグメントを報告セグメントとして開示しなければならない。

(1) 売上高（事業セグメント間の内部売上高又は振替高を含む。）がすべての事業セグメントの売上高の合計額の10％以上であること（売上高には役務収益を含む。以下同じ。）

(2) 利益又は損失の絶対値が、①利益の生じているすべての事業セグメントの利益の合計額、又は②損失の生じているすべての事業セグメントの損失の合計額の絶対値のいずれか大きい額の10％以上であること

(3) 資産が、すべての事業セグメントの資産の合計額の10％以上であること

なお、本項の定めは、企業が、量的基準のいずれにも満たない事業セグメントを、報告セグメントとして開示することを妨げない。

13. 企業は、前項の量的基準を満たしていない複数の事業セグメントの経済的特徴が概ね類似し、かつ第11項(3)に記載した事業セグメントを集約するにあたって考慮すべき要素の過半数について概ね類似している場合には、これらの事業セグメントを結合して、報告セグメントとすることができる。

14. 報告セグメントの外部顧客への売上高の合計額が連結損益計算書又は個別損益計算書（以下「損益計算書」という。）の売上高の75％未満である場合には、損益計算書の売上高の75％以上が報告セグメントに含まれるまで、報告セグメントとする事業セグメントを追加して識別しなければならない。

15. 報告セグメントに含まれない事業セグメント及びその他の収益を稼得する事業活動に関する情報は、第25項により求められる差異調整の中で、他の調整項目とは区分して、「その他」の区分に一括して開示しなければならない。この場合、「その他」に含まれる主要な事業の名称等をあわせて開示しなければならない。

16. ある事業セグメントの量的な重要性の変化によって、報告セグメントとして開示する事業セグメントの範囲を変更する場合には、その旨及び前年度のセグメント情報を当年度の報告セグメントの区分により作り直した情報を開示しなければならない。ただし、前年度のセグメント情報を当年度の報告セグメントの区分により作り直した情報を開示することが実務上困難な場合（本会計基準では、必要な情報の入手が困難な場合や、当該情報を作成するために過度の負担を要する場合には、実務上困難なものとする。以下同じ。）には、セグメント情報に与える影響を開示することができる。

セグメント情報の開示項目と測定方法
セグメント情報の開示項目

17. 企業は、セグメント情報として、次の事項を開示しなければならない。

(1) 報告セグメントの概要（第18項参照）

(2) 報告セグメントの利益（又は損失）、資産、負債及びその他の重要な項目の額（第19項から第22項参照）並びにその測定方法に関する事項（第23項及び第24項参照）

(3) 第19項から第22項の定めにより開示する項目の合計額とこれに対応する財務諸表計上額との間の差異調整に関する事項（第25項及び第26項参照）

報告セグメントの概要

18. 企業は、報告セグメントの概要として、次の事項を開示しなければならない。

(1) 報告セグメントの決定方法
事業セグメントを識別するために用いた方法（例えば、製品・サービス別、地域別、規制環境別、又はこれらの組合せ等、企業の事業セグメントの基礎となる要素）及び複数の事業セグメントを集約した場合にはその旨等について記載する。

(2) 各報告セグメントに属する製品及びサービスの種類

利益（又は損失）、資産及び負債等の額

19. 企業は、各報告セグメントの利益（又は損失）及び資産の額を開示しなければならない。

20. 負債に関する情報が、最高経営意思決定機関に対して定期的に提供され、使用されている場合、企業は各報告セグメントの負債の額を開示しなければならない。

21. 企業が開示する報告セグメントの利益（又は

損失）の額の算定に次の項目が含まれている場合、企業は各報告セグメントのこれらの金額を開示しなければならない。また、報告セグメントの利益（又は損失）の額の算定に含まれていない場合であっても、次の項目の事業セグメント別の情報が最高経営意思決定機関に対して定期的に提供され、使用されているときには、企業は各報告セグメントのこれらの金額を開示しなければならない。

(1) 外部顧客への売上高

(2) 事業セグメント間の内部売上高又は振替高

(3) 減価償却費（のれんを除く無形固定資産に係る償却費を含む。）

(4) のれんの償却額及び負ののれんの償却額

(5) 受取利息及び支払利息

(6) 持分法投資利益（又は損失）

(7) 特別利益及び特別損失

(8) 税金費用（法人税等及び法人税等調整額）

(9) (1)から(8)に含まれていない重要な非資金損益項目

　本項(7)の特別利益及び特別損失については、主な内訳をあわせて開示するものとする。

22. 企業が開示する報告セグメントの資産の額の算定に次の項目が含まれている場合、企業は各報告セグメントのこれらの金額を開示しなければならない。また、報告セグメントの資産の額の算定に含まれていない場合であっても、次の項目の事業セグメント別の情報が最高経営意思決定機関に対して定期的に提供され、使用されているときには、企業は各報告セグメントのこれらの金額を開示しなければならない。

(1) 持分法適用会社への投資額（当年度末残高）

(2) 有形固定資産及び無形固定資産の増加額（当年度の投資額）

測定方法に関する事項

23. 第19項から第22項に基づく開示は、事業セグメントに資源を配分する意思決定を行い、その業績を評価する目的で、最高経営意思決定機関に報告される金額に基づいて行わなければならない。財務諸表の作成にあたって行った修正や相殺消去、又は特定の収益、費用、資産又は負債の配分は、最高経営意思決定機関が使用する事業セグメントの利益（又は損失）、資産又は負債の算定に含まれている場合にのみ、報告セグメントの各項目の額に含めることができる。ただし、特定の収益、費用、資産又は負債を各事業セグメントの利益（又は損失）、資産又は負債に配分する場合には、企業は、合理的な基準に従って配分しなければならない。

24. 企業は、第19項から第22項に基づいて開示する項目の測定方法について開示しなければならない。なお、企業は、少なくとも次の事項を開示しなければならない。

(1) 報告セグメント間の取引がある場合、その会計処理の基礎となる事項

　例えば、報告セグメント間の取引価格や振替価格の決定方法などについて明らかにする必要がある。

(2) 報告セグメントの利益（又は損失）の合計額と、損益計算書の利益（又は損失）計上額との間に差異があり、差異調整に関する事項の開示（第25項(2)参照）からはその内容が明らかでない場合、その内容

　例えば、会計処理の方法の違いによる差異がある場合や、事業セグメントに配分していない額がある場合には、その主な内容を明らかにする必要がある（本項(3)及び(4)においても同様。）。

(3) 報告セグメントの資産の合計額と連結貸借対照表又は個別貸借対照表（以下「貸借対照表」という。）の資産計上額との間に差異があり、差異調整に関する事項の開示（第25項(3)参照）からその内容が明らかでない場合、その内容

　なお、企業が事業セグメントに資産を配分していない場合には、その旨を開示しなければならない。

(4) 報告セグメントの負債の合計額と貸借対照表の負債計上額との間に差異があり、差異調整に関する事項の開示（第25項(4)参照）からその内容が明らかでない場合、その内容

(5) 事業セグメントの利益（又は損失）の測定

方法を前年度に採用した方法から変更した場合には、その旨、変更の理由及び当該変更がセグメント情報に与えている影響

(6) 事業セグメントに対する特定の資産又は負債の配分基準と関連する収益又は費用の配分基準が異なる場合には、その内容

　例えば、ある事業セグメントに特定の償却資産を配分していないにもかかわらず、その減価償却費を当該事業セグメントの費用に配分する場合がこれに該当する。

差異調整に関する事項

25. 企業は、次の項目について、その差異調整に関する事項を開示しなければならない。

(1) 報告セグメントの売上高の合計額と損益計算書の売上高計上額

(2) 報告セグメントの利益（又は損失）の合計額と損益計算書の利益（又は損失）計上額

(3) 報告セグメントの資産の合計額と貸借対照表の資産計上額

(4) 報告セグメントの負債の合計額と貸借対照表の負債計上額

(5) その他の開示される各項目について、報告セグメントの合計額とその対応する科目の財務諸表計上額

　重要な調整事項がある場合、企業は当該事項を個別に記載しなければならない。例えば、報告セグメントの利益（又は損失）を算定するにあたって採用した会計処理の方法が財務諸表の作成上採用した方法と異なっている場合、その重要な差異は、すべて個別に記載しなければならない。

26. 第24項(2)及び前項(2)における損益計算書の利益（又は損失）は、損益計算書の営業利益（又は損失）、経常利益（又は損失）、税金等調整前当期純利益（又は損失）（個別財務諸表に係る注記の場合は、税引前当期純利益（又は損失））、当期純利益（又は損失）又は親会社株主に帰属する当期純利益のうち、いずれか適当と判断される科目とする。なお、企業は当該科目を開示しなければならない。

組織変更等によるセグメントの区分方法の変更

27. 企業の組織構造の変更等、企業の管理手法が変更されたために、報告セグメントの区分方法を変更する場合には、その旨及び前年度のセグメント情報を当年度の区分方法により作り直した情報を開示するものとする。ただし、前年度のセグメント情報を当年度の区分方法により作り直した情報を開示することが実務上困難な場合には、当年度のセグメント情報を前年度の区分方法により作成した情報を開示することができる。

28. 前項の開示を行うことが実務上困難な場合には、当該開示に代えて、当該開示を行うことが実務上困難な旨及びその理由を記載しなければならない。また、前項の開示は、セグメント情報に開示するすべての項目について記載するものとするが、一部の項目について記載することが実務上困難な場合は、その旨及びその理由を記載しなければならない。

関連情報の開示

29. 企業は、セグメント情報の中で同様の情報が開示されている場合を除き、次の事項をセグメント情報の関連情報として開示しなければならない。当該関連情報に開示される金額は、当該企業が財務諸表を作成するために採用した会計処理に基づく数値によるものとする。

(1) 製品及びサービスに関する情報（第30項参照）

(2) 地域に関する情報（第31項参照）

(3) 主要な顧客に関する情報（第32項参照）

　なお、報告すべきセグメントが1つしかなく、セグメント情報を開示しない企業であっても、当該関連情報を開示しなければならない。

製品及びサービスに関する情報

30. 企業は、主要な個々の製品又はサービスあるいはこれらの種類や性質、製造方法、販売市場等の類似性に基づく同種・同系列のグループ（以下「製品・サービス区分」という。）ごとに、外部顧客への売上高を開示する。なお、当該事

項を開示することが実務上困難な場合には、当該事項の開示に代えて、その旨及びその理由を開示しなければならない。

地域に関する情報

31. 企業は、地域に関する情報として、次の事項を開示する。なお、当該事項を開示することが実務上困難な場合には、当該事項に代えて、その旨及びその理由を開示しなければならない。

　(1) 国内の外部顧客への売上高に分類した額と海外の外部顧客への売上高に分類した額

　　海外の外部顧客への売上高に分類した額のうち、主要な国がある場合には、これを区分して開示しなければならない。なお、各区分に売上高を分類した基準をあわせて記載するものとする。

　(2) 国内に所在している有形固定資産の額と海外に所在している有形固定資産の額

　　海外に所在している有形固定資産の額のうち、主要な国がある場合には、これを区分して開示しなければならない。

　なお、本項に定める事項に加えて、複数の国を括った地域（例えば、北米、欧州等）に係る額についても開示することができる。

主要な顧客に関する情報

32. 企業は、主要な顧客がある場合には、その旨、当該顧客の名称又は氏名、当該顧客への売上高及び当該顧客との取引に関連する主な報告セグメントの名称を開示する。

固定資産の減損損失に関する報告セグメント別情報の開示

33. 企業は、損益計算書に固定資産の減損損失を計上している場合には、当該企業が財務諸表を作成するために採用した会計処理に基づく数値によって、その報告セグメント別の内訳を開示しなければならない。なお、報告セグメントに配分されていない減損損失がある場合には、その額及びその内容を記載しなければならない。ただし、セグメント情報の中で同様の情報が開示されている場合には、当該情報の開示を要しない。

のれんに関する報告セグメント別情報の開示

34. 企業は、損益計算書にのれんの償却額又は負ののれんの償却額を計上している場合には、当該企業が財務諸表を作成するために採用した会計処理に基づく数値によって、その償却額及び未償却残高に関する報告セグメント別の内訳をそれぞれ開示しなければならない。なお、報告セグメントに配分されていないのれん又は負ののれんがある場合には、その償却額及び未償却残高並びにその内容を記載しなければならない。ただし、セグメント情報の中で同様の情報が開示されている場合には、当該情報の開示を要しない。

34-2. 企業は、損益計算書に重要な負ののれんを認識した場合には、当該負ののれんを認識した事象について、その報告セグメント別の概要を開示しなければならない。

適用時期等

35. 本会計基準は、平成22年4月1日以後開始する連結会計年度及び事業年度から適用する。

36. 適用初年度において、当年度のセグメント情報とともに報告される前年度のセグメント情報については、前年度において従来までの取扱いにより開示したセグメント情報とあわせて、本会計基準に準拠して作り直した前年度のセグメント情報（第6項から第28項参照）を開示するものとするが、これを開示することが実務上困難な場合には、当年度のセグメント情報を前年度のセグメント情報の取扱いに基づき作成した情報を開示することができる。

37. 前項の開示を行うことが実務上困難な場合には、当該開示に代えて、当該開示を行うことが実務上困難な旨及びその理由を記載しなければならない。また、前項の開示は、セグメント情報に開示するすべての項目について記載するものとするが、一部の項目について記載することが実務上困難な場合は、その旨及びその理由を

記載しなければならない。

38. 第36項の定めにかかわらず、従来までのセグメント情報の取扱いに基づく連結財務諸表のセグメント情報として、本会計基準に準拠した場合と同様の情報が開示されている場合には、本会計基準に準拠して作成した前年度のセグメント情報を開示することを要しない。この場合、第36項の開示に代えて、その旨を開示しなければならない。

39. （削　除）

平成22年改正会計基準

39-2. 平成22年改正の本会計基準（以下「平成22年改正会計基準」という。）の適用時期は、企業会計基準第24号「会計方針の開示、会計上の変更及び誤謬の訂正に関する会計基準」（以下「企業会計基準第24号」という。）と同様とする。

議　決

40. 平成20年に公表された本会計基準（以下「平成20年会計基準」という。）は、第148回企業会計基準委員会に出席した委員11名全員の賛成により承認された。なお、出席した委員は以下のとおりである。

　　　（略）

40-2. 平成21年改正の本会計基準（以下「平成21年改正会計基準」という。）は、第173回企業会計基準委員会に出席した委員13名全員の賛成により承認された。なお、出席した委員は、以下のとおりである。

　　　（略）

40-3. 平成22年改正会計基準は、第204回企業会計基準委員会に出席した委員9名全員の賛成により承認された。なお、出席した委員は、以下のとおりである。

　　　（略）

結論の背景

検討の経緯

41. 我が国では、企業の経営の多角化、国際化等

の傾向が急速に高まる中で、昭和63年5月、「セグメント情報の開示に関する意見書」（企業会計審議会第一部会）が公表された。このとき同時に公表された「セグメント情報の開示基準」を受けて、同年9月に「企業内容等の開示に関する省令」が改正され、セグメント情報の開示が義務付けられた。その後、平成5年3月に「企業内容等の開示に関する省令」及び「連結財務諸表の用語、様式及び作成方法に関する規則」（以下「連結財務諸表規則」という。）が改正され、セグメント情報は、連結財務諸表の注記事項となり、監査対象とされた。また、この改正により、より詳細な「所在地別セグメント情報」の開示とセグメント別の資産等に関連する項目の開示が新たに義務付けられるなど、順次、開示内容が拡大されてきた。なお、セグメント情報の開示内容の拡大に伴い、セグメント情報に関するセグメンテーションの方法、営業費用の配分方法、資産等の配分方法等の会計手法についての取扱いとして、平成7年4月に日本公認会計士協会会計制度委員会報告第1号「セグメント情報の開示に関する会計手法」が公表されている。

42. その後、セグメント情報の開示に関しては、平成13年11月のテーマ協議会において、「現在、我が国を代表する大企業の2割近くが単一セグメント、もしくは重要性が低いとの理由で事業の種類別セグメントを作成しておらず、現行制度が十分に機能していないと思われる。米国の『マネジメント・アプローチ』の検討も含め、実効性のある事業区分の決定方法を検討する必要がある。」との提言がなされ、当委員会として今後検討すべき課題の1つとして位置付けられていた。

43. また、当委員会が現在進めている国際会計基準審議会（以下「IASB」という。）との会計基準の国際的なコンバージェンスに向けた共同プロジェクトの中でも、セグメント情報の開示は、平成17年3月に開催された共同プロジェクトの第1回会合において、第1フェーズの検討項目とされた。

44．こうした状況を受けて、当委員会は、平成17年5月にセグメント情報開示に関するワーキング・グループを設置し、セグメント情報の開示に関する実態調査と財務諸表利用者、財務諸表作成者等の市場関係者へのヒアリングの結果も踏まえ、我が国におけるマネジメント・アプローチの導入について検討した。これらの検討を経て、平成18年12月にセグメント情報開示専門委員会を設置し、従来の基準の見直しに向けた審議を行った。平成20年会計基準は、平成19年9月に公表した公開草案に対して当委員会に寄せられたコメントを検討し、公開草案を一部修正した上で公表に至ったものである。

44－2．平成21年改正会計基準は、平成20年12月に改正された企業会計基準第21号「企業結合に関する会計基準」において、負ののれんの会計処理の見直しを行ったことを踏まえ、所要の改正を行ったものである。

44－3．平成22年改正会計基準は、平成21年12月に公表された企業会計基準第24号を踏まえ、所要の改正を行ったものである。

目 的
セグメント情報
マネジメント・アプローチ

45．国際的な会計基準においては、経営上の意思決定を行い、業績を評価するために、経営者が企業を事業の構成単位に分別した方法を基礎とする「マネジメント・アプローチ」が導入されている。この方法は、米国財務会計基準書第131号「企業のセグメント及び関連情報に関する開示」（以下「SFAS第131号」という。）において導入された方法である。SFAS第131号の公表以前、米国の実務においては、開示すべきセグメント区分の定義が不明確であったために、企業の恣意的な解釈がなされた結果、開示されているセグメントの数が少ないことや単一セグメントとして報告する企業が多いことなどの問題点が指摘されていた。SFAS第131号のマネジメント・アプローチは、これらの問題点を解消することができるとされた方法である。

また、IASBも、国際財務報告基準第8号「事業セグメント」（以下「IFRS第8号」という。）を開発するにあたり、SFAS第131号と同様の方法によってセグメント情報を開示することとした。

46．国際的な会計基準におけるマネジメント・アプローチの特徴は次の点にある。

(1) 企業の組織構造、すなわち、最高経営意思決定機関が経営上の意思決定を行い、また、企業の業績を評価するために使用する事業部、部門、子会社又は他の内部単位に対応する企業の構成単位に関する情報を提供すること

(2) 最高経営意思決定機関が業績を評価するために使用する報告において、特定の金額を配分している場合にのみ、当該金額を構成単位に配分すること

(3) セグメント情報を作成するために採用する会計方針は、最高経営意思決定機関が資源を配分し、業績を評価するための報告の中で使用するものと同一にすること

47．前項の特徴を有するマネジメント・アプローチに基づくセグメント情報には、次のような長所があると考えられている。

(1) 財務諸表利用者が経営者の視点で企業を見ることにより、経営者の行動を予測し、その予測を企業の将来キャッシュ・フローの評価に反映することが可能になる。

(2) 当該セグメント情報の基礎となる財務情報は、経営者が利用するために既に作成されており、企業が必要とする追加的費用が比較的少ない。

(3) 実際の企業の組織構造に基づく区分を行うため、その区分に際して恣意性が入りにくい。

当委員会の検討の過程では、特に本項(1)の長所を重視し、我が国においてもマネジメント・アプローチに基づくセグメント情報を導入すべきであるという意見があった。また、従来のセグメント情報の開示に対しては、セグメント区分が不十分であり、財務諸表利用者の期待を満たしていないのではないかという見方や、企業の経営の多角化を適切に反映した情報開示と

なっていないのではないかという批判的な見方もあった。マネジメント・アプローチに基づくセグメント情報の導入は、こうした状況を改善する上でも望ましいとする意見があった。

48. その一方、マネジメント・アプローチに基づくセグメント情報は、米国会計基準の検討の際にも指摘されていたように、企業の組織構造に基づく情報であるため、企業間の比較を困難にし、また、同一企業の年度間の比較が困難になるという短所や、内部的に利用されている財務情報を基礎とした情報の開示を要求することは、企業の事業活動の障害となる可能性があるという短所があるとされている。

49. 当委員会が平成18年12月に公表した討議資料「財務会計の概念フレームワーク」では、会計情報が有する財務諸表利用者の意思決定との関連性は、会計情報の基本的な特性である意思決定有用性を支える特性の1つとされており、会計情報の信頼性と共に、会計情報が財務諸表利用者の意思決定にとって有用であるか否かを直接判定する規準として機能するとされている。これに対して、会計情報の比較可能性は、会計情報が有用であるために必要とされる最低限の基礎的な条件とされ、意思決定有用性を直接的に判定する特性とは考えられていない。このように、会計情報の財務諸表利用者の意思決定との関連性は、比較可能性の確保に優先すると考えられている。

50. 当委員会は、マネジメント・アプローチに基づくセグメント情報の長所（第47項参照）と短所（第48項参照）を比較検討した結果、財務諸表利用者が経営者の視点で企業を理解できる情報を財務諸表に開示することによって、財務諸表利用者の意思決定により有用な情報を提供することができると判断し、我が国のセグメント情報開示にマネジメント・アプローチを導入することとした。

従来のセグメント情報との比較

51. 従来のセグメント情報と本会計基準に基づくセグメント情報を比較すると、従来は「事業の種類別セグメント情報」、「所在地別セグメント情報」及び「海外売上高」について企業の連結財務諸表を分解した情報の開示を企業に求めていた。一方、本会計基準が導入したマネジメント・アプローチでは、セグメントの区分方法あるいは測定方法が特定の方法に限定されておらず、経営者の意思決定や業績評価に使用されている情報に基づく一組のセグメント情報を開示することを求めている。このように、従来のセグメント情報と本会計基準に基づくセグメント情報の違いは、経営者の実際の意思決定や業績評価に使用されている情報に基づくか否かという違いである。なお、従来企業が開示してきたセグメント情報の事業の種類や地域による区分方法あるいは測定方法が、マネジメント・アプローチによるセグメントの区分方法や測定方法と異ならない場合には、本会計基準の適用後も従来と同様の方法により開示されることが考えられる。

事業活動上の障害

52. 当委員会では、公開草案に対するコメントを受けて、マネジメント・アプローチに基づくセグメント情報の開示が企業の事業活動上の障害を生じさせると考えられる場合において、開示を免除する取扱いを認めるべきかを再度検討した。公開草案に対するコメントの中で指摘された事業活動上の障害とは次のようなものであった。

(1) 細分化されたセグメント情報の開示を求められる企業は、そうでない競争相手に対して、事業活動上、不利になる可能性がある。

(2) 特定の顧客向け、もしくは特定の製品又はサービスに関するセグメント情報の開示を求められる企業は、顧客との価格交渉等を行う上で、不利になる可能性がある。

53. 国際的な会計基準の検討においても、セグメント情報の開示によって企業の事業活動に障害が生じる可能性が懸念され、対応が検討された。米国会計基準の検討の際には、こうした懸念に対し、次のような指摘がなされていた。

(1) 企業の事業活動上の障害を生じさせる場合でも、それはマネジメント・アプローチによ

るセグメント情報を開示しない企業に比べ、より資本市場のメリットを得るために当該企業が負担すべき義務である。

(2) 企業の競争相手の多くは、財務諸表の情報よりも詳細な当該企業に関するその他の情報を有しているため、セグメント情報の開示が、当該企業の事業活動の障害となることはない。

(3) 企業がセグメント情報において開示すべき情報は、単一の事業のみを行う小規模な企業が財務諸表において開示する情報よりも詳細な情報ではない。

米国会計基準の検討では、こうした指摘も踏まえ、企業の事業活動上の障害を生じさせる場合における一定の取扱いを定めることは、広い範囲にわたり会計基準に準拠しない開示を認めることになるとして、例外的な取扱いを定めないこととした。また、国際財務報告基準の検討においても、この問題が検討されたものの、最終的には米国会計基準と同様の取扱いとされている。

54. 企業の国際化や多角化の程度が異なれば、開示すべきセグメントの区分方法は異なることとなり、これは、マネジメント・アプローチに基づくセグメント情報に限らず、従来のセグメント情報でも同様であると考えられる。例えば、事業がより多角化されている企業は、そうでない企業に比べ、より大きな単位に区分してセグメント情報を開示するものと考えられる。また、国際的な会計基準で採用されているマネジメント・アプローチは、企業の経営者が意思決定や業績評価に用いている情報そのものを開示することが財務諸表利用者にとって有用であるとする考え方に基づくものである。検討の結果、当委員会は、企業の事業活動に障害を生じさせると考えられる場合における例外的な取扱いを定めないこととした。

関連情報

55. 本会計基準では、製品及びサービスに関する情報並びに地域に関する情報の開示を、セグメント情報の関連情報として定めている（第29項

(1)及び(2)参照）。従来、我が国ではセグメント情報として、「事業の種類別セグメント情報」、「所在地別セグメント情報」及び「海外売上高」の３つの情報が開示されてきた。これらの情報は、財務諸表利用者が多角化、国際化した企業の過去の業績及び将来の見込みについて適切な判断を下すために有用な情報を提供するものとされてきたが、マネジメント・アプローチを採用した場合、類似の製品及びサービス、あるいは地域によって分割されたセグメント情報が開示されない可能性がある。このため、当委員会は、国際的な会計基準と同様に、類似の製品及びサービス、あるいは地域を基礎としたセグメント情報を開示していない場合には、関連情報として一定の情報の開示を求めることとした。また、本会計基準では、主要な顧客に関する情報についても、国際的な会計基準と同様、関連情報として開示を求めることとした（第29項(3)参照）。これらの関連情報を開示することにより、マネジメント・アプローチに基づくセグメント情報の短所とされる比較可能性の問題に対処する補完的な情報を、財務諸表利用者に提供することができると考えられる。

固定資産の減損損失及びのれんに関する情報

56. 本会計基準では、セグメント情報及びその関連情報の開示に加えて、財務諸表利用者にとって有用な情報として、固定資産の減損損失及びのれんに関する報告セグメント別情報の開示についても定めている。

範　囲

57. 従来、セグメント情報は、連結財務諸表の注記情報としてのみ要求されてきた。これは、連結財務諸表制度の見直しにより連結情報を中心とした開示制度への転換が図られる中で、特に子会社を通じて行われる経営の多角化、国際化に関する情報の充実が求められたことによるものと考えられる。一方、本会計基準で採用したマネジメント・アプローチは、企業内部で使用されている情報を基礎としたセグメント情報を

財務諸表利用者に提供することを目的としていることから、企業の組織の形態によって、開示される情報を差別化することはもはや適当ではないと考えられる。このため、当委員会では、連結財務諸表を作成していない場合は、個別財務諸表の注記情報として本会計基準に基づくセグメント情報等の開示を求めることとした（第3項参照）。

基本原則

58. 本会計基準では、企業がセグメント情報等を開示するにあたっての基本的な考え方を、本会計基準の基本原則として示している（第4項及び第5項参照）。基本原則は、本会計基準の具体的な適用にあたって常に留意すべきものとして定められている。

59. 本会計基準の定めであっても、重要性が乏しく、財務諸表利用者の判断を誤らせる可能性がないと考えられる定めについては、これを適用することを要しない。

60. また、マネジメント・アプローチに基づき、最高経営意思決定機関の意思決定のために報告されている情報を基礎としている場合であっても、当該情報が財務諸表利用者の判断を誤らせる可能性があると考えられるときには、これを開示することは適当ではない。例えば、複数の企業を介在させて、各企業の帳簿上通過させるだけの取引のように、収益の総額表示が明らかに適当ではない取引について、損益計算書上は純額で処理しているにもかかわらず、最高経営意思決定機関に対して顧客からの対価の総額を報告していることを理由に、セグメント情報上、当該収益を総額により開示することは適当ではないと考えられる。

セグメント情報の開示
事業セグメントの識別
事業セグメントの定義

61. セグメント情報は、売上高、利益（又は損失）、資産その他の財務情報を、事業の構成単位に分別した情報である。本会計基準が採用したマネジメント・アプローチでは、経営者が経営上の意思決定を行い、また、業績を評価するために、企業の事業活動を区分した方法に基づいて、単一の区分方法によるセグメント情報を財務諸表に開示することとしているが、本会計基準では、当該目的で経営者の設定する企業の構成単位を「事業セグメント」というものとし、その定義を定めている（第6項参照）。

垂直に統合されている企業

62. 事業セグメントの収益及び費用には、同一企業内の他の構成単位との取引に関連する収益及び費用を含むこととしているため（第6項(1)参照）、事業セグメントには、企業内の他の事業セグメントに販売する企業の構成単位も含まれる。製造から販売までの各段階の構成単位に関する情報は、特定の事業のために垂直に統合した企業を理解するためには重要な場合がある。企業内部の事業活動であったとしても、その性質や経営環境がそれぞれ異なる場合には、こうした企業の構成単位が事業セグメントとなることがあると考えられる。

最高経営意思決定機関

63. 第8項に定める企業の最高経営意思決定機関は、取締役会、執行役員会議といった会議体である場合や、最高経営責任者（CEO）又は最高執行責任者（COO）といった個人である場合などが考えられる。

64. 事業セグメントは、企業の最高経営意思決定機関が、当該構成単位に配分すべき資源に関する意思決定を行い、また、その業績を評価するために、その経営成績を定期的に検討するものとされている（第6項(2)参照）。企業が行う配分すべき資源に関する意思決定又は業績評価の方法は、当該企業の規模や業種等によって多様であるものの、企業が行う各事業活動に関する経営計画等の決定と、その成果の事後的な評価等からなる場合が多いと考えられる。

分離された財務情報

65. 企業の構成単位が事業セグメントの要件を満たすためには、当該構成単位について分離された財務情報が入手できる必要がある（第6項(3)

参照）。当委員会では、この分離された財務情報に一定の条件を設けるべきかを検討した。特に、各構成単位の資産に関する情報については、分離された財務情報を入手できない場合があると考えられることから、分離された財務情報に資産に関する情報が含まれていることを条件とすべきかどうかについて検討した。

66. 従来のセグメント情報では、開示される各セグメントの売上高及び利益（又は損失）並びに資産について、一定の情報が開示されてきた。本会計基準においてマネジメント・アプローチを採用した結果、従来開示されていた項目が、セグメント情報上、開示されなくなることは適当ではないとする意見もあった。しかし、当委員会は、マネジメント・アプローチを採用した趣旨からすれば、企業は実際に最高経営意思決定機関に利用されている情報を基礎としてセグメント情報を開示すべきであり、開示のみを目的とした情報を作成することを要求すべきではないと判断し、事業セグメントの決定の基礎となる財務情報に、一定の情報が含まれていることを条件としないこととした。

セグメントの区分方法が複数ある場合の取扱い

67. 多くの場合、企業は事業セグメントの要件（第6項参照）に基づいて、事業セグメントの区分方法を特定することができる。しかしながら、企業において事業活動を様々な方法により分析した複数の報告書が作成され、最高経営意思決定機関がこれらを使用していることによって、事業セグメントの区分方法が複数ある場合がある。この場合、企業は、いずれの区分方法を事業セグメントとなる構成単位の区分方法とするかを決定する必要がある。本会計基準では、国際的な会計基準と同様に、この決定にあたっては、各構成単位の事業活動の特徴、それらについて責任を有する管理者の存在及び取締役会等に提出される情報などの要素を基準にして、企業の事業セグメントとなる構成単位の単一の区分方法を決定することとした（第9項参照）。

報告セグメントの決定
集約基準及び量的基準

68. 当委員会では、報告セグメントの決定方法として、識別した事業セグメントの集約基準及び量的基準が検討された。従来のセグメント情報の開示においても、企業が開示対象とすべきセグメントを決定するにあたって考慮すべき重要性の基準を定めており、また、「事業の種類別セグメント情報」の事業区分の決定について、製品の種類・性質、製造方法、販売市場等の類似性を考慮して、経営の多角化の実態を適切に反映した情報を開示できるようにしなければならないとされていた。

69. 識別されたすべての事業セグメントをセグメント情報として開示することが、経営者の視点を財務諸表利用者に提供するというマネジメント・アプローチの考え方と最も整合的であるという見方もある。しかし、こうした見方については、国際的な会計基準では、細分化され過ぎた構成単位の情報は、財務諸表利用者にとって有用ではなく、かつ企業が開示するにあたって負担になると考えられている。このため、国際的な会計基準では、報告すべきセグメントを決定するための集約基準及び量的基準を定めている。

70. 当委員会の検討においても、細分化され過ぎたセグメント情報は、財務諸表利用者にとって必ずしも有用な情報とはならないとの意見があった。このため、国際的な会計基準の取扱いを参考として、複数の事業セグメントをその経済的特徴の類似性等に基づいて集約するための基準が検討された。SFAS第131号では、小売チェーン店が個別に10店の店舗を所有し、各店舗がそれぞれ事業セグメントの要件を満たしていたとしても、各構成単位が同質であると考えられる場合、集約すべきであるとの例示がある。

71. 当委員会の検討の過程では、国際的な会計基準に定められている事業セグメントの集約基準は厳格過ぎるため、より柔軟な取扱いとすることも検討すべきではないかという意見もあった。しかしながら、事業セグメントは企業の経営者

が意思決定のために実際に用いている構成単位であり、マネジメント・アプローチが経営者の視点を財務諸表利用者に提供することを目的としている以上、事業セグメントの集約は、類似する事業上のリスクを有し、それらを集約しても財務諸表利用者の意思決定に重要な影響を与えない場合に限られるべきであるとされた。このため、本会計基準では、国際的な会計基準と同様に集約基準を定めることとした（第11項参照）。

72. また、マネジメント・アプローチを導入した結果、一部の企業において非常に多数の報告セグメントが開示される可能性があるとの意見があった。こうした指摘に対応するため、当委員会では、重要性の低い事業セグメントの開示を省略する際に考慮すべき量的基準についても検討した。検討の結果、本会計基準では、報告セグメントを決定する際に考慮すべき一定の基準値を定めることとした（第12項参照）。

73. 当委員会は、第12項の量的基準を満たさない複数の事業セグメントを結合して報告セグメントとすることができる要件についても定めることとした（第13項参照）。

74. 従来のセグメント情報の開示では、「その他」として一括されたセグメントを除く開示の対象となったセグメントの売上高合計が連結損益計算書の売上高の50％以下である場合には、その理由を明らかにするとともに「その他」として一括されたセグメントについて一定の事項を開示することとされていた。重要性の低い事業セグメントの開示を省略する際の基準値を検討するにあたっては、従来のセグメント情報開示の実務を考慮し、損益計算書の売上高の50％を基準値とすべきであるという意見がある一方で、区分されているセグメントの数が不十分という指摘があることからも、国際的な会計基準で定めている損益計算書の売上高の75％を基準値とすべきであるという意見があった。検討の結果、本会計基準では、国際的な会計基準と同様の基準値を定めることとした（第14項参照）。

75. 国際的な会計基準では、報告すべきセグメントの数には実務上一定の限度があると考えられており、その限度を正確に決定することはできないが、報告すべきセグメントの数が10を超える場合には、企業は当該区分によるセグメント情報を開示すべきか否かを検討すべきであるとされている。当委員会の検討においても、企業が報告すべきセグメント数の限度を定めることは、マネジメント・アプローチを採用する趣旨に反するのではないかという意見がある一方で、細分化され過ぎたセグメント情報は、財務諸表利用者にとって有用な情報とはならないと考えられることから、一定の限度を示すべきではないかという意見があった。検討の結果、報告セグメントの数が10を超えることは否定されないため、一定の限度を定めないこととした。ただし、セグメントの数が10を超える場合には、企業は、当該セグメント情報の区分方法が財務諸表利用者に適切な情報を提供するものであるかについて、慎重に判断することが必要になると考えられる。

76. 事業セグメントの量的な重要性が変化した結果、報告セグメントとして開示する事業セグメントの範囲を変更する場合には、前年度のセグメント情報との比較可能性を確保するため、その旨及び前年度のセグメント情報を当年度の報告セグメントの区分により作り直したものと比較して開示することとした。ただし、後者を開示することが実務上困難な場合には、セグメント情報に与える影響を開示することができる。この影響の開示には、当年度のセグメント情報を前年度の区分方法により作成した情報を開示することが含まれると考えられる（第16項参照）。

セグメント情報の開示項目と測定方法
報告セグメントの概要

77. 企業は、報告セグメントの概要として、(1)報告セグメントの決定方法、(2)各報告セグメントに属する製品及びサービスの種類を開示しなければならない（第18項参照）。本会計基準で採用しているマネジメント・アプローチでは、報告セグメントを決定する方法は企業によって異

なることとなる。したがって、財務諸表利用者が適切にセグメント情報を理解することができるように、報告セグメントの決定方法として、事業セグメントを識別するために用いた方法や複数の事業セグメントを集約したか否か等について開示する必要がある。

利益（又は損失）、資産及び負債等の額

78. 企業は、報告セグメントの利益（又は損失）の額を開示しなければならない（第19項参照）。この利益（又は損失）は、最高経営意思決定機関に報告される金額に基づいて開示される必要があるが（第23項参照）、本会計基準では当該利益（又は損失）の測定方法を特に定めていない。この取扱いは、各セグメントの営業利益（又は損失）や経常利益（又は損失）を開示するものとされていた従来のセグメント情報の開示の取扱いとは異なることに留意する必要がある。

79. 企業は、各報告セグメントの資産の額を開示しなければならない（第19項参照）。ただし、事業セグメントの財務情報として資産に関する情報がない場合には、事業セグメントに配分された資産がないものとして、その旨を開示することに留意する必要がある（第24項(3)なお書き参照）。

80. 各報告セグメントの負債の開示について、米国会計基準の検討では、企業は多くの場合に全社的な資金調達活動を目的とする借入金等の負債をセグメント別に配分しておらず、財務諸表利用者にとっても、各報告セグメントに関する負債の情報価値は比較的乏しいとされた。このため、SFAS第131号では、報告セグメントの負債金額の開示は要求されていない。一方、国際財務報告基準の検討では、最高経営意思決定機関による事業セグメントの資源配分の意思決定や業績評価にあたって、セグメント別の負債が考慮されている場合に、その金額を開示することは、マネジメント・アプローチの趣旨に矛盾しないとされた。このため、IFRS第8号では、事業セグメントごとの負債に関する情報が、企業の最高経営意思決定機関に定期的に提供されている場合、企業は、当該金額をセグメント

情報に開示する必要があるとし、SFAS第131号とは異なる取扱いを定めている。

81. 当委員会においても、各報告セグメントの負債の開示についての取扱いを検討した。国際財務報告基準が検討された際にも指摘されたように、例えば、各事業セグメントの負債の額そのものの情報や、各事業セグメントの資産の額から負債の額を控除した額の情報が、財務諸表利用者にとって有用である場合もあると考えられる。検討の結果、本会計基準では、IFRS第8号と同様、負債に関する情報が、最高経営意思決定機関に対して定期的に提供され、使用されている場合、企業は当該金額をセグメント情報で開示することとした（第20項参照）。

82. また、本会計基準では、セグメント情報として開示するその他の重要な項目の開示について定めている（第21項及び第22項参照）。公開草案では、第21項及び第22項の開示項目に関して、基本原則に照らして開示の必要性が乏しい項目については開示を省略することができる旨を明示していたが、この記載をしたことにより、この旨を明示していない他の項目に関しては重要性の取扱いが考慮されないのではないかと考える複数のコメントが寄せられる結果となった。当委員会では、重要性は本会計基準のすべての項目について考慮されるべきものであると考えているため、この記載を削除することとした。

測定方法に関する事項

83. マネジメント・アプローチは、企業の最高経営意思決定機関が意思決定のために使用する情報を基礎としてセグメント情報を開示する方法である。当委員会の検討では、財務諸表計上額との差異調整に関する情報が開示されるとしても、財務諸表と整合的でないセグメント情報は、財務諸表利用者の判断を誤らせる可能性があり、このため、第19項から第22項の定めに基づいて開示する項目の額については、財務諸表を作成するために採用される会計方針に準拠した測定方法に基づくべきではないかとの意見もあった。しかしながら、財務諸表とセグメント情報の整合性を重視する結果、企業がセグメント情報を

開示するためだけに作成した情報を開示することは、マネジメント・アプローチを採用した趣旨から適当ではない。本会計基準では、セグメント情報の各項目の測定方法について、財務諸表を作成するために採用される会計方針に準拠することを求めないこととした。

84. ただし、最高経営意思決定機関が意思決定のために使用している情報において、合理的ではない費用等の配分がなされている場合には、当該情報が、最高経営意思決定機関が意思決定のために使用している情報であったとしても、財務諸表利用者にとって有用な情報であるとはいえないと考えられる。このため、特定の収益、費用、資産又は負債を事業セグメントに配分する場合、企業は最高経営意思決定機関が使用する財務情報上、合理的な基準に従って配分する必要がある旨を定めている（第23項参照）。

85. また、本会計基準では、財務諸表利用者のセグメント情報の理解に資する情報として、第19項から第22項の定めに基づいて企業が開示する項目の額の測定方法について一定の事項を開示することとした（第24項参照）。当該事項として、企業は、財務諸表の計上額とセグメント情報の金額の差異についての情報や、当該開示項目の配分基準が相互に整合しているかなどについて記載する。企業は、事業セグメントに対して、特定の資産を配分することなく、関連する費用のみを配分することもあると考えられるが、このような場合には、その旨を開示するものとされている（第24項(6)参照）。

86. 事業セグメントの利益（又は損失）の測定方法を前年度に採用した方法から変更した場合、当該変更がセグメント情報に与える影響を開示することとされているが（第24項(5)参照）、測定方法の変更がセグメント情報に重要な影響を与えるときには、前年度のセグメント情報との比較可能性を確保する観点から、測定方法の変更による影響額そのものを開示する方法に代えて、前年度のセグメント情報を当年度の事業セグメントの利益（又は損失）の測定方法に基づき作り直した情報を開示することにより、その

影響を開示することが望ましい。なお、事業セグメントの利益（又は損失）の測定方法の変更は、会計方針の変更として取り扱わないことに留意する必要がある。これは、財務諸表における会計方針の変更に伴って事業セグメントの利益（又は損失）の測定方法を変更した場合であっても同様である。

差異調整に関する事項

87. 本会計基準では、第19項から第22項の定めに基づいて企業が開示する項目について、それぞれ報告セグメントの合計額と財務諸表計上額との間に生じている差異に関する事項を開示することとしている（第25項参照）。国際的な会計基準では、報告セグメントの利益（又は損失）合計額と損益計算書の税引前当期純利益（又は損失）あるいは当期純利益（又は損失）の差異に関する事項を開示することとされている。当委員会の検討の過程では、経営者の経営上の意思決定において、我が国では、営業利益（又は損失）や経常利益（又は損失）を重視している企業が多いのではないかという意見があった。また、従来のセグメント情報が各セグメントの営業利益（又は損失）又は経常利益（又は損失）に関する情報を開示している取扱いも考慮し、本会計基準では、報告セグメントの利益（又は損失）の合計額と、損益計算書に開示される利益（又は損失）のうち、企業の事業内容等から適当と判断される科目の財務諸表計上額との間の差異に関する事項の開示を求めることとした（第26項参照）。

組織変更等によるセグメントの区分方法の変更

88. 本会計基準では、企業の組織構造の変更等により報告セグメントを変更する場合には、事実の変化によるセグメントの区分方法の変更として取り扱い、その旨及び前年度のセグメント情報を当年度の区分方法により作り直した情報を開示するものとするが、後者を開示することが実務上困難な場合には、当年度のセグメント情報を前年度の区分方法により作成した情報を開示することができるとしている（第27項参照）。ただし、企業が従来とは大きく異なる組織体制

を採用した場合のように、当該情報を開示することが実務上困難な場合もあると考えられる。このような場合、本会計基準では、当該情報に代えて、その旨及びその理由を開示することとした（第28項参照）。

関連情報の開示
製品及びサービスに関する情報

89. 本会計基準は、製品・サービス区分に関して、外部顧客への売上高を開示することを定めている（第30項参照）。企業の製品又はサービス別の売上高の動向に関する情報は、財務諸表利用者が過去の業績と事業の成長可能性を評価するにあたり重要であると考えられる。

地域に関する情報

90. 本会計基準は、地域別の売上高及び有形固定資産の額を開示することを定めている（第31項参照）。異なる地域の顧客への売上高に関する情報は、財務諸表利用者が特定の地域における経済状況の悪化のリスクや経済状況の好転による事業の成長可能性を理解するために有用な情報であると考えられる。また、異なる地域に所在する有形固定資産に関する情報は、企業のリスクの集中（例えば、特定の地域における政治的リスク等）を理解するために有用な情報であると考えられる。

91. 従来のセグメント情報の「所在地別セグメント情報」や「海外売上高」においては、国又は近接する幾つかの国等をグルーピングした地域に区分した情報が開示されてきた。しかし、近接する幾つかの国等をグルーピングした場合、異なる経済状況や政治的リスクを有する国が1つの地域として集約されてしまう可能性がある。このため、本会計基準では、企業が事業活動を行う地域を国内と海外に大別した上で、海外のうち区分して開示すべき重要な国がある場合に、それを区分して開示することとしている。

92. 当委員会は、地域別の資産の情報として開示する資産の範囲について検討した。この検討にあたっては、地域に固有のリスクの影響は、必ずしも有形固定資産に限られるわけではなく、一部の流動資産にも関係すると考えられることから、各地域に配分される資産の総額を開示すべきであるという意見があった。一方で、配分される資産の総額を開示する場合、当該地域に固有のリスクとは必ずしも関係のない流動資産やその他の資産を含むことになり、当該関連情報の趣旨から適当ではないという意見があった。検討の結果、本会計基準では、地域別の資産の情報として、有形固定資産の額を開示することとした（第31項(2)参照）。この取扱いは、SFAS第131号の取扱いと同様である。なお、資産の移動が困難であると考えられる流動資産、例えば、販売用不動産や未成工事支出金に関する地域別の情報が、財務諸表利用者にとって重要であると考えられる場合には、有形固定資産の額に加えて、これらに係る額についても開示することが望ましい。

主要な顧客に関する情報

93. 本会計基準では、主要な顧客に関する情報についても、国際的な会計基準の取扱いを参考に定めている（第32項参照）。なお、同一の企業集団に属する顧客への売上高については、企業が知り得る限り、これを集約して主要な顧客に該当するか否かを判断することが望ましい。

固定資産の減損損失に関する報告セグメント別情報の開示

94. 従来のセグメント情報の「事業の種類別セグメント情報」では、連結財務諸表規則に定める取扱いにより、重要な減損損失を企業が認識した場合には、各セグメントへの影響額を開示することとされていた。これは、重要な減損損失は、減価償却費と同様に、資産残高に重要な影響を及ぼすことから開示が求められたものと考えられる。

95. 米国会計基準では、米国財務会計基準書第144号「長期性資産の減損又は処分の会計処理」において、減損した長期性資産（又は資産グルー

プ）がSFAS第131号に基づき報告されているときには当該セグメントを開示しなければならないとされている。また、国際会計基準第36号「資産の減損」においても、報告セグメント別の減損損失の金額を開示することとされている。

96．当委員会では、報告セグメント別の減損損失の開示を企業に求めることを検討した。マネジメント・アプローチによるセグメント情報において、経営者が実際に意思決定に用いている情報の中に減損損失が含まれていなければ、当該項目を開示することは求められていない。しかしながら、従来のセグメント情報において開示されてきた重要な項目について、本会計基準が適用された結果、開示されないこととなるのは適当ではないとする意見もある。また、国際的な会計基準においても、セグメント情報開示に関する会計基準以外の会計基準において、減損損失について報告セグメントと関連付けた開示が求められている。検討の結果、当委員会は、本会計基準において、固定資産の減損損失の報告セグメント別情報の開示について定めることとした（第33項参照）。

のれんに関する報告セグメント別情報の開示

97．当委員会では、のれんに関する報告セグメント別の開示についても検討した。減損損失の場合とは異なり、従来のセグメント情報では、のれんについてセグメント別の情報の開示を求めていないため、こうした情報の開示を企業に求めるのであれば、財務諸表を作成する企業の負担は増加することとなる。しかし、当委員会の検討では、企業の当期純利益（又は損失）に含まれるのれん及び負ののれんの償却額について報告セグメント別の情報を開示することは、財務諸表利用者が企業の報告セグメント別の将来キャッシュ・フローを予測する上で有用な情報であると考えられるため、開示を求めるべきではないかとの意見があった。また、これとあわせて、将来の期間の損益となるのれん及び負ののれんの未償却残高についても、その償却額と

同様に、有用であるとの意見があった。なお、米国会計基準では、米国財務会計基準書第142号「のれん及びその他の無形資産」において、のれんに関する一定の情報を報告セグメント別に提供すること、また、各報告セグメントののれんの配分額に重要な変動がある場合にはこれを開示することが定められている。検討の結果、当委員会は、本会計基準において、のれん及び負ののれんの償却額と未償却残高の報告セグメント別情報の開示について定めることとした（第34項参照）。

会計上の変更又は過去の誤謬の訂正を行った場合

97-2．企業会計基準第24号に従い、会計上の変更又は過去の誤謬の訂正を行う場合、財務諸表を作成するために採用した会計処理に基づく数値によるセグメント情報等に影響を与える。したがって、財務諸表の遡及処理（「遡及処理」とは、遡及適用、財務諸表の組替え又は修正再表示により、過去の財務諸表を遡及的に処理することをいう。）を行う場合は、前年度のセグメント情報等について、遡及処理の影響を反映した情報を開示することに留意が必要である。

適用時期等

98．本会計基準については、財務諸表作成者ほか各関係者における受入準備が必要であることを考慮して、平成22年4月1日以後開始する連結会計年度及び事業年度から適用することとしている（第35項参照）。

99．適用初年度においては、財務情報の期間比較可能性を確保する観点から、当年度のセグメント情報とともに報告される前年度のセグメント情報について、本会計基準に準拠して作り直したセグメント情報を開示するものとするが、これを開示することが実務上困難な場合には、当年度のセグメント情報を前年度のセグメント情報の取扱いに基づき作成した情報を開示できることとした（第36項参照）。しかしながら、い

ずれの方法によることも実務上困難な場合が想定されるため、このような場合には、当該情報に代えて、その旨及びその理由を記載すること

とした（第37項参照）。

以　上

企業会計基準第18号
資産除去債務に関する会計基準

〔平成20年3月31日〕
〔企業会計基準委員会〕

本企業会計基準は、平成24年5月17日までに公表された次の会計基準等による修正が反映されている。

・企業会計基準第26号「退職給付に関する会計基準」（平成24年5月17日公表）

目　的

1．本会計基準は、資産除去債務の定義、会計処理及び開示について定めることを目的とする。

2．平成20年3月31日に、本会計基準を適用する際の指針を定めた企業会計基準適用指針第21号「資産除去債務に関する会計基準の適用指針」が公表されているため、本会計基準の適用にあたっては、当該適用指針も参照する必要がある。

会計基準

用語の定義

3．本会計基準における用語の定義は、次のとおりとする。

(1)「資産除去債務」とは、有形固定資産の取得、建設、開発又は通常の使用によって生じ、当該有形固定資産の除去に関して法令又は契約で要求される法律上の義務及びそれに準ずるものをいう。この場合の法律上の義務及びそれに準ずるものには、有形固定資産を除去する義務のほか、有形固定資産の除去そのものは義務でなくとも、有形固定資産を除去する際に当該有形固定資産に使用されている有害物質等を法律等の要求による特別の方法で除去するという義務も含まれる。

(2) 有形固定資産の「除去」とは、有形固定資産を用役提供から除外することをいう（一時的に除外する場合を除く。）。除去の具体的な態様としては、売却、廃棄、リサイクルその他の方法による処分等が含まれるが、転用や用途変更は含まれない。

また、当該有形固定資産が遊休状態になる場合は除去に該当しない。

会計処理
資産除去債務の負債計上

4．資産除去債務は、有形固定資産の取得、建設、開発又は通常の使用によって発生した時に負債として計上する。

（資産除去債務を合理的に見積ることができない場合）

5．資産除去債務の発生時に、当該債務の金額を合理的に見積ることができない場合には、これを計上せず、当該債務額を合理的に見積ることができるようになった時点で負債として計上する。その場合の負債の計上の処理は、第10項及

び第11項に準じる。

資産除去債務の算定

6. 資産除去債務はそれが発生したときに、有形固定資産の除去に要する割引前の将来キャッシュ・フローを見積り、割引後の金額（割引価値）で算定する。

   (1) 割引前の将来キャッシュ・フローは、合理的で説明可能な仮定及び予測に基づく自己の支出見積りによる。その見積金額は、生起する可能性の最も高い単一の金額又は生起し得る複数の将来キャッシュ・フローをそれぞれの発生確率で加重平均した金額とする。将来キャッシュ・フローには、有形固定資産の除去に係る作業のために直接要する支出のほか、処分に至るまでの支出（例えば、保管や管理のための支出）も含める。

   (2) 割引率は、貨幣の時間価値を反映した無リスクの税引前の利率とする。

資産除去債務に対応する除去費用の資産計上と費用配分

7. 資産除去債務に対応する除去費用は、資産除去債務を負債として計上した時に、当該負債の計上額と同額を、関連する有形固定資産の帳簿価額に加える。

   資産計上された資産除去債務に対応する除去費用は、減価償却を通じて、当該有形固定資産の残存耐用年数にわたり、各期に費用配分する。

（資産除去債務が使用の都度発生する場合の費用配分の方法）

8. 資産除去債務が有形固定資産の稼動等に従って、使用の都度発生する場合には、資産除去債務に対応する除去費用を各期においてそれぞれ資産計上し、関連する有形固定資産の残存耐用年数にわたり、各期に費用配分する。

   なお、この場合には、上記の処理のほか、除去費用をいったん資産に計上し、当該計上時期と同一の期間に、資産計上額と同一の金額を費用処理することもできる。

（時の経過による資産除去債務の調整額の処理）

9. 時の経過による資産除去債務の調整額は、その発生時の費用として処理する。当該調整額は、期首の負債の帳簿価額に当初負債計上時の割引率を乗じて算定する。

資産除去債務の見積りの変更

（割引前将来キャッシュ・フローの見積りの変更）

10. 割引前の将来キャッシュ・フローに重要な見積りの変更が生じた場合の当該見積りの変更による調整額は、資産除去債務の帳簿価額及び関連する有形固定資産の帳簿価額に加減して処理する。資産除去債務が法令の改正等により新たに発生した場合も、見積りの変更と同様に取り扱う。

（割引前将来キャッシュ・フローの見積りの変更による調整額に適用する割引率）

11. 割引前の将来キャッシュ・フローに重要な見積りの変更が生じ、当該キャッシュ・フローが増加する場合、その時点の割引率を適用する。これに対し、当該キャッシュ・フローが減少する場合には、負債計上時の割引率を適用する。なお、過去に割引前の将来キャッシュ・フローの見積りが増加した場合で、減少部分に適用すべき割引率を特定できないときは、加重平均した割引率を適用する。

開　示
（貸借対照表上の表示）

12. 資産除去債務は、貸借対照表日後1年以内にその履行が見込まれる場合を除き、固定負債の区分に資産除去債務等の適切な科目名で表示する。貸借対照表日後1年以内に資産除去債務の履行が見込まれる場合には、流動負債の区分に表示する。

（損益計算書上の表示）

13. 資産計上された資産除去債務に対応する除去費用に係る費用配分額は、損益計算書上、当該資産除去債務に関連する有形固定資産の減価償却費と同じ区分に含めて計上する。

14. 時の経過による資産除去債務の調整額は、損

益計算書上、当該資産除去債務に関連する有形固定資産の減価償却費と同じ区分に含めて計上する。

15. 資産除去債務の履行時に認識される資産除去債務残高と資産除去債務の決済のために実際に支払われた額との差額は、損益計算書上、原則として、当該資産除去債務に対応する除去費用に係る費用配分額と同じ区分に含めて計上する。

(注記事項)

16. 資産除去債務の会計処理に関連して、重要性が乏しい場合を除き、次の事項を注記する。

(1) 資産除去債務の内容についての簡潔な説明

(2) 支出発生までの見込期間、適用した割引率等の前提条件

(3) 資産除去債務の総額の期中における増減内容

(4) 資産除去債務の見積りを変更したときは、その変更の概要及び影響額

(5) 資産除去債務は発生しているが、その債務を合理的に見積ることができないため、貸借対照表に資産除去債務を計上していない場合には、当該資産除去債務の概要、合理的に見積ることができない旨及びその理由

適用時期等

17. 本会計基準は、平成22年4月1日以後開始する事業年度から適用する。ただし、平成22年3月31日以前に開始する事業年度から適用することができる。

18. 適用初年度における期首残高の算定は次のように行い、両者の差額は適用初年度において原則として特別損失に計上する。

(1) 適用初年度の期首における既存資産に関連する資産除去債務は、適用初年度の期首時点における割引前将来キャッシュ・フローの見積り及び割引率により計算を行う。

(2) 適用初年度の期首における既存資産の帳簿価額に含まれる除去費用は、資産除去債務の発生時点における割引前将来キャッシュ・フローの見積り及び割引率が、適用初年度の期首時点と同一であったものとみなして計算し

た金額から、その後の減価償却額に相当する金額を控除した金額とする。

19. 適用初年度の期首における既存資産に関連する資産除去債務について引当金を計上している場合においても、資産除去債務及び関連する有形固定資産の期首残高は前項に従って算定するが、前期末における引当金の残高を資産除去債務の一部として引き継ぐ。

20. 本会計基準の適用については、会計基準の変更に伴う会計方針の変更として取り扱う。

議　決

21. 本会計基準は、第149回企業会計基準委員会に出席した委員11名全員の賛成により承認された。なお、出席した委員は、以下のとおりである。

（略）

結論の背景

経　緯

22. これまで我が国においては、例えば、電力業界で原子力発電施設の解体費用につき発電実績に応じて解体引当金を計上しているような特定の事例は見られるものの、国際的な会計基準で見られるような、資産除去債務を負債として計上するとともに、これに対応する除去費用を有形固定資産に計上する会計処理は行われていなかった。企業会計基準委員会は、有形固定資産のこのような除去に関する将来の負担を財務諸表に反映させることは投資情報として役立つという指摘などから、資産除去債務の会計処理を検討プロジェクトとして取り上げることとした。

　その検討の契機としては、国際会計基準審議会（IASB）との間で、日本の会計基準と国際財務報告基準（IFRS）との差異を縮小することを目的とした両会計基準のコンバージェンスに向けた作業を取り進めており、その中で、資産除去債務は、検討すべき項目の1つとして、共同プロジェクトの第3回会合（平成18年3月開催）において短期プロジェクト項目に追加されたことが挙げられる。

当委員会では、学識経験者を中心として平成18年7月に立ち上げたワーキング・グループでの検討を踏まえ、平成18年11月に資産除去債務専門委員会を設置し、学識経験者を含む専門委員による討議など幅広い審議を経て、資産除去債務に関する論点について検討を重ね、平成19年5月には、論点ごとに可能な限りの検討の方向性も示した「資産除去債務の会計処理に関する論点の整理」を取りまとめ、広く一般から意見を募集するために公表した。当委員会では、論点整理に寄せられた意見を踏まえ、さらに検討を重ね、平成19年12月には「資産除去債務に関する会計基準（案）」を公開草案として公表し、広く意見を求めた。その後、当該公開草案に対して寄せられた意見を参考にして、審議を行い、その内容を一部修正した上で公表するに至ったものである。

用語の定義
（資産除去債務の定義）

23. 本会計基準でいう有形固定資産には、財務諸表等規則において有形固定資産に区分される資産のほか、それに準じる有形の資産も含む。したがって、建設仮勘定やリース資産のほか、財務諸表等規則において「投資その他の資産」に分類されている投資不動産などについても、資産除去債務が存在している場合には、本会計基準の対象となることに留意する必要がある。

24. 本会計基準においては、資産除去債務を有形固定資産の除去に関わるものと定義している（第3項(1)参照）ことから、これらに該当しないもの、例えば、有形固定資産の使用期間中に実施する環境修復や修繕は対象とはならない。

25. 有形固定資産の使用期間中に実施する環境修復や修繕も、資産の使用開始前から予想されている将来の支出であり、資産除去債務と同様に扱わないことは整合性に欠けるのではないかとの見方がある。しかし、修繕引当金は、収益との対応を図るために当期の負担に属する金額を計上するための貸方項目であり、債務ではない引当金と整理されている場合が多いことや、操

業停止や対象設備の廃棄をした場合には不要となるという点で資産除去債務と異なる面があることから、本会計基準では取り扱わないものとした。

26. 本会計基準では、資産除去債務は有形固定資産の取得、建設、開発又は通常の使用により生じるものとしている（第3項(1)参照）。通常の使用とは、有形固定資産を意図した目的のために正常に稼働させることをいい、有形固定資産を除去する義務が、不適切な操業等の異常な原因によって発生した場合には、資産除去債務として使用期間にわたって費用配分すべきものではなく、引当金の計上や「固定資産の減損に係る会計基準」（平成14年8月企業会計審議会）（以下「減損会計基準」という。）の適用対象とすべきものと考えられる。

なお、土地の汚染除去の義務が通常の使用によって生じた場合で、それが当該土地に建てられている建物や構築物等の資産除去債務と考えられるとき（第45項参照）には、本会計基準の対象となる。

27. 有形固定資産の使用を終了する前後において、当該資産の除去の方針の公表や、有姿除却の実施により、除去費用の発生の可能性が高くなった場合に、資産除去債務の対象となるのかという議論が行われたが、有形固定資産を取得した時点又は通常の使用を行っている時点において法律上の義務又はそれに準ずるものが存在していない場合は、有形固定資産の取得、建設、開発又は通常の使用により生じるものには該当しないと考えられる。ただし、このような場合には、減損会計基準の対象となるほか、引当金計上の対象となる余地もあるものと考えられる。

28. 本会計基準では、資産除去債務を法令又は契約で要求される法律上の義務及びこれに準ずるものと定義している（第3項(1)参照）。企業が負う将来の負担を財務諸表に反映させることが投資情報として有用であるとすれば、それは法令又は契約で要求される法律上の義務だけに限定されない。また、資産除去債務は、国際的な会計基準においても必ずしも法律上の義務に限

定されていないことから、本会計基準では、資産除去債務の定義として、法律上の義務に準ずるものも含むこととした。

　本会計基準における法律上の義務に準ずるものとは、債務の履行を免れることがほぼ不可能な義務を指し、法令又は契約で要求される法律上の義務とほぼ同等の不可避的な義務が該当する。具体的には、法律的な解釈により当事者間での清算が要請される債務に加え、過去の判例や行政当局の通達等のうち、法律上の義務とほぼ同等の不可避的な支出が義務付けられるものが該当すると考えられる。したがって、有形固定資産の除去が企業の自発的な計画のみによって行われる場合は、法律上の義務に準ずるものには該当しないこととなる。

29. 企業が所有する有形固定資産に特定の有害物質が使用されており、有形固定資産を除去する際に当該有害物質を一定の方法により除去することが、法律等により義務付けられている場合がある。このような場合については、有形固定資産自体の除去について法律上の義務又はこれに準ずるものがあるときにのみ、資産除去債務に含めるべきであるとする見方もあるが、将来、有形固定資産の除去時点で有害物質の除去を行うことが不可避的であるならば、現時点で当該有害物質を除去する義務が存在しているものと考えざるを得ない。このため、有形固定資産自体を除去する義務はなくとも当該有形固定資産に使用されている有害物質自体の除去義務は資産除去債務に含まれるとの見方をとることとした。なお、この場合に資産除去債務の計上の対象となるのは、当該有形固定資産の除去費用全体ではなく、有害物質の除去に直接関わる費用である。

30. 転用や用途変更は企業が自ら使用を継続するものであり、当該有形固定資産を用役提供から除外することにはならないため、除去の具体的な態様には含めていない（第3項(2)参照）。

会計処理
資産除去債務の負債計上
（現行の会計基準における取扱い）

31. 我が国においては、「企業会計原則と関係諸法令との調整に関する連続意見書」（昭和35年6月大蔵省企業会計審議会）第三「有形固定資産の減価償却について」にあるとおり、有形固定資産の耐用年数到来時に、解体、撤去、処分等のために費用を要するときには、その残存価額に反映させることとされている。ただし、有形固定資産の減価償却はこれまで取得原価の範囲内で行われてきたこともあり、残存価額がマイナス（負の値）になるような処理は想定されず、実際に適用されてきてはいなかったと考えられる。また、当該費用の発生が当該残存価額の設定にあたって予見できなかった機能的原因等により著しく不合理になったことなどから残存価額を修正することとなった場合には、臨時償却として処理することも考えられるが、残存価額をマイナスにしてこのような会計処理を行うこともなかったと考えられる。

　さらに、有形固定資産の取得後、当該有形固定資産の除去に係る費用が企業会計原則注解（注18）を満たす場合には、当期の負担に属する金額を当期の費用又は損失として引当金に繰り入れることとなる。しかし、このような引当金処理は、計上する必要があるかどうかの判断規準や、将来において発生する金額の合理的な見積方法が必ずしも明確ではなかったことなどから、これまで広くは行われてこなかったのではないかと考えられる。

（資産除去債務の会計処理の考え方）

32. 有形固定資産の耐用年数到来時に解体、撤去、処分等のために費用を要する場合、有形固定資産の除去に係る用役（除去サービス）の費消を、当該有形固定資産の使用に応じて各期間に費用配分し、それに対応する金額を負債として認識する考え方がある。このような考え方に基づく会計処理（引当金処理）は、資産の保守のような用役を費消する取引についての従来の会計処理から考えた場合に採用される処理である。こ

うした考え方に従うならば、有形固定資産の除去などの将来に履行される用役について、その支払いも将来において履行される場合、当該債務は通常、双務未履行であることから、認識されることはない。

しかし、法律上の義務に基づく場合など、資産除去債務に該当する場合には、有形固定資産の除去サービスに係る支払いが不可避的に生じることに変わりはないため、たとえその支払いが後日であっても、債務として負担している金額が合理的に見積られることを条件に、資産除去債務の全額を負債として計上し、同額を有形固定資産の取得原価に反映させる処理（資産負債の両建処理）を行うことが考えられる。

33. 引当金処理に関しては、有形固定資産に対応する除去費用が、当該有形固定資産の使用に応じて各期に適切な形で費用配分されるという点では、資産負債の両建処理と同様であり、また、資産負債の両建処理の場合に計上される借方項目が資産としての性格を有しているのかどうかという指摘も考慮すると、引当金処理を採用した上で、資産除去債務の金額等を注記情報として開示することが適切ではないかという意見もある。

34. しかしながら、引当金処理の場合には、有形固定資産の除去に必要な金額が貸借対照表に計上されないことから、資産除去債務の負債計上が不十分であるという意見がある。また、資産負債の両建処理は、有形固定資産の取得等に付随して不可避的に生じる除去サービスの債務を負債として計上するとともに、対応する除去費用をその取得原価に含めることで、当該有形固定資産への投資について回収すべき額を引き上げることを意味する。この結果、有形固定資産に対応する除去費用が、減価償却を通じて、当該有形固定資産の使用に応じて各期に費用配分されるため、資産負債の両建処理は引当金処理を包摂するものといえる。さらに、このような考え方に基づく処理は、国際的な会計基準とのコンバージェンスにも資するものであるため、本会計基準では、資産負債の両建処理を求めることとした（第7項参照）。

（資産除去債務を合理的に見積ることができない場合）

35. 資産除去債務の履行時期を予測することや、将来の最終的な除去費用を見積ることが困難であるため、合理的に資産除去債務を算定できない場合がある。このような場合は、当該債務の金額を合理的に見積ることができない場合（第5項参照）に該当し、第16項(5)に定める注記を行うことになる。

資産除去債務の算定
（資産除去債務の測定値の属性とそれに見合う割引率）

36. 資産除去債務の算定における割引前将来キャッシュ・フローについては、市場の評価を反映した金額によるという考え方と、自己の支出見積りによるという考え方がある。また、割引率についても、無リスクの割引率が用いられる場合と無リスクの割引率に信用リスクを調整したものが用いられる場合が考えられる。当委員会では、割引前将来キャッシュ・フローの測定値の属性とそれに見合う割引率の組合せについて検討を行った。

37. 市場の評価を反映した金額という考え方による場合、資産除去債務について、市場価格を観察することができれば、それに基づく価額を時価として用いることが考えられるが、通常、その市場価格を観察することはできないため、市場があるものと仮定して、そこで織り込まれるであろう要因を割引前将来キャッシュ・フローの見積りに反映するという考え方によることになる。この場合には、自己の信用リスクが高いときには市場の評価を反映した将来キャッシュ・フローの見積額が増加することとなるという見方と、将来キャッシュ・フローの見積額は信用リスクによって増加するものではないという見方がある。

前者の見方は、現時点で処理業者との間で、対象となる有形固定資産の除去の実行時に支払を行うという契約を締結することを想定すれば、将来の支払額は信用リスクの分だけ高い金額が要求されることになるとの考え方に基づくもの

である。しかし、この見方に対しては、そのような契約形態は、通常、市場がないために現実的な想定とは考えにくく、また、仮にそのような契約形態を採るとしても、自己の信用リスクについて市場の評価を反映した将来キャッシュ・フローの見積額は他の条件が一定の場合、除去を実行する時期が近づくにつれて、実際の除去に要する支出額に近づくこととなり、その算定を毎期末行うことは極めて煩雑であるといった意見もある。したがって、市場の評価を反映した金額という考え方をとったとしても、前者の見方のように自己の信用リスクを加味すべきものとは必ずしもいえないと考えられる。

38. 一方、自己の支出見積りによる場合には、原状回復における過去の実績や、有害物質等に汚染された有形固定資産の処理作業の標準的な料金の見積りなどを基礎とすることになると考えられ、前項の後者の見方と同様に、自己の信用リスクは将来キャッシュ・フローの見積りには影響を与えないものと考えられる。

　自己の支出見積りと市場の評価を反映した金額との間に生じ得る相違として、前項のような自己の信用リスクの議論とは別に、市場が想定する支出額（として企業が見積る金額）よりも自ら処理する場合の支出見積額の方が低い場合が考えられるが、現実には市場の想定する支出額というものが客観的に明らかでないことが多いため、実務的には大きな相違とはならないことが多いものと考えられる。また、仮に市場が想定する支出額よりも自ら処理する場合の支出見積額の方が低い場合、自らの効率性による利益は、履行時に反映されるべきであるという考え方もあるが、企業の投資上、資産の除去は、通常、単独ではなく有形固定資産の投資プロジェクトの一環として行われるため、当該有形固定資産の耐用年数にわたり、その効率性を反映させていく方が妥当であると考えられる。

　以上のことから、本会計基準では、将来における自己の支出見積りが資産除去債務の測定値の属性の基礎として適当であるものと判断した（第6項(1)参照）。

39. 割引前の将来キャッシュ・フローの見積金額には、生起する可能性の最も高い単一の金額（最頻値）又は生起し得る複数のキャッシュ・フローをそれぞれの発生確率で加重平均した金額（期待値）を用いる（第6項(1)参照）が、いずれにしても、将来キャッシュ・フローが見積値から乖離するリスクを勘案する必要がある。将来キャッシュ・フローが見積値から乖離するリスクは、減損会計基準注解（注6）で言及されているリスクと同じ性質のものであり、リスク選好がリスク回避型である一般の経済主体にとってマイナスの影響を有するものであるため、資産除去債務の見積額を増加させる要素となる。

40. 割引前の将来キャッシュ・フローとして、自己の信用リスクの影響が含まれていない支出見積額を用いる場合に、無リスクの割引率を用いるか、信用リスクを反映させた割引率を用いるかという点については、割引前の将来キャッシュ・フローに信用リスクによる加算が含まれていない以上、割引率も無リスクの割引率とすることが整合的であるという考え方がある。この考え方は、①退職給付債務の算定においても無リスクの割引率が使用されていること、②同一の内容の債務について信用リスクの高い企業の方が高い割引率を用いることにより負債計上額が少なくなるという結果は、財政状態を適切に示さないと考えられること、③資産除去債務の性格上、自らの不履行の可能性を前提とする会計処理は、適当ではないこと、などの観点から支持されている。

　一方、信用リスクを反映させた割引率を用いるべきであるという意見は、まず、割引前の将来キャッシュ・フローの見積額に自己の信用リスクの影響を反映させている場合には整合的であるという理由による。また、割引前の将来キャッシュ・フローに信用リスクの影響が含まれていない場合であっても、翌期以降に資金調達と同様に利息費用を計上することを重視する観点からは、信用リスクを反映させた割引率を用いる考え方がある。さらに、それが信用リスクに関わりなく生ずる支出額であるときには、

信用リスクを反映させた割引率で割り引いた現在価値が負債の時価になると考えられることを論拠としている。

しかし、これについては、資産除去債務の計上額の算定において信用リスクを反映させた割引率を用いるとすることに、前述した②や③の問題を上回るような利点があるのかどうか疑問がある。有利子負債やそれに準ずるものと考えられるリース債務と異なり、明示的な金利キャッシュ・フローを含まない債務である資産除去債務については、退職給付債務と同様に無リスクの割引率を用いることが現在の会計基準全体の体系と整合的であると考えられる。

これらのことから、本会計基準においては、無リスクの割引率を用いるのが適当であると考えた（第6項(2)参照）。

資産除去債務に対応する除去費用の資産計上と費用配分

（資産除去債務に対応する除去費用の資産計上）

41. 資産除去債務を負債として計上する際、当該除去債務に対応する除去費用をどのように会計処理するかという論点がある。本会計基準では、債務として負担している金額を負債計上し、同額を有形固定資産の取得原価に反映させる処理を行うこととした。このような会計処理（資産負債の両建処理）は、有形固定資産の取得に付随して生じる除去費用の未払の債務を負債として計上すると同時に、対応する除去費用を当該有形固定資産の取得原価に含めることにより、当該資産への投資について回収すべき額を引き上げることを意味する。すなわち、有形固定資産の除去時に不可避的に生じる支出額を付随費用と同様に取得原価に加えた上で費用配分を行い、さらに、資産効率の観点からも有用と考えられる情報を提供するものである。

42. なお、資産除去債務に対応する除去費用を、当該資産除去債務の負債計上額と同額の資産として計上する方法として、当該除去費用の資産計上額が有形固定資産の稼動等にとって必要な除去サービスの享受等に関する何らかの権利に

相当するという考え方や、将来提供される除去サービスの前払い（長期前払費用）としての性格を有するという考え方から、資産除去債務に関連する有形固定資産とは区別して把握し、別の資産として計上する方法も考えられた。

しかし、当該除去費用は、法律上の権利ではなく財産的価値もないこと、また、独立して収益獲得に貢献するものではないことから、本会計基準では、別の資産として計上する方法は採用していない。当該除去費用は、有形固定資産の稼動にとって不可欠なものであるため、有形固定資産の取得に関する付随費用と同様に処理することとした（第7項参照）。

43. 資産除去債務に対応する金額を有形固定資産の取得原価に含めて資産計上する場合、実務上の負担等を勘案すると、関連する有形固定資産と区分して別の資産として管理することは妨げられないが、その場合でも、財務諸表上は、有形固定資産として表示することが必要である。

44. 本会計基準適用後の減損会計基準の適用にあたっては、資産除去債務が負債に計上されている場合には、除去費用部分の影響を二重に認識しないようにするため、将来キャッシュ・フローの見積りに除去費用部分を含めないこととなる。

（費用配分の方法）

45. 資産除去債務に関連する有形固定資産の帳簿価額の増加額として資産計上された金額は、減価償却を通じて、当該有形固定資産の残存耐用年数にわたり、各期に費用配分されることになる（第7項参照）。なお、資産計上された除去費用が有形固定資産の減価償却を通じて各期に費用配分されるとすると、土地に関連する除去費用（土地の原状回復費用等）は当該土地が処分されるまでの間、費用計上されないことになるのではないかという意見もある。しかし、土地の原状回復等が法令又は契約で要求されている場合の支出は、一般に当該土地に建てられている建物や構築物等の有形固定資産に関連する資産除去債務であると考えられる。このため、土地の原状回復費用等は、当該有形固定資産の

減価償却を通じて各期に費用配分されることとなる。

(資産除去債務が使用の都度発生する場合の費用配分の方法)

46. 有形固定資産の使用に応じて汚染等が発生し、将来、原状回復のための除去の支出が生じると考えられるような場合には、当該有形固定資産に係る資産除去債務は各期において負債の増加分として認識される。この場合、第7項に従えば資産除去債務に対応する除去費用も各期においてそれぞれ資産計上し、関連する有形固定資産の残存耐用年数にわたり、各期に費用配分することになる（第8項参照）。ただし、本会計基準では、当該費用配分の合理的な方法として、米国会計基準と同様に、除去費用を資産計上し、当該計上時期と同一の期間に、資産計上額と同一の金額を費用処理することも認められることとした（第8項なお書き参照）。この場合においても、当該資産除去債務は割引後の金額で計上することとなる。

　なお、通常、資産除去債務は有形固定資産の取得、建設又は開発の時点で発生するものであり、このように使用の都度発生する場合は極めて例外的と考えられる。

47. 資産除去債務が使用の都度発生する場合の費用配分に関して、第7項に従った処理方法（第8項参照）は除去費用に係る費用配分が有形固定資産の使用期間の後半に著しく偏ることとなるため妥当とはいえないとして、第8項なお書きの方法（除去費用をいったん資産計上し、当該計上時期と同一の期間に、資産計上額と同一の金額を費用処理する方法）のみを認めることとすべきであるとの意見があった。また、結果が大きく異なり得る2つの方法を認めることは比較可能性を損なうおそれがあるとの意見もあった。しかし、本会計基準における原則的な費用配分方法である第7項の考え方の適用を否定すべきではないと考えられるとともに、なお書きの方法が合理的な費用配分となる場合もあると考えられることから、2つの方法を認めることが適切と判断した。

(時の経過による資産除去債務の調整額の処理)

48. 時の経過による資産除去債務の調整額は、期首現在の負債の帳簿価額に負債計上時の割引率を乗じて算定し、発生時の費用として処理する（第9項参照）。この調整額は、退職給付会計における利息費用と同様の性格を有するものといえる。

(割引率の固定)

49. 割引率については、米国会計基準と同様に、変更を行わずに負債計上時の割引率を用いる方法によることとした。割引率を毎期見直すとした場合、毎期末において変更後の負債額を貸借対照表に反映させることになるが、このような負債の計上に割引率の変更を反映させることについては、他の負債の取扱いとの整合性に問題があるとの意見があった。また、割引率を負債計上時の割引率に固定する方法は、時の経過によって一定の利息相当額を配分するものであり、関連する有形固定資産について減価償却という費用配分が行われることとも整合的であると考えられる。

資産除去債務の見積りの変更

(将来キャッシュ・フローの見積りの変更)

50. 資産除去債務の見積りの変更から生じる調整を、会計上どのように処理するかについては、資産除去債務に係る負債及び関連する有形固定資産の帳簿価額に加減して、減価償却を通じて残存耐用年数にわたり費用配分を行う方法（プロスペクティブ・アプローチ）、資産除去債務に係る負債及び有形固定資産の残高の調整を行い、その調整の効果を一時の損益とする方法（キャッチアップ・アプローチ）又は資産除去債務に係る負債及び有形固定資産の残高を過年度に遡及して修正する方法（レトロスペクティブ・アプローチ）の3つの方法が考えられる。

51. このような会計上の見積りの変更については、国際的な会計基準において、将来に向かって修正する方法が採用されていることに加え、我が国の現行の会計慣行においても耐用年数の変更については影響額を変更後の残存耐用年数で処

理する方法が一般的であることなどから、プロスペクティブ・アプローチにより処理することとした。この場合、割引前の将来キャッシュ・フローの見積りの変更による調整額は、資産除去債務に係る負債の帳簿価額及び関連する有形固定資産の帳簿価額に加減して取り扱うことになる（第10項参照）。

52. 資産除去債務が法令の改正等により新たに発生した場合は、会計処理の対象となる新たな事実の発生であるが、将来キャッシュ・フローの見積りの変更と同様に処理する（第10項参照）。ただし、この場合、影響が特に重要であれば、重要な法律改正又は規制強化による法律的環境の著しい悪化（企業会計基準適用指針第6号「固定資産の減損に係る会計基準の適用指針」第14項(3)）として、「減損の兆候」に該当することとなる。

　また、これまで合理的に見積ることができなかった資産除去債務の金額を合理的に見積ることができるようになった場合についても、将来キャッシュ・フローの見積りの変更と同様に処理する（第5項参照）が、この場合も、資産に係る将来キャッシュ・フローに関する不利な予想が明確になったものであることから、減損の兆候として扱うべきものと考えられる。

（割引前将来キャッシュ・フローの見積りの変更による調整額に適用する割引率）

53. 割引前の将来キャッシュ・フローに重要な見積りの変更が生じた場合、その調整額に適用する割引率は、米国会計基準と同様に、キャッシュ・フローの増加部分については新たな負債の発生と同様のものとして、その時点の割引率を適用し、キャッシュ・フローが減少する場合は負債計上時の割引率を適用することとした（第11項参照）。

開　示

（損益計算書上の表示：時の経過による資産除去債務の調整額）

54. 時の経過による資産除去債務の調整額の損益計算書上の区分について、営業費用又は営業外

費用のいずれに含めるか検討を行った。時の経過による資産除去債務の調整額は、資産除去債務の履行に関する資金調達費用と見ることができるため、財務費用として営業外費用に含めることが適切であるという見方もある。また、国際財務報告基準においては財務費用としての処理を求めている。

55. しかしながら、時の経過による資産除去債務の調整額は、実際の資金調達活動による費用ではないこと、また、同種の計算により費用を認識している退職給付会計における利息費用が退職給付費用の一部を構成するものとして整理されていることを考慮し、本会計基準では、資産除去債務に係る費用は、時の経過による資産除去債務の調整額部分も含め、対象となる有形固定資産の減価償却費と同じ区分に含めて計上することがより適切であるとした（第14項参照）。

（損益計算書上の表示：資産除去債務の履行時に認識される差額）

56. 資産除去債務の履行時に認識される資産除去債務計上額と資産除去債務の決済のために実際に支払われた額との差額の損益計算書上の区分について、営業費用又は特別損益（又は営業外損益）のいずれに含めるか検討を行った。当該差額は、固定資産除却損と同様、営業費用に含めて処理するのは適切ではなく、また、過年度における見積りの誤差部分も多く含まれていることから、特別損益又は営業外損益として処理すべきであるとの見方もあった。

57. しかしながら、除去費用の総額が固定資産の利用期間にわたって配分され、将来キャッシュ・フローに重要な見積りの変更が生じた場合には資産除去債務の計上額が見直されることを前提とすれば、資産除去債務の履行時に認識される差額についても、固定資産の取得原価に含められて減価償却を通じて費用処理された除去費用と異なる性格を有するものではないといえる。

58. そのため、本会計基準では、資産除去債務計上額と実際の支出額との差額は、当該資産除去債務に対応する除去費用に係る費用配分額と同

じ区分に含めて計上することを原則とした（第15項参照）。

　なお、当初の除去予定時期よりも著しく早期に除去することとなった場合等、当該差額が異常な原因により生じたものである場合には、特別損益として処理することに留意する。

（注記事項）

59. 資産除去債務の見積りにあたっては、将来における有形固定資産の除去時に生ずる支出額を当該有形固定資産の取得時に見積ることから、多くの仮定に基づき、不確実な要素も考慮することになるため、米国会計基準の定めにならって、支払金額及び支払時期についての不確実性の内容の注記を求めるべきだとする見方もあった。しかしながら、不確実性の内容の注記が財務諸表の利用者の理解への助けになり得るのか明確でないこと、見積りにあたっての諸要素の設定において、その不確実性を考慮するとすれば、むしろその見積りに関する情報の開示を行うことがより有用であると考えられることなどから、支出発生までの見込期間、見積りにあたって適用した割引率その他の前提条件の注記を求めることとした（第16項(2)参照）。

60. 資産除去債務の将来における債務履行を確実に行うための対応をどのように準備しているかという情報は有用であるとの観点から、貸借対照表に計上された資産の中に資産除去債務の履行に関連して法的に制限されたものがある場合は、通常の担保資産に関する注記と同様の注記を求めるべきだとする見方もある。海外においては資産除去債務の履行のための資金の積立てが制度化されているところもあり、米国基準ではこのような資産に係る注記が要求されている。しかし、我が国ではそのような資金積立の制度は一般的ではないことなどから、基準に明記する必要性は乏しいと判断した。ただし、そのような資産の存在が重要であれば、「資産除去債務の内容についての簡潔な説明」（第16項(1)参照）の中で記載することが適当と考えられる。

適用時期等
（適用初年度における期首残高の算定）

61. 本会計基準を最初に適用する際に、どの時点での見積りを使用するかが問題となる。資産除去債務の発生時から本会計基準を適用していたのと同様の結果となるべきであるという考え方によるならば、その時点に遡って当時の経営環境等に基づいて各種の見積りを行うことが妥当といえる。

　しかしながら、固定資産の取得時点の情報を十分な信頼性をもって収集するのは現実的ではないと考えられること、また、固定資産の取得時点から本会計基準適用開始時までの間の変化を織り込む際に相当の恣意性が介入する余地があることを考慮すると、本会計基準の適用初年度の期首時点における合理的な見積りを用いて資産除去債務を算定するのが実務的にも合理的であると判断した（第18項参照）。

（期首残高の調整方法）

62. 適用初年度における期首残高の調整の方法としては、将来キャッシュ・フローの見積りの変更に関する調整の方法（第50項参照）と同様に3つの方法が考えられるが、本会計基準ではキャッチアップ・アプローチを採用し、資産除去債務に対応する除去費用の期首残高は資産除去債務の発生後の期間の減価償却額に相当する金額を控除した金額によるものとしている。

　将来キャッシュ・フローの見積りの変更と同じくプロスペクティブ・アプローチによって、適用初年度の期首において資産及び負債を同額だけ計上する方法の採用も検討の対象とした。しかし、適用初年度においては、使用開始後相当の期間を経過した有形固定資産が対象となる場合が多いことから、プロスペクティブ・アプローチを採用した場合に資産の残高が回収可能価額を大きく上回る結果となる可能性を無視できないため、プロスペクティブ・アプローチを採用する場合には、減損損失の認識の要否の検討を要求する必要があると考えられる。適用初年度においては、検討対象とすべき資産が多数にのぼることが考えられ、そのような取扱いは

実務上過大な負担となるおそれがあることなどを考慮した結果、適用初年度の期首残高の調整方法としては、キャッチアップ・アプローチがより適切と判断した。

キャッチアップ・アプローチにおいても対象資産の帳簿価額が回収可能価額を超過する可能性は皆無ではないが、その可能性は低くなるものと考えられることから、他に減損の兆候がない限り、適用初年度において減損損失の認識の要否を検討する必要はない。

なお、適用初年度の期中において、資産除去債務の金額の合理的な見積りがはじめて可能となった場合（第5項参照）や、法令の改正等により資産除去債務が新たに発生した場合（第10項参照）には、見積りの変更として、プロスペクティブ・アプローチによって処理することとなる。

（本会計基準適用による期首差額の取扱い）

63. 適用初年度の期首において新たに負債として計上される資産除去債務の金額は、時の経過により当初発生時よりも増加する。さらに、適用初年度の期首残高の調整をキャッチアップ・アプローチで行うことから、資産に追加計上される除去費用の金額は、過年度の減価償却費相当額だけ当初発生時よりも減少するため、負債の増加額の方が資産の増加額よりも大きくなる。

この差額をどのように取り扱うかについては、適用初年度の損失として一時に計上する方法のほかに、将来の一定期間にわたって費用処理する方法や、適用初年度の期首利益剰余金の調整項目とする方法も検討の対象とした。

将来の一定期間にわたって費用処理する方法は、「退職給付に係る会計基準」（平成10年6月企業会計審議会。平成24年5月に企業会計基準第26号「退職給付に関する会計基準」に改正されている。）の適用時に採用された方法であるが、その後に公表された減損会計基準が適用時の影響額の分割計上を容認しなかった経緯などを考慮すると、本会計基準において採用することは適当でないと考えられる。

また、適用初年度の期首利益剰余金の調整項目とする方法は、本来的には過年度の財務諸表に対する新たな会計基準の遡及適用が前提となるものであり、本会計基準においてそのような処理を妥当とする事情は見出せない。

したがって、本会計基準においては、適用初年度の期首差額については当該年度の損益として一時に計上する方法によることとした（第18項参照）。

以　上

企業会計基準第20号

賃貸等不動産の時価等の開示に関する会計基準

平成20年11月28日
改正平成23年 3 月25日
企業会計基準委員会

本会計基準は、2019年7月4日までに公表された次の会計基準等による修正が反映されている。

・企業会計基準第9号「棚卸資産の評価に関する会計基準」（2019年7月4日改正）

目　次

目　的

1．本会計基準は、財務諸表の注記事項としての賃貸等不動産の時価等の開示について、その内容を定めることを目的とする。

2．平成20年11月28日に、本会計基準を適用する際の指針を定めた企業会計基準適用指針第23号「賃貸等不動産の時価等の開示に関する会計基準の適用指針」が公表されている。本会計基準の適用にあたっては、当該適用指針も参照する必要がある。

会計基準

範　囲

3．本会計基準は、賃貸等不動産を保有する企業に適用する。なお、連結財務諸表において賃貸等不動産の時価等の開示を行っている場合には、個別財務諸表での開示を要しない。

用語の定義

4．本会計基準における用語の定義は次のとおりとする。

(1) 「時価」とは、公正な評価額をいう。通常、それは観察可能な市場価格に基づく価額をいい、市場価格が観察できない場合には合理的に算定された価額をいう。

(2) 「賃貸等不動産」とは、棚卸資産に分類されている不動産以外のものであって、賃貸収益又はキャピタル・ゲインの獲得を目的として保有されている不動産（ファイナンス・リース取引の貸手における不動産を除く。）をいう。したがって、物品の製造や販売、サービスの提供、経営管理に使用されている場合は賃貸等不動産には含まれない。

賃貸等不動産の範囲

5．賃貸等不動産には、次の不動産が含まれる。

(1) 貸借対照表において投資不動産（投資の目的で所有する土地、建物その他の不動産）として区分されている不動産

(2) 将来の使用が見込まれていない遊休不動産

(3) 上記以外で賃貸されている不動産

6．賃貸等不動産には、将来において賃貸等不動産として使用される予定で開発中の不動産や継続して賃貸等不動産として使用される予定で再開発中の不動産も含まれる。また、賃貸を目的として保有されているにもかかわらず、一時的に借手が存在していない不動産についても、賃貸等不動産として取り扱う。

7．不動産の中には、物品の製造や販売、サービ

スの提供、経営管理に使用されている部分と賃貸等不動産として使用される部分で構成されるものがあるが、賃貸等不動産として使用される部分については、賃貸等不動産に含める。なお、賃貸等不動産として使用される部分の割合が低いと考えられる場合は、賃貸等不動産に含めないことができる。

賃貸等不動産に関する注記事項

8．賃貸等不動産を保有している場合は、次の事項を注記する。ただし、賃貸等不動産の総額に重要性が乏しい場合は注記を省略することができる。また、管理状況等に応じて、注記事項を用途別、地域別等に区分して開示することができる。
　(1) 賃貸等不動産の概要
　(2) 賃貸等不動産の貸借対照表計上額及び期中における主な変動
　(3) 賃貸等不動産の当期末における時価及びその算定方法
　(4) 賃貸等不動産に関する損益

適用時期

9．平成20年公表の本会計基準（以下「平成20年会計基準」という。）は、平成22年3月31日以後終了する事業年度の年度末に係る財務諸表から適用する。ただし、当該事業年度以前の事業年度の期首から適用することを妨げない。

9-2．平成23年改正の本会計基準（以下「平成23年改正会計基準」という。）は、平成23年4月1日以後開始する連結会計年度及び事業年度の期首から適用する。

議　決

10．平成20年会計基準は、第166回企業会計基準委員会に出席した委員13名全員の賛成により承認された。なお、出席した委員は、以下のとおりである。
　　　（略）

10-2．平成23年改正会計基準は、第221回企業会計基準委員会に出席した委員11名全員の賛成に

より承認された。なお、出席した委員は、以下のとおりである。
　　　（略）

結論の背景

経　緯

11．我が国において固定資産に区分されている不動産は、一般に、原価評価（取得原価から減価償却累計額等を控除した金額で計上）されている。これに対して、国際財務報告基準（IFRS）では国際会計基準（IAS）第40号「投資不動産」において、棚卸資産や企業が自ら使用するものを除く、賃貸収益又はキャピタル・ゲインを目的として保有する投資不動産は、時価評価（時価で計上し、減価償却をしていない取得原価との差額を損益に計上）と原価評価の選択適用であり、原価評価されている場合は時価等を注記することとされている。

12．平成14年8月に企業会計審議会から公表された「固定資産の減損に係る会計基準の設定に関する意見書」（以下「減損意見書」という。）では、そのような投資不動産についても、時価の変動をそのまま損益に算入せず、他の有形固定資産と同様に取得原価基準による会計処理を行うことが適当であるとされていた（減損意見書 六 1）。また、そのような投資不動産の時価の注記に関しては、その要否や投資不動産の範囲も含め、理論及び実務の両面で、なお検討を要する問題が残されていることから、今後の検討課題とされていた（減損意見書六2）。

13．一方、会計基準の国際的なコンバージェンスに向けた取組みとして、企業会計基準委員会は、平成17年3月から国際会計基準審議会（IASB）との共同プロジェクトを開始し、投資不動産の取扱いについて議論を行ってきた。また、平成17年7月に欧州証券規制当局委員会（CESR）から公表された「EU同等性評価に関する技術的助言」において、補正措置の1つとして投資不動産の取扱いが挙げられている。当委員会は、平成19年8月に公表した「東京合意」（会計基準のコンバージェンスの加速化に向けた取組み

への合意）を踏まえ、平成19年12月に投資不動産専門委員会を設置し、専門委員による討議など幅広い審議を行った。平成20年会計基準は、平成20年6月に公表した公開草案に対して当委員会に寄せられたコメントを検討し、公開草案を一部修正した上で公表に至ったものである。

13-2．平成23年改正会計基準では、平成23年の企業会計基準第12号「四半期財務諸表に関する会計基準」の改正に伴い、四半期財務諸表における注記事項を定めた第32項を削除した。

本会計基準における考え方

会計処理

14．減損意見書では、国際財務報告基準における投資不動産の時価評価について、活発な市場を有する一部の金融資産に比べ時価を客観的に把握することは困難であること、賃貸収益を目的として保有されるような不動産であっても、直ちに売買・換金を行うことに事業遂行上の制約がある場合等、事実上、事業投資と考えられるものについては、時価の変動を企業活動の成果とは捉えないという考え方が妥当であることなどから、時価評価を行い、その差額を損益とすることは適当ではないとされていた。

15．その後、当委員会は、平成18年7月に企業会計基準第9号「棚卸資産の評価に関する会計基準」（以下「棚卸資産会計基準」という。）を公表し、当初から加工や販売の努力を行うことなく単に市場価格の変動により利益を得るトレーディング目的で保有する棚卸資産については、時価をもって貸借対照表価額とし、帳簿価額との差額（評価差額）は、当期の損益として処理することとしている（棚卸資産会計基準第15項）。このため、不動産であっても、このようなトレーディング目的で保有する棚卸資産に該当するものがあれば、時価評価されることとなると考えられる。

しかしながら、単に賃貸収益を得ることを目的として不動産が保有される場合や、キャピタル・ゲインの獲得を目的として保有されていても、活発な取引が行われるよう整備された購買

市場と売却市場とが区別されていない単一の市場が存在しない場合には、時価によって直ちに売買・換金を行うことには制約があるため、当該不動産を時価評価し、その差額を損益とすることは適当ではないと考えられる。

したがって、本会計基準においても、会計処理については減損意見書で示された考え方を踏襲している。

時価の注記

16．減損意見書では、国際財務報告基準における投資不動産については、原価評価による会計処理を行うことが適当であるが、投資情報としてその時価を注記することが適当であるという意見と適当でないという意見が示されている。前者の意見は、国際財務報告基準が原価評価による会計処理を選択した場合には時価を注記するよう求めていることとの調和や他の有形固定資産と比べ相対的に換金性が高いという性格に鑑みたものとされている。また、後者の意見は、活発な市場を有する一部の金融資産に比べ時価を把握することが比較的困難であること、また、直ちに売買・換金を行うことに事業遂行上の制約がある場合に時価を注記することは、財務諸表利用者にとって有用な情報を提供することにならないのではないかなどの理由によるものとされている。このように、減損意見書では、時価の注記に関して、その要否や投資不動産の範囲も含め、理論及び実務の両面で、なお検討を要する問題が残されていることから、今後の検討課題とされていた。

17．その後、当委員会は、平成20年3月に企業会計基準第10号「金融商品に関する会計基準」（以下「金融商品会計基準」という。）を改正し、証券化の拡大や金融商品の多様化等、金融取引を巡る環境が変化する中で、有価証券やデリバティブ取引以外の金融商品についても時価情報に対するニーズが拡大していること等を踏まえ、すべての金融商品についてその状況やその時価等に関する事項の開示の充実を図っている。

すなわち、改正された金融商品会計基準では、

すべての金融商品を時価評価することは検討を要する問題が残されているものの、損益計算とは離れて、市場価格がない場合でも金融商品の時価を開示することは、財務諸表利用者に対して有用な財務情報を提供することになるという意見も多いこと、また、企業において金融商品のリスク管理等を一層徹底するインセンティブを高めるためにも金融商品の時価等を開示することに意義があるという意見もあること、さらに、国際的な会計基準では、金融商品に係る時価やリスクに関して広く開示が求められていることから、時価等に関する事項の開示の充実を図っている。この結果、改正された金融商品会計基準では、貸付金など事業投資としての性格が見受けられるものであっても、時価を注記することとなった。

18. このように金融商品の時価の注記対象を拡大したことを踏まえ、本会計基準では、一定の不動産については、事実上、事業投資と考えられるものでも、その時価を開示することが投資情報として一定の意義があるという意見があること、さらに、国際財務報告基準が原価評価の場合に時価を注記することとしていることとのコンバージェンスを図る観点から、賃貸等不動産に該当する場合には、時価の注記を行うこととした。

用語の定義
棚卸資産に分類されている不動産

19. 流動資産に分類されている棚卸資産は、棚卸資産会計基準において、通常の販売目的で保有するものとトレーディング目的で保有するものに区分され、それぞれの評価基準が定められている。不動産のうち、通常の販売目的で保有する棚卸資産に含まれる販売用不動産や開発事業等支出金については、販売努力をいかに行うかによってその成果が異なるものと考えられる。このようなものには、第三者のために建設中又は開発中の請負工事等に基づく未成工事支出金も含まれる。また、トレーディング目的で保有する棚卸資産については、時価をもって評価す

るとされている。このような観点から、本会計基準では、国際財務報告基準と同様に、棚卸資産に計上されている不動産については、時価等の開示対象から除くこととした。

物品の製造や販売、サービスの提供、経営管理に使用されている不動産

20. 物品の製造や販売、サービスの提供、経営管理に使用されている不動産は、それらを保有している企業において、当該不動産から市場平均を超える成果を生み出すことを期待して使用されている。したがって、その企業にとっての価値は、通常、市場の平均的な期待で決まる時価ではないと考えられるため、本会計基準では、国際財務報告基準と同様に、時価等の開示対象から除くこととした。

21. ただし、本会計基準は、物品の製造や販売、サービスの提供、経営管理に使用されている不動産など、開示対象となる賃貸等不動産以外の不動産についても、その時価を開示することを妨げるものではない。

賃貸等不動産の範囲
貸借対照表において投資不動産として区分されている不動産

22. 「財務諸表等の用語、様式及び作成方法に関する規則」では、貸借対照表上、企業が営業又は事業の用に供するために賃貸している不動産は「有形固定資産」に分類し、投資不動産（投資の目的で保有する土地、建物その他の不動産）については「投資その他の資産」に分類することとされている。当該投資不動産は、市場平均を超える成果を期待して保有されているものではなく、その時価そのものが企業にとっての価値を示しており、また、それが国際財務報告基準における投資不動産に該当することは異論がないと考えられるため、当該投資不動産は賃貸等不動産の範囲に含まれる。

将来の使用が見込まれていない遊休不動産

23. 企業活動にほとんど使用されていない状態に

ある遊休不動産のうち、将来の使用が見込まれていない遊休不動産は、売却が予定されている不動産と同様に、処分によるキャッシュ・フローしか期待されていないため、時価が企業にとっての価値を示すものと考えられる。このため、本会計基準では、国際財務報告基準と同様に、当該不動産を賃貸等不動産の範囲に含めることとした。

なお、企業が将来の使用を見込んでいる遊休不動産は、その見込みに沿って、賃貸等不動産にあたるかどうか判断することとなる。また、現在の遊休状態となってから間もない場合であって、将来の使用の見込みを定めるために必要と考えられる期間にあるときには、これまでの使用状況等に照らして判断することが適当であると考えられる。

賃貸されている不動産

24. 本会計基準では、固定資産に分類されている不動産を、物品の製造や販売、サービスの提供、経営管理に使用されている不動産と、賃貸収益又はキャピタル・ゲインの獲得を目的として保有されている不動産とに区別している（第4項(2)参照）。後者のうち、貸借対照表において投資不動産として区分されている不動産（第5項(1)及び第22項参照）や将来の使用が見込まれていない遊休不動産（第5項(2)及び第23項参照）については、売却による回収額を意味する時価以上のキャッシュ・フローは見込めないため、これらを保有する企業にとっては時価が意味を持つと考えられる。

しかし、それ以外の第三者に利用させることによってキャッシュ・フローの獲得を図る不動産については、特に、事業遂行上の制約等から売却する意図がない場合や、不動産を第三者に利用させる努力をいかに行うかによってその成果が異なる場合、その企業にとっての当該不動産の価値は、時価の変動に応じて必ずしも変動するものではないと考えられる。

25. 国際財務報告基準では、第三者に利用させることによってキャッシュ・フローの獲得を図る不動産については、当該企業がその利用者に対して提供する付随的なサービスが取引全体の中で重要な場合、物品の製造や販売、サービスの提供、経営管理目的で保有されている不動産と同様に取り扱うものとしている。この際、付随的なサービスの重要性が低い場合としてオフィスビルの借手に提供する保全や営繕のサービスを例示し、その重要性が高い場合としてホテルを所有し運営する際の客に対するサービスを例示しているが、それらを区分する規準は定量的指針も含め詳細には定められていない。したがって、国際財務報告基準では、定義及び例示に従い個々の企業で判断基準を設定して首尾一貫した判断を行い、区分が困難な場合においては当該判断基準の注記を求めている。

26. このような国際財務報告基準の考え方を踏まえ、当委員会では、第三者に利用させることによってキャッシュ・フローの獲得を図る不動産について、その利用者に対する付随的なサービスが重要かどうかによって判断する方法が検討された。

検討の過程では、ホテルの運営業務のみならず、我が国における比較的短期間の賃貸借契約や借手が法的に強く保護されている実情に照らせば、テナント管理を含めたオフィスビル等の運営業務についても、利用者に対する付随的なサービスが重要といえるのではないかという意見があった。さらには、そのような事業を目的として保有されている不動産は、賃貸されているという形態は同じでも、そもそも投資の目的で保有する土地、建物その他の不動産とは性格が異なるため開示対象には該当せず、国際財務報告基準の考え方を踏まえた場合、これまで貸借対照表において投資不動産として区分されている不動産や将来の使用が見込まれていない遊休不動産だけが開示対象になるという意見もあった。

27. 一方、利用者に対する付随的なサービスの重要性で判断することは実務上容易ではなく、むしろ第三者に利用させることによってキャッシュ・フローの獲得を図る不動産については、

すべて開示対象としてはどうかという意見があった。

ただし、これに対しては、国際財務報告基準と異なり自ら運営するホテルも開示対象となるという指摘や、一部の物流施設やレジャー関連施設等については、ホテルと同様に主として不動産を利用させ当該利用者に対する付随的なサービスが重要なものなのか、それとも物品の製造や販売、サービスの提供、経営管理目的で保有されている不動産と同様に主として利用者にサービスを提供し付随的に不動産を利用させているものなのかを判別することは困難な場合もあるという意見があった。

また、提供する付随的サービスが重要な不動産についても開示対象とした場合、物品の製造や販売、サービスの提供、経営管理目的で保有されている不動産を開示対象外にすることと矛盾するのではないかという指摘があった。

28. 検討の結果、本会計基準では、利用者に対する付随的なサービスの重要性を判断基準とすることは実務上容易ではないと考えられること、また、会計処理ではなく時価等の注記を行う開示対象範囲の問題であることから、形式的な区分を重視し、貸借対照表において投資不動産として区分されている不動産（第5項(1)参照）や将来の使用が見込まれていない遊休不動産（第5項(2)参照）に加え、賃貸されている不動産（第5項(3)参照）についても一律に開示対象とすることとした。また、第三者に利用させることによってキャッシュ・フローの獲得を図る不動産と考えられても、例えば、自ら運営しているホテルやゴルフ場等、賃貸されている不動産に該当しないものは開示対象外となる。ただし、不動産がホテルやゴルフ場等として使用されていても、その所有者が第三者に賃貸し第三者が運営業務を行っている場合には、当該所有者にとっては賃貸されている不動産であり開示対象となる。この結果、本会計基準における開示対象は、国際財務報告基準を適用した場合と同等又はそれ以上のものになると考えられる。

なお、賃貸されているオフィスビルや駐車場などの不動産は、形式的な区別に基づくものであり、投資の目的で保有する不動産には必ずしも該当しないと考えられることから、これらを総称して、本会計基準では、「賃貸等不動産」とすることとした。

賃貸等不動産として使用される部分の割合が低い不動産の取扱い

29. 賃貸等不動産の範囲を定めるにあたっては、賃貸されているという形式的な区分を重視したため、賃貸等不動産として使用される部分を含む不動産について、賃貸等不動産として使用される部分は、原則として賃貸等不動産に含めることとしている。しかしながら、賃貸等不動産として使用される部分の割合が低い場合は、全体が賃貸等不動産として使用されている不動産とは必ずしも同様のものではないと考えられるため、賃貸等不動産に含めないことができることとした（第7項参照）。

賃貸等不動産に関する注記事項

30. 本会計基準では、第18項で示した理由から、賃貸等不動産については、時価の注記を行うこととした。この際、貸借対照表計上額と当期末における時価のみならず、当該賃貸等不動産の期中における主な変動や損益も併せて注記することによって、財務諸表利用者が賃貸等不動産の収益性や投資効率などを総合的に把握することに役立つ情報を提供できると考えられたことから、国際財務報告基準と同様に、それらの注記も行うこととした。

31. リース取引の対象となっている賃貸等不動産については、企業会計基準第13号「リース取引に関する会計基準」に従った注記も併せて行うことに留意する必要がある。

32. （削　除）

適用時期等

33. 平成20年会計基準では、企業の受入準備を考慮して平成22年3月31日以後終了する事業年度の年度末に係る財務諸表から適用するものとし

四半期財務諸表に関しては、翌事業年度から適用することを原則とした。この場合、中間財務諸表に関しては、平成22年4月1日以後開始する事業年度の中間会計期間から適用されることとなる。

なお、平成20年会計基準を原則適用の事業年度以前の事業年度の期首から適用することも妨げられないため、例えば、平成21年1月1日以後開始する事業年度から適用することができる。ただし、この際、適用開始の前事業年度末に時価等の情報が開示されていない項目であっても、四半期財務諸表において前事業年度末と比較し著しい変動がある場合には、第32項（平成23年改正により削除）の注記事項が必要となることに留意する必要がある。

34．審議の過程では、賃貸等不動産に関する注記事項は、管理状況等に応じて用途別、地域別等に区分して開示することができる（第8項参照）が、これはセグメント情報の開示にも関連するため、企業会計基準第17号「セグメント情報等

の開示に関する会計基準」の適用時期と合わせることが実務上、受け入れやすいという意見もあった。

しかし、当該区分は管理状況等に応じて行うことができるとしているものであること、また、当該意見を踏まえ期首からの適用とすると、適用開始の前事業年度末に時価等の情報が開示されていない項目であっても、四半期財務諸表において前事業年度末と比較し著しい変動がある場合には、第32項（平成23年改正により削除）の注記事項が必要となることから、改正された金融商品会計基準と同様に、平成22年3月31日以後終了する事業年度の年度末に係る財務諸表から適用することとした。

35．本会計基準により、新たに注記する事項は、会計基準の変更に伴う会計方針の変更にはあたらないこととなる。

以　上

企業会計基準第21号

企業結合に関する会計基準

平成 15 年 10 月 31 日
企 業 会 計 審 議 会
改正平成 20 年 12 月 26 日
改正平成 25 年 9 月 13 日
最終改正平成 31 年 1 月 16 日
企業会計基準委員会

本会計基準は、2022年7月1日までに公表された次の会計基準による修正が反映されている。

・企業会計基準第30号「時価の算定に関する会計基準」（2019年7月4日公表）

・企業会計基準第24号「会計方針の開示、会計上の変更及び誤謬の訂正に関する会計基準」（2020年3月31日改正）

・「企業会計基準の訂正について」（2022年7月1日公表）

目　次

目　的

1．本会計基準は、企業結合に関する会計処理及び開示を定めることを目的とする。

2．本会計基準の適用にあたっては、企業会計基準適用指針第10号「企業結合会計基準及び事業分離等会計基準に関する適用指針」も参照する必要がある。

会計基準

範　囲

3．企業結合に該当する取引には、共同支配企業の形成及び共通支配下の取引も含め本会計基準を適用する。

用語の定義

4．「企業」とは、会社及び会社に準ずる事業体をいい、会社、組合その他これらに準ずる事業体（外国におけるこれらに相当するものを含む。）を指す。

5．「企業結合」とは、ある企業又はある企業を構成する事業と他の企業又は他の企業を構成する事業とが１つの報告単位に統合されることをいう。なお、複数の取引が１つの企業結合を構成している場合には、それらを一体として取り扱う。

6．「事業」とは、企業活動を行うために組織化され、有機的一体として機能する経営資源をいう。

7．「支配」とは、ある企業又は企業を構成する事業の活動から便益を享受するために、その企業又は事業の財務及び経営方針を左右する能力を有していることをいう。

8．「共同支配」とは、複数の独立した企業が契約等に基づき、ある企業を共同で支配することをいう。

9．「取得」とは、ある企業が他の企業又は企業を構成する事業に対する支配を獲得することをいう。

10．「取得企業」とは、ある企業又は企業を構成する事業を取得する企業をいい、当該取得される企業を「被取得企業」という。

11．「共同支配企業」とは、複数の独立した企業により共同で支配される企業をいい、「共同支配企業の形成」とは、複数の独立した企業が契約等に基づき、当該共同支配企業を形成する企業結合をいう。

12．「共同支配投資企業」とは、共同支配企業を共同で支配する企業をいう。

13．「結合当事企業」とは、企業結合に係る企業をいい、このうち、他の企業又は他の企業を構成する事業を受け入れて対価（現金等の財産や自社の株式）を支払う企業を「結合企業」、当該他の企業を「被結合企業」という。また、企業結合によって統合された１つの報告単位となる企業を「結合後企業」という。

14．「時価」とは、公正な評価額をいう。通常、それは観察可能な市場価格をいい、市場価格が観察できない場合には、合理的に算定された価額をいう。ただし、金融商品及びトレーディング目的で保有する棚卸資産については、算定日において市場参加者間で秩序ある取引が行われると想定した場合の、当該取引における資産の売却によって受け取る価格又は負債の移転のために支払う価格とする（企業会計基準第10号「金融商品に関する会計基準」（以下「金融商品会計基準」という。）第6項及び企業会計基準第9号「棚卸資産の評価に関する会計基準」第4項）。

15．「企業結合日」とは、被取得企業若しくは取得した事業に対する支配が取得企業に移転した日、又は結合当事企業の事業のすべて若しくは事実上すべてが統合された日をいい、企業結合日の属する事業年度を「企業結合年度」という。

16．「共通支配下の取引」とは、結合当事企業（又は事業）のすべてが、企業結合の前後で同一の株主により最終的に支配され、かつ、その支配が一時的ではない場合の企業結合をいう。親会社と子会社の合併及び子会社同士の合併は、共通支配下の取引に含まれる。

取得の会計処理

17．共同支配企業の形成（第11項参照）及び共通支配下の取引（前項参照）以外の企業結合は取得となる。また、この場合における会計処理は、次項から第36項による（以下、次項から第33項による会計処理を「パーチェス法」という。）。

取得企業の決定方法

18．取得とされた企業結合においては、いずれかの結合当事企業を取得企業として決定する。被取得企業の支配を獲得することとなる取得企業を決定するために、企業会計基準第22号「連結財務諸表に関する会計基準」（以下「連結会計基準」という。）の考え方を用いる。また、連結会計基準の考え方によってどの結合当事企業が取得企業となるかが明確ではない場合には、次項から第22項の要素を考慮して取得企業を決定する。

19. 主な対価の種類として、現金若しくは他の資産を引き渡す又は負債を引き受けることとなる企業結合の場合には、通常、当該現金若しくは他の資産を引き渡す又は負債を引き受ける企業（結合企業）が取得企業となる。

20. 主な対価の種類が株式（出資を含む。以下同じ。）である企業結合の場合には、通常、当該株式を交付する企業（結合企業）が取得企業となる。ただし、必ずしも株式を交付した企業が取得企業にならないとき（逆取得）もあるため、対価の種類が株式である場合の取得企業の決定にあたっては、次のような要素を総合的に勘案しなければならない。

   (1) 総体としての株主が占める相対的な議決権比率の大きさ

   ある結合当事企業の総体としての株主が、結合後企業の議決権比率のうち最も大きい割合を占める場合には、通常、当該結合当事企業が取得企業となる。なお、結合後企業の議決権比率を判断するにあたっては、議決権の内容や潜在株式の存在についても考慮しなければならない。

   (2) 最も大きな議決権比率を有する株主の存在

   結合当事企業の株主又は株主グループのうち、ある株主又は株主グループが、結合後企業の議決権を過半には至らないものの最も大きな割合を有する場合であって、当該株主又は株主グループ以外には重要な議決権比率を有していないときには、通常、当該株主又は株主グループのいた結合当事企業が取得企業となる。

   (3) 取締役等を選解任できる株主の存在

   結合当事企業の株主又は株主グループのうち、ある株主又は株主グループが、結合後企業の取締役会その他これに準ずる機関（重要な経営事項の意思決定機関）の構成員の過半数を選任又は解任できる場合には、通常、当該株主又は株主グループのいた結合当事企業が取得企業となる。

   (4) 取締役会等の構成

   結合当事企業の役員若しくは従業員である者又はこれらであった者が、結合後企業の取締役会その他これに準ずる機関（重要な経営事項の意思決定機関）を事実上支配する場合には、通常、当該役員又は従業員のいた結合当事企業が取得企業となる。

   (5) 株式の交換条件

   ある結合当事企業が他の結合当事企業の企業結合前における株式の時価を超えるプレミアムを支払う場合には、通常、当該プレミアムを支払った結合当事企業が取得企業となる。

21. 結合当事企業のうち、いずれかの企業の相対的な規模（例えば、総資産額、売上高あるいは純利益）が著しく大きい場合には、通常、当該相対的な規模が著しく大きい結合当事企業が取得企業となる。

22. 結合当事企業が3社以上である場合の取得企業の決定にあたっては、前項に加えて、いずれの企業がその企業結合を最初に提案したかについても考慮する。

取得原価の算定

基本原則

23. 被取得企業又は取得した事業の取得原価は、原則として、取得の対価（支払対価）となる財の企業結合日における時価で算定する。支払対価が現金以外の資産の引渡し、負債の引受け又は株式の交付の場合には、支払対価となる財の時価と被取得企業又は取得した事業の時価のうち、より高い信頼性をもって測定可能な時価で算定する。

株式の交換の場合の算定方法

24. 市場価格のある取得企業等の株式が取得の対価として交付される場合には、取得の対価となる財の時価は、原則として、企業結合日における株価を基礎にして算定する（注1）。

> (注1) 被取得企業の株式が交付された場合、取得の対価となる財の時価は、被取得企業の株主が結合後企業に対する実際の議決権比率と同じ比率を保有するのに必要な数の取得企業株式を、取得企業が交付したものと

みなして算定する。株式移転により共同持株会社の株式が交付された場合も同様とする。

取得が複数の取引により達成された場合（段階取得）の会計処理

25．取得が複数の取引により達成された場合（以下「段階取得」という。）における被取得企業の取得原価の算定は、次のように行う。

(1) 個別財務諸表上、支配を獲得するに至った個々の取引ごとの原価の合計額をもって、被取得企業の取得原価とする。

(2) 連結財務諸表上、支配を獲得するに至った個々の取引すべての企業結合日における時価をもって、被取得企業の取得原価を算定する。なお、当該被取得企業の取得原価と、支配を獲得するに至った個々の取引ごとの原価の合計額（持分法適用関連会社と企業結合した場合には、持分法による評価額）との差額は、当期の段階取得に係る損益として処理する。

取得関連費用の会計処理

26．取得関連費用（外部のアドバイザー等に支払った特定の報酬・手数料等）は、発生した事業年度の費用として処理する。

条件付取得対価の会計処理

27．条件付取得対価の会計処理は、次のように行う(注2)。

(1) 将来の業績に依存する条件付取得対価(注3)

条件付取得対価が企業結合契約締結後の将来の業績に依存する場合において、対価を追加的に交付する又は引き渡すときには、条件付取得対価の交付又は引渡しが確実となり、その時価が合理的に決定可能となった時点で、支払対価を取得原価として追加的に認識するとともに、のれんを追加的に認識する又は負ののれんを減額する(注4)。

また、条件付取得対価が企業結合契約締結後の将来の業績に依存する場合において、対価の一部が返還されるときには、条件付取得対価の返還が確実となり、その時価が合理的に決定可能となった時点で、返還される対価

の金額を取得原価から減額するとともに、のれんを減額する又は負ののれんを追加的に認識する(注4)。

(2) 特定の株式又は社債の市場価格に依存する条件付取得対価

条件付取得対価が特定の株式又は社債の市場価格に依存する場合には、条件付取得対価の交付又は引渡しが確実となり、その時価が合理的に決定可能となった時点で、次の処理を行う(注5)。

① 追加で交付可能となった条件付取得対価を、その時点の時価に基づき認識する。

② 企業結合日現在で交付している株式又は社債をその時点の時価に修正し、当該修正により生じた社債プレミアムの減少額又はディスカウントの増加額を将来にわたって規則的に償却する。

(注2) 条件付取得対価とは、企業結合契約において定められるものであって、企業結合契約締結後の将来の特定の事象又は取引の結果に依存して、企業結合日後に追加的に交付される若しくは引き渡される又は返還される取得対価をいう。

(注3) 条件付取得対価が企業結合契約締結後の将来の業績に依存する場合とは、被取得企業又は取得した事業の企業結合契約締結後の特定事業年度における業績の水準に応じて、取得企業が対価を追加で交付する若しくは引き渡す又は対価の一部の返還を受ける条項がある場合等をいう。

(注4) 追加的に認識する又は減額するのれん又は負ののれんは、企業結合日時点で認識又は減額されたものと仮定して計算し、追加認識又は減額する事業年度以前に対応する償却額及び減損損失額は損益として処理する。

(注5) 条件付取得対価が特定の株式又は社債の市場価格に依存する場合とは、特定の株式又は社債の特定の日又は期間の市場価格に応じて当初合意した価額に維持するために、取得企業が追加で株式又は社債を交付する条項がある場合等をいう。

取得原価の配分方法

28. 取得原価は、被取得企業から受け入れた資産及び引き受けた負債のうち企業結合日時点において識別可能なもの（識別可能資産及び負債）の企業結合日時点の時価を基礎として、当該資産及び負債に対して企業結合日以後1年以内に配分する^(注6)。

29. 受け入れた資産に法律上の権利など分離して譲渡可能な無形資産が含まれる場合には、当該無形資産は識別可能なものとして取り扱う。

30. 取得後に発生することが予測される特定の事象に対応した費用又は損失であって、その発生の可能性が取得の対価の算定に反映されている場合には、負債として認識する。当該負債は、原則として、固定負債として表示し、その主な内容及び金額を連結貸借対照表及び個別貸借対照表に注記する。

31. 取得原価が、受け入れた資産及び引き受けた負債に配分された純額を上回る場合には、その超過額はのれんとして次項に従い会計処理し、下回る場合には、その不足額は負ののれんとして第33項に従い会計処理する。

(注6) 企業結合日以後の決算において、配分が完了していなかった場合は、その時点で入手可能な合理的な情報等に基づき暫定的な会計処理を行い、その後追加的に入手した情報等に基づき配分額を確定させる。

なお、暫定的な会計処理の確定が企業結合年度の翌年度に行われた場合には、企業結合年度に当該確定が行われたかのように会計処理を行う。企業結合年度の翌年度の連結財務諸表及び個別財務諸表（以下合わせて「財務諸表」という。）と併せて企業結合年度の財務諸表を表示するときには、当該企業結合年度の財務諸表に暫定的な会計処理の確定による取得原価の配分額の見直しを反映させる。

のれんの会計処理

32. のれんは、資産に計上し、20年以内のその効果の及ぶ期間にわたって、定額法その他の合理的な方法により規則的に償却する。ただし、のれんの金額に重要性が乏しい場合には、当該のれんが生じた事業年度の費用として処理することができる。

負ののれんの会計処理

33. 負ののれんが生じると見込まれる場合には、次の処理を行う。ただし、負ののれんが生じると見込まれたときにおける取得原価が受け入れた資産及び引き受けた負債に配分された純額を下回る額に重要性が乏しい場合には、次の処理を行わずに、当該下回る額を当期の利益として処理することができる。

(1) 取得企業は、すべての識別可能資産及び負債（第30項の負債を含む。）が把握されているか、また、それらに対する取得原価の配分が適切に行われているかどうかを見直す。

(2) (1)の見直しを行っても、なお取得原価が受け入れた資産及び引き受けた負債に配分された純額を下回り、負ののれんが生じる場合には、当該負ののれんが生じた事業年度の利益として処理する。

逆取得における個別財務諸表上の会計処理

吸収合併

34. 消滅会社が取得企業となる場合、存続会社の個別財務諸表では、当該取得企業（消滅会社）の資産及び負債を合併直前の適正な帳簿価額により計上する。

現物出資又は吸収分割

35. 現物出資会社又は吸収分割会社が取得企業となる場合（現物出資又は吸収分割による子会社化の形式をとる場合）、取得企業の個別財務諸表では、移転した事業に係る株主資本相当額に基づいて、被取得企業株式の取得原価を算定する。

株式交換

36. 完全子会社が取得企業となる場合、完全親会社の個別財務諸表では、当該完全子会社の株式交換直前における適正な帳簿価額による株主資本の額に基づいて、取得企業株式（完全子会

株式）の取得原価を算定する。

共同支配企業の形成の会計処理
共同支配企業の形成の判定

37. ある企業結合を共同支配企業の形成と判定するためには、共同支配投資企業となる企業が、複数の独立した企業から構成されていること及び共同支配となる契約等を締結していることに加え、次の要件を満たしていなければならない。

(1) 企業結合に際して支払われた対価のすべてが、原則として、議決権のある株式であること （注7）

(2) 支配関係を示す一定の事実が存在しないこと （注8）

（注7） 企業結合に際して支払われた対価のすべてが、原則として、議決権のある株式であると認められるためには、同時に次の要件のすべてが満たされなければならない。

(1) 企業結合が単一の取引で行われるか、又は、原則として、1事業年度内に取引が完了する。

(2) 交付株式の議決権の行使が制限されない。

(3) 企業結合日において対価が確定している。

(4) 交付株式の償還又は再取得の取決めがない。

(5) 株式の交換を事実上無効にするような結合当事企業の株主の利益となる財務契約がない。

(6) 企業結合の合意成立日前1年以内に、当該企業結合を目的として自己株式を受け入れていない。

（注8） 次のいずれにも該当しない場合には、支配関係を示す一定の事実が存在しないものとする。

(1) いずれかの結合当事企業の役員若しくは従業員である者又はこれらであった者が、結合後企業の取締役会その他これに準ずる機関（重要な経営事項の意思決定機関）を事実上支配している。

(2) 重要な財務及び営業の方針決定を支配する契約等により、結合当事企業のうち、いずれかの企業が他の企業より有利な立

場にある。

(3) 企業結合日後2年以内にいずれかの結合当事企業が投資した大部分の事業を処分する予定がある。

共同支配企業の形成の会計処理

38. 共同支配企業の形成において、共同支配企業は、共同支配投資企業から移転する資産及び負債を、移転直前に共同支配投資企業において付されていた適正な帳簿価額により計上する。

39. 共同支配企業の形成において、共同支配企業に事業を移転した共同支配投資企業は次の会計処理を行う。

(1) 個別財務諸表上、当該共同支配投資企業が受け取った共同支配企業に対する投資の取得原価は、移転した事業に係る株主資本相当額に基づいて算定する。

(2) 連結財務諸表上、共同支配投資企業は、共同支配企業に対する投資について持分法を適用する。

共通支配下の取引等の会計処理

40. 企業集団内における企業結合である共通支配下の取引及び非支配株主との取引（以下合わせて「共通支配下の取引等」という。）は、次項から第46項の会計処理を行う。

共通支配下の取引
個別財務諸表上の会計処理

41. 共通支配下の取引により企業集団内を移転する資産及び負債は、原則として、移転直前に付されていた適正な帳簿価額により計上する （注9）。

42. 移転された資産及び負債の差額は、純資産として処理する （注10）。

（注9） 親会社と子会社が企業結合する場合において、子会社の資産及び負債の帳簿価額を連結上修正しているときは、親会社が作成する個別財務諸表においては、連結財務諸表上の金額である修正後の帳簿価額（のれ

んを含む。）により計上する。

(注10) 共通支配下の取引により子会社が法律上消滅する場合には、当該子会社に係る子会社株式（抱合せ株式）の適正な帳簿価額とこれに対応する増加資本との差額は、親会社の損益とする。

43. 移転された資産及び負債の対価として交付された株式の取得原価は、当該資産及び負債の適正な帳簿価額に基づいて算定する。

連結財務諸表上の会計処理

44. 共通支配下の取引は、内部取引としてすべて消去する。

非支配株主との取引

個別財務諸表上の会計処理

45. 非支配株主から追加取得する子会社株式の取得原価は、追加取得時における当該株式の時価とその対価となる財の時価のうち、より高い信頼性をもって測定可能な時価で算定する(注11)。

(注11) 対価となる財の時価は、第23項から第27項に準じて算定する。

連結財務諸表上の会計処理

46. 非支配株主との取引については、連結会計基準における子会社株式の追加取得及び一部売却等の取扱い（連結会計基準第28項から第30項）に準じて処理する。

開　示

のれんの表示

47. のれんは無形固定資産の区分に表示し、のれんの当期償却額は販売費及び一般管理費の区分に表示する。

負ののれんの表示

48. 負ののれんは、原則として、特別利益に表示する。

注記事項

取得とされた企業結合の注記事項

49. 企業結合年度において、取得とされた企業結合に係る重要な取引がある場合には、次の事項を注記する。なお、個々の企業結合については重要性は乏しいが、企業結合年度における複数の企業結合全体について重要性がある場合には、(1)、(3)及び(4)について企業結合全体で注記する。また、連結財務諸表における注記と個別財務諸表における注記が同じとなる場合には、個別財務諸表においては、連結財務諸表に当該注記がある旨の記載をもって代えることができる。

(1) 企業結合の概要

被取得企業の名称及び事業の内容、事業を取得した場合は相手企業の名称及び取得した事業の内容、企業結合を行った主な理由、企業結合日、企業結合の法的形式、結合後企業の名称、取得した議決権比率（段階取得の場合には、企業結合直前に所有していた議決権比率、企業結合日に追加取得した議決権比率及び取得後の議決権比率）及び取得企業を決定するに至った主な根拠

(2) 財務諸表に含まれている被取得企業又は取得した事業の業績の期間

(3) 取得原価の算定等に関する事項

① 被取得企業又は取得した事業の取得原価（段階取得については、第25項参照）及び対価の種類ごとの内訳。株式を交付した場合には、株式の種類別の交換比率及びその算定方法並びに交付又は交付予定の株式数

② 企業結合契約に定められた条件付取得対価の内容及びそれらの今後の会計処理方針

③ 段階取得において、連結財務諸表上、第25項(2)により処理された損益の金額

④ 主要な取得関連費用の内容及び金額

(4) 取得原価の配分に関する事項

① 企業結合日に受け入れた資産及び引き受けた負債の額並びにその主な内訳

② 取得原価の大部分がのれん以外の無形資産に配分された場合には、のれん以外の無形資産に配分された金額及びその主要な種

類別の内訳並びに全体及び主要な種類別の加重平均償却期間

③ 取得原価の配分が完了していない場合は、その旨及びその理由

④ 発生したのれんの金額、発生原因、償却方法及び償却期間。負ののれんの場合には、負ののれんの金額及び発生原因

(5) 比較損益情報

当該企業結合が当期首に完了したと仮定したときの当期の連結損益計算書への影響の概算額及び当該概算額の算定方法並びに計算過程における重要な前提条件。ただし、当該影響額に重要性が乏しい場合は、注記を省略することができる。

取得企業が連結財務諸表を作成していない場合は、個別損益計算書への影響の概算額を、連結財務諸表を作成している場合に準じて注記する。

49-2. 企業結合年度の翌年度において、暫定的な会計処理の確定に伴い、取得原価の当初配分額に重要な見直しがなされた場合には、当該見直しがなされた事業年度において、その見直しの内容及び金額を注記する。なお、連結財務諸表における注記と個別財務諸表における注記が同じとなる場合には、個別財務諸表においては、連結財務諸表に当該注記がある旨の記載をもって代えることができる。

連結財務諸表を作成しない場合の注記事項

(逆取得に係る注記)

50. 逆取得となる企業結合において、当該取得企業の資産及び負債を企業結合直前の適正な帳簿価額により計上する方法を適用した場合で、連結財務諸表を作成しないときには、第49項の定めにかかわらず、第49項(1)から(4)に準じた事項並びにパーチェス法を適用したとした場合に個別貸借対照表及び個別損益計算書に及ぼす影響額を注記する。

なお、当該注記は企業結合年度の翌年度以降においても、影響額の重要性が乏しくなった場合を除き、継続的に開示する。また、企業結合年度の翌年度以降に連結財務諸表を作成するこ

ととなった場合には、影響額の重要性が乏しくなった場合を除き、当該企業結合を反映した連結財務諸表を作成する。

(段階取得に係る注記)

51. 段階取得であって、連結財務諸表を作成しないときには、第49項の定めにかかわらず、次の事項を注記する。

(1) 第49項に準じた事項（ただし、同項(3)③を除く。）

(2) 個別財務諸表において、第25項(2)なお書きに準じて算定された差額

(3) 第25項(2)に準じて被取得企業の取得原価を算定したとした場合における個別貸借対照表及び個別損益計算書に及ぼす影響額

なお、当該注記は企業結合年度の翌年度以降においても、影響額の重要性が乏しくなった場合を除き、継続的に開示する。また、企業結合年度の翌年度以降に連結財務諸表を作成することとなった場合には、影響額の重要性が乏しくなった場合を除き、当該差額を反映した連結財務諸表を作成する。

共通支配下の取引等に係る注記事項

52. 企業結合年度において、共通支配下の取引等に係る重要な取引がある場合には、次の事項を注記する。なお、個々の共通支配下の取引等については重要性が乏しいが、企業結合年度における複数の共通支配下の取引等全体では重要性がある場合には、当該企業結合全体で注記する。また、連結財務諸表における注記と個別財務諸表における注記が同じとなる場合には、個別財務諸表においては、連結財務諸表に当該注記がある旨の記載をもって代えることができる。

(1) 企業結合の概要

結合当事企業又は対象となった事業の名称及びその事業の内容、企業結合日、企業結合の法的形式、結合後企業の名称、取引の目的を含む取引の概要

(2) 実施した会計処理の概要

(3) 子会社株式を追加取得した場合には、以下の事項

① 取得原価の算定に関する事項

追加取得した子会社株式の取得原価及び対価の種類ごとの内訳。株式を交付した場合には、株式の種類別の交換比率及びその算定方法並びに交付又は交付予定の株式数。企業結合契約に定められた条件付取得対価の内容及びそれらの今後の会計処理方針

② （削 除）

(4) 非支配株主との取引に係る親会社の持分変動に関する事項

非支配株主との取引によって増加又は減少した資本剰余金の主な変動要因及び金額。

なお、個別財務諸表においては当該注記を要しない。

子会社が親会社を吸収合併した場合で、子会社が連結財務諸表を作成しないときの注記事項

53．子会社が親会社を吸収合併した場合で、子会社が連結財務諸表を作成しないときには、親会社が子会社を吸収合併したものとした場合と比較した当該子会社の個別貸借対照表及び個別損益計算書に及ぼす影響額を注記する。

なお、当該注記は企業結合年度の翌年度以降においても、影響額の重要性が乏しくなった場合を除き、継続的に開示する。また、企業結合年度の翌年度以降に連結財務諸表を作成することとなった場合には、影響額の重要性が乏しくなった場合を除き、当該企業結合時に親会社が子会社を吸収合併したものとした連結財務諸表を作成する。

共同支配投資企業における注記事項

54．共同支配投資企業は、企業結合年度において重要な共同支配企業の形成がある場合には、第52項(1)及び(2)に準じて注記を行う。このうち、第52項(1)の記載にあたっては、共同支配企業の形成と判定した理由を併せて注記する。

なお、個々の共同支配企業の形成については重要性が乏しいが、企業結合年度における複数の共同支配企業の形成全体では重要性がある場合には、当該企業結合全体で注記する。また、連結財務諸表における注記と個別財務諸表における注記が同じとなる場合には、個別財務諸表においては、連結財務諸表に当該注記がある旨

の記載をもって代えることができる。

重要な後発事象等の注記

55．貸借対照表日後に完了した企業結合や貸借対照表日後に主要条件が合意された企業結合が、重要な後発事象に該当する場合には、第49項から前項まで（ただし、第49項(2)、(4)③及び(5)、第50項、第51項並びに第53項を除く。）に準じて注記を行う。ただし、未確定の事項については注記を要しない。

また、当事業年度中に企業結合の主要条件が合意されたが、貸借対照表日までに企業結合が完了していない場合（ただし、重要な後発事象に該当する場合を除く。）についても、これらに準じて注記を行う。

適用時期等

56．平成15年に公表された本会計基準（以下「平成15年会計基準」という。）は、平成18年4月1日以後実施される企業結合から適用する。なお、平成15年会計基準を実務に適用する場合の具体的な指針等については、次の事項を含め、適切に措置していくことが適当である。

(1) 合併、株式交換・株式移転、会社分割、事業譲渡・譲受等、組織再編の形式ごとの連結財務諸表上及び個別財務諸表上の適用方法

(2) 受け入れた事業用土地の時価の算定方法

(3) 取得企業が存続会社と異なる企業結合について、パーチェス法を適用したときの影響額を注記する場合の注記事項

57．平成20年に改正された本会計基準（以下「平成20年改正会計基準」という。）は、平成22年4月1日以後実施される企業結合から適用する。

ただし、平成21年4月1日以後開始する事業年度において最初に実施される企業結合から適用することができる。この場合、連結会計基準、企業会計基準第23号『『研究開発費等に係る会計基準』の一部改正」、平成20年に改正された企業会計基準第7号「事業分離等に関する会計基準」（以下「事業分離等会計基準」という。）及び平成20年に改正された企業会計基準第16号「持分法に関する会計基準」（以下「持分法会計

基準」という。）についても適用する。

58．平成20年改正会計基準の適用初年度において
は、会計基準の変更に伴う会計方針の変更とし
て取り扱う。ただし、会計方針の変更による影
響額の注記は要しない。

　また、平成20年改正会計基準の適用前に実施
された企業結合に係る従前の取扱いは、平成20
年改正会計基準の適用後においても継続し、平
成20年改正会計基準の適用日における会計処理
の見直し及び遡及的な処理は行わない。

58-2．平成25年に改正された本会計基準（以下
「平成25年改正会計基準」という。）の適用時期
等に関する取扱いは、次のとおりとする。

(1)　平成27年4月1日以後開始する事業年度の
期首から適用する。なお、暫定的な会計処理
の定め（（注6）参照）については、平成27
年4月1日以後開始する事業年度の期首以後
実施される企業結合から適用する。

(2)　(1)の定めにかかわらず、平成26年4月1日
以後開始する事業年度の期首から適用するこ
とができる。なお、その場合には、暫定的な
会計処理の定め（（注6）参照）については、
平成26年4月1日以後開始する事業年度の期
首以後実施される企業結合から適用し、また、
平成25年改正会計基準と同時に改正された連
結会計基準（第39項を除く。）及び事業分離
等会計基準についても同時に適用する必要が
ある。

(3)　(1)及び(2)の適用にあたっては、非支配株主
との取引及び取得関連費用について過去の期
間のすべてに新たな会計方針を遡及適用した
場合の適用初年度の期首時点の累積的影響額
を、適用初年度の期首の資本剰余金及び利益
剰余金に加減し、当該期首残高から新たな会
計方針を適用する。

(4)　(3)の定めによらず、平成25年改正会計基準
が定める新たな会計方針を、適用初年度の期
首から将来にわたって適用することができる。

(5)　平成25年改正会計基準の適用初年度におい
ては、会計基準等の改正に伴う会計方針の変
更として取り扱う。

58-3．平成31年に改正された本会計基準（以下
「平成31年改正会計基準」という。）は、平成31
年4月1日以後開始する事業年度の期首以後実
施される企業結合から適用する。

58-4．平成31年改正会計基準の適用初年度にお
いて、これまでの会計処理と異なることとなる
場合には、会計基準等の改正に伴う会計方針の
変更として取り扱う。

　また、平成31年改正会計基準の適用前に実施
された企業結合に係る従前の取扱いは、平成31
年改正会計基準の適用後においても継続し、平
成31年改正会計基準の適用日における会計処理
の見直し及び遡及的な処理は行わない。

議　決

59．平成20年改正会計基準は、第168回企業会計
基準委員会に出席した委員12名全員の賛成によ
り承認された。なお、出席した委員は、以下の
とおりである。

　　（略）

59-2．平成25年改正会計基準は、第272回企業
会計基準委員会に出席した委員13名全員の賛成
により承認された。なお、出席した委員は、以
下のとおりである。

　　（略）

59-3．平成31年改正会計基準は、第400回企業
会計基準委員会に出席した委員13名全員の賛成
により承認された。なお、出席した委員は、以
下のとおりである。

　　（略）

結論の背景

平成15年会計基準公表の経緯

60．連結経営の定着といった企業行動の変化や取
引の複雑化・高度化といった近年の経済実態の
変化、我が国の会計基準を国際的水準に調和さ
せる必要性などから、企業会計審議会では、会
計基準の整備を精力的に進めてきた。

61．平成12年5月に企業会計審議会の審議事項に
取り上げられた企業結合会計に関する審議は、
平成12年9月から開始され、当時の商法改正、

諸外国の会計処理基準の現状及び動向、我が国の会計実務、財務諸表利用者のニーズ等を考慮しつつ精力的に進められてきた。そこでの審議は、何よりも我が国の実態に適合し、かつ、その考え方が国際的に理解される企業結合会計の基準を設定する必要があるという基本認識に立つものであった。

62. 企業会計審議会では、このような審議を踏まえ、平成13年7月に「企業結合に係る会計処理基準に関する論点整理」を公表し、その後、この論点整理に対して寄せられた意見を参考にしつつ、また、国際的調和を重視する観点から、海外で行われていた企業結合会計の見直しに係る議論を適宜検討の対象に加えながら、我が国の企業結合会計のあるべき姿についてさらに審議を進め、平成15年8月に「企業結合に係る会計基準の設定に関する意見書（公開草案）」を公表し、広く各界の意見を求めた。企業会計審議会は、寄せられた意見を参考にしつつさらに審議を行い、公開草案の内容を一部修正して、これを平成15年10月に「企業結合に係る会計基準の設定に関する意見書」として公表した。

平成20年改正会計基準の公表

63. 近年、我が国では、企業が外部環境の構造的な変化に対応するため企業結合を活発に行うようになってきており、企業組織再編成を支援するための法制の整備も進められてきた。我が国における会計基準としては、企業会計審議会が平成9年6月に改訂した「連結財務諸表原則」（以下「平成9年連結原則」という。）により、連結財務諸表に関する会計基準が整備され、また、平成15年会計基準により、企業結合全般に適用される会計基準が整備された。一方、国際的な会計基準では、企業結合の経済的実態に応じて、いわゆるパーチェス法（被結合企業から受け入れる資産及び負債の取得原価を、対価として交付する現金及び株式等の時価（公正価値）とする方法）と持分プーリング法（すべての結合当事企業の資産、負債及び資本を、それぞれの適切な帳簿価額で引き継ぐ方法）の両者を使

い分ける取扱いから、持分プーリング法を廃止する取扱いに変更されるなど、我が国の取扱いとは異なる点が認められていた。

64. 当委員会では、平成19年8月に国際会計基準審議会（IASB）と共同で公表したいわゆる東京合意に基づき、平成20年までの短期コンバージェンス・プロジェクトとして掲げた以下の項目を中心に審議を行った。
(1) 持分プーリング法の廃止及び取得企業の決定方法
(2) 株式の交換の場合における取得原価の算定方法
(3) 段階取得における取得原価の会計処理
(4) 負ののれんの会計処理
(5) 企業結合により受け入れた研究開発の途中段階の成果の会計処理等

平成19年12月に「企業結合会計の見直しに関する論点の整理」及び「研究開発費に関する論点の整理」を公表し、また、平成20年6月に「企業結合に関する会計基準（案）」を始めとした企業結合（連結を含む。）に関する一連の会計基準に係る公開草案を公表し、それらに対して一般から寄せられた意見を参考にしつつ審議を重ね、公開草案の内容を一部修正して、平成20年12月に平成20年改正会計基準を公表した。

平成25年改正会計基準の公表

64-2. 平成20年改正会計基準の公表後、当委員会では、いわゆる東京合意に基づき中期的に取り組むこととしていた既存の差異に関連するプロジェクト項目の検討を行い、平成21年7月に、「企業結合会計の見直しに関する論点の整理」（以下「平成21年論点整理」という。）を公表した。そして、一般から寄せられた意見を参考にしつつ審議を重ね、平成25年1月に少数株主持分（非支配株主持分）の取扱い、企業結合に係る取得関連費用の会計処理、暫定的な会計処理の確定に関する処理を主な見直し内容とする「企業結合に関する会計基準（案）」を始めとした企業結合（連結を含む。）に関する一連の会計基準に係る公開草案を公表した。平成25年改

正会計基準は、公開草案に対して一般から寄せられた意見を踏まえてさらに検討を行い、公開草案の内容を一部修正した上で公表するものである。

64-3. なお、平成21年論点整理に掲げられていた項目のうち、のれんについては、平成21年論点整理の公表後、国際的な会計基準と同様に非償却とすべきかどうかについて審議を続けてきたが、現状では、連結財務諸表及び個別財務諸表ともに会計基準を改正することについて市場関係者の合意形成が十分に図られていない状況にあると考えられる。また、2011年11月にIASBに対してのれんを非償却とする国際財務報告基準（IFRS）第3号「企業結合」の取扱いに係る適用後レビューの必要性の提案を行っている。これらの点を踏まえ、平成25年改正会計基準においても現行の償却処理を継続することとした。

また、子会社に対する支配を喪失した場合の残存の投資に係る会計処理についても、国際的な会計基準との差異は存在するが、この会計処理については、事業分離等会計基準や金融商品会計基準等の他の会計基準にも影響する横断的な論点であることに加え、段階取得の検討経緯（第88項から第93項参照）を踏まえると、実務における段階取得の適用状況をまず検証すべきという意見もある。これらの点を踏まえ、今後、段階取得の適用状況の調査を含む、企業結合に係る実態調査を適切な時期に始めることとし、そのうえで、我が国の会計基準を取り巻く状況も踏まえて、会計処理の検討に着手する時期を判断することとした。

さらに、全部のれん方式の採用の可否、条件付取得対価の取扱い、企業結合に係る特定勘定の取扱い等については、改正することにより財務報告の改善が図られるか否かについて意見が分かれているものや、改正の必要性や適時性に乏しいという意見が大半を占めているものであるため、平成25年改正会計基準の対象とはせず、継続検討課題とすることとした。

65. なお、企業結合の重要性は今後も高まってい

く可能性が高いことから、企業結合の経済的実態を正しく認識できる会計処理方法を確立するという観点や適切な投資情報のディスクロージャーを実現するという観点から、引き続き会計基準等の整備・改善について努力していく予定である。

平成31年改正会計基準の公表

65-2. 平成25年12月の第277回企業会計基準委員会において、公益財団法人財務会計基準機構内に設けられている基準諮問会議より、本会計基準に係る条件付取得対価に関連して対価の一部が返還される場合の取扱いについて検討を求める提言がなされ、審議を行うこととなった。

検討の結果、平成31年改正会計基準においては、条件付取得対価について、企業結合契約締結後の将来の特定の事象又は取引の結果に依存して、企業結合日後に追加的に交付される又は引き渡されるもののみでなく返還されるものも含まれる旨、及び将来の業績に依存する条件付取得対価について対価が返還される場合の会計処理を明確にする改正を行った（第27項(1)並びに（注2）、（注3）及び（注4）参照）。なお、平成31年改正会計基準は、平成30年8月に公表した公開草案に対して一般から寄せられた意見を踏まえてさらに検討を行い、公開草案の内容を一部修正した上で公表するものである。

基本的な考え方

66. 企業結合とは、ある企業又はある企業を構成する事業と他の企業又は他の企業を構成する事業とが1つの報告単位に統合されることをいう（第5項参照）。本会計基準では、企業結合に該当する取引を対象とするため、共同支配企業とよばれる企業体を形成する取引及び共通支配下の取引等も本会計基準の適用対象となる。また、企業結合は、一般的には連結会計基準にいう他の企業の支配の獲得も含むため、現金を対価とする子会社株式の取得の場合についても、連結会計基準に定めのない企業結合に関する事項については、本会計基準の適用対象となる。

なお、複数の取引が１つの企業結合を構成している場合には、それらを一体として取り扱うことに留意する（第５項参照）。通常、複数の取引が１事業年度内に完了する場合には一体として取り扱うことが適当であると考えられるが、１つの企業結合を構成しているかどうかは状況によって異なるため、当初取引時における当事者間の意図や当該取引の目的等を勘案し、実態に応じて判断することとなる。

67. 企業結合には「取得」と「持分の結合」という異なる経済的実態を有するものが存在し、それぞれの実態に対応する適切な会計処理方法を適用する必要があるとの考え方がある。この考え方によれば、まず「取得」に対しては、ある企業が他の企業の支配を獲得することになるという経済的実態を重視し、パーチェス法により会計処理することになる。これは、企業結合の多くは、実質的にはいずれかの結合当事企業による新規の投資と同じであり、交付する現金及び株式等の投資額を取得価額として他の結合当事企業から受け入れる資産及び負債を評価することが、現行の一般的な会計処理と整合するからである。

68. 他方、企業結合の中には、いずれの結合当事企業も他の結合当事企業に対する支配を獲得したとは合理的に判断できない「持分の結合」がある。「持分の結合」とは、いずれの企業（又は事業）の株主（又は持分保有者）も他の企業（又は事業）を支配したとは認められず、結合後企業のリスクや便益を引き続き相互に共有することを達成するため、それぞれの事業のすべて又は事実上のすべてを統合して１つの報告単位となることをいい、この「持分の結合」に対する会計処理としては、対応する資産及び負債を帳簿価額で引き継ぐ会計処理が適用される。この考え方は、いずれの結合当事企業の持分も継続が断たれておらず、いずれの結合当事企業も支配を獲得していないと判断される限り、企業結合によって投資のリスクが変質しても、その変質によっては個々の投資のリターンは実現していないとみるものであり、現在、ある種の

非貨幣財同士の交換を会計処理する際にも適用されている実現概念に通ずる基本的な考え方でもある。

69. 平成15年会計基準では、第67項及び前項のように、「取得」と「持分の結合」という異なる経済的実態を有する企業結合について、別々の会計処理方法を適用するという考え方に立っていた。ただし、持分の継続、非継続自体は相対的な概念であり、具体的に明確な事実として観察することは困難な場合が多いことから、平成15年会計基準では、持分の継続を「対価の種類」と「支配」という２つの観点から判断することとしていた。具体的には、①企業結合に際して支払われた対価のすべてが、原則として、議決権のある株式であること、②結合後企業に対して各結合当事企業の株主が総体として有することになった議決権比率が等しいこと、③議決権比率以外の支配関係を示す一定の事実が存在しないこと、という３つの要件をすべて満たせば持分は継続していると判断し、そのような企業結合に対しては持分プーリング法を適用することとしていた。これは、取得企業を識別できない場合を持分の結合と判定する方法とは異なり、異なる経済的実態を有する取得と持分の結合のうち、持分の結合を積極的に識別し、それ以外の企業結合を取得と判定するアプローチであった。

70. 「取得」又は「持分の結合」のいずれの経済的実態を有するかどうかという観点から、すべての企業結合の会計処理方法を平成15年会計基準において整理したことの意義は、平成20年改正会計基準においても尊重している。しかしながら、「持分の結合」に該当する場合の会計処理方法の１つである持分プーリング法については、我が国の会計基準と国際的な会計基準の間の差異の象徴的な存在として取り上げられることが多く、我が国の会計基準に対する国際的な評価の面で大きな障害になっているともいわれている。また、我が国の会計基準に対する国際的な評価のいかんは、直接海外市場で資金調達をする企業のみならず、広く我が国の資本市場

や日本企業に影響を及ぼすと考えられる。そこで、平成20年改正会計基準ではそれらの影響も比較衡量して、会計基準のコンバージェンスを推進する観点から、従来「持分の結合」に該当した企業結合のうち、共同支配企業の形成以外の企業結合については取得となるものとして、パーチェス法により会計処理を行うこととした（第17項参照）。この結果、持分プーリング法は廃止されることとなった。

71. また、平成15年会計基準では、共同支配企業の形成の会計処理方法についても定めていた。共同支配企業は我が国においては合弁会社とよばれる場合もあり、その形成は、共同新設分割による新会社の設立、同一事業を専業とする子会社同士の合併など様々な形式がとられる。平成20年改正会計基準では、企業結合の会計処理として持分プーリング法を適用しないこととしたものの、持分の結合の考え方は存在しているため、それに該当する共同支配企業の形成の会計処理までをも否定するものではない。また、共同支配企業の形成については、国際的な会計処理においてもこれと同様のものが求められている。このため、共同支配企業の形成に係る共同支配企業の会計処理方法については、平成20年改正会計基準においても、平成15年会計基準の取扱いを変更していない。

72. なお、結合当事企業が結合後企業に拠出するという想定が根拠とされることも多いフレッシュ・スタート法（すべての結合当事企業の資産及び負債を企業結合時の時価に評価替えする方法）についても、平成15年会計基準では諸外国の動向等を踏まえて慎重に検討された。そこでは、フレッシュ・スタート法の採用に合理性が認められるためには、新設合併のようにすべての結合当事企業がいったん解散し、すべての株主の持分が清算された上で、新たに設立された企業へ拠出するという経済的実態が必要であると考えられること、また、諸外国における企業結合の会計処理をめぐる議論において選択肢の1つとして言及されてはいるものの、その方法を適用することが適切と考えられる事象やその

根拠等が必ずしも明確ではない現況等を勘案し、企業結合の会計処理方法としてフレッシュ・スタート法を採用しないこととした。平成20年改正会計基準でもこの考え方を引き継いでいるが、今後、フレッシュ・スタート法が諸外国において企業結合の会計処理方法として採用された場合などには、フレッシュ・スタート法の要否を検討する必要性が生じることも考えられる。

取得と持分の結合の考え方
持分の継続

73. 従来から、企業結合には「取得」と「持分の結合」があり、それぞれ異なる経済的実態を有するといわれてきた。企業結合が取得と判断されれば、取得企業の資産及び負債はその帳簿価額で企業結合後もそのまま引き継がれるのに対して、被取得企業の資産及び負債は時価に評価替えされる。他方、企業結合が持分の結合と判断されるのであれば、すべての結合当事企業の資産及び負債はその帳簿価額で企業結合後もそのまま引き継がれる。このような相違が生じるのは、持分の継続が断たれた側では、投資家はそこでいったん投資を清算し、改めて当該資産及び負債に対して投資を行ったと考えられるのに対して、持分が継続している側では、これまでの投資がそのまま継続していると考えられるからに他ならない。取得の場合には、取得企業の持分は継続しているが、被取得企業の持分はその継続を断たれたとみなされている。他方、持分の結合の場合には、すべての結合当事企業の持分は継続しているとみなされている。このように、持分の継続・非継続により取得と持分の結合は識別され、それぞれに対して異なる会計処理が使い分けられてきた。

74. これを企業の損益計算の観点からいえば、次のようになる。持分の継続が断たれてしまえば、そこで投資家はいったん投資を清算し、改めて当該資産及び負債に対して投資を行い、それを取得企業に現物で出資したと考えられる。したがって、再投資額が結合後企業にとっての新たな投資原価となるが、それは企業結合時点での

資産及び負債の時価に他ならない。そのような投資原価を超えて回収できれば、その超過額が企業にとっての利益である。これに対して、持分が継続しているならば、そこでは投資の清算と再投資は行われていないのであるから、結合後企業にとっては企業結合前の帳簿価額がそのまま投資原価となる。この投資原価を超えて回収できれば、その超過額が企業にとっての利益である。このように、持分の継続・非継続は、企業にとっては投資原価の回収計算の違いを意味している。

75. 取得と持分の結合は、このように異なる経済的実態を有していると考えられるため、本来、それぞれを映し出すのに適した会計処理を使い分けることが必要となる。いずれかの結合当事企業において持分の継続が断たれていると判断されるならば対応する資産及び負債を時価で引き継ぐ方法が、また、すべての結合当事企業において持分が継続していると判断されるならば対応する資産及び負債を帳簿価額で引き継ぐ方法が、企業にとっての投資原価の回収計算すなわち損益計算の観点から優れている。平成20年改正会計基準においては、持分プーリング法を採らないこととしたものの、このような考え方については踏襲している。

共同支配企業の形成

76. 平成15年会計基準では、共同支配企業の形成を対象としないことも考慮したが、その場合、共同支配企業か否かという企業形態の違いにより対象範囲を区別することになり、そこに裁量の働く余地が残ることになると考え、共同支配企業の形成も企業結合の定義に含め、それ以外の企業結合と一貫した考え方を適用することとしていた。平成20年改正会計基準でもこの考え方を踏襲しており、持分の結合にあたる共同支配企業の形成については、移転する資産及び負債を帳簿価額で引き継ぐこととしている（第38項参照）。また、このような会計処理は、国際的な会計基準においても同様に認められているものである。

なお、共同支配企業の形成か否かの判定については、共同支配となる契約等を締結していることが必要とされている。したがって、結合当事企業の一方が支配を獲得していると判定されれば、この企業結合は本会計基準にいう共同支配企業の形成には該当しない取得とみなし、支配を獲得していると判定された企業を取得企業としてパーチェス法を適用することになる。

取得の会計処理
取得企業の決定方法

77. 平成15年会計基準では、取得企業の決定は、取得と持分の結合とを識別する規準と整合した形で行うこととしていた。すなわち、対価の種類で取得と判定された場合には当該対価を支出した企業を取得企業とし、議決権比率の判定で取得と判定された場合には議決権比率が大きいと判定された結合当事企業を取得企業とし、さらに、議決権比率以外の要件の判定で取得と判定された場合には当該要件によって支配を獲得したとされた結合当事企業を取得企業とするものとされていた。しかしながら、今般、持分プーリング法を廃止したことに伴い、従来の識別規準では取得企業を決定することが困難な場合も想定されることから、平成20年改正会計基準では、すでに持分プーリング法が廃止されている国際的な会計基準の考え方を踏まえて、取得企業の決定方法を見直すこととした。

78. まず、取得企業を決定するための基礎として支配概念を用いることは、連結会計基準における支配概念を用いることと整合的であるため、連結会計基準に従って、他の結合当事企業を支配することとなる結合当事企業が明確である場合には、原則として、当該結合当事企業が取得企業となる。ただし、単に株式交換によって親子関係が形成される場合には、結合企業が被取得企業となるような、いわゆる逆取得（次項参照）となることもある。したがって、連結会計基準によってもどの結合当事企業が取得企業となるか明確ではない場合においては、その他の諸要素を考慮して取得企業を決定するものとし

た（第18項参照）。

79．連結会計基準によってどの結合当事企業が取得企業となるか明確ではない場合であって、主な対価の種類が株式のときには、通常は当該株式を交付する企業が取得企業となる。しかし、吸収合併の場合において、法律上存続する会社（存続会社）が議決権のある株式を交付するものの、企業結合会計上、法律上消滅する会社（消滅会社）が取得企業に該当し、株式を交付した存続会社が被取得企業に該当するような場合があり、このような事象は、株式を交付した会社と企業結合会計上の取得企業が一致しないという意味で逆取得とよばれる。また、株式交換において、完全子会社が取得企業となる場合も逆取得に該当する。したがって、対価の種類が株式である企業結合の場合には、原則として当該株式を交付する企業が取得企業であるとするものの、結合後企業における議決権比率の構成や一定の株主の存在など、複数の要素を総合的に勘案して取得企業を決定するものとした（第20項参照）。

80．また、対価の種類が議決権のある株式である企業結合が取得と判定された場合には、平成15年会計基準では、議決権比率が大きいと判定された結合当事企業を取得企業としていた。しかしながら、一般に組織再編は様々な形態をとることが考えられ、議決権比率ではなくその他の支配関係を示す一定の事実によって支配を獲得したと判断することが適当である場合も想定されること、また、国際的な会計基準の考え方と平仄を合わせることも会計基準のコンバージェンスの観点から有益であるため、これらを優先順位のある判断規準とはせず、複数の要素を総合的に勘案して取得企業を決定することとした。なお、取得企業を決定するに至った主な根拠については、注記により開示することが適当と考えられる（第49項(1)参照）。

81．平成15年会計基準においては、主な対価の種類が株式の場合であって、議決権比率で取得企業を決定できないときには、重要な経営事項の意思決定機関の構成員数など、支配関係を示す

一定の事実の存在により取得企業を決定することが示されていた。平成20年改正会計基準では、国際的な会計基準も踏まえつつ再検討を行い、これらに加え、議決権比率を勘案するうえで当該議決権の内容や自社株式オプションなどの潜在的な議決権を考慮することや、最も大きな議決権比率を有する株主の存在、取締役等を選解任できる株主の存在についても判断要素とすることとした。また、取締役会等重要な経営事項に関する意思決定機関の構成についても、単に過半数を占めているかどうかではなく、当該機関を支配するかどうかで判断することとした。

82．さらに、相対的な規模が著しく大きい企業は、通常、取得企業とされるものとした（第21項参照）。これは、国際的な会計基準においても取得企業の決定における要素の1つとされていること、また、この判断要素を設けた場合、特に結合当事企業が3社以上である場合において役立つときがあると考えられることによるものである。

83．結合当事企業が3社以上である企業結合においては、前述したような判断要素に加えて、いずれの企業がその企業結合を最初に提案したのかについても要素として追加することとした（第22項参照）。これは、従来から米国会計基準において要素の1つとして考えられていたものであり、多くの企業が結合するような場合には、前述したような要素のみでは取得企業の決定が困難なことが想定されるためである。

取得原価の算定
基本原則

84．取得とされた企業結合における取得原価の算定は、一般的な交換取引において資産の取得原価を算定する際に適用されている一般的な考え方によることが整合的である。一般的な交換取引においては、その交換のために支払った対価となる財の時価は、通常、受け入れた資産の時価と等価であると考えられており、取得原価は対価の形態にかかわらず、支払対価となる財の時価で算定される。すなわち、交換のための支

払対価が現金の場合には現金支出額で測定されるが、支払対価が現金以外の資産の引渡し、負債の引受け又は株式の交付の場合には、支払対価となる財の時価と受け入れた資産の時価のうち、より高い信頼性をもって測定可能な時価で測定されるのが一般的である。したがって、公開企業が自己の株式を交付して非公開企業を取得した場合には、通常、その公開企業株式の時価の方が非公開企業の時価よりも高い信頼性をもって測定できることから、取得原価は公開企業株式の時価を基礎にして算定されることになる。

株式の交換の場合の算定方法

85. 株式の交換による取得の場合において、市場価格のある取得企業等の株式が取得の対価として交付されるときは、いつの時点での株価をもって取得原価を算定すべきか、すなわち主要な交換条件が合意されて公表された時点での株価と、実際に被取得企業の支配を獲得した日の株価のいずれで測定すべきかという論点がある。平成15年会計基準では、結合当事企業は、お互いの本来の事業価値等を適切に反映した結果として、企業結合の主要条件、とりわけ交換比率の合意に至っているのが通常であり、また、そのような合意内容が公表された後の株価変動には被取得企業の本来の事業価値とは必ずしも関係しない影響が混在している可能性もあると考えられることから、原則として、企業結合の主要条件が合意されて公表された日（合意公表日）前の合理的な期間における株価を基礎にして算定することとしていた。

86. しかしながら、平成15年会計基準においても、取得原価の算定の基本原則として「被取得企業又は取得した事業の取得原価は、原則として、取引時点の取得の対価となる財の時価を算定し、それらを合算したものとする。」（平成15年会計基準三2．(2)②）とされており、株式以外の財産を引き渡した場合は取引時点、すなわち企業結合日の時価で測定すると考えられるが、株式の交付の場合のみ合意公表日での株価で測定するのは整合的でないという見方がある。また、

合意公表日と企業結合日との間に重要な変化があった場合には、合意公表日後においてその条件が見直される可能性も残されており、合意公表日では未だ取得原価は確定していないとも考えられる。さらには、合意公表日を支持する意見として、企業結合の主要条件に関する合意の公表は、取得企業が株式を発行するという義務を負うことが挙げられるが、合意公表をしたとしても、その後、株主総会の承認やその他の手続が必要であることを踏まえると、取得企業は必ずしも合意公表日において、そのような義務に拘束されているとはいえないという意見もある。

87. このように、株式の交換による取得の場合における交付した株式の測定日については2つの異なる考え方があるが、平成20年改正会計基準では、国際的な会計基準とのコンバージェンスに配慮する必要があることから、被取得企業又は取得した事業の取得原価は、原則として、企業結合日における株価を基礎にして算定するものとした（第24項参照）。

段階取得の会計処理

88. 平成15年会計基準では、段階取得における取得原価を、取得企業が被取得企業に対する支配を獲得するに至った個々の取引ごとに支払対価となる財の時価を算定し、それらを合算したものとしていた。これは、個々の交換取引はあくまでその時点での等価交換取引であり、取得が複数の交換取引により達成された場合、取得原価は個々の交換取引ごとに算定した原価の合計額とすることが経済的実態を適切に反映するとの考え方によるものである。

89. 一方、企業が他の企業を支配することとなるという事実は、当該企業の株式を単に追加取得することとは大きく異なるものであるため、被取得企業の取得原価は、過去から所有している株式の原価の合計額ではなく、当該企業を取得するために必要な額とすべきであるという見方がある。すなわち、取得に相当する企業結合が行われた場合には、支配を獲得したことにより、過去に所有していた投資の実態又は本質が変

わったものとみなし、その時点でいったん投資が清算され、改めて投資を行ったと考えられるため、企業結合時点での時価を新たな投資原価とすべきとするものである。

90. 平成20年改正会計基準では、第88項で示したこれまでの考え方も有力である一方、前項の考え方を採っている国際的な会計基準とのコンバージェンスの観点から、連結財務諸表上、段階取得における被取得企業の取得原価は、支配を獲得するに至った個々の取引すべての企業結合日における時価をもって算定することとし、当該被取得企業の取得原価と支配を獲得するに至った個々の取引ごとの原価の合計額との差額は、当期の段階取得に係る損益として処理するものとした（第25項(2)参照）。

平成20年改正会計基準の公開草案では、取得企業の連結財務諸表のみならず、個別財務諸表においても当該差額を損益として処理するものとしていたが、これに対するコメントとして、段階取得によって支配を獲得しても、過去に所有していた投資の実態又は本質が変わったものとみなせない場合も多く、投資は継続していると考える方が適当であるという意見が寄せられた。一方、連結財務諸表における取扱いとしては、国際的な会計基準とのコンバージェンスを重視した公開草案の定めに肯定的な意見も寄せられた。これらのコメントを踏まえたその後の審議においては、支配の獲得によって過去に所有していた投資の実態又は本質が変わったとの認識には必ずしも至っていないことから個別財務諸表上の取扱いは変更しないものの、連結財務諸表においては、もっぱら東京合意に基づく短期コンバージェンス・プロジェクトを完了させることを重視した。すなわち、平成20年改正会計基準では、段階取得における被取得企業の取得原価は、個別財務諸表においては従来どおり支配を獲得するに至った個々の取引ごとの原価の合計額をもって算定するが、連結財務諸表においては支配を獲得するに至った個々の取引すべての企業結合日における時価をもって算定することとした。したがって、株式を追加的に

取得した場合のみならず、合併などにおいても、取得企業の個別財務諸表では当該原価の合計額をもって取得原価となるが、連結財務諸表では企業結合日における当該時価を基礎として取得原価を算定するため、個別財務諸表上の取得原価と連結財務諸表上の取得原価の差額は、連結財務諸表における当期の損益として処理することとなる。

91. 審議の過程では、次の2つの理由により、段階取得の場合に個別財務諸表と連結財務諸表で会計処理を変えるべきではないという意見があった。

(1) 組織再編の方法により経済的実態に差異がないのであれば、会計処理は異なるべきではないとする基本的な考え方が企業結合会計基準の基礎をなしている。この考え方を個別財務諸表と連結財務諸表の会計処理について敷衍すれば、段階取得の場合に個別財務諸表と連結財務諸表で会計処理を変えることは、個別財務諸表と連結財務諸表とで投資原価やその後の期間損益計算が異なることになり、企業結合会計基準の基本的な考え方とは整合しない。

(2) 当委員会では個別財務諸表と連結財務諸表の関係について十分に議論が行われておらず、現時点でこのような会計処理を定めることは、これからの会計基準の開発の方向性に一定の枠を与える懸念がある。

92. しかしながら、段階取得における平成20年改正会計基準の取扱いは、関連会社株式について、個別財務諸表では金融商品会計基準に従って取得原価をもって貸借対照表価額とするものの、連結財務諸表では持分法会計基準に従って持分法により評価することに類似していると考えられる。ただし、企業結合を巡る国内外の環境の相違にも関連するものとも考えられるため、今後、必要に応じて見直すことが適当である。

93. また、平成20年改正会計基準の公開草案では、被取得企業が取得企業の関連会社であった場合には、その後支配を獲得するに至っても事業投資という性格は変わらず、当該被取得企業に対

する投資は継続していると考えられるため、これまでと同様に、支配を獲得する直前の被取得企業に対する投資に係る適正な帳簿価額と支配を獲得することとなった取引の支払対価となる財の時価との合計額をもって取得原価とすることとしていた。これは、事業分離により分離先企業が関連会社となる場合、移転された事業に関する投資は継続しているとみるとする事業分離等会計基準の考え方とも整合することも理由としていた。しかしながら、この取扱いに対するコメントとして、事業分離により分離先企業が関連会社となる場合における分離元企業の会計処理を見直す前であっても、連結財務諸表では国際的な会計基準とのコンバージェンスを重視すべきであるという意見も寄せられたことを踏まえ、その後、慎重に審議を行った。

　事業分離により分離先企業が関連会社となる場合にどのような会計処理を行うかについて、事業分離等会計基準では、次のいずれを重視するかという問題であるとしている（事業分離等会計基準第100項）。

(1)　移転された事業に対する分離元企業の事業投資という性格は継続しており、当該事業投資のリスクから解放されていないため、移転損益を認識しない（現行の会計基準における取扱い）。

(2)　移転された事業に対する分離元企業の支配の喪失により、その投資に対するリスクから解放され、移転損益を認識する。

　事業分離等会計基準では、(2)の考え方も有力であるが、関連会社株式は子会社株式の場合と同じく事実上の事業投資とする金融商品会計基準の取扱いや、持分法は連結（完全連結）のいわば簡便的な会計処理であるととらえられている連結会計基準や持分法会計基準の取扱いから、分離先企業が子会社となる場合と同様に、(1)の考え方が他の会計基準と整合的であるとしている。しかし、平成20年改正会計基準では、他の会計基準等を含む体系への影響について引き続き検討するものの、前項で示した個別財務諸表と連結財務諸表における取扱いを勘案し、国際

的な会計基準とのコンバージェンスの観点から、段階取得における被取得企業が取得企業の関連会社であった場合の投資について、第90項で示した会計処理と同様に取り扱うこととした。

取得関連費用の会計処理

94.　平成15年会計基準では、取得とされた企業結合に直接要した支出額のうち、取得の対価性が認められる外部のアドバイザー等に支払った特定の報酬・手数料等は取得原価に含めることとしていた。これは、取得はあくまで等価交換取引であるとの考え方を重視し、取得企業が等価交換の判断要素として考慮した支出額に限って取得原価に含めることとしたためである。個別に取得した資産における付随費用と同様に、企業結合における取得関連費用をその取得原価に含めることにより、その後の損益は、企業結合において投資した原価の超過回収額となり、概念的には個別に取得した資産と一貫した取扱いとなる。

　一方、国際的な会計基準では、当該取得関連費用は、事業の売主と買主の間の公正な価値での交換の一部ではなく、企業結合とは別の取引と考えられること、取得関連費用のうち直接費が取得原価に含まれる一方で間接費は除かれる点が不整合であること等の理由から、発生した事業年度の費用として取り扱っている。

　また、平成21年論点整理に寄せられたコメントの中には、継続的に資産を購入する場合と異なり、企業結合においては、取得関連費用のどこまでを取得原価の範囲とするか、実務上、議論となることも多いという意見があった。

　平成25年改正会計基準においては、国際的な会計基準に基づく財務諸表との比較可能性を改善する観点や取得関連費用のどこまでを取得原価の範囲とするかという実務上の問題点を解消する観点から、発生した事業年度の費用として処理することとした。

　なお、個別財務諸表における子会社株式の取得原価は、従来と同様に、金融商品会計基準及び日本公認会計士協会会計制度委員会報告第14号「金融商品会計に関する実務指針」に従って

算定することに留意する。

条件付取得対価の会計処理

95. 企業結合契約の中には、企業結合契約を締結した後の将来の特定の事象又は取引の結果に依存して、追加的に株式が交付されたり現金又は他の資産が引き渡されたりする条項や、企業結合時に交付した株式又は引き渡した現金若しくは他の資産の一部が企業結合日後に返還される条項が含まれているものがある。このように、企業結合契約において定められるものであって、企業結合契約締結後の将来の特定の事象又は取引の結果に依存して、企業結合日後に追加的に交付される若しくは引き渡される又は返還される取得対価は、条件付取得対価とよばれる。

96. 被取得企業が、例えば、企業結合契約締結後の特定年度において特定の利益水準を維持又は達成したときや、特定の時期までに製品の研究開発段階におけるマイルストーンを達成したときに、取得企業が株式を追加で交付する条項があるなど、条件付取得対価が企業結合契約締結後の将来の業績に依存する場合がある。このような場合において、対価を追加で交付する又は引き渡すときには、条件付取得対価の交付又は引渡しが確実となり、その時価が合理的に決定可能となった時点で、支払対価を取得原価として追加的に認識するとともに、のれんを追加的に認識する又は負ののれんを減額することとした（第27項(1)参照）。

96-2. 対価の一部が返還される条件付取得対価は、追加的に交付される又は引き渡される条件付取得対価の場合と同様に、契約交渉の過程における買手側と売手側のリスク分担によって設定されるものであり、対価の追加的な交付等を行う場合と対価の返還を受ける場合で異なる性質はないものと考えられる。したがって、対価の一部が返還される条件付取得対価の会計処理は、対価が追加的に交付される又は引き渡される場合と同様に取り扱うことが適切であると考えられるため、平成31年改正会計基準においては、企業結合契約締結後の将来の業績に依存して返還される条件付取得対価について、対価の

返還が確実となり、その時価が合理的に決定可能となった時点で、返還される対価の金額を取得原価から減額するとともに、のれんを減額する又は負ののれんを追加的に認識することとした（第27項(1)参照）。

96-3. なお、条件付取得対価の会計処理に関して、対価を追加的に認識する時点が我が国における一般的な引当金の考え方と異なっていることから、対価の一部が返還される場合にどの時点で会計処理すべきかについて検討を行った。

　この点、我が国におけるこれまでの考え方と整合的であり、有用な会計情報を提供できるものと考えられることや、これまでの偶発事象を資産として認識する場合の会計基準と整合的であることから、条件付取得対価の返還が確実となり、その時価が合理的に決定可能となった時点を用いることが適切であると考えた。

　したがって、条件付取得対価の会計処理を行った結果生じる損益についても、対価の交付等を行う場合と同様に、返還を受けることが確実となり、その時価が合理的に決定可能となった事業年度の損益として計上することとした（第27項(1)参照）。

96-4. 平成31年改正会計基準の公開草案では、条件付取得対価の会計処理に関して、現行の会計処理をより明確に記述することを目的として、のれん又は負ののれんを追加的に認識する時点で計上される損益について、「追加認識する事業年度以前に対応する償却額及び減損損失額は損益として処理する」旨の記載に代えて、「追加的に認識したのれんの金額と追加された支払対価の金額との差額又は減額されたのれんの金額と返還された対価の金額の差額を損益として処理する」旨の記載に表現を見直すことを提案していた。公開草案に寄せられたコメントの中には、従来の表現を変更することにより条件付取得対価に係る現行の取扱いが変更されたとの誤解が生じることが懸念されることから、条件付取得対価に係る現行の取扱いを変更することを意図しないのであれば表現の見直しを行うことは望ましくないとする意見があった。この点、

公開草案の提案は条件付取得対価に係る現行の取扱いを変更することを意図したものではないことから、当該意見を踏まえ、のれん又は負ののれんを追加的に認識する時点で計上される損益に係る表現の見直しは行わないこととした。

97. 取得企業が交付した特定の株式又は社債の市場価格が特定の日又は期間における特定の価格を下回っているときに、当初合意した価額を維持するために株式又は社債を追加で交付する条項があるなど、条件付取得対価が特定の株式又は社債の市場価格に依存する場合がある。このように当初合意された価額が維持される場合には、条件付取得対価の交付により取得原価を追加的に認識するのは適切ではないため、その交付又は引渡しが確実となり、その時価が合理的に決定可能となった時点で、追加で交付可能となった条件付取得対価をその時点の時価に基づき認識するとともに、企業結合日現在で交付している株式又は社債をその時点の時価に修正することとした。また、当該修正により生じた時価が社債金額より高い場合のその差額（プレミアム）の減少額、又は時価が社債金額より低い場合のその差額（ディスカウント）の増加額を将来にわたって規則的に償却することとした（第27項(2)参照）。

取得原価の配分方法
基本原則

98. 取得企業は、被取得企業から受け入れた資産及び引き受けた負債の時価を基礎として、それらに対して取得原価を配分することとなる（第28項参照）。これは、取得とされた企業結合に特有な処理ではなく、企業結合以外の交換取引により複数の資産及び負債を一括して受け入れた又は引き受けた場合に一般的に適用されているものである。すなわち、交換取引により複数の資産及び負債を一括して受け入れた又は引き受けた場合には、まず、支払対価総額を算定し、次にその支払対価総額を、一括して受け入れた又は引き受けた個々の資産及び負債の時価を基礎として、それらの個々の資産及び負債に対し

て配分するのと同様である。その際、取得とされた企業結合の特徴の1つとして、取得原価としての支払対価総額と、被取得企業から受け入れた資産及び引き受けた負債に配分された純額との間に差額が生じる場合があり、この差額がのれん又は負ののれんである。

なお、のれん（又は負ののれん）の計上に関しては、非支配株主持分に相当する部分についても、親会社の持分について計上した額から推定した額などによって計上すべきであるとする考え方（全部のれん方式）もあるが、推定計算などの方法により非支配株主持分についてのれん（又は負ののれん）を計上することにはなお問題が残されていると考えられる。また、平成9年連結原則においても、のれん（又は負ののれん）の計上は有償取得に限るべきであるという立場（購入のれん方式）から、この考え方は採用されていない。そこで、本会計基準においても、この立場を踏襲することとしている。

識別可能資産及び負債の範囲

99. 被取得企業から受け入れた資産及び引き受けた負債のうち企業結合日時点において識別可能なものは、識別可能資産及び負債とよばれる。この識別可能資産及び負債の範囲については、被取得企業の企業結合日前の貸借対照表において計上されていたかどうかにかかわらず、企業がそれらに対して対価を支払って取得した場合、原則として、我が国において一般に公正妥当と認められる企業会計の基準の下で認識されるものに限定することとした。

なお、取得後に発生することが予測される特定の事象に対応した費用又は損失であって、その発生の可能性が取得の対価の算定に反映されている場合には、むしろ、その費用又は損失を負債として認識した方がその後の投資原価の回収計算を適切に行い得ると考えられる（第30項参照）。

100. これまで無形資産については、詳細な会計基準が定められていない等の理由により、識別可能なものであっても「取得原価を当該無形資産等に配分することができる」（平成15年会計

基準三2．(3)) ものとされていた。しかしながら、識別可能な無形資産と判断された以上、その会計上の取扱いについては選択肢を残すべきではないと考えられる。そのため、平成20年改正会計基準では、当該無形資産が識別可能なものであれば、原則として識別して資産計上することを求めることとした（第28項及び第29項参照）。したがって、例えば、当該無形資産を受け入れることが企業結合の目的の1つとされていた場合など、その無形資産が企業結合における対価計算の基礎に含められていたような場合には、当該無形資産を計上することとなる。

101. また、平成15年会計基準では、取得企業が取得対価の一部を研究開発費等（ソフトウェアを含む。）に配分した場合には、当該金額を配分時に費用処理することとされていた。これは、「研究開発費等に係る会計基準」（平成10年3月企業会計審議会）に照らした取扱いと考えられる。他方、国際的な会計基準においては、研究開発費の取扱いとの整合性よりも、企業結合により受け入れた他の資産の取扱いとの整合性をより重視して、識別可能性の要件を満たす限り、その企業結合日における時価に基づいて資産として計上することが求められている。後者の取扱いは、価値のある成果を受け入れたという実態を財務諸表に反映することになると考えられるため、企業結合の取得対価の一部を研究開発費等に配分して費用処理する会計処理を廃止することとした。この結果、会計基準の国際的なコンバージェンスを推進することになると考えられる。

識別可能資産及び負債の時価の算定方法

102. 識別可能資産及び負債の時価について、平成20年改正会計基準では、平成15年会計基準と同様に、企業結合日時点での時価を基礎にして算定することとした（第28項参照）。対象資産及び負債に関して観察可能な市場価格がある場合には、その市場価格が通常最も客観的な評価額であり、企業結合日時点の時価となると考えられる。そのような典型例としては、市場性のある有価証券が考えられる。

103. 他方、対象資産及び負債に関して観察可能な市場価格がない場合の方が現実には圧倒的に多く、そのような場合にも、その時価を何らかの方法により見積る必要があるが、これは取得とされた企業結合の場合に特有なものではなく、通常の交換取引において受け入れた場合と同様である。このような観察可能な市場価格がない資産及び負債の時価を見積る際には、独立第三者間取引に基づく公正な評価額を算定する目的との整合性を確保するため、原則として、市場参加者が利用するであろう情報や前提などが入手可能である限り、それらに基礎を置くこととし、そのような情報等が入手できない場合には、見積りを行う企業が利用可能な独自の情報や前提などに基礎を置き、その合理的な基礎に基づき見積られた価額は合理的に算定された時価であると考えることとした。その典型例としては、大規模工場用地や近郊が開発されていない郊外地に代表される固定資産が考えられる。また、時価が一義的には定まりにくい土地をはじめとした固定資産等が識別可能資産に含まれている場合において、負ののれんが多額に生じることが見込まれるときには、その金額を当該固定資産等に合理的に配分した評価額も、ここでいう合理的に算定された時価であると考えることとした。

暫定的に決定した会計処理の確定手続

104. 識別可能資産及び負債を特定し、それらに対して取得原価を配分する作業は、企業結合日以後の決算前に完了すべきであるが、それが困難な状況も考えられる。そのため、企業結合条件の交渉過程において、通常、ある程度の調査を行っている場合が多く、また、1年を超えた後に企業結合日時点での状況に基づいて企業結合日時点での識別可能資産及び負債を特定し、しかもそれらの企業結合日時点での時価を見積ることは非常に困難であることなど実務面での制約等を考慮し、配分する作業は企業結合日以後1年以内に完了するものとし、完了前の決算においては暫定的に決定した会計処理を行うこととした（第28項参照）。したがって、企業結

合日が、例えば年度決算の直前となる場合は、配分する作業が完了した時点で初めて会計処理を行うのではなく、その年度決算の時点で入手可能な合理的な情報等に基づき暫定的な会計処理を行った上で、その後、追加的に入手した情報等に基づき配分額を確定させることとした。

104-2. 平成25年改正会計基準では、平成21年12月に企業会計基準第24号「会計方針の開示、会計上の変更及び誤謬の訂正に関する会計基準」（以下「企業会計基準第24号」という。）が公表されたことを契機として、暫定的な会計処理の確定が企業結合年度の翌年度に行われた場合の取扱いについて見直しを行った。具体的には、暫定的な会計処理の確定が企業結合年度の翌年度に行われた場合には、国際的な会計基準と同様に、比較情報の有用性を高める観点から、企業結合年度に当該確定が行われたかのように会計処理を行い、それに基づく表示を求めることとした（（注6）参照）。

なお、企業結合年度の翌年度のみの表示が行われる場合の株主資本等変動計算書の表示については、企業会計基準第6号「株主資本等変動計算書に関する会計基準」において所要の改正を行っている。

のれんの会計処理

105. のれんの会計処理方法としては、その効果の及ぶ期間にわたり「規則的な償却を行う」方法と、「規則的な償却を行わず、のれんの価値が損なわれた時に減損処理を行う」方法が考えられる。「規則的な償却を行う」方法によれば、企業結合の成果たる収益と、その対価の一部を構成する投資消去差額の償却という費用の対応が可能になる。また、のれんは投資原価の一部であることに鑑みれば、のれんを規則的に償却する方法は、投資原価を超えて回収された超過額を企業にとっての利益とみる考え方とも首尾一貫している。さらに、企業結合により生じたのれんは時間の経過とともに自己創設のれんに入れ替わる可能性があるため、企業結合により計上したのれんの非償却による自己創設のれん

の実質的な資産計上を防ぐことができる。のれんの効果の及ぶ期間及びその減価のパターンは合理的に予測可能なものではないという点に関しては、価値が減価した部分の金額を継続的に把握することは困難であり、かつ煩雑であると考えられるため、ある事業年度において減価が全く認識されない可能性がある方法よりも、一定の期間にわたり規則的な償却を行う方が合理的であると考えられる。また、のれんのうち価値の減価しない部分の存在も考えられるが、その部分だけを合理的に分離することは困難であり、分離不能な部分を含め「規則的な償却を行う」方法には一定の合理性があると考えられる。

106. 一方、「規則的な償却を行わず、のれんの価値が損なわれた時に減損処理を行う」方法は、のれんが超過収益力を表わすとみると、競争の進展によって通常はその価値が減価するにもかかわらず、競争の進展に伴うのれんの価値の減価の過程を無視することになる。また、超過収益力が維持されている場合においても、それは企業結合後の追加的な投資や企業の追加的努力によって補完されているにもかかわらず、のれんを償却しないことは、上述のとおり追加投資による自己創設のれんを計上することと実質的に等しくなるという問題点がある。実務的な問題としては、減損処理を実施するためには、のれんの価値の評価方法を確立する必要があるが、そのために対処すべき課題も多い。

107. 平成15年会計基準では、こうした議論を踏まえ「規則的な償却を行わず、のれんの価値が損なわれた時に減損処理を行う」方法に対し、「規則的な償却を行う」方法に一定の合理性があることや、子会社化して連結する場合と資産及び負債を直接受け入れ当該企業を消滅させた場合との経済的な同一性に着目し、正の値であるのれんと投資消去差額の会計処理との整合性を図るなどの観点から、規則的な償却を採用した。また、その償却期間についても、平成9年連結原則の連結調整勘定の償却に係る考え方を踏襲し、20年以内のその効果の及ぶ期間にわたって償却することとした（第32項参照）。

108. なお、のれんは「固定資産の減損に係る会計基準」（平成14年8月企業会計審議会）の適用対象資産となることから、規則的な償却を行う場合においても、「固定資産の減損に係る会計基準」に従った減損処理が行われることになる。このような「規則的な償却を行う」方法と、「規則的な償却を行わず、のれんの価値が損なわれた時に減損処理を行う」方法との選択適用については、利益操作の手段として用いられる可能性もあることから認めないこととした。

109. また、のれんを規則償却とした場合、例えば、株式の交換による企業結合のプロセスにおいて、買収対価（発行株式金額）の過大評価や過払いが生じている可能性がある場合に、のれん等が過大に計上される状況が考えられる。このように取得原価のうち、のれんやのれん以外の無形資産に配分された金額が相対的に多額になるときには、企業結合年度においても「固定資産の減損に係る会計基準」の適用上、減損の兆候が存在すると判定される場合もある。被取得企業の時価総額を超えて多額のプレミアムが支払われた場合や、取得時に明らかに識別可能なオークション又は入札プロセスが存在していた場合も同様に取り扱われることがある。

負ののれんの会計処理

110. 負ののれんの会計処理方法としては、想定される負ののれんの発生原因を特定し、その発生原因に対応した会計処理を行う方法や、正の値であるのれんの会計処理方法との対称性を重視し、規則的な償却を行う方法が考えられる。

　想定される発生原因に対応した会計処理を行う方法には、企業結合によって受け入れた非流動資産に負ののれんを比例的に配分し、残額が生じれば繰延利益若しくは発生時の利益として計上する方法、又は、全額を認識不能な項目やバーゲン・パーチェスとみなし発生時の利益として計上する方法等が含まれる。

　非流動資産に比例的に配分する方法の基となる考え方には、負ののれんの発生は、パーチェス法の適用時における識別可能資産の取得原価を決定する上での不備によるものとみなし、この過程で測定を誤る可能性の高い資産から比例的に控除することが妥当であるとみるものがある。一方、発生時に利益計上する方法は、識別可能資産の時価の算定が適切に行われていることを前提にした上で、負ののれんの発生原因を認識不能な項目やバーゲン・パーチェスであると位置付け、現実には異常かつ発生の可能性が低いことから、異常利益としての処理が妥当であると考えるものである。また、異常利益として処理することを求める（経常的な利益とはならない）ことは、時価の算定を適切に行うインセンティブになるという効果もあるといわれている。

111. 平成15年会計基準では、想定された発生原因に合理性を見出すことは困難な場合が多いとして、取得後短期間で発生することが予想される費用又は損失について、その発生の可能性が取得の対価の算定に反映されている場合には、その発生原因が明らかなことから、取得原価の配分の過程で負債として認識されるものと考え、残額については、承継した資産の取得原価の総額を調整する要素とみて、正の値であるのれんと対称的に、規則的な償却を行うこととしていた。

　一方、現行の国際的な会計基準では、負ののれんは発生原因が特定できないものを含む算定上の差額としてすべて一時に利益認識することとしている。これは、のれんは資産として計上されるべき要件を満たしているものの、負ののれんは負債として計上されるべき要件を満たしていないことによる帰結と考えられる。

　平成20年改正会計基準では、平成20年までの短期コンバージェンス・プロジェクトとして国際的な会計基準の考え方を斟酌した結果、従来の取扱いを見直し、負ののれんが生じると見込まれる場合には、まず、取得企業は、すべての識別可能資産及び負債（第30項の負債を含む。）が把握されているか、また、それらに対する取得原価の配分が適切に行われているかどうかを見直すこととした。次に、この見直しを行って

も、なお取得原価が受け入れた資産及び引き受けた負債に配分された純額を下回る場合には、当該不足額を発生した事業年度の利益として処理することとした（第33項参照）。

逆取得における個別財務諸表上の会計処理

112. 吸収合併などの企業結合において、存続会社など株式を交付した企業が取得企業とならない場合、すなわち逆取得の場合には、取得企業の個別財務諸表上、会社法の規定などとの関係から複数の処理方法が考えられる状況が存在し得る。そのため、このような逆取得における個別財務諸表上の会計処理を明らかにした。

113. 企業結合が吸収合併の形式をとる場合において、消滅会社が取得企業となるときは、これまでと同様に、存続会社の個別財務諸表上、取得企業（消滅会社）の資産及び負債を合併直前の適正な帳簿価額で引き継ぐこととした（第34項参照）。

114. 企業結合が現物出資又は吸収分割による子会社化の形式をとる場合、被取得企業に移転された事業に対する取得企業の投資はその企業結合の前後で継続していることから、取得企業の個別財務諸表では、移転した事業に係る株主資本相当額に基づいて、被取得企業株式（子会社株式）の取得原価を算定することとした（第35項参照）。

115. 企業結合が株式交換の形式をとる場合において、完全子会社が取得企業となるときには、完全親会社の個別財務諸表では、これまでと同様に、株式交換直前における当該完全子会社の適正な帳簿価額による株主資本の額に基づいて、取得企業株式（完全子会社株式）の取得原価を算定することとした（第36項参照）。

なお、株式移転による共同持株会社の設立の形式をとる企業結合が取得となる場合、完全親会社の個別財務諸表においては、他の被取得企業株式と同様に取得企業株式も完全子会社株式として扱われる。このとき、完全親会社の連結財務諸表では、企業結合日においていずれかの完全子会社が取得企業となり、当該取得企業（完

全子会社）の資産及び負債が企業結合直前の適正な帳簿価額で受け入れられることになるため、完全親会社の個別財務諸表上においても、株式移転直前における取得企業（完全子会社）の適正な帳簿価額による株主資本の額に基づいて、取得企業株式（完全子会社株式）の取得原価を算定することになる。

共同支配企業の形成の会計処理

116. 本会計基準にいう共同支配企業の形成は持分の結合であり、共同支配企業は、資産及び負債を企業結合直前に付されていた適正な帳簿価額により計上することとなる（第38項参照）。平成15年会計基準では、共同支配企業の形成の会計処理は、資本の内訳の引継方法及び企業結合年度の連結財務諸表の作成に係る定めを除き、持分プーリング法と同一の処理方法としており、これを持分プーリング法に準じた処理方法とよんでいた。しかし、平成20年改正会計基準では、持分プーリング法を廃止することとしたことから、持分プーリング法に準じた処理方法という呼称も使用しないこととした。

なお、平成15年会計基準では、共同支配投資企業が共同支配企業の形成にあたり事業を移転した場合には、移転した事業に係る資産及び負債の移転直前の適正な帳簿価額による純資産額に基づいて当該共同支配企業に対する投資の取得原価を算定することとし、共同支配企業の資本のうち共同支配投資企業の持分比率に対応する部分との差額は処理しないこととしていた。しかしながら、平成20年改正会計基準では、事業分離等会計基準における分離元企業及び結合当事企業の株主に係る会計処理との整合性を重視して、国際的な会計基準と同様に、連結財務諸表上、共同支配投資企業は共同支配企業に対する投資について通常の持分法を適用することに変更した（第39項(2)参照）。このため、今後、当該差額は処理されることとなる。

117. また、平成9年連結原則では、共同支配の実態にある合弁会社（関連会社）については、個別財務諸表の各項目を持分比率に応じて連結

する比例連結を認めるかどうかという問題も検討されたが、混然一体となっている合弁会社の資産、負債等を一律に持分比率で按分して連結財務諸表に計上することは不適切であるとの指摘がなされていること等を考慮して、比例連結は導入しないこととしていた。本会計基準でも、こうした従来の取扱いを踏襲し、共同支配企業に対しては持分法を適用することとしている。

共通支配下の取引等の会計処理

118. 本会計基準が対象としている企業結合は、その定義からも明らかなように経済的に独立した企業同士の取引に限定することなく、法的に独立した企業同士の取引を対象としているため、企業集団内における合併、吸収分割、現物出資等の取引（共通支配下の取引）が含まれることとなる。子会社の判定基準として支配力基準が導入されてから、我が国においては企業集団内における組織再編が活発に行われることになったが、このような組織再編に係る取引は、基本的に連結財務諸表には影響しない取引であるため、個別財務諸表への影響も経済的に独立した企業間の企業結合とは区別すべきであるという観点から、共通支配下の取引として個別財務諸表上の取扱いを示す必要があると考えた。なお、企業集団内における組織再編のうち企業結合に該当しない取引、例えば、株式移転による持株会社の設立や新設分割による子会社の設立については、共通支配下の取引に係る会計処理に準じて処理するのが適当である。

また、株式交換等により非支配株主から子会社株式を受け取る取引（非支配株主との取引）は、企業結合に該当しない取引ではあるが、平成15年会計基準では、連結財務諸表上の取扱いが平成9年連結原則において示されているに留まっていたため、個別財務諸表上の取扱いを含めた全般的な会計処理を示す必要があると考え、共通支配下の取引及び非支配株主との取引について、それぞれの会計処理方法を定めていた。平成20年改正会計基準でも、この取扱いを踏襲している（第41項から第46項参照）。

共通支配下の取引

119. 共通支配下の取引とは、結合当事企業（又は事業）のすべてが、企業結合の前後で同一の株主により最終的に支配され、かつ、その支配が一時的ではない場合の企業結合であり、共通支配下の取引は、親会社の立場からは企業集団内における純資産等の移転取引として内部取引と考えた。このため、連結財務諸表と同様に、個別財務諸表の作成にあたっても、基本的には、企業結合の前後で当該純資産等の帳簿価額が相違することにならないよう、企業集団内における移転先の企業は移転元の適正な帳簿価額により計上することとした。

ただし、親会社と子会社が企業結合する場合において、連結財務諸表の作成にあたり、子会社の純資産等の帳簿価額を修正しているときは、親会社が作成する個別財務諸表においては、連結財務諸表上の金額である修正後の帳簿価額により計上しなければならないこととした。

非支配株主との取引

120. 平成15年会計基準において、非支配株主（当時は少数株主持分と呼称）との取引は、企業集団を構成する子会社の株主と、当該子会社を支配している親会社との間の取引であり、それは企業集団内の取引ではなく、親会社の立場からは外部取引と考えられるとしていた。したがって、親会社が子会社株式を非支配株主から追加取得したときは、個別財務諸表上、子会社株式の取得原価を、当該株式の時価又は支払対価となる財の時価で測定し、連結財務諸表上は、その金額と減少する非支配株主持分の金額との差額をのれんとして処理することとした。

しかし、親会社が自社の株式を対価として子会社株式を追加取得した場合、子会社株式の取得原価と増加資本の額の処理には、なお検討を要する論点が残されている。連結財務諸表上、支配獲得時に子会社の資産及び負債を全面的に評価替えしている限り、自社の株式を対価とする追加取得では、その前後において資産及び負債に変化はなく、追加的なのれんを計上してそ

の後の利益に影響させる意味もないという考え
も示されていた。この観点からすれば、個別財
務諸表上は、連結財務諸表上の非支配株主持分
の金額相当額を、子会社株式の取得原価として
追加計上することになる。

　株式の交換による受入れを、現金による子会
社株式の受入れとその現金の拠出との組み合わ
せであると考えれば、子会社株式の取得原価も、
増加資本の額も、いずれも対価として交付した
株式の時価で決められる。しかし、それですべ
てが解決するのであれば、そもそも共通支配下
の企業結合を独立の問題として取り上げる必要
はない。平成15年会計基準では、概念上の検討
を将来の課題として残し、もっぱら実務に与え
る混乱を最小にする観点から、親会社が子会社
株式を非支配株主から追加取得したときは、個
別財務諸表上、子会社株式の取得原価を、当該
株式の時価又は支払対価となる財の時価で測定
し、連結財務諸表上は、その金額と減少する非
支配株主持分の金額との差額をのれんとして処
理することとした。

120-2. 平成25年改正会計基準の公開草案では、
同時に改正された連結会計基準の公開草案にお
いて、非支配株主との取引によって生じた親会
社の持分変動による差額を資本剰余金とするこ
とを提案したことを踏まえ、自社の株式のみを
対価として子会社株式を追加取得した場合にお
ける個別財務諸表上の取得原価は、企業集団内
の取引に準じ、当該子会社の適正な帳簿価額(子
会社の資産及び負債の帳簿価額を連結上修正し
ているときは、連結財務諸表上の金額である修
正後の帳簿価額) による株主資本の額に基づい
て算定することを提案した。これは、取得原価
を時価で測定しても、連結財務諸表上、その金
額と減少する非支配株主持分の金額との差額は
資本剰余金となり、子会社株式の取得原価は、
結果として、連結財務諸表における当該子会社
の適正な帳簿価額による株主資本の額に基づく
ことになるためである。

　しかしながら、この提案に対しては、連結財
務諸表における非支配株主との取引の会計処理

と個別財務諸表上の子会社株式の取得原価の算
定とは別個の問題であるという意見が寄せられ
た。また、仮に公開草案に従った会計処理とす
る場合には、1株当たり純資産と比較して株価
が著しく低い子会社の株式を追加取得した時に
は親会社の個別財務諸表において追加取得した
直後に減損処理となることが実務上起こり得る
ことや、取得対価の一部に現金が含まれている
場合や当該子会社の連結上の帳簿価額が負の値
である場合等の取扱いの検討も必要であるとい
う指摘もあった。

　検討の結果、個別財務諸表上の子会社株式の
取得原価を、当該株式の時価又は支払対価とな
る財の時価で測定しても、連結財務諸表上その
金額と減少する非支配株主持分の金額との差額
は資本剰余金となり、のれんは計上されないた
め、平成15年会計基準において示されていた論
点に対応する必要性は低いと考えられることや、
個別財務諸表上の処理を変える必要性は大きく
ないことなどから、非支配株主から追加取得す
る子会社株式の取得原価は、追加取得時におけ
る当該株式の時価とその対価となる財の時価の
うち、より高い信頼性をもって測定可能な時価
で算定するという現行の取扱いを継続すること
とした。

開　示

121. 平成20年改正会計基準では、財務諸表の有
用性を高める観点から、次の場合に応じて注記
事項を定めることとした。
(1) 取得とされた企業結合
(2) 連結財務諸表を作成しない場合
(3) 共通支配下の取引等
(4) 子会社が親会社を吸収合併した場合で、子
会社が連結財務諸表を作成しないとき
(5) 共同支配投資企業
(6) 重要な後発事象等
　なお、この定めは、本会計基準の適用範囲を
超えて、企業結合前後の比較可能性を高める追
加的な情報を任意で開示することを妨げるもの
ではない。

122．平成15年会計基準では、持分プーリング法を適用した企業結合に関する注記事項が定められていたが、持分プーリング法を廃止したことに伴い、平成20年改正会計基準では、持分プーリング法を適用した企業結合に係る注記事項は定めていない。また、本改正に合わせて、その他の注記事項についても国際的な会計基準の動向や記載の必要性を再度検討し、注記内容の整理を行った。

123．個々の企業結合は結合後企業又はその株主の業績に重要な影響を与えないとされる場合であっても、1事業年度の企業結合を合算すると連結財務諸表又は個別財務諸表に重要な影響を与えるときがある。そのような場合には、個々の企業結合が重要な場合と同様、投資意思決定情報として有用性が高いことから、平成20年改正会計基準では、財務諸表作成者の事務負担を考慮しつつ、国際的な会計基準における開示規定を参考にして、一定の開示を求めることとした（第49項、第52項及び第54項参照）。

124．連結財務諸表を作成しない場合の逆取得となる企業結合について、平成15年会計基準では、パーチェス法を適用したとした場合に貸借対照表及び損益計算書に及ぼす影響の概算額を企業結合年度において注記することとされ、企業結合年度後の取扱いについては、企業会計基準適用指針第10号「企業結合会計基準及び事業分離等会計基準に関する適用指針」において定められていたが、平成20年改正会計基準では、企業結合年度後の取扱いも併せて定めることとした（第50項参照）。また、子会社が親会社を吸収合併した場合で、子会社が連結財務諸表を作成しないときの注記事項についても同様に、親会社が子会社を吸収合併したものとした場合との比較可能性を確保するための注記を求めることとした（第53項参照）。

なお、第50項及び第53項の個別貸借対照表及び個別損益計算書に及ぼす影響額は、第49項(5)の「企業結合が当期首に完了したと仮定したときの当期の連結損益計算書への影響の概算額」のような仮定情報とは異なり、会計基準に定め

のある手法に基づき作成される情報である。

125．また、平成20年改正会計基準では、段階取得による企業結合が行われた場合の会計処理として、個別財務諸表上は、支配を獲得するに至った個々の取引ごとの原価の合計額を被取得企業の取得原価とする従来の取扱いを継続する一方、連結財務諸表上は、支配を獲得するに至った個々の取引すべての企業結合日における時価をもって算定した被取得企業の取得原価と支配を獲得するに至った個々の取引ごとの原価の合計額との差額を、当期の段階取得に係る損益として処理することとされた（第25項参照）。そこで、連結財務諸表を作成しない企業（個別財務諸表しか作成していない企業）が他の企業を合併する場合など、個別財務諸表から当該差額を把握することができないときには、連結財務諸表を作成する企業との比較可能性の確保の観点から、連結財務諸表を作成しない場合の段階取得に係る注記を求めることとした（第51項参照）。

126．平成15年会計基準では、重要な後発事象の注記として、貸借対照表日後に完了した企業結合を対象としているが、平成20年改正会計基準では、貸借対照表日後に主要条件が合意された企業結合についても重要な投資判断情報であるため、後発事象として注記することとした（第55項参照）。

また、企業結合が貸借対照表日までに完了しておらず、第55項前段の重要な後発事象に該当しないものについても、第55項前段で示された注記事項に準じた開示を行うこととした。

126-2．平成20年改正会計基準までは、取得関連費用に関する情報については、取得とされた企業結合に直接要した支出額のうち取得の対価性が認められるものが取得原価に含められ、取得原価の内訳として開示されてきた。平成25年改正会計基準では、取得関連費用は、発生した事業年度の費用として処理することとなったが、当該情報は、企業結合の実態を把握するにあたり有用な情報であり、また、国際的な会計基準も参考にして、取得関連費用の金額の注記を求めることとした（第49項(3)参照）。ただし、注

記を求める趣旨に鑑みれば、すべての取得関連費用を網羅的に集計して注記する必要性は乏しいことから、企業結合の規模等を考慮して、主要な取得関連費用の内容と金額について注記を求めることとした。

126－3．平成25年改正会計基準において、企業結合年度の翌年度に行われた暫定的な会計処理の確定は、企業結合年度に当該確定が行われたかのように会計処理を行うこととされたため、企業結合年度の翌年度の財務諸表と併せて企業結合年度の財務諸表を表示するときには、当該企業結合年度の財務諸表に暫定的な会計処理の確定による取得原価の配分額の見直しが反映される。暫定的な会計処理の確定による取得原価の配分額の重要な見直しが行われた場合、のれんや受け入れた資産、引き受けた負債の金額に重要な変動が生じることとなり、公表済みの前年度の財務諸表（四半期財務諸表を含む。）との関係でどのような見直しが行われたかの情報は有用であることから、重要な見直しが行われた場合には、その見直しの内容及び金額の注記を求めることとした（第49－2項参照）。

126－4．平成25年改正会計基準と同時に改正された連結会計基準では、非支配株主との取引により資本剰余金が計上され、連結株主資本等変動計算書においては「非支配株主との取引に係る親会社の持分変動」として資本剰余金の変動額が純額で表示されることとなったが、主な要因（追加取得、一部売却等）ごとに資本剰余金の増加した額又は減少した額を開示することは親会社株主に係る成果に関する情報として有用であり、また、国際的な会計基準も参考にして、平成25年改正会計基準では非支配株主との取引に係る親会社の持分変動に関する事項の注記を求めることとした（第52項(4)参照）。

適用時期等

127．平成15年会計基準については、関係各方面の準備作業や企業側の受入準備が必要であり、これらを考慮して、平成18年4月1日以後開始する事業年度から実施されるよう措置すること

が適当である。

128．平成20年改正会計基準の適用初年度においては、会計基準等の改正に伴う会計方針の変更として取り扱うこととなるが、この場合であっても、企業結合は一般に毎期継続して行われるものではないこと、また、平成20年改正会計基準の適用前に実施された企業結合に係る従前の取扱いは平成20年改正会計基準の適用後においても継続することとされたこと、さらには、企業結合が行われたときにはその概要等の注記が求められていること（例えば、第49項参照）から、会計方針の変更による影響額の注記は要しないものとした（第58項参照）。

129．平成20年改正会計基準の適用初年度において、事業年度の企業結合に関する会計処理が当該事業年度を構成する中間又は四半期会計期間における会計処理と異なることとなる場合であっても、いわゆる中間又は四半期・年度の首尾一貫性が保持されていない場合には該当しない。

　　ただし、平成20年改正会計基準の適用日の前後において、経済的に同一の事象と考えられる企業結合が同一事業年度（又は同一中間若しくは四半期会計期間）内に行われており、かつ、適用される会計処理が異なる場合には、会計処理の相違が重要なものについて、その旨及びその内容を追加情報として財務諸表に注記することが適当である。

129－2．平成25年改正会計基準適用前の財務諸表に対して、平成25年改正会計基準が定める新たな会計方針の遡及適用（企業会計基準第24号第4項(9)）を行うためには、平成25年改正会計基準適用前の企業結合及び非支配株主との取引について、長期にわたり相当程度の情報を入手することが必要になることが多く実務的な対応に困難を伴うため、遡及適用は求めるべきではないという意見があった。一方、比較的最近の企業結合等の取引のみである場合等、遡及適用が可能な場合にはあえてその適用を妨げる必要はないという意見もあった。

　　これらの点を踏まえ、また、遡及適用による

実務上の負担を考慮すべきという公開草案に寄せられた意見も検討した結果、平成25年改正会計基準は、企業会計基準第24号第6項(1)の会計基準等に定める特定の経過的な取扱いとして、非支配株主との取引及び取得関連費用について過去の期間のすべてに新たな会計方針を遡及適用した場合の適用初年度の期首時点の累積的影響額を、適用初年度の期首の資本剰余金及び利益剰余金に加減し、当該期首残高から新たな会計方針を適用することとした。そのうえで、前述のように通常は遡及適用を行うことは困難であることを考慮し、遡及適用を行わない場合、それが困難である等の条件は付さず、非支配株主との取引及び取得関連費用について平成25年改正会計基準が定める新たな会計方針を適用初年度の期首から将来にわたって適用できることとした（第58-2項(3)及び(4)参照）。

なお、平成25年改正会計基準の適用初年度においては、企業会計基準第24号第10項(1)から(6)に定める所定の注記を行うことに留意する。

129-3．平成31年改正会計基準について、一般に、企業結合取引を過去に遡って処理することは、長期にわたり相当程度の情報を入手することが必要になる場合が多く実務的な対応に困難を伴うことが考えられるため、平成31年4月1日以後開始する事業年度の期首以後実施される企業結合から将来にわたって適用することとした（第58-3項参照）。

平成20年改正会計基準の公表による他の会計基準等についての修正

130．平成20年改正会計基準により、当委員会が公表した会計基準等については、(1)から(6)の修正を行っている（下線は追加部分、取消線は削除部分を示す。）。

　（以下略）

平成25年改正会計基準の公表による他の会計基準等についての修正

131．平成25年改正会計基準により、当委員会が公表した会計基準等については、次の修正を行う（下線は追加部分、取消線は削除部分を示す。）。

　（以下略）

以　上

企業会計基準第22号

連結財務諸表に関する会計基準

平成20年12月26日
改正平成22年 6 月30日
改正平成23年 3 月25日
最終改正平成25年 9 月13日
企業会計基準委員会

本会計基準は、2020年3月31日までに公表された次の会計基準等による修正が反映されている。

・「企業会計基準第21号「企業結合に関する会計基準」に関連する他の会計基準等の訂正について」(2014年(平成26年)11月18日公表)

・企業会計基準第24号「会計方針の開示、会計上の変更及び誤謬の訂正に関する会計基準」(2020年3月31日改正)

目 次

目 的

1. 本会計基準は、連結財務諸表に関する会計処理及び開示を定めることを目的とする。連結財務諸表は、支配従属関係にある2つ以上の企業からなる集団(企業集団)を単一の組織体とみなして、親会社が当該企業集団の財政状態、経営成績及びキャッシュ・フローの状況を総合的に報告するために作成するものである。

2. 連結財務諸表に関する会計処理及び開示については、「連結財務諸表原則」(連結財務諸表原則注解を含む。以下同じ。)及び「連結財務諸表制度における子会社及び関連会社の範囲の見直しに係る具体的な取扱い」(平成10年10月企業会計審議会)に定めがあるが、本会計基準が優先して適用される。

3．本会計基準の適用にあたっては、以下も参照する必要がある。

(1)　企業会計基準適用指針第8号「貸借対照表の純資産の部の表示に関する会計基準等の適用指針」

(2)　企業会計基準適用指針第15号「一定の特別目的会社に係る開示に関する適用指針」（以下「企業会計基準適用指針第15号」という。）

(3)　企業会計基準適用指針第22号「連結財務諸表における子会社及び関連会社の範囲の決定に関する適用指針」

(4)　日本公認会計士協会会計制度委員会報告第7号「連結財務諸表における資本連結手続に関する実務指針」

(5)　日本公認会計士協会会計制度委員会報告第7号（追補）「株式の間接所有に係る資本連結手続に関する実務指針」

会計基準

範　囲

4．本会計基準は、連結財務諸表を作成することとなる場合に適用する。

用語の定義

5．「企業」とは、会社及び会社に準ずる事業体をいい、会社、組合その他これらに準ずる事業体（外国におけるこれらに相当するものを含む。）を指す。

6．「親会社」とは、他の企業の財務及び営業又は事業の方針を決定する機関（株主総会その他これに準ずる機関をいう。以下「意思決定機関」という。）を支配している企業をいい、「子会社」とは、当該他の企業をいう。親会社及び子会社又は子会社が、他の企業の意思決定機関を支配している場合における当該他の企業も、その親会社の子会社とみなす。

7．「他の企業の意思決定機関を支配している企業」とは、次の企業をいう。ただし、財務上又は営業上若しくは事業上の関係からみて他の企業の意思決定機関を支配していないことが明らかであると認められる企業は、この限りでない。

(1)　他の企業（更生会社、破産会社その他これらに準ずる企業であって、かつ、有効な支配従属関係が存在しないと認められる企業を除く。下記(2)及び(3)においても同じ。）の議決権の過半数を自己の計算において所有している企業

(2)　他の企業の議決権の100分の40以上、100分の50以下を自己の計算において所有している企業であって、かつ、次のいずれかの要件に該当する企業

①　自己の計算において所有している議決権と、自己と出資、人事、資金、技術、取引等において緊密な関係があることにより自己の意思と同一の内容の議決権を行使すると認められる者及び自己の意思と同一の内容の議決権を行使することに同意している者が所有している議決権とを合わせて、他の企業の議決権の過半数を占めていること

②　役員若しくは使用人である者、又はこれらであった者で自己が他の企業の財務及び営業又は事業の方針の決定に関して影響を与えることができる者が、当該他の企業の取締役会その他これに準ずる機関の構成員の過半数を占めていること

③　他の企業の重要な財務及び営業又は事業の方針の決定を支配する契約等が存在すること

④　他の企業の資金調達額（貸借対照表の負債の部に計上されているもの）の総額の過半について融資（債務の保証及び担保の提供を含む。以下同じ。）を行っていること（自己と出資、人事、資金、技術、取引等において緊密な関係のある者が行う融資の額を合わせて資金調達額の総額の過半となる場合を含む。）

⑤　その他他の企業の意思決定機関を支配していることが推測される事実が存在すること

(3)　自己の計算において所有している議決権（当該議決権を所有していない場合を含む。）と、自己と出資、人事、資金、技術、取引等

において緊密な関係があることにより自己の意思と同一の内容の議決権を行使すると認められる者及び自己の意思と同一の内容の議決権を行使することに同意している者が所有している議決権とを合わせて、他の企業の議決権の過半数を占めている企業であって、かつ、上記(2)の②から⑤までのいずれかの要件に該当する企業

7-2. 前項にかかわらず、特別目的会社（資産の流動化に関する法律（平成10年法律第105号）第2条第3項に規定する特定目的会社及び事業内容の変更が制限されているこれと同様の事業を営む事業体をいう。以下同じ。）については、適正な価額で譲り受けた資産から生ずる収益を当該特別目的会社が発行する証券の所有者に享受させることを目的として設立されており、当該特別目的会社の事業がその目的に従って適切に遂行されているときは、当該特別目的会社に資産を譲渡した企業から独立しているものと認め、当該特別目的会社に資産を譲渡した企業の子会社に該当しないものと推定する。

8.「連結会社」とは、親会社及び連結される子会社をいう。

連結財務諸表作成における一般原則

9. 連結財務諸表は、企業集団の財政状態、経営成績及びキャッシュ・フローの状況に関して真実な報告を提供するものでなければならない(注1)。

10. 連結財務諸表は、企業集団に属する親会社及び子会社が一般に公正妥当と認められる企業会計の基準に準拠して作成した個別財務諸表を基礎として作成しなければならない(注2)。

11. 連結財務諸表は、企業集団の状況に関する判断を誤らせないよう、利害関係者に対し必要な財務情報を明瞭に表示するものでなければならない(注1)。

12. 連結財務諸表作成のために採用した基準及び手続は、毎期継続して適用し、みだりにこれを変更してはならない。

(注1) 重要性の原則の適用について
　連結財務諸表を作成するにあたっては、企業集団の財政状態、経営成績及びキャッシュ・フローの状況に関する利害関係者の判断を誤らせない限り、連結の範囲の決定、子会社の決算日が連結決算日と異なる場合の仮決算の手続、連結のための個別財務諸表の修正、子会社の資産及び負債の評価、のれんの処理、未実現損益の消去、連結財務諸表の表示等に関して重要性の原則が適用される。

(注2) 連結のための個別財務諸表の修正について
　親会社及び子会社の財務諸表が、減価償却の過不足、資産や負債の過大又は過小計上等により当該企業の財政状態及び経営成績を適正に示していない場合には、連結財務諸表の作成上これを適正に修正して連結決算を行う。ただし、連結財務諸表に重要な影響を与えないと認められる場合には、修正しないことができる。

連結財務諸表作成における一般基準
連結の範囲

13. 親会社は、原則としてすべての子会社を連結の範囲に含める。

14. 子会社のうち次に該当するものは、連結の範囲に含めない(注3)。
(1) 支配が一時的であると認められる企業
(2) (1)以外の企業であって、連結することにより利害関係者の判断を著しく誤らせるおそれのある企業

(注3) 小規模子会社の連結の範囲からの除外について
　子会社であって、その資産、売上高等を考慮して、連結の範囲から除いても企業集団の財政状態、経営成績及びキャッシュ・フローの状況に関する合理的な判断を妨げない程度に重要性の乏しいものは、連結の範囲に含めないことができる。

連結決算日

15. 連結財務諸表の作成に関する期間は1年とし、親会社の会計期間に基づき、年1回一定の日をもって連結決算日とする。

16. 子会社の決算日が連結決算日と異なる場合には、子会社は、連結決算日に正規の決算に準ずる合理的な手続により決算を行う(注4)。

(注4) 決算期の異なる子会社がある場合の取扱いについて

子会社の決算日と連結決算日の差異が3か月を超えない場合には、子会社の正規の決算を基礎として連結決算を行うことができる。ただし、この場合には、子会社の決算日と連結決算日が異なることから生じる連結会社間の取引に係る会計記録の重要な不一致について、必要な整理を行うものとする。

親会社及び子会社の会計方針

17. 同一環境下で行われた同一の性質の取引等について、親会社及び子会社が採用する会計方針は、原則として統一する。

連結貸借対照表の作成基準

連結貸借対照表の基本原則

18. 連結貸借対照表は、親会社及び子会社の個別貸借対照表における資産、負債及び純資産の金額を基礎とし、子会社の資産及び負債の評価、連結会社相互間の投資と資本及び債権と債務の相殺消去等の処理を行って作成する。

19. 連結貸借対照表の作成に関する会計処理における企業結合及び事業分離等に関する事項のうち、本会計基準に定めのない事項については、企業会計基準第21号「企業結合に関する会計基準」(以下「企業結合会計基準」という。)や企業会計基準第7号「事業分離等に関する会計基準」(以下「事業分離等会計基準」という。)の定めに従って会計処理する。

子会社の資産及び負債の評価

20. 連結貸借対照表の作成にあたっては、支配獲得日において、子会社の資産及び負債のすべてを支配獲得日の時価により評価する方法(全面時価評価法)により評価する(注5)。

21. 子会社の資産及び負債の時価による評価額と当該資産及び負債の個別貸借対照表上の金額との差額(以下「評価差額」という。)は、子会社の資本とする。

22. 評価差額に重要性が乏しい子会社の資産及び負債は、個別貸借対照表上の金額によることができる。

(注5) 支配獲得日、株式の取得日又は売却日等が子会社の決算日以外の日である場合の取扱いについて

支配獲得日、株式の取得日又は売却日等が子会社の決算日以外の日である場合には、当該日の前後いずれかの決算日に支配獲得、株式の取得又は売却等が行われたものとみなして処理することができる。

投資と資本の相殺消去

23. 親会社の子会社に対する投資とこれに対応する子会社の資本は、相殺消去する(注6)。

    (1) 親会社の子会社に対する投資の金額は、支配獲得日の時価による。

    (2) 子会社の資本は、子会社の個別貸借対照表上の純資産の部における株主資本及び評価・換算差額等と評価差額からなる。

24. 親会社の子会社に対する投資とこれに対応する子会社の資本との相殺消去にあたり、差額が生じる場合には、当該差額をのれん(又は負ののれん)とする。なお、のれん(又は負ののれん)は、企業結合会計基準第32項(又は第33項)に従って会計処理する。

25. 子会社相互間の投資とこれに対応する他の子会社の資本とは、親会社の子会社に対する投資とこれに対応する子会社の資本との相殺消去に準じて相殺消去する。

非支配株主持分

26．子会社の資本のうち親会社に帰属しない部分は、非支配株主持分とする(注7)。

27．子会社の欠損のうち、当該子会社に係る非支配株主持分に割り当てられる額が当該非支配株主の負担すべき額を超える場合には、当該超過額は、親会社の持分に負担させる。この場合において、その後当該子会社に利益が計上されたときは、親会社が負担した欠損が回収されるまで、その利益の金額を親会社の持分に加算する。

子会社株式の追加取得及び一部売却等 (注5)

28．子会社株式（子会社出資金を含む。以下同じ。）を追加取得した場合には、追加取得した株式（出資金を含む。以下同じ。）に対応する持分を非支配株主持分から減額し、追加取得により増加した親会社の持分（以下「追加取得持分」という。）を追加投資額と相殺消去する。追加取得持分と追加投資額との間に生じた差額は、資本剰余金とする(注8)。

29．子会社株式を一部売却した場合（親会社と子会社の支配関係が継続している場合に限る。）には、売却した株式に対応する持分を親会社の持分から減額し、非支配株主持分を増額する。売却による親会社の持分の減少額（以下「売却持分」という。）と売却価額との間に生じた差額は、資本剰余金とする(注9)。

なお、子会社株式の売却等により被投資会社が子会社及び関連会社に該当しなくなった場合には、連結財務諸表上、残存する当該被投資会社に対する投資は、個別貸借対照表上の帳簿価額をもって評価する。

30．子会社の時価発行増資等に伴い、親会社の払込額と親会社の持分の増減額との間に差額が生じた場合（親会社と子会社の支配関係が継続している場合に限る。）には、当該差額を資本剰余金とする(注9)。

30-2．第28項、第29項及び第30項の会計処理の結果、資本剰余金が負の値となる場合には、連結会計年度末において、資本剰余金を零とし、当該負の値を利益剰余金から減額する。

債権と債務の相殺消去

31．連結会社相互間の債権と債務とは、相殺消去する(注10)。

(注10)　債権と債務の相殺消去について

(1)　相殺消去の対象となる債権又は債務には、前払費用、未収収益、前受収益及び未払費用で連結会社相互間の取引に関するものを含むものとする。

(2)　連結会社が振り出した手形を他の連結会社が銀行割引した場合には、連結貸借対照表上、これを借入金に振り替える。

(3)　引当金のうち、連結会社を対象として引き当てられたことが明らかなものは、これを調整する。

(4)　連結会社が発行した社債で一時所有のものは、相殺消去の対象としないことができる。

表示方法 ^(注11)

32.　連結貸借対照表には、資産の部、負債の部及び純資産の部を設ける。

(1)　資産の部は、流動資産、固定資産及び繰延資産に区分し、固定資産は有形固定資産、無形固定資産及び投資その他の資産に区分して記載する。

(2)　負債の部は、流動負債及び固定負債に区分して記載する。

(3)　純資産の部は、企業会計基準第5号「貸借対照表の純資産の部の表示に関する会計基準」（以下「純資産会計基準」という。）に従い、区分して記載する。

33.　流動資産、有形固定資産、無形固定資産、投資その他の資産、繰延資産、流動負債及び固定負債は、一定の基準に従い、その性質を示す適当な名称を付した科目に明瞭に分類して記載する^(注11-2)。特に、非連結子会社及び関連会社に対する投資は、他の項目と区別して記載し、又は注記の方法により明瞭に表示する。

利益剰余金のうち、減債積立金等外部者との契約による特定目的のために積み立てられたものがあるときは、その内容及び金額を注記する。

(注11)　連結貸借対照表の表示方法について

連結貸借対照表の科目の分類は、個別財務諸表における科目の分類を基礎とするが、企業集団の財政状態について誤解を生じさせない限り、科目を集約して表示することができる。

(注11-2)　特別目的会社に係る債務の表示について

連結の範囲に含めた特別目的会社に関して、当該特別目的会社の資産及び当該資産から生じる収益のみを返済原資とし、他の資産及び収益へ遡及しない債務（以下「ノンリコース債務」という。）については、連結貸借対照表上、他の項目と区別して記載する。なお、当該記載に代えて、注記によることもできる。

連結損益及び包括利益計算書又は連結損益計算書及び連結包括利益計算書の作成基準

連結損益及び包括利益計算書又は連結損益計算書及び連結包括利益計算書の基本原則

34.　連結損益及び包括利益計算書又は連結損益計算書及び連結包括利益計算書は、親会社及び子会社の個別損益計算書等における収益、費用等の金額を基礎とし、連結会社相互間の取引高の相殺消去及び未実現損益の消去等の処理を行って作成する。

連結会社相互間の取引高の相殺消去

35.　連結会社相互間における商品の売買その他の取引に係る項目は、相殺消去する^(注12)。

(注12)　会社相互間取引の相殺消去について

会社相互間取引が連結会社以外の企業を通じて行われている場合であっても、その取引が実質的に連結会社間の取引であることが明確であるときは、この取引を連結会社間の取引とみなして処理する。

未実現損益の消去

36.　連結会社相互間の取引によって取得した棚卸資産、固定資産その他の資産に含まれる未実現損益は、その全額を消去する。ただし、未実現

損失については、売手側の帳簿価額のうち回収不能と認められる部分は、消去しない。

37. 未実現損益の金額に重要性が乏しい場合には、これを消去しないことができる。

38. 売手側の子会社に非支配株主が存在する場合には、未実現損益は、親会社と非支配株主の持分比率に応じて、親会社の持分と非支配株主持分に配分する。

表示方法 ^(注13)

38-2. 企業会計基準第25号「包括利益の表示に関する会計基準」（以下「企業会計基準第25号」という。）に従って、1計算書方式により、連結損益及び包括利益計算書を作成する場合は、当期純利益までの計算を次項に従って表示するとともに、企業会計基準第25号に従い、包括利益の計算を表示する。

また、2計算書方式による場合は、連結損益計算書を次項に従って表示するとともに、企業会計基準第25号に従い、連結包括利益計算書を作成する。

39. 連結損益及び包括利益計算書又は連結損益計算書における、営業損益計算、経常損益計算及び純損益計算の区分は、下記のとおり表示する。

(1) 営業損益計算の区分は、売上高及び売上原価を記載して売上総利益を表示し、さらに販売費及び一般管理費を記載して営業利益を表示する。

(2) 経常損益計算の区分は、営業損益計算の結果を受け、営業外収益及び営業外費用を記載して経常利益を表示する。

(3) 純損益計算の区分は、次のとおり表示する。

① 経常損益計算の結果を受け、特別利益及び特別損失を記載して税金等調整前当期純利益を表示する。

② 税金等調整前当期純利益に法人税額等（住民税額及び利益に関連する金額を課税標準とする事業税額を含む。）を加減して、当期純利益を表示する。

③ 2計算書方式の場合は、当期純利益に非支配株主に帰属する当期純利益を加減して、

親会社株主に帰属する当期純利益を表示する。1計算書方式の場合は、当期純利益の直後に親会社株主に帰属する当期純利益及び非支配株主に帰属する当期純利益を付記する。

40. 販売費及び一般管理費、営業外収益、営業外費用、特別利益及び特別損失は、一定の基準に従い、その性質を示す適当な名称を付した科目に明瞭に分類して記載する。

(注13) 連結損益及び包括利益計算書又は連結損益計算書及び連結包括利益計算書の表示方法について

(1) 連結損益及び包括利益計算書又は連結損益計算書及び連結包括利益計算書の科目の分類は、個別財務諸表における科目の分類を基礎とするが、企業集団の経営成績について誤解を生じさせない限り、科目を集約して表示することができる。

(2) 主たる営業として製品又は商品の販売と役務の給付とがある場合には、売上高及び売上原価を製品等の販売に係るものと役務の給付に係るものとに区分して記載する。

連結株主資本等変動計算書の作成

41. 企業会計基準第6号「株主資本等変動計算書に関する会計基準」（以下「株主資本等変動計算書会計基準」という。）に従い、連結株主資本等変動計算書を作成する。

連結キャッシュ・フロー計算書の作成

42. 「連結キャッシュ・フロー計算書等の作成基準」（平成10年3月企業会計審議会）に従い、連結キャッシュ・フロー計算書を作成する。

連結財務諸表の注記事項

43. 連結財務諸表には、次の事項を注記する。

(1) 連結の範囲等

連結の範囲に含めた子会社、非連結子会社に関する事項その他連結の方針に関する重要な事項及びこれらに重要な変更があったとき

は、その旨及びその理由

(2) 決算期の異なる子会社

　子会社の決算日が連結決算日と異なるときは、当該決算日及び連結のため当該子会社について特に行った決算手続の概要

(3) 会計方針等

① 重要な資産の評価基準及び減価償却方法等並びにこれらについて変更があったときは、企業会計基準第24号「会計方針の開示、会計上の変更及び誤謬の訂正に関する会計基準」(以下「企業会計基準第24号」という。)に従った注記事項

② 子会社の採用する会計方針で親会社及びその他の子会社との間で特に異なるものがあるときは、その概要

(4) 企業集団の財政状態、経営成績及びキャッシュ・フローの状況を判断するために重要なその他の事項 (注14)(注15)(注16)

(注14) **重要な後発事象の注記について**

　連結財務諸表には、連結財務諸表を作成する日までに発生した重要な後発事象を注記する。

　後発事象とは、連結決算日後に発生した事象(連結決算日と異なる決算日の子会社については、当該子会社の決算日後に発生した事象)で、次期以後の財政状態、経営成績及びキャッシュ・フローの状況に影響を及ぼすものをいう。

(注15) **企業結合及び事業分離等に関する注記事項**

　当期において、新たに子会社を連結に含めることとなった場合や子会社株式の追加取得及び一部売却等があった場合には、その連結会計年度において、重要性が乏しいときを除き、企業結合会計基準第49項から第55項及び事業分離等会計基準第54項から第56項に定める事項を注記する。

(注16) **ノンリコース債務に対応する資産に関する注記事項**

　(注11-2)で示したノンリコース債務に対応する資産については、当該資産の科目及び金額を注記する。

適用時期等

44．平成20年12月に公表された連結財務諸表に関する会計基準(以下「平成20年連結会計基準」という。)の適用時期等に関する取扱いは、次のとおりとする。

(1) 平成22年4月1日以後実施される企業結合及び事業分離等に関する会計処理及び注記事項から適用し、その他連結財務諸表に係る事項については、平成22年4月1日以後開始する連結会計年度の期首から適用する。

(2) (1)にかかわらず、平成21年4月1日以後開始する連結会計年度において最初に実施される企業結合及び事業分離等に関する会計処理及び注記事項から適用し、その他連結財務諸表に係る事項については、平成21年4月1日以後開始する連結会計年度の期首から適用することができる。なお、これらの適用は、平成20年に改正された企業結合会計基準、平成20年に改正された事業分離等会計基準及び平成20年に改正された企業会計基準第16号「持分法に関する会計基準」(以下「持分法会計基準」という。)を、平成21年4月1日以後開始する事業年度において最初に実施される企業結合及び事業分離等から適用した場合に行うこととする。

(3) 平成20年連結会計基準の適用前に実施された企業結合及び事業分離等に関する会計処理及び注記事項についての従前の取扱いは、平成20年連結会計基準の適用後においても継続し、平成20年連結会計基準の適用日における会計処理の見直し及び遡及的な処理は行わない。ただし、従来、部分時価評価法により評価していた子会社については、その他連結財務諸表に係る事項についての適用初年度の期首において、部分時価評価法により計上されてきた評価差額を、全面時価評価法による評価差額の親会社持分額として引き継ぎ、変更により新たに計上すべき評価差額の少数株主持分額は、親会社持分額を基に、当該日における持分比率により算定することとする。

(4) 平成20年連結会計基準の適用初年度におい

ては、会計基準の変更に伴う会計方針の変更として取り扱う。なお、(3)ただし書きによる影響を除き、会計方針の変更による影響額の注記は要しない。

44-2．平成22年に改正された本会計基準（以下「平成22年改正会計基準」という。）（ただし、第43項(3)①は除く。）は、企業会計基準第25号が適用された連結会計年度から適用する。

44-3．平成22年改正会計基準のうち、重要な資産の評価基準及び減価償却方法等並びにこれらについて変更があったときの注記事項（第43項(3)①）については、企業会計基準第24号が適用された連結会計年度から適用する。

44-4．平成23年に改正された本会計基準（以下「平成23年改正会計基準」という。）の適用時期等に関する取扱いは、次のとおりとする。

(1) 平成25年4月1日以後開始する連結会計年度の期首から適用する。

(2) (1)の定めにかかわらず、平成23年4月1日以後開始する連結会計年度の期首から適用することができる。なお、その場合には、平成23年改正会計基準と同時に改正された企業会計基準適用指針第15号「一定の特別目的会社に係る開示に関する適用指針」（ただし、同適用指針第4-4項の対象となる改正を除く。）、企業会計基準適用指針第22号「連結財務諸表における子会社及び関連会社の範囲の決定に関する適用指針」及び実務対応報告第20号「投資事業組合に対する支配力基準及び影響力基準の適用に関する実務上の取扱い」についても同時に適用する必要がある。

(3) 平成23年改正会計基準の適用により新たに連結の範囲に含められる子会社については、適用初年度の期首において子会社に関する資産、負債及び非支配株主持分を連結財務諸表上の適正な帳簿価額（過年度において平成23年改正会計基準が適用されていたのであれば、支配を獲得したものとみなされる日以降、当該子会社を連結の範囲に含めていたものとして算定した資産、負債及び非支配株主持分の金額）により評価する。親会社の連結財務諸表上、適正な帳簿価額で評価された当該子会社に関する資産、負債及び非支配株主持分の純額と親会社が保有する当該子会社に対する投資との差額は、適用初年度の期首の利益剰余金に直接加減する。

(4) ただし、(3)の定めによらず、適用初年度の期首において当該子会社に関する資産及び負債のすべてを時価により評価することができる。この場合、当該子会社に関する資産及び負債の純額のうち非支配株主に帰属する部分は非支配株主持分として処理し、親会社に帰属する部分と親会社が保有する当該子会社に対する投資との差額は、適用初年度の期首の利益剰余金に直接加減する。

(5) なお、上記(3)及び(4)の定めは、平成23年改正会計基準の適用により新たに連結の範囲に含められるすべての子会社に一律に適用することとするが、いずれか一方の取扱いを一律に適用することが困難な子会社がある場合には、(3)又は(4)の定めのうち、他の子会社に適用した取扱いと異なる取扱いを適用することができる。

(6) 平成23年改正会計基準の適用初年度においては、会計基準の変更に伴う会計方針の変更として取り扱う。なお、会計基準等の改正に伴う会計方針の変更による影響額の注記については、企業会計基準第24号第10項(5)の定めにかかわらず、上記(3)又は(4)による適用初年度の期首の利益剰余金に対する影響額を注記する。

44-5．平成25年に改正された本会計基準（以下「平成25年改正会計基準」という。）の適用時期等に関する取扱いは、次のとおりとする。

(1) 平成27年4月1日以後開始する連結会計年度の期首から適用する。

(2) (1)にかかわらず、表示方法（第39項参照）に係る事項を除き平成26年4月1日以後開始する連結会計年度の期首から適用することができる。なお、その場合には、平成25年改正会計基準と同時に改正された企業結合会計基準及び事業分離等会計基準についても同時に

適用する必要がある。

(3) (1)及び(2)の適用にあたっては、非支配株主
との取引について過去の期間のすべてに新た
な会計方針を遡及適用した場合の適用初年度
の期首時点の累積的影響額を、適用初年度の
期首の資本剰余金及び利益剰余金に加減し、
当該期首残高から新たな会計方針を適用する。
ただし、表示方法（第39項参照）に係る事項
については、当期の連結財務諸表に併せて表
示されている過去の連結財務諸表について組
替えを行う。

(4) (3)の定めによらず、平成25年改正会計基準
が定める新たな会計方針を、適用初年度の期
首から将来にわたって適用することができる。
ただし、表示方法（第39項参照）に係る事項
については、当期の連結財務諸表に併せて表
示されている過去の連結財務諸表について組
替えを行う。

(5) 平成25年改正会計基準の適用初年度におい
ては、会計基準等の改正に伴う会計方針の変
更として取り扱う。

44-6. 平成25年改正会計基準を適用するにあ
たっては、日本公認会計士協会会計制度委員会
報告第4号「外貨建取引等の会計処理に関する
実務指針」、会計制度委員会報告第6号「連結
財務諸表における税効果会計に関する実務指
針」、会計制度委員会報告第7号「連結財務諸
表における資本連結手続に関する実務指針」、
会計制度委員会報告第8号「連結財務諸表等に
おけるキャッシュ・フロー計算書の作成に関す
る実務指針」及び会計制度委員会報告第9号「持
分法会計に関する実務指針」などの改正を検討
することが適当である。

議 決

45. 平成20年連結会計基準は、第168回企業会計
基準委員会に出席した委員12名全員の賛成によ
り承認された。なお、出席した委員は、以下の
とおりである。

(略)

45-2. 平成22年改正会計基準は、第204回企業

会計基準委員会に出席した委員9名全員の賛成
により承認された。なお、出席した委員は以下
のとおりである。

(略)

45-3. 平成23年改正会計基準は、第221回企業
会計基準委員会に出席した下記の委員11名のう
ち10名の賛成により承認され、山田達也委員が
反対意見を表明した。

(中略)

なお、平成23年改正会計基準の公表に反対し
た山田達也委員の意見は次のとおりである。

「現行の企業会計基準第22号「連結財務諸表
に関する会計基準」等について、特に特別目的
会社等の取扱いについて検討すべき課題がある
ことには同意する。しかしながら、現行の支配
力基準の特別目的会社等への具体的な適用が必
ずしも明確ではなく、実務においてその取扱い
にばらつきが見られる中、今回の改正は、そう
した点を改善することなく公表するものであり、
現行において注記がなされている開示対象特別
目的会社の一部を連結の範囲に含める部分的対
応にとどまるものといえる。したがって、今回
の改正は、実務における根本的な問題の解決に
はつながらず、また、比較可能性の観点からも
問題が残ることから、本件については、代理人
の取扱い等も含め基準全体を抜本的に見直す中
で改善すべきである。」

45-4. 平成25年改正会計基準は、第272回企業
会計基準委員会に出席した委員13名全員の賛成
により承認された。なお、出席した委員は、以
下のとおりである。

(略)

結論の背景

経 緯

46. 昭和50年6月に企業会計審議会が公表した
「連結財務諸表の制度化に関する意見書」に基
づき昭和52年4月以後開始する事業年度から導
入された連結財務諸表制度は、以後、有価証券
報告書の添付書類であった連結財務諸表の有価
証券報告書本体への組入れ、セグメント情報の

開示の導入及び監査対象化、関連当事者との取引や連結ベースの研究開発活動等の開示項目の充実、連結範囲の拡大等により、随時、充実・見直しが行われてきた。

47．この間、我が国企業の多角化・国際化の進展、我が国証券市場への海外投資家の参入の増加等の環境の著しい変化に伴い、企業の側においては連結経営重視の傾向、投資者の側からは連結情報に対するニーズが高まっていた。このような状況を反映して、我が国の連結情報に係るディスクロージャーの現状については、多くの問題点が指摘されてきた。

48．企業会計審議会は、これらの状況に鑑み、平成7年10月以降、連結財務諸表を巡る諸問題について審議を行い、平成9年6月に「連結財務諸表制度の見直しに関する意見書」を公表した。当該意見書では、従来の個別情報を中心としたディスクロージャーから連結情報を中心とするディスクロージャーへ転換を図ることとし、連結ベースでのディスクロージャーの充実が求められている。また、議決権の所有割合以外の要素も加味した支配力基準を導入して連結の範囲を拡大するとともに、連結財務諸表の作成手続を整備するなど、連結情報充実の観点から「連結財務諸表原則」の改訂が行われた。この改訂は、内外の広範な投資者の我が国証券市場への投資参加の促進及び投資者の自己責任に基づく適切な投資判断と企業自身の実態に即したより適切な経営判断を可能にし、また、連結財務諸表中心の国際的にも遜色のないディスクロージャー制度の構築を目的としたものであった。

49．その後、当委員会は、純資産会計基準や株主資本等変動計算書会計基準を含む会計基準を公表しており、この結果、平成9年6月に改訂された「連結財務諸表原則」（以下「平成9年連結原則」という。）については多くの読替えが必要となっていた。こうした技術的な要請に加え、国際的な動向に鑑み、当委員会は平成20年に企業結合会計基準を改正することとし、それに伴い、平成9年連結原則についても必要な見直しを行うこととした。平成20年連結会計基準

は、平成20年6月に公表した公開草案に対して一般から寄せられた意見を参考にしつつ審議を重ね、公開草案の内容を一部修正したうえで公表された。

なお、当委員会では、今回の検討の対象に含まれなかった事項についてもさらに国際的なコンバージェンスを図っていくために、引き続き審議を進める予定である。

49-2．平成22年改正会計基準では、企業会計基準第25号において包括利益の表示が定められたことに伴い、連結損益及び包括利益計算書又は連結包括利益計算書の作成を定めることとした。また、企業会計基準第24号による注記事項の参照（第43項(3)①）もなされている。

（平成23年改正会計基準の公表）

49-3．平成23年改正会計基準では、「連結財務諸表制度における子会社及び関連会社の範囲の見直しに係る具体的な取扱い」三における一定の要件を満たす特別目的会社についての定めは、資産の譲渡者のみに適用されることとする改正を行っている。

同取扱いは、資産流動化法上の特定目的会社については、事業内容が資産の流動化に係る業務（資産対応証券の発行により得られる金銭により資産を取得し、当該資産の管理、処分から得られる金銭により資産対応証券の元本や金利、配当の支払を行う業務）及びその附帯業務に限定されており、かつ、事業内容の変更が制限されているため、特定目的会社の議決権の過半数を自己の計算において所有している場合等であっても、当該特定目的会社は出資者等から独立しているものと判断することが適当であることから設けられたものと考えられている。

特別目的会社について、このような取扱いが設けられているのは、実質的な支配関係の有無に基づいて子会社の判定を行う支配力基準が広く採用されていることを前提に、通常は支配していないと考えられる形態をあらかじめ整理したものと考えられる。

また、資産の流動化を目的として一定の要件の下で設立された特別目的会社が子会社に該当

し連結対象とされた場合には、譲渡者の個別財務諸表では資産の売却とされた取引が、連結財務諸表では資産の売却とされない処理となり、不合理ではないかという指摘にも対応したものといわれている。

49-4．しかしながら、同取扱いについては、その設定当初に比べ、特別目的会社を利用した取引が拡大するとともに複雑化・多様化していることから、企業集団の状況に関する利害関係者の判断を誤らせるおそれがあるのではないかなどの指摘を背景に、平成19年3月に、当面の対応として、同取扱いの定めにより出資者等の子会社に該当しないものと推定された特別目的会社（開示対象特別目的会社）について、その概要や取引金額等の開示を行うことを定めた企業会計基準適用指針第15号を公表している。

また、平成19年8月に国際会計基準審議会（IASB）と共同で公表した会計基準のコンバージェンスに関する「東京合意」も踏まえ、平成21年2月に、連結財務諸表における特別目的会社の取扱い及びそれに関する開示についての論点のほか、支配の定義と支配力基準の適用や、連結対象となる企業、支配が一時的な子会社についての検討をまとめた「連結財務諸表における特別目的会社の取扱い等に関する論点の整理」（以下「論点整理」という。）を公表した。これには、IASBから平成20年（2008年）12月に公表された公開草案第10号「連結財務諸表」に関する検討も含められていた。

49-5．その後、この論点整理に寄せられたコメントの検討及びIASBで開発中の連結財務諸表に関する会計基準とのコンバージェンスの検討を進めてきたが、IASBの作業計画が当初の予定よりも延期されたことを契機に、短期的に特別目的会社の取扱いを改善することとし、平成22年9月に、企業会計基準公開草案第44号「連結財務諸表に関する会計基準（案）」等を公表した。平成23年改正会計基準は、公開草案に対して寄せられた意見を参考にさらに審議を行い、公開草案を一部修正した上で公表するに至ったものである。

この検討の過程では、今後、IASBで開発中の会計基準とのコンバージェンスを図る場合、短期間に二度の改正は避けるべきとの意見や企業会計基準適用指針第15号の定めにより一定の特別目的会社に関する概要や取引金額等の開示が行われており短期的に対応を進める必要性に乏しいとする意見、支配力基準の特別目的会社等への具体的な適用が必ずしも明確ではない中で部分的な対応を進めることは、かえって企業間の比較可能性を損なう可能性があるといった意見があった。

一方、過去に当委員会に対してなされた提言（「特別目的会社を利用した取引に係る会計基準等の設定・改正に関する提言」（平成17年9月30日　日本公認会計士協会監査・保証実務委員会））の中でも課題とされていたような、いわゆる不動産の開発型の特別目的会社等について、資産の譲渡者以外の企業が「連結財務諸表制度における子会社及び関連会社の範囲の見直しに係る具体的な取扱い」三を適用することについては様々に解釈されている等の理由で、短期的に改善すべきとの意見もあった。また、上記の企業会計基準適用指針第15号を制定した際の問題意識と同様に、特別目的会社を利用した取引の拡大により、設定当時に想定されていなかった取引にまで同取扱いが適用されており、必ずしも連結の範囲から除外する趣旨に合致しているとはいえないものがあるといった意見や、注記による開示は本表を補足するものであって、事業の一環として営む特別目的会社については、連結財務諸表に含めることが経済的実態を反映する会計処理であるとする意見もあった。

検討の結果、平成23年改正会計基準では、同取扱いが資産の譲渡に関連して開発された設定当時の趣旨を踏まえ、資産の譲渡者のみに適用するよう改正することとした（第54-2項参照）。

49-6．なお、同取扱いの改正にあたっては、同取扱いを廃止する案も検討されたが、この場合、資産の消滅の認識の会計処理も同時に見直す必要性があると考えられ、また、指摘されている問題の多くは、同取扱いの定めを資産の譲渡者

のみに適用することで対処されると考えられることから、採用されなかった。

また、検討の過程では、特別目的会社等への支配力基準の具体的な適用に加え、現在の会計基準では必ずしも明確ではない、他人のために企業の行動を指示するような代理人の扱いについても同時に見直すべきとの意見があった。当委員会では、それらの検討は、IASBで開発中の連結財務諸表に関する会計基準とのコンバージェンスの中で行うことが適当であると考えており、また、代理人の扱いは、同取扱いの対象に限らず広範に影響が及ぶ可能性があることから、今回の改正では取り扱わないこととされたが、平成23年改正会計基準の公表後、それらの検討も含め、会計基準のコンバージェンスの観点から、引き続き、特別目的会社に関する連結の範囲の取扱いの見直しを検討していく予定である。

（平成25年改正会計基準の公表）

49-7. 平成20年改正会計基準の公表後、当委員会では、いわゆる東京合意に基づき中期的に取り組むこととしていた既存の差異に関連するプロジェクト項目の検討を行い、平成21年7月に、「企業結合会計の見直しに関する論点の整理」（以下「平成21年論点整理」という。）を公表した。そして、一般から寄せられた意見を参考にしつつ審議を重ね、平成25年1月に「企業結合に関する会計基準（案）」を始めとした企業結合に関する一連の会計基準に係る公開草案の一つとして、少数株主持分（非支配株主持分）の取扱いについて改正を行う「連結財務諸表に関する会計基準（案）」を公表した。平成25年改正会計基準は、公開草案に対して一般から寄せられた意見を踏まえてさらに検討を行い、公開草案の内容を一部修正した上で公表するものである。

なお、平成25年改正会計基準では、少数株主持分を非支配株主持分に変更したため、過去の経緯等を示す場合にも、便宜上、非支配株主持分の用語を使用している場合がある。

本会計基準の考え方について
基本的考え方

50. 平成9年連結原則以前の連結原則については、連結の範囲につき持株基準が採用されていることのほか、税効果会計の適用が任意とされていること、親子会社間の会計処理の統一に関するルールが明確になっていないこと、資本連結の手続が明確になっていないこと等の問題点が指摘されていた。

このため、平成9年連結原則では、連結情報を中心とするディスクロージャー制度へ移行するにあたって、連結財務諸表が企業集団に関するより適切な投資情報を投資者に提供するものとなるよう、それ以前の連結原則の全面的な見直しを行った。

51. 連結財務諸表の作成については、親会社説と経済的単一体説の2つの考え方がある。いずれの考え方においても、単一の指揮下にある企業集団全体の資産・負債と収益・費用を連結財務諸表に表示するという点では変わりはないが、資本に関しては、親会社説は、連結財務諸表を親会社の財務諸表の延長線上に位置づけて、親会社の株主の持分のみを反映させる考え方であるのに対して、経済的単一体説は、連結財務諸表を親会社とは区別される企業集団全体の財務諸表と位置づけて、企業集団を構成するすべての連結会社の株主の持分を反映させる考え方であるという点で異なっている。

平成9年連結原則では、いずれの考え方によるべきかを検討した結果、従来どおり親会社説の考え方によることとしていた。これは、連結財務諸表が提供する情報は主として親会社の投資者を対象とするものであると考えられるとともに、親会社説による処理方法が企業集団の経営を巡る現実感覚をより適切に反映すると考えられることによる。

平成20年連結会計基準においては、親会社説による考え方と整合的な部分時価評価法を削除したものの、基本的には親会社説による考え方を踏襲した取扱いを定めている。

51-2. 平成25年改正会計基準の公表に至る過程

では、国際的な会計基準において、支配獲得後、支配を喪失する結果とならない親会社持分の変動（非支配株主との取引）は資本取引とされており、また、連結損益計算書における当期純利益には非支配株主に帰属する当期純利益を含めて表示することとされており、我が国の取扱いと必ずしも同じではないため、当該取扱いを見直すかどうか検討された。平成21年7月に公表した平成21年論点整理では、親会社株主と非支配株主とではリスク及びリターンは大きく異なり、親会社株主に係る成果とそれを生み出す原資に関する情報が投資家の意思決定に有用であると考えられるとし、従来どおりの考え方（親会社株主の視点）を示していた。

これに対し、平成21年論点整理へのコメントや当委員会の審議においては、国際的な会計基準と同様に会計処理を行うことにより、比較可能性の向上を図るべきという意見が多くみられた。

我が国において重視されている親会社株主の視点からは、国際的な会計基準と同様の会計処理を行うことを導き出すことは必ずしも容易ではないものの、従来の会計処理方法は、以下のような実務上の課題が指摘されてきた。

(1) 連結子会社による当該連結子会社の自己株式の取得と処分又は非支配株主への第三者割当増資が繰り返された場合、親会社の投資に生じている評価益のうち、持分比率が上がった部分はのれんに計上され、持分比率が下がった部分は損益に計上されることが実務上起き得る。

(2) 連結財務諸表上、支配獲得時に子会社の資産及び負債を全面的に評価替えしている限り、自社の株式を対価とする追加取得では、その前後において資産及び負債に変化はないが、追加的なのれんが計上され、当該のれんの償却がその後の利益に影響する。

(3) 子会社の時価発行増資等に伴い生ずる親会社の持分変動差額は、損益として処理することを原則とするが、利害関係者の判断を著しく誤らせるおそれがあると認められる場合に

は、利益剰余金に直接加減することができるとされている。

このような指摘に対して最も簡潔に対応する方法が、損益を計上する取引の範囲を狭めることであるとも考えられた。

これらの点を総合的に勘案し、平成25年改正会計基準では、非支配株主との取引によって生じた親会社の持分変動による差額を資本剰余金とすることとした（第28項から第30項参照）。

51-3. また、平成21年論点整理へのコメントや当委員会の審議において、国際的な会計基準と同様に連結財務諸表の表示を行うことにより比較可能性の向上を図るべきという意見が多くみられたことを踏まえて検討を行った結果、平成25年改正会計基準では、当期純利益には非支配株主に帰属する部分も含めることとした（第39項(3)②参照）。

ただし、前述の平成21年論点整理で述べられている理由により、親会社株主に係る成果とそれを生み出す原資に関する情報は投資家の意思決定に引き続き有用であると考えられることから、親会社株主に帰属する当期純利益を区分して内訳表示又は付記するとともに、従来と同様に親会社株主に帰属する株主資本のみを株主資本として表示することとした。この取扱いは、親会社株主に帰属する当期純利益と株主資本との連繋にも配慮したものである。また、親会社株主に係る成果に関する情報の有用性を勘案して、非支配株主との取引によって増加又は減少した資本剰余金の主な変動要因及び金額について注記を求めることとした（第55項及び第72項参照、企業結合会計基準第52項(4)）。

なお、1株当たり当期純利益についても、従来と同様に、親会社株主に帰属する当期純利益を基礎として算定することとなる（企業会計基準第2号「1株当たり当期純利益に関する会計基準」第12項）。

平成20年連結会計基準による新たな取扱い

52. 企業結合会計基準の改正に合わせて公表された平成20年連結会計基準において、新たな取扱

いとなる主な事項は次のとおりである。

(1) 連結貸借対照表の作成に関する会計処理における企業結合及び事業分離等に関する事項のうち、平成20年連結会計基準に定めのない事項については、企業結合会計基準や事業分離等会計基準の定めに従って会計処理することを明らかにした（第19項及び第60項参照）。また、注記事項についても、企業結合会計基準や事業分離等会計基準で定められた注記事項を開示することとした（注15及び第74項参照）。

(2) 平成9年連結原則では、時価により評価する子会社の資産及び負債の範囲を親会社の持分に相当する部分に限定する方法（部分時価評価法）と全面時価評価法による処理が認められていたが、平成20年連結会計基準では、全面時価評価法のみとすることとした（第20項及び第61項参照）。

(3) 平成9年連結原則では、親会社の子会社に対する投資の金額は支配を獲得するに至った個々の取引ごとの原価の合計額に基づいて算定されてきたが、平成20年連結会計基準では、支配獲得日の時価によることとした（第23項(1)及び第62項参照）。

(4) 平成9年連結原則において連結調整勘定とされていたのれん（又は負ののれん）について、平成20年連結会計基準では、今後、企業結合会計基準に従い会計処理することとした（第24項及び第64項参照）。

53. 前項以外に、既に公表されている他の会計基準等との整合性を図るため、平成20年連結会計基準において新たな取扱いとなる主な事項は次のとおりである。

(1) 「親会社」及び「子会社」は、平成9年連結原則の公表後、「連結財務諸表制度における子会社及び関連会社の範囲の見直しに係る具体的な取扱い」において定義が設けられていたが、平成20年連結会計基準では、「連結財務諸表制度における子会社及び関連会社の範囲の見直しに係る具体的な取扱い」及び企業会計基準第11号「関連当事者の開示に関する会計基準」を参考に、それらの定義を見直し、「親会社」には会社以外も含むこととした（第6項及び第7項参照）。

(2) 資本準備金以外の剰余金は、平成9年連結原則において連結剰余金とされていたが、平成20年連結会計基準における純資産の部は、純資産会計基準に従い、区分して記載することとした（第32項参照）。

(3) 投資と資本の相殺消去により生じた消去差額の名称は、平成9年連結原則においては連結調整勘定とされていたが、平成20年連結会計基準では、企業結合会計基準に従い、のれん（又は負ののれん）に改めた（例えば、第24項参照）。

(4) 少数株主持分は、平成9年連結原則において負債の部と資本の部の中間に独立の項目として表示することとされていたが、平成20年連結会計基準では、純資産会計基準に従い、純資産の部に区分して記載する旨を定めた（第32項参照）。

(5) 連結損益計算書における純損益計算の区分の中に、新たに少数株主損益調整前当期純利益を表示することとした。

(6) 平成9年連結原則においては、連結剰余金計算書(又は連結損益及び剰余金結合計算書)を作成することとされていたが、平成20年連結会計基準では、株主資本等変動計算書会計基準に従い、連結株主資本等変動計算書を作成する旨を定めた（第41項参照）。

(7) 平成10年3月に公表された「連結キャッシュ・フロー計算書等の作成基準」に従い、連結キャッシュ・フロー計算書を作成する旨を定めた（第42項参照）。

(8) 平成9年連結原則に定めのあった、税効果会計、非連結子会社及び関連会社に対する持分法の適用、自己株式及び子会社が所有する親会社の株式の表示方法については、それぞれ、「税効果会計に係る会計基準」、持分法会計基準、企業会計基準第1号「自己株式及び準備金の額の減少等に関する会計基準」（以下「自己株式等会計基準」という。）に同様

の定めがあることから、平成20年連結会計基準においては取り扱わないこととした。

平成25年改正会計基準による新たな取扱い

53 - 2．平成25年改正会計基準において新たな取扱いとなる主な事項は次のとおりである。

(1) 平成20年連結会計基準では、子会社株式を追加取得した場合はのれんを計上し、一部売却した場合及び子会社の時価発行増資等の場合は損益を計上することとしていたが、平成25年改正会計基準では、親会社の持分変動による差額は、資本剰余金に計上することとした（第28項から第30 - 2項参照）。

(2) 平成20年連結会計基準における少数株主持分について、平成25年改正会計基準では非支配株主持分に変更した（第26項参照）。また、平成20年連結会計基準における少数株主損益調整前当期純利益について、平成25年改正会計基準では当期純利益とするとともに、1計算書方式や2計算書方式を採用した場合の表示方法を定めることとした（第39項参照）。

連結の範囲

54．平成9年連結原則以前の連結原則では、子会社の判定基準として、親会社が直接・間接に議決権の過半数を所有しているかどうかにより判定を行う持株基準が採用されていたが、国際的には、実質的な支配関係の有無に基づいて子会社の判定を行う支配力基準が広く採用されていた。それまで我が国で採用されていた持株基準も支配力基準の1つと解されるが、議決権の所有割合が100分の50以下であっても、その会社を事実上支配しているケースもあり、そのような被支配会社を連結の範囲に含まない連結財務諸表は、企業集団に係る情報としての有用性に欠けることになる。このような見地から、平成9年連結原則では、子会社の判定基準として、議決権の所有割合以外の要素を加味した支配力基準を導入し、他の会社（会社に準ずる事業体を含む。）の意思決定機関を支配しているかどうかという観点から、会計基準を設定した。本

会計基準でも、このような従来の取扱いを踏襲した取扱いを定めている（第6項及び第7項参照）。

(平成23年改正会計基準)

54 - 2．これまで「連結財務諸表制度における子会社及び関連会社の範囲の見直しに係る具体的な取扱い」三にて、一定の要件を満たす特別目的会社に対する出資者及び当該特別目的会社に資産を譲渡した企業は、当該特別目的会社を子会社に該当しないものと推定するという取扱いが定められていた。平成23年改正会計基準では、当該出資者に係る定めを削除し、資産を譲渡した企業（当該企業が出資者を兼ねている場合を含む。）に限定することとした（第7 - 2項参照）。これは、同取扱いの適用状況を踏まえ、設定当時の趣旨に基づき修正することとしたものである（第49 - 3項及び第49 - 5項参照）。

非支配株主持分の表示方法

55．平成9年連結原則以前の連結原則では、少数株主持分は負債の部に表示することとされていたが、平成9年連結原則では、少数株主持分は、返済義務のある負債ではなく、連結固有の項目であることを考慮して、負債の部と資本の部の中間に独立の項目として表示することとされた。

その後平成17年に公表された純資産会計基準では、貸借対照表上、少数株主持分は、純資産の部に区分して記載することとされた。平成25年改正会計基準により、少数株主持分は非支配株主持分に変更された（第55 - 2項参照）ものの、親会社株主に帰属する当期純利益と株主資本との連繋にも配慮し、純資産の部において、株主資本とは区分して記載することとした（純資産会計基準第7項）。

55 - 2．平成25年改正会計基準では、少数株主持分を非支配株主持分に変更することとした（第26項参照）。これは、他の企業の議決権の過半数を所有していない株主であっても他の会社を支配し親会社となることがあり得るため、より正確な表現とするためである。これに合わせて、少数株主損益を、非支配株主に帰属する当期純

利益に変更することとした。

税効果会計の適用

56. 平成9年連結原則以前の連結原則では税効果会計の適用は任意とされており、税効果会計を適用している企業においても、連結会社間に係る未実現損益の消去等、連結手続上の修正項目のみを対象として部分的に適用しているものと、個別ベースでの税効果会計を含めて全面的に適用しているものとが見られた。しかし、連結手続上の修正項目のみを対象として税効果会計を部分的に適用した場合には、極めて限られた効果しか得られない。このような観点から、平成9年連結原則では、税効果会計を全面的に適用することを原則とした。

なお、税効果会計については、平成10年10月に公表された「税効果会計に係る会計基準」により、個別財務諸表においても適用されている。

親子会社間の会計処理の統一

57. 平成9年連結原則以前の連結原則では、子会社が採用する会計処理の原則及び手続は、「できるだけ」親会社に統一することとされていた。

親会社と各子会社は、それぞれの置かれた環境の下で経営活動を行っているため、連結会計において親会社と各子会社の会計処理を画一的に統一することは、かえって連結財務諸表が企業集団の財政状態、経営成績及びキャッシュ・フローの状況を適切に表示しなくなるということも考えられる。他方、同一の環境下にあるにもかかわらず、同一の性質の取引等について連結会社間で会計処理が異なっている場合には、その個別財務諸表を基礎とした連結財務諸表が企業集団の財政状態、経営成績及びキャッシュ・フローの状況の適切な表示を損なうことは否定できない。

このような観点から、平成9年連結原則では、同一環境下で行われた同一の性質の取引等については、「原則として」会計処理を統一することが適当であるとした（第17項参照）。

58. 会計処理の統一にあたっては、より合理的な会計方針を選択すべきであり、子会社の会計処理を親会社の会計処理に合わせる場合のほか、親会社の会計処理を子会社の会計処理に合わせる場合も考えられる。

なお、実務上の事情を考慮して、財政状態、経営成績及びキャッシュ・フローの状況の表示に重要な影響がないと考えられるもの（例えば、棚卸資産の評価方法である先入先出法、平均法等）については、敢えて統一を求めるものではない。

資本連結の手続の明確化

59. 資本連結とは、親会社の子会社に対する投資とこれに対応する子会社の資本を相殺消去し、消去差額が生じた場合には当該差額をのれん（又は負ののれん）として計上するとともに、子会社の資本のうち親会社に帰属しない部分を非支配株主持分に振り替える一連の処理をいう。

資本連結については、企業集団内で行われる資本関連取引の複雑化に伴い、平成9年連結原則以前の連結原則には明確な定めのない取引が増加し、また、国際的にみても、資本連結の考え方に変化が現われていた。このようなことから、平成9年連結原則では、資本連結に関する基準を大きく見直し、資本連結の手続の明確化を図ることとした。

60. 企業結合及び事業分離等に適用すべき会計基準としては、企業結合会計基準及び事業分離等会計基準と本会計基準がある。平成9年連結原則に加え、平成15年公表の「企業結合に係る会計基準」及び平成17年公表の事業分離等会計基準によって、企業結合及び事業分離等全般に適用される会計基準が整備されたが、その後、会社法の下で合併等対価の柔軟化に関する規定が施行される中で、平成9年連結原則が適用されるのか、あるいは、企業結合会計基準や事業分離等会計基準が適用されるのかを区別する必要が乏しくなってきた。このため、本会計基準では、連結貸借対照表の作成に関する会計処理における企業結合及び事業分離等に関する事項のうち、本会計基準に定めのない事項については、

企業結合会計基準や事業分離等会計基準の定めに従って会計処理することとしている（第19項参照）。

支配獲得時における資本連結の手続
(子会社の資産及び負債の評価)

61. 時価により評価する子会社の資産及び負債の範囲については、部分時価評価法と全面時価評価法とが考えられる。前者は、親会社が投資を行った際の親会社の持分を重視する考え方であり、後者は、親会社が子会社を支配した結果、子会社が企業集団に含まれることになった事実を重視する考え方である。

平成９年連結原則以前の連結原則の下では、投資消去差額の原因分析を通じて、結果的には部分時価評価法と同様の処理が行われてきたが、平成９年連結原則では国際的な動向をも考慮し、従来の部分時価評価法に加えて、全面時価評価法による処理も併せて認めることとした。

平成９年連結原則後、部分時価評価法の採用はわずかであること、また、子会社株式を現金以外の対価（例えば、自社の株式）で取得する取引を対象としていた平成15年公表の「企業結合に係る会計基準」では全面時価評価法が前提とされたこととの整合性の観点から、本会計基準では、全面時価評価法のみとすることとしている（第20項参照）。なお、持分法を適用する関連会社の資産及び負債のうち投資会社の持分に相当する部分については、部分時価評価法により、これまでと同様に、原則として投資日ごとに当該日における時価によって評価する。

(子会社に対する投資)

62. これまで、親会社の子会社に対する投資の金額は、連結財務諸表上で持分法を適用している場合を除き、個別財務諸表上の金額に基づいて算定されてきた。このため、子会社株式の取得が複数の取引により達成された場合（段階取得）、子会社となる会社に対する支配を獲得するに至った個々の取引ごとの原価の合計額が当該投資の金額とされてきた。

本会計基準では、企業結合会計基準第25項(2)の定めと同様に、国際的な動向に鑑みて、段階

取得における子会社に対する投資の金額は、連結財務諸表上、支配獲得日における時価で算定することとしている（第23項(1)参照）。この結果、企業結合会計基準における取扱いと同様に、親会社となる企業の連結財務諸表において、支配獲得日における時価と支配を獲得するに至った個々の取引ごとの原価の合計額との差額は、当期の段階取得に係る損益として処理することとなる。

(投資と資本の相殺消去)

63. 子会社の資産及び負債の帳簿価額と時価評価額との差額（評価差額）は、親会社の投資と子会社の資本の相殺消去及び非支配株主持分への振替によってすべて消去される。全面時価評価法においては、取得日ごとの子会社の資本を用いて相殺消去を行わず、支配獲得日における子会社の資本を用いて一括して相殺消去を行う（第23項参照）。なお、この処理は、相殺消去の対象となる投資にすでに持分法を適用している場合であっても同様であり、持分法評価額を子会社に対する投資とみなして相殺消去を行うこととなる。

(のれん又は負ののれんの計上)

64. 投資と資本の相殺消去により生じた消去差額は、のれん（又は負ののれん）とされる。当該差額は、平成９年連結原則においては連結調整勘定とされていたが、企業結合会計基準に従い、当該差額に関する用語をのれん（又は負ののれん）に改めた。また、のれん及び負ののれんに関する会計処理に関しては、企業結合会計基準第32項及び第33項の定めに従うこととした（第24項参照）。この結果、支配獲得時における投資と資本の相殺消去によって負ののれんが生じると見込まれる場合には、子会社の資産及び負債の把握並びにそれらに対する取得原価の配分が適切に行われているかどうかを見直し、見直しを行っても、なお生じた負ののれんは、当該負ののれんが生じた事業年度の利益として処理することとなる。

なお、相殺消去の対象となる投資に持分法を適用していた場合には、持分法評価額に含まれ

ていたのれんも含めて、のれん（又は負ののれん）が新たに計算されることとなる。

支配獲得後における資本連結の手続
（子会社株式を追加取得した場合の処理）

65. 子会社株式を追加取得した場合には、子会社の資本に対する親会社の持分は増加し、非支配株主持分は減少する。この場合には、追加取得した株式に対応する持分を非支配株主持分から減額し、追加取得により増加した親会社の持分（追加取得持分）を追加投資額と相殺消去するとともに、追加取得持分と追加投資額との間に生じた差額は、資本剰余金として処理することとした（第28項参照）。

（子会社株式を一部売却した場合の処理）

66. 子会社株式を一部売却した場合であって、親会社と子会社の支配関係が継続しているときは、子会社の資本に対する親会社の持分は減少し、非支配株主持分は増加する。

　この場合には、売却した株式に対応する持分を親会社の持分から減額し、非支配株主持分を増額するとともに、売却による親会社の持分の減少額（売却持分）と売却価額との間に生じた差額は、資本剰余金として処理することとした（第29項参照）。

66-2. 平成25年改正会計基準の公開草案においては、子会社株式を一部売却した場合等で、親会社と子会社の支配関係が継続しているときは、のれんの未償却額のうち売却した株式に対応する額も、売却持分と同様に売却価額から控除し、これらの差額を資本剰余金とすることを提案していた。

　これは、購入のれん方式を採用している本会計基準において、のれんは投資原価の一部であり、また、親会社持分相当額しか計上されていないため、他の資産及び負債とは異なるものであること、さらに、のれんの未償却額を減額しない場合には、一部売却した親会社持分相当額に対応するのれんの償却費が次期以降にも認識され、「親会社株主に帰属する当期純利益」が適切ではないという考え方に基づくものであった。

しかしながら、公開草案に寄せられたコメントを踏まえた審議の過程では、支配獲得後は支配が継続している限り、償却や減損を除き、のれんを減額すべきではないという考え方に基づく意見のほか、支配獲得後の追加取得時にはのれんが追加計上されない一方、一部売却時にのれんを減額すると、追加取得時の会計処理と整合した取扱いにはならないという意見もあった。

　このように、親会社と子会社の支配関係が継続している状況下で、子会社株式を一部売却した場合等におけるのれんの未償却額の取扱いについては、減額する方法及び減額しない方法のそれぞれに一定の論拠があると考えられるが、のれんを減額する場合における実務上の負担や、のれんを減額しないこととしている国際的な会計基準における取扱い等を総合的に勘案して、支配獲得時に計上したのれんの未償却額を減額しないこととした。

（子会社の時価発行増資等に伴い親会社の持分が増減した場合の処理）

67. 子会社の時価発行増資等において、親会社の引受割合が従来の持分比率と異なり、かつ、発行価格が従来の1株当たりの純資産額と異なる場合には、親会社の払込額と当該増資等による親会社の持分の増減額との間に差額が生じる。この差額は、当該増資等に伴う持分比率の変化によって、親会社の持分の一部が非支配株主持分に、又は非支配株主持分が親会社の持分に振り替わることから生じるものである。

　平成9年連結原則では、連結財務諸表上の払込資本は親会社の株主の払込資本のみであり、子会社の払込資本は連結上の払込資本を構成しないと解釈していることから、親会社の増減資によらないこのような差額は、連結上の払込資本を構成しないこととされた。

　平成25年改正会計基準では、子会社の時価発行増資等による持分変動による差額は資本剰余金として処理することとした（第30項参照）ため、当該差額を原則として損益としていたこれまでの定めは削除した。

（資本剰余金の期末残高が負の値になった場合の取扱い）

67-2．支配獲得後の親会社の持分変動による差額は資本剰余金とされたことに伴い、資本剰余金の期末残高が負の値になる場合があり得る。この場合は、自己株式等会計基準第40項と同様に、連結会計年度末において、資本剰余金を零とし、当該負の値を利益剰余金から減額することとした（第30-2項参照）。

　なお、連結財務諸表においては、資本剰余金を区分しないことから、上記の取扱いは、資本剰余金全体が負の値となる場合であることに留意する必要がある。

資本連結以外の連結手続の明確化
未実現損益の消去方法等
（非支配株主が存在する子会社から親会社への売上取引に係る未実現損益の消去方法）

68．平成9年連結原則以前には、実務上、全額消去・持分按分負担方式（未実現損益を全額消去し、親会社の持分と非支配株主持分とにそれぞれの持分比率に応じて負担させる方法）、全額消去・親会社負担方式（未実現損益を全額消去し、かつ、その金額をすべて親会社の持分に負担させる方法）及び部分消去・親会社負担方式（親会社の持分比率に相当する未実現損益のみを消去し、親会社の持分にこれを負担させる方法）の3つの方法が見られたが、平成9年連結原則では、全額消去・持分按分負担方式に統一された（第36項及び第38項参照）。

（減価償却資産に含まれる未実現損益の消去に伴う減価償却費の修正計算方法）

69．平成9年連結原則以前の連結原則では、減価償却資産に含まれる未実現損益の消去に伴う減価償却費の修正計算方法について、毎期修正する方法のほかに、固定資産の除却時又は連結会社以外の会社への売却時に一括して修正する方法も認めていたが、平成9年連結原則では、毎期修正する方法に統一された。

（連結会社間において棚卸資産等を時価で売買することにより生じる内部損失の消去方法）

70．平成9年連結原則以前の連結原則では、連結会社間において棚卸資産を時価で売買することにより生じる内部損失について、消去する方法と消去しない方法の双方を認めていたが、売手側の帳簿価額のうち回収不能と認められる部分については、平成9年連結原則では、消去しないこととした（第36項ただし書き参照）。なお、棚卸資産以外の資産についても、これに準じて取り扱うこととした。

連結財務諸表における表示区分
利益準備金の取扱い

71．平成9年連結原則以前の連結原則では、利益準備金は資本の部に区分して表示することとされていたが、連結財務諸表は、商法上の配当可能利益の算定を直接の目的としているものではないため、平成9年連結原則では、個別財務諸表上の処分不可能な利益剰余金である利益準備金を連結財務諸表上表示する必要性が乏しく、表示科目の統合の観点からも、利益の留保額を連結剰余金として一括して表示することが適当とされた。このため、平成9年連結原則では、連結財務諸表上、利益準備金の表示区分を廃止し、利益の留保額（利益準備金、任意積立金及び当期未処分利益）を連結剰余金として一括して表示することとされた。

　本会計基準では、純資産会計基準の定めに従って記載することとしており、連結財務諸表上、利益の留保額は利益剰余金として一括して表示することとなる。

ノンリコース債務及び対応する資産の表示

71-2．平成23年改正会計基準では、連結の範囲に含めた特別目的会社におけるノンリコース債務については、連結貸借対照表上、他の項目と区別して記載するか、又は注記することとしている（注11-2参照）。これは、そのような返済原資が特定の資産等に制限されている債務については、通常の借入金等の債務とは性格が異なるとの意見を踏まえたものである。

　また、この場合には、当該ノンリコース債務に対応する資産について、担保資産の注記に準じた注記を行うことが資産の特徴を示す観点から有用であると考えられたことから、対応する資産が含まれている科目及びその金額を注記することとした（注16参照）。

71-3．検討の過程では、特別目的会社を用いずにノンリコースの形態で借入が行われる場合にも、特別目的会社と同様に区別して記載するか、又は注記を求めるべきとする意見もあった。しかしながら、本改正の趣旨は特別目的会社に関する取扱いを短期的に改善することにあり、特別目的会社以外の企業に対して影響を及ぼすことを意図するものではないこと、また、通常、ノンリコースの形態で借入が行われるのは特別目的会社による場合が多いと考えられることから、平成23年改正会計基準では、特別目的会社以外の企業には特別目的会社のノンリコース債務と同様の記載は求めないこととした。なお、特別目的会社以外の企業が特別目的会社のノンリコース債務と同様の記載を行うことは妨げられないと考えられる。

連結損益及び包括利益計算書又は連結損益計算書の表示方法

72．平成9年連結原則において連結損益計算書は、営業損益計算、経常損益計算及び純損益計算に区分しなければならないとされている。本会計基準においても、この損益計算の区分を踏襲している。

　平成20年連結会計基準では、国際的な会計基準に基づく連結損益計算書との比較を容易にするため、新たに少数株主損益調整前当期純利益を表示することとしていた。この結果、売上高、営業損益又は経常損益等には少数株主持分相当額も含まれていることから、これらと整合するとともに、少数株主損益を調整する前後の税引後の利益の関係がより明らかになるものと考えられた。

　平成22年改正会計基準では、企業会計基準第25号において、1計算書方式の場合、連結損益計算書に替えて連結損益及び包括利益計算書を作成することと、2計算書方式の場合、連結損益計算書に加えて連結包括利益計算書を作成することが定められたことを踏まえて所要の改正を行った（第38-2項参照）。

　平成25年改正会計基準では、第51-3項に記載した理由により、平成20年改正連結基準で表示することとした少数株主損益調整前当期純利益を当期純利益に変更した（第39項(3)②参照）。これに伴い、連結損益及び包括利益計算書又は連結損益計算書の純損益計算の区分の表示方法についても変更を行った（第39項(3)③参照）。

連結財務諸表の注記事項

73．連結財務諸表に注記する会計方針等（第43項(3)参照）には、重要な資産の評価基準及び減価償却方法のほか、のれんの償却方法及び償却期間が含まれる。

74．本会計基準に定めのない事項については、企業結合会計基準や事業分離等会計基準の定めに従って会計処理することとしたことから（第19項参照）、注記事項についても企業結合会計基準や事業分離等会計基準との整合性を図ることとした（注15参照）。

適用時期等

75．第44項(1)及び(2)における企業結合及び事業分離等に関する会計処理及び注記事項には、部分時価評価法の廃止（第20項等参照）や、子会社株式の段階取得における会計処理（第23項(1)参照）、負ののれん（子会社株式の追加取得の結果生じたものを含む。）の会計処理（第24項等参照）、その他本会計基準に定めのない企業結合及び事業分離等に関する事項（第19項参照）、企業結合及び事業分離等に関する注記事項（注15参照）が含まれる。また、その他連結財務諸表に係る事項については、連結損益計算書における少数株主損益調整前当期純利益の表示が含まれる。

76．平成20年連結会計基準は、国際的な動向に鑑み、企業結合会計基準の改正に合わせて新たな取扱いを定めたものであるため、第44項(2)の適

用は、平成20年改正の企業結合会計基準等を平成21年4月1日以後開始する事業年度において最初に実施される企業結合及び事業分離等から適用した場合に行うものとした。

77. 平成20年連結会計基準の適用初年度においては、会計基準等の改正に伴う会計方針の変更として取り扱うこととなるが、この場合であっても、企業結合や事業分離等は一般に毎期継続して行われるものではないこと、また、平成20年連結会計基準の適用前に実施された企業結合や事業分離等に係る従前の取扱いは平成20年連結会計基準の適用後においても継続することとされたこと、さらには、企業結合や事業分離等が行われた時にはその概要等の注記が求められていること（注15参照）から、第44項(3)ただし書きによる影響を除き、会計方針の変更による影響額の注記は要しないものとした（第44項(4)参照）。

78. 平成20年連結会計基準の適用初年度において、連結会計年度の企業結合及び事業分離等に関する会計処理が当該連結会計年度を構成する中間又は四半期連結会計期間における会計処理と異なることとなる場合であっても、いわゆる中間又は四半期・年度の首尾一貫性が保持されていない場合には該当しない。

ただし、平成20年連結会計基準の適用日の前後において、経済的に同一の事象と考えられる企業結合及び事業分離等が同一連結会計年度（又は同一中間若しくは四半期連結会計期間）内に行われており、かつ、適用される会計処理が異なる場合には、会計処理の相違が重要なものについて、その旨及びその内容を追加情報として連結財務諸表に注記することが適当である。

78-2. 平成23年改正会計基準は、「連結財務諸表制度における子会社及び関連会社の範囲の見直しに係る具体的な取扱い」三における特別目的会社の取扱いについて、国際的な会計基準へのコンバージェンスに先んじて、短期的な対応として部分的に見直すものであり、公開草案では、平成24年4月1日以後開始する連結会計年度の期首から適用することとしていた。

しかしながら、このような公開草案における適用時期の提案に対しては、実務負担を考慮し慎重に決定すべきとの意見や、新たに連結の範囲に含められる特別目的会社等に係る基礎データの入手や決算期の相違に係る調整等に時間を要することなどから、一定の準備期間を設けるべきといった意見があった。

平成23年改正会計基準は、それらの意見を踏まえ、本改正の実務における円滑な適用を図るべく、平成25年4月1日以後開始する連結会計年度の期首から適用することとした（第44-4項(1)参照）。また、本改正の趣旨から、早期の適用を妨げる必要はないと考えられたことから、平成23年4月1日以後開始する連結会計年度からの早期適用を認めることとしている（第44-4項(2)参照）。なお、これらの適用に際しては、既存の特別目的会社を含むすべての特別目的会社に対して適用することに留意する必要がある。

78-3. 平成23年改正会計基準では、連結の範囲の変更に係る過年度の連結財務諸表への遡及適用に要する実務負担を考慮し、適用初年度に新たに連結の範囲に含められる子会社について、変更による影響額を適用初年度の期首の利益剰余金に直接加減する経過的な取扱いを認めている。第44-4項(3)の取扱い（適正な帳簿価額により評価する方法）によることを原則としつつ、特別目的会社の組成時から関与していない場合など、特別目的会社によっては、連結手続に際して必要となるデータの入手等が困難な場合も考えられることから、第44-4項(4)の取扱い（時価により評価する方法）によることも認めることとしている。

なお、この経過的な取扱いについては、会計処理の首尾一貫性の観点から、適用初年度に新たに連結の範囲に含められるすべての子会社にいずれか一方の取扱いを一律に適用することとし、当該適用が困難な子会社がある場合にのみ、他の子会社に適用した取扱いと異なる取扱いを適用することを認めることとした（第44-4項(5)参照）。

78-4. 平成25年改正会計基準適用前の連結財務

諸表に対して、平成25年改正会計基準が定める新たな会計方針の遡及適用（企業会計基準第24号第4項(9)）を行うためには、平成25年改正会計基準適用前の企業結合及び非支配株主との取引について、長期にわたり相当程度の情報を入手することが必要になることが多く実務的な対応に困難を伴うため、遡及適用は求めるべきではないという意見があった。一方、比較的最近の企業結合等の取引のみである場合等、遡及適用が可能な場合にはあえてその適用を妨げる必要はないという意見もあった。

これらの点を踏まえ、また、遡及適用による実務上の負担を考慮すべきという公開草案に寄せられた意見も検討した結果、平成25年改正会計基準は、企業会計基準第24号第6項(1)の会計基準等に定める特定の経過的な取扱いとして、非支配株主との取引について過去の期間のすべてに新たな会計方針を遡及適用した場合の適用初年度の期首時点の累積的影響額を、適用初年度の期首の資本剰余金及び利益剰余金に加減し、当該期首残高から新たな会計方針を適用することとした。そのうえで、前述のように通常は遡及適用を行うことは困難であることを考慮し、遡及適用を行わない場合、それが困難である等の条件は付さず、非支配株主との取引について平成25年改正会計基準が定める新たな会計方針を適用初年度の期首から将来にわたって適用できることとした（第44-5項(4)参照）。

なお、平成25年改正会計基準の適用初年度においては、企業会計基準第24号第10項(1)から(6)に定める所定の注記を行うことに留意する。

78-5. 平成25年改正会計基準適用後の当期純利益には従来の当期純利益には含められていなかった非支配株主に帰属する当期純利益が含められることになった。当該表示方法の変更については、非支配株主との取引の会計処理の変更と関連すると考えられるものの、財務諸表利用者の誤解や混乱を避けるためには一斉に適用すべきと考えられることから、平成25年改正会計基準の表示方法に係る事項（第39項参照）については、早期適用は認めず、また、当期の連結財務諸表に併せて表示されている過去の連結財務諸表の組替えを求めることとした（第44-5項(2)から(4)参照）。

平成20年連結会計基準の公表による他の会計基準等についての修正

79. 平成20年連結会計基準の公表に伴い、当委員会が公表した会計基準等のうち、(1)から(7)の修正を行っている（下線は追加部分、取消線は削除部分を示す。）。

（以下略）

平成25年連結会計基準の公表による他の会計基準等についての修正

80. 平成25年改正会計基準により、当委員会が公表した会計基準等については、(1)から(5)の修正を行う（下線は追加部分、取消線は削除部分を示す。）。

（以下略）

以　上

企業会計基準第23号

「研究開発費等に係る会計基準」の一部改正

平成20年12月26日
企業会計基準委員会

目　的

1．本会計基準は、企業会計審議会が平成10年3月13日に公表した「研究開発費等に係る会計基準」（「研究開発費等に係る会計基準注解」を含む。以下「研究開発費等会計基準」という。）のうち、「六　適用範囲」を改正することを目的とする。

会計基準

2．研究開発費等会計基準の「六　適用範囲」に、次の定めを追加する。

> **3．企業結合により被取得企業から受け入れた資産**
>
> 　本基準は、企業結合により被取得企業から受け入れた資産（受注制作、市場販売目的及び自社利用のソフトウェアを除く。）については適用しない。

適用時期等

3．本会計基準は、平成22年4月1日以後実施される企業結合及び事業分離等から適用する。

　ただし、本会計基準は、企業会計基準第21号「企業結合に関する会計基準」（以下「平成20年改正企業結合会計基準」という。）及び平成20年改正の企業会計基準第7号「事業分離等に関する会計基準」（以下「平成20年改正事業分離等会計基準」という。）と併せて、平成21年4月1日以後開始する事業年度において最初に実施される企業結合及び事業分離等から適用することができる。

　また、本会計基準の適用前に実施された企業結合に係る従前の取扱いは、本会計基準の適用後においても継続し、本会計基準の適用日における会計処理の見直し及び遡及的な処理は行わない。

議　決

4．本会計基準は、第168回企業会計基準委員会に出席した委員12名全員の賛成により承認された。なお、出席した委員は、以下のとおりである。

　　（略）

結論の背景

経　緯

5．平成15年10月31日に企業会計審議会から公表された「企業結合に係る会計基準」（以下「平成15年企業結合会計基準」という。）においては、取得企業が取得対価の一部を研究開発費等（ソフトウェアを含む。）に配分したときは、当該金額を配分時に費用処理することとされていた。他方、国際的な会計基準においては、研究開発費の取扱いとの整合性よりも、企業結合により受け入れた他の資産の取扱いとの整合性をより重視して、識別可能性の要件を満たす限り、その企業結合日における時価に基づいて資産として計上することが求められている。

　後者の取扱いは、価値のある成果を受け入れたという実態を財務諸表に反映することになると考えられるため、当委員会は、企業結合の取得対価の一部を研究開発費等に配分して費用処

365

理する会計処理を廃止することとし、また併せて、研究開発費等会計基準の「六　適用範囲」についても見直しを行うこととした。

　本会計基準は、平成20年6月に公表した企業結合（連結を含む。）に関する一連の会計基準に係る公開草案に対して、当委員会に寄せられたコメントを検討し、公開草案を一部修正した上で公表するものである。

改正の考え方

6．研究開発費等会計基準では、研究開発費には、人件費、原材料費、固定資産の減価償却費及び間接費の配賦額等、研究開発のために費消されたすべての原価が含まれるとされており（研究開発費等会計基準　二）、これには特定の研究開発目的にのみ使用され、他の目的に使用できない機械装置や特許権等を取得した場合の原価も含まれる（研究開発費等会計基準（注1））。研究開発費は、すべて発生時に費用として処理しなければならないとされ（研究開発費等会計基準　三）、こうした取扱いを踏まえ、平成15年企業結合会計基準では、取得企業が取得対価の一部を研究開発費等（ソフトウェアを含む。）に配分した場合には、当該金額を配分時に費用処理することとされていた。

　しかしながら、平成20年改正企業結合会計基準では、企業結合の取得対価の一部を研究開発費等に配分して費用処理する会計処理を廃止したことから、企業結合により被取得企業から受け入れた資産については、受注制作、市場販売目的及び自社利用のソフトウェアに係る会計処理を除き、研究開発費等会計基準の定めの例外的な取扱いとすることが適当であると考えられる。このため、当委員会は、研究開発費等会計基準の「六　適用範囲」を改正することとした（第2項参照）。

適用時期等

7．本会計基準は、国際的な動向に鑑み、企業結合会計基準の改正に合わせて新たな取扱いを定めたものであるため、平成20年改正企業結合会計基準及び平成20年改正事業分離等会計基準を平成21年4月1日以後開始する事業年度において最初に実施される企業結合及び事業分離等から適用する場合には、本会計基準についても併せて適用するものとした（第3項ただし書き参照）。

以　上

企業会計基準第24号

会計方針の開示、会計上の変更及び誤謬の訂正に関する会計基準

2009年（平成21年）12月 4 日
改正2020年 3 月31日
企業会計基準委員会

目　次

目　的

1. 本会計基準は、会計方針の開示、会計上の変
更及び過去の誤謬の訂正に関する会計上の取扱
い（開示を含む。）を定めることを目的とする。

　本会計基準で取り扱っている内容に関し、既
存の会計基準と異なる取扱いを定めているもの
については、本会計基準の取扱いが優先して適
用される。

2．本会計基準を適用する際の指針を定めた企業会計基準適用指針第24号「会計方針の開示、会計上の変更及び誤謬の訂正に関する会計基準の適用指針」（以下「適用指針」という。）が公表されているため、本会計基準の適用にあたっては、当該適用指針も参照する必要がある。

会計基準

範　囲

3．本会計基準は、会計方針の開示、会計上の変更及び過去の誤謬の訂正に関する会計処理及び開示について適用する。

用語の定義

4．本会計基準における用語の定義は次のとおりとする。

(1)　「会計方針」とは、財務諸表の作成にあたって採用した会計処理の原則及び手続をいう。

(2)　「表示方法」とは、財務諸表の作成にあたって採用した表示の方法（注記による開示も含む。）をいい、財務諸表の科目分類、科目配列及び報告様式が含まれる。

(3)　「会計上の見積り」とは、資産及び負債や収益及び費用等の額に不確実性がある場合において、財務諸表作成時に入手可能な情報に基づいて、その合理的な金額を算出することをいう。

(4)　「会計上の変更」とは、会計方針の変更、表示方法の変更及び会計上の見積りの変更をいう。過去の財務諸表における誤謬の訂正は、会計上の変更には該当しない。

(5)　「会計方針の変更」とは、従来採用していた一般に公正妥当と認められた会計方針から他の一般に公正妥当と認められた会計方針に変更することをいう。

(6)　「表示方法の変更」とは、従来採用していた一般に公正妥当と認められた表示方法から他の一般に公正妥当と認められた表示方法に変更することをいう。

(7)　「会計上の見積りの変更」とは、新たに入手可能となった情報に基づいて、過去に財務諸表を作成する際に行った会計上の見積りを変更することをいう。

(8)　「誤謬」とは、原因となる行為が意図的であるか否かにかかわらず、財務諸表作成時に入手可能な情報を使用しなかったことによる、又はこれを誤用したことによる、次のような誤りをいう。

① 財務諸表の基礎となるデータの収集又は処理上の誤り

② 事実の見落としや誤解から生じる会計上の見積りの誤り

③ 会計方針の適用の誤り又は表示方法の誤り

(9)　「遡及適用」とは、新たな会計方針を過去の財務諸表に遡って適用していたかのように会計処理することをいう。

(10)　「財務諸表の組替え」とは、新たな表示方法を過去の財務諸表に遡って適用していたかのように表示を変更することをいう。

(11)　「修正再表示」とは、過去の財務諸表における誤謬の訂正を財務諸表に反映することをいう。

会計上の取扱い

会計方針の開示の取扱い

開示目的

4-2．重要な会計方針に関する注記の開示目的は、財務諸表を作成するための基礎となる事項を財務諸表利用者が理解するために、採用した会計処理の原則及び手続の概要を示すことにある。この開示目的は、会計処理の対象となる会計事象や取引（以下「会計事象等」という。）に関連する会計基準等（適用指針第5項の会計基準等をいう。以下同じ。）の定めが明らかでない場合に、会計処理の原則及び手続を採用するときも同じである。

4-3．前項において関連する会計基準等の定めが明らかでない場合とは、特定の会計事象等に対して適用し得る具体的な会計基準等の定めが存在しない場合をいう。

重要な会計方針に関する注記

4-4．財務諸表には、重要な会計方針を注記する。

4-5．会計方針の例としては、次のようなものがある。ただし、重要性の乏しいものについては、注記を省略することができる。

(1) 有価証券の評価基準及び評価方法

(2) 棚卸資産の評価基準及び評価方法

(3) 固定資産の減価償却の方法

(4) 繰延資産の処理方法

(5) 外貨建資産及び負債の本邦通貨への換算基準

(6) 引当金の計上基準

(7) 収益及び費用の計上基準

4-6．会計基準等の定めが明らかであり、当該会計基準等において代替的な会計処理の原則及び手続が認められていない場合には、会計方針に関する注記を省略することができる。

会計方針の変更の取扱い

会計方針の変更の分類

5．会計方針は、正当な理由により変更を行う場合を除き、毎期継続して適用する。正当な理由により変更を行う場合は、次のいずれかに分類される。

(1) 会計基準等の改正に伴う会計方針の変更

会計基準等の改正によって特定の会計処理の原則及び手続が強制される場合や、従来認められていた会計処理の原則及び手続を任意に選択する余地がなくなる場合など、会計基準等の改正に伴って会計方針の変更を行うことをいう。会計基準等の改正には、既存の会計基準等の改正又は廃止のほか、新たな会計基準等の設定が含まれる。

なお、会計基準等に早期適用の取扱いが定められており、これを適用する場合も、会計基準等の改正に伴う会計方針の変更として取り扱う。

(2) (1)以外の正当な理由による会計方針の変更

正当な理由に基づき自発的に会計方針の変更を行うことをいう。

会計方針の変更に関する原則的な取扱い

6．会計方針の変更に関する原則的な取扱いは、次のとおりとする。

(1) 会計基準等の改正に伴う会計方針の変更の場合

会計基準等に特定の経過的な取扱い（適用開始時に遡及適用を行わないことを定めた取扱いなどをいう。以下同じ。）が定められていない場合には、新たな会計方針を過去の期間のすべてに遡及適用する。会計基準等に特定の経過的な取扱いが定められている場合には、その経過的な取扱いに従う。

(2) (1)以外の正当な理由による会計方針の変更の場合

新たな会計方針を過去の期間のすべてに遡及適用する。

7．前項に従って新たな会計方針を遡及適用する場合には、次の処理を行う。

(1) 表示期間（当期の財務諸表及びこれに併せて過去の財務諸表が表示されている場合の、その表示期間をいう。以下同じ。）より前の期間に関する遡及適用による累積的影響額は、表示する財務諸表のうち、最も古い期間の期首の資産、負債及び純資産の額に反映する。

(2) 表示する過去の各期間の財務諸表には、当該各期間の影響額を反映する。

原則的な取扱いが実務上不可能な場合の取扱い

（遡及適用が実務上不可能な場合）

8．遡及適用が実務上不可能な場合とは、次のような状況が該当する。

(1) 過去の情報が収集・保存されておらず、合理的な努力を行っても、遡及適用による影響額を算定できない場合

(2) 遡及適用にあたり、過去における経営者の意図について仮定することが必要な場合

(3) 遡及適用にあたり、会計上の見積りを必要とするときに、会計事象等が発生した時点の状況に関する情報について、対象となる過去の財務諸表が作成された時点で入手可能であったものと、その後判明したものとに、客観的に区別することが時の経過により不可能

な場合

（原則的な取扱いが実務上不可能な場合の取扱い）

9．遡及適用の原則的な取扱いが実務上不可能な場合の取扱いは、次のとおりとする。

(1) 当期の期首時点において、過去の期間のすべてに新たな会計方針を遡及適用した場合の累積的影響額を算定することはできるものの、表示期間のいずれかにおいて、当該期間に与える影響額を算定することが実務上不可能な場合には、遡及適用が実行可能な最も古い期間（これが当期となる場合もある。）の期首時点で累積的影響額を算定し、当該期首残高から新たな会計方針を適用する。

(2) 当期の期首時点において、過去の期間のすべてに新たな会計方針を遡及適用した場合の累積的影響額を算定することが実務上不可能な場合には、期首以前の実行可能な最も古い日から将来にわたり新たな会計方針を適用する。

会計方針の変更に関する注記

（会計基準等の改正に伴う会計方針の変更）

10．会計基準等の改正に伴う会計方針の変更の場合（第5項(1)参照）で、当期又は過去の期間に影響があるとき、又は将来の期間に影響を及ぼす可能性があるときは、当期において、次の事項を注記する。なお、(3)から(7)については、(5)ただし書きに該当する場合を除き、連結財務諸表における注記と個別財務諸表における注記が同一であるときには、個別財務諸表においては、その旨の記載をもって代えることができる。

(1) 会計基準等の名称

(2) 会計方針の変更の内容

(3) 経過的な取扱いに従って会計処理を行った場合、その旨及び当該経過的な取扱いの概要

(4) 経過的な取扱いが将来に影響を及ぼす可能性がある場合には、その旨及び将来への影響。ただし、将来への影響が不明又はこれを合理的に見積ることが困難である場合には、その旨

(5) 表示期間のうち過去の期間について、影響を受ける財務諸表の主な表示科目に対する影響額及び1株当たり情報に対する影響額。ただし、経過的な取扱いに従って会計処理を行った場合並びに前項(1)又は(2)に該当する場合で、表示する過去の財務諸表について遡及適用を行っていないときには、表示期間の各該当期間において、実務上算定が可能な、影響を受ける財務諸表の主な表示科目に対する影響額及び1株当たり情報に対する影響額

(6) 表示されている財務諸表のうち、最も古い期間の期首の純資産の額に反映された、表示期間より前の期間に関する会計方針の変更による遡及適用の累積的影響額。ただし、前項(1)に該当する場合は、累積的影響額を反映させた期におけるその金額。前項(2)に該当する場合は、その旨

(7) 原則的な取扱いが実務上不可能な場合（前項参照）には、その理由、会計方針の変更の適用方法及び適用開始時期

（その他の会計方針の変更）

11．会計基準等の改正に伴う会計方針の変更以外の正当な理由による会計方針の変更の場合（第5項(2)参照）で、当期又は過去の期間に影響があるとき、又は将来の期間に影響を及ぼす可能性があるときは、当期において、次の事項を注記する。なお、(2)から(5)については、(3)ただし書きに該当する場合を除き、連結財務諸表における注記と個別財務諸表における注記が同一であるときには、個別財務諸表においては、その旨の記載をもって代えることができる。

(1) 会計方針の変更の内容

(2) 会計方針の変更を行った正当な理由

(3) 表示期間のうち過去の期間について、影響を受ける財務諸表の主な表示科目に対する影響額及び1株当たり情報に対する影響額。ただし、第9項(1)又は(2)に該当する場合で、表示する過去の財務諸表について遡及適用を行っていないときには、表示期間の各該当期間において、実務上算定が可能な、影響を受ける財務諸表の主な表示科目に対する影響額及び1株当たり情報に対する影響額

(4) 表示されている財務諸表のうち、最も古い

期間の期首の純資産の額に反映された、表示期間より前の期間に関する会計方針の変更による遡及適用の累積的影響額。ただし、第9項(1)に該当する場合は、累積的影響額を反映させた期におけるその金額。第9項(2)に該当する場合は、その旨

(5) 原則的な取扱いが実務上不可能な場合（第9項参照）には、その理由、会計方針の変更の適用方法及び適用開始時期

（未適用の会計基準等に関する注記）

12.（第22-2項に移動）

表示方法の変更の取扱い

表示方法の変更に関する原則的な取扱い

13. 表示方法は、次のいずれかの場合を除き、毎期継続して適用する。

(1) 表示方法を定めた会計基準又は法令等の改正により表示方法の変更を行う場合

(2) 会計事象等を財務諸表により適切に反映するために表示方法の変更を行う場合

14. 財務諸表の表示方法を変更した場合には、原則として表示する過去の財務諸表について、新たな表示方法に従い財務諸表の組替えを行う。

原則的な取扱いが実務上不可能な場合の取扱い

15. 表示する過去の財務諸表のうち、表示方法の変更に関する原則的な取扱いが実務上不可能な場合には、財務諸表の組替えが実行可能な最も古い期間から新たな表示方法を適用する。なお、財務諸表の組替えが実務上不可能な場合とは、第8項に示されたような状況が該当する。

表示方法の変更に関する注記

16. 表示方法の変更を行った場合には、次の事項を注記する。ただし、(2)から(4)については、連結財務諸表における注記と個別財務諸表における注記が同一である場合には、個別財務諸表においては、その旨の記載をもって代えることができる。

(1) 財務諸表の組替えの内容

(2) 財務諸表の組替えを行った理由

(3) 組替えられた過去の財務諸表の主な項目の金額

(4) 原則的な取扱いが実務上不可能な場合（前項参照）には、その理由

会計上の見積りの変更の取扱い

会計上の見積りの変更に関する原則的な取扱い

17. 会計上の見積りの変更は、当該変更が変更期間のみに影響する場合には、当該変更期間に会計処理を行い、当該変更が将来の期間にも影響する場合には、将来にわたり会計処理を行う。

会計上の見積りの変更に関する注記

18. 会計上の見積りの変更を行った場合には、次の事項を注記する。

(1) 会計上の見積りの変更の内容

(2) 会計上の見積りの変更が、当期に影響を及ぼす場合は当期への影響額。当期への影響がない場合でも将来の期間に影響を及ぼす可能性があり、かつ、その影響額を合理的に見積ることができるときには、当該影響額。ただし、将来への影響額を合理的に見積ることが困難な場合には、その旨

会計方針の変更を会計上の見積りの変更と区別することが困難な場合の取扱い

19. 会計方針の変更を会計上の見積りの変更と区別することが困難な場合については、会計上の見積りの変更と同様に取り扱い、遡及適用は行わない。ただし、注記については、第11項(1)、(2)及び前項(2)に関する記載を行う。

20. 有形固定資産等の減価償却方法及び無形固定資産の償却方法は、会計方針に該当するが、その変更については前項により取り扱う。

過去の誤謬の取扱い

過去の誤謬に関する取扱い

21. 過去の財務諸表における誤謬が発見された場合には、次の方法により修正再表示する。

(1) 表示期間より前の期間に関する修正再表示による累積的影響額は、表示する財務諸表のうち、最も古い期間の期首の資産、負債及び純資産の額に反映する。

(2) 表示する過去の各期間の財務諸表には、当該各期間の影響額を反映する。

過去の誤謬に関する注記

22．過去の誤謬の修正再表示を行った場合には、次の事項を注記する。

(1) 過去の誤謬の内容

(2) 表示期間のうち過去の期間について、影響を受ける財務諸表の主な表示科目に対する影響額及び1株当たり情報に対する影響額

(3) 表示されている財務諸表のうち、最も古い期間の期首の純資産の額に反映された、表示期間より前の期間に関する修正再表示の累積的影響額

未適用の会計基準等に関する注記

22-2．既に公表されているものの、未だ適用されていない新しい会計基準等がある場合には、次の事項を注記する。なお、専ら表示及び注記事項を定めた会計基準等に関しては、(3)の事項の注記を要しない。また、連結財務諸表で注記を行っている場合は、個別財務諸表での注記を要しない。

(1) 新しい会計基準等の名称及び概要

(2) 適用予定日（早期適用する場合には早期適用予定日）に関する記述

(3) 新しい会計基準等の適用による影響に関する記述

適用時期等

23．2009年に公表された本会計基準（以下「2009年会計基準」という。）は、2011年（平成23年）4月1日以後開始する事業年度の期首以後に行われる会計上の変更及び過去の誤謬の訂正から適用する。ただし、第12項については、2011年（平成23年）4月1日以後開始する事業年度から適用する。

24．2009年会計基準適用初年度においては、当該事業年度の期首以後に行われる会計上の変更及び過去の誤謬の訂正から本会計基準を適用している旨を注記する。

25．本会計基準を適用するにあたっては、日本公認会計士協会監査委員会報告第77号「追加情報の注記について」（以下「監査委員会報告第77号」

という。）、監査委員会報告第78号「正当な理由による会計方針の変更」及び監査・保証実務委員会報告第81号「減価償却に関する当面の監査上の取扱い」などの改廃を検討することが適当である。

25-2．2020年に改正された本会計基準（以下「2020年改正会計基準」という。）は、2021年3月31日以後終了する事業年度の年度末に係る財務諸表から適用する。ただし、公表日以後終了する事業年度の年度末に係る財務諸表から適用することができる。

25-3．2020年改正会計基準を適用したことにより新たに注記する会計方針は、本会計基準の定める表示方法の変更（第4項(6)参照）には該当しない。ただし、2020年改正会計基準を新たに適用したことにより、関連する会計基準等の定めが明らかでない場合に採用した会計処理の原則及び手続を新たに開示するときには、追加情報としてその旨を注記する。

議　決

26．2009年会計基準は、第190回企業会計基準委員会に出席した委員14名全員の賛成により承認された。なお、出席した委員は以下のとおりである。

(略)

26-2．2020年改正会計基準は、第428回企業会計基準委員会に出席した委員14名全員の賛成により承認された。なお、出席した委員は以下のとおりである。

(略)

結論の背景

経　緯

27．財務諸表の遡及処理（「遡及処理」とは、遡及適用、財務諸表の組替え又は修正再表示により、過去の財務諸表を遡及的に処理することをいう。以下同じ。）については、2001年（平成13年）11月のテーマ協議会からの提言書において取り上げられていた。しかしながら、当時の状況の下では商法の制約から過去の財務諸表を

遡って処理することはできないという考え方があり、この提言書では、「他の法制度との調整等が必要なテーマ案」として捉えるにとどめられていた。

一方、国際的な会計基準においては、企業が自発的に会計方針の変更を行った場合や財務諸表の表示方法を変更した場合には、過去の財務諸表を新たに採用した方法で遡及処理し、これを表示することが既に求められている。

こうした中、我が国においても、2006年（平成18年）5月に施行された会社計算規則により、これまでの商法では明示されていなかった過年度事項の修正を前提とした計算書類の作成及び修正後の過年度事項の参考情報としての提供が妨げられないことが明確化されるなど、本テーマに関する会計基準開発を巡る環境は大きく変化している。また、これと並行して、国際会計基準審議会（IASB）との間の、我が国の会計基準と国際財務報告基準（IFRS）との差異の縮小を目的とした共同プロジェクトの第3回会合（2006年（平成18年）3月開催）においても、長期プロジェクト項目の中で、本テーマは、特に優先して取り組むべき項目の1つとして位置付けられた。

このような状況に鑑み、当委員会では、学識経験者を含むワーキング・グループを2006年（平成18年）12月に立ち上げ、2007年（平成19年）3月には、過年度遡及修正専門委員会を設置し、2007年（平成19年）7月には、「過年度遡及修正に関する論点の整理」（以下「論点整理」という。）を公表して、これに寄せられた意見を分析した上で検討を重ねた。その間に、当委員会とIASBは、2007年（平成19年）8月に「東京合意」（会計基準のコンバージェンスの加速化に向けた取組みへの合意）を公表し、過年度遡及修正のプロジェクトは既存の差異に係るプロジェクト項目として、2011年（平成23年）6月末までにコンバージェンスを行うことが目標とされた。

28. さらに2008年（平成20年）6月には、会計基準の具体的な検討の方向性を明示する形で、「会

計上の変更及び過去の誤謬に関する検討状況の整理」（以下「検討状況の整理」という。）を公表し、寄せられた意見を参考に審議を行い、その内容を一部修正するとともに、適用時期等の取扱いを明示した上で、2009年（平成21年）4月に、企業会計基準公開草案第33号「会計上の変更及び過去の誤謬に関する会計基準（案）」及び企業会計基準適用指針公開草案第32号「会計上の変更及び過去の誤謬に関する会計基準の適用指針（案）」を公表した。

2009年会計基準は、公開草案に対して寄せられた意見を参考にさらに審議を行い、公開草案を一部修正した上で公表するに至ったものである。

28-2. 2020年改正会計基準は、関連する会計基準等の定めが明らかでない場合に採用した会計処理の原則及び手続に係る注記情報の充実のため、所要の改正を行ったものである。これに関し、「経営者が会計方針を適用する過程で行った判断」に関する注記情報の充実への対応について、公益財団法人財務会計基準機構内に設けられている基準諮問会議からの依頼に基づきディスクロージャー専門委員会において検討を行った。この過程で、我が国の会計基準等においては、取引その他の事象又は状況に具体的に当てはまる会計基準等が存在しない場合の開示に関する会計基準上の定めが明らかではなく、開示の実態も様々であるといった違いがあることが見出された。検討の結果、ディスクロージャー専門委員会は基準諮問会議に対し、「会計処理の対象となる会計事象等（取引及び事象）に関連する会計基準等の定めが明らかでない場合に採用した会計処理の原則及び手続の開示上の取扱いを明らかにして、財務諸表利用者にとって不可欠な情報が提供されるようにすることは有用であると考えられる。」旨の報告を行った。

この報告を受け、2018年11月に開催された第397回企業会計基準委員会において、基準諮問会議より、関連する会計基準等の定めが明らかでない場合に採用した会計処理の原則及び手続

に係る注記情報の充実について検討することが提言された。この提言を受けて、当委員会では2018年12月より審議を開始し、2019年10月に企業会計基準公開草案第69号（企業会計基準第24号の改正案）「会計方針の開示、会計上の変更及び誤謬の訂正に関する会計基準（案）」を公表して広く意見を求めた。2020年改正会計基準は、公開草案に寄せられた意見を踏まえて検討を行い、公開草案の内容を一部修正したうえで公表するに至ったものである。

なお、関連する会計基準等の定めが明らかでない場合に採用した会計処理の原則及び手続に係る注記情報の充実を図るに際しては、関連する会計基準等の定めが明らかな場合におけるこれまでの実務に影響を及ぼさないために、企業会計原則注解（注1-2）の定めを引き継ぐこととした。

28-3．前項に加え、2020年改正会計基準では、第12項の未適用の会計基準等に関する注記に関する定めを第22-2項に移動した。未適用の会計基準等に関する注記に関する定めは、これまで会計方針の変更の取扱いの一部として定められていたため、専ら表示及び注記事項を定めた会計基準等に対しては適用されないと解されていた。しかし、この定めを独立した項目に移動することで、未適用の会計基準等に関する注記に関する定めは、既に公表されているものの、未だ適用されていない新しい会計基準等全般に適用されることを明確化することを意図している。なお、この移動に伴い、専ら表示及び注記事項を定めた会計基準等に関して未適用の会計基準等に関する注記を行う場合の取扱いを明確化した。

範　囲
本会計基準が扱う範囲

29．国際財務報告基準では、2003年（平成15年）12月に改訂された国際会計基準（IAS）第8号「会計方針、会計上の見積りの変更及び誤謬」(以下「IAS第8号」という。）において、会計方針の変更、会計上の見積りの変更及び誤謬の訂正を行う場合の取扱いが定められている。米国会計基準においても、財務会計基準審議会（FASB）から2005年（平成17年）5月に国際財務報告基準とのコンバージェンスの一環として、財務会計基準書（SFAS）第154号「会計上の変更及び誤謬の訂正」（以下「SFAS第154号」という。また現在は、FASB Accounting Standards Codification™（FASBによる会計基準のコード化体系。以下「FASB-ASC」という。）の Topic250「会計上の変更及び誤謬の訂正」（以下「FASB-ASC Topic250」という。）に含まれている。）が公表され、これらの扱いについてIAS第8号と同様の内容が定められている。また、国際的な会計基準では、過去の財務諸表の修正の一類型として表示方法の変更があり、国際財務報告基準ではIAS第1号「財務諸表の表示」（以下「IAS第1号」という。）、米国会計基準ではFASB-ASCのTopic205「財務諸表の表示」（当初、米国公認会計士協会会計手続委員会の会計調査公報（ARB）第43号「ARBの再説及び改訂」として公表）（以下「FASB-ASC Topic205」という。）の中で、過去の財務諸表の組替えに関する取扱いが定められている。

このため、我が国においても、会計方針の変更、表示方法の変更及び会計上の見積りの変更並びに過去の誤謬の訂正に関する会計上の取扱いを会計基準で定めることとし、これらを本会計基準で包括的に取り扱うこととした。

29-2．第28-2項に記載のとおり、2020年改正会計基準では、企業会計原則注解（注1-2）の定めを引き継ぐとしている。このため、2020年改正会計基準は、重要な会計方針に関する注記における従来の考え方を変更するものではない。

個別財務諸表における適用上の論点に関する検討

30．本会計基準は、会計上の変更及び過去の誤謬の訂正に関する会計処理及び開示について適用することとしているが（第3項参照）、会計方針の変更等において、過去の財務諸表に遡及処理を求めることにより、財務諸表の期間比較可

能性及び企業間の比較可能性が向上し、財務諸表の意思決定有用性を高めることができることについては、連結財務諸表に限らず、個別財務諸表についても同様と考えられる。

31. しかしながら、個別財務諸表における適用上の問題として、連結財務諸表を併せて開示している場合や、非上場会社が個別財務諸表を開示している場合などについても、一律にこのような処理を求めるか否かに関しては、コスト・ベネフィットの観点から、検討が必要ではないかという指摘がある。また、国際的な会計基準では、遡及処理に関する取扱いについて、個別財務諸表のみに関する特段の取扱いは明示されているわけではないものの、これらの基準を適用している国々の開示制度が、我が国とは異なっている場合があることを考慮すべきという指摘もある。これらの指摘を踏まえ、当委員会においては、過去の財務諸表への遡及処理を求める取扱いについて、個別財務諸表上の適用に関する特段の取扱いを設ける必要があるかどうかを検討した。

32. この点に関しては、会計方針の変更等を行った場合の過去の累積的影響額に関する当期の会計処理と、遡及処理を行った過去の財務諸表の表示の要否とに分けて検討を行った。

（会計方針の変更等を行った場合の過去の累積的影響額に関する当期の会計処理）

33. 会計方針の変更等に関する当期の会計処理としては、その累積的影響額を期首の利益剰余金に含めて処理を行うのか、それとも従来どおり当期の損益に計上するのかという論点がある。この点に関しては、当該影響額の算出に関する財務諸表作成者の負担も勘案する必要があるが、そのような計算自体はこれまでも、注記による開示などとの関係で、企業の規模や開示制度等にかかわらず、すべての企業で行っているものと考えられる。このため、その金額を当期の損益に計上する方法から、期首の利益剰余金に含めて計上する方法に変更した場合でも、企業の規模にかかわらず、新たな実務負担はそれほど大きくないのではないかとの見方がある。会計

方針の変更等による過去の累積的影響額を当期の損益に計上すると、当期の業績に関連のない損益が計上されることになり、望ましくないという考え方もある。

また、金融商品取引法による財務諸表の開示が行われていない企業については、遡及処理を求める必要はないのではないかとの指摘があるが、これらの企業にも財務諸表の利用者は存在しており、それを考慮すると、特段の取扱いを設ける必要はないという考え方もある。

さらに、遡及処理のニーズが主に連結財務諸表にあると考えることができたとしても、連結決算手続上利用するために内部的に作成された子会社及び関連会社の財務諸表上で遡及処理を行うことにより連結財務諸表への遡及処理が可能であるなら、実務負担を考慮し、個別財務諸表においては遡及処理を必ずしも強制する必要はないのではないかという指摘がある。ただし、これに対しても、個別財務諸表準拠性の観点などから子会社及び関連会社の個別財務諸表の期首の利益剰余金に、過去の累積的影響額を含めて処理すべきという考え方がある。

検討の結果、本会計基準では、会計方針の変更等を行った場合の過去の累積的影響額に関する当期の会計処理について、個別財務諸表上の適用に関する特段の取扱いを設けないこととし、遡及処理後の期首の利益剰余金に含めて会計処理することを求めることとした。

（遡及処理を行った過去の個別財務諸表の表示の要否）

34. 国際的な会計基準を適用している国々では、連結財務諸表を開示している場合、個別財務諸表の開示が求められていないこともあるため、我が国においても、とりわけ財務諸表作成者の負担が大きい遡及処理後の過去の期間における財務諸表の表示を、連結財務諸表のみならず、個別財務諸表にまで一律に求めようとするのは適切ではないという意見がある。その一方、連結財務諸表と併せて公表される個別財務諸表についても、過去の期間への遡及処理によって期間比較可能性及び企業間の比較可能性が向上し、財務諸表の意思決定有用性を高めることが期待

されるのであれば、特段の取扱いを認めるべきではないという意見もある。

検討の結果、個別財務諸表について比較情報としての有用性を期待するという観点からは、個別財務諸表についても連結財務諸表と同様に、過去の財務諸表を表示する場合には、これを遡及処理して表示することが考えられることや、比較財務諸表の表示の要否は各開示制度の中で規定がなされていることを踏まえ、本会計基準では個別財務諸表上の適用に関する特段の取扱いは設けないこととした。

重要性

35. 本会計基準のすべての項目について、財務諸表利用者の意思決定への影響に照らした重要性が考慮される。重要性の判断は、財務諸表に及ぼす金額的な面と質的な面の双方を考慮する必要がある。金額的重要性には、損益への影響額又は累積的影響額が重要であるかどうかにより判断する考え方や、損益の趨勢に重要な影響を与えているかどうかにより判断する考え方のほか、財務諸表項目への影響が重要であるかどうかにより判断する考え方などがある。ただし、具体的な判断基準は、企業の個々の状況によって異なり得ると考えられる。また、質的重要性は、企業の経営環境、財務諸表項目の性質、又は誤謬が生じた原因などにより判断することが考えられる。

用語の定義
（会計方針及び会計方針の変更）

36. 我が国において会計方針とは、これまで一般に、財務諸表作成にあたって採用している会計処理の原則及び手続並びに表示方法その他財務諸表作成のための基本となる事項を指すとされていた（企業会計原則注解（注1-2））。すなわち、会計処理の原則及び手続のみならず、表示方法を包括する概念であるとされていた。

一方、国際財務報告基準では、IAS第8号において、会計方針とは、企業が財務諸表を作成及び表示するにあたって適用する特定の原則、基礎、慣行、規則及び実務をいうとされており、

財務諸表の表示の全般的な定め（表示の継続性に関する定めを含む。）については、別途IAS第1号で扱われている。このため、国際財務報告基準では、会計方針には表示方法のすべてが含まれているわけではないと考えられる。

また、米国会計基準では、FASB-ASCのTopic235「財務諸表に対する注記」（当初、米国公認会計士協会会計原則審議会（APB）意見書第22号「会計方針の開示」として公表）において、会計方針とは、一般に公正妥当と認められる会計原則に準拠して、企業の財政状態、キャッシュ・フロー及び経営成績の真実な表示を行うために最も適切であると経営者が判断し、それゆえ財務諸表を作成するために採用された特定の会計原則及び当該会計原則の適用方法をいうとされており、国際財務報告基準と同様、表示方法が包括的に含まれているものではないと考えられる。

37. 当委員会は、国際的な会計基準とのコンバージェンスを踏まえた遡及処理の考え方を導入するにあたり、会計方針の定義について、国際的な会計基準を参考に、表示方法を切り離して定義するか否かを検討した。

これについては、我が国の従来の会計方針の定義を変更しなくても、その中で会計処理の原則及び手続と表示方法とに分け、それぞれに取扱いを定めることで対応すれば足りるのではないかという意見がある。一方、国際的な会計基準も参考に、会計方針と表示方法の定義を見直すべきであるとの意見がある。

検討の結果、会計上の取扱いが異なるものは、別々に定義することが適当であると考えられることから、国際的な会計基準とのコンバージェンスの観点も踏まえ、本会計基準においては会計方針と表示方法とを別々に定義（第4項(1)及び(2)参照）した上で、それぞれについての取扱いを定めることとした。

（会計上の見積り及び会計上の見積りの変更）

38. これまで、我が国の会計基準において会計上の見積り及び会計上の見積りの変更を定義したものはない。なお、監査上の取扱いとしては、

日本公認会計士協会監査基準委員会報告書第26号「監査実務指針の体系」の「［付録2］用語集」の中で、「会計上の見積りとは、将来事象の結果に依存するために金額が確定できない場合、又は既に発生している事象に関する情報を適時にあるいは経済的に入手できないために金額が確定できない場合において、当該金額の概算額を算出することをいう」とされている。また、会計上の見積りの変更については、監査委員会報告第77号において、「過去に特定の会計事象等の数値・金額が会計処理を行う時点では確定できないため、見積りを基礎として会計処理していた場合において、損益への影響が発生する見積りの見直しをいう」とされている。

　一方、国際的な会計基準では、会計上の見積りの定義は定められていないものの、会計上の見積りの変更については、定義が設けられている。国際財務報告基準では、IAS第8号において、会計上の見積りの変更は、資産及び負債の現在の状況の評価の結果行われる、又は、資産及び負債に関連して予測される将来の便益及び義務の評価の結果行われる、それらの帳簿価額の修正又は資産の期間ごとの消費額の修正をいうとされ、これは新しい情報や事業展開から生じるものであり、誤謬の訂正ではないものとされている。

　また、米国会計基準ではFASB-ASC Topic 250において、会計上の見積りの変更は、既存の資産又は負債の帳簿価額に影響を及ぼす変更や、既存又は将来の資産若しくは負債についての将来の会計処理に影響を及ぼす変更であるとされている。つまり、資産及び負債に関する現在の状況並びに予測される将来の便益及び義務を評価し、これに関連して期間ごとの財務諸表の表示を行ったことの必然の結果であり、新しい情報からもたらされた結果であるとされている。

39. 検討の結果、国際的な会計基準とのコンバージェンスを踏まえた会計上の変更に関する包括的な取扱いを定めるにあたり、会計上の見積りとその変更の定義についても、国際的な会計基準も参考に見直しを行うこととした（第4項(3)及び(7)参照）。会計上の見積りとその変更の定義については、基本的には従来の我が国における考え方を踏襲するものであり、従来の実務（注記による開示も含む。）に変更をもたらすものではないと考えられる。

40. 会計上の見積りの変更の事例としては、有形固定資産に関する減価償却期間（耐用年数）について、生産性向上のための合理化や改善策が策定された結果、従来の減価償却期間と使用可能予測期間との乖離が明らかとなったことに伴い、新たな耐用年数を採用した場合などが考えられる。

（誤　謬）

41. 誤謬についても、我が国の会計基準において定義したものはない。なお、監査上の取扱いとして、日本公認会計士協会監査基準委員会報告書第35号「財務諸表の監査における不正への対応」では、財務諸表の虚偽の表示は不正又は誤謬から生じるとし、財務諸表の虚偽の表示の原因となる行為が意図的であるか意図的でないかで不正と誤謬を区別した上で、誤謬とは、財務諸表の意図的でない虚偽の表示であって、金額又は開示の脱漏を含むとしている。

　一方、国際財務報告基準では、IAS第8号において、過去の誤謬は、その時点で信頼性の高い情報を使用しなかったか、誤用があったことによる過去1期間又はそれ以上の期間についての財務諸表における脱漏又は虚偽表示をいうものとし、これには、計算上の誤り、会計方針の適用の誤り、事実の見落としや解釈の誤りのほか、不正行為の影響も含まれるとされている。

　また、米国会計基準ではFASB-ASC Topic 250において、過去の誤謬は、計算上の誤り、一般に公正妥当と認められる会計方針を適用する上での誤り、財務諸表作成時に存在した事実の見落とし若しくは誤用から生じる財務諸表における認識、測定、表示又は開示の誤謬をいうものとされ、一般に公正妥当と認められない会計方針から一般に公正妥当と認められる会計方針への変更も、誤謬の訂正とされている。

42. 検討の結果、会計上、誤謬については、それが意図的であるか否かにより、その取扱いを区別する必要性はないと考えられるため、本会計基準では国際的な会計基準と同様に、誤謬を不正に起因するものも含めて定義することとした（第4項(8)参照）。

　なお、誤謬に関しては、国際財務報告基準と同様に「重要性」を定義し、重要な誤謬である場合に原則として修正再表示を求めることとするかどうかという論点がある。これに対しては、誤謬が重要であるか否かの判断は、一般的な重要性の判断に比べ、実務上高度な判断が求められる場面が多く、誤謬の重要性は他の一般的な重要性とは性格が異なるという理由から、誤謬の重要性について、別に考え方を定める必要があるとの意見があった。しかしながら、重要性は誤謬に限らず本会計基準のすべての項目について考慮されるべきものであることや、国際財務報告基準においても、IAS第8号では、財務諸表の作成及び表示に関するフレームワーク及びIAS第1号で規定されている重要性に基づいて会計方針の変更及び誤謬の訂正に関する重要性を定めていることも勘案し、誤謬の重要性については特段の記載は行わず、重要性に関する考え方を示すこととした（第35項参照）。

（会計上の変更）

43. 遡及処理については、それが過去の誤謬の訂正に関して行われたものであるのか、それとも、会計方針の変更及び表示方法の変更のように専ら比較可能性を担保する会計情報を提供するために行われたものであるのかの区別が、開示制度等との関係で重要であると考えられる。このため、本会計基準ではまず、会計方針の変更、表示方法の変更及び会計上の見積りの変更を「会計上の変更」と定義するとともに、過去の財務諸表における誤謬の訂正は、会計上の変更に含まれないことを明確にすることで、両者の区別をより明らかにすることとした（第4項(4)参照）。

（遡及処理）

44. 国際的な会計基準では、遡及処理を行うもの

を、会計方針の変更に関する「遡及適用」や表示方法の変更に関する「財務諸表の組替え」とは別に、過去の誤謬の訂正については「修正再表示」と定義して、明確に区別している。本会計基準でも、国際的な会計基準を参考に、「遡及適用」及び「財務諸表の組替え」と「修正再表示」とを分けて定義することとした（第4項(9)から(11)参照）。

会計上の取扱い
会計方針の開示の取扱い
開示目的

44-2. 我が国の会計基準等では、会計方針の開示について、企業会計原則注解（注1-2）において「財務諸表には、重要な会計方針を注記しなければならない。」と定められており、本会計基準においても、当該定めを引き継いでいる（第4-4項参照）。重要な会計方針に関する情報は、財務諸表利用者が財務諸表の作成方法を理解し、財務諸表間で比較を行うために不可欠な情報であると考えられる。

　このため、本会計基準では、重要な会計方針に関する注記は、財務諸表を作成するための基礎となる事項を財務諸表利用者が理解するために、採用した会計処理の原則及び手続の概要（どのような場合にどのような項目を計上するのか、計上する金額をどのように算定しているのか。）を示すことを目的とすることとした。

44-3. また、現状では、関連する会計基準等の定めが明らかでない場合に、企業が実際に採用した会計処理の原則及び手続が重要な会計方針として開示されているか否かについて実態は様々であると考えられるため、関連する会計基準等の定めが明らかでない場合に企業が採用した会計処理の原則及び手続について、財務諸表利用者が理解することが困難なことがあるものと考えられる。

　このため、関連する会計基準等の定めが明らかでない場合に採用した会計処理の原則及び手続の開示上の取扱いを明らかにして、財務諸表利用者が財務諸表を理解する上で不可欠な情報

が提供されるようにすることは有用であると考えられる。

したがって、本会計基準では、前項に記載した目的について、関連する会計基準等の定めが明らかでない場合も同じである旨を示すこととした。なお、2020年改正会計基準は、重要な会計方針に関する注記における従来の考え方を変更するものではなく（第29-2項参照）、関連する会計基準等の定めが明らかな場合における取扱いに関するこれまでの実務を変更することを意図するものではない。

44-4．「関連する会計基準等の定めが明らかでない場合」とは、特定の会計事象等に対して適用し得る具体的な会計基準等の定めが存在しない場合をいう（第4-3項参照）。そのため、関連する会計基準等の定めが明らかでない場合に採用した会計処理の原則及び手続には、例えば、関連する会計基準等が存在しない新たな取引や経済事象が出現した場合に適用する会計処理の原則及び手続で重要性があるものが該当すると考えられる。なお、対象とする会計事象等自体に関して適用される会計基準等については明らかではないものの、参考となる既存の会計基準等がある場合に当該既存の会計基準等が定める会計処理の原則及び手続を採用したときも、関連する会計基準等の定めが明らかでない場合に採用した会計処理の原則及び手続に含まれる。

44-5．また、会計基準等には、一般に公正妥当と認められる会計処理の原則及び手続を明文化して定めたもの（法令等）も含まれる（適用指針第5項及び第16項）。そのため、関連する会計基準等の定めが明らかでない場合に採用した会計処理の原則及び手続には、前項に加えて、業界の実務慣行とされている会計処理の原則及び手続のみが存在する場合で当該会計処理の原則及び手続に重要性があるときも該当すると考えられ、これには企業が所属する業界団体が当該団体に所属する各企業に対して通知する会計処理の原則及び手続が含まれる。

重要な会計方針に関する注記

44-6．企業会計原則注解（注1-2）では、「代替的な会計基準が認められていない場合には、会計方針の注記を省略することができる。」とされている。これは、会計方針の開示は、関連する会計基準等の定めが明らかである場合には、会計基準等の定めを繰り返して記載するだけのものとなる可能性があると考えられるため、企業会計原則注解（注1-2）では、会計基準等に代替的な会計処理の原則及び手続が認められていない場合について、会計方針の注記の省略が認められているものと考えられる。

このため、本会計基準においても、企業会計原則注解（注1-2）の当該定めを引き継いでいる（第4-6項参照）。

44-7．なお、審議の過程では、開示の詳細さ（開示の分量）について、本会計基準において指針や目安を示すべきか検討を行ったものの、注記の内容は企業によって異なるものであり、したがって開示の詳細さは各企業が開示目的に照らして判断すべきものと考えられたことから、本会計基準では開示の詳細さについて特段定めないこととした。

会計方針の変更の取扱い
会計方針の変更の分類

45．国際的な会計基準と同様、我が国においても、「継続性の原則」（企業会計原則第一5）により、企業は同一の会計方針を継続して適用することが求められており、いったん採用した会計処理の原則又は手続は、正当な理由により変更を行う場合を除き、財務諸表を作成する各時期を通じて継続して適用しなければならないとされている（企業会計原則注解（注3））。このため、本会計基準においても、会計方針の継続性に関する従来の考え方を踏襲し、正当な理由により変更を行う場合を、(1)会計基準等の改正に伴う会計方針の変更の場合と、(2)(1)以外の正当な理由による会計方針の変更の場合に分類している（第5項参照）。(1)及び(2)は、原則として遡及適用が求められることなどの取扱いは同様であるが、(1)では該当の会計基準等に経過的な取扱いが定められている場合の取扱いを設ける必要が

あること（第6項(1)参照）や、注記で求められる情報の内容も異なること（第10項及び第11項参照）などから、本会計基準では、この2つの分類ごとに、その取扱いを定めることとした。

なお、改正された会計基準等の適用について、会計方針の変更に該当するかどうかについては判断が明らかでない場合があるとの意見があるが、これについては、個々の会計基準等の改正の際に、取扱いが示されることになるものと考えられる。

会計方針の変更に関する原則的な取扱い

46．我が国の従来の取扱いでは、財務諸表等規則等において、会計方針の変更を行った場合、会計方針の変更が当該変更期間の財務諸表に与えた影響に関する注記を求める定めはあるものの、過去の財務諸表に新しい会計方針を遡及適用することを求める定めはない。

一方、国際財務報告基準ではIAS第8号において、また米国会計基準ではFASB-ASC Topic250において、会計方針の変更に関し、新たに適用された会計基準等に経過的な取扱いが定められていない場合や自発的に会計方針を変更した場合には、原則として新たな会計方針の遡及適用を求めている。会計方針の変更を行った場合に過去の財務諸表に対して新しい会計方針を遡及適用すれば、原則として財務諸表本体のすべての項目（会計処理の変更に伴う注記の変更も含む。）に関する情報が比較情報として提供されることにより、特定の項目だけではなく、財務諸表全般についての比較可能性が高まるものと考えられる。また、当期の財務諸表との比較可能性を確保するために、過去の財務諸表を変更後の会計方針に基づき比較情報として提供することにより、情報の有用性が高まることが期待される。

検討の結果、本会計基準においても、会計方針の変更に関しては、遡及適用を行わず注記のみによる対応から、国際的な会計基準と同様に、過去の財務諸表への遡及適用による対応に転換することとした（第6項参照）。

なお、会計方針の変更が製造原価等に影響を与える場合は、棚卸資産及び売上原価等の金額の計算において新たな会計方針により算定することが原則であるが、簡便的に、まず製造原価における会計方針の変更前と変更後の差額を算出した上で、これを合理的な方法で棚卸資産及び売上原価等に配賦し、変更前の会計方針による金額に加算して算定する方法なども考えられる。また、当該差額に重要性が乏しいと考えられる場合には、これをすべて、売上原価に含めて処理する方法も認められるものと考えられる。

（会計基準等の改正時の取扱い）

47．会計基準等の改正時における会計方針の変更に遡及適用を求めることが適当かどうかについては、遡及適用によってもたらされる過去の期間に関する情報の有用性と、遡及適用に伴う見積りの要素の度合や、遡及適用を行うために必要とされる情報収集等に係る負担との関係を考慮する必要があると考えられる。また、国際的な会計基準でも、会計基準等の改正時において、特定の経過的な取扱いが設けられている場合には、その取扱いを優先することとされている。

検討の結果、本会計基準では、国際的な会計基準と同様に、会計基準等の改正時における会計方針の変更についても遡及適用を原則としつつ、当該会計基準等に経過的な取扱いが設けられている場合には、その取扱いが本会計基準に優先して適用されるものとした（第6項(1)参照）。

原則的な取扱いが実務上不可能な場合の取扱い

48．本会計基準では、国際的な会計基準と同様に、遡及適用が実務上不可能な場合があることを明示（第8項参照）した上で、そのような場合の具体的な取扱いを設けている。

過去の時点においては、企業は新たに採用する会計方針に基づいた会計処理を行うためのデータが必ずしも必要とされていないため、当期に遡及適用を行うのに必要なデータがその時点で収集されていない場合や、仮にその時点でこれらのデータが収集されていたとしても、当期まで保存がなされていない場合が想定される。このような状況のもとでは、企業が、合理的な努力を行っても、遡及適用を行うのに必要な影

響額を算定できないことが考えられる（第8項(1)参照）。

　また、例えば会計基準等の改正に伴って遡及適用を行う際に、資産の保有目的など、何らかの過年度の経営者の意図を仮定することを必然的に伴う場合には、経営者の意図が何であったかを後の期間に客観的に判断することはできないため、この場合も遡及適用が実務上不可能な場合に該当する（第8項(2)参照）。

　さらに、会計方針を遡及適用する際に過去の会計事象等に関して見積りを行う場合、当該会計事象等が発生したときの状況を反映することが必要となるため、その後に判明した情報を見積りに用いることはできないが、見積りの対象となる事象が発生してから時が経過するほど、見積りに用いる情報について、過去の財務諸表が作成された時点で入手可能であったものと、その後判明したものとを、客観的に区別することが困難になると想定される。したがって、これらの情報を客観的に区別することが時の経過により不可能な場合も、遡及適用が実務上不可能な場合に該当することとした（第8項(3)参照）。

　本会計基準では、国際的な会計基準と同様に、過去の期間のすべてに遡及適用が原則として必要であるとしつつも（第6項参照）、遡及適用が実務上不可能な場合について、遡及適用に関する当期の期首時点での累積的影響額が算定できるため、部分的な遡及適用を行う場合（第9項(1)参照）と、遡及適用に関する当期の期首時点での累積的影響額が算定できず、部分的な遡及適用もできないため、期首以前の実行可能な最も古い日から将来にわたり新たな会計方針を適用する場合（第9項(2)参照）とに分け、取扱いを明示することとした。

会計方針の変更に関する注記

49. 本会計基準では、会計方針の変更に関して、国際的な会計基準と同様に、原則として遡及適用を求めることとしたことから、会計方針の変更を行う場合の注記項目についても、国際的な会計基準の定めを参考に検討を行った。その結果、本会計基準においても、第50項で記述している事項を除き、国際的な会計基準とほぼ同様の注記項目を設けることとした（第10項及び第11項参照）。

（会計方針の変更による影響額の注記）

50. 会計方針の変更に関する注記の対象となる表示期間のうち過去の期間について、影響を受ける財務諸表の主な表示科目に対する影響額及び1株当たり情報に対する影響額の注記を定めている（第10項(5)及び第11項(3)参照）。当委員会では、表示期間のうち過去の期間についてだけではなく、当期におけるこれらの影響額の注記に関しても求めるべきかどうか検討を行った。

　国際的な会計基準では、当期及び過去の期間における会計方針の変更による影響額の注記が求められている。また、当期における影響額を注記しない場合には、会計方針の変更を行った期間における影響額が不明となり、変更前の会計方針に基づいた期間比較が不可能となることから、当期における影響額も注記すべきという意見もある。

　しかしながら、過去の期間について遡及適用を行う以上、新たに適用された会計方針に基づく情報での期間比較可能性は確保されることとなる。また、公表済みの過去の財務諸表と遡及適用後の当該財務諸表との比較を行うことや遡及適用に関する注記等により、会計方針の変更による公表済みの過去の財務諸表への影響額も明らかになることから、投資判断のための情報としては十分ではないかという意見がある。さらに、変更前の会計方針に基づいた期間比較のための情報を提供するには、当期の数値を変更前の会計方針を用いて新たに算定する必要があるため、財務諸表作成者の負担も勘案すると、当期における影響額を注記するメリットは少ないのではないかという指摘もある。

　検討の結果、遡及適用に伴い比較情報としての過去の財務諸表及び当該過去の期間における影響額を開示することにより、期間比較可能性や会計方針の変更による影響額の情報が十分に提供し得ると考えられるため、本会計基準においては、原則として、当期における影響額の注

記を求めないこととした。ただし、比較情報として表示する過去の財務諸表について遡及適用を行っていない場合には、新たに適用された会計方針に基づく情報での期間比較可能性が確保されないため、変更前の会計方針によった場合の当期における影響額の注記も求めることとした。

（未適用の会計基準等に関する注記）

51. （第68-2項に移動）

表示方法の変更の取扱い
表示方法の変更に関する原則的な取扱い

52. 我が国の従来の取扱いでは、財務諸表等規則等において、原則として、財務諸表を作成する各時期を通じて、同一の表示方法を採用し、表示方法の変更を行った場合には、過去の財務諸表との比較を行うために必要な注記を行うこととされているが、比較情報として表示される過去の財務諸表の組替えは求められていない。一方、国際財務報告基準では、IAS第1号において、財務諸表上の項目の表示及び分類は、原則として継続しなければならないとした上で、表示又は分類を変更した場合には、原則として比較情報を組み替えるものとし、当該組替えの内容や理由などの一定の注記を求めている。また、米国会計基準でもFASB-ASC Topic205において、過去の財務諸表についても当期と同様に表示されること、つまり組替えが望ましいとされ、組替えやその他の理由によって表示方法が変更された場合には、当該変更に関する注記を行う必要があるとされている。

表示方法の変更を行った場合に過去の財務諸表の組替えを求めることは、会計方針の変更について原則として遡及適用を求めることと同様に、財務諸表全般についての比較可能性が高まり、情報の有用性がより高まるなどの効果が期待できる。

検討の結果、本会計基準では、表示方法は(1)表示方法を定めた会計基準又は法令等の改正により表示方法の変更を行う場合、又は(2)会計事象等を財務諸表により適切に反映するために表示方法の変更を行う場合を除き、毎期継続して適用し（第13項参照）、表示方法の変更を行った場合には、原則として、比較情報として表示される過去の財務諸表を、新たに採用した表示方法により遡及的に組み替えることとした（第14項参照）。このうち、(2)は、企業の事業内容又は企業内外の経営環境の変化などにより、会計事象等を財務諸表により適切に反映するために表示方法の変更を行う場合が該当すると考えられる。

なお、表示方法の変更に関しては、我が国と欧米の科目表記の細かさの違いを考慮すべきではないかという意見や、何らかの重要性の判断基準等を設けるべきではないかという意見もあったが、重要性は本会計基準のすべての項目について考慮されるべきものであると考えられることから、これらの点に関して特段の取扱いは設けないこととした。

原則的な取扱いが実務上不可能な場合の取扱い

53. 会計方針の変更に関する遡及適用の取扱いと同様に、表示方法の変更についても、財務諸表の組替えが実務上不可能な場合が想定される。IAS第1号でも、例えば、過去においては組替えを可能にするような方法でデータが収集されていなかったため、情報の再構成ができない場合などがあるとされている。したがって、本会計基準では、財務諸表の組替えにおいても、国際的な会計基準と同様に、原則的な取扱いが実務上不可能な場合の取扱いを設けることとした（第15項参照）。

表示方法の変更に関する注記

54. 表示方法の変更について、国際的な会計基準と同様に、原則として過去の財務諸表の組替えを求めることとしたことから、表示方法の変更を行う場合の注記項目についても、国際的な会計基準の定めを参考に検討を行った。

検討の結果、本会計基準では、会計方針の変更に関する注記と同様に、国際的な会計基準とほぼ同じ内容の注記項目を設けることとした（第16項参照）。

会計上の見積りの変更の取扱い

会計上の見積りの変更に関する原則的な取扱い

55. 我が国の従来の取扱いにおいては、会計上の見積りの変更をした場合、過去の財務諸表に遡って処理することは求められていない。また、国際的な会計基準においても、会計上の見積りの変更は、新しい情報によってもたらされるものであるとの認識から、過去に遡って処理せず、その影響は将来に向けて認識するという考え方がとられている。

　検討の結果、本会計基準では、会計上の見積りの変更に関しては従来の取扱いを踏襲し、過去に遡って処理せず、その影響を当期以降の財務諸表において認識することとした（第17項参照）。

　なお、我が国の従来の取扱いでは、企業会計原則注解（注12）において、過年度における引当金過不足修正額などを前期損益修正として特別損益に表示することとされている。本会計基準においては、引当額の過不足が計上時の見積り誤りに起因する場合には、過去の誤謬に該当するため、修正再表示を行うこととなる。一方、過去の財務諸表作成時において入手可能な情報に基づき最善の見積りを行った場合には、当期中における状況の変化により会計上の見積りの変更を行ったときの差額、又は実績が確定したときの見積金額との差額は、その変更のあった期、又は実績が確定した期に、その性質により、営業損益又は営業外損益として認識することとなる。

56. 会計上の見積りの変更のうち当期に影響を与えるものには、当期だけに影響を与えるものもあれば、当期と将来の期間の両方に影響を与えるものもある。例えば、回収不能債権に対する貸倒見積額の見積りの変更は当期の損益や資産の額に影響を与え、当該影響は当期においてのみ認識される。一方、有形固定資産の耐用年数の見積りの変更は、当期及びその資産の残存耐用年数にわたる将来の各期間の減価償却費に影響を与える。このように、当期に対する変更の影響は当期の損益で認識し、将来に対する影響

があれば、その影響は将来の期間の損益で認識することとなる。

（臨時償却に関する検討）

57. 当委員会では、会計上の見積りの変更に関する全般的な取扱いの検討と並行して、従来の我が国の取扱いの中で認められている、固定資産の耐用年数の変更等に関する臨時償却の考え方を残すかどうかについても検討を行った。

　臨時償却は、耐用年数の変更等に関する影響額を、その変更期間で一時に認識する方法（以下「キャッチ・アップ方式」という。）である。これまでは、キャッチ・アップ方式により、見積りの変更の実態により適合した会計処理が可能になる場合があると考えられていた。また、後述するように、仮にそのような場合があったとしても、減損処理の中に耐用年数の変更の影響も含めて処理できることが多いのではないかという指摘があるが、減損処理は、キャッシュ・フローの生成単位で資産をグルーピングした上で行うことから、すべての状況において、必ずしもそのような効果が期待できるわけではないという指摘もある。

　一方、キャッチ・アップ方式に関しては、実質的に過去の期間への遡及適用と同様の効果をもたらす処理となることから、新たな事実の発生に伴う見積りの変更に関する会計処理としては、適切な方法ではないのではないかという指摘がある。また、現在、国際的な会計基準では、その採用は認められていないと解釈されている。さらに、キャッチ・アップ方式による処理が適切と思われる状況があったとしても、その場合には耐用年数の短縮に収益性の低下を伴うことが多く、減損処理の中で両方の影響を含めて処理できるという指摘や、そもそも臨時償却として処理されている事例の多くが、将来に生じる除却損の前倒し的な意味合いが強いのではないかという指摘もある。

　検討の結果、本会計基準では、国際的な会計基準とのコンバージェンスの観点も踏まえ、臨時償却は廃止し、固定資産の耐用年数の変更等については、当期以降の費用配分に影響させる

方法（プロスペクティブ方式）のみを認める取扱いとすることとした。

会計上の見積りの変更に関する注記

58. 我が国の従来の取扱いでは、監査委員会報告第77号において、会計上の見積りの変更を行った場合、追加情報として、会計上の見積りを変更した旨、その内容及び当該変更が財務諸表等に及ぼす影響を注記することとされている。一方、国際的な会計基準においては、会計上の見積りの変更が当該変更期間及び将来の期間に与える影響と、その内容及び金額の注記を求めており、将来の期間に与える影響については見積りが困難な場合、その旨を注記することとしている。このため、会計上の見積りの変更を行った場合の注記については、国際的な会計基準を参考に、より具体的な取扱いを設けることとした（第18項参照）。

会計方針の変更を会計上の見積りの変更と区別することが困難な場合の取扱い

（減価償却方法の変更の取扱いに関する考え方の類型）

59. 国際的な会計基準においては、減価償却方法の変更は、会計上の見積りの変更と同様に取り扱うこととされているため、遡及適用の対象とはされていない。一方、我が国においては、これまで、企業会計原則注解（注1-2）にあるように、減価償却方法は会計方針の1つとされており、また、その変更は会計方針の変更として取り扱われている。従来の取扱いでは、固定資産の取得原価を各期に配分する方法として、定率法や定額法などの一定の計画的・規則的な配分方法があることを所与とし、そのような複数の会計処理の中での選択の問題として捉えているものと考えられる。当委員会では、我が国において会計方針の変更に遡及適用の考え方を導入するにあたり、減価償却方法の変更についてどのように考えるべきであるかを検討した。

60. この点について国際財務報告基準では、まず減価償却方法自体は、資産に具現化された将来の経済的便益が消費されるにつれて減価償却を行うという会計方針を適用する際に使用する手法と位置付けた上で、使用される減価償却方法は、資産の将来の経済的便益が企業によって消費されると予測されるパターンを反映することとしている。さらに、適用される減価償却方法は毎期見直し、もし、予測された消費パターンに大きな変更があった場合は、当該パターンを反映するようにこれを変更し、会計上の見積りの変更として会計処理しなければならないとしている。すなわち、減価償却方法は、減価償却を認識するという会計方針を適用する際に使用する手法であるため、その手法の変更は会計方針の変更ではなく、資産に具現化された将来の経済的便益の予測消費パターンの変更を意味するものであることから、当該減価償却方法の変更は会計上の見積りの変更に該当するという考え方をとっているものと思われる。

他方、減価償却方法については、そもそも固定資産の経済的便益の消費パターンの見積りが固定資産の取得時点では難しいからこそ、計画的・規則的な償却を行っているのが歴史的な経緯であるという考え方がある。この考え方に基づけば、減価償却方法の変更は、見積りの要素とは直接的な関係を持たないため、何らかの理由で変更する場合には、会計方針の変更に関する原則的な取扱いに従い、遡及適用を求めるということが考えられる。

また、上記とは別に、減価償却方法自体は会計方針を構成するが、減価償却方法の変更は、会計上の見積りの変更と同様に取り扱うとする考え方もある。米国会計基準では、会計方針の変更と会計上の見積りの変更とを区分することは、時として困難であるとし、その一例として減価償却方法の変更を挙げている。さらに、将来の経済的便益の予測消費パターンが変化したものと判断した上で、新しい減価償却方法が当該パターンをよりよく反映すると考えられる場合には、会計方針の変更によりもたらされる会計上の見積りの変更を行う正当性を示し得るとの考え方が示されている。

（本会計基準における減価償却方法の考え方）

61. 我が国に限らず、国際的にも、減価償却方法として実際に用いられている方法は、定率法、

定額法、生産高比例法などの計画的・規則的な償却方法に限られている。減価償却方法の変更を会計上の見積りの変更の1つとして捉える場合には、経済的便益に関する消費のパターンに合致した減価償却方法が認められることが必要となるが、このような考え方は、現実に用いられている減価償却方法がいくつかの方法に限られている実態と整合していないのではないかという指摘がある。

また、仮にそのような実務が可能であったとしても、より実態に即した減価償却方法が選択されることによる便益よりも、会計方針であれば必要とされる継続性の原則による牽制効果が期待できなくなることや、実質的には複数の会計処理の選択の余地を増やすことになる弊害の方が大きいのではないかという指摘もある。さらに、会計上の見積りの変更と捉えれば、採用している減価償却方法が合理的な見積りを反映しているかどうか確認する必要があるが、その合理性を常時検証し続けるという対応は現実には不可能なのではないかという指摘もある。

一方、減価償却方法の変更にあたっては、固定資産に関する経済的便益の消費パターンに照らし、計画的・規則的な償却方法の中から最も適合的な方法を選択することは可能なのではないかという指摘もある。また、我が国においても、固定資産に関する経済的便益の消費パターンに変動があったことを減価償却方法の変更の理由としている実務がみられる。

62. 減価償却方法の変更は、前項で指摘されているように計画的・規則的な償却方法の中での変更であることから、その変更は会計方針の変更ではあるものの、その変更の場面においては固定資産に関する経済的便益の消費パターンに関する見積りの変更を伴うものと考えられる。

このため本会計基準においては、減価償却方法については、これまでどおり会計方針として位置付けることとする一方、減価償却方法の変更は、会計方針の変更を会計上の見積りの変更と区別することが困難な場合（第19項参照）に該当するものとし、会計上の見積りの変更と同様に会計処理を行い、その遡及適用は求めないこととした。

ただし、減価償却方法は会計方針であることから、変更にあたって正当な理由が求められることや、米国会計基準において、会計方針の変更によりもたらされる会計上の見積りの変更については、会計方針の変更と同様の内容の注記を要するものとされていることから、本会計基準においても、第11項(1)及び(2)の注記に加え、第18項(2)に関する注記を行うこととした。

なお、無形固定資産の償却方法の変更に関しても、本会計基準においては米国会計基準と同じく、有形固定資産等の減価償却方法の変更と同様の取扱いを求めることとした（第20項参照）。

過去の誤謬の取扱い
過去の誤謬に関する取扱い

63. 我が国における会計上の誤謬の取扱いに関する定めとしては、前期損益修正項目に関して定めた企業会計原則注解（注12）がある。ここでいう前期損益修正項目は、過去の期間の損益に含まれていた計算の誤りあるいは不適当な判断を当期において発見し、その修正を行うことから生じる損失項目又は利得項目であると一般に考えられている。このように、我が国における従来の過去の誤謬の取扱いとしては、前期損益修正項目として当期の損益で修正する方法が示されており、修正再表示する方法は定められていなかった。

一方、国際財務報告基準では、IAS第8号において、重要な誤謬を含む財務諸表、又は重要性はないものの意図的な誤謬を含む財務諸表は、国際財務報告基準に準拠していないこととし、後の期間に発見された誤謬については、後の期間の比較財務諸表の中で訂正することとされている。また、米国会計基準でもFASB-ASC Topic250において、財務諸表の公表後に誤謬が発見された場合には、過去の財務諸表を修正再表示することとされている。

64. 我が国においては、財務諸表に重要な影響を及ぼすような過去の誤謬が発見された場合、当

該誤謬が金融商品取引法上の訂正報告書の提出事由に該当するときには、財務諸表の訂正を行うことになるため、過去の誤謬の訂正の枠組みは開示制度において手当て済みであるという意見がある。また、訂正報告書の提出事由に該当しない誤謬についても、前期損益修正項目として特別損益に計上する従来の会計上の誤謬の取扱いを、特段変更する必要はないという意見もある。

65. しかしながら、会計上の誤謬の取扱いに関し、IAS第8号及びFASB-ASC Topic250における誤謬を修正再表示する考え方を導入することは、期間比較が可能な情報を開示するという観点からも有用であり、国際的な会計基準とのコンバージェンスを図るという観点からも望ましいと考えられる。また、誤謬のある過去の財務諸表を修正再表示することは、会計方針の変更に関する遡及適用等とは性格が異なっており、比較可能性の確保や会計基準のコンバージェンスの促進という観点からではなく、当然の要請として会計基準に定めておくべきであるとの指摘がある。さらに、すべての企業に対して過去の誤謬の修正再表示を求めるのであれば、従来の会計上の誤謬の取扱いを変更することが必要であるという指摘もある。

検討の結果、過去の誤謬に関する取扱いについても、国際的な会計基準と同様に、会計基準においてその取扱いを設けることとした(第21項参照)。本会計基準の適用により、過去の誤謬を前期損益修正項目として当期の特別損益で修正する従来の取扱いは、比較情報として表示される過去の財務諸表を修正再表示する方法に変更されることになるが、重要性の判断に基づき、過去の財務諸表を修正再表示しない場合は、損益計算書上、その性質により、営業損益又は営業外損益として認識する処理が行われることになると考えられる。

なお、本会計基準は、当期の財務諸表及びこれに併せて比較情報として過去の財務諸表が表示されている場合を前提に誤謬の取扱いについて定めており、既に公表された財務諸表自体の

訂正期間及び訂正方法は、各開示制度の中で対応が図られるものと考えられる。

(過去の誤謬の修正再表示が実務上不可能な場合の取扱いに関する検討)

66. 国際財務報告基準では、IAS第8号において、当期の期首時点における過去の誤謬の訂正による累積的影響額を算定することが実務上不可能な場合には、実務上可能となる最も古い日から将来に向かって比較情報を修正再表示することとされ、また、過去の誤謬の訂正による累積的影響額を算定することはできるものの、表示される過去の期間について部分的な修正再表示しか行うことができない場合の取扱いも定められている。一方、米国会計基準ではFASB-ASC Topic250において、修正再表示が実務上不可能な場合についての取扱いは設けられていない。SFAS第154号の開発時に、IAS第8号と同様の定めを設けることについて検討されたが、過去の財務諸表に影響する誤謬を発見しつつも実務上不可能であるために修正しなかった場合には、当該期間の財務諸表が一般に公正妥当と認められる会計原則に準拠して作成されたと企業が表明することと首尾一貫していないという理由から、このような取扱いは設けられなかった。

67. このように、会計基準上で過去の誤謬に関して修正再表示を求めることとした場合、修正再表示が実務上不可能な場合に関する定めを設けるかどうかには、次のような考え方がある。1つは米国会計基準のように実務上不可能な場合の取扱いを設けないという考え方であり、誤謬を含んだ過去の財務諸表については、一般に公正妥当と認められる企業会計の基準への準拠性に問題があるという観点から、このような取扱いを認めるべきではないということを論拠とする。もう1つは国際財務報告基準のように実務上不可能な場合の取扱いを設けるという考え方であり、これは事後に合理的な努力を尽くしても過去の誤謬の修正再表示が行えない事態があり得ることを想定する必要があることを論拠としている。

　検討状況の整理においては、国際財務報告基準と同様に、過去の誤謬に関する修正再表示が実務上不可能な場合の取扱いを示した上で、その採否についてコメントを求めたところ、このような取扱いを会計基準の中で定めることを求める意見が多く寄せられた。

　しかしながら、過去の誤謬の修正再表示が実務上不可能という理由をもって過去の財務諸表を修正再表示しないこととする取扱いを会計基準として設けた場合、誤謬を含んだ財務諸表に関し、一般に公正妥当と認められる企業会計の基準への準拠性に問題があると考えられることから、検討の結果、米国会計基準と同様に、そのような状況を想定した取扱いについては会計基準の中では明示しないこととした。ただし、このことは、稀に実務において誤謬の修正再表示が不可能な場合が生じる可能性を否定するものではない。可能な限り誤謬を訂正した上でもなお、重要な未訂正の誤謬が存在する場合には、表示される財務諸表の有用性が損なわれることになるので、実務においては、例えば、どこまでが信頼性を確保できるかなど、その事実を明らかにするために、当該未訂正の誤謬の内容並びに訂正済の誤謬に関する訂正期間及び訂正方法を開示するなどの対応がなされるものと考えられる。

過去の誤謬に関する注記

68．本会計基準では国際的な会計基準と同様に、過去の財務諸表の修正再表示を求めることから、過去の誤謬に関する注記項目についても、国際的な会計基準の定めを参考に検討を行った。検討の結果、本会計基準では、会計方針の変更等に関する注記の場合と同様に、国際的な会計基準とほぼ同様の内容の注記項目を設けることとした（第22項参照）。なお、その後の期間の財務諸表において当該注記を繰り返す必要はないと考えられる。

未適用の会計基準等に関する注記

68-2．既に公表されているものの、未だ適用されていない新しい会計基準等に関する注記に関しては、国際財務報告基準では IAS 第8号に取扱いが定められている一方、米国では会計基準に取扱いがなく、米国証券取引委員会（SEC）スタッフ会計公報により、その注記が求められている。

　検討の過程においては、当該注記の内容は、会計基準によって求められるべき性格のものではなく、米国と同様に開示規則等において取扱いを設けることが適切ではないかという意見があった。しかしながら、国際財務報告基準では会計基準の中でこのような内容の注記が求められていることや、未適用の会計基準等が企業に及ぼす影響が開示されていれば、財務諸表に関連した情報として、投資の意思決定に有用であると考えられることから、本会計基準の中で、未適用の会計基準等に関する注記を求めることとした（第22-2項参照）。

　なお、未適用の会計基準等に関する注記については、決算日までに新たに公表された会計基準等について注記を行うことになるが、決算日後に公表された会計基準等についても当該注記を行うことを妨げるものではない。この場合は、いつの時点までに公表された会計基準等を注記の対象としたかを記載することが考えられる。

適用時期等

69．2009年会計基準自体の適用は、本会計基準の定める会計基準等の改正（第5項(1)参照）に該当するものではないが、2009年会計基準を適用初年度の期首より前の会計上の変更又は過去の誤謬の訂正についても適用するのか、それとも適用初年度の期首以後の会計上の変更又は過去の誤謬の訂正から適用するのかについて検討を行った。

　具体的には、2009年会計基準の適用初年度において、表示する財務諸表の期間比較可能性をより高める観点から、比較情報として表示される過去の財務諸表において、当該過去の事業年度に行われた会計方針の変更及びその時点で発見された過去の誤謬を、遡及処理を行っていたものとして表示することを認める取扱いを設け

るかどうかについて検討を行った。

　期間比較可能性をより高める観点からは、適用初年度においては比較情報として表示される過去の財務諸表について、このような取扱いを設けることが望ましいという意見もあった。しかしながら、その場合には本会計基準が求める遡及処理の対象が複雑になってしまうことなどから、このような取扱いは設けず、2009年会計基準は適用初年度の期首以後に行われる会計上の変更及び過去の誤謬の訂正について適用することとした（第23項参照）。

69 - 2．2020年改正会計基準における、関連する会計基準等の定めが明らかでない場合に採用した会計処理の原則及び手続に係る注記情報の取扱いは、従前の取扱いの明確化を図ったものであり、これまで求められていなかった注記を新たに行うことを求めるものではないため、第4項(6)の「表示方法の変更」には当たらないと考えられる。

　しかし、2020年改正会計基準を適用したことにより、それまで開示していなかった関連する会計基準等の定めが明らかでない場合に採用した会計処理の原則及び手続を新たに開示することは、財務諸表利用者が企業の財政状態、経営成績及びキャッシュ・フローの状況に関する適正な判断を行うために必要であると考えられる。

　そのため、2020年改正会計基準を新たに適用したことにより、関連する会計基準等の定めが明らかでない場合に採用した会計処理の原則及び手続を新たに開示するときには、追加情報としてその旨を注記することとした。

2009年会計基準の公表による他の会計基準等についての改正

70．次の企業会計基準、企業会計基準適用指針及び実務対応報告については、2009年会計基準及びその他の会計基準等の公表に伴う改正を別途行うことが予定されている。

・企業会計基準第2号「1株当たり当期純利益に

関する会計基準」

・企業会計基準第6号「株主資本等変動計算書に関する会計基準」

・企業会計基準第7号「事業分離等に関する会計基準」

・企業会計基準第12号「四半期財務諸表に関する会計基準」

・企業会計基準第17号「セグメント情報等の開示に関する会計基準」

・企業会計基準第21号「企業結合に関する会計基準」

・企業会計基準第22号「連結財務諸表に関する会計基準」

・企業会計基準適用指針第4号「1株当たり当期純利益に関する会計基準の適用指針」

・企業会計基準適用指針第6号「固定資産の減損に係る会計基準の適用指針」

・企業会計基準適用指針第9号「株主資本等変動計算書に関する会計基準の適用指針」

・企業会計基準適用指針第10号「企業結合会計基準及び事業分離等会計基準に関する適用指針」

・企業会計基準適用指針第14号「四半期財務諸表に関する会計基準の適用指針」

・実務対応報告第18号「連結財務諸表作成における在外子会社の会計処理に関する当面の取扱い」

・実務対応報告第19号「繰延資産の会計処理に関する当面の取扱い」

・実務対応報告第24号「持分法適用関連会社の会計処理に関する当面の取扱い」

2020年改正会計基準の公表による他の会計基準等についての修正

71．2020年改正会計基準により、当委員会が公表した会計基準等については、次の修正を行う（下線は追加部分、取消線は削除部分を示す。）。

　（以下略）

以　上

企業会計基準第25号
包括利益の表示に関する会計基準

2010年（平成22年）6月30日
改正2012年（平成24年）6月29日
改正2013年（平成25年）9月13日
最終改正2022年10月28日
企業会計基準委員会

目　的

1．本会計基準は、財務諸表における包括利益及びその他の包括利益の表示について定めることを目的とする。当期純利益を構成する項目及びその他の包括利益を構成する項目に関する認識及び測定については、他の会計基準の定めに従う。

2．財務諸表の表示に関して、本会計基準が既存の他の会計基準と異なる取扱いを定めているものについては、本会計基準の定めが優先する。

会計基準

範　囲

3．本会計基準は、財務諸表（四半期財務諸表を含む。）における包括利益及びその他の包括利益の表示に適用する。

用語の定義

4．「包括利益」とは、ある企業の特定期間の財務諸表において認識された純資産の変動額のうち、当該企業の純資産に対する持分所有者との直接的な取引によらない部分をいう。当該企業の純資産に対する持分所有者には、当該企業の株主のほか当該企業の発行する新株予約権の所有者が含まれ、連結財務諸表においては、当該企業の子会社の非支配株主も含まれる。

5．「その他の包括利益」とは、包括利益のうち当期純利益に含まれない部分をいう。連結財務諸表におけるその他の包括利益には、親会社株主に係る部分と非支配株主に係る部分が含まれる。

包括利益の計算の表示

6．当期純利益にその他の包括利益の内訳項目を加減して包括利益を表示する。

その他の包括利益の内訳の開示

7．その他の包括利益の内訳項目は、その内容に基づいて、その他有価証券評価差額金、繰延ヘッジ損益、為替換算調整勘定、退職給付に係る調整額等に区分して表示する。持分法を適用する被投資会社のその他の包括利益に対する投資会社の持分相当額は、一括して区分表示する。

8．その他の包括利益の内訳項目は、その他の包括利益に関する、法人税その他利益に関連する金額を課税標準とする税金（以下「法人税等」という。）及び税効果を控除した後の金額で表示する。ただし、各内訳項目について法人税等及び税効果を控除する前の金額で表示して、それらに関連する法人税等及び税効果の金額を一括して加減する方法で記載することができる。いずれの場合も、その他の包括利益の各内訳項目別の法人税等及び税効果の金額を注記する。

9．当期純利益を構成する項目のうち、当期又は過去の期間にその他の包括利益に含まれていた部分は、組替調整額として、その他の包括利益の内訳項目ごとに注記する。この注記は、前項による注記と併せて記載することができる。

10．前2項の注記は、個別財務諸表（連結財務諸表を作成する場合に限る。）及び四半期財務諸表においては、省略することができる。

包括利益を表示する計算書

11．包括利益を表示する計算書は、次のいずれかの形式による。連結財務諸表においては、包括利益のうち親会社株主に係る金額及び非支配株主に係る金額を付記する。

(1) 当期純利益を表示する損益計算書と、第6項に従って包括利益を表示する包括利益計算書からなる形式（2計算書方式）

(2) 当期純利益の表示と第6項に従った包括利益の表示を1つの計算書（「損益及び包括利益計算書」）で行う形式（1計算書方式）

適用時期等

12．2010年（平成22年）に公表された本会計基準（以下「2010年会計基準」という。）は、連結財務諸表については、第8項及び第9項による注記を除き、2011年（平成23年）3月31日以後終了する連結会計年度の年度末に係る連結財務諸表から適用する。ただし、2010年（平成22年）9月30日以後に終了する連結会計年度の年度末に係る連結財務諸表から適用することができる。

適用初年度においては、その直前の年度における包括利益（親会社株主に係る金額及び非支配株主に係る金額の付記を含む。）及びその他の包括利益の内訳項目（第7項参照）の金額を注記する。

13．第8項及び第9項による注記については、2012年（平成24年）3月31日以後終了する連結会計年度の年度末に係る連結財務諸表から適用する。ただし、前項の適用時期に合わせて適用することができる。

適用初年度においては、その直前の年度における第8項及び第9項の注記は要しない。

14．（削除）

15．2011年（平成23年）3月31日以後終了する連結会計年度の年度末から2010年会計基準を適用した場合、翌連結会計年度の四半期財務諸表においては、2010年会計基準を遡及適用し、財務諸表の組替えを行う。なお、第12項ただし書きにより2010年（平成22年）9月30日以後に終了する連結会計年度の年度末に係る連結財務諸表から適用した場合の翌連結会計年度の四半期財務諸表においては、前連結会計年度の対応する四半期会計期間及び期首からの累計期間について、包括利益（親会社株主に係る金額及び非支配株主に係る金額の付記を含む。）及びその他の包括利益の内訳項目の金額を注記する。

16．連結財務諸表上は、これまでに公表された会計基準等で使用されている「損益計算書」又は純資産の部の「評価・換算差額等」という用語は、「連結損益計算書又は連結損益及び包括利益計算書」又は「その他の包括利益累計額」と読み替えるものとする。また、この場合、当該会計基準等で定められている評価・換算差額等の取扱いは本会計基準が優先するものとする。

16-2．本会計基準は、当面の間、個別財務諸表には適用しないこととする。

16-3．2012年（平成24年）改正の本会計基準（以下「2012年改正会計基準」という。）は、公表日以後適用する。

16-4．2013年（平成25年）に改正された本会計基準（以下「2013年改正会計基準」という。）は、2013年（平成25年）に改正された企業会計基準

第22号「連結財務諸表に関する会計基準」（以下「2013年連結会計基準」という。）の表示方法に係る事項が適用された連結会計年度から適用する。

16-5．2022年に改正された本会計基準（以下「2022年改正会計基準」という。）についての適用時期等は、2022年に改正された企業会計基準第27号「法人税、住民税及び事業税等に関する会計基準」（以下「2022年改正法人税等会計基準」という。）と同様とする。

議　決

17．2010年会計基準は、第204回企業会計基準委員会に出席した委員９名全員の賛成により承認された。なお、出席した委員は以下のとおりである。

　　（略）

17-2．2012年改正会計基準は、第246回企業会計基準委員会に出席した委員10名全員の賛成により承認された。なお、出席した委員は以下のとおりである。

　　（略）

17-3．2013年改正会計基準は、平成25年改正会計基準は、第272回企業会計基準委員会に出席した委員13名全員の賛成により承認された。なお、出席した委員は、以下のとおりである。

　　（略）

17-4．2022年改正会計基準は、第489回企業会計基準委員会に出席した委員14名全員の賛成により承認された。なお、出席した委員は、以下のとおりである。

　　（略）

結論の背景

経　緯

18．これまで我が国の会計基準では、包括利益の表示を定めていなかった。国際的な会計基準において「その他の包括利益」とされている項目の貸借対照表残高は、純資産の部の中の株主資本以外の項目として、「評価・換算差額等」に表示され（企業会計基準第５号「貸借対照表の

純資産の部の表示に関する会計基準」第８項）、それらの当期変動額は株主資本等変動計算書に表示される（企業会計基準第６号「株主資本等変動計算書に関する会計基準」第８項）が、その当期変動額と当期純利益との合計額を表示する定めはなかった。

19．国際際財務報告基準（IFRS）及び米国会計基準においては、包括利益の表示の定めが1997年（平成９年）に設けられており、それ以後、包括利益の表示が行われている。その後、国際会計基準審議会（IASB）で業績報告に関するプロジェクトが開始され、現在は米国財務会計基準審議会（FASB）との共同による財務諸表表示プロジェクトとして進められている。このプロジェクトにおけるIASBとFASBの予備的見解が、2008年（平成20年）10月に、ディスカッション・ペーパー「財務諸表の表示に関する予備的見解」として公表されている。また、2010年（平成22年）５月には、IASBとFASBからそれぞれ、公開草案「その他の包括利益の項目の表示（IAS第１号の修正案）」及び公開草案「Topic220包括利益：包括利益計算書」が公表されている。括利益計算書」が公表されている。

20．当委員会では、このような国際的な会計基準の動きに対応するため、2008年（平成20年）４月に財務諸表表示専門委員会を設置して検討を進めてきた。2009年（平成21年）７月に公表した「財務諸表の表示に関する論点の整理」（以下「論点整理」という。）の中で、財務諸表の表示に関する現行の国際的な会計基準との差異について、短期的に対応する項目と中長期的に対応する項目とに区分し、包括利益の表示については、当期純利益の表示の維持を前提とした上で、我が国においても導入を短期的に検討するという方向性を示し、各界からの意見を求めた。論点整理に対するコメントの大部分は、この方向性を支持するものであった。これを受けて、当委員会では、同専門委員会において、論点整理に対して寄せられたコメントを分析した上で検討を重ね、2009年（平成21年）12月に「包

括利益の表示に関する会計基準（案）」を公開草案として公表し、広く意見を求めた。その後、当該公開草案に対して寄せられた意見を参考にして審議を行い、その内容を一部修正した上で2010年会計基準を公表するに至ったものである。

20 - 2．2012年改正会計基準は、2010年（平成22年）9月に公益財団法人財務会計基準機構内に設置された「単体財務諸表に関する検討会議」（以下「単体検討会議」という。）で個別財務諸表における包括利益の表示の取扱いも議論され、2011年（平成23年）4月に公表された単体検討会議報告書に検討結果が盛り込まれたことを受け、また、2010年会計基準の公表から1年後を目途に本会計基準の個別財務諸表への適用を判断するとしていたことを踏まえて、審議を行い、2012年（平成24年）4月には公開草案を公表し、広くコメントの募集を行った。2012年改正会計基準は、当委員会において寄せられたコメントを検討し、公開草案を一部修正した上で改正を行ったものである。

20 - 3．2013年改正会計基準は、2013年連結会計基準において、少数株主持分を非支配株主持分に変更し、これまで少数株主損益調整前当期純利益としていたものを当期純利益として表示したことに伴い、1計算書方式において当期純利益の直後に親会社株主に帰属する当期純利益及び非支配株主に帰属する当期純利益を付記することなどの所要の改正を行ったものである。

なお、本会計基準においては、過去の経緯等を示す場合にも、便宜上、非支配株主持分の用語を使用している場合がある。

20 - 4．2022年改正会計基準は、2022年改正法人税等会計基準において、所得に対する法人税、住民税及び事業税等を、損益、株主資本及びその他の包括利益に区分して計上することとした（2022年改正法人税等会計基準第5項、第5 - 2項及び第29 - 3項）ことに伴い、所要の改正を行ったものである。

目　的

21．包括利益及びその他の包括利益の内訳を表示

する目的は、期中に認識された取引及び経済的事象（資本取引を除く。）により生じた純資産の変動を報告するとともに、その他の包括利益の内訳項目をより明瞭に開示することである。包括利益の表示によって提供される情報は、投資家等の財務諸表利用者が企業全体の事業活動について検討するのに役立つことが期待されるとともに、貸借対照表との連携（純資産と包括利益とのクリーン・サープラス関係[1]）を明示することを通じて、財務諸表の理解可能性と比較可能性を高め、また、国際的な会計基準とのコンバージェンスにも資するものと考えられる。

> 1　ある期間における資本の増減（資本取引による増減を除く。）が当該期間の利益と等しくなる関係をいう。

22．包括利益の表示の導入は、包括利益を企業活動に関する最も重要な指標として位置づけることを意味するものではなく、当期純利益に関する情報と併せて利用することにより、企業活動の成果についての情報の全体的な有用性を高めることを目的とするものである。本会計基準は、市場関係者から広く認められている当期純利益に関する情報の有用性を前提としており、包括利益の表示によってその重要性を低めることを意図するものではない。また、本会計基準は、当期純利益の計算方法を変更するものではなく、当期純利益の計算は、従来のとおり他の会計基準の定めに従うこととなる。

用語の定義

23．当委員会の討議資料「財務会計の概念フレームワーク」では、「包括利益とは、特定期間における純資産の変動額のうち、報告主体の所有者である株主、子会社の少数株主、及び将来それらになり得るオプションの所有者との直接的な取引によらない部分をいう。」と定義している。当委員会では、これを参考に本会計基準における包括利益の定義を検討した。IFRSでは、「所有者の立場としての所有者との取引による

資本の変動以外の取引又は事象による一期間における資本の変動」と定義しているが、いずれも資本取引以外による純資産の変動として包括利益を定義するものであり、基本的には同様と考えられる。

24．本会計基準においては、包括利益を構成する純資産の変動額は、あくまで財務諸表において認識されたものに限られることを明確にするため、「特定期間の財務諸表において認識された純資産の変動額」としている。また、企業の純資産に対する持分所有者には、当該企業の株主、新株予約権の所有者、子会社の非支配株主を含むものとしている。

25．「企業の純資産に対する持分所有者との直接的な取引によらない部分」とは、前述のとおり、資本取引に該当しない部分を意味するが、本会計基準の適用にあたっては、資本取引と損益取引のいずれにも解釈し得る取引については、具体的な会計処理を定めた会計基準に基づいて判断することとなる。例えば、新株予約権の失効による戻入益(企業会計基準第8号「ストック・オプション等に関する会計基準」第9項及び企業会計基準第10号「金融商品に関する会計基準」第38項(2)) については、現行の会計基準を斟酌すれば、持分所有者との直接的な取引によらない部分とされているものと解することとなる。なお、今後の基準設定において会計処理の見直しが行われた場合には、それに基づいて判断することとなる。

26．企業会計基準第24号「会計方針の開示、会計上の変更及び誤謬の訂正に関する会計基準」(以下、「企業会計基準第24号」という。)に基づく会計方針の変更及び誤謬の訂正に関する累積的影響額に係る期首の利益剰余金の修正額は、前期以前に帰属する純資産の変動額を当期に表示しているに過ぎないため当期の包括利益には含まれないと考えられる。子会社が連結子会社及び関連会社のいずれにも該当しなくなった場合における利益剰余金減少高（又は増加高）も、これに準じて取り扱うことが考えられる。

包括利益の計算の表示

27．包括利益の計算は、当期純利益からの調整計算の形で示すこととしている。定義に従った計算過程とは異なるが、このような計算の表示の方が有用と考えられ、国際的な会計基準においても同様の方式が採られている。

28．2010年会計基準では、連結財務諸表における包括利益の計算の表示方法としては、次の2つの方法が考えられ、これらを比較検討した。

(1) 当期純利益（親会社株主に帰属する部分）に、親会社株主に係るその他の包括利益を加減して親会社株主に係る包括利益を計算し、これに非支配株主に係る包括利益を加減する方法

(2) 少数株主損益調整前当期純利益に、その他の包括利益（親会社株主に係る部分と非支配株主に係る部分の合計）を加減する方法

29．前項の(1)の表示方法は、当期純利益（親会社株主に帰属する部分）の計算との連携がより明確であることや、連結株主資本等変動計算書や連結貸借対照表の数値との関連づけがしやすいといった利点がある。一方、(2)の表示方法は、包括利益に至る過程が明瞭であることや、その他の包括利益の内訳の表示について国際的な会計基準とのコンバージェンスを図ることができるといった利点がある。

　両者を比較検討した結果、包括利益の表示を導入する目的（第21項参照）との関連性からは、(2)の利点の方がより重要と考えられることから、(2)の表示方法を採用することとした。(1)の表示方法は、その他の包括利益の各内訳項目を親会社株主に係る部分と非支配株主に係る部分とに区分するため、(2)の表示方法よりも情報量は多くなるが、その内訳に関する情報は、基本的には連結株主資本等変動計算書から入手可能でもあるため、包括利益への調整の形で表示する必要性は低いと判断した。

その他の包括利益の内訳の開示

30．国際的な会計基準では、その他の包括利益の内訳項目の分析を容易にする観点から、その他

の包括利益に関連する法人税等及び税効果並びに当期又は過去の期間にその他の包括利益に含められた項目の当期純利益への組替調整額の開示を求めている。本会計基準では、コンバージェンスの観点から同様の開示を注記事項として求めることとした。ただし、開示の簡素化及び迅速化の観点を考慮して、個別財務諸表（連結財務諸表を作成している場合に限る。）及び四半期財務諸表（四半期連結財務諸表又は四半期個別財務諸表）においては当該注記を省略することができることとした。

30-2. その他の包括利益に関する法人税等及び税効果について、2022年に本会計基準が改正される前においては、税効果のみをその他の包括利益として計上することとしており、「税効果の金額」を前項の注記の対象としていた。

　この点、2022年改正法人税等会計基準において、法人税等を、損益、株主資本及びその他の包括利益に区分して計上することとした（2022年改正法人税等会計基準第5項、第5-2項及び第29-3項）ことから、税効果のみならず、法人税等についてもその他の包括利益に計上することとなる。

　ここで、法人税等についても、その他の包括利益に関する税金に係る項目である点は税効果と同様であることから、2022年改正会計基準においては、法人税等を含むその他の包括利益に関する法人税等及び税効果全体について、その他の包括利益の内訳項目から控除するとともに、前項の注記の対象とすることとした（本会計基準第8項参照）。

31. 組替調整額は、当期及び過去の期間にその他の包括利益に含まれていた項目が当期純利益に含められた金額に基づいて計算されるが、具体的には次のようになると考えられる。

(1) その他有価証券評価差額金に関する組替調整額は、当期に計上された売却損益及び減損損失等、当期純利益に含められた金額による（［設例1］［設例2］［設例3］参照）。

(2) 繰延ヘッジ損益に関する組替調整額は、ヘッジ対象に係る損益が認識されたこと等に

伴って当期純利益に含められた金額による。また、ヘッジ対象とされた予定取引で購入した資産の取得価額に加減された金額は、組替調整額に準じて開示することが適当と考えられる（［設例4］参照）。なお、為替予約の振当処理は、実務に対する配慮から認められてきた特例的な処理であることを勘案し、組替調整額及びこれに準じた開示は必要ないと考えられる。

(3) 為替換算調整勘定に関する組替調整額は、子会社に対する持分の減少（全部売却及び清算を含む。）に伴って取り崩されて当期純利益に含められた金額による（［設例5］参照）。

(4) 退職給付に係る調整額に関する組替調整額は、企業会計基準第26号「退職給付に関する会計基準」による。

　なお、土地再評価差額金は、再評価後の金額が土地の取得原価とされることから、売却損益及び減損損失等に相当する金額が当期純損益に計上されない取扱いとなっているため、その取崩額は組替調整額に該当せず、株主資本等変動計算書において利益剰余金への振替として表示される。

32. 持分法の適用における被投資会社のその他の包括利益に対する投資会社の持分相当額については、IFRSでは一括して区分表示することを求めていることから、それと同様の表示方法によることとした。当該持分相当額は、被投資会社において法人税等及び税効果を控除した後の金額であるが、被投資会社の税金は連結財務諸表には表示されないため、第8項による法人税等及び税効果の金額の注記の対象には含まれないことに留意する必要がある。なお、貸借対照表上のその他の包括利益累計額については、従来の取扱いに従い、その他有価証券評価差額金、繰延ヘッジ損益、為替換算調整勘定、退職給付に係る調整累計額等の各内訳項目に当該持分相当額を含めて表示することとしている。

包括利益を表示する計算書

33. 包括利益の表示の形式としては、①当期純利

益を構成する項目とその他の包括利益の内訳を単一の計算書に表示する方法（1計算書方式）と、②当期純利益を構成する項目を表示する第1の計算書（従来の損益計算書と同じ）と、その他の包括利益の内訳を表示する第2の計算書からなる方法（2計算書方式）が考えられる。

34. 現行の IFRS 及び米国会計基準では、1計算書方式と2計算書方式をともに認めている。米国会計基準では、このほかに「株主持分変動計算書」に表示する方法も認められている。IFRS では、2007年（平成19年）の IAS 第1号「財務諸表の表示」の改訂の際に、1計算書方式への一本化が検討されたが、当期純利益と包括利益とを明確に区別する2計算書方式を選好する関係者が多かったことから、両者の選択を認めることとしている。

35. IASB と FASB が2008年（平成20年）10月に共同で公表したディスカッション・ペーパー（第19項参照）では、1計算書方式に一本化する提案が示されている。また、両審議会は、金融商品会計基準の見直しに合わせて、1計算書方式への一本化を財務諸表表示のプロジェクトの他の項目と切り離し、先行して行う方向で2010年（平成22年）5月に公開草案を公表している。

36. 論点整理及び2010年会計基準の公開草案に対するコメントでは、当期純利益を重視する観点から、1計算書方式では包括利益が強調されすぎる可能性がある等の理由で、当期純利益と包括利益が明確に区分される2計算書方式を支持する意見が多く見られた。一方、当委員会での審議の中では、一覧性、明瞭性、理解可能性等の点で利点があるとして1計算書方式を支持する意見も示された。

37. 検討の結果、本会計基準では、コメントの中で支持の多かった2計算書方式とともに、1計算書方式の選択も認めることとしている。これは、前述のような1計算書方式の利点に加え、以下の点を考慮したものである。

(1) 現行の国際的な会計基準では両方式とも認められていること

(2) 第35項に述べた IASB と FASB との検討の方向性を踏まえると、短期的な対応としても1計算書方式を利用可能とすることがコンバージェンスに資すると考えられること

(3) 1計算書方式でも2計算書方式でも、包括利益の内訳として表示される内容は同様であるため、選択制にしても比較可能性を著しく損なうものではないと考えられること

37-2. 前述の単体検討会議報告書（第20-2項参照）では、包括利益を表示する計算書の名称について、IASB での検討状況も踏まえて変更を検討することが望ましいという意見があったことが触れられていた。当委員会では、この点も斟酌して計算書の名称を変更するか検討を行った。具体的には、2011年（平成23年）6月公表の改訂 IAS 第1号において、包括利益を表示する計算書が純損益とその他の包括利益という2つの構成部分からなることを明確にするため、包括利益計算書の名称を変更し、1計算書方式の場合は「純損益及びその他の包括利益計算書」に、2計算書方式の場合は、「純損益計算書」と「純損益及びその他の包括利益計算書」にしたことから、現行の名称を維持する案のほか、改訂 IAS 第1号を参考にして名称を変更する案などの比較検討を行った。また、公開草案に寄せられたコメントでは現行の名称を維持することに賛成する意見のほか、計算書の名称の選択適用という提案も示され、2012年改正会計基準の公表に向けて引き続き検討を行った。

審議の結果、改訂 IAS 第1号との整合性を図る観点や当期純損益を重視する姿勢をより明確に示す観点から名称を見直すべきという意見もあったが、2010年会計基準においては当期純損益の重要性を意識して当時の IAS 第1号での名称とは異なる名称を採用したことや現行の名称が実務で定着しつつあること、さらには改訂 IAS 第1号では他の名称を使用することも容認されていることなどを勘案し、2012年改正会計基準においては、現行の計算書の名称を維持することとした。

適用時期等

38. 2010年会計基準の公開草案では、包括利益の表示の目的は個別財務諸表にも当てはまることから、連結財務諸表と個別財務諸表の両方に同時に適用する提案をした。2010年会計基準の公開草案に寄せられたコメントでは、本会計基準の個別財務諸表への適用を最終的に判断するにあたって、2009年（平成21年）6月に企業会計審議会から公表された「我が国における国際会計基準の取扱いに関する意見書（中間報告）」において、会計基準のコンバージェンスを加速するにあたって示された連結先行の考え方に関する検討を求める意見が多く寄せられた。当委員会では、このような意見を踏まえ、「上場会社の個別財務諸表の取扱い（連結先行の考え方）に関する検討会」を設けて検討を行った。そして、同検討会での検討を踏まえて、企業会計審議会で個別財務諸表に関する全般的な議論が開始されたところである。

39. このような状況の中、当委員会では、当該審議の状況も踏まえて対応することが適切であると考え、本会計基準の個別財務諸表への適用を求めるかどうかについては、2010年会計基準の公表から1年後を目途に判断することとした。本会計基準で求めている包括利益の表示のための情報は、現行の財務諸表からも集計することが可能と考えられる。このため、財務諸表利用者の情報ニーズやコンバージェンスの加速化を重視する観点から、2011年（平成23年）3月31日以後終了する連結会計年度の年度末に係る連結財務諸表から適用することとした。また、同様の観点から、対応が可能な企業がより早期に適用することも妨げないこととした。ただし、2010年会計基準の公開草案に寄せられたコメントを踏まえ、第8項及び第9項による注記については、組替調整額等の注記のためのデータが現行の財務諸表の作成過程において必ずしも作成されていないと考えられることから、さらに1年間の準備期間を設け、2012年（平成24年）3月31日以後終了する連結会計年度の年度末に係る連結財務諸表から適用することとした。

39-2. 当委員会では、2012年改正会計基準の検討にあたり、2011年（平成23年）4月に公表された単体検討会議報告書の内容を十分に斟酌しつつ審議を進めた。当該報告書では、個別財務諸表での取扱いに関する複数の方向性の考え方が示されたが、包括利益は組替調整（リサイクリング）や利益概念と密接に関係するものであり、IFRSでは当期純利益の内容が変質してきている可能性があるので、これらの点を整理することなく、個別財務諸表で包括利益を表示することは時期尚早であるなど、当面、個別財務諸表本表において包括利益の表示を行うべきでないという意見が多くみられた。

39-3. 当委員会の審議では、当該報告書で示された考え方と同様に、個別財務諸表への適用について強い懸念が示されている状況などを勘案して、当面は現状を維持し、個別財務諸表での包括利益の表示は行わないこととする意見が多く出された。一方、包括利益の表示は、当期純利益の計算方法を変更するものではなく、連結財務諸表と同様に、貸借対照表との連携やリスク変動情報の充実を図る観点から、個別財務諸表での包括利益の表示は有用であるという意見もあった。

また、審議の過程では、財務諸表利用者の情報ニーズ等の観点から、個別財務諸表で任意に包括利益を表示することを認める案や、個別財務諸表において包括利益情報の注記を求める案の検討も行われた。

そして、2012年改正会計基準の公開草案においては、個別財務諸表への適用に関して市場関係者の意見が大きく分かれている状況や、個別財務諸表の包括利益に係る主な情報は現行の株主資本等変動計算書から入手可能でもあること等を総合的に勘案し、当面の間、本会計基準を個別財務諸表に適用しないことを提案した。

39-4. 公開草案に寄せられたコメントでは、公開草案の内容に賛成する意見だけではなく、個別財務諸表にも包括利益を表示すべきであるという意見なども寄せられ、2012年改正会計基準の公表に向けて引き続き検討を行った。審議の

結果、公開草案公表時と同様の理由から、当面の間、本会計基準を個別財務諸表に適用しないこととした（第16-2項参照）。

40．2009年（平成21年）12月に公表された企業会計基準第24号により、2011年（平成23年）4月1日以後に表示方法の変更を行った場合には、過去の期間の財務諸表の組替えが求められている。

第12項に従った包括利益の表示の適用初年度においては、企業会計基準第24号は適用されないが、比較可能性の確保の観点から、その直前の年度における包括利益及びその他の包括利益の内訳項目の金額を注記することとした（第12項参照）。

一方、第8項及び第9項による注記について、2012年（平成24年）3月31日以後終了する連結会計年度の年度末に係る連結財務諸表から適用する場合には、原則として、企業会計基準第24号が適用されることとなる。しかし、前項のとおり、組替調整額等の注記のためのデータが現行の財務諸表の作成過程において必ずしも作成されていないと考えられることから、第13項の適用初年度においては財務諸表の組替えは行わず、その直前の年度における第8項及び第9項の注記は求めないこととした（第13項参照）。

41．第11項で認めている2つの表示方法のうち1計算書方式を採用する場合には、従来の損益計算書の内容は、損益及び包括利益計算書の一部となる。このため、連結財務諸表上は、これまでに公表されている会計基準等で使用されている「損益計算書」の用語は、「連結損益計算書又は連結損益及び包括利益計算書」と読み替えることとしている。なお、本会計基準は、法令等で使用されている損益計算書の呼称の変更を求めることを必ずしも意図したものではない。

42．また、本会計基準は、当面の間、個別財務諸表には適用しないことから、連結財務諸表上は、これまでに公表されている会計基準等で使用されている純資産の部の「評価・換算差額等」という用語は、「その他の包括利益累計額」と読み替え、当該会計基準等で定められている評価・換算差額等の取扱いは本会計基準が優先するものとしている。

42-2．2012年改正会計基準は、現行の取扱いを維持するものであるため、公表日以後に適用することとした（第16-3項参照）。

43．（削　除）

1．設　例

以下の設例は、本会計基準で示された内容についての理解を深めるために参考として示されたものであり、前提条件の記載内容は、経済環境や各企業の実情等に応じて異なることに留意する必要がある。（以下、設例の単位は百万円とする。）

［設例1］　親会社がその他有価証券の一部を売却した場合

1．前提条件

(1)　P社はS1社株式の70％を保有し、S1社を連結子会社としている。

(2)　P社及びS1社の法定実効税率は40％である。

(3)　P社はその他有価証券としてA社株式及びB社株式を保有しており、X1年3月期にA社株式（取得原価1,000）をすべて売却した。A社株式の期首の評価益は300であったが、売却時までに評価益は200減少し、投資有価証券売却益は100であった。S1社はその他有価証券を保有していない。なお、P社が保有するその他有価証券残高の増減内訳及び評価損益の増減内訳は次のとおりである。（ここでは理解を深めるため、評価損益の増減内訳を銘柄別に作成している。）

[その他有価証券残高の増減内訳]

	X0/3/31	売却による減少	当期購入額	X1/3/31
取得原価	11,000	△1,000	－	10,000
時　価	12,500			12,000

[その他有価証券の評価損益の増減内訳]

	X0/3/31	売却による組替調整額	当期発生額（差額）	X1/3/31
評価損益－A社株式	300	△100	△200	－
評価損益－B社株式	1,200	－	800	2,000
合　計	1,500	(＊1)△100	(＊2)600	2,000
法人税等及び税効果額	600	△40	240	800
法人税等及び税効果調整後評価損益	900	△60	360	1,200

（＊1）　△100は、投資有価証券売却益100の計上による減少

（＊2）　600＝期末その他有価証券評価差額金（法人税等及び税効果考慮前）2,000－期首その他有価証券評価差額金戻入額（法人税等及び税効果考慮前）1,500－売却による組替調整額△100（法人税等及び税効果考慮前）

[会計処理]

① X0年3月31日

　A社株式及びB社株式の評価損益を計上

その他有価証券	1,500	その他有価証券評価差額金	1,500
その他有価証券評価差額金	600	繰延税金負債	600

② X0年4月1日（期首）

　A社株式及びB社株式の評価損益を振戻し

その他有価証券評価差額金	1,500	その他有価証券	1,500
繰延税金負債	600	その他有価証券評価差額金	600

③ A社株式の売却時

現　金	1,100	その他有価証券	1,000
		投資有価証券売却益	100

④ X1年3月31日（期末）

　B社株式の評価損益を計上

その他有価証券	2,000	その他有価証券評価差額金	2,000
その他有価証券評価差額金	800	繰延税金負債	800

(4) P社の連結貸借対照表、連結損益計算書、連結株主資本等変動計算書の抜粋は次のとおりである。

① 連結貸借対照表（抜粋）

	X0/3/31	X1/3/31
Ⅰ　株主資本		
1　資本金	11,000	11,000
2　利益剰余金	5,000	6,660
Ⅱ　その他の包括利益累計額		
1　その他有価証券評価差額金	900	1,200
Ⅲ　非支配株主持分	1,980	2,180

② 連結損益計算書（抜粋）　X0/4/1からX1/3/31

売上高	40,000
税金等調整前当期純利益	4,560
法人税等	1,700
当期純利益	2,860
非支配株主に帰属する当期純利益	200
親会社株主に帰属する当期純利益	2,660

③ 連結株主資本等変動計算書（抜粋）

X0/4/1から X1/3/31

	株主資本		その他の包括利益累計額	非支配株主持分
	資本金	利益剰余金	その他有価証券評価差額金	
当期首残高(注)	11,000	5,000	900	1,980
剰余金の配当		△1,000		
親会社株主に帰属する当期純利益		2,660		
株主資本以外の項目の当期変動額（純額）			（＊3）300	200
当期末残高	11,000	6,660	1,200	2,180

(注) 2010年（平成22年）に改正された企業会計基準第6号「株主資本等変動計算書に関する会計基準」の適用を前提としている。以下の設例においても同様。

（＊3） その他有価証券の評価損益の増減内訳（1．前提条件(3)参照）の法人税等及び税効果調整後評価損益欄の当期発生額（差額）360＋売却による組替調整額△60＝300

2．連結包括利益計算書の作成

ここでは、2計算書方式により連結包括利益計算書を作成する場合の例を示している。なお、その他の包括利益の内訳項目は法人税等及び税効果調整後の金額で表示する場合の例である。

連結包括利益計算書	X0/4/1から X1/3/31
当期純利益	2,860
その他の包括利益：	
その他有価証券評価差額金	300（＊4）
包括利益	3,160
（内訳）	
親会社株主に係る包括利益	2,960（＊5）
非支配株主に係る包括利益	200

（＊4） 本設例では、その他有価証券を保有しているのはP社のみであるため、連結株主資本等変動計算書の株主資本以外の項目の当期変動額（純額）のその他有価証券評価差額金300（1．前提条件(4)③参照）と一致する。なお、その他有価証券の評価損益の増減内訳のうち法人税等及び税効果調整後評価損益の期首残高900と期末残高1,200の差額300にも一致する（1．前提条件(3)参照）。

（＊5） 親会社株主に帰属する当期純利益2,660と連結株主資本等変動計算書の株主資本以外の項目の当期変動額（純額）のその他有価証券評価差額金300（1．前提条件(4)③参照）との合計2,960と一致する。

3．その他の包括利益の内訳の注記例（連結）

ここでは、組替調整額と法人税等及び税効果を併せて開示する場合の例を示している。

その他有価証券評価差額金：	
当期発生額	600（＊6）
組替調整額	△100（＊7）
法人税等及び税効果調整前	500
法人税等及び税効果額	△200（＊8）
その他の包括利益合計	300

（＊6） 当期発生した評価損益（1．前提条件(3) その他有価証券の評価損益の増減内訳のうち当期発生額（差額）の合計欄参照）

（＊7） 組替調整額（1．前提条件(3) その他有価証券の評価損益の増減内訳のうち売却による組替調整額の合計欄参照）

（＊8） その他有価証券評価差額金の当期変動額に係る法人税等及び税効果額200（＝△40＋240）（1．前提条件(3) その他有価証券の評価損益の増減内訳のうち法人税等及び税効果額欄参照）

会計諸基準

［設例２］　親会社及び子会社がその他有価証券の一部を売却した場合

1．前提条件

(1)　P社はS1社株式の70％を保有し、S1社を連結子会社としている。

(2)　P社及びS1社の法定実効税率は40％である。

(3)　P社はX1年3月期において、その他有価証券のうち、A社株式を売却したことにより、投資有価証券売却益150を計上している。また、その他有価証券のうち、B社株式について減損損失（投資有価証券評価損）50を計上している。なお、P社が保有するその他有価証券残高の増減内訳及び評価損益の増減内訳は次のとおりである。

［その他有価証券残高の増減内訳］

	X0/3/31	売却等による減少	当期購入額	X1/3/31
取得原価	11,000	△1,500	500	10,000
時　価	12,500			12,000

［その他有価証券の評価損益の増減内訳］

	X0/3/31	売却等による組替調整額	当期発生額（差額）	X1/3/31
評価損益	1,500	(＊1)△100	(＊2)600	2,000
法人税等及び税効果額	600	△40	240	800
法人税等及び税効果調整後評価損益	900	△60	360	1,200

（＊1）　△100＝投資有価証券評価損50－投資有価証券売却益150

（＊2）　600＝期末評価損益2,000－期首評価損益1,500－売却等による組替調整額△100

(4)　S1社はX1年3月期において、その他有価証券のうち、C社株式を売却し、投資有価証券売却益50を計上している。なお、P社がS1社を子会社としたときの時価と簿価は一致しており、S1社が保有するその他有価証券残高の増減内訳及び評価損益の増減内訳は次のとおりである。

［その他有価証券残高の増減内訳］

	X0/3/31	売却等による減少	当期購入額	X1/3/31
取得原価	5,000	△500	－	4,500
時　価	5,500			4,750

［その他有価証券の評価損益の増減内訳］

	X0/3/31	売却等による組替調整額	当期発生額（差額）	X1/3/31
評価損益	500	(＊3)△50	(＊4)200	250
法人税等及び税効果額	200	△20	△80	100
法人税等及び税効果調整後評価損益	300	△30	△120	150
うち親会社持分（70％）	210	△21	△84	105

（＊3）　△50は、投資有価証券売却益50の計上による減少

（＊4）　△200＝期末評価損益250－期首評価損益500－売却等による組替調整額△50

(5) P社において繰延ヘッジ損益60（法人税等及び税効果調整前100）が当期に発生している。

(6) P社の連結貸借対照表、連結損益計算書及び連結株主資本等変動計算書の抜粋、並びに株主資本以外の項目の当期変動額の内訳は次のとおりである。

① 連結貸借対照表（抜粋）

	X0/3/31	X1/3/31
Ⅰ 株主資本		
1 資本金	11,000	11,000
2 利益剰余金	5,000	6,560
Ⅱ その他の包括利益累計額		
1 その他有価証券評価差額金	1,110	1,305（＊5）
2 繰延ヘッジ損益		60
Ⅲ 非支配株主持分	1,980	2,235

(＊5) 期末のその他有価証券の法人税等及び税効果調整後評価損益1,305（＝P社1,200＋S1社105（親会社持分））と一致する（(3)(4)参照）。

② 連結損益計算書（抜粋）　X0/4/1からX1/3/31

売上高	40,000

税金等調整前当期純利益	4,560
法人税等	1,700
当期純利益	2,860
非支配株主に帰属する当期純利益	300
親会社株主に帰属する当期純利益	2,560

③ 連結株主資本等変動計算書（抜粋）

X0/4/1からX1/3/31

	株主資本		その他の包括利益累計額		非支配株主持分
	資本金	利益剰余金	その他有価証券評価差額金	繰延ヘッジ損益	
当期首残高	11,000	5,000	1,110	－	1,980
剰余金の配当		△1,000			
親会社株主に帰属する当期純利益		2,560			
株主資本以外の項目の当期変動額（純額）			（＊6）195	（＊6）60	255
当期末残高	11,000	6,560	1,305	60	2,235

(＊6) 親会社株主に帰属する部分（④参照）

④ 株主資本以外の項目の当期変動額の内訳

	売却等による組替調整額		当期発生額（差額）		小　計	非支配株主に帰属する当期純利益	合　計
	（P社）	（S1社）	（P社）	（S1社）			
その他有価証券評価差額金	△60	△21	360	△84	195		195
非支配株主持分		△9		△36	△45	300	255
繰延ヘッジ損益			60		60		60
合　計	△60	△30	420	△120	210	300	510

2．連結包括利益計算書の作成

　ここでは、2計算書方式により連結包括利益計算書を作成する場合の例を示している。なお、その他の包括利益の内訳項目は法人税等及び税効果調整後の金額で表示する場合の例である。

連結包括利益計算書	X0/4/1から X1/3/31
当期純利益	2,860
その他の包括利益：	
その他有価証券評価差額金	150（＊7）
繰延ヘッジ損益	60（＊8）
その他の包括利益合計	210
包括利益	3,070
（内訳）	
親会社株主に係る包括利益	2,815（＊9）
非支配株主に係る包括利益	255（＊10）

（＊7）　株主資本以外の項目の当期変動額の内訳のその他有価証券評価差額金欄の195（1．前提条件(6)④の小計参照）と非支配株主持分欄の△45（1．前提条件(6)④の小計参照）の合計150と一致する。なお、その他有価証券の法人税等及び税効果調整後評価損益のP社及びS1社の期首残高の合計1,200（＝P社900＋S1社300）と期末残高の合計1,350（＝P社1,200＋S1社150）の差額150にも一致する（1．前提条件(3)(4)参照）。

（＊8）　株主資本以外の項目の当期変動額の内訳の繰延ヘッジ損益欄の60（1．前提条件(6)④の小計参照）と一致する。

（＊9）　親会社株主に帰属する当期純利益2,560と株主資本以外の項目の当期変動額の内訳のその他有価証券評価差額金及び繰延ヘッジ損益の合算額255（＝195＋60）（1．前提条件(6)④の小計を参照）との合計2,815と一致する。

（＊10）　株主資本以外の項目の当期変動額の内訳の非支配株主持分255（1．前提条件(6)④の合計参照）と一致する。

3．その他の包括利益の内訳の注記例（連結）

　ここでは、組替調整額と法人税等及び税効果を別個に開示する場合の例を示している。

（1）組替調整額の開示（連結）

その他有価証券評価差額金：

当期発生額	400（＊11）	
組替調整額	△150（＊12）	250

繰延ヘッジ損益：

当期発生額	100（＊13）	100

法人税等及び税効果調整前合計		350
法人税等及び税効果額		△140（＊14）
その他の包括利益合計		210

（＊11）　400＝P社600＋S1社△200（1．前提条件(3)(4)評価損益の増減内訳の当期発生額（差額）欄参照）

（＊12）　△150＝P社△100＋S1社△50（1．前提条件(3)(4)評価損益の増減内訳の売却等による組替調整額欄参照）

（＊13）　1．前提条件(5)参照

（＊14）　△140は、その他有価証券評価差額金の当期変動額に係る法人税等及び税効果額100（下記（＊15）参照）と繰延ヘッジ損益の当期変動額に係る法人税等及び税効果額40（＝100－60）（1．前提条件(5)参照）の合計

（2）税効果の開示（連結）

	法人税等及び税効果調整前	税効果額	法人税等及び税効果調整後
その他有価証券評価差額金	250	△100（＊15）	150
繰延ヘッジ損益	100	△40	60
その他の包括利益合計	350	△140	210

（＊15）　△100は、その他有価証券評価差額金の当期変動額に係る法人税等及び税効果額P社分200（＝800－600）とS社分△100（＝100－200）の合計（1．前提条件(3)(4)参照）

［設例3］　連結上、持分法適用関連会社に対して投資を有している場合

1．前提条件

（1）　［設例2］の前提条件（連結貸借対照表及び連結株主資本等変動計算書を一部修正して(3)としている。）に加えて、P社はS2社株式の20％を保有しており、S2社を関連会社として持分法を適用していたとする。

（2）　持分法適用後、S2社は、その他有価証券を取得しており、その他有価証券評価差額金（法人税等及び税効果調整後）の増減内訳は次のとおりである。

	X0/3/31	売却等による組替調整額	当期発生額（差額）	X1/3/31
その他有価証券評価差額金（法人税等及び税効果調整後）	800	－	300	1,100
うちP社持分（20%）	160	－	60	220

(3) P社の連結貸借対照表、連結損益計算書及び連結株主資本等変動計算書の抜粋は次のとおりである。

① 連結貸借対照表　　X0/3/31　　X1/3/31
　　（抜粋）

Ⅰ　株主資本
　1　資本金　　　　11,000　　11,000
　2　利益剰余金　　 5,000　　 6,560
Ⅱ　その他の包括
　　利益累計額
　1　その他有価証券　1,270(＊1)　1,525(＊2)
　　　評価差額金
　2　繰延ヘッジ損益　　　　　　　　60
Ⅲ　非支配株主持分　 1,980　　 2,235

　(＊1)　S2社株式について持分法を適用しているため、［設例2］の1,110と持分法により計上されたP社持分160（＝800×20%）との合計になる。
　(＊2)　(＊1)と同様に、［設例2］の1,305と持分法

により計上されたP社持分220（＝1,100×20%）との合計になる。このため、その他の包括利益は、［設例2］と比べて60（＝220－160）増加することになり、持分法適用会社に対する持分相当額として連結損益及び包括利益計算書に区分表示されることになる。

② 連結損益計算書　　　X0/4/1からX1/3/31
　　（抜粋）

売上高	40,000

税金等調整前当期純利益	4,560
法人税等	1,700
当期純利益	2,860
非支配株主に帰属する当期純利益	300
親会社株主に帰属する当期純利益	2,560

③ 連結株主資本等変動計算書（抜粋）

X0/4/1からX1/3/31

	株主資本		その他の包括利益累計額		非支配株主持分
	資本金	利益剰余金	その他有価証券評価差額金	繰延ヘッジ損益	
当期首残高	11,000	5,000	1,270	－	1,980
剰余金の配当		△1,000			
親会社株主に帰属する当期純利益		2,560			
株主資本以外の項目の当期変動額（純額）			(＊3)255	60	255
当期末残高	11,000	6,560	1,525	60	2,235

　(＊3)　255＝195（［設例2］参照）＋60（持分法適用会社に係る部分）

2．連結損益及び包括利益計算書の作成

　ここでは、1計算書方式により連結損益及び包括利益計算書を作成する場合の例を示している。なお、その他の包括利益の内訳項目は持分法適用会社に対する持分相当額を除き、法人税等及び税効果を控除する前の金額で表示する場合の例である。

連結損益及び包括利益計算書（X0/4/1からX1/3/31）

売上高	40,000

税金等調整前当期純利益	4,560
法人税等	1,700
当期純利益	2,860

(内訳)

親会社株主に帰属する当期純利益	2,560
非支配株主に帰属する当期純利益	300

その他の包括利益：

その他有価証券評価差額金	250（＊4）
繰延ヘッジ損益	100（＊4）
持分法適用会社に対する持分相当額	60（＊5）
その他の包括利益に関する法人税等及び税効果額	△140（＊4）
その他の包括利益合計	270
包括利益	3,130

(内訳)

親会社株主に係る包括利益	2,875（＊6）
非支配株主に係る包括利益	255

（＊4）　法人税等及び税効果を控除する前の金額及び法人税等及び税効果額については、［設例2］の3．その他の包括利益の内訳の注記例（連結）の(2)法人税等及び税効果の開示（連結）を参照

（＊5）　持分法適用会社の有価証券評価差額金（法人税等及び税効果調整後）の当期発生額（差額）のうちP社持分に係る部分（1．前提条件(2)参照）

（＊6）　親会社株主に帰属する当期純利益2,560と連結株主資本等変動計算書のその他有価証券評価差額金及び繰延ヘッジ損益の株主資本以外の項目の当期変動額（純額）欄315（＝255＋60）（1．前提条件(3)③参照）との合計2,875と一致する。

3．その他の包括利益の内訳の注記例（連結）

ここでは、組替調整額と法人税等及び税効果を併せて開示する場合の例を示している。その他有価証券評価差額金及び繰延ヘッジ損益については、［設例2］の3参照。

その他有価証券評価差額金：

当期発生額	400
組替調整額	△150
法人税等及び税効果調整前	250
法人税等及び税効果額	△100
その他有価証券評価差額金	150

繰延ヘッジ損益：

当期発生額	100
法人税等及び税効果額	△40
繰延ヘッジ損益	60

持分法適用会社に対する持分相当額：

当期発生額	60
その他の包括利益合計	270

［設例4］　ヘッジ会計により組替調整額等が生じた場合

1．前提条件

［設例2］の1．前提条件(5)に替えて以下の前提条件とする。その他の前提条件は［設例2］と同様とする。

P社は、相場変動リスクのヘッジと、予定取引のヘッジを行っている。X1年3月期において、相場変動リスクのヘッジでは、ヘッジ対象の損益認識時に繰延ヘッジ損益の合計額60（法人税等及び税効果調整前100）を損益へ計上している。予定取引のヘッジでは、繰延ヘッジ損益の合計額30（法人税等及び税効果調整前50）をX1年3月期に購入した資産の取得原価から減算している。

また、相場変動リスクのヘッジと予定取引のヘッジの繰延ヘッジ損益の当期の変動額合計は60（法人税等及び税効果調整前100）、当期発生額は150（法人税等及び税効果調整前250）である。繰延ヘッジ損益の増減内訳は次のとおりである。

	X0/3/31	ヘッジ会計による組替調整額	資産の取得原価調整額	当期発生額（差額）	X1/3/31
繰延ヘッジ損益	－	△100	△50	250	100
法人税等及び税効果額	－	△40	△20	100	40
法人税等及び税効果調整後繰延ヘッジ損益	－	△60	△30	150	60

２．連結包括利益計算書の作成

ここでは、２計算書方式により連結包括利益計算書を作成する場合の例を示している。なお、その他の包括利益の内訳項目は法人税等及び税効果調整後の金額で表示する場合の例である。

連結包括利益計算書	X0/4/1から X1/3/31
当期純利益	2,860
その他の包括利益：	
その他有価証券評価差額金	150
繰延ヘッジ損益	60（＊１）
その他の包括利益合計	210
包括利益	3,070

（内訳）	
親会社株主に係る包括利益	2,815（＊２）
非支配株主に係る包括利益	255

（＊１）　繰延ヘッジ損益の当期変動額
（＊２）　親会社株主に帰属する当期純利益［設例２］2,560と連結株主資本等変動計算書のその他有価証券評価差額金の当期変動額［設例２］195、繰延ヘッジ損益の当期変動額（１．前提条件）60の合計2,815と一致する。

３．その他の包括利益の内訳の注記例（連結）

ここでは、組替調整額と法人税等及び税効果を併せて開示する場合の例を示している。その他有価証券評価差額金については、［設例２］の３参照。

その他有価証券評価差額金：	
当期発生額	400
組替調整額	△150
法人税等及び税効果調整前	250
法人税等及び税効果	△100
その他有価証券評価差額金	150
繰延ヘッジ損益：	
当期発生額	250（＊３）

組替調整額	△100（＊４）
資産の取得原価調整額	△50（＊５）
法人税等及び税効果調整前	100
法人税等及び税効果	△40（＊６）
繰延ヘッジ損益	60
その他の包括利益合計	210

（＊３）　１．前提条件の繰延ヘッジ損益の当期発生額（差額）欄（法人税等及び税効果調整前）参照
（＊４）　１．前提条件の相場変動リスクのヘッジ会計による組替調整額欄（法人税等及び税効果調整前）参照
（＊５）　１．前提条件の予定取引のヘッジに係る資産の取得原価調整額欄（法人税等及び税効果調整前）参照
（＊６）　１．前提条件の法人税等及び税効果額欄参照

［設例５］　在外子会社株式の売却により組替調整額が生じた場合

１．前提条件

［設例２］の前提条件に加えて、連結財務諸表上、Ｐ社は、複数の在外子会社（100％子会社）について為替換算調整勘定を計上している。このうち、Ｓ３社株式をX1年３月期に売却し、為替換算調整勘定100を子会社株式売却益に計上した（日本公認会計士協会　会計制度委員会報告第４号「外貨建取引等の会計処理に関する実務指針」参照）。なお、X0年３月期末において当該売却取引の意思が明確であったことから、為替換算調整勘定に係る繰延税金負債40を計上していた（企業会計基準適用指針第28号「税効果会計に係る会計基準の適用指針」第27項）。

また、為替換算調整勘定の増減内訳は次のとおりであり、法人税等及び税効果調整後の当期の変動額は140（＝300－160）、法人税等及び税効果調整前の当期の変動額は100（＝300－200）である。

	X0/3/31	在外子会社株式売却による組替調整額	当期発生額 （差額）	X1/3/31
為替換算調整勘定	200	△100	200	300
法人税等及び税効果額	40	△40	－	－
法人税等及び税効果調整後為替換算調整勘定	160	△60	200	300

２．連結包括利益計算書の作成

　ここでは、２計算書方式により連結包括利益計算書を作成する場合の例を示している。なお、その他の包括利益の内訳項目は法人税等及び税効果調整後の金額で表示する場合の例である。

連結包括利益計算書	X0/4/1から X1/3/31
当期純利益	2,860
その他の包括利益：	
その他有価証券評価差額金	150
繰延ヘッジ損益	60
為替換算調整勘定	140（＊１）
その他の包括利益合計	350
包括利益	3,210
（内訳）	
親会社株主に係る包括利益	2,955（＊２）
非支配株主に係る包括利益	255

（＊１）　為替換算調整勘定の当期変動額（法人税等及び税効果調整後）

（＊２）　親会社株主に帰属する当期純利益［設例２］2,560と連結株主資本等変動計算書のその他有価証券評価差額金の当期変動額［設例２］195、繰延ヘッジ損益の当期変動額［設例２］60、為替換算調整勘定の当期変動額（１．前提条件）140との合計2,955と一致する。

３．その他の包括利益の内訳の注記例（連結）

　ここでは、組替調整額と法人税等及び税効果を併せて開示する場合の例を示している。その他有価証券評価差額金及び繰延ヘッジ損益については、［設例２］の３参照。

その他有価証券評価差額金：	
当期発生額	400
組替調整額	△150
法人税等及び税効果調整前	250
法人税等及び税効果	△100
その他有価証券評価差額金	150
繰延ヘッジ損益：	
当期発生額	100
法人税等及び税効果額	△40
繰延ヘッジ損益	60
為替換算調整勘定：	
当期発生額	200（＊３）
組替調整額	△100（＊４）
法人税等及び税効果調整前	100
法人税等及び税効果額	40（＊５）
為替換算調整勘定	140
その他の包括利益合計	350

（＊３）　１．前提条件の為替換算調整勘定の当期発生額（差額）欄（法人税等及び税効果調整前）参照

（＊４）　１．前提条件の在外子会社株式売却による組替調整額欄（法人税等及び税効果調整前）参照

（＊５）　40＝－為替換算調整勘定の当期変動額に係る法人税等及び税効果額△40（１．前提条件の法人税等及び税効果額欄参照）

２．包括利益の表示例

　以下の表示例は、本会計基準で示された内容についての理解を深めるために参考として示されたものであり、記載内容は、経済環境や各企業の実情等に応じて異なることに留意する必要がある。（以下、表示例の単位は百万円とする。）

連結財務諸表における表示例

【2計算書方式】		【1計算書方式】	
＜連結損益計算書＞		＜連結損益及び包括利益計算書＞	
売上高	10,000	売上高	10,000

税金等調整前当期純利益	2,200	税金等調整前当期純利益	2,200
法人税等	900	法人税等	900
当期純利益	1,300	当期純利益	1,300
非支配株主に帰属する当期純利益	300	（内訳）	
親会社株主に帰属する当期純利益	1,000	親会社株主に帰属する当期純利益	1,000
		非支配株主に帰属する当期純利益	300
＜連結包括利益計算書＞			
当期純利益	1,300		
その他の包括利益：		その他の包括利益：	
その他有価証券評価差額金	530	その他有価証券評価差額金	530
繰延ヘッジ損益	300	繰延ヘッジ損益	300
為替換算調整勘定	△180	為替換算調整勘定	△180
持分法適用会社に対する持分相当額	50	持分法適用会社に対する持分相当額	50
その他の包括利益合計	700	その他の包括利益合計	700
包括利益	2,000	包括利益	2,000
（内訳）		（内訳）	
親会社株主に係る包括利益	1,600	親会社株主に係る包括利益	1,600
非支配株主に係る包括利益	400	非支配株主に係る包括利益	400

2022年改正会計基準の公表による他の会計基準等についての修正

　2022年改正会計基準により、当委員会が公表した会計基準等については、次の修正を行う（下線は追加部分、取消線は削除部分を示す。）。

(1)～(7)　（略）

以　上

企業会計基準第26号

退職給付に関する会計基準

平成 10 年 6 月 16 日
企業会計審議会
改正平成 24 年 5 月 17 日
最終改正平成 28 年 12 月 16 日
企業会計基準委員会

本会計基準は、2022年10月28日までに公表された次の会計基準等による修正が反映されている。

・企業会計基準第10号「金融商品に関する会計基準」（2019年 7 月 4 日改正）
・企業会計基準第24号「会計方針の開示、会計上の変更及び誤謬の訂正に関する会計基準」（2020年 3 月31日改正）
・企業会計基準第25号「包括利益の表示に関する会計基準」（2022年10月28日改正）

目 次

目 的

1 ．本会計基準は、退職給付に関する会計処理及び開示を定めることを目的とする。
2 ．本会計基準の適用にあたっては、企業会計基準適用指針第 1 号「退職給付制度間の移行等に関する会計処理」及び企業会計基準適用指針第25号「退職給付に関する会計基準の適用指針」も参照する必要がある。

会計基準

範 囲

3 ．本会計基準は、一定の期間にわたり労働を提

供したこと等の事由に基づいて、退職以後に支給される給付（退職給付）の会計処理に適用する。

　ただし、株主総会の決議又は指名委員会等設置会社における報酬委員会の決定が必要となる、取締役、会計参与、監査役及び執行役（以下合わせて「役員」という。）の退職慰労金については、本会計基準の適用範囲には含めない。

用語の定義

4．「確定拠出制度」とは、一定の掛金を外部に積み立て、事業主である企業が、当該掛金以外に退職給付に係る追加的な拠出義務を負わない退職給付制度をいう。

5．「確定給付制度」とは、確定拠出制度以外の退職給付制度をいう。

6．「退職給付債務」とは、退職給付のうち、認識時点までに発生していると認められる部分を割り引いたものをいう。

7．「年金資産」とは、特定の退職給付制度のために、その制度について企業と従業員との契約（退職金規程等）等に基づき積み立てられた、次のすべてを満たす特定の資産をいう。

　(1)　退職給付以外に使用できないこと

　(2)　事業主及び事業主の債権者から法的に分離されていること

　(3)　積立超過分を除き、事業主への返還、事業主からの解約・目的外の払出し等が禁止されていること

　(4)　資産を事業主の資産と交換できないこと

8．「勤務費用」とは、1期間の労働の対価として発生したと認められる退職給付をいう。

9．「利息費用」とは、割引計算により算定された期首時点における退職給付債務について、期末までの時の経過により発生する計算上の利息をいう。

10．「期待運用収益」とは、年金資産の運用により生じると合理的に期待される計算上の収益をいう。

11．「数理計算上の差異」とは、年金資産の期待運用収益と実際の運用成果との差異、退職給付債務の数理計算に用いた見積数値と実績との差異及び見積数値の変更等により発生した差異をいう。なお、このうち当期純利益を構成する項目として費用処理（費用の減額処理又は費用を超過して減額した場合の利益処理を含む。以下同じ。）されていないものを「未認識数理計算上の差異」という（第24項参照）。

12．「過去勤務費用」とは、退職給付水準の改訂等に起因して発生した退職給付債務の増加又は減少部分をいう。なお、このうち当期純利益を構成する項目として費用処理されていないものを「未認識過去勤務費用」という（第25項参照）。

確定給付制度の会計処理

貸借対照表

13．退職給付債務（第16項参照）から年金資産の額（第22項参照）を控除した額（以下「積立状況を示す額」という。）を負債として計上する。

　ただし、年金資産の額が退職給付債務を超える場合には、資産として計上する(注1)。

損益計算書及び包括利益計算書（又は損益及び包括利益計算書）

14．次の項目の当期に係る額は、退職給付費用として、当期純利益を構成する項目に含めて計上する(注2)。

　(1)　勤務費用（第17項参照）

　(2)　利息費用（第21項参照）

　(3)　期待運用収益（第23項参照）

　(4)　数理計算上の差異に係る当期の費用処理額（第24項参照）

　(5)　過去勤務費用に係る当期の費用処理額（第25項参照）

15．数理計算上の差異の当期発生額及び過去勤務費用の当期発生額のうち、費用処理されない部分（未認識数理計算上の差異及び未認識過去勤務費用となる。）については、その他の包括利益に含めて計上する。その他の包括利益累計額に計上されている未認識数理計算上の差異及び未認識過去勤務費用のうち、当期に費用処理された部分については、その他の包括利益の調整（組替調整）を行う（第24項また書き及び第25

項また書き参照）。

（注1）　複数の退職給付制度を採用している場合において、1つの退職給付制度に係る年金資産が当該退職給付制度に係る退職給付債務を超えるときは、当該年金資産の超過額を他の退職給付制度に係る退職給付債務から控除してはならない。

（注2）　臨時に支給される退職給付であってあらかじめ予測できないもの及び退職給付債務の計算にあたって考慮されていたもの以外の退職給付の支給については、支払時の退職給付費用として処理する。

退職給付債務及び勤務費用

（退職給付債務の計算）

16．退職給付債務は、退職により見込まれる退職給付の総額（以下「退職給付見込額」という。）のうち、期末までに発生していると認められる額を割り引いて計算する(注3)。

（勤務費用の計算）

17．勤務費用は、退職給付見込額のうち当期に発生したと認められる額を割り引いて計算する(注4)。

（退職給付見込額の見積り）

18．退職給付見込額は、合理的に見込まれる退職給付の変動要因を考慮して見積る(注5)。

（退職給付見込額の期間帰属）

19．退職給付見込額のうち期末までに発生したと認められる額は、次のいずれかの方法を選択適用して計算する。この場合、いったん採用した方法は、原則として、継続して適用しなければならない。

(1)　退職給付見込額について全勤務期間で除した額を各期の発生額とする方法（以下「期間定額基準」という。）

(2)　退職給付制度の給付算定式に従って各勤務期間に帰属させた給付に基づき見積った額を、退職給付見込額の各期の発生額とする方法（以下「給付算定式基準」という。）

　　なお、この方法による場合、勤務期間の後期における給付算定式に従った給付が、初期よりも著しく高い水準となるときには、当該

期間の給付が均等に生じるとみなして補正した給付算定式に従わなければならない。

（割引率）

20．退職給付債務の計算における割引率は、安全性の高い債券の利回りを基礎として決定する(注6)。

21．利息費用は、期首の退職給付債務に割引率を乗じて計算する。

（注3）　退職給付債務は、原則として個々の従業員ごとに計算する。ただし、勤続年数、残存勤務期間、退職給付見込額等について標準的な数値を用いて加重平均等により合理的な計算ができると認められる場合には、当該合理的な計算方法を用いることができる。

（注4）　従業員からの拠出がある企業年金制度を採用している場合には、勤務費用の計算にあたり、従業員からの拠出額を勤務費用から差し引く。

（注5）　退職給付見込額の見積りにおいて合理的に見込まれる退職給付の変動要因には、予想される昇給等が含まれる。また、臨時に支給される退職給付等であってあらかじめ予測できないものは、退職給付見込額に含まれない。

（注6）　割引率の基礎とする安全性の高い債券の利回りとは、期末における国債、政府機関債及び優良社債の利回りをいう。

年金資産

22．年金資産の額は、期末における時価（公正な評価額をいう。ただし、金融商品については、算定日において市場参加者間で秩序ある取引が行われると想定した場合の、当該取引における資産の売却によって受け取る価格（企業会計基準第10号「金融商品に関する会計基準」第6項）とする。）により計算する。

23．期待運用収益は、期首の年金資産の額に合理的に期待される収益率（長期期待運用収益率）を乗じて計算する。

数理計算上の差異

24．数理計算上の差異は、原則として各期の発生

額について、予想される退職時から現在までの平均的な期間（以下「平均残存勤務期間」という。）以内の一定の年数で按分した額を毎期費用処理する(注7)(注8)。

また、当期に発生した未認識数理計算上の差異は、これらに関する、法人税その他利益に関連する金額を課税標準とする税金（以下「法人税等」という。）及び税効果を調整の上、その他の包括利益を通じて純資産の部に計上する（本会計基準第27項参照）。なお、未認識数理計算上の差異に係る法人税等は、企業会計基準第27号「法人税、住民税及び事業税等に関する会計基準」（以下「法人税等会計基準」という。）第5-3項(2)の対象となる（法人税等会計基準第29-6項及び第29-7項）。

> **(注7)** 数理計算上の差異については、未認識数理計算上の差異の残高の一定割合を費用処理する方法によることができる。この場合の一定割合は、数理計算上の差異の発生額が平均残存勤務期間以内に概ね費用処理される割合としなければならない。
>
> 数理計算上の差異については、当期の発生額を翌期から費用処理する方法を用いることができる。
>
> **(注8)** 割引率等の計算基礎に重要な変動が生じていない場合には、これを見直さないことができる。

過去勤務費用

25. 過去勤務費用は、原則として各期の発生額について、平均残存勤務期間以内の一定の年数で按分した額を毎期費用処理する(注9)(注10)。

また、当期に発生した未認識過去勤務費用は、これらに関する、法人税等及び税効果を調整の上、その他の包括利益を通じて純資産の部に計上する（本会計基準第27項参照）。なお、未認識過去勤務費用に係る法人税等は、法人税等会計基準第5-3項(2)の対象となる（法人税等会計基準第29-6項及び第29-7項）。

> **(注9)** 過去勤務費用については、未認識過去勤務費用の残高の一定割合を費用処理する方法によることができる。この場合の一定割合は、過去勤務費用の発生額が平均残存勤務期間以内に概ね費用処理される割合としなければならない。
>
> **(注10)** 退職従業員に係る過去勤務費用は、他の過去勤務費用と区分して発生時に全額を費用処理することができる。

小規模企業等における簡便な方法

26. 従業員数が比較的少ない小規模な企業等において、高い信頼性をもって数理計算上の見積りを行うことが困難である場合又は退職給付に係る財務諸表項目に重要性が乏しい場合には、期末の退職給付の要支給額を用いた見積計算を行う等の簡便な方法を用いて、退職給付に係る負債及び退職給付費用を計算することができる。

確定給付制度の開示
表　示

27. 積立状況を示す額（第13項参照）について、負債となる場合は「退職給付に係る負債」等の適当な科目をもって固定負債に計上し、資産となる場合は「退職給付に係る資産」等の適当な科目をもって固定資産に計上する。未認識数理計算上の差異及び未認識過去勤務費用については、これらに関する、当期までの期間に課税された法人税等及び税効果を調整の上、純資産の部におけるその他の包括利益累計額に「退職給付に係る調整累計額」等の適当な科目をもって計上する。

28. 退職給付費用（第14項参照）については、原則として売上原価又は販売費及び一般管理費に計上する。

ただし、新たに退職給付制度を採用したとき又は給付水準の重要な改訂を行ったときに発生する過去勤務費用を発生時に全額費用処理する場合などにおいて、その金額が重要であると認められるときには、当該金額を特別損益として計上することができる。

29. 当期に発生した未認識数理計算上の差異及び未認識過去勤務費用並びに当期に費用処理された組替調整額（第15項参照）については、その他の包括利益に「退職給付に係る調整額」等の適当な科目をもって、一括して計上する。

注記事項

30. 確定給付制度については、次の事項を連結財務諸表及び個別財務諸表において注記する。なお、(2)から(11)について、連結財務諸表において注記している場合には、個別財務諸表において記載することを要しない。

   (1) 退職給付の会計処理基準に関する事項
   (2) 企業の採用する確定給付制度の概要
   (3) 退職給付債務の期首残高と期末残高の調整表
   (4) 年金資産の期首残高と期末残高の調整表
   (5) 退職給付債務及び年金資産と貸借対照表に計上された退職給付に係る負債及び資産の調整表
   (6) 退職給付に関連する損益
   (7) その他の包括利益に計上された数理計算上の差異及び過去勤務費用の内訳
   (8) 貸借対照表のその他の包括利益累計額に計上された未認識数理計算上の差異及び未認識過去勤務費用の内訳
   (9) 年金資産に関する事項（年金資産の主な内訳を含む。）
   (10) 数理計算上の計算基礎に関する事項
   (11) その他の事項

確定拠出制度の会計処理

31. 確定拠出制度については、当該制度に基づく要拠出額をもって費用処理する。また、当該制度に基づく要拠出額をもって費用処理するため、未拠出の額は未払金として計上する。

確定拠出制度の開示

表　示

32. 前項の費用は、第28項の退職給付費用に含めて計上する。

注記事項

32 - 2. 確定拠出制度については、次の事項を連結財務諸表及び個別財務諸表に注記する。なお、連結財務諸表において注記している場合には、個別財務諸表において記載することを要しない。

   (1) 企業の採用する確定拠出制度の概要
   (2) 確定拠出制度に係る退職給付費用の額
   (3) その他の事項

複数事業主制度の会計処理及び開示

33. 複数の事業主により設立された確定給付型企業年金制度を採用している場合においては、次のように会計処理及び開示を行う。

   (1) 合理的な基準により自社の負担に属する年金資産等の計算をした上で、第13項から第30項の確定給付制度の会計処理及び開示を行う。
   (2) 自社の拠出に対応する年金資産の額を合理的に計算することができないときには、第31項、第32項及び第32 - 2項の確定拠出制度に準じた会計処理及び開示を行う。この場合、当該年金制度全体の直近の積立状況等についても注記する。

適用時期等

34. 平成24年に改正した本会計基準（以下「平成24年改正会計基準」という。）は、平成25年4月1日以後開始する事業年度の年度末に係る財務諸表から適用する。ただし、平成25年4月1日以後開始する事業年度の期首から適用することができる。

35. 退職給付債務及び勤務費用の定め（第16項から第21項参照）並びに特別損益における表示の定め（第28項ただし書き参照）については、第34項にかかわらず、平成26年4月1日以後開始する事業年度の期首から適用する。ただし、平成26年4月1日以後開始する事業年度の期首からこれらの定めを適用することが実務上困難な場合には、次の注記を行うことを条件に、平成27年4月1日以後開始する事業年度の期首から適用することができる。

   (1) 四半期財務諸表においては、当該定めを遡

用していない旨及びその理由

(2) 事業年度末に係る財務諸表においては、当
該定めを適用していない旨、その理由並びに
退職給付債務及び勤務費用の定め（第16項か
ら第21項参照）に基づき算定した当該事業年
度末の退職給付債務の概算額

なお、平成25年4月1日以後開始する事業年
度の期首から適用することができる。

36. 第34項に従って平成24年改正会計基準を適用
後、前項に掲げた定めを適用しない期間がある
場合、当該期間については、企業会計審議会「退
職給付に係る会計基準」（以下「平成10年会計
基準」という。）における退職給付債務及び勤
務費用に関する定め（同基準 二2、三2(1)及び
(2)）並びに特別損益における表示の定め（同基
準 四2）に従う。

37. 第34項及び第35項に従って平成24年改正会計
基準を適用するにあたり、過去の期間の財務諸
表に対しては遡及処理しない。平成24年改正会
計基準の適用に伴って生じる会計方針の変更の
影響額については、第34項の適用に伴うものは
純資産の部における退職給付に係る調整累計額
（その他の包括利益累計額）に、第35項の適用
に伴うものは期首の利益剰余金に加減する。

38. 第35項に従って平成24年改正会計基準を適用
するにあたっては、その適用前に第19項(1)に定
める期間定額基準を採用していた場合であって
も、適用初年度の期首において、第19項(2)に定
める給付算定式基準を選択することができる。

38-2. 平成28年に改正した本会計基準（以下「平
成28年改正会計基準」という。）は、平成29年
1月1日以後適用する。

（個別財務諸表における当面の取扱い）

39. 個別財務諸表上、所定の事項については、当
面の間、次のように取り扱う。

(1) 第13項にかかわらず、個別貸借対照表上、
退職給付債務に未認識数理計算上の差異及び
未認識過去勤務費用を加減した額から、年金
資産の額を控除した額を負債として計上する。
ただし、年金資産の額が退職給付債務に未認
識数理計算上の差異及び未認識過去勤務費用

を加減した額を超える場合には、資産として
計上する。

(2) 第15項、第24項また書き、第25項また書き、
第29項及び第30項(7)(8)については適用しない。

(3) 第27項にかかわらず、個別貸借対照表に負
債として計上される額（本項(1)参照）につい
ては「退職給付引当金」の科目をもって固定
負債に計上し、資産として計上される額（本
項(1)参照）については「前払年金費用」等の
適当な科目をもって固定資産に計上する。

(4) 連結財務諸表を作成する会社については、
個別財務諸表において、未認識数理計算上の
差異及び未認識過去勤務費用の貸借対照表に
おける取扱いが連結財務諸表と異なる旨を注
記する。

(5) 本会計基準等で使用されている「退職給付
に係る負債」、「退職給付に係る資産」という
用語（本会計基準の公表による他の会計基準
等についての修正を含む。）は、個別財務諸
表上は「退職給付引当金」、「前払年金費用」
と読み替えるものとする。

（企業会計基準等の廃止）

40. 第34項の適用により、以下の企業会計基準及
び企業会計基準適用指針は廃止する。

(1) 企業会計基準第3号「『退職給付に係る会
計基準』の一部改正」（以下「企業会計基準
第3号」という。）

(2) 企業会計基準第14号「『退職給付に係る会
計基準』の一部改正（その2）」（以下「企業
会計基準第14号」という。）

(3) 企業会計基準適用指針第7号「『退職給付
に係る会計基準』の一部改正に関する適用指
針」

また、第35項の適用により、企業会計基準第
19号「『退職給付に係る会計基準』の一部改正（そ
の3）」（以下「企業会計基準第19号」という。）
は廃止する。

41. 日本公認会計士協会においては、日本公認会
計士協会会計制度委員会報告第13号「退職給付
会計に関する実務指針（中間報告）」（以下「退
職給付実務指針」という。）及び「退職給付会

計に関する Q & A」などの廃止を検討されることが適当である。

議　決

42．平成24年改正会計基準は、第243回企業会計基準委員会に出席した委員11名全員の賛成により承認された。なお、出席した委員は以下のとおりである。

（以下略）

42－2．平成28年改正会計基準は、第350回企業会計基準委員会に出席した委員13名全員の賛成により承認された。なお、出席した委員は以下のとおりである。

（以下略）

結論の背景

経　緯

平成10年会計基準の公表とその後の改正

43．企業会計審議会が昭和43年に公表した個別意見書「退職給与引当金の設定について」においては、退職給付のうち企業が直接給付を行う形態に関する会計基準は明らかにされていたが、企業年金制度が我が国に導入されて間もなかったことから、企業年金制度に基づく退職給付の会計処理については明確な基準が示されていなかった。この結果、企業が直接給付を行う退職給付の一部を企業年金制度による給付に移行し両者を併用する場合が多くなった後でも、企業年金制度については拠出金を支払時の費用として処理する実務が行われていた。しかし、退職給付の支給方法（一時金支給、年金支給）や退職給付の積立方法（内部引当、外部積立）が異なっているとしても、いずれも退職給付であることに違いはないため、企業会計審議会では企業年金制度を含め退職給付について包括的に検討を行い、平成10年6月に「退職給付に係る会計基準の設定に関する意見書」（以下「退職給付意見書」という。）及び平成10年会計基準として公表した。

44．その後、退職給付を巡る環境は著しく変化し、厚生年金基金の代行返上が可能とされたことや

厚生年金基金（確定給付企業年金を含む。）における掛金の減額等の制限が緩和されたことなど、平成10年会計基準の設定時には予測し得なかった大幅な変化が生じたことから、当委員会は平成17年3月に、積立超過（年金資産が退職給付債務を超えること）の会計処理について、平成10年会計基準の一部を改正する企業会計基準第3号を公表した（第71項参照）。

45．また、当委員会では、「国民年金法等の一部を改正する法律」（平成16年法律第104号）による制度改正も踏まえ、複数事業主制度の企業年金の取扱いについて検討し、平成19年5月に、平成10年会計基準の一部を改正する企業会計基準第14号を公表した。

46．さらに、欧州連合（EU）における第三国会計基準の同等性評価に関連して提案された欧州証券規制当局委員会（CESR）による「技術的助言」（平成17年7月）では、退職給付債務の計算における割引率の取扱いその他の点が国際財務報告基準（IFRS）と我が国の会計基準の相違点として指摘された。当委員会は、会計基準の国際的なコンバージェンスを進める観点から、平成20年7月に、平成10年会計基準の一部を改正する企業会計基準第19号を公表した（第65項参照）。

平成24年改正会計基準の公表

47．当委員会と国際会計基準審議会（IASB）は、平成19年8月に「東京合意」（会計基準のコンバージェンスの加速化に向けた取組みへの合意）を公表した。当委員会では、国際的な会計基準における見直しの議論と歩調を合わせ、退職給付に関する会計基準の見直しについて、中長期的に取り組むこととしている。

48．平成21年1月には、今後の取組みの中で、退職給付に関する会計基準等をどのように見直していくかについての検討に資するよう、「退職給付会計の見直しに関する論点の整理」（以下「論点整理」という。）を公表し、広く意見を求めた。当委員会は、論点整理に寄せられたコメントを分析し検討を重ねた結果、我が国におけ

る退職給付に関する会計基準の見直しを2つの
ステップに分け、ステップ1においては、以下
を取り扱うこととした。

(1) 未認識数理計算上の差異及び未認識過去勤
務費用の処理方法の見直し（第55項及び第56
項参照）

(2) 退職給付債務及び勤務費用の計算方法の見
直し（第57項、第60項から第63項及び第66項
参照）

(3) 開示の拡充（第77項参照）

平成22年3月には、平成10年会計基準を改正
する企業会計基準公開草案第39号「退職給付に
関する会計基準（案）」（第44項から第46項に掲
げた平成10年会計基準の一部を改正する3つの
企業会計基準も引き継いでいる。）を公表し、
広く意見を求めた。公開草案に対して寄せられ
たコメントの中には、退職給付会計の改正は関
連諸制度との調整が必要となること等を踏まえ
て、個別財務諸表への適用は慎重に検討すべき
という意見があった。こうした中、個別財務諸
表を当面どのように取り扱うべきかについて意
見を聴取するために、公益財団法人財務会計基
準機構内において平成22年9月に「単体財務諸
表に関する検討会議」（以下「単体検討会議」
という。）が設置され、未認識数理計算上の差
異及び未認識過去勤務費用の負債計上に係る個
別財務諸表の取扱いが当該会議における論点の
1つとして取り上げられて議論された。単体検
討会議の報告書は平成23年4月に公表され、当
委員会では報告書で示された方向性の考え方を
十分斟酌しつつ、その後も時間をかけて慎重に
検討を重ねた（第86項から第89項参照）。平成
24年改正会計基準は、このような経緯を経て、
公開草案の内容を一部修正した上で公表するに
至ったものである。

49. 退職給付に関する会計基準の見直しを2つの
ステップに分ける進め方に関して、公開草案に
対して寄せられたコメントの中には、基本的な
方向性を支持する意見があった一方で、IASB
における退職給付会計の見直しが確定してから
結論を出すべきという意見や、短期間に複数回

の基準改正は負担が大きくなる懸念があるとい
う意見があった。こうした意見を踏まえ、当委
員会において審議した結果、①貸借対照表が積
立状況を示すようになることや注記事項を拡充
することなどによって、財務諸表利用者の理解
可能性を高め、透明性の向上による財務報告の
改善を早期に図ることになる観点や、②貸借対
照表上の取扱いはIASBにおける退職給付会計
の見直しと整合的であり、退職給付債務及び勤
務費用の計算方法の見直しと併せてコンバー
ジェンスを図る観点から、平成24年改正会計基
準を公表することとした。

平成28年改正会計基準の公表

49-2. 平成28年改正会計基準は、実務対応報告
第33号「リスク分担型企業年金の会計処理等に
関する実務上の取扱い」においてリスク分担型
企業年金の会計処理及び開示を明らかにしたこ
とに伴い、確定拠出制度に係る注記事項を整備
するために改正を行ったものである（第32-2
項参照）。

範　囲

50. 退職給付意見書及び平成10年会計基準は、役
員の退職慰労金について、労働の対価との関係
が必ずしも明確でないことを理由に、直接対象
とするものではないとしていた。平成24年改正
会計基準でも基本的にこうした取扱いを踏襲し
ている（第3項ただし書き参照）。

用語の定義

51. 平成24年改正会計基準では、国際的な会計基
準も参考に、確定拠出制度と確定給付制度の定
義を明示したが、これまでの考え方を変えるも
のではない（第4項及び第5項参照）。

52. 平成10年会計基準における「過去勤務債務」
を、平成24年改正会計基準では「過去勤務費用」
という名称に改めているが、これは、年金財政
計算上の「過去勤務債務」とは異なることを明
瞭にするためであり、その内容の変更を意図し
たものではない。

確定給付制度の会計処理
基本的な考え方

53. 平成10年会計基準は退職給付について、その支給方法や積立方法が異なっているとしても退職給付であることに違いはなく、企業会計において退職給付の性格は、労働の対価として支払われる賃金の後払いであるという考え方に立ち、基本的に勤務期間を通じた労働の提供に伴って発生するものと捉えていた。このような捉え方に立てば、退職給付は、その発生が当期以前の事象に起因する将来の特定の費用的支出であり、当期の負担に属すべき金額は、その支出の事実に基づくことなく、その支出の原因又は効果の期間帰属に基づいて費用として認識するという企業会計における考え方が、企業が直接給付を行う退職給付のみならず企業年金制度による退職給付にも当てはまる。したがって、退職給付はその発生した期間に費用として認識することとなる。

54. 平成24年改正会計基準においても、将来の退職給付のうち当期の負担に属する額を当期の費用として計上するとともに負債の部に計上するという基本的な会計処理の考え方を引き継いでいる。さらに、平成10年会計基準が採用していた次のような退職給付に係る会計処理に特有の事象についての考え方についても踏襲している。

   (1) 負債の計上にあたって外部に積み立てられた年金資産を差し引くとともに、年金資産の運用により生じると期待される収益を、退職給付費用の計算において差し引くこと

   (2) 退職給付の水準の改訂及び退職給付の見積りの基礎となる計算要素の変更等により過去勤務費用及び数理計算上の差異が生じるが、これらは、原則として、一定の期間にわたって規則的に、費用処理すること

貸借対照表、損益計算書及び包括利益計算書（又は損益及び包括利益計算書）での取扱い

55. 平成10年会計基準は、数理計算上の差異及び過去勤務費用を平均残存勤務期間以内の一定の年数で規則的に処理することとし、費用処理さ

れない部分（未認識数理計算上の差異及び未認識過去勤務費用）については貸借対照表に計上せず、これに対応する部分を除いた、積立状況を示す額を負債（又は資産）として計上することとしていた。しかし、一部が除かれた積立状況を示す額を貸借対照表に計上する場合、積立超過のときに負債（退職給付引当金）が計上されたり、積立不足のときに資産（前払年金費用）が計上されたりすることがあり得るなど、退職給付制度に係る状況について財務諸表利用者の理解を妨げているのではないかという指摘があった。

このため、平成24年改正会計基準では、国際的な会計基準も参考にしつつ検討を行い、未認識数理計算上の差異及び未認識過去勤務費用を、これらに関する、当期までの期間に課税された法人税等及び税効果を調整の上、純資産の部（その他の包括利益累計額）に計上することとし、積立状況を示す額をそのまま負債（又は資産）として計上することとした（第13項、第24項また書き及び第25項また書き参照）。なお、個別財務諸表においては、当面の間、これらの取扱いを適用しないことに留意が必要である（第39項(1)及び(2)並びに第86項から第89項参照）。

56. 一方、数理計算上の差異及び過去勤務費用の費用処理方法については変更しておらず、従来どおり平均残存勤務期間以内の一定の年数で規則的に費用処理されることとなる（第24項及び第25項参照）。この結果、平成24年改正会計基準では、数理計算上の差異及び過去勤務費用の当期発生額のうち、費用処理されない部分をその他の包括利益に含めて計上し、その他の包括利益累計額に計上されている未認識数理計算上の差異及び未認識過去勤務費用のうち、当期に当期純利益を構成する項目として費用処理された部分については、その他の包括利益の調整（組替調整）を行うこととした（第15項参照）。

退職給付債務及び勤務費用
（退職給付見込額の見積り）

57. 平成10年会計基準は、退職給付見込額に考慮

すべき、合理的に見込まれる退職給付の変動要因（第18項参照）として、確実に見込まれる昇給等を挙げていた。しかしながら、退職給付債務及び勤務費用の計算基礎の１つである予想昇給率について、確実なものだけを考慮する場合、割引率等の他の計算基礎との整合性を欠く結果になると考えられることや、国際的な会計基準では確実性までは求められていないことを勘案し、平成24年改正会計基準では、確実に見込まれる昇給等ではなく、予想される昇給等を考慮すべきこととした（（注５）参照）。

（平成10年会計基準における退職給付見込額の期間帰属方法）

58．平成10年会計基準及び退職給付意見書は、労働の対価として退職給付の発生額を見積る観点からは、勤務期間を基準とする方法が国際的にも合理的で簡便な方法であると考えられているとし、第19項(1)に定める期間定額基準を退職給付見込額の期間帰属方法の原則的な方法としていた。しかしながら、平成10年会計基準の公表直前に改正された国際会計基準（IAS）第19号「従業員給付」では、その公開草案の段階で期間定額基準に類似した方法が提案されたものの、最終的には第19項(2)に定める給付算定式基準が採用されている。また、昭和60年（1985年）に公表された米国財務会計基準書（SFAS）第87号「事業主の年金会計」（現在は、FASB Accounting Standards Codification TM（FASBによる会計基準のコード化体系）のTopic715「労働対価－退職給付」に含まれている。）に基づく実務では、勤務期間を基準とした退職給付見込額の期間帰属が広く行われているが、これは、同基準により求められる給付算定式基準を、米国で一般的な退職給付制度に当てはめた結果であると考えられる。

59．平成10年会計基準及び退職給付意見書は、期間定額基準以外の期間帰属方法として、給与基準と支給倍率基準を挙げていたが、これらの方法は一定の場合にのみ認められるとしていた。また、退職給付実務指針では、一定の場合に限り、ポイント基準が認められていた。

（平成24年改正会計基準による退職給付見込額の期間帰属方法の見直し）

60．当委員会は、平成21年に公表した論点整理の中で、我が国の会計基準における退職給付見込額の期間帰属方法を、国際的な会計基準と同様に、第19項(2)に定める給付算定式基準に変更すべきかを論点として示し、論点整理に寄せられたコメントも踏まえて検討を行った。検討の過程では、給付算定式基準を導入すべきとされたものの、期間定額基準については廃止すべきか、あるいは両者の選択適用とすべきかについて意見が分かれた。

61．期間定額基準を選択適用で認めるべきという意見は、我が国の退職給付会計では退職給付見込額の期間帰属方法を費用配分の方法として捉えており（第53項参照）、直接観察できない労働サービスの費消態様に合理的な仮定を置かざるを得ないことを踏まえれば、労働サービスに係る費用配分の方法は一義的に決まらず、勤務期間を基礎とする費用配分の方法（期間定額基準）についても、これを否定する根拠は乏しいという考え方に基づいている。また、給付算定式基準では、勤務期間の後期における給付算定式に従った給付が、初期よりも著しく高い水準となる場合（給付算定式に従う給付が著しく後加重である場合）、その部分について均等に生じるものとみなして補正すべきとされているが、これは、勤務期間を基礎とする配分に一定の合理性を認めていることを示唆している、という意見もある。

62．一方、期間定額基準を廃止すべきという意見は、この方法の採用の経緯（第58項参照）を踏まえれば、これを改めて支持する根拠を欠くという考え方に基づいている。また、勤続年数の増加に応じた労働サービスの向上を踏まえれば、毎期の費用を定額とする期間定額基準よりも、給付算定式に従って費用が増加するという取扱いの方が実態をより表すものであり、勤務をしても給付が増加されない状況（定年直前に給付額が頭打ちになる場合や、将来給付すべての減額の場合など）でも費用を認識する場合がある

点で期間定額基準は妥当でないという考え方や、給付算定式に従う給付が著しく後加重である場合など、勤務期間を基礎とする費用配分が適当な状況があるとしても、すべての勤務期間について配分する必要はないという考え方にも基づいている。このほか、退職給付債務の計算は給付算定式を基礎とすべきであり、これと直接関連しない測定値となる期間定額基準は妥当でないという考え方もある。

63. 検討の結果、期間定額基準が最適とはいえない状況があったとしても、これを一律に否定するまでの根拠はないことや、また、国際的な会計基準では、キャッシュ・バランス・プランを含めた一部の制度に対する給付算定式に従った方法の適用が不明確なため、この方法の見直しが検討されていることを踏まえ、適用の明確さでより優れていると考えられる期間定額基準についても、給付算定式基準との選択適用という形で認めることとした（第19項参照）。

(厚生年金基金の代行部分)

64. 厚生年金基金制度は、給付算定式や計算基礎が異なり得る、加算部分及び代行部分から構成される。すなわち、加算部分については、最終給与比例制度やポイント制度など、企業が独自に給付設計できるのに対して、代行部分については平均標準報酬月額に基づく、一種の平均給与比例制度として給付額が算定される。

平成10年会計基準は、当該制度は実態として、1つの運営主体によって、資産が一体として運用され一括して給付が行われており、区分計算することが難しいこと、母体企業が制度の運営及び維持に実質的に関与しており、過去勤務債務等が発生したときには、通常、全額を母体企業が負担している場合が多いことなどを理由に、企業会計においては、それぞれの部分を区分せずこれを全体として1つの退職給付制度とみなした上で、財政計算上の計算方法にかかわらず同一の会計処理を適用することとしていた。平成24年改正会計基準では検討の対象（第48項参照）としなかったため、原則として従来の考え方を変更していない。

なお、給付算定式基準によって制度全体の退職給付債務を計算するにあたって、加算部分と代行部分とで給付算定式や計算基礎が異なる場合には、加算部分と代行部分について、それぞれの給付算定式及び計算基礎に基づくことが適当と考えられる。

(割引率)

65. 平成10年会計基準では、同注解（注6）なお書きにより、「割引率は、一定期間の債券の利回りの変動を考慮して決定することができる」こととされていた。これは、期末における利回りを基礎とすることを原則的な考え方としながらも、相当長期間にわたって割り引かれる性質を持つ退職給付債務に関して、期末一時点の市場利回りで割り引くことが必ずしも適切とはいえない場合があることが考慮されていたためと考えられる。

しかしながら、一定期間の利回りの変動を考慮して決定される割引率が期末における市場利回りを基礎として決定される割引率よりも信頼性があると合理的に説明することは通常困難であると考えられることなどから、国際的な会計基準とのコンバージェンスを推進する観点も踏まえ、平成20年に公表した企業会計基準第19号では、平成10年会計基準注解（注6）の定めについてなお書きを削除し、また、割引率は期末における利回りを基礎とすることを明示するよう改正をした。平成24年改正会計基準(注6)も、この改正後の定めを引き継いでいる。

なお、退職給付債務や勤務費用の計算にあたっては、合理的な補正方法によって、期末の割引率による計算結果を求めることができるものと考えられる。

66. 退職給付債務の割引計算における割り引く期間としては、退職給付の支払見込日までの期間が適当と考えられるが、平成10年会計基準は、必ずしもこれと一致しない退職日までの期間を前提とした定めを置いていたことから、平成24年改正会計基準ではそうした部分の記載を削除している。

数理計算上の差異及び過去勤務費用の会計処理

（退職給付意見書及び平成10年会計基準による考え方）

67. 退職給付意見書及び平成10年会計基準は、過去勤務費用及び数理計算上の差異について、次の(1)から(3)に掲げる考え方を採っていた。

(1) 過去勤務費用及び数理計算上の差異については、その発生した時点において費用とする考え方があるが、国際的な会計基準では一時の費用とはせず一定の期間にわたって一部ずつ費用とする、又は、数理計算上の差異については一定の範囲内は認識しないという処理（回廊アプローチ）が行われている。

こうした会計処理については、過去勤務費用の発生要因である給付水準の改訂等が従業員の勤労意欲が将来にわたって向上するとの期待のもとに行われる面があること、また、数理計算上の差異には予測と実績の乖離のみならず予測数値の修正も反映されることから各期に生じる差異を直ちに費用として計上することが退職給付に係る債務の状態を忠実に表現するとはいえない面があること等の考え方が示されている。このように、過去勤務費用や数理計算上の差異の性格を一時の費用とすべきものとして一義的に決定づけることは難しいと考えられる。

(2) 数理計算上の差異の取扱いについては、退職給付債務の数値を毎期末時点において厳密に計算し、その結果生じた計算差異に一定の許容範囲（回廊）を設ける方法と、基礎率等の計算基礎に重要な変動が生じない場合には計算基礎を変更しない等計算基礎の決定にあたって合理的な範囲で重要性による判断を認める方法（重要性基準）が考えられる。退職給付費用が長期的な見積計算であることから、このような重要性による判断を認めることが適切と考え、数理計算上の差異の取扱いについては、重要性基準（（注8）参照）の考え方によることとした。

また、計算基礎にこのような重要性による判断を認めた上で回廊を設けることとする場合、実質的な許容範囲の幅が極めて大きくなることから、重要性基準に加えてさらに回廊を設けることとはしないこととした。

(3) 基礎率等の計算基礎に重要な変動が生じた場合において計算基礎の見直しを行ったときなどに生じる数理計算上の差異については、過去勤務費用と同じく、平均残存勤務期間以内の一定の年数で規則的に処理することとしている。この場合、一定の年数での規則的処理には、発生した期に全額を処理する方法を継続して採用することも含まれる。

（平成24年改正会計基準の考え方）

68. 当委員会が公表した企業会計基準第19号の審議の過程では、第65項に掲げた平成10年会計基準注解（注6）なお書きの削除に合わせ、回廊（前項(2)参照）の導入と重要性基準（前項(2)参照）の廃止を検討対象に含めるべきかが審議されたが、IASBが進めている退職給付会計の見直しの中では、回廊を含めたいわゆる遅延認識の廃止の議論がなされている途中であったことも考慮し、これらを含めないこととした。

したがって、平成24年改正会計基準は数理計算上の差異及び過去勤務費用の費用処理に対する第67項の考え方をそのまま踏襲している（第48項及び第49項参照）。

年金資産

69. 企業年金制度を採用している企業などでは、退職給付に充てるため外部に積み立てられている年金資産が存在する。この年金資産は退職給付の支払のためのみに使用されることが制度的に担保されていることなどから、これを収益獲得のために保有する一般の資産と同様に企業の貸借対照表に計上することには問題があり、かえって、財務諸表の利用者に誤解を与えるおそれがあると考えられる。また国際的な会計基準においても年金資産を直接貸借対照表に計上せず、退職給付債務からこれを控除することが一般的である。したがって、年金資産の額は退職給付に係る負債の計上額の計算にあたって差し引くこととしている。この場合、年金資産の額

が退職給付債務の額を上回る場合には、退職給付に係る資産として貸借対照表に計上することになる（第13項ただし書き及び第27項参照）。

(退職給付に係る資産の上限)

70. 平成10年会計基準注解（注１）では、次のような考え方に基づき、「実際運用収益が期待運用収益を超過したこと等による数理計算上の差異の発生又は給付水準を引き下げたことによる過去勤務債務の発生により、年金資産が企業年金制度に係る退職給付債務を超えることとなった場合には、当該超過額を資産及び利益として認識してはならない」とする資産の上限の定めを設けていた。

(1) 外部に積み立てられている年金資産を企業の資産として認識することは適当でないこと

(2) 当該超過額が将来退職給付費用の減少につながるとしても、一般的に年金資産の払戻しには制限があることから、企業への当該超過額の払戻しが行われない限り、これを利益として認識することは適当でないこと

71. しかし、その後に厚生年金基金の代行返上が可能とされたことや、厚生年金基金（確定給付企業年金を含む。）における掛金の減額等の制限が緩和されたことなど、平成10年会計基準の上限の定めの前提となる制約（前項(1)及び(2)参照）が概ね解消したことから、平成17年に公表された企業会計基準第３号によって、上記の資産の上限の定めを廃止した。

72. IAS第19号「従業員給付」では、積立状況を示す額が負の値となる場合、退職給付制度からの返還又は将来掛金の減額による経済的便益がないと判断される部分については、資産計上を認めないとしている。平成24年改正会計基準の審議の過程では、国際的な会計基準とのコンバージェンスの観点から、資産に上限を定める考え方を再び我が国の会計基準にも導入すべきかについて検討を行ったが、退職給付制度を巡る環境の相違などを踏まえ、今後のIFRSの動向を見極める必要性もあることなどから、平成24年改正会計基準では取り扱わないこととした。

小規模企業等における簡便な方法

73. 退職給付意見書では、従業員数が比較的少ない小規模な企業などにおいて、合理的に数理計算上の見積りを行うことが困難である場合や退職給付の重要性が乏しい場合には、退職給付費用を原則的な方法で計算せず簡便な方法での計算が認められると考えられる、とされていたが、これを見直して国際的な会計基準と同様に、重要性が乏しい場合にのみ簡便な方法を認めるようにすべきという意見があった。

しかしながら、小規模な企業などでは、年齢や勤務期間に偏りがあることなどにより数理計算結果に一定の高い水準の信頼性が得られないと判断される場合があり得ると考えられ、費用対効果の観点に基づいた簡便な方法の容認の必要性は、退職給付意見書の公表後も変わらないと考えたことから、見直しを行わないこととした。

なお、退職給付意見書における上記の「合理的に」を、平成24年改正会計基準では「高い信頼性をもって」に変更しているが（第26項参照）これは内容の変更ではなく、退職給付実務指針に存在した従来の簡便な方法の具体的な定め（企業会計基準適用指針第25号「退職給付に関する会計基準の適用指針」に引き継がれている。）に平仄を合わせたものである。

確定給付制度の開示
表 示

74. 退職給付に係る負債（又は資産）及び退職給付費用の表示については、平成10年会計基準の取扱いを踏襲しているが、将来の退職給付のうち当期の負担に属する額を当期の費用として引当金に繰り入れ、当該引当金の残高を負債計上額としていた従来の方法から、これらにその他の包括利益を通じて認識される、未認識数理計算上の差異や未認識過去勤務費用に対応する額も負債計上額に加える方法に変更した（第55項参照）ことに伴い、「退職給付引当金」及び「前払年金費用」という名称を、それぞれ「退職給付に係る負債」及び「退職給付に係る資産」に

変更している（第27項参照）。なお、個別財務諸表においては、当面の間、この取扱いを適用せず、従来の名称を使用することに留意が必要である（第39項(3)及び第86項から第89項参照）。

75. 新たに退職給付制度を採用したとき又は給付水準の重要な改訂を行ったときに発生する過去勤務費用について、平成10年会計基準は、これに係る当期の費用処理額が重要である場合、当該費用処理額を特別損失として計上することを認めていた一方で、退職給付意見書では、その発生時に全額費用処理する場合などにおいて、その金額が重要であるときに、特別損失として計上することを認めていた。

　　平成24年改正会計基準では、規則的な費用処理額が特別損益に計上されることは適当ではないと考えたことから、上記の2つの考え方のうち、退職給付意見書のものを引き継ぐこととした（第28項参照）。

76. 当期に発生した未認識数理計算上の差異及び未認識過去勤務費用並びに当期に費用処理された組替調整額については、その内訳の注記が求められる（第30項(7)参照）ことと、企業会計基準第25号「包括利益の表示に関する会計基準」第9項において、その他の包括利益の内訳項目ごとに組替調整額の注記が求められることを踏まえ、包括利益計算書（又は損益及び包括利益計算書）上は区分表示を求めず、それらを一括して計上することとした（第29項参照）。

注記事項

77. 注記事項については、論点整理に対し、財務諸表の有用性をさらに高めるよう、その拡充を求める意見が多く寄せられたことや、より多くの項目を注記している国際的な会計基準とのコンバージェンスを進める観点から、退職給付債務や年金資産の増減の内訳など、国際的な会計基準で採用されている項目を中心に追加している。

確定拠出制度の会計処理

78. 確定拠出制度の会計処理については、平成10年会計基準では明示されていなかったものの、退職給付意見書の中でその考え方が示され、また、その後に公表された企業会計基準適用指針第1号「退職給付制度間の移行等に関する会計処理」などの中で取扱いが定められていた。平成24年改正会計基準での定義（第4項参照）及び会計処理（第31項参照）は、こうした従来の考え方や取扱いを踏襲したものである。

確定拠出制度の開示

78-2. 定義及び会計処理と同様に、平成24年改正会計基準での確定拠出制度の開示は、従来の考え方や取扱いを踏襲したものである。

78-3. リスク分担型企業年金が導入され、複数の制度が会計上の確定拠出制度に分類されることを受けて、平成28年改正会計基準では、財務諸表利用者が確定拠出制度に分類される制度の内容を理解できるようにするために、「企業の採用する確定拠出制度の概要」及び「その他の事項」を注記事項として追加することとした（第32-2項参照）。

複数事業主制度の会計処理及び開示

79. 複数事業主制度の会計処理及び開示（第33項参照）については、基本的に、平成10年会計基準の取扱い及びこれを改正する企業会計基準第14号の取扱いを踏襲している。

適用時期等

80. 平成24年改正会計基準の適用によって生じ得る会計方針の変更には、次のものがある。

(1) 未認識数理計算上の差異及び未認識過去勤務費用の会計処理（第55項及び第56項参照）

(2) 退職給付見込額の期間帰属方法（第19項参照）を含む退職給付債務及び勤務費用の計算方法（第57項、第60項から第63項及び第66項参照）

(3) 特別損益に計上できる過去勤務費用（第75項参照）

　このうち、(2)の変更には、新たな年金数理計算のために一定の準備期間を要するという意見

があったことから適用時期を分け、(2)に関連する定めについては適用時期を遅らせることとした（第35項参照）。

81. 前項に示した平成24年改正会計基準の適用により生じ得る会計方針の変更のうち、(1)については原則として当期純利益及び利益剰余金に影響を与えないことから（第56項参照）、年度末の財務諸表からの適用とする一方で、(2)はこれらに影響を与えることを踏まえ、期首からの適用とした。また、(3)についても当期純利益に影響を与え得ることから、(2)と併せて適用することとした（第34項及び第35項参照）。

82. 過去の財務諸表に対して、平成24年改正会計基準が定める新たな会計処理の遡及適用（企業会計基準第24号「会計方針の開示、会計上の変更及び誤謬の訂正に関する会計基準」（以下「企業会計基準第24号」という。）第4項(9)）を求める場合、変更後の未認識数理計算上の差異の残高を算定するために、平成10年会計基準の適用と制度の開始のいずれか新しい方の時点以後の各事業年度の退職給付債務をすべて再計算するという過度な負担が生じることになるため、過去の財務諸表への遡及適用は求めないこととした（第37項参照）。

なお、退職給付債務及び勤務費用の定め（第16項から第21項参照）の適用初年度（第38項参照）後において、正当な理由により退職給付見込額の期間帰属方法を変更する場合には、原則として、企業会計基準第24号第6項(2)の定めに従って遡及適用することになる。

83. 退職給付見込額の期間帰属方法の変更によって生じる退職給付債務の変動は、見積数値と実績との差異又は見積数値の変更等により発生した差異という、数理計算上の差異の定義（第11項参照）とは必ずしも整合しないことから、当該変動を含めた第35項の適用によって生じる退職給付債務の変動については、期首の数理計算上の差異に加減するのではなく、期首の利益剰余金に加減するものとした。

84. 平成24年改正会計基準の適用にあたっては、過去の期間の財務諸表に対する遡及処理は行われない（第37項参照）。したがって、平成24年改正会計基準が定める新たな注記事項（第30項参照）についても、過去の期間に対する財務諸表の組替え（企業会計基準第24号第4項(10)）を行わないことに留意が必要である。

85. 平成24年改正会計基準の適用時期に関して、公開草案の段階では、第80項(2)及び(3)を除く事項（第80項(1)など）については平成23年4月1日以後開始する事業年度の年度末に係る財務諸表から、第80項(2)及び(3)については平成24年4月1日以後開始する事業年度の期首から適用することとしていたが、公開草案に対して寄せられたコメントの中には、平成24年改正会計基準を導入するための実務上の受入準備が整わないという意見があった。さらに、個別財務諸表を巡る審議状況なども踏まえて検討した結果、第80項(2)及び(3)を除く事項（第80項(1)など）については平成25年4月1日以後開始する事業年度の年度末に係る財務諸表から適用することとし、これに併せて、早期適用についても、平成24年改正会計基準を公表後に関係各方面にて準備する期間を一定程度確保する観点から、適用時期を見直した（第34項参照）。また、第80項(2)及び(3)については平成26年4月1日以後開始する事業年度の期首から適用することとしたが、審議の過程では、数理計算の準備状況（適用上の判断に係る準備も含む。）等から当該年度の期首からの適用が困難となる場合も懸念されるという意見があったことを踏まえ、当該年度の期首から第80項(2)及び(3)の定めを適用することが実務上困難な場合には、所定の注記を行うことを条件に、平成27年4月1日以後開始する事業年度の期首からの適用も認めることとした（第35項参照）。

(個別財務諸表における当面の取扱い)

86. 公開草案に対して寄せられたコメントの中には、平成24年改正会計基準を個別財務諸表へ適用することについて慎重に検討すべきという意見があり、とりわけ公開草案で提案された内容のうち、未認識数理計算上の差異及び未認識過去勤務費用（以下「未認識項目」という。）を

負債計上する取扱いは、重要な論点として審議された。また、本論点は単体検討会議においても議論され、当該会議の報告書では、年金法制との関係の観点や分配可能額に影響を与える可能性等を踏まえ、慎重に対処し連結先行も含め何らかの激変を緩和する措置を講ずる必要があるという方向性の考え方が示された。

87. 審議の過程では、年金法制による規制の結果、事業再編時に合理的な方法によって資産の移換や債務の引継ぎが困難な状況が存在し、また、受給者分は事実上移換できないため、親会社の債務として扱った上で子会社の剰余金で補われる場合もあり、個別財務諸表に未認識項目を負債として認識すると、事業再編後の経営実態を必ずしも適切に表していないとの意見や、未認識項目の負債計上は会社法上の分配可能額に影響が及ぶ可能性が懸念されるという意見があった。

一方、年金法制による影響の程度が明確でなく、影響範囲は負担する債務の一部に限定されるのではないかという意見や、会社法上の分配可能額は、一般に公正妥当と認められる会計基準に従って作成された計算書類を基礎として、必要な調整を加えて計算されることとされているため、上記の懸念は会計基準の策定にあたり一義的に問題とすべきものではないという意見があった。

88. 当委員会では、上記のとおり市場関係者の合意形成が十分に図られていない状況を踏まえ、今後議論を継続することとし、現時点における対応としては、未認識項目の負債計上に係る個別財務諸表の取扱いについては、当面の間、平成10年会計基準の取扱いを継続することとした（第39項参照）。

なお、連結財務諸表に関する変更に伴い、連結財務諸表を作成する会社については、個別財務諸表において未認識項目の貸借対照表における取扱いが連結財務諸表と異なる旨の注記を求めることとした（第39項(4)参照）。未認識項目を発生時に全額費用処理する場合には、連結財務諸表と個別財務諸表の会計処理が異なることにはならないため、当該注記は不要であると考えられる。

89. 前項までの審議にあたっては、未認識項目の負債計上に関して、個別財務諸表に任意で適用することを認めるかどうかについても検討されたが、当面の間は平成10年会計基準の取扱いを継続することとした経緯等も踏まえた結果、任意の適用の取扱いは採用されなかった。

平成24年改正会計基準の公表による他の会計基準等についての修正

90. 平成24年改正会計基準により、当委員会が公表した会計基準等については、(1)から(14)の修正を行っている（下線は追加部分、取消線は削除部分を示す。）。

（以下略）

平成28年改正会計基準の公表による他の会計基準等についての修正

91. 平成28年改正会計基準により、当委員会が公表した会計基準等については、(1)から(3)の修正を行う（下線は追加部分、取消線は削除部分を示す。）。

（以下略）

企業会計基準第27号

法人税、住民税及び事業税等に関する会計基準

2017年（平成29年）3月16日
最終改正2022年10月28日
企業会計基準委員会

目 次

目 的

1．本会計基準は、主として法人税、地方法人税、住民税及び事業税（以下「法人税、住民税及び事業税等」という。）に関する会計処理及び開示を定めることを目的とする。

会計基準

範 囲

2．本会計基準は、連結財務諸表及び個別財務諸表における次の事項に適用する。

(1) 我が国の法令に従い納付する税金のうち法人税、住民税及び事業税等に関する会計処理及び開示

(2) 我が国の法令に従い納付する税金のうち受取利息及び受取配当金等に課される源泉所得税に関する開示

(3) 外国の法令に従い納付する税金のうち外国法人税に関する開示

　なお、本会計基準は、特に明示しない限り、個別財務諸表における会計処理及び開示を想定して定めている。連結財務諸表における会計処理及び開示は、個別財務諸表における会計処理及び開示に準じて行う。

3．実務対応報告第42号「グループ通算制度を適用する場合の会計処理及び開示に関する取扱い」において、グループ通算制度を適用する場合の法人税及び地方法人税に係る会計処理及び開示の具体的な取扱いが定められている場合、当該取扱いが適用される。

用語の定義

4．本会計基準における用語の定義は次のとおりとする。

(1) 「法人税」とは、法人税法（昭和40年法律

第34号）の規定に基づく税金をいう。

(2) 「地方法人税」とは、地方法人税法（平成26年法律第11号）の規定に基づく税金をいう。

(3) 「住民税」とは、地方税法（昭和25年法律第226号）の規定に基づく税金のうち、道府県民税及び市町村民税をいう。なお、道府県に関する規定は都に、市町村に関する規定は特別区に準用することとされている（地方税法第1条第2項）。

(4) 「事業税」とは、地方税法の規定に基づく税金であり、法人の行う事業に対して都道府県が課すものをいう。事業税には、付加価値額によって課すもの（以下「付加価値割」という。）、資本金等の額によって課すもの（以下「資本割」という。）、所得によって課すもの（以下「所得割」という。）がある。

(5) 「受取利息及び受取配当金等に課される源泉所得税」とは、所得税法（昭和40年法律第33号）第174条各号に規定する利子等、配当等、給付補てん金、利息、利益、差益、利益の分配又は賞金の支払を受ける場合に、同法の規定により課される所得税をいう。

(6) 「外国法人税」とは、外国の法令により課される法人税に相当する税金で政令に定めるもの（法人税法第69条及び法人税法施行令（昭和40年政令第97号）第141条）をいう。外国法人税には、法人税法等に基づき税額控除の適用を受けるものと税額控除の適用を受けないものがある。

(7) 「所得」とは、法人税の関係法令又は事業税の関係法令の規定に基づき算定した各事業年度の益金の額から当該事業年度の損金の額を控除した金額をいう。

(8) 「更正」とは、法人税、住民税及び事業税等について、提出した納税申告書に記載された課税標準又は税額の計算が法令に従っていなかった場合やその他当該課税標準又は税額が税務署長又は地方公共団体の長の調査したところと異なる場合に、その調査により、当該納税申告書に係る課税標準又は税額を変更することをいう。

(9) 「修正申告」とは、法人税、住民税及び事業税等について、提出した納税申告書に納付すべきものとして記載した税額に不足額がある場合や提出した納税申告書に記載した純損失の金額が過大であった場合に、当該納税申告書に記載された課税標準又は税額を修正する納税申告書を税務署長又は地方公共団体の長に提出することにより、提出した納税申告書に係る課税標準又は税額を変更することをいう。

なお、本会計基準において、更正及び修正申告を「更正等」という。

会計処理
当事業年度の所得等に対する法人税、住民税及び事業税等

5．当事業年度の所得等に対する法人税、住民税及び事業税等(注)については、法令に従い算定した額（税務上の欠損金の繰戻しにより還付を請求する法人税額及び地方法人税額を含む。）を損益に計上する。

(1) 企業の純資産に対する持分所有者との直接的な取引のうち、損益に反映されないものに対して課される当事業年度の所得に対する法人税、住民税及び事業税等

(2) 資産又は負債の評価替えにより生じた評価差額等（企業会計基準第5号「貸借対照表の純資産の部の表示に関する会計基準」第8項に定める評価・換算差額等に区分されるものをいう。以下「評価差額等」という。）に対して課される当事業年度の所得に対する法人税、住民税及び事業税等

(注) 「所得等に対する法人税、住民税及び事業税等」には、所得に対する法人税、地方法人税、住民税及び事業税（所得割）のほかに、住民税（均等割）及び事業税（付加価値割及び資本割）を含むものとする。

5-2．前項(1)及び(2)の当事業年度の所得に対する法人税、住民税及び事業税等については、次の区分に計上する。

(1) 前項(1)の当事業年度の所得に対する法人税、

住民税及び事業税等については、純資産の部の株主資本の区分に計上する。具体的には、当該法人税、住民税及び事業税等を株主資本の対応する内訳項目から控除する。

(2) 前項(2)の当事業年度の所得に対する法人税、住民税及び事業税等については、個別財務諸表上、純資産の部の評価・換算差額等の区分に計上し、連結財務諸表上、その他の包括利益で認識した上で純資産の部のその他の包括利益累計額の区分に計上する。具体的には、当該法人税、住民税及び事業税等を、個別財務諸表上は評価・換算差額等の対応する内訳項目から控除し、連結財務諸表上はその他の包括利益の対応する内訳項目から控除する。

5-3. 前2項の定めにかかわらず、次のいずれかの場合には、該当する法人税、住民税及び事業税等を損益に計上することができる。

(1) 第5項(1)又は(2)の法人税、住民税及び事業税等の金額に重要性が乏しい場合

(2) 課税の対象となった取引や事象(以下「取引等」という。)が、損益に加えて、第5-2項(1)又は(2)の区分に関連しており、かつ、第5項(1)又は(2)の法人税、住民税及び事業税等の金額を算定することが困難である場合

5-4. 第5-2項に従って計上する法人税、住民税及び事業税等については、課税の対象となった取引等について、株主資本、評価・換算差額等又はその他の包括利益に計上した額に、課税の対象となる企業の対象期間における法定実効税率を乗じて算定する。この場合、第5項に従って損益に計上する法人税、住民税及び事業税等の額は、法令に従い算定した額から、法定実効税率に基づいて算定した株主資本、評価・換算差額等又はその他の包括利益に計上する法人税、住民税及び事業税等の額を控除した額となる。

ただし、課税所得が生じていないことなどから法令に従い算定した額がゼロとなる場合に第5-2項に従って計上する法人税、住民税及び事業税等についてもゼロとするなど、他の合理的な計算方法により算定することができる。

5-5. 第5-2項(2)に従って計上した法人税、住民税及び事業税等については、過年度に計上された資産又は負債の評価替えにより生じた評価差額等を損益に計上した時点で、これに対応する税額を損益に計上する。

更正等による追徴及び還付

6. 過年度の所得等に対する法人税、住民税及び事業税等について、更正等により追加で徴収される可能性が高く、当該追徴税額を合理的に見積ることができる場合、企業会計基準第24号「会計方針の開示、会計上の変更及び誤謬の訂正に関する会計基準」(以下「企業会計基準第24号」という。)第4項(8)に定める誤謬に該当するときを除き、原則として、当該追徴税額を損益に計上する。なお、更正等による追徴に伴う延滞税、加算税、延滞金及び加算金については、当該追徴税額に含めて処理する。

7. 過年度の所得等に対する法人税、住民税及び事業税等について、更正等により還付されることが確実に見込まれ、当該還付税額を合理的に見積ることができる場合、企業会計基準第24号第4項(8)に定める誤謬に該当するときを除き、当該還付税額を損益に計上する。

8. 過年度の所得等に対する法人税、住民税及び事業税等について、更正等により追徴税額を納付したが、当該追徴の内容を不服として法的手段を取る場合において、還付されることが確実に見込まれ、当該還付税額を合理的に見積ることができる場合、第7項と同様に、企業会計基準第24号第4項(8)に定める誤謬に該当するときを除き、当該還付税額を損益に計上する。

8-2. 本会計基準第6項から第8項の定めに従って計上する過年度の所得に対する法人税、住民税及び事業税等のうち、本会計基準第5項に従って損益に計上されない法人税、住民税及び事業税等については、企業会計基準第24号第4項(8)に定める誤謬に該当する場合を除き、本会計基準第5-2項から第5-5項に準じて処理する。

開　示

当事業年度の所得等に対する法人税、住民税及び事業税等

9. 第5項、第5-3項及び第5-5項に基づき損益に計上する法人税、地方法人税、住民税及び事業税（所得割）は、損益計算書の税引前当期純利益（又は損失）の次に、法人税、住民税及び事業税などその内容を示す科目をもって表示する。

10. 事業税（付加価値割及び資本割）は、原則として、損益計算書の販売費及び一般管理費として表示する。ただし、合理的な配分方法に基づきその一部を売上原価として表示することができる。

11. 法人税、住民税及び事業税等のうち納付されていない税額は、貸借対照表の流動負債の区分に、未払法人税等などその内容を示す科目をもって表示する。

12. 法人税、住民税及び事業税等の税額が、中間申告により納付された税額を下回る場合等により還付されるとき、当該還付税額のうち受領されていない税額は、貸借対照表の流動資産の区分に、未収還付法人税等などその内容を示す科目をもって表示する。

受取利息及び受取配当金等に課される源泉所得税

13. 受取利息及び受取配当金等に課される源泉所得税のうち法人税法等に基づき税額控除の適用を受けない税額は、損益計算書の営業外費用として表示する。ただし、当該金額の重要性が乏しい場合、法人税、地方法人税、住民税及び事業税（所得割）に含めて表示することができる（第9項参照）。

外国法人税

14. 外国法人税のうち法人税法等に基づき税額控除の適用を受けない税額は、その内容に応じて適切な科目に表示する。なお、外国子会社（法人税法第23条の2）からの受取配当金等に課される外国源泉所得税のうち法人税法等に基づき税額控除の適用を受けない税額は、法人税、地方法人税、住民税及び事業税（所得割）に含めて表示する（第9項参照）。

更正等による追徴及び還付

15. 第6項から第8項に基づき損益に計上する法人税、地方法人税、住民税及び事業税（所得割）の更正等による追徴税額及び還付税額は、法人税、地方法人税、住民税及び事業税（所得割）を表示した科目（第9項参照）の次に、その内容を示す科目をもって表示する。ただし、これらの金額の重要性が乏しい場合、法人税、地方法人税、住民税及び事業税（所得割）に含めて表示することができる（第9項参照）。

16. 事業税（付加価値割及び資本割）の更正等による追徴税額及び還付税額は、原則として、損益計算書の販売費及び一般管理費として表示する。ただし、合理的な配分方法に基づきその一部を売上原価として表示することができる（第10項参照）。

17. 法人税、住民税及び事業税等の更正等による追徴税額のうち納付されていない税額は、当事業年度の所得等に対する法人税、住民税及び事業税等のうち納付されていない税額に含めて表示する（第11項参照）。

18. 法人税、住民税及び事業税等の更正等による還付税額のうち受領されていない税額は、当事業年度の所得等に対する法人税、住民税及び事業税等の還付税額のうち受領されていない税額に含めて表示する（第12項参照）。

適用時期等

19. 2017年に公表した本会計基準（以下「2017年会計基準」という。）は、公表日以後適用する。

20. 2017年会計基準の適用については、会計基準等の改正に伴う会計方針の変更に該当しないものとして取り扱う。

20-2. 2022年に改正した本会計基準（以下「2022年改正会計基準」という。）は、2024年4月1日以後開始する連結会計年度及び事業年度の期首から適用する。

　　ただし、2023年4月1日以後開始する連結会

計年度及び事業年度の期首から適用することができる。

20－3．2022年改正会計基準の適用初年度においては、会計基準等の改正に伴う会計方針の変更として取り扱い、原則として、新たな会計方針を過去の期間のすべてに遡及適用する。

　　ただし、適用初年度の期首より前に新たな会計方針を遡及適用した場合の適用初年度の累積的影響額を、適用初年度の期首の利益剰余金に加減するとともに、対応する金額を資本剰余金、評価・換算差額等又はその他の包括利益累計額のうち、適切な区分に加減し、当該期首から新たな会計方針を適用することができる。

21．2017年会計基準の公表に伴い、実務対応報告第12号「法人事業税における外形標準課税部分の損益計算書上の表示についての実務上の取扱い」（以下「実務対応報告第12号」という。）は廃止する。

22．当委員会は、日本公認会計士協会に、監査・保証実務委員会実務指針第63号「諸税金に関する会計処理及び表示に係る監査上の取扱い」（以下「監査保証実務指針第63号」という。）の改廃を検討することを依頼する。

議　決

23．2017年会計基準は、第356回企業会計基準委員会に出席した委員13名全員の賛成により承認された。なお、出席した委員は以下のとおりである。

　　（略）

23－2．2022年改正会計基準は、第489回企業会計基準委員会に出席した委員14名の賛成により承認された。なお、出席した委員は以下のとおりである。

　　（略）

結論の背景

経　緯

24．2013年（平成25年）12月に開催された第277回企業会計基準委員会において、公益財団法人財務会計基準機構内に設けられている基準諮問会議より、日本公認会計士協会における税効果会計に関する実務指針（会計に関する部分）について当委員会で審議を行うことが提言された。この提言を受けて、当委員会は、税効果会計専門委員会を設置して、2014年（平成26年）2月から審議を開始した。

　　その後、当委員会は、繰延税金資産の回収可能性に関する適用指針を先行して開発することとし、2015年（平成27年）12月に、企業会計基準適用指針第26号「繰延税金資産の回収可能性に関する適用指針」（以下「回収可能性適用指針」という。）を公表した。

25．当委員会では、回収可能性適用指針の公表後、日本公認会計士協会における税効果会計に関する実務指針のうち回収可能性適用指針に含まれないものについて、当委員会に移管すべく審議を行っている。当該審議においては、監査保証実務指針第63号についても税効果会計に関連するため、併せて当委員会の会計基準として開発することとした。

　　具体的には、監査保証実務指針第63号及び日本公認会計士協会会計制度委員会「税効果会計に関するQ＆A」（以下「税効果Q＆A」という。）における税金の会計処理及び開示に関する部分のほか、実務対応報告第12号に定められていた事業税（付加価値割及び資本割）の開示について、基本的にその内容を踏襲した上で表現の見直しや考え方の整理等を行い、2016年（平成28年）11月に企業会計基準公開草案第59号「法人税、住民税及び事業税等に関する会計基準（案）」を公表して広く意見を求めた。2017年会計基準は、公開草案に対して寄せられた意見を踏まえて検討を行い、公開草案の内容を一部修正した上で公表するに至ったものである。

25－2．当委員会では、2018年2月に企業会計基準第28号「『税効果会計に係る会計基準』の一部改正」等（以下「企業会計基準第28号等」という。）を公表し、日本公認会計士協会における税効果会計に関する実務指針の当委員会への移管を完了した。当該審議の過程では、その他の包括利益に計上された取引等が課税所得計算

上の益金又は損金に算入され、法人税、住民税及び事業税等が課される場合の、当該法人税、住民税及び事業税等の計上区分については、企業会計基準第28号等の公表後に改めて検討を行うこととしていた。

例えば、グループ通算制度の適用を開始する又はグループ通算制度に加入する子法人がグループ通算制度の開始又は加入時において、市場価格のあるその他有価証券を保有している場合には、会計上は、評価差額等（その他有価証券評価差額金）を評価・換算差額等又はその他の包括利益累計額に計上しているが、課税所得計算上は、当該評価差額等が益金又は損金に算入され、法人税、住民税及び事業税等が課される場合がある。2017年会計基準では、当事業年度の所得等に対する法人税、住民税及び事業税等は、法令に従い算定した額を損益に計上することとしていたため、当該評価差額等は、会計上は、評価・換算差額等又はその他の包括利益累計額に計上される一方で、当該評価差額等に対して課される法人税、住民税及び事業税等は損益に計上されることとなり、税引前当期純利益と税金費用の対応関係が図られていないのではないかとの意見が聞かれた。

2022年改正会計基準は、このような評価差額等に対して課される法人税、住民税及び事業税等のほか、株主資本に対して課される法人税、住民税及び事業税等も含めて、所得に対する法人税、住民税及び事業税等の計上区分についての見直しを行うために、所要の改正を行ったものである。

範 囲

26. 監査保証実務指針第63号において取り扱う税金は、「法人税、都道府県民税及び市町村民税、事業税、事業所税並びに特別土地保有税」とされていたが、これらを適用範囲とした理由については、監査保証実務指針第63号には特段記載されていなかった。監査保証実務指針第63号を本会計基準に移管するにあたっては、本会計基準に含める税金の適用範囲について、金額的な

重要性や検討すべき課題の有無等により、実務において会計上の取扱いを明らかにする必要性が高いものとすることが考えられる。

法人税、住民税及び事業税等については、一般的に金額的な重要性が高く、追徴税額や還付税額の取扱いを明らかにする必要性が高いと考えられるため、これらに関する会計処理及び開示を本会計基準の適用範囲に含めることとした。これに伴い、事業税については、利益に関連する金額を課税標準とする事業税（所得割）だけではなく、それ以外の事業税（付加価値割及び資本割）も本会計基準の適用範囲とし、実務対応報告第12号の内容を本会計基準に統合することとした（第10項及び第16項参照）。

一方、監査保証実務指針第63号において取り扱っていた事業所税及び特別土地保有税については、一般的に金額的な重要性が高いとは言えず、営業費用等で会計処理を行っている実務が浸透しており、会計上の取扱いを明らかにする必要性が高くはないことから、本会計基準の適用範囲に含めないこととした。

また、消費税については、日本公認会計士協会の消費税の会計処理に関するプロジェクトチームより、「消費税の会計処理について（中間報告）」が公表されており、実務上、当該報告に従って、一部の企業を除き、税抜方式で会計処理を行っている実務が浸透しており、会計上の取扱いを明らかにする必要性が高くはないと考えられることや、検討中の収益認識に関する会計基準の開発にあたって論点となり得ることから、本会計基準の適用範囲に含めないこととした。

さらに、固定資産税については、一部の業種を除き、一般的に金額的な重要性が高いとは言えないため、会計上の取扱いを明らかにする必要性が高くはないと考え、本会計基準の適用範囲に含めないこととした。

なお、監査保証実務指針第63号において、法人税法等の税額控除に関連し、受取利息及び受取配当金等に課される源泉所得税の表示についても定められていたことから、本会計基準にお

いては当該記載内容を踏襲し、本会計基準の適用範囲に含めることとした（第2項(2)参照）。

27．審議の過程では、在外子会社や在外支店等が所在地国の法令に従い納付する税金を適用範囲に含めるかどうかについて検討を行った。

　在外子会社が所在地国の法令に従い納付する税金については、在外子会社の財務諸表が、国際財務報告基準（IFRS）又は米国会計基準に準拠して作成される場合、実務対応報告第18号「連結財務諸表作成における在外子会社等の会計処理に関する当面の取扱い」に基づき、当該財務諸表を連結決算手続上利用できるものと整理されているため、当該税金は、IFRS又は米国会計基準に従って処理されることが考えられる。

　在外支店等が所在地国の法令に従い納付する税金については、当該税金の種類は多様であるため、従来どおり、その会計処理を実務の判断に委ねることが考えられる。

　したがって、在外子会社や在外支店等が所在地国の法令に従い納付する税金の会計処理については、本会計基準の適用範囲に含めないこととした。ただし、これまでの実務を踏まえ、親会社及び国内子会社が外国の法令に従い納付する税金のうち外国法人税の表示については、監査保証実務指針第63号及び税効果Q&Aの記載内容を基本的に踏襲し、本会計基準の適用範囲に含めることとした（第2項(3)参照）。

用語の定義

28．本会計基準では、監査保証実務指針第63号等において使用されている用語のうち、必要と考えられる用語の定義を定めることとした（第4項参照）。

会計処理

当事業年度の所得等に対する法人税、住民税及び事業税等

29．監査保証実務指針第63号では、法人税、住民税及び事業税について、表示に関する取扱いは、「法人税、住民税及び利益に関連する金額を課税標準として課される事業税は、「法人税、住民税及び事業税」として損益計算書の税引前当期純利益金額又は税引前当期純損失金額の次に記載する。」と記載されていたが、会計処理に関する取扱いは記載されていなかった。

　このため、2017年会計基準では、当事業年度の所得等に対する法人税、住民税及び事業税等についての会計処理に関する取扱いとして、法令に従い算定した額を損益に計上することを明示することとした（第5項参照）。

29-2．2022年改正会計基準の審議においては、前項における所得に対する法人税、住民税及び事業税等の計上区分に関して、次の2つの考え方について検討を行った。

⑴　当該法人税、住民税及び事業税等を、その発生源泉となる取引等の処理と整合させ、所得を課税標準とする税金については、損益、株主資本及びその他の包括利益の各区分に計上する考え方

⑵　法人税、住民税及び事業税等の支払は、税金の発生源泉となる取引等の処理にかかわらず、課税当局（国又は地方公共団体）への納付であるため、当該法人税、住民税及び事業税等は損益に計上する考え方

　この点、国際的な会計基準においては、所得を課税標準として課される税金（法人所得税）については、⑴の考え方のように、税金が純損益の外で認識される項目に関するものである場合には、その他の包括利益及び資本項目に配分することとされている。また、企業会計基準適用指針第28号「税効果会計に係る会計基準の適用指針」（以下「税効果適用指針」という。）においては、⑴の考え方と同様に、税効果額は、税効果会計が適用される取引等が計上される区分（損益、株主資本又はその他の包括利益）と同一の区分で計上する取扱いとしている。

29-3．前項⑴の考え方を採用した場合、税引前当期純利益と所得に対する法人税、住民税及び事業税等の間の税負担の対応関係が図られ、税引前当期純利益と税金費用から算定される税負担率を基礎として将来の当期純利益を予測する

ことが可能となるため、将来の業績予測に資する情報が提供され得ると考えられる。また、当事業年度の所得に対する法人税、住民税及び事業税等の計上区分が、税効果会計における税効果額の計上区分と整合することとなるとともに、国際的な会計基準における処理との整合性を図ることができると考えられる。

そのため、2022年改正会計基準では、当事業年度の所得に対する法人税、住民税及び事業税等を、損益、株主資本及びその他の包括利益に区分して計上することとした（第5項及び第5-2項参照）。

29-4．なお、2022年改正会計基準では、前項に基づいて、株主資本に対して課される当事業年度の所得に対する法人税、住民税及び事業税等を純資産の部の株主資本の区分に計上する取扱いを定めている（本会計基準第5項(1)及び第5-2項(1)参照）が、このような場合として、例えば次のようなものが考えられる。

(1) 子会社等が保有する親会社株式等を企業集団外部の第三者に売却した場合の連結財務諸表における法人税等に関する取扱い（企業会計基準適用指針第2号「自己株式及び準備金の額の減少等に関する会計基準の適用指針」第16項）

(2) 子会社等が保有する親会社株式等を当該親会社等に売却した場合の連結財務諸表における法人税等に関する取扱い（税効果適用指針第40項）

(3) 子会社に対する投資の一部売却後も親会社と子会社の支配関係が継続している場合における親会社の持分変動による差額に対応する法人税等相当額についての売却時の取扱い（税効果適用指針第28項）

（重要性が乏しい場合の取扱い）

29-5．2022年改正会計基準の審議の過程では、当事業年度の所得に対する法人税、住民税及び事業税等を、損益、株主資本及びその他の包括利益に区分して計上する取扱い（第5項及び第5-2項参照）を一律に求める場合、コストが便益に見合わないこともあるとの意見が聞かれ

た。これを踏まえて、損益に計上されない当事業年度の所得に対する法人税、住民税及び事業税等の金額に重要性が乏しい場合には、当該法人税、住民税及び事業税等を当期の損益に計上することができることとした（第5-3項(1)参照）。

（複数の区分に関連することにより、株主資本又はその他の包括利益に計上する金額を算定することが困難な場合の取扱い）

29-6．2022年改正会計基準の審議の過程では、退職給付に関して、例えば、確定給付制度を採用している場合に、確定給付企業年金に係る規約に基づいて支出した掛金等の額が、税務上、支出の時点で損金の額に算入される点について、会計上、掛金等の額は退職給付に係る負債の減額として扱われ、当該退職給付に係る負債は連結財務諸表上、その他の包括利益として計上した未認識数理計算上の差異等を含むことから、その他の包括利益に対して課税されていることになるか否かについて検討を行った。

この点、掛金等の額は確定給付企業年金制度等に基づいて計算されているが、当該計算と会計上の退職給付計算は、その方法や基礎が異なることから、掛金等の額を数理計算上の差異等と紐づけることは困難であり、掛金等の額に数理計算上の差異等に対応する部分が含まれるか否かは一概には決定できず、また、そのような金額の算定は困難であると考えられる。

また、仮に、何らかの仮定に基づいて金額の算定を行うこととした場合、そのような仮定に基づいて会計処理された情報の有用性は限定的であると考えられる。

そこで、退職給付に関しては、当事業年度の所得に対する法人税、住民税及び事業税等を、損益、株主資本及びその他の包括利益に区分して計上する取扱いに対する例外を定めることとして検討を行った。

29-7．前項の例外を定めるにあたり、退職給付に関する論点以外に、同様の論点が生じる状況は限定的であると考えられるが、今後、株主資本やその他の包括利益を用いた会計処理を定め

た場合や、税法が改正された場合に、同様に株主資本又はその他の包括利益に対して課税されている部分を算定することが困難な状況が生じる可能性がある。

そのため、例外的な定めとして、課税の対象となった取引等が、損益に加えて、株主資本又はその他の包括利益に関連しており、かつ、株主資本又はその他の包括利益に対して課された法人税、住民税及び事業税等の金額を算定することが困難である場合には、当該税額を損益に計上することができることとした（本会計基準第5-3項(2)参照）。当該例外的な定めを選択するか否かは、企業会計基準第24号第4項(1)に定める「会計方針」の選択に該当すると考えられる。

なお、当該定めに該当する取引として、2022年改正会計基準の開発時点においては、退職給付に関する取引を想定している。

（株主資本又はその他の包括利益に計上する金額の算定に関する取扱い）

29-8．当事業年度の所得に対する法人税、住民税及び事業税等を、損益、株主資本及びその他の包括利益に区分して計上する取扱いに関して、各区分に計上する金額をどのように算定するかが論点となる。

この点、従来から、子会社に対する投資を一部売却した後も親会社と子会社の支配関係が継続している場合において、親会社の持分変動による差額として計上される資本剰余金から控除する法人税等相当額は、売却元の課税所得や税金の納付額にかかわらず、原則として、親会社の持分変動による差額に法定実効税率を乗じて計算することとしており（税効果適用指針第28項）、また、当該取扱いは、税金の納付が生じていない場合に資本剰余金から控除する額をゼロとするなど他の合理的な計算方法によることを妨げるものではないとしている（税効果適用指針第118項）。

このような子会社に対する投資の一部売却に関する取扱いは、税務上の繰越欠損金がある場合など複雑な計算を伴う場合があることから、

実務に配慮しつつ、個々の状況に応じて適切な判断がなされることを意図したものであると考えられる。子会社に対する投資の一部売却以外の株主資本又はその他の包括利益に対して課税される場合についても、同様に実務上の配慮が必要になると考えられることなどから、当事業年度の所得に対する法人税、住民税及び事業税等を、株主資本又はその他の包括利益に区分して計上する場合についても同様に取り扱うこととした（本会計基準第5-4項参照）。

（その他の包括利益の組替調整（リサイクリング）に関する取扱い）

29-9．当事業年度の所得に対する法人税、住民税及び事業税等を、損益、株主資本及びその他の包括利益に区分して計上する場合、法人税、住民税及び事業税等がその他の包括利益累計額（又は評価・換算差額等）に計上されることがある。この場合、その他の包括利益累計額に計上された法人税、住民税及び事業税等を組替調整（リサイクリング）するか否かが論点となる。

この点、これまで我が国においては、当期純利益の総合的な業績指標としての有用性の観点から、その他の包括利益に計上された項目については、当期純利益にリサイクリングすることを会計基準に係る基本的な考え方としていることを踏まえ、当該法人税、住民税及び事業税等が課される原因となる取引等が損益に計上された時点で、対応する税額についてもリサイクリングを行い、損益に計上することとした（第5-5項参照）。

29-10．当該リサイクリングに関連し、当事業年度の所得に対する法人税、住民税及び事業税等をその他の包括利益累計額（又は評価・換算差額等）に計上した後、リサイクリングがなされるまでに税法の改正に伴い法人税、住民税及び事業税等の税率が変更される場合において、税率の変更に係る差額をリサイクリングすべきか否かについて、税効果会計における税率の変更に関する取扱いとの整合性の観点から論点となった。

この点、税率が変更された場合、税効果会計

においては繰延税金資産及び繰延税金負債の再計算に伴い資産及び負債が変動するのに対して、その他の包括利益累計額に計上された過年度の所得に対する法人税、住民税及び事業税等については、関連する資産又は負債である未収還付法人税等又は未払法人税等は通常は税率変更の時点では確定した税額として還付又は納付済みであると考えられ、資産及び負債の変動はない。したがって、税法の改正に伴い税率が変更される場合であっても、税法の改正時に税率の変更に係る差額をリサイクリングする必然性はないものと考えられる。

ここで、税率の変更に係る差額をリサイクリングする処理は、過年度に計上された資産又は負債の評価替えにより生じた評価差額等を損益に計上した時点における税引前当期純利益と税金費用の比率を法定実効税率に近似させることを重視する観点からは考え得る処理である。

しかし、税引前当期純利益と税金費用の比率は必ずしも法定実効税率とは一致せず、両者の差異の主要な要因を注記により開示していること、及び当該処理は実務上煩雑であるとの意見が聞かれたことを踏まえ、税率の変更に係る差額をリサイクリングする処理は採用せず、過年度に計上された資産又は負債の評価替えにより生じた評価差額等を損益に計上した時点のみにおいて、リサイクリングを求めることとした(第5-5項参照)。

更正等による追徴及び還付

30. 監査保証実務指針第63号では、更正等による追徴及び還付について、「法人税等の更正、決定等による追徴税額及び還付税額は、過年度遡及会計基準及び過年度遡及適用指針に基づき処理することになる(過年度遡及会計基準第55項参照)。なお、これらが過去の誤謬に起因するものでない場合には、損益計算書上、「法人税、住民税及び事業税」の次にその内容を示す名称を付した科目をもって記載する。」と記載され、企業会計基準第24号第55項が参照されていた。本会計基準では、この定めの内容を基本的に踏

襲している。

31. また、監査保証実務指針第63号では、還付の会計処理については、「還付されることが確定しているもの及び還付額を合理的に見積もることが可能な」ものを計上することが記載されていたが、追徴の会計処理については、どの時点で認識すべきかについて記載がなかったため、本会計基準において追徴と還付の会計処理をどのように記載するかについて検討を行った。

32. 追徴の会計処理については、監査保証実務指針第63号では第30項に引用した記載以外は記載されていなかったため、偶発事象を負債として認識する場合の我が国における一般的な考え方を参考に、更正等により追加で徴収される可能性が高く、当該追徴税額を合理的に見積もることができる場合、当該追徴税額を損益に計上することとした(第6項参照)。

一方、還付の会計処理については、「還付額を合理的に見積もることが可能な」という表現を踏襲しつつ、同様に、偶発事象を資産として認識する場合の我が国における一般的な考え方を参考に、還付されることが確実に見込まれ、当該還付税額を合理的に見積もることができる場合、当該還付税額を損益に計上することとした(第7項参照)。

33. なお、本会計基準において、追徴税額に関する負債の認識の閾値と還付税額に関する資産の認識の閾値を異なるものとしているが、国際的な会計基準(米国会計基準ではFASB Accounting Standards Codification(FASBによる会計基準のコード化体系)のTopic740「法人所得税」に定められ、IFRSではIFRS解釈指針委員会より「法人所得税務処理に関する不確実性」に関するIFRIC解釈指針の公開草案が公表されている。)では、両者の認識の閾値を同じものとしているため、これらの会計基準における記載は、本会計基準のものと相違することとなる。

この点、今回の実務指針の移管においては、我が国のこれまでの会計慣行に照らした取扱いを重視し、追徴税額に関する負債の認識の閾値

と還付税額に関する資産の認識の閾値を異なる
ものとしている。

追徴税額について課税を不服として法的手段を取る場合の取扱い

34. 監査保証実務指針第63号では、追徴税額について法的手段を取る場合の取扱いについて、「追徴税額に関して、課税を不服としてその撤回を求め法的手段を取ることを会社が予定している場合も想定されるが、その場合であっても、法的手段を取る会社の意思のみでは未納付額の不計上あるいは納付額の仮払処理を行うことは適当ではない。」と記載されている。本会計基準では、当該取扱いにおいて追徴税額を費用として計上せず納付額を資産として計上するケースが実務では基本的には見られなかったものの、資産として計上するケースが排除されていない表現であったことを踏まえ、「原則として、当該追徴税額を損益に計上する。」との表現を用いている（第6項参照）。

35. 監査保証実務指針第63号では、追徴税額の還付可能性の判断について、「法的手段を取った後の経緯、会社及び課税当局（国外を含む。）の主張、相互協議の成否、裁判になった場合は当該裁判の中での双方の主張等総合的に判断し、追徴税額の還付可能性を判断する必要がある。」と記載されていた。当該記載には「双方の主張」等監査上の観点から用いられていた表現があると考えられるため、本会計基準にはこの記載を踏襲していないが、第8項を適用するにあたっては、従来と同様に企業の置かれた状況を総合的に判断する必要があると考えられる。

開　示

36. 本会計基準は、監査保証実務指針第63号、税効果Q&A及び実務対応報告第12号に記載されている表示に関する取扱いのうち、本会計基準の適用範囲とした税金の表示に関する取扱いの内容を踏襲している。

当事業年度の所得等に対する法人税、住民税及び事業税等

37. 実務対応報告第12号では、事業税（付加価値割）を、原則として、損益計算書の販売費及び一般管理費として表示する理由に、「付加価値割の課税標準についても、企業の活動価値を表すものと考えられ、課税所得とは異なる考え方に基づき算定される」ため、「利益に関連する金額を課税標準とする事業税ではないと判断される」ことを挙げていた。また、「付加価値割の課税標準は一体として意味を持つものであり、課税標準を分解して取扱いを違えることは不合理であると考えられるため、付加価値割のうち利益に関連する金額に対応する税額のみを分離して「法人税、住民税及び事業税」に計上するといった考え方は採用していない。」との考えが示されていた。本会計基準では、当該考えを踏襲している（第10項参照）。

受取利息及び受取配当金等に課される源泉所得税

38. 監査保証実務指針第63号では、受取利息及び受取配当金等に課される源泉所得税について、「受取利子・配当等に課される源泉所得税のうち、法人税法及び地方税法上の税額控除の適用を受ける金額は、損益計算書上、「法人税、住民税及び事業税」に含めて処理する。」と記載されていた。この記載について、税額控除の適用を受ける場合、第5項に定めた当事業年度の所得等に対する法人税、住民税及び事業税等の額に含まれ、法人税、地方法人税、住民税及び事業税（所得割）に含めて表示することが明らかであるため、本会計基準では踏襲していない

外国法人税

39. 監査保証実務指針第63号では、外国法人税について、「外国法人税のうち、法人税法上の税額控除の適用を受ける金額は、損益計算書上、「法人税、住民税及び事業税」に含めて処理する。」とされていた記載についても、第38項と同様の理由により、本会計基準では踏襲していない。

40. 税効果Q＆Aでは、「外国子会社からの配当等の額に係る外国源泉所得税は、当該子会社の利益に関する金額を課税標準とする税金と考えられるため、「法人税、住民税及び事業税」に含めて表示することが適当と考えられます。」とされていた。本会計基準では、この内容を踏襲している（第14項参照）。

適用時期等

41. 2017年会計基準では、監査保証実務指針第63号等における税金の会計処理及び開示に関する部分について、基本的にその内容を踏襲した上で表現の見直しや考え方の整理等を行っており、実質的な内容の変更は意図していないため、公表日以後適用することとした。また、同様の理由により、2017年会計基準の適用については、会計基準等の改正に伴う会計方針の変更に該当しないものとして取り扱うこととした（第19項及び第20項参照）。

42. 2022年改正会計基準では、法人税、住民税及び事業税等の計上区分に関する基本となる考え方を変更することとしており、その他の包括利益に対して課税される場合の会計処理などが変更になることから、一定の周知期間又は準備期間が必要となると考えられる。そのため、公表から適用開始までに1年以上の期間を設けることとし、2024年4月1日以後開始する連結会計年度及び事業年度の期首から適用することとした（第20-2項参照）。

また、早期適用への一定のニーズがあると考えられることから、2023年4月1日以後開始する連結会計年度及び事業年度の期首からの早期適用を認めることとした（第20-2項ただし書き参照）。

43. 2022年改正会計基準の適用における前項のような会計方針の変更は、企業会計基準第24号第6項(1)の会計基準等の改正に伴う会計方針の変更に該当する。新たな会計方針を過去の期間に遡及適用することを求めた場合、新たな会計方針に従って過去の期間の会計処理を行った上で、開示についての組替えなどを行うことが必要とな

り、財務諸表作成者の過度な負担が生じる可能性があることから、特定の経過的な取扱いについて検討を行った。

経過的な取扱いを定めるにあたり、例えば、過年度にその他の包括利益に対して課税され、その後、当期までの期間にその他の包括利益のリサイクリングが行われていない場合、会計方針の変更によって、その他の包括利益に対して課された税額をその他の包括利益累計額とする必要があることから、過年度に生じた取引等についての会計方針の変更による累積的影響が生じる。このような場合において、仮に当該累積的影響額を当期の財務諸表に反映しないこととした場合、将来のリサイクリングを行う期間において、リサイクリング部分についての法人税、住民税及び事業税等の額が損益に計上されないことから、当該期間における税引前当期純利益と税金費用の対応関係が図られないこととなる。

そのため、過年度に生じた取引等についての累積的影響額を当期の財務諸表に反映させることが考えられるが、これは、新たな会計方針を過去の期間に遡及適用しない場合でも、当該累積的影響額を当期の財務諸表の期首時点の純資産の部に反映することによって達成されると考えられる。

また、このような累積的影響額については、原則として、過年度において課税されたその他の包括利益の金額に、当該年度の法定実効税率を乗じて算定することになるが（本会計基準第5-4項参照）、このような情報は、過去の実績値であり、また、重要性が乏しい場合には、損益に計上することができることとしていることから（本会計基準第5-3項(1)参照）、情報の入手が可能な場合は多いと考えられる。

以上に加え、新たな会計方針を過去の期間に遡及適用することによる便益が限定的と考えられることも考慮し、経過的な取扱いとして、会計方針の変更による累積的影響額を2022年改正会計基準の適用初年度の期首の利益剰余金に加減するとともに、対応する金額を資本剰余金、評価・換算差額等又はその他の包括利益累計額

のうち、適切な区分に加減し、当該期首から新たな会計方針を適用することができることとした（本会計基準第20-3項ただし書き参照）。

設 例

［設例1］ 評価・換算差額等に対して課税される場合

1．前提条件

(1) A社の決算日は、3月31日である。

(2) A社は、取得原価が1,000のその他有価証券を保有しており、X1年3月期の期末において、その他有価証券の時価は1,500であった。その他有価証券評価差額金500は、X1年3月期において課税所得に含まれ課税されるものとする。

A社は、当該その他有価証券評価差額金を除いても課税所得が生じている。X1年3月期の期末における法人税、住民税及び事業税等の税率並びに法定実効税率は30％であった。

(3) X2年3月期の期末における当該その他有価証券の時価は1,300であった。X2年3月期の期末における法人税、住民税及び事業税等の税率並びに法定実効税率はX1年3月期の期末と同じく30％であった。

(4) X3年3月期の期末における当該その他有価証券の時価は、X2年3月期と同じく1,300であった。X3年3月期において税法の改正が行われ、当該期末における法人税、住民税及び事業税等の税率並びに法定実効税率は20％となった。

(5) X4年3月期の期中に、当該その他有価証券を1,300で売却し、その他有価証券の売却益が300生じた。

A社は、当該その他有価証券の売却損益を除いても課税所得が生じている。X4年3月期の期末における法人税、住民税及び事業税等の税率並びに法定実効税率はX3年3月期の期末と同じく20％であった。

(6) その他有価証券の税務上の帳簿価額はX1年3月期の期末からX4年3月期の売却時まで1,500であった。

(7) 繰延税金資産の全額について回収可能性がある

ものとする。

2．会計処理

(1) X1年3月期

（その他有価証券の時価評価の仕訳）

(借)その他有価証券 500	(貸)その他有価証券 500
	評価差額金

（評価差額等に課される法人税、住民税及び事業税等の仕訳）

(借)法人税、住民税 150	(貸)未払法人税等 150
及び事業税(*1)	
(借)その他有価証券 150	(貸)法人税、住民税 150
評価差額金(*1)	及び事業税(*1)

(＊1) 法人税、住民税及び事業税150＝評価差額等（その他有価証券評価差額金）500×法定実効税率30％

評価差額等に対して課される当事業年度の所得に対する法人税、住民税及び事業税等は、個別財務諸表上、純資産の部の評価・換算差額等に区分して計上する（本会計基準第5項(2)及び第5-2項(2)参照）。

また、当該法人税、住民税及び事業税等については、課税の対象となった取引等に関連して、評価・換算差額等（その他有価証券評価差額金）の区分に計上した額に、課税対象期間（X1年3月期）における法定実効税率を乗じて算定する（本会計基準第5-4項参照）。

(2) X2年3月期

（その他有価証券の時価評価の仕訳）

(借)その他有価証券 200	(貸)その他有価証券 200
評価差額金(*2)	評価差額金
(借)繰延税金資産 60	(貸)その他有価証券 60
(*3)	評価差額金

(＊2) 評価・換算差額等の減少額200＝評価差額等（その他有価証券評価差額金）の変動額（1,500－1,300）

(＊3) 繰延税金資産60＝評価差額等（その他有価証券評価差額金）に係る将来減算一時差異200×法定実効税率30％

その他有価証券の会計上の帳簿価額1,300に対して税務上の帳簿価額は1,500であるため、将来減算一時差異が200生じる。したがって、当該将来減算一時差異200に係る繰延税金資産を評価・換算差額等（その他有価証券評価差額金）を相手勘定として計上する（税効果適用指針第9項(1)及び第11項）。

(3) X3年3月期

（過年度の所得に対する法人税、住民税及び事業税等に係る税率の変更の仕訳）

仕訳なし(*4)

（税効果会計に係る税率の変更の仕訳）

| （借）その他有価証券 | 20 | （貸）繰延税金資産 | 20 |
| 評価差額金 | | (＊5) | |

（＊4）　法人税、住民税及び事業税等の税率の変更があっても、X1年3月期で評価・換算差額等（その他有価証券評価差額金）に計上した税額は確定した金額であり、リサイクリングは行わない（本会計基準第29-10項参照）。

（＊5）　繰延税金資産20＝将来減算一時差異200（（＊3）参照）×（変更前の法定実効税率30％－変更後の法定実効税率20％）

　　　X2年3月期において計上した繰延税金資産については、税率の変更を反映し、修正額について評価・換算差額等（その他有価証券評価差額金）として計上する（税効果適用指針第51項(1)）。

(4)　X4年3月期

（その他有価証券評価差額金の戻入れの仕訳）

| （借）その他有価証券 | 300 | （貸）その他有価証券 | 300 |
| 評価差額金 | | | |

（その他有価証券の売却の仕訳）

（借）現金預金	1,300	（貸）その他有価証	1,000
		券	
		その他有価証	300
		券売却益	

（過年度に評価・換算差額等に計上した法人税、住民税及び事業税のリサイクリングの仕訳）

| （借）法人税、住民税 | 150 | （貸）その他有価証券 | 150 |
| 及び事業税(＊6) | | 評価差額金 | |

（将来減算一時差異の解消に伴う繰延税金資産の取崩しの仕訳）

| （借）その他有価証券 | 40 | （貸）繰延税金資産 | 40 |
| 評価差額金 | | (＊7) | |

（その他有価証券の売却に係る法人税、住民税及び事業税等の仕訳）

| （借）未払法人税等 | 40 | （貸）法人税、住民税 | 40 |
| | | 及び事業税(＊8) | |

（＊6）　過年度に計上した評価・換算差額等（その他有価証券評価差額金）を損益に計上（リサイクリング）したことから、X1年3月期の期末に評価・換算差額等（その他有価証券評価差額金）に計上した税額150（（＊1）参照）についても損益に計上する（本会計基準第5-5項参照）。

（＊7）　繰延税金資産40＝X2年3月期の計上額60（（＊3）参照）－X3年3月期の修正額20（（＊5）参照）その他有価証券の売却によって、その他有価証券評価差額金に係る将来減算一時差異が解消していることから、過年度に計上した繰延税金資産を評価・換算差額等（その他有価証券評価差額金）を相手勘定として取り崩す（税効果適用指針第9項(1)及び第11項）。

（＊8）　法人税、住民税及び事業税40（貸方）＝税務上のその他有価証券の売却損200×法人税、住民税及び事業税等の税率20％

　　　その他有価証券の税務上の帳簿価額は、1,500であるため、税務上、その他有価証券の売却損が200（＝現金預金1,300－その他有価証券1,500）生じる。したがって、課税所得計算上は当該売却損200が損金に算入される。

2022年改正会計基準の公表による他の会計基準等についての修正

　2022年改正会計基準により、当委員会が公表した会計基準等については、次の修正を行う（下線は追加部分、取消線は削除部分を示す。）。

(1)　（略）

以　上

企業会計基準第28号
「税効果会計に係る会計基準」の一部改正

平成30年2月16日
企業会計基準委員会

本会計基準は、2021年8月12日までに公表され
た次の会計基準等による修正が反映されている。

・企業会計基準第24号「会計方針の開示、会計
上の変更及び誤謬の訂正に関する会計基準」
（2020年3月31日改正）
・実務対応報告第42号「グループ通算制度を適
用する場合の会計処理及び開示に関する取扱
い」（2021年8月12日公表）

目 的

1. 本会計基準は、企業会計審議会が平成10年10
月に公表した「税効果会計に係る会計基準」（以
下「税効果会計基準」という。）及び「税効果
会計に係る会計基準注解」（以下「税効果会計
基準注解」という。）のうち開示に関する事項

を改正することを目的とする。

会計基準

開 示
表 示

2. 税効果会計基準の「第三 繰延税金資産及び繰
延税金負債等の表示方法」1. 及び2. の定め
を次のとおり改正する。

1. 繰延税金資産は投資その他の資産の区分に
表示し、繰延税金負債は固定負債の区分に表
示する。

2. 同一納税主体の繰延税金資産と繰延税金負
債は、双方を相殺して表示する。

異なる納税主体の繰延税金資産と繰延税金
負債は、双方を相殺せずに表示する。

ただし、グループ通算制度を適用する場合
の連結財務諸表における繰延税金資産と繰延
税金負債の表示については、実務対応報告第
42号「グループ通算制度を適用する場合の会
計処理及び開示に関する取扱い」第27項に定
める取扱いを適用する。

注記事項

3. 税効果会計基準の「第四 注記事項」1. の定
めを次のとおり改正する。

1. 繰延税金資産及び繰延税金負債の発生原因
別の主な内訳（注8・9）

4. 税効果会計基準注解（注8）の定めを次のと
おり改正する。

（注8） 繰延税金資産の発生原因別の主な内訳にお
ける評価性引当額の取扱いについて

（1） 繰延税金資産の発生原因別の主な内訳を
注記するにあたっては、繰延税金資産から
控除された額（評価性引当額）（注5に係
るもの）を併せて記載する。繰延税金資産
の発生原因別の主な内訳として税務上の繰

越欠損金を記載している場合であって、当該税務上の繰越欠損金の額が重要であるときは、繰延税金資産から控除された額（評価性引当額）は、税務上の繰越欠損金に係る評価性引当額と将来減算一時差異等の合計に係る評価性引当額に区分して記載する。

なお、将来減算一時差異等の合計に係る評価性引当額の区分には、繰越外国税額控除や繰越可能な租税特別措置法上の法人税額の特別控除等を含める。

(2) 繰延税金資産から控除された額（評価性引当額）に重要な変動が生じている場合、当該変動の主な内容を記載する。なお、連結財務諸表を作成している場合、個別財務諸表において記載することを要しない。

5. 税効果会計基準注解（注9）の定めを次のとおり追加する。

(注9) 繰延税金資産の発生原因別の主な内訳として税務上の繰越欠損金を記載している場合であって、当該税務上の繰越欠損金の額が重要であるときの取扱いについて

繰延税金資産の発生原因別の主な内訳として税務上の繰越欠損金を記載している場合であって、当該税務上の繰越欠損金の額が重要であるときは、次の事項を記載する。なお、連結財務諸表を作成している場合、個別財務諸表において記載することを要しない。

(1) 繰越期限別の税務上の繰越欠損金に係る次の金額
　① 税務上の繰越欠損金の額に納税主体ごとの法定実効税率を乗じた額
　② 税務上の繰越欠損金に係る繰延税金資産から控除された額（評価性引当額）
　③ 税務上の繰越欠損金に係る繰延税金資産の額
(2) 税務上の繰越欠損金に係る重要な繰延税金資産を計上している場合、当該繰延税金資産を回収可能と判断した主な理由

適用時期等

6. 本会計基準は、平成30年4月1日以後開始する連結会計年度及び事業年度の期首から適用する。ただし、平成30年3月31日以後最初に終了する連結会計年度及び事業年度の年度末に係る連結財務諸表及び個別財務諸表から適用することができる。

7. 本会計基準の適用初年度においては、企業会計基準第24号「会計方針の開示、会計上の変更及び誤謬の訂正に関する会計基準」（以下「企業会計基準第24号」という。）第14項の定めにかかわらず、本会計基準第3項から第5項に定める税効果会計基準注解（注8）（同注解（注8）(1)に定める繰延税金資産から控除された額（評価性引当額）の合計額を除く。）及び同注解（注9）に記載した内容を、適用初年度の連結財務諸表及び個別財務諸表に併せて表示される前連結会計年度における連結財務諸表（注記事項を含む。）及び前事業年度における個別財務諸表（注記事項を含む。）（以下合わせて「比較情報」という。）に記載しないことができる。

議　決

8. 本会計基準は、第378回企業会計基準委員会に出席した委員14名全員の賛成により承認された。なお、出席した委員は以下のとおりである。（略）

結論の背景

経　緯

9. 平成25年12月に開催された第277回企業会計基準委員会において、公益財団法人財務会計基準機構内に設けられている基準諮問会議より、日本公認会計士協会における税効果会計に関する実務指針（会計に関する部分）について当委員会で審議を行うことが提言された。この提言を受けて、当委員会は、税効果会計専門委員会を設置して、平成26年2月から審議を開始した。

その後、当委員会は、繰延税金資産の回収可能性に関する適用指針を先行して開発することとし、平成27年12月に、企業会計基準適用指針第26号「繰延税金資産の回収可能性に関する適用指針」（以下「回収可能性適用指針」という。）を公表した。

10. 当該回収可能性適用指針の公開草案を公表する前における審議の過程において、税効果会計基準及び同注解では繰延税金資産の回収可能性に関連する注記事項として、繰延税金資産の発

生原因別の主な内訳等が定められているものの、財務諸表利用者から、計上されている繰延税金資産や評価性引当額の内容を十分に理解することが困難であるとの意見が聞かれた。これを受けて、回収可能性適用指針の公開草案（平成27年5月に公表）においては、注記事項に関する質問項目を設けて、コメントを募集した。

11. 当委員会では、寄せられたコメントを踏まえ、税効果会計に関する表示及び注記事項の見直しについて検討を行い、平成29年6月に企業会計基準公開草案第60号「『税効果会計に係る会計基準』の一部改正（案）」を公表して広く意見を求めた。本会計基準は、公開草案に寄せられた意見を踏まえて検討を行い、公開草案の内容を一部修正した上で公表するに至ったものである。

表　示

12. 本会計基準による改正前の税効果会計基準第三1．では、「繰延税金資産及び繰延税金負債は、これらに関連した資産・負債の分類に基づいて、繰延税金資産については流動資産又は投資その他の資産として、繰延税金負債については流動負債又は固定負債として表示しなければならない。ただし、特定の資産・負債に関連しない繰越欠損金等に係る繰延税金資産については、翌期に解消される見込みの一時差異等に係るものは流動資産として、それ以外の一時差異等に係るものは投資その他の資産として表示しなければならない。」とされていた。

13. これに対し、国際財務報告基準（IFRS）では、国際会計基準（IAS）第1号「財務諸表の表示」（以下「IAS第1号」という。）において、繰延税金資産（負債）を財政状態計算書に表示する場合、流動資産（負債）として分類してはならないとされている。また、米国会計基準では、平成27年11月に、FASBAccountingStandards Codification（米国財務会計基準審議会による会計基準のコード化体系）のTopic740「法人所得税」が改正され、繰延税金資産又は繰延税金負債を非流動区分に表示するとされている。

14. ここで、回収可能性適用指針の公開草案に寄せられたコメントでは、財務諸表作成者の負担の観点から、国際的な会計基準と整合性を図り、繰延税金資産又は繰延税金負債をすべて非流動区分（投資その他の資産及び固定負債に分類されるものを含む。以下同じ。）に表示すべきとの意見があったことを踏まえ、流動又は非流動区分に表示する取扱いを国際的な会計基準に整合させるか否かについて、検討を行った。

15. この点、繰延税金資産及び繰延税金負債を、これらに関連した資産及び負債の分類に基づいて流動又は非流動区分に表示するという現行の取扱いは、一時差異等に関連した資産及び負債と、その税金費用に関する資産及び負債（当該一時差異等に係る繰延税金資産及び繰延税金負債）が同時に取り崩されるという特徴を踏まえており、同一の区分に表示することに一定の論拠があると考えられる。

　一方、繰延税金資産は換金性のある資産ではないことや、決算日後に税金を納付する我が国においては、1年以内に解消される一時差異等について、1年以内にキャッシュ・フローは生じないことを勘案すると、すべてを非流動区分に表示することにも一定の論拠があると考えられる。

16. また、繰延税金資産及び繰延税金負債をすべて非流動区分に表示する場合、従来のように流動又は非流動区分に分ける必要がないため、財務諸表作成者の負担は比較的軽減されるとの意見も聞かれる。

17. 我が国の会計基準の取扱いを国際的な会計基準に整合させることは、一般的に、財務諸表の比較可能性が向上することが期待され、財務諸表利用者に一定の便益をもたらすと考えられる流動又は非流動区分に表示する取扱いもすべてを非流動区分に表示する取扱いも一定の論拠があることや、すべてを非流動区分に表示する場合、財務諸表作成者の負担が軽減されることに加え、我が国の東京証券取引所市場第一部に上場している企業を対象にデータ分析を行った範囲では、変更による流動比率に対する影響は限

定的であり財務分析に影響が生じる企業は多くないと考えられることも勘案し、繰延税金資産又は繰延税金負債の表示については国際的な会計基準に整合させ、すべてを非流動区分に表示することとした（第2項参照）。

18. なお、本会計基準による改正前の税効果会計基準第三2. では、「ただし、異なる納税主体の繰延税金資産と繰延税金負債は、原則として相殺してはならない。」とされていたが、異なる納税主体において繰延税金資産と繰延税金負債を相殺して表示する実務は見られないと考えられることから、「原則として」という表現を削除している。

注記事項
注記事項に追加すべき項目の検討

19. 税効果会計基準では、税効果会計に関する注記事項として、次の事項が定められている。

(1) 繰延税金資産及び繰延税金負債の発生原因別の主な内訳（以下「発生原因別の注記」という。）

(2) 税金等調整前当期純利益又は税引前当期純利益（以下「税引前純利益」という。）に対する法人税等（法人税等調整額を含む。）の比率（以下「税負担率」という。）と法定実効税率との間に重要な差異があるときは、当該差異の原因となった主要な項目別の内訳（以下「税率差異の注記」という。）

(3) 税率の変更により繰延税金資産及び繰延税金負債の金額が修正されたときは、その旨及び修正額

(4) 決算日後に税率の変更があった場合には、その内容及びその影響

20. ここで、注記事項の追加を検討するにあたっては、財務諸表利用者が税効果会計に関連する注記事項を利用する目的やその分析内容、実際に利用している情報を検討した上で、現状において不足している情報を明確にすべきと考えられるため、主として株価予測を行う財務諸表利用者と主として企業の信用力の評価を行う財務諸表利用者を中心に、その分析内容及び現状に

おいて不足している情報の検討を行った。

21. 主として株価予測を行う財務諸表利用者は、一般的に、6か月から1年後程度の株価を予想し、当該株価に対して現在の株価が割安か割高かについての分析を行っているが、将来の株価については、主に株価収益率（PER）、株価純資産倍率（PBR）、ディスカウント・キャッシュ・フロー（DCF）、又はそれらのうち複数を用いて予想しているものと考えられる。これらの分析においては、将来2年から5年後の予想財務諸表（貸借対照表、損益計算書及びキャッシュ・フロー計算書）を用いて将来の1株当たり利益（EPS）若しくは1株当たり純資産（BPS）又はDCFを算出するため、将来の税負担率の予測が重要となる。この税負担率を予測する過程においては、必要に応じて、繰延税金資産の回収可能性に関する不確実性の評価を行い税金費用の金額を予測することもある。

他方、主として企業の信用力の評価を行う財務諸表利用者は、一般的に、上記の分析に加えて企業の財務の安全性や債務の返済能力についても分析を行っているものと考えられる。具体的には、自己資本比率や債務償還年数を検証しており、これらの分析においても、繰延税金資産の回収可能性に関する不確実性の評価や税負担率の予測が必要となる。

22. このように、財務諸表利用者が税負担率の予測の観点及び繰延税金資産の回収可能性に関する不確実性の評価の観点から分析を行うことに着目し、実際に利用している情報を検討した結果、現状において不足している情報として、評価性引当額の内訳に関する情報、税務上の繰越欠損金に関する情報及び税法の改正による影響額が識別された。

23. このうち評価性引当額の内訳に関する情報及び税務上の繰越欠損金に関する情報については、現状において情報が不足している理由及び追加する注記事項の内容を第25項以降に記載している。

なお、税法の改正による影響額については、財務諸表利用者が、当年度の税負担率から一過

性の原因により生じたものを除いて将来の税負担率を予測する場合、税率の変更による影響のみならず、当該影響を含む税法の改正による影響を考慮することとなると考えられるため、当該情報の注記を追加すべき項目とするか否かについて検討した。検討の結果、税法の改正の内容を注記する場合、繰延税金資産及び繰延税金負債に重要な影響を与えるものを特定した上で、税法の改正を考慮していないことを前提にした繰延税金資産及び繰延税金負債を算定する必要があり、特に在外子会社の税制は多様であることから当該算定が煩雑であるとの意見が開かれたため、コストと便益の比較の観点から、税法の改正による影響額を注記事項に追加しないこととした。

24. 公開草案に寄せられたコメントでは、本会計基準第4項及び第5項で定める注記事項について、IFRSでは必ずしも求められていないものが含まれるため、追加すべきではないとの意見があった。

この点については、注記事項の追加に関する多数の論点を検討するにあたり、第20項から第22項に記載のとおり、財務諸表利用者が税負担率の予測の観点及び繰延税金資産の回収可能性に関する不確実性の評価の観点から分析を行うことに着目することとし、その分析内容及び実際に利用している情報を十分に検討した上で必要となる注記事項を定めたものであり、国際的な会計基準については、参考にはするものの、国際的な会計基準の定めがある項目に合わせることはしていない。

評価性引当額の内訳に関する情報
評価性引当額の内訳に関する数値情報
（評価性引当額の内訳に関する数値情報の有用性）

25. 第21項及び第22項に記載したように、財務諸表利用者が税効果会計に関連する注記事項を利用する場合、一般的に、税負担率の予測の観点及び繰延税金資産の回収可能性に関する不確実性の評価の観点から分析を行うと考えられるため、それぞれの観点から現状において不足している情報について検討を行った。

26. 財務諸表利用者が税負担率の予測の観点から分析を行う場合、一般的に、税率差異の注記により、法定実効税率と税負担率との差異のうち一過性の原因により生じたものを除いて実施することが多いと考えられる。この予測にあたって、法定実効税率と税負担率との差異が大きく、かつ、税率差異の注記に「評価性引当額の増減」が記載されている場合、従来の発生原因別の注記では評価性引当額の合計額のみが記載されているため、「評価性引当額の増減」の内容の理解が困難であることから、当年度において法定実効税率と税負担率との差異が大きい理由及び将来の税負担率に与える影響の予測が困難となっていたと考えられる。

特に、税負担率の実績と予測が乖離する原因として、税務上の繰越欠損金が生じたときに将来において課税所得が生じる見込みがないため評価性引当額を計上するケースや、税務上の繰越欠損金に係る評価性引当額を計上していたときに、課税所得が生じ税務上の繰越欠損金を利用したことにより評価性引当額が減少するケース等、税務上の繰越欠損金に関連することが挙げられることが多いため、当該税務上の繰越欠損金に係る評価性引当額は有用な情報となると考えられる。

28. これらを踏まえ、発生原因別の注記として税務上の繰越欠損金を記載している場合であって、当該税務上の繰越欠損金の額が重要であるときは、これまで発生原因別の注記に記載されていた評価性引当額の合計額について、税務上の繰越欠損金に係る評価性引当額と将来減算一時差異等の合計に係る評価性引当額に区分して記載することを定めることとした（第4項に定める税効果会計基準注解（注8）(1)参照）。

（評価性引当額の内訳に関する数値情報の記載の要否に関する重要性の判断）

29. 評価性引当額の内訳に関する数値情報は、第25項から第28項に記載したように、税負担率の予測の観点及び繰延税金資産の回収可能性に関する不確実性の評価の観点の双方から追加して

いる点を勘案すると、「繰延税金資産の発生原因別の主な内訳として税務上の繰越欠損金を記載している場合であって、当該税務上の繰越欠損金の額が重要であるとき」における「重要であるとき」とは、次のとおりと考えられる。

30. 税負担率の予測の観点からは、税務上の繰越欠損金の繰越期間にわたり課税所得（税務上の繰越欠損金控除前のもの。本項において同じ。）が生じる場合、当該繰越期間の税負担率に影響が生じる可能性があるため、「重要であるとき」には、例えば、税務上の繰越欠損金の控除見込額（課税所得との相殺見込額）が将来の税負担率に重要な影響を及ぼす場合が含まれると考えられる。

他方、繰延税金資産の回収可能性に関する不確実性の評価の観点からは、税務上の繰越欠損金に係る評価性引当額の記載により、当該税務上の繰越欠損金に係る繰延税金資産の額を理解することができるため、「重要であるとき」には、例えば、純資産の額に対する税務上の繰越欠損金の額（納税主体ごとの法定実効税率を乗じた額）の割合が重要な場合が含まれると考えられる。

31. ただし、企業が置かれた状況によって重要性は異なるため、一律に重要性の基準を定めることは適切ではないと考えられ、第30項の考え方を目安として、連結財務諸表における注記及び個別財務諸表における注記のそれぞれについて、企業の状況に応じて適切に判断することが考えられる。

（評価性引当額の注記の対象となる範囲）

32. 審議の過程では、繰越外国税額控除や繰越可能な租税特別措置法上の法人税額の特別控除等に係る繰延税金資産について、繰延税金資産から控除された額（評価性引当額）を注記の対象とするか否かが必ずしも明らかではないとの意見が聞かれたことから、これらについても評価性引当額に関する注記の対象となることを明らかにした（第4項に定める税効果会計基準注解（注8）(1)参照）。

なお、子会社に対する投資に係る連結財務諸表固有の将来減算一時差異について、企業会計基準適用指針第28号「税効果会計に係る会計基準の適用指針」（以下「税効果適用指針」という。）第22項(1)を満たさないことにより繰延税金資産を計上していない場合、当該将来減算一時差異に係る繰延税金資産が存在しないため、繰延税金資産から控除された額（評価性引当額）も存在しないと考えられる。また、組織再編に伴い受け取った子会社株式又は関連会社株式（以下「子会社株式等」という。）（事業分離に伴い分離元企業が受け取った子会社株式等を除く。）に係る将来減算一時差異のうち、当該株式の受取時に生じていたものについて、予測可能な将来の期間に、その売却等を行う意思決定及び実施計画が存在しない場合に、税効果適用指針第8項(1)ただし書きにより繰延税金資産を計上していないときについても同様であると考えられる。

評価性引当額の内訳に関する定性的な情報
（評価性引当額の合計額に重要な変動が生じている場合における変動内容の記載の有用性）

33. 評価性引当額の合計額に重要な変動が生じている場合、税負担率に重要な影響が生じていることが多い。しかしながら、当該変動の内容が理解できないことに起因し、税負担率に影響が生じている原因を分析できず、結果として税負担率の実績と予測が大きく乖離することが少なくないとの意見が聞かれた。このため、財務諸表利用者が評価性引当額の変動の内容を理解し、税負担率に影響が生じている原因を分析することに資するように、定性的な情報として当該変動の主な内容についての注記事項を定めることとした（第4項に定める税効果会計基準注解（注8）(2)参照）。

34. 審議の過程では、当該定性的な情報については、複数の連結会社の数値が合算された評価性引当額の合計額に重要な変動が生じている場合もあることから、当該変動の内容が注記されたとしても、財務諸表利用者にとって必ずしも有用な情報にはならないとの意見や、仮に評価性

引当額に重要な変動が生じている連結会社を特定してその変動の内容が注記されたとしても、当該連結会社の将来の業績予測が開示されない場合には財務諸表利用者にとって必ずしも有用な情報にはならないとの意見が聞かれた。

一方で、各企業においては、法定実効税率と税負担率の差異が大きく、当該差異のうち「評価性引当額の増減」の割合が大きい場合、評価性引当額の合計額の変動の主な内容について、当年度の業績を分析する過程で一定程度は把握していると考えられ、当該情報は財務諸表利用者にとって有用であるとの意見も聞かれた。

35. この点、本会計基準では、第10項及び第20項に記載のとおり、財務諸表利用者が税効果会計に関連する注記事項を利用し分析を行う際に現状において不足している情報を補うことを目的としていることを踏まえ、評価性引当額（合計額）に重要な変動が生じている場合、当該変動の主な内容を注記事項に追加することとした。

なお、当該変動の主な内容は企業の置かれている状況により様々であると考えられるため、当該変動の主な内容にどのような事項を記載するかについて、特段定めていない。

（評価性引当額の変動内容の記載の要否に関する重要性の判断）

36. 評価性引当額の変動の主な内容（第4項に定める税効果会計基準注解（注8）(2)参照）については、主として税負担率の分析に資する情報であることを踏まえると、「重要な変動が生じている場合」には、例えば、税負担率の計算基礎となる税引前純利益の額に対する評価性引当額（合計額）の変動額の割合が重要な場合が含まれると考えられる。

ただし、企業が置かれた状況によって重要性は異なるため、一律に重要性の基準を定めることは適切ではないと考えられ、本項前段の考え方を目安として、企業の状況に応じて適切に判断することが考えられる。

また、税負担率と法定実効税率との間に重要な差異がなく、税率差異の注記を省略している場合（例えば、当該差異が法定実効税率の100

分の5以下である場合）、当該変動の主な内容を注記することは要しないと考えられる。

関連する国際的な会計基準の定め

37. 第4項に関連して、IFRSでは、IAS第12号「法人所得税」（以下「IAS第12号」という。）において、一時差異等（税務上の繰越欠損金及び繰越税額控除を含む。）の種類ごとの、財政状態計算書に認識した繰延税金資産の額（IAS第12号第81項(g)）並びに繰延税金資産を認識していない将来減算一時差異、税務上の繰越欠損金及び繰越税額控除の額（及び、もしあれば、失効日）（IAS第12号第81項(e)）を開示することが定められている。

また、IAS第1号においては、企業は、報告期間の末日における、将来に関して行う仮定及び見積りの不確実性の他の主要な発生要因のうち、翌年度中に資産及び負債の帳簿価額に重要性のある修正を生じる重要なリスクがあるものに関する情報を開示しなければならないとされており、当該資産及び負債に関して、その内容及び報告期間の期末日現在の帳簿価額の詳細を記載しなければならないとされている（IAS第1号第125項）。

税務上の繰越欠損金に関する情報
税務上の繰越欠損金に関する数値情報
（税務上の繰越欠損金に関する繰越期限別の数値情報の有用性）

38. 税負担率の予測の観点から、第26項に記載したように、税負担率の実績と予測が乖離する原因として、税務上の繰越欠損金に関連することが挙げられることが多い。特に、税務上の繰越欠損金に係る繰延税金資産を計上していない場合で、当該税務上の繰越欠損金の繰越期限が到来するときに、将来の税負担率に与える影響の予測が困難となっていたと考えられる。

39. このため、税務上の繰越欠損金の繰越期間にわたって課税所得又は税務上の欠損金が生じたときの税負担率の予測に資するように、税務上の繰越欠損金に関する数値情報として、繰越期

限別に、税務上の繰越欠損金の額に納税主体ごとの法定実効税率を乗じた額（発生原因別の注記に記載されている額）、当該税務上の繰越欠損金に係る評価性引当額及び当該税務上の繰越欠損金に係る繰延税金資産の額についての注記事項を定めることとした（第5項に定める税効果会計基準注解（注9）(1)参照）。

40. 当該注記事項により、例えば、税務上の繰越欠損金に係る繰延税金資産を計上していない場合で、1年以内に当該税務上の繰越欠損金の繰越期限が到来し2年目以降に課税所得が見込まれるときは、2年目以降の税負担率が法定実効税率に近い値になることを予測することができると考えられる。

41. 公開草案に寄せられたコメントでは、税務上の繰越欠損金に関する数値情報について、事業内容や税制、繰延税金資産の回収可能性が異なる複数の連結会社の数値が合算されているため、財務諸表利用者が税負担率の予測又は繰延税金資産の回収可能性に関する不確実性の評価を行う上で有用な情報とならないとの意見や、税務上の繰越欠損金の増減については他の開示情報からも読み取ることができる情報であるため、税務上の繰越欠損金に関する数値情報については追加すべきでないとの意見があった。

　この点、第26項に記載したように、税負担率の実績と予測が乖離する原因として、税務上の繰越欠損金に関連することが多く、第21項に記載したとおり、財務諸表利用者がPERやDCFによる分析又は債務償還年数の検証を行う上での税負担率の予測や財務諸表利用者が自己資本比率の検証を行う上での繰延税金資産の回収可能性に関する不確実性の評価において、税務上の繰越欠損金に関する数値情報は、有用な情報となると考えられる。また、税務上の繰越欠損金に関する数値情報が複数の連結会社の数値が合算された情報であるとしても、財務諸表利用者は、第5項における税務上の繰越欠損金に係る繰延税金資産を回収可能と判断した主な理由の記載や第4項における評価性引当額の変動の主な内容の記載を参照することにより、税負担

率の予測や税務上の繰越欠損金に係る繰延税金資産の回収可能性に関する不確実性の評価に重要な影響を及ぼす事項については、その影響や内容について相当程度理解し得ると考えられる。

（税務上の繰越欠損金に関する数値情報を繰越期限別に記載する場合の年度の区切り方）

42. 税務上の繰越欠損金に関する数値情報を繰越期限別に記載するにあたっては、第21項に記載したように、主として株価予測を行う財務諸表利用者が将来2年から5年後の予想財務諸表を用いて税負担率の予測を行っていることを踏まえ、5年以内に繰越期限が到来する場合には比較的短い年度に区切ることが考えられる。一方で、企業における税務上の繰越欠損金の発生状況は様々であり、また、在外子会社の税制は多様であるため、繰越期間の年数や有無は様々であると考えられる。これらの点を考慮すると、年度の区切り方については、企業が有している税務上の繰越欠損金の状況に応じて適切に設定することが考えられるため、本会計基準においては特段定めていない。

税務上の繰越欠損金に関する定性的な情報

（税務上の繰越欠損金に係る繰延税金資産を回収可能と判断した主な理由の有用性）

43. 繰延税金資産の回収可能性に関する不確実性の評価の観点から、第27項に記載したように、税務上の繰越欠損金に係る繰延税金資産は、他の将来減算一時差異等に係る繰延税金資産よりも一般的に回収可能性に関する不確実性が高いとされているものの、従来の注記事項には、当該繰延税金資産の計上額やその回収可能性の判断理由が記載されていないため、当該評価は困難となっていたと考えられる。

44. このため、税務上の繰越欠損金に関する繰越期限別の数値情報の他に、財務諸表利用者による税務上の繰越欠損金に係る繰延税金資産の回収可能性に関する不確実性の評価に資するように、定性的な情報として当該繰延税金資産を回収可能と判断した主な理由についての注記事項を定めることとした（第5項に定める税効果会

計基準注解（注9）(2)参照）。

45. 審議の過程では、当該定性的な情報については、繰延税金資産を回収可能と判断した理由として、企業固有の情報は記載されず、将来の収益力に基づく課税所得見込みを考慮した結果等、一般的な記載しかなされない可能性があり、財務諸表利用者にとって必ずしも有用な情報にはならないとの意見が聞かれた。

　一方、各企業においては、税務上の繰越欠損金に係る重要な繰延税金資産を計上している場合、回収可能と判断した主な理由について、当年度の業績を分析する過程で一定程度は把握していると考えられ、当該情報は財務諸表利用者にとって有用であるとの意見も聞かれた。

46. この点、第35項と同様に、本会計基準では、財務諸表利用者にとって現状において不足している情報を補うことを目的としていることを踏まえ、税務上の繰越欠損金に係る重要な繰延税金資産を計上している場合、当該繰延税金資産を回収可能と判断した主な理由を注記事項に追加することとした。

　なお、回収可能と判断した主な理由は、企業の置かれている状況により様々であると考えられるため、当該理由にどのような事項を記載するかについて、特段定めていない。

（税務上の繰越欠損金に係る繰延税金資産を回収可能と判断した主な理由の記載の要否に関する重要性の判断）

47. 税務上の繰越欠損金に係る繰延税金資産を回収可能と判断した主な理由は、主として繰延税金資産の回収可能性に関する不確実性の評価に資する情報であることを踏まえると、「税務上の繰越欠損金に係る重要な繰延税金資産を計上している場合」における「重要な」場合には、例えば、純資産の額に対する税務上の繰越欠損金に係る繰延税金資産の額の割合が重要な場合が含まれると考えられる。

　ただし、企業が置かれた状況によって重要性は異なるため、一律に重要性の基準を定めることは適切ではないと考えられ、本項前段の考え方を目安として、企業の状況に応じて適切に判

断することが考えられる。

関連する国際的な会計基準の定め

48. 第5項に関連して、IFRSでは、IAS第12号において、一時差異等（税務上の繰越欠損金及び繰越税額控除を含む。）の種類ごとの、財政状態計算書に認識した繰延税金資産の額（IAS第12号第81項(g)）、繰延税金資産を認識していない将来減算一時差異、税務上の繰越欠損金及び繰越税額控除の額（及び、もしあれば、失効日）（IAS第12号第81項(e)）、並びに繰延税金資産を活用できるかどうかが将来加算一時差異の解消により生じる所得を上回る将来の課税所得の有無に依存しており、かつ、企業が当該繰延税金資産に関係する課税法域において当期又は前期に損失が生じている場合に、当該繰延税金資産の額とその認識の根拠となる証拠の内容（IAS第12号第82項）を開示することが定められている。

個別財務諸表における注記事項

49. 財務諸表利用者は、税効果会計に関する注記事項を利用し分析を行う場合、連結財務諸表における注記事項については、税制の異なる複数の連結会社の情報が集計され、理解が相当程度困難であることから、個別財務諸表における注記事項を参考として分析を行っているものと考えられる。

　本会計基準では、評価性引当額の内訳に関する情報及び税務上の繰越欠損金に関する情報を連結財務諸表における注記事項に追加しており、それらの情報により連結財務諸表に計上されている繰延税金資産や評価性引当額の内容について財務諸表利用者の理解が深まると考えられるが、コストと便益の比較の観点から、個別財務諸表においてもこれらの注記事項を追加すべきかどうかについて論点となった。

50. この論点に関して、次の事項については、財務諸表提出会社の個別財務諸表において、従来から税効果会計基準に定められている注記事項及び財務情報以外についての開示等から理解し

得る部分も少なくないことから、財務諸表利用者の分析において、連結財務諸表における注記事項の理解に重要な影響が生じることは比較的限定的であると考えられるため、連結財務諸表を作成している場合、個別財務諸表において当該注記事項の記載を要しないこととした。

(1) 評価性引当額の合計額に重要な変動が生じている場合の変動の主な内容個別財務諸表における評価性引当額は、回収可能性適用指針に従って計上されていることから、評価性引当額の合計額に重要な変動が生じている場合の変動の主な内容は、発生原因別の注記においてスケジューリング可能なものか不能なものかを推測することによりある程度理解し得ることが少なくないと考えられる。

(2) 税務上の繰越欠損金に関する繰越期別の数値情報税務上の繰越欠損金に係る評価性引当額が記載されている場合、税務上の繰越欠損金に係る繰延税金資産の額を算定することができる。また、我が国の税法に基づくため、個別財務諸表における発生原因別の注記の推移や財務情報以外における一定期間の業績推移の開示により、重要な税務上の欠損金が生じた時期が特定できれば、どの時期に繰越期限となるかについて、理解し得ることがあると考えられる。

(3) 税務上の繰越欠損金に係る重要な繰延税金資産を計上している場合、当該繰延税金資産を回収可能と判断した主な理由税務上の繰越欠損金に係る重要な繰延税金資産を回収可能と判断した主な理由については、財務諸表提出会社においては個別財務諸表が開示されていることに加えて、子会社に比べると財務情報以外についての開示も比較的多く、将来の収益力について開示されていることもあるため、これらの情報と併せて分析することにより、理解し得ることが少なくないと考えられる。

51. 一方で、評価性引当額の内訳に関する数値情報については、財務諸表提出会社の個別財務諸表において、従来から税効果会計基準に定められている注記事項及び財務情報以外についての開示等から推測することは困難であると考えられるため、個別財務諸表において税務上の繰越欠損金に係る評価性引当額と将来減算一時差異等に係る評価性引当額の情報を開示することが適当と考えられる。

したがって、連結財務諸表を作成している場合、個別財務諸表における税効果会計に関する注記事項については、評価性引当額の内訳に関する数値情報のみを追加することとした。

52. なお、公開草案に寄せられたコメントでは、個別財務諸表における開示については、開示制度全体で議論すべき事項であり、単体開示の簡素化が図られてきている状況に鑑み、第51項に記載した追加の開示を行うべきではないとの意見があった。

この点、審議の過程では、財務諸表利用者が税負担率の予測の観点及び繰延税金資産の回収可能性に関する不確実性の評価の観点から分析を行う際に現状において不足している情報(財務諸表利用者のニーズ)を重視して検討を進めており、第49項に記載しているとおり、財務諸表利用者は、連結財務諸表の分析を行うにあたり、連結財務諸表における注記事項に加えて、個別財務諸表における注記事項を参考として分析を行っているものと考えられる。特に、企業の業績が悪化して税務上の欠損金が生じた場合、個別財務諸表の重要性が相対的に高まり、一般に財務諸表利用者はより慎重な分析を行うことになり、例えば、財務諸表利用者は次のような分析を併せて実施しているものと考えられる。

(1) 税務上の繰越欠損金が親会社に生じているのか又は子会社に生じているのかを理解した上で、連結財務諸表における将来の税負担率の予測を行う。

(2) 親会社が主要な事業を行っている場合には主要な事業の分析の一環として親会社の個別財務諸表の分析を行い、親会社における将来の税負担率の予測を行う。

(3) 債権の回収見込額の評価は連結グループ全体の信用力の評価に限らず、債務者単体での

支払能力をより重視した評価を行うため、個別財務諸表に計上された繰延税金資産の回収可能性の不確実性の評価に着目した分析を行う。

このように、企業の業績が悪化し税務上の欠損金が生じた場合には、個別財務諸表の重要性が相対的に高まり、財務諸表利用者にとって有用な情報を提供すると考えられるため、個別財務諸表においても評価性引当額の内訳に関する数値情報の注記事項の記載を求めることとした。

ただし、第29項から第31項に記載のとおり、「繰延税金資産の発生原因別の主な内訳として税務上の繰越欠損金を記載している場合であって、当該税務上の繰越欠損金の額が重要であるとき」に該当しない場合には、個別財務諸表における評価性引当額の内訳に関する数値情報の注記事項の記載は要しない。

53. （削　除）

注記事項に追加しなかった項目

54. 平成27年5月に公表した回収可能性適用指針の公開草案において設けた税効果会計全体の注記事項に関する質問項目に対しては、上記で検討を行った評価性引当額の内訳に関する情報及び税務上の繰越欠損金に関する情報のほか、次の項目についても注記事項とすべきとのコメントが寄せられた。

(1) 国内企業の分類に関する注記

国内企業においては回収可能性適用指針第15項から第32項に従って要件に基づき企業を分類し当該分類に応じて繰延税金資産を計上するため、分類が注記される場合、企業の状況や、繰延税金資産について何年程度の課税所得の見積額に基づき計上しているか等を理解できる。

(2) 回収可能性適用指針における合理的な説明に関する注記

回収可能性適用指針において原則とは異なる取扱いについて合理的な説明が必要とされることを定めたことから、次の注記が必要である。

① （分類2）に該当する企業が、スケジューリング不能な将来減算一時差異に係る繰延税金資産を計上している場合、その旨及びその根拠

② （分類3）に該当する企業が、5年を超える見積可能期間においてスケジューリングされた一時差異等に係る繰延税金資産を計上している場合、その旨及びその根拠③
（分類4）に該当する企業が、（分類2）又は（分類3）に該当するものとして取り扱われる場合、その旨及びその根拠

(3) その他

上記のほか、税負担率を予測する観点から税金等調整前当期純損失又は税引前当期純損失（以下「税引前純損失」という。）が生じている場合における税率差異の調整表やIFRSにおいて開示が要求されている法定実効税率の計算基礎に関する情報等、多くの情報を要望する意見が聞かれた。

55. これらの意見に関して、第54項(1)「国内企業の分類に関する注記」については、将来の税金費用の増減の予測に役立つ可能性があるとの意見が聞かれたものの、分類は繰延税金資産の回収可能性を判断する過程の一部に過ぎず、同一の分類であっても課税所得の見積りなどにより回収可能な金額は異なることや、国内企業のみの繰延税金資産に関する情報であることから、分類そのものの情報が注記されたとしても当該情報のみでは連結財務諸表における将来の税金費用を分析することは困難であると考えられ、注記事項に追加しないこととした。

56. 本会計基準第54項(2)「回収可能性適用指針における合理的な説明に関する注記」については、回収可能性適用指針に定める原則とは異なる取扱いにより繰延税金資産が計上されたことの理解可能性が高まるため、有用性があるとの意見が聞かれた一方で、課税所得に関する将来の不確実性は分類によって異なるため、情報の有用性も分類によって異なり、財務諸表利用者に必ずしも繰延税金資産の回収可能性に関する有用な情報を提供することにはならないとの意見も

聞かれた。

この点、次に挙げた事項を理由として、これらの注記を要求することは適切ではないと判断し、注記事項に追加しないこととした。

(1) これらの注記は、第55項で追加しないこととした国内企業の分類に関する注記が前提となる。

(2) 繰延税金資産の計上の根拠を説明する場合、企業の置かれている経営環境や一時差異等の多寡等を踏まえた様々な記載が考えられるが、それらの記載がなされていない中で、合理的な説明に関する取扱いによった国内の一部の連結会社のみに当該記載を求めたとしても、連結財務諸表における将来の税金費用の分析等に資することは限定的であると考えられる。

57. 第54項(3)「その他」に記載した事項のうち、税引前純損失が生じている場合における税率差異の注記については、当該差異の内訳として示される数値が意味の乏しい情報となることが多く、開示の連続性を確保したとしても、税金費用の分析は困難なものとなると考えられる。また、一般的に、税引前純損失が生じている場合は税務上の繰越欠損金を有するため、税務上の繰越欠損金に関する情報（第38項から第48項参照）の注記により必要な情報を把握することが可能であることからも、注記事項に追加しないこととした。

また、法定実効税率の計算基礎に関する情報について、我が国においては、法定実効税率の計算方法に選択の余地はないことから、当該情報の意義は乏しく、注記事項に追加しないこととした。

上記に挙げた情報以外にも、複数の項目について開示を要望する意見が聞かれたが、各項目の有用性を検討し注記事項に追加しないこととした。

適用時期等

58. 本会計基準は、税効果適用指針に併せて公表するものであることから、同適用指針と同様に、平成30年4月1日以後開始する連結会計年度及び事業年度の期首から適用することとした。

ただし、繰延税金資産及び繰延税金負債を非流動区分に表示する変更については当該変更による流動比率に対する影響は限定的であると考えられるため、また、注記事項の追加については当該追加により財務諸表利用者に対してより有用な情報を提供することになるため、平成30年3月31日以後最初に終了する連結会計年度及び事業年度の年度末に係る連結財務諸表及び個別財務諸表から適用することができることとした（本会計基準第6項参照）。

59. 本会計基準の適用初年度において、本会計基準の適用は表示方法の変更として取り扱われるため、適用初年度の比較情報においては、企業会計基準第24号第14項の定めに従って、本会計基準第2項に定める繰延税金資産及び繰延税金負債の表示及び本会計基準第4項及び第5項に定める注記事項を記載することとなる。

この点について、多数の子会社を有している企業において、本会計基準の適用初年度の比較情報として、すべての子会社から、評価性引当額の内訳に関する情報及び税務上の繰越欠損金に関する情報を入手し集計することは、実務上煩雑であり、特に在外子会社の税制は多様であるため前年度に遡って当該数値を算定することが煩雑であることを懸念する意見が聞かれた。

審議の結果、適用初年度における実務上の負担に配慮し、本会計基準の適用初年度においては、企業会計基準第24号第14項の定めにかかわらず、本会計基準第3項から第5項に定める税効果会計基準注解（注8）（同注解（注8）(1)に定める繰延税金資産から控除された額（評価性引当額）の合計額を除く。）及び同注解（注9）に記載した内容を、適用初年度の比較情報に記載しないことができることとした（本会計基準第7項参照）。なお、繰延税金資産の発生原因別の主な内訳を注記するにあたって、税効果会計基準注解（注8）に記載されている注記事項のうち繰延税金資産から控除された額（評価性引当額）の合計額については、これまでと同様に適用初年度の比較情報に記載する。

参 考

次の開示例は、本会計基準に示された内容について理解を深めるために参考として示したものであり、記載方法及び記載内容は各企業の実情等に応じて異なることに留意する必要がある。

[開示例] 税効果会計に関する注記例

1．前提条件
(1) A社は、グループ通算制度を適用していない。

(2) A社は、当連結会計年度において、繰延税金資産の発生原因別の主な内訳として税務上の繰越欠損金を記載し、当該税務上の繰越欠損金の額が重要であると判断している。

(3) A社は、当連結会計年度において、税率の変更により繰延税金資産及び繰延税金負債の金額が修正されている。

2．注記例
(税効果会計関係)

1．繰延税金資産及び繰延税金負債の発生原因別の主な内訳

		前連結会計年度	当連結会計年度
繰延税金資産	税務上の繰越欠損金(＊2)	XXX 百万円	XXX 百万円
	退職給付に係る負債	XXX	XXX
	減損損失	XXX	XXX
	その他	XXX	XXX
	繰延税金資産小計	XXX	XXX
税務上の繰越欠損金に係る評価性引当額(＊2)		△XXX	△XXX
将来減算一時差異等の合計に係る評価性引当額		△XXX	△XXX
	評価性引当額小計(＊1)	△XXX	△XXX
	繰延税金資産合計	XXX	XXX
繰延税金負債	（以下　略）		

(＊1) （繰延税金資産から控除された額（評価性引当額）に重要な変動が生じている場合、当該変動の主な内容を記載する。）

(＊2) 税務上の繰越欠損金及びその繰延税金資産の繰越期限別の金額

（前連結会計年度）

	X年以内	X年超 X年以内	X年超 X年以内	X年超 X年以内	X年超 X年以内	X年超	合計
税務上の繰越欠損金(a)	－	－	－	－	XXX	－	XXX 百万円
評価性引当額	－	－	－	－	△XXX	－	△XXX
繰延税金資産	－	－	－	－	XXX	－	XXX

(a) 税務上の繰越欠損金は、法定実効税率を乗じた額である。

（当連結会計年度）

	X年以内	X年超 X年以内	X年超 X年以内	X年超 X年以内	X年超 X年以内	X年超	合計
税務上の繰越欠損金(b)	－	－	－	XXX	－	XXX	XXX 百万円
評価性引当額	－	－	－	－	－	△XXX	△XXX
繰延税金資産	－	－	－	XXX	－	－	(c)XXX

(b) 税務上の繰越欠損金は、法定実効税率を乗じた額である。

(c) （税務上の繰越欠損金に係る重要な繰延税金資産を計上している場合、当該繰延税金資産を回収可能と判断した主

な理由を記載する。)

2．法定実効税率と税効果会計適用後の法人税等の負担率との間に重要な差異があるときの、当該差異の原因となった主要な項目別の内訳

	前連結会計年度	当連結会計年度
法定実効税率	XX ％	XX ％
（調整）		
交際費等永久に損金に算入されない項目	X	X
住民税均等割	X	X
評価性引当額の増減	－	X
その他	△ X	－
税効果会計適用後の法人税等の負担率	XX	XX

3．法人税等の税率の変更による繰延税金資産及び繰延税金負債の金額の修正

　税法の改正に伴い、翌連結会計年度以降に解消が見込まれる一時差異等に係る繰延税金資産及び繰延税金負債については、法定実効税率をXX％からXX％に変更し計算している。

　この変更により、当連結会計年度の繰延税金資産（繰延税金負債の金額を控除した金額）の金額はXXX百万円減少し、法人税等調整額がXXX百万円増加している。

（注）　税率の変更による繰延税金資産及び繰延税金負債の金額の修正額は、期末における一時差異等の残高に、改正後の税率と改正前の税率の差を乗じて算出する。

4．決算日後における法人税等の税率の変更

　（略）

本会計基準の公表による他の会計基準等についての修正

　本会計基準により、当委員会が公表した会計基準等については、次の修正を行う（下線は追加部分、取消線は削除部分を示す。）。

　(1)～(4)　（略）

以　上

企業会計基準第29号

収益認識に関する会計基準

2018年（平成30年）3月30日
改正2020年3月31日
企業会計基準委員会

本会計基準は、2022年8月26日までに公表された次の会計基準等による修正が反映されている。

・「法令等の改正に伴う企業会計基準等の修正について」（2022年7月1日公表）
・実務対応報告第43号「電子記録移転有価証券表示権利等の発行及び保有の会計処理及び開示に関する取扱い」（2022年8月26日公表）

目 次

目 的

1．本会計基準は、本会計基準の範囲（第3項及び第4項参照）に定める収益に関する会計処理及び開示について定めることを目的とする。なお、本会計基準の範囲に定める収益に関する会計処理及び開示については、「企業会計原則」に定めがあるが、本会計基準が優先して適用される。

2．本会計基準の適用にあたっては、企業会計基準適用指針第30号「収益認識に関する会計基準の適用指針」（以下「適用指針」という。）も参照する必要がある。

会計基準

Ⅰ．範 囲

3．本会計基準は、次の(1)から(7)を除き、顧客との契約から生じる収益に関する会計処理及び開示に適用される。

(1) 企業会計基準第10号「金融商品に関する会計基準」（以下「金融商品会計基準」という。）の範囲に含まれる金融商品に係る取引

(2) 企業会計基準第13号「リース取引に関する会計基準」（以下「リース会計基準」という。）の範囲に含まれるリース取引

(3) 保険法（平成20年法律第56号）における定義を満たす保険契約

(4) 顧客又は潜在的な顧客への販売を容易にするために行われる同業他社との商品又は製品の交換取引（例えば、2つの企業の間で、異なる場所における顧客からの需要を適時に満たすために商品又は製品を交換する契約）

(5) 金融商品の組成又は取得に際して受け取る手数料

(6) 日本公認会計士協会会計制度委員会報告第15号「特別目的会社を活用した不動産の流動化に係る譲渡人の会計処理に関する実務指針」（以下「不動産流動化実務指針」という。）の対象となる不動産（不動産信託受益権を含む。）の譲渡

(7) 資金決済に関する法律（平成21年法律第59号。以下「資金決済法」という。）における定義を満たす暗号資産及び金融商品取引業等に関する内閣府令（平成19年内閣府令第52号。以下「金商業等府令」という。）における定義を満たす電子記録移転有価証券表示権利に関連する取引

4．顧客との契約の一部が前項(1)から(7)に該当する場合には、前項(1)から(7)に適用される方法で処理する額を除いた取引価格について、本会計基準を適用する。

Ⅱ．用語の定義

5．「契約」とは、法的な強制力のある権利及び義務を生じさせる複数の当事者間における取決めをいう。

6．「顧客」とは、対価と交換に企業の通常の営業活動により生じたアウトプットである財又はサービスを得るために当該企業と契約した当事者をいう。

7．「履行義務」とは、顧客との契約において、次の(1)又は(2)のいずれかを顧客に移転する約束をいう。

(1) 別個の財又はサービス（あるいは別個の財又はサービスの束）

(2) 一連の別個の財又はサービス（特性が実質的に同じであり、顧客への移転のパターンが同じである複数の財又はサービス）

8．「取引価格」とは、財又はサービスの顧客への移転と交換に企業が権利を得ると見込む対価の額（ただし、第三者のために回収する額を除く。）をいう。

9．「独立販売価格」とは、財又はサービスを独

立して企業が顧客に販売する場合の価格をいう。

10.「契約資産」とは、企業が顧客に移転した財又はサービスと交換に受け取る対価に対する企業の権利（ただし、顧客との契約から生じた債権を除く。）をいう。

11.「契約負債」とは、財又はサービスを顧客に移転する企業の義務に対して、企業が顧客から対価を受け取ったもの又は対価を受け取る期限が到来しているものをいう。

12.「顧客との契約から生じた債権」とは、企業が顧客に移転した財又はサービスと交換に受け取る対価に対する企業の権利のうち無条件のもの（すなわち、対価に対する法的な請求権）をいう。

13.「工事契約」とは、仕事の完成に対して対価が支払われる請負契約のうち、土木、建築、造船や一定の機械装置の製造等、基本的な仕様や作業内容を顧客の指図に基づいて行うものをいう。

14.「受注制作のソフトウェア」とは、契約の形式にかかわらず、特定のユーザー向けに制作され、提供されるソフトウェアをいう。

15.「原価回収基準」とは、履行義務を充足する際に発生する費用のうち、回収することが見込まれる費用の金額で収益を認識する方法をいう。

Ⅲ．会計処理

1．基本となる原則

16. 本会計基準の基本となる原則は、約束した財又はサービスの顧客への移転を当該財又はサービスと交換に企業が権利を得ると見込む対価の額で描写するように、収益を認識することである。

17. 前項の基本となる原則に従って収益を認識するために、次の(1)から(5)のステップを適用する（適用指針［設例1］）。

(1) 顧客との契約を識別する（第19項から第31項参照）。

本会計基準の定めは、顧客と合意し、かつ、所定の要件を満たす契約に適用する。

(2) 契約における履行義務を識別する（第32項

から第34項参照）。

契約において顧客への移転を約束した財又はサービスが、所定の要件を満たす場合には別個のものであるとして、当該約束を履行義務として区分して識別する。

(3) 取引価格を算定する（第47項から第64項参照）。

変動対価又は現金以外の対価の存在を考慮し、金利相当分の影響及び顧客に支払われる対価について調整を行い、取引価格を算定する。

(4) 契約における履行義務に取引価格を配分する（第65項から第76項参照）。

契約において約束した別個の財又はサービスの独立販売価格の比率に基づき、それぞれの履行義務に取引価格を配分する。独立販売価格を直接観察できない場合には、独立販売価格を見積る。

(5) 履行義務を充足した時に又は充足するにつれて収益を認識する（第35項から第45項参照）。

約束した財又はサービスを顧客に移転することにより履行義務を充足した時に又は充足するにつれて、充足した履行義務に配分された額で収益を認識する。履行義務は、所定の要件を満たす場合には一定の期間にわたり充足され、所定の要件を満たさない場合には一時点で充足される。

18. 本会計基準の定め（適用指針第92項から第104項に定める重要性等に関する代替的な取扱いを含む。）は、顧客との個々の契約を対象として適用する。

ただし、本会計基準の定めを複数の特性の類似した契約又は履行義務から構成されるグループ全体を対象として適用することによる財務諸表上の影響が、当該グループの中の個々の契約又は履行義務を対象として適用することによる影響と比較して重要性のある差異を生じさせないことが合理的に見込まれる場合に限り、当該グループ全体を対象として本会計基準の定めを適用することができる。この場合、当該グループの規模及び構成要素を反映する見積り及び仮

定を用いる。

2．収益の認識基準

(1) 契約の識別

19．本会計基準を適用するにあたっては、次の(1)から(5)の要件のすべてを満たす顧客との契約を識別する。

(1) 当事者が、書面、口頭、取引慣行等により契約を承認し、それぞれの義務の履行を約束していること

(2) 移転される財又はサービスに関する各当事者の権利を識別できること

(3) 移転される財又はサービスの支払条件を識別できること

(4) 契約に経済的実質があること（すなわち、契約の結果として、企業の将来キャッシュ・フローのリスク、時期又は金額が変動すると見込まれること）

(5) 顧客に移転する財又はサービスと交換に企業が権利を得ることとなる対価を回収する可能性が高いこと

当該対価を回収する可能性の評価にあたっては、対価の支払期限到来時における顧客が支払う意思と能力を考慮する（適用指針［設例2]）。

20．契約とは、法的な強制力のある権利及び義務を生じさせる複数の当事者間における取決めをいう（第5項参照）。契約における権利及び義務の強制力は法的な概念に基づくものであり、契約は書面、口頭、取引慣行等により成立する。顧客との契約締結に関する慣行及び手続は、国、業種又は企業により異なり、同一企業内でも異なる場合がある（例えば、顧客の属性や、約束した財又はサービスの性質により異なる場合がある。）。そのため、それらを考慮して、顧客との合意が強制力のある権利及び義務を生じさせるのかどうか並びにいつ生じさせるのかを判断する。

21．本会計基準は、契約の当事者が現在の強制力のある権利及び義務を有している契約期間を対象として適用される。

22．契約の当事者のそれぞれが、他の当事者に補償することなく完全に未履行の契約を解約する一方的で強制力のある権利を有している場合には、当該契約に本会計基準を適用しない。

完全に未履行の契約とは、次の(1)及び(2)のいずれも満たす契約である。

(1) 企業が約束した財又はサービスを顧客に未だ移転していない。

(2) 企業が、約束した財又はサービスと交換に、対価を未だ受け取っておらず、対価を受け取る権利も未だ得ていない。

23．顧客との契約が契約における取引開始日において第19項の要件を満たす場合には、事実及び状況の重要な変化の兆候がない限り、当該要件を満たすかどうかについて見直しを行わない。

24．顧客との契約が第19項の要件を満たさない場合には、当該要件を事後的に満たすかどうかを引き続き評価し、顧客との契約が当該要件を満たしたときに本会計基準を適用する。

25．顧客との契約が第19項の要件を満たさない場合において、顧客から対価を受け取った際には、次の(1)又は(2)のいずれかに該当するときに、受け取った対価を収益として認識する。

(1) 財又はサービスを顧客に移転する残りの義務がなく、約束した対価のほとんどすべてを受け取っており、顧客への返金は不要であること

(2) 契約が解約されており、顧客から受け取った対価の返金は不要であること

26．顧客から受け取った対価については、前項(1)又は(2)のいずれかに該当するまで、あるいは、第19項の要件が事後的に満たされるまで（第24項参照）、将来における財又はサービスを移転する義務又は対価を返金する義務として、負債を認識する。

(2) 契約の結合

27．同一の顧客（当該顧客の関連当事者を含む。）と同時又はほぼ同時に締結した複数の契約について、次の(1)から(3)のいずれかに該当する場合には、当該複数の契約を結合し、単一の契約と

みなして処理する。

(1) 当該複数の契約が同一の商業的目的を有するものとして交渉されたこと

(2) 1つの契約において支払われる対価の額が、他の契約の価格又は履行により影響を受けること

(3) 当該複数の契約において約束した財又はサービスが、第32項から第34に従うと単一の履行義務となること

(3) 契約変更

28. 契約変更は、契約の当事者が承認した契約の範囲又は価格（あるいはその両方）の変更であり、契約の当事者が、契約の当事者の強制力のある権利及び義務を新たに生じさせる変更又は既存の強制力のある権利及び義務を変化させる変更を承認した場合に生じるものである。

　　契約の当事者が契約変更を承認していない場合には、契約変更が承認されるまで、本会計基準を既存の契約に引き続き適用する。

29. 契約の当事者が契約の範囲の変更を承認したが、変更された契約の範囲に対応する価格の変更を決定していない場合には、第50項から第52項及び第54項に従って、当該契約変更による取引価格の変更を見積る。

30. 契約変更について、次の(1)及び(2)の要件のいずれも満たす場合には、当該契約変更を独立した契約として処理する。

(1) 別個の財又はサービス（第34項参照）の追加により、契約の範囲が拡大されること

(2) 変更される契約の価格が、追加的に約束した財又はサービスに対する独立販売価格に特定の契約の状況に基づく適切な調整を加えた金額分だけ増額されること

31. 契約変更が前項の要件を満たさず、独立した契約として処理されない場合には、契約変更日において未だ移転していない財又はサービスについて、それぞれ次の(1)から(3)のいずれかの方法により処理する。

(1) 未だ移転していない財又はサービスが契約変更日以前に移転した財又はサービスと別個

のものである場合には、契約変更を既存の契約を解約して新しい契約を締結したものと仮定して処理する。残存履行義務に配分すべき対価の額は、次の①及び②の合計額とする（適用指針［設例3］）。

① 顧客が約束した対価（顧客から既に受け取った額を含む。）のうち、取引価格の見積りに含まれているが収益として認識されていない額

② 契約変更の一部として約束された対価

(2) 未だ移転していない財又はサービスが契約変更日以前に移転した財又はサービスと別個のものではなく、契約変更日において部分的に充足されている単一の履行義務の一部を構成する場合には、契約変更を既存の契約の一部であると仮定して処理する。

　　これにより、完全な履行義務の充足に向けて財又はサービスに対する支配（第37項参照）を顧客に移転する際の企業の履行を描写する進捗度（以下「履行義務の充足に係る進捗度」という。）及び取引価格が変更される場合は、契約変更日において収益の額を累積的な影響に基づき修正する（適用指針［設例4］）。

(3) 未だ移転していない財又はサービスが(1)と(2)の両方を含む場合には、契約変更が変更後の契約における未充足の履行義務に与える影響を、それぞれ(1)又は(2)の方法に基づき処理する。

(4) 履行義務の識別

32. 契約における取引開始日に、顧客との契約において約束した財又はサービスを評価し、次の(1)又は(2)のいずれかを顧客に移転する約束のそれぞれについて履行義務として識別する（第7項参照）。

(1) 別個の財又はサービス（第34項参照）（あるいは別個の財又はサービスの束）

(2) 一連の別個の財又はサービス（特性が実質的に同じであり、顧客への移転のパターンが同じである複数の財又はサービス）（第33項参照）

33. 前項(2)における一連の別個の財又はサービスは、次の(1)及び(2)の要件のいずれも満たす場合には、顧客への移転のパターンが同じであるものとする。

(1) 一連の別個の財又はサービスのそれぞれが、第38項における一定の期間にわたり充足される履行義務の要件を満たすこと

(2) 第41項及び第42項に従って、履行義務の充足に係る進捗度の見積りに、同一の方法が使用されること

(別個の財又はサービス)

34. 顧客に約束した財又はサービスは、次の(1)及び(2)の要件のいずれも満たす場合には、別個のものとする（適用指針［設例5］、［設例6］、［設例16］、［設例24］及び［設例25］）。

(1) 当該財又はサービスから単独で顧客が便益を享受することができること、あるいは、当該財又はサービスと顧客が容易に利用できる他の資源を組み合わせて顧客が便益を享受することができること（すなわち、当該財又はサービスが別個のものとなる可能性があること）

(2) 当該財又はサービスを顧客に移転する約束が、契約に含まれる他の約束と区分して識別できること（すなわち、当該財又はサービスを顧客に移転する約束が契約の観点において別個のものとなること）

(5) 履行義務の充足による収益の認識

35. 企業は約束した財又はサービス（本会計基準において、顧客との契約の対象となる財又はサービスについて、以下「資産」と記載することもある。）を顧客に移転することにより履行義務を充足した時に又は充足するにつれて、収益を認識する。資産が移転するのは、顧客が当該資産に対する支配を獲得した時又は獲得するにつれてである。

36. 契約における取引開始日に、第38項及び第39項に従って、識別された履行義務のそれぞれが、一定の期間にわたり充足されるものか又は一時点で充足されるものかを判定する。

37. 資産に対する支配とは、当該資産の使用を指図し、当該資産からの残りの便益のほとんどすべてを享受する能力（他の企業が資産の使用を指図して資産から便益を享受することを妨げる能力を含む。）をいう。

(一定の期間にわたり充足される履行義務)

38. 次の(1)から(3)の要件のいずれかを満たす場合、資産に対する支配を顧客に一定の期間にわたり移転することにより、一定の期間にわたり履行義務を充足し収益を認識する（適用指針［設例7］）。

(1) 企業が顧客との契約における義務を履行するにつれて、顧客が便益を享受すること

(2) 企業が顧客との契約における義務を履行することにより、資産が生じる又は資産の価値が増加し、当該資産が生じる又は当該資産の価値が増加するにつれて、顧客が当該資産を支配すること（適用指針［設例4］）

(3) 次の要件のいずれも満たすこと（適用指針［設例8］）

① 企業が顧客との契約における義務を履行することにより、別の用途に転用することができない資産が生じること

② 企業が顧客との契約における義務の履行を完了した部分について、対価を収受する強制力のある権利を有していること

(一時点で充足される履行義務)

39. 前項(1)から(3)の要件のいずれも満たさず、履行義務が一定の期間にわたり充足されるものではない場合には、一時点で充足される履行義務として、資産に対する支配を顧客に移転することにより当該履行義務が充足される時に、収益を認識する。

40. 資産に対する支配を顧客に移転した時点を決定するにあたっては、第37項の定めを考慮する。また、支配の移転を検討する際には、例えば、次の(1)から(5)の指標を考慮する。

(1) 企業が顧客に提供した資産に関する対価を収受する現在の権利を有していること

(2) 顧客が資産に対する法的所有権を有していること

(3) 企業が資産の物理的占有を移転したこと

(4) 顧客が資産の所有に伴う重大なリスクを負い、経済価値を享受していること

(5) 顧客が資産を検収したこと

(履行義務の充足に係る進捗度)

41. 一定の期間にわたり充足される履行義務については、履行義務の充足に係る進捗度を見積り、当該進捗度に基づき収益を一定の期間にわたり認識する。

42. 一定の期間にわたり充足される履行義務については、単一の方法で履行義務の充足に係る進捗度を見積り、類似の履行義務及び状況に首尾一貫した方法を適用する。

43. 履行義務の充足に係る進捗度は、各決算日に見直し、当該進捗度の見積りを変更する場合は、会計上の見積りの変更(企業会計基準第24号「会計方針の開示、会計上の変更及び誤謬の訂正に関する会計基準」(以下「企業会計基準第24号」という。)第4項(7))として処理する。

44. 履行義務の充足に係る進捗度を合理的に見積ることができる場合にのみ、一定の期間にわたり充足される履行義務について収益を認識する。

45. 履行義務の充足に係る進捗度を合理的に見積ることができないが、当該履行義務を充足する際に発生する費用を回収することが見込まれる場合には、履行義務の充足に係る進捗度を合理的に見積ることができる時まで、一定の期間にわたり充足される履行義務について原価回収基準により処理する。

3. 収益の額の算定

(1) 取引価格に基づく収益の額の算定

46. 履行義務を充足した時に又は充足するにつれて、取引価格(第54項の定めを考慮する。)のうち、当該履行義務に配分した額について収益を認識する。

(2) 取引価格の算定

47. 取引価格とは、財又はサービスの顧客への移転と交換に企業が権利を得ると見込む対価の額(ただし、第三者のために回収する額を除く。)

をいう(第8項参照)(適用指針[設例29]及び[設例31])。取引価格の算定にあたっては、契約条件や取引慣行等を考慮する。

48. 顧客により約束された対価の性質、時期及び金額は、取引価格の見積りに影響を与える。

取引価格を算定する際には、次の(1)から(4)のすべての影響を考慮する。

(1) 変動対価(第50項から第55項参照)

(2) 契約における重要な金融要素(第56項から第58項参照)

(3) 現金以外の対価(第59項から第62項参照)

(4) 顧客に支払われる対価(第63項及び第64項参照)

49. 取引価格を算定する際には、財又はサービスが契約に従って顧客に移転され、契約の取消、更新又は変更はないものと仮定する。

(変動対価)

50. 顧客と約束した対価のうち変動する可能性のある部分を「変動対価」という。契約において、顧客と約束した対価に変動対価が含まれる場合、財又はサービスの顧客への移転と交換に企業が権利を得ることとなる対価の額を見積る。

51. 変動対価の額の見積りにあたっては、発生し得ると考えられる対価の額における最も可能性の高い単一の金額(最頻値)による方法又は発生し得ると考えられる対価の額を確率で加重平均した金額(期待値)による方法のいずれかのうち、企業が権利を得ることとなる対価の額をより適切に予測できる方法を用いる(適用指針[設例10]、[設例11]及び[設例12])。

52. 変動対価の額に関する不確実性の影響を見積るにあたっては、契約全体を通じて単一の方法を首尾一貫して適用する。また、企業が合理的に入手できるすべての情報を考慮し、発生し得ると考えられる対価の額について合理的な数のシナリオを識別する。

53. 顧客から受け取った又は受け取る対価の一部あるいは全部を顧客に返金すると見込む場合、受け取った又は受け取る対価の額のうち、企業が権利を得ると見込まない額について、返金負債を認識する。返金負債の額は、各決算日に見

直す（適用指針 ［設例11］及び ［設例28］）。

54．第51項に従って見積られた変動対価の額については、変動対価の額に関する不確実性が事後的に解消される際に、解消される時点までに計上された収益の著しい減額が発生しない可能性が高い部分に限り、取引価格に含める（適用指針 ［設例3］、［設例4］、［設例11］、［設例12］及び ［設例13］）。

55．見積った取引価格は、各決算日に見直し、取引価格が変動する場合には、第74項から第76項の定めを適用する（適用指針 ［設例3］、［設例4］及び ［設例12］）。

（契約における重要な金融要素）

56．契約の当事者が明示的又は黙示的に合意した支払時期により、財又はサービスの顧客への移転に係る信用供与についての重要な便益が顧客又は企業に提供される場合には、顧客との契約は重要な金融要素を含むものとする。

57．顧客との契約に重要な金融要素が含まれる場合、取引価格の算定にあたっては、約束した対価の額に含まれる金利相当分の影響を調整する。収益は、約束した財又はサービスが顧客に移転した時点で（又は移転するにつれて）、当該財又はサービスに対して顧客が支払うと見込まれる現金販売価格を反映する金額で認識する。

58．契約における取引開始日において、約束した財又はサービスを顧客に移転する時点と顧客が支払を行う時点の間が1年以内であると見込まれる場合には、重要な金融要素の影響について約束した対価の額を調整しないことができる。

（現金以外の対価）

59．契約における対価が現金以外の場合に取引価格を算定するにあたっては、当該対価を時価により算定する。

60．現金以外の対価の時価を合理的に見積ることができない場合には、当該対価と交換に顧客に約束した財又はサービスの独立販売価格を基礎として当該対価を算定する。

61．現金以外の対価の時価が変動する理由が、株価の変動等、対価の種類によるものだけではない場合（例えば、企業が顧客との契約における

義務を履行するにつれて時価が変動する場合）には、第54項の定めを適用する。

62．企業による契約の履行に資するために、顧客が財又はサービス（例えば、材料、設備又は労働）を企業に提供する場合には、企業は、顧客から提供された財又はサービスに対する支配を獲得するかどうかを判定する。顧客から提供された財又はサービスに対する支配を獲得する場合には、当該財又はサービスを、顧客から受け取る現金以外の対価として処理する。

（顧客に支払われる対価）

63．顧客に支払われる対価は、企業が顧客（あるいは顧客から企業の財又はサービスを購入する他の当事者）に対して支払う又は支払うと見込まれる現金の額や、顧客が企業（あるいは顧客から企業の財又はサービスを購入する他の当事者）に対する債務額に充当できるもの（例えば、クーポン）の額を含む。

　顧客に支払われる対価は、顧客から受領する別個の財又はサービスと交換に支払われるものである場合を除き、取引価格から減額する。顧客に支払われる対価に変動対価が含まれる場合には、取引価格の見積りを第50項から第54項に従って行う（適用指針 ［設例14］）。

64．顧客に支払われる対価を取引価格から減額する場合には、次の(1)又は(2)のいずれか遅い方が発生した時点で（又は発生するにつれて）、収益を減額する（適用指針 ［設例14］）。

(1)　関連する財又はサービスの移転に対する収益を認識する時

(2)　企業が対価を支払うか又は支払を約束する時（当該支払が将来の事象を条件とする場合も含む。また、支払の約束は、取引慣行に基づくものも含む。）

(3)　履行義務への取引価格の配分

65．それぞれの履行義務（あるいは別個の財又はサービス）に対する取引価格の配分は、財又はサービスの顧客への移転と交換に企業が権利を得ると見込む対価の額を描写するように行う。

66．財又はサービスの独立販売価格の比率に基づき、契約において識別したそれぞれの履行義務

に取引価格を配分する。ただし、第70項から第73項の定めを適用する場合を除く（適用指針［設例15-1］）。

67．契約に単一の履行義務しかない場合には、第68項から第73項の定めを適用しない。ただし、第32項(2)に従って一連の別個の財又はサービスを移転する約束が単一の履行義務として識別され、かつ、約束された対価に変動対価が含まれる場合には、第72項及び第73項の定めを適用する。

（独立販売価格に基づく配分）

68．第66項に従って財又はサービスの独立販売価格の比率に基づき取引価格を配分する際には、契約におけるそれぞれの履行義務の基礎となる別個の財又はサービスについて、契約における取引開始日の独立販売価格を算定し、取引価格を当該独立販売価格の比率に基づき配分する。

69．財又はサービスの独立販売価格を直接観察できない場合には、市場の状況、企業固有の要因、顧客に関する情報等、合理的に入手できるすべての情報を考慮し、観察可能な入力数値を最大限利用して、独立販売価格を見積る。類似の状況においては、見積方法を首尾一貫して適用する。

（値引きの配分）

70．契約における約束した財又はサービスの独立販売価格の合計額が当該契約の取引価格を超える場合には、契約における財又はサービスの束について顧客に値引きを行っているものとして、当該値引きについて、契約におけるすべての履行義務に対して比例的に配分する。

71．前項の定めにかかわらず、次の(1)から(3)の要件のすべてを満たす場合には、契約における履行義務のうち1つ又は複数（ただし、すべてではない。）に値引きを配分する（適用指針［設例15]）。

(1) 契約における別個の財又はサービス（あるいは別個の財又はサービスの束）のそれぞれを、通常、単独で販売していること

(2) 当該別個の財又はサービスのうちの一部を束にしたものについても、通常、それぞれの

束に含まれる財又はサービスの独立販売価格から値引きして販売していること

(3) (2)における財又はサービスの束のそれぞれに対する値引きが、当該契約の値引きとほぼ同額であり、それぞれの束に含まれる財又はサービスを評価することにより、当該契約の値引き全体がどの履行義務に対するものかについて観察可能な証拠があること

（変動対価の配分）

72．次の(1)及び(2)の要件のいずれも満たす場合には、変動対価及びその事後的な変動のすべてを、1つの履行義務あるいは第32項(2)に従って識別された単一の履行義務に含まれる1つの別個の財又はサービスに配分する（適用指針［設例25]）。

(1) 変動性のある支払の条件が、当該履行義務を充足するための活動や当該別個の財又はサービスを移転するための活動（あるいは当該履行義務の充足による特定の結果又は当該別個の財又はサービスの移転による特定の結果）に個別に関連していること

(2) 契約における履行義務及び支払条件のすべてを考慮した場合、変動対価の額のすべてを当該履行義務あるいは当該別個の財又はサービスに配分することが、企業が権利を得ると見込む対価の額を描写すること

73．前項の要件を満たさない残りの取引価格については、第65項から第71項の定めに従って配分する。

(4) 取引価格の変動

74．取引価格の事後的な変動については、契約における取引開始日後の独立販売価格の変動を考慮せず、契約における取引開始日と同じ基礎により契約における履行義務に配分する。

取引価格の事後的な変動のうち、既に充足した履行義務に配分された額については、取引価格が変動した期の収益の額を修正する（適用指針［設例13]）。

75．第72項の要件のいずれも満たす場合には、取引価格の変動のすべてについて、次の(1)又は(2)

のいずれかに配分する。

(1) 1つ又は複数の（ただし、すべてではない。）履行義務

(2) 第32項(2)に従って識別された単一の履行義務に含まれる1つ又は複数の（ただし、すべてではない。）別個の財又はサービス

76. 契約変更によって生じる取引価格の変動は、第28項から第31項に従って処理する。契約変更が第30項の要件を満たさず、独立した契約として処理されない場合（第31項参照）、当該契約変更を行った後に生じる取引価格の変動について、第74項及び第75項の定めに従って、次の(1)又は(2)のいずれかの方法で配分する。

(1) 取引価格の変動が契約変更の前に約束された変動対価の額に起因し、当該契約変更を第31項(1)に従って処理する場合には、取引価格の変動を契約変更の前に識別した履行義務に配分する（適用指針［設例3］）。

(2) 当該契約変更を第31項(1)に従って処理しない場合には、取引価格の変動を契約変更の直後に充足されていない又は部分的に充足されていない履行義務に配分する。

4．契約資産、契約負債及び顧客との契約から生じた債権

77. 顧客から対価を受け取る前又は対価を受け取る期限が到来する前に、財又はサービスを顧客に移転した場合は、収益を認識し、契約資産又は顧客との契約から生じた債権を貸借対照表に計上する。

本会計基準に定めのない契約資産の会計処理は、金融商品会計基準における債権の取扱いに準じて処理する。また、外貨建ての契約資産に係る外貨換算については、企業会計審議会「外貨建取引等会計処理基準」（以下「外貨建取引等会計処理基準」という。）の外貨建金銭債権債務の換算の取扱いに準じて処理する。

78. 財又はサービスを顧客に移転する前に顧客から対価を受け取る場合、顧客から対価を受け取った時又は対価を受け取る期限が到来した時のいずれか早い時点で、顧客から受け取る対価

について契約負債を貸借対照表に計上する。

Ⅳ．開　示

1．表　示

78-2．顧客との契約から生じる収益を、適切な科目をもって損益計算書に表示する。なお、顧客との契約から生じる収益については、それ以外の収益と区分して損益計算書に表示するか、又は両者を区分して損益計算書に表示しない場合には、顧客との契約から生じる収益の額を注記する。

78-3．顧客との契約に重要な金融要素が含まれる場合（第56項参照）、顧客との契約から生じる収益と金融要素の影響（受取利息又は支払利息）を損益計算書において区分して表示する。

79. 企業が履行している場合や企業が履行する前に顧客から対価を受け取る場合等、契約のいずれかの当事者が履行している場合等には、企業は、企業の履行と顧客の支払との関係に基づき、契約資産、契約負債又は顧客との契約から生じた債権を計上する。また、契約資産、契約負債又は顧客との契約から生じた債権を、適切な科目をもって貸借対照表に表示する（適用指針［設例27］）。

なお、契約資産と顧客との契約から生じた債権のそれぞれについて、貸借対照表に他の資産と区分して表示しない場合には、それぞれの残高を注記する。また、契約負債を貸借対照表において他の負債と区分して表示しない場合には、契約負債の残高を注記する（第80-20項(1)参照）。

2．注記事項

80.（削　除）

(1) **重要な会計方針の注記**

80-2．顧客との契約から生じる収益に関する重要な会計方針として、次の項目を注記する。

(1) 企業の主要な事業における主な履行義務の内容（第80-14項参照）

(2) 企業が当該履行義務を充足する通常の時点（収益を認識する通常の時点）（第80-18項(1)

参照)

80-3. 前項の項目以外にも、重要な会計方針に含まれると判断した内容については、重要な会計方針として注記する。

(2) 収益認識に関する注記

(開示目的)

80-4. 収益認識に関する注記における開示目的は、顧客との契約から生じる収益及びキャッシュ・フローの性質、金額、時期及び不確実性を財務諸表利用者が理解できるようにするための十分な情報を企業が開示することである。

80-5. 前項の開示目的を達成するため、収益認識に関する注記として、次の項目を注記する。

(1) 収益の分解情報（第80-10項及び第80-11項参照）

(2) 収益を理解するための基礎となる情報（第80-12項から第80-19項参照）

(3) 当期及び翌期以降の収益の金額を理解するための情報（第80-20項から第80-24項参照）

ただし、上記の項目に掲げている各注記事項のうち、前項の開示目的に照らして重要性に乏しいと認められる注記事項については、記載しないことができる。

80-6. 収益認識に関する注記を記載するにあたり、どの注記事項にどの程度の重点を置くべきか、また、どの程度詳細に記載するのかを第80-4項の開示目的に照らして判断する。重要性に乏しい詳細な情報を大量に記載したり、特徴が大きく異なる項目を合算したりすることにより有用な情報が不明瞭とならないように、注記は集約又は分解する。

80-7. 収益認識に関する注記を記載するにあたり、第80-10項から第80-24項において示す注記事項の区分に従って注記事項を記載する必要はない。

80-8. 第80-2項及び第80-3項に従って重要な会計方針として注記している内容は、収益認識に関する注記として記載しないことができる。

80-9. 収益認識に関する注記として記載する内容について、財務諸表における他の注記事項に含めて記載している場合には、当該他の注記事項を参照することができる。

(収益の分解情報)

80-10. 当期に認識した顧客との契約から生じる収益を、収益及びキャッシュ・フローの性質、金額、時期及び不確実性に影響を及ぼす主要な要因に基づく区分に分解して注記する（適用指針［開示例1］）。

80-11. 企業会計基準第17号「セグメント情報等の開示に関する会計基準」（以下「セグメント情報等会計基準」という。）を適用している場合、前項に従って注記する収益の分解情報と、セグメント情報等会計基準に従って各報告セグメントについて開示する売上高との間の関係を財務諸表利用者が理解できるようにするための十分な情報を注記する（適用指針［開示例1］）。

(収益を理解するための基礎となる情報)

80-12. 顧客との契約が、財務諸表に表示している項目又は収益認識に関する注記における他の注記事項とどのように関連しているのかを示す基礎となる情報として、次の事項を注記する。

(1) 契約及び履行義務に関する情報

(2) 取引価格の算定に関する情報

(3) 履行義務への配分額の算定に関する情報

(4) 履行義務の充足時点に関する情報

(5) 本会計基準の適用における重要な判断

契約及び履行義務に関する情報

80-13. 収益として認識する項目がどのような契約から生じているのかを理解するための基礎となる情報を注記する。この情報には、次の事項が含まれる。

(1) 履行義務に関する情報

(2) 重要な支払条件に関する情報

80-14. 前項(1)に掲げる履行義務に関する情報を注記するにあたっては、履行義務の内容（企業が顧客に移転することを約束した財又はサービスの内容）を記載する。

また、例えば、次の内容が契約に含まれる場合には、その内容を注記する。

(1) 財又はサービスが他の当事者により顧客に提供されるように手配する履行義務（すなわ

ち、企業が他の当事者の代理人として行動する場合）（適用指針第39項から第47項）

(2) 返品、返金及びその他の類似の義務（第63項、第64項等参照）（適用指針第84項から第89項等）

(3) 財又はサービスに対する保証及び関連する義務（適用指針第34項から第38項）

80-15．第80-13項(2)に掲げる重要な支払条件に関する情報を注記するにあたっては、例えば、次の内容を記載する。

(1) 通常の支払期限

(2) 対価に変動対価が含まれる場合のその内容（第50項から第55項参照）

(3) 変動対価の見積りが第54項に従って通常制限される場合のその内容

(4) 契約に重要な金融要素が含まれる場合のその内容（第56項から第58項参照）

取引価格の算定に関する情報

80-16．取引価格の算定方法について理解できるよう、取引価格を算定する際に用いた見積方法、インプット及び仮定に関する情報を注記する。例えば、次の内容を記載する。

(1) 変動対価の算定（第50項から第55項参照）

(2) 変動対価の見積りが第54項に従って制限される場合のその評価

(3) 契約に重要な金融要素が含まれる場合の対価の額に含まれる金利相当分の調整（第56項から第58項参照）

(4) 現金以外の対価の算定（第59項から第62項参照）

(5) 返品、返金及びその他の類似の義務の算定（第63項、第64項等参照）（適用指針第84項から第89項等）

履行義務への配分額の算定に関する情報

80-17．取引価格の履行義務への配分額の算定方法について理解できるよう、取引価格を履行義務に配分する際に用いた見積方法、インプット及び仮定に関する情報を注記する。例えば、次の内容を記載する。

(1) 約束した財又はサービスの独立販売価格の見積り（第65項から第69項参照）

(2) 契約の特定の部分に値引きや変動対価の配分を行っている場合の取引価格の配分（第70項から第73項参照）

履行義務の充足時点に関する情報

80-18．履行義務を充足する通常の時点（収益を認識する通常の時点）の判断及び当該時点における会計処理の方法を理解できるよう、次の事項を注記する。

(1) 履行義務を充足する通常の時点（収益を認識する通常の時点）（第35項から第45項参照）

(2) 一定の期間にわたり充足される履行義務について、収益を認識するために使用した方法及び当該方法が財又はサービスの移転の忠実な描写となる根拠（第38項及び第41項から第45項参照）

(3) 一時点で充足される履行義務について、約束した財又はサービスに対する支配を顧客が獲得した時点を評価する際に行った重要な判断（第39項及び第40項参照）

本会計基準の適用における重要な判断

80-19．本会計基準を適用する際に行った判断及び判断の変更のうち、顧客との契約から生じる収益の金額及び時期の決定に重要な影響を与えるものを注記する。

（当期及び翌期以降の収益の金額を理解するための情報）

契約資産及び契約負債の残高等

80-20．履行義務の充足とキャッシュ・フローの関係を理解できるよう、次の事項を注記する。

(1) 顧客との契約から生じた債権、契約資産及び契約負債の期首残高及び期末残高（区分して表示していない場合）（第79項なお書き参照）

(2) 当期に認識した収益の額のうち期首現在の契約負債残高に含まれていた額

(3) 当期中の契約資産及び契約負債の残高の重要な変動がある場合のその内容

(4) 履行義務の充足の時期（第80-18項(1)参照）が通常の支払時期（第80-13項(2)参照）にどのように関連するのか並びにそれらの要因が契約資産及び契約負債の残高に与える影響の

説明

また、過去の期間に充足（又は部分的に充足）した履行義務から、当期に認識した収益（例えば、取引価格の変動）がある場合には、当該金額を注記する。

残存履行義務に配分した取引価格

80-21. 既存の契約から翌期以降に認識することが見込まれる収益の金額及び時期について理解できるよう、残存履行義務に関して次の事項を注記する。

(1) 当期末時点で未充足（又は部分的に未充足）の履行義務に配分した取引価格の総額

(2) (1)に従って注記した金額を、企業がいつ収益として認識すると見込んでいるのか、次のいずれかの方法により注記する。

① 残存履行義務の残存期間にも適した期間による定量的情報を使用した方法（適用指針［開示例2-2］及び［開示例2-3］）

② 定性的情報を使用した方法（適用指針［開示例3］）

80-22. 次のいずれかの条件に該当する場合には、前項の注記に含めないことができる。

(1) 履行義務が、当初に予想される契約期間（第21項参照）が1年以内の契約の一部である。

(2) 履行義務の充足から生じる収益を適用指針第19項に従って認識している（適用指針［開示例2-1］）。

(3) 次のいずれかの条件を満たす変動対価である。

① 売上高又は使用量に基づくロイヤルティ（適用指針第67項）

② 第72項の要件に従って、完全に未充足の履行義務（あるいは第32項(2)に従って識別された単一の履行義務に含まれる1つの別個の財又はサービスのうち、完全に未充足の財又はサービス）に配分される変動対価

80-23. 顧客との契約から受け取る対価の額に、取引価格に含まれない変動対価の額等、取引価格に含まれず、結果として第80-21項の注記に含めていないものがある場合には、その旨を注記する（第54項参照）（適用指針［開示例2-3］）。

80-24. 第80-22項のいずれかの条件に該当するため、第80-21項の注記に含めていないものがある場合には、第80-22項のいずれの条件に該当しているか、及び第80-21項の注記に含めていない履行義務の内容を注記する（適用指針［開示例2-1］）。

前段の定めに加え、第80-22項(3)のいずれかの条件に該当するため、第80-21項の注記に含めていないものがある場合には、次の事項を注記する。

(1) 残存する契約期間（第21項参照）

(2) 第80-21項の注記に含めていない変動対価の概要（例えば、変動対価の内容及びその変動性がどのように解消されるのか）

3. 連結財務諸表を作成している場合の個別財務諸表における表示及び注記事項

80-25. 連結財務諸表を作成している場合、個別財務諸表においては、第78-2項、第78-3項及び第79項の表示及び注記の定めを適用しないことができる。

80-26. 連結財務諸表を作成している場合、個別財務諸表においては、収益認識に関する注記として掲げている第80-5項から第80-24項の定めにかかわらず、第80-5項に掲げる項目のうち、(1)「収益の分解情報」及び(3)「当期及び翌期以降の収益の金額を理解するための情報」について注記しないことができる。

80-27. 連結財務諸表を作成している場合、個別財務諸表においては、第80-5項(2)「収益を理解するための基礎となる情報」の注記を記載するにあたり、連結財務諸表における記載を参照することができる。

V. 適用時期等

1. 適用時期

81. 2020年に改正した本会計基準（以下「2020年改正会計基準」という。）は、2021年4月1日以後開始する連結会計年度及び事業年度の期首から適用する。

82. ただし、2020年4月1日以後開始する連結会

計年度及び事業年度の期首から2020年改正会計
基準を適用することができる。

83．前項の定めに加え、2020年4月1日に終了す
る連結会計年度及び事業年度から2021年3月30
日に終了する連結会計年度及び事業年度までに
おける年度末に係る連結財務諸表及び個別財務
諸表から2020年改正会計基準を適用することが
できる。この適用にあたって、早期適用した連
結会計年度及び事業年度の翌年度に係る四半期
（又は中間）連結財務諸表及び四半期（又は中間）
個別財務諸表においては、早期適用した連結会
計年度及び事業年度の四半期（又は中間）連結
財務諸表及び四半期（又は中間）個別財務諸表
について、2020年改正会計基準を当該年度の期
首に遡って適用する。

83-2．2018年に公表した本会計基準（以下「2018
年会計基準」という。）は、2018年会計基準第
82項に定められていたとおり、2021年3月31日
以前に開始する連結会計年度及び事業年度の期
首から適用することができる（2020年改正会計
基準を適用している場合を除く。）。

２．経過措置

(1) 2018年会計基準を適用せずに2020年改正会計基準を適用する場合の経過措置

83-3．2018年会計基準を適用せずに2020年改正
会計基準を適用する場合の経過措置は、第84項
から第89-3項に定めるとおりとする。

84．2020年改正会計基準の適用初年度においては、
会計基準等の改正に伴う会計方針の変更として
取り扱い、原則として、新たな会計方針を過去
の期間のすべてに遡及適用する（以下「原則的
な取扱い」という。）。

　ただし、適用初年度の期首より前に新たな会
計方針を遡及適用した場合の適用初年度の累積
的影響額を、適用初年度の期首の利益剰余金に
加減し、当該期首残高から新たな会計方針を適
用することができる。

85．2020年改正会計基準を原則的な取扱いに従っ
て遡及適用する場合、次の(1)から(4)の方法の1
つ又は複数を適用することができる。

(1)　適用初年度の前連結会計年度及び前事業年
度の期首より前までに従前の取扱いに従って
ほとんどすべての収益の額を認識した契約に
ついて、適用初年度の前連結会計年度の連結
財務諸表及び四半期（又は中間）連結財務諸
表（注記事項を含む。）並びに適用初年度の
前事業年度の個別財務諸表及び四半期（又は
中間）個別財務諸表（注記事項を含む。）（以
下合わせて「適用初年度の比較情報」という。）
を遡及的に修正しないこと

(2)　適用初年度の期首より前までに従前の取扱
いに従ってほとんどすべての収益の額を認識
した契約に変動対価が含まれる場合、当該契
約に含まれる変動対価の額について、変動対
価の額に関する不確実性が解消された時の金
額を用いて適用初年度の比較情報を遡及的に
修正すること

(3)　適用初年度の前連結会計年度内及び前事業
年度内に開始して終了した契約について、適
用初年度の前連結会計年度の四半期（又は中
間）連結財務諸表及び適用初年度の前事業年
度の四半期（又は中間）個別財務諸表を遡及
的に修正しないこと

(4)　適用初年度の前連結会計年度及び前事業年
度の期首より前までに行われた契約変更につ
いて、すべての契約変更を反映した後の契約
条件に基づき、次の①から③の処理を行い、
適用初年度の比較情報を遡及的に修正するこ
と

①　履行義務の充足分及び未充足分の区分

②　取引価格の算定

③　履行義務の充足分及び未充足分への取引
価格の配分

86．第84項ただし書きの方法を選択する場合、適
用初年度の期首より前までに従前の取扱いに
従ってほとんどすべての収益の額を認識した契
約に、新たな会計方針を遡及適用しないことが
できる。

　また、第84項ただし書きの方法を選択する場
合、契約変更について、次の(1)又は(2)のいずれ
かを適用し、その累積的影響額を適用初年度の

期首の利益剰余金に加減することができる。

(1) 適用初年度の期首より前までに行われた契約変更について、すべての契約変更を反映した後の契約条件に基づき、前項(4)の①から③の処理を行うこと

(2) 適用初年度の前連結会計年度及び前事業年度の期首より前までに行われた契約変更について、すべての契約変更を反映した後の契約条件に基づき、前項(4)の①から③の処理を行うこと

87. 第84項から第86項の定めにかかわらず、国際財務報告基準（IFRS）又は米国会計基準を連結財務諸表に適用している企業（又はその連結子会社）が当該企業の個別財務諸表に2020年改正会計基準を適用する場合には、2020年改正会計基準の適用初年度において、IFRS 第15号「顧客との契約から生じる収益」（以下「IFRS 第15号」という。）又は FASB Accounting Standards Codification（米国財務会計基準審議会（FASB）による会計基準のコード化体系。以下「FASB-ASC」という。）の Topic606「顧客との契約から生じる収益」（以下「Topic606」という。）のいずれかの経過措置の定めを適用することができる。

また、第84項から第86項の定めにかかわらず、IFRS を連結財務諸表に初めて適用する企業（又はその連結子会社）が当該企業の個別財務諸表に2020年改正会計基準を適用する場合には、2020年改正会計基準の適用初年度において、IFRS 第1号「国際財務報告基準の初度適用」（以下「IFRS 第1号」という。）における経過措置に関する定めを適用することができる。

88. （削　除）

89. 第47項の定めに従って、2020年改正会計基準の適用初年度において、消費税及び地方消費税（以下「消費税等」という。）の会計処理を税込方式から税抜方式に変更する場合には、会計基準等の改正に伴う会計方針の変更として取り扱う。この場合、適用初年度の期首より前までに税込方式に従って消費税等が算入された固定資産等の取得原価から消費税等相当額を控除しな

いことができる。

89-2. 2020年改正会計基準の適用初年度においては、適用初年度の比較情報について、新たな表示方法に従い組替えを行わないことができる。

89-3. 2020年改正会計基準の適用初年度においては、第78-2項、第79項なお書き及び第80-2項から第80-27項に記載した内容を適用初年度の比較情報に注記しないことができる。

(2) 2018年会計基準を適用したうえで2020年改正会計基準を適用する場合の経過措置

89-4. 2018年会計基準を適用したうえで2020年改正会計基準を適用する場合、将来にわたり新たな会計方針を適用することができる。2020年改正会計基準の適用初年度においては、2020年改正会計基準の適用により表示方法（注記による開示も含む。）の変更が生じる場合には、企業会計基準第24第14項の定めにかかわらず、適用初年度の比較情報について、新たな表示方法に従い組替えを行わないことができる。この場合、企業会計基準第24号第16項(3)における「組替えられた過去の財務諸表の主な項目の金額」について注記しないことができる。また、第78-2項、第79項なお書き及び第80-2項から第80-27項に記載した内容を適用初年度の比較情報に注記しないことができる。

3．その他

90. 第81項の適用により、次の企業会計基準、企業会計基準適用指針及び実務対応報告は廃止する。

(1) 企業会計基準第15号「工事契約に関する会計基準」（以下「工事契約会計基準」という。）

(2) 企業会計基準適用指針第18号「工事契約に関する会計基準の適用指針」（以下「工事契約適用指針」という。）

(3) 実務対応報告第17号「ソフトウェア取引の収益の会計処理に関する実務上の取扱い」（以下「ソフトウェア取引実務対応報告」という。）

Ⅵ．議　決

91．2018年会計基準は、第381回企業会計基準委員会に出席した委員13名全員の賛成により承認された。なお、出席した委員は以下のとおりである。
（略）

91-2．2020年改正会計基準は、第428回企業会計基準委員会に出席した委員14名全員の賛成により承認された。なお、出席した委員は以下のとおりである。
（略）

結論の背景

経　緯
2018年会計基準の公表

92．我が国においては、企業会計原則に、「売上高は、実現主義の原則に従い、商品等の販売又は役務の給付によって実現したものに限る。」（企業会計原則第二損益計算書原則三 B）とされているものの、収益認識に関する包括的な会計基準はこれまで開発されていなかった。

　一方、国際会計基準審議会（IASB）及び米国財務会計基準審議会（FASB）は、共同して収益認識に関する包括的な会計基準の開発を行い、2014年（平成26年）5月に「顧客との契約から生じる収益」（IASB においては IFRS 第15号、FASB においては Topic606）を公表している。両基準は、文言レベルで概ね同一の基準となっており、当該基準の適用後、IFRS と米国会計基準により作成される財務諸表における収益の額は当該基準により報告されることとなる。

　売上高、営業収入等、その呼称は業種や取引の種類により異なるが、収益は、企業の主な営業活動からの成果を表示するものとして、企業の経営成績を表示するうえで重要な財務情報と考えられる。

　これらの状況を踏まえ、当委員会は、2015年（平成27年）3月に開催された第308回企業会計基準委員会において、IFRS 第15号を踏まえた我が国における収益認識に関する包括的な会計基準の開発に向けた検討に着手することを決定し検討を開始した。

93．当委員会では、検討の初期の段階で適用上の課題や今後の検討の進め方に対する意見を幅広く把握するため、2016年（平成28年）2月に「収益認識に関する包括的な会計基準の開発についての意見の募集」（以下「意見募集文書」という。）を公表した（2016年（平成28年）4月に一部改訂している。）。

　意見募集文書では、次の事項を、収益認識に関する包括的な会計基準の開発の意義として掲げている。
(1)　我が国の会計基準の体系の整備
(2)　企業間の財務諸表の比較可能性の向上
(3)　企業により開示される情報の充実

　意見募集文書に対して33通のコメント・レターが寄せられ、コメント・レターの大半はIFRS 第15号の内容を出発点とした当該基準の開発を全般的には支持するものであったが、適用上の課題も多く寄せられた。

　当委員会では、これらの意見募集文書に寄せられた意見を踏まえ、課題の抽出を行い、それらを検討したうえで、2017年（平成29年）7月に企業会計基準公開草案第61号「収益認識に関する会計基準（案）」及び企業会計基準適用指針公開草案第61号「収益認識に関する会計基準の適用指針（案）」（以下合わせて「2017年公開草案」という。）を公表して広く意見を求めた。2018年会計基準は、2017年公開草案に対して寄せられた意見を踏まえて検討を行い、2017年公開草案の内容を一部修正したうえで公表するに至ったものである。

94．なお、当委員会は、2016年（平成28年）8月に中期運営方針を公表している。当該中期運営方針においては、我が国の上場企業等で用いられる会計基準の質の向上を図るために、日本基準を高品質で国際的に整合性のとれたものとして維持・向上を図ることを方針として掲げており、2018年会計基準の内容は、当該中期運営方針に沿ったものである。

95．また、本会計基準の適用により、次の企業会

計基準、企業会計基準適用指針及び実務対応報告は廃止される。

(1) 工事契約会計基準

(2) 工事契約適用指針

(3) ソフトウェア取引実務対応報告

96．2018年会計基準の実務への適用を検討する過程で、2018年会計基準における定めが明確であるものの、これに従った処理を行うことが実務上著しく困難な状況が市場関係者により識別され、その旨当委員会に提起された場合には、公開の審議により、別途の対応を図ることの要否を当委員会において判断することとした。

2020年改正会計基準の公表

96－2．2018年会計基準においては、2018年会計基準を早期適用する場合の必要最低限の注記（企業の主要な事業における主な履行義務の内容及び企業が当該履行義務を充足する通常の時点（収益を認識する通常の時点））のみを定め、財務諸表作成者の準備期間を考慮したうえで、2018年会計基準が適用される時（2021年4月1日以後開始する連結会計年度及び事業年度の期首）までに、注記事項の定めを検討することとしていた。

また、収益認識の表示に関する次の事項についても同様に、財務諸表作成者の準備期間を考慮したうえで、2018年会計基準が適用される時までに検討することとしていた。

(1) 収益の表示科目

(2) 収益と金融要素の影響（受取利息又は支払利息）の区分表示の要否

(3) 契約資産と債権の区分表示の要否

当委員会では、検討を重ねたうえで、2019年10月に企業会計基準公開草案第66号（企業会計基準第29号の改正案）「収益認識に関する会計基準（案）」等（以下「2019年公開草案」という。）を公表して広く意見を求めた。2020年改正会計基準は、2019年公開草案に寄せられた意見を踏まえて検討を行い、2019年公開草案の内容を一部修正したうえで公表するに至ったものである。

また、2020年改正会計基準においては、2020

年改正会計基準の開発過程で識別された一部の論点について、2018年会計基準の見直しを行っている。

開発にあたっての基本的な方針
2018年会計基準

97．当委員会では、収益認識に関する会計基準の開発にあたっての基本的な方針として、IFRS第15号と整合性を図る便益の1つである国内外の企業間における財務諸表の比較可能性の観点から、IFRS第15号の基本的な原則を取り入れることを出発点とし、会計基準を定めることとした。また、これまで我が国で行われてきた実務等に配慮すべき項目がある場合には、比較可能性を損なわせない範囲で代替的な取扱いを追加することとした。

98．前項の方針の下、連結財務諸表に関して、次の開発の方針を定めた。

(1) IFRS第15号の定めを基本的にすべて取り入れる。

(2) 適用上の課題に対応するために、代替的な取扱いを追加的に定める。代替的な取扱いを追加的に定める場合、国際的な比較可能性を大きく損なわせないものとすることを基本とする。

(1)の方針を定めた理由は、次のとおりである。

① 収益認識に関する包括的な会計基準の開発の意義の1つとして、国際的な比較可能性の確保が重要なものと考えられること

② IFRS第15号は、5つのステップに基づき、履行義務の識別、取引価格の配分、支配の移転による収益認識等を定めており、部分的に採用することが困難であると考えられること

99．連結財務諸表に関する方針を前項のとおり定めたうえで個別財務諸表の取扱いについて審議がなされた。審議の過程では、次のとおり、さまざまな意見が聞かれた。

(1) 経営管理の観点からは、連結財務諸表と個別財務諸表の取扱いは同一の内容とすること

が好ましい。

(2) IFRS 又は米国会計基準により連結財務諸表を作成している企業にとっては、個別財務諸表も、IFRS 第15号又は Topic606を基礎とした内容とすることが好ましい。

(3) 個別財務諸表については、中小規模の上場企業や連結子会社を含むさまざまな企業に影響を及ぼすため、可能な限り簡素な定めとして、本会計基準の導入時及び適用時のコストを軽減すべきである。

(4) 個別財務諸表における金額は、関連諸法規等に用いられ、特に法人税法上の課税所得計算の基礎となるため、法人税との関係に配慮すべきである。

この点、次を理由に、基本的には、連結財務諸表と個別財務諸表において同一の会計処理を定めることとした。

① 当委員会において、これまでに開発してきた会計基準では、基本的に連結財務諸表と個別財務諸表において同一の会計処理を定めてきたこと

② 連結財務諸表と個別財務諸表で同一の内容としない場合、企業が連結財務諸表を作成する際の連結調整に係るコストが生じる。一方、連結財務諸表と個別財務諸表で同一の内容とする場合、中小規模の上場企業や連結子会社等における負担が懸念されるが、重要性等に関する代替的な取扱いの定めを置くこと等により一定程度実務における対応が可能となること

100. 本会計基準の会計処理の定めについては、上記の基本的な方針の下で開発しており、次の構成としている。

(1) 基本的に IFRS 第15号の会計基準の内容を基礎とした定め

① 本会計基準のうち第16項から第78項

② 適用指針のうち第4項から第89項

(2) 追加的に定めた代替的な取扱い

適用指針のうち第92項から第104項

101. なお、他の会計基準と同様に、重要性が乏しい取引には、本会計基準を適用しないことが

できる。

2020年改正会計基準

101-2. 2020年改正会計基準に定める注記事項に関して、本会計基準の開発過程において、IFRS 第15号と同様の定めを取り入れるべきであるとの意見が寄せられた一方で、IFRS 第15号と同様の定めを取り入れることについて懸念する意見も寄せられた。

この点、2018年会計基準の会計処理の定めを開発するにあたっての基本的な方針として、当委員会では、IFRS 第15号と整合性を図る便益の1つである、国内外の企業間における財務諸表の比較可能性を確保する観点から、IFRS 第15号の定めを基本的にすべて取り入れることとしており、その結果として、収益認識に関する会計処理については IFRS 第15号及び Topic 606と同様の基準となっている。

101-3. これまで国際的な整合性を図る観点から会計基準等の開発を行う際に、会計処理については、開発する会計基準に準拠して行われる会計処理により得られる財務情報が国際的な会計基準に基づく財務情報と大きく異ならないように開発を行った場合であっても、注記事項については、必ずしも会計処理と同様の対応を行っていない。

ここで、収益は、企業の主な営業活動からの成果を表示するものとして企業の経営成績を表示するうえで重要な財務情報と考えられ、収益に関する情報によって、財務諸表利用者は、企業の顧客との契約及び当該契約から生じる収益を適切に理解できるようになり、より適切な将来キャッシュ・フローの予測ができるようになることから、より適切な経済的意思決定ができるようになると考えられる。

101-4. したがって、収益に関する注記事項は、注記全体の中でも重要性が高いものであり、本会計基準においては、会計処理に関する定めと同様に、注記事項についても原則として IFRS 第15号及び Topic 606と同様の内容を取り入れることとした。仮に IFRS 第15号及び Topic

606と同様の注記事項を定めなかったとした場合、比較可能性が損なわれるだけでなく、日本基準に基づいて作成された財務諸表について十分な注記がなされていないとの指摘がなされる可能性があると考えられる。

101-5．一方で、注記が大幅に増加することに対する懸念から、個別の注記事項ごとに有用性を検討し取り入れるものを決めるべきとの意見も寄せられた。しかしながら、有用性が認められることから注記が必要とされる情報は契約の類型によって異なるものであるため、さまざまな契約の類型を考慮して注記事項を定めることとした場合、ある場合には有用な情報を開示することになっても、他の場合には有用な情報を開示することにならない等、すべての状況において有用な情報を開示するようにこれを定めることは困難であると考えられる。

101-6．したがって、開示目的を定めたうえで、企業の実態に応じて、企業自身が当該開示目的に照らして注記事項の内容を決定することとした方が、より有用な情報を財務諸表利用者にもたらすことができると考えられる。

これらの点を踏まえ、本会計基準では、注記事項の開発にあたっての基本的な方針として、次の対応を行うこととした。

(1)　包括的な定めとして、IFRS 第15号と同様の開示目的及び重要性の定めを含める。また、原則として IFRS 第15号の注記事項のすべての項目を含める。

(2)　企業の実態に応じて個々の注記事項の開示の要否を判断することを明確にし、開示目的に照らして重要性に乏しいと認められる項目については注記しないことができることを明確にする。

Ⅰ．範　囲

102．本会計基準で取り扱う範囲は、IFRS 第15号と同様に、顧客との契約から生じる収益とし、顧客との契約から生じるものではない取引又は事象から生じる収益は、本会計基準で取り扱わないこととした。

契約の相手方が、対価と交換に企業の通常の営業活動により生じたアウトプットである財又はサービスを得るために当該企業と契約した当事者である顧客（第6項参照）である場合にのみ、本会計基準が適用される。

103．顧客との契約から生じる収益のうち、金融商品会計基準の範囲に含まれる利息、金融商品の消滅の認識時に発生する利益等の金融商品に係る取引は、IFRS 第15号と同様に、本会計基準の適用範囲に含めないこととした（第3項(1)参照）。

104．顧客との契約から生じる収益のうち、リース会計基準の範囲に含まれるリース取引（貸手の会計処理）は、IFRS 第15号と同様に、本会計基準の適用範囲に含めないこととした（第3項(2)参照）。なお、ライセンスの供与については、本会計基準の適用範囲に含まれるが、リース会計基準に従って処理される契約の取扱いを変えることを意図するものではない。

また、本会計基準で割賦基準による収益認識が認められていないことは、仮にリース取引における貸手の会計処理の検討が行われる際には、ファイナンス・リース取引に係る貸手の会計処理のうち、リース料受取時に売上高と売上原価を計上する方法に関する定め（企業会計基準適用指針第16号「リース取引に関する会計基準の適用指針」第51項(2)及び第61項）及び貸手の製作価額又は現金購入価額と借手に対する現金販売価額に差がある場合に、当該差額である販売益を販売基準又は割賦基準により処理する定め（同第56項及び第66項）等に影響し得る。リース取引に関する会計基準については、2020年改正会計基準公表時点で、当委員会において我が国の会計基準を国際的に整合性のあるものとする取組みを進めているところであり、当該貸手の会計処理については、リース取引に関する会計基準の開発に含めて行う予定である。

105．保険契約については、現行の我が国における会計基準においてその会計処理を定めたものはないが、IFRS 第15号と同様に、本会計基準の適用範囲に含めないこととした（第3項(3)参

照）。

106. 顧客又は潜在的な顧客への販売を容易にするために行われる同業他社との商品又は製品の交換取引については、商品又は製品を交換する同業他社は、企業の通常の営業活動により生じたアウトプットを獲得するために企業と契約しているため、顧客の定義に該当するが、IFRS第15号と同様に、本会計基準の適用範囲に含めないこととした（第3項(4)参照）。IFRS第15号においては、同業他社との棚卸資産の交換について収益を認識し、その後で再び最終顧客に対する棚卸資産の販売について収益を認識すると、収益及び費用を二重に計上することになり、財務諸表利用者が企業による履行及び粗利益を評価することが困難となるため適切ではないとされている。我が国においては、棚卸資産の交換取引に関する会計処理の定めが明示されていないが、IFRS第15号と同様に、同業他社との棚卸資産の交換について収益を認識することは適切ではないと考えられる。

107. 2020年改正会計基準公表時点で、当委員会は金融商品会計基準について見直しを行っているところである。顧客との契約から生じる収益に該当する金融商品の組成又は取得に際して受け取る手数料については、金融商品会計基準の見直しと合わせて検討を行う予定である（第3項(5)参照）。

108. IFRSにおいては、企業の通常の営業活動により生じたアウトプットではない固定資産の売却について、IFRS第15号と同様の収益の認識を行うようIAS第16号「有形固定資産」が改正されたが、本会計基準においては、企業の通常の営業活動により生じたアウトプットではない固定資産の売却については、論点が異なり得るため改正の範囲に含めておらず、本会計基準の適用範囲に含まれない。また、企業の通常の営業活動により生じたアウトプットとなる不動産の売却は、本会計基準の適用範囲に含まれるが、当該不動産の売却のうち、不動産流動化実務指針の対象となる不動産（不動産信託受益権を含む。）の譲渡に係る会計処理は、連結の

範囲等の検討と関連するため、本会計基準の適用範囲から除外している（第3項(6)参照）。

108-2. 2019年公開草案に寄せられたコメントの中には、資金決済法における仮想通貨に関連する取引と本会計基準との関係について見直すべきとの意見があった。

これに対し、資金決済法における定義を満たす暗号資産及び金商業等府令における定義を満たす電子記録移転有価証券表示権利等について、私法上の取扱いが明確ではないものがあり、また、当委員会においてこれらに関連する取引の会計処理の検討を行っているため、2020年改正会計基準では、これらに関連する取引を本会計基準の範囲から除外することとした（第3項(7)参照）。

ここで、関連する取引が実務対応報告第38号「資金決済法における暗号資産の会計処理等に関する当面の取扱い」又は実務対応報告第43号「電子記録移転有価証券表示権利等の発行及び保有の会計処理及び開示に関する取扱い」の範囲に含まれる場合には、これに従って会計処理することになり、そうでない場合には、関連する会計基準等の定めが明らかではない場合として、企業が会計方針を定めることになる。

109. 本会計基準では、棚卸資産や固定資産等、コストの資産化等の定めがIFRSの体系とは異なるため、IFRS第15号における契約コスト（契約獲得の増分コスト及び契約を履行するためのコスト）の定めを範囲に含めていない。

ただし、IFRS又は米国会計基準を連結財務諸表に適用している企業が当該企業の個別財務諸表に本会計基準を適用する場合には、契約コストの会計処理を連結財務諸表と個別財務諸表で異なるものとすることは実務上の負担を生じさせると考えられるため、個別財務諸表においてIFRS第15号又はFASB-ASCのSubtopic 340-40「その他の資産及び繰延コスト―顧客との契約」（以下「Subtopic 340-40」という。）における契約コストの定めに従った処理をすることは妨げられないものとした。

また、IFRS又は米国会計基準を連結財務諸

表に適用している企業の連結子会社が当該連結子会社の連結財務諸表及び個別財務諸表に本会計基準を適用する場合にも、契約コストの会計処理を親会社の連結財務諸表における会計処理と異なるものとすることは実務上の負担を生じさせると考えられるため、連結財務諸表及び個別財務諸表においてIFRS第15号又はSubtopic 340-40における契約コストの定めに従った処理をすることは妨げられないものとした。

109－2．2020年改正会計基準の審議の過程において、前項の記載は選択適用を認めているものであり、IFRS第15号又はSubtopic 340-40における契約コストの定めに従うことを選択した場合には、重要な会計方針の注記に記載することを本会計基準において定めるべきであるという意見が聞かれた。この点につき、IFRS第15号又はSubtopic 340-40と同様の契約コストの会計処理を選択している場合でも、その旨を重要な会計方針として注記するか否かについては、企業の実態に応じて判断するものであると考えられること、また、仮に重要な会計方針としての注記を求めた場合、企業が認識した契約コストの重要性が乏しい場合でも、重要な会計方針としての注記がなされることになるため、一律に注記を求める必要はないと考えた。

ただし、契約コストの定めを適用している旨について重要な会計方針に含まれると判断される場合には、重要な会計方針として注記することになる。

また、IFRS第15号及びSubtopic 340-40においては、契約コストに関する注記事項の定めが設けられている。この点に関して、契約コストに関する注記事項が第80－4項の開示目的を達成するために必要な情報であると判断される場合には、IFRS第15号及びSubtopic 340-40の注記の定めを参考として、必要な注記を行うことになる。

Ⅱ．用語の定義

110．本会計基準では、IFRS第15号における用語の定義のうち、必要と考えられるものについて、本会計基準の用語の定義に含めている（第5項から第12項参照）。

111．本会計基準は、顧客との契約から生じる収益に関する会計処理及び開示に適用される（顧客の定義は第6項参照）。例えば、企業の通常の営業活動により生じたアウトプットである財又はサービスを獲得するためではなく、リスクと便益を契約当事者で共有する活動又はプロセス（提携契約に基づく共同研究開発等）に参加するために企業と契約を締結する当該契約の相手方は、顧客ではなく、当該契約に本会計基準は適用されない。

112．工事契約については、工事契約会計基準における定義を踏襲している（第13項参照）。

なお、請負契約ではあっても専らサービスの提供を目的とする契約や、外形上は工事契約に類似する契約であっても、工事に係る労働サービスの提供そのものを目的とするような契約は、工事契約会計基準と同様に、工事契約に含まれない。

113．受注制作のソフトウェアの範囲については、工事契約会計基準と同様に、「研究開発費等に係る会計基準」（平成10年3月企業会計審議会）及びソフトウェア取引実務対応報告を踏襲している（第14項参照）。

Ⅲ．会計処理
（IFRS第15号の定め及び結論の根拠を基礎としたもの）

114．第100項に記載したとおり、本会計基準の本文のうち第16項から第78項は、基本的にIFRS第15号における会計基準の内容を基礎としており、結論の背景についても、第115項から第150－3項は、IFRS第15号における会計基準及び結論の根拠を基礎としている。

1．基本となる原則

115．本会計基準では、IFRS第15号と同様に、顧客との契約から生じる収益及びキャッシュ・フローの性質、金額、時期及び不確実性に関する有用な情報を財務諸表利用者に報告するために

基本となる原則を示している（第16項参照）。また、本会計基準では、市場関係者の理解に資するために、基本となる原則に従って収益を認識するための5つのステップを示している（第17項参照）。

116. 本会計基準の定め（適用指針第92項から第104項に定める重要性等に関する代替的な取扱いを含む。）は、顧客との個々の契約を対象として適用する。ただし、企業が多数の類似した契約又は履行義務を有していることもあり、実務的な方法として、本会計基準を特性の類似した契約又は履行義務から構成されるグループ全体に適用する（例えば、当該グループを収益認識の単位又は収益の額の算定単位として用いる。）ことによる財務諸表上の影響が、当該グループの中の個々の契約又は履行義務を対象として本会計基準の定めを適用することによる影響と比較して重要性のある差異を生じさせないことが合理的に見込まれる場合に限り、個々の契約又は履行義務を対象とせず、当該グループ全体を対象として本会計基準の定めを適用することを認めている（第18項参照）。

例えば、特性の類似した複数の契約に含まれる財及びサービスのそれぞれが履行義務として識別され、当該履行義務に取引価格を配分する際には、原則として、個々の契約について、財及びサービスのそれぞれの独立販売価格の比率に基づくこととなる。ただし、個々の契約に基づき配分された取引価格との差異が財務諸表上の重要性のある影響を生じさせないことが合理的に見込まれる場合には、類似した複数の契約を1つのグループとし、当該グループに含まれる財及びサービスの独立販売価格の合計と取引価格の合計との比率を用いて、当該グループに含まれる各契約の財及びサービスの独立販売価格から当該財及びサービスに配分される取引価格を算定する方法も認められる。

2．収益の認識基準

(1) 契約の識別

117. 本会計基準が適用される顧客との契約は、第19項に定める5つの要件のすべてを満たす顧客との契約である。当該要件の1つである顧客に移転する財又はサービスと交換に企業が権利を得ることとなる対価を回収する可能性が高いこと（第19項(5)参照）を評価する際に、企業が顧客に価格の引下げを提供する可能性があることにより対価に変動性がある場合には、企業が権利を得ることとなる対価の額は契約に記載される価格よりも低くなることを考慮する。

なお、対価を回収する「可能性が高い」ことについて、IFRS第15号では"probable"という表現が用いられている。ここで、IFRSにおける"probable"の意味に照らすと、対価を回収する可能性の方が回収できない可能性よりも高いこと（more likely than not）を示すこととなるが、我が国の実務では、契約の締結可否を判断するにあたって回収可能性を検討する際に、それよりも高い閾値に基づき判断していることに鑑み、「可能性が高い」という表現を用いている。

118. 顧客から対価を回収する可能性を評価する際には、顧客の財務上の支払能力及び顧客が対価を支払う意思を考慮する（第19項(5)参照）。顧客が対価を支払う意思の評価にあたっては、対価の支払期限が到来している（すなわち、対応する履行義務が充足され、企業が権利を有する対価が変動しない。）と仮定したうえで、顧客又は同種の顧客グループの過去の慣行を含むすべての事実及び状況を考慮する必要がある。

119. 契約の中には、固定された契約期間がなく、契約の当事者のそれぞれがいつでも終了又は変更できるものや、契約に定められた一定期間ごとに自動更新となるものがあるが、本会計基準は、契約の当事者が現在の強制力のある権利及び義務を有している契約期間を対象として適用される（第21項参照）。

119-2．第21項の「契約期間」について、2018年会計基準では「契約の存続期間」という表現を用いていたが、2020年改正会計基準において変更している（また、この変更にあわせて、本会計基準及び適用指針における関連する用語を

変更している。）。これは、第80-22項(1)の「当初に予想される契約期間」及び第80-24項(1)の「残存する契約期間」における「契約期間」の定義について、第21項を参照することとした際に、より正確に趣旨が伝わるように変更したものであり、2018年会計基準第21項の取扱いを変えることを意図するものではない。

120. 顧客との契約が契約における取引開始日において第19項の要件を満たす場合には、事実及び状況の重要な変化の兆候がない限り、当該要件を満たすかどうかについて見直しを行わない（第23項参照）が、例えば、顧客が対価を支払う能力が著しく低下した場合には、顧客に移転する残りの財又はサービスと交換に企業が権利を得ることとなる対価を回収する可能性が高いかどうかについて見直しを行う。なお、既に認識した収益、顧客との契約から生じた債権又は契約資産は、当該見直しの対象とはならない。

(2) 契約の結合

121. 複数の契約は、区分して処理するか単一の契約として処理するかにより収益認識の時期及び金額が異なる可能性があるため、第27項の要件を満たす場合には、複数の契約を結合して単一の契約として処理する。

(3) 契約変更

122. 契約変更は、契約の当事者による承認により生じるものであり、当該承認は、書面や口頭による合意で行われる場合もあれば、取引慣行により含意される場合もある。

契約の当事者が契約変更の範囲又は価格（あるいはその両方）について合意していない場合や、契約の当事者が契約の範囲の変更を承認したが、変更された契約の範囲に対応する価格の変更を決定していない場合でも、契約変更は生じる可能性がある。契約変更により新たに生じる又は変化する権利及び義務が強制力のあるものかどうかを判定するにあたっては、契約条件並びにすべての関連する事実及び状況を考慮する。

123. 第30項(1)及び(2)の要件のいずれも満たす契約変更は、追加的に約束した財又はサービスに関する独立した契約を締結した場合と取引の実態に相違がないため、当該契約変更を独立した契約として処理する。

124. 契約変更を独立した契約として処理する要件の1つとして、変更される契約の価格が、追加的に約束した財又はサービスに対する独立販売価格に特定の契約の状況に基づく適切な調整を加えた金額分だけ増額されること（第30項(2)参照）がある。このような調整としては、例えば、類似の財又はサービスを新規顧客に販売する際に生じる販売費を企業が負担する必要がないため、顧客が受ける値引きについて独立販売価格を調整することがある。

125. 契約変更が独立した契約として処理されない場合で、第31項(1)の要件に該当するときには、当該契約変更は既存の契約の後で交渉され、新たな事実及び状況に基づくものと考えられるため、当該契約変更を将来に向かって会計処理し、過去に充足した履行義務に係る収益を修正しない。また、第31項(2)の要件に該当するときには、既存の契約で約束した財又はサービスとは別個の追加的な財又はサービスを移転しないため、履行義務の充足に係る進捗度及び取引価格を変更し、当該変更による累積的な影響に基づき、契約変更日において収益の額を修正する。

126. 契約変更から生じる取引価格の変更と、変動対価の見積りの変更は、異なる経済事象の結果である。変動対価の見積りの変更は、契約における取引開始日に識別され合意された変数の変化から生じるものであるが、契約変更から生じる取引価格の変更は、契約の当事者間での独立した事後的な交渉から生じるものである。

(4) 履行義務の識別

127. 顧客との契約は、通常、企業が顧客に移転することを約束した財又はサービスを明示する。しかし、顧客との契約には、契約締結時に、企業が財又はサービスを移転するという顧客の合理的な期待が生じる場合において、取引慣行、

公表した方針等により含意されている約束が含まれる可能性があり、顧客との契約において識別される履行義務は、当該契約において明示される財又はサービスに限らない可能性がある。

128. 第32項(2)の定めは、特性が実質的に同じ複数の別個の財又はサービスを提供する場合に、当該複数の別個の財又はサービスを単一の履行義務として識別するものであり、当該別個の財又はサービスを顧客に移転する約束のそれぞれについて履行義務として識別することは、コストと比較して便益が小さいため設けている。この定めは、例えば清掃サービス契約のように、同質のサービスが反復的に提供される契約等に適用できる場合がある。

(別個の財又はサービス)

129. 約束した財又はサービスには、例えば、次のものがある。

(1) 企業が製造した財の販売（例えば、製造業者の製品）

(2) 企業が購入した財の再販売（例えば、小売業者の商品）

(3) 企業が購入した財又はサービスに対する権利の再販売(例えば、企業が再販売するチケット)

(4) 契約上合意した顧客のための作業の履行

(5) 財又はサービスを提供できるように待機するサービス（例えば、利用可能となった時点で適用されるソフトウェアに対する不特定のアップデート）あるいは顧客が使用を決定した時に顧客が財又はサービスを使用できるようにするサービスの提供

(6) 財又はサービスが他の当事者によって顧客に提供されるように手配するサービスの提供（例えば、他の当事者の代理人として行動すること）

(7) 将来において顧客が再販売する又はその顧客に提供することができる財又はサービスに対する権利の付与（例えば、小売店に製品を販売する企業が、当該小売店から製品を購入する個人に追加的な財又はサービスを移転することを約束すること）

(8) 顧客に代わって行う資産の建設、製造又は開発

(9) ライセンスの供与

(10) 追加の財又はサービスを取得するオプションの付与（当該オプションが重要な権利を顧客に提供する場合）

130. 顧客は、財又はサービスから単独で便益を享受することができる場合や、顧客が容易に利用できる他の資源を組み合わせることによってのみ財又はサービスから便益を享受することができる場合がある（第34項(1)参照）。容易に利用できる資源とは、企業又は他の企業が独立して販売する財又はサービス、あるいは、顧客が企業から既に獲得した資源（企業が契約に基づき既に顧客に提供している財又はサービスを含む。）又は他の取引若しくは事象から既に獲得した資源である。

さまざまな要因により、財又はサービスから単独で顧客が便益を享受できること、あるいは、財又はサービスと顧客が容易に利用できる他の資源を組み合わせて顧客が便益を享受することができることが示される可能性がある。例えば、それは、企業が特定の財又はサービスを通常は独立して販売するという事実により示される可能性がある。

131. 財又はサービスから単独で顧客が便益を享受することができるかどうか（第34項(1)参照）を判定するにあたっては、顧客が当該財又はサービスをどのように使用するかは考慮せず、当該財又はサービス自体の特性を考慮する。そのため、たとえ顧客が企業以外から容易に利用できる資源を獲得することが契約によって制限されていたとしても、そのような契約上の制限は考慮しない。

(5) 履行義務の充足による収益の認識

132. 第37項における支配の移転は、財又はサービスを提供する企業、あるいは当該財又はサービスを受領する顧客のいずれの観点からも判定でき、企業が支配を喪失した時、又は顧客が支配を獲得した時のいずれかとなる。通常、両者

の時点は一致するが、企業が顧客への財又はサービスの移転と一致しない活動に基づき収益を認識することがないよう、顧客の観点から支配の移転を検討する。

133. 財又はサービスは、瞬時であるとしても、受け取って使用する時点では資産である。資産に対する支配とは、当該資産の使用を指図し、当該資産からの残りの便益のほとんどすべてを享受する能力（他の企業が資産の使用を指図して資産から便益を享受することを妨げる能力を含む。）であり（第37項参照）、資産からの便益とは、例えば、次の方法により直接的又は間接的に獲得できる潜在的なキャッシュ・フロー（インフロー又はアウトフローの節減）である。

(1) 財の製造又はサービスの提供のための資産の使用

(2) 他の資産の価値を増大させるための資産の使用

(3) 負債の決済又は費用の低減のための資産の使用

(4) 資産の売却又は交換

(5) 借入金の担保とするための資産の差入れ

(6) 資産の保有

（一定の期間にわたり充足される履行義務）

134. 多くのサービス契約では、サービスから生じる資産を顧客が受け取るのと同時に消費しており、企業の履行により生じた資産は瞬時にしか存在しない。これは、当該サービス契約において、企業が顧客との契約における義務を履行するにつれて、顧客が便益を享受する（第38項(1)参照）ことを意味する。

135. 第38項(1)の要件は、企業の履行によって顧客が便益を直ちに享受しない契約に適用されることを意図しておらず、企業の履行によって仕掛品等の資産が生じる又は資産の価値が増加する契約については、第38項(2)又は(3)の要件を満たすかどうかを判定する。

136. 第38項(2)の要件を満たすかどうかを判定するにあたっては、第37項の定めを考慮する。企業が顧客との契約における義務を履行することにより生じる資産又は価値が増加する資産は、

有形又は無形のいずれの場合もある。例えば、顧客の土地の上に建設を行う工事契約の場合には、通常、顧客は企業の履行から生じる仕掛品を支配する。

137. 一部の財又はサービスについては、第38項(1)又は(2)の要件を満たすことが困難な場合があるため、第38項(3)の要件を定めている。

138. 第38項(3)の要件において、企業が顧客との契約における義務を履行することにより、別の用途に転用することができない資産が生じることのみでは、顧客が資産を支配していると判断するのに十分ではないため、企業が顧客との契約における義務の履行を完了した部分について、対価を収受する強制力のある権利を有していることも要件として追加している。これは、一般的な交換取引に係る契約において、財又はサービスに対する支配を顧客が獲得した場合にのみ、顧客が支払義務を負うことと整合している。

（履行義務の充足に係る進捗度）

139. 履行義務の充足に係る進捗度を合理的に見積ることができる場合にのみ、一定の期間にわたり充足される履行義務について収益を認識する（第44項参照）。履行義務の充足に係る進捗度を合理的に見積ることができない場合とは、進捗度を適切に見積るための信頼性のある情報が不足している場合である。

3．収益の額の算定

(1) 取引価格の算定

（変動対価）

140. 変動対価の額の見積りにあたっては、最頻値又は期待値による方法のいずれかのうち、企業が権利を得ることとなる対価の額をより適切に予測できる方法を用いる（第51項参照）。最頻値は、契約において生じ得る結果が2つしかない場合（例えば、割増金の条件を達成するか否かのいずれかである場合）には、変動対価の額の適切な見積りとなる可能性がある。期待値は、特性の類似した多くの契約を有している場合には、変動対価の額の適切な見積りとなる可能性がある。

141. 変動対価の額の見積りに使用する情報は、通常、入札や提案等の過程及び財又はサービスの価格設定において経営者が使用する情報と同様のものである（第52項参照）。

142. 最頻値による方法については、実務上、可能性の低いシナリオの結果を数値化する必要はない。また、期待値による方法についても、実務上、企業が大量のデータを有し、多くの結果を識別できる場合であっても、複雑なモデルを用いてすべてのシナリオの結果を考慮する必要はない。一定数のシナリオの結果及びその確率が入手できる場合には、生じ得る結果の分布を合理的に見積ることができることが多い（第51項及び第52項参照）。

143. 変動対価の額に関する不確実性が事後的に解消される際に、解消される時点までに計上された収益の著しい減額が発生しない「可能性が高い」（第54項参照）とは、計上された収益の著しい減額が発生しない可能性が発生する可能性よりも高いという状況に比べ、発生しない可能性が著しく高い状況を示し、IFRSにおける"highlyprobable"と同程度の可能性を示している。

なお、2017年公開草案では、IFRS第15号における"highlyprobable"については、「可能性が非常に高い」との表現を用いていた。2017年公開草案に寄せられたコメントの中には、当該表現が示す可能性の程度を明確にすべきであるとの意見があった。当該意見を踏まえ、「可能性が非常に高い」を「可能性が高い」に変更しているが、当該変更は、我が国の他の会計基準等で用いられている表現への変更であり、2017年公開草案から可能性の程度を下げることを意図したものではない。

（契約における重要な金融要素）

144. 重要な金融要素は、信用供与の約束が契約に明記されているか、契約の当事者が合意した支払条件に含意されているかにかかわらず、存在する可能性がある（第56項参照）。

（顧客に支払われる対価）

145. 顧客に支払われる対価は、顧客から企業の財又はサービスを購入する他の当事者に企業が支払う対価を含む（第63項参照）。例えば、企業が販売業者又は流通業者に商品又は製品を販売し、その後に当該販売業者又は流通業者の顧客に企業が支払を行う場合がある。

(2) 履行義務への取引価格の配分
（独立販売価格に基づく配分）

146. 独立販売価格の最善の見積りは、企業が同様の状況において独立して類似の顧客に財又はサービスを販売する場合における当該財又はサービスの観察可能な価格である。財又はサービスの契約上の価格や定価は、当該財又はサービスの独立販売価格となる場合があるが、そのように推定されるわけではない。

独立販売価格を直接観察できない場合には、第65項の定めと整合するような取引価格の配分となる独立販売価格を見積る。

（値引きの配分）

147. 第71項(1)から(3)の要件のすべてを満たす場合を除き、契約におけるすべての履行義務に対して値引きを比例的に配分すること（第70項参照）は、基礎となる別個の財又はサービスの独立販売価格の比率に基づき、それぞれの履行義務に取引価格を配分することと整合している。

（変動対価の配分）

148. 契約において約束された変動対価は、契約全体に帰属する場合もあれば、次のいずれかのように契約の特定の一部に帰属する場合（第72項参照）もある。

(1) 契約における履行義務のうち1つ又は複数（ただし、すべてではない。）（例えば、割増金の受取りが、企業が約束した財又はサービスを所定の期間内において移転することを条件とする場合）

(2) 第32項(2)に従って識別された単一の履行義務に含まれる1つ又は複数の別個の財又はサービス（例えば、2年間の清掃サービスの2年目において約束された対価が、所定の物価上昇率の変動に基づき増額される場合）

(3) 取引価格の変動

149. 取引価格は、契約における取引開始日後にさまざまな理由で変動する可能性があり、これには、不確実な事象が確定することや他の状況の変化により、約束した財又はサービスの顧客への移転と交換に企業が権利を得ると見込む対価の額を変動させるものが含まれる（第74項参照）。

４．契約資産、契約負債及び顧客との契約から生じた債権

150. 顧客との契約から生じた債権とは、企業が顧客に移転した財又はサービスと交換に受け取る対価に対する企業の権利のうち無条件のものをいう（第12項参照）。対価に対する企業の権利が無条件であるとは、当該対価を受け取る期限が到来する前に必要となるのが時の経過のみであるものをいう。したがって、例えば、受け取る対価に対する現在の権利を有している場合には、当該金額が将来において返金の対象となる可能性があるとしても、顧客との契約から生じた債権を認識する（適用指針［設例28］）。対価に対する無条件の権利は、通常、履行義務を充足して顧客に請求した時に生じる。ただし、顧客への支払の請求は企業が対価に対する無条件の権利を有することを示すものではなく、対価を受け取る期限が到来した時に対価に対する無条件の権利を有する場合がある。

なお、「顧客との契約から生じた債権」について、2018年会計基準は「債権」という表現を用いていたが、債権は、通常、顧客との契約から生じた債権以外のものも含む表現であると考えられることから、2020年改正会計基準において表現を変更している（第12項参照）。

150-2．顧客から対価を受け取る企業の権利は当該企業の履行が条件とされ、同様に、企業は顧客が支払を行う限りにおいてのみ履行することから、顧客との契約により生じる企業の権利と義務は相互依存的である。こうした相互依存性は、残存する権利と義務を貸借対照表において純額で会計処理して表示することによっても

適切に反映されるため、契約の中の残存する権利及び義務は、契約資産又は契約負債のいずれかとして、純額で表示する。ここで、個々の契約から生じた契約資産と契約負債は純額で表示するものの、その結果として認識された複数の契約から生じた契約資産と契約負債は貸借対照表において相殺して表示しない。

150-3．本会計基準の適用により廃止される工事契約会計基準の第17項では、「工事進行基準を適用した結果、工事の進行途上において計上される未収入額については、金銭債権として取り扱う」こととしていた。2018年会計基準においては、工事契約会計基準第17項の取扱いを引き継ぎ、契約資産を金銭債権として取り扱うこととしていた。また、このように取り扱うことにより、工事の進行途上において計上される未収入額の貸倒引当金の会計処理及び外貨換算の取扱いが明確になっていた。

一方、IFRS第15号は、契約資産が金融資産に該当するか否かについて言及しないこととしたうえで、契約資産の減損の測定、表示及び開示については、IFRS第9号「金融商品」及びIFRS第7号「金融商品：開示」に従って、金融資産と同じ基礎で行うことを要求している。

この点、本会計基準においても契約資産が金銭債権に該当するか否かについて言及しないことにより、IFRS第15号が必ずしも言及していない契約資産の性質について、本会計基準において金銭債権とすることにより発生し得る意図しない帰結を回避することが可能となるものと考えられる。また、契約資産とは、企業が顧客に移転した財又はサービスと交換に受け取る対価に対する企業の無条件ではない権利であり（第10項参照）、無条件の権利である顧客との契約から生じた債権（第12項参照）とは性質が異なる。

これらの点を踏まえ、2019年公開草案において、2018年会計基準第77項の「契約資産は、金銭債権として取り扱うこととし、金融商品会計基準に従って処理する。」の記載を削除することを提案した。また、契約資産に係る貸倒引当

金の会計処理は金融商品会計基準における債権の取扱いを適用すること及び外貨建ての契約資産に係る外貨換算については外貨建取引等会計処理基準の外貨建金銭債権債務の換算の取扱いを適用することを提案した。

当該2019年公開草案に対して、契約資産の消滅等に関しての会計処理を明確にすべきであるとの意見が寄せられ、本会計基準に定めのない契約資産の会計処理は、金融商品会計基準における債権の取扱いに準じて処理することとし、その旨を明確にすることとした（第77項参照）。

(IFRS第15号の定め及び結論の根拠を基礎としたもの以外のもの)

1．収益の認識基準

(1) 契約の結合

151．契約の結合の定めにおける関連当事者（第27項参照）とは、企業会計基準第11号「関連当事者の開示に関する会計基準」に定める関連当事者をいう。

(2) 履行義務の充足による収益の認識

152．IFRS第15号では、収益の認識時期を、財又はサービスに対する顧客の支配の獲得により判断するとされている（第35項参照）。審議の過程では、この支配の移転の考え方について、工事進行基準は活動を基礎として業績を測定するものであり支配の移転の考え方と相容れず、基準内で整合性が図られていないのではないかとの懸念を示す意見が聞かれた。

この点、IFRS第15号の開発過程において、市場関係者から、工事進行基準の適用が認められない場合には工事契約に関する有用な情報が提供されなくなるとの懸念が寄せられたことを受けて、IASBは支配の移転の考え方を維持しつつ、一定の期間にわたり充足される履行義務の枠組みの下で工事契約への具体的な適用を整理したとされている。

当委員会では、これらのIFRS第15号の開発の経緯及び国際的な比較可能性を考慮して、工事契約についてもIFRS第15号における会計処理を取り入れることとした。

(履行義務の充足に係る進捗度)

153．IFRS第15号では、履行義務の充足に係る進捗度を合理的に見積ることができないが、当該履行義務を充足する際に発生する費用を回収することが見込まれる場合には、履行義務の充足に係る進捗度を合理的に見積ることができる時まで、原価回収基準により処理することとされている（第45項参照）。審議の過程では、この取扱いに関して、工事契約に係る財務指標を歪め期間比較を困難にするおそれがある等の意見が聞かれたが、履行義務の充足が進捗しているという事実を反映するために一定の額の収益を認識すべきとのIFRS第15号における論拠を否定するまでには至らないと考えられ、IFRS第15号における会計処理を取り入れることとした。

154．工事契約適用指針では、「工事進行基準の適用要件を満たすと判断された工事契約について、事後的な事情の変化により成果の確実性が失われた場合には、その後の会計処理については工事完成基準を適用することになる。」とされていた。審議の過程で、本会計基準において、履行義務の充足に係る進捗度を合理的に見積ることができる場合にのみ、一定の期間にわたり充足される履行義務について収益を認識する（第44項参照）こととしているが、事後的に当該進捗度を合理的に見積ることができなくなった場合の取扱いを示すことを求める意見が聞かれた。

この点、本会計基準では、履行義務の充足に係る進捗度は各決算日に見直す（第43項参照）こととしており、当該進捗度を合理的に見積ることができるか否かについても各決算日に見直すことになる。当該見直しにおいて、契約における取引開始日後に状況が変化し、履行義務の充足に係る進捗度を合理的に見積ることができなくなった場合で、当該履行義務を充足する際に発生する費用を回収することが見込まれるときには、その時点から原価回収基準により処理する（第45項参照）。

Ⅳ. 開 示
1. 表 示

155. 審議の過程において、顧客との契約から生じる収益を、適切な科目をもって損益計算書に表示すると定めるのみでは、表示科目の決定に際して判断が困難であると考えられるため、具体的な指針を示すべきとの意見が聞かれた。しかしながら、次を理由に、表示科目を決定するための具体的な指針を示さないこととした（第78 - 2 項参照）。

(1) 仮に具体的な表示科目を示すとすれば、これまでの実務慣行等を踏まえると、財の販売から生じる収益を「売上高」、サービスの提供から生じる収益を「営業収益」、代理人として獲得する収益を「手数料収益」などとする等の指針を示すことが考えられる。しかしながら、現行の実務において、サービスの提供から生じる収益や、代理人としての手数料を「売上高」として表示している企業も存在しており、また、複数の性質の収益が生じている場合に、1つの表示科目にまとめて表示している企業や、複数の表示科目に分けて表示している企業も存在している。これらの表示方法は、各々の業種、企業によって、これまで実態に応じて適切な表示科目が用いられてきたものと考えられ、一定の表示科目に統一することのコンセンサスを得ることは難しいものと考えられる。

(2) 国際的な会計基準を適用した海外の企業の財務諸表においても、「収益」、「顧客との契約から生じる収益」、「売上高」など、さまざまな表示科目が用いられていると考えられる。

(3) これまでも実態に応じて適切な表示科目が選択されてきたものと考えられる。

なお、適用指針第104 - 2 項において、顧客との契約から生じる収益の適切な科目については、例えば、売上高、売上収益、営業収益等として表示することとした。

156. 2019年公開草案において、「顧客との契約から生じる収益」について、それ以外の収益と区分して損益計算書に表示するか又は顧客との契約から生じる収益の額を注記することを提案した。これに対し、「顧客との契約から生じる収益」の範囲が必ずしも明らかではないとの意見が寄せられた。この点、本会計基準は、第3項に掲げる7項目を除く顧客との契約から生じる収益に関する会計処理及び開示に適用される（第3項参照）ことから、第78 - 2 項の「顧客との契約から生じる収益」は、第3項に掲げる7項目を除く顧客との契約から生じる収益を指し、当該収益とそれ以外の収益を区分して損益計算書に表示するか又は顧客との契約から生じる収益の額を注記することになる。

157. 2018年会計基準においては、損益計算書における顧客との契約から生じる収益と金融要素の影響（受取利息又は支払利息）の区分表示の要否について、2018年会計基準が適用される時までに検討することとしていた。

2020年改正会計基準の審議の過程において、我が国においては欧米とは異なり、毎月出来高を企業と顧客で確認して企業が月次で顧客に請求する実務慣行は多くは見られないこと、また、金融要素の提供の意図はないにもかかわらず、約束した財又はサービスを顧客に移転する時点と顧客が支払を行う時点の間が1年以上であると見込まれる場合もあると考えられることから、損益計算書上、重要な金融要素の影響を顧客との契約から生じる収益に含めて計上したうえで、当該影響の注記のみを求めることの是非についての意見が聞かれた。

検討の結果、2018年会計基準では、国際的な比較可能性等を考慮し、金融要素が含まれる場合の取扱いについて、IFRS 第15号と同様の処理を行うこととしていること、また、損益計算書上、顧客との契約から生じる収益に金融要素の影響を含めて計上して当該影響を注記する場合には、財務諸表本表における国際的な比較可能性が損なわれる可能性があると考えられることから、2020年改正会計基準において、損益計算書上、顧客との契約から生じる収益と金融要素の影響を区分して表示することとした（第78 - 3 項参照）。

なお、区分処理することとした金融要素の影響の表示については、その表示又は注記の方法を定めていないことから、他の金融要素の影響（受取利息又は支払利息）と合算して表示すること、また合算して表示した場合において追加の注記をしないことは妨げられないと考えられる。

158. IFRS第15号において要求されている顧客との契約から生じた債権又は契約資産について認識した減損損失の開示に関しては、IFRS第9号「金融商品」における金融資産の減損に関する定めと、我が国における貸倒引当金繰入額及び貸倒損失額に関する定めが異なっているため、同様の開示を求めることは困難であると判断した。2020年改正会計基準公表時点で、金融商品会計基準については見直しを行っているところである。当該開示については金融商品会計基準の見直しと合わせて検討することとし、本会計基準において求めないこととした。

159. 本会計基準では、契約資産と顧客との契約から生じた債権のそれぞれについて貸借対照表に他の資産と区分して表示しない場合には、それぞれの残高を注記することとしている（第79項なお書き参照）。

2018年会計基準第88項においては、第79項の定めにかかわらず、契約資産と債権を貸借対照表において区分表示せず、かつ、それぞれの残高を注記しないことができることとし、当該区分表示及び注記の要否は、2018年会計基準が適用される時までに検討することとしていた。この取扱いを踏まえ、2020年改正会計基準においては、契約資産と顧客との契約から生じた債権のそれぞれについて貸借対照表に他の資産と区分して表示するか、貸借対照表に他の資産と区分して表示しない場合は、それぞれの残高を注記することの要否を検討した。

契約資産とは、企業が顧客に移転した財又はサービスと交換に受け取る対価に対する企業の無条件ではない権利であり（第10項参照）、無条件の権利である顧客との契約から生じた債権（第12項参照）とは性質が異なるため、契約資

産と顧客との契約から生じた債権について、区分表示又は注記を求めることが適当であると考えられる。また、仮に契約資産と顧客との契約から生じた債権の区分表示又は注記を求めない場合には、契約資産に固有の注記（第80-20項参照）も求めないことが考えられるが、そのように注記事項を減らすことは、国際的な比較可能性を損なわせる可能性もあると考えられる。

検討の結果、IFRS第15号と同様に、契約資産と顧客との契約から生じた債権のそれぞれについて、貸借対照表に他の資産と区分して表示するか、貸借対照表において区分して表示しない場合には、それぞれの残高を注記することとした。また、2018年会計基準第88項を削除することとした。

2．注記事項

(1) 重要な会計方針の注記

160. 重要な会計方針の注記について、企業会計原則注解（注1-2）においては、「財務諸表には、重要な会計方針を注記しなければならない。会計方針とは、企業が損益計算書及び貸借対照表の作成に当たつて、その財政状態及び経営成績を正しく示すために採用した会計処理の原則及び手続並びに表示の方法をいう。」とされている。ただし、「代替的な会計基準が認められていない場合には、会計方針の注記を省略することができる。」ともされている。また、企業会計基準第24号第4項(1)において、「『会計方針』とは、財務諸表の作成にあたって採用した会計処理の原則及び手続をいう。」と定義している。このように、既に会計方針に関する定めがある中で、本会計基準に基づく収益認識に関する注記と重要な会計方針の注記が重複する場合があると考えられることから、これらの関係を整理することとした。

161. 本会計基準の審議の過程で、重要な会計方針として注記する内容については、原則として、企業会計原則注解及び企業会計基準第24号に照らして企業が判断することとし、何が会計方針に該当して、どの会計方針が重要な会計方針で

あるかについて定めないことを検討した。

162. しかしながら、主として次の理由から、重要な会計方針として注記する内容を定めることが望ましいとの意見が聞かれた。

  (1) 本会計基準の基本となる原則に従って収益を認識するための5つのステップは、本会計基準を適用する企業においてはすべて適用されることから、企業会計原則注解（注1-2）における代替的な会計基準が認められていない場合に該当し、収益認識に関する重要な会計方針の注記は省略し得ることになる。

  (2) 企業の判断により重要な会計方針に関する注記を記載する場合には、企業の実態に即した記載が可能となると考えられる一方で、重要な会計方針に関する注記と収益認識に関する注記のいずれに記載されるのかについて、企業間でばらつきが生じる可能性が高い。

163. 前項の意見を踏まえ、本会計基準においては、重要な会計方針として少なくとも注記する内容を定めることとした。この点、2018年会計基準の早期適用時に注記を求めた企業の主要な事業における主な履行義務の内容（第80-14項参照）及び企業が当該履行義務を充足する通常の時点（収益を認識する通常の時点）（第80-18項(1)参照）については、会計方針に含めて記載することにより、財務諸表利用者の収益に対する理解可能性を高めるためにも有用となると考えられるため、それらについて重要な会計方針として注記を求めることとした（第80-2項参照）。

  なお、第80-2項(2)の「企業が当該履行義務を充足する通常の時点」と「収益を認識する通常の時点」は、通常は同じであると考えられる。しかし、例えば、適用指針第98項における代替的な取扱い（出荷基準等の取扱い）を適用した場合には、両時点が異なる場合がある。そのような場合には、重要な会計方針として「収益を認識する通常の時点」について注記する。

164. また、重要な会計方針として注記する内容は、第80-2項の2つの項目に限定することを意図して定めているものではなく、これら2つ

の項目以外にも、重要な会計方針に含まれると判断した内容については、重要な会計方針として注記することとした（第80-3項参照）。

165. 第80-2項及び第80-3項に従って重要な会計方針として注記した内容を変更する場合、企業会計基準第24号第4項(5)及び企業会計基準適用指針第24号「会計方針の開示、会計上の変更及び誤謬の訂正に関する会計基準の適用指針」第8項に従い、会計方針の変更に該当するか否かの検討が必要になる。

(2) 収益認識に関する注記

（開示目的）

166. 本会計基準では、第101-6項の注記事項の開発にあたっての基本的な方針を踏まえて、顧客との契約から生じる収益に関する情報を注記するにあたっての包括的な定めを開示目的として示している（第80-4項参照）。この開示目的を達成するための収益認識に関する注記として、次の項目を示している（第80-5項参照）。

  (1) 収益の分解情報

  (2) 収益を理解するための基礎となる情報

  (3) 当期及び翌期以降の収益の金額を理解するための情報

167. 本会計基準では、IFRS第15号で要求されている注記事項を本会計基準に取り入れるにあたり、IFRS第15号において、個々の注記事項が設けられた意図を理解することがより有用であると考えた。前項に掲げる項目は、開示目的との関連、すなわち、どのように開示目的が達成されることが想定されるのかを踏まえて、IFRS第15号の項目を再分類したものである。

  そのうえで、開示目的を達成する方法として、IFRS第15号を参考として前項の項目ごとに具体的な注記事項を定めているが（第80-10項から第80-24項参照）、IFRS第15号の注記事項の取扱いと同様に、これらの注記事項は低限の注記のチェックリストとして用いられることを意図したものではない。特定の注記が財務諸表利用者の意思決定に影響を及ぼすか否かについては、契約の類型により異なると考えられる。必要な注記を検討するにあたっては、開示目的に

照らして重要性を考慮すべきであると考えられるため、本会計基準では、重要性に乏しい情報の注記をしないことができることを明確にしている（第80‐5項ただし書き参照）。

168. なお、開示目的に照らして重要性に乏しいと認められるか否かの判断は、定量的な要因と定性的な要因の両方を考慮する必要がある。その際、定量的な要因のみで判断した場合に重要性がないとは言えない場合であっても、開示目的に照らして重要性に乏しいと判断される場合もあると考えられる。

収益認識に関する注記の記載方法

169. 我が国においては、注記事項は、個別の会計基準で定める個々の注記事項の区分に従って記載がなされていることが多いが、収益認識に関する注記を記載するにあたっては、本会計基準で示す注記事項の区分に従って注記事項を記載する必要はないとしている（第80‐7項参照）。

170. ここで、財務諸表利用者の理解が困難となるような体系で収益認識に関する注記が記載されることは想定されず、収益認識に関する注記の開示目的に照らして、企業の収益及びキャッシュ・フローを理解するために適切であると考えられる方法で注記を記載することが考えられる。例えば、収益の分解情報の区分に関連付けて、履行義務に関する情報等の必要な項目を記載することが考えられる。

171. また、収益認識に関する注記についてどのような詳細で記載すべきかについては、第80‐4項に定める開示目的に照らして企業が適切に判断するものであると考えられる（第80‐6項参照）。

収益認識に関する注記を財務諸表における他の注記事項に含めて記載している場合

172. 収益認識に関する注記として記載する内容について、既存のセグメント情報におけるセグメントの区分が、第80-10項に示す収益を分解する区分に適うと判断される場合（適用指針第191項）等、財務諸表における他の箇所に記載している注記事項により収益認識に関する注記の開示目的が満たされると判断される場合がある。また、セグメント情報の注記に含めて収益の分解情報を示す等、財務諸表における他の箇所に記載している注記事項に関連づけて収益認識に関する注記として求められている内容を記載することが、財務諸表利用者の理解に資すると判断される場合がある。

173. 前項に示すような状況において、収益認識に関する注記として記載する内容について、財務諸表における他の注記事項に含めて記載している場合には、当該他の注記事項を参照することができることとした（第80‐9項参照）。

（収益の分解情報）

174. 損益計算書において認識される、顧客との契約から生じる収益は、さまざまな財又はサービスの移転及びさまざまな種類の顧客又は市場に関わる契約から生じる可能性があるため、顧客との多くの契約から生じた複合的な金額である。本会計基準では、当期に認識した顧客との契約から生じる収益の内訳を財務諸表利用者が理解できるようにするために、収益の分解情報の注記を求めることとした（第80-10項参照）。

175. IFRS第15号では、収益の分解情報を開示する目的は、顧客との契約から認識した収益を、収益及びキャッシュ・フローの性質、金額、時期及び不確実性がどのように経済的要因の影響を受けるのかを描写する区分に分解することであるとされている。これを踏まえて、本会計基準においては、IFRS第15号を参考に、どのように収益の分解情報を注記するのかを定めることとした（第80-10項参照）。

176. ただし、IFRS第15号においては、「経済的要因」の意味するところについては詳細に説明されていない。また、IFRS第15号においては、収益のも有用な分解は、さまざまな企業固有又は業種固有の要因に左右されることから、収益の分解の基礎として使用すべき特定の要因は定めていないとされている。

ここで、IFRS第15号では、「経済的要因」の意味するところを理解するための指針として、企業が業績評価の目的で利用している区分や財務諸表利用者とのコミュニケーションにおいて

開示している区分を考慮することとされている。また、収益の分解情報として適切である可能性のある区分の例が示されている。

177. 本会計基準においても、このような契約の類型の区分の例示として、IFRS 第15号と同様の指針を適用指針に設けることとした（適用指針第106-3項から第106-5項）。

178. また、収益の分解情報は、単一の区分により開示される場合もあれば、複数の区分により開示される場合（例えば、製品別の収益の分解と地域別の収益の分解）もあると考えられる。一方で、企業の収益及びキャッシュ・フローの性質、金額、時期及び不確実性に影響を及ぼす要因のすべてを考慮する必要がないことを明確にするために、本会計基準では、「主要な」要因に基づく区分による収益の分解情報を求めることとした。

（収益を理解するための基礎となる情報）

179. 第80-12項から第80-19項に掲げる「収益を理解するための基礎となる情報」には、企業が認識する収益を財務諸表利用者が理解するための基礎となる情報が含まれる。「収益を理解するための基礎となる情報」では、第17項のステップ1からステップ5に関連して、次の情報を注記する。

  (1) 契約及び履行義務に関する情報（ステップ1及びステップ2）

  (2) 取引価格の算定に関する情報（ステップ3）

  (3) 履行義務への配分額の算定に関する情報（ステップ4）

  (4) 履行義務の充足時点に関する情報（ステップ5）

  (5) 本会計基準の適用における重要な判断

180. 収益を理解するための基礎となる情報において注記する情報は、顧客と締結した契約の内容と、それらの内容がどのように収益及び関連する財務諸表の項目に反映されているかに関する情報を開示するものである。この情報を記載するにあたって、単に本会計基準等における取扱いを記載するのではなく、企業の置かれている状況が分かるようにすることで、財務諸表利用者に有用な情報を開示することになると考えられる。

契約及び履行義務に関する情報（ステップ1及びステップ2）

181. 第80-13項から第80-15項に掲げる「契約及び履行義務に関する情報」においては、収益として認識している項目がどのような契約から生じているのかを理解するための情報を注記することとしている。この情報には、収益認識に関する注記における他の注記事項を理解するために必要な情報も含まれる。本会計基準では、「契約及び履行義務に関する情報」について、契約から生じる企業の義務と権利に着目して、(1)「履行義務に関する情報」と(2)「重要な支払条件に関する情報」とに区分したうえで、区分したそれぞれについて記載する内容又は関連して記載する内容を例示している。

182. 企業は、顧客と約束した財又はサービスの内容に基づき契約及び履行義務を識別し、会計処理を決定する。第80-14項の履行義務に関する情報として注記する「履行義務の内容」は、顧客との契約における企業の履行義務の理解に資する情報、すなわち、企業が顧客に移転することを約束した財又はサービスの内容並びに収益及びキャッシュ・フローの金額、時期及び不確実性を理解するために必要な基礎となる情報を開示するものである。したがって、本会計基準では、「履行義務の内容」を重要な会計方針の注記に記載することとした（第80-2項(1)参照）。

183. また、本会計基準においては、契約に次のような内容が含まれており、かつ、収益及びキャッシュ・フローの金額、時期及び不確実性に重要な影響がある場合には、その情報を記載することが企業の収益及びキャッシュ・フローの理解に有用であると考えられるため、注記するものとして例示している（第80-14項参照）。

  (1) 財又はサービスが他の当事者により顧客に提供されるように手配する履行義務

  (2) 返品、返金及びその他の類似の義務

  (3) 財又はサービスに対する保証及び関連する

義務

184. 「重要な支払条件に関する情報」は、対価に対する企業の権利に関する情報であり、支払条件により、主に収益の金額及び不確実性に重要な影響が生じる契約がある場合に、その契約内容を記載することが考えられる。

185. また、次のような契約を有しており、かつ、収益及びキャッシュ・フローの金額、時期及び不確実性に重要な影響がある場合には、重要な支払条件に関する情報を記載することが企業の収益及びキャッシュ・フローの理解に有用であると考えられるため、重要な支払条件について記載することを本会計基準に例示している（第80-15項参照）。

(1) 対価が変動する可能性のある契約

(2) 変動対価の見積りの制限に関する定めが適用される契約

(3) 重要な金融要素が含まれる契約

取引価格の算定に関する情報（ステップ3）

186. 第80-16項に掲げる「取引価格の算定に関する情報」では、「契約及び履行義務に関する情報」で提供した情報を踏まえ、取引価格をどのように算定したかを理解するために役立つ情報を開示する。

187. 企業が、変動対価が含まれる契約を有しており、かつ、当該契約により、収益の金額及び不確実性等に重要な影響が生じる場合には、当該契約における取引価格の見積りにあたって用いた方法、インプット及び仮定に関する情報を開示することが、企業の収益及びキャッシュ・フローの金額、時期及び不確実性の理解に有用であると考えられる。第80-16項ではまた、どのような項目に対して、これらの情報を開示することが考えられるかについて、例を示している。

履行義務への配分額の算定に関する情報（ステップ4）

188. 第80-17項に掲げる「履行義務への配分額の算定に関する情報」では、「契約及び履行義務に関する情報」で提供した情報を踏まえ、取引価格の履行義務への配分額の算定の理解に役立

つ情報を注記する。

189. 企業が複数の履行義務により構成される契約を有しており、履行義務への取引価格の配分に関連して、収益の金額、時期及び不確実性に重要な影響が生じるような契約がある場合には、「取引価格の算定に関する情報」と同様に、その取引価格の配分に用いた方法、インプット及び仮定に関する情報を注記することが考えられる。また、第80-17項では、どのような項目に対して、これらの情報を注記することが考えられるかについて、例を示している。

履行義務の充足時点に関する情報（ステップ5）

190. 第80-18項に掲げる「履行義務の充足時点に関する情報」では、「契約及び履行義務に関する情報」で注記した情報を踏まえ、企業が履行義務を充足する通常の時点（収益を認識する通常の時点）をどのように判断し、どのように会計処理しているのかに関する情報を注記する。本会計基準では、第80-18項(1)に掲げる「履行義務を充足する通常の時点（収益を認識する通常の時点）」を重要な会計方針として注記することとした（第80-2項(2)参照）。

本会計基準の適用における重要な判断

191. 本会計基準では、本会計基準を適用する際に行った判断及び判断の変更のうち、顧客との契約から生じる収益の金額及び時期の決定に重要な影響を与えるものを注記することとしている（第80-19項参照）。

IFRS 第15号においては、IFRS 第15号の適用における重要な判断及び判断の変更に関して特に注記が求められる事項として、「履行義務の充足の時期」並びに「取引価格及び履行義務への配分額」を決定する際に用いた判断及び判断の変更が挙げられている。企業がこれらの事項を「収益を理解するための基礎となる情報」に掲げる事項又は内容を踏まえて注記している場合には、本会計基準を適用する際に行った判断及び判断の変更の項目を改めて設けて記載する必要はないと考えられるため、本会計基準においては、第80-19項の「本会計基準の適用における重要な判断」において改めて明示しない

こととした。

（当期及び翌期以降の収益の金額を理解するための情報）

契約資産及び契約負債の残高等

192. 本会計基準では、契約資産及び契約負債の残高等について注記することとしている（第80-20項参照）。本会計基準の審議の過程において、契約資産及び契約負債の残高等の注記について、財務諸表作成者からは、当該注記、特に定量的な情報を開示することによるコスト負担についての懸念や、当該注記により有用な情報が開示されるかどうかについての疑問が示された。

　IFRS第15号を開発する過程において、契約資産及び契約負債の期首から期末への合計額の調整を表形式で開示することが提案されたが、IFRS第15号においては、表形式での開示を求めることはせず、契約資産及び契約負債の重要な変動について説明することとされた。

　本会計基準においても、契約資産及び契約負債の残高等について注記を求めることにより、実務上の負担が生じることになるが、当該注記により有用な情報が開示されること、また、IFRSと同様に、契約資産及び契約負債の期首から期末への合計額の調整を表形式で注記することを求めないことにより、実務上の負担にも配慮していること、さらに、このような中、開示を緩和する追加の措置を定める場合、契約資産及び契約負債の残高等の注記情報の有用性が低下する可能性があることから、本会計基準においては、IFRS第15号と同様に、契約資産及び契約負債の残高等について注記することとした（第80-20項参照）。

残存履行義務に配分した取引価格

残存履行義務に配分した取引価格の注記を設けるか否かの検討

193. 残存履行義務に配分した取引価格の注記（以下「残存履行義務の注記」という。）については、次のとおり、本会計基準の注記に含めることについて意見が聞かれた。

　(1) 残存履行義務の注記を会計数値として開示するために、未充足の履行義務を有するすべての契約に関する情報（いつ収益として認識すると見込んでいるのかに関する情報を含む。）を収集するためのシステムや社内プロセスの構築に時間とコストを要する。

　(2) 投資家向けの情報（IR）や有価証券報告書における「経営者による財政状態、経営成績及びキャッシュ・フローの状況の分析（MD&A）」等を通じて受注実績等の情報が記載されている。投資家にとってはそれらの情報で十分であり、本会計基準の注記の定めとして設ける必要はないのではないかと考えられる。

194. 前項の意見を踏まえ、残存履行義務の注記を本会計基準に含めるかどうかの検討を行った。

　残存履行義務の注記は、企業の既存の契約から認識すると見込んでいる収益の金額と時期に関する情報を開示するものであり、企業の将来の収益を予測するうえで有用な情報を開示するものである。この観点から、残存履行義務の注記は、「顧客との契約から生じる収益及びキャッシュ・フローの性質、金額、時期及び不確実性を財務諸表利用者が理解できるようにするための十分な情報を企業が開示する」という第80-4項の開示目的に適う情報であると考えられる

　また、残存履行義務の注記について、IFRS第15号においても実務上の負担があることは認識されており、一定の実務上の便法を設けたうえで、当該注記を要求しているものである。さらに、国際的な会計基準に基づく財務諸表における残存履行義務の注記の実務において、企業は、開示目的に照らして企業の事業及び契約内容に即した注記の内容及びその記載方法を決定している。

　本会計基準においても、一定の実務上の便法を認めること、また、企業が開示目的に照らして企業の事業及び契約内容に即した注記の内容及びその記載方法を決定することになることを考慮すると、すべての事業及び契約に対して一律に注記を求めることに比して、残存履行義務の注記にかかる負担は一定程度軽減されると考

えられる。

IR や MD＆A で記載される情報で十分ではないかという意見に対しては、財務諸表外で記載されている受注実績については、「受注」の定義が存在しないため、受注実績に含まれる契約の範囲や金額の算定方法が必ずしも明確ではなく、他の企業との比較可能性が損なわれる可能性があると考えられる。

これらの検討を踏まえ、本会計基準においては、IFRS 第15号と同様の残存履行義務の注記を定めることとした（第80-21項参照）。なお、残存履行義務の注記について、実務における対応を考慮して、開示目的に照らして判断する際の考え方を第205項に記載している。

第80-22項(1)の実務上の便法

195. 第80-22項(1)では、当初に予想される契約期間が 1 年以内の契約の一部である履行義務について、残存履行義務の注記から除外することを認めている。IFRS 第15号において第80-22項(1)に相当する実務上の便法が設けられたのは、残存履行義務の注記の作成コストに対する負担を軽減するためであり、残存履行義務の開示は、契約が長期である場合に決定的に重要であるとの意見が寄せられたためであるとされている。本会計基準の審議の過程では、当該実務上の便法を適用した場合、既存の契約から認識することが見込まれる将来の収益に関する情報が完全には開示されないことから、翌期に収益が認識される予定の金額の分析や、当期の収益との比較から決算日時点で何年分の契約を既に有しているのかに関する分析等を行うには不十分であり、当該情報の有用性が限定的となる可能性があるとの意見が聞かれた。

196. IFRS 第15号で示されているように、残存履行義務の注記は、長期の契約を有している事業を有する企業を評価するにあたって重要な情報であると考えられる。そのような企業においては、当初に予想される契約期間が 1 年以内の契約も含めて注記することが有用であると考えられるため、本会計基準の審議の過程においては、第80-22項(1)の実務上の便法を設けない（す

なわち、当初に予想される契約期間が 1 年以内の契約も含めて注記する。）とすることも検討した。しかしながら、当該注記に対する実務負担を懸念する意見が寄せられている中、国際的な会計基準より厳しい注記事項の定めを設けることは困難であると考えられる。

197. 第80-22項(1)の実務上の便法を導入した場合、特に短期の受注に応じて商品又は製品を出荷した時点で収益を認識するような企業にとっては、実務負担の大幅な軽減になると考えられるため、残存履行義務の注記を本会計基準に含めるにあたっては、IFRS 第15号と同様に第80-22項(1)の実務上の便法を設けることとした。当該便法が適用された場合、残存履行義務の注記の有用性が低下する可能性はあるが、長期の契約について当該注記が重要な情報となりうるという財務諸表利用者の要望には適うものとなると考えられる。

198. なお、第80-22項(1)の実務上の便法を採用するかどうかは任意であり、企業が収益認識に関する開示目的に照らして、当初に予想される契約期間が 1 年以内の契約も含めて注記することがより有用であると判断する場合には、当初に予想される契約期間が 1 年以内の契約も含めて注記することが望ましいと考えられる。

第80-22項(2)の実務上の便法

199. 一定の期間にわたって充足される履行義務の進捗度の見積りにあたってアウトプット法を適用する場合には、原則として、契約で約束した財又はサービスとの比率に基づいて現在までに移転した財又はサービスの顧客にとっての価値を見積ることになる。この点について、適用指針では、アウトプット法における実務上の便法として、現在までに企業の履行が完了した部分に対する顧客にとっての価値に直接対応する対価の額を顧客から受け取る権利を有している場合（例えば、提供したサービスの時間に基づき固定額を請求する契約等）に、請求する権利を有している金額で収益を認識することを認めている（適用指針第19項）。また、IFRS 第15号では、適用指針第19項に相当する定めが適用

される取引についても残存履行義務の注記から除外することを認める実務上の便法が設けられている。

200. 適用指針第19項が適用される取引においては、現在までに移転した財又はサービスの顧客にとっての価値を見積るにあたって契約の取引価格の総額を算定する必要はないものの、残存履行義務の注記に関してIFRS第15号で定められている実務上の便法を設けないとした場合には、注記のために取引価格の総額を算定することが求められることになる。

このような契約において注記のために取引価格の総額を算定することの便益は限定的であると考えられることから、本会計基準においても、IFRS第15号と同様に第80-22項(2)の実務上の便法を設けることとした。

第80-22項(3)の実務上の便法

201. Topic606においては、第80-22項(1)及び(2)の実務上の便法に加え、次のいずれかの条件を満たす変動対価についても、残存履行義務の注記から除外することを認めるとする実務上の便法が設けられている。

(1) 売上高又は使用量に基づくロイヤルティ（適用指針第67項）

(2) 第72項の要件に従って、完全に未充足の履行義務（あるいは第32項(2)に従って識別された単一の履行義務に含まれる1つの別個の財又はサービスのうち、完全に未充足の財又はサービス）に配分される変動対価

なお、残存履行義務の注記に含めなくてもよいとされているのは、変動部分についてのみであり、固定部分については注記の対象となるとされている。

202. Topic606において上記の実務上の便法が追加されたのは、第80-22項(2)の実務上の便法と同様に、収益の認識時点で変動対価の見積りが要求されていないものにつき、注記のみのために見積りが要求されることになることを回避するためであるとされている。これらの実務上の便法についても、第80-22項(2)の実務上の便法と同様に、注記のみのために収益の認識時点で

要求されていない見積りを企業に求めることのないように、本会計基準に含めることとした。

残存履行義務の注記に含めていないものがある場合の注記

203. 本会計基準では、第80-21項における残存履行義務の注記に含めていないものがある場合に、企業間の比較可能性を担保し、残存履行義務の注記に含まれている金額の理解に役立つよう、一定の注記を行うこととしている（第80-23項及び第80-24項参照）。第80-23項は、残存履行義務の注記に含めていない対価の額（例えば、第54項に従って変動対価の見積りが制限される場合）がある場合に、その旨を注記することを求めるものである。また、第80-24項前段は、第80-22項(1)から(3)の実務上の便法を使用した場合の注記を求めるものである。

204. 本会計基準では、第201項及び第202項に記載のとおり、残存履行義務の注記に関してTopic606に定められている実務上の便法も含めることとしている（第80-22項(3)参照）。これに伴い、Topic606に基づく実務上の便法を適用した場合には、Topic606に基づく注記を求めることとした（第80-24項後段参照）。

残存履行義務の注記に含めるか否かを判断する単位

205. 残存履行義務の注記は、長期の契約を有している事業を有する企業を評価するにあたって重要な情報である（第196項参照）。しかし、企業は複数の事業を営んでいる場合があり、事業により日常的に長期の契約を締結している場合もあれば、そうでない場合もある。したがって、第80-4項の開示目的に照らして第80-21項の注記に含めるか否かを決定するにあたっては、第80-10項における収益の分解情報を区分する単位（分解区分）ごと（複数の分解区分を用いている場合には分解区分の組み合わせ）又はセグメントごとに判断することも考えられる。

なお、特定の分解区分（特定の分解区分の組み合わせ）又は特定のセグメントに関する残存履行義務についてのみ第80-21項の注記に含めることとした場合には、第80-21項の注記に含めた分解区分等を注記することが考えられる。

3．連結財務諸表を作成している場合の個別財務諸表における表示及び注記事項

206．これまで当委員会では、原則として、会計基準等の開発を行う際に、会計処理については、連結財務諸表と個別財務諸表の両方に同様に適用されるものとして開発してきているが、注記事項については、個々の会計基準ごとに、個別財務諸表において連結財務諸表の内容をどの程度取り入れるかを定めてきている。

一方、金融商品取引法に基づき作成される個別財務諸表については、2013年6月20日に企業会計審議会から公表された「国際会計基準（IFRS）への対応のあり方に関する当面の方針」の内容を踏まえ簡素化が図られてきている。

207．本会計基準における連結財務諸表を作成している場合の個別財務諸表の表示及び注記事項については、当該簡素化の趣旨、財務諸表利用者が個別財務諸表における収益の状況を分析できるようにする観点及び財務諸表作成者の負担等を考慮し、第80-2項及び第80-3項に記載した重要な会計方針に加えて、第80-5項(2)に記載した「収益を理解するための基礎となる情報」について注記を求めることとした（第80-26項参照）。

V．適用時期等

1．適用時期

208．2020年改正会計基準は、顧客との契約から生じる収益に関して、主に表示及び注記事項の定めを改正するものである。2018年会計基準は、顧客との契約から生じる収益に関して、主として会計処理を定めたものであるが、2020年改正会計基準を公表した時点で適用時期を迎えていない。関連する会計処理と表示及び注記事項の定めは、同じ時期に適用することとすることが適切であると考えられることから、2020年改正会計基準も2021年4月1日以後開始する連結会計年度及び事業年度の期首から適用することとした（第81項参照）。

209．また、2018年会計基準を早期適用している企業が、2020年改正会計基準を早期適用するニーズや、2018年会計基準を適用せずに2020年改正会計基準を早期適用するニーズがあると考えられることから、2020年4月1日以後開始する連結会計年度及び事業年度の期首から2020年改正会計基準を適用することができることとした（第82項参照）。

210．さらに、12月末等を決算期末とする企業のニーズを勘案し、2020年4月1日に終了する連結会計年度及び事業年度から2021年3月30日に終了する連結会計年度及び事業年度までにおける年度末に係る連結財務諸表及び個別財務諸表から2020年改正会計基準を適用することができることとした。この場合、比較可能性を確保する観点から、早期適用した連結会計年度及び事業年度の翌年度に係る四半期（又は中間）連結財務諸表及び四半期（又は中間）個別財務諸表においては、早期適用した連結会計年度及び事業年度の四半期（又は中間）連結財務諸表及び四半期（又は中間）個別財務諸表について、2020年改正会計基準を当該年度の期首に遡って適用することとした（第83項参照）。

2．経過措置

(1) 2018年会計基準を適用せずに2020年改正会計基準を適用する場合の経過措置

（2018年会計基準より引き継いだ経過措置）

211．IFRS第15号及びTopic606においては、適用初年度における実務上の負担を軽減するために、さまざまな経過措置が設けられている。2018年会計基準においても、適用初年度における実務上の負担を軽減するため、IFRS第15号及びTopic606を参考とした経過措置を定めることとした（第84項から第86項参照）。

また、IFRS又は米国会計基準を連結財務諸表に適用している企業（又はその連結子会社）が当該企業の個別財務諸表に2018年会計基準を適用する場合には、当該企業における実務上の負担を軽減するため、IFRS第15号又はTopic606のいずれかの経過措置を適用することができるとの定めを2018年会計基準に含めることとした。さらに、IFRSを連結財務諸表に

初めて適用する企業（又はその連結子会社）が当該企業の個別財務諸表に2018年会計基準を適用する場合には、当該企業における実務上の負担を軽減するため、IFRS第1号における収益に関する経過措置を適用することができるとの定めを2018年会計基準に含めることとした（第87項参照）。

212. 2018年会計基準では、取引価格とは、財又はサービスの顧客への移転と交換に企業が権利を得ると見込む対価の額（ただし、第三者のために回収する額を除く。）をいう（第47項参照）としており、我が国の売上に係る消費税等は、第三者に支払うために顧客から回収する金額に該当することから、2018年会計基準における取引価格には含まれない。

2017年公開草案に対して、非課税取引が主要な部分を占め、消費税等の負担者と認められる等の理由により、消費税等の税込方式を採用する企業から、税込方式を容認すべきであるとの意見が寄せられた。審議の結果、税込方式を認める場合、2018年会計基準における取引価格の定義に対する例外を設けることになり、また非課税取引が主要な部分を占める企業における売上に係る消費税等の額は重要性に乏しい等の理由により、代替的な取扱いを定めないこととした。

ただし、2018年会計基準の適用初年度において、消費税等の会計処理を税込方式から税抜方式に変更する場合には、会計基準等の改正に伴う会計方針の変更として、過去の期間に消費税等が算入された固定資産等の取得原価を修正することとなるが、相当の期間にわたり情報を入手することが必要となり、実務的な対応に困難を伴うことが想定されるため、適用初年度の期首より前までに消費税等が算入された固定資産等の取得原価から消費税等相当額を控除しないことができることとした（第89項参照）。

（2020年改正会計基準において追加した経過措置）

213. 2020年改正会計基準を適用する場合、2020年改正会計基準の適用初年度において、第89-3項の定めを設けない場合には、適用初年度の比較情報において、第78-2項、第79項なお書き及び第80-2項から第80-27項に記載した内容を注記することが求められる場合がある。

ただし、次の理由から、適用初年度の比較情報についての注記事項に関する情報を入手し集計することは実務上煩雑である可能性があるため、当該実務上の負担に配慮し、2020年改正会計基準の適用初年度においては、第78-2項、第79項なお書き及び第80-2項から第80-27項に記載した内容を、適用初年度の比較情報に注記しないことができることとした（第89-3項参照）。

(1) 2020年改正会計基準は顧客との契約から生じる収益に関して、主として表示及び注記事項の定めを改正するものであるが、当該注記に関する情報を入手し集計するために、企業において経営管理及びシステム対応を含む業務プロセスを変更する必要性が生じる可能性がある。

(2) 2020年改正会計基準が2021年4月1日以後開始する連結会計年度及び事業年度の期首から適用される（第81項参照）ことを考慮すると、適用初年度の比較情報についても2020年改正会計基準第78-2項、第79項なお書き及び第80-2項から第80-27項に定める事項の注記を求める場合には、準備期間が十分ではない可能性があり、実務上の負担が大きい可能性がある。

(3) 2020年改正会計基準の適用初年度においては、新たな会計方針を過去の期間のすべてに遡及適用することを原則的な取扱いとする一方、適用初年度の期首より前に新たな会計方針を遡及適用した場合の適用初年度の累積的影響額を、適用初年度の期首の利益剰余金に加減し、当該期首残高から新たな会計方針を適用することができるとしている（第84項ただし書き参照）。

214. IFRS第15号の経過措置においては、実務上の便法を適用して遡及適用した場合には、適用した実務上の便法、及び当該便法のそれぞれの適用について見積った影響の定性的評価を合

理的に可能な範囲で開示することが求められている。

日本基準においては、企業会計基準第24号第10項(3)における経過的な取扱いにより会計処理を行った場合、その旨及び当該経過的な取扱いの概要を注記することが求められているため、第83-3項から第89項の経過措置を使用した場合には、その概要を注記する必要がある。一方で、当該経過措置のそれぞれの適用について見積った影響の定性的評価の注記は、次の理由から、必ずしも必要ではないと考えられるため、当該経過措置を設けないこととした。

(1) 企業会計基準第24号においては、会計基準等の改正に伴う会計方針の変更に関して、同様の注記を求めていない。

(2) 経過措置のそれぞれの適用について見積った影響を通常、定量的に算定することができないことを考えると、当該注記の有用性は高いものではない可能性があると考えられる。

(3) 当該注記は、2020年改正会計基準を適用する初年度のみに求められるものであることから、当該注記を求めないとしても、国際的な比較可能性は大きく損なわれるものではないと考えられる。

215. IFRS第15号は、IFRS第15号の適用開始による累積的影響を適用開始日に認識する方法で遡及適用する場合には、財務諸表の各表示科目が、当報告期間にIFRS第15号の適用によって影響を受ける金額及び著しい変動の理由の開示を経過措置により求めている。

2020年改正会計基準第84項ただし書きに定める方法を適用して、適用初年度の期首より前に新たな会計方針を遡及適用した場合の適用初年度の累積的影響額を、適用初年度の期首の利益剰余金に加減し、当該期首残高から新たな会計方針を適用した場合、日本基準においては、企業会計基準第24号第10項(5)により、実務上算定が可能な、影響を受ける財務諸表の主な表示科目に対する影響額を注記することとなる。しかしながら、財務諸表の各表示科目が、当報告期

間に2020年改正会計基準の適用によって影響を受ける金額及び著しい変動の理由について注記を求められていない。

この点、当該注記を求めることにより有用な情報が開示される可能性があると考えられるが、企業会計基準第24号は、会計基準等の改正に伴う会計方針の変更に関して、同様の注記を求めていない。また、企業会計基準第24号は、会計基準等の改正に伴う会計方針の変更により影響を受ける財務諸表の主な表示科目に対する影響額を注記することを求めており、適用初年度の比較情報として表示される財務諸表の数値との比較可能性は確保されていると考えられる。さらに、当該注記は、2020年改正会計基準を適用する初年度のみに注記されることから一過性のものであり、当該注記を求めないとしても、国際的な比較可能性は大きく損なわれるものではないと考えられる。これらを踏まえ、2020年改正会計基準においては、IFRS第15号と同様の経過措置を設けないこととした。

(2) **2018年会計基準を適用したうえで2020年改正会計基準を適用する場合の経過措置**

216. 第213項と同様の理由により、第78-2項、第79項なお書き及び第80-2項から第80-27項に記載した内容を適用初年度の比較情報に注記しないことができることとした（第89-4項参照）。

2020年改正会計基準の公表による他の会計基準等についての修正

2020年改正会計基準の公表により、当委員会が公表した会計基準等については、次の修正を行う（下線は追加部分を示す。）。

企業会計基準第9号「棚卸資産の評価に関する会計基準」

（略）

以　上

企業会計基準第30号

時価の算定に関する会計基準

2019年 7 月 4 日
企業会計基準委員会

本会計基準は、2022年 7 月 1 日に公表された次の会計基準等による修正が反映されている。

・企業会計基準第24号「会計方針の開示、会計上の変更及び誤謬の訂正に関する会計基準」（2020年 3 月31日改正）

・「法令等の改正に伴う企業会計基準等の修正について」（2022年 7 月 1 日公表）

目 的

1．本会計基準は、本会計基準の範囲（第 3 項参照）に定める時価の算定について定めることを目的とする。

2．2019年 7 月に、本会計基準を適用する際の指針を定めた企業会計基準適用指針第31号「時価の算定に関する会計基準の適用指針」（以下「適用指針」という。）が公表されている。本会計基準の適用にあたっては、適用指針も参照する必要がある。

会計基準

Ⅰ．範 囲

3．本会計基準は、次の項目の時価に適用する。

(1) 企業会計基準第10号「金融商品に関する会計基準」（以下「金融商品会計基準」という。）における金融商品

(2) 企業会計基準第 9 号「棚卸資産の評価に関する会計基準」（以下「棚卸資産会計基準」という。）におけるトレーディング目的で保有する棚卸資産

Ⅱ．用語の定義

4．本会計基準における用語の定義は、次のとおりとする。

(1) 「市場参加者」とは、資産又は負債に関する主要な市場又は最も有利な市場において、

次の要件のすべてを満たす買手及び売手をいう。

① 互いに独立しており、関連当事者（企業会計基準第11号「関連当事者の開示に関する会計基準」（以下「関連当事者会計基準」という。）第5項(3)）ではないこと

② 知識を有しており、すべての入手できる情報に基づき当該資産又は負債について十分に理解していること

③ 当該資産又は負債に関して、取引を行う能力があること

④ 当該資産又は負債に関して、他から強制されるわけではなく、自発的に取引を行う意思があること

(2) 「秩序ある取引」とは、資産又は負債の取引に関して通常かつ慣習的な市場における活動ができるように、時価の算定日以前の一定期間において市場にさらされていることを前提とした取引をいう。他から強制された取引（例えば、強制された清算取引や投売り）は、秩序ある取引に該当しない。

(3) 「主要な市場」とは、資産又は負債についての取引の数量及び頻度が最も大きい市場をいう。

(4) 「最も有利な市場」とは、取得又は売却に要する付随費用を考慮したうえで、資産の売却による受取額を最大化又は負債の移転に対する支払額を最小化できる市場をいう。

(5) 「インプット」とは、市場参加者が資産又は負債の時価を算定する際に用いる仮定（時価の算定に固有のリスクに関する仮定を含む。）をいう。インプットには、相場価格を調整せずに時価として用いる場合における当該相場価格も含まれる。

インプットは、次の観察可能なインプットと観察できないインプットにより構成される。

① 「観察可能なインプット」とは、入手できる観察可能な市場データに基づくインプットをいう。

② 「観察できないインプット」とは、観察可能な市場データではないが、入手できる最良の情報に基づくインプットをいう。

(6) 「活発な市場」とは、継続的に価格情報が提供される程度に十分な数量及び頻度で取引が行われている市場をいう。

Ⅲ．時価の算定

1．時価の定義

5．「時価」とは、算定日において市場参加者間で秩序ある取引が行われると想定した場合の、当該取引における資産の売却によって受け取る価格又は負債の移転のために支払う価格をいう。

2．時価の算定単位

6．資産又は負債の時価を算定する単位は、それぞれの対象となる資産又は負債に適用される会計処理又は開示による。

7．前項の定めにかかわらず、次の要件のすべてを満たす場合には、特定の市場リスク（市場価格の変動に係るリスク）又は特定の取引相手先の信用リスク（取引相手先の契約不履行に係るリスク）に関して金融資産及び金融負債を相殺した後の正味の資産又は負債を基礎として、当該金融資産及び金融負債のグループを単位とした時価を算定することができる。なお、本取扱いは特定のグループについて毎期継続して適用し、重要な会計方針において、その旨を注記する。

(1) 企業の文書化したリスク管理戦略又は投資戦略に従って、特定の市場リスク又は特定の取引相手先の信用リスクに関する正味の資産又は負債に基づき、当該金融資産及び金融負債のグループを管理していること

(2) 当該金融資産及び金融負債のグループに関する情報を企業の役員（関連当事者会計基準第5項(7)）に提供していること

(3) 当該金融資産及び金融負債を各決算日の貸借対照表において時価評価していること

(4) 特定の市場リスクに関連して本項の定めに従う場合には、当該金融資産及び金融負債のグループの中で企業がさらされている市場リスクがほぼ同一であり、かつ、当該金融資産

及び金融負債から生じる特定の市場リスクにさらされている期間がほぼ同一であること

(5) 特定の取引相手先の信用リスクに関連して本項の定めに従う場合には、債務不履行の発生時において信用リスクのポジションを軽減する既存の取決め（例えば、取引相手先とのマスターネッティング契約や、当事者の信用リスクに対する正味の資産又は負債に基づき担保を授受する契約）が法的に強制される可能性についての市場参加者の予想を時価に反映すること

3．時価の算定方法

(1) 評価技法

8．時価の算定にあたっては、状況に応じて、十分なデータが利用できる評価技法（そのアプローチとして、例えば、マーケット・アプローチやインカム・アプローチがある。）を用いる。評価技法を用いるにあたっては、関連性のある観察可能なインプットを最大限利用し、観察できないインプットの利用を最小限にする。

9．時価の算定にあたって複数の評価技法を用いる場合には、複数の評価技法に基づく結果を踏まえた合理的な範囲を考慮して、時価を最もよく表す結果を決定する。

10．時価の算定に用いる評価技法は、毎期継続して適用する。当該評価技法又はその適用（例えば、複数の評価技法を用いる場合のウェイト付けや、評価技法への調整）を変更する場合は、会計上の見積りの変更（企業会計基準第24号「会計方針の開示、会計上の変更及び誤謬の訂正に関する会計基準」（以下「企業会計基準第24号」という。）第4項(7)）として処理する。この場合、企業会計基準第24号第18項並びに企業会計基準第12号「四半期財務諸表に関する会計基準」第19項(4)及び第25項(3)の注記を要しないが、当該連結会計年度及び当該事業年度の年度末に係る連結財務諸表及び個別財務諸表において変更の旨及び変更の理由を注記する（企業会計基準適用指針第19号「金融商品の時価等の開示に関する適用指針」第5-2項(3)②)。

(2) インプット

11．時価の算定に用いるインプットは、次の順に優先的に使用する（レベル1のインプットが最も優先順位が高く、レベル3のインプットが最も優先順位が低い。）。

(1) レベル1のインプット

レベル1のインプットとは、時価の算定日において、企業が入手できる活発な市場における同一の資産又は負債に関する相場価格であり調整されていないものをいう。

当該価格は、時価の最適な根拠を提供するものであり、当該価格が利用できる場合には、原則として、当該価格を調整せずに時価の算定に使用する。

(2) レベル2のインプット

レベル2のインプットとは、資産又は負債について直接又は間接的に観察可能なインプットのうち、レベル1のインプット以外のインプットをいう。

(3) レベル3のインプット

レベル3のインプットとは、資産又は負債について観察できないインプットをいう。

当該インプットは、関連性のある観察可能なインプットが入手できない場合に用いる。

12．前項のインプットを用いて算定した時価は、その算定において重要な影響を与えるインプットが属するレベルに応じて、レベル1の時価、レベル2の時価又はレベル3の時価に分類する。なお、時価を算定するために異なるレベルに区分される複数のインプットを用いており、これらのインプットに、時価の算定に重要な影響を与えるインプットが複数含まれる場合、これら重要な影響を与えるインプットが属するレベルのうち、時価の算定における優先順位が最も低いレベルに当該時価を分類する。

(3) 資産又は負債の取引の数量又は頻度が著しく低下している場合等

13．資産又は負債の取引の数量又は頻度が当該資産又は負債に係る通常の市場における活動に対して著しく低下していると判断した場合、取引

価格又は相場価格が時価を表しているかどうかについて評価する。

　当該評価の結果、当該取引価格又は相場価格が時価を表していないと判断する場合（取引が秩序ある取引ではないと判断する場合を含む。）、当該取引価格又は相場価格を時価を算定する基礎として用いる際には、当該取引価格又は相場価格について、市場参加者が資産又は負債のキャッシュ・フローに固有の不確実性に対する対価として求めるリスク・プレミアムに関する調整を行う。

⑷ 負債又は払込資本を増加させる金融商品の時価

14. 負債又は払込資本を増加させる金融商品（例えば、企業結合の対価として発行される株式）については、時価の算定日に市場参加者に移転されるものと仮定して、時価を算定する。

15. 負債の時価の算定にあたっては、負債の不履行リスクの影響を反映する（適用指針［設例7］）。負債の不履行リスクとは、企業が債務を履行しないリスクであり、企業自身の信用リスクに限られるものではない。また、負債の不履行リスクについては、当該負債の移転の前後で同一であると仮定する。

Ⅳ．適用時期等
1．適用時期

16. 本会計基準は、2021年4月1日以後開始する連結会計年度及び事業年度の期首から適用する。

17. 前項の定めにかかわらず、2020年4月1日以後開始する連結会計年度及び事業年度の期首から本会計基準を適用することができる。また、2020年3月31日以後終了する連結会計年度及び事業年度における年度末に係る連結財務諸表及び個別財務諸表から本会計基準を適用することができる。なお、これらのいずれかの場合には、本会計基準と同時に改正された金融商品会計基準及び棚卸資産会計基準についても同時に適用する必要がある。

18. 前項の適用にあたって、第20項の定めに従い

遡及適用をした場合には、適用した連結会計年度及び事業年度の翌年度に係る四半期（又は中間）連結財務諸表及び四半期（又は中間）個別財務諸表においては、その比較情報である適用初年度に係る四半期（又は中間）連結財務諸表及び四半期（又は中間）個別財務諸表について、第20項に該当する定めを当該年度の期首に遡って適用する。

2．経過措置

19. 本会計基準の適用初年度においては、本会計基準が定める新たな会計方針を将来にわたって適用する。この場合、その変更の内容について注記する。

20. ただし、前項の定めにかかわらず、時価の算定にあたり観察可能なインプットを最大限利用しなければならない定めなどにより、本会計基準の適用に伴い時価を算定するために用いた方法を変更することとなった場合で、当該変更による影響額を分離することができるときは、会計方針の変更に該当するものとし、当該会計方針の変更を過去の期間のすべてに遡及適用することができる。また、適用初年度の期首より前に新たな会計方針を遡及適用した場合の累積的影響額を、適用初年度の期首の利益剰余金及びその他の包括利益累計額又は評価・換算差額等に加減し、当該期首残高から新たな会計方針を適用することもできる。これらの場合、企業会計基準第24号第10項に定める事項を注記する。

3．その他

21. 本会計基準の適用により、実務対応報告第25号「金融資産の時価の算定に関する実務上の取扱い」は廃止する。

Ⅴ．議　決

22. 本会計基準は、第411回企業会計基準委員会に出席した委員14名全員の賛成により承認された。なお、出席した委員は以下のとおりである。（略）

結論の背景

経　緯

23. 我が国においては、金融商品会計基準等において、公正価値に相当する時価（公正な評価額）の算定が求められているものの、算定方法に関する詳細なガイダンスは定められていない。一方、国際会計基準審議会（IASB）及び米国財務会計基準審議会（FASB）は、公正価値測定についてほぼ同じ内容の詳細なガイダンスを定めている（国際財務報告基準（IFRS）においてはIFRS第13号「公正価値測定」（以下「IFRS第13号」という。）、米国会計基準においてはAccounting Standards Codification（FASBによる会計基準のコード化体系）のTopic 820「公正価値測定」（以下「Topic 820」という。））。

　当委員会は、2010年に公正価値測定について国際的な整合性を図ることを提案する公開草案を公表したものの、国際的に整合性を図る取組み全体の方針を検討する中で、最終化をするに至らず、その後検討は中断されていた。

　一方で、IFRS第13号又はTopic 820で要求されている公正価値に関する開示の多くは日本基準で定められていないことなどから、特に金融商品を多数保有する金融機関において国際的な比較可能性が損なわれているのではないかとの意見が聞かれており、2016年8月に当委員会が公表した中期運営方針において、日本基準を国際的に整合性のあるものとするための取組みに関する今後の検討課題の1つとして時価に関するガイダンス及び開示を取り上げていた。

　これらの状況を踏まえ、当委員会は、2018年3月に開催された第381回企業会計基準委員会において、金融商品の時価に関するガイダンス及び開示に関して、国際的な会計基準との整合性を図る取組みに着手する旨を決定し検討を開始した。

　当委員会では、検討を重ねたうえで、2019年1月に企業会計基準公開草案第63号「時価の算定に関する会計基準（案）」等を公表して広く意見を求めた。本会計基準は、公開草案に対し

て寄せられた意見を踏まえて検討を行い、公開草案の内容を一部修正したうえで公表するに至ったものである。

開発にあたっての基本的な方針

24. 当委員会では、本会計基準の開発にあたっての基本的な方針として、統一的な算定方法を用いることにより、国内外の企業間における財務諸表の比較可能性を向上させる観点から、IFRS第13号の定めを基本的にすべて取り入れることとした。なお、相場価格を調整せずに時価として用いる場合における当該相場価格もインプットに含まれる旨をインプットの定義に記載したように（第4項(5)参照）、市場関係者の理解に資すると考えられるものについては、IFRS第13号の表現を一部見直しているが、IFRS第13号の内容と異なる定めを設けることを意図したものではない。

　ただし、これまで我が国で行われてきた実務等に配慮し、財務諸表間の比較可能性を大きく損なわせない範囲で、個別項目に対するその他の取扱いを定めることとした。

25. また、IFRS第13号では公正価値という用語が用いられているが、本会計基準では代わりに時価という用語を用いている。これは、我が国における他の関連諸法規において時価という用語が広く用いられていること等を配慮したものである。

Ⅰ．範　囲

26. 国際的な会計基準では、公正価値の測定及び開示の首尾一貫性を高めるために、公正価値の測定が求められる（又は認められる）項目のうち、一部の項目を除いてすべての公正価値の測定及び開示に対してIFRS第13号又はTopic 820が適用され、金融商品のみならず固定資産等の公正価値測定も当該基準の範囲に含まれている。

　ここで、金融商品については、国際的な会計基準と整合させることにより国際的な企業間の財務諸表の比較可能性を向上させる便益が高い

ものと判断し、会計基準の範囲に含めることとした（第3項(1)参照）。そのため、例えば、年金資産については、その額を期末における時価により計算することとされており（企業会計基準第26号「退職給付に関する会計基準」第22項）、金融商品が年金資産を構成する場合には、当該金融商品の時価の算定に本会計基準が適用される。

一方、金融商品以外の資産及び負債について、時価の算定が求められる主要な項目としては、賃貸等不動産の時価の開示（企業会計基準第20号「賃貸等不動産の時価等の開示に関する会計基準」）や企業結合における時価を基礎とした取得原価の配分（企業会計基準第21号「企業結合に関する会計基準」第28項）が挙げられる。賃貸等不動産については時価の開示が求められるものの、貸借対照表には時価で計上されず損益にも影響を及ぼさないこと、また企業結合における時価を基礎とした取得原価の配分については当初認識時のみの処理であり、毎期時価の算定が求められるわけではないことなどから、金融商品に比して国際的に整合性を図る必要性は高くないと考えられる。これらを含む金融商品以外の資産及び負債を本会計基準の範囲に含めた場合の整合性を図るためのコストと便益を考慮し、原則として、金融商品以外の資産及び負債は本会計基準の範囲に含めないこととした。

27. ただし、棚卸資産会計基準におけるトレーディング目的で保有する棚卸資産については、売買目的有価証券と同様に毎期時価をもって貸借対照表価額とし、評価差額は当期の損益とする処理が求められており（棚卸資産会計基準第15項）、時価の算定についても金融商品と整合性を図ることが適切と考えられることから、本会計基準の範囲に含めている（第3項(2)参照）。

他方で、これに類似する実務対応報告第38号「資金決済法における暗号資産の会計処理等に関する当面の取扱い」（以下「実務対応報告第38号」という。）における暗号資産については、現時点では、取引が最も活発に行われている暗号資産取引所又は暗号資産販売所における取引

価格等を決定することは困難であると考えられることから、通常使用する自己の取引実績の最も大きい暗号資産取引所又は暗号資産販売所における取引価格を市場価格として使用するとしており（実務対応報告第38号第49項）、現時点で見直す必要性は乏しいと考えられるため、本会計基準の範囲に含めないこととした。

28. 本会計基準は、本会計基準の範囲（第3項参照）に含まれる時価をどのように算定すべきかを定めるものであり、どのような場合に資産、負債又は払込資本を増加させる金融商品を時価で算定すべきかを定めるものではない。

どのような場合に時価で算定すべきかについては、他の会計基準の定めに従う。例えば、市場価格のない株式等については、時価評価しないこととされている（金融商品会計基準第19項）。

Ⅱ．用語の定義

29. 本会計基準では、IFRS第13号における用語の定義のうち、必要と考えられるものについて、本会計基準の用語の定義に含めている（第4項参照）。

30. 関連当事者は市場参加者ではない（第4項(1)①参照）としているが、関連当事者との取引が市場における条件で行われたという証拠を有している場合には、当該関連当事者との取引の価格を時価算定のインプットとして用いることができる。

Ⅲ．時価の算定

1．時価の定義

31. 時価を算定する目的は、現在の市場環境の下で、時価の算定日における市場参加者間の秩序ある取引が行われると想定した場合の、当該取引における資産の売却によって受け取る価格又は負債の移転のために支払う価格（第5項参照）を見積ることである。本会計基準では、本会計基準の定義する時価について、次の基本的な考え方を示している（第5項及び第8項参照）。

(1) 時価の算定は、市場を基礎としたものであり、対象となる企業に固有のものではない。

(2) 時価は、直接観察可能であるかどうかにかかわらず、算定日における市場参加者間の秩序ある取引が行われると想定した場合の出口価格（資産の売却によって受け取る価格又は負債の移転のために支払う価格）であり、入口価格（交換取引において資産を取得するために支払った価格又は負債を引き受けるために受け取った価格）ではない。

なお、時価の定義における出口価格の概念は、IFRS 第13号及び Topic 820において採用されているものであり、本会計基準の範囲に含まれる項目の時価の定義について国際的に整合性を図る観点から、本会計基準においても採用することとした。

(3) 同一の資産又は負債の価格が観察できない場合に用いる評価技法には、関連性のある観察可能なインプットを最大限利用し、観察できないインプットの利用を最小限にする。

ただし、観察可能なインプット（レベル1のインプット及びレベル2のインプット）のみを使用することによっても時価を適切に算定することにはならず、観察可能なインプットを調整する必要がある状況があるため、インプットの観察可能性のみがインプットを選択する際に適用される唯一の判断規準ではなく、観察可能なインプットのうち関連性のあるものを最大限利用することとしている。

(4) 時価を算定するにあたっては、市場参加者が資産又は負債の時価を算定する際の仮定を用いるが、資産の保有や負債の決済や履行に関する企業の意図は反映しない。

2．時価の算定単位

32．資産又は負債の時価を算定する単位は、それぞれの対象となる資産又は負債に適用される会計処理又は開示によるとしており（第6項参照）、時価の算定が個々の資産又は負債を対象とするのか、あるいは資産又は負債のグループを対象とするのかについては、個々の会計処理又は開示を定める会計基準による。金融商品については、通常、個々の金融商品が時価の算定

の対象となる。

33．第7項の定めは、金融資産及び金融負債のグループの管理について、市場リスク又は信用リスクのいずれかに対する金融資産及び金融負債を相殺した後の正味の資産又は負債を基礎として行っている場合に、例外的な取扱いを認めるものである。この場合、金融資産及び金融負債のグループを単位とした時価は、市場参加者が算定日において正味の資産又は負債の時価を算定する方法と整合的に算定する。

34．本会計基準第7項の定めは、金融資産と金融負債の貸借対照表における相殺表示（日本公認会計士協会会計制度委員会報告第14号「金融商品会計に関する実務指針」第140項）には適用されない。グループを単位として算定した時価の調整をグループ内の個々の金融資産及び金融負債の時価に配分する場合には、状況に応じた合理的な方法を毎期継続して適用する。

35．第7項の定めを特定の市場リスクに適用するにあたっては、特定の市場リスクに対する金融資産及び金融負債を相殺した後の正味の資産又は負債について、買気配と売気配の間の適切な価格を適用する。

3．時価の算定方法
(1) 評価技法

36．時価の算定にあたっては、単一の評価技法が適切となる場合（例えば、同一の資産又は負債に関する活発な市場における相場価格を用いて資産又は負債の時価を算定する場合）もあるが複数の評価技法が適切となる場合もある。

なお、適切な評価技法は状況によって異なる可能性があり、評価技法の適切性を一律に判断することは困難であるため、評価技法のレベルを設けていない。

(2) インプット

37．インプットが観察可能となる可能性のある市場としては、例えば、取引所市場、ディーラー市場、ブローカー市場、相対市場等がある。

38．インプットの入手可能性及びその主観性が評

価技法の選択に影響を及ぼす可能性がある（第
8項参照）が、時価を分類するレベル（第12項
参照）は、評価技法に用いるインプットのレベ
ルに基づくものであり、評価技法に基づくもの
ではない。

(3) 資産又は負債の取引の数量又は頻度が著しく低下している場合等

39. 資産又は負債の取引の数量又は頻度が著しく
低下している場合等の定めについては、観察可
能な市場が通常存在しない資産又は負債には適
用しない。

40. 資産又は負債の取引の数量又は頻度が当該資
産又は負債に係る通常の市場における活動に比
して著しく低下したと判断した場合には、取引
価格又は相場価格が時価を表しているかどうか
についての評価（第13項参照）が必要である。
取引の数量又は頻度が低下したのみでは、取引
価格又は相場価格が時価を表していないとも当
該市場の取引が秩序あるものではないともいえ
ない。

41. リスク・プレミアムに関する調整（第13項参
照）は、現在の市場環境の下で、時価の算定日
における市場参加者の秩序ある取引を反映する
ものであり、その算定の困難さのみでは、リス
ク・プレミアムに関する調整を行わない十分な
根拠とはならない。

42. 資産又は負債の取引の数量又は頻度が著しく
低下している場合には、評価技法の変更又は複
数の評価技法の利用が適切となる可能性がある。

43. 資産又は負債の取引の数量又は頻度が著しく
低下している場合であっても、時価の算定にあ
たっては、時価の定義（第5項参照）に基づき、
算定日における事実及び状況を考慮する。時価
の算定は、市場を基礎としたものであり、対象
となる企業に固有のものではないため、資産の
保有あるいは負債の決済又は履行に関する企業
の意図は、時価を算定する際に考慮しない。

(4) 負債又は払込資本を増加させる金融商品の時価

44. 負債の不履行リスクが当該負債の移転の前後
で同一であるとの仮定（第15項参照）は現実的
なものではないが、負債を引き受ける企業（譲
受人）の信用リスクを特定しなければ、市場参
加者である譲受人の特性を企業がどのように仮
定するかによって、当該負債の時価が大きく異
なる可能性があるため、当該仮定を定めている。

Ⅳ．適用時期等

1．適用時期

45. 公開草案では、早期に国際的な整合性を図る
ことが望ましいと考えられることから、2020年
4月1日以後開始する連結会計年度及び事業年
度の期首から適用することを提案し、また、審
議の過程で財務諸表の作成やその監査に向けた
相応の準備期間を要するとの意見が聞かれたこ
とから、2021年3月31日以後終了する連結会計
年度及び事業年度の年度末に係る連結財務諸表
及び個別財務諸表から適用することも認めるこ
とを提案していた。しかしながら、こうした提
案に対して、システムの開発やプロセスの整備
及び運用までを含めると十分な準備期間が必要
であるとの意見や、具体的な実務の運用を検討
するためにより時間を要するとの意見が寄せら
れたことから、2021年4月1日以後開始する連
結会計年度及び事業年度の期首から適用するこ
ととした（第16項参照）。

　ただし、速やかに適用することへの一定の
ニーズがあると想定されることから、2020年
4月1日以後開始する連結会計年度及び事業年
度の期首から、また、2020年3月31日以後終了
する連結会計年度及び事業年度における年度末
に係る連結財務諸表及び個別財務諸表から本会
計基準を早期適用することができることとした
（第17項参照）。

2．経過措置

46. 本会計基準では、次の会計基準等に定める特
定の経過的な取扱い（企業会計基準第24号第6

項(1)) を定めている。

(1) 本会計基準の適用初年度においては、原則として将来にわたって適用することとした（第19項参照）。これは、IFRS 第13号や米国財務会計基準書（SFAS）第157号「公正価値測定」が原則として将来にわたって適用するとした際の理由（公正価値を測定するために用いた方法の変更は新たな事象の発生又は新たな情報の入手による公正価値測定の変更と不可分であるため、会計上の見積りの変更と同様の取扱いとしたこと）は、本会計基準においても同様であると考えられるためである。

(2) ただし、例えば、時価の算定にあたり観察可能なインプットを最大限利用しなければならない定めなど、従来の時価算定の内容を実質的に変更する新たな定めの適用に伴い時価を算定するために用いた方法を変更する場合は、比較可能性の観点からは遡及適用する方が有用である可能性があるため、その影響額が分離可能なときには、当該部分については遡及適用することができるとした（第20項参照）。

本会計基準の公表による他の会計基準等についての修正

本会計基準により、当委員会が公表した会計基準等については、次の修正を行う（下線は追加部分、取消線は削除部分を示す。）。

企業会計基準第21号「企業結合に関する会計基準」

（以下略）

以　上

企業会計基準第31号

会計上の見積りの開示に関する会計基準

2020年3月31日
企業会計基準委員会

目 次

目 的

1. 本会計基準は、会計上の見積りの開示について定めることを目的とする。

会計基準

Ⅰ．範 囲

2. 本会計基準は、会計上の見積りの開示に適用する。

Ⅱ．用語の定義

3. 「会計上の見積り」とは、資産及び負債や収益及び費用等の額に不確実性がある場合において、財務諸表作成時に入手可能な情報に基づいて、その合理的な金額を算出することをいう（企業会計基準第24号「会計方針の開示、会計上の変更及び誤謬の訂正に関する会計基準」（以下「企業会計基準第24号」という。）第4項(3)）。

Ⅲ．開 示

1．開示目的

4. 会計上の見積りは、財務諸表作成時に入手可能な情報に基づいて合理的な金額を算出するものであるが、財務諸表に計上する金額に係る見積りの方法や、見積りの基礎となる情報が財務諸表作成時にどの程度入手可能であるかは様々であり、その結果、財務諸表に計上する金額の不確実性の程度も様々となる。したがって、財務諸表に計上した金額のみでは、当該金額が含まれる項目が翌年度の財務諸表に影響を及ぼす可能性があるかどうかを財務諸表利用者が理解することは困難である。

　このため、本会計基準は、当年度の財務諸表に計上した金額が会計上の見積りによるもののうち、翌年度の財務諸表に重要な影響を及ぼすリスク（有利となる場合及び不利となる場合の双方が含まれる。以下同じ。）がある項目における会計上の見積りの内容について、財務諸表利用者の理解に資する情報を開示することを目的とする。

2．開示する項目の識別

5. 会計上の見積りの開示を行うにあたり、当年度の財務諸表に計上した金額が会計上の見積りによるもののうち、翌年度の財務諸表に重要な影響を及ぼすリスクがある項目を識別する。識別する項目は、通常、当年度の財務諸表に計上した資産及び負債である。また、翌年度の財務諸表に与える影響を検討するにあたっては、影響の金額的大きさ及びその発生可能性を総合的に勘案して判断する。

なお、直近の市場価格により時価評価する資産及び負債の市場価格の変動は、項目を識別する際に考慮しない。

3．注記事項

6．前項に基づき識別した項目について、本会計基準に基づいて識別した会計上の見積りの内容を表す項目名を注記する。

なお、会計上の見積りの開示は独立の注記項目とする。識別した項目が複数ある場合には、それらの項目名は単一の注記として記載する。

7．第5項に基づき識別した項目のそれぞれについて、前項に基づき注記した項目名に加えて次の事項を注記する。

(1)　当年度の財務諸表に計上した金額

(2)　会計上の見積りの内容について財務諸表利用者の理解に資するその他の情報

(1)及び(2)の事項の具体的な内容や記載方法（定量的情報若しくは定性的情報、又はこれらの組み合わせ）については、第4項の開示目的に照らして判断する。

なお、(1)及び(2)の事項について、会計上の見積りの開示以外の注記に含めて財務諸表に記載している場合には、会計上の見積りに関する注記を記載するにあたり、当該他の注記事項を参照することにより当該事項の記載に代えることができる。

8．前項(2)の「会計上の見積りの内容について財務諸表利用者の理解に資するその他の情報」として第4項の開示目的に照らして注記する事項には、例えば、次のようなものがある。

(1)　当年度の財務諸表に計上した金額の算出方法

(2)　当年度の財務諸表に計上した金額の算出に用いた主要な仮定

(3)　翌年度の財務諸表に与える影響

9．連結財務諸表を作成している場合に、個別財務諸表において本会計基準に基づく開示を行うときは、第7項(2)の注記事項について連結財務諸表における記載を参照することができる。

なお、識別した項目ごとに、当年度の個別財務諸表に計上した金額の算出方法に関する記載をもって第7項(2)の注記事項に代えることができる。この場合であっても、連結財務諸表における記載を参照することができる。

Ⅳ．適用時期等

10．本会計基準は、2021年3月31日以後終了する連結会計年度及び事業年度の年度末に係る連結財務諸表及び個別財務諸表から適用する。ただし、公表日以後終了する連結会計年度及び事業年度における年度末に係る連結財務諸表及び個別財務諸表から本会計基準を適用することができる。

11．本会計基準の適用初年度において、本会計基準の適用は表示方法の変更として取り扱う。ただし、企業会計基準第24号第14項の定めにかかわらず、本会計基準第6項及び第7項に定める注記事項について、適用初年度の連結財務諸表及び個別財務諸表に併せて表示される前連結会計年度における連結財務諸表に関する注記及び前事業年度における個別財務諸表に関する注記（以下「比較情報」という。）に記載しないことができる。

Ⅴ．議　決

12．本会計基準は、第428回企業会計基準委員会に出席した委員14名全員の賛成により承認された。なお、出席した委員は以下のとおりである。（略）

結論の背景

経　緯

13．2016年3月及び2017年11月、公益財団法人財務会計基準機構内に設けられている基準諮問会議に対して、国際会計基準審議会（IASB）が2003年に公表した国際会計基準（IAS）第1号「財務諸表の表示」（以下「IAS第1号」という。）第125項において開示が求められている「見積りの不確実性の発生要因」について、財務諸表利用者にとって有用性が高い情報として日本基準においても注記情報として開示を求めること

を検討するよう要望が寄せられた。

その後、2018年11月に開催された第397回企業会計基準委員会において、基準諮問会議より、「見積りの不確実性の発生要因」に係る注記情報の充実について検討することが当委員会に提言された。この提言を受けて、当委員会では、2018年12月より審議を開始し、2019年10月に企業会計基準公開草案第68号「会計上の見積りの開示に関する会計基準（案）」を公表して広く意見を求めた。本会計基準は公開草案に寄せられた意見を踏まえて検討を行い、公開草案の内容を一部修正したうえで公表するに至ったものである。

開発にあたっての基本的な方針

14. 当委員会では、本会計基準の開発にあたっての基本的な方針として、個々の注記を拡充するのではなく、原則（開示目的）を示したうえで、具体的な開示内容は企業が開示目的に照らして判断することとした。また、本会計基準の開発にあたっては、IAS第1号第125項の定めを参考とすることとした。

なお、検討の過程では、IAS第1号第125項は「見積りの不確実性の発生要因」の表題のもとに定めが記述されているものの、注記が要求されている項目は会計上の見積りの対象となる資産及び負債に焦点を当てていると分析された。このため、本会計基準の開発にあたっても、IAS第1号第125項と同様の内容の開示を求めたうえで、内容をより適切に表す会計基準の名称として「会計上の見積りの開示に関する会計基準」を用いることとした。

I．開　示
1．開示目的

15. 財務諸表を作成する過程では、財務諸表に計上する項目の金額を算出するにあたり、会計上の見積りが必要となるものがある。会計上の見積りは、財務諸表作成時に入手可能な情報に基づいて合理的な金額を算出するものであるが、財務諸表に計上する金額に係る見積りの方法や、

見積りの基礎となる情報が財務諸表作成時にどの程度入手可能であるかは様々であり、その結果、財務諸表に計上する金額の不確実性の程度も様々となる。したがって、財務諸表に計上した金額のみでは、当該金額が含まれる項目が翌年度の財務諸表に影響を及ぼす可能性があるかどうかを、財務諸表利用者が理解することは困難である。

このため、当年度の財務諸表に計上した金額が会計上の見積りによるもののうち、翌年度の財務諸表に重要な影響を及ぼすリスクがある項目における会計上の見積りの内容についての情報は、財務諸表利用者にとって有用な情報であると考えられる。

16. ここで、翌年度の財務諸表に重要な影響を及ぼすリスクがある項目は企業によって異なるため、個々の会計基準を改正して会計上の見積りの開示の充実を図るのではなく、会計上の見積りの開示について包括的に定めた会計基準において原則（開示目的）を示し、開示する具体的な項目及びその注記内容については当該原則（開示目的）に照らして判断することを企業に求めることが適切と考えられる。

17. したがって、本会計基準では、当年度の財務諸表に計上した金額が会計上の見積りによるもののうち、翌年度の財務諸表に重要な影響を及ぼすリスクがある項目における会計上の見積りの内容について、財務諸表利用者の理解に資する情報を開示することを目的とすることとした（第4項参照）。また、リスクには有利となる場合及び不利となる場合の双方が含まれることを明記することとした。

18. 会計上の見積りは、企業の置かれている状況に即して行われるものであることから、会計上の見積りの内容について財務諸表利用者の理解に資する情報を開示するためには、当該企業の置かれている状況について財務諸表利用者が理解できるような情報を開示する必要があると考えられる。また、企業の置かれている状況に加えて、企業による当該状況の評価に関する情報を開示することも財務諸表利用者が財務諸表を

理解するために有用であると考えられる。

19. なお、本会計基準に基づく開示は、将来予測的な情報の開示を企業に求めるものではないが、開示する項目の識別に際しては、財務諸表利用者の理解に資する情報を開示するという開示目的を達成するために、翌年度の財務諸表に及ぼす影響を踏まえた判断を行うことを企業に求めることとした。

この点について、公開草案における考慮すべき将来の期間を翌年度とする提案に対し、翌年度以降の財務諸表に影響を及ぼす可能性がある項目とすべきというコメントが寄せられた。しかし、本会計基準の開発にあたって参考としたIAS第1号第125項に係る結論の根拠では、「開示に係る期間が長くなればなるほど、開示が必要な項目の範囲は広がり、特定の資産又は負債について行われる開示は具体的なものではなくなっていく。期間が翌事業年度中を超える場合には、その他の開示によって最も目的適合性のある情報を不明瞭なものにしてしまうことがある。」とされている。そのため、IAS第1号第125項の定めも踏まえた検討の結果、翌年度とすることとした。

20. 公開草案で提案した開示目的の内容に対して、「重要な影響を及ぼす可能性が高い項目」では項目の識別の閾値が相当程度高く、記載の意図が正しく伝わらないというコメントや、IAS第1号第125項を参考に項目の文言を見直すべきというコメントが寄せられた。これらのコメントに対し、発生可能性の閾値の解釈について混乱が生じることを避けるため、及び本会計基準で識別される項目はIAS第1号第125項により識別される項目と異なるものとすることを意図していないことを明確化するため、公開草案の「可能性が高い」との記載を削除し、「翌年度の財務諸表に重要な影響を及ぼすリスクがある項目」と記載を変更することとした。

2．開示する項目の識別
⑴ 項目の識別における判断

21. 本会計基準では、開示する項目として、当年度の財務諸表に計上した金額が会計上の見積りによるもののうち、翌年度の財務諸表に重要な影響を及ぼすリスクがある項目を識別するとともに、翌年度の財務諸表に与える影響を検討するにあたっては、影響の金額的な大きさ及びその発生可能性を総合的に勘案して企業が判断するとしている（第5項参照）。

22. 一方、翌年度の財務諸表に与える影響を検討するにあたり、何と比較して影響の金額的な大きさを判断するのか、どの程度の影響が見込まれる場合に重要性があるとするのかなど、会計基準において判断のための規準を詳細に定めることとした場合、財務諸表に計上する金額に係る見積りを行う項目や、見積りの方法が様々であることから、ある場合には有用な情報を開示することになっても、他の場合には有用な情報を開示することにならないなど、すべての状況において有用な情報を開示するようにこれを定めることは困難であると考えられる。また、会計上の見積りが翌年度の財務諸表に重要な影響を及ぼすリスクがある項目は、経営上の重要な項目であり、会計基準において判断のための規準を詳細に定めなくとも、各企業で行っている会計上の見積りの方法を踏まえて開示する項目を識別できると考えられたことから、本会計基準では、項目の識別について、判断のための詳細な規準は示さないこととした。

⑵ 識別する項目

23. 本会計基準は、識別する項目は、通常、当年度の財務諸表に計上した資産及び負債であるとしている（第5項参照）。

ここで、本会計基準では、当年度の財務諸表に計上した金額に重要性があるものに着目して開示する項目を識別するのではなく、当年度の財務諸表に計上した金額が会計上の見積りによるもののうち、翌年度の財務諸表に重要な影響を及ぼすリスクがあるものに着目して開示する項目を識別することとした。このため、例えば固定資産について減損損失の認識は行わないとした場合でも、翌年度の財務諸表に重要な影響

を及ぼすリスクを検討したうえで、当該固定資産を開示する項目として識別する可能性がある。

　なお、翌年度の財務諸表に重要な影響を及ぼすリスクがある場合には、当年度の財務諸表に計上した収益及び費用、並びに会計上の見積りの結果、当年度の財務諸表に計上しないこととした負債を識別することを妨げない。また、注記において開示する金額を算出するにあたって見積りを行ったものについても、翌年度の財務諸表に重要な影響を及ぼすリスクがある場合には、これを識別することを妨げない。

24. 前項に加え、直近の市場価格により時価評価する資産及び負債の市場価格の変動は、会計上の見積りに起因するものではないため、項目を識別する際に考慮しないこととした（第5項参照）。

(3) 識別する項目の数

25. 第4項の開示目的に照らせば、識別する項目の数は、企業の規模及び事業の複雑性等により異なると考えられるものの、本会計基準では、翌年度の財務諸表に重要な影響を及ぼすリスクがある項目を識別するとしていることから、比較的少数の項目を識別することになると考えられる。

3．注記事項

26. 本会計基準では、第5項に基づき識別した項目について、本会計基準に基づいて識別した会計上の見積りの内容を表す項目名を注記することを求めている（第6項参照）。

　検討の過程では、会計上の見積りの開示については、本会計基準に基づき開示された情報であることが明瞭にわかるようにすることが有用で、かつ、従来の日本基準の開示の枠組みに基づけば、通常はまとめて注記されることが多いと考えられたため、本会計基準の開発にあたって参考としたIAS第1号第125項では求められていないものの、当該注記は独立の注記項目とし、識別した項目が複数ある場合には、それらの項目名は単一の注記として記載することを求める

こととした。

27. 本会計基準に基づく開示は、企業の置かれている状況に即して情報を開示するものであると考えられることから、第7項に定める注記の具体的な内容や記載方法（定量的情報若しくは定性的情報、又はこれらの組み合わせ）については、第4項の開示目的に照らして判断するとしている。このため、例えば、第7項(1)の注記事項については、財務諸表に表示された金額そのものではなく、会計上の見積りの開示の対象項目となった部分に係る計上額が開示される場合もあり得ると考えられる。

28. 本会計基準に基づき注記する事項については、個々の会計基準等により既に注記が求められている場合もあると考えられることから、会計上の見積りの開示以外の注記に含めて財務諸表に記載している場合には、注記の重複を避ける観点から、当該注記における記載を参照することができることとした（第7項なお書き参照）。これについて、公開草案に寄せられたコメント及び審議の過程において、既存の会計基準等で会計上の見積りに関する開示が求められている場合には当該注記を参照することが想定されていることの確認を求める意見が聞かれた。この点、企業が識別した項目について、他の会計基準等に従って開示している内容が第4項の開示目的を満たしている場合、結果的に追加で開示する情報はないと考えられる。

（財務諸表利用者の理解に資するその他の情報）

29. 第8項(1)の当年度の財務諸表に計上した金額の算出方法や、第8項(2)の当年度の財務諸表に計上した金額の算出に用いた主要な仮定に関する情報の開示は、財務諸表利用者が当年度の財務諸表に計上した金額について理解したうえで、企業が当該金額の算出に用いた主要な仮定が妥当な水準又は範囲にあるかどうか、また、企業が採用した算出方法が妥当であるかどうかなどについて判断するための基礎となる有用な情報となる場合がある。なお、第8項(2)の主要な仮定については、第8項(1)の当年度の財務諸表に計上した金額の算出方法に対するインプットと

して想定される数値（定量的な情報）若しくは当該定量的な情報の前提となった状況や判断の背景の説明（定性的な情報）又は定量的な情報と定性的な情報の双方の場合もあると考えられる。

　ただし、これらの情報は、単に会計基準等における取扱いを算出方法として記載するのではなく、企業の置かれている状況が理解できるようにすることで、財務諸表利用者に有用な情報となると考えられる。

30. 第8項(3)の翌年度の財務諸表に与える影響に関する情報の開示は、当年度の財務諸表に計上した金額が翌年度においてどのように変動する可能性があるのか、また、その発生可能性はどの程度なのかを財務諸表利用者が理解するうえで有用な情報となる場合がある。翌年度の財務諸表に与える影響を定量的に示す場合には、単一の金額のほか、合理的に想定される金額の範囲を示すことも考えられる。

　ただし、これらの情報は、単に会計基準等における取扱いに基づく結果としての影響を翌年度の財務諸表に与える影響として記載するのではなく、企業の置かれている状況が理解できるようにすることで、財務諸表利用者に有用な情報となると考えられる。

31. また、審議の過程では、開示の詳細さ（開示の分量）について、本会計基準において指針や目安を示すべきか検討を行ったものの、注記の内容は企業によって異なるものであり、したがって開示の詳細さは各企業が第4項の開示目的に照らして判断すべきものと考えられたことから、本会計基準では開示の詳細さを特段定めないこととした。なお、第8項に記載した事項がチェックリストとして用いられることを懸念する意見が寄せられたことから、これらの事項は例示であり、注記する事項は第4項の開示目的に照らして判断する旨を明記した。

32. 本会計基準に基づく会計上の見積りの開示は、連結財務諸表と個別財務諸表で同様の取扱いとすることを原則としているが、連結財務諸表を作成している場合に、個別財務諸表において本

会計基準に基づく開示を行うときは、第7項(2)の注記事項について連結財務諸表における記載を参照することができるとしている。この取扱いを定めた趣旨は、注記の重複を避けることにある。なお、既存の会計基準等で個別財務諸表での開示が免除されている項目が開示対象として識別されることが考えられるが、この場合は連結財務諸表における記載の参照が可能な場合が多いと考えられる。

33. また、2013年6月20日に企業会計審議会から公表された「国際会計基準（IFRS）への対応のあり方に関する当面の方針」で取り上げられた「単体開示の簡素化」を踏まえ、連結財務諸表を作成している場合の個別財務諸表の開示については、識別した項目ごとに、当年度の個別財務諸表に計上した金額の算出方法に関する記載をもって第7項(2)の注記事項に代える、簡素化された開示を認めることとした。

Ⅱ．適用時期等

34. 本会計基準に基づく会計上の見積りの開示は当年度の財務諸表に計上した金額が会計上の見積りによるもののうち、翌年度の財務諸表に重要な影響を及ぼすリスクがある項目における会計上の見積りの内容について、財務諸表利用者の理解に資する情報を開示することを目的としている（本会計基準第4項参照）。

　過去の時点において判断した当年度の財務諸表に及ぼす影響と、当年度末時点において判断した翌年度の財務諸表に及ぼす影響を比較することは有用と考えられるが、適用初年度の比較情報を開示するために過去の時点における判断に本会計基準を遡及的に適用した場合、当該時点に入手可能であった情報と事後的に入手した情報を客観的に区別することが困難であると考えられる。

　また、多数の子会社を有している企業において、本会計基準の適用初年度の比較情報としてすべての子会社から、本会計基準に基づく開示に必要な過去情報を入手し集計することは、実務上煩雑であり、特に、会計上の見積りの内容

について財務諸表利用者の理解に資するその他の情報（本会計基準第7項(2)参照）に関して、翌年度の財務諸表に与える影響（本会計基準第8項(3)参照）を定量的に記載する場合には、これを過去に遡って示すことが煩雑であると考えられる。

このため、本会計基準の適用初年度において、本会計基準の適用は表示方法の変更として取り扱われることになるものの、企業会計基準第24号第14項の定めにかかわらず、本会計基準第6項及び第7項に定める注記事項について比較情報に記載しないことができることとした（本会計基準第11項参照）。

以　上

実務対応報告第18号

連結財務諸表作成における在外子会社等の会計処理に関する当面の取扱い

2006年（平成18年）5月17日
改正2010年（平成22年）2月19日
改正2015年（平成27年）3月26日
改正2017年（平成29年）3月29日
改正2018年（平成30年）9月14日
最終改正2019年6月28日
企業会計基準委員会

本実務対応報告は、2020年3月31日に公表された次の会計基準等による修正が反映されている。

・企業会計基準第24号「会計方針の開示、会計上の変更及び誤謬の訂正に関する会計基準」（2020年3月31日改正）

目 的

本実務対応報告は、連結財務諸表の作成において、在外子会社等の会計処理に関する当面の取扱いを定めることを目的とする。

連結決算手続における在外子会社等の会計処理の統一

原則的な取扱い

連結財務諸表を作成する場合、同一環境下で行われた同一の性質の取引等について、親会社及び子会社が採用する会計方針は、原則として統一しなければならない（企業会計基準第22号「連結財務諸表に関する会計基準」（以下「連結会計基準」という。）第17項）。

当面の取扱い

在外子会社の財務諸表が、国際財務報告基準（IFRS）又は米国会計基準に準拠して作成されている場合、及び国内子会社が指定国際会計基準（「連結財務諸表の用語、様式及び作成方法に関する規則」第93条に規定する指定国際会計基準をいう。以下同じ。）又は「修正国際基準（国際会計基準と企業会計基準委員会による修正会計基準によって構成される会計基準）」（以下「修正国際基準」という。）に準拠した連結財務諸表を作成し

て金融商品取引法に基づく有価証券報告書により開示[1]している場合（当連結会計年度の有価証券報告書により開示する予定の場合も含む。）には、当面の間、それらを連結決算手続上利用することができるものとする。ここでいう在外子会社の財務諸表には、所在地国で法的に求められるものや外部に公表されるものに限らず、連結決算手続上利用するために内部的に作成されたものを含む。

それらの場合であっても、次に示す項目については、当該修正額に重要性が乏しい場合を除き、連結決算手続上、当期純利益が適切に計上されるよう当該在外子会社等の会計処理を修正しなければならない。なお、次の項目以外についても、明らかに合理的でないと認められる場合には、連結決算手続上で修正を行う必要があることに留意する[2]。

(1) のれんの償却［設例1］

在外子会社等において、のれんを償却していない場合には、連結決算手続上、その計上後20年以内の効果の及ぶ期間にわたって、定額法その他の合理的な方法により規則的に償却し、当該金額を当期の費用とするよう修正する。ただし、減損処理が行われたことにより、減損処理後の帳簿価額が規則的な償却を行った場合における金額を下回っている場合には、連結決算手続上、修正は不要であるが、それ以降、減損処理後の帳簿価額に基づき規則的な償却を行い修正する必要があることに留意する。

(2) 退職給付会計における数理計算上の差異の費用処理［設例2］

在外子会社等において、退職給付会計におい

る数理計算上の差異（再測定）をその他の包括利益で認識し、その後費用処理を行わない場合には、連結決算手続上、当該金額を平均残存勤務期間以内の一定の年数で規則的に処理する方法（発生した期に全額を処理する方法を継続して採用することも含む。）により、当期の損益とするよう修正する。

(3) 研究開発費の支出時費用処理［設例3］

在外子会社等において、「研究開発費等に係る会計基準」の対象となる研究開発費に該当する支出を資産に計上している場合には、連結決算手続上、当該金額を支出時の費用とするよう修正する。

(4) 投資不動産の時価評価及び固定資産の再評価
　　［設例4-1］［設例4-2］

在外子会社等において、投資不動産を時価評価している場合又は固定資産を再評価している場合には、連結決算手続上、取得原価を基礎として、正規の減価償却によって算定された減価償却費（減損処理を行う必要がある場合には、当該減損損失を含む。）を計上するよう修正する。

(5) 資本性金融商品の公正価値の事後的な変動をその他の包括利益に表示する選択をしている場合の組替調整［設例5］

在外子会社等において、資本性金融商品の公正価値の事後的な変動をその他の包括利益に表示する選択をしている場合には、当該資本性金融商品の売却を行ったときに、連結決算手続上、取得原価と売却価額との差額を当期の損益として計上するよう修正する。また、企業会計基準第10号「金融商品に関する会計基準」の定め又は国際会計基準第39号「金融商品：認識及び測定」の定め[3]に従って減損処理の検討を行い、減損処理が必要と判断される場合には、連結決算手続上、評価差額を当期の損失として計上するよう修正する。

なお、この当面の取扱いに従って、国際財務報告基準、米国会計基準、指定国際会計基準又は修正国際基準に準拠して作成された在外子会社等の財務諸表を連結決算手続上利用している場合で、当該在外子会社等が会計方針の変更を行うときは、

企業会計基準第24号「会計方針の開示、会計上の変更及び誤謬の訂正に関する会計基準」（以下「企業会計基準第24号」という。）第10項、第11項又は第22-2項に準じた注記を行うことに留意する。

---

1 当該開示には、有価証券報告書提出会社の保証会社に該当する国内子会社が、指定国際会計基準又は修正国際基準に準拠した連結財務諸表を作成して有価証券報告書提出会社の有価証券報告書により開示している場合を含む。
2 なお、当面の取扱いにおいて示した項目以外についても、継続的に適用することを条件として、修正を行うことができる。その場合、重要性が増しているわけではないが、これまでと同一の会計事実について新たに修正を行う場合には、会計方針の変更として取り扱うこととなる。
3 国際財務報告基準第9号「金融商品」の公表により、国際会計基準第39号「金融商品：認識及び測定」における金融資産の減損の定めは削除されているが、本実務対応報告においては、削除される直前の国際会計基準第39号「金融商品：認識及び測定」における金融資産の減損の定めに従うことができることとした。

本実務対応報告の考え方

同一の環境下にあるにもかかわらず、同一の性質の取引等について連結会社間で会計処理が異なっている場合には、その個別財務諸表を基礎とした連結財務諸表が企業集団の財政状態、経営成績及びキャッシュ・フローの状況の適切な表示を損なうことは否定できないため、同一の環境下で行われた同一の性質の取引等については、原則として、会計処理を統一することが適当であるとされている（連結会計基準第57項）。

したがって、連結財務諸表の作成上、在外子会社における同一の環境下で行われた同一の性質の取引等については、我が国の会計基準に基づき会計処理を統一することとなる。しかしながら、これまでは、実務上の実行可能性等を考慮し、在外子会社の財務諸表が、所在地国において公正妥当と認められる会計基準に準拠して作成されている場合、連結決算手続上これを利用することができ

るものとされていた。このような取扱いにより作成された連結財務諸表に対しては、企業集団内での会計処理の整合性が損なわれており、企業集団の財政状態及び経営成績を適切に表示しなくなるという意見も少なくない。

こうした中、近時、国際的な会計基準間の相違点が縮小傾向にあるため、国際財務報告基準又は米国会計基準に準拠して作成された在外子会社の財務諸表を基礎としても、我が国の会計基準の下での連結財務諸表が企業集団の財政状況の適切な表示を損なうものではないという見方や、それらに基づく財務諸表の利用であれば実務上の実行可能性が高いという見方を踏まえ、本実務対応報告では、これまでの取扱いを見直すものの、当面の間、連結決算手続上、国際財務報告基準又は米国会計基準に準拠して作成された財務諸表を利用することができるものとした[4]。

その場合であっても、上記当面の取扱いにおいて示した項目は、連結上の当期純損益に重要な影響を与える場合には修正しなければならないものとした[5]。これは、当該項目は、国際財務報告基準又は米国会計基準に準拠した会計処理が、我が国の会計基準に共通する考え方[6]と乖離するものであり、一般に当該差異に重要性があるため、修正なしに連結財務諸表に反映することは合理的でなく、その修正に実務上の支障は少ないと考えられたことによる。また、連結上の当期純損益に重要な影響を与える場合としたのは、財務報告において提供される情報の中で、特に重要なのは投資の成果を示す利益情報と考えられることによる。

4　したがって、今後の当面の取扱いにおいては、在外子会社の財務諸表が、所在地国で公正妥当と認められた会計基準に準拠して作成されている場合には、連結決算手続上、国際財務報告基準又は米国会計基準に準拠して修正することとなる。むろん、原則的な取扱いとするための修正を行う場合には、これまでと同様に、所在地国で公正妥当と認められた会計基準に準拠して作成されている在外子会社の財務諸表を利用することは可能である。

5　2013年（平成25年）に改正された連結会計基

準では、従来の「少数株主損益調整前当期純利益」を「当期純利益」として表示し、「親会社株主に帰属する当期純利益」を区分して内訳表示又は付記することとされた。ただし、親会社株主に帰属する当期純利益が特に重要であることに変更はない。

6　我が国の会計基準に共通する考え方としては、当期純利益を測定する上での費用配分、当期純利益と株主資本との連繋及び投資の性格に応じた資産及び負債の評価などが挙げられる。

本実務対応報告の公表及び改正の経緯

1997年（平成9年）12月8日に公表された日本公認会計士協会監査委員会報告第56号「親子会社間の会計処理の統一に関する当面の監査上の取扱い」（2012年（平成24年）3月に監査・保証実務委員会実務指針第56号「親子会社間の会計処理の統一に関する監査上の取扱い」として改正されている。以下「監査・保証実務委員会実務指針第56号」という。）において、「在外子会社の会計処理についても、本来、企業集団として統一されるべきものであるが、その子会社の所在地国の会計基準において認められている会計処理が企業集団として統一しようとする会計処理と異なるときは、当面、親会社と子会社との間で統一する必要はないものとする。なお、在外子会社が採用している会計処理が明らかに合理的でないと認められる場合には、連結決算手続上で修正する必要があることに留意する。」とされている。

しかしながら、監査・保証実務委員会実務指針第56号の公表後、「退職給付に係る会計基準」（2012年（平成24年）5月に企業会計基準第26号「退職給付に関する会計基準」として改正されている。）「金融商品に係る会計基準」（2006年（平成18年）8月に企業会計基準第10号「金融商品に関する会計基準」として改正されている。）、「固定資産の減損に係る会計基準」及び「企業結合に係る会計基準」（2008年（平成20年）12月に企業会計基準第21号「企業結合に関する会計基準」として改正されている。）が公表されるなど、我が国の会計基準は、国際財務報告基準や米国会計基準といっ

た国際的な会計基準と同等の水準まで整備がなされてきている。さらに、2004年（平成16年）10月以降、当委員会では、国際会計基準審議会（IASB）との間で会計基準のコンバージェンスに向けた作業に取り組んでいる。

一方、欧州をはじめ多くの国々において、国際財務報告基準が採用されつつあり、また、国際会計基準審議会と米国財務会計基準審議会（FASB）とのコンバージェンス・プロジェクトにおいて、両会計基準間の相違は削減される方向で検討がなされている。

このような状況に鑑み、当委員会は、連結財務諸表作成における在外子会社の会計処理について、これまでの取扱いを見直し、本実務対応報告により当面の取扱いを改めることとした。

2010年（平成22年）改正

2010年（平成22年）改正の本実務対応報告（以下「2010年（平成22年）改正実務対応報告」という。）では、2009年（平成21年）12月の企業会計基準第24号の公表により、会計方針の変更に関する遡及適用の取扱いについての国際的な会計基準との差異がなくなったこと等に伴う所要の改正を行った。

2015年（平成27年）改正

米国においては2014年（平成26年）1月に、FASB Accounting Standards Codification（FASBによる会計基準のコード化体系）の Topic 350「無形資産－のれん及びその他」（以下「FASB－ASC Topic 350」という。）が改正され、非公開会社はのれんを償却する会計処理を選択できるようになったことに伴う見直しを行った。FASB－ASC Topic 350では、のれんを償却する場合には、10年間、又はより短い期間で償却することが適切であるときには10年より短い期間の定額法により償却するものとされている。これを受けて、2015年（平成27年）改正の本実務対応報告（以下「2015年（平成27年）改正実務対応報告」という。）では、連結決算手続上の修正範囲を明確にするため、当面の取扱いにおける「(1)のれんの償却」に関する取扱いの改正を行うとともに、2015年（平成27年）改正実務対応報告の適用初年度の期首に連結財務

諸表において計上されているのれんのうち、在外子会社が2014年（平成26年）1月に改正されたFASB－ASC Topic 350に基づき償却処理を選択したのれんについて、実務上の便宜から、経過的な取扱いを設けた。

また、2013年（平成25年）9月に改正された連結会計基準において、従来の「少数株主損益調整前当期純利益」を「当期純利益」として表示し、「親会社株主に帰属する当期純利益」を区分して内訳表示又は付記することとされ、「少数株主損益の会計処理」に関する取扱いについての国際的な会計基準との差異がなくなったことに伴う所要の改正を行った。

さらに、当面の取扱いにおける「(2)退職給付会計における数理計算上の差異の費用処理」について、従来から修正項目としていた部分に限られることの明確化を図るため、所要の改正を行った。

2017年（平成29年）改正

2015年（平成27年）11月に開催された第324回企業会計基準委員会において、基準諮問会議より、国内子会社が指定国際会計基準を適用している場合の連結財務諸表作成における取扱いの検討を求める提言がなされ、審議を行うこととなった。

検討の結果、2006年（平成18年）に本実務対応報告が公表されたときに国内子会社が国際財務報告基準を適用することは想定されていなかったことのほか、本実務対応報告が在外子会社に国際財務報告基準の利用を認めた趣旨を踏まえ、2017年（平成29年）改正の本実務対応報告（以下「2017年（平成29年）改正実務対応報告」という。）では、指定国際会計基準に準拠した連結財務諸表を作成して金融商品取引法に基づく有価証券報告書により開示している国内子会社を本実務対応報告の対象範囲に含めることとした。また、当委員会が公表した修正国際基準を国内子会社が適用する場合に関しても、同様に本実務対応報告の対象範囲に含めることとした。

なお、これらの国内子会社を本実務対応報告の対象範囲に含めたことから、本実務対応報告の表題を、「連結財務諸表作成における在外子会社の会計処理に関する当面の取扱い」から「連結財務

諸表作成における在外子会社等の会計処理に関する当面の取扱い」に変更している。

2018年（平成30年）改正

2006年（平成18年）の本実務対応報告の公表から2018年（平成30年）改正の本実務対応報告（以下「2018年（平成30年）改正実務対応報告」という。）の検討時点までの間に、新規に公表又は改正された国際財務報告基準及び米国会計基準を対象(注)に、修正項目として追加する項目の有無について検討を行った。

審議においては、「本実務対応報告の考え方」に基づき、我が国の会計基準に共通する考え方と乖離するか否かの観点や実務上の実行可能性の観点に加えて、子会社における取引の発生可能性や子会社において発生する取引の連結財務諸表全体に与える重要性の観点等から検討を行い、その結果、資本性金融商品の公正価値の事後的な変動をその他の包括利益に表示する選択をしている場合の組替調整を修正項目として追加することとした。

> **(注)** 国際財務報告基準第16号「リース」、国際財務報告基準第17号「保険契約」及び米国会計基準会計基準更新書第2016-02号「リース（Topic 842）」を除く。

---

7 （削　除）

2019年改正

2018年（平成30年）改正実務対応報告において検討の対象から除かれていた、国際財務報告基準第16号「リース」及び米国会計基準会計基準更新書第2016-02号「リース（Topic 842）」を対象に、修正項目として追加する項目の有無について検討を行った。

審議においては、「本実務対応報告の考え方」に基づき、これらの会計基準の基本的な考え方が我が国の会計基準に共通する考え方と乖離するか否かの観点から検討を行った結果、新たな修正項目の追加は行わないこととした。

適用時期等[8]

(1) 2015年（平成27年）改正実務対応報告は、2015年（平成27年）4月1日以後開始する連結会計年度の期首から適用する。ただし、今回の改正により削除された「少数株主損益の会計処理」に関する取扱いを除き、2015年（平成27年）改正実務対応報告公表後最初に終了する連結会計年度の期首から適用することができる。

なお、2015年（平成27年）改正実務対応報告の適用初年度の期首に連結財務諸表において計上されているのれんのうち、在外子会社が2014年（平成26年）1月に改正されたFASB─ASC Topic 350に基づき償却処理を選択したのれんについては、企業結合ごとに以下のいずれかの方法を適用する。

① 連結財務諸表におけるのれんの残存償却期間に基づき償却する。

② 在外子会社が採用する償却期間が連結財務諸表におけるのれんの残存償却期間を下回る場合に、当該償却期間に変更する。この場合、変更後の償却期間に基づき将来にわたり償却する。

2015年（平成27年）改正実務対応報告を早期適用する場合、連結会計年度中の第2四半期連結会計期間以降からも適用することができる。この場合であっても、上記の経過的な取扱いは、連結会計年度の期首に遡って適用する。

(2) 2017年（平成29年）改正実務対応報告は、2017年（平成29年）4月1日以後開始する連結会計年度の期首から適用する。ただし、2017年（平成29年）改正実務対応報告の公表日以後、適用することができる。

なお、2017年（平成29年）改正実務対応報告の適用初年度の前から国内子会社が指定国際会計基準又は修正国際基準に準拠した連結財務諸表を作成して金融商品取引法に基づく有価証券報告書により開示している場合において、当該適用初年度に「連結決算手続における在外子会社等の会計処理の統一」の当面の取扱いを適用するときは、会計基準等の改正に伴う会計方針の変更として取り扱う。

(3) 2018年（平成30年）改正実務対応報告の適用時期等に関する取扱いは、次のとおりとする。

① 2019年（平成31年）4月1日以後開始する連結会計年度の期首から適用する。

② ①の定めにかかわらず、2018年（平成30年）改正実務対応報告の公表日以後最初に終了する連結会計年度及び四半期連結会計期間において適用することができる。

③ ①の定めにかかわらず、2020年4月1日以後開始する連結会計年度の期首又は在外子会社等が初めて国際財務報告基準第9号「金融商品」を適用する連結会計年度の翌連結会計年度の期首から適用することができるものとする。なお、2019年（平成31年）4月1日以後開始する連結会計年度以降の各連結会計年度において、2018年（平成30年）改正実務対応報告を適用していない場合、その旨を注記する。

④ 2018年（平成30年）改正実務対応報告の適用初年度においては、会計基準等の改正に伴う会計方針の変更として取り扱う。ただし、会計方針の変更による累積的影響額を当該適用初年度の期首時点の利益剰余金に計上することができるものとする。この場合、在外子会社等において国際財務報告基準第9号「金融商品」を早期適用しているときには、遡及適用した場合の累積的影響額を算定する上で、在外子会社等において国際財務報告基準第9号「金融商品」を早期適用した連結会計年度から2018年（平成30年）改正実務対応報告の適用初年度の前連結会計年度までの期間において資本性金融商品の減損会計の適用を行わず、2018年（平成30年）改正実務対応報告の適用初年度の期首時点で減損の判定を行うことができる。

⑤ 2018年（平成30年）改正実務対応報告の公表日以後最初に終了する四半期連結会計期間に2018年（平成30年）改正実務対応報告を早期適用し、会計方針の変更による累積的影響額を適用初年度の利益剰余金に計上する場合、会計方針の変更による累積的影響額を早期適用した四半期連結会計期間の期首時点ではなく連結会計年度の期首時点の利益剰余金に計上する。また、早期適用した連結会計年度の翌年度に係る四半期連結財務諸表においては、早期適用した連結会計年度の四半期連結財務諸表（比較情報）について2018年（平成30年）改正実務対応報告の定めを当該早期適用した連結会計年度の期首に遡って適用する。

(4) 2019年改正の本実務対応報告（以下「2019年改正実務対応報告」という。）は、公表日以後適用する。

> 8 2006年（平成18年）公表の本実務対応報告及び2010年（平成22年）改正実務対応報告の適用時期等については、2018年（平成30年）改正実務対応報告の公表時に削除している。

議　決

2006年（平成18年）実務対応報告は、第104回企業会計基準委員会に出席した委員11名全員の賛成により承認された。

2010年（平成22年）改正実務対応報告は、第195回企業会計基準委員会に出席した委員10名全員の賛成により承認された。

2015年（平成27年）改正実務対応報告は、第308回企業会計基準委員会に出席した委員13名全員の賛成により承認された。

2017年（平成29年）改正実務対応報告は、第357回企業会計基準委員会に出席した委員13名全員の賛成により承認された。

2018年（平成30年）改正実務対応報告は、第392回企業会計基準委員会に出席した委員14名全員の賛成により承認された。

2019年改正実務対応報告は、第411回企業会計基準委員会に出席した委員14名全員の賛成により承認された。

設　例

次の設例は、本実務対応報告で示された内容について理解を深めるためのものであり、仮定として示された前提条件の記載内容は、経済環境や各企業の実情等に応じて異なる点に留意する必要がある。なお、簡便

化のため、税効果は考慮していない。

[設例1] のれんの償却

P社の国際財務報告基準を適用している在外子会社A社において、X1年4月1日に行った企業結合に伴い、のれんが発生した。A社では国際財務報告基準第3号「企業結合」を適用し、当該のれんの償却は行っていない。両社の決算日は3月31日である。なお、A社は当該企業結合における被取得企業の非支配持分を被取得企業の識別可能純資産の比例持分額で測定する方法を選択している。

① のれんの金額：$500,000（当該のれんについて減損は生じていない。）

② P社では本実務対応報告をX3年4月1日より適用した。それまで、P社はA社におけるのれんに関する処理の修正を行っていない。

③ 本設例においては、本実務対応報告の適用にあたり、X3年4月1日時点で、今後ののれんの効果の及ぶ期間を8年と見積った。

1 在外子会社A社における会計処理

X2年3月31日、X3年3月31日及びX4年3月31日

仕訳なし

2 P社におけるのれんに係る連結修正仕訳

X2年3月31日及びX3年3月31日

仕訳なし

X4年3月31日（本実務対応報告の適用初年度）

期首のれん残高の修正

利益剰余金	€100,000	のれん(*1)	€100,000

（*1） 在外子会社において、のれんの計上時から、規則的に償却するものとすると、効果の及ぶ期間は10年となり、のれんの償却を仮定したX3年4月1日時点の残高は€400,000（＝€500,000－€500,000/10年×2年）となる。このため、のれんの当初計上額€500,000との差額€100,000を修正する。なお、負ののれんについては、在外子会社での会計処理を必ずしも修正する必要はない。

のれんの償却

のれん償却(*2)	€50,000	のれん	€50,000

（*2） €500,000/10年又は€400,000/8年

[設例2] 退職給付会計における数理計算上の差異の費用処理

P社の国際財務報告基準を適用している在外子会社B社は、X2年3月期から国際会計基準第19号「従業員給付」に従い、数理計算上の差異（再測定）をその他の包括利益で認識し、その後費用処理を行わず、利益剰余金に振り替えている。両社の決算日は3月31日である。

① X2年3月31日に、数理計算上の差異£20,000をその他の包括利益で認識し、費用処理を行わず、利益剰余金に振り替えている。本設例においては、X3年3月期以降、数理計算上の差異は発生しなかったものとする。

② P社では本実務対応報告をX3年4月1日より適用した。それまで、P社はB社における数理計算上の差異については修正を行っていない。

③ 本実務対応報告の適用にあたり、数理計算上の差異は、発生の翌期から平均残存勤務期間以内の10年で費用処理することとする。

1 在外子会社B社における会計処理

X2年3月31日

退職給付に係る調整額(その他の包括利益)	£20,000	退職給付引当金	£20,000
利益剰余金	£20,000	退職給付に係る調整累計額(その他の包括利益累計額)	£20,000

X3年3月31日及びX4年3月31日

仕訳なし

2 P社における数理計算上の差異に係る連結修正仕訳

X2年3月31日及びX3年3月31日

仕訳なし

X4年3月31日（本実務対応報告の適用初年度）

期首の退職給付に係る調整累計額（その他の包括利益累計額）の修正

退職給付に係る調整累計額(その他の包括計額)(*1)	£18,000	利益剰余金	£18,000

（*1） 数理計算上の差異を発生の翌期から10年で費用処理した場合、X3年4月1日時点の当該数理計算上の差異の未認識額は£18,000（＝£20,000－£

20,000/10年×1年）であるため、当該金額を、退職給付に係る調整累計額（その他の包括利益累計額）の修正とする。

未認識数理計算上の差異の費用処理

退職給付費用(*2)	£2,000	/	退職給付に係る調整累計額(その他の包括利益計)	£2,000

（＊2）　£20,000/10年＝£2,000

［設例3］　研究開発費の支出時費用処理

P社の国際財務報告基準を適用している在外子会社C社は、X1年4月1日に開発活動に係る支出を行った。C社は、当該支出を、国際会計基準第38号「無形資産」に基づき無形資産に計上した。両社の決算日は3月31日である。

① 開発費の支出額：€200,000（当該開発費について減損は生じていない。）

② 開発費は5年で定額法により償却している。

③ 当該支出は、「研究開発費等に係る会計基準」の対象となる研究開発費に該当する。

④ P社では本実務対応報告をX3年4月1日より適用した。それまで、P社はC社で計上された開発費については修正を行っていない。

1　在外子会社C社における会計処理

X2年3月31日、X3年3月31日、X4年3月31日及びX5年3月31日

開発費償却(*1)	€40,000	/	開発費(無形資産)	€40,000

（＊1）　€200,000/5年＝€40,000

抜粋精算表（単位：€）

	X2年3月31日	X3年3月31日	X4年3月31日	X5年3月31日
開発費(無形資産)	160,000	120,000	80,000	40,000
利益剰余金	△40,000	△80,000	△120,000	△160,000
(当期:開発費償却)	40,000	40,000	40,000	40,000

2　P社における開発費に係る連結修正仕訳

X2年3月31日及びX3年3月31日

仕訳なし

X4年3月31日（本実務対応報告の適用初年度）

期首開発費残高の戻入れ

利益剰余金	€120,000	/	開発費(無形資産)	€120,000

開発費償却の戻入れ

開発費(無形資産)	€40,000	/	開発費償却	€40,000

X5年3月31日

開始仕訳

利益剰余金	€80,000	/	開発費(無形資産)	€80,000

開発費償却の戻入れ

開発費(無形資産)	€40,000	/	開発費償却	€40,000

連結修正仕訳反映後の抜粋精算表（単位：€）

	X2年3月31日	X3年3月31日	X4年3月31日	X5年3月31日
開発費(無形資産)	160,000	120,000	0	0
利益剰余金	△40,000	△80,000	△200,000	△200,000
(当期:開発費償却)	40,000	40,000	0	0

［設例4-1］　投資不動産の時価評価

P社の国際財務報告基準を適用している在外子会社D1社は、X1年4月1日に建物£600,000を取得し、国際会計基準第40号「投資不動産」で認められている投資不動産の時価評価を採用している。両社の決算日は3月31日である。

① X2年3月31日の建物の時価は£600,000であったものとし、X3年3月31日及びX4年3月31日の建物の時価は£400,000であったものとする。

② X5年3月31日に建物を£450,000で売却した。

③ P社では本実務対応報告をX3年4月1日より適用した。それまで、P社はD1社における投資不動産については修正を行っていない。

④ 本実務対応報告の適用にあたり、当該建物の減価償却は、耐用年数10年、残存価額0、定額法で行われるものとする。

1　在外子会社D1社における会計処理

X2年3月31日

仕訳なし

X3年3月31日

有形固定資産	£200,000	/	建物評価損(*1)	£200,000

（＊1）　建物の取得原価£600,000－建物の時価£400,000＝£200,000

X4年3月31日

仕訳なし

X5年3月31日

現金預金	£450,000	建物	£400,000
		有形固定資産 売却益(*2)	£50,000

（＊2）　現金預金£450,000－建物前期末時価£400,000
＝£50,000

抜粋精算表（単位：£）

	X2年 3月31日	X3年 3月31日	X4年 3月31日	X5年 3月31日
現金預金	0	0	0	450,000
建物	600,000	400,000	400,000	0
利益剰余金	0	△200,000	△200,000	△150,000
（当期： 有形固定資産評価損）	0	200,000	0	0
（当期： 有形固定資産売却益）	0	0	0	50,000

2　P社における投資不動産の時価評価に係る連結修
正仕訳

X2年3月31日及びX3年3月31日

仕訳なし

X4年3月31日（本実務対応報告の適用初年度）

期首における建物の時価評価の戻入れと減価償却の
修正

建物	£600,000	建物	£400,000
		減価償却 累計額(*1)	£120,000
		利益剰余金(*2)	£80,000

（＊1）　取得原価£600,000／耐用年数10年×2年＝£
120,000
（＊2）　過年度の有形固定資産評価損の戻入れ
£200,000－減価償却累計額£120,000＝£80,000

建物の減価償却

減価償却費(*3)	£60,000	減価償却 累計額	£60,000

（＊3）　取得原価£600,000／耐用年数10年＝£60,000

X5年3月31日

開始仕訳

建物	£600,000	建物	£400,000
		減価償却 累計額(*1)	£180,000
		利益剰余金(*2)	£20,000

（＊1）　取得原価£600,000／耐用年数10年×3年＝£

180,000
（＊2）　過年度の有形固定資産評価損の戻入れ
£200,000－減価償却累計額£180,000＝£20,000

建物の減価償却

減価償却費(*3)	£60,000	減価償却 累計額	£60,000

（＊3）　取得原価£600,000／耐用年数10年＝£60,000

建物の売却益の修正

建物(*4)	£400,000	建物(*5)	£600,000
減価償却 累計額(*5)	£240,000	有形固定資産 売却益(*5)	£90,000
有形固定資産 売却益(*4)	£50,000		

（＊4）　在外子会社で計上した建物の売却に関する仕訳
の戻入れ
（＊5）　連結修正により計上した建物の取得原価及び減
価償却累計額の処理
売却益£90,000＝現金預金£450,000－
（建物£600,000－減価償却累計額£240,000）

連結修正仕訳反映後の抜粋精算表（単位：£）

	X2年 3月31日	X3年 3月31日	X4年 3月31日	X5年 3月31日
現金預金	0	0	0	450,000
建物	600,000	400,000	600,000	0
減価償却累計額	0	0	180,000	0
利益剰余金	0	△200,000	△180,000	△150,000
（当期：減価償却費）	0	0	60,000	60,000
（当期： 有形固定資産評価損）	0	200,000	0	0
（当期： 有形固定資産売却益）	0	0	0	90,000

［設例4-2］　固定資産の再評価

　P社の国際財務報告基準を適用している在外子会社
D2社は、X1年4月1日に建物£500,000を取得し、
国際会計基準第16号「有形固定資産」で認められてい
る有形固定資産の再評価を行っている。両社の決算日
は3月31日である。

①　X3年3月31日の建物の再評価額は£480,000で
ある。X2年3月31日及びX4年3月31日の建物の
再評価額は帳簿価額と近似しているため、再評価
を行っていない。

②　P社では本実務対応報告をX3年4月1日より
適用した。それまで、P社はD2社で計上された

建物の再評価額については修正を行っていない。

③ 本実務対応報告の適用にあたり、当該建物の減価償却は、耐用年数10年、残存価額0、定額法で行われるものとする。

1 在外子会社D2社における会計処理

X2年3月31日

| 減価償却費 | £50,000 | 減価償却累計額 | £50,000 |

X3年3月31日

減価償却費	£50,000	減価償却累計額	£50,000
建物	£480,000	建物	£500,000
減価償却累計額	£100,000	再評価剰余金	£80,000

X4年3月31日

建物の減価償却

| 減価償却費(*1) | £60,000 | 減価償却累計額 | £60,000 |
| 再評価剰余金(*2) | £10,000 | 利益剰余金 | £10,000 |

(*1) 再評価後建物簿価£480,000/残存耐用年数8年
= £60,000

(*2) 再評価剰余金に係る減価償却費相当額£80,000/
8年＝£10,000

抜粋精算表（単位：£）

	X2年3月31日	X3年3月31日	X4年3月31日
建物	500,000	480,000	480,000
減価償却累計額	50,000	0	60,000
利益剰余金	△50,000	△100,000	△150,000
再評価剰余金	0	80,000	70,000
(当期：減価償却費)	50,000	50,000	60,000

2 P社における固定資産の再評価に係る連結修正仕訳

X2年3月31日及びX3年3月31日

| 仕訳なし |

X4年3月31日（本実務対応報告の適用初年度）

期首における建物の再評価の戻入れ

| 建物 | £500,000 | 建物 | £480,000 |
| 再評価剰余金 | £80,000 | 減価償却累計額 | £100,000 |

建物の減価償却の修正

減価償却累計額	£60,000	減価償却費(*1)	£60,000
利益剰余金	£10,000	再評価剰余金(*2)	£10,000
減価償却費(*3)	£50,000	減価償却累計額	£50,000

(*1) 再評価後建物簿価£480,000/残存耐用年数8年

= £60,000

(*2) 再評価剰余金に係る減価償却費相当額£80,000/
8年＝£10,000

(*3) 再評価前建物の取得原価£500,000/耐用年数10
年＝£50,000

連結修正仕訳反映後の抜粋精算表（単位：£）

	X2年3月31日	X3年3月31日	X4年3月31日
建物	500,000	480,000	500,000
減価償却累計額	50,000	0	150,000
利益剰余金	△50,000	△100,000	△150,000
再評価剰余金	0	80,000	0
(当期：減価償却費)	50,000	50,000	50,000

[設例5] 資本性金融商品の公正価値の事後的な変動をその他の包括利益に表示する選択をしている場合の組替調整

P社の国際財務報告基準を適用している在外子会社E社は、X1年4月1日に株式を€100,000で取得した。E社は当該株式に国際財務報告基準第9号「金融商品」で認められている公正価値の事後的な変動を包括利益計算書のその他の包括利益に表示する方法を選択し、売却損益及び減損損失の累計額をその他の包括利益累計額に表示している。両社の決算日は3月31日である。

① X2年3月31日の株式の公正価値は€40,000であった（P社において本実務対応報告の適用にあたり減損処理が必要と判断された）。

② X3年3月31日の株式の公正価値は€80,000であった。

③ X3年4月1日に株式を€80,000で売却した。

1 在外子会社E社における会計処理

X1年4月1日

| 投資有価証券 | €100,000 | 現金 | €100,000 |

X2年3月31日

| その他の包括利益(*1) | €60,000 | 投資有価証券 | €60,000 |

(*1) 取得原価€100,000−X2年3月31日の株式の公正価値€40,000＝€60,000

X3年3月31日

| 投資有価証券(*2) | €40,000 | その他の包括利益 | €40,000 |

(*2) X3年3月31日の株式の公正価値€80,000−X2年3月31日の株式の公正価値€40,000＝€40,000

X3 年 4 月 1 日

| 現金預金 | €80,000 | 投資有価証券 | €80,000 |

抜粋精算表（単位：€）

	X2年 3月31日	X3年 3月31日	X4年 3月31日
現金預金	0	0	80,000
投資有価証券	40,000	80,000	0
その他の 包括利益累計額	△60,000	△20,000	△20,000
（当期： その他の包括利益）	△60,000	40,000	0

2 在外子会社E社が資本性金融商品の公正価値の事後的な変動をその他の包括利益に表示する選択をしている場合の組替調整に係るP社の連結修正仕訳

X2年3月31日

| 投資有価証券
評価損 | €60,000 | その他の包括利益 €60,000 |

X3年3月31日開始仕訳

| 利益剰余金 | €60,000 | その他の包括利益 €60,000
累計額 |

X4年3月31日開始仕訳

| 利益剰余金 | €60,000 | その他の包括利益 €60,000
累計額 |

株式の売却によるその他の包括利益から損益への修正

| その他の包括利益 €40,000 | 投資有価証券 €40,000
売却益 |

連結修正仕訳反映後の抜粋精算表（単位：€）

	X2年 3月31日	X3年 3月31日	X4年 3月31日
現金預金	0	0	80,000
投資有価証券	40,000	80,000	0
利益剰余金	△60,000	△60,000	△20,000
その他の 包括利益累計額	0	40,000	0
（当期： 投資有価証券売却益）	0	0	40,000

| （当期：
投資有価証券評価損） | 60,000 | 0 | 0 |
| （当期：
その他の包括利益） | 0 | 40,000 | △40,000 |

2015年（平成27年）改正実務対応報告の公表による他の会計基準等についての修正

2015年（平成27年）改正実務対応報告により、当委員会が公表した会計基準等については、次の修正を行う（下線は追加部分、取消線は削除部分を示す。）。

⑴ 企業会計基準第16号「持分法に関する会計基準」

（略）

⑵ （削　除）

2017年（平成29年）改正実務対応報告の公表による他の会計基準等についての修正

2017年（平成29年）改正実務対応報告により、当委員会が公表した会計基準等については、次の修正を行う（下線は追加部分を示す。）。

⑴ 企業会計基準第27号「法人税、住民税及び事業税等に関する会計基準」

（略）

⑵ 実務対応報告第15号「排出量取引の会計処理に関する当面の取扱い」

（略）

以　上

実務対応報告第19号

繰延資産の会計処理に関する当面の取扱い

平成18年8月11日
改正平成22年2月19日
企業会計基準委員会

本実務対応報告は、2020年3月31日に公表された次の会計基準等による修正が反映されている。
・企業会計基準第24号「会計方針の開示、会計上の変更及び誤謬の訂正に関する会計基準」（2020年3月31日改正）

1 目 的

将来の期間に影響する特定の費用は、次期以後の期間に配分して処理するため、経過的に繰延資産として、資産の部に記載することができる（企業会計原則第三 一 D及び同注解（注15））とされている。また、繰延資産として計上することができる項目は旧商法施行規則において列挙され、その具体的な会計処理についても、実務上、同規則に従って取り扱われてきた。

こうした中、平成18年5月1日に施行された会社計算規則（以下「計算規則」という。）では、繰延資産として計上することができる項目（繰延資産に属する項目）については、繰延資産として計上することが適当であると認められるものと規定されている（計算規則第74条第3項第5号）だけである。また、その償却方法についても、償却すべき資産については、事業年度の末日において、相当の償却をしなければならない（計算規則第5条第2項）とされているだけで、具体的な償却方法や償却期間の定めはない。この点について、計算規則では、その用語の解釈及び規定の適用に関しては、一般に公正妥当と認められる企業会計の基準その他の企業会計の慣行をしん酌しなければならない（計算規則第3条）とされている。

本実務対応報告では、計算規則におけるこれらの規定への対応として、これまで行われてきた会計処理を踏まえ、当面必要と考えられる実務上の取扱いを明らかにすることとした。

また、平成21年12月の企業会計基準第24号「会計方針の開示、会計上の変更及び誤謬の訂正に関する会計基準」（以下「企業会計基準第24号」という。）の公表により、企業会計基準第24号における表現等に合わせるための所要の改正を行った。

なお、当委員会では、国際会計基準審議会（IASB）との間で会計基準のコンバージェンスに向けた共同プロジェクトを進めており、新株発行費（株式交付費）の会計処理を検討項目として取り上げている。このため、国際的な会計基準の動向を踏まえて、今後、新株発行費（株式交付費）を含む繰延資産の会計処理の見直しを行う可能性がある。

平成18年公表の実務対応報告（以下「平成18年実務対応報告」という。）は、第110回企業会計基準委員会に出席した委員13名全員の賛成により承認された。

平成22年改正の実務対応報告（以下「平成22年改正実務対応報告」という。）は、第195回企業会計基準委員会に出席した委員10名全員の賛成により承認された。

2 繰延資産の会計処理の見直しに関する考え方

当委員会では、これまで行われてきた繰延資産の会計処理を踏まえ、以下の考え方に基づき、必要な範囲内で見直しを行うこととした。

(1) 繰延資産の考え方については、企業会計原則注解（注15）に示されている考え方（すでに代価の支払が完了し又は支払義務が確定し、これに対応する役務の提供を受けたにもかかわらず、その効果が将来にわたって発現するものと期待される費用）を踏襲する。

(2) 検討対象とする繰延資産の項目は、原則として、旧商法施行規則で限定列挙されていた項目

（ただし、会社法において廃止された建設利息[1]を除く。）とする。これは、「繰延資産の部に計上した額」が剰余金の分配可能額から控除される（計算規則第158条第1号）ことなどを考慮したものである。

この結果、本実務対応報告では、以下の項目を繰延資産として取り扱っている[2]。

① 株式交付費
② 社債発行費等（新株予約権の発行に係る費用を含む。）
③ 創立費
④ 開業費
⑤ 開発費

なお、これまで繰延資産とされていた社債発行差金に相当する額については、平成18年8月11日に公表された企業会計基準第10号「金融商品に関する会計基準」（以下「金融商品会計基準」という。）において会計処理（社債金額から直接控除する方法）を定めており、本実務対応報告では、経過措置に関する事項を除き、取り扱わない。

(3) これまでの繰延資産の会計処理、特に繰延資産の償却期間については、それを変更すべき合理的な理由がない限り、これまでの取扱いを踏襲する。

---

1 「会社法制の現代化に関する要綱」（平成17年2月9日法制審議会総会決定）第2部第6 1（注3）において、建設利息を規定している旧商法第291条は削除すると記載されている。

2 会社法上、繰延資産の項目は限定されていないが、本実務対応報告では、これまで限定列挙と解されていた繰延資産の項目を増やす検討は行っていない。したがって、上記5項目の繰延資産は、結果として、限定列挙となる。なお、いわゆる法人税法上の繰延資産は、本実務対応報告における繰延資産には該当しないことになる。

また、本実務対応報告では、繰延資産の考え方は企業会計原則に示されている考え方を踏襲しているものの、繰延資産の具体的な項目は、会社法などに対応するため、企業会計原則とは異なるものがある。繰延資産の具体的な項目に

ついては、本実務対応報告の取扱いが企業会計原則の定めに優先することになる。

3 会計処理

(1) 株式交付費の会計処理

株式交付費（新株の発行又は自己株式の処分に係る費用）は、原則として、支出時に費用（営業外費用）として処理する。ただし、企業規模の拡大のためにする資金調達などの財務活動（組織再編の対価として株式を交付する場合を含む。）に係る株式交付費については、繰延資産に計上することができる。この場合には、株式交付のときから3年以内のその効果の及ぶ期間にわたって、定額法により償却をしなければならない。

株式交付費とは、株式募集のための広告費、金融機関の取扱手数料、証券会社の取扱手数料、目論見書・株券等の印刷費、変更登記の登録免許税、その他株式の交付等のために直接支出した費用をいう。

なお、繰延資産に該当する株式交付費は、繰延資産の性格から、企業規模の拡大のためにする資金調達などの財務活動に係る費用を前提としているため、株式の分割や株式無償割当てなどに係る費用は、繰延資産には該当せず、支出時に費用として処理することになる。また、この場合には、これらの費用を販売費及び一般管理費に計上することができる。

（会計処理の考え方）

現行の国際的な会計基準では、株式交付費は、資本取引に付随する費用として、資本から直接控除することとされている。当委員会においては、国際的な会計基準との整合性の観点から、当該方法についても検討した。しかしながら、以下の理由により、当面、これまでの会計処理を踏襲し、株式交付費は費用として処理（繰延資産に計上し償却する処理を含む。）することとした。

① 株式交付費は株主との資本取引に伴って発生するものであるが、その対価は株主に支払

われるものではないこと
② 株式交付費は社債発行費と同様、資金調達を行うために要する支出額であり、財務費用としての性格が強いと考えられること
③ 資金調達の方法は会社の意思決定によるものであり、その結果として発生する費用もこれに依存することになる。したがって、資金調達に要する費用を会社の業績に反映させることが投資家に有用な情報を提供することになると考えられること

また、本実務対応報告では、新株の発行と自己株式の処分に係る費用を合わせて株式交付費とし、自己株式の処分に係る費用についても繰延資産に計上できることとした。自己株式の処分に係る費用は、旧商法施行規則において限定列挙されていた新株発行費には該当しないため、これまで繰延資産として会計処理することはできないと解されてきた。しかしながら、会社法においては、新株の発行と自己株式の処分の募集手続は募集株式の発行等として同一の手続によることとされ、また、株式の交付を伴う資金調達などの財務活動に要する費用としての性格は同じであることから、新株の発行に係る費用の会計処理と整合的に取り扱うことが適当と考えられる。

なお、繰延資産に計上した株式交付費（新株発行費）の償却については、旧商法施行規則において毎決算期に均等額以上の償却をしなければならないとされてきたため、これまでは年数を基準として償却することが一般的であったと考えられる。しかしながら、会社法ではそのような制約はないこと、また、今後、上場会社においては四半期報告が求められることから、繰延資産の計上月にかかわらず、一律に年数を基準として償却を行うことは適当ではないと考えられる。この考え方は、他の繰延資産の償却についても同様である。

(2) 社債発行費等の会計処理

社債発行費は、原則として、支出時に費用（営業外費用）として処理する。ただし、社債発行費を繰延資産に計上することができる。この場合には、社債の償還までの期間にわたり利息法により償却をしなければならない。なお、償却方法については、継続適用を条件として、定額法を採用することができる。

社債発行費とは、社債募集のための広告費、金融機関の取扱手数料、証券会社の取扱手数料、目論見書・社債券等の印刷費、社債の登記の登録免許税その他社債発行のため直接支出した費用をいう。

また、新株予約権の発行に係る費用についても、資金調達などの財務活動（組織再編の対価として新株予約権を交付する場合を含む。）に係るものについては、社債発行費と同様に繰延資産として会計処理することができる。この場合には、新株予約権の発行のときから、3年以内のその効果の及ぶ期間にわたって、定額法により償却をしなければならない。ただし、新株予約権が社債に付されている場合で、当該新株予約権付社債を一括法により処理するときは、当該新株予約権付社債の発行に係る費用は、社債発行費として処理する。

（会計処理の考え方）

本実務対応報告では、社債発行費を支出時に費用として処理しない場合には、これまでと同様、繰延資産に計上することとした。

また、社債発行費の償却方法については、旧商法施行規則により、これまで3年以内の期間で均等額以上の償却が求められてきた。しかし、社債発行者にとっては、社債利息やこれまでの社債発行差金に相当する額のみならず、社債発行費も含めて資金調達費と考えることができること、また、国際的な会計基準における償却方法との整合性を考慮すると、社債発行費は、社債の償還までの期間にわたり、利息法（又は継続適用を条件として定額法）により償却することが合理的と考えられる。

なお、計算規則において、払込みを受けた金額が債券額と異なる社債については、事業年度の末日における適正な価格を付すことができるとされた（計算規則第6条第2項第2号）こと

から、これを契機に、これまで繰延資産として取り扱われてきた社債発行差金に相当する額は、国際的な会計基準と同様、社債金額から直接控除することとされた（金融商品会計基準第26項）。

(3) 創立費の会計処理

創立費は、原則として、支出時に費用（営業外費用）として処理する。ただし、創立費を繰延資産に計上することができる。この場合には、会社の成立のときから5年以内のその効果の及ぶ期間にわたって、定額法により償却をしなければならない。

創立費とは、会社の負担に帰すべき設立費用、例えば、定款及び諸規則作成のための費用、株式募集その他のための広告費、目論見書・株券等の印刷費、創立事務所の賃借料、設立事務に使用する使用人の給料、金融機関の取扱手数料、証券会社の取扱手数料、創立総会に関する費用その他会社設立事務に関する必要な費用、発起人が受ける報酬で定款に記載して創立総会の承認を受けた金額並びに設立登記の登録免許税等をいう。

（会計処理の考え方）

会社法では、創立費を資本金又は資本準備金から減額することが可能とされた（計算規則第43条第1項第3号）。しかしながら、創立費は、株主との間の資本取引によって発生するものではないことから、本実務対応報告では、創立費を支出時に費用として処理（支出時に費用として処理しない場合には、これまでと同様、繰延資産に計上）することとした。

(4) 開業費の会計処理

開業費は、原則として、支出時に費用（営業外費用）として処理する。ただし、開業費を繰延資産に計上することができる。この場合には、開業のときから5年以内のその効果の及ぶ期間にわたって、定額法により償却をしなければならない。なお、「開業のとき」には、その営業の一部を開業したときも含むものとする。また、開業費を販売費及び一般管理費として処理する

ことができる。

開業費とは、土地、建物等の賃借料、広告宣伝費、通信交通費、事務用消耗品費、支払利子、使用人の給料、保険料、電気・ガス・水道料等で、会社成立後営業開始時までに支出した開業準備のための費用をいう。

（会計処理の考え方）

本実務対応報告では、開業費を支出時に費用として処理しない場合には、これまでと同様、繰延資産に計上することとした。

開業準備活動は通常の営業活動ではないため、開業準備のために要した費用は原則として、営業外費用として処理することとした。ただし、当該費用は、営業活動と密接であること及び実務の便宜を考慮して、販売費及び一般管理費（支出時に費用として処理する場合のほか、繰延資産に計上した場合の償却額を含む。）として処理することができることとした。

また、開業費の範囲については、開業までに支出した一切の費用を含むものとする考え方もあるが、開業準備のために直接支出したとは認められない費用については、その効果が将来にわたって発現することが明確ではないものが含まれている可能性がある。このため、開業費は、開業準備のために直接支出したものに限ることが適当である。

(5) 開発費の会計処理

開発費は、原則として、支出時に費用（売上原価又は販売費及び一般管理費）として処理する。ただし、開発費を繰延資産に計上することができる。この場合には、支出のときから5年以内のその効果の及ぶ期間にわたって、定額法その他の合理的な方法により規則的に償却しなければならない。

開発費とは、新技術又は新経営組織の採用、資源の開発、市場の開拓等のために支出した費用、生産能率の向上又は生産計画の変更等により、設備の大規模な配置替えを行った場合等の費用をいう。ただし、経常費の性格をもつものは開発費には含まれない。

なお、「研究開発費等に係る会計基準」の対象となる研究開発費については、発生時に費用として処理しなければならないことに留意する必要がある。

（会計処理の考え方）

本実務対応報告では、開発費を支出時に費用として処理しない場合には、これまでと同様、繰延資産に計上することとした。

開発費の効果の及ぶ期間の判断にあたり、支出の原因となった新技術や資源の利用可能期間が限られている場合には、その期間内（ただし、最長で5年以内）に償却しなければならない点に留意する必要がある。

(6) 支出の効果が期待されなくなった繰延資産の会計処理

支出の効果が期待されなくなった繰延資産は、その未償却残高を一時に償却しなければならない。

(7) 繰延資産に係る会計処理方法の継続性

① 基本的な考え方

同一の繰延資産項目については、その性質は一般的に同質のものと考えられるため、繰延資産に適用する会計処理方法は、原則として、同一の方法によらなければならない。

② 同一の繰延資産項目に関する継続性の取扱い

ア 同一の繰延資産項目についての会計処理が前事業年度にも行われている場合において、当事業年度の会計処理方法が前事業年度の会計処理方法と異なるときは、原則として、会計方針の変更として取り扱うものとする。

ただし、支出内容に著しい変化がある場合には新たな会計事実の発生とみて、直近の会計処理方法とは異なる会計処理方法を選択することができる。この場合、直近の会計処理とは異なる会計処理方法を選択した旨、引き続き同一の会計処理方法を採用したと仮定した場合と比較したときの影響

額及び会計方針の変更として取り扱わなかった理由（新たな会計事実の発生として判断した理由）を追加情報として注記する。

イ 前事業年度において同一の繰延資産項目がないため、会計処理が前事業年度において行われていない場合には、会計方針の変更として取り扱わないこととする。

4 適用時期等

(1) 適用時期

① 平成18年実務対応報告公表日以後に終了する事業年度及び中間会計期間から平成18年実務対応報告を適用する。ただし、会社法施行日（平成18年5月1日）以後平成18年実務対応報告公表日前に終了した事業年度及び中間会計期間から平成18年実務対応報告を適用することができる。

② 平成22年改正実務対応報告の適用時期は、企業会計基準第24号と同様とする。

(2) 経過措置

① 平成18年実務対応報告を適用する事業年度の直前の事業年度（以下「適用直前事業年度」という。）の貸借対照表に計上されていた社債発行差金を除く繰延資産の償却に関する会計処理（当該繰延資産の償却額の損益計算書の計上区分に関する事項を除く。）については、適用直前事業年度の会計処理を継続して適用する。

② 適用直前事業年度の貸借対照表に新株発行費が計上されている場合には、当該新株発行費の償却が終了するまでの間、新株発行費の科目をもって表示することができる。ただし、平成18年実務対応報告の適用後に、新株の発行又は自己株式の処分に係る費用を株式交付費として繰延資産に計上する場合は、新株発行費として繰延資産に計上している額を株式交付費に振り替える。

③ 適用直前事業年度の貸借対照表に社債発行差金が計上されている場合には、以下のように取扱うものとする。

ア　当該社債発行差金の償却に関する会計処理は、適用直前事業年度の会計処理を継続して適用する。ただし、当該社債発行差金の償却額は、社債利息に含めて表示する。

イ　当該社債発行差金は、社債から控除して表示する。

(3) 平成18年実務対応報告の適用に伴う会計処理及び表示の変更の取扱い

平成18年実務対応報告の適用により、適用直前事業年度に行われていた繰延資産の会計処理及び表示を変更することとなった場合には、3(7)②アの考え方に基づき、原則として、会計基準等の改正に伴う会計方針の変更として取り扱う。なお、この際、以下の点に留意する必要がある。

① 平成18年実務対応報告適用初年度において、自己株式の処分に係る費用を株式交付費として繰延資産に計上する場合で、適用直前事業年度においても自己株式の処分を行っているときは、会計基準等の改正に伴う会計方針の変更として取り扱う。

② 平成18年実務対応報告適用初年度において、適用直前事業年度の貸借対照表に計上していた繰延資産と同一項目の繰延資産を計上する場合で、年数を基準とした償却方法から、月数等を基準とした償却方法に変更したときは、原則として、会計基準等の改正に伴う会計方針の変更として取り扱う。

以　上

企業会計審議会

原価計算基準

昭和37年11月8日
大蔵省企業会計審議会中間報告

原価計算基準の設定について

昭和37年11月8日
企業会計審議会

　わが国における原価計算は、従来、財務諸表を作成するに当たつて真実の原価を正確に算定表示するとともに、価格計算に対して資料を提供することを主たる任務として成立し、発展してきた。

　しかしながら、近時、経営管理のため、とくに業務計画および原価管理に役立つための原価計算への要請は、著しく強まつてきており、今日原価計算に対して与えられる目的は、単一でない。すなわち、企業の原価計算制度は、真実の原価を確定して財務諸表の作成に役立つとともに、原価を分析し、これを経営管理者に提供し、もつて業務計画および原価管理に役立つことが必要とされて

いる。したがつて、原価計算制度は、各企業がそれに対して期待する役立ちの程度において重点の相違はあるが、いずれの計算目的にもともに役立つように形成され、一定の計算秩序として常時継続的に行なわれるものであることを要する。ここに原価計算に対して提起される諸目的を調整し、原価計算を制度化するため、実践規範としての原価計算基準が設定される必要がある。

原価計算基準は、かかる実践規範として、わが国現在の企業における原価計算の慣行のうちから、一般に公正妥当と認められるところを要約して設定されたものである。

しかしながら、この基準は、個々の企業の原価計算手続を画一に規定するものではなく、個々の企業が有効な原価計算手続を規定し実施するための基本的なわくを明らかにしたものである。したがつて、企業が、その原価計算手続を規定するに当たつては、この基準が弾力性をもつものであることの理解のもとに、この基準にのつとり、業種、経営規模その他当該企業の個々の条件に応じて、実情に即するように適用されるべきものである。

この基準は、企業会計原則の一環を成し、そのうちとくに原価に関して規定したものである。それゆえ、すべての企業によつて尊重されるべきであるとともに、たな卸資産の評価、原価差額の処理など企業の原価計算に関係ある事項について、法令の制定、改廃等が行なわれる場合にも、この基準が充分にしん酌されることが要望される。

原価計算基準

第1章　原価計算の目的と原価計算の一般的基準

1　原価計算の目的

原価計算には、各種の異なる目的が与えられるが、主たる目的は、次のとおりである。

(一)　企業の出資者、債権者、経営者等のために、過去の一定期間における損益ならびに期末における財政状態を財務諸表に表示するために必要な真実の原価を集計すること。

(二)　価格計算に必要な原価資料を提供すること。

(三)　経営管理者の各階層に対して、原価管理に必要な原価資料を提供すること。ここに原価管理とは、原価の標準を設定してこれを指示し、原価の実際の発生額を計算記録し、これを標準と比較して、その差異の原因を分析し、これに関する資料を経営管理者に報告し、原価能率を増進する措置を講ずることをいう。

(四)　予算の編成ならびに予算統制のために必要な原価資料を提供すること。ここに予算とは、予算期間における企業の各業務分野の具体的な計画を貨幣的に表示し、これを総合編成したものをいい、予算期間における企業の利益目標を指示し、各業務分野の諸活動を調整し、企業全般にわたる総合的管理の要具となるものである。予算は、業務執行に関する総合的な期間計画であるが、予算編成の過程は、たとえば製品組合せの決定、部品を自製するか外注するかの決定等個々の選択的事項に関する意思決定を含むことは、いうまでもない。

(五)　経営の基本計画を設定するに当たり、これに必要な原価情報を提供すること。ここに基本計画とは、経済の動態的変化に適応して、経営の給付目的たる製品、経営立地、生産設備等経営構造に関する基本的事項について、経営意思を決定し、経営構造を合理的に組成することをいい、随時的に行なわれる決定である。

2　原価計算制度

この基準において原価計算とは、制度としての原価計算をいう。原価計算制度は、財務諸表の作成、原価管理、予算統制等の異なる目的が、重点の相違はあるが相ともに達成されるべき一定の計算秩序である。かかるものとしての原価計算制度は、財務会計機構のらち外において随時断片的に

行なわれる原価の統計的、技術的計算ないし調査ではなくて、財務会計機構と有機的に結びつき常時継続的に行なわれる計算体系である。原価計算制度は、この意味で原価会計にほかならない。

原価計算制度において計算される原価の種類およびこれと財務会計機構との結びつきは、単一でないが、しかし原価計算制度を大別して実際原価計算制度と標準原価計算制度とに分類することができる。

実際原価計算制度は、製品の実際原価を計算し、これを財務会計の主要帳簿に組み入れ、製品原価の計算と財務会計とが、実際原価をもつて有機的に結合する原価計算制度である。原価管理上必要ある場合には、実際原価計算制度においても必要な原価の標準を勘定組織のわく外において設定し、これと実際との差異を分析し、報告することがある。

標準原価計算制度は、製品の標準原価を計算し、これを財務会計の主要帳簿に組み入れ、製品原価の計算と財務会計とが、標準原価をもつて有機的に結合する原価計算制度である。標準原価計算制度は、必要な計算段階において実際原価を計算し、これと標準との差異を分析し、報告する計算体系である。

企業が、この基準にのつとつて、原価計算を実施するに当たつては、上述の意味における実際原価計算制度または標準原価計算制度のいずれかを、当該企業が原価計算を行なう目的の重点、その他企業の個々の条件に応じて適用するものとする。

広い意味での原価の計算には、原価計算制度以外に、経営の基本計画および予算編成における選択的事項の決定に必要な特殊の原価たとえば差額原価、機会原価、付加原価等を、随時に統計的、技術的に調査測定することも含まれる。しかしかかる特殊原価調査は、制度としての原価計算の範囲外に属するものとして、この基準には含めない。

3 原価の本質

原価計算制度において、原価とは、経営における一定の給付にかかわらせて、は握された財貨または用役（以下これを「財貨」という。）の消費を、貨幣価値的に表わしたものである。

(一) 原価は、経済価値の消費である。経営の活動は、一定の財貨を生産し販売することを目的とし、一定の財貨を作り出すために、必要な財貨すなわち経済価値を消費する過程である。原価とは、かかる経営過程における価値の消費を意味する。

(二) 原価は、経営において作り出された一定の給付に転嫁される価値であり、その給付にかかわらせて、は握されたものである。ここに給付とは、経営が作り出す財貨をいい、それは経営の最終給付のみでなく、中間的給付をも意味する。

(三) 原価は、経営目的に関連したものである。経営の目的は、一定の財貨を生産し販売することにあり、経営過程は、このための価値の消費と生成の過程である。原価は、かかる財貨の生産、販売に関して消費された経済価値であり、経営目的に関連しない価値の消費を含まない。財務活動は、財貨の生成および消費の過程たる経営過程以外の、資本の調達、返還、利益処分等の活動であり、したがつてこれに関する費用たるいわゆる財務費用は、原則として原価を構成しない。

(四) 原価は、正常的なものである。原価は、正常な状態のもとにおける経営活動を前提として、は握された価値の消費であり、異常な状態を原因とする価値の減少を含まない。

4 原価の諸概念

原価計算制度においては、原価の本質的規定にしたがい、さらに各種の目的に規定されて、具体的には次のような諸種の原価概念が生ずる。

(一) 実際原価と標準原価

原価は、その消費量および価格の算定基準を異にするにしたがつて、実際原価と標準原価とに区別される。

1 実際原価とは、財貨の実際消費量をもつて計算した原価をいう。ただし、その実際消費量は、経営の正常な状態を前提とするものであり、したがつて、異常な状態を原因とする異常な消費量は、実際原価の計算においてもこれを実際消費量と解さないものとする。

実際原価は、厳密には実際の取得価格をも

つて計算した原価の実際発生額であるが、原価を予定価格等をもつて計算しても、消費量を実際によつて計算する限り、それは実際原価の計算である。ここに予定価格とは、将来の一定期間における実際の取得価格を予想することによつて定めた価格をいう。

2　標準原価とは、財貨の消費量を科学的、統計的調査に基づいて能率の尺度となるように予定し、かつ、予定価格又は正常価格をもつて計算した原価をいう。この場合能率の尺度としての標準とは、その標準が適用される期間において達成されるべき原価の目標を意味する。

標準原価計算制度において用いられる標準原価は、現実的標準原価又は正常原価である。

現実的標準原価とは、良好な能率のもとにおいて、その達成が期待されうる標準原価をいい、通常生ずると認められる程度の減損、仕損、遊休時間等の余裕率を含む原価であり、かつ、比較的短期における予定操業度および予定価格を前提として決定され、これら諸条件の変化に伴い、しばしば改訂される標準原価である。現実的標準原価は、原価管理に最も適するのみでなく、たな卸資産価額の算定および予算の編成のためにも用いられる。

正常原価とは、経営における異常な状態を排除し、経営活動に関する比較的長期にわたる過去の実際数値を統計的に平準化し、これに将来のすう勢を加味した正常能率、正常操業度および正常価格に基づいて決定される原価をいう。正常原価は、経済状態の安定している場合に、たな卸資産価額の算定のために最も適するのみでなく、原価管理のための標準としても用いられる。

標準原価として、実務上予定原価が意味される場合がある。予定原価とは、将来における財貨の予定消費量と予定価格とをもつて計算した原価をいう。予定原価は、予算の編成に適するのみでなく、原価管理およびたな卸資産価額の算定のためにも用いられる。

原価管理のために時として理想標準原価が用いられることがあるが、かかる標準原価は、この基準にいう制度としての標準原価ではない。理想標準原価とは、技術的に達成可能な最大操業度のもとにおいて、最高能率を表わす最低の原価をいい、財貨の消費における減損、仕損、遊休時間等に対する余裕率を許容しない理想的水準における標準原価である。

(二)　製品原価と期間原価

原価は、財務諸表上収益との対応関係に基づいて、製品原価と期間原価とに区別される。

製品原価とは、一定単位の製品に集計された原価をいい、期間原価とは、一定期間における発生額を、当期の収益に直接対応させて、は握した原価をいう。

製品原価と期間原価との範囲の区別は相対的であるが、通常、売上品およびたな卸資産の価額を構成する全部の製造原価を製品原価とし、販売費および一般管理費は、これを期間原価とする。

(三)　全部原価と部分原価

原価は、集計される原価の範囲によつて、全部原価と部分原価とに区別される。

全部原価とは、一定の給付に対して生ずる全部の製造原価又はこれに販売費および一般管理費を加えて集計したものをいい、部分原価とはそのうち一部分のみを集計したものをいう。

部分原価は、計算目的によつて各種のものを計算することができるが、最も重要な部分原価は、変動直接費および変動間接費のみを集計した直接原価(変動原価)である。

5　非原価項目

非原価項目とは、原価計算制度において、原価に算入しない項目をいい、おおむね次のような項目である。

(一)　経営目的に関連しない価値の減少、たとえば

1　次の資産に関する減価償却費、管理費、租税等の費用

　(1)　投資資産たる不動産、有価証券、貸付金等

　(2)　未稼動の固定資産

　(3)　長期にわたり休止している設備

　(4)　その他経営目的に関連しない資産

2　寄付金等であつて経営目的に関連しない支出

3　支払利息、割引料、社債発行割引料償却、社債発行費償却、株式発行費償却、設立費償却、開業費償却、支払保証料等の財務費用

4　有価証券の評価損および売却損

(二)　異常な状態を原因とする価値の減少、たとえば

1　異常な仕損、減損、たな卸減耗等

2　火災、震災、風水害、盗難、争議等の偶発的事故による損失

3　予期し得ない陳腐化等によつて固定資産に著しい減価を生じた場合の臨時償却費

4　延滞償金、違約金、罰課金、損害賠償金

5　偶発債務損失

6　訴訟費

7　臨時多額の退職手当

8　固定資産売却損および除却損

9　異常な貸倒損失

(三)　税法上とくに認められている損金算入項目、たとえば

1　価格変動準備金繰入額

2　租税特別措置法による償却額のうち通常の償却範囲額をこえる額

(四)　その他の利益剰余金に課する項目、たとえば

1　法人税、所得税、都道府県民税、市町村民税

2　配当金

3　役員賞与金

4　任意積立金繰入額

5　建設利息償却

6　原価計算の一般的基準

原価計算制度においては、次の一般的基準にしたがつて原価を計算する。

(一)　財務諸表の作成に役立つために、

1　原価計算は、原価を一定の給付にかかわらせて集計し、製品原価および期間原価を計算する。すなわち、原価計算は原則として

(1)　すべての製造原価要素を製品に集計し、損益計算書上売上品の製造原価を売上高に対応させ、貸借対照表上仕掛品、半製品、製品等の製造原価をたな卸資産として計上することを可能にさせ、

(2)　また、販売費および一般管理費を計算し、

これを損益計算書上期間原価として当該期間の売上高に対応させる。

2　原価の数値は、財務会計の原始記録、信頼しうる統計資料等によつて、その信ぴよう性が確保されるものでなければならない。このため原価計算は、原則として実際原価を計算する。この場合、実際原価を計算することは、必ずしも原価を取得価格をもつて計算することを意味しないで、予定価格等をもつて計算することもできる。また必要ある場合には、製品原価を標準原価をもつて計算し、これを財務諸表に提供することもできる。

3　原価計算において、原価を予定価格等又は標準原価をもつて計算する場合には、これと原価の実際発生額との差異は、これを財務会計上適正に処理しなければならない。

4　原価計算は、財務会計機構と有機的に結合して行なわれるものとする。このために勘定組織には、原価に関する細分記録を統括する諸勘定を設ける。

(二)　原価管理に役立つために、

5　原価計算は、経営における管理の権限と責任の委譲を前提とし、作業区分等に基づく部門を管理責任の区分とし、各部門における作業の原価を計算し、各管理区分における原価発生の責任を明らかにさせる。

6　原価計算は、原価要素を、機能別に、また直接費と間接費、固定費と変動費、管理可能費と管理不能費の区分に基づいて分類し、計算する。

7　原価計算は、原価の標準の設定、指示から原価の報告に至るまでのすべての計算過程を通じて、原価の物量を測定表示することに重点をおく。

8　原価の標準は、原価発生の責任を明らかにし、原価能率を判定する尺度として、これを設定する。原価の標準は、過去の実際原価をもつてすることができるが、理想的には、標準原価として設定する。

9　原価計算は、原価の実績を、標準と対照比較しうるように計算記録する。

10　原価の標準と実績との差異は、これを分析し、報告する。

11　原価計算は、原価管理の必要性に応じて、重点的、経済的に、かつ、迅速にこれを行なう。

(三)　予算とくに費用予算の編成ならびに予算統制に役立つために、

12　原価計算は、予算期間において期待される条件に基づく予定原価または標準原価を計算し、予算とくに、費用予算の編成に資料を提供するとともに、予算と対照比較しうるように原価の実績を計算し、もつて予算統制に資料を提供する。

第2章　実際原価の計算

7　実際原価の計算手続

実際原価の計算においては、製造原価は、原則として、その実際発生額を、まず費目別に計算し、次いで原価部門別に計算し、最後に製品別に集計する。販売費および一般管理費は、原則として、一定期間における実際発生額を、費目別に計算する。

第1節　製造原価要素の分類基準

8　製造原価要素の分類基準

原価要素は、製造原価要素と販売費および一般管理費の要素に分類する。

製造原価要素を分類する基準は次のようである。

(一)　形態別分類

形態別分類とは、財務会計における費用の発生を基礎とする分類、すなわち原価発生の形態による分類であり、原価要素は、この分類基準によつてこれを材料費、労務費および経費に属する各費目に分類する。

材料費とは、物品の消費によつて生ずる原価をいい、おおむね次のように細分する。

1　素材費（または原料費）
2　買入部品費
3　燃料費
4　工場消耗品費
5　消耗工具器具備品費

労務費とは、労働用役の消費によつて生ずる原価をいい、おおむね次のように細分する。

1　賃金（基本給のほか割増賃金を含む）
2　給料
3　雑給
4　従業員賞与手当
5　退職給与引当金繰入額
6　福利費（健康保険料負担金等）

経費とは、材料費、労務費以外の原価要素をいい、減価償却費、たな卸減耗費および福利施設負担額、賃借料、修繕料、電力料、旅費交通費等の諸支払経費に細分する。

原価要素の形態別分類は、財務会計における費用の発生を基礎とする分類であるから、原価計算は、財務会計から原価に関するこの形態別分類による基礎資料を受け取り、これに基づいて原価を計算する。この意味でこの分類は、原価に関する基礎的分類であり、原価計算と財務会計との関連上重要である。

(二)　機能別分類

機能別分類とは、原価が経営上のいかなる機能のために発生したかによる分類であり、原価要素は、この分類基準によつてこれを機能別に分類する。この分類基準によれば、たとえば、材料費は、主要材料費、および修繕材料費、試験研究材料費等の補助材料費、ならびに工場消耗品費等に、賃金は、作業種類別直接賃金、間接作業賃金、手待賃金等に、経費は、各部門の機能別経費に分類される。

(三)　製品との関連における分類

製品との関連における分類とは、製品に対する原価発生の態様、すなわち原価の発生が一定単位の製品の生成に関して直接的に認識されるかどうかの性質上の区別による分類であり、原価要素は、この分類基準によつてこれを直接費と間接費とに分類する。

1　直接費は、これを直接材料費、直接労務費および直接経費に分類し、さらに適当に細分する。

2　間接費は、これを間接材料費、間接労務費および間接経費に分類し、さらに適当に細分

する。

必要ある場合には、直接労務費と製造間接費とを合わせ、又は直接材料費以外の原価要素を総括して、これを加工費として分類することができる。

(四) 操業度との関連における分類

操業度との関連における分類とは、操業度の増減に対する原価発生の態様による分類であり、原価要素は、この分類基準によつてこれを固定費と変動費とに分類する。ここに操業度とは、生産設備を一定とした場合におけるその利用度をいう。固定費とは、操業度の増減にかかわらず変化しない原価要素をいい、変動費とは、操業度の増減に応じて比例的に増減する原価要素をいう。

ある範囲内の操業度の変化では固定的であり、これをこえると急増し、再び固定化する原価要素たとえば監督者給料等、又は操業度が零の場合にも一定額が発生し、同時に操業度の増加に応じて比例的に増加する原価要素たとえば電力料等は、これを準固定費又は準変動費となづける。

準固定費又は準変動費は、固定費又は変動費とみなして、これをそのいずれかに帰属させるか、もしくは固定費と変動費とが合成されたものであると解し、これを固定費の部分と変動費の部分とに分解する。

(五) 原価の管理可能性に基づく分類

原価の管理可能性に基づく分類とは、原価の発生が一定の管理者層によつて管理しうるかどうかによる分類であり、原価要素は、この分類基準によつてこれを管理可能費と管理不能費とに分類する。下級管理者層にとつて管理不能費であるものも、上級管理者層にとつては管理可能費となることがある。

第2節　原価の費目別計算

9　原価の費目別計算

原価の費目別計算とは、一定期間における原価要素を費目別に分類測定する手続をいい、財務会計における費用計算であると同時に、原価計算における第一次の計算段階である。

10　費目別計算における原価要素の分類

費目別計算においては、原価要素を、原則として、形態別分類を基礎とし、これを直接費と間接費とに大別し、さらに必要に応じ機能別分類を加味して、たとえば次のように分類する。

直接費
　直接材料費
　　主要材料費（原料費）
　　買入部品費
　直接労務費
　　直接賃金（必要ある場合には作業種類別に細分する。）
　直接経費
　　外注加工賃
間接費
　間接材料費
　　補助材料費
　　工場消耗品費
　　消耗工具器具備品費
　間接労務費
　　間接作業賃金
　　間接工賃金
　　手待賃金
　　休業賃金
　　給料
　　従業員賞与手当
　　退職給与引当金繰入額
　　福利費（健康保険料負担金等）
　間接経費
　　福利施設負担額
　　厚生費
　　減価償却費
　　賃借料
　　保険料
　　修繕料
　　電力料
　　ガス代
　　水道料
　　租税公課
　　旅費交通費
　　通信費
　　保管料
　　たな卸減耗費
　　雑費
間接経費は、原則として形態別に分類するが、

必要に応じ修繕費、運搬費等の複合費を設定することができる。

11 材料費計算

(一) 直接材料費、補助材料費等であつて、出入記録を行なう材料に関する原価は、各種の材料につき原価計算期間における実際の消費量に、その消費価格を乗じて計算する。

(二) 材料の実際の消費量は、原則として継続記録法によつて計算する。ただし、材料であつて、その消費量を継続記録法によつて計算することが困難なもの又はその必要のないものについては、たな卸計算法を適用することができる。

(三) 材料の消費価格は、原則として購入原価をもつて計算する。

同種材料の購入原価が異なる場合、その消費価格の計算は、次のような方法による。

1 先入先出法

2 移動平均法

3 総平均法

4 後入先出法

5 個別法

材料の消費価格は、必要ある場合には、予定価格等をもつて計算することができる。

(四) 材料の購入原価は、原則として、実際の購入原価とし、次のいずれかの金額によつて計算する。

1 購入代価に買入手数料、引取運賃、荷役費、保険料、関税等材料買入に要した引取費用を加算した金額

2 購入代価に引取費用ならびに購入事務、検収、整理、選別、手入、保管等に要した費用（引取費用と合わせて以下これを「材料副費」という。）を加算した金額。ただし、必要ある場合には、引取費用以外の材料副費の一部を購入代価に加算しないことができる。

購入代価に加算する材料副費の一部又は全部は、これを予定配賦率によつて計算することができる。予定配賦率は、一定期間の材料副費の予定総額を、その期間における材料の予定購入代価又は予定購入数量の総額をもつて除して算定する。ただし、購入事務費、検収費、整理費、選別費、手入費、保管費等については、それぞれに適当な予定配賦率を設定することができる。

材料副費の一部を材料の購入原価に算入しない場合には、これを間接経費に属する項目とし又は材料費に配賦する。

購入した材料に対して値引又は割戻等を受けたときには、これを材料の購入原価から控除する。ただし、値引又は割戻等が材料消費後に判明した場合には、これを同種材料の購入原価から控除し、値引又は割戻等を受けた材料が判明しない場合には、これを当期の材料副費等から控除し、又はその他適当な方法によつて処理することができる。

材料の購入原価は、必要ある場合には、予定価格等をもつて計算することができる。

他工場からの振替製品の受入価格は、必要ある場合には、正常市価によることができる。

(五) 間接材料費であつて、工場消耗品、消耗工具器具備品等、継続記録法又はたな卸計算法による出入記録を行なわないものの原価は、原則として当該原価計算期間における買入額をもつて計算する。

12 労務費計算

(一) 直接賃金等であつて、作業時間又は作業量の測定を行なう労務費は、実際の作業時間又は作業量に賃率を乗じて計算する。賃率は、実際の個別賃率又は、職場もしくは作業区分ごとの平均賃率による。平均賃率は、必要ある場合には予定平均賃率をもつて計算することができる。

直接賃金等は、必要ある場合には、当該原価計算期間の負担に属する要支払額をもつて計算することができる。

(二) 間接労務費であつて、間接工賃金、給料、賞与手当等は、原則として当該原価計算期間の負担に属する要支払額をもつて計算する。

13 経費計算

(一) 経費は、原則として当該原価計算期間の実際の発生額をもつて計算する。ただし、必要ある場合には、予定価格又は予定額をもつて計算することができる。

(二) 減価償却費、不動産賃借料等であつて、数カ

月分を一時に総括的に計算し又は支払う経費については、これを月割り計算する。

（三） 電力料、ガス代、水道料等であつて、消費量を計量できる経費については、その実際消費量に基づいて計算する。

14　費目別計算における予定価格等の適用

費目別計算において一定期間における原価要素の発生を測定するに当たり、予定価格等を適用する場合には、これをその適用される期間における実際価格にできる限り近似させ、価格差異をなるべく僅少にするように定める。

第3節　原価の部門別計算

15　原価の部門別計算

原価の部門別計算とは、費目別計算においては握された原価要素を、原価部門別に分類集計する手続をいい、原価計算における第二次の計算段階である。

16　原価部門の設定

原価部門とは、原価の発生を機能別、責任区分別に管理するとともに、製品原価の計算を正確にするために、原価要素を分類集計する計算組織上の区分をいい、これを諸製造部門と諸補助部門とに分ける。製造および補助の諸部門は、次の基準により、かつ、経営の特質に応じて適当にこれを区分設定する。

（一） 製造部門

製造部門とは、直接製造作業の行なわれる部門をいい、製品の種類別、製品生成の段階、製造活動の種類別等にしたがつて、これを各種の部門又は工程に分ける。たとえば機械製作工場における鋳造、鍛造、機械加工、組立等の各部門はその例である。

副産物の加工、包装品の製造等を行なういわゆる副経営は、これを製造部門とする。

製造に関する諸部門は、必要ある場合には、さらに機械設備の種類、作業区分等にしたがつて、これを各小工程又は各作業単位に細分する。

（二） 補助部門

補助部門とは、製造部門に対して補助的関係にある部門をいい、これを補助経営部門と工場管理部門とに分け、さらに機能の種類別等にしたがつて、これを各種の部門に分ける。

補助経営部門とは、その事業の目的とする製品の生産に直接関与しないで、自己の製品又は用役を製造部門に提供する諸部門をいい、たとえば動力部、修繕部、運搬部、工具製作部、検査部等がそれである。

工具製作、修繕、動力等の補助経営部門が相当の規模となつた場合には、これを独立の経営単位とし、計算上製造部門として取り扱う。

工場管理部門とは、管理的機能を行なう諸部門をいい、たとえば材料部、労務部、企画部、試験研究部、工場事務部等がそれである。

17　部門個別費と部門共通費

原価要素は、これを原価部門に分類集計するに当たり、当該部門において発生したことが直接的に認識されるかどうかによつて、部門個別費と部門共通費とに分類する。

部門個別費は、原価部門における発生額を直接に当該部門に賦課し、部門共通費は、原価要素別に又はその性質に基づいて分類された原価要素群別にもしくは一括して、適当な配賦基準によつて関係各部門に配賦する。部門共通費であつて工場全般に関して発生し、適当な配賦基準の得がたいものは、これを一般費とし、補助部門費として処理することができる。

18　部門別計算の手続

（一） 原価要素の全部又は一部は、まずこれを各製造部門および補助部門に賦課又は配賦する。この場合、部門に集計する原価要素の範囲は、製品原価の正確な計算および原価管理の必要によつてこれを定める。たとえば、個別原価計算においては、製造間接費のほか、直接労務費をも製造部門に集計することがあり、総合原価計算においては、すべての製造原価要素又は加工費を製造部門に集計することがある。

各部門に集計された原価要素は、必要ある場合には、これを変動費と固定費又は管理可能費と管理不能費とに区分する。

（二） 次いで補助部門費は、直接配賦法、階梯式配賦法、相互配賦法等にしたがい、適当な配賦基

準によつて、これを各製造部門に配賦し、製造部門費を計算する。

一部の補助部門費は、必要ある場合には、これを製造部門に配賦しないで直接に製品に配賦することができる。

(三) 製造部門に集計された原価要素は、必要に応じさらにこれをその部門における小工程又は作業単位に集計する。この場合、小工程又は作業単位には、その小工程等において管理可能の原価要素又は直接労務費のみを集計し、そうでないものは共通費および他部門配賦費とする。

第4節　原価の製品別計算

19　原価の製品別計算および原価単位

原価の製品別計算とは、原価要素を一定の製品単位に集計し、単位製品の製造原価を算定する手続をいい、原価計算における第三次の計算段階である。

製品別計算のためには、原価を集計する一定の製品単位すなわち原価単位を定める。原価単位は、これを個数、時間数、度量衡単位等をもつて示し、業種の特質に応じて適当に定める。

20　製品別計算の形態

製品別計算は、経営における生産形態の種類別に対応して、これを次のような類型に区分する。

(一)　単純総合原価計算

(二)　等級別総合原価計算

(三)　組別総合原価計算

(四)　個別原価計算

21　単純総合原価計算

単純総合原価計算は、同種製品を反復連続的に生産する生産形態に適用する。単純総合原価計算にあつては、一原価計算期間（以下これを「一期間」という。）に発生したすべての原価要素を集計して当期製造費用を求め、これに期首仕掛品原価を加え、この合計額（以下これを「総製造費用」という。）を、完成品と期末仕掛品とに分割計算することにより、完成品総合原価を計算し、これを製品単位に均分して単位原価を計算する。

22　等級別総合原価計算

等級別総合原価計算は、同一工程において、同種製品を連続生産するが、その製品を形状、大きさ、品位等によつて等級に区別する場合に適用する。

等級別総合原価計算にあつては、各等級製品について適当な等価係数を定め、一期間における完成品の総合原価又は一期間の製造費用を等価係数に基づき各等級製品にあん分してその製品原価を計算する。

等価係数の算定およびこれに基づく等級製品原価の計算は、次のいずれかの方法による。

(一)　各等級製品の重量、長さ、面積、純分度、熱量、硬度等原価の発生と関連ある製品の諸性質に基づいて等価係数を算定し、これを各等級製品の一期間における生産量に乗じた積数の比をもつて、一期間の完成品の総合原価を一括的に各等級製品にあん分してその製品原価を計算し、これを製品単位に均分して単位原価を計算する。

(二)　一期間の製造費用を構成する各原価要素につき、又はその性質に基づいて分類された数個の原価要素群につき、各等級製品の標準材料消費量、標準作業時間等各原価要素又は原価要素群の発生と関連ある物量的数値等に基づき、それぞれの等価係数を算定し、これを各等級製品の一期間における生産量に乗じた積数の比をもつて、各原価要素又は原価要素群をあん分して、各等級製品の一期間の製造費用を計算し、この製造費用と各等級製品の期首仕掛品原価とを、当期における各等級製品の完成品とその期末仕掛品とに分割することにより、当期における各等級製品の総合原価を計算し、これを製品単位に均分して単位原価を計算する。

この場合、原価要素別又は原価要素群別に定めた等価係数を個別的に適用しないで、各原価要素又は原価要素群の重要性を加味して総括しこの総括的等価係数に基づいて、一期間の完成品の総合原価を一括的に各等級製品にあん分して、その製品原価を計算することができる

23　組別総合原価計算

組別総合原価計算は、異種製品を組別に連続生産する生産形態に適用する。

組別総合原価計算にあつては、一期間の製造費

用を組直接費と組間接費又は原料費と加工費とに分け、個別原価計算に準じ、組直接費又は原料費は、各組の製品に賦課し、組間接費又は加工費は、適当な配賦基準により各組に配賦する。次いで一期間における組別の製造費用と期首仕掛品原価とを、当期における組別の完成品とその期末仕掛品とに分割することにより、当期における組別の完成品総合原価を計算し、これを製品単位に均分して単位原価を計算する。

24 総合原価計算における完成品総合原価と期末仕掛品原価

単純総合原価計算、等級別総合原価計算および組別総合原価計算は、いずれも原価集計の単位が期間生産量であることを特質とする。すなわち、いずれも継続製造指図書に基づき、一期間における生産量について総製造費用を算定し、これを期間生産量に分割負担させることによって完成品総合原価を計算する点において共通する。したがって、これらの原価計算を総合原価計算の形態と総称する。

総合原価計算における完成品総合原価と期末仕掛品原価は、次の手続により算定する。

(一) まず、当期製造費用および期首仕掛品原価を、原則として直接材料費と加工費とに分け、期末仕掛品の完成品換算量を直接材料費と加工費とについて算定する。

期末仕掛品の完成品換算量は、直接材料費については、期末仕掛品に含まれる直接材料消費量の完成品に含まれるそれに対する比率を算定し、これを期末仕掛品現在量に乗じて計算する。加工費については、期末仕掛品の仕上り程度の完成品に対する比率を算定し、これを期末仕掛品現在量に乗じて計算する。

(二) 次いで、当期製造費用および期首仕掛品原価を、次のいずれかの方法により、完成品と期末仕掛品とに分割して、完成品総合原価と期末仕掛品原価とを計算する。

1 当期の直接材料費総額（期首仕掛品および当期製造費用中に含まれる直接材料費の合計額）および当期の加工費総額（期首仕掛品および当期製造費用中に含まれる加工費の合計

額）を、それぞれ完成品数量と期末仕掛品の完成品換算量との比により完成品と期末仕掛品とにあん分して、それぞれ両者に含まれる直接材料費と加工費とを算定し、これをそれぞれ合計して完成品総合原価および期末仕掛品原価を算定する（平均法）。

2 期首仕掛品原価は、すべてこれを完成品の原価に算入し、当期製造費用を、完成品数量から期首仕掛品の完成品換算量を差し引いた数量と期末仕掛品の完成品換算量との比により、完成品と期末仕掛品とにあん分して完成品総合原価および期末仕掛品原価を算定する（先入先出法）。

3 期末仕掛品の完成品換算量のうち、期首仕掛品の完成品換算量に相当する部分については、期首仕掛品原価をそのまま適用して評価し、これを超過する期末仕掛品の完成品換算量と完成品数量との比により、当期製造費用を期末仕掛品と完成品とにあん分し、期末仕掛品に対してあん分された額と期首仕掛品原価との合計額をもって、期末仕掛品原価とし、完成品にあん分された額を完成品総合原価とする（後入先出法）。

4 前三号の方法において、加工費について期末仕掛品の完成品換算量を計算することが困難な場合には、当期の加工費総額は、すべてこれを完成品に負担させ、期末仕掛品は、直接材料費のみをもって計算することができる。

5 期末仕掛品は、必要ある場合には、予定原価又は正常原価をもって評価することができる。

6 期末仕掛品の数量が毎期ほぼ等しい場合には、総合原価の計算上これを無視し、当期製造費用をもってそのまま完成品総合原価とすることができる。

25 工程別総合原価計算

総合原価計算において、製造工程が二以上の連続する工程に分けられ、工程ごとにその工程製品の総合原価を計算する場合（この方法を「工程別総合原価計算」という。）には、一工程から次工程へ振り替えられた工程製品の総合原価を、前工

程費又は原料費として次工程の製造費用に加算する。この場合、工程間に振り替えられる工程製品の計算は、予定原価又は正常原価によることができる。

26 加工費工程別総合原価計算

原料がすべて最初の工程の始点で投入され、その後の工程では、単にこれを加工するにすぎない場合には、各工程別に一期間の加工費を集計し、それに原料費を加算することにより、完成品総合原価を計算する。この方法を加工費工程別総合原価計算（加工費法）という。

27 仕損および減損の処理

総合原価計算においては、仕損の費用は、原則として、特別に仕損費の費目を設けることをしないで、これをその期の完成品と期末仕掛品とに負担させる。

加工中に蒸発、粉散、ガス化、煙化等によって生ずる原料の減損の処理は、仕損に準ずる。

28 副産物等の処理と評価

総合原価計算において、副産物が生ずる場合には、その価額を算定して、これを主産物の総合原価から控除する。副産物とは、主産物の製造過程から必然に派生する物品をいう。

副産物の価額は、次のような方法によって算定した額とする。

(一) 副産物で、そのまま外部に売却できるものは、見積売却価額から販売費および一般管理費又は販売費、一般管理費および通常の利益の見積額を控除した額

(二) 副産物で、加工の上売却できるものは、加工製品の見積売却価額から加工費、販売費および一般管理費又は加工費、販売費、一般管理費および通常の利益の見積額を控除した額

(三) 副産物で、そのまま自家消費されるものは、これによって節約されるべき物品の見積購入価額

(四) 副産物で、加工の上自家消費されるものは、これによって節約されるべき物品の見積購入価額から加工費の見積額を控除した額

軽微な副産物は、前項の手続によらないで、これを売却して得た収入を、原価計算外の収益とすることができる。

作業くず、仕損品等の処理および評価は、副産物に準ずる。

29 連産品の計算

連産品とは、同一工程において同一原料から生産される異種の製品であつて、相互に主副を明確に区別できないものをいう。連産品の価額は、連産品の正常市価等を基準として定めた等価係数に基づき、一期間の総合原価を連産品にあん分して計算する。この場合、連産品で、加工の上売却できるものは、加工製品の見積売却価額から加工費の見積額を控除した額をもつて、その正常市価とみなし、等価係数算定の基礎とする。ただし、必要ある場合には、連産品の一種又は数種の価額を副産物に準じて計算し、これを一期間の総合原価から控除した額をもつて、他の連産品の価額とすることができる。

30 総合原価計算における直接原価計算

総合原価計算において、必要ある場合には、一期間における製造費用のうち、変動直接費および変動間接費のみを部門に集計して部門費を計算し、これに期首仕掛品を加えて完成品と期末仕掛品とにあん分して製品の直接原価を計算し、固定費を製品に集計しないことができる。

この場合、会計年度末においては、当該会計期間に発生した固定費額は、これを期末の仕掛品および製品と当年度の売上品とに配賦する。

31 個別原価計算

個別原価計算は、種類を異にする製品を個別的に生産する生産形態に適用する。

個別原価計算にあつては、特定製造指図書について個別的に直接費および間接費を集計し、製品原価は、これを当該指図書に含まれる製品の生産完了時に算定する。

経営の目的とする製品の生産に際してのみでなく、自家用の建物、機械、工具等の製作又は修繕試験研究、試作、仕損品の補修、仕損による代品の製作等に際しても、これを特定指図書を発行して行なう場合は、個別原価計算の方法によってその原価を算定する。

32 直接費の賦課

個別原価計算における直接費は、発生のつど又は定期に整理分類して、これを当該指図書に賦課する。

(一) 直接材料費は、当該指図書に関する実際消費量に、その消費価格を乗じて計算する。消費価格の計算は、第2節11の(3)に定めるところによる。

自家生産材料の消費価格は、実際原価又は予定価格等をもつて計算する。

(二) 直接労務費は、当該指図書に関する実際の作業時間又は作業量に、その賃率を乗じて計算する。賃率の計算は、第2節12の(1)に定めるところによる。

(三) 直接経費は、原則として当該指図書に関する実際発生額をもつて計算する。

33 間接費の配賦

(一) 個別原価計算における間接費は、原則として部門間接費として各指図書に配賦する。

(二) 間接費は、原則として予定配賦率をもつて各指図書に配賦する。

(三) 部門間接費の予定配賦率は、一定期間における各部門の間接費予定額又は各部門の固定間接費予定額および変動間接費予定額を、それぞれ同期間における当該部門の予定配賦基準をもつて除して算定する。

(四) 一定期間における各部門の間接費予定額又は各部門の固定間接費予定額および変動間接費予定額は、次のように計算する。

1 まず、間接費を固定費および変動費に分類して、過去におけるそれぞれの原価要素の実績をは握する。この場合、間接費を固定費と変動費とに分類するためには、間接費要素に関する各費目を調査し、費目によつて固定費又は変動費のいずれかに分類する。準固定費又は準変動費は、実際値の変化の調査に基づき、これを固定費又は変動費とみなして、そのいずれかに帰属させるか、もしくはその固定費部分および変動費率を測定し、これを固定費と変動費とに分解する。

2 次に、将来における物価の変動予想を考慮

して、これに修正を加える。

3 さらに固定費は、設備計画その他固定費に影響する計画の変更等を考慮し、変動費は、製造条件の変更等変動費に影響する条件の変化を考慮して、これを修正する。

4 変動費は、予定操業度に応ずるように、これを算定する。

(五) 予定配賦率の計算の基礎となる予定操業度は、原則として、1年又は一会計期間において予期される操業度であり、それは、技術的に達成可能な最大操業度ではなく、この期間における生産ならびに販売事情を考慮して定めた操業度である。

操業度は、原則として直接作業時間、機械運転時間、生産数量等間接費の発生と関連ある適当な物量基準によつて、これを表示する。

操業度は、原則としてこれを各部門に区分して測定表示する。

(六) 部門間接費の各指図書への配賦額は、各製造部門又はこれを細分した各小工程又は各作業単位別に、次のいずれかによつて計算する。

1 間接費予定配賦率に、各指図書に関する実際の配賦基準を乗じて計算する。

2 固定間接費予定配賦率および変動間接費予定配賦率に、それぞれ各指図書に関する実際の配賦基準を乗じて計算する。

(七) 一部の補助部門費を製造部門に配賦しないで、直接に指図書に配賦する場合には、そのおのおのにつき適当な基準を定めてこれを配賦する。

34 加工費の配賦

個別原価計算において、労働が機械作業と密接に結合して総合的な作業となり、そのため製品に賦課すべき直接労務費と製造間接費とを分離することが困難な場合その他必要ある場合には、加工費について部門別計算を行ない、部門加工費を各指図書に配賦することができる。部門加工費の指図書への配賦は、原則として予定配賦率による。予定加工費配賦率の計算は、予定間接費配賦率の計算に準ずる。

35 仕損費の計算および処理

個別原価計算において、仕損が発生する場合に

は、原則として次の手続により仕損費を計算する。

(一) 仕損が補修によつて回復でき、補修のために補修指図書を発行する場合には、補修指図書に集計された製造原価を仕損費とする。

(二) 仕損が補修によつて回復できず、代品を製作するために新たに製造指図書を発行する場合において

1 旧製造指図書の全部が仕損となつたときは、旧製造指図書に集計された製造原価を仕損費とする。

2 旧製造指図書の一部が仕損となつたときは、新製造指図書に集計された製造原価を仕損費とする。

(三) 仕損の補修又は代品の製作のために別個の指図書を発行しない場合には、仕損の補修等に要する製造原価を見積つてこれを仕損費とする。

前記(二)又は(三)の場合において、仕損品が売却価値又は利用価値を有する場合には、その見積額を控除した額を仕損費とする。

軽微な仕損については、仕損費を計上しないで、単に仕損品の見積売却価額又は見積利用価額を、当該製造指図書に集計された製造原価から控除するにとどめることができる。

仕損費の処理は、次の方法のいずれかによる。

(一) 仕損費の実際発生額又は見積額を、当該指図書に賦課する。

(二) 仕損費を間接費とし、これを仕損の発生部門に賦課する。この場合、間接費の予定配賦率の計算において、当該製造部門の予定間接費額中に、仕損費の予定額を算入する。

36 作業くずの処理

個別原価計算において、作業くずは、これを総合原価計算の場合に準じて評価し、その発生部門の部門費から控除する。ただし、必要ある場合には、これを当該製造指図書の直接材料費又は製造原価から控除することができる。

第5節 販売費および一般管理費の計算

37 販売費および一般管理費要素の分類基準

販売費および一般管理費の要素を分類する基準は、次のようである。

(一) 形態別分類

販売費および一般管理費の要素は、この分類基準によつて、たとえば、給料、賃金、消耗品費、減価償却費、賃借料、保険料、修繕料、電力料、租税公課、運賃、保管料、旅費交通費、通信費、広告料等にこれを分類する。

(二) 機能別分類

販売費および一般管理費の要素は、この分類基準によつて、たとえば、広告宣伝費、出荷運送費、倉庫費、掛売集金費、販売調査費、販売事務費、企画費、技術研究費、経理費、重役室費等にこれを分類する。

この分類にさいしては、当該機能について発生したことが直接的に認識される要素を、は握して集計する。たとえば広告宣伝費には、広告宣伝係員の給料、賞与手当、見本費、広告設備減価償却費、新聞雑誌広告料、その他の広告料、通信費等が集計される。

(三) 直接費と間接費

販売費および一般管理費の要素は、販売品種等の区別に関連して、これを直接費と間接費とに分類する。

(四) 固定費と変動費

(五) 管理可能費と管理不能費

38 販売費および一般管理費の計算

販売費および一般管理費は、原則として、形態別分類を基礎とし、これを直接費と間接費とに大別し、さらに必要に応じ機能別分類を加味して分類し、一定期間の発生額を計算する。その計算は、製造原価の費目別計算に準ずる。

39 技術研究費

新製品又は新技術の開拓等の費用であつて企業全般に関するものは、必要ある場合には、販売費および一般管理費と区別し別個の項目として記載することができる。

第3章 標準原価の計算

40 標準原価算定の目的

標準原価算定の目的としては、おおむね次のものをあげることができる。

（一）　原価管理を効果的にするための原価の標準として標準原価を設定する。これは標準原価を設定する最も重要な目的である。

（二）　標準原価は、真実の原価として仕掛品、製品等のたな卸資産価額および売上原価の算定の基礎となる。

（三）　標準原価は、予算とくに見積財務諸表の作成に、信頼しうる基礎を提供する。

（四）　標準原価は、これを勘定組織の中に組み入れることによつて、記帳を簡略化し、じん速化する。

41　標準原価の算定

標準原価は、直接材料費、直接労務費等の直接費および製造間接費について、さらに製品原価について算定する。

原価要素の標準は、原則として物量標準と価格標準との両面を考慮して算定する。

（一）　標準直接材料費

1　標準直接材料費は、直接材料の種類ごとに、製品単位当たりの標準消費量と標準価格とを定め、両者を乗じて算定する。

2　標準消費量については、製品の生産に必要な各種素材、部品等の種類、品質、加工の方法および順序等を定め、科学的、統計的調査により製品単位当たりの各種材料の標準消費量を定める。標準消費量は、通常生ずると認められる程度の減損、仕損等の消費余裕を含む。

3　標準価格は、予定価格又は正常価格とする。

（二）　標準直接労務費

1　標準直接労務費は、直接作業の区分ごとに、製品単位当たりの直接作業の標準時間と標準賃率とを定め、両者を乗じて算定する。

2　標準直接作業時間については、製品の生産に必要な作業の種類別、使用機械工具、作業の方式および順序、各作業に従事する労働の等級等を定め、作業研究、時間研究その他経営の実情に応ずる科学的、統計的調査により、製品単位当たりの各区分作業の標準時間を定める。標準時間は、通常生ずると認められる程度の疲労、身体的必要、手待等の時間的余

裕を含む。

3　標準賃率は、予定賃率又は正常賃率とする。

（三）　製造間接費の標準

製造間接費の標準は、これを部門別（又はこれを細分した作業単位別、以下これを「部門」という。）に算定する。部門別製造間接費の標準とは、一定期間において各部門に発生すべき製造間接費の予定額をいい、これを部門間接費予算として算定する。その算定方法は、第2章第4節33の(4)に定める実際原価の計算における部門別計算の手続に準ずる。部門間接費予算は、固定予算又は変動予算として設定する。

1　固定予算

製造間接費予算を、予算期間において予期される一定の操業度に基づいて算定する場合に、これを固定予算となづける。各部門別の固定予算は、一定の限度内において原価管理に役立つのみでなく、製品に対する標準間接費配賦率の算定の基礎となる。

2　変動予算

製造間接費の管理をさらに有効にするために、変動予算を設定する。変動予算とは、製造間接費予算を、予算期間に予期される範囲内における種々の操業度に対応して算定した予算をいい、実際間接費額を当該操業度の予算と比較して、部門の業績を管理することを可能にする。

変動予算の算定は、実査法、公式法等による。

(1)　実査法による場合には、一定の基準となる操業度（以下これを「基準操業度」という。）を中心として、予期される範囲内の種々の操業度を、一定間隔に設け、各操業度に応ずる複数の製造間接費予算をあらかじめ算定列記する。この場合、各操業度に応ずる間接費予算額は、個々の間接費項目につき、各操業度における額を個別的に実査して算定する。この変動予算における基準操業度は、固定予算算定の基礎となる操業度である。

(2)　公式法による場合には、製造間接費要素

を第2章第4節33の(4)に定める方法により固定費と変動費とに分け、固定費は、操業度の増減にかかわりなく一定とし、変動費は、操業度の増減との関連における各変動費要素又は変動費要素群の変動費率をあらかじめ測定しておき、これにそのつどの関係操業度を乗じて算定する。

(四) 標準製品原価

標準製品原価は、製品の一定単位につき標準直接材料費、標準直接労務費等を集計し、これに標準間接費配賦率に基づいて算定した標準間接費配賦額を加えて算定する。標準間接費配賦率は固定予算算定の基礎となる操業度ならびにこの操業度における標準間接費を基礎として算定する。

標準原価計算において加工費の配賦計算を行なう場合には、部門加工費の標準を定める。その算定は、製造間接費の標準の算定に準ずる。

42 標準原価の改訂

標準原価は、原価管理のためにも、予算編成のためにも、また、たな卸資産価額および売上原価算定のためにも、現状に即した標準でなければならないから、常にその適否を吟味し、機械設備、生産方式等生産の基本条件ならびに材料価格、賃率等に重大な変化が生じた場合には、現状に即するようにこれを改訂する。

43 標準原価の指示

標準原価は、一定の文書に表示されて原価発生について責任をもつ各部署に指示されるとともに、この種の文書は、標準原価会計機構における補助記録となる。標準原価を指示する文書の種類、記載事項および様式は、経営の特質によつて適当に定めるべきであるが、たとえば次のようである。

(一) 標準製品原価表

標準製品原価表とは、製造指図書に指定された製品の一定単位当たりの標準原価を構成する各種直接材料費の標準、作業種類別の直接労務費の標準および部門別製造間接費配賦額の標準を数量的および金額的に表示指定する文書をいい、必要に応じ材料明細表、標準作業表等を付属させる。

(二) 材料明細表

材料明細表とは、製品の一定単位の生産に必要な直接材料の種類、品質、その標準消費数量等を表示指定する文書をいう。

(三) 標準作業表

標準作業表とは、製品の一定単位の生産に必要な区分作業の種類、作業部門、使用機械工具、作業の内容、労働等級、各区分作業の標準時間等を表示指定する文書をいう。

(四) 製造間接費予算表

製造間接費予算表は、製造間接費予算を費目別に表示指定した費目別予算表と、これをさらに部門別に表示指定した部門別予算表とに分けられ、それぞれ予算期間の総額および各月別予算額を記載する。部門別予算表において、必要ある場合には、費目を変動費と固定費又は管理可能費と管理不能費とに区分表示する。

第4章　原価差異の算定および分析

44 原価差異の算定および分析

原価差異とは実際原価計算制度において、原価の一部を予定価格等をもつて計算した場合における原価と実際発生額との間に生ずる差額、ならびに標準原価計算制度において、標準原価と実際発生額との間に生ずる差額（これを「標準差異」となづけることがある。）をいう。

原価差異が生ずる場合には、その大きさを算定記録し、これを分析する。その目的は、原価差異を財務会計上適正に処理して製品原価および損益を確定するとともに、その分析結果を各階層の経営管理者に提供することによつて、原価の管理に資することにある。

45 実際原価計算制度における原価差異

実際原価計算制度において生ずる主要な原価差異は、おおむね次のように分けて算定する。

(一) 材料副費配賦差異

材料副費配賦差異とは、材料副費の一部又は全部を予定配賦率をもつて材料の購入原価に算入することによつて生ずる原価差異をいい、一期間におけるその材料副費の配賦額と実際額との差額として算定する。

㈡　材料受入価格差異

　　材料受入価格差異とは、材料の受入価格を予定価格等をもつて計算することによつて生ずる原価差異をいい、一期間におけるその材料の受入金額と実際受入金額との差額として算定する。

㈢　材料消費価格差異

　　材料消費価格差異とは、材料の消費価格を予定価格等をもつて計算することによつて生ずる原価差異をいい、一期間におけるその材料費額と実際発生額との差額として算定する。

㈣　賃率差異

　　賃率差異とは、労務費を予定賃率をもつて計算することによつて生ずる原価差異をいい、一期間におけるその労務費額と実際発生額との差額として算定する。

㈤　製造間接費配賦差異

　　製造間接費配賦差異とは、製造間接費を予定配賦率をもつて製品に配賦することによつて生ずる原価差異をいい、一期間におけるその製造間接費の配賦額と実際額との差額として算定する。

㈥　加工費配賦差異

　　加工費配賦差異とは、部門加工費を予定配賦率をもつて製品に配賦することによつて生ずる原価差異をいい、一期間におけるその加工費の配賦額と実際額との差額として算定する。

㈦　補助部門費配賦差異

　　補助部門費配賦差異とは、補助部門費を予定配賦率をもつて製造部門に配賦することによつて生ずる原価差異をいい、一期間におけるその補助部門費の配賦額と実際額との差額として算定する。

㈧　振替差異

　　振替差異とは、工程間に振り替えられる工程製品の価額を予定原価又は正常原価をもつて計算することによつて生ずる原価差異をいい、一期間におけるその工程製品の振替価額と実際額との差額として算定する。

46　標準原価計算制度における原価差異

　標準原価計算制度において生ずる主要な原価差異は、材料受入価額、直接材料費、直接労務費お

よび製造間接費のおのおのにつき、おおむね次のように算定分析する。

㈠　材料受入価格差異

　　材料受入価格差異とは、材料の受入価格を標準価格をもつて計算することによつて生ずる原価差異をいい、標準受入価格と実際受入価格との差異に、実際受入数量を乗じて算定する。

㈡　直接材料費差異

　　直接材料費差異とは、標準原価による直接材料費と直接材料費の実際発生額との差額をいい、これを材料種類別に価格差異と数量差異とに分析する。

　1　価格差異とは、材料の標準消費価格と実際消費価格との差異に基づく直接材料費差異をいい、直接材料の標準消費価格と実際消費価格との差異に、実際消費数量を乗じて算定する。

　2　数量差異とは、材料の標準消費数量と実際消費数量との差異に基づく直接材料費差異をいい、直接材料の標準消費数量と実際消費数量との差異に、標準消費価格を乗じて算定する。

㈢　直接労務費差異

　　直接労務費差異とは、標準原価による直接労務費と直接労務費の実際発生額との差額をいい、これを部門別又は作業種類別に賃率差異と作業時間差異とに分析する。

　1　賃率差異とは、標準賃率と実際賃率との差異に基づく直接労務費差異をいい、標準賃率と実際賃率との差異に、実際作業時間を乗じて算定する。

　2　作業時間差異とは、標準作業時間と実際作業時間との差異に基づく直接労務費差異をいい、標準作業時間と実際作業時間との差異に、標準賃率を乗じて算定する。

㈣　製造間接費差異

　　製造間接費差異とは、製造間接費の標準額と実際発生額との差額をいい、原則として一定期間における部門間接費差異として算定し、これを能率差異、操業度差異等に適当に分析する。

第5章　原価差異の会計処理

47　原価差異の会計処理

(一)　実際原価計算制度における原価差異の処理は、次の方法による。

1　原価差異は、材料受入価格差異を除き、原則として当年度の売上原価に賦課する。

2　材料受入価格差異は、当年度の材料の払出高と期末在高に配賦する。この場合、材料の期末在高については、材料の適当な種類群別に配賦する。

3　予定価格等が不適当なため、比較的多額の原価差異が生ずる場合、直接材料費、直接労務費、直接経費および製造間接費に関する原価差異の処理は、次の方法による。

(1)　個別原価計算の場合
次の方法のいずれかによる。

イ　当年度の売上原価と期末におけるたな卸資産に指図書別に配賦する。

ロ　当年度の売上原価と期末におけるたな卸資産に科目別に配賦する。

(2)　総合原価計算の場合
当年度の売上原価と期末におけるたな卸資産に科目別に配賦する。

(二)　標準原価計算制度における原価差異の処理は、次の方法による。

1　数量差異、作業時間差異、能率差異等であつて異常な状態に基づくと認められるものは、これを非原価項目として処理する。

2　前記1の場合を除き、原価差異はすべて実際原価計算制度における処理の方法に準じて処理する。

監　査　基　準

監査基準の改訂について

〔平成14年1月25日〕
〔企業会計審議会〕

一　経　緯

1．審議の背景

　公認会計士（監査法人を含む。）による財務諸表の監査（以下「公認会計士監査」という。）は、財務諸表の信頼性を担保するための制度であり、その規範となる監査基準は、財務諸表の作成規範である会計基準とともに、適正なディスクロージャーを確保するための重要なインフラストラクチャーである。

　我が国の監査基準は、証券取引法に基づく公認会計士監査が昭和25年に導入されたことに伴い、「監査基準」及び「監査実施準則」という構成で設けられ、その後、昭和31年には正規の監査の実施に伴い「監査報告準則」も加わって今日の監査基準の構成が固まった。また、昭和40年から41年にかけて粉飾決算事件の発生等に対処する「監査

実施準則」及び「監査報告準則」の大幅な改訂、昭和57年には企業会計原則の一部修正に伴う改訂、昭和58年には後発事象に関する改訂が行われた。さらに、平成元年から平成3年にかけての「監査基準」、「監査実施準則」及び「監査報告準則」の改訂においては、いわゆるリスク・アプローチの考え方が採用され、新たな内部統制概念の導入、監査報告書における特記事項の記載、経営者確認書の入手の義務づけ等による監査基準の充実強化と個別具体的な監査手続の削除による監査基準の純化が図られたところである。直近では、平成10年に、キャッシュ・フロー計算書が証券取引法上の財務諸表に加えられたことに対応して若干の改訂が行われ、現在の監査基準となっている。

　平成3年の監査基準の改訂から既に10年余が経過しており、我が国企業の活動の複雑化や資本市場の国際的な一体化を背景として、公認会計士監査による適正なディスクロージャーの確保とともに、公認会計士監査の質の向上に対する要求が国際的にも高まっている。さらに、最近、経営が破綻した企業の中には、直前の決算において公認会計士の適正意見が付されていたにも関わらず、破綻後には大幅な債務超過となっているとされているものや、破綻に至るまで経営者が不正を行っていたとされるものもある。こういった事態に対し、なぜ、公認会計士監査でこれらを発見することができなかったのか、公認会計士監査は果たして有効に機能していたのか等の厳しい指摘や批判が行われている。

　このような状況を背景として、平成11年10月に開催された当審議会総会において、「監査基準等の一層の充実」を審議事項とすることが決定され、第二部会において審議が行われることとなった。

2．審議の経緯

　当審議会では、国際的な監査基準の動向をも踏

まえ、「監査基準」、「監査実施準則」及び「監査報告準則」全般にわたって改訂すべき事項について網羅的に検討を行い、平成12年6月に「監査基準等の一層の充実に関する論点整理」（以下「論点整理」という。）を公表した。

論点整理では、企業が公表する財務諸表に対して公認会計士が独立の立場から実施する監査について、その信頼性の一層の向上を各方面から求められていることが明らかになったとの認識が示された。その背景を要約すれば、(1)過剰流動性が現出させた飽和経済の崩壊に伴う企業破綻、あるいは信用力の低下が、企業の公表する財務諸表だけでなく、その信頼性に関し独立の立場から職業的専門家としての意見を表明する監査の機能に対しても批判を引き起こしたこと、(2)近年の情報技術（IT）の高度化は世界的な規模での市場経済化を促し、資本市場ならびに企業活動の国際化も進展させ、企業が公表する財務諸表の監査に対しても、国際的な水準での機能向上が求められていることが挙げられる。

このような認識に基づき、我が国のコーポレート・ガバナンスの変化や国際的な監査基準の展開をも視野に入れ、監査基準の具体的な改訂について審議を行った。平成13年6月には、財務諸表の重要な虚偽の表示の原因となる不正を発見する姿勢の強化、ゴーイング・コンサーン（継続企業の前提）問題への対処、リスク・アプローチの徹底、新たな会計基準への対応及び監査報告書の充実を図ることを改訂の重要なポイントとし、前文を含め監査基準を全面的に見直した「監査基準の改訂に関する意見書（公開草案）」を公表して、広く各界の意見を求めた。当審議会は、寄せられた意見を参考にしつつ更に審議を行い、公開草案の内容を一部修正して、これを「監査基準の改訂に関する意見書」として公表することとした。

二　改訂基準の性格、構成及び位置付け

1．改訂基準の性格

監査基準の基本的性格は、昭和25年に我が国に監査基準が設けられた折、「監査基準は、監査実務の中に慣習として発達したもののなかから、一般に公正妥当と認められたところを帰納要約した原則であつて、職業的監査人は、財務諸表の監査を行うに当り、法令によつて強制されなくとも、常にこれを遵守しなければならない。」と明示されたところであり、今日においても、その性格は変わるものではない。

しかし、前述のように、近年、資本市場や企業活動の国際化、企業が採用する情報技術の高度化さらに連結財務諸表原則の改訂を初めとする会計基準の改訂や新設など、我が国における公認会計士監査をめぐる環境は大きく変貌している。これらの動きに対応して、監査人個々人のみならず監査事務所などの組織としても監査の実施体制を充実し、さらに監査の質の管理と向上に注意を払う必要性が認識されているところであり、また、これらは国際的な動向とも歩調を合わせることが求められている。

一方、国民経済的な視点からは、市場経済が一層の進展を見せ、いわゆる投資者の自己責任原則が種々の方面で徹底されるようになるにつれ、企業が公表する財務情報の信頼性の確保について、従来とは比較できないほどに社会の期待と関心が高まっている。当然に、公認会計士監査に対しても、その充実が求められている。

このような背景を踏まえ、今般の改訂では、単に我が国の公認会計士監査の最大公約数的な実務を基準化するという方針ではなく、将来にわたっての公認会計士監査の方向性を捉え、また、国際的にも遜色のない監査の水準を達成できるようにするための基準を設定することを目的としているさらに、公認会計士監査に対する社会の種々の期待に可能な範囲で応えることも改訂基準の意図したところである。

2．改訂基準の構成

今般の改訂では、諸外国のように各項目ごとに個々の基準を設けるという形式は採らず、1つの基準とする形式は維持することとしたが、「監査実施準則」及び「監査報告準則」を廃止し、監査基準という1つの枠組みの中で、一般基準、実施基準及び報告基準の区分とした。その上で、実施

基準及び報告基準について基本原則を置くととも
に、項目を区分して基準化する方法を採った。

「監査実施準則」及び「監査報告準則」は、監
査慣行が十分に確立していない状況において、抽
象的な監査基準を補足するものとして設けられた
という経緯がある。平成3年の監査基準の改訂に
おいて、「監査実施準則」の純化が大幅に行われ、
監査基準を補足する具体的な指針を示す役割は日
本公認会計士協会に委ねられることとなった。そ
の後、日本公認会計士協会から、逐次、監査に係
る具体的な指針が公表され、相当の整備が行われ
ている。このような状況を踏まえると、各準則の
位置付けが曖昧なものとなることから、各準則を
廃止し、監査基準とこれを具体化した日本公認会
計士協会の指針により、我が国における一般に公
正妥当と認められる監査の基準の体系とすること
が適切と判断した。なお、改訂基準の解釈にあたっ
ては、この前文に示された趣旨を含めて理解する
ことが必要である。

3．監査基準の位置付け

改訂基準における監査の目的が示す枠組み及び
これから引き出されたそれぞれの基準は、証券取
引法に基づく監査のみならず、株式会社の監査等
に関する商法の特例に関する法律に基づく監査な
ど、財務諸表の種類や意見として表明すべき事項
を異にする監査も含め、公認会計士監査のすべて
に共通するものである。

一方、監査に類似する証明の業務としていわゆ
るレビューがある。レビューは、諸外国では、財
務諸表には会計基準に照らして特に修正を要する
重要な事項は見当たらなかったことを、限定した
手続により消極的に証明する業務であるとされて
おり、財務諸表全体が適正であるかどうかについ
て意見の表明を行う監査とは、その保証水準を明
確に異にするものである。したがって、レビュー
が監査の一環又は一部であると誤解され、監査と
混同されると、却って監査に対する信頼を損ねる
虞が生じることから、レビューについては監査基
準の対象としていない。このような消極的な証明
を行う業務については、種々異なる需要があるの

で、日本公認会計士協会が適切な指針を作成する
方が、実務に柔軟に対応することができると考え
られる。

三　主な改訂点とその考え方

1．監査の目的

従来、監査基準は監査それ自体の目的を明確に
してこなかったために、監査の役割について種々
の理解を与え、これがいわゆる「期待のギャップ」
を醸成させてきたことは否めない。また、監査の
目的を明確にすることにより、監査基準の枠組み
も自ずと決まることになる。このような趣旨から、
改訂基準において監査の目的を明らかにすること
としたが、その内容については、以下の点に留意
して理解することが必要である。

(1)　監査の目的は、経営者の作成した財務諸表
に対して監査人が意見を表明することにあり、
財務諸表の作成に対する経営者の責任と、当
該財務諸表の適正表示に関する意見表明に対
する監査人の責任との区別（二重責任の原則）
を明示した。

(2)　監査人が表明する意見は、財務諸表が一般
に公正妥当と認められる企業会計の基準に準
拠して、企業の財政状態、経営成績及びキャッ
シュ・フローの状況をすべての重要な点にお
いて適正に表示しているかどうかについて、
監査人が自ら入手した監査証拠に基づいて判
断した結果を表明したものであることを明確
にした。

(3)　改訂基準では、基本的な構成からなる財務
諸表に対する監査を前提として、財務諸表が
企業の財政状態、経営成績及びキャッシュ・
フローの状況を適正に表示しているかどうか
について意見を表明するとしているが、監査
の対象となる財務諸表の種類、あるいは監査
の根拠となる制度や契約事項が異なれば、そ
れに応じて、意見の表明の形式は異なるもの
となる。

(4)　適正意見と虚偽の表示との関係について、
監査人が財務諸表は適正に表示されていると
の意見を表明することには、財務諸表には全

体として重要な虚偽の表示がないことの合理的な保証を得たとの自らの判断が含まれていることを明確にした。

(5) 合理的な保証を得たとは、監査が対象とする財務諸表の性格的な特徴（例えば、財務諸表の作成には経営者による見積りの要素が多く含まれること）や監査の特性（例えば、試査で行われること）などの条件がある中で、職業的専門家としての監査人が一般に公正妥当と認められる監査の基準に従って監査を実施して、絶対的ではないが相当程度の心証を得たことを意味する。

なお、監査報告書における適正意見の表明は、財務諸表及び監査報告書の利用者からは、結果的に、財務諸表には全体として重要な虚偽の表示がないことについて、合理的な範囲での保証を与えているものと理解されることになる。

２．一般基準の改訂について

近年の監査を巡る環境の変化は、従来の一般基準により監査人に求められていた専門的能力や実務経験、独立性、公正不偏性、注意義務などの要件を一層徹底させ、また、監査人の自主的かつ道義的な判断や行動に任せていた点を制度的に担保する方向へと動かすものとなっていることも事実である。それらの現代的な動向は従来の監査基準では必ずしも十分に反映されていなかったので、改訂基準は以下の点でこれを改めることとした。

(1) 専門的能力の向上と知識の蓄積

監査人は、近年の資本市場の国際化、企業の大規模化や取引活動の複雑化、会計処理の技術的進展、会計基準の高度の専門化などに対応するために、職業的専門家としての能力の維持・研鑽に努め、実務経験を積み、これらの能力や知識を監査の実務に活かすことにより、これまで以上に監査に対する社会の期待に応えることが求められている。

(2) 公正不偏の態度と独立性の保持

監査人は、監査の実施に当たって、精神的に公正不偏の態度を保持することが求められ、独立性の保持を最も重視しなければならない。そのため、公正不偏な態度に影響を及ぼす可能性という観点から、独立の立場を損なう特定の利害関係を有することはもとより、このような関係を有しているとの疑いを招く外観を呈することがあってはならないことを明確にした。

(3) 職業的懐疑心

監査人としての責任の遂行の基本は、職業的専門家としての正当な注意を払うことにある。その中で、監査という業務の性格上、監査計画の策定から、その実施、監査証拠の評価、意見の形成に至るまで、財務諸表に重要な虚偽の表示が存在する虞に常に注意を払うことを求めるとの観点から、職業的懐疑心を保持すべきことを特に強調した。

(4) 不正等に起因する虚偽の表示への対応

財務諸表の虚偽の表示は、経営者による会計方針の選択や適用などの際の判断の誤りのみならず事務的な過誤によってももたらされるが、重要な虚偽の表示の多くは、財務諸表の利用者を欺くために不正な報告（いわゆる粉飾）をすること、あるいは、資産の流用などの行為を隠蔽するために意図的に虚偽の記録や改竄等を行うことに起因すると考えられる。そこで、監査人はこのような不正等について特段の注意を払うとともに、監査の過程において不正等を発見した場合には、経営者等に適切な対応を求めるとともに、その財務諸表への影響について評価することを求めることとした。

なお、違法行為については、それ自体を発見することが監査人の責任ではなく、その判断には法律の専門的な知識が必要となることも多い。また、違法行為は必ずしも財務諸表の重要な虚偽の表示の原因となるものではないが、監査人が重要な虚偽の表示につながる虞のある違法行為を発見した場合には、不正等を発見した場合に準じて適切な対応をとることになる。

(5) 監査調書

企業の大規模化や企業活動の複雑化は、とりもなおさず監査人の膨大な作業と高度な判断を要求するが、それらの作業や判断の質を自らあ

るいは組織的に管理するためには、監査調書の作成が不可欠である。また、監査人は自らの責任を問われるような事態に対処し、説明責任を果たすためにも、監査計画の策定から意見の形成に至るまでの監査全体について、判断の過程も含めて記録を残すことを求めることとした。なお、今後、コンピュータを利用して監査調書を作成することも視野に入れ、特に、文書による保存という表現は用いていない。

(6) 監査の質の管理

財務諸表の監査に携わる監査人に対して、自らの監査業務の質の確保に十全な注意を払うとともに、組織としても監査業務の質を担保するための管理の方針と手続を定め、さらに、その実効性の確認までを求めることを明確にした。監査業務の質の確保は、監査補助者の監督、他の監査人の監査結果の利用などに関しても同様に求められるものである。また、監査業務の質の確保には、新規に監査契約を締結する際における調査や前任監査人との引き継ぎ等も含まれる。

(7) 守秘義務

監査人が監査業務上知り得た事項を正当な理由なく他に漏らしたり、窃用することは、職業倫理の上から許されないことは当然であり、そのような行為は監査を受ける企業との信頼関係を損ない、監査業務の効率的な遂行を妨げる原因ともなりかねないことから、敢えて一般基準の1つとして維持することとした。ただし、監査人の交代に当たっての前任監査人からの引継ぎ、親子会社で監査人が異なるときに親会社の監査人が子会社の監査人から情報を入手すること、監査の質の管理のために必要な外部の審査を受けることなどは監査業務の充実に関連することであり、そのような場合には、関係者間の合意を得るなどにより、守秘義務の解除を図る必要がある。

3．リスク・アプローチの明確化について

(1) リスク・アプローチの意義

平成3年の監査基準の改訂でリスク・アプローチの考え方をとり入れたところであるが、なおも我が国の監査実務に浸透するには至っていない。その原因の一端は監査基準の中でリスク・アプローチの枠組みが必ずしも明確に示されなかったことにもある。しかし、リスク・アプローチに基づく監査は、重要な虚偽の表示が生じる可能性が高い事項について重点的に監査の人員や時間を充てることにより、監査を効果的かつ効率的なものとすることができることから、国際的な監査基準においても採用されているものである。我が国の監査実務においてもさらなる浸透を図るべく、改訂基準ではリスク・アプローチに基づく監査の仕組みをより一層明確にした。

(2) リスクの諸概念及び用語法

従来「監査上の危険性」としていた用語を国際的な用語法に改めて「監査リスク」とし、固有リスク、統制リスク、発見リスクという3つのリスク要素と監査リスクの関係を明らかにすることとした。監査実務において、これらのリスクは、実際には複合的な状態で存在することもあり、必ずしも明確に切りわけられるものではないが、改訂基準ではリスク・アプローチの基本的な枠組みを示すことを主眼としており、実際の監査においてはより工夫した手続が用いられることになる。なお、改訂基準におけるこれらの用語は以下の意味で用いられている。

① 「監査リスク」とは、監査人が、財務諸表の重要な虚偽の表示を看過して誤った意見を形成する可能性をいう。

② 「固有リスク」とは、関連する内部統制が存在していないとの仮定の上で、財務諸表に重要な虚偽の表示がなされる可能性をいい、経営環境により影響を受ける種々のリスク、特定の取引記録及び財務諸表項目が本来有するリスクからなる。

③ 「統制リスク」とは、財務諸表の重要な虚偽の表示が、企業の内部統制によって防止又は適時に発見されない可能性をいう。

④ 「発見リスク」とは、企業の内部統制によって防止又は発見されなかった財務諸表

の重要な虚偽の表示が、監査手続を実施してもなお発見されない可能性をいう。

(3) リスク・アプローチの考え方

リスク・アプローチに基づく監査の実施においては、監査リスクを合理的に低い水準に抑えることが求められる。すなわち、監査人の権限や監査時間等には制約もある中で、財務諸表の利用者の判断を誤らせることになるような重要な虚偽の表示を看過するリスクを合理的な水準に抑えることが求められるのである。このため、固有リスクと統制リスクとを評価することにより、虚偽の表示が行われる可能性に応じて、監査人が自ら行う監査手続やその実施の時期及び範囲を策定するための基礎となる発見リスクの水準を決定することが求められる。例えば、固有リスク及び統制リスクが高い（虚偽の表示が行われる可能性が高い）と判断したときは、自ら設定した合理的な監査リスクの水準が達成されるように、発見リスクの水準を低く（虚偽の表示を看過する可能性を低く）設定し、より詳細な監査手続を実施することが必要となる。また、固有リスク及び統制リスクが低いと判断したときは、発見リスクを高めに設定し、適度な監査手続により合理的な監査リスクの水準が達成できることとなる。このように、固有リスクと統制リスクの評価を通じて、発見リスクの水準が決定される。

(4) リスク評価の位置付け

このようなリスク・アプローチの考え方は、虚偽の表示が行われる可能性の要因に着目し、その評価を通じて実施する監査手続やその実施の時期及び範囲を決定することにより、より効果的でかつ効率的な監査を実現しようとするものである。これは、企業が自ら十分な内部統制を構築し適切に運用することにより、虚偽の表示が行われる可能性を減少させるほど、監査も効率的に実施され得ることにもなる。したがって、リスク・アプローチに基づいて監査を実施するためには、監査人による各リスクの評価が決定的に重要となる。そのために、景気の動向、企業が属する産業の状況、企業の社会的信用、企業の事業内容、経営者の経営方針や理念、情報技術の利用状況、事業組織や人的構成、経営者や従業員の資質、内部統制の機能、その他経営活動に関わる情報を入手することが求められる。監査人がこれらの情報の入手やリスクの評価を行うに当たっては、経営者等とのディスカッションが有効であると考えられ、こういった手法を通じて、経営者等の認識や評価を理解することが重要となる。

4．監査上の重要性について

監査上の重要性は、監査計画の策定と監査の実施、監査証拠の評価ならびに意見形成のすべてに関わる監査人の判断の規準であり、次のように適用される。

(1) 監査人は、監査計画の策定に当たり、財務諸表の重要な虚偽の表示を看過しないようにするために、容認可能な重要性の基準値（通常は、金額的な数値が設けられる）を決定し、これをもとに、達成すべき監査リスクの水準も勘案しながら、特定の勘定や取引について実施すべき監査手続、その実施の時期及び範囲を決定し、監査を実施する。

(2) 監査人は、監査の実施の過程で判明した重要な虚偽の表示につながる可能性のある事項については、その金額的影響及び質的影響（例えば、少額であっても他の関連項目や次年度以降に重要な影響を与える可能性がある）を検討し、必要であれば、監査の実施の結果を見直したり、追加の監査手続を実施するが、このような金額的・質的影響の評価に関わる判断の規準も監査上の重要性の一部となる。

(3) 監査人は、監査意見の形成に当たって、会計方針の選択やその適用方法、あるいは財務諸表の表示方法について不適切な事項がある場合に、当該事項を除外した上で適正とするか又は財務諸表を不適正とするかを判断するが、この判断の規準も監査上の重要性を構成する。

(4) 監査人は、監査を実施する上で一部の監査手続を実施できなかったり、必要な証拠の提

供を得られないなどの制約を受けた場合に、当該事実が影響する事項を除外した上で意見を表明するか又は意見の表明をしないかを判断するが、この場合の判断の規準も監査上の重要性の一部となる。

５．内部統制の概念について

リスク・アプローチを採用する場合、アプローチを構成する各リスクの評価が肝要となるが、なかでも統制リスクの評価は監査の成否の鍵となる。監査人としては、企業に内部統制が整備されていない場合には、意見形成の合理的な基礎を得ることが著しく困難なものとなる。したがって、企業としても、効果的かつ効率的な監査を受けるためには内部統制の充実を図ることが欠かせないことになる。十分かつ適切に内部統制が運用されている企業については、利用し得る範囲において内部監査との連携等も考慮して、一層の効果的かつ効率的な監査が行われることが期待される。監査人としても、内部統制の重要な欠陥を発見した場合には、経営者等にその改善を促すことが望ましい。

ここで、内部統制とは、企業の財務報告の信頼性を確保し、事業経営の有効性と効率性を高め、かつ事業経営に関わる法規の遵守を促すことを目的として企業内部に設けられ、運用される仕組みと理解される。

内部統制は、(1)経営者の経営理念や基本的経営方針、取締役会や監査役の有する機能、社風や慣行などからなる統制環境、(2)企業目的に影響を与えるすべての経営リスクを認識し、その性質を分類し、発生の頻度や影響を評価するリスク評価の機能、(3)権限や職責の付与及び職務の分掌を含む諸種の統制活動、(4)必要な情報が関係する組織や責任者に、適宜、適切に伝えられることを確保する情報・伝達の機能、(5)これらの機能の状況が常時監視され、評価され、是正されることを可能とする監視活動という５つの要素から構成され、これらの諸要素が経営管理の仕組みに組み込まれて一体となって機能することで上記の目的が達成される。

このような内部統制の概念と構成要素は国際的にも共通に理解されているものであるが、それぞれの企業において、具体的にどのような内部統制の仕組みを構築し、どのように運用するかということについては、各国の法制や社会慣行あるいは個々の企業の置かれた環境や事業の特性等を踏まえ、経営者自らが、ここに示した内部統制の機能と役割を効果的に達成し得るよう工夫していくべきものである。

なお、監査人による統制リスクの評価対象は、基本的に、企業の財務報告の信頼性を確保する目的に係る内部統制であるが、そのための具体的な仕組み及び運用の状況は企業によって異なるため、監査人が内部統制を評価するに当たっては上記５つの要素に留意しなければならない。

６．継続企業の前提について

(1) 継続企業の前提に対する対処

企業が将来にわたって事業活動を継続するとの前提(以下「継続企業の前提」という。)について、監査人が検討することに対する社会の期待が存在する。背景には、近年我が国で企業破綻の事例が相次ぎ、利害関係者の要望が強くなったことがある。さらに、すでに米国をはじめとする主要国の監査基準、ならびに国際監査基準(ISA)は、継続企業の前提に関して監査人が検討を行うことを義務づけていることからも、改訂基準で導入することが適当と判断したものである。

(2) 監査上の判断の枠組み

継続企業の前提に関わる監査基準のあり方としては、監査人の責任はあくまでも二重責任の原則に裏付けられたものとしている。経営者は、財務諸表の作成に当たって継続企業の前提が成立しているかどうかを判断し、継続企業の前提に重要な疑義を抱かせる事象や状況について、適切な開示を行わなければならない。したがって、継続企業の前提に重要な疑義が認められる場合においても、監査人の責任は、企業の事業継続能力そのものを認定し、企業の存続を保証することにはなく、適切な開示が行われているか否かの判断、すなわち、会計処理や開示の適

正性に関する意見表明の枠組みの中で対応することにある。

監査人による継続企業の前提に関する検討は、経営者による継続企業の前提に関する評価を踏まえて行われるものである。具体的には、継続企業の前提に重要な疑義を抱かせる事象や状況の有無、合理的な期間（少なくとも決算日から1年間）について経営者が行った評価、当該事象等を解消あるいは大幅に改善させるための経営者の対応及び経営計画について検討する。

その結果、継続企業の前提に重要な疑義を抱かせる事象や状況が存在し、当該事象等の解消や大幅な改善に重要な不確実性が残るため、継続企業の前提に重要な疑義が認められる場合には、その疑義に関わる事項が財務諸表において適切に開示されていれば（他に除外すべき事項がない場合には）無限定適正意見を表明し、それらの開示が適切でなければ除外事項を付した限定付適正意見を表明するか又は不適正意見を表明する。なお、無限定適正意見を表明する場合には、監査報告書において、財務諸表が継続企業の前提に基づき作成されていることや当該重要な疑義の影響が財務諸表に反映されていないことなどを含め、当該重要な疑義に関する開示について情報を追記することになる。また、経営者が適切な評価を行わず、合理的な経営計画等が経営者から提示されない場合には、監査範囲の制約に相当することとなり、除外事項を付した限定付適正意見を表明するか又は意見を表明しない。ただし、事業の継続が困難であり継続企業の前提が成立していないことが一定の事実をもって明らかなときは不適正意見を表明することになる。

これらは、基本的に国際的ないし主要国の監査基準に沿ったものである。要は、企業の事業継続能力に関わる情報の財務諸表における適切な開示を促すことが継続企業の前提に関わる監査基準の考え方である。

(3) 継続企業の前提に関わる開示

継続企業の前提に影響を与える可能性がある事象や状況を余り広範に捉えると、その影響の重要度や発現時期が混淆し、却って投資判断に関する有用性を損なうとともに、監査人が対処できる限界を超えると考えられる。したがって、公認会計士監査においては、相当程度具体的であってその影響が重要であると認められるような、重要な疑義を抱かせる事象又は状況についてのみ対処することとした。

継続企業の前提に重要な疑義を抱かせる事象や状況としては、企業の破綻の要因を一義的に定義することは困難であることから、財務指標の悪化の傾向、財政破綻の可能性や概括的な表現を用いている。より具体的に例示するとすれば、財務指標の悪化の傾向としては、売上の著しい減少、継続的な営業損失の発生や営業キャッシュ・フローのマイナス、債務超過等が挙げられる。財政破綻の可能性としては、重要な債務の不履行や返済の困難性、新たな資金調達が困難な状況、取引先からの与信の拒絶等が挙げられる。また、事業の継続に不可欠な重要な資産の毀損や権利の失効、重要な市場や取引先の喪失、巨額の損害賠償の履行、その他法令に基づく事業の制約等も考慮すべき事象や状況となると考えられる。いずれにせよ、このような事象や状況が存在する場合には、その旨、その内容、継続企業の前提に関する重要な疑義の存在、当該事象や状況に対する経営者の対応及び経営計画、当該重要な疑義の影響を財務諸表に反映しているか否か等について、財務諸表に注記を義務づけていくことが必要である。

一方、企業活動の継続が損なわれるような重要な事象や状況は突然生起することは稀であり財務諸表の注記が行われるまで何ら投資者に情報が開示されないことも問題であると考えられる。したがって、上記のような事象や状況につながる虞のある重要な事項については、有価証券報告書や営業報告書等において適切に開示されることが求められる。

7．情報技術（IT）の利用と監査の対応について

企業における情報技術の利用は監査実務にも大きな影響を与えている。特に、監査対象の財務諸

表の基礎となる会計情報を処理するシステムが情報技術を高度に取り入れたものである場合は、監査の実施に当たって、統制リスク等の各種のリスク評価に大きく関係する。また、企業が利用している情報技術とシステムに関する十分な知識と対応できる技術的な能力の保持が監査人に求められるという意味で、監査人自身にとってもその責任の履行上、重要な影響が生じることとなる。

改訂基準では、このような状況を背景にして、企業における情報技術の利用に対応したいくつかの措置を講じているが、これも基本的な指示に止まっており、より技術的な指示は日本公認会計士協会の指針において設けられる必要がある。

8．実施基準に関わるその他の改訂事項

(1)　監査計画の充実

監査計画を策定することの重要性については、これまでも「監査基準」で指示されてきたところであるが、リスク・アプローチのもとでは、各リスクの評価と監査手続、監査証拠の評価ならびに意見の形成との間の相関性が一層強くなり、この間の一体性を維持し、監査業務の適切な管理をするために監査計画はより重要性を増している。改訂基準では、これらの点に鑑み、リスク・アプローチに基づいた監査計画の策定のあり方を指示した。

(2)　監査要点と監査証拠

監査要点とは、財務諸表の基礎となる取引や会計事象等の構成要素について立証すべき目標であり、実施基準において、実在性、網羅性、権利と義務の帰属、評価の妥当性、期間配分の適切性、表示の妥当性等を挙げるとともに、監査要点に適合した十分かつ適切な監査証拠を入手することを求めている。なお、監査要点は、監査を受ける企業の業種、組織、情報処理システムなどに対応して監査人が自らの判断で設定することが基本となる。

(3)　監査手続

改訂前の「監査基準」においては、監査人が自己の意見表明の合理的な基礎を得るために必要と認めて実施する監査手続として「通常実施すべき監査手続」という概念を用いたが、この表現は、あたかも定型的な監査手続の組み合わせとその適用方法があるかのような誤解を与えることもあるので、使用しないこととした。また、監査手続については、改訂前の「監査実施準則」で、実査、立会、確認、質問、視察、閲覧、証憑突合、帳簿突合、計算突合、勘定分析、分析的手続等として個々の監査の手法を列挙していた。しかし、改訂基準では監査手続を、統制リスクを評価するために行う統制評価手続と監査要点の直接的な立証のために行う実証手続という概念に区分した上で、監査人が選択する具体的な監査の手法の例示は削除した。重要な監査の手法については、日本公認会計士協会が指針において、その種類や適用方法を明確にすることが必要である。

(4)　会計上の見積りの合理性

新たな会計基準の導入等により、会計上の認識・測定において、従来にも増して経営者の見積りに基づく要素が重要となってきている。改訂基準では、会計上の見積りの合理性について、監査人自身も、十分かつ適切な監査証拠を入手して判断すべきことを指示し、そのために、経営者が行った見積りの方法の評価ばかりでなく、その見積りと監査人自身の見積りや決算日後に判明した実績とを比較したりすることが必要となる場合もあることを明記している。

(5)　経営者からの書面による確認

改訂前の「監査実施準則」における経営者確認書の入手は、それ自体が監査手続の一部を構成するものであるかが曖昧であるとの指摘があり、また、監査人が必要と認めた事項について経営者から書面により陳述を得ることが本来の趣旨であることから、経営者確認書という固定的なものとしてではなく、経営者からの書面による確認を監査手続として明確に位置付けた。したがって、必ずしも経営者からの書面による確認を監査の終了時に限るものではなく、監査人の判断により、適宜、適切に行うことになる。

(6)　他の監査人の監査結果の利用

企業活動の国際化・多角化及び連結対象会社

の増加による監査範囲の拡大に伴い、他の監査人の監査の結果を利用する範囲も拡大することから、主たる監査人と他の監査人との責任のあり方についての議論があるが、改訂基準では従来の考え方を変更していない。すなわち、他の監査人の監査の結果を利用する場合も、監査に関わる責任は主たる監査人が負うものであり、報告基準においても他の監査人の監査の結果を利用した場合に特別の記載を求めることはしていない。

なお、監査範囲の大半について他の監査人の監査の結果を利用しなければならない場合には、実質的には他の監査人が監査を行うという結果となることから、監査人として監査を実施することについて、監査契約の締結の可否を含めて慎重に判断すべきである。

9．監査意見及び監査報告書

我が国の監査実務を国際的に遜色のないものとすることは改訂の目的の1つであり、監査報告書の書式の改訂もその一環である。また、近年、監査を巡る社会の関心が高まるなかで、監査がどのように行われ、またいかなる判断が監査人により行われ、その結果としていかなる意見が表明されるかについて、これまで必ずしも社会的な理解が得られていたとは言えない。このような事情を背景として、改訂基準では、自己の意見を形成するに足る合理的な基礎を得て意見を表明することを報告基準においても明確にした。また、改訂前の「監査実施準則」では「適当な審査機能を備えなければならない」との表現をしていた点について、監査の質の管理の一環として設けられる審査機能を踏まえ、報告基準では意見の表明に先立ち審査を受けなければならないことを明確にし、さらに、次のように監査報告に関する抜本的な改訂を行った。

(1)　適正性の判断

① 　監査意見の形成と表明に当たっての監査人による判断の規準を示すことに重点を置いた。これまでの「監査基準」や「監査報告準則」が監査報告書の記載要件を示すこ

とを重視していた点、ならびに、結果として、会計基準への準拠性、会計方針の継続性及び表示方法の基準への準拠性という、適正である旨の意見表明に関する従来の3つの記載要件が、ともすれば形式的な監査判断に陥らせるものとなりがちであった点を改め、改訂基準は、監査人が意見を形成するに当たっての判断の規準を示すことを重視している。

② 　監査人が財務諸表の適正性を判断するに当たり、実質的に判断する必要があることを示した。監査人は、経営者が採用した会計方針が会計基準のいずれかに準拠し、それが単に継続的に適用されているかどうかのみならず、その会計方針の選択や適用方法が会計事象や取引の実態を適切に反映するものであるかどうかを判断し、その上で財務諸表における表示が利用者に理解されるために適切であるかどうかについても評価しなければならない。

③ 　会計方針の選択や適用方法が会計事象や取引の実態を適切に反映するものであるかの判断においては、会計処理や財務諸表の表示方法に関する法令又は明文化された会計基準やその解釈に関わる指針等に基づいて判断するが、その中で、会計事象や取引について適用すべき会計基準等が明確でない場合には、経営者が採用した会計方針が当該会計事象や取引の実態を適切に反映するものであるかどうかについて、監査人が自己の判断で評価しなければならない。また、会計基準等において詳細な定めのない場合も、会計基準等の趣旨を踏まえ、同様に監査人が自己の判断で評価することとなる。新しい会計事象や取引、例えば、複雑な金融取引や情報技術を利用した電子的な取引についても、経営者が選択し、適用した会計方針がその事象や取引の実態を適切に反映するものであるかどうかを監査人は自己の判断で評価しなければならない。

なお、財務諸表において収益の認識等の

重要な会計方針が明確に開示されることも必要である。

(2) 監査報告書の記載

① 監査報告書は、基本的に、監査の対象、実施した監査の概要及び財務諸表に対する意見という３つの区分に分けて記載することとした。監査の対象には、いわゆる二重責任の原則についても記述することを明記した。また、監査の概要に関する記述を国際的な監査基準に合わせて、より詳細なものとし、監査が試査を基礎として実施されることや経営者によって行われた見積りの評価も含まれることなどを明記し、監査の内容に関する利用者の理解を促すようにした。

② 監査範囲の制約を受けた場合の意見表明のあり方を含め、監査人の意見がいかなる規準で形成され、表明されるかを示した。特に、意見を表明しない場合と不適正意見の場合だけでなく、除外事項を付した限定付適正意見の位置付けも明確にした。さらに、訴訟に代表されるような将来の帰結が予測し得ない事象や状況が生じ、しかも財務諸表に与える当該事象や状況の影響が複合的で多岐にわたる場合（それらが継続企業の前提にも関わるようなときもある）に、入手した監査証拠の範囲では意見の表明ができないとの判断を監査人が下すこともあり得ることを明記したが、基本的には、そのような判断は慎重になされるべきことを理解しなければならない。

③ 継続企業の前提に関わる問題については、前述のとおり、監査人の意見表明についての判断の規準と監査報告書において記載すべき事項を示した。

(3) 追記情報

① 監査人による情報の追記について示した。本来、意見表明に関する監査人の責任は自らの意見を通しての保証の枠組みのなかで果たされるべきものであり、その枠組みから外れる事項は監査人の意見とは明確に区別することが必要である。このように考え方を整理した上で、財務諸表の表示に関して適正であると判断し、なおもその判断に関して説明を付す必要がある事項や財務諸表の記載について強調する必要がある事項を監査報告書で情報として追記する場合には、意見の表明と明確に区分し、監査人からの情報として追記するものとした。具体的には、監査報告書の基本的な３つの区分による記載事項とは別に記載することとなる。したがって、除外すべき事項を追記情報として記載することはできない。これに関連して、監査人の意見との関係が曖昧であるとの指摘もある特記事項は廃止した。

② 監査意見からの除外事項及び追記する情報に関連して、従来、除外事項とされていた正当な理由による会計方針の変更は、不適切な理由による変更と同様に取り扱うことは誤解を招くことから、除外事項の対象とせずに、追記する情報の例示としたが、会計方針の変更理由が明確でないものがあるとの指摘もある点を踏まえ、監査人には厳格な判断が求められることは言うまでもない。また、この改訂に伴い、会計基準の変更に伴う会計方針の変更についても、正当な理由による会計方針の変更として取り扱うこととすることが適当である。なお、会計方針の変更があった場合における財務諸表の期間比較の観点からは、変更後の会計方針による過年度への影響に関する情報提供についても、財務諸表の表示方法の問題として検討することが必要である。

③ 追記する情報には、監査報告書を添付した財務諸表を含む開示情報と財務諸表の記載内容との重要な相違を挙げているが、これは、財務諸表と共に開示される情報において、財務諸表の表示やその根拠となっている数値等と重要な相違があるときには、監査人が適正と判断した財務諸表に誤りがあるのではないかとの誤解を招く虞があるため、追記する情報として例示した。

(4) 監査報告書の日付及び署名

　監査報告書の日付は、後発事象の範囲等も含め監査人の責任に関わる重要な事項である。したがって、監査人が自らの責任において監査が終了したと判断したときに監査報告書を作成することが基本であると考えられる。しかし、これは、財務諸表の開示制度上あるいは監査の終了をどう捉えるか等の問題であり、改訂基準においては特定の時点を示すことはしなかった。

　また、個人名や捺印が必要か否か、あるいは監査事務所などの名称のみの記載が適切か否かという問題は、むしろ、監査に関わる責任主体についての法律的あるいは制度的な問題であり、監査基準には馴染まないものと考えられることから、改訂基準においては監査人の具体的な記名方法を示すことはしなかった。

四　実施時期等

1　改訂基準は、平成15年3月決算に係る財務諸表の監査から実施する。

　なお、改訂基準の実施に当たり、関係法令において、改訂基準に基づく監査報告書の記載事項、継続企業の前提に重要な疑義を抱かせる事象又は状況に関する注記事項等について所要の整備を行うことが適当である。

2　監査基準は、すでに述べたとおり、日本公認会計士協会の指針と一体となって一般に公正妥当と認められる監査の基準を形成するものである。したがって、改訂基準を実務に適用するに当たっては、監査人に対してより具体的な指示が明確にされることが必要であり、日本公認会計士協会において、関係者とも協議の上、早急に、改訂基準を実施するための具体的な指針を作成することが要請される。さらに、経済社会の変化が著しい状況において、国際的にも監査実務が高度化されていくと考えられることから、国際的な動向も踏まえ、具体的な指針について柔軟に見直しを行っていくことが求められる。

監査基準の改訂について

（平成17年10月28日　企業会計審議会）

一　経　緯

　当審議会は、平成17年1月の総会において、監査基準の改訂に関する審議を開始することを決定し、平成17年3月から監査部会において審議を進めてきた。これは、証券取引法上のディスクロージャーをめぐり不適正な事例が相次ぎ、公認会計士・監査審査会のモニタリングの結果等からは、リスク・アプローチが適切に適用されておらず、その改善が求められる事例が多数見受けられたことに対応したものである。また、監査基準をめぐる国際的な動向をみても、近年、リスク・アプローチの適用等に関する基準の改訂が精力的に進められており、これを我が国にも取り入れることにより、監査の水準の向上を図ると共に、監査実務の国際的な調和を図ることができると判断した。

　平成17年7月、これらを取り入れた改訂監査基準を「監査基準及び中間監査基準の改訂並びに監査に関する品質管理基準の設定について（公開草案）」として公表し、広く各界の意見を求めた。当審議会は、寄せられた意見を参考にしつつ、更に審議を行い、公開草案の内容を一部修正して、これを「監査基準の改訂に関する意見書」として公表することとした。

　なお、国際的には、継続的に監査基準の改訂が行われ、その作業はこれまで以上に頻繁なものとなってきている。我が国においても、こうした動きを踏まえて、継続的に監査基準を見直し、先端的な監査の考え方や手法等を積極的に取り入れ、公認会計士監査の質の向上を不断に図っていくことが重要であると考えられる。このため、当審議会では、今後も、継続的な監査基準の改訂作業を進めていく考えである。

二 主な改訂点とその考え方

1 事業上のリスク等を重視したリスク・アプローチの導入

リスク・アプローチに基づく監査は、重要な虚偽の表示が生じる可能性が高い事項について重点的に監査の人員や時間を充てることにより、監査を効果的かつ効率的に実施できることから、我が国でも、平成3年の監査基準の改訂で採用し、さらに、平成14年の監査基準の改訂で、リスク・アプローチに基づく監査の仕組みをより一層明確にしたところである。

しかし、現実の企業における日常的な取引や会計記録は、多くがシステム化され、ルーティン化されてきており、財務諸表の重要な虚偽の表示は、経営者レベルでの不正や、事業経営の状況を糊塗することを目的とした会計方針の適用等に関する経営者の関与等から生ずる可能性が相対的に高くなってきていると考えられる。また、経営者による関与は、経営者の経営姿勢、内部統制の重要な欠陥、ビジネス・モデル等の内部的な要因と、企業環境の変化や業界慣行等の外部的な要因、あるいは内部的な要因と外部的な要因が複合的に絡みあってもたらされる場合が多い。

一方、監査人の監査上の判断は、財務諸表の個々の項目に集中する傾向があり、このことが、経営者の関与によりもたらされる重要な虚偽の表示を看過する原因となることが指摘されている。そこで、リスク・アプローチの適用において、リスク評価の対象を広げ、監査人に、内部統制を含む、企業及び企業環境を十分に理解し、財務諸表に重要な虚偽の表示をもたらす可能性のある事業上のリスク等を考慮することを求めることとした。

さらに、こうした観点から、固有リスクと統制リスクを結合した「重要な虚偽表示のリスク」の評価、「財務諸表全体」及び「財務諸表項目」の二つのレベルにおける評価等の考え方を導入した。このようなリスク・アプローチを「事業上のリスク等を重視したリスク・アプローチ」という。

なお、財務諸表に重要な虚偽の表示が生じる可能性に応じて、発見リスクの水準を決定し、これに基づいて監査手続、その実施の時期及び範囲を計画し、実施するというリスク・アプローチの基本的な考え方は変わらないことから、今回の改訂に係る部分を除いて、平成14年の改正における「監査基準の改訂について」に記載されている概念や考え方は踏襲されていることに留意が必要である。

2 「重要な虚偽表示のリスク」の評価

従来のリスク・アプローチでは、監査人は、監査リスクを合理的に低い水準に抑えるため、固有リスクと統制リスクを個々に評価して、発見リスクの水準を決定することとしていた。しかし、固有リスクと統制リスクは実際には複合的な状態で存在することが多く、また、固有リスクと統制リスクとが独立して存在する場合であっても、監査人は、重要な虚偽の表示が生じる可能性を適切に評価し、発見リスクの水準を決定することが重要であり、固有リスクと統制リスクを分けて評価することは、必ずしも重要ではない。むしろ固有リスクと統制リスクを分けて評価することにこだわることは、リスク評価が形式的になり、発見リスクの水準の的確な判断ができなくなるおそれもあると考えられる。そこで、原則として、固有リスクと統制リスクを結合した「重要な虚偽表示のリスク」を評価したうえで、発見リスクの水準を決定することとした。

3 「財務諸表全体」及び「財務諸表項目」の二つのレベルでの評価

財務諸表における重要な虚偽の表示は、経営者の関与等から生ずる可能性が相対的に高くなってきていると考えられるが、従来のリスク・アプローチでは、財務諸表項目における固有リスクと統制リスクの評価、及びこれらと発見リスクの水準の決定との対応関係に重点が置かれていることから、監査人は自らの関心を、財務諸表項目に狭めてしまう傾向や、財務諸表に重要な虚偽の表示をもたらす要因の検討が不十分になる傾向があることから、広く財務諸表全体における重要な虚偽の表示を看過しないための対応が必要と考えられた。そこで、財務諸表における「重要な虚偽表示

のリスク」を「財務諸表全体」及び「財務諸表項目」の二つのレベルで評価することとした。

財務諸表全体レベルにおいて重要な虚偽表示のリスクが認められた場合には、そのリスクの程度に応じて、補助者の増員、専門家の配置、適切な監査時間の確保等の全般的な対応を監査計画に反映させ、監査リスクを一定の合理的に低い水準に抑えるための措置を講じることが求められる。

また、財務諸表項目レベルでは、統制リスクの評価に関する実務的な手順を考慮して、まず、内部統制の整備状況の調査を行い、重要な虚偽表示のリスクを暫定的に評価し、次に、当該リスク評価に対応した監査手続として、内部統制の有効性を評価する手続と監査要点の直接的な立証を行う実証手続を実施することとしている。

4 「特別な検討を必要とするリスク」への対応

会計上の見積りや収益認識等の重要な会計上の判断に関して財務諸表に重要な虚偽の表示をもたらす可能性のある事項、不正の疑いのある取引、関連当事者間で行われる通常ではない取引等の特異な取引等は、監査実施の過程において特別な検討を行う必要があることから、「特別な検討を必要とするリスク」として、それが財務諸表における重要な虚偽の表示をもたらしていないかを確かめるための実証手続の実施、及び、必要に応じて内部統制の整備状況の調査や運用状況の評価を実施することを求めている。

5 経営者が提示する財務諸表項目と監査要点

財務諸表の監査の目的は、財務諸表の適正性に対して、監査人が自らの意見を表明することにある。そのためには、監査人は、経営者が提示する財務諸表項目について立証すべき監査要点を設定し、監査要点ごとに監査手続を実施して監査証拠を入手し、監査要点に関して立証した事項を積み上げて統合化し、財務諸表の適正性に関する結論を得ることになる。

経営者の提示する財務諸表項目は経営者が責任の主体であるのに対し、監査要点は監査人が設定した立証すべき目標であることを明示することに

より、両者の関係を明確にすることとした。

三 実施時期等

1 改訂監査基準は、平成19年3月決算に係る財務諸表の監査から実施する。ただし、平成18年3月決算に係る財務諸表の監査から実施することを妨げない。なお、改訂基準の実施に当たり関係法令において、基準の改訂に伴う所要の整備を行うことが適当である。

2 改訂基準を実務に適用するに当たって必要となる実務の指針については、日本公認会計士協会において、関係者とも協議の上、適切な手続の下で、早急に作成されることが要請される。

監査基準の改訂について

（平成21年4月9日）
（企業会計審議会）

一 経 緯

企業が将来にわたって事業活動を継続するとの前提（以下「継続企業の前提」という。）に関する監査基準については、平成14年の監査基準の改訂に際して、企業破綻の事例が相次ぎ、利害関係者の要望が強くなったことなどを背景に国際監査基準（ISA）などでも義務づけられていたことなどから導入されたものである。

近時の企業業績の急激な悪化に伴い、（四半期）財務諸表に継続企業の前提に関する注記や監査報告書に追記情報が付される企業が増加しているがその背景として、継続企業の前提に関する注記の開示を規定している財務諸表等規則等やその監査を規定する監査基準において、一定の事象や状況が存在すれば直ちに継続企業の前提に関する注記及び追記情報の記載を要するとの規定となっているとの理解がなされ、一定の事実の存在により画一的に当該注記を行う実務となっているとの指摘がある。また、それらの規定や実務は国際的な基準とも必ずしも整合的でないとも指摘されている

こうしたことから、当審議会は、平成21年3月監査部会において、投資者により有用な情報を提

供する等との観点から検討を行い、一定の事象や状況が存在すれば直ちに継続企業の前提に関する注記を要するとともに追記情報の対象と理解される現行の規定を改め、これらの事象や状況に対する経営者の対応策等を勘案してもなお、継続企業の前提に関する重要な不確実性がある場合に、適切な注記がなされているかどうかを監査人が判断することとした。当審議会では、これらを取り入れた公開草案を公表し広く意見を求め、寄せられた意見を参考にしつつ、更に審議を行い、公開草案の内容を一部修正して、これを「監査基準の改訂に関する意見書」として公表することとした。今回の監査基準の改訂により、継続企業の前提に関する監査実務の国際的な調和を図ることができるものと考えられる。

なお、中間監査基準及び四半期レビュー基準においても、継続企業の前提に関わる同様の基準が規定されていることから、今後、監査部会において同様の観点からの改訂を検討することが必要である。

また、国際的には、継続的に監査基準の改訂が行われており、国際監査基準については、すべての基準を必須手続とそれ以外の手続に明確に区分することなどを内容とする明瞭性（クラリティ）プロジェクトが2009年（平成21年）3月に完了したところである。さらに、当審議会の企画調整部会において、「我が国における国際会計基準の取扱い」が検討されているところであり、仮に国際会計基準を導入する場合には、それが任意適用の段階であっても、国際会計基準に基づく財務諸表を適切に監査できることが必要である。我が国においても、こうした動きを踏まえて、継続的に監査基準を見直し、国際的な監査の基準との整合性をより高めつつ、公認会計士監査の質の向上を不断に図っていくことが重要であると考えられる。このため、当審議会では、今後も、継続的な監査基準の改訂作業を進めていく考えである。

二　主な改訂点とその考え方

1　継続企業の前提に関する監査の実施手続

我が国においては、経営者が継続企業の前提に

ついて評価すること、その結果について注記することについては、明確な会計基準が存在していない。このため、財務諸表の表示のルールを定めた内閣府令である財務諸表等規則等にしたがって継続企業の前提に関する開示の実務が行われていると考えられる。今般、投資者により有用な情報を提供する観点から国際会計基準などとの整合性をも踏まえ、財務諸表等規則等を改正し、継続企業の前提に重要な疑義を生じさせるような事象又は状況が存在する場合であつて、当該事象又は状況を解消し、又は改善するための対応をしてもなお、継続企業の前提に関する重要な不確実性が認められるときは、経営者は、その評価の手順にしたがって、①当該事象又は状況が存在する旨及びその内容、②当該事象又は状況を解消し、又は改善するための対応策、③当該重要な不確実性が認められる旨及びその理由などを注記することが検討されている。

このような財務諸表等規則等の検討と合わせ、監査基準においても、国際監査基準における監査の実施手続と同様の手続を明確化することとした。すなわち、監査人は、継続企業の前提に重要な疑義を生じさせるような事象又は状況が存在すると判断した場合には、当該事象又は状況に関して合理的な期間について経営者が行った評価及び対応策について検討した上で、なお継続企業の前提に関する重要な不確実性が認められるか否かを確かめなければならないこととし、経営者が行った継続企業の前提に関する評価の手順を監査人においても確認するものとした。

なお、財務諸表の表示のルールや国際監査基準との整合性の観点も踏まえた「継続企業の前提に関する重要な不確実性」の文言については、継続企業の前提に関する監査の実施手続の文脈において、一続きで意味を持つ表現として使用することとしたものである。

2　継続企業の前提に関する意見表明

実施基準において、継続企業の前提に関し、監査人は、「継続企業の前提に関する重要な不確実性が認められるか否か」を確認することとなるよ

う改訂されることから、監査報告においても監査人は「継続企業の前提に関する重要な不確実性」が認められるときの財務諸表の記載に関して意見を表明することとした。

また、現行の報告基準において、重要な疑義を抱かせる事象又は状況が存在している場合において、経営者がその疑義を解消させるための合理的な経営計画等を示さないときには、重要な監査手続を実施できなかった場合に準じ、意見の表明の適否を判断することとされている。この規定については、疑義を解消できる確実性の高い経営計画等が示されない場合には、監査人は意見を表明できないとの実務が行われているとの指摘がある。今般、国際的な実務をも踏まえ同規定を見直し、経営者が評価及び一定の対応策も示さない場合には、監査人は十分かつ適切な監査証拠を入手できないことがあるため、重要な監査手続を実施できなかった場合に準じ意見の表明の適否を判断することとした。

なお、従来、「継続企業の前提に関する注記」がなされてきたケースの一部について、経営者の対応策等から継続企業の前提に関する重要な不確実性が認められないため、「注記」に至らないケースが生じることもある。上場会社等において、継続企業の前提に関する重要な不確実性が認められず当該注記を行わないケースにおいても、例えば、有価証券報告書の「事業等のリスク」等において、一定の事象や経営者の対応策等を開示し、利害関係者に情報提供が行われることが適切である。

三 実施時期等

1 改訂監査基準は、平成21年3月決算に係る財務諸表の監査から実施する。なお、改訂基準の実施に当たり、関係法令において、基準の改訂に伴う所要の整備を行うことが適当である。

2 改訂基準を実務に適用するに当たって必要となる実務の指針については、日本公認会計士協会において、関係者とも協議の上、適切な手続の下で、早急に作成されることが要請される。

監査基準の改訂について

（平成22年3月26日
企業会計審議会）

一 経 緯

公認会計士（監査法人を含む。）による財務諸表の監査（以下「公認会計士監査」という。）を行うに際しての規範である監査基準は、財務諸表の作成規範である企業会計の基準とともに、適正なディスクロージャーを確保するための重要なインフラストラクチャーである。こうした観点から、当審議会では、国際的な監査の基準や監査をめぐる内外の動向を踏まえ、これまでも必要に応じて監査基準の改訂を行ってきており、現行の監査基準は、国際監査基準（ISA）と比して内容等において遜色のないものとなっている。

当審議会では、平成21年4月9日に公表された「監査基準の改訂に関する意見書」においても、「国際的には、継続的に監査基準の改訂が行われており、国際監査基準については、すべての基準を必須手続とそれ以外の手続に明確に区分することなどを内容とする明瞭性（クラリティ）プロジェクトが2009年（平成21年）3月に完了したところである。さらに、当審議会の企画調整部会において『我が国における国際会計基準の取扱い』が検討されているところであり、仮に国際会計基準を導入する場合には、それが任意適用の段階であっても、国際会計基準に基づく財務諸表を適切に監査できることが必要である。我が国においても、こうした動きを踏まえて、継続的に監査基準を見直し、国際的な監査の基準との整合性をより高めつつ、公認会計士監査の質の向上を不断に図っていくことが重要であると考えられる。このため、当審議会では、今後も、継続的な監査基準の改訂作業を進めていく」との考え方を明らかにしてきた。

国際監査基準については、従前より、我が国からも国際監査・保証基準審議会（IAASB）や公益監視委員会（PIOB）のメンバー等として参加し、基準の策定に我が国の考え方を反映してきているところである。今般の国際監査基準の明

瞭性プロジェクトは、前述のように、基準の規定文言を明確化するための技術的な改正を中心とするものであるが、改正後の国際監査基準と我が国の監査基準との間には、一部に差異が生じることになった。

こうしたことから、当審議会は、平成22年3月に開催された監査部会において、改正された国際監査基準との整合性等に関して検討を行い、国際監査基準の明瞭性プロジェクトによる改正に対応して、監査人の監査報告書における意見表明の内容等を規定している報告基準における国際基準との差異を調整することを中心に、現行の我が国監査基準を改訂することとした。

なお、中間監査基準及び四半期レビュー基準についても、今後、同様の観点からの改訂を検討することが必要である。

二　主な改訂点とその考え方

1　国際監査基準の改正と我が国の監査基準・監査実務指針の関係について

我が国の監査の基準の体系としては、平成3年の監査基準の改訂において、監査基準では原則的な規定を定め、監査基準を具体化した実務的・詳細な規定は日本公認会計士協会の指針（監査実務指針）に委ね、両者により我が国における一般に公正妥当と認められる監査の基準とすることが適切とされたところである。

日本公認会計士協会では、国際監査基準の明瞭性プロジェクトにより改正された37の国際監査基準等（36の国際監査基準及び品質管理基準）に対応した監査実務指針の改正を進めているところである。

したがって、今回の監査基準の改訂は、明瞭性プロジェクトによる国際監査基準との差異と考えられる項目のうち、監査基準の改訂が必要な項目と監査実務指針のみの改正で対応することが適切である項目についての検討を行い、監査実務指針の改正に先立って監査基準の改訂が必要と考えられる第四報告基準についての改訂を行ったものである。

2　報告基準の改訂について

(1)　監査報告書の記載区分等

現行の我が国の監査基準では、監査報告書には①監査の対象、②実施した監査の概要、③財務諸表に対する意見を記載することが求められている。一方、明瞭性プロジェクト後の国際監査基準では、監査報告書を①監査の対象、②経営者の責任、③監査人の責任、④監査人の意見に区分した上で、①の監査の対象以外については、それぞれ見出しを付して明瞭に表示することを要求していることから、我が国の監査基準においても、監査報告書の記載区分を現行の3区分から4区分にするとともに、国際監査基準において求められている記載内容を踏まえてそれぞれの記載区分における記載内容を整理した。例えば、監査の対象に含まれていた「財務諸表の作成責任は経営者にあること」という記載を経営者の責任の区分に記載することにより明確化したほか、「監査手続の選択及び適用は監査人の判断によること」等の記載を監査人の責任の区分に記載することを求めることとした。

また、監査人による監査意見の形成過程そのものは、実質的に従前とは変わらないものの、意見に関する除外及び監査範囲の制約に関して、従来の我が国の監査基準では、重要な影響として一括して扱っていた、「重要性」と「広範性」について、国際監査基準では2つの要素を明示的に示すことになっており、今般の改訂においては、当該影響について、「重要性」と財務諸表全体に及ぶのかという「広範性」の2つの要素から判断が行われることを明確にした。

(2)　追記情報

現行の監査基準では、監査人は、監査人の意見とは別に、説明又は強調することが適当と判断した事項については、情報として追記するものとされているが、財務諸表における記載を特に強調するために当該記載を前提に強調する強調事項と、監査人の判断において説明することが適当として記載される説明事

項との区分がなく、混在して規定されている。明瞭性プロジェクト後の国際監査基準では、両者を区分した上で記載することが求められていることから、我が国の監査基準においても、会計方針の変更、重要な偶発事象、重要な後発事象、監査した財務諸表を含む開示書類における当該財務諸表の表示とその他の記載内容との重要な相違などの、財務諸表における記載を前提に強調することが適当と判断した事項と監査人がその他説明することを適当と判断した事項について、それぞれを区分して記載することを求めることとした。

3 監査実務指針での対応について

上述の監査報告書に係る改訂以外の部分については、監査基準に基づき、監査実務指針において対応が必要となると考えられるため、日本公認会計士協会において、関係者とも協議の上、適切な手続の下で、実務上の指針として早急に作成されることが要請される。

なお、その際に、監査上の後発事象については、以下の点に留意する必要がある。

後発事象に関して、我が国の監査基準においては、昭和58年の監査実施準則の改訂において後発事象に係る監査手続を規定したが、これまで明確な定義が置かれていなかった。一方で、明瞭性プロジェクト後の国際監査基準では、後発事象とは、決算日の翌日から監査報告書日の間に発生している事象、及び監査報告書日後に監査人が知るところとなった事実と定義されている。したがって、我が国においても監査上の後発事象の定義について、国際監査基準を参考に検討することが適当である。

4 「会計上の変更及び誤謬の訂正に関する会計基準」の適用に伴う対応について

(1) 「会計上の変更及び誤謬の訂正に関する会計基準」の適用に伴う対応の必要性

平成21年12月4日、企業会計基準委員会（ASBJ）は、「会計上の変更及び誤謬の訂正に関する会計基準」及び「会計上の変更及び誤謬の訂正に関する会計基準の適用指針」を公表した。本基準は、会計基準のコンバージェンス（収れん）並びに財務諸表の期間比較可能性及び企業間の比較可能性が向上することが財務諸表の意思決定有用性を高めることができるとの観点から、会計方針や表示方法の変更、過去の誤謬の訂正があった場合には、あたかも新たな会計方針や表示方法等を過去の財務諸表に遡って適用していたかのように会計処理又は表示の変更等を行うものである。

現行の金融商品取引法上の開示としては、当期の財務諸表と前期の財務諸表を並記することとされている。ただし、前期の財務諸表は、原則として、前期に提出された有価証券報告書に含まれていた財務諸表がそのまま記載されており、当期に会計方針の変更等があった場合に、必ずしも財務諸表の期間比較可能性が確保されたものとはなっていない。

今般、この会計基準が適用されることに対応して、財務諸表の期間比較可能性を確保・向上し、投資者に有用な情報を提供する観点から、金融商品取引法上、前期の財務諸表は当期の財務諸表の一部を構成するものとして当期の財務数値に対応する前期の財務数値を比較情報として位置づけ、これを開示することが適当である。したがって、この比較情報としての前期の財務数値は、上述の新基準にしたがって修正されたものではあるが、前期に提出された財務諸表自体を全体として修正したものではなく、当期の財務諸表に含まれる比較情報の当期の財務数値に対応する前期の数値を期間比較の観点から、必要な限りで修正・記載したものであると位置づけられる

(2) 監査意見の表明

このような比較情報に関する監査手続について、国際監査基準においては、当期の財務諸表に含まれる比較情報に対するものとして限定した形で行うこととされており、我が国においても同様に考えることが適当である。

また、比較情報に関する監査意見の表明の方法については、同基準では2つの方法が記

載されており、各国の制度によりいずれもあり得るとされているところである。我が国においては、従来、当期の財務諸表に限定して監査意見を表明する実務が定着しており、上述のとおり、当事業年度における監査では、比較情報としての前期の財務数値については、限定された監査手続を行うこととされていることを踏まえれば、2つの方法のうち、監査意見は当期の財務諸表に対してのみ言及し、比較情報には明示的に言及しない方式（以下「対応数値方式」という。）の方が監査実務になじみやすく、投資者の理解にも資するものと考えられる。このような考え方に基づき、関係法令について、現在、当期及び前期の財務諸表に対して監査証明を求めている規定を当期の財務諸表のみを対象とするなど、所要の整備を行うことが適当である。

なお、今般の遡及処理が行われた場合の監査手続や監査意見の表明方法について、関係法令の整備に併せて、日本公認会計士協会において、関係者とも協議の上、適切な手続の下で、早急に実務の指針が作成されることが要請される。

三 実施時期等

1 改訂監査基準は、平成24年3月決算に係る財務諸表の監査から実施する。なお、改訂基準の実施に当たり、関係法令において、基準の改訂に伴う所要の整備を行うことが適当である。

2 改訂基準を実務に適用するに当たって必要となる実務の指針については、日本公認会計士協会において、関係者とも協議の上、適切な手続の下で、早急に作成されることが要請される。

3 国際的には、今後とも継続的に国際監査基準の改正が行われていくことが考えられる。我が国としては、引き続き、国際監査基準の策定の議論に積極的に参加し、我が国として意見を発信していくことが必要である。

監査基準の改訂について

（平成25年3月26日）
（企業会計審議会）

一 経 緯

1 審議の背景

公認会計士（監査法人を含む。）による財務諸表の監査（以下「公認会計士監査」という。）は、財務諸表の信頼性を担保するための制度であり、その規範となる監査基準は、財務諸表の作成規範である会計基準とともに、適正なディスクロージャーを確保するための資本市場の重要なインフラストラクチャーである。こうした観点から、当審議会では、監査をめぐる内外の動向を踏まえ、これまでも必要に応じて監査基準の改訂を行ってきている。

近時、金融商品取引法上のディスクロージャーをめぐり、不正による有価証券報告書の虚偽記載等の不適切な事例が相次いでおり、こうした事例においては、結果として公認会計士監査が有効に機能しておらず、より実効的な監査手続を求める指摘があるところである。

この点に関しては、監査基準をめぐる国際的な動向を見ても、重要な虚偽の表示の原因となる不正（以下単に「不正」という。）に対応した基準の見直しが継続的に行われており、また、各国において、職業的専門家としての懐疑心（以下「職業的懐疑心」という。）の重要性が再認識されているところである。

こうしたことから、当審議会においては、国際的な議論の動向等も踏まえつつ、我が国の公認会計士監査をより実効性のあるものとするとの観点から、不正に対応した監査手続等の検討を行い、監査基準等の所要の見直しを行うこととした。

なお、不正に関しては、財務諸表作成者である経営者に責任があるところであり、その対応としては、公認会計士監査における監査手続等の充実とともに、企業におけるコーポレート・ガバナンスのあり方の検討などを含め、幅広い

観点からの取組みが重要であると考えられる。また、平成20年4月より上場企業を対象に内部統制報告制度が導入されており、企業においては適正な財務報告を作成するための取組みが継続して行われているところであり、虚偽表示のリスクの評価に当たっては、企業の内部統制の整備状況等が重要な要素となる。したがって、監査人は、企業における内部統制の取組みを考慮するとともに、取締役の職務の執行を監査する監査役等と適切に連携を図っていくことが重要である。

2　審議の経過等

　当審議会における監査基準等の見直しに関する議論は、平成24年5月から監査部会において審議が進められた。同部会においては、不正に関する公認会計士監査の実務の状況や監査基準の国際的な改訂の状況等を踏まえ、不正による重要な虚偽表示のリスクに対応した監査手続等の明確化等に向けた監査基準等の見直しの審議を行い、平成24年12月、公開草案として公表し、広く各界の意見を求めた。当審議会では、寄せられた意見を参考にしつつ、更に審議を行い、公開草案の内容を一部修正して、これを「監査基準の改訂及び監査における不正リスク対応基準の設定に関する意見書」として公表することとした。

　なお、監査部会の審議においては、いわゆる「循環取引」のように被監査企業と取引先企業の通謀が疑われる場合等に、監査人として採ることが考えられる監査手続として、「取引先企業の監査人との連携」が議論された。検討された「取引先企業の監査人との連携」は、被監査企業と取引先企業の通謀が疑われる場合の一つの監査手続であると考えられるものの、解決すべき論点が多いことから、今回の公開草案には含めず、循環取引等への対応について、当審議会において継続して検討を行うこととしている。

　また、監査報告書の記載内容の見直し、特別目的の財務報告に対する監査の位置づけを監査基準上明確にするかどうか、といった論点も議論されたところであるが、国際的な議論の動向や利用者のニーズに関する調査等を踏まえつつ、今後、当審議会において検討を行うこととしている。

二　監査基準の改訂について

　今般の監査部会における審議の結果、現行の監査基準の一部の改訂を行うこととした。

1　審査

　現行の監査基準においては、「監査人は、意見表明に先立ち、自らの意見が一般に公正妥当と認められる監査の基準に準拠して適切に形成されていることを確かめるため、意見表明に関する審査を受けなければならない。この審査は、品質管理の方針及び手続に従った適切なものでなければならない。」として、監査には、それに対する審査の実施が求められている。

　監査基準は、財務諸表の種類や意見として表明すべき事項を異にする監査も含め、公認会計士監査のすべてに共通するものであることから監査業務の種類により、その取扱いに差が設けられていないところである。今般の不正リスク対応基準の検討においては、一定の場合には、通常の審査より慎重な審査が求められることになったが、一方で、公認会計士の行う監査業務が多様化する中で、特定の目的のために監査が義務づけられ、監査報告の対象となる財務諸表の社会的影響が小さく、監査報告の利用者も限定されているようなものの中には、上場会社に対して行っている監査と同様の審査を求める必要はないものもあるのではないかとの指摘があり、国際的な監査の基準においても、上場会社とそれ以外の企業に対する審査は、その取扱いに差を設けているところである。

　こうしたことから、品質管理の方針及び手続において、意見が適切に形成されていることを確認できる他の方法が定められている場合には審査を受けないことができることを明記した。なお、他の方法については、日本公認会計士協会の実務指針において定められることが要請さ

れる。

2　監査役等との連携

　今般の不正リスク対応基準の検討において、不正リスクの内容や程度に応じ、適切に監査役等と協議する等、監査役等と連携を図らなければならないとされたところである。

　現行の監査基準においては監査役等との連携に関する規定がないが、監査における監査役等との連携は、不正が疑われる場合に限らず重要であると考えられることから、監査人は、監査の各段階において、適切に監査役等と協議する等、監査役等と連携を図らなければならないことを明記することとした。

三　実施時期等

1　改訂監査基準は、平成26年３月決算に係る財務諸表の監査から実施する。

2　改訂監査基準の実施に当たり、関係法令において、所要の規定の整備を行うことが適当である。

3　改訂監査基準を実務に適用するに当たって必要となる実務の指針については、日本公認会計士協会において、関係者とも協議の上、適切な手続の下で、早急に作成されることが要請される。

監査基準の改訂について

平成26年２月18日
企業会計審議会

一　経　緯

1　審議の背景

　従来、監査基準では、「第一　監査の目的」において、「財務諸表の監査の目的は、経営者の作成した財務諸表が、一般に公正妥当と認められる企業会計の基準に準拠して、企業の財政状態、経営成績及びキャッシュ・フローの状況をすべての重要な点において適正に表示しているかどうかについて、監査人が自ら入手した監査証拠に基づいて判断した結果を意見として表明すること」と規定し、幅広い利用者に共通するニーズを満たすべく一般に公正妥当と認められる企業会計の基準に準拠して作成された財務諸表（以下「一般目的の財務諸表」という。）に対して、公認会計士（監査法人を含む。）が監査を行う場合を想定してきた。そして、当該一般目的の財務諸表に対する監査では、一般に公正妥当と認められる企業会計の基準に準拠して作成されているかに加え、経営者が採用した会計方針の選択やその適用方法、さらには財務諸表全体としての表示が適正表示を担保しているかといった実質的な判断を含めた意見（以下「適正性に関する意見」という。）が表明されている。

　一方で、近時、公認会計士に対して、特定の利用者のニーズを満たすべく特別の利用目的に適合した会計の基準に準拠して作成された財務諸表（以下「特別目的の財務諸表」という。）に対しても、監査という形で信頼性の担保を求めたい、との要請が高まってきている。

　特別目的の財務諸表は、一般目的の財務諸表と異なり利用目的が限定されていることに加え、例えば、財務諸表の利用者が財政状態や経営成績等を理解するに当たって財務諸表が全体として適切に表示されるように追加的な開示を求める規定（以下「追加的な開示要請の規定」という。）が会計の基準にないことが多いことなどから、公認会計士が監査意見を表明するに当たっては、必ずしも、適正性に関する意見を表明することが馴染まない場合が多いものと考えられる。また、一般目的の財務諸表であっても法令により一部の項目について開示を要しないとされている場合等には、適正性に関する意見を表明することは馴染まない場合もあると考えられる。これらの場合、適正性に関する意見を表明する場合と同様、財務諸表に重要な虚偽の表示がないかどうかの合理的な保証を得て監査意見を表明しなければならないことに変わりはないが、その会計の基準に追加的な開示要請の規定がないこと等を踏まえ、財務諸表が当該財

務諸表の作成に当たって適用された会計の基準に準拠して作成されているかどうかについての意見（以下「準拠性に関する意見」という。）を表明することが、より適切であると考えられる。

なお、国際監査基準では、財務諸表の利用者のニーズに応じて、一般目的の財務諸表と特別目的の財務諸表という財務報告の枠組みが分類され、適正性に関する意見と準拠性に関する意見とのいずれかが表明されることが既に規定されており、実際に適用されている。

以上のことから、当審議会においては、従来の適正性に関する意見の表明の形式に加えて、準拠性に関する意見の表明の形式を監査基準に導入し、併せて、監査実務における混乱や財務諸表利用者の誤解等を避けるため、特別目的の財務諸表に対する監査意見の表明の位置付けを明確にすることとした。なお、その際には、国際監査基準を踏まえ、一般目的の財務諸表と特別目的の財務諸表とのそれぞれについて適正性に関する意見の表明と準拠性に関する意見の表明とがあり得ることを明らかにしつつも、一般目的の財務諸表を対象とした適正性に関する意見の表明を中心とした従来の我が国の監査基準の枠組みとの整合性には十分に配意したところである。

今回の監査基準の改訂では、準拠性に関する意見の表明の形式が導入されることとなるが、当該意見を表明するに当たっては、以下に記すとおり、適正性に関する意見を表明する場合に準じた対応が必要となることについて、公認会計士はもちろん、財務諸表の作成者や利用者に対しても十分に周知が図られることが望ましい。

2　審議の経過等

当審議会では、平成25年3月26日に公表した「監査基準の改訂及び監査における不正リスク対応基準の設定に関する意見書」の前文において、「特別目的の財務報告に対する監査の位置づけを監査基準上明確にするかどうか、といった論点も議論されたところであるが、国際的な

議論の動向や利用者のニーズに関する調査等を踏まえつつ、今後、当審議会において検討を行うこととしている」と記載したところである。

これを受けて監査部会では、国際的な議論の動向や利用者のニーズに関する調査等を踏まえ、従来の監査基準が規定する監査の枠組みに特定の利用者のニーズに応じて作成される財務諸表に対する監査を取り入れるための論点等に関する審議を行い、平成25年11月、公開草案を公表し、広く各界の意見を求めた。当審議会では、寄せられた意見を参考としつつ、更に審議を行い、公開草案の内容を一部修正して、これを「監査基準の改訂に関する意見書」として公表することとした。

なお、監査部会の審議においては、監査報告書の記載内容に関し、国際的な見直しの動向についても議論されたところであり、引き続き検討を行うこととしている。

二　主な改訂点とその考え方

1　監査の目的の改訂

監査基準において、これまでと同様、一般目的の財務諸表を対象とした適正性に関する意見表明が基本であることに変わりはないことから監査の目的にかかる従来からの記述はそのまま維持することとしつつ、特別目的の財務諸表又は一般目的の財務諸表を対象とした準拠性に関する意見の表明が可能であることを付記し、明確化を行った。

適正性に関する意見の表明に当たっては、監査人は、経営者が採用した会計方針が会計の基準に準拠し、それが継続的に適用されているかどうか、その会計方針の選択や適用方法が会計事象や取引の実態を適切に反映するものであるかどうかに加え、財務諸表における表示が利用者に理解されるために適切であるかどうかについて判断しなくてはならない。その際、財務諸表における表示が利用者に理解されるために適切であるかどうかの判断には、財務諸表が表示のルールに準拠しているかどうかの評価と、財務諸表の利用者が財政状態や経営成績等を理解

するに当たって財務諸表が全体として適切に表示されているか否かについての一歩離れて行う評価が含まれるが、準拠性に関する意見の表明の場合には、後者の一歩離れての評価は行われないという違いがある。

2 実施基準の改訂

監査の実施に当たっては、準拠性に関する意見の表明の場合であっても、適正性に関する意見の表明の場合と同様に、リスク・アプローチに基づく監査を実施し、監査リスクを合理的に低い水準に抑えた上で、自己の意見を形成するに足る基礎を得なければならないことから、「第三 実施基準」(以下「実施基準」という。)が当然に適用されることに留意が必要である。

また、財務諸表に対する監査意見を表明する場合のほか、財務諸表を構成する貸借対照表等の個別の財務表や個別の財務諸表項目等に対する監査意見を表明する場合についても、監査基準が適用される(その際、監査基準中「財務諸表」とあるのは、必要に応じ「個別の財務表」又は「個別の財務諸表項目等」と読み替えるものとする。)。従って、個別の財務表又は個別の財務諸表項目等に対する監査意見を表明する場合であっても、単にそれらの検討にとどまることなく、意見を表明するために必要な範囲で、内部統制を含む、企業及び企業環境を理解し、これらに内在する事業上のリスク等が重要な虚偽の表示をもたらす可能性を考慮しなければならないことに留意が必要である。

なお、特別目的の財務諸表には多種多様な財務諸表が想定されることから、実施基準の「一 基本原則」において、監査人は、特別目的の財務諸表の監査を行うに当たり、当該財務諸表の作成の基準が受入可能かどうかについて十分な検討を行わなければならないことを明確にした。

3 報告基準の改訂

「第一 監査の目的」において、適正性に関する意見に加えて準拠性に関する意見にかかる記述を付記し、明確化を行うことを踏まえ、「第四 報告基準」についても改訂を行い、監査報告書において記載すべき事項を明確にした。

すなわち、「第四 報告基準」の「一 基本原則」では、適正性に関する意見の表明について特別の利用目的に適合した会計の基準により作成される財務諸表の場合を付記するとともに、これに加えて、準拠性に関する意見の表明について規定し、監査人が準拠性に関する意見を表明する場合には、作成された財務諸表がすべての重要な点において、当該財務諸表の作成に当たって適用された会計の基準に準拠して作成されているかどうかについての意見を表明しなければならないことを明確にした。

準拠性に関する意見には、財務諸表には重要な虚偽の表示がないことの合理的な保証を得たとの監査人の判断が含まれている。この判断に当たり、監査人は、経営者が採用した会計方針が、会計の基準に準拠して継続的に適用されているかどうか、財務諸表が表示のルールに準拠しているかどうかについて形式的に確認するだけではなく、当該会計方針の選択及び適用方法が適切であるかどうかについて、会計事象や取引の実態に照らして判断しなければならないことにも留意が必要である。

なお、準拠性に関する意見の表明については、別途の報告基準を改めて規定するのではなく、適正性に関する意見の表明を前提としている報告基準に準じることとしたが、特別目的の財務諸表の利用者の誤解を招かないようにするために「第四 報告基準」に「八 特別目的の財務諸表に対する監査の場合の追記情報」を新設した。すなわち、特別目的の財務諸表に対する監査報告書を作成する場合には、監査報告書に、会計の基準、財務諸表の作成の目的及び想定される主な利用者の範囲を記載するとともに、財務諸表は特別の利用目的に適合した会計の基準に準拠して作成されており、他の目的には適合しないことがある旨を記載しなければならないこととした。また、監査報告書が特定の者のみによる利用を想定しており、当該監査報告書に

配布又は利用の制限を付すことが適切であると考える場合には、その旨を記載しなければならないこととした。

三 実施時期等

1 改訂監査基準は、平成27年4月1日以後に開始する事業年度又は会計期間に係る監査から適用する。ただし、平成26年4月1日以後に発行する監査報告書から適用することを妨げない。

2 改訂監査基準を実務に適用するに当たって必要となる実務の指針については、日本公認会計士協会において、関係者とも協議の上、適切な手続の下で、早急に作成されることが要請される。

監査基準の改訂について

（平成30年7月5日）
（企業会計審議会）

一 経 緯

公認会計士（監査法人を含む。）による財務諸表の監査は、財務諸表の信頼性を担保するための制度であり、その規範となる監査基準は、財務諸表の作成規範である会計基準とともに、適正なディスクロージャーを確保するための資本市場の重要なインフラストラクチャーである。こうした観点から、当審議会では、監査をめぐる内外の動向を踏まえ、これまでも必要に応じて監査基準の改訂を行ってきている。

しかしながら、近時、我が国では、不正会計事案などを契機として監査の信頼性が改めて問われている状況にあり、その信頼性を確保するための取組みの一つとして、財務諸表利用者に対する監査に関する情報提供を充実させる必要性が指摘されている。

我が国を含め、国際的に採用されてきた従来の監査報告書は、記載文言を標準化して監査人の意見を簡潔明瞭に記載する、いわゆる短文式の監査報告書であった。これに対しては、かねてより、監査意見に至る監査のプロセスに関する情報が十分に提供されず、監査の内容が見えにくいとの指摘がされてきた。

こうした中、主に世界的な金融危機を契機に、監査の信頼性を確保するための取組みの一つとして、監査意見を簡潔明瞭に記載する枠組みは基本的に維持しつつ、監査プロセスの透明性を向上させることを目的に、監査人が当年度の財務諸表の監査において特に重要であると判断した事項（以下「監査上の主要な検討事項」という。）を監査報告書に記載する監査基準の改訂が国際的に行われてきている。

当審議会は、こうした国際的な動向を踏まえつつ、我が国の監査プロセスの透明性を向上させる観点から、監査報告書において「監査上の主要な検討事項」の記載を求める監査基準の改訂について審議を行い、平成30年5月、監査部会において公開草案を公表し、広く各界の意見を求め、寄せられた意見を参考としつつ、公開草案の内容を一部修正して、これを「監査基準の改訂に関する意見書」として公表することとした。

監査報告書における「監査上の主要な検討事項」の記載は、監査人が実施した監査の透明性を向上させ、監査報告書の情報価値を高めることにその意義があり、これにより、

・財務諸表利用者に対して監査のプロセスに関する情報が、監査の品質を評価する新たな検討材料として提供されることで、監査の信頼性向上に資すること

・財務諸表利用者の監査や財務諸表に対する理解が深まるとともに、経営者との対話が促進されること

・監査人と監査役、監査役会、監査等委員会又は監査委員会（以下「監査役等」という。）の間のコミュニケーションや、監査人と経営者の間の議論を更に充実させることを通じ、コーポレート・ガバナンスの強化や、監査の過程で識別した様々なリスクに関する認識が共有されることによる効果的な監査の実施につながること

等の効果が期待される。

このような効果が発揮されるためには、監査人、監査役等、経営者といった各関係者において、今

回の改訂の趣旨を十分に理解の上、実施された監査の内容に関する情報が財務諸表利用者に適切に伝わるよう運用を図っていくことが重要である。

二　主な改訂点とその考え方

1　「監査上の主要な検討事項」について

(1)　監査報告書における位置付け

　　我が国では監査基準設定当初より、監査報告書は、監査の結果として、財務諸表に対する監査人の意見を表明する手段であるとともに、監査人が自己の意見に関する責任を正式に認める手段であることから、その内容を簡潔明瞭に記載して報告する、いわゆる短文式の監査報告書が採用されている。監査報告書における「監査上の主要な検討事項」の記載は、財務諸表利用者に対し、監査人が実施した監査の内容に関する情報を提供するものであり、監査報告書における監査意見の位置付けを変更するものではない。このため、監査人による「監査上の主要な検討事項」の記載は、監査意見とは明確に区別しなければならないことを明確にした。

(2)　「監査上の主要な検討事項」の決定

　　監査人は、監査の過程で監査役等と協議した事項の中から、

- ・特別な検討を必要とするリスクが識別された事項、又は重要な虚偽表示のリスクが高いと評価された事項
- ・見積りの不確実性が高いと識別された事項を含め、経営者の重要な判断を伴う事項に対する監査人の判断の程度
- ・当年度において発生した重要な事象又は取引が監査に与える影響

等について考慮した上で特に注意を払った事項を決定し、当該決定を行った事項の中からさらに、当年度の財務諸表の監査において、職業的専門家として特に重要であると判断した事項を絞り込み、「監査上の主要な検討事項」として決定することとなる。

　　監査人は、リスク・アプローチに基づく監査計画の策定段階から監査の過程を通じて監査役等と協議を行うなど、適切な連携を図ることが求められており、「監査上の主要な検討事項」は、そのような協議を行った事項の中から絞り込みが行われ、決定されるものである。

(3)　「監査上の主要な検討事項」の記載

　　監査人は、「監査上の主要な検討事項」であると決定した事項について、監査報告書に「監査上の主要な検討事項」の区分を設け、関連する財務諸表における開示がある場合には当該開示への参照を付した上で、

- ・「監査上の主要な検討事項」の内容
- ・監査人が、当年度の財務諸表の監査における特に重要な事項であると考え、「監査上の主要な検討事項」であると決定した理由
- ・監査における監査人の対応

を記載することとなる。

　　「監査上の主要な検討事項」の記載を有意義なものとするためには、監査人は財務諸表の監査の過程を通じて監査役等と適切な連携を図った上で、監査人が監査役等に対して行う報告内容を基礎として、当該財務諸表の監査に固有の情報を記載することが重要である。また、財務諸表利用者にとって有用なものとなるように、監査人は、過度に専門的な用語の使用を控えて分かりやすく記載するよう留意する必要がある。

(4)　監査意見が無限定適正意見以外の場合の取扱い

　　財務諸表に重要な虚偽の表示があること、又は重要な監査手続を実施できなかったこと等により無限定適正意見を表明することができない場合には、監査人はその理由、影響等について、区分を設けて記載しなければならないとされている。

　　不適正意見の場合には、重要かつ広範な事項について虚偽の表示があることから、通常、当該意見に至った理由が最も重要な事項であると想定されるが、当該理由以外の事項を「監査上の主要な検討事項」として記載するときには、意見の根拠の区分に記載すべき内容と

明確に区別しなければならない。限定付適正意見の場合に、当該意見に至った理由以外の事項を「監査上の主要な検討事項」として記載するときも同様である。

なお、意見不表明の場合において、その根拠となった理由以外の事項を「監査上の主要な検討事項」として記載することは、財務諸表全体に対する意見表明のための基礎を得ることができていないにもかかわらず、当該事項について部分的に保証しているかのような印象を与える可能性がある。このため、意見不表明の場合には、「監査上の主要な検討事項」は記載しないことが適当である。

(5) 「監査上の主要な検討事項」と企業による開示との関係

企業に関する情報を開示する責任は経営者にあり、監査人による「監査上の主要な検討事項」の記載は、経営者による開示を代替するものではない。したがって、監査人が「監査上の主要な検討事項」を記載するに当たり、企業に関する未公表の情報を含める必要があると判断した場合には、経営者に追加の情報開示を促すとともに、必要に応じて監査役等と協議を行うことが適切である。この際、企業に関する情報の開示に責任を有する経営者には、監査人からの要請に積極的に対応することが期待される。また、取締役の職務の執行を監査する責任を有する監査役等には、経営者に追加の開示を促す役割を果たすことが期待される。

監査人が追加的な情報開示を促した場合において経営者が情報を開示しないときに、監査人が正当な注意を払って職業的専門家としての判断において当該情報を「監査上の主要な検討事項」に含めることは、監査基準に照らして守秘義務が解除される正当な理由に該当する。

監査人は、「監査上の主要な検討事項」の記載により企業又は社会にもたらされる不利益が、当該事項を記載することによりもたらされる公共の利益を上回ると合理的に見込ま

れない限り、「監査上の主要な検討事項」として記載することが適切である。財務諸表利用者に対して、監査の内容に関するより充実した情報が提供されることは、公共の利益に資するものと推定されることから、「監査上の主要な検討事項」と決定された事項について監査報告書に記載が行われない場合は極めて限定的であると考えられる。

もっとも、「監査上の主要な検討事項」の記載は、監査の内容に関する情報を提供するものであることから、監査人はその記載に当たり、企業に関する未公表の情報を不適切に提供することとならないよう留意する必要がある。「監査上の主要な検討事項」の記載に関する経営者及び監査役等との協議は、監査人が、当該事項の記載の結果生じる可能性がある不利益の重要性に関する経営者の見解を理解するために役立つと考えられる。

2 報告基準に関わるその他の改訂事項について

国際的な監査基準では、「監査上の主要な検討事項」の記載以外にも、監査報告書の記載内容の明瞭化や充実を図ることを目的とした改訂が行われている。

当審議会は、我が国においても、財務諸表利用者の監査及び財務諸表への理解を深めるとともに、国際的な監査基準との整合性を確保する観点から、これらの点についても監査基準の改訂を行うこととした。

なお、中間監査基準及び四半期レビュー基準についても、今後、同様の観点からの改訂を検討することが必要である。

(1) 監査報告書の記載区分等

現行の我が国の監査基準では、監査報告書には、監査の対象、経営者の責任、監査人の責任、監査人の意見を区分した上で記載することが求められている。

この点に関して、以下の通り改訂を行うこととする。

・監査人の意見を監査報告書の冒頭に記載することとし、記載順序を変更するとともに

新たに意見の根拠の区分を設ける

・経営者の責任を経営者及び監査役等の責任
に変更し、監査役等の財務報告に関する責
任を記載する

(2) 継続企業の前提に関する事項

現行の我が国の監査基準では、継続企業の
前提に関する重要な不確実性が認められる場
合には、監査人は、継続企業の前提に関する
事項が財務諸表に適切に注記されていること
を確かめた上で、当該事項について監査報告
書に追記することが求められている。

この点について、継続企業の前提に関する
評価と開示に関する経営者及び監査人の対応
についてより明確にするため、継続企業の前
提に関する重要な不確実性が認められる場合
に監査人が監査報告書に記載する要件は変更
することなく、独立した区分を設けて継続企
業の前提に関する事項を記載することとした。
あわせて、経営者は継続企業の前提に関する
評価及び開示を行う責任を有し、監査人はそ
の検討を行う責任を有することを、経営者の
責任、監査人の責任に関する記載内容にそれ
ぞれ追加することとした。

また、経営者は、継続企業の前提に重要な
疑義を生じさせるような事象又は状況が存在
する場合、その旨及びその内容を有価証券報
告書の「事業等のリスク」に、経営者による
対応策を「財政状態、経営成績及びキャッ
シュ・フローの状況の分析」に記載すること
とされている。監査人は、監査の過程で継続
企業の前提に重要な疑義を生じさせるような
事象又は状況の有無及びその内容を確かめる
こととされている。この点に関し、監査人は、
継続企業の前提に重要な疑義を生じさせるよ
うな事象又は状況が存在する場合には、経営
者による開示について検討することとなる。

三　実施時期等

1　改訂監査基準中、「監査上の主要な検討事項」
については、平成33年3月決算に係る財務諸表
の監査から適用する。ただし、それ以前の決算

に係る財務諸表の監査から適用することを妨げ
ない。

2　改訂監査基準中、報告基準に関わるその他の
改訂事項については、平成32年3月決算に係る
財務諸表の監査から適用する。

3　改訂監査基準の実施に当たり、関係法令にお
いて、「監査上の主要な検討事項」の適用範囲
その他の基準の改訂に伴う所要の整備を行うこ
とが適当である。

4　改訂監査基準を実務に適用するに当たって必
要となる実務の指針については、日本公認会計
士協会において、関係者とも協議の上、適切な
手続の下で、早急に作成されることが要請され
る。

監査基準の改訂について

（令和元(2019)年9月3日
企業会計審議会）

一　経　緯

財務諸表の監査は、財務諸表の信頼性を担保す
るための制度であり、監査人の行動規範となる監
査基準は、財務諸表の作成規範である会計基準と
ともに、適正なディスクロージャーを確保するた
めの資本市場の重要なインフラストラクチャーで
ある。

近時、我が国では、不正会計事案を契機として、
改めて監査の信頼性が問われている状況にある。
監査人が財務諸表利用者に対し自ら行った監査に
関する説明を行うことは、監査人の職責に含まれ
るものであり、監査人は監査の信頼性の確保に向
けた自律的な対応の一環として、自らの説明責任
を十分に果たしていくことが求められている。

監査の信頼性確保のための取組みの一つとして、
財務諸表利用者に対して監査に関する説明・情報
提供を充実させる必要性が指摘されている。この
ため、当審議会では、平成30 (2018)年7月、監
査プロセスの透明性を向上させる観点から、監査
報告書において「監査上の主要な検討事項」の記
載を求める監査基準の改訂を行ったところである。

このように、監査人による監査に関する説明や情報提供への要請が高まる中、特に、限定付適正意見、意見不表明又は不適正意見の場合（以下、「無限定適正意見以外の場合」という。）における監査報告書の意見の根拠の区分に関し、財務諸表利用者の視点に立ったわかりやすく具体的な説明がなされていない事例があるのではないかとの指摘がなされている。また、監査人の守秘義務に関し、本来、監査人が財務諸表利用者に対して自ら行った監査に関する説明を行うことは、監査人の職責に含まれるものであり、監査人の守秘義務が解除される正当な理由に該当するが、そうした理解が関係者間に十分に浸透していないため、監査人が財務諸表利用者に対して監査に関して説明を行う上で制約になっているのではないかとの指摘もなされている。

当審議会は、これらの指摘を踏まえつつ、監査人による監査に関する説明及び情報提供の一層の充実を図る観点から、監査報告書における意見の根拠の記載や監査人の守秘義務に関する論点について審議を行い、令和元（2019）年5月、監査部会において公開草案を公表し、広く各界の意見を求め、寄せられた意見を参考としつつ、公開草案の内容を一部修正して、これを「監査基準の改訂に関する意見書」として公表することとした。

二　主な改訂点とその考え方

1　監査報告書の意見の根拠の記載について

現行の監査基準では、無限定適正意見以外の場合の監査報告書について、意見の根拠の区分に以下の事項をそれぞれ記載しなければならないとされている。

・意見に関する除外により限定付適正意見を表明する場合には、除外した不適切な事項及び財務諸表に与えている影響
・不適正意見の場合には、財務諸表が不適正であるとした理由
・監査範囲の制約により限定付適正意見を表明する場合には、実施できなかった監査手続及び当該事実が影響する事項
・意見を表明しない場合には、財務諸表に対する意見を表明しない旨及びその理由

無限定適正意見以外の場合、監査人の判断の背景や根拠となった事情は、財務諸表利用者の意思決定に対して重大な影響を与え得るため、監査報告書において意見の根拠を十分かつ適切に記載しなければならないことは言うまでもないが、特に限定付適正意見の場合に関し、なぜ不適正意見ではなく限定付適正意見と判断したのかについての説明が不十分な事例が見られるとの指摘がある。

この点に関し、現行の監査基準は、意見の除外により限定付適正意見を表明する場合には、監査報告書の意見の根拠の区分において「除外した不適切な事項及び財務諸表に与えている影響」を記載する中で、不適正意見ではなく限定付適正意見と判断した理由についても説明がなされることを想定している。しかしながら、前述のような指摘も踏まえ、財務諸表利用者の視点に立ったわかりやすく具体的な説明の記載が求められることから、監査基準上、意見の根拠の区分の記載事項として、除外した不適切な事項及び財務諸表に与えている影響とともに、これらを踏まえて除外事項に関し重要性はあるが広範性はないと判断し限定付適正意見とした理由を記載しなければならないことを明確にすることとした。

同様に、監査範囲の制約により限定付適正意見を表明する場合も、意見の根拠の区分において、実施できなかった監査手続及び当該事実が影響する事項とともに、これらを踏まえて除外事項に関し重要性はあるが広範性はないと判断し限定付適正意見とした理由を記載しなければならないことを明確にすることとした。

2　守秘義務について

監査の信頼性を確保する観点から、監査人には、質の高い監査を提供することだけでなく、財務諸表利用者に対して監査に関する説明・情報提供を十分かつ適時、適切に行うことも求められるようになっている。とりわけ、近年、財務諸表において会計上の見積りを含む項目が増

え、これらに対する監査の重要性が高まっている中、具体的な監査上の対応や監査人の重要な判断に関する説明・情報提供の充実が要請されている。

監査人が財務諸表利用者に対して監査に関する説明・情報提供を行うに際しては、守秘義務との関係が問題となり得る。守秘義務については、公認会計士法において、職業的専門家としての職業倫理上当然の義務として定められているとともに、監査基準においても、その設定当初、監査人が企業から監査に必要な情報の提供を受けることを確保するために不可欠であり、監査を受ける企業との信頼関係の下、監査業務を有効かつ効率的に遂行する上で必要な義務として定められたものである。こうした守秘義務の意義は、今日においても変わるものではないが、監査に関する情報提供の充実を求める社会的要請の高まりを踏まえ、守秘義務の在り方をあらためて検討する必要がある。

公認会計士法第27条は、「業務上取り扱ったことについて知り得た秘密」を公認会計士の守秘義務の対象として規定している。これに対し、現行の監査基準は、「業務上知り得た事項」を監査人の守秘義務の対象と定めている。

本来、守秘義務の対象は、企業の秘密に限られるものであるが、我が国においては、一般的に、企業に関する未公表の情報について、あらゆるものが守秘義務の対象になり得ると考えられる傾向があると指摘されている。このため、監査基準における守秘義務の規定については、公認会計士法との整合を図るため、秘密を対象にするものであることを明確にすることとした。

なお、監査人が自ら行った監査に関する説明を監査報告書に記載することは、守秘義務が解除される「正当な理由」に該当するところ、その記載の内容及びその程度については、これによりもたらされる公共の利益と企業又は社会の不利益との比較衡量の上、決定すべきであり、今後、具体的な事例の積み重ねとともに関係者の間で共通の理解が確立されていくことが必要である。

三　実施時期等

1　改訂監査基準は、令和2（2020）年3月決算に係る財務諸表の監査から実施する。
2　改訂監査基準の実施に当たり、関係法令において所要の整備を行うことが適当である。
3　改訂基準を実務に適用するに当たって必要となる実務の指針については、日本公認会計士協会において、関係者とも協議の上、適切な手続の下で、早急に作成されることが要請される。
4　監査基準の改訂について（平成30年7月5日企業会計審議会）の「三　実施時期等」の1中「平成33年3月決算」とあるのは「令和3（2021）年3月決算」と、同2中「平成32年3月決算」とあるのは「令和2（2020）年3月決算」とする。

監査基準の改訂について

（令和2（2020）年11月6日
企業会計審議会）

一　経　緯

当審議会は、財務諸表利用者に対して監査に関する説明・情報提供を充実させる観点から、平成30（2018）年7月、監査報告書において「監査上の主要な検討事項」の記載を求める監査基準の改訂を行い、その後も引き続き、監査報告書の記載内容の充実について議論を行ってきたところである。近時、我が国では、企業内容等に関する情報の開示について、経営者による財務諸表以外の情報の開示の充実が進んでいる。これまでも、財務諸表とともに開示される財務諸表以外の情報において、財務諸表の表示やその根拠となっている数値等との間に重要な相違があるときには、監査人が表明した適正性に関する結論に誤りがあるのではないかとの誤解を招くおそれがあることから、当該相違を監査報告書に情報として追記することとされていたが、その取扱いは必ずしも明確ではなかった。今後、財務諸表以外の情報の開示のさらなる充実が期待される中、当該情報に対する監

査人の役割の明確化、及び監査報告書における情報提供の充実を図ることの必要性が高まっている。とりわけ、監査人が当該情報について通読し、当該情報と財務諸表又は監査人が監査の過程で得た知識との間に重要な相違があるかどうかについて検討し、その結果を監査報告書に記載することには、監査人の当該情報に係る役割の明確化を図るとともに、監査の対象とした財務諸表の信頼性を確保するという効果も期待される。こうした問題意識を踏まえ、当審議会は、監査した財務諸表を含む開示書類のうち当該財務諸表と監査報告書とを除いた部分の記載内容（以下、「その他の記載内容」という。）について、監査人の手続を明確にするとともに、監査報告書に必要な記載を求めることとした。

他方、近年の公認会計士・監査審査会の検査結果において、重要な虚偽表示のリスクの評価に係る手続や特別な検討を必要とするリスクに対応する手続が適切に実施されていないとの指摘がなされている。また、会計上の見積りに関して、経営者の使用した仮定の合理性の検討が不十分であるなど、重要な虚偽表示のリスクに対応する監査手続が不十分との指摘もなされている。リスク・アプローチに基づく監査の実施においては、リスク評価が決定的に重要であることから、特別な検討を必要とするリスクを含む重要な虚偽表示のリスクの評価について、その強化を図ることが必要である。同時に、会計上の見積りについては、適切に評価されたリスクに対応した深度ある監査手続が必要と考えられる。監査基準をめぐる国際的な動向をみても、世界的な金融危機を契機として会計上の見積りに係る基準が改訂されるとともに、実務における適用状況を踏まえリスク評価に関する基準の改訂がなされたところである。こうした動向を踏まえ、我が国においても、国際的な監査基準との整合性を確保しつつ、監査の質の向上を図ることが必要であると判断した。

以上のことから、当審議会は、「その他の記載内容」及びリスク・アプローチに関する論点について審議を行い、令和2（2020）年3月、監査部会において公開草案を公表し、広く各界の意見を求めた。当審議会では、寄せられた意見を参考としつつ、更に審議を行い、公開草案の内容を一部修正して、これを「監査基準の改訂に関する意見書」として公表することとした。

二　主な改訂点とその考え方

1　「その他の記載内容」について

⑴　監査報告書における「その他の記載内容」に係る記載の位置付け

現行の監査基準では、監査人が監査した財務諸表を含む開示書類における当該財務諸表の表示と「その他の記載内容」との間の重要な相違は、監査人の意見とは明確に区別された監査報告書の追記情報の一つとして掲げられている。

この点、従来と同様、監査人は「その他の記載内容」に対して意見を表明するものではなく、監査報告書における「その他の記載内容」に係る記載は、監査意見とは明確に区別された情報の提供であるという位置付けを維持することとした。また、監査報告書において記載すべき事項を明確にすることにより、監査人の「その他の記載内容」に係る役割をより一層明確にした。

⑵　「その他の記載内容」に対する手続

監査人は、「その他の記載内容」を通読し、「その他の記載内容」と財務諸表又は監査人が監査の過程で得た知識との間に重要な相違があるかどうかについて検討することを明確にした。

その際、監査人が監査の過程で得た知識には、入手した監査証拠及び監査における検討結果が含まれるが、「その他の記載内容」の通読及び検討に当たって、新たな監査証拠の入手が求められるものではない。

なお、監査人は、「その他の記載内容」の通読及び検討に当たって、財務諸表や監査の過程で得た知識に関連しない内容についても、重要な誤りの兆候に注意を払うこととなる。

その結果、監査人が、上記の重要な相違に気付いた場合や、財務諸表や監査の過程で得

た知識に関連しない「その他の記載内容」についての重要な誤りに気付いた場合には、経営者や監査役等と協議を行うなど、追加の手続を実施することが求められる。「その他の記載内容」に重要な誤りがある場合において、上記の追加の手続を実施しても当該重要な誤りが解消されない場合には、監査報告書にその旨及びその内容を記載するなどの適切な対応が求められる。

(3) 「その他の記載内容」の記載

監査人は、監査報告書に「その他の記載内容」の区分を設け、

- ・「その他の記載内容」の範囲
- ・「その他の記載内容」に対する経営者及び監査役等の責任
- ・「その他の記載内容」に対して監査人は意見を表明するものではない旨
- ・「その他の記載内容」に対する監査人の責任
- ・「その他の記載内容」について監査人が報告すべき事項の有無、報告すべき事項がある場合はその内容

を記載することとなる。

なお、財務諸表に対し意見を表明しない場合においては、「その他の記載内容」についての重要な誤りの有無を監査報告書に記載し、財務諸表の一部についての追加的な情報を提供することは、当該記載と財務諸表全体に対する意見を表明しないという監査人の結論との関係を曖昧にするおそれがあるため、「その他の記載内容」について記載しないことが適当である。

(4) 経営者・監査役等の対応

経営者は、「その他の記載内容」に重要な相違又は重要な誤りがある場合には、適切に修正することなどが求められる。また、監査役等においても、「その他の記載内容」に重要な相違又は重要な誤りがある場合には、経営者に対して修正するよう積極的に促していくことなどが求められる。

2　リスク・アプローチの強化について

(1) リスク・アプローチに基づく監査

リスク・アプローチに基づく監査は、重要な虚偽の表示が生じる可能性が高い事項について重点的に監査の人員や時間を充てることにより、監査を効果的かつ効率的に実施できることから、平成3（1991）年の監査基準の改訂で採用した。また、平成14（2002）年の監査基準の改訂で、固有リスク、統制リスク、発見リスクという三つのリスク要素と監査リスクの関係を明らかにし、リスク・アプローチに基づく監査の仕組みをより一層明確にした。さらに、平成17（2005）年の監査基準の改訂では、監査人の監査上の判断が財務諸表の個々の項目に集中する傾向があり、経営者の関与によりもたらされる重要な虚偽の表示を看過する原因となることが指摘された。このため、「事業上のリスク等を重視したリスク・アプローチ」を導入し、固有リスクと統制リスクを結合した「重要な虚偽表示のリスク」の評価、「財務諸表全体」及び「財務諸表項目」の二つのレベルにおける評価等の考え方を導入した。

しかしながら、近年、公認会計士・監査審査会の検査結果においてリスク評価及び評価したリスクへの対応に係る指摘がなされていることに加え、会計基準の改訂等により会計上の見積りが複雑化する傾向にあり、財務諸表項目レベルにおける重要な虚偽表示のリスクの評価がより一層重要となってきている。また、国際的な監査基準においても、実務において、特別な検討を必要とするリスクの識別に一貫性がない、会計上の見積りの複雑化への対応が必要であるなどの指摘がなされたことから、会計上の見積りに関する監査基準の改訂、特別な検討を必要とするリスクの評価を含め、重要な虚偽表示のリスクの評価の強化が図られたところである。

以上の状況を踏まえ、財務諸表全体レベルにおいて固有リスク及び統制リスクを結合した重要な虚偽表示のリスクを評価する考え方

を維持することとした。また、財務諸表項目レベルにおいては、固有リスクの性質に着目して重要な虚偽の表示がもたらされる要因などを勘案することが、重要な虚偽表示のリスクのより適切な評価に結び付くことから、固有リスクと統制リスクを分けて評価することとした。さらに、特別な検討を必要とするリスクについては、固有リスクの評価を踏まえた定義とした。加えて、会計上の見積りについては、上記のとおり重要な虚偽表示のリスクの評価に当たり、固有リスクと統制リスクを分けて評価することを前提に、リスクに対応する監査手続として、原則として、経営者が採用した手法並びにそれに用いられた仮定及びデータを評価する手続が必要である点を明確にした。また、経営者が行った見積りと監査人の行った見積りや実績とを比較する手続も引き続き重要である。

なお、今回の改訂に係る部分を除いて、平成14（2002）年及び平成17（2005）年の改訂における「監査基準の改訂について」に記載されているリスク・アプローチの概念や考え方は踏襲されていることに留意が必要である。

(2) **財務諸表項目レベルにおける重要な虚偽表示のリスクの評価**

財務諸表項目レベルにおける重要な虚偽表示のリスクを構成する固有リスクについては、重要な虚偽の表示がもたらされる要因を勘案し、虚偽の表示が生じる可能性と当該虚偽の表示が生じた場合の影響を組み合わせて評価することとした。なお、この影響には、金額的影響だけでなく、質的影響も含まれることに留意が必要である。

(3) **特別な検討を必要とするリスクの定義**

現行の監査基準では、会計上の見積りや収益認識等の重要な会計上の判断に関して財務諸表に重要な虚偽の表示をもたらす可能性の

ある事項、不正の疑いのある取引、特異な取引等は、監査の実施の過程において特別な検討を行う必要があることから、特別な検討を必要とするリスクとして、それが財務諸表における重要な虚偽の表示をもたらしていないかを確かめる実証手続の実施などを求めている。しかし、リスク・アプローチに基づく監査の実施に当たって、財務諸表項目レベルにおける重要な虚偽表示のリスクを適切に評価することがより一層重要となるなか、監査人は、固有リスクに着目をして、特別な検討を行う必要があるか検討する必要がある。そのため、財務諸表項目レベルにおける評価において、虚偽の表示が生じる可能性と当該虚偽の表示が生じた場合の影響の双方を考慮して、固有リスクが最も高い領域に存在すると評価したリスクを特別な検討を必要とするリスクと定義することとした。

三　実施時期等

1　改訂監査基準中、「その他の記載内容」については、令和4（2022）年3月決算に係る財務諸表の監査から実施する。ただし、令和3（2021）年3月決算に係る財務諸表の監査から実施することができる。

2　改訂監査基準中、リスク・アプローチの強化については、令和5（2023）年3月決算に係る財務諸表の監査から実施する。ただし、それ以前の決算に係る財務諸表の監査から実施することを妨げない。

3　改訂監査基準の実施に当たり、関係法令において所要の整備を行うことが適当である。

4　改訂基準を実務に適用するに当たって必要となる実務の指針については、日本公認会計士協会において、関係者とも協議の上、適切な手続の下で、早急に作成されることが要請される。

監 査 基 準

昭和25年 7 月14日　　改訂平成14年 1 月25日
改訂昭和31年12月25日　改訂平成17年10月28日
改訂昭和40年 9 月30日　改訂平成21年 4 月 9 日
改訂昭和41年 4 月26日　改訂平成22年 3 月26日
改訂昭和51年 7 月13日　改訂平成25年 3 月26日
改訂昭和58年 2 月14日　改訂平成26年 2 月18日
改訂平成元年 5 月11日　改訂平成30年 7 月 5 日
改訂平成 3 年 5 月31日　改訂令和元(2019)年 9 月 3 日
改訂平成 3 年12月26日　改訂令和 2 (2020)年11月 6 日
改訂平成10年 6 月16日

第一　監査の目的

1　財務諸表の監査の目的は、経営者の作成した財務諸表が、一般に公正妥当と認められる企業会計の基準に準拠して、企業の財政状態、経営成績及びキャッシュ・フローの状況を全ての重要な点において適正に表示しているかどうかについて、監査人が自ら入手した監査証拠に基づいて判断した結果を意見として表明することにある。

　財務諸表の表示が適正である旨の監査人の意見は、財務諸表には、全体として重要な虚偽の表示がないということについて、合理的な保証を得たとの監査人の判断を含んでいる。

2　財務諸表が特別の利用目的に適合した会計の基準により作成される場合等には、当該財務諸表が会計の基準に準拠して作成されているかどうかについて、意見として表明することがある。

第二　一般基準

1　監査人は、職業的専門家として、その専門能力の向上と実務経験等から得られる知識の蓄積に常に努めなければならない。

2　監査人は、監査を行うに当たって、常に公正不偏の態度を保持し、独立の立場を損なう利害や独立の立場に疑いを招く外観を有してはならない。

3　監査人は、職業的専門家としての正当な注意を払い、懐疑心を保持して監査を行わなければならない。

4　監査人は、財務諸表の利用者に対する不正な報告あるいは資産の流用の隠蔽を目的とした重要な虚偽の表示が、財務諸表に含まれる可能性を考慮しなければならない。また、違法行為が財務諸表に重要な影響を及ぼす場合があることにも留意しなければならない。

5　監査人は、監査計画及びこれに基づき実施した監査の内容並びに判断の過程及び結果を記録し、監査調書として保存しなければならない。

6　監査人は、自らの組織として、全ての監査が一般に公正妥当と認められる監査の基準に準拠して適切に実施されるために必要な質の管理（以下「品質管理」という。）の方針と手続を定め、これらに従って監査が実施されていることを確かめなければならない。

7　監査人は、監査を行うに当たって、品質管理の方針と手続に従い、指揮命令の系統及び職務の分担を明らかにし、また、当該監査に従事する補助者に対しては適切な指示、指導及び監督を行わなければならない。

8　監査人は、業務上知り得た秘密を正当な理由なく他に漏らし、又は窃用してはならない。

第三　実施基準

一　基本原則

1　監査人は、監査リスクを合理的に低い水準に抑えるために、財務諸表における重要な虚偽表示のリスクを評価し、発見リスクの水準を決定するとともに、監査上の重要性を勘案して監査

計画を策定し、これに基づき監査を実施しなければならない。

2　監査人は、監査の実施において、内部統制を含む、企業及び企業環境を理解し、これらに内在する事業上のリスク等が財務諸表に重要な虚偽の表示をもたらす可能性を考慮しなければならない。

3　監査人は、自己の意見を形成するに足る基礎を得るために、経営者が提示する財務諸表項目に対して、実在性、網羅性、権利と義務の帰属、評価の妥当性、期間配分の適切性及び表示の妥当性等の監査要点を設定し、これらに適合した十分かつ適切な監査証拠を入手しなければならない。

4　監査人は、十分かつ適切な監査証拠を入手するに当たっては、財務諸表における重要な虚偽表示のリスクを暫定的に評価し、リスクに対応した監査手続を、原則として試査に基づき実施しなければならない。

5　監査人は、職業的専門家としての懐疑心をもって、不正及び誤謬により財務諸表に重要な虚偽の表示がもたらされる可能性に関して評価を行い、その結果を監査計画に反映し、これに基づき監査を実施しなければならない。

6　監査人は、監査計画の策定及びこれに基づく監査の実施において、企業が将来にわたって事業活動を継続するとの前提（以下「継続企業の前提」という。）に基づき経営者が財務諸表を作成することが適切であるか否かを検討しなければならない。

7　監査人は、監査の各段階において、監査役、監査役会、監査等委員会又は監査委員会（以下「監査役等」という。）と協議する等適切な連携を図らなければならない。

8　監査人は、特別の利用目的に適合した会計の基準により作成される財務諸表の監査に当たっては、当該会計の基準が受入可能かどうかについて検討しなければならない。

二　監査計画の策定

1　監査人は、監査を効果的かつ効率的に実施するために、監査リスクと監査上の重要性を勘案して監査計画を策定しなければならない。

2　監査人は、監査計画の策定に当たり、景気の動向、企業が属する産業の状況、企業の事業内容及び組織、経営者の経営理念、経営方針、内部統制の整備状況、情報技術の利用状況その他企業の経営活動に関わる情報を入手し、企業及び企業環境に内在する事業上のリスク等がもたらす財務諸表における重要な虚偽表示のリスクを暫定的に評価しなければならない。

3　監査人は、広く財務諸表全体に関係し特定の財務諸表項目のみに関連づけられない重要な虚偽表示のリスクがあると判断した場合には、そのリスクの程度に応じて、補助者の増員、専門家の配置、適切な監査時間の確保等の全般的な対応を監査計画に反映させなければならない。

4　監査人は、財務諸表項目に関連した重要な虚偽表示のリスクの評価に当たっては、固有リスク及び統制リスクを分けて評価しなければならない。固有リスクについては、重要な虚偽の表示がもたらされる要因を勘案し、虚偽の表示が生じる可能性と当該虚偽の表示が生じた場合の影響を組み合わせて評価しなければならない。また、監査人は、財務諸表項目に関連して暫定的に評価した重要な虚偽表示のリスクに対応する、内部統制の運用状況の評価手続及び発見リスクの水準に応じた実証手続に係る監査計画を策定し、実施すべき監査手続、実施の時期及び範囲を決定しなければならない。

5　監査人は、虚偽の表示が生じる可能性と当該虚偽の表示が生じた場合の金額的及び質的影響の双方を考慮して、固有リスクが最も高い領域に存在すると評価した場合には、そのリスクを特別な検討を必要とするリスクとして取り扱わなければならない。特に、監査人は、会計上の見積りや収益認識等の判断に関して財務諸表に重要な虚偽の表示をもたらす可能性のある事項、不正の疑いのある取引、特異な取引等、特別な検討を必要とするリスクがあると判断した場合には、そのリスクに対応する監査手続に係る監査計画を策定しなければならない。

6 監査人は、企業が利用する情報技術が監査に及ぼす影響を検討し、その利用状況に適合した監査計画を策定しなければならない。

7 監査人は、監査計画の策定に当たって、財務指標の悪化の傾向、財政破綻の可能性その他継続企業の前提に重要な疑義を生じさせるような事象又は状況の有無を確かめなければならない。

8 監査人は、監査計画の前提として把握した事象や状況が変化した場合、あるいは監査の実施過程で新たな事実を発見した場合には、適宜、監査計画を修正しなければならない。

三 監査の実施

1 監査人は、実施した監査手続及び入手した監査証拠に基づき、暫定的に評価した重要な虚偽表示のリスクの程度を変更する必要がないと判断した場合には、当初の監査計画において策定した内部統制の運用状況の評価手続及び実証手続を実施しなければならない。また、重要な虚偽表示のリスクの程度が暫定的な評価よりも高いと判断した場合には、発見リスクの水準を低くするために監査計画を修正し、十分かつ適切な監査証拠を入手できるように監査手続を実施しなければならない。

2 監査人は、ある特定の監査要点について、内部統制が存在しないか、あるいは有効に運用されていない可能性が高いと判断した場合には、内部統制に依拠することなく、実証手続により十分かつ適切な監査証拠を入手しなければならない。

3 監査人は、特別な検討を必要とするリスクがあると判断した場合には、それが財務諸表における重要な虚偽の表示をもたらしていないかを確かめるための実証手続を実施し、また、内部統制の整備状況を調査し、必要に応じて、その運用状況の評価手続を実施しなければならない。

4 監査人は、監査の実施の過程において、広く財務諸表全体に関係し特定の財務諸表項目のみに関連づけられない重要な虚偽表示のリスクを新たに発見した場合及び当初の監査計画における全般的な対応が不十分であると判断した場合

には、当初の監査計画を修正し、全般的な対応を見直して監査を実施しなければならない。

5 監査人は、会計上の見積りの合理性を判断するために、経営者が行った見積りの方法（経営者が採用した手法並びにそれに用いられた仮定及びデータを含む。）の評価、その見積りと監査人の行った見積りや実績との比較等により、十分かつ適切な監査証拠を入手しなければならない。

6 監査人は、監査の実施において不正又は誤謬を発見した場合には、経営者等に報告して適切な対応を求めるとともに、適宜、監査手続を追加して十分かつ適切な監査証拠を入手し、当該不正等が財務諸表に与える影響を評価しなければならない。

7 監査人は、継続企業を前提として財務諸表を作成することの適切性に関して合理的な期間について経営者が行った評価を検討しなければならない。

8 監査人は、継続企業の前提に重要な疑義を生じさせるような事象又は状況が存在すると判断した場合には、当該事象又は状況に関して合理的な期間について経営者が行った評価及び対応策について検討した上で、なお継続企業の前提に関する重要な不確実性が認められるか否かを確かめなければならない。

9 監査人は、適正な財務諸表を作成する責任は経営者にあること、財務諸表の作成に関する基本的な事項、経営者が採用した会計方針、経営者は監査の実施に必要な資料を全て提示したこと及び監査人が必要と判断した事項について、経営者から書面をもって確認しなければならない。

四 他の監査人等の利用

1 監査人は、他の監査人によって行われた監査の結果を利用する場合には、当該他の監査人によって監査された財務諸表等の重要性、及び他の監査人の品質管理の状況等に基づく信頼性の程度を勘案して、他の監査人の実施した監査の結果を利用する程度及び方法を決定しなければ

ならない。

2　監査人は、専門家の業務を利用する場合には、専門家としての能力及びその業務の客観性を評価し、その業務の結果が監査証拠として十分かつ適切であるかどうかを検討しなければならない。

3　監査人は、企業の内部監査の目的及び手続が監査人の監査の目的に適合するかどうか、内部監査の方法及び結果が信頼できるかどうかを評価した上で、内部監査の結果を利用できると判断した場合には、財務諸表の項目に与える影響等を勘案して、その利用の程度を決定しなければならない。

第四　報告基準

一　基本原則

1　監査人は、適正性に関する意見を表明する場合には、経営者の作成した財務諸表が、一般に公正妥当と認められる企業会計の基準に準拠して、企業の財政状態、経営成績及びキャッシュ・フローの状況を全ての重要な点において適正に表示しているかどうかについての意見を表明しなければならない。なお、特別の利用目的に適合した会計の基準により作成される財務諸表については、当該財務諸表が当該会計の基準に準拠して、上記と同様に全ての重要な点において適正に表示しているかどうかについての意見を表明しなければならない。

監査人は、準拠性に関する意見を表明する場合には、作成された財務諸表が、全ての重要な点において、財務諸表の作成に当たって適用された会計の基準に準拠して作成されているかどうかについての意見を表明しなければならない。

監査人は、準拠性に関する意見を表明する場合には、適正性に関する意見の表明を前提とした以下の報告の基準に準じて行うものとする。

2　監査人は、財務諸表が一般に公正妥当と認められる企業会計の基準に準拠して適正に表示されているかどうかの判断に当たっては、経営者が採用した会計方針が、企業会計の基準に準拠して継続的に適用されているかどうかのみならず、その選択及び適用方法が会計事象や取引を適切に反映するものであるかどうか並びに財務諸表の表示方法が適切であるかどうかについても評価しなければならない。

3　監査人は、監査意見の表明に当たっては、監査リスクを合理的に低い水準に抑えた上で、自己の意見を形成するに足る基礎を得なければならない。

4　監査人は、重要な監査手続を実施できなかったことにより、自己の意見を形成するに足る基礎を得られないときは、意見を表明してはならない。

5　監査人は、意見の表明に先立ち、自らの意見が一般に公正妥当と認められる監査の基準に準拠して適切に形成されていることを確かめるため、意見表明に関する審査を受けなければならない。この審査は、品質管理の方針及び手続に従った適切なものでなければならない。品質管理の方針及び手続において、意見が適切に形成されていることを確認できる他の方法が定められている場合には、この限りではない。

二　監査報告書の記載区分

1　監査人は、監査報告書において、監査人の意見、意見の根拠、経営者及び監査役等の責任、監査人の責任を明瞭かつ簡潔にそれぞれを区分した上で、記載しなければならない。ただし、意見を表明しない場合には、その旨を監査報告書に記載しなければならない。

2　監査人は、次に掲げる事項を監査報告書に記載するに当たっては、別に区分を設けて、意見の表明とは明確に区別しなければならない。

(1)　継続企業の前提に関する事項

(2)　当年度の財務諸表の監査の過程で監査役等と協議した事項のうち、職業的専門家として当該監査において特に重要であると判断した事項（以下「監査上の主要な検討事項」という。）

(3)　監査した財務諸表を含む開示書類のうち当該財務諸表と監査報告書とを除いた部分の記

載内容（以下「その他の記載内容」という。）
に関する事項
(4) 財務諸表の記載について強調する必要があ
る事項及び説明を付す必要がある事項

三　無限定適正意見の記載事項

監査人は、経営者の作成した財務諸表が、一般
に公正妥当と認められる企業会計の基準に準拠し
て、企業の財政状態、経営成績及びキャッシュ・
フローの状況を全ての重要な点において適正に表
示していると認められると判断したときは、その
旨の意見（この場合の意見を「無限定適正意見」
という。）を表明しなければならない。この場合
には、監査報告書に次の記載を行うものとする。
(1) **監査人の意見**

監査対象とした財務諸表の範囲、及び経営
者の作成した財務諸表が、一般に公正妥当と
認められる企業会計の基準に準拠して、企業
の財政状態、経営成績及びキャッシュ・フロー
の状況を全ての重要な点において適正に表示
していると認められること
(2) **意見の根拠**

一般に公正妥当と認められる監査の基準に
準拠して監査を行ったこと、監査の結果とし
て入手した監査証拠が意見表明の基礎を与え
る十分かつ適切なものであること
(3) **経営者及び監査役等の責任**

経営者には、財務諸表の作成責任があるこ
と、財務諸表に重要な虚偽の表示がないよう
に内部統制を整備及び運用する責任があるこ
と、継続企業の前提に関する評価を行い必要
な開示を行う責任があること

監査役等には、財務報告プロセスを監視す
る責任があること
(4) **監査人の責任**

監査人の責任は独立の立場から財務諸表に
対する意見を表明することにあること

監査の基準は監査人に財務諸表に重要な虚
偽の表示がないかどうかの合理的な保証を得
ることを求めていること、監査は財務諸表項
目に関する監査証拠を得るための手続を含む

こと、監査は経営者が採用した会計方針及び
その適用方法並びに経営者によって行われた
見積りの評価も含め全体としての財務諸表の
表示を検討していること、監査手続の選択及
び適用は監査人の判断によること、財務諸表
監査の目的は、内部統制の有効性について意
見表明するためのものではないこと、継続企
業の前提に関する経営者の評価を検討するこ
と、監査役等と適切な連携を図ること、監査
上の主要な検討事項を決定して監査報告書に
記載すること

四　意見に関する除外

1　監査人は、経営者が採用した会計方針の選択
及びその適用方法、財務諸表の表示方法に関し
て不適切なものがあり、その影響が無限定適正
意見を表明することができない程度に重要では
あるものの、財務諸表を全体として虚偽の表示
に当たるとするほどではないと判断したときに
は、除外事項を付した限定付適正意見を表明し
なければならない。この場合には、意見の根拠
の区分に、除外した不適切な事項、財務諸表に
与えている影響及びこれらを踏まえて除外事項
を付した限定付適正意見とした理由を記載しな
ければならない。
2　監査人は、経営者が採用した会計方針の選択
及びその適用方法、財務諸表の表示方法に関し
て不適切なものがあり、その影響が財務諸表全
体として虚偽の表示に当たるとするほどに重要
であると判断した場合には、財務諸表が不適正
である旨の意見を表明しなければならない。こ
の場合には、意見の根拠の区分に、財務諸表が
不適正であるとした理由を記載しなければなら
ない。

五　監査範囲の制約

1　監査人は、重要な監査手続を実施できなかっ
たことにより、無限定適正意見を表明すること
ができない場合において、その影響が財務諸表
全体に対する意見表明ができないほどではない
と判断したときには、除外事項を付した限定付

適正意見を表明しなければならない。この場合には、意見の根拠の区分に、実施できなかった監査手続、当該事実が影響する事項及びこれらを踏まえて除外事項を付した限定付適正意見とした理由を記載しなければならない。

2　監査人は、重要な監査手続を実施できなかったことにより、財務諸表全体に対する意見表明のための基礎を得ることができなかったときには、意見を表明してはならない。この場合には、別に区分を設けて、財務諸表に対する意見を表明しない旨及びその理由を記載しなければならない。

3　監査人は、他の監査人が実施した監査の重要な事項について、その監査の結果を利用できないと判断したときに、更に当該事項について、重要な監査手続を追加して実施できなかった場合には、重要な監査手続を実施できなかった場合に準じて意見の表明の適否を判断しなければならない。

4　監査人は、将来の帰結が予測し得ない事象又は状況について、財務諸表に与える当該事象又は状況の影響が複合的かつ多岐にわたる場合には、重要な監査手続を実施できなかった場合に準じて意見の表明ができるか否かを慎重に判断しなければならない。

六　継続企業の前提

1　監査人は、継続企業を前提として財務諸表を作成することが適切であるが、継続企業の前提に関する重要な不確実性が認められる場合において、継続企業の前提に関する事項が財務諸表に適切に記載されていると判断して無限定適正意見を表明するときには、継続企業の前提に関する事項について監査報告書に記載しなければならない。

2　監査人は、継続企業を前提として財務諸表を作成することが適切であるが、継続企業の前提に関する重要な不確実性が認められる場合において、継続企業の前提に関する事項が財務諸表に適切に記載されていないと判断したときには、当該不適切な記載についての除外事項を付した

限定付適正意見を表明するか、又は、財務諸表が不適正である旨の意見を表明し、その理由を記載しなければならない。

3　監査人は、継続企業の前提に重要な疑義を生じさせるような事象又は状況に関して経営者が評価及び対応策を示さないときには、継続企業の前提に関する重要な不確実性が認められるか否かを確かめる十分かつ適切な監査証拠を入手できないことがあるため、重要な監査手続を実施できなかった場合に準じて意見の表明の適否を判断しなければならない。

4　監査人は、継続企業を前提として財務諸表を作成することが適切でない場合には、継続企業を前提とした財務諸表については不適正である旨の意見を表明し、その理由を記載しなければならない。

七　監査上の主要な検討事項

1　監査人は、監査の過程で監査役等と協議した事項の中から特に注意を払った事項を決定した上で、その中からさらに、当年度の財務諸表の監査において、職業的専門家として特に重要であると判断した事項を監査上の主要な検討事項として決定しなければならない。

2　監査人は、監査上の主要な検討事項として決定した事項について、関連する財務諸表における開示がある場合には当該開示への参照を付した上で、監査上の主要な検討事項の内容、監査人が監査上の主要な検討事項であると決定した理由及び監査における監査人の対応を監査報告書に記載しなければならない。

　　ただし、意見を表明しない場合には記載しないものとする。

八　その他の記載内容

1　監査人は、その他の記載内容を通読し、当該その他の記載内容と財務諸表又は監査人が監査の過程で得た知識との間に重要な相違があるかどうかについて検討しなければならない。また監査人は、通読及び検討に当たって、財務諸表や監査の過程で得た知識に関連しないその他の

記載内容についても、重要な誤りの兆候に注意を払わなければならない。

2　監査人は、その他の記載内容に関して、その範囲、経営者及び監査役等の責任、監査人は意見を表明するものではない旨、監査人の責任及び報告すべき事項の有無並びに報告すべき事項がある場合はその内容を監査報告書に記載しなければならない。ただし、財務諸表に対する意見を表明しない場合には記載しないものとする。

九　追記情報

監査人は、次に掲げる強調すること又はその他説明することが適当と判断した事項は、監査報告書にそれらを区分した上で、情報として追記するものとする。

(1)　会計方針の変更

(2)　重要な偶発事象

(3)　重要な後発事象

十　特別目的の財務諸表に対する監査の場合の追記情報

監査人は、特別の利用目的に適合した会計の基準により作成される財務諸表に対する監査報告書には、会計の基準、財務諸表の作成の目的及び想定される主な利用者の範囲を記載するとともに、当該財務諸表は特別の利用目的に適合した会計の基準に準拠して作成されており、他の目的には適合しないことがある旨を記載しなければならない。

また、監査報告書が特定の者のみによる利用を想定しており、当該監査報告書に配布又は利用の制限を付すことが適切であると考える場合には、その旨を記載しなければならない。

(参考)　「継続企業の前提」に関する監査手続

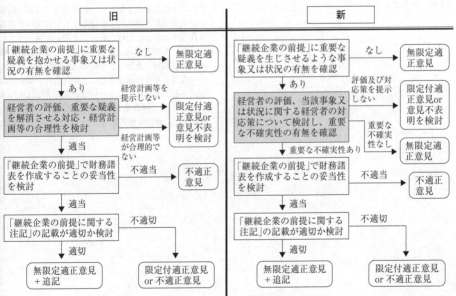

出所：平成21年4月9日　企業会計審議会資料 1-3. p.9

（編集部注）「旧」は平成21年改訂前の監査基準における監査手続を示し、「新」は平成22年改訂後の監査手続を示す。

商法と企業会計原則との調整に関する意見書（抄）

昭和26年9月28日
経済安定本部企業会計基準審議会中間報告

目　次

第一　会計帳簿

（帳簿の概念を確立すること）

　第32条に規定するいわゆる「日記帳」は、「会計の帳簿」を意味する文言に改め、正規の簿記の原則にしたがって記録する帳簿について規定するように第32条を改正すること。

　［理　由］

　商法上の日記帳は、企業会計上の帳簿の観念と一致しない点があるので、実際上種々の不便が生ずる。とくに第274条の監査役の帳簿閲覧権ならびに第293条の6の株主の帳簿閲覧権に関する規定における帳簿の概念との関連性を明瞭にしておく必要がある。正規の簿記においては、会計の帳簿は営業取引に関する歴史的記録（すなわち日記帳又は仕訳帳—伝票の綴を歴史的記録として整理し、日記帳又は仕訳帳に代用することを妨げない—）と勘定記録（すなわち元帳）とから成る。貸借対照表および損益計算書は、決算期日に正確な会計の帳簿の記録を基礎として作成されなければならない。株式会社の場合には複式簿記の方法による会計帳簿の記録を要求すべきであるから、帳簿及び補助書類閲覧権（Access to Books）における帳簿は、会計の帳簿に限定することができよう。

企業会計審議会

企業会計原則と関係諸法令との調整に関する
連続意見書（昭和35年）

昭和35年6月22日
大蔵省企業会計審議会中間報告

目　次

企業会計原則と関係諸法令との調整
に関する連続意見書について

一　本審議会は、昭和24年7月「企業会計原則・財務諸表準則」を中間報告として公表して以来、引き続き「監査基準」等を設定し、わが国における会計制度の整備改善に努力してきた。

　会計制度の維持発展を期するためには、会計原則自体を確立するとともに、「企業会計原則」と商法および税法のうち企業会計に関する諸規定ならびに証券取引法に基づく財務諸表規則等との調整を図る要がある。これがため本審議会は、昭和26年9月「商法と企業会計原則との調整に関する意見書」（以下商法調整意見書という。）を公表し、次いで昭和27年6月「税法と企業会計原則との調整に関する意見書」（以下税法調整意見書という。）を小委員会報告として公表することにより、「企業会計原則」と商法、税法等関係諸法令との矛盾対立せる点を明らかにし、かかる不一致の調整に努めてきたのである。

　かくして、商法調整意見書、税法調整意見書において明らかにされた「企業会計原則」の精神と調整意見は、関係諸法令の改正に当たつて相当程度吸収されるに至つた。しかしながら、現在なお調整を要する問題が少なくない実状にある。

一　商法調整意見書、税法調整意見書が公表されて後、昭和29年7月「企業会計原則」の部分修正が行なわれるとともに「企業会計原則注解」があわせて公表されることにより、企業会計原則の基本理念は一層明らかにされ、また関係諸法令の改正が行なわれるに至つたので、これに即応して商法調整意見書、税法調整意見書自体

も修正すべきであるとの議が生ずるに至つた。しかしながら、これらの調整意見書は、それ自体一貫した思想と体系を有するものであるから、本審議会は、それらを修正することなく、昭和30年2月以降新たなる角度から調整意見書を作成することとしたのである。

時を同じくして、法務省法制審議会においては現行商法の改正特に計算関係規定改正の審議が行なわれていたので、本審議会は、この審議と併行して商法改正の一助とするためにも調整意見書の作成の必要を認めた。また、さきの商法調整意見書は調整問題に関する結論を簡潔に述べたため、意見書の基調をなす企業会計原則の基本理念が充分かつ具体的には述べられていなかつた。そこで、今回の意見書作成に当たつては、以上の点に留意し、関係諸法令との調整を要すべき問題のうちに特に主要な項目(注)を選定し、これらについて企業会計原則の基本理念を詳細に展開するとともに、具体的総合的に調整意見を述べようとするものである。

一 本連続意見書の完成には、相当の年月を要するものと考えられるので、公表の形式としては、審議終了の項目を個別的に連続して公表することとした。「企業会計原則と関係諸法令との調整に関する連続意見書」としたゆえんである。

なお、「企業会計原則」における減価償却、資産評価等の主要な事項の詳細については、別途に準則を公表する予定である。

一 昭和29年7月行なわれた「企業会計原則・財務諸表準則」の部分修正は、商法調整意見書、税法調整意見書が公表されたことに即応して行なわれたものであるが、この修正は用語の不適当な点、字句の不統一な点に関する部分的修正にとどまつた。この連続意見書の作成に当たつては、審議の過程において現行「企業会計原則」をも検討することとなるので、必要があれば「企業会計原則」自体についても、改めてこれを改正する方向に進むこととなろう。

(注) 今回公表された3項目を除き、現在考えられている主要な項目としては、次のようなものがある。

棚卸資産の評価について
有価証券の評価について
繰延資産について
引当金について
資本剰余金、資本準備金ならびに資本積立金について
財産目録について
正規の簿記の原則および会計帳簿について
計算書類の確定について
会計士監査について
連結財務諸表について
営業年度について（中間配当制度を含む。）
利益の概念について

連続意見書第三
有形固定資産の減価償却について

第一　企業会計原則と減価償却

一　企業会計原則の規定

（企業会計原則の規定）

減価償却に関する企業会計原則の基本的立場は、貸借対照表原則5の2項に左のごとく示されている。

「資産の取得原価は、資産の種類に応じた費用配分の原則によつて、各事業年度に配分しなければならない。有形固定資産は、その取得原価を当該固定資産の耐用期間にわたり、一定の減価償却方法によつて各事業年度に配分し、無形固定資産及び繰延資産は、有償取得の対価を一定の償却方法によつて各事業年度に配分しなければならない。」

これによつて明らかなように、減価償却は、費用配分の原則に基づいて有形固定資産の取得原価をその耐用期間における各事業年度に配分するこ

とである。

二　減価償却と損益計算
（減価償却と損益計算）

　減価償却の最も重要な目的は、適正な費用配分を行なうことによつて、毎期の損益計算を正確ならしめることである。このためには、減価償却は所定の減価償却方法に従い、計画的、規則的に実施されねばならない。利益におよぼす影響を顧慮して減価償却費を任意に増減することは、右に述べた正規の減価償却に反するとともに、損益計算をゆがめるものであり、是認し得ないところである。

　正規の減価償却の手続によつて各事業年度に配分された減価償却費は、更に原価計算によつて製品原価と期間原価とに分類される。製品原価に分類された減価償却費は製品単位ごとに集計され、結局は売上原価と期末棚卸資産原価とに2分しては握される。このうち売上原価に含まれる部分は、期間原価として処理される減価償却費とともに当期の収益に対応せしめられるが、期末棚卸資産原価に含まれる部分は翌期に繰り延べられ、翌期以降の収益に対応せしめられることになる。

三　臨時償却、過年度修正
（臨時償却、過年度修正）

　減価償却計画の設定に当たつて予見することのできなかつた新技術の発明等の外的事情により、固定資産が機能的に著しく減価した場合には、この事実に対応して臨時に減価償却を行なう必要がある。この場合生ずる臨時償却費は、所定の計画に基づいて規則的に計上される減価償却費と異なり原価性を有しないとともに、過年度の償却不足に対する修正項目たるの性質を有するから、これを剰余金計算書における前期損益修正項目として処理する。

　一般に、過年度の減価償却について過不足が認められる場合には、これに対して修正を加えなければならない。かかる修正は、これを剰余金計算書における前期損益修正項目として処理する。

　なお、災害、事故等の偶発的事情によつて固定資産の実体が滅失した場合には、その滅失部分の金額だけ当該資産の簿価を切り下げねばならない。かかる切下げは臨時償却に類似するが、その性質は臨時損失であつて、減価償却とは異なるものである。

四　固定資産の取得原価と残存価額
（固定資産の取得原価と残存価額）

　減価償却は、原則として、固定資産の取得原価を耐用期間の各事業年度に配分することであるから、取得原価の決定は、減価償却にとつて重要な意味を有する。固定資産の取得にはさまざまの場合があり、それぞれに応じて取得原価の計算も異なる。

1　**購入**　固定資産を購入によつて取得した場合には、購入代金に買入手数料、運送費、荷役費、据付費、試運転費等の付随費用を加えて取得原価とする。但し、正当な理由がある場合には、付随費用の一部又は全部を加算しない額をもつて取得原価とすることができる。

　購入に際して値引又は割戻を受けたときには、これを購入代金から控除する。

2　**自家建設**　固定資産を自家建設した場合には、適正な原価計算基準に従つて製造原価を計算し、これに基づいて取得原価を計算する。建設に要する借入資本の利子で稼働前の期間に属するものは、これを取得原価に算入することができる。

3　**現物出資**　株式を発行しその対価として固定資産を受け入れた場合には、出資者に対して交付された株式の発行価額（商法第168条および第280条の2にいわゆる現物出資の目的たる財産の価格に当たる額）をもつて取得原価とする。

4　**交換**　自己所有の固定資産と交換に固定資産を取得した場合には、交換に供された自己資産の適正な簿価をもつて取得原価とする。

　自己所有の株式ないし社債等と固定資産を交換した場合には、当該有価証券の時価又は適正な簿価をもつて取得原価とする。

5　**贈与**　固定資産を贈与された場合には、時

価等を基準として公正に評価した額をもつて取得原価とする。

固定資産の取得原価から耐用年数到来時におけるその残存価額を控除した額が、各期間にわたつて配分されるべき減価償却総額である。残存価額は、固定資産の耐用年数到来時において予想される当該資産の売却価格又は利用価格である。この場合、解体、撤去、処分等のために費用を要するときには、これを売却価格又は利用価格から控除した額をもつて残存価額とする。

なお、固定資産の取得時以後において著しい貨幣価値の変動があつた場合および会社更生、合併等の場合には、当該固定資産の再評価を行ない、これによつて減価償却の適正化を図ることが認められることがある。

五 費用配分基準と減価発生の原因
（費用配分基準と減価発生の原因）

固定資産の取得原価から残存価額を控除した額すなわち減価償却総額は、期間又は生産高（利用高）のいずれかを基準として配分される。およそ固定資産は土地のような非償却資産を除くと、物質的原因又は機能的原因によつて減価し、早晩廃棄更新されねばならない状態に至るものである。物質的減価は、利用ないし時の経過による固定資産の磨滅損耗を原因とするものであり、機能的減価は、物質的にはいまだ使用に耐えるが、外的事情により固定資産が陳腐化し、あるいは不適応化したことを原因とするものである。

減価が主として時の経過を原因として発生する場合には、期間を配分基準とすべきである。これに対して、減価が主として固定資産の利用に比例して発生する場合には、生産高を配分基準とするのが合理的である。

六 減価償却計算法
1 期間を配分基準とする方法
（減価償却計算法）

期間を配分基準とする減価償却計算の根本問題は、耐用年数の決定に存するが、これが決定されている場合、各事業年度の減価償却費を計算する方法としては次のごときものがある。

定　額　法

定　率　法

級　数　法

償却基金法

償却基金法に類似する方法に年金法がある。年金法においては、減価償却引当金累計は減価償却総額に一致するが、減価償却費には利子が算入されるから減価償却費の累計は利子部分だけ減価償却総額を超過する。このように年金法は利子を原価に算入する方法であるため、一般の企業においては適用されていない。しかしながら、利子を原価に算入することが法令等によつて認められている公益企業においては、この方法を用いることが適当であると考えられる。

2 生産高を配分基準とする方法

生産高（利用高）を配分基準とする方法には生産高比例法がある。この方法は、前述のように、減価が主として固定資産の利用に比例して発生することを前提とするが、このほか、当該固定資産の総利用可能量が物量的に確定できることもこの方法適用のための条件である。かかる制限があるため、生産高比例法は、期間を配分基準とする方法と異なりその適用さるべき固定資産の範囲が狭く、鉱業用設備、航空機、自動車等に限られている。

なお、生産高比例法に類似する方法に減耗償却がある。減耗償却は、減耗性資産に対して適用される方法である。減耗性資産は、鉱山業における埋蔵資源あるいは林業における山林のように、採取されるにつれて漸次減耗し涸渇する天然資源を表わす資産であり、その全体としての用役をもつて生産に役立つものではなく、採取されるに応じてその実体が部分的に製品化されるものである。したがつて、減耗償却は減価償却とは異なる別個の費用配分法であるが、手続的には生産高比例法と同じである。

七 取替法
（取替法）

同種の物品が多数集まつて1つの全体を構成し

老朽品の部分的取替を繰り返すことにより全体が維持されるような固定資産に対しては、取替法を適用することができる。取替法は、減価償却法とは全く異なり、減価償却の代りに部分的取替に要する取替費用を収益的支出として処理する方法である。取替法の適用が認められる資産は取替資産と呼ばれ、軌条、信号機、送電線、需要者用ガス計量器、工具器具等がその例である。

八　耐用年数の決定

（耐用年数の決定）

　固定資産の耐用年数は、物質的減価と機能的減価の双方を考慮して決定されねばならない。物質的減価は技術的に比較的正確に予測されうるが、機能的減価は偶然性を帯び、これを的確に予測することがはなはだ困難である。このために、従来、耐用年数は主として物質的減価を基礎として決定され、機能的減価はあまり考慮されないのが実情であつた。しかしながら、今日のように技術革新がめざましい勢いで進行しつつある時代においては、機能的減価を軽視することは許されない。したがつて、今後における耐用年数の決定に際しては、機能的減価の重要性を認め、過去の統計資料を基礎とし、これに将来の趨勢を加味してできるだけ合理的に機能的減価の発生を予測することが要求される。耐用年数が決定されたのちに、その耐用年数の前提条件となつている事項が著しく変化した場合には、これに応じて当該耐用年数を変更しなければならない。耐用年数の変更は、将来に影響するばかりでなく、原則として前期損益修正を必要ならしめる。

九　一般的耐用年数と個別的耐用年数

（一般的耐用年数と個別的耐用年数）

　固定資産の耐用年数には、一般的耐用年数と企業別の個別的耐用年数とがある。一般的耐用年数は、耐用年数を左右すべき諸条件を社会的平均的に考慮して決定されたもので、固定資産の種類が同じであれば、個々の資産の置かれた特殊的条件にかかわりなく全国的に画一的に定められた耐用年数である。これに対して、個別的耐用年数は、各企業が自己の固定資産につきその特殊的条件を考慮して自主的に決定したものである。元来、固定資産はそれが同種のものであつても、操業度の大小、技術水準、修繕維持の程度、経営立地条件の相違等によつてその耐用年数も異なるべきものである。現在、わが国では税法の立場から定められた一般的耐用年数のみが行なわれているが、上述の理由により、企業を単位とする個別的耐用年数の制度を確立し、わが国の減価償却制度を合理化する必要がある。

十　個別償却と総合償却

（個別償却と総合償却）

　個別償却は、原則として、個々の資産単位について個別的に減価償却計算および記帳を行なう方法である。個別償却では、耐用年数の到来する以前に資産が除却されるときは、当該資産の未償却残高は除却損として処理される。これに対して、固定資産が耐用年数をこえて使用される場合には、耐用年数終了のときに既に未償却残高がなくなつているから、それ以後の使用に対して減価償却費を計上する余地は存在しない。

　総合償却には２種の方法がある。その１つは、耐用年数を異にする多数の異種資産につき平均耐用年数を用いて一括的に減価償却計算および記帳を行なう方法であり、いま１つは、耐用年数の等しい同種資産又は、耐用年数は異なるが、物質的性質ないし用途等において共通性を有する幾種かの資産を１グループとし、各グループにつき平均耐用年数を用いて一括的に減価償却計算および記帳を行なう方法である。

　総合償却法のもとでは、個々の資産の未償却残高は明らかでないから、平均耐用年数の到来以前に除却される資産についても、除却損は計上されないで、除却資産原価（残存価額を除く。）がそのまま減価償却引当金勘定から控除される。このため総合償却法では、平均耐用年数の到来以後においても、資産が残存する限りなお未償却残高も残存し、したがつて、減価償却費の計上を資産がなくなるまで継続して行ないうるのが通常である。

十一　減価償却引当金

（減価償却引当金）

　毎期の減価償却額はこれを固定資産価額から直接控除しないで、減価償却引当金勘定に記入する。減価償却引当金勘定は、個別償却の場合には、個々の資産単位ごとに、また総合償却の場合には、多数資産の総合単位ないしグループ単位ごとにこれを設定する。

　固定資産が除却され、あるいは滅失した場合には、当該固定資産の減価償却引当金は個別償却法又は総合償却法に従つて取り崩される。減価償却引当金は評価性引当金であるから、その残高は、これを固定資産取得原価から控除する形式で貸借対照表に記載する。

第二　商法と減価償却

一　財産評価規定と減価償却

（財産評価規定と減価償却）

　商法の条文のうち減価償却に関係あるものは、固定財産の評価に関する次の2条である。

　第34条　財産目録ニハ動産、不動産、債権其ノ他ノ財産ニ価額ヲ附シテ之ヲ記載スルコトヲ要ス其ノ価額ハ財産目録調製ノ時ニ於ケル価格ヲ超ユルコトヲ得ズ

　　　営業用ノ固定財産ニ付テハ前項ノ規定ニ拘ラズ其ノ取得価額ヨリ相当ノ減損額ヲ控除シタル価額ヲ附スルコトヲ得

　第285条　財産目録ニ記載スル営業用ノ固定財産ニ付テハ其ノ取得価額又ハ製作価額ヲ超ユル価額、取引所ノ相場アル有価証券ニ付テハ其ノ決算期前1月ノ平均価格ヲ超ユル価額ヲ附スルコトヲ得ズ

　第285条の固定財産の評価に関する条文の解釈については、商法学者の間に意見の対立がみられる。本条をもつて第34条第2項を受ける規定と解するものは、本条の取得・製作価額は当然に減価償却費を控除した価額でなければならず、固定財産について評価益を計上することはできないと主張する。

　これに対して本条をもつて独立の規定と解するものは、いつたん減価償却した後に時価が上れば、

償却額を元にもどして取得・製作価額まで評価を高めることができると論ずる。後者は企業会計原則と全く相いれない解釈であるが、かかる見解が存在するのは、ひつきよう、商法の固定財産の評価および減価償却に関する規定がはなはだしく不備であるからにほかならない。

　ところで、これら2つの解釈のうち前者をとるにしても、これによつて直ちに費用配分の原則に基づく正規の減価償却の観念が商法に存することにはならない。

　けだし、第34条第2項の規定の文言からいえば取得原価から控除されるべき相当の減損額は、正規の減価償却の方法によらなくともこれを評価することができると解釈される余地があるからである。たとえば、有形固定資産の物的損耗が現実に認められた場合にのみ、その損耗の程度を測定して減損額を評価すれば足りると解することも可能である。正規の減価償却にあつては、損耗が現実に認識されると否とにかかわらず、一定の減価償却計画に基づいて取得原価を計画的に費用化させてゆくが、上記の解釈による場合には、減損額は企業の判断によつてそのつどしかるべく評価されるわけである。第34条第2項にいわゆる「相当ノ減損額ヲ控除」するとは、かかる任意、不規則の評価方式を意味するものと解されるおそれが大である。

二　減価償却と損益計算

（減価償却と損益計算）

　減価償却は、財産評価の問題であると同時に損益計算の問題である。すなわち、減価償却は、減価償却引当金の繰入を通じて財産評価に関係するとともに、減価償却費の計上を通じて損益計算に関係するのである。商法第288条にいわゆる毎決算期の利益は、正規の手続に従つて減価償却費が計上されるときにはじめて正しく計算される。減価償却費が過大又は過小である限り、毎決算期の利益は過小又は過大となり、配当可能利益の大きさもゆがめられることとなる。

　減価償却費には、所定の計画に従い規則的に計上されるものと、計画の設定に当たつて予見する

ことのできなかつた特殊事情等に基づいて臨時的に計上されるものとがある。企業会計原則は、毎決算期の経営成績を明らかならしめるために、当期純利益の算定に当たり計画的、規則的減価償却費を費用に計上し、臨時償却費はこれを繰越利益剰余金から控除する立場をとつている。商法においてもこの立場を尊重することが望ましい。

三　商法改正に対する要望
（商法改正に対する要望）

以上の考察に基づき、商法改正に際しては、次の諸点を考慮することが望ましい。

1　費用配分の原則に基づく正規の減価償却の観念を商法上確立するために、固定資産の評価に関する規定において、償却資産たる有形固定資産の評価に関しては正規の減価償却手続に従わねばならないことを明らかにすること。

2　正規の減価償却手続を含む適正な期間損益計算を基礎として、毎決算期の利益が算定されるべきことを明らかにすること。

第三　税法と減価償却

一　税法上の減価償却
（税法上の減価償却）

税法上の減価償却は、減価償却額の計算について法令をもつて詳細に規定していること、減価償却額は法定限度内において法人が任意に決定できることとしていること、の2点を主要な特色とする。

1　減価償却額の計算の法定

法人税法第9条の8は、課税所得の計算上損金に算入する減価償却額の計算については命令で定める旨の包括的規定を設け、これを受けて、法人税法施行規則（以下「施行規則」という。）第21条ないし第21条の6および法人税法施行細則（以下「施行細則」という。）第3条ないし第8条は、減価償却の対象となる資産、償却の方法、償却範囲額等について、また固定資産の耐用年数等に関する省令および同別表は、機械および装置ならびに機械および装置以外の有形

固定資産の種類別、構造別又は用途別耐用年数について、それぞれ、細部にわたつて一律に規定している。しかし、経済政策上の理由又は法人の個別的事情を考慮する必要に基づいて、租税特別措置法第42条以下の規定により特別償却を認め、また施行規則第21条の2の規定により、耐用年数の短縮および増加償却の承認を講じることとしている。

2　法定限度内の任意償却

右のように、税法は、減価償却の計算について一律的に規定し償却範囲額を法定しているのであるが、その反面、施行規則第21条および施行細則第3条の規定により、法定償却範囲額の限度内で法人は任意に減価償却額を決定することができる（その決定は確定した決算においてしなければならない。法人税取扱通達315）こととしている。

二　税法上の減価償却に対する要望
（税法上の減価償却に対する要望）

正規の減価償却の見地から、税法においても任意償却制度を改め、企業が正規の減価償却制度を採用することを促進するように規定を改めるべきである。かかる制度を前提として、税法上の減価償却に対する具体的意見を述べれば次のとおりである。

1　残存価額

施行規則第21条の3第4項は、坑道以外の有形固定資産の残存価額は取得価額の100分の10に相当する金額とする旨規定しているが、残存価額は、個々の資産によつて異なる場合があるから、このように一律に定めず個々の資産の特殊性を考慮して実情に即するように規定を改めるべきである。

2　耐用年数

施行規則第21条の2第1項ならびに固定資産の耐用年数等に関する省令および同別表により耐用年数を定め、特別の場合（特別償却ならびに増加償却および耐用年数の短縮を承認する場合）を除いて、この法定耐用年数によることを一律に強制しているが、もともと固定資産は、

操業度の大小、技術水準、修繕維持の程度等のいかんによつて耐用年数を異にするものであるから、標準耐用年数表を発表して法人に一応の基準を示すにとどめ、耐用年数の決定は、税務当局の承認を条件として法人の自主的判断を認めることとすることが望ましい。

なお、産業政策の一環として、租税特別措置法の規定により、合理化機械等の初年度2分の1特別償却、重要機械等の3年間5割増特別償却など10数項目の特例が認められている。かかる特別償却制度については、企業の適正な期間損益計算を阻害しないように配慮することが望ましい。

3 償却の方法

施行規則第21条の3第1項は、償却の方法として、定額法、定率法のうちいずれか1つによるものとし、同条第2項は、特に鉱業用の固定資産のうち坑道については、生産高比例法によらなければならないが、その他の鉱業用固定資産については、定額法、定率法のほか生産高比例法によることができることとしている。しかし、償却の方法は、これら3種に限定することなく、一般に認められているその他の償却方法をも選択することができることとすべきである。

4 総合償却

法人税取扱通達220、221および222は、総合償却法又は分別償却法により償却される固定資産のほか個々の資産について、償却額、未償却残高、除却損益等を計上しなければならない旨を定めているが、もともと、総合償却法(「分別償却法」を含む。)においては、個々の資産の償却額や未償却残高は明らかにならない建前であり、従つて除却損益を除却時に計上することもないはずである。現行のように、個々の資産について償却額をあん分して割り当て除却時に除却損益を計上するのでは、個別償却法と異なるところなく総合償却法の趣旨に反するからこれを改めるべきである。ちなみに、「分別償却法」は、総合償却法の一種と考えられるからことさらに、「分別償却法」なる概念を設けないこととし施行規則第21条の4の規定等を改めることが望ましい。

なお、総合償却法を適用する資産の範囲が限定されている点についても検討を加え、たとえば、建物、構築物、車両、運搬具等について総合償却をなしうるように規定を改めるべきである。

企業会計審議会
企業会計原則と関係諸法令との調整に関する
連続意見書（昭和37年）

昭和37年8月7日
大蔵省企業会計審議会中間報告

企業会計原則と関係諸法令との調整に関する連続意見書第四および第五について

（連続意見書第四、第五について）

　本審議会は、昭和35年9月以来、さきに公表した連続意見書第一、第二および第三に続いて、第四「棚卸資産の評価について」および第五「繰延資産について」の連続意見書の審議を進めてきたのであるが、これらの項目に関しては問題となる点が多く、慎重に討究しなければならなかつたため、今次の改正商法の制定以前に本意見書を公表する運びに至らなかつた。

　しかしながら、本意見書に述べられている企業会計審議会の意見は、実質的には法制審議会商法部会を通して、おおむねその趣旨がとり入れられ、本年4月20日公付された改正商法に反映されたのである。

　よつて、商法に対する調整意見書としては、今後は改正商法を対象として意見が述べられるべきものと考えられるが、これが検討には、さらに相当の日時を要し、また本意見書が商法のみでなく、税法その他に対する意見書でもある点にかんがみ、さきに公表した連続意見書の一環として、今回の意見書を公表することとした。

　したがつて、本意見書は、これまでの審議の過程では、その内容が改正商法の規定と食い違つているかどうかについては検討することなく、企業会計原則自体の立場から意見を述べたものである。

連続意見書第四

棚卸資産の評価について

「棚卸資産の評価について」注解

第一　企業会計原則と棚卸資産評価

一　企業会計原則における棚卸資産評価原則

（棚卸資産評価原則）

　企業会計原則は、原価主義を資産評価の一般原則とし、棚卸資産についても原則として取得原価に基づく評価を要求している。取得原価としては実際購入原価又は実際製造原価をとることを建前とするが（企業会計原則第3、5、A）、必ずしも文字どおりの実際原価には拘泥せず、原価計算の基準および一定の原価計算方法に基づき、標準価格又は予定価格を適用して算定した製造原価をも取得原価とする旨を企業会計原則注解（以下注解という。）18において明らかにしている。

　原価主義を具体的に適用するための評価基準、すなわち、取得原価基準に関して、企業会計原則は、「先入先出法、後入先出法、平均原価法等によって取得原価を算定することが困難な場合には、基準棚卸法、小売棚卸法等による一定の棚卸評価基準を採用することができる。」と述べている。「先入先出法、後入先出法、平均原価法等」の「等」には、個別法などが含まれ、「基準棚卸法、小売棚卸法等」の「等」には、修正売価法、金額後入先出法、拘束在高法などが含まれるものと解釈される。基準棚卸法、小売棚卸法（取得原価基準に属する小売棚卸法）等は、特殊な業種によって用いられる取得原価基準の評価方法、又は価格の変動を考慮にいれた修正取得原価基準の評価方法である。

　注解18が原価計算の基準および一定の原価計算方法に基づき、標準価格又は予定価格を適用して算定した製造原価をも取得原価とするというのは、生産品の取得原価を適正な標準原価又は予定原価

（原価要素の価格のみならず、消費量をも標準又は予定で計算した原価）で貸借対照表に表示することを認める趣旨である。

　企業会計原則は、また「棚卸資産については、その時価が取得原価よりも下落した場合には時価によって評価することができる。」と述べ（企業会計原則第三、5、A、第2項）、原価主義に対する例外としての低価主義を容認している。

二　取得原価基準

1　費用配分の原則

（費用配分の原則）

　貸借対照表における棚卸資産の評価基準には取得原価基準、低価基準および時価基準が存在するが、適正な期間損益算定の見地からすれば決算貸借対照表における評価基準としては、取得原価基準を採用しなければならない。

（取得原価基準）

　取得原価基準は、棚卸資産の取得に際して会計帳簿に記録された実際購入原価又は実際製造原価を基準とし、これに各種の原価配分方法を適用することによって、期間中の払出棚卸資産原価を算定するとともに期末棚卸資産原価を算定し、後者をもって期末棚卸資産の評価額とする評価基準である。

　適正な期間損益の算定にとっては、一般に、購入又は生産した棚卸資産の取得原価を1期間の実現収益に合理的に対応させることが必要である。実現収益に対応する棚卸資産原価を確定するためには、棚卸資産の取得（購入又は生産）に要した現金支出額又はその等価額（すなわち取得原価）を分類、集計し、これを払い出された棚卸資産と未払出しの棚卸資産とに配分する

手続をとり、販売のために払い出された棚卸資産への配分をは握しなければならない。この原価額をもつて実現収益に対応する費用とし、未販売の棚卸資産に配分された支出額はこれを将来の期間の費用として繰り越すのである。このような資産原価の期間配分手続をささえる根本思考を費用配分の原則と称する。費用配分の原則にしたがい、棚卸資産の取得に要した支出額が当期の費用たる部分と将来の期間の費用となる部分とに配分され、後者が決算貸借対照表に棚卸資産として記載されるのである。

棚卸資産は、このように、支出の結果を表現したものにほかならない。棚卸資産の貸借対照表価額は、貸借対照表日における即時換金額をあらわさなければならないとし、または、貸借対照表日現在の棚卸資産を通常の営業過程において販売する場合の正味実現可能価額をあらわさなければならないとし、あるいは、貸借対照表日における再買原価又は再造原価をあらわさなければならないとする考え方すなわち時価主義は、財産貸借対照表の概念から導き出された評価思考であつて、適正な期間損益算定を目的とする決算貸借対照表には適用され得ない。時価主義による評価を行なうならば、1期間の損益が他の期間に帰属すべき損益によつてゆがめられる結果がもたらされるのである。

棚卸資産の取得原価を期間配分するための具体的方法としては、先入先出法、各種の平均法、後入先出法、個別法等がある。これらの方法によつて、棚卸資産の取得原価は払出棚卸資産原価（材料費、売上原価など）と未払出棚卸資産原価（一時点における手持材料原価、手持仕掛品原価、手持製品原価）とに配分されるのである。

各企業は期間損益の適正な算定を指導原理とし、企業の性質、棚卸資産の性質・種類、物的移動の実情、採用する原価計算の方法等を考慮にいれて期間配分の方法を選択しなければならない。注解18は「必要に応じ、棚卸資産の種類によつて異なる棚卸方法（本意見書における棚卸資産原価の配分方法を意味する。）を選択適用することができる。たとえば原材料に先入先出法を適用し、半製品に平均原価法を適用するというような場合はその例である。」と述べているが、原材料をその性質によつて細分し、たとえば価格変動の著しいものには後入先出法、価格の安定的なものには先入先出法、重要性のないものには総平均法を適用するというような選択方針も許される。合理的判断に基づいて一たん選択した方法は、著しい事情の変化がない限り、これを継続的に適用すべきである。

棚卸資産はそれが利用又は処分されるまで取得原価をもつて記録され、利用又は処分されたときにその原価を費用に配分することを原則とするが、損傷、品質低下等の原因により物質的欠陥を生じた棚卸資産又は陳腐化等の原因により経済的欠陥を生じた棚卸資産については、これらの資産を欠陥の生じた状態において新たに取得すると仮定した場合の取得原価をもつて評価することが必要である。ただし、実際問題として新規の取得原価を推定することには著しい困難を伴うことが多い。したがつてその原始取得原価を、売価からアフター・コストを差し引いた価額（正味実現可能価額）又は売価からアフター・コストおよび正常利益を差し引いた価額まで切り下げることによつて修正し、これをこの種の資産の新規取得原価とみなす方法が通常採用される。これに伴い、原始取得原価の切捨額は利用又は処分に先だつて費用に配分される。

2　予定原価の適用
（予定原価の適用）

原価要素の価格の一部又は全部を予定で計算した生産品原価は、当該価格が適正に予定されており、その適用期間を通算して原価差額発生額が合理的に僅少である場合には、これを生産品の貸借対照表価額とすることが認められている。

予定原価又は標準原価（原価要素の価格のみならず、消費量をも予定又は標準で計算した原価）を適用することによつては握された生産品原価も、当該原価が適正に決定されており、その適用期間を通算して原価差額発生額が合理的

に僅少である場合には、これを生産品の貸借対照表価額とすることが認められている。注解18にいう「原価計算の基準及び一定の原価計算方法に基づき」算定された原価とは、予定又は標準が適正に決定され、原価差額が合理的に僅少であるという要件を満たす原価を意味する。

かかる取得原価をもって棚卸資産の貸借対照表価額とする評価方法、すなわち予定を利用する実際原価法、予定原価法又は標準原価法は、取得原価基準に属するものとする(注1)。

3 修正売価の適用

(修正売価の適用)

副産物の評価、農鉱産品等の特殊な棚卸資産の評価には、修正売価法の適用が認められている。

修正売価法は、この種の棚卸資産の取得時又は期末における売価(あるいは正常売価)に基づいて算定した価額を取得原価とみなす方法である。売価に基づく取得原価は、売価からアフター・コストを差し引いた価額(正味実現可能価額)又は売価からアフター・コストおよび正常利益を差し引いた価額とするのが普通である。

副産物にあつては、その取得原価の算定が原価計算技術上不可能であるから、修正売価による評価額を取得原価とみなし、その評価方法を取得原価基準に属するものとする。副産物を取得時に評価し、したがつて、1期間中に異なる評価額で受入れが記録される場合には、これに先入先出法、平均法、その他の原価配分方法を適用して求めた金額をもつてこの種の棚卸資産の貸借対照表価額とする(注2)。

農産品(米麦等)については、政府買入価格が公表される関係上、その売価が確定していること、費用がジョイント・コストとして発生するために生産品原価の計算が必ずしも容易でない上に、原価計算能力をもたない小規模経営が多いことなどの理由に基づき、期末の手持品(成長途上のものを含む。)の評価に修正売価を適用することが認められている。

鉱産品中の貴金属についても、安定的な市価による確実な市場が存在するなどの理由に基づき、その期末手持品の評価に修正売価を適用することが少なくない。

農鉱企業にあつても、なるべく原価計算方式による生産品原価のは握に努め、期末資産の原価評価を実行すべきであるが、修正売価の適用が容認される理由は、実際問題として対象資産の期末手持量が僅少であつて、きわめて短時日のうちにすべてが販売される実情にあるため、修正売価を適用しても適正な期間損益計算を著しくゆがめない結果がもたらされることにある

価額又は固定価額をもって取得価額とする方法等、多種多様な評価方法が適用されている。修正売価法は、副産物の唯一の評価方法ではない。これらの評価方法の選択は、副産物の性質、市場性、当該企業における副産物の重要性等に基づいて行なわれるべきである。市場性のある副産物については取得時の評価をゼロとする方法をとる場合でも、期末には修正売価による評価を行なうべきである。

4　売価還元原価法
（売価還元原価法）

取扱品種のきわめて多い小売業および卸売業における棚卸資産の評価には、売価還元法（小売棚卸法又は売価棚卸法ともいう。）の適用が認められている。売価還元法は、1品目ごとの単位原価をもって棚卸資産を評価することが困難なこの種の企業において、棚卸資産のグループごとにその売価合計額から取得原価の合計額を概算する方法である。

すなわち売価還元法にあっては、商品の自然的分類（形状、性質、等級等の相違による分類）に基づく品種の差異をある程度無視し、異なる品目を値入率、回転率の類似性にしたがって適当なグループにまとめ、1グループに属する期末商品の売価合計に原価率を適用して求めた原価額を期末商品の貸借対照表価額とする（当該商品グループの期首繰越原価と当期受入原価総額の合計からこの期末商品原価を差し引くことによって当期の費用に配分される商品原価すなわち売上原価を求めるのである。）。原価率の計算は次の算式による。

原価率＝

$$\frac{\text{期首繰越商品原価＋当期受入原価総額}}{\begin{array}{c}\text{期首繰越}\\\text{商品小売}\\\text{額}\end{array}＋\begin{array}{c}\text{当期受}\\\text{入原価}\\\text{総額}\end{array}＋\begin{array}{c}\text{原始}\\\text{値入}\\\text{額}\end{array}＋\begin{array}{c}\text{値上}\\\text{額}\end{array}－\begin{array}{c}\text{値上}\\\text{取消}\\\text{額}\end{array}－\begin{array}{c}\text{値下}\\\text{額}\end{array}＋\begin{array}{c}\text{値下}\\\text{取消}\\\text{額}\end{array}}$$

この原価率を適用する売価還元法によれば期末商品の総平均原価に相当する評価額が求められるので、これを売価還元平均原価法となづけ、取得原価基準に属する評価方法とする(注3)。

期末商品の売価に小売価格指数その他の価格指数を適用することによってこれを後入先出原価で評価する方法を売価還元後入先出法となづけ、取得原価基準に属する評価方法とする。売価還元後入先出法は、金額後入先出法と本質的に同じものであり、これを実行するには価格指数の決定が必要である。以上の2つを総称して売価還元原価法となづける。

売価還元法の利用は、必ずしも小売業および卸売業の場合に限られない。製品又は部品の品目数の膨大な製造工業（たとえば製薬工業、組立工業）において、製品又は部品の払出しを一々単位原価で記録することが煩雑な場合に売価還元法を利用するのがその例である。

> (注3)　原価率の算式における分母から値下額および値下取消額を除外して原価率を計算し、これを期末商品の小売価額に適用すれば低価基準の評価額が求められる。したがってこの原価率による売価還元法を売価還元低価法とよぶことができる（売価還元低価法については本文第一、三、2参照）。
>
> 売価還元法の全体は、取得原価基準に属する評価方法と低価基準に属する評価方法の両者を含むものと解されなければならない。

5　最終取得原価法
（最終取得原価法）

最終取得原価法（購入品にあっては、最終仕入原価法又は最近仕入原価法、生産品にあっては、最終製造原価法又は最近製造原価法）は、最終取得原価をもって期末棚卸資産原価を算定する方法として利用されるほか、最近取得原価をもって払出原価を算定するとともに期末棚卸資産原価を算定する方法としても利用される。この方法によれば、期末棚卸資産の一部だけが実際取得原価で評価され、他の部分は時価に近い価額で評価される可能性が多い。したがって無条件にこの評価方法を純然たる取得原価基準に属する方法と解することは妥当でない。期末在庫量の大部分が正常的に最終取得原価で取得されている場合にのみこの方法を取得原価基準

に属する評価方法とみなすことができるのである。かかる事情が正常的に存在する企業において最終取得原価法を採用する場合にも、期末棚卸資産の先入先出原価と最終取得原価との差異を確かめ、差異が僅少な場合を除き、相当の評価引当金を設定しなければならない^(注4)。

（注4）　最終取得原価法（購入品にあつては、最終仕入原価法又は最近仕入原価法。生産品にあつては、最終製造原価法又は最近製造原価法）は、わが国におけるきわめて多数の企業によつて課税所得計算目的のために利用されているが、この方法は多額の評価損益を計上する可能性をもつので、これを無条件に企業会計にとり入れることは妥当でない。この方法の利用は本文に述べたような要件を満たす企業の場合に限られるべきである。

　　　最終取得原価法に類似した評価方法には時価法がある。時価法は時価主義を具体的に適用するための評価基準、すなわち時価基準に属する評価方法の総括名称である。時価法には、期末における再調達原価をもつて棚卸資産評価を行なう再調達原価法と、期末における修正売価をもつて棚卸資産評価を行なう修正売価法とがある。修正売価法は本文第一、二、3に述べるような一定の前提が存在する限り、本質的には時価法に属さないものとなしうる。わが国における若干の企業は時価法を適用している。時価法は、期末棚卸資産の取得原価をは握する手数を省略しようとする企業、又は会計要員の不足のため、取得原価の正確なは握が事実上行なわれがたい企業、会計帳簿が不備であつて取得原価が明りよう正確でないと認められる小企業の場合に利用されているのである。しかし時価法は多額の評価損益を計上する可能性をもつので、その利用を避けることに努めるべきである。

　　　財産貸借対照表（特殊貸借対照表）にあつては、時価基準は唯一の評価基準であるが、期間損益算定を目的とする決算貸借対照表にとつては、時価基準は否定されなければならない。

6　基準棚卸法
（基準棚卸法）

　著しく価格変動の危険にさらされる棚卸資産を多く手持する業種にあつては、基準棚卸法(恒常在高法、正常在高法、最低在高法、基準在高法、固定在高法などともいう。）を適用することが是認される。この方法は後入先出法と同様に、価格変動によつて生ずる棚卸資産損益を損益に顕現させないことを眼目とする評価方法である。この方法によれば、基準量を食い込む払出しが行なわれた場合には、払出原価は再調達原価等で算定されるので、後入先出法に比し、よりよくその目的を達成することができる。ただし、期末に食込みが生じていると、基準棚卸法は取得原価基準の評価方法から逸脱することになるので、払出しが仕入れ・生産によつて順調に補充されるような在庫政策を実施し、この方法が取得原価基準から乖離することを防止するように努めなければならない。なお、基準量およびその評価額を決定するに当たつては、慎重な研究と判断を行ない、し意性が介入しないように留意する必要がある^(注5)。

（注5）　基準棚卸法にあつては、まず正常販売量、正常製造量に基づいて材料、製品等の最低必要手持量（基準量）を定め、これに最低取得原価（過去のデータおよび将来の見込みに基づいて決定する。）、すなわち基準価格を付する。この場合、基準棚卸法を採用する初年度における基準量の期首帳簿価額が基準価格による金額を超える額は利益剰余金に課して切り下げる。基準量をこえる手持量は、これを通常の取得原価基準による取得原価をもつて評価する（基準量をこえる手持量を時価基準で評価することもあるが、評価損益の計上を避けるには取得原価基準によることが望ましい。）。各年度末においても常に基準量は基準価格で評価し、超過量は取得原価で評価するが、年度末の手持量が基準量を割つている場合には、その不足を再調達原価等で評価し、同額の食込補充引当金を設ける。

　　　払出材料、払出製品等の原価は、次の算式によつて求められる。

（基準量の基準価額±期首超過量の取得原価額又は不足量の再調達価額）＋当期受入量の取得原価額−（基準量の基準価額±期末超過量の取得原価額又は不足量の再調達価額）＝払出原価額

期中において期首超過量の取得原価および当期受入量の取得原価に基づいて先入先出法、平均法等によつて払出原価額を算定する場合においては、その払出原価額と右の算式による払出原価額との間に差額が生ずるがこれは売上原価差額として処理する。

基準量は、企業の規模その他の変化に伴う正常販売量又は正常製造量の変化に応じて変更される。基準価格は、それが決算時の時価を上回るに至れば引き下げられる。基準量の変更および基準価格の変更による棚卸資産帳簿価額の修正は一切、利益剰余金に加減することによつて行なわれる。

三　低価基準

1　原価時価比較低価法

（低価基準）

棚卸資産評価の一般原則たる原価主義に対する例外的な評価原則として低価主義が存在し、広く採用されている。低価主義を具体的に適用するための評価基準を低価基準となづける。

（原価時価比較低価法）

低価基準は、価格変動に基づいて、期末棚卸資産の取得原価が時価をこえる事実が発生している場合には、時価をもつて期末棚卸資産の評価額とし、取得原価が時価をこえていない場合には、取得原価をもつて期末棚卸資産の評価額とする評価基準である。

低価主義は、期間損益計算の見地からすると合理性をもたないが、しかしそれは広く各国において古くから行なわれてきた慣行的な評価思考であり、現在でも実務界から広く支持されている。棚卸資産に低価基準を適用することによつて、それが通常の営業過程においていくばくの資金に転化するかを示すことも、ある意味では有用である。各国の税法も低価基準の適用に伴う評価損を例外なく課税所得の計算上損金に算入する建前をとつている。このような事情のもとにおいて低価基準を全く否定し去ることはできない。したがつて原価基準の例外として低価基準を採用することも容認される。

低価基準を適用する場合における時価としては、決算時の売価からアフター・コストを差し引いた価額、すなわち正味実現可能価額が適当であるが、再調達原価をとることも認められる。再調達原価の代替として、最終取得原価（決算日に最も近い実際取得原価）又は売価からアフター・コストおよび正常利益を差し引いた価額をとることもある。決算時の正味実現可能価額を時価とする場合には、期末棚卸資産が次期に販売されるときにさらに売価が下がるかもしれないし、逆に上がるかもしれないので、評価切下げが過大又は過小となる欠陥があらわれる。一方、再調達原価を時価とする場合には、期末棚卸資産が次期に販売されたときに正常的には販売利益をもたらす点にまで当該棚卸資産の取得原価を切り下げてしまう欠点（販売時の売価が再調達原価を下回るときには販売損失を若干残す点までしか取得原価を切り下げ得ない欠点）があらわれる反面において、将来の売価が再調達原価に歩調を合わせて動く場合には、実質的に将来の予想売価を基礎とするのと同様な評価切下げを可能にさせる長所があらわれるのである。さらに購入品の時価としては再調達原価の方がは握しやすく、生産品の時価としては売価に基づく正味実現可能価額の方がは握しやすいという両者の長短も認められる。

時価をは握すれば次の方法によつて評価切下額が決定されるのである[注6]。

(1) 取得原価と正味実現可能価額を比較する方法

(2) 取得原価と再調達原価を比較する方法

(3) 取得原価、正味実現可能価額、再調達原価の３つを比較し、最低の価額をとる方法

時価の選択および比較方法の選択に関する意思決定は、棚卸資産の種類・性質、手持量の大小、価格変動の特異性に応じて適正になされなければならない。

　低価基準の適用方法として、評価切下げ後の簿価を繰越棚卸資産の次期における取得原価とみなす方法があり、評価切下げ前の取得原価を繰越棚卸資産の次期における取得原価とする方法がある。前者は、一たん評価切下げを行なつたならば評価額を再びもとの原始的取得原価に戻さない方法であり、後者は、簿価いかんにかかわらず、常に原始取得原価と時価とを比較する方法である。

　後者の方法によれば、時価の反騰に応じて、前期以前に期間費用に配分された棚卸資産原価の一部又は全部を当期の収益に繰り戻す結果を生ずるが、低価基準をささえる保守主義の思考からすれば、時価の反騰を度外視する方法による低価法の方が妥当と考えられる^(注7)。

　低価法適用上、棚卸資産の1品目ごとに原価時価比較を行なう方法をとるか、棚卸資産の各品目を適当なグループにまとめ、グループごとに原価時価比較を行なう方法をとるか、棚卸資産の全品目を一括して原価時価比較を行なう方法をとるかに関しては、企業の事情、棚卸資産の性質等に基づき、いずれの方法をとれば、期間損益を最も適正に表現することになるかという観点から、方法の選択を行なうべきである。たとえば、ある製品種類に使われる材料と当該製品種類の仕掛品および製品在庫はこれを1グループとして低価の事実の有無を見ることが妥当である。全品目を一括して原価時価比較を行なう方法は多くの場合妥当でない。

　低価基準を採用する限り、棚卸資産の全品目にわたつて低価評価を実施することを建前とするが、重要な品目を選択し、これについてのみ低価評価を行ない、また時価低落の著しい品目に限つて評価切下げを行なうことも、実務の便宜として許される^(注8)。

　企業が一たん低価基準を採用した以上は、価格の低落によつて棚卸資産原価の切下げを必要とする事態が発生している限り、低価評価を実行すべきである。評価切下げを必要とする事実を認識しながら、利益操作の目的で期によつて評価切下げを適当な額にとどめたり、全く評価切下げを行なわなかつたりすることは不当である。

（注6）　英国のチャータード会計士協会の意見では、低価法を適用する場合の時価として、基本的には正味実現可能価額をとる。しかし期末棚卸量が販売量に比して大きい場合、又は生産期間が長い企業、製品・商品の売価が再調達原価の低落に応じて低落する事情が認められる企業にあつては、再調達原価をも考慮に入れることが必要であるとする。この場合には、取得原価、正味実現可能価額および再調達原価のうち最低の価額が評価額とされる。

　米国会計学会の意見では、もつぱら、正味実現可能価額を時価とする。

　米国公認会計士協会の意見では、根本的には、再調達原価を時価とするが、再調達原価が正味実現可能価額をこえる場合には、正味実現可能価額を時価とし、再調達原価が「正味実現可能価額から正常利益を差し引いた価額」より低い場合には、後者を時価とする。再調達原価を基本線としながら、このような上限と下限を定めているのは、再調達原価と売価との跛行関係から、再調達原価への評価切下げが過大又は過小の評価切下げとなるのを防ぐ趣旨である。

　米国所得税法では、再調達原価を時価とし、再調達原価が正味実現可能価額をこえる場合には、正味実現可能価額を時価とする。

　わが国法人税法では、本則として再調達原価（購入品については再買原価、生産品については再造原価）を時価とし、生産品の場合には「正味実現可能価額から利益を差し引いた価額」を時価とすることをも認める（施行規則第20条、個別通達昭35直法1-62、14および15）。

　ドイツ株式法には、取引所価格又は市場価格を低価法上の時価とし、これがない場合には「貸借対照表日の価額」を時価とする旨の規定がある。取引所価格は、貸借対照表日現在の取引所における購入原価、市場価格は、同日現在の具体的市場における購入原価と解されている。ただし、購入価格と販売価格が異なり、後者が低い場合には販売価格と解されている。「貸借対照

日の価額」は、取引所又は具体的市場が存在しない場合の実際取引価格を指し、購入品については、実際の購入原価、生産品については、正味実現可能価額から正常利益を差し引いた価額、正味実現可能価額が確定できない場合には、再造価額と解されている。

西ドイツ株式法政府草案には貸借対照表日現在の取引所価格、市場価格、または貸借対照表日の価額からアフター・コストを差し引いた額を時価とする旨の規定が盛られた。したがつて取引所価格、市場価格、貸借対照表日の価額は貸借対照表日現在における棚卸資産の販売価格を意味するもののようである。

(注7)　後入先出法に簿価時価比較低価法（切り放し方式）を併用すると、低価法の実施によつて計上された未実現損失がいつまでも実現損失にならない可能性があり、したがつて後入先出法を取る場合には、原価時価比較低価法（洗い替え方式）しか認めがたいという考え方がある。

米国所得税法は、後入先出法には低価法の併用を全く認めていない。後入先出法のもとでは、価格上昇期において棚卸資産利益が課税所得として顕現せず、またこれに低価法の併用を認めると価格下落期に損金の計上を認める結果となり、他の評価方法を取る納税者に比し、後入先出法をとる納税者があまりにも有利な立場に置かれるという理由による。これに対して後入先出原価・時価比較による切り放し方式の低価法を税法に容認させようとする運動ないし主張が従来強く行なわれている。

洗い替え方式の低価法ならば後入先出法と併用しても問題は生じないが、切り放し方式は前述の理由で税法にとり入れることが問題視されているのである。しかしながら、後入先出法の精神は、棚卸資産の正常在高について価格変動損益を期間損益から中和化させることにあり、正常在高をこえる在高については価格変動損益の中和化を図ろうとするものではないから、超過在高の評価額が時価をこえる場合には評価切下げを行なうことを容認すべきである。

(注8)　棚卸資産の確定買付契約が存在する場合において契約上の代価よりも時価が低落しており、かつ、その回復が見込まれないときには、これに対して、評価切下げを行なうことが是認されている。この見解にしたがえば、いまだ買手側の現実の棚卸資産を構成していない確定買付契約につき右の事情が確認されたときに、将来当該棚卸資産を入手したときに現実化する回収不能原価部分を切捨て、費用に計上することが許されるのである。借方「評価損」に対する貸方項目はこれを「買付契約評価引当金」として流動負債に計上する。買付契約評価引当金は、買掛金の一部の事前計上を意味する債務と解されるのである。

2　売価還元低価法
（売価還元低価法）

本意見書の第一、二、4に示した原価率の算式における分母から値下額および値下取消額を除外することによつて計算した原価率を用いる売価還元法は、低価基準に属する評価方法として、これを売価還元低価法となづける。売価還元法を採用する企業が低価評価の目的を達するにはこの方法によることが是認されている。原価時価比較低価法は実行されていない。

四　貨幣価値変動時における評価の特例
（評価の特例）

貨幣価値が著しい低落を示す時期には、通常の取得原価基準に属する評価方法に代えて、(イ)基準棚卸法、(ロ)期末棚卸量に生じた不可避の食込みがその後補充されたときにその補充分につき原始原価を復活する後入先出法、(ハ)これに類似する拘束在高法等を採用し、貨幣価値変動から生ずる架空利益の排除に努めることが必要である。これらの方法の特徴は、期末棚卸量の評価額が逐次高い原価におきかえられることを防止することによつて架空利益を排除することにある**(注9)**。

貨幣価値変動時に適用される評価方法としてはさらに再調達原価法がある。この方法は、払出量ならびに期末棚卸量を再調達原価で評価し、取得原価との差額を資本修正勘定とするものである。貨幣価値の変動は棚卸資産の需給関係から生ずる

価格変動と結合してあらわれるのであるから、純粋に貨幣価値の変動による架空損益を資本修正勘定として分離するには取得原価基準の原価額と一般物価指数による修正原価額との差額をは握する方法を適用すべきである。

（注9） 期末棚卸量に生じた不可避の食込みがその後補充されたときに、その補充分につき原始原価を復活する後入先出法は、補充が行なわれた年度の末に、補充分の取得原価と原始原価との差額を食込年度の売上原価修正（前期損益修正）として計上する方法である。

食込分を食込年度の期末再調達原価で評価してその帳簿原価との差額だけ補充引当金を設定し、補充が行なわれた年度には、補充分の取得原価を最初の帳簿原価まで引き下げるために補充引当金を取りくずす後入先出引当金法も存在する。普通、補充分の取得原価と最初の帳簿原価との差と補充引当金取崩額との間に多少の誤差が生ずるが、これは前期損益修正（前期売上原価修正）として処理する。

拘束在高法は、期末棚卸量のうち期首量には期首評価額を付し、期首量を超過する数量には期末再調達原価を付する。期末数量が期首量を食い込んでいる場合には食込量に期末再調達原価を付し、期首量の評価額から食込量の評価額を差し引いた金額を期末棚卸額とするのである。食込量を期首評価額でなく、期末再調達原価で計算するから、インフレーション時にはそれだけインフレ利益が排除されるのである。

拘束在高法は、基準量および基準価格を定めない点および食込みが回復されてももとの評価額を復活しない点で基準棚卸法と異なる。拘束在高法がここに説明した2つの後入先出法と異なる点は、食込補充分に最初の帳簿原価を復活しないことにある。

五　取得原価の決定

1　購入品取得原価

（取得原価の決定）

購入棚卸資産の取得原価は、購入代価に副費（附随費用）の一部又は全部を加算することにより算定される。

（購入品取得原価）

購入代価は、送状価額から値引額、割戻額等を控除した金額とする。割戻額が確実に予定され得ない場合には、これを控除しない送状価額を購入代価とすることができる。

現金割引額は、理論的にはこれを送状価額から控除すべきであるが、わが国では現金割引制度が広く行なわれていない関係もあり、現金割引額は控除しないでさしつかえないものとする。

副費として加算する項目は、引取運賃、購入手数料、関税等容易に加算しうる外部副費（引取費用）に限る場合があり、外部副費の全体とする場合がある。さらに購入事務費、保管費その他の内部副費をも取得原価に含める場合がある。加算する副費の範囲を一律に定めることは困難であり、各企業の実情に応じ、収益費用対応の原則、重要性の原則、継続性の原則等を考慮して、これを適正に決定することが必要である。

副費を加算しないで、購入代価とは別途に処理し、期末手持品に負担させる金額を繰り越す場合には、これを貸借対照表には棚卸資産に含めて記載することが妥当である。

購入に要した負債利子あるいは棚卸資産を取得してから処分するまでの間に生ずる資金利子を取得原価に含めるかどうかは問題であるが、利子は期間費用とすることが一般の慣行であるから、これを含めないことを建前とすべきである^{（注10）}。

（注10） 贈与、交換、債権の代物弁済、現物出資、合併等によつて取得した棚卸資産については、適正時価（現金買入価格、現金売却価格等）、相手方の帳簿価額等を基準にしてその取得原価を決定するのであるが、その詳細については後日「資産評価準則」を公表する際にゆずる。

2　生産品の取得原価

(1)　完成品の取得原価

（生産品の取得原価）

生産品については適正な原価計算の手続により算定された正常実際製造原価をもって取得原価とする。販売費および一般管理費は取得原価に含めないのが通例であるが、一部の販売直接費はこれを取得原価に含めることを至当とする場合もある。長期請負工事を営む業種にあつては、半成工事への賦課又は配賦を通じて、販売費および一般管理費を完成工事の取得原価に算入することも認められる。製品の完成後から販売までの間に多額の移管費を要する場合には、これを取得原価に含めることもさしつかえない。

直接原価計算制度を採用する企業にあつては製品の取得原価に固定製造費を含めないが、貸借対照表に記載する原価は固定費込みの原価とすべきである。

標準原価又は予定原価をもって製品の取得原価とする場合において原価差額が生じたときには、差額が合理的に僅少な場合を除き、貸借対照表に記載する原価は、差額調整を行なつたのちの原価とする。

連産品については、等価係数によつてジョイント・コストを各製品に分割し、当該原価額をもつてそれぞれの取得原価とする。

(2)　副産物等の取得原価

副産物については、適正な評価額をもってその取得原価とする。場合によつては、主副製品分離後における副産物加工費のみをもって取得原価とし、また一定の名目的評価額をもって取得原価とすることも認められる。

くずの取得原価は副産物に準ずる。

(3)　仕掛品の取得原価

期末仕掛品は、未完成の製造指図書、原価計算上の工程途中品および工程完了品（ただし、完成品であるものおよび半製品として受払するものを除く。）から成る棚卸資産である。

未完成指図書によつて代表される仕掛品については、個別原価計算の手続により当該指図書に集計された製造原価をもって取得原価とする。

総合原価計算の手続を適用する仕掛品については、完成品換算量に基づき、先入先出法、平均法等を適用することにより算定された製造原価をもって取得原価とする。

六　棚卸資産原価の配分方法（費用配分の方法）

（費用配分の方法）

棚卸資産の取得原価は、本意見書の第一、二、1「費用配分の原則」に述べたとおり、払出原価（売上原価など）と繰越資産原価とに配分されるが、その配分は、原価の移転に関する仮定、たとえば、先入先出、平均、後入先出等の仮定にしたがつて行なわれる。仮定の有無又は相違にしたがつて、先入先出法、移動平均法、総平均法、後入先出法、個別法等の配分方法を区別することができる。それぞれの方法に応じて、算出される払出原価および期末棚卸資産原価は相違し、これを次のような呼称で区別する[注11]。

原価の配分方法	払出原価又は期末棚卸資産原価の区別
先入先出法	先入先出原価
移動平均法	移動平均原価
総平均法	総平均原価
後入先出法	後入先出原価
個別法	個別原価
売価還元原価法	売価還元原価

これらの原価配分方法（企業会計原則は、これを棚卸方法となづけている。財務諸表準則、第1章、第五）は、移動平均法および売価還元原価法を除き、恒久棚卸法（継続記録法）および定期棚卸法（棚卸計算法）のいずれにも結びつく。恒久棚卸法には物量および原価によるものと物量のみによるものとがある。物量および原価による恒久棚卸法にあつては、払出量および払出原価ならびに残存量およびその原価が常時明らかにされる。物量のみの恒久棚卸法にあつては、払出量と残存量とは帳簿記録により常時明らかにされるが、原価の配分は定期的に行なわれる。定期棚卸法にあ

つては、実地棚卸によつて期末棚卸資産の物量を確定し、これに受入記録から求めた先入先出原価、平均原価等を付して期末棚卸資産原価を算定し、これを記録された受入量およびその原価から差し引くことによつて払出量およびその原価を算定する。

移動平均法は、物量および原価による恒久棚卸法とのみ結びつく。売価還元原価法は特殊であつて、売価のみによる恒久棚卸法を利用する。この方法にあつては、売価による払出額と残存額とは帳簿記録により常時明らかにされるが（この記録は商品のコントロールおよび原価率算定に用いられる。）、原価の配分は定期的に行なわれる。すなわち売価による期末棚卸高に原価率を乗じて期末棚卸資産原価を算定し、期首繰越商品原価と当期受入原価総額の合計からこれを差し引くことによつて売上原価を算定する。

実地棚卸は、定期棚卸法を可能にさせるための不可欠の手段であるにとどまらず、恒久棚卸法を採用する場合にも、帳簿記録の不完全性を補うための不可欠の手段である。実地棚卸と恒久棚卸は合して棚卸資産の内部統制の重要な手段を形成する。恒久棚卸法によつて記録された帳簿残高は、実地棚卸によつては握された実際残高と比較され、相違がある場合には、実際残高と合致するように修正されなければならない。棚卸修正差額は棚卸減耗費とし、原価性の有無にしたがい、原価性のあるものは製造原価、売上原価又は販売費に含め、原価性のないものは営業外費用項目又は利益剰余金修正項目とする。

実地棚卸の方法には、定期実地棚卸の方法と循環実地棚卸の方法とがある。恒久棚卸法の補充として用いられる実地棚卸の場合には、右のいずれの方法をも採用することができるが、定期棚卸法の手段として用いられる実地棚卸の場合には、定期実地棚卸の方法を採用しなければならない。

予定価格、予定原価又は標準原価を適用して生産品原価を算定する場合には、実際製造費用は売上原価、期末生産品原価、原価差額の三者に配分される。原価差額は、合理的に僅少な場合を除き、これを売上原価と期末生産品原価に配分する。

最終取得原価法にあつては、最終取得原価によつて算定された期末棚卸資産原価を期首繰越原価と当期受入原価総額の合計から差し引くことによつて原価配分を行なう。最近取得原価法にあつては、払出時における最近取得原価をもつて売上原価を算定するとともに期末における最近取得原価をもつて期末棚卸資産原価を算定することによつて原価の配分を行なう。僅少な評価損益は、売上原価に加減する。

基準棚卸法にあつては、基準量をこえる期首棚卸量の取得原価と当期受入量の取得原価の合計を売上原価と基準量をこえる期末棚卸量の原価とに配分する。したがつて期末棚卸資産原価は基準量評価額と基準量をこえる棚卸量の取得原価の合計から構成される。払出量が基準量に食い込んだ場合には、食込量を再調達原価等で評価した金額を売上原価に配分し、基準量評価額から食込量評価額を差し引いた金額を期末棚卸資産の正味価額とする。

売価還元原価法にあつては、異なる品目をある程度一括して適当なグループにまとめ、各グループごとに原価の配分を行なう。後入先出法にあつても、その計算目的をよりよく達成するために（食込みの発生を防ぐために）、類似品目を1グループとして原価の配分を行なう。とくに金額後入先出法および売価還元後入先出法の場合においてしかりである。先入先出法および平均法にあつても手数を省略するために、若干の品目を1グループとして原価の配分を行なうことが認められる。

原価時価比較低価法を適用する場合には、期末棚卸資産原価が時価をこえる部分は期間費用に配分される。いわゆる切り放し方式では、一たん期間費用に配分されたこの原価部分を次期に再び棚卸資産原価に繰り戻すことはないが、いわゆる洗い替え方式ではこの原価部分の一部又は全部を次期に再び棚卸資産原価に繰り戻す結果を生ずる。低価法による評価損はこれを売上原価に含める方式が認められているが、多額な場合には別個の項目とすることが望ましい（売価還元低価法の場合を除く。）。洗い替え方式をとる場合は、評価損を売上原価に含めないことが妥当である。売価還元

低価法にあつては、売価による期末棚卸高に低価評価が可能になる原価率を乗じて期末棚卸資産価額を求め、これを期首繰越原価と当期受入原価総額の合計から差し引くことによつて、評価切下額に相当する金額を含む売上原価を算定する。

損傷品、陳腐化品等については、当該棚卸資産の利用、処分に先だち原始取得原価の一部が評価損として分離される。この評価損は、原価性の有無にしたがい、原価性のあるものは製造原価、売上原価又は販売費に含め、原価性のないものは営業外費用項目又は利益剰余金修正項目とする。

> **(注11)**　後入先出法は、いわゆる棚卸資産利益を期間利益に顕現させないようにすることを目的とする評価方法であるが、これには、物品払出しのつど後入先出計算を行なう方法、月末又は期末に一括して後入先出計算を行なう方法、期末材料と期末仕掛品の材料と期末製品中の材料を通算して後入先出計算を行なう方法、材料の通算のみでなく、加工費についても期末仕掛品中の加工費と期末製品中の加工費を通算して後入先出計算を行なう方法、金額後入先出法（アメリカでいわゆるダラー・ヴァリュー後入先出法）等の区別がある。企業の諸事情、棚卸資産の性質等を考慮して最も妥当な方法が選択されるべきである。
>
> 金額後入先出法にあつては、期末棚卸高の期末価額を最終取得原価で計算するか、期中の総平均原価で計算するか、期中の最初取得原価で計算するかにより、期末増加分の原価は最終取得原価となり、総平均原価となり、あるいは最初取得原価となる。
>
> 金額後入先出法の適用には価格指数の算定が必要である。

七　棚卸資産の範囲

（棚卸資産の範囲）

貸借対照表に棚卸資産として記載される資産の実体は、次のいずれかに該当する財貨又は用役である。

(イ)　通常の営業過程において販売するために保有する財貨又は用役

(ロ)　販売を目的として現に製造中の財貨又は用役

(ハ)　販売目的の財貨又は用役を生産するために短期間に消費されるべき財貨

(ニ)　販売活動および一般管理活動において短期間に消費されるべき財貨

生産販売のために購入された材料その他の財貨が、一部、長期性資産の製作に使用されることがあつても、本来、生産目的で保有されるのであれば当該財貨のすべてを棚卸資産とする。

減価償却計算の対象となる供用中の長期性資産および償却計算の対象とならない供用中の長期性資産（たとえば土地）ならびに供用されたときに減価償却資産として区分されることが明確な、供用前の資産（たとえば据付予定の保有機械）は、棚卸資産ではない。長期性資産の1品目が1年以内に全額償却され、費用化する状態になつてもそれは棚卸資産とならない。長期性資産が本来の用途からはずされ、売却する目的で保有されることになつた場合、当該資産は流動資産ではあるが、棚卸資産ではない（通常の営業過程で販売される対象ではなく、したがつて費用財を構成しないから）。ただし、かかる廃棄資産を原材料として生産の用に供する目的で保有する場合には、当該資産は棚卸資産を構成する。

工場の事務用消耗品は供用されるとともに間接費として製品に化体するから棚卸資産である。製品の実体の一部を構成する包装用品も棚卸資産である。その他の事務用消耗品、荷造用品は販売の対象たる製品に化体しないが、短期的費用財の性格をもつから棚卸資産である。

棚卸資産は有形の財貨に限らない。無形の用役も棚卸資産を構成することがある。たとえば加工のみを委託された場合にあらわれる加工費のみからなる仕掛品、材料を支給された場合にあらわれる労務費、間接費のみからなる半成工事は棚卸資産である。

不動産売買業者が販売目的で保有する土地、建物等は法律上不動産であるが、通常の販売の対象となる財貨であるから棚卸資産を構成する。立木竹のうち短期間に伐採される部分も、短期間に費

用化される費用財であるから棚卸資産を構成する。使用資産に類する物品であつても、その実体が徐々に製品に化体していくもの（アルミナ製造における苛性ソーダ溶液、苛性ソーダ製造における水銀等）、耐用期間がきわめて短いもの（消耗工具、器具、備品等）、又は取得原価が微細なもの（単位当たり取得原価が一定金額未満の工具、器具、備品等）は、物的性状又は会計的条件からみて明らかに棚卸資産である(注12)。

有価証券業者等が通常の営業過程において販売するために保有する有価証券は、販売目的の財貨であるから棚卸資産の本質を有する。ただし、その評価基準については別の意見書「有価証券の評価について」にゆずる。

> **(注12)** 「使用資産に類する物品であつても、その実体が徐々に製品に化体していくもの、耐用期間がきわめて短いもの又は取得原価が微細なものは棚卸資産である」というのは、その供用前の保有高を棚卸資産とする趣旨であるが、供用中のものであつても払出額を棚卸の方法又は月割計算の方法によつて徐々に費用化していく場合には、いまだ費用化されない残高も棚卸資産を構成すると解すべきである。

第二　商法と棚卸資産評価

現行商法は、棚卸資産の評価に関する別段の規定をもたない。したがつて棚卸資産には総則第34条第1項の評価原則すなわち時価以下主義が適用されることとなる。

商法の株式会社会計規定の改正に当たつては棚卸資産の評価原則として本意見書に述べた取得原価基準を採用し、例外的に低価基準を適用する余地をも残すべきである。

第三　税法と棚卸資産評価

一　評価方法の体系
（評価方法の体系）

法人税法は施行規則第20条において、原価法、時価法および低価法の3つの評価方法を掲げ、棚卸資産の評価はそのいずれによつてもよい旨を規定している。

(イ) 原価法中の最終仕入原価法については、これを適用しうる場合を限定し、時価法については、これを原価法と代替し得ない評価方法とする本意見書の趣旨を尊重し、健全な企業会計慣行の育成に協力されることが望ましい。

(ロ) 税法は、施行規則第20条において低価法を認めるほか、さらに施行規則第17条の2において時価が簿価より低い場合には、評価切下げをなしうることとしているが、特殊な場合を除き、施行規則第17条の2の評価切下げは低価法による評価切下げと併合することが妥当である。

(ハ) 後入先出法については、期末材料、期末仕掛品中の材料、期末製品中の材料を通算して後入先出計算を行なう方式および金額後入先出法（アメリカでいわゆるダラー・ヴァリュー後入先出法）を認めるように考慮することが望ましい(注13)。

(ニ) 売価還元法については、施行規則第20条第1号チに対する個別通達昭35直法1-62、第3、9-12が存在し、第3の9で売価還元平均原価法に当たる売価還元法を規定しているが、売価還元法には総平均法に該当するもののほか、後入先出法に該当するものがあるので、その採用をも考慮すべきである。

また、施行規則第20条では売価還元法を基礎とする低価法を規定しているが、そこでは一たん売価還元平均原価法による原価を求めしかるのち時価と比較して低価評価を行なう方式が考えられている。しかし売価還元法を採用する場合の低価法は、本意見書の第一、三、2に述べた売価還元低価法の方式をとることが一般的慣行となつているので、企業会計実務における実行可能性を考慮し、この規定を改めることが望ましい。これに伴い、売価還元法を原価法中の一方法とするとともに低価法中の一方法とすることが必要となるので、この点についても改正を要する(注14)。

(注13)　後入先出法については、不可抗力（戦争等）による期末在庫量の食込みが生じた場合には、これに対する救済手段として食込量が補充された場合において最初の帳簿原価を復活させる方法を特別立法によって認めることが望ましい。

(注14)　売価還元法にあつては、本文の第一、三、2に述べるような方法で定価基準の評価を行なうのを例とする。売価還元法にあつては、期末商品の時価としてその再調達原価を直接には握することが困難なためである。

期末商品の時価として正味実現可能価額又は「正味実現可能価額から正常利益を差し引いた価額」をは握し、売価還元平均原価と比較することによつて評価切下額を決定する低価法の適用は、小売業にとつて必ずしも不可能ではないが、実際問題として利用されていない。かつ、施行規則は購入品の時価を再買原価（仕入時価）と定めているのであるから、原価率によつて再買原価に相当する価額を推定する結果となる通常の売価還元低価法の採用を認めることが理論的である。

二　評価方法の適用
（評価方法の適用）

評価方法の選択に関しては、施行規則第20条において、大蔵省令の定める事業の種類ごとに各種評価方法のうちいずれか１つを適用するものとし、必要ある場合には、事業の種類ごとに、さらに商品又は製品、半製品又は仕掛品、主要原材料、および補助原材料その他の棚卸資産の４区分にしたがつて異なる評価方法を適用しうる旨の規定を設け、これを受けて、施行細則第１条の９第２項および基本通達183の２で、所定の事業種類ごとに評価方法を選定することを困難とする場合、又はやむを得ない理由がある場合においては、税務署長の承認を得て、別に定めた事業の種類ごとに、評価方法を選定し、あるいは事業所別に棚卸資産の評価方法を適用し、又は税務署長の承認を得て、施行規則第20条に規定する棚卸資産の区分をさらに細分して、当該細分された棚卸資産ごとに異な

る評価方法を採用することができることとしている。

(イ)　仕掛品は未完成状態の製品および半製品をあらわし、完成した半製品とは区別されるので、仕掛品と半製品を別個の区分とすることが妥当である。

(ロ)　同一の事業種類又は同一区分に属する棚卸資産であつてもその性質、条件等に応じてそれぞれに異なる評価方法を適用することが本来妥当視される場合があるのであるから、継続性を前提とし、細分された棚卸資産ごとに異なる評価方法を適用することを原則として承認する扱いとすることが望ましい。

(ハ)　基本通達186は、低価法についていわゆる洗い替え方式すなわち原始原価時価比較低価法を強制しているが、いわゆる切り放し方式すなわち簿価時価比較低価法をも規定し、両者の選択適用を認めるよう検討すべきである（この場合、後入先出法に基づく低価法の扱いについては本意見書の注解注７を参照）。

三　棚卸資産の取得価額
（棚卸資産の取得価額）

施行規則第20条の４において、棚卸資産の取得価額には、他から購入した棚卸資産についてはその購入の代価、……、自己の生産（加工を含む。……）に係る棚卸資産についてはその生産のための原材料費、労務費および経費の額のほか、当該棚卸資産の引取運賃、荷役費、運送保険料、購入手数料、関税その他これ（当該棚卸資産）を消費し、又は販売の用に供するために直接要した費用の額を含むものとする旨を規定している。

(イ)　購入品の取得価額に含めるべき附随費用について、昭34直法１-150の103は、一切の附随費用を取得価額に含めることを建前とし、買入事務費、移管費、保管費等第３号、第５号および第６号に掲げる費用についてのみ、重要性の原則の適用による取得価額への不算入を認めるにとどまつているが、引取費用等についても重要性の原則の適用を認めることが望ましい。

(ロ) 生産品の製造原価と製造原価以外の費用とのボーダーラインにある費目を製品原価とするか期間費用とするか、ならびに販売過程で生ずる費目を製品原価とするか期間費用とするかについては、企業の適正な判断にゆだねるべきである。したがって昭34直法1-150の108についてはさらに弾力性をもたせるよう検討すべきである。

また生産品の製造原価に算入すべき費目について、昭34直法1-150の112は必ず算入しなければならないものを掲げ、同113は製造原価に算入しないことができるものを掲げ、基本通達180の6は、とくに定める費目を除き、製造原価に算入すべき費目かどうかの決定を適正な原価計算の基準によつて行なうものとする旨を明らかにしているが、右の112において、製造原価に算入しなければならない費目として掲げているものには、適正な原価計算を行なつている企業にあつては当然に製品原価に算入する費目が存在すると同時に、製品原価に算入され得ない費目が存在する。製造費用の原価性については、企業をして適正な原価計算基準に基づいて判断させる余地を与えるとともに、課税所得計算上ぜひとも製造原価に算入させる必要のある最少限度の費目について一段と明確な規定をなすべきである。

四 低価法上の時価

(低価法上の時価)

施行規則第20条第2号および第3号は時価法上時価と低価法上の時価との区別を設けず、個別通達昭35直法1-62の第4の14および15において購入品については再買原価、生産品については再造原価を本則とし、生産品の時価は正味実現可能価額から利益を控除した金額をも認めることとしているが、低価法上の時価としては、正味実現可能価額、再調達原価（再買原価又は再造原価）、正味実現可能価額から正常利益を差し引いた価額のうちからこれを自由に選択する余地を与え、継続適用を前提として企業が評価切下額を自主的に決定することを認めるべきである（時価および原価

時価比較の方法については本意見書の第一、三、1を参照）。

五 原価差額の調整

(原価差額の調整)

個別通達昭28直法1-54の原価差額調整方式については、次のような点に留意して根本的な改正を施す必要がある(注15)。

たとえば、

(イ) 工場ごとの調整を要求することをやめて、製品グループ別の調整を建前とすべきである。

(ロ) 原価差額を直接材料の原価差額と加工費の差額とに分け、前者については材料と仕掛品と製品の通算で調整し、後者については仕掛品と製品の通算で調整する方式を認めるべきである。

(ハ) 適正な標準原価計算制度が実施されている場合には、原価差額としてあらわれた遊休費および異常な不能率差異を要調整差額から除外することを認めるべきである。

(ニ) 一工場から他工場へのころがし調整計算又は一製品種類から他の製品種類へのころがし調整計算（一製品種類を他の製品種類の原料として使う場合における）は、なるべく排すべきである。

(ホ) 原価差額の調整と内部振替損益の修正は、切り離して行なうこととすべきである。

(注15) 企業会計審議会から近く発表される「原価計算基準」は、原価差額の調整に関して次の基準を表明しているので、充分に参酌されたい。

(一) 実際原価計算制度の場合における原価差異の処理は、次の方法による。

1 原価差異は、材料受入価格差異を除き、原則として当年度の売上原価に賦課する。

2 材料受入価格差異は、当年度の材料の払出高と期末在高に配賦する。この場合、材料の期末在高については、材料の適当な種類群別に配賦する。

3 予定価格等が不適当なため、比較的多額の原価差異が発生する場合、直接

材料費、直接労務費、直接経費および製造間接費に関する原価差異の処理は、次の方法による。

(1) 個別原価計算の場合
　　次の方法のいずれかによる。
　　イ　当年度の売上原価と期末における棚卸資産に指図書別に配賦する。
　　ロ　当年度の売上原価と期末における棚卸資産に科目別に配賦する。

(2) 総合原価計算の場合
　　当年度の売上原価と期末における棚卸資産に科目別に配賦する。

(二) 標準原価計算制度における原価差異の処理は、おおむね次の方法による。

1　数量差異、作業時間差異、能率差異等であつて異常偶然な状態に基づくと認められるものは、これを非原価項目として処理する。

2　その他の原価差異は、実際原価計算制度の場合に準じて処理する。

「原価計算基準」は、差額調整について右のように述べているが、なお原価差額の調整に関しては、全面的に申告書による調整を行ないうるよう現行法を改めることを要望する声が強いので、この点検討すべきである。

六　価格変動準備金
（価格変動準備金）

租税特別措置法第53条による価格変動準備金の制度については、(イ)この制度を適用する対象資産を検討する。(ロ)この制度の代わりに基準棚卸法等を容認するなど、根本的再検討を必要とするが、さしあたり、準備金への繰入額を会計帳簿上費用に算入させることなく、課税所得算定上損金に認めることが望ましい。

連続意見書第五
繰延資産について

第一　企業会計原則と繰延資産

一　企業会計原則における繰延資産

（繰延資産）

貸借対照表原則の２によれば、貸借対照表の資産の部には、流動資産および固定資産とならんで、繰延勘定とよばれる区分を設けることとなつている。この区分に記載すべき項目もしくは科目は、同じく貸借対照表原則の㈠のＣによつて、次のように説明されている。

「繰延勘定は、前払費用と繰延資産とに区分し、前払費用は未経過分を資産の部に記載して繰り延べ次期以降の費用として引き当て、創業費、株式発行費、開発費、試験研究費等の繰延資産は、一定の償却方法によつて償却し、その未償却残高を記載する。

前払費用で１年以内に費用となるものは、流動資産に属するものとする。」

この場合、前払費用は、企業会計原則注解の15が述べているように、一定の契約に従い、継続的に役務の提供を受ける場合において、ある期間中に、いまだ役務の提供を受けていないにもかかわらず、これに対して支払われた対価を意味している。したがつて、かかる役務の対価は、普通、時間の経過によつて、役務の提供を受けるに従い、次期もしくは次期以降の損益計算に、費用として計上されるべき性格を有しているから、これを貸借対照表の資産の部に掲記しなければならない。ただし、貸借対照表における資産の表示に当たり、流動資産と固定資産は一定の基準によつて区分されなければならないので、前払費用についても、その金額が関係する損益計算の期間を考慮して、あるものを流動資産に、そして、あるものを固定資産と同様に取り扱つて、繰延勘定に分別して記載する必要がある。すなわち、前払費用で１年以

内に費用として計上されることとなるものは流動資産に属し、また、１年をこえて損益計算に関係する前払費用は繰越勘定に属するのである。

しかしながら、企業会計原則は、繰延資産の本質について詳細な説明を加えていない。わずかに、貸借対照表原則の５の第２項で、「資産の取得原価は、資産の種類に応じた費用配分の原則によつて、各事業年度に配分しなければならない。」と前置きして、「繰延資産は、有償取得の対価を一定の償却方法によつて各事業年度に配分しなければならない。」と述べるにとどまつている。このような説明による限り、企業会計原則では、繰延資産は、各事業年度の損益計算書に計上される償却額を通じて、数期間の損益計算に関係するものと考えられており、この意味において、繰延資産と前払費用を繰延勘定の区分に、同じような性格のものとして掲記する正当な理由を見出すことができる。

二 繰延資産と損益計算

（繰延資産と損益計算）

企業会計原則では、企業の損益計算は、ある期間の収益からこれに対応する費用を差し引くことによつて行なわれるものとしている。この場合、収益と費用は、その収入および支出に基づいて計上されるのみでなく、それらが発生した期間に正しく割り当てられる必要がある。したがつて、ある期間の損益計算に計上すべき収益と費用の金額を決定するには、できる限り、具体的な事実もしくは客観的な根拠によらなければならない。もつぱら主観的な判断によつて収益もしくは費用の金額を定めることは、損益計算上、厳に排除されるのである。

いわゆる繰延資産は、ある支出額の全部が、支出を行なつた期間のみが負担する費用となることなく、数期間にわたる費用として取り扱われる場合に生ずる。この点は前払費用の生ずる場合と同様であるが、前払費用は、前に述べたように、すでに支出は完了したが、いまだ当期中に提供を受けていない役務の対価たる特徴を有している。これに対し、繰延資産は、支出が完了していること

は同様であるが、役務そのものはすでに提供されている場合に生ずる。

このような支出額を当期のみの費用として計上せず、数期間の費用として処理しようとするとき、ここに繰延経理という考え方が適用され、この結果、次期以降の費用とされた金額は、繰延資産として、貸借対照表の資産の部に掲記されることとなるのである。

ある支出額が繰延経理される根拠は、おおむね、次の２つに分類することができる。

(一) ある支出が行なわれ、また、それによって役務の提供を受けたにもかかわらず、支出もしくは役務の有する効果が、当期のみならず、次期以降にわたるものと予想される場合、効果の発現という事実を重視して、効果の及ぶ期間にわたる費用として、これを配分する。

(二) ある支出が行なわれ、また、それによって役務の提供を受けたにもかかわらず、その金額が当期の収益に全く貢献せず、むしろ、次期以降の損益に関係するものと予想される場合、収益との対応関係を重視して、数期間の費用として、これを配分する。

この２つの根拠は、しばしば、１つの具体的な事象のなかに混在することがあるが、もし、このような根拠があれば、支出額の全部を、支出の行なわれた期間の費用として取り扱うことは適当ではない。すなわち、支出額を繰延経理の対象とし、決算日において、当該事象の性格に従つて、その全額を貸借対照表の資産の部に掲記して将来の期間の損益計算にかかわらせるか、もしくは、一部を償却してその期間の損益計算の費用として計上するとともに、未償却残高を貸借対照表に掲記する必要がある。換言すれば、繰延資産が貸借対照表における資産の部に掲げられるのは、それが換金能力という観点から考えられる財産性を有するからではなく、まさに、費用配分の原則によるものといわなければならない。したがつて、企業会計原則の立場からすれば、支出額を数期間の費用として正しく配分することに、きわめて重要な意味がある。

この結果、繰延資産については、適正な償却期

間を定め、その期間にわたつて、時間の経過その他の適当な基準によつて正しく償却を行なう必要がある。その期間は、支出又は役務の効果の及ぶべき期間、もしくは、支出によつて影響される収益の計上されるべき期間を基準として定めれば足りるが、何らかの基準によつて期間が定められれば、その後の損益計算は、毎期、正しく算定された金額を費用として計上することによつて、おのずから正常に行なわれるのである。したがつて、繰延資産について特別の事由が生じた場合、たとえば、将来計上されるものと予想された収益があがらない場合などでも、通常、繰延資産につき、規則的な償却を行なうものとする。

三　繰延資産の内容

（繰延資産の内容創業費）

イ　創業費

（創業費）

ここに創業費とは、株式会社の法律上の成立までの間に支出された設立費、および成立後営業の開始までの間に支出された開業費をいう。

創業費は、会社の創業に関連するものであるから、その金額は、開業後の営業活動が負担すべき費用として処理すべきものと考えられる。もちろん、企業の営業活動は無限に続くものと想定することができるが、創業費を配分すべき期間は、最大限5年間と認定し、したがつて、その金額をこの期間中に償却すべき繰延資産とすることが適当である。

設立費の主要なものには、定款・諸規則作成の費用、株式募集その他のための広告費、株式申込証・目論見書・株券等の印刷費、創立事務所の賃借料、設立事務のために使用する使用人の給料手当、金融機関の取扱手数料、証券会社の取扱手数料、創立総会のための費用、その他会社設立事務に関する必要な費用で会社の負担に属する金額、および、発起人が受ける報酬で定款に記載して裁判所又は創立総会の承認を受けた金額、ならびに、設立登記の登録税がある。一方、開業費は、会社の成立後営業の開始のときまでに支払われた開業準備のための費用であ

るから、このなかには、土地建物等の賃借料、広告宣伝費、通信交通費、事務用消耗品費、支払利息、使用人の給料手当、保険料、電気・ガス・水道料等の費用のすべてが含まれることとなる。

商法第168条第1項第7号の規定によれば、会社の負担に帰すべき設立費用と発起人が受けるべき報酬の額は、これを定款に記載しなければ効力を有しないとされている。したがつて、これらと設立登記のための税額とを加えた設立費の内容と金額は、きわめて明確に確定することができる。

これに対し、開業費は、すでに会計単位としての会社が成立してから営業を開始するときまでの支出である。開業費の範囲については、それは開業までに支出された一切の費用を含むとする考え方、ならびに、開業費は開業準備のため直接に支出した金額に限るものとし、したがつて、一般管理費に属する一部の費用は、これに含ませるべきではないとする考え方の2つに分けることができる。前者の考え方によれば、場合によつては、損益計算書が作成されないことがあり、また、後者の考え方によれば、損益計算書には当期純損失が計上されることが普通となるので、2つの考え方の差異は、このような結果上の差異として考えることが適当である。これと同様の見方は、受取利息をはじめとする営業外収益を、開業費から差し引くべきか、もしくは、営業外収益として掲げるべきかという問題、ならびに、支払利息をはじめとする営業外費用を開業費に含めて繰り延べるべきかどうかという問題についても、同様に適用することができる。

創業費の償却については、2つの異なつた方式を選択適用することができる。その第1は、設立費と開業費を一括して償却を行なう方式である。すなわち、営業の全部もしくは一部を開始することによつて、営業収益があがつた年度の末から創業費の償却を開始していくのであるが、この時期は、営業の一部を開始したときに限る必要はなく、その全部を開始したときとす

ることができる。これに対し、その第2は、設立費については、会社設立のときから償却を開始し、また開業費については、開業のときから償却を開始する方式である。

なお、いずれの方式による場合でも、償却の期間は、最大限5年内にとどめるべきであり、また、毎期間の償却額は均等額であることが望ましい。

ロ　社債発行割引料

（社債発行割引料）

社債を券面額以下の価額で発行した場合、券面額と発行価額との差額を社債発行割引料という。社債の割引発行は、社債の応募者利回りが市場の平均利子率より低い場合、発行者利回りを引き上げることによって応募条件を有利にするため行なわれるものであるから、社債発行割引料は、利息の前払に似た性格を有する。

したがつて、社債発行割引料は、その全額を社債を発行した期間の費用とするよりも、社債の発行から社債の償還に至るまでの期間にわたる費用として配分することが適当である。この結果、社債発行割引料は、繰延経理の対象となり、繰延資産とされるのである。

繰延経理された社債発行割引料は、社債発行から社債償還に至るまでの期間内に、償却されなければならない。しかし、社債発行割引料は、割引発行された社債にかかわるものであるから、その社債の一部が、予定された償還期日前の繰上償還、もしくは借替などによつて減少するときには、割引発行した社債総額に対する減少額の割合に従つて、社債発行割引料を償却する必要がある。

このような特殊な場合を除けば、社債発行割引料は、社債発行から社債償還に至るまでの期間内に、時間の経過を基準として、毎期の損益計算の費用として計上されるよう、その償却を継続的に行なつていくことが必要である。

ハ　社債発行費

（社債発行費）

社債の発行に当たり直接に支出した金額、たとえば、募集広告費、金融機関の取扱手数料、

証券会社の取扱手数料、社債申込証・目論見書・社債券等の印刷費、社債登録税等は、この発行にかかわる社債の償還期間にわたる費用として、毎期均等額を配分することが合理的である。すなわち、社債発行費は、繰延資産として取り扱われなければならない。

ニ　株式発行費

（株式発行費）

会社が創立されたのち、新たに株式を発行する場合、それに直接支出した金額、たとえば、募集広告費、金融機関の取扱手数料、証券会社の取扱手数料、株式申込証・目論見書・株券等の印刷費、変更登記のための登録税等を、株式発行の行なわれた期間にかかわる損益計算の費用として計上することは適当ではない。けだし、株式発行の効果は、たんに、発行した期間のみでなく、将来にも及ぶからである。かくして、株式発行費は、繰延経理の対象となるのであるが、繰延期間は3年程度が適当であろう。この期間は客観的な根拠に基づいて定められるものではないが、一たん、繰延期間を決定すれば、毎決算期ごとに均等額を償却していくことによつて、毎期の損益計算の正常性が保証されることとなる。

ホ　開発費

（開発費）

ここに開発費とは、現に営業活動を行なつている企業が、新技術の採用、新資源の開発、新市場の開拓等の目的をもつて支出した金額、ならびに、現に採用している経営組織の改善を行なうために支出した金額等をいう。したがつて、開発費には、経常費的な性格をもつものは含まれない。けだし、企業が現に採用している技術、および、現に保有している市場とくに販売市場に関係しない支出額は、支出の期以降の販売収益に貢献するものであり、また、現に採用している経営組織の改善のための支出額は、もつぱら、将来に至つてその効果が発現すると予想されるので、毎期の収益に対応させるべき毎期の費用とは区別されるからである。

開発費は、ある特定の目的にかかわる支出額

であるから、それらの具体的内容は、きわめて多様である。たとえば、新技術の採用のために支出した金額には、技術導入費、特許権使用に関する頭金等が含まれ、新資源の開発のための支出額には、鉱山業における新鉱道の開さくに要した金額等、また、新市場の開拓のための支出額には、広告宣伝費、市場調査費等が含まれる。開発費の償却は、支出が行なわれた期間の末から開始し、5年以内の期間にわたつて、これを行なうことが適当とされる。

ヘ　試験研究費

（試験研究費）

　ここに試験研究費とは、現に営業活動を営んでいる企業が、新製品の試験的製作、あるいは新技術の研究等のため特別に支出した金額をいう。したがつて、この試験研究費には、企業が現に生産している製品又は採用している技術の改良等の目的で、継続的に行なわれる試験研究のための支出は含まれない。

　試験研究費を構成する支出は、開発費の場合と同じく、きわめて多様である。ただし、試験研究のため特別に建設した設備で、研究終了後、使用しうると思われるものについては、これを試験研究費に含ませないか、もしくは、一応、試験研究費として処理し、転用時の金額を推定して、これを試験研究費の償却額の計算から控除することができる。また、試験研究の段階において発生した収益があれば、この金額を試験研究費から控除するか、もしくは、その金額だけ当該期間の償却額を増加させるものとする。

　試験研究費は、当期中の収益とは関係を有しないので、繰延経理の対象となる。その償却開始の時期は、支出の行なわれた期間の末のみでなく、試験研究が完了して、本格的な操業もしくは生産が開始されたときとすることができる。試験研究費の償却は、5年以内の期間にわたつて、これを行なうことが適当とされる。

　試験研究が成功したときでも、試験研究費の未償却残高を資産とくに無形固定資産に振り替える必要はなく、逆に、失敗したときでも、これを全額償却して、その金額を営業外費用もし

くは繰越利益剰余金減少高として処理しなくてもさしつかえない。けだし、試験研究費を一定の期間にわたつて規則的に償却することにより、毎期の損益計算の正常性が、完全に保てるからである。

ト　その他の繰延資産

（その他の繰延資産）

　ある支出額を繰延経理したとき、その金額もしくはその金額から償却額を控除した金額を貸借対照表に記載するときは、その内容を示す科目をもつて繰延勘定の区分に掲記しなければならない。これを仮払金あるいは未決算勘定として流動資産の部に掲記することは、企業の財政状態に関する真実の報告をなしたことにはならない。

　このような繰延資産としては、通常、家屋等の賃借にかかわる権利金および立退料、公共的施設等の施設のための支出、製品の宣伝のために用いられる固定資産の贈与にかかわる支出等をあげることができるが、固定資産の取得に当たつて支出した移転等のための補償金も、繰延経理されることがある。ただし、これらの金額はあらゆる場合に繰延経理されるのではなく、その支出の内容に従い、繰延経理の対象となるのであるから、その償却期間も状況に応じ適当に決定しなければならない。

四　特殊な繰延資産

（特殊な繰延資産）

　商法第291条第1項は、株式会社の目的とする事業の性質により、会社成立後2年以上、その営業の全部を開始することができないときには、開業前一定の期間内に、一定の利息を株主に配当することを認め、もつて、株式の発行による資金調達を容易にさせるようにしている。この配当額すなわち建設利息は将来に生ずべき利益の前払、もしくは資本の払戻の性格をもつものとされている。いずれの見解によるとしても、建設利息は繰延経理の対象となる。すなわち、建設利息として配当された金額は、1年につき資本の総額の100分の6以上の利益配当を

行なつたとき、その超過額と同額以上の金額を、各事業年度の利益をもつて償却することを要するとされているので、全額が償却されるまで繰延経理されるのである。この場合、建設利息は経過的に貸借対照表の資産として取り扱われ、繰延資産とともに繰延勘定の区分に掲記される。したがつて、建設利息は、特殊な繰延資産と解することが適当である。

第二　商法と繰延資産

現行商法は、次の4つの金額に限つて、いわゆる繰延経理を行なうことを認め、繰延経理の対象とされた金額を、貸借対照表の資産の部に掲記するものとしている。

1　設立費—会社の負担に属すべき設立費用、および発起人が受くべき報酬の額、ならびに設立登記のための税額（第286条）

2　新株発行費—新株の発行のために必要な費用（第286条の2）

3　社債発行差額—社債権者に償還すべき金額の総額が社債の発行によつて得た実額を超過する金額（第287条）

4　建設利息—会社成立後2年以上、会社の目的たる営業の全部を開業できないと認められるとき、開業前一定期間内に株主に支払つた利息の額（第291条）

企業会計原則の立場からすれば、現行商法における繰延資産の諸規定に関し、少なくとも、次の諸点につき改正することが必要である。

(1)　開業費の繰延経理を認めること。

(2)　社債発行費の繰延経理を認めること。

(3)　開発費と試験研究費につき、繰延経理を認めること。

第三　税法と繰延資産

法人税法施行規則（以下「施行規則」という。）第21条の8によれば、法人が支出した費用で、その支出の効果が当該支出の日以後1年以上に及ぶものは、これを繰延費用とよび、繰延費用についてなした償却額は、当該繰延費用の効果の及ぶ期間を基礎として計算される償却限度額以内の金額

に限つて、各事業年度の所得計算上、損金に算入することとなつている。しかしながら、繰延費用の償却額を損金に算入するに当つては、次の3つの場合が区別されている。

1　法人の計算に従つて損金算入が認められているもの（施行規則第21条の9第1項）。

(1)　創業費—法人の設立のための支出で当該法人の負担に帰すべきもの

(2)　建設利息—商法第291条の規定により株主に配当した利息

(3)　株式発行費—資本の増加に伴う株式の発行のために支出した費用

(4)　社債発行費—社債の発行のために支出した費用

2　支出時に全部または一部の金額を損金に算入するか、もしくは、一部又は全部の金額を繰り延べて5年間で償却するかのいずれかを選択できるもの（施行規則第21条の9第2項および第3項）。

(1)　開業費—法人の設立後営業を開始するまでの間に開業準備のために特別に支出した費用

(2)　開発費—製品の販路拡張のための広告宣伝費及び接待費その他営業を開始した後新たな市場の開拓又は新たな事業の開始のために特別に支出した費用

(3)　試験研究費—製品の試作費、製法の研究費その他新たな製品の製造又は新たな技術の発明に係る試験研究のために特別に支出した費用

3　支出後一定期間に償却しなければならないもの〔個別通達昭34直法1-150（以下「通達」という。）125等〕。

(1)　公共的施設等の施設に当り支出した費用—その種類に応じ、当該施設等の耐用年数の10分の7もしくは10分の4に相当する年数又は3年を償却期間とする。

(2)　共同的施設等の施設に当り支出した費用—その種類に応じ、当該施設の耐用年数の10分の7に相当する年数もしくは5年又は3年を償却期間とする。

(3)　自己の便益に供するための病床等の施設に

当り支出した費用—その種類に応じ、当該病棟の耐用年数の10分の7に相当する年数又は5年を償却期間とする。

(4)　自己の製品等の広告宣伝の用に供する固定資産を贈与するために要した費用—広告宣伝の用に供する固定資産の耐用年数の10分の7に相当する年数を償却期間とする。

(5)　建物を賃借するために支出した権利金、立退料その他の費用—その種類に応じ、賃借建物の耐用年数もしくは賃借後の見積残存耐用年数の10分の7に相当する年数又は5年を償却期間とする。

(6)　バス路線開設等の免許出願に当り付けられた条件を達成するために支出した費用—10年を償却期間とする。

(7)　社債発行差金—社債の発行日から償還日までの期間を償却期間とする。

(8)　ノーハウの設定契約に際して支出した頭金の費用—5年を償却期間とする。

(9)　職業野球選手との契約をするに当り支出した契約金等の費用—3年を償却期間とする。

(10)　炉体温しやに要した費用—最近に行なわれた炉体の改築の直前の改築の完了日から最近に行なわれた炉体の改築の完了の日の前日までの期間を償却期間とする。

わが法人税法は、繰延費用とその償却につき、通達によつてきわめて詳細に規定しているのであるが、施行規則第21条の9および通達125に

かかげる17の項目は、通達125の文言によれば、繰延費用の例示にほかならない。また、通達126は、繰延費用の効果の及ぶ期間は、規則と通達に別段の定めがあるもののほかは、固定資産等に化体する繰延費用については、おおむね当該固定資産の耐用年数を、また、一定の契約をするに当たり支出した繰延費用については、おおむね当該契約期間を、それぞれ、基礎として適正に見積るものとすることを述べている。

本来、繰延費用とすべき支出額およびその償却期間は、税務当局の承認を前提として、法人が自主的に判断して決定すべきものであるが、わが法人税法の最近の傾向としては、通達による別段の定めによつて、繰延費用の内容と償却期間を一律に規定することが指摘される。換言すれば、特定の支出の繰延経理とその償却に関する原則的な立場は、次第に変化しつつあるのである。

たしかに、ある支出を繰延経理すべき場合は、現実問題としてきわめて多様であり、そのため、損金算入の限度を明確にすべき法人税法の立場からは、画一的な取扱いを行なう必要が大きいと解される。しかし、法人税法による規制としては、繰延経理および繰延額の償却期間について、法人に一応の基準を示し、この範囲内で、法人が自主的にこれを決定しうることを、さらに明確にすることが望ましい。

商法と企業会計の調整に関する研究会報告書

(平成10年6月16日)

はじめに―開催の経緯等

我が国の企業会計制度は、企業の多角化、経済社会環境の変化等に対応して、逐次整備・改善が行われてきたところであるが、最近の金融証券市場のグローバル化、金融商品の多様化等を踏まえ、会計基準の一層の整備が望まれているところである。

平成8年11月、内閣総理大臣から、金融システム改革に関して2001年までに改革が完了するプランをできる限り早急にまとめるよう、大蔵大臣及び法務大臣に対し指示があった。総理指示の改革の重要事項には、「ディスクロージャーの充実・徹底」及び「会計制度の国際標準化」が含まれている。これを受けて、企業会計審議会では、公正・透明な市場の発展に資するため、国際的にも遜色のない企業会計・ディスクロージャー制度の整備に向けて精力的な審議が進められている。

平成9年6月に、企業会計審議会から、「連結財務諸表制度の見直しに関する意見書」及び「金融商品に係る会計処理基準に関する論点整理」が取りまとめられ公表された。これらの意見書では、経済社会環境の変化等に応じ、連結財務諸表作成手続の抜本的見直し、金融商品の時価評価の導入といった、現行の会計基準の大幅な見直しが提言された。その中で、時価評価の導入及び税効果会計の採用については、商法の原価主義、利益計算上の取扱いとの調整を行う必要があるとの提言がされている。

このような背景のもと、企業会計審議会の提言を踏まえ、法務省（法務大臣官房参事官）と大蔵省（証券局企業財務課長）が共同で、商法学者、会計学者及び実務家の参加を求め、商法と企業会計の調整に関する研究会（座長　江頭憲治郎　東京大学教授）を開催することとした。

本研究会は、平成9年7月から7回にわたって開催され、時価評価の導入及び税効果会計の採用を中心に商法と企業会計との調整を図るべき事項について検討を行ってきたが、今般、一応の区切りとして報告書を取りまとめることとした。

I　商法と企業会計との関係について

1　商法及び企業会計における会計目的

証券取引法における会計目的は、公開会社を対象として、投資家に投資情報を提供する機能が中心といわれている。この情報提供機能の観点からは、適正な会計処理を通じて企業の財政状態及び経営成績を明らかにすることが必要である。

一方、商法における会計目的は、公開会社のみならず非公開会社を含むすべての会社を対象として、債権者と株主の利害調整機能又は債権者保護を中心としていると一般にいわれている。しかし、これと並んで株主に対する情報提供機能も重要な目的の1つとされており、財産計算のみならず期間損益計算が一層重視されるようになってきたと考えられる。この面では、商法の会計目的は、多数の株主が存在する公開会社に関する投資家に対する証券取引法の情報提供機能と実質的に同一の役割を担っていると考えられる。

情報提供機能は両者に共通するという観点において、企業の財政状態及び経営成績を表す基礎となる利益計算に違いが生じることは利害関係者の判断を誤らせる虞がある。また、商法における債権者保護の観点からも、配当可能利益が恣意的に操作されることを排除するため、利益計算が公正な会計処理を通して適正に行われることが望ましいと考えられる。

したがって、公開会社を対象とする証券取引法と非公開会社も対象に含む商法では、要求される情報について差異があるとしても、財産計算及び利益計算は基本的に一致するように調整が図られてきたところである。

(注)　公開会社とは、上場会社、店頭登録会社、有価

会計諸基準

証券の公募・売出し等を行った会社で、証券取引法の適用を受け有価証券報告書等を開示している株式会社を想定している。

2　商法計算規定と会計基準の位置づけ

企業会計原則の前文では、「法令によって強制されないでも、すべての企業が従わなければならない基準」と謳われており、企業会計原則を初めとする企業会計審議会が設定した会計基準は、我が国の会計実務において一般に公正妥当と認められる会計慣行として広く根づいている。また、商法においては、「総則」及び「会社の計算」において計算規定等が定められており、その中で、第32条第2項の「商業帳簿ノ作成ニ関スル規定ノ解釈ニ付テハ公正ナル会計慣行ヲ斟酌スベシ」との斟酌規定の解釈上、企業会計原則は、「公正ナル会計慣行」の中心をなすものと解されている。

さらに、これまでも企業会計審議会の答申及び意見書が商法の計算規定等の改正に逐次反映されるとともに、商法の計算規定の改正に合わせ企業会計原則が改訂され、商法における計算規定と企業会計との相互調整が図られてきたという経緯がある。このような経緯から、商法における計算規定と企業会計とは相互に密接に関係し、両者が相まって我が国の会計実務が形成されてきたと考えられる。

3　商法における計算規定と配当規制の関係

商法には、商人一般に関する計算規定として、第32条、第33条、第34条が置かれており、株式会社については、これらのほか第285条ノ2以下において、資産評価、繰延資産、法定準備金等に関する規定が置かれている。このうち資産評価規定は、第290条第1項が貸借対照表上の純資産額を基礎に配当可能利益額を算定する構造をとっていることから、配当可能利益計算すなわち配当規制の中核となっている。

しかし、配当規制は、主として債権者保護あるいは債権者と株主との利害調整機能という商法の役割からの規制である。そこで、配当規制の方法としてはいろいろなものがありうるし、また貸借

対照表上の純資産額を配当規制の基礎とするにせよ、個々の資産評価をどのような方法（時価法、原価法等）により行うかが、配当可能利益額の算定に必ずしも直結するわけではない。したがって、商法で個々の資産の評価をどのような方法により行うかという問題と、配当可能利益額をいかに算定するかという問題は、分けて考えうる事柄ではないかと考えられるので、まず、会計処理方法としての適否の観点から資産評価規定を検討し、その上で、配当規制の観点からの問題の有無を検討していくことが適当であると考えられる。

Ⅱ　金融商品に対する時価評価の導入
1　時価評価の必要性

有価証券、デリバティブといった金融商品の多様化、価格変動リスクの拡大、取引の国際化等の状況下にあって、金融商品を原価評価する会計基準の下では、財務活動の実態が財務諸表に適切に反映されておらず、投資家にとって投資対象のリスクとリターンの早期把握が困難になってきているとの指摘がある。また、企業の側においても、企業自身のリスク管理の徹底及び財務活動の成果の的確な把握に際し問題があると考えられている。さらに、我が国企業の国際市場での資金調達及び海外投資家の我が国証券市場での投資の活発化という状況の下で、財務諸表等の会計情報は国際的観点から比較可能性が強く求められており、デリバティブ等国際的レベルでの金融商品取引に関し、我が国の会計基準の国際的調和が喫緊の課題となっている。

デリバティブ取引、市場性のある有価証券等の金融商品については、これまでは主として注記の時価情報等の提供により財務諸表の内容を補完する手法が採られてきたが、上記の基本認識に基づき、金融商品に係る企業の財務活動の実態をより適切に財務諸表に反映させていくことが必要になると考えられる。

このため、金融商品の属性に応じて、企業の財政状態を適切に表示し財務活動の成果を反映させる観点から、企業の保有する金融商品に内在するリスクとリターンを的確に財務諸表に反映させる

ために時価評価を導入する必要が生じてきている。これらの必要性は単に企業会計上の要請に止まるものではない。例えば、評価損益が企業の収益力や負債の返済能力に影響することも考えられ、時価の変動を適時に顕在化させていくことは、商法における債権者保護の観点からも重要な要請ではないかと考えられる。したがって、商法においても金融商品の時価評価が導入されることが望ましいと考えられる。

2　金融商品の時価評価を行う会社の範囲

金融商品の時価評価は、上記のとおり、企業の財政状態及び経営成績をより適正に表示することを目的としており、その観点からは、会社の規模により時価評価の必要性に違いが生じるとは考えられない。したがって、基本的には、すべての会社に同一の評価基準が採用されることが望ましいと考えられる。

しかしながら、利害関係者が限定されている非公開会社の場合には原価評価によっても情報提供機能が損なわれない場合も多いのではないかと考えられること、また、金融商品の取引や保有が少なく、時価評価を行ってもその評価損益の重要性が乏しい会社もあるのではないかと考えられることなどから、このような会社にまで時価評価を強制しなくても、商法の法益の観点から弊害は乏しいのではないかとの意見もある。他方、投資家保護の観点からより統一的な会計処理が求められる公開会社については、会計基準に則った時価評価を強制することが必要と考えられる。したがって、証券取引法上の開示において時価評価が強制された公開会社については、商法に時価評価を行う会社の範囲についての明文規定を置かない場合にも、公正な会計慣行が斟酌されることにより商法上も時価評価を行うこととなると解することが適当である。反面、中小会社等に対しては、時価評価を行わないことが直ちに違法となることとならないよう、実務に配慮した検討が進められる必要がある。

3　時価評価の対象とする金融商品

どのような金融商品について時価評価を行うかという問題は、具体的には、企業会計審議会において会計基準として明確化することが適当である。現行の商法の計算規定においては、流動資産、金銭債権及び有価証券（株式、債券）について評価規定が置かれており、これらについて時価評価に関する規定を置く必要があるのではないかと考えられる。

また、デリバティブについても、その価値は時価そのものであり、時価の変動をとらえて取引を行うものが大半である等の理由から、企業会計審議会において、会計基準として時価評価を明確化することが適当である。個々のデリバティブについて、それぞれどのような法的性質を有しているのかについては種々の議論もあるが、デリバティブが今後も多様化していく状況にあっては、デリバティブの属性を一義的に定めることはなかなか困難な問題であると考えられる。むしろ、商法上デリバティブの会計処理については、特別の規定を設けず、第32条にいう公正な会計慣行、具体的には企業会計における会計基準を斟酌して対応するものとして差し支えないのではないかと考えられる。

4　時価評価差額と配当規制

(1)　時価評価差額の取扱い

金融商品の時価評価を行った場合に生じる評価差額については、企業会計上、これを損益計算に含めるものと貸借対照表の資本の部に何らかの項目をもって直接掲記するものとに区別する考え方がある。前者については、一般的な配当規制の問題として今後検討する必要があるが、後者の会計処理方法については、さらに、利益処分や準備金としての位置づけなど多岐にわたる論点を現行商法上どのように整理するのかという問題がある。

このような多岐にわたる論点、例えば、現在の純資産額を基礎とした配当可能利益の計算方法との関係、配当規制の当否や規定方法等の基本的な問題については、企業会計審議会の会計基準が明らかにされたうえで、今後商法の考え方を確立していくことが必要であ

る。

(2) 配当規制の考え方

商法の債権者保護の役割の観点からは、評価益をすべて配当可能利益とするには問題があるとの考え方がある。したがって、時価評価の対象となる資産の範囲により配当規制を行うことの当否について検討することが必要となるものと考えられる。

配当規制については、時価評価の対象となる資産が換金性の高い流動資産等であって企業の期間業績として捉えるべき評価損益の範囲内で時価評価が行われるならば、商法上、当該評価損益について配当規制を行わない（評価益・評価損ともに配当可能額計算に反映される）こととしても、その弊害は乏しいと考えることができるのではないかとの意見がある。

他方、上記の資産以外の評価益は配当可能利益に含まれないものとする商法上の配当規制を、時価評価の対象となる金融商品の範囲が企業会計審議会において定められ、商法が直接定めない制度の下で敷くことは、立法技術上困難であるとの意見がある。

また、平成９年に銀行及び証券会社のトレーディング勘定の時価評価が導入された際には、トレーディング勘定に含まれる評価損益をネットして評価益がある場合にこれを配当規制するとの考え方が採られている。このようなことから、当面は、評価損益をネットした評価益部分について配当規制を行うという考え方もある。

Ⅲ　税効果会計の採用

1　税効果会計の必要性

(1) 企業会計と税務計算の差異

企業の利益は商法（企業会計）の手続を経て算出されるが、税務上の課税所得計算においては企業会計とは異なる課税所得計算が行われるものがあることから、課税所得と企業会計上の利益とに差異が生じる。

課税所得が企業会計の利益と異なる要因は、大きく分けて、(a)収益や費用の概念は同一であるが損益の帰属期間の認識が違うものと、(b)収益や費用の概念自体に違いがあるものがある。

(a)としては、減価償却費（耐用年数や償却方法の違い）、引当金の繰入れ（損金算入額の制限）、貸倒損失（事実認定時点の違い）、特定の資産売却益（圧縮記帳による課税の繰延べ）等がある。これらは、費用・収益の認識時期が一時的にズレるものであるため、一時差異といわれている。

(b)としては、税務上損金とならない交際費、寄付金、役員賞与等及び税務上益金とならない受取配当金等がある。これらは、その違いが永久に解消されないことから、永久差異といわれている。

(2) 税効果会計の必要性

法人税等は基本的には企業の期間利益を課税対象としているが、上記(b)の要因は期間利益とは関係しない課税であるので、その課税額は企業会計上も課税された期間に係る税額であり、特段の調整の必要性はない。

一方、(a)の要因による税金の帰属時期の差異は、企業会計上、「将来の期間利益に対応すべき税額で当期に支払うべきもの」及び「当期の利益に対応すべき税額で将来支払うもの」を生じさせる。したがって、これらの税額を調整しないと、法人税等の額が税引前当期純利益と期間的に対応せず、税引前当期純利益と税引後当期純利益の関係を歪めることにより、投資情報としての企業の当期利益の的確な把握が阻害されるとともに、適正な期間比較、企業間比較が困難となるという問題が指摘されている。また、実体的な影響として、例えば、有税による貸倒償却や引当金の繰入れを阻害するインセンティブになっているとの指摘もある。なお、この(a)の要因による差異は、現在でも相当の額になっていると思われるが、今後各年度の損金算入額が引き下げられる場合にはますます増大していくことが考えられる。このような問題点を解消す

る手段として、一時差異に係る法人税額の期間帰属を企業会計に合わせることにより、企業会計上の利益が適正に表示されるよう調整する税効果会計の採用が必要である。

税効果会計は、米国、英国、ドイツ他諸外国においても広く採用されているが、我が国では、企業会計上、連結財務諸表原則で税効果会計を適用することが規定されているものの個別財務諸表には適用されていないので、個別財務諸表においてもこれを採用することが必要である。また、法人税額等に一時差異が発生することは商法本来の問題ではないが、税効果の調整は商法においても望ましいのではないかと考えられる。

2 繰延税金資産及び繰延税金負債の貸借対照表能力

税効果会計の実務においては、損益計算書において一時差異に係る法人税額を納付税額に加減して当期利益を計算するとともに、当該調整額を貸借対照表の資産又は負債に計上する。その際、前払税金に相当する「将来の期間利益に対応すべき税額で当期に支払うべきもの」と未払税金に相当する「当期の利益に対応すべき税額で将来支払うもの」とをネットし、その残高が借方にあるときは「繰延税金資産」の項目で貸借対照表の資産の部に計上され、また、貸方にあるときは「繰延税金負債」の項目で貸借対照表の負債の部に計上される。

企業会計においては、繰延税金資産は前払税金に相当する税金を将来減少させる効果があり、繰延税金負債は未払税金に相当する税金を将来増加させる効果があると認められることから、一般的に資産性・負債性があると考えられており、すでに、連結財務諸表作成に当たっては税効果会計を適用することとされている。ただし、個別財務諸表においては税効果会計が適用されていないことから、商法上も繰延税金資産及び繰延税金負債を貸借対照表に計上することは行われていない。

今後、商法の計算書類も含め個別財務諸表において税効果会計を採用することとする場合には、まず、連結財務諸表のみならず個別財務諸表を含め、企業会計上の基準を明確化することが必要である。企業会計上の税効果会計に関する会計基準において、繰延税金資産及び繰延税金負債が法人税等の前払税金又は未払税金として資産性・負債性があることが明確にされるならば、商法上も公正な会計慣行を斟酌する立場から、企業会計上の基準と同様に、これらを貸借対照表に計上することができるものと解される。

3 税効果会計を適用する会社の範囲

企業会計上税効果会計が採用され、繰延税金資産及び繰延税金負債の資産性・負債性が明らかにされた場合には、すべての会社において、商法上も基本的にはこれらを貸借対照表に計上することが適当ではないかと考えられる。この点については、前述した金融商品の時価評価を行う会社の範囲と同様、公開会社については商法上も税効果会計の適用が強制されると解することが適当と考えられる。

4 配当規制

繰延税金資産及び繰延税金負債の性格について、会計基準と同様に、商法上も法人税等の前払い又は未払いとして通常の資産・負債と変わらないと解釈されるならば、特に配当規制を行う必要はないのではないかと考えられる。

おわりに

本研究会では、ひとまず、金融商品の時価評価の導入及び税効果会計の採用の問題について商法と企業会計の調整についての検討結果を取りまとめたが、今後さらに商法及び企業会計において調整を図ることを検討することが必要となる問題が生じた場合には、必要に応じて商法と企業会計の調整について検討していくことが望まれる。

会社法編

会　社　法（抄）

平成17年7月26日法律第86号
最終改正令和4年6月17日法律第68号

会
社
法

目　次

第1編　総　則

第1章　通　則

（趣旨）

第1条　会社の設立、組織、運営及び管理については、他の法律に特別の定めがある場合を除くほか、この法律の定めるところによる。

（定義）

第2条　この法律において、次の各号に掲げる用語の意義は、当該各号に定めるところによる。

一　会社　株式会社、合名会社、合資会社又は合同会社をいう。

二　外国会社　外国の法令に準拠して設立された法人その他の外国の団体であって、会社と同種のもの又は会社に類似するものをいう。

三　子会社　会社がその総株主の議決権の過半数を有する株式会社その他の当該会社がその経営を支配している法人として法務省令で定めるものをいう。　規3①・③

三の二　子会社等　次のいずれかに該当する者をいう。

　イ　子会社

　ロ　会社以外の者がその経営を支配している法人として法務省令で定めるもの　規3の2①・③

四　親会社　株式会社を子会社とする会社その他の当該株式会社の経営を支配している法人として法務省令で定めるものをいう。　規3②～④・規4

四の二　親会社等　次のいずれかに該当する者をいう。

　イ　親会社

　ロ　株式会社の経営を支配している者（法人であるものを除く。）として法務省令で定めるもの　規3の2②・③

五　公開会社　その発行する全部又は一部の株式の内容として譲渡による当該株式の取得について株式会社の承認を要する旨の定款の定めを設けていない株式会社をいう。　規119～

会社法

`124・規128②`

六　大会社　次に掲げる要件のいずれかに該当する株式会社をいう。

イ　最終事業年度に係る貸借対照表（第439条前段に規定する場合にあっては、同条の規定により定時株主総会に報告された貸借対照表をいい、株式会社の成立後最初の定時株主総会までの間においては、第435条第1項の貸借対照表をいう。ロにおいて同じ。）に資本金として計上した額が5億円以上であること。

ロ　最終事業年度に係る貸借対照表の負債の部に計上した額の合計額が200億円以上であること。

七　取締役会設置会社　取締役会を置く株式会社又はこの法律の規定により取締役会を置かなければならない株式会社をいう。

八　会計参与設置会社　会計参与を置く株式会社をいう。`規125`

九　監査役設置会社　監査役を置く株式会社（その監査役の監査の範囲を会計に関するものに限定する旨の定款の定めがあるものを除く。）又はこの法律の規定により監査役を置かなければならない株式会社をいう。

十　監査役会設置会社　監査役会を置く株式会社又はこの法律の規定により監査役会を置かなければならない株式会社をいう。

十一　会計監査人設置会社　会計監査人を置く株式会社又はこの法律の規定により会計監査人を置かなければならない株式会社をいう。`規126`

十一の二　監査等委員会設置会社　監査等委員会を置く株式会社をいう。

十二　指名委員会等設置会社　指名委員会、監査委員会及び報酬委員会（以下「指名委員会等」という。）を置く株式会社をいう。

十三　種類株式発行会社　剰余金の配当その他の第108条第1項各号に掲げる事項について内容の異なる2以上の種類の株式を発行する株式会社をいう。

十四　種類株主総会　種類株主（種類株式発行会社におけるある種類の株式の株主をいう。以下同じ。）の総会をいう。

十五　社外取締役　株式会社の取締役であって、次に掲げる要件のいずれにも該当するものをいう。

イ　当該株式会社又はその子会社の業務執行取締役（株式会社の第363条第1項各号に掲げる取締役及び当該株式会社の業務を執行したその他の取締役をいう。以下同じ。）若しくは執行役又は支配人その他の使用人（以下「業務執行取締役等」という。）でなく、かつ、その就任の前10年間当該株式会社又はその子会社の業務執行取締役等であったことがないこと。

ロ　その就任の前10年内のいずれかの時において当該株式会社又はその子会社の取締役、会計参与（会計参与が法人であるときは、その職務を行うべき社員）又は監査役であったことがある者（業務執行取締役等であったことがあるものを除く。）にあっては、当該取締役、会計参与又は監査役への就任の前10年間当該株式会社又はその子会社の業務執行取締役等であったことがないこと。

ハ　当該株式会社の親会社等（自然人であるものに限る。）又は親会社等の取締役若しくは執行役若しくは支配人その他の使用人でないこと。

ニ　当該株式会社の親会社等の子会社等（当該株式会社及びその子会社を除く。）の業務執行取締役等でないこと。

ホ　当該株式会社の取締役若しくは執行役若しくは支配人その他の重要な使用人又は親会社等（自然人であるものに限る。）の配偶者又は2親等内の親族でないこと。

十六　社外監査役　株式会社の監査役であって、次に掲げる要件のいずれにも該当するものをいう。

イ　その就任の前10年間当該株式会社又はその子会社の取締役、会計参与（会計参与が法人であるときは、その職務を行うべき社

員。ロにおいて同じ。）若しくは執行役又は支配人その他の使用人であったことがないこと。

ロ　その就任の前10年内のいずれかの時において当該株式会社又はその子会社の監査役であったことがある者にあっては、当該監査役への就任の前10年間当該株式会社又はその子会社の取締役、会計参与若しくは執行役又は支配人その他の使用人であったことがないこと。

ハ　当該株式会社の親会社等（自然人であるものに限る。）又は親会社等の取締役、監査役若しくは執行役若しくは支配人その他の使用人でないこと。

ニ　当該株式会社の親会社等の子会社等（当該株式会社及びその子会社を除く。）の業務執行取締役等でないこと。

ホ　当該株式会社の取締役若しくは支配人その他の重要な使用人又は親会社等（自然人であるものに限る。）の配偶者又は2親等内の親族でないこと。

十七　譲渡制限株式　株式会社がその発行する全部又は一部の株式の内容として譲渡による当該株式の取得について当該株式会社の承認を要する旨の定めを設けている場合における当該株式をいう。

十八　取得請求権付株式　株式会社がその発行する全部又は一部の株式の内容として株主が当該株式会社に対して当該株式の取得を請求することができる旨の定めを設けている場合における当該株式をいう。

十九　取得条項付株式　株式会社がその発行する全部又は一部の株式の内容として当該株式会社が一定の事由が生じたことを条件として当該株式を取得することができる旨の定めを設けている場合における当該株式をいう。

二十　単元株式数　株式会社がその発行する株式について、一定の数の株式をもって株主が株主総会又は種類株主総会において1個の議決権を行使することができる1単元の株式とする旨の定款の定めを設けている場合におけ

る当該一定の数をいう。

二十一　新株予約権　株式会社に対して行使することにより当該株式会社の株式の交付を受けることができる権利をいう。

二十二　新株予約権付社債　新株予約権を付した社債をいう。

二十三　社債　この法律の規定により会社が行う割当てにより発生する当該会社を債務者とする金銭債権であって、第676条各号に掲げる事項についての定めに従い償還されるものをいう。

二十四　最終事業年度　各事業年度に係る第435条第2項に規定する計算書類につき第438条第2項の承認（第439条前段に規定する場合にあっては、第436条第3項の承認）を受けた場合における当該各事業年度のうち最も遅いものをいう。

二十五　配当財産　株式会社が剰余金の配当をする場合における配当する財産をいう。

二十六　組織変更　次のイ又はロに掲げる会社がその組織を変更することにより当該イ又はロに定める会社となることをいう。

イ　株式会社　合名会社、合資会社又は合同会社

ロ　合名会社、合資会社又は合同会社　株式会社

二十七　吸収合併　会社が他の会社とする合併であって、合併により消滅する会社の権利義務の全部を合併後存続する会社に承継させるものをいう。

二十八　新設合併　2以上の会社がする合併であって、合併により消滅する会社の権利義務の全部を合併により設立する会社に承継させるものをいう。

二十九　吸収分割　株式会社又は合同会社がその事業に関して有する権利義務の全部又は一部を分割後他の会社に承継させることをいう。

三十　新設分割　1又は2以上の株式会社又は合同会社がその事業に関して有する権利義務の全部又は一部を分割により設立する会社に

承継させることをいう。

三十一　株式交換　株式会社がその発行済株式（株式会社が発行している株式をいう。以下同じ。）の全部を他の株式会社又は合同会社に取得させることをいう。

三十二　株式移転　1又は2以上の株式会社がその発行済株式の全部を新たに設立する株式会社に取得させることをいう。

三十二の二　株式交付　株式会社が他の株式会社をその子会社（法務省令で定めるものに限る。第774条の3第2項において同じ。）とするために当該他の株式会社の株式を譲り受け、当該株式の譲渡人に対して当該株式の対価として当該株式会社の株式を交付することをいう。 規4の2

三十三　公告方法　会社（外国会社を含む。）が公告（この法律又は他の法律の規定により官報に掲載する方法によりしなければならないものとされているものを除く。）をする方法をいう。

三十四　電子公告　公告方法のうち、電磁的方法（電子情報処理組織を使用する方法その他の情報通信の技術を利用する方法であって法務省令で定めるものをいう。以下同じ。）により不特定多数の者が公告すべき内容である情報の提供を受けることができる状態に置く措置であって法務省令で定めるものをとる方法をいう。 規222・規223

（法人格）

第3条　会社は、法人とする。

（住所）

第4条　会社の住所は、その本店の所在地にあるものとする。

（商行為）

第5条　会社（外国会社を含む。次条第1項、第8条及び第9条において同じ。）がその事業としてする行為及びその事業のためにする行為は、商行為とする。

第2編　株式会社

第1章　設　立

第2節　定款の作成

（定款の作成）

第26条　株式会社を設立するには、発起人が定款を作成し、その全員がこれに署名し、又は記名押印しなければならない。

2　前項の定款は、電磁的記録（電子的方式、磁気的方式その他人の知覚によっては認識することができない方式で作られる記録であって、電子計算機による情報処理の用に供されるものとして法務省令で定めるものをいう。以下同じ。）をもって作成することができる。この場合において、当該電磁的記録に記録された情報については、法務省令で定める署名又は記名押印に代わる措置をとらなければならない。 規224・規225

第27条〜第29条　（略）

（定款の認証）

第30条　第26条第1項の定款は、公証人の認証を受けなければ、その効力を生じない。

2　前項の公証人の認証を受けた定款は、株式会社の成立前は、第33条第7項若しくは第9項又は第37条第1項若しくは第2項の規定による場合を除き、これを変更することができない。

第31条　（略）

第8節　発起人等の責任等

（出資された財産等の価額が不足する場合の責任）

第52条　株式会社の成立の時における現物出資財産等の価額が当該現物出資財産等について定款に記載され、又は記録された価額（定款の変更があった場合にあっては、変更後の価額）に著しく不足するときは、発起人及び設立時取締役は、当該株式会社に対し、連帯して、当該不足額を支払う義務を負う。

2　前項の規定にかかわらず、次に掲げる場合には、発起人（第28条第1号の財産を給付した者

又は同条第２号の財産の譲渡人を除く。第２号において同じ。）及び設立時取締役は、現物出資財産等について同項の義務を負わない。

　一　第28条第１号又は第２号に掲げる事項について第33条第２項の検査役の調査を経た場合

　二　当該発起人又は設立時取締役がその職務を行うについて注意を怠らなかったことを証明した場合

３　第１項に規定する場合には、第33条第10項第３号に規定する証明をした者（以下この項において「証明者」という。）は、第１項の義務を負う者と連帯して、同項の不足額を支払う義務を負う。ただし、当該証明者が当該証明をするについて注意を怠らなかったことを証明した場合は、この限りでない。

（出資の履行を仮装した場合の責任等）

第52条の２　発起人は、次の各号に掲げる場合には、株式会社に対し、当該各号に定める行為をする義務を負う。

　一　第34条第１項の規定による払込みを仮装した場合　払込みを仮装した出資に係る金銭の全額の支払

　二　第34条第１項の規定による給付を仮装した場合　給付を仮装した出資に係る金銭以外の財産の全部の給付（株式会社が当該給付に代えて当該財産の価額に相当する金銭の支払を請求した場合にあっては、当該金銭の全額の支払）

２　前項各号に掲げる場合には、発起人がその出資の履行を仮装することに関与した発起人又は設立時取締役として法務省令で定める者は、株式会社に対し、当該各号に規定する支払をする義務を負う。ただし、その者（当該出資の履行を仮装したものを除く。）がその職務を行うについて注意を怠らなかったことを証明した場合は、この限りでない。　規7の２

３　発起人が第１項各号に規定する支払をする義務を負う場合において、前項に規定する者が同項の義務を負うときは、これらの者は、連帯債務者とする。

４　発起人は、第１項各号に掲げる場合には、当

該各号に定める支払若しくは給付又は第２項の規定による支払がされた後でなければ、出資の履行を仮装した設立時発行株式について、設立時株主（第65条第１項に規定する設立時株主をいう。次項において同じ。）及び株主の権利を行使することができない。

５　前項の設立時発行株式又はその株主となる権利を譲り受けた者は、当該設立時発行株式についての設立時株主及び株主の権利を行使することができる。ただし、その者に悪意又は重大な過失があるときは、この限りでない。

第53条〜第56条　（略）

第９節　募集による設立

第４款　設立時取締役等の選任及び解任

（設立時取締役等の選任）

第88条　第57条第１項の募集をする場合には、設立時取締役、設立時会計参与、設立時監査役又は設立時会計監査人の選任は、創立総会の決議によって行わなければならない。

２　設立しようとする株式会社が監査等委員会設置会社である場合には、前項の規定による設立時取締役の選任は、設立時監査等委員である設立時取締役とそれ以外の設立時取締役とを区別してしなければならない。

（累積投票による設立時取締役の選任）

第89条　創立総会の目的である事項が２人以上の設立時取締役（設立しようとする株式会社が監査等委員会設置会社である場合にあっては、設立時監査等委員である設立時取締役又はそれ以外の設立時取締役。以下この条において同じ。）の選任である場合には、設立時株主（設立時取締役の選任について議決権を行使することができる設立時株主に限る。以下この条において同じ。）は、定款に別段の定めがあるときを除き、発起人に対し、第３項から第５項までに規定するところにより設立時取締役を選任すべきことを請求することができる。

２　前項の規定による請求は、同項の創立総会の日の５日前までにしなければならない。

３　第72条第１項の規定にかかわらず、第１項の

会社法

規定による請求があった場合には、設立時取締役の選任の決議については、設立時株主は、その引き受けた設立時発行株式１株（単元株式数を定款で定めている場合にあっては、１単元の設立時発行株式）につき、当該創立総会において選任する設立時取締役の数と同数の議決権を有する。この場合においては、設立時株主は、１人のみに投票し、又は２人以上に投票して、その議決権を行使することができる。

4　前項の場合には、投票の最多数を得た者から順次設立時取締役に選任されたものとする。

5　前２項に定めるもののほか、第１項の規定による請求があった場合における設立時取締役の選任に関し必要な事項は、法務省令で定める。
　規18

第90条〜第92条　（略）

**　　　第7款　設立手続等の特則等**

（設立手続等の特則）

第102条　設立時募集株式の引受人は、発起人が定めた時間内は、いつでも、第31条第２項各号に掲げる請求をすることができる。ただし、同項第２号又は第４号に掲げる請求をするには、発起人の定めた費用を支払わなければならない。

2　設立時募集株式の引受人は、株式会社の成立の時に、第63条第１項の規定による払込みを行った設立時発行株式の株主となる。

3　設立時募集株式の引受人は、第63条第１項の規定による払込みを仮装した場合には、次条第１項又は第103条第２項の規定による支払がされた後でなければ、払込みを仮装した設立時発行株式について、設立時株主及び株主の権利を行使することができない。

4　前項の設立時発行株式又はその株主となる権利を譲り受けた者は、当該設立時発行株式についての設立時株主及び株主の権利を行使することができる。ただし、その者に悪意又は重大な過失があるときは、この限りでない。

5　民法第93条第１項ただし書及び第94条第１項の規定は、設立時募集株式の引受けの申込み及び割当て並びに第61条の契約に係る意思表示については、適用しない。

6　設立時募集株式の引受人は、株式会社の成立後又は創立総会若しくは種類創立総会においてその議決権を行使した後は、錯誤、詐欺又は強迫を理由として設立時発行株式の引受けの取消しをすることができない。

（払込みを仮装した設立時募集株式の引受人の責任）

第102条の2　設立時募集株式の引受人は、前条第３項に規定する場合には、株式会社に対し、払込みを仮装した払込金額の全額の支払をする義務を負う。

2　前項の規定により設立時募集株式の引受人の負う義務は、総株主の同意がなければ、免除することができない。

（発起人の責任等）

第103条　第57条第１項の募集をした場合における第52条第２項の規定の適用については、同項中「次に」とあるのは、「第１号に」とする。

2　第102条第３項に規定する場合には、払込みを仮装することに関与した発起人又は設立時取締役として法務省令で定める者は、株式会社に対し、前条第１項の引受人と連帯して、同項に規定する支払をする義務を負う。ただし、その者（当該払込みを仮装したものを除く。）がその職務を行うについて注意を怠らなかったことを証明した場合は、この限りでない。
　規18の2

3　前項の規定により発起人又は設立時取締役の負う義務は、総株主の同意がなければ、免除することができない。

4　第57条第１項の募集をした場合において、当該募集の広告その他当該募集に関する書面又は電磁的記録に自己の氏名又は名称及び株式会社の設立を賛助する旨を記載し、又は記録することを承諾した者（発起人を除く。）は、発起人とみなして、前節及び前３項の規定を適用する

第2章　株　式

第1節　総　則

（株主の責任）

第104条　株主の責任は、その有する株式の引受価額を限度とする。

（株主の権利）

第105条　株主は、その有する株式につき次に掲げる権利その他この法律の規定により認められた権利を有する。

一　剰余金の配当を受ける権利

二　残余財産の分配を受ける権利

三　株主総会における議決権

2　株主に前項第1号及び第2号に掲げる権利の全部を与えない旨の定款の定めは、その効力を有しない。

（共有者による権利の行使）

第106条　株式が2以上の者の共有に属するときは、共有者は、当該株式についての権利を行使する者1人を定め、株式会社に対し、その者の氏名又は名称を通知しなければ、当該株式についての権利を行使することができない。ただし、株式会社が当該権利を行使することに同意した場合は、この限りでない。

（株式の内容についての特別の定め）

第107条　株式会社は、その発行する全部の株式の内容として次に掲げる事項を定めることができる。

一　譲渡による当該株式の取得について当該株式会社の承認を要すること。

二　当該株式について、株主が当該株式会社に対してその取得を請求することができること。

三　当該株式について、当該株式会社が一定の事由が生じたことを条件としてこれを取得することができること。

2　株式会社は、全部の株式の内容として次の各号に掲げる事項を定めるときは、当該各号に定める事項を定款で定めなければならない。

一　譲渡による当該株式の取得について当該株式会社の承認を要すること　次に掲げる事項

イ　当該株式を譲渡により取得することについて当該株式会社の承認を要する旨

ロ　一定の場合においては株式会社が第136条又は第137条第1項の承認をしたものとみなすときは、その旨及び当該一定の場合

二　当該株式について、株主が当該株式会社に対してその取得を請求することができること　次に掲げる事項

イ　株主が当該株式会社に対して当該株主の有する株式を取得することを請求することができる旨

ロ　イの株式1株を取得するのと引換えに当該株主に対して当該株式会社の社債（新株予約権付社債についてのものを除く。）を交付するときは、当該社債の種類（第681条第1号に規定する種類をいう。以下この編において同じ。）及び種類ごとの各社債の金額の合計額又はその算定方法

ハ　イの株式1株を取得するのと引換えに当該株主に対して当該株式会社の新株予約権（新株予約権付社債に付されたものを除く。）を交付するときは、当該新株予約権の内容及び数又はその算定方法

ニ　イの株式1株を取得するのと引換えに当該株主に対して当該株式会社の新株予約権付社債を交付するときは、当該新株予約権付社債についてのロに規定する事項及び当該新株予約権付社債に付された新株予約権についてのハに規定する事項

ホ　イの株式1株を取得するのと引換えに当該株主に対して当該株式会社の株式等（株式、社債及び新株予約権をいう。以下同じ。）以外の財産を交付するときは、当該財産の内容及び数若しくは額又はこれらの算定方法

ヘ　株主が当該株式会社に対して当該株式を取得することを請求することができる期間

三　当該株式について、当該株式会社が一定の事由が生じたことを条件としてこれを取得することができること　次に掲げる事項

イ　一定の事由が生じた日に当該株式会社がその株式を取得する旨及びその事由

会
社
法

ロ　当該株式会社が別に定める日が到来する
　ことをもってイの事由とするときは、その
　旨
ハ　イの事由が生じた日にイの株式の一部を
　取得することとするときは、その旨及び取
　得する株式の一部の決定の方法
ニ　イの株式1株を取得するのと引換えに当
　該株主に対して当該株式会社の社債（新株
　予約権付社債についてのものを除く。）を
　交付するときは、当該社債の種類及び種類
　ごとの各社債の金額の合計額又はその算定
　方法
ホ　イの株式1株を取得するのと引換えに当
　該株主に対して当該株式会社の新株予約権
　（新株予約権付社債に付されたものを除
　く。）を交付するときは、当該新株予約権
　の内容及び数又はその算定方法
ヘ　イの株式1株を取得するのと引換えに当
　該株主に対して当該株式会社の新株予約権
　付社債を交付するときは、当該新株予約権
　付社債についてのニに規定する事項及び当
　該新株予約権付社債に付された新株予約権
　についてのホに規定する事項
ト　イの株式1株を取得するのと引換えに当
　該株主に対して当該株式会社の株式等以外
　の財産を交付するときは、当該財産の内容
　及び数若しくは額又はこれらの算定方法

（異なる種類の株式）

第108条　株式会社は、次に掲げる事項について
　異なる定めをした内容の異なる2以上の種類の
　株式を発行することができる。ただし、指名委
　員会等設置会社及び公開会社は、第9号に掲げ
　る事項についての定めがある種類の株式を発行
　することができない。
一　剰余金の配当
二　残余財産の分配
三　株主総会において議決権を行使することが
　できる事項
四　譲渡による当該種類の株式の取得について
　当該株式会社の承認を要すること。
五　当該種類の株式について、株主が当該株式

会社に対してその取得を請求することができ
　ること。
六　当該種類の株式について、当該株式会社が
　一定の事由が生じたことを条件としてこれを
　取得することができること。
七　当該種類の株式について、当該株式会社が
　株主総会の決議によってその全部を取得する
　こと。
八　株主総会（取締役会設置会社にあっては株
　主総会又は取締役会、清算人会設置会社（第
　478条第8項に規定する清算人会設置会社を
　いう。以下この条において同じ。）にあって
　は株主総会又は清算人会）において決議すべ
　き事項のうち、当該決議のほか、当該種類の
　株式の種類株主を構成員とする種類株主総会
　の決議があることを必要とするもの
九　当該種類の株式の種類株主を構成員とする
　種類株主総会において取締役（監査等委員会
　設置会社にあっては、監査等委員である取締
　役又はそれ以外の取締役。次項第9号及び第
　112条第1項において同じ。）又は監査役を選
　任すること。
2　株式会社は、次の各号に掲げる事項について
　内容の異なる2以上の種類の株式を発行する場
　合には、当該各号に定める事項及び発行可能種
　類株式総数を定款で定めなければならない。
一　剰余金の配当　当該種類の株主に交付する
　配当財産の価額の決定の方法、剰余金の配当
　をする条件その他剰余金の配当に関する取扱
　いの内容
二　残余財産の分配　当該種類の株主に交付す
　る残余財産の価額の決定の方法、当該残余財
　産の種類その他残余財産の分配に関する取扱
　いの内容
三　株主総会において議決権を行使することが
　できる事項　次に掲げる事項
イ　株主総会において議決権を行使すること
　ができる事項
ロ　当該種類の株式につき議決権の行使の条
　件を定めるときは、その条件
四　譲渡による当該種類の株式の取得について

当該株式会社の承認を要すること　当該種類
の株式についての前条第2項第1号に定める
事項
五　当該種類の株式について、株主が当該株式
会社に対してその取得を請求することができ
ること　次に掲げる事項
　イ　当該種類の株式についての前条第2項第
2号に定める事項
　ロ　当該種類の株式1株を取得するのと引換
えに当該株主に対して当該株式会社の他の
株式を交付するときは、当該他の株式の種
類及び種類ごとの数又はその算定方法
六　当該種類の株式について、当該株式会社が
一定の事由が生じたことを条件としてこれを
取得することができること　次に掲げる事項
　イ　当該種類の株式についての前条第2項第
3号に定める事項
　ロ　当該種類の株式1株を取得するのと引換
えに当該株主に対して当該株式会社の他の
株式を交付するときは、当該他の株式の種
類及び種類ごとの数又はその算定方法
七　当該種類の株式について、当該株式会社が
株主総会の決議によってその全部を取得する
こと　次に掲げる事項
　イ　第171条第1項第1号に規定する取得対
価の価額の決定の方法
　ロ　当該株主総会の決議をすることができる
か否かについての条件を定めるときは、そ
の条件
八　株主総会（取締役会設置会社にあっては株
主総会又は取締役会、清算人会設置会社に
あっては株主総会又は清算人会）において決
議すべき事項のうち、当該決議のほか、当該
種類の株式の種類株主を構成員とする種類株
主総会の決議があることを必要とするもの
次に掲げる事項
　イ　当該種類株主総会の決議があることを必
要とする事項
　ロ　当該種類株主総会の決議を必要とする条
件を定めるときは、その条件
九　当該種類の株式の種類株主を構成員とする

種類株主総会において取締役又は監査役を選
任すること　次に掲げる事項
　イ　当該種類株主を構成員とする種類株主総
会において取締役又は監査役を選任するこ
と及び選任する取締役又は監査役の数
　ロ　イの定めにより選任することができる取
締役又は監査役の全部又は一部を他の種類
株主と共同して選任することとするときは、
当該他の種類株主の有する株式の種類及び
共同して選任する取締役又は監査役の数
　ハ　イ又はロに掲げる事項を変更する条件が
あるときは、その条件及びその条件が成就
した場合における変更後のイ又はロに掲げ
る事項
　ニ　イからハまでに掲げるもののほか、法務
省令で定める事項　規19
3　前項の規定にかかわらず、同項各号に定める
事項（剰余金の配当について内容の異なる種類
の種類株主が配当を受けることができる額その
他法務省令で定める事項に限る。）の全部又は
一部については、当該種類の株式を初めて発行
する時までに、株主総会（取締役会設置会社に
あっては株主総会又は取締役会、清算人会設置
会社にあっては株主総会又は清算人会）の決議
によって定める旨を定款で定めることができる。
この場合においては、その内容の要綱を定款で
定めなければならない。　規20

（株主の平等）
第109条　株式会社は、株主を、その有する株式
の内容及び数に応じて、平等に取り扱わなけれ
ばならない。
2　前項の規定にかかわらず、公開会社でない株
式会社は、第105条第1項各号に掲げる権利に
関する事項について、株主ごとに異なる取扱い
を行う旨を定款で定めることができる。
3　前項の規定による定款の定めがある場合には、
同項の株主が有する株式を同項の権利に関する
事項について内容の異なる種類の株式とみなし
て、この編及び第5編の規定を適用する。
（定款の変更の手続の特則）
第110条　定款を変更してその発行する全部の株

式の内容として第107条第1項第3号に掲げる事項についての定款の定めを設け、又は当該事項についての定款の変更（当該事項についての定款の定めを廃止するものを除く。）をしようとする場合（株式会社が種類株式発行会社である場合を除く。）には、株主全員の同意を得なければならない。

第111条　種類株式発行会社がある種類の株式の発行後に定款を変更して当該種類の株式の内容として第108条第1項第6号に掲げる事項についての定款の定めを設け、又は当該事項についての定款の変更（当該事項についての定款の定めを廃止するものを除く。）をしようとするときは、当該種類の株式を有する株主全員の同意を得なければならない。

2　種類株式発行会社がある種類の株式の内容として第108条第1項第4号又は第7号に掲げる事項についての定款の定めを設ける場合には、当該定款の変更は、次に掲げる種類株主を構成員とする種類株主総会（当該種類株主に係る株式の種類が2以上ある場合にあっては、当該2以上の株式の種類別に区分された種類株主を構成員とする各種類株主総会。以下この条において同じ。）の決議がなければ、その効力を生じない。ただし、当該種類株主総会において議決権を行使することができる種類株主が存しない場合は、この限りでない。

一　当該種類の株式の種類株主

二　第108条第2項第5号ロの他の株式を当該種類の株式とする定めがある取得請求権付株式の種類株主

三　第108条第2項第6号ロの他の株式を当該種類の株式とする定めがある取得条項付株式の種類株主

（取締役の選任等に関する種類株式の定款の定めの廃止の特則）

第112条　第108条第2項第9号に掲げる事項（取締役に関するものに限る。）についての定款の定めは、この法律又は定款で定めた取締役の員数を欠いた場合において、そのために当該員数に足りる数の取締役を選任することができない

ときは、廃止されたものとみなす。

2　前項の規定は、第108条第2項第9号に掲げる事項（監査役に関するものに限る。）についての定款の定めについて準用する。

（発行可能株式総数）

第113条　株式会社は、定款を変更して発行可能株式総数についての定めを廃止することができない。

2　定款を変更して発行可能株式総数を減少するときは、変更後の発行可能株式総数は、当該定款の変更が効力を生じた時における発行済株式の総数を下ることができない。

3　次に掲げる場合には、当該定款の変更後の発行可能株式総数は、当該定款の変更が効力を生じた時における発行済株式の総数の4倍を超えることができない。

一　公開会社が定款を変更して発行可能株式総数を増加する場合

二　公開会社でない株式会社が定款を変更して公開会社となる場合

4　新株予約権（第236条第1項第4号の期間の初日が到来していないものを除く。）の新株予約権者が第282条第1項の規定により取得することとなる株式の数は、発行可能株式総数から発行済株式（自己株式（株式会社が有する自己の株式をいう。以下同じ。）を除く。）の総数を控除して得た数を超えてはならない。

（発行可能種類株式総数）

第114条　定款を変更してある種類の株式の発行可能種類株式総数を減少するときは、変更後の当該種類の株式の発行可能種類株式総数は、当該定款の変更が効力を生じた時における当該種類の発行済株式の総数を下ることができない。

2　ある種類の株式についての次に掲げる数の合計数は、当該種類の株式の発行可能種類株式総数から当該種類の発行済株式（自己株式を除く。）の総数を控除して得た数を超えてはならない。

一　取得請求権付株式（第107条第2項第2号への期間の初日が到来していないものを除く。）の株主（当該株式会社を除く。）が第

167条第2項の規定により取得することとなる同項第4号に規定する他の株式の数

二　取得条項付株式の株主（当該株式会社を除く。）が第170条第2項の規定により取得することとなる同項第4号に規定する他の株式の数

三　新株予約権（第236条第1項第4号の期間の初日が到来していないものを除く。）の新株予約権者が第282条第1項の規定により取得することとなる株式の数

（議決権制限株式の発行数）

第115条　種類株式発行会社が公開会社である場合において、株主総会において議決権を行使することができる事項について制限のある種類の株式（以下この条において「議決権制限株式」という。）の数が発行済株式の総数の2分の1を超えるに至ったときは、株式会社は、直ちに、議決権制限株式の数を発行済株式の総数の2分の1以下にするための必要な措置をとらなければならない。

（反対株主の株式買取請求）

第116条　次の各号に掲げる場合には、反対株主は、株式会社に対し、自己の有する当該各号に定める株式を公正な価格で買い取ることを請求することができる。

一　その発行する全部の株式の内容として第107条第1項第1号に掲げる事項についての定めを設ける定款の変更をする場合　全部の株式

二　ある種類の株式の内容として第108条第1項第4号又は第7号に掲げる事項についての定めを設ける定款の変更をする場合　第111条第2項各号に規定する株式

三　次に掲げる行為をする場合において、ある種類の株式（第322条第2項の規定による定款の定めがあるものに限る。）を有する種類株主に損害を及ぼすおそれがあるとき　当該種類の株式

イ　株式の併合又は株式の分割

ロ　第185条に規定する株式無償割当て

ハ　単元株式数についての定款の変更

ニ　当該株式会社の株式を引き受ける者の募集（第202条第1項各号に掲げる事項を定めるものに限る。）

ホ　当該株式会社の新株予約権を引き受ける者の募集（第241条第1項各号に掲げる事項を定めるものに限る。）

ヘ　第277条に規定する新株予約権無償割当て

2　前項に規定する「反対株主」とは、次の各号に掲げる場合における当該各号に定める株主をいう。

一　前項各号の行為をするために株主総会（種類株主総会を含む。）の決議を要する場合　次に掲げる株主

イ　当該株主総会に先立って当該行為に反対する旨を当該株式会社に対し通知し、かつ、当該株主総会において当該行為に反対した株主（当該株主総会において議決権を行使することができるものに限る。）

ロ　当該株主総会において議決権を行使することができない株主

二　前号に規定する場合以外の場合　すべての株主

3　第1項各号の行為をしようとする株式会社は、当該行為が効力を生ずる日（以下この条及び次条において「効力発生日」という。）の20日前までに、同項各号に定める株式の株主に対し、当該行為をする旨を通知しなければならない。

4　前項の規定による通知は、公告をもってこれに代えることができる。

5　第1項の規定による請求（以下この節において「株式買取請求」という。）は、効力発生日の20日前の日から効力発生日の前日までの間に、その株式買取請求に係る株式の数（種類株式発行会社にあっては、株式の種類及び種類ごとの数）を明らかにしてしなければならない。

6　株券が発行されている株式について株式買取請求をしようとするときは、当該株式の株主は、株式会社に対し、当該株式に係る株券を提出しなければならない。ただし、当該株券について第223条の規定による請求をした者については、

この限りでない。

7　株式買取請求をした株主は、株式会社の承諾を得た場合に限り、その株式買取請求を撤回することができる。

8　株式会社が第1項各号の行為を中止したときは、株式買取請求は、その効力を失う。

9　第133条の規定は、株式買取請求に係る株式については、適用しない。

（株式の価格の決定等）

第117条　株式買取請求があった場合において、株式の価格の決定について、株主と株式会社との間に協議が調ったときは、株式会社は、効力発生日から60日以内にその支払をしなければならない。

2　株式の価格の決定について、効力発生日から30日以内に協議が調わないときは、株主又は株式会社は、その期間の満了の日後30日以内に、裁判所に対し、価格の決定の申立てをすることができる。

3　前条第7項の規定にかかわらず、前項に規定する場合において、効力発生日から60日以内に同項の申立てがないときは、その期間の満了後は、株主は、いつでも、株式買取請求を撤回することができる。

4　株式会社は、裁判所の決定した価格に対する第1項の期間の満了の日後の法定利率による利息をも支払わなければならない。

5　株式会社は、株式の価格の決定があるまでは、株主に対し、当該株式会社が公正な価格と認める額を支払うことができる。

6　株式買取請求に係る株式の買取りは、効力発生日に、その効力を生ずる。

7　株券発行会社（その株式（種類株式発行会社にあっては、全部の種類の株式）に係る株券を発行する旨の定款の定めがある株式会社をいう。以下同じ。）は、株券が発行されている株式について株式買取請求があったときは、株券と引換えに、その株式買取請求に係る株式の代金を支払わなければならない。

（新株予約権買取請求）

第118条　次の各号に掲げる定款の変更をする場合には、当該各号に定める新株予約権の新株予約権者は、株式会社に対し、自己の有する新株予約権を公正な価格で買い取ることを請求することができる。

一　その発行する全部の株式の内容として第107条第1項第1号に掲げる事項についての定めを設ける定款の変更　全部の新株予約権

二　ある種類の株式の内容として第108条第1項第4号又は第7号に掲げる事項についての定款の定めを設ける定款の変更　当該種類の株式を目的とする新株予約権

2　新株予約権付社債に付された新株予約権の新株予約権者は、前項の規定による請求（以下この節において「新株予約権買取請求」という。）をするときは、併せて、新株予約権付社債についての社債を買い取ることを請求しなければならない。ただし、当該新株予約権付社債に付された新株予約権について別段の定めがある場合は、この限りでない。

3　第1項各号に掲げる定款の変更をしようとする株式会社は、当該定款の変更が効力を生ずる日（以下この条及び次条において「定款変更日」という。）の20日前までに、同項各号に定める新株予約権の新株予約権者に対し、当該定款の変更を行う旨を通知しなければならない。

4　前項の規定による通知は、公告をもってこれに代えることができる。

5　新株予約権買取請求は、定款変更日の20日前の日から定款変更日の前日までの間に、その新株予約権買取請求に係る新株予約権の内容及び数を明らかにしてしなければならない。

6　新株予約権証券が発行されている新株予約権について新株予約権買取請求をしようとするときは、当該新株予約権の新株予約権者は、株式会社に対し、その新株予約権証券を提出しなければならない。ただし、当該新株予約権証券について非訟事件手続法（平成23年法律第51号）第114条に規定する公示催告の申立てをした者については、この限りでない。

7　新株予約権付社債券（第249条第2号に規定する新株予約権付社債券をいう。以下この項及

び次条第8項において同じ。）が発行されている新株予約権付社債に付された新株予約権について新株予約権買取請求をしようとするときは、当該新株予約権の新株予約権者は、株式会社に対し、その新株予約権付社債券を提出しなければならない。ただし、当該新株予約権付社債券について非訟事件手続法第114条に規定する公示催告の申立てをした者については、この限りでない。

8　新株予約権買取請求をした新株予約権者は、株式会社の承諾を得た場合に限り、その新株予約権買取請求を撤回することができる。

9　株式会社が第1項各号に掲げる定款の変更を中止したときは、新株予約権買取請求は、その効力を失う。

10　第260条の規定は、新株予約権買取請求に係る新株予約権については、適用しない。

（新株予約権の価格の決定等）

第119条　新株予約権買取請求があった場合において、新株予約権（当該新株予約権が新株予約権付社債に付されたものである場合において、当該新株予約権付社債についての社債の買取りの請求があったときは、当該社債を含む。以下この条において同じ。）の価格の決定について、新株予約権者と株式会社との間に協議が調ったときは、株式会社は、定款変更日から60日以内にその支払をしなければならない。

2　新株予約権の価格の決定について、定款変更日から30日以内に協議が調わないときは、新株予約権者又は株式会社は、その期間の満了の日後30日以内に、裁判所に対し、価格の決定の申立てをすることができる。

3　前条第8項の規定にかかわらず、前項に規定する場合において、定款変更日から60日以内に同項の申立てがないときは、その期間の満了後は、新株予約権者は、いつでも、新株予約権買取請求を撤回することができる。

4　株式会社は、裁判所の決定した価格に対する第1項の期間の満了の日後の法定利率による利息をも支払わなければならない。

5　株式会社は、新株予約権の価格の決定がある

までは、新株予約権者に対し、当該株式会社が公正な価格と認める額を支払うことができる。

6　新株予約権買取請求に係る新株予約権の買取りは、定款変更日に、その効力を生ずる。

7　株式会社は、新株予約権証券が発行されている新株予約権について新株予約権買取請求があったときは、新株予約権証券と引換えに、その新株予約権買取請求に係る新株予約権の代金を支払わなければならない。

8　株式会社は、新株予約権付社債券が発行されている新株予約権付社債に付された新株予約権について新株予約権買取請求があったときは、その新株予約権付社債券と引換えに、その新株予約権買取請求に係る新株予約権の代金を支払わなければならない。

（株主等の権利の行使に関する利益の供与）

第120条　株式会社は、何人に対しても、株主の権利、当該株式会社に係る適格旧株主（第847条の2第9項に規定する適格旧株主をいう。）の権利又は当該株式会社の最終完全親会社等（第847条の3第1項に規定する最終完全親会社等をいう。）の株主の権利の行使に関し、財産上の利益の供与（当該株式会社又はその子会社の計算においてするものに限る。以下この条において同じ。）をしてはならない。

2　株式会社が特定の株主に対して無償で財産上の利益の供与をしたときは、当該株式会社は、株主の権利の行使に関し、財産上の利益の供与をしたものと推定する。株式会社が特定の株主に対して有償で財産上の利益の供与をした場合において、当該株式会社又はその子会社の受けた利益が当該財産上の利益に比して著しく少ないときも、同様とする。

3　株式会社が第1項の規定に違反して財産上の利益の供与をしたときは、当該利益の供与を受けた者は、これを当該株式会社又はその子会社に返還しなければならない。この場合において、当該利益の供与を受けた者は、当該株式会社又はその子会社に対して当該利益と引換えに給付をしたものがあるときは、その返還を受けることができる。

4　株式会社が第1項の規定に違反して財産上の利益の供与をしたときは、当該利益の供与をすることに関与した取締役（指名委員会等設置会社にあっては、執行役を含む。以下この項において同じ。）として法務省令で定める者は、当該株式会社に対して、連帯して、供与した利益の価額に相当する額を支払う義務を負う。ただし、その者（当該利益の供与をした取締役を除く。）がその職務を行うについて注意を怠らなかったことを証明した場合は、この限りでない。

規21

5　前項の義務は、総株主の同意がなければ、免除することができない。

第2節　株主名簿

（株主名簿）

第121条　株式会社は、株主名簿を作成し、これに次に掲げる事項（以下「株主名簿記載事項」という。）を記載し、又は記録しなければならない。

一　株主の氏名又は名称及び住所

二　前号の株主の有する株式の数（種類株式発行会社にあっては、株式の種類及び種類ごとの数）

三　第1号の株主が株式を取得した日

四　株式会社が株券発行会社である場合には、第2号の株式（株券が発行されているものに限る。）に係る株券の番号

（株主名簿記載事項を記載した書面の交付等）

第122条　前条第1号の株主は、株式会社に対し、当該株主についての株主名簿に記載され、若しくは記録された株主名簿記載事項を記載した書面の交付又は当該株主名簿記載事項を記録した電磁的記録の提供を請求することができる。

2　前項の書面には、株式会社の代表取締役（指名委員会等設置会社にあっては、代表執行役。次項において同じ。）が署名し、又は記名押印しなければならない。

3　第1項の電磁的記録には、株式会社の代表取締役が法務省令で定める署名又は記名押印に代わる措置をとらなければならない。規225

4　前3項の規定は、株券発行会社については、適用しない。

（株主名簿管理人）

第123条　株式会社は、株主名簿管理人（株式会社に代わって株主名簿の作成及び備置きその他の株主名簿に関する事務を行う者をいう。以下同じ。）を置く旨を定款で定め、当該事務を行うことを委託することができる。

（基準日）

第124条　株式会社は、一定の日（以下この章において「基準日」という。）を定めて、基準日において株主名簿に記載され、又は記録されている株主（以下この条において「基準日株主」という。）をその権利を行使することができる者と定めることができる。

2　基準日を定める場合には、株式会社は、基準日株主が行使することができる権利（基準日から3箇月以内に行使するものに限る。）の内容を定めなければならない。

3　株式会社は、基準日を定めたときは、当該基準日の2週間前までに、当該基準日及び前項の規定により定めた事項を公告しなければならない。ただし、定款に当該基準日及び当該事項について定めがあるときは、この限りでない。

4　基準日株主が行使することができる権利が株主総会又は種類株主総会における議決権である場合には、株式会社は、当該基準日後に株式を取得した者の全部又は一部を当該権利を行使することができる者と定めることができる。ただし、当該株式の基準日株主の権利を害することができない。

5　第1項から第3項までの規定は、第149条第1項に規定する登録株式質権者について準用する。

（株主名簿の備置き及び閲覧等）

第125条　株式会社は、株主名簿をその本店（株主名簿管理人がある場合にあっては、その営業所）に備え置かなければならない。

2　株主及び債権者は、株式会社の営業時間内はいつでも、次に掲げる請求をすることができる。この場合においては、当該請求の理由を明らか

にしてしなければならない。

一　株主名簿が書面をもって作成されていると
　きは、当該書面の閲覧又は謄写の請求

二　株主名簿が電磁的記録をもって作成されて
　いるときは、当該電磁的記録に記録された事
　項を法務省令で定める方法により表示したも
　のの閲覧又は謄写の請求　[規226]

3　株式会社は、前項の請求があったときは、次
　のいずれかに該当する場合を除き、これを拒む
　ことができない。

一　当該請求を行う株主又は債権者（以下この
　項において「請求者」という。）がその権利
　の確保又は行使に関する調査以外の目的で請
　求を行ったとき。

二　請求者が当該株式会社の業務の遂行を妨げ、
　又は株主の共同の利益を害する目的で請求を
　行ったとき。

三　請求者が株主名簿の閲覧又は謄写によって
　知り得た事実を利益を得て第三者に通報する
　ため請求を行ったとき。

四　請求者が、過去2年以内において、株主名
　簿の閲覧又は謄写によって知り得た事実を利
　益を得て第三者に通報したことがあるもので
　あるとき。

4　株式会社の親会社社員は、その権利を行使す
　るため必要があるときは、裁判所の許可を得て、
　当該株式会社の株主名簿について第2項各号に
　掲げる請求をすることができる。この場合にお
　いては、当該請求の理由を明らかにしてしなけ
　ればならない。

5　前項の親会社社員について第3項各号のいず
　れかに規定する事由があるときは、裁判所は、
　前項の許可をすることができない。

（株主に対する通知等）

第126条　株式会社が株主に対してする通知又は
　催告は、株主名簿に記載し、又は記録した当該
　株主の住所（当該株主が別に通知又は催告を受
　ける場所又は連絡先を当該株式会社に通知した
　場合にあっては、その場所又は連絡先）にあて
　て発すれば足りる。

2　前項の通知又は催告は、その通知又は催告が

通常到達すべきであった時に、到達したものと
みなす。

3　株式が2以上の者の共有に属するときは、共
　有者は、株式会社が株主に対してする通知又は
　催告を受領する者1人を定め、当該株式会社に
　対し、その者の氏名又は名称を通知しなければ
　ならない。この場合においては、その者を株主
　とみなして、前2項の規定を適用する。

4　前項の規定による共有者の通知がない場合に
　は、株式会社が株式の共有者に対してする通知
　又は催告は、そのうちの1人に対してすれば足
　りる。

5　前各項の規定は、第299条第1項（第325条に
　おいて準用する場合を含む。）の通知に際して
　株主に書面を交付し、又は当該書面に記載すべ
　き事項を電磁的方法により提供する場合につい
　て準用する。この場合において、第2項中「到
　達したもの」とあるのは、「当該書面の交付又
　は当該事項の電磁的方法による提供があったも
　の」と読み替えるものとする。

第3節　株式の譲渡等

第1款　株式の譲渡

（株式の譲渡）

第127条　株主は、その有する株式を譲渡するこ
　とができる。

（株券発行会社の株式の譲渡）

第128条　株券発行会社の株式の譲渡は、当該株
　式に係る株券を交付しなければ、その効力を生
　じない。ただし、自己株式の処分による株式の
　譲渡については、この限りでない。

2　株券の発行前にした譲渡は、株券発行会社に
　対し、その効力を生じない。

（自己株式の処分に関する特則）

第129条　株券発行会社は、自己株式を処分した
　日以後遅滞なく、当該自己株式を取得した者に
　対し、株券を交付しなければならない。

2　前項の規定にかかわらず、公開会社でない株
　券発行会社は、同項の者から請求がある時まで
　は、同項の株券を交付しないことができる。

（株式の譲渡の対抗要件）

第130条　株式の譲渡は、その株式を取得した者の氏名又は名称及び住所を株主名簿に記載し、又は記録しなければ、株式会社その他の第三者に対抗することができない。

2　株券発行会社における前項の規定の適用については、同項中「株式会社その他の第三者」とあるのは、「株式会社」とする。

（権利の推定等）

第131条　株券の占有者は、当該株券に係る株式についての権利を適法に有するものと推定する。

2　株券の交付を受けた者は、当該株券に係る株式についての権利を取得する。ただし、その者に悪意又は重大な過失があるときは、この限りでない。

（株主の請求によらない株主名簿記載事項の記載又は記録）

第132条　株式会社は、次の各号に掲げる場合には、当該各号の株式の株主に係る株主名簿記載事項を株主名簿に記載し、又は記録しなければならない。

一　株式を発行した場合

二　当該株式会社の株式を取得した場合

三　自己株式を処分した場合

2　株式会社は、株式の併合をした場合には、併合した株式について、その株式の株主に係る株主名簿記載事項を株主名簿に記載し、又は記録しなければならない。

3　株式会社は、株式の分割をした場合には、分割した株式について、その株式の株主に係る株主名簿記載事項を株主名簿に記載し、又は記録しなければならない。

（株主の請求による株主名簿記載事項の記載又は記録）

第133条　株式を当該株式を発行した株式会社以外の者から取得した者（当該株式会社を除く。以下この節において「株式取得者」という。）は、当該株式会社に対し、当該株式に係る株主名簿記載事項を株主名簿に記載し、又は記録することを請求することができる。

2　前項の規定による請求は、利害関係人の利益を害するおそれがないものとして法務省令で定める場合を除き、その取得した株式の株主として株主名簿に記載され、若しくは記録された者又はその相続人その他の一般承継人と共同してしなければならない。　規22

第134条　前条の規定は、株式取得者が取得した株式が譲渡制限株式である場合には、適用しない。ただし、次のいずれかに該当する場合は、この限りでない。

一　当該株式取得者が当該譲渡制限株式を取得することについて第136条の承認を受けていること。

二　当該株式取得者が当該譲渡制限株式を取得したことについて第137条第1項の承認を受けていること。

三　当該株式取得者が第140条第4項に規定する指定買取人であること。

四　当該株式取得者が相続その他の一般承継により譲渡制限株式を取得した者であること。

（親会社株式の取得の禁止）

第135条　子会社は、その親会社である株式会社の株式（以下この条において「親会社株式」という。）を取得してはならない。

2　前項の規定は、次に掲げる場合には、適用しない。

一　他の会社（外国会社を含む。）の事業の全部を譲り受ける場合において当該他の会社の有する親会社株式を譲り受ける場合

二　合併後消滅する会社から親会社株式を承継する場合

三　吸収分割により他の会社から親会社株式を承継する場合

四　新設分割により他の会社から親会社株式を承継する場合

五　前各号に掲げるもののほか、法務省令で定める場合　規23

3　子会社は、相当の時期にその有する親会社株式を処分しなければならない。

第4節　株式会社による自己の株式の取得

第1款　総則

第155条　株式会社は、次に掲げる場合に限り、当該株式会社の株式を取得することができる。

一　第107条第2項第3号イの事由が生じた場合

二　第138条第1号ハ又は第2号ハの請求があった場合

三　次条第1項の決議があった場合

四　第166条第1項の規定による請求があった場合

五　第171条第1項の決議があった場合

六　第176条第1項の規定による請求をした場合

七　第192条第1項の規定による請求があった場合

八　第197条第3項各号に掲げる事項を定めた場合

九　第234条第4項各号（第235条第2項において準用する場合を含む。）に掲げる事項を定めた場合

十　他の会社（外国会社を含む。）の事業の全部を譲り受ける場合において当該他の会社が有する当該株式会社の株式を取得する場合

十一　合併後消滅する会社から当該株式会社の株式を承継する場合

十二　吸収分割をする会社から当該株式会社の株式を承継する場合

十三　前各号に掲げる場合のほか、法務省令で定める場合　規27

第2款　株主との合意による取得

第1目　総則

（株式の取得に関する事項の決定）

第156条　株式会社が株主との合意により当該株式会社の株式を有償で取得するには、あらかじめ、株主総会の決議によって、次に掲げる事項を定めなければならない。ただし、第3号の期間は、1年を超えることができない。

一　取得する株式の数（種類株式発行会社にあっては、株式の種類及び種類ごとの数）

二　株式を取得するのと引換えに交付する金銭等（当該株式会社の株式等を除く。以下この款において同じ。）の内容及びその総額

三　株式を取得することができる期間

2　前項の規定は、前条第1号及び第2号並びに第4号から第13号までに掲げる場合には、適用しない。

（取得価格等の決定）

第157条　株式会社は、前条第1項の規定による決定に従い株式を取得しようとするときは、その都度、次に掲げる事項を定めなければならない。

一　取得する株式の数（種類株式発行会社にあっては、株式の種類及び数）

二　株式1株を取得するのと引換えに交付する金銭等の内容及び数若しくは額又はこれらの算定方法

三　株式を取得するのと引換えに交付する金銭等の総額

四　株式の譲渡しの申込みの期日

2　取締役会設置会社においては、前項各号に掲げる事項の決定は、取締役会の決議によらなければならない。

3　第1項の株式の取得の条件は、同項の規定による決定ごとに、均等に定めなければならない。

（株主に対する通知等）

第158条　株式会社は、株主（種類株式発行会社にあっては、取得する株式の種類の種類株主）に対し、前条第1項各号に掲げる事項を通知しなければならない。

2　公開会社においては、前項の規定による通知は、公告をもってこれに代えることができる。

（譲渡しの申込み）

第159条　前条第1項の規定による通知を受けた株主は、その有する株式の譲渡しの申込みをしようとするときは、株式会社に対し、その申込みに係る株式の数（種類株式発行会社にあっては、株式の種類及び数）を明らかにしなければならない。

2　株式会社は、第157条第1項第4号の期日に

会
社
法

おいて、前項の株主が申込みをした株式の譲受けを承諾したものとみなす。ただし、同項の株主が申込みをした株式の総数（以下この項において「申込総数」という。）が同条第1項第1号の数（以下この項において「取得総数」という。）を超えるときは、取得総数を申込総数で除して得た数に前項の株主が申込みをした株式の数を乗じて得た数（その数に1に満たない端数がある場合にあっては、これを切り捨てるものとする。）の株式の譲受けを承諾したものとみなす。

第6款　株式の消却

第178条　株式会社は、自己株式を消却することができる。この場合においては、消却する自己株式の数（種類株式発行会社にあっては、自己株式の種類及び種類ごとの数）を定めなければならない。

2　取締役会設置会社においては、前項後段の規定による決定は、取締役会の決議によらなければならない。

第4節の2　特別支配株主の株式等売渡請求

（株式等売渡請求）

第179条　株式会社の特別支配株主（株式会社の総株主の議決権の10分の9（これを上回る割合を当該株式会社の定款で定めた場合にあっては、その割合）以上を当該株式会社以外の者及び当該者が発行済株式の全部を有する株式会社その他これに準ずるものとして法務省令で定める法人（以下この条及び次条第1項において「特別支配株主完全子法人」という。）が有している場合における当該者をいう。以下同じ。）は、当該株式会社の株主（当該株式会社及び当該特別支配株主を除く。）の全員に対し、その有する当該株式会社の株式の全部を当該特別支配株主に売り渡すことを請求することができる。ただし、特別支配株主完全子法人に対しては、その請求をしないことができる。 规33の4

2　特別支配株主は、前項の規定による請求（以下この章及び第846条の2第2項第1号において

て「株式売渡請求」という。）をするときは、併せて、その株式売渡請求に係る株式を発行している株式会社（以下「対象会社」という。）の新株予約権の新株予約権者（対象会社及び当該特別支配株主を除く。）の全員に対し、その有する対象会社の新株予約権の全部を当該特別支配株主に売り渡すことを請求することができる。ただし、特別支配株主完全子法人に対しては、その請求をしないことができる。

3　特別支配株主は、新株予約権付社債に付された新株予約権について前項の規定による請求（以下「新株予約権売渡請求」という。）をするときは、併せて、新株予約権付社債についての社債の全部を当該特別支配株主に売り渡すことを請求しなければならない。ただし、当該新株予約権付社債に付された新株予約権について別段の定めがある場合は、この限りでない。

（株式等売渡請求の方法）

第179条の2　株式売渡請求は、次に掲げる事項を定めてしなければならない。

一　特別支配株主完全子法人に対して株式売渡請求をしないこととするときは、その旨及び当該特別支配株主完全子法人の名称

二　株式売渡請求によりその有する対象会社の株式を売り渡す株主（以下「売渡株主」という。）に対して当該株式（以下この章において「売渡株式」という。）の対価として交付する金銭の額又はその算定方法

三　売渡株主に対する前号の金銭の割当てに関する事項

四　株式売渡請求に併せて新株予約権売渡請求（その新株予約権売渡請求に係る新株予約権が新株予約権付社債に付されたものである場合における前条第3項の規定による請求を含む。以下同じ。）をするときは、その旨及び次に掲げる事項

　イ　特別支配株主完全子法人に対して新株予約権売渡請求をしないこととするときは、その旨及び当該特別支配株主完全子法人の名称

　ロ　新株予約権売渡請求によりその有する対

象会社の新株予約権を売り渡す新株予約権者（以下「売渡新株予約権者」という。）に対して当該新株予約権（当該新株予約権が新株予約権付社債に付されたものである場合において、前条第3項の規定による請求をするときは、当該新株予約権付社債についての社債を含む。以下この編において「売渡新株予約権」という。）の対価として交付する金銭の額又はその算定方法

ハ　売渡新株予約権者に対するロの金銭の割当てに関する事項

五　特別支配株主が売渡株式（株式売渡請求に併せて新株予約権売渡請求をする場合にあっては、売渡株式及び売渡新株予約権。以下「売渡株式等」という。）を取得する日（以下この節において「取得日」という。）

六　前各号に掲げるもののほか、法務省令で定める事項 規33の5

2　対象会社が種類株式発行会社である場合には、特別支配株主は、対象会社の発行する種類の株式の内容に応じ、前項第3号に掲げる事項として、同項第2号の金銭の割当てについて売渡株式の種類ごとに異なる取扱いを行う旨及び当該異なる取扱いの内容を定めることができる。

3　第1項第3号に掲げる事項についての定めは、売渡株主の有する売渡株式の数（前項に規定する定めがある場合にあっては、各種類の売渡株式の数）に応じて金銭を交付することを内容とするものでなければならない。

（対象会社の承認）

第179条の3　特別支配株主は、株式売渡請求（株式売渡請求に併せて新株予約権売渡請求をする場合にあっては、株式売渡請求及び新株予約権売渡請求。以下「株式等売渡請求」という。）をしようとするときは、対象会社に対し、その旨及び前条第1項各号に掲げる事項を通知し、その承認を受けなければならない。

2　対象会社は、特別支配株主が株式売渡請求に併せて新株予約権売渡請求をしようとするときは、新株予約権売渡請求のみを承認することはできない。

3　取締役会設置会社が第1項の承認をするか否かの決定をするには、取締役会の決議によらなければならない。

4　対象会社は、第1項の承認をするか否かの決定をしたときは、特別支配株主に対し、当該決定の内容を通知しなければならない。

（売渡株主等に対する通知等）

第179条の4　対象会社は、前条第1項の承認をしたときは、取得日の20日前までに、次の各号に掲げる者に対し、当該各号に定める事項を通知しなければならない。

一　売渡株主（特別支配株主が株式売渡請求に併せて新株予約権売渡請求をする場合にあっては、売渡株主及び売渡新株予約権者。以下この節において「売渡株主等」という。）　当該承認をした旨、特別支配株主の氏名又は名称及び住所、第179条の2第1項第1号から第5号までに掲げる事項その他法務省令で定める事項 規33の6

二　売渡株式の登録株式質権者（特別支配株主が株式売渡請求に併せて新株予約権売渡請求をする場合にあっては、売渡株式の登録株式質権者及び売渡新株予約権の登録新株予約権質権者（第270条第1項に規定する登録新株予約権質権者をいう。））　当該承認をした旨

2　前項の規定による通知（売渡株主に対してするものを除く。）は、公告をもってこれに代えることができる。

3　対象会社が第1項の規定による通知又は前項の公告をしたときは、特別支配株主から売渡株主等に対し、株式等売渡請求がされたものとみなす。

4　第1項の規定による通知又は第2項の公告の費用は、特別支配株主の負担とする。

（株式等売渡請求に関する書面等の備置き及び閲覧等）

第179条の5　対象会社は、前条第1項第1号の規定による通知の日又は同条第2項の公告の日のいずれか早い日から取得日後6箇月（対象会社が公開会社でない場合にあっては、取得日後1年）を経過する日までの間、次に掲げる事項

を記載し、又は記録した書面又は電磁的記録を
その本店に備え置かなければならない。

一　特別支配株主の氏名又は名称及び住所

二　第179条の2第1項各号に掲げる事項

三　第179条の3第1項の承認をした旨

四　前3号に掲げるもののほか、法務省令で定
める事項 規33の7

2　売渡株主等は、対象会社に対して、その営業
時間内は、いつでも、次に掲げる請求をするこ
とができる。ただし、第2号又は第4号に掲げ
る請求をするには、当該対象会社の定めた費用
を支払わなければならない。

一　前項の書面の閲覧の請求

二　前項の書面の謄本又は抄本の交付の請求

三　前項の電磁的記録に記録された事項を法務
省令で定める方法により表示したものの閲覧
の請求 規226

四　前項の電磁的記録に記録された事項を電磁
的方法であって対象会社の定めたものにより
提供することの請求又はその事項を記載した
書面の交付の請求

（株式等売渡請求の撤回）

第179条の6　特別支配株主は、第179条の3第1
項の承認を受けた後は、取得日の前日までに対
象会社の承諾を得た場合に限り、売渡株式等の
全部について株式等売渡請求を撤回することが
できる。

2　取締役会設置会社が前項の承諾をするか否か
の決定をするには、取締役会の決議によらなけ
ればならない。

3　対象会社は、第1項の承諾をするか否かの決
定をしたときは、特別支配株主に対し、当該決
定の内容を通知しなければならない。

4　対象会社は、第1項の承諾をしたときは、遅
滞なく、売渡株主等に対し、当該承諾をした旨
を通知しなければならない。

5　前項の規定による通知は、公告をもってこれ
に代えることができる。

6　対象会社が第4項の規定による通知又は前項
の公告をしたときは、株式等売渡請求は、売渡
株式等の全部について撤回されたものとみなす。

7　第4項の規定による通知又は第5項の公告の
費用は、特別支配株主の負担とする。

8　前各項の規定は、新株予約権売渡請求のみを
撤回する場合について準用する。この場合にお
いて、第4項中「売渡株主等」とあるのは、「売
渡新株予約権者」と読み替えるものとする。

（売渡株式等の取得をやめることの請求）

第179条の7　次に掲げる場合において、売渡株
主が不利益を受けるおそれがあるときは、売渡
株主は、特別支配株主に対し、株式等売渡請求
に係る売渡株式等の全部の取得をやめることを
請求することができる。

一　株式売渡請求が法令に違反する場合

二　対象会社が第179条の4第1項第1号（売
渡株主に対する通知に係る部分に限る。）又
は第179条の5の規定に違反した場合

三　第179条の2第1項第2号又は第3号に掲
げる事項が対象会社の財産の状況その他の事
情に照らして著しく不当である場合

2　次に掲げる場合において、売渡新株予約権者
が不利益を受けるおそれがあるときは、売渡新
株予約権者は、特別支配株主に対し、株式等売
渡請求に係る売渡株式等の全部の取得をやめる
ことを請求することができる。

一　新株予約権売渡請求が法令に違反する場合

二　対象会社が第179条の4第1項第1号（売
渡新株予約権者に対する通知に係る部分に限
る。）又は第179条の5の規定に違反した場合

三　第179条の2第1項第4号ロ又はハに掲げ
る事項が対象会社の財産の状況その他の事情
に照らして著しく不当である場合

（売買価格の決定の申立て）

第179条の8　株式等売渡請求があった場合には、
売渡株主等は、取得日の20日前の日から取得日
の前日までの間に、裁判所に対し、その有する
売渡株式等の売買価格の決定の申立てをするこ
とができる。

2　特別支配株主は、裁判所の決定した売買価格
に対する取得日後の法定利率による利息をも支
払わなければならない。

3　特別支配株主は、売渡株式等の売買価格の決

定があるまでは、売渡株主等に対し、当該特別支配株主が公正な売買価格と認める額を支払うことができる。

（売渡株式等の取得）

第179条の9　株式等売渡請求をした特別支配株主は、取得日に、売渡株式等の全部を取得する。

2　前項の規定により特別支配株主が取得した売渡株式等が譲渡制限株式又は譲渡制限新株予約権（第243条第2項第2号に規定する譲渡制限新株予約権をいう。）であるときは、対象会社は、当該特別支配株主が当該売渡株式等を取得したことについて、第137条第1項又は第263条第1項の承認をする旨の決定をしたものとみなす。

（売渡株式等の取得に関する書面等の備置き及び閲覧等）

第179条の10　対象会社は、取得日後遅滞なく、株式等売渡請求により特別支配株主が取得した売渡株式等の数その他の株式等売渡請求に係る売渡株式等の取得に関する事項として法務省令で定める事項を記載し、又は記録した書面又は電磁的記録を作成しなければならない。

規33の8

2　対象会社は、取得日から6箇月間（対象会社が公開会社でない場合にあっては、取得日から1年間）、前項の書面又は電磁的記録をその本店に備え置かなければならない。

3　取得日に売渡株主等であった者は、対象会社に対して、その営業時間内は、いつでも、次に掲げる請求をすることができる。ただし、第2号又は第4号に掲げる請求をするには、当該対象会社の定めた費用を支払わなければならない。

一　前項の書面の閲覧の請求

二　前項の書面の謄本又は抄本の交付の請求

三　前項の電磁的記録に記録された事項を法務省令で定める方法により表示したものの閲覧の請求　規226

四　前項の電磁的記録に記録された事項を電磁的方法であって対象会社の定めたものにより提供することの請求又はその事項を記載した書面の交付の請求

第5節　株式の併合等

第1款　株式の併合

（株式の併合）

第180条　株式会社は、株式の併合をすることができる。

2　株式会社は、株式の併合をしようとするときは、その都度、株主総会の決議によって、次に掲げる事項を定めなければならない。

一　併合の割合

二　株式の併合がその効力を生ずる日（以下この款において「効力発生日」という。）

三　株式会社が種類株式発行会社である場合には、併合する株式の種類

四　効力発生日における発行可能株式総数

3　前項第4号の発行可能株式総数は、効力発生日における発行済株式の総数の4倍を超えることができない。ただし、株式会社が公開会社でない場合は、この限りでない。

4　取締役は、第2項の株主総会において、株式の併合をすることを必要とする理由を説明しなければならない。

（株主に対する通知等）

第181条　株式会社は、効力発生日の2週間前までに、株主（種類株式発行会社にあっては、前条第2項第3号の種類の種類株主。以下この款において同じ。）及びその登録株式質権者に対し、同項各号に掲げる事項を通知しなければならない。

2　前項の規定による通知は、公告をもってこれに代えることができる。

（効力の発生）

第182条　株主は、効力発生日に、その日の前日に有する株式（種類株式発行会社にあっては、第180条第2項第3号の種類の株式。以下この項において同じ。）の数に同条第2項第1号の割合を乗じて得た数の株式の株主となる。

2　株式の併合をした株式会社は、効力発生日に、第180条第2項第4号に掲げる事項についての定めに従い、当該事項に係る定款の変更をしたものとみなす。

会　社　法

（株式の併合に関する事項に関する書面等の備置き及び閲覧等）

第182条の２　株式の併合（単元株式数（種類株式発行会社にあっては、第180条第２項第３号の種類の株式の単元株式数。以下この項において同じ。）を定款で定めている場合にあっては、当該単元株式数に同条第２項第１号の割合を乗じて得た数に１に満たない端数が生ずるものに限る。以下この款において同じ。）をする株式会社は、次に掲げる日のいずれか早い日から効力発生日後６箇月を経過する日までの間、同項各号に掲げる事項その他法務省令で定める事項を記載し、又は記録した書面又は電磁的記録をその本店に備え置かなければならない。

規33の９

一　第180条第２項の株主総会（株式の併合をするために種類株主総会の決議を要する場合にあっては、当該種類株主総会を含む。第182条の４第２項において同じ。）の日の２週間前の日（第319条第１項の場合にあっては、同項の提案があった日）

二　第182条の４第３項の規定により読み替えて適用する第181条第１項の規定による株主に対する通知の日又は第181条第２項の公告の日のいずれか早い日

2　株式の併合をする株式会社の株主は、当該株式会社に対して、その営業時間内は、いつでも、次に掲げる請求をすることができる。ただし、第２号又は第４号に掲げる請求をするには、当該株式会社の定めた費用を支払わなければならない。

一　前項の書面の閲覧の請求

二　前項の書面の謄本又は抄本の交付の請求

三　前項の電磁的記録に記録された事項を法務省令で定める方法により表示したものの閲覧の請求 規226

四　前項の電磁的記録に記録された事項を電磁的方法であって株式会社の定めたものにより提供することの請求又はその事項を記載した書面の交付の請求

（株式の併合をやめることの請求）

第182条の３　株式の併合が法令又は定款に違反する場合において、株主が不利益を受けるおそれがあるときは、株主は、株式会社に対し、当該株式の併合をやめることを請求することができる。

（反対株主の株式買取請求）

第182条の４　株式会社が株式の併合をすることにより株式の数に１株に満たない端数が生ずる場合には、反対株主は、当該株式会社に対し、自己の有する株式のうち１株に満たない端数となるものの全部を公正な価格で買い取ることを請求することができる。

2　前項に規定する「反対株主」とは、次に掲げる株主をいう。

一　第180条第２項の株主総会に先立って当該株式の併合に反対する旨を当該株式会社に対し通知し、かつ、当該株主総会において当該株式の併合に反対した株主（当該株主総会において議決権を行使することができるものに限る。）

二　当該株主総会において議決権を行使することができない株主

3　株式会社が株式の併合をする場合における株主に対する通知についての第181条第１項の規定の適用については、同項中「２週間」とあるのは、「20日」とする。

4　第１項の規定による請求（以下この款において「株式買取請求」という。）は、効力発生日の20日前の日から効力発生日の前日までの間に、その株式買取請求に係る株式の数（種類株式発行会社にあっては、株式の種類及び種類ごとの数）を明らかにしてしなければならない。

5　株券が発行されている株式について株式買取請求をしようとするときは、当該株式の株主は、株式会社に対し、当該株式に係る株券を提出しなければならない。ただし、当該株券について第223条の規定による請求をした者については、この限りでない。

6　株式買取請求をした株主は、株式会社の承諾を得た場合に限り、その株式買取請求を撤回す

ることができる。

7　第133条の規定は、株式買取請求に係る株式については、適用しない。

（株式の価格の決定等）

第182条の5　株式買取請求があった場合において、株式の価格の決定について、株主と株式会社との間に協議が調ったときは、株式会社は、効力発生日から60日以内にその支払をしなければならない。

2　株式の価格の決定について、効力発生日から30日以内に協議が調わないときは、株主又は株式会社は、その期間の満了の日後30日以内に、裁判所に対し、価格の決定の申立てをすることができる。

3　前条第6項の規定にかかわらず、前項に規定する場合において、効力発生日から60日以内に同項の申立てがないときは、その期間の満了後は、株主は、いつでも、株式買取請求を撤回することができる。

4　株式会社は、裁判所の決定した価格に対する第1項の期間の満了の日後の法定利率による利息をも支払わなければならない。

5　株式会社は、株式の価格の決定があるまでは、株主に対し、当該株式会社が公正な価格と認める額を支払うことができる。

6　株式買取請求に係る株式の買取りは、効力発生日に、その効力を生ずる。

7　株券発行会社は、株券が発行されている株式について株式買取請求があったときは、株券と引換えに、その株式買取請求に係る株式の代金を支払わなければならない。

（株式の併合に関する書面等の備置き及び閲覧等）

第182条の6　株式の併合をした株式会社は、効力発生日後遅滞なく、株式の併合が効力を生じた時における発行済株式（種類株式発行会社にあっては、第180条第2項第3号の種類の発行済株式）の総数その他の株式の併合に関する事項として法務省令で定める事項を記載し、又は記録した書面又は電磁的記録を作成しなければならない。 規33の10

2　株式会社は、効力発生日から6箇月間、前項

の書面又は電磁的記録をその本店に備え置かなければならない。

3　株式の併合をした株式会社の株主又は効力発生日に当該株式会社の株主であった者は、当該株式会社に対して、その営業時間内は、いつでも、次に掲げる請求をすることができる。ただし、第2号又は第4号に掲げる請求をするには、当該株式会社の定めた費用を支払わなければならない。

一　前項の書面の閲覧の請求

二　前項の書面の謄本又は抄本の交付の請求

三　前項の電磁的記録に記録された事項を法務省令で定める方法により表示したものの閲覧の請求 規226

四　前項の電磁的記録に記録された事項を電磁的方法であって株式会社の定めたものにより提供することの請求又はその事項を記載した書面の交付の請求

第2款　株式の分割

（株式の分割）

第183条　株式会社は、株式の分割をすることができる。

2　株式会社は、株式の分割をしようとするときは、その都度、株主総会（取締役会設置会社にあっては、取締役会）の決議によって、次に掲げる事項を定めなければならない。

一　株式の分割により増加する株式の総数の株式の分割前の発行済株式（種類株式発行会社にあっては、第3号の種類の発行済株式）の総数に対する割合及び当該株式の分割に係る基準日

二　株式の分割がその効力を生ずる日

三　株式会社が種類株式発行会社である場合には、分割する株式の種類

（効力の発生等）

第184条　基準日において株主名簿に記載され、又は記録されている株主（種類株式発行会社にあっては、基準日において株主名簿に記載され、又は記録されている前条第2項第3号の種類株主）は、同項第2号の日に、基準日に有する株式（種類株式発行会社にあっては、同項

第3号の種類の株式。以下この項において同じ。）の数に同条第2項第1号の割合を乗じて得た数の株式を取得する。

2　株式会社（現に2以上の種類の株式を発行しているものを除く。）は、第466条の規定にかかわらず、株主総会の決議によらないで、前条第2項第2号の日における発行可能株式総数をその日の前日の発行可能株式総数に同項第1号の割合を乗じて得た数の範囲内で増加する定款の変更をすることができる。

第3款　株式無償割当て

（株式無償割当て）

第185条　株式会社は、株主（種類株式発行会社にあっては、ある種類の種類株主）に対して新たに払込みをさせないで当該株式会社の株式の割当て（以下この款において「株式無償割当て」という。）をすることができる。

（株式無償割当てに関する事項の決定）

第186条　株式会社は、株式無償割当てをしようとするときは、その都度、次に掲げる事項を定めなければならない。

一　株主に割り当てる株式の数（種類株式発行会社にあっては、株式の種類及び種類ごとの数）又はその数の算定方法

二　当該株式無償割当てがその効力を生ずる日

三　株式会社が種類株式発行会社である場合には、当該株式無償割当てを受ける株主の有する株式の種類

2　前項第1号に掲げる事項についての定めは、当該株式会社以外の株主（種類株式発行会社にあっては、同項第3号の種類の種類株主）の有する株式（種類株式発行会社にあっては、同項第3号の種類の株式）の数に応じて同項第1号の株式を割り当てることを内容とするものでなければならない。

3　第1項各号に掲げる事項の決定は、株主総会（取締役会設置会社にあっては、取締役会）の決議によらなければならない。ただし、定款に別段の定めがある場合は、この限りでない。

（株式無償割当ての効力の発生等）

第187条　前条第1項第1号の株式の割当てを受けた株主は、同項第2号の日に、同項第1号の株式の株主となる。

2　株式会社は、前条第1項第2号の日後遅滞なく、株主（種類株式発行会社にあっては、同項第3号の種類の種類株主）及びその登録株式質権者に対し、当該株主が割当てを受けた株式の数（種類株式発行会社にあっては、株式の種類及び種類ごとの数）を通知しなければならない。

第8節　募集株式の発行等

第1款　募集事項の決定等

（募集事項の決定）

第199条　株式会社は、その発行する株式又はその処分する自己株式を引き受ける者の募集をしようとするときは、その都度、募集株式（当該募集に応じてこれらの株式の引受けの申込みをした者に対して割り当てる株式をいう。以下この節において同じ。）について次に掲げる事項を定めなければならない。

一　募集株式の数（種類株式発行会社にあっては、募集株式の種類及び数。以下この節において同じ。）

二　募集株式の払込金額（募集株式1株と引換えに払い込む金銭又は給付する金銭以外の財産の額をいう。以下この節において同じ。）又はその算定方法

三　金銭以外の財産を出資の目的とするときは、その旨並びに当該財産の内容及び価額

四　募集株式と引換えにする金銭の払込み又は前号の財産の給付の期日又はその期間

五　株式を発行するときは、増加する資本金及び資本準備金に関する事項

2　前項各号に掲げる事項（以下この節において「募集事項」という。）の決定は、株主総会の決議によらなければならない。

3　第1項第2号の払込金額が募集株式を引き受ける者に特に有利な金額である場合には、取締役は、前項の株主総会において、当該払込金額でその者の募集をすることを必要とする理由を説明しなければならない。

4　種類株式発行会社において、第1項第1号の

募集株式の種類が譲渡制限株式であるときは、当該種類の株式に関する募集事項の決定は、当該種類の株式を引き受ける者の募集について当該種類の株式の種類株主を構成員とする種類株主総会の決議を要しない旨の定款の定めがある場合を除き、当該種類株主総会の決議がなければ、その効力を生じない。ただし、当該種類株主総会において議決権を行使することができる種類株主が存しない場合は、この限りでない。

5　募集事項は、第1項の募集ごとに、均等に定めなければならない。

（募集事項の決定の委任）

第200条　前条第2項及び第4項の規定にかかわらず、株主総会においては、その決議によって、募集事項の決定を取締役（取締役会設置会社にあっては、取締役会）に委任することができる。この場合においては、その委任に基づいて募集事項の決定をすることができる募集株式の数の上限及び払込金額の下限を定めなければならない。

2　前項の払込金額の下限が募集株式を引き受ける者に特に有利な金額である場合には、取締役は、同項の株主総会において、当該払込金額でその者の募集をすることを必要とする理由を説明しなければならない。

3　第1項の決議は、前条第1項第4号の期日（同号の期間を定めた場合にあっては、その期間の末日）が当該決議の日から1年以内の日である同項の募集についてのみその効力を有する。

4　種類株式発行会社において、第1項の募集株式の種類が譲渡制限株式であるときは、当該種類の株式に関する募集事項の決定の委任は、当該種類の株式について前条第4項の定款の定めがある場合を除き、当該種類の株式の種類株主を構成員とする種類株主総会の決議がなければ、その効力を生じない。ただし、当該種類株主総会において議決権を行使することができる種類株主が存しない場合は、この限りでない。

（公開会社における募集事項の決定の特則）

第201条　第199条第3項に規定する場合を除き、公開会社における同条第2項の規定の適用については、同項中「株主総会」とあるのは、「取締役会」とする。この場合においては、前条の規定は、適用しない。

2　前項の規定により読み替えて適用する第199条第2項の取締役会の決議によって募集事項を定める場合において、市場価格のある株式を引き受ける者の募集をするときは、同条第1項第2号に掲げる事項に代えて、公正な価額による払込みを実現するために適当な払込金額の決定の方法を定めることができる。

3　公開会社は、第1項の規定により読み替えて適用する第199条第2項の取締役会の決議によって募集事項を定めたときは、同条第1項第4号の期日（同号の期間を定めた場合にあっては、その期間の初日）の2週間前までに、株主に対し、当該募集事項（前項の規定により払込金額の決定の方法を定めた場合にあっては、その方法を含む。以下この節において同じ。）を通知しなければならない。

4　前項の規定による通知は、公告をもってこれに代えることができる。

5　第3項の規定は、株式会社が募集事項について同項に規定する期日の2週間前までに金融商品取引法第4条第1項から第3項までの届出をしている場合その他の株主の保護に欠けるおそれがないものとして法務省令で定める場合には、適用しない。 規40

（株主に株式の割当てを受ける権利を与える場合）

第202条　株式会社は、第199条第1項の募集において、株主に株式の割当てを受ける権利を与えることができる。この場合においては、募集事項のほか、次に掲げる事項を定めなければならない。

一　株主に対し、次条第2項の申込みをすることにより当該株式会社の募集株式（種類株式発行会社にあっては、当該株主の有する種類の株式と同一の種類のもの）の割当てを受ける権利を与える旨

二　前号の募集株式の引受けの申込みの期日

2　前項の場合には、同項第1号の株主（当該株式会社を除く。）は、その有する株式の数に応

じて募集株式の割当てを受ける権利を有する。ただし、当該株主が割当てを受ける募集株式の数に1株に満たない端数があるときは、これを切り捨てるものとする。

3　第1項各号に掲げる事項を定める場合には、募集事項及び同項各号に掲げる事項は、次の各号に掲げる場合の区分に応じ、当該各号に定める方法によって定めなければならない。

一　当該募集事項及び第1項各号に掲げる事項を取締役の決定によって定めることができる旨の定款の定めがある場合（株式会社が取締役会設置会社である場合を除く。）　取締役の決定

二　当該募集事項及び第1項各号に掲げる事項を取締役会の決議によって定めることができる旨の定款の定めがある場合（次号に掲げる場合を除く。）　取締役会の決議

三　株式会社が公開会社である場合　取締役会の決議

四　前3号に掲げる場合以外の場合　株主総会の決議

4　株式会社は、第1項各号に掲げる事項を定めた場合には、同項第2号の期日の2週間前までに、同項第1号の株主（当該株式会社を除く。）に対し、次に掲げる事項を通知しなければならない。

一　募集事項

二　当該株主が割当てを受ける募集株式の数

三　第1項第2号の期日

5　第199条第2項から第4項まで及び前2条の規定は、第1項から第3項までの規定により株主に株式の割当てを受ける権利を与える場合には、適用しない。

（取締役の報酬等に係る募集事項の決定の特則）

第202条の2　金融商品取引法第2条第16項に規定する金融商品取引所に上場されている株式を発行している株式会社は、定款又は株主総会の決議による第361条第1項第3号に掲げる事項についての定めに従いその発行する株式又はその処分する自己株式を引き受ける者の募集をするときは、第199条第1項第2号及び第4号に

掲げる事項を定めることを要しない。この場合において、当該株式会社は、募集株式について次に掲げる事項を定めなければならない。 計規42の2・54の2

一　取締役の報酬等（第361条第1項に規定する報酬等をいう。第236条第3項第1号において同じ。）として当該募集に係る株式の発行又は自己株式の処分をするものであり、募集株式と引換えにする金銭の払込み又は第199条第1項第3号の財産の給付を要しない旨

二　募集株式を割り当てる日（以下この節において「割当日」という。）

2　前項各号に掲げる事項を定めた場合における第199条第2項の規定の適用については、同項中「前項各号」とあるのは、「前項各号（第2号及び第4号を除く。）及び第202条の2第1項各号」とする。この場合においては、第200条及び前条の規定は、適用しない。

3　指名委員会等設置会社における第1項の規定の適用については、同項中「定款又は株主総会の決議による第361条第1項第3号に掲げる事項についての定め」とあるのは「報酬委員会による第409条第3項第3号に定める事項についての決定」と、「取締役」とあるのは「執行役又は取締役」とする。

第4款　出資の履行等

（出資の履行）

第208条　募集株式の引受人（現物出資財産を給付する者を除く。）は、第199条第1項第4号の期日又は同号の期間内に、株式会社が定めた銀行等の払込みの取扱いの場所において、それぞれの募集株式の払込金額の全額を払い込まなければならない。

2　募集株式の引受人（現物出資財産を給付する者に限る。）は、第199条第1項第4号の期日又は同号の期間内に、それぞれの募集株式の払込金額の全額に相当する現物出資財産を給付しなければならない。

3　募集株式の引受人は、第1項の規定による払込み又は前項の規定による給付（以下この款に

おいて「出資の履行」という。）をする債務と株式会社に対する債権とを相殺することができない。

4　出資の履行をすることにより募集株式の株主となる権利の譲渡は、株式会社に対抗することができない。

5　募集株式の引受人は、出資の履行をしないときは、当該出資の履行をすることにより募集株式の株主となる権利を失う。

（株主となる時期等）

第209条　募集株式の引受人は、次の各号に掲げる場合には、当該各号に定める日に、出資の履行をした募集株式の株主となる。

一　第199条第1項第4号の期日を定めた場合　当該期日

二　第199条第1項第4号の期間を定めた場合　出資の履行をした日

2　募集株式の引受人は、第213条の2第1項各号に掲げる場合には、当該各号に定める支払若しくは給付又は第213条の3第1項の規定による支払がされた後でなければ、出資の履行を仮装した募集株式について、株主の権利を行使することができない。

3　前項の募集株式を譲り受けた者は、当該募集株式についての株主の権利を行使することができる。ただし、その者に悪意又は重大な過失があるときは、この限りでない。

4　第1項の規定にかかわらず、第202条の2第1項後段の規定による同項各号に掲げる事項についての定めがある場合には、募集株式の引受人は、割当日に、その引き受けた募集株式の株主となる。

第6款　募集に係る責任等

第211条・第212条　（略）

（出資された財産等の価額が不足する場合の取締役等の責任）

第213条　前条第1項第2号に掲げる場合には、次に掲げる者（以下この条において「取締役等」という。）は、株式会社に対し、同号に定める額を支払う義務を負う。

一　当該募集株式の引受人の募集に関する職務

を行った業務執行取締役（指名委員会等設置会社にあっては、執行役。以下この号において同じ。）その他当該業務執行取締役の行う業務の執行に職務上関与した者として法務省令で定めるもの　規44

二　現物出資財産の価額の決定に関する株主総会の決議があったときは、当該株主総会に議案を提案した取締役として法務省令で定めるもの　規45

三　現物出資財産の価額の決定に関する取締役会の決議があったときは、当該取締役会に議案を提案した取締役（指名委員会等設置会社にあっては、取締役又は執行役）として法務省令で定めるもの　規46

2　前項の規定にかかわらず、次に掲げる場合には、取締役等は、現物出資財産について同項の義務を負わない。

一　現物出資財産の価額について第207条第2項の検査役の調査を経た場合

二　当該取締役等がその職務を行うについて注意を怠らなかったことを証明した場合

3　第1項に規定する場合には、第207条第9項第4号に規定する証明をした者（以下この条において「証明者」という。）は、株式会社に対し前条第1項第2号に定める額を支払う義務を負う。ただし、当該証明者が当該証明をするについて注意を怠らなかったことを証明したときは、この限りでない。

4　募集株式の引受人がその給付した現物出資財産についての前条第1項第2号に定める額を支払う義務を負う場合において、次の各号に掲げる者が当該現物出資財産について当該各号に定める義務を負うときは、これらの者は、連帯債務者とする。

一　取締役等　第1項の義務

二　証明者　前項本文の義務

（出資の履行を仮装した募集株式の引受人の責任）

第213条の2　募集株式の引受人は、次の各号に掲げる場合には、株式会社に対し、当該各号に定める行為をする義務を負う。

一　第208条第1項の規定による払込みを仮装

会
社
法

した場合　払込みを仮装した払込金額の全額
の支払

二　第208条第2項の規定による給付を仮装し
た場合　給付を仮装した現物出資財産の給付
（株式会社が当該給付に代えて当該現物出資
財産の価額に相当する金銭の支払を請求した
場合にあっては、当該金銭の全額の支払）

2　前項の規定により募集株式の引受人の負う義
務は、総株主の同意がなければ、免除すること
ができない。

（出資の履行を仮装した場合の取締役等の責任）

第213条の3　前条第1項各号に掲げる場合には、
募集株式の引受人が出資の履行を仮装すること
に関与した取締役（指名委員会等設置会社に
あっては、執行役を含む。）として法務省令で
定める者は、株式会社に対し、当該各号に規定
する支払をする義務を負う。ただし、その者（当
該出資の履行を仮装したものを除く。）がその
職務を行うについて注意を怠らなかったことを
証明した場合は、この限りでない。　規46の2

2　募集株式の引受人が前条第1項各号に規定す
る支払をする義務を負う場合において、前項に
規定する者が同項の義務を負うときは、これら
の者は、連帯債務者とする。

第3章　新株予約権

第1節　総則

（新株予約権の内容）

第236条　株式会社が新株予約権を発行するとき
は、次に掲げる事項を当該新株予約権の内容と
しなければならない。

一　当該新株予約権の目的である株式の数（種
類株式発行会社にあっては、株式の種類及び
種類ごとの数）又はその数の算定方法

二　当該新株予約権の行使に際して出資される
財産の価額又はその算定方法

三　金銭以外の財産を当該新株予約権の行使に
際してする出資の目的とするときは、その旨
並びに当該財産の内容及び価額

四　当該新株予約権を行使することができる期

間

五　当該新株予約権の行使により株式を発行す
る場合における増加する資本金及び資本準備
金に関する事項

六　譲渡による当該新株予約権の取得について
当該株式会社の承認を要することとするとき
は、その旨

七　当該新株予約権について、当該株式会社が
一定の事由が生じたことを条件としてこれを
取得することができることとするときは、次
に掲げる事項

イ　一定の事由が生じた日に当該株式会社が
その新株予約権を取得する旨及びその事由

ロ　当該株式会社が別に定める日が到来する
ことをもってイの事由とするときは、その
旨

ハ　イの事由が生じた日にイの新株予約権の
一部を取得することとするときは、その旨
及び取得する新株予約権の一部の決定の方
法

ニ　イの新株予約権を取得するのと引換えに
当該新株予約権の新株予約権者に対して当
該株式会社の株式を交付するときは、当該
株式の数（種類株式発行会社にあっては、
株式の種類及び種類ごとの数）又はその算
定方法

ホ　イの新株予約権を取得するのと引換えに
当該新株予約権の新株予約権者に対して当
該株式会社の社債（新株予約権付社債につ
いてのものを除く。）を交付するときは、
当該社債の種類及び種類ごとの各社債の金
額の合計額又はその算定方法

ヘ　イの新株予約権を取得するのと引換えに
当該新株予約権の新株予約権者に対して当
該株式会社の他の新株予約権（新株予約権
付社債に付されたものを除く。）を交付す
るときは、当該他の新株予約権の内容及び
数又はその算定方法

ト　イの新株予約権を取得するのと引換えに
当該新株予約権の新株予約権者に対して当
該株式会社の新株予約権付社債を交付する

ときは、当該新株予約権付社債についての
ホに規定する事項及び当該新株予約権付社
債に付された新株予約権についてのヘに規
定する事項

チ　イの新株予約権を取得するのと引換えに
当該新株予約権の新株予約権者に対して当
該株式会社の株式等以外の財産を交付する
ときは、当該財産の内容及び数若しくは額
又はこれらの算定方法

八　当該株式会社が次のイからホまでに掲げる
行為をする場合において、当該新株予約権の
新株予約権者に当該イからホまでに定める株
式会社の新株予約権を交付することとすると
きは、その旨及びその条件

イ　合併（合併により当該株式会社が消滅す
る場合に限る。）　合併後存続する株式会社
又は合併により設立する株式会社

ロ　吸収分割　吸収分割をする株式会社がそ
の事業に関して有する権利義務の全部又は
一部を承継する株式会社

ハ　新設分割　新設分割により設立する株式
会社

ニ　株式交換　株式交換をする株式会社の発
行済株式の全部を取得する株式会社

ホ　株式移転　株式移転により設立する株式
会社

九　新株予約権を行使した新株予約権者に交付
する株式の数に１株に満たない端数がある場
合において、これを切り捨てるものとすると
きは、その旨

十　当該新株予約権（新株予約権付社債に付さ
れたものを除く。）に係る新株予約権証券を
発行することとするときは、その旨

十一　前号に規定する場合において、新株予約
権者が第290条の規定による請求の全部又は
一部をすることができないこととするときは、
その旨

2　新株予約権付社債に付された新株予約権の数
は、当該新株予約権付社債についての社債の金
額ごとに、均等に定めなければならない。

3　金融商品取引法第２条第16項に規定する金融

商品取引所に上場されている株式を発行してい
る株式会社は、定款又は株主総会の決議による
第361条第１項第４号又は第５号ロに掲げる事
項についての定めに従い新株予約権を発行する
ときは、第１項第２号に掲げる事項を当該新株
予約権の内容とすることを要しない。この場合
において、当該株式会社は、次に掲げる事項を
当該新株予約権の内容としなければならない。

一　取締役の報酬等として又は取締役の報酬等
をもってする払込みと引換えに当該新株予約
権を発行するものであり、当該新株予約権の
行使に際してする金銭の払込み又は第１項第
３号の財産の給付を要しない旨

二　定款又は株主総会の決議による第361条第
１項第４号又は第５号ロに掲げる事項につい
ての定めに係る取締役（取締役であった者を
含む。）以外の者は、当該新株予約権を行使
することができない旨

4　指名委員会等設置会社における前項の規定の
適用については、同項中「定款又は株主総会の
決議による第361条第１項第４号又は第５号ロ
に掲げる事項についての定め」とあるのは「報
酬委員会による第409条第３項第４号又は第５
号ロに定める事項についての決定」と、同項第
１号中「取締役」とあるのは「執行役若しくは
取締役」と、同項第２号中「取締役」とあるの
は「執行役又は取締役」とする。

（共有者による権利の行使）

第237条　新株予約権が２以上の者の共有に属す
るときは、共有者は、当該新株予約権について
の権利を行使する者１人を定め、株式会社に対
し、その者の氏名又は名称を通知しなければ、
当該新株予約権についての権利を行使すること
ができない。ただし、株式会社が当該権利を行
使することに同意した場合は、この限りでない。

第7節　新株予約権の行使

第1款　総　則

（新株予約権の行使）

第280条　新株予約権の行使は、次に掲げる事項
を明らかにしてしなければならない。

一　その行使に係る新株予約権の内容及び数

二　新株予約権を行使する日

2　証券発行新株予約権を行使しようとするときは、当該証券発行新株予約権の新株予約権者は、当該証券発行新株予約権に係る新株予約権証券を株式会社に提出しなければならない。ただし、当該新株予約権証券が発行されていないときは、この限りでない。

3　証券発行新株予約権付社債に付された新株予約権を行使しようとする場合には、当該新株予約権の新株予約権者は、当該新株予約権を付した新株予約権付社債に係る新株予約権付社債券を株式会社に提示しなければならない。この場合において、当該株式会社は、当該新株予約権付社債券に当該証券発行新株予約権付社債に付された新株予約権が消滅した旨を記載しなければならない。

4　前項の規定にかかわらず、証券発行新株予約権付社債に付された新株予約権を行使しようとする場合において、当該新株予約権の行使により当該証券発行新株予約権付社債についての社債が消滅するときは、当該新株予約権の新株予約権者は、当該新株予約権を付した新株予約権付社債に係る新株予約権付社債券を株式会社に提出しなければならない。

5　第3項の規定にかかわらず、証券発行新株予約権付社債についての社債の償還後に当該証券発行新株予約権付社債に付された新株予約権を行使しようとする場合には、当該新株予約権の新株予約権者は、当該新株予約権を付した新株予約権付社債に係る新株予約権付社債券を株式会社に提出しなければならない。

6　株式会社は、自己新株予約権を行使することができない。

（新株予約権の行使に際しての払込み）

第281条　金銭を新株予約権の行使に際してする出資の目的とするときは、新株予約権者は、前条第1項第2号の日に、株式会社が定めた銀行等の払込みの取扱いの場所において、その行使に係る新株予約権についての第236条第1項第2号の価額の全額を払い込まなければならない。

2　金銭以外の財産を新株予約権の行使に際してする出資の目的とするときは、新株予約権者は、前条第1項第2号の日に、その行使に係る新株予約権についての第236条第1項第3号の財産を給付しなければならない。この場合において当該財産の価額が同項第2号の価額に足りないときは、前項の払込みの取扱いの場所においてその差額に相当する金銭を払い込まなければならない。

3　新株予約権者は、第1項の規定による払込み又は前項の規定による給付をする債務と株式会社に対する債権とを相殺することができない。

（株主となる時期）

第282条　新株予約権を行使した新株予約権者は、当該新株予約権を行使した日に、当該新株予約権の目的である株式の株主となる。

2　新株予約権を行使した新株予約権者であって第286条の2第1項各号に掲げる者に該当するものは、当該各号に定める支払若しくは給付又は第286条の3第1項の規定による支払がされた後でなければ、第286条の2第1項各号の払込み又は給付が仮装された新株予約権の目的である株式について、株主の権利を行使することができない。

3　前項の株式を譲り受けた者は、当該株式についての株主の権利を行使することができる。ただし、その者に悪意又は重大な過失があるときは、この限りでない。

（1に満たない端数の処理）

第283条　新株予約権を行使した場合において、当該新株予約権の新株予約権者に交付する株式の数に1株に満たない端数があるときは、株式会社は、当該新株予約権者に対し、次の各号に掲げる場合の区分に応じ、当該各号に定める額にその端数を乗じて得た額に相当する金銭を交付しなければならない。ただし、第236条第1項第9号に掲げる事項についての定めがある場合は、この限りでない。

一　当該株式が市場価格のある株式である場合　当該株式1株の市場価格として法務省令で定める方法により算定される額　規58

二　前号に掲げる場合以外の場合　1株当たり純資産額

第2款　金銭以外の財産の出資

第284条　株式会社は、第236条第1項第3号に掲げる事項についての定めがある新株予約権が行使された場合には、第281条第2項の規定による給付があった後、遅滞なく、同号の財産（以下この節において「現物出資財産」という。）の価額を調査させるため、裁判所に対し、検査役の選任の申立てをしなければならない。

2　前項の申立てがあった場合には、裁判所は、これを不適法として却下する場合を除き、検査役を選任しなければならない。

3　裁判所は、前項の検査役を選任した場合には、株式会社が当該検査役に対して支払う報酬の額を定めることができる。

4　第2項の検査役は、必要な調査を行い、当該調査の結果を記載し、又は記録した書面又は電磁的記録（法務省令で定めるものに限る。）を裁判所に提供して報告をしなければならない。 規228

5　裁判所は、前項の報告について、その内容を明瞭にし、又はその根拠を確認するため必要があると認めるときは、第2項の検査役に対し、更に前項の報告を求めることができる。

6　第2項の検査役は、第4項の報告をしたときは、株式会社に対し、同項の書面の写しを交付し、又は同項の電磁的記録に記録された事項を法務省令で定める方法により提供しなければならない。 規229

7　裁判所は、第4項の報告を受けた場合において、現物出資財産について定められた第236条第1項第3号の価額（第2項の検査役の調査を経ていないものを除く。）を不当と認めたときは、これを変更する決定をしなければならない。

8　第1項の新株予約権の新株予約権者は、前項の決定により現物出資財産の価額の全部又は一部が変更された場合には、当該決定の確定後1週間以内に限り、その新株予約権の行使に係る意思表示を取り消すことができる。

9　前各項の規定は、次の各号に掲げる場合には、当該各号に定める事項については、適用しない。

一　行使された新株予約権の新株予約権者が交付を受ける株式の総数が発行済株式の総数の10分の1を超えない場合　当該新株予約権者が給付する現物出資財産の価額

二　現物出資財産について定められた第236条第1項第3号の価額の総額が500万円を超えない場合　当該現物出資財産の価額

三　現物出資財産のうち、市場価格のある有価証券について定められた第236条第1項第3号の価額が当該有価証券の市場価格として法務省令で定める方法により算定されるものを超えない場合　当該有価証券についての現物出資財産の価額 規59

四　現物出資財産について定められた第236条第1項第3号の価額が相当であることについて弁護士、弁護士法人、弁護士・外国法事務弁護士共同法人、公認会計士、監査法人、税理士又は税理士法人の証明（現物出資財産が不動産である場合にあっては、当該証明及び不動産鑑定士の鑑定評価。以下この号において同じ。）を受けた場合　当該証明を受けた現物出資財産の価額

五　現物出資財産が株式会社に対する金銭債権（弁済期が到来しているものに限る。）であって、当該金銭債権について定められた第236条第1項第3号の価額が当該金銭債権に係る負債の帳簿価額を超えない場合　当該金銭債権についての現物出資財産の価額

10　次に掲げる者は、前項第4号に規定する証明をすることができない。

一　取締役、会計参与、監査役若しくは執行役又は支配人その他の使用人

二　新株予約権者

三　業務の停止の処分を受け、その停止の期間を経過しない者

四　弁護士法人、弁護士・外国法事務弁護士共同法人、監査法人又は税理士法人であって、その社員の半数以上が第1号又は第2号に掲げる者のいずれかに該当するもの

会
社
法

第３款　責任

第285条　（略）

（出資された財産等の価額が不足する場合の取締役等の責任）

第286条　前条第１項第３号に掲げる場合には、次に掲げる者（以下この条において「取締役等」という。）は、株式会社に対し、同号に定める額を支払う義務を負う。

一　当該新株予約権者の募集に関する職務を行った業務執行取締役（指名委員会等設置会社にあっては、執行役。以下この号において同じ。）その他当該業務執行取締役の行う業務の執行に職務上関与した者として法務省令で定めるもの

二　現物出資財産の価額の決定に関する株主総会の決議があったときは、当該株主総会に議案を提案した取締役として法務省令で定めるもの

三　現物出資財産の価額の決定に関する取締役会の決議があったときは、当該取締役会に議案を提案した取締役（指名委員会等設置会社にあっては、取締役又は執行役）として法務省令で定めるもの

2　前項の規定にかかわらず、次に掲げる場合には、取締役等は、現物出資財産について同項の義務を負わない。

一　現物出資財産の価額について第284条第２項の検査役の調査を経た場合

二　当該取締役等がその職務を行うについて注意を怠らなかったことを証明した場合

3　第１項に規定する場合には、第284条第９項第４号に規定する証明をした者（以下この条において「証明者」という。）は、株式会社に対し前条第１項第３号に定める額を支払う義務を負う。ただし、当該証明者が当該証明をするについて注意を怠らなかったことを証明したときは、この限りでない。

4　新株予約権者がその給付した現物出資財産についての前条第１項第３号に定める額を支払う義務を負う場合において、次に掲げる者が当該現物出資財産について当該各号に定める義務を

負うときは、これらの者は、連帯債務者とする。

一　取締役等　第１項の義務

二　証明者　前項本文の義務

（新株予約権に係る払込み等を仮装した新株予約権者等の責任）

第286条の２　新株予約権を行使した新株予約権者であって次の各号に掲げる者に該当するものは、株式会社に対し、当該各号に定める行為をする義務を負う。

一　第246条第１項の規定による払込み（同条第２項の規定により当該払込みに代えてする金銭以外の財産の給付を含む。）を仮装した者又は当該払込みが仮装されたことを知って、若しくは重大な過失により知らないで募集新株予約権を譲り受けた者　払込みが仮装された払込金額の全額の支払（当該払込みに代えてする金銭以外の財産の給付が仮装された場合にあっては、当該財産の給付（株式会社が当該給付に代えて当該財産の価額に相当する金銭の支払を請求した場合にあっては、当該金銭の全額の支払））

二　第281条第１項又は第２項後段の規定による払込みを仮装した者　払込みを仮装した金銭の全額の支払

三　第281条第２項前段の規定による給付を仮装した者　給付を仮装した金銭以外の財産の給付（株式会社が当該給付に代えて当該財産の価額に相当する金銭の支払を請求した場合にあっては、当該金銭の全額の支払）

2　前項の規定により同項に規定する新株予約権者の負う義務は、総株主の同意がなければ、免除することができない。

（新株予約権に係る払込み等を仮装した場合の取締役等の責任）

第286条の３　新株予約権を行使した新株予約権者であって前条第１項各号に掲げる者に該当するものが当該各号に定める行為をする義務を負う場合には、当該各号の払込み又は給付を仮装することに関与した取締役（指名委員会等設置会社にあっては、執行役を含む。）として法務省令で定める者は、株式会社に対し、当該各号

に規定する支払をする義務を負う。ただし、その者（当該払込み又は当該給付を仮装したものを除く。）がその職務を行うについて注意を怠らなかったことを証明した場合は、この限りでない。**規62の2**

2　新株予約権を行使した新株予約権者であって前条第1項各号に掲げる者に該当するものが当該各号に規定する支払をする義務を負う場合において、前項に規定する者が同項の義務を負うときは、これらの者は、連帯債務者とする。

第4章　機　関

第1節　株主総会及び種類株主総会等

第1款　株主総会

（株主総会の権限）

第295条　株主総会は、この法律に規定する事項及び株式会社の組織、運営、管理その他株式会社に関する一切の事項について決議をすることができる。

2　前項の規定にかかわらず、取締役会設置会社においては、株主総会は、この法律に規定する事項及び定款で定めた事項に限り、決議をすることができる。

3　この法律の規定により株主総会の決議を必要とする事項について、取締役、執行役、取締役会その他の株主総会以外の機関が決定することができることを内容とする定款の定めは、その効力を有しない。

（株主総会の招集）

第296条　定時株主総会は、毎事業年度の終了後一定の時期に招集しなければならない。

2　株主総会は、必要がある場合には、いつでも、招集することができる。

3　株主総会は、次条第4項の規定により招集する場合を除き、取締役が招集する。

（株主による招集の請求）

第297条　総株主の議決権の100分の3（これを下回る割合を定款で定めた場合にあっては、その割合）以上の議決権を6箇月（これを下回る期間を定款で定めた場合にあっては、その期間）

前から引き続き有する株主は、取締役に対し、株主総会の目的である事項（当該株主が議決権を行使することができる事項に限る。）及び招集の理由を示して、株主総会の招集を請求することができる。

2　公開会社でない株式会社における前項の規定の適用については、同項中「6箇月（これを下回る期間を定款で定めた場合にあっては、その期間）前から引き続き有する」とあるのは、「有する」とする。

3　第1項の株主総会の目的である事項について議決権を行使することができない株主が有する議決権の数は、同項の総株主の議決権の数に算入しない。

4　次に掲げる場合には、第1項の規定による請求をした株主は、裁判所の許可を得て、株主総会を招集することができる。

一　第1項の規定による請求の後遅滞なく招集の手続が行われない場合

二　第1項の規定による請求があった日から8週間（これを下回る期間を定款で定めた場合にあっては、その期間）以内の日を株主総会の日とする株主総会の招集の通知が発せられない場合

（株主総会の招集の決定）

第298条　取締役（前条第4項の規定により株主が株主総会を招集する場合にあっては、当該株主。次項本文及び次条から第302条までにおいて同じ。）は、株主総会を招集する場合には、次に掲げる事項を定めなければならない。

一　株主総会の日時及び場所

二　株主総会の目的である事項があるときは、当該事項

三　株主総会に出席しない株主が書面によって議決権を行使することができることとするときは、その旨

四　株主総会に出席しない株主が電磁的方法によって議決権を行使することができることとするときは、その旨

五　前各号に掲げるもののほか、法務省令で定める事項　**規63**

会社法

2　取締役は、株主（株主総会において決議をすることができる事項の全部につき議決権を行使することができない株主を除く。次条から第302条までにおいて同じ。）の数が1,000人以上である場合には、前項第3号に掲げる事項を定めなければならない。ただし、当該株式会社が金融商品取引法第2条第16項に規定する金融商品取引所に上場されている株式を発行している株式会社であって法務省令で定めるものである場合は、この限りでない。　規64

3　取締役会設置会社における前項の規定の適用については、同項中「株主総会において決議をすることができる事項」とあるのは、「前項第2号に掲げる事項」とする。

4　取締役会設置会社においては、前条第4項の規定により株主が株主総会を招集するときを除き、第1項各号に掲げる事項の決定は、取締役会の決議によらなければならない。

（株主総会の招集の通知）

第299条　株主総会を招集するには、取締役は、株主総会の日の2週間（前条第1項第3号又は第4号に掲げる事項を定めたときを除き、公開会社でない株式会社にあっては、1週間（当該株式会社が取締役会設置会社以外の株式会社である場合において、これを下回る期間を定款で定めた場合にあっては、その期間））前までに、株主に対してその通知を発しなければならない。

2　次に掲げる場合には、前項の通知は、書面でしなければならない。

一　前条第1項第3号又は第4号に掲げる事項を定めた場合

二　株式会社が取締役会設置会社である場合

3　取締役は、前項の書面による通知の発出に代えて、政令で定めるところにより、株主の承諾を得て、電磁的方法により通知を発することができる。この場合において、当該取締役は、同項の書面による通知を発したものとみなす。　令2

4　前2項の通知には、前条第1項各号に掲げる事項を記載し、又は記録しなければならない。

（招集手続の省略）

第300条　前条の規定にかかわらず、株主総会は、株主の全員の同意があるときは、招集の手続を経ることなく開催することができる。ただし、第298条第1項第3号又は第4号に掲げる事項を定めた場合は、この限りでない。

（株主総会参考書類及び議決権行使書面の交付等）

第301条　取締役は、第298条第1項第3号に掲げる事項を定めた場合には、第299条第1項の通知に際して、法務省令で定めるところにより、株主に対し、議決権の行使について参考となるべき事項を記載した書類（以下この節において「株主総会参考書類」という。）及び株主が議決権を行使するための書面（以下この節において「議決権行使書面」という。）を交付しなければならない。　規65・規66

2　取締役は、第299条第3項の承諾をした株主に対し同項の電磁的方法による通知を発するときは、前項の規定による株主総会参考書類及び議決権行使書面の交付に代えて、これらの書類に記載すべき事項を電磁的方法により提供することができる。ただし、株主の請求があったときは、これらの書類を当該株主に交付しなければならない。

第302条　取締役は、第298条第1項第4号に掲げる事項を定めた場合には、第299条第1項の通知に際して、法務省令で定めるところにより、株主に対し、株主総会参考書類を交付しなければならない。　規65

2　取締役は、第299条第3項の承諾をした株主に対し同項の電磁的方法による通知を発するときは、前項の規定による株主総会参考書類の交付に代えて、当該株主総会参考書類に記載すべき事項を電磁的方法により提供することができる。ただし、株主の請求があったときは、株主総会参考書類を当該株主に交付しなければならない。

3　取締役は、第1項に規定する場合には、第299条第3項の承諾をした株主に対する同項の電磁的方法による通知に際して、法務省令で定めるところにより、株主に対し、議決権行使書

面に記載すべき事項を当該電磁的方法により提供しなければならない。規66

4　取締役は、第1項に規定する場合において、第299条第3項の承諾をしていない株主から株主総会の日の1週間前までに議決権行使書面に記載すべき事項の電磁的方法による提供の請求があったときは、法務省令で定めるところにより、直ちに、当該株主に対し、当該事項を電磁的方法により提供しなければならない。規66

（株主提案権）

第303条　株主は、取締役に対し、一定の事項（当該株主が議決権を行使することができる事項に限る。次項において同じ。）を株主総会の目的とすることを請求することができる。

2　前項の規定にかかわらず、取締役会設置会社においては、総株主の議決権の100分の1（これを下回る割合を定款で定めた場合にあっては、その割合）以上の議決権又は300個（これを下回る数を定款で定めた場合にあっては、その個数）以上の議決権を6箇月（これを下回る期間を定款で定めた場合にあっては、その期間）前から引き続き有する株主に限り、取締役に対し、一定の事項を株主総会の目的とすることを請求することができる。この場合において、その請求は、株主総会の日の8週間（これを下回る期間を定款で定めた場合にあっては、その期間）前までにしなければならない。

3　公開会社でない取締役会設置会社における前項の規定の適用については、同項中「6箇月（これを下回る期間を定款で定めた場合にあっては、その期間）前から引き続き有する」とあるのは、「有する」とする。

4　第2項の一定の事項について議決権を行使することができない株主が有する議決権の数は、同項の総株主の議決権の数に算入しない。

第304条　株主は、株主総会において、株主総会の目的である事項（当該株主が議決権を行使することができる事項に限る。次条第1項において同じ。）につき議案を提出することができる。ただし、当該議案が法令若しくは定款に違反する場合又は実質的に同一の議案につき株主総会

において総株主（当該議案について議決権を行使することができない株主を除く。）の議決権の10分の1（これを下回る割合を定款で定めた場合にあっては、その割合）以上の賛成を得られなかった日から3年を経過していない場合は、この限りでない。

第305条　株主は、取締役に対し、株主総会の日の8週間（これを下回る期間を定款で定めた場合にあっては、その期間）前までに、株主総会の目的である事項につき当該株主が提出しようとする議案の要領を株主に通知すること（第299条第2項又は第3項の通知をする場合にあっては、その通知に記載し、又は記録すること）を請求することができる。ただし、取締役会設置会社においては、総株主の議決権の100分の1（これを下回る割合を定款で定めた場合にあっては、その割合）以上の議決権又は300個（これを下回る数を定款で定めた場合にあっては、その個数）以上の議決権を6箇月（これを下回る期間を定款で定めた場合にあっては、その期間）前から引き続き有する株主に限り、当該請求をすることができる。

2　公開会社でない取締役会設置会社における前項ただし書の規定の適用については、同項ただし書中「6箇月（これを下回る期間を定款で定めた場合にあっては、その期間）前から引き続き有する」とあるのは、「有する」とする。

3　第1項の株主総会の目的である事項について議決権を行使することができない株主が有する議決権の数は、同項ただし書の総株主の議決権の数に算入しない。

4　取締役会設置会社の株主が第1項の規定による請求をする場合において、当該株主が提出しようとする議案の数が10を超えるときは、前3項の規定は、10を超える数に相当することとなる数の議案については、適用しない。この場合において、当該株主が提出しようとする次の各号に掲げる議案の数については、当該各号に定めるところによる。

一　取締役、会計参与、監査役又は会計監査人（次号において「役員等」という。）の選任に

関する議案　当該議案の数にかかわらず、これを一の議案とみなす。

二　役員等の解任に関する議案　当該議案の数にかかわらず、これを一の議案とみなす。

三　会計監査人を再任しないことに関する議案　当該議案の数にかかわらず、これを一の議案とみなす。

四　定款の変更に関する2以上の議案　当該2以上の議案について異なる議決がされたとすれば当該議決の内容が相互に矛盾する可能性がある場合には、これらを一の議案とみなす。

5　前項前段の10を超える数に相当することとなる数の議案は、取締役がこれを定める。ただし、第1項の規定による請求をした株主が当該請求と併せて当該株主が提出しようとする2以上の議案の全部又は一部につき議案相互間の優先順位を定めている場合には、取締役は、当該優先順位に従い、これを定めるものとする。

6　第1項から第3項までの規定は、第1項の議案が法令若しくは定款に違反する場合又は実質的に同一の議案につき株主総会において総株主（当該議案について議決権を行使することができない株主を除く。）の議決権の10分の1（これを下回る割合を定款で定めた場合にあっては、その割合）以上の賛成を得られなかった日から3年を経過していない場合には、適用しない。

（株主総会の招集手続等に関する検査役の選任）

第306条　株式会社又は総株主（株主総会において決議をすることができる事項の全部につき議決権を行使することができない株主を除く。）の議決権の100分の1（これを下回る割合を定款で定めた場合にあっては、その割合）以上の議決権を有する株主は、株主総会に係る招集の手続及び決議の方法を調査させるため、当該株主総会に先立ち、裁判所に対し、検査役の選任の申立てをすることができる。

2　公開会社である取締役会設置会社における前項の規定の適用については、同項中「株主総会において決議をすることができる事項」とあるのは「第298条第1項第2号に掲げる事項」と、「有する」とあるのは「6箇月（これを下回る

期間を定款で定めた場合にあっては、その期間）前から引き続き有する」とし、公開会社でない取締役会設置会社における同項の規定の適用については、同項中「株主総会において決議をすることができる事項」とあるのは、「第298条第1項第2号に掲げる事項」とする。

3　前2項の規定による検査役の選任の申立てがあった場合には、裁判所は、これを不適法として却下する場合を除き、検査役を選任しなければならない。

4　裁判所は、前項の検査役を選任した場合には、株式会社が当該検査役に対して支払う報酬の額を定めることができる。

5　第3項の検査役は、必要な調査を行い、当該調査の結果を記載し、又は記録した書面又は電磁的記録（法務省令で定めるものに限る。）を裁判所に提供して報告をしなければならない。〔規228〕

6　裁判所は、前項の報告について、その内容を明瞭にし、又はその根拠を確認するため必要があると認めるときは、第3項の検査役に対し、更に前項の報告を求めることができる。

7　第3項の検査役は、第5項の報告をしたときは、株式会社（検査役の選任の申立てをした者が当該株式会社でない場合にあっては、当該株式会社及びその者）に対し、同項の書面の写しを交付し、又は同項の電磁的記録に記録された事項を法務省令で定める方法により提供しなければならない。〔規229〕

（裁判所による株主総会招集等の決定）

第307条　裁判所は、前条第5項の報告があった場合において、必要があると認めるときは、取締役に対し、次に掲げる措置の全部又は一部を命じなければならない。

一　一定の期間内に株主総会を招集すること。

二　前条第5項の調査の結果を株主に通知すること。

2　裁判所が前項第1号に掲げる措置を命じた場合には、取締役は、前条第5項の報告の内容を同号の株主総会において開示しなければならない。

3　前項に規定する場合には、取締役（監査役設置会社にあっては、取締役及び監査役）は、前条第5項の報告の内容を調査し、その結果を第1項第1号の株主総会に報告しなければならない。

（議決権の数）

第308条　株主（株式会社がその総株主の議決権の4分の1以上を有することその他の事由を通じて株式会社がその経営を実質的に支配することが可能な関係にあるものとして法務省令で定める株主を除く。）は、株主総会において、その有する株式1株につき1個の議決権を有する。ただし、単元株式数を定款で定めている場合には、1単元の株式につき1個の議決権を有する。　規67

2　前項の規定にかかわらず、株式会社は、自己株式については、議決権を有しない。

（株主総会の決議）

第309条　株主総会の決議は、定款に別段の定めがある場合を除き、議決権を行使することができる株主の議決権の過半数を有する株主が出席し、出席した当該株主の議決権の過半数をもって行う。

2　前項の規定にかかわらず、次に掲げる株主総会の決議は、当該株主総会において議決権を行使することができる株主の議決権の過半数（3分の1以上の割合を定款で定めた場合にあっては、その割合以上）を有する株主が出席し、出席した当該株主の議決権の3分の2（これを上回る割合を定款で定めた場合にあっては、その割合）以上に当たる多数をもって行わなければならない。この場合においては、当該決議の要件に加えて、一定の数以上の株主の賛成を要する旨その他の要件を定款で定めることを妨げない。

一　第140条第2項及び第5項の株主総会

二　第156条第1項の株主総会（第160条第1項の特定の株主を定める場合に限る。）

三　第171条第1項及び第175条第1項の株主総会

四　第180条第2項の株主総会

五　第199条第2項、第200条第1項、第202条第3項第4号、第204条第2項及び第205条第2項の株主総会

六　第238条第2項、第239条第1項、第241条第3項第4号、第243条第2項及び第244条第3項の株主総会

七　第339条第1項の株主総会（第342条第3項から第5項までの規定により選任された取締役（監査等委員である取締役を除く。）を解任する場合又は監査等委員である取締役若しくは監査役を解任する場合に限る。）

八　第425条第1項の株主総会

九　第447条第1項の株主総会（次のいずれにも該当する場合を除く。）

イ　定時株主総会において第447条第1項各号に掲げる事項を定めること。

ロ　第447条第1項第1号の額がイの定時株主総会の日（第439条前段に規定する場合にあっては、第436条第3項の承認があった日）における欠損の額として法務省令で定める方法により算定される額を超えないこと。　規68

十　第454条第4項の株主総会（配当財産が金銭以外の財産であり、かつ、株主に対して同項第1号に規定する金銭分配請求権を与えないこととする場合に限る。）

十一　第6章から第8章までの規定により株主総会の決議を要する場合における当該株主総会

十二　第5編の規定により株主総会の決議を要する場合における当該株主総会

3　前2項の規定にかかわらず、次に掲げる株主総会（種類株式発行会社の株主総会を除く。）の決議は、当該株主総会において議決権を行使することができる株主の半数以上（これを上回る割合を定款で定めた場合にあっては、その割合以上）であって、当該株主の議決権の3分の2（これを上回る割合を定款で定めた場合にあっては、その割合）以上に当たる多数をもって行わなければならない。

一　その発行する全部の株式の内容として譲渡

会社法

による当該株式の取得について当該株式会社の承認を要する旨の定款の定めを設ける定款の変更を行う株主総会

二　第783条第1項の株主総会（合併により消滅する株式会社又は株式交換をする株式会社が公開会社であり、かつ、当該株式会社の株主に対して交付する金銭等の全部又は一部が譲渡制限株式等（同条第3項に規定する譲渡制限株式等をいう。次号において同じ。）である場合における当該株主総会に限る。）

三　第804条第1項の株主総会（合併又は株式移転をする株式会社が公開会社であり、かつ、当該株式会社の株主に対して交付する金銭等の全部又は一部が譲渡制限株式等である場合における当該株主総会に限る。）

4　前3項の規定にかかわらず、第109条第2項の規定による定款の定めについての定款の変更（当該定款の定めを廃止するものを除く。）を行う株主総会の決議は、総株主の半数以上（これを上回る割合を定款で定めた場合にあっては、その割合以上）であって、総株主の議決権の4分の3（これを上回る割合を定款で定めた場合にあっては、その割合）以上に当たる多数をもって行わなければならない。

5　取締役会設置会社においては、株主総会は、第298条第1項第2号に掲げる事項以外の事項については、決議をすることができない。ただし、第316条第1項若しくは第2項に規定する者の選任又は第398条第2項の会計監査人の出席を求めることについては、この限りでない。

（議決権の代理行使）

第310条　株主は、代理人によってその議決権を行使することができる。この場合においては、当該株主又は代理人は、代理権を証明する書面を株式会社に提出しなければならない。

2　前項の代理権の授与は、株主総会ごとにしなければならない。

3　第1項の株主又は代理人は、代理権を証明する書面の提出に代えて、政令で定めるところにより、株式会社の承諾を得て、当該書面に記載すべき事項を電磁的方法により提供することが

できる。この場合において、当該株主又は代理人は、当該書面を提出したものとみなす。 令1

4　株主が第299条第3項の承諾をした者である場合には、株式会社は、正当な理由がなければ、前項の承諾をすることを拒んではならない。

5　株式会社は、株主総会に出席することができる代理人の数を制限することができる。

6　株式会社は、株主総会の日から3箇月間、代理権を証明する書面及び第3項の電磁的方法により提供された事項が記録された電磁的記録をその本店に備え置かなければならない。

7　株主（前項の株主総会において決議をした事項の全部につき議決権を行使することができない株主を除く。次条第4項及び第312条第5項において同じ。）は、株式会社の営業時間内は、いつでも、次に掲げる請求をすることができる。この場合においては、当該請求の理由を明らかにしてしなければならない。

一　代理権を証明する書面の閲覧又は謄写の請求

二　前項の電磁的記録に記録された事項を法務省令で定める方法により表示したものの閲覧又は謄写の請求 規226

8　株式会社は、前項の請求があったときは、次のいずれかに該当する場合を除き、これを拒むことができない。

一　当該請求を行う株主（以下この項において「請求者」という。）がその権利の確保又は行使に関する調査以外の目的で請求を行ったとき。

二　請求者が当該株式会社の業務の遂行を妨げ又は株主の共同の利益を害する目的で請求を行ったとき。

三　請求者が代理権を証明する書面の閲覧若しくは謄写又は前項第2号の電磁的記録に記録された事項を法務省令で定める方法により表示したものの閲覧若しくは謄写によって知り得た事実を利益を得て第三者に通報するため請求を行ったとき。

四　請求者が、過去2年以内において、代理権を証明する書面の閲覧若しくは謄写又は前項

第２号の電磁的記録に記録された事項を法務省令で定める方法により表示したものの閲覧若しくは謄写によって知り得た事実を利益を得て第三者に通報したことがあるものであるとき。

（書面による議決権の行使）

第311条　書面による議決権の行使は、議決権行使書面に必要な事項を記載し、法務省令で定める時までに当該記載をした議決権行使書面を株式会社に提出して行う。 規69

2　前項の規定により書面によって行使した議決権の数は、出席した株主の議決権の数に算入する。

3　株式会社は、株主総会の日から３箇月間、第１項の規定により提出された議決権行使書面をその本店に備え置かなければならない。

4　株主は、株式会社の営業時間内は、いつでも、第１項の規定により提出された議決権行使書面の閲覧又は謄写の請求をすることができる。この場合においては、当該請求の理由を明らかにしてしなければならない。

5　株式会社は、前項の請求があったときは、次のいずれかに該当する場合を除き、これを拒むことができない。

一　当該請求を行う株主（以下この項において「請求者」という。）がその権利の確保又は行使に関する調査以外の目的で請求を行ったとき。

二　請求者が当該株式会社の業務の遂行を妨げ、又は株主の共同の利益を害する目的で請求を行ったとき。

三　請求者が第１項の規定により提出された議決権行使書面の閲覧又は謄写によって知り得た事実を利益を得て第三者に通報するため請求を行ったとき。

四　請求者が、過去２年以内において、第１項の規定により提出された議決権行使書面の閲覧又は謄写によって知り得た事実を利益を得て第三者に通報したことがあるものであるとき。

（電磁的方法による議決権の行使）

第312条　電磁的方法による議決権の行使は、政令で定めるところにより、株式会社の承諾を得て、法務省令で定める時までに議決権行使書面に記載すべき事項を、電磁的方法により当該株式会社に提供して行う。 令1・規70

2　株主が第299条第３項の承諾をした者である場合には、株式会社は、正当な理由がなければ、前項の承諾をすることを拒んではならない。

3　第１項の規定により電磁的方法によって行使した議決権の数は、出席した株主の議決権の数に算入する。

4　株式会社は、株主総会の日から３箇月間、第１項の規定により提供された事項を記録した電磁的記録をその本店に備え置かなければならない。

5　株主は、株式会社の営業時間内は、いつでも、前項の電磁的記録に記録された事項を法務省令で定める方法により表示したものの閲覧又は謄写の請求をすることができる。この場合においては、当該請求の理由を明らかにしてしなければならない。 規226

6　株式会社は、前項の請求があったときは、次のいずれかに該当する場合を除き、これを拒むことができない。

一　当該請求を行う株主（以下この項において「請求者」という。）がその権利の確保又は行使に関する調査以外の目的で請求を行ったとき。

二　請求者が当該株式会社の業務の遂行を妨げ、又は株主の共同の利益を害する目的で請求を行ったとき。

三　請求者が前項の電磁的記録に記録された事項を法務省令で定める方法により表示したものの閲覧又は謄写によって知り得た事実を利益を得て第三者に通報するため請求を行ったとき。

四　請求者が、過去２年以内において、前項の電磁的記録に記録された事項を法務省令で定める方法により表示したものの閲覧又は謄写によって知り得た事実を利益を得て第三者に

通報したことがあるものであるとき。

（議決権の不統一行使）

第313条　株主は、その有する議決権を統一しないで行使することができる。

2　取締役会設置会社においては、前項の株主は、株主総会の日の3日前までに、取締役会設置会社に対してその有する議決権を統一しないで行使する旨及びその理由を通知しなければならない。

3　株式会社は、第1項の株主が他人のために株式を有する者でないときは、当該株主が同項の規定によりその有する議決権を統一しないで行使することを拒むことができる。

（取締役等の説明義務）

第314条　取締役、会計参与、監査役及び執行役は、株主総会において、株主から特定の事項について説明を求められた場合には、当該事項について必要な説明をしなければならない。ただし、当該事項が株主総会の目的である事項に関しないものである場合、その説明をすることにより株主の共同の利益を著しく害する場合その他正当な理由がある場合として法務省令で定める場合は、この限りでない。 規71

（議長の権限）

第315条　株主総会の議長は、当該株主総会の秩序を維持し、議事を整理する。

2　株主総会の議長は、その命令に従わない者その他当該株主総会の秩序を乱す者を退場させることができる。

（株主総会に提出された資料等の調査）

第316条　株主総会においては、その決議によって、取締役、会計参与、監査役、監査役会及び会計監査人が当該株主総会に提出し、又は提供した資料を調査する者を選任することができる。

2　第297条の規定により招集された株主総会においては、その決議によって、株式会社の業務及び財産の状況を調査する者を選任することができる。

（延期又は続行の決議）

第317条　株主総会においてその延期又は続行について決議があった場合には、第298条及び第299条の規定は、適用しない。

（議事録）

第318条　株主総会の議事については、法務省令で定めるところにより、議事録を作成しなければならない。 規72

2　株式会社は、株主総会の日から10年間、前項の議事録をその本店に備え置かなければならない。

3　株式会社は、株主総会の日から5年間、第1項の議事録の写しをその支店に備え置かなければならない。ただし、当該議事録が電磁的記録をもって作成されている場合であって、支店における次項第2号に掲げる請求に応じることを可能とするための措置として法務省令で定めるものをとっているときは、この限りでない。 規227

4　株主及び債権者は、株式会社の営業時間内は、いつでも、次に掲げる請求をすることができる。

一　第1項の議事録が書面をもって作成されているときは、当該書面又は当該書面の写しの閲覧又は謄写の請求

二　第1項の議事録が電磁的記録をもって作成されているときは、当該電磁的記録に記録された事項を法務省令で定める方法により表示したものの閲覧又は謄写の請求 規226

5　株式会社の親会社社員は、その権利を行使するため必要があるときは、裁判所の許可を得て、第1項の議事録について前項各号に掲げる請求をすることができる。

（株主総会の決議の省略）

第319条　取締役又は株主が株主総会の目的である事項について提案をした場合において、当該提案につき株主（当該事項について議決権を行使することができるものに限る。）の全員が書面又は電磁的記録により同意の意思表示をしたときは、当該提案を可決する旨の株主総会の決議があったものとみなす。

2　株式会社は、前項の規定により株主総会の決議があったものとみなされた日から10年間、同項の書面又は電磁的記録をその本店に備え置かなければならない。

3　株主及び債権者は、株式会社の営業時間内は、いつでも、次に掲げる請求をすることができる。

一　前項の書面の閲覧又は謄写の請求

二　前項の電磁的記録に記録された事項を法務省令で定める方法により表示したものの閲覧又は謄写の請求　規226

4　株式会社の親会社社員は、その権利を行使するため必要があるときは、裁判所の許可を得て、第2項の書面又は電磁的記録について前項各号に掲げる請求をすることができる。

5　第1項の規定により定時株主総会の目的である事項のすべてについての提案を可決する旨の株主総会の決議があったものとみなされた場合には、その時に当該定時株主総会が終結したものとみなす。

（株主総会への報告の省略）

第320条　取締役が株主の全員に対して株主総会に報告すべき事項を通知した場合において、当該事項を株主総会に報告することを要しないことにつき株主の全員が書面又は電磁的記録により同意の意思表示をしたときは、当該事項の株主総会への報告があったものとみなす。

第2款　種類株主総会

（種類株主総会の権限）

第321条　種類株主総会は、この法律に規定する事項及び定款で定めた事項に限り、決議をすることができる。

（ある種類の種類株主に損害を及ぼすおそれがある場合の種類株主総会）

第322条　種類株式発行会社が次に掲げる行為をする場合において、ある種類の株式の種類株主に損害を及ぼすおそれがあるときは、当該行為は、当該種類の株式の種類株主を構成員とする種類株主総会（当該種類株主に係る株式の種類が2以上ある場合にあっては、当該2以上の株式の種類別に区分された種類株主を構成員とする各種類株主総会。以下この条において同じ。）の決議がなければ、その効力を生じない。ただし、当該種類株主総会において議決権を行使することができる種類株主が存しない場合は、この限りでない。

一　次に掲げる事項についての定款の変更（第111条第1項又は第2項に規定するものを除く。）

イ　株式の種類の追加

ロ　株式の内容の変更

ハ　発行可能株式総数又は発行可能種類株式総数の増加

一の二　第179条の3第1項の承認

二　株式の併合又は株式の分割

三　第185条に規定する株式無償割当て

四　当該株式会社の株式を引き受ける者の募集（第202条第1項各号に掲げる事項を定めるものに限る。）

五　当該株式会社の新株予約権を引き受ける者の募集（第241条第1項各号に掲げる事項を定めるものに限る。）

六　第277条に規定する新株予約権無償割当て

七　合併

八　吸収分割

九　吸収分割による他の会社がその事業に関して有する権利義務の全部又は一部の承継

十　新設分割

十一　株式交換

十二　株式交換による他の株式会社の発行済株式全部の取得

十三　株式移転

十四　株式交付

2　種類株式発行会社は、ある種類の株式の内容として、前項の規定による種類株主総会の決議を要しない旨を定款で定めることができる。

3　第1項の規定は、前項の規定による定款の定めがある種類の株式の種類株主を構成員とする種類株主総会については、適用しない。ただし、第1項第1号に規定する定款の変更（単元株式数についてのものを除く。）を行う場合は、この限りでない。

4　ある種類の株式の発行後に定款を変更して当該種類の株式について第2項の規定による定款の定めを設けようとするときは、当該種類の種類株主全員の同意を得なければならない。

会
社
法

（種類株主総会の決議を必要とする旨の定めがある場合）

第323条　種類株式発行会社において、ある種類の株式の内容として、株主総会（取締役会設置会社にあっては株主総会又は取締役会、第478条第8項に規定する清算人会設置会社にあっては株主総会又は清算人会）において決議すべき事項について、当該決議のほか、当該種類の株式の種類株主を構成員とする種類株主総会の決議があることを必要とする旨の定めがあるときは、当該事項は、その定款の定めに従い、株主総会、取締役会又は清算人会の決議のほか、当該種類の株式の種類株主を構成員とする種類株主総会の決議がなければ、その効力を生じない。ただし、当該種類株主総会において議決権を行使することができる種類株主が存しない場合は、この限りでない。

（種類株主総会の決議）

第324条　種類株主総会の決議は、定款に別段の定めがある場合を除き、その種類の株式の総株主の議決権の過半数を有する株主が出席し、出席した当該株主の議決権の過半数をもって行う。

2　前項の規定にかかわらず、次に掲げる種類株主総会の決議は、当該種類株主総会において議決権を行使することができる株主の議決権の過半数（3分の1以上の割合を定款で定めた場合にあっては、その割合以上）を有する株主が出席し、出席した当該株主の議決権の3分の2（これを上回る割合を定款で定めた場合にあっては、その割合）以上に当たる多数をもって行わなければならない。この場合においては、当該決議の要件に加えて、一定の数以上の株主の賛成を要する旨その他の要件を定款で定めることを妨げない。

一　第111条第2項の種類株主総会（ある種類の株式の内容として第108条第1項第7号に掲げる事項についての定款の定めを設ける場合に限る。）

二　第199条第4項及び第200条第4項の種類株主総会

三　第238条第4項及び第239条第4項の種類株主総会

四　第322条第1項の種類株主総会

五　第347条第2項の規定により読み替えて適用する第339条第1項の種類株主総会

六　第795条第4項の種類株主総会

七　第816条の3第3項の種類株主総会

3　前2項の規定にかかわらず、次に掲げる種類株主総会の決議は、当該種類株主総会において議決権を行使することができる株主の半数以上（これを上回る割合を定款で定めた場合にあっては、その割合以上）であって、当該株主の議決権の3分の2（これを上回る割合を定款で定めた場合にあっては、その割合）以上に当たる多数をもって行わなければならない。

一　第111条第2項の種類株主総会（ある種類の株式の内容として第108条第1項第4号に掲げる事項についての定款の定めを設ける場合に限る。）

二　第783条第3項及び第804条第3項の種類株主総会

（株主総会に関する規定の準用）

第325条　前款（第295条第1項及び第2項、第296条第1項及び第2項並びに第309条を除く。）の規定は、種類株主総会について準用する。この場合において、第297条第1項中「総株主」とあるのは「総株主（ある種類の株式の株主に限る。以下この款（第308条第1項を除く。）において同じ。）」と、「株主は」とあるのは「株主（ある種類の株式の株主に限る。以下この款（第318条第4項及び第319条第3項を除く。）において同じ。）は」と読み替えるものとする。

規226〜規229

第3款　電子提供措置

（電子提供措置をとる旨の定款の定め）

第325条の2　株式会社は、取締役が株主総会（種類株主総会を含む。）の招集の手続を行うときは、次に掲げる資料（以下この款において「株主総会参考書類等」という。）の内容である情報について、電子提供措置（電磁的方法により株主（種類株主総会を招集する場合にあっては、ある種類の株主に限る。）が情報の提供を受け

ることができる状態に置く措置であって、法務省令で定めるものをいう。以下この款、第911条第３項第12号の２及び第976条第19号において同じ。）をとる旨を定款で定めることができる。この場合において、その定款には、電子提供措置をとる旨を定めれば足りる。 規95の３

一　株主総会参考書類

二　議決権行使書面

三　第437条の計算書類及び事業報告

四　第444条第６項の連結計算書類

（電子提供措置）

第325条の３　電子提供措置をとる旨の定款の定めがある株式会社の取締役は、第299条第２項各号に掲げる場合には、株主総会の日の３週間前の日又は同条第１項の通知を発した日のいずれか早い日（以下この款において「電子提供措置開始日」という。）から株主総会の日後３箇月を経過する日までの間（以下この款において「電子提供措置期間」という。）、次に掲げる事項に係る情報について継続して電子提供措置をとらなければならない。

一　第298条第１項各号に掲げる事項

二　第301条第１項に規定する場合には、株主総会参考書類及び議決権行使書面に記載すべき事項

三　第302条第１項に規定する場合には、株主総会参考書類に記載すべき事項

四　第305条第１項の規定による請求があった場合には、同項の議案の要領

五　株式会社が取締役会設置会社である場合において、取締役が定時株主総会を招集するときは、第437条の計算書類及び事業報告に記載され、又は記録された事項

六　株式会社が会計監査人設置会社（取締役会設置会社に限る。）である場合において、取締役が定時株主総会を招集するときは、第444条第６項の連結計算書類に記載され、又は記録された事項

七　前各号に掲げる事項を修正したときは、その旨及び修正前の事項

2　前項の規定にかかわらず、取締役が第299条

第１項の通知に際して株主に対し議決権行使書面を交付するときは、議決権行使書面に記載すべき事項に係る情報については、前項の規定により電子提供措置をとることを要しない。

3　第１項の規定にかかわらず、金融商品取引法第24条第１項の規定によりその発行する株式について有価証券報告書を内閣総理大臣に提出しなければならない株式会社が、電子提供措置開始日までに第１項各号に掲げる事項（定時株主総会に係るものに限り、議決権行使書面に記載すべき事項を除く。）を記載した有価証券報告書（添付書類及びこれらの訂正報告書を含む。）の提出の手続を同法第27条の30の２に規定する開示用電子情報処理組織（以下この款において単に「開示用電子情報処理組織」という。）を使用して行う場合には、当該事項に係る情報については、同項の規定により電子提供措置をとることを要しない。

（株主総会の招集の通知等の特則）

第325条の４　前条第１項の規定により電子提供措置をとる場合における第299条第１項の規定の適用については、同項中「２週間（前条第１項第３号又は第４号に掲げる事項を定めたときを除き、公開会社でない株式会社にあっては、１週間（当該株式会社が取締役会設置会社以外の株式会社である場合において、これを下回る期間を定款で定めた場合にあっては、その期間））」とあるのは、「２週間」とする。

2　第299条第４項の規定にかかわらず、前条第１項の規定により電子提供措置をとる場合には、第299条第２項又は第３項の通知には、第298条第１項第５号に掲げる事項を記載し、又は記録することを要しない。この場合において、当該通知には、同項第１号から第４号までに掲げる事項のほか、次に掲げる事項を記載し、又は記録しなければならない。

一　電子提供措置をとっているときは、その旨

二　前条第３項の手続を開示用電子情報処理組織を使用して行ったときは、その旨

三　前２号に掲げるもののほか、法務省令で定める事項 規95の３①

3　第301条第1項、第302条第1項、第437条及び第444条第6項の規定にかかわらず、電子提供措置をとる旨の定款の定めがある株式会社においては、取締役は、第299条第1項の通知に際して、株主に対し、株主総会参考書類等を交付し、又は提供することを要しない。

4　電子提供措置をとる旨の定款の定めがある株式会社における第305条第1項の規定の適用については、同項中「その通知に記載し、又は記録する」とあるのは、「当該議案の要領について第325条の2に規定する電子提供措置をとる」とする。

（書面交付請求）

第325条の5　電子提供措置をとる旨の定款の定めがある株式会社の株主（第299条第3項（第325条において準用する場合を含む。）の承諾をした株主を除く。）は、株式会社に対し、第325条の3第1項各号（第325条の7において準用する場合を含む。）に掲げる事項（以下この条において「電子提供措置事項」という。）を記載した書面の交付を請求することができる。

2　取締役は、第325条の3第1項の規定により電子提供措置をとる場合には、第299条第1項の通知に際して、前項の規定による請求（以下この条において「書面交付請求」という。）をした株主（当該株主総会において議決権を行使することができる者を定めるための基準日（第124条第1項に規定する基準日をいう。）を定めた場合にあっては、当該基準日までに書面交付請求をした者に限る。）に対し、当該株主総会に係る電子提供措置事項を記載した書面を交付しなければならない。

3　株式会社は、電子提供措置事項のうち法務省令で定めるものの全部又は一部については、前項の規定により交付する書面に記載することを要しない旨を定款で定めることができる。

規95の4

4　書面交付請求をした株主がある場合において、その書面交付請求の日（当該株主が次項ただし書の規定により異議を述べた場合にあっては、当該異議を述べた日）から1年を経過したとき

は、株式会社は、当該株主に対し、第2項の規定による書面の交付を終了する旨を通知し、かつ、これに異議のある場合には一定の期間（以下この条において「催告期間」という。）内に異議を述べるべき旨を催告することができる。ただし、催告期間は、1箇月を下ることができない。

5　前項の規定による通知及び催告を受けた株主がした書面交付請求は、催告期間を経過した時にその効力を失う。ただし、当該株主が催告期間内に異議を述べたときは、この限りでない。

（電子提供措置の中断）

第325条の6　第325条の3第1項の規定にかかわらず、電子提供措置期間中に電子提供措置の中断（株主が提供を受けることができる状態に置かれた情報がその状態に置かれないこととなったこと又は当該情報がその状態に置かれた後改変されたこと（同項第7号の規定により修正されたことを除く。）をいう。以下この条において同じ。）が生じた場合において、次の各号のいずれにも該当するときは、その電子提供措置の中断は、当該電子提供措置の効力に影響を及ぼさない。

一　電子提供措置の中断が生ずることにつき株式会社が善意でかつ重大な過失がないこと又は株式会社に正当な事由があること。

二　電子提供措置の中断が生じた時間の合計が電子提供措置期間の10分の1を超えないこと。

三　電子提供措置開始日から株主総会の日までの期間中に電子提供措置の中断が生じたときは、当該期間中に電子提供措置の中断が生じた時間の合計が当該期間の10分の1を超えないこと。

四　株式会社が電子提供措置の中断が生じたことを知った後速やかにその旨、電子提供措置の中断が生じた時間及び電子提供措置の中断の内容について当該電子提供措置に付して電子提供措置をとったこと。

（株主総会に関する規定の準用）

第325条の7　第325条の3から前条まで（第325条の3第1項（第5号及び第6号に係る部分に

限る。）及び第3項並びに第325条の5第1項及
び第3項から第5項までを除く。）の規定は、
種類株主総会について準用する。この場合にお
いて、第325条の3第1項中「第299条第2項各
号」とあるのは「第325条において準用する第
299条第2項各号」と、「同条第1項」とあるの
は「同条第1項（第325条において準用する場
合に限る。次項、次条及び第325条の5におい
て同じ。）」と、「第298条第1項各号」とあるの
は「第298条第1項各号（第325条において準用
する場合に限る。）」と、「第301条第1項」とあ
るのは「第325条において準用する第301条第1
項」と、「第302条第1項」とあるのは「第325
条において準用する第302条第1項」と、「第
305条第1項」とあるのは「第305条第1項（第
325条において準用する場合に限る。次条第4
項において同じ。）」と、同条第2項中「株主」
とあるのは「株主（ある種類の株式の株主に限
る。次条から第325条の6までにおいて同じ。）」
と、第325条の4第2項中「第299条第4項」と
あるのは「第325条において準用する第299条第
4項」と、「第299条第2項」とあるのは「第
325条において準用する第299条第2項」と、「第
298条第1項第5号」とあるのは「第325条にお
いて準用する第298条第1項第5号」と、「同項
第1号から第4号まで」とあるのは「第325条
において準用する同項第1号から第4号まで」
と、同条第3項中「第301条第1項、第302条第
1項、第437条及び第444条第6項」とあるのは
「第325条において準用する第301条第1項及び
第302条第1項」と読み替えるものとする。

第2節　株主総会以外の機関の設置

（株主総会以外の機関の設置）

第326条　株式会社には、1人又は2人以上の取
締役を置かなければならない。

2　株式会社は、定款の定めによって、取締役会、
会計参与、監査役、監査役会、会計監査人、監
査等委員会又は指名委員会等を置くことができ
る。

（取締役会等の設置義務等）

第327条　次に掲げる株式会社は、取締役会を置
かなければならない。

一　公開会社

二　監査役会設置会社

三　監査等委員会設置会社

四　指名委員会等設置会社

2　取締役会設置会社（監査等委員会設置会社及
び指名委員会等設置会社を除く。）は、監査役
を置かなければならない。ただし、公開会社で
ない会計参与設置会社については、この限りで
ない。

3　会計監査人設置会社（監査等委員会設置会社
及び指名委員会等設置会社を除く。）は、監査
役を置かなければならない。

4　監査等委員会設置会社及び指名委員会等設置
会社は、監査役を置いてはならない。

5　監査等委員会設置会社及び指名委員会等設置
会社は、会計監査人を置かなければならない。

6　指名委員会等設置会社は、監査等委員会を置
いてはならない。

（社外取締役の設置義務）

第327条の2　監査役会設置会社（公開会社であ
り、かつ、大会社であるものに限る。）であっ
て金融商品取引法第24条第1項の規定によりそ
の発行する株式について有価証券報告書を内閣
総理大臣に提出しなければならないものは、社
外取締役を置かなければならない。

（大会社における監査役会等の設置義務）

第328条　大会社（公開会社でないもの、監査等
委員会設置会社及び指名委員会等設置会社を除
く。）は、監査役会及び会計監査人を置かなけ
ればならない。

2　公開会社でない大会社は、会計監査人を置か
なければならない。

第3節　役員及び会計監査人の選任及び解任

第1款　選　任

（選任）

第329条　役員（取締役、会計参与及び監査役を

いう。以下この節、第371条第4項及び第394条第3項において同じ。）及び会計監査人は、株主総会の決議によって選任する。

2　監査等委員会設置会社においては、前項の規定による取締役の選任は、監査等委員である取締役とそれ以外の取締役とを区別してしなければならない。

3　第1項の決議をする場合には、法務省令で定めるところにより、役員（監査等委員会設置会社にあっては、監査等委員である取締役若しくはそれ以外の取締役又は会計参与。以下この項において同じ。）が欠けた場合又はこの法律若しくは定款で定めた役員の員数を欠くこととなるときに備えて補欠の役員を選任することができる。

（株式会社と役員等との関係）

第330条　株式会社と役員及び会計監査人との関係は、委任に関する規定に従う。

（取締役の資格等）

第331条　次に掲げる者は、取締役となることができない。

一　法人

二　削除

三　この法律若しくは一般社団法人及び一般財団法人に関する法律（平成18年法律第48号）の規定に違反し、又は金融商品取引法第197条、第197条の2第1号から第10号の3まで若しくは第13号から第15号まで、第198条第8号、第199条、第200条第1号から第12号の2まで、第20号若しくは第21号、第203条第3項若しくは第205条第1号から第6号まで、第19号若しくは第20号の罪、民事再生法（平成11年法律第225号）第255条、第256条、第258条から第260条まで若しくは第262条の罪、外国倒産処理手続の承認援助に関する法律（平成12年法律第129号）第65条、第66条、第68条若しくは第69条の罪、会社更生法（平成14年法律第154号）第266条、第267条、第269条から第271条まで若しくは第273条の罪若しくは破産法（平成16年法律第75号）第265条、第266条、第268条から第272条まで若しくは

第274条の罪を犯し、刑に処せられ、その執行を終わり、又はその執行を受けることがなくなった日から2年を経過しない者

四　前号に規定する法律の規定以外の法令の規定に違反し、禁錮以上の刑に処せられ、その執行を終わるまで又はその執行を受けることがなくなるまでの者（刑の執行猶予中の者を除く。）

2　株式会社は、取締役が株主でなければならない旨を定款で定めることができない。ただし、公開会社でない株式会社においては、この限りでない。

3　監査等委員である取締役は、監査等委員会設置会社若しくはその子会社の業務執行取締役若しくは支配人その他の使用人又は当該子会社の会計参与（会計参与が法人であるときは、その職務を行うべき社員）若しくは執行役を兼ねることができない。

4　指名委員会等設置会社の取締役は、当該指名委員会等設置会社の支配人その他の使用人を兼ねることができない。

5　取締役会設置会社においては、取締役は、3人以上でなければならない。

6　監査等委員会設置会社においては、監査等委員である取締役は、3人以上で、その過半数は社外取締役でなければならない。

〔施行　**刑法等の一部を改正する法律**（令和4年法律第67号）の公布の日〔令和4年6月17日〕から起算して3年を超えない範囲内において政令で定める日〕

（取締役の資格等）

第331条　現行条文に同じ

一〜三　現行条文に同じ

四　前号に規定する法律の規定以外の法令の規定に違反し、拘禁刑以上の刑に処せられ、その執行を終わるまで又はその執行を受けることがなくなるまでの者（刑の執行猶予中の者を除く。）

2〜6　現行条文に同じ

第331条の2　成年被後見人が取締役に就任する

には、その成年後見人が、成年被後見人の同意
（後見監督人がある場合にあっては、成年被後
見人及び後見監督人の同意）を得た上で、成年
被後見人に代わって就任の承諾をしなければな
らない。

2　被保佐人が取締役に就任するには、その保佐
人の同意を得なければならない。

3　第1項の規定は、保佐人が民法第876条の4
第1項の代理権を付与する旨の審判に基づき被
保佐人に代わって就任の承諾をする場合につい
て準用する。この場合において、第1項中「成
年被後見人の同意（後見監督人がある場合に
あっては、成年被後見人及び後見監督人の同
意）」とあるのは、「被保佐人の同意」と読み替
えるものとする。

4　成年被後見人又は被保佐人がした取締役の資
格に基づく行為は、行為能力の制限によっては
取り消すことができない。

（取締役の任期）

第332条　取締役の任期は、選任後2年以内に終
了する事業年度のうち最終のものに関する定時
株主総会の終結の時までとする。ただし、定款
又は株主総会の決議によって、その任期を短縮
することを妨げない。

2　前項の規定は、公開会社でない株式会社（監
査等委員会設置会社及び指名委員会等設置会社
を除く。）において、定款によって、同項の任
期を選任後10年以内に終了する事業年度のうち
最終のものに関する定時株主総会の終結の時ま
で伸長することを妨げない。

3　監査等委員会設置会社の取締役（監査等委員
であるものを除く。）についての第1項の規定
の適用については、同項中「2年」とあるのは、
「1年」とする。

4　監査等委員である取締役の任期については、
第1項ただし書の規定は、適用しない。

5　第1項本文の規定は、定款によって、任期の
満了前に退任した監査等委員である取締役の補
欠として選任された監査等委員である取締役の
任期を退任した監査等委員である取締役の任期
の満了する時までとすることを妨げない。

6　指名委員会等設置会社の取締役についての第
1項の規定の適用については、同項中「2年」
とあるのは、「1年」とする。

7　前各項の規定にかかわらず、次に掲げる定款
の変更をした場合には、取締役の任期は、当該
定款の変更の効力が生じた時に満了する。

一　監査等委員会又は指名委員会等を置く旨の
定款の変更

二　監査等委員会又は指名委員会等を置く旨の
定款の定めを廃止する定款の変更

三　その発行する株式の全部の内容として譲渡
による当該株式の取得について当該株式会社
の承認を要する旨の定款の定めを廃止する定
款の変更（監査等委員会設置会社及び指名委
員会等設置会社がするものを除く。）

（会計参与の資格等）

第333条　会計参与は、公認会計士若しくは監査
法人又は税理士若しくは税理士法人でなければ
ならない。

2　会計参与に選任された監査法人又は税理士法
人は、その社員の中から会計参与の職務を行う
べき者を選定し、これを株式会社に通知しなけ
ればならない。この場合においては、次項各号
に掲げる者を選定することはできない。

3　次に掲げる者は、会計参与となることができ
ない。

一　株式会社又はその子会社の取締役、監査役
若しくは執行役又は支配人その他の使用人

二　業務の停止の処分を受け、その停止の期間
を経過しない者

三　税理士法（昭和26年法律第237号）第43条
の規定により同法第2条第2項に規定する税
理士業務を行うことができない者

（会計参与の任期）

第334条　第332条（第4項及び第5項を除く。次
項において同じ。）の規定は、会計参与の任期
について準用する。

2　前項において準用する第332条の規定にかか
わらず、会計参与設置会社が会計参与を置く旨
の定款の定めを廃止する定款の変更をした場合
には、会計参与の任期は、当該定款の変更の効

力が生じた時に満了する。

（監査役の資格等）

第335条　第331条第1項及び第2項並びに第331条の2の規定は、監査役について準用する。

2　監査役は、株式会社若しくはその子会社の取締役若しくは支配人その他の使用人又は当該子会社の会計参与（会計参与が法人であるときは、その職務を行うべき社員）若しくは執行役を兼ねることができない。

3　監査役会設置会社においては、監査役は、3人以上で、そのうち半数以上は、社外監査役でなければならない。

（監査役の任期）

第336条　監査役の任期は、選任後4年以内に終了する事業年度のうち最終のものに関する定時株主総会の終結の時までとする。

2　前項の規定は、公開会社でない株式会社において、定款によって、同項の任期を選任後10年以内に終了する事業年度のうち最終のものに関する定時株主総会の終結の時まで伸長することを妨げない。

3　第1項の規定は、定款によって、任期の満了前に退任した監査役の補欠として選任された監査役の任期を退任した監査役の任期の満了する時までとすることを妨げない。

4　前3項の規定にかかわらず、次に掲げる定款の変更をした場合には、監査役の任期は、当該定款の変更の効力が生じた時に満了する。

一　監査役を置く旨の定款の定めを廃止する定款の変更

二　監査等委員会又は指名委員会等を置く旨の定款の変更

三　監査役の監査の範囲を会計に関するものに限定する旨の定款の定めを廃止する定款の変更

四　その発行する全部の株式の内容として譲渡による当該株式の取得について当該株式会社の承認を要する旨の定款の定めを廃止する定款の変更

（会計監査人の資格等）

第337条　会計監査人は、公認会計士又は監査法人でなければならない。

2　会計監査人に選任された監査法人は、その社員の中から会計監査人の職務を行うべき者を選定し、これを株式会社に通知しなければならない。この場合においては、次項第2号に掲げる者を選定することはできない。

3　次に掲げる者は、会計監査人となることができない。

一　公認会計士法の規定により、第435条第2項に規定する計算書類について監査をすることができない者

二　株式会社の子会社若しくはその取締役、会計参与、監査役若しくは執行役から公認会計士若しくは監査法人の業務以外の業務により継続的な報酬を受けている者又はその配偶者

三　監査法人でその社員の半数以上が前号に掲げる者であるもの

（会計監査人の任期）

第338条　会計監査人の任期は、選任後1年以内に終了する事業年度のうち最終のものに関する定時株主総会の終結の時までとする。

2　会計監査人は、前項の定時株主総会において別段の決議がされなかったときは、当該定時株主総会において再任されたものとみなす。

3　前2項の規定にかかわらず、会計監査人設置会社が会計監査人を置く旨の定款の定めを廃止する定款の変更をした場合には、会計監査人の任期は、当該定款の変更の効力が生じた時に満了する。

第2款　解　任

（解任）

第339条　役員及び会計監査人は、いつでも、株主総会の決議によって解任することができる。

2　前項の規定により解任された者は、その解任について正当な理由がある場合を除き、株式会社に対し、解任によって生じた損害の賠償を請求することができる。

（監査役等による会計監査人の解任）

第340条　監査役は、会計監査人が次のいずれかに該当するときは、その会計監査人を解任することができる。

一　職務上の義務に違反し、又は職務を怠った
　　とき。

二　会計監査人としてふさわしくない非行が
　　あったとき。

三　心身の故障のため、職務の執行に支障があ
　　り、又はこれに堪えないとき。

2　前項の規定による解任は、監査役が2人以上
　ある場合には、監査役の全員の同意によって行
　わなければならない。

3　第1項の規定により会計監査人を解任したと
　きは、監査役（監査役が2人以上ある場合にあっ
　ては、監査役の互選によって定めた監査役）は、
　その旨及び解任の理由を解任後最初に招集され
　る株主総会に報告しなければならない。

4　監査役会設置会社における前3項の規定の適
　用については、第1項中「監査役」とあるのは
　「監査役会」と、第2項中「監査役が2人以上
　ある場合には、監査役」とあるのは「監査役」と、
　前項中「監査役（監査役が2人以上ある場合に
　あっては、監査役の互選によって定めた監査
　役）」とあるのは「監査役会が選定した監査役」
　とする。

5　監査等委員会設置会社における第1項から第
　3項までの規定の適用については、第1項中「監
　査役」とあるのは「監査等委員会」と、第2項
　中「監査役が2人以上ある場合には、監査役」
　とあるのは「監査等委員」と、第3項中「監査
　役（監査役が2人以上ある場合にあっては、監
　査役の互選によって定めた監査役）」とあるの
　は「監査等委員会が選定した監査等委員」とす
　る。

6　指名委員会等設置会社における第1項から第
　3項までの規定の適用については、第1項中「監
　査役」とあるのは「監査委員会」と、第2項中
　「監査役が2人以上ある場合には、監査役」と
　あるのは「監査委員会の委員」と、第3項中「監
　査役（監査役が2人以上ある場合にあっては、
　監査役の互選によって定めた監査役）」とある
　のは「監査委員会が選定した監査委員会の委員」
　とする。

**第3款　選任及び解任の手続に関する
　　　　　特則**

（役員の選任及び解任の株主総会の決議）

第341条　第309条第1項の規定にかかわらず、役
　員を選任し、又は解任する株主総会の決議は、
　議決権を行使することができる株主の議決権の
　過半数（3分の1以上の割合を定款で定めた場
　合にあっては、その割合以上）を有する株主が
　出席し、出席した当該株主の議決権の過半数（こ
　れを上回る割合を定款で定めた場合にあっては、
　その割合以上）をもって行わなければならない。

（累積投票による取締役の選任）

第342条　株主総会の目的である事項が2人以上
　の取締役（監査等委員会設置会社にあっては、
　監査等委員である取締役又はそれ以外の取締役。
　以下この条において同じ。）の選任である場合
　には、株主（取締役の選任について議決権を行
　使することができる株主に限る。以下この条に
　おいて同じ。）は、定款に別段の定めがあると
　きを除き、株式会社に対し、第3項から第5項
　までに規定するところにより取締役を選任すべ
　きことを請求することができる。

2　前項の規定による請求は、同項の株主総会の
　日の5日前までにしなければならない。

3　第308条第1項の規定にかかわらず、第1項
　の規定による請求があった場合には、取締役の
　選任の決議については、株主は、その有する株
　式1株（単元株式数を定款で定めている場合に
　あっては、1単元の株式）につき、当該株主総
　会において選任する取締役の数と同数の議決権
　を有する。この場合においては、株主は、1人
　のみに投票し、又は2人以上に投票して、その
　議決権を行使することができる。

4　前項の場合には、投票の最多数を得た者から
　順次取締役に選任されたものとする。

5　前2項に定めるもののほか、第1項の規定に
　よる請求があった場合における取締役の選任に
　関し必要な事項は、法務省令で定める。　規97

6　前条の規定は、前3項に規定するところによ
　り選任された取締役の解任の決議については、
　適用しない。

（監査等委員である取締役等の選任等についての意見の陳述）

第342条の２　監査等委員である取締役は、株主総会において、監査等委員である取締役の選任若しくは解任又は辞任について意見を述べることができる。

２　監査等委員である取締役を辞任した者は、辞任後最初に招集される株主総会に出席して、辞任した旨及びその理由を述べることができる。

３　取締役は、前項の者に対し、同項の株主総会を招集する旨及び第298条第１項第１号に掲げる事項を通知しなければならない。

４　監査等委員会が選定する監査等委員は、株主総会において、監査等委員である取締役以外の取締役の選任若しくは解任又は辞任について監査等委員会の意見を述べることができる。

（監査役の選任に関する監査役の同意等）

第343条　取締役は、監査役がある場合において、監査役の選任に関する議案を株主総会に提出するには、監査役（監査役が２人以上ある場合にあっては、その過半数）の同意を得なければならない。

２　監査役は、取締役に対し、監査役の選任を株主総会の目的とすること又は監査役の選任に関する議案を株主総会に提出することを請求することができる。

３　監査役会設置会社における前２項の規定の適用については、第１項中「監査役（監査役が２人以上ある場合にあっては、その過半数）」とあるのは「監査役会」と、前項中「監査役は」とあるのは「監査役会は」とする。

４　第341条の規定は、監査役の解任の決議については、適用しない。

（会計監査人の選任等に関する議案の内容の決定）

第344条　監査役設置会社においては、株主総会に提出する会計監査人の選任及び解任並びに会計監査人を再任しないことに関する議案の内容は、監査役が決定する。

２　監査役が２人以上ある場合における前項の規定の適用については、同項中「監査役が」とあるのは、「監査役の過半数をもって」とする。

３　監査役会設置会社における第１項の規定の適用については、同項中「監査役」とあるのは、「監査役会」とする。

（監査等委員である取締役の選任に関する監査等委員会の同意等）

第344条の２　取締役は、監査等委員会がある場合において、監査等委員である取締役の選任に関する議案を株主総会に提出するには、監査等委員会の同意を得なければならない。

２　監査等委員会は、取締役に対し、監査等委員である取締役の選任を株主総会の目的とすること又は監査等委員である取締役の選任に関する議案を株主総会に提出することを請求することができる。

３　第341条の規定は、監査等委員である取締役の解任の決議については、適用しない。

（会計参与等の選任等についての意見の陳述）

第345条　会計参与は、株主総会において、会計参与の選任若しくは解任又は辞任について意見を述べることができる。

２　会計参与を辞任した者は、辞任後最初に招集される株主総会に出席して、辞任した旨及びその理由を述べることができる。

３　取締役は、前項の者に対し、同項の株主総会を招集する旨及び第298条第１項第１号に掲げる事項を通知しなければならない。

４　第１項の規定は監査役について、前２項の規定は監査役を辞任した者について、それぞれ準用する。この場合において、第１項中「会計参与の」とあるのは、「監査役の」と読み替えるものとする。

５　第１項の規定は会計監査人について、第２項及び第３項の規定は会計監査人を辞任した者及び第340条第１項の規定により会計監査人を解任された者について、それぞれ準用する。この場合において、第１項中「株主総会において、会計参与の選任若しくは解任又は辞任について」とあるのは「会計監査人の選任、解任若しくは不再任又は辞任について、株主総会に出席して」と、第２項中「辞任後」とあるのは「解任後又は辞任後」と、「辞任した旨及びその理由」

とあるのは「辞任した旨及びその理由又は解任についての意見」と読み替えるものとする。

（役員等に欠員を生じた場合の措置）

第346条　役員（監査等委員会設置会社にあっては、監査等委員である取締役若しくはそれ以外の取締役又は会計参与。以下この条において同じ。）が欠けた場合又はこの法律若しくは定款で定めた役員の員数が欠けた場合には、任期の満了又は辞任により退任した役員は、新たに選任された役員（次項の一時役員の職務を行うべき者を含む。）が就任するまで、なお役員としての権利義務を有する。

2　前項に規定する場合において、裁判所は、必要があると認めるときは、利害関係人の申立てにより、一時役員の職務を行うべき者を選任することができる。

3　裁判所は、前項の一時役員の職務を行うべき者を選任した場合には、株式会社がその者に対して支払う報酬の額を定めることができる。

4　会計監査人が欠けた場合又は定款で定めた会計監査人の員数が欠けた場合において、遅滞なく会計監査人が選任されないときは、監査役は、一時会計監査人の職務を行うべき者を選任しなければならない。

5　第337条及び第340条の規定は、前項の一時会計監査人の職務を行うべき者について準用する。

6　監査役会設置会社における第4項の規定の適用については、同項中「監査役」とあるのは、「監査役会」とする。

7　監査等委員会設置会社における第4項の規定の適用については、同項中「監査役」とあるのは、「監査等委員会」とする。

8　指名委員会等設置会社における第4項の規定の適用については、同項中「監査役」とあるのは、「監査委員会」とする。

（種類株主総会における取締役又は監査役の選任等）

第347条　第108条第1項第9号に掲げる事項（取締役（監査等委員会設置会社にあっては、監査等委員である取締役又はそれ以外の取締役）に関するものに限る。）についての定めがある種

類の株式を発行している場合における第329条第1項、第332条第1項、第339条第1項、第341条並びに第344条の2第1項及び第2項の規定の適用については、第329条第1項中「株主総会」とあるのは「株主総会（取締役（監査等委員会設置会社にあっては、監査等委員である取締役又はそれ以外の取締役）については、第108条第2項第9号に定める事項についての定款の定めに従い、各種類の株式の種類株主を構成員とする種類株主総会）」と、第332条第1項及び第339条第1項中「株主総会の決議」とあるのは「株主総会（第41条第1項の規定により又は第90条第1項の種類創立総会若しくは第347条第1項の規定により読み替えて適用する第329条第1項の種類株主総会において選任された取締役（監査等委員会設置会社にあっては、監査等委員である取締役又はそれ以外の取締役。以下この項において同じ。）については、当該取締役の選任に係る種類の株式の種類株主を構成員とする種類株主総会（定款に別段の定めがある場合又は当該取締役の任期満了前に当該種類株主総会において議決権を行使することができる株主が存在しなくなった場合にあっては、株主総会））の決議」と、第341条中「第309条第1項」とあるのは「第309条第1項及び第324条」と、「株主総会」とあるのは「株主総会（第347条第1項の規定により読み替えて適用する第329条第1項及び第339条第1項の種類株主総会を含む。）」と、第344条の2第1項及び第2項中「株主総会」とあるのは「第347条第1項の規定により読み替えて適用する第329条第1項の種類株主総会」とする。

2　第108条第1項第9号に掲げる事項（監査役に関するものに限る。）についての定めがある種類の株式を発行している場合における第329条第1項、第339条第1項、第341条並びに第343条第1項及び第2項の規定の適用については、第329条第1項中「株主総会」とあるのは「株主総会（監査役については、第108条第2項第9号に定める事項についての定款の定めに従い、各種類の株式の種類株主を構成員とする種類株

会社法

主総会)」と、第339条第1項中「株主総会」とあるのは「株主総会（第41条第3項において準用する同条第1項の規定により又は第90条第2項において準用する同条第1項の種類創立総会若しくは第347条第2項の規定により読み替えて適用する第329条第1項の種類株主総会において選任された監査役については、当該監査役の選任に係る種類の株式の種類株主を構成員とする種類株主総会（定款に別段の定めがある場合又は当該監査役の任期満了前に当該種類株主総会において議決権を行使することができる株主が存在しなくなった場合にあっては、株主総会))」と、第341条中「第309条第1項」とあるのは「第309条第1項及び第324条」と、「株主総会」とあるのは「株主総会（第347条第2項の規定により読み替えて適用する第329条第1項の種類株主総会を含む。)」と、第343条第1項及び第2項中「株主総会」とあるのは「第347条第2項の規定により読み替えて適用する第329条第1項の種類株主総会」とする。

第6節　会計参与

（会計参与の権限）

第374条　会計参与は、取締役と共同して、計算書類（第435条第2項に規定する計算書類をいう。以下この章において同じ。）及びその附属明細書、臨時計算書類（第441条第1項に規定する臨時計算書類をいう。以下この章において同じ。）並びに連結計算書類（第444条第1項に規定する連結計算書類をいう。第396条第1項において同じ。)を作成する。この場合において、会計参与は、法務省令で定めるところにより、会計参与報告を作成しなければならない。

規102

2　会計参与は、いつでも、次に掲げるものの閲覧及び謄写をし、又は取締役及び支配人その他の使用人に対して会計に関する報告を求めることができる。

一　会計帳簿又はこれに関する資料が書面をもって作成されているときは、当該書面

二　会計帳簿又はこれに関する資料が電磁的記録をもって作成されているときは、当該電磁的記録に記録された事項を法務省令で定める方法により表示したもの　規226

3　会計参与は、その職務を行うため必要があるときは、会計参与設置会社の子会社に対して会計に関する報告を求め、又は会計参与設置会社若しくはその子会社の業務及び財産の状況の調査をすることができる。

4　前項の子会社は、正当な理由があるときは、同項の報告又は調査を拒むことができる。

5　会計参与は、その職務を行うに当たっては、第333条第3項第2号又は第3号に掲げる者を使用してはならない。

6　指名委員会等設置会社における第1項及び第2項の規定の適用については、第1項中「取締役」とあるのは「執行役」と、第2項中「取締役及び」とあるのは「執行役及び取締役並びに」とする。

（会計参与の報告義務）

第375条　会計参与は、その職務を行うに際して取締役の職務の執行に関し不正の行為又は法令若しくは定款に違反する重大な事実があることを発見したときは、遅滞なく、これを株主（監査役設置会社にあっては、監査役）に報告しなければならない。

2　監査役会設置会社における前項の規定の適用については、同項中「株主（監査役設置会社にあっては、監査役)」とあるのは、「監査役会」とする。

3　監査等委員会設置会社における第1項の規定の適用については、同項中「株主（監査役設置会社にあっては、監査役)」とあるのは、「監査等委員会」とする。

4　指名委員会等設置会社における第1項の規定の適用については、同項中「取締役」とあるのは「執行役又は取締役」と、「株主（監査役設置会社にあっては、監査役)」とあるのは「監査委員会」とする。

（取締役会への出席）

第376条　取締役会設置会社の会計参与（会計参与が監査法人又は税理士法人である場合にあっ

ては、その職務を行うべき社員。以下この条において同じ。）は、第436条第3項、第441条第3項又は第444条第5項の承認をする取締役会に出席しなければならない。この場合において、会計参与は、必要があると認めるときは、意見を述べなければならない。

2　会計参与設置会社において、前項の取締役会を招集する者は、当該取締役会の日の1週間（これを下回る期間を定款で定めた場合にあっては、その期間）前までに、各会計参与に対してその通知を発しなければならない。

3　会計参与設置会社において、第368条第2項の規定により第1項の取締役会を招集の手続を経ることなく開催するときは、会計参与の全員の同意を得なければならない。

（株主総会における意見の陳述）

第377条　第374条第1項に規定する書類の作成に関する事項について会計参与が取締役と意見を異にするときは、会計参与（会計参与が監査法人又は税理士法人である場合にあっては、その職務を行うべき社員）は、株主総会において意見を述べることができる。

2　指名委員会等設置会社における前項の規定の適用については、同項中「取締役」とあるのは、「執行役」とする。

（会計参与による計算書類等の備置き等）

第378条　会計参与は、次の各号に掲げるものを、当該各号に定める期間、法務省令で定めるところにより、当該会計参与が定めた場所に備え置かなければならない。 規103

一　各事業年度に係る計算書類及びその附属明細書並びに会計参与報告　定時株主総会の日の1週間（取締役会設置会社にあっては、2週間）前の日（第319条第1項の場合にあっては、同項の提案があった日）から5年間

二　臨時計算書類及び会計参与報告　臨時計算書類を作成した日から5年間

2　会計参与設置会社の株主及び債権者は、会計参与設置会社の営業時間内（会計参与が請求に応ずることが困難な場合として法務省令で定める場合を除く。）は、いつでも、会計参与に対し、

次に掲げる請求をすることができる。ただし、第2号又は第4号に掲げる請求をするには、当該会計参与の定めた費用を支払わなければならない。 規104

一　前項各号に掲げるものが書面をもって作成されているときは、当該書面の閲覧の請求

二　前号の書面の謄本又は抄本の交付の請求

三　前項各号に掲げるものが電磁的記録をもって作成されているときは、当該電磁的記録に記録された事項を法務省令で定める方法により表示したものの閲覧の請求 規226

四　前号の電磁的記録に記録された事項を電磁的方法であって会計参与の定めたものにより提供することの請求又はその事項を記載した書面の交付の請求

3　会計参与設置会社の親会社社員は、その権利を行使するため必要があるときは、裁判所の許可を得て、当該会計参与設置会社の第1項各号に掲げるものについて前項各号に掲げる請求をすることができる。ただし、同項第2号又は第4号に掲げる請求をするには、当該会計参与の定めた費用を支払わなければならない。

（会計参与の報酬等）

第379条　会計参与の報酬等は、定款にその額を定めていないときは、株主総会の決議によって定める。

2　会計参与が2人以上ある場合において、各会計参与の報酬等について定款の定め又は株主総会の決議がないときは、当該報酬等は、前項の報酬等の範囲内において、会計参与の協議によって定める。

3　会計参与（会計参与が監査法人又は税理士法人である場合にあっては、その職務を行うべき社員）は、株主総会において、会計参与の報酬等について意見を述べることができる。

（費用等の請求）

第380条　会計参与がその職務の執行について会計参与設置会社に対して次に掲げる請求をしたときは、当該会計参与設置会社は、当該請求に係る費用又は債務が当該会計参与の職務の執行に必要でないことを証明した場合を除き、これ

会社法

を拒むことができない。

一　費用の前払の請求

二　支出した費用及び支出の日以後におけるその利息の償還の請求

三　負担した債務の債権者に対する弁済（当該債務が弁済期にない場合にあっては、相当の担保の提供）の請求

第7節　監査役

（監査役の権限）

第381条　監査役は、取締役（会計参与設置会社にあっては、取締役及び会計参与）の職務の執行を監査する。この場合において、監査役は、法務省令で定めるところにより、監査報告を作成しなければならない。 規105

2　監査役は、いつでも、取締役及び会計参与並びに支配人その他の使用人に対して事業の報告を求め、又は監査役設置会社の業務及び財産の状況の調査をすることができる。

3　監査役は、その職務を行うため必要があるときは、監査役設置会社の子会社に対して事業の報告を求め、又はその子会社の業務及び財産の状況の調査をすることができる。

4　前項の子会社は、正当な理由があるときは、同項の報告又は調査を拒むことができる。

（取締役への報告義務）

第382条　監査役は、取締役が不正の行為をし、若しくは当該行為をするおそれがあると認めるとき、又は法令若しくは定款に違反する事実若しくは著しく不当な事実があると認めるときは、遅滞なく、その旨を取締役（取締役会設置会社にあっては、取締役会）に報告しなければならない。

（取締役会への出席義務等）

第383条　監査役は、取締役会に出席し、必要があると認めるときは、意見を述べなければならない。ただし、監査役が2人以上ある場合において、第373条第1項の規定による特別取締役による議決の定めがあるときは、監査役の互選によって、監査役の中から特に同条第2項の取締役会に出席する監査役を定めることができる。

2　監査役は、前条に規定する場合において、必要があると認めるときは、取締役（第366条第1項ただし書に規定する場合にあっては、招集権者）に対し、取締役会の招集を請求することができる。

3　前項の規定による請求があった日から5日以内に、その請求があった日から2週間以内の日を取締役会の日とする取締役会の招集の通知が発せられない場合は、その請求をした監査役は、取締役会を招集することができる。

4　前2項の規定は、第373条第2項の取締役会については、適用しない。

（株主総会に対する報告義務）

第384条　監査役は、取締役が株主総会に提出しようとする議案、書類その他法務省令で定めるものを調査しなければならない。この場合において、法令若しくは定款に違反し、又は著しく不当な事項があると認めるときは、その調査の結果を株主総会に報告しなければならない。 規106

（監査役による取締役の行為の差止め）

第385条　監査役は、取締役が監査役設置会社の目的の範囲外の行為その他法令若しくは定款に違反する行為をし、又はこれらの行為をするおそれがある場合において、当該行為によって当該監査役設置会社に著しい損害が生ずるおそれがあるときは、当該取締役に対し、当該行為をやめることを請求することができる。

2　前項の場合において、裁判所が仮処分をもって同項の取締役に対し、その行為をやめることを命ずるときは、担保を立てさせないものとする。

（監査役設置会社と取締役との間の訴えにおける会社の代表等）

第386条　第349条第4項、第353条及び第364条の規定にかかわらず、次の各号に掲げる場合には、当該各号の訴えについては、監査役が監査役設置会社を代表する。

一　監査役設置会社が取締役（取締役であった者を含む。以下この条において同じ。）に対し、又は取締役が監査役設置会社に対して訴えを

会　社　法

提起する場合

二　株式交換等完全親会社（第849条第2項第1号に規定する株式交換等完全親会社をいう。次項第3号において同じ。）である監査役設置会社がその株式交換等完全子会社（第847条の2第1項に規定する株式交換等完全子会社をいう。次項第3号において同じ。）の取締役、執行役（執行役であった者を含む。以下この条において同じ。）又は清算人（清算人であった者を含む。以下この条において同じ。）の責任（第847条の2第1項各号に掲げる行為の効力が生じた時までにその原因となった事実が生じたものに限る。）を追及する訴えを提起する場合

三　最終完全親会社等（第847条の3第1項に規定する最終完全親会社等をいう。次項第4号において同じ。）である監査役設置会社がその完全子会社等（同条第2項第2号に規定する完全子会社等をいい、同条第3項の規定により当該完全子会社等とみなされるものを含む。次項第4号において同じ。）である株式会社の取締役、執行役又は清算人に対して特定責任追及の訴え（同条第1項に規定する特定責任追及の訴えをいう。）を提起する場合

2　第349条第4項の規定にかかわらず、次に掲げる場合には、監査役が監査役設置会社を代表する。

一　監査役設置会社が第847条第1項、第847条の2第1項若しくは第3項（同条第4項及び第5項において準用する場合を含む。）又は第847条の3第1項の規定による請求（取締役の責任を追及する訴えの提起の請求に限る。）を受ける場合

二　監査役設置会社が第849条第4項の訴訟告知（取締役の責任を追及する訴えに係るものに限る。）並びに第850条第2項の規定による通知及び催告（取締役の責任を追及する訴えに係る訴訟における和解に関するものに限る。）を受ける場合

三　株式交換等完全親会社である監査役設置会社が第847条第1項の規定による請求（前項第2号に規定する訴えの提起の請求に限る。）をする場合又は第849条第6項の規定による通知（その株式交換等完全子会社の取締役、執行役又は清算人の責任を追及する訴えに係るものに限る。）を受ける場合

四　最終完全親会社等である監査役設置会社が第847条第1項の規定による請求（前項第3号に規定する特定責任追及の訴えの提起の請求に限る。）をする場合又は第849条第7項の規定による通知（その完全子会社等である株式会社の取締役、執行役又は清算人の責任を追及する訴えに係るものに限る。）を受ける場合

（監査役の報酬等）

第387条　監査役の報酬等は、定款にその額を定めていないときは、株主総会の決議によって定める。

2　監査役が2人以上ある場合において、各監査役の報酬等について定款の定め又は株主総会の決議がないときは、当該報酬等は、前項の報酬等の範囲内において、監査役の協議によって定める。

3　監査役は、株主総会において、監査役の報酬等について意見を述べることができる。

（費用等の請求）

第388条　監査役がその職務の執行について監査役設置会社（監査役の監査の範囲を会計に関するものに限定する旨の定款の定めがある株式会社を含む。）に対して次に掲げる請求をしたときは、当該監査役設置会社は、当該請求に係る費用又は債務が当該監査役の職務の執行に必要でないことを証明した場合を除き、これを拒むことができない。

一　費用の前払の請求

二　支出した費用及び支出の日以後におけるその利息の償還の請求

三　負担した債務の債権者に対する弁済（当該債務が弁済期にない場合にあっては、相当の担保の提供）の請求

（定款の定めによる監査範囲の限定）

第389条　公開会社でない株式会社（監査役会設置会社及び会計監査人設置会社を除く。）は、第381条第1項の規定にかかわらず、その監査役の監査の範囲を会計に関するものに限定する旨を定款で定めることができる。

2　前項の規定による定款の定めがある株式会社の監査役は、法務省令で定めるところにより、監査報告を作成しなければならない。 規107

3　前項の監査役は、取締役が株主総会に提出しようとする会計に関する議案、書類その他の法務省令で定めるものを調査し、その調査の結果を株主総会に報告しなければならない。 規108

4　第2項の監査役は、いつでも、次に掲げるものの閲覧及び謄写をし、又は取締役及び会計参与並びに支配人その他の使用人に対して会計に関する報告を求めることができる。

一　会計帳簿又はこれに関する資料が書面をもって作成されているときは、当該書面

二　会計帳簿又はこれに関する資料が電磁的記録をもって作成されているときは、当該電磁的記録に記録された事項を法務省令で定める方法により表示したもの 規226

5　第2項の監査役は、その職務を行うため必要があるときは、株式会社の子会社に対して会計に関する報告を求め、又は株式会社若しくはその子会社の業務及び財産の状況の調査をすることができる。

6　前項の子会社は、正当な理由があるときは、同項の規定による報告又は調査を拒むことができる。

7　第381条から第386条までの規定は、第1項の規定による定款の定めがある株式会社については、適用しない。

第8節　監査役会

第1款　権限等

第390条　監査役会は、すべての監査役で組織する。

2　監査役会は、次に掲げる職務を行う。ただし、第3号の決定は、監査役の権限の行使を妨げることはできない。

一　監査報告の作成

二　常勤の監査役の選定及び解職

三　監査の方針、監査役会設置会社の業務及び財産の状況の調査の方法その他の監査役の職務の執行に関する事項の決定

3　監査役会は、監査役の中から常勤の監査役を選定しなければならない。

4　監査役は、監査役会の求めがあるときは、いつでもその職務の執行の状況を監査役会に報告しなければならない。

第2款　運　営

（招集権者）

第391条　監査役会は、各監査役が招集する。

（招集手続）

第392条　監査役会を招集するには、監査役は、監査役会の日の1週間（これを下回る期間を定款で定めた場合にあっては、その期間）前までに、各監査役に対してその通知を発しなければならない。

2　前項の規定にかかわらず、監査役会は、監査役の全員の同意があるときは、招集の手続を経ることなく開催することができる。

（監査役会の決議）

第393条　監査役会の決議は、監査役の過半数をもって行う。

2　監査役会の議事については、法務省令で定めるところにより、議事録を作成し、議事録が書面をもって作成されているときは、出席した監査役は、これに署名し、又は記名押印しなければならない。 規109

3　前項の議事録が電磁的記録をもって作成されている場合における当該電磁的記録に記録された事項については、法務省令で定める署名又は記名押印に代わる措置をとらなければならない。 規225

4　監査役会の決議に参加した監査役であって第2項の議事録に異議をとどめないものは、その決議に賛成したものと推定する。

（議事録）

第394条　監査役会設置会社は、監査役会の日から10年間、前条第2項の議事録をその本店に備

え置かなければならない。

2　監査役会設置会社の株主は、その権利を行使するため必要があるときは、裁判所の許可を得て、次に掲げる請求をすることができる。

一　前項の議事録が書面をもって作成されているときは、当該書面の閲覧又は謄写の請求

二　前項の議事録が電磁的記録をもって作成されているときは、当該電磁的記録に記録された事項を法務省令で定める方法により表示したものの閲覧又は謄写の請求　規226

3　前項の規定は、監査役会設置会社の債権者が役員の責任を追及するため必要があるとき及び親会社社員がその権利を行使するため必要があるときについて準用する。

4　裁判所は、第2項（前項において準用する場合を含む。以下この項において同じ。）の請求に係る閲覧又は謄写をすることにより、当該監査役会設置会社又はその親会社若しくは子会社に著しい損害を及ぼすおそれがあると認めるときは、第2項の許可をすることができない。

（監査役会への報告の省略）

第395条　取締役、会計参与、監査役又は会計監査人が監査役の全員に対して監査役会に報告すべき事項を通知したときは、当該事項を監査役会へ報告することを要しない。

第9節　会計監査人

（会計監査人の権限等）

第396条　会計監査人は、次章の定めるところにより、株式会社の計算書類及びその附属明細書、臨時計算書類並びに連結計算書類を監査する。この場合において、会計監査人は、法務省令で定めるところにより、会計監査報告を作成しなければならない。　規110

2　会計監査人は、いつでも、次に掲げるものの閲覧及び謄写をし、又は取締役及び会計参与並びに支配人その他の使用人に対し、会計に関する報告を求めることができる。

一　会計帳簿又はこれに関する資料が書面をもって作成されているときは、当該書面

二　会計帳簿又はこれに関する資料が電磁的記録をもって作成されているときは、当該電磁的記録に記録された事項を法務省令で定める方法により表示したもの　規226

3　会計監査人は、その職務を行うため必要があるときは、会計監査人設置会社の子会社に対して会計に関する報告を求め、又は会計監査人設置会社若しくはその子会社の業務及び財産の状況の調査をすることができる。

4　前項の子会社は、正当な理由があるときは、同項の報告又は調査を拒むことができる。

5　会計監査人は、その職務を行うに当たっては、次のいずれかに該当する者を使用してはならない。

一　第337条第3項第1号又は第2号に掲げる者

二　会計監査人設置会社又はその子会社の取締役、会計参与、監査役若しくは執行役又は支配人その他の使用人である者

三　会計監査人設置会社又はその子会社から公認会計士又は監査法人の業務以外の業務により継続的な報酬を受けている者

6　指名委員会等設置会社における第2項の規定の適用については、同項中「取締役」とあるのは、「執行役、取締役」とする。

（監査役に対する報告）

第397条　会計監査人は、その職務を行うに際して取締役の職務の執行に関し不正の行為又は法令若しくは定款に違反する重大な事実があることを発見したときは、遅滞なく、これを監査役に報告しなければならない。

2　監査役は、その職務を行うため必要があるときは、会計監査人に対し、その監査に関する報告を求めることができる。

3　監査役会設置会社における第1項の規定の適用については、同項中「監査役」とあるのは、「監査役会」とする。

4　監査等委員会設置会社における第1項及び第2項の規定の適用については、第1項中「監査役」とあるのは「監査等委員会」と、第2項中「監査役」とあるのは「監査等委員会が選定した監査等委員」とする。

5　指名委員会等設置会社における第1項及び第2項の規定の適用については、第1項中「取締役」とあるのは「執行役又は取締役」と、「監査役」とあるのは「監査委員会」と、第2項中「監査役」とあるのは「監査委員会が選定した監査委員会の委員」とする。

（定時株主総会における会計監査人の意見の陳述）

第398条　第396条第1項に規定する書類が法令又は定款に適合するかどうかについて会計監査人が監査役と意見を異にするときは、会計監査人（会計監査人が監査法人である場合にあっては、その職務を行うべき社員。次項において同じ。）は、定時株主総会に出席して意見を述べることができる。

2　定時株主総会において会計監査人の出席を求める決議があったときは、会計監査人は、定時株主総会に出席して意見を述べなければならない。

3　監査役会設置会社における第1項の規定の適用については、同項中「監査役」とあるのは、「監査役会又は監査役」とする。

4　監査等委員会設置会社における第1項の規定の適用については、同項中「監査役」とあるのは、「監査等委員会又は監査等委員」とする。

5　指名委員会等設置会社における第1項の規定の適用については、同項中「監査役」とあるのは、「監査委員会又はその委員」とする。

（会計監査人の報酬等の決定に関する監査役の関与）

第399条　取締役は、会計監査人又は一時会計監査人の職務を行うべき者の報酬等を定める場合には、監査役（監査役が2人以上ある場合にあっては、その過半数）の同意を得なければならない。

2　監査役会設置会社における前項の規定の適用については、同項中「監査役（監査役が2人以上ある場合にあっては、その過半数）」とあるのは、「監査役会」とする。

3　監査等委員会設置会社における第1項の規定の適用については、同項中「監査役（監査役が2人以上ある場合にあっては、その過半数）」

とあるのは、「監査等委員会」とする。

4　指名委員会等設置会社における第1項の規定の適用については、同項中「監査役（監査役が2人以上ある場合にあっては、その過半数）」とあるのは、「監査委員会」とする。

第9節の2　監査等委員会

第1款　権限等

（監査等委員会の権限等）

第399条の2　監査等委員会は、全ての監査等委員で組織する。

2　監査等委員は、取締役でなければならない。

3　監査等委員会は、次に掲げる職務を行う。

一　取締役（会計参与設置会社にあっては、取締役及び会計参与）の職務の執行の監査及び監査報告の作成

二　株主総会に提出する会計監査人の選任及び解任並びに会計監査人を再任しないことに関する議案の内容の決定

三　第342条の2第4項及び第361条第6項に規定する監査等委員会の意見の決定

4　監査等委員がその職務の執行（監査等委員会の職務の執行に関するものに限る。以下この項において同じ。）について監査等委員会設置会社に対して次に掲げる請求をしたときは、当該監査等委員会設置会社は、当該請求に係る費用又は債務が当該監査等委員の職務の執行に必要でないことを証明した場合を除き、これを拒むことができない。

一　費用の前払の請求

二　支出をした費用及び支出の日以後におけるその利息の償還の請求

三　負担した債務の債権者に対する弁済（当該債務が弁済期にない場合にあっては、相当の担保の提供）の請求

（監査等委員会による調査）

第399条の3　監査等委員会が選定する監査等委員は、いつでも、取締役（会計参与設置会社にあっては、取締役及び会計参与）及び支配人その他の使用人に対し、その職務の執行に関する事項の報告を求め、又は監査等委員会設置会社

の業務及び財産の状況の調査をすることができる。

2　監査等委員会が選定する監査等委員は、監査等委員会の職務を執行するため必要があるときは、監査等委員会設置会社の子会社に対して事業の報告を求め、又はその子会社の業務及び財産の状況の調査をすることができる。

3　前項の子会社は、正当な理由があるときは、同項の報告又は調査を拒むことができる。

4　第１項及び第２項の監査等委員は、当該各項の報告の徴収又は調査に関する事項についての監査等委員会の決議があるときは、これに従わなければならない。

（取締役会への報告義務）

第399条の４　監査等委員は、取締役が不正の行為をし、若しくは当該行為をするおそれがあると認めるとき、又は法令若しくは定款に違反する事実若しくは著しく不当な事実があると認めるときは、遅滞なく、その旨を取締役会に報告しなければならない。

（株主総会に対する報告義務）

第399条の５　監査等委員は、取締役が株主総会に提出しようとする議案、書類その他法務省令で定めるものについて法令若しくは定款に違反し、又は著しく不当な事項があると認めるときは、その旨を株主総会に報告しなければならない。 規110の2

（監査等委員による取締役の行為の差止め）

第399条の６　監査等委員は、取締役が監査等委員会設置会社の目的の範囲外の行為その他法令若しくは定款に違反する行為をし、又はこれらの行為をするおそれがある場合において、当該行為によって当該監査等委員会設置会社に著しい損害が生ずるおそれがあるときは、当該取締役に対し、当該行為をやめることを請求することができる。

2　前項の場合において、裁判所が仮処分をもって同項の取締役に対し、その行為をやめることを命ずるときは、担保を立てさせないものとする。

第399条の７　（略）

第10節　指名委員会等及び執行役

第１款　委員の選定、執行役の選任等

（委員の選定等）

第400条　指名委員会、監査委員会又は報酬委員会の各委員会（以下この条、次条及び第911条第３項第23号ロにおいて単に「各委員会」という。）は、委員３人以上で組織する。

2　各委員会の委員は、取締役の中から、取締役会の決議によって選定する。

3　各委員会の委員の過半数は、社外取締役でなければならない。

4　監査委員会の委員（以下「監査委員」という。）は、指名委員会等設置会社若しくはその子会社の執行役若しくは業務執行取締役又は指名委員会等設置会社の子会社の会計参与（会計参与が法人であるときは、その職務を行うべき社員）若しくは支配人その他の使用人を兼ねることができない。

（委員の解職等）

第401条　各委員会の委員は、いつでも、取締役会の決議によって解職することができる。

2　前条第１項に規定する各委員会の委員の員数（定款で４人以上の員数を定めたときは、その員数）が欠けた場合には、任期の満了又は辞任により退任した委員は、新たに選定された委員（次項の一時委員の職務を行うべき者を含む。）が就任するまで、なお委員としての権利義務を有する。

3　前項に規定する場合において、裁判所は、必要があると認めるときは、利害関係人の申立てにより、一時委員の職務を行うべき者を選任することができる。

4　裁判所は、前項の一時委員の職務を行うべき者を選任した場合には、指名委員会等設置会社がその者に対して支払う報酬の額を定めることができる。

（執行役の選任等）

第402条　指名委員会等設置会社には、１人又は２人以上の執行役を置かなければならない。

2　執行役は、取締役会の決議によって選任する。

会社法

3　指名委員会等設置会社と執行役との関係は、委任に関する規定に従う。

4　第331条第1項及び第331条の2の規定は、執行役について準用する。

5　株式会社は、執行役が株主でなければならない旨を定款で定めることができない。ただし、公開会社でない指名委員会等設置会社については、この限りでない。

6　執行役は、取締役を兼ねることができる。

7　執行役の任期は、選任後1年以内に終了する事業年度のうち最終のものに関する定時株主総会の終結後最初に招集される取締役会の終結の時までとする。ただし、定款によって、その任期を短縮することを妨げない。

8　前項の規定にかかわらず、指名委員会等設置会社が指名委員会等を置く旨の定款の定めを廃止する定款の変更をした場合には、執行役の任期は、当該定款の変更の効力が生じた時に満了する。

（執行役の解任等）

第403条　執行役は、いつでも、取締役会の決議によって解任することができる。

2　前項の規定により解任された執行役は、その解任について正当な理由がある場合を除き、指名委員会等設置会社に対し、解任によって生じた損害の賠償を請求することができる。

3　第401条第2項から第4項までの規定は、執行役が欠けた場合又は定款で定めた執行役の員数が欠けた場合について準用する。

第2款　指名委員会等の権限等

（指名委員会等の権限等）

第404条　指名委員会は、株主総会に提出する取締役（会計参与設置会社にあっては、取締役及び会計参与）の選任及び解任に関する議案の内容を決定する。

2　監査委員会は、次に掲げる職務を行う。

一　執行役等（執行役及び取締役をいい、会計参与設置会社にあっては、執行役、取締役及び会計参与をいう。以下この節において同じ。）の職務の執行の監査及び監査報告の作成

二　株主総会に提出する会計監査人の選任及び解任並びに会計監査人を再任しないことに関する議案の内容の決定

3　報酬委員会は、第361条第1項並びに第379条第1項及び第2項の規定にかかわらず、執行役等の個人別の報酬等の内容を決定する。執行役が指名委員会等設置会社の支配人その他の使用人を兼ねているときは、当該支配人その他の使用人の報酬等の内容についても、同様とする。

4　委員がその職務の執行（当該委員が所属する指名委員会等の職務の執行に関するものに限る。以下この項において同じ。）について指名委員会等設置会社に対して次に掲げる請求をしたときは、当該指名委員会等設置会社は、当該請求に係る費用又は債務が当該委員の職務の執行に必要でないことを証明した場合を除き、これを拒むことができない。

一　費用の前払の請求

二　支出をした費用及び支出の日以後におけるその利息の償還の請求

三　負担した債務の債権者に対する弁済（当該債務が弁済期にない場合にあっては、相当の担保の提供）の請求

（監査委員会による調査）

第405条　監査委員会が選定する監査委員は、いつでも、執行役等及び支配人その他の使用人に対し、その職務の執行に関する事項の報告を求め、又は指名委員会等設置会社の業務及び財産の状況の調査をすることができる。

2　監査委員会が選定する監査委員は、監査委員会の職務を執行するため必要があるときは、指名委員会等設置会社の子会社に対して事業の報告を求め、又はその子会社の業務及び財産の状況の調査をすることができる。

3　前項の子会社は、正当な理由があるときは、同項の報告又は調査を拒むことができる。

4　第1項及び第2項の監査委員は、当該各項の報告の徴収又は調査に関する事項についての監査委員会の決議があるときは、これに従わなければならない。

（取締役会への報告義務）

第406条　監査委員は、執行役又は取締役が不正の行為をし、若しくは当該行為をするおそれがあると認めるとき、又は法令若しくは定款に違反する事実若しくは著しく不当な事実があると認めるときは、遅滞なく、その旨を取締役会に報告しなければならない。

（監査委員による執行役等の行為の差止め）

第407条　監査委員は、執行役又は取締役が指名委員会等設置会社の目的の範囲外の行為その他法令若しくは定款に違反する行為をし、又はこれらの行為をするおそれがある場合において、当該行為によって当該指名委員会等設置会社に著しい損害が生ずるおそれがあるときは、当該執行役又は取締役に対し、当該行為をやめることを請求することができる。

2　前項の場合において、裁判所が仮処分をもって同項の執行役又は取締役に対し、その行為をやめることを命ずるときは、担保を立てさせないものとする。

第408条・第409条　（略）

第11節　役員等の損害賠償責任

（役員等の株式会社に対する損害賠償責任）

第423条　取締役、会計参与、監査役、執行役又は会計監査人（以下この節において「役員等」という。）は、その任務を怠ったときは、株式会社に対し、これによって生じた損害を賠償する責任を負う。

2　取締役又は執行役が第356条第1項（第419条第2項において準用する場合を含む。以下この項において同じ。）の規定に違反して第356条第1項第1号の取引をしたときは、当該取引によって取締役、執行役又は第三者が得た利益の額は、前項の損害の額と推定する。

3　第356条第1項第2号又は第3号（これらの規定を第419条第2項において準用する場合を含む。）の取引によって株式会社に損害が生じたときは、次に掲げる取締役又は執行役は、その任務を怠ったものと推定する。

一　第356条第1項（第419条第2項において準用する場合を含む。）の取締役又は執行役

二　株式会社が当該取引をすることを決定した取締役又は執行役

三　当該取引に関する取締役会の承認の決議に賛成した取締役（指名委員会等設置会社においては、当該取引が指名委員会等設置会社と取締役との間の取引又は指名委員会等設置会社と取締役との利益が相反する取引である場合に限る。）

4　前項の規定は、第356条第1項第2号又は第3号に掲げる場合において、同項の取締役（監査等委員であるものを除く。）が当該取引につき監査等委員会の承認を受けたときは、適用しない。

（株式会社に対する損害賠償責任の免除）

第424条　前条第1項の責任は、総株主の同意がなければ、免除することができない。

（責任の一部免除）

第425条　前条の規定にかかわらず、第423条第1項の責任は、当該役員等が職務を行うにつき善意でかつ重大な過失がないときは、賠償の責任を負う額から次に掲げる額の合計額（第427条第1項において「最低責任限度額」という。）を控除して得た額を限度として、株主総会（株式会社に最終完全親会社等（第847条の3第1項に規定する最終完全親会社等をいう。以下この節において同じ。）がある場合において、当該責任が特定責任（第847条の3第4項に規定する特定責任をいう。以下この節において同じ。）であるときにあっては、当該株式会社及び当該最終完全親会社等の株主総会。以下この条において同じ。）の決議によって免除することができる。

一　当該役員等がその在職中に株式会社から職務執行の対価として受け、又は受けるべき財産上の利益の1年間当たりの額に相当する額として法務省令で定める方法により算定される額に、次のイからハまでに掲げる役員等の区分に応じ、当該イからハまでに定める数を乗じて得た額　規113

イ　代表取締役又は代表執行役　6

ロ　代表取締役以外の取締役（業務執行取締役等であるものに限る。）又は代表執行役以外の執行役　4

ハ　取締役（イ及びロに掲げるものを除く。）、会計参与、監査役又は会計監査人　2

二　当該役員等が当該株式会社の新株予約権を引き受けた場合（第238条第3項各号に掲げる場合に限る。）における当該新株予約権に関する財産上の利益に相当する額として法務省令で定める方法により算定される額　規114

2　前項の場合には、取締役（株式会社に最終完全親会社等がある場合において、同項の規定により免除しようとする責任が特定責任であるときにあっては、当該株式会社及び当該最終完全親会社等の取締役）は、同項の株主総会において次に掲げる事項を開示しなければならない。

一　責任の原因となった事実及び賠償の責任を負う額

二　前項の規定により免除することができる額の限度及びその算定の根拠

三　責任を免除すべき理由及び免除額

3　監査役設置会社、監査等委員会設置会社又は指名委員会等設置会社においては、取締役（これらの会社に最終完全親会社等がある場合において、第1項の規定により免除しようとする責任が特定責任であるときにあっては、当該会社及び当該最終完全親会社等の取締役）は、第423条第1項の責任の免除（取締役（監査等委員又は監査委員であるものを除く。）及び執行役の責任の免除に限る。）に関する議案を株主総会に提出するには、次の各号に掲げる株式会社の区分に応じ、当該各号に定める者の同意を得なければならない。

一　監査役設置会社　監査役（監査役が2人以上ある場合にあっては、各監査役）

二　監査等委員会設置会社　各監査等委員

三　指名委員会等設置会社　各監査委員

4　第1項の決議があった場合において、株式会社が当該決議後に同項の役員等に対し退職慰労金その他の法務省令で定める財産上の利益を与えるときは、株主総会の承認を受けなければな

らない。当該役員等が同項第2号の新株予約権を当該決議後に行使し、又は譲渡するときも同様とする。　規84の2・規115

5　第1項の決議があった場合において、当該役員等が前項の新株予約権を表示する新株予約権証券を所持するときは、当該役員等は、遅滞なく、当該新株予約権証券を株式会社に対し預託しなければならない。この場合において、当該役員等は、同項の譲渡について同項の承認を受けた後でなければ、当該新株予約権証券の返還を求めることができない。

（取締役等による免除に関する定款の定め）

第426条　第424条の規定にかかわらず、監査役設置会社（取締役が2人以上ある場合に限る。）、監査等委員会設置会社又は指名委員会等設置会社は、第423条第1項の責任について、当該役員等が職務を行うにつき善意でかつ重大な過失がない場合において、責任の原因となった事実の内容、当該役員等の職務の執行の状況その他の事情を勘案して特に必要と認めるときは、前条第1項の規定により免除することができる額を限度として取締役（当該責任を負う取締役を除く。）の過半数の同意（取締役会設置会社にあっては、取締役会の決議）によって免除することができる旨を定款で定めることができる。

2　前条第3項の規定は、定款を変更して前項の規定による定款の定め（取締役（監査等委員又は監査委員であるものを除く。）及び執行役の責任を免除することができる旨の定めに限る。）を設ける議案を株主総会に提出する場合、同項の規定による定款の定めに基づく責任の免除（取締役（監査等委員又は監査委員であるものを除く。）及び執行役の責任の免除に限る。）についての取締役の同意を得る場合及び当該責任の免除に関する議案を取締役会に提出する場合について準用する。この場合において、同条第3項中「取締役（これらの会社に最終完全親会社等がある場合において、第1項の規定により免除しようとする責任が特定責任であるときにあっては、当該会社及び当該最終完全親会社等の取締役）」とあるのは、「取締役」と読み替え

るものとする。

3　第1項の規定による定款の定めに基づいて役員等の責任を免除する旨の同意（取締役会設置会社にあっては、取締役会の決議）を行ったときは、取締役は、遅滞なく、前条第2項各号に掲げる事項及び責任を免除することに異議がある場合には一定の期間内に当該異議を述べるべき旨を公告し、又は株主に通知しなければならない。ただし、当該期間は、1箇月を下ることができない。

4　公開会社でない株式会社における前項の規定の適用については、同項中「公告し、又は株主に通知し」とあるのは、「株主に通知し」とする。

5　株式会社に最終完全親会社等がある場合において、第3項の規定による公告又は通知（特定責任の免除に係るものに限る。）がされたときは、当該最終完全親会社等の取締役は、遅滞なく、前条第2項各号に掲げる事項及び責任を免除することに異議がある場合には一定の期間内に当該異議を述べるべき旨を公告し、又は株主に通知しなければならない。ただし、当該期間は、1箇月を下ることができない。

6　公開会社でない最終完全親会社等における前項の規定の適用については、同項中「公告し、又は株主に通知し」とあるのは、「株主に通知し」とする。

7　総株主（第3項の責任を負う役員等であるものを除く。）の議決権の100分の3（これを下回る割合を定款で定めた場合にあっては、その割合）以上の議決権を有する株主が同項の期間内に同項の異議を述べたとき（株式会社に最終完全親会社等がある場合において、第1項の規定による定款の定めに基づき免除しようとする責任が特定責任であるときにあっては、当該株式会社の総株主（第3項の責任を負う役員等であるものを除く。）の議決権の100分の3（これを下回る割合を定款で定めた場合にあっては、その割合）以上の議決権を有する株主又は当該最終完全親会社等の総株主（第3項の責任を負う役員等であるものを除く。）の議決権の100分の3（これを下回る割合を定款で定めた場合に

あっては、その割合）以上の議決権を有する株主が第3項又は第5項の期間内に当該各項の異議を述べたとき）は、株式会社は、第1項の規定による定款の定めに基づく免除をしてはならない。

8　前条第4項及び第5項の規定は、第1項の規定による定款の定めに基づき責任を免除した場合について準用する。

（責任限定契約）

第427条　第424条の規定にかかわらず、株式会社は、取締役（業務執行取締役等であるものを除く。）、会計参与、監査役又は会計監査人（以下この条及び第911条第3項第25号において「非業務執行取締役等」という。）の第423条第1項の責任について、当該非業務執行取締役等が職務を行うにつき善意でかつ重大な過失がないときは、定款で定めた額の範囲内であらかじめ株式会社が定めた額と最低責任限度額とのいずれか高い額を限度とする旨の契約を非業務執行取締役等と締結することができる旨を定款で定めることができる。

2　前項の契約を締結した非業務執行取締役等が当該株式会社の業務執行取締役等に就任したときは、当該契約は、将来に向かってその効力を失う。

3　第425条第3項の規定は、定款を変更して第1項の規定による定款の定め（同項に規定する取締役（監査等委員又は監査委員であるものを除く。）と契約を締結することができる旨の定めに限る。）を設ける議案を株主総会に提出する場合について準用する。この場合において、同条第3項中「取締役（これらの会社に最終完全親会社等がある場合において、第1項の規定により免除しようとする責任が特定責任であるときにあっては、当該会社及び当該最終完全親会社等の取締役）」とあるのは、「取締役」と読み替えるものとする。

4　第1項の契約を締結した株式会社が、当該契約の相手方である非業務執行取締役等が任務を怠ったことにより損害を受けたことを知ったときは、その後最初に招集される株主総会（当該

株式会社に最終完全親会社等がある場合において、当該損害が特定責任に係るものであるときにあっては、当該株式会社及び当該最終完全親会社等の株主総会）において次に掲げる事項を開示しなければならない。

一　第425条第2項第1号及び第2号に掲げる事項

二　当該契約の内容及び当該契約を締結した理由

三　第423条第1項の損害のうち、当該非業務執行取締役等が賠償する責任を負わないとされた額

5　第425条第4項及び第5項の規定は、非業務執行取締役等が第1項の契約によって同項に規定する限度を超える部分について損害を賠償する責任を負わないとされた場合について準用する。

（取締役が自己のためにした取引に関する特則）

第428条　第356条第1項第2号（第419条第2項において準用する場合を含む。）の取引（自己のためにした取引に限る。）をした取締役又は執行役の第423条第1項の責任は、任務を怠ったことが当該取締役又は執行役の責めに帰することができない事由によるものであることをもって免れることができない。

2　前3条の規定は、前項の責任については、適用しない。

（役員等の第三者に対する損害賠償責任）

第429条　役員等がその職務を行うについて悪意又は重大な過失があったときは、当該役員等は、これによって第三者に生じた損害を賠償する責任を負う。

2　次の各号に掲げる者が、当該各号に定める行為をしたときも、前項と同様とする。ただし、その者が当該行為をすることについて注意を怠らなかったことを証明したときは、この限りでない。

一　取締役及び執行役　次に掲げる行為

イ　株式、新株予約権、社債若しくは新株予約権付社債を引き受ける者の募集をする際に通知しなければならない重要な事項について

の虚偽の通知又は当該募集のための当該株式会社の事業その他の事項に関する説明に用いた資料についての虚偽の記載若しくは記録

ロ　計算書類及び事業報告並びにこれらの附属明細書並びに臨時計算書類に記載し、又は記録すべき重要な事項についての虚偽の記載又は記録

ハ　虚偽の登記

ニ　虚偽の公告（第440条第3項に規定する措置を含む。）

二　会計参与　計算書類及びその附属明細書、臨時計算書類並びに会計参与報告に記載し、又は記録すべき重要な事項についての虚偽の記載又は記録

三　監査役、監査等委員及び監査委員　監査報告に記載し、又は記録すべき重要な事項についての虚偽の記載又は記録

四　会計監査人　会計監査報告に記載し、又は記録すべき重要な事項についての虚偽の記載又は記録

（役員等の連帯責任）

第430条　役員等が株式会社又は第三者に生じた損害を賠償する責任を負う場合において、他の役員等も当該損害を賠償する責任を負うときは、これらの者は、連帯債務者とする。

第12節　補償契約及び役員等のために締結される保険契約

（補償契約）

第430条の2　株式会社が、役員等に対して次に掲げる費用等の全部又は一部を当該株式会社が補償することを約する契約（以下この条において「補償契約」という。）の内容の決定をするには、株主総会（取締役会設置会社にあっては、取締役会）の決議によらなければならない。

一　当該役員等が、その職務の執行に関し、法令の規定に違反したことが疑われ、又は責任の追及に係る請求を受けたことに対処するために支出する費用

二　当該役員等が、その職務の執行に関し、第

会社法

三者に生じた損害を賠償する責任を負う場合
における次に掲げる損失
　イ　当該損害を当該役員等が賠償すること
により生ずる損失
　ロ　当該損害の賠償に関する紛争について当
事者間に和解が成立したときは、当該役員
等が当該和解に基づく金銭を支払うことに
より生ずる損失
2　株式会社は、補償契約を締結している場合で
あっても、当該補償契約に基づき、次に掲げる
費用等を補償することができない。
　一　前項第1号に掲げる費用のうち通常要する
費用の額を超える部分
　二　当該株式会社が前項第2号の損害を賠償す
るとすれば当該役員等が当該株式会社に対し
て第423条第1項の責任を負う場合には、同
号に掲げる損失のうち当該責任に係る部分
　三　役員等がその職務を行うにつき悪意又は重
大な過失があったことにより前項第2号の責
任を負う場合には、同号に掲げる損失の全部
3　補償契約に基づき第1項第1号に掲げる費用
を補償した株式会社が、当該役員等が自己若し
くは第三者の不正な利益を図り、又は当該株式
会社に損害を加える目的で同号の職務を執行し
たことを知ったときは、当該役員等に対し、補
償した金額に相当する金銭を返還することを請
求することができる。
4　取締役会設置会社においては、補償契約に基
づく補償をした取締役及び当該補償を受けた取
締役は、遅滞なく、当該補償についての重要な
事実を取締役会に報告しなければならない。
5　前項の規定は、執行役について準用する。こ
の場合において、同項中「取締役会設置会社に
おいては、補償契約」とあるのは、「補償契約」
と読み替えるものとする。
6　第356条第1項及び第365条第2項（これらの
規定を第419条第2項において準用する場合を
含む。）、第423条第3項並びに第428条第1項の
規定は、株式会社と取締役又は執行役との間の
補償契約については、適用しない。
7　民法第108条の規定は、第1項の決議によっ

てその内容が定められた前項の補償契約の締結
については、適用しない。

（役員等のために締結される保険契約）

第430条の3　株式会社が、保険者との間で締結
する保険契約のうち役員等がその職務の執行に
関し責任を負うこと又は当該責任の追及に係る
請求を受けることによって生ずることのある損
害を保険者が塡補することを約するものであっ
て、役員等を被保険者とするもの（当該保険契
約を締結することにより被保険者である役員等
の職務の執行の適正性が著しく損なわれるおそ
れがないものとして法務省令で定めるものを除
く。第3項ただし書において「役員等賠償責任
保険契約」という。）の内容の決定をするには、
株主総会（取締役会設置会社にあっては、取締
役会）の決議によらなければならない。[規115
の2]
2　第356条第1項及び第365条第2項（これらの
規定を第419条第2項において準用する場合を
含む。）並びに第423条第3項の規定は、株式会
社が保険者との間で締結する保険契約のうち役
員等がその職務の執行に関し責任を負うこと又
は当該責任の追及に係る請求を受けることに
よって生ずることのある損害を保険者が塡補す
ることを約するものであって、取締役又は執行
役を被保険者とするものの締結については、適
用しない。
3　民法第108条の規定は、前項の保険契約の締
結については、適用しない。ただし、当該契約
が役員等賠償責任保険契約である場合には、第
1項の決議によってその内容が定められたとき
に限る。

第5章　計算等

第1節　会計の原則

第431条　株式会社の会計は、一般に公正妥当と
認められる企業会計の慣行に従うものとする。

会
社
法

第2節　会計帳簿等

第1款　会計帳簿

（会計帳簿の作成及び保存）

第432条　株式会社は、法務省令で定めるところにより、適時に、正確な会計帳簿を作成しなければならない。 規116・計規4

2　株式会社は、会計帳簿の閉鎖の時から10年間、その会計帳簿及びその事業に関する重要な資料を保存しなければならない。

（会計帳簿の閲覧等の請求）

第433条　総株主（株主総会において決議をすることができる事項の全部につき議決権を行使することができない株主を除く。）の議決権の100分の3（これを下回る割合を定款で定めた場合にあっては、その割合）以上の議決権を有する株主又は発行済株式（自己株式を除く。）の100分の3（これを下回る割合を定款で定めた場合にあっては、その割合）以上の数の株式を有する株主は、株式会社の営業時間内は、いつでも、次に掲げる請求をすることができる。この場合においては、当該請求の理由を明らかにしてしなければならない。

一　会計帳簿又はこれに関する資料が書面をもって作成されているときは、当該書面の閲覧又は謄写の請求

二　会計帳簿又はこれに関する資料が電磁的記録をもって作成されているときは、当該電磁的記録に記録された事項を法務省令で定める方法により表示したものの閲覧又は謄写の請求 規226

2　前項の請求があったときは、株式会社は、次のいずれかに該当すると認められる場合を除き、これを拒むことができない。

一　当該請求を行う株主（以下この項において「請求者」という。）がその権利の確保又は行使に関する調査以外の目的で請求を行ったとき。

二　請求者が当該株式会社の業務の遂行を妨げ、株主の共同の利益を害する目的で請求を行ったとき。

三　請求者が当該株式会社の業務と実質的に競争関係にある事業を営み、又はこれに従事するものであるとき。

四　請求者が会計帳簿又はこれに関する資料の閲覧又は謄写によって知り得た事実を利益を得て第三者に通報するため請求したとき。

五　請求者が、過去2年以内において、会計帳簿又はこれに関する資料の閲覧又は謄写によって知り得た事実を利益を得て第三者に通報したことがあるものであるとき。

3　株式会社の親会社社員は、その権利を行使するため必要があるときは、裁判所の許可を得て会計帳簿又はこれに関する資料について第1項各号に掲げる請求をすることができる。この場合においては、当該請求の理由を明らかにしてしなければならない。

4　前項の親会社社員について第2項各号のいずれかに規定する事由があるときは、裁判所は、前項の許可をすることができない。

（会計帳簿の提出命令）

第434条　裁判所は、申立てにより又は職権で、訴訟の当事者に対し、会計帳簿の全部又は一部の提出を命ずることができる。

第2款　計算書類等

（計算書類等の作成及び保存）

第435条　株式会社は、法務省令で定めるところにより、その成立の日における貸借対照表を作成しなければならない。 規116・計規58

2　株式会社は、法務省令で定めるところにより各事業年度に係る計算書類（貸借対照表、損益計算書その他株式会社の財産及び損益の状況を示すために必要かつ適当なものとして法務省令で定めるものをいう。以下この章において同じ。）及び事業報告並びにこれらの附属明細書を作成しなければならない。

規116・規117・計規59

3　計算書類及び事業報告並びにこれらの附属明細書は、電磁的記録をもって作成することができる。

4　株式会社は、計算書類を作成した時から10年間、当該計算書類及びその附属明細書を保存し

なければならない。

（計算書類等の監査等）

第436条　監査役設置会社（監査役の監査の範囲を会計に関するものに限定する旨の定款の定めがある株式会社を含み、会計監査人設置会社を除く。）においては、前条第2項の計算書類及び事業報告並びにこれらの附属明細書は、法務省令で定めるところにより、監査役の監査を受けなければならない。 規116・規117・計規121

2　会計監査人設置会社においては、次の各号に掲げるものは、法務省令で定めるところにより、当該各号に定める者の監査を受けなければならない。 規116・規117・計規121

一　前条第2項の計算書類及びその附属明細書　監査役（監査等委員会設置会社にあっては監査等委員会、指名委員会等設置会社にあっては監査委員会）及び会計監査人

二　前条第2項の事業報告及びその附属明細書　監査役（監査等委員会設置会社にあっては監査等委員会、指名委員会等設置会社にあっては監査委員会）

3　取締役会設置会社においては、前条第2項の計算書類及び事業報告並びにこれらの附属明細書（第1項又は前項の規定の適用がある場合にあっては、第1項又は前項の監査を受けたもの）は、取締役会の承認を受けなければならない。

（計算書類等の株主への提供）

第437条　取締役会設置会社においては、取締役は、定時株主総会の招集の通知に際して、法務省令で定めるところにより、株主に対し、前条第3項の承認を受けた計算書類及び事業報告（同条第1項又は第2項の規定の適用がある場合にあっては、監査報告又は会計監査報告を含む。）を提供しなければならない。

規116・規117・規133・計規133

（計算書類等の定時株主総会への提出等）

第438条　次の各号に掲げる株式会社においては、取締役は、当該各号に定める計算書類及び事業報告を定時株主総会に提出し、又は提供しなければならない。

一　第436条第1項に規定する監査役設置会社（取締役会設置会社を除く。）　第436条第1項の監査を受けた計算書類及び事業報告

二　会計監査人設置会社（取締役会設置会社を除く。）　第436条第2項の監査を受けた計算書類及び事業報告

三　取締役会設置会社　第436条第3項の承認を受けた計算書類及び事業報告

四　前3号に掲げるもの以外の株式会社　第435条第2項の計算書類及び事業報告

2　前項の規定により提出され、又は提供された計算書類は、定時株主総会の承認を受けなければならない。

3　取締役は、第1項の規定により提出され、又は提供された事業報告の内容を定時株主総会に報告しなければならない。

（会計監査人設置会社の特則）

第439条　会計監査人設置会社については、第436条第3項の承認を受けた計算書類が法令及び定款に従い株式会社の財産及び損益の状況を正しく表示しているものとして法務省令で定める要件に該当する場合には、前条第2項の規定は、適用しない。この場合においては、取締役は、当該計算書類の内容を定時株主総会に報告しなければならない。 規116・計規135

（計算書類の公告）

第440条　株式会社は、法務省令で定めるところにより、定時株主総会の終結後遅滞なく、貸借対照表（大会社にあっては、貸借対照表及び損益計算書）を公告しなければならない。

規116・計規136①②

2　前項の規定にかかわらず、その公告方法が第939条第1項第1号又は第2号に掲げる方法である株式会社は、前項に規定する貸借対照表の要旨を公告することで足りる。

計規137・計規142

3　前項の株式会社は、法務省令で定めるところにより、定時株主総会の終結後遅滞なく、第1項に規定する貸借対照表の内容である情報を、定時株主総会の終結の日後5年を経過する日までの間、継続して電磁的方法により不特定多数の者が提供を受けることができる状態に置く措

置をとることができる。この場合においては、前2項の規定は、適用しない。

規116・計規136③・計規147

4　金融商品取引法第24条第1項の規定により有価証券報告書を内閣総理大臣に提出しなければならない株式会社については、前3項の規定は、適用しない。

（臨時計算書類）

第441条　株式会社は、最終事業年度の直後の事業年度に属する一定の日（以下この項において「臨時決算日」という。）における当該株式会社の財産の状況を把握するため、法務省令で定めるところにより、次に掲げるもの（以下「臨時計算書類」という。）を作成することができる。

規116

一　臨時決算日における貸借対照表
二　臨時決算日の属する事業年度の初日から臨時決算日までの期間に係る損益計算書

2　第436条第1項に規定する監査役設置会社又は会計監査人設置会社においては、臨時計算書類は、法務省令で定めるところにより、監査役又は会計監査人（監査等委員会設置会社にあっては監査等委員会及び会計監査人、指名委員等設置会社にあっては監査委員会及び会計監査人）の監査を受けなければならない。

規116・計規121

3　取締役会設置会社においては、臨時計算書類（前項の規定の適用がある場合にあっては、同項の監査を受けたもの）は、取締役会の承認を受けなければならない。

4　次の各号に掲げる株式会社においては、当該各号に定める臨時計算書類は、株主総会の承認を受けなければならない。ただし、臨時計算書類が法令及び定款に従い株式会社の財産及び損益の状況を正しく表示しているものとして法務省令で定める要件に該当する場合は、この限りでない。　規116・計規135

一　第436条第1項に規定する監査役設置会社又は会計監査人設置会社（いずれも取締役会設置会社を除く。）　第2項の監査を受けた臨時計算書類

二　取締役会設置会社　前項の承認を受けた臨時計算書類
三　前2号に掲げるもの以外の株式会社　第1項の臨時計算書類

（計算書類等の備置き及び閲覧等）

第442条　株式会社は、次の各号に掲げるもの（以下この条において「計算書類等」という。）を、当該各号に定める期間、その本店に備え置かなければならない。

一　各事業年度に係る計算書類及び事業報告並びにこれらの附属明細書（第436条第1項又は第2項の規定の適用がある場合にあっては、監査報告又は会計監査報告を含む。）　定時株主総会の日の1週間（取締役会設置会社にあっては、2週間）前の日（第319条第1項の場合にあっては、同項の提案があった日）から5年間

二　臨時計算書類（前条第2項の規定の適用がある場合にあっては、監査報告又は会計監査報告を含む。）　臨時計算書類を作成した日から5年間

2　株式会社は、次の各号に掲げる計算書類等の写しを、当該各号に定める期間、その支店に備え置かなければならない。ただし、計算書類等が電磁的記録で作成されている場合であって、支店における次項第3号及び第4号に掲げる請求に応じることを可能とするための措置として法務省令で定めるものをとっているときは、この限りでない。　規227

一　前項第1号に掲げる計算書類等　定時株主総会の日の1週間（取締役会設置会社にあっては、2週間）前の日（第319条第1項の場合にあっては、同項の提案があった日）から3年間

二　前項第2号に掲げる計算書類等　同号の臨時計算書類を作成した日から3年間

3　株主及び債権者は、株式会社の営業時間内はいつでも、次に掲げる請求をすることができる。ただし、第2号又は第4号に掲げる請求をするには、当該株式会社の定めた費用を支払わなければならない。

一　計算書類等が書面をもって作成されている
　　ときは、当該書面又は当該書面の写しの閲覧
　　の請求
二　前号の書面の謄本又は抄本の交付の請求
三　計算書類等が電磁的記録をもって作成され
　　ているときは、当該電磁的記録に記録された
　　事項を法務省令で定める方法により表示した
　　ものの閲覧の請求　規226
四　前号の電磁的記録に記録された事項を電磁
　　的方法であって株式会社の定めたものにより
　　提供することの請求又はその事項を記載した
　　書面の交付の請求

4　株式会社の親会社社員は、その権利を行使す
　るため必要があるときは、裁判所の許可を得て、
　当該株式会社の計算書類等について前項各号に
　掲げる請求をすることができる。ただし、同項
　第2号又は第4号に掲げる請求をするには、当
　該株式会社の定めた費用を支払わなければなら
　ない。

（計算書類等の提出命令）
第443条　裁判所は、申立てにより又は職権で、
　訴訟の当事者に対し、計算書類及びその附属明
　細書の全部又は一部の提出を命ずることができ
　る。

第3款　連結計算書類

第444条　会計監査人設置会社は、法務省令で定
　めるところにより、各事業年度に係る連結計算
　書類（当該会計監査人設置会社及びその子会社
　から成る企業集団の財産及び損益の状況を示す
　ために必要かつ適当なものとして法務省令で定
　めるものをいう。以下同じ。）を作成すること
　ができる。　規116・計規61

2　連結計算書類は、電磁的記録をもって作成す
　ることができる。

3　事業年度の末日において大会社であって金融
　商品取引法第24条第1項の規定により有価証券
　報告書を内閣総理大臣に提出しなければならな
　いものは、当該事業年度に係る連結計算書類を
　作成しなければならない。

4　連結計算書類は、法務省令で定めるところに
　より、監査役（監査等委員会設置会社にあって

は監査等委員会、指名委員会等設置会社にあっ
ては監査委員会）及び会計監査人の監査を受け
なければならない。　規116・計規121

5　会計監査人設置会社が取締役会設置会社であ
　る場合には、前項の監査を受けた連結計算書類
　は、取締役会の承認を受けなければならない。

6　会計監査人設置会社が取締役会設置会社であ
　る場合には、取締役は、定時株主総会の招集の
　通知に際して、法務省令で定めるところにより、
　株主に対し、前項の承認を受けた連結計算書類
　を提供しなければならない。　規116・計規134

7　次の各号に掲げる会計監査人設置会社におい
　ては、取締役は、当該各号に定める連結計算書
　類を定時株主総会に提出し、又は提供しなけれ
　ばならない。この場合においては、当該各号に
　定める連結計算書類の内容及び第4項の監査の
　結果を定時株主総会に報告しなければならない。
　一　取締役会設置会社である会計監査人設置会
　　　社　第5項の承認を受けた連結計算書類
　二　前号に掲げるもの以外の会計監査人設置会
　　　社　第4項の監査を受けた連結計算書類

第3節　資本金の額等

第1款　総　則

（資本金の額及び準備金の額）
第445条　株式会社の資本金の額は、この法律に
　別段の定めがある場合を除き、設立又は株式の
　発行に際して株主となる者が当該株式会社に対
　して払込み又は給付をした財産の額とする。
　計規43

2　前項の払込み又は給付に係る額の2分の1を
　超えない額は、資本金として計上しないことが
　できる。

3　前項の規定により資本金として計上しないこ
　ととした額は、資本準備金として計上しなけれ
　ばならない。

4　剰余金の配当をする場合には、株式会社は、
　法務省令で定めるところにより、当該剰余金の
　配当により減少する剰余金の額に10分の1を乗
　じて得た額を資本準備金又は利益準備金（以下
　「準備金」と総称する。）として計上しなければ

ならない。 計規22・23

5　合併、吸収分割、新設分割、株式交換、株式移転又は株式交付に際して資本金又は準備金として計上すべき額については、法務省令で定める。 計規35～39の2・45～52

6　定款又は株主総会の決議による第361条第1項第3号、第4号若しくは第5号ロに掲げる事項についての定め又は報酬委員会による第409条第3項第3号、第4号若しくは第5号ロに定める事項についての決定に基づく株式の発行により資本金又は準備金として計上すべき額については、法務省令で定める。 計規42の2・42の3

（剰余金の額）

第446条　株式会社の剰余金の額は、第1号から第4号までに掲げる額の合計額から第5号から第7号までに掲げる額の合計額を減じて得た額とする。

一　最終事業年度の末日におけるイ及びロに掲げる額の合計額からハからホまでに掲げる額の合計額を減じて得た額

　イ　資産の額

　ロ　自己株式の帳簿価額の合計額

　ハ　負債の額

　ニ　資本金及び準備金の額の合計額

　ホ　ハ及びニに掲げるもののほか、法務省令で定める各勘定科目に計上した額の合計額 規116・計規149

二　最終事業年度の末日後に自己株式の処分をした場合における当該自己株式の対価の額から当該自己株式の帳簿価額を控除して得た額

三　最終事業年度の末日後に資本金の額の減少をした場合における当該減少額（次条第1項第2号の額を除く。）

四　最終事業年度の末日後に準備金の額の減少をした場合における当該減少額（第448条第1項第2号の額を除く。）

五　最終事業年度の末日後に第178条第1項の規定により自己株式の消却をした場合における当該自己株式の帳簿価額

六　最終事業年度の末日後に剰余金の配当をした場合における次に掲げる額の合計額

　イ　第454条第1項第1号の配当財産の帳簿価額の総額（同条第4項第1号に規定する金銭分配請求権を行使した株主に割り当てた当該配当財産の帳簿価額を除く。）

　ロ　第454条第4項第1号に規定する金銭分配請求権を行使した株主に交付した金銭の額の合計額

　ハ　第456条に規定する基準未満株式の株主に支払った金銭の額の合計額

七　前2号に掲げるもののほか、法務省令で定める各勘定科目に計上した額の合計額 規116・計規150

第2款　資本金の額の減少等

第1目　資本金の額の減少等

（資本金の額の減少）

第447条　株式会社は、資本金の額を減少することができる。この場合においては、株主総会の決議によって、次に掲げる事項を定めなければならない。

一　減少する資本金の額

二　減少する資本金の額の全部又は一部を準備金とするときは、その旨及び準備金とする額

三　資本金の額の減少がその効力を生ずる日

2　前項第1号の額は、同項第3号の日における資本金の額を超えてはならない。

3　株式会社が株式の発行と同時に資本金の額を減少する場合において、当該資本金の額の減少の効力が生ずる日後の資本金の額が当該日前の資本金の額を下回らないときにおける第1項の規定の適用については、同項中「株主総会の決議」とあるのは、「取締役の決定（取締役会設置会社にあっては、取締役会の決議）」とする。

（準備金の額の減少）

第448条　株式会社は、準備金の額を減少することができる。この場合においては、株主総会の決議によって、次に掲げる事項を定めなければならない。

一　減少する準備金の額

二　減少する準備金の額の全部又は一部を資本金とするときは、その旨及び資本金とする額

三　準備金の額の減少がその効力を生ずる日
2　前項第1号の額は、同項第3号の日における準備金の額を超えてはならない。
3　株式会社が株式の発行と同時に準備金の額を減少する場合において、当該準備金の額の減少の効力が生ずる日後の準備金の額が当該日前の準備金の額を下回らないときにおける第1項の規定の適用については、同項中「株主総会の決議」とあるのは、「取締役の決定（取締役会設置会社にあっては、取締役会の決議）」とする。

（債権者の異議）

第449条　株式会社が資本金又は準備金（以下この条において「資本金等」という。）の額を減少する場合（減少する準備金の額の全部を資本金とする場合を除く。）には、当該株式会社の債権者は、当該株式会社に対し、資本金等の額の減少について異議を述べることができる。ただし、準備金の額のみを減少する場合であって、次のいずれにも該当するときは、この限りでない。

一　定時株主総会において前条第1項各号に掲げる事項を定めること。
二　前条第1項第1号の額が前号の定時株主総会の日（第439条前段に規定する場合にあっては、第436条第3項の承認があった日）における欠損の額として法務省令で定める方法により算定される額を超えないこと。 計規151

2　前項の規定により株式会社の債権者が異議を述べることができる場合には、当該株式会社は、次に掲げる事項を官報に公告し、かつ、知れている債権者には、各別にこれを催告しなければならない。ただし、第3号の期間は、1箇月を下ることができない。

一　当該資本金等の額の減少の内容
二　当該株式会社の計算書類に関する事項として法務省令で定めるもの 計規152
三　債権者が一定の期間内に異議を述べることができる旨

3　前項の規定にかかわらず、株式会社が同項の規定による公告を、官報のほか、第939条第1項の規定による定款の定めに従い、同項第2号又は第3号に掲げる公告方法によりするときは、前項の規定による各別の催告は、することを要しない。

4　債権者が第2項第3号の期間内に異議を述べなかったときは、当該債権者は、当該資本金等の額の減少について承認をしたものとみなす。

5　債権者が第2項第3号の期間内に異議を述べたときは、株式会社は、当該債権者に対し、弁済し、若しくは相当の担保を提供し、又は当該債権者に弁済を受けさせることを目的として信託会社等（信託会社及び信託業務を営む金融機関（金融機関の信託業務の兼営等に関する法律（昭和18年法律第43号）第1条第1項の認可を受けた金融機関をいう。）をいう。以下同じ。）に相当の財産を信託しなければならない。ただし、当該資本金等の額の減少をしても当該債権者を害するおそれがないときは、この限りでない。

6　次の各号に掲げるものは、当該各号に定める日にその効力を生ずる。ただし、第2項から前項までの規定による手続が終了していないときは、この限りでない。

一　資本金の額の減少　第447条第1項第3号の日
二　準備金の額の減少　前条第1項第3号の日

7　株式会社は、前項各号に定める日前は、いつでも当該日を変更することができる。

第2目　資本金の額の増加等

（資本金の額の増加）

第450条　株式会社は、剰余金の額を減少して、資本金の額を増加することができる。この場合においては、次に掲げる事項を定めなければならない。

一　減少する剰余金の額
二　資本金の額の増加がその効力を生ずる日

2　前項各号に掲げる事項の決定は、株主総会の決議によらなければならない。

3　第1項第1号の額は、同項第2号の日における剰余金の額を超えてはならない。

（準備金の額の増加）

第451条　株式会社は、剰余金の額を減少して、

準備金の額を増加することができる。この場合においては、次に掲げる事項を定めなければならない。

一　減少する剰余金の額

二　準備金の額の増加がその効力を生ずる日

2　前項各号に掲げる事項の決定は、株主総会の決議によらなければならない。

3　第1項第1号の額は、同項第2号の日における剰余金の額を超えてはならない。

第3目　剰余金についてのその他の処分

第452条　株式会社は、株主総会の決議によって、損失の処理、任意積立金の積立てその他の剰余金の処分（前目に定めるもの及び剰余金の配当その他株式会社の財産を処分するものを除く。）をすることができる。この場合においては、当該剰余金の処分の額その他の法務省令で定める事項を定めなければならない。 規116・計規153

第4節　剰余金の配当

（株主に対する剰余金の配当）

第453条　株式会社は、その株主（当該株式会社を除く。）に対し、剰余金の配当をすることができる。

（剰余金の配当に関する事項の決定）

第454条　株式会社は、前条の規定による剰余金の配当をしようとするときは、その都度、株主総会の決議によって、次に掲げる事項を定めなければならない。

一　配当財産の種類（当該株式会社の株式等を除く。）及び帳簿価額の総額

二　株主に対する配当財産の割当てに関する事項

三　当該剰余金の配当がその効力を生ずる日

2　前項に規定する場合において、剰余金の配当について内容の異なる2以上の種類の株式を発行しているときは、株式会社は、当該種類の株式の内容に応じ、同項第2号に掲げる事項として、次に掲げる事項を定めることができる。

一　ある種類の株式の株主に対して配当財産の割当てをしないこととするときは、その旨及び当該株式の種類

二　前号に掲げる事項のほか、配当財産の割当てについて株式の種類ごとに異なる取扱いを行うこととするときは、その旨及び当該異なる取扱いの内容

3　第1項第2号に掲げる事項についての定めは、株主（当該株式会社及び前項第1号の種類の株式の株主を除く。）の有する株式の数（前項第2号に掲げる事項についての定めがある場合にあっては、各種類の株式の数）に応じて配当財産を割り当てることを内容とするものでなければならない。

4　配当財産が金銭以外の財産であるときは、株式会社は、株主総会の決議によって、次に掲げる事項を定めることができる。ただし、第1号の期間の末日は、第1項第3号の日以前の日でなければならない。

一　株主に対して金銭分配請求権（当該配当財産に代えて金銭を交付することを株式会社に対して請求する権利をいう。以下この章において同じ。）を与えるときは、その旨及び金銭分配請求権を行使することができる期間

二　一定の数未満の数の株式を有する株主に対して配当財産の割当てをしないこととするときは、その旨及びその数

5　取締役会設置会社は、一事業年度の途中において1回に限り取締役会の決議によって剰余金の配当（配当財産が金銭であるものに限る。以下この項において「中間配当」という。）をすることができる旨を定款で定めることができるこの場合における中間配当についての第1項の規定の適用については、同項中「株主総会」とあるのは、「取締役会」とする。

（金銭分配請求権の行使）

第455条　前条第4項第1号に規定する場合には、株式会社は、同号の期間の末日の20日前までに株主に対し、同号に掲げる事項を通知しなければならない。

2　株式会社は、金銭分配請求権を行使した株主に対し、当該株主が割当てを受けた配当財産に代えて、当該配当財産の価額に相当する金銭を

支払わなければならない。この場合においては、次の各号に掲げる場合の区分に応じ、当該各号に定める額をもって当該配当財産の価額とする。

一　当該配当財産が市場価格のある財産である場合　当該配当財産の市場価格として法務省令で定める方法により算定される額 計規154

二　前号に掲げる場合以外の場合　株式会社の申立てにより裁判所が定める額

（基準株式数を定めた場合の処理）

第456条　第454条第4項第2号の数（以下この条において「基準株式数」という。）を定めた場合には、株式会社は、基準株式数に満たない数の株式（以下この条において「基準未満株式」という。）を有する株主に対し、前条第2項後段の規定の例により基準株式数の株式を有する株主が割当てを受けた配当財産の価額として定めた額に当該基準未満株式の数の基準株式数に対する割合を乗じて得た額に相当する金銭を支払わなければならない。

（配当財産の交付の方法等）

第457条　配当財産（第455条第2項の規定により支払う金銭及び前条の規定により支払う金銭を含む。以下この条において同じ。）は、株主名簿に記載し、又は記録した株主（登録株式質権者を含む。以下この条において同じ。）の住所又は株主が株式会社に通知した場所（第3項において「住所等」という。）において、これを交付しなければならない。

2　前項の規定による配当財産の交付に要する費用は、株式会社の負担とする。ただし、株主の責めに帰すべき事由によってその費用が増加したときは、その増加額は、株主の負担とする。

3　前2項の規定は、日本に住所等を有しない株主に対する配当財産の交付については、適用しない。

（適用除外）

第458条　第453条から前条までの規定は、株式会社の純資産額が300万円を下回る場合には、適用しない。

第5節　剰余金の配当等を決定する機関の特則

（剰余金の配当等を取締役会が決定する旨の定款の定め）

第459条　会計監査人設置会社（取締役（監査等委員会設置会社にあっては、監査等委員である取締役以外の取締役）の任期の末日が選任後1年以内に終了する事業年度のうち最終のものに関する定時株主総会の終結の日後の日であるもの及び監査役設置会社であって監査役会設置会社でないものを除く。）は、次に掲げる事項を取締役会（第2号に掲げる事項については第436条第3項の取締役会に限る。）が定めることができる旨を定款で定めることができる。

一　第160条第1項の規定による決定をする場合以外の場合における第156条第1項各号に掲げる事項

二　第449条第1項第2号に該当する場合における第448条第1項第1号及び第3号に掲げる事項

三　第452条後段の事項

四　第454条第1項各号及び同条第4項各号に掲げる事項。ただし、配当財産が金銭以外の財産であり、かつ、株主に対して金銭分配請求権を与えないこととする場合を除く。

2　前項の規定による定款の定めは、最終事業年度に係る計算書類が法令及び定款に従い株式会社の財産及び損益の状況を正しく表示しているものとして法務省令で定める要件に該当する場合に限り、その効力を有する。 規116・計規155

3　第1項の規定による定款の定めがある場合における第449条第1項第1号の規定の適用については、同号中「定時株主総会」とあるのは、「定時株主総会又は第436条第3項の取締役会」とする。

（株主の権利の制限）

第460条　前条第1項の規定による定款の定めがある場合には、株式会社は、同項各号に掲げる事項を株主総会の決議によっては定めない旨を定款で定めることができる。

2　前項の規定による定款の定めは、最終事業年度に係る計算書類が法令及び定款に従い株式会社の財産及び損益の状況を正しく表示しているものとして法務省令で定める要件に該当する場合に限り、その効力を有する。　規116・計規155

第6節　剰余金の配当等に関する責任

（配当等の制限）

第461条　次に掲げる行為により株主に対して交付する金銭等（当該株式会社の株式を除く。以下この節において同じ。）の帳簿価額の総額は、当該行為がその効力を生ずる日における分配可能額を超えてはならない。

一　第138条第1号ハ又は第2号ハの請求に応じて行う当該株式会社の株式の買取り

二　第156条第1項の規定による決定に基づく当該株式会社の株式の取得（第163条に規定する場合又は第165条第1項に規定する場合における当該株式会社による株式の取得に限る。）

三　第157条第1項の規定による決定に基づく当該株式会社の株式の取得

四　第173条第1項の規定による当該株式会社の株式の取得

五　第176条第1項の規定による請求に基づく当該株式会社の株式の買取り

六　第197条第3項の規定による当該株式会社の株式の買取り

七　第234条第4項（第235条第2項において準用する場合を含む。）の規定による当該株式会社の株式の買取り

八　剰余金の配当

2　前項に規定する「分配可能額」とは、第1号及び第2号に掲げる額の合計額から第3号から第6号までに掲げる額の合計額を減じて得た額をいう（以下この節において同じ。）。

一　剰余金の額

二　臨時計算書類につき第441条第4項の承認（同項ただし書に規定する場合にあっては、同条第3項の承認）を受けた場合における次に掲げる額

イ　第441条第1項第2号の期間の利益の額として法務省令で定める各勘定科目に計上した額の合計額　規116・計規156

ロ　第441条第1項第2号の期間内に自己株式を処分した場合における当該自己株式の対価の額

三　自己株式の帳簿価額

四　最終事業年度の末日後に自己株式を処分した場合における当該自己株式の対価の額

五　第2号に規定する場合における第441条第1項第2号の期間の損失の額として法務省令で定める各勘定科目に計上した額の合計額　規116・計規157

六　前3号に掲げるもののほか、法務省令で定める各勘定科目に計上した額の合計額　規116・計規158

（剰余金の配当等に関する責任）

第462条　前条第1項の規定に違反して株式会社が同項各号に掲げる行為をした場合には、当該行為により金銭等の交付を受けた者並びに当該行為に関する職務を行った業務執行者（業務執行取締役（指名委員会等設置会社にあっては、執行役。以下この項において同じ。）その他当該業務執行取締役の行う業務の執行に職務上関与した者として法務省令で定めるものをいう。以下この節において同じ。）及び当該行為が次の各号に掲げるものである場合における当該各号に定める者は、当該株式会社に対し、連帯して、当該金銭等の交付を受けた者が交付を受けた金銭等の帳簿価額に相当する金銭を支払う義務を負う。　規116・計規20・計規159

一　前条第1項第2号に掲げる行為　次に掲げる者

イ　第156条第1項の規定による決定に係る株主総会の決議があった場合（当該決議によって定められた同項第2号の金銭等の総額が当該決議の日における分配可能額を超える場合に限る。）における当該株主総会に係る総会議案提案取締役（当該株主総会に議案を提案した取締役として法務省令で定めるものをいう。以下この項において同

じ。）**計規160**

ロ　第156条第1項の規定による決定に係る取締役会の決議があった場合（当該決議によって定められた同項第2号の金銭等の総額が当該決議の日における分配可能額を超える場合に限る。）における当該取締役会に係る取締役会議案提案取締役（当該取締役会に議案を提案した取締役（指名委員会等設置会社にあっては、取締役又は執行役）として法務省令で定めるものをいう。以下この項において同じ。）**計規161**

二　前条第1項第3号に掲げる行為　次に掲げる者

イ　第157条第1項の規定による決定に係る株主総会の決議があった場合（当該決議によって定められた同項第3号の総額が当該決議の日における分配可能額を超える場合に限る。）における当該株主総会に係る総会議案提案取締役

ロ　第157条第1項の規定による決定に係る取締役会の決議があった場合（当該決議によって定められた同項第3号の総額が当該決議の日における分配可能額を超える場合に限る。）における当該取締役会に係る取締役会議案提案取締役

三　前条第1項第4号に掲げる行為　第171条第1項の株主総会（当該株主総会の決議によって定められた同項第1号に規定する取得対価の総額が当該決議の日における分配可能額を超える場合における当該株主総会に限る。）に係る総会議案提案取締役

四　前条第1項第6号に掲げる行為　次に掲げる者

イ　第197条第3項後段の規定による決定に係る株主総会の決議があった場合（当該決議によって定められた同項第2号の総額が当該決議の日における分配可能額を超える場合に限る。）における当該株主総会に係る総会議案提案取締役

ロ　第197条第3項後段の規定による決定に係る取締役会の決議があった場合（当該決

議によって定められた同項第2号の総額が当該決議の日における分配可能額を超える場合に限る。）における当該取締役会に係る取締役会議案提案取締役

五　前条第1項第7号に掲げる行為　次に掲げる者

イ　第234条第4項後段（第235条第2項において準用する場合を含む。）の規定による決定に係る株主総会の決議があった場合（当該決議によって定められた第234条第4項第2号（第235条第2項において準用する場合を含む。）の総額が当該決議の日における分配可能額を超える場合に限る。）における当該株主総会に係る総会議案提案取締役

ロ　第234条第4項後段（第235条第2項において準用する場合を含む。）の規定による決定に係る取締役会の決議があった場合（当該決議によって定められた第234条第4項第2号（第235条第2項において準用する場合を含む。）の総額が当該決議の日における分配可能額を超える場合に限る。）における当該取締役会に係る取締役会議案提案取締役

六　前条第1項第8号に掲げる行為　次に掲げる者

イ　第454条第1項の規定による決定に係る株主総会の決議があった場合（当該決議によって定められた配当財産の帳簿価額が当該決議の日における分配可能額を超える場合に限る。）における当該株主総会に係る総会議案提案取締役

ロ　第454条第1項の規定による決定に係る取締役会の決議があった場合（当該決議によって定められた配当財産の帳簿価額が当該決議の日における分配可能額を超える場合に限る。）における当該取締役会に係る取締役会議案提案取締役

2　前項の規定にかかわらず、業務執行者及び同項各号に定める者は、その職務を行うについて注意を怠らなかったことを証明したときは、同

項の義務を負わない。

3　第1項の規定により業務執行者及び同項各号に定める者の負う義務は、免除することができない。ただし、前条第1項各号に掲げる行為の時における分配可能額を限度として当該義務を免除することについて総株主の同意がある場合は、この限りでない。

（株主に対する求償権の制限等）

第463条　前条第1項に規定する場合において、株式会社が第461条第1項各号に掲げる行為により株主に対して交付した金銭等の帳簿価額の総額が当該行為がその効力を生じた日における分配可能額を超えることにつき善意の株主は、当該株主が交付を受けた金銭等について、前条第1項の金銭を支払った業務執行者及び同項各号に定める者からの求償の請求に応ずる義務を負わない。

2　前条第1項に規定する場合には、株式会社の債権者は、同項の規定により義務を負う株主に対し、その交付を受けた金銭等の帳簿価額（当該額が当該債権者の株式会社に対して有する債権額を超える場合にあっては、当該債権額）に相当する金銭を支払わせることができる。

（買取請求に応じて株式を取得した場合の責任）

第464条　株式会社が第116条第1項又は第182条の4第1項の規定による請求に応じて株式を取得する場合において、当該請求をした株主に対して支払った金銭の額が当該支払の日における分配可能額を超えるときは、当該株式の取得に関する職務を行った業務執行者は、株式会社に対し、連帯して、その超過額を支払う義務を負う。ただし、その者がその職務を行うについて注意を怠らなかったことを証明した場合は、この限りでない。

2　前項の義務は、総株主の同意がなければ、免除することができない。

（欠損が生じた場合の責任）

第465条　株式会社が次の各号に掲げる行為をした場合において、当該行為をした日の属する事業年度（その事業年度の直前の事業年度が最終事業年度でないときは、その事業年度の直前の事業年度）に係る計算書類につき第438条第2項の承認（第439条前段に規定する場合にあっては、第436条第3項の承認）を受けた時における第461条第2項第3号、第4号及び第6号に掲げる額の合計額が同項第1号に掲げる額を超えるときは、当該各号に掲げる行為に関する職務を行った業務執行者は、当該株式会社に対し、連帯して、その超過額（当該超過額が当該各号に定める額を超える場合にあっては、当該各号に定める額）を支払う義務を負う。ただし、当該業務執行者がその職務を行うについて注意を怠らなかったことを証明した場合は、この限りでない。

一　第138条第1号ハ又は第2号ハの請求に応じて行う当該株式会社の株式の買取り　当該株式の買取りにより株主に対して交付した金銭等の帳簿価額の総額

二　第156条第1項の規定による決定に基づく当該株式会社の株式の取得（第163条に規定する場合又は第165条第1項に規定する場合における当該株式会社による株式の取得に限る。）　当該株式の取得により株主に対して交付した金銭等の帳簿価額の総額

三　第157条第1項の規定による決定に基づく当該株式会社の株式の取得　当該株式の取得により株主に対して交付した金銭等の帳簿価額の総額

四　第167条第1項の規定による当該株式会社の株式の取得　当該株式の取得により株主に対して交付した金銭等の帳簿価額の総額

五　第170条第1項の規定による当該株式会社の株式の取得　当該株式の取得により株主に対して交付した金銭等の帳簿価額の総額

六　第173条第1項の規定による当該株式会社の株式の取得　当該株式の取得により株主に対して交付した金銭等の帳簿価額の総額

七　第176条第1項の規定による請求に基づく当該株式会社の株式の買取り　当該株式の買取りにより株主に対して交付した金銭等の帳簿価額の総額

八　第197条第3項の規定による当該株式会社

の株式の買取り　当該株式の買取りにより株主に対して交付した金銭等の帳簿価額の総額

九　次のイ又はロに掲げる規定による当該株式会社の株式の買取り　当該株式の買取りにより当該イ又はロに定める者に対して交付した金銭等の帳簿価額の総額

　イ　第234条第4項　同条第1項各号に定める者

　ロ　第235条第2項において準用する第234条第4項　株主

十　剰余金の配当（次のイからハまでに掲げるものを除く。）　当該剰余金の配当についての第446条第6号イからハまでに掲げる額の合計額

　イ　定時株主総会（第439条前段に規定する場合にあっては、定時株主総会又は第436条第3項の取締役会）において第454条第1項各号に掲げる事項を定める場合における剰余金の配当

　ロ　第447条第1項各号に掲げる事項を定めるための株主総会において第454条第1項各号に掲げる事項を定める場合（同項第1号の額（第456条の規定により基準未満株式の株主に支払う金銭があるときは、その額を合算した額）が第447条第1項第1号の額を超えない場合であって、同項第2号に掲げる事項についての定めがない場合に限る。）における剰余金の配当

　ハ　第448条第1項各号に掲げる事項を定めるための株主総会において第454条第1項各号に掲げる事項を定める場合（同項第1号の額（第456条の規定により基準未満株式の株主に支払う金銭があるときは、その額を合算した額）が第448条第1項第1号の額を超えない場合であって、同項第2号に掲げる事項についての定めがない場合に限る。）における剰余金の配当

2　前項の義務は、総株主の同意がなければ、免除することができない。

第6章　定款の変更

第466条　株式会社は、その成立後、株主総会の決議によって、定款を変更することができる。

第3編　持分会社

第5章　計算等

第1節　会計の原則

第614条　持分会社の会計は、一般に公正妥当と認められる企業会計の慣行に従うものとする。

第2節　会計帳簿

（会計帳簿の作成及び保存）

第615条　持分会社は、法務省令で定めるところにより、適時に、正確な会計帳簿を作成しなければならない。規159・計規4

2　持分会社は、会計帳簿の閉鎖の時から10年間、その会計帳簿及びその事業に関する重要な資料を保存しなければならない。

（会計帳簿の提出命令）

第616条　裁判所は、申立てにより又は職権で、訴訟の当事者に対し、会計帳簿の全部又は一部の提出を命ずることができる。

第3節　計算書類

（計算書類の作成及び保存）

第617条　持分会社は、法務省令で定めるところにより、その成立の日における貸借対照表を作成しなければならない。規159・計規70

2　持分会社は、法務省令で定めるところにより、各事業年度に係る計算書類（貸借対照表その他持分会社の財産の状況を示すために必要かつ適切なものとして法務省令で定めるものをいう。以下この章において同じ。）を作成しなければならない。規159・計規71

3　計算書類は、電磁的記録をもって作成することができる。

4　持分会社は、計算書類を作成した時から10年

間、これを保存しなければならない。

（計算書類の閲覧等）

第618条　持分会社の社員は、当該持分会社の営業時間内は、いつでも、次に掲げる請求をすることができる。

　一　計算書類が書面をもって作成されているときは、当該書面の閲覧又は謄写の請求

　二　計算書類が電磁的記録をもって作成されているときは、当該電磁的記録に記録された事項を法務省令で定める方法により表示したものの閲覧又は謄写の請求　規226

2　前項の規定は、定款で別段の定めをすることを妨げない。ただし、定款によっても、社員が事業年度の終了時に同項各号に掲げる請求をすることを制限する旨を定めることができない。

（計算書類の提出命令）

第619条　裁判所は、申立てにより又は職権で、訴訟の当事者に対し、計算書類の全部又は一部の提出を命ずることができる。

第4節　資本金の額の減少

第620条　持分会社は、損失のてん補のために、その資本金の額を減少することができる。

2　前項の規定により減少する資本金の額は、損失の額として法務省令で定める方法により算定される額を超えることができない。

規159・計規162

第5節　利益の配当

（利益の配当）

第621条　社員は、持分会社に対し、利益の配当を請求することができる。

2　持分会社は、利益の配当を請求する方法その他の利益の配当に関する事項を定款で定めることができる。

3　社員の持分の差押えは、利益の配当を請求する権利に対しても、その効力を有する。

（社員の損益分配の割合）

第622条　損益分配の割合について定款の定めがないときは、その割合は、各社員の出資の価額に応じて定める。

2　利益又は損失の一方についてのみ分配の割合についての定めを定款で定めたときは、その割合は、利益及び損失の分配に共通であるものと推定する。

（有限責任社員の利益の配当に関する責任）

第623条　持分会社が利益の配当により有限責任社員に対して交付した金銭等の帳簿価額（以下この項において「配当額」という。）が当該利益の配当をする日における利益額（持分会社の利益の額として法務省令で定める方法により算定される額をいう。以下この章において同じ。）を超える場合には、当該利益の配当を受けた有限責任社員は、当該持分会社に対し、連帯して、当該配当額に相当する金銭を支払う義務を負う。

規159・計規163

2　前項に規定する場合における同項の利益の配当を受けた有限責任社員についての第580条第2項の規定の適用については、同項中「を限度として」とあるのは、「及び第623条第1項の配当額が同項の利益額を超過する額（同項の義務を履行した額を除く。）の合計額を限度として」とする。

第6節　出資の払戻し

第624条　社員は、持分会社に対し、既に出資として払込み又は給付をした金銭等の払戻し（以下この編において「出資の払戻し」という。）を請求することができる。この場合において、当該金銭等が金銭以外の財産であるときは、当該財産の価額に相当する金銭の払戻しを請求することを妨げない。

2　持分会社は、出資の払戻しを請求する方法その他の出資の払戻しに関する事項を定款で定めることができる。

3　社員の持分の差押えは、出資の払戻しを請求する権利に対しても、その効力を有する。

第7節　合同会社の計算等に関する特則

第1款　計算書類の閲覧に関する特則

第625条　合同会社の債権者は、当該合同会社の

営業時間内は、いつでも、その計算書類（作成した日から５年以内のものに限る。）について第618条第１項各号に掲げる請求をすることができる。

第２款　資本金の額の減少に関する特則
（出資の払戻し又は持分の払戻しを行う場合の資本金の額の減少）

第626条　合同会社は、第620条第１項の場合のほか、出資の払戻し又は持分の払戻しのために、その資本金の額を減少することができる。

2　前項の規定により出資の払戻しのために減少する資本金の額は、第632条第２項に規定する出資払戻額から出資の払戻しをする日における剰余金額を控除して得た額を超えてはならない。

3　第１項の規定により持分の払戻しのために減少する資本金の額は、第635条第１項に規定する持分払戻額から持分の払戻しをする日における剰余金額を控除して得た額を超えてはならない。

4　前２項に規定する「剰余金額」とは、第１号に掲げる額から第２号から第４号までに掲げる額の合計額を減じて得た額をいう（第４款及び第５款において同じ。）。

一　資産の額
二　負債の額
三　資本金の額
四　前２号に掲げるもののほか、法務省令で定める各勘定科目に計上した額の合計額
〔規159・計規164〕

（債権者の異議）

第627条　合同会社が資本金の額を減少する場合には、当該合同会社の債権者は、当該合同会社に対し、資本金の額の減少について異議を述べることができる。

2　前項に規定する場合には、合同会社は、次に掲げる事項を官報に公告し、かつ、知れている債権者には、各別にこれを催告しなければならない。ただし、第２号の期間は、１箇月を下ることができない。

一　当該資本金の額の減少の内容
二　債権者が一定の期間内に異議を述べること

ができる旨

3　前項の規定にかかわらず、合同会社が同項の規定による公告を、官報のほか、第939条第１項の規定による定款の定めに従い、同項第２号又は第３号に掲げる公告方法によりするときは、前項の規定による各別の催告は、することを要しない。

4　債権者が第２項第２号の期間内に異議を述べなかったときは、当該債権者は、当該資本金の額の減少について承認をしたものとみなす。

5　債権者が第２項第２号の期間内に異議を述べたときは、合同会社は、当該債権者に対し、弁済し、若しくは相当の担保を提供し、又は当該債権者に弁済を受けさせることを目的として信託会社等に相当の財産を信託しなければならない。ただし、当該資本金の額の減少をしても当該債権者を害するおそれがないときは、この限りでない。

6　資本金の額の減少は、前各項の手続が終了した日に、その効力を生ずる。

第３款　利益の配当に関する特則
（利益の配当の制限）

第628条　合同会社は、利益の配当により社員に対して交付する金銭等の帳簿価額（以下この款において「配当額」という。）が当該利益の配当をする日における利益額を超える場合には、当該利益の配当をすることができない。この場合においては、合同会社は、第621条第１項の規定による請求を拒むことができる。

（利益の配当に関する責任）

第629条　合同会社が前条の規定に違反して利益の配当をした場合には、当該利益の配当に関する業務を執行した社員は、当該合同会社に対し、当該利益の配当を受けた社員と連帯して、当該配当額に相当する金銭を支払う義務を負う。ただし、当該業務を執行した社員がその職務を行うについて注意を怠らなかったことを証明した場合は、この限りでない。

2　前項の義務は、免除することができない。ただし、利益の配当をした日における利益額を限度として当該義務を免除することについて総社

会社法

員の同意がある場合は、この限りでない。

（社員に対する求償権の制限等）

第630条　前条第１項に規定する場合において、利益の配当を受けた社員は、配当額が利益の配当をした日における利益額を超えることにつき善意であるときは、当該配当額について、当該利益の配当に関する業務を執行した社員からの求償の請求に応ずる義務を負わない。

２　前条第１項に規定する場合には、合同会社の債権者は、利益の配当を受けた社員に対し、配当額（当該配当額が当該債権者の合同会社に対して有する債権額を超える場合にあっては、当該債権額）に相当する金銭を支払わせることができる。

３　第623条第２項の規定は、合同会社の社員については、適用しない。

（欠損が生じた場合の責任）

第631条　合同会社が利益の配当をした場合において、当該利益の配当をした日の属する事業年度の末日に欠損額（合同会社の欠損の額として法務省令で定める方法により算定される額をいう。以下この項において同じ。）が生じたときは、当該利益の配当に関する業務を執行した社員は、当該合同会社に対し、当該利益の配当を受けた社員と連帯して、その欠損額（当該欠損額が配当額を超えるときは、当該配当額）を支払う義務を負う。ただし、当該業務を執行した社員がその職務を行うについて注意を怠らなかったことを証明した場合は、この限りでない。

　規159・計規165

２　前項の義務は、総社員の同意がなければ、免除することができない。

　　　　第４款　出資の払戻しに関する特則

（出資の払戻しの制限）

第632条　第624条第１項の規定にかかわらず、合同会社の社員は、定款を変更してその出資の価額を減少する場合を除き、同項前段の規定による請求をすることができない。

２　合同会社が出資の払戻しにより社員に対して交付する金銭等の帳簿価額（以下この款において「出資払戻額」という。）が、第624条第１項前段の規定による請求をした日における剰余金額（第626条第１項の資本金の額の減少をした場合にあっては、その減少をした後の剰余金額。以下この款において同じ。）又は前項の出資の価額を減少した額のいずれか少ない額を超える場合には、当該出資の払戻しをすることができない。この場合において、合同会社は、第624条第１項前段の規定による請求を拒むことができる。

（出資の払戻しに関する社員の責任）

第633条　合同会社が前条の規定に違反して出資の払戻しをした場合には、当該出資の払戻しに関する業務を執行した社員は、当該合同会社に対し、当該出資の払戻しを受けた社員と連帯して、当該出資払戻額に相当する金銭を支払う義務を負う。ただし、当該業務を執行した社員がその職務を行うについて注意を怠らなかったことを証明した場合は、この限りでない。

２　前項の義務は、免除することができない。ただし、出資の払戻しをした日における剰余金額を限度として当該義務を免除することについて総社員の同意がある場合は、この限りでない。

（社員に対する求償権の制限等）

第634条　前条第１項に規定する場合において、出資の払戻しを受けた社員は、出資払戻額が出資の払戻しをした日における剰余金額を超えることにつき善意であるときは、当該出資払戻額について、当該出資の払戻しに関する業務を執行した社員からの求償の請求に応ずる義務を負わない。

２　前条第１項に規定する場合には、合同会社の債権者は、出資の払戻しを受けた社員に対し、出資払戻額（当該出資払戻額が当該債権者の合同会社に対して有する債権額を超える場合にあっては、当該債権額）に相当する金銭を支払わせることができる。

　　　　第５款　退社に伴う持分の払戻しに関する特則

（債権者の異議）

第635条　合同会社が持分の払戻しにより社員に対して交付する金銭等の帳簿価額（以下この款

において「持分払戻額」という。）が当該持分の払戻しをする日における剰余金額を超える場合には、当該合同会社の債権者は、当該合同会社に対し、持分の払戻しについて異議を述べることができる。

2　前項に規定する場合には、合同会社は、次に掲げる事項を官報に公告し、かつ、知れている債権者には、各別にこれを催告しなければならない。ただし、第2号の期間は、1箇月（持分払戻額が当該合同会社の純資産額として法務省令で定める方法により算定される額を超える場合にあっては、2箇月）を下ることができない。

　規159・計規166

一　当該剰余金額を超える持分の払戻しの内容

二　債権者が一定の期間内に異議を述べることができる旨

3　前項の規定にかかわらず、合同会社が同項の規定による公告を、官報のほか、第939条第1項の規定による定款の定めに従い、同項第2号又は第3号に掲げる公告方法によりするときは、前項の規定による各別の催告は、することを要しない。ただし、持分払戻額が当該合同会社の純資産額として法務省令で定める方法により算定される額を超える場合は、この限りでない。

　規159・計規166

4　債権者が第2項第2号の期間内に異議を述べなかったときは、当該債権者は、当該持分の払戻しについて承認をしたものとみなす。

5　債権者が第2項第2号の期間内に異議を述べたときは、合同会社は、当該債権者に対し、弁済し、若しくは相当の担保を提供し、又は当該債権者に弁済を受けさせることを目的として信託会社等に相当の財産を信託しなければならない。ただし、持分払戻額が当該合同会社の純資産額として法務省令で定める方法により算定される額を超えない場合において、当該持分の払戻しをしても当該債権者を害するおそれがないときは、この限りでない。　規159・計規166

（業務を執行する社員の責任）

第636条　合同会社が前条の規定に違反して持分の払戻しをした場合には、当該持分の払戻しに関する業務を執行した社員は、当該合同会社に対し、持分の払戻しを受けた社員と連帯して、当該持分払戻額に相当する金銭を支払う義務を負う。ただし、持分の払戻しに関する業務を執行した社員がその職務を行うについて注意を怠らなかったことを証明した場合は、この限りでない。

2　前項の義務は、免除することができない。ただし、持分の払戻しをした時における剰余金額を限度として当該義務を免除することについて総社員の同意がある場合は、この限りでない。

第4編　社　債

第1章　総　則

（募集社債に関する事項の決定）

第676条　会社は、その発行する社債を引き受ける者の募集をしようとするときは、その都度、募集社債（当該募集に応じて当該社債の引受けの申込みをした者に対して割り当てる社債をいう。以下この編において同じ。）について次に掲げる事項を定めなければならない。

一　募集社債の総額

二　各募集社債の金額

三　募集社債の利率

四　募集社債の償還の方法及び期限

五　利息支払の方法及び期限

六　社債券を発行するときは、その旨

七　社債権者が第698条の規定による請求の全部又は一部をすることができないこととするときは、その旨

七の二　社債管理者を定めないこととするときは、その旨

八　社債管理者が社債権者集会の決議によらずに第706条第1項第2号に掲げる行為をすることができることとするときは、その旨

八の二　社債管理補助者を定めることとするときは、その旨

九　各募集社債の払込金額（各募集社債と引換

えに払い込む金銭の額をいう。以下この章において同じ。）若しくはその最低金額又はこれらの算定方法

十　募集社債と引換えにする金銭の払込みの期日

十一　一定の日までに募集社債の総額について割当てを受ける者を定めていない場合において、募集社債の全部を発行しないこととするときは、その旨及びその一定の日

十二　前各号に掲げるもののほか、法務省令で定める事項　規162

（募集社債の申込み）

第677条　会社は、前条の募集に応じて募集社債の引受けの申込みをしようとする者に対し、次に掲げる事項を通知しなければならない。

一　会社の商号

二　当該募集に係る前条各号に掲げる事項

三　前2号に掲げるもののほか、法務省令で定める事項　規163

2　前条の募集に応じて募集社債の引受けの申込みをする者は、次に掲げる事項を記載した書面を会社に交付しなければならない。

一　申込みをする者の氏名又は名称及び住所

二　引き受けようとする募集社債の金額及び金額ごとの数

三　会社が前条第9号の最低金額を定めたときは、希望する払込金額

3　前項の申込みをする者は、同項の書面の交付に代えて、政令で定めるところにより、会社の承諾を得て、同項の書面に記載すべき事項を電磁的方法により提供することができる。この場合において、当該申込みをした者は、同項の書面を交付したものとみなす。　令1

4　第1項の規定は、会社が同項各号に掲げる事項を記載した金融商品取引法第2条第10項に規定する目論見書を第1項の申込みをしようとする者に対して交付している場合その他募集社債の引受けの申込みをしようとする者の保護に欠けるおそれがないものとして法務省令で定める場合には、適用しない。　規164

5　会社は、第1項各号に掲げる事項について変

更があったときは、直ちに、その旨及び当該変更があった事項を第2項の申込みをした者（以下この章において「申込者」という。）に通知しなければならない。

6　会社が申込者に対してする通知又は催告は、第2項第1号の住所（当該申込者が別に通知又は催告を受ける場所又は連絡先を当該会社に通知した場合にあっては、その場所又は連絡先）にあてて発すれば足りる。

7　前項の通知又は催告は、その通知又は催告が通常到達すべきであった時に、到達したものとみなす。

（募集社債の割当て）

第678条　会社は、申込者の中から募集社債の割当てを受ける者を定め、かつ、その者に割り当てる募集社債の金額及び金額ごとの数を定めなければならない。この場合において、会社は、当該申込者に割り当てる募集社債の金額ごとの数を、前条第2項第2号の数よりも減少することができる。

2　会社は、第676条第10号の期日の前日までに、申込者に対し、当該申込者に割り当てる募集社債の金額及び金額ごとの数を通知しなければならない。

（募集社債の申込み及び割当てに関する特則）

第679条　前2条の規定は、募集社債を引き受けようとする者がその総額の引受けを行う契約を締結する場合には、適用しない。

（募集社債の社債権者）

第680条　次の各号に掲げる者は、当該各号に定める募集社債の社債権者となる。

一　申込者　会社の割り当てた募集社債

二　前条の契約により募集社債の総額を引き受けた者　その者が引き受けた募集社債

（社債原簿）

第681条　会社は、社債を発行した日以後遅滞なく、社債原簿を作成し、これに次に掲げる事項（以下この章において「社債原簿記載事項」という。）を記載し、又は記録しなければならない。

一　第676条第3号から第8号の2までに掲げ

る事項その他の社債の内容を特定するものとして法務省令で定める事項（以下この編において「種類」という。）　規165

二　種類ごとの社債の総額及び各社債の金額

三　各社債と引換えに払い込まれた金銭の額及び払込みの日

四　社債権者（無記名社債（無記名式の社債券が発行されている社債をいう。以下この編において同じ。）の社債権者を除く。）の氏名又は名称及び住所

五　前号の社債権者が各社債を取得した日

六　社債券を発行したときは、社債券の番号、発行の日、社債券が記名式か、又は無記名式かの別及び無記名式の社債券の数

七　前各号に掲げるもののほか、法務省令で定める事項　規166

（社債原簿記載事項を記載した書面の交付等）

第682条　社債権者（無記名社債の社債権者を除く。）は、社債を発行した会社（以下この編において「社債発行会社」という。）に対し、当該社債権者についての社債原簿に記載され、若しくは記録された社債原簿記載事項を記載した書面の交付又は当該社債原簿記載事項を記録した電磁的記録の提供を請求することができる。

2　前項の書面には、社債発行会社の代表者が署名し、又は記名押印しなければならない。

3　第1項の電磁的記録には、社債発行会社の代表者が法務省令で定める署名又は記名押印に代わる措置をとらなければならない。　規225

4　前3項の規定は、当該社債について社債券を発行する旨の定めがある場合には、適用しない。

（社債原簿管理人）

第683条　会社は、社債原簿管理人（会社に代わって社債原簿の作成及び備置きその他の社債原簿に関する事務を行う者をいう。以下同じ。）を定め、当該事務を行うことを委託することができる。

（社債原簿の備置き及び閲覧等）

第684条　社債発行会社は、社債原簿をその本店

（社債原簿管理人がある場合にあっては、その営業所）に備え置かなければならない。

2　社債権者その他の法務省令で定める者は、社債発行会社の営業時間内は、いつでも、次に掲げる請求をすることができる。この場合においては、当該請求の理由を明らかにしてしなければならない。　規167

一　社債原簿が書面をもって作成されているときは、当該書面の閲覧又は謄写の請求

二　社債原簿が電磁的記録をもって作成されているときは、当該電磁的記録に記録された事項を法務省令で定める方法により表示したものの閲覧又は謄写の請求　規226

3　社債発行会社は、前項の請求があったときは、次のいずれかに該当する場合を除き、これを拒むことができない。

一　当該請求を行う者がその権利の確保又は行使に関する調査以外の目的で請求を行ったとき。

二　当該請求を行う者が社債原簿の閲覧又は謄写によって知り得た事実を利益を得て第三者に通報するため請求を行ったとき。

三　当該請求を行う者が、過去2年以内において、社債原簿の閲覧又は謄写によって知り得た事実を利益を得て第三者に通報したことがあるものであるとき。

4　社債発行会社が株式会社である場合には、当該社債発行会社の親会社社員は、その権利を行使するため必要があるときは、裁判所の許可を得て、当該社債発行会社の社債原簿について第2項各号に掲げる請求をすることができる。この場合においては、当該請求の理由を明らかにしてしなければならない。

5　前項の親会社社員について第3項各号のいずれかに規定する事由があるときは、裁判所は、前項の許可をすることができない。

（社債権者に対する通知等）

第685条　社債発行会社が社債権者に対してする通知又は催告は、社債原簿に記載し、又は記録した当該社債権者の住所（当該社債権者が別に通知又は催告を受ける場所又は連絡先を当該社

債発行会社に通知した場合にあっては、その場所又は連絡先）にあてて発すれば足りる。

2　前項の通知又は催告は、その通知又は催告が通常到達すべきであった時に、到達したものとみなす。

3　社債が2以上の者の共有に属するときは、共有者は、社債発行会社が社債権者に対してする通知又は催告を受領する者1人を定め、当該社債発行会社に対し、その者の氏名又は名称を通知しなければならない。この場合においては、その者を社債権者とみなして、前2項の規定を適用する。

4　前項の規定による共有者の通知がない場合には、社債発行会社が社債の共有者に対してする通知又は催告は、そのうちの1人に対してすれば足りる。

5　前各項の規定は、第720条第1項の通知に際して社債権者に書面を交付し、又は当該書面に記載すべき事項を電磁的方法により提供する場合について準用する。この場合において、第2項中「到達したもの」とあるのは、「当該書面の交付又は当該事項の電磁的方法による提供があったもの」と読み替えるものとする。

（共有者による権利の行使）

第686条　社債が2以上の者の共有に属するときは、共有者は、当該社債についての権利を行使する者1人を定め、会社に対し、その者の氏名又は名称を通知しなければ、当該社債についての権利を行使することができない。ただし、会社が当該権利を行使することに同意した場合は、この限りでない。

（社債券を発行する場合の社債の譲渡）

第687条　社債券を発行する旨の定めがある社債の譲渡は、当該社債に係る社債券を交付しなければ、その効力を生じない。

（社債の譲渡の対抗要件）

第688条　社債の譲渡は、その社債を取得した者の氏名又は名称及び住所を社債原簿に記載し、又は記録しなければ、社債発行会社その他の第三者に対抗することができない。

2　当該社債について社債券を発行する旨の定め

がある場合における前項の規定の適用については、同項中「社債発行会社その他の第三者」とあるのは、「社債発行会社」とする。

3　前2項の規定は、無記名社債については、適用しない。

（権利の推定等）

第689条　社債券の占有者は、当該社債券に係る社債についての権利を適法に有するものと推定する。

2　社債券の交付を受けた者は、当該社債券に係る社債についての権利を取得する。ただし、その者に悪意又は重大な過失があるときは、この限りでない。

（社債権者の請求によらない社債原簿記載事項の記載又は記録）

第690条　社債発行会社は、次の各号に掲げる場合には、当該各号の社債の社債権者に係る社債原簿記載事項を社債原簿に記載し、又は記録しなければならない。

一　当該社債発行会社の社債を取得した場合

二　当該社債発行会社が有する自己の社債を処分した場合

2　前項の規定は、無記名社債については、適用しない。

（社債権者の請求による社債原簿記載事項の記載又は記録）

第691条　社債を社債発行会社以外の者から取得した者（当該社債発行会社を除く。）は、当該社債発行会社に対し、当該社債に係る社債原簿記載事項を社債原簿に記載し、又は記録することを請求することができる。

2　前項の規定による請求は、利害関係人の利益を害するおそれがないものとして法務省令で定める場合を除き、その取得した社債の社債権者として社債原簿に記載され、若しくは記録された者又はその相続人その他の一般承継人と共同してしなければならない。規168

3　前2項の規定は、無記名社債については、適用しない。

（社債券を発行する場合の社債の質入れ）

第692条　社債券を発行する旨の定めがある社債

の質入れは、当該社債に係る社債券を交付しなければ、その効力を生じない。

（社債の質入れの対抗要件）

第693条 社債の質入れは、その質権者の氏名又は名称及び住所を社債原簿に記載し、又は記録しなければ、社債発行会社その他の第三者に対抗することができない。

2 前項の規定にかかわらず、社債券を発行する旨の定めがある社債の質権者は、継続して当該社債に係る社債券を占有しなければ、その質権をもって社債発行会社その他の第三者に対抗することができない。

（質権に関する社債原簿の記載等）

第694条 社債に質権を設定した者は、社債発行会社に対し、次に掲げる事項を社債原簿に記載し、又は記録することを請求することができる。

一 質権者の氏名又は名称及び住所

二 質権の目的である社債

2 前項の規定は、社債券を発行する旨の定めがある場合には、適用しない。

（質権に関する社債原簿の記載事項を記載した書面の交付等）

第695条 前条第1項各号に掲げる事項が社債原簿に記載され、又は記録された質権者は、社債発行会社に対し、当該質権者についての社債原簿に記載され、若しくは記録された同項各号に掲げる事項を記載した書面の交付又は当該事項を記録した電磁的記録の提供を請求することができる。

2 前項の書面には、社債発行会社の代表者が署名し、又は記名押印しなければならない。

3 第1項の電磁的記録には、社債発行会社の代表者が法務省令で定める署名又は記名押印に代わる措置をとらなければならない。 規225

（信託財産に属する社債についての対抗要件等）

第695条の2 社債については、当該社債が信託財産に属する旨を社債原簿に記載し、又は記録しなければ、当該社債が信託財産に属することを社債発行会社その他の第三者に対抗することができない。

2 第681条第4号の社債権者は、その有する社債が信託財産に属するときは、社債発行会社に対し、その旨を社債原簿に記載し、又は記録することを請求することができる。

3 社債原簿に前項の規定による記載又は記録がされた場合における第682条第1項及び第690条第1項の規定の適用については、第682条第1項中「記録された社債原簿記載事項」とあるのは「記録された社債原簿記載事項（当該社債権者の有する社債が信託財産に属する旨を含む。）」と、第690条第1項中「社債原簿記載事項」とあるのは「社債原簿記載事項（当該社債権者の有する社債が信託財産に属する旨を含む。）」とする。

4 前3項の規定は、社債券を発行する旨の定めがある社債については、適用しない。

（社債券の発行）

第696条 社債発行会社は、社債券を発行する旨の定めがある社債を発行した日以後遅滞なく、当該社債に係る社債券を発行しなければならない。

（社債券の記載事項）

第697条 社債券には、次に掲げる事項及びその番号を記載し、社債発行会社の代表者がこれに署名し、又は記名押印しなければならない。

一 社債発行会社の商号

二 当該社債券に係る社債の金額

三 当該社債券に係る社債の種類

2 社債券には、利札を付することができる。

（記名式と無記名式との間の転換）

第698条 社債券が発行されている社債の社債権者は、第676条第7号に掲げる事項についての定めによりすることができないこととされている場合を除き、いつでも、その記名式の社債券を無記名式とし、又はその無記名式の社債券を記名式とすることを請求することができる。

（社債券の喪失）

第699条 社債券は、非訟事件手続法第100条に規定する公示催告手続によって無効とすることができる。

2 社債券を喪失した者は、非訟事件手続法第106条第1項に規定する除権決定を得た後でな

ければ、その再発行を請求することができない。

（利札が欠けている場合における社債の償還）

第700条 社債発行会社は、社債券が発行されている社債をその償還の期限前に償還する場合において、これに付された利札が欠けているときは、当該利札に表示される社債の利息の請求権の額を償還額から控除しなければならない。ただし、当該請求権が弁済期にある場合は、この限りでない。

2 前項の利札の所持人は、いつでも、社債発行会社に対し、これと引換えに同項の規定により控除しなければならない額の支払を請求することができる。

（社債の償還請求権等の消滅時効）

第701条 社債の償還請求権は、これを行使することができる時から10年間行使しないときは、時効によって消滅する。

2 社債の利息の請求権及び前条第２項の規定による請求権は、これを行使することができる時から５年間行使しないときは、時効によって消滅する。

第５編　組織変更、合併、会社分割、株式交換、株式移転及び株式交付

第１章　組織変更

第１節　通　則

（組織変更計画の作成）

第743条 会社は、組織変更をすることができる。この場合においては、組織変更計画を作成しなければならない。

第２節　株式会社の組織変更

（株式会社の組織変更計画）

第744条 株式会社が組織変更をする場合には、当該株式会社は、組織変更計画において、次に掲げる事項を定めなければならない。

一　組織変更後の持分会社（以下この編において「組織変更後持分会社」という。）が合名会社、合資会社又は合同会社のいずれであるかの別

二　組織変更後持分会社の目的、商号及び本店の所在地

三　組織変更後持分会社の社員についての次に掲げる事項

イ　当該社員の氏名又は名称及び住所

ロ　当該社員が無限責任社員又は有限責任社員のいずれであるかの別

ハ　当該社員の出資の価額

四　前２号に掲げるもののほか、組織変更後持分会社の定款で定める事項

五　組織変更後持分会社が組織変更に際して組織変更をする株式会社の株主に対してその株式に代わる金銭等（組織変更後持分会社の持分を除く。以下この号及び次号において同じ。）を交付するときは、当該金銭等についての次に掲げる事項

イ　当該金銭等が組織変更後持分会社の社債であるときは、当該社債の種類（第107条第２項第２号ロに規定する社債の種類をいう。以下この編において同じ。）及び種類ごとの各社債の金額の合計額又はその算定方法

ロ　当該金銭等が組織変更後持分会社の社債以外の財産であるときは、当該財産の内容及び数若しくは額又はこれらの算定方法

六　前号に規定する場合には、組織変更をする株式会社の株主（組織変更をする株式会社を除く。）に対する同号の金銭等の割当てに関する事項

七　組織変更をする株式会社が新株予約権を発行しているときは、組織変更後持分会社が組織変更に際して当該新株予約権の新株予約権者に対して交付する当該新株予約権に代わる金銭の額又はその算定方法

八　前号に規定する場合には、組織変更をする株式会社の新株予約権の新株予約権者に対する同号の金銭の割当てに関する事項

九　組織変更がその効力を生ずる日（以下この
　　章において「効力発生日」という。）

2　組織変更後持分会社が合名会社であるときは、
　前項第3号ロに掲げる事項として、その社員の
　全部を無限責任社員とする旨を定めなければな
　らない。

3　組織変更後持分会社が合資会社であるときは、
　第1項第3号ロに掲げる事項として、その社員
　の一部を無限責任社員とし、その他の社員を有
　限責任社員とする旨を定めなければならない。

4　組織変更後持分会社が合同会社であるときは、
　第1項第3号ロに掲げる事項として、その社員
　の全部を有限責任社員とする旨を定めなければ
　ならない。

（株式会社の組織変更の効力の発生等）

第745条　組織変更をする株式会社は、効力発生
　日に、持分会社となる。

2　組織変更をする株式会社は、効力発生日に、
　前条第1項第2号から第4号までに掲げる事項
　についての定めに従い、当該事項に係る定款の
　変更をしたものとみなす。

3　組織変更をする株式会社の株主は、効力発生
　日に、前条第1項第3号に掲げる事項について
　の定めに従い、組織変更後持分会社の社員とな
　る。

4　前条第1項第5号イに掲げる事項についての
　定めがある場合には、組織変更をする株式会社
　の株主は、効力発生日に、同項第6号に掲げる
　事項についての定めに従い、同項第5号イの社
　債の社債権者となる。

5　組織変更をする株式会社の新株予約権は、効
　力発生日に、消滅する。

6　前各項の規定は、第779条の規定による手続
　が終了していない場合又は組織変更を中止した
　場合には、適用しない。

第3節　持分会社の組織変更

（持分会社の組織変更計画）

第746条　持分会社が組織変更をする場合には、
　当該持分会社は、組織変更計画において、次に
　掲げる事項を定めなければならない。

一　組織変更後の株式会社（以下この条におい
　　て「組織変更後株式会社」という。）の目的、
　　商号、本店の所在地及び発行可能株式総数

二　前号に掲げるもののほか、組織変更後株式
　　会社の定款で定める事項

三　組織変更後株式会社の取締役の氏名

四　次のイからハまでに掲げる場合の区分に応
　　じ、当該イからハまでに定める事項

　イ　組織変更後株式会社が会計参与設置会社
　　　である場合　組織変更後株式会社の会計参
　　　与の氏名又は名称

　ロ　組織変更後株式会社が監査役設置会社
　　　（監査役の監査の範囲を会計に関するもの
　　　に限定する旨の定款の定めがある株式会社
　　　を含む。）である場合　組織変更後株式会
　　　社の監査役の氏名

　ハ　組織変更後株式会社が会計監査人設置会
　　　社である場合　組織変更後株式会社の会計
　　　監査人の氏名又は名称

五　組織変更をする持分会社の社員が組織変更
　　に際して取得する組織変更後株式会社の株式
　　の数（種類株式発行会社にあっては、株式の
　　種類及び種類ごとの数）又はその数の算定方
　　法

六　組織変更をする持分会社の社員に対する前
　　号の株式の割当てに関する事項

七　組織変更後株式会社が組織変更に際して組
　　織変更をする持分会社の社員に対してその持
　　分に代わる金銭等（組織変更後株式会社の株
　　式を除く。以下この号及び次号において同
　　じ。）を交付するときは、当該金銭等につい
　　ての次に掲げる事項

　イ　当該金銭等が組織変更後株式会社の社債
　　　（新株予約権付社債についてのものを除
　　　く。）であるときは、当該社債の種類及び
　　　種類ごとの各社債の金額の合計額又はその
　　　算定方法

　ロ　当該金銭等が組織変更後株式会社の新株
　　　予約権（新株予約権付社債に付されたもの
　　　を除く。）であるときは、当該新株予約権
　　　の内容及び数又はその算定方法

会
社
法

会社法

ハ　当該金銭等が組織変更後株式会社の新株予約権付社債であるときは、当該新株予約権付社債についてのイに規定する事項及び当該新株予約権付社債に付された新株予約権についてのロに規定する事項

ニ　当該金銭等が組織変更後株式会社の社債等（社債及び新株予約権をいう。以下この編において同じ。）以外の財産であるときは、当該財産の内容及び数若しくは額又はこれらの算定方法

八　前号に規定する場合には、組織変更をする持分会社の社員に対する同号の金銭等の割当てに関する事項

九　効力発生日

2　組織変更後株式会社が監査等委員会設置会社である場合には、前項第３号に掲げる事項は、監査等委員である取締役とそれ以外の取締役とを区別して定めなければならない。

（持分会社の組織変更の効力の発生等）

第747条　組織変更をする持分会社は、効力発生日に、株式会社となる。

2　組織変更をする持分会社は、効力発生日に、前条第１項第１号及び第２号に掲げる事項についての定めに従い、当該事項に係る定款の変更をしたものとみなす。

3　組織変更をする持分会社の社員は、効力発生日に、前条第１項第６号に掲げる事項についての定めに従い、同項第５号の株式の株主となる。

4　次の各号に掲げる場合には、組織変更をする持分会社の社員は、効力発生日に、前条第１項第８号に掲げる事項についての定めに従い、当該各号に定める者となる。

一　前条第１項第７号イに掲げる事項についての定めがある場合　同号イの社債の社債権者

二　前条第１項第７号ロに掲げる事項についての定めがある場合　同号ロの新株予約権の新株予約権者

三　前条第１項第７号ハに掲げる事項についての定めがある場合　同号ハの新株予約権付社債についての社債の社債権者及び当該新株予約権付社債に付された新株予約権の新株予約

権者

5　前各項の規定は、第781条第２項において準用する第779条（第２項第２号を除く。）の規定による手続が終了していない場合又は組織変更を中止した場合には、適用しない。

第2章　合　併

第1節　通　則

（合併契約の締結）

第748条　会社は、他の会社と合併をすることができる。この場合においては、合併をする会社は、合併契約を締結しなければならない。

第2節　吸収合併

第1款　株式会社が存続する吸収合併

（株式会社が存続する吸収合併契約）

第749条　会社が吸収合併をする場合において、吸収合併後存続する会社（以下この編において「吸収合併存続会社」という。）が株式会社であるときは、吸収合併契約において、次に掲げる事項を定めなければならない。

一　株式会社である吸収合併存続会社（以下この編において「吸収合併存続株式会社」という。）及び吸収合併により消滅する会社（以下この編において「吸収合併消滅会社」という。）の商号及び住所

二　吸収合併存続株式会社が吸収合併に際して株式会社である吸収合併消滅会社（以下この編において「吸収合併消滅株式会社」という。）の株主又は持分会社である吸収合併消滅持分会社（以下この編において「吸収合併消滅持分会社」という。）の社員に対してその株式又は持分に代わる金銭等を交付するときは、当該金銭等についての次に掲げる事項

イ　当該金銭等が吸収合併存続株式会社の株式であるときは、当該株式の数（種類株式発行会社にあっては、株式の種類及び種類ごとの数）又はその数の算定方法並びに当該吸収合併存続株式会社の資本金及び準備金の額に関する事項

ロ　当該金銭等が吸収合併存続株式会社の社債（新株予約権付社債についてのものを除く。）であるときは、当該社債の種類及び種類ごとの各社債の金額の合計額又はその算定方法

ハ　当該金銭等が吸収合併存続株式会社の新株予約権（新株予約権付社債に付されたものを除く。）であるときは、当該新株予約権の内容及び数又はその算定方法

ニ　当該金銭等が吸収合併存続株式会社の新株予約権付社債であるときは、当該新株予約権付社債についてのロに規定する事項及び当該新株予約権付社債に付された新株予約権についてのハに規定する事項

ホ　当該金銭等が吸収合併存続株式会社の株式等以外の財産であるときは、当該財産の内容及び数若しくは額又はこれらの算定方法

三　前号に規定する場合には、吸収合併消滅株式会社の株主（吸収合併消滅株式会社及び吸収合併存続株式会社を除く。）又は吸収合併消滅持分会社の社員（吸収合併存続株式会社を除く。）に対する同号の金銭等の割当てに関する事項

四　吸収合併消滅株式会社が新株予約権を発行しているときは、吸収合併存続株式会社が吸収合併に際して当該新株予約権の新株予約権者に対して交付する当該新株予約権に代わる当該吸収合併存続株式会社の新株予約権又は金銭についての次に掲げる事項

イ　当該吸収合併消滅株式会社の新株予約権の新株予約権者に対して吸収合併存続株式会社の新株予約権を交付するときは、当該新株予約権の内容及び数又はその算定方法

ロ　イに規定する場合において、イの吸収合併消滅株式会社の新株予約権が新株予約権付社債に付された新株予約権であるときは、吸収合併存続株式会社が当該新株予約権付社債についての社債に係る債務を承継する旨並びにその承継に係る社債の種類及び種類ごとの各社債の金額の合計額又はその算

定方法

ハ　当該吸収合併消滅株式会社の新株予約権の新株予約権者に対して金銭を交付するときは、当該金銭の額又はその算定方法

五　前号に規定する場合には、吸収合併消滅株式会社の新株予約権の新株予約権者に対する同号の吸収合併存続株式会社の新株予約権又は金銭の割当てに関する事項

六　吸収合併がその効力を生ずる日（以下この節において「効力発生日」という。）

2　前項に規定する場合において、吸収合併消滅株式会社が種類株式発行会社であるときは、吸収合併存続株式会社及び吸収合併消滅株式会社は、吸収合併消滅株式会社の発行する種類の株式の内容に応じ、同項第3号に掲げる事項として次に掲げる事項を定めることができる。

一　ある種類の株式の株主に対して金銭等の割当てをしないこととするときは、その旨及び当該株式の種類

二　前号に掲げる事項のほか、金銭等の割当てについて株式の種類ごとに異なる取扱いを行うこととするときは、その旨及び当該異なる取扱いの内容

3　第1項に規定する場合には、同項第3号に掲げる事項についての定めは、吸収合併消滅株式会社の株主（吸収合併消滅株式会社及び吸収合併存続株式会社並びに前項第1号の種類の株式の株主を除く。）の有する株式の数（前項第2号に掲げる事項についての定めがある場合にあっては、各種類の株式の数）に応じて金銭等を交付することを内容とするものでなければならない。

（株式会社が存続する吸収合併の効力の発生等）

第750条　吸収合併存続株式会社は、効力発生日に、吸収合併消滅会社の権利義務を承継する。

2　吸収合併消滅会社の吸収合併による解散は、吸収合併の登記の後でなければ、これをもって第三者に対抗することができない。

3　次の各号に掲げる場合には、吸収合併消滅株式会社の株主又は吸収合併消滅持分会社の社員は、効力発生日に、前条第1項第3号に掲げる

事項についての定めに従い、当該各号に定める者となる。

一　前条第1項第2号イに掲げる事項についての定めがある場合　同号イの株式の株主

二　前条第1項第2号ロに掲げる事項についての定めがある場合　同号ロの社債の社債権者

三　前条第1項第2号ハに掲げる事項についての定めがある場合　同号ハの新株予約権の新株予約権者

四　前条第1項第2号ニに掲げる事項についての定めがある場合　同号ニの新株予約権付社債についての社債の社債権者及び当該新株予約権付社債に付された新株予約権の新株予約権者

4　吸収合併消滅株式会社の新株予約権は、効力発生日に、消滅する。

5　前条第1項第4号イに規定する場合には、吸収合併消滅株式会社の新株予約権の新株予約権者は、効力発生日に、同項第5号に掲げる事項についての定めに従い、同項第4号イの吸収合併存続株式会社の新株予約権の新株予約権者となる。

6　前各項の規定は、第789条（第1項第3号及び第2項第3号を除き、第793条第2項において準用する場合を含む。）若しくは第799条の規定による手続が終了していない場合又は吸収合併を中止した場合には、適用しない。

　　　　　第2款　持分会社が存続する吸収合併

（持分会社が存続する吸収合併契約）

第751条　会社が吸収合併をする場合において、吸収合併存続会社が持分会社であるときは、吸収合併契約において、次に掲げる事項を定めなければならない。

一　持分会社である吸収合併存続会社（以下この節において「吸収合併存続持分会社」という。）及び吸収合併消滅会社の商号及び住所

二　吸収合併消滅株式会社の株主又は吸収合併消滅持分会社の社員が吸収合併に際して吸収合併存続持分会社の社員となるときは、次のイからハまでに掲げる吸収合併存続持分会社の区分に応じ、当該イからハまでに定める事

項

イ　合名会社　当該社員の氏名又は名称及び住所並びに出資の価額

ロ　合資会社　当該社員の氏名又は名称及び住所、当該社員が無限責任社員又は有限責任社員のいずれであるかの別並びに当該社員の出資の価額

ハ　合同会社　当該社員の氏名又は名称及び住所並びに出資の価額

三　吸収合併存続持分会社が吸収合併に際して吸収合併消滅株式会社の株主又は吸収合併消滅持分会社の社員に対してその株式又は持分に代わる金銭等（吸収合併存続持分会社の持分を除く。）を交付するときは、当該金銭等についての次に掲げる事項

イ　当該金銭等が吸収合併存続持分会社の社債であるときは、当該社債の種類及び種類ごとの各社債の金額の合計額又はその算定方法

ロ　当該金銭等が吸収合併存続持分会社の社債以外の財産であるときは、当該財産の内容及び数若しくは額又はこれらの算定方法

四　前号に規定する場合には、吸収合併消滅株式会社の株主（吸収合併消滅株式会社及び吸収合併存続持分会社を除く。）又は吸収合併消滅持分会社の社員（吸収合併存続持分会社を除く。）に対する同号の金銭等の割当てに関する事項

五　吸収合併消滅株式会社が新株予約権を発行しているときは、吸収合併存続持分会社が吸収合併に際して当該新株予約権の新株予約権者に対して交付する当該新株予約権に代わる金銭の額又はその算定方法

六　前号に規定する場合には、吸収合併消滅株式会社の新株予約権の新株予約権者に対する同号の金銭の割当てに関する事項

七　効力発生日

2　前項に規定する場合において、吸収合併消滅株式会社が種類株式発行会社であるときは、吸収合併存続持分会社及び吸収合併消滅株式会社は、吸収合併消滅株式会社の発行する種類の株

式の内容に応じ、同項第４号に掲げる事項として次に掲げる事項を定めることができる。

一　ある種類の株式の株主に対して金銭等の割当てをしないこととするときは、その旨及び当該株式の種類

二　前号に掲げる事項のほか、金銭等の割当てについて株式の種類ごとに異なる取扱いを行うこととするときは、その旨及び当該異なる取扱いの内容

3　第１項に規定する場合には、同項第４号に掲げる事項についての定めは、吸収合併消滅株式会社の株主（吸収合併消滅株式会社及び吸収合併存続持分会社並びに前項第１号の種類の株式の株主を除く。）の有する株式の数（前項第２号に掲げる事項についての定めがある場合にあっては、各種類の株式の数）に応じて金銭等を交付することを内容とするものでなければならない。

（持分会社が存続する吸収合併の効力の発生等）

第752条　吸収合併存続持分会社は、効力発生日に、吸収合併消滅会社の権利義務を承継する。

2　吸収合併消滅会社の吸収合併による解散は、吸収合併の登記の後でなければ、これをもって第三者に対抗することができない。

3　前条第１項第２号に規定する場合には、吸収合併消滅株式会社の株主又は吸収合併消滅持分会社の社員は、効力発生日に、同号に掲げる事項についての定めに従い、吸収合併存続持分会社の社員となる。この場合においては、吸収合併存続持分会社は、効力発生日に、同号の社員に係る定款の変更をしたものとみなす。

4　前条第１項第３号イに掲げる事項についての定めがある場合には、吸収合併消滅株式会社の株主又は吸収合併消滅持分会社の社員は、効力発生日に、同項第４号に掲げる事項についての定めに従い、同項第３号イの社債の社債権者となる。

5　吸収合併消滅株式会社の新株予約権は、効力発生日に、消滅する。

6　前各項の規定は、第789条（第１項第３号及び第２項第３号を除き、第793条第２項において

て準用する場合を含む。）若しくは第802条第２項において準用する第799条（第２項第３号を除く。）の規定による手続が終了していない場合又は吸収合併を中止した場合には、適用しない。

第3節　新設合併

第1款　株式会社を設立する新設合併

（株式会社を設立する新設合併契約）

第753条　２以上の会社が新設合併をする場合において、新設合併により設立する会社（以下この編において「新設合併設立会社」という。）が株式会社であるときは、新設合併契約において、次に掲げる事項を定めなければならない。

一　新設合併により消滅する会社（以下この編において「新設合併消滅会社」という。）の商号及び住所

二　株式会社である新設合併設立会社（以下この編において「新設合併設立株式会社」という。）の目的、商号、本店の所在地及び発行可能株式総数

三　前号に掲げるもののほか、新設合併設立株式会社の定款で定める事項

四　新設合併設立株式会社の設立時取締役の氏名

五　次のイからハまでに掲げる場合の区分に応じ、当該イからハまでに定める事項

イ　新設合併設立株式会社が会計参与設置会社である場合　新設合併設立株式会社の設立時会計参与の氏名又は名称

ロ　新設合併設立株式会社が監査役設置会社（監査役の監査の範囲を会計に関するものに限定する旨の定款の定めがある株式会社を含む。）である場合　新設合併設立株式会社の設立時監査役の氏名

ハ　新設合併設立株式会社が会計監査人設置会社である場合　新設合併設立株式会社の設立時会計監査人の氏名又は名称

六　新設合併設立株式会社が新設合併に際して株式会社である新設合併消滅会社（以下この編において「新設合併消滅株式会社」という。）

の株主又は持分会社である新設合併消滅会社（以下この編において「新設合併消滅持分会社」という。）の社員に対して交付するその株式又は持分に代わる当該新設合併設立株式会社の株式の数（種類株式発行会社にあっては、株式の種類及び種類ごとの数）又はその数の算定方法並びに当該新設合併設立株式会社の資本金及び準備金の額に関する事項

七　新設合併消滅株式会社の株主（新設合併消滅株式会社を除く。）又は新設合併消滅持分会社の社員に対する前号の株式の割当てに関する事項

八　新設合併設立株式会社が新設合併に際して新設合併消滅株式会社の株主又は新設合併消滅持分会社の社員に対してその株式又は持分に代わる当該新設合併設立株式会社の社債等を交付するときは、当該社債等についての次に掲げる事項

　イ　当該社債等が新設合併設立株式会社の社債（新株予約権付社債についてのものを除く。）であるときは、当該社債の種類及び種類ごとの各社債の金額の合計額又はその算定方法

　ロ　当該社債等が新設合併設立株式会社の新株予約権（新株予約権付社債に付されたものを除く。）であるときは、当該新株予約権の内容及び数又はその算定方法

　ハ　当該社債等が新設合併設立株式会社の新株予約権付社債であるときは、当該新株予約権付社債についてのイに規定する事項及び当該新株予約権付社債に付された新株予約権についてのロに規定する事項

九　前号に規定する場合には、新設合併消滅株式会社の株主（新設合併消滅株式会社を除く。）又は新設合併消滅持分会社の社員に対する同号の社債等の割当てに関する事項

十　新設合併消滅株式会社が新株予約権を発行しているときは、新設合併設立株式会社が新設合併に際して当該新株予約権の新株予約権者に対して交付する当該新株予約権に代わる当該新設合併設立株式会社の新株予約権又は

金銭についての次に掲げる事項

　イ　当該新設合併消滅株式会社の新株予約権の新株予約権者に対して新設合併設立株式会社の新株予約権を交付するときは、当該新株予約権の内容及び数又はその算定方法

　ロ　イに規定する場合において、イの新設合併消滅株式会社の新株予約権が新株予約権付社債に付された新株予約権であるときは、新設合併設立株式会社が当該新株予約権付社債についての社債に係る債務を承継する旨並びにその承継に係る社債の種類及び種類ごとの各社債の金額の合計額又はその算定方法

　ハ　当該新設合併消滅株式会社の新株予約権の新株予約権者に対して金銭を交付するときは、当該金銭の額又はその算定方法

十一　前号に規定する場合には、新設合併消滅株式会社の新株予約権の新株予約権者に対する同号の新設合併設立株式会社の新株予約権又は金銭の割当てに関する事項

2　新設合併設立株式会社が監査等委員会設置会社である場合には、前項第4号に掲げる事項は、設立時監査等委員である設立時取締役とそれ以外の設立時取締役とを区別して定めなければならない。

3　第1項に規定する場合において、新設合併消滅株式会社の全部又は一部が種類株式発行会社であるときは、新設合併消滅会社は、新設合併消滅株式会社の発行する種類の株式の内容に応じ、同項第7号に掲げる事項（新設合併消滅株式会社の株主に係る事項に限る。次項において同じ。）として次に掲げる事項を定めることができる。

一　ある種類の株式の株主に対して新設合併設立株式会社の株式の割当てをしないこととするときは、その旨及び当該株式の種類

二　前号に掲げる事項のほか、新設合併設立株式会社の株式の割当てについて株式の種類ごとに異なる取扱いを行うこととするときは、その旨及び当該異なる取扱いの内容

4　第1項に規定する場合には、同項第7号に掲

げる事項についての定めは、新設合併消滅株式
会社の株主（新設合併消滅会社及び前項第１号
の種類の株式の株主を除く。）の有する株式の
数（前項第２号に掲げる事項についての定めが
ある場合にあっては、各種類の株式の数）に応
じて新設合併設立株式会社の株式を交付するこ
とを内容とするものでなければならない。

5　前２項の規定は、第１項第９号に掲げる事項
について準用する。この場合において、前２項
中「新設合併設立株式会社の株式」とあるのは、
「新設合併設立株式会社の社債等」と読み替え
るものとする。

（株式会社を設立する新設合併の効力の発生等）

第754条　新設合併設立株式会社は、その成立の
日に、新設合併消滅会社の権利義務を承継する。

2　前条第１項に規定する場合には、新設合併消
滅株式会社の株主又は新設合併消滅持分会社の
社員は、新設合併設立株式会社の成立の日に、
同項第７号に掲げる事項についての定めに従い、
同項第６号の株式の株主となる。

3　次の各号に掲げる場合には、新設合併消滅株
式会社の株主又は新設合併消滅持分会社の社員
は、新設合併設立株式会社の成立の日に、前条
第１項第９号に掲げる事項についての定めに従
い、当該各号に定める者となる。

一　前条第１項第８号イに掲げる事項について
の定めがある場合　同号イの社債の社債権者

二　前条第１項第８号ロに掲げる事項について
の定めがある場合　同号ロの新株予約権の新
株予約権者

三　前条第１項第８号ハに掲げる事項について
の定めがある場合　同号ハの新株予約権付社
債についての社債の社債権者及び当該新株予
約権付社債に付された新株予約権の新株予約
権者

4　新設合併消滅株式会社の新株予約権は、新設
合併設立株式会社の成立の日に、消滅する。

5　前条第１項第10号イに規定する場合には、新
設合併消滅株式会社の新株予約権の新株予約権
者は、新設合併設立株式会社の成立の日に、同
項第11号に掲げる事項についての定めに従い、

同項第10号イの新設合併設立株式会社の新株予
約権の新株予約権者となる。

第２款　持分会社を設立する新設合併

（持分会社を設立する新設合併契約）

第755条　２以上の会社が新設合併をする場合に
おいて、新設合併設立会社が持分会社であると
きは、新設合併契約において、次に掲げる事項
を定めなければならない。

一　新設合併消滅会社の商号及び住所

二　持分会社である新設合併設立会社（以下こ
の編において「新設合併設立持分会社」とい
う。）が合名会社、合資会社又は合同会社の
いずれであるかの別

三　新設合併設立持分会社の目的、商号及び本
店の所在地

四　新設合併設立持分会社の社員についての次
に掲げる事項

イ　当該社員の氏名又は名称及び住所

ロ　当該社員が無限責任社員又は有限責任社
員のいずれであるかの別

ハ　当該社員の出資の価額

五　前２号に掲げるもののほか、新設合併設立
持分会社の定款で定める事項

六　新設合併設立持分会社が新設合併に際して
新設合併消滅株式会社の株主又は新設合併消
滅持分会社の社員に対してその株式又は持分
に代わる当該新設合併設立持分会社の社債を
交付するときは、当該社債の種類及び種類ご
との各社債の金額の合計額又はその算定方法

七　前号に規定する場合には、新設合併消滅株
式会社の株主（新設合併消滅株式会社を除
く。）又は新設合併消滅持分会社の社員に対
する同号の社債の割当てに関する事項

八　新設合併消滅株式会社が新株予約権を発行
しているときは、新設合併設立持分会社が新
設合併に際して当該新株予約権の新株予約権
者に対して交付する当該新株予約権に代わる
金銭の額又はその算定方法

九　前号に規定する場合には、新設合併消滅株
式会社の新株予約権の新株予約権者に対する
同号の金銭の割当てに関する事項

会
社
法

2　新設合併設立持分会社が合名会社であるとき
は、前項第4号ロに掲げる事項として、その社
員の全部を無限責任社員とする旨を定めなけれ
ばならない。

3　新設合併設立持分会社が合資会社であるとき
は、第1項第4号ロに掲げる事項として、その
社員の一部を無限責任社員とし、その他の社員
を有限責任社員とする旨を定めなければならな
い。

4　新設合併設立持分会社が合同会社であるとき
は、第1項第4号ロに掲げる事項として、その
社員の全部を有限責任社員とする旨を定めなけ
ればならない。

（持分会社を設立する新設合併の効力の発生等）

第756条　新設合併設立持分会社は、その成立の
日に、新設合併消滅会社の権利義務を承継する。

2　前条第1項に規定する場合には、新設合併消
滅株式会社の株主又は新設合併消滅持分会社の
社員は、新設合併設立持分会社の成立の日に、
同項第4号に掲げる事項についての定めに従い、
当該新設合併設立持分会社の社員となる。

3　前条第1項第6号に掲げる事項についての定
めがある場合には、新設合併消滅株式会社の株
主又は新設合併消滅持分会社の社員は、新設合
併設立持分会社の成立の日に、同項第7号に掲
げる事項についての定めに従い、同項第6号の
社債の社債権者となる。

4　新設合併消滅株式会社の新株予約権は、新設
合併設立持分会社の成立の日に、消滅する。

第3章　会社分割

第1節　吸収分割

第1款　通　則

（吸収分割契約の締結）

第757条　会社（株式会社又は合同会社に限る。）
は、吸収分割をすることができる。この場合に
おいては、当該会社がその事業に関して有する
権利義務の全部又は一部を当該会社から承継す
る会社（以下この編において「吸収分割承継会
社」という。）との間で、吸収分割契約を締結

しなければならない。

第2款　株式会社に権利義務を承継させる吸収分割

（株式会社に権利義務を承継させる吸収分割契約）

第758条　会社が吸収分割をする場合において、
吸収分割承継会社が株式会社であるときは、吸
収分割契約において、次に掲げる事項を定めな
ければならない。

一　吸収分割をする会社（以下この編において
「吸収分割会社」という。）及び株式会社であ
る吸収分割承継会社（以下この編において「吸
収分割承継株式会社」という。）の商号及び
住所

二　吸収分割承継株式会社が吸収分割により吸
収分割会社から承継する資産、債務、雇用契
約その他の権利義務（株式会社である吸収分
割会社（以下この編において「吸収分割株式
会社」という。）及び吸収分割承継株式会社
の株式並びに吸収分割株式会社の新株予約権
に係る義務を除く。）に関する事項

三　吸収分割により吸収分割株式会社又は吸収
分割承継株式会社の株式を吸収分割承継株式
会社に承継させるときは、当該株式に関する
事項

四　吸収分割承継株式会社が吸収分割に際して
吸収分割会社に対してその事業に関する権利
義務の全部又は一部に代わる金銭等を交付す
るときは、当該金銭等についての次に掲げる
事項

　イ　当該金銭等が吸収分割承継株式会社の株
式であるときは、当該株式の数（種類株式
発行会社にあっては、株式の種類及び種類
ごとの数）又はその数の算定方法並びに当
該吸収分割承継株式会社の資本金及び準備
金の額に関する事項

　ロ　当該金銭等が吸収分割承継株式会社の社
債（新株予約権付社債についてのものを除
く。）であるときは、当該社債の種類及び
種類ごとの各社債の金額の合計額又はその
算定方法

　ハ　当該金銭等が吸収分割承継株式会社の新

株予約権（新株予約権付社債に付されたものを除く。）であるときは、当該新株予約権の内容及び数又はその算定方法

五　当該金銭等が吸収分割承継株式会社の新株予約権付社債であるときは、当該新株予約権付社債についてのロに規定する事項及び当該新株予約権付社債に付された新株予約権についてのハに規定する事項

ホ　当該金銭等が吸収分割承継株式会社の株式等以外の財産であるときは、当該財産の内容及び数若しくは額又はこれらの算定方法

五　吸収分割承継株式会社が吸収分割に際して吸収分割株式会社の新株予約権の新株予約権者に対して当該新株予約権に代わる当該吸収分割承継株式会社の新株予約権を交付するときは、当該新株予約権についての次に掲げる事項

イ　当該吸収分割承継株式会社の新株予約権の交付を受ける吸収分割株式会社の新株予約権の新株予約権者の有する新株予約権（以下この編において「吸収分割契約新株予約権」という。）の内容

ロ　吸収分割契約新株予約権の新株予約権者に対して交付する吸収分割承継株式会社の新株予約権の内容及び数又はその算定方法

ハ　吸収分割契約新株予約権が新株予約権付社債に付された新株予約権であるときは、吸収分割承継株式会社が当該新株予約権付社債についての社債に係る債務を承継する旨並びにその承継に係る社債の種類及び種類ごとの各社債の金額の合計額又はその算定方法

六　前号に規定する場合には、吸収分割契約新株予約権の新株予約権者に対する同号の吸収分割承継株式会社の新株予約権の割当てに関する事項

七　吸収分割がその効力を生ずる日（以下この節において「効力発生日」という。）

八　吸収分割株式会社が効力発生日に次に掲げる行為をするときは、その旨

イ　第171条第1項の規定による株式の取得（同項第1号に規定する取得対価が吸収分割承継株式会社の株式（吸収分割株式会社が吸収分割をする前から有するものを除き、吸収分割承継株式会社の株式に準ずるものとして法務省令で定めるものを含む。ロにおいて同じ。）のみであるものに限る。）

規178

ロ　剰余金の配当（配当財産が吸収分割承継株式会社の株式のみであるものに限る。）

（株式会社に権利義務を承継させる吸収分割の効力の発生等）

第759条　吸収分割承継株式会社は、効力発生日に、吸収分割契約の定めに従い、吸収分割会社の権利義務を承継する。

2　前項の規定にかかわらず、第789条第1項第2号（第793条第2項において準用する場合を含む。次項において同じ。）の規定により異議を述べることができる吸収分割会社の債権者であって、第789条第2項（第3号を除き、第793条第2項において準用する場合を含む。次項において同じ。）の各別の催告を受けなかったもの（第789条第3項（第793条第2項において準用する場合を含む。）に規定する場合にあっては、不法行為によって生じた債務の債権者であるものに限る。次項において同じ。）は、吸収分割契約において吸収分割後に吸収分割会社に対して債務の履行を請求することができないものとされているときであっても、吸収分割会社に対し、吸収分割会社が効力発生日に有していた財産の価額を限度として、当該債務の履行を請求することができる。

3　第1項の規定にかかわらず、第789条第1項第2号の規定により異議を述べることができる吸収分割会社の債権者であって、同条第2項の各別の催告を受けなかったものは、吸収分割契約において吸収分割後に吸収分割承継株式会社に対して債務の履行を請求することができないものとされているときであっても、吸収分割承継株式会社に対して、承継した財産の価額を限度として、当該債務の履行を請求することがで

きる。

4　第1項の規定にかかわらず、吸収分割会社が吸収分割承継株式会社に承継されない債務の債権者（以下この条において「残存債権者」という。）を害することを知って吸収分割をした場合には、残存債権者は、吸収分割承継株式会社に対して、承継した財産の価額を限度として、当該債務の履行を請求することができる。ただし、吸収分割承継株式会社が吸収分割の効力が生じた時において残存債権者を害することを知らなかったときは、この限りでない。

5　前項の規定は、前条第8号に掲げる事項についての定めがある場合には、適用しない。

6　吸収分割承継株式会社が第4項の規定により同項の債務を履行する責任を負う場合には、当該責任は、吸収分割会社が残存債権者を害することを知って吸収分割をしたことを知った時から2年以内に請求又は請求の予告をしない残存債権者に対しては、その期間を経過した時に消滅する。効力発生日から10年を経過したときも、同様とする。

7　吸収分割会社について破産手続開始の決定、再生手続開始の決定又は更生手続開始の決定があったときは、残存債権者は、吸収分割承継株式会社に対して第4項の規定による請求をする権利を行使することができない。

8　次の各号に掲げる場合には、吸収分割会社は、効力発生日に、吸収分割契約の定めに従い、当該各号に定める者となる。

一　前条第4号イに掲げる事項についての定めがある場合　同号イの株式の株主

二　前条第4号ロに掲げる事項についての定めがある場合　同号ロの社債の社債権者

三　前条第4号ハに掲げる事項についての定めがある場合　同号ハの新株予約権の新株予約権者

四　前条第4号ニに掲げる事項についての定めがある場合　同号ニの新株予約権付社債についての社債の社債権者及び当該新株予約権付社債に付された新株予約権の新株予約権者

9　前条第5号に規定する場合には、効力発生日に、吸収分割契約新株予約権は、消滅し、当該吸収分割契約新株予約権の新株予約権者は、同条第6号に掲げる事項についての定めに従い、同条第5号ロの吸収分割承継株式会社の新株予約権の新株予約権者となる。

10　前各項の規定は、第789条（第1項第3号及び第2項第3号を除き、第793条第2項において準用する場合を含む。）若しくは第799条の規定による手続が終了していない場合又は吸収分割を中止した場合には、適用しない。

第3款　持分会社に権利義務を承継させる吸収分割

（持分会社に権利義務を承継させる吸収分割契約）

第760条　会社が吸収分割をする場合において、吸収分割承継会社が持分会社であるときは、吸収分割契約において、次に掲げる事項を定めなければならない。

一　吸収分割会社及び持分会社である吸収分割承継会社（以下この節において「吸収分割承継持分会社」という。）の商号及び住所

二　吸収分割承継持分会社が吸収分割により吸収分割会社から承継する資産、債務、雇用契約その他の権利義務（吸収分割株式会社の株式及び新株予約権に係る義務を除く。）に関する事項

三　吸収分割により吸収分割株式会社の株式を吸収分割承継持分会社に承継させるときは、当該株式に関する事項

四　吸収分割会社が吸収分割に際して吸収分割承継持分会社の社員となるときは、次のイからハまでに掲げる吸収分割承継持分会社の区分に応じ、当該イからハまでに定める事項

イ　合名会社　当該社員の氏名又は名称及び住所並びに出資の価額

ロ　合資会社　当該社員の氏名又は名称及び住所、当該社員が無限責任社員又は有限責任社員のいずれであるかの別並びに当該社員の出資の価額

ハ　合同会社　当該社員の氏名又は名称及び住所並びに出資の価額

五　吸収分割承継持分会社が吸収分割に際して

吸収分割会社に対してその事業に関する権利義務の全部又は一部に代わる金銭等（吸収分割承継持分会社の持分を除く。）を交付するときは、当該金銭等についての次に掲げる事項

イ　当該金銭等が吸収分割承継持分会社の社債であるときは、当該社債の種類及び種類ごとの各社債の金額の合計額又はその算定方法

ロ　当該金銭等が吸収分割承継持分会社の社債以外の財産であるときは、当該財産の内容及び数若しくは額又はこれらの算定方法

六　効力発生日

七　吸収分割株式会社が効力発生日に次に掲げる行為をするときは、その旨

イ　第171条第1項の規定による株式の取得（同項第1号に規定する取得対価が吸収分割承継持分会社の持分（吸収分割株式会社が吸収分割をする前から有するものを除き、吸収分割承継持分会社の持分に準ずるものとして法務省令で定めるものを含む。ロにおいて同じ。）のみであるものに限る。）

〔規178〕

ロ　剰余金の配当（配当財産が吸収分割承継持分会社の持分のみであるものに限る。）

（持分会社に権利義務を承継させる吸収分割の効力の発生等）

第761条　吸収分割承継持分会社は、効力発生日に、吸収分割契約の定めに従い、吸収分割会社の権利義務を承継する。

2　前項の規定にかかわらず、第789条第1項第2号（第793条第2項において準用する場合を含む。次項において同じ。）の規定により異議を述べることができる吸収分割会社の債権者であって、第789条第2項（第3号を除き、第793条第2項において準用する場合を含む。次項において同じ。）の各別の催告を受けなかったもの（第789条第3項（第793条第2項において準用する場合を含む。）に規定する場合にあっては、不法行為によって生じた債務の債権者であるものに限る。次項において同じ。）は、吸収

分割契約において吸収分割後に吸収分割会社に対して債務の履行を請求することができないものとされているときであっても、吸収分割会社に対して、吸収分割会社が効力発生日に有していた財産の価額を限度として、当該債務の履行を請求することができる。

3　第1項の規定にかかわらず、第789条第1項第2号の規定により異議を述べることができる吸収分割会社の債権者であって、同条第2項の各別の催告を受けなかったものは、吸収分割契約において吸収分割後に吸収分割承継持分会社に対して債務の履行を請求することができないものとされているときであっても、吸収分割承継持分会社に対して、承継した財産の価額を限度として、当該債務の履行を請求することができる。

4　第1項の規定にかかわらず、吸収分割会社が吸収分割承継持分会社に承継されない債務の債権者（以下この条において「残存債権者」という。）を害することを知って吸収分割をした場合には、残存債権者は、吸収分割承継持分会社に対して、承継した財産の価額を限度として、当該債務の履行を請求することができる。ただし、吸収分割承継持分会社が吸収分割の効力が生じた時において残存債権者を害することを知らなかったときは、この限りでない。

5　前項の規定は、前条第7号に掲げる事項についての定めがある場合には、適用しない。

6　吸収分割承継持分会社が第4項の規定により同項の債務を履行する責任を負う場合には、当該責任は、吸収分割会社が残存債権者を害することを知って吸収分割をしたことを知った時から2年以内に請求又は請求の予告をしない残存債権者に対しては、その期間を経過した時に消滅する。効力発生日から10年を経過したときも、同様とする。

7　吸収分割会社について破産手続開始の決定、再生手続開始の決定又は更生手続開始の決定があったときは、残存債権者は、吸収分割承継持分会社に対して第4項の規定による請求をする権利を行使することができない。

会
社
法

8　前条第4号に規定する場合には、吸収分割会社は、効力発生日に、同号に掲げる事項についての定めに従い、吸収分割承継持分会社の社員となる。この場合においては、吸収分割承継持分会社は、効力発生日に、同号の社員に係る定款の変更をしたものとみなす。

9　前条第5号イに掲げる事項についての定めがある場合には、吸収分割会社は、効力発生日に、吸収分割契約の定めに従い、同号イの社債の社債権者となる。

10　前各項の規定は、第789条（第1項第3号及び第2項第3号を除き、第793条第2項において準用する場合を含む。）若しくは第802条第2項において準用する第799条（第2項第3号を除く。）の規定による手続が終了していない場合又は吸収分割を中止した場合には、適用しない。

第2節　新設分割

第1款　通　則

（新設分割計画の作成）

第762条　1又は2以上の株式会社又は合同会社は、新設分割をすることができる。この場合においては、新設分割計画を作成しなければならない。

2　2以上の株式会社又は合同会社が共同して新設分割をする場合には、当該2以上の株式会社又は合同会社は、共同して新設分割計画を作成しなければならない。

第2款　株式会社を設立する新設分割

（株式会社を設立する新設分割計画）

第763条　1又は2以上の株式会社又は合同会社が新設分割をする場合において、新設分割により設立する会社（以下この編において「新設分割設立会社」という。）が株式会社であるときは、新設分割計画において、次に掲げる事項を定めなければならない。

一　株式会社である新設分割設立会社（以下この編において「新設分割設立株式会社」という。）の目的、商号、本店の所在地及び発行可能株式総数

二　前号に掲げるもののほか、新設分割設立株式会社の定款で定める事項

三　新設分割設立株式会社の設立時取締役の氏名

四　次のイからハまでに掲げる場合の区分に応じ、当該イからハまでに定める事項

　イ　新設分割設立株式会社が会計参与設置会社である場合　新設分割設立株式会社の設立時会計参与の氏名又は名称

　ロ　新設分割設立株式会社が監査役設置会社（監査役の監査の範囲を会計に関するものに限定する旨の定款の定めがある株式会社を含む。）である場合　新設分割設立株式会社の設立時監査役の氏名

　ハ　新設分割設立株式会社が会計監査人設置会社である場合　新設分割設立株式会社の設立時会計監査人の氏名又は名称

五　新設分割設立株式会社が新設分割により新設分割をする会社（以下この編において「新設分割会社」という。）から承継する資産、債務、雇用契約その他の権利義務（株式会社である新設分割会社（以下この編において「新設分割株式会社」という。）の株式及び新株予約権に係る義務を除く。）に関する事項

六　新設分割設立株式会社が新設分割に際して新設分割会社に対して交付するその事業に関する権利義務の全部又は一部に代わる当該新設分割設立株式会社の株式の数（種類株式発行会社にあっては、株式の種類及び種類ごとの数）又はその数の算定方法並びに当該新設分割設立株式会社の資本金及び準備金の額に関する事項

七　2以上の株式会社又は合同会社が共同して新設分割をするときは、新設分割会社に対する前号の株式の割当てに関する事項

八　新設分割設立株式会社が新設分割に際して新設分割会社に対してその事業に関する権利義務の全部又は一部に代わる当該新設分割設立株式会社の社債等を交付するときは、当該社債等についての次に掲げる事項

　イ　当該社債等が新設分割設立株式会社の社

債（新株予約権付社債についてのものを除く。）であるときは、当該社債の種類及び種類ごとの各社債の金額の合計額又はその算定方法

ロ　当該社債等が新設分割設立株式会社の新株予約権（新株予約権付社債に付されたものを除く。）であるときは、当該新株予約権の内容及び数又はその算定方法

ハ　当該社債等が新設分割設立株式会社の新株予約権付社債であるときは、当該新株予約権付社債についてのイに規定する事項及び当該新株予約権付社債に付された新株予約権についてのロに規定する事項

九　前号に規定する場合において、２以上の株式会社又は合同会社が共同して新設分割をするときは、新設分割会社に対する同号の社債等の割当てに関する事項

十　新設分割設立株式会社が新設分割に際して新設分割株式会社の新株予約権の新株予約権者に対して当該新株予約権に代わる当該新設分割設立株式会社の新株予約権を交付するときは、当該新株予約権についての次に掲げる事項

イ　当該新設分割設立株式会社の新株予約権の交付を受ける新設分割株式会社の新株予約権の新株予約権者の有する新株予約権（以下この編において「新設分割計画新株予約権」という。）の内容

ロ　新設分割計画新株予約権の新株予約権者に対して交付する新設分割設立株式会社の新株予約権の内容及び数又はその算定方法

ハ　新設分割計画新株予約権が新株予約権付社債に付された新株予約権であるときは、新設分割設立株式会社が当該新株予約権付社債についての社債に係る債務を承継する旨並びにその承継に係る社債の種類及び種類ごとの各社債の金額の合計額又はその算定方法

十一　前号に規定する場合には、新設分割計画新株予約権の新株予約権者に対する同号の新設分割設立株式会社の新株予約権の割当てに関する事項

十二　新設分割株式会社が新設分割設立株式会社の成立の日に次に掲げる行為をするときは、その旨

イ　第171条第１項の規定による株式の取得（同項第１号に規定する取得対価が新設分割設立株式会社の株式（これに準ずるものとして法務省令で定めるものを含む。ロにおいて同じ。）のみであるものに限る。）

規179

ロ　剰余金の配当（配当財産が新設分割設立株式会社の株式のみであるものに限る。）

2　新設分割設立株式会社が監査等委員会設置会社である場合には、前項第３号に掲げる事項は、設立時監査等委員である設立時取締役とそれ以外の設立時取締役とを区別して定めなければならない。

（株式会社を設立する新設分割の効力の発生等）

第764条　新設分割設立株式会社は、その成立の日に、新設分割計画の定めに従い、新設分割会社の権利義務を承継する。

2　前項の規定にかかわらず、第810条第１項第２号（第813条第２項において準用する場合を含む。次項において同じ。）の規定により異議を述べることができる新設分割会社の債権者であって、第810条第２項（第３号を除き、第813条第２項において準用する場合を含む。次項において同じ。）の各別の催告を受けなかったもの（第810条第３項（第813条第２項において準用する場合を含む。）に規定する場合にあっては、不法行為によって生じた債務の債権者であるものに限る。次項において同じ。）は、新設分割計画において新設分割後に新設分割会社に対して債務の履行を請求することができないものとされているときであっても、新設分割会社に対して、新設分割会社が新設分割設立株式会社の成立の日に有していた財産の価額を限度として、当該債務の履行を請求することができる。

3　第１項の規定にかかわらず、第810条第１項第２号の規定により異議を述べることができる新設分割会社の債権者であって、同条第２項の

各別の催告を受けなかったものは、新設分割計画において新設分割後に新設分割設立株式会社に対して債務の履行を請求することができないものとされているときであっても、新設分割設立株式会社に対して、承継した財産の価額を限度として、当該債務の履行を請求することができる。

4　第1項の規定にかかわらず、新設分割会社が新設分割設立株式会社に承継されない債務の債権者（以下この条において「残存債権者」という。）を害することを知って新設分割をした場合には、残存債権者は、新設分割設立株式会社に対して、承継した財産の価額を限度として、当該債務の履行を請求することができる。

5　前項の規定は、前条第1項第12号に掲げる事項についての定めがある場合には、適用しない。

6　新設分割設立株式会社が第4項の規定により同項の債務を履行する責任を負う場合には、当該責任は、新設分割会社が残存債権者を害することを知って新設分割をしたことを知った時から2年以内に請求又は請求の予告をしない残存債権者に対しては、その期間を経過した時に消滅する。新設分割設立株式会社の成立の日から10年を経過したときも、同様とする。

7　新設分割会社について破産手続開始の決定、再生手続開始の決定又は更生手続開始の決定があったときは、残存債権者は、新設分割設立株式会社に対して第4項の規定による請求をする権利を行使することができない。

8　前条第1項に規定する場合には、新設分割会社は、新設分割設立株式会社の成立の日に、新設分割計画の定めに従い、同項第6号の株式の株主となる。

9　次の各号に掲げる場合には、新設分割会社は、新設分割設立株式会社の成立の日に、新設分割計画の定めに従い、当該各号に定める者となる。

一　前条第1項第8号イに掲げる事項についての定めがある場合　同号イの社債の社債権者

二　前条第1項第8号ロに掲げる事項についての定めがある場合　同号ロの新株予約権の新株予約権者

三　前条第1項第8号ハに掲げる事項についての定めがある場合　同号ハの新株予約権付社債についての社債の社債権者及び当該新株予約権付社債に付された新株予約権の新株予約権者

10　2以上の株式会社又は合同会社が共同して新設分割をする場合における前2項の規定の適用については、第8項中「新設分割計画の定め」とあるのは「同項第7号に掲げる事項についての定め」と、前項中「新設分割計画の定め」とあるのは「前条第1項第9号に掲げる事項についての定め」とする。

11　前条第1項第10号に規定する場合には、新設分割設立株式会社の成立の日に、新設分割計画新株予約権は、消滅し、当該新設分割計画新株予約権の新株予約権者は、同項第11号に掲げる事項についての定めに従い、同項第10号ロの新設分割設立株式会社の新株予約権の新株予約権者となる。

　　　第3款　持分会社を設立する新設分割

（持分会社を設立する新設分割計画）

第765条　1又は2以上の株式会社又は合同会社が新設分割をする場合において、新設分割設立会社が持分会社であるときは、新設分割計画において、次に掲げる事項を定めなければならない。

一　持分会社である新設分割設立会社（以下この編において「新設分割設立持分会社」という。）が合名会社、合資会社又は合同会社のいずれであるかの別

二　新設分割設立持分会社の目的、商号及び本店の所在地

三　新設分割設立持分会社の社員についての次に掲げる事項

イ　当該社員の名称及び住所

ロ　当該社員が無限責任社員又は有限責任社員のいずれであるかの別

ハ　当該社員の出資の価額

四　前2号に掲げるもののほか、新設分割設立持分会社の定款で定める事項

五　新設分割設立持分会社が新設分割により新

設分割会社から承継する資産、債務、雇用契約その他の権利義務（新設分割株式会社の株式及び新株予約権に係る義務を除く。）に関する事項

六　新設分割設立持分会社が新設分割に際して新設分割会社に対してその事業に関する権利義務の全部又は一部に代わる当該新設分割設立持分会社の社債を交付するときは、当該社債の種類及び種類ごとの各社債の金額の合計額又はその算定方法

七　前号に規定する場合において、2以上の株式会社又は合同会社が共同して新設分割をするときは、新設分割会社に対する同号の社債の割当てに関する事項

八　新設分割株式会社が新設分割設立持分会社の成立の日に次に掲げる行為をするときは、その旨

　イ　第171条第1項の規定による株式の取得（同項第1号に規定する取得対価が新設分割設立持分会社の持分（これに準ずるものとして法務省令で定めるものを含む。ロにおいて同じ。）のみであるものに限る。）

　規179

　ロ　剰余金の配当（配当財産が新設分割設立持分会社の持分のみであるものに限る。）

2　新設分割設立持分会社が合名会社であるときは、前項第3号ロに掲げる事項として、その社員の全部を無限責任社員とする旨を定めなければならない。

3　新設分割設立持分会社が合資会社であるときは、第1項第3号ロに掲げる事項として、その社員の一部を無限責任社員とし、その他の社員を有限責任社員とする旨を定めなければならない。

4　新設分割設立持分会社が合同会社であるときは、第1項第3号ロに掲げる事項として、その社員の全部を有限責任社員とする旨を定めなければならない。

（持分会社を設立する新設分割の効力の発生等）

第766条　新設分割設立持分会社は、その成立の日に、新設分割計画の定めに従い、新設分割会

社の権利義務を承継する。

2　前項の規定にかかわらず、第810条第1項第2号（第813条第2項において準用する場合を含む。次項において同じ。）の規定により異議を述べることができる新設分割会社の債権者であって、第810条第2項（第3号を除き、第813条第2項において準用する場合を含む。次項において同じ。）の各別の催告を受けなかったもの（第810条第3項（第813条第2項において準用する場合を含む。）に規定する場合にあっては、不法行為によって生じた債務の債権者であるものに限る。次項において同じ。）は、新設分割計画において新設分割後に新設分割会社に対して債務の履行を請求することができないものとされているときであっても、新設分割会社に対して、新設分割会社が新設分割設立持分会社の成立の日に有していた財産の価額を限度として、当該債務の履行を請求することができる。

3　第1項の規定にかかわらず、第810条第1項第2号の規定により異議を述べることができる新設分割会社の債権者であって、同条第2項の各別の催告を受けなかったものは、新設分割計画において新設分割後に新設分割設立持分会社に対して債務の履行を請求することができないものとされているときであっても、新設分割設立持分会社に対して、承継した財産の価額を限度として、当該債務の履行を請求することができる。

4　第1項の規定にかかわらず、新設分割会社が新設分割設立持分会社に承継されない債務の債権者（以下この条において「残存債権者」という。）を害することを知って新設分割をした場合には、残存債権者は、新設分割設立持分会社に対して、承継した財産の価額を限度として、当該債務の履行を請求することができる。

5　前項の規定は、前条第1項第8号に掲げる事項についての定めがある場合には、適用しない。

6　新設分割設立持分会社が第4項の規定により同項の債務を履行する責任を負う場合には、当該責任は、新設分割会社が残存債権者を害することを知って新設分割をしたことを知った時か

ら2年以内に請求又は請求の予告をしない残存債権者に対しては、その期間を経過した時に消滅する。新設分割設立持分会社の成立の日から10年を経過したときも、同様とする。

7　新設分割会社について破産手続開始の決定、再生手続開始の決定又は更生手続開始の決定があったときは、残存債権者は、新設分割設立持分会社に対して第4項の規定による請求をする権利を行使することができない。

8　前条第1項に規定する場合には、新設分割会社は、新設分割設立持分会社の成立の日に、同項第3号に掲げる事項についての定めに従い、当該新設分割設立持分会社の社員となる。

9　前条第1項第6号に掲げる事項についての定めがある場合には、新設分割会社は、新設分割設立持分会社の成立の日に、新設分割計画の定めに従い、同号の社債の社債権者となる。

10　2以上の株式会社又は合同会社が共同して新設分割をする場合における前項の規定の適用については、同項中「新設分割計画の定めに従い、同号」とあるのは、「同項第7号に掲げる事項についての定めに従い、同項第6号」とする。

第4章　株式交換及び株式移転

第1節　株式交換

第1款　通　則

（株式交換契約の締結）

第767条　株式会社は、株式交換をすることができる。この場合においては、当該株式会社の発行済株式の全部を取得する会社（株式会社又は合同会社に限る。以下この編において「株式交換完全親会社」という。）との間で、株式交換契約を締結しなければならない。

第2款　株式会社に発行済株式を取得させる株式交換

（株式会社に発行済株式を取得させる株式交換契約）

第768条　株式会社が株式交換をする場合において、株式交換完全親会社が株式会社であるときは、株式交換契約において、次に掲げる事項を定めなければならない。

一　株式交換をする株式会社（以下この編において「株式交換完全子会社」という。）及び株式会社である株式交換完全親会社（以下この編において「株式交換完全親株式会社」という。）の商号及び住所

二　株式交換完全親株式会社が株式交換に際して株式交換完全子会社の株主に対してその株式に代わる金銭等を交付するときは、当該金銭等についての次に掲げる事項

イ　当該金銭等が株式交換完全親株式会社の株式であるときは、当該株式の数（種類株式発行会社にあっては、株式の種類及び種類ごとの数）又はその数の算定方法並びに当該株式交換完全親株式会社の資本金及び準備金の額に関する事項

ロ　当該金銭等が株式交換完全親株式会社の社債（新株予約権付社債についてのものを除く。）であるときは、当該社債の種類及び種類ごとの各社債の金額の合計額又はその算定方法

ハ　当該金銭等が株式交換完全親株式会社の新株予約権（新株予約権付社債に付されたものを除く。）であるときは、当該新株予約権の内容及び数又はその算定方法

ニ　当該金銭等が株式交換完全親株式会社の新株予約権付社債であるときは、当該新株予約権付社債についてのロに規定する事項及び当該新株予約権付社債に付された新株予約権についてのハに規定する事項

ホ　当該金銭等が株式交換完全親株式会社の株式等以外の財産であるときは、当該財産の内容及び数若しくは額又はこれらの算定方法

三　前号に規定する場合には、株式交換完全子会社の株主（株式交換完全親株式会社を除く。）に対する同号の金銭等の割当てに関する事項

四　株式交換完全親株式会社が株式交換に際して株式交換完全子会社の新株予約権の新株予約権者に対して当該新株予約権に代わる当該

株式交換完全親株式会社の新株予約権を交付するときは、当該新株予約権についての次に掲げる事項

　　イ　当該株式交換完全親株式会社の新株予約権の交付を受ける株式交換完全子会社の新株予約権の新株予約権者の有する新株予約権（以下この編において「株式交換契約新株予約権」という。）の内容

　　ロ　株式交換契約新株予約権の新株予約権者に対して交付する株式交換完全親株式会社の新株予約権の内容及び数又はその算定方法

　　ハ　株式交換契約新株予約権が新株予約権付社債に付された新株予約権であるときは、株式交換完全親株式会社が当該新株予約権付社債についての社債に係る債務を承継する旨並びにその承継に係る社債の種類及び種類ごとの各社債の金額の合計額又はその算定方法

　五　前号に規定する場合には、株式交換契約新株予約権の新株予約権者に対する同号の株式交換完全親株式会社の新株予約権の割当てに関する事項

　六　株式交換がその効力を生ずる日（以下この節において「効力発生日」という。）

2　前項に規定する場合において、株式交換完全子会社が種類株式発行会社であるときは、株式交換完全子会社及び株式交換完全親株式会社は、株式交換完全子会社の発行する種類の株式の内容に応じ、同項第3号に掲げる事項として次に掲げる事項を定めることができる。

　一　ある種類の株式の株主に対して金銭等の割当てをしないこととするときは、その旨及び当該株式の種類

　二　前号に掲げる事項のほか、金銭等の割当てについて株式の種類ごとに異なる取扱いを行うこととするときは、その旨及び当該異なる取扱いの内容

3　第1項に規定する場合には、同項第3号に掲げる事項についての定めは、株式交換完全子会社の株主（株式交換完全親株式会社及び前項第

1号の種類の株式の株主を除く。）の有する株式の数（前項第2号に掲げる事項についての定めがある場合にあっては、各種類の株式の数）に応じて金銭等を交付することを内容とするものでなければならない。

（株式会社に発行済株式を取得させる株式交換の効力の発生等）

第769条　株式交換完全親株式会社は、効力発生日に、株式交換完全子会社の発行済株式（株式交換完全親株式会社の有する株式交換完全子会社の株式を除く。）の全部を取得する。

2　前項の場合には、株式交換完全親株式会社が株式交換完全子会社の株式（譲渡制限株式に限り、当該株式交換完全親株式会社が効力発生日前から有するものを除く。）を取得したことについて、当該株式交換完全子会社が第137条第1項の承認をしたものとみなす。

3　次の各号に掲げる場合には、株式交換完全子会社の株主は、効力発生日に、前条第1項第3号に掲げる事項についての定めに従い、当該各号に定める者となる。

　一　前条第1項第2号イに掲げる事項についての定めがある場合　同号イの株式の株主

　二　前条第1項第2号ロに掲げる事項についての定めがある場合　同号ロの社債の社債権者

　三　前条第1項第2号ハに掲げる事項についての定めがある場合　同号ハの新株予約権の新株予約権者

　四　前条第1項第2号ニに掲げる事項についての定めがある場合　同号ニの新株予約権付社債についての社債の社債権者及び当該新株予約権付社債に付された新株予約権の新株予約権者

4　前条第1項第4号に規定する場合には、効力発生日に、株式交換契約新株予約権は、消滅し、当該株式交換契約新株予約権の新株予約権者は、同項第5号に掲げる事項についての定めに従い、同項第4号ロの株式交換完全親株式会社の新株予約権の新株予約権者となる。

5　前条第1項第4号ハに規定する場合には、株式交換完全親株式会社は、効力発生日に、同号

ハの新株予約権付社債についての社債に係る債
務を承継する。
6　前各項の規定は、第789条若しくは第799条の
規定による手続が終了していない場合又は株式
交換を中止した場合には、適用しない。
　　　　第3款　合同会社に発行済株式を取得
　　　　　　　させる株式交換
（合同会社に発行済株式を取得させる株式交換契
約）
第770条　株式会社が株式交換をする場合におい
て、株式交換完全親会社が合同会社であるとき
は、株式交換契約において、次に掲げる事項を
定めなければならない。
一　株式交換完全子会社及び合同会社である株
式交換完全親会社（以下この編において「株
式交換完全親合同会社」という。）の商号及
び住所
二　株式交換完全子会社の株主が株式交換に際
して株式交換完全親合同会社の社員となると
きは、当該社員の氏名又は名称及び住所並び
に出資の価額
三　株式交換完全親合同会社が株式交換に際し
て株式交換完全子会社の株主に対してその株
式に代わる金銭等（株式交換完全親合同会社
の持分を除く。）を交付するときは、当該金
銭等についての次に掲げる事項
　イ　当該金銭等が当該株式交換完全親合同会
　　社の社債であるときは、当該社債の種類及
　　び種類ごとの各社債の金額の合計額又はそ
　　の算定方法
　ロ　当該金銭等が当該株式交換完全親合同会
　　社の社債以外の財産であるときは、当該財
　　産の内容及び数若しくは額又はこれらの算
　　定方法
四　前号に規定する場合には、株式交換完全子
会社の株主（株式交換完全親合同会社を除
く。）に対する同号の金銭等の割当てに関す
る事項
五　効力発生日
2　前項に規定する場合において、株式交換完全
子会社が種類株式発行会社であるときは、株式

交換完全子会社及び株式交換完全親合同会社は、
株式交換完全子会社の発行する種類の株式の内
容に応じ、同項第4号に掲げる事項として次に
掲げる事項を定めることができる。
一　ある種類の株式の株主に対して金銭等の割
当てをしないこととするときは、その旨及び
当該株式の種類
二　前号に掲げる事項のほか、金銭等の割当て
について株式の種類ごとに異なる取扱いを行
うこととするときは、その旨及び当該異なる
取扱いの内容
3　第1項に規定する場合には、同項第4号に掲
げる事項についての定めは、株式交換完全子会
社の株主（株式交換完全親合同会社及び前項第
1号の種類の株式の株主を除く。）の有する株
式の数（前項第2号に掲げる事項についての定
めがある場合にあっては、各種類の株式の数）
に応じて金銭等を交付することを内容とするも
のでなければならない。
（合同会社に発行済株式を取得させる株式交換の
効力の発生等）
第771条　株式交換完全親合同会社は、効力発生
日に、株式交換完全子会社の発行済株式（株式
交換完全親合同会社の有する株式交換完全子会
社の株式を除く。）の全部を取得する。
2　前項の場合には、株式交換完全親合同会社が
株式交換完全子会社の株式（譲渡制限株式に限
り、当該株式交換完全親合同会社が効力発生日
前から有するものを除く。）を取得したことに
ついて、当該株式交換完全子会社が第137条第
1項の承認をしたものとみなす。
3　前条第1項第2号に規定する場合には、株式
交換完全子会社の株主は、効力発生日に、同号
に掲げる事項についての定めに従い、株式交換
完全親合同会社の社員となる。この場合におい
ては、株式交換完全親合同会社は、効力発生日
に、同号の社員に係る定款の変更をしたものと
みなす。
4　前条第1項第3号イに掲げる事項についての
定めがある場合には、株式交換完全子会社の株
主は、効力発生日に、同項第4号に掲げる事項

についての定めに従い、同項第3号イの社債の
社債権者となる。

5　前各項の規定は、第802条第2項において準
用する第799条（第2項第3号を除く。）の規定
による手続が終了していない場合又は株式交換
を中止した場合には、適用しない。

第2節　株式移転

（株式移転計画の作成）

第772条　1又は2以上の株式会社は、株式移転
をすることができる。この場合においては、株
式移転計画を作成しなければならない。

2　2以上の株式会社が共同して株式移転をする
場合には、当該2以上の株式会社は、共同して
株式移転計画を作成しなければならない。

（株式移転計画）

第773条　1又は2以上の株式会社が株式移転を
する場合には、株式移転計画において、次に掲
げる事項を定めなければならない。

一　株式移転により設立する株式会社（以下こ
の編において「株式移転設立完全親会社」と
いう。）の目的、商号、本店の所在地及び発
行可能株式総数

二　前号に掲げるもののほか、株式移転設立完
全親会社の定款で定める事項

三　株式移転設立完全親会社の設立時取締役の
氏名

四　次のイからハまでに掲げる場合の区分に応
じ、当該イからハまでに定める事項

イ　株式移転設立完全親会社が会計参与設置
会社である場合　株式移転設立完全親会社
の設立時会計参与の氏名又は名称

ロ　株式移転設立完全親会社が監査役設置会
社（監査役の監査の範囲を会計に関するも
のに限定する旨の定款の定めがある株式会
社を含む。）である場合　株式移転設立完
全親会社の設立時監査役の氏名

ハ　株式移転設立完全親会社が会計監査人設
置会社である場合　株式移転設立完全親会
社の設立時会計監査人の氏名又は名称

五　株式移転設立完全親会社が株式移転に際し

て株式移転をする株式会社（以下この編にお
いて「株式移転完全子会社」という。）の株
主に対して交付するその株式に代わる当該株
式移転設立完全親会社の株式の数（種類株式
発行会社にあっては、株式の種類及び種類ご
との数）又はその数の算定方法並びに当該株
式移転設立完全親会社の資本金及び準備金の
額に関する事項

六　株式移転完全子会社の株主に対する前号の
株式の割当てに関する事項

七　株式移転設立完全親会社が株式移転に際し
て株式移転完全子会社の株主に対してその株
式に代わる当該株式移転設立完全親会社の社
債等を交付するときは、当該社債等について
の次に掲げる事項

イ　当該社債等が株式移転設立完全親会社の
社債（新株予約権付社債についてのものを
除く。）であるときは、当該社債の種類及
び種類ごとの各社債の金額の合計額又はそ
の算定方法

ロ　当該社債等が株式移転設立完全親会社の
新株予約権（新株予約権付社債に付された
ものを除く。）であるときは、当該新株予
約権の内容及び数又はその算定方法

ハ　当該社債等が株式移転設立完全親会社の
新株予約権付社債であるときは、当該新株
予約権付社債についてのイに規定する事項
及び当該新株予約権付社債に付された新株
予約権についてのロに規定する事項

八　前号に規定する場合には、株式移転完全子
会社の株主に対する同号の社債等の割当てに
関する事項

九　株式移転設立完全親会社が株式移転に際し
て株式移転完全子会社の新株予約権の新株予
約権者に対して当該新株予約権に代わる当該
株式移転設立完全親会社の新株予約権を交付
するときは、当該新株予約権についての次に
掲げる事項

イ　当該株式移転設立完全親会社の新株予約
権の交付を受ける株式移転完全子会社の新
株予約権の新株予約権者の有する新株予約

会
社
法

権（以下この編において「株式移転計画新
株予約権」という。）の内容

ロ　株式移転計画新株予約権の新株予約権者
に対して交付する株式移転設立完全親会社
の新株予約権の内容及び数又はその算定方
法

ハ　株式移転計画新株予約権が新株予約権付
社債に付された新株予約権であるときは、
株式移転設立完全親会社が当該新株予約権
付社債についての社債に係る債務を承継す
る旨並びにその承継に係る社債の種類及び
種類ごとの各社債の金額の合計額又はその
算定方法

十　前号に規定する場合には、株式移転計画新
株予約権の新株予約権者に対する同号の株式
移転設立完全親会社の新株予約権の割当てに
関する事項

2　株式移転設立完全親会社が監査等委員会設置
会社である場合には、前項第3号に掲げる事項
は、設立時監査等委員である設立時取締役とそ
れ以外の設立時取締役とを区別して定めなけれ
ばならない。

3　第1項に規定する場合において、株式移転完
全子会社が種類株式発行会社であるときは、株
式移転完全子会社は、その発行する種類の株式
の内容に応じ、同項第6号に掲げる事項として
次に掲げる事項を定めることができる。

一　ある種類の株式の株主に対して株式移転設
立完全親会社の株式の割当てをしないことと
するときは、その旨及び当該株式の種類

二　前号に掲げる事項のほか、株式移転設立完
全親会社の株式の割当てについて株式の種類
ごとに異なる取扱いを行うこととするときは、
その旨及び当該異なる取扱いの内容

4　第1項に規定する場合には、同項第6号に掲
げる事項についての定めは、株式移転完全子会
社の株主（前項第1号の種類の株式の株主を除
く。）の有する株式の数（前項第2号に掲げる
事項についての定めがある場合にあっては、各
種類の株式の数）に応じて株式移転設立完全親
会社の株式を交付することを内容とするもので

なければならない。

5　前2項の規定は、第1項第8号に掲げる事項
について準用する。この場合において、前2項
中「株式移転設立完全親会社の株式」とあるの
は、「株式移転設立完全親会社の社債等」と読
み替えるものとする。

（株式移転の効力の発生等）

第774条　株式移転設立完全親会社は、その成立
の日に、株式移転完全子会社の発行済株式の全
部を取得する。

2　株式移転完全子会社の株主は、株式移転設立
完全親会社の成立の日に、前条第1項第6号に
掲げる事項についての定めに従い、同項第5号
の株式の株主となる。

3　次の各号に掲げる場合には、株式移転完全子
会社の株主は、株式移転設立完全親会社の成立
の日に、前条第1項第8号に掲げる事項につい
ての定めに従い、当該各号に定める者となる。

一　前条第1項第7号イに掲げる事項について
の定めがある場合　同号イの社債の社債権者

二　前条第1項第7号ロに掲げる事項について
の定めがある場合　同号ロの新株予約権の新
株予約権者

三　前条第1項第7号ハに掲げる事項について
の定めがある場合　同号ハの新株予約権付社
債についての社債の社債権者及び当該新株予
約権付社債に付された新株予約権の新株予約
権者

4　前条第1項第9号に規定する場合には、株式
移転設立完全親会社の成立の日に、株式移転計
画新株予約権は、消滅し、当該株式移転計画新
株予約権の新株予約権者は、同項第10号に掲げ
る事項についての定めに従い、同項第9号ロの
株式移転設立完全親会社の新株予約権の新株予
約権者となる。

5　前条第1項第9号ハに規定する場合には、株
式移転設立完全親会社は、その成立の日に、同
号ハの新株予約権付社債についての社債に係る
債務を承継する。

第4章の2　株式交付

（株式交付計画の作成）

第774条の2　株式会社は、株式交付をすることができる。この場合においては、株式交付計画を作成しなければならない。

（株式交付計画）

第774条の3　株式会社が株式交付をする場合には、株式交付計画において、次に掲げる事項を定めなければならない。

一　株式交付子会社（株式交付親会社（株式交付をする株式会社をいう。以下同じ。）が株式交付に際して譲り受ける株式を発行する株式会社をいう。以下同じ。）の商号及び住所

二　株式交付親会社が株式交付に際して譲り受ける株式交付子会社の株式の数（株式交付子会社が種類株式発行会社である場合にあっては、株式の種類及び種類ごとの数）の下限

三　株式交付親会社が株式交付に際して株式交付子会社の株式の譲渡人に対して当該株式の対価として交付する株式交付親会社の株式の数（種類株式発行会社にあっては、株式の種類及び種類ごとの数）又はその数の算定方法並びに当該株式交付親会社の資本金及び準備金の額に関する事項

四　株式交付子会社の株式の譲渡人に対する前号の株式交付親会社の株式の割当てに関する事項

五　株式交付親会社が株式交付に際して株式交付子会社の株式の譲渡人に対して当該株式の対価として金銭等（株式交付親会社の株式を除く。以下この号及び次号において同じ。）を交付するときは、当該金銭等についての次に掲げる事項

イ　当該金銭等が株式交付親会社の社債（新株予約権付社債についてのものを除く。）であるときは、当該社債の種類及び種類ごとの各社債の金額の合計額又はその算定方法

ロ　当該金銭等が株式交付親会社の新株予約権（新株予約権付社債に付されたものを除く。）であるときは、当該新株予約権の内容及び数又はその算定方法

ハ　当該金銭等が株式交付親会社の新株予約権付社債であるときは、当該新株予約権付社債についてのイに規定する事項及び当該新株予約権付社債に付された新株予約権についてのロに規定する事項

ニ　当該金銭等が株式交付親会社の社債及び新株予約権以外の財産であるときは、当該財産の内容及び数若しくは額又はこれらの算定方法

六　前号に規定する場合には、株式交付子会社の株式の譲渡人に対する同号の金銭等の割当てに関する事項

七　株式交付親会社が株式交付に際して株式交付子会社の株式と併せて株式交付子会社の新株予約権（新株予約権付社債に付されたものを除く。）又は新株予約権付社債（以下「新株予約権等」と総称する。）を譲り受けるときは、当該新株予約権等の内容及び数又はその算定方法

八　前号に規定する場合において、株式交付親会社が株式交付に際して株式交付子会社の新株予約権等の譲渡人に対して当該新株予約権等の対価として金銭等を交付するときは、当該金銭等についての次に掲げる事項

イ　当該金銭等が株式交付親会社の株式であるときは、当該株式の数（種類株式発行会社にあっては、株式の種類及び種類ごとの数）又はその数の算定方法並びに当該株式交付親会社の資本金及び準備金の額に関する事項

ロ　当該金銭等が株式交付親会社の社債（新株予約権付社債についてのものを除く。）であるときは、当該社債の種類及び種類ごとの各社債の金額の合計額又はその算定方法

ハ　当該金銭等が株式交付親会社の新株予約権（新株予約権付社債に付されたものを除く。）であるときは、当該新株予約権の内容及び数又はその算定方法

会
社
法

二　当該金銭等が株式交付親会社の新株予約権付社債であるときは、当該新株予約権付社債についてのロに規定する事項及び当該新株予約権付社債に付された新株予約権についてのハに規定する事項

ホ　当該金銭等が株式交付親会社の株式等以外の財産であるときは、当該財産の内容及び数若しくは額又はこれらの算定方法

九　前号に規定する場合には、株式交付子会社の新株予約権等の譲渡人に対する同号の金銭等の割当てに関する事項

十　株式交付子会社の株式及び新株予約権等の譲渡しの申込みの期日

十一　株式交付がその効力を生ずる日（以下この章において「効力発生日」という。）

2　前項に規定する場合には、同項第２号に掲げる事項についての定めは、株式交付子会社が効力発生日において株式交付親会社の子会社となる数を内容とするものでなければならない。

3　第１項に規定する場合において、株式交付子会社が種類株式発行会社であるときは、株式交付親会社は、株式交付子会社の発行する種類の株式の内容に応じ、同項第４号に掲げる事項として次に掲げる事項を定めることができる。

一　ある種類の株式の譲渡人に対して株式交付親会社の株式の割当てをしないこととするときは、その旨及び当該株式の種類

二　前号に掲げる事項のほか、株式交付親会社の株式の割当てについて株式の種類ごとに異なる取扱いを行うこととするときは、その旨及び当該異なる取扱いの内容

4　第１項に規定する場合には、同項第４号に掲げる事項についての定めは、株式交付子会社の株式の譲渡人（前項第１号の種類の株式の譲渡人を除く。）が株式交付親会社に譲り渡す株式交付子会社の株式の数（前項第２号に掲げる事項についての定めがある場合にあっては、各種類の株式の数）に応じて株式交付親会社の株式を交付することを内容とするものでなければならない。

5　前２項の規定は、第１項第６号に掲げる事項

について準用する。この場合において、前２項中「株式交付親会社の株式」とあるのは、「金銭等（株式交付親会社の株式を除く。）」と読み替えるものとする。

（株式交付子会社の株式の譲渡しの申込み）

第774条の４　株式交付親会社は、株式交付子会社の株式の譲渡しの申込みをしようとする者に対し、次に掲げる事項を通知しなければならない。

一　株式交付親会社の商号

二　株式交付計画の内容

三　前２号に掲げるもののほか、法務省令で定める事項　規179の２

2　株式交付子会社の株式の譲渡しの申込みをする者は、前条第１項第10号の期日までに、次に掲げる事項を記載した書面を株式交付親会社に交付しなければならない。

一　申込みをする者の氏名又は名称及び住所

二　譲り渡そうとする株式交付子会社の株式の数（株式交付子会社が種類株式発行会社である場合にあっては、株式の種類及び種類ごとの数）

3　前項の申込みをする者は、同項の書面の交付に代えて、政令で定めるところにより、株式交付親会社の承諾を得て、同項の書面に記載すべき事項を電磁的方法により提供することができる。この場合において、当該申込みをした者は同項の書面を交付したものとみなす。　令１

4　第１項の規定は、株式交付親会社が同項各号に掲げる事項を記載した金融商品取引法第２条第10項に規定する目論見書を第１項の申込みをしようとする者に対して交付している場合その他株式交付子会社の株式の譲渡しの申込みをしようとする者の保護に欠けるおそれがないものとして法務省令で定める場合には、適用しない。　規179の３

5　株式交付親会社は、第１項各号に掲げる事項について変更があったとき（第816条の９第１項の規定により効力発生日を変更したとき及び同条第５項の規定により前条第１項第10号の期日を変更したときを含む。）は、直ちに、その

旨及び当該変更があった事項を第2項の申込みをした者（以下この章において「申込者」という。）に通知しなければならない。

6　株式交付親会社が申込者に対してする通知又は催告は、第2項第1号の住所（当該申込者が別に通知又は催告を受ける場所又は連絡先を当該株式交付親会社に通知した場合にあっては、その場所又は連絡先）に宛てて発すれば足りる。

7　前項の通知又は催告は、その通知又は催告が通常到達すべきであった時に、到達したものとみなす。

（株式交付親会社が譲り受ける株式交付子会社の株式の割当て）

第774条の5　株式交付親会社は、申込者の中から当該株式交付親会社が株式交付子会社の株式を譲り受ける者を定め、かつ、その者に割り当てる当該株式交付親会社が譲り受ける株式交付子会社の株式の数（株式交付子会社が種類株式発行会社である場合にあっては、株式の種類ごとの数。以下この条において同じ。）を定めなければならない。この場合において、株式交付親会社は、申込者に割り当てる当該株式の数の合計が第774条の3第1項第2号の下限の数を下回らない範囲内で、当該株式の数を、前条第2項第2号の数よりも減少することができる。

2　株式交付親会社は、効力発生日の前日までに、申込者に対し、当該申込者から当該株式交付親会社が譲り受ける株式交付子会社の株式の数を通知しなければならない。

（株式交付子会社の株式の譲渡しの申込み及び株式交付親会社が譲り受ける株式交付子会社の株式の割当てに関する特則）

第774条の6　前2条の規定は、株式交付子会社の株式を譲り渡そうとする者が、株式交付親会社が株式交付に際して譲り受ける株式交付子会社の株式の総数の譲渡しを行う契約を締結する場合には、適用しない。

（株式交付子会社の株式の譲渡し）

第774条の7　次の各号に掲げる者は、当該各号に定める株式交付子会社の株式の数について株式交付における株式交付子会社の株式の譲渡人

となる。

一　申込者　第774条の5第2項の規定により通知を受けた株式交付子会社の株式の数

二　前条の契約により株式交付親会社が株式交付に際して譲り受ける株式交付子会社の株式の総数を譲り渡すことを約した者　その者が譲り渡すことを約した株式交付子会社の株式の数

2　前項各号の規定により株式交付子会社の株式の譲渡人となった者は、効力発生日に、それぞれ当該各号に定める数の株式交付子会社の株式を株式交付親会社に給付しなければならない。

（株式交付子会社の株式の譲渡しの無効又は取消しの制限）

第774条の8　民法第93条第1項ただし書及び第94条第1項の規定は、第774条の4第2項の申込み、第774条の5第1項の規定による割当て及び第774条の6の契約に係る意思表示については、適用しない。

2　株式交付における株式交付子会社の株式の譲渡人は、第774条の11第2項の規定により株式交付親会社の株式の株主となった日から1年を経過した後又はその株式について権利を行使した後は、錯誤、詐欺又は強迫を理由として株式交付子会社の株式の譲渡しの取消しをすることができない。

（株式交付子会社の株式の譲渡しに関する規定の準用）

第774条の9　第774条の4から前条までの規定は、第774条の3第1項第7号に規定する場合における株式交付子会社の新株予約権等の譲渡しについて準用する。この場合において、第774条の4第2項第2号中「数（株式交付子会社が種類株式発行会社である場合にあっては、株式の種類及び種類ごとの数）」とあるのは「内容及び数」と、第774条の5第1項中「数（株式交付子会社が種類株式発行会社である場合にあっては、株式の種類ごとの数。以下この条において同じ。）」とあるのは「数」と、「申込者に割り当てる当該株式の数の合計が第774条の3第1項第2号の下限の数を下回らない範囲内で、

当該株式」とあるのは「当該新株予約権等」と、前条第2項中「第774条の11第2項」とあるのは「第774条の11第4項第1号」と読み替えるものとする。

（申込みがあった株式交付子会社の株式の数が下限の数に満たない場合）

第774条の10 　第774条の5及び第774条の7（第1項第2号に係る部分を除く。）（これらの規定を前条において準用する場合を含む。）の規定は、第774条の3第1項第10号の期日において、申込者が譲渡しの申込みをした株式交付子会社の株式の総数が同項第2号の下限の数に満たない場合には、適用しない。この場合においては、株式交付親会社は、申込者に対し、遅滞なく、株式交付をしない旨を通知しなければならない。

（株式交付の効力の発生等）

第774条の11 　株式交付親会社は、効力発生日に、第774条の7第2項（第774条の9において準用する場合を含む。）の規定による給付を受けた株式交付子会社の株式及び新株予約権等を譲り受ける。

2 　第774条の7第2項の規定による給付をした株式交付子会社の株式の譲渡人は、効力発生日に、第774条の3第1項第4号に掲げる事項についての定めに従い、同項第3号の株式交付親会社の株式の株主となる。

3 　次の各号に掲げる場合には、第774条の7第2項の規定による給付をした株式交付子会社の株式の譲渡人は、効力発生日に、第774条の3第1項第6号に掲げる事項についての定めに従い、当該各号に定める者となる。

一　第774条の3第1項第5号イに掲げる事項についての定めがある場合　同号イの社債の社債権者

二　第774条の3第1項第5号ロに掲げる事項についての定めがある場合　同号ロの新株予約権の新株予約権者

三　第774条の3第1項第5号ハに掲げる事項についての定めがある場合　同号ハの新株予約権付社債についての社債の社債権者及び当該新株予約権付社債に付された新株予約権の新株予約権者

4 　次の各号に掲げる場合には、第774条の9において準用する第774条の7第2項の規定による給付をした株式交付子会社の新株予約権等の譲渡人は、効力発生日に、第774条の3第1項第9号に掲げる事項についての定めに従い、当該各号に定める者となる。

一　第774条の3第1項第8号イに掲げる事項についての定めがある場合　同号イの株式の株主

二　第774条の3第1項第8号ロに掲げる事項についての定めがある場合　同号ロの社債の社債権者

三　第774条の3第1項第8号ハに掲げる事項についての定めがある場合　同号ハの新株予約権の新株予約権者

四　第774条の3第1項第8号ニに掲げる事項についての定めがある場合　同号ニの新株予約権付社債についての社債の社債権者及び当該新株予約権付社債に付された新株予約権の新株予約権者

5 　前各項の規定は、次に掲げる場合には、適用しない。

一　効力発生日において第816条の8の規定による手続が終了していない場合

二　株式交付を中止した場合

三　効力発生日において株式交付親会社が第774条の7第2項の規定による給付を受けた株式交付子会社の株式の総数が第774条の3第1項第2号の下限の数に満たない場合

四　効力発生日において第2項の規定により第774条の3第1項第3号の株式交付親会社の株式の株主となる者がない場合

6 　前項各号に掲げる場合には、株式交付親会社は、第774条の7第1項各号（第774条の9において準用する場合を含む。）に掲げる者に対し、遅滞なく、株式交付をしない旨を通知しなければならない。この場合において、第774条の7第2項（第774条の9において準用する場合を含む。）の規定による給付を受けた株式交付子会社の株式又は新株予約権等があるときは、株

式交付親会社は、遅滞なく、これらをその譲渡人に返還しなければならない。

第5章　組織変更、合併、会社分割、株式交換、株式移転及び株式交付の手続

第1節　組織変更の手続

第1款　株式会社の手続

（組織変更計画に関する書面等の備置き及び閲覧等）

第775条　組織変更をする株式会社は、組織変更計画備置開始日から組織変更がその効力を生ずる日（以下この節において「効力発生日」という。）までの間、組織変更計画の内容その他法務省令で定める事項を記載し、又は記録した書面又は電磁的記録をその本店に備え置かなければならない。 規180

2　前項に規定する「組織変更計画備置開始日」とは、次に掲げる日のいずれか早い日をいう。

一　組織変更計画について組織変更をする株式会社の総株主の同意を得た日

二　組織変更をする株式会社が新株予約権を発行しているときは、第777条第3項の規定による通知の日又は同条第4項の公告の日のいずれか早い日

三　第779条第2項の規定による公告の日又は同項の規定による催告の日のいずれか早い日

3　組織変更をする株式会社の株主及び債権者は、当該株式会社に対して、その営業時間内は、いつでも、次に掲げる請求をすることができる。ただし、第2号又は第4号に掲げる請求をするには、当該株式会社の定めた費用を支払わなければならない。

一　第1項の書面の閲覧の請求

二　第1項の書面の謄本又は抄本の交付の請求

三　第1項の電磁的記録に記録された事項を法務省令で定める方法により表示したものの閲覧の請求 規226

四　第1項の電磁的記録に記録された事項を電磁的方法であって株式会社の定めたものにより提供することの請求又はその事項を記載した書面の交付の請求

（株式会社の組織変更計画の承認等）

第776条　組織変更をする株式会社は、効力発生日の前日までに、組織変更計画について当該株式会社の総株主の同意を得なければならない。

2　組織変更をする株式会社は、効力発生日の20日前までに、その登録株式質権者及び登録新株予約権質権者に対し、組織変更をする旨を通知しなければならない。

3　前項の規定による通知は、公告をもってこれに代えることができる。

（新株予約権買取請求）

第777条　株式会社が組織変更をする場合には、組織変更をする株式会社の新株予約権の新株予約権者は、当該株式会社に対し、自己の有する新株予約権を公正な価格で買い取ることを請求することができる。

2　新株予約権付社債に付された新株予約権の新株予約権者は、前項の規定による請求（以下この款において「新株予約権買取請求」という。）をするときは、併せて、新株予約権付社債についての社債を買い取ることを請求しなければならない。ただし、当該新株予約権付社債に付された新株予約権について別段の定めがある場合は、この限りでない。

3　組織変更をしようとする株式会社は、効力発生日の20日前までに、その新株予約権の新株予約権者に対し、組織変更をする旨を通知しなければならない。

4　前項の規定による通知は、公告をもってこれに代えることができる。

5　新株予約権買取請求は、効力発生日の20日前の日から効力発生日の前日までの間に、その新株予約権買取請求に係る新株予約権の内容及び数を明らかにしてしなければならない。

6　新株予約権証券が発行されている新株予約権について新株予約権買取請求をしようとするときは、当該新株予約権の新株予約権者は、組織変更をする株式会社に対し、その新株予約権証券を提出しなければならない。ただし、当該新

株予約権証券について非訟事件手続法第114条に規定する公示催告の申立てをした者については、この限りでない。

7　新株予約権付社債券が発行されている新株予約権付社債に付された新株予約権について新株予約権買取請求をしようとするときは、当該新株予約権の新株予約権者は、組織変更をする株式会社に対し、その新株予約権付社債券を提出しなければならない。ただし、当該新株予約権付社債券について非訟事件手続法第114条に規定する公示催告の申立てをした者については、この限りでない。

8　新株予約権買取請求をした新株予約権者は、組織変更をする株式会社の承諾を得た場合に限り、その新株予約権買取請求を撤回することができる。

9　組織変更を中止したときは、新株予約権買取請求は、その効力を失う。

10　第260条の規定は、新株予約権買取請求に係る新株予約権については、適用しない。

（新株予約権の価格の決定等）

第778条　新株予約権買取請求があった場合において、新株予約権（当該新株予約権が新株予約権付社債に付されたものである場合において、当該新株予約権付社債についての社債の買取りの請求があったときは、当該社債を含む。以下この条において同じ。）の価格の決定について、新株予約権者と組織変更をする株式会社（効力発生日後にあっては、組織変更後持分会社。以下この条において同じ。）との間に協議が調ったときは、当該株式会社は、効力発生日から60日以内にその支払をしなければならない。

2　新株予約権の価格の決定について、効力発生日から30日以内に協議が調わないときは、新株予約権者又は組織変更後持分会社は、その期間の満了の日後30日以内に、裁判所に対し、価格の決定の申立てをすることができる。

3　前条第8項の規定にかかわらず、前項に規定する場合において、効力発生日から60日以内に同項の申立てがないときは、その期間の満了後は、新株予約権者は、いつでも、新株予約権買

取請求を撤回することができる。

4　組織変更後持分会社は、裁判所の決定した価格に対する第1項の期間の満了の日後の法定利率による利息をも支払わなければならない。

5　組織変更をする株式会社は、新株予約権の価格の決定があるまでは、新株予約権者に対し、当該株式会社が公正な価格と認める額を支払うことができる。

6　新株予約権買取請求に係る新株予約権の買取りは、効力発生日に、その効力を生ずる。

7　組織変更をする株式会社は、新株予約権証券が発行されている新株予約権について新株予約権買取請求があったときは、新株予約権証券と引換えに、その新株予約権買取請求に係る新株予約権の代金を支払わなければならない。

8　組織変更をする株式会社は、新株予約権付社債券が発行されている新株予約権付社債に付された新株予約権について新株予約権買取請求があったときは、新株予約権付社債券と引換えに、その新株予約権買取請求に係る新株予約権の代金を支払わなければならない。

（債権者の異議）

第779条　組織変更をする株式会社の債権者は、当該株式会社に対し、組織変更について異議を述べることができる。

2　組織変更をする株式会社は、次に掲げる事項を官報に公告し、かつ、知れている債権者には各別にこれを催告しなければならない。ただし第3号の期間は、1箇月を下ることができない

一　組織変更をする旨

二　組織変更をする株式会社の計算書類（第435条第2項に規定する計算書類をいう。以下この章において同じ。）に関する事項として法務省令で定めるもの　規181

三　債権者が一定の期間内に異議を述べることができる旨

3　前項の規定にかかわらず、組織変更をする株式会社が同項の規定による公告を、官報のほか第939条第1項の規定による定款の定めに従い、同項第2号又は第3号に掲げる公告方法によりするときは、前項の規定による各別の催告は、

することを要しない。

4　債権者が第2項第3号の期間内に異議を述べなかったときは、当該債権者は、当該組織変更について承認をしたものとみなす。

5　債権者が第2項第3号の期間内に異議を述べたときは、組織変更をする株式会社は、当該債権者に対し、弁済し、若しくは相当の担保を提供し、又は当該債権者に弁済を受けさせることを目的として信託会社等に相当の財産を信託しなければならない。ただし、当該組織変更をしても当該債権者を害するおそれがないときは、この限りでない。

（組織変更の効力発生日の変更）

第780条　組織変更をする株式会社は、効力発生日を変更することができる。

2　前項の場合には、組織変更をする株式会社は、変更前の効力発生日（変更後の効力発生日が変更前の効力発生日前の日である場合にあっては、当該変更後の効力発生日）の前日までに、変更後の効力発生日を公告しなければならない。

3　第1項の規定により効力発生日を変更したときは、変更後の効力発生日を効力発生日とみなして、この款及び第745条の規定を適用する。

第2款　持分会社の手続

第781条　組織変更をする持分会社は、効力発生日の前日までに、組織変更計画について当該持分会社の総社員の同意を得なければならない。ただし、定款に別段の定めがある場合は、この限りでない。

2　第779条（第2項第2号を除く。）及び前条の規定は、組織変更をする持分会社について準用する。この場合において、第779条第3項中「組織変更をする株式会社」とあるのは「組織変更をする持分会社（合同会社に限る。）」と、前条第3項中「及び第745条」とあるのは「並びに第747条及び次条第1項」と読み替えるものとする。

第2節　吸収合併等の手続

第1款　吸収合併消滅会社、吸収分割会社及び株式交換完全子会社の手続

第1目　株式会社の手続

（吸収合併契約等に関する書面等の備置き及び閲覧等）

第782条　次の各号に掲げる株式会社（以下この目において「消滅株式会社等」という。）は、吸収合併契約等備置開始日から吸収合併、吸収分割又は株式交換（以下この節において「吸収合併等」という。）がその効力を生ずる日（以下この節において「効力発生日」という。）後6箇月を経過する日（吸収合併消滅株式会社にあっては、効力発生日）までの間、当該各号に定めるもの（以下この節において「吸収合併契約等」という。）の内容その他法務省令で定める事項を記載し、又は記録した書面又は電磁的記録をその本店に備え置かなければならない。

規182〜規184

一　吸収合併消滅株式会社　吸収合併契約

二　吸収分割株式会社　吸収分割契約

三　株式交換完全子会社　株式交換契約

2　前項に規定する「吸収合併契約等備置開始日」とは、次に掲げる日のいずれか早い日をいう。

一　吸収合併契約等について株主総会（種類株主総会を含む。）の決議によってその承認を受けなければならないときは、当該株主総会の日の2週間前の日（第319条第1項の場合にあっては、同項の提案があった日）

二　第785条第3項の規定による通知を受けるべき株主があるときは、同項の規定による通知の日又は同条第4項の公告の日のいずれか早い日

三　第787条第3項の規定による通知を受けるべき新株予約権者があるときは、同項の規定による通知の日又は同条第4項の公告の日のいずれか早い日

四　第789条の規定による手続をしなければならないときは、同条第2項の規定による公告の日又は同項の規定による催告の日のいずれ

か早い日

五　前各号に規定する場合以外の場合には、吸収分割契約又は株式交換契約の締結の日から２週間を経過した日

3　消滅株式会社等の株主及び債権者（株式交換完全子会社にあっては、株主及び新株予約権者）は、消滅株式会社等に対して、その営業時間内は、いつでも、次に掲げる請求をすることができる。ただし、第２号又は第４号に掲げる請求をするには、当該消滅株式会社等の定めた費用を支払わなければならない。

一　第１項の書面の閲覧の請求

二　第１項の書面の謄本又は抄本の交付の請求

三　第１項の電磁的記録に記録された事項を法務省令で定める方法により表示したものの閲覧の請求　規226

四　第１項の電磁的記録に記録された事項を電磁的方法であって消滅株式会社等の定めたものにより提供することの請求又はその事項を記載した書面の交付の請求

（吸収合併契約等の承認等）

第783条　消滅株式会社等は、効力発生日の前日までに、株主総会の決議によって、吸収合併契約等の承認を受けなければならない。

2　前項の規定にかかわらず、吸収合併消滅株式会社又は株式交換完全子会社が種類株式発行会社でない場合において、吸収合併消滅株式会社又は株式交換完全子会社の株主に対して交付する金銭等（以下この条及び次条第１項において「合併対価等」という。）の全部又は一部が持分等（持分会社の持分その他これに準ずるものとして法務省令で定めるものをいう。以下この条において同じ。）であるときは、吸収合併契約又は株式交換契約について吸収合併消滅株式会社又は株式交換完全子会社の総株主の同意を得なければならない。　規185

3　吸収合併消滅株式会社又は株式交換完全子会社が種類株式発行会社である場合において、合併対価等の全部又は一部が譲渡制限株式等（譲渡制限株式その他これに準ずるものとして法務省令で定めるものをいう。以下この章において

同じ。）であるときは、吸収合併又は株式交換は、当該譲渡制限株式等の割当てを受ける種類の株式（譲渡制限株式を除く。）の種類株主を構成員とする種類株主総会（当該種類株主に係る株式の種類が２以上ある場合にあっては、当該２以上の株式の種類別に区分された種類株主を構成員とする各種類株主総会）の決議がなければ、その効力を生じない。ただし、当該種類株主総会において議決権を行使することができる株主が存しない場合は、この限りでない。　規186

4　吸収合併消滅株式会社又は株式交換完全子会社が種類株式発行会社である場合において、合併対価等の全部又は一部が持分等であるときは、吸収合併又は株式交換は、当該持分等の割当てを受ける種類の株主の全員の同意がなければ、その効力を生じない。

5　消滅株式会社等は、効力発生日の20日前までに、その登録株式質権者（次条第２項に規定する場合における登録株式質権者を除く。）及び第787条第３項各号に定める新株予約権の登録新株予約権質権者に対し、吸収合併等をする旨を通知しなければならない。

6　前項の規定による通知は、公告をもってこれに代えることができる。

（吸収合併契約等の承認を要しない場合）

第784条　前条第１項の規定は、吸収合併存続会社、吸収分割承継会社又は株式交換完全親会社（以下この目において「存続会社等」という。）が消滅株式会社等の特別支配会社である場合には、適用しない。ただし、吸収合併又は株式交換における合併対価等の全部又は一部が譲渡制限株式等である場合であって、消滅株式会社等が公開会社であり、かつ、種類株式発行会社でないときは、この限りでない。

2　前条の規定は、吸収分割により吸収分割承継会社に承継させる資産の帳簿価額の合計額が吸収分割株式会社の総資産額として法務省令で定める方法により算定される額の５分の１（これを下回る割合を吸収分割株式会社の定款で定めた場合にあっては、その割合）を超えない場合には、適用しない。　規187

（吸収合併等をやめることの請求）

第784条の２　次に掲げる場合において、消滅株式会社等の株主が不利益を受けるおそれがあるときは、消滅株式会社等の株主は、消滅株式会社等に対し、吸収合併等をやめることを請求することができる。ただし、前条第２項に規定する場合は、この限りでない。

一　当該吸収合併等が法令又は定款に違反する場合

二　前条第１項本文に規定する場合において、第749条第１項第２号若しくは第３号、第751条第１項第３号若しくは第４号、第758条第４号、第760条第４号若しくは第５号、第768条第１項第２号若しくは第３号又は第770条第１項第３号若しくは第４号に掲げる事項が消滅株式会社等又は存続会社等の財産の状況その他の事情に照らして著しく不当であるとき。

（反対株主の株式買取請求）

第785条　吸収合併等をする場合（次に掲げる場合を除く。）には、反対株主は、消滅株式会社等に対し、自己の有する株式を公正な価格で買い取ることを請求することができる。

一　第783条第２項に規定する場合

二　第784条第２項に規定する場合

2　前項に規定する「反対株主」とは、次の各号に掲げる場合における当該各号に定める株主（第783条第４項に規定する場合における同項に規定する持分等の割当てを受ける株主を除く。）をいう。

一　吸収合併等をするために株主総会（種類株主総会を含む。）の決議を要する場合　次に掲げる株主

イ　当該株主総会に先立って当該吸収合併等に反対する旨を当該消滅株式会社等に対し通知し、かつ、当該株主総会において当該吸収合併等に反対した株主（当該株主総会において議決権を行使することができるものに限る。）

ロ　当該株主総会において議決権を行使することができない株主

二　前号に規定する場合以外の場合　全ての株主（第784条第１項本文に規定する場合における当該特別支配会社を除く。）

3　消滅株式会社等は、効力発生日の20日前までに、その株主（第783条第４項に規定する場合における同項に規定する持分等の割当てを受ける株主及び第784条第１項本文に規定する場合における当該特別支配会社を除く。）に対し、吸収合併等をする旨並びに存続会社等の商号及び住所を通知しなければならない。ただし、第１項各号に掲げる場合は、この限りでない。

4　次に掲げる場合には、前項の規定による通知は、公告をもってこれに代えることができる。

一　消滅株式会社等が公開会社である場合

二　消滅株式会社等が第783条第１項の株主総会の決議によって吸収合併契約等の承認を受けた場合

5　第１項の規定による請求（以下この目において「株式買取請求」という。）は、効力発生日の20日前の日から効力発生日の前日までの間に、その株式買取請求に係る株式の数（種類株式発行会社にあっては、株式の種類及び種類ごとの数）を明らかにしてしなければならない。

6　株券が発行されている株式について株式買取請求をしようとするときは、当該株式の株主は、消滅株式会社等に対し、当該株式に係る株券を提出しなければならない。ただし、当該株券について第223条の規定による請求をした者については、この限りでない。

7　株式買取請求をした株主は、消滅株式会社等の承諾を得た場合に限り、その株式買取請求を撤回することができる。

8　吸収合併等を中止したときは、株式買取請求は、その効力を失う。

9　第133条の規定は、株式買取請求に係る株式については、適用しない。

（株式の価格の決定等）

第786条　株式買取請求があった場合において、株式の価格の決定について、株主と消滅株式会社等（吸収合併をする場合における効力発生日後にあっては、吸収合併存続会社。以下この条

において同じ。）との間に協議が調ったときは、消滅株式会社等は、効力発生日から60日以内にその支払をしなければならない。

2　株式の価格の決定について、効力発生日から30日以内に協議が調わないときは、株主又は消滅株式会社等は、その期間の満了の日後30日以内に、裁判所に対し、価格の決定の申立てをすることができる。

3　前条第7項の規定にかかわらず、前項に規定する場合において、効力発生日から60日以内に同項の申立てがないときは、その期間の満了後は、株主は、いつでも、株式買取請求を撤回することができる。

4　消滅株式会社等は、裁判所の決定した価格に対する第1項の期間の満了の日後の法定利率による利息をも支払わなければならない。

5　消滅株式会社等は、株式の価格の決定があるまでは、株主に対し、当該消滅株式会社等が公正な価格と認める額を支払うことができる。

6　株式買取請求に係る株式の買取りは、効力発生日に、その効力を生ずる。

7　株券発行会社は、株券が発行されている株式について株式買取請求があったときは、株券と引換えに、その株式買取請求に係る株式の代金を支払わなければならない。

（新株予約権買取請求）

第787条　次の各号に掲げる行為をする場合には、当該各号に定める消滅株式会社等の新株予約権の新株予約権者は、消滅株式会社等に対し、自己の有する新株予約権を公正な価格で買い取ることを請求することができる。

一　吸収合併　第749条第1項第4号又は第5号に掲げる事項についての定めが第236条第1項第8号の条件（同号イに関するものに限る。）に合致する新株予約権以外の新株予約権

二　吸収分割（吸収分割承継会社が株式会社である場合に限る。）　次に掲げる新株予約権のうち、第758条第5号又は第6号に掲げる事項についての定めが第236条第1項第8号の条件（同号ロに関するものに限る。）に合致

する新株予約権以外の新株予約権

イ　吸収分割契約新株予約権

ロ　吸収分割契約新株予約権以外の新株予約権であって、吸収分割をする場合において当該新株予約権の新株予約権者に吸収分割承継株式会社の新株予約権を交付することとする旨の定めがあるもの

三　株式交換（株式交換完全親会社が株式会社である場合に限る。）　次に掲げる新株予約権のうち、第768条第1項第4号又は第5号に掲げる事項についての定めが第236条第1項第8号の条件（同号ニに関するものに限る。）に合致する新株予約権以外の新株予約権

イ　株式交換契約新株予約権

ロ　株式交換契約新株予約権以外の新株予約権であって、株式交換をする場合において当該新株予約権の新株予約権者に株式交換完全親株式会社の新株予約権を交付することとする旨の定めがあるもの

2　新株予約権付社債に付された新株予約権の新株予約権者は、前項の規定による請求（以下この目において「新株予約権買取請求」という。）をするときは、併せて、新株予約権付社債についての社債を買い取ることを請求しなければならない。ただし、当該新株予約権付社債に付された新株予約権について別段の定めがある場合は、この限りでない。

3　次の各号に掲げる消滅株式会社等は、効力発生日の20日前までに、当該各号に定める新株予約権の新株予約権者に対し、吸収合併等をする旨並びに存続会社等の商号及び住所を通知しなければならない。

一　吸収合併消滅株式会社　全部の新株予約権

二　吸収分割承継会社が株式会社である場合における吸収分割株式会社　次に掲げる新株予約権

イ　吸収分割契約新株予約権

ロ　吸収分割契約新株予約権以外の新株予約権であって、吸収分割をする場合において当該新株予約権の新株予約権者に吸収分割承継株式会社の新株予約権を交付すること

とする旨の定めがあるもの

三　株式交換完全親会社が株式会社である場合
における株式交換完全子会社　次に掲げる新
株予約権

イ　株式交換契約新株予約権

ロ　株式交換契約新株予約権以外の新株予約
権であって、株式交換をする場合において
当該新株予約権の新株予約権者に株式交換
完全親株式会社の新株予約権を交付するこ
ととする旨の定めがあるもの

4　前項の規定による通知は、公告をもってこれ
に代えることができる。

5　新株予約権買取請求は、効力発生日の20日前
の日から効力発生日の前日までの間に、その新
株予約権買取請求に係る新株予約権の内容及び
数を明らかにしてしなければならない。

6　新株予約権証券が発行されている新株予約権
について新株予約権買取請求をしようとすると
きは、当該新株予約権の新株予約権者は、消滅
株式会社等に対し、その新株予約権証券を提出
しなければならない。ただし、当該新株予約権
証券について非訟事件手続法第114条に規定す
る公示催告の申立てをした者については、この
限りでない。

7　新株予約権付社債券が発行されている新株予
約権付社債に付された新株予約権について新株
予約権買取請求をしようとするときは、当該新
株予約権の新株予約権者は、消滅株式会社等に
対し、その新株予約権付社債券を提出しなけれ
ばならない。ただし、当該新株予約権付社債券
について非訟事件手続法第114条に規定する公
示催告の申立てをした者については、この限り
でない。

8　新株予約権買取請求をした新株予約権者は、
消滅株式会社等の承諾を得た場合に限り、その
新株予約権買取請求を撤回することができる。

9　吸収合併等を中止したときは、新株予約権買
取請求は、その効力を失う。

10　第260条の規定は、新株予約権買取請求に係
る新株予約権については、適用しない。

（新株予約権の価格の決定等）

第788条　新株予約権買取請求があった場合にお
いて、新株予約権（当該新株予約権が新株予約
権付社債に付されたものである場合において、
当該新株予約権付社債についての社債の買取り
の請求があったときは、当該社債を含む。以下
この条において同じ。）の価格の決定について、
新株予約権者と消滅株式会社等（吸収合併をす
る場合における効力発生日後にあっては、吸収
合併存続会社。以下この条において同じ。）と
の間に協議が調ったときは、消滅株式会社等は、
効力発生日から60日以内にその支払をしなけれ
ばならない。

2　新株予約権の価格の決定について、効力発生
日から30日以内に協議が調わないときは、新株
予約権者又は消滅株式会社等は、その期間の満
了の日後30日以内に、裁判所に対し、価格の決
定の申立てをすることができる。

3　前条第8項の規定にかかわらず、前項に規定
する場合において、効力発生日から60日以内に
同項の申立てがないときは、その期間の満了後
は、新株予約権者は、いつでも、新株予約権買
取請求を撤回することができる。

4　消滅株式会社等は、裁判所の決定した価格に
対する第1項の期間の満了の日後の法定利率に
よる利息をも支払わなければならない。

5　消滅株式会社等は、新株予約権の価格の決定
があるまでは、新株予約権者に対し、当該消滅
株式会社等が公正な価格と認める額を支払うこ
とができる。

6　新株予約権買取請求に係る新株予約権の買取
りは、効力発生日に、その効力を生ずる。

7　消滅株式会社等は、新株予約権証券が発行さ
れている新株予約権について新株予約権買取請
求があったときは、新株予約権証券と引換えに、
その新株予約権買取請求に係る新株予約権の代
金を支払わなければならない。

8　消滅株式会社等は、新株予約権付社債券が発
行されている新株予約権付社債に付された新株
予約権について新株予約権買取請求があったと
きは、新株予約権付社債券と引換えに、その新

会社法

株予約権買取請求に係る新株予約権の代金を支払わなければならない。

（債権者の異議）

第789条　次の各号に掲げる場合には、当該各号に定める債権者は、消滅株式会社等に対し、吸収合併等について異議を述べることができる。

一　吸収合併をする場合　吸収合併消滅株式会社の債権者

二　吸収分割をする場合　吸収分割後吸収分割株式会社に対して債務の履行（当該債務の保証人として吸収分割承継会社と連帯して負担する保証債務の履行を含む。）を請求することができない吸収分割株式会社の債権者（第758条第8号又は第760条第7号に掲げる事項についての定めがある場合にあっては、吸収分割株式会社の債権者）

三　株式交換契約新株予約権が新株予約権付社債に付された新株予約権である場合　当該新株予約権付社債についての社債権者

2　前項の規定により消滅株式会社等の債権者の全部又は一部が異議を述べることができる場合には、消滅株式会社等は、次に掲げる事項を官報に公告し、かつ、知れている債権者（同項の規定により異議を述べることができるものに限る。）には、各別にこれを催告しなければならない。ただし、第4号の期間は、1箇月を下ることができない。

一　吸収合併等をする旨

二　存続会社等の商号及び住所

三　消滅株式会社等及び存続会社等（株式会社に限る。）の計算書類に関する事項として法務省令で定めるもの　規188

四　債権者が一定の期間内に異議を述べることができる旨

3　前項の規定にかかわらず、消滅株式会社等が同項の規定による公告を、官報のほか、第939条第1項の規定による定款の定めに従い、同項第2号又は第3号に掲げる公告方法によりするときは、前項の規定による各別の催告（吸収分割をする場合における不法行為によって生じた吸収分割株式会社の債務の債権者に対するもの

を除く。）は、することを要しない。

4　債権者が第2項第4号の期間内に異議を述べなかったときは、当該債権者は、当該吸収合併等について承認をしたものとみなす。

5　債権者が第2項第4号の期間内に異議を述べたときは、消滅株式会社等は、当該債権者に対し、弁済し、若しくは相当の担保を提供し、又は当該債権者に弁済を受けさせることを目的として信託会社等に相当の財産を信託しなければならない。ただし、当該吸収合併等をしても当該債権者を害するおそれがないときは、この限りでない。

（吸収合併等の効力発生日の変更）

第790条　消滅株式会社等は、存続会社等との合意により、効力発生日を変更することができる。

2　前項の場合には、消滅株式会社等は、変更前の効力発生日（変更後の効力発生日が変更前の効力発生日前の日である場合にあっては、当該変更後の効力発生日）の前日までに、変更後の効力発生日を公告しなければならない。

3　第1項の規定により効力発生日を変更したときは、変更後の効力発生日を効力発生日とみなして、この節並びに第750条、第752条、第759条第761条、第769条及び第771条の規定を適用する。

（吸収分割又は株式交換に関する書面等の備置き及び閲覧等）

第791条　吸収分割株式会社又は株式交換完全子会社は、効力発生日後遅滞なく、吸収分割承継会社又は株式交換完全親会社と共同して、次の各号に掲げる区分に応じ、当該各号に定めるものを作成しなければならない。

一　吸収分割株式会社　吸収分割により吸収分割承継会社が承継した吸収分割株式会社の権利義務その他の吸収分割に関する事項として法務省令で定める事項を記載し、又は記録した書面又は電磁的記録　規189

二　株式交換完全子会社　株式交換により株式交換完全親会社が取得した株式交換完全子会社の株式の数その他の株式交換に関する事項として法務省令で定める事項を記載し、又は記録した書面又は電磁的記録　規190

2　吸収分割株式会社又は株式交換完全子会社は、効力発生日から6箇月間、前項各号の書面又は電磁的記録をその本店に備え置かなければならない。

3　吸収分割株式会社の株主、債権者その他の利害関係人は、吸収分割株式会社に対して、その営業時間内は、いつでも、次に掲げる請求をすることができる。ただし、第2号又は第4号に掲げる請求をするには、当該吸収分割株式会社の定めた費用を支払わなければならない。

一　前項の書面の閲覧の請求

二　前項の書面の謄本又は抄本の交付の請求

三　前項の電磁的記録に記録された事項を法務省令で定める方法により表示したものの閲覧の請求　規226

四　前項の電磁的記録に記録された事項を電磁的方法であって吸収分割株式会社の定めたものにより提供することの請求又はその事項を記載した書面の交付の請求

4　前項の規定は、株式交換完全子会社について準用する。この場合において、同項中「吸収分割株式会社の株主、債権者その他の利害関係人」とあるのは、「効力発生日に株式交換完全子会社の株主又は新株予約権者であった者」と読み替えるものとする。　規226

（剰余金の配当等に関する特則）

第792条　第445条第4項、第458条及び第2編第5章第6節の規定は、次に掲げる行為については、適用しない。

一　第758条第8号イ又は第760条第7号イの株式の取得

二　第758条第8号ロ又は第760条第7号ロの剰余金の配当

第2目　持分会社の手続

第793条　次に掲げる行為をする持分会社は、効力発生日の前日までに、吸収合併契約等について当該持分会社の総社員の同意を得なければならない。ただし、定款に別段の定めがある場合は、この限りでない。

一　吸収合併（吸収合併により当該持分会社が消滅する場合に限る。）

二　吸収分割（当該持分会社（合同会社に限る。）がその事業に関して有する権利義務の全部を他の会社に承継させる場合に限る。）

2　第789条（第1項第3号及び第2項第3号を除く。）及び第790条の規定は、吸収合併消滅持分会社又は合同会社である吸収分割会社（以下この節において「吸収分割合同会社」という。）について準用する。この場合において、第789条第1項第2号中「債権者（第758条第8号又は第760条第7号に掲げる事項についての定めがある場合にあっては、吸収分割株式会社の債権者）」とあるのは「債権者」と、同条第3項中「消滅株式会社等」とあるのは「吸収合併消滅持分会社（吸収合併存続会社が株式会社又は合同会社である場合にあっては、合同会社に限る。）又は吸収分割合同会社」と読み替えるものとする。

第2款　吸収合併存続会社、吸収分割承継会社及び株式交換完全親会社の手続

第1目　株式会社の手続

（吸収合併契約等に関する書面等の備置き及び閲覧等）

第794条　吸収合併存続株式会社、吸収分割承継株式会社又は株式交換完全親株式会社（以下この目において「存続株式会社等」という。）は、吸収合併契約等備置開始日から効力発生日後6箇月を経過する日までの間、吸収合併契約等の内容その他法務省令で定める事項を記載し、又は記録した書面又は電磁的記録をその本店に備え置かなければならない。　規191～規193

2　前項に規定する「吸収合併契約等備置開始日」とは、次に掲げる日のいずれか早い日をいう。

一　吸収合併契約等について株主総会（種類株主総会を含む。）の決議によってその承認を受けなければならないときは、当該株主総会の日の2週間前の日（第319条第1項の場合にあっては、同項の提案があった日）

二　第797条第3項の規定による通知の日又は同条第4項の公告の日のいずれか早い日

三　第799条の規定による手続をしなければな

らないときは、同条第2項の規定による公告の日又は同項の規定による催告の日のいずれか早い日

3　存続株式会社等の株主及び債権者（株式交換完全子会社の株主に対して交付する金銭等が株式交換完全親株式会社の株式その他これに準ずるものとして法務省令で定めるもののみである場合（第768条第1項第4号ハに規定する場合を除く。）にあっては、株主）は、存続株式会社等に対して、その営業時間内は、いつでも、次に掲げる請求をすることができる。ただし、第2号又は第4号に掲げる請求をするには、当該存続株式会社等の定めた費用を支払わなければならない。 規194

一　第1項の書面の閲覧の請求

二　第1項の書面の謄本又は抄本の交付の請求

三　第1項の電磁的記録に記録された事項を法務省令で定める方法により表示したものの閲覧の請求 規226

四　第1項の電磁的記録に記録された事項を電磁的方法であって存続株式会社等の定めたものにより提供することの請求又はその事項を記載した書面の交付の請求

（吸収合併契約等の承認等）

第795条　存続株式会社等は、効力発生日の前日までに、株主総会の決議によって、吸収合併契約等の承認を受けなければならない。

2　次に掲げる場合には、取締役は、前項の株主総会において、その旨を説明しなければならない。

一　吸収合併存続株式会社又は吸収分割承継株式会社が承継する吸収合併消滅会社又は吸収分割会社の債務の額として法務省令で定める額（次号において「承継債務額」という。）が吸収合併存続株式会社又は吸収分割承継株式会社が承継する吸収合併消滅会社又は吸収分割会社の資産の額として法務省令で定める額（同号において「承継資産額」という。）を超える場合 規195①～④

二　吸収合併存続株式会社又は吸収分割承継株式会社が吸収合併消滅株式会社の株主、吸収

合併消滅持分会社の社員又は吸収分割会社に対して交付する金銭等（吸収合併存続株式会社又は吸収分割承継株式会社の株式等を除く。）の帳簿価額が承継資産額から承継債務額を控除して得た額を超える場合

三　株式交換完全親株式会社が株式交換完全子会社の株主に対して交付する金銭等（株式交換完全親株式会社の株式等を除く。）の帳簿価額が株式交換完全親株式会社が取得する株式交換完全子会社の株式の額として法務省令で定める額を超える場合 規195⑤

3　承継する吸収合併消滅会社又は吸収分割会社の資産に吸収合併存続株式会社又は吸収分割承継株式会社の株式が含まれる場合には、取締役は、第1項の株主総会において、当該株式に関する事項を説明しなければならない。

4　存続株式会社等が種類株式発行会社である場合において、次の各号に掲げる場合には、吸収合併等は、当該各号に定める種類の株式（譲渡制限株式であって、第199条第4項の定款の定めがないものに限る。）の種類株主を構成員とする種類株主総会（当該種類株主に係る株式の種類が2以上ある場合にあっては、当該2以上の株式の種類別に区分された種類株主を構成員とする各種類株主総会）の決議がなければ、その効力を生じない。ただし、当該種類株主総会において議決権を行使することができる株主が存しない場合は、この限りでない。

一　吸収合併消滅株式会社の株主又は吸収合併消滅持分会社の社員に対して交付する金銭等が吸収合併存続株式会社の株式である場合　第749条第1項第2号イの種類の株式

二　吸収分割会社に対して交付する金銭等が吸収分割承継株式会社の株式である場合　第758条第4号イの種類の株式

三　株式交換完全子会社の株主に対して交付する金銭等が株式交換完全親株式会社の株式である場合　第768条第1項第2号イの種類の株式

（吸収合併契約等の承認を要しない場合等）

第796条　前条第1項から第3項までの規定は、

吸収合併消滅会社、吸収分割会社又は株式交換完全子会社（以下この目において「消滅会社等」という。）が存続株式会社等の特別支配会社である場合には、適用しない。ただし、吸収合併消滅株式会社若しくは株式交換完全子会社の株主、吸収合併消滅持分会社の社員又は吸収分割会社に対して交付する金銭等の全部又は一部が存続株式会社等の譲渡制限株式である場合であって、存続株式会社等が公開会社でないときは、この限りでない。

2　前条第1項から第3項までの規定は、第1号に掲げる額の第2号に掲げる額に対する割合が5分の1（これを下回る割合を存続株式会社等の定款で定めた場合にあっては、その割合）を超えない場合には、適用しない。ただし、同条第2項各号に掲げる場合又は前項ただし書に規定する場合は、この限りでない。

一　次に掲げる額の合計額
　イ　吸収合併消滅株式会社若しくは株式交換完全子会社の株主、吸収合併消滅持分会社の社員又は吸収分割会社（以下この号において「消滅会社等の株主等」という。）に対して交付する存続株式会社等の株式の数に1株当たり純資産額を乗じて得た額
　ロ　消滅会社等の株主等に対して交付する存続株式会社等の社債、新株予約権又は新株予約権付社債の帳簿価額の合計額
　ハ　消滅会社等の株主等に対して交付する存続株式会社等の株式等以外の財産の帳簿価額の合計額
二　存続株式会社等の純資産額として法務省令で定める方法により算定される額　規196

3　前項本文に規定する場合において、法務省令で定める数の株式（前条第1項の株主総会において議決権を行使することができるものに限る。）を有する株主が第797条第3項の規定による通知又は同条第4項の公告の日から2週間以内に吸収合併等に反対する旨を存続株式会社等に対し通知したときは、当該存続株式会社等は、効力発生日の前日までに、株主総会の決議によって、吸収合併契約等の承認を受けなければ

ならない。　規197

（吸収合併等をやめることの請求）
第796条の2　次に掲げる場合において、存続株式会社等の株主が不利益を受けるおそれがあるときは、存続株式会社等の株主は、存続株式会社等に対し、吸収合併等をやめることを請求することができる。ただし、前条第2項本文に規定する場合（第795条第2項各号に掲げる場合及び前条第1項ただし書又は第3項に規定する場合を除く。）は、この限りでない。
一　当該吸収合併等が法令又は定款に違反する場合
二　前条第1項本文に規定する場合において、第749条第1項第2号若しくは第3号、第758条第4号又は第768条第1項第2号若しくは第3号に掲げる事項が存続株式会社等又は消滅会社等の財産の状況その他の事情に照らして著しく不当であるとき。

（反対株主の株式買取請求）
第797条　吸収合併等をする場合には、反対株主は、存続株式会社等に対し、自己の有する株式を公正な価格で買い取ることを請求することができる。ただし、第796条第2項本文に規定する場合（第795条第2項各号に掲げる場合及び第796条第1項ただし書又は第3項に規定する場合を除く。）は、この限りでない。
2　前項に規定する「反対株主」とは、次の各号に掲げる場合における当該各号に定める株主をいう。
一　吸収合併等をするために株主総会（種類株主総会を含む。）の決議を要する場合　次に掲げる株主
　イ　当該株主総会に先立って当該吸収合併等に反対する旨を当該存続株式会社等に対し通知し、かつ、当該株主総会において当該吸収合併等に反対した株主（当該株主総会において議決権を行使することができるものに限る。）
　ロ　当該株主総会において議決権を行使することができない株主
二　前号に規定する場合以外の場合　全ての株

主（第796条第1項本文に規定する場合にお
ける当該特別支配会社を除く。）

3　存続株式会社等は、効力発生日の20日前まで
に、その株主（第796条第1項本文に規定する
場合における当該特別支配会社を除く。）に対
し、吸収合併等をする旨並びに消滅会社等の商
号及び住所（第795条第3項に規定する場合に
あっては、吸収合併等をする旨、消滅会社等の
商号及び住所並びに同項の株式に関する事項）
を通知しなければならない。

4　次に掲げる場合には、前項の規定による通知
は、公告をもってこれに代えることができる。
　一　存続株式会社等が公開会社である場合
　二　存続株式会社等が第795条第1項の株主総
　　会の決議によって吸収合併契約等の承認を受
　　けた場合

5　第1項の規定による請求（以下この目におい
て「株式買取請求」という。）は、効力発生日
の20日前の日から効力発生日の前日までの間に、
その株式買取請求に係る株式の数（種類株式発
行会社にあっては、株式の種類及び種類ごとの
数）を明らかにしてしなければならない。

6　株券が発行されている株式について株式買取
請求をしようとするときは、当該株式の株主は、
存続株式会社等に対し、当該株式に係る株券を
提出しなければならない。ただし、当該株券に
ついて第223条の規定による請求をした者につ
いては、この限りでない。

7　株式買取請求をした株主は、存続株式会社等
の承諾を得た場合に限り、その株式買取請求を
撤回することができる。

8　吸収合併等を中止したときは、株式買取請求
は、その効力を失う。

9　第133条の規定は、株式買取請求に係る株式
については、適用しない。

（株式の価格の決定等）
第798条　株式買取請求があった場合において、
株式の価格の決定について、株主と存続株式会
社等との間に協議が調ったときは、存続株式会
社等は、効力発生日から60日以内にその支払を
しなければならない。

2　株式の価格の決定について、効力発生日から
30日以内に協議が調わないときは、株主又は存
続株式会社等は、その期間の満了の日後30日以
内に、裁判所に対し、価格の決定の申立てをす
ることができる。

3　前条第7項の規定にかかわらず、前項に規定
する場合において、効力発生日から60日以内に
同項の申立てがないときは、その期間の満了後
は、株主は、いつでも、株式買取請求を撤回す
ることができる。

4　存続株式会社等は、裁判所の決定した価格に
対する第1項の期間の満了の日後の法定利率に
よる利息をも支払わなければならない。

5　存続株式会社等は、株式の価格の決定がある
までは、株主に対し、当該存続株式会社等が公
正な価格と認める額を支払うことができる。

6　株式買取請求に係る株式の買取りは、効力発
生日に、その効力を生ずる。

7　株券発行会社は、株券が発行されている株式
について株式買取請求があったときは、株券と
引換えに、その株式買取請求に係る株式の代金
を支払わなければならない。

（債権者の異議）
第799条　次の各号に掲げる場合には、当該各号
に定める債権者は、存続株式会社等に対し、吸
収合併等について異議を述べることができる。
　一　吸収合併をする場合　吸収合併存続株式会
　　社の債権者
　二　吸収分割をする場合　吸収分割承継株式会
　　社の債権者
　三　株式交換をする場合において、株式交換完
　　全子会社の株主に対して交付する金銭等が株
　　式交換完全親株式会社の株式その他これに準
　　ずるものとして法務省令で定めるもののみで
　　ある場合以外の場合又は第768条第1項第4
　　号ハに規定する場合　株式交換完全親株式会
　　社の債権者　規198

2　前項の規定により存続株式会社等の債権者が
異議を述べることができる場合には、存続株式
会社等は、次に掲げる事項を官報に公告し、か
つ、知れている債権者には、各別にこれを催告

しなければならない。ただし、第4号の期間は、1箇月を下ることができない。

一　吸収合併等をする旨

二　消滅会社等の商号及び住所

三　存続株式会社等及び消滅会社等（株式会社に限る。）の計算書類に関する事項として法務省令で定めるもの　規199

四　債権者が一定の期間内に異議を述べることができる旨

3　前項の規定にかかわらず、存続株式会社等が同項の規定による公告を、官報のほか、第939条第1項の規定による定款の定めに従い、同項第2号又は第3号に掲げる公告方法によりするときは、前項の規定による各別の催告は、することを要しない。

4　債権者が第2項第4号の期間内に異議を述べなかったときは、当該債権者は、当該吸収合併等について承認をしたものとみなす。

5　債権者が第2項第4号の期間内に異議を述べたときは、存続株式会社等は、当該債権者に対し、弁済し、若しくは相当の担保を提供し、又は当該債権者に弁済を受けさせることを目的として信託会社等に相当の財産を信託しなければならない。ただし、当該吸収合併等をしても当該債権者を害するおそれがないときは、この限りでない。

（消滅会社等の株主等に対して交付する金銭等が存続株式会社等の親会社株式である場合の特則）

第800条　第135条第1項の規定にかかわらず、吸収合併消滅株式会社若しくは株式交換完全子会社の株主、吸収合併消滅持分会社の社員又は吸収分割会社（以下この項において「消滅会社等の株主等」という。）に対して交付する金銭等の全部又は一部が存続株式会社等の親会社株式（同条第1項に規定する親会社株式をいう。以下この条において同じ。）である場合には、当該存続株式会社等は、吸収合併等に際して消滅会社等の株主等に対して交付する当該親会社株式の総数を超えない範囲において当該親会社株式を取得することができる。

2　第135条第3項の規定にかかわらず、前項の存続株式会社等は、効力発生日までの間は、存続株式会社等の親会社株式を保有することができる。ただし、吸収合併等を中止したときは、この限りでない。

（吸収合併等に関する書面等の備置き及び閲覧等）

第801条　吸収合併存続株式会社は、効力発生日後遅滞なく、吸収合併により吸収合併存続株式会社が承継した吸収合併消滅会社の権利義務その他の吸収合併に関する事項として法務省令で定める事項を記載し、又は記録した書面又は電磁的記録を作成しなければならない。　規200

2　吸収分割承継株式会社（合同会社が吸収分割をする場合における当該吸収分割承継株式会社に限る。）は、効力発生日後遅滞なく、吸収分割合同会社と共同して、吸収分割により吸収分割承継株式会社が承継した吸収分割合同会社の権利義務その他の吸収分割に関する事項として法務省令で定める事項を記載し、又は記録した書面又は電磁的記録を作成しなければならない。　規201

3　次の各号に掲げる存続株式会社等は、効力発生日から6箇月間、当該各号に定めるものをその本店に備え置かなければならない。

一　吸収合併存続株式会社　第1項の書面又は電磁的記録

二　吸収分割承継株式会社　前項又は第791条第1項第1号の書面又は電磁的記録

三　株式交換完全親株式会社　第791条第1項第2号の書面又は電磁的記録

4　吸収合併存続株式会社の株主及び債権者は、吸収合併存続株式会社に対して、その営業時間内は、いつでも、次に掲げる請求をすることができる。ただし、第2号又は第4号に掲げる請求をするには、当該吸収合併存続株式会社の定めた費用を支払わなければならない。

一　前項第1号の書面の閲覧の請求

二　前項第1号の書面の謄本又は抄本の交付の請求

三　前項第1号の電磁的記録に記録された事項を法務省令で定める方法により表示したものの閲覧の請求　規226

会
社
法

四　前項第1号の電磁的記録に記録された事項を電磁的方法であって吸収合併存続株式会社の定めたものにより提供することの請求又はその事項を記載した書面の交付の請求

5　前項の規定は、吸収分割承継株式会社について準用する。この場合において、同項中「株主及び債権者」とあるのは「株主、債権者その他の利害関係人」と、同項各号中「前項第1号」とあるのは「前項第2号」と読み替えるものとする。規226

6　第4項の規定は、株式交換完全親株式会社について準用する。この場合において、同項中「株主及び債権者」とあるのは「株主及び債権者（株式交換完全子会社の株主に対して交付する金銭等が株式交換完全親株式会社の株式その他これに準ずるものとして法務省令で定めるもののみである場合（第768条第1項第4号ハに規定する場合を除く。）にあっては、株式交換完全親株式会社の株主）」と、同項各号中「前項第1号」とあるのは「前項第3号」と読み替えるものとする。規202・規226

第2目　持分会社の手続

第802条　次の各号に掲げる行為をする持分会社（以下この条において「存続持分会社等」という。）は、当該各号に定める場合には、効力発生日の前日までに、吸収合併契約等について存続持分会社等の総社員の同意を得なければならない。ただし、定款に別段の定めがある場合は、この限りでない。

一　吸収合併（吸収合併により当該持分会社が存続する場合に限る。）　第751条第1項第2号に規定する場合

二　吸収分割による他の会社がその事業に関して有する権利義務の全部又は一部の承継　第760条第4号に規定する場合

三　株式交換による株式会社の発行済株式の全部の取得　第770条第1項第2号に規定する場合

2　第799条（第2項第3号を除く。）及び第800条の規定は、存続持分会社等について準用する。この場合において、第799条第1項第3号中「株

式交換完全親株式会社の株式」とあるのは「株式交換完全親合同会社の持分」と、「場合又は第768条第1項第4号ハに規定する場合」とあるのは「場合」と読み替えるものとする。規203

第3節　新設合併等の手続

第1款　新設合併消滅会社、新設分割会社及び株式移転完全子会社の手続

第1目　株式会社の手続

（新設合併契約等に関する書面等の備置き及び閲覧等）

第803条　次の各号に掲げる株式会社（以下この目において「消滅株式会社等」という。）は、新設合併契約等備置開始日から新設合併設立会社、新設分割設立会社又は株式移転設立完全親会社（以下この目において「設立会社」という。）の成立の日後6箇月を経過する日（新設合併消滅株式会社にあっては、新設合併設立会社の成立の日）までの間、当該各号に定めるもの（以下この節において「新設合併契約等」という。）の内容その他法務省令で定める事項を記載し、又は記録した書面又は電磁的記録をその本店に備え置かなければならない。規204〜規206

一　新設合併消滅株式会社　新設合併契約

二　新設分割株式会社　新設分割計画

三　株式移転完全子会社　株式移転計画

2　前項に規定する「新設合併契約等備置開始日」とは、次に掲げる日のいずれか早い日をいう。

一　新設合併契約等について株主総会（種類株主総会を含む。）の決議によってその承認を受けなければならないときは、当該株主総会の日の2週間前の日（第319条第1項の場合にあっては、同項の提案があった日）

二　第806条第3項の規定による通知を受けるべき株主があるときは、同項の規定による通知の日又は同条第4項の公告の日のいずれか早い日

三　第808条第3項の規定による通知を受けるべき新株予約権者があるときは、同項の規定による通知の日又は同条第4項の公告の日の

いずれか早い日

四　第810条の規定による手続をしなければならないときは、同条第2項の規定による公告の日又は同項の規定による催告の日のいずれか早い日

五　前各号に規定する場合以外の場合には、新設分割計画の作成の日から2週間を経過した日

3　消滅株式会社等の株主及び債権者（株式移転完全子会社にあっては、株主及び新株予約権者）は、消滅株式会社等に対して、その営業時間内は、いつでも、次に掲げる請求をすることができる。ただし、第2号又は第4号に掲げる請求をするには、当該消滅株式会社等の定めた費用を支払わなければならない。

一　第1項の書面の閲覧の請求

二　第1項の書面の謄本又は抄本の交付の請求

三　第1項の電磁的記録に記録された事項を法務省令で定める方法により表示したものの閲覧の請求　規226

四　第1項の電磁的記録に記録された事項を電磁的方法であって消滅株式会社等の定めたものにより提供することの請求又はその事項を記載した書面の交付の請求

（新設合併契約等の承認）

第804条　消滅株式会社等は、株主総会の決議によって、新設合併契約等の承認を受けなければならない。

2　前項の規定にかかわらず、新設合併設立会社が持分会社である場合には、新設合併契約について新設合併消滅株式会社の総株主の同意を得なければならない。

3　新設合併消滅株式会社又は株式移転完全子会社が種類株式発行会社である場合において、新設合併消滅株式会社又は株式移転完全子会社の株主に対して交付する新設合併設立株式会社又は株式移転設立完全親会社の株式等の全部又は一部が譲渡制限株式等であるときは、当該新設合併又は株式移転は、当該譲渡制限株式等の割当てを受ける種類の株式（譲渡制限株式を除く。）の種類株主を構成員とする種類株主総会

（当該種類株主に係る株式の種類が2以上ある場合にあっては、当該2以上の株式の種類別に区分された種類株主を構成員とする各種類株主総会）の決議がなければ、その効力を生じない。ただし、当該種類株主総会において議決権を行使することができる株主が存しない場合は、この限りでない。

4　消滅株式会社等は、第1項の株主総会の決議の日（第2項に規定する場合にあっては、同項の総株主の同意を得た日）から2週間以内に、その登録株式質権者（次条に規定する場合における登録株式質権者を除く。）及び第808条第3項各号に定める新株予約権の登録新株予約権質権者に対し、新設合併、新設分割又は株式移転（以下この節において「新設合併等」という。）をする旨を通知しなければならない。

5　前項の規定による通知は、公告をもってこれに代えることができる。

（新設分割計画の承認を要しない場合）

第805条　前条第1項の規定は、新設分割により新設分割設立会社に承継させる資産の帳簿価額の合計額が新設分割株式会社の総資産額として法務省令で定める方法により算定される額の5分の1（これを下回る割合を新設分割株式会社の定款で定めた場合にあっては、その割合）を超えない場合には、適用しない。　規207

第805条の2　新設合併等が法令又は定款に違反する場合において、消滅株式会社等の株主が不利益を受けるおそれがあるときは、消滅株式会社等の株主は、消滅株式会社等に対し、当該新設合併等をやめることを請求することができる。ただし、前条に規定する場合は、この限りでない。

（反対株主の株式買取請求）

第806条　新設合併等をする場合（次に掲げる場合を除く。）には、反対株主は、消滅株式会社等に対し、自己の有する株式を公正な価格で買い取ることを請求することができる。

一　第804条第2項に規定する場合

二　第805条に規定する場合

2　前項に規定する「反対株主」とは、次に掲げ

る株主をいう。

一　第804条第1項の株主総会（新設合併等を
するために種類株主総会の決議を要する場合
にあっては、当該種類株主総会を含む。）に
先立って当該新設合併等に反対する旨を当該
消滅株式会社等に対し通知し、かつ、当該株
主総会において当該新設合併等に反対した株
主（当該株主総会において議決権を行使する
ことができるものに限る。）

二　当該株主総会において議決権を行使するこ
とができない株主

3　消滅株式会社等は、第804条第1項の株主総
会の決議の日から2週間以内に、その株主に対
し、新設合併等をする旨並びに他の新設合併消
滅会社、新設分割会社又は株式移転完全子会社
（以下この節において「消滅会社等」という。）
及び設立会社の商号及び住所を通知しなければ
ならない。ただし、第1項各号に掲げる場合は、
この限りでない。

4　前項の規定による通知は、公告をもってこれ
に代えることができる。

5　第1項の規定による請求（以下この目におい
て「株式買取請求」という。）は、第3項の規
定による通知又は前項の公告をした日から20日
以内に、その株式買取請求に係る株式の数（種
類株式発行会社にあっては、株式の種類及び種
類ごとの数）を明らかにしてしなければならな
い。

6　株券が発行されている株式について株式買取
請求をしようとするときは、当該株式の株主は、
消滅株式会社等に対し、当該株式に係る株券を
提出しなければならない。ただし、当該株券に
ついて第223条の規定による請求をした者につ
いては、この限りでない。

7　株式買取請求をした株主は、消滅株式会社等
の承諾を得た場合に限り、その株式買取請求を
撤回することができる。

8　新設合併等を中止したときは、株式買取請求
は、その効力を失う。

9　第133条の規定は、株式買取請求に係る株式
については、適用しない。

（株式の価格の決定等）

第807条　株式買取請求があった場合において、
株式の価格の決定について、株主と消滅株式会
社等（新設合併をする場合における新設合併設
立会社の成立の日後にあっては、新設合併設立
会社。以下この条において同じ。）との間に協
議が調ったときは、消滅株式会社等は、設立会
社の成立の日から60日以内にその支払をしなけ
ればならない。

2　株式の価格の決定について、設立会社の成立
の日から30日以内に協議が調わないときは、株
主又は消滅株式会社等は、その期間の満了の日
後30日以内に、裁判所に対し、価格の決定の申
立てをすることができる。

3　前条第7項の規定にかかわらず、前項に規定
する場合において、設立会社の成立の日から60
日以内に同項の申立てがないときは、その期間
の満了後は、株主は、いつでも、株式買取請求
を撤回することができる。

4　消滅株式会社等は、裁判所の決定した価格に
対する第1項の期間の満了の日後の法定利率に
よる利息をも支払わなければならない。

5　消滅株式会社等は、株式の価格の決定がある
までは、株主に対し、当該消滅株式会社等が公
正な価格と認める額を支払うことができる。

6　株式買取請求に係る株式の買取りは、設立会
社の成立の日に、その効力を生ずる。

7　株券発行会社は、株券が発行されている株式
について株式買取請求があったときは、株券と
引換えに、その株式買取請求に係る株式の代金
を支払わなければならない。

（新株予約権買取請求）

第808条　次の各号に掲げる行為をする場合には、
当該各号に定める消滅株式会社等の新株予約権
の新株予約権者は、消滅株式会社等に対し、自
己の有する新株予約権を公正な価格で買い取る
ことを請求することができる。

一　新設合併　第753条第1項第10号又は第11
号に掲げる事項についての定めが第236条第
1項第8号の条件（同号イに関するものに限
る。）に合致する新株予約権以外の新株予約

権

二 新設分割（新設分割設立会社が株式会社である場合に限る。）　次に掲げる新株予約権のうち、第763条第1項第10号又は第11号に掲げる事項についての定めが第236条第1項第8号の条件（同号ハに関するものに限る。）に合致する新株予約権以外の新株予約権

イ 新設分割計画新株予約権

ロ 新設分割計画新株予約権以外の新株予約権であって、新設分割をする場合において当該新株予約権の新株予約権者に新設分割設立株式会社の新株予約権を交付することとする旨の定めがあるもの

三 株式移転　次に掲げる新株予約権のうち、第773条第1項第9号又は第10号に掲げる事項についての定めが第236条第1項第8号の条件（同号ホに関するものに限る。）に合致する新株予約権以外の新株予約権

イ 株式移転計画新株予約権

ロ 株式移転計画新株予約権以外の新株予約権であって、株式移転をする場合において当該新株予約権の新株予約権者に株式移転設立完全親会社の新株予約権を交付することとする旨の定めがあるもの

2 新株予約権付社債に付された新株予約権の新株予約権者は、前項の規定による請求（以下この目において「新株予約権買取請求」という。）をするときは、併せて、新株予約権付社債についての社債を買い取ることを請求しなければならない。ただし、当該新株予約権付社債に付された新株予約権について別段の定めがある場合は、この限りでない。

3 次の各号に掲げる消滅株式会社等は、第804条第1項の株主総会の決議の日（同条第2項に規定する場合にあっては同項の総株主の同意を得た日、第805条に規定する場合にあっては新設分割計画の作成の日）から2週間以内に、当該各号に定める新株予約権の新株予約権者に対し、新設合併等をする旨並びに他の消滅会社等及び設立会社の商号及び住所を通知しなければならない。

一 新設合併消滅株式会社　全部の新株予約権

二 新設分割設立会社が株式会社である場合における新設分割株式会社　次に掲げる新株予約権

イ 新設分割計画新株予約権

ロ 新設分割計画新株予約権以外の新株予約権であって、新設分割をする場合において当該新株予約権の新株予約権者に新設分割設立株式会社の新株予約権を交付することとする旨の定めがあるもの

三 株式移転完全子会社　次に掲げる新株予約権

イ 株式移転計画新株予約権

ロ 株式移転計画新株予約権以外の新株予約権であって、株式移転をする場合において当該新株予約権の新株予約権者に株式移転設立完全親会社の新株予約権を交付することとする旨の定めがあるもの

4 前項の規定による通知は、公告をもってこれに代えることができる。

5 新株予約権買取請求は、第3項の規定による通知又は前項の公告をした日から20日以内に、その新株予約権買取請求に係る新株予約権の内容及び数を明らかにしてしなければならない。

6 新株予約権証券が発行されている新株予約権について新株予約権買取請求をしようとするときは、当該新株予約権の新株予約権者は、消滅株式会社等に対し、その新株予約権証券を提出しなければならない。ただし、当該新株予約権証券について非訟事件手続法第114条に規定する公示催告の申立てをした者については、この限りでない。

7 新株予約権付社債券が発行されている新株予約権付社債に付された新株予約権について新株予約権買取請求をしようとするときは、当該新株予約権の新株予約権者は、消滅株式会社等に対し、その新株予約権付社債券を提出しなければならない。ただし、当該新株予約権付社債券について非訟事件手続法第114条に規定する公示催告の申立てをした者については、この限りでない。

8　新株予約権買取請求をした新株予約権者は、消滅株式会社等の承諾を得た場合に限り、その新株予約権買取請求を撤回することができる。

9　新設合併等を中止したときは、新株予約権買取請求は、その効力を失う。

10　第260条の規定は、新株予約権買取請求に係る新株予約権については、適用しない。

（新株予約権の価格の決定等）

第809条　新株予約権買取請求があった場合において、新株予約権（当該新株予約権が新株予約権付社債に付されたものである場合において、当該新株予約権付社債についての社債の買取りの請求があったときは、当該社債を含む。以下この条において同じ。）の価格の決定について、新株予約権者と消滅株式会社等（新設合併をする場合における新設合併設立会社の成立の日後にあっては、新設合併設立会社。以下この条において同じ。）との間に協議が調ったときは、消滅株式会社等は、設立会社の成立の日から60日以内にその支払をしなければならない。

2　新株予約権の価格の決定について、設立会社の成立の日から30日以内に協議が調わないときは、新株予約権者又は消滅株式会社等は、その期間の満了の日後30日以内に、裁判所に対し、価格の決定の申立てをすることができる。

3　前条第8項の規定にかかわらず、前項に規定する場合において、設立会社の成立の日から60日以内に同項の申立てがないときは、その期間の満了後は、新株予約権者は、いつでも、新株予約権買取請求を撤回することができる。

4　消滅株式会社等は、裁判所の決定した価格に対する第1項の期間の満了の日後の法定利率による利息をも支払わなければならない。

5　消滅株式会社等は、新株予約権の価格の決定があるまでは、新株予約権者に対し、当該消滅株式会社等が公正な価格と認める額を支払うことができる。

6　新株予約権買取請求に係る新株予約権の買取りは、設立会社の成立の日に、その効力を生ずる。

7　消滅株式会社等は、新株予約権証券が発行されている新株予約権について新株予約権買取請求があったときは、新株予約権証券と引換えに、その新株予約権買取請求に係る新株予約権の代金を支払わなければならない。

8　消滅株式会社等は、新株予約権付社債券が発行されている新株予約権付社債に付された新株予約権について新株予約権買取請求があったときは、新株予約権付社債券と引換えに、その新株予約権買取請求に係る新株予約権の代金を支払わなければならない。

（債権者の異議）

第810条　次の各号に掲げる場合には、当該各号に定める債権者は、消滅株式会社等に対し、新設合併等について異議を述べることができる。

一　新設合併をする場合　新設合併消滅株式会社の債権者

二　新設分割をする場合　新設分割後新設分割株式会社に対して債務の履行（当該債務の保証人として新設分割設立会社と連帯して負担する保証債務の履行を含む。）を請求することができない新設分割株式会社の債権者（第763条第1項第12号又は第765条第1項第8号に掲げる事項についての定めがある場合にあっては、新設分割株式会社の債権者）

三　株式移転計画新株予約権が新株予約権付社債に付された新株予約権である場合　当該新株予約権付社債についての社債権者

2　前項の規定により消滅株式会社等の債権者の全部又は一部が異議を述べることができる場合には、消滅株式会社等は、次に掲げる事項を官報に公告し、かつ、知れている債権者（同項の規定により異議を述べることができるものに限る。）には、各別にこれを催告しなければならない。ただし、第4号の期間は、1箇月を下ることができない。

一　新設合併等をする旨

二　他の消滅会社等及び設立会社の商号及び住所

三　消滅株式会社等の計算書類に関する事項として法務省令で定めるもの　規208

四　債権者が一定の期間内に異議を述べることができる旨

3　前項の規定にかかわらず、消滅株式会社等が同項の規定による公告を、官報のほか、第939条第1項の規定による定款の定めに従い、同項第2号又は第3号に掲げる公告方法によりするときは、前項の規定による各別の催告（新設分割をする場合における不法行為によって生じた新設分割株式会社の債務の債権者に対するものを除く。）は、することを要しない。

4　債権者が第2項第4号の期間内に異議を述べなかったときは、当該債権者は、当該新設合併等について承認をしたものとみなす。

5　債権者が第2項第4号の期間内に異議を述べたときは、消滅株式会社等は、当該債権者に対し、弁済し、若しくは相当の担保を提供し、又は当該債権者に弁済を受けさせることを目的として信託会社等に相当の財産を信託しなければならない。ただし、当該新設合併等をしても当該債権者を害するおそれがないときは、この限りでない。

（新設分割又は株式移転に関する書面等の備置き及び閲覧等）

第811条　新設分割株式会社又は株式移転完全子会社は、新設分割設立会社又は株式移転設立完全親会社の成立の日後遅滞なく、新設分割設立会社又は株式移転設立完全親会社と共同して、次の各号に掲げる区分に応じ、当該各号に定めるものを作成しなければならない。

一　新設分割株式会社　新設分割により新設分割設立会社が承継した新設分割株式会社の権利義務その他の新設分割に関する事項として法務省令で定める事項を記載し、又は記録した書面又は電磁的記録　規209

二　株式移転完全子会社　株式移転により株式移転設立完全親会社が取得した株式移転完全子会社の株式の数その他の株式移転に関する事項として法務省令で定める事項を記載し、又は記録した書面又は電磁的記録　規210

2　新設分割株式会社又は株式移転完全子会社は、新設分割設立会社又は株式移転設立完全親会社の成立の日から6箇月間、前項各号の書面又は電磁的記録をその本店に備え置かなければなら

ない。

3　新設分割株式会社の株主、債権者その他の利害関係人は、新設分割株式会社に対して、その営業時間内は、いつでも、次に掲げる請求をすることができる。ただし、第2号又は第4号に掲げる請求をするには、当該新設分割株式会社の定めた費用を支払わなければならない。

一　前項の書面の閲覧の請求

二　前項の書面の謄本又は抄本の交付の請求

三　前項の電磁的記録に記録された事項を法務省令で定める方法により表示したものの閲覧の請求　規226

四　前項の電磁的記録に記録された事項を電磁的方法であって新設分割株式会社の定めたものにより提供することの請求又はその事項を記載した書面の交付の請求

4　前項の規定は、株式移転完全子会社について準用する。この場合において、同項中「新設分割株式会社の株主、債権者その他の利害関係人」とあるのは、「株式移転設立完全親会社の成立の日に株式移転完全子会社の株主又は新株予約権者であった者」と読み替えるものとする。
規226

（剰余金の配当等に関する特則）

第812条　第445条第4項、第458条及び第2編第5章第6節の規定は、次に掲げる行為については、適用しない。

一　第763条第1項第12号イ又は第765条第1項第8号イの株式の取得

二　第763条第1項第12号ロ又は第765条第1項第8号ロの剰余金の配当

第2目　持分会社の手続

第813条　次に掲げる行為をする持分会社は、新設合併契約等について当該持分会社の総社員の同意を得なければならない。ただし、定款に別段の定めがある場合は、この限りでない。

一　新設合併

二　新設分割（当該持分会社（合同会社に限る。）がその事業に関して有する権利義務の全部を他の会社に承継させる場合に限る。）

2　第810条（第1項第3号及び第2項第3号を

751

除く。）の規定は、新設合併消滅持分会社又は合同会社である新設分割会社（以下この節において「新設分割合同会社」という。）について準用する。この場合において、同条第1項第2号中「債権者（第763条第1項第12号又は第765条第1項第8号に掲げる事項についての定めがある場合にあっては、新設分割株式会社の債権者）」とあるのは「債権者」と、同条第3項中「消滅株式会社等」とあるのは「新設合併消滅持分会社（新設合併設立会社が株式会社又は合同会社である場合にあっては、合同会社に限る。）又は新設分割合同会社」と読み替えるものとする。

　　　　第2款　新設合併設立会社、新設分割設立会社及び株式移転設立完全親会社の手続

　　　　第1目　株式会社の手続

（株式会社の設立の特則）

第814条　第2編第1章（第27条（第4号及び第5号を除く。）、第29条、第31条、第37条第3項、第39条、第6節及び第49条を除く。）の規定は、新設合併設立株式会社、新設分割設立株式会社又は株式移転設立完全親会社（以下この目において「設立株式会社」という。）の設立については、適用しない。

2　設立株式会社の定款は、消滅会社等が作成する。

（新設合併契約等に関する書面等の備置き及び閲覧等）

第815条　新設合併設立株式会社は、その成立の日後遅滞なく、新設合併により新設合併設立株式会社が承継した新設合併消滅会社の権利義務その他の新設合併に関する事項として法務省令で定める事項を記載し、又は記録した書面又は電磁的記録を作成しなければならない。 規211

2　新設分割設立株式会社（1又は2以上の合同会社のみが新設分割をする場合における当該新設分割設立株式会社に限る。）は、その成立の日後遅滞なく、新設分割合同会社と共同して、新設分割により新設分割設立株式会社が承継した新設分割合同会社の権利義務その他の新設分

割に関する事項として法務省令で定める事項を記載し、又は記録した書面又は電磁的記録を作成しなければならない。 規212

3　次の各号に掲げる設立株式会社は、その成立の日から6箇月間、当該各号に定めるものをその本店に備え置かなければならない。

一　新設合併設立株式会社　第1項の書面又は電磁的記録及び新設合併契約の内容その他法務省令で定める事項を記載し、又は記録した書面又は電磁的記録 規213

二　新設分割設立株式会社　前項又は第811条第1項第1号の書面又は電磁的記録

三　株式移転設立完全親会社　第811条第1項第2号の書面又は電磁的記録

4　新設合併設立株式会社の株主及び債権者は、新設合併設立株式会社に対して、その営業時間内は、いつでも、次に掲げる請求をすることができる。ただし、第2号又は第4号に掲げる請求をするには、当該新設合併設立株式会社の定めた費用を支払わなければならない。

一　前項第1号の書面の閲覧の請求

二　前項第1号の書面の謄本又は抄本の交付の請求

三　前項第1号の電磁的記録に記録された事項を法務省令で定める方法により表示したものの閲覧の請求 規226

四　前項第1号の電磁的記録に記録された事項を電磁的方法であって新設合併設立株式会社の定めたものにより提供することの請求又はその事項を記載した書面の交付の請求

5　前項の規定は、新設分割設立株式会社について準用する。この場合において、同項中「株主及び債権者」とあるのは「株主、債権者その他の利害関係人」と、同項各号中「前項第1号」とあるのは「前項第2号」と読み替えるものとする。 規226

6　第4項の規定は、株式移転設立完全親会社について準用する。この場合において、同項中「株主及び債権者」とあるのは「株主及び新株予約権者」と、同項各号中「前項第1号」とあるのは「前項第3号」と読み替えるものとする。

（規226）
第２目　持分会社の手続
（持分会社の設立の特則）
第816条　第575条及び第578条の規定は、新設合併設立持分会社又は新設分割設立持分会社（次項において「設立持分会社」という。）の設立については、適用しない。

2　設立持分会社の定款は、消滅会社等が作成する。

第４節　株式交付の手続
（株式交付計画に関する書面等の備置き及び閲覧等）
第816条の２　株式交付親会社は、株式交付計画備置開始日から株式交付がその効力を生ずる日（以下この節において「効力発生日」という。）後６箇月を経過する日までの間、株式交付計画の内容その他法務省令で定める事項を記載し、又は記録した書面又は電磁的記録をその本店に備え置かなければならない。（規213の２）

2　前項に規定する「株式交付計画備置開始日」とは、次に掲げる日のいずれか早い日をいう。
一　株式交付計画について株主総会（種類株主総会を含む。）の決議によってその承認を受けなければならないときは、当該株主総会の日の２週間前の日（第319条第１項の場合にあっては、同項の提案があった日）
二　第816条の６第３項の規定による通知の日又は同条第４項の公告の日のいずれか早い日
三　第816条の８の規定による手続をしなければならないときは、同条第２項の規定による公告の日又は同項の規定による催告の日のいずれか早い日

3　株式交付親会社の株主（株式交付に際して株式交付子会社の株式及び新株予約権等の譲渡人に対して交付する金銭等（株式交付親会社の株式を除く。）が株式交付親会社の株式に準ずるものとして法務省令で定めるもののみである場合以外の場合にあっては、株主及び債権者）は、株式交付親会社に対して、その営業時間内は、いつでも、次に掲げる請求をすることができる。

ただし、第２号又は第４号に掲げる請求をするには、当該株式交付親会社の定めた費用を支払わなければならない。（規213の３）
一　第１項の書面の閲覧の請求
二　第１項の書面の謄本又は抄本の交付の請求
三　第１項の電磁的記録に記録された事項を法務省令で定める方法により表示したものの閲覧の請求（規226）
四　第１項の電磁的記録に記録された事項を電磁的方法であって株式交付親会社の定めたものにより提供することの請求又はその事項を記載した書面の交付の請求

（株式交付計画の承認等）
第816条の３　株式交付親会社は、効力発生日の前日までに、株主総会の決議によって、株式交付計画の承認を受けなければならない。

2　株式交付親会社が株式交付子会社の株式及び新株予約権等の譲渡人に対して交付する金銭等（株式交付親会社の株式等を除く。）の帳簿価額が株式交付親会社が譲り受ける株式交付子会社の株式及び新株予約権等の額として法務省令で定める額を超える場合には、取締役は、前項の株主総会において、その旨を説明しなければならない。（規213の４）

3　株式交付親会社が種類株式発行会社である場合において、次の各号に掲げるときは、株式交付は、当該各号に定める種類の株式（譲渡制限株式であって、第199条第４項の定款の定めがないものに限る。）の種類株主を構成員とする種類株主総会（当該種類株主に係る株式の種類が２以上ある場合にあっては、当該２以上の株式の種類別に区分された種類株主を構成員とする各種類株主総会）の決議がなければ、その効力を生じない。ただし、当該種類株主総会において議決権を行使することができる株主が存しない場合は、この限りでない。
一　株式交付子会社の株式の譲渡人に対して交付する金銭等が株式交付親会社の株式であるとき　第774条の３第１項第３号の種類の株式
二　株式交付子会社の新株予約権等の譲渡人に

対して交付する金銭等が株式交付親会社の株式であるとき　第774条の3第1項第8号イの種類の株式

（株式交付計画の承認を要しない場合等）

第816条の4　前条第1項及び第2項の規定は、第1号に掲げる額の第2号に掲げる額に対する割合が5分の1（これを下回る割合を株式交付親会社の定款で定めた場合にあっては、その割合）を超えない場合には、適用しない。ただし、同項に規定する場合又は株式交付親会社が公開会社でない場合は、この限りでない。

一　次に掲げる額の合計額

イ　株式交付子会社の株式及び新株予約権等の譲渡人に対して交付する株式交付親会社の株式の数に1株当たり純資産額を乗じて得た額

ロ　株式交付子会社の株式及び新株予約権等の譲渡人に対して交付する株式交付親会社の社債、新株予約権又は新株予約権付社債の帳簿価額の合計額

ハ　株式交付子会社の株式及び新株予約権等の譲渡人に対して交付する株式交付親会社の株式等以外の財産の帳簿価額の合計額

二　株式交付親会社の純資産額として法務省令で定める方法により算定される額

規213の5

2　前項本文に規定する場合において、法務省令で定める数の株式（前条第1項の株主総会において議決権を行使することができるものに限る。）を有する株主が第816条の6第3項の規定による通知又は同条第4項の公告の日から2週間以内に株式交付に反対する旨を株式交付親会社に対し通知したときは、当該株式交付親会社は、効力発生日の前日までに、株主総会の決議によって、株式交付計画の承認を受けなければならない。規213の6

（株式交付をやめることの請求）

第816条の5　株式交付が法令又は定款に違反する場合において、株式交付親会社の株主が不利益を受けるおそれがあるときは、株式交付親会社の株主は、株式交付親会社に対し、株式交付をやめることを請求することができる。ただし、前条第1項本文に規定する場合（同項ただし書又は同条第2項に規定する場合を除く。）は、この限りでない。

（反対株主の株式買取請求）

第816条の6　株式交付をする場合には、反対株主は、株式交付親会社に対し、自己の有する株式を公正な価格で買い取ることを請求することができる。ただし、第816条の4第1項本文に規定する場合（同項ただし書又は同条第2項に規定する場合を除く。）は、この限りでない。

2　前項に規定する「反対株主」とは、次の各号に掲げる場合における当該各号に定める株主をいう。

一　株式交付をするために株主総会（種類株主総会を含む。）の決議を要する場合　次に掲げる株主

イ　当該株主総会に先立って当該株式交付に反対する旨を当該株式交付親会社に対し通知し、かつ、当該株主総会において当該株式交付に反対した株主（当該株主総会において議決権を行使することができるものに限る。）

ロ　当該株主総会において議決権を行使することができない株主

二　前号に掲げる場合以外の場合　全ての株主

3　株式交付親会社は、効力発生日の20日前までに、その株主に対し、株式交付をする旨並びに株式交付子会社の商号及び住所を通知しなければならない。

4　次に掲げる場合には、前項の規定による通知は、公告をもってこれに代えることができる。

一　株式交付親会社が公開会社である場合

二　株式交付親会社が第816条の3第1項の株主総会の決議によって株式交付計画の承認を受けた場合

5　第1項の規定による請求（以下この節において「株式買取請求」という。）は、効力発生日の20日前の日から効力発生日の前日までの間に、その株式買取請求に係る株式の数（種類株式発行会社にあっては、株式の種類及び種類ごとの

数）を明らかにしてしなければならない。

6　株券が発行されている株式について株式買取請求をしようとするときは、当該株式の株主は、株式交付親会社に対し、当該株式に係る株券を提出しなければならない。ただし、当該株券について第223条の規定による請求をした者については、この限りでない。

7　株式買取請求をした株主は、株式交付親会社の承諾を得た場合に限り、その株式買取請求を撤回することができる。

8　株式交付を中止したときは、株式買取請求は、その効力を失う。

9　第133条の規定は、株式買取請求に係る株式については、適用しない。

（株式の価格の決定等）

第816条の7　株式買取請求があった場合において、株式の価格の決定について、株主と株式交付親会社との間に協議が調ったときは、株式交付親会社は、効力発生日から60日以内にその支払をしなければならない。

2　株式の価格の決定について、効力発生日から30日以内に協議が調わないときは、株主又は株式交付親会社は、その期間の満了の日後30日以内に、裁判所に対し、価格の決定の申立てをすることができる。

3　前条第7項の規定にかかわらず、前項に規定する場合において、効力発生日から60日以内に同項の申立てがないときは、その期間の満了後は、株主は、いつでも、株式買取請求を撤回することができる。

4　株式交付親会社は、裁判所の決定した価格に対する第1項の期間の満了の日後の法定利率による利息をも支払わなければならない。

5　株式交付親会社は、株式の価格の決定があるまでは、株主に対し、当該株式交付親会社が公正な価格と認める額を支払うことができる。

6　株式買取請求に係る株式の買取りは、効力発生日に、その効力を生ずる。

7　株券発行会社は、株券が発行されている株式について株式買取請求があったときは、株券と引換えに、その株式買取請求に係る株式の代金を支払わなければならない。

（債権者の異議）

第816条の8　株式交付に際して株式交付子会社の株式及び新株予約権等の譲渡人に対して交付する金銭等（株式交付親会社の株式を除く。）が株式交付親会社の株式に準ずるものとして法務省令で定めるもののみである場合以外の場合には、株式交付親会社の債権者は、株式交付親会社に対し、株式交付について異議を述べることができる。 規213の7

2　前項の規定により株式交付親会社の債権者が異議を述べることができる場合には、株式交付親会社は、次に掲げる事項を官報に公告し、かつ、知れている債権者には、各別にこれを催告しなければならない。ただし、第4号の期間は、1箇月を下ることができない。

一　株式交付をする旨

二　株式交付子会社の商号及び住所

三　株式交付親会社及び株式交付子会社の計算書類に関する事項として法務省令で定めるもの 規213の8

四　債権者が一定の期間内に異議を述べることができる旨

3　前項の規定にかかわらず、株式交付親会社が同項の規定による公告を、官報のほか、第939条第1項の規定による定款の定めに従い、同項第2号又は第3号に掲げる公告方法によりするときは、前項の規定による各別の催告は、することを要しない。

4　債権者が第2項第4号の期間内に異議を述べなかったときは、当該債権者は、当該株式交付について承認をしたものとみなす。

5　債権者が第2項第4号の期間内に異議を述べたときは、株式交付親会社は、当該債権者に対し、弁済し、若しくは相当の担保を提供し、又は当該債権者に弁済を受けさせることを目的として信託会社等に相当の財産を信託しなければならない。ただし、当該株式交付をしても当該債権者を害するおそれがないときは、この限りでない。

（株式交付の効力発生日の変更）

第816条の9　株式交付親会社は、効力発生日を変更することができる。

2　前項の規定による変更後の効力発生日は、株式交付計画において定めた当初の効力発生日から3箇月以内の日でなければならない。

3　第1項の場合には、株式交付親会社は、変更前の効力発生日（変更後の効力発生日が変更前の効力発生日前の日である場合にあっては、当該変更後の効力発生日）の前日までに、変更後の効力発生日を公告しなければならない。

4　第1項の規定により効力発生日を変更したときは、変更後の効力発生日を効力発生日とみなして、この節（第2項を除く。）及び前章（第774条の3第1項第11号を除く。）の規定を適用する。

5　株式交付親会社は、第1項の規定による効力発生日の変更をする場合には、当該変更と同時に第774条の3第1項第10号の期日を変更することができる。

6　第3項及び第4項の規定は、前項の規定による第774条の3第1項第10号の期日の変更について準用する。この場合において、第4項中「この節（第2項を除く。）及び前章（第774条の3第1項第11号を除く。）」とあるのは、「第774条の4、第774条の10及び前項」と読み替えるものとする。

（株式交付に関する書面等の備置き及び閲覧等）

第816条の10　株式交付親会社は、効力発生日後遅滞なく、株式交付に際して株式交付親会社が譲り受けた株式交付子会社の株式の数その他の株式交付に関する事項として法務省令で定める事項を記載し、又は記録した書面又は電磁的記録を作成しなければならない。　規213の9

2　株式交付親会社は、効力発生日から6箇月間、前項の書面又は電磁的記録をその本店に備え置かなければならない。

3　株式交付親会社の株主（株式交付に際して株式交付子会社の株式及び新株予約権等の譲渡人に対して交付する金銭等（株式交付親会社の株式を除く。）が株式交付親会社の株式に準ずる

ものとして法務省令で定めるもののみである場合以外の場合にあっては、株主及び債権者）は、株式交付親会社に対して、その営業時間内は、いつでも、次に掲げる請求をすることができる。ただし、第2号又は第4号に掲げる請求をするには、当該株式交付親会社の定めた費用を支払わなければならない。　規213の10

一　前項の書面の閲覧の請求

二　前項の書面の謄本又は抄本の交付の請求

三　前項の電磁的記録に記録された事項を法務省令で定める方法により表示したものの閲覧の請求　規226

四　前項の電磁的記録に記録された事項を電磁的方法であって株式交付親会社の定めたものにより提供することの請求又はその事項を記載した書面の交付の請求

第7編　雑　則

第5章　公　告

第1節　総　則

（会社の公告方法）

第939条　会社は、公告方法として、次に掲げる方法のいずれかを定款で定めることができる。

一　官報に掲載する方法

二　時事に関する事項を掲載する日刊新聞紙に掲載する方法

三　電子公告

2　外国会社は、公告方法として、前項各号に掲げる方法のいずれかを定めることができる。

3　会社又は外国会社が第1項第3号に掲げる方法を公告方法とする旨を定める場合には、電子公告を公告方法とする旨を定めれば足りる。この場合においては、事故その他やむを得ない事由によって電子公告による公告をすることができない場合の公告方法として、同項第1号又は第2号に掲げる方法のいずれかを定めることができる。

4　第1項又は第2項の規定による定めがない会

社又は外国会社の公告方法は、第1項第1号の方法とする。

（電子公告の公告期間等）

第940条 株式会社又は持分会社が電子公告によりこの法律の規定による公告をする場合には、次の各号に掲げる公告の区分に応じ、当該各号に定める日までの間、継続して電子公告による公告をしなければならない。

一　この法律の規定により特定の日の一定の期間前に公告しなければならない場合における当該公告　当該特定の日

二　第440条第1項の規定による公告　同項の定時株主総会の終結の日後5年を経過する日

三　公告に定める期間内に異議を述べることができる旨の公告　当該期間を経過する日

四　前3号に掲げる公告以外の公告　当該公告の開始後1箇月を経過する日

2　外国会社が電子公告により第819条第1項の規定による公告をする場合には、同項の手続の終結の日後5年を経過する日までの間、継続して電子公告による公告をしなければならない。

3　前2項の規定にかかわらず、これらの規定により電子公告による公告をしなければならない期間（以下この章において「公告期間」という。）中公告の中断（不特定多数の者が提供を受けることができる状態に置かれた情報がその状態に置かれないこととなったこと又はその情報がその状態に置かれた後改変されたことをいう。以下この項において同じ。）が生じた場合において、次のいずれにも該当するときは、その公告の中断は、当該公告の効力に影響を及ぼさない。

一　公告の中断が生ずることにつき会社が善意でかつ重大な過失がないこと又は会社に正当な事由があること。

二　公告の中断が生じた時間の合計が公告期間の10分の1を超えないこと。

三　会社が公告の中断が生じたことを知った後速やかにその旨、公告の中断が生じた時間及び公告の中断の内容を当該公告に付して公告したこと。

第2節　電子公告調査機関

（電子公告調査）

第941条 この法律又は他の法律の規定による公告（第440条第1項の規定による公告を除く。以下この節において同じ。）を電子公告によりしようとする会社は、公告期間中、当該公告の内容である情報が不特定多数の者が提供を受けることができる状態に置かれているかどうかについて、法務省令で定めるところにより、法務大臣の登録を受けた者（以下この節において「調査機関」という。）に対し、調査を行うことを求めなければならない。 規221・公規3

（登録）

第942条 前条の登録（以下この節において単に「登録」という。）は、同条の規定による調査（以下この節において「電子公告調査」という。）を行おうとする者の申請により行う。 公規4

2　登録を受けようとする者は、実費を勘案して政令で定める額の手数料を納付しなければならない。 令3・公規4

（欠格事由）

第943条 次のいずれかに該当する者は、登録を受けることができない。

一　この節の規定若しくは農業協同組合法（昭和22年法律第132号）第97条の4第5項、金融商品取引法第50条の2第10項及び第66条の40第6項、公認会計士法第34条の20第6項及び第34条の23第4項、消費生活協同組合法（昭和23年法律第200号）第26条第6項、水産業協同組合法（昭和23年法律第242号）第126条の4第5項、中小企業等協同組合法（昭和24年法律第181号）第33条第7項（輸出水産業の振興に関する法律（昭和29年法律第154号）第20条並びに中小企業団体の組織に関する法律（昭和32年法律第185号）第5条の23第3項及び第47条第2項において準用する場合を含む。）、弁護士法（昭和24年法律第205号）第30条の28第6項（同法第43条第3項並びに外国弁護士による法律事務の取扱い等に関する法律（昭和61年法律第66号）第67条第2項、

第80条第1項及び第82条第3項において準用する場合を含む。）、船主相互保険組合法（昭和25年法律第177号）第55条第3項、司法書士法（昭和25年法律第197号）第45条の2第6項、土地家屋調査士法（昭和25年法律第228号）第40条の2第6項、商品先物取引法(昭和25年法律第239号）第11条第9項、行政書士法（昭和26年法律第4号）第13条の20の2第6項、投資信託及び投資法人に関する法律（昭和26年法律第198号）第25条第2項（同法第59条において準用する場合を含む。）及び第186条の2第4項、税理士法第48条の19の2第6項（同法第49条の12第3項において準用する場合を含む。）、信用金庫法（昭和26年法律第238号）第87条の4第4項、輸出入取引法(昭和27年法律第299号）第15条第6項(同法第19条の6において準用する場合を含む。）、中小漁業融資保証法（昭和27年法律第346号）第55条第5項、労働金庫法（昭和28年法律第227号)第91条の4第4項、技術研究組合法(昭和36年法律第81号）第16条第8項、農業信用保証保険法（昭和36年法律第204号）第48条の3第5項（同法第48条の9第7項において準用する場合を含む。）、社会保険労務士法(昭和43年法律第89号）第25条の23の2第6項、森林組合法（昭和53年法律第36号）第8条の2第5項、銀行法第49条の2第2項、保険業法（平成7年法律第105号）第67条の2及び第217条第3項、資産の流動化に関する法律（平成10年法律第105号）第194条第4項、弁理士法（平成12年法律第49号）第53条の2第6項、農林中央金庫法（平成13年法律第93号）第96条の2第4項、信託業法第57条第6項、一般社団法人及び一般財団法人に関する法律第333条、資金決済に関する法律（平成21年法律第59号）第20条第4項、第61条第7項及び第63条の20第7項並びに労働者協同組合法（令和2年法律第78号）第29条第6項（同法第111条第2項において準用する場合を含む。）（以下この節において「電子公告関係規定」と総称する。）において準用する第955条

第1項の規定又はこの節の規定に基づく命令に違反し、罰金以上の刑に処せられ、その執行を終わり、又は執行を受けることがなくなった日から2年を経過しない者

二　第954条の規定により登録を取り消され、その取消しの日から2年を経過しない者

三　法人であって、その業務を行う理事等（理事、取締役、執行役、業務を執行する社員、監事若しくは監査役又はこれらに準ずる者をいう。第947条において同じ。）のうちに前2号のいずれかに該当する者があるもの

〔施行　安定的かつ効率的な資金決済制度の構築を図るための資金決済に関する法律等の一部を改正する法律（令和4年法律第61号）の公布の日〔令和4年6月10日〕から起算して1年を超えない範囲内において政令で定める日〕

（欠格事由）

第943条　現行条文に同じ

一　この節の規定若しくは農業協同組合法（昭和22年法律第132号）第97条の4第5項、金融商品取引法第50条の2第10項及び第66条の40第6項、公認会計士法第34条の20第6項及び第34条の23第4項、消費生活協同組合法（昭和23年法律第200号）第26条第6項、水産業協同組合法（昭和23年法律第242号）第126条の4第5項、中小企業等協同組合法（昭和24年法律第181号）第33条第7項（輸出水産業の振興に関する法律（昭和29年法律第154号）第20条並びに中小企業団体の組織に関する法律（昭和32年法律第185号）第5条の23第3項及び第47条第2項において準用する場合を含む。）、弁護士法(昭和24年法律第205号)第30条の28第6項（同法第43条第3項並びに外国弁護士による法律事務の取扱い等に関する法律（昭和61年法律第66号）第67条第2項、第80条第1項及び第82条第3項において準用する場合を含む。）、船主相互保険組合法（昭和25年法律第177号）第55条第3項、司法書士法（昭和25年法律第197号）第45条の2第6項、土地家屋調査士法（昭和25年法律第228号)第40条の2第6項、商品先物取引法(昭和25年法律第239号）第11条第9項、行政書士法（昭和26年法律第4号）第13条の20の2

第6項、投資信託及び投資法人に関する法律（昭和26年法律第198号）第25条第2項（同法第59条において準用する場合を含む。）及び第186条の2第4項、税理士法第48条の19の2第6項（同法第49条の12第3項において準用する場合を含む。）、信用金庫法（昭和26年法律第238号）第87条の4第4項、輸出入取引法（昭和27年法律第299号）第15条第6項（同法第19条の6において準用する場合を含む。）、中小漁業融資保証法（昭和27年法律第346号）第55条第5項、労働金庫法（昭和28年法律第227号）第91条の4第4項、技術研究組合法（昭和36年法律第81号）第16条第8項、農業信用保証保険法（昭和36年法律第204号）第48条の3第5項（同法第48条の9第7項において準用する場合を含む。）、社会保険労務士法（昭和43年法律第89号）第25条の23の2第6項、森林組合法（昭和53年法律第36号）第8条の2第5項、銀行法第49条の2第2項及び第52条の60の36第7項（協同組合による金融事業に関する法律（昭和24年法律第183号）第6条の5第1項及び信用金庫法第89条第7項において準用する場合を含む。）、保険業法（平成7年法律第105号）第67条の2及び第217条第3項、資産の流動化に関する法律（平成10年法律第105号）第194条第4項、弁理士法（平成12年法律第49号）第53条の2第6項、農林中央金庫法（平成13年法律第93号）第96条の2第4項、信託業法第57条第6項、一般社団法人及び一般財団法人に関する法律第333条、資金決済に関する法律（平成21年法律第59号）第20条第4項、第61条第7項、第62条の25第7項及び第63条の20第7項並びに労働者協同組合法（令和2年法律第78号）第29条第6項（同法第111条第2項において準用する場合を含む。）（以下この節において「電子公告関係規定」と総称する。）において準用する第955条第1項の規定又はこの節の規定に基づく命令に違反し、罰金以上の刑に処せられ、その執行を終わり、又は執行を受けることがなくなった日から2年を経過しない者

二・三　現行条文に同じ

《登録基準》

第944条　法務大臣は、第942条第1項の規定により登録を申請した者が、次に掲げる要件のすべてに適合しているときは、その登録をしなければ

ばならない。この場合において、登録に関して必要な手続は、法務省令で定める。　規221

一　電子公告調査に必要な電子計算機（入出力装置を含む。以下この号において同じ。）及びプログラム（電子計算機に対する指令であって、一の結果を得ることができるように組み合わされたものをいう。以下この号において同じ。）であって次に掲げる要件のすべてに適合するものを用いて電子公告調査を行うものであること。

イ　当該電子計算機及びプログラムが電子公告により公告されている情報をインターネットを利用して閲覧することができるものであること。

ロ　当該電子計算機若しくはその用に供する電磁的記録を損壊し、若しくは当該電子計算機に虚偽の情報若しくは不正な指令を与え、又はその他の方法により、当該電子計算機に使用目的に沿うべき動作をさせず、又は使用目的に反する動作をさせることを防ぐために必要な措置が講じられていること。

ハ　当該電子計算機及びプログラムがその電子公告調査を行う期間を通じて当該電子計算機に入力された情報及び指令並びにインターネットを利用して提供を受けた情報を保存する機能を有していること。

二　電子公告調査を適正に行うために必要な実施方法が定められていること。

2　登録は、調査機関登録簿に次に掲げる事項を記載し、又は記録してするものとする。

一　登録年月日及び登録番号

二　登録を受けた者の氏名又は名称及び住所並びに法人にあっては、その代表者の氏名

三　登録を受けた者が電子公告調査を行う事業所の所在地

（登録の更新）

第945条　登録は、3年を下らない政令で定める期間ごとにその更新を受けなければ、その期間の経過によって、その効力を失う。　令4

2　前3条の規定は、前項の登録の更新について

会
社
法

準用する。 規221

（調査の義務等）

第946条　調査機関は、電子公告調査を行うことを求められたときは、正当な理由がある場合を除き、電子公告調査を行わなければならない。

2　調査機関は、公正に、かつ、法務省令で定める方法により電子公告調査を行わなければならない。 規221・公規5

3　調査機関は、電子公告調査を行う場合には、法務省令で定めるところにより、電子公告調査を行うことを求めた者（以下この節において「調査委託者」という。）の商号その他の法務省令で定める事項を法務大臣に報告しなければならない。 規221・公規6

4　調査機関は、電子公告調査の後遅滞なく、調査委託者に対して、法務省令で定めるところにより、当該電子公告調査の結果を通知しなければならない。 規221・公規7

（電子公告調査を行うことができない場合）

第947条　調査機関は、次に掲げる者の電子公告による公告又はその者若しくはその理事等が電子公告による公告に関与した場合として法務省令で定める場合における当該公告については、電子公告調査を行うことができない。 規221・公規8

一　当該調査機関

二　当該調査機関が株式会社である場合における親株式会社（当該調査機関を子会社とする株式会社をいう。）

三　理事等又は職員（過去2年間にそのいずれかであった者を含む。次号において同じ。）が当該調査機関の理事等に占める割合が2分の1を超える法人

四　理事等又は職員のうちに当該調査機関（法人であるものを除く。）又は当該調査機関の代表権を有する理事等が含まれている法人

（事業所の変更の届出）

第948条　調査機関は、電子公告調査を行う事業所の所在地を変更しようとするときは、変更しようとする日の2週間前までに、法務大臣に届け出なければならない。 公規9

（業務規程）

第949条　調査機関は、電子公告調査の業務に関する規程（次項において「業務規程」という。）を定め、電子公告調査の業務の開始前に、法務大臣に届け出なければならない。これを変更しようとするときも、同様とする。 公規10

2　業務規程には、電子公告調査の実施方法、電子公告調査に関する料金その他の法務省令で定める事項を定めておかなければならない。 規221・公規10

（業務の休廃止）

第950条　調査機関は、電子公告調査の業務の全部又は一部を休止し、又は廃止しようとするときは、法務省令で定めるところにより、あらかじめ、その旨を法務大臣に届け出なければならない。 規221・公規11

（財務諸表等の備置き及び閲覧等）

第951条　調査機関は、毎事業年度経過後3箇月以内に、その事業年度の財産目録、貸借対照表及び損益計算書又は収支計算書並びに事業報告書（これらの作成に代えて電磁的記録の作成がされている場合における当該電磁的記録を含む。次項において「財務諸表等」という。）を作成し5年間事業所に備え置かなければならない。

2　調査委託者その他の利害関係人は、調査機関に対し、その業務時間内は、いつでも、次に掲げる請求をすることができる。ただし、第2号又は第4号に掲げる請求をするには、当該調査機関の定めた費用を支払わなければならない。

一　財務諸表等が書面をもって作成されているときは、当該書面の閲覧又は謄写の請求

二　前号の書面の謄本又は抄本の交付の請求

三　財務諸表等が電磁的記録をもって作成されているときは、当該電磁的記録に記録された事項を法務省令で定める方法により表示したものの閲覧又は謄写の請求 規221・公規12

四　前号の電磁的記録に記録された事項を電磁的方法であって調査機関の定めたものにより提供することの請求又は当該事項を記載した書面の交付の請求

（適合命令）

第952条　法務大臣は、調査機関が第944条第1項各号のいずれかに適合しなくなったと認めるときは、その調査機関に対し、これらの規定に適合するため必要な措置をとるべきことを命ずることができる。

（改善命令）

第953条　法務大臣は、調査機関が第946条の規定に違反していると認めるときは、その調査機関に対し、電子公告調査を行うべきこと又は電子公告調査の方法その他の業務の方法の改善に関し必要な措置をとるべきことを命ずることができる。

（登録の取消し等）

第954条　法務大臣は、調査機関が次のいずれかに該当するときは、その登録を取り消し、又は期間を定めて電子公告調査の業務の全部若しくは一部の停止を命ずることができる。

一　第943条第1号又は第3号に該当するに至ったとき。

二　第947条（電子公告関係規定において準用する場合を含む。）から第950条まで、第951条第1項又は次条第1項（電子公告関係規定において準用する場合を含む。）の規定に違反したとき。

三　正当な理由がないのに第951条第2項各号又は次条第2項各号（電子公告関係規定において準用する場合を含む。）の規定による請求を拒んだとき。

四　第952条又は前条（電子公告関係規定において準用する場合を含む。）の命令に違反したとき。

五　不正の手段により第941条の登録を受けたとき。

（調査記録簿等の記載等）

第955条　調査機関は、法務省令で定めるところにより、調査記録又はこれに準ずるものとして法務省令で定めるもの（以下この条において「調査記録簿等」という。）を備え、電子公告調査に関し法務省令で定めるものを記載し、又は記録し、及び当該調査記録簿等を保存しなければ

ならない。　規221・公規13

2　調査委託者その他の利害関係人は、調査機関に対し、その業務時間内は、いつでも、当該調査機関が前項又は次条第2項の規定により保存している調査記録簿等（利害関係がある部分に限る。）について、次に掲げる請求をすることができる。ただし、当該請求をするには、当該調査機関の定めた費用を支払わなければならない。

一　調査記録簿等が書面をもって作成されているときは、当該書面の写しの交付の請求

二　調査記録簿等が電磁的記録をもって作成されているときは、当該電磁的記録に記録された事項を電磁的方法であって調査機関の定めたものにより提供することの請求又は当該事項を記載した書面の交付の請求

（調査記録簿等の引継ぎ）

第956条　調査機関は、電子公告調査の業務の全部の廃止をしようとするとき、又は第954条の規定により登録が取り消されたときは、その保存に係る前条第1項（電子公告関係規定において準用する場合を含む。）の調査記録簿等を他の調査機関に引き継がなければならない。

2　前項の規定により同項の調査記録簿等の引継ぎを受けた調査機関は、法務省令で定めるところにより、その調査記録簿等を保存しなければならない。　規221

（法務大臣による電子公告調査の業務の実施）

第957条　法務大臣は、登録を受ける者がないとき、第950条の規定による電子公告調査の業務の全部又は一部の休止又は廃止の届出があったとき、第954条の規定により登録を取り消し、又は調査機関に対し電子公告調査の業務の全部若しくは一部の停止を命じたとき、調査機関が天災その他の事由によって電子公告調査の業務の全部又は一部を実施することが困難となったとき、その他必要があると認めるときは、当該電子公告調査の業務の全部又は一部を自ら行うことができる。

2　法務大臣が前項の規定により電子公告調査の業務の全部又は一部を自ら行う場合における電

子公告調査の業務の引継ぎその他の必要な事項については、法務省令で定める。規221

3　第1項の規定により法務大臣が行う電子公告調査を求める者は、実費を勘案して政令で定める額の手数料を納付しなければならない。

（報告及び検査）

第958条　法務大臣は、この法律の施行に必要な限度において、調査機関に対し、その業務若しくは経理の状況に関し報告をさせ、又はその職員に、調査機関の事務所若しくは事業所に立ち入り、業務の状況若しくは帳簿、書類その他の物件を検査させることができる。

2　前項の規定により職員が立入検査をする場合には、その身分を示す証明書を携帯し、関係人にこれを提示しなければならない。公規14

3　第1項の規定による立入検査の権限は、犯罪捜査のために認められたものと解釈してはならない。

（公示）

第959条　法務大臣は、次に掲げる場合には、その旨を官報に公示しなければならない。

一　登録をしたとき。

二　第945条第1項の規定により登録が効力を失ったことを確認したとき。

三　第948条又は第950条の届出があったとき。

四　第954条の規定により登録を取り消し、又は電子公告調査の業務の全部若しくは一部の停止を命じたとき。

五　第957条第1項の規定により法務大臣が電子公告調査の業務の全部若しくは一部を自ら行うものとするとき、又は自ら行っていた電子公告調査の業務の全部若しくは一部を行わないこととするとき。

**　　　附　則**

（施行期日）

1　この法律は、公布の日から起算して1年6月を超えない範囲内において政令で定める日〔平成18年5月1日〕から施行する。

（経過措置の原則）

2　この法律の規定（罰則を除く。）は、他の法律に特別の定めがある場合を除き、この法律の施行前に生じた事項にも適用する。

（商号の使用に関する経過措置）

3　第6条第3項の規定は、この法律の施行の際現にその商号中に合同会社であると誤認されるおそれのある文字を用いている場合における会社法の施行に伴う関係法律の整備等に関する法律（平成17年法律第87号）第3条第2項に規定する特例有限会社、同法第66条第1項前段の規定により存続する株式会社又は同条第3項前段の規定により存続する合名会社若しくは合資会社については、この法律の施行の日から起算して6月間（これらの会社が当該期間内に商号の変更をした場合にあっては、当該商号の変更をするまでの期間）は、適用しない。

（合併等に際して株主等に対して交付する金銭等に関する経過措置）

4　この法律の施行の日から1年を経過する日までの間において合併契約が締結される合併、吸収分割契約が締結される吸収分割若しくは新設分割計画が作成される新設分割、株式交換契約が締結される株式交換又は株式移転計画が作成される株式移転の手続に関する第749条第1項第2号、第751条第1項、第753条第1項、第755条第1項、第758条第4号、第760条、第763条、第765条第1項、第768条第1項第2号、第770条第1項及び第773条第1項の規定の適用については、第749条第1項第2号中「次に掲げる事項」とあるのは「次に掲げる事項（ロからホまでに掲げる事項を除く。）」と、第751条第1項各号列記以外の部分中「次に掲げる事項」とあるのは「次に掲げる事項（第3号及び第4号に掲げる事項を除く。）」と、第753条第1項各号列記以外の部分中「次に掲げる事項」とあるのは「次に掲げる事項（第8号及び第9号に掲げる事項を除く。）」と、第755条第1項各号列記以外の部分中「次に掲げる事項」とあるのは「次に掲げる事項（第6号及び第7号に掲げる事項を除く。）」と、第758条第4号中「次に掲げる事項」とあるのは「次に掲げる事項（ロからホまでに掲げる事項を除く。）」と、第760条各号列記以外の部分中「次に掲げる事項」と

会
社
法

あるのは「次に掲げる事項（第５号に掲げる事項を除く。）」と、第763条各号列記以外の部分中「次に掲げる事項」とあるのは「次に掲げる事項（第８号及び第９号に掲げる事項を除く。）」と、第765条第１項各号列記以外の部分中「次に掲げる事項」とあるのは「次に掲げる事項（第６号及び第７号に掲げる事項を除く。）」と、第768条第１項第２号中「次に掲げる事項」とあるのは「次に掲げる事項（ロからホまでに掲げる事項を除く。）」と、第770条第１項各号列記以外の部分中「次に掲げる事項」とあるのは「次に掲げる事項（第３号及び第４号に掲げる事項を除く。）」と、第773条第１項各号列記以外の部分中「次に掲げる事項」とあるのは「次に掲げる事項（第７号及び第８号に掲げる事項を除く。）」とする。

　　　附　則〔平成18年６月２日法律第50号
一般社団法人及び一般財団法人に
関する法律及び公益社団法人及び
公益財団法人の認定等に関する法
律の施行に伴う関係法律の整備等
に関する法律〕

この法律は、一般社団・財団法人法の施行の日〔平成20年12月１日〕から施行する。（以下略）

（会社法の一部改正に伴う経過措置）

第245条　前条の規定による改正後の会社法（以下この条において「新会社法」という。）第331条第１項（新会社法第335条第１項、第402条第４項及び第478条第６項において準用する場合を含む。）の規定の適用については、旧中間法人法の規定（第１章第２節の規定によりなお従前の例によることとされる場合における旧中間法人法の規定を含む。）に違反し、刑に処せられた者は、一般社団・財団法人法の規定に違反し、刑に処せられたものとみなす。

　　　附　則〔平成18年６月14日法律第66号
証券取引法等の一部を改正する法
律の施行に伴う関係法律の整備等
に関する法律〕

この法律は、平成18年証券取引法改正法の施行の日〔平成19年９月30日〕から施行する。ただし、次の各号に掲げる規定は、当該各号に定める日から施行する。

一　（前略）第205条中会社法第331条第１項第

３号の改正規定（「第197条第１項第１号から第４号まで若しくは第７号若しくは第２項、第198条第１号から第10号まで、第18号若しくは第19号」を「第197条、第197条の２第１号から第10号まで若しくは第13号、第198条第８号」に改める部分に限る。）、第206条第１項の規定（中略）　平成18年証券取引法改正法附則第１条第１号に掲げる規定の施行の日〔平成18年７月４日〕

二～四　（略）

（会社法の一部改正に伴う経過措置）

第206条　前条の規定（第331条第１項第３号の改正規定（「第197条第１項第１号から第４号まで若しくは第７号若しくは第２項、第198条第１号から第10号まで、第18号若しくは第19号」を「第197条、第197条の２第１号から第10号まで若しくは第13号、第198条第８号」に改める部分に限る。）に限る。）による改正後の会社法（以下この条において「新会社法」という。）第331条第１項第３号（新会社法第335条第１項、第402条第４項及び第478条第８項において準用する場合を含む。）の規定の適用については、平成18年証券取引法改正法第１条の規定による改正前の証券取引法第197条第１項第１号から第４号まで若しくは第７号若しくは第２項又は第198条第１号から第10号まで、第18号若しくは第19号の規定（平成18年証券取引法改正法附則第218条の規定によりなお従前の例によることとされる場合におけるこれらの規定を含む。）に違反し、刑に処せられた者は、平成18年証券取引法改正法第１条の規定による改正後の証券取引法第197条、第197条の２第１号から第10号まで若しくは第13号又は第198条第８号の規定に違反し、刑に処せられたものとみなす。

２　前条の規定（第331条第１項第３号の改正規定（「証券取引法」を「金融商品取引法」に、「第21号若しくは第22号」を「第20号若しくは第21号」に、「第15号若しくは第16号」を「第19号若しくは第20号」に改める部分に限る。）に限る。）による改正後の会社法（以下この条において「新々会社法」という。）第331条第１項第

3号（新々会社法第335条第1項、第402条第4項及び第478条第8項において準用する場合を含む。）の規定の適用については、旧証券取引法第197条、第197条の2第1号から第10号まで若しくは第13号、第198条第8号、第199条、第200条第1号から第12号まで、第21号若しくは第22号、第203条第3項又は第205条第1号から第6号まで、第15号若しくは第16号の規定（平成18年証券取引法改正法附則第218条の規定によりなお従前の例によることとされる場合におけるこれらの規定を含む。）に違反し、刑に処せられた者は、新金融商品取引法第197条、第197条の2第1号から第10号まで若しくは第13号、第198条第8号、第199条、第200条第1号から第12号まで、第20号若しくは第21号、第203条第3項又は第205条第1号から第6号まで、第19号若しくは第20号の規定に違反し、刑に処せられたものとみなす。

附　則（平成18年12月15日法律第109号
信託法の施行に伴う関係法律の整
備等に関する法律）

この法律は、新信託法の施行の日〔平成19年9月30日〕から施行する。ただし、次の各号に掲げる規定は、当該各号に定める日から施行する。

一　（前略）第77条（会社法目次の改正規定、同法第132条に2項を加える改正規定、同法第2編第2章第3節中第154条の次に1款を加える改正規定、同法第2編第3章第4節中第272条の次に1款を加える改正規定、同法第695条の次に1条を加える改正規定及び同法第943条第1号の改正規定を除く。）の規定
　公布の日
二・三　（略）

附　則（平成19年5月16日法律第47号
消費生活協同組合法の一部を改正
する等の法律）

（施行期日）
第1条　この法律は、平成20年4月1日から施行する。（以下略）

附　則（平成19年6月27日法律第99号
公認会計士等の一部を改正する
法律）

（施行期日）
第1条　この法律は、公布の日から起算して1年を超えない範囲内において政令で定める日〔平成20年4月1日〕（以下「施行日」という。）から施行する。（以下略）

附　則（平成20年6月13日法律第65号
金融商品取引法等の一部を改正す
る法律）

（施行期日）
第1条　この法律は、公布の日から起算して6月を超えない範囲内において政令で定める日〔平成20年12月12日〕から施行する。ただし、次の各号に掲げる規定は、当該各号に定める日から施行する。

附　則（平成21年4月30日法律第29号
我が国における産業活動の革新等
を図るための産業活力再生特別措
置法等の一部を改正する法律）

（施行期日）
第1条　この法律は、公布の日から起算して3月を超えない範囲内において政令で定める日〔平成21年6月22日〕から施行する。（以下略）

附　則（平成21年6月24日法律第58号
金融商品取引法等の一部を改正す
る法律）

（施行期日）
第1条　この法律は、公布の日から起算して1年を超えない範囲内において政令で定める日〔平成22年4月1日〕から施行する。（以下略）

附　則（平成21年7月10日法律第74号
商品取引所法及び商品投資に係る
事業の規制に関する法律の一部を
改正する法律）

（施行期日）
第1条　この法律は、公布の日から起算して1年6月を超えない範囲内において政令で定める日〔平成23年1月1日〕（以下「施行日」という。）から施行する。（以下略）

附　則（平成23年5月25日法律第53号
非訟事件手続法及び家事事件手続
法の施行に伴う関係法律の整備等
に関する法律）

この法律は、新非訟事件手続法の施行の日〔平成25年1月1日〕から施行する。

附　則（平成23年6月24日法律第74号
情報処理の高度化等に対処するた
めの刑法等の一部を改正する法律）

（施行期日）

第1条　この法律は、公布の日から起算して20日を経過した日〔平成23年7月14日〕から施行する。（以下略）

　　附　則〔平成25年6月19日法律第45号
金融商品取引法等の一部を改正する法律〕

（施行期日）

第1条　この法律は、公布の日から起算して1年を超えない範囲内において政令で定める日〔平成26年4月1日〕から施行する。（以下略）

　　附　則〔平成26年6月27日法律第90号
会社法の一部を改正する法律〕

（施行期日）

第1条　この法律は、公布の日から起算して1年6月を超えない範囲内において政令で定める日〔平成27年5月1日〕から施行する。

（経過措置の原則）

第2条　この法律による改正後の会社法（以下「新会社法」という。）の規定（罰則を除く。）は、この附則に特別の定めがある場合を除き、この法律の施行の日（以下「施行日」という。）前に生じた事項にも適用する。ただし、この法律による改正前の会社法（以下「旧会社法」という。）の規定によって生じた効力を妨げない。

（委員会設置会社に関する経過措置）

第3条　この法律の施行の際現に委員会設置会社（旧会社法第2条第12号に規定する委員会設置会社をいう。次項において同じ。）である株式会社又は施行日前に旧会社法第30条第1項の規定による定款（同号に規定する委員会を置く旨の定めがあるものに限る。）の認証を受け、この法律の施行後に成立する株式会社の定款には、新会社法第2条第12号に規定する指名委員会等を置く旨の定めがあるものとみなす。

2　（略）

（社外取締役及び社外監査役の要件に関する経過措置）

第4条　この法律の施行の際現に旧会社法第2条第15号に規定する社外取締役又は同条第16号に規定する社外監査役を置く株式会社の社外取締役又は社外監査役については、この法律の施行

後最初に終了する事業年度に関する定時株主総会の終結の時までは、新会社法第2条第15号又は第16号の規定にかかわらず、なお従前の例による。

第5条　（略）

（設立時発行株式に関する経過措置）

第6条　施行日前に旧会社法第30条第1項の認証を受けた定款に係る株式会社の設立に際して発行する設立時発行株式については、新会社法第52条の2、第102条第3項及び第4項、第102条の2並びに第103条第2項及び第3項の規定は、適用しない。

（公開会社となる場合における発行可能株式総数に関する経過措置）

第7条　施行日前に公開会社でない株式会社が公開会社となる旨の定款の変更に係る決議をするための株主総会の招集手続が開始された場合におけるその定款の変更後の発行可能株式総数については、新会社法第113条第3項の規定にかかわらず、なお従前の例による。

（定款の変更等に係る株式買取請求に関する経過措置）

第8条　施行日前に旧会社法第116条第1項各号の行為に係る決議をするための株主総会の招集手続が開始された場合（同項各号の行為をするために株主総会の決議を要しない場合にあっては、当該行為に係る取締役会の決議又は取締役若しくは執行役の決定が行われたとき）におけるその行為に係る株式買取請求については、なお従前の例による。

（定款の変更に係る新株予約権買取請求に関する経過措置）

第9条　施行日前に旧会社法第118条第1項各号に掲げる定款の変更に係る決議をするための株主総会の招集手続が開始された場合におけるその定款の変更に係る新株予約権買取請求については、なお従前の例による。

第10条　（略）

（株式の併合に関する経過措置）

第11条　施行日前に旧会社法第180条第2項の決議をするための株主総会の招集手続が開始され

会
社
法

た場合におけるその株式の併合については、なお従前の例による。

（募集株式に関する経過措置）

第12条　施行日前に旧会社法第199条第2項に規定する募集事項の決定があった場合におけるその募集株式については、新会社法第205条第2項、第206条の2、第209条第2項及び第3項、第213条の2並びに第213条の3の規定は、適用しない。

第13条・第14条　（略）

（会計監査人の選任等に関する議案の内容の決定に関する経過措置）

第15条　施行日前に会計監査人の選任若しくは解任又は会計監査人を再任しないことに関する決議をするための株主総会の招集手続が開始された場合における会計監査人の選任若しくは解任又は会計監査人を再任しないことに係る手続については、新会社法第344条の規定にかかわらず、なお従前の例による。

（取締役等の責任の一部の免除等に関する経過措置）

第16条　取締役、会計参与、監査役、執行役又は会計監査人の施行日前の行為に基づく責任の一部の免除及び当該責任の限度に関する契約については、新会社法第425条から第427条までの規定にかかわらず、なお従前の例による。この場合において、当該責任の一部の免除をしようとする時に監査等委員会設置会社（新会社法第2条第11号の2に規定する監査等委員会設置会社をいう。）である株式会社についての旧会社法第425条第3項（旧会社法第426条第2項及び第427条第3項において準用する場合を含む。以下この条において同じ。）の規定の適用については、旧会社法第425条第3項中「監査役設置会社又は委員会設置会社」とあるのは「監査等委員会設置会社（会社法の一部を改正する法律（平成26年法律第90号）による改正後の会社法（以下この項において「新会社法」という。）第2条第11号の2に規定する監査等委員会設置会社をいう。）」と、「次の各号に掲げる株式会社の区分に応じ、当該各号に定める者」とあるの

は「各監査等委員（新会社法第38条第2項に規定する監査等委員をいう。）」とする。

第17条～第19条　（略）

（株式会社の合併等に関する経過措置）

第20条　施行日前に合併契約、吸収分割契約若しくは株式交換契約が締結され、又は組織変更計画、新設分割計画若しくは株式移転計画が作成された組織変更、合併、吸収分割、新設分割、株式交換又は株式移転については、なお従前の例による。

第21条～第24条　（略）

（検討）

第25条　政府は、この法律の施行後2年を経過した場合において、社外取締役の選任状況その他の社会経済情勢の変化等を勘案し、企業統治に係る制度の在り方について検討を加え、必要があると認めるときは、その結果に基づいて、社外取締役を置くことの義務付け等所要の措置を講ずるものとする。

　　　附　則（平成26年6月27日法律第91号
会社法の一部を改正する法律の施行に伴う関係法律の整備等に関する法律）

　この法律は、会社法の一部を改正する法律の施行の日〔平成27年5月1日〕から施行する。（以下略）

　　　附　則（平成27年9月4日法律第63号
農業協同組合法等の一部を改正する等の法律）

（施行期日）

第1条　この法律は、平成28年4月1日から施行する。（以下略）

（会社法の一部改正に伴う経過措置）

第96条　前条の規定による改正後の会社法（以下この条において「新会社法」という。）第943条の規定の適用については、旧農協法第92条第5項（附則第10条の規定によりなおその効力を有することとされる場合を含む。）において準用する前条の規定による改正前の会社法第955条第1項の規定に違反し、刑に処せられた者は、新農協法第97条の4第5項において準用する新会社法第955条第1項の規定に違反し、刑に処せられたものとみなす。

附　則 $\left(\begin{array}{l}\text{平成28年6月3日法律第62号}\\\text{情報通信技術の進展等の環境変化}\\\text{に対応するための銀行法等の一部}\\\text{を改正する法律}\end{array}\right)$

（施行期日）

第1条　この法律は、公布の日から起算して1年を超えない範囲内において政令で定める日〔平成29年4月1日〕から施行する。

附　則 $\left(\begin{array}{l}\text{平成29年6月2日法律第45号}\\\text{民法の一部を改正する法律の施行}\\\text{に伴う関係法律の整備等に関する}\\\text{法律}\end{array}\right)$

この法律は、民法改正法の施行の日〔平成32年4月1日〕から施行する。（以下略）

（会社法の一部改正に伴う経過措置）

第47条　施行日前に会社の他の会社に対する事業の譲渡に係る契約が締結された場合におけるその事業の譲渡については、前条の規定による改正後の会社法（以下この条において「新会社法」という。）第23条の2第1項及び第2項の規定にかかわらず、なお従前の例による。

2　施行日前にされた意思表示に係る設立時発行株式（前条の規定による改正前の会社法（以下この条において「旧会社法」という。）第25条第1項第1号に規定する設立時発行株式をいう。）の引受けについては、新会社法第51条並びに第102条第5項及び第6項の規定にかかわらず、なお従前の例による。

3　次の各号に掲げる裁判所が決定した価格に対する利息については、当該各号に定める規定にかかわらず、なお従前の例による。

一　施行日前に旧会社法第116条第1項各号の行為に係る決議をするための株主総会の招集手続が開始された場合（同項各号の行為をするために株主総会の決議を要しない場合にあっては、当該行為に係る取締役会の決議又は取締役若しくは執行役の決定が行われたとき）におけるその行為に係る株式買取請求について裁判所が決定した価格　新会社法第117条第4項

二　施行日前に旧会社法第118条第1項各号に掲げる定款の変更に係る決議をするための株主総会の招集手続が開始された場合における

その定款の変更に係る新株予約権買取請求について裁判所が決定した価格　新会社法第119条第4項

三　施行日前に旧会社法第171条第1項の決議をするための株主総会の招集手続が開始された場合におけるその全部取得条項付種類株式の取得について裁判所が決定した価格　新会社法第172条第4項

四　施行日前に旧会社法第179条の3第1項の規定による通知がされた場合におけるその株式等売渡請求について裁判所が決定した価格　新会社法第179条の8第2項

五　施行日前に旧会社法第180条第2項の決議をするための株主総会の招集手続が開始された場合におけるその株式の併合に係る株式買取請求について裁判所が決定した価格　新会社法第182条の5第4項

六　施行日前に事業譲渡等（旧会社法第468条第1項に規定する事業譲渡等をいう。以下この号において同じ。）に係る契約が締結された場合におけるその事業譲渡等に係る株式買取請求について裁判所が決定した価格　新会社法第470条第4項

4　施行日前にされた意思表示に係る募集株式（旧会社法第199条第1項に規定する募集株式をいう。）の引受けについては、新会社法第211条の規定にかかわらず、なお従前の例による。

5　施行日前に取締役、執行役又は清算株式会社（旧会社法第476条に規定する清算株式会社をいう。）の清算人となった者の利益相反取引については、新会社法第356条第2項（新会社法第419条第2項及び第482条第4項において準用する場合を含む。）の規定にかかわらず、なお従前の例による。

6　施行日前に旧会社法第545条第3項に規定する時効の中断の事由が生じた場合におけるその事由の効力については、なお従前の例による。

7　施行日前に持分会社（旧会社法第575条第1項に規定する持分会社をいう。以下この条において同じ。）の社員となった者の当該持分会社の債務を弁済する責任については、新会社法第

581条第2項の規定にかかわらず、なお従前の
例による。

8　施行日前に持分会社の業務を執行する社員又
は旧会社法第598条第1項の規定により選任さ
れた社員の職務を行うべき者（次項において単
に「社員の職務を行うべき者」という。）と
なった者の報酬については、新会社法第593条第4
項（新会社法第598条第2項において準用する
場合を含む。）において準用する民法改正法に
よる改正後の民法（以下「新民法」という。）
第648条第3項及び第648条の2の規定にかかわ
らず、なお従前の例による。

9　施行日前に持分会社の業務を執行する社員、
社員の職務を行うべき者又は清算持分会社（旧
会社法第645条に規定する清算持分会社をい
う。）の清算人となった者の利益相反取引につ
いては、新会社法第595条第2項（新会社法第
598条第2項及び第651条第2項において準用す
る場合を含む。）の規定にかかわらず、なお従
前の例による。

10　施行日前に提起された除名の訴えに係る退社
に伴う持分の払戻しについては、新会社法第
611条第6項の規定にかかわらず、なお従前の
例による。

11　施行日前に合併契約、吸収分割契約若しくは
株式交換契約が締結され、又は組織変更計画、
新設分割計画若しくは株式移転計画が作成され
た組織変更、合併、吸収分割、新設分割、株式
交換又は株式移転については、なお従前の例に
よる。

12　施行日前に旧会社法第863条第1項各号に掲
げる行為がされた場合におけるその行為に係る
取消しの請求については、新会社法第863条第
2項の規定にかかわらず、なお従前の例による。

13　施行日前に旧会社法第865条第1項に規定す
る行為がされた場合におけるその行為に係る取
消しの請求については、新会社法第865条第4
項の規定にかかわらず、なお従前の例による。

　　　附　則（平成30年12月14日法律第95号
　　　　　　　漁業法等の一部を改正する等の法
　　　　　　　律）

（施行期日）

第1条　この法律は、公布の日から起算して2年
を超えない範囲内において政令で定める日〔令
和2年12月1日〕から施行する。（以下略）

（会社法の一部改正に伴う経過措置）

第71条　前条の規定による改正後の会社法第943
条の規定の適用については、旧水協法第121条
第5項において準用する会社法第955条第1項
の規定に違反し、刑に処せられた者は、新水協
法第126条の4第5項において準用する会社法
第955条第1項の規定に違反し、刑に処せられ
たものとみなす。

　　　附　則（令和元年5月17日法律第2号
　　　　　　　民事執行法及び国際的な子の奪取
　　　　　　　の民事上の側面に関する条約の実
　　　　　　　施に関する法律の一部を改正する
　　　　　　　法律）

（施行期日）

第一条　この法律は、公布の日から起算して1年
を超えない範囲内において政令で定める日〔令
和2年4月1日〕から施行する。（以下略）

　　　附　則（令和元年12月11日法律第70号
　　　　　　　会社法の一部を改正する法律）

（施行期日）

第1条　この法律は、公布の日から起算して1年
6月を超えない範囲内において政令で定める日
〔令和3年3月1日〕から施行する。ただし、
目次の改正規定（「株主総会及び種類株主総会」
を「株主総会及び種類株主総会等」に、「第2
款　種類株主総会（第321条―第325条）」を
「第2款　種類株主総会（第321条―第325条）
　第3款　電子提供措置（第325条の2―第325
　　　　　条の7）」に、
「第2節　会社の登記
　　第1款　本店の所在地における登記（第911
　　第2款　支店の所在地における登記（第930
条―第929条）　を「第2節　会社の登記（第
条―第932条）」
911条―第932条）」に改める部分に限る。）、第
2編第4章第1節の節名の改正規定、第301条
第1項の改正規定、同節に1款を加える改正規
定、第7編第4章第2節第1款の款名を削る改
正規定、第911条第3項第12号の次に1号を加

える改正規定、同節第2款の款名を削る改正規定、第930条から第932条までの改正規定、第937条第1項の改正規定、同条第4項を削る改正規定、第938条第1項の改正規定及び第976条中第19号を第18号の2とし、同号の次に1号を加える改正規定は、公布の日から起算して3年6月を超えない範囲内において政令で定める日〔令和4年9月1日〕から施行する。

（経過措置の原則）

第2条　この法律による改正後の会社法(以下「新法」という。)の規定（罰則を除く。）は、この附則に特別の定めがある場合を除き、この法律（前条ただし書に規定する規定については、当該規定。附則第10条において同じ。）の施行前に生じた事項にも適用する。ただし、この法律による改正前の会社法（以下「旧法」という。）の規定によって生じた効力を妨げない。

（株主提案権に関する経過措置）

第3条　この法律の施行前にされた会社法第305条第1項の規定による請求については、なお従前の例による。

（代理権を証明する書面等に関する経過措置）

第4条　この法律の施行前にされた旧法第310条第7項、第311条第4項又は第312条第5項の請求については、なお従前の例による。

（社外取締役の設置義務等に関する経過措置）

第5条　この法律の施行の際現に監査役会設置会社（会社法第2条第5号に規定する公開会社であり、かつ、同条第6号に規定する大会社であるものに限る。）であって金融商品取引法（昭和23年法律第25号）第24条第1項の規定によりその発行する株式について有価証券報告書を内閣総理大臣に提出しなければならないものについては、新法第327条の2の規定は、この法律の施行後最初に終了する事業年度に関する定時株主総会の終結の時までは、適用しない。この場合において、旧法第327条の2に規定する場合における理由の開示については、なお従前の例による。

（補償契約に関する経過措置）

第6条　新法第430条の2の規定は、この法律の施行後に締結された補償契約（同条第1項に規定する補償契約をいう。）について適用する。

（役員等のために締結される保険契約に関する経過措置）

第7条　この法律の施行前に株式会社と保険者との間で締結された保険契約のうち役員等（旧法第423条第1項に規定する役員等をいう。以下この条において同じ。）がその職務の執行に関し責任を負うこと又は当該責任の追及に係る請求を受けることによって生ずることのある損害を保険者が塡補することを約するものであって、役員等を被保険者とするものについては、新法第430条の3の規定は、適用しない。

（社債に関する経過措置）

第8条　この法律の施行前に旧法第676条に規定する事項の決定があった場合におけるその募集社債及びこの法律の施行前に会社法第238条第1項に規定する募集事項の決定があった場合におけるその新株予約権付社債の発行の手続については、新法第676条第7号の2及び第8号の2の規定にかかわらず、なお従前の例による。

2　この法律の施行の際現に存する社債であって、社債管理者を定めていないもの（この法律の施行の日以後に前項の規定によりなお従前の例により社債管理者を定めないで発行された社債を含む。）には、新法第676条第7号の2に掲げる事項についての定めがあるものとみなす。

3　この法律の施行の際現に存する社債券の記載事項については、なお従前の例による。

4　この法律の施行前に社債発行会社、社債管理者又は社債権者が社債権者集会の目的である事項について提案をした場合については、新法第735条の2の規定は、適用しない。

（新株予約権に係る登記に関する経過措置）

第9条　この法律の施行前に登記の申請がされた新株予約権の発行に関する登記の登記事項については、新法第911条第3項第12号の規定にかかわらず、なお従前の例による。

附　則　（令和2年5月29日法律第33号　外国弁護士による法律事務の取扱いに関する特別措置法の一部を改正する法律）

（施行期日）

第1条　この法律は、公布の日から起算して2年6月を超えない範囲内において政令で定める日〔令和4年11月1日〕から施行する。ただし、(中略) 附則第26条の規定は、公布の日から起算して3月を経過した日〔令和2年8月29日〕から施行する。

　　　　附　則（令和2年12月11日法律第78号
労働者協同組合法）

（施行期日）

第1条　この法律は、公布の日から起算して2年を超えない範囲内において政令で定める日〔令和4年10月1日〕から施行する。（以下略）

　　　　附　則（令和4年6月10日法律第61号
安定的かつ効率的な資金決済制度
の構築を図るための資金決済に関
する法律等の一部を改正する法律）

（施行期日）

第1条　この法律は、公布の日から起算して1年を超えない範囲内において政令で定める日から施行する。（以下略）

　　　　附　則（令和4年6月17日法律第68号
刑法等の一部を改正する法律の施
行に伴う関係法律の整理等に関す
る法律）

（施行期日）

1　この法律は、刑法等一部改正法施行日から施行する。〔以下略〕

2・3　（略）

会社法施行令

（平成17年12月14日政令第364号）
（最終改正令和2年11月20日政令第327号）

（書面に記載すべき事項等の電磁的方法による提供の承諾等）

第1条 次に掲げる規定に規定する事項を電磁的方法（会社法（以下「法」という。）第2条第34号に規定する電磁的方法をいう。以下同じ。）により提供しようとする者（次項において「提供者」という。）は、法務省令で定めるところにより、あらかじめ、当該事項の提供の相手方に対し、その用いる電磁的方法の種類及び内容を示し、書面又は電磁的方法による承諾を得なければならない。 規230

一 法第59条第4項

二 法第74条第3項（法第86条において準用する場合を含む。）

三 法第76条第1項（法第86条において準用する場合を含む。）

四 法第203条第3項

五 法第242条第3項

六 法第310条第3項（法第325条において準用する場合を含む。）

七 法第312条第1項（法第325条において準用する場合を含む。）

八 法第555条第3項（法第822条第3項において準用する場合を含む。）

九 法第557条第1項（法第822条第3項において準用する場合を含む。）

十 法第677条第3項

十一 法第721条第4項

十二 法第725条第3項

十三 法第727条第1項

十四 法第739条第2項

十五 法第774条の4第3項（法第774条の9において準用する場合を含む。）

2 前項の規定による承諾を得た提供者は、同項の相手方から書面又は電磁的方法により電磁的方法による事項の提供を受けない旨の申出が

あったときは、当該相手方に対し、当該事項の提供を電磁的方法によってしてはならない。ただし、当該相手方が再び同項の規定による承諾をした場合は、この限りでない。

（電磁的方法による通知の承諾等）

第2条 次に掲げる規定により電磁的方法により通知を発しようとする者（次項において「通知発出者」という。）は、法務省令で定めるところにより、あらかじめ、当該通知の相手方に対し、その用いる電磁的方法の種類及び内容を示し、書面又は電磁的方法による承諾を得なければならない。 規230

一 法第68条第3項（法第86条において準用する場合を含む。）

二 法第299条第3項（法第325条において準用する場合を含む。）

三 法第549条第2項（同条第4項（法第822条第3項において準用する場合を含む。）及び法第822条第3項において準用する場合を含む。）

四 法第720条第2項

2 前項の規定による承諾を得た通知発出者は、同項の相手方から書面又は電磁的方法により電磁的方法による通知を受けない旨の申出があったときは、当該相手方に対し、当該通知を電磁的方法によって発してはならない。ただし、当該相手方が再び同項の規定による承諾をした場合は、この限りでない。

（電子公告調査機関の登録及びその更新の申請に係る手数料の額）

第3条 法第942条第2項（法第945条第2項において準用する場合を含む。）の政令で定める手数料の額は、42万600円とする。

（電子公告調査機関の登録の有効期間）

第4条 法第945条第1項の政令で定める期間は、3年とする。

会社法

附　則

（施行期日）

1　この政令は、法の施行の日〔平成18年5月1日〕から施行する。

（関係政令の廃止）

2　次に掲げる政令は、廃止する。

一　商法、有限会社法及び株式会社の監査等に関する商法の特例に関する法律の関係規定に基づく電磁的方法による情報の提供等に関する承諾の手続等を定める政令（平成14年政令第20号）

二　電子公告を行う調査機関の登録の申請等に係る手数料の額等を定める政令（平成16年政令第386号）

附　則（平成20年3月31日政令第100号 / 会社法施行令の一部を改正する政令）

この政令は、平成20年4月1日から施行する。

附　則（令和2年11月20日政令第327号 / 会社法の一部を改正する法律及び会社法の一部を改正する法律の施行に伴う関係法律の整備等に関する法律の施行に伴う法務省関係政令の整備に関する政令）

この政令は、会社法の一部を改正する法律（令和元年法律第70号）の施行の日（令和3年3月1日）から施行する。（以下略）

会社法施行規則（抄）

平成18年2月7日法務省令第12号
最終改正令和4年12月26日法務省令第43号

第1編　総　則

第1章　通　則

（目的）

第1条　この省令は、会社法（平成17年法律第86号。以下「法」という。）の委任に基づく事項その他法の施行に必要な事項を定めることを目的とする。

（定義）

第2条　この省令において、「会社」、「外国会社」、「子会社」、「子会社等」、「親会社」、「親会社等」、「公開会社」、「取締役会設置会社」、「会計参与設置会社」、「監査役設置会社」、「監査役会設置会社」、「会計監査人設置会社」、「監査等委員会設置会社」、「指名委員会等設置会社」、「種類株式発行会社」、「種類株主総会」、「社外取締役」、「社外監査役」、「譲渡制限株式」、「取得条項付株式」、「単元株式数」、「新株予約権」、「新株予約権付社債」、「社債」、「配当財産」、「組織変更」、「吸収合併」、「新設合併」、「吸収分割」、「新設分割」、「株式交換」、「株式移転」、「株式交付」又は「電子公告」とは、それぞれ法第2条に規定する会社、外国会社、子会社、子会社等、親会社、親会社等、公開会社、取締役会設置会社、会計参与設置会社、監査役設置会社、監査役会設置会社、会計監査人設置会社、監査等委員会設置会社、指名委員会等設置会社、種類株式発行会社、種類株主総会、社外取締役、社外監査役、譲渡制限株式、取得条項付株式、単元株式数、新株予約権、新株予約権付社債、社債、配当財産、組織変更、吸収合併、新設合併、吸収分割、新設分割、株式交換、株式移転、株式交付又は電子公告をいう。

2　この省令において、次の各号に掲げる用語の意義は、当該各号に定めるところによる。

一　指名委員会等　法第2条第12号に規定する指名委員会等をいう。

二　種類株主　法第2条第14号に規定する種類株主をいう。

三　業務執行取締役　法第2条第15号イに規定する業務執行取締役をいう。

四　業務執行取締役等　法第2条第15号イに規定する業務執行取締役等をいう。

五　発行済株式　法第2条第31号に規定する発行済株式をいう。

六　電磁的方法　法第2条第34号に規定する電磁的方法をいう。

七　設立時発行株式　法第25条第1項第1号に規定する設立時発行株式をいう。

八　有価証券　法第33条第10項第2号に規定する有価証券をいう。

九　銀行等　法第34条第2項に規定する銀行等をいう。

十　発行可能株式総数　法第37条第1項に規定する発行可能株式総数をいう。

十一　設立時取締役　法第38条第1項に規定する設立時取締役をいう。

十二　設立時監査等委員　法第38条第2項に規定する設立時監査等委員をいう。

十三　監査等委員　法第38条第2項に規定する監査等委員をいう。

十四　設立時会計参与　法第38条第3項第1号に規定する設立時会計参与をいう。

十五　設立時監査役　法第38条第3項第2号に規定する設立時監査役をいう。

十六　設立時会計監査人　法第38条第3項第3号に規定する設立時会計監査人をいう。

十七　代表取締役　法第47条第1項に規定する代表取締役をいう。

十八　設立時執行役　法第48条第1項第2号に規定する設立時執行役をいう。

十九　設立時募集株式　法第58条第1項に規定する設立時募集株式をいう。

二十　設立時株主　法第65条第1項に規定する設立時株主をいう。

二十一　創立総会　法第65条第1項に規定する創立総会をいう。

二十二　創立総会参考書類　法第70条第1項に規定する創立総会参考書類をいう。

二十三　種類創立総会　法第84条に規定する種

類創立総会をいう。

二十四　発行可能種類株式総数　法第101条第
　１項第３号に規定する発行可能種類株式総数
　をいう。

二十五　株式等　法第107条第２項第２号ホに
　規定する株式等をいう。

二十六　自己株式　法第113条第４項に規定す
　る自己株式をいう。

二十七　株券発行会社　法第117条第７項に規
　定する株券発行会社をいう。

二十八　株主名簿記載事項　法第121条に規定
　する株主名簿記載事項をいう。

二十九　株主名簿管理人　法第123条に規定す
　る株主名簿管理人をいう。

三十　株式取得者　法第133条第１項に規定す
　る株式取得者をいう。

三十一　親会社株式　法第135条第１項に規定
　する親会社株式をいう。

三十二　譲渡等承認請求者　法第139条第２項
　に規定する譲渡等承認請求者をいう。

三十三　対象株式　法第140条第１項に規定す
　る対象株式をいう。

三十四　指定買取人　法第140条第４項に規定
　する指定買取人をいう。

三十五　１株当たり純資産額　法第141条第２
　項に規定する１株当たり純資産額をいう。

三十六　登録株式質権者　法第149条第１項に
　規定する登録株式質権者をいう。

三十七　金銭等　法第151条第１項に規定する
　金銭等をいう。

三十八　全部取得条項付種類株式　法第171条
　第１項に規定する全部取得条項付種類株式を
　いう。

三十九　特別支配株主　法第179条第１項に規
　定する特別支配株主をいう。

四十　株式売渡請求　法第179条第２項に規定
　する株式売渡請求をいう。

四十一　対象会社　法第179条第２項に規定す
　る対象会社をいう。

四十二　新株予約権売渡請求　法第179条第３
　項に規定する新株予約権売渡請求をいう。

四十三　売渡株式　法第179条の２第１項第２
　号に規定する売渡株式をいう。

四十四　売渡新株予約権　法第179条の２第１
　項第４号ロに規定する売渡新株予約権をいう。

四十五　売渡株式等　法第179条の２第１項第
　５号に規定する売渡株式等をいう。

四十六　株式等売渡請求　法第179条の３第１
　項に規定する株式等売渡請求をいう。

四十七　売渡株主等　法第179条の４第１項
　１号に規定する売渡株主等をいう。

四十八　単元未満株式売渡請求　法第194条第
　１項に規定する単元未満株式売渡請求をいう。

四十九　募集株式　法第199条第１項に規定す
　る募集株式をいう。

五十　株券喪失登録日　法第221条第４号に規
　定する株券喪失登録日をいう。

五十一　株券喪失登録　法第223条に規定する
　株券喪失登録をいう。

五十二　株券喪失登録者　法第224条第１項に
　規定する株券喪失登録者をいう。

五十三　募集新株予約権　法第238条第１項に
　規定する募集新株予約権をいう。

五十四　新株予約権付社債券　法第249条第２
　号に規定する新株予約権付社債券をいう。

五十五　証券発行新株予約権付社債　法第249
　条第２号に規定する証券発行新株予約権付社
　債をいう。

五十六　証券発行新株予約権　法第249条第３
　号ニに規定する証券発行新株予約権をいう。

五十七　自己新株予約権　法第255条第１項に
　規定する自己新株予約権をいう。

五十八　新株予約権取得者　法第260条第１項
　に規定する新株予約権取得者をいう。

五十九　取得条項付新株予約権　法第273条第
　１項に規定する取得条項付新株予約権をいう。

六十　新株予約権無償割当て　法第277条に規
　定する新株予約権無償割当てをいう。

六十一　株主総会参考書類　法第301条第１項
　に規定する株主総会参考書類をいう。

六十二　電子提供措置　法第325条の２に規定
　する電子提供措置をいう。

六十三　報酬等　法第361条第1項に規定する報酬等をいう。

六十四　議事録等　法第371条第1項に規定する議事録等をいう。

六十五　執行役等　法第404条第2項第1号に規定する執行役等をいう。

六十六　役員等　法第423条第1項に規定する役員等をいう。

六十七　補償契約　法第430条の2第1項に規定する補償契約をいう。

六十八　役員等賠償責任保険契約　法第430条の3第1項に規定する役員等賠償責任保険契約をいう。

六十九　臨時決算日　法第441条第1項に規定する臨時決算日をいう。

七十　臨時計算書類　法第441条第1項に規定する臨時計算書類をいう。

七十一　連結計算書類　法第444条第1項に規定する連結計算書類をいう。

七十二　分配可能額　法第461条第2項に規定する分配可能額をいう。

七十三　事業譲渡等　法第468条第1項に規定する事業譲渡等をいう。

七十四　清算株式会社　法第476条に規定する清算株式会社をいう。

七十五　清算人会設置会社　法第478条第8項に規定する清算人会設置会社をいう。

七十六　財産目録等　法第492条第1項に規定する財産目録等をいう。

七十七　各清算事務年度　法第494条第1項に規定する各清算事務年度をいう。

七十八　貸借対照表等　法第496条第1項に規定する貸借対照表等をいう。

七十九　協定債権　法第515条第3項に規定する協定債権をいう。

八十　協定債権者　法第517条第1項に規定する協定債権者をいう。

八十一　債権者集会参考書類　法第550条第1項に規定する債権者集会参考書類をいう。

八十二　持分会社　法第575条第1項に規定する持分会社をいう。

八十三　清算持分会社　法第645条に規定する清算持分会社をいう。

八十四　募集社債　法第676条に規定する募集社債をいう。

八十五　社債発行会社　法第682条第1項に規定する社債発行会社をいう。

八十六　社債原簿管理人　法第683条に規定する社債原簿管理人をいう。

八十七　社債権者集会参考書類　法第721条第1項に規定する社債権者集会参考書類をいう。

八十八　組織変更後持分会社　法第744条第1項第1号に規定する組織変更後持分会社をいう。

八十九　社債等　法第746条第1項第7号ニに規定する社債等をいう。

九十　吸収合併消滅会社　法第749条第1項第1号に規定する吸収合併消滅会社をいう。

九十一　吸収合併存続会社　法第749条第1項に規定する吸収合併存続会社をいう。

九十二　吸収合併存続株式会社　法第749条第1項第1号に規定する吸収合併存続株式会社をいう。

九十三　吸収合併消滅株式会社　法第749条第1項第2号に規定する吸収合併消滅株式会社をいう。

九十四　吸収合併存続持分会社　法第751条第1項第1号に規定する吸収合併存続持分会社をいう。

九十五　新設合併設立会社　法第753条第1項に規定する新設合併設立会社をいう。

九十六　新設合併消滅会社　法第753条第1項第1号に規定する新設合併消滅会社をいう。

九十七　新設合併設立株式会社　法第753条第1項第2号に規定する新設合併設立株式会社をいう。

九十八　新設合併消滅株式会社　法第753条第1項第6号に規定する新設合併消滅株式会社をいう。

九十九　吸収分割承継会社　法第757条に規定する吸収分割承継会社をいう。

百　吸収分割会社　法第758条第1号に規定す

る吸収分割会社をいう。

百一　吸収分割承継株式会社　法第758条第1号に規定する吸収分割承継株式会社をいう。

百二　吸収分割株式会社　法第758条第2号に規定する吸収分割株式会社をいう。

百三　吸収分割承継持分会社　法第760条第1号に規定する吸収分割承継持分会社をいう。

百四　新設分割会社　法第763条第1項第5号に規定する新設分割会社をいう。

百五　新設分割株式会社　法第763条第1項第5号に規定する新設分割株式会社をいう。

百六　新設分割設立会社　法第763条第1項に規定する新設分割設立会社をいう。

百七　新設分割設立株式会社　法第763条第1項第1号に規定する新設分割設立株式会社をいう。

百八　新設分割設立持分会社　法第765条第1項第1号に規定する新設分割設立持分会社をいう。

百九　株式交換完全親会社　法第767条に規定する株式交換完全親会社をいう。

百十　株式交換完全子会社　法第768条第1項第1号に規定する株式交換完全子会社をいう。

百十一　株式交換完全親株式会社　法第768条第1項第1号に規定する株式交換完全親株式会社をいう。

百十二　株式交換完全親合同会社　法第770条第1項第1号に規定する株式交換完全親合同会社をいう。

百十三　株式移転設立完全親会社　法第773条第1項第1号に規定する株式移転設立完全親会社をいう。

百十四　株式移転完全子会社　法第773条第1項第5号に規定する株式移転完全子会社をいう。

百十五　株式交付親会社　法第774条の3第1項第1号に規定する株式交付親会社をいう。

百十六　株式交付子会社　法第774条の3第1項第1号に規定する株式交付子会社をいう。

百十七　吸収分割合同会社　法第793条第2項に規定する吸収分割合同会社をいう。

百十八　存続株式会社等　法第794条第1項に規定する存続株式会社等をいう。

百十九　新設分割合同会社　法第813条第2項に規定する新設分割合同会社をいう。

百二十　責任追及等の訴え　法第847条第1項に規定する責任追及等の訴えをいう。

百二十一　株式交換等完全子会社　法第847条の2第1項に規定する株式交換等完全子会社をいう。

百二十二　最終完全親会社等　法第847条の3第1項に規定する最終完全親会社等をいう。

百二十三　特定責任追及の訴え　法第847条の3第1項に規定する特定責任追及の訴えをいう。

百二十四　完全親会社等　法第847条の3第2項に規定する完全親会社等をいう。

百二十五　完全子会社等　法第847条の3第2項第2号に規定する完全子会社等をいう。

百二十六　特定責任　法第847条の3第4項に規定する特定責任をいう。

百二十七　株式交換等完全親会社　法第849条第2項第1号に規定する株式交換等完全親会社をいう。

3　この省令において、次の各号に掲げる用語の意義は、当該各号に定めるところによる。

一　法人等　法人その他の団体をいう。

二　会社等　会社（外国会社を含む。）、組合（外国における組合に相当するものを含む。）その他これらに準ずる事業体をいう。

三　役員　取締役、会計参与、監査役、執行役、理事、監事その他これらに準ずる者をいう。

四　会社役員　当該株式会社の取締役、会計参与、監査役及び執行役をいう。

五　社外役員　会社役員のうち、次のいずれにも該当するものをいう。

イ　当該会社役員が社外取締役又は社外監査役であること。

ロ　当該会社役員が次のいずれかの要件に該当すること。

⑴　当該会社役員が法第327条の2、第331条第6項、第373条第1項第2号、第399

条の13第５項又は第400条第３項の社外
取締役であること。

(2) 当該会社役員が法第335条第３項の社
外監査役であること。

(3) 当該会社役員を当該株式会社の社外取
締役又は社外監査役であるものとして計
算関係書類、事業報告、株主総会参考書
類その他当該株式会社が法令その他これ
に準ずるものの規定に基づき作成する資
料に表示していること。

六　業務執行者　次に掲げる者をいう。

イ　業務執行取締役、執行役その他の法人等
の業務を執行する役員（法第348条の２第
１項及び第２項の規定による委託を受けた
社外取締役を除く。）

ロ　業務を執行する社員、法第598条第１項
の職務を行うべき者その他これに相当する
者

ハ　使用人

七　社外取締役候補者　次に掲げるいずれにも
該当する候補者をいう。

イ　当該候補者が当該株式会社の取締役に就
任した場合には、社外取締役となる見込み
であること。

ロ　次のいずれかの要件に該当すること。

(1) 当該候補者を法第327条の２、第331条
第６項、第373条第１項第２号、第399条
の13第５項又は第400条第３項の社外取
締役であるものとする予定があること。

(2) 当該候補者を当該株式会社の社外取締
役であるものとして計算関係書類、事業
報告、株主総会参考書類その他株式会社
が法令その他これに準ずるものの規定に
基づき作成する資料に表示する予定があ
ること。

八　社外監査役候補者　次に掲げるいずれにも
該当する候補者をいう。

イ　当該候補者が当該株式会社の監査役に就
任した場合には、社外監査役となる見込み
であること。

ロ　次のいずれかの要件に該当すること。

(1) 当該候補者を法第335条第３項の社外
監査役であるものとする予定があること。

(2) 当該候補者を当該株式会社の社外監査
役であるものとして計算関係書類、事業
報告、株主総会参考書類その他株式会社
が法令その他これに準ずるものの規定に
基づき作成する資料に表示する予定があ
ること。

九　最終事業年度　次のイ又はロに掲げる会社
の区分に応じ、当該イ又はロに定めるものを
いう。

イ　株式会社　法第２条第24号に規定する最
終事業年度

ロ　持分会社　各事業年度に係る法第617条
第２項に規定する計算書類を作成した場合
における当該各事業年度のうち最も遅いも
の

十　計算書類　次のイ又はロに掲げる会社の区
分に応じ、当該イ又はロに定めるものをいう。

イ　株式会社　法第435条第２項に規定する
計算書類

ロ　持分会社　法第617条第２項に規定する
計算書類

十一　計算関係書類　株式会社についての次に
掲げるものをいう。

イ　成立の日における貸借対照表

ロ　各事業年度に係る計算書類及びその附属
明細書

ハ　臨時計算書類

ニ　連結計算書類

十二　計算書類等　次のイ又はロに掲げる会社
の区分に応じ、当該イ又はロに定めるものを
いう。

イ　株式会社　各事業年度に係る計算書類及
び事業報告（法第436条第１項又は第２項
の規定の適用がある場合にあっては、監査
報告又は会計監査報告を含む。）

ロ　持分会社　法第617条第２項に規定する
計算書類

十三　臨時計算書類等　法第441条第１項に規
定する臨時計算書類（同条第２項の規定の適

用がある場合にあっては、監査報告又は会計
監査報告を含む。）をいう。

十四　新株予約権等　新株予約権その他当該法
人等に対して行使することにより当該法人等
の株式その他の持分の交付を受けることがで
きる権利（株式引受権（会社計算規則（平成
18年法務省令第13号）第2条第3項第34号に
規定する株式引受権をいう。以下同じ。）を
除く。）をいう。

十五　公開買付け等　金融商品取引法（昭和23
年法律第25号）第27条の2第6項（同法第27
条の22の2第2項において準用する場合を含
む。）に規定する公開買付け及びこれに相当
する外国の法令に基づく制度をいう。

十六　社債取得者　社債を社債発行会社以外の
者から取得した者（当該社債発行会社を除
く。）をいう。

十七　信託社債　信託の受託者が発行する社債
であって、信託財産（信託法（平成18年法律
第108号）第2条第3項に規定する信託財産
をいう。以下同じ。）のために発行するもの
をいう。

十八　設立時役員等　設立時取締役、設立時会
計参与、設立時監査役及び設立時会計監査人
をいう。

十九　特定関係事業者　次に掲げるものをいう。
イ　次の(1)又は(2)に掲げる場合の区分に応じ、
当該(1)又は(2)に定めるもの
(1)　当該株式会社に親会社等がある場合
当該親会社等並びに当該親会社等の子会
社等（当該株式会社を除く。）及び関連
会社（当該親会社等が会社でない場合に
おけるその関連会社に相当するものを含
む。）
(2)　当該株式会社に親会社等がない場合
当該株式会社の子会社及び関連会社
ロ　当該株式会社の主要な取引先である者
（法人以外の団体を含む。）

二十　関連会社　会社計算規則第2条第3項第
21号に規定する関連会社をいう。

二十一　連結配当規制適用会社　会社計算規則

第2条第3項第55号に規定する連結配当規制
適用会社をいう。

二十二　組織変更株式交換　保険業法（平成7
年法律第105号）第96条の5第1項に規定す
る組織変更株式交換をいう。

二十三　組織変更株式移転　保険業法第96条の
8第1項に規定する組織変更株式移転をいう。

第2章　子会社等及び親会社等

（子会社及び親会社）
第3条　法第2条第3号に規定する法務省令で定
めるものは、同号に規定する会社が他の会社等
の財務及び事業の方針の決定を支配している場
合における当該他の会社等とする。

2　法第2条第4号に規定する法務省令で定める
ものは、会社等が同号に規定する株式会社の財
務及び事業の方針の決定を支配している場合に
おける当該会社等とする。

3　前2項に規定する「財務及び事業の方針の決
定を支配している場合」とは、次に掲げる場合
（財務上又は事業上の関係からみて他の会社等
の財務又は事業の方針の決定を支配していない
ことが明らかであると認められる場合を除く。）
をいう（以下この項において同じ。）。

一　他の会社等（次に掲げる会社等であって、
有効な支配従属関係が存在しないと認められ
るものを除く。以下この項において同じ。）
の議決権の総数に対する自己（その子会社及
び子法人等（会社以外の会社等が他の会社等
の財務及び事業の方針の決定を支配している
場合における当該他の会社等をいう。）を含
む。以下この項において同じ。）の計算にお
いて所有している議決権の数の割合が100分
の50を超えている場合
イ　民事再生法（平成11年法律第225号）の
規定による再生手続開始の決定を受けた会
社等
ロ　会社更生法（平成14年法律第154号）の
規定による更生手続開始の決定を受けた株
式会社
ハ　破産法（平成16年法律第75号）の規定に

よる破産手続開始の決定を受けた会社等

ニ　その他イからハまでに掲げる会社等に準ずる会社等

二　他の会社等の議決権の総数に対する自己の計算において所有している議決権の数の割合が100分の40以上である場合（前号に掲げる場合を除く。）であって、次に掲げるいずれかの要件に該当する場合

イ　他の会社等の議決権の総数に対する自己所有等議決権数（次に掲げる議決権の数の合計数をいう。次号において同じ。）の割合が100分の50を超えていること。

(1)　自己の計算において所有している議決権

(2)　自己と出資、人事、資金、技術、取引等において緊密な関係があることにより自己の意思と同一の内容の議決権を行使すると認められる者が所有している議決権

(3)　自己の意思と同一の内容の議決権を行使することに同意している者が所有している議決権

ロ　他の会社等の取締役会その他これに準ずる機関の構成員の総数に対する次に掲げる者（当該他の会社等の財務及び事業の方針の決定に関して影響を与えることができるものに限る。）の数の割合が100分の50を超えていること。

(1)　自己の役員

(2)　自己の業務を執行する社員

(3)　自己の使用人

(4)　(1)から(3)までに掲げる者であった者

ハ　自己が他の会社等の重要な財務及び事業の方針の決定を支配する契約等が存在すること。

ニ　他の会社等の資金調達額（貸借対照表の負債の部に計上されているものに限る。）の総額に対する自己が行う融資（債務の保証及び担保の提供を含む。ニにおいて同じ。）の額（自己と出資、人事、資金、技術、取引等において緊密な関係のある者が行う

融資の額を含む。）の割合が100分の50を超えていること。

ホ　その他自己が他の会社等の財務及び事業の方針の決定を支配していることが推測される事実が存在すること。

三　他の会社等の議決権の総数に対する自己所有等議決権数の割合が100分の50を超えている場合（自己の計算において議決権を所有していない場合を含み、前2号に掲げる場合を除く。）であって、前号ロからホまでに掲げるいずれかの要件に該当する場合

4　法第135条第1項の親会社についての第2項の規定の適用については、同条第1項の子会社を第2項の法第2条第4号に規定する株式会社とみなす。

（子会社等及び親会社等）

第3条の2　法第2条第3号の2ロに規定する法務省令で定めるものは、同号ロに規定する者が他の会社等の財務及び事業の方針の決定を支配している場合における当該他の会社等とする。

2　法第2条第4号の2ロに規定する法務省令で定めるものは、ある者（会社等であるものを除く。）が同号ロに規定する株式会社の財務及び事業の方針の決定を支配している場合における当該ある者とする。

3　前2項に規定する「財務及び事業の方針の決定を支配している場合」とは、次に掲げる場合（財務上又は事業上の関係からみて他の会社等の財務又は事業の方針の決定を支配していないことが明らかであると認められる場合を除く。）をいう（以下この項において同じ。）。

一　他の会社等（次に掲げる会社等であって、有効な支配従属関係が存在しないと認められるものを除く。以下この項において同じ。）の議決権の総数に対する自己（その子会社等を含む。以下この項において同じ。）の計算において所有している議決権の数の割合が100分の50を超えている場合

イ　民事再生法の規定による再生手続開始の決定を受けた会社等

ロ　会社更生法の規定による更生手続開始の

決定を受けた株式会社

ハ　破産法の規定による破産手続開始の決定を受けた会社等

ニ　その他イからハまでに掲げる会社等に準ずる会社等

二　他の会社等の議決権の総数に対する自己の計算において所有している議決権の数の割合が100分の40以上である場合（前号に掲げる場合を除く。）であって、次に掲げるいずれかの要件に該当する場合

イ　他の会社等の議決権の総数に対する自己所有等議決権数（次に掲げる議決権の数の合計数をいう。次号において同じ。）の割合が100分の50を超えていること。

(1)　自己の計算において所有している議決権

(2)　自己と出資、人事、資金、技術、取引等において緊密な関係があることにより自己の意思と同一の内容の議決権を行使すると認められる者が所有している議決権

(3)　自己の意思と同一の内容の議決権を行使することに同意している者が所有している議決権

(4)　自己（自然人であるものに限る。）の配偶者又は2親等内の親族が所有している議決権

ロ　他の会社等の取締役会その他これに準ずる機関の構成員の総数に対する次に掲げる者（当該他の会社等の財務及び事業の方針の決定に関して影響を与えることができるものに限る。）の数の割合が100分の50を超えていること。

(1)　自己（自然人であるものに限る。）

(2)　自己の役員

(3)　自己の業務を執行する社員

(4)　自己の使用人

(5)　(2)から(4)までに掲げる者であった者

(6)　自己（自然人であるものに限る。）の配偶者又は2親等内の親族

ハ　自己が他の会社等の重要な財務及び事業の方針の決定を支配する契約等が存在すること。

ニ　他の会社等の資金調達額（貸借対照表の負債の部に計上されているものに限る。）の総額に対する自己が行う融資（債務の保証及び担保の提供を含む。ニにおいて同じ。）の額（自己と出資、人事、資金、技術、取引等において緊密な関係のある者及び自己（自然人であるものに限る。）の配偶者又は2親等内の親族が行う融資の額を含む。）の割合が100分の50を超えていること。

ホ　その他自己が他の会社等の財務及び事業の方針の決定を支配していることが推測される事実が存在すること。

三　他の会社等の議決権の総数に対する自己所有等議決権数の割合が100分の50を超えている場合（自己の計算において議決権を所有していない場合を含み、前2号に掲げる場合を除く。）であって、前号ロからホまでに掲げるいずれかの要件に該当する場合

（特別目的会社の特則）

第4条　第3条の規定にかかわらず、特別目的会社（資産の流動化に関する法律（平成10年法律第105号）第2条第3項に規定する特定目的会社及び事業の内容の変更が制限されているこれと同様の事業を営む事業体をいう。以下この条において同じ。）については、次に掲げる要件のいずれにも該当する場合には、当該特別目的会社に資産を譲渡した会社の子会社に該当しないものと推定する。

一　当該特別目的会社が適正な価額で譲り受けた資産から生ずる収益をその発行する証券（当該証券に表示されるべき権利を含む。）の所有者（資産の流動化に関する法律第2条第12項に規定する特定借入れに係る債権者及びこれと同様の借入れに係る債権者を含む。）に享受させることを目的として設立されていること。

二　当該特別目的会社の事業がその目的に従って適切に遂行されていること。

（株式交付子会社）

第4条の2　法第2条第32号の2に規定する法務

省令で定めるものは、同条第3号に規定する会社が他の会社等の財務及び事業の方針の決定を支配している場合（第3条第3項第1号に掲げる場合に限る。）における当該他の会社等とする。

第2編　株式会社

第4章　機　関

第1節　株主総会及び種類株主総会等

第1款　通　則

（招集の決定事項）

第63条　法第298条第1項第5号に規定する法務省令で定める事項は、次に掲げる事項とする。

一　法第298条第1項第1号に規定する株主総会が定時株主総会である場合において、同号の日が次に掲げる要件のいずれかに該当するときは、その日時を決定した理由（ロに該当する場合にあっては、その日時を決定したことにつき特に理由がある場合における当該理由に限る。）

　イ　当該日が前事業年度に係る定時株主総会の日に応当する日と著しく離れた日であること。

　ロ　株式会社が公開会社である場合において、当該日と同一の日において定時株主総会を開催する他の株式会社（公開会社に限る。）が著しく多いこと。

二　法第298条第1項第1号に規定する株主総会の場所が過去に開催した株主総会のいずれの場所とも著しく離れた場所であるとき（次に掲げる場合を除く。）は、その場所を決定した理由

　イ　当該場所が定款で定められたものである場合

　ロ　当該場所で開催することについて株主総会に出席しない株主全員の同意がある場合

三　法第298条第1項第3号又は第4号に掲げる事項を定めたときは、次に掲げる事項（定款にロからニまで及びへに掲げる事項について

の定めがある場合又はこれらの事項の決定を取締役に委任する旨を決定した場合における当該事項を除く。）

　イ　次款の規定により株主総会参考書類に記載すべき事項（第85条の2第3号、第85条の3第3号、第86条第3号及び第4号、第87条第3号及び第4号、第88条第3号及び第4号、第89条第3号、第90条第3号、第91条第3号、第91条の2第3号並びに第92条第3号に掲げる事項を除く。）

　ロ　特定の時（株主総会の日時以前の時であって、法第299条第1項の規定により通知を発した日から2週間を経過した日以後の時に限る。）をもって書面による議決権の行使の期限とする旨を定めるときは、その特定の時

　ハ　特定の時（株主総会の日時以前の時であって、法第299条第1項の規定により通知を発した日から2週間を経過した日以後の時に限る。）をもって電磁的方法による議決権の行使の期限とする旨を定めるときは、その特定の時

　ニ　第66条第1項第2号の取扱いを定めるときは、その取扱いの内容

　ホ　第94条第1項の措置をとることにより株主に対して提供する株主総会参考書類に記載しないものとする事項

　ヘ　一の株主が同一の議案につき次に掲げる場合の区分に応じ、次に定める規定により重複して議決権を行使した場合において、当該同一の議案に対する議決権の行使の内容が異なるものであるときにおける当該株主の議決権の行使の取扱いに関する事項を定めるとき（次号に規定する場合を除く。）は、その事項

　⑴　法第298条第1項第3号に掲げる事項を定めた場合　法第311条第1項

　⑵　法第298条第1項第4号に掲げる事項を定めた場合　法第312条第1項

　ト　株主総会参考書類に記載すべき事項のうち、法第325条の5第3項の規定による定

款の定めに基づき同条第2項の規定により
交付する書面（第95条の4において「電子
提供措置事項記載書面」という。）に記載
しないものとする事項
四　法第298条第1項第3号及び第4号に掲げ
る事項を定めたときは、次に掲げる事項（定
款にイからハまでに掲げる事項についての定
めがある場合における当該事項を除く。）
　イ　法第299条第3項の承諾をした株主の請
求があった時に当該株主に対して法第301
条第1項の規定による議決権行使書面（法
第301条第1項に規定する議決権行使書面
をいう。以下この節において同じ。）の交
付（当該交付に代えて行う同条第2項の規
定による電磁的方法による提供を含む。）
をすることとするときは、その旨
　ロ　一の株主が同一の議案につき法第311条
第1項又は第312条第1項の規定により重
複して議決権を行使した場合において、当
該同一の議案に対する議決権の行使の内容
が異なるものであるときにおける当該株主
の議決権の行使の取扱いに関する事項を定
めるときは、その事項
　ハ　電子提供措置をとる旨の定款の定めがあ
る場合において、法第299条第3項の承諾
をした株主の請求があった時に議決権行使
書面に記載すべき事項（当該株主に係る事
項に限る。第66条第3項において同じ。）
に係る情報について電子提供措置をとるこ
ととするときは、その旨
五　法第310条第1項の規定による代理人によ
る議決権の行使について、代理権（代理人の
資格を含む。）を証明する方法、代理人の数
その他代理人による議決権の行使に関する事
項を定めるとき（定款に当該事項についての
定めがある場合を除く。）は、その事項
六　法第313条第2項の規定による通知の方法
を定めるとき（定款に当該通知の方法につい
ての定めがある場合を除く。）は、その方法
七　第3号に規定する場合以外の場合において、
次に掲げる事項が株主総会の目的である事項

であるときは、当該事項に係る議案の概要（議
案が確定していない場合にあっては、その旨）
　イ　役員等の選任
　ロ　役員等の報酬等
　ハ　全部取得条項付種類株式の取得
　ニ　株式の併合
　ホ　法第199条第3項又は第200条第2項に規
定する場合における募集株式を引き受ける
者の募集
　ヘ　法第238条第3項各号又は第239条第2項
各号に掲げる場合における募集新株予約権
を引き受ける者の募集
　ト　事業譲渡等
　チ　定款の変更
　リ　合併
　ヌ　吸収分割
　ル　吸収分割による他の会社がその事業に関
して有する権利義務の全部又は一部の承継
　ヲ　新設分割
　ワ　株式交換
　カ　株式交換による他の株式会社の発行済株
式全部の取得
　ヨ　株式移転
　タ　株式交付

**（書面による議決権の行使について定めることを
要しない株式会社）**
第64条　法第298条第2項に規定する法務省令で
定めるものは、株式会社の取締役（法第297条
第4項の規定により株主が株主総会を招集する
場合にあっては、当該株主）が法第298条第2
項（同条第3項の規定により読み替えて適用す
る場合を含む。）に規定する株主の全部に対し
て金融商品取引法の規定に基づき株主総会の通
知に際して委任状の用紙を交付することにより
議決権の行使を第三者に代理させることを勧誘
している場合における当該株式会社とする。

（株主総会参考書類）
第65条　法第301条第1項又は第302条第1項の規
定により交付すべき株主総会参考書類に記載す
べき事項は、次款の定めるところによる。
2　法第298条第1項第3号及び第4号に掲げる

事項を定めた株式会社が行った株主総会参考書類の交付（当該交付に代えて行う電磁的方法による提供を含む。）は、法第301条第1項及び第302条第1項の規定による株主総会参考書類の交付とする。

3　取締役は、株主総会参考書類に記載すべき事項について、招集通知（法第299条第2項又は第3項の規定による通知をいう。以下この節において同じ。）を発出した日から株主総会の前日までの間に修正をすべき事情が生じた場合における修正後の事項を株主に周知させる方法を、当該招集通知と併せて通知することができる。

（議決権行使書面）

第66条　法第301条第1項の規定により交付すべき議決権行使書面に記載すべき事項又は法第302条第3項若しくは第4項の規定により電磁的方法により提供すべき議決権行使書面に記載すべき事項は、次に掲げる事項とする。

一　各議案（次のイからハまでに掲げる場合にあっては、当該イからハまでに定めるもの）についての賛否（棄権の欄を設ける場合にあっては、棄権を含む。）を記載する欄

　イ　2以上の役員等の選任に関する議案である場合　各候補者の選任

　ロ　2以上の役員等の解任に関する議案である場合　各役員等の解任

　ハ　2以上の会計監査人の不再任に関する議案である場合　各会計監査人の不再任

二　第63条第3号ニに掲げる事項についての定めがあるときは、第1号の欄に記載がない議決権行使書面が株式会社に提出された場合における各議案についての賛成、反対又は棄権のいずれかの意思の表示があったものとする取扱いの内容

三　第63条第3号ヘ又は第4号ロに掲げる事項についての定めがあるときは、当該事項

四　議決権の行使の期限

五　議決権を行使すべき株主の氏名又は名称及び行使することができる議決権の数（次のイ又はロに掲げる場合にあっては、当該イ又はロに定める事項を含む。）

　イ　議案ごとに当該株主が行使することができる議決権の数が異なる場合　議案ごとの議決権の数

　ロ　一部の議案につき議決権を行使することができない場合　議決権を行使することができる議案又は議決権を行使することができない議案

2　第63条第4号イに掲げる事項についての定めがある場合には、株式会社は、法第299条第3項の承諾をした株主の請求があった時に、当該株主に対して、法第301条第1項の規定による議決権行使書面の交付（当該交付に代えて行う同条第2項の規定による電磁的方法による提供を含む。）をしなければならない。

3　第63条第4号ハに掲げる事項についての定めがある場合には、株式会社は、法第299条第3項の承諾をした株主の請求があった時に、議決権行使書面に記載すべき事項に係る情報について電子提供措置をとらなければならない。ただし、当該株主に対して、法第325条の3第2項の規定による議決権行使書面の交付をする場合は、この限りでない。

4　同一の株主総会に関して株主に対して提供する招集通知の内容とすべき事項のうち、議決権行使書面に記載している事項がある場合には、当該事項は、招集通知の内容とすることを要しない。

5　同一の株主総会に関して株主に対して提供する議決権行使書面に記載すべき事項（第1項第2号から第4号までに掲げる事項に限る。）のうち、招集通知の内容としている事項がある場合には、当該事項は、議決権行使書面に記載することを要しない。

（実質的に支配することが可能となる関係）

第67条　法第308条第1項に規定する法務省令で定める株主は、株式会社（当該株式会社の子会社を含む。）が、当該株式会社の株主である会社等の議決権（同項その他これに準ずる法以外の法令（外国の法令を含む。）の規定により行使することができないとされる議決権を含み、役員等（会計監査人を除く。）の選任及び定款

の変更に関する議案（これらの議案に相当するものを含む。）の全部につき株主総会（これに相当するものを含む。）において議決権を行使することができない株式（これに相当するものを含む。）に係る議決権を除く。以下この条において「相互保有対象議決権」という。）の総数の4分の1以上を有する場合における当該株主であるもの（当該株主であるもの以外の者が当該株式会社の株主総会の議案につき議決権を行使することができない場合（当該議案を決議する場合に限る。）における当該株主を除く。）とする。

2　前項の場合には、株式会社及びその子会社の有する相互保有対象議決権の数並びに相互保有対象議決権の総数（以下この条において「対象議決権数」という。）は、当該株式会社の株主総会の日における対象議決権数とする。

3　前項の規定にかかわらず、特定基準日（当該株主総会において議決権を行使することができる者を定めるための法第124条第1項に規定する基準日をいう。以下この条において同じ。）を定めた場合には、対象議決権数は、当該特定基準日における対象議決権数とする。ただし、次の各号に掲げる場合には、当該各号に定める日における対象議決権数とする。

一　特定基準日後に当該株式会社又はその子会社が株式交換、株式移転その他の行為により相互保有対象議決権の全部を取得した場合　当該行為の効力が生じた日

二　対象議決権数の増加又は減少が生じた場合（前号に掲げる場合を除く。）において、当該増加又は減少により第1項の株主であるものが有する当該株式会社の株式につき議決権を行使できることとなること又は議決権を行使できないこととなることを特定基準日から当該株主総会についての法第298条第1項各号に掲げる事項の全部を決定した日（株式会社が当該日後の日を定めた場合にあっては、その日）までの間に当該株式会社が知ったとき　当該株式会社が知った日

4　前項第2号の規定にかかわらず、当該株式会社は、当該株主総会についての法第298条第1項各号に掲げる事項の全部を決定した日（株式会社が当該日後の日を定めた場合にあっては、その日）から当該株主総会の日までの間に生じた事項（当該株式会社が前項第2号の増加又は減少の事実を知ったことを含む。）を勘案して、対象議決権数を算定することができる。

（欠損の額）

第68条　法第309条第2項第9号ロに規定する法務省令で定める方法は、次に掲げる額のうちいずれか高い額をもって欠損の額とする方法とする。

一　零

二　零から分配可能額を減じて得た額

（書面による議決権行使の期限）

第69条　法第311条第1項に規定する法務省令で定める時は、株主総会の日時の直前の営業時間の終了時（第63条第3号ロに掲げる事項についての定めがある場合にあっては、同号ロの特定の時）とする。

（電磁的方法による議決権行使の期限）

第70条　法第312条第1項に規定する法務省令で定める時は、株主総会の日時の直前の営業時間の終了時（第63条第3号ハに掲げる事項についての定めがある場合にあっては、同号ハの特定の時）とする。

（取締役等の説明義務）

第71条　法第314条に規定する法務省令で定める場合は、次に掲げる場合とする。

一　株主が説明を求めた事項について説明をするために調査をすることが必要である場合（次に掲げる場合を除く。）

イ　当該株主が株主総会の日より相当の期間前に当該事項を株式会社に対して通知した場合

ロ　当該事項について説明をするために必要な調査が著しく容易である場合

二　株主が説明を求めた事項について説明をすることにより株式会社その他の者（当該株主を除く。）の権利を侵害することとなる場合

三　株主が当該株主総会において実質的に同一

の事項について繰り返して説明を求める場合
四　前3号に掲げる場合のほか、株主が説明を
　求めた事項について説明をしないことにつき
　正当な理由がある場合
（議事録）
第72条　法第318条第1項の規定による株主総会
　の議事録の作成については、この条の定めると
　ころによる。
2　株主総会の議事録は、書面又は電磁的記録を
　もって作成しなければならない。
3　株主総会の議事録は、次に掲げる事項を内容
　とするものでなければならない。
一　株主総会が開催された日時及び場所（当該
　　場所に存しない取締役（監査等委員会設置会
　　社にあっては、監査等委員である取締役又は
　　それ以外の取締役。第4号において同じ。）、
　　執行役、会計参与、監査役、会計監査人又は
　　株主が株主総会に出席をした場合における当
　　該出席の方法を含む。）
二　株主総会の議事の経過の要領及びその結果
三　次に掲げる規定により株主総会において述
　　べられた意見又は発言があるときは、その意
　　見又は発言の内容の概要
　イ　法第342条の2第1項
　ロ　法第342条の2第2項
　ハ　法第342条の2第4項
　ニ　法第345条第1項（同条第4項及び第5
　　　項において準用する場合を含む。）
　ホ　法第345条第2項（同条第4項及び第5
　　　項において準用する場合を含む。）
　ヘ　法第361条第5項
　ト　法第361条第6項
　チ　法第377条第1項
　リ　法第379条第3項
　ヌ　法第384条
　ル　法第387条第3項
　ヲ　法第389条第3項
　ワ　法第398条第1項
　カ　法第398条第2項
　ヨ　法第399条の5
四　株主総会に出席した取締役、執行役、会計

参与、監査役又は会計監査人の氏名又は名称
五　株主総会の議長が存するときは、議長の氏
　名
六　議事録の作成に係る職務を行った取締役の
　氏名
4　次の各号に掲げる場合には、株主総会の議事
　録は、当該各号に定める事項を内容とするもの
　とする。
一　法第319条第1項の規定により株主総会の
　　決議があったものとみなされた場合　次に掲
　　げる事項
　イ　株主総会の決議があったものとみなされ
　　　た事項の内容
　ロ　イの事項の提案をした者の氏名又は名称
　ハ　株主総会の決議があったものとみなされ
　　　た日
　ニ　議事録の作成に係る職務を行った取締役
　　　の氏名
二　法第320条の規定により株主総会への報告
　　があったものとみなされた場合　次に掲げる
　　事項
　イ　株主総会への報告があったものとみなさ
　　　れた事項の内容
　ロ　株主総会への報告があったものとみなさ
　　　れた日
　ハ　議事録の作成に係る職務を行った取締役
　　　の氏名
　　　第2款　株主総会参考書類
　　　第1目　通則
第73条　株主総会参考書類には、次に掲げる事項
　を記載しなければならない。
一　議案
二　提案の理由（議案が取締役の提出に係るも
　　のに限り、株主総会において一定の事項を説
　　明しなければならない議案の場合における当
　　該説明すべき内容を含む。）
三　議案につき法第384条、第389条第3項又は
　　第399条の5の規定により株主総会に報告を
　　すべきときは、その報告の内容の概要
2　株主総会参考書類には、この節に定めるもの
　のほか、株主の議決権の行使について参考とな

ると認める事項を記載することができる。

3　同一の株主総会に関して株主に対して提供する株主総会参考書類に記載すべき事項のうち、他の書面に記載している事項又は電磁的方法により提供する事項がある場合には、これらの事項は、株主に対して提供する株主総会参考書類に記載することを要しない。この場合においては、他の書面に記載している事項又は電磁的方法により提供する事項があることを明らかにしなければならない。

4　同一の株主総会に関して株主に対して提供する招集通知又は法第437条の規定により株主に対して提供する事業報告の内容とすべき事項のうち、株主総会参考書類に記載している事項がある場合には、当該事項は、株主に対して提供する招集通知又は法第437条の規定により株主に対して提供する事業報告の内容とすることを要しない。

第2目　役員の選任

（取締役の選任に関する議案）

第74条　取締役が取締役（株式会社が監査等委員会設置会社である場合にあっては、監査等委員である取締役を除く。次項第2号において同じ。）の選任に関する議案を提出する場合には、株主総会参考書類には、次に掲げる事項を記載しなければならない。

一　候補者の氏名、生年月日及び略歴

二　就任の承諾を得ていないときは、その旨

三　株式会社が監査等委員会設置会社である場合において、法第342条の2第4項の規定による監査等委員会の意見があるときは、その意見の内容の概要

四　候補者と当該株式会社との間で法第427条第1項の契約を締結しているとき又は当該契約を締結する予定があるときは、その契約の内容の概要

五　候補者と当該株式会社との間で補償契約を締結しているとき又は補償契約を締結する予定があるときは、その補償契約の内容の概要

六　候補者を被保険者とする役員等賠償責任保険契約を締結しているとき又は当該役員等賠

償責任保険契約を締結する予定があるときは、その役員等賠償責任保険契約の内容の概要

2　前項に規定する場合において、株式会社が公開会社であるときは、株主総会参考書類には、次に掲げる事項を記載しなければならない。

一　候補者の有する当該株式会社の株式の数（種類株式発行会社にあっては、株式の種類及び種類ごとの数）

二　候補者が当該株式会社の取締役に就任した場合において第121条第8号に定める重要な兼職に該当する事実があることとなるときは、その事実

三　候補者と株式会社との間に特別の利害関係があるときは、その事実の概要

四　候補者が現に当該株式会社の取締役であるときは、当該株式会社における地位及び担当

3　第1項に規定する場合において、株式会社が公開会社であって、かつ、他の者の子会社等であるときは、株主総会参考書類には、次に掲げる事項を記載しなければならない。

一　候補者が現に当該他の者（自然人であるものに限る。）であるときは、その旨

二　候補者が現に当該他の者（当該他の者の子会社等（当該株式会社を除く。）を含む。以下この項において同じ。）の業務執行者であるときは、当該他の者における地位及び担当

三　候補者が過去10年間に当該他の者の業務執行者であったことを当該株式会社が知っているときは、当該他の者における地位及び担当

4　第1項に規定する場合において、候補者が社外取締役候補者であるときは、株主総会参考書類には、次に掲げる事項（株式会社が公開会社でない場合にあっては、第4号から第8号までに掲げる事項を除く。）を記載しなければならない。

一　当該候補者が社外取締役候補者である旨

二　当該候補者を社外取締役候補者とした理由

三　当該候補者が社外取締役（社外役員に限る。以下この項において同じ。）に選任された場合に果たすことが期待される役割の概要

四　当該候補者が現に当該株式会社の社外取締

役である場合において、当該候補者が最後に選任された後在任中に当該株式会社において法令又は定款に違反する事実その他不当な業務の執行が行われた事実（重要でないものを除く。）があるときは、その事実並びに当該事実の発生の予防のために当該候補者が行った行為及び当該事実の発生後の対応として行った行為の概要

五　当該候補者が過去5年間に他の株式会社の取締役、執行役又は監査役に就任していた場合において、その在任中に当該他の株式会社において法令又は定款に違反する事実その他不当な業務の執行が行われた事実があることを当該株式会社が知っているときは、その事実（重要でないものを除き、当該候補者が当該他の株式会社における社外取締役又は監査役であったときは、当該事実の発生の予防のために当該候補者が行った行為及び当該事実の発生後の対応として行った行為の概要を含む。）

六　当該候補者が過去に社外取締役又は社外監査役（社外役員に限る。）となること以外の方法で会社（外国会社を含む。）の経営に関与していない者であるときは、当該経営に関与したことがない候補者であっても社外取締役としての職務を適切に遂行することができるものと当該株式会社が判断した理由

七　当該候補者が次のいずれかに該当することを当該株式会社が知っているときは、その旨

イ　過去に当該株式会社又はその子会社の業務執行者又は役員（業務執行者であるものを除く。ハ及びホ(2)において同じ。）であったことがあること。

ロ　当該株式会社の親会社等（自然人であるものに限る。ロ及びホ(1)において同じ。）であり、又は過去10年間に当該株式会社の親会社等であったことがあること。

ハ　当該株式会社の特定関係事業者の業務執行者若しくは役員であり、又は過去10年間に当該株式会社の特定関係事業者（当該株式会社の子会社を除く。）の業務執行者若

しくは役員であったことがあること。

ニ　当該株式会社又は当該株式会社の特定関係事業者から多額の金銭その他の財産（これらの者の取締役、会計参与、監査役、執行役その他これらに類する者としての報酬等を除く。）を受ける予定があり、又は過去2年間に受けていたこと。

ホ　次に掲げる者の配偶者、3親等以内の親族その他これに準ずる者であること（重要でないものを除く。）。

(1)　当該株式会社の親会社等

(2)　当該株式会社又は当該株式会社の特定関係事業者の業務執行者又は役員

ヘ　過去2年間に合併、吸収分割、新設分割又は事業の譲受け（ヘ、第74条の3第4項第7号ヘ及び第76条第4項第6号ヘにおいて「合併等」という。）により他の株式会社がその事業に関して有する権利義務を当該株式会社が承継又は譲受けをした場合において、当該合併等の直前に当該株式会社の社外取締役又は監査役でなく、かつ、当該他の株式会社の業務執行者であったこと。

八　当該候補者が現に当該株式会社の社外取締役又は監査役であるときは、これらの役員に就任してからの年数

九　前各号に掲げる事項に関する記載についての当該候補者の意見があるときは、その意見の内容

第74条の2　削除

（監査等委員である取締役の選任に関する議案）

第74条の3　取締役が監査等委員である取締役の選任に関する議案を提出する場合には、株主総会参考書類には、次に掲げる事項を記載しなければならない。

一　候補者の氏名、生年月日及び略歴

二　株式会社との間に特別の利害関係があるときは、その事実の概要

三　就任の承諾を得ていないときは、その旨

四　議案が法第344条の2第2項の規定による請求により提出されたものであるときは、その旨

五　法第342条の2第1項の規定による監査等委員である取締役の意見があるときは、その意見の内容の概要

六　候補者と当該株式会社との間で法第427条第1項の契約を締結しているとき又は当該契約を締結する予定があるときは、その契約の内容の概要

七　候補者と当該株式会社との間で補償契約を締結しているとき又は補償契約を締結する予定があるときは、その補償契約の内容の概要

八　候補者を被保険者とする役員等賠償責任保険契約を締結しているとき又は当該役員等賠償責任保険契約を締結する予定があるときは、その役員等賠償責任保険契約の内容の概要

2　前項に規定する場合において、株式会社が公開会社であるときは、株主総会参考書類には、次に掲げる事項を記載しなければならない。

一　候補者の有する当該株式会社の株式の数（種類株式発行会社にあっては、株式の種類及び種類ごとの数）

二　候補者が当該株式会社の監査等委員である取締役に就任した場合において第121条第8号に定める重要な兼職に該当する事実があることとなるときは、その事実

三　候補者が現に当該株式会社の監査等委員である取締役であるときは、当該株式会社における地位及び担当

3　第1項に規定する場合において、株式会社が公開会社であり、かつ、他の者の子会社等であるときは、株主総会参考書類には、次に掲げる事項を記載しなければならない。

一　候補者が現に当該他の者（自然人であるものに限る。）であるときは、その旨

二　候補者が現に当該他の者（当該他の者の子会社等（当該株式会社を除く。）を含む。以下この項において同じ。）の業務執行者であるときは、当該他の者における地位及び担当

三　候補者が過去10年間に当該他の者の業務執行者であったことを当該株式会社が知っているときは、当該他の者における地位及び担当

4　第1項に規定する場合において、候補者が社外取締役候補者であるときは、株主総会参考書類には、次に掲げる事項（株式会社が公開会社でない場合にあっては、第4号から第8号までに掲げる事項を除く。）を記載しなければならない。

一　当該候補者が社外取締役候補者である旨

二　当該候補者を社外取締役候補者とした理由

三　当該候補者が社外取締役（社外役員に限る。以下この項において同じ。）に選任された場合に果たすことが期待される役割の概要

四　当該候補者が現に当該株式会社の社外取締役である場合において、当該候補者が最後に選任された後在任中に当該株式会社において法令又は定款に違反する事実その他不当な業務の執行が行われた事実（重要でないものを除く。）があるときは、その事実並びに当該事実の発生の予防のために当該候補者が行った行為及び当該事実の発生後の対応として行った行為の概要

五　当該候補者が過去5年間に他の株式会社の取締役、執行役又は監査役に就任していた場合において、その在任中に当該他の株式会社において法令又は定款に違反する事実その他不当な業務の執行が行われた事実があることを当該株式会社が知っているときは、その事実（重要でないものを除き、当該候補者が当該他の株式会社における社外取締役又は監査役であったときは、当該事実の発生の予防のために当該候補者が行った行為及び当該事実の発生後の対応として行った行為の概要を含む。）

六　当該候補者が過去に社外取締役又は社外監査役（社外役員に限る。）となること以外の方法で会社（外国会社を含む。）の経営に関与していない者であるときは、当該経営に関与したことがない候補者であっても監査等委員である社外取締役としての職務を適切に遂行することができるものと当該株式会社が判断した理由

七　当該候補者が次のいずれかに該当することを当該株式会社が知っているときは、その旨

イ　過去に当該株式会社又はその子会社の業務執行者又は役員（業務執行者であるものを除く。ハ及びホ(2)において同じ。）であったことがあること。

ロ　当該株式会社の親会社等（自然人であるものに限る。ロ及びホ(1)において同じ。）であり、又は過去10年間に当該株式会社の親会社等であったことがあること。

ハ　当該株式会社の特定関係事業者の業務執行者若しくは役員であり、又は過去10年間に当該株式会社の特定関係事業者（当該株式会社の子会社を除く。）の業務執行者若しくは役員であったことがあること。

ニ　当該株式会社又は当該株式会社の特定関係事業者から多額の金銭その他の財産（これらの者の取締役、会計参与、監査役、執行役その他これらに類する者としての報酬等を除く。）を受ける予定があり、又は過去2年間に受けていたこと。

ホ　次に掲げる者の配偶者、3親等以内の親族その他これに準ずる者であること（重要でないものを除く。）。
　(1)　当該株式会社の親会社等
　(2)　当該株式会社又は当該株式会社の特定関係事業者の業務執行者又は役員

ヘ　過去2年間に合併等により他の株式会社がその事業に関して有する権利義務を当該株式会社が承継又は譲受けをした場合において、当該合併等の直前に当該株式会社の社外取締役又は監査役でなく、かつ、当該他の株式会社の業務執行者であったこと。

八　当該候補者が現に当該株式会社の社外取締役又は監査等委員である取締役であるときは、これらの役員に就任してからの年数

九　前各号に掲げる事項に関する記載についての当該候補者の意見があるときは、その意見の内容

（会計参与の選任に関する議案）

第75条　取締役が会計参与の選任に関する議案を提出する場合には、株主総会参考書類には、次に掲げる事項を記載しなければならない。

一　次のイ又はロに掲げる場合の区分に応じ、当該イ又はロに定める事項
　イ　候補者が公認会計士（公認会計士法（昭和23年法律第103号）第16条の2第5項に規定する外国公認会計士を含む。以下同じ。）又は税理士である場合　その氏名、事務所の所在場所、生年月日及び略歴
　ロ　候補者が監査法人又は税理士法人である場合　その名称、主たる事務所の所在場所及び沿革

二　就任の承諾を得ていないときは、その旨

三　法第345条第1項の規定による会計参与の意見があるときは、その意見の内容の概要

四　候補者と当該株式会社との間で法第427条第1項の契約を締結しているとき又は当該契約を締結する予定があるときは、その契約の内容の概要

五　候補者と当該株式会社との間で補償契約を締結しているとき又は補償契約を締結する予定があるときは、その補償契約の内容の概要

六　候補者を被保険者とする役員等賠償責任保険契約を締結しているとき又は当該役員等賠償責任保険契約を締結する予定があるときはその役員等賠償責任保険契約の内容の概要

七　当該候補者が過去2年間に業務の停止の処分を受けた者である場合における当該処分に係る事項のうち、当該株式会社が株主総会参考書類に記載することが適切であるものと判断した事項

（監査役の選任に関する議案）

第76条　取締役が監査役の選任に関する議案を提出する場合には、株主総会参考書類には、次に掲げる事項を記載しなければならない。

一　候補者の氏名、生年月日及び略歴

二　株式会社との間に特別の利害関係があるときは、その事実の概要

三　就任の承諾を得ていないときは、その旨

四　議案が法第343条第2項の規定による請求により提出されたものであるときは、その旨

五　法第345条第4項において準用する同条第1項の規定による監査役の意見があるときは

その意見の内容の概要

六　候補者と当該株式会社との間で法第427条第1項の契約を締結しているとき又は当該契約を締結する予定があるときは、その契約の内容の概要

七　候補者と当該株式会社との間で補償契約を締結しているとき又は補償契約を締結する予定があるときは、その補償契約の内容の概要

八　候補者を被保険者とする役員等賠償責任保険契約を締結しているとき又は当該役員等賠償責任保険契約を締結する予定があるときは、その役員等賠償責任保険契約の内容の概要

2　前項に規定する場合において、株式会社が公開会社であるときは、株主総会参考書類には、次に掲げる事項を記載しなければならない。

一　候補者の有する当該株式会社の株式の数（種類株式発行会社にあっては、株式の種類及び種類ごとの数）

二　候補者が当該株式会社の監査役に就任した場合において第121条第8号に定める重要な兼職に該当する事実があることとなるときは、その事実

三　候補者が現に当該株式会社の監査役であるときは、当該株式会社における地位

3　第1項に規定する場合において、株式会社が公開会社であり、かつ、他の者の子会社等であるときは、株主総会参考書類には、次に掲げる事項を記載しなければならない。

一　候補者が現に当該他の者（自然人であるものに限る。）であるときは、その旨

二　候補者が現に当該他の者（当該他の者の子会社等（当該株式会社を除く。）を含む。以下この項において同じ。）の業務執行者であるときは、当該他の者における地位及び担当

三　候補者が過去10年間に当該他の者の業務執行者であったことを当該株式会社が知っているときは、当該他の者における地位及び担当

4　第1項に規定する場合において、候補者が社外監査役候補者であるときは、株主総会参考書類には、次に掲げる事項（株式会社が公開会社でない場合にあっては、第3号から第7号まで

に掲げる事項を除く。）を記載しなければならない。

一　当該候補者が社外監査役候補者である旨

二　当該候補者を社外監査役候補者とした理由

三　当該候補者が現に当該株式会社の社外監査役（社外役員に限る。以下この項において同じ。）である場合において、当該候補者が最後に選任された後在任中に当該株式会社において法令又は定款に違反する事実その他不正な業務の執行が行われた事実（重要でないものを除く。）があるときは、その事実並びに当該事実の発生の予防のために当該候補者が行った行為及び当該事実の発生後の対応として行った行為の概要

四　当該候補者が過去5年間に他の株式会社の取締役、執行役又は監査役に就任していた場合において、その在任中に当該他の株式会社において法令又は定款に違反する事実その他不正な業務の執行が行われた事実があることを当該株式会社が知っているときは、その事実（重要でないものを除き、当該候補者が当該他の株式会社における社外取締役（社外役員に限る。次号において同じ。）又は監査役であったときは、当該事実の発生の予防のために当該候補者が行った行為及び当該事実の発生後の対応として行った行為の概要を含む。）

五　当該候補者が過去に社外取締役又は社外監査役となること以外の方法で会社（外国会社を含む。）の経営に関与していない者であるときは、当該経営に関与したことがない候補者であっても社外監査役としての職務を適切に遂行することができるものと当該株式会社が判断した理由

六　当該候補者が次のいずれかに該当することを当該株式会社が知っているときは、その旨

イ　過去に当該株式会社又はその子会社の業務執行者又は役員（業務執行者であるものを除く。ハ及びホ(2)において同じ。）であったことがあること。

ロ　当該株式会社の親会社等（自然人である

ものに限る。ロ及びホ(1)において同じ。）
であり、又は過去10年間に当該株式会社の
親会社等であったことがあること。

ハ　当該株式会社の特定関係事業者の業務執
行者若しくは役員であり、又は過去10年間
に当該株式会社の特定関係事業者（当該株
式会社の子会社を除く。）の業務執行者若
しくは役員であったことがあること。

ニ　当該株式会社又は当該株式会社の特定関
係事業者から多額の金銭その他の財産（こ
れらの者の監査役としての報酬等を除く。）
を受ける予定があり、又は過去２年間に受
けていたこと。

ホ　次に掲げる者の配偶者、３親等以内の親
族その他これに準ずる者であること（重要
でないものを除く。）。

(1)　当該株式会社の親会社等

(2)　当該株式会社又は当該株式会社の特定
関係事業者の業務執行者又は役員

ヘ　過去２年間に合併等により他の株式会社
がその事業に関して有する権利義務を当該
株式会社が承継又は譲受けをした場合にお
いて、当該合併等の直前に当該株式会社の
社外監査役でなく、かつ、当該他の株式会
社の業務執行者であったこと。

七　当該候補者が現に当該株式会社の監査役で
あるときは、監査役に就任してからの年数

八　前各号に掲げる事項に関する記載について
の当該候補者の意見があるときは、その意見
の内容

（会計監査人の選任に関する議案）

第77条　取締役が会計監査人の選任に関する議案
を提出する場合には、株主総会参考書類には、
次に掲げる事項を記載しなければならない。

一　次のイ又はロに掲げる場合の区分に応じ、
当該イ又はロに定める事項

イ　候補者が公認会計士である場合　その氏
名、事務所の所在場所、生年月日及び略歴

ロ　候補者が監査法人である場合　その名称、
主たる事務所の所在場所及び沿革

二　就任の承諾を得ていないときは、その旨

三　監査役（監査役会設置会社にあっては監査
役会、監査等委員会設置会社にあっては監査
等委員会、指名委員会等設置会社にあっては
監査委員会）が当該候補者を会計監査人の候
補者とした理由

四　法第345条第５項において準用する同条第
１項の規定による会計監査人の意見があると
きは、その意見の内容の概要

五　候補者と当該株式会社との間で法第427条
第１項の契約を締結しているとき又は当該契
約を締結する予定があるときは、その契約の
内容の概要

六　候補者と当該株式会社との間で補償契約を
締結しているとき又は補償契約を締結する予
定があるときは、その補償契約の内容の概要

七　候補者を被保険者とする役員等賠償責任保
険契約を締結しているとき又は当該役員等賠
償責任保険契約を締結する予定があるときは、
その役員等賠償責任保険契約の内容の概要

八　当該候補者が現に業務の停止の処分を受け、
その停止の期間を経過しない者であるときは、
当該処分に係る事項

九　当該候補者が過去２年間に業務の停止の処
分を受けた者である場合における当該処分に
係る事項のうち、当該株式会社が株主総会参
考書類に記載することが適切であるものと判
断した事項

十　株式会社が公開会社である場合において、
当該候補者が次のイ又はロに掲げる場合の区
分に応じ、当該イ又はロに定めるものから多
額の金銭その他の財産上の利益（これらの者
から受ける会計監査人（法以外の法令の規定
によるこれに相当するものを含む。）として
の報酬等及び公認会計士法第２条第１項に規
定する業務の対価を除く。）を受ける予定が
あるとき又は過去２年間に受けていたときは
その内容

イ　当該株式会社に親会社等がある場合　当
該株式会社、当該親会社等又は当該親会社
等の子会社等（当該株式会社を除く。）若
しくは関連会社（当該親会社等が会社でな

い場合におけるその関連会社に相当するものを含む。)

ロ　当該株式会社に親会社等がない場合　当該株式会社又は当該株式会社の子会社若しくは関連会社

第3目　役員の解任等

(取締役の解任に関する議案)

第78条　取締役が取締役（株式会社が監査等委員会設置会社である場合にあっては、監査等委員である取締役を除く。第1号において同じ。）の解任に関する議案を提出する場合には、株主総会参考書類には、次に掲げる事項を記載しなければならない。

一　取締役の氏名

二　解任の理由

三　株式会社が監査等委員会設置会社である場合において、法第342条の2第4項の規定による監査等委員会の意見があるときは、その意見の内容の概要

(監査等委員である取締役の解任に関する議案)

第78条の2　取締役が監査等委員である取締役の解任に関する議案を提出する場合には、株主総会参考書類には、次に掲げる事項を記載しなければならない。

一　監査等委員である取締役の氏名

二　解任の理由

三　法第342条の2第1項の規定による監査等委員である取締役の意見があるときは、その意見の内容の概要

(会計参与の解任に関する議案)

第79条　取締役が会計参与の解任に関する議案を提出する場合には、株主総会参考書類には、次に掲げる事項を記載しなければならない。

一　会計参与の氏名又は名称

二　解任の理由

三　法第345条第1項の規定による会計参与の意見があるときは、その意見の内容の概要

(監査役の解任に関する議案)

第80条　取締役が監査役の解任に関する議案を提出する場合には、株主総会参考書類には、次に掲げる事項を記載しなければならない。

一　監査役の氏名

二　解任の理由

三　法第345条第4項において準用する同条第1項の規定による監査役の意見があるときは、その意見の内容の概要

(会計監査人の解任又は不再任に関する議案)

第81条　取締役が会計監査人の解任又は不再任に関する議案を提出する場合には、株主総会参考書類には、次に掲げる事項を記載しなければならない。

一　会計監査人の氏名又は名称

二　監査役（監査役会設置会社にあっては監査役会、監査等委員会設置会社にあっては監査等委員会、指名委員会等設置会社にあっては監査委員会）が議案の内容を決定した理由

三　法第345条第5項において準用する同条第1項の規定による会計監査人の意見があるときは、その意見の内容の概要

第4目　役員の報酬等

(取締役の報酬等に関する議案)

第82条　取締役が取締役（株式会社が監査等委員会設置会社である場合にあっては、監査等委員である取締役を除く。以下この項及び第3項において同じ。）の報酬等に関する議案を提出する場合には、株主総会参考書類には、次に掲げる事項を記載しなければならない。

一　法第361条第1項各号に掲げる事項の算定の基準

二　議案が既に定められている法第361条第1項各号に掲げる事項を変更するものであるときは、変更の理由

三　議案が2以上の取締役についての定めであるときは、当該定めに係る取締役の員数

四　議案が退職慰労金に関するものであるときは、退職する各取締役の略歴

五　株式会社が監査等委員会設置会社である場合において、法第361条第6項の規定による監査等委員会の意見があるときは、その意見の内容の概要

2　前項第4号に規定する場合において、議案が一定の基準に従い退職慰労金の額を決定するこ

とを取締役、監査役その他の第三者に一任する
ものであるときは、株主総会参考書類には、当
該一定の基準の内容を記載しなければならない。
ただし、各株主が当該基準を知ることができる
ようにするための適切な措置を講じている場合
は、この限りでない。

3　第1項に規定する場合において、株式会社が
公開会社であり、かつ、取締役の一部が社外取
締役（監査等委員であるものを除き、社外役員
に限る。以下この項において同じ。）であると
きは、株主総会参考書類には、第1項第1号か
ら第3号までに掲げる事項のうち社外取締役に
関するものは、社外取締役以外の取締役と区別
して記載しなければならない。

（監査等委員である取締役の報酬等に関する議案）

第82条の2　取締役が監査等委員である取締役の
報酬等に関する議案を提出する場合には、株主
総会参考書類には、次に掲げる事項を記載しな
ければならない。

一　法第361条第1項各号に掲げる事項の算定
の基準

二　議案が既に定められている法第361条第1
項各号に掲げる事項を変更するものであると
きは、変更の理由

三　議案が2以上の監査等委員である取締役に
ついての定めであるときは、当該定めに係る
監査等委員である取締役の員数

四　議案が退職慰労金に関するものであるとき
は、退職する各監査等委員である取締役の略
歴

五　法第361条第5項の規定による監査等委員
である取締役の意見があるときは、その意見
の内容の概要

2　前項第4号に規定する場合において、議案が
一定の基準に従い退職慰労金の額を決定するこ
とを取締役その他の第三者に一任するものであ
るときは、株主総会参考書類には、当該一定の
基準の内容を記載しなければならない。ただし、
各株主が当該基準を知ることができるようにす
るための適切な措置を講じている場合は、この
限りでない。

（会計参与の報酬等に関する議案）

第83条　取締役が会計参与の報酬等に関する議案
を提出する場合には、株主総会参考書類には、
次に掲げる事項を記載しなければならない。

一　法第379条第1項に規定する事項の算定の
基準

二　議案が既に定められている法第379条第1
項に規定する事項を変更するものであるとき
は、変更の理由

三　議案が2以上の会計参与についての定めで
あるときは、当該定めに係る会計参与の員数

四　議案が退職慰労金に関するものであるとき
は、退職する各会計参与の略歴

五　法第379条第3項の規定による会計参与の
意見があるときは、その意見の内容の概要

2　前項第4号に規定する場合において、議案が
一定の基準に従い退職慰労金の額を決定するこ
とを取締役、監査役その他の第三者に一任する
ものであるときは、株主総会参考書類には、当
該一定の基準の内容を記載しなければならない。
ただし、各株主が当該基準を知ることができる
ようにするための適切な措置を講じている場合
は、この限りでない。

（監査役の報酬等に関する議案）

第84条　取締役が監査役の報酬等に関する議案を
提出する場合には、株主総会参考書類には、次
に掲げる事項を記載しなければならない。

一　法第387条第1項に規定する事項の算定の
基準

二　議案が既に定められている法第387条第1
項に規定する事項を変更するものであるとき
は、変更の理由

三　議案が2以上の監査役についての定めであ
るときは、当該定めに係る監査役の員数

四　議案が退職慰労金に関するものであるとき
は、退職する各監査役の略歴

五　法第387条第3項の規定による監査役の意
見があるときは、その意見の内容の概要

2　前項第4号に規定する場合において、議案が
一定の基準に従い退職慰労金の額を決定するこ
とを取締役、監査役その他の第三者に一任する

ものであるときは、株主総会参考書類には、当該一定の基準の内容を記載しなければならない。ただし、各株主が当該基準を知ることができるようにするための適切な措置を講じている場合は、この限りでない。

（責任免除を受けた役員等に対し退職慰労金等を与える議案等）

第84条の２　次の各号に掲げる場合において、取締役が法第425条第４項（法第426条第８項及び第427条第５項において準用する場合を含む。）に規定する承認の決議に関する議案を提出するときは、株主総会参考書類には、責任を免除し、又は責任を負わないとされた役員等が得る第114条各号に規定する額及び当該役員等に与える第115条各号に規定するものの内容を記載しなければならない。

一　法第425条第１項に規定する決議に基づき役員等の責任を免除した場合

二　法第426条第１項の規定による定款の定めに基づき役員等の責任を免除した場合

三　法第427条第１項の契約によって同項に規定する限度を超える部分について同項に規定する非業務執行取締役等が損害を賠償する責任を負わないとされた場合

第５目　計算関係書類の承認

第85条　取締役が計算関係書類の承認に関する議案を提出する場合において、次の各号に掲げるときは、株主総会参考書類には、当該各号に定める事項を記載しなければならない。

一　法第398条第１項の規定による会計監査人の意見がある場合　その意見の内容

二　株式会社が取締役会設置会社である場合において、取締役会の意見があるとき　その意見の内容の概要

第５目の２　全部取得条項付種類株式の取得

第85条の２　取締役が全部取得条項付種類株式の取得に関する議案を提出する場合には、株主総会参考書類には、次に掲げる事項を記載しなければならない。

一　当該全部取得条項付種類株式の取得を行う

理由

二　法第171条第１項各号に掲げる事項の内容

三　法第298条第１項の決定をした日における第33条の２第１項各号（第４号を除く。）に掲げる事項があるときは、当該事項の内容の概要

第５目の３　株式の併合

第85条の３　取締役が株式の併合（法第182条の２第１項に規定する株式の併合をいう。第93条第１項第５号ロにおいて同じ。）に関する議案を提出する場合には、株主総会参考書類には、次に掲げる事項を記載しなければならない。

一　当該株式の併合を行う理由

二　法第180条第２項各号に掲げる事項の内容

三　法第298条第１項の決定をした日における第33条の９第１号及び第２号に掲げる事項があるときは、当該事項の内容の概要

第６目　合併契約等の承認

（吸収合併契約の承認に関する議案）

第86条　取締役が吸収合併契約の承認に関する議案を提出する場合には、株主総会参考書類には、次に掲げる事項を記載しなければならない。

一　当該吸収合併を行う理由

二　吸収合併契約の内容の概要

三　当該株式会社が吸収合併消滅株式会社である場合において、法第298条第１項の決定をした日における第182条第１項各号（第５号及び第６号を除く。）に掲げる事項があるときは、当該事項の内容の概要

四　当該株式会社が吸収合併存続株式会社である場合において、法第298条第１項の決定をした日における第191条各号（第６号及び第７号を除く。）に掲げる事項があるときは、当該事項の内容の概要

（吸収分割契約の承認に関する議案）

第87条　取締役が吸収分割契約の承認に関する議案を提出する場合には、株主総会参考書類には、次に掲げる事項を記載しなければならない。

一　当該吸収分割を行う理由

二　吸収分割契約の内容の概要

三　当該株式会社が吸収分割株式会社である場

合において、法第298条第1項の決定をした日における第183条各号（第2号、第6号及び第7号を除く。）に掲げる事項があるときは、当該事項の内容の概要

四　当該株式会社が吸収分割承継株式会社である場合において、法第298条第1項の決定をした日における第192条各号（第2号、第7号及び第8号を除く。）に掲げる事項があるときは、当該事項の内容の概要

（株式交換契約の承認に関する議案）

第88条　取締役が株式交換契約の承認に関する議案を提出する場合には、株主総会参考書類には、次に掲げる事項を記載しなければならない。

一　当該株式交換を行う理由

二　株式交換契約の内容の概要

三　当該株式会社が株式交換完全子会社である場合において、法第298条第1項の決定をした日における第184条第1項各号（第5号及び第6号を除く。）に掲げる事項があるときは、当該事項の内容の概要

四　当該株式会社が株式交換完全親株式会社である場合において、法第298条第1項の決定をした日における第193条各号（第5号及び第6号を除く。）に掲げる事項があるときは、当該事項の内容の概要

（新設合併契約の承認に関する議案）

第89条　取締役が新設合併契約の承認に関する議案を提出する場合には、株主総会参考書類には、次に掲げる事項を記載しなければならない。

一　当該新設合併を行う理由

二　新設合併契約の内容の概要

三　当該株式会社が新設合併消滅株式会社である場合において、法第298条第1項の決定をした日における第204条各号（第6号及び第7号を除く。）に掲げる事項があるときは、当該事項の内容の概要

四　新設合併設立株式会社の取締役となる者（新設合併設立株式会社が監査等委員会設置会社である場合にあっては、当該新設合併設立株式会社の監査等委員である取締役となる者を除く。）についての第74条に規定する事項

五　新設合併設立株式会社が監査等委員会設置会社であるときは、当該新設合併設立株式会社の監査等委員である取締役となる者についての第74条の3に規定する事項

六　新設合併設立株式会社が会計参与設置会社であるときは、当該新設合併設立株式会社の会計参与となる者についての第75条に規定する事項

七　新設合併設立株式会社が監査役設置会社（監査役の監査の範囲を会計に関するものに限定する旨の定款の定めがある株式会社を含む。）であるときは、当該新設合併設立株式会社の監査役となる者についての第76条に規定する事項

八　新設合併設立株式会社が会計監査人設置会社であるときは、当該新設合併設立株式会社の会計監査人となる者についての第77条に規定する事項

（新設分割計画の承認に関する議案）

第90条　取締役が新設分割計画の承認に関する議案を提出する場合には、株主総会参考書類には、次に掲げる事項を記載しなければならない。

一　当該新設分割を行う理由

二　新設分割計画の内容の概要

三　当該株式会社が新設分割株式会社である場合において、法第298条第1項の決定をした日における第205条各号（第7号及び第8号を除く。）に掲げる事項があるときは、当該事項の内容の概要

（株式移転計画の承認に関する議案）

第91条　取締役が株式移転計画の承認に関する議案を提出する場合には、株主総会参考書類には次に掲げる事項を記載しなければならない。

一　当該株式移転を行う理由

二　株式移転計画の内容の概要

三　当該株式会社が株式移転完全子会社である場合において、法第298条第1項の決定をした日における第206条各号（第5号及び第6号を除く。）に掲げる事項があるときは、当該事項の内容の概要

四　株式移転設立完全親会社の取締役となる者
（株式移転設立完全親会社が監査等委員会設
置会社である場合にあっては、当該株式移転
設立完全親会社の監査等委員である取締役と
なる者を除く。）についての第74条に規定す
る事項

五　株式移転設立完全親会社が監査等委員会設
置会社であるときは、当該株式移転設立完全
親会社の監査等委員である取締役となる者に
ついての第74条の3に規定する事項

六　株式移転設立完全親会社が会計参与設置会
社であるときは、当該株式移転設立完全親会
社の会計参与となる者についての第75条に規
定する事項

七　株式移転設立完全親会社が監査役設置会社
（監査役の監査の範囲を会計に関するものに
限定する旨の定款の定めがある株式会社を含
む。）であるときは、当該株式移転設立完全
親会社の監査役となる者についての第76条に
規定する事項

八　株式移転設立完全親会社が会計監査人設置
会社であるときは、当該株式移転設立完全親
会社の会計監査人となる者についての第77条
に規定する事項

（株式交付計画の承認に関する議案）

第91条の2　取締役が株式交付計画の承認に関す
る議案を提出する場合には、株主総会参考書類
には、次に掲げる事項を記載しなければならな
い。

一　当該株式交付を行う理由

二　株式交付計画の内容の概要

三　当該株式会社が株式交付親会社である場合
において、法第298条第1項の決定をした日
における第213条の2各号（第6号及び第7
号を除く。）に掲げる事項があるときは、当
該事項の内容の概要

（事業譲渡等に係る契約の承認に関する議案）

第92条　取締役が事業譲渡等に係る契約の承認に
関する議案を提出する場合には、株主総会参考
書類には、次に掲げる事項を記載しなければな
らない。

一　当該事業譲渡等を行う理由

二　当該事業譲渡等に係る契約の内容の概要

三　当該契約に基づき当該株式会社が受け取る
対価又は契約の相手方に交付する対価の算定
の相当性に関する事項の概要

第7目　株主提案の場合における記載
事項

第93条　議案が株主の提出に係るものである場合
には、株主総会参考書類には、次に掲げる事項
（第3号から第5号までに掲げる事項が株主総
会参考書類にその全部を記載することが適切で
ない程度の多数の文字、記号その他のものを
もって構成されている場合（株式会社がその全
部を記載することが適切であるものとして定め
た分量を超える場合を含む。）にあっては、当
該事項の概要）を記載しなければならない。

一　議案が株主の提出に係るものである旨

二　議案に対する取締役（取締役会設置会社で
ある場合にあっては、取締役会）の意見があ
るときは、その意見の内容

三　株主が法第305条第1項の規定による請求
に際して提案の理由（当該提案の理由が明ら
かに虚偽である場合又は専ら人の名誉を侵害
し、若しくは侮辱する目的によるものと認め
られる場合における当該提案の理由を除く。）
を株式会社に対して通知したときは、その理
由

四　議案が次のイからホまでに掲げる者の選任
に関するものである場合において、株主が法
第305条第1項の規定による請求に際して当
該イからホまでに定める事項（当該事項が明
らかに虚偽である場合における当該事項を除
く。）を株式会社に対して通知したときは、
その内容

イ　取締役（株式会社が監査等委員会設置会
社である場合にあっては、監査等委員であ
る取締役を除く。）　第74条に規定する事項

ロ　監査等委員である取締役　第74条の3に
規定する事項

ハ　会計参与　第75条に規定する事項

ニ　監査役　第76条に規定する事項

ホ　会計監査人　第77条に規定する事項

五　議案が次のイ又はロに掲げる事項に関する
ものである場合において、株主が法第305条
第１項の規定による請求に際して当該イ又は
ロに定める事項（当該事項が明らかに虚偽で
ある場合における当該事項を除く。）を株式
会社に対して通知したときは、その内容

イ　全部取得条項付種類株式の取得　第85条
の２に規定する事項

ロ　株式の併合　第85条の３に規定する事項

2　２以上の株主から同一の趣旨の議案が提出さ
れている場合には、株主総会参考書類には、そ
の議案及びこれに対する取締役（取締役会設置
会社である場合にあっては、取締役会）の意見
の内容は、各別に記載することを要しない。た
だし、２以上の株主から同一の趣旨の提案が
あった旨を記載しなければならない。

3　２以上の株主から同一の趣旨の提案の理由が
提出されている場合には、株主総会参考書類に
は、その提案の理由は、各別に記載することを
要しない。

第８目　株主総会参考書類の記載の特
則

第94条　株主総会参考書類に記載すべき事項（次
に掲げるものを除く。）に係る情報を、当該株
主総会に係る招集通知を発出する時から当該株
主総会の日から３箇月が経過する日までの間、
継続して電磁的方法により株主が提供を受ける
ことができる状態に置く措置（第222条第１項
第１号ロに掲げる方法のうち、インターネット
に接続された自動公衆送信装置（公衆の用に供
する電気通信回線に接続することにより、その
記録媒体のうち自動公衆送信の用に供する部分
に記録され、又は当該装置に入力される情報を
自動公衆送信する機能を有する装置をいう。以
下同じ。）を使用する方法によって行われるも
のに限る。第３項において同じ。）をとる場合
には、当該事項は、当該事項を記載した株主総
会参考書類を株主に対して提供したものとみな
す。ただし、この項の措置をとる旨の定款の定
めがある場合に限る。

一　議案

二　第133条第３項第１号に掲げる事項を株主
総会参考書類に記載することとしている場合
における当該事項

三　次項の規定により株主総会参考書類に記載
すべき事項

四　株主総会参考書類に記載すべき事項（前各
号に掲げるものを除く。）につきこの項の措
置をとることについて監査役、監査等委員会
又は監査委員会が異議を述べている場合にお
ける当該事項

2　前項の場合には、株主に対して提供する株主
総会参考書類に、同項の措置をとるために使用
する自動公衆送信装置のうち当該措置をとるた
めの用に供する部分をインターネットにおいて
識別するための文字、記号その他の符号又はこ
れらの結合であって、情報の提供を受ける者が
その使用に係る電子計算機に入力することに
よって当該情報の内容を閲覧し、当該電子計算
機に備えられたファイルに当該情報を記録する
ことができるものを記載しなければならない。

3　第１項の規定は、同項各号に掲げる事項に係
る情報についても、電磁的方法により株主が提
供を受けることができる状態に置く措置をとる
ことを妨げるものではない。

第３款　種類株主総会

第95条　次の各号に掲げる規定は、当該各号に定
めるものについて準用する。

一　第63条（第１号を除く。）　法第325条にお
いて準用する法第298条第１項第５号に規定
する法務省令で定める事項

二　第64条　法第325条において準用する法第
298条第２項に規定する法務省令で定めるも
の

三　第65条及び前款　種類株主総会の株主総会
参考書類

四　第66条　種類株主総会の議決権行使書面

五　第67条　法第325条において準用する法第
308条第１項に規定する法務省令で定める株
主

六　第69条　法第325条において準用する法第

311条第１項に規定する法務省令で定める時

七　第70条　法第325条において準用する法第
312条第１項に規定する法務省令で定める時

八　第71条　法第325条において準用する法第
314条に規定する法務省令で定める場合

九　第72条　法第325条において準用する法第
318条第１項の規定による議事録の作成

第４款　電子提供措置

（電子提供措置）

第95条の２　法第325条の２に規定する法務省令
で定めるものは、第222条第１項第１号ロに掲
げる方法のうち、インターネットに接続された
自動公衆送信装置を使用するものによる措置と
する。

（電子提供措置をとる場合における招集通知の記
載事項）

第95条の３　法第325条の４第２項第３号に規定
する法務省令で定める事項は、次に掲げる事項
とする。

一　電子提供措置をとっているときは、電子提
供措置をとるために使用する自動公衆送信装
置のうち当該電子提供措置をとるための用に
供する部分をインターネットにおいて識別す
るための文字、記号その他の符号又はこれら
の結合であって、情報の提供を受ける者がそ
の使用に係る電子計算機に入力することに
よって当該情報の内容を閲覧し、当該電子計
算機に備えられたファイルに当該情報を記録
することができるものその他の当該者が当該
情報の内容を閲覧し、当該電子計算機に備え
られたファイルに当該情報を記録するために
必要な事項

二　法第325条の３第３項に規定する場合には、
同項の手続であって、金融商品取引法施行令
（昭和40年政令第321号）第14条の12の規定に
よりインターネットを利用して公衆の縦覧に
供されるものをインターネットにおいて識別
するための文字、記号その他の符号又はこれ
らの結合であって、情報の提供を受ける者が
その使用に係る電子計算機に入力することに
よって当該情報の内容を閲覧することができ

るものその他の当該者が当該情報の内容を閲
覧するために必要な事項

２　法第325条の７において読み替えて準用する
法第325条の４第２項第３号に規定する法務省
令で定める事項は、前項第１号に掲げる事項と
する。

（電子提供措置事項記載書面に記載することを要
しない事項）

第95条の４　法第325条の５第３項に規定する法
務省令で定めるものは、次に掲げるものとする。

一　株主総会参考書類に記載すべき事項（次に
掲げるものを除く。）

イ　議案

ロ　株主総会参考書類に記載すべき事項（イ
に掲げるものを除く。）につき電子提供措
置事項記載書面に記載しないことについて
監査役、監査等委員会又は監査委員会が異
議を述べている場合における当該事項

二　事業報告（法第437条に規定する事業報告
をいう。以下この号において同じ。）に記載
され、又は記録された事項（次に掲げるもの
を除く。）

イ　第120条第１項第５号及び第７号並びに
第121条第１号、第２号及び第４号から第
６号の３までに掲げる事項

ロ　事業報告に記載され、又は記録された事
項（イに掲げるものを除く。）につき電子
提供措置事項記載書面に記載しないことに
ついて監査役、監査等委員会又は監査委員
会が異議を述べている場合における当該事
項

三　法第437条に規定する計算書類に記載され、
又は記録された事項

四　法第444条第６項に規定する連結計算書類
に記載され、又は記録された事項

２　次の各号に掲げる事項の全部又は一部を電子
提供措置事項記載書面に記載しないときは、取
締役は、当該各号に定める事項を株主（電子提
供措置事項記載書面の交付を受ける株主に限る。
以下この項において同じ。）に対して通知しな
ければならない。

会社法

一　前項第2号に掲げる事項　監査役、監査等委員会又は監査委員会が、電子提供措置事項記載書面に記載された事項（事業報告に記載され、又は記録された事項に限る。）が監査報告を作成するに際して監査をした事業報告に記載され、又は記録された事項の一部である旨を株主に対して通知すべきことを取締役に請求したときは、その旨

二　前項第3号に掲げる事項　監査役、会計監査人、監査等委員会又は監査委員会が、電子提供措置事項記載書面に記載された事項（計算書類に記載され、又は記録された事項に限る。）が監査報告又は会計監査報告を作成するに際して監査をした計算書類に記載され、又は記録された事項の一部である旨を株主に対して通知すべきことを取締役に請求したときは、その旨

三　前項第4号に掲げる事項　監査役、会計監査人、監査等委員会又は監査委員会が、電子提供措置事項記載書面に記載された事項（連結計算書類に記載され、又は記録された事項に限る。）が監査報告又は会計監査報告を作成するに際して監査をした連結計算書類に記載され、又は記録された事項の一部である旨を株主に対して通知すべきことを取締役に請求したときは、その旨

第2節　会社役員の選任

（補欠の会社役員の選任）

第96条　法第329条第3項の規定による補欠の会社役員（執行役を除き、監査等委員会設置会社にあっては、監査等委員である取締役若しくはそれ以外の取締役又は会計参与。以下この条において同じ。）の選任については、この条の定めるところによる。

2　法第329条第3項に規定する決議により補欠の会社役員を選任する場合には、次に掲げる事項も併せて決定しなければならない。

一　当該候補者が補欠の会社役員である旨

二　当該候補者を補欠の社外取締役として選任するときは、その旨

三　当該候補者を補欠の社外監査役として選任するときは、その旨

四　当該候補者を1人又は2人以上の特定の会社役員の補欠の会社役員として選任するときは、その旨及び当該特定の会社役員の氏名（会計参与である場合にあっては、氏名又は名称）

五　同一の会社役員（2以上の会社役員の補欠として選任した場合にあっては、当該2以上の会社役員）につき2人以上の補欠の会社役員を選任するときは、当該補欠の会社役員相互間の優先順位

六　補欠の会社役員について、就任前にその選任の取消しを行う場合があるときは、その旨及び取消しを行うための手続

3　補欠の会社役員の選任に係る決議が効力を有する期間は、定款に別段の定めがある場合を除き、当該決議後最初に開催する定時株主総会の開始の時までとする。ただし、株主総会（当該補欠の会社役員を法第108条第1項第9号に掲げる事項についての定めに従い種類株主総会の決議によって選任する場合にあっては、当該種類株主総会）の決議によってその期間を短縮することを妨げない。

（累積投票による取締役の選任）

第97条　法第342条第5項の規定により法務省令で定めるべき事項は、この条の定めるところによる。

2　法第342条第1項の規定による請求があった場合には、取締役（株主総会の議長が存する場合にあっては議長、取締役及び議長が存しない場合にあっては当該請求をした株主）は、同項の株主総会における取締役（監査等委員会設置会社にあっては、監査等委員である取締役又はそれ以外の取締役。以下この条において同じ。）の選任の決議に先立ち、法第342条第3項から第5項までに規定するところにより取締役を選任することを明らかにしなければならない。

3　法第342条第4項の場合において、投票の同数を得た者が2人以上存することにより同条第1項の株主総会において選任する取締役の数の取締役について投票の最多数を得た者から順次

取締役に選任されたものとすることができないときは、当該株主総会において選任する取締役の数以下の数であって投票の最多数を得た者から順次取締役に選任されたものとすることができる数の範囲内で、投票の最多数を得た者から順次取締役に選任されたものとする。

4　前項に規定する場合において、法第342条第1項の株主総会において選任する取締役の数から前項の規定により取締役に選任されたものとされた者の数を減じて得た数の取締役は、同条第3項及び第4項に規定するところによらないで、株主総会の決議により選任する。

第5節　会計参与

（会計参与報告の内容）

第102条　法第374条第1項の規定により作成すべき会計参与報告は、次に掲げる事項を内容とするものでなければならない。

一　会計参与が職務を行うにつき会計参与設置会社と合意した事項のうち主なもの

二　計算関係書類のうち、取締役又は執行役と会計参与が共同して作成したものの種類

三　会計方針（会社計算規則第2条第3項第62号に規定する会計方針をいう。）に関する次に掲げる事項（重要性の乏しいものを除く。）

　イ　資産の評価基準及び評価方法

　ロ　固定資産の減価償却の方法

　ハ　引当金の計上基準

　ニ　収益及び費用の計上基準

　ホ　その他計算関係書類の作成のための基本となる重要な事項

四　計算関係書類の作成に用いた資料の種類その他計算関係書類の作成の過程及び方法

五　前号に規定する資料が次に掲げる事由に該当するときは、その旨及びその理由

　イ　当該資料が著しく遅滞して作成されたとき。

　ロ　当該資料の重要な事項について虚偽の記載がされていたとき。

六　計算関係書類の作成に必要な資料が作成されていなかったとき又は適切に保存されてい

なかったときは、その旨及びその理由

七　会計参与が計算関係書類の作成のために行った報告の徴収及び調査の結果

八　会計参与が計算関係書類の作成に際して取締役又は執行役と協議した主な事項

（計算書類等の備置き）

第103条　法第378条第1項の規定により会計参与が同項各号に掲げるものを備え置く場所（以下この条において「会計参与報告等備置場所」という。）を定める場合には、この条の定めるところによる。

2　会計参与は、当該会計参与である公認会計士若しくは監査法人又は税理士若しくは税理士法人の事務所（会計参与が税理士法（昭和26年法律第237号）第2条第3項の規定により税理士又は税理士法人の補助者として当該税理士の税理士事務所に勤務し、又は当該税理士法人に所属し、同項に規定する業務に従事する者であるときは、その勤務する税理士事務所又は当該税理士法人の事務所）の場所の中から会計参与報告等備置場所を定めなければならない。

3　会計参与は、会計参与報告等備置場所として会計参与設置会社の本店又は支店と異なる場所を定めなければならない。

4　会計参与は、会計参与報告等備置場所を定めた場合には、遅滞なく、会計参与設置会社に対して、会計参与報告等備置場所を通知しなければならない。

（計算書類の閲覧）

第104条　法第378条第2項に規定する法務省令で定める場合とは、会計参与である公認会計士若しくは監査法人又は税理士若しくは税理士法人の業務時間外である場合とする。

第6節　監査役

（監査報告の作成）

第105条　法第381条第1項の規定により法務省令で定める事項については、この条の定めるところによる。

2　監査役は、その職務を適切に遂行するため、次に掲げる者との意思疎通を図り、情報の収集

及び監査の環境の整備に努めなければならない。この場合において、取締役又は取締役会は、監査役の職務の執行のための必要な体制の整備に留意しなければならない。

一　当該株式会社の取締役、会計参与及び使用人

二　当該株式会社の子会社の取締役、会計参与、執行役、業務を執行する社員、法第598条第1項の職務を行うべき者その他これらの者に相当する者及び使用人

三　その他監査役が適切に職務を遂行するに当たり意思疎通を図るべき者

3　前項の規定は、監査役が公正不偏の態度及び独立の立場を保持することができなくなるおそれのある関係の創設及び維持を認めるものと解してはならない。

4　監査役は、その職務の遂行に当たり、必要に応じ、当該株式会社の他の監査役、当該株式会社の親会社及び子会社の監査役その他これらに相当する者との意思疎通及び情報の交換を図るよう努めなければならない。

（監査役の調査の対象）

第106条　法第384条に規定する法務省令で定めるものは、電磁的記録その他の資料とする。

（監査報告の作成）

第107条　法第389条第2項の規定により法務省令で定める事項については、この条の定めるところによる。

2　監査役は、その職務を適切に遂行するため、次に掲げる者との意思疎通を図り、情報の収集及び監査の環境の整備に努めなければならない。この場合において、取締役又は取締役会は、監査役の職務の執行のための必要な体制の整備に留意しなければならない。

一　当該株式会社の取締役、会計参与及び使用人

二　当該株式会社の子会社の取締役、会計参与、執行役、業務を執行する社員、法第598条第1項の職務を行うべき者その他これらの者に相当する者及び使用人

三　その他監査役が適切に職務を遂行するに当たり意思疎通を図るべき者

3　前項の規定は、監査役が公正不偏の態度及び独立の立場を保持することができなくなるおそれのある関係の創設及び維持を認めるものと解してはならない。

4　監査役は、その職務の遂行に当たり、必要に応じ、当該株式会社の他の監査役、当該株式会社の親会社及び子会社の監査役その他これらに相当する者との意思疎通及び情報の交換を図るよう努めなければならない。

（監査の範囲が限定されている監査役の調査の対象）

第108条　法第389条第3項に規定する法務省令で定めるものは、次に掲げるものとする。

一　計算関係書類

二　次に掲げる議案が株主総会に提出される場合における当該議案

イ　当該株式会社の株式の取得に関する議案（当該取得に際して交付する金銭等の合計額に係る部分に限る。）

ロ　剰余金の配当に関する議案（剰余金の配当に際して交付する金銭等の合計額に係る部分に限る。）

ハ　法第447条第1項の資本金の額の減少に関する議案

ニ　法第448条第1項の準備金の額の減少に関する議案

ホ　法第450条第1項の資本金の額の増加に関する議案

ヘ　法第451条第1項の準備金の額の増加に関する議案

ト　法第452条に規定する剰余金の処分に関する議案

三　次に掲げる事項を含む議案が株主総会に提出される場合における当該事項

イ　法第199条第1項第5号の増加する資本金及び資本準備金に関する事項

ロ　法第236条第1項第5号の増加する資本金及び資本準備金に関する事項

ハ　法第749条第1項第2号イの資本金及び準備金の額に関する事項

ニ　法第753条第1項第6号の資本金及び準備金の額に関する事項

ホ　法第758条第4号イの資本金及び準備金の額に関する事項

ヘ　法第763条第1項第6号の資本金及び準備金の額に関する事項

ト　法第768条第1項第2号イの資本金及び準備金の額に関する事項

チ　法第773条第1項第5号の資本金及び準備金の額に関する事項

リ　法第774条の3第1項第3号の資本金及び準備金の額に関する事項

ヌ　法第774条の3第1項第8号イの資本金及び準備金の額に関する事項

四　前3号に掲げるもののほか、これらに準ずるもの

第7節　監査役会

第109条　法第393条第2項の規定による監査役会の議事録の作成については、この条の定めるところによる。

2　監査役会の議事録は、書面又は電磁的記録をもって作成しなければならない。

3　監査役会の議事録は、次に掲げる事項を内容とするものでなければならない。

一　監査役会が開催された日時及び場所（当該場所に存しない監査役、取締役、会計参与又は会計監査人が監査役会に出席をした場合における当該出席の方法を含む。）

二　監査役会の議事の経過の要領及びその結果

三　次に掲げる規定により監査役会において述べられた意見又は発言があるときは、その意見又は発言の内容の概要

イ　法第357条第2項の規定により読み替えて適用する同条第1項（法第482条第4項において準用する場合を含む。）

ロ　法第375条第2項の規定により読み替えて適用する同条第1項

ハ　法第397条第3項の規定により読み替えて適用する同条第1項

四　監査役会に出席した取締役、会計参与又は会計監査人の氏名又は名称

五　監査役会の議長が存するときは、議長の氏名

4　法第395条の規定により監査役会への報告を要しないものとされた場合には、監査役会の議事録は、次の各号に掲げる事項を内容とするものとする。

一　監査役会への報告を要しないものとされた事項の内容

二　監査役会への報告を要しないものとされた日

三　議事録の作成に係る職務を行った監査役の氏名

第8節　会計監査人

第110条　法第396条第1項後段の規定により法務省令で定める事項については、この条の定めるところによる。

2　会計監査人は、その職務を適切に遂行するため、次に掲げる者との意思疎通を図り、情報の収集及び監査の環境の整備に努めなければならない。ただし、会計監査人が公正不偏の態度及び独立の立場を保持することができなくなるおそれのある関係の創設及び維持を認めるものと解してはならない。

一　当該株式会社の取締役、会計参与及び使用人

二　当該株式会社の子会社の取締役、会計参与、執行役、業務を執行する社員、法第598条第1項の職務を行うべき者その他これらの者に相当する者及び使用人

三　その他会計監査人が適切に職務を遂行するに当たり意思疎通を図るべき者

第8節の2　監査等委員会

（監査等委員の報告の対象）

第110条の2　法第399条の5に規定する法務省令で定めるものは、電磁的記録その他の資料とする。

第110条の3〜第110条の5　（略）

第10節　役員等の損害賠償責任

（報酬等の額の算定方法）

第113条　法第425条第１項第１号に規定する法務省令で定める方法により算定される額は、次に掲げる額の合計額とする。

一　役員等がその在職中に報酬、賞与その他の職務執行の対価（当該役員等が当該株式会社の取締役、執行役又は支配人その他の使用人を兼ねている場合における当該取締役、執行役又は支配人その他の使用人の報酬、賞与その他の職務執行の対価を含む。）として株式会社から受け、又は受けるべき財産上の利益（次号に定めるものを除く。）の額の事業年度（次のイからハまでに掲げる場合の区分に応じ、当該イからハまでに定める日を含む事業年度及びその前の各事業年度に限る。）ごとの合計額（当該事業年度の期間が１年でない場合にあっては、当該合計額を１年当たりの額に換算した額）のうち最も高い額

イ　法第425条第１項の株主総会の決議を行った場合　当該株主総会（株式会社に最終完全親会社等がある場合において、同項の規定により免除しようとする責任が特定責任であるときにあっては、当該株式会社の株主総会）の決議の日

ロ　法第426条第１項の規定による定款の定めに基づいて責任を免除する旨の同意（取締役会設置会社にあっては、取締役会の決議。ロにおいて同じ。）を行った場合　当該同意のあった日

ハ　法第427条第１項の契約を締結した場合　責任の原因となる事実が生じた日（２以上の日がある場合にあっては、最も遅い日）

二　イに掲げる額をロに掲げる数で除して得た額

イ　次に掲げる額の合計額

(1)　当該役員等が当該株式会社から受けた退職慰労金の額

(2)　当該役員等が当該株式会社の取締役、執行役又は支配人その他の使用人を兼ね

ていた場合における当該取締役若しくは執行役としての退職慰労金又は支配人その他の使用人としての退職手当のうち当該役員等を兼ねていた期間の職務執行の対価である部分の額

(3)　(1)又は(2)に掲げるものの性質を有する財産上の利益の額

ロ　当該役員等がその職に就いていた年数（当該役員等が次に掲げるものに該当する場合における次に定める数が当該年数を超えている場合にあっては、当該数）

(1)　代表取締役又は代表執行役　6

(2)　代表取締役以外の取締役（業務執行取締役等であるものに限る。）又は代表執行役以外の執行役　4

(3)　取締役（(1)及び(2)に掲げるものを除く。）、会計参与、監査役又は会計監査人　2

（特に有利な条件で引き受けた職務執行の対価以外の新株予約権）

第114条　法第425条第１項第２号に規定する法務省令で定める方法により算定される額は、次の各号に掲げる場合の区分に応じ、当該各号に定める額とする。

一　当該役員等が就任後に新株予約権（当該役員等が職務執行の対価として株式会社から受けたものを除く。以下この条において同じ。）を行使した場合　イに掲げる額からロに掲げる額を減じて得た額（零未満である場合にあっては、零）に当該新株予約権の行使により当該役員等が交付を受けた当該株式会社の株式の数を乗じて得た額

イ　当該新株予約権の行使時における当該株式の１株当たりの時価

ロ　当該新株予約権についての法第236条第１項第２号の価額及び法第238条第１項第３号の払込金額の合計額の当該新株予約権の目的である株式１株当たりの額

二　当該役員等が就任後に新株予約権を譲渡した場合　当該新株予約権の譲渡価額から法第238条第１項第３号の払込金額を減じて得た

額に当該新株予約権の数を乗じた額

（責任の免除の決議後に受ける退職慰労金等）

第115条　法第425条第4項（法第426条第8項及び第427条第5項において準用する場合を含む。）に規定する法務省令で定める財産上の利益とは、次に掲げるものとする。

一　退職慰労金

二　当該役員等が当該株式会社の取締役又は執行役を兼ねていたときは、当該取締役又は執行役としての退職慰労金

三　当該役員等が当該株式会社の支配人その他の使用人を兼ねていたときは、当該支配人その他の使用人としての退職手当のうち当該役員等を兼ねていた期間の職務執行の対価である部分

四　前3号に掲げるものの性質を有する財産上の利益

第11節　役員等のために締結される保険契約

第115条の2　法法第430条の3第1項に規定する法務省令で定めるものは、次に掲げるものとする。

一　被保険者に保険者との間で保険契約を締結する株式会社を含む保険契約であって、当該株式会社がその業務に関連し第三者に生じた損害を賠償する責任を負うこと又は当該責任の追及に係る請求を受けることによって当該株式会社に生ずることのある損害を保険者が塡補することを主たる目的として締結されるもの

二　役員等が第三者に生じた損害を賠償する責任を負うこと又は当該責任の追及に係る請求を受けることによって当該役員等に生ずることのある損害（役員等がその職務上の義務に違反し若しくは職務を怠ったことによって第三者に生じた損害を賠償する責任を負うこと又は当該責任の追及に係る請求を受けることによって当該役員等に生ずることのある損害を除く。）を保険者が塡補することを目的として締結されるもの

第5章　計算等

第1節　計算関係書類

第116条　次に掲げる規定に規定する法務省令で定めるべき事項（事業報告及びその附属明細書に係るものを除く。）は、会社計算規則の定めるところによる。

一　法第432条第1項

二　法第435条第1項及び第2項

三　法第436条第1項及び第2項

四　法第437条

五　法第439条

六　法第440条第1項及び第3項

七　法第441条第1項、第2項及び第4項

八　法第444条第1項、第4項及び第6項

九　法第445条第4項から第6項まで

十　法第446条第1号ホ及び第7号

十一　法第452条

十二　法第459条第2項

十三　法第460条第2項

十四　法第461条第2項第2号イ、第5号及び第6号

十五　法第462条第1項

第2節　事業報告

第1款　通則

第117条　次の各号に掲げる規定に規定する法務省令で定めるべき事項（事業報告及びその附属明細書に係るものに限る。）は、当該各号に定める規定の定めるところによる。ただし、他の法令に別段の定めがある場合は、この限りでない。

一　法第435条第2項　次款

二　法第436条第1項及び第2項　第3款

三　法第437条　第4款

第2款　事業報告等の内容

第1目　通則

第118条　事業報告は、次に掲げる事項をその内容としなければならない。

一　当該株式会社の状況に関する重要な事項

（計算書類及びその附属明細書並びに連結計算書類の内容となる事項を除く。）

二　法第348条第３項第４号、第362条第４項第６号、第399条の13第１項第１号ロ及びハ並びに第416条第１項第１号ロ及びホに規定する体制の整備についての決定又は決議があるときは、その決定又は決議の内容の概要及び当該体制の運用状況の概要

三　株式会社が当該株式会社の財務及び事業の方針の決定を支配する者の在り方に関する基本方針（以下この号において「基本方針」という。）を定めているときは、次に掲げる事項

　イ　基本方針の内容の概要

　ロ　次に掲げる取組みの具体的な内容の概要

　　(1)　当該株式会社の財産の有効な活用、適切な企業集団の形成その他の基本方針の実現に資する特別な取組み

　　(2)　基本方針に照らして不適切な者によって当該株式会社の財務及び事業の方針の決定が支配されることを防止するための取組み

　ハ　ロの取組みの次に掲げる要件への該当性に関する当該株式会社の取締役（取締役会設置会社にあっては、取締役会）の判断及びその理由（当該理由が社外役員の存否に関する事項のみである場合における当該事項を除く。）

　　(1)　当該取組みが基本方針に沿うものであること。

　　(2)　当該取組みが当該株式会社の株主の共同の利益を損なうものではないこと。

　　(3)　当該取組みが当該株式会社の会社役員の地位の維持を目的とするものではないこと。

四　当該株式会社（当該事業年度の末日において、その完全親会社等があるものを除く。）に特定完全子会社（当該事業年度の末日において、当該株式会社及びその完全子会社等(法第847条の３第３項の規定により当該完全子会社等とみなされるものを含む。以下この号において同じ。）における当該株式会社のある完全子会社等（株式会社に限る。）の株式の帳簿価額が当該株式会社の当該事業年度に係る貸借対照表の資産の部に計上した額の合計額の５分の１（法第847条の３第４項の規定により５分の１を下回る割合を定款で定めた場合にあっては、その割合）を超える場合における当該ある完全子会社等をいう。以下この号において同じ。）がある場合には、次に掲げる事項

　イ　当該特定完全子会社の名称及び住所

　ロ　当該株式会社及びその完全子会社等における当該特定完全子会社の株式の当該事業年度の末日における帳簿価額の合計額

　ハ　当該株式会社の当該事業年度に係る貸借対照表の資産の部に計上した額の合計額

五　当該株式会社とその親会社等との間の取引（当該株式会社と第三者との間の取引で当該株式会社とその親会社等との間の利益が相反するものを含む。）であって、当該株式会社の当該事業年度に係る個別注記表において会社計算規則第112条第１項に規定する注記を要するもの（同項ただし書の規定により同項第４号から第６号まで及び第８号に掲げる事項を省略するものを除く。）があるときは、当該取引に係る次に掲げる事項

　イ　当該取引をするに当たり当該株式会社の利益を害さないように留意した事項（当該事項がない場合にあっては、その旨）

　ロ　当該取引が当該株式会社の利益を害さないかどうかについての当該株式会社の取締役（取締役会設置会社にあっては、取締役会。ハにおいて同じ。）の判断及びその理由

　ハ　社外取締役を置く株式会社において、ロの取締役の判断が社外取締役の意見と異なる場合には、その意見

第２目　公開会社における事業報告の内容

（公開会社の特則）

第119条　株式会社が当該事業年度の末日におい

て公開会社である場合には、次に掲げる事項を
事業報告の内容に含めなければならない。
一　株式会社の現況に関する事項
二　株式会社の会社役員に関する事項
二の二　株式会社の役員等賠償責任保険契約に
　関する事項
三　株式会社の株式に関する事項
四　株式会社の新株予約権等に関する事項
（株式会社の現況に関する事項）
第120条　前条第1号に規定する「株式会社の現
況に関する事項」とは、次に掲げる事項（当該
株式会社の事業が2以上の部門に分かれている
場合にあっては、部門別に区別することが困難
である場合を除き、その部門別に区別された事
項）とする。
一　当該事業年度の末日における主要な事業内
　容
二　当該事業年度の末日における主要な営業所
　及び工場並びに使用人の状況
三　当該事業年度の末日において主要な借入先
　があるときは、その借入先及び借入額
四　当該事業年度における事業の経過及びその
　成果
五　当該事業年度における次に掲げる事項につ
　いての状況（重要なものに限る。）
　イ　資金調達
　ロ　設備投資
　ハ　事業の譲渡、吸収分割又は新設分割
　ニ　他の会社（外国会社を含む。）の事業の
　　譲受け
　ホ　吸収合併（会社以外の者との合併（当該
　　合併後当該株式会社が存続するものに限
　　る。）を含む。）又は吸収分割による他の法
　　人等の事業に関する権利義務の承継
　ヘ　他の会社（外国会社を含む。）の株式そ
　　の他の持分又は新株予約権等の取得又は処
　　分
六　直前3事業年度（当該事業年度の末日にお
　いて3事業年度が終了していない株式会社に
　あっては、成立後の各事業年度）の財産及び
　損益の状況

七　重要な親会社及び子会社の状況（当該親会
　社と当該株式会社との間に当該株式会社の重
　要な財務及び事業の方針に関する契約等が存
　在する場合には、その内容の概要を含む。）
八　対処すべき課題
九　前各号に掲げるもののほか、当該株式会社
　の現況に関する重要な事項
2　株式会社が当該事業年度に係る連結計算書類
　を作成している場合には、前項各号に掲げる事
　項については、当該株式会社及びその子会社か
　ら成る企業集団の現況に関する事項とすること
　ができる。この場合において、当該事項に相当
　する事項が連結計算書類の内容となっていると
　きは、当該事項を事業報告の内容としないこと
　ができる。
3　第1項第6号に掲げる事項については、当該
　事業年度における過年度事項（当該事業年度よ
　り前の事業年度に係る貸借対照表、損益計算書
　又は株主資本等変動計算書に表示すべき事項を
　いう。）が会計方針の変更その他の正当な理由
　により当該事業年度より前の事業年度に係る定
　時株主総会において承認又は報告をしたものと
　異なっているときは、修正後の過年度事項を反
　映した事項とすることを妨げない。
（株式会社の会社役員に関する事項）
第121条　第119条第2号に規定する「株式会社の
　会社役員に関する事項」とは、次に掲げる事項
　とする。ただし、当該事業年度の末日において
　監査役会設置会社（公開会社であり、かつ、大
　会社であるものに限る。）であって金融商品取
　引法第24条第1項の規定によりその発行する株
　式について有価証券報告書を内閣総理大臣に提
　出しなければならないもの、監査等委員会設置
　会社又は指名委員会等設置会社でない株式会社
　にあっては、第6号の2に掲げる事項を省略す
　ることができる。
一　会社役員（直前の定時株主総会の終結の日
　の翌日以降に在任していた者に限る。次号か
　ら第3号の2まで、第8号及び第9号並びに
　第128条第2項において同じ。）の氏名（会計
　参与にあっては、氏名又は名称）

二　会社役員の地位及び担当

三　会社役員（取締役又は監査役に限る。以下この号において同じ。）と当該株式会社との間で法第427条第1項の契約を締結しているときは、当該契約の内容の概要（当該契約によって当該会社役員の職務の執行の適正性が損なわれないようにするための措置を講じている場合にあっては、その内容を含む。）

三の二　会社役員（取締役、監査役又は執行役に限る。以下この号において同じ。）と当該株式会社との間で補償契約を締結しているときは、次に掲げる事項

イ　当該会社役員の氏名

ロ　当該補償契約の内容の概要（当該補償契約によって当該会社役員の職務の執行の適正性が損なわれないようにするための措置を講じている場合にあっては、その内容を含む。）

三の三　当該株式会社が会社役員（取締役、監査役又は執行役に限り、当該事業年度の前事業年度の末日までに退任した者を含む。以下この号及び次号において同じ。）に対して補償契約に基づき法第430条の2第1項第1号に掲げる費用を補償した場合において、当該株式会社が、当該事業年度において、当該会社役員が同号の職務の執行に関し法令の規定に違反したこと又は責任を負うことを知ったときは、その旨

三の四　当該株式会社が会社役員に対して補償契約に基づき法第430条の2第1項第2号に掲げる損失を補償したときは、その旨及び補償した金額

四　当該事業年度に係る会社役員の報酬等について、次のイからハまでに掲げる場合の区分に応じ、当該イからハまでに定める事項

イ　会社役員の全部につき取締役（監査等委員会設置会社にあっては、監査等委員である取締役又はそれ以外の取締役。イ及びハにおいて同じ。）、会計参与、監査役又は執行役ごとの報酬等の総額（当該報酬等が業績連動報酬等又は非金銭報酬等を含む場合には、業績連動報酬等の総額、非金銭報酬等の総額及びそれら以外の報酬等の総額。イ及びハ並びに第124条第5号イ及びハにおいて同じ。）を掲げることとする場合　取締役、会計参与、監査役又は執行役ごとの報酬等の総額及び員数

ロ　会社役員の全部につき当該会社役員ごとの報酬等の額（当該報酬等が業績連動報酬等又は非金銭報酬等を含む場合には、業績連動報酬等の額、非金銭報酬等の額及びそれら以外の報酬等の額。ロ及びハ並びに第124条第5号ロ及びハにおいて同じ。）を掲げることとする場合　当該会社役員ごとの報酬等の額

ハ　会社役員の一部につき当該会社役員ごとの報酬等の額を掲げることとする場合　当該会社役員ごとの報酬等の額並びにその他の会社役員についての取締役、会計参与、監査役又は執行役ごとの報酬等の総額及び員数

五　当該事業年度において受け、又は受ける見込みの額が明らかとなった会社役員の報酬等（前号の規定により当該事業年度に係る事業報告の内容とする報酬等及び当該事業年度前の事業年度に係る事業報告の内容とした報酬等を除く。）について、同号イからハまでに掲げる場合の区分に応じ、当該イからハまでに定める事項

五の二　前2号の会社役員の報酬等の全部又は一部が業績連動報酬等である場合には、次に掲げる事項

イ　当該業績連動報酬等の額又は数の算定の基礎として選定した業績指標の内容及び当該業績指標を選定した理由

ロ　当該業績連動報酬等の額又は数の算定方法

ハ　当該業績連動報酬等の額又は数の算定に用いたイの業績指標に関する実績

五の三　第4号及び第5号の会社役員の報酬等の全部又は一部が非金銭報酬等である場合には、当該非金銭報酬等の内容

五の四　会社役員の報酬等についての定款の定め又は株主総会の決議による定めに関する次に掲げる事項

　イ　当該定款の定めを設けた日又は当該株主総会の決議の日

　ロ　当該定めの内容の概要

　ハ　当該定めに係る会社役員の員数

六　法第361条第7項の方針又は法第409条第1項の方針を定めているときは、次に掲げる事項

　イ　当該方針の決定の方法

　ロ　当該方針の内容の概要

　ハ　当該事業年度に係る取締役（監査等委員である取締役を除き、指名委員会等設置会社にあっては、執行役等）の個人別の報酬等の内容が当該方針に沿うものであると取締役会（指名委員会等設置会社にあっては、報酬委員会）が判断した理由

六の二　各会社役員の報酬等の額又はその算定方法に係る決定に関する方針（前号の方針を除く。）を定めているときは、当該方針の決定の方法及びその方針の内容の概要

六の三　株式会社が当該事業年度の末日において取締役会設置会社（指名委員会等設置会社を除く。）である場合において、取締役会から委任を受けた取締役その他の第三者が当該事業年度に係る取締役（監査等委員である取締役を除く。）の個人別の報酬等の内容の全部又は一部を決定したときは、その旨及び次に掲げる事項

　イ　当該委任を受けた者の氏名並びに当該内容を決定した日における当該株式会社における地位及び担当

　ロ　イの者に委任された権限の内容

　ハ　イの者にロの権限を委任した理由

　ニ　イの者によりロの権限が適切に行使されるようにするための措置を講じた場合にあっては、その内容

七　辞任した会社役員又は解任された会社役員（株主総会又は種類株主総会の決議によって解任されたものを除く。）があるときは、次

に掲げる事項（当該事業年度前の事業年度に係る事業報告の内容としたものを除く。）

　イ　当該会社役員の氏名（会計参与にあっては、氏名又は名称）

　ロ　法第342条の2第1項若しくは第4項又は第345条第1項（同条第4項において読み替えて準用する場合を含む。）の意見があるときは、その意見の内容

　ハ　法第342条の2第2項又は第345条第2項（同条第4項において読み替えて準用する場合を含む。）の理由があるときは、その理由

八　当該事業年度に係る当該株式会社の会社役員（会計参与を除く。）の重要な兼職の状況

九　会社役員のうち監査役、監査等委員又は監査委員が財務及び会計に関する相当程度の知見を有しているものであるときは、その事実

十　次のイ又はロに掲げる場合の区分に応じ、当該イ又はロに定める事項

　イ　株式会社が当該事業年度の末日において監査等委員会設置会社である場合　常勤の監査等委員の選定の有無及びその理由

　ロ　株式会社が当該事業年度の末日において指名委員会等設置会社である場合　常勤の監査委員の選定の有無及びその理由

十一　前各号に掲げるもののほか、株式会社の会社役員に関する重要な事項

（株式会社の役員等賠償責任保険契約に関する事項）

第121条の2　第119条第2号の2に規定する「株式会社の役員等賠償責任保険契約に関する事項」とは、当該株式会社が保険者との間で役員等賠償責任保険契約を締結しているときにおける次に掲げる事項とする。

一　当該役員等賠償責任保険契約の被保険者の範囲

二　当該役員等賠償責任保険契約の内容の概要（被保険者が実質的に保険料を負担している場合にあってはその負担割合、塡補の対象とされる保険事故の概要及び当該役員等賠償責任保険契約によって被保険者である役員等

（当該株式会社の役員等に限る。）の職務の執行の適正性が損なわれないようにするための措置を講じている場合にあってはその内容を含む。）

（株式会社の株式に関する事項）

第122条　第119条第3号に規定する「株式会社の株式に関する事項」とは、次に掲げる事項とする。

一　当該事業年度の末日において発行済株式（自己株式を除く。次項において同じ。）の総数に対するその有する株式の数の割合が高いことにおいて上位となる10名の株主の氏名又は名称、当該株主の有する株式の数（種類株式発行会社にあっては、株式の種類及び種類ごとの数を含む。）及び当該株主の有する株式に係る当該割合

二　当該事業年度中に当該株式会社の会社役員（会社役員であった者を含む。）に対して当該株式会社が交付した当該株式会社の株式（職務執行の対価として交付したものに限り、当該株式会社が会社役員に対して職務執行の対価として募集株式と引換えにする払込みに充てるための金銭を交付した場合において、当該金銭の払込みと引換えに当該株式会社の株式を交付したときにおける当該株式を含む。以下この号において同じ。）があるときは、次に掲げる者（次に掲げる者であった者を含む。）の区分ごとの株式の数（種類株式発行会社にあっては、株式の種類及び種類ごとの数）及び株式の交付を受けた者の人数

イ　当該株式会社の取締役（監査等委員である取締役及び社外役員を除き、執行役を含む。）

ロ　当該株式会社の社外取締役（監査等委員である取締役を除き、社外役員に限る。）

ハ　当該株式会社の監査等委員である取締役

ニ　当該株式会社の取締役（執行役を含む。）以外の会社役員

三　前2号に掲げるもののほか、株式会社の株式に関する重要な事項

2　当該事業年度に関する定時株主総会において

議決権を行使することができる者を定めるための法第124条第1項に規定する基準日を定めた場合において、当該基準日が当該事業年度の末日後の日であるときは、前項第1号に掲げる事項については、当該基準日において発行済株式の総数に対するその有する株式の数の割合が高いことにおいて上位となる10名の株主の氏名又は名称、当該株主の有する株式の数（種類株式発行会社にあっては、株式の種類及び種類ごとの数を含む。）及び当該株主の有する株式に係る当該割合とすることができる。この場合においては、当該基準日を明らかにしなければならない。

（株式会社の新株予約権等に関する事項）

第123条　第119条第4号に規定する「株式会社の新株予約権等に関する事項」とは、次に掲げる事項とする。

一　当該事業年度の末日において当該株式会社の会社役員（当該事業年度の末日において在任している者に限る。以下この条において同じ。）が当該株式会社の新株予約権等（職務執行の対価として当該株式会社が交付したものに限り、当該株式会社が会社役員に対して職務執行の対価として募集新株予約権と引換えにする払込みに充てるための金銭を交付した場合において、当該金銭の払込みと引換えに当該株式会社の新株予約権を交付したときにおける当該新株予約権を含む。以下この号及び次号において同じ。）を有しているときは、次に掲げる者の区分ごとの当該新株予約権等の内容の概要及び新株予約権等を有する者の人数

イ　当該株式会社の取締役（監査等委員であるもの及び社外役員を除き、執行役を含む。）

ロ　当該株式会社の社外取締役（監査等委員であるものを除き、社外役員に限る。）

ハ　当該株式会社の監査等委員である取締役

ニ　当該株式会社の取締役（執行役を含む。）以外の会社役員

二　当該事業年度中に次に掲げる者に対して当

会社法

該株式会社が交付した新株予約権等があるときは、次に掲げる者の区分ごとの当該新株予約権等の内容の概要及び交付した者の人数

イ　当該株式会社の使用人（当該株式会社の会社役員を兼ねている者を除く。）

ロ　当該株式会社の子会社の役員及び使用人（当該株式会社の会社役員又はイに掲げる者を兼ねている者を除く。）

三　前2号に掲げるもののほか、当該株式会社の新株予約権等に関する重要な事項

（社外役員等に関する特則）

第124条　会社役員のうち社外役員である者が存する場合には、株式会社の会社役員に関する事項には、第121条に規定する事項のほか、次に掲げる事項を含むものとする。

一　社外役員（直前の定時株主総会の終結の日の翌日以降に在任していた者に限る。次号から第4号までにおいて同じ。）が他の法人等の業務執行者であることが第121条第8号に定める重要な兼職に該当する場合は、当該株式会社と当該他の法人等との関係

二　社外役員が他の法人等の社外役員その他これに類する者を兼任していることが第121条第8号に定める重要な兼職に該当する場合は、当該株式会社と当該他の法人等との関係

三　社外役員が次に掲げる者の配偶者、3親等以内の親族その他これに準ずる者であることを当該株式会社が知っているときは、その事実（重要でないものを除く。）

イ　当該株式会社の親会社等（自然人であるものに限る。）

ロ　当該株式会社又は当該株式会社の特定関係事業者の業務執行者又は役員（業務執行者であるものを除く。）

四　各社外役員の当該事業年度における主な活動状況（次に掲げる事項を含む。）

イ　取締役会（当該社外役員が次に掲げる者である場合にあっては、次に定めるものを含む。ロにおいて同じ。）への出席の状況

(1)　監査役会設置会社の社外監査役　監査役会

(2)　監査等委員会設置会社の監査等委員　監査等委員会

(3)　指名委員会等設置会社の監査委員　監査委員会

ロ　取締役会における発言の状況

ハ　当該社外役員の意見により当該株式会社の事業の方針又は事業その他の事項に係る決定が変更されたときは、その内容（重要でないものを除く。）

ニ　当該事業年度中に当該株式会社において法令又は定款に違反する事実その他不当な業務の執行（当該社外役員が社外監査役である場合にあっては、不正な業務の執行）が行われた事実（重要でないものを除く。）があるときは、各社外役員が当該事実の発生の予防のために行った行為及び当該事実の発生後の対応として行った行為の概要

ホ　当該社外役員が社外取締役であるときは、当該社外役員が果たすことが期待される役割に関して行った職務の概要（イからニまでに掲げる事項を除く。）

五　当該事業年度に係る社外役員の報酬等について、次のイからハまでに掲げる場合の区分に応じ、当該イからハまでに定める事項

イ　社外役員の全部につき報酬等の総額を掲げることとする場合　社外役員の報酬等の総額及び員数

ロ　社外役員の全部につき当該社外役員ごとの報酬等の額を掲げることとする場合　当該社外役員ごとの報酬等の額

ハ　社外役員の一部につき当該社外役員ごとの報酬等の額を掲げることとする場合　当該社外役員ごとの報酬等の額並びにその他の社外役員についての報酬等の総額及び員数

六　当該事業年度において受け、又は受ける見込みの額が明らかとなった社外役員の報酬等（前号の規定により当該事業年度に係る事業報告の内容とする報酬等及び当該事業年度前の事業年度に係る事業報告の内容とした報酬等を除く。）について、同号イからハまでに

掲げる場合の区分に応じ、当該イからハまでに定める事項

七　社外役員が次のイ又はロに掲げる場合の区分に応じ、当該イ又はロに定めるものから当該事業年度において役員としての報酬等を受けているときは、当該報酬等の総額（社外役員であった期間に受けたものに限る。）

　　イ　当該株式会社に親会社等がある場合　当該親会社等又は当該親会社等の子会社等（当該株式会社を除く。）

　　ロ　当該株式会社に親会社等がない場合　当該株式会社の子会社

八　社外役員についての前各号に掲げる事項の内容に対して当該社外役員の意見があるときは、その意見の内容

第3目　会計参与設置会社における事業報告の内容

第125条　株式会社が当該事業年度の末日において会計参与設置会社である場合には、次に掲げる事項を事業報告の内容としなければならない。

一　会計参与と当該株式会社との間で法第427条第1項の契約を締結しているときは、当該契約の内容の概要（当該契約によって当該会計参与の職務の執行の適正性が損なわれないようにするための措置を講じている場合にあっては、その内容を含む。）

二　会計参与と当該株式会社との間で補償契約を締結しているときは、次に掲げる事項

　　イ　当該会計参与の氏名又は名称

　　ロ　当該補償契約の内容の概要（当該補償契約によって当該会計参与の職務の執行の適正性が損なわれないようにするための措置を講じている場合にあっては、その内容を含む。）

三　当該株式会社が会計参与（当該事業年度の前事業年度の末日までに退任した者を含む。以下この号及び次号において同じ。）に対して補償契約に基づき法第430条の2第1項第1号に掲げる費用を補償した場合において、当該株式会社が、当該事業年度において、当該会計参与が同号の職務の執行に関し法令の

規定に違反したこと又は責任を負うことを知ったときは、その旨

四　当該株式会社が会計参与に対して補償契約に基づき法第430条の2第1項第2号に掲げる損失を補償したときは、その旨及び補償した金額

第4目　会計監査人設置会社における事業報告の内容

第126条　株式会社が当該事業年度の末日において会計監査人設置会社である場合には、次に掲げる事項（株式会社が当該事業年度の末日において公開会社でない場合にあっては、第2号から第4号までに掲げる事項を除く。）を事業報告の内容としなければならない。

一　会計監査人の氏名又は名称

二　当該事業年度に係る各会計監査人の報酬等の額及び当該報酬等について監査役（監査役会設置会社にあっては監査役会、監査等委員会設置会社にあっては監査等委員会、指名委員会等設置会社にあっては監査委員会）が法第399条第1項の同意をした理由

三　会計監査人に対して公認会計士法第2条第1項の業務以外の業務（以下この号において「非監査業務」という。）の対価を支払っているときは、その非監査業務の内容

四　会計監査人の解任又は不再任の決定の方針

五　会計監査人が現に業務の停止の処分を受けその停止の期間を経過しない者であるときは当該処分に係る事項

六　会計監査人が過去2年間に業務の停止の処分を受けた者である場合における当該処分に係る事項のうち、当該株式会社が事業報告の内容とすることが適切であるものと判断した事項

七　会計監査人と当該株式会社との間で法第427条第1項の契約を締結しているときは、当該契約の内容の概要（当該契約によって当該会計監査人の職務の執行の適正性が損なわれないようにするための措置を講じている場合にあっては、その内容を含む。）

七の二　会計監査人と当該株式会社との間で補

償契約を締結しているときは、次に掲げる事
項

イ　当該会計監査人の氏名又は名称

ロ　当該補償契約の内容の概要（当該補償契
約によって当該会計監査人の職務の執行の
適正性が損なわれないようにするための措
置を講じている場合にあっては、その内容
を含む。）

七の三　当該株式会社が会計監査人（当該事業
年度の前事業年度の末日までに退任した者を
含む。以下この号及び次号において同じ。）
に対して補償契約に基づき法第430条の2第
1項第1号に掲げる費用を補償した場合にお
いて、当該株式会社が、当該事業年度におい
て、当該会計監査人が同号の職務の執行に関
し法令の規定に違反したこと又は責任を負う
ことを知ったときは、その旨

七の四　当該株式会社が会計監査人に対して補
償契約に基づき法第430条の2第1項第2号
に掲げる損失を補償したときは、その旨及び
補償した金額

八　株式会社が法第444条第3項に規定する大
会社であるときは、次に掲げる事項

イ　当該株式会社の会計監査人である公認会
計士（公認会計士法第16条の2第5項に規
定する外国公認会計士を含む。以下この条
において同じ。）又は監査法人に当該株式
会社及びその子会社が支払うべき金銭その
他の財産上の利益の合計額（当該事業年度
に係る連結損益計算書に計上すべきものに
限る。）

ロ　当該株式会社の会計監査人以外の公認会
計士又は監査法人（外国におけるこれらの
資格に相当する資格を有する者を含む。）
が当該株式会社の子会社（重要なものに限
る。）の計算関係書類（これに相当するも
のを含む。）の監査（法又は金融商品取引
法（これらの法律に相当する外国の法令を
含む。）の規定によるものに限る。）をして
いるときは、その事実

九　辞任した会計監査人又は解任された会計監

査人（株主総会の決議によって解任されたも
のを除く。）があるときは、次に掲げる事項（当
該事業年度前の事業年度に係る事業報告の内
容としたものを除く。）

イ　当該会計監査人の氏名又は名称

ロ　法第340条第3項の理由があるときは、
その理由

ハ　法第345条第5項において読み替えて準
用する同条第1項の意見があるときは、そ
の意見の内容

ニ　法第345条第5項において読み替えて準
用する同条第2項の理由又は意見があると
きは、その理由又は意見

十　法第459条第1項の規定による定款の定め
があるときは、当該定款の定めにより取締役
会に与えられた権限の行使に関する方針

第127条　削除

第5目　事業報告の附属明細書の内容

第128条　事業報告の附属明細書は、事業報告の
内容を補足する重要な事項をその内容とするも
のでなければならない。

2　株式会社が当該事業年度の末日において公開
会社であるときは、他の法人等の業務執行取締
役、執行役、業務を執行する社員又は法第598
条第1項の職務を行うべき者その他これに類す
る者を兼ねることが第121条第8号の重要な兼
職に該当する会社役員（会計参与を除く。）に
ついての当該兼職の状況の明細（重要でないも
のを除く。）を事業報告の附属明細書の内容と
しなければならない。この場合において、当該
他の法人等の事業が当該株式会社の事業と同一
の部類のものであるときは、その旨を付記しな
ければならない。

3　当該株式会社とその親会社等との間の取引
（当該株式会社と第三者との間の取引で当該株
式会社とその親会社等との間の利益が相反する
ものを含む。）であって、当該株式会社の当該
事業年度に係る個別注記表において会社計算規
則第112条第1項に規定する注記を要するもの
（同項ただし書の規定により同項第4号から第
6号まで及び第8号に掲げる事項を省略するも

のに限る。）があるときは、当該取引に係る第118条第5号イからハまでに掲げる事項を事業報告の附属明細書の内容としなければならない。

第3款　事業報告等の監査

（監査役の監査報告の内容）

第129条　監査役は、事業報告及びその附属明細書を受領したときは、次に掲げる事項（監査役会設置会社の監査役の監査報告にあっては、第1号から第6号までに掲げる事項）を内容とする監査報告を作成しなければならない。

一　監査役の監査（計算関係書類に係るものを除く。以下この款において同じ。）の方法及びその内容

二　事業報告及びその附属明細書が法令又は定款に従い当該株式会社の状況を正しく示しているかどうかについての意見

三　当該株式会社の取締役（当該事業年度中に当該株式会社が指名委員会等設置会社であった場合にあっては、執行役を含む。）の職務の遂行に関し、不正の行為又は法令若しくは定款に違反する重大な事実があったときは、その事実

四　監査のため必要な調査ができなかったときは、その旨及びその理由

五　第118条第2号に掲げる事項（監査の範囲に属さないものを除く。）がある場合において、当該事項の内容が相当でないと認めるときは、その旨及びその理由

六　第118条第3号若しくは第5号に規定する事項が事業報告の内容となっているとき又は前条第3項に規定する事項が事業報告の附属明細書の内容となっているときは、当該事項についての意見

七　監査報告を作成した日

2　前項の規定にかかわらず、監査役の監査の範囲を会計に関するものに限定する旨の定款の定めがある株式会社の監査役は、同項各号に掲げる事項に代えて、事業報告を監査する権限がないことを明らかにした監査報告を作成しなければならない。

（監査役会の監査報告の内容等）

第130条　監査役会は、前条第1項の規定により監査役が作成した監査報告（以下この条において「監査役監査報告」という。）に基づき、監査役会の監査報告（以下この条において「監査役会監査報告」という。）を作成しなければならない。

2　監査役会監査報告は、次に掲げる事項を内容とするものでなければならない。この場合において、監査役は、当該事項に係る監査役会監査報告の内容と当該事項に係る当該監査役の監査役監査報告の内容が異なる場合には、当該事項に係る監査役監査報告の内容を監査役会監査報告に付記することができる。

一　監査役及び監査役会の監査の方法及びその内容

二　前条第1項第2号から第6号までに掲げる事項

三　監査役会監査報告を作成した日

3　監査役会が監査役会監査報告を作成する場合には、監査役会は、1回以上、会議を開催する方法又は情報の送受信により同時に意見の交換をすることができる方法により、監査役会監査報告の内容（前項後段の規定による付記の内容を除く。）を審議しなければならない。

（監査等委員会の監査報告の内容等）

第130条の2　監査等委員会は、事業報告及びその附属明細書を受領したときは、次に掲げる事項を内容とする監査報告を作成しなければならない。この場合において、監査等委員は、当該事項に係る監査報告の内容が当該監査等委員の意見と異なる場合には、その意見を監査報告に付記することができる。

一　監査等委員会の監査の方法及びその内容

二　第129条第1項第2号から第6号までに掲げる事項

三　監査報告を作成した日

2　前項に規定する監査報告の内容（同項後段の規定による付記の内容を除く。）は、監査等委員会の決議をもって定めなければならない。

（監査委員会の監査報告の内容等）

第131条　監査委員会は、事業報告及びその附属明細書を受領したときは、次に掲げる事項を内容とする監査報告を作成しなければならない。この場合において、監査委員は、当該事項に係る監査報告の内容が当該監査委員の意見と異なる場合には、その意見を監査報告に付記することができる。

一　監査委員会の監査の方法及びその内容

二　第129条第１項第２号から第６号までに掲げる事項

三　監査報告を作成した日

2　前項に規定する監査報告の内容（同項後段の規定による付記の内容を除く。）は、監査委員会の決議をもって定めなければならない。

（監査役監査報告等の通知期限）

第132条　特定監査役は、次に掲げる日のいずれか遅い日までに、特定取締役に対して、監査報告（監査役会設置会社にあっては、第130条第１項の規定により作成した監査役会の監査報告に限る。以下この条において同じ。）の内容を通知しなければならない。

一　事業報告を受領した日から４週間を経過した日

二　事業報告の附属明細書を受領した日から１週間を経過した日

三　特定取締役及び特定監査役の間で合意した日

2　事業報告及びその附属明細書については、特定取締役が前項の規定による監査報告の内容の通知を受けた日に、監査役（監査等委員会設置会社にあっては監査等委員会、指名委員会等設置会社にあっては監査委員会）の監査を受けたものとする。

3　前項の規定にかかわらず、特定監査役が第１項の規定により通知をすべき日までに同項の規定による監査報告の内容の通知をしない場合には、当該通知をすべき日に、事業報告及びその附属明細書については、監査役（監査等委員会設置会社にあっては監査等委員会、指名委員会等設置会社にあっては監査委員会）の監査を受けたものとみなす。

4　第１項及び第２項に規定する「特定取締役」とは、次の各号に掲げる場合の区分に応じ、当該各号に定める者をいう。

一　第１項の規定による通知を受ける者を定めた場合　当該通知を受ける者と定められた者

二　前号に掲げる場合以外の場合　事業報告及びその附属明細書の作成に関する職務を行った取締役又は執行役

5　第１項及び第３項に規定する「特定監査役」とは、次の各号に掲げる株式会社の区分に応じ、当該各号に定める者とする。

一　監査役設置会社（監査役の監査の範囲を会計に関するものに限定する旨の定款の定めがある株式会社を含み、監査役会設置会社を除く。）　次のイからハまでに掲げる場合の区分に応じ、当該イからハまでに定める者

イ　２以上の監査役が存する場合において、第１項の規定による監査報告の内容の通知をすべき監査役を定めたとき　当該通知をすべき監査役として定められた監査役

ロ　２以上の監査役が存する場合において、第１項の規定による監査報告の内容の通知をすべき監査役を定めていないとき　全ての監査役

ハ　イ又はロに掲げる場合以外の場合　監査役

二　監査役会設置会社　次のイ又はロに掲げる場合の区分に応じ、当該イ又はロに定める者

イ　監査役会が第１項の規定による監査報告の内容の通知をすべき監査役を定めた場合　当該通知をすべき監査役として定められた監査役

ロ　イに掲げる場合以外の場合　全ての監査役

三　監査等委員会設置会社　次のイ又はロに掲げる場合の区分に応じ、当該イ又はロに定める者

イ　監査等委員会が第１項の規定による監査報告の内容の通知をすべき監査等委員を定めた場合　当該通知をすべき監査等委員と

して定められた監査等委員

　　ロ　イに掲げる場合以外の場合　監査等委員のうちいずれかの者

　四　指名委員会等設置会社　次のイ又はロに掲げる場合の区分に応じ、当該イ又はロに定める者

　　イ　監査委員会が第1項の規定による監査報告の内容の通知をすべき監査委員を定めた場合　当該通知をすべき監査委員として定められた監査委員

　　ロ　イに掲げる場合以外の場合　監査委員のうちいずれかの者

　　　　第4款　事業報告等の株主への提供

（事業報告等の提供）

第133条　法第437条の規定により株主に対して行う提供事業報告（次の各号に掲げる株式会社の区分に応じ、当該各号に定めるものをいう。以下この条において同じ。）の提供に関しては、この条に定めるところによる。

　一　株式会社（監査役設置会社、監査等委員会設置会社及び指名委員会等設置会社を除く。）　事業報告

　二　監査役設置会社、監査等委員会設置会社及び指名委員会等設置会社　次に掲げるもの

　　イ　事業報告

　　ロ　事業報告に係る監査役（監査役会設置会社にあっては監査役会、監査等委員会設置会社にあっては監査等委員会、指名委員会等設置会社にあっては監査委員会）の監査報告があるときは、当該監査報告（2以上の監査役が存する株式会社（監査役会設置会社を除く。）の各監査役の監査報告の内容（監査報告を作成した日を除く。）が同一である場合にあっては、1又は2以上の監査役の監査報告）

　　ハ　前条第3項の規定により監査を受けたものとみなされたときは、その旨を記載又は記録をした書面又は電磁的記録

2　定時株主総会の招集通知（法第299条第2項又は第3項の規定による通知をいう。以下この条において同じ。）を次の各号に掲げる方法により行う場合には、提供事業報告は、当該各号に定める方法により提供しなければならない。

　一　書面の提供　次のイ又はロに掲げる場合の区分に応じ、当該イ又はロに定める方法

　　イ　提供事業報告が書面をもって作成されている場合　当該書面に記載された事項を記載した書面の提供

　　ロ　提供事業報告が電磁的記録をもって作成されている場合　当該電磁的記録に記録された事項を記載した書面の提供

　二　電磁的方法による提供　次のイ又はロに掲げる場合の区分に応じ、当該イ又はロに定める方法

　　イ　提供事業報告が書面をもって作成されている場合　当該書面に記載された事項の電磁的方法による提供

　　ロ　提供事業報告が電磁的記録をもって作成されている場合　当該電磁的記録に記録された事項の電磁的方法による提供

3　提供事業報告に表示すべき事項（次に掲げるものを除く。）に係る情報を、定時株主総会に係る招集通知を発出する時から定時株主総会の日から3箇月が経過する日までの間、継続して電磁的方法により株主が提供を受けることができる状態に置く措置（第222条第1項第1号ロに掲げる方法のうち、インターネットに接続された自動公衆送信装置を使用する方法によって行われるものに限る。）をとる場合における前項の規定の適用については、当該事項につき同項各号に掲げる場合の区分に応じ、当該各号に定める方法により株主に対して提供したものとみなす。ただし、この項の措置をとる旨の定款の定めがある場合に限る。

　一　第120条第1項第5号及び第7号並びに第121条第1号、第2号及び第4号から第6号の3までに掲げる事項

　二　提供事業報告に表示すべき事項（前号に掲げるものを除く。）につきこの項の措置をとることについて監査役、監査等委員会又は監査委員会が異議を述べている場合における当該事項

4　前項の場合には、取締役は、同項の措置をとるために使用する自動公衆送信装置のうち当該措置をとるための用に供する部分をインターネットにおいて識別するための文字、記号その他の符号又はこれらの結合であって、情報の提供を受ける者がその使用に係る電子計算機に入力することによって当該情報の内容を閲覧し、当該電子計算機に備えられたファイルに当該情報を記録することができるものを株主に対して通知しなければならない。

5　第3項の規定により提供事業報告に表示した事項の一部が株主に対して第2項各号に定める方法により提供したものとみなされた場合において、監査役、監査等委員会又は監査委員会が、現に株主に対して提供される事業報告が監査報告を作成するに際して監査をした事業報告の一部であることを株主に対して通知すべき旨を取締役に請求したときは、取締役は、その旨を株主に対して通知しなければならない。

6　取締役は、事業報告の内容とすべき事項について、定時株主総会の招集通知を発出した日から定時株主総会の前日までの間に修正をすべき事情が生じた場合における修正後の事項を株主に周知させる方法を、当該招集通知と併せて通知することができる。

7　第3項の規定は、同項各号に掲げる事項に係る情報についても、電磁的方法により株主が提供を受けることができる状態に置く措置をとることを妨げるものではない。

（事業報告等の提供の特則）

第133条の2　前条第3項の規定にかかわらず、株式会社の取締役が定時株主総会の招集の手続を行う場合において、提供事業報告（同条第1項に規定する提供事業報告をいう。以下この条において同じ。）に表示すべき事項（次に掲げるものを除く。以下この条において同じ。）に係る情報を、定時株主総会に係る招集通知（法第299条第2項又は第3項の規定による通知をいう。以下この条において同じ。）を発出する時から定時株主総会の日から3箇月が経過する日までの間、継続して電磁的方法により株主が

提供を受けることができる状態に置く措置（第222条第1項第1号ロに掲げる方法のうち、インターネットに接続された自動公衆送信装置を使用する方法によって行われるものに限る。）にをとるときにおける前条第2項の規定の適用については、当該事項につき同項各号に掲げる場合の区分に応じ、当該各号に定める方法により株主に対して提供したものとみなす。ただし、同条第3項の措置をとる旨の定款の定めがある場合に限る。

一　第120条第1項第5号及び第7号、第121条第1号、第2号及び第3号の2から第6号の3まで、第121条の2、第125条第2号から第4号まで並びに第126条第7号の2から第7号の4までに掲げる事項

二　事業報告に表示すべき事項（前号に掲げるものを除く。）につきこの項の措置をとることについて監査役、監査等委員会又は監査委員会が異議を述べている場合における当該事項

2　前項の場合には、取締役は、同項の措置をとるために使用する自動公衆送信装置のうち当該措置をとるための用に供する部分をインターネットにおいて識別するための文字、記号その他の符号又はこれらの結合であって、情報の提供を受ける者がその使用に係る電子計算機に入力することによって当該情報の内容を閲覧し、当該電子計算機に備えられたファイルに当該情報を記録することができるものを株主に対して通知しなければならない。

3　第1項の規定により提供事業報告に表示すべき事項が株主に対して前条第2項各号に定める方法により提供したものとみなされる場合において、監査役、監査等委員会又は監査委員会が、現に株主に対して提供される事業報告が監査報告を作成するに際して監査をした事業報告の一部であることを株主に対して通知すべき旨を取締役に請求したときは、取締役は、その旨を株主に対して通知しなければならない。

4　取締役は、提供事業報告に表示すべき事項（前条第3項の事業報告に表示すべき事項を除く。）

に係る情報について第1項の措置をとる場合には、株主の利益を不当に害することがないよう特に配慮しなければならない。

第7編　雑　則

第4章　電磁的方法及び電磁的記録等

第1節　電磁的方法及び電磁的記録等

（電磁的方法）

第222条　法第2条第34号に規定する電子情報処理組織を使用する方法その他の情報通信の技術を利用する方法であって法務省令で定めるものは、次に掲げる方法とする。

　一　電子情報処理組織を使用する方法のうちイ又はロに掲げるもの

　　イ　送信者の使用に係る電子計算機と受信者の使用に係る電子計算機とを接続する電気通信回線を通じて送信し、受信者の使用に係る電子計算機に備えられたファイルに記録する方法

　　ロ　送信者の使用に係る電子計算機に備えられたファイルに記録された情報の内容を電気通信回線を通じて情報の提供を受ける者の閲覧に供し、当該情報の提供を受ける者の使用に係る電子計算機に備えられたファイルに当該情報を記録する方法

　二　磁気ディスクその他これに準ずる方法により一定の情報を確実に記録しておくことができる物をもって調製するファイルに情報を記録したものを交付する方法

2　前項各号に掲げる方法は、受信者がファイルへの記録を出力することにより書面を作成することができるものでなければならない。

第223条　（略）

（電磁的記録）

第224条　法第26条第2項に規定する法務省令で定めるものは、磁気ディスクその他これに準ずる方法により一定の情報を確実に記録しておく

ことができる物をもって調製するファイルに情報を記録したものとする。

第225条〜第229条　（略）

（会社法施行令に係る電磁的方法）

第230条　会社法施行令（平成17年政令第364号）第1条第1項又は第2条第1項の規定により示すべき電磁的方法の種類及び内容は、次に掲げるものとする。

　一　次に掲げる方法のうち、送信者が使用するもの

　　イ　電子情報処理組織を使用する方法のうち次に掲げるもの

　　　(1)　送信者の使用に係る電子計算機と受信者の使用に係る電子計算機とを接続する電気通信回線を通じて送信し、受信者の使用に係る電子計算機に備えられたファイルに記録する方法

　　　(2)　送信者の使用に係る電子計算機に備えられたファイルに記録された情報の内容を電気通信回線を通じて情報の提供を受ける者の閲覧に供し、当該情報の提供を受ける者の使用に係る電子計算機に備えられたファイルに当該情報を記録する方法

　　ロ　磁気ディスクその他これに準ずる方法により一定の情報を確実に記録しておくことができる物をもって調製するファイルに情報を記録したものを交付する方法

　二　ファイルへの記録の方式

附　則

（施行期日）

第1条　この省令は、法の施行の日〔平成18年5月1日〕から施行する。

（子会社に関する経過措置）

第2条　この省令の施行の際現に旧株式会社（会社法の施行に伴う関係法律の整備等に関する法律（以下「会社法整備法」という。）第47条に規定する旧株式会社をいう。以下同じ。）の取締役であるもの（会社法整備法第64条の規定による改正前の商法（明治32年法律第48号。以下「旧商法」という。）第188条第2項第7号ノ2

に規定する者（執行役を除く。）に限る。）は、第5項の規定により読み替えて適用する第3条又は第4条の規定により社外取締役に該当しないものであっても、この省令の施行後最初に開催される定時株主総会の終結の時までの間は、社外取締役であるものとみなす。

2　この省令の施行の際現に会社法整備法第52条に規定する旧大会社及び会社法整備法施行の際現に会社法の施行に伴う関係法律の整備等に関する法律の施行に伴う経過措置を定める政令第8条第1項の規定の適用を受けている旧株式会社の監査役であるもの（会社法整備法第1条第8号の規定による廃止前の株式会社の監査等に関する商法の特例に関する法律（昭和49年法律第22号）第18条第1項に規定する者に限る。）は、第5項の規定により読み替えて適用する第3条又は第4条の規定により社外監査役に該当しないものであっても、この省令の施行後最初に開催される定時株主総会の終結の時までの間は、社外監査役であるものとみなす。

3　この省令の施行の際現に旧株式会社の監査役であるものであって、旧子会社（旧商法第211条ノ2第1項に規定するその株式会社又は有限会社に相当する株式会社（同条第3項の規定によりこれらの株式会社とみなされるものを含む。）をいう。）以外の子会社の取締役若しくは執行役又は支配人その他の使用人（以下この条において「子会社取締役等」という。）を兼ねているものは、第3条又は第4条の規定にかかわらず、当該監査役の任期が終了するまでの間は、この省令の施行の日以後も当該子会社取締役等を兼ねることができる。

4　前項の規定は、この省令の施行の際現に旧有限会社（会社法整備法第2条第1項に規定する旧有限会社をいう。）の監査役であるものについて準用する。

5　社外取締役及び社外監査役についての第3条第1項の規定の適用については、同項中「当該他の会社等」とあるのは、「当該他の会社等（法第2条第15号イ及びロ並びに第16号イ及びロに規定する子会社並びに法第478条第7項第1号

及び第2号に規定する子会社のうち、この省令の施行前のものについては、旧子会社（附則第2条第3項に規定する旧子会社をいう。））」とする。

6　株主総会において議決権を行使することができる者を定めるための旧商法第224条ノ3第1項の一定の日がこの省令の施行の日前である場合における当該株主総会についての第67条第1項の規定の適用については、同項中「子会社」とあるのは、「旧子会社（附則第2条第3項に規定する旧子会社をいう。以下この条において同じ。）」とする。

附　則（平成18年3月29日法務省令第28号　非訟事件手続法による財産管理の報告及び計算に関する書類並びに財産目録の謄本又は株主表の抄本の交付に関する手数料の件の廃止等をする省令）

（施行期日）

第1条　この省令は、会社法（平成17年法律第86号）の施行の日〔平成18年5月1日〕から施行する。ただし、附則第2条及び第3条の規定は、公布の日から施行する。

附　則（平成18年4月14日法務省令第49号　会社法施行規則等の一部を改正する省令）

この省令は、公布の日から施行する。

附　則（平成18年12月15日法務省令第84号　会社法施行規則及び会社計算規則の一部を改正する省令）

この省令は、公布の日から施行する。

附　則（平成18年12月22日法務省令第87号　会社法施行規則及び会社計算規則の一部を改正する省令）

（施行期日）

第1条　この省令は、平成19年1月20日から施行する。

（創立総会等に関する経過措置）

第3条　この省令の施行の日（以下「施行日」という。）前に創立総会若しくは種類創立総会、株主総会若しくは種類株主総会、債権者集会又は社債権者集会の招集の決定があった場合におけるその創立総会若しくは種類創立総会、株主総会若しくは種類株主総会、債権者集会又は社債権者集会については、なお従前の例による。

（事業報告に関する経過措置）

第4条　施行日前にその末日が到来した事業年度のうち最終のものに係る事業報告については、なお従前の例による。

　　　附　則（平成19年4月25日法務省令第30号 会社法施行規則の一部を改正する 省令）

（施行期日）

1　この省令は、平成19年5月1日から施行する。

（吸収合併及び株式交換に関する経過措置）

2　この省令の施行の日前に吸収合併契約又は株式交換契約が締結された場合におけるその吸収合併又は株式交換に係る吸収合併消滅株式会社又は株式交換完全子会社の株主総会参考書類の記載事項及び法第782条第1項に規定する書面又は電磁的記録の記載又は記録事項については、なお従前の例による。

　　　附　則（平成19年7月4日法務省令第38号 会社法施行規則及び電子公告規則 の一部を改正する省令）

（施行期日）

第1条　この省令は、信託法（平成18年法律第108号）の施行の日〔平成19年9月30日〕から施行する。

　　　附　則（平成19年7月4日法務省令第39号 会社法施行規則及び会社計算規則 の一部を改正する省令）

　　この省令は、証券取引法等の一部を改正する法律（平成18年法律第65号）の施行の日〔平成19年9月30日〕から施行する。

　　　附　則（平成20年3月19日法務省令第12号 会社法施行規則及び会社計算規則 の一部を改正する省令）

（施行期日）

第1条　この省令は、平成20年4月1日から施行する。

（事業報告に関する経過措置）

第2条　この省令の施行の日（以下「施行日」という。）前にその末日が到来した事業年度のうち最終のものに係る事業報告については、なお従前の例による。

（組織変更計画に関する経過措置）

第3条　施行日前に組織変更計画が作成された場合における組織変更については、なお従前の例による。

（計算書類等に関する経過措置）

第4条　施行日前に開始した事業年度に係る計算書類及び事業報告の附属明細書については、なお従前の例による。

（株式交換等に際しての計算に関する経過措置）

第5条　施行日前に株式交換契約が締結された場合又は株式移転計画が作成された場合における株式交換又は株式移転に際しての計算については、なお従前の例による。

　　　附　則（平成21年3月27日法務省令第7号 会社法施行規則、会社計算規則等 の一部を改正する省令）

（施行期日）

第1条　この省令は、平成21年4月1日から施行する。

（議案の追加の請求の時期に関する経過措置）

第2条　この省令の施行の日（以下「施行日」という。）前に会社法（平成17年法律第86号）第160条第2項の通知がされた場合における当該通知に係る同条第3項に規定する法務省令で定める時については、なお従前の例による。

（単元株式数に関する経過措置）

第3条　施行日前に定められた単元株式数に関する定款の定めは、なお効力を有する。

2　会社法施行規則附則第3条第1項の適用を受ける株式会社が施行日以後に単元株式数を変更する場合における同項の規定の適用については同項中「（法の施行後単元株式数を変更する場合にあっては、1,000）」とあるのは、「（法の施行後単元株式数を変更する場合にあっては、1,000及び発行済株式総数の200分の1に当たる数）」とする。

（創立総会参考書類に関する経過措置）

第4条　施行日前に招集の手続が開始された創立総会に係る創立総会参考書類については、なお従前の例による。

（株主総会参考書類に関する経過措置）

第5条　施行日以後にその末日が到来する事業年度のうち最初のものに係る定時株主総会より前に開催される株主総会又は種類株主総会に係る

株主総会参考書類については、なお従前の例による。

（事業報告等に関する経過措置）

第6条　施行日前にその末日が到来した事業年度のうち最終のものに係る事業報告及びその附属明細書については、なお従前の例による。

（社債権者集会参考書類に関する経過措置）

第7条　施行日前に招集の手続が開始された社債権者集会に係る社債権者集会参考書類については、なお従前の例による。

　　　附　則 （平成21年12月11日法務省令第46号
会社計算規則の一部を改正する省
令）

（施行期日）

第1条　この省令は、公布の日から施行する。

　　　附　則 （平成22年9月30日法務省令第33号
会社計算規則の一部を改正する省
令）

（施行期日）

第1条　この省令は、公布の日から施行する。

　　　附　則 （平成23年3月31日法務省令第6号
会社計算規則の一部を改正する省
令）

（施行期日）

第1条　この省令は、公布の日から施行する。

（会社法施行規則の一部改正に伴う経過措置）

第4条　前条による改正後の会社法施行規則第102条（第3号に係る部分に限る。）の規定は、平成23年4月1日以後に開始する事業年度に係る計算書類及び連結計算書類についての会計参与報告について適用し、同日前に開始する事業年度に係る計算書類及び連結計算書類についての会計参与報告については、なお従前の例による。

　　　附　則 （平成23年11月16日法務省令第33号
会社法施行規則等の一部を改正す
る省令）

（施行期日）

第1条　この省令は、公布の日から施行する。ただし、第1条の規定（会社法施行規則第4条第1号の改正規定に限る。）は、資本市場及び金融業の基盤強化のための金融商品取引法等の一部を改正する法律（平成23年法律第49号）附則第1条第2号に掲げる規定の施行の日（平成23

年11月24日）から施行する。

（会社法施行規則の一部改正に伴う経過措置）

第2条　第1条の規定（会社法施行規則第4条第1号の改正規定を除く。次項において同じ。）による改正後の会社法施行規則（以下「新会社法施行規則」という。）の規定は、平成25年4月1日以後に開始する事業年度の初日から適用し、同月1日前に開始する事業年度については、なお従前の例による。ただし、平成23年4月1日以後に開始する事業年度の初日（同月1日からこの省令の施行の日の前日までに開始した事業年度については、この省令の施行の日）から、新会社法施行規則の規定を適用することができる。

2　第1条の規定による改正前の会社法施行規則（以下「旧会社法施行規則」という。）第4条の規定により子会社に該当しないものとされた特別目的会社を前項ただし書の規定により新会社法施行規則の規定を適用することにより連結の範囲に含めた事業年度（平成23年4月1日からこの省令の施行の日の前日までに開始した事業年度に限る。以下この項において同じ。）に係る計算書類及び連結計算書類は、当該特別目的会社が当該事業年度の初日に子会社であったと仮定して作成することができる。

3　旧会社法施行規則第4条の規定により子会社に該当しないものとされた特別目的会社を初めて連結の範囲に含めた事業年度における当該連結の範囲の変更は、会計方針（会社計算規則第2条第3項第58号に規定する会計方針をいう。）の変更とみなして、会社計算規則第102条の2第1項（第3号並びに第4号イ及びハを除く。）の規定を適用する。この場合において、同項中「次に掲げる事項（重要性の乏しいものを除く。）」とあるのは、「次に掲げる事項及び当該事業年度の期首における利益剰余金に対する影響額（これらのうち重要性の乏しいものを除く。）」とする。

　　　附　則 （平成27年2月6日法務省令第6号
会社法施行規則等の一部を改正す
る省令）

会社法

（施行期日）

第1条　この省令は、会社法の一部を改正する法律の施行の日（平成27年5月1日）から施行する。ただし、次の各号に掲げる規定は、当該各号に定める日から施行する。

一　（略）

二　第1条中会社法施行規則第103条第2項の改正規定　平成27年4月1日

（会社法施行規則の一部改正に伴う経過措置）

第2条　この省令の施行の日（以下「施行日」という。）前に招集の手続が開始された創立総会又は種類創立総会に係る創立総会参考書類の記載については、なお従前の例による。

2　施行日以後にその末日が到来する事業年度のうち最初のものに係る定時株主総会より前に開催される株主総会又は種類株主総会に係る株主総会参考書類の記載については、第1条の規定による改正後の会社法施行規則（以下「新会社法施行規則」という。）第74条第3項、第76条第3項及び第77条第8号（これらの規定を新会社法施行規則第95条第3号において準用する場合を含む。）の規定にかかわらず、なお従前の例による。

3　前項の株主総会参考書類に係る新会社法施行規則第74条の3第3項（新会社法施行規則第95条第3号において準用する場合を含む。）の規定の適用については、同項中「他の者」とあるのは「他の会社」と、「子会社等」とあるのは「子会社」とする。この場合において、同項第1号の規定は、適用しない。

4　第2項の株主総会参考書類の記載に係る特定関係事業者については、新会社法施行規則第2条第3項第19号の規定にかかわらず、なお従前の例による。

5　前3項に定めるもののほか、施行日前に招集の手続が開始された株主総会又は種類株主総会に係る株主総会参考書類の記載については、なお従前の例による。

6　施行日前にその末日が到来した事業年度のうち最終のものに係る株式会社の事業報告及びその附属明細書の記載又は記録については、なお従前の例による。ただし、施行日以後に監査役の監査を受ける事業報告については、新会社法施行規則第124条第2項及び第3項の規定を適用する。

7　施行日以後にその末日が到来する事業年度のうち最初のものに係る株式会社の事業報告に係る新会社法施行規則第118条第2号の規定の適用については、同号中「運用状況」とあるのは、「運用状況（会社法の一部を改正する法律（平成26年法律第90号）の施行の日以後のものに限る。）」とする。

8　前項の事業報告及びその附属明細書に係る新会社法施行規則第118条第5号及び第128条第3項の規定の適用については、これらの規定中「含む」とあるのは、「含み、会社法の一部を改正する法律（平成26年法律第90号）の施行の日以後にされたものに限る」とする。

（以下略）

　　　附　則（平成28年1月8日法務省令第1号
会社法施行規則及び会社計算規則
の一部を改正する省令）

（施行期日）

第1条　この省令は、公布の日から施行する。

（会社法施行規則の一部改正に伴う経過措置）

第2条　この省令の施行の日（以下「施行日」という。）前に招集の手続が開始された創立総会、種類創立総会、株主総会又は種類株主総会に係る創立総会参考書類又は株主総会参考書類の記載については、なお従前の例による。

2　施行日前にその末日が到来した事業年度のうち最終のものに係る株式会社の事業報告の記載又は記録については、なお従前の例による。

　　　附　則（平成30年3月26日法務省令第5号
会社法施行規則及び会社計算規則
の一部を改正する省令）

（施行期日）

第1条　この省令は、公布の日から施行する。

（会社法施行規則の一部改正に伴う経過措置）

第2条　この省令による改正後の会社法施行規則の規定は、平成30年3月31日以後に終了する事業年度に係る事業報告について適用し、同日前にその末日が到来した事業年度のうち最終のも

のに係る事業報告については、なお従前の例による。

附　則 （令和２年５月15日法務省令第37号 会社法施行規則及び会社計算規則 の一部を改正する省令）

（施行期日）

第１条　この省令は、公布の日から施行する。

（失効）

第２条　この省令による改正後の会社法施行規則の目次（この省令により改めた部分に限る。）並びに第133条（この省令により加えた部分に限る。）及び第133条の２の規定並びにこの省令による改正後の会社計算規則の目次（この省令により改めた部分に限る。）及び第133条の２の規定は、この省令の施行の日から起算して６月を経過した日に、その効力を失う。ただし、同日前に招集の手続が開始された定時株主総会に係る提供事業報告（会社法施行規則第133条第１項に規定する提供事業報告をいう。）及び提供計算書類（会社計算規則第133条第１項に規定する提供計算書類をいう。）の提供については、これらの規定は、なおその効力を有する。

附　則 （令和２年11月27日法務省令第52号 会社法施行規則等の一部を改正す る省令）

（施行期日）

第１条　この省令は、会社法の一部を改正する法律（令和元年法律第70号。以下この条及び次条第13項において「会社法改正法」という。）の施行の日（令和３年３月１日。以下「施行日」という。）から施行する。ただし、第１条第２表に係る改正規定（中略）は、会社法改正法附則第１条ただし書に規定する規定の施行の日〔令和４年９月１日〕（次条第４項及び第５項において「一部施行日」という。）から施行する。

（会社法施行規則の一部改正に伴う経過措置）

第２条　施行日前に招集の手続が開始された創立総会又は種類創立総会に係る創立総会参考書類の記載については、なお従前の例による。

２　施行日前に会社法（以下「法」という。）第171条第１項の株主総会の決議がされた場合におけるその全部取得条項付種類株式の取得に係る法第171条の２第１項に規定する書面又は電磁的記録の記載又は記録については、なお従前の例による。

３　施行日前に法第180条第２項の株主総会（株式の併合をするために種類株主総会の決議を要する場合にあっては、当該種類株主総会を含む。）の決議がされた場合におけるその株式の併合に係る法第182条の２第１項に規定する書面又は電磁的記録の記載又は記録については、なお従前の例による。

４　一部施行日前に法第199条第２項に規定する募集事項の決定があった場合におけるその募集に応じて募集株式の引受けの申込みをしようとする者に対して通知すべき事項については、なお従前の例による。

５　一部施行日前に法第238条第１項に規定する募集事項の決定があった場合におけるその募集に応じて募集新株予約権の引受けの申込みをしようとする者に対して通知すべき事項については、なお従前の例による。

６　第１条の規定（同条第１表に係る改正規定に限る。）による改正後の会社法施行規則（以下「新会社法施行規則」という。）第74条第１項第５号及び第６号、第74条の３第１項第７号及び第８号、第75条第５号及び第６号、第76条第１項第７号及び第８号並びに第77条第６号及び第７号の規定は、施行日以後に締結される補償契約及び役員等賠償責任保険契約について適用する。

７　施行日以後にその末日が到来する事業年度のうち最初のものに係る定時株主総会より前に開催される株主総会又は種類株主総会に係る株主総会参考書類の記載については、新会社法施行規則第74条第３項第３号並びに第４項第７号ロ及びハ、第74条の２、第74条の３第３項第３号並びに第４項第７号ロ及びハ並びに第76条第３項第３号並びに第４項第６号ロ及びハ（これらの規定を会社法施行規則第95条第３号において準用する場合を含む。）の規定にかかわらず、なお従前の例による。

８　前項の株主総会参考書類の記載に係る社外役員及び社外取締役候補者については、新会社法

施行規則第2条第3項第5号及び第7号の規定にかかわらず、なお従前の例による。

9　前3項に定めるもののほか、施行日前に招集の手続が開始された株主総会又は種類株主総会に係る株主総会参考書類の記載については、なお従前の例による。

10　新会社法施行規則第119条第2号の2、第121条第3号の2から第3号の4まで、第121条の2、第125条第2号から第4号まで及び第126条第7号の2から第7号の4までの規定は、施行日以後に締結された補償契約及び役員等賠償責任保険契約について適用する。

11　前項に定めるもののほか、施行日前にその末日が到来した事業年度のうち最終のものに係る株式会社の事業報告の記載又は記録及び施行日以後にその末日が到来する事業年度のうち最初のものに係る株式会社の事業報告における第1条（同条第1表に係る改正規定に限る。）の規定による改正前の会社法施行規則第124条第2項の理由の記載又は記録については、なお従前の例による。

12　前項の事業報告の記載又は記録に係る社外役員については、新会社法施行規則第2条第3項第5号の規定にかかわらず、なお従前の例による。

13　（略）

14　施行日前に招集の手続が開始された社債権者集会に係る社債権者集会参考書類及び議決権行使書面の記載については、なお従前の例による。

附　則〔令和3年1月29日法務省令第1号\
会社法施行規則及び会社計算規則\
の一部を改正する省令〕

（施行期日）

第1条　この省令は、公布の日から施行する。ただし、第1条第2表に係る改正規定は、会社法の一部を改正する法律（令和元年法律第70号）の施行の日（令和3年3月1日）から施行する。

（失効）

第2条　第1条の規定による改正後の会社法施行規則の目次（第1条の規定により改めた部分に限る。）並びに第133条（第1条の規定により加えた部分に限る。）及び第133条の2の規定並びに第2条の規定による改正後の会社計算規則の目次（第2条の規定により改めた部分に限る。）及び第133条の2の規定は、令和3年9月30日限り、その効力を失う。ただし、同日までに招集の手続が開始された定時株主総会に係る提供事業報告（会社法施行規則第133条第1項に規定する提供事業報告をいう。）及び提供計算書類（会社計算規則第133条第1項に規定する提供計算書類をいう。）の提供については、これらの規定は、なおその効力を有する。

附　則〔令和3年12月13日法務省令第45号\
会社法施行規則及び会社計算規則\
の一部を改正する省令〕

（施行期日）

第1条　この省令は、公布の日から施行する。

（失効）

第2条　この省令による改正後の会社法施行規則の目次（この省令により改めた部分に限る。）並びに第133条（この省令により加えた部分に限る。）及び第133条の2の規定並びにこの省令による改正後の会社計算規則の目次（この省令により改めた部分に限る。）及び第133条の2の規定は、令和5年2月28日限り、その効力を失う。

附　則〔令和4年12月26日法務省令第43号\
会社法施行規則等の一部を改正す\
る省令〕

この省令は、公布の日から施行する。ただし、第1条中会社法施行規則第133条の改正規定（中略）は、令和5年3月1日から施行する。

会社計算規則

平成18年2月7日法務省令第13号
最終改正令和4年12月26日法務省令第43号

目　次

会
社
法

第1編　総　則

（目的）

第1条　この省令は、会社法（平成17年法律第86
　　号。以下「法」という。）の規定により委任さ
　　れた会社の計算に関する事項その他の事項につ
　　いて、必要な事項を定めることを目的とする。

（定義）

第2条　この省令において「会社」、「外国会社」、
　　「子会社」、「親会社」、「公開会社」、「取締役会
　　設置会社」、「会計参与設置会社」、「監査役設置
　　会社」、「監査役会設置会社」、「会計監査人設置
　　会社」、「監査等委員会設置会社」、「指名委員会
　　等設置会社」、「種類株式発行会社」、「取得請求
　　権付株式」、「取得条項付株式」、「新株予約権」、
　　「新株予約権付社債」、「社債」、「配当財産」、「組
　　織変更」、「吸収分割」、「新設分割」又は「電子
　　公告」とは、それぞれ法第2条に規定する会社、
　　外国会社、子会社、親会社、公開会社、取締役
　　会設置会社、会計参与設置会社、監査役設置会
　　社、監査役会設置会社、会計監査人設置会社、
　　監査等委員会設置会社、指名委員会等設置会社、
　　種類株式発行会社、取得請求権付株式、取得条
　　項付株式、新株予約権、新株予約権付社債、社
　　債、配当財産、組織変更、吸収分割、新設分割
　　又は電子公告をいう。

2　この省令において、次の各号に掲げる用語の
　　意義は、当該各号に定めるところによる。

　一　発行済株式　法第2条第31号に規定する発
　　　行済株式をいう。

　二　電磁的方法　法第2条第34号に規定する電
　　　磁的方法をいう。

　三　設立時発行株式　法第25条第1項第1号に

規定する設立時発行株式をいう。

　四　電磁的記録　法第26条第2項に規定する電
　　　磁的記録をいう。

　五　自己株式　法第113条第4項に規定する自
　　　己株式をいう。

　六　親会社株式　法第135条第1項に規定する
　　　親会社株式をいう。

　七　金銭等　法第151条第1項に規定する金銭
　　　等をいう。

　八　全部取得条項付種類株式　法第171条第1
　　　項に規定する全部取得条項付種類株式をいう。

　九　株式無償割当て　法第185条に規定する株
　　　式無償割当てをいう。

　十　単元未満株式売渡請求　法第194条第1項
　　　に規定する単元未満株式売渡請求をいう。

　十一　募集株式　法第199条第1項に規定する
　　　募集株式をいう。

　十二　募集新株予約権　法第238条第1項に規
　　　定する募集新株予約権をいう。

　十三　自己新株予約権　法第255条第1項に規
　　　定する自己新株予約権をいう。

　十四　取得条項付新株予約権　法第273条第1
　　　項に規定する取得条項付新株予約権をいう。

　十五　新株予約権無償割当て　法第277条に規
　　　定する新株予約権無償割当てをいう。

　十五の二　電子提供措置　法第325条の2に規
　　　定する電子提供措置をいう。

　十六　報酬等　法第361条第1項に規定する報
　　　酬等をいう。

　十七　臨時計算書類　法第441条第1項に規定
　　　する臨時計算書類をいう。

　十八　臨時決算日　法第441条第1項に規定す
　　　る臨時決算日をいう。

　十九　連結計算書類　法第444条第1項に規定
　　　する連結計算書類をいう。

　二十　準備金　法第445条第4項に規定する準
　　　備金をいう。

　二十一　分配可能額　法第461条第2項に規定
　　　する分配可能額をいう。

　二十二　持分会社　法第575条第1項に規定す
　　　る持分会社をいう。

二十三　持分払戻額　法第635条第1項に規定する持分払戻額をいう。

二十四　組織変更後持分会社　法第744条第1項第1号に規定する組織変更後持分会社をいう。

二十五　組織変更後株式会社　法第746条第1項第1号に規定する組織変更後株式会社をいう。

二十六　社債等　法第746条第1項第7号ニに規定する社債等をいう。

二十七　吸収分割承継会社　法第757条に規定する吸収分割承継会社をいう。

二十八　吸収分割会社　法第758条第1号に規定する吸収分割会社をいう。

二十九　新設分割設立会社　法第763条第1項に規定する新設分割設立会社をいう。

三十　新設分割会社　法第763条第1項第5号に規定する新設分割会社をいう。

三十一　新株予約権等　法第774条の3第1項第7号に規定する新株予約権等をいう。

3　この省令において、次の各号に掲げる用語の意義は、当該各号に定めるところによる。

一　最終事業年度　次のイ又はロに掲げる会社の区分に応じ、当該イ又はロに定めるものをいう。

　イ　株式会社　法第2条第24号に規定する最終事業年度

　ロ　持分会社　各事業年度に係る計算書類を作成した場合における当該事業年度のうち最も遅いもの

二　計算書類　次のイ又はロに掲げる会社の区分に応じ、当該イ又はロに定めるものをいう。

　イ　株式会社　法第435条第2項に規定する計算書類

　ロ　持分会社　法第617条第2項に規定する計算書類

三　計算関係書類　次に掲げるものをいう。

　イ　成立の日における貸借対照表

　ロ　各事業年度に係る計算書類及びその附属明細書

　ハ　臨時計算書類

　ニ　連結計算書類

四　吸収合併　法第2条第27号に規定する吸収合併（会社が会社以外の法人とする合併であって、合併後会社が存続するものを含む。）をいう。

五　新設合併　法第2条第28号に規定する新設合併（会社が会社以外の法人とする合併であって、合併後会社が設立されるものを含む。）をいう。

六　株式交換　法第2条第31号に規定する株式交換（保険業法（平成7年法律第105号）第96条の5第1項に規定する組織変更株式交換を含む。）をいう。

七　株式移転　法第2条第32号に規定する株式移転（保険業法第96条の8第1項に規定する組織変更株式移転を含む。）をいう。

八　株式交付　法第2条第32号の2に規定する株式交付（保険業法第96条の9の2第1項に規定する組織変更株式交付を含む。）をいう。

九　吸収合併存続会社　法第749条第1項に規定する吸収合併存続会社（会社以外の法人とする吸収合併存続する会社を含む。）をいう。

十　吸収合併消滅会社　法第749条第1項第1号に規定する吸収合併消滅会社（会社以外の法人とする吸収合併により消滅する会社以外の法人を含む。）をいう。

十一　新設合併設立会社　法第753条第1項に規定する新設合併設立会社（会社以外の法人とする新設合併により設立される会社を含む。）をいう。

十二　新設合併消滅会社　法第753条第1項第1号に規定する新設合併消滅会社（会社以外の法人とする新設合併により消滅する会社以外の法人を含む。）をいう。

十三　株式交換完全親会社　法第767条に規定する株式交換完全親会社（保険業法第96条の5第2項に規定する組織変更株式交換完全親会社を含む。）をいう。

十四　株式交換完全子会社　法第768条第1項第1号に規定する株式交換完全子会社（保険業法第96条の5第2項に規定する組織変更株

式交換完全親会社にその株式の全部を取得さ
れることとなる株式会社を含む。）をいう。

十五　株式移転設立完全親会社　法第773条第
1項第1号に規定する株式移転設立完全親会
社（保険業法第96条の9第1項第1号に規定
する組織変更株式移転設立完全親会社を含
む。）をいう。

十六　株式移転完全子会社　法第773条第1項
第5号に規定する株式移転完全子会社（保険
業法第96条の9第1項第1号に規定する組織
変更株式移転設立完全親会社にその発行する
株式の全部を取得されることとなる株式会社
を含む。）をいう。

十七　株式交付親会社　法第774条の3第1項
第1号に規定する株式交付親会社（保険業法
第96条の9の2第1項に規定する組織変更株
式交付をする相互会社を含む。）をいう。

十八　株式交付子会社　法第774条の3第1項
第1号に規定する株式交付子会社（保険業法
第96条の9の2第2項に規定する組織変更株
式交付子会社を含む。）をいう。

十九　会社等　会社（外国会社を含む。）、組合
（外国における組合に相当するものを含む。）
その他これらに準ずる事業体をいう。

二十　株主等　株主及び持分会社の社員その他
これらに相当する者をいう。

二十一　関連会社　会社が他の会社等の財務及
び事業の方針の決定に対して重要な影響を与
えることができる場合における当該他の会社
等（子会社を除く。）をいう。

二十二　連結子会社　連結の範囲に含められる
子会社をいう。

二十三　非連結子会社　連結の範囲から除かれ
る子会社をいう。

二十四　連結会社　当該株式会社及びその連結
子会社をいう。

二十五　関係会社　当該株式会社の親会社、子
会社及び関連会社並びに当該株式会社が他の
会社等の関連会社である場合における当該他
の会社等をいう。

二十六　持分法　投資会社が、被投資会社の純

資産及び損益のうち当該投資会社に帰属する
部分の変動に応じて、その投資の金額を各事
業年度ごとに修正する方法をいう。

二十七　税効果会計　貸借対照表又は連結貸借
対照表に計上されている資産及び負債の金額
と課税所得の計算の結果算定された資産及び
負債の金額との間に差異がある場合において、
当該差異に係る法人税等（法人税、住民税及
び事業税（利益に関連する金額を課税標準と
して課される事業税をいう。）をいう。以下
同じ。）の金額を適切に期間配分することに
より、法人税等を控除する前の当期純利益の
金額と法人税等の金額を合理的に対応させる
ための会計処理をいう。

二十八　ヘッジ会計　ヘッジ手段（資産（将来
の取引により確実に発生すると見込まれるも
のを含む。以下この号において同じ。）若し
くは負債（将来の取引により確実に発生する
と見込まれるものを含む。以下この号におい
て同じ。）又はデリバティブ取引に係る価格
変動、金利変動及び為替変動による損失の危
険を減殺することを目的とし、かつ、当該損
失の危険を減殺することが客観的に認められ
る取引をいう。以下同じ。）に係る損益とヘッ
ジ対象（ヘッジ手段の対象である資産若しく
は負債又はデリバティブ取引をいう。）に係
る損益を同一の会計期間に認識するための会
計処理をいう。

二十九　売買目的有価証券　時価の変動により
利益を得ることを目的として保有する有価証
券をいう。

三十　満期保有目的の債券　満期まで所有する
意図をもって保有する債券（満期まで所有す
る意図をもって取得したものに限る。）をいう。

三十一　自己社債　会社が有する自己の社債を
いう。

三十二　公開買付け等　金融商品取引法（昭和
23年法律第25号）第27条の2第6項（同法第
27条の22の2第2項において準用する場合を
含む。）に規定する公開買付け及びこれに相
当する外国の法令に基づく制度をいう。

三十三　株主資本等　株式会社及び持分会社の資本金、資本剰余金及び利益剰余金をいう。

三十四　株式引受権　取締役又は執行役がその職務の執行として株式会社に対して提供した役務の対価として当該株式会社の株式の交付を受けることができる権利（新株予約権を除く。）をいう。

三十五　支配取得　会社が他の会社（当該会社と当該他の会社が共通支配下関係にある場合における当該他の会社を除く。以下この号において同じ。）又は当該他の会社の事業に対する支配を得ることをいう。

三十六　共通支配下関係　2以上の者（人格のないものを含む。以下この号において同じ。）が同一の者に支配（一時的な支配を除く。以下この号において同じ。）をされている場合又は2以上の者のうちの一の者が他の全ての者を支配している場合における当該2以上の者に係る関係をいう。

三十七　吸収型再編　次に掲げる行為をいう。

イ　吸収合併

ロ　吸収分割

ハ　株式交換

ニ　株式交付

三十八　吸収型再編受入行為　次に掲げる行為をいう。

イ　吸収合併による吸収合併消滅会社の権利義務の全部の承継

ロ　吸収分割による吸収分割会社がその事業に関して有する権利義務の全部又は一部の承継

ハ　株式交換による株式交換完全子会社の発行済株式全部の取得

ニ　株式交付に際してする株式交付子会社の株式又は新株予約権等の譲受け

三十九　吸収型再編対象財産　次のイ又はロに掲げる吸収型再編の区分に応じ、当該イ又はロに定める財産をいう。

イ　吸収合併　吸収合併により吸収合併存続会社が承継する財産

ロ　吸収分割　吸収分割により吸収分割承継会社が承継する財産

四十　吸収型再編対価　次のイからニまでに掲げる吸収型再編の区分に応じ、当該イからニまでに定める財産をいう。

イ　吸収合併　吸収合併に際して吸収合併存続会社が吸収合併消滅会社の株主等に対して交付する財産

ロ　吸収分割　吸収分割に際して吸収分割承継会社が吸収分割会社に対して交付する財産

ハ　株式交換　株式交換に際して株式交換完全親会社が株式交換完全子会社の株主に対して交付する財産

ニ　株式交付　株式交付に際して株式交付親会社が株式交付子会社の株式又は新株予約権等の譲渡人に対して交付する財産

四十一　吸収型再編対価時価　吸収型再編対価の時価その他適切な方法により算定された吸収型再編対価の価額をいう。

四十二　対価自己株式　吸収型再編対価として処分される自己株式をいう。

四十三　先行取得分株式等　次のイ又はロに掲げる場合の区分に応じ、当該イ又はロに定めるものをいう。

イ　吸収合併の場合　吸収合併の直前に吸収合併存続会社が有する吸収合併消滅会社の株式若しくは持分又は吸収合併の直前に吸収合併消滅会社が有する当該吸収合併消滅会社の株式

ロ　新設合併の場合　各新設合併消滅会社が有する当該新設合併消滅会社の株式及び他の新設合併消滅会社の株式又は持分

四十四　分割型吸収分割　吸収分割のうち、吸収分割契約において法第758条第8号又は第760条第7号に掲げる事項を定めたものであって、吸収分割会社が当該事項についての定めに従い吸収型再編対価の全部を当該吸収分割会社の株主に対して交付するものをいう。

四十五　新設型再編　次に掲げる行為をいう。

イ　新設合併

ロ　新設分割

ハ　株式移転

四十六　新設型再編対象財産　次のイ又はロに
掲げる新設型再編の区分に応じ、当該イ又は
ロに定める財産をいう。

イ　新設合併　新設合併により新設合併設立
会社が承継する財産

ロ　新設分割　新設分割により新設分割設立
会社が承継する財産

四十七　新設型再編対価　次のイからハまでに
掲げる新設型再編の区分に応じ、当該イから
ハまでに定める財産をいう。

イ　新設合併　新設合併に際して新設合併設
立会社が新設合併消滅会社の株主等に対し
て交付する財産

ロ　新設分割　新設分割に際して新設分割設
立会社が新設分割会社に対して交付する財
産

ハ　株式移転　株式移転に際して株式移転設
立完全親会社が株式移転完全子会社の株主
に対して交付する財産

四十八　新設型再編対価時価　新設型再編対価
の時価その他適切な方法により算定された新
設型再編対価の価額をいう。

四十九　新設合併取得会社　新設合併消滅会社
のうち、新設合併により支配取得をするもの
をいう。

五十　株主資本承継消滅会社　新設合併消滅会
社の株主等に交付する新設型再編対価の全部
が新設合併設立会社の株式又は持分である場
合において、当該新設合併消滅会社がこの号
に定める株主資本承継消滅会社となることを
定めたときにおける当該新設合併消滅会社を
いう。

五十一　非対価交付消滅会社　新設合併消滅会
社の株主等に交付する新設型再編対価が存し
ない場合における当該新設合併消滅会社をい
う。

五十二　非株式交付消滅会社　新設合併消滅会
社の株主等に交付する新設型再編対価の全部
が新設合併設立会社の社債等である場合にお
ける当該新設合併消滅会社及び非対価交付消

滅会社をいう。

五十三　非株主資本承継消滅会社　株主資本承
継消滅会社及び非株式交付消滅会社以外の新
設合併消滅会社をいう。

五十四　分割型新設分割　新設分割のうち、新
設分割計画において法第763条第1項第12号
又は第765条第1項第8号に掲げる事項を定
めたものであって、新設分割会社が当該事項
についての定めに従い新設型再編対価の全部
を当該新設分割会社の株主に対して交付する
ものをいう。

五十五　連結配当規制適用会社　ある事業年度
の末日が最終事業年度の末日となる時から当
該ある事業年度の次の事業年度の末日が最終
事業年度の末日となる時までの間における当
該株式会社の分配可能額の算定につき第158
条第4号の規定を適用する旨を当該ある事業
年度に係る計算書類の作成に際して定めた株
式会社（ある事業年度に係る連結計算書類を
作成しているものに限る。）をいう。

五十六　リース物件　リース契約により使用す
る物件をいう。

五十七　ファイナンス・リース取引　リース契
約に基づく期間の中途において当該リース契
約を解除することができないリース取引又は
これに準ずるリース取引で、リース物件の借
主が、当該リース物件からもたらされる経済
的利益を実質的に享受することができ、かつ、
当該リース物件の使用に伴って生じる費用等
を実質的に負担することとなるものをいう。

五十八　所有権移転ファイナンス・リース取引
ファイナンス・リース取引のうち、リース
契約上の諸条件に照らしてリース物件の所有
権が借主に移転すると認められるものをいう。

五十九　所有権移転外ファイナンス・リース取
引　ファイナンス・リース取引のうち、所有
権移転ファイナンス・リース取引以外のもの
をいう。

六十　資産除去債務　有形固定資産の取得、建
設、開発又は通常の使用によって生じる当該
有形固定資産の除去に関する法律上の義務及

会
社
法

びこれに準ずるものをいう。

六十一　工事契約　請負契約のうち、土木、建築、造船、機械装置の製造その他の仕事に係る基本的な仕様及び作業内容が注文者の指図に基づいているものをいう。

六十二　会計方針　計算書類又は連結計算書類の作成に当たって採用する会計処理の原則及び手続をいう。

六十三　遡及適用　新たな会計方針を当該事業年度より前の事業年度に係る計算書類又は連結計算書類に遡って適用したと仮定して会計処理をすることをいう。

六十四　表示方法　計算書類又は連結計算書類の作成に当たって採用する表示の方法をいう。

六十五　会計上の見積り　計算書類又は連結計算書類に表示すべき項目の金額に不確実性がある場合において、計算書類又は連結計算書類の作成時に入手可能な情報に基づき、それらの合理的な金額を算定することをいう。

六十六　会計上の見積りの変更　新たに入手可能となった情報に基づき、当該事業年度より前の事業年度に係る計算書類又は連結計算書類の作成に当たってした会計上の見積りを変更することをいう。

六十七　誤謬　意図的であるかどうかにかかわらず、計算書類又は連結計算書類の作成時に入手可能な情報を使用しなかったこと又は誤って使用したことにより生じた誤りをいう。

六十八　誤謬の訂正　当該事業年度より前の事業年度に係る計算書類又は連結計算書類における誤謬を訂正したと仮定して計算書類又は連結計算書類を作成することをいう。

六十九　金融商品　金融資産（金銭債権、有価証券及びデリバティブ取引により生じる債権（これらに準ずるものを含む。）をいう。）及び金融負債（金銭債務及びデリバティブ取引により生じる債務（これらに準ずるものを含む。）をいう。）をいう。

七十　賃貸等不動産　たな卸資産に分類される不動産以外の不動産であって、賃貸又は譲渡による収益又は利益を目的として所有する不動産をいう。

4　前項第21号に規定する「財務及び事業の方針の決定に対して重要な影響を与えることができる場合」とは、次に掲げる場合（財務上又は事業上の関係からみて他の会社等の財務又は事業の方針の決定に対して重要な影響を与えることができないことが明らかであると認められる場合を除く。）をいう。

一　他の会社等（次に掲げる会社等であって、当該会社等の財務又は事業の方針の決定に対して重要な影響を与えることができないと認められるものを除く。以下この項において同じ。）の議決権の総数に対する自己（その子会社を含む。以下この項において同じ。）の計算において所有している議決権の数の割合が100分の20以上である場合

イ　民事再生法（平成11年法律第225号）の規定による再生手続開始の決定を受けた会社等

ロ　会社更生法（平成14年法律第154号）の規定による更生手続開始の決定を受けた株式会社

ハ　破産法（平成16年法律第75号）の規定による破産手続開始の決定を受けた会社等

ニ　その他イからハまでに掲げる会社等に準ずる会社等

二　他の会社等の議決権の総数に対する自己の計算において所有している議決権の数の割合が100分の15以上である場合（前号に掲げる場合を除く。）であって、次に掲げるいずれかの要件に該当する場合

イ　次に掲げる者（他の会社等の財務及び事業の方針の決定に関して影響を与えることができるものに限る。）が他の会社等の代表取締役、取締役又はこれらに準ずる役職に就任していること。

(1)　自己の役員

(2)　自己の業務を執行する社員

(3)　自己の使用人

(4)　(1)から(3)までに掲げる者であった者

ロ　自己が他の会社等に対して重要な融資を

行っていること。

ハ　自己が他の会社等に対して重要な技術を提供していること。

ニ　自己と他の会社等との間に重要な販売、仕入れその他の事業上の取引があること。

ホ　その他自己が他の会社等の財務及び事業の方針の決定に対して重要な影響を与えることができることが推測される事実が存在すること。

三　他の会社等の議決権の総数に対する自己所有等議決権数（次に掲げる議決権の数の合計数をいう。）の割合が100分の20以上である場合（自己の計算において議決権を所有していない場合を含み、前2号に掲げる場合を除く。）であって、前号イからホまでに掲げるいずれかの要件に該当する場合

イ　自己の計算において所有している議決権

ロ　自己と出資、人事、資金、技術、取引等において緊密な関係があることにより自己の意思と同一の内容の議決権を行使すると認められる者が所有している議決権

ハ　自己の意思と同一の内容の議決権を行使することに同意している者が所有している議決権

四　自己と自己から独立した者との間の契約その他これに準ずるものに基づきこれらの者が他の会社等を共同で支配している場合

（会計慣行のしん酌）

第3条　この省令の用語の解釈及び規定の適用に関しては、一般に公正妥当と認められる企業会計の基準その他の企業会計の慣行をしん酌しなければならない。

第2編　会計帳簿

第1章　総　則

第4条　法第432条第1項及び第615条第1項の規定により会社が作成すべき会計帳簿に付すべき資産、負債及び純資産の価額その他会計帳簿の作成に関する事項（法第445条第4項から第6

項までの規定により法務省令で定めるべき事項を含む。）については、この編の定めるところによる。

2　会計帳簿は、書面又は電磁的記録をもって作成しなければならない。

第2章　資産及び負債

第1節　資産及び負債の評価

第1款　通　則

（資産の評価）

第5条　資産については、この省令又は法以外の法令に別段の定めがある場合を除き、会計帳簿にその取得価額を付さなければならない。

2　償却すべき資産については、事業年度の末日（事業年度の末日以外の日において評価すべき場合にあっては、その日。以下この条、次条第2項及び第55条第6項第1号において同じ。）において、相当の償却をしなければならない。

3　次の各号に掲げる資産については、事業年度の末日において当該各号に定める価格を付すべき場合には、当該各号に定める価格を付さなければならない。

一　事業年度の末日における時価がその時の取得原価より著しく低い資産（当該資産の時価がその時の取得原価まで回復すると認められるものを除く。）　事業年度の末日における時価

二　事業年度の末日において予測することができない減損が生じた資産又は減損損失を認識すべき資産　その時の取得原価から相当の減額をした額

4　取立不能のおそれのある債権については、事業年度の末日においてその時に取り立てることができないと見込まれる額を控除しなければならない。

5　債権については、その取得価額が債権金額と異なる場合その他相当の理由がある場合には、適正な価格を付すことができる。

6　次に掲げる資産については、事業年度の末日においてその時の時価又は適正な価格を付すこ

とができる。

一　事業年度の末日における時価がその時の取
　得原価より低い資産

二　市場価格のある資産（子会社及び関連会社
　の株式並びに満期保有目的の債券を除く。）

三　前2号に掲げる資産のほか、事業年度の末
　日においてその時の時価又は適正な価格を付
　すことが適当な資産

（負債の評価）

第6条　負債については、この省令又は法以外の
　法令に別段の定めがある場合を除き、会計帳簿
　に債務額を付さなければならない。

2　次に掲げる負債については、事業年度の末日
　においてその時の時価又は適正な価格を付すこ
　とができる。

一　退職給付引当金（使用人が退職した後に当
　該使用人に退職一時金、退職年金その他これ
　らに類する財産の支給をする場合における事
　業年度の末日において繰り入れるべき引当金
　をいう。第75条第2項第2号において同じ。）
　その他の将来の費用又は損失の発生に備えて、
　その合理的な見積額のうち当該事業年度の負
　担に属する金額を費用又は損失として繰り入
　れることにより計上すべき引当金（株主等に
　対して役務を提供する場合において計上すべ
　き引当金を含む。）

二　払込みを受けた金額が債務額と異なる社債

三　前2号に掲げる負債のほか、事業年度の末
　日においてその時の時価又は適正な価格を付
　すことが適当な負債

**第2款　組織変更等の際の資産及び負債
　　　　の評価**

（組織変更の際の資産及び負債の評価替えの禁止）

第7条　会社が組織変更をする場合には、当該組
　織変更をすることを理由にその有する資産及び
　負債の帳簿価額を変更することはできない。

（組織再編行為の際の資産及び負債の評価）

第8条　次の各号に掲げる会社は、吸収合併又は
　吸収分割が当該会社による支配取得に該当する
　場合その他の吸収型再編対象財産に時価を付す
　べき場合を除き、吸収型再編対象財産には、当

該各号に定める会社における当該吸収合併又は
吸収分割の直前の帳簿価額を付さなければなら
ない。

一　吸収合併存続会社　吸収合併消滅会社

二　吸収分割承継会社　吸収分割会社

2　前項の規定は、新設合併及び新設分割の場合
　について準用する。

（持分会社の出資請求権）

第9条　持分会社が組織変更をする場合において、
　当該持分会社が当該組織変更の直前に持分会社
　が社員に対して出資の履行をすべきことを請求
　する権利に係る債権を資産として計上している
　ときは、当該組織変更の直前に、当該持分会社
　は、当該債権を資産として計上しないものと定
　めたものとみなす。

2　前項の規定は、社員に対して出資の履行をす
　べきことを請求する権利に係る債権を資産とし
　て計上している持分会社が吸収合併消滅会社又
　は新設合併消滅会社となる場合について準用す
　る。

**（会社以外の法人が会社となる場合における資産
　及び負債の評価）**

第10条　次に掲げる法律の規定により会社以外の
　法人が会社となる場合には、当該会社がその有
　する資産及び負債に付すべき帳簿価額は、他の
　法令に別段の定めがある場合を除き、当該会社
　となる直前に当該法人が当該資産及び負債に付
　していた帳簿価額とする。

一　農業協同組合法（昭和22年法律第132号）

二　金融商品取引法

三　商品先物取引法（昭和25年法律第239号）

四　中小企業団体の組織に関する法律（昭和32
　年法律第185号）

五　技術研究組合法（昭和36年法律第81号）

六　金融機関の合併及び転換に関する法律（昭
　和43年法律第86号）

七　保険業法

第2節　のれん

第11条　会社は、吸収型再編、新設型再編又は事
　業の譲受けをする場合において、適正な額のの

れんを資産又は負債として計上することができる。

第3節　株式及び持分に係る特別勘定

第12条　会社は、吸収分割、株式交換、株式交付、新設分割、株式移転又は事業の譲渡の対価として株式又は持分を取得する場合において、当該株式又は持分に係る適正な額の特別勘定を負債として計上することができる。

第3章　純資産

第1節　株式会社の株主資本

第1款　株式の交付等

（通則）

第13条　株式会社がその成立後に行う株式の交付（法第445条第5項に掲げる行為に際しての株式の交付を除く。）による株式会社の資本金等増加限度額（同条第1項に規定する株主となる者が当該株式会社に対して払込み又は給付をした財産の額をいう。以下この節において同じ。）、その他資本剰余金及びその他利益剰余金の額並びに自己株式対価額（第150条第2項第8号及び第158条第8号ハ並びに法第446条第2号並びに第461条第2項第2号ロ及び第4号に規定する自己株式の対価の額をいう。以下この章において同じ。）については、この款の定めるところによる。

2　前項に規定する「成立後に行う株式の交付」とは、株式会社がその成立後において行う次に掲げる場合における株式の発行及び自己株式の処分（第8号、第9号、第12号、第14号及び第15号に掲げる場合にあっては、自己株式の処分）をいう。

一　法第2編第2章第8節の定めるところにより募集株式を引き受ける者の募集を行う場合（法第202条の2第1項（同条第3項の規定により読み替えて適用する場合を含む。）の規定により募集株式を引き受ける者の募集を行う場合を除く。次条第1項において同じ。）

二　取得請求権付株式（法第108条第2項第5号ロに掲げる事項についての定めがあるものに限る。以下この章において同じ。）の取得をする場合

三　取得条項付株式（法第108条第2項第6号ロに掲げる事項についての定めがあるものに限る。以下この章において同じ。）の取得をする場合

四　全部取得条項付種類株式（当該全部取得条項付種類株式を取得するに際して法第171条第1項第1号イに掲げる事項についての定めをした場合における当該全部取得条項付種類株式に限る。以下この章において同じ。）の取得をする場合

五　株式無償割当てをする場合

六　新株予約権の行使があった場合

七　取得条項付新株予約権（法第236条第1項第7号ニに掲げる事項についての定めがあるものに限る。以下この章において同じ。）の取得をする場合

八　単元未満株式売渡請求を受けた場合

九　株式会社が当該株式会社の株式を取得したことにより生ずる法第462条第1項に規定する義務を履行する株主（株主と連帯して義務を負う者を含む。）に対して当該株主から取得した株式に相当する株式を交付すべき場合

十　吸収合併後当該株式会社が存続する場合

十一　吸収分割による他の会社がその事業に関して有する権利義務の全部又は一部の承継をする場合

十二　吸収分割により吸収分割会社（株式会社に限る。）が自己株式を吸収分割承継会社に承継させる場合

十三　株式交換による他の株式会社の発行済株式の全部の取得をする場合

十四　株式交換に際して自己株式を株式交換完全親会社に取得される場合

十五　株式移転に際して自己株式を株式移転設立完全親会社に取得される場合

十六　株式交付に際して他の株式会社の株式又は新株予約権等の譲受けをする場合

（募集株式を引き受ける者の募集を行う場合）

第14条　法第２編第２章第８節の定めるところにより募集株式を引き受ける者の募集を行う場合には、資本金等増加限度額は、第１号及び第２号に掲げる額の合計額から第３号に掲げる額を減じて得た額に株式発行割合（当該募集に際して発行する株式の数を当該募集に際して発行する株式の数及び処分する自己株式の数の合計数で除して得た割合をいう。以下この条において同じ。）を乗じて得た額から第４号に掲げる額を減じて得た額（零未満である場合にあっては、零）とする。

一　法第208条第１項の規定により払込みを受けた金銭の額（次のイ又はロに掲げる場合における金銭にあっては、当該イ又はロに定める額）

イ　外国の通貨をもって金銭の払込みを受けた場合（ロに掲げる場合を除く。）　当該外国の通貨につき法第199条第１項第４号の期日（同号の期間を定めた場合にあっては、法第208条第１項の規定により払込みを受けた日）の為替相場に基づき算出された額

ロ　当該払込みを受けた金銭の額（イに定める額を含む。）により資本金等増加限度額を計算することが適切でない場合　当該金銭の当該払込みをした者における当該払込みの直前の帳簿価額

二　法第208条第２項の規定により現物出資財産（法第207条第１項に規定する現物出資財産をいう。以下この条において同じ。）の給付を受けた場合にあっては、当該現物出資財産の法第199条第１項第４号の期日（同号の期間を定めた場合にあっては、法第208条第２項の規定により給付を受けた日）における価額（次のイ又はロに掲げる場合における現物出資財産にあっては、当該イ又はロに定める額）

イ　当該株式会社と当該現物出資財産の給付をした者が共通支配下関係にある場合（当該現物出資財産に時価を付すべき場合を除く。）　当該現物出資財産の当該給付をした

者における当該給付の直前の帳簿価額

ロ　イに掲げる場合以外の場合であって、当該給付を受けた現物出資財産の価額により資本金等増加限度額を計算することが適切でないとき　イに定める帳簿価額

三　法第199条第１項第５号に掲げる事項として募集株式の交付に係る費用の額のうち、株式会社が資本金等増加限度額から減ずるべき額と定めた額

四　イに掲げる額からロに掲げる額を減じて得た額が零以上であるときは、当該額

イ　当該募集に際して処分する自己株式の帳簿価額

ロ　第１号及び第２号に掲げる額の合計額から前号に掲げる額を減じて得た額（零未満である場合にあっては、零）に自己株式処分割合（１から株式発行割合を減じて得た割合をいう。以下この条において同じ。）を乗じて得た額

2　前項に規定する場合には、同項の行為後の次の各号に掲げる額は、同項の行為の直前の当該額に、当該各号に定める額を加えて得た額とする。

一　その他資本剰余金の額　イ及びロに掲げる額の合計額からハに掲げる額を減じて得た額

イ　前項第１号及び第２号に掲げる額の合計額から同項第３号に掲げる額を減じて得た額に自己株式処分割合を乗じて得た額

ロ　次に掲げる額のうちいずれか少ない額

(1)　前項第４号に掲げる額

(2)　前項第１号及び第２号に掲げる額の合計額から同項第３号に掲げる額を減じて得た額に株式発行割合を乗じて得た額（零未満である場合にあっては、零）

ハ　当該募集に際して処分する自己株式の帳簿価額

二　その他利益剰余金の額　前項第１号及び第２号に掲げる額の合計額から同項第３号に掲げる額を減じて得た額が零未満である場合における当該額に株式発行割合を乗じて得た額

3　第１項に規定する場合には、自己株式対価

は、第1項第1号及び第2号に掲げる額の合計額から同項第3号に掲げる額を減じて得た額に自己株式処分割合を乗じて得た額とする。

4　第2項第1号ロに掲げる額は、第150条第2項第8号及び第158条第8号ハ並びに法第446条第2号並びに第461条第2項第2号ロ及び第4号の規定の適用については、当該額も、自己株式対価額に含まれるものとみなす。

5　第1項第2号の規定の適用については、現物出資財産について法第199条第1項第2号に掲げる額及び同項第3号に掲げる価額と、当該現物出資財産の帳簿価額（当該出資に係る資本金及び資本準備金の額を含む。）とが同一の額でなければならないと解してはならない。

（株式の取得に伴う株式の発行等をする場合）

第15条　次に掲げる場合には、資本金等増加限度額は、零とする。

一　取得請求権付株式の取得をする場合

二　取得条項付株式の取得をする場合

三　全部取得条項付種類株式の取得をする場合

2　前項各号に掲げる場合には、自己株式対価額は、当該各号に掲げる場合において処分する自己株式の帳簿価額とする。

（株式無償割当てをする場合）

第16条　株式無償割当てをする場合には、資本金等増加限度額は、零とする。

2　前項に規定する場合には、株式無償割当て後のその他資本剰余金の額は、株式無償割当ての直前の当該額から当該株式無償割当てに際して処分する自己株式の帳簿価額を減じて得た額とする。

3　第1項に規定する場合には、自己株式対価額は、零とする。

（新株予約権の行使があった場合）

第17条　新株予約権の行使があった場合には、資本金等増加限度額は、第1号から第3号までに掲げる額の合計額から第4号に掲げる額を減じて得た額に株式発行割合（当該行使に際して発行する株式の数を当該行使に際して発行する株式の数及び処分する自己株式の数の合計数で除して得た割合をいう。以下この条において同

じ。）を乗じて得た額から第5号に掲げる額を減じて得た額（零未満である場合にあっては、零）とする。

一　行使時における当該新株予約権の帳簿価額

二　法第281条第1項に規定する場合又は同条第2項後段に規定する場合におけるこれらの規定により払込みを受けた金銭の額（次のイ又はロに掲げる場合における金銭にあっては、当該イ又はロに定める額）

イ　外国の通貨をもって金銭の払込みを受けた場合（ロに掲げる場合を除く。）　当該外国の通貨につき行使時の為替相場に基づき算出された額

ロ　当該払込みを受けた金銭の額（イに定める額を含む。）により資本金等増加限度額を計算することが適切でない場合　当該金銭の当該払込みをした者における当該払込みの直前の帳簿価額

三　法第281条第2項前段の規定により現物出資財産（法第284条第1項に規定する現物出資財産をいう。以下この条において同じ。）の給付を受けた場合にあっては、当該現物出資財産の行使時における価額（次のイ又はロに掲げる場合における現物出資財産にあっては、当該イ又はロに定める額）

イ　当該株式会社と当該現物出資財産の給付をした者が共通支配下関係にある場合（当該現物出資財産に時価を付すべき場合を除く。）　当該現物出資財産の当該給付をした者における当該給付の直前の帳簿価額

ロ　イに掲げる場合以外の場合であって、当該給付を受けた現物出資財産の価額により資本金等増加限度額を計算することが適切でないとき　イに定める帳簿価額

四　法第236条第1項第5号に掲げる事項として新株予約権の行使に応じて行う株式の交付に係る費用の額のうち、株式会社が資本金等増加限度額から減ずるべき額と定めた額

五　イに掲げる額からロに掲げる額を減じて得た額が零以上であるときは、当該額

イ　当該行使に際して処分する自己株式の帳

簿価額

ロ　第1号から第3号までに掲げる額の合計額から前号に掲げる額を減じて得た額（零未満である場合にあっては、零）に自己株式処分割合（1から株式発行割合を減じて得た割合をいう。以下この条において同じ。）を乗じて得た額

2　前項に規定する場合には、新株予約権の行使後の次の各号に掲げる額は、当該行使の直前の当該額に、当該各号に定める額を加えて得た額とする。

一　その他資本剰余金の額　イ及びロに掲げる額の合計額からハに掲げる額を減じて得た額

イ　前項第1号から第3号までに掲げる額の合計額から同項第4号に掲げる額を減じて得た額に自己株式処分割合を乗じて得た額

ロ　次に掲げる額のうちいずれか少ない額

(1)　前項第5号に掲げる額

(2)　前項第1号から第3号までに掲げる額の合計額から同項第4号に掲げる額を減じて得た額に株式発行割合を乗じて得た額（零未満である場合にあっては、零）

ハ　当該行使に際して処分する自己株式の帳簿価額

二　その他利益剰余金の額　前項第1号から第3号までに掲げる額の合計額から同項第4号に掲げる額を減じて得た額が零未満である場合における当該額に株式発行割合を乗じて得た額

3　第1項に規定する場合には、自己株式対価額は、同項第1号から第3号までに掲げる額の合計額から同項第4号に掲げる額を減じて得た額に自己株式処分割合を乗じて得た額とする。

4　第2項第1号ロに掲げる額は、第150条第2項第8号及び第158条第8号ハ並びに法第446条第2号並びに第461条第2項第2号ロ及び第4号の規定の適用については、当該額も、自己株式対価額に含まれるものとみなす。

5　第1項第1号の規定の適用については、新株予約権が募集新株予約権であった場合における当該募集新株予約権についての法第238条第1

項第2号及び第3号に掲げる事項と、第1項第1号の帳簿価額とが同一のものでなければならないと解してはならない。

6　第1項第3号の規定の適用については、現物出資財産について法第236条第1項第2号及び第3号に掲げる価額と、当該現物出資財産の帳簿価額（当該出資に係る資本金及び資本準備金の額を含む。）とが同一の額でなければならないと解してはならない。

（取得条項付新株予約権の取得をする場合）

第18条　取得条項付新株予約権の取得をする場合には、資本金等増加限度額は、第1号に掲げる額から第2号及び第3号に掲げる額の合計額を減じて得た額に株式発行割合（当該取得に際して発行する株式の数を当該取得に際して発行する株式の数及び処分する自己株式の数の合計数で除して得た割合をいう。以下この条において同じ。）を乗じて得た額から第4号に掲げる額を減じて得た額（零未満である場合にあっては、零）とする。

一　当該取得時における当該取得条項付新株予約権（当該取得条項付新株予約権が新株予約権付社債（これに準ずるものを含む。以下この号において同じ。）に付されたものである場合にあっては、当該新株予約権付社債についての社債（これに準ずるものを含む。）を含む。以下この項において同じ。）の価額

二　当該取得条項付新株予約権の取得と引換えに行う株式の交付に係る費用の額のうち、株式会社が資本金等増加限度額から減ずるべき額と定めた額

三　株式会社が当該取得条項付新株予約権を取得するのと引換えに交付する財産（当該株式会社の株式を除く。）の帳簿価額（当該財産が社債（自己社債を除く。）又は新株予約権（自己新株予約権を除く。）である場合にあっては、会計帳簿に付すべき額）の合計額

四　イに掲げる額からロに掲げる額を減じて得た額が零以上であるときは、当該額

イ　当該取得に際して処分する自己株式の帳簿価額

ロ　第1号に掲げる額から第2号及び前号に掲げる額の合計額を減じて得た額（零未満である場合にあっては、零）に自己株式処分割合（1から株式発行割合を減じて得た割合をいう。以下この条において同じ。）を乗じて得た額

2　前項に規定する場合には、取得条項付新株予約権の取得後の次の各号に掲げる額は、取得条項付新株予約権の取得の直前の当該額に、当該各号に定める額を加えて得た額とする。

一　その他資本剰余金の額　イ及びロに掲げる額の合計額からハに掲げる額を減じて得た額

イ　前項第1号に掲げる額から同項第2号及び第3号に掲げる額の合計額を減じて得た額に自己株式処分割合を乗じて得た額

ロ　次に掲げる額のうちいずれか少ない額

(1)　前項第4号に掲げる額

(2)　前項第1号に掲げる額から同項第2号及び第3号に掲げる額の合計額を減じて得た額に株式発行割合を乗じて得た額（零未満である場合にあっては、零）

ハ　当該取得に際して処分する自己株式の帳簿価額

二　その他利益剰余金の額　前項第1号に掲げる額から同項第2号及び第3号に掲げる額の合計額を減じて得た額が零未満である場合における当該額に株式発行割合を乗じて得た額

3　第1項に規定する場合には、自己株式対価額は、同項第1号に掲げる額から同項第2号及び第3号に掲げる額の合計額を減じて得た額に自己株式処分割合を乗じて得た額とする。

4　第2項第1号ロに掲げる額は、第150条第2項第8号及び第158条第8号ハ並びに法第446条第2号並びに第461条第2項第2号ロ及び第4号の規定の適用については、当該額も、自己株式対価額に含まれるものとみなす。

（単元未満株式売渡請求を受けた場合）

第19条　単元未満株式売渡請求を受けた場合には、資本金等増加限度額は、零とする。

2　前項に規定する場合には、単元未満株式売渡請求後のその他資本剰余金の額は、第1号及び第2号に掲げる額の合計額から第3号に掲げる額を減じて得た額とする。

一　単元未満株式売渡請求の直前のその他資本剰余金の額

二　当該単元未満株式売渡請求に係る代金の額

三　当該単元未満株式売渡請求に応じて処分する自己株式の帳簿価額

3　第1項に規定する場合には、自己株式対価額は、単元未満株式売渡請求に係る代金の額とする。

（法第462条第1項に規定する義務を履行する株主に対して株式を交付すべき場合）

第20条　株式会社が当該株式会社の株式を取得したことにより生ずる法第462条第1項に規定する義務を履行する株主（株主と連帯して義務を負う者を含む。）に対して当該株主から取得した株式に相当する株式を交付すべき場合には、資本金等増加限度額は、零とする。

2　前項に規定する場合には、同項の行為後のその他資本剰余金の額は、第1号及び第2号に掲げる額の合計額から第3号に掲げる額を減じて得た額とする。

一　前項の行為の直前のその他資本剰余金の額

二　前項の株主（株主と連帯して義務を負う者を含む。）が株式会社に対して支払った金銭の額

三　当該交付に際して処分する自己株式の帳簿価額

3　第1項に規定する場合には、自己株式対価額は、同項の株主（株主と連帯して義務を負う者を含む。）が株式会社に対して支払った金銭の額とする。

（設立時又は成立後の株式の交付に伴う義務が履行された場合）

第21条　次に掲げる義務が履行された場合には、株式会社のその他資本剰余金の額は、当該義務の履行により株式会社に対して支払われた金銭又は給付された金銭以外の財産の額が増加するものとする。

一　法第52条第1項の規定により同項に定める額を支払う義務（当該義務を履行した者が法

第28条第1号の財産を給付した発起人である場合における当該義務に限る。）

二　法第52条の2第1項各号に掲げる場合において同項の規定により当該各号に定める行為をする義務

三　法第102条の2第1項の規定により同項に規定する支払をする義務

四　法第212条第1項各号に掲げる場合において同項の規定により当該各号に定める額を支払う義務

五　法第213条の2第1項各号に掲げる場合において同項の規定により当該各号に定める行為をする義務

六　法第285条第1項各号に掲げる場合において同項の規定により当該各号に定める額を支払う義務

七　新株予約権を行使した新株予約権者であって法第286条の2第1項各号に掲げる者に該当するものが同項の規定により当該各号に定める行為をする義務

第2款　剰余金の配当

（法第445条第4項の規定による準備金の計上）

第22条　株式会社が剰余金の配当をする場合には、剰余金の配当後の資本準備金の額は、当該剰余金の配当の直前の資本準備金の額に、次の各号に掲げる場合の区分に応じ、当該各号に定める額を加えて得た額とする。

一　当該剰余金の配当をする日における準備金の額が当該日における基準資本金額（資本金の額に4分の1を乗じて得た額をいう。以下この条において同じ。）以上である場合　零

二　当該剰余金の配当をする日における準備金の額が当該日における基準資本金額未満である場合　イ又はロに掲げる額のうちいずれか少ない額に資本剰余金配当割合（次条第1号イに掲げる額を法第446条第6号に掲げる額で除して得た割合をいう。）を乗じて得た額

イ　当該剰余金の配当をする日における準備金計上限度額（基準資本金額から準備金の額を減じて得た額をいう。以下この条において同じ。）

ロ　法第446条第6号に掲げる額に10分の1を乗じて得た額

2　株式会社が剰余金の配当をする場合には、剰余金の配当後の利益準備金の額は、当該剰余金の配当の直前の利益準備金の額に、次の各号に掲げる場合の区分に応じ、当該各号に定める額を加えて得た額とする。

一　当該剰余金の配当をする日における準備金の額が当該日における基準資本金額以上である場合　零

二　当該剰余金の配当をする日における準備金の額が当該日における基準資本金額未満である場合　イ又はロに掲げる額のうちいずれか少ない額に利益剰余金配当割合（次条第2号イに掲げる額を法第446条第6号に掲げる額で除して得た割合をいう。）を乗じて得た額

イ　当該剰余金の配当をする日における準備金計上限度額

ロ　法第446条第6号に掲げる額に10分の1を乗じて得た額

（減少する剰余金の額）

第23条　株式会社が剰余金の配当をする場合には、剰余金の配当後の次の各号に掲げる額は、当該剰余金の配当の直前の当該額から、当該各号に定める額を減じて得た額とする。

一　その他資本剰余金の額　次に掲げる額の合計額

イ　法第446条第6号に掲げる額のうち、株式会社がその他資本剰余金から減ずるべき額と定めた額

ロ　前条第1項第2号に掲げるときは、同号に定める額

二　その他利益剰余金の額　次に掲げる額の合計額

イ　法第446条第6号に掲げる額のうち、株式会社がその他利益剰余金から減ずるべき額と定めた額

ロ　前条第2項第2号に掲げるときは、同号に定める額

第3款　自己株式

第24条　株式会社が当該株式会社の株式を取得す

る場合には、その取得価額を、増加すべき自己
株式の額とする。

2　株式会社が自己株式の処分又は消却をする場
合には、その帳簿価額を、減少すべき自己株式
の額とする。

3　株式会社が自己株式の消却をする場合には、
自己株式の消却後のその他資本剰余金の額は、
当該自己株式の消却の直前の当該額から当該消
却する自己株式の帳簿価額を減じて得た額とす
る。

　　　第4款　株式会社の資本金等の額の増減
（資本金の額）

第25条　株式会社の資本金の額は、第1款並びに
第4節及び第5節の2に定めるところのほか、
次の各号に掲げる場合に限り、当該各号に定め
る額が増加するものとする。

一　法第448条の規定により準備金の額を減少
する場合（同条第1項第2号に掲げる事項を
定めた場合に限る。）　同号の資本金とする額
に相当する額

二　法第450条の規定により剰余金の額を減少
する場合　同条第1項第1号の減少する剰余
金の額に相当する額

2　株式会社の資本金の額は、法第447条の規定
による場合に限り、同条第1項第1号の額に相
当する額が減少するものとする。この場合にお
いて、次に掲げる場合には、資本金の額が減少
するものと解してはならない。

一　新株の発行の無効の訴えに係る請求を認容
する判決が確定した場合

二　自己株式の処分の無効の訴えに係る請求を
認容する判決が確定した場合

三　会社の吸収合併、吸収分割、株式交換又は
株式交付の訴えに係る請求を認容する判決が
確定した場合

四　設立時発行株式又は募集株式の引受けに係
る意思表示その他の株式の発行又は自己株式
の処分に係る意思表示が無効とされ、又は取
り消された場合

五　株式交付子会社の株式又は新株予約権等の
譲渡しに係る意思表示その他の株式交付に係

る意思表示が無効とされ、又は取り消された
場合

（資本準備金の額）

第26条　株式会社の資本準備金の額は、第1款及
び第2款並びに第4節及び第5節の2に定める
ところのほか、次の各号に掲げる場合に限り、
当該各号に定める額が増加するものとする。

一　法第447条の規定により資本金の額を減少
する場合（同条第1項第2号に掲げる事項を
定めた場合に限る。）　同号の準備金とする額
に相当する額

二　法第451条の規定により剰余金の額を減少
する場合　同条第1項第1号の額（その他資
本剰余金に係る額に限る。）に相当する額

2　株式会社の資本準備金の額は、法第448条の
規定による場合に限り、同条第1項第1号の額
（資本準備金に係る額に限る。）に相当する額が
減少するものとする。この場合においては、前
条第2項後段の規定を準用する。

（その他資本剰余金の額）

第27条　株式会社のその他資本剰余金の額は、第
1款並びに第4節及び第5節の2に定めるとこ
ろのほか、次の各号に掲げる場合に限り、当該
各号に定める額が増加するものとする。

一　法第447条の規定により資本金の額を減少
する場合　同条第1項第1号の額（同項第2
号に規定する場合にあっては、当該額から同
号の額を減じて得た額）に相当する額

二　法第448条の規定により準備金の額を減少
する場合　同条第1項第1号の額（資本準備
金に係る額に限り、同項第2号に規定する場
合にあっては、当該額から資本準備金につい
ての同号の額を減じて得た額）に相当する額

三　前2号に掲げるもののほか、その他資本剰
余金の額を増加すべき場合　その他資本剰余
金の額を増加する額として適切な額

2　株式会社のその他資本剰余金の額は、前3款
並びに第4節及び第5節の2に定めるところの
ほか、次の各号に掲げる場合に限り、当該各号
に定める額が減少するものとする。

一　法第450条の規定により剰余金の額を減少

する場合　同条第1項第1号の額（その他資本剰余金に係る額に限る。）に相当する額

二　法第451条の規定により剰余金の額を減少する場合　同条第1項第1号の額（その他資本剰余金に係る額に限る。）に相当する額

三　前2号に掲げるもののほか、その他資本剰余金の額を減少すべき場合　その他資本剰余金の額を減少する額として適切な額

3　前項、前3款並びに第4節及び第5節の2の場合において、これらの規定により減少すべきその他資本剰余金の額の全部又は一部を減少させないこととすることが必要かつ適当であるときは、これらの規定にかかわらず、減少させないことが適当な額については、その他資本剰余金の額を減少させないことができる。

（利益準備金の額）

第28条　株式会社の利益準備金の額は、第2款及び第4節に定めるところのほか、法第451条の規定により剰余金の額を減少する場合に限り、同条第1項第1号の額（その他利益剰余金に係る額に限る。）に相当する額が増加するものとする。

2　株式会社の利益準備金の額は、法第448条の規定による場合に限り、同条第1項第1号の額（利益準備金に係る額に限る。）に相当する額が減少するものとする。

（その他利益剰余金の額）

第29条　株式会社のその他利益剰余金の額は、第4節に定めるところのほか、次の各号に掲げる場合に限り、当該各号に定める額が増加するものとする。

一　法第448条の規定により準備金の額を減少する場合　同条第1項第1号の額（利益準備金に係る額に限り、同項第2号に規定する場合にあっては、当該額から利益準備金についての同号の額を減じて得た額）に相当する額

二　当期純利益金額が生じた場合　当該当期純利益金額

三　前2号に掲げるもののほか、その他利益剰余金の額を増加すべき場合　その他利益剰余金の額を増加する額として適切な額

2　株式会社のその他利益剰余金の額は、次項、前3款並びに第4節及び第5節の2に定めるところのほか、次の各号に掲げる場合に限り、当該各号に定める額が減少するものとする。

一　法第450条の規定により剰余金の額を減少する場合　同条第1項第1号の額（その他利益剰余金に係る額に限る。）に相当する額

二　法第451条の規定により剰余金の額を減少する場合　同条第1項第1号の額（その他利益剰余金に係る額に限る。）に相当する額

三　当期純損失金額が生じた場合　当該当期純損失金額

四　前3号に掲げるもののほか、その他利益剰余金の額を減少すべき場合　その他利益剰余金の額を減少する額として適切な額

3　第27条第3項の規定により減少すべきその他資本剰余金の額を減少させない額がある場合には、当該減少させない額に対応する額をその他利益剰余金から減少させるものとする。

第2節　持分会社の社員資本

（資本金の額）

第30条　持分会社の資本金の額は、第4節に定めるところのほか、次の各号に掲げる場合に限り、当該各号に定める額の範囲内で持分会社が資本金の額に計上するものと定めた額が増加するものとする。

一　社員が出資の履行をした場合（履行をした出資に係る次号の債権が資産として計上されていた場合を除く。）　イ及びロに掲げる額の合計額からハに掲げる額の合計額を減じて得た額（零未満である場合にあっては、零）

イ　当該社員が履行した出資により持分会社に対し払込み又は給付がされた財産（当該財産がロに規定する財産に該当する場合における当該財産を除く。）の価額

ロ　当該社員が履行した出資により持分会社に対し払込み又は給付がされた財産（当該財産の持分会社における帳簿価額として、当該財産の払込み又は給付をした者における当該払込み又は給付の直前の帳簿価額を

付すべき場合における当該財産に限る。）の払込み又は給付をした者における当該払込み又は給付の直前の帳簿価額の合計額

ハ　当該出資の履行の受領に係る費用の額のうち、持分会社が資本金又は資本剰余金から減ずるべき額と定めた額

二　持分会社が社員に対して出資の履行をすべきことを請求する権利に係る債権を資産として計上することと定めた場合　当該債権の価額

三　持分会社が資本剰余金の額の全部又は一部を資本金の額とするものと定めた場合　当該資本剰余金の額

2　持分会社の資本金の額は、次の各号に掲げる場合に限り、当該各号に定める額が減少するものとする。

一　持分会社が退社する社員に対して持分の払戻しをする場合（合同会社にあっては、法第627条の規定による手続をとった場合に限る。）　当該退社する社員の出資につき資本金の額に計上されていた額

二　持分会社が社員に対して出資の払戻しをする場合（合同会社にあっては、法第627条の規定による手続をとった場合に限る。）　当該出資の払戻しにより払戻しをする出資の価額の範囲内で、資本金の額から減ずるべき額と定めた額（当該社員の出資につき資本金の額に計上されていた額以下の額に限る。）

三　持分会社（合同会社を除く。）が資産として計上している前項第2号の債権を資産として計上しないことと定めた場合　当該債権につき資本金に計上されていた額

四　持分会社（合同会社を除く。）が資本金の額の全部又は一部を資本剰余金の額とするものと定めた場合　当該資本剰余金の額とするものと定めた額に相当する額

五　損失のてん補に充てる場合（合同会社にあっては、法第627条の規定による手続をとった場合に限る。）　持分会社が資本金の額の範囲内で損失のてん補に充てるものとして定めた額

（資本剰余金の額）

第31条　持分会社の資本剰余金の額は、第4節に定めるところのほか、次の各号に掲げる場合に限り、当該各号に定める額が増加するものとする。

一　社員が出資の履行をした場合（履行をした出資に係る次号の債権が資産として計上されていた場合を除く。）　イに掲げる額からロに掲げる額を減じて得た額

イ　前条第1項第1号イ及びロに掲げる額の合計額からハに掲げる額を減じて得た額

ロ　当該出資の履行に際して資本金の額に計上した額

二　持分会社が社員に対して出資の履行をすべきことを請求する権利に係る債権を資産として計上することと定めた場合　イに掲げる額からロに掲げる額を減じて得た額

イ　前条第1項第2号に定める額

ロ　当該決定に際して資本金の額に計上した額

三　持分会社（合同会社を除く。）が資本金の額の全部又は一部を資本剰余金の額とするものと定めた場合　当該資本剰余金の額とするものと定めた額

四　損失のてん補に充てる場合（合同会社にあっては、法第627条の規定による手続をとった場合に限る。）　持分会社が資本金の額の範囲内で損失のてん補に充てるものとして定めた額

五　前各号に掲げるもののほか、資本剰余金の額を増加させることが適切な場合　適切な額

2　持分会社の資本剰余金の額は、第4節に定めるところのほか、次の各号に掲げる場合に限り、当該各号に定める額が減少するものとする。ただし、利益の配当により払い戻した財産の帳簿価額に相当する額は、資本剰余金の額からは控除しないものとする。

一　持分会社が退社する社員に対して持分の払戻しをする場合　当該退社する社員の出資につき資本剰余金の額に計上されていた額

二　持分会社が社員に対して出資の払戻しをす

る場合　当該出資の払戻しにより払戻しをする出資の価額から当該出資の払戻しをする場合において前条第２項の規定により資本金の額を減少する額を減じて得た額

三　持分会社（合同会社を除く。）が資産として計上している前項第２号の債権を資産として計上しないことと定めた場合　当該債権につき資本剰余金に計上されていた額

四　持分会社が資本剰余金の額の全部又は一部を資本金の額とするものと定めた場合　当該資本金の額とするものと定めた額に相当する額

五　合同会社が第９条第１項（同条第２項において準用する場合を含む。）の規定により資産として計上している前項第２号の債権を資産として計上しないことと定めたものとみなされる場合　当該債権につき資本金及び資本剰余金に計上されていた額

六　前各号に掲げるもののほか、資本剰余金の額を減少させることが適切な場合　適切な額

（利益剰余金の額）

第32条　持分会社の利益剰余金の額は、第４節に定めるところのほか、次の各号に掲げる場合に限り、当該各号に定める額が増加するものとする。

一　当期純利益金額が生じた場合　当該当期純利益金額

二　持分会社が退社する社員に対して持分の払戻しをする場合　イに掲げる額からロに掲げる額を減じて得た額（零未満である場合には、零）

イ　当該持分の払戻しを受けた社員の出資につき資本金及び資本剰余金の額に計上されていた額の合計額

ロ　当該持分の払戻しにより払い戻した財産の帳簿価額

三　前２号に掲げるもののほか、利益剰余金の額を増加させることが適切な場合　適切な額

2　持分会社の利益剰余金の額は、第４節に定めるところのほか、次の各号に掲げる場合に限り、当該各号に定める額が減少するものとする。た

だし、出資の払戻しにより払い戻した財産の帳簿価額に相当する額は、利益剰余金の額からは控除しないものとする。

一　当期純損失金額が生じた場合　当該当期純損失金額

二　持分会社が退社する社員に対して持分の払戻しをする場合　イに掲げる額からロに掲げる額を減じて得た額（零未満である場合には、零）

イ　当該持分の払戻しにより払い戻した財産の帳簿価額

ロ　当該持分の払戻しを受けた社員の出資につき資本金及び資本剰余金の額に計上されていた額の合計額

三　社員が出資の履行をする場合（第30条第１項第１号イ及びロに掲げる額の合計額が零未満である場合に限る。）　当該合計額

四　前３号に掲げるもののほか、利益剰余金の額を減少させることが適切な場合　適切な額

第３節　組織変更に際しての株主資本及び社員資本

（組織変更後持分会社の社員資本）

第33条　株式会社が組織変更をする場合には、組織変更後持分会社の次の各号に掲げる額は、当該各号に定める額とする。

一　資本金の額　組織変更の直前の株式会社の資本金の額

二　資本剰余金の額　イに掲げる額からロ及びハに掲げる額の合計額を減じて得た額

イ　組織変更の直前の株式会社の資本準備金の額及びその他資本剰余金の額の合計額

ロ　組織変更をする株式会社が有する自己株式の帳簿価額

ハ　組織変更をする株式会社の株主に対して交付する組織変更後持分会社の持分以外の財産の帳簿価額（組織変更後持分会社の社債（自己社債を除く。次号ロにおいて同じ。）にあっては、当該社債に付すべき帳簿価額）のうち、株式会社が資本剰余金の額から減ずるべき額と定めた額

三　利益剰余金の額　イに掲げる額からロに掲げる額を減じて得た額

イ　組織変更の直前の株式会社の利益準備金の額及びその他利益剰余金の額の合計額

ロ　組織変更をする株式会社の株主に対して交付する組織変更後持分会社の持分以外の財産の帳簿価額（組織変更後持分会社の社債にあっては、当該社債に付すべき帳簿価額）のうち、株式会社が利益剰余金の額から減ずるべき額と定めた額

（組織変更後株式会社の株主資本）

第34条　持分会社が組織変更をする場合には、組織変更後株式会社の次の各号に掲げる額は、当該各号に定める額とする。

一　資本金の額　組織変更の直前の持分会社の資本金の額

二　資本準備金の額　零

三　その他資本剰余金の額　イに掲げる額からロに掲げる額を減じて得た額

イ　組織変更の直前の持分会社の資本剰余金の額

ロ　組織変更をする持分会社の社員に対して交付する組織変更後株式会社の株式以外の財産の帳簿価額（組織変更後株式会社の社債等（自己社債を除く。第5号ロにおいて同じ。）にあっては、当該社債等に付すべき帳簿価額）のうち、組織変更をする持分会社が資本剰余金の額から減ずるべき額と定めた額

四　利益準備金の額　零

五　その他利益剰余金の額　イに掲げる額からロに掲げる額を減じて得た額

イ　組織変更の直前の持分会社の利益剰余金の額

ロ　組織変更をする持分会社の社員に対して交付する組織変更後株式会社の株式以外の財産の帳簿価額（組織変更後株式会社の社債等にあっては、当該社債等に付すべき帳簿価額）のうち、組織変更をする持分会社がその他利益剰余金の額から減ずるべき額と定めた額

第4節　吸収合併、吸収分割、株式交換及び株式交付に際しての株主資本及び社員資本

第1款　吸収合併

（吸収型再編対価の全部又は一部が吸収合併存続会社の株式又は持分である場合における吸収合併存続会社の株主資本等の変動額）

第35条　吸収型再編対価の全部又は一部が吸収合併存続会社の株式又は持分である場合には、吸収合併存続会社において変動する株主資本等の総額（次項において「株主資本等変動額」という。）は、次の各号に掲げる場合の区分に応じ、当該各号に定める方法に従い定まる額とする。

一　当該吸収合併が支配取得に該当する場合（吸収合併消滅会社による支配取得に該当する場合を除く。）　吸収型再編対価時価又は吸収型再編対象財産の時価を基礎として算定する方法

二　吸収合併存続会社と吸収合併消滅会社が共通支配下関係にある場合　吸収型再編対象財産の吸収合併の直前の帳簿価額を基礎として算定する方法（前号に定める方法によるべき部分にあっては、当該方法）

三　前2号に掲げる場合以外の場合　前号に定める方法

2　前項の場合には、吸収合併存続会社の資本金及び資本剰余金の増加額は、株主資本等変動額の範囲内で、吸収合併存続会社が吸収合併契約の定めに従いそれぞれ定めた額とし、利益剰余金の額は変動しないものとする。ただし、株主資本等変動額が零未満の場合には、当該株主資本等変動額のうち、対価自己株式の処分により生ずる差損の額をその他資本剰余金（当該吸収合併存続会社が持分会社の場合にあっては、資本剰余金。次条において同じ。）の減少額とし、その余の額をその他利益剰余金（当該吸収合併存続会社が持分会社の場合にあっては、利益剰余金。次条において同じ。）の減少額とし、資本金、資本準備金及び利益準備金の額は変動しないものとする。

（株主資本等を引き継ぐ場合における吸収合併存続会社の株主資本等の変動額）

第36条　前条の規定にかかわらず、吸収型再編対価の全部が吸収合併存続会社の株式又は持分である場合であって、吸収合併消滅会社における吸収合併の直前の株主資本等を引き継ぐものとして計算することが適切であるときには、吸収合併の直前の吸収合併消滅会社の資本金、資本剰余金及び利益剰余金の額をそれぞれ当該吸収合併存続会社の資本金、資本剰余金及び利益剰余金の変動額とすることができる。ただし、対価自己株式又は先行取得分株式等がある場合にあっては、当該対価自己株式又は当該先行取得分株式等の帳簿価額を吸収合併の直前の吸収合併消滅会社のその他資本剰余金の額から減じて得た額を吸収合併存続会社のその他資本剰余金の変動額とする。

2　吸収型再編対価が存しない場合であって、吸収合併消滅会社における吸収合併の直前の株主資本等を引き継ぐものとして計算することが適切であるときには、吸収合併の直前の吸収合併消滅会社の資本金及び資本剰余金の合計額を当該吸収合併存続会社のその他資本剰余金の変動額とし、吸収合併の直前の利益剰余金の額を当該吸収合併存続会社のその他利益剰余金の変動額とすることができる。ただし、先行取得分株式等がある場合にあっては、当該先行取得分株式等の帳簿価額を吸収合併の直前の吸収合併消滅会社の資本金及び資本剰余金の合計額から減じて得た額を吸収合併存続会社のその他資本剰余金の変動額とする。

第2款　吸収分割

（吸収型再編対価の全部又は一部が吸収分割承継会社の株式又は持分である場合における吸収分割承継会社の株主資本等の変動額）

第37条　吸収型再編対価の全部又は一部が吸収分割承継会社の株式又は持分である場合には、吸収分割承継会社において変動する株主資本等の総額（次項において「株主資本等変動額」という。）は、次の各号に掲げる場合の区分に応じ、当該各号に定める方法に従い定まる額とする。

一　当該吸収分割が支配取得に該当する場合（吸収分割会社による支配取得に該当する場合を除く。）　吸収型再編対価時価又は吸収型再編対象財産の時価を基礎として算定する方法

二　前号に掲げる場合以外の場合であって、吸収型再編対象財産に時価を付すべきとき　前号に定める方法

三　吸収分割承継会社と吸収分割会社が共通支配下関係にある場合（前号に掲げる場合を除く。）　吸収型再編対象財産の吸収分割の直前の帳簿価額を基礎として算定する方法（第1号に定める方法によるべき部分にあっては、当該方法）

四　前3号に掲げる場合以外の場合　前号に定める方法

2　前項の場合には、吸収分割承継会社の資本金及び資本剰余金の増加額は、株主資本等変動額の範囲内で、吸収分割承継会社が吸収分割契約の定めに従いそれぞれ定めた額とし、利益剰余金の額は変動しないものとする。ただし、株主資本等変動額が零未満の場合には、当該株主資本等変動額のうち、対価自己株式の処分により生ずる差損の額をその他資本剰余金（当該吸収分割承継会社が持分会社の場合にあっては、資本剰余金。次条において同じ。）の減少額とし、その余の額をその他利益剰余金（当該吸収分割承継会社が持分会社の場合にあっては、利益剰余金。次条において同じ。）の減少額とし、資本金、資本準備金及び利益準備金の額は変動しないものとする。

（株主資本等を引き継ぐ場合における吸収分割承継会社の株主資本等の変動額）

第38条　前条の規定にかかわらず、分割型吸収分割における吸収型再編対価の全部が吸収分割承継会社の株式又は持分である場合であって、吸収分割会社における吸収分割の直前の株主資本等の全部又は一部を引き継ぐものとして計算することが適切であるときには、分割型吸収分割により変動する吸収分割会社の資本金、資本剰余金及び利益剰余金の額をそれぞれ当該吸収分

会
社
法

割承継会社の資本金、資本剰余金及び利益剰余
金の変動額とすることができる。ただし、対価
自己株式がある場合にあっては、当該対価自己
株式の帳簿価額を吸収分割により変動する吸収
分割会社のその他資本剰余金の額から減じて得
た額を吸収分割承継会社のその他資本剰余金の
変動額とする。

2　吸収型再編対価が存しない場合であって、吸
収分割会社における吸収分割の直前の株主資本
等の全部又は一部を引き継ぐものとして計算す
ることが適切であるときには、吸収分割により
変動する吸収分割会社の資本金及び資本剰余金
の合計額を当該吸収分割承継会社のその他資本
剰余金の変動額とし、吸収分割により変動する
吸収分割会社の利益剰余金の額を当該吸収分割
承継会社のその他利益剰余金の変動額とするこ
とができる。

3　前2項の場合の吸収分割会社における吸収分
割に際しての資本金、資本剰余金又は利益剰余
金の額の変更に関しては、法第2編第5章第3
節第2款の規定その他の法の規定に従うものと
する。

第3款　株式交換

第39条　吸収型再編対価の全部又は一部が株式交
換完全親会社の株式又は持分である場合には、
株式交換完全親会社において変動する株主資本
等の総額（以下この条において「株主資本等変
動額」という。）は、次の各号に掲げる場合の
区分に応じ、当該各号に定める方法に従い定ま
る額とする。

一　当該株式交換が支配取得に該当する場合
（株式交換完全子会社による支配取得に該当
する場合を除く。）　吸収型再編対価時価又は
株式交換完全子会社の株式の時価を基礎とし
て算定する方法

二　株式交換完全親会社と株式交換完全子会社
が共通支配下関係にある場合　株式交換完全
子会社の財産の株式交換の直前の帳簿価額を
基礎として算定する方法（前号に定める方法
によるべき部分にあっては、当該方法）

三　前2号に掲げる場合以外の場合　前号に定

める方法

2　前項の場合には、株式交換完全親会社の資本
金及び資本剰余金の増加額は、株主資本等変動
額の範囲内で、株式交換完全親会社が株式交換
契約の定めに従い定めた額とし、利益剰余金の
額は変動しないものとする。ただし、法第799
条（法第802条第2項において読み替えて準用
する場合を含む。）の規定による手続をとって
いる場合以外の場合にあっては、株式交換完全
親会社の資本金及び資本準備金の増加額は、株
主資本等変動額に対価自己株式の帳簿価額を加
えて得た額に株式発行割合（当該株式交換に際
して発行する株式の数を当該株式の数及び対価
自己株式の数の合計数で除して得た割合をい
う。）を乗じて得た額から株主資本等変動額ま
で（株主資本等変動額に対価自己株式の帳簿価
額を加えて得た額に株式発行割合を乗じて得た
額が株主資本等変動額を上回る場合にあっては、
株主資本等変動額）の範囲内で、株式交換完全
親会社が株式交換契約の定めに従いそれぞれ定
めた額（株式交換完全親会社が持分会社である
場合にあっては、株主資本等変動額）とし、当
該額の合計額を株主資本等変動額から減じて得
た額をその他資本剰余金の変動額とする。

3　前項の規定にかかわらず、株主資本等変動額
が零未満の場合には、当該株主資本等変動額の
うち、対価自己株式の処分により生ずる差損の
額をその他資本剰余金（当該株式交換完全親会
社が持分会社の場合にあっては、資本剰余金）
の減少額とし、その余の額をその他利益剰余金
（当該株式交換完全親会社が持分会社の場合に
あっては、利益剰余金）の減少額とし、資本金
資本準備金及び利益準備金の額は変動しないも
のとする。

第4款　株式交付

第39条の2　株式交付に際し、株式交付親会社に
おいて変動する株主資本等の総額（以下この条
において「株主資本等変動額」という。）は、
次の各号に掲げる場合の区分に応じ、当該各号
に定める方法に従い定まる額とする。

一　当該株式交付が支配取得に該当する場合

（株式交付子会社による支配取得に該当する場合を除く。）　吸収型再編対価時価又は株式交付子会社の株式及び新株予約権等の時価を基礎として算定する方法

二　株式交付親会社と株式交付子会社が共通支配下関係にある場合　株式交付子会社の財産の株式交付の直前の帳簿価額を基礎として算定する方法（前号に定める方法によるべき部分にあっては、当該方法）

三　前2号に掲げる場合以外の場合　前号に定める方法

2　前項の場合には、株式交付親会社の資本金及び資本剰余金の増加額は、株主資本等変動額の範囲内で、株式交付親会社が株式交付計画の定めに従い定めた額とし、利益剰余金の額は変動しないものとする。ただし、法第816条の8の規定による手続をとっている場合以外の場合にあっては、株式交付親会社の資本金及び資本準備金の増加額は、株主資本等変動額に対価自己株式の帳簿価額を加えて得た額に株式発行割合（当該株式交付に際して発行する株式の数を当該株式の数及び対価自己株式の数の合計数で除して得た割合をいう。）を乗じて得た額から株主資本等変動額まで（株主資本等変動額に対価自己株式の帳簿価額を加えて得た額に株式発行割合を乗じて得た額が株主資本等変動額を上回る場合にあっては、株主資本等変動額）の範囲内で、株式交付親会社が株式交付計画の定めに従いそれぞれ定めた額とし、当該額の合計額を株主資本等変動額から減じて得た額をその他資本剰余金の変動額とする。

3　前項の規定にかかわらず、株主資本等変動額が零未満の場合には、当該株主資本等変動額のうち、対価自己株式の処分により生ずる差損の額をその他資本剰余金の減少額とし、その余の額をその他利益剰余金の減少額とし、資本金、資本準備金及び利益準備金の額は変動しないものとする。

第5節　吸収分割会社等の自己株式の処分

（吸収分割会社の自己株式の処分）

第40条　吸収分割により吸収分割会社（株式会社に限る。）が自己株式を吸収分割承継会社に承継させる場合には、当該吸収分割後の吸収分割会社のその他資本剰余金の額は、第1号及び第2号に掲げる額の合計額から第3号に掲げる額を減じて得た額とする。

一　吸収分割の直前の吸収分割会社のその他資本剰余金の額

二　吸収分割会社が交付を受ける吸収型再編対価に付すべき帳簿価額のうち、次号の自己株式の対価となるべき部分に係る額

三　吸収分割承継会社に承継させる自己株式の帳簿価額

2　前項に規定する場合には、自己株式対価額は、同項第2号に掲げる額とする。

（株式交換完全子会社の自己株式の処分）

第41条　株式交換完全子会社が株式交換に際して自己株式を株式交換完全親会社に取得される場合には、当該株式交換後の株式交換完全子会社のその他資本剰余金の額は、第1号及び第2号に掲げる額の合計額から第3号に掲げる額を減じて得た額とする。

一　株式交換の直前の株式交換完全子会社のその他資本剰余金の額

二　株式交換完全子会社が交付を受ける吸収型再編対価に付すべき帳簿価額

三　株式交換完全親会社に取得させる自己株式の帳簿価額

2　前項に規定する場合には、自己株式対価額は、同項第2号に掲げる額とする。

（株式移転完全子会社の自己株式の処分）

第42条　株式移転完全子会社が株式移転に際して自己株式を株式移転設立完全親会社に取得される場合には、当該株式移転後の株式移転完全子会社のその他資本剰余金の額は、第1号及び第2号に掲げる額の合計額から第3号に掲げる額を減じて得た額とする。

一　株式移転の直前の株式移転完全子会社のその他資本剰余金の額

二　株式移転完全子会社が交付を受ける新設型再編対価に付すべき帳簿価額のうち、次号の自己株式の対価となるべき部分に係る額

三　株式移転設立完全親会社に取得させる自己株式の帳簿価額

2　前項に規定する場合には、自己株式対価額は、同項第2号に掲げる額とする。

第5節の2　取締役等の報酬等として株式を交付する場合の株主資本

（取締役等が株式会社に対し割当日後にその職務の執行として募集株式を対価とする役務を提供する場合における株主資本の変動額）

第42条の2　法第202条の2第1項（同条第3項の規定により読み替えて適用する場合を含む。）の規定により募集株式を引き受ける者の募集を行う場合において、当該募集株式を引き受ける取締役又は執行役（以下この節及び第54条の2において「取締役等」という。）が株式会社に対し当該募集株式に係る割当日（法第202条の2第1項第2号に規定する割当日をいう。以下この節及び第54条の2において同じ。）後にその職務の執行として当該募集株式を対価とする役務を提供するときは、当該募集に係る株式の発行により各事業年度の末日（臨時計算書類を作成しようとし、又は作成した場合にあっては、臨時決算日。以下この項及び第5項において「株主資本変動日」という。）において増加する資本金の額は、この省令に別段の定めがある場合を除き、第1号に掲げる額から第2号に掲げる額を減じて得た額に株式発行割合（当該募集に際して発行する株式の数を当該募集に際して発行する株式の数及び処分する自己株式の数の合計数で除して得た割合をいう。以下この条において同じ。）を乗じて得た額（零未満である場合にあっては、零。以下この条において「資本金等増加限度額」という。）とする。

一　イに掲げる額からロに掲げる額を減じて得た額（零未満である場合にあっては、零）

イ　取締役等が当該株主資本変動日までにその職務の執行として当該株式会社に提供した役務（当該募集株式を対価とするものに限る。ロにおいて同じ。）の公正な評価額

ロ　取締役等が当該株主資本変動日の直前の株主資本変動日までにその職務の執行として当該株式会社に提供した役務の公正な評価額

二　法第199条第1項第5号に掲げる事項として募集株式の交付に係る費用の額のうち、株式会社が資本金等増加限度額から減ずるべき額と定めた額

2　資本金等増加限度額の2分の1を超えない額は、資本金として計上しないことができる。

3　前項の規定により資本金として計上しないこととした額は、資本準備金として計上しなければならない。

4　法第202条の2第1項（同条第3項の規定により読み替えて適用する場合を含む。）の規定により募集株式を引き受ける者の募集を行う場合において、取締役等が株式会社に対し当該募集株式に係る割当日後にその職務の執行として当該募集株式を対価とする役務を提供するときは、当該割当日において、当該募集に際して処分する自己株式の帳簿価額をその他資本剰余金の額から減ずるものとする。

5　法第202条の2第1項（同条第3項の規定により読み替えて適用する場合を含む。）の規定により募集株式を引き受ける者の募集を行う場合において、取締役等が株式会社に対し当該募集株式に係る割当日後にその職務の執行として当該募集株式を対価とする役務を提供するときは、各株主資本変動日において変動する次の各号に掲げる額は、当該各号に定める額とする。

一　その他資本剰余金の額　第1項第1号に掲げる額から同項第2号に掲げる額を減じて得た額に自己株式処分割合（1から株式発行割合を減じて得た割合をいう。）を乗じて得た額

二　その他利益剰余金の額　第1項第1号に掲

げる額から同項第2号に掲げる額を減じて得た額が零未満である場合における当該額に株式発行割合を乗じて得た額

6　法第202条の2第1項（同条第3項の規定により読み替えて適用する場合を含む。）の規定により募集株式を引き受ける者の募集を行う場合において、取締役等が株式会社に対し当該募集株式に係る割当日後にその職務の執行として当該募集株式を対価とする役務を提供するときは、自己株式対価額は、零とする。

7　第24条第1項の規定にかかわらず、当該株式会社が法第202条の2第1項（同条第3項の規定により読み替えて適用する場合を含む。）の規定による募集に際して自己株式の処分により取締役等に対して当該株式会社の株式を交付した場合において、当該取締役等が当該株式の割当てを受けた際に約したところに従って当該株式を当該株式会社に無償で譲り渡し、当該株式会社がこれを取得するときは、当該自己株式の処分に際して減少した自己株式の額を、増加すべき自己株式の額とする。

（取締役等が株式会社に対し割当日前にその職務の執行として募集株式を対価とする役務を提供する場合における株主資本の変動額）

第42条の3　法第202条の2第1項（同条第3項の規定により読み替えて適用する場合を含む。）の規定により募集株式を引き受ける者の募集を行う場合において、取締役等が株式会社に対し当該募集株式に係る割当日前にその職務の執行として当該募集株式を対価とする役務を提供するときは、当該募集に係る株式の発行により増加する資本金の額は、この省令に別段の定めがある場合を除き、第1号に掲げる額から第2号に掲げる額を減じて得た額に株式発行割合（当該募集に際して発行する株式の数を当該募集に際して発行する株式の数及び処分する自己株式の数の合計数で除して得た割合をいう。以下この条において同じ。）を乗じて得た額（零未満である場合にあっては、零。以下この条において「資本金等増加限度額」という。）とする。

一　第54条の2第2項の規定により減少する株式引受権の額

二　法第199条第1項第5号に掲げる事項として募集株式の交付に係る費用の額のうち、株式会社が資本金等増加限度額から減ずるべき額と定めた額

2　資本金等増加限度額の2分の1を超えない額は、資本金として計上しないことができる。

3　前項の規定により資本金として計上しないこととした額は、資本準備金として計上しなければならない。

4　法第202条の2第1項（同条第3項の規定により読み替えて適用する場合を含む。）の規定により募集株式を引き受ける者の募集を行う場合において、取締役等が株式会社に対し当該募集株式に係る割当日前にその職務の執行として当該募集株式を対価とする役務を提供するときは、当該行為後の次の各号に掲げる額は、当該行為の直前の当該額に、当該各号に定める額を加えて得た額とする。

一　その他資本剰余金の額　イに掲げる額からロに掲げる額を減じて得た額

イ　第1項第1号に掲げる額から同項第2号に掲げる額を減じて得た額に自己株式処分割合（1から株式発行割合を減じて得た割合をいう。第5項において同じ。）を乗じて得た額

ロ　当該募集に際して処分する自己株式の帳簿価額

二　その他利益剰余金の額　第1項第1号に掲げる額から同項第2号に掲げる額を減じて得た額が零未満である場合における当該額に株式発行割合を乗じて得た額

5　法第202条の2第1項（同条第3項の規定により読み替えて適用する場合を含む。）の規定により募集株式を引き受ける者の募集を行う場合において、取締役等が株式会社に対し当該募集株式に係る割当日前にその職務の執行として当該募集株式を対価とする役務を提供するときは、自己株式対価額は、第1項第1号に掲げる額から同項第2号に掲げる額を減じて得た額に自己株式処分割合を乗じて得た額とする。

第6節　設立時の株主資本及び社員資本

第1款　通常の設立

（株式会社の設立時の株主資本）

第43条　法第25条第1項各号に掲げる方法により株式会社を設立する場合における株式会社の設立時に行う株式の発行に係る法第445条第1項に規定する株主となる者が当該株式会社に対して払込み又は給付をした財産の額とは、第1号及び第2号に掲げる額の合計額から第3号に掲げる額を減じて得た額（零未満である場合にあっては、零）とする。

一　法第34条第1項又は第63条第1項の規定により払込みを受けた金銭の額（次のイ又はロに掲げる場合における金銭にあっては、当該イ又はロに定める額）

イ　外国の通貨をもって金銭の払込みを受けた場合（ロに掲げる場合を除く。）　当該外国の通貨につき払込みがあった日の為替相場に基づき算出された金額

ロ　当該払込みを受けた金銭の額（イに定める額を含む。）により資本金又は資本準備金の額として計上すべき額を計算することが適切でない場合　当該金銭の当該払込みをした者における当該払込みの直前の帳簿価額

二　法第34条第1項の規定により金銭以外の財産（以下この条において「現物出資財産」という。）の給付を受けた場合にあっては、当該現物出資財産の給付があった日における価額（次のイ又はロに掲げる場合における現物出資財産にあっては、当該イ又はロに定める額）

イ　当該株式会社と当該現物出資財産の給付をした者が共通支配下関係となる場合（当該現物出資財産に時価を付すべき場合を除く。）　当該現物出資財産の当該給付をした者における当該給付の直前の帳簿価額

ロ　イに掲げる場合以外の場合であって、当該給付を受けた現物出資財産の価額により資本金又は資本準備金の額として計上すべき額を計算することが適切でないとき　イに定める帳簿価額

三　法第32条第1項第3号に掲げる事項として、設立に要した費用の額のうち設立に際して資本金又は資本準備金の額として計上すべき額から減ずるべき額と定めた額

2　設立（法第25条第1項各号に掲げる方法によるものに限る。以下この条において同じ。）時の株式会社のその他資本剰余金の額は、零とする。

3　設立時の株式会社の利益準備金の額は、零とする。

4　設立時の株式会社のその他利益剰余金の額は、零（第1項第1号及び第2号に掲げる額の合計額から同項第3号に掲げる額を減じて得た額が零未満である場合にあっては、当該額）とする。

5　第1項第2号の規定の適用については、現物出資財産について定款に定めた額と、当該現物出資財産の帳簿価額（当該出資に係る資本金及び資本準備金の額を含む。）とが同一の額でなければならないと解してはならない。

（持分会社の設立時の社員資本）

第44条　持分会社の設立（新設合併及び新設分割による設立を除く。以下この条において同じ。）時の資本金の額は、第1号に掲げる額から第2号に掲げる額を減じて得た額（零未満である場合にあっては、零）の範囲内で、社員になろうとする者が定めた額（零以上の額に限る。）とする。

一　設立に際して出資の履行として持分会社が払込み又は給付を受けた財産（以下この条において「出資財産」という。）の出資時における価額（次のイ又はロに掲げる場合における出資財産にあっては、当該イ又はロに定める額）

イ　当該持分会社と当該出資財産の給付をした者が共通支配下関係となる場合（当該出資財産に時価を付すべき場合を除く。）　当該出資財産の当該払込み又は給付をした者における当該払込み又は給付の直前の帳簿

価額

ロ　イに掲げる場合以外の場合であって、当該給付を受けた出資財産の価額により資本金又は資本剰余金の額として計上すべき額を計算することが適切でないとき　イに定める帳簿価額

二　設立時の社員になろうとする者が設立に要した費用のうち、設立に際して資本金又は資本剰余金の額として計上すべき額から減ずるべき額と定めた額

2　持分会社の設立時の資本剰余金の額は、第1号に掲げる額から第2号に掲げる額を減じて得た額とする。

一　出資財産の価額

二　設立時の資本金の額

3　持分会社の設立時の利益剰余金の額は、零（第1項第1号に掲げる額から同項第2号に掲げる額を減じて得た額が零未満である場合にあっては、当該額）とする。

第2款　新設合併

（支配取得に該当する場合における新設合併設立会社の株主資本等）

第45条　新設合併が支配取得に該当する場合には、新設合併設立会社の設立時の株主資本等の総額は、次の各号に掲げる部分の区分に応じ、当該各号に定める額の合計額（次項において「株主資本等変動額」という。）とする。

一　新設合併取得会社に係る部分　当該新設合併取得会社の財産の新設合併の直前の帳簿価額を基礎として算定する方法に従い定まる額

二　新設合併取得会社以外の新設合併消滅会社に係る部分　当該新設合併消滅会社の株主等に交付される新設型再編対価時価又は新設型再編対象財産の時価を基礎として算定する方法に従い定まる額

2　前項の場合には、当該新設合併設立会社の設立時の資本金及び資本剰余金の額は、株主資本等変動額の範囲内で、新設合併消滅会社が新設合併契約の定めに従いそれぞれ定めた額とし、利益剰余金の額は零とする。ただし、株主資本等変動額が零未満の場合には、当該額を設立時

のその他利益剰余金（当該新設合併設立会社が持分会社の場合にあっては、利益剰余金。第47条第2項において同じ。）の額とし、資本金、資本剰余金及び利益準備金の額は零とする。

3　前2項の規定にかかわらず、第1項の場合であって、新設合併取得会社の株主等に交付する新設型再編対価の全部が新設合併設立会社の株式又は持分であるときは、新設合併設立会社の設立時の資本金、資本剰余金及び利益剰余金の額は、次の各号に掲げる部分の区分に応じ、当該各号に定める規定を準用してそれぞれ算定される額の合計額とすることができる。

一　新設合併取得会社に係る部分　第47条

二　新設合併取得会社以外の新設合併消滅会社に係る部分　第1項（同項第1号に係る部分を除く。）及び前項

（共通支配下関係にある場合における新設合併設立会社の株主資本等）

第46条　新設合併消滅会社の全部が共通支配下関係にある場合には、新設合併設立会社の設立時の株主資本等の総額は、新設型再編対象財産の新設合併の直前の帳簿価額を基礎として算定する方法（前条第1項第2号に規定する方法によるべき部分にあっては、当該方法）に従い定まる額とする。

2　前項の場合には、新設合併設立会社の設立時の資本金、資本剰余金及び利益剰余金の額は、次の各号に掲げる部分の区分に応じ、当該各号に定める規定を準用してそれぞれ算定される額の合計額とする。

一　株主資本承継消滅会社に係る部分　次条第1項

二　非株主資本承継消滅会社に係る部分　前条第2項

（株主資本等を引き継ぐ場合における新設合併設立会社の株主資本等）

第47条　前条第1項の場合であって、新設型再編対価の全部が新設合併設立会社の株式又は持分であり、かつ、新設合併消滅会社における新設合併の直前の株主資本等を引き継ぐものとして計算することが適切であるときには、新設合併

の直前の各新設合併消滅会社の資本金、資本剰余金及び利益剰余金の額の各合計額をそれぞれ当該新設合併設立会社の設立時の資本金、資本剰余金及び利益剰余金の額とすることができる。ただし、先行取得分株式等がある場合にあっては、当該先行取得分株式等の帳簿価額を新設合併の直前の各新設合併消滅会社のその他資本剰余金（当該新設合併設立会社が持分会社の場合にあっては、資本剰余金。以下この条において同じ。）の合計額から減じて得た額を新設合併設立会社の設立時のその他資本剰余金の額とする。

2　前項の規定にかかわらず、同項の場合であって、非対価交付消滅会社があるときには、当該非対価交付消滅会社の資本金及び資本剰余金の合計額を当該非対価交付消滅会社のその他資本剰余金の額とみなし、当該非対価交付消滅会社の利益剰余金の額を当該非対価交付消滅会社のその他利益剰余金の額とみなして、同項の規定を適用する。

（その他の場合における新設合併設立会社の株主資本等）

第48条　第45条第1項及び第46条第1項に規定する場合以外の場合には、新設合併設立会社の設立時の資本金、資本剰余金及び利益剰余金の額は、同条及び前条の定めるところにより計算する。

第3款　新設分割

（単独新設分割の場合における新設分割設立会社の株主資本等）

第49条　新設分割設立会社（2以上の会社が新設分割する場合における新設分割設立会社を除く。以下この条及び次条において同じ。）の設立時における株主資本等の総額は、新設型再編対象財産の新設分割会社における新設分割の直前の帳簿価額を基礎として算定する方法（当該新設型再編対象財産に時価を付すべき場合にあっては、新設型再編対価時価又は新設型再編対象財産の時価を基礎として算定する方法）に従い定まる額（次項において「株主資本等変動額」という。）とする。

2　前項の場合には、新設分割設立会社の資本金及び資本剰余金の額は、株主資本等変動額の範囲内で、新設分割会社が新設分割計画の定めに従いそれぞれ定めた額とし、利益剰余金の額は零とする。ただし、株主資本等変動額が零未満の場合には、当該株主資本等変動額をその他利益剰余金（新設分割設立会社が持分会社である場合にあっては、利益剰余金）の額とし、資本金、資本剰余金及び利益準備金の額は零とする。

（株主資本等を引き継ぐ場合における新設分割設立会社の株主資本等）

第50条　前条の規定にかかわらず、分割型新設分割の新設型再編対価の全部が新設分割設立会社の株式又は持分である場合であって、新設分割会社における新設分割の直前の株主資本等の全部又は一部を引き継ぐものとして計算することが適切であるときには、分割型新設分割により変動する新設分割会社の資本金、資本剰余金及び利益剰余金の額をそれぞれ新設分割設立会社の設立時の資本金、資本剰余金及び利益剰余金の額とすることができる。

2　前項の場合の新設分割会社における新設分割に際しての資本金、資本剰余金又は利益剰余金の額の変更に関しては、法第2編第5章第3節第2款の規定その他の法の規定に従うものとする。

（共同新設分割の場合における新設分割設立会社の株主資本等）

第51条　2以上の会社が新設分割をする場合には次に掲げるところに従い、新設分割設立会社の株主資本又は社員資本を計算するものとする。

一　仮に各新設分割会社が他の新設分割会社と共同しないで新設分割を行うことによって会社を設立するものとみなして、当該会社（以下この条において「仮会社」という。）の計算を行う。

二　各仮会社が新設合併をすることにより設立される会社が新設分割設立会社となるものとみなして、当該新設分割設立会社の計算を行う。

会社法

第4款　株式移転

第52条　株式移転設立完全親会社の設立時における株主資本の総額は、次の各号に掲げる部分の区分に応じ、当該各号に定める額の合計額（次項において「株主資本変動額」という。）とする。

一　当該株式移転が株式移転完全子会社による支配取得に該当する場合における他の株式移転完全子会社に係る部分　当該他の株式移転完全子会社の株主に対して交付する新設型再編対価時価又は当該他の株式移転完全子会社の株式の時価を基礎として算定する方法に従い定まる額

二　株式移転完全子会社の全部が共通支配下関係にある場合における当該株式移転完全子会社に係る部分　当該株式移転完全子会社における財産の帳簿価額を基礎として算定する方法（前号に規定する方法によるべき部分にあっては、当該方法）に従い定まる額

三　前2号に掲げる部分以外の部分　前号に規定する方法に従い定まる額

2　前項の場合には、当該株式移転設立完全親会社の設立時の資本金及び資本剰余金の額は、株主資本変動額の範囲内で、株式移転完全子会社が株式移転計画の定めに従い定めた額とし、利益剰余金の額は零とする。ただし、株主資本変動額が零未満の場合にあっては、当該額を設立時のその他利益剰余金の額とし、資本金、資本剰余金及び利益準備金の額は零とする。

第7節　評価・換算差額等又はその他の包括利益累計額

（評価・換算差額等又はその他の包括利益累計額）

第53条　次に掲げるものその他資産、負債又は株主資本若しくは社員資本以外のものであっても、純資産の部の項目として計上することが適当であると認められるものは、純資産として計上することができる。

一　資産又は負債（デリバティブ取引により生じる正味の資産又は負債を含む。以下この条において同じ。）につき時価を付すものとする場合における当該資産又は負債の評価差額（利益又は損失に計上するもの並びに次号及び第3号に掲げる評価差額を除く。）

二　ヘッジ会計を適用する場合におけるヘッジ手段に係る損益又は評価差額

三　土地の再評価に関する法律（平成10年法律第34号）第7条第1項に規定する再評価差額

（土地再評価差額金を計上している会社を当事者とする組織再編行為等における特則）

第54条　吸収合併若しくは吸収分割又は新設合併若しくは新設分割（以下この項において「合併分割」という。）に際して前条第3号に掲げる再評価差額を計上している土地が吸収型再編対象財産又は新設型再編対象財産（以下この項において「対象財産」という。）に含まれる場合において、当該対象財産につき吸収合併存続会社、吸収分割承継会社、新設合併設立会社又は新設分割設立会社が付すべき帳簿価額を当該合併分割の直前の帳簿価額とすべきときは、当該土地に係る土地の再評価に関する法律の規定による再評価前の帳簿価額を当該土地の帳簿価額とみなして、当該合併分割に係る株主資本等の計算に関する規定を適用する。

2　株式交換、株式交付又は株式移転（以下この項において「交換交付移転」という。）に際して前条第三号に掲げる再評価差額を計上している土地が株式交換完全子会社、株式交付子会社又は株式移転完全子会社（以下この項において「交換交付移転子会社」という。）の資産に含まれる場合において、当該交換交付移転子会社の株式につき株式交換完全親会社、株式交付親会社又は株式移転設立完全親会社が付すべき帳簿価額を算定の基礎となる交換交付移転子会社の財産の帳簿価額を評価すべき日における当該交換交付移転子会社の資産（自己新株予約権を含む。）に係る帳簿価額から負債（新株予約権に係る義務を含む。）に係る帳簿価額を減じて得た額をもって算定すべきときは、当該土地に係る土地の再評価に関する法律の規定による再評価前の帳簿価額を当該土地の帳簿価額とみなして、当該交換交付移転に係る株主資本等の計算に関する規定を適用する。

会社法

3　事業の譲渡若しくは譲受け又は金銭以外の財産と引換えにする株式又は持分の交付（以下この項において「現物出資等」という。）に際して前条第3号に掲げる再評価差額を計上している土地が現物出資等の対象となる財産（以下この項において「対象財産」という。）に含まれている場合において、当該対象財産につき当該対象財産を取得する者が付すべき帳簿価額を当該現物出資等の直前の帳簿価額とすべきときは、当該土地に係る土地の再評価に関する法律の規定による再評価前の帳簿価額を当該土地の帳簿価額とみなして、当該現物出資等に係る株主資本等の計算に関する規定を適用する。

第7節の2　株式引受権

第54条の2　取締役等が株式会社に対し法第202条の2第1項（同条第3項の規定により読み替えて適用する場合を含む。）の募集株式に係る割当日前にその職務の執行として当該募集株式を対価とする役務を提供した場合には、当該役務の公正な評価額を、増加すべき株式引受権の額とする。

2　株式会社が前項の取締役等に対して同項の募集株式を割り当てる場合には、当該募集株式に係る割当日における同項の役務に対応する株式引受権の帳簿価額を、減少すべき株式引受権の額とする。

第8節　新株予約権

第55条　株式会社が新株予約権を発行する場合には、当該新株予約権と引換えにされた金銭の払込みの金額、金銭以外の財産の給付の額又は当該株式会社に対する債権をもってされた相殺の額その他適切な価格を、増加すべき新株予約権の額とする。

2　前項に規定する「株式会社が新株予約権を発行する場合」とは、次に掲げる場合において新株予約権を発行する場合をいう。

一　法第2編第3章第2節の定めるところにより募集新株予約権を引き受ける者の募集を行う場合

二　取得請求権付株式（法第107条第2項第2号ハ又はニに掲げる事項についての定めがあるものに限る。）の取得をする場合

三　取得条項付株式（法第107条第2項第3号ホ又はヘに掲げる事項についての定めがあるものに限る。）の取得をする場合

四　全部取得条項付種類株式（当該全部取得条項付種類株式を取得するに際して法第171条第1項第1号ハ又はニに掲げる事項についての定めをした場合における当該全部取得条項付種類株式に限る。）の取得をする場合

五　新株予約権無償割当てをする場合

六　取得条項付新株予約権（法第236条第1項第7号ヘ又はトに掲げる事項についての定めがあるものに限る。）の取得をする場合

七　吸収合併後当該株式会社が存続する場合

八　吸収分割による他の会社がその事業に関して有する権利義務の全部又は一部の承継をする場合

九　株式交換による他の株式会社の発行済株式の全部の取得をする場合

十　株式交付に際して他の株式会社の株式又は新株予約権等の譲受けをする場合

3　新設合併、新設分割又は株式移転により設立された株式会社が設立に際して新株予約権を発行する場合には、当該新株予約権についての適切な価格を設立時の新株予約権の額とする。

4　次の各号に掲げる場合には、当該各号に定める額を、減少すべき新株予約権の額とする。

一　株式会社が自己新株予約権の消却をする場合　当該自己新株予約権に対応する新株予約権の帳簿価額

二　新株予約権の行使又は消滅があった場合　当該新株予約権の帳簿価額

5　株式会社が当該株式会社の新株予約権を取得する場合には、その取得価額を、増加すべき自己新株予約権の額とする。

6　次の各号に掲げる自己新株予約権（当該新株予約権の帳簿価額を超える価額で取得するものに限る。）については、当該各号に定める価格を付さなければならない。

一　事業年度の末日における時価がその時の取得原価より著しく低い自己新株予約権（次号に掲げる自己新株予約権を除く。）　イ又はロに掲げる額のうちいずれか高い額

イ　当該事業年度の末日における時価

ロ　当該自己新株予約権に対応する新株予約権の帳簿価額

二　処分しないものと認められる自己新株予約権　当該自己新株予約権に対応する新株予約権の帳簿価額

7　株式会社が自己新株予約権の処分若しくは消却をする場合又は自己新株予約権の消滅があった場合には、その帳簿価額を、減少すべき自己新株予約権の額とする。

8　第1項及び第3項から前項までの規定は、株式等交付請求権（株式引受権及び新株予約権以外の権利であって、当該株式会社に対して行使することにより当該株式会社の株式の交付を受けることができる権利をいう。以下この条において同じ。）について準用する。

9　募集株式を引き受ける者の募集に際して発行する株式又は処分する自己株式が株式等交付請求権の行使によって発行する株式又は処分する自己株式であるときにおける第14条第1項の規定の適用については、同項中「第1号及び第2号に掲げる額の合計額」とあるのは、「第1号及び第2号に掲げる額の合計額並びに第55条第8項に規定する株式等交付請求権の行使時における帳簿価額の合計額」とする。

第4章　更生計画に基づく行為に係る計算に関する特則

第56条　更生会社（会社更生法第2条第7項に規定する更生会社をいう。以下この項及び第3項において同じ。）が更生計画（同法第2条第2項に規定する更生計画をいう。以下この項において同じ。）に基づき行う行為についての当該更生会社が計上すべきのれん、純資産その他の計算に関する事項は、この省令の規定にかかわらず、更生計画の定めるところによる。

2　更生計画（会社更生法第2条第2項並びに金融機関等の更生手続の特例等に関する法律（平成8年法律第95号。以下この条において「更生特例法」という。）第4条第2項及び第169条第2項に規定する更生計画をいう。以下この条において同じ。）において株式会社を設立することを定めた場合（新設合併、新設分割又は株式移転により株式会社を設立することを定めた場合を除く。）には、当該株式会社の設立時ののれん、純資産その他の計算に関する事項は、この省令の規定にかかわらず、更生計画の定めるところによる。

3　更生計画において会社（更生会社を除く。）が更生会社等（更生会社並びに更生特例法第4条第7項に規定する更生協同組織金融機関及び更生特例法第169条第7項に規定する更生会社をいう。次項において同じ。）の更生債権者等（会社更生法第2条第13項並びに更生特例法第4条第13項及び第169条第13項に規定する更生債権者等をいう。以下この条において同じ。）に対して吸収合併又は株式交換に際して交付する金銭等を割り当てた場合には、当該更生債権者等に対して交付する金銭等の価格も当該吸収合併又は株式交換に係る吸収型再編対価として考慮するものとする。

4　更生計画において新設合併又は株式移転により設立される会社が更生会社等の更生債権者等に対して新設合併又は株式移転に際して交付する株式、持分又は社債等を割り当てた場合には、当該更生債権者等に対して交付する株式、持分又は社債等の価格も当該新設合併又は株式移転に係る新設型再編対価として考慮するものとする。

第3編　計算関係書類

第1章　総　則

第1節　表示の原則

第57条　計算関係書類に係る事項の金額は、1円単位、1,000円単位又は100万円単位をもって表

示するものとする。

2　計算関係書類は、日本語をもって表示するものとする。ただし、その他の言語をもって表示することが不当でない場合は、この限りでない。

3　計算関係書類（各事業年度に係る計算書類の附属明細書を除く。）の作成については、貸借対照表、損益計算書その他計算関係書類を構成するものごとに、一の書面その他の資料として作成をしなければならないものと解してはならない。

第2節　株式会社の計算書類

（成立の日の貸借対照表）

第58条　法第435条第1項の規定により作成すべき貸借対照表は、株式会社の成立の日における会計帳簿に基づき作成しなければならない。

（各事業年度に係る計算書類）

第59条　法第435条第2項に規定する法務省令で定めるものは、この編の規定に従い作成される株主資本等変動計算書及び個別注記表とする。

2　各事業年度に係る計算書類及びその附属明細書の作成に係る期間は、当該事業年度の前事業年度の末日の翌日（当該事業年度の前事業年度がない場合にあっては、成立の日）から当該事業年度の末日までの期間とする。この場合において、当該期間は、1年（事業年度の末日を変更する場合における変更後の最初の事業年度については、1年6箇月）を超えることができない。

3　法第435条第2項の規定により作成すべき各事業年度に係る計算書類及びその附属明細書は、当該事業年度に係る会計帳簿に基づき作成しなければならない。

（臨時計算書類）

第60条　臨時計算書類の作成に係る期間（次項において「臨時会計年度」という。）は、当該事業年度の前事業年度の末日の翌日（当該事業年度の前事業年度がない場合にあっては、成立の日）から臨時決算日までの期間とする。

2　臨時計算書類は、臨時会計年度に係る会計帳簿に基づき作成しなければならない。

3　株式会社が臨時計算書類を作成しようとする場合において、当該株式会社についての最終事業年度がないときは、当該株式会社の成立の日から最初の事業年度が終結する日までの間、当該最初の事業年度に属する一定の日を臨時決算日とみなして、法第441条の規定を適用することができる。

第3節　株式会社の連結計算書類

（連結計算書類）

第61条　法第444条第1項に規定する法務省令で定めるものは、次に掲げるいずれかのものとする。

一　この編（第120条から第120条の3までを除く。）の規定に従い作成される次のイからニまでに掲げるもの

　イ　連結貸借対照表

　ロ　連結損益計算書

　ハ　連結株主資本等変動計算書

　ニ　連結注記表

二　第120条の規定に従い作成されるもの

三　第120条の2の規定に従い作成されるもの

四　第120条の3の規定に従い作成されるもの

（連結会計年度）

第62条　各事業年度に係る連結計算書類の作成に係る期間（以下この編において「連結会計年度」という。）は、当該事業年度の前事業年度の末日の翌日（当該事業年度の前事業年度がない場合にあっては、成立の日）から当該事業年度の末日までの期間とする。

（連結の範囲）

第63条　株式会社は、その全ての子会社を連結の範囲に含めなければならない。ただし、次のいずれかに該当する子会社は、連結の範囲に含めないものとする。

一　財務及び事業の方針を決定する機関（株主総会その他これに準ずる機関をいう。）に対する支配が一時的であると認められる子会社

二　連結の範囲に含めることにより当該株式会社の利害関係人の判断を著しく誤らせるおそれがあると認められる子会社

2　前項の規定により連結の範囲に含めるべき子会社のうち、その資産、売上高（役務収益を含む。以下同じ。）等からみて、連結の範囲から除いてもその企業集団の財産及び損益の状況に関する合理的な判断を妨げない程度に重要性の乏しいものは、連結の範囲から除くことができる。

（事業年度に係る期間の異なる子会社）

第64条　株式会社の事業年度の末日と異なる日をその事業年度の末日とする連結子会社は、当該株式会社の事業年度の末日において、連結計算書類の作成の基礎となる計算書類を作成するために必要とされる決算を行わなければならない。ただし、当該連結子会社の事業年度の末日と当該株式会社の事業年度の末日との差異が3箇月を超えない場合において、当該連結子会社の事業年度に係る計算書類を基礎として連結計算書類を作成するときは、この限りでない。

2　前項ただし書の規定により連結計算書類を作成する場合には、連結子会社の事業年度の末日と当該株式会社の事業年度の末日が異なることから生ずる連結会社相互間の取引に係る会計記録の重要な不一致について、調整をしなければならない。

（連結貸借対照表）

第65条　連結貸借対照表は、株式会社の連結会計年度に対応する期間に係る連結会社の貸借対照表（連結子会社が前条第1項本文の規定による決算を行う場合における当該連結子会社の貸借対照表については、当該決算に係る貸借対照表）の資産、負債及び純資産の金額を基礎として作成しなければならない。この場合においては、連結会社の貸借対照表に計上された資産、負債及び純資産の金額を連結貸借対照表の適切な項目に計上することができる。

（連結損益計算書）

第66条　連結損益計算書は、株式会社の連結会計年度に対応する期間に係る連結会社の損益計算書（連結子会社が第64条第1項本文の規定による決算を行う場合における当該連結子会社の損益計算書については、当該決算に係る損益計算書）の収益若しくは費用又は利益若しくは損失の金額を基礎として作成しなければならない。この場合においては、連結会社の損益計算書に計上された収益若しくは費用又は利益若しくは損失の金額を連結損益計算書の適切な項目に計上することができる。

（連結株主資本等変動計算書）

第67条　連結株主資本等変動計算書は、株式会社の連結会計年度に対応する期間に係る連結会社の株主資本等変動計算書（連結子会社が第64条第1項本文の規定による決算を行う場合における当該連結子会社の株主資本等変動計算書については、当該決算に係る株主資本等変動計算書）の株主資本等（株主資本その他の会社等の純資産をいう。以下この条において同じ。）を基礎として作成しなければならない。この場合においては、連結会社の株主資本等変動計算書に表示された株主資本等に係る額を連結株主資本等変動計算書の適切な項目に計上することができる。

（連結子会社の資産及び負債の評価等）

第68条　連結計算書類の作成に当たっては、連結子会社の資産及び負債の評価並びに株式会社の連結子会社に対する投資とこれに対応する当該連結子会社の資本との相殺消去その他必要とされる連結会社相互間の項目の相殺消去をしなければならない。

（持分法の適用）

第69条　非連結子会社及び関連会社に対する投資については、持分法により計算する価額をもって連結貸借対照表に計上しなければならない。ただし、次のいずれかに該当する非連結子会社及び関連会社に対する投資については、持分法を適用しないものとする。

一　財務及び事業の方針の決定に対する影響が一時的であると認められる関連会社

二　持分法を適用することにより株式会社の利害関係人の判断を著しく誤らせるおそれがあると認められる非連結子会社及び関連会社

2　前項の規定により持分法を適用すべき非連結子会社及び関連会社のうち、その損益等からみ

て、持分法の適用の対象から除いても連結計算書類に重要な影響を与えないものは、持分法の適用の対象から除くことができる。

第4節　持分会社の計算書類

（成立の日の貸借対照表）

第70条　法第617条第1項の規定により作成すべき貸借対照表は、持分会社の成立の日における会計帳簿に基づき作成しなければならない。

（各事業年度に係る計算書類）

第71条　法第617条第2項に規定する法務省令で定めるものは、次の各号に掲げる持分会社の区分に応じ、当該各号に定めるものとする。

一　合名会社及び合資会社　当該合名会社及び合資会社が損益計算書、社員資本等変動計算書又は個別注記表の全部又は一部をこの編の規定に従い作成するものと定めた場合におけるこの編の規定に従い作成される損益計算書、社員資本等変動計算書又は個別注記表

二　合同会社　この編の規定に従い作成される損益計算書、社員資本等変動計算書及び個別注記表

2　各事業年度に係る計算書類の作成に係る期間は、当該事業年度の前事業年度の末日の翌日（当該事業年度の前事業年度がない場合にあっては、成立の日）から当該事業年度の末日までの期間とする。この場合において、当該期間は、1年（事業年度の末日を変更する場合における変更後の最初の事業年度については、1年6箇月）を超えることができない。

3　法第617条第2項の規定により作成すべき各事業年度に係る計算書類は、当該事業年度に係る会計帳簿に基づき作成しなければならない。

第2章　貸借対照表等

（通則）

第72条　貸借対照表等（貸借対照表及び連結貸借対照表をいう。以下この編において同じ。）については、この章に定めるところによる。

（貸借対照表等の区分）

第73条　貸借対照表等は、次に掲げる部に区分し

て表示しなければならない。

一　資産

二　負債

三　純資産

2　資産の部又は負債の部の各項目は、当該項目に係る資産又は負債を示す適当な名称を付さなければならない。

3　連結会社が2以上の異なる種類の事業を営んでいる場合には、連結貸借対照表の資産の部及び負債の部は、その営む事業の種類ごとに区分することができる。

（資産の部の区分）

第74条　資産の部は、次に掲げる項目に区分しなければならない。この場合において、各項目（第2号に掲げる項目を除く。）は、適当な項目に細分しなければならない。

一　流動資産

二　固定資産

三　繰延資産

2　固定資産に係る項目は、次に掲げる項目に区分しなければならない。この場合において、各項目は、適当な項目に細分しなければならない。

一　有形固定資産

二　無形固定資産

三　投資その他の資産

3　次の各号に掲げる資産は、当該各号に定めるものに属するものとする。

一　次に掲げる資産　流動資産

イ　現金及び預金（1年内に期限の到来しない預金を除く。）

ロ　受取手形（通常の取引（当該会社の事業目的のための営業活動において、経常的に又は短期間に循環して発生する取引をいう。以下この章において同じ。）に基づいて発生した手形債権（破産更生債権等（破産債権、再生債権、更生債権その他これらに準ずる債権をいう。以下この号において同じ。）で1年内に弁済を受けることができないことが明らかなものを除く。）をいう。）

ハ　売掛金（通常の取引に基づいて発生した事業上の未収金（当該未収金に係る債権が

破産更生債権等で１年内に弁済を受けることができないことが明らかなものである場合における当該未収金を除く。）をいう。）

ニ　所有権移転ファイナンス・リース取引におけるリース債権のうち、通常の取引に基づいて発生したもの（破産更生債権等で１年内に回収されないことが明らかなものを除く。）及び通常の取引以外の取引に基づいて発生したもので１年内に期限が到来するもの

ホ　所有権移転外ファイナンス・リース取引におけるリース投資資産のうち、通常の取引に基づいて発生したもの（破産更生債権等で１年内に回収されないことが明らかなものを除く。）及び通常の取引以外の取引に基づいて発生したもので１年内に期限が到来するもの

ヘ　売買目的有価証券及び１年内に満期の到来する有価証券

ト　商品（販売の目的をもって所有する土地、建物その他の不動産を含む。）

チ　製品、副産物及び作業くず

リ　半製品（自製部分品を含む。）

ヌ　原料及び材料（購入部分品を含む。）

ル　仕掛品及び半成工事

ヲ　消耗品、消耗工具、器具及び備品その他の貯蔵品であって、相当な価額以上のもの

ワ　前渡金（商品及び原材料（これらに準ずるものを含む。）の購入のための前渡金（当該前渡金に係る債権が破産更生債権等で１年内に弁済を受けることができないことが明らかなものである場合における当該前渡金を除く。）をいう。）

カ　前払費用であって、１年内に費用となるべきもの

ヨ　未収収益

タ　その他の資産であって、１年内に現金化することができると認められるもの

二　次に掲げる資産（ただし、イからチまでに掲げる資産については、事業の用に供するものに限る。）　有形固定資産

イ　建物及び暖房、照明、通風等の付属設備

ロ　構築物（ドック、橋、岸壁、さん橋、軌道、貯水池、坑道、煙突その他土地に定着する土木設備又は工作物をいう。）

ハ　機械及び装置並びにホイスト、コンベヤー、起重機等の搬送設備その他の付属設備

ニ　船舶及び水上運搬具

ホ　鉄道車両、自動車その他の陸上運搬具

ヘ　工具、器具及び備品（耐用年数が１年以上のものに限る。）

ト　土地

チ　リース資産（当該会社がファイナンス・リース取引におけるリース物件の借主である資産であって、当該リース物件がイからトまで及びヌに掲げるものである場合に限る。）

リ　建設仮勘定（イからトまでに掲げる資産で事業の用に供するものを建設した場合における支出及び当該建設の目的のために充当した材料をいう。）

ヌ　その他の有形資産であって、有形固定資産に属する資産とすべきもの

三　次に掲げる資産　無形固定資産

イ　特許権

ロ　借地権（地上権を含む。）

ハ　商標権

ニ　実用新案権

ホ　意匠権

ヘ　鉱業権

ト　漁業権（入漁権を含む。）

チ　ソフトウエア

リ　のれん

ヌ　リース資産（当該会社がファイナンス・リース取引におけるリース物件の借主である資産であって、当該リース物件がイからチまで及びルに掲げるものである場合に限る。）

ル　その他の無形資産であって、無形固定資産に属する資産とすべきもの

四　次に掲げる資産　投資その他の資産

イ　関係会社の株式（売買目的有価証券に該
当する株式を除く。以下同じ。）その他流
動資産に属しない有価証券

ロ　出資金

ハ　長期貸付金

ニ　前払年金費用（連結貸借対照表にあって
は、退職給付に係る資産）

ホ　繰延税金資産

ヘ　所有権移転ファイナンス・リース取引に
おけるリース債権のうち第1号ニに掲げる
もの以外のもの

ト　所有権移転外ファイナンス・リース取引
におけるリース投資資産のうち第1号ホに
掲げるもの以外のもの

チ　その他の資産であって、投資その他の資
産に属する資産とすべきもの

リ　その他の資産であって、流動資産、有形
固定資産、無形固定資産又は繰延資産に属
しないもの

五　繰延資産として計上することが適当である
と認められるもの　繰延資産

4　前項に規定する「1年内」とは、次の各号に
掲げる貸借対照表等の区分に応じ、当該各号に
定める日から起算して1年以内の日をいう（以
下この編において同じ。）。

一　成立の日における貸借対照表　会社の成立
の日

二　事業年度に係る貸借対照表　事業年度の末
日の翌日

三　臨時計算書類の貸借対照表　臨時決算日の
翌日

四　連結貸借対照表　連結会計年度の末日の翌
日

（負債の部の区分）

第75条　負債の部は、次に掲げる項目に区分しな
ければならない。この場合において、各項目は、
適当な項目に細分しなければならない。

一　流動負債

二　固定負債

2　次の各号に掲げる負債は、当該各号に定める
ものに属するものとする。

一　次に掲げる負債　流動負債

イ　支払手形（通常の取引に基づいて発生し
た手形債務をいう。）

ロ　買掛金（通常の取引に基づいて発生した
事業上の未払金をいう。）

ハ　前受金（受注工事、受注品等に対する前
受金をいう。）

ニ　引当金（資産に係る引当金及び1年内に
使用されないと認められるものを除く。）

ホ　通常の取引に関連して発生する未払金又
は預り金で一般の取引慣行として発生後短
期間に支払われるもの

ヘ　未払費用

ト　前受収益

チ　ファイナンス・リース取引におけるリー
ス債務のうち、1年内に期限が到来するも
の

リ　資産除去債務のうち、1年内に履行され
ると認められるもの

ヌ　その他の負債であって、1年内に支払わ
れ、又は返済されると認められるもの

二　次に掲げる負債　固定負債

イ　社債

ロ　長期借入金

ハ　引当金（資産に係る引当金、前号ニに掲
げる引当金及びニに掲げる退職給付引当金
を除く。）

ニ　退職給付引当金（連結貸借対照表にあっ
ては、退職給付に係る負債）

ホ　繰延税金負債

ヘ　のれん

ト　ファイナンス・リース取引におけるリー
ス債務のうち、前号チに掲げるもの以外の
もの

チ　資産除去債務のうち、前号リに掲げるも
の以外のもの

リ　その他の負債であって、流動負債に属し
ないもの

（純資産の部の区分）

第76条　純資産の部は、次の各号に掲げる貸借対
照表等の区分に応じ、当該各号に定める項目に

区分しなければならない。

一　株式会社の貸借対照表　次に掲げる項目
　　イ　株主資本
　　ロ　評価・換算差額等
　　ハ　株式引受権
　　ニ　新株予約権
二　株式会社の連結貸借対照表　次に掲げる項目
　　イ　株主資本
　　ロ　次に掲げるいずれかの項目
　　　(1)　評価・換算差額等
　　　(2)　その他の包括利益累計額
　　ハ　株式引受権
　　ニ　新株予約権
　　ホ　非支配株主持分
三　持分会社の貸借対照表　次に掲げる項目
　　イ　社員資本
　　ロ　評価・換算差額等

2　株主資本に係る項目は、次に掲げる項目に区分しなければならない。この場合において、第5号に掲げる項目は、控除項目とする。
一　資本金
二　新株式申込証拠金
三　資本剰余金
四　利益剰余金
五　自己株式
六　自己株式申込証拠金

3　社員資本に係る項目は、次に掲げる項目に区分しなければならない。
一　資本金
二　出資金申込証拠金
三　資本剰余金
四　利益剰余金

4　株式会社の貸借対照表の資本剰余金に係る項目は、次に掲げる項目に区分しなければならない。
一　資本準備金
二　その他資本剰余金

5　株式会社の貸借対照表の利益剰余金に係る項目は、次に掲げる項目に区分しなければならない。

一　利益準備金
二　その他利益剰余金

6　第4項第2号及び前項第2号に掲げる項目は、適当な名称を付した項目に細分することができる。

7　評価・換算差額等又はその他の包括利益累計額に係る項目は、次に掲げる項目その他適当な名称を付した項目に細分しなければならない。ただし、第4号及び第5号に掲げる項目は、連結貸借対照表に限る。
一　その他有価証券評価差額金
二　繰延ヘッジ損益
三　土地再評価差額金
四　為替換算調整勘定
五　退職給付に係る調整累計額

8　新株予約権に係る項目は、自己新株予約権に係る項目を控除項目として区分することができる。

9　連結貸借対照表についての次の各号に掲げるものに計上すべきものは、当該各号に定めるものとする。
一　第2項第5号の自己株式　次に掲げる額の合計額
　　イ　当該株式会社が保有する当該株式会社の株式の帳簿価額
　　ロ　連結子会社並びに持分法を適用する非連結子会社及び関連会社が保有する当該株式会社の株式の帳簿価額のうち、当該株式会社のこれらの会社に対する持分に相当する額
二　第7項第4号の為替換算調整勘定　外国にある子会社又は関連会社の資産及び負債の換算に用いる為替相場と純資産の換算に用いる為替相場とが異なることによって生じる換算差額
三　第7項第5号の退職給付に係る調整累計額　次に掲げる項目の額の合計額
　　イ　未認識数理計算上の差異
　　ロ　未認識過去勤務費用
　　ハ　その他退職給付に係る調整累計額に計上することが適当であると認められるもの

（たな卸資産及び工事損失引当金の表示）

第77条　同一の工事契約に係るたな卸資産及び工事損失引当金がある場合には、両者を相殺した差額をたな卸資産又は工事損失引当金として流動資産又は流動負債に表示することができる。

（貸倒引当金等の表示）

第78条　各資産に係る引当金は、次項の規定による場合のほか、当該各資産の項目に対する控除項目として、貸倒引当金その他当該引当金の設定目的を示す名称を付した項目をもって表示しなければならない。ただし、流動資産、有形固定資産、無形固定資産、投資その他の資産又は繰延資産の区分に応じ、これらの資産に対する控除項目として一括して表示することを妨げない。

2　各資産に係る引当金は、当該各資産の金額から直接控除し、その控除残高を当該各資産の金額として表示することができる。

（有形固定資産に対する減価償却累計額の表示）

第79条　各有形固定資産に対する減価償却累計額は、次項の規定による場合のほか、当該各有形固定資産の項目に対する控除項目として、減価償却累計額の項目をもって表示しなければならない。ただし、これらの有形固定資産に対する控除項目として一括して表示することを妨げない。

2　各有形固定資産に対する減価償却累計額は、当該各有形固定資産の金額から直接控除し、その控除残高を当該各有形固定資産の金額として表示することができる。

（有形固定資産に対する減損損失累計額の表示）

第80条　各有形固定資産に対する減損損失累計額は、次項及び第3項の規定による場合のほか、当該各有形固定資産の金額（前条第2項の規定により有形固定資産に対する減価償却累計額を当該有形固定資産の金額から直接控除しているときは、その控除後の金額）から直接控除し、その控除残高を当該各有形固定資産の金額として表示しなければならない。

2　減価償却を行う各有形固定資産に対する減損損失累計額は、当該各有形固定資産の項目に対する控除項目として、減損損失累計額の項目をもって表示することができる。ただし、これらの有形固定資産に対する控除項目として一括して表示することを妨げない。

3　前条第1項及び前項の規定により減価償却累計額及び減損損失累計額を控除項目として表示する場合には、減損損失累計額を減価償却累計額に合算して、減価償却累計額の項目をもって表示することができる。

（無形固定資産の表示）

第81条　各無形固定資産に対する減価償却累計額及び減損損失累計額は、当該各無形固定資産の金額から直接控除し、その控除残高を当該各無形固定資産の金額として表示しなければならない。

（関係会社株式等の表示）

第82条　関係会社の株式又は出資金は、関係会社株式又は関係会社出資金の項目をもって別に表示しなければならない。

2　前項の規定は、連結貸借対照表及び持分会社の貸借対照表については、適用しない。

（繰延税金資産等の表示）

第83条　繰延税金資産の金額及び繰延税金負債の金額については、その差額のみを繰延税金資産又は繰延税金負債として投資その他の資産又は固定負債に表示しなければならない。

2　連結貸借対照表に係る前項の規定の適用については、同項中「その差額」とあるのは、「異なる納税主体に係るものを除き、その差額」とする。

（繰延資産の表示）

第84条　各繰延資産に対する償却累計額は、当該各繰延資産の金額から直接控除し、その控除残高を各繰延資産の金額として表示しなければならない。

（連結貸借対照表ののれん）

第85条　連結貸借対照表に表示するのれんには、連結子会社に係る投資の金額がこれに対応する連結子会社の資本の金額と異なる場合に生ずるのれんを含むものとする。

（新株予約権の表示）

第86条　自己新株予約権の額は、新株予約権の金額から直接控除し、その控除残高を新株予約権の金額として表示しなければならない。ただし、自己新株予約権を控除項目として表示することを妨げない。

第3章　損益計算書等

（通則）

第87条　損益計算書等（損益計算書及び連結損益計算書をいう。以下この編において同じ。）については、この章の定めるところによる。

（損益計算書等の区分）

第88条　損益計算書等は、次に掲げる項目に区分して表示しなければならない。この場合において、各項目について細分することが適当な場合には、適当な項目に細分することができる。

一　売上高（売上高以外の名称を付すことが適当な場合には、当該名称を付した項目。以下同じ。）

二　売上原価

三　販売費及び一般管理費

四　営業外収益

五　営業外費用

六　特別利益

七　特別損失

2　特別利益に属する利益は、固定資産売却益、前期損益修正益、負ののれん発生益その他の項目の区分に従い、細分しなければならない。

3　特別損失に属する損失は、固定資産売却損、減損損失、災害による損失、前期損益修正損その他の項目の区分に従い、細分しなければならない。

4　前2項の規定にかかわらず、前2項の各利益又は各損失のうち、その金額が重要でないものについては、当該利益又は損失を細分しないこととすることができる。

5　連結会社が2以上の異なる種類の事業を営んでいる場合には、連結損益計算書の第1項第1号から第3号までに掲げる収益又は費用は、その営む事業の種類ごとに区分することができる。

6　次の各号に掲げる場合における連結損益計算書には、当該各号に定める額を相殺した後の額を表示することができる。

一　連結貸借対照表の資産の部に計上されたのれんの償却額及び負債の部に計上されたのれんの償却額が生ずる場合（これらの償却額が重要である場合を除く。）　連結貸借対照表の資産の部に計上されたのれんの償却額及び負債の部に計上されたのれんの償却額

二　持分法による投資利益及び持分法による投資損失が生ずる場合　投資利益及び投資損失

7　損益計算書等の各項目は、当該項目に係る収益若しくは費用又は利益若しくは損失を示す適当な名称を付さなければならない。

（売上総損益金額）

第89条　売上高から売上原価を減じて得た額（以下「売上総損益金額」という。）は、売上総利益金額として表示しなければならない。

2　前項の規定にかかわらず、売上総損益金額が零未満である場合には、零から売上総損益金額を減じて得た額を売上総損失金額として表示しなければならない。

（営業損益金額）

第90条　売上総損益金額から販売費及び一般管理費の合計額を減じて得た額（以下「営業損益金額」という。）は、営業利益金額として表示しなければならない。

2　前項の規定にかかわらず、営業損益金額が零未満である場合には、零から営業損益金額を減じて得た額を営業損失金額として表示しなければならない。

（経常損益金額）

第91条　営業損益金額に営業外収益を加えて得た額から営業外費用を減じて得た額（以下「経常損益金額」という。）は、経常利益金額として表示しなければならない。

2　前項の規定にかかわらず、経常損益金額が零未満である場合には、零から経常損益金額を減じて得た額を経常損失金額として表示しなければならない。

会
社
法

（税引前当期純損益金額）

第92条　経常損益金額に特別利益を加えて得た額から特別損失を減じて得た額（以下「税引前当期純損益金額」という。）は、税引前当期純利益金額（連結損益計算書にあっては、税金等調整前当期純利益金額）として表示しなければならない。

2　前項の規定にかかわらず、税引前当期純損益金額が零未満である場合には、零から税引前当期純損益金額を減じて得た額を税引前当期純損失金額（連結損益計算書にあっては、税金等調整前当期純損失金額）として表示しなければならない。

3　前2項の規定にかかわらず、臨時計算書類の損益計算書の税引前当期純損益金額の表示については、適当な名称を付することができる。

（税等）

第93条　次に掲げる項目の金額は、その内容を示す名称を付した項目をもって、税引前当期純利益金額又は税引前当期純損失金額（連結損益計算書にあっては、税金等調整前当期純利益金額又は税金等調整前当期純損失金額）の次に表示しなければならない。

一　当該事業年度（連結損益計算書にあっては、連結会計年度）に係る法人税等

二　法人税等調整額（税効果会計の適用により計上される前号に掲げる法人税等の調整額をいう。）

2　法人税等の更正、決定等による納付税額又は還付税額がある場合には、前項第1号に掲げる項目の次に、その内容を示す名称を付した項目をもって表示するものとする。ただし、これらの金額の重要性が乏しい場合は、同号に掲げる項目の金額に含めて表示することができる。

（当期純損益金額）

第94条　第1号及び第2号に掲げる額の合計額から第3号及び第4号に掲げる額の合計額を減じて得た額（以下「当期純損益金額」という。）は、当期純利益金額として表示しなければならない。

一　税引前当期純損益金額

二　前条第2項に規定する場合（同項ただし書の場合を除く。）において、還付税額があるときは、当該還付税額

三　前条第1項各号に掲げる項目の金額

四　前条第2項に規定する場合（同項ただし書の場合を除く。）において、納付税額があるときは、当該納付税額

2　前項の規定にかかわらず、当期純損益金額が零未満である場合には、零から当期純損益金額を減じて得た額を当期純損失金額として表示しなければならない。

3　連結損益計算書には、次に掲げる項目の金額は、その内容を示す名称を付した項目をもって、当期純利益金額又は当期純損失金額の次に表示しなければならない。

一　当期純利益として表示した額があるときは、当該額のうち非支配株主に帰属するもの

二　当期純損失として表示した額があるときは、当該額のうち非支配株主に帰属するもの

4　連結損益計算書には、当期純利益金額又は当期純損失金額に当期純利益又は当期純損失のうち非支配株主に帰属する額を加減して得た額は、親会社株主に帰属する当期純利益金額又は当期純損失金額として表示しなければならない。

5　第1項及び第2項の規定にかかわらず、臨時計算書類の損益計算書の当期純損益金額の表示については、適当な名称を付することができる。

第95条　削　除

第4章　株主資本等変動計算書等

第96条　株主資本等変動計算書等（株主資本等変動計算書、連結株主資本等変動計算書及び社員資本等変動計算書をいう。以下この編において同じ。）については、この条に定めるところによる。

2　株主資本等変動計算書等は、次の各号に掲げる株主資本等変動計算書等の区分に応じ、当該各号に定める項目に区分して表示しなければならない。

一　株主資本等変動計算書　次に掲げる項目

イ　株主資本

ロ　評価・換算差額等

　　ハ　株式引受権

　　ニ　新株予約権

　二　連結株主資本等変動計算書　次に掲げる項
　　目

　　イ　株主資本

　　ロ　次に掲げるいずれかの項目

　　　(1)　評価・換算差額等

　　　(2)　その他の包括利益累計額

　　ハ　株式引受権

　　ニ　新株予約権

　　ホ　非支配株主持分

　三　社員資本等変動計算書　次に掲げる項目

　　イ　社員資本

　　ロ　評価・換算差額等

3　次の各号に掲げる項目は、当該各号に定める
　項目に区分しなければならない。

　一　株主資本等変動計算書の株主資本　次に掲
　　げる項目

　　イ　資本金

　　ロ　新株式申込証拠金

　　ハ　資本剰余金

　　ニ　利益剰余金

　　ホ　自己株式

　　ヘ　自己株式申込証拠金

　二　連結株主資本等変動計算書の株主資本　次
　　に掲げる項目

　　イ　資本金

　　ロ　新株式申込証拠金

　　ハ　資本剰余金

　　ニ　利益剰余金

　　ホ　自己株式

　　ヘ　自己株式申込証拠金

　三　社員資本等変動計算書の社員資本　次に掲
　　げる項目

　　イ　資本金

　　ロ　資本剰余金

　　ハ　利益剰余金

4　株主資本等変動計算書の次の各号に掲げる項
　目は、当該各号に定める項目に区分しなければ
　ならない。この場合において、第1号ロ及び第
　2号ロに掲げる項目は、適当な名称を付した項

目に細分することができる。

　一　資本剰余金　次に掲げる項目

　　イ　資本準備金

　　ロ　その他資本剰余金

　二　利益剰余金　次に掲げる項目

　　イ　利益準備金

　　ロ　その他利益剰余金

5　評価・換算差額等又はその他の包括利益累計
　額に係る項目は、次に掲げる項目その他適当な
　名称を付した項目に細分することができる。

　一　その他有価証券評価差額金

　二　繰延ヘッジ損益

　三　土地再評価差額金

　四　為替換算調整勘定

　五　退職給付に係る調整累計額

6　新株予約権に係る項目は、自己新株予約権に
　係る項目を控除項目として区分することができ
　る。

7　資本金、資本剰余金、利益剰余金及び自己株
　式に係る項目は、それぞれ次に掲げるものにつ
　いて明らかにしなければならない。この場合に
　おいて、第2号に掲げるものは、各変動事由ご
　とに当期変動額及び変動事由を明らかにしなけ
　ればならない。

　一　当期首残高（遡及適用、誤謬の訂正又は当
　　該事業年度の前事業年度における企業結合に
　　係る暫定的な会計処理の確定をした場合に
　　あっては、当期首残高及びこれに対する影響
　　額。次項において同じ。）

　二　当期変動額

　三　当期末残高

8　評価・換算差額等又はその他の包括利益累計
　額、株式引受権、新株予約権及び非支配株主持
　分に係る項目は、それぞれ次に掲げるものにつ
　いて明らかにしなければならない。この場合に
　おいて、第2号に掲げるものについては、その
　主要なものを変動事由とともに明らかにするこ
　とを妨げない。

　一　当期首残高

　二　当期変動額

　三　当期末残高

9　連結株主資本等変動計算書についての次の各号に掲げるものに計上すべきものは、当該各号に定めるものとする。
　一　第3項第2号ホの自己株式　次に掲げる額の合計額
　　イ　当該株式会社が保有する当該株式会社の株式の帳簿価額
　　ロ　連結子会社並びに持分法を適用する非連結子会社及び関連会社が保有する当該株式会社の株式の帳簿価額のうち、当該株式会社のこれらの会社に対する持分に相当する額
　二　第5項第4号の為替換算調整勘定　外国にある子会社又は関連会社の資産及び負債の換算に用いる為替相場と純資産の換算に用いる為替相場とが異なることによって生じる換算差額
　三　第5項第5号の退職給付に係る調整累計額　次に掲げる項目の額の合計額
　　イ　未認識数理計算上の差異
　　ロ　未認識過去勤務費用
　　ハ　その他退職給付に係る調整累計額に計上することが適当であると認められるもの

第5章　注記表

（通則）
第97条　注記表（個別注記表及び連結注記表をいう。以下この編において同じ。）については、この章の定めるところによる。
（注記表の区分）
第98条　注記表は、次に掲げる項目に区分して表示しなければならない。
　一　継続企業の前提に関する注記
　二　重要な会計方針に係る事項（連結注記表にあっては、連結計算書類の作成のための基本となる重要な事項及び連結の範囲又は持分法の適用の範囲の変更）に関する注記
　三　会計方針の変更に関する注記
　四　表示方法の変更に関する注記
　四の二　会計上の見積りに関する注記
　五　会計上の見積りの変更に関する注記

　六　誤謬の訂正に関する注記
　七　貸借対照表等に関する注記
　八　損益計算書に関する注記
　九　株主資本等変動計算書（連結注記表にあっては、連結株主資本等変動計算書）に関する注記
　十　税効果会計に関する注記
　十一　リースにより使用する固定資産に関する注記
　十二　金融商品に関する注記
　十三　賃貸等不動産に関する注記
　十四　持分法損益等に関する注記
　十五　関連当事者との取引に関する注記
　十六　1株当たり情報に関する注記
　十七　重要な後発事象に関する注記
　十八　連結配当規制適用会社に関する注記
　十八の二　収益認識に関する注記
　十九　その他の注記
2　次の各号に掲げる注記表には、当該各号に定める項目を表示することを要しない。
　一　会計監査人設置会社以外の株式会社（公開会社を除く。）の個別注記表　前項第1号、第4号の2、第5号、第7号、第8号及び第10号から第18号までに掲げる項目
　二　会計監査人設置会社以外の公開会社の個別注記表　前項第1号、第4号の2、第5号、第14号及び第18号に掲げる項目
　三　会計監査人設置会社であって、法第444条第3項に規定するもの以外の株式会社の個別注記表　前項第14号に掲げる項目
　四　連結注記表　前項第8号、第10号、第11号、第14号、第15号及び第18号に掲げる項目
　五　持分会社の個別注記表　前項第1号、第4号の2、第5号及び第7号から第18号までに掲げる項目
（注記の方法）
第99条　貸借対照表等、損益計算書等又は株主資本等変動計算書等の特定の項目に関連する注記については、その関連を明らかにしなければならない。

（継続企業の前提に関する注記）

第100条　継続企業の前提に関する注記は、事業年度の末日において、当該株式会社が将来にわたって事業を継続するとの前提（以下この条において「継続企業の前提」という。）に重要な疑義を生じさせるような事象又は状況が存在する場合であって、当該事象又は状況を解消し、又は改善するための対応をしてもなお継続企業の前提に関する重要な不確実性が認められるとき（当該事業年度の末日後に当該重要な不確実性が認められなくなった場合を除く。）における次に掲げる事項とする。

一　当該事象又は状況が存在する旨及びその内容

二　当該事象又は状況を解消し、又は改善するための対応策

三　当該重要な不確実性が認められる旨及びその理由

四　当該重要な不確実性の影響を計算書類（連結注記表にあっては、連結計算書類）に反映しているか否かの別

（重要な会計方針に係る事項に関する注記）

第101条　重要な会計方針に係る事項に関する注記は、会計方針に関する次に掲げる事項（重要性の乏しいものを除く。）とする。

一　資産の評価基準及び評価方法

二　固定資産の減価償却の方法

三　引当金の計上基準

四　収益及び費用の計上基準

五　その他計算書類の作成のための基本となる重要な事項

2　会社が顧客との契約に基づく義務の履行の状況に応じて当該契約から生ずる収益を認識するときは、前項第4号に掲げる事項には、次に掲げる事項を含むものとする。

一　当該会社の主要な事業における顧客との契約に基づく主な義務の内容

二　前号に規定する義務に係る収益を認識する通常の時点

三　前2号に掲げるもののほか、当該会社が重要な会計方針に含まれると判断したもの

（連結計算書類の作成のための基本となる重要な事項に関する注記等）

第102条　連結計算書類の作成のための基本となる重要な事項に関する注記は、次に掲げる事項とする。この場合において、当該注記は当該各号に掲げる事項に区分しなければならない。

一　連結の範囲に関する次に掲げる事項

イ　連結子会社の数及び主要な連結子会社の名称

ロ　非連結子会社がある場合には、次に掲げる事項

(1)　主要な非連結子会社の名称

(2)　非連結子会社を連結の範囲から除いた理由

ハ　株式会社が議決権の過半数を自己の計算において所有している会社等を子会社としなかったときは、当該会社等の名称及び子会社としなかった理由

ニ　第63条第1項ただし書の規定により連結の範囲から除かれた子会社の財産又は損益に関する事項であって、当該企業集団の財産及び損益の状態の判断に影響を与えると認められる重要なものがあるときは、その内容

ホ　開示対象特別目的会社（会社法施行規則（平成18年法務省令第12号）第4条に規定する特別目的会社（同条の規定により当該特別目的会社に資産を譲渡した会社の子会社に該当しないものと推定されるものに限る。）をいう。以下この号及び第111条において同じ。）がある場合には、次に掲げる事項その他の重要な事項

(1)　開示対象特別目的会社の概要

(2)　開示対象特別目的会社との取引の概要及び取引金額

二　持分法の適用に関する次に掲げる事項

イ　持分法を適用した非連結子会社又は関連会社の数及びこれらのうち主要な会社等の名称

ロ　持分法を適用しない非連結子会社又は関連会社があるときは、次に掲げる事項

⑴　当該非連結子会社又は関連会社のうち主要な会社等の名称

⑵　当該非連結子会社又は関連会社に持分法を適用しない理由

ハ　当該株式会社が議決権の100分の20以上、100分の50以下を自己の計算において所有している会社等を関連会社としなかったときは、当該会社等の名称及び関連会社としなかった理由

ニ　持分法の適用の手続について特に示す必要があると認められる事項がある場合には、その内容

三　会計方針に関する次に掲げる事項

イ　重要な資産の評価基準及び評価方法

ロ　重要な減価償却資産の減価償却の方法

ハ　重要な引当金の計上基準

ニ　その他連結計算書類の作成のための重要な事項

2　連結の範囲又は持分法の適用の範囲の変更に関する注記は、連結の範囲又は持分法の適用の範囲を変更した場合（当該変更が重要性の乏しいものである場合を除く。）におけるその旨及び当該変更の理由とする。

（会計方針の変更に関する注記）

第102条の2　会計方針の変更に関する注記は、一般に公正妥当と認められる会計方針を他の一般に公正妥当と認められる会計方針に変更した場合における次に掲げる事項（重要性の乏しいものを除く。）とする。ただし、会計監査人設置会社以外の株式会社及び持分会社にあっては、第4号ロ及びハに掲げる事項を省略することができる。

一　当該会計方針の変更の内容

二　当該会計方針の変更の理由

三　遡及適用をした場合には、当該事業年度の期首における純資産額に対する影響額

四　当該事業年度より前の事業年度の全部又は一部について遡及適用をしなかった場合には、次に掲げる事項（当該会計方針の変更を会計上の見積りの変更と区別することが困難なときは、ロに掲げる事項を除く。）

イ　計算書類又は連結計算書類の主な項目に対する影響額

ロ　当該事業年度より前の事業年度の全部又は一部について遡及適用をしなかった理由並びに当該会計方針の変更の適用方法及び適用開始時期

ハ　当該会計方針の変更が当該事業年度の翌事業年度以降の財産又は損益に影響を及ぼす可能性がある場合であって、当該影響に関する事項を注記することが適切であるときは、当該事項

2　個別注記表に注記すべき事項（前項第3号並びに第4号ロ及びハに掲げる事項に限る。）が連結注記表に注記すべき事項と同一である場合において、個別注記表にその旨を注記するときは、個別注記表における当該事項の注記を要しない。

（表示方法の変更に関する注記）

第102条の3　表示方法の変更に関する注記は、一般に公正妥当と認められる表示方法を他の一般に公正妥当と認められる表示方法に変更した場合における次に掲げる事項（重要性の乏しいものを除く。）とする。

一　当該表示方法の変更の内容

二　当該表示方法の変更の理由

2　個別注記表に注記すべき事項（前項第2号に掲げる事項に限る。）が連結注記表に注記すべき事項と同一である場合において、個別注記表にその旨を注記するときは、個別注記表における当該事項の注記を要しない。

（会計上の見積りに関する注記）

第102条の3の2　会計上の見積りに関する注記は、次に掲げる事項とする。

一　会計上の見積りにより当該事業年度に係る計算書類又は連結計算書類にその額を計上した項目であって、翌事業年度に係る計算書類又は連結計算書類に重要な影響を及ぼす可能性があるもの

二　当該事業年度に係る計算書類又は連結計算書類の前号に掲げる項目に計上した額

三　前号に掲げるもののほか、第1号に掲げる

項目に係る会計上の見積りの内容に関する理解に資する情報

2　個別注記表に注記すべき事項（前項第3号に掲げる事項に限る。）が連結注記表に注記すべき事項と同一である場合において、個別注記表にその旨を注記するときは、個別注記表における当該事項の注記を要しない。

（会計上の見積りの変更に関する注記）

第102条の4　会計上の見積りの変更に関する注記は、会計上の見積りの変更をした場合における次に掲げる事項（重要性の乏しいものを除く。）とする。

一　当該会計上の見積りの変更の内容

二　当該会計上の見積りの変更の計算書類又は連結計算書類の項目に対する影響額

三　当該会計上の見積りの変更が当該事業年度の翌事業年度以降の財産又は損益に影響を及ぼす可能性があるときは、当該影響に関する事項

（誤謬の訂正に関する注記）

第102条の5　誤謬の訂正に関する注記は、誤謬の訂正をした場合における次に掲げる事項（重要性の乏しいものを除く。）とする。

一　当該誤謬の内容

二　当該事業年度の期首における純資産額に対する影響額

（貸借対照表等に関する注記）

第103条　貸借対照表等に関する注記は、次に掲げる事項（連結注記表にあっては、第6号から第9号までに掲げる事項を除く。）とする。

一　資産が担保に供されている場合における次に掲げる事項

イ　資産が担保に供されていること。

ロ　イの資産の内容及びその金額

ハ　担保に係る債務の金額

二　資産に係る引当金を直接控除した場合における各資産の資産項目別の引当金の金額（一括して注記することが適当な場合にあっては、各資産について流動資産、有形固定資産、無形固定資産、投資その他の資産又は繰延資産ごとに一括した引当金の金額）

三　資産に係る減価償却累計額を直接控除した場合における各資産の資産項目別の減価償却累計額（一括して注記することが適当な場合にあっては、各資産について一括した減価償却累計額）

四　資産に係る減損損失累計額を減価償却累計額に合算して減価償却累計額の項目をもって表示した場合にあっては、減価償却累計額に減損損失累計額が含まれている旨

五　保証債務、手形遡求債務、重要な係争事件に係る損害賠償義務その他これらに準ずる債務（負債の部に計上したものを除く。）があるときは、当該債務の内容及び金額

六　関係会社に対する金銭債権又は金銭債務をその金銭債権又は金銭債務が属する項目ごとに、他の金銭債権又は金銭債務と区分して表示していないときは、当該関係会社に対する金銭債権又は金銭債務の当該関係会社に対する金銭債権又は金銭債務が属する項目ごとの金額又は2以上の項目について一括した金額

七　取締役、監査役及び執行役との間の取引による取締役、監査役及び執行役に対する金銭債権があるときは、その総額

八　取締役、監査役及び執行役との間の取引による取締役、監査役及び執行役に対する金銭債務があるときは、その総額

九　当該株式会社の親会社株式の各表示区分別の金額

（損益計算書に関する注記）

第104条　損益計算書に関する注記は、関係会社との営業取引による取引高の総額及び営業取引以外の取引による取引高の総額とする。

（株主資本等変動計算書に関する注記）

第105条　株主資本等変動計算書に関する注記は、次に掲げる事項とする。この場合において、連結注記表を作成する株式会社は、第2号に掲げる事項以外の事項は、省略することができる。

一　当該事業年度の末日における発行済株式の数（種類株式発行会社にあっては、種類ごとの発行済株式の数）

二　当該事業年度の末日における自己株式の数

（種類株式発行会社にあっては、種類ごとの自己株式の数）

三　当該事業年度中に行った剰余金の配当（当該事業年度の末日後に行う剰余金の配当のうち、剰余金の配当を受ける者を定めるための法第124条第1項に規定する基準日が当該事業年度中のものを含む。）に関する次に掲げる事項その他の事項

　イ　配当財産が金銭である場合における当該金銭の総額

　ロ　配当財産が金銭以外の財産である場合における当該財産の帳簿価額（当該剰余金の配当をした日においてその時の時価を付した場合にあっては、当該時価を付した後の帳簿価額）の総額

四　当該事業年度の末日における株式引受権に係る当該株式会社の株式の数（種類株式発行会社にあっては、種類及び種類ごとの数）

五　当該事業年度の末日における当該株式会社が発行している新株予約権（法第236条第1項第4号の期間の初日が到来していないものを除く。）の目的となる当該株式会社の株式の数（種類株式発行会社にあっては、種類及び種類ごとの数）

（連結株主資本等変動計算書に関する注記）

第106条　連結株主資本等変動計算書に関する注記は、次に掲げる事項とする。

一　当該連結会計年度の末日における当該株式会社の発行済株式の総数（種類株式発行会社にあっては、種類ごとの発行済株式の総数）

二　当該連結会計年度中に行った剰余金の配当（当該連結会計年度の末日後に行う剰余金の配当のうち、剰余金の配当を受ける者を定めるための法第124条第1項に規定する基準日が当該連結会計年度中のものを含む。）に関する次に掲げる事項その他の事項

　イ　配当財産が金銭である場合における当該金銭の総額

　ロ　配当財産が金銭以外の財産である場合における当該財産の帳簿価額（当該剰余金の配当をした日においてその時の時価を付し

た場合にあっては、当該時価を付した後の帳簿価額）の総額

三　当該連結会計年度の末日における株式引受権に係る当該株式会社の株式の数（種類株式発行会社にあっては、種類及び種類ごとの数）

四　当該連結会計年度の末日における当該株式会社が発行している新株予約権（法第236条第1項第4号の期間の初日が到来していないものを除く。）の目的となる当該株式会社の株式の数（種類株式発行会社にあっては、種類及び種類ごとの数）

（税効果会計に関する注記）

第107条　税効果会計に関する注記は、次に掲げるもの（重要でないものを除く。）の発生の主な原因とする。

一　繰延税金資産（その算定に当たり繰延税金資産から控除された金額がある場合における当該金額を含む。）

二　繰延税金負債

（リースにより使用する固定資産に関する注記）

第108条　リースにより使用する固定資産に関する注記は、ファイナンス・リース取引の借主である株式会社が当該ファイナンス・リース取引について通常の売買取引に係る方法に準じて会計処理を行っていない場合におけるリース物件（固定資産に限る。以下この条において同じ。）に関する事項とする。この場合において、当該リース物件の全部又は一部に係る次に掲げる事項（各リース物件について一括して注記する場合にあっては、一括して注記すべきリース物件に関する事項）を含めることを妨げない。

一　当該事業年度の末日における取得原価相当額

二　当該事業年度の末日における減価償却累計額相当額

三　当該事業年度の末日における未経過リース料相当額

四　前3号に掲げるもののほか、当該リース物件に係る重要な事項

（金融商品に関する注記）

第109条　金融商品に関する注記は、次に掲げる

もの（重要性の乏しいものを除く。）とする。ただし、法第444条第3項に規定する株式会社以外の株式会社にあっては、第3号に掲げる事項を省略することができる。

一　金融商品の状況に関する事項
二　金融商品の時価等に関する事項
三　金融商品の時価の適切な区分ごとの内訳等に関する事項

2　連結注記表を作成する株式会社は、個別注記表における前項の注記を要しない。

（賃貸等不動産に関する注記）

第110条　賃貸等不動産に関する注記は、次に掲げるもの（重要性の乏しいものを除く。）とする。

一　賃貸等不動産の状況に関する事項
二　賃貸等不動産の時価に関する事項

2　連結注記表を作成する株式会社は、個別注記表における前項の注記を要しない。

（持分法損益等に関する注記）

第111条　持分法損益等に関する注記は、次の各号に掲げる場合の区分に応じ、当該各号に定めるものとする。ただし、第1号に定める事項については、損益及び利益剰余金からみて重要性の乏しい関連会社を除外することができる。

一　関連会社がある場合　関連会社に対する投資の金額並びに当該投資に対して持分法を適用した場合の投資の金額及び投資利益又は投資損失の金額
二　開示対象特別目的会社がある場合　開示対象特別目的会社の概要、開示対象特別目的会社との取引の概要及び取引金額その他の重要な事項

2　連結計算書類を作成する株式会社は、個別注記表における前項の注記を要しない。

（関連当事者との取引に関する注記）

第112条　関連当事者との取引に関する注記は、株式会社と関連当事者との間に取引（当該株式会社と第三者との間の取引で当該株式会社と当該関連当事者との間の利益が相反するものを含む。）がある場合における次に掲げる事項であって、重要なものとする。ただし、会計監査人設置会社以外の株式会社にあっては、第4号から

第6号まで及び第8号に掲げる事項を省略することができる。

一　当該関連当事者が会社等であるときは、次に掲げる事項
　イ　その名称
　ロ　当該関連当事者の総株主の議決権の総数に占める株式会社が有する議決権の数の割合
　ハ　当該株式会社の総株主の議決権の総数に占める当該関連当事者が有する議決権の数の割合
二　当該関連当事者が個人であるときは、次に掲げる事項
　イ　その氏名
　ロ　当該株式会社の総株主の議決権の総数に占める当該関連当事者が有する議決権の数の割合
三　当該株式会社と当該関連当事者との関係
四　取引の内容
五　取引の種類別の取引金額
六　取引条件及び取引条件の決定方針
七　取引により発生した債権又は債務に係る主な項目別の当該事業年度の末日における残高
八　取引条件の変更があったときは、その旨、変更の内容及び当該変更が計算書類に与えている影響の内容

2　関連当事者との間の取引のうち次に掲げる取引については、前項に規定する注記を要しない。

一　一般競争入札による取引並びに預金利息及び配当金の受取りその他取引の性質からみて取引条件が一般の取引と同様であることが明白な取引
二　取締役、会計参与、監査役又は執行役（以下この条において「役員」という。）に対する報酬等の給付
三　前2号に掲げる取引のほか、当該取引に係る条件につき市場価格その他当該取引に係る公正な価格を勘案して一般の取引の条件と同様のものを決定していることが明白な場合における当該取引

3　関連当事者との取引に関する注記は、第1項

各号に掲げる区分に従い、関連当事者ごとに表示しなければならない。

4　前3項に規定する「関連当事者」とは、次に掲げる者をいう。

一　当該株式会社の親会社

二　当該株式会社の子会社

三　当該株式会社の親会社の子会社（当該親会社が会社でない場合にあっては、当該親会社の子会社に相当するものを含む。）

四　当該株式会社のその他の関係会社（当該株式会社が他の会社の関連会社である場合における当該他の会社をいう。以下この号において同じ。）並びに当該その他の関係会社の親会社（当該その他の関係会社が株式会社でない場合にあっては、親会社に相当するもの）及び子会社（当該その他の関係会社が会社でない場合にあっては、子会社に相当するもの）

五　当該株式会社の関連会社及び当該関連会社の子会社（当該関連会社が会社でない場合にあっては、子会社に相当するもの）

六　当該株式会社の主要株主（自己又は他人の名義をもって当該株式会社の総株主の議決権の総数の100分の10以上の議決権（次に掲げる株式に係る議決権を除く。）を保有している株主をいう。）及びその近親者（2親等内の親族をいう。以下この条において同じ。）

イ　信託業（信託業法（平成16年法律第154号）第2条第1項に規定する信託業をいう。）を営む者が信託財産として所有する株式

ロ　有価証券関連業（金融商品取引法第28条第8項に規定する有価証券関連業をいう。）を営む者が引受け又は売出しを行う業務により取得した株式

ハ　金融商品取引法第156条の24第1項に規定する業務を営む者がその業務として所有する株式

七　当該株式会社の役員及びその近親者

八　当該株式会社の親会社の役員又はこれらに準ずる者及びその近親者

九　前3号に掲げる者が他の会社等の議決権の過半数を自己の計算において所有している場合における当該会社等及び当該会社等の子会社（当該会社等が会社でない場合にあっては、子会社に相当するもの）

十　従業員のための企業年金（当該株式会社と重要な取引（掛金の拠出を除く。）を行う場合に限る。）

（1株当たり情報に関する注記）

第113条　1株当たり情報に関する注記は、次に掲げる事項とする。

一　1株当たりの純資産額

二　1株当たりの当期純利益金額又は当期純損失金額（連結計算書類にあっては、1株当たりの親会社株主に帰属する当期純利益金額又は当期純損失金額）

三　株式会社が当該事業年度（連結計算書類にあっては、当該連結会計年度。以下この号において同じ。）又は当該事業年度の末日後において株式の併合又は株式の分割をした場合において、当該事業年度の期首に株式の併合又は株式の分割をしたと仮定して前2号に掲げる額を算定したときは、その旨

（重要な後発事象に関する注記）

第114条　個別注記表における重要な後発事象に関する注記は、当該株式会社の事業年度の末日後、当該株式会社の翌事業年度以降の財産又は損益に重要な影響を及ぼす事象が発生した場合における当該事象とする。

2　連結注記表における重要な後発事象に関する注記は、当該株式会社の事業年度の末日後、連結会社並びに持分法が適用される非連結子会社及び関連会社の翌事業年度以降の財産又は損益に重要な影響を及ぼす事象が発生した場合における当該事象とする。ただし、当該株式会社の事業年度の末日と異なる日をその事業年度の末日とする子会社及び関連会社については、当該子会社及び関連会社の事業年度の末日後に発生した場合における当該事象とする。

（連結配当規制適用会社に関する注記）

第115条　連結配当規制適用会社に関する注記は、当該事業年度の末日が最終事業年度の末日となる時後、連結配当規制適用会社となる旨とする。

（収益認識に関する注記）

第115条の2　収益認識に関する注記は、会社が顧客との契約に基づく義務の履行の状況に応じて当該契約から生ずる収益を認識する場合における次に掲げる事項（重要性の乏しいものを除く。）とする。ただし、法第444条第3項に規定する株式会社以外の株式会社にあっては、第1号及び第3号に掲げる事項を省略することができる。

一　当該事業年度に認識した収益を、収益及びキャッシュ・フローの性質、金額、時期及び不確実性に影響を及ぼす主要な要因に基づいて区分をした場合における当該区分ごとの収益の額その他の事項

二　収益を理解するための基礎となる情報

三　当該事業年度及び翌事業年度以降の収益の金額を理解するための情報

2　前項に掲げる事項が第101条の規定により注記すべき事項と同一であるときは、同項の規定による当該事項の注記を要しない。

3　連結計算書類を作成する株式会社は、個別注記表における第1項（第2号を除く。）の注記を要しない。

4　個別注記表に注記すべき事項（第1項第2号に掲げる事項に限る。）が連結注記表に注記すべき事項と同一である場合において、個別注記表にその旨を注記するときは、個別注記表における当該事項の注記を要しない。

（その他の注記）

第116条　その他の注記は、第100条から前条までに掲げるもののほか、貸借対照表等、損益計算書等及び株主資本等変動計算書等により会社（連結注記表にあっては、企業集団）の財産又は損益の状態を正確に判断するために必要な事項とする。

第6章　附属明細書

第117条　各事業年度に係る株式会社の計算書類に係る附属明細書には、次に掲げる事項（公開会社以外の株式会社にあっては、第1号から第3号に掲げる事項）のほか、株式会社の貸借対照表、損益計算書、株主資本等変動計算書及び個別注記表の内容を補足する重要な事項を表示しなければならない。

一　有形固定資産及び無形固定資産の明細

二　引当金の明細

三　販売費及び一般管理費の明細

四　第112条第1項ただし書の規定により省略した事項があるときは、当該事項

第7章　雑　則

（別記事業を営む会社の計算関係書類についての特例）

第118条　財務諸表等の用語、様式及び作成方法に関する規則（昭和38年大蔵省令第59号）別記に掲げる事業（以下この条において「別記事業」という。）を営む会社（企業集団を含む。以下この条において同じ。）が当該別記事業の所管官庁に提出する計算関係書類の用語、様式及び作成方法について、特に法令の定めがある場合又は当該別記事業の所管官庁がこの省令に準じて計算書類準則（以下この条において「準則」という。）を制定した場合には、当該別記事業を営む会社が作成すべき計算関係書類の用語、様式及び作成方法については、第1章から前章までの規定にかかわらず、その法令又は準則の定めによる。ただし、その法令又は準則に定めのない事項については、この限りでない。

2　前項の規定にかかわらず、別記事業（同項の法令又は準則の定めの適用があるものに限る。以下この条において同じ。）の2以上を兼ねて営む会社が作成すべき計算関係書類の用語、様式及び作成方法については、それらの別記事業のうち、当該会社の事業の主要な部分を占める事業（以下この条において「主要事業」という。）に関して適用される法令又は準則の定めによる。ただし、その主要事業以外の別記事業に関する事項については、主要事業以外の別記事業に関して適用される法令又は準則の定めによることができる。

3　別記事業とその他の事業とを兼ねて営む会社の主要事業が別記事業でない場合には、当該会

社が作成すべき計算関係書類の用語、様式及び作成方法については、第1項の規定を適用しないことができる。ただし、別記事業に関係ある事項については、当該別記事業に関して適用される法令又は準則の定めによることができる。

4　前3項の規定の適用がある会社（当該会社が作成すべき計算関係書類の用語、様式及び作成方法の全部又は一部について別記事業に関して適用される法令又は準則の定めによるものに限る。以下「別記事業会社」という。）が作成すべき計算関係書類について、この省令の規定により表示を要しない事項がある場合においては、当該事項に関して適用される法令又は準則の定めにかかわらず、その表示を省略し、又は適当な方法で表示することができる。

（会社法以外の法令の規定による準備金等）

第119条　法以外の法令の規定により準備金又は引当金の名称をもって計上しなければならない準備金又は引当金であって、資産の部又は負債の部に計上することが適当でないもの（以下この項において「準備金等」という。）は、固定負債の次に別の区分を設けて表示しなければならない。この場合において、当該準備金等については、当該準備金等の設定目的を示す名称を付した項目をもって表示しなければならない。

2　法以外の法令の規定により準備金又は引当金の名称をもって計上しなければならない準備金又は引当金がある場合には、次に掲げる事項（第2号の区別をすることが困難である場合にあっては、第1号に掲げる事項）を注記表に表示しなければならない。

一　当該法令の条項

二　当該準備金又は引当金が1年内に使用されると認められるものであるかどうかの区別

（国際会計基準で作成する連結計算書類に関する特則）

第120条　連結財務諸表の用語、様式及び作成方法に関する規則（昭和51年大蔵省令第28号）第93条の規定により連結財務諸表の用語、様式及び作成方法について指定国際会計基準（同条に規定する指定国際会計基準をいう。以下この条

において同じ。）に従うことができるものとされた株式会社の作成すべき連結計算書類は、指定国際会計基準に従って作成することができる。この場合においては、第1章から第5章までの規定により第61条第1号に規定する連結計算書類において表示すべき事項に相当するものを除くその他の事項は、省略することができる。

2　前項の規定により作成した連結計算書類には、指定国際会計基準に従って作成した連結計算書類である旨を注記しなければならない。

3　第1項後段の規定により省略した事項がある同項の規定により作成した連結計算書類には、前項の規定にかかわらず、第1項の規定により作成した連結計算書類である旨及び同項後段の規定により省略した事項がある旨を注記しなければならない。

（修正国際基準で作成する連結計算書類に関する特則）

第120条の2　連結財務諸表の用語、様式及び作成方法に関する規則第94条の規定により連結財務諸表の用語、様式及び作成方法について修正国際基準（同条に規定する修正国際基準をいう。以下この条において同じ。）に従うことができるものとされた株式会社の作成すべき連結計算書類は、修正国際基準に従って作成することができる。

2　前項の規定により作成した連結計算書類には、修正国際基準に従って作成した連結計算書類である旨を注記しなければならない。

3　前条第1項後段及び第3項の規定は、第1項の場合について準用する。

（米国基準で作成する連結計算書類に関する特則）

第120条の3　連結財務諸表の用語、様式及び作成方法に関する規則第95条又は連結財務諸表の用語、様式及び作成方法に関する規則の一部を改正する内閣府令（平成14年内閣府令第11号）附則第3項の規定により、連結財務諸表の用語、様式及び作成方法について米国預託証券の発行等に関して要請されている用語、様式及び作成方法によることができるものとされた株式会社の作成すべき連結計算書類は、米国預託証券の

発行等に関して要請されている用語、様式及び作成方法によることができる。

2 前項の規定による連結計算書類には、当該連結計算書類が準拠している用語、様式及び作成方法を注記しなければならない。

3 第120条第1項後段の規定は、第1項の場合について準用する。

第4編 計算関係書類の監査

第1章 通 則

第121条 法第436条第1項及び第2項、第441条第2項並びに第444条第4項の規定による監査（計算関係書類（成立の日における貸借対照表を除く。以下この編において同じ。）に係るものに限る。以下この編において同じ。）については、この編の定めるところによる。

2 前項に規定する監査には、公認会計士法（昭和23年法律第103号）第2条第1項に規定する監査のほか、計算関係書類に表示された情報と計算関係書類に表示すべき情報との合致の程度を確かめ、かつ、その結果を利害関係者に伝達するための手続を含むものとする。

第2章 会計監査人設置会社以外の株式会社における監査

（監査役の監査報告の内容）

第122条 監査役（会計監査人設置会社の監査役を除く。以下この章において同じ。）は、計算関係書類を受領したときは、次に掲げる事項（監査役会設置会社の監査役の監査報告にあっては、第1号から第4号までに掲げる事項）を内容とする監査報告を作成しなければならない。

一 監査役の監査の方法及びその内容

二 計算関係書類が当該株式会社の財産及び損益の状況を全ての重要な点において適正に表示しているかどうかについての意見

三 監査のため必要な調査ができなかったときは、その旨及びその理由

四 追記情報

五 監査報告を作成した日

2 前項第4号に規定する「追記情報」とは、次に掲げる事項その他の事項のうち、監査役の判断に関して説明を付す必要がある事項又は計算関係書類の内容のうち強調する必要がある事項とする。

一 会計方針の変更

二 重要な偶発事象

三 重要な後発事象

（監査役会の監査報告の内容等）

第123条 監査役会（会計監査人設置会社の監査役会を除く。以下この章において同じ。）は、前条第1項の規定により監査役が作成した監査報告（以下この条において「監査役監査報告」という。）に基づき、監査役会の監査報告（以下この条において「監査役会監査報告」という。）を作成しなければならない。

2 監査役会監査報告は、次に掲げる事項を内容とするものでなければならない。この場合において、監査役は、当該事項に係る監査役会監査報告の内容が当該事項に係る監査役の監査役監査報告の内容と異なる場合には、当該事項に係る各監査役の監査役監査報告の内容を監査役会監査報告に付記することができる。

一 前条第1項第2号から第4号までに掲げる事項

二 監査役及び監査役会の監査の方法及びその内容

三 監査役会監査報告を作成した日

3 監査役会が監査役会監査報告を作成する場合には、監査役会は、1回以上、会議を開催する方法又は情報の送受信により同時に意見の交換をすることができる方法により、監査役会監査報告の内容（前項後段の規定による付記を除く。）を審議しなければならない。

（監査報告の通知期限等）

第124条 特定監査役は、次の各号に掲げる監査報告（監査役会設置会社にあっては、前条第1項の規定により作成された監査役会の監査報告に限る。以下この条において同じ。）の区分に応じ、当該各号に定める日までに、特定取締役

に対し、当該監査報告の内容を通知しなければ
ならない。

一　各事業年度に係る計算書類及びその附属明
細書についての監査報告　次に掲げる日のい
ずれか遅い日

イ　当該計算書類の全部を受領した日から4
週間を経過した日

ロ　当該計算書類の附属明細書を受領した日
から1週間を経過した日

ハ　特定取締役及び特定監査役が合意により
定めた日があるときは、その日

二　臨時計算書類についての監査報告　次に掲
げる日のいずれか遅い日

イ　当該臨時計算書類の全部を受領した日か
ら4週間を経過した日

ロ　特定取締役及び特定監査役が合意により
定めた日があるときは、その日

2　計算関係書類については、特定取締役が前項
の規定による監査報告の内容の通知を受けた日
に、監査役の監査を受けたものとする。

3　前項の規定にかかわらず、特定監査役が第1
項の規定により通知をすべき日までに同項の規
定による監査報告の内容の通知をしない場合に
は、当該通知をすべき日に、計算関係書類につ
いては、監査役の監査を受けたものとみなす。

4　第1項及び第2項に規定する「特定取締役」
とは、次の各号に掲げる場合の区分に応じ、当
該各号に定める者（当該株式会社が会計参与設
置会社である場合にあっては、当該各号に定め
る者及び会計参与）をいう。

一　第1項の規定による通知を受ける者を定め
た場合　当該通知を受ける者として定められ
た者

二　前号に掲げる場合以外の場合　監査を受け
るべき計算関係書類の作成に関する職務を
行った取締役

5　第1項及び第3項に規定する「特定監査役」
とは、次の各号に掲げる株式会社の区分に応じ、
当該各号に定める者とする。

一　監査役設置会社（監査役の監査の範囲を会
計に関するものに限定する旨の定款の定めが

ある株式会社を含み、監査役会設置会社及び
会計監査人設置会社を除く。）　次のイからハ
までに掲げる場合の区分に応じ、当該イから
ハまでに定める者

イ　2以上の監査役が存する場合において、
第1項の規定による監査報告の内容の通知
をすべき監査役を定めたとき　当該通知を
すべき監査役として定められた監査役

ロ　2以上の監査役が存する場合において、
第1項の規定による監査報告の内容の通知
をすべき監査役を定めていないとき　全て
の監査役

ハ　イ又はロに掲げる場合以外の場合　監査
役

二　監査役会設置会社（会計監査人設置会社を
除く。）　次のイ又はロに掲げる場合の区分に
応じ、当該イ又はロに定める者

イ　監査役会が第1項の規定による監査報告
の内容の通知をすべき監査役を定めた場合
当該通知をすべき監査役として定められ
た監査役

ロ　イに掲げる場合以外の場合　全ての監査
役

第3章　会計監査人設置会社に
おける監査

（計算関係書類の提供）

第125条　計算関係書類を作成した取締役（指名
委員会等設置会社にあっては、執行役）は、会
計監査人に対して計算関係書類を提供しようと
するときは、監査役（監査等委員会設置会社に
あっては監査等委員会の指定した監査等委員、
指名委員会等設置会社にあっては監査委員会の
指定した監査委員）に対しても計算関係書類を
提供しなければならない。

（会計監査報告の内容）

第126条　会計監査人は、計算関係書類を受領し
たときは、次に掲げる事項を内容とする会計監
査報告を作成しなければならない。

一　会計監査人の監査の方法及びその内容

二　計算関係書類が当該株式会社の財産及び損

益の状況を全ての重要な点において適正に表
示しているかどうかについての意見があると
きは、その意見（当該意見が次のイからハま
でに掲げる意見である場合にあっては、それ
ぞれ当該イからハまでに定める事項）

イ　無限定適正意見　監査の対象となった計
　算関係書類が一般に公正妥当と認められる
　企業会計の慣行に準拠して、当該計算関係
　書類に係る期間の財産及び損益の状況を全
　ての重要な点において適正に表示している
　と認められる旨

ロ　除外事項を付した限定付適正意見　監査
　の対象となった計算関係書類が除外事項を
　除き一般に公正妥当と認められる企業会計
　の慣行に準拠して、当該計算関係書類に係
　る期間の財産及び損益の状況を全ての重要
　な点において適正に表示していると認めら
　れる旨、除外事項並びに除外事項を付した
　限定付適正意見とした理由

ハ　不適正意見　監査の対象となった計算関
　係書類が不適正である旨及びその理由

三　前号の意見がないときは、その旨及びその
　理由

四　継続企業の前提に関する注記に係る事項

五　第2号の意見があるときは、事業報告及び
　その附属明細書の内容と計算関係書類の内容
　又は会計監査人が監査の過程で得た知識との
　間の重要な相違等について、報告すべき事項
　の有無及び報告すべき事項があるときはその
　内容

六　追記情報

七　会計監査報告を作成した日

2　前項第6号に規定する「追記情報」とは、次
　に掲げる事項その他の事項のうち、会計監査人
　の判断に関して説明を付す必要がある事項又は
　計算関係書類の内容のうち強調する必要がある
　事項とする。

一　会計方針の変更

二　重要な偶発事象

三　重要な後発事象

（会計監査人設置会社の監査役の監査報告の内容）

第127条　会計監査人設置会社の監査役は、計算
　関係書類及び会計監査報告（第130条第3項に
　規定する場合にあっては、計算関係書類）を受
　領したときは、次に掲げる事項（監査役会設置
　会社の監査役の監査報告にあっては、第1号か
　ら第5号までに掲げる事項）を内容とする監査
　報告を作成しなければならない。

一　監査役の監査の方法及びその内容

二　会計監査人の監査の方法又は結果を相当で
　ないと認めたときは、その旨及びその理由（第
　130条第3項に規定する場合にあっては、会
　計監査報告を受領していない旨）

三　重要な後発事象（会計監査報告の内容と
　なっているものを除く。）

四　会計監査人の職務の遂行が適正に実施され
　ることを確保するための体制に関する事項

五　監査のため必要な調査ができなかったとき
　は、その旨及びその理由

六　監査報告を作成した日

**（会計監査人設置会社の監査役会の監査報告の内
容等）**

第128条　会計監査人設置会社の監査役会は、前
　条の規定により監査役が作成した監査報告（以
　下この条において「監査役監査報告」という。）
　に基づき、監査役会の監査報告（以下この条に
　おいて「監査役会監査報告」という。）を作成
　しなければならない。

2　監査役会監査報告は、次に掲げる事項を内容
　とするものでなければならない。この場合にお
　いて、監査役は、当該事項に係る監査役会監査
　報告の内容が当該事項に係る監査役の監査役監
　査報告の内容と異なる場合には、当該事項に係
　る各監査役の監査役監査報告の内容を監査役会
　監査報告に付記することができる。

一　監査役及び監査役会の監査の方法及びその
　内容

二　前条第2号から第5号までに掲げる事項

三　監査役会監査報告を作成した日

3　会計監査人設置会社の監査役会が監査役会監
　査報告を作成する場合には、監査役会は、1回

以上、会議を開催する方法又は情報の送受信により同時に意見の交換をすることができる方法により、監査役会監査報告の内容（前項後段の規定による付記を除く。）を審議しなければならない。

（監査等委員会の監査報告の内容）

第128条の2　監査等委員会は、計算関係書類及び会計監査報告（第130条第3項に規定する場合にあっては、計算関係書類）を受領したときは、次に掲げる事項を内容とする監査報告を作成しなければならない。この場合において、監査等委員は、当該事項に係る監査報告の内容が当該監査等委員の意見と異なる場合には、その意見を監査報告に付記することができる。

一　監査等委員会の監査の方法及びその内容

二　第127条第2号から第5号までに掲げる事項

三　監査報告を作成した日

2　前項に規定する監査報告の内容（同項後段の規定による付記を除く。）は、監査等委員会の決議をもって定めなければならない。

（監査委員会の監査報告の内容）

第129条　監査委員会は、計算関係書類及び会計監査報告（次条第3項に規定する場合にあっては、計算関係書類）を受領したときは、次に掲げる事項を内容とする監査報告を作成しなければならない。この場合において、監査委員は、当該事項に係る監査報告の内容が当該監査委員の意見と異なる場合には、その意見を監査報告に付記することができる。

一　監査委員会の監査の方法及びその内容

二　第127条第2号から第5号までに掲げる事項

三　監査報告を作成した日

2　前項に規定する監査報告の内容（同項後段の規定による付記を除く。）は、監査委員会の決議をもって定めなければならない。

（会計監査報告の通知期限等）

第130条　会計監査人は、次の各号に掲げる会計監査報告の区分に応じ、当該各号に定める日までに、特定監査役及び特定取締役に対し、当該会計監査報告の内容を通知しなければならない。

一　各事業年度に係る計算書類及びその附属明細書についての会計監査報告　次に掲げる日のいずれか遅い日

イ　当該計算書類の全部を受領した日から4週間を経過した日

ロ　当該計算書類の附属明細書を受領した日から1週間を経過した日

ハ　特定取締役、特定監査役及び会計監査人の間で合意により定めた日があるときは、その日

二　臨時計算書類についての会計監査報告　次に掲げる日のいずれか遅い日

イ　当該臨時計算書類の全部を受領した日から4週間を経過した日

ロ　特定取締役、特定監査役及び会計監査人の間で合意により定めた日があるときは、その日

三　連結計算書類についての会計監査報告　当該連結計算書類の全部を受領した日から4週間を経過した日（特定取締役、特定監査役及び会計監査人の間で合意により定めた日がある場合にあっては、その日）

2　計算関係書類については、特定監査役及び特定取締役が前項の規定による会計監査報告の内容の通知を受けた日に、会計監査人の監査を受けたものとする。

3　前項の規定にかかわらず、会計監査人が第1項の規定により通知をすべき日までに同項の規定による会計監査報告の内容の通知をしない場合には、当該通知をすべき日に、計算関係書類については、会計監査人の監査を受けたものとみなす。

4　第1項及び第2項に規定する「特定取締役」とは、次の各号に掲げる場合の区分に応じ、当該各号に定める者（当該株式会社が会計参与設置会社である場合にあっては、当該各号に定める者及び会計参与）をいう（第132条において同じ。）。

一　第1項の規定による通知を受ける者を定めた場合　当該通知を受ける者として定められ

会社法

　　た者

二　前号に掲げる場合以外の場合　監査を受けるべき計算関係書類の作成に関する職務を行った取締役及び執行役

5　第1項及び第2項に規定する「特定監査役」とは、次の各号に掲げる株式会社の区分に応じ、当該各号に定める者とする（以下この章において同じ。）。

一　監査役設置会社（監査役会設置会社を除く。）　次のイからハまでに掲げる場合の区分に応じ、当該イからハまでに定める者

　　イ　2以上の監査役が存する場合において、第1項の規定による会計監査報告の内容の通知を受ける監査役を定めたとき　当該通知を受ける監査役として定められた監査役

　　ロ　2以上の監査役が存する場合において、第1項の規定による会計監査報告の内容の通知を受ける監査役を定めていないとき　全ての監査役

　　ハ　イ又はロに掲げる場合以外の場合　監査役

二　監査役会設置会社　次のイ又はロに掲げる場合の区分に応じ、当該イ又はロに定める者

　　イ　監査役会が第1項の規定による会計監査報告の内容の通知を受ける監査役を定めた場合　当該通知を受ける監査役として定められた監査役

　　ロ　イに掲げる場合以外の場合　全ての監査役

三　監査等委員会設置会社　次のイ又はロに掲げる場合の区分に応じ、当該イ又はロに定める者

　　イ　監査等委員会が第1項の規定による会計監査報告の内容の通知を受ける監査等委員を定めた場合　当該通知を受ける監査等委員として定められた監査等委員

　　ロ　イに掲げる場合以外の場合　監査等委員のうちいずれかの者

四　指名委員会等設置会社　次のイ又はロに掲げる場合の区分に応じ、当該イ又はロに定める者

　　イ　監査委員会が第1項の規定による会計監査報告の内容の通知を受ける監査委員を定めた場合　当該通知を受ける監査委員として定められた監査委員

　　ロ　イに掲げる場合以外の場合　監査委員のうちいずれかの者

（会計監査人の職務の遂行に関する事項）

第131条　会計監査人は、前条第1項の規定による特定監査役に対する会計監査報告の内容の通知に際して、当該会計監査人についての次に掲げる事項（当該事項に係る定めがない場合にあっては、当該事項を定めていない旨）を通知しなければならない。ただし、全ての監査役（監査等委員会設置会社にあっては監査等委員会、指名委員会等設置会社にあっては、監査委員会）が既に当該事項を知っている場合は、この限りでない。

一　独立性に関する事項その他監査に関する法令及び規程の遵守に関する事項

二　監査、監査に準ずる業務及びこれらに関する業務の契約の受任及び継続の方針に関する事項

三　会計監査人の職務の遂行が適正に行われることを確保するための体制に関するその他の事項

（会計監査人設置会社の監査役等の監査報告の通知期限）

第132条　会計監査人設置会社の特定監査役は、次の各号に掲げる監査報告の区分に応じ、当該各号に定める日までに、特定取締役及び会計監査人に対し、監査報告（監査役会設置会社にあっては、第128条第1項の規定により作成した監査役会の監査報告に限る。以下この条において同じ。）の内容を通知しなければならない。

一　連結計算書類以外の計算関係書類についての監査報告　次に掲げる日のいずれか遅い日

　　イ　会計監査報告を受領した日（第130条第3項に規定する場合にあっては、同項の規定により監査を受けたものとみなされた日。次号において同じ。）から1週間を経過した日

ロ　特定取締役及び特定監査役の間で合意により定めた日があるときは、その日
二　連結計算書類についての監査報告　会計監査報告を受領した日から１週間を経過した日（特定取締役及び特定監査役の間で合意により定めた日がある場合にあっては、その日）
2　計算関係書類については、特定取締役及び会計監査人が前項の規定による監査報告の内容の通知を受けた日に、監査役（監査等委員会設置会社にあっては監査等委員会、指名委員会等設置会社にあっては、監査委員会）の監査を受けたものとする。
3　前項の規定にかかわらず、特定監査役が第１項の規定により通知をすべき日までに同項の規定による監査報告の内容の通知をしない場合には、当該通知をすべき日に、計算関係書類については、監査役（監査等委員会設置会社にあっては監査等委員会、指名委員会等設置会社にあっては、監査委員会）の監査を受けたものとみなす。

第５編　計算書類の株主への提供及び承認の特則に関する要件

第１章　計算書類等の株主への提供

（計算書類等の提供）
第133条　法第437条の規定により株主に対して行う提供計算書類（次の各号に掲げる株式会社の区分に応じ、当該各号に定めるものをいう。以下この条において同じ。）の提供に関しては、この条に定めるところによる。
一　株式会社（監査役設置会社（監査役の監査の範囲を会計に関するものに限定する旨の定款の定めがある株式会社を含む。次号において同じ。）及び会計監査人設置会社を除く。）　計算書類
二　会計監査人設置会社以外の監査役設置会社　次に掲げるもの
イ　計算書類

ロ　計算書類に係る監査役（監査役会設置会社にあっては、監査役会）の監査報告があるときは、当該監査報告（２以上の監査役が存する株式会社（監査役会設置会社を除く。）の各監査役の監査報告の内容（監査報告を作成した日を除く。）が同一である場合にあっては、１又は２以上の監査役の監査報告）
ハ　第124条第３項の規定により監査を受けたものとみなされたときは、その旨の記載又は記録をした書面又は電磁的記録
三　会計監査人設置会社　次に掲げるもの
イ　計算書類
ロ　計算書類に係る会計監査報告があるときは、当該会計監査報告
ハ　会計監査人が存しないとき（法第346条第４項の一時会計監査人の職務を行うべき者が存する場合を除く。）は、会計監査人が存しない旨の記載又は記録をした書面又は電磁的記録
ニ　第130条第３項の規定により監査を受けたものとみなされたときは、その旨の記載又は記録をした書面又は電磁的記録
ホ　計算書類に係る監査役（監査役会設置会社にあっては監査役会、監査等委員会設置会社にあっては監査等委員会、指名委員会等設置会社にあっては監査委員会）の監査報告があるときは、当該監査報告（２以上の監査役が存する株式会社（監査役会設置会社を除く。）の各監査役の監査報告の内容（監査報告を作成した日を除く。）が同一である場合にあっては、１又は２以上の監査役の監査報告）
ヘ　前条第３項の規定により監査を受けたものとみなされたときは、その旨の記載又は記録をした書面又は電磁的記録
2　定時株主総会の招集通知（法第299条第２項又は第３項の規定による通知をいう。以下同じ。）を次の各号に掲げる方法により行う場合にあっては、提供計算書類は、当該各号に定める方法により提供しなければならない。

一　書面の提供　次のイ又はロに掲げる場合の
区分に応じ、当該イ又はロに定める方法
　イ　提供計算書類が書面をもって作成されて
いる場合　当該書面に記載された事項を記
載した書面の提供
　ロ　提供計算書類が電磁的記録をもって作成
されている場合　当該電磁的記録に記録さ
れた事項を記載した書面の提供
二　電磁的方法による提供　次のイ又はロに掲
げる場合の区分に応じ、当該イ又はロに定め
る方法
　イ　提供計算書類が書面をもって作成されて
いる場合　当該書面に記載された事項の電
磁的方法による提供
　ロ　提供計算書類が電磁的記録をもって作成
されている場合　当該電磁的記録に記録さ
れた事項の電磁的方法による提供
3　提供計算書類を提供する際には、当該事業年
度より前の事業年度に係る貸借対照表、損益計
算書又は株主資本等変動計算書に表示すべき事
項（以下この項において「過年度事項」という。）
を併せて提供することができる。この場合にお
いて、提供計算書類の提供をする時における過
年度事項が会計方針の変更その他の正当な理由
により当該事業年度より前の事業年度に係る定
時株主総会において承認又は報告をしたものと
異なるものとなっているときは、修正後の過年
度事項を提供することを妨げない。
4　提供計算書類に表示すべき事項に係る情報を、
定時株主総会に係る招集通知を発出する時から
定時株主総会の日から3箇月が経過する日まで
の間、継続して電磁的方法により株主が提供を
受けることができる状態に置く措置（会社法施
行規則第222条第1項第1号ロに掲げる方法の
うち、インターネットに接続された自動公衆送
信装置（公衆の用に供する電気通信回線に接続
することにより、その記録媒体のうち自動公衆
送信の用に供する部分に記録され、又は当該装
置に入力される情報を自動公衆送信する機能を
有する装置をいう。以下この章において同じ。）
を使用する方法によって行われるものに限る。）

をとる場合における第2項の規定の適用につい
ては、当該事項につき同項各号に掲げる場合の
区分に応じ、当該各号に定める方法により株主
に対して提供したものとみなす。ただし、この
項の措置をとる旨の定款の定めがある場合に限
る。
5　前項の場合には、取締役は、同項の措置をと
るために使用する自動公衆送信装置のうち当該
措置をとるための用に供する部分をインター
ネットにおいて識別するための文字、記号その
他の符号又はこれらの結合であって、情報の提
供を受ける者がその使用に係る電子計算機に入
力することによって当該情報の内容を閲覧し、
当該電子計算機に備えられたファイルに当該情
報を記録することができるものを株主に対して
通知しなければならない。
6　第4項の規定により提供計算書類に表示した
事項の一部が株主に対して第2項各号に定める
方法により提供したものとみなされる場合にお
いて、監査役、会計監査人、監査等委員会又は
監査委員会が、現に株主に対して提供された計
算書類が監査報告又は会計監査報告を作成する
に際して監査をした計算書類の一部であること
を株主に対して通知すべき旨を取締役に請求し
たときは、取締役は、その旨を株主に対して通
知しなければならない。
7　取締役は、計算書類の内容とすべき事項につ
いて、定時株主総会の招集通知を発出した日か
ら定時株主総会の前日までの間に修正をすべき
事情が生じた場合における修正後の事項を株主
に周知させる方法を当該招集通知と併せて通知
することができる。
8　第4項の規定は、提供計算書類に表示すべき
事項のうち株主資本等変動計算書又は個別注記
表に係るもの以外のものに係る情報についても、
電磁的方法により株主が提供を受けることがで
きる状態に置く措置をとることを妨げるもので
はない。

（計算書類等の提供の特則）
第133条の2　前条第4項の規定にかかわらず、
株式会社の取締役が定時株主総会の招集の手続

会社法

を行う場合において、提供計算書類（同条第1項に規定する提供計算書類をいう。以下この条において同じ。）に表示すべき事項に係る情報を、定時株主総会に係る招集通知を発出する時から定時株主総会の日から3箇月が経過する日までの間、継続して電磁的方法により株主が提供を受けることができる状態に置く措置（会社法施行規則第222条第1項第1号ロに掲げる方法のうち、インターネットに接続された自動公衆送信装置を使用する方法によって行われるものに限る。）をとるときにおける前条第2項の規定の適用については、当該事項につき同項各号に掲げる場合の区分に応じ、当該各号に定める方法により株主に対して提供したものとみなす。ただし、次の各号のいずれにも該当する場合に限る。

一　前条第4項の措置をとる旨の定款の定めがあること。

二　提供計算書類及びその附属明細書（第5号において「提供計算書類等」という。）についての会計監査報告の内容に第126条第1項第2号イに定める事項が含まれていること。

三　前号の会計監査報告に係る監査役、監査役会、監査等委員会又は監査委員会の監査報告（監査役設置会社にあっては、第128条第1項の規定により作成した監査役会の監査報告に限る。）の内容として会計監査人の監査の方法又は結果を相当でないと認める意見がないこと。

四　第128条第2項後段、第128条の2第1項後段又は第129条第1項後段の規定により第2号の会計監査報告に係る監査役会、監査等委員会又は監査委員会の監査報告に付記された内容が前号の意見でないこと。

五　提供計算書類等が第132条第3項の規定により監査を受けたものとみなされたものでないこと。

六　取締役会を設置していること。

2　前項の場合には、取締役は、同項の措置をとるために使用する自動公衆送信装置のうち当該措置をとるための用に供する部分をインター

ネットにおいて識別するための文字、記号その他の符号又はこれらの結合であって、情報の提供を受ける者がその使用に係る電子計算機に入力することによって当該情報の内容を閲覧し、当該電子計算機に備えられたファイルに当該情報を記録することができるものを株主に対して通知しなければならない。

3　第1項の規定により提供計算書類に表示すべき事項が株主に対して前条第2項各号に定める方法により提供したものとみなされる場合において、監査役、会計監査人、監査等委員会又は監査委員会が、現に株主に対して提供された計算書類が監査報告又は会計監査報告を作成するに際して監査をした計算書類の一部であることを株主に対して通知すべき旨を取締役に請求したときは、取締役は、その旨を株主に対して通知しなければならない。

4　取締役は、提供計算書類に表示すべき事項（前条第4項の提供計算書類に表示すべき事項を除く。）に係る情報について第1項の措置をとる場合には、株主の利益を不当に害することがないよう特に配慮しなければならない。

（連結計算書類の提供）

第134条　法第444条第6項の規定により株主に対して連結計算書類の提供をする場合において、定時株主総会の招集通知を次の各号に掲げる方法により行うときは、連結計算書類は、当該各号に定める方法により提供しなければならない。

一　書面の提供　次のイ又はロに掲げる場合の区分に応じ、当該イ又はロに定める方法

　イ　連結計算書類が書面をもって作成されている場合　当該書面に記載された事項を記載した書面の提供

　ロ　連結計算書類が電磁的記録をもって作成されている場合　当該電磁的記録に記録された事項を記載した書面の提供

二　電磁的方法による提供　次のイ又はロに掲げる場合の区分に応じ、当該イ又はロに定める方法

　イ　連結計算書類が書面をもって作成されている場合　当該書面に記載された事項の電

磁的方法による提供

　　ロ　連結計算書類が電磁的記録をもって作成されている場合　当該電磁的記録に記録された事項の電磁的方法による提供

2　前項の連結計算書類に係る会計監査報告又は監査報告がある場合において、当該会計監査報告又は監査報告の内容をも株主に対して提供することを定めたときにおける同項の規定の適用については、同項第1号イ及びロ並びに第2号イ及びロ中「連結計算書類」とあるのは、「連結計算書類（当該連結計算書類に係る会計監査報告又は監査報告を含む。）」とする。

3　電子提供措置をとる旨の定款の定めがある場合において、第1項の連結計算書類に係る会計監査報告又は監査報告があり、かつ、その内容をも株主に対して提供することを定めたときは、前2項の規定による提供に代えて当該会計監査報告又は監査報告に記載され、又は記録された事項に係る情報について電子提供措置をとることができる。

4　連結計算書類を提供する際には、当該連結会計年度より前の連結会計年度に係る連結貸借対照表、連結損益計算書又は連結株主資本等変動計算書に表示すべき事項（以下この項において「過年度事項」という。）を併せて提供することができる。この場合において、連結計算書類の提供をする時における過年度事項が会計方針の変更その他の正当な理由により当該連結会計年度より前の連結会計年度に相当する事業年度に係る定時株主総会において報告をしたものと異なるものとなっているときは、修正後の過年度事項を提供することを妨げない。

5　連結計算書類（第2項に規定する場合にあっては、当該連結計算書類に係る会計監査報告又は監査報告を含む。）に表示すべき事項に係る情報を、定時株主総会に係る招集通知を発出する時から定時株主総会の日から3箇月が経過する日までの間、継続して電磁的方法により株主が提供を受けることができる状態に置く措置（会社法施行規則第222条第1項第1号ロに掲げる方法のうち、インターネットに接続された自動公衆送信装置を使用する方法によって行われるものに限る。）をとる場合における第1項の規定の適用については、当該事項につき同項各号に掲げる場合の区分に応じ、当該各号に定める方法により株主に対して提供したものとみなす。ただし、この項の措置をとる旨の定款の定めがある場合に限る。

6　前項の場合には、取締役は、同項の措置をとるために使用する自動公衆送信装置のうち当該措置をとるための用に供する部分をインターネットにおいて識別するための文字、記号その他の符号又はこれらの結合であって、情報の提供を受ける者がその使用に係る電子計算機に入力することによって当該情報の内容を閲覧し、当該電子計算機に備えられたファイルに当該情報を記録することができるものを株主に対して通知しなければならない。

7　第5項の規定により連結計算書類に表示した事項の一部が株主に対して第1項各号に定める方法により提供したものとみなされた場合において、監査役、会計監査人、監査等委員会又は監査委員会が、現に株主に対して提供された連結計算書類が監査報告又は会計監査報告を作成するに際して監査をした連結計算書類の一部であることを株主に対して通知すべき旨を取締役に請求したときは、取締役は、その旨を株主に対して通知しなければならない。

8　取締役は、連結計算書類の内容とすべき事項について、定時株主総会の招集通知を発出した日から定時株主総会の前日までの間に修正をすべき事情が生じた場合における修正後の事項を株主に周知させる方法を当該招集通知と併せて通知することができる。

第2章　計算書類等の承認の特則に関する要件

第135条　法第439条及び第441条第4項（以下この条において「承認特則規定」という。）に規定する法務省令で定める要件は、次の各号（監査役設置会社であって監査役会設置会社でない株式会社にあっては、第3号を除く。）のいず

れにも該当することとする。

一　承認特則規定に規定する計算関係書類についての会計監査報告の内容に第126条第1項第2号イに定める事項（当該計算関係書類が臨時計算書類である場合にあっては、当該事項に相当する事項を含む。）が含まれていること。

二　前号の会計監査報告に係る監査役、監査役会、監査等委員会又は監査委員会の監査報告（監査役会設置会社にあっては、第128条第1項の規定により作成した監査役会の監査報告に限る。）の内容として会計監査人の監査の方法又は結果を相当でないと認める意見がないこと。

三　第128条第2項後段、第128条の2第1項後段又は第129条第1項後段の規定により第1号の会計監査報告に係る監査役会、監査等委員会又は監査委員会の監査報告に付記された内容が前号の意見でないこと。

四　承認特則規定に規定する計算関係書類が第132条第3項の規定により監査を受けたものとみなされたものでないこと。

五　取締役会を設置していること。

第6編　計算書類の公告等

第1章　計算書類の公告

第136条　株式会社が法第440条第1項の規定による公告（同条第3項の規定による措置を含む。以下この項において同じ。）をする場合には、次に掲げる事項を当該公告において明らかにしなければならない。この場合において、第1号から第7号までに掲げる事項は、当該事業年度に係る個別注記表に表示した注記に限るものとする。

一　継続企業の前提に関する注記

二　重要な会計方針に係る事項に関する注記

三　貸借対照表に関する注記

四　税効果会計に関する注記

五　関連当事者との取引に関する注記

六　1株当たり情報に関する注記

七　重要な後発事象に関する注記

八　当期純損益金額

2　株式会社が法第440条第1項の規定により損益計算書の公告をする場合における前項の規定の適用については、同項中「次に」とあるのは、「第1号から第7号までに」とする。

3　前項の規定は、株式会社が損益計算書の内容である情報について法第440条第3項に規定する措置をとる場合について準用する。

第2章　計算書類の要旨の公告

第1節　総　則

第137条　法第440条第2項の規定により貸借対照表の要旨又は損益計算書の要旨を公告する場合における貸借対照表の要旨及び損益計算書の要旨については、この章の定めるところによる。

第2節　貸借対照表の要旨

（貸借対照表の要旨の区分）

第138条　貸借対照表の要旨は、次に掲げる部に区分しなければならない。

一　資産

二　負債

三　純資産

（資産の部）

第139条　資産の部は、次に掲げる項目に区分しなければならない。

一　流動資産

二　固定資産

三　繰延資産

2　資産の部の各項目は、適当な項目に細分することができる。

3　公開会社の貸借対照表の要旨における固定資産に係る項目は、次に掲げる項目に区分しなければならない。

一　有形固定資産

二　無形固定資産

三　投資その他の資産

4　公開会社の貸借対照表の要旨における資産の

部の各項目は、公開会社の財産の状態を明らか
にするため重要な適宜の項目に細分しなければ
ならない。

5　資産の部の各項目は、当該項目に係る資産を
示す適当な名称を付さなければならない。

（負債の部）

第140条　負債の部は、次に掲げる項目に区分し
なければならない。

一　流動負債

二　固定負債

2　負債に係る引当金がある場合には、当該引当
金については、引当金ごとに、他の負債と区分
しなければならない。

3　負債の部の各項目は、適当な項目に細分する
ことができる。

4　公開会社の貸借対照表の要旨における負債の
部の各項目は、公開会社の財産の状態を明らか
にするため重要な適宜の項目に細分しなければ
ならない。

5　負債の部の各項目は、当該項目に係る負債を
示す適当な名称を付さなければならない。

（純資産の部）

第141条　純資産の部は、次に掲げる項目に区分
しなければならない。

一　株主資本

二　評価・換算差額等

三　株式引受権

四　新株予約権

2　株主資本に係る項目は、次に掲げる項目に区
分しなければならない。この場合において、第
5号に掲げる項目は、控除項目とする。

一　資本金

二　新株式申込証拠金

三　資本剰余金

四　利益剰余金

五　自己株式

六　自己株式申込証拠金

3　資本剰余金に係る項目は、次に掲げる項目に
区分しなければならない。

一　資本準備金

二　その他資本剰余金

4　利益剰余金に係る項目は、次に掲げる項目に
区分しなければならない。

一　利益準備金

二　その他利益剰余金

5　第3項第2号及び前項第2号に掲げる項目は、
適当な名称を付した項目に細分することができ
る。

6　評価・換算差額等に係る項目は、次に掲げる
項目その他適当な名称を付した項目に細分しな
ければならない。

一　その他有価証券評価差額金

二　繰延ヘッジ損益

三　土地再評価差額金

（貸借対照表の要旨への付記事項）

第142条　貸借対照表の要旨には、当期純損益金
額を付記しなければならない。ただし、法第
440条第2項の規定により損益計算書の要旨を
公告する場合は、この限りでない。

第3節　損益計算書の要旨

第143条　損益計算書の要旨は、次に掲げる項目
に区分しなければならない。

一　売上高

二　売上原価

三　売上総利益金額又は売上総損失金額

四　販売費及び一般管理費

五　営業外収益

六　営業外費用

七　特別利益

八　特別損失

2　前項の規定にかかわらず、同項第5号又は第
6号に掲げる項目の額が重要でないときは、こ
れらの項目を区分せず、その差額を営業外損益
として区分することができる。

3　第1項の規定にかかわらず、同項第7号又は
第8号に掲げる項目の額が重要でないときは、
これらの項目を区分せず、その差額を特別損益
として区分することができる。

4　損益計算書の要旨の各項目は、適当な項目に
細分することができる。

5　損益計算書の要旨の各項目は、株式会社の損

益の状態を明らかにするため必要があるときは、重要な適宜の項目に細分しなければならない。

6　損益計算書の要旨の各項目は、当該項目に係る利益又は損失を示す適当な名称を付さなければならない。

7　次の各号に掲げる額が存する場合には、当該額は、当該各号に定めるものとして表示しなければならない。ただし、次の各号に掲げる額（第9号及び第10号に掲げる額を除く。）が零未満である場合は、零から当該額を減じて得た額を当該各号に定めるものとして表示しなければならない。

一　売上総損益金額（零以上の額に限る。）　売上総利益金額

二　売上総損益金額（零未満の額に限る。）　売上総損失金額

三　営業損益金額（零以上の額に限る。）　営業利益金額

四　営業損益金額（零未満の額に限る。）　営業損失金額

五　経常損益金額（零以上の額に限る。）　経常利益金額

六　経常損益金額（零未満の額に限る。）　経常損失金額

七　税引前当期純損益金額（零以上の額に限る。）　税引前当期純利益金額

八　税引前当期純損益金額（零未満の額に限る。）　税引前当期純損失金額

九　当該事業年度に係る法人税等　その内容を示す名称を付した項目

十　法人税等調整額　その内容を示す名称を付した項目

十一　当期純損益金額（零以上の額に限る。）　当期純利益金額

十二　当期純損益金額（零未満の額に限る。）　当期純損失金額

第4節　雑　則

（金額の表示の単位）

第144条　貸借対照表の要旨又は損益計算書の要旨に係る事項の金額は、100万円単位又は10億円単位をもって表示するものとする。

2　前項の規定にかかわらず、株式会社の財産又は損益の状態を的確に判断することができなくなるおそれがある場合には、貸借対照表の要旨又は損益計算書の要旨に係る事項の金額は、適切な単位をもって表示しなければならない。

（表示言語）

第145条　貸借対照表の要旨又は損益計算書の要旨は、日本語をもって表示するものとする。ただし、その他の言語をもって表示することが不当でない場合は、この限りでない。

（別記事業）

第146条　別記事業会社が公告すべき貸借対照表の要旨又は損益計算書の要旨において表示すべき事項については、当該別記事業会社の財産及び損益の状態を明らかにするために必要かつ適切である場合においては、前2節の規定にかかわらず、適切な部又は項目に分けて表示することができる。

第3章　雑　則

（貸借対照表等の電磁的方法による公開の方法）

第147条　法第440条第3項の規定による措置は、会社法施行規則第222条第1項第1号ロに掲げる方法のうち、インターネットに接続された自動公衆送信装置（公衆の用に供する電気通信回線に接続することにより、その記録媒体のうち自動公衆送信の用に供する部分に記録され、又は当該装置に入力される情報を自動公衆送信する機能を有する装置をいう。）を使用する方法によって行わなければならない。

（不適正意見がある場合等における公告事項）

第148条　次の各号のいずれかに該当する場合において、会計監査人設置会社が法第440条第1項又は第2項の規定による公告（同条第3項に規定する措置を含む。以下この条において同じ。）をするときは、当該各号に定める事項を当該公告において明らかにしなければならない

一　会計監査人が存しない場合（法第346条第4項の一時会計監査人の職務を行うべき者が存する場合を除く。）　会計監査人が存しない

旨

二　第130条第３項の規定により監査を受けた
ものとみなされた場合　その旨

三　当該公告に係る計算書類についての会計監
査報告に不適正意見がある場合　その旨

四　当該公告に係る計算書類についての会計監
査報告が第126条第１項第３号に掲げる事項
を内容としているものである場合　その旨

第７編　株式会社の計算に係る計数等に関する事項

第１章　株式会社の剰余金の額

（最終事業年度の末日における控除額）

第149条　法第446条第１号ホに規定する法務省令
で定める各勘定科目に計上した額の合計額は、
第１号に掲げる額から第２号から第４号までに
掲げる額の合計額を減じて得た額とする。

一　法第446条第１号イ及びロに掲げる額の合
計額

二　法第446条第１号ハ及びニに掲げる額の合
計額

三　その他資本剰余金の額

四　その他利益剰余金の額

（最終事業年度の末日後に生ずる控除額）

第150条　法第446条第７号に規定する法務省令で
定める各勘定科目に計上した額の合計額は、第
１号から第４号までに掲げる額の合計額から第
５号及び第６号に掲げる額の合計額を減じて得
た額とする。

一　最終事業年度の末日後に剰余金の額を減少
して資本金の額又は準備金の額を増加した場
合における当該減少額

二　最終事業年度の末日後に剰余金の配当をし
た場合における第23条第１項ロ及び第２号ロ
に掲げる額

三　最終事業年度の末日後に株式会社が吸収型
再編受入行為に際して処分する自己株式に係
る法第446条第２号に掲げる額

四　最終事業年度の末日後に株式会社が吸収分

割会社又は新設分割会社となる吸収分割又は
新設分割に際して剰余金の額を減少した場合
における当該減少額

五　最終事業年度の末日後に株式会社が吸収型
再編受入行為をした場合における当該吸収型
再編受入行為に係る次に掲げる額の合計額

イ　当該吸収型再編後の当該株式会社のその
他資本剰余金の額から当該吸収型再編の直
前の当該株式会社のその他資本剰余金の額
を減じて得た額

ロ　当該吸収型再編後の当該株式会社のその
他利益剰余金の額から当該吸収型再編の直
前の当該株式会社のその他利益剰余金の額
を減じて得た額

六　最終事業年度の末日後に第21条の規定によ
り増加したその他資本剰余金の額

七　最終事業年度の末日後に第42条の２第５項
第１号の規定により変動したその他資本剰余
金の額

八　最終事業年度の末日後に第42条の２第７項
の規定により自己株式の額を増加した場合に
おける当該増加額

2　前項の規定にかかわらず、最終事業年度のな
い株式会社における法第446条第７号に規定す
る法務省令で定める各勘定科目に計上した額の
合計額は、第１号から第５号までに掲げる額の
合計額から第６号から第12号までに掲げる額の
合計額を減じて得た額とする。

一　成立の日（法以外の法令により株式会社と
なったものにあっては、当該株式会社が株式
会社となった日。以下この項において同じ。）
後に法第178条第１項の規定により自己株式
の消却をした場合における当該自己株式の帳
簿価額

二　成立の日後に剰余金の配当をした場合にお
ける当該剰余金の配当に係る法第446条第６
号に掲げる額

三　成立の日後に剰余金の額を減少して資本金
の額又は準備金の額を増加した場合における
当該減少額

四　成立の日後に剰余金の配当をした場合にお

ける第23条第1号ロ及び第2号ロに掲げる額

五　成立の日後に株式会社が吸収分割会社又は新設分割会社となる吸収分割又は新設分割に際して剰余金の額を減少した場合における当該減少額

六　成立の日におけるその他資本剰余金の額

七　成立の日におけるその他利益剰余金の額

八　成立の日後に自己株式の処分をした場合（吸収型再編受入行為に際して自己株式の処分をした場合を除く。）における当該自己株式の対価の額から当該自己株式の帳簿価額を減じて得た額

九　成立の日後に資本金の額の減少をした場合における当該減少額（法第447条第1項第2号の額を除く。）

十　成立の日後に準備金の額の減少をした場合における当該減少額（法第448条第1項第2号の額を除く。）

十一　成立の日後に株式会社が吸収型再編受入行為をした場合における当該吸収型再編に係る次に掲げる額の合計額

　イ　当該吸収型再編後の当該株式会社のその他資本剰余金の額から当該吸収型再編の直前の当該株式会社のその他資本剰余金の額を減じて得た額

　ロ　当該吸収型再編後の当該株式会社のその他利益剰余金の額から当該吸収型再編の直前の当該株式会社のその他利益剰余金の額を減じて得た額

十二　成立の日後に第21条の規定により増加したその他資本剰余金の額

十三　成立の日後に第42条の2第5項第1号の規定により変動したその他資本剰余金の額

十四　成立の日後に第42条の2第7項の規定により自己株式の額を増加した場合における当該増加額

3　最終事業年度の末日後に持分会社が株式会社となった場合には、株式会社となった日における当該株式会社のその他資本剰余金の額及びその他利益剰余金の額の合計額を最終事業年度の末日における剰余金の額とみなす。

第2章　資本金等の額の減少

（欠損の額）

第151条　法第449条第1項第2号に規定する法務省令で定める方法は、次に掲げる額のうちいずれか高い額をもって欠損の額とする方法とする。

一　零

二　零から分配可能額を減じて得た額

（計算書類に関する事項）

第152条　法第449条第2項第2号に規定する法務省令で定めるものは、同項の規定による公告の日又は同項の規定による催告の日のいずれか早い日における次の各号に掲げる場合の区分に応じ、当該各号に定めるものとする。

一　最終事業年度に係る貸借対照表又はその要旨につき公告対象会社（法第449条第2項第2号の株式会社をいう。以下この条において同じ。）が法第440条第1項又は第2項の規定による公告をしている場合　次に掲げるもの

　イ　官報で公告をしているときは、当該官報の日付及び当該公告が掲載されている頁

　ロ　時事に関する事項を掲載する日刊新聞紙で公告をしているときは、当該日刊新聞紙の名称、日付及び当該公告が掲載されている頁

　ハ　電子公告により公告をしているときは、法第911条第3項第28号イに掲げる事項

二　最終事業年度に係る貸借対照表につき公告対象会社が法第440条第3項に規定する措置をとっている場合　法第911条第3項第26号に掲げる事項

三　公告対象会社が法第440条第4項に規定する株式会社である場合において、当該株式会社が金融商品取引法第24条第1項の規定により最終事業年度に係る有価証券報告書を提出している場合　その旨

四　公告対象会社が会社法の施行に伴う関係法律の整備等に関する法律（平成17年法律第87号）第28条の規定により法第440条の規定が適用されないものである場合　その旨

五　公告対象会社につき最終事業年度がない場

合　その旨
六　前各号に掲げる場合以外の場合　前編第2章の規定による最終事業年度に係る貸借対照表の要旨の内容

第3章　剰余金の処分

第153条　法第452条後段に規定する法務省令で定める事項は、同条前段に規定する剰余金の処分（同条前段の株主総会の決議を経ないで剰余金の項目に係る額の増加又は減少をすべき場合における剰余金の処分を除く。）に係る次に掲げる事項とする。
一　増加する剰余金の項目
二　減少する剰余金の項目
三　処分する各剰余金の項目に係る額
2　前項に規定する「株主総会の決議を経ないで剰余金の項目に係る額の増加又は減少をすべき場合」とは、次に掲げる場合とする。
一　法令又は定款の規定（法第452条の規定及び同条前段の株主総会（法第459条の定款の定めがある場合にあっては、取締役会を含む。以下この項において同じ。）の決議によるべき旨を定める規定を除く。）により剰余金の項目に係る額の増加又は減少をすべき場合
二　法第452条前段の株主総会の決議によりある剰余金の項目に係る額の増加又は減少をさせた場合において、当該決議の定めるところに従い、同条前段の株主総会の決議を経ないで当該剰余金の項目に係る額の減少又は増加をすべきとき。

第4章　剰余金の配当に際しての金銭分配請求権

第154条　法第455条第2項第1号に規定する法務省令で定める方法は、次に掲げる額のうちいずれか高い額をもって配当財産の価格とする方法とする。
一　法第454条第4項第1号の期間の末日（以下この条において「行使期限日」という。）における当該配当財産を取引する市場における最終の価格（当該行使期限日に売買取引が

ない場合又は当該行使期限日が当該市場の休業日に当たる場合にあっては、その後最初になされた売買取引の成立価格）
二　行使期限日において当該配当財産が公開買付け等の対象であるときは、当該行使期限日における当該公開買付け等に係る契約における当該配当財産の価格

第5章　剰余金の分配を決定する機関の特則に関する要件

第155条　法第459条第2項及び第460条第2項（以下この条において「分配特則規定」という。）に規定する法務省令で定める要件は、次のいずれにも該当することとする。
一　分配特則規定に規定する計算書類についての会計監査報告の内容に第126条第1項第2号イに定める事項が含まれていること。
二　前号の会計監査報告に係る監査役会、監査等委員会又は監査委員会の監査報告の内容として会計監査人の監査の方法又は結果を相当でないと認める意見がないこと。
三　第128条第2項後段、第128条の2第1項後段又は第129条第1項後段の規定により第1号の会計監査報告に係る監査役会、監査等委員会又は監査委員会の監査報告に付記された内容が前号の意見でないこと。
四　分配特則規定に規定する計算関係書類が第132条第3項の規定により監査を受けたものとみなされたものでないこと。

第6章　分配可能額

（臨時計算書類の利益の額）
第156条　法第461条第2項第2号に規定する法務省令で定める各勘定科目に計上した額の合計額は、臨時計算書類の損益計算書に計上された当期純利益金額（零以上の額に限る。）とする。
（臨時計算書類の損失の額）
第157条　法第461条第2項第5号に規定する法務省令で定める各勘定科目に計上した額の合計額は、零から臨時計算書類の損益計算書に計上された当期純損失金額（零未満の額に限る。）を

減じて得た額とする。

（その他減ずるべき額）

第158条　法第461条第2項第6号に規定する法務省令で定める各勘定科目に計上した額の合計額は、第1号から第8号までに掲げる額の合計額から第9号及び第10号に掲げる額の合計額を減じて得た額とする。

一　最終事業年度（法第461条第2項第2号に規定する場合にあっては、法第441条第1項第2号の期間（当該期間が2以上ある場合にあっては、その末日が最も遅いもの）。以下この号から第3号まで、第6号ハ、第8号イ及びロ並びに第9号において同じ。）の末日（最終事業年度がない場合（法第461条第2項第2号に規定する場合を除く。）にあっては、成立の日。以下この号から第3号まで、第6号ハ、第8号イ及びロ並びに第9号において同じ。）におけるのれん等調整額（資産の部に計上したのれんの額を2で除して得た額及び繰延資産の部に計上した額の合計額をいう。以下この号及び第4号において同じ。）が次のイからハまでに掲げる場合に該当する場合における当該イからハまでに定める額

イ　当該のれん等調整額が資本等金額（最終事業年度の末日における資本金の額及び準備金の額の合計額をいう。以下この号において同じ。）以下である場合　零

ロ　当該のれん等調整額が資本等金額及び最終事業年度の末日におけるその他資本剰余金の額の合計額以下である場合（イに掲げる場合を除く。）　当該のれん等調整額から資本等金額を減じて得た額

ハ　当該のれん等調整額が資本等金額及び最終事業年度の末日におけるその他資本剰余金の額の合計額を超えている場合　次に掲げる場合の区分に応じ、次に定める額

(1)　最終事業年度の末日におけるのれんの額を2で除して得た額が資本等金額及び最終事業年度の末日におけるその他資本剰余金の額の合計額以下の場合　当該のれん等調整額から資本等金額を減じて得た額

(2)　最終事業年度の末日におけるのれんの額を2で除して得た額が資本等金額及び最終事業年度の末日におけるその他資本剰余金の額の合計額を超えている場合　最終事業年度の末日におけるその他資本剰余金の額及び繰延資産の部に計上した額の合計額

二　最終事業年度の末日における貸借対照表のその他有価証券評価差額金の項目に計上した額（当該額が零以上である場合にあっては、零）を零から減じて得た額

三　最終事業年度の末日における貸借対照表の土地再評価差額金の項目に計上した額（当該額が零以上である場合にあっては、零）を零から減じて得た額

四　株式会社が連結配当規制適用会社であるとき（第2条第3項第55号のある事業年度が最終事業年度である場合に限る。）は、イに掲げる額からロ及びハに掲げる額の合計額を減じて得た額（当該額が零未満である場合にあっては、零）

イ　最終事業年度の末日における貸借対照表の(1)から(3)までに掲げる額の合計額から(4)に掲げる額を減じて得た額

(1)　株主資本の額

(2)　その他有価証券評価差額金の項目に計上した額（当該額が零以上である場合にあっては、零）

(3)　土地再評価差額金の項目に計上した額（当該額が零以上である場合にあっては、零）

(4)　のれん等調整額（当該のれん等調整額が資本金の額、資本剰余金の額及び利益準備金の額の合計額を超えている場合にあっては、資本金の額、資本剰余金の額及び利益準備金の額の合計額）

ロ　最終事業年度の末日後に子会社から当該株式会社の株式を取得した場合における当該株式の取得直前の当該子会社における帳簿価額のうち、当該株式会社の当該子会社

に対する持分に相当する額

ハ　最終事業年度の末日における連結貸借対照表の(1)から(3)までに掲げる額の合計額から(4)に掲げる額を減じて得た額

(1)　株主資本の額

(2)　その他有価証券評価差額金の項目に計上した額（当該額が零以上である場合にあっては、零）

(3)　土地再評価差額金の項目に計上した額（当該額が零以上である場合にあっては、零）

(4)　のれん等調整額（当該のれん等調整額が資本金の額及び資本剰余金の額の合計額を超えている場合にあっては、資本金の額及び資本剰余金の額の合計額）

五　最終事業年度の末日（最終事業年度がない場合にあっては、成立の日。第7号及び第10号において同じ。）後に2以上の臨時計算書類を作成した場合における最終の臨時計算書類以外の臨時計算書類に係る法第461条第2項第2号に掲げる額（同号ロに掲げる額のうち、吸収型再編受入行為及び特定募集（次の要件のいずれにも該当する場合におけるロの募集をいう。以下この条において同じ。）に際して処分する自己株式に係るものを除く。）から同項第5号に掲げる額を減じて得た額

イ　最終事業年度の末日後に法第173条第1項の規定により当該株式会社の株式の取得（株式の取得に際して当該株式の株主に対してロの募集により当該株式会社が払込み又は給付を受けた財産のみを交付する場合における当該株式の取得に限る。）をすること。

ロ　法第2編第2章第8節の規定によりイの株式（当該株式の取得と同時に当該取得した株式の内容を変更する場合にあっては、当該変更後の内容の株式）の全部又は一部を引き受ける者の募集をすること。

ハ　イの株式の取得に係る法第171条第1項第3号の日とロの募集に係る法第199条第1項第4号の期日が同一の日であること。

六　300万円に相当する額から次に掲げる額の合計額を減じて得た額（当該額が零未満である場合にあっては、零）

イ　資本金の額及び準備金の額の合計額

ロ　株式引受権の額

ハ　新株予約権の額

ニ　最終事業年度の末日の貸借対照表の評価・換算差額等の各項目に計上した額（当該項目に計上した額が零未満である場合にあっては、零）の合計額

七　最終事業年度の末日後株式会社が吸収型再編受入行為又は特定募集に際して処分する自己株式に係る法第461条第2項第2号ロに掲げる額

八　次に掲げる額の合計額

イ　最終事業年度の末日後に第21条の規定により増加したその他資本剰余金の額

ロ　最終事業年度の末日後に第42条の2第5項第1号の規定により変動したその他資本剰余金の額

ハ　最終事業年度がない株式会社が成立の日後に自己株式を処分した場合における当該自己株式の対価の額

九　最終事業年度の末日後に株式会社が当該株式会社の株式を取得した場合（法第155条第12号に掲げる場合以外の場合において、当該株式の取得と引換えに当該株式の株主に対して当該株式会社の株式を交付するときに限る。）における当該取得した株式の帳簿価額から次に掲げる額の合計額を減じて得た額

イ　当該取得に際して当該取得した株式の株主に交付する当該株式会社の株式以外の財産（社債等（自己社債及び自己新株予約権を除く。ロにおいて同じ。）を除く。）の帳簿価額

ロ　当該取得に際して当該取得した株式の株主に交付する当該株式会社の社債等に付すべき帳簿価額

十　最終事業年度の末日後に株式会社が吸収型再編受入行為又は特定募集に際して処分する自己株式に係る法第461条第2項第4号（最

会社法

終事業年度がない場合にあっては、第8号）
に掲げる額

（剰余金の配当等に関して責任をとるべき取締役
等）

第159条　法第462条第1項各号列記以外の部分に
規定する法務省令で定めるものは、次の各号に
掲げる行為の区分に応じ、当該各号に定める者
とする。

一　法第461条第1項第1号に掲げる行為　次
に掲げる者

イ　株式の買取りによる金銭等の交付に関す
る職務を行った取締役及び執行役

ロ　法第140条第2項の株主総会において株
式の買取りに関する事項について説明をし
た取締役及び執行役

ハ　分配可能額の計算に関する報告を監査役
（監査等委員会及び監査委員会を含む。以
下この条において同じ。）又は会計監査人
が請求したときは、当該請求に応じて報告
をした取締役及び執行役

二　法第461条第1項第2号に掲げる行為　次
に掲げる者

イ　株式の取得による金銭等の交付に関する
職務を行った取締役及び執行役

ロ　法第156条第1項の規定による決定に係
る株主総会において株式の取得に関する事
項について説明をした取締役及び執行役

ハ　法第156条第1項の規定による決定に係
る取締役会において株式の取得に賛成した
取締役

ニ　分配可能額の計算に関する報告を監査役
又は会計監査人が請求したときは、当該請
求に応じて報告をした取締役及び執行役

三　法第461条第1項第3号に掲げる行為　次
に掲げる者

イ　株式の取得による金銭等の交付に関する
職務を行った取締役及び執行役

ロ　法第157条第1項の規定による決定に係
る株主総会において株式の取得に関する事
項について説明をした取締役及び執行役

ハ　法第157条第1項の規定による決定に係

る取締役会において株式の取得に賛成した
取締役

ニ　分配可能額の計算に関する報告を監査役
又は会計監査人が請求したときは、当該請
求に応じて報告をした取締役及び執行役

四　法第461条第1項第4号に掲げる行為　次
に掲げる者

イ　株式の取得による金銭等の交付に関する
職務を行った取締役及び執行役

ロ　法第171条第1項の株主総会において株
式の取得に関する事項について説明をした
取締役及び執行役

ハ　分配可能額の計算に関する報告を監査役
又は会計監査人が請求したときは、当該請
求に応じて報告をした取締役及び執行役

五　法第461条第1項第5号に掲げる行為　次
に掲げる者

イ　株式の買取りによる金銭等の交付に関す
る職務を行った取締役及び執行役

ロ　法第175条第1項の株主総会において株
式の買取りに関する事項について説明をし
た取締役及び執行役

ハ　分配可能額の計算に関する報告を監査役
又は会計監査人が請求したときは、当該請
求に応じて報告をした取締役及び執行役

六　法第461条第1項第6号に掲げる行為　次
に掲げる者

イ　株式の買取りによる金銭等の交付に関す
る職務を行った取締役及び執行役

ロ　法第197条第3項後段の規定による決定
に係る株主総会において株式の買取りに関
する事項について説明をした取締役及び執
行役

ハ　法第197条第3項後段の規定による決定
に係る取締役会において株式の買取りに賛
成した取締役

ニ　分配可能額の計算に関する報告を監査役
又は会計監査人が請求したときは、当該請
求に応じて報告をした取締役及び執行役

七　法第461条第1項第7号に掲げる行為　次
に掲げる者

イ　株式の買取りによる金銭等の交付に関する職務を行った取締役及び執行役

ロ　法第234条第4項後段（法第235条第2項において準用する場合を含む。）の規定による決定に係る株主総会において株式の買取りに関する事項について説明をした取締役及び執行役

ハ　法第234条第4項後段（法第235条第2項において準用する場合を含む。）の規定による決定に係る取締役会において株式の買取りに賛成した取締役

ニ　分配可能額の計算に関する報告を監査役又は会計監査人が請求したときは、当該請求に応じて報告をした取締役及び執行役

八　法第461条第1項第8号に掲げる行為　次に掲げる者

イ　剰余金の配当による金銭等の交付に関する職務を行った取締役及び執行役

ロ　法第454条第1項の規定による決定に係る株主総会において剰余金の配当に関する事項について説明をした取締役及び執行役

ハ　法第454条第1項の規定による決定に係る取締役会において剰余金の配当に賛成した取締役

ニ　分配可能額の計算に関する報告を監査役又は会計監査人が請求したときは、当該請求に応じて報告をした取締役及び執行役

九　法第116条第1項各号の行為に係る同項の規定による請求に応じてする株式の取得　株式の取得による金銭等の交付に関する職務を行った取締役及び次のイからニまでに掲げる行為の区分に応じ、当該イからニまでに定める者

イ　その発行する全部の株式の内容として法第107条第1項第1号に掲げる事項についての定めを設ける定款の変更　次に掲げる者

(1)　株主総会に当該定款の変更に関する議案を提案した取締役

(2)　(1)の議案の提案の決定に同意した取締役（取締役会設置会社の取締役を除く。）

(3)　(1)の議案の提案が取締役会の決議に基づいて行われたときは、当該取締役会の決議に賛成した取締役

ロ　ある種類の株式の内容として法第108条第1項第4号又は第7号に掲げる事項についての定めを設ける定款の変更　次に掲げる者

(1)　株主総会に当該定款の変更に関する議案を提案した取締役

(2)　(1)の議案の提案の決定に同意した取締役（取締役会設置会社の取締役を除く。）

(3)　(1)の議案の提案が取締役会の決議に基づいて行われたときは、当該取締役会の決議に賛成した取締役

ハ　法第116条第1項第3号に規定する場合における同号イからハまで及びヘに掲げる行為　次に掲げる者

(1)　当該行為が株主総会の決議に基づいて行われたときは、当該株主総会に当該行為に関する議案を提案した取締役

(2)　(1)の議案の提案の決定に同意した取締役（取締役会設置会社の取締役を除く。）

(3)　(1)の議案の提案が取締役会の決議に基づいて行われたときは、当該取締役会の決議に賛成した取締役

(4)　当該行為が取締役会の決議に基づいて行われたときは、当該取締役会において当該行為に賛成した取締役

ニ　法第116条第1項第3号に規定する場合における同号ニ及びホに掲げる行為　次に掲げる者

(1)　当該行為に関する職務を行った取締役及び執行役

(2)　当該行為が株主総会の決議に基づいて行われたときは、当該株主総会に当該行為に関する議案を提案した取締役

(3)　(2)の議案の提案の決定に同意した取締役（取締役会設置会社の取締役を除く。）

(4)　(2)の議案の提案が取締役会の決議に基づいて行われたときは、当該取締役会の決議に賛成した取締役

会社法

　(5)　当該行為が取締役会の決議に基づいて
　　　行われたときは、当該取締役会の決議に
　　　賛成した取締役
十　法第182条の4第1項の規定による請求に
　応じてする株式の取得　次に掲げる者
　イ　株式の取得による金銭等の交付に関する
　　職務を行った取締役
　ロ　法第180条第2項の株主総会に株式の併
　　合に関する議案を提案した取締役
　ハ　ロの議案の提案の決定に同意した取締役
　　（取締役会設置会社の取締役を除く。）
　ニ　ロの議案の提案が取締役会の決議に基づ
　　いて行われたときは、当該取締役会の決議
　　に賛成した取締役
十一　法第465条第1項第4号に掲げる行為
　株式の取得による金銭等の交付に関する職務
　を行った取締役及び執行役
十二　法第465条第1項第5号に掲げる行為
　次に掲げる者
　イ　株式の取得による金銭等の交付に関する
　　職務を行った取締役及び執行役
　ロ　法第107条第2項第3号イの事由が株主
　　総会の決議に基づいて生じたときは、当該
　　株主総会に当該行為に関する議案を提案し
　　た取締役
　ハ　ロの議案の提案の決定に同意した取締役
　　（取締役会設置会社の取締役を除く。）
　ニ　ロの議案の提案が取締役会の決議に基づ
　　いて行われたときは、当該取締役会の決議
　　に賛成した取締役
　ホ　法第107条第2項第3号イの事由が取締
　　役会の決議に基づいて生じたときは、当該
　　取締役会の決議に賛成した取締役
第160条　法第462条第1項第1号イに規定する法
　務省令で定めるものは、次に掲げる者とする。
一　株主総会に議案を提案した取締役
二　前号の議案の提案の決定に同意した取締役
　（取締役会設置会社の取締役を除く。）
三　第1号の議案の提案が取締役会の決議に基
　づいて行われたときは、当該取締役会におい
　て当該取締役会の決議に賛成した取締役

第161条　法第462条第1項第1号ロに規定する法
　務省令で定めるものは、取締役会に議案を提案
　した取締役及び執行役とする。

第8編　持分会社の計算に係る計数等に関する事項

（損失の額）
第162条　法第620条第2項に規定する法務省令で
　定める方法は、同項の規定により算定される額
　を次に掲げる額のうちいずれか少ない額とする
　方法とする。
一　零から法第620条第1項の規定により資本
　金の額を減少する日における資本剰余金の額
　及び利益剰余金の額の合計額を減じて得た額
　（零未満であるときは、零）
二　法第620条第1項の規定により資本金の額
　を減少する日における資本金の額

（利益額）
第163条　法第623条第1項に規定する法務省令で
　定める方法は、持分会社の利益額を次に掲げる
　額のうちいずれか少ない額（法第629条第2項
　ただし書に規定する利益額にあっては、第1号
　に掲げる額）とする方法とする。
一　法第621条第1項の規定による請求に応じ
　て利益の配当をした日における利益剰余金の
　額
二　イに掲げる額からロ及びハに掲げる額の合
　計額を減じて得た額
　イ　法第622条の規定により当該請求をした
　　社員に対して既に分配された利益の額（第
　　32条第1項第3号に定める額がある場合に
　　あっては、当該額を含む。）
　ロ　法第622条の規定により当該請求をした
　　社員に対して既に分配された損失の額（第
　　32条第2項第4号に定める額がある場合に
　　あっては、当該額を含む。）
　ハ　当該請求をした社員に対して既に利益の
　　配当により交付された金銭等の帳簿価額

（剰余金額）
第164条　法第626条第4項第4号に規定する法務

省令で定める合計額は、第１号に掲げる額から第２号及び第３号に掲げる額の合計額を減じて得た額とする。

一　法第626条第４項第１号に掲げる額

二　法第626条第４項第２号及び第３号に掲げる額の合計額

三　次のイからホまでに掲げる場合における当該イからホまでに定める額

　　イ　法第626条第２項に規定する剰余金額を算定する場合　当該社員の出資につき資本剰余金に計上されている額

　　ロ　法第626条第３項に規定する剰余金額を算定する場合　次に掲げる額の合計額

　　(1)　当該社員の出資につき資本剰余金に計上されている額

　　(2)　第32条第２項第２号イに掲げる額から同号ロに掲げる額を減じて得た額

　　ハ　法第632条第２項及び第634条第１項に規定する剰余金額を算定する場合　次に掲げる額のうちいずれか少ない額

　　(1)　法第624条第１項の規定による請求に応じて出資の払戻しをした日における利益剰余金の額及び資本剰余金の額の合計額

　　(2)　当該社員の出資につき資本剰余金に計上されている額

　　ニ　法第633条第２項ただし書に規定する場合　ハ(1)に掲げる額

　　ホ　法第635条第１項、第２項第１号及び第636条第２項に規定する剰余金額を算定する場合　資本剰余金の額及び利益剰余金の額の合計額

（欠損額）

第165条　法第631条第１項に規定する法務省令で定める方法は、第１号に掲げる額から第２号及び第３号に掲げる額の合計額を減じて得た額（零未満であるときは、零）を持分会社の欠損額とする方法とする。

一　零から法第631条第１項の事業年度の末日における資本剰余金の額及び利益剰余金の額の合計額を減じて得た額

二　法第631条第１項の事業年度に係る当期純損失金額

三　当該事業年度において持分の払戻しがあった場合におけるイに掲げる額からロに掲げる額を減じて得た額（零未満である場合にあっては、零）

　　イ　当該持分の払戻しに係る持分払戻額

　　ロ　当該持分の払戻しをした日における利益剰余金の額及び資本剰余金の額の合計額

（純資産額）

第166条　法第635条第２項、第３項及び第５項に規定する法務省令で定める方法は、次に掲げる額の合計額をもって持分会社の純資産額とする方法とする。

一　資本金の額

二　資本剰余金の額

三　利益剰余金の額

四　最終事業年度の末日（最終事業年度がない場合にあっては、持分会社の成立の日）における評価・換算差額等に係る額

附　則

（施行期日）

第１条　この省令は、法の施行の日〔平成18年５月１日〕から施行する。

（法施行前の株式の交付に伴う義務が履行された場合に関する経過措置）

第２条　第21条の規定は、会社法の施行に伴う関係法律の整備等に関する法律（以下「会社法整備法」という。）第64条の規定による改正前の商法（明治32年法律第48号。以下「旧商法」という。）第280条ノ11第１項（旧商法第211条第３項において準用する場合並びに旧商法第280条ノ39第４項及び第341条ノ15第４項において準用する場合（新株予約権が行使された場合に限る。）を含む。以下この条において同じ。）の規定により旧商法第280条ノ11第１項の差額に相当する金額を支払う義務が履行された場合について準用する。

（委員会設置会社の作成すべき計算書類等に関する経過措置）

第３条　法の施行の日前に到来した最終の決算期

に係る委員会設置会社の各事業年度に係る計算
書類及びその附属明細書並びに連結計算書類は、
この省令の規定にかかわらず、会社法施行規則
附則第10条の規定による改正前の商法施行規則
（平成14年法務省令第22号。以下「旧商法施行
規則」という。）の定めるところにより作成す
るものとする。この場合において、旧商法施行
規則に基づき作成する計算書類には、利益の処
分又は損失の処理に関する議案を含むものとす
る。

2　法の施行の日前に到来した最終の決算期に係
る委員会設置会社の各事業年度に係る事業報告
及びその附属明細書は、この省令の規定にかか
わらず、営業報告書及びその附属明細書として
旧商法施行規則の定めるところにより作成する
ものとする。

3　前2項の規定により作成されるものについて
の監査は、この省令の規定にかかわらず、会社
法整備法第1条第8号の規定による廃止前の株
式会社の監査等に関する商法の特例に関する法
律（昭和49年法律第22号。以下「旧商法特例法」
という。）及び旧商法施行規則の定めるところ
による。

4　前項の場合において、次のいずれにも該当す
るときは、第163条各号のいずれにも該当する
ものとみなす。この場合において、同条に規定
する承認特則規定に規定する計算書類には、第
1項後段の利益の処分又は損失の処理に関する
議案を含むものとする。

一　各会計監査人の監査報告書が、第1項の規
定により作成されるもの（連結計算書類を除
く。）が法令及び定款に従い委員会設置会社
の財産及び損益の状況を正しく表示したもの
である旨を内容とするものであること。

二　監査委員会の監査報告書（各監査委員の意
見の付記を含む。）が前号についての会計監
査人の監査の結果を相当でないと認めた旨を
内容とするものでないこと。

5　第161条第7項の規定は、第1項の規定によ
り作成する計算書類を定時株主総会に提出する
場合について準用する。

6　第162条第7項の規定は、第1項の規定によ
り作成する連結計算書類を定時株主総会に提出
する場合について準用する。

7　会社法施行規則第133条第6項の規定は、第
2項の規定により作成する営業報告書を定時株
主総会に提出する場合について準用する。

（貸借対照表等の公告に関する経過措置）

第4条　法の施行の日前に到来した決算期に係る
貸借対照表又は損益計算書に記載又は記録がさ
れた情報につき法の施行の日前に旧商法第283
条第7項若しくは旧商法特例法第16条第5項
（旧商法特例法第21条の31第3項において準用
する場合を含む。）の規定による措置をとる場
合又は旧商法第283条第4項若しくは旧商法特
例法第16条第2項の規定による公告（旧電子公
告（旧商法第166条第6項の措置をとることを
いう。）によるものに限る。）をする場合におけ
る貸借対照表又は損益計算書については、この
省令の規定にかかわらず、旧商法施行規則の定
めるところによる。

2　法第440条第1項又は第2項の規定による公
告（同条第3項の規定による措置を含む。以下
この項において同じ。）をする場合において、
これらの規定に規定する貸借対照表又は損益計
算書が法の施行の日前に到来した決算期に係る
ものであるときは、当該公告において明らかに
しなければならない事項は、この省令の規定に
かかわらず、旧商法施行規則の定めるところに
よる。

（剰余金の額に関する経過措置）

第5条　株式会社が最終事業年度の末日後に次の
各号に掲げる行為をした場合には、第1号から
第7号までに定める額の合計額から第8号から
第12号までに定める額の合計額を減じて得た額
をも法第446条第7号に規定する法務省令で定
める各勘定科目に計上した額の合計額に含むも
のとする。

一　会社法整備法第13条又は第83条第1項本文
の規定によりなお従前の例によることとされ
る株式又は持分の消却　当該株式又は持分の
消却により株主又は社員に交付した財産の帳

簿価額の総額

二　会社法整備法第27条第2項又は第99条の規定によりなお従前の例によることとされる旧有限会社法（会社法整備法第1条第3号の規定による廃止前の有限会社法（昭和13年法律第74号）をいう。以下同じ。）第43条第1項第4号又は旧商法第281条第1項第4号に掲げるものの承認　次に掲げる額の合計額

イ　旧有限会社法第43条第1項第4号又は旧商法第281条第1項第4号に掲げるものの承認により処分された財産の帳簿価額の総額（次号に定めるものを除く。）

ロ　旧商法第288条（旧有限会社法第46条第1項において準用する場合を含む。）の規定により利益準備金に積み立てた額

ハ　旧商法第293条ノ2の規定により資本に組み入れた額

三　会社法整備法第30条又は第100条の規定によりなお従前の例によることとされる剰余金の配当　当該剰余金の配当により株主に交付した財産の帳簿価額の総額

四　会社法整備法第101条の規定によりなお従前の例によることとされる金銭の分配　次に掲げる額の合計額

イ　当該金銭の分配により株主に交付した金銭の総額

ロ　当該金銭の分配に際して旧商法第288条の規定により利益準備金に積み立てた額

五　会社法整備法第105条の規定によりなお従前の例によることとされる新設分割（当該新設分割により設立する会社にその営業を承継させる会社となる場合における当該新設分割に限る。第7号において同じ。）　当該新設分割に際して減少することとしたその他利益剰余金の額及びその他資本剰余金の額の合計額

六　会社法整備法第36条又は第105条の規定によりなお従前の例によることとされる吸収分割（他の会社にその営業を承継させる会社となる場合における当該吸収分割に限る。次号において同じ。）　当該吸収分割に際して減少することとしたその他利益剰余金の額及びそ

の他資本剰余金の額の合計額

七　この省令の施行前に効力が生じた新設分割又は吸収分割（前2号に掲げるものを除く。）　当該新設分割又は吸収分割に際して減少することとしたその他利益剰余金の額及びその他資本剰余金の額の合計額

八　会社法整備法第29条又は第106条の規定によりなお従前の例によることとされる資本の減少　当該資本の減少により減少した資本の額から当該資本の減少に際して株主又は社員に交付した財産の帳簿価額の総額を減じて得た額

九　会社法整備法第29条又は第106条の規定によりなお従前の例によることとされる準備金の減少　当該準備金の減少により減少した準備金の額から当該準備金の減少に際して株主又は社員に交付した財産の帳簿価額の総額を減じて得た額

十　会社法整備法第27条第2項又は第99条の規定によりなお従前の例によることとされる旧有限会社法第43条第1項第4号又は旧商法第281条第1項第4号に掲げるものの承認に際しての旧商法第289条第1項（旧有限会社法第46条第1項において準用する場合を含む。）の規定による準備金の減少　当該準備金の減少により減少した準備金の額

十一　旧商法第288条ノ2第2項又は第4項（旧有限会社法第46条第1項において準用する場合を含む。）の規定により資本準備金としなかった額の決定　当該額からこれらの規定に規定する新設分割又は吸収分割に際して増加させた利益準備金の額を減じて得た額

十二　旧商法第288条ノ2第5項前段（旧有限会社法第46条第1項において準用する場合を含む。）の規定により資本準備金としなかった額の決定　当該額から旧商法第288条ノ2第5項後段（旧有限会社法第46条第1項において準用する場合を含む。）の規定により利益準備金とした額を減じて得た額

（剰余金の分配を決定する機関の特則に関する要件）

第6条　法第459条第2項及び第460条第2項に規定する計算書類が法の施行の日前に到来した決算期に係るものである場合において、次のいずれにも該当するときは、第183条各号のいずれにも該当するものとみなす。

一　各会計監査人の監査報告書が、当該計算書類が法令及び定款に従い株式会社の財産及び損益の状況を正しく表示したものである旨を内容とするものであること。

二　監査役会又は監査委員会の監査報告書（各監査役又は監査委員の意見の付記を含む。）が前号についての会計監査人の監査の結果を相当でないと認めた旨を内容とするものでないこと。

（提供計算書類の提供等に関する経過措置）

第7条　第129条第1項第8号の規定は、この省令の施行後最初に到来する事業年度の末日に係る個別注記表であって、この省令の施行後最初に開催する株主総会の招集の通知に併せてその内容を通知すべきものについては、適用しない。

（連結配当規制適用会社に関する注記に関する経過措置）

第8条　第2条第3項第72号のある事業年度が法の施行の日前に到来した最終の決算期に係る事業年度として定めた株式会社が作成する当該決算期に係る貸借対照表には、当該決算期に係る事業年度の末日が最終事業年度の末日となる時後、連結配当規制適用会社となる旨を注記しなければならない。

（計算書類の提供方法に関する経過措置）

第9条　第161条第7項の規定は、会社法整備法第27条第2項又は第99条の規定によりなお従前の例によるものとされた計算書類を定時株主総会に提出する場合について準用する。

（連結計算書類の提供方法に関する経過措置）

第10条　第162条第7項の規定は、会社法整備法第56条の規定によりなお従前の例によるものとされた連結計算書類を定時株主総会に提出する場合について準用する。

（募集株式の交付に係る費用等に関する特則）

第11条　次に掲げる規定に掲げる額は、当分の間、零とする。

一　第14条第1項第3号

二　第17条第1項第4号

三　第18条第1項第2号

四　第30条第1項第1号ハ

五　第42条の2第1項第2号

六　第42条の3第1項第2号

七　第43条第1項第3号

八　第44条第1項第2号

　　附　則（平成18年3月29日法務省令第28号　非訟事件手続法による財産管理の報告及び計算に関する書類並びに財産目録の謄本又は株主表の抄本の交付に関する手数料の件の廃止等をする省令）

（施行期日）

第1条　この省令は、会社法（平成17年法律第86号）の施行の日〔平成18年5月1日〕から施行する。ただし、附則第2条及び第3条の規定は、公布の日から施行する。

　　附　則（平成18年4月14日法務省令第49号　会社法施行規則等の一部を改正する省令）

この省令は、公布の日から施行する。

　　附　則（平成18年12月15日法務省令第84号　会社法施行規則及び会社計算規則の一部を改正する省令）

この省令は、公布の日から施行する。

　　附　則（平成18年12月22日法務省令第87号　会社法施行規則及び会社計算規則の一部を改正する省令）

（施行期日）

第1条　この省令は、平成19年1月20日から施行する。

第2条　（略）

（創立総会等に関する経過措置）

第3条　この省令の施行の日（以下「施行日」という。）前に創立総会若しくは種類創立総会、株主総会若しくは種類株主総会、債権者集会又は社債権者集会の招集の決定があった場合におけるその創立総会若しくは種類創立総会、株主総会若しくは種類株主総会、債権者集会又は社債権者集会については、なお従前の例による。

（事業報告に関する経過措置）

第4条 施行日前にその末日が到来した事業年度のうち最終のものに係る事業報告については、なお従前の例による。

（募集株式の交付に係る費用等に関する経過措置）

第5条 施行日前に会社法（平成17年法律第86号。以下「法」という。）第199条第1項の決定（同項第5号に掲げる事項として募集株式の交付に係る費用の額のうち株式会社が資本金等増加限度額から減ずるべき額を定めた場合における当該決定に限る。）があった場合における会社計算規則第14条第1項第3号に掲げる額については、なお従前の例による。

2 施行日前に発行された新株予約権（法第236条第1項第5号に掲げる事項として新株予約権の行使に応じて行う株式の交付に係る費用の額のうち株式会社が資本金等増加限度額から減ずるべき額を定めたものに限る。）の行使があった場合における会社計算規則第17条第1項第4号に掲げる額については、なお従前の例による。

3 次に掲げる場合における会社計算規則第43条第1項第3号に掲げる額については、なお従前の例による。

　一 施行日前に法第32条第1項の決定（同項第3号に掲げる事項として設立に要した費用の額のうち設立に際して資本金又は資本準備金の額として計上すべき額から減ずるべき額（次号において「設立費用控除額」という。）を定めた場合における当該決定に限る。）があった場合

　二 施行日前に設立費用控除額を定款で定めた場合

（吸収合併等に際しての計算に関する経過措置）

第6条 施行日前に吸収合併契約、新設合併契約、吸収分割契約又は株式交換契約が締結された吸収合併、新設合併、吸収分割又は株式交換に際しての計算については、なお従前の例による。

2 施行日前に新設分割計画又は株式移転計画が作成された場合における新設分割又は株式移転に際しての計算については、なお従前の例による。

　　　附　則（平成19年7月4日法務省令第39号）
　　　　　　　　（会社法施行規則及び会社計算規則）
　　　　　　　　（の一部を改正する省令）

この省令は、証券取引法等の一部を改正する法律（平成18年法律第65号）の施行の日〔平成19年9月30日〕から施行する。

　　　附　則（平成20年3月19日法務省令第12号）
　　　　　　　　（会社法施行規則及び会社計算規則）
　　　　　　　　（の一部を改正する省令）

（施行期日）

第1条 この省令は、平成20年4月1日から施行する。

（事業報告に関する経過措置）

第2条 この省令の施行の日（以下「施行日」という。）前にその末日が到来した事業年度のうち最終のものに係る事業報告については、なお従前の例による。

（組織変更計画に関する経過措置）

第3条 施行日前に組織変更計画が作成された場合における組織変更については、なお従前の例による。

（計算書類等に関する経過措置）

第4条 施行日前に開始した事業年度に係る計算書類及び事業報告の附属明細書については、なお従前の例による。

（株式交換等に際しての計算に関する経過措置）

第5条 施行日前に株式交換契約が締結された場合又は株式移転計画が作成された場合における株式交換又は株式移転に際しての計算については、なお従前の例による。

　　　附　則（平成21年3月27日法務省令第7号）
　　　　　　　　（会社法施行規則、会社計算規則等）
　　　　　　　　（の一部を改正する省令）

（施行期日）

第1条 この省令は、平成21年4月1日から施行する。

（計算関係書類に関する経過措置）

第8条 この省令による改正後の会社計算規則（以下「新会社計算規則」という。）第2条第3項第56号、第75条第2項第1号ヌ及び同項第2号ト並びに第93条第1項第3号の規定は、平成22年4月1日前に開始する事業年度に係る計算関係書類については、適用しない。ただし、同

会
社
法

日前に開始する事業年度に係る計算関係書類の
うち、施行日以後に作成されるものについては、
これらのすべての規定により作成することがで
きる。

2　新会社計算規則第2条第3項第57号及び第77
条の規定は、施行日前に開始する事業年度に係
る計算関係書類については、適用しない。ただ
し、施行日前に開始する事業年度に係る計算関
係書類のうち、施行日以後に作成されるものに
ついては、これらのすべての規定により作成す
ることができる。

3　新会社計算規則第2条第3項第58号及び第59
号、第98条第1項第8号及び第9号、第109条
並びに第110条の規定は、平成22年3月31日前
に終了する事業年度に係る計算関係書類につい
ては、適用しない。ただし、同日前に終了する
事業年度に係る計算関係書類のうち、施行日以
後に作成されるものについては、これらのすべ
ての規定により作成することができる。

4　新会社計算規則第98条第1項第10号、第102
条第1号ホ及び第111条の規定は、平成20年4
月1日前に開始する事業年度に係る計算関係書
類については、適用しない。

5　平成22年4月1日前に開始する事業年度に係
る連結計算書類のうち、連結計算書類の作成の
ための基本となる重要な事項に関する注記につ
いては、連結子会社の資産及び負債の評価に関
する事項を含むものとする。

（募集株式の発行等に際しての計算に関する経過
措置）

第9条　施行日前に会社法第199条第2項に規定
する募集事項の決定があった場合における株式
の発行又は自己株式の処分に際しての計算につ
いては、なお従前の例による。

2　施行日前に新株予約権の行使があった場合に
おける株式の発行又は自己株式の処分に際して
の計算については、なお従前の例による。

（吸収合併等に際しての計算に関する経過措置）

第10条　施行日前に吸収合併契約、新設合併契約、
吸収分割契約又は株式交換契約が締結された吸
収合併、新設合併、吸収分割又は株式交換に際

しての計算については、なお従前の例による。

2　施行日前に新設分割計画又は株式移転計画が
作成された場合における新設分割又は株式移転
に際しての計算については、なお従前の例によ
る。

（会社の設立に際しての計算に関する経過措置）

第11条　施行日前に定款の認証を受けた定款に係
る株式会社の設立に際しての計算については、
なお従前の例による。

2　施行日前に作成された定款に係る持分会社の
設立に際しての計算については、なお従前の例
による。

　　　附　則（平成21年4月20日法務省令第22号
会社計算規則の一部を改正する省
令）

（施行期日）

1　この省令は、公布の日から施行する。

（経過措置）

2　平成21年3月31日前に終了する事業年度に係
る個別注記表及び連結注記表については、なお
従前の例による。

　　　附　則（平成21年12月11日法務省令第46号
会社計算規則の一部を改正する省
令）

（施行期日）

第1条　この省令は、公布の日から施行する。

（国際会計基準で作成する連結計算書類に関する
経過措置）

第2条　この省令による改正後の会社計算規則
（以下「新会社計算規則」という。）第120条の
規定は、平成22年3月31日以後に終了する連結
会計年度に係る連結計算書類について適用し、
同日前に終了する連結会計年度に係るものにつ
いては、なお従前の例による。

（米国基準で作成する連結計算書類に関する経過
措置）

第3条　連結財務諸表の用語、様式及び作成方法
に関する規則等の一部を改正する内閣府令（平
成21年内閣府令第73号）附則第2条第2項の規
定により連結財務諸表の用語、様式及び作成方
法について米国預託証券の発行等に関して要請
されている用語、様式及び作成方法によること

ができるものとされた株式会社の作成すべき連結計算書類については、米国預託証券の発行等に関して要請されている用語、様式及び作成方法によることができる。この場合においては、新会社計算規則第3編第1章から第5章までの規定により連結計算書類において表示すべき事項に相当するものを除くその他の事項は、省略することができる。

2　前項の規定による連結計算書類には、当該連結計算書類が準拠している用語、様式及び作成方法を注記しなければならない。

　　　附　則（平成22年9月30日法務省令第33号
　　　　　　　会社計算規則の一部を改正する省令）

（施行期日）

第1条　この省令は、公布の日から施行する。

（経過措置）

第2条　この省令の施行の日前に終了する事業年度に係る連結計算書類については、なお従前の例による。

　　　附　則（平成22年11月25日法務省令第37号
　　　　　　　会社計算規則及び電子公告に関する
　　　　　　　登記事項を定める省令の一部を
　　　　　　　改正する省令）

　　この省令は、商品取引所法及び商品投資に係る事業の規制に関する法律の一部を改正する法律の施行の日（平成23年1月1日）から施行する。

　　　附　則（平成23年3月31日法務省令第6号
　　　　　　　会社計算規則の一部を改正する省令）

（施行期日）

第1条　この省令は、公布の日から施行する。

（経過措置）

第2条　この省令による改正後の会社計算規則第2条第3項（第58号から第64号までに係る部分に限る。）、第96条第7項（第1号に係る部分に限る。）及び第8項、第98条第1項（第2号から第6号までに係る部分に限る。）及び第2項、第101条、第102条第2項、第102条の2から第102条の5まで、第113条、第122条第2項（第1号に係る部分に限る。）並びに第126条第2項（第2号に係る部分に限る。）の規定は、平成23年4月1日以後に開始する事業年度に係る計算

書類及び連結計算書類並びにこれらについての監査報告及び会計監査報告について適用し、同日前に開始する事業年度に係る計算書類及び連結計算書類並びにこれらについての監査報告及び会計監査報告については、なお従前の例による。

2　平成20年12月5日から平成22年3月31日までに満期保有目的の債券（この省令による改正前の会社計算規則第2条第3項第27号に規定する満期保有目的の債券をいう。以下この項において同じ。）以外の債券を満期保有目的の債券に変更した場合における当該変更後の満期保有目的の債券についての会社計算規則第5条第6項（第2号に係る部分に限る。）の規定の適用については、なお従前の例による。

　　　附　則（平成23年11月16日法務省令第33号
　　　　　　　会社法施行規則等の一部を改正す
　　　　　　　る省令）

（施行期日）

第1条　この省令は、公布の日から施行する。（以下略）

（会社計算規則の一部改正に伴う経過措置）

第3条　第2条の規定による改正後の会社計算規則（以下「新会社計算規則」という。）第102条第1項第1号の規定は、平成25年4月1日以後に開始する事業年度に係る計算書類及び連結計算書類について適用し、同日前に開始する事業年度に係るものについては、なお従前の例による。ただし、平成23年4月1日以後に開始する事業年度に係るものについては、新会社計算規則の規定を適用することができる。

　　　附　則（平成25年5月20日法務省令第16号
　　　　　　　会社計算規則の一部を改正する省令）

（施行期日）

1　この省令は、公布の日から施行する。

（経過措置）

2　平成25年4月1日前に開始した事業年度に係る計算関係書類については、なお従前の例による。

会社法

附　則 $\begin{pmatrix}平成27年2月6日法務省令第6号\\会社法施行規則等の一部を改正す\\る省令\end{pmatrix}$

（施行期日）

第1条　この省令は、会社法の一部を改正する法律の施行の日（平成27年5月1日）から施行する。ただし、次の各号に掲げる規定は、当該各号に定める日から施行する。

一　第2条中会社計算規則第76条第1項、第93条第1項、第94条、第96条第2項、第7項及び第8項、第102条第1項並びに第113条の改正規定　公布の日

二　（略）

（会社計算規則の一部改正に伴う経過措置）

第3条　第2条の規定による改正後の会社計算規則（以下「新会社計算規則」という。）第76条第1項、第93条第1項、第94条第1項及び第3項から第5項まで、第96条第2項及び第8項、第102条第1項並びに第113条の規定は、平成27年4月1日以後に開始する事業年度に係る連結計算書類について適用し、同日前に開始する事業年度に係るものについては、なお従前の例による。

2　新会社計算規則第96条第7項の規定は、平成28年4月1日以後に開始する事業年度に係る計算書類及び連結計算書類について適用し、同日前に開始する事業年度に係るものについては、なお従前の例による。ただし、平成27年4月1日以後に開始する事業年度に係るものについては、同項の規定を適用することができる。

附　則 $\begin{pmatrix}平成28年1月8日法務省令第1号\\会社法施行規則及び会社計算規則\\の一部を改正する省令\end{pmatrix}$

（施行期日）

第1条　この省令は、公布の日から施行する。

（会社計算規則の一部改正に伴う経過措置）

第3条　第2条の規定による改正後の会社計算規則第120条の2の規定は、平成28年3月31日以後に終了する連結会計年度に係る連結計算書類について適用し、同日前に終了する連結会計年度に係るものについては、なお従前の例による。

附　則 $\begin{pmatrix}平成30年3月26日法務省令第5号\\会社法施行規則及び会社計算規則\\の一部を改正する省令\end{pmatrix}$

（施行期日）

第1条　この省令は、公布の日から施行する。

（会社計算規則の一部改正に伴う経過措置）

第3条　この省令による改正後の会社計算規則（以下「新会社計算規則」という。）の規定は、平成30年4月1日以後開始する事業年度に係る計算書類及び連結計算書類について適用し、同日前に開始する事業年度に係るものについては、なお従前の例による。ただし、同年3月31日以後最初に終了する事業年度に係るものについては、新会社計算規則の規定を適用することができる。

附　則 $\begin{pmatrix}平成30年10月15日法務省令第27号\\会社計算規則の一部を改正する省\\令\end{pmatrix}$

（施行期日）

第1条　この省令は、公布の日から施行する。

（経過措置）

第2条　この省令による改正後の会社計算規則（以下「新会社計算規則」という。）の規定は、平成33年4月1日以後に開始する事業年度に係る会計帳簿、計算書類及び連結計算書類について適用し、同日前に開始する事業年度に係るものについては、なお従前の例による。ただし、平成30年4月1日以後に開始する事業年度に係るもの又は同年12月31日から平成31年3月30日までの間に終了する事業年度に係るものについては、新会社計算規則の規定を適用することができる。

附　則 $\begin{pmatrix}令和元年12月27日法務省令第54号\\会社計算規則の一部を改正する省\\令\end{pmatrix}$

（施行期日）

第1条　この省令は、公布の日から施行する。

（経過措置）

第2条　この省令による改正後の会社計算規則（以下「新会社計算規則」という。）の規定は、令和2年3月31日以後に終了する事業年度に係る計算関係書類についての会計監査報告について適用し、同日前に終了する事業年度に係る

計算関係書類についての会計監査報告については、なお従前の例による。ただし、連結財務諸表の用語、様式及び作成方法に関する規則（昭和51年大蔵省令第28号。以下「連結財務諸表規則」という。）第93条に規定する国際会計基準に基づいて作成した連結財務諸表を米国証券取引委員会に登録している連結財務諸表規則第1条の2に規定する指定国際会計基準特定会社又は米国預託証券の発行等に関して要請されている用語、様式及び作成方法により作成した連結財務諸表を米国証券取引委員会に登録している連結財務諸表規則第2条第1号に規定する連結財務諸表提出会社の令和元年12月31日以後に終了する事業年度に係る連結計算書類についての会計監査報告については、新会社計算規則の規定（新会社計算規則第126条第1項第2号ロの規定を除く。）を適用することができる。

　　附　則（令和2年3月31日法務省令第27号
会社計算規則の一部を改正する省令）

（施行期日）
第1条　この省令は、公布の日から施行する。
（経過措置）
第2条　この省令による改正後の会社計算規則（以下「新会社計算規則」という。）の規定は、令和3年4月1日以後に開始する事業年度に係る計算書類及び連結計算書類について適用し、同日前に開始する事業年度に係るものについては、なお従前の例による。ただし、令和2年3月31日以後に終了する事業年度に係るものについては、新会社計算規則の規定を適用することができる。

　　附　則（令和2年5月15日法務省令第37号
会社法施行規則及び会社計算規則
の一部を改正する省令）

（施行期日）
第1条　この省令は、公布の日から施行する。

　　附　則（令和2年8月12日法務省令第45号
会社計算規則の一部を改正する省令）

（施行期日）
第1条　この省令は、公布の日から施行する。

（経過措置）
第2条　この省令による改正後の会社計算規則（以下「新会社計算規則」という。）第88条第1項第1号、第101条第2項及び第115条の2の規定は、令和3年4月1日以後に開始する事業年度に係る計算書類及び連結計算書類について適用し、同日前に開始する事業年度に係るものについては、なお従前の例による。ただし、令和2年4月1日以後に終了する事業年度に係るものについては、これらの規定を適用することができる。

2　新会社計算規則第98条第1項第4号の2並びに第2項第1号、第2号及び第5号並びに第102条の3の2の規定は、令和3年3月31日以後に終了する事業年度に係る計算書類及び連結計算書類について適用し、同日前に終了する事業年度に係るものについては、なお従前の例による。ただし、令和2年3月31日以後に終了する事業年度に係るものについては、これらの規定を適用することができる。

　　附　則（令和2年11月27日法務省令第52号
会社法施行規則等の一部を改正す
る省令）

（施行期日）
第1条　この省令は、会社法の一部を改正する法律（令和元年法律第70号。以下この条及び次条第13項において「会社法改正法」という。）の施行の日（令和3年3月1日。以下「施行日」という。）から施行する。ただし、（中略）第2条中会社計算規則第2条第2項第15号の次に1号を加える改正規定及び第134条の改正規定（中略）は、会社法改正法附則第1条ただし書に規定する規定の施行の日〔令和4年9月1日〕（中略）から施行する。

　　附　則（令和3年1月29日法務省令第1号
会社法施行規則及び会社計算規則
の一部を改正する省令）

（施行期日）
第1条　この省令は、公布の日から施行する。ただし、第1条第2表に係る改正規定は、会社法の一部を改正する法律（令和元年法律第70号）の施行の日（令和3年3月1日）から施行する。

（失効）

第2条　第1条の規定による改正後の会社法施行規則の目次（第1条の規定により改めた部分に限る。）並びに第133条（第1条の規定により加えた部分に限る。）及び第133条の2の規定並びに第2条の規定による改正後の会社計算規則の目次（第2条の規定により改めた部分に限る。）及び第133条の2の規定は、令和3年9月30日限り、その効力を失う。ただし、同日までに招集の手続が開始された定時株主総会に係る提供事業報告（会社法施行規則第133条第1項に規定する提供事業報告をいう。）及び提供計算書類（会社計算規則第133条第1項に規定する提供計算書類をいう。）の提供については、これらの規定は、なおその効力を有する。

（会社計算規則の一部改正に伴う経過措置）

第3条　第2条の規定による改正後の会社計算規則第126条第1項の規定は、令和4年3月31日以後に終了する事業年度に係る計算関係書類についての会計監査報告について適用し、同日前に終了する事業年度に係る計算関係書類についての会計監査報告については、なお従前の例による。ただし、令和3年3月31日以後に終了する事業年度に係る計算関係書類についての会計監査報告については、同項の規定を適用することができる。

　　　附　則（令和3年12月13日法務省令第45号　会社法施行規則及び会社計算規則の一部を改正する省令）

（施行期日）

第1条　この省令は、公布の日から施行する。

（失効）

第2条　この省令による改正後の会社法施行規則の目次（この省令により改めた部分に限る。）並びに第133条（この省令により加えた部分に限る。）及び第133条の2の規定並びにこの省令による改正後の会社計算規則の目次（この省令により改めた部分に限る。）及び第133条の2の規定は、令和5年2月28日限り、その効力を失う。

　　　附　則（令和4年12月26日法務省令第43号　会社法施行規則等の一部を改正する省令）

この省令は、公布の日から施行する。ただし、(中略)第2条中会社計算規則第133条の改正規定は、令和5年3月1日から施行する。

金融商品取引法編

金融商品取引法(抄)

昭和23年4月13日法律第25号
最終改正令和4年6月17日法律第68号

第1章　総　　則

（目的）

第1条　この法律は、企業内容等の開示の制度を整備するとともに、金融商品取引業を行う者に関し必要な事項を定め、金融商品取引所の適切な運営を確保すること等により、有価証券の発行及び金融商品等の取引等を公正にし、有価証券の流通を円滑にするほか、資本市場の機能の十全な発揮による金融商品等の公正な価格形成等を図り、もつて国民経済の健全な発展及び投資者の保護に資することを目的とする。

（定義）

第2条　この法律において「有価証券」とは、次に掲げるものをいう。

一　国債証券

二　地方債証券

三　特別の法律により法人の発行する債券（次号及び第11号に掲げるものを除く。）

四　資産の流動化に関する法律（平成10年法律第105号）に規定する特定社債券

五　社債券（相互会社の社債券を含む。以下同じ。）

六　特別の法律により設立された法人の発行する出資証券（次号、第8号及び第11号に掲げるものを除く。）

七　協同組織金融機関の優先出資に関する法律（平成5年法律第44号。以下「優先出資法」という。）に規定する優先出資証券

八　資産の流動化に関する法律に規定する優先出資証券又は新優先出資引受権を表示する証券

九　株券又は新株予約権証券

十　投資信託及び投資法人に関する法律（昭和26年法律第198号）に規定する投資信託又は外国投資信託の受益証券

十一　投資信託及び投資法人に関する法律に規定する投資証券、新投資口予約権証券若しくは投資法人債券又は外国投資証券

十二　貸付信託の受益証券

十三　資産の流動化に関する法律に規定する特定目的信託の受益証券

十四　信託法（平成18年法律第108号）に規定する受益証券発行信託の受益証券

十五　法人が事業に必要な資金を調達するために発行する約束手形のうち、内閣府令で定めるもの

十六　抵当証券法（昭和6年法律第15号）に規定する抵当証券

十七　外国又は外国の者の発行する証券又は証書で第1号から第9号まで又は第12号から前号までに掲げる証券又は証書の性質を有するもの（次号に掲げるものを除く。）

十八　外国の者の発行する証券又は証書で銀行業を営む者その他の金銭の貸付けを業として行う者の貸付債権を信託する信託の受益権又はこれに類する権利を表示するもののうち、内閣府令で定めるもの

十九　金融商品市場において金融商品市場を開設する者の定める基準及び方法に従い行う第21項第3号に掲げる取引に係る権利、外国金融商品市場（第8項第3号ロに規定する外国金融商品市場をいう。以下この号において同じ。）において行う取引であつて第21項第3

号に掲げる取引と類似の取引（金融商品（第
24項第3号の3に掲げるものに限る。）又は
金融指標（当該金融商品の価格及びこれに基
づいて算出した数値に限る。）に係るものを
除く。）に係る権利又は金融商品市場及び外
国金融商品市場によらないで行う第22項第3
号若しくは第4号に掲げる取引に係る権利
（以下「オプション」という。）を表示する証
券又は証書

二十　前各号に掲げる証券又は証書の預託を受
けた者が当該証券又は証書の発行された国以
外の国において発行する証券又は証書で、当
該預託を受けた証券又は証書に係る権利を表
示するもの

二十一　前各号に掲げるもののほか、流通性そ
の他の事情を勘案し、公益又は投資者の保護
を確保することが必要と認められるものとし
て政令で定める証券又は証書　令1

2　前項第1号から第15号までに掲げる有価証券、
同項第17号に掲げる有価証券（同項第16号に掲
げる有価証券の性質を有するものを除く。）及
び同項第18号に掲げる有価証券に表示されるべ
き権利並びに同項第16号に掲げる有価証券、同
項第17号に掲げる有価証券（同項第16号に掲げ
る有価証券の性質を有するものに限る。）及び
同項第19号から第21号までに掲げる有価証券で
あつて内閣府令で定めるものに表示されるべき
権利（以下この項及び次項において「有価証券
表示権利」と総称する。）は、有価証券表示権
利について当該権利を表示する当該有価証券が
発行されていない場合においても、当該権利を
当該有価証券とみなし、電子記録債権（電子記
録債権法（平成19年法律第102号）第2条第1
項に規定する電子記録債権をいう。以下この項
において同じ。）のうち、流通性その他の事情
を勘案し、社債券その他の前項各号に掲げる有
価証券とみなすことが必要と認められるものと
して政令で定めるもの（第7号及び次項におい
て「特定電子記録債権」という。）は、当該電
子記録債権を当該有価証券とみなし、次に掲げ
る権利は、証券又は証書に表示されるべき権利

以外の権利であつても有価証券とみなして、こ
の法律の規定を適用する。

一　信託の受益権（前項第10号に規定する投資
信託の受益証券に表示されるべきもの及び同
項第12号から第14号までに掲げる有価証券に
表示されるべきものを除く。）

二　外国の者に対する権利で前号に掲げる権利
の性質を有するもの（前項第10号に規定する
外国投資信託の受益証券に表示されるべきも
の並びに同項第17号及び第18号に掲げる有価
証券に表示されるべきものに該当するものを
除く。）

三　合名会社若しくは合資会社の社員権（政令
で定めるものに限る。）又は合同会社の社員
権　令1の2

四　外国法人の社員権で前号に掲げる権利の性
質を有するもの

五　民法（明治29年法律第89号）第667条第1
項に規定する組合契約、商法（明治32年法律
第48号）第535条に規定する匿名組合契約、
投資事業有限責任組合契約に関する法律（平
成10年法律第90号）第3条第1項に規定する
投資事業有限責任組合契約又は有限責任事業
組合契約に関する法律（平成17年法律第40号）
第3条第1項に規定する有限責任事業組合契
約に基づく権利、社団法人の社員権その他の
権利（外国の法令に基づくものを除く。）の
うち、当該権利を有する者（以下この号にお
いて「出資者」という。）が出資又は拠出を
した金銭（これに類するものとして政令で定
めるものを含む。）を充てて行う事業（以下
この号において「出資対象事業」という。）
から生ずる収益の配当又は当該出資対象事業
に係る財産の分配を受けることができる権利
であつて、次のいずれにも該当しないもの（前
項各号に掲げる有価証券に表示される権利及
びこの項（この号を除く。）の規定により有
価証券とみなされる権利を除く。）　令1の3

イ　出資者の全員が出資対象事業に関与する
場合として政令で定める場合における当該
出資者の権利　令1の3の2

ロ　出資者がその出資又は拠出の額を超えて収益の配当又は出資対象事業に係る財産の分配を受けることがないことを内容とする当該出資者の権利（イに掲げる権利を除く。）

ハ　保険業法（平成7年法律第105号）第2条第1項に規定する保険業を行う者が保険者となる保険契約、農業協同組合法（昭和22年法律第132号）第10条第1項第10号に規定する事業を行う同法第4条に規定する組合と締結した共済契約、消費生活協同組合法（昭和23年法律第200号）第10条第2項に規定する共済事業を行う同法第4条に規定する組合と締結した共済契約、水産業協同組合法（昭和23年法律第242号）第11条第1項第12号、第93条第1項第6号の2若しくは第100条の2第1項第1号に規定する事業を行う同法第2条に規定する組合と締結した共済契約、中小企業等協同組合法（昭和24年法律第181号）第9条の2第7項に規定する共済事業を行う同法第3条に規定する組合と締結した共済契約又は不動産特定共同事業法（平成6年法律第77号）第2条第3項に規定する不動産特定共同事業契約（同条第9項に規定する特例事業者と締結したものを除く。）に基づく権利（イ及びロに掲げる権利を除く。）

ニ　イからハまでに掲げるもののほか、当該権利を有価証券とみなさなくても公益又は出資者の保護のため支障を生ずることがないと認められるものとして政令で定める権利　令1の3の3

六　外国の法令に基づく権利であつて、前号に掲げる権利に類するもの

七　特定電子記録債権及び前各号に掲げるもののほか、前項に規定する有価証券及び前各号に掲げる権利と同様の経済的性質を有することその他の事情を勘案し、有価証券とみなすことにより公益又は投資者の保護を確保することが必要かつ適当と認められるものとして政令で定める権利　令1の3の4

3　この法律において、「有価証券の募集」とは、新たに発行される有価証券の取得の申込みの勧誘（これに類するものとして内閣府令で定めるもの（次項において「取得勧誘類似行為」という。）を含む。以下「取得勧誘」という。）のうち、当該取得勧誘が第1項各号に掲げる有価証券又は前項の規定により有価証券とみなされる有価証券表示権利、特定電子記録債権若しくは同項各号に掲げる権利（電子情報処理組織を用いて移転することができる財産的価値（電子機器その他の物に電子的方法により記録されるものに限る。）に表示される場合（流通性その他の事情を勘案して内閣府令で定める場合を除く。）に限る。以下「電子記録移転権利」という。）（次項及び第6項、第2条の3第4項及び第5項並びに第23条の13第4項において「第1項有価証券」という。）に係るものである場合にあつては第1号及び第2号に掲げる場合、当該取得勧誘が前項の規定により有価証券とみなされる同項各号に掲げる権利（電子記録移転権利を除く。次項、第2条の3第4項及び第5項並びに第23条の13第4項において「第2項有価証券」という。）に係るものである場合にあつては第3号に掲げる場合に該当するものをいい、「有価証券の私募」とは、取得勧誘であつて有価証券の募集に該当しないものをいう。

一　多数の者（適格機関投資家（有価証券に対する投資に係る専門的知識及び経験を有する者として内閣府令で定める者をいう。以下同じ。）が含まれる場合であつて、当該有価証券がその取得者である適格機関投資家から適格機関投資家以外の者に譲渡されるおそれが少ないものとして政令で定める場合に該当するときは、当該適格機関投資家を除く。）を相手方として行う場合として政令で定める場合（特定投資家のみを相手方とする場合を除く。）　令1の4・令1の5

二　前号に掲げる場合のほか、次に掲げる場合のいずれにも該当しない場合

イ　適格機関投資家のみを相手方として行う場合であつて、当該有価証券がその取得者

から適格機関投資家以外の者に譲渡される
おそれが少ないものとして政令で定める場
合　令1の4

　ロ　特定投資家のみを相手方として行う場合
であつて、次に掲げる要件の全てに該当す
るとき（イに掲げる場合を除く。）。

　(1)　当該取得勧誘の相手方が国、日本銀行
及び適格機関投資家以外の者である場合
にあつては、金融商品取引業者等（第34
条に規定する金融商品取引業者等をいう。
次項、第4条第1項第4号及び第3項、
第27条の32の2並びに第27条の34の2に
おいて同じ。）が顧客からの委託により
又は自己のために当該取得勧誘を行うこ
と。

　(2)　当該有価証券がその取得者から特定投
資家等（特定投資家又は非居住者（外国
為替及び外国貿易法（昭和24年法律第
228号）第6条第1項第6号に規定する
非居住者をいい、政令で定める者に限
る。）をいう。以下同じ。）以外の者に譲
渡されるおそれが少ないものとして政令
で定める場合に該当すること。　令1の
5の2

　ハ　前号に掲げる場合並びにイ及びロに掲げ
る場合以外の場合（当該有価証券と種類を
同じくする有価証券の発行及び勧誘の状況
等を勘案して政令で定める要件に該当する
場合を除く。）であつて、当該有価証券が
多数の者に所有されるおそれが少ないもの
として政令で定める場合　令1の6・令1
の7

三　その取得勧誘に応じることにより相当程度
多数の者が当該取得勧誘に係る有価証券を所
有することとなる場合として政令で定める場
合　令1の7の2

4　この法律において「有価証券の売出し」とは、
既に発行された有価証券の売付けの申込み又は
その買付けの申込みの勧誘（取得勧誘類似行為
に該当するものその他内閣府令で定めるものを
除く。以下「売付け勧誘等」という。）のうち、

当該売付け勧誘等が第1項有価証券に係るもの
である場合にあつては第1号及び第2号に掲げ
る場合、当該売付け勧誘等が第2項有価証券に
係るものである場合にあつては第3号に掲げる
場合に該当するもの（取引所金融商品市場にお
ける有価証券の売買及びこれに準ずる取引その
他の政令で定める有価証券の取引に係るものを
除く。）をいう。　令1の7の3

一　多数の者（適格機関投資家が含まれる場合
であつて、当該有価証券がその取得者である
適格機関投資家から適格機関投資家以外の者
に譲渡されるおそれが少ないものとして政令
で定める場合に該当するときは、当該適格機
関投資家を除く。）を相手方として行う場合
として政令で定める場合（特定投資家のみを
相手方とする場合を除く。）　令1の7の4・
令1の8

二　前号に掲げる場合のほか、次に掲げる場合
のいずれにも該当しない場合

　イ　適格機関投資家のみを相手方として行う
場合であつて、当該有価証券がその取得者
から適格機関投資家以外の者に譲渡される
おそれが少ないものとして政令で定める場
合　令1の7の4

　ロ　特定投資家のみを相手方として行う場合
であつて、次に掲げる要件の全てに該当す
るとき（イに掲げる場合を除く。）。

　(1)　当該売付け勧誘等の相手方が国、日本
銀行及び適格機関投資家以外の者である
場合にあつては、金融商品取引業者等が
顧客からの委託により又は自己のために
当該売付け勧誘等を行うこと。

　(2)　当該有価証券がその取得者から特定投
資家等以外の者に譲渡されるおそれが少
ないものとして政令で定める場合に該当
すること。　令1の8の2

　ハ　前号に掲げる場合並びにイ及びロに掲げ
る場合以外の場合（当該有価証券と種類を
同じくする有価証券の発行及び勧誘の状況
等を勘案して政令で定める要件に該当する
場合を除く。）であつて、当該有価証券が

多数の者に所有されるおそれが少ないものとして政令で定める場合 令1の8の3・令1の8の4

三　その売付け勧誘等に応じることにより相当程度多数の者が当該売付け勧誘等に係る有価証券を所有することとなる場合として政令で定める場合 令1の8の5

5　この法律において、「発行者」とは、有価証券を発行し、又は発行しようとする者（内閣府令で定める有価証券については、内閣府令で定める者）をいうものとし、証券又は証書に表示されるべき権利以外の権利で第2項の規定により有価証券とみなされるものについては、権利の種類ごとに内閣府令で定める者が内閣府令で定める時に当該権利を有価証券として発行するものとみなす。

6　この法律（第5章を除く。）において「引受人」とは、有価証券の募集若しくは売出し又は私募若しくは特定投資家向け売付け勧誘等（第1項有価証券に係る売付け勧誘等であつて、第4項第2号ロに掲げる場合に該当するもの（取引所金融商品市場における有価証券の売買及びこれに準ずる取引その他の政令で定める有価証券の取引に係るものを除く。）をいう。以下同じ。）に際し、次の各号のいずれかを行う者をいう。令1の7の3

一　当該有価証券を取得させることを目的として当該有価証券の全部又は一部を取得すること。

二　当該有価証券の全部又は一部につき他にこれを取得する者がない場合にその残部を取得することを内容とする契約をすること。

三　当該有価証券が新株予約権証券（これに準ずるものとして内閣府令で定める有価証券を含む。以下この号において同じ。）である場合において、当該新株予約権証券を取得した者が当該新株予約権証券の全部又は一部につき新株予約権（これに準ずるものとして内閣府令で定める権利を含む。以下この号において同じ。）を行使しないときに当該行使しない新株予約権に係る新株予約権証券を取得し

て自己又は第三者が当該新株予約権を行使することを内容とする契約をすること。

7　この法律において「有価証券届出書」とは、第5条第1項（同条第5項において準用する場合を含む。以下同じ。）の規定による届出書及び同条第13項の規定によりこれに添付する書類並びに第7条第1項、第9条第1項又は第10条第1項の規定による訂正届出書をいう。

8　この法律において「金融商品取引業」とは、次に掲げる行為（その内容等を勘案し、投資者の保護のため支障を生ずることがないと認められるものとして政令で定めるもの及び銀行、優先出資法第2条第1項に規定する協同組織金融機関（以下「協同組織金融機関」という。）その他政令で定める金融機関が行う第12号、第14号、第15号又は第28条第8項各号に掲げるものを除く。）のいずれかを業として行うことをいう。令1の8の6・令1の9

一　有価証券の売買（デリバティブ取引に該当するものを除く。以下同じ。）、市場デリバティブ取引（金融商品（第24項第3号の3に掲げるものに限る。）又は金融指標（当該金融商品の価格及びこれに基づいて算出した数値に限る。）に係る市場デリバティブ取引（以下「商品関連市場デリバティブ取引」という。）を除く。）又は外国市場デリバティブ取引（有価証券の売買にあつては、第10号に掲げるものを除く。）

二　有価証券の売買、市場デリバティブ取引又は外国市場デリバティブ取引の媒介、取次ぎ（有価証券等清算取次ぎを除く。）又は代理（有価証券の売買の媒介、取次ぎ又は代理にあつては、第10号に掲げるものを除く。）

三　次に掲げる取引の委託の媒介、取次ぎ又は代理

イ　取引所金融商品市場における有価証券の売買又は市場デリバティブ取引

ロ　外国金融商品市場（取引所金融商品市場に類似する市場で外国に所在するものをいう。以下同じ。）における有価証券の売買又は外国市場デリバティブ取引

四　店頭デリバティブ取引又はその媒介、取次ぎ（有価証券等清算取次ぎを除く。）若しくは代理（以下「店頭デリバティブ取引等」という。）

五　有価証券等清算取次ぎ

六　有価証券の引受け（有価証券の募集若しくは売出し又は私募若しくは特定投資家向け売付け勧誘等に際し、第６項各号に掲げるもののいずれかを行うことをいう。）

七　有価証券（次に掲げるものに限る。）の募集又は私募

　イ　第１項第10号に規定する投資信託の受益証券のうち、投資信託及び投資法人に関する法律第２条第１項に規定する委託者指図型投資信託の受益権に係るもの

　ロ　第１項第10号に規定する外国投資信託の受益証券

　ハ　第１項第16号に掲げる有価証券

　ニ　第１項第17号に掲げる有価証券のうち、同項第16号に掲げる有価証券の性質を有するもの

　ホ　イ若しくはロに掲げる有価証券に表示されるべき権利又はハ若しくはニに掲げる有価証券のうち内閣府令で定めるものに表示されるべき権利であつて、第２項の規定により有価証券とみなされるもの

　ヘ　第２項の規定により有価証券とみなされる同項第５号又は第６号に掲げる権利

　ト　イからヘまでに掲げるもののほか、政令で定める有価証券　令１の９の２

八　有価証券の売出し又は特定投資家向け売付け勧誘等

九　有価証券の募集若しくは売出しの取扱い又は私募若しくは特定投資家向け売付け勧誘等の取扱い

十　有価証券の売買又はその媒介、取次ぎ若しくは代理であつて、電子情報処理組織を使用して、同時に多数の者を一方の当事者又は各当事者として次に掲げる売買価格の決定方法又はこれに類似する方法により行うもの（取り扱う有価証券の種類等に照らして取引所金

融商品市場又は店頭売買有価証券市場（第67条第２項に規定する店頭売買有価証券市場をいう。）以外において行うことが投資者保護のため適当でないと認められるものとして政令で定めるものを除く。）　令１の９の３

　イ　競売買の方法（有価証券の売買高が政令で定める基準を超えない場合に限る。）　令１の10

　ロ　金融商品取引所に上場されている有価証券について、当該金融商品取引所が開設する取引所金融商品市場における当該有価証券の売買価格を用いる方法

　ハ　第67条の11第１項の規定により登録を受けた有価証券（以下「店頭売買有価証券」という。）について、当該登録を行う認可金融商品取引業協会が公表する当該有価証券の売買価格を用いる方法

　ニ　顧客の間の交渉に基づく価格を用いる方法

　ホ　イからニまでに掲げるもののほか、内閣府令で定める方法

十一　当事者の一方が相手方に対して次に掲げるものに関し、口頭、文書（新聞、雑誌、書籍その他不特定多数の者に販売することを目的として発行されるもので、不特定多数の者により随時に購入可能なものを除く。）その他の方法により助言を行うことを約し、相手方がそれに対し報酬を支払うことを約する契約（以下「投資顧問契約」という。）を締結し当該投資顧問契約に基づき、助言を行うこと

　イ　有価証券の価値等（有価証券の価値、有価証券関連オプション（金融商品市場において金融商品市場を開設する者の定める基準及び方法に従い行う第28条第８項第３号ハに掲げる取引に係る権利、外国金融商品市場において行う取引であつて同号ハに掲げる取引と類似の取引に係る権利又は金融商品市場及び外国金融商品市場によらないで行う同項第４号ハ若しくはニに掲げる取引に係る権利をいう。）の対価の額又は有価証券指標（有価証券の価格若しくは利率

その他これに準ずるものとして内閣府令で定めるもの又はこれらに基づいて算出した数値をいう。）の動向をいう。）

ロ　金融商品の価値等（金融商品（第24項第3号の3に掲げるものにあつては、金融商品取引所に上場されているものに限る。）の価値、オプションの対価の額又は金融指標（同号に掲げる金融商品に係るものにあつては、金融商品取引所に上場されているものに限る。）の動向をいう。以下同じ。）の分析に基づく投資判断（投資の対象となる有価証券の種類、銘柄、数及び価格並びに売買の別、方法及び時期についての判断又は行うべきデリバティブ取引の内容及び時期についての判断をいう。以下同じ。）

十二　次に掲げる契約を締結し、当該契約に基づき、金融商品の価値等の分析に基づく投資判断に基づいて有価証券又はデリバティブ取引に係る権利に対する投資として、金銭その他の財産の運用（その指図を含む。以下同じ。）を行うこと。

イ　投資信託及び投資法人に関する法律第2条第13項に規定する登録投資法人と締結する同法第188条第1項第4号に規定する資産の運用に係る委託契約

ロ　イに掲げるもののほか、当事者の一方が、相手方から、金融商品の価値等の分析に基づく投資判断の全部又は一部を一任されるとともに、当該投資判断に基づき当該相手方のため投資を行うのに必要な権限を委任されることを内容とする契約（以下「投資一任契約」という。）

十三　投資顧問契約又は投資一任契約の締結の代理又は媒介

十四　金融商品の価値等の分析に基づく投資判断に基づいて有価証券又はデリバティブ取引に係る権利に対する投資として、第1項第10号に掲げる有価証券に表示される権利その他の政令で定める権利を有する者から拠出を受けた金銭その他の財産の運用を行うこと（第12号に掲げる行為に該当するものを除く。）。

令1の11

十五　金融商品の価値等の分析に基づく投資判断に基づいて主として有価証券又はデリバティブ取引に係る権利に対する投資として、次に掲げる権利その他政令で定める権利を有する者から出資又は拠出を受けた金銭その他の財産の運用を行うこと（第12号及び前号に掲げる行為に該当するものを除く。）。

イ　第1項第14号に掲げる有価証券又は同項第17号に掲げる有価証券（同項第14号に掲げる有価証券の性質を有するものに限る。）に表示される権利

ロ　第2項第1号又は第2号に掲げる権利

ハ　第2項第5号又は第6号に掲げる権利

十六　その行う第1号から第10号までに掲げる行為に関して、顧客から金銭、第1項各号に掲げる証券若しくは証書又は電子記録移転権利の預託を受けること（商品関連市場デリバティブ取引についての第2号、第3号又は第5号に掲げる行為を行う場合にあつては、これらの行為に関して、顧客から商品（第24項第3号の3に掲げるものをいう。以下この号において同じ。）又は寄託された商品に関して発行された証券若しくは証書の預託を受けることを含む。）。

十七　社債、株式等の振替に関する法律（平成13年法律第75号）第2条第1項に規定する社債等の振替を行うために口座の開設を受けて社債等の振替を行うこと。

十八　前各号に掲げる行為に類するものとして政令で定める行為　**令1の12**

9　この法律において「金融商品取引業者」とは、第29条の規定により内閣総理大臣の登録を受けた者をいう。

10　この法律において「目論見書」とは、有価証券の募集若しくは売出し、第4条第2項に規定する適格機関投資家取得有価証券一般勧誘（有価証券の売出しに該当するものを除く。）又は同条第3項に規定する特定投資家等取得有価証券一般勧誘（有価証券の売出しに該当するものを除く。）のために当該有価証券の発行者の事

金商法

金　商　法

業その他の事項に関する説明を記載する文書で
あつて、相手方に交付し、又は相手方からの交
付の請求があつた場合に交付するものをいう。

11〜19　（略）

20　この法律において「デリバティブ取引」とは、
市場デリバティブ取引、店頭デリバティブ取引
又は外国市場デリバティブ取引をいう。

21　この法律において「市場デリバティブ取引」
とは、金融商品市場において、金融商品市場を
開設する者の定める基準及び方法に従い行う次
に掲げる取引をいう。

一　売買の当事者が将来の一定の時期において
金融商品及びその対価の授受を約する売買で
あつて、当該売買の目的となつている金融商
品の転売又は買戻しをしたときは差金の授受
によつて決済することができる取引

二　当事者があらかじめ金融指標として約定す
る数値（以下「約定数値」という。）と将来
の一定の時期における現実の当該金融指標の
数値（以下「現実数値」という。）の差に基
づいて算出される金銭の授受を約する取引

三　当事者の一方の意思表示により当事者間に
おいて次に掲げる取引を成立させることがで
きる権利を相手方が当事者の一方に付与し、
当事者の一方がこれに対して対価を支払うこ
とを約する取引

イ　金融商品の売買（第１号に掲げる取引を
除く。）

ロ　前２号及び次号から第６号までに掲げる
取引（前号又は第４号の２に掲げる取引に
準ずる取引で金融商品取引所の定めるもの
を含む。）

四　当事者が元本として定めた金額について当
事者の一方が相手方と取り決めた金融商品
（第24項第３号及び第３号の３に掲げるもの
を除く。）の利率等（利率その他これに準ず
るものとして内閣府令で定めるものをいう。
以下同じ。）又は金融指標（金融商品（これ
らの号に掲げるものを除く。）の利率等及び
これに基づいて算出した数値を除く。以下こ
の号及び次項第５号において同じ。）の約定

した期間における変化率に基づいて金銭を支
払い、相手方が当事者の一方と取り決めた金
融商品（第24項第３号及び第３号の３に掲げ
るものを除く。）の利率等又は金融指標の約
定した期間における変化率に基づいて金銭を
支払うことを相互に約する取引（これらの金
銭の支払とあわせて当該元本として定めた金
額に相当する金銭又は金融商品を授受するこ
とを約するものを含む。）

四の二　当事者が数量を定めた金融商品（第24
項第３号の３に掲げるものに限る。以下この
号において同じ。）について当事者の一方が
相手方と取り決めた当該金融商品に係る金融
指標の約定した期間における変化率に基づい
て金銭を支払い、相手方が当事者の一方と取
り決めた当該金融指標の約定した期間におけ
る変化率に基づいて金銭を支払うことを相互
に約する取引

五　当事者の一方が金銭を支払い、これに対し
て当事者があらかじめ定めた次に掲げるいず
れかの事由が発生した場合において相手方が
金銭を支払うことを約する取引（当該事由が
発生した場合において、当事者の一方が金融
商品、金融商品に係る権利又は金銭債権（金
融商品であるもの及び金融商品に係る権利で
あるものを除く。）を移転することを約する
ものを含み、第２号から前号までに掲げるも
のを除く。）

イ　法人の信用状態に係る事由その他これに
類似するものとして政令で定めるもの
　令１の13

ロ　当事者がその発生に影響を及ぼすことが
不可能又は著しく困難な事由であつて、当
該当事者その他の事業者の事業活動に重大
な影響を与えるものとして政令で定めるも
の（イに掲げるものを除く。）　令１の14

六　前各号に掲げる取引に類似する取引であつ
て、政令で定めるもの

22　この法律において「店頭デリバティブ取引」
とは、金融商品市場及び外国金融商品市場によ
らないで行う次に掲げる取引（その内容等を勘

案し、公益又は投資者の保護のため支障を生ずることがないと認められるものとして政令で定めるものを除く。）をいう。 令1の15

一　売買の当事者が将来の一定の時期において金融商品（第24項第３号の３及び第５号に掲げるものを除く。第３号及び第６号において同じ。）及びその対価の授受を約する売買であつて、当該売買の目的となつている金融商品の売戻し又は買戻しその他政令で定める行為をしたときは差金の授受によつて決済することができる取引 令1の16

二　約定数値（第24項第３号の３又は第５号に掲げる金融商品に係る金融指標の数値を除く。）と現実数値（これらの号に掲げる金融商品に係る金融指標の数値を除く。）の差に基づいて算出される金銭の授受を約する取引又はこれに類似する取引

三　当事者の一方の意思表示により当事者間において次に掲げる取引を成立させることができる権利を相手方が当事者の一方に付与し、当事者の一方がこれに対して対価を支払うことを約する取引又はこれに類似する取引

　イ　金融商品の売買（第１号に掲げる取引を除く。）

　ロ　前２号及び第５号から第７号までに掲げる取引

四　当事者の一方の意思表示により当事者間において当該意思表示を行う場合の金融指標（第24項第３号の３又は第５号に掲げる金融商品に係るものを除く。）としてあらかじめ約定する数値と現に当該意思表示を行つた時期における現実の当該金融指標の数値の差に基づいて算出される金銭を授受することとなる取引を成立させることができる権利を相手方が当事者の一方に付与し、当事者の一方がこれに対して対価を支払うことを約する取引又はこれに類似する取引

五　当事者が元本として定めた金額について当事者の一方が相手方と取り決めた金融商品（第24項第３号、第３号の３及び第５号に掲げるものを除く。）の利率等若しくは金融指標の約定した期間における変化率に基づいて金銭を支払い、相手方が当事者の一方と取り決めた金融商品（これらの号に掲げるものを除く。）の利率等若しくは金融指標の約定した期間における変化率に基づいて金銭を支払うことを相互に約する取引（これらの金銭の支払とあわせて当該元本として定めた金額に相当する金銭又は金融商品（同項第３号の３及び第５号に掲げるものを除く。）を授受することを約するものを含む。）又はこれに類似する取引

六　当事者の一方が金銭を支払い、これに対して当事者があらかじめ定めた次に掲げるいずれかの事由が発生した場合において相手方が金銭を支払うことを約する取引（当該事由が発生した場合において、当事者の一方が金融商品、金融商品に係る権利又は金銭債権（金融商品であるもの及び金融商品に係る権利であるものを除く。）を移転することを約するものを含み、第２号から前号までに掲げるものを除く。）又はこれに類似する取引

　イ　法人の信用状態に係る事由その他これに類似するものとして政令で定めるもの 令1の13

　ロ　当事者がその発生に影響を及ぼすことが不可能又は著しく困難な事由であつて、当該当事者その他の事業者の事業活動に重大な影響を与えるものとして政令で定めるもの（イに掲げるものを除く。） 令1の14

七　前各号に掲げるもののほか、これらと同様の経済的性質を有する取引であつて、公益又は投資者の保護を確保することが必要と認められるものとして政令で定める取引

23　この法律において「外国市場デリバティブ取引」とは、外国金融商品市場において行う取引であつて、市場デリバティブ取引と類似の取引（金融商品（次項第３号の３に掲げるものに限る。）又は金融指標（当該金融商品の価格及びこれに基づいて算出した数値に限る。）に係るものを除く。）をいう。

24　この法律において「金融商品」とは、次に掲

げるものをいう。

一　有価証券

二　預金契約に基づく債権その他の権利又は当該権利を表示する証券若しくは証書であつて政令で定めるもの（前号に掲げるものを除く。）令1の17

三　通貨

三の二　暗号資産（資金決済に関する法律（平成21年法律第59号）第2条第5項に規定する暗号資産をいう。以下同じ。）

三の三　商品（商品先物取引法（昭和25年法律第239号）第2条第1項に規定する商品のうち、法令の規定に基づく当該商品の価格の安定に関する措置の有無その他当該商品の価格形成及び需給の状況を勘案し、当該商品に係る市場デリバティブ取引により当該商品の適切な価格形成が阻害されるおそれがなく、かつ、取引所金融商品市場において当該商品に係る市場デリバティブ取引が行われることが国民経済上有益であるものとして政令で定めるものをいう。以下同じ。）令1の17の2

四　前各号に掲げるもののほか、同一の種類のものが多数存在し、価格の変動が著しい資産であつて、当該資産に係るデリバティブ取引(デリバティブ取引に類似する取引を含む。)について投資者の保護を確保することが必要と認められるものとして政令で定めるもの（商品先物取引法第2条第1項に規定する商品を除く。）

五　第1号、第2号若しくは第3号の2に掲げるもの又は前号に掲げるもののうち内閣府令で定めるものについて、金融商品取引所が、市場デリバティブ取引を円滑化するため、利率、償還期限その他の条件を標準化して設定した標準物

25　この法律において「金融指標」とは、次に掲げるものをいう。

一　金融商品の価格又は金融商品（前項第3号及び第3号の3に掲げるものを除く。）の利率等

二　気象庁その他の者が発表する気象の観測の成果に係る数値

三　その変動に影響を及ぼすことが不可能若しくは著しく困難であつて、事業者の事業活動に重大な影響を与える指標（前号に掲げるものを除く。）又は社会経済の状況に関する統計の数値であつて、これらの指標又は数値に係るデリバティブ取引（デリバティブ取引に類似する取引を含む。）について投資者の保護を確保することが必要と認められるものとして政令で定めるもの（商品先物取引法第2条第2項に規定する商品指数であつて、商品以外の同条第1項に規定する商品の価格に基づいて算出されたものを除く。）令1の18

四　前3号に掲げるものに基づいて算出した数値

26〜40　（略）

41　この法律において「高速取引行為」とは、次に掲げる行為であつて、当該行為を行うことについての判断が電子情報処理組織により自動的に行われ、かつ、当該判断に基づく当該有価証券の売買又は市場デリバティブ取引を行うために必要な情報の金融商品取引所その他の内閣府令で定める者に対する伝達が、情報通信の技術を利用する方法であつて、当該伝達に通常要する時間を短縮するための方法として内閣府令で定める方法を用いて行われるもの（その内容等を勘案し、投資者の保護のため支障を生ずることがないと認められるものとして政令で定めるものを除く。）をいう。

一　有価証券の売買又は市場デリバティブ取引

二　前号に掲げる行為の委託

三　前号に掲げるもののほか、第1号に掲げる行為に係る行為であつて、前2号に掲げる行為に準ずるものとして政令で定めるもの令1の22

42　この法律において「高速取引行為者」とは、第66条の50の規定により内閣総理大臣の登録を受けた者をいう。

〔施行　安定的かつ効率的な資金決済制度の構築を図るための資金決済に関する法律等の一部を改正する法律（令和4年法律第61号）

の公布の日〔令和4年6月10日〕から起算
して1年を超えない範囲内において政令で
定める日〕

（定義）

第2条　現行条文に同じ

2　前項第1号から第15号までに掲げる有価証券、
同項第17号に掲げる有価証券（同項第16号に掲
げる有価証券の性質を有するものを除く。）及
び同項第18号に掲げる有価証券に表示されるべ
き権利（同項第14号に掲げる有価証券及び同項
第17号に掲げる有価証券（同項第14号に掲げる
有価証券の性質を有するものに限る。）に表示
されるべき権利にあつては、資金決済に関する
法律（平成21年法律第59号）第2条第5項第3
号又は第4号に掲げるものに該当するもので有
価証券とみなさなくても公益又は投資者の保護
のため支障を生ずることがないと認められるも
のとして政令で定めるものを除く。）並びに前
項第16号に掲げる有価証券、同項第17号に掲げ
る有価証券（同項第16号に掲げる有価証券の性
質を有するものに限る。）及び同項第19号から
第21号までに掲げる有価証券であつて内閣府令
で定めるものに表示されるべき権利（以下この
項及び次項において「有価証券表示権利」と総
称する。）は、有価証券表示権利について当該
権利を表示する当該有価証券が発行されていな
い場合においても、当該権利を当該有価証券と
みなし、電子記録債権（電子記録債権法（平成
19年法律第102号）第2条第1項に規定する電
子記録債権をいう。以下この項において同じ。）
のうち、流通性その他の事情を勘案し、社債券
その他の前項各号に掲げる有価証券とみなすこ
とが必要と認められるものとして政令で定める
もの（第7号及び次項において「特定電子記録
債権」という。）は、当該電子記録債権を当該
有価証券とみなし、次に掲げる権利は、証券又
は証書に表示されるべき権利以外の権利であつ
ても有価証券とみなして、この法律の規定を適
用する。

一　信託の受益権（前項第10号に規定する投資
信託の受益証券に表示されるべきもの及び同
項第12号から第14号までに掲げる有価証券に
表示されるべきもの並びに資金決済に関する
法律第2条第5項第3号又は第4号に掲げる
ものに該当するもので有価証券とみなさなく
ても公益又は投資者の保護のため支障を生ず
ることがないと認められるものとして政令で

定めるものを除く。）

二～七　現行条文に同じ

3～23　現行条文に同じ

24　現行条文に同じ

一～三　現行条文に同じ

三の二　暗号等資産（資金決済に関する法律第
2条第14項に規定する暗号資産又は同条第5
項第4号に掲げるもののうち投資者の保護を
確保することが必要と認められるものとして
内閣府令で定めるものをいう。以下同じ。）

三の三～五　現行条文に同じ

25～42　現行条文に同じ

（金銭とみなされるもの）

第2条の2　暗号資産は、前条第2項第5号の金
銭、同条第8項第1号の売買に係る金銭その他
政令で定める規定の金銭又は当該規定の取引に
係る金銭とみなして、この法律（これに基づく
命令を含む。）の規定を適用する。 令1の23

〔施行　安定的かつ効率的な資金決済制度の構築
を図るための資金決済に関する法律等の一
部を改正する法律〔令和4年法律第61号〕
の公布の日〔令和4年6月10日〕から起算
して1年を超えない範囲内において政令で
定める日〕

（金銭とみなされるもの）

第2条の2　暗号等資産は、前条第2項第5号の
金銭、同条第8項第1号の売買に係る金銭その
他政令で定める規定の金銭又は当該規定の取引
に係る金銭とみなして、この法律（これに基づ
く命令を含む。）の規定を適用する。

第2章　企業内容等の開示

（組織再編成等）

第2条の3　この章において「組織再編成」とは、
合併、会社分割、株式交換その他会社の組織に
関する行為で政令で定めるものをいう。 令2

2　この章において「組織再編成発行手続」とは、
組織再編成により新たに有価証券が発行される
場合（これに類する場合として内閣府令で定め
る場合（次項において「組織再編成発行手続に
類似する場合」という。）を含む。）における当

金
商
法

該組織再編成に係る書面等の備置き（会社法（平成17年法律第86号）第782条第1項の規定による書面若しくは電磁的記録の備置き又は同法第803条第1項の規定による書面若しくは電磁的記録の備置きをいう。次項において同じ。）その他政令で定める行為をいう。

3　この章において「組織再編成交付手続」とは、組織再編成により既に発行された有価証券が交付される場合（組織再編成発行手続に類似する場合に該当する場合を除く。）における当該組織再編成に係る書面等の備置きその他政令で定める行為をいう。

4　この章において「特定組織再編成発行手続」とは、組織再編成発行手続のうち、当該組織再編成発行手続が第1項有価証券に係るものである場合にあつては第1号及び第2号に掲げる場合、当該組織再編成発行手続が第2項有価証券に係るものである場合にあつては第3号に掲げる場合に該当するものをいう。

一　組織再編成により吸収合併消滅会社（会社法第749条第1項第1号に規定する吸収合併消滅会社をいう。）又は株式交換完全子会社（同法第768条第1項第1号に規定する株式交換完全子会社をいう。）となる会社その他政令で定める会社（第4条第1項第2号イにおいて「組織再編成対象会社」という。）が発行者である株券（新株予約権証券その他の政令で定める有価証券を含む。）の所有者（以下「組織再編成対象会社株主等」という。）が多数の者である場合として政令で定める場合（組織再編成対象会社株主等が適格機関投資家のみである場合を除く。）　令2の2〜令2の4

二　前号に掲げる場合のほか、次に掲げる場合のいずれにも該当しない場合

イ　組織再編成対象会社株主等が適格機関投資家のみである場合であつて、当該組織再編成発行手続に係る有価証券がその取得者から適格機関投資家以外の者に譲渡されるおそれが少ないものとして政令で定める場合　令1の4

ロ　前号に掲げる場合及びイに掲げる場合以外の場合（当該組織再編成発行手続に係る有価証券と種類を同じくする有価証券の発行及び交付の状況等を勘案して政令で定める要件に該当する場合を除く。）であつて、当該組織再編成発行手続に係る有価証券が多数の者に所有されるおそれが少ないものとして政令で定める場合　令2の4の2

三　組織再編成対象会社株主等が相当程度多数の者である場合として政令で定める場合　令2の5

5　この章において「特定組織再編成交付手続」とは、組織再編成交付手続のうち、当該組織再編成交付手続が第1項有価証券に係るものである場合にあつては第1号及び第2号に掲げる場合、当該組織再編成交付手続が第2項有価証券に係るものである場合にあつては第3号に掲げる場合に該当するものをいう。

一　組織再編成対象会社株主等が多数の者である場合として政令で定める場合（組織再編成対象会社株主等が適格機関投資家のみである場合を除く。）　令2の6

二　前号に掲げる場合のほか、次に掲げる場合のいずれにも該当しない場合

イ　組織再編成対象会社株主等が適格機関投資家のみである場合であつて、当該組織再編成交付手続に係る有価証券がその取得者から適格機関投資家以外の者に譲渡されるおそれが少ないものとして政令で定める場合　令1の7の4

ロ　前号に掲げる場合及びイに掲げる場合以外の場合（当該組織再編成交付手続に係る有価証券と種類を同じくする有価証券の発行及び交付の状況等を勘案して政令で定める要件に該当する場合を除く。）であつて、当該組織再編成交付手続に係る有価証券が多数の者に所有されるおそれが少ないものとして政令で定める場合　令2の6の2

三　組織再編成対象会社株主等が相当程度多数の者である場合として政令で定める場合　令2の7

（適用除外有価証券）

第3条　この章の規定は、次に掲げる有価証券については、適用しない。

一　第2条第1項第1号及び第2号に掲げる有価証券

二　第2条第1項第3号、第6号及び第12号に掲げる有価証券（企業内容等の開示を行わせることが公益又は投資者保護のため必要かつ適当なものとして政令で定めるものを除く。）〔令2の8〕

三　第2条第2項の規定により有価証券とみなされる同項各号に掲げる権利（次に掲げるものを除く。）

イ　次に掲げる権利（ロに掲げるものに該当するものを除く。第24条第1項において「有価証券投資事業権利等」という。）

(1)　第2条第2項第5号に掲げる権利のうち、当該権利に係る出資対象事業（同号に規定する出資対象事業をいう。）が主として有価証券に対する投資を行う事業であるものとして政令で定めるもの〔令2の9〕

(2)　第2条第2項第1号から第4号まで、第6号又は第7号に掲げる権利のうち、(1)に掲げる権利に類する権利として政令で定めるもの〔令2の10①〕

(3)　その他政令で定めるもの〔令2の10②〕

ロ　電子記録移転権利

ハ　その他政令で定めるもの〔令2の10②〕

四　政府が元本の償還及び利息の支払について保証している社債券

五　前各号に掲げる有価証券以外の有価証券で政令で定めるもの〔令2の11〕

（募集又は売出しの届出）

第4条　有価証券の募集（特定組織再編成発行手続を含む。第13条及び第15条第2項から第6項までを除き、以下この章及び次章において同じ。）又は有価証券の売出し（次項に規定する適格機関投資家取得有価証券一般勧誘及び第3項に規定する特定投資家等取得有価証券一般勧

誘に該当するものを除き、特定組織再編成交付手続を含む。以下この項において同じ。）は、発行者が当該有価証券の募集又は売出しに関し内閣総理大臣に届出をしているものでなければ、することができない。ただし、次の各号のいずれかに該当するものについては、この限りでない。

一　有価証券の募集又は売出しの相手方が当該有価証券に係る次条第1項各号に掲げる事項に関する情報を既に取得し、又は容易に取得することができる場合として政令で定める場合における当該有価証券の募集又は売出し〔令2の12〕

二　有価証券の募集又は売出しに係る組織再編成発行手続又は組織再編成交付手続のうち、次に掲げる場合のいずれかに該当するものがある場合における当該有価証券の募集又は売出し（前号に掲げるものを除く。）

イ　組織再編成対象会社が発行者である株券（新株予約権証券その他の政令で定める有価証券を含む。）に関して開示が行われている場合に該当しない場合〔令2の3〕

ロ　組織再編成発行手続に係る新たに発行される有価証券又は組織再編成交付手続に係る既に発行された有価証券に関して開示が行われている場合

三　その有価証券に関して開示が行われている場合における当該有価証券の売出し（前2号に掲げるものを除く。）

四　外国で既に発行された有価証券又はこれに準ずるものとして政令で定める有価証券の売出し（金融商品取引業者等が行うものに限る。）のうち、国内における当該有価証券に係る売買価格に関する情報を容易に取得することができることその他の政令で定める要件を満たすもの（前3号に掲げるものを除く。）〔令2の12の2・令2の12の3〕

五　発行価額又は売出価額の総額が1億円未満の有価証券の募集又は売出しで内閣府令で定めるもの（前各号に掲げるものを除く。）

2　その有価証券発行勧誘等（取得勧誘及び組織

再編成発行手続をいう。以下同じ。）又は有価
証券交付勧誘等（売付け勧誘等及び組織再編成
交付手続をいう。以下同じ。）が次に掲げる場
合に該当するものであつた有価証券（第2号に
掲げる場合にあつては第2条第3項第1号の規
定により多数の者から除かれた適格機関投資家
が取得した有価証券に限り、第4号に掲げる場
合にあつては同条第4項第1号の規定により多
数の者から除かれた適格機関投資家が取得した
有価証券に限る。）の有価証券交付勧誘等で、
適格機関投資家が適格機関投資家以外の者に対
して行うもの（以下「適格機関投資家取得有価
証券一般勧誘」という。）は、発行者が当該適
格機関投資家取得有価証券一般勧誘に関し内閣
総理大臣に届出をしているものでなければ、す
ることができない。ただし、当該有価証券に関
して開示が行われている場合及び内閣府令で定
めるやむを得ない理由により行われることその
他の内閣府令で定める要件を満たす場合は、こ
の限りでない。

一　第2条第3項第2号イに掲げる場合

二　第2条第3項第2号ハに掲げる場合（同項
　　第1号の規定により多数の者から適格機関投
　　資家を除くことにより同号に掲げる場合に該
　　当しないこととなる場合に限る。）

三　第2条第4項第2号イに掲げる場合

四　第2条第4項第2号ハに掲げる場合（同項
　　第1号の規定により多数の者から適格機関投
　　資家を除くことにより同号に掲げる場合に該
　　当しないこととなる場合に限る。）

五　第2条の3第4項第2号イに掲げる場合

六　第2条の3第5項第2号イに掲げる場合

3　次の各号のいずれかに該当する有価証券（第
24条第1項各号のいずれかに該当するもの又は
多数の特定投資家に所有される見込みが少ない
と認められるものとして政令で定めるものを除
く。以下「特定投資家向け有価証券」という。）
の有価証券交付勧誘等で、金融商品取引業者等
に委託して特定投資家等に対して行うもの以外
のもの（国、日本銀行及び適格機関投資家に対
して行うものその他政令で定めるものを除く。

以下「特定投資家等取得有価証券一般勧誘」と
いう。）は、発行者が当該特定投資家等取得有
価証券一般勧誘に関し内閣総理大臣に届出をし
ているものでなければ、することができない。
ただし、当該特定投資家向け有価証券に関して
開示が行われている場合及び当該特定投資家等
取得有価証券一般勧誘に関して届出が行われな
くても公益又は投資者保護に欠けることがない
ものとして内閣府令で定める場合は、この限り
でない。　令2の12の4①②

一　その取得勧誘が第2条第3項第2号ロに掲
　　げる場合に該当する取得勧誘（以下「特定投
　　資家向け取得勧誘」という。）であつた有価
　　証券

二　その売付け勧誘等が特定投資家向け売付け
　　勧誘等であつた有価証券

三　前2号のいずれかに掲げる有価証券の発行
　　者が発行する有価証券であつて、前2号のい
　　ずれかに掲げる有価証券と同一種類の有価証
　　券として内閣府令で定めるもの

四　特定上場有価証券その他流通状況がこれに
　　準ずるものとして政令で定める有価証券
　　令2の12の4③

4　有価証券の募集又は売出し（適格機関投資家
取得有価証券一般勧誘（有価証券の売出しに該
当するものを除く。）、特定投資家等取得有価証
券一般勧誘（有価証券の売出しに該当するもの
を除く。）及び特定組織再編成交付手続を含む。
次項及び第6項、第13項並びに第15条第2項か
ら第6項までを除き、以下この章及び次章にお
いて同じ。）が一定の日において株主名簿（優
先出資法に規定する優先出資者名簿を含む。）
に記載され、又は記録されている株主（優先出
資法に規定する優先出資者を含む。）に対し行
われる場合には、当該募集又は売出しに関する
前3項の規定による届出は、その日の25日前ま
でにしなければならない。ただし、有価証券の
発行価格又は売出価格その他の事情を勘案して
内閣府令で定める場合は、この限りでない。

5　第1項第5号に掲げる有価証券の募集若しく
は売出し若しくは第2項ただし書の規定により

同項本文の規定の適用を受けない適格機関投資家取得有価証券一般勧誘若しくは第3項ただし書の規定により同項本文の規定の適用を受けない特定投資家等取得有価証券一般勧誘のうち、有価証券の売出しに該当するもの若しくは有価証券の売出しに該当せず、かつ、開示が行われている場合に該当しないもの（以下この項及び次項において「特定募集」という。）をし、又は当該特定募集に係る有価証券を取得させ若しくは売り付ける場合に使用する資料には、当該特定募集が第1項本文、第2項本文又は第3項本文の規定の適用を受けないものである旨を表示しなければならない。

6　特定募集又は第1項第3号に掲げる有価証券の売出し（以下この項において「特定募集等」という。）が行われる場合においては、当該特定募集等に係る有価証券の発行者は、当該特定募集等が開始される前に、内閣府令で定めるところにより、当該特定募集等に関する通知書を内閣総理大臣に提出しなければならない。ただし、開示が行われている場合における第4項に規定する有価証券の売出しでその売出価額の総額が1億円未満のもの、第1項第3号に掲げる有価証券の売出しで当該有価証券の発行者その他の内閣府令で定める者以外の者が行うもの及び同項第5号に掲げる有価証券の募集又は売出しでその発行価額又は売出価額の総額が内閣府令で定める金額以下のものについては、この限りでない。

7　第1項第2号イ及びロ並びに第3号、第2項、第3項並びに前2項に規定する開示が行われている場合とは、次に掲げる場合をいう。

一　当該有価証券について既に行われた募集若しくは売出し（適格機関投資家取得有価証券一般勧誘又は特定投資家等取得有価証券一般勧誘に該当するものを除く。）に関する第1項の規定による届出、当該有価証券について既に行われた適格機関投資家取得有価証券一般勧誘に関する第2項の規定による届出又は当該有価証券について既に行われた特定投資家等取得有価証券一般勧誘に関する第3項の規定による届出がその効力を生じている場合（当該有価証券の発行者が第24条第1項ただし書（同条第5項において準用し、及びこれらの規定を第27条において準用する場合を含む。）の規定の適用を受けている者である場合を除く。）

二　前号に掲げる場合に準ずるものとして内閣府令で定める場合

（有価証券届出書の提出）

第5条　前条第1項から第3項までの規定による有価証券の募集又は売出し（特定有価証券（その投資者の投資判断に重要な影響を及ぼす情報がその発行者が行う資産の運用その他これに類似する事業に関する情報である有価証券として政令で定めるものをいう。以下この項、第5項、第10項及び第11項、第7条第4項、第24条並びに第24条の7第1項において同じ。）に係る有価証券の募集及び売出しを除く。以下この項及び次項において同じ。）に係る届出をしようとする発行者は、その者が会社（外国会社を含む。第50条の2第9項、第66条の40第5項及び第156条の3第2項第3号を除き、以下同じ。）である場合（当該有価証券（特定有価証券を除く。以下この項から第4項までにおいて同じ。）の発行により会社を設立する場合を含む。）においては、内閣府令で定めるところにより、次に掲げる事項を記載した届出書を内閣総理大臣に提出しなければならない。ただし、当該有価証券の発行価格の決定前に募集をする必要がある場合その他の内閣府令で定める場合には、第1号のうち発行価格その他の内閣府令で定める事項を記載しないで提出することができる。　**令2の13**

一　当該募集又は売出しに関する事項

二　当該会社の商号、当該会社の属する企業集団（当該会社及び当該会社が他の会社の議決権の過半数を所有していることその他の当該会社と密接な関係を有する者として内閣府令で定める要件に該当する者（内閣府令で定める会社その他の団体に限る。）の集団をいう。以下同じ。）及び当該会社の経理の状況その

他事業の内容に関する重要な事項その他の公益又は投資者保護のため必要かつ適当なものとして内閣府令で定める事項

2　前条第1項本文、第2項本文又は第3項本文の規定の適用を受ける有価証券の募集又は売出しのうち発行価額又は売出価額の総額が5億円未満のもので内閣府令で定めるもの（第24条第2項において「少額募集等」という。）に関し、前項の届出書を提出しようとする者のうち次の各号のいずれにも該当しない者は、当該届出書に、同項第2号に掲げる事項のうち当該会社に係るものとして内閣府令で定めるものを記載することにより、同号に掲げる事項の記載に代えることができる。

一　第24条第1項第1号、第2号又は第4号に掲げる有価証券に該当する有価証券の発行者

二　前条第1項本文、第2項本文又は第3項本文の規定の適用を受けた有価証券の募集又は売出しにつき前項第2号に掲げる事項を記載した同項の届出書を提出した者又は提出しなければならない者（前号に掲げる者を除く。）

三　既に、有価証券報告書（第24条第1項に規定する報告書をいう。以下この条及び第7条において同じ。）のうち同項本文に規定する事項を記載したもの又は第24条の4の7第1項若しくは第2項の規定による四半期報告書（以下この条において「四半期報告書」という。）のうち第24条の4の7第1項に規定する事項を記載したもの若しくは半期報告書（第24条の5第1項に規定する報告書をいう。以下この条、第7条第4項及び第24条第2項において同じ。）のうち第24条の5第1項に規定する事項を記載したものを提出している者（前2号に掲げる者を除く。）

3　既に内閣府令で定める期間継続して有価証券報告書のうち内閣府令で定めるものを提出している者は、前条第1項から第3項までの規定による届出をしようとする場合には、第1項の届出書に、内閣府令で定めるところにより、その者に係る直近の有価証券報告書及びその添付書類並びにその提出以後に提出される四半期報告

書又は半期報告書並びにこれらの訂正報告書の写しをとじ込み、かつ、当該有価証券報告書提出後に生じた事実で内閣府令で定めるものを記載することにより、同項第2号に掲げる事項の記載に代えることができる。

4　次に掲げる全ての要件を満たす者が前条第1項から第3項までの規定による届出をしようとする場合において、第1項の届出書に、内閣府令で定めるところにより、その者に係る直近の有価証券報告書及びその添付書類並びにその提出以後に提出される四半期報告書又は半期報告書及び臨時報告書（第24条の5第4項に規定する報告書をいう。）並びにこれらの訂正報告書（以下「参照書類」という。）を参照すべき旨を記載したときは、第1項第2号に掲げる事項の記載をしたものとみなす。

一　既に内閣府令で定める期間継続して有価証券報告書のうち内閣府令で定めるものを提出していること。

二　当該者に係る第1項第2号に掲げる事項に関する情報が既に公衆に広範に提供されているものとして、その者が発行者である有価証券で既に発行されたものの取引所金融商品市場における取引状況等に関し内閣府令で定める基準に該当すること。

5　第1項から前項までの規定は、当該有価証券が特定有価証券である場合について準用する。この場合において、第1項中「有価証券の募集及び売出しを除く」とあるのは「有価証券の募集又は売出しに限る」と、「当該有価証券（特定有価証券を除く。以下この項から第4項までにおいて同じ。）」とあるのは「当該特定有価証券」と、同項第2号中「当該会社の商号、当該会社の属する企業集団（当該会社及び当該会社が他の会社の議決権の過半数を所有していることその他の当該会社と密接な関係を有する者として内閣府令で定める要件に該当する者（内閣府令で定める会社その他の団体に限る。）の集団をいう。以下同じ。）及び当該会社の経理の状況その他事業」とあるのは「当該会社が行う資産の運用その他これに類似する事業に係る資

産の経理の状況その他資産」と、第２項中「有価証券の募集又は売出しのうち」とあるのは「特定有価証券に係る有価証券の募集又は売出しのうち」と、同項第１号中「有価証券の」とあるのは「特定有価証券の」と、同項第２号中「有価証券の募集又は売出し」とあるのは「特定有価証券に係る有価証券の募集又は売出し」と、同項第３号中「同項本文」とあるのは「第24条第５項において準用する同条第１項本文」と、「第24条の４の７第１項若しくは第２項」とあるのは「第24条の４の７第３項において準用する同条第１項若しくは第２項」と、「第24条の４の７第１項に規定する事項」とあるのは「第24条の４の７第３項において準用する同条第１項に規定する事項」と、「第24条の５第１項に規定する事項」とあるのは「第24条の５第３項において準用する同条第１項に規定する事項」と読み替えるものとするほか、必要な技術的読替えは、政令で定める。

6　第１項の規定により届出書を提出しなければならない外国会社（以下「届出書提出外国会社」という。）は、公益又は投資者保護に欠けることがないものとして内閣府令で定める場合には、同項の届出書に代えて、内閣府令で定めるところにより、次に掲げる書類を提出することができる。

一　第１項第１号に掲げる事項を記載した書類

二　外国において開示（当該外国の法令（外国金融商品市場を開設する者その他の内閣府令で定める者の規則を含む。）に基づいて当該外国において公衆の縦覧に供されることをいう。第24条第８項、第24条の４の７第６項及び第24条の５第７項において同じ。）が行われている参照書類又は第１項の届出書に類する書類であつて英語で記載されているもの

7　前項第２号に掲げる書類には、内閣府令で定めるところにより、当該書類に記載されている事項のうち公益又は投資者保護のため必要かつ適当なものとして内閣府令で定めるものの要約の日本語による翻訳文、当該書類に記載されていない事項のうち公益又は投資者保護のため必要かつ適当なものとして内閣府令で定めるものを記載した書類その他内閣府令で定めるもの（次項及び第13条第２項第１号において「補足書類」という。）を添付しなければならない。

8　前２項の規定により届出書提出外国会社が第６項各号に掲げる書類（以下この章において「外国会社届出書」という。）及びその補足書類を提出した場合には、当該外国会社届出書及びその補足書類を第１項の届出書とみなし、これらの提出を同項の届出書を提出したものとみなして、この法律又はこの法律に基づく命令（以下この章から第２章の４までにおいて「金融商品取引法令」という。）の規定を適用する。

9　内閣総理大臣は、外国会社届出書を提出した届出書提出外国会社が第６項の規定により外国会社届出書を提出することができる場合に該当しないと認めるときは、当該届出書提出外国会社に対し、その旨を通知しなければならない。この場合においては、行政手続法（平成５年法律第88号）第13条第１項の規定による意見陳述のための手続の区分にかかわらず、聴聞を行わなければならない。

10　特定有価証券（その募集又は売出しの状況を勘案して内閣府令で定めるものに限る。以下この条及び第７条第４項において同じ。）の募集又は売出しにつき、第１項の規定により届出書を提出しなければならない会社（以下この条及び第７条において「特定有価証券届出書提出会社」という。）は、当該特定有価証券の募集又は売出しが既に内閣府令で定める期間継続して行われている場合には、同項の届出書に代えて、内閣府令で定めるところにより、同項第１号に掲げる事項を記載した書面（以下この条及び第７条第３項において「募集事項等記載書面」という。）を提出することができる。ただし、当該募集又は売出しが当該募集事項等記載書面の提出の直前まで行われている場合に限る。

11　前項の規定により募集事項等記載書面を提出する特定有価証券届出書提出会社は、当該募集事項等記載書面を、その提出の日の属する当該特定有価証券の特定期間（第24条第５項におい

て読み替えて準用する同条第1項に規定する特定期間をいう。以下この項及び第7条第4項において同じ。）の直前の特定期間に係る有価証券報告書及びその添付書類と併せて提出しなければならない。

12　前2項の規定により特定有価証券届出書提出会社が募集事項等記載書面並びに有価証券報告書及びその添付書類を提出した場合には、当該募集事項等記載書面及び有価証券報告書を第1項の届出書とみなし、これらの提出を同項の届出書を提出したものとみなして、金融商品取引法令の規定を適用する。

13　第1項の届出書には、定款その他の書類で公益又は投資者保護のため必要かつ適当なものとして内閣府令で定めるものを添付しなければならない。

（届出書類の写しの金融商品取引所等への提出）

第6条　次の各号に掲げる有価証券の発行者は、第4条第1項から第3項までの規定による届出をしたときは、遅滞なく、前条第1項及び第13項の規定による届出書類の写しを当該各号に掲げる者に提出しなければならない。

一　金融商品取引所に上場されている有価証券　当該金融商品取引所

二　流通状況が前号に掲げる有価証券に準ずるものとして政令で定める有価証券　政令で定める認可金融商品取引業協会　令3

（訂正届出書の自発的提出）

第7条　第4条第1項から第3項までの規定による届出の日以後当該届出がその効力を生ずることとなる日前において、第5条第1項及び第13項の規定による届出書類に記載すべき重要な事項の変更その他公益又は投資者保護のため当該書類の内容を訂正する必要があるものとして内閣府令で定める事情があるときは、届出者（会社の成立後は、その会社。以下同じ。）は、訂正届出書を内閣総理大臣に提出しなければならない。これらの事由がない場合において、届出者が当該届出書類のうちに訂正を必要とするものがあると認めたときも、同様とする。

2　第5条第6項から第9項までの規定は、届出

書提出外国会社が前項の規定により外国会社届出書の訂正届出書を提出する場合について準用する。

3　特定有価証券届出書提出会社（第5条第10項及び第11項の規定により募集事項等記載書面並びに有価証券報告書及びその添付書類を提出したものに限る。次項及び第5項において同じ。）が、第24条の2第1項において読み替えて準用する第1項の規定により当該有価証券報告書の訂正報告書を提出した場合には、当該訂正報告書を第5条第12項の規定によりみなされた同条第1項の届出書に係る第1項の訂正届出書とみなし、その提出を同項の訂正届出書を提出したものとみなして、金融商品取引法令の規定を適用する。

4　特定有価証券届出書提出会社が、第5条第12項の規定によりみなされた同条第1項の届出書に係る特定有価証券（その募集又は売出しが現に継続して行われているものに限る。）につき、半期報告書（当該特定有価証券に係る特定期間が6月を超えない場合にあつては、有価証券報告書）（以下この項及び次項において「半期報告書等」という。）を提出した場合には、当該半期報告書等を当該届出書に係る第1項の訂正届出書とみなし、その提出を同項の訂正届出書を提出したものとみなして、金融商品取引法令の規定を適用する。

5　第3項の規定は、特定有価証券届出書提出会社（前項の半期報告書等を提出したものに限る。）が第24条の5第5項（当該半期報告書等が有価証券報告書である場合にあつては、第24条の2第1項）において読み替えて準用する第1項の規定により当該半期報告書等の訂正報告書を提出した場合について準用する。

（届出の効力発生日）

第8条　第4条第1項から第3項までの規定による届出は、内閣総理大臣が第5条第1項の規定による届出書（同項ただし書に規定する事項の記載がない場合には、当該事項に係る前条第1項の規定による訂正届出書。次項において同じ。）を受理した日から15日を経過した日に、

その効力を生ずる。

2　前項の期間内に前条第1項の規定による訂正届出書の提出があつた場合における前項の規定の適用については、内閣総理大臣がこれを受理した日に、第5条第1項の規定による届出書の受理があつたものとみなす。

3　内閣総理大臣は、第5条第1項及び第13項若しくは前条第1項の規定による届出書類の内容が公衆に容易に理解されると認める場合又は当該届出書類の届出者に係る第5条第1項第2号に掲げる事項に関する情報が既に公衆に広範に提供されていると認める場合においては、当該届出者に対し、第1項に規定する期間に満たない期間を指定し、又は第4条第1項から第3項までの規定による届出が、直ちに若しくは第1項に規定する届出書を受理した日の翌日に、その効力を生ずる旨を通知することができる。この場合において、同条第1項から第3項までの規定による届出は、当該満たない期間を指定した場合にあつてはその期間を経過した日に、当該通知をした場合にあつては直ちに又は当該翌日に、その効力を生ずる。

4　第2項の規定は、前項の規定による期間の指定があつた場合について準用する。

（形式不備等による訂正届出書の提出命令）

第9条　内閣総理大臣は、第5条第1項及び第13項若しくは第7条第1項の規定による届出書類に形式上の不備があり、又はその書類に記載すべき重要な事項の記載が不十分であると認めるときは、届出者に対し、訂正届出書の提出を命ずることができる。この場合において、行政手続法第13条第1項の規定による意見陳述のための手続の区分にかかわらず、聴聞を行わなければならない。

2　第5条第6項から第8項までの規定は、届出書提出外国会社が前項の規定により外国会社届出書の訂正届出書を提出する場合について準用する。

3　第1項の規定による処分があつた場合においては、第4条第1項から第3項までの規定による届出は、前条の規定にかかわらず、内閣総理

大臣が指定する期間を経過した日に、その効力を生ずる。

4　前条第2項から第4項までの規定は、前項の場合について準用する。

5　第1項の規定による処分は、第4条第1項から第3項までの規定による届出がその効力を生ずることとなつた日以後は、することができない。ただし、その日以後に第7条第1項の規定により提出される訂正届出書については、この限りでない。

（虚偽記載等による訂正届出書の提出命令及び効力の停止命令）

第10条　内閣総理大臣は、有価証券届出書のうちに重要な事項について虚偽の記載があり、又は記載すべき重要な事項若しくは誤解を生じさせないために必要な重要な事実の記載が欠けていることを発見したときは、いつでも、届出者に対し、訂正届出書の提出を命じ、必要があると認めるときは、第4条第1項から第3項までの規定による届出の効力の停止を命ずることができる。この場合においては、行政手続法第13条第1項の規定による意見陳述のための手続の区分にかかわらず、聴聞を行わなければならない。

2　第5条第6項から第8項までの規定は、届出書提出外国会社が前項の規定により外国会社届出書の訂正届出書を提出する場合について準用する。

3　前条第3項及び第4項の規定は、第4条第1項から第3項までの規定による届出がその効力を生ずることとなる日前に第1項の規定による訂正届出書の提出命令があつた場合について準用する。

4　第1項の規定による停止命令があつた場合において、同項の規定による訂正届出書が提出され、かつ、内閣総理大臣がこれを適当と認めたときは、内閣総理大臣は、同項の規定による停止命令を解除するものとする。

（虚偽記載のある有価証券届出書の届出後1年内の届出の効力の停止等）

第11条　内閣総理大臣は、有価証券届出書のうちに重要な事項について虚偽の記載がある場合に

おいて、公益又は投資者保護のため必要かつ適当であると認めるときは、当該有価証券届出書又はその届出者がこれを提出した日から１年以内に提出する第５条第１項に規定する届出書若しくは第23条の３第１項に規定する発行登録書若しくは第23条の８第１項に規定する発行登録追補書類について、届出者に対し、公益又は投資者保護のため相当と認められる期間、その届出の効力若しくは当該発行登録書若しくは当該発行登録追補書類に係る発行登録の効力の停止を命じ、又は第８条第１項（第23条の５第１項において準用する場合を含む。）に規定する期間を延長することができる。この場合においては、行政手続法第13条第１項の規定による意見陳述のための手続の区分にかかわらず、聴聞を行わなければならない。

2　前項の規定による処分があつた場合において、内閣総理大臣は、同項の記載につき第７条第１項又は前条第１項の規定により提出された訂正届出書の内容が適当であり、かつ、当該届出者が発行者である有価証券を募集又は売出しにより取得させ又は売り付けても公益又は投資者保護のため支障がないと認めるときは、前項の規定による処分を解除することができる。

（訂正届出書の写しの金融商品取引所等への提出）

第12条　第６条の規定は、第７条第１項、第９条第１項又は第10条第１項の規定により訂正届出書が提出された場合について準用する。

（目論見書の作成及び虚偽記載のある目論見書等の使用禁止）

第13条　その募集又は売出し（適格機関投資家取得有価証券一般勧誘（有価証券の売出しに該当するものを除く。）及び特定投資家等取得有価証券一般勧誘（有価証券の売出しに該当するものを除く。）を含む。以下この条並びに第15条第２項から第４項まで及び第６項において同じ。）につき第４条第１項本文、第２項本文又は第３項本文の規定の適用を受ける有価証券の発行者は、当該募集又は売出しに際し、目論見書を作成しなければならない。開示が行われている場合（同条第７項に規定する開示が行われ

ている場合をいう。以下この章において同じ。）における有価証券の売出し（その売出価額の総額が１億円未満であるものその他内閣府令で定めるものを除く。）に係る有価証券（以下この章において「既に開示された有価証券」という。）の発行者についても、同様とする。ただし、当該有価証券の募集が新株予約権証券の募集（会社法第277条に規定する新株予約権無償割当てにより行うものであつて、第４条第１項本文、第２項本文又は第３項本文の規定の適用を受けるものに限る。）であつて、次に掲げる要件の全てに該当する場合は、この限りでない。

一　当該新株予約権証券が金融商品取引所に上場されており、又はその発行後、遅滞なく上場されることが予定されていること。

二　当該新株予約権証券に関して第４条第１項本文、第２項本文又は第３項本文の規定による届出を行つた旨その他内閣府令で定める事項を当該届出を行つた後、遅滞なく、時事に関する事項を掲載する日刊新聞紙に掲載すること。

2　前項の目論見書は、次の各号に掲げる場合の区分に応じ、当該各号に定める事項に関する内容を記載しなければならない。ただし、第１号に掲げる場合の目論見書については、第５条第１項ただし書の規定により同項第１号のうち発行価格その他の内閣府令で定める事項（以下この項及び第15条第５項において「発行価格等」という。）を記載しないで第５条第１項本文の規定による届出書を提出した場合には、当該発行価格等を記載することを要しない。

一　第15条第２項本文の規定により交付しなければならない場合　次のイ又はロに掲げる有価証券の区分に応じ、当該イ又はロに定める事項

イ　その募集又は売出しにつき第４条第１項本文、第２項本文又は第３項本文の規定の適用を受ける有価証券　次に掲げる事項

(1)　第５条第１項各号に掲げる事項（当該募集又は売出しにつき同条第６項及び第７項の規定により外国会社届出書及びそ

の補足書類が提出された場合には、これらの規定により当該書類に記載すべきものとされる事項。以下この項において同じ。）のうち、投資者の投資判断に極めて重要な影響を及ぼすものとして内閣府令で定めるもの

　　(2)　第5条第1項各号に掲げる事項以外の事項であつて内閣府令で定めるもの

　　ロ　既に開示された有価証券　次に掲げる事項

　　(1)　イ(1)に掲げる事項

　　(2)　第5条第1項各号に掲げる事項以外の事項であつて内閣府令で定めるもの

二　第15条第3項の規定により交付しなければならない場合　次のイ又はロに掲げる有価証券の区分に応じ、当該イ又はロに定める事項

　　イ　その募集又は売出しにつき第4条第1項本文、第2項本文又は第3項本文の規定の適用を受ける有価証券　次に掲げる事項

　　(1)　第5条第1項各号に掲げる事項のうち、投資者の投資判断に重要な影響を及ぼすものとして内閣府令で定めるもの

　　(2)　第5条第1項各号に掲げる事項以外の事項であつて内閣府令で定めるもの

　　ロ　既に開示された有価証券　次に掲げる事項

　　(1)　イ(1)に掲げる事項

　　(2)　第5条第1項各号に掲げる事項以外の事項であつて内閣府令で定めるもの

三　第15条第4項本文の規定により交付しなければならない場合　第7条第1項の規定による訂正届出書に記載した事項

3　前項第1号及び第2号に掲げる場合の目論見書であつて、第5条第4項（同条第5項において準用する場合を含む。以下同じ。）の規定の適用を受けた届出書を提出した者が作成すべきもの又は同条第4項各号に掲げる全ての要件を満たす者が作成すべき既に開示された有価証券に係るものについては、参照書類を参照すべき旨を記載した場合には、同条第1項第2号に掲げる事項の記載をしたものとみなす。

4　何人も、第4条第1項本文、第2項本文若しくは第3項本文の規定の適用を受ける有価証券又は既に開示された有価証券の募集又は売出しのために、虚偽の記載があり、又は記載すべき内容の記載が欠けている第1項の目論見書を使用してはならない。

5　何人も、第4条第1項本文、第2項本文若しくは第3項本文の規定の適用を受ける有価証券又は既に開示された有価証券の募集又は売出しのために第1項の目論見書以外の文書、図画、音声その他の資料（電磁的記録（電子的方式、磁気的方式その他人の知覚によつては認識することができない方式で作られる記録であつて、電子計算機による情報処理の用に供されるものをいう。以下同じ。）をもつて作成された場合においては、その電磁的記録に記録された情報の内容を表示したものを含む。第17条において同じ。）を使用する場合には、虚偽の表示又は誤解を生じさせる表示をしてはならない。

第14条　削除

（届出の効力発生前の有価証券の取引禁止及び目論見書の交付）

第15条　発行者、有価証券の売出しをする者、引受人（適格機関投資家取得有価証券一般勧誘（開示が行われている場合における有価証券に係るものを除く。）又は特定投資家等取得有価証券一般勧誘（開示が行われている場合における有価証券に係るものを除く。）に際し、第2条第6項各号のいずれかを行う者を含む。以下この章において同じ。）、金融商品取引業者、登録金融機関若しくは金融商品仲介業者又は金融サービス仲介業者（金融サービスの提供に関する法律（平成12年法律第101号）第11条第6項に規定する金融サービス仲介業者をいい、有価証券等仲介業務（同条第4項に規定する有価証券等仲介業務をいう。以下同じ。）を行う者に限る。以下同じ。）は、その募集又は売出しにつき第4条第1項本文、第2項本文又は第3項本文の規定の適用を受ける有価証券については、これらの規定による届出がその効力を生じているのでなければ、これを募集又は売出しにより取得

させ、又は売り付けてはならない。

2　発行者、有価証券の売出しをする者、引受人、金融商品取引業者、登録金融機関若しくは金融商品仲介業者又は金融サービス仲介業者は、前項の有価証券又は既に開示された有価証券を募集又は売出しにより取得させ、又は売り付ける場合には、第13条第2項第1号に定める事項に関する内容を記載した目論見書をあらかじめ又は同時に交付しなければならない。ただし、次に掲げる場合は、この限りでない。

一　適格機関投資家に取得させ、又は売り付ける場合（当該有価証券を募集又は売出しにより取得させ、又は売り付ける時までに当該適格機関投資家から当該目論見書の交付の請求があつた場合を除く。）

二　当該目論見書の交付を受けないことについて同意した次に掲げる者に当該有価証券を取得させ、又は売り付ける場合（当該有価証券を募集又は売出しにより取得させ、又は売り付ける時までに当該同意した者から当該目論見書の交付の請求があつた場合を除く。）

　イ　当該有価証券と同一の銘柄を所有する者
　ロ　その同居者が既に当該目論見書の交付を受け、又は確実に交付を受けると見込まれる者

三　第13条第1項ただし書に規定する場合

3　発行者、有価証券の売出しをする者、引受人、金融商品取引業者、登録金融機関若しくは金融商品仲介業者又は金融サービス仲介業者は、第1項の有価証券（政令で定めるものに限る。以下この項において同じ。）又は既に開示された有価証券を募集又は売出しにより取得させ、又は売り付ける場合において、その取得させ、又は売り付ける時までに、相手方から第13条第2項第2号に定める事項に関する内容を記載した目論見書の交付の請求があつたときには、直ちに、当該目論見書を交付しなければならない。

4　発行者、有価証券の売出しをする者、引受人、金融商品取引業者、登録金融機関若しくは金融商品仲介業者又は金融サービス仲介業者は、第1項の有価証券を募集又は売出しにより取得さ

せ、又は売り付ける場合において、当該有価証券に係る第5条第1項本文の届出書について第7条第1項の規定による訂正届出書が提出されたときには、第13条第2項第3号に定める事項に関する内容を記載した目論見書をあらかじめ又は同時に交付しなければならない。ただし、第2項各号に掲げる場合は、この限りでない。

5　第13条第2項ただし書の規定により発行価格等を記載しないで交付した第2項の目論見書に発行価格等を公表する旨及び公表の方法（内閣府令で定めるものに限る。）が記載され、かつ、当該公表の方法により当該発行価格等が公表された場合には、前項本文の規定は、適用しない。

6　第2項から前項までの規定は、第1項に規定する有価証券の募集又は売出しに際してその全部を取得させることができなかつた場合におけるその残部（第24条第1項第1号及び第2号に掲げるものに該当するものを除く。）を、当該募集又は売出しに係る第4条第1項から第3項までの規定による届出がその効力を生じた日から3月（第10条第1項又は第11条第1項の規定による停止命令があつた場合には、当該停止命令があつた日からその解除があつた日までの期間は、算入しない。）を経過する日までの間において、募集又は売出しによらないで取得させ、又は売り付ける場合について準用する。

（違反行為者の賠償責任）

第16条　前条の規定に違反して有価証券を取得させた者は、これを取得した者に対し当該違反行為に因り生じた損害を賠償する責に任ずる。

（虚偽記載のある目論見書等を使用した者の賠償責任）

第17条　第4条第1項本文、第2項本文若しくは第3項本文の規定の適用を受ける有価証券又は既に開示された有価証券の募集又は売出しについて、重要な事項について虚偽の記載があり、若しくは記載すべき重要な事項若しくは誤解を生じさせないために必要な事実の記載が欠けている第13条第1項の目論見書又は重要な事項について虚偽の表示若しくは誤解を生ずるような表示があり、若しくは誤解を生じさせないため

に必要な事実の表示が欠けている資料を使用して有価証券を取得させた者は、記載が虚偽であり、若しくは欠けていること又は表示が虚偽であり、若しくは誤解を生ずるような表示であり、若しくは表示が欠けていることを知らないで当該有価証券を取得した者が受けた損害を賠償する責めに任ずる。ただし、賠償の責めに任ずべき者が、記載が虚偽であり、若しくは欠けていること又は表示が虚偽であり、若しくは誤解を生ずるような表示であることを知らず、かつ、相当な注意を用いたにもかかわらず知ることができなかつたことを証明したときは、この限りでない。

（虚偽記載のある届出書の届出者等の賠償責任）

第18条　有価証券届出書のうちに、重要な事項について虚偽の記載があり、又は記載すべき重要な事項若しくは誤解を生じさせないために必要な重要な事実の記載が欠けているときは、当該有価証券届出書の届出者は、当該有価証券を当該募集又は売出しに応じて取得した者に対し、損害賠償の責めに任ずる。ただし、当該有価証券を取得した者がその取得の申込みの際記載が虚偽であり、又は欠けていることを知つていたときは、この限りでない。

2　前項の規定は、第13条第1項の目論見書のうちに重要な事項について虚偽の記載があり、又は記載すべき重要な事項若しくは誤解を生じさせないために必要な重要な事実の記載が欠けている場合について準用する。この場合において、前項中「有価証券届出書の届出者」とあるのは「目論見書を作成した発行者」と、「募集又は売出しに応じて」とあるのは「募集又は売出しに応じ当該目論見書の交付を受けて」と読み替えるものとする。

（虚偽記載のある届出書の届出者等の賠償責任額）

第19条　前条の規定により賠償の責めに任ずべき額は、請求権者が当該有価証券の取得について支払つた額から次の各号の一に掲げる額を控除した額とする。

一　前条の規定により損害賠償を請求する時における市場価額（市場価額がないときは、そ

の時における処分推定価額）

二　前号の時前に当該有価証券を処分した場合においては、その処分価額

2　前条の規定により賠償の責めに任ずべき者は、当該請求権者が受けた損害の額の全部又は一部が、有価証券届出書又は目論見書のうちに重要な事項について虚偽の記載があり、又は記載すべき重要な事項若しくは誤解を生じさせないために必要な重要な事実の記載が欠けていたことによつて生ずべき当該有価証券の値下り以外の事情により生じたことを証明した場合においては、その全部又は一部については、賠償の責めに任じない。

（虚偽記載のある届出書の届出者等に対する賠償請求権の時効）

第20条　第18条の規定による賠償の請求権は、次に掲げる場合には、時効によつて消滅する。

一　請求権者が有価証券届出書又は目論見書のうちに重要な事項について虚偽の記載があり、又は記載すべき重要な事項若しくは誤解を生じさせないために必要な重要な事実の記載が欠けていたことを知つた時又は相当な注意をもつて知ることができる時から3年間行使しないとき。

二　当該有価証券の募集又は売出しに係る第4条第1項から第3項までの規定による届出がその効力を生じた時又は当該目論見書の交付があつた時から7年間（第10条第1項又は第11条第1項の規定による停止命令があつた場合には、当該停止命令があつた日からその解除があつた日までの期間は、算入しない。）行使しないとき。

（虚偽記載のある届出書の提出会社の役員等の賠償責任）

第21条　有価証券届出書のうちに重要な事項について虚偽の記載があり、又は記載すべき重要な事項若しくは誤解を生じさせないために必要な重要な事実の記載が欠けているときは、次に掲げる者は、当該有価証券を募集又は売出しに応じて取得した者に対し、記載が虚偽であり又は欠けていることにより生じた損害を賠償する責

めに任ずる。ただし、当該有価証券を取得した者がその取得の申込みの際記載が虚偽であり、又は欠けていることを知つていたときは、この限りでない。

一　当該有価証券届出書を提出した会社のその提出の時における役員（取締役、会計参与、監査役若しくは執行役又はこれらに準ずる者をいう。第163条から第167条までを除き、以下同じ。）又は当該会社の発起人（その提出が会社の成立前にされたときに限る。）

二　当該売出しに係る有価証券の所有者（その者が当該有価証券を所有している者からその売出しをすることを内容とする契約によりこれを取得した場合には、当該契約の相手方）

三　当該有価証券届出書に係る第193条の2第1項に規定する監査証明において、当該監査証明に係る書類について記載が虚偽であり又は欠けているものを虚偽でなく又は欠けていないものとして証明した公認会計士又は監査法人

四　当該募集に係る有価証券の発行者又は第2号に掲げる者のいずれかと元引受契約を締結した金融商品取引業者又は登録金融機関

2　前項の場合において、次の各号に掲げる者は、当該各号に掲げる事項を証明したときは、同項に規定する賠償の責めに任じない。

一　前項第1号又は第2号に掲げる者　記載が虚偽であり又は欠けていることを知らず、かつ、相当な注意を用いたにもかかわらず知ることができなかつたこと。

二　前項第3号に掲げる者　同号の証明をしたことについて故意又は過失がなかつたこと。

三　前項第4号に掲げる者　記載が虚偽であり又は欠けていることを知らず、かつ、第193条の2第1項に規定する財務計算に関する書類に係る部分以外の部分については、相当な注意を用いたにもかかわらず知ることができなかつたこと。

3　第1項第1号及び第2号並びに前項第1号の規定は、第13条第1項の目論見書のうちに重要な事項について虚偽の記載があり、又は記載す

べき重要な事項若しくは誤解を生じさせないために必要な重要な事実の記載が欠けている場合について準用する。この場合において、第1項中「募集又は売出しに応じて」とあるのは「募集又は売出しに応じ当該目論見書の交付を受けて」と、「当該有価証券届出書を提出した会社」とあるのは「当該目論見書を作成した会社」と、「その提出」とあるのは「その作成」と読み替えるものとする。

4　第1項第4号において「元引受契約」とは、有価証券の募集又は売出しに際して締結する次の各号のいずれかの契約をいう。

一　当該有価証券を取得させることを目的として当該有価証券の全部又は一部を発行者又は所有者（金融商品取引業者及び登録金融機関を除く。次号及び第3号において同じ。）から取得することを内容とする契約

二　当該有価証券の全部又は一部につき他にこれを取得する者がない場合にその残部を発行者又は所有者から取得することを内容とする契約

三　当該有価証券が新株予約権証券（これに準ずるものとして内閣府令で定める有価証券を含む。以下この号において同じ。）である場合において、当該新株予約権証券を取得した者が当該新株予約権証券の全部又は一部につき新株予約権（これに準ずるものとして内閣府令で定める権利を含む。以下この号において同じ。）を行使しないときに当該行使しない新株予約権に係る新株予約権証券を発行者又は所有者から取得して自己又は第三者が当該新株予約権を行使することを内容とする契約

（虚偽記載等のある書類の提出者の賠償責任）

第21条の2　第25条第1項各号（第5号及び第9号を除く。）に掲げる書類（以下この条において「書類」という。）のうちに、重要な事項について虚偽の記載があり、又は記載すべき重要な事項若しくは誤解を生じさせないために必要な重要な事実の記載が欠けているときは、当該書類の提出者は、当該書類が同項の規定により

公衆の縦覧に供されている間に当該書類（同項第12号に掲げる書類を除く。）の提出者又は当該書類（同号に掲げる書類に限る。）の提出者を親会社等（第24条の７第１項に規定する親会社等をいう。）とする者が発行者である有価証券を募集若しくは売出しによらないで取得した者又は処分した者に対し、第19条第１項の規定の例により算出した額を超えない限度において、記載が虚偽であり、又は欠けていること（以下この条において「虚偽記載等」という。）により生じた損害を賠償する責めに任ずる。ただし、当該有価証券を取得した者又は処分した者がその取得又は処分の際虚偽記載等を知つていたときは、この限りでない。

2　前項の場合において、賠償の責めに任ずべき者は、当該書類の虚偽記載等について故意又は過失がなかつたことを証明したときは、同項に規定する賠償の責めに任じない。

3　第１項本文の場合において、当該書類の虚偽記載等の事実の公表がされたときは、当該虚偽記載等の事実の公表がされた日（以下この項において「公表日」という。）前１年以内に当該有価証券を取得し、当該公表日において引き続き当該有価証券を所有する者は、当該公表日前１月間の当該有価証券の市場価額（市場価額がないときは、処分推定価額。以下この項において同じ。）の平均額から当該公表日後１月間の当該有価証券の市場価額の平均額を控除した額を、当該書類の虚偽記載等により生じた損害の額とすることができる。

4　前項の「虚偽記載等の事実の公表」とは、当該書類の提出者又は当該提出者の業務若しくは財産に関し法令に基づく権限を有する者により、当該書類の虚偽記載等に係る記載すべき重要な事項又は誤解を生じさせないために必要な重要な事実について、第25条第１項の規定による公衆の縦覧その他の手段により、多数の者の知り得る状態に置く措置がとられたことをいう。

5　第３項の場合において、その賠償の責めに任ずべき者は、その請求権者が受けた損害の額の全部又は一部が、当該書類の虚偽記載等によつ

て生ずべき当該有価証券の値下り以外の事情により生じたことを証明したときは、その全部又は一部については、賠償の責めに任じない。

6　前項の場合を除くほか、第３項の場合において、その請求権者が受けた損害の全部又は一部が、当該書類の虚偽記載等によつて生ずべき当該有価証券の値下り以外の事情により生じたことが認められ、かつ、当該事情により生じた損害の性質上その額を証明することが極めて困難であるときは、裁判所は、口頭弁論の全趣旨及び証拠調べの結果に基づき、賠償の責めに任じない損害の額として相当な額の認定をすることができる。

（虚偽記載等のある書類の提出者に対する賠償請求権の時効）

第21条の３　第20条の規定は、前条の規定による賠償の請求権について準用する。この場合において、第20条中「第18条」とあるのは「第21条の２」と、同条第１号中「有価証券届出書又は目論見書」とあるのは「第25条第１項各号（第５号及び第９号を除く。）に掲げる書類」と、「３年間」とあるのは「２年間」と、同条第２号中「当該有価証券の募集又は売出しに係る第４条第１項から第３項までの規定による届出がその効力を生じた時又は当該目論見書の交付があつた時から７年間（第10条第１項又は第11条第１項の規定による停止命令があつた場合には、当該停止命令があつた日からその解除があつた日までの期間は、算入しない。）」とあるのは「当該書類が提出された時から５年間」と読み替えるものとする。

（虚偽記載等のある届出書の提出会社の役員等の賠償責任）

第22条　有価証券届出書のうちに重要な事項について虚偽の記載があり、又は記載すべき重要な事項若しくは誤解を生じさせないために必要な重要な事実の記載が欠けているときは、第21条第１項第１号及び第３項に掲げる者は、当該記載が虚偽であり、又は欠けていることを知らないで、当該有価証券届出書の届出者が発行者である有価証券を募集若しくは売出しによらない

で取得した者又は処分した者に対し、記載が虚偽であり、又は欠けていることにより生じた損害を賠償する責めに任ずる。

2　第21条第2項第1号及び第2号の規定は、前項に規定する賠償の責めに任ずべき者について準用する。

（届出書の真実性の認定等の禁止）

第23条　何人も、有価証券の募集又は売出しに関し、第4条第1項から第3項までの規定による届出があり、かつ、その効力が生じたこと、又は第10条第1項若しくは第11条第1項の規定による停止命令が解除されたことをもつて、内閣総理大臣が当該届出に係る有価証券届出書の記載が真実かつ正確であり若しくはそのうちに重要な事項の記載が欠けていないことを認定し、又は当該有価証券の価値を保証若しくは承認したものであるとみなすことができない。

2　何人も、前項の規定に違反する表示をすることができない。

（参照方式による場合の適用規定の読替え）

第23条の2　第5条第4項の規定の適用を受ける届出書若しくは当該届出書に係る訂正届出書が提出され、又は第13条第3項の規定の適用を受ける目論見書が作成された場合における第7条、第9条から第11条まで、第17条から第21条まで、第22条及び前条の規定の適用については、第7条第1項中「規定による届出書類」とあるのは「規定による届出書類（同条第4項（同条第5項において準用する場合を含む。第9条から第11条までにおいて同じ。）の規定の適用を受ける届出書にあつては、当該届出書に係る参照書類を含む。以下この項において同じ。）」と、第9条第1項中「届出書類」とあるのは「届出書類（第5条第4項の規定の適用を受ける届出書又は当該届出書に係る第7条第1項の規定による訂正届出書にあつては、これらの届出書又は訂正届出書に係る参照書類を含む。）」と、第10条第1項中「有価証券届出書」とあるのは「有価証券届出書（第5条第4項の規定の適用を受ける届出書又は当該届出書に係る第7条第1項、前条第1項若しくはこの項の規定による訂正届

出書にあつては、これらの届出書又は訂正届出書に係る参照書類を含む。）」と、同条第4項中「訂正届出書」とあるのは「訂正届出書（第5条第4項の規定の適用を受ける届出書に係る訂正届出書にあつては、当該訂正届出書に係る参照書類を含む。）」と、第11条第1項中「有価証券届出書のうちに」とあるのは「有価証券届出書（第5条第4項の規定の適用を受ける届出書又は当該届出書に係る第7条第1項、第9条第1項若しくは前条第1項の規定による訂正届出書にあつては、有価証券届出書及び当該有価証券届出書に係る参照書類）のうちに」と、同条第2項中「訂正届出書」とあるのは「訂正届出書（第5条第4項の規定の適用を受ける届出書に係る訂正届出書にあつては、当該訂正届出書に係る参照書類を含む。）」と、第17条中「目論見書」とあるのは「目論見書（同条第3項の規定の適用を受ける目論見書にあつては、当該目論見書に係る参照書類を含む。）」と、第18条第1項中「有価証券届出書のうちに」とあるのは「有価証券届出書（第5条第4項の規定の適用を受ける届出書又は当該届出書に係る第7条第1項、第9条第1項若しくは第10条第1項の規定による訂正届出書にあつては、有価証券届出書及び当該有価証券届出書に係る参照書類）のうちに」と、同条第2項中「目論見書のうちに」とあるのは「目論見書（同条第3項の規定の適用を受ける目論見書にあつては、目論見書及び当該目論見書に係る参照書類）のうちに」と、第19条第2項及び第20条第1号中「有価証券届出書」とあるのは「有価証券届出書（第5条第4項の規定の適用を受ける届出書又は当該届出書に係る第7条第1項、第9条第1項若しくは第10条第1項の規定による訂正届出書にあつては、これらの届出書又は訂正届出書に係る参照書類を含む。）」と、「目論見書」とあるのは「目論見書（第13条第3項の規定の適用を受ける目論見書にあつては、目論見書及び当該目論見書に係る参照書類）」と、第21条第1項中「有価証券届出書のうちに」とあるのは「有価証券届出書（第5条第4項の規定の適用を受ける届出

書又は当該届出書に係る第7条第1項、第9条第1項若しくは第10条第1項の規定による訂正届出書にあつては、有価証券届出書及び当該有価証券届出書に係る参照書類）のうちに」と、同条第3項中「目論見書のうちに」とあるのは「目論見書（同条第3項の規定の適用を受ける目論見書にあつては、目論見書及び当該目論見書に係る参照書類）のうちに」と、第22条第1項中「有価証券届出書のうちに」とあるのは「有価証券届出書（第5条第4項の規定の適用を受ける届出書又は当該届出書に係る第7条第1項、第9条第1項若しくは第10条第1項の規定による訂正届出書にあつては、有価証券届出書及び当該有価証券届出書に係る参照書類）のうちに」と、前条第1項中「有価証券届出書」とあるのは「有価証券届出書（第5条第4項の規定の適用を受ける届出書又は当該届出書に係る第7条第1項、第9条第1項若しくは第10条第1項の規定による訂正届出書にあつては、これらの届出書又は訂正届出書に係る参照書類を含む。）」とする。

（発行登録書の提出）

第23条の3　有価証券の募集又は売出しを予定している当該有価証券の発行者で、第5条第4項に規定する者に該当するものは、当該募集又は売出しを予定している有価証券の発行価額又は売出価額の総額（以下「発行予定額」という。）が1億円以上の場合（募集又は売出しを予定している有価証券が新株予約権証券である場合にあつては、発行予定額に当該新株予約権証券に係る新株予約権の行使に際して払い込むべき金額の合計額を合算した金額が1億円以上となる場合を含む。）においては、内閣府令で定めるところにより、当該募集又は売出しを予定している期間（以下「発行予定期間」という。）、当該有価証券の種類及び発行予定額又は発行残高の上限、当該有価証券について引受けを予定する金融商品取引業者又は登録金融機関のうち主たるものの名称その他の事項で公益又は投資者保護のため必要かつ適当なものとして内閣府令で定めるものを記載した書類（以下「発行登録

書」という。）を内閣総理大臣に提出して、当該有価証券の募集又は売出しを登録することができる。ただし、その有価証券発行勧誘等又は有価証券交付勧誘等が第23条の13第1項に規定する適格機関投資家向け勧誘（同項本文の規定の適用を受けるものに限る。）に該当するものであつた有価証券の売出し（当該有価証券に関して開示が行われている場合を除く。）、特定投資家向け有価証券の売出し（当該有価証券に関して開示が行われている場合を除く。）及びその有価証券発行勧誘等又は有価証券交付勧誘等が同条第4項に規定する少人数向け勧誘（同項本文の規定の適用を受けるものに限る。）に該当するものであつた有価証券の売出し（当該有価証券に関して開示が行われている場合を除く。）を予定している場合は、この限りでない。

2　前項の規定は、同項の発行登録書に、同項の内閣府令で定める事項のほか、内閣府令で定めるところにより第5条第1項第2号に掲げる事項につき当該発行者に係る直近の参照書類を参照すべき旨の記載があり、かつ、公益又は投資者保護のため必要かつ適当なものとして内閣府令で定める書類の添付がある場合に限り、適用する。

3　第1項の規定による登録（以下「発行登録」という。）を行つた有価証券の募集又は売出しについては、第4条第1項から第3項までの規定は、適用しない。

4　発行登録を行つた有価証券の発行者である会社は、第5条第4項に規定する要件を満たすため必要があるときは、第24条第1項（同条第5項において準用する場合を含む。以下この項において同じ。）の規定による有価証券報告書を提出する義務が消滅した後においても、引き続き同条第1項に規定する有価証券報告書及びその添付書類を提出することができる。

（訂正発行登録書の提出）

第23条の4　発行登録を行つた日以後当該発行登録がその効力を失うこととなる日前において、発行登録書において前条第2項の規定により参

照すべき旨記載されている参照書類と同種の書類が新たに提出されたとき（当該発行登録書に当該同種の書類の提出期限が記載されている場合であつて、当該同種の書類がその提出期限までに提出された場合を除く。）その他当該発行登録に係る発行登録書及びその添付書類（以下この条において「発行登録書類」という。）に記載された事項につき公益又は投資者保護のためその内容を訂正する必要があるものとして内閣府令で定める事情があるときは、当該発行登録をした者（以下「発行登録者」という。）は、内閣府令で定めるところにより訂正発行登録書を内閣総理大臣に提出しなければならない。当該事情がない場合において、発行登録者が当該発行登録書類のうちに訂正を必要とするものがあると認めたときも、同様とする。この場合においては、発行予定額又は発行残高の上限の増額、発行予定期間の変更その他の内閣府令で定める事項を変更するための訂正を行うことはできない。

（発行登録書の効力発生日）

第23条の5　第8条の規定は、発行登録の効力の発生について準用する。この場合において、同条第1項中「第5条第1項の規定による届出書（同項ただし書に規定する事項の記載がない場合には、当該事項に係る前条第1項の規定による訂正届出書。次項において同じ。）」とあるのは「第23条の3第1項に規定する発行登録書（以下この条から第23条までにおいて「発行登録書」という。）」と、同条第2項中「前条第1項の規定による訂正届出書」とあるのは「第23条の4の規定による訂正発行登録書」と、「第5条第1項の規定による届出書」とあるのは「発行登録書」と、同条第3項中「第5条第1項及び第13項若しくは前条第1項の規定による届出書類」とあるのは「発行登録書及びその添付書類又は第23条の3第3項に規定する発行登録（以下この条から第23条までにおいて「発行登録」という。）が効力を生ずることとなる日前において提出される第23条の4の規定による訂正発行登録書」と、「当該届出書類の届出者」とある

のは「これらの書類の提出者」と読み替えるものとする。

2　発行登録が効力を生じた日以後に、前条の規定により訂正発行登録書が提出された場合には、内閣総理大臣は、公益又は投資者保護のため必要かつ適当であると認めるときは、当該訂正発行登録書が提出された日から15日を超えない範囲内において内閣総理大臣が指定する期間、当該発行登録の効力の停止を命ずることができる。

（発行登録に係る有価証券の発行予定期間）

第23条の6　発行登録に係る有価証券の発行予定期間は、発行登録の効力が生じた日から起算して2年を超えない範囲内において内閣府令で定める期間とする。

2　発行登録は、前項の発行予定期間を経過した日に、その効力を失う。

（発行登録取下届出書の提出）

第23条の7　前条第1項に定める発行予定期間を経過する日前において発行予定額全額の有価証券の募集又は売出しが終了したときは、発行登録者は、内閣府令で定めるところによりその旨を記載した発行登録取下届出書を内閣総理大臣に提出して、発行登録を取り下げなければならない。

2　前項の場合においては、発行登録は、前条第2項の規定にかかわらず、内閣総理大臣が当該発行登録取下届出書を受理した日に、その効力を失う。

（発行登録追補書類の提出）

第23条の8　発行登録者、有価証券の売出しをする者、引受人、金融商品取引業者、登録金融機関若しくは金融商品仲介業者又は金融サービス仲介業者は、発行登録によりあらかじめその募集又は売出しが登録されている有価証券については、当該発行登録がその効力を生じており、かつ、当該有価証券の募集又は売出しごとにその発行価額又は売出価額の総額、発行条件又は売出条件その他の事項で公益又は投資者保護のため必要かつ適当なものとして内閣府令で定めるものを記載した書類（以下「発行登録追補書類」という。）が内閣府令で定めるところによ

り内閣総理大臣に提出されていなければ、これを募集又は売出しにより取得させ、又は売り付けてはならない。ただし、有価証券の募集又は売出しごとの発行価額又は売出価額の総額が１億円未満の有価証券の募集又は売出しで内閣府令で定めるものについては、この限りでない。

2　前項の規定にかかわらず、発行登録によりあらかじめその募集又は売出しが登録されている社債、株式等の振替に関する法律第278条第１項に規定する振替債のうち同法第66条第１号に規定する短期社債その他政令で定めるもの（その取扱いを行う振替機関（同法第２条第２項に規定する振替機関をいう。）により、その発行残高が公衆の縦覧に供されるものに限る。）については、当該発行登録がその効力を生じている場合には、これを募集又は売出しにより取得させ、又は売り付けることができる。**令3の2の2**

3　有価証券の募集又は売出しが一定の日において株主名簿に記載され、又は記録されている株主に対し行われる場合には、当該募集又は売出しに関する発行登録追補書類の提出は、その日の10日前までにしなければならない。ただし、有価証券の発行価格又は売出価格その他の事情を勘案して内閣府令で定める場合は、この限りでない。

4　第４条第５項及び第６項の規定は、第１項ただし書の規定の適用を受ける有価証券の募集又は売出しが行われる場合について準用する。この場合において、同条第５項中「当該特定募集に係る」とあるのは「当該募集若しくは売出しに係る」と、「当該特定募集が」とあるのは「当該募集又は売出しが」と、同条第６項中「当該特定募集等に係る」とあるのは「当該」と、「当該特定募集等が」とあるのは「当該募集又は売出しが」と、「当該特定募集等に関する」とあるのは「当該募集又は売出しに関する」と、「開示が行われている場合における第４項に規定する有価証券の売出しでその売出価額の総額が１億円未満のもの、第１項第３号に掲げる有価証券の売出しで当該有価証券の発行者その他の

内閣府令で定める者以外の者が行うもの及び同項第５号に掲げる有価証券の募集又は売出しでその発行価額」とあるのは「発行価額」と、「以下のもの」とあるのは「以下の有価証券の募集又は売出し」と読み替えるものとする。

5　第１項の発行登録追補書類には、同項の内閣府令で定める事項のほか、内閣府令で定めるところにより、第５条第１項第２号に掲げる事項につき当該発行者に係る直近の参照書類を参照すべき旨を記載するとともに、公益又は投資者保護のため必要かつ適当なものとして内閣府令で定める書類を添付しなければならない。

（形式不備等による訂正発行登録書の提出命令）

第23条の９　内閣総理大臣は、発行登録書（当該発行登録書に係る参照書類を含む。）及びその添付書類若しくは第23条の４の規定による訂正発行登録書（当該訂正発行登録書に係る参照書類を含む。）に形式上の不備があり、又はこれらの書類に記載すべき重要な事項の記載が不十分であると認めるときは、これらの書類の提出者に対し、訂正発行登録書の提出を命ずることができる。この場合においては、行政手続法第13条第１項の規定による意見陳述のための手続の区分にかかわらず、聴聞を行わなければならない。

2　発行登録が効力を生ずる日前に前項の規定による処分があつた場合においては、当該発行登録は、第23条の５第１項において準用する第８条の規定にかかわらず、内閣総理大臣が当該発行登録に係る発行登録書を受理した日から内閣総理大臣が指定する期間を経過した日に、その効力を生ずる。

3　前項の場合において、内閣総理大臣が指定する期間内に第23条の４の規定による訂正発行登録書の提出があつた場合には、内閣総理大臣が当該訂正発行登録書を受理した日に、発行登録書の受理があつたものとみなす。

4　前項の場合において、内閣総理大臣は、第23条の４の規定による訂正発行登録書の内容が公衆に容易に理解されると認める場合又は当該訂正発行登録書の提出者に係る第５条第１項第２

号に掲げる事項に関する情報が既に公衆に広範
に提供されていると認める場合においては、第
２項において内閣総理大臣が指定した期間に満
たない期間を指定することができる。この場合
においては、発行登録は、その期間を経過した
日に、その効力を生ずる。

5　第３項の規定は、前項の規定による期間の指
定があつた場合において、当該指定された期間
内に第23条の４の規定による訂正発行登録書の
提出があつたときに準用する。

（虚偽記載等による訂正発行登録書の提出命令）

第23条の10　内閣総理大臣は、発行登録書（当該
発行登録書に係る参照書類を含む。）及びその
添付書類、第23条の４若しくは前条第１項の規
定による訂正発行登録書（当該訂正発行登録書
に係る参照書類を含む。）又は発行登録追補書
類（当該発行登録追補書類に係る参照書類を含
む。）及びその添付書類のうちに重要な事項に
ついて虚偽の記載があり、又は記載すべき重要
な事項若しくは誤解を生じさせないために必要
な重要な事実の記載が欠けていることを発見し
たときは、いつでも、当該書類の提出者に対し、
訂正発行登録書の提出を命ずることができる。
この場合においては、行政手続法第13条第１項
の規定による意見陳述のための手続の区分にか
かわらず、聴聞を行わなければならない。

2　前条第２項から第５項までの規定は、発行登
録が効力を生ずる日前に前項の規定による訂正
発行登録書の提出命令があつた場合について準
用する。

3　内閣総理大臣は、発行登録が効力を生じた日
以後に第１項の規定による処分を行つた場合に
おいて必要があると認めるときは、当該発行登
録の効力の停止を命ずることができる。

4　前項の規定による停止命令があつた場合にお
いて、第１項の規定による訂正発行登録書が提
出され、かつ、内閣総理大臣がこれを適当と認
めたときは、内閣総理大臣は、前項の規定によ
る停止命令を解除するものとする。

5　前各項の規定は、内閣総理大臣が、第１項の
規定により提出される訂正発行登録書（当該訂

正発行登録書に係る参照書類を含む。）のうち
に重要な事項について虚偽の記載があり、又は
記載すべき重要な事項若しくは誤解を生じさせ
ないために必要な重要な事実の記載が欠けてい
ることを発見した場合について準用する。

（虚偽記載による発行登録の効力の停止等）

第23条の11　内閣総理大臣は、発行登録書及びそ
の添付書類、第23条の４、第23条の９第１項若
しくは前条第１項（同条第５項において準用す
る場合を含む。）の規定による訂正発行登録書
又は発行登録追補書類及びその添付書類並びに
これらの書類に係る参照書類のうちに重要な事
項について虚偽の記載がある場合において、公
益又は投資者保護のため必要かつ適当であると
認めるときは、当該発行登録書及びその添付書
類、当該訂正発行登録書若しくは当該発行登録
追補書類及びその添付書類（以下この条におい
て「発行登録書類等」という。）又は当該発行
登録書類等の提出者がこれを提出した日から１
年以内に提出する第５条第１項に規定する届出
書若しくは発行登録書若しくは発行登録追補書
類について、これらの書類の提出者に対し、公
益又は投資者保護のため相当と認められる期間、
当該発行登録書類等に係る発行登録の効力、当
該届出書に係る届出の効力若しくは当該発行登
録書若しくは当該発行登録追補書類に係る発行
登録の効力の停止を命じ、又は第８条第１項（第
23条の５第１項において準用する場合を含む。）
に規定する期間を延長することができる。この
場合においては、行政手続法第13条第１項の規
定による意見陳述のための手続の区分にかかわ
らず、聴聞を行わなければならない。

2　前項の規定による処分があつた場合において、
内閣総理大臣は、同項の記載につき第23条の４
又は前条第１項（同条第５項において準用する
場合を含む。）の規定により提出された訂正発
行登録書（当該訂正発行登録書に係る参照書類
を含む。）の内容が適当であり、かつ、当該提
出者の発行する有価証券を募集又は売出しによ
り取得させ、又は売り付けても公益又は投資者
保護のため支障がないと認めるときは、前項の

金
商
法

規定による処分を解除することができる。

（発行登録書等に関する準用規定等）

第23条の12　第6条の規定は、発行登録書及びその添付書類、第23条の4、第23条の9第1項若しくは第23条の10第1項（同条第5項において準用する場合を含む。）の規定による訂正発行登録書又は発行登録追補書類及びその添付書類が提出された場合について準用する。

2　第13条第1項の規定は発行登録を行つた有価証券の発行者について、同条第2項本文の規定は発行登録を行つた有価証券の発行者が作成する目論見書について、同条第4項及び第5項の規定は発行登録を行つた有価証券の募集又は売出しについて、それぞれ準用する。この場合において、同条第2項本文中「次の各号に掲げる場合の区分に応じ、当該各号に定める事項に関する内容」とあるのは、「発行登録書、第23条の4の規定による訂正発行登録書又は発行登録追補書類に記載すべき内容及び内閣府令で定める内容」と読み替えるものとする。

3　第15条第2項及び第6項の規定は、発行登録を行つた有価証券の募集又は売出しについて準用する。この場合において、同条第2項中「第13条第2項第1号に定める事項に関する内容を記載した」とあるのは「第23条の12第2項において準用する第13条第1項の」と、同条第6項中「第2項から前項まで」とあるのは「第2項」と、「第4条第1項から第3項までの規定による届出がその効力を生じた日」とあるのは「発行登録の効力が生じており、かつ、それに係る発行登録追補書類が提出された日」と、「第10条第1項又は第11条第1項」とあるのは「第23条の10第3項又は第23条の11第1項」と読み替えるものとする。

4　第16条の規定は、第23条の8第1項若しくは第2項の規定又は前項において準用する第15条第2項若しくは第6項の規定に違反して有価証券を取得させた者について準用する。

5　第17条から第21条まで、第22条及び第23条の規定は、発行登録を行つた有価証券の募集又は売出しについて準用する。この場合において、

第17条中「第13条第1項の目論見書」とあるのは「第23条の12第2項において準用する第13条第1項の目論見書（当該目論見書に係る参照書類を含む。）」と、第18条第1項中「有価証券届出書のうちに」とあるのは「発行登録書類、第23条の4、第23条の9第1項若しくは第23条の10第1項（同条第5項において準用する場合を含む。）の規定による訂正発行登録書（以下「訂正発行登録書」という。）又は発行登録追補書類及びその添付書類並びにこれらの書類に係る参照書類（以下「発行登録書類等」という。）のうちに」と、「当該有価証券届出書」とあるのは「発行登録書類、訂正発行登録書又は発行登録追補書類及びこれらの添付書類」と、同条第2項中「目論見書のうちに」とあるのは「目論見書（当該目論見書に係る参照書類を含む。）のうちに」と、第19条第2項中「有価証券届出書」とあるのは「発行登録書類等」と、「目論見書」とあるのは「目論見書（当該目論見書に係る参照書類を含む。）」と、第20条第1号中「有価証券届出書」とあるのは「発行登録書類等」と、「目論見書のうちに」とあるのは「目論見書（当該目論見書に係る参照書類を含む。）のうちに」と、同条第2号中「第4条第1項から第3項までの規定による届出がその効力を生じた時」とあるのは「発行登録の効力が生じており、かつ、それに係る発行登録追補書類が提出された時」と、「第10条第1項又は第11条第1項」とあるのは「第23条の10第3項又は第23条の11第1項」と、第21条第1項各号列記以外の部分中「有価証券届出書のうちに」とあるのは「発行登録書類等のうちに」と、同項第1号及び第3号中「当該有価証券届出書」とあるのは「発行登録書類、訂正発行登録書又は発行登録追補書類及びこれらの添付書類」と、同条第3項中「目論見書のうちに」とあるのは「目論見書（当該目論見書に係る参照書類を含む。）のうちに」と、第22条第1項中「有価証券届出書のうちに」とあるのは「発行登録書類等のうちに」と、「当該有価証券届出書」とあるのは「発行登録書類、訂正発行登録書又は発行登録追補書類及びこれら

金
商
法

の添付書類」と、第23条中「第4条第1項から第3項までの規定による届出があり、かつ、その効力が生じたこと」とあるのは「発行登録の効力が生じており、かつ、それに係る発行登録追補書類が提出されたこと（第23条の8第2項の有価証券の募集又は売出しにあつては、発行登録の効力が生じていること。）」と、「第10条第1項若しくは第11条第1項」とあるのは「第23条の10第3項若しくは第23条の11第1項」と、「当該届出」とあるのは「当該発行登録」と、「有価証券届出書」とあるのは「発行登録書類等」と読み替えるものとする。

6　第2項、第3項並びに前項において準用する第17条、第18条第2項及び第21条第3項の規定は、第23条の8第2項の有価証券については、適用しない。

7　発行者、有価証券の売出しをする者、引受人、金融商品取引業者、登録金融機関若しくは金融商品仲介業者又は金融サービス仲介業者が、発行登録を行つた有価証券を募集又は売出しにより取得させ、又は売り付ける場合において、当該有価証券に係る発行登録書又は発行登録書及び当該発行登録書についての第23条の4の規定による訂正発行登録書が提出された後に、第23条の3第1項及び第2項、第23条の4並びに第23条の8第1項の規定により当該発行登録書、その訂正発行登録書及びその発行登録追補書類に記載しなければならない事項（発行条件のうち発行価格その他の内閣府令で定める事項（以下この項において「発行価格等」という。）を除く。）並びに発行価格等を公表する旨及び公表の方法（内閣府令で定めるものに限る。）を記載した書類をあらかじめ交付し、かつ、当該書類に記載された方法により当該発行価格等が公表されたときは、第3項において準用する第15条第2項及び第6項の規定にかかわらず、当該書類を第2項において準用する第13条第1項の目論見書とみなし、当該発行価格等の公表を第3項において準用する第15条第2項の規定による交付とみなす。

（適格機関投資家向け勧誘の告知等）

第23条の13　有価証券発行勧誘等又は有価証券交付勧誘等のうち、次の各号に掲げる場合に該当するもの（第2号に掲げる場合にあつては第2条第3項第1号の規定により多数の者から除かれる適格機関投資家を相手方とするものに限り、第4号に掲げる場合にあつては同条第4項第1号の規定により多数の者から除かれる適格機関投資家を相手方とするものに限る。以下この条において「適格機関投資家向け勧誘」という。）を行う者は、当該適格機関投資家向け勧誘が当該各号に掲げる場合のいずれかに該当することにより当該適格機関投資家向け勧誘に関し第4条第1項の規定による届出が行われていないことその他の内閣府令で定める事項を、その相手方に対して告知しなければならない。ただし、当該適格機関投資家向け勧誘に係る有価証券に関して開示が行われている場合及び発行価額又は譲渡価額の総額が1億円未満の適格機関投資家向け勧誘で内閣府令で定める場合に該当するときは、この限りでない。

一　第2条第3項第2号イに掲げる場合

二　第2条第3項第2号ハに掲げる場合（同項第1号の規定により多数の者から適格機関投資家を除くことにより同号に掲げる場合に該当しないこととなる場合に限る。）

三　第2条第4項第2号イに掲げる場合

四　第2条第4項第2号ハに掲げる場合（同項第1号の規定により多数の者から適格機関投資家を除くことにより同号に掲げる場合に該当しないこととなる場合に限る。）

五　第2条の3第4項第2号イに掲げる場合

六　第2条の3第5項第2号イに掲げる場合

2　前項本文の規定の適用を受ける適格機関投資家向け勧誘を行う者は、当該適格機関投資家向け勧誘により有価証券を取得させ、又は売り付ける場合には、あらかじめ又は同時にその相手方に対し、同項の規定により告知すべき事項を記載した書面を交付しなければならない。

3　次の各号に掲げる行為を行う者は、その相手方に対して、内閣府令で定めるところにより、

当該各号に定める事項を告知しなければならない。ただし、当該行為に係る有価証券に関して開示が行われている場合は、この限りでない。

一　特定投資家向け取得勧誘又は特定投資家向け売付け勧誘等　当該特定投資家向け取得勧誘又は当該特定投資家向け売付け勧誘等に関し第4条第1項の規定による届出が行われていないことその他の内閣府令で定める事項

二　特定投資家向け有価証券の有価証券交付勧誘等であつて、特定投資家向け売付け勧誘等及び特定投資家等取得有価証券一般勧誘（第4条第3項本文の規定の適用を受けるものに限る。）のいずれにも該当しないもの　当該特定投資家向け有価証券に関して開示が行われている場合に該当しないことその他の内閣府令で定める事項

4　有価証券発行勧誘等又は有価証券交付勧誘等のうち次の各号に掲げる有価証券の区分に応じ、当該各号に定める場合に該当するもの（第2条第1項第9号に掲げる有価証券の有価証券発行勧誘等又は有価証券交付勧誘等その他政令で定めるものを除き、第1号イ又はロに掲げる場合にあつては適格機関投資家向け勧誘に該当するものを除く。以下この条において「少人数向け勧誘」という。）を行う者は、当該少人数向け勧誘が次の各号に掲げる有価証券の区分に応じ、当該各号に定める場合（第1号イ又はロに掲げる場合にあつては適格機関投資家向け勧誘に該当する場合を除く。）のいずれかに該当することにより当該少人数向け勧誘に関し第4条第1項の規定による届出が行われていないことその他の内閣府令で定める事項を、その相手方に対して告知しなければならない。ただし、当該少人数向け勧誘に係る有価証券に関して開示が行われている場合及び発行価額又は譲渡価額の総額が1億円未満の少人数向け勧誘で内閣府令で定める場合に該当するときは、この限りでない。 令3の3

一　第1項有価証券　次のいずれかの場合
イ　第2条第3項第2号ハに該当する場合
ロ　第2条第4項第2号ハに該当する場合

ハ　第2条の3第4項第2号ロに該当する場合
ニ　第2条の3第5項第2号ロに該当する場合

二　第2項有価証券　次のいずれかの場合
イ　第2条第3項第3号に掲げる場合に該当しない場合
ロ　第2条の3第4項第3号に掲げる場合に該当しない場合

5　前項本文の規定の適用を受ける少人数向け勧誘を行う者は、当該少人数向け勧誘により有価証券を取得させ、又は売り付ける場合には、あらかじめ又は同時にその相手方に対し、同項の規定により告知すべき事項を記載した書面を交付しなければならない。

（有価証券報告書の提出）

第24条　有価証券の発行者である会社は、その会社が発行者である有価証券（特定有価証券を除く。次の各号を除き、以下この条において同じ。）が次に掲げる有価証券のいずれかに該当する場合には、内閣府令で定めるところにより、事業年度ごとに、当該会社の商号、当該会社の属する企業集団及び当該会社の経理の状況その他事業の内容に関する重要な事項その他の公益又は投資者保護のため必要かつ適当なものとして内閣府令で定める事項を記載した報告書（以下「有価証券報告書」という。）を、内国会社にあつては当該事業年度経過後3月以内（やむを得ない理由により当該期間内に提出できないと認められる場合には、内閣府令で定めるところにより、あらかじめ内閣総理大臣の承認を受けた期間内）、外国会社にあつては公益又は投資者保護のため必要かつ適当なものとして政令で定める期間内に、内閣総理大臣に提出しなければならない。ただし、当該有価証券が第3号に掲げる有価証券（株券その他の政令で定める有価証券に限る。）に該当する場合においてその発行者である会社（報告書提出開始年度（当該有価証券の募集又は売出しにつき第4条第1項本文、第2項本文若しくは第3項本文又は第23条の8第1項本文若しくは第2項の規定の適用を受け

ることとなつた日の属する事業年度をいい、当
該報告書提出開始年度が複数あるときは、その
直近のものをいう。）終了後5年を経過してい
る場合に該当する会社に限る。）の当該事業年
度の末日及び当該事業年度の開始の日前4年以
内に開始した事業年度全ての末日における当該
有価証券の所有者の数が政令で定めるところに
より計算した数に満たない場合であつて有価証
券報告書を提出しなくても公益又は投資者保護
に欠けることがないものとして内閣府令で定め
るところにより内閣総理大臣の承認を受けたと
き、当該有価証券が第4号に掲げる有価証券に
該当する場合において、その発行者である会社
の資本金の額が当該事業年度の末日において
5億円未満（当該有価証券が第2条第2項の規
定により有価証券とみなされる有価証券投資事
業権利等又は電子記録移転権利である場合にあ
つては、当該会社の資産の額として政令で定め
るものの額が当該事業年度の末日において政令
で定める額未満）であるとき、及び当該事業年
度の末日における当該有価証券の所有者の数が
政令で定める数に満たないとき、並びに当該有
価証券が第3号又は第4号に掲げる有価証券に
該当する場合において、有価証券報告書を提出
しなくても公益又は投資者保護に欠けることが
ないものとして政令で定めるところにより内閣
総理大臣の承認を受けたときは、この限りでな
い。　令3の4・令3の5・令3の6①

一　金融商品取引所に上場されている有価証券
　（特定上場有価証券を除く。）

二　流通状況が前号に掲げる有価証券に準ずる
　ものとして政令で定める有価証券（流通状況
　が特定上場有価証券に準ずるものとして政令
　で定める有価証券を除く。）　令3・令3の6
　②

三　その募集又は売出しにつき第4条第1項本
　文、第2項本文若しくは第3項本文又は第23
　条の8第1項本文若しくは第2項の規定の適
　用を受けた有価証券（前2号に掲げるものを
　除く。）

四　当該会社が発行する有価証券（株券、第2

条第2項の規定により有価証券とみなされる
有価証券投資事業権利等及び電子記録移転権
利その他の政令で定める有価証券に限る。）
で、当該事業年度又は当該事業年度の開始の
日前4年以内に開始した事業年度のいずれか
の末日におけるその所有者の数が政令で定め
る数以上（当該有価証券が同項の規定により
有価証券とみなされる有価証券投資事業権利
等又は電子記録移転権利である場合にあつて
は、当該事業年度の末日におけるその所有者
の数が政令で定める数以上）であるもの（前
3号に掲げるものを除く。）　令3の6③④

2　前項第3号に掲げる有価証券に該当する有価
証券の発行者である会社で、少額募集等につき
第5条第2項に規定する事項を記載した同条第
1項に規定する届出書を提出した会社のうち次
の各号のいずれにも該当しない会社は、前項本
文の規定により提出しなければならない有価証
券報告書に、同項本文に規定する事項のうち当
該会社に係るものとして内閣府令で定めるもの
を記載することにより、同項本文に規定する事
項の記載に代えることができる。

一　既に、前項本文に規定する事項を記載した
　有価証券報告書又は第24条の4の7第1項若
　しくは第2項の規定による四半期報告書のう
　ち同条第1項に規定する事項を記載したもの
　若しくは第24条の5第1項に規定する事項を
　記載した半期報告書を提出している者

二　第4条第1項本文、第2項本文又は第3項
　本文の規定の適用を受けた有価証券の募集又
　は売出しにつき、第5条第1項第2号に掲げ
　る事項を記載した同項に規定する届出書を提
　出した者又は提出しなければならない者（前
　号に掲げる者を除く。）

3　第1項本文の規定の適用を受けない会社が発
行者である有価証券が同項第1号から第3号ま
でに掲げる有価証券に該当することとなつたと
き（内閣府令で定める場合を除く。）は、当該
会社は、内閣府令で定めるところにより、その
該当することとなつた日の属する事業年度の直
前事業年度に係る有価証券報告書を、遅滞なく

内閣総理大臣に提出しなければならない。

4　第1項第4号に規定する所有者の数の算定に関し必要な事項は、内閣府令で定める。

5　前各項の規定は、特定有価証券が第1項各号に掲げる有価証券のいずれかに該当する場合について準用する。この場合において、同項本文中「有価証券の発行者である会社」とあるのは「有価証券の発行者である会社（内閣府令で定める有価証券については、内閣府令で定める者を除く。）」と、「特定有価証券を除く」とあるのは「特定有価証券に限る」と、「事業年度ごと」とあるのは「当該特定有価証券につき、内閣府令で定める期間（以下この条において「特定期間」という。）ごと」と、「当該会社の商号、当該会社の属する企業集団及び当該会社の経理の状況その他事業」とあるのは「当該会社が行う資産の運用その他これに類似する事業に係る資産の経理の状況その他資産」と、「当該事業年度」とあるのは「当該特定期間」と、同項ただし書中「当該有価証券が第3号に掲げる有価証券（株券その他の政令で定める有価証券に限る。）に該当する場合においてその発行者である会社（報告書提出開始年度（当該有価証券の募集又は売出しにつき第4条第1項本文、第2項本文若しくは第3項本文又は第23条の8第1項本文若しくは第2項の規定の適用を受けることとなつた日の属する事業年度をいい、当該報告書提出開始年度が複数あるときは、その直近のものをいう。）終了後5年を経過している場合に該当する会社に限る。）の当該事業年度の末日及び当該事業年度の開始の日前4年以内に開始した事業年度全ての末日における当該有価証券の所有者の数が政令で定めるところにより計算した数に満たない場合であつて有価証券報告書を提出しなくても公益又は投資者保護に欠けることがないものとして内閣府令で定めるところにより内閣総理大臣の承認を受けたとき、当該有価証券が第4号」とあるのは「当該特定有価証券が第4号」と、「及び当該事業年度の末日における当該有価証券の所有者の数が政令で定める数に満たないとき、並びに」とあるのは「及

び」と、同項第4号中「株券、第2条第2項の規定により有価証券とみなされる有価証券投資事業権利等」とあるのは「第2条第2項の規定により有価証券とみなされる有価証券投資事業権利等」と、「当該事業年度又は当該事業年度の開始の日前4年以内に開始した事業年度のいずれかの末日におけるその所有者の数が政令で定める数以上（当該有価証券が同項の規定により有価証券とみなされる有価証券投資事業権利等又は電子記録移転権利である場合にあつては、当該事業年度の末日におけるその所有者の数が政令で定める数以上）」とあるのは「当該特定期間の末日におけるその所有者の数が政令で定める数以上」と、第2項中「有価証券の」とあるのは「特定有価証券の」と、第3項中「第1項本文」とあるのは「第5項において準用する第1項本文」と、「発行者」とあるのは「発行者（内閣府令で定める有価証券については、内閣府令で定める者を除く。）」と、「有価証券が」とあるのは「特定有価証券が」と、「その該当することとなつた日」とあるのは「当該特定有価証券につき、その該当することとなつた日」と、「事業年度」とあるのは「特定期間」と読み替えるものとするほか、必要な技術的読替えは、政令で定める。 令4の2

6　有価証券報告書には、定款その他の書類で公益又は投資者保護のため必要かつ適当なものとして内閣府令で定めるものを添付しなければならない。

7　第6条の規定は、第1項から第3項まで（これらの規定を第5項において準用する場合を含む。）及び前項の規定により有価証券報告書及びその添付書類が提出された場合について準用する。

8　第1項（第5項において準用する場合を含む。以下この項から第13項までにおいて同じ。）の規定により有価証券報告書を提出しなければならない外国会社（第23条の3第4項の規定により有価証券報告書を提出したものを含む。以下「報告書提出外国会社」という。）は、公益又は投資者保護に欠けることがないものとして内閣

府令で定める場合には、第１項の規定による有価証券報告書及び第６項の規定によりこれに添付しなければならない書類（以下この条において「有価証券報告書等」という。）に代えて、外国において開示が行われている有価証券報告書等に類する書類であつて英語で記載されているもの（以下この章において「外国会社報告書」という。）を提出することができる。

9　外国会社報告書には、内閣府令で定めるところにより、当該外国会社報告書に記載されている事項のうち公益又は投資者保護のため必要かつ適当なものとして内閣府令で定めるものの要約の日本語による翻訳文、当該外国会社報告書に記載されていない事項のうち公益又は投資者保護のため必要かつ適当なものとして内閣府令で定めるものを記載した書類その他内閣府令で定めるもの（以下この条及び次条第４項において「補足書類」という。）を添付しなければならない。

10　前２項の規定により報告書提出外国会社が有価証券報告書等に代えて外国会社報告書及びその補足書類を提出する場合には、第１項中「内国会社にあつては当該事業年度経過後３月以内（やむを得ない理由により当該期間内に提出できないと認められる場合には、内閣府令で定めるところにより、あらかじめ内閣総理大臣の承認を受けた期間内）、外国会社にあつては公益又は投資者保護のため必要かつ適当なものとして政令で定める期間内」とあるのは「当該事業年度経過後公益又は投資者保護のため必要かつ適当なものとして政令で定める期間内」と、第５項中「「当該事業年度」とあるのは「当該特定期間」」とあるのは「「内国会社にあつては当該事業年度経過後３月以内（やむを得ない理由により当該期間内に提出できないと認められる場合には、内閣府令で定めるところにより、あらかじめ内閣総理大臣の承認を受けた期間内）、外国会社にあつては公益又は投資者保護のため必要かつ適当なものとして政令で定める期間内」とあるのは「当該特定期間経過後公益又は投資者保護のため必要かつ適当なものとして政

令で定める期間内」」とする。　令4の2の2

11　第８項及び第９項の規定により報告書提出外国会社が外国会社報告書及びその補足書類を提出した場合には、当該外国会社報告書及びその補足書類を有価証券報告書とみなし、これらの提出を有価証券報告書等を提出したものとみなして、金融商品取引法令の規定を適用する。

12　内閣総理大臣は、外国会社報告書を提出した報告書提出外国会社が第８項の規定により外国会社報告書を提出することができる場合に該当しないと認めるときは、当該報告書提出外国会社に対し、その旨を通知しなければならない。この場合においては、行政手続法第13条第１項の規定による意見陳述のための手続の区分にかかわらず、聴聞を行わなければならない。

13　前項の規定による通知を受けた報告書提出外国会社は、第１項の規定にかかわらず、同項の規定による有価証券報告書を、当該通知があつた日を起算日として公益又は投資者保護のため必要かつ適当なものとして政令で定める期間内に提出しなければならない。　令4の2の3

14　第１項（第５項において準用する場合に限る。以下この条において同じ。）の規定により有価証券報告書を提出しなければならない会社が、内閣府令で定めるところにより、第１項に規定する内閣府令で定める事項の一部を記載した書面（法令又は金融商品取引所の規則（これに類するものとして内閣府令で定めるものを含む。）に基づいて作成された書面に限る。以下この項及び次項において「報告書代替書面」という。）を有価証券報告書と併せて内閣総理大臣に提出する場合において、公益又は投資者保護に欠けることがないものとして内閣府令で定めるところにより内閣総理大臣の承認を受けた場合における第１項及び第２項の規定の適用については第１項中「内閣府令で定める事項」とあるのは「内閣府令で定める事項（第14項に規定する報告書代替書面に記載された事項を除く。）」と、第２項中「同項本文に規定する事項」とあるのは「同項本文に規定する事項（第14項に規定する報告書代替書面に記載された事項を除く。）」

とする。

15　前項の規定により読み替えて適用する第1項の有価証券報告書と併せて報告書代替書面を提出した場合には、当該報告書代替書面を当該有価証券報告書の一部とみなし、当該報告書代替書面を提出したことを当該報告書代替書面を当該有価証券報告書の一部として提出したものとみなして、金融商品取引法令の規定を適用する。

（訂正届出書に関する規定の準用）

第24条の2　第7条第1項、第9条第1項及び第10条第1項の規定は、有価証券報告書及びその添付書類について準用する。この場合において、第7条第1項中「第4条第1項から第3項までの規定による届出の日以後当該届出がその効力を生ずることとなる日前において、第5条第1項及び第13項の規定による届出書類」とあるのは「有価証券報告書及びその添付書類」と、「届出者」とあるのは「有価証券報告書の提出者」と、「訂正届出書」とあるのは「訂正報告書」と、第9条第1項中「届出者」とあるのは「有価証券報告書の提出者」と、「訂正届出書」とあるのは「訂正報告書」と、第10条第1項中「届出者」とあるのは「有価証券報告書の提出者」と、「訂正届出書の提出を命じ、必要があると認めるときは、第4条第1項から第3項までの規定による届出の効力の停止」とあるのは「訂正報告書の提出」と読み替えるものとする。

2　有価証券の発行者である会社は、前項において準用する第7条第1項又は第10条第1項の規定により有価証券報告書の記載事項のうち重要なものについて訂正報告書を提出したときは、政令で定めるところにより、その旨を公告しなければならない。 令4の2の4

3　第6条の規定は、第1項において準用する第7条第1項、第9条第1項又は第10条第1項の規定により有価証券報告書又はその添付書類について訂正報告書が提出された場合について準用する。

4　前条第8項、第9項及び第11項の規定は、第1項において読み替えて準用する第7条第1項、第9条第1項又は第10条第1項の規定により報告書提出外国会社が提出した外国会社報告書及びその補足書類の訂正報告書を提出する場合について準用する。

（虚偽記載のある有価証券報告書の提出後1年内の届出の効力の停止等）

第24条の3　第11条の規定は、重要な事項について虚偽の記載がある有価証券報告書（その訂正報告書を含む。次条において同じ。）を提出した者が当該記載について前条第1項において準用する第7条第1項の規定により訂正報告書を提出した日又は前条第1項において準用する第10条第1項の規定により訂正報告書の提出を命ぜられた日から1年以内に提出する第5条第1項に規定する届出書又は発行登録書若しくは発行登録追補書類について準用する。

（虚偽記載のある有価証券報告書の提出会社の役員等の賠償責任）

第24条の4　第22条の規定は、有価証券報告書のうちに重要な事項について虚偽の記載があり、又は記載すべき重要な事項若しくは誤解を生じさせないために必要な重要な事実の記載が欠けている場合について準用する。この場合において、同条第1項中「有価証券を募集若しくは売出しによらないで取得した者」とあるのは、「有価証券を取得した者」と読み替えるものとする。

（有価証券報告書の記載内容に係る確認書の提出）

第24条の4の2　第24条第1項の規定による有価証券報告書を提出しなければならない会社（第23条の3第4項の規定により当該有価証券報告書を提出した会社を含む。次項において同じ。）のうち、第24条第1項第1号に掲げる有価証券の発行者である会社その他の政令で定めるものは、内閣府令で定めるところにより、当該有価証券報告書の記載内容が金融商品取引法令に基づき適正であることを確認した旨を記載した確認書（以下この条及び次条において「確認書」という。）を当該有価証券報告書（第24条第8項の規定により同項に規定する有価証券報告書等に代えて外国会社報告書を提出する場合にあつては、当該外国会社報告書）と併せて内閣総理大臣に提出しなければならない。 令4の2

の5①

2　第24条第１項の規定による有価証券報告書を提出しなければならない会社であつて、前項の規定により確認書を有価証券報告書と併せて提出しなければならない会社以外の会社（政令で定めるものを除く。）は、同項に規定する確認書を任意に提出することができる。

3　前２項の規定は、第24条第５項において準用する同条第１項の規定による有価証券報告書を提出しなければならない会社（第23条の３第４項の規定により当該有価証券報告書を提出した会社を含む。）のうち政令で定めるものについて準用する。

4　前３項の規定は、第24条の２第１項において読み替えて準用する第７条第１項、第９条第１項又は第10条第１項の規定により訂正報告書を提出する場合について準用する。この場合において、必要な技術的読替えは、政令で定める。　令4の2の5②

5　第６条の規定は、第１項又は第２項（これらの規定を第３項（前項において準用する場合を含む。）及び前項において準用する場合を含む。以下この条において同じ。）の規定により確認書が提出された場合について準用する。この場合において、必要な技術的読替えは、政令で定める。　令4の2の5③

6　第24条第８項、第９項及び第11項から第13項までの規定は、報告書提出外国会社が第１項又は第２項の規定により確認書を提出する場合（外国会社報告書を提出している場合に限る。）について準用する。この場合において、同条第８項中「外国会社（第23条の３第４項の規定により有価証券報告書を提出したものを含む。以下「報告書提出外国会社」という。）」とあるのは「外国会社」と、「第１項の規定による有価証券報告書及び第６項の規定によりこれに添付しなければならない書類（以下この条において「有価証券報告書等」という。）」とあるのは「第24条の４の２第１項又は第２項（これらの規定を同条第３項（同条第４項において準用する場合を含む。）及び第４項において準用する場合

を含む。）の規定による確認書」と、「外国において開示が行われている有価証券報告書等に類する」とあるのは「確認書に記載すべき事項を記載した」と、同条第９項中「、当該外国会社報告書に記載されていない事項のうち公益又は投資者保護のため必要かつ適当なものとして内閣府令で定めるものを記載した書類その他」とあるのは「その他」と、同条第11項中「有価証券報告書等」とあるのは「第24条の４の２第１項又は第２項（これらの規定を同条第３項（同条第４項において準用する場合を含む。）及び第４項において準用する場合を含む。）の規定による確認書」と読み替えるものとするほか、必要な技術的読替えは、政令で定める。　令4の2の5④

（訂正確認書の提出）

第24条の４の３　第７条第１項、第９条第１項及び第10条第１項の規定は、確認書について準用する。この場合において、第７条第１項中「第４条第１項から第３項までの規定による届出の日以後当該届出がその効力を生ずることとなる日前において、第５条第１項及び第13項の規定による届出書類」とあるのは「確認書」と、「届出者」とあるのは「確認書の提出者」と、「訂正届出書」とあるのは「訂正確認書」と、第９条第１項中「届出者」とあるのは「確認書の提出者」と、「訂正届出書」とあるのは「訂正確認書」と、第10条第１項中「届出者」とあるのは「確認書の提出者」と、「訂正届出書の提出を命じ、必要があると認めるときは、第４条第１項から第３項までの規定による届出の効力の停止」とあるのは「訂正確認書の提出」と読み替えるものとするほか、必要な技術的読替えは、政令で定める。　令4の2の6①

2　第６条の規定は、前項において準用する第７条第１項、第９条第１項又は第10条第１項の規定により確認書の訂正確認書が提出された場合について準用する。この場合において、必要な技術的読替えは、政令で定める。　令4の2の6②

3　第24条第８項、第９項及び第11項の規定は、

第1項において読み替えて準用する第7条第1項、第9条第1項又は第10条第1項の規定により外国会社が提出した確認書の訂正確認書を提出する場合について準用する。この場合において、必要な技術的読替えは、政令で定める。

令4の2の6③

（財務計算に関する書類その他の情報の適正性を確保するための体制の評価）

第24条の4の4　第24条第1項の規定による有価証券報告書を提出しなければならない会社（第23条の3第4項の規定により当該有価証券報告書を提出した会社を含む。次項において同じ。）のうち、第24条第1項第1号に掲げる有価証券の発行者である会社その他の政令で定めるものは、内閣府令で定めるところにより、事業年度ごとに、当該会社の属する企業集団及び当該会社に係る財務計算に関する書類その他の情報の適正性を確保するために必要なものとして内閣府令で定める体制について、内閣府令で定めるところにより評価した報告書（以下「内部統制報告書」という。）を有価証券報告書（同条第8項の規定により同項に規定する有価証券報告書等に代えて外国会社報告書を提出する場合にあつては、当該外国会社報告書）と併せて内閣総理大臣に提出しなければならない。　令4の2の7①

2　第24条第1項の規定による有価証券報告書を提出しなければならない会社であつて、前項の規定により内部統制報告書を有価証券報告書と併せて提出しなければならない会社以外の会社（政令で定めるものを除く。）は、同項に規定する内部統制報告書を任意に提出することができる。

3　前2項の規定は、第24条第5項において準用する同条第1項の規定による有価証券報告書を提出しなければならない会社（第23条の3第4項の規定により当該有価証券報告書を提出した会社を含む。）のうち政令で定めるものについて準用する。この場合において、第1項中「政令で定めるもの」とあるのは「政令で定めるもの（特定有価証券（第5条第1項に規定する特定有価証券をいう。以下この項において同じ。）

の発行者に限る。）」と、「事業年度」とあるのは「当該特定有価証券に係る特定期間（第24条第5項において準用する同条第1項に規定する特定期間をいう。）」と、「当該会社の属する企業集団及び当該会社」とあるのは「当該会社が行う資産の運用その他これに類似する事業に係る資産」と読み替えるものとするほか、必要な技術的読替えは、政令で定める。

4　内部統制報告書には、第1項に規定する内閣府令で定める体制に関する事項を記載した書類その他の書類で公益又は投資者保護のため必要かつ適当なものとして内閣府令で定めるものを添付しなければならない。

5　第6条の規定は、第1項又は第2項（これらの規定を第3項において準用する場合を含む。以下この条において同じ。）及び前項の規定により内部統制報告書及びその添付書類が提出された場合について準用する。この場合において、必要な技術的読替えは、政令で定める。　令4の2の7②

6　第24条第8項、第9項及び第11項から第13項までの規定は、報告書提出外国会社が第1項又は第2項の規定による内部統制報告書を提出する場合（外国会社報告書を提出している場合に限る。）について準用する。この場合において、同条第8項中「外国会社（第23条の3第4項の規定により有価証券報告書を提出したものを含む。以下「報告書提出外国会社」という。）」とあるのは「外国会社」と、「第1項の規定による有価証券報告書及び第6項の規定によりこれに添付しなければならない書類（以下この条において「有価証券報告書等」という。）」とあるのは「第24条の4の4第1項又は第2項（これらの規定を同条第3項において準用する場合を含む。）の規定による内部統制報告書及び同条第4項の規定によりこれに添付しなければならない書類（以下この条において「内部統制報告書等」という。）」と、「外国において開示が行われている有価証券報告書等に類する」とあるのは「内部統制報告書等に記載すべき事項を記載した」と、同条第9項中「、当該外国会社報

945

告書に記載されていない事項のうち公益又は投資者保護のため必要かつ適当なものとして内閣府令で定めるものを記載した書類その他」とあるのは「その他」と、同条第11項中「有価証券報告書等」とあるのは「内部統制報告書等」と読み替えるものとするほか、必要な技術的読替えは、政令で定める。 令4の2の7③

（訂正内部統制報告書の提出）

第24条の4の5　第7条第1項、第9条第1項及び第10条第1項の規定は、内部統制報告書及びその添付書類について準用する。この場合において、第7条第1項中「第4条第1項から第3項までの規定による届出の日以後当該届出がその効力を生ずることとなる日前において、第5条第1項及び第13条の規定による届出書類」とあるのは「内部統制報告書及びその添付書類」と、「届出者」とあるのは「内部統制報告書の提出者」と、「訂正届出書」とあるのは「訂正報告書」と、第9条第1項中「届出者」とあるのは「内部統制報告書の提出者」と、「訂正届出書」とあるのは「訂正報告書」と、第10条第1項中「届出者」とあるのは「内部統制報告書の提出者」と、「訂正届出書の提出を命じ、必要があると認めるときは、第4条第1項から第3項までの規定による届出の効力の停止」とあるのは「訂正報告書の提出」と読み替えるものとするほか、必要な技術的読替えは、政令で定める。 令4の2の8①

2　第6条の規定は、前項において準用する第7条第1項、第9条第1項又は第10条第1項の規定により内部統制報告書又はその添付書類について訂正報告書が提出された場合について準用する。この場合において、必要な技術的読替えは、政令で定める。 令4の2の8②

3　第24条第8項、第9項及び第11項の規定は、第1項において読み替えて準用する第7条第1項、第9条第1項又は第10条第1項の規定により外国会社が提出した内部統制報告書の訂正報告書を提出する場合について準用する。この場合において、必要な技術的読替えは、政令で定める。 令4の2の8③

（賠償責任に関する規定の準用）

第24条の4の6　第22条の規定は、内部統制報告書（その訂正報告書を含む。）のうちに重要な事項について虚偽の記載があり、又は記載すべき重要な事項若しくは誤解を生じさせないために必要な重要な事実の記載が欠けている場合について準用する。この場合において、同条第1項中「当該有価証券届出書の届出者が発行者である有価証券を募集若しくは売出しによらないで取得した者」とあるのは、「当該内部統制報告書（その訂正報告書を含む。）の提出者が発行者である有価証券を取得した者」と読み替えるものとするほか、必要な技術的読替えは、政令で定める。 令4の2の9

（四半期報告書の提出）

第24条の4の7　第24条第1項の規定による有価証券報告書を提出しなければならない会社（第23条の3第4項の規定により当該有価証券報告書を提出した会社を含む。次項において同じ。）のうち、第24条第1項第1号に掲げる有価証券の発行者である会社その他の政令で定めるもの（以下この項及び次項において「上場会社等」という。）は、その事業年度が3月を超える場合は、内閣府令で定めるところにより、当該事業年度の期間を3月ごとに区分した各期間（政令で定める期間を除く。以下同じ。）ごとに、当該会社の属する企業集団の経理の状況その他の公益又は投資者保護のため必要かつ適当なものとして内閣府令で定める事項（以下この項において「四半期報告書記載事項」という。）を記載した報告書（以下「四半期報告書」という。）を、当該各期間経過後45日以内の政令で定める期間内（やむを得ない理由により当該期間内に提出できないと認められる場合には、内閣府令で定めるところにより、あらかじめ内閣総理大臣の承認を受けた期間内）に、内閣総理大臣に提出しなければならない。この場合において、上場会社等のうち内閣府令で定める事業を行う会社は、四半期報告書記載事項のほか、当該会社の経理の状況その他の公益又は投資者保護のため必要かつ適当なものとして内閣府令で定め

る事項を記載した四半期報告書を、当該各期間経過後60日以内の政令で定める期間内（やむを得ない理由により当該期間内に提出できないと認められる場合には、内閣府令で定めるところにより、あらかじめ内閣総理大臣の承認を受けた期間内）に、内閣総理大臣に提出しなければならない。令4の2の10①～④

2　第24条第1項の規定による有価証券報告書を提出しなければならない会社であつて、上場会社等以外の会社（政令で定めるものを除く。）は、四半期報告書を任意に提出することができる。

3　前2項の規定は、第24条第5項において準用する同条第1項の規定による有価証券報告書を提出しなければならない会社（第23条の3第4項の規定により当該有価証券報告書を提出した会社を含む。）のうち政令で定めるものについて準用する。この場合において、第1項中「政令で定めるもの（」とあるのは「政令で定めるもの（特定有価証券（第5条第1項に規定する特定有価証券をいう。以下この項において同じ。）の発行者に限る。」と、「その事業年度」とあるのは「当該特定有価証券に係る特定期間（第24条第5項において準用する同条第1項に規定する特定期間をいう。以下この項において同じ。）」と、「当該事業年度の期間」とあるのは「当該特定期間」と、「当該会社の属する企業集団」とあるのは「当該会社が行う資産の運用その他これに類似する事業に係る資産」と、「当該会社の経理」とあるのは「当該会社が行う資産の運用その他これに類似する事業に係る資産の経理」と読み替えるものとするほか、必要な技術的読替えは、政令で定める。

4　第7条第1項、第9条第1項及び第10条第1項の規定は四半期報告書について、第22条の規定は四半期報告書及びその訂正報告書のうちに重要な事項について虚偽の記載があり、又は記載すべき重要な事項若しくは誤解を生じさせないために必要な重要な事実の記載が欠けている場合について、それぞれ準用する。この場合において、第7条第1項中「第4条第1項から第3項までの規定による届出の日以後当該届出が

その効力を生ずることとなる日前において、第5条第1項及び第13項の規定による届出書類」とあるのは「四半期報告書（第24条の4の7第1項又は第2項（これらの規定を同条第3項において準用する場合を含む。）の規定による四半期報告書をいう。以下この条、第9条第1項、第10条第1項及び第22条において同じ。）」と、「届出者」とあるのは「四半期報告書の提出者」と、「訂正届出書」とあるのは「訂正報告書」と、第9条第1項中「届出者」とあるのは「四半期報告書の提出者」と、「訂正届出書」とあるのは「訂正報告書」と、第10条第1項中「届出者」とあるのは「四半期報告書の提出者」と、「訂正届出書の提出を命じ、必要があると認めるときは、第4条第1項から第3項までの規定による届出の効力の停止」とあるのは「訂正報告書の提出」と、第22条第1項中「有価証券届出書の届出者が発行者である有価証券を募集若しくは売出しによらないで取得した者」とあるのは「四半期報告書又はその訂正報告書の提出者が発行者である有価証券を取得した者」と、同条第2項中「前項」とあるのは「第24条の4の7第4項において準用する前項」と読み替えるものとするほか、必要な技術的読替えは、政令で定める。令4の2の10⑤⑥

5　第6条の規定は、第1項又は第2項（これらの規定を第3項において準用する場合を含む。次項から第11項までにおいて同じ。）の規定により四半期報告書が提出された場合及び前項において準用する第7条第1項、第9条第1項又は第10条第1項の規定により当該報告書の訂正報告書が提出された場合について準用する。この場合において、必要な技術的読替えは、政令で定める。令4の2の10⑦

6　第1項の規定により四半期報告書を提出しなければならない報告書提出外国会社（第2項の規定により四半期報告書を提出する報告書提出外国会社を含む。以下この条において同じ。）は、公益又は投資者保護に欠けることがないものとして内閣府令で定める場合には、第1項の規定による四半期報告書に代えて、外国において開

示が行われている四半期報告書に類する書類であつて英語で記載されているもの（以下この条において「外国会社四半期報告書」という。）を提出することができる。

7　外国会社四半期報告書には、内閣府令で定めるところにより、当該外国会社四半期報告書に記載されている事項のうち公益又は投資者保護のため必要かつ適当なものとして内閣府令で定めるものの要約の日本語による翻訳文、当該外国会社四半期報告書に記載されていない事項のうち公益又は投資者保護のため必要かつ適当なものとして内閣府令で定めるものを記載した書類その他内閣府令で定めるもの（以下この条において「補足書類」という。）を添付しなければならない。

8　前2項の規定により報告書提出外国会社が外国会社四半期報告書及びその補足書類を提出した場合には、当該外国会社四半期報告書及びその補足書類を四半期報告書とみなし、これらの提出を四半期報告書を提出したものとみなして、金融商品取引法令の規定を適用する。

9　内閣総理大臣は、外国会社四半期報告書を提出した報告書提出外国会社が第6項の規定により外国会社四半期報告書を提出することができる場合に該当しないと認めるときは、当該報告書提出外国会社に対し、その旨を通知しなければならない。この場合においては、行政手続法第13条第1項の規定による意見陳述のための手続の区分にかかわらず、聴聞を行わなければならない。

10　前項の規定による通知を受けた報告書提出外国会社は、第1項の規定にかかわらず、同項の規定による四半期報告書を、当該通知があつた日を起算日として公益又は投資者保護のため必要かつ適当なものとして政令で定める期間内に提出しなければならない。　令4の2の10⑧

11　第6項から第8項までの規定は、第4項において読み替えて準用する第7条第1項、第9条第1項又は第10条第1項の規定により報告書提出外国会社が提出した外国会社四半期報告書及びその補足書類の訂正報告書を提出する場合につ

いて準用する。この場合において、必要な技術的読替えは、政令で定める。　令4の2の10⑨

12　第1項（第3項において準用する場合に限る。以下この条において同じ。）の規定により四半期報告書を提出しなければならない会社（第2項（第3項において準用する場合に限る。）の規定により四半期報告書を提出する会社を含む。）が、内閣府令で定めるところにより、第1項に規定する内閣府令で定める事項の一部を記載した書面（法令又は金融商品取引所の規則（これに類するものとして内閣府令で定めるものを含む。）に基づいて作成された書面に限る。以下この項及び次項において「四半期代替書面」という。）を四半期報告書と併せて内閣総理大臣に提出する場合において、公益又は投資者保護に欠けることがないものとして内閣府令で定めるところにより内閣総理大臣の承認を受けた場合における第1項の適用については、同項中「内閣府令で定める事項」とあるのは、「内閣府令で定める事項（第12項に規定する四半期代替書面に記載された事項を除く。）」とする。

13　前項の規定により読み替えて適用する第1項の四半期報告書と併せて四半期代替書面を提出した場合には、当該四半期代替書面を当該四半期報告書の一部とみなし、当該四半期代替書面を提出したことを当該四半期代替書面を当該四半期報告書の一部として提出したものとみなして、金融商品取引法令の規定を適用する。

（確認書に関する規定の四半期報告書への準用）
第24条の4の8　第24条の4の2の規定は、前条第1項又は第2項（これらの規定を同条第3項において準用する場合を含む。）の規定により四半期報告書を提出する場合及び同条第4項において読み替えて準用する第7条第1項、第9条第1項又は第10条第1項の規定により訂正報告書を提出する場合について準用する。この場合において、第24条の4の2第1項中「有価証券報告書の記載内容」とあるのは「四半期報告書（その訂正報告書を含む。以下この条において同じ。）の記載内容」と、「有価証券報告書等に代えて外国会社報告書」とあるのは「四半期

金
商
法

報告書に代えて外国会社四半期報告書」と、「当該外国会社報告書」とあるのは「当該外国会社四半期報告書」と、同条第2項中「有価証券報告書と併せて」とあるのは「四半期報告書と併せて」と、同条第6項中「第24条の4の2第1項又は第2項（これらの規定を同条第3項（同条第4項において準用する場合を含む。）及び第4項において準用する場合を含む。）の規定による確認書」とあるのは「第24条の4の8において読み替えて準用する第24条の4の2第1項又は第2項（これらの規定を同条第3項（同条第4項において準用する場合を含む。）及び第4項において準用する場合を含む。）の規定による確認書」と読み替えるものとするほか、必要な技術的読替えは、政令で定める。　令4の2の11

2　第24条の4の3の規定は、前項の規定により提出した確認書の訂正確認書を提出する場合について準用する。この場合において、必要な技術的読替えは、政令で定める。

（半期報告書及び臨時報告書の提出）

第24条の5　第24条第1項の規定による有価証券報告書を提出しなければならない会社（第23条の3第4項の規定により有価証券報告書を提出した会社を含む。第4項において同じ。）のうち、第24条の4の7第1項の規定により四半期報告書を提出しなければならない会社（同条第2項の規定により四半期報告書を提出した会社を含む。第3項において同じ。）以外の会社は、その事業年度が6月を超える場合には、内閣府令で定めるところにより、事業年度ごとに、当該事業年度が開始した日以後6月間の当該会社の属する企業集団及び当該会社の経理の状況その他事業の内容に関する重要な事項その他の公益又は投資者保護のため必要かつ適当なものとして内閣府令で定める事項を記載した報告書（以下「半期報告書」という。）を、当該期間経過後3月以内（やむを得ない理由により当該期間内に提出できないと認められる場合には、内閣府令で定めるところにより、あらかじめ内閣総理大臣の承認を受けた期間内）に、内閣総理大

臣に提出しなければならない。

2　第24条第2項に規定する事項を記載した同条第1項の規定による有価証券報告書を提出した、又は提出しようとする会社のうち次の各号のいずれにも該当しない会社は、前項の規定により提出しなければならない半期報告書に、同項に規定する事項のうち当該会社に係るものとして内閣府令で定めるものを記載することにより、同項に規定する事項の記載に代えることができる。

一　既に、第24条第1項本文に規定する事項を記載した有価証券報告書又は前項に規定する事項を記載した半期報告書を提出している者

二　第4条第1項本文、第2項本文又は第3項本文の規定の適用を受けた有価証券の募集又は売出しにつき、第5条第1項第2号に掲げる事項を記載した同項に規定する届出書を提出した者又は提出しなければならない者（前号に掲げる者を除く。）

3　前2項の規定は、第24条第5項において準用する同条第1項の規定による有価証券報告書を提出しなければならない会社（第23条の3第4項の規定により当該有価証券報告書を提出した会社を含む。次項及び第20項において同じ。）のうち、第24条の4の7第3項において準用する同条第1項の規定により四半期報告書を提出しなければならない会社以外の会社について準用する。この場合において、第1項中「以外の会社」とあるのは「以外の会社（特定有価証券（第5条第1項に規定する特定有価証券をいう。以下この項及び次項において同じ。）の発行者に限る。）」と、「その事業年度」とあるのは「当該特定有価証券に係る特定期間（第24条第5項において準用する同条第1項に規定する特定期間をいう。以下この項において同じ。）」と、「事業年度ごと」とあるのは「特定期間ごと」と、「当該事業年度」とあるのは「当該特定期間」と、「当該会社の属する企業集団及び当該会社の経理の状況その他事業」とあるのは「当該会社が行う資産の運用その他これに類似する事業に係る資産の経理の状況その他資産」と、前項中「有価

証券の」とあるのは「特定有価証券の」と読み替えるものとする。

4　第24条第1項（同条第5項において準用する場合を含む。）の規定による有価証券報告書を提出しなければならない会社は、その会社が発行者である有価証券の募集又は売出しが外国において行われるとき、その他公益又は投資者保護のため必要かつ適当なものとして内閣府令で定める場合に該当することとなつたときは、内閣府令で定めるところにより、その内容を記載した報告書（以下「臨時報告書」という。）を、遅滞なく、内閣総理大臣に提出しなければならない。

5　第7条第1項、第9条第1項及び第10条第1項の規定は半期報告書及び臨時報告書について、第22条の規定は半期報告書及び臨時報告書並びにこれらの訂正報告書のうちに重要な事項について虚偽の記載があり、又は記載すべき重要な事項若しくは誤解を生じさせないために必要な重要な事実の記載が欠けている場合について、それぞれ準用する。この場合において、第7条第1項中「第4条第1項から第3項までの規定による届出の日以後当該届出がその効力を生ずることとなる日前において、第5条第1項及び第13項の規定による届出書類」とあるのは「半期報告書（第24条の5第1項（同条第3項において準用する場合を含む。）に規定する半期報告書をいう。以下この条、第9条第1項、第10条第1項及び第22条において同じ。）又は臨時報告書（第24条の5第4項に規定する臨時報告書をいう。以下この条、第9条第1項、第10条第1項及び第22条において同じ。）」と、「届出者」とあるのは「半期報告書又は臨時報告書の提出者」と、「訂正届出書」とあるのは「訂正報告書」と、第9条第1項中「届出者」とあるのは「半期報告書又は臨時報告書の提出者」と、「訂正届出書」とあるのは「訂正報告書」と、第10条第1項中「届出者」とあるのは「半期報告書又は臨時報告書の提出者」と、「訂正届出書の提出を命じ、必要があると認めるときは、第4条第1項から第3項までの規定による届出の効力

の停止」とあるのは「訂正報告書の提出」と、第22条第1項中「有価証券届出書の届出者が発行者である有価証券を募集若しくは売出しによらないで取得した者」とあるのは「半期報告書若しくは臨時報告書又はこれらの訂正報告書の提出者が発行者である有価証券を取得した者」と、同条第2項中「前項」とあるのは「第24条の5第5項において準用する前項」と読み替えるものとする。

6　第6条の規定は、第1項（第3項において準用する場合を含む。次項から第12項までにおいて同じ。）又は第4項の規定により半期報告書又は臨時報告書が提出された場合及び前項において準用する第7条第1項、第9条第1項又は第10条第1項の規定によりこれらの報告書の訂正報告書が提出された場合について準用する。

7　第1項の規定により半期報告書を提出しなければならない報告書提出外国会社は、公益又は投資者保護に欠けることがないものとして内閣府令で定める場合には、同項の規定による半期報告書に代えて、外国において開示が行われている半期報告書に類する書類であつて英語で記載されているもの（以下この条において「外国会社半期報告書」という。）を提出することができる。

8　外国会社半期報告書には、内閣府令で定めるところにより、当該外国会社半期報告書に記載されている事項のうち公益又は投資者保護のため必要かつ適当なものとして内閣府令で定めるものの要約の日本語による翻訳文、当該外国会社半期報告書に記載されていない事項のうち公益又は投資者保護のため必要かつ適当なものとして内閣府令で定めるものを記載した書類その他内閣府令で定めるもの（以下この条において「補足書類」という。）を添付しなければならない。

9　前2項の規定により報告書提出外国会社が外国会社半期報告書及びその補足書類を提出した場合には、当該外国会社半期報告書及びその補足書類を半期報告書とみなし、これらの提出を半期報告書を提出したものとみなして、金融商

品取引法令の規定を適用する。

10　内閣総理大臣は、外国会社半期報告書を提出した報告書提出外国会社が第7項の規定により外国会社半期報告書を提出することができる場合に該当しないと認めるときは、当該報告書提出外国会社に対し、その旨を通知しなければならない。この場合においては、行政手続法第13条第1項の規定による意見陳述のための手続の区分にかかわらず、聴聞を行わなければならない。

11　前項の規定による通知を受けた報告書提出外国会社は、第1項の規定にかかわらず、同項の規定による半期報告書を、当該通知があつた日を起算日として公益又は投資者保護のため必要かつ適当なものとして政令で定める期間内に提出しなければならない。　令4の2の12

12　第7項から第9項までの規定は、第5項において読み替えて準用する第7条第1項、第9条第1項又は第10条第1項の規定により報告書提出外国会社が提出した外国会社半期報告書及びその補足書類の訂正報告書を提出する場合について準用する。

13　第1項（第3項において準用する場合に限る。以下この項及び次項において同じ。）の規定により半期報告書を提出しなければならない会社が、内閣府令で定めるところにより、第1項に規定する内閣府令で定める事項の一部を記載した書面（法令又は金融商品取引所の規則（これに類するものとして内閣府令で定めるものを含む。）に基づいて作成された書面に限る。以下この項及び次項において「半期代替書面」という。）を半期報告書と併せて内閣総理大臣に提出する場合において、公益又は投資者保護に欠けることがないものとして内閣府令で定めるところにより内閣総理大臣の承認を受けた場合における第1項及び第2項の規定の適用については、第1項中「内閣府令で定める事項」とあるのは「内閣府令で定める事項（第13項に規定する半期代替書面に記載された事項を除く。）」と、第2項中「同項に規定する事項」とあるのは「同項に規定する事項（第13項に規定する半期代替書面に記載された事項を除く。）」とする。

14　前項の規定により読み替えて適用する第1項の半期報告書と併せて半期代替書面を提出した場合には、当該半期代替書面を当該半期報告書の一部とみなし、当該半期代替書面を提出したことを当該半期代替書面を当該半期報告書の一部として提出したものとみなして、金融商品取引法令の規定を適用する。

15　報告書提出外国会社が第4項の規定により臨時報告書を提出しなければならない場合において、公益又は投資者保護に欠けることがないものとして内閣府令で定める場合に該当するときは、同項の規定による臨時報告書に代えて、内閣府令で定めるところにより、同項の規定により記載すべき内容が英語で記載されているもの（以下この条において「外国会社臨時報告書」という。）を提出することができる。

16　前項の規定により報告書提出外国会社が外国会社臨時報告書を提出した場合には、当該外国会社臨時報告書を臨時報告書とみなし、その提出を臨時報告書を提出したものとみなして、金融商品取引法令の規定を適用する。

17　内閣総理大臣は、外国会社臨時報告書を提出した報告書提出外国会社が第15項の規定により外国会社臨時報告書を提出することができる場合に該当しないと認めるときは、当該報告書提出外国会社に対し、その旨を通知しなければならない。この場合においては、行政手続法第13条第1項の規定による意見陳述のための手続の区分にかかわらず、聴聞を行わなければならない。

18　前項の規定による通知を受けた報告書提出外国会社は、第4項の規定にかかわらず、同項の規定による臨時報告書を、遅滞なく、提出しなければならない。

19　第15項から前項までの規定は、第5項において読み替えて準用する第7条第1項、第9条第1項又は第10条第1項の規定により報告書提出外国会社が提出した外国会社臨時報告書の訂正報告書を提出する場合について準用する。

20　第4項の規定により臨時報告書を提出しなければならない会社（第24条第5項において準用する同条第1項の規定による有価証券報告書を

提出しなければならない会社に限る。）が、内閣府令で定めるところにより、第4項の規定による臨時報告書に記載すべき内容の一部を記載した書面（法令又は金融商品取引所の規則（これに類するものとして内閣府令で定めるものを含む。）に基づいて作成された書面に限る。以下この項及び次項において「臨時代替書面」という。）を臨時報告書と併せて内閣総理大臣に提出する場合において、公益又は投資者保護に欠けることがないものとして内閣府令で定めるところにより内閣総理大臣の承認を受けた場合における第4項の規定の適用については、同項中「その内容を記載した報告書」とあるのは、「その内容（第20項に規定する臨時代替書面に記載された内容を除く。）を記載した報告書」とする。

21　前項の規定により読み替えて適用する第4項の臨時報告書と併せて臨時代替書面を提出した場合には、当該臨時代替書面を当該臨時報告書の一部とみなし、当該臨時代替書面を提出したことを当該臨時代替書面を当該臨時報告書の一部として提出したものとみなして、金融商品取引法令の規定を適用する。

（確認書に関する規定の半期報告書への準用）

第24条の5の2　第24条の4の2の規定は、前条第1項（同条第3項において準用する場合を含む。）の規定により半期報告書を提出する場合及び同条第5項において読み替えて準用する第7条第1項、第9条第1項又は第10条第1項の規定により訂正報告書を提出する場合について準用する。この場合において、第24条の4の2第1項中「有価証券報告書の記載内容」とあるのは「半期報告書（その訂正報告書を含む。以下この条において同じ。）の記載内容」と、「有価証券報告書等に代えて外国会社報告書」とあるのは「半期報告書に代えて外国会社半期報告書」と、「当該外国会社報告書」とあるのは「当該外国会社半期報告書」と、同条第2項中「有価証券報告書と併せて」とあるのは「半期報告書と併せて」と、同条第6項中「第24条の4の2第1項又は第2項（これらの規定を同条第3項（同条第4項において準用する場合を含む。）

及び第4項において準用する場合を含む。）の規定による確認書」とあるのは「第24条の5の2において読み替えて準用する第24条の4の2第1項又は第2項（これらの規定を同条第3項（同条第4項において準用する場合を含む。）及び第4項において準用する場合を含む。）の規定による確認書」と読み替えるものとするほか、必要な技術的読替えは、政令で定める。　令4の2の13

2　第24条の4の3の規定は、前項の規定により提出した確認書の訂正確認書を提出する場合について準用する。この場合において、必要な技術的読替えは、政令で定める。

（自己株券買付状況報告書の提出）

第24条の6　金融商品取引所に上場されている株券、流通状況が金融商品取引所に上場されている株券に準ずるものとして政令で定める株券その他政令で定める有価証券（以下この条、第27条の22の2から第27条の22の4まで及び第167条において「上場株券等」という。）の発行者は、会社法第156条第1項（同法第165条第3項の規定により読み替えて適用する場合を含む。）の規定による株主総会の決議若しくは取締役会の決議又はこれらに相当するものとして政令で定める機関の決定（以下この項において「決議等」という。）があつた場合には、内閣府令で定めるところにより、当該決議等があつた株主総会若しくは取締役会又はこれらに相当するものとして政令で定める会議（以下この項において「株主総会等」という。）の終結した日の属する月から同法第156条第1項第3号に掲げる期間の満了する日又はこれに相当するものとして政令で定める日の属する月までの各月（以下この項において「報告月」という。）ごとに、当該株主総会等の決議等に基づいて各報告月中に行つた自己の株式又は持分に係る上場株券等の買付けの状況（買付けを行わなかつた場合を含む。）に関する事項その他の公益又は投資者保護のため必要かつ適当なものとして内閣府令で定める事項を記載した報告書を、各報告月の翌月15日までに、内閣総理大臣に提出しなければならな

い。 令4の3

2　第7条第1項、第9条第1項及び第10条第1項の規定は前項に規定する報告書（以下「自己株券買付状況報告書」という。）について、第22条の規定は自己株券買付状況報告書のうちに重要な事項について虚偽の記載があり、又は記載すべき重要な事項若しくは誤解を生じさせないために必要な重要な事実の記載が欠けている場合について、それぞれ準用する。この場合において、第7条第1項中「第4条第1項から第3項までの規定による届出の日以後当該届出がその効力を生ずることとなる日前において、第5条第1項及び第13項の規定による届出書類」とあるのは「自己株券買付状況報告書（第24条の6第1項に規定する報告書をいう。以下この条、第9条第1項、第10条第1項及び第22条において同じ。）」と、「届出者」とあるのは「自己株券買付状況報告書の提出者」と、「訂正届出書」とあるのは「訂正報告書」と、第9条第1項中「届出者」とあるのは「自己株券買付状況報告書の提出者」と、「訂正届出書」とあるのは「訂正報告書」と、第10条第1項中「届出者」とあるのは「自己株券買付状況報告書の提出者」と、「訂正届出書の提出を命じ、必要があると認めるときは、第4条第1項から第3項までの規定による届出の効力の停止」とあるのは「訂正報告書の提出」と、第22条第1項中「第21条第1項第1号及び第3号に掲げる者」とあるのは「当該自己株券買付状況報告書を提出した発行者のその提出の時における役員」と、「有価証券届出書の届出者が発行者である有価証券を募集若しくは売出しによらないで取得した者」とあるのは「自己株券買付状況報告書の提出者が発行者である有価証券を取得した者」と、同条第2項中「第21条第2項第1号及び第2号」とあるのは「第21条第2項第1号」と、「前項」とあるのは「第24条の6第2項において準用する前項」と読み替えるものとする。

3　第6条の規定は、第1項の規定により自己株券買付状況報告書が提出された場合及び前項において準用する第7条第1項、第9条第1項又は第10条第1項の規定により当該報告書の訂正報告書が提出された場合について準用する。

（親会社等状況報告書の提出）

第24条の7　第24条第1項の規定により有価証券報告書を提出しなければならない会社（同項第1号又は第2号に掲げる有価証券の発行者であるものに限る。第4項、次条第5項、第27条の30の10及び第27条の30の11第1項において「提出子会社」という。）の議決権の過半数を所有している会社その他の当該有価証券報告書を提出しなければならない会社と密接な関係を有するものとして政令で定めるもの（第24条第1項（同条第5項において準用する場合を含む。第4項各号において同じ。）の規定により有価証券報告書を提出しなければならない会社（第23条の3第4項の規定により有価証券報告書を提出した会社その他内閣府令で定めるものを含む。）を除く。以下この条、次条第2項、第4項及び第5項並びに第27条の30の11第1項において「親会社等」という。）は、内閣府令で定めるところにより、当該親会社等の事業年度（当該親会社等が特定有価証券の発行者である場合には、内閣府令で定める期間。以下この項及び次項において同じ。）ごとに、当該親会社等の株式を所有する者に関する事項その他の公益又は投資者保護のため必要かつ適当なものとして内閣府令で定める事項を記載した報告書（以下「親会社等状況報告書」という。）を、当該事業年度経過後3月以内（当該親会社等が外国会社である場合には、公益又は投資者保護のため必要かつ適当なものとして政令で定める期間内）に、内閣総理大臣に提出しなければならない。ただし、親会社等状況報告書を提出しなくても公益又は投資者保護に欠けることがないものとして政令で定めるところにより内閣総理大臣の承認を受けたときは、この限りでない。 令4の4・令4の5

2　前項本文の規定の適用を受けない会社が親会社等に該当することとなつたときは、当該親会社等に該当することとなつた会社は、内閣府令で定めるところにより、その該当することとな

つた日の属する事業年度の直前事業年度に係る親会社等状況報告書を、遅滞なく、内閣総理大臣に提出しなければならない。ただし、親会社等状況報告書を提出しなくても公益又は投資者保護に欠けることがないものとして政令で定めるところにより内閣総理大臣の承認を受けたときは、この限りでない。

3　第7条第1項、第9条第1項及び第10条第1項の規定は、親会社等状況報告書について準用する。この場合において、第7条第1項中「第4条第1項から第3項までの規定による届出の日以後当該届出がその効力を生ずることとなる日前において、第5条第1項及び第13項の規定による届出書類」とあるのは「親会社等状況報告書（第24条の7第1項に規定する親会社等状況報告書をいう。以下同じ。）」と、「届出者」とあるのは「親会社等状況報告書の提出者」と、「訂正届出書」とあるのは「訂正報告書」と、第9条第1項中「届出者」とあるのは「親会社等状況報告書の提出者」と、「訂正届出書」とあるのは「訂正報告書」と、第10条第1項中「届出者」とあるのは「親会社等状況報告書の提出者」と、「訂正届出書の提出を命じ、必要があると認めるときは、第4条第1項から第3項までの規定による届出の効力の停止」とあるのは「訂正報告書の提出」と読み替えるものとするほか、必要な技術的読替えは、政令で定める。

令4の6

4　第1項本文若しくは第2項本文の規定により親会社等状況報告書を提出し、又は前項において準用する第7条第1項、第9条第1項若しくは第10条第1項の規定により親会社等状況報告書の訂正報告書を提出した親会社等は、遅滞なく、これらの書類の写しを当該親会社等の提出子会社に送付するとともに、これらの書類の写しを次の各号に掲げる当該提出子会社が発行者である有価証券の区分に応じ、当該各号に定める者に提出しなければならない。

一　第24条第1項第1号に掲げる有価証券　同号の金融商品取引所

二　第24条第1項第2号に掲げる有価証券　政

令で定める認可金融商品取引業協会　令3

5　第24条第8項、第9項及び第11項から第13項までの規定は、外国会社である親会社等が親会社等状況報告書を提出する場合について準用する。この場合において、同条第8項中「外国会社（第23条の3第4項の規定により有価証券報告書を提出したものを含む。以下「報告書提出外国会社」という。）」とあるのは「外国会社である親会社等（第24条の7第1項に規定する親会社等をいう。以下この条において同じ。）」と、「外国において開示が行われている有価証券報告書等に類する」とあるのは「親会社等状況報告書に記載すべき事項を記載した」と、同条第9項中「、当該外国会社報告書に記載されていない事項のうち公益又は投資者保護のため必要かつ適当なものとして内閣府令で定めるものを記載した書類その他」とあるのは「その他」と読み替えるものとするほか、必要な技術的読替えは、政令で定める。

6　前各項の規定は、親会社等が会社以外の者である場合について準用する。この場合において、第1項中「議決権の過半数を所有している会社」とあるのは「議決権の過半数を所有している会社以外の者」と、「密接な関係を有するものとして政令で定めるもの」とあるのは「密接な関係を有する会社以外の者として政令で定める会社以外の者」と、「親会社等の株式を所有する者」とあるのは「親会社等の出資者その他の者」と、第2項中「会社が」とあるのは「会社以外の者が」と、「会社は」とあるのは「会社以外の者は」と、前項中「外国会社である」とあるのは「外国の者である」と読み替えるものとするほか、必要な技術的読替えは、政令で定める。　令4の7・令4の8

（有価証券届出書等の公衆縦覧）

第25条　内閣総理大臣は、内閣府令で定めるところにより、次の各号に掲げる書類（以下この条及び次条第1項において「縦覧書類」という。）を、当該縦覧書類を受理した日から当該各号に定める期間を経過する日（当該各号に掲げる訂正届出書、訂正発行登録書、訂正報告書又は訂

正確認書にあつては、当該訂正の対象となつた当該各号に掲げる第5条第1項及び第13項の規定による届出書及びその添付書類、同条第4項の規定の適用を受ける届出書及びその添付書類、発行登録書及びその添付書類、有価証券報告書及びその添付書類、確認書、内部統制報告書及びその添付書類、四半期報告書、半期報告書、臨時報告書、自己株券買付状況報告書又は親会社等状況報告書に係る当該経過する日、第5号及び第9号に掲げる確認書（当該確認書の対象が有価証券報告書及びその添付書類の訂正報告書、四半期報告書の訂正報告書又は半期報告書の訂正報告書である場合に限る。）にあつては、当該訂正の対象となつた有価証券報告書及びその添付書類、四半期報告書又は半期報告書に係る当該経過する日）までの間、公衆の縦覧に供しなければならない。

一　第5条第1項及び第13項の規定による届出書及びその添付書類並びにこれらの訂正届出書（同条第4項の規定の適用を受ける届出書及びその添付書類並びにこれらの訂正届出書を除く。）　5年

二　第5条第4項の規定の適用を受ける届出書及びその添付書類並びにこれらの訂正届出書　1年

三　発行登録書及びその添付書類、発行登録追補書類及びその添付書類並びにこれらの訂正発行登録書　発行登録が効力を失うまでの期間

四　有価証券報告書及びその添付書類並びにこれらの訂正報告書　5年

五　第24条の4の2の規定による確認書及びその訂正確認書　5年

六　内部統制報告書及びその添付書類並びにこれらの訂正報告書　5年

七　四半期報告書及びその訂正報告書　3年

八　半期報告書及びその訂正報告書　3年

九　第24条の4の8及び第24条の5の2において準用する第24条の4の2の規定による確認書及びその訂正確認書　3年

十　臨時報告書及びその訂正報告書　1年

十一　自己株券買付状況報告書及びその訂正報告書　1年

十二　親会社等状況報告書及びその訂正報告書　5年

2　有価証券の発行者で前項第1号から第11号までに掲げる書類を提出したもの及び有価証券の発行者の親会社等が同項第12号に掲げる書類を提出した場合の当該発行者は、これらの書類の写しを、内閣府令で定めるところにより、当該発行者の本店及び主要な支店に備え置き、これらの書類を内閣総理大臣に提出した日から当該各号に掲げる期間を経過する日までの間、公衆の縦覧に供しなければならない。

3　金融商品取引所及び政令で定める認可金融商品取引業協会は、第6条（第12条、第23条の12第1項、第24条第7項、第24条の2第3項、第24条の4の2第5項（第24条の4の8第1項及び第24条の5の2第1項において準用する場合を含む。）、第24条の4の3第2項（第24条の4の8第2項及び第24条の5の2第2項において準用する場合を含む。）、第24条の4の4第5項、第24条の4の5第2項、第24条の4の7第5項、第24条の5第6項及び第24条の6第3項において準用する場合を含む。第5項において同じ。）及び前条第4項の規定により提出された縦覧書類の写しを、内閣府令で定めるところにより、その事務所に備え置き、これらの書類の写しの提出があつた日から第1項各号に定める期間を経過する日までの間、公衆の縦覧に供しなければならない。　令3

4　有価証券の発行者で第1項第1号から第10号までに掲げる書類を提出したもの及び親会社等で同項第12号に掲げる書類を提出したものがその事業上の秘密の保持の必要により前3項に規定する書類の一部について公衆の縦覧に供しないことを内閣総理大臣に申請し、内閣総理大臣が当該申請を承認した場合においては、前3項の規定にかかわらず、その一部は、公衆の縦覧に供しないものとする。

5　前項の承認を受けた有価証券の発行者及び親会社等が第6条及び前条第4項の規定により縦

覧書類の写しを提出子会社に送付し、又は金融商品取引所若しくは政令で定める認可金融商品取引業協会に提出する場合には、前項の規定により公衆の縦覧に供しないこととされた部分をこれらの書類の写しから削除して送付し、又は提出することができる。 令3

6　内閣総理大臣は、次のいずれかに掲げる処分をするときは、第1項の規定にかかわらず、当該処分に係る縦覧書類について、その全部又は一部を公衆の縦覧に供しないものとすることができる。

一　第9条第1項又は第10条第1項の規定による訂正届出書の提出命令

二　第23条の9第1項若しくは第23条の10第1項の規定又は同条第5項において準用する同条第1項の規定による訂正発行登録書の提出命令

三　第24条の2第1項、第24条の4の5第1項、第24条の4の7第4項、第24条の5第5項、第24条の6第2項又は前条第3項（同条第6項において準用する場合を含む。）において準用する第9条第1項又は第10条第1項の規定による訂正報告書の提出命令

四　第24条の4の3第1項において準用する第9条第1項又は第10条第1項の規定による訂正確認書の提出命令

7　前項の場合において、内閣総理大臣は、第2項の規定により当該縦覧書類の写しを公衆の縦覧に供する者（当該縦覧書類が親会社等状況報告書又はその訂正報告書である場合にあつては、これらの縦覧書類を提出した者及びこれらの縦覧書類の写しを公衆の縦覧に供する者。次項において「提出者等」という。）及び第3項の規定により当該縦覧書類の写しを公衆の縦覧に供する金融商品取引所又は同項の政令で定める認可金融商品取引業協会に対し、当該縦覧書類の全部又は一部を公衆の縦覧に供しないこととした旨を通知するものとする。

8　前項の規定により提出者等又は金融商品取引所若しくは認可金融商品取引業協会が内閣総理大臣からの通知を受けたときは、その時以後、

当該通知に係る縦覧書類の写しについては、第2項及び第3項の規定は、適用しない。

（届出者等に対する報告の徴取及び検査）

第26条　内閣総理大臣は、公益又は投資者保護のため必要かつ適当であると認めるときは、縦覧書類を提出した者若しくは提出すべきであると認められる者若しくは有価証券の引受人その他の関係者若しくは参考人に対し参考となるべき報告若しくは資料の提出を命じ、又は当該職員をしてその者の帳簿書類その他の物件を検査させることができる。

2　内閣総理大臣は、前項の規定による報告若しくは資料の提出の命令又は検査に関して必要があると認めるときは、公務所又は公私の団体に照会して必要な事項の報告を求めることができる。

（会社以外の発行者に関する準用規定）

第27条　第2条の3、第5条から第13条まで、第15条から第24条の5の2まで及び第24条の7から前条までの規定は、発行者が会社以外の者（第5条第6項から第9項まで、第7条第2項、第9条第2項、第10条第2項、第24条第8項から第13項まで、第24条の2第4項、第24条の4の2第6項（第24条の4の8第1項及び第24条の5の2第1項において準用する場合を含む。）、第24条の4の3第3項、第24条の4の4第6項、第24条の4の5第3項、第24条の4の7第6項から第11項まで並びに第24条の5第7項から第12項まで及び第15項から第19項までの規定にあつては外国の者に限る。）である場合について準用する。この場合において、第5条第6項及び第24条第8項中「外国会社（」とあるのは「会社以外の外国の者（」と、第5条第6項、第8項及び第9項、第7条第2項、第9条第2項並びに第10条第2項中「届出書提出外国会社」とあるのは「届出書提出外国者」と、第5条第10項から第12項まで及び第7条第3項から第5項までの規定中「特定有価証券届出書提出会社」とあるのは「特定有価証券届出書提出者」と、第24条第8項及び第10項から第13項まで、第24条の2第4項、第24条の4の2第6項、第24条

の4の4第6項、第24条の4の7第6項及び第
8項から第11項まで並びに第24条の5第7項、
第9項から第12項まで及び第15項から第19項ま
での規定中「報告書提出外国会社」とあるのは
「報告書提出外国者」と読み替えるものとする
ほか、必要な技術的読替えその他これらの規定
の適用に関し必要な事項は、政令で定める。

令4の9

第2章の2～第6章の3　（略）

第7章　雑　則

第186条～第191条　（略）

（裁判所の禁止又は停止命令）

第192条　裁判所は、次の各号のいずれかに該当
すると認めるときは、内閣総理大臣又は内閣総
理大臣及び財務大臣の申立てにより、当該各号
に定める行為を行い、又は行おうとする者に対
し、その行為の禁止又は停止を命ずることがで
きる。

一　緊急の必要があり、かつ、公益及び投資者
保護のため必要かつ適当であるとき　この法
律又はこの法律に基づく命令に違反する行為

二　第2条第2項第5号若しくは第6号に掲げ
る権利又は同項第7号に掲げる権利（同項第
5号又は第6号に掲げる権利と同様の経済的
性質を有するものとして政令で定める権利に
限る。）に関し出資され、又は拠出された金
銭（これに類するものとして政令で定めるも
のを含む。）を充てて行われる事業に係る業
務執行が著しく適正を欠き、かつ、現に投資
者の利益が著しく害されており、又は害され
ることが明白である場合において、投資者の
損害の拡大を防止する緊急の必要があるとき
　　これらの権利に係る同条第8項第7号から
第9号までに掲げる行為　令34の2

2　裁判所は、前項の規定により発した命令を取
り消し、又は変更することができる。

3　前2項の事件は、被申立人の住所地又は第1
項に規定する行為が行われ、若しくは行われよ
うとする地の地方裁判所の管轄とする。

4　第1項及び第2項の裁判については、非訟事
件手続法（平成23年法律第51号）の定めるとこ
ろによる。

（法令違反行為を行つた者の氏名等の公表）

第192条の2　内閣総理大臣は、公益又は投資者
保護のため必要かつ適当であると認めるときは、
内閣府令で定めるところにより、この法律又は
この法律に基づく命令に違反する行為（以下こ
の条において「法令違反行為」という。）を行
つた者の氏名その他法令違反行為による被害の
発生若しくは拡大を防止し、又は取引の公正を
確保するために必要な事項を一般に公表するこ
とができる。

（財務諸表の用語、様式及び作成方法）

第193条　この法律の規定により提出される貸借
対照表、損益計算書その他の財務計算に関する
書類は、内閣総理大臣が一般に公正妥当である
と認められるところに従つて内閣府令で定める
用語、様式及び作成方法により、これを作成し
なければならない。

（公認会計士又は監査法人による監査証明）

第193条の2　金融商品取引所に上場されている
有価証券の発行会社その他の者で政令で定める
もの（次条において「特定発行者」という。）が、
この法律の規定により提出する貸借対照表、損
益計算書その他の財務計算に関する書類で内閣
府令で定めるもの（第4項及び次条において「財
務計算に関する書類」という。）には、その者
と特別の利害関係のない公認会計士又は監査法
人の監査証明を受けなければならない。ただし、
次に掲げる場合は、この限りでない。　令35①

一　第2条第1項第17号に掲げる有価証券で同
項第9号に掲げる有価証券の性質を有するも
のその他の政令で定める有価証券の発行者が、
外国監査法人等（公認会計士法第1条の3第
7項に規定する外国監査法人等をいう。次項
第1号及び第3項において同じ。）から内閣
府令で定めるところにより監査証明に相当す
ると認められる証明を受けた場合　令35②

二　前号の発行者が、公認会計士法第34条の35
第1項ただし書に規定する内閣府令で定める

者から内閣府令で定めるところにより監査証明に相当すると認められる証明を受けた場合

三　監査証明を受けなくても公益又は投資者保護に欠けることがないものとして内閣府令で定めるところにより内閣総理大臣の承認を受けた場合

2　金融商品取引所に上場されている有価証券の発行会社その他の者で政令で定めるもの（第4号において「上場会社等」という。）が、第24条の4の4の規定に基づき提出する内部統制報告書には、その者と特別の利害関係のない公認会計士又は監査法人の監査証明を受けなければならない。ただし、次に掲げる場合は、この限りでない。　令35の2

一　前項第1号の発行者が、外国監査法人等から内閣府令で定めるところにより監査証明に相当すると認められる証明を受けた場合

二　前号の発行者が、公認会計士法第34条の35第1項ただし書に規定する内閣府令で定める者から内閣府令で定めるところにより監査証明に相当すると認められる証明を受けた場合

三　監査証明を受けなくても公益又は投資者保護に欠けることがないものとして内閣府令で定めるところにより内閣総理大臣の承認を受けた場合

四　上場会社等（資本の額その他の経営の規模が内閣府令で定める基準に達しない上場会社等に限る。）が、第24条第1項第1号に掲げる有価証券の発行者に初めて該当することとなつた日その他の政令で定める日以後3年を経過する日までの間に内部統制報告書を提出する場合　令35の3

3　第1項第1号及び前項第1号の規定は、これらの規定に規定する外国監査法人等について、公認会計士法第34条の38第2項の規定により同条第1項の指示に従わなかつた旨又は同法第34条の39第1項の規定による届出があつた旨の同条第2項の規定による公表がされた場合（同法第34条の38第2項の規定による公表がされた場合において、同条第3項の規定による公表がされたときを除く。）には、適用しない。

4　第1項及び第2項の特別の利害関係とは、公認会計士又は監査法人が財務計算に関する書類を提出する者及び内部統制報告書を提出する者との間に有する公認会計士法第24条（同法第16条の2第6項において準用する場合を含む。）、第24条の2（同法第16条の2第6項において準用する場合を含む。）、第24条の3（同法第16条の2第6項において準用する場合を含む。）、第34条の11第1項又は第34条の11の2第1項若しくは第2項に規定する関係及び公認会計士又は監査法人がその者に対し株主若しくは出資者として有する関係又はその者の事業若しくは財産経理に関して有する関係で、内閣総理大臣が公益又は投資者保護のため必要かつ適当であると認めて内閣府令で定めるものをいう。

5　第1項及び第2項の監査証明は、内閣府令で定める基準及び手続によつて、これを行わなければならない。

6　内閣総理大臣は、公益又は投資者保護のため必要かつ適当であると認めるときは、第1項及び第2項の監査証明を行つた公認会計士又は監査法人に対し、参考となるべき報告又は資料の提出を命ずることができる。

7　公認会計士又は監査法人が第1項に規定する財務計算に関する書類及び第2項に規定する内部統制報告書について監査証明をした場合において、当該監査証明が公認会計士法第30条又は第34条の21第2項第1号若しくは第2号に規定するものであるときその他不正なものであるときは、内閣総理大臣は、1年以内の期間を定めて、当該期間内に提出される有価証券届出書、有価証券報告書（その訂正報告書を含む。）又は内部統制報告書（その訂正報告書を含む。）で当該公認会計士又は監査法人の監査証明に係るものの全部又は一部を受理しない旨の決定をすることができる。この場合においては、行政手続法第13条第1項の規定による意見陳述のための手続の区分にかかわらず、聴聞を行わなければならない。

8　内閣総理大臣は、前項の決定をした場合においては、その旨を当該公認会計士又は監査法人

に通知し、かつ、公表しなければならない。

〔施行　令和5年4月1日〕
（公認会計士又は監査法人による監査証明）
第193条の2　金融商品取引所に上場されている
　有価証券の発行会社その他の者で政令で定める
　もの（以下この項及び次条において「特定発行
　者」という。）が、この法律の規定により提出
　する貸借対照表、損益計算書その他の財務計算
　に関する書類で内閣府令で定めるもの（第4項
　及び次条において「財務計算に関する書類」と
　いう。）には、その者と特別の利害関係のない
　公認会計士又は監査法人（特定発行者が公認会
　計士法第34条の34の2に規定する上場会社等で
　ある場合にあつては、同条の登録を受けた公認
　会計士又は監査法人に限る。）の監査証明を受
　けなければならない。ただし、次に掲げる場合
　は、この限りでない。
　一～三　現行条文に同じ
2　金融商品取引所に上場されている有価証券の
　発行会社その他の者で政令で定めるもの（以下
　この項において「上場会社等」という。）が、
　第24条の4の4の規定に基づき提出する内部統
　制報告書には、その者と特別の利害関係のない
　公認会計士又は監査法人（上場会社等が公認会
　計士法第34条の34の2に規定する上場会社等で
　ある場合にあつては、同条の登録を受けた公認
　会計士又は監査法人に限る。）の監査証明を受
　けなければならない。ただし、次に掲げる場合
　は、この限りでない。
　一～四　現行条文に同じ
3～8　現行条文に同じ

（法令違反等事実発見への対応）
第193条の3　公認会計士又は監査法人が、前条
　第1項の監査証明を行うに当たつて、特定発行
　者における法令に違反する事実その他の財務計
　算に関する書類の適正性の確保に影響を及ぼす
　おそれがある事実（次項第1号において「法令
　違反等事実」という。）を発見したときは、当
　該事実の内容及び当該事実に係る法令違反の是
　正その他の適切な措置をとるべき旨を、遅滞な
　く、内閣府令で定めるところにより、当該特定
　発行者に書面又は電子情報処理組織を使用する
　方法その他の情報通信の技術を利用する方法で

あつて内閣府令で定めるものにより通知しなけ
ればならない。
2　前項の規定による通知を行つた公認会計士又
　は監査法人は、当該通知を行つた日から政令で
　定める期間が経過した日後なお次に掲げる事項
　の全てがあると認める場合において、第1号に
　規定する重大な影響を防止するために必要があ
　ると認めるときは、内閣府令で定めるところに
　より、当該事項に関する意見を内閣総理大臣に
　申し出なければならない。この場合において、
　当該公認会計士又は監査法人は、あらかじめ、
　内閣総理大臣に申出をする旨を当該特定発行者
　に書面又は電子情報処理組織を使用する方法そ
　の他の情報通信の技術を利用する方法であつて
　内閣府令で定めるものにより通知しなければな
　らない。 令36
　一　法令違反等事実が、特定発行者の財務計算
　　に関する書類の適正性の確保に重大な影響を
　　及ぼすおそれがあること。
　二　前項の規定による通知を受けた特定発行者
　　が、同項に規定する適切な措置をとらないこ
　　と。
3　前項の規定による申出を行つた公認会計士又
　は監査法人は、当該特定発行者に対して当該申
　出を行つた旨及びその内容を書面又は電子情報
　処理組織を使用する方法その他の情報通信の技
　術を利用する方法であつて内閣府令で定めるも
　のにより通知しなければならない。

（議決権の代理行使の勧誘の禁止）
第194条　何人も、政令で定めるところに違反し
　て、金融商品取引所に上場されている株式の発
　行会社の株式につき、自己又は第三者に議決権
　の行使を代理させることを勧誘してはならない。
　令36の2～令36の6

（外国金融商品市場における取引に対する本法の
適用）
第194条の2　外国金融商品市場において行われ
　る有価証券の売買又は外国市場デリバティブ取
　引の委託の媒介、取次ぎ又は代理に対しこの法
　律の規定を適用する場合における技術的読替え
　その他外国金融商品市場において行われるこれ

金
商
法

らの取引に対するこの法律の規定の適用に関し必要な事項は、政令で定める。令36の7

第194条の3〜第196条の2　（略）

第8章・第9章　（略）

附　則（抄）

（施行期日）

第1条　この法律は、その成立の日〔昭和23年4月6日〕から30日を経過した日〔昭和23年5月6日〕からこれを施行する。但し、第2章の規定は、その施行の日から60日、第65条の規定は、その施行の日から6箇月を経過した日から、これを施行する。

（法律の廃止）

第2条　有価証券業取締法、有価証券引受業法及び有価証券割賦販売業法は、これを廃止する。

　　　　附　則（昭和24年法律第133号〜平成17年法律第87号）（略）

　　　　附　則（平成18年6月14日法律第65号証券取引法等の一部を改正する法律）

（施行期日）

第1条　この法律は、公布の日から起算して1年6月を超えない範囲内において政令で定める日〔平成19年9月30日〕（以下「施行日」という。）から施行する。ただし、次の各号に掲げる規定は、当該各号に定める日から施行する。

一　第1条の規定（中略）並びに附則第2条（中略）の規定　公布の日から起算して20日を経過した日〔平成18年7月4日〕

二　（略）

三　第2条の規定（証券取引法第27条の23の改正規定（「第27条の25第1項」の下に「及び第27条の26」を加える部分を除く。）、同法第27条の24の改正規定、同法第27条の25の改正規定、同法第27条の26の改正規定（「株券等の発行者である会社の事業活動を支配する」を「株券等の発行者の事業活動に重大な変更を加え、又は重大な影響を及ぼす行為として政令で定めるもの（第4項及び第5項において「重要提案行為等」という。）を行う」に改める部分及び同条に3項を加える部分を除

く。）、同法第27条の27の改正規定及び同法第27条の30の2の改正規定（「第27条の10第2項」を「第27条の10第8項及び第12項」に改める部分及び「第27条の10第1項」の下に「若しくは第11項」を加える部分を除く。）を除く。）（中略）　公布の日から起算して6月を超えない範囲内において政令で定める日〔平成18年12月13日〕

四　第2条中証券取引法第27条の23の改正規定（「第27条の25第1項」の下に「及び第27条の26」を加える部分を除く。）、同法第27条の24の改正規定、同法第27条の25の改正規定、同法第27条の26の改正規定（「株券等の発行者である会社の事業活動を支配する」を「株券等の発行者の事業活動に重大な変更を加え、又は重大な影響を及ぼす行為として政令で定めるもの（第4項及び第5項において「重要提案行為等」という。）を行う」に改める部分及び同条に3項を加える部分を除く。）、同法第27条の27の改正規定及び同法第27条の30の2の改正規定（「第27条の10第2項」を「第27条の10第8項及び第12項」に改める部分及び「第27条の10第1項」の下に「若しくは第11項」を加える部分を除く。）（中略）　公布の日から起算して1年を超えない範囲内において政令で定める日

〔参考〕　平成18年政令第376号

（前略）証券取引法等の一部を改正する法律（平成18年法律第65号）附則第1条（中略）第4号に掲げる規定の施行期日は、次の各号に掲げる規定の区分に従い、当該各号に定める日とする。

一　証券取引法等の一部を改正する法律附則第1条第4号に掲げる規定（同法第2条中証券取引法（昭和23年法律第25号）第27条の30の2の改正規定を除く。）　平成19年1月1日

二　証券取引法等の一部を改正する法律附則第1条第4号に掲げる規定（同法第2条中証券取引法第27条の30の2の改正規定に限る。）　平成19年4月1日

五　第4条の規定　一般社団法人及び一般財団

法人に関する法律（平成18年法律第48号）の施行の日〔平成20年12月１日〕

（第３条の規定による証券取引法の一部改正に伴う経過措置）

第14条　第３条の規定による改正後の金融商品取引法（以下「新金融商品取引法」という。）第４条、第13条第１項、第15条第１項並びに第23条の13第１項及び第３項の規定は、施行日以後に開始する有価証券発行勧誘等（新金融商品取引法第４条第１項第４号に規定する有価証券発行勧誘等をいう。）又は有価証券交付勧誘等（新金融商品取引法第４条第２項に規定する有価証券交付勧誘等をいう。）について適用し、施行日前に開始した第３条の規定による改正前の証券取引法（以下「旧証券取引法」という。）第２条第１項各号に掲げる有価証券又は同条第２項の規定により有価証券とみなされる同項各号に掲げる権利（以下「旧有価証券」という。）の取得の申込みの勧誘又は旧有価証券の売付けの申込み若しくはその買付けの申込みの勧誘については、なお従前の例による。

第15条　新金融商品取引法第24条の４の２から第24条の４の６まで、第24条の４の８及び第24条の５の２の規定は、平成20年４月１日以後に開始する事業年度から適用する。

第16条　新金融商品取引法第24条の４の７の規定は、平成20年４月１日以後に開始する事業年度から適用する。

第146条　新金融商品取引法第193条の２第１項の規定は、施行日以後に終了する事業年度に係る同項の書類について適用し、施行日前に終了した事業年度に係る旧証券取引法第193条の２第１項の書類については、なお従前の例による。

附　則（平成18年６月14日法律第66号
証券取引法等の一部を改正する法律の施行に伴う関係法律の整備等に関する法律）

この法律は、平成18年証券取引法改正法の施行の日〔平成19年９月30日〕から施行する。（以下略）

附　則（平成19年５月16日法律第47号
消費生活協同組合法の一部を改正する等の法律）

（施行期日）

第１条　この法律は、平成20年４月１日から施行する。（以下略）

附　則（平成19年６月８日法律第78号
水産業協同組合法及び中小漁業融資保証法の一部を改正する法律）

（施行期日）

第１条　この法律は、平成20年４月１日から施行する。（以下略）

附　則（平成19年６月27日法律第99号
公認会計士法等の一部を改正する法律）

（施行期日）

第１条　この法律は、公布の日から起算して１年を超えない範囲内において政令で定める日〔平成20年４月１日〕（以下「施行日」という。）から施行する。ただし、次の各号に掲げる規定は、当該各号に定める日から施行する。

一　第２条の規定（金融商品取引法第43条の２第３項及び第193条の２の改正規定、同条の次に１条を加える改正規定（中略）　証券取引法等の一部を改正する法律（平成18年法律第65号）の施行の日又はこの法律の公布の日のいずれか遅い日〔平成19年９月30日〕

二　（略）

（公認会計士又は監査法人による監査証明に関する経過措置）

第18条　第２条の規定による改正後の金融商品取引法（以下「新金融商品取引法」という。）第193条の２第１項の規定は、施行日以後に開始する特定発行者（同項に規定する特定発行者をいう。以下この条及び次条において同じ。）の事業年度又は特定期間（新金融商品取引法第24条第５項に規定する特定期間をいう。以下この条及び次条において同じ。）に係る財務計算に関する書類（新金融商品取引法第193条の２第１項に規定する財務計算に関する書類をいう。以下この項において同じ。）について適用し、施行日前に開始する特定発行者の事業年度又は特定期間に係る財務計算に関する書類については、なお従前の例による。

２　新金融商品取引法第193条の２第２項の規定

は、施行日以後に開始する特定発行者の事業年度に係る内部統制報告書（新金融商品取引法第24条の4の4第1項に規定する内部統制報告書をいう。以下この項において同じ。）について適用し、施行日前に開始する特定発行者の事業年度に係る内部統制報告書については、なお従前の例による。

（法令違反等事実発見への対応に関する経過措置）

第19条　新金融商品取引法第193条の3の規定は、公認会計士（外国公認会計士を含む。）又は監査法人の施行日以後に開始する特定発行者の事業年度又は特定期間に係る財務書類の監査証明について適用する。

　　　附　則 （平成19年6月27日法律第102号／電子記録債権法）

（施行期日）

第1条　この法律は、公布の日から起算して1年6月を超えない範囲内において政令で定める日〔平成20年12月1日〕から施行する。

　　　附　則 （平成20年6月13日法律第65号／金融商品取引法等の一部を改正する法律）

（施行期日）

第1条　この法律は、公布の日から起算して6月を超えない範囲内において政令で定める日〔平成20年12月12日〕から施行する。ただし、次の各号に掲げる規定は、当該各号に定める日から施行する。

一・二　（略）

三　第1条中金融商品取引法（中略）第190条第1項の改正規定（「第3項まで」を「第4項まで」に改める部分に限る。）（中略）　公布の日から起算して1年を超えない範囲内において政令で定める日〔平成21年6月1日〕

（金融商品取引法の一部改正に伴う経過措置）

第2条　第1条の規定による改正後の金融商品取引法（以下「新金融商品取引法」という。）第2条第3項第1号及び第2号並びに第4項第1号、第23条の13第3項（新金融商品取引法第27条において準用する場合を含む。）（中略）の規定は、この法律の施行の日（次条を除き、以下「施行日」という。）以後に開始する新金融商品

取引法第4条第1項第4号に規定する有価証券発行勧誘等又は同条第2項に規定する有価証券交付勧誘等について適用し、施行日前に開始した第1条の規定による改正前の金融商品取引法（以下「旧金融商品取引法」という。）第4条第1項第4号に規定する有価証券発行勧誘等又は同条第2項に規定する有価証券交付勧誘等については、なお従前の例による。

　　　附　則 （平成21年6月24日法律第58号／金融商品取引法等の一部を改正する法律）

（施行期日）

第1条　この法律は、公布の日から起算して1年を超えない範囲内において政令で定める日〔平成22年4月1日〕から施行する。ただし、次の各号に掲げる規定は、当該各号に定める日から施行する。

一　第1条中金融商品取引法第2条の改正規定（同条に6項を加える部分（同条第38項及び第39項に係る部分に限る。）に限る。）、（中略）同法第190条第1項の改正規定（「第106条の6」を「第106条の6第1項（同条第2項において準用する場合を含む。）」に改める部分及び「第106条の20、第106条の27」を「第106条の20第1項（同条第2項において準用する場合を含む。）、第106条の27（第109条において準用する場合を含む。）」に改める部分に限る。）、（中略）　商品取引所法及び商品投資に係る事業の規制に関する法律の一部を改正する法律（平成21年法律第74号）附則第1条第3号に掲げる規定の施行の日又はこの法律の施行の日（以下「施行日」という。）のいずれか遅い日〔平成22年7月1日〕

二　第1条中金融商品取引法第2条の改正規定（同条第29項に係る部分に限る。）（中略）　商品取引所法及び商品投資に係る事業の規制に関する法律の一部を改正する法律の施行の日又は施行日のいずれか遅い日〔平成23年1月1日〕

三～六　（略）

（金融商品取引法の一部改正に伴う経過措置）

第２条　第１条の規定による改正後の金融商品取引法（以下「新金融商品取引法」という。）第２条第３項、第４項、第６項及び第10項、第２条の２（第１項を除く。）、第４条第１項（第４号に係る部分に限る。）、第２項及び第４項から第６項まで、第13条第１項、第23条の３第１項、第23条の４、第23条の８第４項、第23条の13第１項、第２項、第４項及び第５項（これらの規定を新金融商品取引法第27条において準用する場合を含む。）、第27条の31第１項、第27条の32の２並びに第27条の34の２の規定は、施行日以後に開始する新金融商品取引法第４条第２項に規定する有価証券発行勧誘等又は有価証券交付勧誘等について適用し、施行日前に開始した第１条の規定による改正前の金融商品取引法（以下「旧金融商品取引法」という。）第４条第１項第４号に規定する有価証券発行勧誘等又は同条第２項に規定する有価証券交付勧誘等については、なお従前の例による。

（商品取引所法等の一部改正に伴う調整規定）

第６条　商品取引所法及び商品投資に係る事業の規制に関する法律の一部を改正する法律の施行の日が施行日後である場合における施行日から同法の施行の日までの間の新金融商品取引法第２条第37項の規定の適用については、同項中「商品先物取引法第２条第３項」とあるのは、「商品取引所法第２条第８項」とする。

2　商品取引所法及び商品投資に係る事業の規制に関する法律の一部を改正する法律の施行の日が附則第１条第１号に掲げる規定の施行の日後である場合における同日から同法の施行の日までの間における新金融商品取引法第２条第38項及び第39項（中略）の規定の適用については、新金融商品取引法第２条第38項中「商品先物取引法第２条第５項」とあるのは「商品取引所法第２条第２項」と、「同条第６項」とあるのは「同条第３項」と、同条第39項中「商品先物取引法第２条第11項」とあるのは「商品取引所法第２条第19項」と、新金融商品取引法第194条の６の２中「商品先物取引法」とあるのは「商品取

引所法」とする。

附　則　（平成21年７月10日法律第74号　商品取引所法及び商品投資に係る事業の規制に関する法律の一部を改正する法律）

（施行期日）

第１条　この法律は、公布の日から起算して１年６月を超えない範囲内において政令で定める日〔平成23年１月１日〕（以下「施行日」という。）から施行する。ただし、次の各号に掲げる規定は、当該各号に定める日から施行する。

一・二　（略）

三　（前略）　公布の日から起算して１年を超えない範囲内において政令で定める日〔平成22年７月１日〕

四・五　（略）

附　則　（平成22年５月19日法律第32号　金融商品取引法等の一部を改正する法律）

（施行期日）

第１条　この法律は、公布の日から起算して１年を超えない範囲内において政令で定める日〔平成23年４月１日〕から施行する。ただし、次の各号に掲げる規定は、当該各号に定める日から施行する。

一　第１条中金融商品取引法第２条第28項の改正規定（「、デリバティブ取引その他」を「若しくはデリバティブ取引（取引の状況及び我が国の資本市場に与える影響その他の事情を勘案し、公益又は投資者保護のため支障を生ずることがないと認められるものとして政令で定める取引を除く。）又はこれらに付随し、若しくは関連する取引として」に改める部分に限る。）（中略）の規定　公布の日

二～四　（略）

附　則　（平成23年５月25日法律第49号　資本市場及び金融業の基盤強化のための金融商品取引法等の一部を改正する法律）

（施行期日）

第１条　この法律は、公布の日から起算して１年を超えない範囲内において政令で定める日〔平成24年４月１日〕から施行する。ただし、次の各号に掲げる規定は、当該各号に定める日から

施行する。

一　（略）

二　第１条中金融商品取引法（中略）第192条第３項の改正規定（中略）　公布の日から起算して６月を超えない範囲内において政令で定める日〔平成23年11月24日〕

（金融商品取引法の一部改正に伴う経過措置）

第２条　第１条の規定による改正後の金融商品取引法（以下「新金融商品取引法」という。）第５条、第７条、第９条及び第10条（これらの規定を新金融商品取引法第27条において準用する場合を含む。）の規定は、この法律の施行の日（以下「施行日」という。）以後に開始する有価証券の募集又は売出し（新金融商品取引法第５条第１項（新金融商品取引法第27条において準用する場合を含む。）に規定する有価証券の募集又は売出しをいう。）について適用し、施行日前に開始した有価証券の募集又は売出し（第１条の規定による改正前の金融商品取引法（以下「旧金融商品取引法」という。）第５条第１項（旧金融商品取引法第27条において準用する場合を含む。）に規定する有価証券の募集又は売出しをいう。）については、なお従前の例による。

第３条　新金融商品取引法第13条第１項及び第15条第２項（これらの規定を新金融商品取引法第27条において準用する場合を含む。）の規定は、施行日以後に開始する新株予約権証券の募集（新金融商品取引法第13条第１項（新金融商品取引法第27条において準用する場合を含む。次条において同じ。）に規定する新株予約権証券の募集をいう。）について適用し、施行日前に開始した新株予約権証券の募集（旧金融商品取引法第13条第１項（旧金融商品取引法第27条において準用する場合を含む。次条において同じ。）に規定する募集として行われる新株予約権証券の募集をいう。）については、なお従前の例による。

第４条　新金融商品取引法第13条第２項及び第23条の12第７項（これらの規定を新金融商品取引法第27条において準用する場合を含む。）の規定は、施行日以後に開始する有価証券の募集又は売出し（新金融商品取引法第13条第１項に規定する有価証券の募集又は売出しをいう。）について適用し、施行日前に開始した有価証券の募集又は売出し（旧金融商品取引法第13条第１項に規定する有価証券の募集又は売出しをいう。）については、なお従前の例による。

第５条　新金融商品取引法第24条の５（新金融商品取引法第27条において準用する場合を含む。以下この条において同じ。）の規定は、新金融商品取引法第24条の５第４項に規定する会社が施行日以後に同項に規定する場合に該当することとなる場合における同項に規定する臨時報告書の提出について適用し、施行日前に旧金融商品取引法第24条の５第４項（旧金融商品取引法第27条において準用する場合を含む。以下この条において同じ。）に規定する会社が同項に規定する場合に該当することとなった場合における同項に規定する臨時報告書の提出については、なお従前の例による。

　　附　則〔平成23年５月25日法律第53号非訟事件手続法及び家事事件手続法の施行に伴う関係法律の整備等に関する法律〕

　この法律は、新非訟事件手続法の施行の日〔平成25年１月１日〕から施行する。

　　附　則〔平成24年９月12日法律第86号金融商品取引法等の一部を改正する法律〕

（施行期日）

第１条　この法律は、公布の日から起算して１年６月を超えない範囲内において政令で定める日〔平成26年３月11日〕から施行する。（以下略）

　　附　則〔平成25年６月19日法律第45号金融商品取引法等の一部を改正する法律〕

（施行期日）

第１条　この法律は、公布の日から起算して１年を超えない範囲内において政令で定める日〔平成26年４月１日〕から施行する。ただし、次の各号に掲げる規定は、当該各号に定める日から施行する。

一・二　（略）

三　第２条の規定（中略）　公布の日から起算して１年６月を超えない範囲内において政令

で定める日〔平成26年12月1日〕

附　則（平成25年6月21日法律第56号
不動産特定共同事業法の一部を改正する法律）

（施行期日）
第1条　この法律は、公布の日から起算して6月を超えない範囲内において政令で定める日〔平成25年12月20日〕から施行する。

附　則（平成26年5月30日法律第44号
金融商品取引法等の一部を改正する法律）

（施行期日）
第1条　この法律は、公布の日から起算して1年を超えない範囲内において政令で定める日〔平成27年5月29日〕から施行する。（以下略）
　一・二　（略）

（金融商品取引法の一部改正に伴う経過措置）
第2条　この法律による改正後の金融商品取引法（以下「新金融商品取引法」という。）第21条の2（新金融商品取引法第27条（中略）において準用する場合を含む。）、第22条（新金融商品取引法第23条の12第5項、第24条の4、第24条の4の6、第24条の4の7第4項及び第24条の5第5項（これらの規定を新金融商品取引法第27条において準用する場合を含む。）、第24条の6第2項、第27条（中略）において準用する場合を含む。）（中略）の規定は、この法律の施行の日（以下「施行日」という。）以後に提出される新金融商品取引法第25条第1項各号に掲げる書類（中略）について適用し、施行日前に提出されたこの法律による改正前の金融商品取引法（以下「旧金融商品取引法」という。）第25条第1項各号に掲げる書類（中略）については、なお従前の例による。

附　則（平成26年6月18日法律第72号
電気事業法等の一部を改正する法律）

（施行期日）
第1条　この法律は、公布の日から起算して2年6月を超えない範囲内において政令で定める日〔平成28年4月1日〕から施行する。（以下略）

附　則（平成27年6月3日法律第32号
金融商品取引法の一部を改正する法律）

（施行期日）
第1条　この法律は、公布の日から起算して1年を超えない範囲内において政令で定める日〔平成28年3月1日〕から施行する。

附　則（平成27年9月4日法律第63号
農業協同組合法等の一部を改正する法律）

（施行期日）
第1条　この法律は、平成28年4月1日から施行する。（以下略）

附　則（平成29年5月24日法律第37号
金融商品取引法の一部を改正する法律）

（施行期日）
第1条　この法律は、公布の日から起算して1年を超えない範囲内において政令で定める日〔平成30年4月1日〕から施行する。ただし、附則〔中略〕第26条の規定は、公布の日から施行する。

（経過措置）
第2条　この法律の施行の際現に高速取引行為（この法律による改正後の金融商品取引法（以下「新法」という。）第2条第41項に規定する高速取引行為をいう。以下この条及び次条において同じ。）を行っている金融商品取引業者（新法第2条第9項に規定する金融商品取引業者をいい、次項に規定する金融商品取引業者を除く。以下この項において同じ。）、登録金融機関（同条第11項に規定する登録金融機関をいう。以下この項において同じ。）又は取引所取引許可業者（新法第60条の4第1項に規定する取引所取引許可業者をいう。以下この項及び第3項において同じ。）については、この法律の施行の日（以下「施行日」という。）において新法第29条の2第1項第7号（ロを除く。）、第33条の3第1項第6号又は第60条の2第1項第4号に掲げる事項について変更があったものとみなして、それぞれ新法第31条第1項、第33条の6第1項又は第60条の5第1項の規定を適用する。この場合において、当該金融商品取引業者、登録金融機関又は取引所取引許可業者は、施行日から起算して6月を経過する日までの間は、これらの規定による届出をしないでも、引き続き、高速

取引行為を行うことができる。

2　この法律の施行の際に高速取引行為を行っている金融商品取引業者（新法第2条第9項に規定する金融商品取引業者であって、新法第28条第1項に規定する第一種金融商品取引業及び同条第4項に規定する投資運用業を行っていない場合において、同条第2項に規定する第2種金融商品取引業として高速取引行為を行っている者をいう。以下この項において同じ。）については、施行日において新法第29条の2第1項第7号ロに掲げる事項について変更をしようとするものとみなして、新法第31条第4項の規定を適用する。この場合において、当該金融商品取引業者は、施行日から起算して6月を経過する日までの間（当該金融商品取引業者が当該期間内に当該事項について同項の変更登録の申請をした場合には、当該変更登録又はその拒否の処分までの間）は、当該事項について同項の変更登録を受けないでも、引き続き、高速取引行為を行うことができる。

3　前2項の規定により高速取引行為を行う金融商品取引業者等（新法第34条に規定する金融商品取引業者等をいう。）又は取引所取引許可業者についての新法第38条第8号（新法第60条の13において準用する場合を含む。次条第2項において同じ。）の規定の適用については、同号中「政令で定める者」とあるのは、「政令で定める者及び金融商品取引法の一部を改正する法律（平成29年法律第37号）附則第2条第1項又は第2項の規定により高速取引行為を行う者」とする。

第3条　この法律の施行の際現に高速取引行為を行っている者（新法第66条の50に規定する金融商品取引業者等及び取引所取引許可業者を除く。）は、施行日から起算して6月を経過する日までの間（その者が当該期間内に同条の登録の申請をした場合には、当該登録又はその拒否の処分までの間）は、同条の登録を受けないでも、引き続き、高速取引行為を行うことができる。

2　前項の規定により高速取引行為を行う者についての新法第38条第8号の規定の適用については、その者は、同号に規定する高速取引行為者とみなす。

附　則（平成29年6月2日法律第45号　民法の一部を改正する法律の施行に伴う関係法律の整備等に関する法律）

この法律は、民法改正法の施行の日〔平成32年4月1日〕から施行する。（以下略）

（金融商品取引法の一部改正に伴う経過措置）

第71条　前条の規定による改正前の金融商品取引法（以下この条において「旧金融商品取引法」という。）第20条後段（旧金融商品取引法第21条の3（旧金融商品取引法第27条及び第27条の34において準用する場合を含む。）、第23条の12第5項（旧金融商品取引法第27条において準用する場合を含む。）、第27条及び第27条の33において準用する場合を含む。）、第27条の21第1項後段（旧金融商品取引法第27条の22の2第2項において準用する場合を含む。）又は第27条の21第2項後段に規定する期間がこの法律の施行の際既に経過していた場合におけるその期間の制限については、なお従前の例による。

2・3　（略）

附　則（平成29年6月2日法律第46号　不動産特定共同事業法の一部を改正する法律）

（施行期日）

第1条　この法律は、公布の日から起算して6月を超えない範囲内において政令で定める日〔平成29年12月1日〕から施行する。（以下略）

附　則（平成30年12月14日法律第95号　漁業法等の一部を改正する等の法律）

（施行期日）

第1条　この法律は、公布の日から起算して2年を超えない範囲内において政令で定める日〔令和2年12月1日〕から施行する。（以下略）

附　則（令和元年6月7日法律第28号　情報通信技術の進展に伴う金融取引の多様化に対応するための資金決済に関する法律等の一部を改正する法律）

（施行期日）

第1条　この法律は、公布の日から起算して1年

を超えない範囲内において政令で定める日〔令和2年5月1日〕から施行する。(以下略)

(金融商品取引法の一部改正に伴う経過措置)

第9条 この法律の施行前に開始した電子記録移転権利(第2条の規定による改正後の金融商品取引法(以下「新金融商品取引法」という。)第2条第3項に規定する電子記録移転権利をいう。)に相当するものに係る有価証券の募集又は売出し(新金融商品取引法第5条第1項(同条第5項において準用し、及びこれらの規定を新金融商品取引法第27条において準用する場合を含む。)に規定する有価証券の募集又は売出しをいう。)については、なお従前の例による。

附　則 （令和2年6月12日法律第50号 金融サービスの利用者の利便の向上及び保護を図るための金融商品の販売等に関する法律等の一部を改正する法律）

(施行期日)

第1条 この法律は、公布の日から起算して1年6月を超えない範囲内において政令で定める日〔令和3年11月1日〕から施行する。(以下略)

附　則 （令和3年5月26日法律第46号 新型コロナウイルス感染症等の影響による社会経済情勢の変化に対応して金融の機能の強化及び安定の確保を図るための銀行法等の一部を改正する法律）

(施行期日)

第1条 この法律は、公布の日から起算して6月を超えない範囲内において政令で定める日〔令和3年11月22日〕から施行する。(以下略)

附　則 （令和4年5月18日法律第41号 公認会計士法及び金融商品取引法の一部を改正する法律）

(施行期日)

第1条 この法律は、公布の日から起算して1年を超えない範囲内において政令で定める日〔令和5年4月1日〕から施行する。(以下略)

附　則 （令和4年6月10日法律第61号 安定的かつ効率的な資金決済制度の構築を図るための資金決済に関する法律等の一部を改正する法律）

(施行期日)

第1条 この法律は、公布の日から起算して1年を超えない範囲内において政令で定める日から施行する。(以下略)

金 商 法

金融商品取引法施行令（抄）

昭和40年9月30日政令第321号
最終改正令和4年8月3日政令第268号

目　次

第1章　総則

（有価証券となる証券又は証書）

第1条　金融商品取引法（以下「法」という。）第2条第1項第21号に規定する政令で定める証券又は証書は、次に掲げるものとする。

一　譲渡性預金（払戻しについて期限の定めがある預金であつて、民法（明治29年法律第89号）第3編第1章第7節第1款に規定する指図証券、同節第2款に規定する記名式所持人払証券、同節第3款に規定するその他の記名証券又は同節第4款に規定する無記名証券に係る債権であるものをいう。）の預金証書のうち、外国法人が発行するもの

二　学校法人等（私立学校法（昭和24年法律第270号）第3条に規定する学校法人又は同法第64条第4項に規定する法人をいう。以下同じ。）が行う割当てにより発生する当該学校法人等を債務者とする金銭債権（前号に規定する債権であるものに限る。）を表示する証券又は証書であつて、当該学校法人等の名称その他の内閣府令で定める事項を表示するもの

（有価証券とみなされる合名会社又は合資会社の社員権）

第1条の2　法第2条第2項第3号に規定する政令で定めるものは、次に掲げるものとする。

一　その社員の全てが次のいずれかに該当する合名会社の社員権

イ　株式会社

ロ　合同会社

二　その無限責任社員の全てが次のいずれかに該当する合資会社の社員権

イ　株式会社

ロ　合同会社

（金銭に類するもの）

第1条の3　法第2条第2項第5号に規定する政令で定めるものは、次に掲げるものとする。

一　有価証券

二　為替手形

三　約束手形（第1号に掲げるものに該当するものを除く。）

四　法第2条第2項第1号、第2号、第5号又は第6号に掲げる権利を有する者から出資又は拠出を受けた金銭（前3号に掲げるものを含む。）の全部を充てて取得した物品（当該権利を有する者の保護を確保することが必要と認められるものとして内閣府令で定めるものに限る。）

五　前各号に掲げるものに準ずるものとして内閣府令で定めるもの

（出資対象事業に関与する場合）

第1条の3の2　法第2条第2項第5号イに規定する政令で定める場合は、次の各号のいずれにも該当する場合とする。

一　出資対象事業（法第2条第2項第5号に規定する出資対象事業をいう。以下この条及び次条第4号において同じ。）に係る業務執行が全ての出資者（同項第5号に規定する出資者をいう。以下この条において同じ。）の同意を得て行われるものであること（全ての出資者の同意を要しない旨の合意がされている場合において、当該業務執行の決定について全ての出資者が同意をするか否かの意思を表示してその執行が行われるものであることを

含む。）。
二　出資者の全てが次のいずれかに該当すること。
　イ　出資対象事業に常時従事すること。
　ロ　特に専門的な能力であつて出資対象事業の継続の上で欠くことができないものを発揮して当該出資対象事業に従事すること。

（有価証券とみなさなくても公益等のため支障を生ずることがないと認められる権利）

第1条の3の3　法第2条第2項第5号ニに規定する政令で定める権利は、次に掲げるものとする。
一　保険業法（平成7年法律第105号）第2条第1項各号に掲げる事業に係る契約に基づく権利
二　本邦の法令に基づいて設立された法人（公益社団法人以外の一般社団法人及び公益財団法人以外の一般財団法人を除く。）に対する出資又は拠出に係る権利（法第2条第1項第6号から第9号まで及び第11号に掲げる有価証券に表示される権利並びに同条第2項の規定により有価証券とみなされる同項第3号に掲げる権利を除く。）
三　分収林特別措置法（昭和33年法律第57号）第2条第3項に規定する分収林契約に基づく権利
四　次に掲げる者のみを当事者とする組合契約等（民法第667条第1項に規定する組合契約その他の継続的な契約をいう。）に基づく権利であつて、当該権利に係る出資対象事業が専ら次に掲げる者の業務を行う事業であるもの
　イ　公認会計士
　ロ　弁護士（外国法事務弁護士を含む。）
　ハ　司法書士
　ニ　土地家屋調査士
　ホ　行政書士
　ヘ　税理士
　ト　不動産鑑定士
　チ　社会保険労務士
　リ　弁理士

五　株券又は投資証券（投資信託及び投資法人に関する法律（昭和26年法律第198号）に規定する投資証券をいう。以下この号において同じ。）の発行者の役員、従業員その他の内閣府令で定める者（以下この号及び第2条の12の4第2項第4号において「役員等」という。）が当該発行者の他の役員等と共同して当該発行者の株券又は投資証券の買付けを、一定の計画に従い、個別の投資判断に基づかず、継続的に行うことを約する契約のうち、内閣府令で定める要件に該当するものに基づく権利
六　前各号に掲げるものに準ずるものとして内閣府令で定めるもの

（有価証券とみなす権利）

第1条の3の4　法第2条第2項第7号に規定する政令で定める権利は、学校法人等に対する貸付け（次の各号に掲げる要件の全てに該当するものに限る。）に係る債権とする。
一　当該貸付けに係る利率、弁済期その他の内閣府令で定める事項が同一で、複数の者が行うもの（当該貸付けが無利息であるものを除く。）であること。
二　当該貸付けの全部又は一部が次のいずれかに該当すること。
　イ　当該貸付けを受ける学校法人等の設置する学校（私立学校法第2条第1項に規定する学校をいい、同条第2項に規定する専修学校及び各種学校を含む。）に在学する者その他利害関係者として内閣府令で定める者（ロにおいて「利害関係者」という。）以外の者が行う貸付けであること。
　ロ　当該貸付けに係る債権の利害関係者以外の者に対する譲渡が禁止されていないこと。
三　当該貸付けの全部又は一部が次のいずれかに該当すること。
　イ　銀行その他の法令の規定により当該貸付けを業として行うことができる者（ロにおいて「銀行等」という。）以外の者が行う貸付けであること。
　ロ　当該貸付けに係る債権の銀行等（債権管

理回収業に関する特別措置法（平成10年法律第126号）第2条第3項に規定する債権回収会社を含む。）以外の者に対する譲渡が禁止されていないこと。

（取得勧誘において適格機関投資家以外の者に譲渡されるおそれが少ない場合）

第1条の4　法第2条第3項第1号に規定する譲渡されるおそれが少ないものとして政令で定める場合並びに同項第2号イ及び法第2条の3第4項第2号イに規定する政令で定める場合は、次の各号に掲げる有価証券の区分に応じ、当該各号に定める場合とする。

一　株券（法第2条第1項第17号に掲げる有価証券で株券の性質を有するもの並びに協同組織金融機関の優先出資に関する法律（平成5年法律第44号。以下「優先出資法」という。）に規定する優先出資証券（この号及び次号を除き、以下「優先出資証券」という。）及び資産の流動化に関する法律（平成10年法律第105号。以下「資産流動化法」という。）に規定する優先出資証券並びに同項第17号に掲げる有価証券でこれらの有価証券の性質を有するもの並びに投資信託及び投資法人に関する法律に規定する投資証券及び外国投資証券で投資証券に類する証券（以下「投資証券等」という。）を含む。次号イ、第1条の5の2第2項第2号イ、第1条の7第2号ロ(1)、第1条の7の4第2号イ、第1条の8の2第2号イ及び第1条の8の4第3号ロ(1)において同じ。）及び法第2条第1項第17号に掲げる有価証券で同項第6号に掲げる有価証券の性質を有するもの（以下この号、第1条の5の2第2項第1号、第1条の7第2号イ、第1条の7の4第1号、第1条の8の2第1号、第1条の8の4第3号イ、第2条の4の2第2号イ及び第2条の6の2第2号イにおいて「株券等」という。）　次に掲げる要件の全てに該当する場合

イ　当該株券等の発行者が、当該株券等と同一の内容（株式（優先出資法に規定する優先出資及び資産流動化法に規定する優先出

資を含む。）若しくは出資に係る剰余金の配当、残余財産の分配、利益を用いて行う出資の消却又は優先出資法第15条第1項（第2号に係る部分に限る。）の規定による優先出資の消却についての内容に限る。）を表示した株券等であつて法第24条第1項各号（法第27条において準用する場合を含む。）のいずれかに該当するものを既に発行している者でないこと。

ロ　当該株券等と同一種類の有価証券として内閣府令で定めるものが特定投資家向け有価証券（法第4条第3項に規定する特定投資家向け有価証券をいう。以下同じ。）でないこと。

ハ　次の(1)又は(2)に掲げる場合の区分に応じ、当該(1)又は(2)に定める要件に該当すること。

(1)　当該株券等に係る権利が、電子情報処理組織を用いて移転することができる財産的価値（電子機器その他の物に電子的方法により記録されるものに限る。以下同じ。）に表示される場合（内閣府令で定める場合を除く。第1条の5の2第2項第1号ロ(1)及び第2号ロ(1)、第1条の7の4第1号ハ(1)、第1条の8の2第1号ロ(1)及び第2号ロ(1)並びに第15条の10の6第1号において同じ。）　当該財産的価値を適格機関投資家（法第2条第3項第1号に規定する適格機関投資家をいう。以下同じ。）以外の者に移転することができないようにする技術的措置がとられていること。

(2)　(1)に掲げる場合以外の場合　当該株券等を取得した者が当該株券等を適格機関投資家以外の者に譲渡を行わない旨を定めた譲渡に係る契約を締結することを取得の条件として、取得勧誘（法第2条第3項に規定する取得勧誘をいう。以下同じ。）又は組織再編成発行手続（法第2条の3第2項に規定する組織再編成発行手続をいう。第1条の7の3第7号及び第2条の4の2第1号において同じ。）

　　が行われること。

二　新株予約権証券及び新株予約権、新優先出
資引受権（資産流動化法に規定する新優先出
資引受権をいう。以下同じ。）又は資産流動
化法に規定する優先出資証券に転換する権利
が付されている有価証券並びに法第2条第1
項第17号に掲げる有価証券のうちこれらの有
価証券の性質を有するもの並びに新投資口予
約権証券（投資信託及び投資法人に関する法
律に規定する新投資口予約権証券をいう。以
下同じ。）及び投資信託及び投資法人に関す
る法律に規定する外国投資証券で新投資口予
約権証券に類する証券（以下「新投資口予約
権証券等」という。）（法第2条第1項第19号
に掲げる有価証券を除く。以下この号、第1
条の5の2第2項第2号、第1条の7第2号
ロ、第1条の7の4第2号、第1条の8の2
第2号、第1条の8の4第3号ロ、第2条の
4の2第2号ロ、第2条の6の2第2号ロ及
び第2条の12の3第5号において「新株予約
権証券等」という。）　次に掲げる要件の全て
に該当する場合

イ　当該新株予約権証券等に表示された権利
の行使により取得され、引き受けられ、又
は転換されることとなる株券の発行者並び
に当該株券、新株予約権証券及び新投資口
予約権証券がそれぞれ前号イ及びロに掲げ
る要件に該当すること。

ロ　当該新株予約権証券等（新株予約権証券
及び新投資口予約権証券を除く。以下ロ及
びハにおいて同じ。）の発行者が、当該新
株予約権証券等と同一種類の有価証券とし
て内閣府令で定めるものであつて法第24条
第1項各号（法第27条において準用する場
合を含む。）のいずれかに該当するものを
既に発行している者でないこと。

ハ　当該新株予約権証券等と同一種類の有価
証券として内閣府令で定めるものが特定投
資家向け有価証券でないこと。

ニ　当該新株予約権証券等（当該新株予約権
証券等が新優先出資引受権付特定社債券

（資産流動化法に規定する新優先出資引受
権付特定社債券をいう。以下同じ。）であ
る場合であつて、特定社債券（資産流動化
法に規定する特定社債券をいう。以下同
じ。）と分離して新優先出資引受権のみを
譲渡することができるときは、当該特定社
債券及びこれとともに発行される新優先出
資引受権証券（資産流動化法に規定する新
優先出資引受権証券をいう。以下同じ。））
に、内閣府令で定める方式に従い、これを
取得し、又は買い付けた者が当該新株予約
権証券等を適格機関投資家に譲渡する場合
以外の譲渡が禁止される旨の制限が付され
ていることその他当該新株予約権証券等が
これに準ずるものとして内閣府令で定める
要件に該当すること。

三　前2号に掲げる有価証券以外の有価証券
次に掲げる要件の全てに該当する場合

イ　当該有価証券の発行者が、当該有価証券
と同一種類の有価証券として内閣府令で定
めるものであつて法第24条第1項各号（法
第27条において準用する場合を含む。）の
いずれかに該当するものを既に発行してい
る者でないこと。

ロ　当該有価証券と同一種類の有価証券とし
て内閣府令で定めるものが特定投資家向け
有価証券でないこと。

ハ　前号に準じて内閣府令で定める要件に該
当すること。

（勧誘の相手方が多数である場合）

第1条の5　法第2条第3項第1号に規定する多
数の者を相手方として行う場合として政令で定
める場合は、50名以上の者を相手方として有価
証券の取得勧誘を行う場合とする。

（取得勧誘において特定投資家等以外の者に譲渡
されるおそれが少ない場合等）

第1条の5の2　法第2条第3項第2号ロ(2)に規
定する政令で定める者は、次のいずれかに該当
する者とする。

一　当該有価証券を証券関連業者（金融商品取
引業者等（法第34条に規定する金融商品取引

業者等をいう。第44条を除き、以下同じ。）
又は外国証券業者（法第58条に規定する外国
証券業者をいう。以下同じ。）をいう。次号
において同じ。）の媒介、取次ぎ又は代理に
よつて居住者（外国為替及び外国貿易法（昭
和24年法律第228号）第6条第1項第5号前
段に規定する居住者をいう。以下同じ。）か
ら取得する非居住者（同項第6号に規定する
非居住者をいう。以下同じ。）

二　当該有価証券を証券関連業者又は他の非居
住者から取得する非居住者

2　法第2条第3項第2号ロ(2)に規定する政令で
定める場合は、次の各号に掲げる有価証券の区
分に応じ、当該各号に定める場合とする。

一　株券等　次に掲げる要件の全てに該当する
場合

イ　当該株券等と同一種類の有価証券として
内閣府令で定めるものが法第24条第1項各
号（法第27条において準用する場合を含
む。）に掲げる有価証券のいずれにも該当
しないこと。

ロ　次の(1)又は(2)に掲げる場合の区分に応じ、
当該(1)又は(2)に定める要件に該当すること。

(1)　当該株券等に係る権利が、電子情報処
理組織を用いて移転することができる財
産的価値に表示される場合　当該財産的
価値を特定投資家等（法第2条第3項第
2号ロ(2)に規定する特定投資家等をいう。
以下同じ。）以外の者に移転することが
できないようにする技術的措置その他の
内閣府令で定める措置がとられているこ
と。

(2)　(1)に掲げる場合以外の場合　当該株券
等の発行者と当該株券等の取得勧誘に応
じて当該株券等を取得しようとする者
（以下この号において「取得者」という。）
との間及び当該取得勧誘を行う者と当該
取得者との間において、当該取得者が取
得した当該株券等を特定投資家等以外の
者に譲渡を行わない旨その他の内閣府令
で定める事項を定めた譲渡に係る契約を

締結することを取得の条件として、取得
勧誘が行われること。

二　新株予約権証券等　次に掲げる要件の全て
に該当する場合

イ　当該新株予約権証券等及び当該新株予約
権証券等に表示された権利の行使により取
得され、引き受けられ、又は転換されるこ
ととなる株券が前号イに掲げる要件に該当
すること。

ロ　次の(1)又は(2)に掲げる場合の区分に応じ、
当該(1)又は(2)に定める要件に該当すること。

(1)　当該新株予約権証券等に係る権利が、
電子情報処理組織を用いて移転すること
ができる財産的価値に表示される場合
当該財産的価値を特定投資家等以外の者
に移転することができないようにする技
術的措置その他の内閣府令で定める措置
がとられていること。

(2)　(1)に掲げる場合以外の場合　当該新株
予約権証券等（当該新株予約権証券等が
新優先出資引受権付特定社債券である場
合であつて、特定社債券と分離して新優
先出資引受権のみを譲渡することができ
るときは、当該特定社債券及びこれとと
もに発行される新優先出資引受権証券）
の発行者と当該新株予約権証券等の取得
勧誘に応じて当該新株予約権証券等を取
得しようとする者（以下この号において
「取得者」という。）との間及び当該取得
勧誘を行う者と当該取得者との間におい
て、当該取得者が取得した当該新株予約
権証券等を特定投資家等以外の者に譲渡
を行わない旨その他の内閣府令で定める
事項を定めた譲渡に係る契約を締結する
ことを取得の条件として、取得勧誘が行
われること。

三　前2号に掲げる有価証券以外の有価証券
前号に準じて内閣府令で定める要件に該当す
る場合

当すること。

イ　株券等　次に掲げる要件の全てに該当すること。

（1）当該株券等の発行者が、当該株券等と同一の内容（株式（優先出資法に規定する優先出資及び資産流動化法に規定する優先出資を含む。）若しくは出資に係る剰余金の配当、残余財産の分配、利益を用いて行う出資の消却又は優先出資法第15条第１項（第２号に係る部分に限る。）の規定による優先出資の消却についての内容に限る。）を表示した株券等であつて法第24条第１項各号（法第27条において準用する場合を含む。）のいずれかに該当するものを既に発行している者でないこと。

（2）当該株券等と同一種類の有価証券として内閣府令で定めるものが特定投資家向け有価証券でないこと。

ロ　新株予約権証券等　次に掲げる要件の全てに該当すること。

（1）当該新株予約権証券等に表示された権利の行使により取得され、引き受けられ、又は転換されることとなる株券の発行者並びに当該株券、新株予約権証券及び新投資口予約権証券がそれぞれイ(1)及び(2)に掲げる要件に該当すること。

（2）当該新株予約権証券等（新株予約権証券及び新投資口予約権証券を除く。以下ロにおいて同じ。）の発行者が、当該新株予約権証券等と同一種類の有価証券として内閣府令で定めるものであつて法第24条第１項各号（法第27条において準用する場合を含む。）のいずれかに該当するものを既に発行している者でないこと。

（3）当該新株予約権証券等と同一種類の有価証券として内閣府令で定めるものが特定投資家向け有価証券でないこと。

（4）当該新株予約権証券等（当該新株予約権証券等が新優先出資引受権付特定社債券である場合であつて、特定社債券と分

（取得勧誘が少人数向け勧誘に該当しないための要件）

第１条の６　法第２条第３項第２号ハに規定する政令で定める要件は、当該有価証券の発行される日以前３月以内に、当該有価証券と同一種類の有価証券として内閣府令で定める他の有価証券（その発行の際にその取得勧誘が同号イに掲げる場合及び第２条の12に規定する場合に該当するものであつた有価証券並びにその発行の際にその取得勧誘が有価証券の募集に該当し、かつ、当該有価証券の募集に関し法第４条第１項の規定による届出又は法第23条の８第１項（法第27条において準用する場合を含む。）に規定する発行登録追補書類の提出が行われた有価証券を除く。以下この条において「同種の新規発行証券」という。）が発行されており、当該有価証券の取得勧誘を行う相手方（当該有価証券の取得勧誘を行う相手方が適格機関投資家であつて、当該有価証券が第１条の４に定める場合に該当するときは、当該適格機関投資家を除く。）の人数と当該３月以内に発行された同種の新規発行証券の取得勧誘を行つた相手方（当該同種の新規発行証券の取得勧誘を行つた相手方が適格機関投資家であつて、当該同種の新規発行証券が第１条の４に定める場合に該当するときは、当該適格機関投資家を除く。）の人数との合計が50名以上となることとする。

（取得勧誘において少人数向け勧誘に該当する場合）

第１条の７　法第２条第３項第２号ハに規定する政令で定める場合は、次に掲げる要件の全てに該当する場合とする。

一　当該取得勧誘が特定投資家（法第２条第31項に規定する特定投資家をいう。以下同じ。）のみを相手方とし、かつ、50名以上の者（当該者が適格機関投資家であつて、当該取得勧誘に係る有価証券が第１条の４に定める場合に該当するときは、当該者を除く。）を相手方として行う場合でないこと。

二　次のイからハまでに掲げる有価証券の区分に応じ、当該イからハまでに定める要件に該

金商法

離して新優先出資引受権のみを譲渡する
ことができるときは、当該特定社債券及
びこれとともに発行される新優先出資引
受権証券）に、内閣府令で定める方式に従
い、これを取得し、又は買い付けた者（当
該者が適格機関投資家であつて、当該新
株予約権証券等が第1条の4に定める場
合に該当するときは、当該適格機関投資
家を除く。）が当該新株予約権証券等を
一括して他の一の者に譲渡する場合以外
の譲渡が禁止される旨の制限が付されて
いることその他これに準ずるものとして
内閣府令で定める要件に該当すること。
　ハ　イ及びロに掲げる有価証券以外の有価証
　　券　次に掲げる要件の全てに該当すること。
　　(1)　当該有価証券の発行者が、当該有価証
　　　券と同一種類の有価証券として内閣府令
　　　で定めるものであつて法第24条第1項各
　　　号（法第27条において準用する場合を含
　　　む。）のいずれかに該当するものを既に
　　　発行している者でないこと。
　　(2)　当該有価証券と同一種類の有価証券と
　　　して内閣府令で定めるものが特定投資家
　　　向け有価証券でないこと。
　　(3)　ロに準じて内閣府令で定める要件に該
　　　当すること。

（取得勧誘により相当程度多数の者が所有する場
合）

第1条の7の2　法第2条第3項第3号に規定す
　る政令で定める場合は、その取得勧誘に係る有
　価証券を500名以上の者が所有することとなる
　取得勧誘を行う場合とする。

（有価証券の売出しに該当しない有価証券の取引）

第1条の7の3　法第2条第4項及び第6項に規
　定する政令で定める有価証券の取引は、次の各
　号のいずれかに該当する取引とする。
　一　取引所金融商品市場における有価証券の売
　　買
　二　店頭売買有価証券市場（法第67条第2項に
　　規定する店頭売買有価証券市場をいう。以下
　　同じ。）における有価証券の売買

　三　法第2条第8項第10号に掲げる行為による
　　有価証券（金融商品取引所に上場されている
　　もの又は店頭売買有価証券（同号ハに規定す
　　る店頭売買有価証券をいう。以下同じ。）に
　　限る。）の売買（当該有価証券が特定上場有
　　価証券（同条第33項に規定する特定上場有価
　　証券をいう。以下同じ。）である場合にあつ
　　ては、特定投資家等のみを当事者として行わ
　　れるものに限る。）
　四　金融商品取引業者等又は特定投資家が他の
　　金融商品取引業者等又は特定投資家と行う取
　　引所金融商品市場によらないで行う有価証券
　　（法第24条第1項第1号に掲げる有価証券に
　　該当するものに限る。）の売買のうち、当該
　　有価証券の公正な価格形成及び流通の円滑を
　　図るために行うものであつて、取引所金融商
　　品市場における当該有価証券の売買価格を基
　　礎として取引状況を勘案した適正な価格で行
　　うもの
　五　法第58条の2ただし書の規定により外国証
　　券業者が金融商品取引業者等又は適格機関投
　　資家に対して行う外国で既に発行された当該
　　有価証券（第2条の12の2に規定する有価証
　　券を含み、売付け勧誘等（法第2条第4項に
　　規定する売付け勧誘等をいう。以下同じ。）
　　のうち同項第2号イからハまでに掲げる場合
　　に該当するもの又は組織再編成交付手続（法
　　第2条の3第3項に規定する組織再編成交付
　　手続をいう。以下同じ。）のうち法第2条の
　　3第5項第2号イ若しくはロに掲げる場合に
　　該当するものが行われていないものに限る。
　　次号及び第1条の8の4第4号において「譲
　　渡制限のない海外発行証券」という。）の売
　　付け
　六　譲渡制限のない海外発行証券を取得した金
　　融商品取引業者等又は適格機関投資家（以下
　　この号において「売付け金融商品取引業者等」
　　という。）による他の金融商品取引業者等（当
　　該譲渡制限のない海外発行証券を他の者に取
　　得させる目的で買い付ける者に限る。以下こ
　　の号において「買付け金融商品取引業者等」

という。）に対する当該譲渡制限のない海外発行証券の売付け（売付け金融商品取引業者等又は買付け金融商品取引業者等が認可金融商品取引業協会（金融庁長官が指定する一の認可金融商品取引業協会に限る。以下この号及び第1条の8の4第4号において同じ。）の会員である売付けに限る。）であつて、当該売付け金融商品取引業者等（当該売付け金融商品取引業者等が認可金融商品取引業協会の会員でない場合には、当該買付け金融商品取引業者等）より当該譲渡制限のない海外発行証券の銘柄、数その他の内閣府令で定める事項が認可金融商品取引業協会に報告されるもの

七　取得勧誘のうち法第2条第3項第2号イからハまでに掲げる場合に該当するもの、売付け勧誘等のうち同条第4項第2号イからハまでに掲げる場合に該当するもの、組織再編成発行手続のうち法第2条の3第4項第2号イ若しくはロに掲げる場合に該当するもの又は組織再編成交付手続のうち同条第5項第2号イ若しくはロに掲げる場合に該当するものが行われていない有価証券（以下この号及び次号において「譲渡制限のない有価証券」という。）であつて、次に掲げる者以外の者が所有するものの売買

イ　当該譲渡制限のない有価証券の発行者

ロ　当該譲渡制限のない有価証券の発行者である法人（外国法人を含む。以下この号において同じ。）の役員（取締役、執行役、会計参与及び監査役（理事及び監事その他これらに準ずる者を含む。）をいう。以下この号において同じ。）又は発起人その他これに準ずる者（当該法人の設立後に当該法人の役員又は株主その他の構成員のいずれにも該当しない期間があり、かつ、当該期間が連続して5年を超える場合の発起人その他これに準ずる者を除く。）

ハ　当該譲渡制限のない有価証券の発行者である法人の主要株主（法第163条第1項に規定する主要株主をいう。以下ハにおいて

同じ。）又は当該主要株主（法人である場合に限る。）の役員若しくは発起人その他これに準ずる者（当該主要株主である法人の設立後に当該法人の役員又は株主その他の構成員のいずれにも該当しない期間があり、かつ、当該期間が連続して5年を超える場合の発起人その他これに準ずる者を除く。）

ニ　当該譲渡制限のない有価証券の発行者である法人の子会社等（法第29条の4第4項に規定する子会社その他これに準ずる法人をいう。以下ニにおいて同じ。）又は当該子会社等の役員若しくは発起人その他これに準ずる者（当該子会社等の設立後に当該子会社等の役員又は株主その他の構成員のいずれにも該当しない期間があり、かつ、当該期間が連続して5年を超える場合の発起人その他これに準ずる者を除く。）

ホ　金融商品取引業者等

八　譲渡制限のない有価証券の売買（当該売買の当事者の双方が前号イからホまでに掲げる者であるもの（当該当事者の双方が同号ホに掲げる者であるものを除く。）に限る。）

九　有価証券（社債券その他の内閣府令で定める有価証券に限る。）に係る買戻又は売戻条件付売買であつて、買戻又は売戻価格及び買戻しの日又は売戻しの日があらかじめ定められているもの

十　発行者又は当該発行者に対する当該有価証券の売付けを行おうとする者（当該者に対する当該有価証券の売付けを行おうとする者を含む。）に対する当該有価証券の売付け

十一　金融商品取引業者等が顧客のために取引所金融商品市場又は外国金融商品市場（法第2条第8項第3号ロに規定する外国金融商品市場をいう。以下同じ。）における有価証券の売買の取次ぎを行うことに伴う有価証券の売買

（売付け勧誘等において適格機関投資家以外の者に譲渡されるおそれが少ない場合）

第1条の7の4　法第2条第4項第1号に規定す

る譲渡されるおそれが少ないものとして政令で定める場合並びに同項第2号イ及び法第2条の3第5項第2号イに規定する政令で定める場合は、次の各号に掲げる有価証券の区分に応じ、当該各号に定める場合とする。

一　株券等　次に掲げる要件の全てに該当する場合

　　イ　当該株券等の発行者が、当該株券等と同一の内容（株式（優先出資法に規定する優先出資及び資産流動化法に規定する優先出資を含む。）若しくは出資に係る剰余金の配当、残余財産の分配、利益を用いて行う出資の消却又は優先出資法第15条第1項（第2号に係る部分に限る。）の規定による優先出資の消却についての内容に限る。）を表示した株券等であつて法第24条第1項各号（法第27条において準用する場合を含む。）のいずれかに該当するものを既に発行している者でないこと。

　　ロ　当該株券等と同一種類の有価証券として内閣府令で定めるものが特定投資家向け有価証券でないこと。

　　ハ　次の(1)又は(2)に掲げる場合の区分に応じ、当該(1)又は(2)に定める要件に該当すること。

　　　(1)　当該株券等に係る権利が、電子情報処理組織を用いて移転することができる財産的価値に表示される場合　当該財産的価値を適格機関投資家以外の者に移転することができないようにする技術的措置がとられていること。

　　　(2)　(1)に掲げる場合以外の場合　当該株券等を取得した者が当該株券等を適格機関投資家以外の者に譲渡を行わない旨を定めた譲渡に係る契約を締結することを取得の条件として、売付け勧誘等又は組織再編成交付手続が行われること。

二　新株予約権証券等　次に掲げる全ての要件に該当する場合

　　イ　当該新株予約権証券等に表示された権利の行使により取得され、引き受けられ、又は転換されることとなる株券の発行者並び

に当該株券、新株予約権証券及び新投資口予約権証券がそれぞれ前号イ及びロに掲げる要件に該当すること。

　　ロ　当該新株予約権証券等（新株予約権証券及び新投資口予約権証券を除く。以下ロ及びハにおいて同じ。）の発行者が、当該新株予約権証券等と同一種類の有価証券として内閣府令で定めるものであつて法第24条第1項各号（法第27条において準用する場合を含む。）のいずれかに該当するものを既に発行している者でないこと。

　　ハ　当該新株予約権証券等と同一種類の有価証券として内閣府令で定めるものが特定投資家向け有価証券でないこと。

　　ニ　当該新株予約権証券等（当該新株予約権証券等が新優先出資引受権付特定社債券である場合であつて、特定社債券と分離して新優先出資引受権のみを譲渡することができるときは、当該特定社債券及びこれとともに発行される新優先出資引受権証券）に、内閣府令で定める方式に従い、これを取得し、又は買い付けた者が当該新株予約権証券等を適格機関投資家に譲渡する場合以外の譲渡が禁止される旨の制限が付されていることその他当該新株予約権証券等がこれに準ずるものとして内閣府令で定める要件に該当すること。

三　前2号に掲げる有価証券以外の有価証券　次に掲げる要件の全てに該当する場合

　　イ　当該有価証券の発行者が、当該有価証券と同一種類の有価証券として内閣府令で定めるものであつて法第24条第1項各号（法第27条において準用する場合を含む。）のいずれかに該当するものを既に発行している者でないこと。

　　ロ　当該有価証券と同一種類の有価証券として内閣府令で定めるものが特定投資家向け有価証券でないこと。

　　ハ　前号に準じて内閣府令で定める要件に該当すること。

（多数の者を相手方とする場合）

第１条の８　法第２条第４項第１号に規定する多数の者を相手方として行う場合として政令で定める場合は、50名以上の者を相手方として行う場合とする。

（売付け勧誘等において特定投資家等以外の者に譲渡されるおそれが少ない場合）

第１条の８の２　法第２条第４項第２号ロ(2)に規定する政令で定める場合は、次の各号に掲げる有価証券の区分に応じ、当該各号に定める場合とする。

一　株券等　次に掲げる要件の全てに該当する場合

　イ　当該株券等と同一種類の有価証券として内閣府令で定めるものが法第24条第１項各号（法第27条において準用する場合を含む。）に掲げる有価証券のいずれにも該当しないこと。

　ロ　次の(1)又は(2)に掲げる場合の区分に応じ、当該(1)又は(2)に定める要件に該当すること。

　　(1)　当該株券等に係る権利が、電子情報処理組織を用いて移転することができる財産的価値に表示される場合　当該財産的価値を特定投資家等以外の者に移転することができないようにする技術的措置その他の内閣府令で定める措置がとられていること。

　　(2)　(1)に掲げる場合以外の場合　当該株券等の売付け勧誘等を行う者と当該売付け勧誘等に応じて当該株券等の買付けを行おうとする者（以下この号において「買付者」という。）との間において、当該買付者が買い付けた当該株券等を特定投資家等以外の者に譲渡を行わない旨その他の内閣府令で定める事項を定めた譲渡に係る契約を締結することを買付けの条件として、売付け勧誘等が行われること。

二　新株予約権証券等　次に掲げる要件の全てに該当する場合

　イ　当該新株予約権証券等及び当該新株予約権証券等に表示された権利の行使により取得され、引き受けられ、又は転換されることとなる株券が前号イに掲げる要件に該当すること。

　ロ　次の(1)又は(2)に掲げる場合の区分に応じ、当該(1)又は(2)に定める要件に該当すること。

　　(1)　当該新株予約権証券等に係る権利が、電子情報処理組織を用いて移転することができる財産的価値に表示される場合　当該財産的価値を特定投資家等以外の者に移転することができないようにする技術的措置その他の内閣府令で定める措置がとられていること。

　　(2)　(1)に掲げる場合以外の場合　当該新株予約権証券等（当該新株予約権証券等が新優先出資引受権付特定社債券である場合であつて、特定社債券と分離して新優先出資引受権のみを譲渡することができるときは、当該特定社債券及びこれとともに発行される新優先出資引受権証券）の売付け勧誘等を行う者と当該売付け勧誘等に応じて当該新株予約権証券等の買付けを行おうとする者（以下この号において「買付者」という。）との間において、当該買付者が買い付けた当該新株予約権証券等を特定投資家等以外の者に譲渡を行わない旨その他の内閣府令で定める事項を定めた譲渡に係る契約を締結することを買付けの条件として、売付け勧誘等が行われること。

三　前２号に掲げる有価証券以外の有価証券　前号に準じて内閣府令で定める要件に該当すること。

（売付け勧誘等が少人数向け勧誘に該当しないための要件）

第１条の８の３　法第２条第４項第２号ハに規定する政令で定める要件は、当該有価証券の売付け勧誘等が行われる日以前１月以内に、当該有価証券と同一種類の有価証券として内閣府令で定める他の有価証券（次に掲げる有価証券を除く。以下この条において「同種の既発行証券」という。）の売付け勧誘等（第１条の７の３各

号に掲げる取引を除く。以下この条において同じ。）が行われており、当該有価証券の売付け勧誘等を行う相手方（当該有価証券の売付け勧誘等を行う相手方が適格機関投資家であつて、当該有価証券が第1条の7の4に定める場合に該当するときは、当該適格機関投資家を除く。）の人数と当該1月以内に売付け勧誘等が行われた同種の既発行証券の売付け勧誘等を行つた相手方（当該同種の既発行証券の売付け勧誘等を行つた相手方が適格機関投資家であつて、当該同種の既発行証券が第1条の7の4に定める場合に該当するときは、当該適格機関投資家を除く。）の人数との合計が50名以上となることとする。

一　その売付け勧誘等の際にその売付け勧誘等が法第2条第4項第2号イに掲げる場合に該当するものであつた有価証券

二　その売付け勧誘等の際にその売付け勧誘等が第2条の12に規定する場合に該当するものであつた有価証券

三　その売付け勧誘等の際にその売付け勧誘等が有価証券の売出しに該当し、かつ、当該有価証券の売出しに関し法第4条第1項の規定による届出又は法第23条の8第1項（法第27条において準用する場合を含む。）に規定する発行登録追補書類の提出が行われた有価証券

四　その売付け勧誘等の際にその売付け勧誘等が法第27条の32の2第1項に規定する外国証券売出しに該当し、かつ、同項の規定により外国証券情報（同項に規定する外国証券情報をいう。以下同じ。）の提供又は公表が行われた有価証券（同項ただし書の規定に該当する有価証券を含む。）

（売付け勧誘等において少人数向け勧誘に該当する場合）

第1条の8の4　法第2条第4項第2号ハに規定する政令で定める場合は、次に掲げる要件の全てに該当する場合とする。

一　当該売付け勧誘等が特定投資家のみを相手方とし、かつ、50名以上の者（当該者が適格

機関投資家であつて、当該売付け勧誘等に係る有価証券が第1条の7の4に定める場合に該当するときは、当該者を除く。）を相手方として行う場合でないこと。

二　第1条の7第2号に掲げる要件に該当する有価証券の売付け勧誘等を行う場合は、当該要件に従つて行うものであること。

三　前号に規定する有価証券以外の有価証券の売付け勧誘等を行う場合は、次のイからハまでに掲げる有価証券の区分に応じ、当該イからハまでに定める要件に該当すること。

イ　株券等　次に掲げる要件の全てに該当すること。

(1)　当該株券等の発行者が、当該株券等と同一の内容（株式（優先出資法に規定する優先出資及び資産流動化法に規定する優先出資を含む。）若しくは出資に係る剰余金の配当、残余財産の分配、利益を用いて行う出資の消却又は優先出資法第15条第1項（第2号に係る部分に限る。）の規定による優先出資の消却についての内容に限る。）を表示した株券等であつて法第24条第1項各号（法第27条において準用する場合を含む。）のいずれかに該当するものを既に発行している者でないこと。

(2)　当該株券等と同一種類の有価証券として内閣府令で定めるものが特定投資家向け有価証券でないこと。

ロ　新株予約権証券等　次に掲げる要件の全てに該当すること。

(1)　当該新株予約権証券等に表示された権利の行使により取得され、引き受けられ、又は転換されることとなる株券の発行者並びに当該株券、新株予約権証券及び新投資口予約権証券がそれぞれイ(1)及び(2)に掲げる要件に該当すること。

(2)　当該新株予約権証券等（新株予約権証券及び新投資口予約権証券を除く。以下ロにおいて同じ。）の発行者が、当該新株予約権証券等と同一種類の有価証券と

して内閣府令で定めるものであつて法第
24条第1項各号（法第27条において準用
する場合を含む。）のいずれかに該当す
るものを既に発行している者でないこと。

(3) 当該新株予約権証券等と同一種類の有
価証券として内閣府令で定めるものが特
定投資家向け有価証券でないこと。

(4) 当該新株予約権証券等（当該新株予約
権証券等が新優先出資引受権付特定社債
券である場合であつて、特定社債券と分
離して新優先出資引受権のみを譲渡する
ことができるときは、当該特定社債券及
びこれとともに発行される新優先出資引
受権証券）に、内閣府令で定める方式に
従い、これを取得し、又は買い付けた者
（当該者が適格機関投資家であつて、当
該新株予約権証券等が第1条の7の4に
定める場合に該当するときは、当該適格
機関投資家を除く。）が当該新株予約権
証券等を一括して他の一の者に譲渡する
場合以外の譲渡が禁止される旨の制限が
付されていることその他これに準ずるも
のとして内閣府令で定める要件に該当す
ること。

ハ　イ及びロに掲げる有価証券以外の有価証
券　次に掲げる要件の全てに該当すること。

(1) 当該有価証券の発行者が、当該有価証
券と同一種類の有価証券として内閣府令
で定めるものであつて法第24条第1項各
号（法第27条において準用する場合を含
む。）のいずれかに該当するものを既に
発行している者でないこと。

(2) 当該有価証券と同一種類の有価証券と
して内閣府令で定めるものが特定投資家
向け有価証券でないこと。

(3) ロに準じて内閣府令で定める要件に該
当すること。

四　譲渡制限のない海外発行証券の売付け勧誘
等を行う場合は、次に掲げる要件の全てに該
当すること。

イ　金融商品取引業者等（認可金融商品取引

業協会の会員に限る。）が譲渡制限のない
海外発行証券の売付け勧誘等を行つた場合
には、当該譲渡制限のない海外発行証券の
銘柄、当該売付け勧誘等により当該譲渡制
限のない海外発行証券を取得し、かつ、現
に所有する者の数として内閣府令で定める
ところにより算出した数（以下この号にお
いて「所有者数」という。）その他内閣府
令で定める事項を認可金融商品取引業協会
の規則の定めるところにより当該認可金融
商品取引業協会に報告することとされてい
ること。

ロ　イに規定する報告を受けた認可金融商品
取引業協会は、当該認可金融商品取引業協
会の規則の定めるところにより、譲渡制限
のない海外発行証券の銘柄ごとの所有者数
の総数を算出し、公表することとされてい
ること。

ハ　イの譲渡制限のない海外発行証券の銘柄
ごとの所有者数の総数が1,000を超えない
ものであること。

（売付け勧誘等により相当程度多数の者が所有す
る場合）

第1条の8の5　法第2条第4項第3号に規定す
る政令で定める場合は、その売付け勧誘等に応
じることにより、当該売付け勧誘等に係る有価
証券を500名以上の者が所有することとなる場
合とする。

（金融商品取引業から除かれるもの）

第1条の8の6　法第2条第8項に規定する政令
で定めるものは、次に掲げるものとする。

一　次に掲げる者が行う法第2条第8項各号に
掲げる行為

イ　国

ロ　地方公共団体

ハ　日本銀行

ニ　外国政府その他の外国の法令上イからハ
までに掲げる者に相当する者

二　法第2条第8項第4号に掲げる行為のうち、
次のいずれかに該当する者を相手方として店
頭デリバティブ取引（有価証券関連店頭デリ

バティブ取引（法第28条第８項第４号に掲げる取引をいう。）及び暗号資産関連店頭デリバティブ取引（法第185条の24第１項に規定する暗号資産関連店頭デリバティブ取引をいう。第16条の４第１項第１号ニにおいて同じ。）を除く。以下この号において同じ。）を行い、又は当該者のために店頭デリバティブ取引の媒介、取次ぎ（有価証券等清算取次ぎを除く。以下この号において同じ。）若しくは代理を行う行為（前号に掲げるものに該当するもの並びに特定店頭デリバティブ取引（法第40条の７第１項に規定する特定店頭デリバティブ取引をいう。以下同じ。）並びにその媒介、取次ぎ及び代理（特定店頭デリバティブ取引又はその媒介、取次ぎ若しくは代理を行う者がその店頭デリバティブ取引等（法第２条第８項第４号に規定する店頭デリバティブ取引等をいう。以下同じ。）の業務の用に供する電子情報処理組織を使用して行うものに限る。）を除く。）

イ　デリバティブ取引に関する専門的知識及び経験を有すると認められる者として内閣府令で定める者

ロ　資本金の額が内閣府令で定める金額以上の株式会社

三　法第２条第８項第15号に掲げる行為のうち、商品投資に係る事業の規制に関する法律（平成３年法律第66号）第２条第６項に規定する商品投資受益権を有する者（当該商品投資受益権が同項第２号に掲げる権利又は同項第３号に掲げる権利（同項第２号に掲げる権利に類するものに限る。）である場合にあつては、これらの権利に係る信託の受託者）から出資又は拠出を受けた金銭その他の財産の全部を充てて行う一の法人への出資（以下この号及び次項において「特定出資」という。）であつて、次に掲げる要件の全てに該当するもの（第１号に掲げるものに該当するものを除く。）

イ　当該商品投資受益権に係る商品投資契約（商品投資に係る事業の規制に関する法律

第２条第５項に規定する商品投資契約をいう。）若しくは信託契約又は当該商品投資受益権の販売を内容とする契約のいずれかにおいて、当該法人への特定出資が行われる旨及び当該法人が特定出資に係る金銭その他の財産を商品投資（同条第１項に規定する商品投資をいう。以下同じ。）により運用する旨が定められていること。

ロ　当該法人が、商品投資に係る事業の規制に関する法律第33条第１項に規定する商品投資顧問業者等に対して商品投資に係る同法第２条第２項に規定する投資判断を一任すること。

ハ　当該法人が特定出資に係る金銭その他の財産を主として有価証券又はデリバティブ取引に係る権利に対する投資として運用するものでないこと。

四　前３号に掲げるもののほか、行為の性質その他の事情を勘案して内閣府令で定める行為

２　前項第３号に規定する法人が特定出資に係る金銭その他の財産の全部又は商品投資により運用するもの以外のものの全部を充てて他の法人に出資を行う場合には、同号イからハまでの規定の適用については、当該他の法人を当該法人とみなす。

（金融機関の範囲）

第１条の９　法第２条第８項及び第11項、第27条の２第４項（法第27条の22の２第２項において準用する場合を含む。）、第27条の28第３項（法第27条の29第２項において準用する場合を含む。）、第28条第４項、第31条の４第３項及び第４項、第33条第１項、第33条の５第２項、第33条の７、第33条の８第１項、第50条第１項第４号、第58条、第60条の14第１項並びに第66条に規定する政令で定める金融機関は、次に掲げるものとする。

一　株式会社商工組合中央金庫

二　保険会社（保険業法第２条第２項に規定する保険会社をいい、同条第７項に規定する外国保険会社等を含む。以下同じ。）

三　無尽会社

　四　証券金融会社

　五　主としてコール資金の貸付け又はその貸借
　　の媒介を業として行う者のうち金融庁長官の
　　指定するもの

（金融商品取引業となる募集又は私募に係る有価
証券）

第１条の９の２　法第２条第８項第７号トに規定
する政令で定める有価証券は、次に掲げるもの
とする。

　一　次に掲げるもの（その発行者が当該有価証
　　券に係る信託の受託者とされるものを除く。）
　　であつて、商品投資又は第37条第１項第２号
　　イからホまでに掲げるいずれかの物品の取得
　　（生産を含む。）をし、譲渡をし、使用をし、
　　若しくは使用をさせることにより運用するこ
　　とを目的とするものに該当するもの

　　イ　法第２条第１項第14号に掲げる有価証券

　　ロ　法第２条第１項第17号に掲げる有価証券
　　　のうち、同項第14号に掲げる有価証券の性
　　　質を有するもの

　　ハ　イ又はロに掲げる有価証券に表示される
　　　べき権利であつて、法第２条第２項の規定
　　　により有価証券とみなされるもの

　　ニ　法第２条第２項の規定により有価証券と
　　　みなされる同項第１号又は第２号に掲げる
　　　権利

　二　法第２条第２項の規定により有価証券とみ
　　なされる権利（同条第８項第７号ホ及びヘ並
　　びに前号に掲げるものを除き、電子情報処理
　　組織を用いて移転することができる財産的価
　　値に表示される場合（投資者の保護の必要性
　　を勘案して内閣府令で定める場合を除く。）
　　に限る。）

（電子情報処理組織を使用した取引業務から除か
れるもの）

第１条の９の３　法第２条第８項第10号に規定す
る政令で定めるものは、特定投資家向け有価証
券（法第４条第３項第４号に掲げるもの（第２
条の12の４第３項第１号又は第３号に掲げるも
のを除く。）及び開示が行われている場合（法
第４条第７項に規定する開示が行われている場

合をいう。）に該当するものを除く。）の売買又
はその媒介、取次ぎ若しくは代理であつて、電
子情報処理組織を使用して、同時に多数の者を
一方の当事者又は各当事者として法第２条第８
項第10号イからホまでに掲げる売買価格の決定
方法又はこれに類似する方法により行うものと
する。

（競売買の方法による場合の基準）

第１条の10　法第２条第８項第10号イに規定する
政令で定める基準は、次に掲げるものとする。

　一　毎月末日から起算して過去６月間に行われ
　　た上場有価証券等（金融商品取引所に上場さ
　　れている有価証券及び店頭売買有価証券をい
　　う。以下この条において同じ。）の売買（デ
　　リバティブ取引に該当するものを除く。以下
　　この条において同じ。）であつて法第２条第
　　８項第10号イに掲げる売買価格の決定方法に
　　より行うものに係る総取引高の１営業日当た
　　りの平均額の、当該６月間に行われた上場有
　　価証券等の全ての取引所金融商品市場及び店
　　頭売買有価証券市場における売買に係る総取
　　引高の１営業日当たりの平均額に対する比率
　　が100分の１であること。

　二　毎月末日から起算して過去６月間に行われ
　　た上場有価証券等の売買であつて法第２条第
　　８項第10号イに掲げる売買価格の決定方法に
　　より行うものに係る銘柄ごとの総取引高の１
　　営業日当たりの平均額の、当該６月間に行わ
　　れた当該銘柄の全ての取引所金融商品市場及
　　び店頭売買有価証券市場における売買に係る
　　総取引高の１営業日当たりの平均額に対する
　　比率が100分の10であること。

（投資運用業の範囲）

第１条の11　法第２条第８項第14号に規定する政
令で定める権利は、同条第１項第10号に掲げる
有価証券に表示される権利とする。

（金融商品取引業となる行為）

第１条の12　法第２条第８項第18号に規定する政
令で定める行為は、次に掲げる行為とする。

　一　法第２条第８項第７号に掲げる行為を行つ
　　た者による当該行為に係る有価証券（次に掲

げるものに限る。）の転売を目的としない買取り

　イ　法第2条第8項第7号イ又はロに掲げる有価証券

　ロ　イに掲げる有価証券に表示されるべき権利であつて、法第2条第2項の規定により有価証券とみなされるもの

　二　その行う法第2条第8項第1号から第10号までに掲げる行為に関して、顧客から同条第2項の規定により有価証券とみなされる同項各号に掲げる権利（電子情報処理組織を用いて移転することができる財産的価値に表示される場合に限り、電子記録移転権利（同条第3項に規定する電子記録移転権利をいう。以下同じ。）を除く。）の預託を受けること。

（法人の信用状態に係る事由に類似するもの）

第1条の13　法第2条第21項第5号イ及び第22項第6号イに規定する政令で定めるものは、法人でない者の信用状態に係る事由その他事業を行う者における当該事業の経営の根幹にかかわる事由として内閣府令で定めるものとする。

（当事者その他の事業者の事業活動に重大な影響を与えるもの）

第1条の14　法第2条第21項第5号ロ及び第22項第6号ロに規定する政令で定めるものは、次に掲げるものとする。

　一　暴風、豪雨、豪雪、洪水、高潮、地震、津波、噴火その他の異常な自然現象

　二　戦争、革命、内乱、暴動、騒乱その他これらに準ずるものとして内閣府令で定める事由

（店頭デリバティブ取引から除かれるもの）

第1条の15　法第2条第22項に規定する公益又は投資者の保護のため支障を生ずることがないと認められるものとして政令で定めるものは、次に掲げるものとする。

　一　預金保険法（昭和46年法律第34号）第2条第2項に規定する預金等及び農水産業協同組合貯金保険法（昭和48年法律第53号）第2条第2項に規定する貯金等の受入れを内容とする取引に付随する法第2条第22項第3号（ロを除く。）に掲げる取引（通貨の売買に係る

ものに限る。）

　二　保険業法第2条第1項に規定する保険業及び同項各号に掲げる事業に係る契約の締結

　三　債務の保証に係る契約の締結

　四　貸付けに係る債務の全部又は一部の弁済がなされないこととなつた場合において、その債権者に対してその弁済がなされないこととなつた額の一部を補てんすることを内容とする契約の締結（前号に掲げるものを除く。）

（差金決済の原因となる行為）

第1条の16　法第2条第22項第1号に規定する政令で定める行為は、金融商品市場及び外国金融商品市場によらないで、将来の一定の時期において金融商品（同条第24項第3号の3及び第5号に掲げるものを除く。）及びその対価の授受を約する売買に関し、当該売買の当事者がその売買契約を解除する行為とする。

（預金契約に基づく債権その他の権利又は当該権利を表示する証券若しくは証書）

第1条の17　法第2条第24項第3号の3に規定する政令で定めるものは、外国為替及び外国貿易法第6条第1項第7号に規定する支払手段（通貨に該当するものを除く。）、同項第11号に規定する証券及び同項第13号に規定する債権とする。

（商品）

第1条の17の2　法第2条第24項第3号の2に規定する政令で定めるものは、商品先物取引法（昭和25年法律第239号）第2条第1項に規定する商品（法令の規定に基づく当該商品の価格の安定に関する措置であつて、当該商品の需給の均衡を図るために必要な施策が講ぜられているものを除く。）のうち、当該商品の売買、売買の媒介、取次ぎ若しくは代理、生産、加工又は使用を業として行つている者の取引の状況その他の当該商品に係る経済活動の状況に照らし十分な取引量が見込まれることその他の当該商品の価格形成及び需給に関する事情を勘案し、取引所金融商品市場において当該商品に係る市場デリバティブ取引が行われることにより当該商品の公正な価格形成を図ることができ、かつ、投資者が当該商品の価格の変動に伴い生ずるおそ

れのある損失を減少させることができることとなることその他の効果があることによつて取引所金融商品市場において当該商品に係る市場デリバティブ取引が行われることが国民経済の健全な発展に資すると認められるものとして金融庁長官が商品市場所管大臣（法第194条の６の２に規定する商品市場所管大臣をいう。）と協議して指定するものとする。

（金融指標の範囲）

第１条の18　法第２条第25項第３号に規定する政令で定めるものは、次に掲げるものとする。

一　気象庁その他の者が発表する地象、地動、地球磁気、地球電気及び水象の観測の成果に係る数値

二　統計法（平成19年法律第53号）第２条第４項に規定する基幹統計の数値、同条第７項に規定する一般統計調査の結果に係る数値並びに同法第24条第１項及び第25条の規定による届出のあつた統計調査の結果に係る数値その他これらに準ずるものとして内閣府令で定める数値

三　前号に掲げるものに相当する外国の統計の数値

四　行政機関（地方公共団体を含む。）が法令の規定に基づき、又は一般の利用に供することを目的として定期的に発表し、又は提供する不動産の価格又は２以上の不動産の価格の水準を総合的に表した数値、不動産に関連する業務を行う団体が投資者の利用に供することを目的として定期的に発表し、又は提供する不動産の価格又は２以上の不動産の価格の水準を総合的に表した数値その他これらに準ずるものとして内閣府令で定める数値

（金融商品債務引受業の対象取引から除かれる取引）

第１条の18の２　法第２条第28項に規定する取引の状況及び我が国の資本市場に与える影響その他の事情を勘案し、公益又は投資者保護のため支障を生ずることがないと認められるものとして政令で定める取引は、外国の法令に準拠して設立された法人で外国において金融商品債務引

受業と同種類の業務を行う者（当該業務を行うことにつき、当該外国の法令の規定により当該外国において法第156条の２の免許と同種類の免許又はこれに類する許可その他の行政処分を受けている者であつて、当該外国の法令を執行する当局の法第189条第２項第１号に規定する保証又はこれに準ずると認められるものがあるものに限る。次条第２号において同じ。）が当該業務として引受け、更改その他の方法により負担する債務の起因となつている取引のうち、当該取引に基づく債務の不履行による我が国の資本市場への影響が軽微なものとして金融庁長官が指定するものとする。

（金融商品債務引受業の対象取引）

第１条の19　法第２条第28項に規定する有価証券の売買又はデリバティブ取引に付随し、又は関連する取引として政令で定める取引は、次に掲げるものとする。

一　信用取引等（信用取引（法第156条の24第１項に規定する信用取引をいう。以下同じ。）若しくは金融商品取引業者が自己の計算において行う有価証券の売買（デリバティブ取引に該当するものを除く。以下同じ。）若しくは市場デリバティブ取引又は有価証券等清算取次ぎ（信用取引又は金融商品取引業者が自己の計算において行う有価証券の売買若しくは市場デリバティブ取引に係るものに限る。）をいう。次号において同じ。）の決済に必要な金銭の貸借（証券金融会社による貸付けに係るものに限る。）

二　有価証券の貸借（外国の法令に準拠して設立された法人で外国において金融商品債務引受業と同種類の業務を行う者が当該業務として引受け、更改その他の方法により負担する債務の起因となつている貸借のうち、当該貸借に基づく債務の不履行による我が国の資本市場への影響が軽微なものとして金融庁長官が指定するものを除き、信用取引等の決済に必要な有価証券を取引所金融商品市場又は店頭売買有価証券市場の決済機構を利用して証券金融会社以外の者が貸し付ける場合にあつ

金商法

ては、取引所金融商品市場又は店頭売買有価
証券市場によらないで行われる信用取引等に
係る貸付けに限る。）

三　前2号に掲げる取引に係る担保の授受

四　証券投資信託（投資信託及び投資法人に関
する法律第2条第4項に規定する証券投資信
託をいい、その信託財産の1口当たりの純資
産額の変動率を金融商品市場における相場そ
の他の指標の変動率に一致させるよう運用す
る旨及びその受益証券が金融商品取引所に上
場され、又は店頭売買有価証券登録原簿に登
録される旨を同法第4条第1項に規定する投
資信託約款に定めたものに限る。以下この号、
第15条の3第4号及び第15条の20第4号にお
いて同じ。）の設定（追加設定を含む。第15
条の3第4号及び第15条の20第4号において
同じ。）、証券投資信託の元本の一部の償還又
は証券投資信託の受益証券と上場有価証券等
（第1条の10第1号に規定する上場有価証券
等をいい、当該証券投資信託の運用の対象と
する各銘柄のもの又はその信託財産に属する
ものに限る。以下この号、第15条の3第4号
及び第15条の20第4号において同じ。）との
交換に係る受益証券又は金銭等（金銭又は上
場有価証券等をいう。第15条の3第4号及び
第15条の20第4号において同じ。）の授受

五　前各号に掲げるもののほか、有価証券の売
買若しくはデリバティブ取引（前条に定める
取引を除く。）又は前各号に掲げる取引に基
づく債務を履行するために行う金融商品又は
金銭の授受

（株式会社金融商品取引所に関する規制と同等の
水準にあると認められる規制を受ける者）

第1条の20　法第2条第38項に規定する政令で定
める者は、商品先物取引法第2条第6項に規定
する株式会社商品取引所とする。

（金融商品取引所持株会社に関する規制と同等の
水準にあると認められる規制を受ける者）

第1条の21　法第2条第39項に規定する政令で定
める者は、商品先物取引法第2条第11項に規定
する商品取引所持株会社とする。

（高速取引行為となる行為）

第1条の22　法第2条第41項第3号に規定する政
令で定めるものは、次に掲げるものとする。

一　法第2条第41項第1号に掲げる行為を行う
ことを内容とした金銭その他の財産の運用
（その指図を含む。）を行うこと（同号に掲げ
るものを除く。）。

二　法第2条第41項第1号に掲げる行為を行う
者を相手方として店頭デリバティブ取引を行
うことその他の方法により、当該者に同号に
掲げる行為を行わせることとなる取引又は行
為を行うこと。

（金銭とみなされるもの）

第1条の23　法第2条の2に規定する政令で定め
る規定は、法第2条第21項第1号から第5号ま
で及び第22項第1号から第6号まで、第41条の
4、第41条の5本文、第42条の5、第42条の6
本文、第66条の13、第185条の22第1項第1号
並びに第202条第1項の規定とする。

第2章　企業内容等の開示

（組織再編成の範囲）

第2条　法第2条の3第1項に規定する政令で定
めるものは、株式移転とする。

（組織再編成対象会社の範囲）

第2条の2　法第2条の3第4項第1号に規定す
る政令で定める会社は、新設合併消滅会社（会
社法（平成17年法律第86号）第753条第1項第
1号に規定する新設合併消滅会社をいう。）、吸
収分割会社（同法第758条第1号に規定する吸
収分割会社をいい、当該吸収分割に係る同法第
757条に規定する吸収分割契約において、同法
第758条第8号ロ又は第760条第7号ロに掲げる
事項があるものを締結したものその他これに準
ずるものとして内閣府令で定めるものに限る。）、
新設分割会社（同法第763条第1項第5号に規
定する新設分割会社をいい、当該新設分割に係
る同法第762条に規定する新設分割計画におい
て、同項第12号ロ又は第765条第1項第8号ロ
に掲げる事項を定めたものその他これに準ずる
ものとして内閣府令で定めるものに限る。）及

び株式移転完全子会社（同法第773条第1項第
5号に規定する株式移転完全子会社をいう。）
となる会社とする。

**（組織再編成対象会社が発行者である有価証券の
範囲）**

第2条の3　法第2条の3第4項第1号及び第4
条第1項第2号イに規定する政令で定める有価
証券は、次に掲げるものとする。

一　新株予約権証券

二　新株予約権付社債券

三　有価証券信託受益証券（法第2条第1項第
14号に掲げる有価証券又は同条第2項の規定
により有価証券とみなされる同項第1号に掲
げる権利（電子記録移転権利に該当するもの
に限る。）のうち、同条第1項各号に掲げる
有価証券を信託財産とするものであつて、当
該信託財産である有価証券（以下「受託有価
証券」という。）に係る権利の内容が当該信
託の受益権の内容に含まれる旨その他内閣府
令で定める事項が当該信託に係る信託行為に
おいて定められているものをいう。以下同
じ。）のうち、受託有価証券が株券又は前2
号に掲げる有価証券であるもの

四　法第2条第1項第20号に掲げる有価証券で
株券又は第1号若しくは第2号に掲げる有価
証券に係る権利を表示するもの

**（組織再編成発行手続における組織再編成対象会
社株主等が多数である場合）**

第2条の4　法第2条の3第4項第1号に規定す
る政令で定める場合は、組織再編成対象会社株
主等（同号に規定する組織再編成対象会社株
主等をいう。次条から第2条の7までにおいて同
じ。）が50名以上である場合とする。

**（組織再編成発行手続において少人数向け勧誘に
該当する場合）**

第2条の4の2　法第2条の3第4項第2号ロに
規定する政令で定める場合は、次に掲げる要件
の全てに該当する場合とする。

一　当該組織再編成発行手続に係る組織再編成
対象会社株主等が適格機関投資家のみであつ
て、当該組織再編成対象会社株主等の人数が

50名以上である場合に該当しないこと。

二　次のイからハまでに掲げる有価証券の区分
に応じ、当該イからハまでに定める要件に該
当すること。

イ　株券等　第1条の7第2号イに定める要
件に該当すること。

ロ　新株予約権証券等　第1条の7第2号ロ
に定める要件に該当すること。

ハ　イ及びロに掲げる有価証券以外の有価証
券　第1条の7第2号ハに定める要件に該
当すること。

**（組織再編成発行手続における組織再編成対象会
社株主等が相当程度多数である場合）**

第2条の5　法第2条の3第4項第3号に規定す
る政令で定める場合は、組織再編成対象会社株
主等が500名以上である場合とする。

**（組織再編成交付手続における組織再編成対象会
社株主等が多数である場合）**

第2条の6　法第2条の3第5項第1号に規定す
る政令で定める場合は、組織再編成対象会社株
主等が50名以上である場合とする。

**（組織再編成交付手続において少人数向け勧誘に
該当する場合）**

第2条の6の2　法第2条の3第5項第2号ロに
規定する政令で定める場合は、次に掲げる要件
の全てに該当する場合とする。

一　当該組織再編成交付手続に係る組織再編成
対象会社株主等が適格機関投資家のみであつ
て、当該組織再編成対象会社株主等の人数が
50名以上である場合に該当しないこと。

二　次のイからハまでに掲げる有価証券の区分
に応じ、当該イからハまでに定める要件に該
当すること。

イ　株券等　第1条の8の4第3号イに定め
る要件に該当すること。

ロ　新株予約権証券等　第1条の8の4第3
号ロに定める要件に該当すること。

ハ　イ及びロに掲げる有価証券以外の有価証
券　第1条の8の4第3号ハに定める要件
に該当すること。

金
商
法

（組織再編成交付手続において組織再編成対象会社株主等が相当程度多数である場合）

第2条の7　法第2条の3第5項第3号に規定する政令で定める場合は、組織再編成対象会社株主等が500名以上である場合とする。

（法第2章の規定を適用する有価証券）

第2条の8　法第3条第2号に規定する政令で定めるものは、医療法（昭和23年法律第205号）に規定する社会医療法人債券とする。

（法第2章の規定を適用する有価証券投資事業権利等に係る出資対象事業の範囲）

第2条の9　法第3条第3号イ(1)に規定する政令で定めるものは、法第2条第2項第5号に掲げる権利を有する者が出資又は拠出をした金銭その他の財産の価額の合計額の100分の50を超える額を充てて有価証券に対する投資を行う出資対象事業（同号に規定する出資対象事業をいい、次に掲げるものを除く。）に係る権利とする。

一　商品投資に係る事業の規制に関する法律第2条第6項に規定する商品投資受益権（同項第1号に掲げる権利に係るものに限る。）を有する者から出資又は拠出を受けた金銭その他の財産の全部を充てて行う一の法人（以下この号において「特定法人」という。）への出資（以下この条において「特定出資」という。）であつて、次に掲げる要件の全てに該当するもの

イ　当該特定法人が特定出資に係る金銭その他の財産の価額の合計額の100分の50を超える額を充てて有価証券に対する投資を行うものでないこと。

ロ　法令又は当該特定法人の定款、寄附行為その他これらに準ずるものにより当該特定法人が2以上の者から出資を受けることにつき禁止がされていること。

二　第1条の3第4号に掲げる物品のうち内閣府令で定めるもののみを充てて行う出資（以下この号において「特定現物出資」という。）であつて、次に掲げる要件の全てに該当するもの

イ　法令、当該特定現物出資を受ける者の定款、寄附行為その他これらに準ずるもの又は当該特定現物出資に係る契約により当該特定現物出資を受ける者が2以上の者から出資を受けることにつき禁止がされていること。

ロ　当該特定現物出資に係る契約により当該特定現物出資を受ける者が当該特定現物出資に係る物品をもつて有価証券を取得しない旨が定められていること。

2　前項第1号に規定する特定法人が特定出資に係る金銭その他の財産の全部又は商品投資により運用するもの以外のものの全部を充てて他の法人に出資を行う場合には、同号イ及びロの規定の適用については、当該他の法人を当該特定法人とみなす。

（法第2章の規定を適用する有価証券とみなされる権利の範囲）

第2条の10　法第3条第3号イ(2)に規定する政令で定めるものは、次に掲げる権利とする。

一　法第2条第2項第1号に掲げる権利のうち、その信託財産に属する資産の価額の総額の100分の50を超える額を有価証券に対する投資に充てて運用を行う信託の受益権（次に掲げるものを除く。）

イ　公的年金制度の健全性及び信頼性の確保のための厚生年金保険法等の一部を改正する法律（平成25年法律第63号。以下イにおいて「平成25年厚生年金等改正法」という。）附則第5条第1項の規定によりなおその効力を有するものとされる平成25年厚生年金等改正法第1条の規定による改正前の厚生年金保険法（昭和29年法律第115号。以下イにおいて「改正前厚生年金保険法」という。）第130条の2第1項及び第2項並びに第136条の3第1項第1号、第4号ニ及び第5号ヘ並びに同条第2項において準用する改正前厚生年金保険法第130条の2第2項並びに平成25年厚生年金等改正法附則第38条第1項の規定によりなおその効力を有するものとされる改正前厚生年金保険法第159条の2第1項及び第2項、改正前厚生

年金保険法第164条第3項において準用する改正前厚生年金保険法第136条の3第1項第1号、第4号ニ及び第5号ヘ並びに改正前厚生年金保険法第164条第3項において準用する改正前厚生年金保険法第136条の3第2項において準用する改正前厚生年金保険法第130条の2第2項に規定する信託の受益権

ロ　国民年金法（昭和34年法律第141号）第128条第3項及び第137条の15第4項に規定する信託の受益権

ハ　国民年金基金令（平成2年政令第304号）第30条第1項第1号、第4号ニ及び第5号ヘ並びに第2項（同令第51条第1項において準用する場合を含む。）に規定する信託の受益権

ニ　法人税法（昭和40年法律第34号）附則第20条第3項に規定する適格退職年金契約（信託の契約に限る。）に係る信託の受益権

ホ　確定給付企業年金法（平成13年法律第50号）第65条第3項に規定する資産管理運用契約（同条第1項第1号に掲げる信託の契約に限る。）、同法第66条第1項（同法第91条の25において準用する場合を含む。）の規定により締結する同法第65条第1項第1号に掲げる信託の契約及び同法第66条第2項（同法第91条の25において準用する場合を含む。）に規定する信託の契約に係る信託の受益権

ヘ　確定拠出年金法（平成13年法律第88号）第8条第2項に規定する資産管理契約（同条第1項第1号に掲げる信託の契約に限る。）に係る信託の受益権

ト　年金積立金管理運用独立行政法人法（平成16年法律第105号）第21条第1項第3号に規定する信託の受益権

チ　社債、株式等の振替に関する法律（平成13年法律第75号）第51条第1項の規定により締結する加入者保護信託契約に係る信託の受益権

リ　法第43条の2第2項に規定する信託の受益権その他これに類するものとして内閣府令で定める信託の受益権

ヌ　勤労者財産形成促進法（昭和46年法律第92号）第6条の2第1項及び第6条の3第2項に規定する信託の受益権

ル　商品投資に係る事業の規制に関する法律第2条第6項に規定する商品投資受益権に該当する信託の受益権であつて、当該信託の信託財産の全部を充てて法第2条第2項第5号に掲げる権利（当該権利に係る同号に規定する出資対象事業が商品投資を行う事業であるもの又は一の法人（以下この号において「特定法人」という。）への出資（以下この号及び第3項において「特定出資」という。）を行う事業であつて次に掲げる要件の全てに該当するものに限る。）又はこれに類する同条第2項第6号に掲げる権利が取得される場合における当該信託の受益権

(1)　当該特定法人が特定出資に係る金銭その他の財産の価額の合計額の100分の50を超える額を充てて有価証券に対する投資として運用するものではないこと。

(2)　法令又は当該特定法人の定款、寄附行為その他これらに準ずるものにより当該特定法人が2以上の者から出資を受けることにつき禁止がされていること。

二　法第2条第2項第2号に掲げる権利のうち、前号に掲げる権利の性質を有するもの

三　法第2条第2項第3号に掲げる権利のうち、その出資総額の100分の50を超える額を有価証券に対する投資に充てて事業を行う合名会社、合資会社又は合同会社の社員権

四　法第2条第2項第4号に掲げる権利のうち、前号に掲げる権利の性質を有するもの

五　法第2条第2項第6号に掲げる権利のうち、前条第1項に規定する権利の性質を有するもの

2　法第3条第3号イ(3)に規定する政令で定めるものは、第1条の3の4に規定する債権とする。

3　第1項第1号ルに規定する特定法人が特定出

資に係る金銭その他の財産の全部又は商品投資により運用するもの以外のものの全部を充てて他の法人に出資を行う場合には、同号ル(1)及び(2)の規定の適用については、当該他の法人を当該特定法人とみなす。

（法第２章の規定が適用されない有価証券）

第２条の11　法第３条第５号に規定する政令で定めるものは、法第２条第１項第17号に掲げる有価証券のうち日本国の加盟する条約により設立された機関が発行する債券で、当該条約によりその本邦内における募集又は売出しにつき日本国政府の同意を要することとされているものとする。

（募集又は売出しの届出を要しない有価証券の募集又は売出し）

第２条の12　法第４条第１項第１号に規定する政令で定める場合は、次の各号のいずれかに該当する場合とする。

一　株券（金融商品取引所に上場されているもの又は店頭売買有価証券に該当するものに限る。以下この号において同じ。）又は法第２条第１項第17号に掲げる有価証券のうち株券の性質を有するもの(以下この号において「株券等」と総称する。）の発行者である会社（外国会社を含む。第14条の17第10号、第27条の４第６号及び第33条の２第６号を除き、以下同じ。）が、当該会社又は当該会社がその経営を支配している会社として内閣府令で定めるものの取締役、会計参与、監査役、執行役又は使用人（以下この条において「取締役等」という。）を相手方として、株券等（取締役等が交付を受けることとなる日の属する事業年度経過後３月（外国会社にあつては６月）を超える期間譲渡が禁止される旨の制限が付されているものに限る。）の取得勧誘又は売付け勧誘等を行う場合

二　新株予約権証券（会社法第236条第１項第６号に掲げる事項が定められているものに限る。）又は法第２条第１項第17号に掲げる有価証券のうち新株予約権証券の性質を有するもので内閣府令で定める条件が付されている

もの（以下この号において「新株予約権証券等」と総称する。）の発行者である会社が、当該会社又は当該会社がその経営を支配している会社として内閣府令で定めるものの取締役等を相手方として、新株予約権証券等の取得勧誘又は売付け勧誘等を行う場合

（外国で既に発行された有価証券に準ずる有価証券）

第２条の12の２　法第４条第１項第４号に規定する政令で定める有価証券は、国内で既に発行された有価証券でその発行の際にその有価証券発行勧誘等（同条第２項に規定する有価証券発行勧誘等をいう。以下同じ。）が国内で行われなかつたものとする。

（有価証券の売出しの届出を要しない有価証券の売出し）

第２条の12の３　法第４条第１項第４号に規定する政令で定める要件は、次の各号に掲げる有価証券の区分に応じ、当該各号に定めるものとする。

一　法第２条第１項第17号に掲げる有価証券のうち同項第１号に掲げる有価証券の性質を有するもの（以下この号において「外国国債」という。）　次に掲げる要件の全てに該当すること。

イ　国内における当該外国国債に係る売買価格に関する情報をインターネットの利用その他の方法により容易に取得することができること。

ロ　当該外国国債又は当該外国国債の発行者が発行する他の外国国債の売買が外国において継続して行われていること。

ハ　当該外国国債の発行者の財政に関する情報その他の発行者に関する情報（日本語又は英語で記載されたものに限る。）が当該発行者その他これに準ずる者により公表されており、かつ、国内においてインターネットの利用その他の方法により当該情報を容易に取得することができること（当該発行者が法第27条において準用する法第24条第１項の規定により有価証券報告書を提出し

ている場合を除く。)。

二　法第2条第1項第17号に掲げる有価証券の
　うち同項第2号に掲げる有価証券の性質を有
　するもの（以下この号において「外国地方債」
　という。）　次に掲げる要件の全てに該当する
　こと。

　イ　国内における当該外国地方債に係る売買
　　価格に関する情報をインターネットの利用
　　その他の方法により容易に取得することが
　　できること。

　ロ　当該外国地方債又は当該外国地方債の発
　　行者が発行する他の外国地方債の売買が外
　　国において継続して行われていること。

　ハ　当該外国地方債の発行者の財政に関する
　　情報その他の発行者に関する情報（日本語
　　又は英語で記載されたものに限る。）が当
　　該発行者その他これに準ずる者により公表
　　されており、かつ、国内においてインター
　　ネットの利用その他の方法により当該情報
　　を容易に取得することができること（当該
　　発行者が法第27条において準用する法第24
　　条第1項の規定により有価証券報告書を提
　　出している場合を除く。）。

三　法第2条第1項第17号に掲げる有価証券の
　うち同項第3号に掲げる有価証券の性質を有
　するもの（以下この号において「外国特殊法
　人債」という。）　次に掲げる要件の全てに該
　当すること。

　イ　国内における当該外国特殊法人債に係る
　　売買価格に関する情報をインターネットの
　　利用その他の方法により容易に取得するこ
　　とができること。

　ロ　当該外国特殊法人債又は当該外国特殊法
　　人債の発行者が発行する他の外国特殊法人
　　債の売買が外国において継続して行われて
　　いること。

　ハ　当該外国特殊法人債の発行者の経理に関
　　する情報その他の発行者に関する情報（日
　　本語又は英語で記載されたものに限り、か
　　つ、発行者の経理に関する情報にあつては、
　　公益又は投資者保護のため金融庁長官が適

当であると認める基準に従つて作成された
情報に限る。次号ニ及び第6号ハにおいて
同じ。）が当該発行者その他これに準ずる
者により公表されており、かつ、国内にお
いてインターネットの利用その他の方法に
より当該情報を容易に取得することができ
ること（当該発行者が法第24条第1項（法
第27条において準用する場合を含む。）の
規定により有価証券報告書を提出している
場合を除く。）。

四　社債券（あらかじめ定められた一定の条件
　に該当する場合において、当該社債券の発行
　者以外の者が発行する株券に転換されるもの
　に限る。以下この号において同じ。）及び法
　第2条第1項第17号に掲げる有価証券のうち
　当該社債券の性質を有するもの（以下この号
　及び第6号において「海外発行転換可能社債
　券」という。）　次に掲げる要件の全てに該当
　すること。

　イ　国内における当該海外発行転換可能社債
　　券に係る売買価格に関する情報をインター
　　ネットの利用その他の方法により容易に取
　　得することができること。

　ロ　当該海外発行転換可能社債券が外国の金
　　融商品取引所（金融商品取引所に類するも
　　ので外国の法令に基づき設立されたものを
　　いう。第12条第7号及び第14条の3の7第
　　2号において同じ。）のうち、上場されて
　　いる有価証券及びその発行者に関する情報
　　の開示の状況並びに売買高その他の状況を
　　勘案して金融庁長官が指定するもの（以下
　　「指定外国金融商品取引所」という。）に上
　　場されていること、又は当該海外発行転換
　　可能社債券の売買が外国において継続して
　　行われていること。

　ハ　あらかじめ定められた一定の条件に該当
　　する場合において転換されることとなる株
　　券又は法第2条第1項第17号に掲げる有価
　　証券のうち株券の性質を有するもの（以下
　　この条において「株券」という。）が金融
　　商品取引所又は指定外国金融商品取引所に

上場されていること。

二　当該海外発行転換可能社債券又は当該海外発行転換可能社債券の発行者が発行する株券が指定外国金融商品取引所に上場されている場合にあつては当該指定外国金融商品取引所の定める規則、それ以外の場合にあつては当該海外発行転換可能社債券の売買が継続して行われている外国の法令（これに類する国際機関の規則を含む。以下この条において同じ。）に基づき、当該海外発行転換可能社債券の発行者の経理に関する情報その他の発行者に関する情報が発行者により公表されており、かつ、国内においてインターネットの利用その他の方法により当該情報を容易に取得することができること（当該発行者が法第24条第1項（法第27条において準用する場合を含む。）の規定により有価証券報告書を提出している場合を除く。）。

五　法第2条第1項第5号から第7号までに掲げる有価証券（次号において「債券等」という。）で新株予約権証券等に該当するもの（以下この号において「新株予約権付債券」という。）及び同項第17号に掲げる有価証券のうち新株予約権付債券の性質を有するもの（以下この号及び次号において「海外発行新株予約権付債券」という。）次に掲げる要件の全てに該当すること。

イ　国内における当該海外発行新株予約権付債券に係る売買価格に関する情報をインターネットの利用その他の方法により容易に取得することができること。

ロ　当該海外発行新株予約権付債券が指定外国金融商品取引所に上場されていること、又は当該海外発行新株予約権付債券の売買が外国において継続して行われていること。

ハ　当該海外発行新株予約権付債券に表示された権利の行使により取得され、引き受けられ、又は転換されることとなる株券が指定外国金融商品取引所に上場されていること。

二　当該海外発行新株予約権付債券又はハに規定する株券が上場されている指定外国金融商品取引所の定める規則に基づき、当該海外発行新株予約権付債券の発行者の経理に関する情報その他の発行者に関する情報（日本語又は英語で記載されたものに限る。）が発行者により公表されており、かつ、国内においてインターネットの利用その他の方法により当該情報を容易に取得することができること（当該発行者が法第24条第1項（法第27条において準用する場合を含む。）の規定により有価証券報告書を提出している場合を除く。）。

六　債券等（海外発行転換可能社債券及び海外発行新株予約権付債券を除く。以下この号において同じ。）及び法第2条第1項第17号に掲げる有価証券のうち債券等の性質を有するもの（以下この号において「海外発行債券」という。）次に掲げる要件の全てに該当すること。

イ　国内における当該海外発行債券に係る売買価格に関する情報をインターネットの利用その他の方法により容易に取得することができること。

ロ　当該海外発行債券が指定外国金融商品取引所に上場されていること、又は当該海外発行債券の売買が外国において継続して行われていること（当該海外発行債券の発行者の総株主等の議決権（法第29条の4第2項に規定する総株主等の議決権をいう。以下同じ。）の過半数を自己又は他人の名義をもつて所有する会社（金融商品取引所又は指定外国金融商品取引所に上場されている株券の発行者に限る。以下この号において「親会社」という。）が当該海外発行債券の元本の償還及び利息の支払について保証している場合を除く。）。

ハ　当該海外発行債券が指定外国金融商品取引所に上場されている場合にあつては当該指定外国金融商品取引所の定める規則、それ以外の場合にあつては当該海外発行債券

の売買が継続して行われている外国の法令に基づき、当該海外発行債券の発行者の経理に関する情報その他の発行者に関する情報（ロ括弧書に規定する場合に該当する場合であつて、親会社が法第24条第1項（法第27条において準用する場合を含む。）の規定により有価証券報告書を提出しているとき、又は当該親会社の株券が上場されている指定外国金融商品取引所の定める規則に基づき、当該親会社の経理に関する情報その他の当該親会社に関する情報（日本語又は英語で記載されたものに限る。）が当該親会社により公表されており、かつ、国内においてインターネットの利用その他の方法により当該情報を容易に取得することができるときは、当該海外発行債券について保証を受けている旨、当該保証を行つている親会社の名称及び発行者の事業の内容その他の内閣府令で定める情報）が発行者により公表されており、かつ、国内においてインターネットの利用その他の方法により当該情報を容易に取得することができること（当該発行者が同項（法第27条において準用する場合を含む。）の規定により有価証券報告書を提出している場合を除く。）。

七　株券及び法第2条第1項第17号に掲げる有価証券のうち株券の性質を有するもの（以下この号において「海外発行株券」という。）次に掲げる要件の全てに該当すること。

イ　国内における当該海外発行株券に係る売買価格に関する情報をインターネットの利用その他の方法により容易に取得することができること。

ロ　当該海外発行株券が指定外国金融商品取引所に上場されていること。

ハ　当該海外発行株券が上場されている指定外国金融商品取引所の定める規則に基づき、当該海外発行株券の発行者の経理に関する情報その他の発行者に関する情報（日本語又は英語で記載されたものに限る。）が発行者により公表されており、かつ、国内に

おいてインターネットの利用その他の方法により当該情報を容易に取得することができること（当該発行者が法第24条第1項（法第27条において準用する場合を含む。）の規定により有価証券報告書を提出している場合を除く。）。

八　法第2条第1項第10号に掲げる外国投資信託の受益証券のうち投資信託及び投資法人に関する法律施行令（平成12年政令第480号）第12条第2号に掲げる投資信託の受益証券に類するもの（以下この号において「海外発行受益証券」という。）及び同項第11号に掲げる外国投資証券（投資信託及び投資法人に関する法律に規定する外国投資証券で新投資口予約権証券又は投資法人債券に類する証券を除く。以下この号において「海外発行投資証券」という。）次に掲げる要件の全てに該当すること。

イ　国内における当該海外発行受益証券又は海外発行投資証券（以下この号において「当該海外発行受益証券等」という。）に係る売買価格に関する情報をインターネットの利用その他の方法により容易に取得することができること。

ロ　当該海外発行受益証券等が指定外国金融商品取引所に上場されていること。

ハ　当該海外発行受益証券等が上場されている指定外国金融商品取引所の定める規則に基づき、当該海外発行受益証券等に関する情報（日本語又は英語で記載されたものに限る。）が当該海外発行受益証券等の発行者により公表されており、かつ、国内においてインターネットの利用その他の方法により当該情報を容易に取得することができること（当該発行者が法第24条第5項において準用する同条第1項（これらの規定を法第27条において準用する場合を含む。）の規定により有価証券報告書を提出している場合を除く。）。

九　法第2条第1項第19号に掲げる有価証券（以下この号において「権利表示証券」とい

う。）次に掲げる要件の全てに該当すること。

イ　当該権利表示証券が次に掲げる要件の全
てに該当する株券等（株券、法第２条第１
項第11号に掲げる有価証券（投資信託及び
投資法人に関する法律に規定する投資法人
債券及び外国投資証券で投資法人債券に類
する証券並びに新投資口予約権証券等を除
く。以下イにおいて「投資証券」という。）
及び同項第20号に掲げる有価証券で株券又
は投資証券に係る権利を表示するものをい
う。以下イにおいて同じ。）又は社債券等（社
債券及び同項第17号に掲げる有価証券のう
ち社債券の性質を有するものをいう。以下
イにおいて同じ。）に係る同条第22項第３
号又は第４号に掲げる取引に係る権利を表
示するものであること。

(1)　当該株券等若しくは当該社債券等が金
融商品取引所若しくは指定外国金融商品
取引所に上場されていること、又は当該
社債券等の売買が外国において継続して
行われていること。

(2)　当該株券等若しくは当該社債券等が上
場されている指定外国金融商品取引所の
定める規則又は当該社債券等の売買が継
続して行われている外国の法令に基づき、
当該株券等又は当該社債券等の発行者の
経理に関する情報その他の発行者に関す
る情報（日本語又は英語で記載されたも
のに限る。）が発行者により公表されて
おり、かつ、国内においてインターネッ
トの利用その他の方法により当該情報を
容易に取得することができること（当該
発行者が法第24条第１項（法第27条にお
いて準用する場合を含む。）の規定によ
り有価証券報告書を提出している場合を
除く。）。

ロ　当該権利表示証券に表示された権利を行
使することによって、将来の一定の時期に
おいて当該権利に係る取引が成立すること
をあらかじめ約するものであつて、当該取
引について差金の授受によつて決済が行わ

れるものであること。

ハ　国内における当該権利表示証券に係る売
買価格に関する情報をインターネットの利
用その他の方法により容易に取得すること
ができること。

十　法第２条第１項第20号に掲げる有価証券
　次に掲げる要件の全てに該当すること。

イ　当該有価証券が株券に係る権利を表示す
るものであること。

ロ　国内における当該有価証券に係る売買価
格に関する情報をインターネットの利用そ
の他の方法により容易に取得することがで
きること。

ハ　当該有価証券が指定外国金融商品取引所
に上場されていること。

ニ　当該有価証券が上場されている指定外国
金融商品取引所の定める規則に基づき、当
該有価証券の発行者の経理に関する情報そ
の他の発行者に関する情報（日本語又は英
語で記載されたものに限る。）が発行者に
より公表されており、かつ、国内において
インターネットの利用その他の方法により
当該情報を容易に取得することができるこ
と（当該発行者が法第24条第１項（法第27
条において準用する場合を含む。）の規定
により有価証券報告書を提出している場合
を除く。）。

（特定投資家向け有価証券から除かれる有価証券
等）

第２条の12の４　法第４条第３項に規定する多数
の特定投資家に所有される見込みが少ないと認
められるものとして政令で定めるものは、当該
有価証券（有価証券の種類及び流通性その他の
事情を勘案し、投資者保護のため適当でないと
認められるものとして内閣府令で定める有価証
券を除く。）の発行者の直前の事業年度（当該
有価証券が特定有価証券に該当する場合には、
当該有価証券に係る特定期間（法第24条第５項
において読み替えて準用する同条第１項に規定
する特定期間をいう。第４条の２第１項におい
て同じ。）。以下この項、第３条の４及び第４条

金
商
法

の２の２において同じ。）の末日及び直前の事
業年度の開始の日前２年以内に開始した事業年
度全ての末日における当該有価証券の内閣府令
で定めるところにより計算した所有者の数が
300に満たない場合（当該有価証券が特定投資
家向け有価証券に該当することとなつた日の属
する事業年度（当該事業年度が複数あるときは、
その直近のものとする。）終了後３年を経過し
ている場合に限る。）であつて、特定投資家向
け有価証券に該当しないこととしても公益又は
投資者保護に欠けることがないものとして内閣
府令で定めるところにより金融庁長官の承認を
受けた有価証券とする。

2　法第４条第３項に規定する政令で定める有価
証券交付勧誘等（同条第２項に規定する有価証
券交付勧誘等をいう。以下この項及び第３条の
３において同じ。）は、次の各号のいずれかに
該当するものとする。

一　金融商品取引業者等が自己のために特定投
資家等に対して行う有価証券交付勧誘等

二　外国証券業者に委託して非居住者に対して
行う有価証券交付勧誘等

三　公開買付け（法第27条の２第６項に規定す
る公開買付けをいう。次章第１節において同
じ。）に応じて行う株券等（同条第１項に規
定する株券等をいう。）の売付けの申込み

四　当該有価証券交付勧誘等に係る特定投資家
向け有価証券（次に掲げるものに限る。）の
発行者の役員等（当該特定投資家向け有価証
券の買付け（当該発行者の他の役員等と共同
して、一定の計画に従い、個別の投資判断に
基づかず、継続的に買付けを行うことを内容
とする契約であつて各役員等の１回当たりの
拠出金額が100万円に満たないものに基づい
て行うものに限る。）を行う者に限る。）に対
して行う有価証券交付勧誘等

イ　法第２条第１項第９号に掲げる有価証券

ロ　法第２条第１項第11号に掲げる有価証券
のうち、投資証券等又は新投資口予約権証
券等

ハ　法第２条第１項第17号に掲げる有価証券

のうち、同項第９号に掲げる有価証券の性
質を有するもの

ニ　法第２条第１項第20号に掲げる有価証券
でイ、ロ又はハに掲げる有価証券に係る権
利を表示するもの

ホ　イ、ロ又はハに掲げる有価証券を受託有
価証券とする有価証券信託受益証券

3　法第４条第３項第４号に規定する政令で定め
る有価証券は、次に掲げる有価証券とする。

一　特定上場有価証券であつた有価証券

二　店頭売買有価証券市場のうち当該店頭売買
有価証券市場を開設する認可金融商品取引業
協会がその定款の定めるところにより一般投
資家等買付け（法第67条第３項に規定する一
般投資家等買付けをいう。）を禁止している
もののみにおいて売買が行われる店頭売買有
価証券（以下「特定店頭売買有価証券」とい
う。）

三　特定店頭売買有価証券であつた有価証券

（特定有価証券の範囲）

第２条の13　法第５条第１項（法第27条において
準用する場合を含む。）に規定する政令で定め
る有価証券（以下この章において「特定有価証
券」という。）は、次に掲げるものとする。

一　法第２条第１項第４号、第８号、第13号及
び第15号に掲げる有価証券（同号に掲げる有
価証券については、資産流動化法に規定する
特定約束手形に限る。）

二　法第２条第１項第10号及び第11号に掲げる
有価証券

三　法第２条第１項第14号に掲げる有価証券
（有価証券信託受益証券に該当するものを除
く。）

四　法第２条第１項第16号に掲げる有価証券

五　法第２条第１項第18号に掲げる有価証券

六　有価証券信託受益証券（前各号に掲げる有
価証券を受託有価証券とするものに限る。）

七　法第２条第２項の規定により有価証券とみ
なされる有価証券投資事業権利等（法第３条
第３号イに規定する有価証券投資事業権利等
をいう。以下同じ。）（第１条の３の４に規定

する債権を除く。)

八　法第2条第2項の規定により有価証券とみなされる同項第1号に掲げる権利（電子記録移転権利に該当するものに限り、有価証券信託受益証券に該当するものを除く。)

九　法第2条第2項の規定により有価証券とみなされる同項第2号に掲げる権利（電子記録移転権利に該当するものに限る。)

十　法第2条第2項の規定により有価証券とみなされる同項第3号に掲げる権利（電子記録移転権利に該当するものに限る。）のうち、その出資総額の100分の50を超える額を有価証券に対する投資に充てて事業を行う合名会社、合資会社又は合同会社の社員権

十一　法第2条第2項の規定により有価証券とみなされる同項第4号に掲げる権利（電子記録移転権利に該当するものに限る。）のうち、前号に掲げる権利の性質を有するもの

十二　法第2条第2項の規定により有価証券とみなされる同項第5号及び第6号に掲げる権利（電子記録移転権利に該当するものに限る。)

十三　前各号に掲げるものに準ずるものとして内閣府令で定めるもの

（上場有価証券に準ずる有価証券等）

第3条　法第6条第2号（法第12条、第23条の12第1項、第24条第7項、第24条の2第3項、第24条の4の2第5項（法第24条の4の8第1項及び第24条の5の2第1項において準用する場合を含む。)、第24条の4の3第2項（法第24条の4の8第2項及び第24条の5の2第2項において準用する場合を含む。)、第24条の4の4第5項、第24条の4の5第2項、第24条の4の7第5項、第24条の5第6項及び第24条の6第3項において準用し、並びにこれらの規定（同項を除く。）を法第27条において準用する場合を含む。以下この条において同じ。）に規定する政令で定める有価証券及び第24条第1項第2号（同条第5項において準用し、及びこれらの規定を法第27条において準用する場合を含む。）に規定する流通状況が法第24条第1項第1号に掲げる有価証券に準ずるものとして政令で定め

る有価証券は、店頭売買有価証券とし、法第6条第2号（法第27条において準用する場合を含む。)、第24条の7第4項第2号（同条第6項において準用し、及びこれらの規定を法第27条において準用する場合を含む。)、第25条第3項及び第5項（これらの規定を法第27条において準用する場合を含む。)、第27条の30の2、第27条の30の6第1項並びに第27条の30の8第1項に規定する政令で定める認可金融商品取引業協会は、当該店頭売買有価証券を登録する認可金融商品取引業協会とする。

（法第15条第3項に規定する政令で定める有価証券）

第3条の2　法第15条第3項に規定する政令で定めるものは、法第2条第1項第10号及び第11号に掲げる有価証券とする。

（法第23条の8第2項に規定する政令で定めるもの）

第3条の2の2　法第23条の8第2項に規定する政令で定めるものは、次に掲げるものとする。

一　保険業法に規定する短期社債

二　資産流動化法に規定する特定短期社債

三　投資信託及び投資法人に関する法律に規定する短期投資法人債

四　法第2条第1項第17号に掲げる有価証券（投資信託及び投資法人に関する法律に規定する外国投資証券で投資法人債券に類する証券を含む。次条第3号において同じ。）であつて、社債、株式等の振替に関する法律に規定する短期社債又は前3号に掲げるものに準ずるものとして内閣府令で定めるもの

（少人数向け勧誘に係る告知を要しない勧誘）

第3条の3　法第23条の13第4項（法第27条において準用する場合を含む。）に規定する政令で定めるものは、次に掲げる有価証券の有価証券発行勧誘等又は有価証券交付勧誘等（同項各号に定める場合に該当するものに限る。）とする。

一　新優先出資引受権証券

二　法第2条第1項第15号に掲げる有価証券（同項第17号に掲げる有価証券で同項第15号に掲げる有価証券の性質を有するものを含

む。）

三　資産流動化法に規定する特定短期社債、社債、株式等の振替に関する法律に規定する短期社債、保険業法に規定する短期社債又は投資信託及び投資法人に関する法律に規定する短期投資法人債（法第２条第１項第17号に掲げる有価証券でこれらに準ずるものとして内閣府令で定めるものを含む。）

（外国の者の有価証券報告書の提出期限）

第３条の４　法第24条第１項（同条第５項（法第27条において準用する場合を含む。以下この条において同じ。）及び法第27条において準用する場合を含む。）に規定する政令で定める期間は、６月とする。ただし、法第24条第１項各号（法第27条において準用する場合を含む。）又は法第24条第５項において準用する同条第１項第１号から第３号までに掲げる有価証券の発行者である外国の者が、その本国の法令又は慣行その他やむを得ない理由により、有価証券報告書をその事業年度経過後６月以内に提出できないと認められる場合には、内閣府令で定めるところにより、あらかじめ金融庁長官の承認を受けた期間とする。

（有価証券報告書の提出を要しないこととなる有価証券の範囲等）

第３条の５　法第24条第１項ただし書に規定する政令で定める有価証券は、次に掲げる有価証券とする。

一　株券

二　法第２条第１項第17号に掲げる有価証券で株券の性質を有するもの

三　有価証券信託受益証券で、受託有価証券が前号に掲げる有価証券であるもの

四　法第２条第１項第20号に掲げる有価証券で、第２号に掲げる有価証券に係る権利を表示するもの

2　法第24条第１項ただし書に規定する政令で定めるところにより計算した数は、300とする。

（有価証券報告書の提出を要しないこととなる資産の額等）

第３条の６　法第24条第１項ただし書に規定する

資産の額として政令で定めるものは、資本金の額とする。

2　法第24条第１項ただし書に規定する政令で定める額は、次の各号に掲げる電子記録移転権利の区分に応じ、当該各号に定める額とする。

一　法第２条第２項第１号に掲げる権利（有価証券信託受益証券であつて受託有価証券が株券であるものに限る。）　５億円

二　法第２条第２項第３号に掲げる権利　１億円

3　法第24条第１項ただし書に規定する政令で定める数は、300とする。

4　法第24条第１項第２号に規定する流通状況が特定上場有価証券に準ずるものとして政令で定める有価証券は、特定店頭売買有価証券とする。

5　法第24条第１項第４号に規定する政令で定める有価証券は、株券、有価証券信託受益証券であつて受託有価証券が株券であるもの、法第２条第１項第20号に掲げる有価証券で株券に係る権利を表示するもの及び同条第２項の規定により有価証券とみなされる電子記録移転権利（特定有価証券に該当するものを除く。）のうち同項第３号に掲げる権利とする。

6　法第24条第１項第４号に規定する政令で定める数は、次の各号に掲げる有価証券の区分に応じ、当該各号に定める数とする。

一　株券、有価証券信託受益証券であつて受託有価証券が株券であるもの及び法第２条第１項第20号に掲げる有価証券で株券に係る権利を表示するもの　1000（これらの有価証券が特定投資家向け有価証券である場合には、1000に内閣府令で定めるところにより計算した特定投資家の数を加えた数）

二　前号に掲げる有価証券以外の有価証券　500

（有価証券報告書の提出を要しない旨の承認）

第４条　法第24条第１項第３号（法第27条において準用する場合を含む。以下この条において同じ。）又は第４号（法第27条において準用する場合を含む。）に掲げる有価証券の発行者（特定有価証券に該当する有価証券の発行者を除く。

次項において同じ。）が法第24条第１項ただし書（法第27条において準用する場合を含む。）に規定する承認を受けようとする場合には、承認申請書に定款、株主名簿の写しその他の内閣府令で定める書類を添えて、これを金融庁長官に提出しなければならない。

2　金融庁長官は、前項の承認の申請があつた場合において、その者が次の各号のいずれかに該当すると認めるときは、当該申請のあつた日の属する事業年度（その日が事業年度開始後３月以内（その者が外国の者である場合には、第３条の４に定める期間内。以下この項において同じ。）の日である場合には、その直前事業年度）から当該各号に該当しないこととなる日の属する事業年度（その日が事業年度開始後３月以内の日である場合には、その直前事業年度）の直前事業年度までの事業年度に係る有価証券報告書については、その提出を要しない旨の承認をするものとする。

一　清算中の者

二　相当の期間事業を休止している者

三　法第24条第１項第３号に掲げる有価証券の発行者で、内閣府令で定めるところにより算定した当該有価証券の所有者の数が内閣府令で定める数未満である者

3　前項の承認は、同項の者が内閣府令で定めるところにより毎事業年度（同項に規定する申請があつた日の属する事業年度及び当該事業年度終了の日後内閣府令で定める期間内に終了するものに限る。）経過後３月以内（その者が外国の者である場合には、第３条の４に定める期間内）に株主名簿の写しその他の内閣府令で定める書類を金融庁長官に提出することを条件として、行われるものとする。

4　金融庁長官は、第１項の承認の申請があつた場合（第２項の規定による承認が行われている場合を除く。）において、その者が更生手続開始の決定を受けた者であり、かつ、当該申請が当該更生手続開始の決定があつた日後３月以内に行われた場合には、当該更生手続開始の決定があつた日の属する事業年度に係る有価証券報告書については、その提出を要しない旨の承認をするものとする。

（特定有価証券に係る有価証券報告書の提出を要しない旨の承認）

第４条の２　前条第１項の規定は法第24条第１項第３号及び第４号に掲げる有価証券で特定有価証券に該当するものの発行者が同条第５項（法第27条において準用する場合を含む。）において準用する法第24条第１項ただし書に規定する承認を受けようとする場合について、前条第２項及び第３項の規定は当該承認について、それぞれ準用する。この場合において、同条第２項中「当該申請」とあるのは「当該有価証券につき、当該申請」と、「事業年度」とあるのは「特定期間」と、同項第３号中「掲げる有価証券」とあるのは「掲げる有価証券で特定有価証券に該当するもの」と、同条第３項中「毎事業年度」とあるのは「当該有価証券につき、毎特定期間」と、「事業年度及び当該事業年度」とあるのは「特定期間及び当該特定期間」と読み替えるものとする。

2　法第24条第５項（法第27条において準用する場合を含む。以下この条において同じ。）において読み替えて準用する法第24条第１項ただし書に規定する資産の額として政令で定めるものは、次の各号に掲げる有価証券投資事業権利等又は電子記録移転権利の区分に応じ、当該各号に定めるものとする。

一　法第２条第２項第１号に掲げる権利　信託財産に属する資産の価額の総額

二　法第２条第２項第３号に掲げる権利　資本金の額

三　法第２条第２項第５号に掲げる権利　出資の総額又は拠出金の総額

3　法第24条第５項において読み替えて準用する同条第１項ただし書に規定する政令で定める額は、１億円とする。

4　法第24条第５項において読み替えて準用する同条第１項第４号に規定する政令で定める有価証券は、法第２条第２項の規定により有価証券とみなされる有価証券投資事業権利等のうち同

項第1号、第3号及び第5号に掲げる権利並びに同項の規定により有価証券とみなされる電子記録移転権利（特定有価証券に該当するものに限る。）のうち同項第1号に掲げる権利（有価証券信託受益証券に該当するものを除く。）並びに同項第3号及び第5号に掲げる権利とする。

5　法第24条第5項において読み替えて準用する同条第1項第4号に規定する政令で定める数は、500とする。

（外国会社報告書の提出期限）

第4条の2の2　法第24条第10項（法第27条において準用する場合を含む。）の規定により読み替えて適用する法第24条第1項及び第5項に規定する政令で定める期間は、4月とする。ただし、報告書提出外国会社（同条第8項に規定する報告書提出外国会社をいう。以下同じ。）が、その本国の法令又は慣行その他やむを得ない理由により、外国会社報告書（同条第8項に規定する外国会社報告書をいう。以下同じ。）をその事業年度経過後4月以内に提出できないと認められる場合には、内閣府令で定めるところにより、あらかじめ金融庁長官の承認を受けた期間とする。

（外国会社報告書の提出が認められない旨の通知があつた場合の有価証券報告書の提出期限）

第4条の2の3　法第24条第13項（法第24条の7第5項（同条第6項において準用する場合を含む。）において準用し、及びこれらの規定を法第27条において準用する場合を含む。）に規定する政令で定める期間は、法第24条第12項の規定による通知があつた日を起算日として、同条第1項の規定による有価証券報告書を同条の規定により提出することとした場合に提出すべきこととなる期間の末日又は当該起算日から1月を経過する日のいずれか遅い日までの期間とする。

（訂正報告書を提出した旨の公告）

第4条の2の4　法第24条の2第2項の規定による公告は、次のいずれかの方法により、同項の訂正報告書を提出した後遅滞なく、しなければならない。

一　内閣府令で定めるところにより、開示用電子情報処理組織（法第27条の30の2に規定する開示用電子情報処理組織をいう。以下同じ。）を使用する方法により不特定多数の者が公告すべき内容である情報の提供を受けることができる状態に置く措置をとる方法（以下この条において「電子公告」という。）

二　内閣府令で定めるところにより、時事に関する事項を掲載する日刊新聞紙に掲載する方法

2　前項の規定により電子公告による公告をする者は、法第24条の2第2項に規定する訂正報告書に係る訂正の対象となつた有価証券報告書及びその添付書類を提出した日から5年を経過する日までの間、継続して当該電子公告による公告をしなければならない。

3　第1項の規定により電子公告による公告をする者は、電気通信回線の故障その他の事由により当該電子公告による公告をすることができない場合には、内閣府令で定めるところにより、金融庁長官の承認を得て、電子公告に代えて、同項第2号に掲げる方法その他の内閣府令で定める方法により公告しなければならない。

4　第2項の規定にかかわらず、同項の規定により電子公告による公告をしなければならない期間（第2号において「公告期間」という。）中公告の中断（不特定多数の者が提供を受けることができる状態に置かれた情報がその状態に置かれないこととなつたこと又はその情報がその状態に置かれた後改変されたことをいう。以下この項において同じ。）が生じた場合において、次のいずれにも該当するときは、その公告の中断は、当該公告の効力に影響を及ぼさない。

一　公告の中断が生ずることにつき電子公告による公告をする者が善意でかつ重大な過失がないこと又は電子公告による公告をする者に正当な事由があること。

二　公告の中断が生じた時間の合計が公告期間の10分の1を超えないこと。

三　内閣府令で定めるところにより、電子公告による公告をする者が公告の中断が生じたこ

とを知つた後速やかにその旨、公告の中断が
生じた時間及び公告の中断の内容を当該公告
に付して公告したこと。

（確認書を提出しなければならない会社の範囲等）

第４条の２の５　法第24条の４の２第１項（法第
27条において準用する場合を含む。）に規定す
る政令で定めるものは、法第24条第１項第１号
又は第２号（これらの規定を法第27条において
準用する場合を含む。）に掲げる有価証券（次
の各号に掲げる有価証券に該当するものに限
る。）の発行者とする。

一　株券

二　優先出資証券

三　法第２条第１項第17号に掲げる有価証券で
前２号に掲げる有価証券の性質を有するもの

四　有価証券信託受益証券で、受託有価証券が
前３号に掲げる有価証券であるもの

五　法第２条第１項第20号に掲げる有価証券で、
第１号から第３号までに掲げる有価証券に係
る権利を表示するもの

2　法第24条の４の２第４項（法第27条において
準用する場合を含む。以下この項において同
じ。）の規定において法第24条の２第１項にお
いて読み替えて準用する法第７条第１項、第９
条第１項又は第10条第１項の規定により訂正報
告書（法第24条の２第１項に規定する訂正報告
書をいう。以下この項において同じ。）を提出
する場合について法の規定を準用する場合にお
ける法第24条の４の２第４項の規定による技術
的読替えは、次の表のとおりとする。

読み替える法の規定	読み替えられる字句	読み替える字句
第24条の４の２第１項	有価証券報告書の記載内容	訂正報告書の記載内容
	有価証券報告書等	訂正報告書
	外国会社報告書を	当該訂正報告書に類する書類であつて英語で記載されたものを
	当該外国会社報告書	当該訂正報告書に類する書類であつて英語で記載されたもの
第24条の４の２第２項	有価証券報告書と併せて	訂正報告書と併せて

3　法第24条の４の２第５項（法第27条において
準用する場合を含む。以下この項において同
じ。）の規定において法第24条の４の２第１項
又は第２号（これらの規定を同条第３項（同条
第４項において準用する場合を含む。）及び第
４項において準用し、及びこれらの規定を法第
27条において準用する場合を含む。）の規定に
より確認書（法第24条の４の２第１項（法第27
条において準用する場合を含む。）に規定する
確認書をいう。以下同じ。）が提出された場合
について法の規定を準用する場合における法第
24条の４の２第５項の規定による技術的読替え
は、次の表のとおりとする。

読み替える法の規定	読み替えられる字句	読み替える字句
第6条	前条第１項及び第13項の規定による届出書類	確認書

4　法第24条の４の２第６項（法第27条において
準用する場合を含む。以下この項において同
じ。）の規定において報告書提出外国会社が法
第24条の４の２第１項又は第２項（これらの規
定を法第27条において準用する場合を含む。）
の規定により確認書を提出する場合（外国会社
報告書を提出している場合に限る。）について
法の規定を準用する場合における法第24条の４
の２第６項の規定による技術的読替えは、次の
表のとおりとする。

読み替える法の規定	読み替えられる字句	読み替える字句
第24条第８項、第９項及び第11項から第13項まで	有価証券報告書	確認書
	外国会社報告書	外国会社確認書

報告書提出外国会社	外国会社	

（訂正確認書に関する読替え）

第４条の２の６　法第24条の４の３第１項（法第27条において準用する場合を含む。以下この条において同じ。）の規定において確認書について法の規定を準用する場合における同項の規定による技術的読替えは、次の表のとおりとする。

読み替える法の規定	読み替えられる字句	読み替える字句
第７条第１項	当該届出書類	当該確認書
第９条第１項	第５条第１項及び第13項	確認書
	届出書類	訂正確認書
第10条第１項	有価証券届出書	確認書

2　法第24条の４の３第２項（法第27条において準用する場合を含む。以下この項において同じ。）において法第24条の４の３第１項において準用する法第７条第１項、第９条第１項又は第10条第１項の規定により確認書の訂正確認書（法第24条の４の３第１項に規定する訂正確認書をいう。以下同じ。）が提出された場合について法の規定を準用する場合における法第24条の４の３第２項の規定による技術的読替えは、次の表のとおりとする。

読み替える法の規定	読み替えられる字句	読み替える字句
第６条	前条第１項及び第13項の規定による届出書類	訂正確認書

3　法第24条の４の３第３項（法第27条において準用する場合を含む。以下この項において同じ。）において法第24条の４の３第１項において準用する法第７条第１項、第９条第１項又は第10条第１項の規定により外国会社が提出した確認書の訂正確認書を提出する場合について法の規定を準用する場合における法第24条の４の３第３項の規定による技術的読替えは、次の表のとおりとする。

読み替える法の規定	読み替えられる字句	読み替える字句
第24条第８項	有価証券報告書	訂正確認書
	外国会社（第23条の３第４項の規定により有価証券報告書を提出したものを含む。以下「報告書提出外国会社」という。）	外国会社（外国会社報告書を提出しているものに限る。）
	第１項の規定による有価証券報告書及び第６項の規定によりこれに添付しなければならない書類（以下この条において「有価証券報告書等」という。）	訂正確認書
	外国において開示が行われている有価証券報告書等に類する	訂正確認書に記載すべき事項を記載した
	外国会社報告書	外国会社訂正確認書
第24条第９項	外国会社報告書	外国会社訂正確認書
	、当該外国会社報告書に記載されていない事項のうち公益又は投資者保護のため必要かつ適当なものとして内閣府令で定めるものを記載した書類その他	その他
第24条第11項	報告書提出外国会社	外国会社（外国会社報告書を提出しているものに限る。）
	外国会社報告書	外国会社訂正

金
商
法

	確認書	
有価証券報告書と	訂正確認書と	
有価証券報告書等	訂正確認書等	

（内部統制報告書を提出しなければならない会社の範囲等）

第４条の２の７　法第24条の４の４第１項（法第27条において準用する場合を含む。）に規定する政令で定めるものは、法第24条第１項第１号又は第２号（これらの規定を法第27条において準用する場合を含む。）に掲げる有価証券（次の各号に掲げる有価証券に該当するものに限る。）の発行者とする。

一　株券

二　優先出資証券

三　法第２条第１項第17号に掲げる有価証券で前２号に掲げる有価証券の性質を有するもの

四　有価証券信託受益証券で、受託有価証券が前３号に掲げる有価証券であるもの

五　法第２条第１項第20号に掲げる有価証券で、第１号から第３号までに掲げる有価証券に係る権利を表示するもの

２　法第24条の４の４第５項（法第27条において準用する場合を含む。以下この項において同じ。）において法第24条の４の４第１項又は第２項（これらの規定を同条第３項において準用し、及びこれらの規定を法第27条において準用する場合を含む。以下この条及び次条において同じ。）及び法第24条の４の４第４項（法第27条において準用する場合を含む。）の規定により内部統制報告書（法第24条の４の４第１項に規定する内部統制報告書をいう。以下同じ。）及びその添付書類が提出された場合について法の規定を準用する場合における同条第５項の規定による技術的読替えは、次の表のとおりとする。

読み替える法の規定	読み替えられる字句	読み替える字句
第６条	前条第１項及び第13項の規定による届出書類	内部統制報告書及びその添付書類

３　法第24条の４の４第６項（法第27条において準用する場合を含む。以下この項において同じ。）において報告書提出外国会社が法第24条の４の４第１項又は第２項の規定による内部統制報告書を提出する場合（外国会社報告書を提出している場合に限る。）について法の規定を準用する場合における同条第６項の規定による技術的読替えは、次の表のとおりとする。

読み替える法の規定	読み替えられる字句	読み替える字句
第24条第８項、第９項及び第11項から第13項まで	外国会社報告書	外国会社内部統制報告書
	報告書提出外国会社	外国会社
	有価証券報告書	内部統制報告書

（訂正内部統制報告書に関する読替え）

第４条の２の８　法第24条の４の５第１項（法第27条において準用する場合を含む。以下この条において同じ。）において内部統制報告書及びその添付書類について法の規定を準用する場合における同項の規定による技術的読替えは、次の表のとおりとする。

読み替える法の規定	読み替えられる字句	読み替える字句
第７条第１項	届出書類	内部統制報告書及びその添付書類
第９条第１項	第５条第１項及び第13項	内部統制報告書及びその添付書類
	届出書類	訂正報告書
第10条第１項	有価証券届出書	内部統制報告書及びその添付書類

２　法第24条の４の５第２項（法第27条において準用する場合を含む。以下この項において同じ。）において法第24条の４の５第１項において準用する法第７条第１項、第９条第１項又は第10条第１項の規定により内部統制報告書又はその添付書類について訂正報告書（法第24条の

４の５第１項に規定する訂正報告書をいう。以下この条及び次条において同じ。）が提出された場合について法の規定を準用する場合における法第24条の４の５第２項の規定による技術的読替えは、次の表のとおりとする。

読み替える法の規定	読み替えられる字句	読み替える字句
第６条	前条第１項及び第13項の規定による届出書類	当該訂正報告書

3　法第24条の４の５第３項（法第27条において準用する場合を含む。以下この項において同じ。）において法第24条の４の５第１項において読み替えて準用する法第７条第１項、第９条第１項又は第10条第１項の規定により外国会社が提出した内部統制報告書の訂正報告書を提出する場合について法の規定を準用する場合における法第24条の４の５第３項の規定による技術的読替えは、次の表のとおりとする。

読み替える法の規定	読み替えられる字句	読み替える字句
第24条第８項	有価証券報告書を	訂正報告書を
	外国会社（第23条の３第４項の規定により有価証券報告書を提出したものを含む。以下「報告書提出外国会社」という。）	外国会社（外国会社報告書を提出しているものに限る。）
	第１項の規定による有価証券報告書及び第６項の規定によりこれに添付しなければならない書類（以下この条において「有価証券報告書等」という。）	訂正報告書
	外国において開示が行われてい	訂正報告書に記載すべき事
	る有価証券報告書等に類する	項を記載した
	外国会社報告書	外国会社訂正報告書
第24条第９項	外国会社報告書	外国会社訂正報告書
	、当該外国会社報告書に記載されていない事項のうち公益又は投資者保護のため必要かつ適当なものとして内閣府令で定めるものを記載した書類その他	その他
第24条第11項	報告書提出外国会社	外国会社（外国会社報告書を提出しているものに限る。）
	外国会社報告書	外国会社訂正報告書
	有価証券報告書と	訂正報告書と
	有価証券報告書等	訂正報告書

（内部統制報告書に係る賠償責任に関する読替え）

第４条の２の９　法第24条の４の６（法第27条において準用する場合を含む。以下この条において同じ。）において内部統制報告書（その訂正報告書を含む。）のうちに重要な事項について虚偽の記載があり、又は記載すべき重要な事項若しくは誤解を生じさせないために必要な重要な事実の記載が欠けている場合について法の規定を準用する場合における法第24条の４の６の規定による技術的読替えは、次の表のとおりとする。

読み替える法の規定	読み替えられる字句	読み替える字句
第22条第２項	前項	第24条の４の６において準用する前項

（四半期報告書を提出しなければならない会社の範囲等）

第4条の2の10　法第24条の4の7第1項（法第27条において準用する場合を含む。以下この条において同じ。）に規定する発行者である会社その他の政令で定めるものは、法第24条第1項第1号又は第2号（これらの規定を法第27条において準用する場合を含む。）に掲げる有価証券（次の各号に掲げる有価証券に該当するものに限る。）の発行者とする。

一　株券

二　優先出資証券

三　法第2条第1項第17号に掲げる有価証券で前2号に掲げる有価証券の性質を有するもの

四　有価証券信託受益証券で、受託有価証券が前3号に掲げる有価証券であるもの

五　法第2条第1項第20号に掲げる有価証券で、第1号から第3号までに掲げる有価証券に係る権利を表示するもの

2　法第24条の4の7第1項に規定する事業年度の期間を3月ごとに区分した各期間から除く政令で定める期間は、当該各期間のうち最後の期間とする。

3　法第24条の4の7第1項に規定する45日以内の政令で定める期間は、45日とする。

4　法第24条の4の7第1項に規定する60日以内の政令で定める期間は、次の各号に掲げる四半期（同項に規定する事業年度の期間を3月ごとに区分した各期間をいう。以下この項において同じ。）の区分に応じ、当該各号に定める期間とする。

一　事業年度における最初の四半期の翌四半期　60日

二　前号に掲げる四半期以外の四半期　45日

5　法第24条の4の7第4項（法第27条において準用する場合を含む。以下この項及び次項において同じ。）において四半期報告書（法第24条の4の7第1項に規定する四半期報告書をいう。以下同じ。）について法の規定を準用する場合における法第24条の4の7第4項の規定による技術的読替えは、次の表のとおりとする。

読み替える法の規定	読み替えられる字句	読み替える字句
第9条第1項	第5条第1項及び第13項	四半期報告書
	届出書類	訂正報告書

6　法第24条の4の7第4項において四半期報告書及びその訂正報告書（同項に規定する訂正報告書をいう。以下この条及び次条において同じ。）のうちに重要な事項について虚偽の記載があり、又は記載すべき重要な事項若しくは誤解を生じさせないために必要な重要な事実の記載が欠けている場合について法の規定を準用する場合における同項の規定による技術的読替えは、次の表のとおりとする。

読み替える法の規定	読み替えられる字句	読み替える字句
第22条第1項	有価証券届出書	四半期報告又はその訂正書報告書

7　法第24条の4の7第5項（法第27条において準用する場合を含む。）において法第24条の4の7第1項又は第2項（これらの規定を同条第3項において準用し、及びこれらの規定を法第27条において準用する場合を含む。以下この条及び次条において同じ。）の規定により四半期報告書が提出された場合及び法第24条の4の7第4項において準用する法第7条第1項、第9条第1項又は第10条第1項の規定により当該報告書の訂正報告書が提出された場合について法の規定を準用する場合における法第24条の4の7第5項の規定による技術的読替えは、次の表のとおりとする。

読み替える法の規定	読み替えられる字句	読み替える字句
第6条	前条第1項及び第13項の規定による届出書類	当該四半期報告書及び訂正報告書

8　法第24条の4の7第10項（法第27条において準用する場合を含む。）に規定する政令で定める期間は、法第24条の4の7第9項による通知があつた日を起算日として、同条第1項の規定

による四半期報告書を同項の規定により提出することとした場合に提出すべきこととなる期間の末日又は当該起算日から15日を経過する日のいずれか遅い日までの期間とする。

9　法第24条の４の７第11項（法第27条において準用する場合を含む。以下この項において同じ。）において法第24条の４の７第４項において読み替えて準用する法第７条第１項、第９条第１項又は第10条第１項の規定により報告書提出外国会社が提出した外国会社四半期報告書（法第24条の４の７第６項（法第27条において準用する場合を含む。）に規定する外国会社四半期報告書をいう。）及びその補足書類（法第24条の４の７第７項（法第27条において準用する場合を含む。）に規定する補足書類をいう。）の訂正報告書を提出する場合について法の規定を準用する場合における法第24条の４の７第11項の規定による技術的読替えは、次の表のとおりとする。

読み替える法の規定	読み替えられる字句	読み替える字句
第24条の４の７第６項	第１項の規定により四半期報告書を提出しなければならない報告書提出外国会社	第４項において読み替えて準用する第７条第１項、第９条第１項又は第10条第１項の規定により報告書提出外国会社が提出した外国会社四半期報告書及びその補足書類の訂正報告書を提出しなければならない報告書提出外国会社
	四半期報告書	訂正報告書
	外国会社四半期報告書	外国会社四半期訂正報告書
第24条の４の７第７項	外国会社四半期報告書	外国会社四半期訂正報告書
第24条の４の７第８項	外国会社四半期報告書	外国会社四半期訂正報告書
	四半期報告書	訂正報告書

（四半期報告書に係る確認書に関する読替え）

第４条の２の11　法第24条の４の８第１項（法第27条において準用する場合を含む。以下この条において同じ。）において法第24条の４の７第１項又は第２項の規定により四半期報告書を提出する場合及び同条第４項において読み替えて準用する法第７条第１項、第９条第１項又は第10条第１項の規定により訂正報告書を提出する場合について法の規定を準用する場合における法第24条の４の８第１項の規定による技術的読替えは、次の表のとおりとする。

読み替える法の規定	読み替えられる字句	読み替える字句
第24条の４の２第１項	を当該有価証券報告書	を当該四半期報告書

（外国会社半期報告書の提出が認められない旨の通知があつた場合の半期報告書の提出期限）

第４条の２の12　法第24条の５第11項（法第27条において準用する場合を含む。）に規定する政令で定める期間は、法第24条の５第10項の規定による通知があつた日を起算日として、同条第１項の規定による半期報告書を同項の規定により提出することとした場合に提出すべきこととなる期間の末日又は当該起算日から15日を経過する日のいずれか遅い日までの期間とする。

（半期報告書に係る確認書に関する読替え）

第４条の２の13　法第24条の５の２第１項（法第27条において準用する場合を含む。）において法第24条の５第１項（同条第３項において準用し、これらの規定を法第27条において準用する場合を含む。）の規定により半期報告書を提出する場合及び法第24条の５第５項（法第27条において準用する場合を含む。以下この条において同じ。）において読み替えて準用する法第７条第１項、第９条第１項又は第10条第１項の規定により訂正報告書（法第24条の５第５項に規定する訂正報告書をいう。）を提出する場合に

ついて法の規定を準用する場合における法第24条の５の２第１項の規定による技術的読替えは、次の表のとおりとする。

読み替える法の規定	読み替えられる字句	読み替える字句
第24条の４の２第１項	を当該有価証券報告書	を当該半期報告書

（上場株券に準ずる株券等）

第４条の３　法第24条の６第１項に規定する政令で定める株券は、店頭売買有価証券に該当する株券とする。

2　法第24条の６第１項に規定する政令で定める有価証券は、次に掲げる有価証券とする。

一　金融商品取引所に上場されている投資証券（投資信託及び投資法人に関する法律に規定する投資証券をいう。以下この項において同じ。）

二　店頭売買有価証券に該当する投資証券

三　有価証券信託受益証券で、受託有価証券が金融商品取引所に上場されている株券若しくは前項に規定する株券又は前２号に掲げる投資証券であるもの

四　有価証券信託受益証券（受託有価証券が株券又は投資証券であるものに限り、前号に該当するものを除く。）で、上場有価証券（金融商品取引所に上場されている有価証券をいう。第６号において同じ。）又は店頭売買有価証券に該当するもの

五　法第２条第１項第20号に掲げる有価証券で、金融商品取引所に上場されている株券若しくは前項に規定する株券又は第１号若しくは第２号に掲げる投資証券に係る権利を表示するもの

六　法第２条第１項第20号に掲げる有価証券（株券又は投資証券に係る権利を表示するものに限り、前号に該当するものを除く。）で、上場有価証券又は店頭売買有価証券に該当するもの

3　法第24条の６第１項に規定する政令で定める機関の決定は、投資信託及び投資法人に関する法律第80条の２第３項の規定による役員会の決議とする。

4　法第24条の６第１項に規定する政令で定める会議は、前項の決議があつた役員会とする。

5　法第24条の６第１項に規定する政令で定める日は、投資信託及び投資法人に関する法律第80条の５第２項の規定により読み替えて適用する同法第80条の２第１項第４号に掲げる期間の満了する日とする。

（密接な関係を有する会社）

第４条の４　法第24条の７第１項（法第27条において準用する場合を含む。）に規定する政令で定めるものは、次に掲げる会社とする。

一　提出子会社（法第24条の７第１項（法第27条において準用する場合を含む。）に規定する提出子会社をいう。次号、第４条の７第１項、第39条第３項及び第41条の２第３項において同じ。）の総株主等の議決権の過半数を自己又は他人（仮設人を含む。以下この条及び第４条の７において同じ。）の名義をもつて所有する会社

二　会社と当該会社が総株主等の議決権の過半数を自己又は他人の名義をもつて所有する法人等（法人その他の団体をいう。以下同じ。）が合わせて提出子会社の総株主等の議決権の過半数を自己又は他人の名義をもつて所有する場合の当該会社

2　会社と当該会社が総株主等の議決権の過半数を自己又は他人の名義をもつて所有する法人等（以下この項及び第４条の７において「被支配法人等」という。）が合わせて他の法人等の総株主等の議決権の過半数を自己又は他人の名義をもつて所有する場合には、当該他の法人等を当該会社の被支配法人等とみなして前項第２号及びこの項の規定を適用する。

3　前２項の場合において、これらの規定に規定する者が所有する議決権には、社債、株式等の振替に関する法律第147条第１項又は第148条第１項（これらの規定を同法第228条第１項、第235条第１項、第239条第１項及び第276条（第２号に係る部分に限る。）において準用する場合を含む。）の規定により発行者に対抗するこ

とができない株式又は出資に係る議決権を含むものとする。

（外国会社に係る親会社等状況報告書の提出期限）

第４条の５　法第24条の７第１項（同条第６項において準用し、及びこれらの規定を法第27条において準用する場合を含む。）に規定する政令で定める期間は、３月とする。ただし、親会社等（法第24条の７第１項に規定する親会社等をいう。第４条の８において同じ。）である外国会社（法第24条の７第６項において準用する場合にあつては、外国の者）が、その本国の法令又は慣行その他やむを得ない理由により、親会社等状況報告書（法第24条の７第１項に規定する親会社等状況報告書をいう。以下同じ。）をその事業年度経過後３月以内に提出できないと認められる場合には、内閣府令で定めるところにより、あらかじめ金融庁長官の承認を受けた期間とする。

（親会社等状況報告書の訂正に関する読替え）

第４条の６　法第24条の７第１項に規定する親会社等状況報告書について、同条第３項において法の規定を準用する場合における同項の規定による技術的読替えは、次の表のとおりとする。

読み替える法の規定	読み替えられる字句	読み替える字句
法第９条第１項	第５条第１項及び第13項若しくは第７条第１項の規定による届出書類	親会社等状況報告書若しくは第７条第１項の規定による訂正報告書

（密接な関係を有する会社以外の者）

第４条の７　法第24条の７第６項（法第27条において準用する場合を含む。）において読み替えて準用する法第24条の７第１項に規定する政令で定める会社以外の者は、次に掲げる者とする。

一　提出子会社の総株主等の議決権の過半数を自己又は他人の名義をもつて所有する協同組織金融機関（法第２条第１項第７号に掲げる有価証券（同項第17号に掲げる有価証券でこれらの有価証券の性質を有するものを含む。）の発行者をいう。）その他内閣府令で定める

者（以下この条において「協同組織金融機関等」という。）

二　協同組織金融機関等とその被支配法人等が合わせて提出子会社の総株主等の議決権の過半数を自己又は他人の名義をもつて所有する場合の当該協同組織金融機関等

２　協同組織金融機関等とその被支配法人等が合わせて他の法人等の総株主等の議決権の過半数を自己又は他人の名義をもつて所有する場合には、当該他の法人等を当該協同組織金融機関等の被支配法人等とみなして前項第２号及びこの項の規定を適用する。

３　第４条の４第３項の規定は、前２項の場合においてこれらの規定に規定する者が所有する議決権について準用する。

（会社以外の者による親会社等状況報告書の提出に関する読替え）

第４条の８　法第24条の７第１項に規定する親会社等が会社以外の者である場合について、同条第６項において法の規定を準用する場合における同項の規定による技術的読替えは、次の表のとおりとする。

読み替える法の規定	読み替えられる字句	読み替える字句
法第24条の７第１項	外国会社	外国の者

（発行者が会社以外の者である場合の読替え）

第４条の９　法第27条の規定において発行者が会社以外の者である場合について法の規定を準用する場合における同条の規定による技術的読替えは、次の表のとおりとする。

読み替える法の規定	読み替えられる字句	読み替える字句
法第13条第１項	新株予約権証券	新投資口予約権証券
	会社法第277条に規定する新株予約権無償割当て	投資信託及び投資法人に関する法律第88条の13に規定する新投資口予約権無償割

法第23条の３第１項	新株予約権証券	当て
法第23条の３第１項	新株予約権証券	新投資口予約権証券
法第23条の３第１項	新株予約権の	新投資口予約権の
法第24条第10項	外国会社	外国の者

（会社以外の発行者に係る有価証券報告書の提出を要しないこととなる有価証券の範囲等）

第４条の10　法第24条第１項ただし書（法第27条において準用する場合に限る。次項及び次条において同じ。）に規定する政令で定める有価証券は、次に掲げる有価証券とする。

一　優先出資証券

二　法第２条第１項第17号に掲げる有価証券で優先出資証券の性質を有するもの

三　有価証券信託受益証券で、受託有価証券が前号に掲げる有価証券であるもの

四　法第２条第１項第20号に掲げる有価証券で、第２号に掲げる有価証券に係る権利を表示するもの

2　法第24条第１項ただし書に規定する政令で定めるところにより計算した数は、300とする。

（会社以外の発行者に係る有価証券報告書の提出を要しないこととなる資産の額等）

第４条の11　法第24条第１項ただし書に規定する資産の額として政令で定めるものは、学校法人等の貸借対照表上の純資産額とする。

2　法第24条第１項ただし書に規定する政令で定める額は、１億円とする。

3　法第24条第１項ただし書に規定する政令で定める数は、300とする。

4　法第24条第１項第４号（法第27条において準用する場合に限る。次項において同じ。）に規定する政令で定める有価証券は、優先出資証券及び第１条の３の４に規定する債権とする。

5　法第24条第１項第４号に規定する政令で定める数は、次の各号に掲げる有価証券の区分に応じ、当該各号に定める数とする。

一　優先出資証券　1,000（当該優先出資証券が特定投資家向け有価証券である場合には、

1,000に内閣府令で定めるところにより計算した特定投資家の数を加えた数）

二　第１条の３の４に規定する債権　500

（半期報告書等の提出を要しない外国債等の発行者）

第５条　法第２条第１項第17号に掲げる有価証券のうち同項第１号若しくは第２号に掲げるものの性質を有する有価証券の発行者又は同項第17号に掲げる有価証券のうち同項第３号に掲げるものの性質を有する有価証券の発行者（当該発行者の半期報告書及び臨時報告書（法第27条において準用する法第24条の５に規定する半期報告書及び臨時報告書をいう。以下この条において同じ。）の提出を要しないこととしても公益又は投資者保護に欠けることがないものとして、金融庁長官の指定した発行者に限る。）は、半期報告書及び臨時報告書を提出することを要しない。

第３章〜第６章の２　（略）

第７章　雑　則

（協議）

第34条　法務大臣、外務大臣、国家公安委員会及び金融庁長官は、法第189条第４項の措置をとる場合においては、当該措置について協議を行うものとする。

（金銭に類するもの）

第34条の２　法第192条第１項第２号に規定する政令で定めるものは、第１条の３各号に掲げるものとする。

（公認会計士等の監査証明を必要とする者）

第35条　法第193条の２第１項に規定する政令で定める者は、次に掲げる者（法第２条第１項第17号に掲げる有価証券で同項第１号から第３号まで又は第６号に掲げる有価証券の性質を有するものの発行者を除く。）とする。

一　法第４条第１項から第３項までの規定による届出をしようとする者

二　法第24条第１項各号（法第27条において準用する場合を含む。）に掲げる有価証券の発

行者

2　法第193条の２第１項第１号に規定する政令
　で定める有価証券は、次に掲げるものとする。

一　法第２条第１項第10号に規定する外国投資
　信託の受益証券

二　法第２条第１項第11号に規定する外国投資
　証券

三　法第２条第１項第14号に規定する受益証券
　発行信託の受益証券（外国の者が発行者であ
　るものに限る。）

四　法第２条第１項第17号に掲げる有価証券で
　同項第４号、第５号、第７号から第９号まで
　又は第12号から第16号までに掲げる有価証券
　の性質を有するもの

五　法第２条第１項第18号に掲げる有価証券

六　法第２条第１項第19号又は第20号に掲げる
　有価証券（外国の者が発行者であるものに限
　る。）

七　第１条第１号に掲げる証券又は証書

八　法第２条第２項の規定により有価証券とみ
　なされる同項第２号、第４号又は第６号に掲
　げる権利

（内部統制報告書に係る監査証明）

第35条の２　法第193条の２第２項に規定する政
　令で定めるものは、法第24条第１項第１号又は
　第２号（これらの規定を法第27条において準用
　する場合を含む。）に掲げる有価証券（第４条
　の２の７第１項各号に掲げるものに限る。）の
　発行者とする。

（内部統制報告書に係る監査証明が免除される期
　間の起算日）

第35条の３　法第193条の２第２項第４号に規定
　する政令で定める日は、法第24条第１項第１号
　又は第２号（これらの規定を法第27条において
　準用する場合を含む。）に掲げる有価証券（第
　４条の２の７第１項各号に掲げるものに限る。）
　の発行者に初めて該当することとなつた日（そ
　の日が当該発行者の事業年度開始後３月以内の
　日である場合には、その事業年度開始後３月を
　経過した日）とする。

（法令違反等事実に係る法令違反の是正その他の
　措置をとるべき期間）

第36条　法第193条の３第２項に規定する政令で
　定める期間は、同条第１項の通知を行つた日（以
　下この条において「通知日」という。）から通
　知日後最初に到来する次のいずれかに掲げる日
　までの間とする。

一　法第24条第１項に規定する有価証券報告書
　の提出期限の６週間前の日又は通知日から起
　算して２週間を経過した日のいずれか遅い日
　（当該日が当該提出期限以後の日である場合
　は、当該提出期限の前日）

二　法第24条の４の７第１項に規定する四半期
　報告書又は法第24条の５第１項に規定する半
　期報告書の提出期限の前日

（議決権の代理行使の勧誘）

第36条の２　議決権の代理行使の勧誘（法第194
　条に規定する金融商品取引所に上場されている
　株式の発行会社の株式につき、自己又は第三者
　にその議決権の行使を代理させることの勧誘を
　いう。第36条の４から第36条の６までにおいて
　同じ。）を行おうとする者（以下この条から第
　36条の４までにおいて「勧誘者」という。）は、
　当該勧誘に際し、その相手方（以下この条及び
　第36条の６において「被勧誘者」という。）に
　対し、委任状の用紙及び代理権の授与に関し参
　考となるべき事項として内閣府令で定めるもの
　を記載した書類（以下この条から第36条の５ま
　でにおいて「参考書類」という。）を交付しな
　ければならない。

2　勧誘者は、前項の規定による委任状の用紙又
　は参考書類の交付に代えて、当該被勧誘者の承
　諾を得て、当該委任状の用紙又は参考書類に記
　載すべき事項を電子情報処理組織を使用する方
　法その他の情報通信の技術を利用する方法であ
　つて内閣府令で定めるもの（以下この条におい
　て「電磁的方法」という。）により提供するこ
　とができる。この場合において、当該勧誘者は、
　当該委任状の用紙又は参考書類を交付したもの
　とみなす。

3　勧誘者は、前項前段の規定により同項に規定

する事項を提供しようとするときは、内閣府令で定めるところにより、あらかじめ、当該被勧誘者に対し、その用いる電磁的方法の種類及び内容を示し、書面又は電磁的方法による承諾を得なければならない。

4　前項の規定による承諾を得た勧誘者は、当該被勧誘者から書面又は電磁的方法により電磁的方法による提供を受けない旨の申出があったときは、当該被勧誘者に対し、第2項に規定する事項の提供を電磁的方法によつてしてはならない。ただし、当該被勧誘者が再び前項の規定による承諾をした場合は、この限りでない。

5　第1項の委任状の用紙の様式は、内閣府令で定める。

（委任状の用紙及び参考書類の提出）

第36条の3　勧誘者は、前条第1項の規定により委任状の用紙及び参考書類を交付したとき（内閣府令で定める場合を除く。）は、直ちに、これらの書類の写し（これらの書類の作成に代えて電磁的記録の作成がされている場合における内閣府令で定める電磁的記録又は当該電磁的記録に記録された事項を記載した書面を含む。第43条の11において同じ。）を金融庁長官に提出しなければならない。

（虚偽記載のある書類等による勧誘の禁止）

第36条の4　勧誘者は、重要な事項について虚偽の記載若しくは記録があり、又は記載若しくは記録すべき重要な事項若しくは誤解を生じさせないために必要な重要な事実の記載若しくは記録が欠けている委任状の用紙、参考書類その他の書類又は電磁的記録（第36条の6第1項において「委任状の用紙等」という。）を利用して、議決権の代理行使の勧誘を行つてはならない。

（参考書類の交付の請求）

第36条の5　株式の発行会社により、又は当該会社のために当該株式について議決権の代理行使の勧誘が行われる場合においては、当該会社の株主は、当該会社に対し、当該会社の定める費用を支払つて、参考書類の交付を請求することができる。

2　第36条の2第2項から第4項までの規定は、

前項の場合における参考書類の交付について準用する。

（適用除外）

第36条の6　第36条の2から前条までの規定は、次に掲げる場合には、適用しない。

一　当該株式の発行会社又はその役員のいずれでもない者が行う議決権の代理行使の勧誘であつて、被勧誘者が10人未満である場合

二　時事に関する事項を掲載する日刊新聞紙による広告を通じて行う議決権の代理行使の勧誘であつて、当該広告が発行会社の名称、広告の理由、株主総会の目的たる事項及び委任状の用紙等を提供する場所のみを表示する場合

三　他人の名義により株式を有する者が、その他人に対し当該株式の議決権について、議決権の代理行使の勧誘を行う場合

2　前項第1号に規定する場合における被勧誘者の人数の計算については、同項第3号に該当する場合における当該被勧誘者を除くものとする。

（外国金融商品市場における取引に対する本法の適用）

第36条の7　外国金融商品市場において、市場デリバティブ取引（約定数値及び現実数値に基づき金銭の授受を約する取引に限る。）と類似の取引のため、利率、償還期限その他の条件を標準化して設定された標準物は、法の適用については、金融商品とみなす。

第37条・第37条の2　（略）

第8章・第9章　（略）

附　則（抄）

1　この政令は、昭和40年10月1日から施行する。

2〜13　（略）

（特例適用会社に係る業務を終了した日）

14　法附則第7条第1項に規定する政令で定める日は、次の各号に掲げる日のいずれか遅い日（同日が平成13年3月31日前の日となる場合には同月31日とし、平成14年3月31日後の日となる場合には同月31日とする。）とする。

一　特例適用会社（法附則第4条において規定

する「特例適用会社」をいう。以下同じ。）に関し、基金が法第79条の56第1項及び第79条の57第1項の規定により支払をすべき金額の支払をすべて完了した日（基金が平成13年3月31日までに法第79条の54の規定による顧客資産の返還に係る債務の円滑な履行が困難であるとの認定を行わなかつた場合には、同日）

二　特例適用会社に関し、基金が法第79条の59第4項の規定により行う旨の決定をした返還資金融資の実行を完了した日（基金が平成13年3月31日までに同条第1項の申込みを受けなかつた場合には、同日）

三　特例適用会社に関し、基金が法第79条の60の規定による裁判上又は裁判外の行為を終了した日（基金が平成13年3月31日までに同条の規定による裁判上又は裁判外の行為を行わなかつた場合には、同日）

四　特例適用会社に関し、基金が法第79条の61の規定による業務のすべてを完了した日（基金が平成13年3月31日までに同条の規定による業務を行わなかつた場合には、同日）

五　更生手続開始の決定又は破産宣告がなされた特例適用会社に関し、基金が金融機関等の更生手続の特例等に関する法律（平成8年法律第95号）第4章又は第5章の規定による顧客表の提出その他これらの規定による業務のすべてを完了した日（基金が平成13年3月31日までにこれらの業務を行わなかつた場合には、同日）

附　則（昭和42年政令第338号〜平成19年政令第208号）（略）

附　則（平成19年8月3日政令第233号　証券取引法等の一部を改正する法律及び証券取引法等の一部を改正する法律の施行に伴う関係法律の整備等に関する法律の施行に伴う関係政令の整備等に関する政令）

（施行期日）

第1条　この政令は、改正法の施行の日〔平成19年9月30日〕から施行する。（以下略）

（証券取引法の一部改正に伴う経過措置）

第11条　改正法の施行の際現に締結されている信

託契約（当該信託契約が1個の信託約款に基づくものであって、当該信託契約に係る信託財産の管理又は処分が、当該信託約款に基づいて受託者が他の委託者との間に締結する信託契約に係る信託財産の管理又は処分と合同して行われるものに限る。）に係る新金融商品取引法第2条第2項第1号に掲げる信託の受益権（新金融商品取引法第3条第3号ロに掲げる権利に該当するものに限る。）については、施行日から起算して1年を経過する日までの間は、新金融商品取引法第2章の規定は、適用しない。

2　前項に規定する信託の受益権で、その特定期間（新金融商品取引法第24条第5項に規定する特定期間をいう。）の末日（その日が施行日から起算して1年を経過した日前であるときは、同日）におけるその所有者の数が500以上であるものは、同条第1項第3号に該当するものとみなして、新金融商品取引法第2章の規定（これらの規定に係る罰則を含む。）及び第2章の4の規定を適用する。

第30条　旧証券取引法第188条の規定により作成した帳簿、計算書、通信文、伝票その他業務に関する書類の保存については、なお従前の例による。

（証券取引法施行令の一部改正に伴う経過措置）

第2条　有価証券のうち、当該有価証券の発行される日以前6月以内であって、かつ、この政令の施行の日（以下「施行日」という。）前に当該有価証券と同種の新規発行証券（前条の規定による改正後の金融商品取引法施行令（以下「新金融商品取引法施行令」という。）第1条の6に規定する同種の新規発行証券をいう。以下この条において同じ。）の取得勧誘（証券取引法等の一部を改正する法律（平成18年法律第65号。以下「改正法」という。）第3条の規定による改正後の金融商品取引法（昭和23年法律第25号。以下「新金融商品取引法」という。）第2条第3項に規定する取得勧誘をいう。以下この条において同じ。）が行われているものに関する新金融商品取引法施行令第1条の6の規定の適用については、同条中「相手方（当該同種の新規

発行証券の取得勧誘を行つた相手方が適格機関投資家であつて、当該同種の新規発行証券が第1条の4に定める場合に該当するときは、当該適格機関投資家を除く。）の人数」とあるのは、「相手方の人数（証券取引法等の一部を改正する法律及び証券取引法等の一部を改正する法律の施行に伴う関係法律の整備等に関する法律の施行に伴う関係政令の整備等に関する政令（平成19年政令第233号）の施行の日（以下この条において「施行日」という。）前に取得勧誘が開始された同種の新規発行証券については、同令第1条の規定による改正前の証券取引法施行令（以下この条において「旧証券取引法施行令」という。）第1条の6第2項において準用する旧証券取引法施行令第1条の4第2項及び第3項の規定により計算した相手方の人数とし、施行日以後になお取得勧誘が開始された同種の新規発行証券があるときは、当該人数に当該同種の新規発行証券の取得勧誘の相手方の人数（当該相手方が適格機関投資家であつて、当該同種の新規発行証券が第1条の4に定める場合に該当するときは、当該適格機関投資家を除いた相手方の人数）を加えた人数とする。）」とする。

　　　附　則（平成19年12月7日政令第357号 公認会計士法等の一部を改正する 法律の施行に伴う関係政令の整備 に関する政令）

（施行期日）

第1条　この政令は、公認会計士法等の一部を改正する法律の施行の日（平成20年4月1日。次条において「施行日」という。）から施行する。

　　　附　則（平成20年政令第180号）（略）

　　　附　則（平成20年7月4日政令第219号 株式等の取引に係る決済の合理化 を図るための社債等の振替に関す る法律等の一部を改正する法律の 施行に伴う関係政令の整備に関す る政令）

（施行期日）

第1条　この政令は、株式等の取引に係る決済の合理化を図るための社債等の振替に関する法律等の一部を改正する法律（以下「改正法」という。）の施行の日〔平成21年1月5日〕から施行する。（以下略）

　　　附　則（平成20年9月3日政令第275号 金融商品取引法施行令等の一部を 改正する政令）

（施行期日）

第1条　この政令は、証券取引法等の一部を改正する法律（平成18年法律第65号）附則第1条第5号に掲げる規定の施行の日（平成20年12月1日）から施行する。

（金融商品取引法施行令の一部改正に伴う経過措置）

第2条　第1条の規定による改正後の金融商品取引法施行令（次項において「新金融商品取引法施行令」という。）第1条の3の3第2号に規定する一般社団法人及び一般財団法人には、一般社団法人及び一般財団法人に関する法律及び公益社団法人及び公益財団法人の認定等に関する法律の施行に伴う関係法律の整備等に関する法律（平成18年法律第50号。以下「整備法」という。）第25条第2項に規定する特例無限責任中間法人並びに整備法第42条第1項に規定する特例社団法人及び特例財団法人を含まないものとする。

2　（略）

　　　附　則（平成20年10月31日政令第334号 統計法施行令）

（施行期日）

第1条　この政令は、法の施行の日（平成21年4月1日）から施行する。

　　　附　則（平成20年12月5日政令第369号 金融商品取引法等の一部を改正す る法律の施行に伴う関係政令の整 備に関する政令）

（施行期日）

第1条　この政令は、金融商品取引法等の一部を改正する法律（平成20年法律第65号。以下「改正法」という。）の施行の日（平成20年12月12日）から施行する。（以下略）

（金融商品取引法の一部改正に伴う経過措置）

第2条　改正法第1条の規定による改正後の金融商品取引法（昭和23年法律第25号。以下「新金融商品取引法」という。）第24条第1項（新金融商品取引法第24条第5項（新金融商品取引法第27条において準用する場合を含む。）及び第

27条において準用する場合を含む。以下この条において同じ。）の規定（新金融商品取引法第24条第1項に規定する有価証券報告書(以下「新有価証券報告書」という。）の提出期限に係る部分に限る。）は、この政令の施行の日（以下「施行日」という。）以後に提出期限の到来する新有価証券報告書又は改正法第1条の規定による改正前の金融商品取引法（以下「旧金融商品取引法」という。）第24条第1項（旧金融商品取引法第24条第5項（旧金融商品取引法第27条において準用する場合を含む。）及び第27条において準用する場合を含む。）の規定による有価証券報告書（以下「旧有価証券報告書」という。）について適用し、施行日前に提出期限の到来した旧有価証券報告書については、なお従前の例による。

第3条　新金融商品取引法第24条の4の7第1項（新金融商品取引法第24条の4の7第3項（新金融商品取引法第27条において準用する場合を含む。）及び第27条において準用する場合を含む。以下この条において同じ。）の規定は、施行日以後に提出期限の到来する新金融商品取引法第24条の4の7第1項の規定による四半期報告書又は旧金融商品取引法第24条の4の7第1項(旧金融商品取引法第24条の4の7第3項(旧金融商品取引法第27条において準用する場合を含む。）及び第27条において準用する場合を含む。）の規定による四半期報告書（以下「旧四半期報告書」という。）について適用し、施行日前に提出期限の到来した旧四半期報告書については、なお従前の例による。

第4条　新金融商品取引法第24条の5第1項（新金融商品取引法第24条の5第3項（新金融商品取引法第27条において準用する場合を含む。）及び第27条において準用する場合を含む。以下この条において同じ。）の規定は、施行日以後に提出期限の到来する新金融商品取引法第24条の5第1項の規定による半期報告書又は旧金融商品取引法第24条の5第1項（旧金融商品取引法第24条の5第3項（旧金融商品取引法第27条において準用する場合を含む。）及び第27条に

おいて準用する場合を含む。）の規定による半期報告書（以下「旧半期報告書」という。）について適用し、施行日前に提出期限の到来した旧半期報告書については、なお従前の例による。

（金融商品取引法施行令の一部改正に伴う経過措置）

第5条　新金融商品取引法施行令第2条の4の2の規定は、施行日以後に開始する新金融商品取引法第2条の2第2項に規定する組織再編成発行手続について適用し、施行日前に開始した旧金融商品取引法第2条の2第2項に規定する組織再編成発行手続については、なお従前の例による。

第6条　新金融商品取引法施行令第3条の4の規定は、施行日以後に提出期限の到来する新有価証券報告書又は旧有価証券報告書について適用し、施行日前に提出期限の到来した旧有価証券報告書については、なお従前の例による。

第7条　新金融商品取引法施行令第4条の2の2の規定は、施行日以後に提出期限の到来する新金融商品取引法第24条第8項（新金融商品取引法第27条において準用する場合を含む。）の規定による外国会社報告書又は旧金融商品取引法第24条第8項（旧金融商品取引法第27条において準用する場合を含む。）の規定による外国会社報告書（以下「旧外国会社報告書」という。）について適用し、施行日前に提出期限の到来した旧外国会社報告書については、なお従前の例による。

第8条　新金融商品取引法施行令第4条の5の規定は、施行日以後に提出期限の到来する新金融商品取引法第24条の7第1項（新金融商品取引法第24条の7第6項（新金融商品取引法第27条において準用する場合を含む。）及び第27条において準用する場合を含む。）の規定による親会社等状況報告書又は旧金融商品取引法第24条の7第1項（旧金融商品取引法第24条の7第6項（旧金融商品取引法第27条において準用する場合を含む。）及び第27条において準用する場合を含む。）の規定による親会社等状況報告書（以下「旧親会社等状況報告書」という。）につ

いて適用し、施行日前に提出期限の到来した旧親会社等状況報告書については、なお従前の例による。

附則　（平成21年1月23日政令第8号　金融商品取引法等の一部を改正する法律の施行に伴う関係政令の整備に関する政令）

この政令は、金融商品取引法等の一部を改正する法律（平成20年法律第65号）附則第1条第3号に掲げる規定の施行の日（平成21年6月1日）から施行する。

附則　（平成21年12月28日政令第303号　金融商品取引法等の一部を改正する法律の施行に伴う関係政令の整備等に関する政令）

（施行期日）

第1条　この政令は、改正法〔平成21年法律第58号〕の施行の日（平成22年4月1日）から施行する。ただし、次の各号に掲げる規定は、当該各号に定める日から施行する。

一　第1条中金融商品取引法施行令第1条の5の2第1項第1号、第2条の2、第2条の10第1項第1号リ、第38条の2第1項並びに第39条第2項第1号、第18号及び第19号の改正規定並びに同令第44条の4第3項の改正規定（「又は主たる事務所」を削る部分に限る。）公布の日

二　第1条中金融商品取引法施行令目次の改正規定（「第1条の19」を「第1条の21」に改める部分に限る。）、同令第1章中第1条の19の次に2条を加える改正規定（中略）　改正法〔平成21年法律第58号〕附則第1条第1号に掲げる規定の施行の日〔平成22年7月1日〕

三～七　（略）

（金融商品取引法施行令の一部改正に伴う経過措置）

第2条　平成25年3月31日までの間における新株予約権が付されている社債券又は金融商品取引法等の一部を改正する法律（平成21年法律第58号。以下「改正法」という。）第1条の規定による改正後の金融商品取引法（昭和23年法律第25号。以下「新金融商品取引法」という。）第2条第1項第17号に掲げる有価証券のうち当該

社債券の性質を有するものについての前条の規定による改正後の金融商品取引法施行令（以下この条において「新金融商品取引法施行令」という。）第2条の12の3第5号の規定の適用については、同号ハ中「指定外国金融商品取引所」とあるのは、「金融商品取引所又は指定外国金融商品取引所」とする。

2・3　（略）

附則　（平成22年5月19日政令第137号　金融商品取引法施行令及び信託業法施行令の一部を改正する政令）

この政令は、公布の日から施行する。（以下略）

附則　（平成22年9月10日政令第196号　商品取引所法及び商品投資に係る事業の規制に関する法律の一部を改正する法律の施行に伴う関係政令の整備等及び経過措置に関する制令）

（施行期日）

第1条　この政令は、改正法の施行の日（平成23年1月1日）から施行する。

附則　（平成22年12月27日政令第255号　金融商品取引法施行令等の一部を改正する政令）

（施行期日）

第1条　この政令は、金融商品取引法等の一部を改正する法律（次条において「改正法」という。）の施行の日（平成23年4月1日）から施行する。

附則　（平成23年4月6日政令第96号　金融商品取引法施行令及び公認会計士法施行令の一部を改正する政令）

（施行期日）

第1条　この政令は、公布の日から施行する。

（経過措置）

第2条　この政令による改正後の金融商品取引法施行令第1条の6及び第1条の8の3の規定は、この政令の施行の日（以下「施行日」という。）以後に開始する取得勧誘（金融商品取引法第2条第3項に規定する取得勧誘をいう。以下同じ。）又は売付け勧誘等（同法第2条第4項に規定する売付け勧誘等をいう。以下同じ。）について適用し、施行日前に開始した取得勧誘又は売付け勧誘等については、なお従前の例による。

附　則 $\left(\begin{array}{l}\text{平成23年11月16日政令第339号}\\\text{資本市場及び金融業の基盤強化の}\\\text{ための金融商品取引法等の一部を}\\\text{改正する法律の一部の施行に伴う}\\\text{関係政令の整備に関する政令}\end{array}\right)$

この政令は、資本市場及び金融業の基盤強化のための金融商品取引法等の一部を改正する法律附則第1条第2号に掲げる規定の施行の日（平成23年11月24日）から施行する。

附　則 $\left(\begin{array}{l}\text{平成24年2月15日政令第32号}\\\text{金融商品取引法施行令の一部を改}\\\text{正する政令}\end{array}\right)$

（施行期日）

1　この政令は、資本市場及び金融業の基盤強化のための金融商品取引法等の一部を改正する法律の施行の日（平成24年4月1日）から施行する。

附　則 $\left(\begin{array}{l}\text{平成25年8月26日政令第245号}\\\text{金融商品取引法施行令の一部を改}\\\text{正する政令}\end{array}\right)$

（施行期日）

1　この政令は、平成25年11月5日から施行する。ただし、第1条の7の3第7号、第3条の5第1項及び第4条の10第1項の改正規定は、公布の日から施行する。

附　則 $\left(\begin{array}{l}\text{平成26年1月24日政令第15号}\\\text{金融商品取引法等の一部を改正する}\\\text{法律の施行に伴う関係政令の整}\\\text{備に関する政令}\end{array}\right)$

（施行期日）

1　この政令は、金融商品取引法等の一部を改正する法律の施行の日（平成26年4月1日）から施行する。（以下略）

附　則 $\left(\begin{array}{l}\text{平成26年2月26日政令第49号}\\\text{金融商品取引法施行令及び投資信}\\\text{託及び投資法人に関する法律施行}\\\text{令の一部を改正する政令}\end{array}\right)$

（施行期日）

第1条　この政令は、金融商品取引法等の一部を改正する法律（次条において「改正法」という。）の施行の日（平成26年3月11日）から施行する。

附　則 $\left(\begin{array}{l}\text{平成26年3月24日政令第73号}\\\text{公的年金制度の健全性及び信頼性}\\\text{の確保のための厚生年金保険法等}\\\text{の一部を改正する法律の施行に伴}\\\text{う関係政令の整備等に関する政令}\end{array}\right)$

（施行期日）

第1条　この政令は、公的年金制度の健全性及び信頼性の確保のための厚生年金保険法等の一部を改正する法律（以下「平成25年改正法」という。）の施行の日（平成26年4月1日）から施行する。

附　則 $\left(\begin{array}{l}\text{平成26年7月2日政令第246号}\\\text{金融商品取引法施行令等の一部を}\\\text{改正する政令}\end{array}\right)$

この政令は、金融商品取引法等の一部を改正する法律附則第1条第3号に掲げる規定の施行の日（平成26年12月1日）から施行する。

附　則 $\left(\begin{array}{l}\text{平成26年11月19日政令第363号}\\\text{金融商品取引法施行令の一部を改}\\\text{正する政令}\end{array}\right)$

（施行期日）

1　この政令は、金融商品取引法等の一部を改正する法律（以下「改正法」という。）附則第1条第3号に掲げる規定の施行の日（平成27年9月1日。以下「施行日」という。）から施行する。（以下略）

附　則 $\left(\begin{array}{l}\text{平成27年1月28日政令第23号}\\\text{会社法の一部を改正する法律及び}\\\text{会社法の一部を改正する法律の施}\\\text{行に伴う関係法律の整備等に関す}\\\text{る法律の施行に伴う金融庁関係政}\\\text{令の整備に関する政令}\end{array}\right)$

この政令は、会社法の一部を改正する法律の施行の日（平成27年5月1日）から施行する。

附　則 $\left(\begin{array}{l}\text{平成27年5月15日政令第233号}\\\text{金融商品取引法施行令等の一部を}\\\text{改正する政令}\end{array}\right)$

（施行期日）

第1条　この政令は、金融商品取引法等の一部を改正する法律（以下「改正法」という。）の施行の日（平成27年5月29日）から施行する。（以下略）

附　則 $\left(\begin{array}{l}\text{平成28年2月3日政令第38号}\\\text{金融商品取引法施行令等の一部を}\\\text{改正する政令}\end{array}\right)$

（施行期日）

1　この政令は、金融商品取引法の一部を改正する法律（次項において「改正法」という。）の施行の日（平成28年3月1日）から施行する。

附　則 $\left(\begin{array}{l}\text{平成29年12月27日政令第326号}\\\text{金融商品取引法施行令等の一部を}\\\text{改正する政令}\end{array}\right)$

この政令は、金融商品取引法の一部を改正する法律の施行の日（平成30年4月1日）から施

行する。

附　則（平成30年6月6日政令第183号
民法の一部を改正する法律及び民
法の一部を改正する法律の施行に
伴う関係法律の整備等に関する法
律の施行に伴う関係政令の整備に
関する政令）

　この政令は、民法の一部を改正する法律の施行の日（令和2年4月1日）から施行する。

附　則（令和元年6月21日政令第34号
金融商品取引法施行令の一部を改
正する政令）

（施行期日）

1　この政令は、令和元年7月1日から施行する。

（経過措置）

2　この政令による改正後の金融商品取引法施行令第2条の12第1号の規定は、この政令の施行の日（以下「施行日」という。）以後に開始する取得勧誘（金融商品取引法第2条第3項に規定する取得勧誘をいう。以下同じ。）又は売付け勧誘等（同法第2条第4項に規定する売付け勧誘等をいう。以下同じ。）について適用し、施行日前に開始した取得勧誘又は売付け勧誘等については、なお従前の例による。

附　則（令和元年6月28日政令第44号
不正競争防止法等の一部を改正する
法律の施行に伴う関係政令の整
理に関する政令）

（施行期日）

第1条　この政令は、不正競争防止法等の一部を改正する法律の施行の日（令和元年7月1日）から施行する。

附　則（令和2年4月3日政令第142号
資金決済に関する法律施行令等の
一部を改正する政令）

（施行期日）

第1条　この政令は、情報通信技術の進展に伴う金融取引の多様化に対応するための資金決済に関する法律等の一部を改正する法律（以下「改正法」という。）の施行の日（令和2年5月1日）から施行する。ただし、第7条中特定商取引に関する法律施行令附則第3項第2号の改正規定並びに次条並びに附則第4条及び第8条の規定は、公布の日から施行する。

附　則（令和2年6月17日政令第190号
金融商品取引法施行令の一部を改
正する政令）

　この政令は、公布の日から施行する。

附　則（令和3年8月6日政令第229号
年金制度の機能強化のための国民
年金法等の一部を改正する法律の
施行に伴う関係政令の整備及び経
過措置に関する政令）

（施行期日）

第1条　この政令は、令和4年4月1日から施行する。ただし、次の各号に掲げる規定は、当該各号に定める日から施行する。

一　（前略）第47条の規定（中略）　令和4年5月1日

二～四　（略）

附　則（令和3年11月10日政令第309号
新型コロナウイルス感染症等の影
響による社会経済情勢の変化に対
応して金融の機能の強化及び安定
の確保を図るための銀行法等の一
部を改正する法律の施行に伴う関
係政令の整備等に関する政令）

　この政令は、新型コロナウイルス感染症等の影響による社会経済情勢の変化に対応して金融の機能の強化及び安定の確保を図るための銀行法等の一部を改正する法律の施行の日（令和3年11月22日）から施行する。

附　則（令和4年1月28日政令第35号
金融商品取引法施行令の一部を改
正する政令）

（施行期日）

1　この政令は、公布の日の翌日から施行する。

（経過措置）

2　この政令による改正後の金融商品取引法施行令第1条の6の規定は、この政令の施行の日（以下「施行日」という。）以後に開始する取得勧誘（金融商品取引法第2条第3項に規定する取得勧誘をいう。以下同じ。）について適用し、施行日前に開始した取得勧誘については、なお従前の例による。

3　この政令の施行前にした行為及び前項の規定によりなお従前の例によることとされる場合におけるこの政令の施行後にした行為に対する罰則の適用については、なお従前の例による。

企業内容等の開示に関する内閣府令（抄）

昭和48年1月30日大蔵省令第5号
最終改正令和5年1月31日内閣府令第11号

（定　義）

第1条 この府令において、次の各号に掲げる用語の意義は、当該各号に定めるところによる。

一　有価証券　金融商品取引法（昭和23年法律第25号。以下「法」という。）第2条第1項に規定する有価証券及び同条第2項の規定により有価証券とみなされる権利のうち、次に掲げるもの（法第5条第1項（法第27条において準用する場合を含む。以下同じ。）に規定する特定有価証券に該当するものを除く。）をいう。

イ　金融商品取引法施行令（昭和40年政令第321号。以下「令」という。）第2条の8に規定するもの

ロ　法第2条第1項第5号に掲げるもの

ハ　法第2条第1項第7号に掲げるもの

ニ　法第2条第1項第9号に掲げるもの

ホ　法第2条第1項第17号に掲げるものであつて、イに掲げる有価証券の性質を有するもの

ヘ　法第2条第1項第17号に掲げるものであつて、同項第5号、第7号又は第9号に掲げる有価証券の性質を有するもの

ト　法第2条第1項第19号に掲げるもの

チ　金融商品取引法第2条に規定する定義に関する内閣府令（平成5年大蔵省令第14号。以下「定義府令」という。）第2条に規定するもの

リ　法第2条第1項第17号に掲げるものであつて同項第15号に掲げる有価証券の性質を有するもの

ヌ　令第1条第1号に掲げるもの

ル　令第1条第2号に掲げるもの

ヲ　法第2条第1項第20号に掲げるものであつて、同項第1号から第19号までに掲げる有価証券に係る権利を表示するもの

ワ　有価証券信託受益証券（令第2条の3第3号に規定する有価証券信託受益証券をいう。以下同じ。）のうち、受託有価証券（同号に規定する受託有価証券をいう。以下同じ。）がイからルまでに掲げるものであるもの

カ　令第1条の3の4に規定するもの

ヨ　電子記録移転権利（法第2条第3項に規定する電子記録移転権利をいう。以下同じ。）

二　有価証券の種類　法第2条第1項各号及び第2項各号に掲げる有価証券ごとに区分されたものをいう。この場合において、同条第1項第17号に掲げる有価証券については、その性質の異なるごとに異なる種類とする。

二の二　社会医療法人債券　第1号イ又はホに掲げるものをいう。

三　社債券　法第2条第1項第5号に掲げる社債券をいい、同項第17号に掲げる有価証券でこれと同じ性質を有するものを含む。

四　株券　法第2条第1項第9号に掲げる株券をいい、同項第17号に掲げる有価証券でこれと同じ性質を有するものを含む。

四の二　優先出資証券　法第2条第1項第7号に掲げる優先出資証券をいい、同項第17号に掲げる有価証券でこれと同じ性質を有するものを含む。

五　新株予約権証券　法第2条第1項第9号に掲げる新株予約権証券をいい、同項第17号に掲げる有価証券でこれと同じ性質を有するものを含む。

六　新株予約権付社債券　社債券のうち、新株予約権を付与されているものをいう。

六の二　カバードワラント　法第2条第1項第19号に掲げるものをいう。

六の三　預託証券　第1号ヲに掲げるものをい

う。

六の四　コマーシャル・ペーパー　第1号チ又はリに掲げるものをいう。

六の五　外国譲渡性預金証書　第1号ヌに掲げるものをいう。

六の六　学校債券　第1号ルに掲げるものをいう。

六の七　学校貸付債権　第1号カに掲げるものをいう。

七　株式　株券に表示されるべき権利をいう。

七の二　優先出資　優先出資証券に表示されるべき権利をいう。

七の三　新株予約権　新株予約権証券に表示されるべき権利をいう。

八　社債　社債券に表示されるべき権利をいう。

八の二　社会医療法人債　社会医療法人債券に表示されるべき権利をいう。

九　新株予約権付社債　新株予約権付社債券に表示されるべき権利をいう。

九の二　オプション　法第2条第1項第19号に規定するオプションをいう。

十　有価証券の募集　法第2条第3項に規定する有価証券の募集及び特定組織再編成発行手続（法第2条の3第4項に規定する特定組織再編成発行手続をいう。以下同じ。）をいう。

十一　有価証券の売出し　法第2条第4項に規定する有価証券の売出し、法第4条第2項に規定する適格機関投資家取得有価証券一般勧誘（法第2条第4項に規定する有価証券の売出しに該当するものを除く。）、法第4条第3項に規定する特定投資家等取得有価証券一般勧誘（法第2条第4項に規定する有価証券の売出しに該当するものを除く。以下同じ。）及び特定組織再編成交付手続（法第2条の3第5項に規定する特定組織再編成交付手続をいう。以下同じ。）をいう。

十二　発行者　法第2条第5項に規定する発行者をいう。

十三　引受人　法第15条第1項（法第27条において準用する場合を含む。）に規定する引受人をいう。

十四　有価証券届出書　法第5条第1項の規定による届出書であつて有価証券に係るものをいう。

十四の二　組込書類　法第5条第3項（法第27条において準用する場合を含む。第9条の3において同じ。）の規定により有価証券届出書にとじ込まれる書類をいう。

十四の三　参照書類　法第5条第4項（法第27条において準用する場合を含む。第9条の4において同じ。）に規定する参照書類であつて有価証券に係るものをいう。

十四の四　外国会社届出書　法第5条第8項（法第27条において準用する場合を含む。以下同じ。）に規定する外国会社届出書であつて有価証券に係るものをいう。

十五　目論見書　法第2条第10項に規定する目論見書であつて有価証券に係るものをいう。

十五の二　届出目論見書　法第13条第1項（法第27条において準用する場合を含む。以下同じ。）の規定による目論見書（次号に掲げる目論見書を除く。）をいう。

十六　届出仮目論見書　法第13条第1項の規定による目論見書のうち、当該目論見書に係る有価証券の募集又は売出しに関し、法第4条第1項から第3項までの規定による届出が効力を生じる日前において使用するものをいう。

十六の二　発行登録目論見書　法第23条の12第2項（法第27条において準用する場合を含む。以下同じ。）において準用する法第13条第1項の規定による目論見書のうち、法第23条の3第1項（法第27条において準用する場合を含む。以下同じ。）に規定する発行登録書又は法第23条の4（法第27条において準用する場合を含む。以下同じ。）の規定による訂正発行登録書に記載すべき内容を記載したもの（次号に掲げる目論見書を除く。）をいう。

十六の三　発行登録仮目論見書　法第23条の12第2項において準用する法第13条第1項の規定による目論見書のうち、法第23条の3第1項に規定する発行登録書又は法第23条の4の規定による訂正発行登録書に記載すべき内容

を記載したものであつて、かつ、法第23条の
3第3項（法第27条において準用する場合を
含む。）に規定する発行登録が効力を生じる
日前において使用するものをいう。

十六の四　発行登録追補目論見書　法第23条の
12第2項において準用する法第13条第1項の
規定による目論見書のうち、法第23条の8第
1項（法第27条において準用する場合を含む。
以下同じ。）に規定する発行登録追補書類に
記載すべき内容を記載したものをいう。

十七　有価証券通知書　法第4条第6項の規定
による通知書であつて有価証券に係るものを
いう。

十七の二　発行登録通知書　法第23条の8第4
項（法第27条において準用する場合を含む。
第14条の11において同じ。）において準用す
る法第4条第6項の規定による通知書であつ
て有価証券に係るものをいう。

十七の三　発行登録書　法第23条の3第1項に
規定する発行登録書であつて有価証券に係る
ものをいう。

十七の四　発行登録追補書類　法第23条の8第
1項に規定する発行登録追補書類であつて有
価証券に係るものをいう。

十八　有価証券報告書　法第24条第1項（法第
27条において準用する場合を含む。以下同
じ。）に規定する有価証券報告書であつて有
価証券に係るものをいう。

十八の二　外国会社報告書　法第24条第8項
（法第27条において準用する場合を含む。以
下同じ。）に規定する外国会社報告書であつ
て有価証券に係るものをいう。

十八の三　確認書　法第24条の4の2第1項
（法第24条の4の8第1項及び法第24条の5
の2第1項において準用し、並びにこれらの
規定を法第27条において準用する場合を含む。
以下同じ。）に規定する確認書をいう。

十八の四　外国会社確認書　法第24条の4の2
第6項（法第24条の4の8第1項及び第24条
の5の2第1項において準用し、並びにこれ
らの規定を法第27条において準用する場合を

含む。以下同じ。）において準用する法第24
条第8項に規定する外国会社確認書をいう。

十八の五　四半期報告書　法第24条の4の7第
1項（法第27条において準用する場合を含む。
以下同じ。）に規定する四半期報告書をいう。

十八の六　外国会社四半期報告書　法第24条の
4の7第6項（法第27条において準用する場
合を含む。以下同じ。）に規定する外国会社
四半期報告書をいう。

十九　半期報告書　法第24条の5第1項（法第
27条において準用する場合を含む。以下同
じ。）に規定する半期報告書であつて有価証
券に係るものをいう。

十九の二　臨時報告書　法第24条の5第4項
（法第27条において準用する場合を含む。以
下同じ。）に規定する臨時報告書であつて有
価証券に係るものをいう。

十九の三　外国会社半期報告書　法第24条の5
第7項（法第27条において準用する場合を含
む。以下同じ。）に規定する外国会社半期報
告書であつて有価証券に係るものをいう。

十九の四　外国会社臨時報告書　法第24条の5
第15項（法第27条において準用する場合を含
む。以下同じ。）に規定する外国会社臨時報
告書であつて有価証券に係るものをいう。

二十　自己株券買付状況報告書　法第24条の6
第2項に規定する自己株券買付状況報告書で
あつて有価証券に係るものをいう。

二十の二　親会社等状況報告書　法第24条の7
第1項（同条第6項及び法第27条において準
用する場合を含む。以下同じ。）に規定する
親会社等状況報告書をいう。

二十の三　内国会社　第1号イ、ロ、ニ、チ、
ル又はカに掲げる有価証券の発行者及び同号
ト、ヲ、ワ又はヨに掲げる有価証券の発行者
（会社に限る。）をいう。

二十の四　外国会社　第1号ホ、ヘ、リ又はヌ
に掲げる有価証券の発行者（法第2条第1項
第17号に掲げるものであつて、同項第7号に
掲げる有価証券の性質を有するものの発行者
を除く。）及び第1号ト、ヲ、ワ又はヨに掲

げる有価証券の発行者（外国法人に限る。）をいう。

二十の四の二　医療法人　第1号イ又はホに掲げる有価証券の発行者をいう。

二十の四の三　学校法人等　第1号ル又はカに掲げる有価証券の発行者をいう。

二十の五　指定法人　財務諸表等の用語、様式及び作成方法に関する規則（昭和38年大蔵省令第59号。以下「財務諸表等規則」という。）第1条第1項に規定する指定法人をいう。

二十の六　組合等　有価証券投資事業権利等（法第3条第3号イに規定する有価証券投資事業権利等をいう。）又は電子記録移転権利の発行者をいう。

二十の六の二　組合契約　組合等に係る契約をいう。

二十の七　提出会社　第14号及び第17号から第20号までに掲げる書類を提出する会社（指定法人を含む。）をいう。

二十の八　財務諸表　財務諸表等規則第1条第1項に規定する財務諸表をいう。

二十一　連結財務諸表　提出会社が内国会社（内国法人である指定法人を含む。以下同じ。）である場合には、連結財務諸表の用語、様式及び作成方法に関する規則（昭和51年大蔵省令第28号。以下「連結財務諸表規則」という。）第1条第1項に規定する連結財務諸表をいい、提出会社が外国会社（外国法人である指定法人を含む。以下同じ。）である場合には、当該提出会社とその子会社に相当するものとを連結した金融庁長官が認める財務計算に関する書類をいう。

二十一の二　四半期連結財務諸表　提出会社が内国会社である場合には、四半期連結財務諸表の用語、様式及び作成方法に関する規則（平成19年内閣府令第64号。以下「四半期連結財務諸表規則」という。）第1条第1項に規定する四半期連結財務諸表をいい、提出会社が外国会社である場合には、当該提出会社とその子会社に相当するものとを連結した金融庁長官が認める財務計算に関する書類をいう。

二十一の二の二　中間連結財務諸表　提出会社が内国会社である場合には、中間連結財務諸表の用語、様式及び作成方法に関する規則（平成11年大蔵省令第24号。以下「中間連結財務諸表規則」という。）第1条第1項に規定する中間連結財務諸表をいい、提出会社が外国会社である場合には、当該提出会社とその子会社に相当するものとを連結した金融庁長官が認める財務計算に関する書類をいう。

二十一の二の三　四半期財務諸表　提出会社が内国会社である場合には、四半期財務諸表等の用語、様式及び作成方法に関する規則（平成19年内閣府令第63号。以下「四半期財務諸表等規則」という。）第1条第1項に規定する四半期財務諸表をいい、提出会社が外国会社である場合には、金融庁長官が認める財務計算に関する書類をいう。

二十一の二の四　中間財務諸表　提出会社が内国会社である場合には、中間財務諸表等の用語、様式及び作成方法に関する規則（昭和52年大蔵省令第38号。以下「中間財務諸表等規則」という。）第1条第1項に規定する中間財務諸表をいい、提出会社が外国会社である場合には、金融庁長官が認める財務計算に関する書類をいう。

二十一の三　連結子会社　連結財務諸表規則第2条第4号に規定する連結子会社をいう。

二十一の四　連結会社　連結財務諸表規則第2条第5号に規定する連結会社をいう。

二十二　連結会計年度　連結財務諸表規則第3条第2項に規定する連結会計年度をいう。

二十二の二　四半期連結会計期間　四半期財務諸表等規則第3条第5号に規定する四半期連結会計期間をいう。

二十二の三　中間連結会計期間　中間連結財務諸表規則第3条第2項に規定する中間連結会計期間をいう。

二十二の四　四半期会計期間　四半期財務諸表等規則第3条第4号に規定する四半期会計期間をいう。

二十三　企業集団　連結財務諸表規則第4条第

1項第1号に規定する企業集団をいう。

二十四　持分法　連結財務諸表規則第2条第8号に規定する持分法をいう。

二十四の二　キャッシュ・フロー　財務諸表等規則第8条第18項、連結財務諸表規則第2条第13号、中間財務諸表等規則第2条の2第4号、中間連結財務諸表規則第2条第10号、四半期財務諸表等規則第3条第8号又は四半期連結財務諸表規則第2条第13号に規定するキャッシュ・フローをいう。

二十五　セグメント情報　財務諸表等規則第8条の29第1項、連結財務諸表規則第15条の2第1項、中間財務諸表等規則第5条の20第1項、中間連結財務諸表規則第14条第1項、四半期財務諸表等規則第22条の3第1項又は四半期連結財務諸表規則第15条第1項に規定するセグメント情報をいう。

二十六　親会社　財務諸表等規則第8条第3項に規定する親会社をいう。

二十七　子会社　財務諸表等規則第8条第3項に規定する子会社（同条第7項の規定により子会社に該当しないものと推定される特別目的会社を除く。）をいう。

二十七の二　関連会社　財務諸表等規則第8条第5項に規定する関連会社をいう。

二十七の三　関係会社　財務諸表等規則第8条第8項に規定する関係会社をいう。

二十七の四　その他の関係会社　財務諸表等規則第8条第8項に規定するその他の関係会社をいう。

二十七の五　関連当事者　財務諸表等規則第8条第17項に規定する関連当事者をいう。

二十八　継続開示会社　有価証券届出書又は有価証券報告書を提出している会社（指定法人を含む。）をいい、法第24条第1項ただし書（法第27条において準用する場合を含む。第6条及び第15条の3において同じ。）の規定により財務局長又は福岡財務支局長（以下「財務局長等」という。）の承認を受けたものを除く。

二十九　金融商品取引所　法第2条第16項に規定する金融商品取引所をいい、本邦（外国為替及び外国貿易法（昭和24年法律第228号）第6条第1項第1号に規定する本邦をいう。以下同じ。）以外の地域において設立されている同じ性質を有するものを含む。

三十　算式表示　有価証券の発行価格又は売出価格を、一の金融商品市場の一の日における最終価格（当該有価証券が店頭売買有価証券（法第2条第8項第10号ハに規定する店頭売買有価証券をいう。以下同じ。）である場合にあつては、一の認可金融商品取引業協会（同条第13項に規定する認可金融商品取引業協会をいう。以下同じ。）が公表する一の日における当該店頭売買有価証券の最終価格）等に一定率を乗ずる方式を用いて表示することをいう。

三十一　特別利害関係者等　次に掲げる者をいう。

イ　当該会社（指定法人を含む。以下この号において同じ。）の特別利害関係者（当該会社の役員（役員持株会を含み、取締役、会計参与（会計参与が法人であるときは、その職務を行うべき社員を含む。）、監査役又は執行役（理事及び監事その他これらに準ずる者を含む。）をいう。以下この号において同じ。）、当該役員の配偶者及び二親等内の血族（以下この号において「役員等」という。）、役員等が自己又は他人（仮設人を含む。ロにおいて同じ。）の名義により所有する株式（優先出資を含む。以下同じ。）又は出資に係る議決権が、会社の総株主等の議決権（法第29条の4第2項に規定する総株主等の議決権をいう。以下同じ。）の100分の50を超えている会社、当該会社の関係会社並びに当該関係会社の役員をいう。以下この号において同じ。）

ロ　当該会社の株主（協同組織金融機関の優先出資に関する法律（平成5年法律第44号。以下「優先出資法」という。）に規定する優先出資者を含む。第19条及び第22条を除き、以下同じ。）で自己又は他人の名義をもつて所有する株式に係る議決権が多い順

　　に10番目以内となる者

　ハ　当該会社の人的関係会社（人事、資金、取引等の関係を通じて、当該会社が、他の会社を実質的に支配している場合又は他の会社により実質的に支配されている場合における当該他の会社をいう。以下この号において同じ。）及び資本的関係会社（当該会社（当該会社の特別利害関係者を含む。）が他の会社の総株主等の議決権の100分の20以上を実質的に所有している場合又は他の会社（当該他の会社の特別利害関係者を含む。）が当該会社の総株主等の議決権の100分の20以上を実質的に所有している場合における当該他の会社をいう。以下この号において同じ。）並びにこれらの役員

　ニ　金融商品取引業者（法第2条第9項に規定する金融商品取引業者（法第28条第8項に規定する有価証券関連業を行う者に限る。）をいう。以下同じ。）及びその役員並びに金融商品取引業者の人的関係会社又は資本的関係会社

三十二　特定投資家向け売付け勧誘等　法第2条第6項に規定する特定投資家向け売付け勧誘等をいう。

三十三　特定投資家向け有価証券　法第4条第3項に規定する特定投資家向け有価証券をいう。

三十四　特定投資家向け取得勧誘　法第4条第3項第1号に規定する特定投資家向け取得勧誘をいう。

三十五　特定証券等情報　法第27条の33に規定する特定証券等情報をいう。

三十六　発行者等情報　法第27条の34に規定する発行者等情報をいう。

（有価証券信託受益証券）

第1条の2　令第2条の3第3号に規定する内閣府令で定める事項は、次に掲げる事項とする。

一　当該有価証券信託受益証券に係る信託財産に次に掲げる財産以外の財産が含まれないこと。

　イ　受託有価証券

　ロ　受託有価証券に係る受取配当金、利息その他の給付金

　ハ　社債、株式等の振替に関する法律（平成13年法律第75号。以下「社債等振替法」という。）第127条の32第1項に規定する措置に要する費用に充てるための金銭その他の財産

二　当該有価証券信託受益証券に係る受託有価証券が同一種類の有価証券（有価証券の発行者が同一で、定義府令第10条の2第1項各号に掲げる有価証券の区分に応じ、当該各号に定める事項が同一である有価証券をいい、次に掲げる要件の全てを満たすものを除く。）であること。

　イ　受託有価証券の発行者に適用される法令若しくは当該発行者の定款若しくは寄附行為その他これらに準ずるもの又は当該発行者の決定により受託者が受託有価証券の所有者として当該発行者が発行する有価証券の割当てを受ける権利の対象となる有価証券（ロにおいて「割当有価証券」という。）であること。

　ロ　受益者による受託者に対する割当有価証券の引受けの申込みの指図に基づき、当該受益者のために当該受託者が信託財産として所有する有価証券であること。

三　各受益権の内容が、各受託有価証券に係る権利の内容に応じて均等であること。

四　受益権の内容に含まれる受託有価証券に係る権利の行使手続及び当該受託有価証券の発行者による当該受託有価証券に係る通知、報告その他書類の送付に関する手続の受託者に対する通知方法が規定されていること。

五　受託有価証券に係る権利の内容と異なる内容の受益権が発行されないこと。

（届出を要しない有価証券の募集又は売出し）

第2条　令第2条の12第1号に規定する内閣府令で定めるものは、次に掲げる会社とする。

一　株券等（令第2条の12第1号に規定する株券等をいう。次号及び第19条第2項第2号の2において同じ。）の発行者である会社が他

の会社の発行済株式の総数を所有する場合における当該他の会社（次号において「完全子会社」という。）

二　株券等の発行者である会社及び完全子会社又は完全子会社が他の会社の発行済株式の総数を所有する場合における当該他の会社

2　令第2条の12第2号に規定する内閣府令で定める条件は、譲渡が禁止される旨の制限が付されていることとする。

3　令第2条の12第2号に規定する内閣府令で定めるものは、次に掲げる会社とする。

一　新株予約権証券等（令第2条の12第2号に規定する新株予約権証券等をいう。次号及び第19条第2項第2号の2において同じ。）の発行者である会社が他の会社の発行済株式の総数を所有する場合における当該他の会社（次号において「完全子会社」という。）

二　新株予約権証券等の発行者である会社及び完全子会社又は完全子会社が他の会社の発行済株式の総数を所有する場合における当該他の会社

4　令第2条の12の3第6号ハに規定する内閣府令で定める情報は、次に掲げる情報とする。

一　海外発行債券（令第2条の12の3第6号に規定する海外発行債券をいう。以下この項において同じ。）の発行者（以下この項において「債券発行者」という。）の名称及び本店所在地

二　債券発行者の設立の準拠法及び設立の日

三　債券発行者の事業の内容

四　海外発行債券の元本の償還及び利息の支払について保証している債券発行者の親会社（令第2条の12の3第6号ロに規定する親会社をいう。以下この項において「保証親会社」という。）の名称及び本店所在地

五　保証親会社が当該海外発行債券の元本の償還及び利息の支払について保証している旨及びその内容

六　保証親会社の株券が上場されている金融商品取引所又は指定外国金融商品取引所（令第2条の12の3第4号ロに規定する指定外国金融商品取引所をいう。第9条の4第5項第3号において同じ。）の名称

七　保証親会社に関する情報（令第2条の12の3第6号ハに規定する親会社の経理に関する情報その他の当該親会社に関する情報に該当するものに限る。）を取得するための方法

5　法第4条第1項第5号に規定する発行価額又は売出価額の総額が1億円未満の有価証券の募集又は売出しで内閣府令で定めるものは、次に掲げるもの以外の募集又は売出しとする。

一　募集又は売出しに係る有価証券が新株予約権証券である場合で、当該新株予約権証券の発行価額又は売出価額の総額に当該新株予約権証券に係る新株予約権の行使に際して払い込むべき金額の合計額を合算した金額が1億円以上となる場合における当該募集又は売出し

二　募集又は売出しに係る有価証券の発行価額又は売出価額の総額（当該有価証券が新株予約権証券である場合には、当該新株予約権証券の発行価額又は売出価額の総額に当該新株予約権証券に係る新株予約権の行使に際して払い込むべき金額の合計額を合算した金額。以下この条、第9条の2第2号から第5号まで、第19条第2項第1号から第2号の2まで及び第14条の15第2項において同じ。）に、当該募集又は売出しを開始する日前1年以内に行われた募集又は売出し（令第2条の12に規定する場合に該当するもの、法第4条第1項の規定による届出をしたもの及び当該届出前にしたもの並びに発行登録追補書類を提出したもの及び当該提出前にしたものを除く。）に係る当該有価証券と同一の種類の有価証券（この条において新株予約権付社債券は、第1条第2号の規定にかかわらず、同条第1号ニに掲げる有価証券又は法第2条第1項第17号に掲げる有価証券であつて第1条第1号ニに掲げる有価証券の性質を有するものと同一の種類の有価証券とみなす。）の発行価額又は売出価額の総額を合算した金額が1億円以上となる場合における当該募集又は売出し

金商法

三　募集（令第1条の6に規定する要件に該当することにより募集に該当することとなつた場合に限る。）に係る有価証券の発行価額の総額に、当該有価証券の発行される日以前3月以内に発行された同種の新規発行証券（同条に規定する同種の新規発行証券をいう。第9条の2において同じ。）の発行価額の総額を合算した金額が1億円以上となる場合における当該募集

三の二　売出し（令第1条の8の3に規定する要件に該当することにより売出しに該当することとなつた場合に限る。）に係る有価証券の売出価額の総額に、当該有価証券の売付け勧誘等（法第2条第4項に規定する売付け勧誘等をいう。以下同じ。）が行われる日以前1月以内に売付け勧誘等（他の者が行つたものを除く。）が行われた同種の既発行証券（令第1条の8の3に規定する同種の既発行証券をいう。第9条の2第3号の2及び第19条第2項第1号において同じ。）の売出価額の総額を合算した金額が1億円以上となる場合における当該売出し

四　同一の種類の有価証券でその発行価額又は売出価額の総額が1億円未満である2組以上の募集又は売出しが並行して行われ、かつ、これらの募集又は売出しに係る有価証券の発行価額又は売出価額の総額の合計額が1億円以上となる場合におけるそれぞれの募集又は売出し

五　発行価額若しくは売出価額の総額が1億円以上である有価証券の募集若しくは売出し又は第2号に規定する募集若しくは売出しと並行して行われるこれらの募集又は売出しに係る有価証券と同一の種類の有価証券の募集又は売出し

六　法第10条第1項（法第27条において準用する場合を含む。）の規定による届出の効力の停止の処分又は法第11条第1項（法第27条において準用する場合を含む。）の規定による届出の効力の停止の処分、発行登録の効力の停止の処分若しくは期間の延長の処分を受け

た届出者が、これらの処分を受けている期間内に新たに行う有価証券の募集又は売出し

七　法第23条の10第3項（法第27条において準用する場合を含む。）の規定による発行登録の効力の停止の処分又は法第23条の11第1項（法第27条において準用する場合を含む。）の規定による発行登録の効力の停止の処分、届出の効力の停止の処分若しくは期間の延長の処分を受けた登録者が、これらの処分を受けている期間内に新たに行う有価証券の募集又は売出し

八　本邦の金融商品取引所に発行株式（発行優先出資を含む。以下同じ。）を上場しようとする会社（指定法人を含む。以下この号において同じ。）又は認可金融商品取引業協会に発行株式を店頭売買有価証券として登録しようとする会社（既に本邦の他の金融商品取引所に発行株式が上場されている会社又はいずれかの認可金融商品取引業協会に発行株式が店頭売買有価証券として登録されている会社を除く。第8条第2項において同じ。）で、継続開示会社でないものが行う当該金融商品取引所又は当該認可金融商品取引業協会の規則による発行株式の募集又は売出し

（適格機関投資家向け勧誘が行われる有価証券の発行者たる外国会社の代理人）

第2条の2　その有価証券発行勧誘等（法第4条第2項に規定する有価証券発行勧誘等をいう。以下同じ。）が適格機関投資家向け勧誘（法第23条の13第1項に規定する適格機関投資家向け勧誘をいう。以下同じ。）に該当する有価証券（次条において「適格機関投資家向け証券」という。）を発行する外国会社は、本邦内に住所を有する者であつて、当該有価証券の譲渡に関する行為につき、当該外国会社を代理する権限を有するもの（同条において「発行者の代理人」という。）を定めなければならない。

（法第4条第2項に違反した譲渡の通知義務）

第2条の3　適格機関投資家向け証券の発行者及び発行者の代理人は、法第4条第2項に違反して当該有価証券の譲渡が行われたことを知つた

ときは、その旨を遅滞なく関東財務局長に通知しなければならない。

（届出を要しない適格機関投資家向け証券の一般投資家向け勧誘）

第2条の4　法第4条第2項に規定する内閣府令で定める要件は、次の各号に掲げる場合に該当することとする。

一　適格機関投資家取得有価証券一般勧誘（法第4条第2項に規定する適格機関投資家取得有価証券一般勧誘をいう。以下この条において同じ。）が当該適格機関投資家取得有価証券一般勧誘に係る有価証券（令第1条の4第1号に掲げる有価証券に限る。）の発行者である会社に対して行われる場合

二　適格機関投資家取得有価証券一般勧誘が法第4条第1項第4号に規定する有価証券の売出しに該当し、かつ、当該適格機関投資家取得有価証券一般勧誘が当該有価証券の売出しとして行われる場合

（特定投資家向け有価証券から除かれる有価証券の範囲）

第2条の5　令第2条の12の4第1項に規定する内閣府令で定める有価証券は、特定上場有価証券（法第2条第33項に規定する特定上場有価証券をいう。以下同じ。）及び特定店頭売買有価証券（令第2条の12の4第3項第2号に規定する特定店頭売買有価証券をいう。以下同じ。）とする。

（特定投資家向け有価証券に該当しない旨の承認の手続等）

第2条の6　令第2条の12の4第1項に規定する有価証券の発行者が同項に規定する承認を受けようとする場合には、承認申請書に次に掲げる書類を添えて、これを財務局長等に提出しなければならない。

一　定款又はこれに準ずるもの

二　申請時における株主名簿（優先出資法に規定する優先出資者名簿を含み、当該有価証券が株式以外の有価証券である場合には、その所有者の名簿。次項第1号において同じ。）の写し

2　令第2条の12の4第1項に規定する所有者の数は、次の各号に掲げる有価証券の区分に応じ、当該各号に定めるところにより計算した数とする。

一　内国会社の発行する有価証券　申請のあつた日の属する事業年度の直前事業年度の末日及び直前事業年度の開始の日前2年以内に開始した事業年度（次号において「基準事業年度」という。）全ての末日において株主名簿に記載され、又は記録されている者の数

二　外国会社の発行する有価証券　基準事業年度の末日において当該有価証券の保管の委託を受けている金融商品取引業者等（法第34条に規定する金融商品取引業者等をいう。以下同じ。）の有する当該有価証券の所有者の名簿に記載され、又は記録されている者（非居住者（外国為替及び外国貿易法第6条第1項第6号に規定する非居住者をいう。以下同じ。）を除く。）の数

3　第1項各号に掲げる書類が日本語又は英語をもつて記載したものでないときは、その日本語又は英語による翻訳文を付さなければならない。

（届出を要しない特定投資家向け有価証券の一般投資家向け勧誘）

第2条の7　法第4条第3項に規定する内閣府令で定める場合は、次の各号のいずれかに該当する場合とする。

一　当該特定投資家向け有価証券の発行者又はその役員（取締役、監査役、執行役、理事若しくは監事又はこれらに準ずる者をいう。第19条第2項第1号ヲ(2)及び(3)において同じ。）であり、かつ、当該発行者の総株主等の議決権の100分の50を超える議決権に係る株式若しくは出資を自己若しくは他人の名義をもつて所有する者（以下この条において「特定役員」という。）若しくは当該特定役員の被支配法人等（当該発行者を除く。以下この条において同じ。）に対して特定投資家等取得有価証券一般勧誘を行う場合

二　当該特定投資家向け有価証券の発行者の総株主等の議決権の100分の50を超える議決権

に係る株式又は出資を自己又は他人の名義を
もつて所有する会社に対して特定投資家等取
得有価証券一般勧誘を行う場合

三　法第4条第3項第3号に該当することとな
つた有価証券の所有者（当該有価証券の発行
者を除く。）が、当該有価証券（同号に該当
することとなつた日前から所有するものに限
る。）について、当該日から起算して1年を
経過する日までの間に特定投資家等取得有価
証券一般勧誘を行う場合

2　特定役員とその被支配法人等が合わせて他の
法人等（法人その他の団体をいう。以下この条
において同じ。）の総株主等の議決権の100分の
50を超える議決権に係る株式又は出資を自己又
は他人の名義をもつて所有する場合には、当該
他の法人等は、当該特定役員の被支配法人等と
みなして、前項第1号及びこの項の規定を適用
する。

3　第1項第1号及び前項の「被支配法人等」と
は、特定役員が他の法人等の総株主等の議決権
の100分の50を超える議決権に係る株式又は出
資を自己又は他人の名義をもつて所有する場合
における当該他の法人等をいう。

4　第1項第1号及び第2号の議決権（総株主等
の議決権を除く。）には、社債等振替法第147条
第1項又は第148条第1項（これらの規定を社
債等振替法第235条第1項において準用する場
合を含む。）の規定により発行者に対抗するこ
とができない株式又は出資に係る議決権を含み、
前2項の場合における議決権（総株主等の議決
権を除く。）には、社債等振替法第147条第1項
又は第148条第1項（これらの規定を社債等振
替法第228条第1項、第235条第1項、第239条
第1項及び第276条（第2号に係る部分に限る。）
において準用する場合を含む。）の規定により
発行者に対抗することができない株式又は出資
に係る議決権を含むものとする。

（同一種類の有価証券）
第2条の8　法第4条第3項第3号に規定する内
閣府令で定めるものは、定義府令第10条の2第
1項各号に掲げる有価証券の区分に応じ、当該

各号に定める事項が同一である有価証券とする。
（暗号資産の換算等）
第2条の9　この府令の規定により作成すること
とされている書類中、暗号資産（資金決済に関
する法律（平成21年法律第59号）第2条第5項
に規定する暗号資産をいう。以下同じ。）をも
つて数量を表示するものがあるときは、主要な
事項について当該数量を本邦通貨に換算した金
額及びその換算に当たつて採用した換算の基準
を付記するとともに、当該暗号資産の名称及び
概要を記載しなければならない。

2　法第2条の2及び令第1条の23に定めるもの
のほか、暗号資産は、この府令の規定の金銭又
は取引に係る金銭とみなして、この府令の規定
を適用する。ただし、この府令の規定により作
成することとされている書類に記載する事項の
うち貸借対照表、損益計算書その他の財務計算
に関する書類に記載された事項に準拠するもの
に係る規定の金銭又は取引に係る金銭について
は、法第193条に規定する内閣府令の定めると
ころによる。

（氏名の記載）
第2条の10　この府令の規定により作成すること
とされている書類に記載する氏名については、
旧氏（住民基本台帳法施行令（昭和42年政令第
292号）第30条の13に規定する旧氏をいう。）及
び名を括弧書で併せて記載することができる。

（届出書提出期限の特例）
第3条　法第4条第4項ただし書に規定する内閣
府令で定める場合は、次の各号に掲げる有価証
券の募集又は売出しを行う場合とする。

一　株券（優先出資証券を含む。以下同じ。）、
新株予約権証券及び新株予約権付社債券以外
の有価証券

二　時価又は時価に近い一定の価格により発行
する株券

三　時価又は時価に近い一定の価格により発行
し、又は移転する株券を取得することとなる
新株予約権が付与されている新株予約権付社
債券

四　法第24条第1項第1号及び第2号（これら

の規定を法第27条において準用する場合を含む。以下同じ。）に掲げる有価証券の発行者である会社（指定法人を含む。）以外の会社（指定法人を含む。）の発行する有価証券（前3号に掲げるもの及び本邦以外の地域の金融商品取引所において上場されているものを除く。）

五　会社法（平成17年法律第86号）第277条に規定する新株予約権無償割当てに係る新株予約権証券であつて、取引所金融商品市場（法第2条第17項に規定する取引所金融商品市場をいう。第14条の14の2第1項第1号において同じ。）において売買を行うこととなるもの

（有価証券通知書）

第4条　法第4条第6項の規定により提出する有価証券通知書は、内国会社にあつては第一号様式、外国会社にあつては第六号様式により作成し、財務局長等に提出しなければならない。

2　有価証券通知書には、次の各号に掲げる有価証券の発行者の区分に応じ、当該各号に定める書類を添付しなければならない。

一　内国会社　次に掲げる書類

イ　定款（財団たる内国会社である場合は、その寄附行為）

ロ　当該有価証券の発行につき取締役会の決議等（監査等委員会設置会社において会社法第399条の13第5項若しくは第6項の取締役会の決議による委任に基づく取締役の決定があつたときは当該取締役会の決議及び当該取締役の決定とし、指名委員会等設置会社において同法第416条第4項の取締役会の決議による委任に基づく執行役の決定があつたときは当該取締役会の決議及び当該執行役の決定とする。以下同じ。）若しくは株主総会の決議があつた場合における当該取締役会の議事録（同法第370条の規定により取締役会の決議があつたものとみなされる場合にあつては、当該場合に該当することを証する書面又は同法第399条の13第5項若しくは第6項の取締役会の決

議による委任に基づく取締役の決定があつたことを証する書面（当該取締役会の議事録を含む。）若しくは同法第416条第4項の取締役会の決議による委任に基づく執行役の決定があつたことを証する書面（当該取締役会の議事録を含む。）。以下同じ。）の写し若しくは株主総会の議事録（同法第319条第1項の規定により株主総会の決議があつたものとみなされる場合には、当該場合に該当することを証する書面。以下同じ。）の写し若しくは優先出資法第6条第1項に規定する行政庁の認可（以下「行政庁の認可」という。）を受けたことを証する書面（会社法第32条に規定する発起人全員の同意があつた場合には、当該同意があつたことを知るに足る書面）又はこれらに類する書面

ハ　当該有価証券の募集又は売出しに際し目論見書が使用される場合における当該目論見書

二　外国会社　次に掲げる書類

イ　前号に定める書類（定款については、会社法第27条各号又は医療法（昭和23年法律第205号）第44条第2項に掲げる事項に相当する事項が記載されたもの、寄附行為については、同項に掲げる事項に相当する事項が記載されたもの。以下外国会社の添付する定款又は寄附行為について同じ。）

ロ　当該有価証券の募集又は売出しが適法であることについての法律専門家の法律意見書

ハ　外国為替及び外国貿易法第21条第1項又は第2項の規定による許可を必要とする場合における当該許可を受けたことを証する書面

3　前項第2号ロに掲げる書類が日本語をもつて記載したものでないときは、その日本語による翻訳文を付さなければならない。

4　法第4条第6項ただし書に規定する内閣府令で定める者は、次に掲げる者とする。

一　有価証券の売出しに係る有価証券（株券、

新株予約権証券、新株予約権が付されている
有価証券若しくは株券に転換し得る有価証券
又は法第2条第1項第17号に掲げる有価証券
のうちこれらの有価証券の性質を有するもの
に限る。以下この項において同じ。）の所有
者である当該有価証券の発行者

二　有価証券の売出しに係る有価証券の所有者
であつて、次に掲げる者

イ　当該有価証券の発行者の子会社等（法第
29条の4第4項に規定する子会社その他こ
れに準ずる法人をいう。ハ及び第11条の4
第2号ロにおいて同じ。）又は主要株主（法
第163条第1項に規定する主要株主をいう。
ハ及び第11条の4第2号ロにおいて同じ。）

ロ　当該有価証券の発行者の役員（法第21条
第1項第1号に規定する役員をいう。以下
この号及び第11条の4第2号ロにおいて同
じ。）又は発起人（当該発行者の役員又は
株主のいずれにも該当しない期間が連続し
て5年を超える発起人を除く。同号ロ(2)に
おいて同じ。）

ハ　当該有価証券の発行者の子会社等又は主
要株主（法人である場合に限る。）の役員
又は発起人その他これに準ずる者（当該子
会社等又は主要株主である法人の役員又は
株主その他の構成員のいずれにも該当しな
い期間が連続して5年を超える発起人その
他これに準ずる者を除く。第11条の4第2
号ロ(3)において同じ。）

ニ　当該有価証券の発行者が外国会社その他
の会社以外の者の場合においては、イから
ハまでに掲げる者に類するもの

三　当該有価証券を他の者に取得させることを
目的として前2号に掲げる者から当該有価証
券を取得した金融商品取引業者等

四　有価証券の売出しに係る引受人（法第2条
第6項第1号に掲げる行為を行う者を除く。）
に該当する金融商品取引業者等

五　法第2条第6項第3号に規定する契約に基
づき取得した新株予約権証券（同号に規定す
る新株予約権証券であつて有価証券であるも

のをいう。以下この号及び第11条の4第2号
ホにおいて同じ。）又は当該新株予約権証券
に係る新株予約権を行使することにより取得
した有価証券に係る有価証券の売出しを行う
金融商品取引業者等（法第2条第6項第3号
に規定する契約を行う引受人に該当するもの
に限る。）

5　法第4条第6項ただし書に規定する内閣府令
で定める金額は、1,000万円（当該有価証券が
新株予約権証券である場合には、1,000万円か
ら当該新株予約権証券に係る新株予約権の行使
に際して払い込むべき金額の合計額を控除した
額。第14条の11第5項において同じ。）とする。

（変更通知書）
第5条　有価証券通知書の提出日以後当該有価証
券通知書による募集又は売出しに係る払込期日
前において、当該有価証券通知書に記載された
内容に変更があつた場合には、当該有価証券通
知書を提出した者は、遅滞なく、当該変更の内
容を記載した変更通知書を財務局長等に提出し
なければならない。

（開示が行われている場合）
第6条　法第4条第7項第2号に規定する内閣府
令で定める場合は、次に掲げる場合とする。

一　当該有価証券と同一の発行に係る有価証券
について既に行われた売出し又は当該有価証
券と同種の有価証券（定義府令第10条の2第
1項各号に掲げる有価証券の区分に応じ、当
該各号に定める事項が当該有価証券と同一で
ある他の有価証券をいう。以下この条におい
て同じ。）について既に行われた募集若しく
は売出しに関する法第4条第1項から第3項
までの規定による届出がその効力を生じてい
る場合（当該有価証券の発行者が法第24条第
1項ただし書の規定の適用を受けている者で
ある場合を除く。）

二　当該有価証券又は当該有価証券と同種の有
価証券の募集又は売出しについて既に行われ
た法第23条の3第1項の規定による登録がそ
の効力を生じており、かつ、当該登録に係る
有価証券のいずれかの募集又は売出しについ

て発行登録追補書類が既に提出されている場合（当該有価証券の発行者が法第24条第1項ただし書の規定の適用を受けている者である場合を除く。）

三　当該有価証券が法第24条第1項第1号又は第2号に掲げる有価証券に該当する場合で、同条第3項（法第27条において準用する場合を含む。以下同じ。）の規定により、当該有価証券が法第24条第1項第1号又は第2号に掲げる有価証券に該当することとなつた日の属する事業年度の直前事業年度に係る有価証券報告書が財務局長等に提出されている場合

四　当該有価証券が法第24条第1項第4号（法第27条において準用する場合を含む。以下この号及び第16条の3において同じ。）に掲げる有価証券に該当する場合で、同項の規定により同項第4号に該当することとなつた事業年度以後のいずれかの事業年度に係る有価証券報告書が財務局長等に提出されている場合（当該有価証券の発行者が法第24条第1項ただし書の規定の適用を受けている場合を除く。）

（外国会社の代理人）

第7条　外国会社は、有価証券の募集又は売出しに関し、法第5条第1項又は第6項（法第27条において準用する場合を含む。以下同じ。）の規定により有価証券届出書又は外国会社届出書（これらの訂正に係る書類を含む。）を提出する場合には、本邦内に住所を有する者であつて、当該募集又は売出しの届出に関する一切の行為につき、当該外国会社を代理する権限を有するものを定めなければならない。

2　外国会社は、有価証券の募集又は売出しに関し、発行登録書又は発行登録追補書類（これらに係る訂正発行登録書を含む。以下この項において同じ。）を提出する場合には、本邦内に住所を有する者であつて、当該発行登録書又は当該発行登録追補書類の提出に関する一切の行為につき、当該外国会社を代理する権限を有するものを定めなければならない。

3　外国会社は、次に掲げる書類を提出する場合

には、本邦内に住所を有する者であつて、当該書類の提出に関する一切の行為につき、当該外国会社を代理する権限を有するものを定めなければならない。

一　法第24条第1項又は第3項の規定による有価証券報告書

二　法第24条第8項の規定による外国会社報告書

三　法第24条の4の2第1項又は第2項（法第27条において準用する場合を含む。）の規定による確認書

四　法第24条の4の2第6項において準用する法第24条第8項の規定による外国会社確認書

五　法第24条の4の7第1項又は第2項（法第27条において準用する場合を含む。）の規定による四半期報告書

六　法第24条の4の7第6項の規定による外国会社四半期報告書

七　法第24条の5第1項の規定による半期報告書

八　法第24条の5第4項の規定による臨時報告書

九　法第24条の5第7項の規定による外国会社半期報告書

十　法第24条の5第15項の規定による外国会社臨時報告書

十一　前各号に掲げる書類の訂正に係る書類

十二　令第4条第1項の規定による承認申請書

（有価証券届出書の記載内容等）

第8条　法第5条第1項の規定により有価証券届出書を提出しようとする発行者は、次の各号に掲げる場合の区分に応じ、当該各号に定める様式により有価証券届出書3通を作成し、財務局長等に提出しなければならない。

一　発行者が内国会社である場合（次号及び第3号に掲げる場合を除く。）　第二号様式

二　発行者が内国会社であつて法第5条第2項の規定による有価証券届出書を提出しようとする場合　第二号の五様式

三　発行者が内国会社であつて、特定組織再編成発行手続、特定組織再編成交付手続若しく

は株式交付を行う場合又は法第27条の4第1項の場合において、有価証券届出書を提出しようとするとき（前号に掲げる場合を除く。）　第二号の六様式

四　発行者が外国会社である場合（次号に掲げる場合を除く。）　第七号様式

五　発行者が外国会社であつて、特定組織再編成発行手続、特定組織再編成交付手続若しくは株式交付を行う場合又は法第27条の4第1項の場合において、有価証券届出書を提出しようとするとき　第七号の四様式

2　前項の規定にかかわらず、本邦の金融商品取引所に発行株式を上場しようとする会社（指定法人を含む。以下この項において同じ。）又は認可金融商品取引業協会に発行株式を店頭売買有価証券として登録しようとする会社で、当該金融商品取引所又は当該認可金融商品取引業協会の規則により発行株式の募集又は売出しを行うため、法第5条第1項の規定により有価証券届出書を提出しようとする会社（内国会社に限る。）は、次の各号に掲げる場合の区分に応じ、当該各号に定める様式により、有価証券届出書3通を作成し、財務局長等に提出しなければならない。

一　当該募集又は売出しが特定組織再編成発行手続若しくは特定組織再編成交付手続に該当しない場合又は株式交付に際して行われるものでない場合　第二号の四様式

二　当該募集又は売出しが特定組織再編成発行手続若しくは特定組織再編成交付手続に該当する場合又は株式交付に際して行われるものである場合　第二号の七様式

（密接な関係を有する者の要件等）

第8条の2　法第5条第1項第2号に規定する内閣府令で定める要件は、当該会社が財務諸表等規則第8条第4項各号に掲げる会社等に該当することとなる場合の同項各号に規定する他の会社等に該当することとする。

2　法第5条第1項第2号に規定する内閣府令で定める会社その他の団体は、財務諸表等規則第1条第3項第5号に規定する会社等とする。

（有価証券届出書等の記載の特例）

第9条　法第5条第1項ただし書（法第27条において準用する場合を含む。以下この項において同じ。）に規定する内閣府令で定める場合は、次の各号に掲げる場合とし、同項ただし書並びに法第13条第2項ただし書及び第23条の12第7項（これらの規定を法第27条において準用する場合を含む。）に規定する内閣府令で定める事項は、当該各号に掲げる場合の区分に応じ当該各号に定める事項とする。

一　時価又は時価に近い一定の価格により発行する株券、有価証券信託受益証券のうち受託有価証券が株券であるもの又は預託証券で株券を表示するもの（第5号において「株券等」という。）につき、その発行価格の決定前に募集を行う必要がある場合　次に掲げる事項

イ　発行価格

ロ　資本組入額

ハ　申込証拠金

ニ　申込取扱場所

ホ　引受人（元引受契約を締結する金融商品取引業者のうち主たるものを除く。）の氏名又は名称及びその住所

ヘ　引受株式数及び引受けの条件

二　時価又は時価に近い一定の価格により発行し、又は移転する株券を取得することとなる新株予約権が付与されている新株予約権証券につき、当該株券の発行価格又は当該新株予約権証券の発行価格の決定前に募集を行う必要がある場合　次に掲げる事項

イ　発行価格

ロ　申込証拠金

ハ　申込取扱場所

ニ　引受人（元引受契約を締結する金融商品取引業者のうち主たるものを除く。）の氏名又は名称及びその住所

ホ　引受新株予約権数及び引受けの条件

ヘ　新株予約権の行使に際して払い込むべき金額

ト　新株予約権の行使により株券を発行する場合における当該株券の発行価格

チ　新株予約権の行使により株券を発行する場合における当該株券の発行価格のうちの資本組入額

リ　新株予約権の行使請求の受付場所、取次場所及び払込取扱場所

三　時価又は時価に近い一定の価格により発行し、又は移転する株券を取得することとなる新株予約権が付与されている新株予約権付社債券につき、当該株券の発行価格の決定前に募集を行う必要がある場合　次に掲げる事項

イ　発行価格

ロ　利率

ハ　申込証拠金

ニ　申込取扱場所

ホ　利息の支払場所

ヘ　新株予約権の発行価格

ト　新株予約権の行使に際して払い込むべき金額

チ　新株予約権の行使により株券を発行する場合における当該株券の発行価格

リ　新株予約権の行使により株券を発行する場合における当該株券の発行価格のうちの資本組入額

ヌ　新株予約権の行使請求の受付場所、取次場所及び払込取扱場所

ル　引受人（元引受契約を締結する金融商品取引業者のうち主たるものを除く。）の氏名又は名称及びその住所

ヲ　引受金額及び引受けの条件

ワ　社債管理者（社債管理補助者を含む。以下同じ。）又は社債の管理会社の名称（社債管理補助者にあつては、氏名又は名称）及びその住所

カ　社債管理者又は社債の管理会社の委託の条件

三の二　時価又は時価に近い一定の価格により発行し、又は移転する株券を取得することとなる新株予約権が付与されている新株予約権付社債券につき、その発行価格の決定前に募集を行う必要がある場合　前号イからホまで及びルからカまでに掲げる事項

四　社債券（前2号に規定する新株予約権付社債券を除く。）、社会医療法人債券、学校債券又は学校貸付債権（第6号において「社債券等」という。）につき、その発行価格の決定前に募集を行う必要がある場合　前号に定める事項

四の二　コマーシャル・ペーパーにつき、その発行価格の決定前に募集を行う必要がある場合　第2号イに掲げる事項

四の三　カバードワラントにつき、その発行価格の決定前に募集を行う必要がある場合　次に掲げる事項

イ　第2号イ、ロ及びニに掲げる事項

ロ　オプション行使請求の受付場所及び取次場所

五　時価又は時価に近い一定の価格により売出しを行う株券等又は新株予約権証券につき、その売出価格の決定前に売出しを行う必要がある場合　次に掲げる事項

イ　売出価格

ロ　申込証拠金

ハ　申込受付場所

ニ　売出しの委託を受けた者（元引受契約を締結する金融商品取引業者のうち主たるものを除く。）の氏名又は名称及びその住所

ホ　売出しの委託契約の内容

五の二　時価又は時価に近い一定の価格により発行し、又は移転する株券を取得することとなる新株予約権が付与されている新株予約権証券につき、その売出価格の決定前に売出しを行う必要がある場合　前号に定める事項

六　社債券等、コマーシャル・ペーパー又は外国譲渡性預金証書につき、その売出価格の決定前に売出しを行う必要がある場合　第5号に定める事項

七　第8条第2項の規定により株券の募集を行うための有価証券届出書を提出しようとする場合　第1号に定める事項

八　第8条第2項の規定により株券の売出しを行うための有価証券届出書を提出しようとする場合　第5号に定める事項

金
商
法

九　電子記録移転権利（法第２条第２項第３号
　及び第４号に掲げる権利に該当するものに限
　る。）につき、その発行価格又は売出価格の
　決定前に募集又は売出しを行う必要がある場
　合　次に掲げる事項
　イ　発行価格又は売出価格
　ロ　申込証拠金

（少額募集等に該当する有価証券の募集又は売出
　し）

第９条の２　法第５条第２項に規定する発行価額
　又は売出価額の総額が５億円未満の有価証券の
　募集又は売出しで内閣府令で定めるものは、内
　国会社が行う有価証券の募集又は売出しのうち
　次に掲げるもの以外のものとする。

一　募集又は売出しに係る有価証券が新株予約
　権証券である場合で、当該新株予約権証券の
　発行価額又は売出価額の総額に当該新株予約
　権証券に係る新株予約権の行使に際して払い
　込むべき金額の合計額を合算した金額が５億
　円以上となる場合における当該募集又は売出
　し

二　募集又は売出しに係る有価証券の発行価額
　又は売出価額の総額に、当該募集又は売出し
　を開始する日前１年以内に行われた募集又は
　売出し（法第４条第１項の規定による届出を
　したもの及び当該届出前にしたもの並びに発
　行登録追補書類を提出したもの及び当該提出
　前にしたものを除く。）に係る当該有価証券
　と同一の種類の有価証券（この条において新
　株予約権付社債券は、第１条第２号の規定に
　かかわらず、同条第１号ニに掲げる有価証券
　と同一の種類の有価証券とみなす。）の発行
　価額又は売出価額の総額を合算した金額が
　５億円以上となる場合における当該募集又は
　売出し

三　募集（令第１条の６に定める要件に該当す
　ることにより募集に該当することとなつた場
　合に限る。）に係る有価証券の発行価額の総
　額に、当該有価証券の発行される日以前３月
　以内に発行された同種の新規発行証券の発行
　価額の総額を合算した金額が５億円以上とな

る場合における当該募集

三の二　売出し（令第１条の８の３に定める要
　件に該当することにより売出しに該当するこ
　ととなつた場合に限る。）に係る有価証券の
　売出価額の総額に、当該有価証券の売付け勧
　誘等が行われる日以前１月以内に売付け勧誘
　等が行われた同種の既発行証券の売出価額の
　総額を合算した金額が５億円以上となる場合
　における当該売出し

四　同一の種類の有価証券でその発行価額又は
　売出価額の総額が５億円未満である２組以上
　の募集又は売出しが並行して行われ、かつ、
　これらの募集又は売出しに係る有価証券の発
　行価額又は売出価額の総額の合計額が５億円
　以上となる場合におけるそれぞれの募集又は
　売出し

五　発行価額若しくは売出価額の総額が５億円
　以上である有価証券の募集若しくは売出し又
　は第１号に規定する募集若しくは売出しと並
　行して行われるこれらの募集又は売出しに係
　る有価証券と同一の種類の有価証券の募集又
　は売出し

（組込方式による有価証券届出書）

第９条の３　法第５条第３項に規定する内閣府令
　で定める期間は、１年間とする。

２　法第５条第３項に規定する有価証券報告書の
　うち内閣府令で定めるものは、次の各号に掲げ
　る者の区分に応じ、当該各号に定める有価証券
　報告書とする。

一　内国会社　第三号様式又は第四号様式によ
　り作成し、財務局長等に提出した有価証券報
　告書

二　外国会社（法第24条第８項の規定により外
　国会社報告書を提出した外国会社以外のもの
　に限る。）　第八号様式又は第九号様式により
　作成し、関東財務局長に提出した有価証券報
　告書

三　外国会社（前号に掲げる外国会社以外のも
　のに限る。）　法第24条第８項の規定により関
　東財務局長に提出した外国会社報告書

３　前２項の規定にかかわらず、有価証券届出書

を提出しようとする者が株式移転（当該者の最近事業年度に係る有価証券報告書の提出日前2年3月内に行われたものに限る。）により設立された株式移転設立完全親会社（会社法第773条第1項第1号に規定する株式移転設立完全親会社をいう。以下同じ。）であり、かつ、次に掲げる要件のいずれかに該当する場合には、法第5条第3項に規定する内閣府令で定める期間は、当該株式移転により株式移転完全子会社（会社法第773条第1項第5号に規定する株式移転完全子会社をいう。以下同じ。）となつた会社（以下この項において「当該株式移転完全子会社」という。）のうち、当該株式移転の日の前日において法第5条第4項各号に掲げる要件を全て満たしていた会社（以下この項及び第10条第1項第2号ハにおいて「適格株式移転完全子会社」という。）が当該株式移転の日前に提出した直近の有価証券報告書（適格株式移転完全子会社が2以上ある場合は最初に提出されたもの）の提出日から当該有価証券届出書を提出しようとする日までの期間とし、法第5条第3項に規定する有価証券報告書のうち内閣府令で定めるものは、当該期間中において適格株式移転完全子会社及び当該株式移転設立完全親会社が提出した有価証券報告書（前項に規定するものに限る。）とすることができる。

一　当該株式移転の日の前日においてその適格株式移転完全子会社の数がその当該株式移転完全子会社の数の3分の2以上であつたこと。

二　当該株式移転の日の前日においてその適格株式移転完全子会社の株主の数の合計数がその当該株式移転完全子会社の株主の数の合計数の3分の2以上であつたこと。

4　第1項に規定する期間継続して有価証券報告書のうち第2項に規定するものを提出している者又は前項に規定する期間継続して有価証券報告書のうち同項に規定するものを提出している者が、有価証券届出書を提出しようとする場合には、法第5条第3項の規定により、内国会社にあつては第二号の二様式、外国会社にあつては第七号の二様式により有価証券届出書を作成

することができる。

（参照方式による有価証券届出書）

第9条の4　法第5条第4項各号（これらの規定を法第27条において準用する場合を含む。以下同じ。）に掲げる要件の全てを満たす者が、有価証券届出書を提出しようとする場合（法第5条第4項第2号に規定する内閣府令で定める基準のうち第5項第4号に掲げる基準に該当する場合は、社債券に係る有価証券届出書を提出しようとするときに限る。）には、法第5条第4項の規定により、内国会社にあつては第二号の三様式、外国会社にあつては第七号の三様式により有価証券届出書を作成することができる。

2　法第5条第4項第1号に規定する内閣府令で定める期間は、1年間とする。

3　法第5条第4項第1号に規定する内閣府令で定めるものは、前条第2項に規定する有価証券報告書とする。

4　前2項の規定にかかわらず、有価証券届出書を提出しようとする者が前条第3項に規定する場合に該当するときには、法第5条第4項第1号に規定する内閣府令で定める期間は前条第3項に規定する期間とし、同号に規定する内閣府令で定めるものは前条第3項に規定する有価証券報告書とすることができる。

5　法第5条第4項第2号に規定する内閣府令で定める基準は、次の各号のいずれかに掲げる基準とする。

一　有価証券届出書を提出しようとする者が、本邦の金融商品取引所に上場されている株券（特定上場有価証券を除く。以下この項において「上場株券」という。）又は認可金融商品取引業協会に店頭売買有価証券として登録されている株券（特定店頭売買有価証券を除く。以下この項において「店頭登録株券」という。）を発行しており、かつ、次のいずれかの場合に該当すること。

イ　上場日等（当該者の発行する株券が、上場株券である場合にあつては法第24条第1項第1号に掲げる有価証券に該当することとなつた日、店頭登録株券である場合にあ

金商法

つては同項第2号に掲げる有価証券に該当することとなつた日をいう。以下この号において同じ。）が当該有価証券届出書の提出日の3年6月前の日以前の日である場合において、当該者の発行済株券について、当該有価証券届出書の提出日の6月前の日から提出日の前日までの間のいずれかの日（以下この項において「算定基準日」という。）以前3年間の金融商品市場における売買金額又は認可金融商品取引業協会の発表する売買金額（以下この号において「売買金額」という。）の合計を3で除して得た額が100億円以上であり、かつ、3年平均時価総額（当該算定基準日、その日の属する年（以下この項において「算定基準年」という。）の前年の応当日及び当該算定基準年の前々年の応当日における時価総額（金融商品市場における時価総額又は認可金融商品取引業協会の発表する時価総額をいう。以下この項において「時価総額」という。）の合計を3で除して得た額をいう。以下この項において同じ。）が100億円以上であること。

ロ　上場日等が当該有価証券届出書の提出日以前3年6月前の日後の日で2年6月前の日以前の日である場合において、当該者の発行済株券について、算定基準日以前2年間の売買金額の合計を2で除して得た額が100億円以上であり、かつ、2年平均時価総額（当該算定基準日及び算定基準年の前年の応当日における時価総額の合計を2で除して得た額をいう。以下この項において同じ。）が100億円以上であること。

ハ　上場日等が当該有価証券届出書の提出日の2年6月前の日後の日である場合において、当該者の発行済株券について、算定基準日以前1年間の売買金額が100億円以上であり、かつ、基準時価総額（当該算定基準日における時価総額をいう。以下この項において同じ。）が100億円以上であること。

ニ　当該者の発行済株券について、3年平均時価総額（上場日等が当該有価証券届出書の提出日の3年6月前の日後の日で2年6月前の日以前の日である場合には、2年平均時価総額、上場日等が当該有価証券届出書の提出日の2年6月前の日後の日である場合には、基準時価総額）が250億円以上であること。

ホ　当該者が本邦において当該有価証券届出書の提出日以前5年間にその募集又は売出しに係る有価証券届出書又は発行登録追補書類を提出することにより発行し、又は交付された社債券の券面総額又は振替社債の総額が100億円以上であること。

ヘ　法令により優先弁済を受ける権利を保証されている社債券（新株予約権付社債券を除く。）を既に発行していること。

二　前号イに規定する上場日等が当該有価証券届出書の提出日の3年6月前の日後の日であり、かつ、有価証券届出書を提出しようとする者が同号イ中「法第24条第1項第1号」を「法第24条第1項第2号」に、「同項第2号」を「同項第1号」に、「又は認可金融商品取引業協会の発表する売買金額」を「及び認可金融商品取引業協会の発表する売買金額」に、「又は認可金融商品取引業協会の発表する時価総額」を「及び認可金融商品取引業協会の発表する時価総額」に読み替えた後の同号イからニまでのいずれかの場合に該当すること。

三　有価証券届出書を提出しようとする者が、指定外国金融商品取引所に上場されている株券を発行しており、かつ、当該者の発行済株券について、外国金融商品市場（法第2条第8項第3号ロに規定する外国金融商品市場をいう。以下同じ。）における基準時価総額が1,000億円以上であること。

四　第1号ホの場合に該当すること（前3号に該当する場合を除く。）。

（コマーシャル・ペーパーに係る参照方式の利用適格要件の特例）

第9条の5　コマーシャル・ペーパーの発行者が

当該コマーシャル・ペーパーの募集又は売出しに係る有価証券届出書を提出しようとする場合には、当該発行者が本邦において当該有価証券届出書の提出日以前5年間にその募集又は売出しに係る有価証券届出書又は発行登録追補書類を提出することにより発行し、又は交付されたコマーシャル・ペーパーの発行価額又は売出価額の総額が100億円以上である場合にも、法第5条第4項第2号に規定する内閣府令で定める基準を満たすものとする。

（外国会社届出書の提出要件）

第9条の6　法第5条第6項に規定する内閣府令で定める場合は、届出書提出外国会社（同項に規定する届出書提出外国会社又は届出書提出外国者をいう。以下同じ。）が同条第1項（同条第5項において準用する場合を含む。以下同じ。）の規定による届出書に代えて外国会社届出書を提出することを、その用語、様式及び作成方法に照らし、金融庁長官が公益又は投資者保護に欠けることがないものとして認める場合とする。

2　法第5条第6項第2号に規定する内閣府令で定める者は、次に掲げる者とする。

一　外国金融商品市場を開設する者

二　外国金融商品市場に準ずるものとして外国に開設された店頭売買有価証券市場（法第67条第2項に規定する店頭売買有価証券市場をいう。第14条の14の2第1項第2号において同じ。）の性質を有する市場を開設する者

（外国会社届出書の提出等）

第9条の7　法第5条第6項の規定により外国会社届出書を提出しようとする届出書提出外国会社は、同項第1号に掲げる書類（第七号の五様式により作成したものに限る。）、同項第2号に掲げる書類及びその補足書類（同条第7項（法第27条において準用する場合を含む。）に規定する補足書類をいう。第11条の3第2項第1号及び第12条第1項第2号において同じ。）3通を関東財務局長に提出しなければならない。

2　法第5条第7項に規定する書類に記載されている事項のうち公益又は投資者保護のため必要

かつ適当なものとして内閣府令で定めるものは、次の各号に掲げる様式の区分に応じ、当該各号に定める事項とする。

一　第七号様式　次に掲げる項目に記載すべき事項に相当する事項

イ　「第二部　企業情報」の「第2　企業の概況」の「1　主要な経営指標等の推移」及び「3　事業の内容」

ロ　「第二部　企業情報」の「第3　事業の状況」の「2　事業等のリスク」

ハ　「第二部　企業情報」のうち、イ及びロに掲げる項目以外の項目であつて、届出書提出外国会社が公益又は投資者保護のため必要かつ適当なものと認める項目

二　第七号の四様式　次に掲げる項目に記載すべき事項に相当する事項

イ　「第三部　発行者情報」の「第2　企業の概況」の「1　主要な経営指標等の推移」及び「3　事業の内容」

ロ　「第三部　発行者情報」の「第3　事業の状況」の「2　事業等のリスク」

ハ　「第三部　発行者情報」のうち、イ及びロに掲げる項目以外の項目であつて、届出書提出外国会社が公益又は投資者保護のため必要かつ適当なものと認める項目

3　法第5条第7項に規定する書類に記載されていない事項のうち公益又は投資者保護のため必要かつ適当なものとして内閣府令で定めるものは、前項各号に掲げる様式による有価証券届出書に記載すべき事項（第七号様式にあつては「第一部　証券情報」、第七号の四様式にあつては「第一部　証券情報」及び「第二部　組織再編成、株式交付又は公開買付けに関する情報」に記載すべき事項を除く。次項第2号において「発行者情報」という。）であつて、当該書類に記載されていない事項（同項第1号において「不記載事項」という。）のうち、前項各号に定める事項を日本語又は英語によつて記載したもの（当該事項を英語によつて記載したものである場合は、当該事項の要約の日本語による翻訳文を添付すること。）とする。

金
商
法

4　法第5条第7項に規定するその他内閣府令で定めるものは、次に掲げるものとする。

一　不記載事項（第2項各号に定める事項を除く。）を日本語又は英語によって記載したもの

二　発行者情報と当該事項に相当する外国会社届出書の記載事項との対照表

（有価証券届出書の添付書類）

第10条　法第5条第13項（法第27条において準用する場合を含む。）の規定により有価証券届出書に添付すべき書類（次条において「添付書類」という。）として内閣府令で定めるものは、次の各号に掲げる有価証券届出書の区分に応じ、当該各号に定める書類とする。この場合において、第4号ホからトまで（第5号から第8号までにおいて引用する場合を含む。）に掲げる書類を有価証券届出書に添付できないときには、当該有価証券届出書の提出の日以後届出がその効力を生ずることとなる日の前日までに提出することができる。

一　第二号様式により作成した有価証券届出書　次に掲げる書類

イ　定款（財団たる内国会社である場合は、その寄附行為）

ロ　当該有価証券の発行につき取締役会の決議等若しくは株主総会の決議があつた場合における当該取締役会の議事録の写し若しくは当該株主総会の議事録の写し若しくは行政庁の認可を受けたことを証する書面（会社法第32条第1項に規定する発起人全員の同意があつた場合には、当該同意があつたことを知るに足る書面）又はこれらに類する書面

ハ　当該有価証券の発行による会社（指定法人を含む。）の資本金の額の変更につき、行政庁の許可、認可又は承認を必要とする場合における当該許可、認可又は承認があつたことを知るに足る書面

ニ　当該有価証券が社債、社会医療法人債、学校債券若しくは学校貸付債権（第4号及び第17条第1項において「社債等」という。）

又はコマーシャル・ペーパーであつて保証が付されている場合には、次に掲げる書面

(1)　当該保証を行つている会社（指定法人及び組合等を含む。以下「保証会社」という。）の定款（法人以外の組合等である場合は、組合契約に係る契約書の写し）及び当該保証を行うための取締役会の決議等又は株主総会の決議に係る当該取締役会の議事録の写し又は当該株主総会の議事録の写しその他の当該保証を行うための手続がとられたことを証する書面

(2)　当該保証の内容を記載した書面

ホ　当該有価証券がカバードワラントであつて当該カバードワラントに表示されるオプションに係る契約が締結されている場合には、当該契約の契約書の写し

ヘ　当該有価証券が有価証券信託受益証券である場合には、当該有価証券信託受益証券の発行に関して締結された信託契約その他主要な契約の契約書の写し

ト　当該有価証券が預託証券である場合には当該預託証券の発行に関して締結された預託契約その他主要な契約の契約書の写し

二　第二号の二様式により作成した有価証券届出書　次に掲げる書類

イ　前号イに掲げる書類（第17条第1項ただし書の規定により、当該書類が当該有価証券届出書の組込書類に含まれていない場合に限る。）

ロ　前号ロからトまでに掲げる書類

ハ　当該有価証券届出書の提出者が第9条の3第3項に規定する期間継続して有価証券報告書のうち同項に規定するものを提出している者である場合には、次に掲げる事項を記載した書面（同項第1号に掲げる要件に該当する場合は(2)を除く。）

(1)　当該提出者の当該株式移転完全子会社及び適格株式移転完全子会社の名称、住所、代表者の氏名、資本金及び事業の内容

(2)　同項に規定する株式移転の日の前日に

おける当該提出者の当該株式移転完全子
会社及び適格株式移転完全子会社の株主
数

(3)　当該株式移転の目的

(4)　当該株式移転の方法及び当該株式移転
に係る当該適格株式移転完全子会社の株
主総会の決議の内容

三　第二号の三様式により作成した有価証券届
出書　次に掲げる書類

イ　第1号イに掲げる書類（第17条第1項た
だし書の規定により、当該書類が当該有価
証券届出書の参照書類に含まれていない場
合に限る。）

ロ　第1号ロからトまでに掲げる書類

ハ　当該有価証券届出書の提出者が法第5条
第4項各号に掲げる要件を満たしているこ
とを示す書面

ニ　当該有価証券届出書の提出者が第9条の
4第4項の規定により法第5条第4項第1
号の要件を満たしている場合には、前号ハ
に掲げる書面

ホ　当該有価証券届出書において参照すべき
旨記載された有価証券報告書の提出日以後
次の(1)又は(2)に掲げる事情が生じた場合
（当該(1)又は(2)に規定する重要な事実の内
容を記載した四半期報告書、半期報告書、
臨時報告書又は訂正報告書が当該有価証券
届出書の参照書類に含まれている場合を除
く。）における当該重要な事実の内容を記
載した書類

(1)　当該提出日前に発生した当該有価証券
報告書に記載すべき重要な事実で、当該
書類を提出する時にはその内容を記載す
ることができなかつたものにつき、記載
することができる状態になつたこと。

(2)　当該有価証券報告書に記載すべき事項
に関し重要な事実が発生したこと。

ヘ　事業内容の概要及び主要な経営指標等の
推移を的確かつ簡明に説明した書面

三の二　第二号の四様式により作成した有価証
券届出書　第1号に定める書類

三の三　第二号の五様式により作成した有価証
券届出書　次に掲げる書類

イ　第1号に定める書類

ロ　提出会社が組織再編成（法第2条の3第
1項に規定する組織再編成をいう。）を行
う会社以外の会社である場合には、当該組
織再編成を行う会社の定款

三の四　第二号の六様式により作成した有価証
券届出書　前号に定める書類

三の五　第二号の七様式により作成した有価証
券届出書　第3号の3に定める書類

四　第七号様式により作成した有価証券届出
書　次に掲げる書類

イ　第1号に定める書類

ロ　当該有価証券届出書に記載された当該有
価証券届出書を提出しようとする外国会社
（以下この号において「当該外国会社」と
いう。）の代表者が当該有価証券の募集又
は売出しの届出に関し正当な権限を有する
者であることを証する書面

ハ　当該外国会社が、本邦内に住所を有する
者に、当該有価証券の募集又は売出しの届
出に関する一切の行為につき、当該外国会
社を代理する権限を付与したことを証する
書面

ニ　当該有価証券の募集又は売出しが適法で
あること及び当該有価証券届出書に記載さ
れた法令に関する事項が真実かつ正確であ
ることについての法律専門家の法律意見書

ホ　外国為替及び外国貿易法第21条第1項又
は第2項の規定による許可を必要とする場
合における当該許可を受けたことを証する
書面

ヘ　当該外国会社が金融商品取引業者との間
に締結した元引受契約の契約書の写し

ト　当該有価証券が社債等である場合には、
当該外国会社が債権の管理その他債権者の
ための行為又は当該外国会社のための行為
をする職務を委託する契約の契約書及び元
利金の支払に関する契約書の写し

五　第七号の二様式により作成した有価証券届

出書（第9条の3第2項第2号に掲げる者が作成したものに限る。）　次に掲げる書類

- イ　第2号イ及びロに掲げる書類
- ロ　当該有価証券の募集又は売出しが適法であることについての法律専門家の法律意見書
- ハ　前号ロ、ハ及びホからトまでに掲げる書類

五の二　第七号の二様式により作成した有価証券届出書（第9条の3第2項第3号に掲げる者が作成したものに限る。）　次に掲げる書類

- イ　第1号ロ及びハに掲げる書類
- ロ　第4号ロ、ハ及びホからトまでに掲げる書類
- ハ　前号ロに掲げる書類

六　第七号の三様式により作成した有価証券届出書（第9条の3第2項第2号に掲げる者が作成したものに限る。）　次に掲げる書類

- イ　第3号に定める書類
- ロ　第4号ロ、ハ及びホからトまでに掲げる書類
- ハ　第5号ロに掲げる書類

六の二　第七号の三様式により作成した有価証券届出書（第9条の3第2項第3号に掲げる者が作成したものに限る。）　次に掲げる書類

- イ　第1号ロ及びハに掲げる書類
- ロ　第3号ハからへまでに掲げる書類
- ハ　第4号ロ、ハ及びホからトまでに掲げる書類
- ニ　第5号ロに掲げる書類

七　第七号の四様式により作成した有価証券届出書　次に掲げる書類

- イ　第3号の3に掲げる書類
- ロ　第4号ロからトまでに掲げる書類

八　外国会社届出書　次に掲げる書類

- イ　第1号ロ、ハ及びへに掲げる書類
- ロ　第4号ロ、ハ及びホからトまでに掲げる書類
- ハ　第3号の3ロに掲げる書類（第8条第1項第5号に掲げる場合に該当する場合に限る。）

- ニ　第5号ロに掲げる書類

2　次の各号に掲げる書類には、当該各号に定める翻訳文を付さなければならない。

- 一　前項第4号、第5号、第6号及び第7号に定める書類であつて日本語により記載されていないもの　日本語による翻訳文
- 二　前項第5号の2、第6号の2及び第8号に定める書類であつて日本語又は英語により記載されていないもの　日本語又は英語による翻訳文

（有価証券届出書の自発的訂正）

第11条　提出した有価証券届出書又はその添付書類につき、法第7条第1項（法第27条において準用する場合を含む。）の規定により訂正届出書を提出すべきものとして内閣府令で定める事情は、次の各号に掲げる事情とする。

- 一　当該提出日前に発生した当該有価証券届出書又はその添付書類に記載すべき重要な事実で、これらの書類を提出する時にはその内容を記載することができなかつたものにつき、記載することができる状態になつたこと。
- 二　当該有価証券届出書又はその添付書類に記載すべき事項に関し重要な事実が発生したこと。
- 三　第9条各号に定める事項で当該有価証券届出書に記載しなかつたものにつき、その内容が決定したこと。

（外国会社訂正届出書の提出要件）

第11条の2　法第7条第2項（法第27条において準用する場合を含む。次条第2項において同じ。）において準用する法第5条第6項に規定する内閣府令で定める場合は、届出書提出外国会社が訂正届出書に代えて外国において開示（同項第2号に規定する外国において開示をいう。第17条の8及び第18条の4において同じ。）が行われている当該訂正届出書に類する書類であつて英語で記載されたもの（次条第1項において「外国会社訂正届出書」という。）を提出することを、その用語、様式及び作成方法に照らし、金融庁長官が公益又は投資者保護に欠けることがないものとして認める場合とする。

（外国会社訂正届出書の提出等）

第11条の３　第９条の７の規定は、届出書提出外国会社が外国会社訂正届出書を提出する場合について準用する。

２　法第７条第２項において準用する法第５条第７項に規定するその他内閣府令で定めるものは、次に掲げる事項を日本語によつて記載したものとする。

一　訂正の対象となる外国会社届出書及びその補足書類の提出日

二　訂正の理由

三　訂正の箇所及びその内容

（目論見書の作成を要しない有価証券の売出し）

第11条の４　法第13条第１項（法第23条の12第２項において準用する場合を含む。）に規定する内閣府令で定めるものは、次の各号に掲げる有価証券の売出しとする。ただし、当該有価証券の売出しに関し、令第20条第１項に規定する安定操作取引を行う場合は、この限りでない。

一　法第２条第４項に規定する有価証券の売出しに該当しないもの

二　次に掲げる有価証券の売出しに該当しないもの

イ　有価証券の売出しに係る有価証券（株券、新株予約権証券、新株予約権が付されている有価証券若しくは株券に転換し得る有価証券又は法第２条第１項第17号に掲げる有価証券のうちこれらの有価証券の性質を有するものに限る。以下この号において同じ。）の所有者である当該有価証券の発行者が行う当該有価証券の売出し

ロ　有価証券の売出しに係る有価証券の所有者が次に掲げる者に該当する場合における当該有価証券の売出し

（1）　当該有価証券の発行者の子会社等又は主要株主

（2）　当該有価証券の発行者の役員又は発起人

（3）　当該有価証券の発行者の子会社等又は主要株主（法人である場合に限る。）の役員又は発起人その他これに準ずる者

（4）　当該有価証券の発行者が外国会社その他の会社以外の者の場合においては(1)から(3)までに掲げる者に類するもの

ハ　当該有価証券を他の者に取得させることを目的としてイ及びロに掲げる者から当該者が保有する当該有価証券を取得した金融商品取引業者等が行う当該有価証券の売出し

ニ　有価証券の売出しに係る引受人（法第２条第６項第１号に規定する行為を行う者を除く。）に該当する金融商品取引業者等が行う当該有価証券の売出し

ホ　法第２条第６項第３号に規定する契約に基づき新株予約権証券を取得し、又は当該新株予約権証券に係る新株予約権を行使することにより有価証券を取得した金融商品取引業者等（同号に規定する契約を行う引受人に該当するものに限る。）が行う当該新株予約権証券又は当該有価証券に係る有価証券の売出し

（目論見書の作成を要しない新株予約権証券の募集に係る日刊新聞紙掲載事項）

第11条の５　法第13条第１項第２号に規定する内閣府令で定める事項は、次の各号に掲げる事項とする。

一　当該新株予約権証券に関して法第４条第１項本文、第２項本文又は第３項本文の規定による届出を行つた日

二　令第14条の12の規定によりインターネットを利用して公衆の縦覧に供される前号に規定する届出に係る事項をインターネットにおいて識別するための文字、記号その他の符号又はこれらの結合であつて、情報の提供を受ける者がその使用に係る電子計算機に入力することによつて当該情報の内容を閲覧することができるもの

三　当該新株予約権証券の発行に関する問合せを受けるための発行者の連絡先

（届出を要する有価証券に係る交付しなければならない目論見書の記載内容）

第12条　法第13条第２項第１号イ(1)（法第27条に

おいて準用する場合を含む。）に規定する内閣府令で定めるものは、次の各号に掲げる有価証券の発行者の区分に応じ、当該各号に定める事項とする。ただし、法第25条第4項（法第27条において準用する場合を含む。以下同じ。）の規定及び第21条第2項の規定により公衆の縦覧に供しないこととされた事項を除く。

一　内国会社　次に掲げる事項

イ　第二号様式第一部から第三部までに掲げる事項

ロ　第二号の二様式第一部から第六部までに掲げる事項

ハ　第二号の三様式第一部から第五部までに掲げる事項

ニ　第二号の四様式第一部、第二部及び第四部に掲げる事項

ホ　第二号の五様式第一部から第五部まで及び第七部に掲げる事項

ヘ　第二号の六様式第一部から第四部まで及び第六部に掲げる事項

ト　第二号の七様式第一部から第三部まで、第五部及び第六部に掲げる事項

二　外国会社　次に掲げる事項

イ　第七号様式第一部から第三部までに掲げる事項

ロ　第七号の二様式第一部から第六部までに掲げる事項

ハ　第七号の三様式第一部から第五部までに掲げる事項

ニ　第七号の四様式第一部から第四部まで及び第六部に掲げる事項

ホ　外国会社届出書及びその補足書類の記載事項のうち、イに掲げる事項に相当する事項

ヘ　外国会社届出書及びその補足書類の記載事項のうち、ニに掲げる事項に相当する事項

（届出を要する有価証券に係る交付しなければならない目論見書の特記事項）

第13条　法第13条第2項第1号イ(2)（法第27条において準用する場合を含む。）に規定する内閣府で定めるものは、次の各号に掲げる目論見書の区分に応じ、当該各号に定めるものとする。

一　届出目論見書　次に掲げる事項

イ　当該目論見書に係る有価証券の募集又は売出しに関し、法第4条第1項から第3項までの規定による届出が行われている場合には、当該届出がその効力を生じている旨

ロ　当該有価証券が外国通貨又は暗号資産をもつて表示されるものである場合には、外国為替相場又は暗号資産の価値の変動により影響を受けることがある旨

ハ　法第13条第3項（法第27条において準用する場合を含む。以下同じ。）の適用を受ける場合には、第10条第1項第3号ハからヘまでに掲げる書類に記載された事項

二　届出仮目論見書　次に掲げる事項

イ　当該届出仮目論見書に係る有価証券の募集又は売出しに関し、法第4条第1項から第3項までの規定による届出が行われている場合には、当該届出をした日及び当該届出の効力が生じていない旨

ロ　当該届出仮目論見書に記載された内容につき、訂正が行われることがある旨

ハ　前号ロ及びハに掲げる事項

2　前項第1号ハに掲げる事項（同項第2号において引用する場合を含む。）は、届出目論見書又は届出仮目論見書の参照情報の次に、それ以外の事項は、届出目論見書若しくは届出仮目論見書の表紙又はその他の見やすい箇所に記載しなければならない。

（既に開示された有価証券に係る交付しなければならない目論見書の特記事項）

第14条　法第13条第2項第1号ロ(2)（法第27条において準用する場合を含む。）に規定する内閣府令で定めるものは、次の各号に掲げる目論見書の区分に応じ、当該各号に定める事項とする。

一　届出目論見書　次に掲げる事項

イ　有価証券の売出しに係る目論見書の場合には、法第4条第1項から第3項までの規定による届出が行われていない旨

ロ　当該有価証券が外国通貨又は暗号資産を

もつて表示されるものである場合には、外国為替相場又は暗号資産の価値の変動により影響を受けることがある旨

ハ　法第13条第3項の適用を受ける場合には、第10条第1項第3号ハからへまでに掲げる書類に記載された事項

二　届出仮目論見書　次に掲げる事項

イ　有価証券の売出しに係る仮目論見書の場合には、法第4条第1項から第3項までの規定による届出が行われていない旨

ロ　記載された内容につき、訂正が行われることがある旨

ハ　前号ロ及びハに掲げる事項

2　前項第1号ハに掲げる事項（同項第2号において引用する場合を含む。）は、届出目論見書又は届出仮目論見書の参照情報の次に、それ以外の事項は、届出目論見書又は届出仮目論見書の表紙その他の見やすい箇所に記載しなければならない。

（発行価格等の公表の方法）

第14条の2　法第15条第5項及び第23条の12第7項（これらの規定を法第27条において準用する場合を含む。）に規定する内閣府令で定めるものは、次に掲げるものとする。

一　国内において時事に関する事項を総合して報道する日刊新聞紙並びに国内において産業及び経済に関する事項を全般的に報道する日刊新聞紙（次号において「日刊新聞紙」という。）のうち2以上に掲載する方法

二　日刊新聞紙のうち1以上に掲載し、かつ、発行者又はその有価証券を募集若しくは売出しにより取得させ、若しくは売り付けようとする者の使用に係る電子計算機に備えられたファイルに記録された事項を電気通信回線を通じて閲覧に供する方法

三　発行者（発行者が外国会社である場合にあつては、当該外国会社又は第7条第1項若しくは第2項の規定により当該外国会社を代理する権限を有する者）及びその有価証券を募集又は売出しにより取得させ、又は売り付けようとする者の使用に係る電子計算機に備え

られたファイルに記録された事項を電気通信回線を通じて閲覧に供する方法（その有価証券を募集又は売出しにより取得させ、又は売り付けようとする際に、その相手方に対し、発行価格、利率又は売出価格及び払込金額を電話その他の方法により直接に通知する場合に限る。）

2　前項第2号及び第3号に掲げる電気通信回線を通じて閲覧に供する方法にあつては、その有価証券を募集又は売出しにより取得させ、又は売り付けようとする期間が終了するまでの間、閲覧可能な状態を維持しなければならない。

（新株予約権証券に準ずる有価証券等）

第14条の2の2　法第21条第4項第3号に規定する内閣府令で定める有価証券は、次に掲げる有価証券とする。

一　新株予約権付社債券

二　外国の者の発行する新株予約権証券

2　法第21条第4項第3号に規定する内閣府令で定める権利は、外国の者に対する新株予約権とする。

（発行登録書の記載内容等）

第14条の3　法第23条の3第1項の規定により有価証券の募集又は売出しを登録しようとする者は、募集又は売出しごとに、内国会社のうち第1条第1号ロに掲げる有価証券（法第23条の8第2項の規定の適用を受ける有価証券を除く。）又は同号ハ、ニ、ト、ヲ、ワ若しくはヨに掲げる有価証券を発行する者にあつては第十一号様式、同号チに掲げる有価証券を発行する者にあつては第十一号の二様式、外国会社にあつては第十四号様式により発行登録書3通を作成し、財務局長等に提出しなければならない。

2　法第23条の8第2項の規定の適用を受ける有価証券の募集又は売出しを登録しようとする者は、募集又は売出しごとに内国会社にあつては第十一号の二の二様式、外国会社にあつては第十四号の四様式により発行登録書3通を作成し、財務局長等に提出しなければならない。

（発行登録書の添付書類）

第14条の4　法第23条の3第2項（法第27条にお

いて準用する場合を含む。）に規定する内閣府令で定める書類（次条において「添付書類」という。）は、次の各号に掲げる発行登録書の区分に応じ、当該各号に定める書類とする。

一　第十一号様式及び第十一号の二の二様式により作成した発行登録書　次に掲げる書類

イ　定款（第17条第１項ただし書の規定により、当該発行登録書の参照書類に含まれていない場合に限る。）

ロ　当該発行登録書の提出者が法第５条第４項各号に掲げる要件を満たしていることを示す書面

ハ　当該発行登録書において参照すべき旨記載された有価証券報告書の提出日以後次の(1)又は(2)に掲げる事情が生じた場合（当該(1)又は(2)に規定する重要な事実の内容を記載した四半期報告書、半期報告書、臨時報告書又は訂正報告書が当該発行登録書の参照書類に含まれている場合を除く。）における当該重要な事実の内容を記載した書類

(1)　当該提出日前に発生した当該有価証券報告書に記載すべき重要な事実で、当該書類を提出する時にはその内容を記載することができなかつたものにつき、記載することができる状態になつたこと。

(2)　当該有価証券報告書に記載すべき事項に関し重要な事実が発生したこと。

ニ　事業内容の概要及び主要な経営指標等の推移を的確かつ簡明に説明した書面

ホ　当該発行登録書の提出者が第９条の４第４項の規定により法第５条第４項第１号の要件を満たしている場合には、第10条第１項第２号ハに掲げる書面

二　第十四号様式及び第十四号の四様式により作成した発行登録書　次に掲げる書類

イ　前号に定める書類

ロ　当該発行登録書に記載された当該外国会社（当該発行登録書を提出する外国会社をいう。以下この号において同じ。）の代表者が当該発行登録に関し正当な権限を有する者であることを証する書面

ハ　当該外国会社が、本邦内に住所を有する者に、当該発行登録に関する一切の行為につき、当該外国会社を代理する権限を付与したことを証する書面

ニ　当該発行登録が適法であることについての法律専門家の法律意見書

2　発行登録書（訂正発行登録書を含む。第14条の11第２項及び第14条の12第１項において同じ。）には、次の各号に掲げる発行登録書の区分に応じ、当該各号に定める書類を添付することができる。

一　第十一号様式及び第十一号の二の二様式により作成した発行登録書　次に掲げる書類

イ　当該有価証券の発行につき取締役会の決議等若しくは株主総会の決議があつた場合における当該取締役会の議事録の写し若しくは当該株主総会の議事録の写し又はこれらに類する書面

ロ　第10条第１項第１号ニに掲げる書面

二　第十四号様式及び第十四号の四様式により作成した発行登録書　次に掲げる書類

イ　前号に定める書類

ロ　当該発行登録書を提出する外国会社が、本邦内に住所を有する者に、当該発行登録書に係る発行登録追補書類の提出に関する一切の行為につき、当該外国会社を代理する権限を付与したことを証する書面

ハ　当該有価証券の募集又は売出しが適法であることについての法律専門家の法律意見書

ニ　第10条第１項第４号ホからトまでに掲げる書類

3　第１項第２号及び前項第２号に定める書類が日本語をもつて記載したものでないときは、その日本語による翻訳文を付さなければならない。ただし、第９条の３第２項第３号に掲げる者が第十四号様式及び第十四号の四様式により作成した発行登録書を提出する場合であつて、第１項第２号及び前項第２号に定める書類が日本語又は英語をもつて記載したものでないときは、その日本語又は英語による翻訳文を付さなけれ

ばならない。

（訂正発行登録書の提出事由等）

第14条の5　提出した発行登録書及びその添付書類につき、法第23条の4に規定するその内容を訂正する必要があるものとして内閣府令で定める事情は、次に掲げる事情とする。

一　記載された発行予定額のうちの未発行分の一部を発行予定期間内に発行する見込みがなくなつたこと。

二　記載された発行残高の上限を減額しなければならない事情が生じたこと。

三　記載された引受けを予定する金融商品取引業者のうちの主たるものに異動があつたこと。

四　記載された発行登録の効力発生予定日に変更があつたこと。

2　法第23条の4の規定により訂正発行登録書を提出しようとする発行登録者（同条に規定する発行登録者をいう。以下同じ。）は、内国会社にあつては第十一号の三様式、外国会社にあつては第十四号の二様式により訂正発行登録書3通を作成し、財務局長等に提出しなければならない。

3　法第23条の4の規定により発行登録書及びその添付書類に記載された事項のうち変更するための訂正を行うことができないものとして内閣府令で定める事項は、次に掲げる事項とする。

一　発行予定額又は発行残高の上限の増額

二　発行予定期間の変更

三　有価証券の種類の変更

（発行登録に係る発行予定期間）

第14条の6　法第23条の6第1項（法第27条において準用する場合を含む。）に規定する内閣府令で定める期間は、発行登録をしようとする者の選択により、1年間又は2年間とする。ただし、コマーシャル・ペーパーの募集又は売出しの登録の場合にあつては1年間とする。

（発行登録取下届出書の記載内容）

第14条の7　法第23条の7第1項（法第27条において準用する場合を含む。）の規定により発行登録を取り下げようとする発行登録者は、内国会社にあつては第十一号の四様式、外国会社に

あつては第十四号の三様式により発行登録取下届出書を作成し、財務局長等に提出しなければならない。

（発行登録追補書類の記載内容等）

第14条の8　法第23条の8第1項の規定により登録されている有価証券を取得させ、又は売り付けようとする発行登録者は、当該有価証券の募集又は売出しごとに、内国会社のうち第1条第1号ロ、ハ、ニ、ト、ヲ、ワ又はヨに掲げる有価証券を発行する者にあつては第十二号様式、同号チに掲げる有価証券を発行する者にあつては第十二号の二様式、外国会社にあつては第十五号様式により発行登録追補書類3通を作成し、財務局長等に提出しなければならない。

（発行登録追補書類の提出を要しない募集又は売出し）

第14条の9　法第23条の8第1項ただし書（法第27条において準用する場合を含む。）に規定する内閣府令で定めるものは、第2条第5項各号に掲げるもの以外の募集又は売出しとする。

（発行登録追補書類の提出を要しない有価証券）

第14条の9の2　令第3条の2の2第4号に規定する内閣府令で定めるものは、振替外債（社債等振替法第127条において準用する社債等振替法第66条（第1号を除く。）に規定する振替外債（同条に規定する振替社債及び社債等振替法第117条において準用する社債等振替法第66条（同条第1号イからニまでを除く。）に規定する保険業法（平成7年法律第105号）に規定する相互会社の社債の性質を有するものに限る。）をいう。以下この条において同じ。）のうち、次に掲げる要件の全てに該当するもの（第14条の16において「短期外債」という。）とする。

一　円建てで発行されるものであること。

二　各振替外債の金額が1億円を下回らないこと。

三　元本の償還について、振替外債の総額の払込みのあつた日から1年未満の日とする確定期限の定めがあり、かつ、分割払の定めがないこと。

四　利息の支払期限を、前号の元本の償還期限

と同じ日とする旨の定めがあること。

（発行登録追補書類提出期限の特例）

第14条の10　法第23条の8第3項（法第27条において準用する場合を含む。）に規定する内閣府令で定める場合は、第3条第6号に掲げる有価証券の募集又は売出しを行う場合とする。

（発行登録通知書の記載内容等）

第14条の11　法第23条の8第4項において準用する法第4条第6項の規定により提出する発行登録通知書は、内国会社にあつては第十三号様式、外国会社にあつては第十六号様式により作成し、財務局長等に提出しなければならない。

2　発行登録通知書には、次の各号に掲げる有価証券の発行者の区分に応じ、当該各号に定める書類（第14条の4第1項又は第2項の規定により発行登録書に添付された書類と同一内容のものを除く。）を添付しなければならない。

一　内国会社　次に掲げる書類

イ　当該有価証券の発行につき取締役会の決議等若しくは株主総会の決議があつた場合における当該取締役会の議事録の写し若しくは当該株主総会の議事録の写し若しくは行政庁の認可を受けたことを証する書面又はこれらに類する書面

ロ　当該有価証券の募集又は売出しに際し目論見書が使用される場合における当該目論見書

二　外国会社　次に掲げる書類

イ　前号に定める書類

ロ　当該有価証券の募集又は売出しが適法であることについての法律専門家の法律意見書

ハ　外国為替及び外国貿易法第21条第1項又は第2項の規定による許可を必要とする場合における当該許可を受けたことを証する書面

3　前項第2号ロに定める書類が日本語をもつて記載したものでないときは、その日本語による翻訳文を付さなければならない。

4　第5条の規定は、発行登録通知書に記載された内容に変更があつた場合に準用する。

5　法第23条の8第4項において準用する法第4条第6項ただし書に規定する内閣府令で定める金額は、1,000万円とする。

（発行登録追補書類の添付書類）

第14条の12　法第23条の8第5項（法第27条において準用する場合を含む。）に規定する内閣府令で定める書類は、次の各号に掲げる発行登録追補書類の区分に応じ、当該各号に定める書類（第14条の4第1項又は第2項の規定により発行登録書に添付された書類と同一内容のものを除く。）とする。

一　第十二号様式により作成した発行登録追補書類　次に掲げる書類

イ　当該有価証券の発行につき取締役会の決議等若しくは株主総会の決議があつた場合における当該取締役会の議事録の写し若しくは当該株主総会の議事録の写し若しくは行政庁の認可を受けたことを証する書面又はこれらに類する書面

ロ　当該有価証券の発行による会社（指定法人を含む。）の資本金の額の変更につき、行政庁の許可、認可又は承認を必要とする場合における当該許可、認可又は承認があつたことを知るに足る書面

ハ　当該発行登録追補書類において参照すべき旨記載された有価証券報告書の提出日以後次の(1)又は(2)に掲げる事情が生じた場合（当該(1)又は(2)に規定する重要な事実の内容を記載した四半期報告書、半期報告書、臨時報告書又は訂正報告書が当該発行登録追補書類の参照書類に含まれている場合を除く。）における当該重要な事実の内容を記載した書類

(1)　当該提出日前に発生した当該有価証券報告書に記載すべき重要な事実で、当該書類を提出する時にはその内容を記載することができなかつたものにつき、記載することができる状態になつたこと。

(2)　当該有価証券報告書に記載すべき事項に関し重要な事実が発生したこと。

ニ　事業内容の概要及び主要な経営指標等の

推移を的確かつ簡明に説明した書面

　　ホ　第10条第1項第1号ニ、ホ、ヘ又はトに
　　　掲げる書面
　二　第十五号様式により作成した発行登録追補
　　書類　次に掲げる書類
　　イ　前号に定める書類
　　ロ　当該発行登録追補書類に記載された当該
　　　外国会社（当該発行登録追補書類を提出す
　　　る外国会社をいう。以下この号において同
　　　じ。）の代表者が当該発行登録追補書類の
　　　提出に関し正当な権限を有する者であるこ
　　　とを証する書面
　　ハ　当該外国会社が、本邦内に住所を有する
　　　者に、当該発行登録追補書類の提出に関す
　　　る一切の行為につき、当該外国会社を代理
　　　する権限を付与したことを証する書面
　　ニ　当該発行登録追補書類の提出が適法であ
　　　ることについての法律専門家の法律意見書
　　ホ　第10条第1項第4号ホからトまでに掲げ
　　　る書類
2　前項第2号に定める書類が日本語をもって記
　載したものでないときは、その日本語による翻
　訳文を付さなければならない。ただし、第9条
　の3第2項第3号に掲げる者が第十五号様式に
　より作成した発行登録追補書類を提出する場合
　であつて、前項第2号に定める書類が日本語又
　は英語をもって記載したものでないときは、そ
　の日本語又は英語による翻訳文を付さなければ
　ならない。

（発行登録目論見書等の特記事項）

第14条の13　法第23条の12第2項において読み替
　えて準用する法第13条第2項本文（法第27条に
　おいて準用する場合を含む。）に規定する内閣
　府令で定める内容は、次の各号に掲げる目論見
　書の区分に応じ、当該各号に定める事項とする。
　一　発行登録目論見書　次に掲げる事項
　　イ　当該発行登録目論見書に係る有価証券の
　　　募集又は売出しに関し、法第23条の3第1
　　　項の規定による発行登録がその効力を生じ
　　　ている旨
　　ロ　当該発行登録目論見書に記載された内容

につき訂正が行われることがある旨及び参
照すべき旨記載された参照情報が新たに差
し替わることがある旨
　　ハ　当該有価証券を取得させ、又は売り付け
　　　る場合には、発行登録追補目論見書を交付
　　　する旨
　　ニ　当該有価証券が外国通貨又は暗号資産を
　　　もつて表示されるものである場合には、外
　　　国為替相場又は暗号資産の価値の変動によ
　　　り影響を受けることがある旨
　　ホ　当該発行登録目論見書に係る発行登録書
　　　の提出者が法第5条第4項各号に掲げる要
　　　件を満たしていることを示す書面に記載さ
　　　れた事項
　　ヘ　当該発行登録書又は当該訂正発行登録書
　　　において参照すべき旨記載された有価証券
　　　報告書のうち、直近のものの提出日以後次
　　　の(1)又は(2)に掲げる事情が生じた場合（当
　　　該(1)又は(2)に規定する重要な事実の内容を
　　　記載した四半期報告書、半期報告書、臨時
　　　報告書又は訂正報告書が当該発行登録書の
　　　参照書類に含まれている場合又は当該訂正
　　　発行登録書において参照すべき旨記載され
　　　ている場合を除く。）における当該重要な
　　　事実の内容
　　(1)　当該提出日前に発生した当該有価証券
　　　報告書に記載すべき重要な事実で、当該
　　　書類を提出する時にはその内容を記載す
　　　ることができなかつたものにつき、記載
　　　することができる状態になつたこと。
　　(2)　当該有価証券報告書に記載すべき事項
　　　に関し重要な事実が発生したこと。
　　ト　事業内容の概要及び主要な経営指標等の
　　　推移を的確かつ簡明に説明した書面に記載
　　　された事項
　二　発行登録仮目論見書　次に掲げる事項
　　イ　当該発行登録仮目論見書に係る有価証券
　　　の募集又は売出しに関し、法第23条の3第
　　　1項の規定による発行登録がその効力を生
　　　じていない旨
　　ロ　当該発行登録仮目論見書に記載された内

容につき訂正が行われることがある旨及び
参照すべき旨記載された参照情報が新たに
差し替わることがある旨

ハ　前号ハからトまでに掲げる事項

三　発行登録追補目論見書　次に掲げる事項

イ　当該発行登録追補書類において参照すべ
き旨記載された有価証券報告書の提出日以
後次の(1)又は(2)に掲げる事情が生じた場合
(当該(1)又は(2)に規定する重要な事実の内
容を記載した四半期報告書、半期報告書、
臨時報告書又は訂正報告書が当該発行登録
追補書類の参照書類に含まれている場合を
除く。)における当該重要な事実の内容

(1)　当該提出日前に発生した当該有価証券
報告書に記載すべき重要な事実で、当該
書類を提出する時にはその内容を記載す
ることができなかつたものにつき、記載
することができる状態になつたこと。

(2)　当該有価証券報告書に記載すべき事項
に関し重要な事実が発生したこと。

ロ　第1号ニからトまでに掲げる事項

2　前項各号に定める事項のうち、同項第1号ホ
からトまで(同項第2号又は第3号において引
用する場合を含む。)に関する事項及び同項第
3号イに関する事項は、同項各号に掲げる目論
見書の参照情報の次に、それ以外の事項は、当
該各目論見書の表紙又はその他の見やすい箇所
に記載しなければならない。

(適格機関投資家向け勧誘等に係る告知の内容等)

第14条の14　法第23条の13第1項(法第27条にお
いて準用する場合を含む。次項において同じ。)
に規定する内閣府令で定める事項は、有価証券
発行勧誘等又は有価証券交付勧誘等(法第4条
第2項に規定する有価証券交付勧誘等をいう。
以下同じ。)が適格機関投資家向け勧誘に該当
することにより当該有価証券発行勧誘等又は当
該有価証券交付勧誘等に関し法第4条第1項の
規定による届出が行われていないこと及び次の
各号に掲げる場合の区分に応じ当該各号に定め
る事項とする。

一　当該有価証券に係る権利を表示する財産的

価値について令第1条の4第1号ハ(1)に規定
する措置がとられている場合　当該措置の内
容

一の二　当該有価証券の有価証券発行勧誘等に
令第1条の4第1号ハ(2)に規定する条件が付
されている場合　当該条件の内容

二　当該有価証券に係る権利を表示する財産的
価値について令第1条の7の4第1号ハ(1)に
規定する措置がとられている場合　当該措置
の内容

二の二　当該有価証券の有価証券交付勧誘等に
令第1条の7の4第1号ハ(2)に規定する条件
が付されている場合　当該条件の内容

三　当該有価証券に定義府令第11条第1項又は
第13条の4第1項に定める方式に従つた譲渡
に関する制限が付されている場合　当該制限
の内容

四　当該有価証券が定義府令第11条第2項又は
第13条の4第2項に定める要件に該当してい
る場合　当該要件の内容

2　法第23条の13第1項に規定する内閣府令で定
める場合は、当該適格機関投資家向け勧誘に係
る有価証券の発行価額又は譲渡価額の総額に、
当該適格機関投資家向け勧誘を行う日以前1月
以内に行われた適格機関投資家向け勧誘(他の
者が行つたものを除く。)に係る当該有価証券
と同一種類の有価証券の発行価額又は譲渡価額
の総額を合算した金額が1億円未満となる場合
とする。

(特定投資家向け勧誘等に係る告知の方法等)

第14条の14の2　法第23条の13第3項各号に掲げ
る行為を行う者は、次の各号に掲げる場合の区
分に応じ、当該各号に定める方法により、次項
各号又は第3項各号に掲げる事項を告知しなけ
ればならない。

一　取引所金融商品市場において行う取引又は
これに密接に関連する取引に係る売付け勧誘
等を行う場合　当該取引所金融商品市場を開
設する金融商品取引所を介して行う方法その
他の当該金融商品取引所の定める規則におい
て定める方法

二　店頭売買有価証券市場において行う取引又はこれに密接に関連する取引に係る売付け勧誘等を行う場合　当該店頭売買有価証券市場を開設する認可金融商品取引業協会を介して行う方法その他の当該認可金融商品取引業協会の定める規則において定める方法

三　前2号に掲げる場合以外の場合　自ら、又は他の者に委託して行う方法

2　法第23条の13第3項第1号に規定する内閣府令で定める事項は、次の各号に掲げる事項とする。

一　当該特定投資家向け取得勧誘又は当該特定投資家向け売付け勧誘等に関し法第4条第1項から第3項までの規定による届出が行われていないこと。

二　当該特定投資家向け取得勧誘又は当該特定投資家向け売付け勧誘等に係る有価証券が特定投資家向け有価証券に該当し、又は該当することとなること。

二の二　当該有価証券に係る権利を表示する財産的価値について令第1条の5の2第2項第1号ロ(1)若しくは第2号ロ(1)若しくは定義府令第12条第1項第1号ロ(1)又は令第1条の8の2第1号ロ(1)若しくは第2号ロ(1)若しくは定義府令第13条の6第1号ロ(1)に規定する措置がとられている場合には、その内容

三　当該特定投資家向け取得勧誘又は当該特定投資家向け売付け勧誘等に、それぞれ令第1条の5の2第2項第1号ロ(2)若しくは第2号ロ(2)若しくは定義府令第12条第1項第1号ロ(2)(i)若しくは(ii)又は令第1条の8の2第1号ロ(2)若しくは第2号ロ(2)若しくは定義府令第13条の6第1号ロ(2)に規定する条件が付されている場合には、その内容

四　当該特定投資家向け取得勧誘又は当該特定投資家向け売付け勧誘等に係る有価証券の有価証券交付勧誘等について、法第4条第3項、第5項及び第6項の適用があること。

五　法第27条の31第2項の規定により当該特定投資家向け取得勧誘若しくは当該特定投資家向け売付け勧誘等に係る特定証券等情報若しくは当該特定投資家向け取得勧誘若しくは当該特定投資家向け売付け勧誘等に係る有価証券について既に行われた特定投資家向け取得勧誘若しくは特定投資家向け売付け勧誘等に係る特定証券等情報が公表されている場合又は法第27条の32第1項から第3項までの規定により発行者等情報が公表されている場合には、その旨及び公表の方法（当該公表に係るホームページアドレスを含む。）

六　当該有価証券の所有者に対し、法第27条の32の規定により発行者等情報の提供又は公表が行われること。

3　法第23条の13第3項第2号に規定する内閣府令で定める事項は、次の各号に掲げる事項とする。

一　当該有価証券交付勧誘等に係る有価証券が特定投資家向け有価証券に該当すること。

二　当該特定投資家向け有価証券に関して開示が行われている場合に該当しないこと。

三　当該有価証券交付勧誘等が第2条の7第1項各号に掲げる場合に該当するものとして行われる場合には、その旨

四　当該特定投資家向け有価証券の有価証券交付勧誘等について、法第4条第3項、第5項及び第6項の適用があること。

五　法第27条の31第2項の規定により当該有価証券交付勧誘等に係る有価証券について既に行われた特定投資家向け取得勧誘若しくは特定投資家向け売付け勧誘等に係る特定証券等情報が公表されている場合又は法第27条の32第1項から第3項までの規定により発行者等情報が公表されている場合には、その旨及び公表の方法（当該公表に係るホームページアドレスを含む。）

六　当該有価証券の所有者に対し、法第27条の32の規定により発行者等情報の提供又は公表が行われること。

（少人数向け勧誘等に係る告知の内容等）

第14条の15　法第23条の13第4項（法第27条において準用する場合を含む。次項において同じ。）に規定する内閣府令で定める事項は、当該有価

証券の有価証券発行勧誘等又は有価証券交付勧誘等が少人数向け勧誘（法第23条の13第4項に規定する少人数向け勧誘をいう。）に該当することにより当該有価証券発行勧誘等又は有価証券交付勧誘等に関し法第4条第1項の規定による届出が行われていないこと及び次の各号に掲げる場合の区分に応じ当該各号に定める事項とする。

一　当該有価証券に定義府令第13条第1項又は第13条の7第1項に定める方式に従つた譲渡に関する制限が付されている場合　当該制限の内容

二　前号に掲げる場合のほか当該有価証券が定義府令第13条第2項若しくは第3項又は第13条の7第2項若しくは第3項に定める要件を満たしている場合　当該要件のうち当該有価証券の所有者の権利を制限するものの内容

2　法第23条の13第4項に規定する内閣府令で定める場合は、当該少人数向け勧誘に係る有価証券の発行価額又は譲渡価額の総額に、当該少人数向け勧誘を行う日以前1月以内に行われた少人数向け勧誘（他の者が行つたものを除く。）に係る当該有価証券と同一種類の有価証券の発行価額又は譲渡価額の総額を合算した金額が1億円未満となる場合とする。

（少人数向け勧誘に係る告知を要しない有価証券）

第14条の16　令第3条の3第3号に規定する内閣府令で定めるものは、短期外債とする。

（有価証券報告書の記載内容等）

第15条　法第24条第1項又は第3項の規定により有価証券報告書を提出すべき会社（指定法人を含む。）は、次の各号に掲げる区分に応じ、当該各号に定める様式により有価証券報告書3通を作成し、財務局長等に提出しなければならない。

一　内国会社　次に掲げる場合の区分に応じ、それぞれ次に定める様式

イ　法第24条第1項の規定による場合及び同条第3項の規定による場合のうち同条第1項本文（法第27条において準用する場合を含む。第16条の2において同じ。）の規定

の適用を受けない会社（指定法人を含む。）が発行者である有価証券が同項第3号（法第27条において準用する場合を含む。第16条の2において同じ。）に掲げる有価証券に該当することとなつたとき（ロに掲げる場合を除く。）　第三号様式

ロ　法第24条第2項の規定による有価証券報告書を提出しようとする場合　第三号の二様式

ハ　法第24条第3項の規定による場合のうちイ及びロに掲げる場合に該当しないとき　第四号様式

二　外国会社　次に掲げる場合の区分に応じ、それぞれ次に定める様式

イ　前号イに掲げる場合　第八号様式

ロ　前号ハに掲げる場合　第九号様式

（有価証券報告書等の提出期限の承認の手続等）

第15条の2　法第24条第1項各号に掲げる有価証券の発行者である内国会社が同項本文に規定する承認を受けようとする場合には、次の各号に掲げる事項を記載した承認申請書を、財務局長等に提出しなければならない。

一　当該有価証券報告書の提出に関して当該承認を受けようとする期間

二　当該有価証券報告書に係る事業年度終了の日

三　当該有価証券報告書の提出に関して当該承認を必要とする理由

四　第3項の規定による承認を受けた場合及び前号に規定する理由について消滅又は変更があつた場合に直ちにその旨を多数の者が知り得る状態に置くための方法

2　前項に規定する承認申請書には、次の各号に掲げる書類を添付しなければならない。

一　定款又はこれに準ずるもの

二　前項第3号に規定する理由を証する書面

3　財務局長等は、第1項の承認の申請があつた場合において、当該内国会社が、やむを得ない理由により有価証券報告書をその事業年度経過後3月以内（当該事業年度に係る有価証券報告書の提出に関して同項の承認を受けている場合

には、当該承認を受けた期間内）に提出できないと認めるときは、当該申請のあつた日の属する事業年度（その日が事業年度開始後3月以内（直前事業年度に係る有価証券報告書の提出に関して当該承認を受けている場合には、当該承認を受けた期間内）の日である場合には、その直前事業年度）から当該申請に係る同項第3号に規定する理由について消滅又は変更があることとなる日の属する事業年度の直前事業年度までの事業年度に係る有価証券報告書について、承認をするものとする。

4　前項の規定による承認に係る第1項第3号に規定する理由について消滅又は変更があつた場合には、財務局長等は、前項の規定による承認に係る期間を変更し、又は当該承認を将来に向かつて取り消すことができる。

（外国会社における有価証券報告書の提出期限の承認の手続等）

第15条の2の2　法第24条第1項各号に掲げる有価証券の発行者である外国会社が令第3条の4ただし書に規定する承認を受けようとする場合には、次に掲げる事項を記載した承認申請書を関東財務局長に提出しなければならない。

一　当該有価証券報告書の提出に関して当該承認を受けようとする期間

二　当該有価証券報告書に係る事業年度終了の日

三　当該有価証券報告書の提出に関して当該承認を必要とする理由となる当該外国会社の本国の会社の計算に関する法令又は慣行その他やむを得ない理由に関する事項

四　前号に規定する理由が本国の会社の計算に関する法令又は慣行である場合以外の場合には、第4項の規定による承認を受けた場合及び同号に規定する理由について消滅又は変更があつた場合に直ちにその旨を多数の者が知り得る状態に置くための方法

2　第7条第3項の規定は、外国会社が前項に規定する承認申請書を提出する場合に準用する。

3　第1項に規定する承認申請書には、次の各号に掲げる書類を添付しなければならない。

一　定款（財団たる外国会社である場合は、その寄附行為）

二　当該承認申請書に記載された当該外国会社の代表者が当該承認申請書の提出に関し正当な権限を有する者であることを証する書面

三　当該外国会社が、本邦内に住所を有する者に、当該承認申請書の提出に関する一切の行為につき、当該外国会社を代理する権限を付与したことを証する書面

四　第1項第3号に規定する理由が本国の会社の計算に関する法令又は慣行である場合には、当該承認申請書に記載された法令又は慣行に関する事項が真実かつ正確であることについての法律専門家の法律意見書及び当該法律意見書に掲げられた関係法令の関係条文

五　第1項第3号に規定する理由が本国の会社の計算に関する法令又は慣行である場合以外の場合には、当該理由を証する書面

4　関東財務局長は、第1項の承認の申請があつた場合において、当該外国会社が、その本国の会社の計算に関する法令又は慣行その他やむを得ない理由により、有価証券報告書をその事業年度経過後6月以内（当該事業年度に係る有価証券報告書の提出に関して同項の承認を受けている場合には、当該承認を受けた期間内）に提出できないと認めるときは、当該申請のあつた日の属する事業年度（その日が事業年度開始後6月以内（直前事業年度に係る有価証券報告書の提出に関して当該承認を受けている場合には、当該承認を受けた期間内）の日である場合には、その直前事業年度）から当該申請に係る同項第3号に規定する事項について消滅又は変更があることとなる日の属する事業年度の直前事業年度までの各事業年度に係る有価証券報告書について、承認をするものとする。

5　前項の規定による承認（第1項第3号に規定する理由が本国の会社の計算に関する法令又は慣行である場合に限る。）は、前項の外国会社が毎事業年度経過後6月以内に次の各号に掲げる事項を記載した書面を関東財務局長に提出することを条件として、行われるものとする。た

だし、第2号に掲げる事項を記載した書面については、当該書面提出前5年以内に提出されたものと同一内容のものである場合には、当該書面は提出しないことができる。

一　当該事業年度中に当該承認に係る申請の理由について消滅又は変更がなかつた旨

二　前号に掲げる事項に関する法律専門家の法律意見書及び当該法律意見書に掲げられた関係法令の関係条文

6　第4項の規定による承認に係る第1項第3号に規定する理由について消滅又は変更があつた場合には、関東財務局長は、第4項の規定による承認に係る期間を変更し、又は当該承認を将来に向かつて取り消すことができる。

7　第3項各号に掲げる書類及び第5項各号に掲げる事項を記載した書面が日本語をもつて記載したものでないときは、その日本語による翻訳文を付さなければならない。

（有価証券報告書の提出を要しない旨の承認申請書の提出の手続等）

第15条の3　令第3条の5第1項及び令第4条の10第1項に規定する有価証券の発行者が法第24条第1項ただし書に規定する承認を受けようとする場合には、承認申請書に次の各号に掲げる有価証券の発行者の区分に応じ、当該各号に定める書類を添えて、これを財務局長等に提出しなければならない。

一　内国会社　次に掲げる書類

イ　定款

ロ　申請時における株主名簿（優先出資法に規定する優先出資者名簿を含む。次項において同じ。）の写し

二　外国会社　次に掲げる書類

イ　前号イに掲げる書類

ロ　申請のあつた日の属する事業年度の直前事業年度の末日及び当該直前事業年度の開始の日前4年以内に開始した事業年度全ての末日における当該有価証券の所有者（非居住者を除く。）の数を証する書面

ハ　当該外国会社が外国の法令又は外国金融商品市場の規則に基づき事業年度ごとに当該外国会社の経理に関する情報その他の当該外国会社に関する情報（日本語又は英語で記載されたものに限る。）を公表している旨、当該外国の法令又は外国金融商品市場の規則の概要及び国内において当該情報を取得する方法を記載した書面（ロに定める数を第3項ただし書に定める数により算定した場合に限る。）

ニ　当該承認申請書に記載された当該外国会社の代表者が当該承認申請書の提出に関し正当な権限を有する者であることを証する書面

ホ　当該外国会社が、本邦内に住所を有する者に、当該承認申請書の提出に関する一切の行為につき当該外国会社を代理する権限を付与したことを証する書面

2　前項第1号に掲げる有価証券の発行者が法第24条第1項ただし書に規定する承認を受けようとする場合における令第3条の5第2項及び令第4条の10第2項に規定する数は、申請のあつた日の属する事業年度の直前事業年度の末日及び当該直前事業年度の開始の日前4年以内に開始した事業年度全ての末日において株主名簿に記載され、又は記録されている者の数とする。

3　第1項第2号に掲げる有価証券の発行者が法第24条第1項ただし書に規定する承認を受けようとする場合における令第3条の5第2項及び令第4条の10第2項に規定する数は、申請のあつた日の属する事業年度の直前事業年度の末日及び当該直前事業年度の開始の日前4年以内に開始した事業年度全ての末日において当該有価証券を所有している者（非居住者を除く。）の数とする。ただし、当該発行者が発行する当該有価証券が申請時において外国金融商品取引所に上場されている場合は、次の各号に掲げる区分に応じ、当該各号に定める数とすることができる。

一　当該有価証券が法第24条第1項第1号に掲げる有価証券に該当したことがある場合　申請のあつた日の属する事業年度の直前事業年度の末日及び当該直前事業年度の開始の日前

4年以内に開始した事業年度全ての末日において当該有価証券を所有している者（非居住者を除き、当該有価証券が同号に掲げる有価証券に該当しないこととなつた日以後にあつては、当該日において当該有価証券を所有していた者に限る。）の数

二　当該有価証券が法第24条第1項第1号に掲げる有価証券に該当したことがない場合　申請のあつた日の属する事業年度の直前事業年度の末日及び当該直前事業年度の開始の日前4年以内に開始した事業年度全ての末日において当該有価証券の保管の委託を受けている金融商品取引業者等の有する当該有価証券の所有者の名簿に記載され、又は記録されている者（非居住者を除き、当該有価証券を募集又は売出しに応じて取得した者に限る。）の数

4　法第24条第1項ただし書に規定する承認を受けた第1項第2号に掲げる有価証券の発行者の事業年度の末日における当該有価証券の所有者（非居住者を除く。）の数が1,000名以上となつたことが認められる場合には、金融庁長官は、当該承認を将来に向かつて取り消すことができる。

5　第1項第2号に定める書類（同号イに掲げるものを除く。）が日本語をもつて記載したものでないとき及び同号イに掲げる書類が日本語又は英語をもつて記載したものでないときは、その日本語による翻訳文（同号イに掲げる書類にあつては、日本語又は英語による翻訳文）を付さなければならない。

（有価証券の所有者の数から除かれる特定投資家の数）

第15条の4　令第3条の6第6項第1号及び第4条の11第5項第1号に規定する特定投資家の数は、次の各号に掲げる者の数を合計した数とする。

一　当該有価証券の発行者の株主名簿、有価証券信託受益証券に係る受益権名簿、預託証券の所有者の名簿又は優先出資者名簿（以下この条において「株主名簿等」という。）に記載された法第2条第31項第1号から第3号まで

に掲げる者の数

二　当該有価証券の発行者の株主名簿等に記載された法第2条第31項第4号に掲げる者（当該者が一以上の金融商品取引業者等から金融商品取引業等に関する内閣府令（平成19年内閣府令第52号）第53条第1号に規定する契約の種類に属する金融商品取引契約（法第34条に規定する金融商品取引契約をいう。次号、第23条の2第1項第2号及び第4項第1号において同じ。）に関し、法第34条の2第5項の規定により特定投資家以外の顧客とみなされる者であることを当該発行者が知つている者を除く。）の数

三　当該有価証券の発行者の株主名簿等に記載された者（当該者が一以上の金融商品取引業者等から金融商品取引業等に関する内閣府令第53条第1号に規定する契約の種類に属する金融商品取引契約に関し、法第34条の3第4項（法第34条の4第6項において準用する場合を含む。）の規定により特定投資家とみなされる者であることを当該発行者が知つている者に限る。）の数

第16条　令第4条第1項に規定する内閣府令で定める書類は、次の各号に掲げる有価証券の発行者の区分に応じ、当該各号に定める書類とする。

一　内国会社　次に掲げる書類

イ　定款（財団たる内国会社である場合は、その寄附行為）

ロ　申請時における株主名簿（優先出資法に規定する優先出資者名簿を含み、当該有価証券が株券以外の有価証券である場合には、その所有者の名簿。第3項及び第5項において同じ。）の写し

ハ　令第4条第2項第1号に掲げる会社（指定法人を含む。）については、解散を決議した株主総会（相互会社にあつては、社員総会又は総代会。社団たる医療法人にあつては、社員総会。以下同じ。）の議事録の写し（財団たる医療法人及び学校法人等にあつては、解散事由に該当することとなつたことを知るに足る書面の写し）及び解散

の登記をした登記事項証明書又はこれらに
準ずる書面
ニ　令第4条第2項第2号に掲げる会社（指
定法人を含む。）については、事業の休止
の経緯及び今後の見通しについて記載した
書面
ホ　令第4条第4項に規定する会社について
は、当該更生手続開始の公告の写し
二　外国会社　次に掲げる書類
イ　前号に定める書類（同号ハに掲げる書類
がない場合には、これらに準ずる書類）
ロ　当該承認申請書に記載された当該外国会
社の代表者が当該承認申請書の提出に関し
正当な権限を有する者であることを証する
書面
ハ　当該外国会社が、本邦内に住所を有する
者に、当該承認申請書の提出に関する一切
の行為につき当該外国会社を代理する権限
を付与したことを証する書面
2　令第4条第2項第3号に規定する内閣府令で
定める数は、25名とする。
3　前項に規定する数は、次の各号に掲げる有価
証券の区分に応じ、当該各号に定めるところに
より算定するものとする。
一　内国会社の発行する有価証券　申請時又は
申請のあつた日の属する事業年度の直前事業
年度（次号において「基準事業年度」という。）
の末日において株主名簿に記載され、又は記
録されている者の数
二　外国会社の発行する有価証券　申請時又は
基準事業年度の末日において当該有価証券の
保管の委託を受けている金融商品取引業者等
の有する当該有価証券の所有者の名簿に記載
され、又は記録されている者（非居住者を除
く。）の数
4　令第4条第3項に規定する内閣府令で定める
期間は、4年とする。
5　令第4条第3項に規定する内閣府令で定める
書類は、次に掲げる書類とする。
一　当該書類の提出に係る事業年度の末日にお
ける株主名簿の写し

二　当該事業年度に係る会社法第438条第1項
に掲げるもので、定時株主総会に報告したも
の又はその承認を受けたもの（外国会社並び
に内国法人である指定法人及び持分会社にあ
つては、これらに準ずるもの。）
6　第1項第2号に定める書類及び前項各号に掲
げる書類が日本語をもつて記載したものでない
ときは、その日本語による翻訳文を付さなけれ
ばならない。

（有価証券報告書の提出を要しない場合）

第16条の2　法第24条第3項に規定する内閣府令
で定める場合は、同条第1項本文の規定の適用
を受けない会社（指定法人を含む。）の発行す
る有価証券が同項第3号に掲げる有価証券に該
当することとなつた場合で、次のいずれかに掲
げるときとする。

一　その該当することとなつた日がその日の属
する事業年度開始の日から3月（外国会社の
発行する有価証券の場合は6月、令第3条の
4により関東財務局長の承認を受けた場合に
は当該承認を受けた期間）を経過していると
き。

二　当該有価証券がその募集又は売出しにつき
法第4条第1項本文、第2項本文又は第3項
本文の規定の適用を受けることにより、法第
5条第1項の規定により提出された届出書に、
当該届出書が提出された日の属する事業年度
の直前事業年度に係る財務諸表又は財務書類
（財務諸表等規則第1条第1項に規定する財
務書類のうち外国会社が提出するものをい
う。）が掲げられているとき。

（有価証券の所有者数の算定方法）

第16条の3　法第24条第1項第4号に規定する所
有者の数は、次の各号に掲げる有価証券の区分
に応じ、当該各号に定めるところにより算定す
るものとする。ただし、特別の法律により定款
をもつて譲受人を当該会社の事業に関係のある
者に限ることができるとされている株券につい
て、当該株券の所有状況の把握に資するため、
当該会社が株主名簿以外に当該会社の事業と特
定の関係を有する当該株券の所有者に係る名簿

を作成している場合であつて、当該名簿に基づき当該株券の移動が管理されているときは、当該名簿に記載された所有者については、その数を当該名簿の数により算定することができる。

一　株券　次に掲げる数を合算した数

イ　株券に係る権利の内容（剰余金の配当、残余財産の分配、株式の買受け及び株主総会において議決権を行使することができる事項についての内容をいう。以下この条において「権利内容」という。）が同一である株券ごとに、その株主名簿に記載され、又は記録された株主の数

ロ　受託有価証券が株券（イに規定する株券と権利内容が同一であるものに限る。ハにおいて同じ。）である有価証券信託受益証券に係る受益権名簿に記載され、又は記録された受益者の数（当該有価証券信託受益証券が無記名式である場合には、当該有価証券信託受益証券の数）

ハ　株券に係る権利を表示する預託証券の所有者の名簿に記載された当該有価証券の所有者の数

二　有価証券信託受益証券（受託有価証券が株券であるものに限る。）　次に掲げる数を合算した数

イ　受託有価証券である株券の権利内容が同一である有価証券信託受益証券ごとに、当該有価証券信託受益証券に係る受益権名簿に記載され、又は記録された受益者の数（当該有価証券信託受益証券が無記名式である場合には、当該有価証券信託受益証券の数）

ロ　受託有価証券である株券と権利内容が同一である株券の株主名簿に記載され、又は記録された株主の数

ハ　受託有価証券である株券の権利内容と同一の権利を表示する預託証券の所有者の名簿に記載された当該預託証券の所有者の数

三　預託証券（株券に係る権利を表示するものに限る。）　次に掲げる数を合算した数

イ　その表示する権利内容が同一である預託証券ごとに、当該預託証券の所有者の名簿に記載された当該預託証券の所有者の数

ロ　当該預託証券が表示する権利内容と同一である株券の株主名簿に記載され、又は記録された株主の数

ハ　当該預託証券が表示する権利内容と同一である株券を受託有価証券とする有価証券信託受益証券に係る受益権名簿に記載され、又は記録された受益者の数（当該有価証券信託受益証券が無記名式である場合には、当該有価証券信託受益証券の数）

四　優先出資証券　剰余金の配当、残余財産の分配及び優先出資法第15条第1項（同項第2号に係る部分に限る。）の規定による優先出資の消却の方法の内容が同一である優先出資証券ごとに、同法に規定する優先出資者名簿に記載され、又は記録された優先出資者の数

五　学校貸付債権　弁済期及び利率（当該学校貸付債権に係る貸付けが利息を天引する方法による貸付けである場合にあつては、弁済期限）が同一である学校貸付債権ごとに、当該学校貸付債権に係る債権者の名簿に記載された当該債権者の数

六　電子記録移転権利（法第2条第2項第3号に掲げる権利に該当するものに限る。）　当該電子記録移転権利に係る所有者の名簿に記載され、又は記録された当該電子記録移転権利の所有者の数

（有価証券報告書の添付書類）

第17条　法第24条第6項（法第27条において準用する場合を含む。以下この項において同じ。）の規定により有価証券報告書に添付すべき書類として内閣府令で定めるものは、次の各号に掲げる有価証券の発行者の区分に応じ、当該各号に定める書類とする。ただし、第1号イ若しくはハからへまで又は第2号ホに掲げる書類（以下この条において「定款等」という。）については、定款等を添付して提出することとされている有価証券報告書の提出日前5年以内に法第24条第6項の規定により添付して提出されたもの（以下この条において「前添付書類」という。）がある場合には、定款等と前添付書類とで異な

る内容の部分とする。

一　内国会社　次に掲げる書類

イ　定款（財団たる内国会社である場合は、その寄附行為）

ロ　当該事業年度に係る会社法第438条第１項に掲げるもので、定時株主総会に報告したもの又はその承認を受けたもの（有価証券報告書を定時株主総会前に提出する場合には、定時株主総会に報告しようとするもの又はその承認を受けようとするもの）（内国法人である指定法人及び持分会社にあつては、これらに準ずるもの）

ハ　その募集又は売出しについて法第４条第１項本文、第２項本文若しくは第３項本文又は法第23条の８第１項本文（法第27条において準用する場合を含む。次号ホにおいて同じ。）の適用を受けた社債等又はコマーシャル・ペーパーについて保証が付されている場合には、次に掲げる書面

(1)　保証会社の定款（法人以外の組合等である場合は、組合契約に係る契約書の写し）及び当該保証を行うための取締役会の決議等又は株主総会の決議に係る当該取締役会の議事録の写し又は当該株主総会の議事録の写しその他の当該保証を行うための手続がとられたことを証する書面

(2)　当該保証の内容を記載した書面

ニ　当該有価証券がカバードワラントであつて当該カバードワラントに表示されるオプションに係る契約が締結されている場合には、当該契約の契約書の写し

ホ　当該有価証券が有価証券信託受益証券である場合には、当該有価証券信託受益証券の発行に関して締結された信託契約その他主要な契約の契約書の写し

ヘ　当該有価証券が預託証券である場合には、当該預託証券の発行に関して締結された預託契約その他主要な契約の契約書の写し

二　外国会社　次に掲げる書類

イ　前号に定める書類

ロ　当該有価証券報告書に記載された当該外国会社の代表者が当該有価証券報告書の提出に関し正当な権限を有する者であることを証する書面

ハ　当該外国会社が、本邦内に住所を有する者に、当該有価証券報告書の提出に関する一切の行為につき、当該外国会社を代理する権限を付与したことを証する書面

ニ　当該有価証券報告書に記載された法令に関する事項が真実かつ正確であることについての法律専門家の法律意見書

ホ　その募集又は売出しについて法第４条第１項本文、第２項本文若しくは第３項本文又は法第23条の８第１項本文の規定の適用を受けた社債等がある場合には、当該外国会社が債権の管理その他債権者のための行為又は当該外国会社のための行為をする職務を委託する契約の契約書及び元利金の支払に関する契約書の写し

２　前項第２号に定める書類が日本語をもつて記載したものでないときは、第16条第５項第２号に掲げる書類を除き、その日本語による翻訳文を付さなければならない。第16条第５項第２号に掲げる書類又はその要約についてその日本語による翻訳文を国内の株主、債権者その他関係者に対し送付している場合においても、当該日本語による翻訳文を付さなければならない。

（外国会社報告書の提出要件）

第17条の２　法第24条第８項に規定する内閣府令で定める場合は、報告書提出外国会社（同項に規定する報告書提出外国会社又は報告書提出外国者をいう。次条から第17条の９までにおいて同じ。）が有価証券報告書等（同項に規定する有価証券報告書等をいう。）に代えて外国会社報告書を提出することを、その用語、様式及び作成方法に照らし、金融庁長官が公益又は投資者保護に欠けることがないものとして認める場合とする。

（外国会社報告書の提出等）

第17条の３　法第24条第８項の規定により外国会社報告書を提出しようとする報告書提出外国会

社は、外国会社報告書及びその補足書類（同条第9項（法第27条において準用する場合を含む。以下同じ。）に規定する補足書類をいう。第17条の9第2項第1号において同じ。）3通を関東財務局長に提出しなければならない。

2　法第24条第9項に規定する外国会社報告書に記載されている事項のうち公益又は投資者保護のため必要かつ適当なものとして内閣府令で定めるものは、第八号様式及び第九号様式のうち、次に掲げる項目に記載すべき事項に相当する事項とする。

一　「第一部　企業情報」の「第2　企業の概況」の「1　主要な経営指標等の推移」及び「3　事業の内容」

二　「第一部　企業情報」の「第3　事業の状況」の「2　事業等のリスク」

3　法第24条第9項に規定する外国会社報告書に記載されていない事項のうち公益又は投資者保護のため必要かつ適当なものとして内閣府令で定めるものは、第八号様式又は第九号様式による有価証券報告書に記載すべき事項（次項第2号において「発行者情報」という。）であつて、当該外国会社報告書に記載されていない事項（同項第1号において「不記載事項」という。）のうち、前項に定める事項を日本語又は英語によつて記載したもの（当該事項を英語によつて記載したものである場合は、当該事項の要約の日本語による翻訳文を添付すること。）とする。

4　法第24条第9項に規定するその他内閣府令で定めるものは、次に掲げるものとする。

一　不記載事項（第2項に定める事項を除く。）を日本語又は英語によつて記載したもの

二　発行者情報と当該事項に相当する外国会社報告書の記載事項との対照表

三　当該外国会社報告書に記載された報告書提出外国会社の代表者が当該外国会社報告書の提出に関し正当な権限を有する者であることを証する書面

四　当該報告書提出外国会社が、本邦内に住所を有する者に、当該外国会社報告書の提出に関する一切の行為につき当該報告書提出外国

会社を代理する権限を付与したことを証する書面

五　第八号の二様式により作成した書面

5　前項第3号及び第4号に掲げる書面が日本語又は英語によつて記載したものでないときは、その日本語又は英語による翻訳文を付さなければならない。

（外国会社報告書の提出期限の承認の手続等）

第17条の4　法第24条第8項の規定により外国会社報告書を提出しようとする報告書提出外国会社が令第4条の2の2ただし書に規定する承認を受けようとする場合には、次に掲げる事項を記載した承認申請書を関東財務局長に提出しなければならない。

一　当該外国会社報告書の提出に関して当該承認を受けようとする期間

二　当該外国会社報告書に係る事業年度終了の日

三　当該外国会社報告書の提出に関して当該承認を必要とする理由となる当該報告書提出外国会社の本国の会社の計算に関する法令又は慣行その他やむを得ない理由に関する事項

四　前号に規定する理由が本国の会社の計算に関する法令又は慣行である場合以外の場合には、第4項の規定による承認を受けた場合及び同号に規定する理由について消滅又は変更があつた場合に直ちにその旨を多数の者が知り得る状態に置くための方法

2　第7条第3項の規定は、報告書提出外国会社が前項に規定する承認申請書を提出する場合について準用する。

3　第1項に規定する承認申請書には、次に掲げる書類を添付しなければならない。

一　定款（財団たる報告書提出外国会社である場合は、その寄附行為）

二　当該承認申請書に記載された報告書提出外国会社の代表者が当該承認申請書の提出に関し正当な権限を有する者であることを証する書面

三　当該報告書提出外国会社が、本邦内に住所を有する者に、当該承認申請書の提出に関す

る一切の行為につき、当該報告書提出外国会社を代理する権限を付与したことを証する書面

四　第1項第3号に規定する理由が本国の会社の計算に関する法令又は慣行である場合には、当該承認申請書に記載された法令又は慣行に関する事項が真実かつ正確であることについての法律専門家の法律意見書及び当該法律意見書に掲げられた関係法令の関係条文

五　第1項第3号に規定する理由が本国の会社の計算に関する法令又は慣行である場合以外の場合には、当該理由を証する書面

4　関東財務局長は、第1項の承認の申請があつた場合において、当該報告書提出外国会社が、その本国の会社の計算に関する法令又は慣行その他やむを得ない理由により、外国会社報告書をその事業年度経過後4月以内（当該事業年度に係る外国会社報告書の提出に関して同項の承認を受けている場合には、当該承認を受けた期間内）に提出できないと認めるときは、当該申請のあつた日の属する事業年度（その日が事業年度開始後4月以内（直前事業年度に係る外国会社報告書の提出に関して当該承認を受けている場合には、当該承認を受けた期間内）の日である場合には、その直前事業年度）から当該申請に係る同項第3号に規定する事項について消滅又は変更があることとなる日の属する事業年度の直前事業年度までの各事業年度に係る外国会社報告書について、承認をするものとする。

5　前項の規定による承認（第1項第3号に規定する理由が本国の会社の計算に関する法令又は慣行である場合に限る。）は、前項の報告書提出外国会社が毎事業年度経過後4月以内に次に掲げる事項を記載した書面を関東財務局長に提出することを条件として、行われるものとする。ただし、第2号に掲げる事項を記載した書面については、当該書面提出前5年以内に提出されたものと同一内容のものである場合には、当該書面は提出しないことができる。

一　当該事業年度中に当該承認に係る申請の理由について消滅又は変更がなかつた旨

二　前号に掲げる事項に関する法律専門家の法律意見書及び当該法律意見書に掲げられた関係法令の関係条文

6　第4項の規定による承認に係る第1項第3号に規定する理由について消滅又は変更があつた場合には、関東財務局長は、第4項の規定による承認に係る期間を変更し、又は当該承認を将来に向かつて取り消すことができる。

7　第3項各号に掲げる書類及び第5項各号に掲げる事項を記載した書面が日本語又は英語によつて記載したものでないときは、その日本語又は英語による翻訳文を付さなければならない。

（公告の方法）

第17条の5　開示用電子情報処理組織による手続の特例等に関する内閣府令（平成14年内閣府令第45号。以下この項において「電子手続府令」という。）第1条の規定は法第24条の2第2項の規定による公告を電子公告（令第4条の2の4第1項第1号に規定する電子公告をいう。以下同じ。）により行う者について、電子手続府令第2条（第3項を除く。）の規定は法第24条の2第2項の規定による公告を電子公告の方法により行おうとする者について、それぞれ準用する。この場合において、電子手続府令第1条中「方式で、電子開示手続又は任意電子開示手続を文書をもって行う場合に記載すべきこととされている事項を、入力して行わなければならない。」とあるのは「方式で行わなければならない」と、電子手続府令第2条第1項中「第一号様式」とあるのは「企業内容等の開示に関する内閣府令（昭和48年大蔵省令第5号）第十九号様式」と、「電子開示システム届出書」とあるのは「電子公告届出書」と、「電子開示手続又は任意電子開示手続を文書をもって行う場合に」とあるのは「電子公告の対象である有価証券報告書の訂正報告書を」と、「提出しなければならない」とあるのは「提出しなければならない。ただし、既に開示用電子情報処理組織による手続の特例等に関する内閣府令第2条第1項（発行者以外の者による株券等の公開買付けの開示に関する内閣府令（平成2年大蔵省令第

38号）第9条第1項、特定有価証券の内容等の開示に関する内閣府令（平成5年大蔵省令第22号）第27条の5第1項及び発行者による上場株券等の公開買付けの開示に関する内閣府令（平成6年大蔵省令第95号）第3条第1項において準用する場合を含む。）の規定による届出を行っている場合は、この限りでない」と、同条第2項中「電子開示システム届出書」とあるのは「電子公告届出書」と、「電子開示手続又は任意電子開示手続」とあるのは「電子公告」と、同条第4項及び第5項中「電子開示システム届出書」とあるのは「電子公告届出書」と読み替えるものとする。

2　令第4条の2の4第1項第2号の規定により日刊新聞紙に掲載する方法による公告をする場合には、全国において時事に関する事項を掲載する日刊新聞紙により行わなければならない。

（電子公告による公告ができない場合の承認等）

第17条の6　令第4条の2の4第3項の規定による承認を得ようとする者は、次に掲げる事項を記載した書面を当該公告に係る訂正報告書を提出すべきこととされている財務局長等に提出しなければならない。

一　公告をする者の商号又は名称

二　公告をする者の本店又は主たる事務所の所在地

三　電子公告による公告をすることができない理由

四　電子公告に代えて公告する方法

2　令第4条の2の4第3項に規定する内閣府令で定める方法は、次に掲げるものとする。

一　全国において時事に関する事項を掲載する日刊新聞紙に掲載する方法

二　金融庁長官が指定する方法

（公告の中断の内容の公告）

第17条の7　令第4条の2の4第4項第3号の規定により公告の中断の内容の公告をする場合には、中断が生じた当該公告に次に掲げる事項を公告するものとする。

一　公告の中断の期間

二　公告の中断の原因

（外国会社訂正報告書の提出要件）

第17条の8　法第24条の2第4項（法第27条において準用する場合を含む。次条第2項において同じ。）において準用する法第24条第8項に規定する内閣府令で定める場合は、報告書提出外国会社が訂正報告書に代えて外国において開示が行われている当該訂正報告書に類する書類であつて英語で記載されたもの（次条第1項において「外国会社訂正報告書」という。）を提出することを、その用語、様式及び作成方法に照らし、金融庁長官が公益又は投資者保護に欠けることがないものとして認める場合とする。

（外国会社訂正報告書の提出等）

第17条の9　第17条の3（第4項第3号及び第4号を除く。）の規定は、報告書提出外国会社が外国会社訂正報告書を提出する場合について準用する。

2　法第24条の2第4項において準用する法第24条第9項に規定するその他内閣府令で定めるものは、次に掲げる事項を日本語によつて記載したものとする。

一　訂正の対象となる外国会社報告書及びその補足書類の提出日

二　訂正の理由

三　訂正の箇所及び訂正の内容

（確認書の記載内容等）

第17条の10　法第24条の4の2第1項の規定により確認書を有価証券報告書と併せて提出すべき会社（指定法人を含む。）又は同条第2項（法第27条において準用する場合を含む。）の規定により確認書を有価証券報告書と併せて提出する会社（指定法人を含む。）は、次の各号に掲げる区分に応じ、当該各号に定める様式により確認書3通を作成し、財務局長等に提出しなければならない。

一　内国会社である場合　第四号の二様式

二　外国会社である場合　第九号の二様式

2　外国会社が提出する確認書には、次に掲げる書類を添付しなければならない。この場合において、当該書類が日本語によつて記載したものでないときは、その日本語による翻訳文を付さ

なければならない。

一　当該確認書に記載された当該外国会社の代表者が当該確認書の提出に関し正当な権限を有する者であることを証する書面

二　当該外国会社が、本邦内に住所を有する者に、当該確認書の提出に関する一切の行為につき当該外国会社を代理する権限を付与したことを証する書面

3　前2項の規定は、法第24条の4の8（法第27条において準用する場合を含む。）において読み替えて準用する四半期報告書に係る確認書について準用する。

4　第1項及び第2項の規定は、法第24条の5の2（法第27条において準用する場合を含む。）において読み替えて準用する半期報告書に係る確認書について準用する。

（外国会社確認書の提出要件）

第17条の11　法第24条の4の2第6項において準用する法第24条第8項に規定する内閣府令で定める場合は、確認書を提出しなければならない外国会社が当該確認書に代えて外国会社確認書を提出することを、その用語、様式及び作成方法に照らし、金融庁長官が公益又は投資者保護に欠けることがないものとして認める場合とする。

（外国会社確認書の提出等）

第17条の12　法第24条の4の2第6項において準用する法第24条第8項の規定により外国会社確認書を提出しようとする外国会社は、外国会社確認書及びその補足書類（法第24条の4の2第6項において準用する法第24条第9項に規定する補足書類をいう。）3通を関東財務局長に提出しなければならない。

2　法第24条の4の2第6項において準用する法第24条第9項に規定する外国会社確認書に記載されている事項のうち公益又は投資者保護のため必要かつ適当なものとして内閣府令で定めるものは、第九号の二様式のうち、次に掲げる項目に記載すべき事項に相当する事項とする。

一　「1　有価証券報告書の記載内容の適正性に関する事項」

二　「2　特記事項」

3　法第24条の4の2第6項において準用する法第24条第9項に規定するその他内閣府令で定めるものは、次に掲げるものとする。

一　第九号の二様式による確認書に記載すべき事項と当該事項に相当する外国会社確認書の記載事項との対照表

二　金融庁長官が公益又は投資者保護の観点から必要と認めて指示する事項を日本語によつて記載したもの

4　第17条の3第4項第3号から第5号までの規定は、法第24条の4の2第6項において準用する法第24条第8項の規定により外国会社が外国会社確認書を提出する場合について準用する。

（外国会社訂正確認書の提出要件）

第17条の13　法第24条の4の3第3項（法第24条の4の8第2項及び第24条の5の2第2項において準用し、並びにこれらの規定を法第27条において準用する場合を含む。以下この条及び次条において同じ。）において準用する法第24条第8項に規定する内閣府令で定める場合は、訂正確認書（法第24条の4の3第1項（法第27条において準用する場合を含む。）において準用する法第7条第1項、第9条第1項及び第10条第1項に規定する訂正確認書をいう。以下この条において同じ。）を提出しなければならない外国会社が当該訂正確認書に代えて外国会社訂正確認書（法第24条の4の3第3項において準用する法第24条第8項に規定する外国会社訂正確認書をいう。次条第1項において同じ。）を提出することを、その用語、様式及び作成方法に照らし、金融庁長官が公益又は投資者保護に欠けることがないものとして認める場合とする。

（外国会社訂正確認書の提出等）

第17条の14　第17条の3第4項（第5号に係る部分に限る。）及び第17条の12の規定は、法第24条の4の3第3項において準用する法第24条第8項の規定により外国会社が外国会社訂正確認書を提出する場合について準用する。

2　法第24条の4の3第3項において準用する法第24条第9項に規定するその他内閣府令で定め

るものは、次に掲げる事項を日本語によつて記
載したものとする。

一　訂正の対象となる確認書の提出日

二　訂正の理由

三　訂正の箇所及び訂正の内容

（四半期報告書の記載内容等）

第17条の15　法第24条の4の7第1項の規定によ
り四半期報告書を提出すべき会社（指定法人を
含む。）又は同条第2項（法第27条において準
用する場合を含む。）の規定により四半期報告
書を提出する会社（指定法人を含む。）は、次
の各号に掲げる区分に応じ、当該各号に定める
様式により四半期報告書3通を作成し、財務局
長等に提出しなければならない。この場合にお
いて、当該四半期報告書に四半期連結財務諸表
を記載した場合には、四半期財務諸表について
は記載を要しない。

一　内国会社である場合　第四号の三様式

二　外国会社である場合　第九号の三様式

2　法第24条の4の7第1項に規定する内閣府令
で定める事業は、次に掲げる事業とする。

一　銀行法（昭和56年法律第59号）第2条第2
項に定める銀行業（同条第1項に定める銀行
（同法第47条第1項の規定により同法第4条
第1項の内閣総理大臣の免許を受けた外国銀
行を除く。）が行うものに限る。）に係る事業
及び同法第52条の21第1項に定める業務（同
法第2条第13項に定める銀行持株会社が行う
ものに限る。）に係る事業

二　保険業法第2条第1項に定める保険業（保
険会社（同条第2項に定める保険会社をいう。
以下この号において同じ。）が行うものに限
る。）及び同条第17項に定める少額短期保険
業（少額短期保険業者（同条第18項に定める
少額短期保険業者をいう。以下この号におい
て同じ。）が行うものに限る。）並びに同法第
271条の21第2項に定める業務（同法第2条
第16項に定める保険持株会社（当該保険持株
会社の最近事業年度に係る有価証券報告書に
おける当該保険持株会社の子会社である保険
会社及び少額短期保険業者の株式の価額の合

計額の当該保険持株会社の総資産の額に対す
る割合が100分の50を超えるものに限る。）が
行うものに限る。）及び同法第272条の38第2
項に定める業務（同法第272条の37第2項に
定める少額短期保険持株会社（当該少額短期
保険持株会社の最近事業年度に係る有価証券
報告書における当該少額短期保険持株会社の
子会社である少額短期保険業者の株式の価額
の合計額の当該少額短期保険持株会社の総資
産の額に対する割合が100分の50を超えるも
のに限る。）が行うものに限る。）

三　信用金庫法（昭和26年法律第238号）第54
条に定める業務（同法第6条第1項第2号に
掲げる者が行うものに限る。）に係る事業

3　外国会社が提出する四半期報告書には、次の
各号に掲げる書類を添付しなければならない。
この場合において、当該書類が日本語をもつて
記載したものでないときは、その日本語による
翻訳文を付さなければならない。

一　当該四半期報告書に記載された当該外国会
社の代表者が当該四半期報告書の提出に関し
正当な権限を有する者であることを証する書
面

二　当該外国会社が、本邦内に住所を有する者
に、当該四半期報告書の提出に関する一切の
行為につき当該外国会社を代理する権限を付
与したことを証する書面

（四半期報告書の提出期限の承認の手続等）

第17条の15の2　法第24条の4の7第1項（法第
27条において準用する場合を含む。）の規定に
より四半期報告書を提出しなければならない者
が同項（法第27条において準用する場合を含
む。）の承認を受けようとする場合又は法第24
条の5第1項（法第27条において準用する場合
を含む。）の規定により半期報告書を提出しな
ければならない者が同項（法第27条において準
用する場合を含む。）の承認を受けようとする
場合には、次の各号に掲げる有価証券の発行者
の区分に応じ、当該各号に定める事項を記載し
た承認申請書を、財務局長等に提出しなければ
ならない。

金商法

一　内国会社　次に掲げる事項

イ　当該四半期報告書又は半期報告書（以下この条において「四半期報告書等」という。）の提出に関して当該承認を受けようとする期間

ロ　当該四半期報告書等を提出すべき期間の末日（以下この条において「提出期限」という。）

ハ　当該四半期報告書等の提出に関して当該承認を必要とする理由

ニ　第4項の規定による承認を受けた場合及びハに規定する理由について消滅又は変更があつた場合に直ちにその旨を多数の者が知り得る状態に置くための方法

二　外国会社　次に掲げる事項

イ　前号イ及びロに掲げる事項

ロ　当該四半期報告書等の提出に関して当該承認を必要とする理由となる当該外国会社の本国の会社の計算に関する法令又は慣行その他やむを得ない理由に関する事項

ハ　ロに規定する理由が本国の会社の計算に関する法令又は慣行である場合以外の場合は、第4項の規定による承認を受けた場合及びロに規定する理由について消滅又は変更があつた場合に直ちにその旨を多数の者が知り得る状態に置くための方法

2　第7条第3項の規定は、外国会社が前項に規定する承認申請書を提出する場合について準用する。

3　第1項に規定する承認申請書には、次の各号に掲げる有価証券の発行者の区分に応じ、当該各号に定める書類を添付しなければならない。

一　内国会社　次に掲げる書類

イ　定款又はこれに準ずるもの

ロ　第1項第1号ハに規定する理由を証する書面

二　外国会社　次に掲げる書類

イ　前号イに掲げる書類

ロ　当該承認申請書に記載された当該外国会社の代表者が当該承認申請書の提出に関し正当な権限を有する者であることを証する

書面

ハ　当該外国会社が、本邦内に住所を有する者に、当該承認申請書の提出に関する一切の行為につき、当該外国会社を代理する権限を付与したことを証する書面

ニ　第1項第2号ロに規定する理由が本国の会社の計算に関する法令又は慣行である場合には、当該法令の関係条文を記載した書面又は当該慣行の存在を示すに足る書面

ホ　第1項第2号ロに規定する理由が本国の会社の計算に関する法令又は慣行である場合以外の場合には、当該理由を証する書面

4　財務局長等は、第1項の承認の申請があつた場合において、当該者が、本国の会社の計算に関する法令若しくは慣行（当該者が外国会社である場合に限る。）又はやむを得ない理由により四半期報告書等をその提出期限までに提出できないと認めるときは、当該申請のあつた日後最初に到来する提出期限から当該申請に係る同項第1号ハに規定する理由又は同項第2号ロに規定する事項について消滅又は変更があることとなる日後最初に到来する提出期限までに提出することとされている四半期報告書等について、承認をするものとする。

5　前項の規定による承認（当該承認に係る承認申請書を提出した者が外国会社であり、第1項第2号ロに規定する理由が当該外国会社の本国の会社の計算に関する法令又は慣行である場合に限る。）は、当該外国会社が、各四半期報告書等の提出期限までに、次の各号に掲げる書類の区分に応じ、当該各号に定める事項を記載した書面を関東財務局長に提出することを条件として、行われるものとする。

一　四半期報告書　当該四半期報告書に係る四半期会計期間中に当該承認に係る申請の理由について消滅又は変更がなかつた旨

二　半期報告書　当該半期報告書に係る中間会計期間中に当該承認に係る申請の理由について消滅又は変更がなかつた旨

6　第4項の規定による承認に係る第1項第1号ハに規定する理由又は同項第2号ロに規定する

事項について消滅又は変更があつた場合には、財務局長等は、第4項の規定による承認に係る期間を変更し、又は当該承認を将来に向かつて取り消すことができる。

7　第3項第2号ロからホまでに掲げる書類及び第5項各号に掲げる事項を記載した書面が日本語をもつて記載したものでないときは、その日本語による翻訳文を付さなければならない。

（外国会社四半期報告書の提出要件）

第17条の16　法第24条の4の7第6項に規定する内閣府令で定める場合は、報告書提出外国会社（同項に規定する報告書提出外国会社又は報告書提出外国者をいう。次条から第17条の19までにおいて同じ。）が四半期報告書に代えて外国会社四半期報告書を提出することを、その用語、様式及び作成方法に照らし、金融庁長官が公益又は投資者保護に欠けることがないものとして認める場合とする。

（外国会社四半期報告書の提出等）

第17条の17　法第24条の4の7第6項の規定により外国会社四半期報告書を提出しようとする報告書提出外国会社は、外国会社四半期報告書及びその補足書類（同条第7項（法第27条において準用する場合を含む。以下この条において同じ。）に規定する補足書類をいう。第17条の19第2項第1号において同じ。）3通を関東財務局長に提出しなければならない。

2　法第24条の4の7第7項に規定する外国会社四半期報告書に記載されている事項のうち公益又は投資者保護のため必要かつ適当なものとして内閣府令で定めるものは、第九号の三様式のうち、次に掲げる項目に記載すべき事項に相当する事項とする。

一　「第一部　企業情報」の「第2　企業の概況」の「1　主要な経営指標等の推移」及び「2　事業の内容」

二　「第一部　企業情報」の「第3　事業の状況」の「1　事業等のリスク」

3　法第24条の4の7第7項に規定する外国会社四半期報告書に記載されていない事項のうち公益又は投資者保護のため必要かつ適当なものと

して内閣府令で定めるものは、第九号の三様式による四半期報告書に記載すべき事項（次項第2号において「発行者情報」という。）であつて、当該外国会社四半期報告書に記載されていない事項（同項第1号において「不記載事項」という。）のうち、前項に定める事項を日本語又は英語によつて記載したもの（当該事項を英語によつて記載したものである場合は、当該事項の要約の日本語による翻訳文を添付すること。）とする。

4　法第24条の4の7第7項に規定するその他内閣府令で定めるものは、次に掲げるものとする。

一　不記載事項（第2項に定める事項を除く。）を日本語又は英語によつて記載したもの

二　発行者情報と当該事項に相当する外国会社四半期報告書の記載事項との対照表

5　第17条の3第4項第3号から第5号までの規定は、法第24条の4の7第6項の規定により報告書提出外国会社が外国会社四半期報告書を提出する場合について準用する。

（外国会社四半期訂正報告書の提出要件）

第17条の18　法第24条の4の7第11項（法第27条において準用する場合を含む。次条第2項において同じ。）において準用する法第24条の4の7第6項に規定する内閣府令で定める場合は、報告書提出外国会社が訂正報告書に代えて外国会社四半期訂正報告書（同項に規定する外国会社四半期訂正報告書をいう。次条第1項において同じ。）を提出することを、その用語、様式及び作成方法に照らし、金融庁長官が公益又は投資者保護に欠けることがないものとして認める場合とする。

（外国会社四半期訂正報告書の提出等）

第17条の19　第17条の3第4項（第5号に係る部分に限る。）及び第17条の17の規定は、報告書提出外国会社が外国会社四半期訂正報告書を提出する場合について準用する。

2　法第24条の4の7第11項において準用する同条第7項に規定するその他内閣府令で定めるものは、次に掲げる事項を日本語によつて記載したものとする。

金
商
法

一　訂正の対象となる外国会社四半期報告書及びその補足書類の提出日

二　訂正の理由

三　訂正の箇所及び訂正の内容

（半期報告書の記載内容等）

第18条　法第24条の5第1項の規定により半期報告書を提出すべき会社（指定法人を含む。）は、次の各号に掲げる場合の区分に応じ、当該各号に定める様式により半期報告書3通を作成し、財務局長等に提出しなければならない。

一　提出すべき会社が内国会社である場合（次号に掲げる場合を除く。）　第五号様式

二　提出すべき会社が内国会社であつて法第24条の5第2項の規定による半期報告書を提出しようとする場合　第五号の二様式

三　提出すべき会社が外国会社である場合　第十号様式

2　外国会社が提出する半期報告書には、次の各号に掲げる書類を添付しなければならない。この場合において、当該書類が日本語をもつて記載したものでないときは、その日本語による翻訳文を付さなければならない。

一　当該半期報告書に記載された当該外国会社の代表者が当該半期報告書の提出に関し正当な権限を有する者であることを証する書面

二　当該外国会社が、本邦内に住所を有する者に、当該半期報告書の提出に関する一切の行為につき当該外国会社を代理する権限を付与したことを証する書面

（外国会社半期報告書の提出要件）

第18条の2　法第24条の5第7項に規定する内閣府令で定める場合は、報告書提出外国会社（法第24条第8項に規定する報告書提出外国会社又は報告書提出外国者をいう。次条から第18条の5までにおいて同じ。）が半期報告書に代えて外国会社半期報告書を提出することを、その用語、様式及び作成方法に照らし、金融庁長官が公益又は投資者保護に欠けることがないものとして認める場合とする。

（外国会社半期報告書の提出等）

第18条の3　法第24条の5第7項の規定により外国会社半期報告書を提出しようとする報告書提出外国会社は、外国会社半期報告書及びその補足書類（同条第8項（法第27条において準用する場合を含む。以下この条において同じ。）に規定する補足書類をいう。第18条の5第2項第1号において同じ。）3通を関東財務局長に提出しなければならない。

2　法第24条の5第8項に規定する外国会社半期報告書に記載されている事項のうち公益又は投資者保護のため必要かつ適当なものとして内閣府令で定めるものは、第十号様式のうち、次に掲げる項目に記載すべき事項に相当する事項とする。

一　「第一部　企業情報」の「第2　企業の概況」の「1　主要な経営指標等の推移」及び「2　事業の内容」

二　「第一部　企業情報」の「第3　事業の状況」の「2　事業等のリスク」

3　法第24条の5第8項に規定する外国会社半期報告書に記載されていない事項のうち公益又は投資者保護のため必要かつ適当なものとして内閣府令で定めるものは、第十号様式による半期報告書に記載すべき事項（次項第2号において「発行者情報」という。）であつて、当該外国会社半期報告書に記載されていない事項（同項第1号において「不記載事項」という。）のうち、前項に定める事項を日本語又は英語によつて記載したもの（当該事項を英語によつて記載したものである場合は、当該事項の要約の日本語による翻訳文を添付すること。）とする。

4　法第24条の5第8項に規定するその他内閣府令で定めるものは、次に掲げるものとする。

一　不記載事項（第2項に定める事項を除く。）を日本語又は英語によつて記載したもの

二　発行者情報と当該事項に相当する外国会社半期報告書の記載事項との対照表

5　第17条の3第4項第3号から第5号までの規定は、法第24条の5第7項の規定により報告書提出外国会社が外国会社半期報告書を提出する場合について準用する。

（外国会社半期訂正報告書の提出要件）

第18条の4　法第24条の5第12項（法第27条において準用する場合を含む。次条第2項において同じ。）において準用する法第24条の5第7項に規定する内閣府令で定める場合は、報告書提出外国会社が訂正報告書に代えて外国において開示が行われている訂正報告書に類する書類であつて英語で記載されたもの（次条第1項において「外国会社半期訂正報告書」という。）を提出することを、その用語、様式及び作成方法に照らし、金融庁長官が公益又は投資者保護に欠けることがないものとして認める場合とする。

（外国会社半期訂正報告書の提出等）

第18条の5　第17条の3第4項（第5号に係る部分に限る。）及び第18条の3の規定は、報告書提出外国会社が外国会社半期訂正報告書を提出する場合について準用する。

2　法第24条の5第12項において準用する同条第8項に規定するその他内閣府令で定めるものは、次に掲げる事項を日本語によつて記載したものとする。

一　訂正の対象となる外国会社半期報告書及びその補足書類の提出日

二　訂正の理由

三　訂正の箇所及び訂正の内容

（臨時報告書の記載内容等）

第19条　法第24条の5第4項に規定する内閣府令で定める場合は、次項各号に掲げる場合とする。

2　法第24条の5第4項の規定により臨時報告書を提出すべき会社（指定法人を含む。）は、内国会社にあつては第五号の三様式、外国会社にあつては第十号の二様式により、次の各号に掲げる場合の区分に応じ、当該各号に定める事項を記載した臨時報告書3通を作成し、財務局長等に提出しなければならない。

一　提出会社が発行者である有価証券（新株予約権付社債券（株式買取権等が付与されている社債券を含む。以下この条において同じ。）以外の社債券、社会医療法人債券、学校債券、学校貸付債権、コマーシャル・ペーパー、外国譲渡性預金証書、有価証券信託受益証券（株

券、新株予約権証券又は新株予約権付社債券を受託有価証券とするものを除く。）、預託証券（株券、新株予約権証券又は新株予約権付社債券に係る権利を表示するものを除く。）及びカバードワラントを除く。以下この条において同じ。）の募集（50名未満の者を相手方として行うものを除く。以下この号及び第4項において同じ。）又は売出し（法第2条第4項に規定する売出しのうち、当該有価証券の売出しが行われる日以前1月以内に行われた同種の既発行証券の売付け勧誘等の相手方が50名未満の者である場合を除き、当該有価証券の所有者が第4条第4項第1号又は第2号に掲げる者であつた場合に限る。以下この号及び第4項において同じ。）のうち発行価額又は売出価額の総額が1億円以上であるものが本邦以外の地域において開始された場合（当該募集又は売出しに係る有価証券と同一の種類の有価証券の募集又は売出しが、本邦以外の地域と並行して本邦において開始された場合であつて、その本邦における募集又は売出しに係る有価証券届出書又は発行登録追補書類に本邦以外の地域において開始された募集又は売出しに係る次に掲げる事項を記載したときを除く。）　次に掲げる事項

イ　有価証券の種類及び銘柄（株式の場合には株式の種類を、新株予約権付社債券の場合はその旨を含み、行使価額修正条項付新株予約権付社債券等である場合にはその旨を併せて記載すること。）

ロ　次に掲げる有価証券の区分に応じ、次に定める事項

(1)　株券　次に掲げる事項

(i)　発行数又は売出数

(ii)　発行価格及び資本組入額又は売出価格

(iii)　発行価額の総額及び資本組入額の総額又は売出価額の総額

(iv)　株式の内容

(2)　新株予約権証券　次に掲げる事項

(i)　発行数又は売出数

(ii)　発行価格又は売出価格

(iii)　発行価額の総額又は売出価額の総額

(iv)　新株予約権の目的となる株式の種類、内容及び数

(v)　新株予約権の行使に際して払い込むべき金額

(vi)　新株予約権の行使期間

(vii)　新株予約権の行使の条件

(viii)　新株予約権の行使により株券を発行する場合の当該株券の発行価格のうちの資本組入額

(ix)　新株予約権の譲渡に関する事項

(3)　新株予約権付社債券　次に掲げる事項

(i)　発行価格又は売出価格

(ii)　発行価額の総額又は売出価額の総額

(iii)　券面額の総額

(iv)　利率

(v)　償還期限

(vi)　新株予約権の目的となる株式の種類、内容及び数

(vii)　新株予約権の総数

(viii)　新株予約権の行使に際して払い込むべき金額

(ix)　新株予約権の行使期間

(x)　新株予約権の行使の条件

(xi)　新株予約権の行使により株券を発行する場合の当該株券の発行価格のうちの資本組入額

(xii)　新株予約権の行使時に社債の全額の償還に代えて新株予約権の行使に際して払い込むべき金額の全額の払込みがあつたものとするときはその旨

(xiii)　新株予約権の譲渡に関する事項

ハ　発行方法

ニ　引受人又は売出しを行う者の氏名又は名称

ホ　募集又は売出しを行う地域

ヘ　提出会社が取得する手取金の総額並びに使途ごとの内容、金額及び支出予定時期

ト　新規発行年月日又は受渡年月日

チ　当該有価証券を金融商品取引所に上場しようとする場合における当該金融商品取引所の名称

リ　行使価額修正条項付新株予約権付社債券等の場合には、イからチまでに掲げる事項のほか、次に掲げる事項

(1)　当該行使価額修正条項付新株予約権付社債券等の特質（第9項に規定する場合に該当する場合にあつては、第8項に規定する取得請求権付株券等の内容と第9項に規定するデリバティブ取引（法第2条第20項に規定するデリバティブ取引をいう。以下同じ。）その他の取引の内容を一体のものとみなした場合の特質。以下同じ。）

(2)　提出会社が行使価額修正条項付新株予約権付社債券等の発行又は売付けにより資金の調達をしようとする理由

(3)　第9項に規定する場合に該当する場合にあつては、同項に規定するデリバティブ取引その他の取引の内容

(4)　当該行使価額修正条項付新株予約権付社債券等に表示された権利の行使に関する事項（当該権利の行使を制限するために支払われる金銭その他の財産に関する事項を含む。）についての取得者（当該行使価額修正条項付新株予約権付社債券等を取得しようとする者をいう。以下リにおいて同じ。）と提出会社との間の取決めの内容（当該取決めがない場合にはその旨）

(5)　提出会社の株券の売買（令第26条の2の2第1項に規定する空売りを含む。）に関する事項についての取得者と提出会社との間の取決めの内容（当該取決めがない場合には、その旨）

(6)　提出会社の株券の貸借に関する事項についての取得者と提出会社の特別利害関係者等との間の取決めがあることを知っている場合には、その内容

(7)　その他投資者の保護を図るため必要な事項

ヌ　有価証券信託受益証券の場合には、イからチまでに掲げる事項に準ずる事項のほか当該有価証券信託受益証券に係る受託有価証券の内容（受託有価証券が行使価額修正条項付新株予約権付社債券等である場合には、当該受託有価証券の内容及び当該受託有価証券に係るリに掲げる事項）

ル　預託証券の場合には、イからチまでに掲げる事項に準ずる事項のほか当該預託証券に表示される権利に係る有価証券の内容（当該有価証券が行使価額修正条項付新株予約権付社債券等である場合には、当該有価証券の内容及び当該有価証券に係るリに掲げる事項）

ヲ　当該有価証券（株券、新株予約権証券及び新株予約権付社債券に限る。以下ヲにおいて同じ。）の募集又は売出しが当該有価証券に係る株式又は新株予約権を特定の者に割り当てる方法（会社法第202条第1項の規定による株式の割当て及び同法第241条第1項又は同法第277条の規定による新株予約権の割当てによる方法（外国会社にあつては、これらに準ずる方法）並びに次の(1)から(3)までに掲げる方法を除く。次号において「第三者割当」という。）により行われる場合には、イからチまでに掲げる事項のほか、第二号様式第一部の第3に掲げる事項

(1)　一定の要件に該当する場合において、当該有価証券の募集又は売出しに係る引受人が当該有価証券と同一の種類の有価証券を当該募集又は売出しと同一の条件で売出しを行うこととされているときに、当該有価証券を当該引受人に割り当てる方法

(2)　新株予約権（譲渡が禁止される旨の制限が付されているものに限る。）を当該新株予約権に係る新株予約権証券の発行者又はその関係会社の役員、会計参与又は使用人に割り当てる方法

(3)　提出会社又は関係会社が、これらの会社の役員、会計参与又は使用人（以下(3)において「役員等」という。）から役務の提供を受ける場合において、当該役務の提供の対価として当該役員等に生ずる債権の給付と引換えに当該役員等に交付される自社株等（当該提出会社が発行者である株式又は新株予約権（(2)に規定する新株予約権を除く。）をいう。以下(3)において同じ。）を当該役員等に割り当てる方法又は当該関係会社の役員等に給付されることに伴つて当該債権が消滅する自社株等を当該関係会社の役員等に割り当てる方法

(4)　会社法第202条の2第1項各号（同条第3項において読み替えて適用する場合を含む。）に掲げる事項を募集事項に含む株式を割り当てる方法又は同法第236条第3項各号（同条第4項において読み替えて適用する場合を含む。）に掲げる事項を内容とする新株予約権（(2)に規定する新株予約権を除く。）を割り当てる方法

ワ　当該有価証券の募集又は売出しが当該有価証券をもつて対価とする海外公開買付け（令第12条第7号に規定する海外公開買付けをいう。次号ヘにおいて同じ。）のために行われる場合には、イからチまでに掲げる事項のほか、第二号の六様式第二部の第1の4から6までに掲げる事項

二　募集によらないで取得される提出会社が発行者である有価証券又は本邦以外の地域において行われる50名未満の者を相手方とする募集により取得される提出会社が発行者である有価証券で、当該取得に係る発行価額の総額が1億円以上であるものの発行につき取締役会の決議等若しくは株主総会の決議若しくはこれらに類する決定又は行政庁の認可があつた場合（当該取得が主として本邦以外の地域で行われる場合には、当該発行が行われた場合）　次に掲げる事項

イ　前号イからハまで及びヘからヌまでに掲

げる事項

ロ　前号ニ及びホに掲げる事項に準ずる事項

ハ　当該有価証券に令第1条の7に規定する譲渡に関する制限その他の制限が付されている場合には、その内容

ニ　株券（準備金の資本組入れ又は剰余金処分による資本組入れにより発行されるものを除く。）、新株予約権証券又は新株予約権付社債券の場合には、イ及びロに掲げる事項のほか、次に掲げる事項

　　(1)　当該株券、新株予約権証券又は新株予約権付社債券を取得しようとする者（以下ニにおいて「取得者」という。）の名称、住所、代表者の氏名、資本金又は出資の額及び事業の内容（個人の場合においては、その氏名及び住所）

　　(2)　出資関係、取引関係その他これらに準ずる取得者と提出会社との間の関係

　　(3)　保有期間その他の当該株券、新株予約権証券又は新株予約権付社債券の保有に関する事項についての取得者と提出会社との間の取決めの内容

ホ　当該有価証券の発行が第三者割当により行われる場合には、第二号様式第一部の第3に掲げる事項

ヘ　当該有価証券の発行が海外公開買付けのために行われる場合には、第二号の六様式第二部の第1の4から6までに掲げる事項

二の二　法第4条第1項第1号（令第2条の12各号に規定する場合に限る。）の規定により募集又は売出しの届出を要しないこととなる株券等又は新株予約権証券等の取得勧誘（法第2条第3項に規定する取得勧誘をいう。以下この号において同じ。）又は売付け勧誘等のうち発行価額又は売出価額の総額が1億円以上であるものにつき取締役会の決議等又は株主総会の決議があつた場合　次のイ又はロに掲げる有価証券の区分に応じ、当該イ又はロに定める事項

イ　株券等　次に掲げる事項

　　(1)　銘柄

　　(2)　第1号ロ(1)に掲げる事項

　　(3)　当該取得勧誘又は売付け勧誘等の相手方（以下イにおいて「勧誘の相手方」という。）の人数及びその内訳

　　(4)　勧誘の相手方が提出会社に関係する会社として第2条第1項各号に掲げる会社の取締役、会計参与、執行役、監査役又は使用人（ロ(4)において「取締役等」という。）である場合には、当該会社と提出会社との間の関係

　　(5)　勧誘の相手方と提出会社との間の取決めの内容

　　(6)　当該株券が譲渡についての制限がされていない他の株券と分別して管理される方法

ロ　新株予約権証券等　次に掲げる事項

　　(1)　銘柄

　　(2)　第1号ロ(2)に掲げる事項

　　(3)　当該取得勧誘又は売付け勧誘等の相手方（以下ロにおいて「勧誘の相手方」という。）の人数及びその内訳

　　(4)　勧誘の相手方が提出会社に関係する会社として第2条第3項各号に掲げる会社の取締役等である場合には、当該会社と提出会社との間の関係

　　(5)　勧誘の相手方と提出会社との間の取決めの内容

三　提出会社の親会社の異動（当該提出会社の親会社であつた会社が親会社でなくなること又は親会社でなかつた会社が当該提出会社の親会社になることをいう。以下この号において同じ。）若しくは提出会社の特定子会社の異動（当該提出会社の特定子会社であつた会社が子会社でなくなること又は子会社でなかつた会社が当該提出会社の特定子会社になることをいう。以下この号において同じ。）が当該提出会社若しくは連結子会社の業務執行を決定する機関により決定された場合又は提出会社の親会社の異動若しくは提出会社の特定子会社の異動があつた場合（当該異動が当該提出会社又は連結子会社の業務執行を決定

する機関により決定されたことについて臨時報告書を既に提出した場合を除く。）　次に掲げる事項

イ　当該異動に係る親会社又は特定子会社の名称、住所、代表者の氏名、資本金又は出資の額及び事業の内容

ロ　当該異動に係る会社が親会社である場合には、当該異動の前後における当該提出会社の親会社の所有に係る当該提出会社の議決権（株主総会において決議をすることができる事項の全部につき議決権を行使することができない株式についての議決権を除き、会社法第879条第3項の規定により議決権を有するものとみなされる株式についての議決権を含む。以下ロ及び次号ロにおいて同じ。）の数（当該提出会社の親会社の他の子会社が当該提出会社の議決権を所有している場合には、これらの数を含む。）及び当該提出会社の総株主等の議決権に対する割合

ハ　当該異動に係る会社が特定子会社である場合には、当該異動の前後における当該提出会社の所有に係る当該特定子会社の議決権（株式会社にあつては、株主総会において決議をすることができる事項の全部につき議決権を行使することができない株式についての議決権を除き、会社法第879条第3項の規定により議決権を有するものとみなされる株式についての議決権を含む。）の数（当該提出会社の他の子会社が当該特定子会社の議決権を所有している場合には、これらの数を含む。）及び当該特定子会社の総株主等の議決権に対する割合

ニ　当該異動の理由及びその年月日

四　提出会社の主要株主（法第163条第1項に規定する主要株主をいう。以下この号において同じ。）の異動（当該提出会社の主要株主であつた者が主要株主でなくなること又は主要株主でなかつた者が当該提出会社の主要株主になることをいう。以下この号において同じ。）が当該提出会社若しくは連結子会社の

業務執行を決定する機関により決定された場合又は提出会社の主要株主の異動があつた場合（当該異動が当該提出会社又は連結子会社の業務執行を決定する機関により決定されたことについて臨時報告書を既に提出した場合を除く。）　次に掲げる事項

イ　当該異動に係る主要株主の氏名又は名称

ロ　当該異動の前後における当該主要株主の所有議決権の数及びその総株主等の議決権に対する割合

ハ　当該異動の年月日

四の二　提出会社に対しその特別支配株主（会社法第179条第1項に規定する特別支配株主をいう。以下この号において同じ。）から同法第179条の3第1項の規定による請求（以下この号において「株式等売渡請求」という。）の通知がされた場合又は当該株式等売渡請求を承認するか否かが、当該提出会社の業務執行を決定する機関により決定された場合　次に掲げる事項

イ　特別支配株主から当該通知がされた場合には、次に掲げる事項

(1)　当該通知がされた年月日

(2)　当該特別支配株主の商号、本店の所在地及び代表者の氏名（個人の場合においては、その氏名及び住所）

(3)　当該通知の内容

ロ　当該株式等売渡請求を承認するか否かの決定がされた場合には、次に掲げる事項

(1)　当該通知がされた年月日

(2)　当該決定がされた年月日

(3)　当該決定の内容

(4)　当該決定の理由及び当該決定に至つた過程（売渡株式等（会社法第179条の2第1項第5号に規定する売渡株式等をいう。）の対価の支払の確実性に関する判断の内容を含む。）

四の三　全部取得条項付種類株式（会社法第171条第1項に規定する全部取得条項付種類株式をいう。以下この号において同じ。）の全部の取得を目的とする株主総会を招集する

ことが、提出会社の業務執行を決定する機関
により決定された場合（当該取得により当該
提出会社の株主の数が25名未満となることが
見込まれる場合に限る。）　次に掲げる事項
　イ　当該取得の目的
　ロ　取得対価（会社法第171条第1項第1号
　　に規定する取得対価をいう。以下この号に
　　おいて同じ。）の内容
　ハ　当該取得対価の内容の算定根拠
　ニ　会社法第234条の規定により1に満たな
　　い端数の処理をすることが見込まれる場合
　　における当該処理の方法、当該処理により
　　株主に交付されることが見込まれる金銭の
　　額及び当該額の算定根拠
　ホ　当該取得対価の内容が当該提出会社の株
　　式、社債、新株予約権又は新株予約権付社
　　債以外の有価証券に係るものである場合は、
　　当該有価証券の発行者についての次に掲げ
　　る事項
　　(1)　商号、本店の所在地、代表者の氏名、
　　　資本金又は出資の額、純資産の額、総資
　　　産の額及び事業の内容
　　(2)　最近3年間に終了した各事業年度の売
　　　上高、営業利益、経常利益及び純利益
　　(3)　大株主（発行済株式の総数に占める各
　　　株主の持株数の割合の多い順に5名をい
　　　う。以下同じ。）の氏名又は名称及び発
　　　行済株式の総数に占める大株主の持株数
　　　の割合（持分会社の場合にあつては、社
　　　員（定款で会社の業務を執行する社員を
　　　定めた場合には、当該社員）の氏名又は
　　　名称）
　　(4)　提出会社との間の資本関係、人的関係
　　　及び取引関係
　ヘ　当該提出会社が当該全部取得条項付種類
　　株式を取得する日
四の四　株式の併合を目的とする株主総会を招
　集することが、提出会社の業務執行を決定す
　る機関により決定された場合（当該株式の併
　合により当該提出会社の株主の数が25名未満
　となることが見込まれる場合に限る。）　次に

掲げる事項
　イ　当該株式の併合の目的
　ロ　当該株式の併合の割合
　ハ　会社法第234条の規定により1に満たな
　　い端数の処理をすることが見込まれる場合
　　における当該処理の方法、当該処理により
　　株主に交付されることが見込まれる金銭の
　　額及び当該額の算定根拠
　ニ　当該株式の併合がその効力を生ずる日
五　提出会社に係る重要な災害（提出会社の当
　該災害による被害を受けた資産の帳簿価額が
　当該提出会社の最近事業年度の末日における
　純資産額（資産の総額から負債の総額を控除
　して得た額（控除してなお控除しきれない金
　額がある場合には、当該控除しきれない金額
　はないものとする。）をいう。第17号を除き、
　以下この条において同じ。）の100分の3以上
　に相当する額である災害をいう。）が発生し、
　それがやんだ場合で、当該重要な災害による
　被害が当該提出会社の事業に著しい影響を及
　ぼすと認められる場合　次に掲げる事項
　イ　当該重要な災害の発生年月日
　ロ　当該重要な災害が発生した場所
　ハ　当該重要な災害により被害を受けた資産
　　の種類及び帳簿価額並びにそれに対し支払
　　われた保険金額
　ニ　当該重要な災害による被害が当該提出会
　　社の事業に及ぼす影響
六　提出会社に対し訴訟が提起され、当該訴訟
　の損害賠償請求金額が、当該提出会社の最近
　事業年度の末日における純資産額の100分の
　15以上に相当する額である場合又は提出会社
　に対する訴訟が解決し、当該訴訟の解決によ
　る損害賠償支払金額が、当該提出会社の最近
　事業年度の末日における純資産額の100分の
　3以上に相当する額である場合　次に掲げる
　事項
　イ　当該訴訟の提起があつた年月日
　ロ　当該訴訟を提起した者の名称、住所及び
　　代表者の氏名（個人の場合においては、そ
　　の氏名及び住所）

ハ　当該訴訟の内容及び損害賠償請求金額

ニ　当該訴訟の解決の場合には、次に掲げる事項

(1)　訴訟の解決があつた年月日

(2)　訴訟の解決の内容及び損害賠償支払金額

六の二　提出会社が株式交換完全親会社（会社法第767条に規定する株式交換完全親会社をいう。以下この号及び第14号の2において同じ。）となる株式交換（当該株式交換により株式交換完全子会社（同法第768条第1項第1号に規定する株式交換完全子会社をいう。以下同じ。）となる会社の最近事業年度の末日における資産の額が当該提出会社の最近事業年度の末日における純資産額の100分の10以上に相当する場合又は当該株式交換完全子会社となる会社の最近事業年度の売上高が当該提出会社の最近事業年度の売上高の100分の3以上に相当する場合に限る。）又は提出会社が株式交換完全子会社となる株式交換が行われることが、当該提出会社の業務執行を決定する機関により決定された場合　次に掲げる事項

イ　当該株式交換の相手会社についての次に掲げる事項

(1)　商号、本店の所在地、代表者の氏名、資本金又は出資の額、純資産の額、総資産の額及び事業の内容

(2)　最近3年間に終了した各事業年度の売上高、営業利益、経常利益及び純利益

(3)　大株主の氏名又は名称及び発行済株式の総数に占める大株主の持株数の割合（合同会社の場合にあつては、社員（定款で会社の業務を執行する社員を定めた場合には、当該社員）の氏名又は名称）

(4)　提出会社との間の資本関係、人的関係及び取引関係

ロ　当該株式交換の目的

ハ　当該株式交換の方法、株式交換完全子会社となる会社の株式1株に割り当てられる株式交換完全親会社となる会社の株式の数

その他の財産の内容（以下この号及び第14号の2において「株式交換に係る割当ての内容」という。）その他の株式交換契約の内容

ニ　株式交換に係る割当ての内容の算定根拠（提出会社又は当該株式交換の相手会社以外の者が当該株式交換に係る割当ての内容の算定を行い、かつ、当該提出会社が当該算定を踏まえて当該株式交換に係る割当ての内容を決定したときは、当該株式交換に係る割当ての内容の算定を行つた者の氏名又は名称を含む。）

ホ　当該株式交換の後の株式交換完全親会社となる会社の商号、本店の所在地、代表者の氏名、資本金又は出資の額、純資産の額、総資産の額及び事業の内容

ヘ　株式交換に係る割当ての内容が当該株式交換完全親会社の株式、社債、新株予約権、新株予約権付社債又は持分以外の有価証券に係るものである場合　当該有価証券の発行者についてイに掲げる事項

六の三　株式移転が行われることが、提出会社の業務執行を決定する機関により決定された場合　次に掲げる事項

イ　当該株式移転において、提出会社の他に株式移転完全子会社となる会社がある場合は、当該他の株式移転完全子会社となる会社についての次に掲げる事項

(1)　商号、本店の所在地、代表者の氏名、資本金の額、純資産の額、総資産の額及び事業の内容

(2)　最近3年間に終了した各事業年度の売上高、営業利益、経常利益及び純利益

(3)　大株主の氏名又は名称及び発行済株式の総数に占める大株主の持株数の割合

(4)　提出会社との間の資本関係、人的関係及び取引関係

ロ　当該株式移転の目的

ハ　当該株式移転の方法、株式移転完全子会社となる会社の株式1株に割り当てられる株式移転設立完全親会社となる会社の株式

の数その他の財産の内容（以下この号及び第14号の３において「株式移転に係る割当ての内容」という。）その他の株式移転計画の内容

ニ　株式移転に係る割当ての内容の算定根拠（提出会社又は当該他の株式移転完全子会社となる会社以外の者が当該株式移転に係る割当ての内容の算定を行い、かつ、当該提出会社が当該算定を踏まえて当該株式移転に係る割当ての内容を決定したときは、当該株式移転に係る割当ての内容の算定を行つた者の氏名又は名称を含む。）

ホ　当該株式移転の後の株式移転設立完全親会社となる会社の商号、本店の所在地、代表者の氏名、資本金の額、純資産の額、総資産の額及び事業の内容

七　提出会社の資産の額が、当該提出会社の最近事業年度の末日における純資産額の100分の10以上減少し、若しくは増加することが見込まれる吸収分割又は提出会社の売上高が、当該提出会社の最近事業年度の売上高の100分の３以上減少し、若しくは増加することが見込まれる吸収分割が行われることが、当該提出会社の業務執行を決定する機関により決定された場合　次に掲げる事項

イ　当該吸収分割の相手会社についての次に掲げる事項

(1)　商号、本店の所在地、代表者の氏名、資本金又は出資の額、純資産の額、総資産の額及び事業の内容

(2)　最近３年間に終了した各事業年度の売上高、営業利益、経常利益及び純利益

(3)　大株主の氏名又は名称及び発行済株式の総数に占める大株主の持株数の割合（合同会社の場合にあつては、社員（定款で会社の業務を執行する社員を定めた場合には、当該社員）の氏名又は名称）

(4)　提出会社との間の資本関係、人的関係及び取引関係

ロ　当該吸収分割の目的

ハ　当該吸収分割の方法、吸収分割会社（会社法第758条第１号に規定する吸収分割会社をいう。）となる会社に割り当てられる吸収分割承継会社（同法第757条に規定する吸収分割承継会社をいう。以下この号及び第15号において同じ。）となる会社の株式の数その他の財産の内容（以下この号及び第15号において「吸収分割に係る割当ての内容」という。）その他の吸収分割契約の内容

ニ　吸収分割に係る割当ての内容の算定根拠（提出会社又は当該吸収分割の相手会社以外の者が当該吸収分割に係る割当ての内容の算定を行い、かつ、当該提出会社が当該算定を踏まえて当該吸収分割に係る割当ての内容を決定したときは、当該吸収分割に係る割当ての内容の算定を行つた者の氏名又は名称を含む。）

ホ　当該吸収分割の後の吸収分割承継会社となる会社の商号、本店の所在地、代表者の氏名、資本金又は出資の額、純資産の額、総資産の額及び事業の内容

ヘ　吸収分割に係る割当ての内容が当該吸収分割承継会社となる会社の株式、社債、新株予約権、新株予約権付社債又は持分以外の有価証券に係るものである場合　当該有価証券の発行者についてイに掲げる事項

七の二　提出会社の資産の額が、当該提出会社の最近事業年度の末日における純資産額の100分の10以上減少することが見込まれる新設分割又は提出会社の売上高が、当該提出会社の最近事業年度の売上高の100分の３以上減少することが見込まれる新設分割が行われることが、当該提出会社の業務執行を決定する機関により決定された場合　次に掲げる事項

イ　当該新設分割において、提出会社の他に新設分割会社（会社法第763条第１項第５号に規定する新設分割会社をいう。以下この号及び第15号の２において同じ。）となる会社がある場合は、当該他の新設分割会社となる会社についての次に掲げる事項

(1)　商号、本店の所在地、代表者の氏名、
資本金又は出資の額、純資産の額、総資
産の額及び事業の内容

(2)　最近3年間に終了した各事業年度の売
上高、営業利益、経常利益及び純利益

(3)　大株主の氏名又は名称及び発行済株式
の総数に占める大株主の持株数の割合
（合同会社の場合にあつては、社員（定
款で会社の業務を執行する社員を定めた
場合には、当該社員）の氏名又は名称）

(4)　提出会社との間の資本関係、人的関係
及び取引関係

ロ　当該新設分割の目的

ハ　当該新設分割の方法、新設分割会社とな
る会社に割り当てられる新設分割設立会社
（会社法第763条第1項に規定する新設分割
設立会社をいう。以下この号及び第15号の
2において同じ。）となる会社の株式の数
その他の財産の内容（以下この号及び第15
号の2において「新設分割に係る割当ての
内容」という。）その他の新設分割計画の
内容

ニ　新設分割に係る割当ての内容の算定根拠
（提出会社又は当該他の新設分割会社とな
る会社以外の者が当該新設分割に係る割当
ての内容の算定を行い、かつ、当該提出会
社が当該算定を踏まえて当該新設分割に係
る割当ての内容を決定したときは、当該新
設分割に係る割当ての内容の算定を行つた
者の氏名又は名称を含む。）

ホ　当該新設分割の後の新設分割設立会社と
なる会社の商号、本店の所在地、代表者の
氏名、資本金又は出資の額、純資産の額、
総資産の額及び事業の内容

七の三　提出会社の資産の額が、当該提出会社
の最近事業年度の末日における純資産額の
100分の10以上増加することが見込まれる吸
収合併若しくは提出会社の売上高が、当該提
出会社の最近事業年度の売上高の100分の3
以上増加することが見込まれる吸収合併又は
提出会社が消滅することとなる吸収合併が行

われることが、当該提出会社の業務執行を決
定する機関により決定された場合　次に掲げ
る事項

イ　当該吸収合併の相手会社についての次に
掲げる事項

(1)　商号、本店の所在地、代表者の氏名、
資本金又は出資の額、純資産の額、総資
産の額及び事業の内容（医療法人及び学
校法人等の場合にあつては、名称、主た
る事務所の所在地、理事長の氏名、純資
産の額、総資産の額及び事業の内容）

(2)　最近3年間に終了した各事業年度の売
上高、営業利益、経常利益及び純利益

(3)　大株主の氏名又は名称及び発行済株式
の総数に占める大株主の持株数の割合
（持分会社の場合にあつては、社員（定
款で会社の業務を執行する社員を定めた
場合には、当該社員）の氏名又は名称、
医療法人及び学校法人等の場合にあつて
は、理事の氏名）

(4)　提出会社との間の資本関係、人的関係
及び取引関係

ロ　当該吸収合併の目的

ハ　当該吸収合併の方法、吸収合併消滅会社
（会社法第749条第1項第1号に規定する吸
収合併消滅会社をいう。）となる会社の株
式1株又は持分に割り当てられる吸収合併
存続会社（同項に規定する吸収合併存続会
社をいう。以下この号及び第15号の3にお
いて同じ。）となる会社の株式の数その他
の財産の内容（以下この号及び第15号の3
において「吸収合併に係る割当ての内容」
という。）その他の吸収合併契約の内容（医
療法人の場合にあつては、合併後存続する
医療法人の定款又は寄附行為の内容。学校
法人等の場合にあつては、合併後存続する
学校法人等の寄附行為の内容）

ニ　吸収合併に係る割当ての内容の算定根拠
（提出会社又は当該吸収合併の相手会社以
外の者が当該吸収合併に係る割当ての内容
の算定を行い、かつ、当該提出会社が当該

算定を踏まえて当該吸収合併に係る割当ての内容を決定したときは、当該吸収合併に係る割当ての内容の算定を行つた者の氏名又は名称を含む。）

ホ　当該吸収合併の後の吸収合併存続会社となる会社の商号、本店の所在地、代表者の氏名、資本金又は出資の額、純資産の額、総資産の額及び事業の内容（医療法人の場合にあつては、合併後存続する医療法人の名称、主たる事務所の所在地、理事長の氏名、純資産の額、総資産の額及び事業の内容。学校法人等の場合においても同様とする。）

ヘ　吸収合併に係る割当ての内容が当該吸収合併存続会社となる会社の株式、社債、新株予約権、新株予約権付社債又は持分以外の有価証券に係るものである場合　当該有価証券の発行者についてイに掲げる事項

七の四　新設合併が行われることが、提出会社の業務執行を決定する機関により決定された場合　次に掲げる事項

イ　当該新設合併における提出会社以外の新設合併消滅会社（会社法第753条第1項第1号に規定する新設合併消滅会社をいう。以下この号及び第15号の4において同じ。）となる会社（合併によつて消滅する医療法人及び学校法人等を含む。以下この号において同じ。）についての次に掲げる事項

(1)　商号、本店の所在地、代表者の氏名、資本金又は出資の額、純資産の額、総資産の額及び事業の内容（医療法人及び学校法人等の場合にあつては、名称、主たる事務所の所在地、理事長の氏名、純資産の額、総資産の額及び事業の内容）

(2)　最近3年間に終了した各事業年度の売上高、営業利益、経常利益及び純利益

(3)　大株主の氏名又は名称及び発行済株式の総数に占める大株主の持株数の割合（持分会社の場合にあつては、社員（定款で会社の業務を執行する社員を定めた場合には、当該社員）の氏名又は名称、

医療法人及び学校法人等の場合にあつては、理事の氏名）

(4)　提出会社との間の資本関係、人的関係及び取引関係

ロ　当該新設合併の目的

ハ　当該新設合併の方法、新設合併消滅会社となる会社の株式1株又は持分に割り当てられる新設合併設立会社（会社法第753条第1項に規定する新設合併設立会社をいう。以下この号及び第15号の4において同じ。）となる会社の株式の数その他の財産の内容（以下この号及び第15号の4において「新設合併に係る割当ての内容」という。）その他の新設合併契約の内容（医療法人の場合にあつては、当該新設合併によつて設立される医療法人の定款又は寄附行為の内容。学校法人等の場合にあつては、当該新設合併によつて設立される学校法人等の寄附行為の内容）

ニ　新設合併に係る割当ての内容の算定根拠（提出会社又は当該提出会社以外の新設合併消滅会社となる会社以外の者が当該新設合併に係る割当ての内容の算定を行い、かつ、当該提出会社が当該算定を踏まえて当該新設合併に係る割当ての内容を決定したときは、当該新設合併に係る割当ての内容の算定を行つた者の氏名又は名称を含む。）

ホ　当該新設合併の後の新設合併設立会社となる会社の商号、本店の所在地、代表者の氏名、資本金又は出資の額、純資産の額、総資産の額及び事業の内容（医療法人の場合にあつては、当該新設合併によつて設立される医療法人の名称、主たる事務所の所在地、理事長の氏名、純資産の額、総資産の額及び事業の内容。学校法人等の場合においても同様とする。）

八　提出会社の資産の額が、当該提出会社の最近事業年度の末日における純資産額の100分の30以上減少し、若しくは増加することが見込まれる事業の譲渡若しくは譲受け又は提出会社の売上高が、当該提出会社の最近事業年

度の売上高の100分の10以上減少し、若しく
は増加することが見込まれる事業の譲渡若し
くは譲受けが行われることが、当該提出会社
の業務執行を決定する機関により決定された
場合　次に掲げる事項

　イ　当該事業の譲渡先又は譲受け先の名称、
　　　住所、代表者の氏名、資本金又は出資の額
　　　及び事業の内容（個人の場合においては、
　　　その氏名、住所及び事業の内容）

　ロ　当該事業の譲渡又は譲受けの目的

　ハ　当該事業の譲渡又は譲受けの契約の内容

八の二　提出会社による子会社取得（子会社で
　なかつた会社の発行する株式又は持分を取得
　する方法その他の方法（法第27条の3第1項
　に規定する公開買付け又は株式交付によるも
　のを除く。）により、当該会社を子会社とす
　ることをいう。以下この号及び第16号の2に
　おいて同じ。）が行われることが、当該提出
　会社の業務執行を決定する機関により決定さ
　れた場合であつて、当該子会社取得に係る対
　価の額（子会社取得の対価として支払つた、
　又は支払うべき額の合計額をいう。以下この
　号及び第16号の2において同じ。）に当該子
　会社取得の一連の行為として行つた、又は行
　うことが当該機関により決定された当該提出
　会社による子会社取得（以下この号において
　「近接取得」という。）に係る対価の額の合計
　額を合算した額が当該提出会社の最近事業年
　度の末日における純資産額の100分の15以上
　に相当する額であるとき　次に掲げる事項

　イ　子会社取得（近接取得を除く。）に係る
　　　子会社及び近接取得に係る子会社（以下こ
　　　の号において「取得対象子会社」という。）
　　　について、それぞれ次に掲げる事項

　　（1）商号、本店の所在地、代表者の氏名、
　　　　資本金又は出資の額、純資産の額、総資
　　　　産の額及び事業の内容

　　（2）最近3年間に終了した各事業年度の売
　　　　上高、営業利益、経常利益及び純利益

　　（3）提出会社との間の資本関係、人的関係
　　　　及び取引関係

　　ロ　取得対象子会社に関する子会社取得の目
　　　　的

　　ハ　取得対象子会社に関する子会社取得の対
　　　　価の額

九　提出会社の代表取締役（優先出資法第2条
　第1項に規定する協同組織金融機関を代表す
　べき役員を含み、指名委員会等設置会社であ
　る場合は代表執行役、持分会社である場合は
　持分会社を代表する社員、医療法人及び学校
　法人等である場合は理事長。以下この号にお
　いて同じ。）の異動（当該提出会社の代表取
　締役であつた者が代表取締役でなくなること
　又は代表取締役でなかつた者が代表取締役に
　なることをいう。以下この号において同じ。）
　があつた場合（定時の株主総会（優先出資法
　第2条第6項に規定する普通出資者総会並び
　に医療法第48条の3の2第2項に規定する定
　時社員総会及び同法第46条の4の6第2項の
　規定による報告を含む。）終了後有価証券報
　告書提出時までに異動があり、その内容が有
　価証券報告書に記載されている場合を除く。）
　次に掲げる事項

　イ　当該異動に係る代表取締役の氏名、職名
　　　及び生年月日

　ロ　当該異動の年月日

　ハ　当該異動の日における当該代表取締役の
　　　所有株式数

　ニ　新たに代表取締役になる者については主
　　　要略歴

九の二　提出会社の株主総会において決議事項
　が決議された場合（当該提出会社が法第24条
　第1項第1号又は第2号に掲げる有価証券に
　該当する株券の発行者である場合に限る。）
　次に掲げる事項

　イ　当該株主総会が開催された年月日

　ロ　当該決議事項の内容

　ハ　当該決議事項（役員の選任又は解任に関
　　　する決議事項である場合は、当該選任又は
　　　解任の対象とする者ごとの決議事項）に対
　　　する賛成、反対及び棄権の意思の表示に係
　　　る議決権の数、当該決議事項が可決される

金商法

ための要件並びに当該決議の結果

ニ　ハの議決権の数に株主総会に出席した株主の議決権の数（株主の代理人による代理行使に係る議決権の数並びに会社法第311条第2項及び第312条第3項の規定により出席した株主の議決権の数に算入する議決権の数を含む。）の一部を加算しなかつた場合には、その理由

九の三　提出会社が有価証券報告書を当該有価証券報告書に係る事業年度の定時株主総会前に提出した場合であつて、当該定時株主総会において、当該有価証券報告書に記載した当該定時株主総会における決議事項が修正され、又は否決されたとき　次に掲げる事項

イ　当該有価証券報告書を提出した年月日

ロ　当該定時株主総会が開催された年月日

ハ　決議事項が修正され、又は否決された旨及びその内容

九の四　提出会社において、監査公認会計士等（当該提出会社の財務計算に関する書類（法第193条の2第1項に規定する財務計算に関する書類をいう。以下この号において同じ。）について、同項の規定により監査証明を行う公認会計士（公認会計士法（昭和23年法律第103号）第16条の2第5項に規定する外国公認会計士を含む。以下この号において同じ。）若しくは監査法人（以下この号において「財務書類監査公認会計士等」という。）又は当該提出会社の内部統制報告書（法第24条の4の4第1項（法第27条において準用する場合を含む。以下この号において同じ。）に規定する内部統制報告書をいう。以下同じ。）について、法第193条の2第2項の規定により監査証明を行う公認会計士若しくは監査法人（以下この号において「内部統制監査公認会計士等」という。）をいう。以下この号において同じ。）の異動（財務書類監査公認会計士等であつた者が財務書類監査公認会計士等でなくなること若しくは財務書類監査公認会計士等でなかつた者が財務書類監査公認会計士等になること又は内部統制監査公認会計士等

であつた者が内部統制監査公認会計士等でなくなること若しくは内部統制監査公認会計士等でなかつた者が内部統制監査公認会計士等になることをいい、当該提出会社が法第24条の4の4第1項又は第2項（法第27条において準用する場合を含む。）の規定により初めて内部統制報告書を提出することとなつた場合において、財務書類監査公認会計士等である者が内部統制監査公認会計士等を兼ねることを除く。以下この号において同じ。）が当該提出会社の業務執行を決定する機関により決定された場合又は監査公認会計士等の異動があつた場合（当該異動が当該提出会社の業務執行を決定する機関により決定されたことについて臨時報告書を既に提出した場合を除く。）　次に掲げる事項

イ　当該異動に係る監査公認会計士等（以下この号において「異動監査公認会計士等」という。）の氏名又は名称

ロ　当該異動の年月日

ハ　財務書類監査公認会計士等であつた者が財務書類監査公認会計士等でなくなる場合又は内部統制監査公認会計士等であつた者が内部統制監査公認会計士等でなくなる場合には、次に掲げる事項

(1)　当該異動に係る財務書類監査公認会計士等が当該財務書類監査公認会計士等となつた年月日又は当該異動に係る内部統制監査公認会計士等が当該内部統制監査公認会計士等となつた年月日

(2)　当該異動に係る財務書類監査公認会計士等が作成した監査報告書等（財務諸表等の監査証明に関する内閣府令（昭和32年大蔵省令第12号。以下「監査証明府令」という。）第3条第1項の監査報告書、中間監査報告書又は四半期レビュー報告書であつて、当該異動の日前3年以内に当該提出会社が提出した財務計算に関する書類に係るものをいう。）に次に掲げる事項の記載がある場合には、その旨及びその内容

（i）　監査証明府令第4条第3項第2号に規定する除外事項を付した限定付適正意見及び同条第4項第3号イ若しくはロに掲げる事項又は同条第3項第3号に規定する不適正意見及び同条第4項第4号に規定する理由

（ii）　監査証明府令第4条第12項第2号に規定する除外事項を付した限定付意見及び同条第13項第3号イ若しくはロに掲げる事項又は同条第12項第3号に規定する中間財務諸表等が有用な情報を表示していない旨の意見及び同条第13項第4号に規定する理由

（iii）　監査証明府令第4条第17項第2号に規定する除外事項を付した限定付結論及び同条第18項第3号イ若しくはロに掲げる事項又は同条第17項第3号に規定する否定的結論及び同条第18項第4号に規定する理由

（iv）　監査証明府令第4条第22項に規定する意見又は結論の表明をしない旨及びその理由

（3）　当該異動に係る内部統制監査公認会計士等が作成した内部統制監査報告書（財務計算に関する書類その他の情報の適正性を確保するための体制に関する内閣府令（平成19年内閣府令第62号。以下この号及び第21条第1項第1号において「内部統制府令」という。）第1条第2項に規定する内部統制監査報告書であつて、当該異動の日前3年以内に当該提出会社が提出した内部統制報告書に係るものをいう。）に次に掲げる事項の記載がある場合には、その旨及びその内容

（i）　内部統制府令第6条第2項第2号に規定する除外事項を付した限定付適正意見又は同項第3号に規定する不適正意見

（ii）　内部統制府令第6条第7項に規定する意見の表明をしない旨及びその理由

（4）　当該異動の決定又は当該異動に至つた理由及び経緯

（5）　（4）の理由及び経緯に対する次の内容

（i）　異動監査公認会計士等の意見

（ii）　監査役（監査役会設置会社にあつては監査役会、監査等委員会設置会社にあつては監査等委員会、指名委員会等設置会社にあつては監査委員会）の意見

（6）　異動監査公認会計士等が(5)(i)の意見を表明しない場合には、その旨及びその理由（当該提出会社が当該異動監査公認会計士等に対し、当該意見の表明を求めるために講じた措置の内容を含む。）

十　提出会社に係る民事再生法（平成11年法律第225号）の規定による再生手続開始の申立て、会社更生法（平成14年法律第154号）の規定による更生手続開始の申立て、破産法（平成16年法律第75号）の規定による破産手続開始の申立て又はこれらに準ずる事実（以下この号、次号、第17号及び第18号において「破産手続開始の申立て等」という。）があつた場合　次に掲げる事項

イ　当該破産手続開始の申立て等を行つた者の名称、住所及び代表者の氏名（個人の場合においては、その氏名及び住所とし、当該破産手続開始の申立て等を行つた者が当該提出会社である場合を除く。）

ロ　当該破産手続開始の申立て等を行つた年月日

ハ　当該破産手続開始の申立て等に至つた経緯

ニ　当該破産手続開始の申立て等の内容

十一　提出会社に債務を負つている者及び提出会社から債務の保証を受けている者（以下この号において「債務者等」という。）について手形若しくは小切手の不渡り、破産手続開始の申立て等又はこれらに準ずる事実があり、当該提出会社の最近事業年度の末日における純資産額の100分の3以上に相当する額の当該債務者等に対する売掛金、貸付金、その他の債権につき取立不能又は取立遅延のおそれ

が生じた場合　次に掲げる事項

イ　当該債務者等の名称、住所、代表者の氏名及び資本金又は出資の額（個人の場合においては、その氏名及び住所）

ロ　当該債務者等に生じた事実及びその事実が生じた年月日

ハ　当該債務者等に対する債権の種類及び金額並びに保証債務の内容及び金額

ニ　当該事実が当該提出会社の事業に及ぼす影響

十二　提出会社の財政状態、経営成績及びキャッシュ・フローの状況に著しい影響を与える事象（財務諸表等規則第8条の4に規定する重要な後発事象に相当する事象であつて、当該事象の損益に与える影響額が、当該提出会社の最近事業年度の末日における純資産額の100分の3以上かつ最近5事業年度における当期純利益の平均額の100分の20以上に相当する額になる事象をいう。）が発生した場合　次に掲げる事項

イ　当該事象の発生年月日

ロ　当該事象の内容

ハ　当該事象の損益に与える影響額

十三　連結子会社に係る重要な災害（連結子会社の当該災害による被害を受けた資産の帳簿価額が当該提出会社を連結財務諸表提出会社とする連結会社（以下この条において「当該連結会社」という。）に係る最近連結会計年度の末日における連結財務諸表における純資産額（以下この条において「連結純資産額」という。）の100分の3以上に相当する額である災害をいう。）が発生し、それがやんだ場合で、当該重要な災害による被害が当該連結会社の事業に著しい影響を及ぼすと認められる場合　次に掲げる事項

イ　当該連結子会社の名称、住所及び代表者の氏名

ロ　当該重要な災害の発生年月日

ハ　当該重要な災害が発生した場所

ニ　当該重要な災害により被害を受けた資産の種類及び帳簿価額並びにそれに対し支払われた保険金額

ホ　当該重要な災害による被害が当該連結会社の事業に及ぼす影響

十四　連結子会社に対し訴訟が提起され、当該訴訟の損害賠償請求金額が、当該連結会社に係る最近連結会計年度の末日における連結純資産額の100分の15以上に相当する額である場合又は連結子会社に対する訴訟が解決し、当該訴訟の解決による損害賠償支払金額が、当該連結会社に係る最近連結会計年度の末日における連結純資産額の100分の3以上に相当する額である場合　次に掲げる事項

イ　当該連結子会社の名称、住所及び代表者の氏名

ロ　当該訴訟の提起があつた年月日

ハ　当該訴訟を提起した者の名称、住所及び代表者の氏名（個人の場合においては、その氏名及び住所）

ニ　当該訴訟の内容及び損害賠償請求金額

ホ　当該訴訟の解決の場合には、次に掲げる事項

(1)　訴訟の解決があつた年月日

(2)　訴訟の解決の内容及び損害賠償支払金額

十四の二　当該連結会社の資産の額が、当該連結会社の最近連結会計年度の末日における連結純資産額の100分の30以上減少し、若しくは増加することが見込まれる連結子会社の株式交換又は当該連結会社の売上高が、当該連結会社の最近連結会計年度の売上高の100分の10以上減少し、若しくは増加することが見込まれる連結子会社の株式交換が行われることが、提出会社又は当該連結子会社の業務執行を決定する機関により決定された場合　次に掲げる事項

イ　当該連結子会社の商号、本店の所在地及び代表者の氏名

ロ　当該株式交換の相手会社についての次に掲げる事項

(1)　商号、本店の所在地、代表者の氏名、資本金又は出資の額、純資産の額、総資

産の額及び事業の内容

(2)　最近３年間に終了した各事業年度の売上高、営業利益、経常利益及び純利益

(3)　大株主の氏名又は名称及び発行済株式の総数に占める大株主の持株数の割合（合同会社の場合にあつては、社員（定款で会社の業務を執行する社員を定めた場合には、当該社員）の氏名又は名称）

(4)　当該連結子会社との間の資本関係、人的関係及び取引関係

ハ　当該株式交換の目的

ニ　当該株式交換の方法、株式交換に係る割当ての内容その他の株式交換契約の内容

ホ　株式交換に係る割当ての内容の算定根拠（提出会社、当該連結子会社又は当該株式交換の相手会社以外の者が当該株式交換に係る割当ての内容の算定を行い、かつ、当該提出会社、当該連結子会社又は当該株式交換の相手会社が当該算定を踏まえて当該株式交換に係る割当ての内容を決定したときは、当該株式交換に係る割当ての内容の算定を行つた者の氏名又は名称を含む。）

ヘ　当該株式交換の後の株式交換完全親会社となる会社の商号、本店の所在地、代表者の氏名、資本金又は出資の額、純資産の額、総資産の額及び事業の内容

ト　株式交換に係る割当ての内容が当該株式交換完全親会社の株式、社債、新株予約権、新株予約権付社債又は持分以外の有価証券（提出会社が発行者である有価証券を除く。）に係るものである場合　当該有価証券の発行者についてロに掲げる事項

十四の三　当該連結子会社の資産の額が、当該連結会社の最近連結会計年度の末日における連結純資産額の100分の30以上減少し、若しくは増加することが見込まれる連結子会社の株式移転又は当該連結会社の売上高が、当該連結会社の最近連結会計年度の売上高の100分の10以上減少し、若しくは増加することが見込まれる連結子会社の株式移転が行われることが、提出会社又は当該連結子会社の業務執

行を決定する機関により決定された場合　次に掲げる事項

イ　当該連結子会社の商号、本店の所在地及び代表者の氏名

ロ　当該株式移転において、当該連結子会社の他に株式移転完全子会社となる会社がある場合は、当該他の株式移転完全子会社となる会社についての次に掲げる事項

(1)　商号、本店の所在地、代表者の氏名、資本金の額、純資産の額、総資産の額及び事業の内容

(2)　最近３年間に終了した各事業年度の売上高、営業利益、経常利益及び純利益

(3)　大株主の氏名又は名称及び発行済株式の総数に占める大株主の持株数の割合

(4)　当該連結子会社との間の資本関係、人的関係及び取引関係

ハ　当該株式移転の目的

ニ　当該株式移転の方法、株式移転に係る割当ての内容その他の株式移転計画の内容

ホ　株式移転に係る割当ての内容の算定根拠（提出会社、当該連結子会社又は当該他の株式移転完全子会社となる会社以外の者が当該株式移転に係る割当ての内容の算定を行い、かつ、当該提出会社、当該連結子会社又は当該他の株式移転完全子会社となる会社が当該算定を踏まえて当該株式移転に係る割当ての内容を決定したときは、当該株式移転に係る割当ての内容の算定を行つた者の氏名又は名称を含む。）

ヘ　当該株式移転の後の株式移転設立完全親会社となる会社の商号、本店の所在地、代表者の氏名、資本金の額、純資産の額、総資産の額及び事業の内容

十五　当該連結子会社の資産の額が、当該連結会社の最近連結会計年度の末日における連結純資産額の100分の30以上減少し、若しくは増加することが見込まれる連結子会社の吸収分割又は当該連結会社の売上高が、当該連結会社の最近連結会計年度の売上高の100分の10以上減少し、若しくは増加することが見込ま

れる連結子会社の吸収分割が行われることが、提出会社又は当該連結子会社の業務執行を決定する機関により決定された場合　次に掲げる事項

イ　当該連結子会社の商号、本店の所在地及び代表者の氏名

ロ　当該吸収分割の相手会社についての次に掲げる事項

(1)　商号、本店の所在地、代表者の氏名、資本金又は出資の額、純資産の額、総資産の額及び事業の内容

(2)　最近3年間に終了した各事業年度の売上高、営業利益、経常利益及び純利益

(3)　大株主の氏名又は名称及び発行済株式の総数に占める大株主の持株数の割合（合同会社の場合にあつては、社員（定款で会社の業務を執行する社員を定めた場合には、当該社員）の氏名又は名称）

(4)　当該連結子会社との間の資本関係、人的関係及び取引関係

ハ　当該吸収分割の目的

ニ　当該吸収分割の方法、吸収分割に係る割当ての内容その他の吸収分割契約の内容

ホ　吸収分割に係る割当ての内容の算定根拠（提出会社、当該連結子会社又は当該吸収分割の相手会社以外の者が当該吸収分割に係る割当ての内容の算定を行い、かつ、当該提出会社、当該連結子会社又は当該吸収分割の相手会社が当該算定を踏まえて当該吸収分割に係る割当ての内容を決定したときは、当該吸収分割に係る割当ての内容の算定を行つた者の氏名又は名称を含む。）

ヘ　当該吸収分割の後の吸収分割承継会社となる会社の商号、本店の所在地、代表者の氏名、資本金又は出資の額、純資産の額、総資産の額及び事業の内容

ト　吸収分割に係る割当ての内容が当該吸収分割承継会社となる会社の株式、社債、新株予約権、新株予約権付社債又は持分以外の有価証券（提出会社が発行者である有価証券を除く。）に係るものである場合　当

該有価証券の発行者についてロに掲げる事項

十五の二　当該連結会社の資産の額が、当該連結会社の最近連結会計年度の末日における連結純資産額の100分の30以上減少し、若しくは増加することが見込まれる連結子会社の新設分割又は当該連結会社の売上高が、当該連結会社の最近連結会計年度の売上高の100分の10以上減少し、若しくは増加することが見込まれる連結子会社の新設分割が行われることが、提出会社又は当該連結子会社の業務執行を決定する機関により決定された場合　次に掲げる事項

イ　当該連結子会社の商号、本店の所在地及び代表者の氏名

ロ　当該新設分割において、当該連結子会社の他に新設分割会社となる会社がある場合は、当該他の新設分割会社となる会社についての次に掲げる事項

(1)　商号、本店の所在地、代表者の氏名、資本金又は出資の額、純資産の額、総資産の額及び事業の内容

(2)　最近3年間に終了した各事業年度の売上高、営業利益、経常利益及び純利益

(3)　大株主の氏名又は名称及び発行済株式の総数に占める大株主の持株数の割合（合同会社の場合にあつては、社員（定款で会社の業務を執行する社員を定めた場合には、当該社員）の氏名又は名称）

(4)　当該連結子会社との間の資本関係、人的関係及び取引関係

ハ　当該新設分割の目的

ニ　当該新設分割の方法、新設分割に係る割当ての内容その他の新設分割計画の内容

ホ　新設分割に係る割当ての内容の算定根拠（提出会社、当該連結子会社又は当該他の新設分割会社となる会社以外の者が当該新設分割に係る割当ての内容の算定を行い、かつ、当該提出会社、当該連結子会社又は当該他の新設分割会社となる会社が当該算定を踏まえて当該新設分割に係る割当ての

内容を決定したときは、当該新設分割に係る割当ての内容の算定を行つた者の氏名又は名称を含む。）

ヘ　当該新設分割の後の新設分割設立会社となる会社の商号、本店の所在地、代表者の氏名、資本金又は出資の額、純資産の額、総資産の額及び事業の内容

十五の三　当該連結会社の資産の額が、当該連結会社の最近連結会計年度の末日における連結純資産額の100分の30以上減少し、若しくは増加することが見込まれる連結子会社の吸収合併又は当該連結会社の売上高が、当該連結会社の最近連結会計年度の売上高の100分の10以上減少し、若しくは増加することが見込まれる連結子会社の吸収合併が行われることが、提出会社又は当該連結子会社の業務執行を決定する機関により決定された場合　次に掲げる事項

イ　当該連結子会社の商号、本店の所在地及び代表者の氏名

ロ　当該吸収合併の相手会社についての次に掲げる事項

(1)　商号、本店の所在地、代表者の氏名、資本金又は出資の額、純資産の額、総資産の額及び事業の内容

(2)　最近3年間に終了した各事業年度の売上高、営業利益、経常利益及び純利益

(3)　大株主の氏名又は名称及び発行済株式の総数に占める大株主の持株数の割合（持分会社の場合にあつては、社員（定款で会社の業務を執行する社員を定めた場合には、当該社員）の氏名又は名称）

(4)　当該連結子会社との間の資本関係、人的関係及び取引関係

ハ　当該吸収合併の目的

ニ　当該吸収合併の方法、吸収合併に係る割当ての内容その他の吸収合併契約の内容

ホ　吸収合併に係る割当ての内容の算定根拠（提出会社、当該連結子会社又は当該吸収合併の相手会社以外の者が当該吸収合併に係る割当ての内容の算定を行い、かつ、当

該提出会社、当該連結子会社又は当該吸収合併の相手会社が当該算定を踏まえて当該吸収合併に係る割当ての内容を決定したときは、当該吸収合併に係る割当ての内容の算定を行つた者の氏名又は名称を含む。）

ヘ　当該吸収合併の後の吸収合併存続会社となる会社の商号、本店の所在地、代表者の氏名、資本金又は出資の額、純資産の額、総資産の額及び事業の内容

ト　吸収合併に係る割当ての内容が当該吸収合併存続会社となる会社の株式、社債、新株予約権、新株予約権付社債又は持分以外の有価証券（提出会社が発行者である有価証券を除く。）に係るものである場合　当該有価証券の発行者についてロに掲げる事項

十五の四　当該連結会社の資産の額が、当該連結会社の最近連結会計年度の末日における連結純資産額の100分の30以上減少し、若しくは増加することが見込まれる連結子会社の新設合併又は当該連結会社の売上高が、当該連結会社の最近連結会計年度の売上高の100分の10以上減少し、若しくは増加することが見込まれる連結子会社の新設合併が行われることが、提出会社又は当該連結子会社の業務執行を決定する機関により決定された場合　次に掲げる事項

イ　当該連結子会社の商号、本店の所在地及び代表者の氏名

ロ　当該新設合併における当該連結子会社以外の新設合併消滅会社となる会社についての次に掲げる事項

(1)　商号、本店の所在地、代表者の氏名、資本金又は出資の額、純資産の額、総資産の額及び事業の内容

(2)　最近3年間に終了した各事業年度の売上高、営業利益、経常利益及び純利益

(3)　大株主の氏名又は名称及び発行済株式の総数に占める大株主の持株数の割合（持分会社の場合にあつては、社員（定款で会社の業務を執行する社員を定めた

場合には、当該社員）の氏名又は名称）

(4) 当該連結子会社との間の資本関係、人的関係及び取引関係

ハ 当該新設合併の目的

ニ 当該新設合併の方法、新設合併に係る割当ての内容その他の新設合併契約の内容

ホ 新設合併に係る割当ての内容の算定根拠（提出会社、当該連結子会社又は当該連結子会社以外の新設合併消滅会社となる会社以外の者が当該新設合併に係る割当ての内容の算定を行い、かつ、当該提出会社、当該連結子会社又は当該連結子会社以外の新設合併消滅会社となる会社が当該算定を踏まえて当該新設合併に係る割当ての内容を決定したときは、当該新設合併に係る割当ての内容の算定を行つた者の氏名又は名称を含む。）

ヘ 当該新設合併の後の新設合併設立会社となる会社の商号、本店の所在地、代表者の氏名、資本金又は出資の額、純資産の額、総資産の額及び事業の内容

十六 当該連結子会社の資産の額が、当該連結会社の最近連結会計年度の末日における連結純資産額の100分の30以上減少し、若しくは増加することが見込まれる連結子会社の事業の譲渡若しくは譲受け又は当該連結会社の売上高が、当該連結会社の最近連結会計年度の売上高の100分の10以上減少し、若しくは増加することが見込まれる連結子会社の事業の譲渡若しくは譲受けが行われることが、提出会社又は当該連結子会社の業務執行を決定する機関により決定された場合 次に掲げる事項

イ 当該連結子会社の名称、住所及び代表者の氏名

ロ 当該事業の譲渡先又は譲受け先の名称、住所、代表者の氏名、資本金又は出資の額及び事業の内容（個人の場合においては、その氏名、住所及び事業の内容）

ハ 当該事業の譲渡又は譲受けの目的

ニ 当該事業の譲渡又は譲受けの契約の内容

十六の二 連結子会社による子会社取得が行わ

れることが、当該連結子会社の業務執行を決定する機関により決定された場合であつて、当該子会社取得に係る対価の額に当該子会社取得の一連の行為として行つた、又は行うことが提出会社又は連結子会社の業務を執行する機関により決定された提出会社又は連結子会社による子会社取得（以下この号において「近接取得」という。）に係る対価の額の合計額を合算した額が当該連結会社の最近連結会計年度の末日における連結純資産額の100分の15以上に相当する額であるとき 次に掲げる事項

イ 子会社取得（近接取得を除く。）に係る子会社及び近接取得に係る子会社（以下この号において「取得対象子会社」という。）について、それぞれ次に掲げる事項

(1) 取得対象子会社に関する子会社取得を提出会社が決定した場合にはその旨、連結子会社が決定した場合にはその旨並びに当該連結子会社の名称、住所及び代表者の氏名

(2) 商号、本店の所在地、代表者の氏名、資本金又は出資の額、純資産の額、総資産の額及び事業の内容

(3) 最近3年間に終了した各事業年度の売上高、営業利益、経常利益及び純利益

(4) 提出会社及び当該連結子会社との間の資本関係、人的関係及び取引関係

ロ 取得対象子会社に関する子会社取得の目的

ハ 取得対象子会社に関する子会社取得の対価の額

十七 連結子会社（当該連結子会社に係る最近事業年度の末日における純資産額（資産の総額が負債の総額以上である場合の資産の総額から負債の総額を控除して得た額をいう。）又は債務超過（負債の総額が資産の総額を超える場合の負債の総額から資産の総額を控除して得た額をいう。）が当該連結会社に係る最近連結会計年度の末日における連結純資産額の100分の3以上に相当する額であるも

のに限る。）に係る破産手続開始の申立て等
があつた場合　次に掲げる事項

イ　当該連結子会社の名称、住所及び代表者
の氏名

ロ　当該破産手続開始の申立て等を行つた者
の名称、住所及び代表者の氏名（個人の場
合においては、その氏名及び住所とし、当
該破産手続開始の申立て等を行つた者が当
該連結子会社である場合を除く。）

ハ　当該破産手続開始の申立て等を行つた年
月日

ニ　当該破産手続開始の申立て等に至つた経
緯

ホ　当該破産手続開始の申立て等の内容

十八　連結子会社に債務を負つている者及び連
結子会社から債務の保証を受けている者（以
下この号において「債務者等」という。）に
ついて手形若しくは小切手の不渡り、破産手
続開始の申立て等又はこれらに準ずる事実が
あり、当該連結会社の最近連結会計年度の末
日における連結純資産額の100分の3以上に
相当する額の当該債務者等に対する売掛金、
貸付金、その他の債権につき取立不能又は取
立遅延のおそれが生じた場合　次に掲げる事
項

イ　当該連結子会社の名称、住所及び代表者
の氏名

ロ　当該債務者等の名称、住所、代表者の氏
名及び資本金又は出資の額（個人の場合に
おいては、その氏名及び住所）

ハ　当該債務者等に生じた事実及びその事実
が生じた年月日

ニ　当該債務者等に対する債権の種類及び金
額並びに保証債務の内容及び金額

ホ　当該事実が当該連結会社の事業に及ぼす
影響

十九　当該連結会社の財政状態、経営成績及び
キャッシュ・フローの状況に著しい影響を与
える事象（連結財務諸表規則第14条の9に規
定する重要な後発事象に相当する事象であつ
て、当該事象の連結損益に与える影響額が、

当該連結会社の最近連結会計年度の末日にお
ける連結純資産額の100分の3以上かつ最近
5連結会計年度に係る連結財務諸表における
親会社株主に帰属する当期純利益の平均額の
100分の20以上に相当する額になる事象をい
う。）が発生した場合　次に掲げる事項

イ　当該事象の発生年月日

ロ　当該事象の内容

ハ　当該事象の連結損益に与える影響額

3　前2項の規定は、提出会社が発行する株式で
あつて、その剰余金の配当が特定の子会社（以
下この条において「連動子会社」という。）の
剰余金の配当又は会社法第454条第5項に規定
する中間配当に基づき決定される旨が当該提出
会社の定款で定められた株式を発行している場
合における当該連動子会社に関する臨時報告書
の作成及び提出について準用する。この場合に
おいて、前項中「提出会社」とあるのは「連動
子会社」と読み替えるものとする。

4　臨時報告書には、次の各号に掲げる臨時報告
書の区分に応じ、当該各号に定める書類を添付
しなければならない。

一　第2項第1号（前項において準用する場合
を含む。）に掲げる場合に提出する臨時報告
書　次に掲げる書類

イ　当該有価証券の発行、募集又は売出しに
つき行政庁の許可、認可又は承認を必要と
する場合における当該許可、認可又は承認
があつたことを知るに足る書面

ロ　当該有価証券を発行するための取締役会
の決議若しくは株主総会の決議に係る当
該取締役会の議事録の写し若しくは当該株
主総会の議事録の写し又はこれらに類する
書面

ハ　当該募集又は売出しに際し目論見書が使
用される場合における当該目論見書（提出
会社が外国会社である場合を除く。）

二　第2項第2号（前項において準用する場合
を含む。）に掲げる場合に提出する臨時報告
書　前号イ及びロに掲げる書類（この場合に
おいて、同号イ中「、募集又は売出し」とあ

るのは、「又は取得」と読み替えるものとする。）

5　提出会社が外国会社である場合には、前項各号に定めるもののほか、臨時報告書に次に掲げる書類を添付しなければならない。

一　当該臨時報告書に記載された当該外国会社の代表者が当該臨時報告書の提出に関し正当な権限を有する者であることを証する書面

二　当該外国会社が、本邦内に住所を有する者に、当該臨時報告書の提出に関する一切の行為につき当該外国会社を代理する権限を付与したことを証する書面

6　前2項の書類が日本語をもつて記載したものでないときは、その日本語による翻訳文を付さなければならない。ただし、報告書提出外国会社が外国会社臨時報告書を提出する場合であつて前2項の書類が日本語又は英語をもつて記載したものでないときは、その日本語又は英語による翻訳文を付さなければならない。

7　第2項第1号ロ(1)(iv)、(2)(iv)及び(3)(vi)（これらの規定を第3項において準用する場合を含む。）に規定する株式の内容は、次の各号に掲げる場合の区分に応じ、当該各号に定める内容とする。

一　提出会社が種類株式発行会社（会社法第2条第13号に規定する種類株式発行会社をいう。）である場合　次に掲げる事項

イ　会社法第108条第1項各号に掲げる事項について定款、株主総会の決議又は取締役会の決議等により定めた内容

ロ　単元株式数（株式の種類ごとに異なる単元株式数の定めがある場合には、その旨及びその理由並びに他の種類の株式に係る単元株式数を含む。）

ハ　会社法第322条第1項の規定による種類株主総会の決議を要しない旨を定款で定めた場合には、その旨

ニ　他の種類の株式であつて、議決権の有無又はその内容に差異があるものについての定めを定款に定めている場合には、その旨及びその理由

二　前号に掲げる場合以外の場合　会社が、発行する全部の株式の内容として会社法第107条第1項各号に掲げる事項を定款に定めている場合には、当該事項について定款に定めた内容

8　第2項第1号に規定する行使価額修正条項付新株予約権付社債券等とは、会社法第2条第18号に規定する取得請求権付株式に係る株券若しくは法第2条第1項第17号に掲げる有価証券でこれと同じ性質を有するもの、新株予約権証券又は新株予約権付社債券（以下この項及び次項において「取得請求権付株券等」という。）であつて、当該取得請求権付株券等に表示された権利の行使により引き受けられ、若しくは取得されることとなる株券の数又は当該取得請求権付株券等に表示された権利の行使に際して支払われるべき金銭その他の財産の価額が、当該取得請求権付株券等が発行された後の一定の日又は一定の期間における当該取得請求権付株券等の発行者の株券の価格（法第67条の19又は第130条に規定する最終の価格、当該最終の価格を利用して算出される平均価格その他これらに準ずる価格をいう。）を基準として決定され、又は修正されることがある旨の条件が付されたものをいう。

9　取得請求権付株券等と密接な関係を有するデリバティブ取引その他の取引の内容を当該取得請求権付株券等の内容と一体のものとみなした場合において、当該取得請求権付株券等が行使価額修正条項付新株予約権付社債券等（前項に規定する行使価額修正条項付新株予約権付社債券等をいう。以下同じ。）と同じ性質を有することとなるときは、当該取得請求権付株券等を行使価額修正条項付新株予約権付社債券等とみなして、この府令の規定を適用する。

10　第2項第3号に規定する特定子会社とは、次の各号に掲げる特定関係のいずれか1以上に該当する子会社をいう。

一　当該提出会社の最近事業年度に対応する期間において、当該提出会社に対する売上高の総額又は仕入高の総額が当該提出会社の仕入高の総額又は売上高の総額の100分の10以上

である場合

二　当該提出会社の最近事業年度の末日（当該
事業年度と異なる事業年度を採用している会
社の場合には、当該会社については、当該末
日以前に終了した直近の事業年度の末日）に
おいて純資産額が当該提出会社の純資産額の
100分の30以上に相当する場合（当該提出会
社の負債の総額が資産の総額以上である場合
を除く。）

三　資本金の額（相互会社にあつては、基金等
の総額。）又は出資の額が当該提出会社の資
本金の額（相互会社にあつては、基金等の総
額。）の100分の10以上に相当する場合

11　前項の規定は、第３項において読み替えて準
用する第２項第３号に規定する特定子会社につ
いて準用する。この場合において、「提出会社」
とあるのは「連動子会社」と読み替えるものと
する。

第19条の２　前条第２項各号に掲げる場合のほか、
第８条第２項の規定により有価証券届出書を提
出した場合で、当該有価証券届出書の提出日後
発行株式が当該金融商品取引所に上場される日
の前日又は当該金融商品取引業協会に店頭売買
有価証券として登録される日の前日までの間に、
次の各号に掲げる場合の区分に応じ、当該各号
に定める部分に記載すべき事項が生じたとき又
は当該各号に定める部分に記載された内容に変
更が生じたときには、その内容を記載した臨時
報告書３通を作成し、財務局長等に提出しなけ
ればならない。

一　第二号の四様式により作成された有価証券
届出書を提出した場合　第二号の四様式第四
部

二　第二号の七様式により作成された有価証券
届出書を提出した場合　第二号の七様式第六
部

（外国会社臨時報告書の提出）

第19条の２の２　法第24条の５第15項に規定する
内閣府令で定める場合は、臨時報告書を提出す
る理由が日本語で記載されている場合その他報
告書提出外国会社（法第24条第８項に規定する

報告書提出外国会社又は報告書提出外国者をい
う。次項において同じ。）が臨時報告書に代え
て外国会社臨時報告書を提出することを、金融
庁長官が公益又は投資者保護に欠けることがな
いものとして認める場合とする。

2　法第24条の５第15項の規定により外国会社臨
時報告書を提出しようとする報告書提出外国会
社は、第十号の二様式により、外国会社臨時報
告書３通を作成し、関東財務局長に提出しなけ
ればならない。

（自己株券買付状況報告書の記載内容等）

第19条の３　法第24条の６第１項の規定により自
己株券買付状況報告書を提出すべき者は、第
十七号様式により自己株券買付状況報告書３通
を作成し、財務局長等に提出しなければならな
い。

（親会社等状況報告書等を提出する非居住者の代
理人）

第19条の４　親会社等（法第24条の７第１項に規
定する親会社等をいう。以下同じ。）のうち非
居住者（以下この条から第19条の８まで及び第
22条第３項において「外国親会社等」という。）
は、本邦内に住所を有する者であつて、親会社
等状況報告書の提出に関する一切の行為につき、
当該外国親会社等を代理する権限を有するもの
を定めなければならない。

2　前項の規定は、外国親会社等が法第24条の７
第５項（同条第６項において準用し、及びこれ
らの規定を法第27条において準用する場合を含
む。第19条の７及び第19条の８において同じ。）
において準用する法第24条第８項の規定により、
親会社等状況報告書に記載すべき事項を記載し
た書類であつて英語で記載されたもの（第19条
の７及び第19条の８において「外国親会社等状
況報告書」という。）を提出しようとする場合
について準用する。

（親会社等状況報告書の記載内容等）

第19条の５　法第24条の７第１項に規定する内閣
府令で定めるものは、親会社等が発行者である
有価証券が外国金融商品取引所に上場され、当
該外国金融商品取引所が設立されている国の法

金
商
法

令又は当該外国金融商品取引所の規則に基づき、企業内容等に関する書類が開示されている場合又は店頭売買有価証券と同じ性質を有し、かつ、当該有価証券の売買が主として行われている国における流通状況が金融商品取引所に上場されている有価証券に準ずるもので、その国の法令等に基づき、企業内容等に関する書類が開示されている場合であつて、当該書類について本邦において閲覧することができる状態にある会社とする。

2　法第24条の7第1項及び同条第2項（同条第6項及び法第27条において準用する場合を含む。）の規定により親会社等状況報告書を提出すべき親会社等は、次の各号に掲げる区分に応じ、当該各号に定める様式により親会社等状況報告書3通を作成し、財務局長等に提出しなければならない。

一　提出すべき会社が内国親会社等（親会社等のうち外国親会社等を除くものをいう。第22条第1項において同じ。）である場合　第五号の四様式

二　提出すべき会社が外国親会社等である場合　第十号の三様式

3　外国親会社等が提出する親会社等状況報告書には、次に掲げる書類を添付しなければならない。この場合において、当該書類が日本語をもつて記載したものでないときは、その日本語による翻訳文を付さなければならない。

一　当該親会社等状況報告書に記載された当該外国親会社等の代表者が当該親会社等状況報告書の提出に関し正当な権限を有する者であることを証する書面

二　当該外国親会社等が、本邦内に住所を有する者に、当該親会社等状況報告書の提出に関する一切の行為につき当該外国親会社等を代理する権限を付与したことを証する書面

（外国親会社等に係る親会社等状況報告書の提出期限の承認の手続等）

第19条の6　法第24条の7第1項に規定する親会社等状況報告書を提出すべき外国親会社等が令第4条の5ただし書に規定する承認を受けよう

とする場合には、次に掲げる事項を記載した承認申請書を財務局長等に提出しなければならない。

一　当該親会社等状況報告書の提出に関して当該承認を受けようとする期間

二　当該親会社等状況報告書に係る事業年度終了の日

三　当該親会社等状況報告書の提出に関して当該承認を必要とする理由となる当該外国親会社等の本国の法令又は慣行その他やむを得ない理由に関する事項

四　前号に規定する理由が本国の法令又は慣行である場合以外の場合には、第4項の規定による承認を受けた場合及び同号に規定する理由について消滅又は変更があつた場合に直ちにその旨を多数の者が知り得る状態に置くための方法

2　第19条の4第1項の規定は、外国親会社等が前項の承認申請書を提出する場合について準用する。

3　第1項の承認申請書には、次に掲げる書類を添付しなければならない。

一　定款

二　当該承認申請書に記載された当該外国親会社等の代表者が当該承認申請書の提出に関し正当な権限を有する者であることを証する書面

三　当該外国親会社等が、本邦内に住所を有する者に、当該承認申請書の提出に関する一切の行為につき当該外国親会社等を代理する権限を付与したことを証する書面

四　第1項第3号に規定する理由が本国の法令又は慣行である場合には、当該承認申請書に記載された法令又は慣行に関する事項が真実かつ正確であることについての法律専門家の法律意見書及び当該法律意見書に掲げられた関係法令の関係条文

五　第1項第3号に規定する理由が本国の法令又は慣行である場合以外の場合には、当該理由を証する書面

4　財務局長等は、第1項の承認の申請があつた

場合において、当該外国親会社等が、その本国の法令又は慣行その他やむを得ない理由により、親会社等状況報告書をその事業年度経過後３月以内（当該事業年度に係る親会社等状況報告書の提出に関して同項の承認を受けている場合には、当該承認を受けた期間内）に提出できないと認めるときは、当該申請のあつた日の属する事業年度(その日が事業年度開始後３月以内（直前事業年度に係る親会社等状況報告書の提出に関して当該承認を受けている場合には、当該承認を受けた期間内）の日である場合には、その直前事業年度）から当該申請に係る同項第３号に規定する事項について消滅又は変更があることとなる日の属する事業年度の直前事業年度までの各事業年度に係る親会社等状況報告書について、承認をするものとする。

5　前項の規定による承認（第１項第３号に規定する理由が本国の法令又は慣行である場合に限る。）は、前項の外国親会社等が毎事業年度経過後３月以内に次に掲げる事項を記載した書面を財務局長等に提出することを条件として、行われるものとする。ただし、第２号に掲げる事項を記載した書面については、当該書面提出前５年以内に提出されたものと同一内容のものである場合には、当該書面は提出しないことができる。

一　当該事業年度中に当該承認に係る申請の理由について消滅又は変更がなかつた旨

二　前号に掲げる事項に関する法律専門家の法律意見書及び当該法律意見書に掲げられた関係法令の関係条文

6　第４項の規定による承認に係る第１項第３号に規定する理由について消滅又は変更があつた場合には、財務局長等は、第４項の規定による承認に係る期間を変更し、又は当該承認を将来に向かつて取り消すことができる。

7　第３項各号に掲げる書類及び第５項各号に掲げる事項を記載した書面が日本語によつて記載したものでないときは、その日本語による翻訳文を付さなければならない。

（外国親会社等状況報告書の提出要件）

第19条の７　法第24条の７第５項において準用する法第24条第８項に規定する内閣府令で定める場合は、親会社等状況報告書を提出しなければならない外国親会社等が親会社等状況報告書に代えて外国親会社等状況報告書を提出することを、その用語、様式及び作成方法に照らし、金融庁長官が公益又は投資者保護に欠けることがないものとして認める場合とする。

（外国親会社等状況報告書の提出等）

第19条の８　法第24条の７第５項において準用する法第24条第８項の規定により外国親会社等状況報告書を提出しようとする外国親会社等は、外国親会社等状況報告書及びその補足書類（法第24条の７第５項において準用する法第24条第９項に規定する補足書類をいう。）３通を財務局長等に提出しなければならない。

2　法第24条の７第５項において準用する法第24条第９項に規定する外国親会社等状況報告書に記載されている事項のうち公益又は投資者保護のため必要かつ適当なものとして内閣府令で定めるものは、第十号の三様式のうち「第２　計算書類等」に記載すべき事項に相当する事項とする。

3　法第24条の７第５項において準用する法第24条第９項に規定するその他内閣府令で定めるものは、次に掲げるものとする。

一　第十号の三様式による親会社等状況報告書に記載すべき事項のうち、外国親会社等状況報告書に記載されていない事項を日本語又は英語によつて記載したもの（前項に定める事項が記載されていない場合は、日本語によつて記載したものに限る。）

二　第十号の三様式による親会社等状況報告書に記載すべき事項と当該事項に相当する外国親会社等状況報告書の記載事項との対照表

三　当該外国親会社等状況報告書に記載された外国親会社等の代表者が当該外国親会社等状況報告書の提出に関し正当な権限を有する者であることを証する書面

四　当該外国親会社等が、本邦内に住所を有す

る者に、当該外国親会社等状況報告書の提出に関する一切の行為につき当該外国親会社等を代理する権限を付与したことを証する書面

五　第十号の四様式により作成した書面

4　前項第3号及び第4号に掲げる書面が日本語又は英語によつて記載したものでないときは、その日本語又は英語による翻訳文を付さなければならない。

（有価証券通知書等の提出先）

第20条　有価証券通知書、発行登録追補書類、発行登録通知書及び法第25条第4項の規定による申請に係る書類（発行登録追補書類及びその添付書類を公衆の縦覧に供しない旨の承認に係るものに限る。）並びにこれらの添付書類を提出する場合において、その提出会社が内国会社であるとき、又は有価証券届出書、発行登録書、発行登録取下届出書、有価証券報告書、確認書、四半期報告書、半期報告書、臨時報告書、自己株券買付状況報告書、第15条の3第1項の規定による承認申請書、令第4条第1項の規定による承認申請書、法第25条第4項の規定による申請に係る書類（発行登録追補書類及びその添付書類を公衆の縦覧に供しない旨の承認に係るもの以外のものに限る。）及び第16条第5項に規定する書類並びにこれらの添付書類を提出する場合において、その提出会社が内国会社で次の各号のいずれかに該当するものであるときは、当該内国会社の本店又は主たる事務所の所在地を管轄する財務局長等に提出しなければならない。

一　資本金の額、基金の総額又は出資の総額（会社（指定法人を含む。）の成立前に提出しようとするときは、成立後の資本金の額、基金の総額又は出資の総額）が50億円未満の会社（指定法人を含む。）

二　その発行する有価証券で金融商品取引所に上場されているものがない会社（指定法人を含む。）

2　前項に規定する書類を提出する場合において、その提出会社が同項に規定する会社以外の会社であるときは、関東財務局長に提出しなければ

ならない。

3　親会社等状況報告書、法第25条第4項の規定による申請に係る書類（同条第1項第12号に規定するものに限る。）、第19条の6第1項に規定する承認申請書及びこれらの添付書類を提出する親会社等は、当該書類を提出子会社（法第24条の7第1項に規定する提出子会社をいう。以下同じ。）が有価証券報告書を提出する財務局長等と同じ財務局長等に提出しなければならない。

4　前3項の規定により財務局長等に提出した書類に係る訂正又は変更に関する書類は、当該財務局長等に提出しなければならない。ただし、金融庁長官による法第9条第1項若しくは第10条第1項（これらの規定を法第24条の2第1項、第24条の4の3第1項、第24条の4の7第4項、第24条の5第5項、第24条の6第2項若しくは第24条の7第3項において準用し、又はこれらの規定（法第24条の6第2項を除く。）を法第27条において準用する場合を含む。）の規定による訂正届出書、訂正報告書若しくは訂正確認書又は法第23条の9第1項（法第27条において準用する場合を含む。）若しくは第23条の10第1項（同条第5項において準用し、又はこれらの規定を法第27条において準用する場合を含む。）の規定による訂正発行登録書の提出の命令に応じてこれらの書類を提出する場合は、金融庁長官に提出するものとする。

（有価証券届出書等の備置き及び公衆縦覧）

第21条　法第25条第1項各号（これらの規定を法第27条において準用する場合を含む。以下同じ。）に掲げる書類は、次の各号に掲げる書類の区分に応じ、当該各号に定める財務局長又は福岡財務支局（以下この条において「財務局等」という。）に備え置き、公衆の縦覧に供するものとする。

一　法第25条第1項第1号から第11号までに掲げる書類　関東財務局及び当該書類の提出会社の本店又は主たる事務所の所在地（提出会社が外国会社である場合には、第7条又は内部統制府令第3条の2の規定により当該提出

会社を代理する権限を有する者の住所）を管轄する財務局等

二　法第25条第1項第12号に掲げる書類　関東財務局及び当該書類を提出する親会社等に係る提出子会社の本店又は主たる事務所の所在地（当該提出子会社が外国会社である場合には、第7条第3項第1号又は第2号の規定により当該提出子会社を代理する権限を有する者の住所）を管轄する財務局等

2　前項の規定にかかわらず、法第25条第1項第1号から第3号までに掲げる書類に記載された有価証券の売出しに係る有価証券の所有者が個人である場合には、財務局長等は、当該所有者の住所のうち、市町村（特別区を含むものとし、地方自治法（昭和22年法律第67号）第252条の19第1項の指定都市にあつては、区又は総合区。次条第4項及び第23条第2項において同じ。）までの部分以外の部分を公衆の縦覧に供しないものとする。ただし、当該書類の提出者が、当該財務局長等に対し、当該所有者の住所のうち当該部分を公衆の縦覧に供することについて申出を行つたときは、この限りでない。

第22条　内国会社及び内国親会社等で法第25条第1項各号に掲げる書類を提出したものは、同条第2項（法第27条において準用する場合を含む。）の規定により、次の各号に掲げる当該書類の区分に応じ、当該各号に定める会社の本店又は主たる事務所及び主要な支店（次項に規定する主要な支店をいい、第3項において準用する場合を含む。以下同じ。）においてそれぞれの営業時間又は業務時間中これらの書類の写しを公衆の縦覧に供するものとする。

一　法第25条第1項第1号から第11号までに掲げる書類　当該内国会社

二　法第25条第1項第12号に掲げる書類　当該内国親会社等の提出子会社

2　主要な支店とは、提出会社の最近事業年度の末日においてその所在する都道府県に居住する当該提出会社の株主の総数が当該提出会社の株主の総数の100分の5を超える場合における支店（その名称のいかんにかかわらず、会社法第

911条第3項第3号に規定する支店として同条の規定により登記されているもの（同号に掲げる事項について同法第915条第1項の規定により変更の登記がされているものを含む。）又は優先出資法第2条第3項に規定する根拠法の規定により登記されている事務所若しくは保険業法第64条の規定により登記されている事務所をいう。以下この項において同じ。）をいい、主要な支店が同一の都道府県内に2以上ある場合には、そのいずれか一とし、その本店と同一の都道府県に所在する支店を除く。

3　前2項の規定は、本邦内に支店又は事務所を有する外国会社及び外国親会社等の本邦内にある提出子会社について準用する。

4　第1項の規定にかかわらず、法第25条第1項第1号から第3号までに掲げる書類に記載された有価証券の売出しに係る有価証券の所有者が個人である場合には、第1項各号に掲げる書類の提出者は、当該所有者の住所のうち、市町村までの部分以外の部分を公衆の縦覧に供しないものとする。ただし、前条第2項ただし書の規定により、当該部分が公衆の縦覧に供される場合は、この限りでない。

第23条　金融商品取引所及び認可金融商品取引業協会は、法第25条第3項（法第27条において準用する場合を含む。）の規定により、その業務時間中法第25条第1項各号に掲げる書類の写しを公衆の縦覧に供しなければならない。

2　前項の規定にかかわらず、法第25条第1項第1号から第3号までに掲げる書類に記載された有価証券の売出しに係る有価証券の所有者が個人である場合には、金融商品取引所及び認可金融商品取引業協会は、当該所有者の住所のうち、市町村までの部分以外の部分を公衆の縦覧に供しないものとする。ただし、第21条第2項ただし書の規定により、当該部分が公衆の縦覧に供される場合は、この限りでない。

（目論見書の交付に係る情報通信の技術を利用する方法）

第23条の2　法第27条の30の9第1項に規定する内閣府令で定める場合は、同項に規定する目論

見書（同項に規定する書類を含む。以下この条において単に「目論見書」という。）に記載された事項を提供しようとする者（以下この条において「目論見書提供者」という。）において、第6項で定めるところにより、あらかじめ、当該目論見書の交付を受けるべき者（以下この条において「目論見書被提供者」という。）に対し、次項各号に掲げる方法(以下この条において「電磁的方法」という。)の種類及び内容を示し、かつ、次に掲げる場合のいずれかに該当する場合とする。

一　目論見書に記載された事項を電磁的方法により提供することについて、電磁的方法又は電話その他の方法により目論見書被提供者から同意を得ている場合

二　目論見書提供者が、目論見書被提供者に対し、簡潔な重要情報提供等を行い、かつ、法第37条の3第1項第3号から第7号までに掲げる事項（金融商品取引業等に関する内閣府令第80条第1項第4号ロに規定する場合にあつては、同号の変更に係るものに限る。）について当該目論見書被提供者の知識、経験、財産の状況及び金融商品取引契約を締結する目的に照らして当該目論見書被提供者に理解されるために必要な方法及び程度による説明をしている場合（当該目論見書被提供者から目論見書を書面により交付するよう請求があつた場合を除く。）

2　法第27条の30の9第1項に規定する内閣府令で定めるものは、次に掲げる方法とする。

一　電子情報処理組織を使用する方法のうちイからニまでに掲げるもの

イ　目論見書提供者等（目論見書提供者又は目論見書提供者との契約によりファイルを自己の管理する電子計算機に備え置き、これを目論見書被提供者若しくは目論見書提供者の用に供する者をいう。以下この条において同じ。）の使用に係る電子計算機と目論見書被提供者等（目論見書被提供者又は目論見書被提供者との契約により目論見書被提供者ファイル（専ら当該目論見書被

提供者の用に供せられるファイルをいう。以下この条において同じ。）を自己の管理する電子計算機に備え置く者をいう。以下この条において同じ。）の使用に係る電子計算機とを接続する電気通信回線を通じて目論見書に記載された事項（以下この条において「記載事項」という。）を送信し、目論見書被提供者等の使用に係る電子計算機に備えられた目論見書被提供者ファイルに記録する方法（電磁的方法による提供を受ける旨の同意又は受けない旨の申出をする場合にあつては、目論見書提供者等の使用に係る電子計算機に備えられたファイルにその旨を記録する方法）

ロ　目論見書提供者等の使用に係る電子計算機に備えられたファイルに記録された記載事項を電気通信回線を通じて目論見書被提供者の閲覧に供し、目論見書被提供者等の使用に係る電子計算機に備えられた当該目論見書被提供者の目論見書被提供者ファイルに当該記載事項を記録する方法（電磁的方法による提供を受ける旨の同意又は受けない旨の申出をする場合にあつては、目論見書提供者等の使用に係る電子計算機に備えられたファイルにその旨を記録する方法）

ハ　目論見書提供者等の使用に係る電子計算機に備えられた目論見書被提供者ファイルに記録された記載事項を電気通信回線を通じて目論見書被提供者の閲覧に供する方法

ニ　閲覧ファイル（目論見書提供者等の使用に係る電子計算機に備えられたファイルであつて、同時に複数の目論見書被提供者の閲覧に供するため当該記載事項を記録させるファイルをいう。以下この条において同じ。）に記録された記載事項を電気通信回線を通じて目論見書被提供者の閲覧に供する方法

二　磁気ディスク、シー・ディー・ロムその他これらに準ずる方法により一定の事項を確実に記録しておくことができる物をもつて調製

するファイルに記載事項を記録したものを交付する方法

3　前項各号に掲げる方法は、次に掲げる基準に適合するものでなければならない。

一　目論見書被提供者が閲覧ファイル又は目論見書被提供者ファイルへの記録を出力することにより書面を作成できるものであること。

二　前項第１号イ、ハ及びニに掲げる方法（目論見書被提供者の使用に係る電子計算機に備えられた目論見書被提供者ファイルに記載事項を記録する方法を除く。）にあつては、記載事項を目論見書被提供者ファイル又は閲覧ファイルに記録する旨又は記録した旨を目論見書被提供者に対し通知するものであること。ただし、目論見書被提供者が当該記載事項を閲覧していたことを確認したときはこの限りでない。

三　前項第１号ニに掲げる方法（第１項第２号に掲げる場合に該当することにより目論見書に記載された事項を当該方法により提供する場合を除く。）にあつては、目論見書被提供者が閲覧ファイルを閲覧するために必要な情報を目論見書被提供者ファイルに記録するものであること。

四　前項第１号ハ又はニに掲げる方法にあつては、次のいずれかに該当すること。

イ　当該目論見書の提供があつた時から５年間（当該期間が終了する日までの間に当該記載事項に係る苦情の申出があつたときは、当該期間が終了する日又は当該苦情が解決した日のいずれか遅い日までの間。ロにおいて同じ。）次に掲げる事項を消去し又は改変することができないものであること。ただし、閲覧に供している記載事項を書面により交付する場合、目論見書被提供者の同意（第１項第１号に規定する方法による同意をいう。）を得て前項第１号イ若しくはロ若しくは第２号に掲げる方法により交付する場合又は目論見書被提供者による当該記載事項に係る消去の指図がある場合は、当該記載事項を消去することができる。

（1）　前項第１号ハに掲げる方法については、目論見書被提供者ファイルに記録された記載事項

（2）　前項第１号ニに掲げる方法については、閲覧ファイルに記録された記載事項

ロ　当該目論見書の提供があつた時から５年間、目論見書被提供者から目論見書の交付の請求があつた場合に、前項第１号イ若しくは第２号に掲げる方法又は書面により記載事項を直ちに交付するものであること。

五　前項第１号ニに掲げる方法であつて、前号イに掲げる基準に該当する場合には、同号イの期間を経過するまでの間において、第３号の規定により目論見書被提供者が閲覧ファイルを閲覧するために必要な情報を記録した目論見書被提供者ファイルと当該閲覧ファイルとを電気通信回線を通じて接続可能な状態を維持させること。ただし、閲覧の提供を受けた目論見書被提供者が接続可能な状態を維持させることについて不要である旨通知した場合はこの限りでない。

4　第１項第２号の「簡潔な重要情報提供等」とは、次に掲げる事項を簡潔に記載した書面の交付又は当該書面に記載すべき事項の電磁的方法による提供をし、これらの事項について説明をすること（第１号の質問例に基づく目論見書被提供者の質問に対して回答をすることを含む。）をいう。

一　法第37条の３第１項各号に掲げる事項（金融商品取引業等に関する内閣府令第80条第１項第４号ロに規定する場合にあつては、同号の変更に係るものに限る。）のうち金融商品取引契約の締結についての目論見書被提供者の判断に資する主なものの概要及びこれに関する質問例

二　目論見書に記載すべき事項の提供を受けるために必要な情報及び当該提供を受ける事項の内容を十分に読むべき旨

三　目論見書被提供者から目論見書を書面により交付するよう請求があるときは目論見書を交付する旨

金商法

5　第2項第1号の「電子情報処理組織」とは、目論見書提供者等の使用に係る電子計算機と、目論見書被提供者ファイルを備えた目論見書被提供者等又は目論見書提供者等の使用に係る電子計算機とを電気通信回線で接続した電子情報処理組織をいう。

6　第1項の規定により示すべき方法の種類及び内容は、次に掲げる事項とする。

一　第2項各号に掲げる方法のうち目論見書提供者が使用するもの

二　ファイルへの記録の方式

7　第1項第1号の規定による同意を得た目論見書提供者は、当該目論見書被提供者から電磁的方法又は電話その他の方法により電磁的方法による提供を受けない旨の申出があつたときは、当該目論見書被提供者に対し、記載事項の提供を電磁的方法によつてしてはならない。ただし、当該目論見書被提供者が再び同号の規定による同意をした場合は、この限りでない。

（法第23条の13第2項又は第5項の規定により交付しなければならない書面の交付に係る情報通信の技術を利用する方法）

第23条の3　法第27条の30の9第2項において準用する同条第1項に規定する内閣府令で定める場合は、同条第2項に規定する書面に記載すべき事項（以下この条において「記載事項」という。）を提供しようとする者（以下この条において「文書交付者」という。）において、第5項で定めるところにより、あらかじめ、書面の交付を受けるべき者（以下この条において「文書被交付者」という。）に対し、次項各号に掲げる方法（以下この条において「電磁的方法」という。）の種類及び内容を示し、電磁的方法又は電話その他の方法により同意を得ている場合とする。

2　法第27条の30の9第2項において準用する同条第1項に規定する内閣府令で定めるものは、次に掲げる方法とする。

一　電子情報処理組織を使用する方法のうちイ又はロに掲げるもの

イ　文書交付者の使用に係る電子計算機と文書被交付者の使用に係る電子計算機とを接続する電気通信回線を通じて記載事項を送信し、文書被交付者の使用に係る電子計算機に備えられたファイルに記録する方法（電磁的方法による提供を受ける旨の同意又は受けない旨の申出をする場合にあつては、文書交付者の使用に係る電子計算機に備えられたファイルにその旨を記録する方法）

ロ　文書交付者の使用に係る電子計算機に備えられたファイルに記録された記載事項を電気通信回線を通じて文書被交付者の閲覧に供し、当該文書被交付者の使用に係る電子計算機に備えられたファイルに当該記載事項を記録する方法（電磁的方法による提供を受ける旨の同意又は受けない旨の申出をする場合にあつては、文書交付者の使用に係る電子計算機に備えられたファイルにその旨を記録する方法）

二　磁気ディスク、シー・ディー・ロムその他これらに準ずる方法により一定の事項を確実に記録しておくことができる物をもつて調製するファイルに記載事項を記録したものを交付する方法

3　前項各号に掲げる方法は、文書被交付者がファイルへの記録を出力することにより書面を作成することができるものでなければならない。

4　第2項第1号の「電子情報処理組織」とは、文書交付者の使用に係る電子計算機と、文書被交付者の使用に係る電子計算機とを電気通信回線で接続した電子情報処理組織をいう。

5　第1項の規定により示すべき方法の種類及び内容は、次に掲げる事項とする。

一　第2項各号に掲げる方法のうち文書交付者が使用するもの

二　ファイルへの記録の方式

6　第1項の規定による同意を得た文書交付者は、当該文書被交付者から電磁的方法又は電話その他の方法により電磁的方法による提供を受けない旨の申出があつたときは、当該文書被交付者に対し、記載事項の提供を電磁的方法によつて

してはならない。ただし、当該文書被交付者が再び同項の規定による同意をした場合は、この限りでない。

（親会社等状況報告書の送付に係る情報通信の技術を利用する方法）

第24条　法第27条の30の11第１項に規定する内閣府令で定める場合は、同項に規定する親会社等状況報告書に記載すべき事項（以下この条において「記載事項」という。）を提供しようとする親会社等において、第５項で定めるところにより、あらかじめ、提出子会社に対し、次項各号に掲げる方法（以下この条において「電磁的方法」という。）の種類及び内容を示し、電磁的方法又は電話その他の方法により同意を得ている場合とする。

2　法第27条の30の11第１項に規定する内閣府令で定めるものは、次に掲げる方法とする。

一　電子情報処理組織を使用する方法のうちイ又はロに掲げるもの

イ　親会社等の使用に係る電子計算機と提出子会社の使用に係る電子計算機とを接続する電気通信回線を通じて記載事項を送信し、提出子会社の使用に係る電子計算機に備えられたファイルに記録する方法（電磁的方法による提供を受ける旨の同意又は受けない旨の申出をする場合にあつては、親会社等の使用に係る電子計算機に備えられたファイルにその旨を記録する方法）

ロ　親会社等の使用に係る電子計算機に備えられたファイルに記録された記載事項を電気通信回線を通じて提出子会社の閲覧に供し、当該提出子会社の使用に係る電子計算機に備えられたファイルに当該記載事項を記録する方法（電磁的方法による提供を受ける旨の同意又は受けない旨の申出をする場合にあつては、親会社等の使用に係る電子計算機に備えられたファイルにその旨を記録する方法）

二　磁気ディスク、シー・ディー・ロムその他これらに準ずる方法により一定の事項を確実に記録しておくことができる物をもつて調製

するファイルに記載事項を記録したものを交付する方法

3　前項各号に掲げる方法は、提出子会社がファイルへの記録を出力することにより書面を作成することができるものでなければならない。

4　第２項第１号の「電子情報処理組織」とは、親会社等の使用に係る電子計算機と、提出子会社の使用に係る電子計算機とを電気通信回線で接続した電子情報処理組織をいう。

5　第１項の規定により示すべき方法の種類及び内容は、次に掲げる事項とする。

一　第２項各号に掲げる方法のうち親会社等が使用するもの

二　ファイルへの記録の方式

6　第１項の規定による同意を得た親会社等は、提出子会社から電磁的方法又は電話その他の方法により電磁的方法による提供を受けない旨の申出があつたときは、当該提出子会社に対し、記載事項の提供を電磁的方法によつてしてはならない。ただし、当該提出子会社が再び同項の規定による同意をした場合は、この限りでない。

附　則

1　この省令は、公布の日から施行する。ただし、第20条の規定は、昭和48年４月１日から施行する。

2　改正前の有価証券の募集又は売出しの届出等に関する省令第18条の規定により提出した届出書等に係る訂正又は変更に関する書類を、この省令施行の日以後において提出する場合においては、なお、従前の例による。

3　改正後の有価証券の募集又は売出しの届出等に関する省令第17条第２項の規定により有価証券報告書に添附する連結財務諸表については、当分の間、事業年度経過後４月以内に提出することができる。

4　令和２年４月20日から同年９月29日までの期間に提出期限が到来する有価証券報告書、外国会社報告書、四半期報告書、半期報告書及び親会社等状況報告書については、新型コロナウイルス感染症（新型インフルエンザ等対策特別措置法（平成24年法律第31号）附則第１条の２第

金商法

１項に規定する新型コロナウイルス感染症をい
う。）の影響により、法第24条第１項本文、第
24条の４の７第１項及び第24条の５第１項（こ
れらの規定を法第27条において準用する場合を
含む。以下この項において同じ。）に規定する
やむを得ない理由によりこれらの規定に定める
期間内に提出できないと認められる場合並びに
令第３条の４ただし書、第４条の２の２ただし
書及び第４条の５ただし書に規定するその他やむ
を得ない理由によりこれらの規定に定める期
間内に提出できないと認められる場合に該当す
ると認められるため、第15条の２、第15条の２
の２、第17条の４、第17条の15の２及び第19条
の６の規定にかかわらず、同年９月30日までの
期間、法第24条第１項本文、第24条の４の７第
１項及び第24条の５第１項並びに令第３条の４
ただし書、第４条の２の２ただし書及び第４条
の５ただし書に規定する承認があつたものとみ
なす。

　　附　則（昭和49年蔵令第15号〜平成19年内閣府令第31号）（略）

　　附　則（平成19年８月15日内閣府令第65号　企業内容等の開示に関する内閣府令等の一部を改正する内閣府令）

（施行期日）
第１条　この府令は、証券取引法等の一部を改正
する法律の施行の日〔平成19年９月30日〕（以
下「施行日」という。）から施行する。
（企業内容等の開示に関する内閣府令の一部改正
に伴う経過措置）
第３条　第１条の規定による改正前の企業内容等
の開示に関する内閣府令（次項及び第３項にお
いて「旧開示府令」という。）第10条第１項第
１号トに定める書面（以下この項において「届
出書確認書」という。）並びに同項第２号ロに
定める書類、同項第３号ロに定める書類、同項
第３号の２に定める書類、同項第３号の３に定
める書類、同項第４号イに定める書類、同項第
５号イに定める書類及び同項第６号イに定める
書類のうち届出書確認書につき、改正法第３条
の規定による改正後の金融商品取引法（以下「新
金融商品取引法」という。）第５条第１項の規

定により平成20年３月31日までに提出する有価
証券届出書（第１条の規定による改正後の企業
内容等の開示に関する内閣府令（以下この条に
おいて「新開示府令」という。）第１条第14号
に掲げる有価証券届出書をいう。以下同じ。）
に添付する場合については、なお従前の例によ
る。
２　旧開示府令第17条第１項第１号ヘに定める書
面（以下この項において「有価証券報告書確認
書」という。）及び同項第２号イに掲げる書類
のうち有価証券報告書確認書につき、新金融商
品取引法第24条第１項の規定により平成20年３
月31日までに提出する有価証券報告書（新開示
府令第１条第18号に掲げる有価証券報告書をい
う。以下同じ。）に添付する場合については、
なお従前の例による。
３　旧開示府令第18条第２項に規定する書面につ
き、新金融商品取引法第24条の５第１項の規定
により平成20年３月31日までに提出する半期報
告書（新開示府令第１条第19号に掲げる半期報
告書をいう。以下同じ。）に添付する場合及び
旧開示府令第18条第３項第３号に掲げる書面に
つき、新金融商品取引法第24条の５第１項の規
定により平成20年３月31日までに提出する半期
報告書に添付する場合については、なお従前の
例による。
４　新開示府令第一号様式から第二号の五様式ま
で（中略）は、施行日以後に開始する有価証券
発行勧誘等（新金融商品取引法第４条第２項に
規定する有価証券発行勧誘等をいう。次条及び
第５条において同じ。）又は有価証券交付勧誘
等（新金融商品取引法第４条第２項に規定する
有価証券交付勧誘等をいう。次条及び第５条に
おいて同じ。）について適用し、施行日前に開
始した改正法第３条の規定による改正前の証券
取引法（以下「旧証券取引法」という。以下同
じ。）第２条第１項各号に掲げる有価証券又は
同条第２項の規定により有価証券とみなされる
同項各号に掲げる権利（以下「旧有価証券」と
いう。）の取得の申込みの勧誘又は旧有価証券
の売付けの申込み若しくはその買付けの申込み

の勧誘については、なお従前の例による。

附　則 $\left(\begin{array}{l}\text{平成19年内閣府令第78号～}\\\text{平成24年内閣府令第4号}\end{array}\right)$（略）

附　則 $\left(\begin{array}{l}\text{平成24年3月30日内閣府令第20号}\\\text{企業内容等の開示に関する内閣府}\\\text{令の一部を改正する内閣府令}\end{array}\right)$

（施行期日）

1　この府令は、公布の日から施行する。

（経過措置）

2　この府令による改正後の企業内容等の開示に関する内閣府令（以下この項及び次項において「新開示府令」という。）第二号様式記載上の注意(56)h及び(57)a(c)の規定（これらの規定を新開示府令第二号の四様式（新開示府令第二号の七様式において準じて記載することとされている場合を含む。）、第二号の五様式、第二号の六様式、第三号様式（新開示府令第四号様式において準じて記載することとされている場合を含む。）、第三号の二様式、第七号様式（新開示府令第七号の四様式及び第九号様式において準じて記載することとされている場合を含む。）及び第八号様式において準じて記載することとされている場合を含む。）は、有価証券届出書（金融商品取引法第2条第7項に規定する有価証券届出書のうち同法第5条第1項（同法第27条において準用する場合を含む。）の規定によるものをいう。以下この項において同じ。）に記載すべき最近事業年度の財務諸表が平成24年3月31日以後に終了する事業年度のものである場合における有価証券届出書について適用し、有価証券届出書に記載すべき最近事業年度の財務諸表が同日前に終了する事業年度のものである場合における有価証券届出書については、なお従前の例による。

3　新開示府令第三号様式記載上の注意(36)gの規定（新開示府令第三号の二様式、第四号様式及び第五号の四様式において準じて記載することとされている場合を含む。）は、平成24年3月31日以後に終了する事業年度に係る有価証券報告書（金融商品取引法第24条第1項又は第3項（これらの規定を同法第27条において準用する場合を含む。）に規定する有価証券報告書をい

う。以下この項において同じ。）について適用し、同日前に終了する事業年度に係る有価証券報告書については、なお従前の例による。

附　則 $\left(\begin{array}{l}\text{平成24年9月28日内閣府令第64号}\\\text{企業内容等の開示に関する内閣府}\\\text{令等の一部を改正する内閣府令}\end{array}\right)$

（施行期日）

第1条　この府令は、平成24年10月1日から施行する。

（企業内容等の開示に関する内閣府令の一部改正に伴う経過措置）

第2条　（略）

附　則 $\left(\begin{array}{l}\text{平成25年8月26日内閣府令第54号}\\\text{企業内容等の開示に関する内閣府}\\\text{令及び特定有価証券の内容等の開}\\\text{示に関する内閣府令の一部を改正}\\\text{する内閣府令}\end{array}\right)$

（施行期日）

第1条　この府令は、公布の日から施行する。

（経過措置）

第2条　第1条の規定による改正後の企業内容等の開示に関する内閣府令第19条第2項第3号の規定は、平成25年10月1日以後に提出会社の親会社の異動（同号に規定する提出会社の親会社の異動をいう。以下この条において同じ。）若しくは提出会社の特定子会社の異動（同号に規定する提出会社の特定子会社の異動をいう。以下この条において同じ。）が当該提出会社若しくは連結子会社の業務執行を決定する機関により決定された場合又は提出会社の親会社の異動若しくは提出会社の特定子会社の異動があった場合について適用し、同日前に提出会社の親会社の異動又は提出会社の特定子会社の異動が当該提出会社又は連結子会社の業務執行を決定する機関により決定された場合については、なお従前の例による。

第3条　第1条の規定による改正後の企業内容等の開示に関する内閣府令第19条第2項第4号の規定は、平成25年10月1日以後に提出会社の主要株主の異動（同号に規定する提出会社の主要株主の異動をいう。以下この条において同じ。）が当該提出会社若しくは連結子会社の業務執行を決定する機関により決定された場合又は提出

金商法

会社の主要株主の異動があった場合について適用し、同日前に提出会社の主要株主の異動が当該提出会社又は連結子会社の業務執行を決定する機関により決定された場合については、なお従前の例による。

附　則〔平成25年9月4日内閣府令第58号　金融商品取引法第6章の2の規定による課徴金に関する内閣府令等の一部を改正する内閣府令〕

（施行期日）

第1条　この府令は、金融商品取引法等の一部を改正する法律（平成24年法律第86号）附則第1条第2号に掲げる規定の施行の日〔平成25年9月6日〕から施行する。

附　則〔平成25年10月28日内閣府令第70号　連結財務諸表の用語、様式及び作成方法に関する規則等の一部を改正する内閣府令〕

この府令は、公布の日から施行する。

附　則〔平成26年3月26日内閣府令第19号　財務諸表等の用語、様式及び作成方法に関する規則等の一部を改正する内閣府令〕

（施行期日）

第1条　この府令は、公布の日から施行する。

附　則〔平成26年5月28日内閣府令第42号　金融商品取引業等に関する内閣府令等の一部を改正する内閣府令〕

この府令は、平成26年6月1日から施行する。

附　則〔平成26年7月2日内閣府令第49号　特定有価証券の内容等の開示に関する内閣府令等の一部を改正する内閣府令〕

（施行期日）

第1条　この府令は、金融商品取引法等の一部を改正する法律（中略）附則第1条第3号に掲げる規定の施行の日（平成26年12月1日）から施行する。（以下略）

附　則〔平成26年8月20日内閣府令第57号　企業内容等の開示に関する内閣府令及び財務諸表等の監査証明に関する内閣府令の一部を改正する内閣府令〕

（施行期日）

第1条　この府令は、公布の日から施行する。

（経過措置）

第2条　第1条の規定による改正後の企業内容等の開示に関する内閣府令（以下「新開示府令」

という。）第19条第2項第19号の規定は、最近5連結会計年度に係る連結財務諸表のうち、平成27年4月1日以後に開始する連結会計年度に係るものについて適用し、同日前に開始する連結会計年度に係るものについては、なお従前の例による。

2　新開示府令第二号様式記載上の注意(25) a (c)、(j)及び(k)並びに(66) c (c)及び(f)の規定は、有価証券届出書（新開示府令第1条第14号に規定する有価証券届出書をいう。以下この項及び次項において同じ。）に記載すべき最近連結会計年度の連結財務諸表が平成27年4月1日以後に開始するものについて適用し、同日前に開始する連結会計年度に係る連結財務諸表を記載すべき有価証券届出書については、なお従前の例による。

3　有価証券届出書に記載すべき最近連結会計年度の連結財務諸表が平成27年4月1日前に開始する連結会計年度に係るものである場合における新開示府令第二号の四様式記載上の注意(11) a (c)、(j)及び(k)並びに(16) c (c)及び(f)の規定の適用については、同記載上の注意(11) a (c)、及び(16) c (f)中「親会社株主に帰属する当期純利益金額又は親会社株主に帰属する当期純損失金額」とあるのは「当期純利益金額又は当期純損失金額」と、同記載上の注意(11) a (j)及び(k)中「非支配株主持分」とあるのは「少数株主持分」と、同記載上の注意(16) c (c)中「親会社株主に帰属する四半期純利益金額又は親会社株主に帰属する四半期純損失金額」とあるのは「四半期純利益金額又は四半期純損失金額」とする。

4　新開示府令第二号様式記載上の注意(25) a (c)、(j)及び(k)並びに(66) c (c)及び(f)（新開示府令第三号様式（新開示府令第四号様式において準じて記載することとされている場合を含む。）において準じて記載することとされている場合に限る。）の規定は、有価証券報告書（新開示府令第1条第18号に規定する有価証券報告書をいう。以下この項において同じ。）に記載すべき最近連結会計年度の連結財務諸表が平成27年4月1日以後に開始するものについて適用し、同日前に開始する連結会計年度に係る有価証券報告書

については、なお従前の例による。

5　新開示府令第四号の三様式記載上の注意(5) a (c)、(d)及び(m)の規定は、四半期報告書（新開示府令第1条第18号の5に規定する四半期報告書をいう。以下この項において同じ。）に記載すべき最近連結会計年度の四半期連結財務諸表が平成27年4月1日以後に開始するものについて適用し、同日前に開始する連結会計年度に係る四半期報告書については、なお従前の例による。

6　新開示府令第五号様式記載上の注意(5) a (c)、(d)及び(n)の規定は、半期報告書（新開示府令第1条第19号に規定する半期報告書をいう。以下この項において同じ。）に記載すべき最近連結会計年度の中間連結財務諸表が平成27年4月1日以後に開始するものについて適用し、同日前に開始する連結会計年度に係る半期報告書については、なお従前の例による。

附　則（平成26年10月23日内閣府令第70号企業内容等の開示に関する内閣府令の一部を改正する内閣府令）

（施行期日）

1　この府令は、平成27年3月31日（以下「施行日」という。）から施行する。

（経過措置）

2　この府令による改正後の企業内容等の開示に関する内閣府令（以下「新開示府令」という。）第二号様式第二部第4の5及び同様式記載上の注意(56)（中略）の規定は、有価証券届出書（金融商品取引法第2条第7項に規定する有価証券届出書のうち同法第5条第1項（同法第27条において準用する場合を含む。）の規定によるものをいう。以下この項において同じ。）に記載すべき最近連結会計年度（連結財務諸表の用語、様式及び作成方法に関する規則（昭和51年大蔵省令第28号）第3条第2項に規定する連結会計年度をいう。以下同じ。）の連結財務諸表が施行日以後に終了する連結会計年度のものである場合における有価証券届出書について適用し、有価証券届出書に記載すべき最近連結会計年度の連結財務諸表が施行日前に終了する事業年度のものである場合における有価証券届出書につ

いては、なお従前の例による。

3　新開示府令第三号様式第一部第4の5及び同様式記載上の注意(36)（中略）の規定は、施行日以後に終了する連結会計年度に係る有価証券報告書（金融商品取引法第24条第1項又は第3項（これらの規定を同法第27条において準用する場合を含む。）に規定する有価証券報告書をいう。以下この項において同じ。）について適用し、施行日前に終了する連結会計年度に係る有価証券報告書については、なお従前の例による。

4　新開示府令第四号の三様式記載上の注意(17)（中略）の規定は、施行日後に開始する事業年度に係る四半期報告書（金融商品取引法第24条の4の7第1項（同法第27条において準用する場合を含む。）に規定する四半期報告書をいう。以下この項において同じ。）について適用し、施行日以前に開始する事業年度に係る四半期報告書については、なお従前の例による。

5　（略）

附　則（平成27年4月28日内閣府令第37号無尽業法施行細則等の一部を改正する内閣府令）

（施行期日）

第1条　この府令は、会社法の一部を改正する法律の施行の日（平成27年5月1日）から施行する。

（企業内容等の開示に関する内閣府令の一部改正に伴う経過措置）

第3条　第五条の規定による改正後の企業内容等の開示に関する内閣府令第一号様式、第二号様式、第二号の五様式、第三号様式、第三号の二様式、第四号の三様式、第五号様式、第五号の三様式、第五号の四様式、第十号の三様式及び第十七号様式は、施行日以後に提出する有価証券通知書、有価証券届出書、有価証券報告書、四半期報告書、半期報告書、臨時報告書、親会社等状況報告書及び自己株券買付状況報告書について適用し、施行日前に提出される有価証券通知書、有価証券届出書、有価証券報告書、四半期報告書、半期報告書、臨時報告書、親会社等状況報告書及び自己株券買付状況報告書につ

いては、なお従前の例による。

附　則 (平成27年5月15日内閣府令第38号)
(金融商品取引業等に関する内閣府)
(令等の一部を改正する内閣府令)

第1条　この府令は、金融商品取引法等の一部を改正する法律の施行の日（平成27年5月29日）から施行する。（以下略）

（企業内容等の開示に関する内閣府令の一部改正に伴う経過措置）

第7条　第3条の規定による改正後の企業内容等の開示に関する内閣府令（以下この条において「新開示府令」という。）第14条の2第1項第3号の規定は、施行日以後に開始する有価証券発行勧誘等（新金融商品取引法第4条第2項に規定する有価証券発行勧誘等をいう。以下この項、次条及び附則第9条において同じ。）又は有価証券交付勧誘等（新金融商品取引法第4条第2項に規定する有価証券交付勧誘等をいう。以下この項、次条及び附則第9条において同じ。）について適用し、施行日前に開始した有価証券発行勧誘等又は有価証券交付勧誘等については、なお従前の例による。

2　新開示府令第二号様式記載上の注意(45) e（新開示府令第二号の五様式及び第二号の六様式において準じて記載することとされている場合を含む。）の規定は、施行日以後に提出する有価証券届出書（新開示府令第1条第14号に規定する有価証券届出書をいう。以下この項において同じ。）について適用し、施行日前に提出した有価証券届出書については、なお従前の例による。

3　新開示府令第三号様式記載上の注意(25) e（新開示府令第三号の二様式において準じて記載することとされている場合を含む。）の規定は、施行日以後に終了する事業年度に係る有価証券報告書（新開示府令第1条第18号に規定する有価証券報告書をいう。以下この項において同じ。）について適用し、施行日前に終了する事業年度に係る有価証券報告書については、なお従前の例による。

4　新開示府令第四号の三様式記載上の注意(15) d

の規定は、施行日以後に終了する四半期会計期間（新開示府令第1条第22条の4に規定する四半期会計期間をいう。以下この項において同じ。）に係る四半期報告書（新開示府令第1条第18号の5に規定する四半期報告書をいう。以下この項において同じ。）について適用し、施行日前に終了する四半期会計期間に係る四半期報告書については、なお従前の例による。

5　新開示府令第五号様式記載上の注意(20) e（新開示府令第五号の二様式において準じて記載することとされている場合を含む。）の規定は、施行日以後に終了する中間会計期間に係る半期報告書（新開示府令第1条第19号に規定する半期報告書をいう。以下この項において同じ。）について適用し、施行日前に終了する中間会計期間に係る半期報告書については、なお従前の例による。

附　則 (平成27年9月4日内閣府令第52号)
(連結財務諸表の用語、様式及び作)
(成方法に関する規則等の一部を改)
(正する内閣府令)

（施行期日）

第1条　この府令は、公布の日から施行する。

（企業内容等の開示に関する内閣府令の一部改正に伴う経過　措置）

第10条　第9条の規定による改正後の企業内容等の開示に関する内閣府令（以下この条において「新開示府令」という。）第二号様式（新開示府令第二号の四様式（新開示府令第二号の七様式において準じて記載することとされている場合を含む。以下この項において同じ。）、第二号の六様式、第三号様式（新開示府令第四号様式において準じて記載することとされている場合を含む。）及び第四号の三様式において準じて記載することとされている場合を含む。）、第二号の二様式、第二号の四様式及び第二号の六様式（新開示府令第二号の二様式、第二号の三様式、第二号の五様式、第二号の七様式、第七号の二様式、第七号の三様式、第七号の四様式、第十二号様式、第十二号の二様式及び第十五号様式において準じて記載することとされている場合を含む。）の規定は、有価証券届出書（金融

商品取引法第2条第7項に規定する有価証券届
出書のうち同法第5条第1項（同法第27条にお
いて準用する場合を含む。）の規定によるもの
をいう。以下この項において同じ。）に記載す
べき最近事業年度の財務諸表が平成28年3月31
日以後に終了する事業年度のものである場合に
おける有価証券届出書について適用し、有価証
券届出書に記載すべき最近事業年度の財務諸表
が同日前に終了する事業年度のものである場合
における有価証券届出書については、なお従前
の例による。

2　新開示府令第三号様式の規定は、平成28年3
月31日以後に終了する事業年度に係る有価証券
報告書（金融商品取引法第24条第1項又は第3
項（これらの規定を同法第27条において準用す
る場合を含む。）に規定する有価証券報告書を
いう。以下この項において同じ。）について適
用し、同日前に終了する事業年度に係る有価証
券報告書については、なお従前の例による。

3　新開示府令第四号の三様式の規定は、平成28
年4月1日以後に開始する事業年度に係る四半
期報告書（金融商品取引法第24条の4の7第1
項（同法第27条において準用する場合を含む。）
に規定する四半期報告書をいう。以下この項に
おいて同じ。）について適用し、同日前に開始
する事業年度に係る四半期報告書については、
なお従前の例による。

4　（略）

附　則〔平成27年9月25日内閣府令第54号
金融商品取引法第2条に規定する
定義に関する内閣府令の一部を改
正する内閣府令〕

（施行期日）

第1条　この府令は、公布の日から施行する。

附　則〔平成28年4月1日内閣府令第35号
企業内容等の開示に関する内閣府
令等の一部を改正する内閣府令〕

この府令は、公布の日から施行する。

附　則〔平成28年8月19日内閣府令第55号
企業内容等の開示に関する内閣府
令の一部を改正する内閣府令〕

（施行期日）

1　この府令は、公布の日から施行する。ただし、
第19条第2項第9号の改正規定は、平成28年9

月1日から施行する。

（経過措置）

2　この府令による改正後の企業内容等の開示に
関する内閣府令の規定は、この府令の施行の日
以後に開始する有価証券の募集又は売出し（金
融商品取引法第4条第4項に規定する有価証券
の募集又は売出しをいう。以下同じ。）につい
て適用し、同日前に開始した有価証券の募集又
は売出しについては、なお従前の例による。

附　則〔平成29年2月14日内閣府令第2号
企業内容等の開示に関する内閣府
令及び特定有価証券の内容等の開
示に関する内閣府令の一部を改正
する内閣府令〕

（施行期日）

第1条　この府令は、公布の日から施行する。

（企業内容等の開示に関する内閣府令の一部改正
に伴う経過措置）

第2条　第1条の規定による改正後の企業内容等
の開示に関する内閣府令（以下この条において
「新開示府令」という。）第二号様式第二部第2
の3並びに同様式記載上の注意㉜及び㊷a（新
開示府令第二号の四様式（新開示府令第二号の
七様式において準じて記載することとされてい
る場合を含む。）、第二号の六様式及び第八号様
式において準じて記載することとされている場
合を含む。）（中略）に記載すべき最近事業年度
の財務諸表が平成29年3月31日以後に終了する
事業年度のものである場合における有価証券届
出書について適用し、有価証券届出書に記載す
べき最近事業年度の財務諸表が同日前に終了す
る事業年度のものである場合における有価証券
届出書については、なお従前の例による。

2　新開示府令第三号様式第一部第2の3並びに
同様式記載上の注意⑫及び㉒a（新開示府令第
三号の二様式及び第四号様式において準じて記
載することとされている場合を含む。）（中略）
の規定は、平成29年3月31日以後に終了する事
業年度に係る有価証券報告書（法第24条第1項
又は第3項（これらの規定を法第27条において
準用する場合を含む。）に規定する有価証券報
告書をいう。以下この項において同じ。）につい

て適用し、同日前に終了する事業年度に係る有
価証券報告書については、なお従前の例による。

3　新開示府令第四号の三様式記載上の注意(9) a
(b)から(g)まで及び(9) c の規定は、平成29年４月
１日以後に開始する事業年度に係る四半期報告
書（法第24条の４の７第１項（法第27条におい
て準用する場合を含む。）に規定する四半期報
告書をいう。以下この項において同じ。）につ
いて適用し、同日前に開始する事業年度に係る
四半期報告書については、なお従前の例による。

4　（略）

　　　　附　則 $\begin{pmatrix}平成29年３月24日内閣府令第８号\\銀行法施行規則等の一部を改正す\\る内閣府令\end{pmatrix}$

（施行期日）

第１条　この府令は、情報通信技術の進展等の環
境変化に対応するための銀行法等の一部を改正
する法律（中略）の施行の日（平成29年４月１
日）から施行する。（以下略）

　　　　附　則 $\begin{pmatrix}平成29年７月14日内閣府令第40号\\企業内容等の開示に関する内閣府\\令及び有価証券の取引等の規制に\\関する内閣府令の一部を改正する\\内閣府令\end{pmatrix}$

（施行期日）

第１条　この府令は、公布の日から施行する。

（企業内容等の開示に関する内閣府令の一部改正
に伴う経過措置）

第２条　第１条の規定による改正後の企業内容等
の開示に関する内閣府令の規定は、この府令の
施行の日以後に開始する有価証券の募集又は売
出し（金融商品取引法第４条第４項に規定する
有価証券の募集又は売出しをいう。以下同じ。）
について適用し、同日前に開始した有価証券の
募集又は売出しについては、なお従前の例によ
る。

　　　　附　則 $\begin{pmatrix}平成29年12月27日内閣府令第55号\\金融商品取引法第２条に規定する\\定義に関する内閣府令等の一部を\\改正する内閣府令\end{pmatrix}$

（施行期日）

第１条　この府令は、金融商品取引法の一部を改
正する法律（中略）の施行の日（平成30年４月
１日）から施行する。

　　　　附　則 $\begin{pmatrix}平成30年１月26日内閣府第３号\\企業内容等の開示に関する内閣府\\令等の一部を改正する内閣府令\end{pmatrix}$

（施行期日）

第１条　この府令は、公布の日から施行する。た
だし、第２条中特定有価証券の内容等の開示に
関する内閣府令33条及び第34条の改正規定は、
平成30年４月１日から施行する。

（企業内容等の開示に関する内閣府令の一部改正
に伴う経過措置）

第２条　第１条の規定による改正後の企業内容等
の開示に関する内閣府令（以下この条において
「新開示府令」という。）第二号様式、第二号の
二様式、第二号の四様式、第二号の五様式、第
二号の六様式、第二号の七様式、第七号様式、
第七号の二様式及び第七号の四様式の規定は、
有価証券届出書（金融商品取引法（以下「法」
という。）第２条第７項に規定する有価証券届
出書のうち法第５条第１項（法第27条において
準用する場合を含む。）の規定によるものをい
う。以下この項において同じ。）に記載すべき
最近事業年度の財務諸表が平成30年３月31日以
後に終了する事業年度のものである場合におけ
る有価証券届出書について適用し、有価証券届
出書に記載すべき最近事業年度の財務諸表が同
日前に終了する事業年度のものである場合にお
ける有価証券届出書については、なお従前の例
による。

2　新開示府令第三号様式、第三号の二様式、第
四号様式、第八号様式及び第九号様式の規定は、
平成30年３月31日以後に終了する事業年度に係
る有価証券報告書（法第24条第１項又は第３項
（これらの規定を法第27条において準用する場
合を含む。）に規定する有価証券報告書をいう。
以下この項において同じ。）について適用し、
同日前に終了する事業年度に係る有価証券報告
書については、なお従前の例による。

3　新開示府令第四号の三様式及び第九号の三様
式の規定は、平成30年４月１日以後に開始する
事業年度に係る四半期報告書（法第24条の４の
７第１項（法第27条において準用する場合を含
む。）に規定する四半期報告書をいう。以下こ

の項において同じ。）について適用し、同日前に開始する事業年度に係る四半期報告書については、なお従前の例による。

4　新開示府令第五号様式、第五号の二様式及び第十号様式の規定は、平成30年4月1日以後に開始する事業年度に係る半期報告書（法第24条の5第1項（法第27条において準用する場合を含む。）に規定する半期報告書をいう。以下この項において同じ。）について適用し、同日前に開始する事業年度に係る半期報告書については、なお従前の例による。

5　新開示府令第五号の四様式の規定は、平成30年3月31日以後に終了する事業年度に係る親会社等状況報告書（法第24条の7第1項（法第27条において準用する場合を含む。）に規定する親会社等状況報告書をいう。以下この項において同じ。）について適用し、同日前に終了する事業年度に係る親会社等状況報告書については、なお従前の例による。

　　　附　則〈平成30年11月30日内閣府令第54号／財務諸表等の監査証明に関する内閣府令及び企業内容等の開示に関する内閣府令の一部を改正する内閣府令〉

（施行期日）

第1条　この府令は、公布の日から施行する。

（企業内容等の開示に関する内閣府令の一部改正に伴う経過措置）

第3条　第2条の規定による改正後の企業内容等の開示に関する内閣府令（次項において「新開示府令」という。）第19条第2項第9号の4ハ⑵の規定は、令和2年3月31日以後に終了する事業年度に係る財務計算に関する書類（金融商品取引法第193条の2第1項に規定する財務計算に関する書類をいう。以下この条において同じ。）の監査証明を行う監査公認会計士等（同号に規定する監査公認会計士等をいう。以下この条において同じ。）の異動（同号に規定する異動をいう。以下この条において同じ。）について適用し、同日前に終了する事業年度に係る財務計算に関する書類の監査証明を行う監査公認会計士等の異動については、なお従前の例に

よる。

2　前項の規定にかかわらず、連結財務諸表規則第93条に規定する国際会計基準に基づいて作成した連結財務諸表を米国証券取引委員会に登録している連結財務諸表規則第1条の2に規定する指定国際会計基準特定会社又は米国式連結財務諸表を米国証券取引委員会に登録している連結財務諸表提出会社の令和元年12月31日以後に終了する事業年度に係る財務計算に関する書類の監査証明を行う監査公認会計士等の異動については、新開示府令の規定を適用することができる。

　　　附　則〈平成31年1月31日内閣府令第3号／企業内容等の開示に関する内閣府令の一部を改正する内閣府令〉

1　この府令は、公布の日から施行する。

2　この府令による改正後の企業内容等の開示に関する内閣府令（以下「新開示府令」という。）第二号様式（中略）（これらの規定のうち次項並びに附則第4項、第7項及び第8項に規定する規定を除く。）は、有価証券届出書（金融商品取引法（以下「法」という。）第2条第7項に規定する有価証券届出書のうち法第5条第1項（法第27条において準用する場合を含む。）の規定によるものをいう。以下同じ。）に記載すべき最近事業年度の財務諸表が平成31年3月31日以後に終了する事業年度のものである場合における有価証券届出書について適用し、有価証券届出書に記載すべき最近事業年度の財務諸表が同日前に終了する事業年度のものである場合における有価証券届出書については、なお従前の例による。

3　新開示府令第二号様式記載上の注意(30)から(32)までの規定（中略）においてこれらの規定に準じて記載することとされている場合を含む。）（中略）は、有価証券届出書に記載すべき最近事業年度の財務諸表が令和2年3月31日以後に終了する事業年度のものである場合における有価証券届出書について適用し、有価証券届出書に記載すべき最近事業年度の財務諸表が同日前に終了する事業年度のものである場合における

金商法

有価証券届出書については、なお従前の例による。ただし、有価証券届出書に記載すべき最近事業年度の財務諸表が平成31年3月31日以後に終了する事業年度のものである場合における有価証券届出書については、これらの規定を適用することができる。

4　新開示府令第二号様式記載上の注意(54)ｃ、(56)ａ(b)及びd(a)ⅱの規定（中略）は、有価証券届出書に記載すべき最近事業年度の財務諸表が令和2年3月31日以後に終了する事業年度のものである場合における有価証券届出書について適用する。ただし、有価証券届出書に記載すべき最近事業年度の財務諸表が平成31年3月31日以後に終了する事業年度のものである場合における有価証券届出書については、これらの規定を適用することができる。

5　附則第2項の規定にかかわらず、有価証券届出書に記載すべき最近事業年度の財務諸表が平成31年3月31日から令和2年3月30日までの間に終了する事業年度のものであるときは、別表上欄に掲げる第二号様式の規定（中略）中同表中欄に掲げる字句は、同表下欄に掲げる字句に読み替えることができる。

6　新開示府令第三号様式（中略）（これらの規定のうち次項及び附則第8項に規定する規定を除く。附則第9項において同じ。）は、平成31年3月31日以後に終了する事業年度に係る有価証券報告書（法第24条第1項又は第3項（これらの規定を法第27条において準用する場合を含む。）に規定する有価証券報告書をいう。以下同じ。）について適用し、同日前に終了する事業年度に係る有価証券報告書については、なお従前の例による。

7　新開示府令第二号様式記載上の注意(30)から(32)までの規定（新開示府令第三号様式（中略）においてこれらの規定に準じて記載することとされている場合に限る。）（中略）においてこれらの規定に準じて記載することとされている場合に限る。）は、令和2年3月31日以後に終了する事業年度に係る有価証券報告書について適用

し、同日前に終了する事業年度に係る有価証券報告書については、なお従前の例による。ただし、平成31年3月31日以後に終了する事業年度に係る有価証券報告書については、これらの規定を適用することができる。

8　新開示府令第二号様式記載上の注意(54)ｃ、(56)ａ(b)及びd(a)ⅱの規定（新開示府令第三号様式（中略）においてこれらの規定に準じて記載することとされている場合に限る。）は、令和2年3月31日以後に終了する事業年度に係る有価証券報告書について適用する。ただし、平成31年3月31日以後に終了する事業年度に係る有価証券報告書については、これらの規定を適用することができる。

9　附則第6項の規定にかかわらず、新開示府令第三号様式（中略）の規定により記載すべき有価証券報告書が平成31年3月31日から令和2年3月30日までの間に終了する事業年度に係る有価証券報告書であるときは、別表上欄に掲げる第二号様式の規定（新開示府令第三号様式（中略）中同表中欄に掲げる字句は、同表下欄に掲げる字句に読み替えることができる。

10　新開示府令第四号の三様式（中略）の規定（これらの規定のうち次項に規定する規定を除く。）は、平成31年4月1日以後に開始する事業年度に係る四半期報告書（法第24条の4の7第1項（法第27条において準用する場合を含む。）に規定する四半期報告書をいう。以下同じ。）について適用し、同日前に開始する事業年度に係る四半期報告書については、なお従前の例による。

11　新開示府令第四号の三様式記載上の注意(7)及び(8)の規定（中略）は、令和2年4月1日以後に開始する事業年度に係る四半期報告書について適用し、同日前に開始する事業年度に係る四半期報告書については、なお従前の例による。ただし、平成31年4月1日以後に開始する事業年度に係る四半期報告書については、これらの規定を適用することができる。

12～14　（略）

（別表）

第二号様式記載上の注意(56)d(f)i	記載すること。この場合において、非監査業務に基づく報酬を記載したときは、当該非監査業務の内容を記載すること。	記載すること。
第二号様式記載上の注意(56)d(f)ii	最近2連結会計年度において、提出会社及び提出会社の連結子会社がそれぞれ監査公認会計士等と同一のネットワーク（共通の名称を用いるなどして2以上の国においてその業務を行う公認会計士又は監査法人及び外国監査事務所等（外国の法令に準拠し、外国において、他人の求めに応じ報酬を得て、財務書類の監査又は証明をすることを業とする者をいう。）を含めて構成される組織をいう。）に属する者に対して支払った、又は支払うべき報酬について、監査証明業務に基づく報酬と非監査業務に基づく報酬に区分して記載すること（ただし、iの規定により記載する報酬の内容及び連結会社の監査報酬等の内容として重要性の乏しい報酬の内容を除く。）。この場合において、非監査業務に基づく報酬を記載したときは、当該非監査業務の内容を記載すること。	iの規定により記載する報酬の内容のほか、提出会社の監査報酬等の内容として重要な報酬の内容（例えば、提出会社の連結子会社の財務書類について監査証明業務に相当すると認められる業務を行う者（監査公認会計士等と同一のネットワーク（共通の名称を用いるなどして2以上の国においてその業務を行う公認会計士又は監査法人及び外国監査事務所等（外国の法令に準拠し、外国において、他人の求めに応じ報酬を得て、財務書類の監査又は証明をすることを業とする者をいう。）によって構成される組織をいう。）に属する者に限る。）に対して、当該連結子会社及び提出会社がそれぞれ支払った、又は支払うべき報酬の内容）について、具体的に、かつ、分かりやすく記載すること。
第二号様式記載上の注意(56)d(f)iii	i及びiiの規定により記載する報酬の内容のほか、最近2連結会計年度において、連結会社の監査証明業務に基づく報酬として重要な報酬がある場合には、その内容について、具体的に、かつ、分かりやすく記載すること。	最近2連結会計年度において、非監査業務に基づく報酬（提出会社が監査公認会計士等に対して支払った、又は支払うべきものに限る。）があるときは、当該非監査業務の内容を記載すること。
第二号の五様式記載上の注意(34)b(a)～第二号の五様式記載上の注意(34)b(c)	（略）	（略）

　　　附　則 $\binom{\text{令和元年 5 月 7 日内閣府令第 2 号}}{\text{無尽業法施行細則等の一部を改正する内閣府令}}$

　この府令は、公布の日から施行する。

　　　附　則 $\binom{\text{令和元年 6 月21日内閣府令第13号}}{\text{企業内容等の開示に関する内閣府令等の一部を改正する内閣府令}}$

（施行期日）

第1条　この府令は、公布の日から施行する。ただし、第1条中企業内容等の開示に関する内閣府令第2条及び第19条第2項第2号の2の改正規定並びに次条及び附則第3条の規定は、令和元年7月1日から施行する。

（企業内容等の開示に関する内閣府令の一部改正に伴う経過措置）

第2条　第1条の規定による改正後の企業内容等の開示に関する内閣府令第19条第2項第2号の2の規定は、当該規定の施行の日以後に開始する有価証券の募集又は売出し（金融商品取引法第4条第1項に規定する有価証券の募集又は売出しをいう。以下同じ。）について適用し、同日前に開始した有価証券の募集又は売出しについては、なお従前の例による。

金商法

（企業内容等の開示に関する内閣府令の一部改正
に伴う罰則の適用に関する経過措置）

第3条　第1条中企業内容等の開示に関する内閣
府令第19条第2項第2号の2の改正規定の施行
前にした行為に対する罰則の適用については、
なお従前の例による。

　　　附　則 $\left(\begin{array}{l}\text{令和元年12月27日内閣府令第53号}\\\text{財務諸表等の監査証明に関する内}\\\text{閣府令及び企業内容等の開示に関}\\\text{する内閣府令の一部を改正する内}\\\text{閣府令}\end{array}\right)$

（施行期日）

第1条　この府令は、公布の日から施行する。

（企業内容等の開示に関する内閣府令の一部改正
に伴う経過措置）

第3条　第2条の規定による改正後の企業内容等
の開示に関する内閣府令（次項において「新開
示府令」という。）第19条第2項第9号の4ハ
(2)(ii)及び(iii)の規定は、令和2年9月30日以後に
終了する中間会計期間及び同年4月1日以後に
開始する四半期会計期間に係る財務計算に関す
る書類（金融商品取引法第193条の2第1項に
規定する財務計算に関する書類をいう。以下こ
の条において同じ。）の監査証明を行う監査公
認会計士等（同号に規定する監査公認会計士等
をいう。以下この条において同じ。）の異動（同
号に規定する異動をいう。以下この条において
同じ。）について適用し、同年9月30日前に終
了する中間会計期間及び同年4月1日前に開始
する四半期会計期間に係る財務計算に関する書
類の監査証明を行う監査公認会計士等の異動に
ついては、なお従前の例による。

2　前項の規定にかかわらず、米国証券取引委員
会登録会社の令和2年6月30日以後に終了する
中間会計期間及び同年1月1日以後に開始する
四半期会計期間に係る財務計算に関する書類の
監査証明を行う監査公認会計士等の異動につい
ては、新開示府令の規定を適用することができ
る。

　　　附　則 $\left(\begin{array}{l}\text{令和2年3月6日内閣府令第10号}\\\text{企業内容等の開示に関する内閣府}\\\text{令の一部を改正する内閣府令}\end{array}\right)$

1　この府令は、公布の日から施行する。

2　この府令による改正後の企業内容等の開示に
関する内閣府令（以下「新開示府令」という。）
第二号様式（新開示府令第二号の四様式（新開
示府令第二号の七様式において準じて記載する
こととされている場合を含む。）、第二号の六様
式及び第七号様式（新開示府令第七号の四様式
において準じて記載することとされている場合
を含む。）の規定は、有価証券届出
書（金融商品取引法（以下「法」という。）第
2条第7項に規定する有価証券届出書のうち法
第5条第1項（法第27条において準用する場合
を含む。）の規定によるものをいう。以下この
項において同じ。）に記載すべき最近事業年度
の財務諸表が令和2年3月31日以後に終了する
事業年度のものである場合における有価証券届
出書について適用し、有価証券届出書に記載す
べき最近事業年度の財務諸表が同日前に終了す
る事業年度のものである場合における有価証券
届出書については、なお従前の例による。

3　新開示府令第二号様式（新開示府令第三号様
式（新開示府令第四号様式において準じて記載
することとされている場合を含む。）、第七号様
式（新開示府令第九号様式において準じて記載
することとされている場合を含む。）及び第八
号様式において準じて記載することとされてい
る場合を含む。）の規定は、令和2年3月31日
以後に終了する事業年度に係る有価証券報告書
（法第24条第1項（法第27条において準用する
場合を含む。）に規定する有価証券報告書をい
う。以下この項において同じ。）について適用し、
同日前に終了する事業年度に係る有価証券報告
書については、なお従前の例による。

4　新開示府令第四号の三様式（新開示府令第九
号の三様式において準じて記載することとされ
ている場合の規定は、令和2年4月1日以後に
開始する事業年度に係る四半期報告書（法第24
条の4を含む。）の7第1項（法第27条におい
て準用する場合を含む。）に規定する四半期報
告書をいう。以下この項において同じ。）につ
いて適用し、同日前に開始する事業年度に係る

四半期報告書については、なお従前の例による。

附　則（令和2年3月23日内閣府令第13号／財務計算に関する書類その他の情報の適正性を確保するための体制に関する内閣府令の一部を改正する内閣府令）

（施行期日）

第1条　この府令は、公布の日から施行する。

附　則（令和2年4月3日内閣府令第35号／仮想通貨交換業者に関する内閣府令等の一部を改正する内閣府令）

（施行期日）

第1条　この府令は、情報通信技術の進展に伴う金融取引の多様化に対応するための資金決済に関する法律等の一部を改正する法律（以下「改正法」という。）の施行の日（令和2年5月1日）から施行する。

附　則（令和2年4月17日内閣府令第37号／企業内容等の開示に関する内閣府令等の一部を改正する内閣府令）

この府令は、公布の日から施行する。

附　則（令和2年12月23日内閣府令第75号／無尽業法施行細則等の一部を改正する内閣府令）

この府令は、公布の日から施行する。（以下略）

附　則（令和3年2月3日内閣府第5号／無尽業法施行細則等の一部を改正する内閣府令）

（施行期日）

第1条　この府令は、会社法の一部を改正する法律の施行の日（令和3年3月1日）から施行する。

（企業内容等の開示に関する内閣府令の一部改正に伴う経過措置）

第3条　第4条の規定による改正後の企業内容等の開示に関する内閣府令（以下この条において「新開示府令」という。）第二号様式記載上の注意(54) a 及び b（これらの規定における補償契約及び役員等賠償責任保険契約に係る事項については、施行日以後に締結されたこれらの契約に係る事項に限る。次項において同じ。）並びに(57)の規定（中略）は、有価証券届出書（金融商品取引法（昭和23年法律第25号。以下この条において「法」という。）第2条第7項に規定する有価証券届出書のうち法第5条第1項（法第27条において準用する場合を含む。）の規定に

よるものをいう。以下この項において同じ。）に記載すべき最近事業年度の財務諸表が施行日以後に終了する事業年度のものである場合における有価証券届出書について適用し、有価証券届出書に記載すべき最近事業年度の財務諸表が同日前に終了する事業年度のものである場合における有価証券届出書については、なお従前の例による。

2　新開示府令第二号様式記載上の注意(54) a 及び b 並びに(57)の規定（新開示府令第三号様式（中略）は、施行日以後に終了する事業年度に係る有価証券報告書（法第24条第1項又は第3項（これらの規定を法第27条において準用する場合を含む。）に規定する有価証券報告書をいう。以下この項において同じ。）について適用し、同日前に終了する事業年度に係る有価証券報告書については、なお従前の例による。

附　則（令和3年2月15日内閣府令第6号／金融商品取引業等に関する内閣府令等の一部を改正する内閣府令）

この府令は、公布の日から施行する。

附　則（令和3年6月25日内閣府令第43号／財務諸表等の監査証明に関する内閣府令及び企業内容等の開示に関する内閣府令の一部を改正する内閣府令）

（施行期日）

第1条　この府令は、公布の日から施行する。

附　則（令和3年11月10日内閣府第69号／銀行法施行規則等の一部を改正する内閣府令）

この府令は、新型コロナウイルス感染症等の影響による社会経済情勢の変化に対応して金融の機能の強化及び安定の確保を図るための銀行法等の一部を改正する法律の施行の日（令和3年11月22日）から施行する。

附　則（令和4年1月28日内閣府令第6号／金融商品取引業等に関する内閣府令等の一部を改正する内閣府令）

（施行期日）

第1条　この府令は、公布の日の翌日から施行する。

（企業内容等の開示に関する内閣府令等の一部改正に伴う経過措置）

第4条　第3条の規定による改正後の企業内容等

金商法

の開示に関する内閣府令第2条第5項第3号及び第9条の2第3号、第4条の規定による改正後の外国債等の発行者の内容等の開示に関する内閣府令第1条の2第1号の2並びに第5条の規定による改正後の特定有価証券の内容等の開示に関する内閣府令第2条第2号の規定は、施行日以後に開始する有価証券の募集（法第4条第1項に規定する有価証券の募集をいう。以下この条において同じ。）について適用し、施行日前に開始した有価証券の募集については、なお従前の例による。

附　則 （令和4年8月3日内閣府令第48号
企業内容等の開示に関する内閣府
令等の一部を改正する内閣府令）

（施行期日）

第1条 この府令は、会社法の一部を改正する法律附則第1条ただし書に規定する規定の施行の日（令和4年9月1日）から施行する。

附　則 （令和5年1月31日内閣府令第11号
企業内容等の開示に関する内閣府
令及び特定有価証券の内容等の開
示に関する内閣府令の一部を改正
する内閣府令）

（施行期日）

第1条 この府令は、公布の日から施行する。ただし、第2条及び次条第3項の規定は、令和5年4月1日から施行する。

（企業内容等の開示に関する内閣府令の一部改正に伴う経過措置）

第2条 第1条の規定による改正後の企業内容等の開示に関する内閣府令（次項において「新開示府令」という。）第二号様式（中略）は、有価証券届出書に記載すべき最近事業年度に係る

財務諸表が令和5年3月31日以後に終了する事業年度に係るものである場合における当該有価証券届出書について適用し、有価証券届出書に記載すべき最近事業年度に係る財務諸表が同日前に終了する事業年度に係るものである場合における当該有価証券届出書については、なお従前の例による。ただし、当該有価証券届出書のうちこの府令の施行の日（同項及び次条において「施行日」という。）以後に提出されるものについて適用することができる。

2　新開示府令第三号様式（中略）は、令和5年3月31日以後に終了する事業年度に係る有価証券報告書について適用し、同日前に終了する事業年度に係る有価証券報告書については、なお従前の例による。ただし、当該有価証券報告書のうち施行日以後に提出されるものについて適用することができる。

3　第2条の規定による改正後の企業内容等の開示に関する内閣府令第二号様式（中略）は、有価証券届出書に記載すべき最近事業年度に係る財務諸表が令和5年3月31日以後に終了する事業年度に係るものである場合における当該有価証券届出書について適用し、有価証券届出書に記載すべき最近事業年度に係る財務諸表が同日前に終了した事業年度に係るものである場合における当該有価証券届出書については、なお従前の例による。ただし、当該有価証券届出書のうち同年4月1日以後に提出されるものについて適用することができる。

第二号様式

【表紙】

【提出書類】	有価証券届出書
【提出先】	＿＿＿財務（支）局長
【提出日】	年　月　日
【会社名】　(2)	＿＿＿＿＿＿＿＿＿＿＿＿
【英訳名】	＿＿＿＿＿＿＿＿＿＿＿＿
【代表者の役職氏名】　(3)	＿＿＿＿＿＿＿＿＿＿＿＿
【本店の所在の場所】	＿＿＿＿＿＿＿＿＿＿＿＿
【電話番号】	＿＿＿＿＿＿＿＿＿＿＿＿
【事務連絡者氏名】	＿＿＿＿＿＿＿＿＿＿＿＿
【最寄りの連絡場所】	＿＿＿＿＿＿＿＿＿＿＿＿
【電話番号】	＿＿＿＿＿＿＿＿＿＿＿＿
【事務連絡者氏名】	＿＿＿＿＿＿＿＿＿＿＿＿
【届出の対象とした募集（売出）有価証券の種類】　(4)	＿＿＿＿＿＿＿＿＿＿＿＿
【届出の対象とした募集（売出）金額】　(5)	＿＿＿＿＿＿＿＿＿＿＿＿
【安定操作に関する事項】　(6)	＿＿＿＿＿＿＿＿＿＿＿＿
【縦覧に供する場所】　(7)	名称
	（所在地）

第一部　【証券情報】

第1　【募集要項】

　1　【新規発行株式】　(8)

種　　　類	発　行　数	内　　　容

　2　【株式募集の方法及び条件】

　　(1)　【募集の方法】　(9)

区　　　分	発行数	発行価額の総額（円）	資本組入額の総額（円）
募集株式のうち株主割当			
募集株式のうちその他の者に対する割当			
募集株式のうち一般募集			
発起人の引受株式			
計（総発行株式）			

　　(2)　【募集の条件】　(10)

発行価格（円）	資本組入額（円）	申込株数単位	申込期間	申込証拠金（円）	払込期日

　　(3)　【申込取扱場所】

店　　　　　名	所　　在　　地

(4)　【払込取扱場所】

店　　　　　名	所　　在　　地

3　【株式の引受け】⑾

引受人の氏名又は名称	住　　　所	引受株式数（株）	引受けの条件
計		—	—

4　【新規発行新株予約権証券】⑿

(1)　【募集の条件】

発行数	
発行価額の総額	
発行価格	
申込手数料	
申込単位	
申込期間	
申込証拠金	
申込取扱場所	
割当日	
払込期日	
払込取扱場所	

(2)　【新株予約権の内容等】

当該行使価額修正条項付新株予約権付社債券等の特質	
新株予約権の目的となる株式の種類	
新株予約権の目的となる株式の数	
新株予約権の行使時の払込金額	
新株予約権の行使により株式を発行する場合の株式の発行価額の総額	
新株予約権の行使により株式を発行する場合の株式の発行価格及び資本組入額	
新株予約権の行使期間	
新株予約権の行使請求の受付場所、取次場所及び払込取扱場所	
新株予約権の行使の条件	

金
商
法

自己新株予約権の取得の事由及び取得の条件	
新株予約権の譲渡に関する事項	
代用払込みに関する事項	
組織再編成行為に伴う新株予約権の交付に関する事項	

(3)　【新株予約権証券の引受け】

引受人の氏名又は名称	住　　　　所	引受新株予約権数	引受けの条件
計	—		—

5　【新規発行社債（短期社債を除く。）】(13)

銘柄	
記名・無記名の別	
券面総額又は振替社債の総額（円）	
各社債の金額（円）	
発行価額の総額（円）	
発行価格（円）	
利率（％）	
利払日	
利息支払の方法	
償還期限	
償還の方法	
募集の方法	
申込証拠金（円）	
申込期間	
申込取扱場所	
払込期日	
振替機関	
担保の種類	
担保の目的物	
担保の順位	
先順位の担保をつけた債権の金額	
担保の目的物に関し担保権者に対抗する権利	
担保付社債信託法上の受託会社	
担保の保証	
財務上の特約（担保提供制限）	
財務上の特約（その他の条項）	

金
商
法

（新株予約権付社債に関する事項）　(14)

当該行使価額修正条項付新株予約権付社債券等の特質	
新株予約権の目的となる株式の種類	
新株予約権の目的となる株式の数	
新株予約権の行使時の払込金額	
新株予約権の行使により株式を発行する場合の株式の発行価額の総額	
新株予約権の行使により株式を発行する場合の株式の発行価格及び資本組入額	
新株予約権の行使期間	
新株予約権の行使請求の受付場所、取次場所及び払込取扱場所	
新株予約権の行使の条件	
自己新株予約権の取得の事由及び取得の条件	
新株予約権の譲渡に関する事項	
代用払込みに関する事項	
組織再編成行為に伴う新株予約権の交付に関する事項	

6　【社債の引受け及び社債管理の委託】　(15)

　(1)　【社債の引受け】

引受人の氏名又は名称	住　　　所	引受金額（円）	引受けの条件
計	―		―

　(2)　【社債管理の委託】

社債管理者の名称	住　　　　所	委託の条件

7　【新規発行コマーシャル・ペーパー及び新規発行短期社債】　(16)

振出日	
振出地	
発行価格（円）	
券面総額又は短期社債の総額（円）	
発行価額の総額（円）	
発行限度額（円）	
発行限度額残高（円）	
支払期日	

支払場所	
バックアップラインの設定金融機関	
バックアップラインの設定内容	
保証者	
保証者の概要	
保証の内容	

8　【新規発行カバードワラント】　⒄
9　【新規発行預託証券及び新規発行有価証券信託受益証券】　⒅
10　【新規発行による手取金の使途】
　⑴　【新規発行による手取金の額】　⒆

払込金額の総額（円）	発行諸費用の概算額（円）	差引手取概算額（円）

　⑵　【手取金の使途】　⒇
11　【会社設立の場合の特記事項】　(21)
第2　【売出要項】
　1　【売出有価証券】　(22)
　⑴　【売出株式】

種　　　類	売　出　数	売出価額の総額（円）	売出しに係る株式の所有者の住所及び氏名又は名称

　⑵　【売出新株予約権証券】

売　　出　　数	売出価額の総額（円）	売出しに係る新株予約権証券の所有者の住所及び氏名又は名称

　　（新株予約権の内容等）
　⑶　【売出社債（売出短期社債を除く。）】

銘　　　柄	売出券面額の総額又は売出振替社債の総額（円）	売出価額の総額（円）	売出しに係る社債の所有者の住所及び氏名又は名称

　　（新株予約権付社債に関する事項）
　⑷　【売出コマーシャル・ペーパー及び売出短期社債】

支　払　期　日	売出券面額の総額又は売出短期社債の総額（円）	売出価額の総額（円）	売出しに係るコマーシャル・ペーパー又は短期社債の所有者の住所及び氏名又は名称

　⑸　【売出カバードワラント】
　⑹　【売出預託証券及び売出有価証券信託受益証券】
　2　【売出しの条件】　(23)

金
商
法

売出価格 (円)	申込期間	申込単位	申込証拠金 (円)	申込受付場所	売出しの委託を受けた者の住所及び氏名又は名称	売出しの委託契約の内容

第3　【第三者割当の場合の特記事項】　(23-2)
　1　【割当予定先の状況】　(23-3)
　2　【株券等の譲渡制限】　(23-4)
　3　【発行条件に関する事項】　(23-5)
　4　【大規模な第三者割当に関する事項】　(23-6)
　5　【第三者割当後の大株主の状況】　(23-7)

氏名又は名称	住　　　所	所有株式数（株）	総議決権数に対する所有議決数の割合	割当後の所有株式数（株）	割当後の総議決権数に対する所有議決権数の割合
計	―				

　6　【大規模な第三者割当の必要性】　(23-8)
　7　【株式併合等の予定の有無及び内容】　(23-9)
　8　【その他参考になる事項】　(23-10)
第4　【その他の記載事項】　(24)
第二部　【企業情報】
第1　【企業の概況】
　1　【主要な経営指標等の推移】　(25)
　2　【サステナビリティに関する考え方及び取組】　(30-2)
　3　【沿革】　(26)
　4　【事業の内容】　(27)
　5　【関係会社の状況】　(28)
　6　【従業員の状況】　(29)
第2　【事業の状況】
　1　【経営方針、経営環境及び対処すべき課題等】　(30)
　2　【事業等のリスク】　(31)
　3　【経営者による財政状態、経営成績及びキャッシュ・フローの状況の分析】　(32)
　4　【経営上の重要な契約等】　(33)
　5　【研究開発活動】　(34)
第3　【設備の状況】
　1　【設備投資等の概要】　(35)
　2　【主要な設備の状況】　(36)
　3　【設備の新設、除却等の計画】　(37)
第4　【提出会社の状況】
　1　【株式等の状況】
　(1)　【株式の総数等】　(38)
　　①　【株式の総数】

金
商
法

種　　　　　　類	発行可能株式総数（株）
計	

② 【発行済株式】

種　　類	発行数（株）	上場金融商品取引所名又は登録認可金融商品取引業協会名	内　　　容
計		—	—

(2) 【新株予約権等の状況】

① 【ストックオプション制度の内容】 (39)

② 【ライツプランの内容】 (40)

③ 【その他の新株予約権等の状況】 (41)

(3) 【発行済株式総数、資本金等の推移】 (42)

年　月　日	発行済株式総数増減数(株)	発行済株式総数残高（株）	資本金増減額（円）	資本金残高（円）	資本準備金増減額（円）	資本準備金残高（円）

(4) 【所有者別状況】 (43)　　　　　　　　　　　　　　　　　年　月　日現在

区　　分	株式の状況（1単元の株式数　　　　株）								単元未満株式の状況（株）
	政府及び地方公共団体	金融機関	金融商品取引業者	その他の法人	外国法人等		個人その他	計	
					個人以外	個人			
株主数（人）									—
所有株式数（単元）									
所有株式数の割合（％）								100	—

(5) 【大株主の状況】 (44)　　　　　　　　　　　　　　　　　年　月　日現在

氏名又は名称	住　　　　　所	所有株式数（株）	発行済株式（自己株式を除く。）の総数に対する所有株式数の割合（％）
計		—	

金
商
法

(6)【議決権の状況】⑷

① 【発行済株式】　　　　　　　　　　　　　　　　　　　　　　年　月　日現在

区　　　　分	株式数（株）	議決権の数（個）	内　　容
無議決権株式		―	
議決権制限株式（自己株式等）		―	
議決権制限株式（その他）			
完全議決権株式（自己株式等）		―	
完全議決権株式（その他）			
単元未満株式		―	
発行済株式総数		―	―
総株主の議決権	―		―

② 【自己株式等】　　　　　　　　　　　　　　　　　　　　　　年　月　日現在

所有者の氏名又は名称	所有者の住所	自己名義所有株式数（株）	他人名義所有株式数（株）	所有株式数の合計（株）	発行済株式総数に対する所有株式数の割合（％）
計	―				

(7)【役員・従業員株式所有制度の内容】⑷

2 【自己株式の取得等の状況】⑷

【株式の種類等】＿＿＿＿＿＿＿＿＿＿⑷

(1)【株主総会決議による取得の状況】⑷

区　　　　　　分	株式数（株）	価額の総額（円）
株主総会（　年　月　日）での決議状況（取得期間　年　月　日～　年　月　日）		
最近事業年度前における取得自己株式		
最近事業年度における取得自己株式（　年　月　日～　年　月　日）		
残存授権株式の総数及び価額の総額		
最近事業年度の末日現在の未行使割合（％）		
最近期間における取得自己株式		
提出日現在の未行使割合（％）		

(2)【取締役会決議による取得の状況】⑸

区　　　　　　分	株式数（株）	価額の総額（円）
取締役会（　年　月　日）での決議状況（取得期間　年　月　日～　年　月　日）		
最近事業年度前における取得自己株式		
最近事業年度における取得自己株式（　年　月　日～　年　月　日）		
残存決議株式の総数及び価額の総額		
最近事業年度の末日現在の未行使割合（％）		

最近期間における取得自己株式		
提出日現在の未行使割合（％）		

(3)　【株主総会決議又は取締役会決議に基づかないものの内容】　(51)

(4)　【取得自己株式の処理状況及び保有状況】　(52)

区　　　　分	最近事業年度		最　近　期　間	
	株式数（株）	処分価額の総額（円）	株式数（株）	処分価額の総額（円）
引き受ける者の募集を行った取得自己株式				
消却の処分を行った取得自己株式				
合併、株式交換、株式交付、会社分割に係る移転を行った取得自己株式				
その他（　　　　　　）				
保有自己株式数		―		―

3　【配当政策】　(53)

4　【コーポレート・ガバナンスの状況等】　(54)

(1)　【コーポレート・ガバナンスの概要】　(54)

(2)　【役員の状況】　(55)

男性　　名　女性　　名（役員のうち女性の比率　％）

役　職　名	氏　　名	生年月日	略　　歴	任　期	所有株式数（株）
					計

(3)　【監査の状況】　(56)

(4)　【役員の報酬等】　(57)

(5)　【株式の保有状況】　(58)

第5　【経理の状況】　(59)

1　【連結財務諸表等】

(1)　【連結財務諸表】　(60)

①　【連結貸借対照表】　(61)

②　【連結損益計算書及び連結包括利益計算書】又は【連結損益及び包括利益計算書】　(62)

③　【連結株主資本等変動計算書】　(63)

④　【連結キャッシュ・フロー計算書】　(64)

⑤　【連結附属明細表】　(65)

(2)　【その他】　(66)

2　【財務諸表等】

(1)　【財務諸表】　(67)

①　【貸借対照表】　(68)

②　【損益計算書】　(69)

③　【株主資本等変動計算書】　(70)

④　【キャッシュ・フロー計算書】　(71)

金
商
法

⑤　【附属明細表】　(72)

(2)　【主な資産及び負債の内容】　(73)

(3)　【その他】　(74)

第6　【提出会社の株式事務の概要】　(75)

事業年度	月　　　　日から　　　月　　　　日まで
定時株主総会	月中
基準日	月　　　　日
株券の種類	
剰余金の配当の基準日	月　　　　日
1単元の株式数	株
株式の名義書換え 　取扱場所 　株主名簿管理人 　取次所 　名義書換手数料 　新券交付手数料	
単元未満株式の買取り 　取扱場所 　株主名簿管理人 　取次所 　買取手数料	
公告掲載方法	
株主に対する特典	

第7　【提出会社の参考情報】

1　【提出会社の親会社等の情報】　(76)

2　【その他の参考情報】　(77)

第三部　【提出会社の保証会社等の情報】

第1　【保証会社情報】

1　【保証の対象となっている社債】　(78)

2　【継続開示会社たる保証会社に関する事項】　(79)

(1)　【保証会社が提出した書類】

①　【有価証券報告書及びその添付書類】

事業年度　第　期（自　　　　年　月　日至　　　　年　月　日）　　　年　月　日＿＿財務（支）局長に提出

②　【四半期報告書又は半期報告書】

事業年度　第　期第　四半期（第　期中）（自　　　　年　月　日至　　　　年　月　日）　　　年　月　日＿＿財務（支）局長に提出

③　【臨時報告書】

①の有価証券報告書の提出後、本届出書提出日（　　　年　月　日）までに、臨時報告書を　年　月　日に＿＿財務（支）局長に提出

④　【訂正報告書】

訂正報告書（上記　　　　　　　の訂正報告書）を　　　年　月　日に＿＿財務（支）局長に提出

(2)　【上記書類を縦覧に供している場所】

　　　　　名称
　　　　　　（所在地）
　3　【継続開示会社に該当しない保証会社に関する事項】　(80)
　(1)　【会社名・代表者の役職氏名及び本店の所在の場所】
　(2)　【企業の概況】
　(3)　【事業の状況】
　(4)　【設備の状況】
　(5)　【保証会社の状況】
　(6)　【経理の状況】
第2　【保証会社以外の会社の情報】　(81)
　1　【当該会社の情報の開示を必要とする理由】
　2　【継続開示会社たる当該会社に関する事項】
　3　【継続開示会社に該当しない当該会社に関する事項】
第3　【指数等の情報】　(82)
　1　【当該指数等の情報の開示を必要とする理由】
　2　【当該指数等の推移】
第四部　【特別情報】
第1　【最近の財務諸表】　(83)
　1　【貸借対照表】
　2　【損益計算書】
　3　【株主資本等変動計算書】
　4　【キャッシュ・フロー計算書】
第2　【保証会社及び連動子会社の最近の財務諸表又は財務書類】　(84)
　1　【貸借対照表】
　2　【損益計算書】
　3　【株主資本等変動計算書】
　4　【キャッシュ・フロー計算書】
(記載上の注意)
(1)　一般的事項
　a　「第一部　証券情報」に係る記載事項及び記載上の注意で、これによりがたいやむを得ない事情がある場合には、投資者に誤解を生じさせない範囲内において、これに準じて記載することができる。
　b　以下の規定により記載が必要とされている事項に加えて、有価証券届出書（以下この様式において「届出書」という。）の各記載項目に関連した事項を追加して記載することができる。
　c　指定国際会計基準（連結財務諸表規則第93条に規定する指定国際会計基準をいう。以下この様式において同じ。）により連結財務諸表を作成した場合（同条の規定により指定国際会計基準による連結財務諸表を作成した場合に限る。以下この様式において同じ。）において、記載事項のうち金額に関する事項について、本邦通貨以外の通貨建ての金額により表示している場合には、主要な事項について本邦通貨に換算した金額を併記すること。
　d　cの規定により本邦通貨以外の通貨建ての金額を本邦通貨に換算する場合には、一定の日における為替相場により換算することとし、換算に当たって採用した換算の基準として当該日、換算率、為替相場の種類その他必要な事項を注記すること。
　e　「第二部　企業情報」に係る記載上の注意は主として製造業について示したものであり、他の業種については、これに準じて記載すること。
　f　「第二部　企業情報」に掲げる事項は図表による表示をすることができる。この場合、記載すべき事項が図表により明瞭に示されるよう表示することとし、図表による表示により投資者に誤解を生じさせることとならないよう注意しなければならない。
　g　「第四部　特別情報」のうち、「第1　最近の財務諸表」に掲げる事項にあっては提出会社が継続開示

金商法

　　会社である場合、「第2　保証会社及び連動子会社の最近の財務諸表又は財務書類」に掲げる事項にあっては当該保証会社及び連動子会社が継続開示会社である場合には、それぞれ記載を要しない。

　h　この様式（記載上の注意を含む。）は、主として監査役を設置する会社について示したものであり、監査等委員会設置会社及び指名委員会等設置会社については、これに準じて記載すること。例えば、取締役会の決議の状況を記載する場合において、会社法第399条の13第5項又は第6項の取締役会の決議による委任に基づく取締役の決定について記載するときはその旨並びに当該取締役会の決議の状況及び当該取締役の決定の状況について、同法第416条第4項の取締役会の決議による委任に基づく執行役の決定について記載するときはその旨並びに当該取締役会の決議の状況及び当該執行役の決定の状況について記載すること。

　i　届出の対象とした募集が定義府令第9条第1号に定める株券の売付けの申込み又はその買付けの申込みの勧誘に該当する場合には、当該勧誘に係る株券の処分は当該株券の発行として記載すること。

　j　提出会社が持分会社である場合における「第二部　企業情報」に掲げる事項は、(25)から(7)までに準じて記載すること。

　k　「第二部　企業情報」の「第2　事業の状況」の「1　経営方針、経営環境及び対処すべき課題等」から「4　経営者による財政状態、経営成績及びキャッシュ・フローの状況の分析」までに将来に関する事項を記載する場合には、当該事項は届出書提出日現在において判断したものである旨を記載すること。

(2)　会社名

　　提出者が指定法人である場合には、「会社」を「指定法人」に読み替えて記載すること。

(3)　代表者の役職氏名

　　会社設立の場合にあっては、発起人全員の氏名を記載すること。

(4)　届出の対象とした募集（売出）有価証券の種類

　　届出書により届出の対象とした募集又は売出しをしようとする有価証券の種類を記載すること。当該有価証券が行使価額修正条項付新株予約権付社債券等である場合には、その旨を、当該有価証券の種類と併せて記載すること。

(5)　届出の対象とした募集（売出）金額

　　届出の対象とした募集又は売出しごとに発行価額の総額又は売出価額の総額を記載すること。

　　なお、届出の対象とした募集（売出）有価証券が新株予約権証券である場合には、当該新株予約権証券の発行価額又は売出価額の総額に当該新株予約権証券に係る新株予約権の行使に際して払い込むべき金額の合計額を合算した金額を併せて記載すること。

　　「発行価格」若しくは「売出価格」を記載しないで届出書を提出する場合又は算式表示により届出書を提出する場合には、届出書提出日現在におけるこれらの総額の見込額を記載し、その旨を注記すること。

(6)　安定操作に関する事項

　　令第20条第1項に規定する安定操作取引を行うことがある場合には、令第21条各号に掲げる事項を記載すること。

(7)　縦覧に供する場所

　　公衆の縦覧に供する主要な支店、金融商品取引所又は認可金融商品取引業協会について記載すること。

(8)　新規発行株式

　a　新規発行株式の種類ごとに、「種類」、「発行数」及び「内容」を記載すること。

　b　新規発行株式が行使価額修正条項付新株予約権付社債券等である場合には、「種類」の欄にその旨を記載すること。

　c　「内容」の欄には、単元株式数を含め、株式の内容を具体的に記載すること。

　　この場合において、会社が種類株式発行会社（会社法第2条第13号に規定する種類株式発行会社をいう。以下同じ。）であるときは、同法第108条第1項各号に掲げる事項について定款、株主総会決議又は取締役会決議により定めた内容及び同法第322条第2項に規定する定款の定めの有無を記載すること。

　　なお、会社が会社法第107条第1項各号に掲げる事項を定めている場合には、その具体的内容を記載すること。

　　新規発行株式が行使価額修正条項付新株予約権付社債券等である場合には、冒頭に、当該行使価額修

正条項付新株予約権付社債券等の特質を記載すること。

　　ｄ　新規発行株式が行使価額修正条項付新株予約権付社債券等である場合には、次に掲げる事項を欄外に記載すること。

　　　⒜　行使価額修正条項付新株予約権付社債券等の発行により資金の調達をしようとする理由

　　　⒝　第19条第９項に規定する場合に該当する場合にあっては、同項に規定するデリバティブ取引その他の取引として予定する取引の内容

　　　⒞　当該行使価額修正条項付新株予約権付社債券等に表示された権利の行使に関する事項（当該権利の行使を制限するために支払われる金銭その他の財産に関する事項を含む。）について割当予定先（募集又は売出しにより割当てを予定している者をいう。⒟及び⒠において同じ。）との間で締結する予定の取決めの内容（締結する予定がない場合はその旨）

　　　⒟　提出者の株券の売買（令第26条の２の２第１項に規定する空売りを含む。）について割当予定先との間で締結する予定の取決めの内容（締結する予定がない場合はその旨）

　　　⒠　提出者の株券の貸借に関する事項について割当予定先と提出者の特別利害関係者等との間で締結される予定の取決めがあることを知っている場合にはその内容

　　　⒡　その他投資者の保護を図るため必要な事項

　　ｅ　欄外には、新株発行を決議した取締役会若しくは株主総会の決議の年月日又は行政庁の認可を受けた年月日を記載すること。一部払込発行の場合には、その決議内容についても記載すること。

　　ｆ　会社が新規発行株式と異なる種類の株式についての定めを定款に定めている場合には、欄外にその旨を記載すること。この場合において、新規発行株式と当該異なる種類の株式の単元株式数又は議決権の有無若しくはその内容に差異があるときは、その旨及びその理由を欄外に記載すること。

　　ｇ　振替機関を定めている場合には、当該振替機関の名称及び住所を欄外に記載すること。

　　ｈ　届出書に係る新規発行株式の募集と同時に準備金の資本組入れ等による新規株式の発行が行われる場合には、その旨を注記すること。

　　ｉ　届出書の対象とした募集が定義府令第９条第１号に定める売付けの申込み又は買付けの申込みの勧誘である場合には、その旨を欄外に記載すること。

⑼　募集の方法

　　ａ　株主割当については割当日、割当比率等を、一般募集については発行会社が直接募集するものとその他のものに区分しその募集数を、それぞれ欄外に記載すること。

　　　なお、一般募集の場合であって株主に対し他の者に優先して募入決定を行うときは、その旨、その株数及び優先募入の決定方法等を欄外に記載すること。

　　ｂ　一部払込発行の場合には、払込金額の総額を「発行価額の総額」の欄に内書きすること。

　　ｃ　「発行価格」若しくは「資本組入額」を記載しないで届出書を提出する場合又は算式表示により届出書を提出する場合には、「発行価額の総額」又は「資本組入額の総額」は届出書提出日現在における見込額により記載し、その旨を注記すること。

　　ｄ　金銭以外の財産を出資の目的とするときは、その旨並びに当該財産の内容及び価額を記載すること。

⑽　募集の条件

　　ａ　「発行価格」の欄には、１株の発行価額を記載すること。一部払込発行の場合には、１株の払込金額を「発行価格」の欄に内書きすること。

　　　なお、算式表示の場合において、最低発行価額（取締役会等の決議により、当該算式により算出された価額が一定の価額を下回るときには当該一定の価額を１株の発行価額とすることを定めている場合における当該価額）が定められているときには、その旨及びその金額を記載すること。また、取締役会等の決議により、当該算式により算出された価額が最低発行価額を下回る場合において当該新株の発行を中止すること等を定めているときは、その旨を付記すること。最低発行価額を記載しないで届出書を提出するときには、その決定予定時期及び具体的な決定方法を注記すること（⑿又は⒁において新株予約権証券の新株予約権又は新株予約権付社債の新株予約権の行使により発行する株式の発行価格を算式表示する場合においても同じ。）。

　　ｂ　「資本組入額」の欄には、１株の発行価額のうち資本金に組み入れる金額を記載すること。

なお、算式表示の場合には、当該算式に基づいて記載すること。

 c 欄外には、申込みの方法、申込証拠金の利息、申込みがない場合の株式の割当てを受ける権利の消滅、申込みがない株式の処理、申込証拠金の払込金への振替充当、申込みが超過した場合の処理その他申込み及び払込みに関し必要な事項を記載すること。

 d 「発行価格」又は「資本組入額」を記載しないで届出書を提出する場合には、これらの決定予定時期及び具体的な決定方法を注記すること。

 e 「申込取扱場所」を記載しないで届出書を提出する場合には、その決定予定時期を注記すること。

(11) 株式の引受け

 a 元引受契約（株主割当の場合の失権株を引き受けるものを含む。）を締結する金融商品取引業者のうち主たるものが決定していない場合には、元引受契約を締結する予定の金融商品取引業者のうち主たるものを記載すること。

 b 「引受けの条件」の欄には、買取引受け・残額引受け等の別、引受人に支払う手数料等を記載すること。なお、算式表示の場合には、引受人に支払う手数料等は当該算式に基づいて記載すること。

 c 「引受人の氏名又は名称」、「住所」、「引受株式数」又は「引受けの条件」を記載しないで届出書を提出する場合には、これらの決定予定時期を注記すること。

 d この届出書に係る株券の募集について、当該株券が金融商品取引業等に関する内閣府令（平成19年内閣府令第52号。以下「金商業等府令」という。）第153条第1項第4号ニに掲げる株券等に該当することにより、提出会社を親法人等（法第31条の4第3項に規定する親法人等をいう。以下この様式において同じ。）又は子法人等（法第31条の4第4項に規定する子法人等をいう。以下この様式において同じ。）とする金融商品取引業者を主幹事会社（金商業等府令第147条第3号に規定する主幹事会社をいう。以下この様式において同じ。）とした場合には、その旨、提出会社と主幹事会社との関係の具体的な内容、当該株券の引受けに係る金商業等府令第153条第1項第4号ニに規定する発行価格の決定に適切に関与した金融商品取引業者の名称、当該金融商品取引業者が当該発行価格の決定に当たり提出会社から影響を受けないようにするためにとった具体的な措置の内容及び当該発行価格の決定方法の具体的な内容を注記すること。

(12) 新規発行新株予約権証券

 a 新株予約権の目的となる株式の種類が異なる場合には、当該株式の種類ごとに区分して記載すること。

 b 「発行価格」を記載しないで届出書を提出する場合には、「発行価額の総額」は届出書提出日現在における見込額により記載し、その旨を注記すること。

 c 「発行価格」の欄には、新株予約権1個の発行価格を記載すること。

 また、「発行価格」を記載しないで届出書を提出する場合には、その決定予定時期及び具体的な決定方法を注記すること。

 d 「申込取扱場所」を記載しないで届出書を提出する場合には、その決定予定時期を注記すること。

 e 「割当日」の欄には、会社法第238条第1項第4号に規定する割当日（同法第277条に規定する新株予約権無償割当てを行う場合は、同法第278条第1項第3号に掲げる当該新株予約権無償割当てがその効力を生ずる日）を記載すること。

 f 欄外には、新株予約権証券の発行を決議した取締役会又は株主総会の決議年月日を記載すること。

 また、申込みの方法、申込証拠金の利息、申込証拠金の払込金への振替充当、申込みが超過した場合の処理その他申込み又は払込みに関し必要な事項を記載すること。

 なお、振替機関を定めている場合には、当該振替機関の名称及び住所を欄外に記載すること。

 g 新株予約権行使の効力の発生及び新株予約権の行使後第1回目の配当、株券の交付方法等新株予約権の行使により発行し、又は移転する株式に関し必要な事項を欄外に記載すること。

 h 「当該行使価額修正条項付新株予約権付社債券等の特質」の欄は、新規発行新株予約権証券が行使価額修正条項付新株予約権付社債券等でない場合には設けることを要しない。

 i 新規発行新株予約権証券が行使価額修正条項付新株予約権付社債券等である場合には、(8)d(a)から(f)までに掲げる事項を欄外に記載すること。

 j 「新株予約権の目的となる株式の種類」の欄には、新株予約権の目的となる株式の種類及び内容を、

(8) b 及び d に準じて記載すること。

k 「新株予約権の行使により株式を発行する場合の株式の発行価格及び資本組入額」の欄には、新株予約権の行使により株式を発行する場合の株式１株の発行価格及び資本組入額を記載すること。

なお、新株予約権の行使により株式を発行する場合の株式の発行価格について算式表示を行う場合には、資本組入額は当該算式に基づいて記載すること。

l 「新株予約権の行使により株式を発行する場合の株式の発行価格及び資本組入額」又は「新株予約権の行使請求の受付場所、取次場所及び払込取扱場所」を記載しないで届出書を提出する場合には、これらの事項の決定予定時期及び具体的な決定方法を注記すること。

m 「自己新株予約権の取得の事由及び取得の条件」の欄には、会社法第236条第１項第７号に規定する事項を記載すること。

n 「代用払込みに関する事項」の欄には、金銭以外の財産を新株予約権の行使の際に出資の目的とするときは、その旨並びに当該財産の内容及び価額を記載すること。

o 「組織再編成行為に伴う新株予約権の交付に関する事項」の欄には、会社法第236条第１項第８号に規定する事項を記載すること。

p 財務及び事業の方針の決定を支配する者の在り方に関する基本方針（以下この様式において「基本方針」という。）を定めている会社については、基本方針に照らして不適切な者によって当該会社の財務及び事業の方針の決定が支配されることを防止するための取組み（いわゆる買収防衛策）の一環として、新株予約権証券を発行する場合はその旨を欄外に記載すること。

q 「新株予約権証券の引受け」については、(11)に準じて記載すること。ただし、法第２条第６項第３号に掲げる方法による新株予約権証券（同号に規定する新株予約権証券をいう。以下 q において同じ。）の引受けの場合は、次の(a)から(f)までに定めるところにより記載すること。

(a) 元引受契約を締結する金融商品取引業者のうち主たるものが決定していない場合には、元引受契約を締結する予定の金融商品取引業者のうち主たるものを記載すること。

(b) 「引受けの条件」の欄には、引受けの態様、引受人に支払う手数料、引受人が会社から新株予約権証券を取得する際の対価の金額等を記載すること。

なお、算式表示の場合には、引受人に支払う手数料、引受人が会社から新株予約権証券を取得する際の対価の金額等は当該算式に基づいて記載すること。

(c) 「引受新株予約権数」の欄には、引受人が取得する新株予約権証券に係る新株予約権（法第２条第６項第３号に規定する新株予約権をいう。以下(c)において同じ。）の数の算定方法及び引受けの対象となる新株予約権証券の全てを取得することになったと仮定した場合の新株予約権証券に係る新株予約権の数を記載すること。

(d) 「引受人の氏名又は名称」、「住所」、「引受新株予約権数」又は「引受けの条件」を記載しないで届出書を提出する場合には、これらの決定予定時期を注記すること。

(e) この届出書に係る新株予約権証券の募集について、当該新株予約権証券が金商業等府令第153条第１項第４号ニに掲げる株券等に該当することにより、提出会社を親法人等又は子法人等とする金融商品取引業者を主幹事会社とした場合には、その旨、提出会社と主幹事会社との関係の具体的な内容、当該新株予約権証券の引受けに係る同号ニに規定する発行価格の決定に適切に関与した金融商品取引業者の名称、当該金融商品取引業者が当該発行価格の決定に当たり提出会社から影響を受けないようにするためにとった具体的な措置の内容及び当該発行価格の決定方法の具体的な内容を注記すること。

(f) 引受人が引受けの対象となる新株予約権証券の全てを取得することになったと仮定した場合に、会社が発行者である株券等（法第27条の23第１項に規定する株券等をいう。以下(f)において同じ。）に係る引受人の株券等保有割合（同条第４項に規定する株券等保有割合をいう。以下(f)において同じ。）が100分の５を超えることになるときは、その旨及び届出書提出日の５日（日曜日及び令第14条の５に規定する休日の日数は、算入しない。）前の日における会社が発行者である株券等に係る引受人の株券等保有割合を注記すること。

(13) 新規発行社債

a 「銘柄」の欄には、「第何回無担保社債（担保提供禁止特約付）」、「第何回無担保社債（担保提供限定

特約付)」、「第何回無担保社債（社債間限定同順位特約付)」のように記載すること。

b　当該新規発行社債が振替社債である場合には、「記名・無記名の別」の欄への記載を要しない。

c　「発行価格」の欄には、券面額100円についての発行価額を記載すること。

d　「振替機関」の欄には、振替機関を定めている場合の当該振替機関の名称及び住所を記載すること。

e　「募集の方法」の欄には、株主優先募入及び打切発行（社債の応募額が発行価額の総額に達しなくとも当該社債が成立する旨社債申込証に記載した場合における発行をいう。）等の募集方法の概要について記載すること。

f　「利息支払の方法」の欄には、利息の計算期間、支払場所等を記載すること。利息の支払場所を記載しないで届出書を提出する場合には、その決定予定時期及び具体的な決定方法を注記すること。

g　「償還の方法」の欄には、償還金額、償還の方法（買入消却、任意償還、減債基金等）を記載すること。

h　「担保の保証」の欄には、保証が付されている場合に、その内容及び条件等を記載すること。

i　「発行価格」、「利率」又は「申込取扱場所」を記載しないで届出書を提出する場合には、これらの事項の決定予定時期及び具体的な決定方法を注記すること。

j　「発行価格」を記載しないで届出書を提出する場合には、「発行価額の総額」は届出書提出日現在における見込額により記載し、その旨を注記すること。

k　「財務上の特約」の欄には、当該発行に係る社債において社債権者保護のために設定されている財務上の特約で、一定の事由の下に期限の利益を喪失させる効果を有するもの及びその効果に変更を与えるものについて、担保提供制限とその他の条項（純資産額維持、利益維持、担付切換等）に分けて、その内容を記載すること。

　　また、当該発行に係る社債についての保証会社に関して財務上の特約が設定されている場合には、その内容を記載すること。

l　当該発行に係る社債について、提出会社の依頼により、信用格付業者（法第２条第36項に規定する信用格付業者をいう。以下同じ。）から提供され、若しくは閲覧に供された信用格付（同条第34項に規定する信用格付をいう。以下同じ。）又は信用格付業者から提供され、若しくは閲覧に供される予定の信用格付がある場合には、次に掲げる事項を欄外に記載すること。なお、これらの信用格付が複数存在する場合には、全てについて記載すること。

(a)　当該信用格付に係る等級、信用格付業者の商号又は名称その他当該信用格付を特定するための事項並びに当該信用格付の前提及び限界に関する当該信用格付の対象となる事項の区分に応じた説明

(b)　当該発行に係る社債の申込期間中に、金商業等府令第313条第３項第３号の規定により当該発行に係る社債に関して信用格付業者が公表する同号イからルまでに掲げる事項に関する情報を入手するための方法

　　当該発行に係る社債について、提出会社の依頼により、信用格付業者から提供され、若しくは閲覧に供された信用格付又は信用格付業者から提供され、若しくは閲覧に供される予定の信用格付がない場合には、その旨を欄外に記載すること。

(14)　新株予約権付社債に関する事項

　(12)a、g、h、i、j、k、l、m、n、o及びpに準じて記載すること。

(15)　社債の引受け及び社債管理の委託

a　短期社債については、記載を要しない。

b　元引受契約を締結する金融商品取引業者のうち主たるものが決定していない場合には、元引受契約を締結する予定の金融商品取引業者のうち主たるものを記載すること。

c　社債管理者が決定していない場合には、委託契約を締結する予定の社債管理者を記載すること。

d　「引受けの条件」の欄には、買取引受け・残額引受け等の別、引受人に支払う手数料等を記載すること。

e　社債管理補助者を設置する場合には、「社債管理者の名称」の欄に社債管理補助者の氏名又は名称及び社債管理補助者である旨を記載すること。

f　「委託の条件」の欄には、社債管理者に支払う手数料等を記載すること。

g　「引受人の氏名又は名称及び住所」、「引受金額及び引受けの条件」、「社債管理者の名称及び住所」又は「委託の条件」を記載しないで届出書を提出する場合には、これらの決定予定時期を注記すること。

h　この届出書に係る社債券の募集について、当該社債券が金商業等府令第153条第１項第４号ニに掲げる株券等に該当することにより、提出会社を親法人等又は子法人等とする金融商品取引業者を主幹事会社とした場合には、その旨、提出会社と主幹事会社との関係の具体的な内容、当該社債券の引受けに係る同号ニに規定する発行価格の決定に適切に関与した金融商品取引業者の商号又は名称、当該金融商品取引業者が当該発行価格の決定に当たり提出会社から影響を受けないようにするためにとった具体的な措置の内容及び当該発行価格の決定方法の具体的な内容を注記すること。

⒃　新規発行コマーシャル・ペーパー及び新規発行短期社債

a　「発行価格」の欄には、券面額100円又は短期社債の金額100円についての発行価額を記載すること。

b　「券面総額又は短期社債の総額」の欄には、当該発行に係るコマーシャル・ペーパーの券面額の合計又は短期社債の発行総額を記載すること。

c　取締役会決議等でコマーシャル・ペーパー又は短期社債の発行総額が決定されている場合には、「発行限度額」の欄には当該限度額を、「発行限度額残高」の欄には届出書提出日の前日現在における発行限度額の残高を記載すること。

d　「支払期日」の欄には、当該コマーシャル・ペーパー又は短期社債の償還期限を記載すること。

e　「バックアップラインの設定内容」の欄には、当該金融機関から借入れができる短期借入枠の金額、条件等を記載すること。

f　当該発行に係るコマーシャル・ペーパー又は短期社債に保証が付されている場合には、「保証者の概要」の欄に保証者の資本金の額及び事業の内容を記載し、「保証の内容」の欄に保証の内容及び条件等を記載すること。

g　当該発行に係るコマーシャル・ペーパー又は短期社債について、提出会社の依頼により、信用格付業者から提供され、若しくは閲覧に供された信用格付又は信用格付業者から提供され、若しくは閲覧に供される予定の信用格付がある場合には、次に掲げる事項を欄外に記載すること。なお、これらの信用格付が複数存在する場合には、全てについて記載すること。

　⒜　当該信用格付に係る等級、信用格付業者の商号又は名称その他当該信用格付を特定するための事項並びに当該信用格付の前提及び限界に関する当該信用格付の対象となる事項の区分に応じた説明

　⒝　金商業等府令第313条第３項第３号の規定により当該発行に係るコマーシャル・ペーパー又は短期社債に関して信用格付業者が公表する同号イからルまでに掲げる事項に関する情報を、当該信用格付業者が当該情報を公表する日から当該発行に係るコマーシャル・ペーパー又は短期社債の振出日までの期間中に入手するための方法

　当該発行に係るコマーシャル・ペーパー又は短期社債について、提出会社の依頼により、信用格付業者から提供され、若しくは閲覧に供された信用格付又は信用格付業者から提供され、若しくは閲覧に供される予定の信用格付がない場合には、その旨を欄外に記載すること。

⒄　新規発行カバードワラント

a　届出書に係る新規発行カバードワラントについて、銘柄、発行価額の総額、発行価格、申込期間、申込証拠金、申込取扱場所、払込期日、オプションの内容、オプション行使請求の方法・条件、決済の方法等を記載すること。また、信用格付に関する事項について、⒀１に準じて記載すること。

b　当該カバードワラントの発行の仕組みについて、明瞭に記載すること。

c　a及びbに掲げる事項以外の事項で、当該カバードワラントに係るオプションにつき投資者の判断に重要な影響を及ぼす可能性のある事項を記載すること。

⒅　新規発行預託証券及び新規発行有価証券信託受益証券

a　届出書に係る新規発行預託証券及び新規発行有価証券信託受益証券について、銘柄、発行価額の総額、発行価格、利率、申込期間、申込証拠金、申込取扱場所、払込期日、権利の内容、権利行使請求の方法・条件、決済の方法等を記載すること。また、信用格付に関する事項について、⒀１に準じて記載すること。

b　当該預託証券及び有価証券信託受益証券に表示される権利に係る有価証券の内容について具体的に記載すること。

c　当該預託証券及び有価証券信託受益証券の発行の仕組みについて、明瞭に記載すること。

d　aからcまでに掲げる事項以外の事項で、当該預託証券及び有価証券信託受益証券に係る権利につき

金商法

投資者の判断に重要な影響を及ぼす可能性のある事項を記載すること。

⒆　新規発行による手取金の額

a　「発行価格」を記載しないで届出書を提出する場合又は算式表示により届出書を提出する場合には、「払込金額の総額」は届出書提出日現在における見込額を記載し、その旨を注記すること。

b　「発行諸費用の概算額」の欄には、会社が負担すべき発行諸費用の総額を記載すること。

⒇　手取金の使途

a　提出者が取得する手取金の使途を設備資金、運転資金、借入金返済、有価証券の取得、関係会社に対する出資又は融資等に区分し、手取金の総額並びにその使途の区分ごとの内容、金額及び支出予定時期を具体的に記載すること。

b　当該手取金を事業の買収に充てる場合には、その事業の内容及び財産について概要を説明すること。

㉑　会社設立の場合の特記事項

会社設立に際し、次の事項を特別に定款に記載した場合には、その内容等について説明すること。

a　発起人が受ける特別利益

特別利益を受ける発起人の氏名及び特別利益の内容を記載すること。

b　会社設立後に譲り受けることを約した財産

譲渡人の氏名並びに譲り受けることを約した財産の内容及び価格を記載すること。

c　会社の負担に帰すべき設立費用及び発起人の報酬

設立費用及び報酬の額を記載すること。

㉒　売出有価証券

a　「売出価格」を記載しないで届出書を提出する場合又は算式表示により届出書を提出する場合には、「売出価額の総額」は届出書提出日現在における見込額により記載し、その旨を注記すること。

b　売出しに係る株式、新株予約権証券、社債又はコマーシャル・ペーパーの所有者が２人以上ある場合には、「売出株式」、「売出新株予約権証券」、「売出社債（売出短期社債を除く。）」又は「売出コマーシャル・ペーパー及び売出短期社債」について所有者別に記載すること。

c　売出しに係る株式が行使価額修正条項付新株予約権付社債券等である場合には、「種類」の欄にその旨を記載するとともに、(8)dに準じて記載すること。

d　「売出新株予約権証券」の「新株予約権の内容等」は、⑿に準じて記載すること。

e　売出社債（売出短期社債を除く。）に保証が付されている場合には、その内容及び条件等を欄外に記載すること。

f　「売出社債（売出短期社債を除く。）」の「新株予約権付社債に関する事項」は、⒁に準じて記載すること。

g　売出社債又は売出コマーシャル・ペーパーについて、提出会社の依頼により、信用格付業者から提供され、若しくは閲覧に供された信用格付又は信用格付業者から提供され、若しくは閲覧に供される予定の信用格付がある場合には、次に掲げる事項を欄外に記載すること。なお、これらの信用格付が複数存在する場合には、全てについて記載すること。

　(a)　当該信用格付に係る等級、信用格付業者の商号又は名称その他当該信用格付を特定するための事項並びに当該信用格付の前提及び限界に関する当該信用格付の対象となる事項の区分に応じた説明

　(b)　当該売出社債又は売出コマーシャル・ペーパーの申込期間中に、金商業等府令第313条第３項第３号の規定により当該売出社債又は売出コマーシャル・ペーパーに関して信用格付業者が公表する同号イからルまでに掲げる事項に関する情報を入手するための方法

　当該売出社債又は売出コマーシャル・ペーパーについて、提出会社の依頼により、信用格付業者から提供され、若しくは閲覧に供された信用格付又は信用格付業者から提供され、若しくは閲覧に供される予定の信用格付がない場合には、その旨を欄外に記載すること。

h　振替機関を定めている場合には、当該振替機関の名称及び住所を欄外に記載すること。

㉓　売出しの条件

a　「売出価格」の欄には、株式については１株の売出価額を、新株予約権証券については新株予約権１個の売出価額を記載し、社債及びコマーシャル・ペーパーについては券面額100円又は振替社債の金額

　　　100円についての売出価額を、電子記録移転権利（法第2条第2項第3号に掲げる権利に該当するものに限る。）については1単位の売出価額を記載すること。

　b　「売出しの委託契約の内容」の欄には、売出しの委託手数料の額、売出残が生じた場合の処理等について記載すること。

　　　なお、算式表示の場合には、委託手数料の額は当該算式に基づいて記載すること。

　c　株式受渡期日その他売出しの手続上必要な事項を欄外に記載すること。

　d　元引受契約を締結する金融商品取引業者のうち主たるものが決定していない場合には、元引受契約を締結する予定の金融商品取引業者のうち主たるものを記載すること。

　e　「売出しの委託を受けた者の住所及び氏名又は名称」を記載しないで届出書を提出する場合には、その決定予定時期を注記すること。

　f　「売出価格」又は「申込受付場所」を記載しないで届出書を提出する場合には、これらの事項の決定予定時期を注記すること。

(23-2)　第三者割当の場合の特記事項

　　　第三者割当（第19条第2項第1号ヲに規定する第三者割当をいう。以下この様式において同じ。）の方法により、株券、新株予約権証券又は新株予約権付社債券（以下この様式において「株券等」という。）の募集又は売出しを行う場合に記載すること。

　　　なお、一定の日において株主名簿に記載され、又は記録されている株主に対して行われる株券等の募集又は売出しのうち、その発行の態様から、当該株券等を特定の株主が取得するものと考えられるもの（例えば、特定の株主のみが当該株券等の募集又は売出しに応じることになると考えられる発行価格その他の条件を設定しようとするもの）を行う場合には、当該募集又は売出しを第三者割当の方法により行うものとみなして記載すること。

(23-3)　割当予定先の状況

　　　次のaからgまでに掲げる事項について、割当予定先（第三者割当により提出者が割当てを予定している者をいう。以下この様式において同じ。）ごとに当該aからgまでに定めるところにより記載すること。

　　　また、割当予定先が特定引受人（会社法第206条の2第1項又は第244条の2第1項に規定する特定引受人をいう。以下この様式において同じ。）に該当する場合であって、当該特定引受人に関する事項を記載するときには、hに定めるところにより記載すること。

　a　割当予定先の概要　次の(a)から(d)までに掲げる割当予定先の区分に応じ、当該(a)から(d)までに定める事項を記載すること。(d)に定める事項については可能な範囲で記載すること。

　　(a)　個人　氏名、住所及び職業の内容

　　(b)　有価証券報告書提出会社　名称、本店の所在地及び届出書の提出日において既に提出されている当該割当予定先の直近の有価証券報告書（当該有価証券報告書の提出後に提出された四半期報告書又は半期報告書を含む。）の提出日

　　(c)　有価証券報告書提出会社以外の法人　名称、本店の所在地、国内の主たる事務所の責任者の氏名及び連絡先（割当予定先が非居住者の場合に限る。）、代表者の役職及び氏名、資本金、事業の内容並びに主たる出資者及びその出資比率

　　(d)　有価証券報告書提出会社及び有価証券報告書提出会社以外の法人以外の団体　名称、所在地、国内の主たる事務所の責任者の氏名及び連絡先（割当予定先が非居住者の場合に限る。）、出資額、組成目的、主たる出資者及びその出資比率並びにその業務執行組合員又はこれに類する者（以下(d)及びbにおいて「業務執行組合員等」という。）に関する事項（(a)から(d)までに掲げる当該業務執行組合員等の区分に応じ、当該(a)から(d)までに定める事項とする。）

　　　なお、割当予定先又は業務執行組合員等が個人である場合における住所の記載に当たっては、市町村（第21条第2項に規定する市町村をいう。28 b 及び44 c において同じ。）までを記載しても差し支えない。

　b　提出者と割当予定先との間の関係　提出者と割当予定先との間に出資、人事、資金、技術又は取引等において重要な関係がある場合には、その内容を具体的に記載すること。また、割当予定先が組合その他の団体であって、その業務執行組合員等と提出者との間に出資、人事、資金、技術又は取引等におい

て重要な関係がある場合には、その具体的な内容を併せて記載すること。

c　割当予定先の選定理由　割当予定先を選定した理由及び経緯を具体的に記載すること。

d　割り当てようとする株式の数　この届出書に係る第三者割当により割り当てられる株式又は新株予約権の目的である株式の数を記載すること。

e　株券等の保有方針　この届出書に係る第三者割当に係る株券等について、割当予定先による保有方針を確認した場合は、その内容を記載すること。

f　払込みに要する資金等の状況　割当予定先がこの届出書に係る第三者割当に対する払込みに要する資金又は財産を保有することを確認した結果及びその確認の方法を具体的に記載すること。

g　割当予定先の実態　割当予定先の株券等について、株主として権利行使を行う権限若しくはその指図権限又は投資権限を実質的に有する者が存在する場合には、その旨及びこれらの権限の内容を具体的に記載すること。また、割当予定先が暴力若しくは威力を用い、又は詐欺その他の犯罪行為を行うことにより経済的利益を享受しようとする個人、法人その他の団体（以下gにおいて「特定団体等」という。）であるか否か、及び割当予定先が特定団体等と何らかの関係を有しているか否かについて確認した結果並びにその確認方法を具体的に記載すること。

h　特定引受人に関する事項　次の(a)から(c)までに定める事項を記載すること。

(a)　特定引受人（その子会社等（会社法第2条第3号の2に規定する子会社等をいう。）を含む。）がその引き受けた募集株式又は募集新株予約権に係る交付株式（同法第244条の2第2項に規定する交付株式をいう。以下hにおいて同じ。）の株主となった場合に有することとなる議決権の数（募集新株予約権である場合には、当該交付株式の株主となった場合に有することとなる最も多い議決権の数とする。）

(b)　(a)の募集株式又は募集新株予約権に係る交付株式に係る議決権の数（募集新株予約権である場合には、当該交付株式に係る最も多い議決権の数とする。）

(c)　募集株式の引受人の全員がその引き受けた募集株式の株主となった場合における総株主の議決権の数又は当該特定引受人がその引き受けた募集新株予約権に係る交付株式の株主となった場合における最も多い総株主の議決権の数

(23-4)　株券等の譲渡制限

この届出書に係る第三者割当に係る株券等についてその譲渡を制限する場合には、その旨及びその内容を記載すること。

(23-5)　発行条件に関する事項

a　発行価格の算定根拠及び発行条件の合理性に関する考え方を具体的に記載すること。

b　この届出書に係る第三者割当による有価証券の発行（以下bにおいて「当該発行」という。）が会社法に定める特に有利な金額又は特に有利な条件による発行（以下bにおいて「有利発行」という。）に該当するものと判断した場合には、その理由及び判断の過程並びに当該発行を有利発行により行う理由を具体的に記載すること。また、当該発行が有利発行に該当しないものと判断した場合には、その理由及び判断の過程を具体的に記載すること。なお、当該発行に係る適法性に関して監査役が表明する意見又は当該判断の参考にした第三者による評価があればその内容を記載すること。

(23-6)　大規模な第三者割当に関する事項

この届出書に係る第三者割当により次に掲げる場合のいずれかに該当することとなる場合には、その旨及びその理由を記載すること。なお、議決権の数の算出に当たっては、算定の基礎となる株式の数が届出日後のいずれか一の日の市場価額その他の指標に基づき決定される場合には、届出日又はその前日のいずれかの日の市場価額その他の指標に基づいて計算すること。

a　第三者割当により割り当てられる株式又は新株予約権の目的である株式に係る議決権の数（当該議決権の数に比して、当該株式又は当該新株予約権の取得と引換えに交付される株式又は新株予約権（社債に付されているものを含む。以下a及び(23-7)aにおいて「株式等」という。）に係る議決権の数が大きい場合には、当該議決権の数のうち最も大きい数をいい、以下(23-6)及び(23-7)において「割当議決権数」という。）（この届出書に係る株券等の募集又は売出しと並行して行われており、又はこの届出書の提出日前6月以内に行われた第三者割当がある場合には、割当議決権数に準じて算出した当該

第三者割当により割り当てられ、又は割り当てられた株式等に係る議決権の数（当該第三者割当以後に株式分割が行われた場合にあっては当該株式分割により増加した議決権の数を加えた数、株式併合が行われた場合にあっては当該株式併合により減少した議決権の数を除いた数。以下 a において「加算議決権数」という。）を含む。）を提出者の総株主の議決権（「第二部　企業情報」の「第4　提出会社の状況」の「1　株式等の状況」の「(6)　議決権の状況」の「①　発行済株式」に記載すべき総株主の議決権をいう。b 及び（23-7）c において同じ。）の数から加算議決権数を控除した数で除した数が0.25以上となる場合

b　割当予定先が割り当てられた割当議決権数を所有した場合に支配株主（提出者の親会社又は提出者の総株主の議決権の過半数を直接若しくは間接に保有する主要株主（自己の計算において所有する議決権の数と次の(a)及び(b)に掲げる者が所有する議決権の数とを合計した数が提出者の総株主の議決権の100分の50を超える者に限る。）をいう。）となる者が生じる場合

(a)　その者の近親者（二親等内の親族をいう。(b)において同じ。）

(b)　その者及びその近親者が当該総株主の議決権の過半数を自己の計算において所有している法人その他の団体（以下(b)において「法人等」という。）並びに当該法人等の子会社

c　この届出書に係る第三者割当により特定引受人となる者が生じる場合（b に掲げる場合を除く。）

(23-7)　第三者割当後の大株主の状況

a　この届出書に係る第三者割当により割当予定先に株式が割り当てられ、又は割り当てられた新株予約権が行使された場合（当該株式又は当該新株予約権の取得と引換えに株式等が交付された場合を含む。以下（23-7）において同じ。）における大株主の状況について、(44)b 及び c に準じて記載すること。

b　割当予定先が大株主となる場合について、「割当後の所有株式数」は、当該割当予定先の割当議決権数に係る株式の数を所有株式数に加算した数を記載すること。

c　「割当後の総議決権数に対する所有議決権数の割合」は、「割当後の所有株式数」に係る議決権の数を総株主の議決権の数に割当議決権数を加えた数で除して算出した割合（小数点以下3桁を四捨五入し小数点以下2桁までの割合）を記載すること。

(23-8)　大規模な第三者割当の必要性

a　この届出書に係る第三者割当が（23-6）に規定する場合における第三者割当（以下（23-8）において「大規模な第三者割当」という。）に該当する場合には、当該大規模な第三者割当を行うこととした理由及び当該大規模な第三者割当による既存の株主への影響についての取締役会の判断の内容（社外取締役（会社法第2条第15号に規定する社外取締役をいう。以下 a において同じ。）を置く株式会社において、当該社外取締役の意見が取締役会の判断と異なる場合には、その意見を含む。）について、具体的に記載すること。

b　大規模な第三者割当を行うことについての判断の過程（経営者から独立した者からの当該大規模な第三者割当についての意見の聴取、株主総会決議における株主の意思の確認その他の大規模な第三者割当に関する取締役会の判断の妥当性を担保する措置を講じる場合は、その旨及び内容を含む。）を具体的に記載すること。

(23-9)　株式併合等の予定の有無及び内容

提出者の株式に係る議決権を失う株主が生じることとなる株式併合その他同等の効果をもたらす行為が予定されている場合には、当該行為の目的、予定時期、方法及び手続、当該行為後の株主の状況、株主に交付される対価その他当該行為に関する内容を具体的に記載すること。

(23-10)　その他参考になる事項

自己株式（会社法第113条第4項に規定する自己株式をいう。以下同じ。）又は自己新株予約権（同法第255条第1項に規定する自己新株予約権をいう。以下同じ。）の売出しにより第三者割当を行う場合には、当該売出しによる手取金の使途について、(20)に準じて記載すること。

(24)　その他の記載事項

a　工場、製品等の写真、図面その他特に目論見書に記載しようとする事項がある場合には、その旨及び目論見書の記載箇所を示すこと。

b　当該届出に係る有価証券（当該有価証券が預託証券である場合には当該預託証券に表示される権利に

係る有価証券をいい、有価証券信託受益証券である場合にはその受託有価証券を含む。）が法第２条第２項の規定により有価証券とみなされる権利（電子情報処理組織を用いて移転することができる財産的価値（電子機器その他の物に電子的方法により記録されるものに限る。）に表示されるものに限る。(31)ｃにおいて「電子記録移転有価証券表示権利等」という。）である場合（ｃに掲げる場合を除く。）には、特定有価証券の内容等の開示に関する内閣府令第六号の五様式記載上の注意(5)ｃ、(17)ｃ、(30)及び(31)により記載することとされている事項に準ずる事項を記載すること。

ｃ　当該届出に係る有価証券が電子記録移転権利（法第２条第２項第３号に掲げる権利に該当するものに限る。）である場合には、特定有価証券の内容等の開示に関する内閣府令第六号の五様式「第一部　証券情報」及び「第二部　発行者情報」の「第１　組合等の状況」に記載することとされている事項に準ずる事項を記載すること。ただし、これらの事項をこの様式の他の項目に記載する場合には、記載を要しない。

(25)　主要な経営指標等の推移

ａ　最近５連結会計年度に係る次に掲げる主要な経営指標等（以下ａにおいて「連結財務諸表規則による指標等」という。）の推移について記載すること。

なお、指定国際会計基準により連結財務諸表を作成した場合又は修正国際基準（連結財務諸表規則第94条に規定する修正国際基準をいう。以下この様式において同じ。）により連結財務諸表を作成した場合（同条の規定により修正国際基準による連結財務諸表を作成した場合に限る。以下この様式において同じ。）には、当該連結財務諸表に係る連結会計年度（第四号の三様式記載上の注意(18)ｈの規定により指定国際会計基準による連結会計年度に係る連結財務諸表を記載した場合又は同様式記載上の注意(18)ｉの規定により修正国際基準による連結会計年度に係る連結財務諸表を記載した場合における当該連結会計年度を含む。）については、連結財務諸表規則による指標等に相当する指標等の推移について記載すること。この場合において、当該連結会計年度について(32)ｄ又はｅの規定により要約連結財務諸表を作成したときには、当該要約連結財務諸表に基づく主要な経営指標等又はこれらに相当する指標等の推移について併せて記載すること。

(a)　売上高

(b)　経常利益金額又は経常損失金額

(c)　親会社株主に帰属する当期純利益金額又は親会社株主に帰属する当期純損失金額

(d)　包括利益金額

(e)　純資産額

(f)　総資産額

(g)　１株当たり純資産額（連結財務諸表規則第44条の２第１項の規定により注記しなければならない１株当たり純資産額をいう。）

(h)　１株当たり当期純利益金額又は当期純損失金額（連結財務諸表規則第65条の２第１項の規定により注記しなければならない１株当たり当期純利益金額又は当期純損失金額をいう。）

(i)　潜在株式調整後１株当たり当期純利益金額（連結財務諸表規則第65条の３に規定する潜在株式調整後１株当たり当期純利益金額をいう。）

(j)　自己資本比率（純資産額から連結財務諸表規則第43条の２の２の規定により掲記される株式引受権の金額、連結財務諸表規則第43条の３第１項の規定により掲記される新株予約権の金額及び連結財務諸表規則第２条第12号に規定する非支配株主持分の金額を控除した額を総資産額で除した割合をいう。）

(k)　自己資本利益率（親会社株主に帰属する当期純利益金額を純資産額から連結財務諸表規則第43条の２の２の規定により掲記される株式引受権の金額、連結財務諸表規則第43条の３第１項の規定により掲記される新株予約権の金額及び連結財務諸表規則第２条第12号に規定する非支配株主持分の金額を控除した額で除した割合をいう。）

(l)　株価収益率（連結決算日における株価（当該株価がない場合には連結決算日前直近の日における株価）を１株当たり当期純利益金額で除した割合をいう。）

(m)　営業活動によるキャッシュ・フロー

(n)　投資活動によるキャッシュ・フロー

(o)　財務活動によるキャッシュ・フロー

(p)　現金及び現金同等物の期末残高

(q)　従業員数

b　提出会社の最近5事業年度（6箇月を1事業年度とする会社にあっては、10事業年度。fにおいて同じ。）に係る次に掲げる主要な経営指標等の推移について記載すること。

(a)　売上高

(b)　経常利益金額又は経常損失金額

(c)　当期純利益金額又は当期純損失金額

(d)　持分法を適用した場合の投資利益又は投資損失の金額（財務諸表等規則第8条の9の規定により注記しなければならない投資利益又は投資損失の金額をいう。）（連結財務諸表を作成している場合を除く。）

(e)　資本金

(f)　発行済株式総数

(g)　純資産額

(h)　総資産額

(i)　1株当たり純資産額（財務諸表等規則第68条の4第1項の規定により注記しなければならない1株当たり純資産額をいう。）

(j)　1株当たり配当額（会社法第453条の規定に基づき支払われた剰余金の配当（同法第454条第5項に規定する中間配当の金額を含む。）をいう。以下同じ。）

(k)　1株当たり当期純利益金額又は当期純損失金額（財務諸表等規則第95条の5の2第1項の規定により注記しなければならない1株当たり当期純利益金額又は当期純損失金額をいう。）

(l)　潜在株式調整後1株当たり当期純利益金額（財務諸表等規則第95条の5の3第1項に規定する潜在株式調整後1株当たり当期純利益金額をいう。）

(m)　自己資本比率（純資産額から財務諸表等規則第67条の2の規定により掲記される株式引受権の金額及び財務諸表等規則第68条第1項の規定により掲記される新株予約権の金額を控除した額を総資産額で除した割合をいう。）

(n)　自己資本利益率（当期純利益金額を純資産額から財務諸表等規則第67条の2の規定により掲記される株式引受権の金額及び財務諸表等規則第68条第1項の規定により掲記される新株予約権の金額を控除した額で除した割合をいう。）

(o)　株価収益率（貸借対照表日における株価（当該株価がない場合には、貸借対照表日前直近の日における株価）を1株当たり当期純利益金額で除した割合をいう。）

(p)　配当性向（1株当たり配当額を1株当たり当期純利益金額で除した割合をいう。）

(q)　営業活動によるキャッシュ・フロー（連結財務諸表を作成している場合を除く。）

(r)　投資活動によるキャッシュ・フロー（連結財務諸表を作成している場合を除く。）

(s)　財務活動によるキャッシュ・フロー（連結財務諸表を作成している場合を除く。）

(t)　現金及び現金同等物の期末残高（連結財務諸表を作成している場合を除く。）

(u)　従業員数

c　a(l)及びb(o)に掲げる株価収益率については、1株当たり当期純利益金額に代えて、潜在株式調整後1株当たり当期純利益金額により計算することができる。ただし、その場合にはその旨を付記すること。

d　「5　従業員の状況」において、連結会社及び提出会社における臨時従業員の平均雇用人員を記載している場合には、a(q)及びb(u)に掲げる従業員数の記載に併せて、臨時従業員の平均雇用人員を外書きとして記載すること。

e　b(j)に掲げる1株当たり配当額の記載に併せて、1株当たり中間配当額を内書きとして記載すること。

f　最近5年間の株主総利回り（(a)及び(b)に掲げる値を合計したものを提出会社の6事業年度（6箇月を1事業年度とする会社にあっては11事業年度）前の事業年度の末日における株価（当該株価がない場合には当該事業年度の末日前直近の日における株価）でそれぞれ除した割合又はこれに類する他の方法に

より算定した割合をいう。）の推移について、提出会社が選択する株価指数（金融商品取引所に上場されている株券の価格に基づいて算出した数値（多数の銘柄の価格の水準を総合的に表すものに限る。）又はこれに類する数値をいう。）における最近５年間の総利回りと比較して記載すること。ただし、相互会社にあっては、記載を要しない。

なお、類する他の方法により算定した割合を用いる場合には、算定方法の概要を併せて記載し、最近５事業年度の間に株式の併合又は株式の分割が行われた場合には、当該株式の併合又は株式の分割による影響を考慮して記載すること。

(a)　提出会社の最近５事業年度の各事業年度の末日における株価（当該株価がない場合には当該事業年度の末日前直近の日における株価。株式が店頭売買有価証券として認可金融商品取引業協会に登録されている場合には当該認可金融商品取引業協会の発表する相場を、その他の銘柄で気配相場がある場合には当該気配相場を用いること。）

(b)　提出会社の５事業年度前の事業年度からの各事業年度の末日に係る事業年度までの１株当たり配当額の累計額

g　提出会社の株価の推移について、次のとおり記載すること。ただし、相互会社にあっては、記載を要しない。

(a)　最近５年間の事業年度別最高・最低株価を記載すること。

(b)　株式が金融商品取引所に上場されている場合には、主要な１金融商品取引所の相場を記載し、当該金融商品取引所名を注記すること。

なお、二以上の種類の株式が金融商品取引所に上場されている場合には、種類ごとに記載すること。

(c)　株式が店頭売買有価証券として認可金融商品取引業協会に登録されている場合には、当該認可金融商品取引業協会の発表する相場を記載するとともに、その旨を注記すること。

なお、二以上の種類の株式が認可金融商品取引業協会に登録されている場合には、種類ごとに記載すること。

(d)　その他の銘柄で気配相場がある場合には、当該気配相場を記載し、その旨を注記すること。

(26)　沿革

提出会社の設立日（設立登記日とする。）から届出書提出日までの間につき、創立経緯、商号の変更及び企業集団に係る重要な事項（合併、事業内容の変更、主要な関係会社の設立・買収、上場等）について簡潔に記載すること。

(27)　事業の内容

a　届出書提出日の最近日（以下「最近日」という。）現在における提出会社及び関係会社において営まれている主な事業の内容、当該事業を構成している提出会社又は当該関係会社の当該事業における位置付け等について、セグメント情報（指定国際会計基準又は修正国際基準により連結財務諸表を作成した場合は、これに相当する情報。以下この様式において同じ。）との関連を含め系統的に分かりやすく説明するとともに、その状況を事業系統図等によって示すこと。

なお、セグメント情報に記載された区分ごとに、当該事業に携わっている主要な関係会社の名称を併せて記載すること。

b　提出会社と提出会社の関連当事者（提出会社の関係会社を除く。）との間に継続的で緊密な事業上の関係がある場合には、当該事業の内容、当該関連当事者の当該事業における位置付け等について系統的に分かりやすく説明するとともに、その状況を事業系統図等に含めて示すこと。

c　提出会社が有価証券の取引等の規制に関する内閣府令（平成19年内閣府令第59号）第49条第２項に規定する特定上場会社等に該当する場合には、その旨及びその内容を具体的に記載すること。

(28)　関係会社の状況

a　最近連結会計年度に係る提出会社の関係会社（非連結子会社、持分法を適用していない関連会社を除く。以下(28)において同じ。）について、親会社、子会社、関連会社及びその他の関係会社に分けて、その名称、住所、資本金又は出資金、主要な事業の内容、議決権に対する提出会社の所有割合及び提出会社と関係会社との関係内容（例えば、役員の兼任等、資金援助、営業上の取引、設備の賃貸借、業務提携等の関係内容をいう。）を記載すること。ただし、重要性の乏しい関係会社については、その社数の

みを記載することに止めることができる。

　なお、連結財務諸表を作成していない場合には、最近事業年度に係る提出会社の親会社、関連会社及びその他の関係会社の状況について、これに準じて記載すること。

b　住所の記載に当たっては、市町村までを記載しても差し支えない。また、主要な事業の内容については、セグメント情報に記載された名称を記載することで差し支えない。

c　関係会社の議決権に対する提出会社の所有割合については、提出会社の他の子会社による間接所有の議決権がある場合には、当該関係会社の議決権の総数に対する提出会社及び当該他の子会社が所有する当該関係会社の議決権の合計の割合を記載するとともに、間接所有の議決権の合計の割合を内書きとして記載すること。

d　自己と出資、人事、資金、技術、取引等において緊密な関係にあることにより自己の意思と同一の内容の議決権を行使すると認められる者及び自己の意思と同一の内容の議決権を行使することに同意している者が存在することにより、子会社又は関連会社として判定された会社等（会社、組合その他これらに準ずる事業体（外国におけるこれらに相当するものを含む。）をいう。以下同じ。）がある場合には、これらの者が所有する議決権の割合を併せて記載すること。

e　関係会社が親会社又はその他の関係会社である場合には、提出会社の議決権に対する当該親会社又はその他の関係会社の所有割合を記載すること。

f　関係会社の住所等が「関連当事者との取引」の項において記載されている場合には、その旨を明記することによって、その記載を省略することができる。

g　それぞれの関係会社について、次に掲げる事項を記載すること。

　(a)　最近日現在において特定子会社に該当する関係会社があるときは、その旨

　(b)　最近日現在において届出書又は有価証券報告書を提出している関係会社があるときは、その旨

　(c)　連結財務諸表に重要な影響を与えている債務超過の状況（負債の総額が資産の総額を上回っている状況をいう。以下gにおいて同じ。）にある関係会社があるときは、その旨及び債務超過の金額

　(d)　連結財務諸表を作成していない場合において、重要な債務超過の状況にある関係会社があるときは、その旨及び債務超過の金額

h　最近連結会計年度における連結財務諸表の売上高に占める連結子会社の売上高（連結会社相互間の内部売上高を除く。）の割合が100分の10を超える場合には、その旨及び当該連結子会社の最近連結会計年度における売上高、経常利益金額（又は経常損失金額）、当期純利益金額（又は当期純損失金額）、純資産額及び総資産額（以下hにおいて「主要な損益情報等」という。）を記載すること。

　ただし、当該連結子会社が届出書若しくは有価証券報告書を提出している場合又は最近連結会計年度におけるセグメント情報の売上高に占める当該連結子会社の売上高（セグメント間の内部売上高又は振替高を含む。）の割合が100分の90を超える場合には、当該理由を明記することによって、主要な損益情報等の記載を省略することができる。

⑵⑼　従業員の状況

a　最近日現在の連結会社における従業員数（就業人員数をいう。以下⑵⑼において同じ。）をセグメント情報に関連付けて記載すること。

　また、提出会社の最近日現在の従業員について、その数、平均年齢、平均勤続年数及び平均年間給与（賞与を含む。）を記載するとともに、従業員数をセグメント情報に関連付けて記載すること。

b　連結会社又は提出会社において、臨時従業員が相当数以上ある場合には、最近日までの1年間におけるその平均雇用人員を外書きで示すこと。ただし、当該臨時従業員の総数が従業員数の100分の10未満であるときは、記載を省略することができる。

c　最近日までの1年間において、連結会社又は提出会社の従業員の人員に著しい増減があった場合にはその事情を、労働組合との間に特記すべき事項等があった場合にはその旨を簡潔に記載すること。

d　最近事業年度の提出会社及びその連結子会社それぞれにおける管理職に占める女性労働者の割合（女性の職業生活における活躍の推進に関する法律に基づく一般事業主行動計画等に関する省令（平成27年厚生労働省令第162号。e及びfにおいて「女性活躍推進法に基づく一般事業主行動計画等に関する省令」という。）第19条第1項第1号ホに掲げる事項をいう。以下dにおいて同じ。）を記載すること。ただし、

　　　提出会社及びその連結子会社が、最近事業年度における管理職に占める女性労働者の割合について、女性の職業生活における活躍の推進に関する法律（平成27年法律第64号。e及びfにおいて「女性活躍推進法」という。）の規定による公表をしない場合は、記載を省略することができる。
　e　最近事業年度の提出会社及びその連結子会社それぞれにおける男性労働者の育児休業取得率（女性活躍推進法に基づく一般事業主行動計画等に関する省令第19条第1項第2号ハに掲げる事項のうち男性に係るものであって同条第2項の規定により公表しなければならないものをいう。）を記載すること。ただし、提出会社及びその連結子会社が、最近事業年度における労働者の男女別の育児休業取得率（同号ハに掲げる事項をいう。）について、女性活躍推進法の規定による公表をしない場合は、記載を省略することができる。
　f　最近事業年度の提出会社及びその連結子会社それぞれにおける労働者の男女の賃金の差異（女性活躍推進法に基づく一般事業主行動計画等に関する省令第19条第1項第1号リに掲げる事項であって同条第2項の規定により公表しなければならないものをいう。）を記載すること。ただし、提出会社及びその連結子会社が、最近事業年度における労働者の男女の賃金の差異（同号リに掲げる事項をいう。）について、女性活躍推進法の規定による公表をしない場合は、記載を省略することができる。
　g　連結子会社のうち主要な連結子会社以外のものに係るdからfまでに規定する事項については、「第二部　企業情報」の「第7　提出会社の参考情報」の「2　その他の参考情報」に記載することができる。この場合においては、その箇所を参照する旨を記載すること。
⑳　経営方針、経営環境及び対処すべき課題等
　a　最近日現在における連結会社（連結財務諸表を作成していない場合には提出会社。以下⑳、（30-2）、㉛a、㉝a、㊲及び㊶d(f)において同じ。）の経営方針・経営戦略等の内容を記載すること。記載に当たっては、連結会社の経営環境（例えば、企業構造、事業を行う市場の状況、競合他社との競争優位性、主要製品・サービスの内容、顧客基盤、販売網等）についての経営者の認識の説明を含め、㉗aの規定により記載した事業の内容と関連付けて記載すること。また、経営上の目標の達成状況を判断するための客観的な指標等がある場合には、その内容を記載すること。
　b　最近日現在における連結会社が優先的に対処すべき事業上及び財務上の課題について、その内容、対処方針等を経営方針・経営戦略等と関連付けて具体的に記載すること。
（30-2）　サステナビリティに関する考え方及び取組
　　　最近日現在における連結会社のサステナビリティに関する考え方及び取組の状況について、次のとおり記載すること。ただし、記載すべき事項の全部又は一部を届出書の他の箇所において記載した場合には、その旨を記載することによって、当該他の箇所において記載した事項の記載を省略することができる。
　a　ガバナンス（サステナビリティ関連のリスク及び機会を監視し、及び管理するためのガバナンスの過程、統制及び手続をいう。）及びリスク管理（サステナビリティ関連のリスク及び機会を識別し、評価し、及び管理するための過程をいう。）について記載すること。
　b　戦略（短期、中期及び長期にわたり連結会社の経営方針・経営戦略等に影響を与える可能性があるサステナビリティ関連のリスク及び機会に対処するための取組をいう。cにおいて同じ。）並びに指標及び目標（サステナビリティ関連のリスク及び機会に関する連結会社の実績を長期的に評価し、管理し、及び監視するために用いられる情報をいう。cにおいて同じ。）のうち、重要なものについて記載すること。
　c　bの規定にかかわらず、人的資本（人材の多様性を含む。）に関する戦略並びに指標及び目標について、次のとおり記載すること。
　(a)　人材の多様性の確保を含む人材の育成に関する方針及び社内環境整備に関する方針（例えば、人材の採用及び維持並びに従業員の安全及び健康に関する方針等）を戦略において記載すること。
　(b)　(a)で記載した方針に関する指標の内容並びに当該指標を用いた目標及び実績を指標及び目標において記載すること。
㉛　事業等のリスク
　a　届出書に記載した事業の状況、経理の状況等に関する事項のうち、経営者が連結会社の財政状態、経営成績及びキャッシュ・フロー（以下a及び㉜において「経営成績等」という。）の状況に重要な影響

金
商
法

を与える可能性があると認識している主要なリスク（連結会社の経営成績等の状況の異常な変動、特定の取引先・製品・技術等への依存、特有の法的規制・取引慣行・経営方針、重要な訴訟事件等の発生、役員・大株主・関係会社等に関する重要事項等、投資者の判断に重要な影響を及ぼす可能性のある事項をいう。以下 a において同じ。）について、当該リスクが顕在化する可能性の程度や時期、当該リスクが顕在化した場合に連結会社の経営成績等の状況に与える影響の内容、当該リスクへの対応策を記載するなど、具体的に記載すること。記載に当たっては、リスクの重要性や経営方針・経営戦略等との関連性の程度を考慮して、分かりやすく記載すること。

b　提出会社が将来にわたって事業活動を継続するとの前提に重要な疑義を生じさせるような事象又は状況その他提出会社の経営に重要な影響を及ぼす事象（以下 b において「重要事象等」という。）が存在する場合には、その旨及びその具体的な内容を分かりやすく記載すること。また、当該重要事象等についての分析・検討内容及び当該重要事象等を解消し、又は改善するための対応策を具体的に、かつ、分かりやすく記載すること。

c　提出者が発行者である有価証券（当該有価証券が預託証券である場合には当該預託証券に表示される権利に係る有価証券をいい、有価証券信託受益証券である場合にはその受託有価証券を含む。）が電子記録移転有価証券表示権利等である場合には、特定有価証券の内容等の開示に関する内閣府令第六号の五様式記載上の注意㉖ c により記載することとされている事項に準ずる事項を記載すること。

㉜　経営者による財政状態、経営成績及びキャッシュ・フローの状況の分析

a　届出書に記載した事業の状況、経理の状況等に関して投資者が適正な判断を行うことができるよう、経営成績等の状況の概要を記載した上で、経営者の視点による当該経営成績等の状況に関する分析・検討内容を、具体的に、かつ、分かりやすく記載すること。なお、経営成績等の状況の概要には次の(a)から(d)までに掲げる事項を、経営者の視点による経営成績等の状況に関する分析・検討内容には次の(e)から(g)までに掲げる事項を含めて記載すること。

(a)　最近連結会計年度及び㊶ただし書の規定により四半期連結貸借対照表（指定国際会計基準又は修正国際基準により四半期連結財務諸表を作成した場合にあっては、四半期連結貸借対照表に相当するものをいう。以下この様式において同じ。）を掲げた場合にあっては当該四半期連結貸借対照表に係る四半期連結累計期間（四半期財務諸表等規則第3条第7号に規定する四半期連結累計期間をいう。以下この様式において同じ。）又は中間連結貸借対照表（指定国際会計基準又は修正国際基準により中間連結財務諸表を作成した場合にあっては、中間連結貸借対照表に相当するものをいう。以下この様式において同じ。）を掲げた場合にあっては当該中間連結貸借対照表に係る中間連結会計期間（以下この様式において「最近連結会計年度等」という。）における事業全体及びセグメント情報に記載された区分ごとの経営成績の状況並びにキャッシュ・フローの状況（四半期連結累計期間におけるキャッシュ・フローの状況については、㊾ただし書の規定により四半期連結キャッシュ・フロー計算書（指定国際会計基準又は修正国際基準により四半期連結財務諸表を作成した場合にあっては、四半期連結キャッシュ・フロー計算書に相当するものをいう。以下この様式において同じ。）を掲げた場合に限る。）について、前年同期（前年同四半期連結累計期間又は前中間連結会計期間を除く。）と比較して、その概要を記載すること。

(b)　最近連結会計年度及び㊶ただし書の規定により中間連結貸借対照表を掲げた場合にあっては当該中間連結貸借対照表に係る中間連結会計期間における生産、受注及び販売の状況について、次に掲げる事項を記載すること。

　i　生産、受注及び販売の実績（前年同期（前中間連結会計期間を除く。）と比較してセグメント情報に関連付けて記載すること。）

　　また、生産、受注及び販売の実績に著しい変動があった場合には、その内容

　ii　生産能力、主要な原材料価格、主要な製商品の仕入価格・販売価格等に著しい変動があった場合、その他生産、受注、販売等に関して特記すべき事項がある場合には、セグメント情報に関連付けた内容

(c)　㊶ただし書の規定により四半期連結貸借対照表を掲げた場合において、当該四半期連結貸借対照表に係る四半期連結累計期間における生産、受注及び販売の実績について著しい変動があったときには、

その内容を記載すること。

(d) 主要な販売先がある場合には、最近２連結会計年度等における相手先別の販売実績及び当該販売実績の総販売実績に対する割合を記載すること。ただし、当該割合が100分の10未満の相手先については記載を省略することができる。

(e) 経営成績等の状況に関して、事業全体及びセグメント情報に記載された区分ごとに、経営者の視点による認識及び分析・検討内容（例えば、経営成績に重要な影響を与える要因についての分析）を(30)ａの規定により記載した経営方針・経営戦略等の内容のほか、届出書に記載した他の項目の内容と関連付けて記載すること。また、資本の財源及び資金の流動性に係る情報についても記載すること。なお、経営方針・経営戦略等又は経営上の目標の達成状況を判断するための客観的な指標等がある場合には、当該経営方針・経営戦略等又は当該指標等に照らして、経営者が経営成績等をどのように分析・検討しているかを記載するなど、具体的に、かつ、分かりやすく記載すること。

(f) キャッシュ・フローの状況の分析・検討内容並びに資本の財源及び資金の流動性に係る情報の記載に当たっては、資金調達の方法及び状況並びに資金の主要な使途を含む資金需要の動向についての経営者の認識を含めて記載するなど、具体的に、かつ、分かりやすく記載すること。

(g) 連結財務諸表の作成に当たって用いた会計上の見積り及び当該見積りに用いた仮定のうち、重要なものについて、当該見積り及び当該仮定の不確実性の内容やその変動により経営成績等に生じる影響など、「第５　経理の状況」に記載した会計方針を補足する情報を記載すること。ただし、記載すべき事項の全部又は一部を「第５　経理の状況」の注記において記載した場合には、その旨を記載することによって、当該注記において記載した事項の記載を省略することができる。

ｂ　連結財務諸表を作成していない場合には、最近事業年度及び(68)ただし書の規定により四半期貸借対照表を掲げた場合にあっては当該四半期貸借対照表に係る四半期累計期間（四半期財務諸表等規則第３条第６号に規定する四半期累計期間をいう。以下この様式において同じ。）又は中間貸借対照表を掲げた場合にあっては当該中間貸借対照表に係る中間会計期間（以下この様式において「最近事業年度等」という。）における経営成績等の状況の概要及び経営者の視点による経営成績等の状況に関する分析・検討内容について、ａに準じて記載すること。

ｃ　提出会社が最近連結会計年度に係る連結財務諸表について指定国際会計基準又は修正国際基準により作成を開始した場合には、経営者の視点による経営成績等の状況に関する分析・検討内容の記載の後に、「経営成績等の状況の概要に係る主要な項目における差異に関する情報」の項目を設けて、指定国際会計基準又は修正国際基準により作成した最近連結会計年度に係る連結財務諸表における主要な項目と連結財務諸表規則（第七章及び第八章を除く。）により作成した場合の最近連結会計年度及びその直前連結会計年度に係る連結財務諸表におけるこれらに相当する項目との差異に関する事項（当該差異の概算額等）を記載すること。

ただし、提出会社が初めて提出する届出書に指定国際会計基準若しくは修正国際基準により作成した連結財務諸表を記載する場合又は指定国際会計基準若しくは修正国際基準により連結財務諸表の作成を開始した連結会計年度（当該連結会計年度が複数あるときは、その直近のものをいう。）の直前連結会計年度において連結財務諸表規則第95条若しくは連結財務諸表の用語、様式及び作成方法に関する規則の一部を改正する内閣府令（平成14年内閣府令第11号）附則第３項の規定に基づき、米国預託証券の発行等に関して要請されている用語、様式及び作成方法（ｅにおいて「米国基準」という。）により連結財務諸表を作成した提出会社（ｄにおいて「米国基準適用会社」という。）が指定国際会計基準若しくは修正国際基準により連結財務諸表の作成を開始した場合は、記載を要しない。

ｄ　提出会社が最近連結会計年度に係る連結財務諸表について指定国際会計基準により作成を開始した場合には、経営者の視点による経営成績等の状況に関する分析・検討内容の記載の後に、「並行開示情報」の項目を設けて、最近連結会計年度及びその直前連結会計年度に係る要約連結財務諸表（最近連結会計年度の直前連結会計年度において連結財務諸表規則（第七章及び第八章を除く。）により連結財務諸表を作成した場合には連結財務諸表規則（第七章及び第八章を除く。）により作成すべき連結財務諸表について、また修正国際基準により連結財務諸表を作成した場合には修正国際基準により作成すべき連結財務諸表について、その表示科目を要約して作成した連結財務諸表をいう。）を(60)ａに準じて記載する

とともに、連結財務諸表規則に従い、当該要約連結財務諸表作成のための基本となる重要な事項の変更に関する事項を記載すること。

　　　ただし、提出会社が初めて提出する届出書に指定国際会計基準により作成した連結財務諸表を記載する場合又は米国基準適用会社が指定国際会計基準により連結財務諸表の作成を開始した場合は、記載を要しない。

　e　提出会社が最近連結会計年度に係る連結財務諸表について修正国際基準により作成を開始した場合には、経営者の視点による経営成績等の状況に関する分析・検討内容の記載の後に、「並行開示情報」の項目を設けて、最近連結会計年度及びその直前連結会計年度に係る要約連結財務諸表（最近連結会計年度の直前連結会計年度において連結財務諸表規則（第七章及び第八章を除く。）により連結財務諸表を作成した場合には連結財務諸表規則（第七章及び第八章を除く。）により作成すべき連結財務諸表について、指定国際会計基準により連結財務諸表を作成した場合には指定国際会計基準により作成すべき連結財務諸表について、また米国基準により連結財務諸表を作成した場合には米国基準により作成すべき連結財務諸表について、その表示科目を要約して作成した連結財務諸表をいう。）を⑹ a に準じて記載するとともに、連結財務諸表規則に従い、当該要約連結財務諸表作成のための基本となる重要な事項の変更に関する事項を記載すること。

　　　ただし、提出会社が初めて提出する届出書に修正国際基準により作成した連結財務諸表を記載する場合は、記載を要しない。

⑶　経営上の重要な契約等

　a　連結会社において事業の全部若しくは主要な部分の賃貸借又は経営の委任、他人と事業上の損益全部を共通にする契約、技術援助契約その他の経営上の重要な契約を締結している場合には、その概要を記載すること。最近連結会計年度（連結財務諸表を作成していない場合には最近事業年度。以下⑶において同じ。）の開始日から届出書提出日までの間において、これらの契約について重要な変更又は解約があった場合には、その内容を記載すること。

　b　最近連結会計年度の開始日から届出書提出日までの間において、吸収合併又は新設合併が行われることが、業務執行を決定する機関により決定された場合には、重要性の乏しいものを除き、吸収合併又は新設合併の目的、条件、引継資産・負債の状況、吸収合併消滅会社となる会社又は新設合併消滅会社となる会社の株式1株又は持分に割り当てられる吸収合併存続会社となる会社又は新設合併設立会社となる会社の株式の数その他の財産（吸収合併存続会社となる会社以外の会社の株式等が割り当てられる場合を含む。）及びその算定根拠並びに当該吸収合併又は新設合併の後の吸収合併存続会社となる会社（吸収合併消滅会社となる会社の株式1株又は持分に割り当てられる財産が吸収合併存続会社となる会社が発行する有価証券以外の有価証券である場合には、当該有価証券の発行者を含む。）又は新設合併設立会社となる会社の資本金・事業の内容等について記載すること。

　c　最近連結会計年度の開始日から届出書提出日までの間において、重要な事業の全部若しくは一部の譲渡又は重要な事業の全部若しくは一部の譲受けが行われることが、業務執行を決定する機関により決定された場合には、その概要について記載すること。

　d　最近連結会計年度の開始日から届出書提出日までの間において、株式交換、株式移転又は株式交付が行われることが、業務執行を決定する機関により決定された場合には、重要性の乏しいものを除き、株式交換、株式移転又は株式交付の目的、条件、株式交換完全子会社となる会社、株式移転完全子会社となる会社又は株式交付子会社となる会社（以下 d 及び⑹ e において「株式交換完全子会社等」という。）の株式1株に割り当てられる株式交換完全親会社となる会社、株式移転設立完全親会社となる会社又は株式交付親会社となる会社（以下 d 及び⑹ e において「株式交換完全親会社等」という。）の株式の数その他の財産（株式交換完全親会社等となる会社以外の会社の株式等が割り当てられる場合を含む。）及びその算定根拠並びに当該株式交換、株式移転及び株式交付の後の株式交換完全親会社等となる会社（株式交換完全子会社等となる会社の株式1株又は持分に割り当てられる財産が株式交換完全親会社等となる会社が発行する有価証券以外の有価証券である場合には、当該有価証券の発行者を含む。）の資本金・事業の内容等について記載すること。

　e　最近連結会計年度の開始日から届出書提出日までの間において、吸収分割又は新設分割が行われるこ

とが、業務執行を決定する機関により決定された場合には、重要性の乏しいものを除き、吸収分割又は新設分割の目的、条件、承継する資産・負債又は承継させる資産・負債の状況、吸収分割会社となる会社又は新設分割会社となる会社に割り当てられる吸収分割承継会社となる会社又は新設分割設立会社となる会社の株式の数その他の財産（吸収分割承継会社となる会社以外の会社の株式等が割り当てられる場合を含む。）及びその算定根拠並びに当該吸収分割又は新設分割の後の吸収分割承継会社となる会社（吸収分割会社に割り当てられる財産が吸収分割承継会社となる会社が発行する有価証券以外の有価証券である場合には、当該有価証券の発行者を含む。）又は新設分割設立会社となる会社の資本金・事業の内容等について記載すること。

(34)　研究開発活動

　最近連結会計年度等（連結財務諸表を作成していない場合には最近事業年度等。(35)及び(59) h において同じ。）における研究開発活動の状況（例えば、研究の目的、主要課題、研究成果、研究体制等）及び研究開発費の金額を、セグメント情報に関連付けて記載すること。

(35)　設備投資等の概要

　最近連結会計年度等における設備投資の目的、内容及び投資金額をセグメント情報に関連付けて概括的に説明すること。この場合において、有形固定資産のほか、無形固定資産・長期前払費用、繰延資産等への投資を含めて記載することが適当であると認められるときは、これらを含めて記載し、その旨を明らかにすること。

　また、重要な設備の除却、売却等があった場合には、その内容及び金額をセグメント情報に関連付けて記載すること。

(36)　主要な設備の状況

　a　最近連結会計年度末（(61)ただし書の規定により中間連結貸借対照表を掲げた場合には、当該中間連結貸借対照表に係る中間連結決算日現在）における主要な設備（連結会社以外の者から賃借しているものを含む。以下 a において同じ。）について、提出会社、国内子会社、在外子会社の別に、会社名（提出会社の場合を除く。）、事業所名、所在地、設備の内容、設備の種類別の帳簿価額（土地については、その面積も示す。）及び従業員数を、セグメント情報に関連付けて記載すること。

　なお、類似の事業を営む事業所が多数設立されている場合には、代表的な事業所名を示した上で、事業の種類別又は地域別に一括して記載することができる。

　また、(61)ただし書の規定により四半期連結貸借対照表を掲げた場合には、当該四半期連結貸借対照表に係る四半期連結累計期間において、主要な設備に関し、次に掲げる場合に該当するときは、それぞれ次に定める内容を記載すること。

　(a)　新設、休止、大規模改修、除却、売却等により著しい変動があった場合　その内容

　(b)　最近連結会計年度末において計画中であった新設、休止、大規模改修、除却、売却等について著しい変更があった場合　その内容

　b　連結財務諸表を作成していない場合には、最近事業年度末（(68)ただし書の規定により中間貸借対照表を掲げた場合には、当該中間貸借対照表に係る中間決算日現在）における主要な設備（賃借しているものを含む。）について、a に準じて記載すること。

　また、(68)ただし書の規定により四半期貸借対照表を掲げた場合には、当該四半期貸借対照表に係る四半期累計期間において、主要な設備に関し、a に準じて記載すること。

　c　主要な設備のうちに、連結会社以外の者（連結財務諸表を作成していない場合は他の者。以下 c において同じ。）から賃借している設備若しくは連結会社以外の者へ賃貸している設備がある場合又は生産能力に重要な影響を及ぼすような機械装置等の休止がある場合（生産能力に100分の10以上の影響を及ぼす場合をいう。）には、その内容を記載すること。

(37)　設備の新設、除却等の計画

　最近日現在において連結会社に重要な設備の新設、拡充、改修、除却、売却等の計画がある場合には、その内容（例えば、事業所名、所在地、設備の内容、投資予定金額（総額及び既支払額）、資金調達方法（増資資金、社債発行資金、自己資金、借入金等の別をいう。）、着手及び完了予定年月、完成後における増加能力等）を、セグメント情報に関連付けて記載すること。

⑶⒅　株式の総数等

a　「発行可能株式総数」の欄には、届出書提出日現在の定款に定められた発行可能株式総数又は発行可能種類株式総数を記載すること。

　　会社が種類株式発行会社であるときは、株式の種類ごとの発行可能種類株式総数を記載し、「計」の欄には、発行可能株式総数を記載すること。

b　「発行済株式」には、発行済株式の種類ごとに「種類」、「発行数」、「上場金融商品取引所名又は登録認可金融商品取引業協会名」及び「内容」を記載すること。

c　会社が行使価額修正条項付新株予約権付社債券等を発行している場合には、「種類」の欄にその旨を記載すること。

d　「内容」の欄には、単元株式数を含め、株式の内容を具体的に記載すること。

　　この場合において、会社が種類株式発行会社であるときは、会社法第108条第1項各号に掲げる事項について定款、株主総会決議又は取締役会決議により定めた内容及び同法第322条第2項に規定する定款の定めの有無を記載すること。

　　なお、会社が会社法第107条第1項各号に掲げる事項を定めている場合には、その具体的内容を記載すること。ただし、「新規発行株式」の「内容」の欄に同一の内容を記載している場合には、その旨のみを記載することができる。

　　会社が行使価額修正条項付新株予約権付社債券等を発行している場合には、冒頭に、当該行使価額修正条項付新株予約権付社債券等の特質を記載すること。

e　会社が行使価額修正条項付新株予約権付社債券等を発行している場合には、次に掲げる事項を欄外に記載すること。

⑴　第19条第9項に規定する場合に該当する場合にあっては、同項に規定するデリバティブ取引その他の取引の内容

⑵　当該行使価額修正条項付新株予約権付社債券等に表示された権利の行使に関する事項（当該権利の行使を制限するために支払われる金銭その他の財産に関する事項を含む。）についての当該行使価額修正条項付新株予約権付社債券等の所有者との間の取決めの内容（当該取決めがない場合はその旨）

⑶　提出者の株券の売買（令第26条の2の2第1項に規定する空売りを含む。）に関する事項についての当該行使価額修正条項付新株予約権付社債券等の所有者との間の取決めの内容（当該取決めがない場合はその旨）

⑷　提出者の株券の貸借に関する事項についての当該行使価額修正条項付新株予約権付社債券等の所有者と提出者の特別利害関係者等との間の取決めがあることを知っている場合にはその内容

⑸　その他投資者の保護を図るため必要な事項

f　会社が会社法第108条第1項各号に掲げる事項について異なる定めをした内容の異なる2以上の種類の株式（以下「2以上の種類の株式」という。）を発行している場合であって、株式の種類ごとに異なる数の単元株式数を定めているとき又は議決権の有無若しくはその内容に差異があるときは、その旨及びその理由を欄外に記載すること。この場合において、株式の保有又はその議決権行使について特に記載すべき事項がある場合には、その内容を記載すること。

g　「発行数」の欄には、最近日現在の発行数を記載すること。

h　金銭以外の財産を出資の目的とするときは、その旨並びに当該財産の内容及び価額を欄外に記載すること。

i　協同組織金融機関の場合には、普通出資及び優先出資に区分して記載すること（「1　株式等の状況」の⑶　発行済株式総数、資本金等の推移」から「3　配当政策」までにおいて同じ。）。

j　相互会社にあっては、記載を要しない（「1　株式等の状況」の「⑷　所有者別状況」から「⑺　役員・従業員株式所有制度の内容」までにおいて同じ。）。

⑶⒆　ストックオプション制度の内容

a　取締役、使用人等に対して新株予約権証券を付与する決議がされている場合には、当該決議に係る決議年月日並びに付与対象者の区分及び人数を決議ごとに記載し、当該決議がされていない場合には、該当ない旨を記載すること。

b　当該決議により新株予約権証券を付与する、又は付与している場合には、最近事業年度の末日における当該新株予約権に係る次に掲げる事項を記載すること。

なお、当該決議により新株予約権証券を付与している場合には、届出書提出日の属する月の前月末現在における当該事項を併せて記載すること。ただし、届出書提出日の属する月の前月末現在において、記載すべき内容が、最近事業年度の末日における内容から変更がない場合には、その旨を記載することによって、届出書提出日の属する月の前月末現在に係る記載を省略することができる。

(a)　新株予約権の数

(b)　新株予約権の目的となる株式の種類、内容及び数

(c)　新株予約権の行使時の払込金額

(d)　新株予約権の行使期間

(e)　新株予約権の行使により株式を発行する場合の株式の発行価格及び資本組入額

(f)　新株予約権の行使の条件

(g)　新株予約権の譲渡に関する事項

(h)　組織再編成行為に伴う新株予約権の交付に関する事項（会社法第236条第１項第８号に規定する事項をいう。）

(i)　金銭以外の財産を新株予約権の行使の際に出資の目的とする場合には、その旨並びに当該財産の内容及び価額

c　商法等の一部を改正する法律の施行に伴う関係法律の整備に関する法律（平成13年法律第129号。(41) c において「商法等改正整備法」という。）第19条第１項の規定により新株予約権とみなされる新株の引受権又はあらかじめ定めた価額をもって会社からその株式を取得できる権利を付与している場合には、ｂに準じて記載すること。

d　会社法第236条第１項各号に掲げる事項について異なる定めをした内容の異なる新株予約権を発行した場合には、同一内容の新株予約権ごとに記載すること。

e　ａからｄまでにより記載すべき事項の全部又は一部を「第５　経理の状況」のうちストック・オプションに係る注記において記載した場合には、「①　ストックオプション制度の内容」にその旨を記載することによって、当該注記において記載した事項の記載を省略することができる。

(40)　ライツプランの内容

a　基本方針に照らして不適切な者によって当該会社の財務及び事業の方針の決定が支配されることを防止するための取組み（いわゆる買収防衛策）の一環として、新株予約権を発行している場合には、当該新株予約権の発行に係る決議年月日及び付与対象者のほか、最近事業年度の末日及び届出書提出日の属する月の前月末現在における(39) b (a)から(i)までに掲げる事項並びに取得条項に関する事項及び信託の設定の状況を決議ごとに記載し、未発行の場合には、該当ない旨を記載すること。ただし、届出書提出日の属する月の前月末現在において、記載すべき内容が、最近事業年度の末日における内容から変更がない場合には、その旨を記載することによって、届出書提出日の属する月の前月末現在に係る記載を省略することができる。

b　ａに掲げるもののほか、(39) c 及びｄに準じて記載すること。

(41)　その他の新株予約権等の状況

a　「(2)　新株予約権等の状況」の「①　ストックオプション制度の内容」及び「②　ライツプランの内容」に記載した新株予約権以外の新株予約権又は新株予約権付社債を発行している場合には、当該新株予約権又は当該新株予約権付社債の発行に係る決議年月日のほか、最近事業年度の末日及び届出書提出日の属する月の前月末現在における当該新株予約権又は当該新株予約権付社債に係る(39) b (a)から(i)までに掲げる事項及び新株予約権のうち自己新株予約権の数を決議ごとに記載し、未発行の場合には、該当ない旨を記載すること。なお、新株予約権付社債を発行している場合には、その残高についても記載すること。ただし、届出書提出日の属する月の前月末現在において、記載すべき内容が、最近事業年度の末日における内容から変更がない場合には、その旨を記載することによって、届出書提出日の属する月の前月末現在に係る記載を省略することができる。

b　その他提出会社に対して新株の発行を請求できる権利が存在している場合には、新株予約権又は新株

金
商
法

予約権付社債に準じて記載すること。

c　商法等改正整備法第19条第２項の規定により新株予約権付社債とみなされる転換社債若しくは新株引受権付社債又は同条第３項の規定により新株予約権証券とみなされる新株引受権証券（(42)ｂにおいて「旧転換社債等」という。）を発行している場合には、最近事業年度の末日及び届出書提出日の属する月の前月末現在における転換社債の残高、転換価格及び資本組入額又は新株引受権の残高並びに新株引受権の行使により発行する株式の発行価格及び資本組入額を記載すること。ただし、届出書提出日の属する月の前月末現在において、記載すべき内容が、最近事業年度の末日における内容から変更がない場合には、その旨を記載することによって、届出書提出日の属する月の前月末現在に係る記載を省略することができる。

d　行使価額修正条項付新株予約権付社債券等を発行している場合には、その旨、当該行使価額修正条項付新株予約権付社債券等の特質及び(38)ｅ(a)から(e)までに掲げる事項を記載すること。

e　ａからｄまでに掲げるもののほか、(39)ｄに準じて記載すること。

(42)　発行済株式総数、資本金等の推移

a　最近５年間（この間に発行済株式総数、資本金及び資本準備金の増減がない場合には、最後に増減があった日）における発行済株式総数、資本金及び資本準備金の増減について記載すること。

b　新株の発行による発行済株式総数、資本金及び資本準備金の増加については、新株の発行形態（有償・無償の別、株主割当・第三者割当等の別、株主割当の場合には割当比率等）、発行価格及び資本組入額を欄外に記載すること。

合併については、合併の相手先名及び合併比率を欄外に記載すること。

新株予約権の行使（旧転換社債等の権利行使を含む。）による発行済株式総数、資本金及び資本準備金の増加については、事業年度ごとにそれぞれの合計額を記載し、その旨を欄外に記載すること。

利益準備金、資本準備金若しくは再評価積立金その他の法律で定める準備金を資本に組入れた場合又は剰余金処分による資本組入れを行った場合における資本金の増加については、その内容を欄外に記載すること。

発行済株式総数、資本金及び資本準備金の減少については、その理由及び減資割合等を欄外に記載すること。

c　相互会社にあっては、発行済株式総数に係る記載を省略し、ａ及びｂにおいて「資本金及び資本準備金」を「基金等の総額」に読み替えて記載し、基金等の概要及び基金償却積立金の額を注記すること。なお、「基金等」とは、基金及び保険業法第56条に規定する基金償却積立金をいう。

(43)　所有者別状況

a　最近日現在の「所有者別状況」について記載すること。ただし、最近日現在のものを記載することが困難な場合には、最近事業年度の末日（１年を１事業年度とする会社にあっては、６箇月を１事業年度とする会社とみなした場合にこの日に対応する日）現在のものによることができる。

また、その発行する株券等を、社債等振替法に基づき、振替機関が取り扱うことに同意した会社（(44)ｃにおいて「振替に係る同意会社」という。）にあっては、株式の状況全体について、直近の総株主通知（同法第151条第１項の規定による通知をいう。）の基準とする日現在のものにより記載することができる。

会社が２以上の種類の株式を発行している場合には、種類ごとの所有者別状況が分かるように記載すること。

b　「所有株式数」の欄には、他人（仮設人を含む。）名義で所有している株式数を含めた実質所有により記載すること。

c　「外国法人等」の欄には、外国の法令に基づいて設立された法人等個人以外及び外国国籍を有する個人に区分して記載すること。

d　「単元未満株式の状況」の欄には、単元未満株式の総数を記載すること。

(44)　大株主の状況

a　最近日現在の「大株主の状況」について記載すること。

b　「所有株式数」の欄には、他人（仮設人を含む。）名義で所有している株式数を含めた実質所有により

金商法

記載すること。

c　大株主は所有株式数の多い順（提出会社を除く。）に10名程度について記載し、会社法施行規則（平成18年法務省令第12号）第67条第1項の規定により議決権を有しないこととなる株主については、その旨を併せて記載すること。ただし、会社が2以上の種類の株式を発行している場合であって、株式の種類ごとに異なる数の単元株式数を定めているとき又は議決権の有無に差異があるときは、所有株式に係る議決権の個数の多い順に10名程度についても併せて記載すること。

なお、大株主が個人である場合の個人株主の住所の記載に当たっては、市町村までを記載しても差し支えない。

振替に係る同意会社が最近日以外の日現在のものにより記載した場合において、当該記載時点となる日後最近日までの間における大株主の異動について当該同意会社が把握しているものがあるときは、当該異動の内容を注記すること。

d　最近事業年度の末日後最近日までの間において、主要株主の異動があった場合には、その旨を注記すること。

e　会社が発行する株券等に係る大量保有報告書等が法第27条の30の7の規定により公衆の縦覧に供された場合又は会社が大量保有報告書等の写しの送付を受けた場合（法第27条の30の11第4項の規定により送付したとみなされる場合を含む。）であって、当該大量保有報告書等に記載された当該書類の提出者の株券等の保有状況が株主名簿の記載内容と相違するときには、実質所有状況を確認して記載すること。

なお、記載内容が大幅に相違している場合であって実質所有状況の確認ができないときには、その旨及び大量保有報告書等の記載内容を注記すること。

(45)　議決権の状況

a　最近日現在の「議決権の状況」について記載すること。

なお、各欄に記載すべき株式について、2以上の種類の株式を発行している場合は、株式の種類ごとの数が分かるように記載すること。

b　「無議決権株式」の欄には、無議決権株式（単元未満株式を除く。eにおいて同じ。）の総数及び内容を記載すること。

c　「議決権制限株式（自己株式等）」の欄には、議決権制限株式（単元未満株式を除く。d及びeにおいて同じ。）のうち、会社法第308条第2項の規定により議決権を有しない株式（以下この様式、第三号様式、第四号の三様式及び第五号様式において「自己保有株式」という。）及び会社法施行規則第67条の規定により議決権を有しない株式（以下この様式、第三号様式、第四号の三様式及び第五号様式において「相互保有株式」という。）について、種類ごとに総数及び内容を記載すること。

d　「議決権制限株式（その他）」の欄には、cに該当する議決権制限株式以外の議決権制限株式について、種類ごとに総数、議決権の数及び内容を記載すること。

e　「完全議決権株式（自己株式等）」の欄には、無議決権株式及び議決権制限株式以外の株式（単元未満株式を除く。以下この様式、第三号様式、第四号の三様式及び第五号様式において「完全議決権株式」という。）のうち、自己保有株式及び相互保有株式について、種類ごとに総数及び内容を記載すること。

f　「完全議決権株式（その他）」の欄には、eに該当する完全議決権株式以外の完全議決権株式について、種類ごとに総数、議決権の数及び内容を記載すること。

g　「単元未満株式」の欄には、単元未満株式の総数を種類ごとに記載すること。

h　「他人名義所有株式数」の欄には、他人（仮設人を含む。）名義で所有している株式数を記載するとともに、欄外に他人名義で所有している理由並びにその名義人の氏名又は名称及び住所を記載すること。

なお、株主名簿において所有者となっている場合であっても実質的に所有していない株式については、その旨及びその株式数を欄外に記載すること。

(46)　役員・従業員株式所有制度の内容

a　提出会社の役員、使用人その他の従業員（定義府令第16条第1項第7号の2イ(1)に規定する対象従業員を含む。）又はこれらの者を対象とする持株会（以下(46)において「役員・従業員持株会」という。）に提出会社の株式を一定の計画に従い、継続的に取得させ、又は売り付けることを目的として、当該提出会社の株式の取得又は買い付けを行う信託その他の仕組みを利用した制度（以下(46)において「役員・従

業員株式所有制度」という。）を導入している場合には、次の(a)から(c)までに掲げる事項を具体的に記載すること。

(a)　当該役員・従業員株式所有制度の概要（例えば、役員・従業員株式所有制度の仕組み、及び信託を利用する場合には受益権の内容）

(b)　役員・従業員持株会に取得させ、又は売り付ける予定の株式の総数又は総額

(c)　当該役員・従業員株式所有制度による受益権その他の権利を受けることができる者の範囲

b　提出会社が当該制度を導入していない場合には、項目名を含め記載を要しない。

(47)　自己株式の取得等の状況

最近事業年度及び最近事業年度の末日の翌日から届出書提出日までの期間（この様式において「最近期間」という。）における自己株式の取得等の状況について、自己株式の取得の事由及び株式の種類ごとに記載すること。なお、株主総会決議又は取締役会決議による自己株式を取得することができる期間（この様式において「取得期間」という。）又はその一部が最近事業年度又は最近期間に含まれる場合には、最近事業年度又は最近期間において当該株主総会決議又は取締役会決議による自己株式の取得が行われていないときであっても記載すること。

(48)　株式の種類等

自己株式の取得の事由及び当該取得に係る株式の種類を記載すること。なお、取得の事由については、会社法第155条各号に掲げる場合のいずれに該当するものかを記載すればよいこととする。

(49)　株主総会決議による取得の状況

a　「株主総会での決議状況」の欄には、株主総会における決議日並びに決議された取得期間、株式の総数（この様式において「授権株式数」という。）及び価額の総額（以下(49)において「授権株式総額」という。）を記載すること。なお、当該株主総会において自己株式の取得に関し取得期間、授権株式数及び授権株式総額以外の事項を決議している場合は、その決議内容を欄外に記載すること。

b　「残存授権株式の総数及び価額の総額」の欄には、授権株式数から最近事業年度及び最近事業年度前に取得した当該決議に係る自己株式の総数を減じた数（c及びdにおいて「残存授権株式数」という。）並びに授権株式総額から最近事業年度及び最近事業年度前に取得した当該決議に係る自己株式の価額の総額を減じた額（c及びdにおいて「残存授権株式総額」という。）を記載すること。

c　「最近事業年度の末日現在の未行使割合」の欄には、残存授権株式数を授権株式数で除して計算した割合及び残存授権株式総額を授権株式総額で除して計算した割合を記載すること。

d　「提出日現在の未行使割合」の欄には、残存授権株式数から最近期間に取得した当該決議に係る自己株式の総数を減じた数を授権株式数で除して計算した割合及び残存授権株式総額から最近期間に取得した当該決議に係る自己株式の価額の総額を減じた額を授権株式総額で除して計算した割合を記載すること。

e　欄外には、会社法第465条に規定する欠損が生じた場合の支払額、公開買付けにより自己株式を取得した場合のその概要等を記載すること。

(50)　取締役会決議による取得の状況

a　「取締役会での決議状況」の欄には、取締役会における決議日並びに決議された取得期間、株式の総数（以下(50)において「決議株式数」という。）及び価額の総額（以下(50)において「決議株式総額」という。）を記載すること。なお、当該取締役会において自己株式の取得に関し取得期間、決議株式数及び決議株式総額以外の事項を決議している場合は、その決議内容を欄外に記載すること。

b　「残存決議株式の総数及び価額の総額」の欄には、決議株式数から最近事業年度及び最近事業年度前に取得した当該決議に係る自己株式の総数を減じた数（c及びdにおいて「残存決議株式数」という。）並びに決議株式総額から最近事業年度及び最近事業年度前に取得した当該決議に係る自己株式の価額の総額を減じた額（c及びdにおいて「残存決議株式総額」という。）を記載すること。

c　「最近事業年度の末日現在の未行使割合」の欄には、残存決議株式数を決議株式数で除して計算した割合及び残存決議株式総額を決議株式総額で除して計算した割合を記載すること。

d　「提出日現在の未行使割合」の欄には、残存決議株式数から最近期間に取得した当該決議に係る自己株式の総数を減じた数を決議株式数で除して計算した割合及び残存決議株式総額から最近期間に取得し

金商法

た当該決議に係る自己株式の価額の総額を減じた額を決議株式総額で除して計算した割合を記載すること。

e　欄外には、会社法第465条に規定する欠損が生じた場合の支払額、公開買付けにより自己株式を取得した場合のその概要等を記載すること。

⑸　株主総会決議又は取締役会決議に基づかないものの内容

自己株式の取得が、株主総会決議又は取締役会決議に基づかないものについて、その内容を⑷に準じて記載すること。

⑸　取得自己株式の処理状況及び保有状況

a　取得自己株式の処理状況について、「引き受ける者の募集（会社法第199条第1項の規定による募集をいう。）を行った取得自己株式」、「消却の処分を行った取得自己株式」及び「合併、株式交換、株式交付、会社分割に係る移転を行った取得自己株式」に分けて記載すること。

なお、それ以外の方法により処理を行った場合は、その内容について「その他」の欄に分かりやすく記載すること。

b　自己株式の保有状況について、最近事業年度末日現在及び届出書提出日現在の保有自己株式数について記載すること。

⑸　配当政策

a　配当政策については、配当（相互会社にあっては、契約者配当）の基本的な方針、毎事業年度における配当の回数についての基本的な方針、配当の決定機関、最近事業年度の配当決定に当たっての考え方及び内部留保資金の使途について記載すること。

なお、配当財産が金銭以外の財産である場合にはその内容を記載し、当該場合において当該配当財産に代えて金銭を交付することを株式会社に対して請求する権利を与えているときは、その内容についても記載すること。

また、会社法第454条第5項に規定する中間配当をすることができる旨を定款で定めた場合には、その旨を記載すること。

b　最近事業年度に会社法第453条に規定する剰余金の配当（以下「剰余金の配当」という。）をした場合には、当該剰余金の配当についての株主総会又は取締役会の決議の年月日並びに各決議ごとの配当金の総額及び1株当たりの配当額を注記すること。

c　届出書提出日の属する事業年度開始の日から届出書提出までの間に剰余金の配当について株主総会又は取締役会の決議があった場合には、その旨、決議年月日並びに当該剰余金の配当による配当金の総額及び1株当たりの額を注記すること。

d　会社法以外の法律の規定又は契約により、剰余金の配当について制限を受けている場合には、その旨及びその内容を注記すること。

⑸　コーポレート・ガバナンスの概要

a　提出会社が法第24条第1項第1号又は第2号に掲げる有価証券（法第5条第1項に規定する特定有価証券を除く。）を発行する者（以下⑸から⑸までにおいて「上場会社等」という。）である場合には、提出会社のコーポレート・ガバナンスに関する基本的な考え方を記載した上で、提出会社の企業統治の体制（企業統治に関して提出会社が任意に設置する委員会その他これに類するものを含む。）の概要（設置する機関の名称、目的、権限及び構成員の氏名（当該機関の長に該当する者については役職名の記載、提出会社の社外取締役（社外役員（会社法施行規則第2条第3項第5号に規定する社外役員をいう。以下a及び⑸bにおいて同じ。）に該当する会社法第2条第15号に規定する社外取締役をいう。以下この様式において同じ。）又は社外監査役（社外役員に該当する同条第16号に規定する社外監査役をいう。以下この様式において同じ。）に該当する者についてはその旨の記載を含む。）の記載を含む。）及び当該企業統治の体制を採用する理由を具体的に記載すること。また、提出会社の企業統治に関するその他の事項（例えば、内部統制システムの整備の状況、リスク管理体制の整備の状況、提出会社の子会社の業務の適正を確保するための体制整備の状況）について、具体的に、かつ、分かりやすく記載すること。

なお、取締役（業務執行取締役等（会社法第2条第15号イに規定する業務執行取締役等をいう。）であるものを除く。bにおいて同じ。）、会計参与、監査役若しくは会計監査人との間で同法第427条第1

項に規定する契約（ｂにおいて「責任限定契約」という。）を締結した場合、役員等（同法第423条第１項に規定する役員等をいう。以下ａにおいて同じ。）との間で補償契約（同法第430条の２第１項に規定する補償契約をいう。以下ａ及びｂにおいて同じ。）を締結した場合又は役員等を被保険者とする役員等賠償責任保険契約（同法第430条の３第１項に規定する役員等賠償責任保険契約をいう。以下ａ及びｂにおいて同じ。）を締結した場合には、締結した契約の内容の概要（当該契約によって職務の執行の適正性が損なわれないようにするための措置を講じている場合にはその内容を含み、補償契約を締結した場合には会社法施行規則第121条第３号の３及び第３号の４に掲げる事項を含み、役員等賠償責任保険契約を締結した場合には塡補の対象とされる保険事故の概要及び被保険者によって実質的に保険料が負担されているときにおけるその負担割合を含む。）を記載すること。

　　また、会社法第373条第１項に規定する特別取締役による取締役会の決議制度を定めた場合には、その内容を記載すること。

ｂ　提出会社が上場会社等以外の者である場合には、提出会社の企業統治に関する事項（例えば、会社の機関の内容、内部統制システムの整備の状況、リスク管理体制の整備の状況、提出会社の子会社の業務の適正を確保するための体制整備の状況、役員報酬の内容（社内取締役と社外取締役に区分した内容））について、具体的に、かつ、分かりやすく記載すること。

　　なお、責任限定契約、補償契約又は役員等賠償責任保険契約を締結した場合には、締結した契約の内容の概要（当該契約によって職務の執行の適正性が損なわれないようにするための措置を講じている場合にはその内容を含み、補償契約を締結した場合には会社法施行規則第121条第３号の３及び第３号の４に掲げる事項を含み、役員等賠償責任保険契約を締結した場合には塡補の対象とされる保険事故の概要及び被保険者によって実質的に保険料が負担されているときにおけるその負担割合を含む。）を記載すること。

　　また、会社法第373条第１項に規定する特別取締役による取締役会の決議制度を定めた場合には、その内容を記載すること。

ｃ　提出会社が基本方針を定めている場合には、会社法施行規則第118条第３号に掲げる事項を記載すること。

ｄ　提出会社の企業統治に関する事項に代えて連結会社の企業統治に関する事項について記載することができる。その場合には、その旨を記載すること。

ｅ　定款で取締役の定数又は取締役の資格制限について定め、また、取締役の選解任の決議要件につき、会社法と異なる別段の定めをした場合には、その内容を記載すること。

ｆ　株主総会決議事項を取締役会で決議することができることとした場合にはその事項及びその理由、取締役会決議事項を株主総会では決議できないことを定款で定めた場合にはその事項及びその理由並びに株主総会の特別決議要件を変更した場合にはその内容及びその理由を記載すること。

ｇ　会社が種類株式発行会社であって、株式の種類ごとに異なる数の単元株式数を定めている場合又は議決権の有無若しくはその内容に差異がある場合には、その旨及びその理由を記載すること。この場合において、株式の保有又はその議決権行使について特に記載すべき事項がある場合には、その内容を記載すること。

ｈ　会社と特定の株主の間で利益が相反するおそれがある取引を行う場合に株主（当該取引の当事者である株主を除く。）の利益が害されることを防止するための措置（例えば、いわゆる特別委員会の設置等）をとる旨を決定している場合には、その旨及びその具体的内容を記載すること。

ｉ　最近事業年度における提出会社の取締役会、指名委員会等設置会社における指名委員会及び報酬委員会並びに企業統治に関して提出会社が任意に設置する委員会その他これに類するものの活動状況（開催頻度、具体的な検討内容、個々の取締役又は委員の出席状況等）を記載すること。ただし、企業統治に関して提出会社が任意に設置する委員会その他これに類するもののうち、指名委員会等設置会社における指名委員会又は報酬委員会に相当するもの以外のものについては、記載を省略することができる。

⑸　役員の状況

ａ　役員の男女別人数を欄外に記載するとともに、役員のうち女性の比率を括弧内に記載すること。

ｂ　「略歴」の欄には、届出書提出日現在における役員の主要略歴（例えば、入社年月、役員就任直前の

金商法

役職名、役員就任後の主要職歴、他の主要な会社の代表取締役に就任している場合の当該役職名、中途入社の場合における前職）を記載すること。

c　「所有株式数」の欄には、他人（仮設人を含む。）名義で所有している株式数を含めた実質所有により記載すること。

なお、会社が2以上の種類の株式を発行している場合には、種類ごとの数を記載すること。

d　会社設立の場合にあっては、発起人について役員に準じて記載すること。この場合、「所有株式数」の欄には、引受予定株式数を記載すること。

e　役員間において二親等内の親族関係がある場合には、その内容を注記すること。

f　相互会社の場合にあっては、「所有株式数」の欄の記載を要しない。

g　会計参与設置会社であって会計参与が法人である場合には、「氏名」欄に当該会計参与の名称を、「略歴」欄に当該会計参与の簡単な沿革を記載すること。

h　会社が、会社法第108条第1項第9号に掲げる事項につき異なる定めをした内容の異なる種類の株式を発行した場合において、当該種類の株主によって選任された役員がいるときはその旨を欄外に注記すること。

i　役員が社外取締役又は社外監査役に該当する場合には、その旨を欄外に注記すること。

j　提出会社が上場会社等である場合には、次のとおり記載すること。

(a)　社外取締役又は社外監査役を選任している場合には、社外取締役及び社外監査役の員数並びに各社外取締役及び社外監査役につき、提出会社との人的関係、資本的関係又は取引関係その他の利害関係について、具体的に、かつ、分かりやすく記載すること。

当該社外取締役又は社外監査役が提出会社の企業統治において果たす機能及び役割、当該社外取締役又は社外監査役を選任するための提出会社からの独立性に関する基準又は方針の内容（これらの基準又は方針がない場合には、その旨）並びに当該社外取締役又は社外監査役の選任状況に関する提出会社の考え方を具体的に、かつ、分かりやすく記載すること。また、当該社外取締役又は社外監査役による監督又は監査と内部監査、監査役監査（監査等委員会設置会社にあっては監査等委員会による監査、指名委員会等設置会社にあっては監査委員会による監査をいう。(56)において同じ。）及び会計監査との相互連携並びに内部統制部門との関係について、具体的に、かつ、分かりやすく記載すること。

(b)　社外取締役又は社外監査役を選任していない場合には、その旨並びにそれに代わる社内体制及び当該社内体制を採用する理由を具体的に記載すること。

k　提出会社が上場会社等以外の者である場合には、社外取締役及び社外監査役と提出会社との人的関係、資本的関係又は取引関係その他の利害関係について、具体的に、かつ、分かりやすく記載すること。

(56)　監査の状況

a　監査役監査の状況について、次のとおり記載すること。

(a)　監査役監査の組織、人員（財務及び会計に関する相当程度の知見を有する監査役、監査等委員又は監査委員が含まれる場合には、その内容を含む。）及び手続について、具体的に、かつ、分かりやすく記載すること。

(b)　最近事業年度における提出会社の監査役及び監査役会（監査等委員会設置会社にあっては提出会社の監査等委員会、指名委員会等設置会社にあっては提出会社の監査委員会をいう。b及びdにおいて同じ。）の活動状況（開催頻度、具体的な検討内容、個々の監査役の出席状況及び常勤の監査役の活動等）を記載すること。

b　提出会社が上場会社等である場合には、内部監査の状況等について、次のとおり記載すること。

(a)　内部監査の組織、人員及び手続について、具体的に、かつ、分かりやすく記載すること。

(b)　内部監査、監査役監査及び会計監査の相互連携並びにこれらの監査と内部統制部門との関係について、具体的に、かつ、分かりやすく記載すること。

(c)　内部監査の実効性を確保するための取組（内部監査部門が代表取締役のみならず、取締役会並びに監査役及び監査役会に対しても直接報告を行う仕組みの有無を含む。cにおいて同じ。）について、具体的に、かつ、分かりやすく記載すること。

c　提出会社が上場会社等以外の者である場合には、内部監査の状況等について、次のとおり記載すること。

　(a)　内部監査の組織、人員及び手続について、具体的に、かつ、分かりやすく記載すること。

　(b)　内部監査、監査役監査及び会計監査の相互連携について、具体的に、かつ、分かりやすく記載すること。

　(c)　内部監査の実効性を確保するための取組について、具体的に、かつ、分かりやすく記載すること。

d　会計監査の状況について、次のとおり記載すること。

　(a)　提出会社の監査公認会計士等（第19条第２項第９号の４に規定する監査公認会計士等をいう。以下この様式及び第二号の五様式において同じ。）が監査法人である場合には、当該監査法人に係る次に掲げる事項を記載すること。

　　i　当該監査法人の名称

　　ii　提出会社の財務書類について連続して監査関連業務（公認会計士法第24条の３第３項に規定する監査関連業務をいう。）を行っている場合におけるその期間（(b)において「継続監査期間」という。）

　　iii　業務を執行した公認会計士（公認会計士法第16条の２第５項に規定する外国公認会計士を含む。以下同じ。）の氏名

　　iv　監査業務に係る補助者の構成

　(b)　提出会社の監査公認会計士等が公認会計士である場合には、当該公認会計士の氏名、監査業務に係る補助者の構成及び監査証明の審査体制について記載すること。また、業務を執行した公認会計士の継続監査期間が７会計期間を超える場合にあっては、当該継続監査期間を記載すること。

　(c)　提出会社が(a)又は(b)の規定により記載した監査公認会計士等を選定した理由について、提出会社が監査公認会計士等を選定するに当たって考慮するものとしている方針（会社法施行規則第126条第４号に掲げる事項を含む。）を含めて具体的に記載すること。なお、提出会社が最近事業年度の末日において会社法第２条第11号に規定する会計監査人設置会社であり、かつ、当該監査公認会計士等が会計監査人と同一の者である場合において、同令第126条第５号又は第６号に掲げる事項を事業報告に含めた、又は含めるべきときには、当該事項の内容を記載した上で、当該監査公認会計士等を選定した理由を記載すること。

　(d)　最近２連結会計年度等（連結財務諸表を作成していない場合には最近２事業年度等）において監査公認会計士等の異動（第19条第２項第９号の４に規定する異動をいう。以下この様式及び第二号の五様式において同じ。）があった場合には、その旨を記載すること。なお、当該異動について同号の規定に基づいて臨時報告書を提出した場合には、当該臨時報告書に記載した事項（同号ハからまでに掲げる事項については、その概要）も記載すること。

　(e)　提出会社の監査役及び監査役会が提出会社の監査公認会計士等又は会計監査人の評価を行った場合には、その旨及びその内容を記載すること。

　(f)　監査報酬の内容等について、次のとおり記載すること。

　　i　最近２連結会計年度（連結財務諸表を作成していない場合には最近２事業年度。以下この様式において同じ。）において、提出会社及び提出会社の連結子会社がそれぞれ監査公認会計士等に対して支払った、又は支払うべき報酬について、監査証明業務（公認会計士法第２条第１項に規定する業務をいう。以下この様式及び第二号の五様式において同じ。）に基づく報酬とそれ以外の業務（以下 i、ii及び第二号の五様式において「非監査業務」という。）に基づく報酬に区分して記載すること。この場合において、非監査業務に基づく報酬を記載したときは、当該非監査業務の内容を記載すること。

　　ii　最近２連結会計年度において、提出会社及び提出会社の連結子会社がそれぞれ監査公認会計士等と同一のネットワーク（共通の名称を用いるなどして２以上の国においてその業務を行う公認会計士又は監査法人及び外国監査事務所等（外国の法令に準拠し、外国において、他人の求めに応じ報酬を得て、財務書類の監査又は証明をすることを業とする者をいう。）を含めて構成される組織をいう。）に属する者に対して支払った、又は支払うべき報酬について、監査証明業務に基づく報酬と非監査業務に基づく報酬に区分して記載すること（ただし、iの規定により記載する報酬の内容及び連結子会社の監査報酬等の内容として重要性の乏しい報酬の内容を除く。）。この場合において、非監査業務に基づく報酬を記載したときは、当該非監査業務の内容を記載すること。

金商法

　　iii　ⅰ及びⅱの規定により記載する報酬の内容のほか、最近２連結会計年度において、連結会社の監査証明業務に基づく報酬として重要な報酬がある場合には、その内容について、具体的に、かつ、分かりやすく記載すること。

　　iv　提出会社が監査公認会計士等に対する報酬の額の決定に関する方針を定めているときは、当該方針の概要を記載すること。

　　ⅴ　提出会社が最近事業年度の末日において会社法第２条第11号に規定する会計監査人設置会社である場合には、監査役又は監査役会が同法第399条第１項の同意をした理由を記載すること。

(57)　役員の報酬等

　　提出会社が上場会社等である場合には、提出会社の役員（取締役、監査役及び執行役をいい、最近事業年度の末日までに退任した者を含む。以下(57)において同じ。）の報酬等（報酬、賞与その他その職務執行の対価としてその会社から受ける財産上の利益であって、最近事業年度に係るもの及び最近事業年度において受け、又は受ける見込みの額が明らかとなったもの（最近事業年度前のいずれかの事業年度に係る有価証券報告書に記載したものを除く。）をいう。以下(57)において同じ。）について、次のとおり記載すること。

　a　届出書提出日現在における提出会社の役員の報酬等の額又はその算定方法の決定に関する方針の内容及び決定方法を記載すること。なお、当該方針を定めていない場合には、その旨を記載すること。

　　提出会社の役員の報酬等に、利益の状況を示す指標、株式の市場価格の状況を示す指標その他の提出会社又は当該提出会社の関係会社の業績を示す指標を基礎として算定される報酬等（以下(57)において「業績連動報酬」という。）が含まれる場合において、業績連動報酬と業績連動報酬以外の報酬等の支給割合の決定に関する方針を定めているときは、当該方針の内容を記載すること。また、当該業績連動報酬に係る指標、当該指標を選択した理由及び当該業績連動報酬の額の決定方法を記載すること。

　　提出会社の役員の報酬等の額又はその算定方法の決定に関する役職ごとの方針を定めている場合には、当該方針の内容を記載すること。また、会社法第361条第７項の方針又は同法第409条第１項の方針を定めている場合には、会社法施行規則第121条第６号イからハまでに掲げる事項を記載すること。

　　提出会社が指名委員会等設置会社以外の会社である場合において、役員の報酬等に関する株主総会の決議があるときは、当該株主総会の決議年月日及び当該決議の内容（当該決議が二以上の役員についての定めである場合には、当該定めに係る役員の員数を含む。）を記載すること。この場合において、当該株主総会の決議がないときは、提出会社の役員の報酬等について定款に定めている事項の内容及び当該事項を設けた日を記載すること。

　b　取締役（監査等委員及び社外取締役を除く。）、監査等委員（社外取締役を除く。）、監査役（社外監査役を除く。）、執行役及び社外役員の区分（以下ｂにおいて「役員区分」という。）ごとに、報酬等の総額、報酬等の種類別（例えば、固定報酬、業績連動報酬、非金銭報酬等（会社法施行規則第98条の５第３号に規定する非金銭報酬等をいう。以下ｂにおいて同じ。）及び退職慰労金等の区分をいう。以下ｂにおいて同じ。）の総額及び対象となる役員の員数を記載すること。

　　提出会社の役員ごとに、氏名、役員区分、提出会社の役員としての報酬等（主要な連結子会社の役員としての報酬等がある場合には、当該報酬等を含む。以下ｂにおいて「連結報酬等」という。）の総額及び連結報酬等の種類別の額について、提出会社と各主要な連結子会社に区分して記載すること（ただし、連結報酬等の総額が１億円以上である者に限ることができる。）。

　　使用人兼務役員の使用人給与のうち重要なものがある場合には、その総額、対象となる役員の員数及びその内容を記載すること。

　　提出会社の役員の報酬等に業績連動報酬が含まれる場合には、最近事業年度における当該業績連動報酬に係る指標の目標及び実績について記載すること。また、当該報酬等の全部又は一部が非金銭報酬等であるときは、その内容を記載すること。

　c　提出会社の役員の報酬等の額又はその算定方法の決定に関する方針の決定権限を有する者の氏名又は名称、その権限の内容及び裁量の範囲を記載すること。また、株式会社が最近事業年度の末日において取締役会設置会社（指名委員会等設置会社を除く。）である場合において、取締役会から委任を受けた取締役その他の第三者が最近事業年度に係る取締役（監査等委員である取締役を除く。）の個人別の報酬等の内容の全部又は一部を決定したときは、その旨、委任を受けた者の氏名並びに当該内容を決定し

た日における当該株式会社における地位並びに担当、委任された権限の内容、委任の理由及び当該権限が適切に行使されるようにするための措置を講じた場合における当該措置の内容を記載すること。

提出会社の役員の報酬等の額又はその算定方法の決定に関する方針の決定に関与する委員会（提出会社が任意に設置する委員会その他これに類するものをいう。以下 c において「委員会等」という。）が存在する場合には、その手続の概要を記載すること。また、最近事業年度の提出会社の役員の報酬等の額の決定過程における、提出会社の取締役会（指名委員会等設置会社にあっては報酬委員会）及び委員会等の活動内容を記載すること。

⑸ 株式の保有状況

提出会社が上場会社等である場合には、提出会社の株式の保有状況について、次のとおり記載すること。

a 提出会社の最近事業年度に係る貸借対照表に計上されている投資有価証券（財務諸表等規則第32条第1項第1号に掲げる投資有価証券及びこれに準ずる有価証券をいい、提出会社の所有に係るもので保証差入有価証券等の別科目で計上されているものを含む。）に該当する株式（提出会社が信託財産として保有する株式を除く。以下⑸において「投資株式」という。）のうち保有目的が純投資目的である投資株式と純投資目的以外の目的である投資株式の区分の基準や考え方を記載すること。

b 保有目的が純投資目的以外の目的である投資株式（法第2条第16項に規定する金融商品取引所に上場されている株券に係る株式に限ることができる。以下 b において同じ。）について、提出会社の保有方針及び保有の合理性を検証する方法を記載すること。また、保有目的が純投資目的以外の目的である投資株式について、個別銘柄の保有の適否に関する取締役会等における検証の内容を記載すること。

c 保有目的が純投資目的以外の目的である投資株式を非上場株式（法第24条第1項第1号又は第2号に掲げる有価証券に該当する株券及び外国の金融商品取引所（令第2条の12の3第4号ロに規定する外国の金融商品取引所をいう。）に上場されている株券その他これに準ずる有価証券に係る株式以外の株式をいう。d及びeにおいて同じ。）とそれ以外の株式に区分し、当該区分ごとに、次に掲げる事項を記載すること。

⒜ 銘柄数及び貸借対照表計上額の合計額

⒝ 最近事業年度における株式数がその前事業年度における株式数から変動した銘柄について、株式数が増加した銘柄数、株式数の増加に係る取得価額の合計額及び増加の理由並びに株式数が減少した銘柄数及び株式数の減少に係る売却価額の合計額

d 保有目的が純投資目的以外の目的である投資株式（非上場株式を除く。以下 d において「特定投資株式」という。）及び純投資目的以外の目的で提出会社が信託契約その他の契約又は法律上の規定に基づき株主として議決権を行使する権限又は議決権の行使を指図する権限（以下 d において「議決権行使権限」という。）を有する株式（提出会社が信託財産として保有する株式及び非上場株式を除く。以下 d において「みなし保有株式」という。）のうち、最近事業年度及びその前事業年度のそれぞれについて、銘柄別による貸借対照表計上額（みなし保有株式にあっては、当該株式の事業年度末日における時価に議決権行使権限の対象となる株式数を乗じて得た額。以下 d において同じ。）が提出会社の資本金額（財務諸表等規則第60条に規定する株主資本の合計額が資本金額に満たない場合には、当該合計額）の100分の1を超えるもの（当該株式の銘柄数の合計が60に満たない場合には、当該貸借対照表計上額の大きい順の60銘柄（みなし保有株式が11銘柄以上含まれる場合には、みなし保有株式にあっては貸借対照表計上額の大きい順の10銘柄、特定投資株式にあっては貸借対照表計上額の大きい順の50銘柄。ただし、特定投資株式が50銘柄に満たない場合には、開示すべきみなし保有株式の銘柄数は、60から当該特定投資株式の銘柄数を減じて得た数）に該当するもの）について、特定投資株式及びみなし保有株式に区分して、銘柄ごとに次に掲げる事項を具体的に記載すること。この場合において、特定投資株式及びみなし保有株式に同一銘柄の株式が含まれる場合にそれぞれの株式数（みなし保有株式にあっては、議決権行使権限の対象となる株式数をいう。以下 d において同じ。）及び貸借対照表計上額を合算していない場合には、その旨を記載すること。

⒜ 銘柄

⒝ 株式数

⒞ 貸借対照表計上額

　　　　(d)　保有目的（みなし保有株式の場合には、当該株式につき議決権行使権限その他提出会社が有する権限の内容）

　　　　(e)　保有目的が提出会社と当該株式の発行者との間の営業上の取引、業務上の提携その他これらに類する事項を目的とするものである場合には、当該事項の概要

　　　　(f)　提出会社の経営方針・経営戦略等、事業の内容及びセグメント情報と関連付けた定量的な保有効果（定量的な保有効果の記載が困難な場合には、その旨及び保有の合理性を検証した方法）

　　　　(g)　株式数が増加した理由（最近事業年度における株式数がその前事業年度における株式数より増加した銘柄に限る。）

　　　　(h)　当該株式の発行者による提出会社の株式の保有の有無

　　e　保有目的が純投資目的である投資株式を非上場株式とそれ以外の株式に区分し、当該区分ごとに次の及びに掲げる事項を記載すること。また、最近事業年度中に投資株式の保有目的を純投資目的から純投資目的以外の目的に変更したもの又は純投資目的以外の目的から純投資目的に変更したものがある場合には、それぞれ区分して、銘柄ごとに、銘柄、株式数及び貸借対照表計上額を記載すること。

　　　　(a)　提出会社の最近事業年度及びその前事業年度における銘柄数及び貸借対照表計上額の合計額

　　　　(b)　提出会社の最近事業年度における受取配当金、売却損益及び評価損益のそれぞれの合計額

　　f　提出会社が子会社の経営管理を行うことを主たる業務とする会社である場合における提出会社及びその連結子会社の中で、最近事業年度における投資株式の貸借対照表計上額（以下 f において「投資株式計上額」という。）が最も大きい会社（以下 f において「最大保有会社」といい、最近事業年度における最大保有会社の投資株式計上額が提出会社の最近連結会計年度における連結投資有価証券（連結財務諸表規則第30条第 1 項第 1 号に規定する投資有価証券（連結財務諸表規則第30条第 2 項に規定する非連結子会社及び関連会社の株式を除く。）をいう。）に区分される株式の連結貸借対照表計上額の 3 分の 2 を超えない場合には、最近事業年度における最大保有会社及び投資株式計上額が次に大きい会社）について、会社ごとに区分して、ｂからｅまでに準じて記載すること。この場合、ｄにおける資本金額は提出会社の資本金額とし、最大保有会社以外の会社（提出会社が最大保有会社に該当しない場合における提出会社を含む。）について、ｄに規定する「大きい順の60銘柄」は「大きい順の10銘柄」に読み替えるものとする。

⒀　経理の状況

　　a　財務諸表等規則別記に掲げる事業を営む会社が、特別の法令若しくは準則の定めるところにより、又はこれらに準じて連結財務諸表、四半期連結財務諸表、中間連結財務諸表、財務諸表、四半期財務諸表及び中間財務諸表（ｅ及びｆにおいて「連結財務諸表等」という。）を作成している場合には、その旨を記載すること。

　　b　指定国際会計基準により連結財務諸表、四半期連結財務諸表及び中間連結財務諸表を作成した場合には、その旨を記載すること。

　　　　また、修正国際基準により連結財務諸表、四半期連結財務諸表及び中間連結財務諸表を作成した場合には、その旨を記載すること。

　　c　連結財務諸表及び四半期連結財務諸表若しくは中間連結財務諸表を作成していない場合には、その旨及び作成していない理由を記載すること。

　　d　提出会社が連結財務諸表を作成していない場合であって、財務諸表等規則第129条第 2 項の規定により指定国際会計基準により財務諸表を作成したときには、その旨を記載すること。

　　e　提出会社が法の規定により提出する連結財務諸表等の適正性を確保するための特段の取組みを行っている場合には、その旨及びその取組みの具体的な内容を記載すること。

　　f　連結財務諸表規則第 1 条の 2 に規定する指定国際会計基準特定会社が指定国際会計基準に基づいて連結財務諸表等を適正に作成することができる体制の整備（例えば、指定国際会計基準に関する十分な知識を有する役員又は使用人の配置）を行っている場合には、その旨及びその体制の具体的な内容を記載すること。

　　　　また、連結財務諸表規則第 1 条の 3 に規定する修正国際基準特定会社が修正国際基準に基づいて連結財務諸表等を適正に作成することができる体制の整備（例えば、修正国際基準に関する十分な知識を有

する役員又は使用人の配置）を行っている場合には、その旨及びその体制の具体的な内容を記載すること。

g　連結財務諸表等について公認会計士又は監査法人の監査証明を受けている場合には、その旨及び公認会計士の氏名又は監査法人の名称を記載すること。

h　最近連結会計年度等において決算期を変更した場合には、その旨及び変更の内容を記載すること。

i　財務諸表等規則第１条の２に規定する特例財務諸表提出会社が、財務諸表等規則第127条の規定により財務諸表を作成している場合には、その旨を記載すること。

⒁　連結財務諸表

a　連結貸借対照表、連結損益計算書及び連結包括利益計算書又は連結損益及び包括利益計算書、連結株主資本等変動計算書並びに連結キャッシュ・フロー計算書（指定国際会計基準又は修正国際基準により連結財務諸表を作成した場合にあっては、これらに相当するものをいう。以下この様式において同じ。）については、連結財務諸表規則に定めるところにより作成した最近連結会計年度に係るものを記載すること。ただし、最近連結会計年度の前連結会計年度に係る連結財務諸表が法第５条第１項又は第24条第１項から第３項までの規定により提出された届出書又は有価証券報告書に記載されていない場合（この届出書に添付された監査報告書に監査証明府令第４条第２項の規定による記載がある場合を除く。）には、最近２連結会計年度に係る連結財務諸表（連結財務諸表規則第８条の３に規定する比較情報を除く。以下この様式において最近２連結会計年度連結財務諸表という。）について、最近連結会計年度の前連結会計年度分を左側に、最近連結会計年度分を右側に配列して記載すること。

なお、⒂ただし書、⒃ただし書、⒄ただし書及び⒅ただし書の規定により、四半期連結貸借対照表、四半期連結損益計算書及び四半期連結包括利益計算書又は四半期連結損益及び包括利益計算書（指定国際会計基準又は修正国際基準により四半期連結財務諸表を作成した場合にあっては、四半期連結損益計算書及び四半期連結包括利益計算書又は四半期連結損益及び包括利益計算書に相当するものをいう。以下この様式において同じ。）、四半期連結キャッシュ・フロー計算書並びに持分変動計算書（指定国際会計基準又は修正国際基準により四半期連結財務諸表を作成した場合に限る。）又は中間連結貸借対照表、中間連結損益計算書及び中間連結包括利益計算書又は中間連結損益及び包括利益計算書（指定国際会計基準又は修正国際基準により中間連結財務諸表を作成した場合にあっては、中間連結損益計算書及び中間連結包括利益計算書又は中間連結損益及び包括利益計算書に相当するものをいう。以下この様式において同じ。）、中間連結株主資本等変動計算書（指定国際会計基準又は修正国際基準により中間連結財務諸表を作成した場合にあっては、中間連結株主資本等変動計算書に相当するものをいう。以下この様式において同じ。）並びに中間連結キャッシュ・フロー計算書（指定国際会計基準又は修正国際基準により中間連結財務諸表を作成した場合にあっては、中間連結キャッシュ・フロー計算書に相当するものをいう。以下この様式において同じ。）を掲げる場合には、⒂、⒃、⒄及び⒅の規定により掲げた連結財務諸表の下にそれぞれ記載すること。

b　連結財務諸表、四半期連結財務諸表及び中間連結財務諸表の作成に当たっては、連結財務諸表規則、四半期連結財務諸表規則及び中間連結財務諸表規則、指定国際会計基準又は修正国際基準に従い、適切な科目による適正な金額の計上を行うとともに、連結財務諸表、四半期連結財務諸表及び中間連結財務諸表作成のための基本となる重要な事項、記載すべき注記、連結附属明細表（指定国際会計基準又は修正国際基準により連結財務諸表を作成した場合は、これに相当するもの。⒆において同じ。）等を会社の実態に即して適正に記載すること。

c　連結財務諸表、四半期連結財務諸表及び中間連結財務諸表に対する監査報告書、四半期レビュー報告書及び中間監査報告書は、連結財務諸表、四半期連結財務諸表及び中間連結財務諸表に添付すること。

なお、連結財務諸表、四半期連結財務諸表及び中間連結財務諸表のうち、従前において法第５条第１項、第24条第１項から第３項まで、第24条の４の７第１項若しくは第２項又は第24条の５第１項の規定により提出された届出書、有価証券報告書、四半期報告書又は半期報告書に含まれた連結財務諸表、四半期連結財務諸表及び中間連結財務諸表と同一の内容のものであって新たに監査証明を受けていないものについては、すでに提出された当該連結財務諸表、四半期連結財務諸表及び中間連結財務諸表に対する監査報告書、四半期レビュー報告書又は中間監査報告書によるものとする。

⒂　連結貸借対照表

　　　最近連結会計年度末現在における連結貸借対照表（⑤⑨ａの規定により最近２連結会計年度連結財務諸表を記載する場合は、最近２連結会計年度末現在における連結貸借対照表）を掲げること。

　　　ただし、四半期報告書を提出する会社において、１年を１連結会計年度とする会社が次のａからｃまでに掲げる期間に届出書を提出する場合には、それぞれａからｃまでに定める期間に係る四半期連結貸借対照表（四半期連結財務諸表規則第５条の３に規定する比較情報を除き、特定事業会社（第17条の15第２項に規定する事業を行う会社をいう。以下この様式において同じ。）がｂに掲げる期間に届出書を提出する場合には、中間連結貸借対照表（中間連結財務諸表規則第４条の２に規定する比較情報を除く。）。以下⑥①において同じ。）を併せて掲げること。なお、ａからｃまでに掲げる期間前において、それぞれａからｃまでに定める期間に係る四半期連結貸借対照表を掲げることができることとなった場合には、当該四半期連結貸借対照表を併せて掲げること。

ａ　最近連結会計年度の次の連結会計年度（以下⑥①及び⑥⑥ｂにおいて「次の連結会計年度」という。）における最初の四半期連結会計期間（以下⑥①において「第１四半期連結会計期間」という。）終了後第４条の２の10第３項に規定する期間（提出会社が特定事業会社である場合には、同条第４項に規定する期間。以下この様式において「提出期間」という。）を経過する日から次の連結会計年度における第１四半期連結会計期間の次の四半期連結会計期間（以下⑥①において「第２四半期連結会計期間」という。）終了後提出期間を経過する日の前日までの期間当該次の連結会計年度における第１四半期連結会計期間

ｂ　次の連結会計年度における第２四半期連結会計期間終了後提出期間を経過する日から次の連結会計年度における第２四半期連結会計期間の次の四半期連結会計期間（以下⑥①において「第３四半期連結会計期間」という。）終了後提出期間を経過する日の前日までの期間当該次の連結会計年度における第２四半期連結会計期間

ｃ　次の連結会計年度における第３四半期連結会計期間終了後提出期間を経過する日から次の連結会計年度に係る連結貸借対照表の記載が可能となる日までの期間当該次の連結会計年度における第３四半期連結会計期間

　　　また、半期報告書を提出する会社において、１年を１連結会計年度とする会社が次の連結会計年度開始の日から起算して９箇月を経過する日以後に届出書を提出する場合には、当該次の連結会計年度に係る中間連結貸借対照表を併せて掲げること。

⑥②　連結損益計算書及び連結包括利益計算書又は連結損益及び包括利益計算書

　　　最近連結会計年度の連結損益計算書及び連結包括利益計算書又は連結損益及び包括利益計算書（⑥⓪ａの規定により最近２連結会計年度連結財務諸表を記載する場合は、最近２連結会計年度の連結損益計算書及び連結包括利益計算書又は連結損益及び包括利益計算書）を掲げること。なお、連結損益計算書及び連結包括利益計算書を掲げる場合にあっては項目名として「連結損益計算書及び連結包括利益計算書」と、連結損益及び包括利益計算書を掲げる場合にあっては項目名として「連結損益及び包括利益計算書」と記載すること。

　　　ただし、⑥①ただし書に規定する四半期連結貸借対照表を掲げた場合には、当該四半期連結貸借対照表に係る四半期連結累計期間の四半期連結損益計算書及び四半期連結包括利益計算書又は四半期連結損益及び包括利益計算書（四半期連結財務諸表規則第５条の３に規定する比較情報を除く。以下⑥②において同じ。）を併せて掲げること。この場合において、四半期連結財務諸表規則に定めるところにより当四半期連結会計期間に係る四半期連結損益計算書及び四半期連結包括利益計算書又は四半期連結損益及び包括利益計算書を作成した場合には、当該四半期連結貸借対照表に係る四半期連結会計期間の四半期連結損益計算書及び四半期連結包括利益計算書又は四半期連結損益及び包括利益計算書も併せて掲げること。なお、指定国際会計基準又は修正国際基準により四半期連結財務諸表を作成した場合には、当該四半期連結貸借対照表に係る四半期連結累計期間及び四半期連結会計期間の四半期連結損益計算書及び四半期連結包括利益計算書又は四半期連結損益及び包括利益計算書を掲げること。

　　　また、⑥①ただし書に規定する中間連結貸借対照表を掲げた場合（特定事業会社が中間貸借対照表を掲げた場合を含む。）には、当該中間連結貸借対照表に係る連結会計年度の中間連結損益計算書及び中間連結包括利益計算書又は中間連結損益及び包括利益計算書（中間連結財務諸表規則第４条の２に規定する比較情報を除く。）を併せて掲げること。

⑥3　連結株主資本等変動計算書

　　最近連結会計年度の連結株主資本等変動計算書（⑥0ａの規定により最近２連結会計年度連結財務諸表を記載する場合は、最近２連結会計年度の連結株主資本等変動計算書）を掲げること。

　　ただし、⑥1ただし書に規定する中間連結貸借対照表を掲げた場合（特定事業会社が中間貸借対照表を掲げた場合を含む。）には、当該中間連結貸借対照表に係る連結会計年度の中間連結株主資本等変動計算書（中間連結財務諸表規則第４条の２に規定する比較情報を除く。）を併せて掲げること。

⑥4　連結キャッシュ・フロー計算書

　　最近連結会計年度の連結キャッシュ・フロー計算書（⑥0ａの規定により最近２連結会計年度連結財務諸表を記載する場合は、最近２連結会計年度の連結キャッシュ・フロー計算書）を掲げること。

　　ただし、⑥1ただし書に規定する四半期連結貸借対照表を掲げた場合には、当該四半期連結貸借対照表に係る四半期連結累計期間（指定国際会計基準により四半期連結財務諸表を作成した場合又は修正国際基準により四半期連結財務諸表を作成した場合のいずれにも該当しないときは、当四半期連結会計期間が第２四半期連結会計期間である場合又は当四半期連結会計期間が第２四半期連結会計期間以外の四半期連結会計期間である場合であって、四半期連結累計期間に係る四半期連結キャッシュ・フロー計算書を作成したときに限る。）の四半期連結キャッシュ・フロー計算書（四半期連結財務諸表規則第５条の３に規定する比較情報を除く。）を、また、⑥1ただし書に規定する中間連結貸借対照表を掲げた場合（特定事業会社が中間貸借対照表を掲げた場合を含む。）には、当該中間連結貸借対照表に係る連結会計年度の中間連結キャッシュ・フロー計算書（中間連結財務諸表規則第４条の２に規定する比較情報を除く。）を併せて掲げること。

⑥5　連結附属明細表

　　最近連結会計年度の連結附属明細表を示すこと。

　　なお、指定国際会計基準又は修正国際基準により連結財務諸表を作成し、かつ、連結附属明細表に相当する情報を他の箇所に記載したときには記載を要しない。

⑥6　その他

ａ　最近連結会計年度終了後届出書提出日までに、資産・負債に著しい変動及び損益に重要な影響を与えた事実又は与えることが確実に予想される事実が生じた場合には、その概要を記載すること。

　　ただし、当該届出書の他の箇所に含めて記載したものについては記載を要しない。

ｂ　次の(a)から(e)までに掲げる場合に応じ、当該(a)から(e)までに定める事項を前年同期と比較して記載すること。

(a)　四半期報告書を提出する会社において、次の連結会計年度開始後おおむね３箇月を経過した日から提出期間を経過する日までの間に届出書を提出する場合（⑥1ただし書の規定により四半期連結貸借対照表を掲げた場合を除く。）　当該次の連結会計年度開始後３箇月の経営成績の概要（四半期連結財務諸表の形式による記載が可能なときは、当該形式により記載すること。）

(b)　四半期報告書を提出する会社において、次の連結会計年度開始後おおむね６箇月を経過した日から提出期間を経過する日までの間に届出書を提出する場合（⑥1ただし書の規定により四半期連結貸借対照表を掲げた場合（特定事業会社が中間連結貸借対照表を掲げた場合を含む。）を除く。）　当該次の連結会計年度開始後６箇月の経営成績の概要（四半期連結財務諸表（特定事業会社の場合には、中間連結財務諸表）の形式による記載が可能なときは、当該形式により記載すること。）

(c)　四半期報告書を提出する会社において、次の連結会計年度開始後おおむね９箇月を経過した日から提出期間を経過する日までの間に届出書を提出する場合（⑥1ただし書の規定により四半期連結貸借対照表を掲げた場合を除く。）　当該次の連結会計年度開始後９箇月の経営成績の概要（四半期連結財務諸表の形式による記載が可能なときは、当該形式により記載すること。）

(d)　半期報告書を提出する会社において、次の連結会計年度開始後おおむね７箇月から９箇月までの期間を経過するまでの間に届出書を提出する場合（⑥1ただし書の規定により中間連結貸借対照表を掲げた場合を除く。）　当該次の連結会計年度開始後６箇月の経営成績の概要（中間連結財務諸表の形式による記載が可能なときは、当該形式により記載すること。）

(e)　次の連結会計年度開始後おおむね13箇月経過後に届出書を提出する場合　当該次の連結会計年度の

金商法

経営成績の概要（連結財務諸表の形式による記載が可能なときは、当該形式により記載すること。）

c　提出会社が、最近連結会計年度において法第24条の4の7第1項又は第2項の規定により四半期報告書を提出した場合には、最近連結会計年度における各四半期連結累計期間（当該提出した四半期報告書に係る四半期連結累計期間に限る。）に係る(a)から(d)までに掲げる項目の金額及び最近連結会計年度に係る(a)及び(e)から(g)までに掲げる項目の金額について、各四半期連結累計期間、最近連結会計年度の順に記載すること。

(a)　売上高

(b)　税金等調整前四半期純利益金額又は税金等調整前四半期純損失金額（四半期連結財務諸表規則第76条の規定により記載しなければならない税金等調整前四半期純利益金額又は税金等調整前四半期純損失金額をいう。）

(c)　親会社株主に帰属する四半期純利益金額又は親会社株主に帰属する四半期純損失金額（四半期連結財務諸表規則第77条第5項の規定により記載しなければならない親会社株主に帰属する四半期純利益金額又は親会社株主に帰属する四半期純損失金額をいう。）

(d)　1株当たり四半期純利益金額又は1株当たり四半期純損失金額（四半期連結財務諸表規則第78条第1項の規定により注記しなければならない1株当たり四半期純利益金額又は1株当たり四半期純損失金額をいう。）

(e)　税金等調整前当期純利益金額又は税金等調整前当期純損失金額（連結財務諸表規則第64条の規定により記載しなければならない税金等調整前当期純利益金額又は税金等調整前当期純損失金額をいう。）

(f)　親会社株主に帰属する当期純利益金額又は親会社株主に帰属する当期純損失金額（連結財務諸表規則第65条第4項の規定により記載しなければならない親会社株主に帰属する当期純利益金額又は親会社株主に帰属する当期純損失金額をいう。）

(g)　1株当たり当期純利益金額又は1株当たり当期純損失金額（連結財務諸表規則第65条の2第1項の規定により注記しなければならない1株当たり当期純利益金額又は1株当たり当期純損失金額をいう。）

d　cに規定する事項を記載する場合には、最近連結会計年度における各四半期連結会計期間（当該連結会計期間の最後の四半期連結会計期間を含む。以下このdにおいて同じ。）に係るc(d)に掲げる項目の金額（各四半期連結累計期間に係るc(d)に掲げる項目の金額に準じて算出したもの）について、各四半期連結会計期間の順に記載すること。

e　企業集団の営業その他に関し重要な訴訟事件等があるときは、その概要を記載すること。

(67)　財務諸表

a　貸借対照表、損益計算書、株主資本等変動計算書及びキャッシュ・フロー計算書（連結財務諸表を作成している場合にはキャッシュ・フロー計算書を除く。以下aにおいて同じ。）については、財務諸表等規則に定めるところにより作成した最近事業年度に係るものを記載すること。ただし、最近事業年度の前事業年度に係る財務諸表が法第5条第1項又は第24条第1項から第3項までの規定により提出された届出書又は有価証券報告書に記載されていない場合には、最近2事業年度に係る財務諸表（財務諸表等規則第6条に規定する比較情報を除く。以下この様式において最近2事業年度財務諸表という。）について、最近事業年度の前事業年度分を左側に、最近事業年度分を右側に配列して記載すること。

なお、(68)ただし書、(69)aただし書、(70)ただし書及び(71)ただし書の規定により、四半期貸借対照表、四半期損益計算書及び四半期キャッシュ・フロー計算書又は中間貸借対照表、中間損益計算書、中間株主資本等変動計算書及び中間キャッシュ・フロー計算書（中間連結財務諸表を作成している場合には中間キャッシュ・フロー計算書を除く。）を掲げる場合には、(68)、(69)a、(70)及び(71)の規定により掲げた貸借対照表、損益計算書、株主資本等変動計算書及びキャッシュ・フロー計算書の下にそれぞれ記載すること。

b　指定国際会計基準により財務諸表を作成した場合（(59)dに該当する場合に限る。）には、(67)（bを除く。）から(72)までの規定により記載した財務諸表の下に「国際会計基準による財務諸表」の項を設け、当該指定国際会計基準により作成した財務諸表を記載することができる。なお、当該指定国際会計基準により作成した財務諸表は、(67)（aただし書及びbを除く。）から(72)までに準じて記載すること。

c　財務諸表、四半期財務諸表及び中間財務諸表の作成に当たっては、財務諸表等規則、四半期財務諸表

等規則及び中間財務諸表等規則又は指定国際会計基準に従い、適切な科目による適正な金額の計上を行うとともに、財務諸表、四半期財務諸表及び中間財務諸表作成のための基本となる重要な事項、記載すべき注記、附属明細表（指定国際会計基準により財務諸表を作成した場合は、これに相当するもの。(72)及び(73)において同じ。）等を会社の実態に即して適正に記載すること。

d　財務諸表、四半期財務諸表及び中間財務諸表に対する監査報告書、四半期レビュー報告書及び中間監査報告書は、財務諸表、四半期財務諸表及び中間財務諸表に添付すること。

なお、財務諸表、四半期財務諸表及び中間財務諸表のうち、従前において法第5条第1項、第24条第1項から第3項まで、第24条の4の7第1項若しくは第2項又は第24条の5第1項の規定により提出された届出書、有価証券報告書、四半期報告書又は半期報告書に含まれた財務諸表、四半期財務諸表及び中間財務諸表と同一の内容のものであって新たに監査証明を受けていないものについては、すでに提出された当該財務諸表、四半期財務諸表及び中間財務諸表に対する監査報告書、四半期レビュー報告書又は中間監査報告書によるものとする。

e　株式交換又は株式移転による株式交換完全親会社等として最近2事業年度を経過していない場合には、当該株式交換又は株式移転による株式交換完全子会社等となった会社（当該株式交換完全親会社等の連結子会社であった会社を除く。）の最近2事業年度に係る財務諸表（連結財務諸表を作成している場合には最近2連結会計年度に係る連結財務諸表。財務諸表等規則第6条又は連結財務諸表規則第8条の3に規定する比較情報を除く。）を「2　財務諸表等」の「(3)　その他」に記載すること。

ただし、株式交換完全子会社等となった会社が有価証券報告書提出会社以外の会社で資本金5億円未満であるときは、記載を要しない。

f　会社の分割により事業を承継し、最近2事業年度を経過していない場合には、当該会社の分割を行った会社の最近2事業年度に係る財務諸表（財務諸表等規則第6条に規定する比較情報を除く。）を「2　財務諸表等」の「(3)　その他」に記載すること（当該会社の分割を行った会社の当該事業が当該会社の事業に比して重要性の乏しい場合を除く。）。

ただし、当該会社の分割を行った会社が有価証券報告書提出会社以外の会社で資本金5億円未満であるときは、記載を要しない。

(68)　貸借対照表

最近事業年度末現在における貸借対照表（(67)aの規定により最近2事業年度財務諸表を記載する場合は、最近2事業年度末現在における貸借対照表）を掲げること。

ただし、四半期報告書を提出する会社（特定事業会社及び四半期連結財務諸表を作成していない会社に限る。(74)において同じ。）において、1年を1事業年度とする会社が次のaからcまでに掲げる期間に届出書を提出する場合（四半期連結財務諸表を作成している特定事業会社がa及びcに掲げる期間に届出書を提出する場合を除く。）には、それぞれaからcまでに定める期間に係る四半期貸借対照表（四半期財務諸表等規則第4条の3に規定する比較情報を除き、特定事業会社がbに掲げる期間に届出書を提出する場合には、中間貸借対照表（中間財務諸表等規則第3条の2に規定する比較情報を除く。）。以下(68)において同じ。）を併せて掲げること。なお、aからcまでに掲げる期間前において、それぞれaからcまでに定める期間に係る四半期貸借対照表を掲げることができることとなった場合には、当該四半期貸借対照表を併せて掲げること

a　最近事業年度の次の事業年度（以下(68)並びに(74)b及びcにおいて「次の事業年度」という。）における最初の四半期会計期間（以下(68)において「第1四半期会計期間」という。）終了後提出期間を経過する日から次の事業年度における第1四半期会計期間の次の四半期会計期間（以下(68)において「第2四半期会計期間」という。）終了後提出期間を経過する日の前日までの期間　当該次の事業年度における第1四半期会計期間

b　次の事業年度における第2四半期会計期間終了後提出期間を経過する日から次の事業年度における第2四半期会計期間の次の四半期会計期間（cにおいて「第3四半期会計期間」という。）終了後提出期間を経過する日の前日までの期間　当該次の事業年度における第2四半期会計期間

c　次の事業年度における第3四半期会計期間終了後提出期間を経過する日から次の事業年度に係る貸借対照表の記載が可能となる日までの期間　当該次の事業年度における第3四半期会計期間

　　また、半期報告書を提出する会社において、１年を１事業年度とする会社が次の事業年度開始の日から起算して９箇月を経過する日以後に届出書を提出する場合には、当該次の事業年度に係る中間貸借対照表を併せて掲げること。

(69)　損益計算書

　a　最近事業年度の損益計算書（(67)ａの規定により最近２事業年度財務諸表を記載する場合は、最近２事業年度の損益計算書）を掲げること。

　　ただし、(68)ただし書に規定する四半期貸借対照表を掲げた場合には、当該四半期貸借対照表に係る四半期累計期間の四半期損益計算書（四半期財務諸表等規則第４条の３に規定する比較情報を除く。以下(69)において同じ。）を併せて掲げること。この場合において、四半期財務諸表等規則に定めるところにより当四半期会計期間に係る四半期損益計算書を作成した場合には、当該四半期貸借対照表に係る四半期会計期間の四半期損益計算書も併せて掲げること。

　　また、(68)ただし書に規定する中間貸借対照表を掲げた場合（特定事業会社が中間貸借対照表を掲げた場合を含む。）には、当該中間貸借対照表に係る事業年度の中間損益計算書（中間財務諸表等規則第３条の２に規定する比較情報を除く。）を併せて掲げること。

　b　最近２事業年度の製造原価又は売上原価について、製造原価明細書又は売上原価明細書を掲げて比較すること。

　　なお、原価の構成比を示し、かつ、会社の採用している原価計算の方法を説明すること。

　　ただし、連結財務諸表において、連結財務諸表規則第15条の２第１項に規定するセグメント情報を注記している場合にあっては、製造原価明細書を掲げることを要しない。

(70)　株主資本等変動計算書

　　最近事業年度の株主資本等変動計算書（(67)ａの規定により最近２事業年度財務諸表を記載する場合は、最近２事業年度の株主資本等変動計算書）を掲げること。

　　ただし、(68)ただし書に規定する中間貸借対照表を掲げた場合（特定事業会社が中間貸借対照表を掲げた場合を含む。）には、当該中間貸借対照表に係る事業年度の中間株主資本等変動計算書（中間財務諸表等規則第３条の２に規定する比較情報を除く。）を併せて掲げること。

(71)　キャッシュ・フロー計算書

　　連結財務諸表を作成していない場合には、最近事業年度のキャッシュ・フロー計算書（(67)ａの規定により最近２事業年度財務諸表を記載する場合は、最近２事業年度のキャッシュ・フロー計算書）を掲げること。

　　ただし、(68)ただし書に規定する四半期貸借対照表を掲げた場合には、当該四半期貸借対照表に係る四半期累計期間（当四半期会計期間が第２四半期会計期間である場合又は当四半期会計期間が第２四半期会計期間以外の四半期会計期間である場合であって、四半期累計期間に係る四半期キャッシュ・フロー計算書を作成したときに限る。）の四半期キャッシュ・フロー計算書（四半期財務諸表等規則第４条の３に規定する比較情報を除く。）を、また、(68)ただし書に規定する中間貸借対照表を掲げた場合（特定事業会社が中間貸借対照表を掲げた場合を含む。）には、当該中間貸借対照表に係る事業年度の中間キャッシュ・フロー計算書（中間財務諸表等規則第３条の２に規定する比較情報を除く。）を併せて掲げること。

(72)　附属明細表

　　最近事業年度の附属明細表を示すこと。

(73)　主な資産及び負債の内容

　　(68)の規定により掲げた貸借対照表のうち最近事業年度のものについて、次の科目の内容又は内訳をおおむねそれぞれに掲げるところに従い記載すること。

　　ただし、連結財務諸表を作成している場合又は附属明細表に掲げた科目については、記載を省略することができる。

　a　流動資産のうち、現金及び預金については、現金と預金に区分し、預金についてはその主な内訳を記載すること。

　b　流動資産のうち、受取手形及び売掛金については、主な相手先（金額の多い順に上位５社程度をいう。）別の金額を示すこと。

　　ただし、相手先業種別等の区分によりその金額を示した方が適切な場合には、当該相手先業種別等の

区分による金額を示すとともに、その区分ごとに主な相手先（金額の多い順に上位3社程度をいう。）別の金額を示すこと。

　　　また、受取手形についてはその期日別内訳を、売掛金についてはその滞留状況を記載すること。

c　流動資産のうち、商品及び製品、仕掛品、原材料及び貯蔵品等棚卸資産に属する科目については、主な内訳を記載すること。

d　流動負債のうち、支払手形及び買掛金については、主な相手先（金額の多い順に上位5社程度をいう。）別の金額を示すこと。

　　　ただし、相手先種別等の区分によりその金額を示した方が適切な場合には、当該相手先種別等の区分による金額を示すとともに、その区分ごとに主な相手先（金額の多い順に上位3社程度をいう。）別の金額を示すこと。

　　　また、支払手形についてはその期日別内訳を記載すること。

e　aからdまでの記載に係る資産及び負債以外の資産及び負債のうち、その額が資産総額の100分の5を超える科目の主な内容又は内訳を記載すること。

⑺　その他

a　最近事業年度終了後届出書提出日までに、資産・負債に著しい変動及び損益に重要な影響を与えた事実又は与えることが確実に予想される事実が生じた場合には、その概要を記載すること。ただし、当該届出書の他の箇所に含めて記載したものについては記載を要しない。

b　1年を1事業年度とする会社において、次の(a)から(e)までに掲げる場合に応じ、当該(a)から(e)までに定める事項を前年同期と比較して記載すること。ただし、⑹bに規定する事項を記載している場合には、記載を省略することができる。

(a)　四半期報告書を提出する会社において、次の事業年度開始後おおむね3箇月を経過した日から提出期間を経過する日までの間に届出書を提出する場合（⑹ただし書の規定により四半期貸借対照表を掲げた場合を除く。）　当該次の事業年度開始後3箇月の経営成績の概要（四半期財務諸表の形式による記載が可能なときは、当該形式により記載すること。）

(b)　四半期報告書を提出する会社において、次の事業年度開始後おおむね6箇月を経過した日から提出期間を経過する日までの間に届出書を提出する場合（⑹ただし書の規定により四半期貸借対照表を掲げた場合（特定事業会社が中間貸借対照表を掲げた場合を含む。）を除く。）　当該次の事業年度開始後6箇月の経営成績の概要（四半期財務諸表（特定事業会社の場合には、中間財務諸表）の形式による記載が可能なときは、当該形式により記載すること。）

(c)　四半期報告書を提出する会社において、次の事業年度開始後おおむね9箇月を経過した日から提出期間を経過する日までの間に届出書を提出する場合（⑹ただし書の規定により四半期貸借対照表を掲げた場合を除く。）　当該次の事業年度開始後9箇月の経営成績の概要（四半期財務諸表の形式による記載が可能なときは、当該形式により記載すること。）

(d)　半期報告書を提出する会社において、次の事業年度開始後おおむね7箇月から9箇月までの期間を経過するまでの間に届出書を提出する場合（⑹ただし書の規定により中間貸借対照表を掲げた場合を除く。）　当該次の事業年度開始後6箇月の経営成績の概要（中間財務諸表の形式による記載が可能なときは、当該形式により記載すること。）

(e)　次の事業年度開始後おおむね13箇月経過後に届出書を提出する場合　当該次の事業年度の経営成績の概要（財務諸表の形式による記載が可能なときは、当該形式により記載すること。）

c　6箇月を1事業年度とする会社において、次の事業年度開始後おおむね7箇月経過後に届出書を提出する場合には、当該次の事業年度の経営成績の概要を前年同期と比較して記載すること。なお、財務諸表の形式による記載が可能なときは、当該形式により記載すること。ただし、⑹bに規定する事項を記載している場合には、記載を省略することができる。

d　提出会社が、法第24条の4の7第1項又は第2項の規定により四半期報告書を提出した場合であって、四半期連結財務諸表を作成していないときには、最近事業年度における各四半期累計期間に係る(a)から(d)までに掲げる項目の金額及び最近事業年度に係る(a)及び(e)から(g)までに掲げる項目の金額について、各四半期累計期間、最近事業年度の順に記載すること。

- (a)　売上高
- (b)　税引前四半期純利益金額又は税引前四半期純損失金額（四半期財務諸表等規則第68条の規定により記載しなければならない税引前四半期純利益金額又は税引前四半期純損失金額をいう。）
- (c)　四半期純利益金額又は四半期純損失金額（四半期財務諸表等規則第69条第3項の規定により記載しなければならない四半期純利益金額又は四半期純損失金額をいう。）
- (d)　1株当たり四半期純利益金額又は1株当たり四半期純損失金額（四半期財務諸表等規則第70条第1項の規定により注記しなければならない1株当たり四半期純利益金額又は1株当たり四半期純損失金額をいう。）
- (e)　税引前当期純利益金額又は税引前当期純損失金額（財務諸表等規則第95条の4の規定により表示しなければならない税引前当期純利益金額又は税引前当期純損失金額をいう。）
- (f)　当期純利益金額又は当期純損失金額（財務諸表等規則第95条の5第2項の規定により記載しなければならない当期純利益金額又は当期純損失金額をいう。）
- (g)　1株当たり当期純利益金額又は1株当たり当期純損失金額（財務諸表等規則第95条の5の2第1項の規定により注記しなければならない1株当たり当期純利益金額又は1株当たり当期純損失金額をいう。）

e　dに規定する事項を記載する場合には、最近事業年度における各四半期会計期間に係るd(d)に掲げる項目の金額（各四半期会計期間に係るd(d)に掲げる項目の金額に準じて算出したもの）について、各四半期会計期間の順に記載すること。

f　提出会社の営業その他に関し重要な訴訟事件等があるときは、その概要を記載すること。

(75)　提出会社の株式事務の概要

a　株式事務の概要は、届出書提出日現在で記載すること。

b　株主総会に出席する権利を有する株主を確定するため又は配当を受ける優先出資者を確定するための基準日（会社法第124条第1項又は優先出資法第26条において準用する会社法第124条第1項に規定する基準日をいう。以下同じ。）を設けている場合には、当該基準日を「基準日」の欄に記載すること。

なお、基準日後に株式を取得した者の全部又は一部に議決権行使を認める場合には、その旨及びその理由を記載すること。

c　剰余金の配当を受ける株主を確定するための基準日を設けている場合には、「剰余金の配当の基準日」の欄に記載すること。

d　定款で株主に株式の割当てを受ける権利を与えている場合、株式の譲渡制限を行っている場合、その他株式事務に関し投資者に示すことが特に必要であると思われるものがある場合には、別に欄を設けて記載しても差し支えない。

e　6箇月を1事業年度とする会社にあっては、「事業年度」、「定時株主総会」及び「基準日」の各欄は、2事業年度分について記載すること。

f　定款で単元未満株主の権利を制限している場合には、その内容を欄外に注記すること。

g　定款で株主提案権の行使期間について株主総会の日の8週間前を下回る期間と定めた場合には、その旨を欄外に注記すること。

h　株式が振替株式（社債等振替法第128条第1項に規定する振替株式をいう。）である場合にあっては、株券の種類及び株式の名義書換えの欄の記載を要しない。

i　相互会社にあっては、記載を要しない。

(76)　提出会社の親会社等の情報

法第24条の7第1項に規定する親会社等の会社名等及び当該親会社等がない場合にはその旨を記載すること。

(77)　その他の参考情報

a　最近事業年度の開始日から届出書提出日までの間において、法第25条第1項各号に掲げる書類を提出した場合には、その書類名及び提出年月日を記載すること。

b　臨時報告書が当該書類に含まれている場合には、その提出理由について、第19条第2項各号若しくは第3項又は第19条の2のうちいずれの規定に基づいて提出したのかを併せて記載すること。

c　訂正報告書が当該書類に含まれている場合には、当該訂正報告書が、いずれの書類の訂正報告書であるのかを併せて記載すること。

(78)　保証の対象となっている社債（短期社債を除く。）

　　当該届出が売出しに係るものである場合に、保証の対象となっている社債（短期社債を除く。）について、社債の名称、発行年月、券面総額又は振替社債の総額、償還額、提出会社の最近事業年度末日の未償還額及び上場金融商品取引所又は登録認可金融商品取引業協会名を記載すること。

(79)　継続開示会社たる保証会社に関する事項

　a　当該届出に係る社債が保証の対象となっており、当該保証をしている会社が継続開示会社に該当する者である場合に記載すること。

　b　当該届出書の提出日において既に提出されている保証会社の直近の有価証券報告書及びその添付書類並びにその提出以後に提出される四半期報告書（当該四半期報告書が複数あるときは、その直近のものをいう。）、半期報告書及び臨時報告書並びにこれらの訂正報告書について記載すること。

　c　「③　臨時報告書」については、その提出理由について、第19条第2項各号若しくは第3項又は第19条の2のうちいずれの規定に基づいて提出したのかを付記すること。

　d　「④　訂正報告書」については、当該訂正報告書が、いずれの書類の訂正報告書であるのかを付記すること。

(80)　継続開示会社に該当しない保証会社に関する事項

　a　当該届出に係る社債が保証の対象となっており、当該保証をしている会社が継続開示会社に該当する者でない場合に記載すること。

　b　「(2)　企業の概況」から「(6)　経理の状況」までの事項については、本様式「第二部　企業情報」の「第1　企業の概況」から「第5　経理の状況」までに準じて記載すること。

　　なお、連結キャッシュ・フロー計算書及びキャッシュ・フロー計算書については記載を省略することができる。

(81)　保証会社以外の会社の情報

　　当該届出に係る有価証券に関し、連動子会社（第19条第3項に規定する連動子会社をいう。以下同じ。）その他投資判断に重要な影響を及ぼすと判断される保証会社以外の会社（例えば、当該届出に係る有価証券がカバードワラントにあってはオプションの行使の対象となる有価証券の発行者、預託証券にあっては預託を受ける者、有価証券信託受益証券にあっては受託者）の企業情報について記載すること。

　a　「1　当該会社の情報の開示を必要とする理由」については、理由、有価証券の名称、発行年月日、発行価額又は売出価額の総額、上場金融商品取引所又は登録認可金融商品取引業協会名等を記載すること。

　b　「2　継続開示会社たる当該会社に関する事項」及び「3　継続開示会社に該当しない当該会社に関する事項」については、第三部中「第1　保証会社情報」の「2　継続開示会社たる保証会社に関する事項」及び「3　継続開示会社に該当しない保証会社に関する事項」に準じて記載すること。

　c　連動子会社については、最近2連結会計年度の連結キャッシュ・フロー計算書又は最近2事業年度のキャッシュ・フロー計算書を掲げること。ただし、連結キャッシュ・フロー計算書及びキャッシュ・フロー計算書を作成していない場合には、これらに準じて、連結キャッシュ・フロー又はキャッシュ・フローの状況を記載すること。

(82)　指数等の情報

　　当該届出に係る有価証券に関し、投資判断に重要な影響を及ぼすと判断される指数等に関する情報について記載すること。

　a　「1　当該指数等の情報の開示を必要とする理由」については、理由及び当該指数等の内容を記載すること。

　b　「2　当該指数等の推移」については、当該指数等の届出書提出日の直近5年間の年別最高・最低値及び直近6箇月間の月別最高・最低値を記載すること。

(83)　最近の財務諸表

　　最近5事業年度（6箇月を1事業年度とする会社にあっては10事業年度）の貸借対照表、損益計算書（製造原価明細書及び売上原価明細書を除く。）、株主資本等変動計算書及びキャッシュ・フロー計算書のうち、

第二部に掲げたもの（財務諸表等規則第6条に規定する比較情報を含む。）以外のもの（財務諸表等規則第6条に規定する比較情報を除く。）を第二部の記載に準じて掲げること。

なお、キャッシュ・フロー計算書については記載を省略することができる。

⑻ 保証会社及び連動子会社の最近の財務諸表又は財務書類

保証会社及び連動子会社について提出会社に準じて記載すること。

⑻ 指定国際会計基準による連結財務諸表の修正に伴う記載

指定国際会計基準により連結財務諸表を作成した場合であって、指定国際会計基準に従い最近連結会計年度の前連結会計年度に係る連結財務諸表の修正をしたときは、届出書に記載すべき事項（当該修正後の連結財務諸表を除く。）のうち、当該修正に関連する事項については当該修正後の内容及びその旨を記載すること。

⑻ 修正国際基準による連結財務諸表の修正に伴う記載

修正国際基準により連結財務諸表を作成した場合であって、修正国際基準に従い最近連結会計年度の前連結会計年度に係る連結財務諸表の修正をしたときは、届出書に記載すべき事項（当該修正後の連結財務諸表を除く。）のうち、当該修正に関連する事項については当該修正後の内容及びその旨を記載すること。

⑻ 読替え

a　提出者が、社会医療法人債券の発行者である場合には、本様式中「本店の所在の場所」とあるのは「主たる事務所の所在地」と、「社債」とあるのは「社会医療法人債」と、「企業」とあるのは「法人」と、「会社」とあるのは「法人」と読み替えて記載すること。

b　提出者が、学校法人等である場合には、本様式中「本店の所在の場所」とあるのは「主たる事務所の所在地」と、「社債」とあるのは「学校法人等に対する金銭債権」と、「企業」とあるのは「学校法人等」と、「会社」とあるのは「学校法人等」と読み替えて記載すること。

⑻ 社会医療法人債券の特例

提出者が、社会医療法人債券の発行者である場合には、「第二部　企業情報」の「第2　事業の状況」の「4　経営者による財政状態、経営成績及びキャッシュ・フローの状況の分析」の項目の中に「医療事業等の状況」として、次に掲げる事項について、重要性の乏しいものを除き、施設ごと（病院、診療所、介護老人保健施設等ごと）に記載すること。ただし、施設ごとに区分できない事業については、事業区分ごとに、本様式記載上の注意32に準じて記載すること。

(a)　最近日現在の診療科目

(b)　最近日現在の病床数（一般病床、療養病床、精神病床、感染症病床及び結核病床の内訳についても記載すること。）又は入所定員及び通所定員数等

(c)　最近日現在の従業員数（医師、歯科医師、看護師、薬剤師、その他の医療従事者、事務員等の内訳についても記載すること。）

(d)　最近事業年度の総診療患者数、1日平均外来患者数、1日平均入院患者数等の診療の実績

(e)　最近事業年度の診療収入合計金額及びその内訳（社会保険診療、労働保険診療、健康診査及び自由診療等に区分して記載すること。）

(f)　最近事業年度の救急医療等確保事業の実績（前年同期と比較して記載すること。）

(g)　最近事業年度の収益と経費の割合（総収入金額及び総経費金額についても記載すること。また、経費については、医師、看護師等の給与、医療の提供に要する費用（投薬費を含む。）等の内訳も記載すること。）

⑻ 学校法人等の特例

a　提出者が、学校法人等である場合には、「第二部　企業情報」の「第2　事業の状況」の「4　経営者による財政状態、経営成績及びキャッシュ・フローの状況の分析」の項目の中に「事業の概要」として、次に掲げる事項について、重要性の乏しいものを除き、学校法人等の活動ごとに記載すること。

(a)　最近日現在の当該学校法人等が運営する学校、専修学校及び各種学校（以下「学校等」という。）の種類及びその数

(b)　最近日現在における学校等の収容定員及び在籍者数（大学にあっては学部ごと、大学院にあっては研究科ごと、短期大学及び高等専門学校にあっては学科ごとに記載すること。また、高等学校につい

ては収容定員に代えて募集定員を記載すること。）

(c)　最近日現在における教員数（大学院及び大学にあっては教授、准教授及び専任教員、高等学校、中学校、小学校及び幼稚園等にあっては教員とその他職員に分けて記載すること。）と教員以外の職員数を記載し、教員については常勤と非常勤とに分けた人数も記載すること。

(d)　最近事業年度において補助金の交付を受けた場合には、交付を受けた補助金の合計額とその内訳（経常費補助金、施設・設備等の整備に対する補助金及びそれ以外の補助金）を記載すること。それ以外の補助金については、交付を受けた金額の多いもの上位５件について、当該補助金の名称及びこれに係る申請内容（教育研究課題等の名称及びその概要）を分かりやすく記載すること。

b　提出者が、学校法人等である場合には、「第二部　企業情報」の「第2　事業の状況」の「4　経営者による財政状態、経営成績及びキャッシュ・フローの状況の分析」の項目において、当該学校法人等の基本金（学校法人会計基準（昭和46年文部省令第18号）第29条に規定する基本金をいう。）について同令第30条第１項各号に掲げる各金額ごとに、前会計年度末残高、会計年度中の変動額（増減）及び当会計年度末残高並びに対象資産及びその組み入れ目的などを具体的に記載すること。当該記載に当たっては投資者に誤解を生じさせることとならないように特に注意しなければならない。

c　提出者が、学校法人等である場合には、「第二部　企業情報」の「第5　経理の状況」の記載に当たっては、平成19年９月30日前に終了する連結会計年度又は事業年度に係る連結財務諸表又は財務諸表について、記載しないことができる。

d　提出者が、学校法人等である場合には、「第四部　特別情報」の「第1　最近の財務諸表」の記載に当たっては、平成19年９月30日前に終了する事業年度に係る財務諸表について、記載しないことができる。

〔施行　令和５年４月１日〕

第二号様式

【表紙】～【縦覧に供する場所】(7)　現行に同じ

第一部～第四部　現行に同じ

（記載上の注意）

(1)～(28)　現行に同じ

(29)　従業員の状況

a～d　現行に同じ

e　最近事業年度の提出会社及びその連結子会社それぞれにおける男性労働者の育児休業取得率（女性活躍推進法に基づく一般事業主行動計画等に関する省令第19条第１項第２号ハに掲げる事項のうち男性に係るものであって同条第２項の規定により公表しなければならないもの又は育児休業、介護休業等育児又は家族介護を行う労働者の福祉に関する法律施行規則（平成３年労働省令第25号。(b)において「育児・介護休業法施行規則」という。）第71条の４各号に掲げるいずれかの割合をいう。）を記載すること。ただし、次に掲げる場合のいずれにも該当する場合は、記載を省略することができる。

(a)　提出会社及びその連結子会社が、最近事業年度における労働者の男女別の育児休業取得率（女性活躍推進法に基づく一般事業主行動計画等に関する省令第19条第１項第２号ハに掲げる事項をいう。）について、女性活躍推進法の規定による公表をしない場合

(b)　提出会社及びその連結子会社が、最近事業年度における労働者の育児休業の取得の状況（育児・介護休業法施行規則第71条の４各号に掲げるいずれかの割合をいう。）について、育児休業、介護休業等育児又は家族介護を行う労働者の福祉に関する法律（平成３年法律第76号）の規定による公表をしない場合

f・g　現行に同じ

(30)～(89)　現行に同じ

第三号様式

【表紙】

【提出書類】	有価証券報告書
【根拠条文】	金融商品取引法第24条第1項
【提出先】	＿＿財務（支）局長
【提出日】	年 月 日
【事業年度】	第 期（自 年 月 日 至 年 月 日）
【会社名】 (2)	
【英訳名】	
【代表者の役職氏名】 (3)	
【本店の所在の場所】	
【電話番号】	
【事務連絡者氏名】	
【最寄りの連絡場所】	
【電話番号】	
【事務連絡者氏名】	
【縦覧に供する場所】 (4)	名称
	（所在地）

第一部 【企業情報】

第1 【企業の概況】
　1 【主要な経営指標等の推移】 (5)
　2 【沿革】 (6)
　3 【事業の内容】 (7)
　4 【関係会社の状況】 (8)
　5 【従業員の状況】 (9)

第2 【事業の状況】
　1 【経営方針、経営環境及び対処すべき課題等】 (10)
　2 【サステナビリティに関する考え方及び取組】 (10-2)
　3 【事業等のリスク】 (11)
　4 【経営者による財政状態、経営成績及びキャッシュ・フローの状況の分析】 (12)
　5 【経営上の重要な契約等】 (13)
　6 【研究開発活動】 (14)

第3 【設備の状況】
　1 【設備投資等の概要】 (15)
　2 【主要な設備の状況】 (16)
　3 【設備の新設、除却等の計画】 (17)

第4 【提出会社の状況】
　1 【株式等の状況】
　　(1) 【株式の総数等】 (18)
　　　① 【株式の総数】

種　　　類	発行可能株式総数（株）
計	

金
商
法

② 【発行済株式】

種類	事業年度末現在発行数（株） （　　年　　月　　日）	提出日現在発行数（株） （　　年　　月　　日）	上場金融商品取引所名 又は登録認可金融商品 取引業協会名	内　　容
計			―	―

(2) 【新株予約権等の状況】
　① 【ストックオプション制度の内容】 ⑲
　② 【ライツプランの内容】 ⑳
　③ 【その他の新株予約権等の状況】 ㉑
(3) 【行使価額修正条項付新株予約権付社債券等の行使状況等】 ㉒

	第4四半期会計期間 （　年　月　日から 　年　月　日まで）	第　　　期 （　年　月　日から 　年　月　日まで）
当該期間に権利行使された当該行使価額修正条項付新株予約権付社債券等の数		
当該期間の権利行使に係る交付株式数		
当該期間の権利行使に係る平均行使価額等		
当該期間の権利行使に係る資金調達額		
当該期間の末日における権利行使された当該行使価額修正条項付新株予約権付社債券等の数の累計	―	
当該期間の末日における当該行使価額修正条項付新株予約権付社債券等に係る累計の交付株式数	―	
当該期間の末日における当該行使価額修正条項付新株予約権付社債券等に係る累計の平均行使価額等	―	
当該期間の末日における当該行使価額修正条項付新株予約権付社債券等に係る累計の資金調達額	―	

(4) 【発行済株式総数、資本金等の推移】 ㉓

年　月　日	発行済株式総数増減数(株)	発行済株式総数残高（株）	資本金増減額（円）	資本金残高（円）	資本準備金増減額（円）	資本準備金残高（円）

(5) 【所有者別状況】 ㉔　　　　　　　　　　　　　　　　　　　　　　　　年　　月　　日現在

区　　分	株式の状況（1単元の株式数　　　　株）								単元未満株式の状況（株）
	政府及び地方公共団体	金融機関	金融商品取引業者	その他の法人	外国法人等		個人その他	計	
					個人以外	個人			
株主数（人）									―

金
商
法

所有株式数 （単元）									
所有株式数 の割合（%）								100	—

（6）【大株主の状況】⑵⑸　　　　　　　　　　　　　　　　年　月　日現在

氏名又は名称	住　　　　　所	所有株式数（株）	発行済株式（自己株式を除く。）の総数に対する所有株式数の割合(%)
計	—		

（7）【議決権の状況】⑵⑹

①　【発行済株式】　　　　　　　　　　　　　　　　　　年　月　日現在

区　　　　分	株式数（株）	議決権の数（個）	内容
無議決権株式		—	
議決権制限株式（自己株式等）		—	
議決権制限株式（その他）			
完全議決権株式（自己株式等）		—	
完全議決権株式（その他）			
単元未満株式		—	
発行済株式総数		—	
総株主の議決権	—		

②　【自己株式等】　　　　　　　　　　　　　　　　　　年　月　日現在

所有者の氏名又は名称	所有者の住所	自己名義所有株式数（株）	他人名義所有株式数（株）	所有株式数の合計（株）	発行済株式総数に対する所有株式数の割合（%）
計	—				

（8）【役員・従業員株式所有制度の内容】⑵⑺

2　【自己株式の取得等の状況】⑵⑻

　　【株式の種類等】＿＿＿＿＿＿＿＿＿＿＿⑵⑼

（1）【株主総会決議による取得の状況】⑶⓪

区　　　　分	株式数（株）	価額の総額（円）
株主総会（　　年　月　　日）での決議状況（取得期間　年　月　日～　年　月　日）		
当事業年度前における取得自己株式		
当事業年度における取得自己株式		
残存授権株式の総数及び価額の総額		

当事業年度の末日現在の未行使割合（％）		
当期間における取得自己株式		
提出日現在の未行使割合（％）		

（2）【取締役会決議による取得の状況】⑶

区　　　　　分	株式数（株）	価額の総額（円）
取締役会（　　年　　月　　日）での決議状況（取得期間　年　月　日～　年　月　日）		
当事業年度前における取得自己株式		
当事業年度における取得自己株式		
残存決議株式の総数及び価額の総額		
当事業年度の末日現在の未行使割合（％）		
当期間における取得自己株式		
提出日現在の未行使割合（％）		

（3）【株主総会決議又は取締役会決議に基づかないものの内容】⑶

（4）【取得自己株式の処理状況及び保有状況】⑶

区　　　　　分	当事業年度		当期間	
	株式数（株）	処分価額の総額（円）	株式数（株）	処分価額の総額（円）
引き受ける者の募集を行った取得自己株式				
消却の処分を行った取得自己株式				
合併、株式交換、株式交付、会社分割に係る移転を行った取得自己株式				
そ　の　他（　　　　　　　）				
保有自己株式数		─		─

3　【配当政策】⑶

4　【コーポレート・ガバナンスの状況等】

（1）【コーポレート・ガバナンスの概要】⑶

（2）【役員の状況】⑶

男性　　名　女性　　名　（役員のうち女性の比率　　％）

役職名	氏　　名	生年月日	略　　歴	任　　期	所有株式数（株）
				計	

（3）【監査の状況】⑶

（4）【役員の報酬等】⑶

（5）【株式の保有状況】⑶

第5　【経理の状況】⑷

　1　【連結財務諸表等】
　(1)　【連結財務諸表】　(41)
　　①　【連結貸借対照表】　(42)
　　②　【連結損益計算書及び連結包括利益計算書】又は【連結損益及び包括利益計算書】　(43)
　　③　【連結株主資本等変動計算書】　(44)
　　④　【連結キャッシュ・フロー計算書】　(45)
　　⑤　【連結附属明細表】　(46)
　(2)　【その他】　(47)
　2　【財務諸表等】
　(1)　【財務諸表】　(48)
　　①　【貸借対照表】　(49)
　　②　【損益計算書】　(50)
　　③　【株主資本等変動計算書】　(51)
　　④　【キャッシュ・フロー計算書】　(52)
　　⑤　【附属明細表】　(53)
　(2)　【主な資産及び負債の内容】　(54)
　(3)　【その他】　(55)
第6　【提出会社の株式事務の概要】　(56)

事業年度	月　　　日から　　　月　　　日まで
定時株主総会	月中
基準日	月　　　日
株券の種類	
剰余金の配当の基準日	月　　　日
1単元の株式数	株
株式の名義書換え	
取扱場所	
株主名簿管理人	
取次所	
名義書換手数料	
新券交付手数料	
単元未満株式の買取り	
取扱場所	
株主名簿管理人	
取次所	
買取手数料	
公告掲載方法	
株主に対する特典	

第7　【提出会社の参考情報】
　1　【提出会社の親会社等の情報】　(57)
　2　【その他の参考情報】　(58)
第二部　【提出会社の保証会社等の情報】
第1　【保証会社情報】
　1　【保証の対象となっている社債】　(59)

2　【継続開示会社たる保証会社に関する事項】　(60)

(1)　【保証会社が提出した書類】

①　【有価証券報告書及びその添付書類又は四半期報告書若しくは半期報告書】

　　事業年度　第期（自　　　　年　月　日　至　　　　　年　月　日）　　　　年　月　日＿＿財務　（支）局長に提出

②　【臨時報告書】

　　①の書類の提出後、本有価証券報告書提出日（　　　年　　月　　日）までに、臨時報告書を　年　月　日に＿＿＿財務（支）局長に提出

③　【訂正報告書】

　　訂正報告書（上記　　　　　　　の訂正報告書）を　　　　年　月　日に＿＿財務（支）局長に提出

(2)　【上記書類を縦覧に供している場所】

　　　名称

　　　（所在地）

3　【継続開示会社に該当しない保証会社に関する事項】　(61)

第2　【保証会社以外の会社の情報】　(62)

1　【当該会社の情報の開示を必要とする理由】

2　【継続開示会社たる当該会社に関する事項】

3　【継続開示会社に該当しない当該会社に関する事項】

第3　【指数等の情報】　(63)

1　【当該指数等の情報の開示を必要とする理由】

2　【当該指数等の推移】

（記載上の注意）

　以下の規定により第二号様式の記載上の注意に準じて当該規定に係る記載をする場合には、「第一部　企業情報」の「第4　提出会社の状況」の「2　自己株式の取得等の状況」及び「4　コーポレート・ガバナンスの状況等」に係る(36)及び(38)を除き、同様式記載上の注意中「届出書提出日」、「届出書提出日の最近日」及び「最近日」とあるのは「当連結会計年度末」（連結財務諸表を作成していない場合にあっては「当事業年度末」）と、「最近5連結会計年度」とあるのは「当連結会計年度の前4連結会計年度及び当連結会計年度」と、「最近2連結会計年度」及び「最近2連結会計年度等」とあるのは「当連結会計年度の前連結会計年度及び当連結会計年度」と、「最近連結会計年度」及び「最近連結会計年度等」とあるのは「当連結会計年度」と、「最近連結会計年度末」及び「最近連結会計年度末等」とあるのは「当連結会計年度末」と、「最近5事業年度」とあるのは「当事業年度の前4事業年度及び当事業年度」と、「最近2事業年度」及び「最近2事業年度等」とあるのは「当事業年度の前事業年度及び当事業年度」と、「最近事業年度」及び「最近事業年度等」とあるのは「当事業年度」と、「最近事業年度末」とあるのは「当事業年度末」と、「届出書に記載した」とあるのは「有価証券報告書に記載した」と読み替えるものとする。

(1)　一般的事項

　a　以下の規定により記載が必要とされている事項に加えて、有価証券報告書（以下この様式において「報告書」という。）の各記載項目に関連した事項を追加して記載することができる。

　b　指定国際会計基準（連結財務諸表規則第93条に規定する指定国際会計基準をいう。以下この様式において同じ。）により連結財務諸表を作成した場合（同条の規定により指定国際会計基準による連結財務諸表を作成した場合に限る。以下この様式において同じ。）において、記載事項のうち金額に関する事項について、本邦通貨以外の通貨建ての金額により表示している場合には、主要な事項について本邦通貨に換算した金額を併記すること。

　c　bの規定により本邦通貨以外の通貨建ての金額を本邦通貨に換算する場合には、一定の日における為替相場により換算することとし、換算に当たって採用した換算の基準として当該日、換算率、為替相場の種類その他必要な事項を注記すること。

　d　「第一部　企業情報」に係る記載上の注意は主として製造業について示したものであり、他の業種については、これに準じて記載すること。

e 「第一部　企業情報」に掲げる事項は図表による表示をすることができる。この場合、記載すべき事項が図表により明瞭に示されるよう表示することとし、図表による表示により投資者に誤解を生じさせることとならないよう注意しなければならない。

f この様式（記載上の注意を含む。）は、主として監査役を設置する会社について示したものであり、監査等委員会設置会社及び指名委員会等設置会社については、これに準じて記載すること。例えば、取締役会の決議の状況を記載する場合において、会社法第399条の13第5項又は第6項の取締役会の決議による委任に基づく取締役の決定について記載するときはその旨並びに当該取締役会の決議の状況及び当該取締役の決定の状況について、同法第416条第4項の取締役会の決議による委任に基づく執行役の決定について記載するときはその旨並びに当該取締役会の決議の状況及び当該執行役の決定の状況について記載すること。

g この報告書を当該事業年度に係る定時株主総会前に提出する場合であって、この報告書に記載した事項及びそれらの事項に関するものが当該定時株主総会又は当該定時株主総会の直後に開催が予定される取締役会の決議事項になっているときは、それぞれ該当する箇所において、その旨及びその概要を記載すること。

h 提出会社が持分会社である場合における「第一部　企業情報」に掲げる事項は、⑸から㉘までに準じて記載すること。

i 「第一部　企業情報」の「第2　事業の状況」の「1　経営方針、経営環境及び対処すべき課題等」から「4　経営者による財政状態、経営成績及びキャッシュ・フローの状況の分析」までに将来に関する事項を記載する場合には、当該事項は当連結会計年度末（連結財務諸表を作成していない場合にあっては、当事業年度末）現在において判断したものである旨を記載すること。

⑵ 会社名

提出者が指定法人である場合には、「会社」を「指定法人」に読み替えて記載すること。

⑶ 削除

⑷ 縦覧に供する場所

第二号様式記載上の注意⑺に準じて記載すること。

⑸ 主要な経営指標等の推移

a 第二号様式記載上の注意㉕に準じて記載すること。この場合において、第二号様式記載上の注意㉕f中「6事業年度（6箇月を1事業年度とする会社にあっては11事業年度）」とあるのは「当事業年度の前5事業年度（6箇月を1事業年度とする会社にあっては当事業年度の前10事業年度）」と、「5事業年度前」とあるのは「当事業年度の4事業年度前（6箇月を1事業年度とする会社にあっては当事業年度の9事業年度前）」と読み替えるものとする。

b 第二号の四様式による有価証券届出書の提出日後最初に到来する連結会計年度末から2連結会計年度を経過していない場合には、同様式「第二部　企業情報」の「第1　企業の概況」の「1　主要な経営指標等の推移」に掲げた最も古い連結会計年度から当連結会計年度までに係る主要な経営指標等の推移について記載すること。

c 第二号の四様式による有価証券届出書の提出日後最初に到来する事業年度末から2事業年度（6箇月を1事業年度とする会社にあっては、4事業年度）を経過していない場合には、提出会社の当事業年度の前4事業年度及び当事業年度（6箇月を1事業年度とする会社にあっては、当事業年度の前9事業年度及び当事業年度。以下c、㉓及び㊳において同じ。）（会社設立後5事業年度を経過していない場合には、会社設立後最初の事業年度から当事業年度まで）に係る主要な経営指標等の推移について記載すること。ただし、当事業年度の前4事業年度及び当事業年度に係る主要な経営指標等の推移のうち、bに規定する最も古い連結会計年度と同一の事業年度前に係るものについては、会社計算規則（平成18年法務省令第13号）の規定に基づき算出した各数値を記載することができる。なお、会社計算規則の規定に基づき算出した各数値を記載する場合には、その旨及び法第193条の2第1項の規定による監査証明を受けていない旨を欄外に注記すること。

⑹ 沿革

第二号様式記載上の注意㉖に準じて記載すること。

(7)　事業の内容

　　第二号様式記載上の注意27に準じて記載すること。この場合において、第二号様式記載上の注意27 c 中「提出会社が有価証券の取引等の規制に関する内閣府令（平成19年内閣府令第59号）第49条第2項に規定する特定上場会社等に該当する場合」とあるのは「本報告書が公衆の縦覧に供されることにより提出会社が有価証券の取引等の規制に関する内閣府令（平成19年内閣府令第59号）第49条第2項に規定する特定上場会社等に該当することとなる場合」と読み替えるものとする。

(8)　関係会社の状況

　　第二号様式記載上の注意28に準じて記載すること。

(9)　従業員の状況

　　第二号様式記載上の注意29に準じて記載すること。

(10)　経営方針、経営環境及び対処すべき課題等

　　第二号様式記載上の注意30に準じて記載すること。

(10-2)　サステナビリティに関する考え方及び取組

　　第二号様式記載上の注意（30-2）に準じて記載すること。

(11)　事業等のリスク

　　第二号様式記載上の注意31に準じて記載すること。

(12)　経営者による財政状態、経営成績及びキャッシュ・フローの状況の分析

　　第二号様式記載上の注意32に準じて記載すること。

(13)　経営上の重要な契約等

　　第二号様式記載上の注意33に準じて記載すること。

(14)　研究開発活動

　　第二号様式記載上の注意34に準じて記載すること。

(15)　設備投資等の概要

　　第二号様式記載上の注意35に準じて記載すること。

(16)　主要な設備の状況

　　第二号様式記載上の注意36に準じて記載すること。

(17)　設備の新設、除却等の計画

　　第二号様式記載上の注意37に準じて記載すること。

(18)　株式の総数等

a　「発行可能株式総数」の欄には、当事業年度末現在の定款に定められた発行可能株式総数又は発行可能種類株式総数を記載すること。

　　会社が種類株式発行会社であるときは、株式の種類ごとの発行可能種類株式総数を記載し、「計」の欄には、発行可能株式総数を記載すること。

　　なお、当事業年度の末日後報告書の提出日までの間に定款に定められた発行可能株式総数に増減があった場合には、その旨、その決議があった日、株式数が増減した日、増減株式数及び増減後の株式の総数を欄外に記載すること。

b　「発行済株式」には、発行済株式の種類ごとに「種類」、「事業年度末現在発行数」、「提出日現在発行数」、「上場金融商品取引所名又は登録認可金融商品取引業協会名」及び「内容」を記載すること。

c　会社が行使価額修正条項付新株予約権付社債券等を発行している場合には、「種類」の欄にその旨を記載すること。

d　「内容」の欄には、単元株式数を含め、株式の内容を具体的に記載すること。

　　この場合において、会社が種類株式発行会社であるときは、会社法第108条第1項各号に掲げる事項について定款、株主総会決議又は取締役会決議により定めた内容及び同法第322条第2項に規定する定款の定めの有無を記載すること。

　　なお、会社が会社法第107条第1項各号に掲げる事項を定めている場合には、その具体的内容を記載すること。

　　会社が行使価額修正条項付新株予約権付社債券等を発行している場合には、冒頭に、当該行使価額修

正条項付新株予約権付社債券等の特質を記載すること。

e　会社が行使価額修正条項付新株予約権付社債券等を発行している場合には、次に掲げる事項を欄外に記載すること。

(a)　第19条第９項に規定する場合に該当する場合にあっては、同項に規定するデリバティブ取引その他の取引の内容

(b)　当該行使価額修正条項付新株予約権付社債券等に表示された権利の行使に関する事項（当該権利の行使を制限するために支払われる金銭その他の財産に関する事項を含む。）についての当該行使価額修正条項付新株予約権付社債券等の所有者との間の取決めの内容（当該取決めがない場合はその旨）

(c)　提出者の株券の売買（令第26条の２の２第１項に規定する空売りを含む。）に関する事項についての当該行使価額修正条項付新株予約権付社債券等の所有者との間の取決めの内容（当該取決めがない場合はその旨）

(d)　提出者の株券の貸借に関する事項についての当該行使価額修正条項付新株予約権付社債券等の所有者と提出者の特別利害関係者等との間の取決めがあることを知っている場合にはその内容

(e)　その他投資者の保護を図るため必要な事項

f　会社が会社法第108条第１項各号に掲げる事項について異なる定めをした内容の異なる２以上の種類の株式（以下「２以上の種類の株式」という。）を発行している場合であって、株式の種類ごとに異なる数の単元株式数を定めているとき又は議決権の有無若しくはその内容に差異があるときは、その旨及びその理由を欄外に記載すること。この場合において、株式の保有又はその議決権行使について特に記載すべき事項がある場合には、その内容を記載すること。

g　「発行数」の欄には、当事業年度末現在及び報告書提出日現在の発行数を記載すること。

なお、新株予約権又は新株予約権付社債を発行している場合（商法等の一部を改正する法律の施行に伴う関係法律の整備に関する法律（平成13年法律第129号）第19条第２項の規定により新株予約権付社債とみなされる転換社債若しくは新株引受権付社債又は同条第３項の規定により新株予約権証券とみなされる新株引受権証券（以下ｇ及び(23)において「旧転換社債等」という。）を発行している場合を含む。）の「提出日現在」の欄に記載すべき発行数については、当該新株予約権の行使（旧転換社債等の権利行使を含む。）によるものに限り、報告書の提出日の属する月の前月末のものについて記載することができる。ただし、その旨を欄外に記載すること。

h　金銭以外の財産を出資の目的とするときは、その旨並びに当該財産の内容及び価額を欄外に記載すること。

i　協同組織金融機関の場合には、普通出資及び優先出資に区分して記載すること（「１　株式等の状況」の「(4)　発行済株式総数、資本金等の推移」から「３　配当政策」までにおいて同じ。）。

j　相互会社にあっては、記載を要しない（「１　株式等の状況」の「(5)　所有者別状況」から「(8)　役員・従業員株式所有制度の内容」までにおいて同じ。）。

(19)　ストックオプション制度の内容

第二号様式記載上の注意(39)に準じて記載すること。この場合において、第二号様式記載上の注意(39)中「最近事業年度」とあるのは「当事業年度」と、「届出書」とあるのは「報告書」と読み替えるものとする。

(20)　ライツプランの内容

第二号様式記載上の注意(40)に準じて記載すること。この場合において、第二号様式記載上の注意(40)中「最近事業年度」とあるのは「当事業年度」と、「届出書」とあるのは「報告書」と読み替えるものとする。

(21)　その他の新株予約権等の状況

第二号様式記載上の注意(41)に準じて記載すること。この場合において、第二号様式記載上の注意(41)中「最近事業年度」とあるのは「当事業年度」と、「届出書」とあるのは「報告書」と読み替えるものとする。

(22)　行使価額修正条項付新株予約権付社債券等の行使状況等

a　複数の行使価額修正条項付新株予約権付社債券等を発行している場合には、種類ごとに区分して記載すること。

b　「行使価額等」とは、当該行使価額修正条項付新株予約権付社債券等に表示された権利を行使した際に、交付された株式１株あたりにつき払い込んだ金銭その他の財産の価額及びこれに準ずるものをいう。

c 「第４四半期会計期間」の欄には、直近に提出し、又は提出すべきだった四半期報告書に係る四半期会計期間又は半期報告書に係る中間会計期間の末日の翌日から当事業年度の末日までの期間に係るものを記載すること。

(23) 発行済株式総数、資本金等の推移

a 当事業年度の前４事業年度及び当事業年度（この間に発行済株式総数、資本金及び資本準備金の増減がない場合には、最後に増減があった日）における発行済株式総数、資本金及び資本準備金の増減について記載すること。

また、当事業年度の末日後報告書の提出日までに発行済株式総数、資本金及び資本準備金の増減がある場合には、その旨、増減があった日及び増減の内訳を注記すること。

なお、新株予約権の行使（旧転換社債等の権利行使を含む。）による発行済株式総数、資本金及び資本準備金の増加については、当事業年度の末日後報告書の提出日の属する月の前月末までのものについて注記すること。

b 新株の発行による発行済株式総数、資本金及び資本準備金の増加については、新株の発行形態（有償・無償の別、株主割当・第三者割当等の別、株主割当の場合には割当比率等）、発行価格及び資本組入額を欄外に記載すること。

合併については、合併の相手先名及び合併比率を欄外に記載すること。

新株予約権の行使（旧転換社債等の権利行使を含む。）による発行済株式総数、資本金及び資本準備金の増加については、事業年度ごとにそれぞれの合計額を記載し、その旨を欄外に記載すること。

利益準備金、資本準備金若しくは再評価積立金その他の法律で定める準備金を資本金に組入れた場合又は剰余金処分による資本組入れを行った場合における資本金の増加については、その内容を欄外に記載すること。

発行済株式総数、資本金及び資本準備金の減少については、その理由及び減資割合等を欄外に記載すること。

c 当事業年度において、有価証券届出書、発行登録追補書類又は臨時報告書（第19条第２項第１号又は第２号の規定により提出する場合に限る。）に記載すべき手取金の総額並びにその使途の区分ごとの内容、金額及び支出予定時期に重要な変更が生じた場合には、その内容を欄外に記載すること。

d 相互会社にあっては、発行済株式総数に係る記載を省略し、「資本金及び資本準備金」を「基金等の総額」に読み替えて記載し、基金等の概要及び基金償却積立金の額を注記すること。なお、「基金等」とは、基金及び保険業法第56条に規定する基金償却積立金をいう。

(24) 所有者別状況

a 提出会社の株主総会又は種類株主総会における議決権行使の基準日（会社法第124条第１項に規定する基準日をいう。(25) a 及び(26) a において同じ。）現在の「所有者別状況」について記載すること。ただし、これにより難い場合にあっては、当事業年度末現在の「所有者別状況」について記載すること。

会社が２以上の種類の株式を発行している場合には、種類ごとの所有者別状況が分かるように記載すること。

b 「所有株式数」の欄には、他人（仮設人を含む。）名義で所有している株式数を含めた実質所有により記載すること。

c 「外国法人等」の欄には、外国の法令に基づいて設立された法人等個人以外及び外国国籍を有する個人に区分して記載すること。

d 「単元未満株式の状況」の欄には、単元未満株式の総数を記載すること。

(25) 大株主の状況

a 提出会社の株主総会又は種類株主総会における議決権行使の基準日現在の「大株主の状況」について記載すること。ただし、これにより難い場合にあっては、当事業年度末現在の「大株主の状況」について記載すること。

b 「所有株式数」の欄には、他人（仮設人を含む。）名義で所有している株式数を含めた実質所有により記載すること。

c 大株主は所有株式数の多い順（提出会社を除く。）に10名程度について記載し、会社法施行規則（平

成18年法務省令第12号）第67条第1項の規定により議決権を有しないこととなる株主については、その旨を併せて記載すること。ただし、会社が2以上の種類の株式を発行している場合であって、株式の種類ごとに異なる数の単元株式数を定めているとき又は議決権の有無に差異があるときは、所有株式に係る議決権の個数の多い順に10名程度についても併せて記載すること。

　なお、大株主が個人である場合の個人株主の住所の記載に当たっては、市町村（第21条第2項に規定する市町村をいう。）までを記載しても差し支えない。

d　当事業年度において主要株主の異動があった場合には、その旨を注記すること。

e　会社が発行する株券等に係る大量保有報告書等が法第27条の30の7の規定により公衆の縦覧に供された場合又は会社が大量保有報告書等の写しの送付を受けた場合（法第27条の30の11第4項の規定により送付したとみなされる場合を含む。）であって、当該大量保有報告書等に記載された当該書類の提出者の株券等の保有状況が株主名簿の記載内容と相違するときには、実質所有状況を確認して記載すること。

　なお、記載内容が大幅に相違している場合であって実質所有状況の確認ができないときには、その旨及び大量保有報告書等の記載内容を注記すること。

(26)　議決権の状況

a　提出会社の株主総会又は種類株主総会における議決権行使の基準日現在の「議決権の状況」について記載すること。ただし、これにより難い場合にあっては、当事業年度末現在の「議決権の状況」について記載すること。

　なお、各欄に記載すべき株式について、2以上の種類の株式を発行している場合は、株式の種類ごとの数が分かるように記載すること。

b　「無議決権株式」の欄には、無議決権株式（単元未満株式を除く。）の総数及び内容を記載すること。

c　「議決権制限株式（自己株式等）」の欄には、議決権制限株式（単元未満株式を除く。dにおいて同じ。）のうち、自己保有株式及び相互保有株式について、種類ごとに総数及び内容を記載すること。

d　「議決権制限株式（その他）」の欄には、cに該当する議決権制限株式以外の議決権制限株式について、種類ごとに総数、議決権の数及び内容を記載すること。

e　「完全議決権株式（自己株式等）」の欄には、完全議決権株式のうち、自己保有株式及び相互保有株式について、種類ごとに総数及び内容を記載すること。

f　「完全議決権株式（その他）」の欄には、eに該当する完全議決権株式以外の完全議決権株式について、種類ごとに総数、議決権の数及び内容を記載すること。

g　「単元未満株式」の欄には、単元未満株式の総数を種類ごとに記載すること。

h　「他人名義所有株式数」の欄には、他人（仮設人を含む。）名義で所有している株式数を記載するとともに、欄外に他人名義で所有している理由並びにその名義人の氏名又は名称及び住所を記載すること。

　なお、株主名簿において所有者となっている場合であっても実質的に所有していない株式については、その旨及びその株式数を欄外に記載すること。

i　当事業年度の開始日から報告書の提出日までの間に、保有期間等に関する確約を取得者等との間で締結している株式（当該株式の発行時において、既に金融商品取引所に発行株式が上場されている会社又は認可金融商品取引業協会に発行株式が店頭売買有価証券として登録されている会社にあっては、当該株式の発行価額の総額が1億円以上のものに限る。）について当該取得者により移動（譲受けを除く。）が行われた場合には、移動年月日、移動前所有者、移動後所有者、移動内容、移動理由等について、第二号の四様式第四部第2の3「取得者の株式等の移動状況」に準じて記載すること。

(27)　役員・従業員株式所有制度の内容

第二号様式記載上の注意(46)に準じて記載すること。

(28)　自己株式の取得等の状況

当事業年度及び当事業年度の末日の翌日から報告書提出日までの期間（この様式において「当期間」という。）における自己株式の取得等の状況について、自己株式の取得の事由及び株式の種類ごとに記載すること。なお、株主総会決議又は取締役会決議による自己株式を取得することができる取得期間又はその一部が当事業年度又は当期間に含まれる場合には、当事業年度又は当期間において当該株主総会決議又は取締役会決議による自己株式の取得が行われていないときであっても記載すること。

⑵⑼　株式の種類等

　　　第二号様式記載上の注意⑷⑻に準じて記載すること。

⑶⑽　株主総会決議による取得の状況

　　　第二号様式記載上の注意⑷⑼に準じて記載すること。この場合において、第二号様式記載上の注意⑷⑼中「最近事業年度」とあるのは「当事業年度」と、「最近期間」とあるのは「当期間」と読み替えるものとする。

⑶⑴　取締役会決議による取得の状況

　　　第二号様式記載上の注意⑸⑽に準じて記載すること。この場合において、第二号様式記載上の注意⑸⑽中「最近事業年度」とあるのは「当事業年度」と、「最近期間」とあるのは「当期間」と読み替えるものとする。

⑶⑵　株主総会決議又は取締役会決議に基づかないものの内容

　　　第二号様式記載上の注意⑸⑴に準じて記載すること。

⑶⑶　取得自己株式の処理状況及び保有状況

　　　第二号様式記載上の注意⑸⑵に準じて記載すること。この場合において、第二号様式記載上の注意⑸⑵中「最近事業年度」とあるのは「当事業年度」と、「届出書」とあるのは「報告書」と読み替えるものとする。

⑶⑷　配当政策

　a　配当政策については、配当（相互会社にあっては、契約者配当）の基本的な方針、毎事業年度における配当の回数についての基本的な方針、配当の決定機関、当事業年度の配当決定に当たっての考え方及び内部留保資金の使途について記載すること。

　　　なお、配当財産が金銭以外の財産である場合にはその内容を記載し、当該場合において当該配当財産に代えて金銭を交付することを株式会社に対して請求する権利を与えているときは、その内容についても記載すること。

　　　また、会社法第454条第5項に規定する中間配当をすることができる旨を定款で定めた場合には、その旨を記載すること。

　b　当事業年度に会社法第453条に規定する剰余金の配当（以下b及びcにおいて「剰余金の配当」という。）をした場合には、当該剰余金の配当についての株主総会又は取締役会の決議の年月日並びに各決議ごとの配当金の総額及び1株当たりの配当額を注記すること。

　c　会社法以外の法律の規定又は契約により、剰余金の配当について制限を受けている場合には、その旨及びその内容を注記すること。

⑶⑸　コーポレート・ガバナンスの概要

　　　第二号様式記載上の注意⑸⑷に準じて記載すること。

⑶⑹　役員の状況

　　　第二号様式記載上の注意⑸⑸（dを除く。）に準じて記載すること。この場合において、第二号様式記載上の注意⑸⑸中「届出書提出日」とあるのは「報告書提出日」と読み替えるものとする。

⑶⑺　監査の状況

　　　第二号様式記載上の注意⑸⑹に準じて記載すること。

⑶⑻　役員の報酬等

　　　第二号様式記載上の注意⑸⑺に準じて記載すること。この場合において、第二号様式記載上の注意⑸⑺中「最近事業年度」とあるのは「当事業年度」と、「届出書提出日」とあるのは「報告書提出日」と読み替えるものとする。

⑶⑼　株式の保有状況

　　　第二号様式記載上の注意⑸⑻に準じて記載すること。

⑷⑽　経理の状況

　　　第二号様式記載上の注意⑸⑼に準じて記載すること。

⑷⑴　連結財務諸表

　a　連結貸借対照表、連結損益計算書及び連結包括利益計算書又は連結損益及び包括利益計算書、連結株主資本等変動計算書並びに連結キャッシュ・フロー計算書（指定国際会計基準により連結財務諸表を作成した場合又は修正国際基準（連結財務諸表規則第94条に規定する修正国際基準をいう。以下この様式において同じ。）により連結財務諸表を作成した場合（同条の規定により修正国際基準による連結財務

諸表を作成した場合に限る。(64-2)において同じ。)にあっては、それぞれ連結貸借対照表、連結損益計算書及び連結包括利益計算書又は連結損益及び包括利益計算書、連結株主資本等変動計算書並びに連結キャッシュ・フロー計算書に相当するものをいう。以下この様式において同じ。)については、連結財務諸表規則に定めるところにより作成した当連結会計年度に係るものを記載すること。ただし、当連結会計年度の前連結会計年度に係る連結財務諸表が法第5条第1項又は第24条第1項から第3項までの規定により提出された有価証券届出書又は報告書に記載されていない場合には、当連結会計年度の前連結会計年度及び当連結会計年度に係る連結財務諸表(連結財務諸表規則第8条の3に規定する比較情報を除く。)について、当連結会計年度の前連結会計年度分を左側に、当連結会計年度分を右側に配列して記載すること。

b　連結財務諸表の作成に当たっては、連結財務諸表規則、指定国際会計基準又は修正国際基準に従い、適切な科目による適正な金額の計上を行うとともに、連結財務諸表作成のための基本となる重要な事項、記載すべき注記、連結附属明細表(指定国際会計基準又は修正国際基準により連結財務諸表を作成した場合は、これに相当するもの。(46)において同じ。)等を会社の実態に即して適正に記載すること。

c　連結財務諸表に対する監査報告書は、連結財務諸表に添付すること。

なお、連結財務諸表のうち、従前において法第5条第1項の規定により提出された有価証券届出書に含まれた連結財務諸表と同一の内容のものであって新たに監査証明を受けていないものについては、すでに提出された当該連結財務諸表に対する監査報告書によるものとする。

(42)　連結貸借対照表

第二号様式記載上の注意(61)本文に準じて記載すること。

(43)　連結損益計算書及び連結包括利益計算書又は連結損益及び包括利益計算書

第二号様式記載上の注意(62)本文に準じて記載すること。

(44)　連結株主資本等変動計算書

第二号様式記載上の注意(63)本文に準じて記載すること。

(45)　連結キャッシュ・フロー計算書

第二号様式記載上の注意(64)本文に準じて記載すること。

(46)　連結附属明細表

第二号様式記載上の注意(65)に準じて記載すること。

(47)　その他

a　当連結会計年度終了後報告書提出日までに、資産・負債に著しい変動及び損益に重要な影響を与えた事実又は与えることが確実に予想される事実が生じた場合には、その概要を記載すること。ただし、臨時報告書又はこの報告書の他の箇所に含めて記載したものについては記載を要しない。

b　第二号様式記載上の注意(66) c 及び d に準じて記載すること。

c　企業集団の営業その他に関し重要な訴訟事件等があるときは、その概要を記載すること。

(48)　財務諸表

a　貸借対照表、損益計算書、株主資本等変動計算書及びキャッシュ・フロー計算書(連結財務諸表を作成している場合にはキャッシュ・フロー計算書を除く。)については、財務諸表等規則に定めるところにより作成した当事業年度に係るものを記載すること。ただし、当事業年度の前事業年度に係る財務諸表が法第5条第1項又は第24条第1項から第3項までの規定により提出された有価証券届出書又は報告書に記載されていない場合には、当事業年度の前事業年度及び当事業年度に係る財務諸表(財務諸表等規則第6条に規定する比較情報を除く。)について、当事業年度の前事業年度分を左側に、当事業年度分を右側に配列して記載すること。

b　提出会社が連結財務諸表を作成していない場合であって、財務諸表等規則第129条第2項の規定により指定国際会計基準により財務諸表を作成したときは、(48)(b を除く。)から(53)までの規定により記載した財務諸表の下に「国際会計基準による財務諸表」の項を設け、当該指定国際会計基準により作成した財務諸表を記載することができる。なお、当該指定国際会計基準により作成した財務諸表は、(48)(b を除く。)から(53)までに準じて記載すること。

c　財務諸表の作成に当たっては、財務諸表等規則又は指定国際会計基準に従い、適切な科目による適正

な金額の計上を行うとともに、財務諸表作成のための基本となる重要な事項、記載すべき注記、附属明細表（指定国際会計基準により財務諸表を作成した場合は、これに相当するもの。⒀において同じ。）等を会社の実態に即して記載すること。

d　財務諸表に対する監査報告書は、財務諸表に添付すること。

　なお、財務諸表のうち、従前において法第5条第1項の規定により提出された有価証券届出書に含まれた財務諸表と同一の内容のものであって新たに監査証明を受けていないものについては、すでに提出された当該財務諸表に対する監査報告書によるものとする。

e　株式交換又は株式移転による株式交換完全親会社又は株式移転設立完全親会社（以下eにおいて「株式交換完全親会社等」という。）として最近2事業年度を経過していない場合には、当該株式交換又は株式移転による株式交換完全子会社又は株式移転完全子会社（以下eにおいて「株式交換完全子会社等」という。）となった会社（当該株式交換完全親会社等の連結子会社であった会社を除く。）の最近2事業年度に係る財務諸表（連結財務諸表を作成している場合には最近2連結会計年度に係る連結財務諸表。財務諸表等規則第6条又は連結財務諸表規則第8条の3に規定する比較情報を除く。）を「2　財務諸表等」の「⑶　その他」に記載すること。

　ただし、株式交換完全子会社等となった会社が報告書提出会社以外の会社で資本金5億円未満であるときは、記載を要しない。

f　会社の分割により事業を承継し、最近2事業年度を経過していない場合には、当該会社の分割を行った会社の最近2事業年度に係る財務諸表（財務諸表等規則第6条に規定する比較情報を除く。）を「2　財務諸表等」の「⑶　その他」に記載すること（当該会社の分割を行った会社の当該事業が当該会社の事業に比して重要性の乏しい場合を除く。）。

　ただし、当該会社の分割を行った会社が報告書提出会社以外の会社で資本金5億円未満であるときは、記載を要しない。

⒆　貸借対照表
　第二号様式記載上の注意⒆本文に準じて記載すること。

⒇　損益計算書
　第二号様式記載上の注意⒇a本文及びbに準じて記載すること。

(51)　株主資本等変動計算書
　第二号様式記載上の注意(70)本文に準じて記載すること。

(52)　キャッシュ・フロー計算書
　第二号様式記載上の注意(71)本文に準じて記載すること。

(53)　附属明細表
　第二号様式記載上の注意(72)に準じて記載すること。

(54)　主な資産及び負債の内容
　第二号様式記載上の注意(73)に準じて記載すること。

(55)　その他
a　当事業年度終了後報告書提出日までに、資産・負債に著しい変動及び損益に重要な影響を与えた事実又は与えることが確実に予想される事実が生じた場合には、その概要を記載すること。ただし、臨時報告書又はこの報告書の他の箇所に含めて記載したものについては記載を要しない。

b　第二号様式記載上の注意(74)d及びeに準じて記載すること。

c　提出会社の営業その他に関し重要な訴訟事件等があるときは、その概要を記載すること。

(56)　提出会社の株式事務の概要
　第二号様式記載上の注意(75)に準じて記載すること。この場合において、第二号様式記載上の注意(75)中「届出書提出日」とあるのは「当事業年度末」と読み替えるものとする。

　なお、当事業年度の末日後報告書の提出日までに記載された内容に変更があった場合には、その旨及び当該変更の内容を注記すること。

(57)　提出会社の親会社等の情報
　法第24条の7第1項に規定する親会社等の会社名等及び当該親会社等がない場合にはその旨を記載する

こと。

⑸⑻　その他の参考情報

a　当事業年度の開始日から報告書提出日までの間において、法第25条第１項各号に掲げる書類を提出した場合には、その書類名及び提出年月日を記載すること。

b　臨時報告書が当該書類に含まれている場合には、その提出理由について、第19条第２項各号若しくは第３項又は第19条の２のうちいずれの規定に基づいて提出したのかを併せて記載すること。

c　訂正報告書が当該書類に含まれている場合には、当該訂正報告書が、いずれの書類の訂正報告書であるのかを併せて記載すること。

⑸⑼　保証の対象となっている社債（短期社債を除く。）

提出会社の発行している社債（法第24条第１項第１号から第３号までに掲げる有価証券に該当するものに限り、短期社債を除く。⑹⑽ a 及び⑹⑴ a において「公募社債等」という。）のうち、保証の対象となっているものについて、社債の名称、発行年月、券面総額又は振替機関が取り扱う社債の総額、償還額、提出会社の当事業年度末現在の未償還額及び上場金融商品取引所又は登録認可金融商品取引業協会名を記載すること。

⑹⑽　継続開示会社たる保証会社に関する事項

a　提出会社の発行している公募社債等に保証の対象となっているものがあり、当該保証をしている会社が継続開示会社に該当する者である場合に記載すること。

b　本報告書の提出日において既に提出されている保証会社の直近の事業年度に係る報告書及びその添付書類（これらの書類の提出以後に当該保証会社の四半期報告書又は半期報告書が提出されている場合には、当該四半期報告書（当該四半期報告書が複数あるときは、その直近のものをいう。）又は半期報告書）並びにその提出以後に提出される臨時報告書並びにこれらの訂正報告書について記載すること。

なお、本報告書の提出日における保証会社の直近の事業年度に係る報告書及びその添付書類又は本報告書の提出日の属する保証会社の事業年度に係る四半期報告書又は半期報告書が本報告書提出後に遅滞なく提出されることが見込まれる場合にはその旨を付記すること。

c　「②　臨時報告書」については、その提出理由について、第19条第２項各号若しくは第３項又は第19条の２のうちいずれの規定に基づいて提出したのかを付記すること。

d　「③　訂正報告書」については、当該訂正報告書が、いずれの書類の訂正報告書であるのかを付記すること。

⑹⑴　継続開示会社に該当しない保証会社に関する事項

a　提出会社の発行している公募社債等に保証の対象となっているものがあり、当該保証をしている会社が継続開示会社に該当する者でない場合に記載すること。

b　当該保証会社の会社名、代表者の役職名及び本店の所在の場所を記載し、本報告書の提出日における保証会社の直近の事業年度に関する当該保証会社の経営成績の概要について、本様式「第一部　企業情報」の「第１　企業の概況」から「第５　経理の状況」までに準じて記載すること。ただし、当該保証会社の事業年度が１年である場合であって、本報告書の提出日の属する保証会社の事業年度が開始した日からおおむね９箇月経過後に本報告書が提出された場合には、当該事業年度が開始した日以後６箇月の当該保証会社の経営成績の概要について、第五号様式「第一部　企業情報」の「第１　企業の概況」から「第５　経理の状況」までに準じて記載すること。

なお、連結キャッシュ・フロー計算書、キャッシュ・フロー計算書、中間連結キャッシュ・フロー計算書及び中間キャッシュ・フロー計算書については記載を省略することができる。

⑹⑵　保証会社以外の会社の情報

提出会社の発行している有価証券に関し、連動子会社（第19条第３項に規定する連動子会社をいう。）その他投資判断に重要な影響を及ぼすと判断される保証会社以外の会社（例えば、提出会社の発行している有価証券がカバードワラントにあってはオプションの行使の対象となる有価証券の発行者、預託証券にあっては預託を受けている者、有価証券信託受益証券にあっては受託者）の企業情報について記載すること。

a　「１　当該会社の情報の開示を必要とする理由」については、理由、有価証券の名称、発行年月日、発行価額又は売出価額の総額、上場金融商品取引所又は登録認可金融商品取引業協会名等を記載するこ

と。

b　「２　継続開示会社たる当該会社に関する事項」及び「３　継続開示会社に該当しない当該会社に関する事項」については、第二部中「第１　保証会社情報」の「２　継続開示会社たる保証会社に関する事項」及び「３　継続開示会社に該当しない保証会社に関する事項」に準じて記載すること。

c　連動子会社については、最近２連結会計年度の連結キャッシュ・フロー計算書又は最近２事業年度のキャッシュ・フロー計算書を掲げること。ただし、連結キャッシュ・フロー計算書及びキャッシュ・フロー計算書を作成していない場合には、これらに準じて、連結キャッシュ・フロー又はキャッシュ・フローの状況を記載すること。

⑥　指数等の情報

提出会社の発行している有価証券に関し、投資判断に重要な影響を及ぼすと判断される指数等に関する情報について記載すること。

a　「１　当該指数等の情報の開示を必要とする理由」については、理由及び当該指数等の内容を記載すること。

b　「２　当該指数等の推移」については、当該指数等の当事業年度の前４事業年度及び当事業年度の年度別最高・最低値及び当事業年度中最近６箇月間の月別最高・最低値を記載すること。

⑥　指定国際会計基準による連結財務諸表の修正に伴う記載

指定国際会計基準により連結財務諸表を作成した場合であって、指定国際会計基準に従い当連結会計年度の前連結会計年度に係る連結財務諸表の修正をしたときは、報告書に記載すべき事項（当該修正後の連結財務諸表を除く。）のうち、当該修正に関連する事項については当該修正後の内容及びその旨を記載すること。

(64-2)　修正国際基準による連結財務諸表の修正に伴う記載

修正国際基準により連結財務諸表を作成した場合であって、修正国際基準に従い当連結会計年度の前連結会計年度に係る連結財務諸表の修正をしたときは、報告書に記載すべき事項（当該修正後の連結財務諸表を除く。）のうち、当該修正に関連する事項については当該修正後の内容及びその旨を記載すること。

⑥　読替え

a　提出者が、社会医療法人債券の発行者である場合には、本様式中「本店の所在の場所」とあるのは「主たる事務所の所在地」と、「社債」とあるのは「社会医療法人債」と、「企業」とあるのは「法人」と、「会社」とあるのは「法人」と読み替えて記載すること。

b　提出者が、学校法人等である場合には、本様式中「本店の所在の場所」とあるのは「主たる事務所の所在地」と、「社債」とあるのは「学校法人等に対する金銭債権」と、「企業」とあるのは「学校法人等」と、「会社」とあるのは「学校法人等」と読み替えて記載すること。

⑥　社会医療法人債券の特例

提出者が、社会医療法人債券の発行者である場合には、「第一部　企業情報」の「第２　事業の状況」の「４　経営者による財政状態、経営成績及びキャッシュ・フローの状況の分析」の項目については、第二号様式記載上の注意⑧に準じて記載すること。

⑥　学校法人等の特例

提出者が、学校法人等である場合には、「第一部　企業情報」の「第２　事業の状況」の「４　経営者による財政状態、経営成績及びキャッシュ・フローの状況の分析」及び「第５　経理の状況」の項目については、第二号様式記載上の注意⑧に準じて記載すること。

金商法

第四号の三様式

【表紙】

【提出書類】	四半期報告書
【根拠条文】	金融商品取引法第24条の4の7第　項
【提出先】	＿＿＿財務（支）局長
【提出日】	年　月　日
【四半期会計期間】	第　期第　四半期（自　　　年　月　日至　　　年　月　日）
【会社名】 (2)	
【英訳名】	
【代表者の役職氏名】 (3)	
【本店の所在の場所】	
【電話番号】	
【事務連絡者氏名】	
【最寄りの連絡場所】	
【電話番号】	
【事務連絡者氏名】	
【縦覧に供する場所】 (4)	名称
	（所在地）

第一部　【企業情報】

第1　【企業の概況】

　1　【主要な経営指標等の推移】　(5)

　2　【事業の内容】　(6)

第2　【事業の状況】

　1　【事業等のリスク】　(7)

　2　【経営者による財政状態、経営成績及びキャッシュ・フローの状況の分析】　(8)

　3　【経営上の重要な契約等】　(9)

第3　【提出会社の状況】

　1　【株式等の状況】

　　(1)　【株式の総数等】　(10)

　　　①　【株式の総数】

種　　　　　　　　　類	発行可能株式総数（株）
計	

　　　②　【発行済株式】

種類	第　四半期会計期間末現在発行数（株）（　年　月　日）	提出日現在発行数（株）（　年　月　日）	上場金融商品取引所名又は登録認可金融商品取引業協会名	内　　容
計			—	—

　　(2)　【新株予約権等の状況】

① 【ストックオプション制度の内容】 ⑾
② 【その他の新株予約権等の状況】 ⑿
(3) 【行使価額修正条項付新株予約権付社債券等の行使状況等】 ⒀

	第　四半期会計期間 （　年　月　日から　年　月　日まで）
当該四半期会計期間に権利行使された当該行使価額修正条項付新株予約権付社債券等の数	
当該四半期会計期間の権利行使に係る交付株式数	
当該四半期会計期間の権利行使に係る平均行使価額等	
当該四半期会計期間の権利行使に係る資金調達額	
当該四半期会計期間の末日における権利行使された当該行使価額修正条項付新株予約権付社債券等の数の累計	
当該四半期会計期間の末日における当該行使価額修正条項付新株予約権付社債券等に係る累計の交付株式数	
当該四半期会計期間の末日における当該行使価額修正条項付新株予約権付社債券等に係る累計の平均行使価額等	
当該四半期会計期間の末日における当該行使価額修正条項付新株予約権付社債券等に係る累計の資金調達額	

(4) 【発行済株式総数、資本金等の推移】 ⒁

年　月　日	発行済株式総数増減数(株)	発行済株式総数残高（株）	資本金増減額（円）	資本金残高（円）	資本準備金増減額（円）	資本準備金残高（円）

(5) 【大株主の状況】 ⒂　　　　　　　　　　　　　　　　　年　月　日現在

氏名又は名称	住　　　　所	所有株式数(株)	発行済株式（自己株式を除く。）の総数に対する所有株式数の割合(%)
計	―		

(6) 【議決権の状況】 ⒃
① 【発行済株式】　　　　　　　　　　　　　　　　　　　　　年　月　日現在

区　　分	株式数（株）	議決権の数（個）	内容
無議決権株式		―	
議決権制限株式（自己株式等）		―	

議決権制限株式（その他）			
完全議決権株式（自己株式等）		—	
完全議決権株式（その他）			
単元未満株式		—	
発行済株式総数		—	—
総株主の議決権		—	—

② 【自己株式等】　　　　　　　　　　　　　　　　　　　　　　　　　年　月　日現在

所有者の氏名又は名称	所有者の住所	自己名義所有株式数（株）	他人名義所有株式数（株）	所有株式数の合計（株）	発行済株式総数に対する所有株式数の割合（％）
計	—				

2　【役員の状況】 ⒄

第4　【経理の状況】 ⒅

1　【四半期連結財務諸表】 ⒆

(1)　【四半期連結貸借対照表】 ⒇

(2)　【四半期連結損益計算書及び四半期連結包括利益計算書】又は【四半期連結損益及び包括利益計算書】 (21)

(3)　【四半期連結キャッシュ・フロー計算書】 (23)

2　【その他】 (24)

第二部　【提出会社の保証会社等の情報】

第1　【保証会社情報】

1　【保証の対象となっている社債】 (31)

2　【継続開示会社たる保証会社に関する事項】 (32)

(1)　【保証会社が提出した書類】

①　【有価証券報告書及びその添付書類又は四半期報告書若しくは半期報告書】

事業年度　第　期（自　　　年　月　日　至　　　　年　月　日）

年　月　日___財務（支）局長に提出

②　【臨時報告書】

①の書類の提出後、本四半期報告書提出日（　　　年　月　日）までに、臨時報告書を　　　年　月　日に___財務（支）局長に提出

③　【訂正報告書】

訂正報告書（上記　　　　　　　の訂正報告書）を　　　年　月　日に___財務（支）局長に提出

(2)　【上記書類を縦覧に供している場所】

名称

（所在地）

3　【継続開示会社に該当しない保証会社に関する事項】 (33)

第2　【保証会社以外の会社の情報】 (34)

1　【当該会社の情報の開示を必要とする理由】

2　【継続開示会社たる当該会社に関する事項】

3　【継続開示会社に該当しない当該会社に関する事項】

第3　【指数等の情報】 (35)

1　【当該指数等の情報の開示を必要とする理由】

2　【当該指数等の推移】

(記載上の注意)

(1)　一般的事項

 a 以下の規定により記載が必要とされている事項に加えて、四半期報告書の各記載項目に関連した事項を追加して記載することができる。

 b 指定国際会計基準（連結財務諸表規則第93条に規定する指定国際会計基準をいう。以下この様式において同じ。）により四半期連結財務諸表を作成した場合（四半期連結財務諸表規則第93条の規定により指定国際会計基準による四半期連結財務諸表を作成した場合に限る。以下この様式において同じ。）において、記載事項のうち金額に関する事項について、本邦通貨以外の通貨建ての金額により表示している場合には、主要な事項について本邦通貨に換算した金額を併記すること。

 c bの規定により本邦通貨以外の通貨建ての金額を本邦通貨に換算する場合には、一定の日における為替相場により換算することとし、換算に当たって採用した換算の基準として当該日、換算率、為替相場の種類その他必要な事項を注記すること。

 d 「第一部　企業情報」に係る記載上の注意は主として製造業について示したものであり、他の業種については、これに準じて記載すること。

 e 四半期報告書に掲げる事項は図表による表示をすることができる。この場合、記載すべき事項が図表により明瞭に示されるよう表示することとし、図表による表示により投資者に誤解を生じさせることとならないよう注意しなければならない。

 f この様式（記載上の注意を含む。）は、主として監査役を設置する会社について示したものであり、監査等委員会設置会社及び指名委員会等設置会社については、これに準じて記載すること。例えば、取締役会の決議の状況を記載する場合において、会社法第399条の13第5項又は第6項の取締役会の決議による委任に基づく取締役の決定について記載するときはその旨並びに当該取締役会の決議の状況及び当該取締役の決定の状況について、同法第416条第4項の取締役会の決議による委任に基づく執行役の決定について記載するときはその旨並びに当該取締役会の決議の状況及び当該執行役の決定の状況について記載すること。

 g この様式において、「四半期連結累計期間」とは、四半期財務諸表等規則第3条第7号に規定する四半期連結累計期間をいい、「四半期累計期間」とは、同条第6号に規定する四半期累計期間をいう。

 h 提出会社が持分会社である場合における「第一部　企業情報」に掲げる事項は、(5)から(30)までに準じて記載すること。

(2)　会社名

 提出者が指定法人である場合には、「会社」を「指定法人」に読み替えて記載すること。

(3)　削除

(4)　縦覧に供する場所

 公衆の縦覧に供する主要な支店、金融商品取引所又は認可金融商品取引業協会について記載すること。

(5)　主要な経営指標等の推移

 a 提出会社が四半期連結財務諸表を作成している場合（当該提出会社が特定事業会社（第17条の15第2項に規定する事業を行う会社をいう。以下この様式において同じ。）であって、当四半期連結会計期間が第2四半期連結会計期間（当連結会計年度の最初の四半期連結会計期間（以下この様式において「第1四半期連結会計期間」という。）の翌四半期連結会計期間をいう。以下この様式において同じ。）である場合を除く。）には、当四半期連結累計期間及び当四半期連結累計期間に対応する前年の四半期連結累計期間（以下この様式において「前年同四半期連結累計期間」という。）並びに最近連結会計年度に係る次に掲げる主要な経営指標等（指定国際会計基準により四半期連結財務諸表を作成した場合又は修正国際基準（連結財務諸表規則第94条に規定する修正国際基準をいう。以下この様式において同じ。）により四半期連結財務諸表を作成した場合（四半期連結財務諸表規則第94条の規定により修正国際基準による四半期連結財務諸表を作成した場合に限る。以下この様式において同じ。）は、これらの経営指標等に相当する指標等（(18)hの規定により指定国際会計基準により作成した最近連結会計年度に係る連結財務諸表又は(18)iの規定により修正国際基準により作成した最近連結会計年度に係る連結財務諸表を記載する場合は、これらに相当する指標等））の推移について記載すること。ただし、(a)、(c)及び(i)については、「第4　経理の状況」において当四半期連結会計期間に係る四半期連結損益計算書及び四半

期連結包括利益計算書又は四半期連結損益及び包括利益計算書を記載する場合に、当四半期連結会計期間及び当四半期連結会計期間に対応する前年の四半期連結会計期間（以下この様式において「前年同四半期連結会計期間」という。）に係るものの括弧書きを併せて記載し、(g)、(h)及び(m)については当四半期連結累計期間及び前年同四半期連結累計期間の末日並びに最近連結会計年度の末日に係るものを記載し、(n)、(o)、(p)及び(q)については当四半期連結会計期間が第２四半期連結会計期間である場合又は第２四半期連結会計期間以外の四半期連結会計期間であって「第４　経理の状況」に四半期連結キャッシュ・フロー計算書を記載した場合において、当四半期連結累計期間及び前年同四半期連結累計期間並びに最近連結会計年度に係るものを記載すること。

(a)　売上高

(b)　経常利益金額又は経常損失金額

(c)　親会社株主に帰属する四半期純利益金額又は親会社株主に帰属する四半期純損失金額

(d)　親会社株主に帰属する当期純利益金額又は親会社株主に帰属する当期純損失金額

(e)　四半期包括利益金額

(f)　包括利益金額

(g)　純資産額

(h)　総資産額

(i)　１株当たり四半期純利益金額又は四半期純損失金額（四半期連結財務諸表規則第78条第１項の規定により注記しなければならない１株当たり四半期純利益金額又は四半期純損失金額をいう。）

(j)　１株当たり当期純利益金額又は当期純損失金額（連結財務諸表規則第65条の２第１項の規定により注記しなければならない１株当たり当期純利益金額又は当期純損失金額をいう。）

(k)　潜在株式調整後１株当たり四半期純利益金額（四半期連結財務諸表規則第78条の２に規定する潜在株式調整後１株当たり四半期純利益金額をいう。）

(l)　潜在株式調整後１株当たり当期純利益金額（連結財務諸表規則第65条の３に規定する潜在株式調整後１株当たり当期純利益金額をいう。）

(m)　自己資本比率（四半期連結会計期間に係るものにあっては、四半期連結会計期間に係る純資産額から四半期連結財務諸表規則第56条の２において準用する連結財務諸表規則第43条の２の２の規定により掲記される株式引受権の金額、四半期連結財務諸表規則第57条において準用する連結財務諸表規則第43条の３第１項の規定により掲記される新株予約権の金額及び四半期連結財務諸表規則第58条に規定する非支配株主持分の金額を控除した額を当該四半期連結会計期間に係る総資産額で除した割合を、連結会計年度に係るものにあっては、連結会計年度に係る純資産額から連結財務諸表規則第43条の２の２の規定により掲記される株式引受権の金額、連結財務諸表規則第43条の３第１項の規定により掲記される新株予約権の金額及び連結財務諸表規則第２条第12号に規定する非支配株主持分の金額を控除した額を当該連結会計年度に係る総資産額で除した割合をいう。）

(n)　営業活動によるキャッシュ・フロー

(o)　投資活動によるキャッシュ・フロー

(p)　財務活動によるキャッシュ・フロー

(q)　現金及び現金同等物の四半期末残高又は期末残高

b　提出会社が四半期連結財務諸表を作成している場合（当該提出会社が特定事業会社であって、当四半期連結会計期間が第２四半期連結会計期間である場合を除く。）には、当四半期連結会計期間及び前年同四半期連結会計期間に係る１株当たり四半期純利益金額又は四半期純損失金額（四半期連結財務諸表規則第78条第１項の規定により注記しなければならない１株当たり四半期純利益金額又は四半期純損失金額又はこれらの金額に準じて算出したもの）を記載すること。ただし、aにおいて記載した場合はこの限りでない。

c　提出会社が四半期連結財務諸表を作成していない場合（当該提出会社が特定事業会社であって、当四半期会計期間が第２四半期会計期間（当事業年度の最初の四半期会計期間（以下ｃ及び(27)ｂにおいて「第１四半期会計期間」という。）の翌四半期会計期間をいう。以下この様式において同じ。）である場合を除く。）には、提出会社の当四半期累計期間及び当四半期累計期間に対応する前年の四半期累計期間（以

下 c において「前年同四半期累計期間」という。）並びに最近事業年度に係る次に掲げる主要な経営指標等の推移について記載すること。ただし、(a)、(c)及び(j)については、「第4　経理の状況」において当四半期会計期間に係る四半期損益計算書を記載する場合には、当四半期会計期間及び当四半期会計期間に対応する前年の四半期会計期間（以下 c 及び d において「前年同四半期会計期間」という。）に係るものの括弧書きを併せて記載し、(f)、(g)、(h)、(i)及び(o)については、当四半期会計期間及び前年同四半期会計期間の末日並びに最近事業年度の末日に係るものを記載し、(p)、(q)、(r)及び(s)については、当四半期会計期間が第2四半期会計期間である場合又は第2四半期会計期間以外の四半期会計期間であって「第4　経理の状況」に四半期キャッシュ・フロー計算書を記載した場合において、当四半期累計期間及び前年同四半期累計期間並びに最近事業年度に係るものを記載すること。

(a)　売上高

(b)　経常利益金額又は経常損失金額

(c)　四半期純利益金額又は四半期純損失金額

(d)　当期純利益金額又は当期純損失金額

(e)　持分法を適用した場合の投資利益又は投資損失の金額（四半期財務諸表等規則第12条の規定により注記しなければならない投資利益又は投資損失の金額をいう。）

(f)　資本金

(g)　発行済株式総数

(h)　純資産額

(i)　総資産額

(j)　1株当たり四半期純利益金額又は四半期純損失金額（四半期財務諸表等規則第70条第1項の規定により注記しなければならない1株当たり四半期純利益金額又は四半期純損失金額をいう。）

(k)　1株当たり当期純利益金額又は当期純損失金額（財務諸表等規則第95条の5の2第1項の規定により注記しなければならない1株当たり当期純利益金額又は当期純損失金額をいう。）

(l)　潜在株式調整後1株当たり四半期純利益金額（四半期財務諸表等規則第70条の2第1項に規定する潜在株式調整後1株当たり四半期純利益金額をいう。）

(m)　潜在株式調整後1株当たり当期純利益金額（財務諸表等規則第95条の5の3第1項に規定する潜在株式調整後1株当たり当期純利益金額をいう。）

(n)　1株当たり配当額（会社法第453条の規定に基づき支払われた剰余金の配当（同法第454条第5項に規定する中間配当の金額を含む。）をいう。）

(o)　自己資本比率（四半期会計期間に係るものにあっては、四半期会計期間に係る純資産額から四半期財務諸表等規則第50条の2において準用する財務諸表等規則第67条の2の規定により掲記される株式引受権の金額及び四半期財務諸表等規則第51条において準用する財務諸表等規則第68条第1項の規定により掲記される新株予約権の金額を控除した額を当該四半期会計期間に係る総資産額で除した割合を、事業年度に係るものにあっては、事業年度に係る純資産額から財務諸表等規則第67条の2の規定により掲記される株式引受権の金額及び財務諸表等規則第68条第1項の規定により掲記される新株予約権の金額を控除した額を当該事業年度に係る総資産額で除した割合をいう。）

(p)　営業活動によるキャッシュ・フロー

(q)　投資活動によるキャッシュ・フロー

(r)　財務活動によるキャッシュ・フロー

(s)　現金及び現金同等物の四半期末残高又は期末残高

d　提出会社が四半期連結財務諸表を作成していない場合（当該提出会社が特定事業会社であって、当四半期会計期間が第2四半期会計期間である場合を除く。）には、当四半期会計期間及び前年同四半期会計期間に係る1株当たり四半期純利益金額又は四半期純損失金額（四半期財務諸表等規則第70条第1項の規定により注記しなければならない1株当たり四半期純利益金額又は四半期純損失金額又はこれらの金額に準じて算出したもの）を記載すること。ただし、c において記載した場合はこの限りでない。

e　提出会社が特定事業会社であって、当四半期連結会計期間が第2四半期連結会計期間（中間連結財務諸表を作成していない場合は、第2四半期会計期間）である場合には、第五号様式記載上の注意(5)に準

じて記載すること。
(6)　事業の内容
a　当四半期連結累計期間において、提出会社及び関係会社において営まれている事業の内容について、重要な変更があった場合には、その内容を記載すること。
なお、セグメント情報（指定国際会計基準又は修正国際基準により四半期連結財務諸表を作成した場合は、これに相当する情報。以下この様式において同じ。）の区分ごとに、当該事業に携わっている主要な関係会社に異動があった場合には、その内容を記載すること。
b　⒅ｈの規定により第１四半期連結会計期間に係る四半期報告書に指定国際会計基準により作成を開始した最近連結会計年度に係る連結財務諸表を記載する場合には、当該連結財務諸表における主要な項目と連結財務諸表規則（第七章及び第八章を除く。）により作成した場合の最近連結会計年度及びその直前連結会計年度に係る連結財務諸表におけるこれらに相当する項目との差異に関する事項（当該差異の概算額等。ｄにおいて同じ。）を記載すること。ただし、指定国際会計基準により連結財務諸表の作成を開始した連結会計年度（当該連結会計年度が複数あるときは、その直近のものをいう。）の直前連結会計年度において連結財務諸表規則第95条又は連結財務諸表の用語、様式及び作成方法に関する規則の一部を改正する内閣府令（平成14年内閣府令第11号）附則第３項の規定に基づき、米国預託証券の発行等に関して要請されている用語、様式及び作成方法（以下この様式において「米国基準」という。）により連結財務諸表を作成した提出会社が、指定国際会計基準により四半期連結財務諸表を作成を開始した場合は、記載を要しない。
c　提出会社が第１四半期連結会計期間において指定国際会計基準により四半期連結財務諸表の作成を開始した場合（ｂの場合に限る。）には、最近連結会計年度及びその直前連結会計年度に係る要約連結財務諸表（最近連結会計年度の直前連結会計年度において連結財務諸表規則（第七章及び第八章を除く。）により連結財務諸表を作成した場合には連結財務諸表規則（第七章及び第八章を除く。）により作成すべき連結財務諸表について、また修正国際基準により連結財務諸表を作成した場合には修正国際基準により作成すべき連結財務諸表について、その表示科目を要約して作成した連結財務諸表をいう。）を第二号様式記載上の注意(60)ａに準じて記載するとともに、連結財務諸表規則に従い、当該要約連結財務諸表作成のための基本となる重要な事項の変更に関する事項を記載すること。ただし、指定国際会計基準により連結財務諸表の作成を開始した連結会計年度（当該連結会計年度が複数あるときは、その直近のものをいう。）の直前連結会計年度において米国基準により連結財務諸表を作成した提出会社が、指定国際会計基準により四半期連結財務諸表を作成した場合は、記載を要しない。
d　⒅ｉの規定により第１四半期連結会計期間に係る四半期報告書に修正国際基準により作成を開始した最近連結会計年度に係る連結財務諸表を記載する場合には、当該連結財務諸表における主要な項目と最近事業年度に係る有価証券報告書に記載した最近連結会計年度及びその直前連結会計年度に係る連結財務諸表におけるこれらに相当する項目との差異に関する事項を記載すること。ただし、修正国際基準により連結財務諸表の作成を開始した連結会計年度（当該連結会計年度が複数あるときは、その直近のものをいう。）の直前連結会計年度において米国基準により連結財務諸表を作成した提出会社が、修正国際基準により四半期連結財務諸表を作成を開始した場合は、記載を要しない。
e　提出会社が第１四半期連結会計期間において修正国際基準により四半期連結財務諸表の作成を開始した場合（ｄの場合に限る。）には、最近連結会計年度及びその直前連結会計年度に係る要約連結財務諸表（最近連結会計年度の直前連結会計年度において連結財務諸表規則（第七章及び第八章を除く。）により連結財務諸表を作成した場合には連結財務諸表規則（第七章及び第八章を除く。）により作成すべき連結財務諸表について、指定国際会計基準により連結財務諸表を作成した場合には指定国際会計基準により作成すべき連結財務諸表について、また米国基準により連結財務諸表を作成した場合には米国基準により作成すべき連結財務諸表について、その表示科目を要約して作成した連結財務諸表をいう。以下ｅにおいて同じ。）を第二号様式記載上の注意(60)ａに準じて記載するとともに、連結財務諸表規則に従い、当該要約連結財務諸表作成のための基本となる重要な事項の変更に関する事項を記載すること。
(7)　事業等のリスク
a　当四半期連結累計期間（四半期連結財務諸表を作成していない場合には当四半期累計期間。(8)ａ及び

金商法

⒅ｆにおいて同じ。）において、四半期報告書に記載した事業の状況、経理の状況等に関する事項のうち、経営者が連結会社（四半期連結財務諸表を作成していない場合には提出会社。以下ａ及び⑻ａにおいて同じ。）の財政状態、経営成績及びキャッシュ・フロー（指定国際会計基準又は修正国際基準により四半期連結財務諸表を作成した場合は、これに相当するもの。以下この様式において同じ。以下⑺及び⑻において「経営成績等」という。）の状況に重要な影響を与える可能性があると認識している主要なリスク（連結会社の経営成績等の異常な変動、特定の取引先・製品・技術等への依存、特有の法的規制・取引慣行・経営方針、重要な訴訟事件等の発生、役員・大株主・関係会社等に関する重要事項等、投資者の判断に重要な影響を及ぼす可能性のある事項をいう。）が発生した場合又は前事業年度の有価証券報告書に記載した「事業等のリスク」について重要な変更があった場合には、その旨及びその具体的な内容を分かりやすく、かつ、簡潔に記載すること。

ｂ　提出会社が将来にわたって事業活動を継続するとの前提に重要な疑義を生じさせるような事象又は状況その他提出会社の経営に重要な影響を及ぼす事象（以下ｂにおいて「重要事象等」という。）が存在する場合には、その旨及びその具体的な内容を分かりやすく記載すること。また、当該重要事象等についての分析・検討内容及び当該重要事象等を解消し、又は改善するための対応策を具体的に、かつ、分かりやすく記載すること。

ｃ　将来に関する事項を記載する場合には、当該事項は当四半期連結会計期間（四半期連結財務諸表を作成していない場合には当四半期会計期間。⑻ｂ、⑼及び⒅ｇにおいて同じ。）の末日現在において判断したものである旨を記載すること。

⑻　経営者による財政状態、経営成績及びキャッシュ・フローの状況の分析

ａ　四半期報告書に記載した事業の状況、経理の状況等に関して投資者が適正な判断を行うことができるよう、経営者の視点による経営成績等の状況に関する分析・検討内容（次に掲げる事項のほか、例えば、経営成績に重要な影響を与える要因についての分析、資本の財源及び資金の流動性に係る情報）を具体的に、かつ、分かりやすく記載すること。ただし、当四半期連結会計期間が、㉓の規定により「第４　経理の状況」において四半期連結キャッシュ・フロー計算書を掲げた四半期連結会計期間以外の四半期連結会計期間（四半期連結財務諸表を作成していない場合は、㉘の規定により「第４　経理の状況」において四半期キャッシュ・フロー計算書を掲げた四半期会計期間以外の四半期会計期間）である場合には、キャッシュ・フローの状況に関する分析・検討内容の記載を要しない。

⒜　当四半期連結累計期間における事業全体及びセグメント情報に記載された区分ごとの経営成績の状況並びにキャッシュ・フローの状況についての前年同四半期連結累計期間との比較・分析。なお、連結会社が経営方針・経営戦略等を定めている場合で、経営者において、当該経営方針・経営戦略等との比較が、前年同四半期連結累計期間との比較よりも投資者の理解を深めると判断したときは、前年同四半期連結累計期間との比較・分析に代えて、当該経営方針・経営戦略等と比較・分析して記載することができる。

また、当四半期連結累計期間において、前事業年度の有価証券報告書に記載した「経営者による財政状態、経営成績及びキャッシュ・フローの状況の分析」中の会計上の見積り及び当該見積りに用いた仮定の記載（第二号様式記載上の注意㉜ａ⒢における記載をいう。）について重要な変更があった場合には、その旨及びその具体的な内容を分かりやすく、かつ、簡潔に記載すること。

⒝　当四半期連結累計期間において、連結会社が経営方針・経営戦略等又は経営上の目標の達成状況を判断するための客観的な指標等を定めている場合における当該経営方針・経営戦略等又は当該指標等について、既に提出した有価証券報告書に記載された内容に比して重要な変更があったとき又は新たに経営方針・経営戦略等又は経営上の目標の達成状況を判断するための客観的な指標等を定めた場合には、その内容及び理由。

⒞　当四半期連結累計期間において、連結会社が優先的に対処すべき事業上及び財務上の課題について重要な変更があった場合又は新たに事業上及び財務上の処置すべき課題が生じた場合におけるその内容、対処方針等。

財務及び事業の方針の決定を支配する者の在り方に関する基本方針（以下⒞及び⑿ａにおいて「基本方針」という。）を定めている会社において、当四半期連結累計期間に当該基本方針に重要な変更

があった場合にはその内容。また、当四半期連結累計期間において、新たに基本方針を定めた場合には、会社法施行規則（平成18年法務省令第12号）第118条第3号に掲げる事項。

(d) 当四半期連結累計期間における研究開発活動の金額。加えて、研究開発活動の状況（例えば、研究の目的、主要課題、研究成果、研究体制等）に重要な変更があった場合には、セグメント情報に関連付けた内容。

(e) 当四半期連結累計期間において、連結会社又は提出会社の従業員数（就業人員数をいう。以下この様式において同じ。）に著しい増加又は減少があった場合には、セグメント情報に関連付けて、その事情及び内容。

(f) 当四半期連結累計期間において、生産、受注及び販売の実績について著しい変動があった場合には、その内容。

(g) 当四半期連結累計期間において、主要な設備（連結会社以外の者から賃借しているものを含む。）に関し、次に掲げる場合に該当するときは、それぞれ次に定める内容。

　ⅰ　新設、休止、大規模改修、除却、売却等により著しい変動があった場合その内容

　ⅱ　最近連結会計年度末において計画中であった新設、休止、大規模改修、除却、売却等について著しい変更があった場合その内容

b　将来に関する事項を記載する場合には、当該事項は当四半期連結会計期間の末日現在において判断したものである旨を記載すること。

(9) 経営上の重要な契約等

a　当四半期連結会計期間において、事業の全部若しくは主要な部分の賃貸借又は経営の委任、他人と事業上の損益全部を共通にする契約、技術援助契約その他の経営上の重要な契約を締結した場合又はこれらの契約に重要な変更若しくは解約があった場合には、その内容を記載すること。

b　当四半期連結会計期間において、吸収合併又は新設合併が行われることが、業務執行を決定する機関により決定された場合には、重要性の乏しいものを除き、吸収合併又は新設合併の目的、条件、引継資産・負債の状況、吸収合併消滅会社となる会社又は新設合併消滅会社となる会社の株式1株又は持分に割り当てられる吸収合併存続会社となる会社又は新設合併設立会社となる会社の株式の数その他の財産（吸収合併存続会社となる会社以外の会社の株式等が割り当てられる場合を含む。）及びその算定根拠並びに当該吸収合併又は新設合併の後の吸収合併存続会社となる会社（吸収合併消滅会社となる会社の株式1株又は持分に割り当てられる財産が吸収合併存続会社となる会社が発行する有価証券以外の有価証券である場合には、当該有価証券の発行者を含む。）又は新設合併設立会社となる会社の資本金・事業の内容等について記載すること。

c　当四半期連結会計期間において、重要な事業の全部若しくは一部の譲渡又は重要な事業の全部若しくは一部の譲受けが行われることが、業務執行を決定する機関により決定された場合には、その概要について記載すること。

d　当四半期連結会計期間において、株式交換、株式移転又は株式交付が行われることが、業務執行を決定する機関により決定された場合には、重要性の乏しいものを除き、株式交換、株式移転又は株式交付の目的、条件、株式交換完全子会社となる会社、株式移転完全子会社となる会社又は株式交付子会社となる会社（以下dにおいて「株式交換完全子会社等」という。）の株式1株に割り当てられる株式交換完全親会社となる会社、株式移転設立完全親会社となる会社又は株式交付親会社となる会社（以下dにおいて「株式交換完全親会社等」という。）の株式の数その他の財産（株式交換完全親会社等となる会社以外の会社の株式等が割り当てられる場合を含む。）及びその算定根拠並びに当該株式交換、株式移転及び株式交付の後の株式交換完全親会社等となる会社（株式交換完全子会社等となる会社の株式1株又は持分に割り当てられる財産が株式交換完全親会社等となる会社が発行する有価証券以外の有価証券である場合には、当該有価証券の発行者を含む。）の資本金・事業の内容等について記載すること。

e　当四半期連結会計期間において、吸収分割又は新設分割が行われることが、業務執行を決定する機関により決定された場合には、重要性の乏しいものを除き、吸収分割又は新設分割の目的、条件、承継する資産・負債又は承継させる資産・負債の状況、吸収分割会社となる会社又は新設分割会社となる会社に割り当てられる吸収分割承継会社となる会社又は新設分割設立会社となる会社の株式の数その他の財

産（吸収分割承継会社となる会社以外の会社の株式等が割り当てられる場合を含む。）及びその算定根拠並びに当該吸収分割又は新設分割の後の吸収分割承継会社となる会社（吸収分割会社に割り当てられる財産が吸収分割承継会社となる会社が発行する有価証券以外の有価証券である場合には、当該有価証券の発行者を含む。）又は新設分割設立会社となる会社の資本金・事業の内容等について記載すること。

⑽　株式の総数等

a　「発行可能株式総数」の欄には、当四半期会計期間の末日現在の定款に定められた発行可能株式総数又は発行可能種類株式総数を記載すること。

　　会社が種類株式発行会社であるときは、株式の種類ごとの発行可能種類株式総数を記載し、「計」の欄には、発行可能株式総数を記載すること。

　　なお、当四半期会計期間の末日後四半期報告書の提出日までの間に定款に定められた会社が発行する株式の総数に増減があった場合には、その旨、その決議があった日、株式数が増減した日、増減株式数及び増減後の株式の総数を欄外に記載すること。

b　「発行済株式」には、発行済株式の種類ごとに「種類」、「第　　四半期会計期間末現在発行数」、「提出日現在発行数」、「上場金融商品取引所名又は登録認可金融商品取引業協会名」及び「内容」を記載すること。

c　会社が行使価額修正条項付新株予約権付社債券等を発行している場合には、「種類」の欄にその旨を記載すること。

d　「内容」の欄には、単元株式数を含め、株式の内容を具体的に記載すること。

　　この場合において、会社が種類株式発行会社であるときは、会社法第108条第1項各号に掲げる事項について定款、株主総会決議又は取締役会決議により定めた内容及び同法第322条第2項に規定する定款の定めの有無を記載すること。

　　なお、会社が会社法第107条第1項各号に掲げる事項を定めている場合には、その具体的内容を記載すること。

　　会社が行使価額修正条項付新株予約権付社債券等を発行している場合には、冒頭に、当該行使価額修正条項付新株予約権付社債券等の特質を記載すること。

e　会社が行使価額修正条項付新株予約権付社債券等を発行している場合には、次に掲げる事項を欄外に記載すること。

(a)　第19条第9項に規定する場合に該当する場合にあっては、同項に規定するデリバティブ取引その他の取引の内容

(b)　当該行使価額修正条項付新株予約権付社債券等に表示された権利の行使に関する事項（当該権利の行使を制限するために支払われる金銭その他の財産に関する事項を含む。）についての当該行使価額修正条項付新株予約権付社債券等の所有者との間の取決めの内容（当該取決めがない場合はその旨）

(c)　提出者の株券の売買（令第26条の2の2第1項に規定する空売りを含む。）に関する事項についての当該行使価額修正条項付新株予約権付社債券等の所有者との間の取決めの内容（当該取決めがない場合はその旨）

(d)　提出者の株券の貸借に関する事項についての当該行使価額修正条項付新株予約権付社債券等の所有者と提出者の特別利害関係者等との間の取決めがあることを知っている場合にはその内容

(e)　その他投資者の保護を図るため必要な事項

f　会社が会社法第108条第1項各号に掲げる事項について異なる定めをした内容の異なる2以上の種類の株式（以下「2以上の種類の株式」という。）を発行している場合であって、株式の種類ごとに異なる数の単元株式数を定めているとき又は議決権の有無若しくはその内容に差異があるときは、その旨及びその理由を欄外に記載すること。この場合において、株式の保有又はその議決権行使について特に記載すべき事項がある場合には、その内容を記載すること。

g　「発行数」の欄には、当四半期会計期間の末日現在及び提出日現在の発行数を記載すること。

　　なお、新株予約権又は新株予約権付社債を発行している場合（商法等の一部を改正する法律の施行に伴う関係法律の整備に関する法律（平成13年法律第129号）第19条第2項の規定により新株予約権付社債とみなされる転換社債若しくは新株引受権付社債又は同条第3項の規定により新株予約権証券とみな

される新株引受権証券（以下ｇ及び(14)において「旧転換社債等」という。）を発行している場合を含む。）の「提出日現在」の欄に記載すべき発行数については、当該新株予約権の行使（旧転換社債等の権利行使を含む。）によるものに限り、四半期報告書の提出日の属する月の前月末のものについて記載することができる。ただし、その旨を欄外に記載すること。

ｈ　金銭以外の財産を出資の目的とするときは、その旨並びに当該財産の内容及び価額を欄外に記載すること。

ｉ　協同組織金融機関の場合には、普通出資及び優先出資に区分して記載すること（「１　株式等の状況」の「(4)　発行済株式総数、資本金等の推移」から「(6)　議決権の状況」までにおいて同じ。）。

ｊ　相互会社にあっては、記載を要しない（「１　株式等の状況」の「(5)　大株主の状況」及び「(6)　議決権の状況」において同じ。）。

(11)　ストックオプション制度の内容

当四半期会計期間において、取締役、使用人等に対して新株予約権証券を発行した場合には、第二号様式記載上の注意㊴ａ、ｂ本文前段及びｄに準じて記載すること。この場合において、第二号様式記載上の注意㊴ｂ本文前段中「最近事業年度の末日」とあるのは「当該発行時」と読み替えるものとする。

(12)　その他の新株予約権等の状況

ａ　当四半期会計期間において、「第一部　企業情報」の「第２　事業の状況」の「２　経営者による財政状態、経営成績及びキャッシュ・フローの状況の分析」において記載を要する基本方針に照らして不適切な者によって当該会社の財務及び事業の方針の決定が支配されることを防止するための取組み（いわゆる買収防衛策）の一環として、新株予約権を発行した場合には、第二号様式記載上の注意㊵（ａただし書を除く。）に準じて記載すること。この場合において、第二号様式記載上の注意㊵ａ本文中「最近事業年度の末日及び届出書提出日の属する月の前月末現在」とあるのは「当該発行時」と、㊵ｂ中「㊴ｃ及びｄ」とあるのは「㊴ｄ」と読み替えるものとする。

ｂ　当四半期会計期間において、(11)及びａの規定により記載を要する新株予約権以外の新株予約権又は新株予約権付社債を発行した場合には、第二号様式記載上の注意㊶（ａただし書及びｃを除く。）に準じて記載すること。この場合において、第二号様式記載上の注意㊶ａ本文中「最近事業年度の末日及び届出書提出日の属する月の前月末現在」とあるのは「当該発行時」と読み替えるものとする。

(13)　行使価額修正条項付新株予約権付社債券等の行使状況等

ａ　当四半期会計期間において、行使価額修正条項付新株予約権付社債券等に係る新株予約権が行使された場合に記載すること。なお、複数の行使価額修正条項付新株予約権付社債券等について行使が行われた場合には、種類ごとに区分して記載すること。

ｂ　「行使価額等」とは、当該行使価額修正条項付新株予約権付社債券等に表示された権利を行使した際に、交付された株式１株あたりにつき払い込んだ金銭その他の財産の価額及びこれに準ずるものをいう。

(14)　発行済株式総数、資本金等の推移

ａ　当四半期会計期間における発行済株式総数、資本金及び資本準備金の増減について記載すること。

ｂ　新株の発行による発行済株式総数、資本金及び資本準備金の増加については、新株の発行形態（有償・無償の別、株主割当・第三者割当等の別、株主割当の場合には割当比率等）、発行価格及び資本組入額を欄外に記載すること。

合併については、合併の相手先名及び合併比率を欄外に記載すること。

新株予約権の行使（旧転換社債等の権利行使を含む。）による発行済株式総数、資本金及び資本準備金の増加については、当四半期会計期間中の合計額を記載し、その旨を欄外に記載すること。

準備金若しくは再評価積立金その他の法律で定める準備金を資本金に組入れた場合又は剰余金の処分による資本組入れを行った場合における資本金の増加については、その内容を欄外に記載すること。

発行済株式総数、資本金及び資本準備金の減少については、その理由及び減資割合等を欄外に記載すること。

ｃ　当四半期会計期間において、有価証券届出書、発行登録追補書類又は臨時報告書（第19条第２項第１号又は第２号の規定により提出する場合に限る。）に記載すべき手取金の総額並びにその使途の区分ごとの内容、金額及び支出予定時期に重要な変更が生じた場合には、その内容を欄外に記載すること。

  d 相互会社にあっては、発行済株式総数に係る記載を省略し、「資本金及び資本準備金」を「基金等の総額」に読み替えて記載し、基金等の概要及び基金償却積立金の額を注記すること。なお、基金等とは、基金及び保険業法第56条に規定する基金償却積立金をいう。

⒂ 大株主の状況

  a 当四半期会計期間が第２四半期会計期間である場合について、当四半期会計期間の末日現在の「大株主の状況」について記載すること。

  b 「所有株式数」の欄には、他人（仮設人を含む。）名義で所有している株式数を含めた実質所有により記載すること。

  c 「大株主」は、所有株式数の多い順（提出会社を除く。）に10名程度について記載し、会社法施行規則第67条第１項の規定により議決権を有しないこととなる株主については、その旨を併せて記載すること。ただし、会社が２以上の種類の株式を発行している場合であって、株式の種類ごとに異なる数の単元株式数を定めているとき又は議決権の有無に差異があるときは、所有株式に係る議決権の個数の多い順に10名程度についても併せて記載すること。

   なお、大株主が個人である場合の個人株主の住所の記載に当たっては、市町村（第21条第２項に規定する市町村をいう。）までを記載しても差し支えない。

  d 会社が発行する株券等に係る大量保有報告書等が法第27条の30の７の規定により公衆の縦覧に供された場合又は会社が大量保有報告書等の写しの送付を受けた場合（法第27条の30の11第４項の規定により送付したとみなされる場合を含む。）であって、当該大量保有報告書等に記載された当該書類の提出者の株券等の保有状況が株主名簿の記載内容と相違するときには、実質所有状況を確認して記載すること。

   なお、記載内容が大幅に相違している場合であって実質所有状況の確認ができないときには、その旨及び大量保有報告書等の記載内容を注記すること。

⒃ 議決権の状況

  a 当四半期会計期間の末日現在の「議決権の状況」について記載すること。

   なお、各欄に記載すべき株式について、２以上の種類の株式を発行している場合は、株式の種類ごとの数が分かるように記載すること。

  b 「無議決権株式」の欄には、無議決権株式（単元未満株式を除く。）の総数及び内容を記載すること。

  c 「議決権制限株式（自己株式等）」の欄には、議決権制限株式（単元未満株式を除く。ｄにおいて同じ。）のうち、自己保有株式及び相互保有株式について、種類ごとに総数及び内容を記載すること。

  d 「議決権制限株式（その他）」の欄には、ｃに該当する議決権制限株式以外の議決権制限株式について、種類ごとに総数、議決権の数及び内容を記載すること。

  e 「完全議決権株式（自己株式等）」の欄には、完全議決権株式のうち、自己保有株式及び相互保有株式について、種類ごとに総数及び内容を記載すること。

  f 「完全議決権株式（その他）」の欄には、ｅに該当する完全議決権株式以外の完全議決権株式について、種類ごとに総数、議決権の数及び内容を記載すること。

  g 「単元未満株式」の欄には、単元未満株式の総数を種類ごとに記載すること。

  h 「他人名義所有株式数」の欄には、他人（仮設人を含む。）名義で所有している株式数を記載するとともに、欄外に他人名義で所有している理由並びにその名義人の氏名又は名称及び住所を記載すること。

   なお、株主名簿において所有者となっている場合であっても実質的に所有していない株式については、その旨及びその株式数を欄外に記載すること。

⒄ 役員の状況

  a 前事業年度の有価証券報告書の提出日後、当四半期累計期間において役員に異動があった場合に記載すること。

  b 異動後の役員の男女別人数を記載するとともに、役員のうち女性の比率を括弧内に記載すること。

  c 新任役員については、その役職名、氏名、生年月日、主要略歴（例えば、入社年月、役員就任直前の役職名、役員就任年月、他の主要な会社の代表取締役に就任している場合の当該役職名、中途入社の場合における前職）、任期及び所有株式数を記載すること（所有株式数は、他人（仮設人を含む。）名義で所有している株式数を含めた実質所有により記載すること。なお、会社が２以上の種類の株式を発行し

ている場合には、種類ごとの数を記載すること。)。また、他の役員と二親等内の親族関係がある場合には、その内容を記載すること。

　　なお、相互会社の場合にあっては、「所有株式数」の記載を要しない。

d　退任役員については、その役職名、氏名及び退任年月日を記載すること。

e　役員の役職の異動については、当該役員の氏名、新旧役職名及び異動年月日を記載すること。

f　会社が、会社法第108条第1項第9号に掲げる事項につき異なる定めをした内容の異なる種類の株式を発行した場合において、当該種類の株主によって選任された役員がいるときはその旨を注記すること。

(18)　経理の状況

a　財務諸表等規則別記に掲げる事業を営む会社が、特別の法令若しくは準則の定めるところにより又はこれに準じて四半期連結財務諸表又は四半期財務諸表（fにおいて「四半期連結財務諸表等」という。）を作成している場合には、その旨を記載すること。

b　指定国際会計基準により四半期連結財務諸表を作成した場合には、その旨を記載すること。

　　また、修正国際基準により四半期連結財務諸表を作成した場合には、その旨を記載すること。

c　四半期連結財務諸表を作成していない場合には、その旨及び作成していない理由を記載すること。

d　提出会社が四半期連結財務諸表を作成していない場合であって、四半期財務諸表等規則第83条第2項の規定により指定国際会計基準により四半期財務諸表を作成したときには、その旨を記載すること。

e　提出会社が特定事業会社であって、(30)の規定により中間連結財務諸表及び中間財務諸表（以下(18)において「中間連結財務諸表等」という。）を作成している場合には、その旨を記載すること。

　　また、中間連結財務諸表規則第87条及び中間財務諸表等規則第74条第2項の規定により中間連結財務諸表等を指定国際会計基準により作成した場合には、併せて、その旨を記載すること。

　　また、中間連結財務諸表規則第88条の規定により中間連結財務諸表を修正国際基準により作成した場合には、併せて、その旨を記載すること。

f　提出会社が法の規定により提出する四半期連結財務諸表等（eの規定により中間連結財務諸表等を作成している場合には、中間連結財務諸表等）の適正性を確保するための特段の取組みを行っている場合には、その旨及びその取組みの具体的な内容を記載すること。ただし、前事業年度の有価証券報告書又は当四半期連結累計期間に提出した有価証券届出書に記載された連結財務諸表及び財務諸表の適正性を確保するための特段の取組みに重要な変更がない場合には、記載を要しない。

g　四半期連結財務諸表等又は中間連結財務諸表等について公認会計士又は監査法人の監査証明を受けている場合には、その旨及び公認会計士の氏名又は監査法人の名称を記載すること。

　　なお、当四半期連結会計期間において、公認会計士又は監査法人が交代した場合には、その旨を記載すること。

h　連結財務諸表規則第1条の2に規定する指定国際会計基準特定会社が連結財務諸表規則（第7章及び第8章を除く。）、修正国際基準又は米国基準により作成した最近連結会計年度及びその直前連結会計年度に係る連結財務諸表を記載した最近事業年度に係る有価証券報告書を法第24条第1項の規定により提出しており、当該有価証券報告書の提出後第1四半期連結会計期間に係る四半期報告書を提出するまでの間において、最近連結会計年度に係る連結財務諸表を指定国際会計基準により作成した場合には、当該四半期報告書において(19)から(24)までの規定により記載した四半期連結財務諸表の下に「国際会計基準による前連結会計年度に係る連結財務諸表」の項を設け、当該連結財務諸表を記載することができる。

i　連結財務諸表規則第1条の3に規定する修正国際基準特定会社が連結財務諸表規則（第七章及び第八章を除く。）、指定国際会計基準又は米国基準により作成した最近連結会計年度及びその直前連結会計年度に係る連結財務諸表を記載した最近事業年度に係る有価証券報告書を法第24条第1項の規定により提出しており、当該有価証券報告書の提出後第1四半期連結会計期間に係る四半期報告書を提出するまでの間において、最近連結会計年度に係る連結財務諸表を修正国際基準により作成した場合には、当該四半期報告書において(19)から(24)までの規定により記載した四半期連結財務諸表の下に「修正国際基準による前連結会計年度に係る連結財務諸表」の項を設け、当該連結財務諸表を記載することができる。

(19)　四半期連結財務諸表

a　四半期連結貸借対照表（指定国際会計基準又は修正国際基準により四半期連結財務諸表を作成した場

合は、四半期連結貸借対照表に相当するもの。以下この様式において同じ。）については、当四半期連結会計期間に係るものを記載すること。

b　四半期連結損益計算書及び四半期連結包括利益計算書又は四半期連結損益及び包括利益計算書（指定国際会計基準又は修正国際基準により四半期連結財務諸表を作成した場合は、四半期連結損益計算書及び四半期連結包括利益計算書又は四半期連結損益及び包括利益計算書に相当するもの。以下この様式において同じ。）については、四半期連結財務諸表規則に定めるところにより作成した四半期連結累計期間に係るものを記載すること。

ただし、四半期連結財務諸表規則に定めるところにより作成した当四半期連結会計期間に係る四半期連結損益計算書及び四半期連結包括利益計算書又は四半期連結損益及び包括利益計算書を記載することを妨げるものではない。

c　指定国際会計基準又は修正国際基準により四半期連結財務諸表を作成した場合における四半期連結損益計算書及び四半期連結包括利益計算書又は四半期連結損益及び包括利益計算書については、四半期連結財務諸表規則に定めるところにより作成した四半期連結累計期間に係るもの及び四半期連結会計期間に係るものを記載すること。

d　指定国際会計基準又は修正国際基準により四半期連結財務諸表を作成した場合における持分変動計算書については、当四半期連結累計期間に係る持分変動計算書と前年同四半期連結累計期間に係る持分変動計算書を記載すること。

e　四半期連結キャッシュ・フロー計算書（指定国際会計基準又は修正国際基準により四半期連結財務諸表を作成した場合は、四半期連結キャッシュ・フロー計算書に相当するもの。以下この様式において同じ。）については、当四半期連結会計期間が第2四半期連結会計期間である場合において、四半期連結財務諸表規則に定めるところにより作成した四半期連結累計期間に係るものを記載すること。

ただし、当四半期連結会計期間が第2四半期連結会計期間以外の四半期連結会計期間である場合においても、四半期連結財務諸表規則に定めるところにより作成した四半期連結累計期間に係る四半期連結キャッシュ・フロー計算書を記載することを妨げるものではない。

f　指定国際会計基準又は修正国際基準により四半期連結財務諸表を作成した場合における四半期連結キャッシュ・フロー計算書については、各四半期連結会計期間について、四半期連結財務諸表規則に定めるところにより作成した四半期連結累計期間に係るものを記載すること。

g　四半期連結財務諸表の作成に当たっては、四半期連結財務諸表規則に従い、適切な科目による適正な金額の計上を行うとともに、四半期連結財務諸表作成のための基本となる重要な事項、記載すべき注記等を会社の実態に即して適正に記載すること。

h　四半期連結財務諸表に対する四半期レビュー報告書は、四半期連結財務諸表に添付すること。なお、四半期連結財務諸表のうち、従前において法第5条第1項の規定により提出された有価証券届出書に含まれた四半期連結財務諸表と同一の内容のものであって新たに監査証明を受けていないものについては、すでに提出された当該四半期連結財務諸表に対する四半期レビュー報告書によるものとする。

⑳　四半期連結貸借対照表

当四半期連結会計期間に係る四半期連結貸借対照表を掲げること。

㉑　四半期連結損益計算書及び四半期連結包括利益計算書又は四半期連結損益及び包括利益計算書

a　当四半期連結累計期間に係る四半期連結損益計算書及び四半期連結包括利益計算書又は四半期連結損益及び包括利益計算書を掲げること。なお、四半期連結損益計算書及び四半期連結包括利益計算書を掲げる場合にあっては項目名として「四半期連結損益計算書及び四半期連結包括利益計算書」と、四半期連結損益及び包括利益計算書を掲げる場合にあっては項目名として「四半期連結損益及び包括利益計算書」と記載すること。

b　当四半期連結会計期間（当四半期連結会計期間が第1四半期連結会計期間である場合又は提出会社が特定事業会社であって当四半期連結会計期間が第3四半期連結会計期間である場合を除く。）に係る四半期連結損益計算書及び四半期連結包括利益計算書又は四半期連結損益及び包括利益計算書を記載する場合には、当四半期連結会計期間に係る四半期連結損益計算書及び四半期連結包括利益計算書又は四半期連結損益及び包括利益計算書を掲げること。なお、四半期連結損益計算書及び四半期連結包括利益計

算書を掲げる場合にあっては項目名として「四半期連結損益計算書及び四半期連結包括利益計算書」と、四半期連結損益及び包括利益計算書を掲げる場合にあっては項目名として「四半期連結損益及び包括利益計算書」と記載すること。

⑫　持分変動計算書

当四半期連結累計期間に係る持分変動計算書と前年同四半期連結累計期間に係る持分変動計算書を記載すること。

⑬　四半期連結キャッシュ・フロー計算書

当四半期連結会計期間が第2四半期連結会計期間である場合又は当四半期連結会計期間が第2四半期連結会計期間以外の四半期連結会計期間である場合であって、四半期連結累計期間に係る四半期連結キャッシュ・フロー計算書を作成したときは、当四半期連結累計期間に係る四半期連結キャッシュ・フロー計算書を掲げること。

⑭　その他

a　当四半期連結会計期間終了後四半期報告書提出日までに、資産・負債に著しい変動及び損益に重要な影響を与えた事実又は与えることが確実に予想される事実が生じた場合には、その概要を記載すること。ただし、この四半期報告書の他の箇所に含めて記載したものについては、記載を要しない。

b　当四半期連結会計期間において、企業集団の営業その他に関し重要な訴訟事件等があったときは、その概要を記載すること。

c　当四半期連結会計期間及び当四半期連結会計期間終了後四半期報告書提出日までの間に配当について、提出会社の取締役会の決議があったときは、その旨、決議年月日並びに当該配当による配当金の総額及び1株当たりの金額を注記すること。

d　提出会社が特定事業会社であって、当四半期連結会計期間が第3四半期連結会計期間である場合には、当四半期連結会計期間に係る損益の状況を四半期連結損益計算書及び四半期連結包括利益計算書又は四半期連結損益及び包括利益計算書の形式により記載することができる。

⑮　四半期財務諸表

a　四半期報告書提出会社が、四半期連結財務諸表を作成していない場合には、四半期財務諸表を記載すること。

b　四半期貸借対照表については、四半期財務諸表等規則に定めるところにより作成した当四半期会計期間に係るものを記載すること。

c　四半期損益計算書については、四半期財務諸表等規則に定めるところにより作成した四半期累計期間に係るものを記載すること。ただし、四半期財務諸表等規則に定めるところにより作成した当四半期会計期間に係る四半期損益計算書を記載することを妨げるものではない。

d　四半期キャッシュ・フロー計算書については、当四半期会計期間が第2四半期会計期間である場合において、四半期財務諸表等規則に定めるところにより作成した当四半期累計期間に係るものを記載すること。ただし、当四半期会計期間が第2四半期会計期間以外の四半期会計期間である場合においても、四半期財務諸表等規則に定めるところにより作成した四半期累計期間に係る四半期キャッシュ・フロー計算書を記載することを妨げるものではない。

e　四半期財務諸表の作成に当たっては、四半期財務諸表等規則に従い、適切な科目による適正な金額の計上を行うとともに、四半期財務諸表作成のための基本となる重要な事項、記載すべき注記等を会社の実態に即して適正に記載すること。

f　四半期財務諸表に対する四半期レビュー報告書は、四半期財務諸表に添付すること。なお、四半期財務諸表のうち、従前において法第5条第1項の規定により提出された有価証券届出書に含まれた四半期財務諸表と同一の内容のものであって新たに監査証明を受けていないものについては、すでに提出された当該四半期財務諸表に対する四半期レビュー報告書によるものとする。

g　指定国際会計基準により四半期財務諸表を作成した場合（⑱dに該当する場合に限る。）には、aからfまで及び⑯から⑲までの規定により記載した四半期財務諸表の下に「国際会計基準による四半期財

務諸表」の項を設け、当該指定国際会計基準により作成した四半期財務諸表を記載することができる。なお、当該指定国際会計基準により作成した四半期財務諸表は、ａからｆまで及び㉖から㉙までの規定により記載すること。

㉖　四半期貸借対照表

当四半期会計期間に係る四半期貸借対照表を掲げること。

㉗　四半期損益計算書

　a　当四半期累計期間に係る四半期損益計算書を掲げること。

　b　当四半期会計期間（当四半期会計期間が第１四半期会計期間である場合又は提出会社が特定事業会社であって当四半期会計期間が第３四半期会計期間である場合を除く。）に係る四半期損益計算書を記載する場合には、当四半期会計期間に係る四半期損益計算書を掲げること。

㉘　四半期キャッシュ・フロー計算書

当四半期会計期間が第２四半期会計期間である場合又は当四半期会計期間が第２四半期会計期間以外の四半期会計期間である場合であって、四半期累計期間に係る四半期キャッシュ・フロー計算書を作成したときは、当四半期累計期間に係る四半期キャッシュ・フロー計算書を掲げること。

㉙　その他

　a　当四半期会計期間終了後四半期報告書提出日までに、資産・負債に著しい変動及び損益に重要な影響を与えた事実又は与えることが確実に予想される事実が生じた場合には、その概要を記載すること。

　　ただし、この四半期報告書の他の箇所に含めて記載したものについては、記載を要しない。

　b　当四半期会計期間において、企業集団の営業その他に関し重要な訴訟事件等があったときは、その概要を記載すること。

　c　当四半期会計期間及び当四半期会計期間終了後四半期報告書提出日までの間に配当について、提出会社の取締役会の決議があったときは、その旨、決議年月日並びに当該配当による配当金の総額及び１株当たりの金額を注記すること。

　d　提出会社が特定事業会社であって、当四半期会計期間が第３四半期会計期間である場合には、当四半期会計期間に係る損益の状況を四半期損益計算書の形式により記載することができる。

㉚　中間連結財務諸表及び中間財務諸表

提出会社が特定事業会社であって、当半期連結会計期間が第２四半期連結会計期間である場合には、「１　四半期連結財務諸表」及び「２　その他」を「１　中間連結財務諸表」、「２　その他」、「３　中間財務諸表」及び「４　その他」とし、第五号様式記載上の注意㉕から㊱までに準じて、中間連結貸借対照表、中間連結損益計算書及び中間連結包括利益計算書又は中間連結損益及び包括利益計算書、中間連結株主資本等変動計算書並びに中間連結キャッシュ・フロー計算書並びに中間貸借対照表、中間損益計算書、中間株主資本等変動計算書及び中間キャッシュ・フロー計算書（中間連結財務諸表を作成していない場合に限る。）を記載すること。

なお、これらに加えて、第２四半期連結会計期間に係る損益の状況を四半期連結損益計算書及び四半期連結包括利益計算書又は四半期連結損益及び包括利益計算書の形式により「２　その他」（四半期連結財務諸表を作成していない場合には、第２四半期会計期間に係る損益の状況を四半期損益計算書の形式により「４　その他」）に記載することができる。

㉛　保証の対象となっている社債（短期社債を除く。）

提出会社の発行している公募社債等のうち、保証の対象となっているものについて、社債の名称、発行年月、券面総額又は振替社債等の総額、償還額、提出会社の当四半期会計期間の末日現在の未償還額及び上場金融商品取引所又は登録認可金融商品取引業協会名を記載すること。

㉜　継続開示会社たる保証会社に関する事項

　a　提出会社の発行している公募社債等に保証の対象となっているものがあり、当該保証をしている会社が継続開示会社に該当する者である場合に記載すること。

　b　本四半期報告書の提出日において既に提出されている保証会社の直近の事業年度に係る有価証券報告書及びその添付書類（これらの書類の提出以後に当該保証会社の四半期報告書又は半期報告書が提出されている場合には、当該四半期報告書又は当該半期報告書）並びにその提出以後に提出される臨時報告

書並びにこれらの訂正報告書について記載すること。

　　なお、本四半期報告書の提出日における保証会社の直近の事業年度に係る有価証券報告書及びその添付書類又は本四半期報告書の提出日の属する保証会社の事業年度に係る四半期報告書又は半期報告書が本四半期報告書提出後に遅滞なく提出されることが見込まれる場合にはその旨を併せて記載すること。

c　「②　臨時報告書」については、その提出理由について、第19条第2項各号若しくは第3項又は第19条の2のうちいずれの規定に基づいて提出したのかを併せて記載すること。

d　「③　訂正報告書」については、当該訂正報告書が、いずれの書類の訂正報告書であるのかを併せて記載すること。

(33)　継続開示会社に該当しない保証会社に関する事項

a　提出会社の発行している公募社債等に保証の対象となっているものがあり、当該保証をしている会社が継続開示会社に該当する者でない場合に記載すること。

b　当該保証会社の会社名、代表者の役職名及び本店の所在の場所を記載し、本四半期報告書の提出日における保証会社の直近の事業年度（cにおいて「直近事業年度」という。）に関する当該保証会社の経営成績の概要について、第三号様式「第一部　企業情報」の「第1　企業の概況」から「第5　経理の状況」までに準じて記載すること。

　　なお、連結キャッシュ・フロー計算書及びキャッシュ・フロー計算書については記載を省略することができる。

c　当該保証会社の直近事業年度の次の事業年度が6月を超える場合であって、当該事業年度が開始した日からおおむね9箇月経過後に本四半期報告書が提出される場合には、bの規定により記載すべき当該保証会社の経営成績の概要に加えて、当該事業年度が開始した日以後6箇月の当該保証会社の経営成績の概要について、第五号様式「第一部　企業情報」の「第1　企業の概況」から「第5　経理の状況」までに準じて記載すること。

　　なお、中間連結キャッシュ・フロー計算書及び中間キャッシュ・フロー計算書については記載を省略することができる。

d　b又はcの規定により記載すべき当該保証会社の経営成績の概要が、本四半期報告書の提出日前に提出した提出会社の前事業年度に係る有価証券報告書における「提出会社の保証会社等の情報」（第三号様式「第二部　提出会社の保証会社等の情報」の「第1　保証会社情報」、第三号の二様式「第三部　提出会社の保証会社等の情報」の「第1　保証会社情報」又は第四号様式「第二部　提出会社の保証会社等の情報」をいう。）に記載されている場合には、当該保証会社の経営成績の概要の記載に代えて、当該有価証券報告書に記載された当該保証会社に関する情報を参照する旨を記載することができる。

(34)　保証会社以外の会社の情報

　　提出会社の発行している有価証券に関し、連動子会社（第19条第3項に規定する連動子会社をいう。）その他投資判断に重要な影響を及ぼすと判断される保証会社以外の会社の企業情報について記載すること。

a　「1　当該会社の情報の開示を必要とする理由」については、理由、有価証券の名称、発行年月日、発行価額又は売出価額の総額、上場金融商品取引所又は登録認可金融商品取引業協会名等を記載すること。

b　「2　継続開示会社たる当該会社に関する事項」及び「3　継続開示会社に該当しない当該会社に関する事項」については、第二部中「第1　保証会社情報」の「2　継続開示会社たる保証会社に関する事項」及び「3　継続開示会社に該当しない保証会社に関する事項」に準じて記載すること。

c　連動子会社については、当四半期連結累計期間に係る四半期連結キャッシュ・フロー計算書（当四半期連結会計期間が第2四半期連結会計期間である場合又は当四半期連結会計期間が第2四半期連結会計期間以外の四半期連結会計期間である場合であって、四半期連結累計期間に係る四半期連結キャッシュ・フロー計算書を作成したときに限る。）又は当四半期累計期間に係る四半期キャッシュ・フロー計算書（当四半期会計期間が第2四半期会計期間である場合又は当四半期会計期間が第2四半期会計期間以外の四半期会計期間である場合であって、四半期累計期間に係る四半期キャッシュ・フロー計算書を作成したときに限る。）を掲げること。ただし、四半期連結キャッシュ・フロー計算書及び四半期キャッシュ・フロー計算書を作成していない場合には、これらに準じて、四半期連結キャッシュ・フロー又は四半期

キャッシュ・フローの状況を記載すること。

(35)　指数等の情報

　　提出会社の発行している有価証券に関し、投資判断に重要な影響を及ぼすと判断される指数等に関する情報について記載すること。

　a　「1　当該指数等の情報の開示を必要とする理由」については、理由及び当該指数等の内容を記載すること。

　b　「2　当該指数等の推移」については、当該指数等の最近5事業年度（6箇月を1事業年度とする会社にあっては10事業年度）の年度別最高・最低値及び当四半期累計期間の月別最高・最低値を記載すること。

(36)　指定国際会計基準による四半期連結財務諸表の修正に伴う記載

　　指定国際会計基準により四半期連結財務諸表を作成した場合であって、指定国際会計基準に従い当四半期連結会計期間の前年同四半期連結会計期間に係る四半期連結財務諸表を修正したときは、この四半期報告書に記載すべき事項（当該修正後の四半期連結財務諸表を除く。）のうち、当該修正に関連する事項については当該修正後の内容及びその旨を記載すること。

(37)　修正国際基準による四半期連結財務諸表の修正に伴う記載

　　修正国際基準により四半期連結財務諸表を作成した場合であって、修正国際基準に従い当四半期連結会計期間の前年同四半期連結会計期間に係る四半期連結財務諸表を修正したときは、この四半期報告書に記載すべき事項（当該修正後の四半期連結財務諸表を除く。）のうち、当該修正に関連する事項については当該修正後の内容及びその旨を記載すること。

金商法

財務諸表等規則

(財務諸表等の用語、様式及び作成方法に関する規則)

昭和38年11月27日大蔵省令第59号
最終改正令和3年9月24日内閣府令第61号

財務諸表等規則ガイドライン(抄)
「財務諸表等の用語、様式及び作成方法に関する規則」
の取扱いに関する留意事項について

平成12年7月金融庁総務企画部
最終改正令和3年9月24日金融庁企画市場局

　このガイドラインは、財務諸表等の用語、様式及び作成方法に関する留意事項(制定・発出時点において最適と考えられる法令解釈・運用等)を示したものである。

第1章　総　則

第1章　総　則

（適用の一般原則）

第1条 金融商品取引法（昭和23年法律第25号。以下「法」という。）第5条、第7条第1項、第9条第1項、第10条第1項、第24条第1項若しくは第3項（これらの規定を同条第5項において準用する場合を含む。）又は同条第6項（これらの規定のうち法第24条の2第1項において準用する場合及びこの規則を適用することが適当なものとして金融庁長官が指定した法人（以下「指定法人」という。）についてこれらの規定を法第27条において準用する場合を含む。）の規定により提出される財務計算に関する書類（以下「財務書類」という。）のうち、財務諸表（貸借対照表、損益計算書、株主資本等変動計算書及びキャッシュ・フロー計算書（これらの財務書類に相当するものであつて、指定法人の作成するもの及び第2条の2に規定する特定信託財産について作成するものを含む。以下同じ。）並びに附属明細表又は第129条第2項の規定により指定国際会計基準（連結財務諸表の用語、様式及び作成方法に関する規則（昭和51年大蔵省令第28号。以下「連結財務諸表規則」という。）第93条に規定する指定国際会計基準をいう。以下同じ。）により作成する場合において当該指定国際会計基準により作成が求められる貸借対照表、損益計算書、株主資本等変動計算書及びキャッシュ・フロー計算書に相当するものをいう。以下同じ。）の用語、様式及び作成方法は、第1条の3を除き、この章から第8章までの定めるところによるものとし、この規則において定めのない事項については、一般に公正妥当と認められる企業会計の基準に従うものとする。

計算書をいうものとする。

2 金融庁組織令（平成10年政令第392号）第24条第1項に規定する企業会計審議会により公表された企業会計の基準は、前項に規定する一般に公正妥当と認められる企業会計の基準に該当するものとする。

3 企業会計の基準についての調査研究及び作成を業として行う団体であつて次に掲げる要件の全てを満たすものが作成及び公表を行つた企業会計の基準のうち、公正かつ適正な手続の下に作成及び公表が行われたものと認められ、一般に公正妥当な企業会計の基準として認められることが見込まれるものとして金融庁長官が定めるものは、第1項に規定する一般に公正妥当と認められる企業会計の基準に該当するものとする。

一 利害関係を有する者から独立した民間の団体であること。

二 特定の者に偏ることなく多数の者から継続的に資金の提供を受けていること。

三 高い専門的見地から企業会計の基準を作成する能力を有する者による合議制の機関（次号及び第5号において「基準委員会」という。）を設けていること。

四 基準委員会が公正かつ誠実に業務を行うものであること。

五 基準委員会が会社等（会社、指定法人、組合その他これらに準ずる事業体（外国におけるこれらに相当するものを含む。）をいう。以下同じ。）を取り巻く経営環境及び会社等の実務の変化への的確な対応並びに国際的収れん（企業会計の基準について国際的に共通化を図ることをいう。）の観点から継続して検討を加えるものであること。

1-1 財務諸表等の用語、様式及び作成方法に関する規則（昭和38年大蔵省令第59号。以下「規則」という。）第1条第1項に規定する指定国際会計基準により作成が求められる貸借対照表、損益計算書、株主資本等変動計算書及びキャッシュ・フロー計算書に相当するものは、指定国際会計基準に定める財政状態計算書、包括利益計算書、持分変動計算書及びキャッシュ・フロー

1-3 規則第1条第3項に規定する公正かつ適正な手続の下に作成及び公表が行われたものと認められ、一般に公正妥当な企業会計の基準として認められることが見込まれるものを定める場合は、次に掲げる手続によるものとする。
(1) 当該企業会計の基準を定めるに当たっては、内容が明確なものとして企業会計の基準案が

予め広く周知され、関係者間で適切な議論がなされており、多数の関係者が当該基準案を経済実態に適合した合理的な内容と評価し、一般に公正妥当な企業会計の基準として受け入れられる程度にまで至るような手続を経て作成及び公表が行われたものかどうかを確認するものとする。

(2) 当該企業会計の基準を定める場合は、当該企業会計の基準の公表が行われた日の翌日から180日以内（金融庁長官が当該手続を行うために必要と認めて延長する場合は、当該延長する期間を含む。）に行うものとする。

1-3-1　規則第1条第3項第1号に掲げる要件の充足を検討する場合は、次に掲げる要件を満たすかどうか確認する必要がある。

(1) 団体の理事及び監事の選任機関並びに団体の重要事項の諮問機関として、団体の理事又は監事を兼職しない評議員（やむを得ない理由により、一時的に兼職する場合を除く。）によって構成された評議員会が設置されていること。

(2) 団体の業務に照らし、(1)の評議員会の構成員の過半数は、公認会計士（過去2年以内に公認会計士であった者を含む。）以外の者であること。

1-3-3　規則第1条第3項第3号に規定する要件については、個々の企業会計の基準に係る作成能力ではなく、総体として必要とされる企業会計の基準に係る作成能力を有しているか否かによることに留意する必要がある。したがって、個別の企業会計の基準の作成能力を有していないことのみをもって当該要件に適合しないと判断してはならない。

4　金融庁長官が、法の規定により提出される財務諸表に関する特定の事項について、その作成方法の基準として特に公表したものがある場合には、当該基準は、この規則の規定に準ずるものとして、第1項に規定する一般に公正妥当と認められる企業会計の基準に優先して適用されるものとする。

（連結財務諸表を作成している会社の特例）

第1条の2　連結財務諸表を作成している会社のうち、会社法（平成17年法律第86号）第2条第11号に規定する会計監査人設置会社（第2条に規定する別記事業を営む株式会社又は指定法人を除く。第7章において「特例財務諸表提出会社」という。）が提出する財務諸表の用語、様式及び作成方法は、同章の定めるところによることができる。

（指定国際会計基準特定会社の特例）

第1条の2の2　法第2条第1項第5号又は第9号に掲げる有価証券の発行者（同条第5項に規定する発行者をいう。）のうち、次に掲げる要件の全てを満たす株式会社（以下「指定国際会計基準特定会社」という。）が提出する財務諸表の用語、様式及び作成方法は、連結財務諸表を作成していない場合に限り、第8章の定めるところによることができる。

一　法第5条第1項の規定に基づき提出する有価証券届出書又は法第24条第1項若しくは第3項の規定に基づき提出する有価証券報告書において、財務諸表の適正性を確保するための特段の取組みに係る記載を行つていること。

二　指定国際会計基準に関する十分な知識を有する役員又は使用人を置いており、指定国際会計基準に基づいて財務諸表を適正に作成することができる体制を整備していること。

（外国会社の特例）

第1条の3　外国会社（法第2条第1項第10号に掲げる外国投資信託の受益証券、同項第11号に掲げる外国投資証券、同項第17号に掲げる有価証券で同項第3号から第9号まで若しくは第12号から第16号までに掲げる有価証券の性質を有するもの、同項第18号に掲げる有価証券、同項第19号若しくは第20号に掲げる有価証券（外国の者が発行者であるものに限る。）、同項第21号に掲げる有価証券又は同条第2項第2号、第4号若しくは第6号に掲げる権利の発行者をいう。第9章において同じ。）が提出する財務書類（中間財務書類及び四半期財務書類を除く。同章において同じ。）の用語、様式及び作成方法は、同章の定めるところによるものとする。

（特定事業を営む会社に対するこの規則の適用）

第2条　別記に掲げる事業（以下「別記事業」という。）を営む株式会社又は指定法人が当該事

業の所管官庁に提出する財務諸表の用語、様式及び作成方法について、特に法令の定めがある場合又は当該事業の所管官庁がこの規則に準じて制定した財務諸表準則（以下「準則」という。）がある場合には、当該事業を営む株式会社又は指定法人が法の規定により提出する財務諸表の用語、様式及び作成方法については、第11条から第68条の2まで、第68条の4から第77条まで、第79条から第109条まで及び第110条から第121条までの規定にかかわらず、その法令又は準則の定めによるものとする。ただし、金融庁長官が必要と認めて指示した事項及びその法令又は準則に定めのない事項については、この限りでない。

（特定信託財産に対するこの規則の適用）

第2条の2　特定目的信託財産の計算に関する規則（平成12年総理府令第132号。以下「特定目的信託財産計算規則」という。）又は投資信託財産の計算に関する規則（平成12年総理府令第133号。以下「投資信託財産計算規則」という。）の適用を受ける信託財産（以下「特定信託財産」という。）について作成すべき財務諸表の用語、様式及び作成方法については、第11条から第68条の2まで、第68条の4から第77条まで、第79条から第109条まで及び第110条から第121条までの規定にかかわらず、特定目的信託財産計算規則又は投資信託財産計算規則によるものとする。ただし、金融庁長官が必要と認めて指示した事項及び特定目的信託財産計算規則又は投資信託財産計算規則に定めのない事項については、この限りでない。

第3条　第2条の規定が適用される事業の2以上を兼ねて営む株式会社が法の規定により提出する財務諸表については、それらの事業のうち当該会社の営業の主要な部分を占める事業に関して適用される法令又は準則の定めによるものとする。ただし、その主要事業以外の事業に関する事項又は当該会社が当該法令又は準則の定めによることが適当でないと認めて金融庁長官の承認を受けた事項については、主要事業以外の事業に関する法令又は準則の定めによることが

できる。

第4条　第2条の規定が適用される事業とその他の事業とを兼ねて営む株式会社において、当該会社の営業の主要な部分がその他の事業によるものである場合においては、当該会社が法の規定により提出する財務諸表については、第2条の規定を適用しないことができるものとする。ただし、第2条の規定の適用を受ける事業に関係ある事項については、当該法令又は準則の定めによることができる。

第4条の2　別記19に掲げる特定金融業（特定金融会社等の会計の整理に関する内閣府令（平成11年総理府令・大蔵省令第32号）第2条第2項に規定する特定金融業をいう。以下同じ。）を営む株式会社又は指定法人が特定金融業以外の他の事業を兼ねて営む場合には、前2条の規定にかかわらず、特定金融業に関する事項については、同令の定めによるものとする。

（財務諸表の作成基準及び表示方法）

第5条　法の規定により提出される財務諸表の用語、様式及び作成方法は、次に掲げる基準に適合したものでなければならない。

一　財務諸表提出会社（法の規定により財務諸表を提出すべき会社、指定法人及び組合をいう。以下同じ。）の財政状態、経営成績及びキャッシュ・フローの状況に関する真実な内容を表示すること。

二　財務諸表提出会社の利害関係人に対して、その財政、経営及びキャッシュ・フローの状況に関する判断を誤らせないために必要な会計事実を明瞭に表示すること。

三　財務諸表提出会社が採用する会計処理の原則及び手続については、正当な理由により変更を行う場合を除き、財務諸表を作成する各時期を通じて継続して適用されていること。

2　財務諸表に記載すべき事項で同一の内容のものについては、正当な理由により変更を行う場合を除き、財務諸表を作成する各時期を通じて、同一の表示方法を採用しなければならない。

（比較情報の作成）

第6条　当事業年度に係る財務諸表は、当該財務

諸表の一部を構成するものとして比較情報（当事業年度に係る財務諸表（附属明細表を除く。）に記載された事項に対応する当事業年度の直前の事業年度（以下「前事業年度」という。）に係る事項をいう。）を含めて作成しなければならない。

6　規則第6条に規定する比較情報に関しては、以下の点に留意する。

　なお、関連会社の判定に当たっても、同様とする。

　1　当事業年度に係る財務諸表において記載されたすべての数値について、原則として、対応する前事業年度に係る数値を含めなければならない。

　2　当事業年度に係る財務諸表の理解に資すると認められる場合には、前事業年度に係る定性的な情報を含めなければならない。

第7条　削除

（定　義）

第8条　この規則において「1年内」とは、貸借対照表日の翌日から起算して1年以内の日をいう。

2　この規則において「通常の取引」とは、財務諸表提出会社の事業目的のための営業活動において、経常的に又は短期間に循環して発生する取引をいう。

3　この規則において「親会社」とは、他の会社等の財務及び営業又は事業の方針を決定する機関（株主総会その他これに準ずる機関をいう。以下「意思決定機関」という。）を支配している会社等をいい、「子会社」とは、当該他の会社等をいう。親会社及び子会社又は子会社が、他の会社等の意思決定機関を支配している場合における当該他の会社等も、その親会社の子会社とみなす。

4　前項に規定する他の会社等の意思決定機関を支配している会社等とは、次の各号に掲げる会社等をいう。ただし、財務上又は営業上若しくは事業上の関係からみて他の会社等の意思決定機関を支配していないことが明らかであると認

められる会社等は、この限りでない。

一　他の会社等（民事再生法（平成11年法律第225号）の規定による再生手続開始の決定を受けた会社等、会社更生法（平成14年法律第154号）の規定による更生手続開始の決定を受けた株式会社、破産法（平成16年法律第75号）の規定による破産手続開始の決定を受けた会社等その他これらに準ずる会社等であつて、かつ、有効な支配従属関係が存在しないと認められる会社等を除く。以下この項において同じ。）の議決権の過半数を自己の計算において所有している会社等

二　他の会社等の議決権の100分の40以上、100分の50以下を自己の計算において所有している会社等であつて、かつ、次に掲げるいずれかの要件に該当する会社等

　イ　自己の計算において所有している議決権と自己と出資、人事、資金、技術、取引等において緊密な関係があることにより自己の意思と同一の内容の議決権を行使すると認められる者及び自己の意思と同一の内容の議決権を行使することに同意している者が所有している議決権とを合わせて、他の会社等の議決権の過半数を占めていること。

　ロ　役員（法第21条第1項第1号（法第27条において準用する場合を含む。）に規定する役員をいう。以下同じ。）若しくは使用人である者、又はこれらであつた者で自己が他の会社等の財務及び営業又は事業の方針の決定に関して影響を与えることができる者が、当該他の会社等の取締役会その他これに準ずる機関の構成員の過半数を占めていること。

　ハ　他の会社等の重要な財務及び営業又は事業の方針の決定を支配する契約等が存在すること。

　ニ　他の会社等の資金調達額（貸借対照表の負債の部に計上されているものに限る。）の総額の過半について融資（債務の保証及び担保の提供を含む。以下この号及び第6項第2号ロにおいて同じ。）を行つている

こと（自己と出資、人事、資金、技術、取
引等において緊密な関係のある者が行う融
資の額を合わせて資金調達額の総額の過半
となる場合を含む。）。

ホ　その他他の会社等の意思決定機関を支配
していることが推測される事実が存在する
こと。

三　自己の計算において所有している議決権と
自己と出資、人事、資金、技術、取引等にお
いて緊密な関係があることにより自己の意思
と同一の内容の議決権を行使すると認められ
る者及び自己の意思と同一の内容の議決権を
行使することに同意している者が所有してい
る議決権とを合わせた場合（自己の計算にお
いて議決権を所有していない場合を含む。）
に他の会社等の議決権の過半数を占めている
会社等であつて、かつ、前号ロからホまでに
掲げるいずれかの要件に該当する会社等

> 8-4　子会社の判定に当たっては、議決権のあ
> る株式等の所有の名義が役員その他当該会社以
> 外の者となっていても、当該株式等の取得のた
> めの資金関係、当該株式等に係る配当その他の
> 損益の帰属関係等を検討し、当該会社が自己の
> 計算において議決権を所有しているか否かにつ
> いて判断することが必要であることに留意する
> ものとする。
> 　なお、関連会社の判定に当たっても、同様と
> する。

5　この規則において「関連会社」とは、会社等
及び当該会社等の子会社が、出資、人事、資金、
技術、取引等の関係を通じて、子会社以外の他
の会社等の財務及び営業又は事業の方針の決定
に対して重要な影響を与えることができる場合
における当該子会社以外の他の会社等をいう。

6　前項に規定する子会社以外の他の会社等の財
務及び営業又は事業の方針の決定に対して重要
な影響を与えることができる場合とは、次の各
号に掲げる場合をいう。ただし、財務上又は営
業上若しくは事業上の関係からみて子会社以外
の他の会社等の財務及び営業又は事業の方針の

決定に対して重要な影響を与えることができな
いことが明らかであると認められるときは、こ
の限りでない。

一　子会社以外の他の会社等（民事再生法の規
定による再生手続開始の決定を受けた会社等、
会社更生法の規定による更生手続開始の決定
を受けた株式会社、破産法の規定による破産
手続開始の決定を受けた会社等その他これら
に準ずる会社等であつて、かつ、当該会社等
の財務及び営業又は事業の方針の決定に対し
て重要な影響を与えることができないと認め
られる会社等を除く。以下この項において同
じ。）の議決権の100分の20以上を自己の計算
において所有している場合

二　子会社以外の他の会社等の議決権の100分
の15以上、100分の20未満を自己の計算にお
いて所有している場合であつて、かつ、次に
掲げるいずれかの要件に該当する場合

イ　役員若しくは使用人である者、又はこれ
らであつた者で自己が子会社以外の他の会
社等の財務及び営業又は事業の方針の決定
に関して影響を与えることができる者が、
当該子会社以外の他の会社等の代表取締役、
取締役又はこれらに準ずる役職に就任して
いること。

ロ　子会社以外の他の会社等に対して重要な
融資を行つていること。

ハ　子会社以外の他の会社等に対して重要な
技術を提供していること。

ニ　子会社以外の他の会社等との間に重要な
販売、仕入れその他の営業上又は事業上の
取引があること。

ホ　その他子会社以外の他の会社等の財務及
び営業又は事業の方針の決定に対して重要
な影響を与えることができることが推測さ
れる事実が存在すること。

三　自己の計算において所有している議決権と
自己と出資、人事、資金、技術、取引等にお
いて緊密な関係があることにより自己の意思
と同一の内容の議決権を行使すると認められ
る者及び自己の意思と同一の内容の議決権を

行使することに同意している者が所有している議決権とを合わせた場合（自己の計算において議決権を所有していない場合を含む。）に子会社以外の他の会社等の議決権の100分の20以上を占めているときであつて、かつ、前号イからホまでに掲げるいずれかの要件に該当する場合

四　複数の独立した企業（会社及び会社に準ずる事業体をいう。以下同じ。）により、契約等に基づいて共同で支配される企業（以下「共同支配企業」という。）に該当する場合

7　特別目的会社（資産の流動化に関する法律（平成10年法律第105号。以下この項及び第122条第8号において「資産流動化法」という。）第2条第3項に規定する特定目的会社（第122条第8号において「特定目的会社」という。）及び事業内容の変更が制限されているこれと同様の事業を営む事業体をいう。以下この項において同じ。）については、適正な価額で譲り受けた資産から生ずる収益を当該特別目的会社が発行する証券の所有者（資産流動化法第2条第12項に規定する特定借入れに係る債権者を含む。）に享受させることを目的として設立されており、当該特別目的会社の事業がその目的に従つて適切に遂行されているときは、当該特別目的会社に資産を譲渡した会社等（以下「譲渡会社等」という。）から独立しているものと認め、第3項及び第4項の規定にかかわらず、譲渡会社等の子会社に該当しないものと推定する。

8　この規則において「関係会社」とは、財務諸表提出会社の親会社、子会社及び関連会社並びに財務諸表提出会社が他の会社等の関連会社である場合における当該他の会社等（第17項第4号において「その他の関係会社」という。）をいう。

9　この規則において「先物取引」とは、次に掲げる取引をいう。

一　法第2条第21項に規定する市場デリバティブ取引（同項第1号及び第2号に掲げる取引に限る。）及び同条第23項に規定する外国市場デリバティブ取引（同条第21項第1号及び第2号に掲げる取引に類似する取引に限る。）

二　商品先物取引法（昭和25年法律第239号）第2条第3項に規定する先物取引（同項第1号から第3号までに掲げる取引に限る。）及びこれらに類似する外国商品市場取引（同条第13項に規定する外国商品市場取引をいう。以下同じ。）

10　この規則において「オプション取引」とは、次に掲げる取引をいう。

一　法第2条第21項に規定する市場デリバティブ取引（同項第3号に掲げる取引に限る。）、同条第22項に規定する店頭デリバティブ取引（同項第3号及び第4号に掲げる取引に限る。）及び同条第23項に規定する外国市場デリバティブ取引（同条第21項第3号に掲げる取引に類似する取引に限る。）

二　商品先物取引法第2条第3項に規定する先物取引（同項第4号に掲げる取引に限る。）、同条第10項に規定する商品市場における取引（同項第1号ホ及びトに掲げる取引に限る。）及びこれらに類似する外国商品市場取引並びに同条第14項に規定する店頭商品デリバティブ取引（同項第4号及び第5号に掲げる取引に限る。）

三　前2号に掲げる取引に類似する取引（取引所金融商品市場（法第2条第17項に規定する取引所金融商品市場をいう。）における取引、外国金融商品市場（法第2条第8項第3号ロに規定する外国金融商品市場をいう。）における取引、商品先物取引法第2条第10項に規定する商品市場における取引又は外国商品市場取引（次項第3号及び第8条の8第2項において「市場取引」という。）以外の取引を含む。）

11　この規則において「先渡取引」とは、次に掲げる取引をいう。

一　法第2条第22項に規定する店頭デリバティブ取引（同項第1号及び第2号に掲げる取引に限る。）

二　商品先物取引法第2条第14項に規定する店頭商品デリバティブ取引（同項第1号から第

３号までに掲げる取引に限る。）

　三　前２号に掲げる取引以外の取引で先物取引に類似する取引（市場取引以外の取引に限る。）

8-11-2　規則第８条第11項第２号にいう先物取引に類似する取引については、通常差金決済により取引されるものであることに留意する。

12　この規則において「スワップ取引」とは、次に掲げる取引をいう。

　一　法第２条第21項に規定する市場デリバティブ取引（同項第４号に掲げる取引に限る。）、同条第22項に規定する店頭デリバティブ取引（同項第５号に掲げる取引に限る。）及び同条第23項に規定する外国市場デリバティブ取引（同条第21項第４号に掲げる取引に類似する取引に限る。）

　二　商品先物取引法第２条第３項に規定する先物取引（同項第５号及び第６号に掲げる取引に限る。）、同条第10項に規定する商品市場における取引（同項第１号に掲げる取引に限る。）及びこれらに類似する外国商品市場取引並びに同条第14項に規定する店頭商品デリバティブ取引（同項第６号に掲げる取引に限る。）

　三　前２号に掲げる取引に類似する取引

13　この規則において「その他のデリバティブ取引」とは、次に掲げる取引をいう。

　一　法第２条第21項に規定する市場デリバティブ取引（同項第５号及び第６号に掲げる取引に限る。）、同条第22項に規定する店頭デリバティブ取引（同項第６号及び第７号に掲げる取引に限る。）及び同条第23項に規定する外国市場デリバティブ取引（同条第21項第５号及び第６号に掲げる取引に類似する取引に限る。）

　二　前号に掲げる取引に類似する取引

14　この規則において「デリバティブ取引」とは、第９項から前項までに規定する取引をいう。

8-14　デリバティブ取引の範囲に関しては、次の点に留意する。

　1　カラー、スワップション等デリバティブ取引を組み合わせた複合金融商品は、原則として、１つのデリバティブ取引として取り扱うものとする。ただし、それぞれのデリバティブ取引を区分して処理している場合には、当該複合金融商品を構成するそれぞれの金融商品がデリバティブ取引に該当することに留意する。

　2　キャップ付借入金、コール・オプション付社債等において、借入金又は社債等とデリバティブ取引が区分して処理されている場合には、当該取引はデリバティブ取引に含まれるものとする。

15　この規則において「連結財務諸表」とは、連結財務諸表規則第１条に規定する連結財務諸表をいう。

16　この規則において「持分法」とは、連結財務諸表規則第２条第８号に規定する方法をいう。

17　この規則において「関連当事者」とは、次に掲げる者をいう。

　一　財務諸表提出会社の親会社

　二　財務諸表提出会社の子会社

　三　財務諸表提出会社と同一の親会社をもつ会社等

　四　財務諸表提出会社のその他の関係会社並びに当該その他の関係会社の親会社及び子会社

　五　財務諸表提出会社の関連会社及び当該関連会社の子会社

　六　財務諸表提出会社の主要株主（法第163条第１項に規定する主要株主をいう。以下同じ。）及びその近親者（二親等内の親族をいう。次号及び第８号において同じ。）

　七　財務諸表提出会社の役員及びその近親者

　八　財務諸表提出会社の親会社の役員及びその近親者

　九　前３号に掲げる者が議決権の過半数を自己の計算において所有している会社等及び当該会社等の子会社

　十　従業員のための企業年金（財務諸表提出会

社と重要な取引（掛金の拠出を除く。）を行
う場合に限る。）

18　この規則において「キャッシュ・フロー」と
は、次項に規定する資金の増加又は減少をいう。

19　この規則において「資金」とは、現金（当座
預金、普通預金その他預金者が一定の期間を経
ることなく引き出すことができる預金を含む。
第5章において同じ。）及び現金同等物（容易
に換金することが可能であり、かつ、価値の変
動のリスクが低い短期的な投資をいう。第5章
において同じ。）の合計額をいう。

20　この規則において「売買目的有価証券」とは、
時価の変動により利益を得ることを目的として
保有する有価証券をいう。

> 8-20　規則第8条第20項に規定する売買目的有
> 価証券とは、「金融商品に関する会計基準」に
> いう売買目的有価証券をいうものとする。

21　この規則において「満期保有目的の債券」と
は、満期まで所有する意図をもつて保有する社
債券その他の債券（満期まで所有する意図をも
つて取得したものに限る。）をいう。

> 8-21　規則第8条第21項に規定する満期保有目
> 的の債券とは、「金融商品に関する会計基準」
> にいう満期保有目的の債券をいうものとする。

22　この規則において「その他有価証券」とは、
売買目的有価証券、満期保有目的の債券並びに
子会社株式及び関連会社株式以外の有価証券を
いう。

> 8-22　規則第8条第22項に規定するその他有価
> 証券とは、「金融商品に関する会計基準」にい
> うその他有価証券をいうものとする。

23　この規則において、「自己株式」とは、財務
諸表提出会社が保有する財務諸表提出会社の株
式をいう。

24　この規則において、「自社の株式」とは、財
務諸表提出会社の株式をいう。

25　この規則において、「自社株式オプション」
とは、自社の株式を原資産とするコール・オプ
ション（一定の金額の支払により、原資産であ
る当該自社の株式を取得する権利をいう。）及
び金銭の払込み又は財産の給付を要しないで原
資産である当該自社の株式を取得する権利をい
う。

26　この規則において、「ストック・オプション」
とは、自社株式オプションのうち、財務諸表提
出会社が従業員等（当該財務諸表提出会社と雇
用関係にある使用人及び当該財務諸表提出会社
の役員をいう。以下この項において同じ。）に、
報酬（労働や業務執行等の対価として当該財務
諸表提出会社が従業員等に給付するものをい
う。）として付与するものをいう。

27　この規則において、「企業結合」とは、ある
企業又はある企業を構成する事業と他の企業又
は他の企業を構成する事業とが1つの報告単位
に統合されることをいう。

28　この規則において、「取得企業」とは、他の
企業又は企業を構成する事業を取得する（支配
を獲得することをいう。次項及び第36項、第8
条の17第1項、第8条の19第1項並びに第56条
において同じ。）企業をいう。

29　この規則において、「被取得企業」とは、取
得企業に取得される企業をいう。

30　この規則において、「存続会社」とは、会社
法第749条第1項に規定する吸収合併存続会社
及びこれに準ずる事業体をいう。

31　この規則において、「結合企業」とは、他の
企業又は他の企業を構成する事業を受け入れて
対価を支払う企業をいう。

32　この規則において、「被結合企業」とは、結
合企業に受け入れられる企業又は結合企業に事
業を受け入れられる企業をいう。

33　この規則において、「結合後企業」とは、企
業結合によつて統合された1つの報告単位とな
る企業をいう。

34　この規則において、「結合当事企業」とは、
企業結合に係る企業をいう。

35　この規則において、「パーチェス法」とは、

被結合企業から受け入れる資産及び負債の取得原価を、対価として交付する現金及び株式等の時価とする方法をいう。

36 この規則において、「逆取得」とは、企業結合のうち、次に掲げるものをいう。

一 吸収合併（会社以外の場合にあつてはこれに準ずるもの。以下同じ。）により消滅する企業が存続し、存続会社を取得すると考えられる企業結合

二 吸収分割会社（会社法第758条第1号に規定する吸収分割会社及びこれに準ずる事業体をいう。第8条の18第3項第2号において同じ。）又は現物出資を行つた企業が、吸収分割承継会社（同法第757条に規定する吸収分割承継会社及びこれに準ずる事業体をいう。）又は現物出資を受けた企業を取得することとなる企業結合

三 株式交換完全子会社（会社法第768条第1項第1号に規定する株式交換完全子会社及びこれに準ずる事業体をいう。第8条の18第3項第3号において同じ。）が株式交換完全親会社（同法第767条に規定する株式交換完全親会社及びこれに準ずる事業体をいう。）を取得することとなる企業結合

四 株式交付子会社（会社法第774条の3第1項第1号に規定する株式交付子会社及びこれに準ずる事業体をいう。第8条の18第3項第4号において同じ。）が株式交付親会社（同法第774条の3第1項第1号に規定する株式交付親会社及びこれに準ずる事業体をいう。）を取得することとなる企業結合

37 この規則において、「共通支配下の取引等」とは、結合当事企業又は事業の全てが、企業結合の前後で同一の株主により最終的に支配され、かつ、その支配が一時的でない場合における企業結合及び企業集団（連結財務諸表提出会社及びその子会社をいう。以下この項において同じ。）を支配する企業が、子会社の株主のうち企業集団に属さない株主との間で、当該子会社の株式を交換する取引をいう。

8-37 規則第8条第37項にいう当該子会社の株式を交換する取引には、これに準ずる取引（例えば、子会社の第三者割当増資、子会社の自己株式取得又は処分取引等）を含むものとする。

38 この規則において、「事業分離」とは、ある企業を構成する事業を他の企業（新設される企業を含む。）に移転することをいう。

39 この規則において、「分離元企業」とは、事業分離において、当該企業を構成する事業を移転する企業をいう。

40 この規則において、「分離先企業」とは、事業分離において、分離元企業から事業を受け入れる企業（新設される企業を含む。）をいう。

41 この規則において、「金融商品」とは、金融資産（金銭債権、有価証券及びデリバティブ取引により生じる債権（これらに準ずるものを含む。）をいう。第8条の6の2第6項において同じ。）及び金融負債（金銭債務及びデリバティブ取引により生じる債務（これらに準ずるものを含む。）をいう。同項において同じ。）をいう。

8-41 規則第8条第41項に規定する金融商品とは、「金融商品に関する会計基準」にいう金融商品をいうものとする。

42 この規則において、「資産除去債務」とは、有形固定資産の取得、建設、開発又は通常の使用によつて生じる当該有形固定資産の除去に関する法律上の義務及びこれに準ずるものをいう。

8-42 規則第8条第42項に規定する資産除去債務とは、「資産除去債務に関する会計基準」にいう資産除去債務をいい、資産除去債務の対象となる有形固定資産には、規則第14条に規定する有形固定資産のほか、これに準じる有形の資産（例えば、投資その他の資産に分類される投資不動産等）を含むものとする。

43 この規則において、「工事契約」とは、請負契約のうち、土木、建築、造船、機械装置の製造その他の仕事に係る基本的な仕様及び作業内

容が注文者の指図に基づいているものをいう。

8-43　規則第8条第43項に規定する工事契約とは、「収益認識に関する会計基準」にいう工事契約をいい、受注制作のソフトウェアは、工事契約に準じて取扱うものとする。

44　この規則において「会計方針」とは、財務諸表の作成に当たつて採用した会計処理の原則及び手続をいう。

45　この規則において「表示方法」とは、財務諸表の作成に当たつて採用した表示の方法をいう。

46　この規則において「会計上の見積り」とは、資産、負債、収益及び費用等の額に不確実性がある場合において、財務諸表作成時に入手可能な情報に基づき、それらの合理的な金額を算定することをいう。

47　この規則において「会計方針の変更」とは、一般に公正妥当と認められる会計方針を他の一般に公正妥当と認められる会計方針に変更することをいう。

48　この規則において「表示方法の変更」とは、一般に公正妥当と認められる表示方法を他の一般に公正妥当と認められる表示方法に変更することをいう。

49　この規則において「会計上の見積りの変更」とは、新たに入手可能となつた情報に基づき、前事業年度以前の財務諸表の作成に当たつて行つた会計上の見積りを変更することをいう。

50　この規則において「誤謬」とは、その原因となる行為が意図的であるか否かにかかわらず、財務諸表作成時に入手可能な情報を使用しなかつたこと又は誤つて使用したことにより生じた誤りをいう。

51　この規則において「遡及適用」とは、新たな会計方針を前事業年度以前の財務諸表に遡つて適用したと仮定して会計処理を行うことをいう。

52　この規則において「財務諸表の組替え」とは、新たな表示方法を前事業年度以前の財務諸表に遡つて適用したと仮定して表示を変更することをいう。

53　この規則において「修正再表示」とは、前事業年度以前の財務諸表における誤謬の訂正を財務諸表に反映することをいう。

54　この規則において「退職給付」とは、退職以後に従業員等（財務諸表提出会社と雇用関係にある使用人及び当該財務諸表提出会社の役員（退職給付制度の対象となる者に限る。）をいう。次項、第56項及び第58項において同じ。）に支払われる退職一時金及び退職年金をいう。

55　この規則において「退職給付債務」とは、各従業員等（既に退職した者を含む。以下この項において同じ。）に支払われると見込まれる退職給付（既に支払われたものを除く。）の額のうち、当該各従業員等の貸借対照表日まで（既に退職した者については、退職の日まで）の勤務に基づき生じる部分に相当する額について、貸借対照表日における割引率（国債、政府関係機関債券又はその他の信用度の高い債券の利回りを基礎とし、貸借対照表日から当該各従業員等に退職給付を支払うと見込まれる日までの期間を反映して財務諸表提出会社が定める率をいう。次項、第57項及び第8条の13第1項第7号において同じ。）を用いて割引計算することにより算出した額を、全ての従業員等について合計した額によつて計算される負債をいう。

56　この規則において「勤務費用」とは、各従業員等に支払われると見込まれる退職給付の額のうち、当該各従業員等の当事業年度開始の日から貸借対照表日までの間の勤務に基づき生じる部分に相当する額について、割引率を用いて割引計算することにより算出した額を、全ての従業員等について合計した額によつて計算される費用をいう。

57　この規則において「利息費用」とは、当事業年度開始の日における退職給付債務に割引率を用いて計算される利息に相当する費用をいう。

58　この規則において「年金資産」とは、特定の退職給付制度に関し、会社等と従業員等との契約等に基づき退職給付に充てるために積み立てられている特定の資産であつて次に掲げる要件の全てを満たすものをいう。

一　退職給付の支払以外に使用できないこと。

二　会社等及び会社等の債権者から法的に分離されていること。

三　積立超過分を除き、会社等への返還、会社等からの解約及び退職給付の支払以外の目的による払出し等ができないこと。

四　会社等の資産と交換できないこと。

59　この規則において「期待運用収益」とは、年金資産の運用により生じると合理的に期待される収益をいう。

60　この規則において「数理計算上の差異」とは、年金資産の期待運用収益と実際の運用成果との差異、退職給付債務の数理計算に用いた見積数値と実績との差異及び見積数値の変更等により発生した差異をいう。

61　この規則において「過去勤務費用」とは、退職給付制度の採用又は退職給付水準の改訂により発生する退職給付債務の増加又は減少分をいう。

62　この規則において「未認識数理計算上の差異」とは、数理計算上の差異のうち、当期純利益又は当期純損失を構成する項目として費用処理（費用の減額処理又は費用を超過して減額した場合の利益処理を含む。以下同じ。）されていないものをいう。

63　この規則において「未認識過去勤務費用」とは、過去勤務費用のうち、当期純利益又は当期純損失を構成する項目として費用処理されていないものをいう。

64　この規則において「市場参加者」とは、時価の算定の対象となる資産若しくは負債に関する取引の数量及び頻度が最も大きい市場、当該資産の売却による受取額を最も大きくすることができる市場又は当該負債の移転による支払額を最も小さくすることができる市場において売買を行う者であつて、次に掲げる要件の全てを満たす者をいう。

一　それぞれ独立しており、関連当事者でないこと。

二　当該資産又は当該負債に関する知識を有しており、かつ、全ての入手可能な情報に基づき当該資産又は当該負債について十分に理解

していること。

三　当該資産又は当該負債に関して取引を行う能力があること。

四　当該資産又は当該負債に関して自発的に取引を行う意思があること。

65　この規則において「時価の算定に係るインプット」とは、市場参加者が資産又は負債の時価を算定する際に用いると仮定した基礎数値その他の情報（当該資産又は当該負債に関する相場価格を含む。）をいう。

66　この規則において「観察可能な時価の算定に係るインプット」とは、時価の算定に係るインプットのうち、入手可能な市場データ（実際の事象又は取引に関して公開されている情報その他の情報をいう。）に基づくものをいう。

67　この規則において「観察できない時価の算定に係るインプット」とは、時価の算定に係るインプットのうち、観察可能な時価の算定に係るインプット以外のもので、入手可能な最良の情報に基づくものをいう。

68　この規則において「時価の算定に係るインプットが属するレベル」とは、次の各号に掲げる時価の算定に係るインプットの区分に応じ、当該各号に定めるレベルをいう。

一　観察可能な時価の算定に係るインプットのうち、活発な市場（時価の算定の対象となる資産又は負債に関する取引が十分な数量及び頻度で行われていることによつて当該資産又は当該負債の価格の情報が継続的に提供されている市場をいう。）において形成される当該時価の算定の対象となる資産又は負債に関する相場価格　レベル1

二　観察可能な時価の算定に係るインプットのうち、前号に掲げる時価の算定に係るインプット以外の時価の算定に係るインプット　レベル2

三　観察できない時価の算定に係るインプット　レベル3

69　この規則において「ヘッジ会計」とは、ヘッジ手段（資産（将来の取引により確実に発生すると見込まれるものを含む。以下この項におい

て同じ。）若しくは負債（将来の取引により確実に発生すると見込まれるものを含む。以下この項において同じ。）又はデリバティブ取引に係る価格変動、金利変動及び為替変動による損失の危険を減殺することを目的とし、かつ、当該損失の危険を減殺することが客観的に認められる取引をいう。以下この項及び第67条第1項第2号において同じ。）に係る損益とヘッジ対象（ヘッジ手段の対象である資産若しくは負債又はデリバティブ取引をいう。第8条の8第3項及び第67条第1項第2号において同じ。）に係る損益を同一の会計期間に認識するための会計処理をいう。

（重要な会計方針の注記）

第8条の2　会計方針については、財務諸表作成のための基礎となる事項であつて、投資者その他の財務諸表の利用者の理解に資するものを注記しなければならない。ただし、重要性の乏しいものについては注記を省略することができる。

> 8の2　規則第8条の2に規定する注記は、「会計方針の開示、会計上の変更及び誤謬の訂正に関する会計基準」が適用される場合の注記とし、次の点に留意する。
>
> 　1　重要な会計方針については、投資者その他の財務諸表の利用者が財務諸表作成のための基礎となる事項を理解するために、財務諸表提出会社が採用した会計処理の原則及び手続の概要を開示することを目的とした上で、当該会社において、当該目的に照らして記載内容及び記載方法が適切かどうかを判断して記載するものとする。なお、会計基準等の定めが明らかな場合であって、当該会計基準等において代替的な会計処理の原則及び手続が認められていない場合には、注記を省略することができる。
>
> 　2　重要な会計方針には、例えば次の事項が含まれるものとする。
> 　(1)　有価証券の評価基準及び評価方法
> 　(2)　棚卸資産の評価基準及び評価方法
> 　(3)　固定資産の減価償却の方法
> 　(4)　繰延資産の処理方法
> 　(5)　外貨建の資産及び負債の本邦通貨への換算基準

> 　(6)　引当金の計上基準
> 　(7)　収益及び費用の計上基準
> 　(8)　ヘッジ会計の方法
> 　(9)　キャッシュ・フロー計算書における資金の範囲
> 　(10)　その他財務諸表作成のための基礎となる事項
>
> 　3　2の(1)から(10)までに例示されている重要な会計方針の記載に関しては、次の点に留意する。
> 　(1)　2の(1)に掲げる有価証券の評価基準及び評価方法の記載に関しては、次の点に留意する。
> 　　①　有価証券とは、金融商品取引法（昭和23年法律第25号）第2条第1項に規定する有価証券及び同条第2項の規定により有価証券とみなされる権利（同項第1号及び第2号に掲げる権利（以下①において「信託受益権」という。）を除く。）並びに申込証拠金領収証をいう。この場合において、新株申込受付票は申込証拠金領収証に準じて取り扱うものとし、信託受益権及び内国法人の発行する譲渡性預金の預金証書等で有価証券として会計処理することが適当と認められるものは有価証券に含めるものとする。
> 　　②　有価証券の評価方法とは、例えば、取得原価を算定するために採用した方法（例えば、移動平均法、総平均法等）、その他有価証券の時価評価を行うに際しての評価差額の取扱いをいう。
> 　(2)　2の(2)に掲げる棚卸資産の評価基準及び評価方法とは、売上原価及び期末棚卸高を算定するために採用した棚卸資産の評価基準及び評価方法をいう。この場合の評価方法とは、例えば、個別法、先入先出法等をいう。
> 　(3)　2の(4)に掲げる繰延資産の処理方法には、繰延資産として計上することが認められている株式交付費、社債発行費等について、支出時に全額費用として処理する方法を採用している場合が含まれることに留意するものとする。
> 　　株式交付費、社債発行費等を繰延資産に計上しているときは、償却期間及び償却方法を記載するものとする。
> 　(4)　2の(5)に掲げる外貨建の資産及び負債の

本邦通貨への換算基準には、「外貨建取引等会計処理基準」（昭和54年６月26日企業会計審議会報告）に定めのない事項に関する換算基準又は「外貨建取引等会計処理基準」を適用することが適当でないと認められる場合において、他の合理的な換算基準を採用した場合における当該他の換算基準等について記載するものとする。

(5) ２の(6)に掲げる引当金の計上基準の記載に関しては、次の点に留意する。

①　各引当金の計上の理由、計算の基礎その他の設定の根拠を記載するものとする。

②　退職給付引当金については、退職給付見込額の期間帰属方法並びに数理計算上の差異、過去勤務費用及び会計基準変更時差異の費用処理方法が含まれるものとする。

③　規則第54条の３第１項の規定による準備金等を計上している場合には①に準じて記載するものとする。

(6) ２の(7)に掲げる収益及び費用の計上基準の記載に関しては、次の点に留意する。

①　ファイナンス・リース取引に係る収益及び費用の計上基準等、財務諸表について適正な判断を行うために必要があると認められる事項を記載するものとする。

②　財務諸表提出会社の主要な事業における主な履行義務の内容、財務諸表提出会社が当該履行義務に関する収益を認識する通常の時点その他重要な会計方針に含まれると判断した収益認識に関する注記事項その他の事項を記載するものとする。

(7) ２の(8)に掲げるヘッジ会計の方法の記載に関しては、次の点に留意する。

①　ヘッジ会計とは、「金融商品に関する会計基準」にいうヘッジ会計をいうものとする。

②　ヘッジ会計の方法には、繰延ヘッジ等のヘッジ会計の方法に併せて、ヘッジ手段とヘッジ対象、ヘッジ方針、ヘッジ有効性評価の方法等リスク管理方針のうちヘッジ会計に係るものについても概括的に記載するものとする。

(8) ２の(10)に掲げる事項については、次の点に留意する。

①　支払利息を資産の取得原価に算入する会計処理の内容等、財務諸表について適正な判断を行うために必要と認められる事項を記載するものとする。

②　退職給付に係る未認識数理計算上の差異、未認識過去勤務費用及び会計基準変更時差異の未処理額の会計処理の方法が連結財務諸表におけるこれらの会計処理の方法と異なる場合には、その旨を記載するものとする。

③　特定の市場リスク（規則第８条の６の２第３項に規定する金利、通貨の価格、金融商品市場における相場その他の指標の数値の変動に係るリスクをいう。）又は特定の信用リスク（取引相手先の契約不履行に係るリスクをいう。）に関して金融資産及び金融負債を相殺した後の正味の資産又は負債を基礎として、当該金融資産及び金融負債のグループを単位とした時価を算定する場合には、その旨を記載するものとする。

④　会計処理の対象となる会計事象や取引に関連する会計基準等の定めが明らかでない場合（特定の会計事象等に対して適用し得る具体的な会計基準等の定めが存在しないため、会計処理の原則及び手続を採用する場合や業界の実務慣行とされている会計処理の原則及び手続を適用する場合を含む。）には、財務諸表提出会社が採用した会計処理の原則及び手続を記載するものとする。

（重要な会計上の見積りに関する注記）

第８条の２の２　当事業年度の財務諸表の作成に当たつて行つた会計上の見積り（この規則の規定により注記すべき事項の記載に当たつて行つた会計上の見積りを含む。）のうち、当該会計上の見積りが当事業年度の翌事業年度の財務諸表に重要な影響を及ぼすリスクがあるもの（以下この条において「重要な会計上の見積り」という。）を識別した場合には、次に掲げる事項であつて、投資者その他の財務諸表の利用者の理解に資するものを注記しなければならない。

一　重要な会計上の見積りを示す項目

二　前号に掲げる項目のそれぞれに係る当事業年度の財務諸表に計上した金額

三　前号に掲げる金額の算出方法、重要な会計

金商法

上の見積りに用いた主要な仮定、重要な会計上の見積りが当事業年度の翌事業年度の財務諸表に与える影響その他の重要な会計上の見積りの内容に関する情報

2　前項第2号及び第3号に掲げる事項は、この規則の規定により注記すべき事項において同一の内容が記載される場合には、その旨を記載し、同項第2号及び第3号に掲げる事項の記載を省略することができる。

3　第1項第3号に掲げる事項は、連結財務諸表において同一の内容が記載される場合には、その旨を記載し、当該事項の記載を省略することができる。

4　第1項第3号に掲げる事項は、財務諸表提出会社が連結財務諸表を作成している場合には、同項第2号に掲げる金額の算出方法の記載をもつて代えることができる。この場合において、連結財務諸表に当該算出方法と同一の内容が記載されるときには、その旨を記載し、当該算出方法の記載を省略することができる。

8の2の2　規則第8条の2の2に規定する注記は、「会計上の見積りの開示に関する会計基準」が適用される場合の注記とし、次の点に留意する。

1　重要な会計上の見積りについては、「会計上の見積りの開示に関する会計基準」に従って識別するものとする。

2　重要な会計上の見積りを示す項目が複数ある場合には、規則第8条の2の2に規定する注記については、重要な会計上の見積りを示す項目ごとに一覧できるようまとめて記載するものとする。

3　規則第8条の2の2第1項第2号及び第3号に掲げる事項の注記については、投資者その他の財務諸表の利用者が同条に規定する重要な会計上の見積りの内容を理解できるようにするための情報を開示することを目的とした上で、財務諸表提出会社において、当該目的に照らして記載内容及び記載方法が適切かどうかを判断して記載するものとする。

（会計基準等の改正等に伴う会計方針の変更に関する注記）

第8条の3　会計基準その他の規則（以下「会計基準等」という。）の改正及び廃止並びに新たな会計基準等の作成（次条において「会計基準等の改正等」という。）に伴い会計方針の変更を行つた場合（当該会計基準等に遡及適用に関する経過措置が規定されていない場合に限る。）には、次に掲げる事項を注記しなければならない。ただし、第3号から第5号までに掲げる事項について、連結財務諸表において同一の内容が記載される場合には、その旨を記載し、当該事項の記載を省略することができる。

一　当該会計基準等の名称

二　当該会計方針の変更の内容

三　財務諸表の主な科目に対する前事業年度における影響額

四　前事業年度に係る1株当たり情報（1株当たり純資産額、1株当たり当期純利益金額又は当期純損失金額及び潜在株式調整後1株当たり当期純利益金額（第95条の5の3第1項に規定する潜在株式調整後1株当たり当期純利益金額をいう。）をいう。以下同じ。）に対する影響額

五　前事業年度の期首における純資産額に対する累積的影響額

2　前項の規定にかかわらず、遡及適用に係る原則的な取扱い（前事業年度より前のすべての事業年度に係る遡及適用による累積的影響額を前事業年度の期首における資産、負債及び純資産の金額に反映することをいう。以下同じ。）が実務上不可能な場合には、次の各号に掲げる場合の区分に応じ、当該各号に定める事項を注記しなければならない。ただし、第1号ホからトまで及び第2号ホからトまでに掲げる事項について、連結財務諸表において同一の内容が記載される場合には、その旨を記載し、当該事項の記載を省略することができる。

一　当事業年度の期首における遡及適用による累積的影響額を算定することができ、かつ、前事業年度の期首における累積的影響額を算

定することが実務上不可能な場合　次に掲げる事項

イ　当該会計基準等の名称

ロ　当該会計方針の変更の内容

ハ　財務諸表の主な科目に対する実務上算定可能な影響額

ニ　当事業年度に係る1株当たり情報に対する実務上算定可能な影響額

ホ　当事業年度の期首における純資産額に対する累積的影響額

ヘ　遡及適用に係る原則的な取扱いが実務上不可能な理由

ト　当該会計方針の変更の適用方法及び適用開始日

二　当事業年度の期首における遡及適用による累積的影響額を算定することが実務上不可能な場合　次に掲げる事項

イ　当該会計基準等の名称

ロ　当該会計方針の変更の内容

ハ　財務諸表の主な科目に対する実務上算定可能な影響額

ニ　1株当たり情報に対する実務上算定可能な影響額

ホ　当事業年度の期首における遡及適用による累積的影響額を算定することが実務上不可能な旨

ヘ　遡及適用に係る原則的な取扱いが実務上不可能な理由

ト　当該会計方針の変更の適用方法及び適用開始日

8の3　規則第8条の3及び第8条の3の2の規定の適用については、次の点に留意する。

1　同一の事業年度において複数の会計方針を変更した場合には、実務上可能な範囲において、会計方針の変更の内容ごとに、規則第8条の3又は第8条の3の2の規定を適用するものとする。ただし、当該会計方針の変更の内容ごとに影響額を区分することが困難な場合には、その旨を記載するものとする。

2　規則第8条の3第1項第3号及び第8条の3の2第1項第3号に規定する財務諸表の主

な科目に対する前事業年度における影響額とは、遡及適用（規則第8条第51項に規定する遡及適用をいう。以下同じ。）を行った場合において、当事業年度に含まれる比較情報に計上された主な科目の金額と、前事業年度に係る財務諸表に計上された主な科目の金額との差額をいうものとする。

3　規則第8条の3第2項第1号ハ及び第8条の3の2第2項第1号ハに規定する財務諸表の主な科目に対する実務上算定可能な影響額とは、当事業年度に係る財務諸表の主な科目の金額と、変更前の会計方針を当事業年度に適用した場合において計上されるべき主な科目の金額との差額をいうものとする。

4　規則第8条の3第2項第2号ハ及び第8条の3の2第2項第2号ハに規定する財務諸表の主な科目に対する実務上算定可能な影響額とは、次の(1)から(3)までに掲げる金額をいうものとする。

(1)　前事業年度の期首以前から変更後の会計方針を適用したとき　当事業年度に係る財務諸表に含まれる比較情報に計上された主な科目の金額と、前事業年度に係る財務諸表の主な科目の金額との差額

(2)　当事業年度の期首から変更後の会計方針を適用したとき　当事業年度に係る財務諸表の主な科目の金額と、変更前の会計方針を当事業年度に適用した場合において計上されるべき主な科目の金額との差額

(3)　前事業年度の期中から変更後の会計方針を適用したとき　当事業年度に係る財務諸表に含まれる比較情報に計上された主な科目の金額と、前事業年度に係る財務諸表の主な科目の金額との差額、及び当事業年度に係る財務諸表の主な科目の金額と、変更前の会計方針を当事業年度に適用した場合において計上されるべき主な科目の金額との差額

5　規則第8条の3第3項に規定する事項の注記に際しては、会計基準等に規定された遡及適用に関する経過措置の内容に応じて、必要な事項を記載するものとする。

3　会計基準等に規定されている遡及適用に関する経過措置に従つて会計処理を行つた場合において、遡及適用を行つていないときは、次に掲げる事項を注記しなければならない。ただし、

第3号及び第4号に掲げる事項について、連結財務諸表において同一の内容が記載される場合には、その旨を記載し、当該事項の記載を省略することができる。

一　当該会計基準等の名称

二　当該会計方針の変更の内容

三　当該経過措置に従つて会計処理を行つた旨及び当該経過措置の概要

四　当該経過措置が当事業年度の翌事業年度以降の財務諸表に影響を与える可能性がある場合には、その旨及びその影響額（当該影響額が不明であり、又は合理的に見積ることが困難な場合には、その旨）

五　財務諸表の主な科目に対する実務上算定可能な影響額

六　1株当たり情報に対する実務上算定可能な影響額

4　前3項の規定にかかわらず、これらの規定により注記すべき事項に重要性が乏しい場合には、注記を省略することができる。

（会計基準等の改正等以外の正当な理由による会計方針の変更に関する注記）

第8条の3の2　会計基準等の改正等以外の正当な理由により会計方針の変更を行つた場合には、次に掲げる事項を注記しなければならない。ただし、第3号から第5号までに掲げる事項について、連結財務諸表において同一の内容が記載される場合には、その旨を記載し、当該事項の記載を省略することができる。

一　当該会計方針の変更の内容

二　当該会計方針の変更を行つた正当な理由

三　財務諸表の主な科目に対する前事業年度における影響額

四　前事業年度に係る1株当たり情報に対する影響額

五　前事業年度の期首における純資産額に対する累積的影響額

2　前項の規定にかかわらず、遡及適用に係る原則的な取扱いが実務上不可能な場合には、次の各号に掲げる場合の区分に応じ、当該各号に定める事項を注記しなければならない。ただし、

第1号ホからトまで及び第2号ホからトまでに掲げる事項について、連結財務諸表において同一の内容が記載される場合には、その旨を記載し、当該事項の記載を省略することができる。

一　当事業年度の期首における遡及適用による累積的影響額を算定することができ、かつ、前事業年度の期首における累積的影響額を算定することが実務上不可能な場合　次に掲げる事項

イ　当該会計方針の変更の内容

ロ　当該会計方針の変更を行つた正当な理由

ハ　財務諸表の主な科目に対する実務上算定可能な影響額

ニ　当事業年度に係る1株当たり情報に対する実務上算定可能な影響額

ホ　当事業年度の期首における純資産額に対する累積的影響額

ヘ　遡及適用に係る原則的な取扱いが実務上不可能な理由

ト　当該会計方針の変更の適用方法及び適用開始日

二　当事業年度の期首における遡及適用による累積的影響額を算定することが実務上不可能な場合　次に掲げる事項

イ　当該会計方針の変更の内容

ロ　当該会計方針の変更を行つた正当な理由

ハ　財務諸表の主な科目に対する実務上算定可能な影響額

ニ　1株当たり情報に対する実務上算定可能な影響額

ホ　当事業年度の期首における遡及適用による累積的影響額を算定することが実務上不可能な旨

ヘ　遡及適用に係る原則的な取扱いが実務上不可能な理由

ト　当該会計方針の変更の適用方法及び適用開始日

3　前2項の規定にかかわらず、これらの規定により注記すべき事項に重要性が乏しい場合には、注記を省略することができる。

金商法

（未適用の会計基準等に関する注記）

第8条の3の3　既に公表されている会計基準等のうち、適用していないものがある場合には、次に掲げる事項を注記しなければならない。ただし、重要性の乏しいものについては、注記を省略することができる。

一　当該会計基準等の名称及びその概要

二　当該会計基準等の適用予定日（当該会計基準等の適用を開始すべき日前に適用する場合には、当該適用予定日）

三　当該会計基準等が財務諸表に与える影響に関する事項

8の3の3　規則第8条の3の3に規定する未適用の会計基準等については、貸借対照表日までに公表されたものについて記載するものとする。ただし、貸借対照表日後に公表されたものについて記載することを妨げない。

8の3の3-1-2　財務諸表作成時において、会計基準等の適用時期について決定していない場合には、規則第8条の3の3第1項第2号の記載に代えて、その旨を記載するものとする。

8の3の3-1-3　規則第8条の3の3第1項第3号に規定する財務諸表に与える影響について、定量的に把握している場合にはその金額を記載し、定量的に把握していない場合には、定性的に記載するものとする。なお、財務諸表作成時において、財務諸表に与える影響を評価中である場合には、その旨を記載するものとする。

2　前項第3号に掲げる事項は、当該会計基準等が専ら表示方法及び注記事項を定めた会計基準等である場合には、記載することを要しない。

3　第1項各号に掲げる事項は、財務諸表提出会社が連結財務諸表を作成している場合には、記載することを要しない。

（表示方法の変更に関する注記）

第8条の3の4　表示方法の変更を行つた場合には、次に掲げる事項を注記しなければならない。

一　財務諸表の組替えの内容

二　財務諸表の組替えを行つた理由

三　財務諸表の主な項目に係る前事業年度における金額

2　前項の規定にかかわらず、財務諸表の組替えが実務上不可能な場合には、その理由を注記しなければならない。

3　前2項の規定にかかわらず、前2項の規定により注記すべき事項に重要性が乏しい場合には、注記を省略することができる。

4　第1項（第2号及び第3号に係る部分に限る。）及び第2項に掲げる事項について、連結財務諸表において同一の内容が記載される場合には、その旨を記載し、当該事項の記載を省略することができる。

（会計上の見積りの変更に関する注記）

第8条の3の5　会計上の見積りの変更を行つた場合には、次に掲げる事項を注記しなければならない。ただし、重要性の乏しいものについては、注記を省略することができる。

一　当該会計上の見積りの変更の内容

二　当該会計上の見積りの変更が財務諸表に与えている影響額

三　次のイ又はロに掲げる区分に応じ、当該イ又はロに定める事項

イ　当該会計上の見積りの変更が当事業年度の翌事業年度以降の財務諸表に影響を与える可能性があり、かつ、当該影響額を合理的に見積ることができる場合　当該影響額

ロ　当該会計上の見積りの変更が当事業年度の翌事業年度以降の財務諸表に影響を与える可能性があり、かつ、当該影響額を合理的に見積ることが困難な場合　その旨

8の3の5-3　規則第8条の3の5第3号イ及び第8条の3の6第4号イの規定における会計上の見積りの変更が当事業年度の翌事業年度以降の財務諸表に与える影響について、当事業年度に係る財務諸表に与えている影響額に基づき、当該影響の概要を把握することができる場合には、規則第8条の3の5ただし書及び第8条の3の6ただし書に規定する重要性が乏しい場合に該当するものとして、注記を省略することができることに留意する。

（会計方針の変更を会計上の見積りの変更と区別
　することが困難な場合の注記）

第8条の3の6　会計方針の変更を会計上の見積
りの変更と区別することが困難な場合には、次
に掲げる事項を注記しなければならない。ただ
し、重要性の乏しいものについては、注記を省
略することができる。

一　当該会計方針の変更の内容

二　当該会計方針の変更を行つた正当な理由

三　当該会計方針の変更が財務諸表に与えてい
る影響額

四　次のイ又はロに掲げる区分に応じ、当該イ
又はロに定める事項

　　イ　当該会計方針の変更が当事業年度の翌事
業年度以降の財務諸表に影響を与える可能
性があり、かつ、当該影響額を合理的に見
積ることができる場合　当該影響額

　　ロ　当該会計方針の変更が当事業年度の翌事
業年度以降の財務諸表に影響を与える可能
性があり、かつ、当該影響額を合理的に見
積ることが困難な場合　その旨

（修正再表示に関する注記）

第8条の3の7　修正再表示を行つた場合には、
次に掲げる事項を注記しなければならない。た
だし、重要性の乏しいものについては、注記を
省略することができる。

一　誤謬の内容

二　財務諸表の主な科目に対する前事業年度に
おける影響額

三　前事業年度に係る1株当たり情報に対する
影響額

四　前事業年度の期首における純資産額に対す
る累積的影響額

（重要な後発事象の注記）

第8条の4　貸借対照表日後、財務諸表提出会社
の翌事業年度以降の財政状態、経営成績及び
キャッシュ・フローの状況に重要な影響を及ぼ
す事象（以下「重要な後発事象」という。）が
発生したときは、当該事象を注記しなければな
らない。

8の4　規則第8条の4に規定する重要な後発事
象とは、例えば次に掲げるものをいう。

1　火災、出水等による重大な損害の発生

2　多額の増資又は減資及び多額の社債の発行
又は繰上償還

3　会社の合併、重要な事業の譲渡又は譲受

4　重要な係争事件の発生又は解決

5　主要な取引先の倒産

6　株式併合及び株式分割

（追加情報の注記）

第8条の5　この規則において特に定める注記の
ほか、利害関係人が会社の財政状態、経営成績
及びキャッシュ・フローの状況に関する適正な
判断を行うために必要と認められる事項がある
ときは、当該事項を注記しなければならない。

（リース取引に関する注記）

第8条の6　ファイナンス・リース取引（リース
契約に基づくリース期間の中途において当該
リース契約を解除することができないリース取
引又はこれに準ずるリース取引（次項において
「解約不能のリース取引」という。）で、当該リー
ス契約により使用する物件（以下「リース物件」
という。）の借主が、当該リース物件からもた
らされる経済的利益を実質的に享受することが
でき、かつ、当該リース物件の使用に伴つて生
じる費用等を実質的に負担することとなるもの
をいう。以下同じ。）については、次の各号に
掲げる場合の区分に応じ、当該各号に定める事
項を注記しなければならない。ただし、重要性
の乏しいものについては、注記を省略すること
ができる。

一　財務諸表提出会社がリース物件の借主であ
る場合

　　イ　当事業年度末におけるリース資産の内容

　　ロ　リース資産の減価償却の方法

二　財務諸表提出会社がリース物件の貸主であ
る場合

　　イ　当事業年度末におけるリース投資資産に
係るリース料債権（将来のリース料を収受
する権利をいう。以下この号において同

じ。）部分の金額及び見積残存価額（リース期間終了時に見積られる残存価額で借主又は第三者による保証のない額をいう。）部分の金額並びに受取利息相当額

ロ　当事業年度末におけるリース債権及びリース投資資産に係るリース料債権部分の金額について、貸借対照表日後５年内における１年ごとの回収予定額及び貸借対照表日後５年超の回収予定額

> 8の6　規則第８条の６に規定する注記とは、「リース取引に関する会計基準」が適用される場合の注記とし、リース資産、リース債権、リース投資資産及びリース債務等の用語は、「リース取引に関する会計基準」に定めるリース資産、リース債権、リース投資資産及びリース債務等の用語をいうものとする。
>
> 8の6-1-1　規則第８条の６第１項第１号に規定するリース資産の内容には、主な資産の種類等を記載するものとする。
>
> 8の6-1-2　規則第８条の６第１項第２号に規定するリース料債権部分の金額及び見積残存価額部分の金額については、利息相当額を控除する前の金額を記載するものとする。

2　当事業年度末におけるオペレーティング・リース取引（リース取引のうち、ファイナンス・リース取引以外のものをいう。）のうち解約不能のリース取引については、当該解約不能のリース取引に係る未経過リース料の金額を１年内のリース期間に係る金額及びそれ以外の金額に区分して注記しなければならない。ただし、重要性の乏しいものについては、注記を省略することができる。

> 8の6-2　規則第８条の６第２項に規定する解約不能のリース取引に係る未経過リース料の金額には、リース契約に基づくリース期間の一部分の期間についてリース契約を解除することができないリース取引における当該リース期間の一部分の期間に係る未経過リース料の金額を含めて記載することに留意する。

3　転リース取引（リース物件の所有者から物件のリースを受け、さらに当該物件をほぼ同一の条件で第三者にリースする取引をいう。以下この項において同じ。）であつて、借主としてのリース取引及び貸主としてのリース取引がともにファイナンス・リース取引に該当する場合において、財務諸表提出会社が転リース取引に係るリース債権若しくはリース投資資産又はリース債務について利息相当額を控除する前の金額で貸借対照表に計上しているときには、当該リース債権若しくはリース投資資産又はリース債務の金額を注記しなければならない。ただし、重要性の乏しいものについては、注記を省略することができる。

4　前各項に規定する事項は、財務諸表提出会社が連結財務諸表を作成している場合には、記載することを要しない。

（金融商品に関する注記）

第８条の６の２　金融商品については、次の各号に掲げる事項を注記しなければならない。ただし、重要性の乏しいものについては、注記を省略することができる。

一　金融商品の状況に関する次に掲げる事項

イ　金融商品に対する取組方針

ロ　金融商品の内容及び当該金融商品に係るリスク

ハ　金融商品に係るリスク管理体制

二　金融商品の時価に関する次に掲げる事項

イ　貸借対照表日における貸借対照表の科目ごとの貸借対照表計上額

ロ　貸借対照表日における貸借対照表の科目ごとの時価

ハ　貸借対照表日における貸借対照表の科目ごとの貸借対照表計上額と貸借対照表日における貸借対照表の科目ごとの時価との差額

ニ　ロ及びハに掲げる事項に関する説明

ホ　ロからニまでに掲げる事項に関する説明

三　金融商品（前号の規定により注記した金融商品に限る。以下この号において同じ。）の時価を当該時価の算定に重要な影響を与える時価の算定に係るインプットが属するレベル

金商法

に応じて分類し、その内訳に関する次に掲げる事項

イ　時価で貸借対照表に計上している金融商品の場合には、当該金融商品を適切な項目に区分し、その項目ごとの次の(1)から(3)までに掲げる事項

(1)　貸借対照表日におけるレベル1に分類された金融商品の時価の合計額

(2)　貸借対照表日におけるレベル2に分類された金融商品の時価の合計額

(3)　貸借対照表日におけるレベル3に分類された金融商品の時価の合計額

ロ　時価で貸借対照表に計上している金融商品以外の金融商品の場合には、当該金融商品を適切な項目に区分し、その項目ごとの次の(1)から(3)までに掲げる事項

(1)　貸借対照表日におけるレベル1に分類された金融商品の時価の合計額

(2)　貸借対照表日におけるレベル2に分類された金融商品の時価の合計額

(3)　貸借対照表日におけるレベル3に分類された金融商品の時価の合計額

ハ　イ(2)若しくは(3)又はロ(2)若しくは(3)の規定により注記した金融商品の場合には、次の(1)及び(2)に掲げる事項

(1)　時価の算定に用いた評価技法及び時価の算定に係るインプットの説明

(2)　時価の算定に用いる評価技法又はその適用を変更した場合には、その旨及びその理由

ニ　イ(3)の規定により注記した金融商品の場合には、次の(1)から(5)までに掲げる事項

(1)　時価の算定に用いた重要な観察できない時価の算定に係るインプットに関する定量的情報

(2)　当該金融商品の期首残高から期末残高への調整表

(3)　レベル3に分類された金融商品の時価についての評価の過程に関する説明

(4)　時価の算定に用いた重要な観察できない時価の算定に係るインプットの変化に

よつて貸借対照表日における時価が著しく変動する場合における当該時価に対する影響に関する説明

(5)　時価の算定に用いた重要な観察できない時価の算定に係るインプットと他の重要な観察できない時価の算定に係るインプットとの間に相関関係がある場合には、当該相関関係の内容及び時価に対する影響に関する説明

8の6の2-1-1　規則第8条の6の2第1項第1号に規定する注記については、次の点に留意する。

1　金融商品に対する取組方針には、次の各号に掲げる場合に応じ、当該各号に定める事項についての説明が含まれるものとする。

(1)　金融資産の場合　資金運用方針等

(2)　金融負債の場合　資金調達方針及びその手段並びに償還期間の状況等

(3)　金融資産と金融負債との間又は金融商品と非金融商品との間に重要な関連が認められる場合　当該重要な関連の概要

(4)　金融商品の取扱いが主たる業務である場合　当該業務の概要

2　金融商品の内容及び当該金融商品に係るリスクには、次の各号に掲げる項目に応じ、当該各号に定める事項が含まれるものとする。

(1)　金融商品の内容　取り扱っている主な金融商品の種類（例えば、有価証券の場合には、株式及び債券等、デリバティブ取引の場合には、先物取引、オプション取引、先渡取引及びスワップ取引等）及び主な金融商品についての説明

(2)　金融商品に係るリスク　市場リスク（規則第8条の6の2第3項に規定する金利、通貨の価格、金融商品市場における相場その他の指標の数値の変動によるリスク（損失の危険）をいう。）、信用リスク（取引相手先の契約不履行に係るリスクをいう。）及び資金調達に係る流動性リスク（支払期日に支払いを実行できなくなるリスクをいう。）。市場リスクについては、金利及び為替等の市場リスクの種類ごとに記載する。また、金融商品に係る信用リスクが、特定の企業集団、業種又は地域等に著しく集中している場合には、その概要（貸借対照

金
商
法

計上額及び契約額に対する当該信用リスクを有する取引相手先の金額の割合を含む。）を記載するものとする。

(3) 現物の金融資産又は金融負債のうちでリスクが高いもの及びデリバティブ取引の対象物の価格変動に対する当該取引の時価の変動率が大きい特殊なものの概要（貸借対照表の科目及び計上額並びに商品性（金利、償還期限等）に係る説明等）

(4) デリバティブ取引の利用目的（ヘッジ会計を行っている場合には、ヘッジ手段とヘッジ対象、ヘッジ方針及びヘッジの有効性の評価方法等についての説明を含む。）

3　金融商品に係るリスク管理体制には、リスク管理方針、リスク管理規程、リスク管理部署の状況及びリスクの減殺方法又は測定手続等が含まれるものとする。

8の6の2-1-2　規則第8条の6の2第1項第2号に掲げる事項の注記については、次の点に留意する。

1　有価証券及びデリバティブ取引については、当該有価証券又はデリバティブ取引により生じる正味の債権又は債務等の内容を示す名称を付した科目をもって貸借対照表に計上していない場合であっても、当該有価証券又はデリバティブ取引により生じる正味の債権又は債務等の内容を示す名称を付して注記するものとする。

2　有価証券については、流動資産項目と固定資産項目とを合算して注記することができる。また、デリバティブ取引については、資産項目と負債項目とを合算して注記することができる。

3　「金融商品に関する会計基準」により金利スワップの特例処理を行っているデリバティブ取引及び「外貨建取引等会計処理基準」により外貨建金銭債権債務等に振り当てたデリバティブ取引（予定取引をヘッジ対象としている場合を除く。）については、ヘッジ対象と一体として取扱い、当該デリバティブ取引の時価をヘッジ対象の時価に含めて記載することができる。

4　金融商品の時価は、「時価の算定に関する会計基準」に従って算定するものとする。

5　現金及び短期間で決済されるため時価が帳簿価額に近似するものについては、注記を省略することができる。

6　規則第8条の6の2第1項第2号のロ及び

ハに掲げる事項に関する説明には、金融商品の時価に関する重要な前提条件が含まれるものとする。

7　規則第15条第3号の2に掲げる契約資産を規則第17条第4項の規定に基づき他の項目に属する金融資産と一括して貸借対照表に表示している場合には、当該貸借対照表の科目については、規則第8条の6の2第1項第2号に掲げる事項を記載するものとする。この場合には、当該貸借対照表の科目から契約資産を除いた金融資産について、当該事項を記載することができる。

8の6の2-1-3　規則第8条の6の2第1項第3号に規定する注記については、次の点に留意する。

1　規則第8条の6の2第1項第3号に規定する適切な項目とは、例えば、金融商品の性質、特性及びリスク並びに時価のレベル等に基づいて決定する項目をいう。また、金融商品を区分するにあたり、貸借対照表の科目を細分化する場合には、貸借対照表の科目への調整が可能となるような情報を記載する必要があることに留意する。

2　規則第8条の6の2第1項第3号ハ(2)に規定する評価技法の適用とは、例えば、複数の評価技法を用いる場合のウエイト付け及び評価技法への調整をいう。

3　規則第8条の6の2第1項第3号ニ(1)に規定する注記については、企業自身が観察できない時価の算定に係るインプットを推計していない場合（例えば、過去の取引価格又は第三者から入手した価格を調整せずに使用している場合）には、注記を要しない。

4　規則第8条の6の2第1項第3号ニ(2)に規定する注記については、次の点に留意する。

(1) 調整表は、次の①から⑤までに掲げる事項に区別して注記するものとする。

① 当事業年度の損益に計上した額及びその科目

② 当事業年度の評価・換算差額等に計上した額及びその科目

③ 購入、売却、発行及び決済のそれぞれの額（ただし、これらの額の純額により記載することができる。）

④ レベル1に分類された金融商品の時価又はレベル2に分類された金融商品の時価からレベル3に分類された金融商品の

金
商
法

時価への振替額及び当該振替の理由

⑤　レベル3に分類された金融商品の時価からレベル1に分類された金融商品の時価又はレベル2に分類された金融商品の時価への振替額及び当該振替の理由

(2)　上記(1)①に規定する当該事業年度の損益に計上した額のうち貸借対照表日において保有する金融商品の評価損益及びその科目を注記するものとする。

(3)　上記(1)④及び⑤の振替時点に関する方針を注記するものとする。

5　規則第8条の6の2第1項第3号ニ(3)に規定する評価の過程には、例えば、企業における評価の方針及び手続の決定方法や各期の時価の変動の分析方法が含まれることに留意する。

6　規則第8条の6の2第1項第3号ニ(5)に規定する相関関係の内容及び時価に対する影響に関する説明には、当該相関関係を前提とした場合に時価に対する影響が異なる可能性があるかどうかに関する説明が含まれることに留意する。

2　前項本文の規定にかかわらず、市場価格のない株式、出資金その他これらに準ずる金融商品については、同項第2号に掲げる事項の記載を要しない。この場合には、その旨並びに当該金融商品の概要及び貸借対照表計上額を注記しなければならない。

3　第1項本文の規定にかかわらず、貸借対照表に持分相当額を純額で計上する組合その他これに準ずる事業体（外国におけるこれらに相当するものを含む。）への出資については、同項第2号に掲げる事項の記載を要しない。この場合には、その旨及び当該出資の貸借対照表計上額を注記しなければならない。

4　投資信託等（法第2条第1項第10号に掲げる投資信託又は外国投資信託の受益証券、同項第11号に掲げる投資証券又は外国投資証券その他これらに準ずる有価証券を含む金融商品をいう。以下この項及び次項において同じ。）について、一般に公正妥当と認められる企業会計の基準に従い、投資信託等の基準価額を時価とみなす場合には、第1項第2号に掲げる事項の記載につ

いては、当該投資信託等が含まれている旨を注記しなければならない（当該投資信託等の貸借対照表計上額に重要性が乏しい場合を除く。）。

8の6の2-4　規則第8条の6の2第4項に規定する「一般に公正妥当と認められる企業会計の基準に従い、投資信託等の基準価額を時価とみなす場合」とは、投資信託等について、市場価格が存在せず、かつ、解約又は買戻請求（以下「解約等」という。）に関して市場参加者からリスクの対価を求められるほどの重要な制限があるときであって、投資信託等の基準価額を時価とみなす場合をいい、信託財産又は資産を主として金融商品に対する投資として運用することを目的とする投資信託等については、次のいずれかに該当する必要がある。

(1)　当該投資信託等の財務諸表が国際会計基準又は米国会計基準に従い作成されている場合

(2)　当該投資信託等の財務諸表が国際会計基準及び米国会計基準以外の会計基準に従い作成され、当該会計基準における時価の算定に関する定めが国際会計基準又は米国会計基準と概ね同等であると判断される場合

(3)　当該投資信託等を構成する個々の信託財産又は資産について、一般社団法人投資信託協会が定める「投資信託財産の評価及び計理等に関する規則」に従い評価が行われている場合

5　第1項本文の規定にかかわらず、投資信託等について、一般に公正妥当と認められる企業会計の基準に従い、投資信託等の基準価額を時価とみなす場合には、同項第3号に掲げる事項の記載を要しない。この場合には、次に掲げる事項を注記しなければならない。

一　第1項第3号に掲げる事項を注記していない旨

二　当該投資信託等の貸借対照表計上額

三　当該投資信託等の期首残高から期末残高への調整表（当該投資信託等の貸借対照表計上額に重要性が乏しい場合を除く。）

四　貸借対照表日における解約又は買戻請求に関する制限の内容ごとの内訳（投資信託等について、信託財産又は資産を主として金融商

品に対する投資として運用することを目的としている場合に限り、その投資信託等の貸借対照表計上額に重要性が乏しい場合を除く。）

8の6の2-5　規則第8条の6の2第5項に規定する注記については、次の点に留意する。
1　規則第8条の6の2第5項第3号の記載に当たっては、次の(1)から(4)までに掲げる事項に区別して注記するものとする。
(1)　当事業年度の損益に計上した額及びその科目
(2)　当事業年度の評価・換算差額等に計上した額及びその科目
(3)　購入、売却及び償還のそれぞれの額（ただし、これらの額の純額により記載することができる。）
(4)　これまで投資信託等の基準価額を時価とみなしておらず、当事業年度に投資信託等の基準価額を時価とみなすこととした額及びこれまで投資信託等の基準価額を時価とみなしていたものの、当事業年度に投資信託等の基準価額を時価とみなさないこととした額
2　上記1(1)に規定する当事業年度の損益に計上した額のうち貸借対照表日において保有する投資信託等の評価損益及びその科目を注記するものとする。
3　規則第8条の6の2第5項第4号の記載に当たっては、解約等に関する制限の内容が異なる投資信託等を複数保有している場合、投資信託等の基準価額を時価とみなす判断の前提となった解約等に関する制限の内容が類似する投資信託等ごとに集計したうえで、当該投資信託等の貸借対照表計上額に重要性があるものを対象として、解約等に関する制限の主な内容及び貸借対照表計上額を注記することができる。

6　金融資産及び金融負債の双方がそれぞれ資産の総額及び負債の総額の大部分を占めており、かつ、当該金融資産及び金融負債の双方が事業目的に照らして重要である財務諸表提出会社にあっては、当該金融資産及び金融負債の主要な市場リスク（金利、通貨の価格、金融商品市場（法第2条第14項に規定する金融商品市場をい

う。以下この項において同じ。）における相場その他の指標の数値の変動に係るリスクをいう。以下この項及び次項において同じ。）の要因となる当該指標の数値の変動に対する当該金融資産及び金融負債の価値の変動率に重要性がある場合には、次の各号に掲げる金融商品の区分に応じ、当該各号に定める事項を注記しなければならない。
一　そのリスク管理において、市場リスクに関する定量的分析を利用している金融商品　当該分析に基づく定量的情報及びこれに関連する情報
二　そのリスク管理において、市場リスクに関する定量的分析を利用していない金融商品　次のイ及びロに掲げる事項
イ　そのリスク管理において、市場リスクに関する定量的分析を利用していない旨
ロ　市場リスクの要因となる金利、通貨の価格、金融商品市場における相場その他の指標の数値の変動を合理的な範囲で仮定して算定した時価の増減額及びこれに関連する情報

8の6の2-6　規則第8条の6の2第6項に規定する注記については、次の点に留意する。
1　規則第8条の6の2第6項第1号に規定する関連する情報には、市場リスクに関する定量的分析に基づく定量的情報の利用状況、算定方法及び主な前提条件並びにこれらが前事業年度末と異なる場合におけるその旨及びその理由が含まれるものとする。
2　規則第8条の6の2第6項第2号ロに規定する関連する情報には、市場リスクに係るリスク変数（市場リスクの要因となる金利、通貨の価格、金融商品市場における相場その他の指標の数値をいう。）の変動を合理的な範囲で想定した場合における時価の増減額の算定方法及び主な前提条件並びにこれらが前事業年度末と異なる場合におけるその旨及びその理由が含まれるものとする。

7　前項第2号ロに掲げる事項が、財務諸表提出会社の市場リスクの実態を適切に反映していな

い場合には、その旨及びその理由を注記しなければならない。

8　金銭債権（時価の変動により利益を得ることを目的として保有するものを除く。）及び有価証券（売買目的有価証券を除く。）のうち満期のあるものについては、償還予定額の合計額を一定の期間に区分した金額を注記しなければならない。

> **8の6の2-8**　規則第8条の6の2第8項に規定する注記については、次の点に留意する。
> 　1　規則第8条の6の2第8項に規定する一定の期間とは、例えば、1年以内、1年超5年以内、5年超10年以内、10年超をいう。
> 　2　有価証券のうち満期のあるものについては、その他有価証券及び満期保有目的の債券の別に、それぞれ有価証券の種類（株式及び債券等をいい、債券である場合には債券の種類をいう。）ごとに注記するものとする。

9　社債、長期借入金、リース債務及びその他の負債であつて、金利の負担を伴うものについては、返済予定額の合計額を一定の期間に区分した金額を注記しなければならない。ただし、当該金額が第121条第1項第3号に規定する社債明細表又は同項第4号に規定する借入金等明細表に記載されている場合には、その旨の注記をもつて代えることができる。

> **8の6の2-9**　規則第8条の6の2第9項に規定する一定の期間とは、例えば、貸借対照表日後5年以内における1年ごとの期間及び5年超をいう。

10　前各項に定める事項は、財務諸表提出会社が連結財務諸表を作成している場合には、記載することを要しない。

（有価証券に関する注記）

第8条の7　前条（第10項を除く。）に定める事項のほか、有価証券については、次の各号に掲げる有価証券の区分に応じ、当該各号に定める事項を注記しなければならない。ただし、重要性の乏しいものについては、注記を省略するこ

とができる。

一　売買目的有価証券　当該事業年度（特定有価証券の内容等の開示に関する内閣府令（平成5年大蔵省令第22号）第23条第2号に規定する特定有価証券であつて、計算期間の終了の時における当該有価証券の評価額を翌計算期間における期首の帳簿価額として記載する方法を採用している場合にあつては、最終の計算期間）の損益に含まれた評価差額

二　満期保有目的の債券　当該債券を貸借対照表日における時価が貸借対照表日における貸借対照表計上額を超えるもの及び当該時価が当該貸借対照表計上額を超えないものに区分し、その区分ごとの次に掲げる事項
　イ　貸借対照表日における貸借対照表計上額
　ロ　貸借対照表日における時価
　ハ　貸借対照表日における貸借対照表計上額と貸借対照表日における時価との差額

三　子会社株式（売買目的有価証券に該当する株式を除く。）及び関連会社株式（売買目的有価証券に該当する株式を除く。）
　イ　貸借対照表日における貸借対照表計上額
　ロ　貸借対照表日における時価
　ハ　貸借対照表日における貸借対照表計上額と貸借対照表日における時価との差額

四　その他有価証券　有価証券（株式、債券及びその他の有価証券をいう。第6号において同じ。）の種類ごとに当該有価証券を貸借対照表日における貸借対照表計上額が取得原価を超えるもの及び当該貸借対照表計上額が取得原価を超えないものに区分し、その区分ごとの次に掲げる事項
　イ　貸借対照表日における貸借対照表計上額
　ロ　取得原価
　ハ　貸借対照表日における貸借対照表計上額と取得原価との差額

五　当該事業年度中に売却した満期保有目的の債券　債券の種類ごとの売却原価、売却額、売却損益及び売却の理由

六　当該事業年度中に売却したその他有価証券　有価証券の種類ごとの売却額、売却益の合

計額及び売却損の合計額

8の7-1　規則第8条の7第1項に規定する有価証券に関する注記については、次の点に留意する。

1　規則第8条の7第1項第2号の記載に当たっては、債券の種類ごとに区分して記載することができる。

2　規則第8条の7第1項第3号の記載に当たっては、子会社株式及び関連会社株式のそれぞれに区分して記載するものとする。

3　規則第8条の7第1項第4号の記載に当たっては、債券について債券の種類ごとに区分して記載することができる。

4　規則第8条の7第1項第4号に規定する取得原価には、償却原価法に基づいて算定された価額を含むものとする。

5　規則第8条の7第1項第6号の記載に当たっては、債券について債券の種類ごとに記載することができる。

2　当該事業年度中に売買目的有価証券、満期保有目的の債券、子会社株式及び関連会社株式並びにその他有価証券の保有目的を変更した場合には、その旨、変更の理由（満期保有目的の債券の保有目的を変更した場合に限る。）及び当該変更が財務諸表に与えている影響の内容を注記しなければならない。ただし、重要性の乏しいものについては、注記を省略することができる。

3　当該事業年度中に有価証券の減損処理を行った場合には、その旨及び減損処理額を注記しなければならない。ただし、重要性の乏しいものについては、注記を省略することができる。

4　前各項（第1項第3号を除く。）に定める事項は、財務諸表提出会社が連結財務諸表を作成している場合には、記載することを要しない。

（デリバティブ取引に関する注記）

第8条の8　第8条の6の2（第10項を除く。）に規定する事項のほか、デリバティブ取引については、次の各号に掲げる取引の区分に応じ、当該各号に定める事項を注記しなければならない。ただし、重要性の乏しいものについては、

注記を省略することができる。

一　ヘッジ会計が適用されていないデリバティブ取引　取引の対象物（通貨、金利、株式、債券、商品及びその他の取引の対象物をいう。次号において同じ。）の種類ごとの次に掲げる事項

イ　貸借対照表日における契約額又は契約において定められた元本相当額

ロ　貸借対照表日における時価及び評価損益

二　ヘッジ会計が適用されているデリバティブ取引　取引の対象物の種類ごとの次に掲げる事項

イ　貸借対照表日における契約額又は契約において定められた元本相当額

ロ　貸借対照表日における時価

8の8　規則第8条の8第1項第2号ロに掲げる貸借対照表日における時価の記載に当たっては、8の6の2-1-2の3の取扱いを行うデリバティブ取引についての時価の記載を行わないことができる。

2　前項第1号に規定する事項は、取引（先物取引、オプション取引、先渡取引、スワップ取引及びその他のデリバティブ取引をいう。次項において同じ。）の種類、市場取引又は市場取引以外の取引、買付約定に係るもの又は売付約定に係るもの、貸借対照表日から取引の決済日又は契約の終了時までの期間及びその他の項目に区分して記載しなければならない。

3　第1項第2号に規定する事項は、ヘッジ会計の方法、取引の種類、ヘッジ対象及びその他の項目に区分して記載しなければならない。

4　第1項に規定する事項は、財務諸表提出会社が連結財務諸表を作成している場合には、記載することを要しない。

（持分法損益等の注記）

第8条の9　連結財務諸表を作成していない会社にあつては、次の各号に掲げる場合の区分に応じ、当該各号に定める事項を注記しなければならない。ただし、第1号に定める事項について

金商法

は、損益及び利益剰余金その他の項目からみて重要性の乏しい関連会社を除外することができる。

一　関連会社がある場合　関連会社に対する投資の金額並びに当該投資に対して持分法を適用した場合の投資の金額及び投資利益又は投資損失の金額

二　開示対象特別目的会社（第8条第7項の規定による特別目的会社（同項の規定により譲渡会社等の子会社に該当しないものと推定されるものに限る。）をいう。以下この号において同じ。）がある場合　開示対象特別目的会社の概要、開示対象特別目的会社との取引の概要及び取引金額その他の重要な事項

8の9-1　規則第8条の9第1号の記載には、共同支配企業に持分法に準じた処理方法を適用した場合が含まれることに留意する。

8の9-2　規則第8条の9第2号に規定する注記については、次の点に留意する。

1　開示対象特別目的会社の概要には、開示対象特別目的会社の数、主な法形態及び会社との関係（開示対象特別目的会社の議決権に対する会社の所有割合、会社の役員の開示対象特別目的会社の代表取締役、取締役又はこれらに準ずる役職への就任状況等）についての記載が含まれるものとする。

2　開示対象特別目的会社との取引の概要には、取引の状況（主な対象資産等の種類、主な取引形態、開示対象特別目的会社への継続的な関与がある場合にはその概要、将来における損失負担の可能性等）及び取引の目的についての記載が含まれるものとする。

3　取引金額その他の重要な事項には、当事業年度における会社と開示対象特別目的会社との間の主な取引（開示対象特別目的会社相互間の取引を含む。）の金額又は当事業年度末残高、当事業年度における主な損益計上額及び開示対象特別目的会社の直近の決算日における財政状態（主な資産及び負債の金額並びに資産総額及び負債総額をいう。）並びにこれらについての補足説明が含まれるものとする。

また、これらの事項については、類似の取引又は対象資産その他の区分ごとに概括的に記載するものとする。なお、当該区分ごとに、重要性の乏しいものについては、記載を省略することができるものとする。

4　開示対象特別目的会社の直近の決算日における財政状態については、単純合算して記載することができるものとする。

（関連当事者との取引に関する注記）

第8条の10　財務諸表提出会社が関連当事者との取引（当該関連当事者が第三者のために当該財務諸表提出会社との間で行う取引及び当該財務諸表提出会社と第三者との間の取引で当該関連当事者が当該取引に関して当該財務諸表提出会社に重要な影響を及ぼしているものを含む。）を行つている場合には、その重要なものについて、次の各号に掲げる事項を関連当事者ごとに注記しなければならない。ただし、財務諸表提出会社が連結財務諸表を作成している場合は、この限りでない。

一　当該関連当事者が会社等の場合には、その名称、所在地、資本金又は出資金、事業の内容及び当該関連当事者の議決権に対する当該財務諸表提出会社の所有割合又は当該財務諸表提出会社の議決権に対する当該関連当事者の所有割合

二　当該関連当事者が個人の場合には、その氏名、職業及び当該財務諸表提出会社の議決権に対する当該関連当事者の所有割合

三　当該財務諸表提出会社と当該関連当事者との関係

四　取引の内容

五　取引の種類別の取引金額

六　取引条件及び取引条件の決定方針

七　取引により発生した債権債務に係る主な科目別の期末残高

八　取引条件の変更があつた場合には、その旨、変更の内容及び当該変更が財務諸表に与えている影響の内容

九　関連当事者に対する債権が貸倒懸念債権（経営破綻の状態には至つていないが、債務の弁済に重大な問題が生じている、又は生じ

る可能性の高い債務者に対する債権をいう。）又は破産更生債権等（破産債権、再生債権、更生債権その他これらに準ずる債権をいう。以下同じ。）に区分されている場合には、次に掲げる事項

イ　当事業年度末の貸倒引当金残高

ロ　当事業年度に計上した貸倒引当金繰入額等

ハ　当事業年度に計上した貸倒損失等（一般債権（経営状態に重大な問題が生じていない債務者に対する債権をいう。）に区分されていた場合において生じた貸倒損失を含む。）

十　関連当事者との取引に関して、貸倒引当金以外の引当金が設定されている場合において、注記することが適当と認められるものについては、前号に準ずる事項

8の10　規則第8条の10及び第8条の10の2に規定する注記とは、「関連当事者の開示に関する会計基準」が適用される場合の注記とし、関連当事者との取引等の用語は、「関連当事者の開示に関する会計基準」に定める関連当事者との取引等の用語をいうものとする。

8の10−1　関連当事者との無償取引又は低廉な価格での取引については、当該取引を第三者との通常の取引と仮定して取引金額を見積もり、重要な取引に該当するかどうかを判断するものとする。

8の10−1−9　規則第8条の10第1項第9号に規定する破産更生債権等には、特別の事情により当該企業における通常の債権回収期間内に回収されないこととなった債権を含むものとする。

8の10−1−10　規則第8条の10第1項第10号に規定する注記することが適当と認められるものには、債務保証損失引当金が含まれるものとする。

2　前項本文の規定にかかわらず、同項第9号及び第10号に掲げる事項は、第8条第17項各号に掲げる関連当事者の種類ごとに合算して記載することができる。

3　関連当事者との取引のうち次の各号に定める

取引については、第1項に規定する注記を要しない。

一　一般競争入札による取引並びに預金利息及び配当の受取りその他取引の性質からみて取引条件が一般の取引と同様であることが明白な取引

二　役員に対する報酬、賞与及び退職慰労金の支払い

8の10−3　規則第8条の10第3項各号に掲げる取引については、次の点に留意する。

1　増資（公募増資を除く。）の引受けや自己株式の取得等は、取引条件が一般の取引と同様であることが明白な取引には該当しないものとする。

2　関連当事者である役員が使用人兼務役員の場合であって、財務諸表提出会社と当該役員との間の取引が、使用人としての立場で行われていることが明らかなときは、注記を要しないものとする。

4　第1項に掲げる事項は、様式第一号により注記しなければならない。

（親会社又は重要な関連会社に関する注記）

第8条の10の2　財務諸表提出会社について、次の各号に掲げる者が存在する場合には、当該各号に定める事項を注記しなければならない。ただし、財務諸表提出会社が連結財務諸表を作成している場合は、この限りでない。

一　親会社　当該親会社の名称並びにその発行する有価証券を金融商品取引所（法第2条第16項に規定する金融商品取引所をいい、本邦以外の地域において設立されている同じ性質を有するものを含む。以下この号において同じ。）に上場している場合にあつてはその旨及び当該金融商品取引所の名称、その発行する有価証券を金融商品取引所に上場していない場合にあつてはその旨

二　重要な関連会社　当該関連会社の名称並びに持分法を適用した場合の投資利益又は投資損失の金額の算定対象となつた当該関連会社の貸借対照表及び損益計算書における次に掲

げる項目の金額

　イ　貸借対照表項目（流動資産合計、固定資産合計、流動負債合計、固定負債合計、純資産合計その他の重要な項目をいう。）

　ロ　損益計算書項目（売上高（役務収益を含む。以下同じ。）、税引前当期純利益金額又は税引前当期純損失金額、当期純利益金額又は当期純損失金額その他の重要な項目をいう。）

2　前項第2号イ及びロに掲げる項目の金額は、同項の規定にかかわらず、次の各号に掲げる方法により記載することができる。この場合には、その旨を記載しなければならない。

　一　重要な関連会社について合算して記載する方法

　二　持分法を適用した場合の投資利益又は投資損失の金額の算定対象となつた関連会社について合算して記載する方法

（税効果会計の適用）

第8条の11　法人税その他利益に関連する金額を課税標準として課される租税（以下「法人税等」という。）については、税効果会計（貸借対照表に計上されている資産及び負債の金額と課税所得の計算の結果算定された資産及び負債の金額との間に差異がある場合において、当該差異に係る法人税等の金額を適切に期間配分することにより、法人税等を控除する前の当期純利益の金額と法人税等の金額を合理的に対応させるための会計処理をいう。以下同じ。）を適用して財務諸表を作成しなければならない。

（税効果会計に関する注記）

第8条の12　前条の規定により税効果会計を適用したときは、次の各号に掲げる事項を注記しなければならない。

　一　繰延税金資産（税効果会計の適用により資産として計上される金額をいう。以下同じ。）及び繰延税金負債（税効果会計の適用により負債として計上される金額をいう。以下同じ。）の発生の主な原因別の内訳

　二　当該事業年度に係る法人税等の計算に用いられた税率（以下この条において「法定実効税率」という。）と法人税等を控除する前の当期純利益に対する法人税等（税効果会計の適用により計上される法人税等の調整額を含む。）の比率（以下この条において「税効果会計適用後の法人税等の負担率」という。）との間に差異があるときは、当該差異の原因となつた主な項目別の内訳

　三　法人税等の税率の変更により繰延税金資産及び繰延税金負債の金額が修正されたときは、その旨及び修正額

　四　決算日後に法人税等の税率の変更があつた場合には、その内容及び影響

2　繰延税金資産の算定に当たり繰延税金資産から控除された額（以下この条において「評価性引当額」という。）がある場合には、次の各号に掲げる事項を前項第1号に掲げる事項に併せて注記しなければならない。

　一　当該評価性引当額

　二　当該評価性引当額に重要な変動が生じた場合には、その主な内容

> 8の12-2-1　規則第8条の12第1項第1号に掲げる事項に繰越欠損金を記載する場合であって、当該繰越欠損金が重要であるときは、同条第2項第1号の記載に当たっては、繰越欠損金に係る評価性引当額と将来減算一時差異等の合計に係る評価性引当額に区分して記載するものとする。なお、将来減算一時差異等の合計に係る評価性引当額の区分には、繰越外国税額控除や繰越可能な租税特別措置法上の法人税額の特別控除等を含めるものとする。

3　第1項第1号に掲げる事項に繰越欠損金（法人税等に係る法令の規定において繰越しが認められる期限（第1号において「繰越期限」という。）まで繰り越すことができる欠損金額（法人税等に係る法令の規定に基づき算定した各事業年度の所得の金額の計算上当該事業年度の損金の額が当該事業年度の益金の額を超える場合におけるその超える部分の金額をいう。）をいう。以下この項において同じ。）を記載する場合であつて、当該繰越欠損金が重要であるときは、次の各号に掲げる事項を併せて注記しなけ

ればならない。

一　繰越期限別の繰越欠損金に係る次に掲げる
　事項

　イ　繰越欠損金に法定実効税率を乗じた額

　ロ　繰越欠損金に係る評価性引当額

　ハ　繰越欠損金に係る繰延税金資産の額

二　繰越欠損金に係る重要な繰延税金資産を計
　上している場合には、当該繰延税金資産を回
　収することが可能と判断した主な理由

4　第2項第2号及び前項各号に掲げる事項は、
　財務諸表提出会社が連結財務諸表を作成してい
　る場合には、記載することを要しない。

5　第1項第2号に掲げる事項については、法定
　実効税率と税効果会計適用後の法人税等の負担
　率との間の差異が法定実効税率の100分の5以
　下である場合には、注記を省略することができる。

（確定給付制度に基づく退職給付に関する注記）

第8条の13　退職給付に関し、確定給付制度（確
　定拠出制度（一定の掛金を会社等以外の外部に
　積み立て、当該会社等が当該掛金以外に退職給
　付に係る追加的な拠出義務を負わない退職給付
　制度をいう。次条第1項において同じ。）以外
　の退職給付制度をいう。第1項及び第8条の13
　の3第1項において同じ。）を採用している場
　合には、次の各号に掲げる事項を注記しなけれ
　ばならない。

一　確定給付制度の概要

二　退職給付債務の期首残高と期末残高の次に
　掲げる項目の金額を含む調整表

　イ　勤務費用

　ロ　利息費用

　ハ　数理計算上の差異の発生額

　ニ　退職給付の支払額

　ホ　過去勤務費用の発生額

　ヘ　その他

三　年金資産の期首残高と期末残高の次に掲げ
　る項目の金額を含む調整表

　イ　期待運用収益

　ロ　数理計算上の差異の発生額

　ハ　事業主である会社等からの拠出額

　ニ　退職給付の支払額

　ホ　その他

四　退職給付債務及び年金資産の期末残高と貸
　借対照表に計上された退職給付引当金及び前
　払年金費用の次に掲げる項目の金額を含む調
　整表

　イ　未認識数理計算上の差異

　ロ　未認識過去勤務費用

　ハ　その他

五　退職給付費用及び次に掲げるその内訳項目
　の金額

　イ　勤務費用

　ロ　利息費用

　ハ　期待運用収益

　ニ　数理計算上の差異の費用処理額

　ホ　過去勤務費用の費用処理額

　ヘ　その他

六　年金資産に関する次に掲げる事項

　イ　年金資産の主な内訳（退職給付信託（退
　　職給付を目的とする信託をいう。）が設定
　　されている企業年金制度（会社等以外の外
　　部に積み立てた資産を原資として退職給付
　　を支払う制度をいう。）において、年金資
　　産の合計額に対する当該退職給付信託に係
　　る信託財産の額の割合に重要性がある場合
　　には、当該割合又は金額を含む。）

　ロ　長期期待運用収益率の設定方法

七　数理計算上の計算基礎に関する次に掲げる
　事項

　イ　割引率

　ロ　長期期待運用収益率

　ハ　その他

八　その他の事項

2　前項第2号ヘ、第3号ホ及び第5号ヘに掲げ
　る項目に属する項目については、その金額に重
　要性が乏しいと認められる場合を除き、当該項
　目を示す名称を付して掲記しなければならない。

3　第1項に定める事項は、財務諸表提出会社が
　連結財務諸表を作成している場合には、記載す
　ることを要しない。

8の13　規則第8条の13第1項に規定する注記に

関しては、次の点に留意する。

1　第1号に規定する確定給付制度の概要とは、確定給付制度の一般的説明（厚生年金基金、退職一時金及び確定給付企業年金等、会社等が採用している確定給付制度及びこれらに関する補足説明（例えば、当該制度の対象範囲、設定時期及び移行時期等並びに退職給付信託の設定状況等をいう。））をいうものとする。

2　第2号に掲げる事項（ヘを除く。）及び第3号に掲げる事項（ホを除く。）の金額に重要性が乏しい場合には、その他の項目に含めることができるものとする。

3(1)　第4号に規定する退職給付債務については、積立型制度及び非積立型制度別に記載するものとする。

(2)　第4号ハの項目には、会計基準変更時差異の未処理額が含まれるものとする。

4(1)　第5号に掲げる事項（ヘを除く。）の金額に重要性が乏しい場合には、項目を集約することができるものとする。

(2)　第5号への項目には、臨時に支払った割増退職金及び会計基準変更時差異の費用処理額等が含まれるものとする。

5(1)　第6号イに規定する年金資産の主な内訳は、株式、債券等の種類ごとの割合又は金額を記載するものとする。

なお、退職給付信託に係る信託財産の割合又は金額は、年金資産の主な内訳の記載とは別に付記するものとする。

(2)　第6号ロに規定する長期期待運用収益率の設定方法については、年金資産の主な種類との関連性を踏まえて記載するものとする。

なお、長期期待運用収益率は、年金資産が退職給付の支払いに充てられるまでの期間に保有している年金資産のポートフォリオ、過去の運用実績、運用方針及び市場の動向等を考慮して設定するものとする。

6　第7号ハの項目には、予想昇給率等が含まれるものとする。

7　第8号に規定する事項には、厚生年金基金制度における代行部分に係る退職給付債務及び最低責任準備金の内容等を記載することができるものとする。

（確定拠出制度に基づく退職給付に関する注記）

第8条の13の2　退職給付に関し、確定拠出制度を採用している場合には、次の各号に掲げる事項を注記しなければならない。

一　確定拠出制度の概要

二　確定拠出制度に係る退職給付費用の額

三　その他の事項

2　前項に定める事項は、財務諸表提出会社が連結財務諸表を作成している場合には、記載することを要しない。

8の13の2　規則第8条の13の2第1項に規定する確定拠出制度に関する注記については、次の点に留意する。

1　8の13の1の取扱いは、規則第8条の13の2第1項第1号における確定拠出制度の概要の注記について準用する。

なお、会社等がリスク分担型企業年金（確定給付企業年金法（平成13年法律第50号）に基づいて実施される企業年金のうち、確定給付企業年金法施行規則（平成14年厚生労働省令第22号）第1条第3号に規定するもの（「退職給付に関する会計基準」第4項に定める確定拠出制度に分類されるものに限る。）をいう。以下同じ。）を採用している場合には、同項第1号に規定する事項に当該年金に関する説明（例えば、標準掛金相当額の他に、リスク対応掛金相当額があらかじめ規約に定められること、毎事業年度におけるリスク分担型企業年金の財政状況に応じて給付額が増減し、年金に関する財政の均衡が図られること）が含まれるものとする。

2　会社等がリスク分担型企業年金を採用している場合には、規則第8条の13の2第1項第2号に規定する事項に当該年金に係る退職給付費用の額が含まれるものとする。

3　規則第8条の13の2第1項第3号に規定する事項には、会社等がリスク分担型企業年金を採用する場合における当該事業年度の翌事業年度以降に拠出することが要求されるリスク対応掛金相当額及び当該リスク対応掛金相当額の拠出に関する残存年数を記載するものとする。

（複数事業主制度に基づく退職給付に関する注記）

第8条の13の3　第8条の13の規定にかかわらず、退職給付に関し、複数の事業主である会社等により設立された確定給付制度（以下この項にお

いて「複数事業主制度」という。）を採用している場合には、次の各号に掲げる場合の区分に応じ、当該各号に定める事項を注記しなければならない。

一　財務諸表提出会社の年金資産の額を合理的に算定できる場合複数事業主制度の概要及び第8条の13第1項第2号から第8号までに掲げる事項

二　財務諸表提出会社の年金資産の額を合理的に算定できない場合

イ　複数事業主制度の概要

ロ　複数事業主制度に係る退職給付費用の額

ハ　複数事業主制度の直近の積立状況

ニ　複数事業主制度の掛金、加入人数又は給与総額に占める財務諸表提出会社のこれらの割合

2　前項第1号の規定により注記すべき事項は、第8条の13第1項各号に掲げる注記に含めて記載することができる。この場合には、その旨を記載しなければならない。

3　前2項に定める事項は、財務諸表提出会社が連結財務諸表を作成している場合には、記載することを要しない。

> **8の13の3**　規則第8条の13の3に規定する注記に関しては、次の点に留意する。
>
> 1　8の13の取扱いは、規則第8条の13の3第1項第1号に規定する注記について準用する。
>
> 2　第1項第2号ハに規定する直近の積立状況には、年金資産の額、年金財政計算上の数理債務の額と最低責任準備金の額との合計額及びその差額を記載するものとする。
>
> 3　第1項第2号ハ及びニの注記に当たっては、これらに関する補足説明を記載するものとする。

（ストック・オプション、自社株式オプション又は自社の株式の付与又は交付に関する注記）

第8条の14　ストック・オプション若しくは自社株式オプションを付与又は自社の株式を交付している場合には、次の各号に掲げる事項を注記しなければならない。ただし、別段の定めがあ

る場合はこの限りでない。

一　役務の提供を受けた場合には、当該事業年度における費用計上額及び科目名

二　財貨を取得した場合には、その取引における当初の資産計上額又は費用計上額及び科目名

三　権利不行使による失効が生じた場合には、利益として計上した金額

> **8の14**　規則第8条の14に規定するストック・オプション若しくは自社株式オプションの付与又は自社の株式の交付に関する注記の対象となる取引は、「ストック・オプション等に関する会計基準」又は「取締役の報酬等として株式を無償交付する取引に関する取扱い」が適用される取引をいうものとする。
>
> **8の14-1-1**　規則第8条の14第1項第1号に掲げる費用計上額とは、当該事業年度に付与したストック・オプション等にかかる当事業年度の費用計上額及び当該事業年度以前に付与されたストック・オプション等に係る当事業年度の費用計上額が含まれることに留意する。

2　前項に掲げる事項は、財務諸表提出会社が連結財務諸表を作成している場合には、記載することを要しない。

（ストック・オプションに関する注記）

第8条の15　前条の規定のほか、ストック・オプションの内容、規模及びその変動状況として次の各号に掲げる事項を注記しなければならない。

一　付与対象者の役員、従業員などの区分ごとの人数

二　株式の種類別のストック・オプションの数

イ　付与数

ロ　当事業年度における権利不確定による失効数

ハ　当事業年度における権利確定数

ニ　前事業年度末及び当事業年度末における権利未確定残数

ホ　当事業年度における権利行使数

ヘ　当事業年度における権利不行使による失効数

ト　前事業年度末及び当事業年度末における
　権利確定後の未行使残数

三　付与日

四　権利確定条件（権利確定条件が付されてい
　ない場合にはその旨）

五　対象勤務期間（対象勤務期間の定めがない
　場合にはその旨）

六　権利行使期間

七　権利行使価格

八　付与日における公正な評価単価

九　当事業年度において権利行使されたストッ
　ク・オプションの権利行使時の株価の平均値

> **8の15**　規則第8条の15に掲げる対象勤務期間、
> 権利行使価格及び公正な評価単価等の用語は、
> 「ストック・オプション等に関する会計基準」
> に定める対象勤務期間、権利行使価格及び公正
> な評価単価等の用語をいうものとする。
>
> **8の15-1-7**　規則第8条の15第1項第7号及
> び第8号に掲げる事項を、規則第8条の15第2
> 項第2号の方法により記載する場合には、権利
> 行使価格及び付与日における公正な評価単価に
> ついては、当該事業年度中の権利行使数に基づ
> く加重平均値と当該事業年度末の残存数（権利
> 未確定数と権利確定未行使数との合計）に基づ
> く加重平均値により記載することに留意する。
>
> **8の15-1-9**　規則第8条の15第1項第9号に
> 掲げる事項に関しては次の点に留意する。
>
> 　1　株価の平均値の計算については、月中の平
> 　均株価を用いる等の簡便で合理的な算定方法
> 　によることができる。
>
> 　2　規則第8条の15第2項第2号の方法により
> 　記載する場合には、権利行使時の株価の平均
> 　値については、当事業年度における権利行使
> 　数に基づく加重平均値により記載する。

2　前項の注記は、次のいずれかの方法で記載し
なければならない。

一　契約単位で記載する方法

二　複数契約を集約して記載する方法

3　前項の規定にかかわらず、次の各号に掲げる
ストック・オプションについては、複数契約を
集約して記載してはならない。

一　付与対象者の区分、権利確定条件の内容、

対象勤務期間及び権利行使期間が概ね類似し
ているとはいえないストック・オプション

二　株式の公開前に付与したストック・オプ
　ションと公開後に付与したストック・オプ
　ション

三　権利行使価格の設定方法が著しく異なるス
　トック・オプション

4　当事業年度に付与されたストック・オプショ
ン及び当事業年度の条件変更により公正な評価
単価が変更されたストック・オプションについ
ては、公正な評価単価の見積方法として使用し
た算定技法並びに使用した主な基礎数値及びそ
の見積方法を記載しなければならない。ただし、
使用した算定技法及び使用した主な基礎数値の
見積方法の内容が同一のものについては集約し
て記載することができる。

5　ストック・オプションの権利確定数の見積方
法として、勤務条件や業績条件の不達成による
失効数の見積方法を記載しなければならない。

6　未公開企業がストック・オプションを付与し
ている場合には、公正な評価単価の見積方法と
して、その価値を算定する基礎となる自社の株
式の評価方法について記載しなければならない。

7　ストック・オプションの単位当たりの本源的
価値（ストック・オプションが権利行使される
と仮定した場合の単位当たりの価値であり、当
該時点におけるストック・オプションの原資産
である自社の株式の評価額と行使価格との差額
をいう。以下この項において同じ。）による算
定を行つた場合には、事業年度末における本源
的価値の合計額及び当該事業年度において権利
行使されたストック・オプションの権利行使日
における本源的価値の合計額を注記しなければ
ならない。

> **8の15-7**　規則第8条の15第7項に掲げるス
> トック・オプションの権利行使日における本源
> 的価値の合計額の計算は、月中の平均株価を用
> いる等の簡便で合理的な算定方法によることが
> できる。

金
商
法

8　ストック・オプションの条件変更を行つた結果、ストック・オプションの内容として注記した事項に変更が生じた場合は、その変更内容について注記しなければならない。条件変更日におけるストック・オプションの公正な評価単価が付与日の公正な評価単価以下となつたため、公正な評価単価の見直しを行わなかつた場合には、その旨を注記しなければならない。

9　第1項から前項に定める事項は、財務諸表提出会社が連結財務諸表を作成している場合には、記載することを要しない。

（自社株式オプション及び自社の株式を対価とする取引の注記）

第8条の16　第8条の14の規定のほか、役務の受領又は物貨の取得の対価として自社株式オプションを付与又は自社の株式を交付している場合には、前条第1項各号に掲げる事項のうち該当する事項について、同条に準じて記載しなければならない。この場合において、提供を受けた役務又は取得した財貨の内容及び役務の対価又は財貨の取得価額の算定を当該役務又は財貨の公正な評価額によつたときには、その旨を注記しなければならない。

2　自社株式オプションの付与又は自社の株式の交付に対価性がない場合には、その旨及び対価性がないと判断した根拠を記載しなければならない。

3　前2項に定める事項は、財務諸表提出会社が連結財務諸表を作成している場合には、記載することを要しない。

> **8の16**　規則第8条の16第1項に規定する「自社の株式を交付している場合」には、取締役又は執行役に報酬等（報酬、賞与その他の職務執行の対価として株式会社から受ける財産上の利益をいう。）として自社の株式を無償で交付する場合が含まれることに留意する。この場合における同項の注記の用語については、「取締役の報酬等として株式を無償交付する取引に関する取扱い」に定める用語の例によるものとする。

（取得による企業結合が行われた場合の注記）

第8条の17　当該事業年度において他の企業又は企業を構成する事業の取得による企業結合が行われた場合（次条第1項及び第8条の19第1項本文に規定する場合を除く。）には、次に掲げる事項を注記しなければならない。

一　企業結合の概要

二　財務諸表に含まれている被取得企業又は取得した事業の業績の期間

三　被取得企業又は取得した事業の取得原価及び対価の種類ごとの内訳

四　取得の対価として株式を交付した場合には、株式の種類別の交換比率及びその算定方法並びに交付又は交付予定の株式数

五　主要な取得関連費用の内容及び金額

六　発生したのれんの金額、発生原因、償却の方法及び償却期間又は負ののれん発生益の金額及び発生原因

七　企業結合日に受け入れた資産及び引き受けた負債の額並びにその主な内訳

八　企業結合契約に規定される条件付取得対価（企業結合契約において定められる企業結合契約締結後の将来の事象又は取引の結果に依存して追加的に交付され、引き渡され、又は返還される取得対価をいう。）の内容及び当該事業年度以降の会計処理方針

九　取得原価の大部分がのれん以外の無形固定資産に配分された場合には、のれん以外の無形固定資産に配分された金額及びその主要な種類別の内訳並びに全体及び主要な種類別の加重平均償却期間

十　取得原価の配分が完了していない場合には、その旨及びその理由

十一　連結財務諸表を作成していない会社にあつては、企業結合が事業年度の開始の日に完了したと仮定した場合の当該事業年度の損益計算書に及ぼす影響の概算額及びその算定方法（当該影響の概算額に重要性が乏しい場合を除く。）

> **8の17**　規則第8条の17から第8条の22まで及び

金
商
法

第8条の25に規定する注記とは、「企業結合に関する会計基準」が適用される場合の注記とし、企業結合日、のれん、条件付取得対価及び支配等の用語は、「企業結合に関する会計基準」に定める企業結合日、のれん、条件付取得対価及び支配等の用語をいうものとする。

8の17-1-1　規則第8条の17第1項第1号に掲げる「企業結合の概要」には、次に掲げる事項が含まれることに留意する。

1　被取得企業の名称及び事業の内容（事業を取得した場合は、相手企業の名称及び取得した事業の内容）
2　企業結合を行った主な理由
3　企業結合日
4　企業結合の法的形式
5　結合後企業の名称
6　取得した議決権比率
7　取得企業を決定するに至った主な根拠

8の17-1-11　規則第8条の17第1項第11号に掲げる注記のうち、影響の概算額の算定方法には、当該影響の概算額の計算過程における重要な前提条件を含むことに留意する。

2　前項の規定にかかわらず、当該企業結合に係る取引に重要性が乏しい場合には、注記を省略することができる。ただし、当該事業年度における個々の企業結合に係る取引に重要性は乏しいが、当該事業年度における複数の企業結合に係る取引全体に重要性がある場合には、同項第1号及び第3号から第10号までに掲げる事項を当該企業結合に係る取引全体について注記しなければならない。

3　第1項第11号に掲げる影響の概算額は、次に掲げる額のいずれかとし、当該注記が監査証明を受けていない場合には、その旨を記載しなければならない。

一　企業結合が事業年度開始の日に完了したと仮定して算定された売上高及び損益情報と取得企業の損益計算書における売上高及び損益情報との差額
二　企業結合が事業年度開始の日に完了したと仮定して算定された売上高及び損益情報

8の17-3　規則第8条の17第3項第1号及び第

2号に規定する損益情報とは、例えば、営業損益、経常損益、税引前当期純損益、当期純損益及び1株当たり当期純損益など、実務的に算定可能な項目をいう。

4　前事業年度に行われた企業結合に係る暫定的な会計処理の確定に伴い、当事業年度において取得原価の当初配分額に重要な見直しがなされた場合には、当該見直しの内容及び金額を注記しなければならない。

8の17-4　規則第8条の17第4項に掲げる注記のうち、繰延税金資産及び繰延税金負債に対するものは、税効果会計の注記に併せて記載できることに留意する。

5　第1項、第2項及び前項に規定する事項は、連結財務諸表において同一の内容が記載される場合には、記載することを要しない。この場合には、その旨を記載しなければならない。

（逆取得となる企業結合が行われた場合の注記）
第8条の18　当該事業年度において逆取得となる企業結合が行われた場合には、前条第1項第1号から第10号までに掲げる事項に準ずる事項並びに当該企業結合にパーチェス法を適用したとしたときに貸借対照表及び損益計算書に及ぼす影響額を注記しなければならない。

8の18-1　規則第8条の18第1項に規定する事項及び影響額のうち、第8条の17第1項第1号に掲げる事項に準ずる事項には、次に掲げる事項が含まれることに留意する。

1　取得企業の名称及び事業の内容（事業を取得した場合は、相手企業の名称及び事業の内容）
2　企業結合を行った主な理由
3　企業結合日
4　企業結合の法的形式
5　結合後企業の名称
6　取得された議決権比率
7　取得企業を決定するに至った主な根拠

2　前項に規定する影響額は、次に掲げる額のいずれかとする。

一　パーチェス法を適用した場合における貸借
　対照表及び損益計算書の次に掲げる項目の金
　額と財務諸表提出会社に係る貸借対照表及び
　損益計算書の当該項目の金額との差額
　　イ　貸借対照表項目（資産合計、流動資産合
　　　計、固定資産合計、負債合計、流動負債合
　　　計、固定負債合計、純資産合計及びのれん
　　　をいう。第8条の21第2項第1号において
　　　同じ。）
　　ロ　損益計算書項目（売上高、営業利益金額
　　　又は営業損失金額、経常利益金額又は経常
　　　損失金額、税引前当期純利益金額又は税引
　　　前当期純損失金額、当期純利益金額又は当
　　　期純損失金額、のれんの償却額、負ののれ
　　　ん発生益及び1株当たり当期純利益金額又
　　　は当期純損失金額をいう。第8条の21第2
　　　項第1号において同じ。）
二　パーチェス法を適用した場合における貸借
　対照表及び損益計算書の主要な項目の金額
3　第1項に規定する事項及び影響額は、次の各
　号に掲げる企業結合の区分に応じ、当該各号に
　定める企業が連結財務諸表を作成している場合
　には、記載することを要しない。この場合には、
　その旨を記載しなければならない。
一　第8条第36項第1号に掲げる企業結合　財
　　務諸表提出会社
二　第8条第36項第2号に掲げる企業結合　吸
　　収分割会社又は現物出資を行つた企業
三　第8条第36項第3号に掲げる企業結合　株
　　式交換完全子会社
四　第8条第36項第4号に掲げる企業結合　株
　　式交付子会社
4　第1項の規定により注記した場合は、企業結
　合が行われた事業年度の翌事業年度以降におい
　ても、影響額に重要性が乏しくなつた場合を除
　き、同項に規定する事項及び影響額を注記しな
　ければならない。ただし、前項各号に掲げる企
　業結合の区分に応じ、当該各号に定める企業が
　連結財務諸表を作成することとなつた場合には、
　当該事項及び影響額を記載することに代えて、
　その旨を記載しなければならない。

> 8の18-4　規則第8条の18第4項ただし書に規
> 　定する連結財務諸表を作成することとなった場
> 　合には、逆取得となった企業結合を反映した連
> 　結財務諸表を作成する必要があることに留意す
> 　る。

（段階取得となる企業結合が行われた場合の注記）
第8条の19　当該事業年度において他の企業の取
　得による企業結合が複数の取引によつて行われ
　た場合には、次に掲げる事項を注記しなければ
　ならない。ただし、結合後企業が連結財務諸表を
　作成している場合には、記載することを要しな
　い。
一　第8条の17第1項各号に掲げる事項に準ず
　　る事項
二　取得企業が取得するに至つた取引ごとの取
　　得原価の合計額と当該取得原価を企業結合日
　　における時価で算定した被取得企業の取得原
　　価との差額
三　前号に掲げる差額を損益として処理した場
　　合に貸借対照表及び損益計算書に及ぼす影響
　　額

> 8の19-1-1　8の17-1-1の取扱いは、規則
> 　第8条の19第1項第1号において、第8条の17
> 　第1項第1号に掲げる企業結合の概要に準ずる
> 　事項を記載する場合に準用する。この場合にお
> 　いて、取得した議決権比率を記載するときは、
> 　企業結合直前に所有していた議決権比率、企業
> 　結合日に追加取得した議決権比率及び取得後の
> 　議決権比率を記載するものとする。

2　前項本文の規定により注記した場合は、企業
　結合が行われた事業年度の翌事業年度以降にお
　いても、影響額に重要性が乏しくなつた場合を
　除き、同項各号に掲げる事項を注記しなければ
　ならない。ただし、結合後企業が連結財務諸表
　を作成することとなつた場合には、記載するこ
　とを要しない。

> 8の19-2　規則第8条の19第2項ただし書に規
> 　定する連結財務諸表を作成することとなった場

合は、第1項第2号に規定する差額を反映した連結財務諸表を作成する必要があることに留意する。

（共通支配下の取引等の注記）

第8条の20　当該事業年度において共通支配下の取引等が行われた場合には、次に掲げる事項を注記しなければならない。

一　取引の概要

二　実施した会計処理の概要

三　子会社株式を追加取得した場合には、第8条の17第1項第3号、第4号及び第8号に掲げる事項に準ずる事項

> 8の20-1-1　規則第8条の20第1項第1号に掲げる「取引の概要」には、次に掲げる事項が含まれることに留意する。
> 1　結合当事企業又は対象となった事業の名称及び当該事業の内容
> 2　企業結合日
> 3　企業結合の法的形式
> 4　結合後企業の名称
> 5　その他取引の概要に関する事項（取引の目的を含む。）

2　前項の規定にかかわらず、共通支配下の取引等に重要性が乏しい場合には、注記を省略することができる。ただし、当該事業年度における個々の共通支配下の取引等に重要性は乏しいが、当該事業年度における複数の共通支配下の取引等全体に重要性がある場合には、同項各号に掲げる事項を当該取引等全体について記載しなければならない。

3　前2項に定める事項は、連結財務諸表において同一の内容が記載される場合には、記載することを要しない。この場合には、その旨を記載しなければならない。

（子会社が親会社を吸収合併した場合の注記）

第8条の21　子会社が親会社を吸収合併した場合で、財務諸表提出会社である子会社が連結財務諸表を作成しないときは、親会社が存続会社となつたものとした場合の当該事業年度における

影響額を注記しなければならない。ただし、影響額に重要性が乏しい場合には、注記を省略することができる。

2　前項に規定する影響額は、次に掲げる額のいずれかとする。

一　親会社が子会社を吸収合併したものとした場合における貸借対照表項目及び損益計算書項目の金額と存続会社に係る当該項目の金額との差額

二　親会社が子会社を吸収合併したものとした場合における貸借対照表及び損益計算書の主要な項目の金額

3　第1項本文の規定により注記した場合は、企業結合が行われた事業年度の翌事業年度以降においても、影響額に重要性が乏しくなつた場合を除き、同項に規定する影響額を注記しなければならない。ただし、子会社が連結財務諸表を作成することとなつた場合には、記載することを要しない。

> 8の21-3　規則第8条の21第3項ただし書に規定する連結財務諸表を作成することとなった場合には、親会社が子会社を吸収合併したものとした連結財務諸表を作成する必要があることに留意する。

（共同支配企業の形成の注記）

第8条の22　当該事業年度において共同支配企業を形成する企業結合（以下この条及び次条第1項において「共同支配企業の形成」という。）が行われた場合には、次に掲げる事項を注記しなければならない。

一　取引の概要

二　実施した会計処理の概要

> 8の22-1-1　規則第8条の22第1項第1号に掲げる「取引の概要」には、次に掲げる事項が含まれることに留意する。
> 1　結合当事企業又は対象となった事業の名称及び当該事業の内容
> 2　企業結合日
> 3　企業結合の法的形式

　　4　結合後企業の名称
　　5　その他取引の概要に関する事項（取引の目的を含む。）
　　6　共同支配企業の形成と判定した理由

2　前項の規定にかかわらず、共同支配企業の形成に係る取引に重要性が乏しい場合には、注記を省略することができる。ただし、当該事業年度における個々の共同支配企業の形成に係る取引に重要性は乏しいが、当該事業年度における複数の共同支配企業の形成に係る取引全体に重要性がある場合には、同項に定める事項を当該企業結合に係る取引全体について注記しなければならない。

3　前2項に定める事項は、連結財務諸表において同一の内容が記載される場合には、記載することを要しない。この場合には、その旨を記載しなければならない。

（事業分離における分離元企業の注記）
第8条の23　当該事業年度において重要な事業分離が行われ、当該事業分離が共通支配下の取引等及び共同支配企業の形成に該当しない場合には、分離元企業は、次に掲げる事項を注記しなければならない。
一　事業分離の概要
二　実施した会計処理の概要
　イ　移転損益を認識した場合には、その金額、移転した事業に係る資産及び負債の適正な帳簿価額並びにその主な内訳
　ロ　移転損益を認識しなかつた場合には、その旨、受取対価の種類、移転した事業に係る資産及び負債の適正な帳簿価額並びにその主な内訳
三　分離した事業が含まれていた報告セグメント（第8条の29第1項に規定する報告セグメントをいう。）の名称
四　当該事業年度の損益計算書に計上されている分離した事業に係る損益の概算額
五　移転損益を認識した事業分離において、分離先企業の株式を子会社株式又は関連会社株式として保有する以外に、継続的関与がある

場合には、当該継続的関与の概要

8の23　規則第8条の23、第8条の24及び第8条の26に規定する注記とは、「事業分離等に関する会計基準」が適用される場合の注記とし、事業分離日、移転損益及び継続的関与等の用語は、「事業分離等に関する会計基準」に定める事業分離日、移転損益及び継続的関与等の用語をいうものとする。

8の23-1-1　規則第8条の23第1項第1号に掲げる「事業分離の概要」には、次に掲げる事項が含まれることに留意する。
1　分離先企業の名称
2　分離した事業の内容
3　事業分離を行った主な理由
4　事業分離日
5　その他取引の概要に関する事項（法的形式を含む。）

8の23-1-4　規則第8条の23第1項第4号に規定する損益の概算額には、分離した事業に係る売上高や営業損益が含まれることに留意する。

2　前項第5号に掲げる事項は、当該継続的関与が軽微な場合には、注記を省略することができる。

3　当該事業年度における個々の事業分離に係る取引に重要性は乏しいが、当該事業年度における複数の事業分離に係る取引全体に重要性がある場合には、第1項の規定にかかわらず、同項第1号及び第2号に掲げる事項を当該事業分離に係る取引全体について注記しなければならない。

4　第1項及び前項に規定する事項は、連結財務諸表において同一の内容が記載される場合には、記載することを要しない。この場合には、その旨を記載しなければならない。

（事業分離における分離先企業の注記）
第8条の24　分離先企業は、事業分離が企業結合に該当しない場合は、次に掲げる事項を注記しなければならない。
一　取引の概要
二　実施した会計処理の概要
三　分離元企業から引き継いだ資産、負債及び

純資産の内訳

8の24−1　8の20−1−1の取扱いは、規則第8条の24第1項第1号に掲げる「取引の概要」に係る注記について準用する。

2　前項に規定する事項は、連結財務諸表において同一の内容が記載される場合には、記載することを要しない。この場合には、その旨を記載しなければならない。

（企業結合に関する重要な後発事象等の注記）

第8条の25　貸借対照表日後に完了した企業結合又は貸借対照表日後に主要な条件について合意をした企業結合が重要な後発事象に該当する場合には、当該企業結合に関する事項について、第8条の17（第1項第2号、第10号及び第11号を除く。）、第8条の20又は第8条の22の規定に準じて注記しなければならない。ただし、未確定の事項については、記載することを要しない。

2　貸借対照表日までに主要な条件について合意をした企業結合が同日までに完了していない場合（前項に規定する場合を除く。）には、当該企業結合に関する事項について、同項の規定に準じて注記しなければならない。

3　前2項に定める事項は、連結財務諸表において同一の内容が記載される場合には、記載することを要しない。この場合には、その旨を記載しなければならない。

（事業分離に関する重要な後発事象等の注記）

第8条の26　分離元企業は、次の各号に掲げる場合には、事業分離について、当該各号に定める事項を注記しなければならない。

一　貸借対照表日後に完了した事業分離が重要な後発事象に該当する場合　第8条の23第1項各号に掲げる事項に準ずる事項

二　貸借対照表日後に主要な条件について合意をした事業分離が、重要な後発事象に該当する場合　第8条の23第1項第1号及び第3号に掲げる事項に準ずる事項

三　貸借対照表日までに主要な条件について合

意をした事業分離が同日までに完了していない場合（第1号に掲げる場合を除く。）　第8条の23第1項第1号及び第3号に掲げる事項に準ずる事項

2　前項各号に定める事項は、連結財務諸表において同一の内容が記載される場合には、記載することを要しない。この場合には、その旨を記載しなければならない。

（継続企業の前提に関する注記）

第8条の27　貸借対照表日において、企業が将来にわたつて事業活動を継続するとの前提（以下「継続企業の前提」という。）に重要な疑義を生じさせるような事象又は状況が存在する場合であつて、当該事象又は状況を解消し、又は改善するための対応をしてもなお継続企業の前提に関する重要な不確実性が認められるときは、次に掲げる事項を注記しなければならない。ただし、貸借対照表日後において、当該重要な不確実性が認められなくなつた場合は、注記することを要しない。

一　当該事象又は状況が存在する旨及びその内容

二　当該事象又は状況を解消し、又は改善するための対応策

三　当該重要な不確実性が認められる旨及びその理由

四　当該重要な不確実性の影響を財務諸表に反映しているか否かの別

8の27−1　規則第8条の27に規定する継続企業の前提とは、「監査基準」にいう継続企業の前提をいうものとする。

8の27−2　規則第8条の27に規定する継続企業の前提に重要な疑義を生じさせるような事象又は状況については、監査基準にいう継続企業の前提に重要な疑義を生じさせるような事象又は状況をいうものとし、債務超過、売上高の著しい減少、継続的な営業損失の発生、継続的な営業キャッシュ・フローのマイナス、重要な債務の不履行、重要な債務の返済の困難性、新たな資金調達が困難な状況、取引先からの与信の拒絶、事業活動の継続に不可欠な重要な資産の毀損又は喪失若しくは権利の失効、重要な市場又は取

引先の喪失、巨額の損害賠償の履行、法令等に基づく事業活動の制約等が含まれることに留意する。なお、これらの事象又は状況が複合して、継続企業の前提に重要な疑義を生じさせるような事象又は状況となる場合もあることに留意する。

8の27-3　規則第8条の27の注記において、継続企業の前提に関する重要な不確実性が認められるか否かについては、例えば重要な疑義を生じさせるような事象又は状況が各企業の実態を反映したものであるか否か、同条第2号に規定する対応策を講じてもなお継続企業の前提に関する重要な不確実性が認められるか否かといった観点から、総合的かつ実質的に判断を行うものとし、8の27-2に規定する事象又は状況が存在するか否かといった画一的な判断を行うことのないよう留意する。

8の27-4　規則第8条の27第2号に規定する重要な疑義を生じさせるような事象又は状況を解消し、又は改善するための対応策については、少なくとも貸借対照表日の翌日から1年間に講じるものを記載することに留意する。

8の27-5　貸借対照表日後に継続企業の前提に重要な疑義を生じさせるような事象又は状況が発生した場合であって、当該事象又は状況を解消し、又は改善するための対応をしてもなお継続企業の前提に関する重要な不確実性が認められ、翌事業年度以降の財政状態、経営成績及びキャッシュ・フローの状況に重要な影響を及ぼすときは、当該重要な不確実性の存在は規則第8条の4に規定する重要な後発事象に該当することに留意する。

（資産除去債務に関する注記）

第8条の28　資産除去債務については、次の各号に掲げる資産除去債務の区分に応じ、当該各号に定める事項を注記しなければならない。ただし、重要性の乏しいものについては、注記を省略することができる。

一　資産除去債務のうち貸借対照表に計上しているもの　次のイからニまでに掲げる事項
　イ　当該資産除去債務の概要
　ロ　当該資産除去債務の金額の算定方法
　ハ　当該事業年度における当該資産除去債務の総額の増減
　ニ　当該資産除去債務の金額の見積りを変更

したときは、その旨、変更の内容及び影響額
二　前号に掲げる資産除去債務以外の資産除去債務　次のイからハまでに掲げる事項
　イ　当該資産除去債務の金額を貸借対照表に計上していない旨
　ロ　当該資産除去債務の金額を貸借対照表に計上していない理由
　ハ　当該資産除去債務の概要

8の28　規則第8条の28に規定する資産除去債務に関する注記については、次の点に留意する。

1　規則第8条の28第1号イに規定する資産除去債務の概要には、資産除去債務の発生原因となっている法的規制又は契約等の概要（法令等の条項及び契約条件等）を簡潔に記載するものとする。この場合において、多数の有形固定資産について資産除去債務が生じているときには、有形固定資産の種類及び場所等に基づいて、同条各号に規定する事項をまとめて記載することができる。また、当該概要には、特別の法令等に基づく資産除去債務に対応する除去費用を適切に計上する方法を用いている場合には、当該方法についての記載が含まれることに留意する。

2　規則第8条の28第1号ロに規定する資産除去債務の金額の算定方法には、支出発生までの見込期間及び適用した割引率その他の前提条件を記載するものとする。

3　規則第8条の28第2号ロに規定する資産除去債務の金額を貸借対照表に計上していない理由の記載に当たっては、当該資産除去債務の金額を合理的に見積ることができない理由を含めて記載するものとする。

2　前項各号に定める事項は、財務諸表提出会社が連結財務諸表を作成している場合には、記載することを要しない。

（セグメント情報等の注記）

第8条の29　企業を構成する一定の単位（以下「報告セグメント」という。）に関する情報（以下「セグメント情報」という。）については、次に掲げる事項を様式第二号に定めるところにより注記しなければならない。

一　報告セグメントの概要

二　報告セグメントごとの売上高、利益又は損失、資産、負債その他の項目の金額及びこれらの金額の算定方法

三　前号に掲げる金額の項目ごとの合計額と当該項目に相当する科目ごとの貸借対照表計上額又は損益計算書計上額との差額及び当該差額の主な内容

2　報告セグメントに関連する情報（様式第三号において「関連情報」という。）については、次に掲げる事項を同様式に定めるところにより注記しなければならない。

一　製品及びサービスごとの情報

二　地域ごとの情報

三　主要な顧客ごとの情報

3　貸借対照表又は損益計算書において、次に掲げる項目を計上している場合には、報告セグメントごとの概要を様式第四号に定めるところにより注記しなければならない。

一　固定資産の減損損失

二　のれんの償却額及び未償却残高

三　負ののれん発生益

4　前3項の規定にかかわらず、重要性の乏しいものについては、注記を省略することができる。

5　第1項各号及び第2項各号に掲げる事項並びに第3項に規定する概要は、財務諸表提出会社が連結財務諸表を作成している場合には、記載することを要しない。

（賃貸等不動産に関する注記）

第8条の30　賃貸等不動産（棚卸資産に分類される不動産以外の不動産であつて、賃貸又は譲渡による収益又は利益を目的として所有する不動産をいう。以下この項において同じ。）がある場合には、次に掲げる事項を注記しなければならない。ただし、賃貸等不動産の総額に重要性が乏しい場合には、注記を省略することができる。

一　賃貸等不動産の概要

二　賃貸等不動産の貸借対照表計上額及び当該事業年度における主な変動

三　賃貸等不動産の貸借対照表日における時価

及び当該時価の算定方法

四　賃貸等不動産に関する損益

8の30　規則第8条の30に規定する賃貸等不動産に関する注記については、次に掲げる点に留意する。

1　賃貸等不動産には、規則第33条に規定する投資不動産、将来の使用が見込まれていない遊休不動産、その他賃貸の用に供されている不動産が含まれる。

2　注記の記載に当たっては、管理状況等に応じて、注記事項を用途別、地域別等に区分して開示することができる。

3　物品の製造及び販売、サービスの提供並びに経営管理に使用する部分と賃貸等不動産として使用する部分で構成されている不動産について、賃貸等不動産として使用する部分の時価又は損益を実務上把握することが困難なときは、当該部分を含む不動産全体を対象不動産として注記することができる。

4　3の注記をする場合は、賃貸等不動産として使用する部分の時価又は損益を実務上把握することが困難であり、当該部分を含む不動産全体を対象不動産として注記している旨を記載した上で、他の賃貸等不動産とは別に、規則第8条の30に規定する賃貸等不動産に関する注記をする必要がある。

8の30-1-1　規則第8条の30第1項第1号に掲げる「賃貸等不動産の概要」には、主な賃貸等不動産の内容、種類及び場所が含まれることに留意する。

8の30-1-2　規則第8条の30第1項第2号の記載に当たっては、次に掲げる点に留意する。

1　原則として、取得原価から減価償却累計額及び減損損失累計額を控除した金額によって注記を行うものとする。ただし、当期末における減価償却累計額及び減損損失累計額を別途記載する場合には、取得原価をもって記載することができる。この場合には、当期末における取得原価から減価償却累計額及び減損損失累計額を控除した金額についても記載するものとする。

2　貸借対照表計上額に関する期中の変動に重要性がある場合には、その事由及び金額を記載するものとする。

8の30-1-4　規則第8条の30第1項第4号の記載に当たっては、次に掲げる点に留意する。

1　損益計算書における金額に基づいて注記するものとし、損益計算書において、賃貸等不動産に関して直接把握している損益のほか、管理会計上の数値に基づいて適切に算定した額その他の合理的な方法に基づく金額によって開示することができる。

2　賃貸等不動産に係る賃貸収益とこれに係る費用（賃貸費用）による損益、売却損益、減損損失及びその他の損益を適切に区分して記載するものとする。ただし、重要性が乏しい場合を除く。

3　2の損益のうち、収益及び費用については総額によって、賃貸費用については主たる費目に区分して記載することができる。

2　前項に規定する事項は、財務諸表提出会社が連結財務諸表を作成している場合には、記載することを要しない。

（公共施設等運営事業に関する注記）

第8条の31　財務諸表提出会社は、当該会社が公共施設等運営事業（民間資金等の活用による公共施設等の整備等の促進に関する法律（平成11年法律第117号。以下この項及び次項において「民間資金法」という。）第2条第6項に規定する公共施設等運営事業をいう。次項において同じ。）における公共施設等運営権者（民間資金法第9条第4号に規定する公共施設等運営権者をいう。次項において同じ。）である場合には、次に掲げる事項を公共施設等運営権（民間資金法第2条第7項に規定する公共施設等運営権をいう。以下同じ。）ごとに注記しなければならない。

一　公共施設等運営権の概要

二　公共施設等運営権の減価償却の方法

2　更新投資（公共施設等運営権者が行う公共施設等運営事業における公共施設等（民間資金法第2条第1項に規定する公共施設等をいう。以下この項において同じ。）の維持管理をいう。以下この項において同じ。）については、次の各号に掲げる場合の区分に応じ、当該各号に定める事項を公共施設等運営権ごとに注記しなければならない。

一　次号に掲げる場合以外の場合　次のイからニまでに掲げる事項

イ　主な更新投資の内容及び当該更新投資を予定している時期

ロ　更新投資に係る資産の計上方法

ハ　更新投資に係る資産の減価償却の方法

ニ　翌事業年度以降に実施すると見込まれる更新投資のうち資本的支出に該当する部分（所有権が公共施設等の管理者等（民間資金法第2条第3項に規定する公共施設等の管理者等をいう。以下この項において同じ。）に帰属するものに限る。以下この項において同じ。）について、支出額を合理的に見積ることができる場合には、当該資本的支出に該当する部分の内容及びその金額

二　公共施設等運営権を取得した時において、大部分の更新投資の実施時期及び対象となる公共施設等の具体的な設備の内容が、公共施設等の管理者等から公共施設等運営権者に対して、公共施設等運営権実施契約（民間資金法第22条第1項に規定する公共施設等運営権実施契約をいう。次項において同じ。）等で提示され、かつ、当該更新投資のうち資本的支出に該当する部分について、運営権設定期間（民間資金法第17条第3号に掲げる公共施設等運営権の存続期間をいう。）にわたつて支出すると見込まれる額の総額及び支出時期を合理的に見積ることができる場合　次に掲げる事項

イ　前号イ及びハに掲げる事項

ロ　更新投資に係る資産及び負債の計上方法

8の31-1-1　規則第8条の31第1項1号に規定する「公共施設等運営権の概要」には、公共施設等運営権の対象となる公共施設等の内容、公共施設等運営権実施契約に定められた公共施設等運営権の対価の支出方法、運営権設定期間及び残存する運営権設定期間並びにプロフィットシェアリング条項（「公共施設等運営事業における運営権者の会計処理等に関する実務上の取扱い」に定めるプロフィットシェアリング条項をいう。）の概要等が含まれることに留意する。

8の31-2　規則第8条の31第2項に規定する注記については、次の点について留意する。

1　規則第8条の31第2項第1号ロに規定する更新投資に係る資産の計上方法とは、更新投資を実施した時に、当該更新投資のうち資本的支出に該当する部分（所有権が管理者等に帰属する部分に限る。以下同じ。）に関する支出額を資産として計上する方法をいう。

2　規則第8条の31第2項第2号ロに規定する更新投資に係る資産及び負債の計上方法とは、公共施設等運営権を取得した時に、更新投資のうち資本的支出に該当する部分に関して、運営権設定期間にわたって支出すると見込まれる額の総額の現在価値を負債として計上し、同額を資産として計上する方法をいう。

3　前2項の規定にかかわらず、次の各号に掲げる場合には、当該各号に定める事項を集約して記載することができる。

一　同一の公共施設等運営権実施契約において複数の公共施設等運営権を対象とすることにより一体的な運営等を行う場合　当該複数の公共施設等運営権に係る前2項に規定する事項

二　個々の公共施設等運営権の重要性は乏しいが、同一種類の複数の公共施設等運営権全体の重要性が乏しいとは認められない場合　当該複数の公共施設等運営権に係る前2項に規定する事項

4　第1項及び第2項に規定する事項は、財務諸表提出会社が連結財務諸表を作成している場合には、記載することを要しない。

（収益認識に関する注記）

第8条の32　顧客との契約から生じる収益については、次に掲げる事項であつて、投資者その他の財務諸表の利用者の理解に資するものを注記しなければならない。ただし、重要性の乏しいものについては、注記を省略することができる。

一　顧客との契約から生じる収益及び当該契約から生じるキャッシュ・フローの性質、金額、時期及び不確実性に影響を及ぼす主要な要因に基づく区分に当該収益を分解した情報

二　顧客との契約から生じる収益を理解するた

めの基礎となる情報

三　顧客との契約に基づく履行義務の充足と当該契約から生じるキャッシュ・フローとの関係並びに当事業年度末において存在する顧客との契約から翌事業年度以降に認識すると見込まれる収益の金額及び時期に関する情報

2　前項各号に掲げる事項について、この規則の規定により注記すべき事項において同一の内容が記載される場合（次項に規定する場合を除く。）には、その旨を記載し、前項各号に掲げる事項の記載を省略することができる。

3　第1項各号に掲げる事項について、第8条の2の規定により注記すべき事項において同一の内容が記載される場合には、注記を省略することができる。

4　第1項第1号及び第3号に掲げる事項は、財務諸表提出会社が連結財務諸表を作成している場合には、注記を省略することができる。

5　第1項第2号に掲げる事項は、連結財務諸表において同一の内容が記載される場合には、その旨を記載し、当該事項の記載を省略することができる。

8の32　規則第8条の32に規定する注記は、「収益認識に関する会計基準」が適用される場合の注記とし、次の点に留意する。

1　投資者その他の財務諸表の利用者が顧客との契約から生じる収益及び当該契約から生じるキャッシュ・フローの性質、金額、時期及び不確実性を理解できるようにするための十分な情報を開示することを目的とした上で、財務諸表提出会社において、定量的な要因と定性的な要因の両方を考慮して当該目的に照らして重要性が乏しいか否かを判断するものとする。また、重要性がある場合は、当該目的に照らして記載内容及び記載方法が適切かどうかを判断して記載するものとする。

2　規則第8条の32第1項第1号に掲げる事項の注記については、当事業年度に認識した顧客との契約から生じる収益と規則第8条の29に規定する報告セグメントごとの売上高との関係を投資者その他の財務諸表の利用者が理解できるようにするための十分な情報を記載するものとする。

3　規則第8条の32第1項第2号に規定する顧客との契約から生じる収益を理解するための基礎となる情報には、例えば次の事項が含まれるものとする。

(1)　顧客との契約及び履行義務に関する情報（履行義務に関する情報、重要な支払条件に関する情報）

(2)　顧客との契約に基づいて、財貨の交付又は役務の提供によって得ることが見込まれる対価の額（以下「取引価格」という。）を算定する際に用いた見積方法、インプット、仮定に関する情報

(3)　取引価格を履行義務に配分する際に用いた見積方法、インプット、仮定に関する情報

(4)　収益を認識する通常の時点の判断及び当該時点における会計処理の方法を理解できるようにするための情報

(5)　顧客との契約から生じる収益の金額及び時期の決定に重要な影響を与える「収益認識に関する会計基準」を適用する際に行った判断及び判断の変更

4　規則第8条の32第1項第3号に掲げる事項の注記については、次の点に留意する。

(1)　顧客との契約に基づく履行義務の充足と当該契約から生じるキャッシュ・フローとの関係を理解できるようにするための情報には、例えば顧客との契約から生じた債権、契約資産並びに契約負債の期首残高及び期末残高（それぞれ区分して表示していない場合）、当事業年度に認識した収益の額のうち期首現在の契約負債残高に含まれていた額、当事業年度における契約資産及び契約負債の残高の重要な変動に関する内容、履行義務の充足の時期と通常の支払時期との関連性並びに当該関連性が契約資産及び契約負債の残高に与える影響の説明、過去の期間に充足した履行義務又は部分的に充足した履行義務から当事業年度に認識した収益がある場合には当該金額等が含まれるものとする。

(2)　当事業年度末において存在する顧客との契約から翌事業年度以降に認識すると見込まれる収益の金額及び時期に関する情報には、例えば当事業年度末において未だ充足していない履行義務に配分した取引価格の総額、当該履行義務が充足すると見込んで

いる時期等が含まれるものとする。なお、当該履行義務が、当初に予想される契約期間が1年以内の契約の一部である場合等には、当該情報の注記を要しない。

（棚卸資産に関する注記）

第8条の33　市場価格の変動により利益を得る目的をもつて所有する棚卸資産については、第8条の6の2第1項第3号の規定に準じて注記しなければならない。ただし、重要性の乏しいものについては、注記を省略することができる。

2　前項に定める事項は、財務諸表提出会社が連結財務諸表を作成している場合には、記載することを要しない。

8の33　規則第8条の33に規定する注記とは、「棚卸資産の評価に関する会計基準」が適用される場合の注記とする。

（注記の方法）

第9条　第8条の2の規定による注記は、キャッシュ・フロー計算書の次に記載しなければならない。

2　第8条の2の2から第8条の3の2までの規定による注記は、第8条の2の規定による注記の次に記載しなければならない。

3　この規則の規定により記載すべき注記（第8条の2から第8条の3の2までの規定による注記を除く。）は、脚注（当該注記に係る事項が記載されている財務諸表中の表又は計算書の末尾に記載することをいう。以下同じ。）として記載することが適当であると認められるものを除き、第8条の2の2から第8条の3の2までの規定による注記の次に記載しなければならない。ただし、第8条の2の規定による注記と関係がある事項については、これと併せて記載することができる。

4　第8条の27の規定による注記は、前項の規定にかかわらず、キャッシュ・フロー計算書の次に記載しなければならない。この場合において、第8条の2の規定による注記は、第1項の規定にかかわらず、第8条の27の規定による注記の

次に記載しなければならない。

5　この規則の規定により特定の科目に関係ある注記を記載する場合には、当該科目に記号を付記する方法その他これに類する方法によつて、当該注記との関連を明らかにしなければならない。

第10条　第2条の規定が適用される事業を営む株式会社又は指定法人が、法の規定により提出する財務諸表について、この規則の規定により注記すべき事項と同一の事項がある場合には、当該事項については、第2条本文に規定する特に法令の定めがある場合における当該法令又は準則の定めにかかわらず、この規則の規定による注記を記載しなければならない。ただし、金融庁長官が特定の事業に関し、注記を記載することが適当でないと認めて別に指示した事項については、この限りでない。

第10条の2　特定信託財産について作成すべき財務諸表について、この規則の規定により注記すべき事項と同一の事項がある場合には、当該事項については、特定目的信託財産計算規則又は投資信託財産計算規則の定めにかかわらず、この規則の規定による注記を記載しなければならない。ただし、金融庁長官が注記を記載することが適当でないと認めて別に指示した事項については、この限りでない。

（金額の表示の単位）
第10条の3　財務諸表に掲記される科目その他の事項の金額は、100万円単位又は1,000円単位をもつて表示するものとする。

第2章　貸借対照表

第2章　貸借対照表

第1節　総　則

（貸借対照表の記載方法）
第11条　貸借対照表の記載方法は、本章の規定の定めるところによる。

2　貸借対照表は、様式第五号により記載するものとする。

11　独立会計に属する資産は、事業部名等を付した科目によつて一括表示せず、資産の形態により区分して掲記するものとする。ただし、その金額が重要でない場合であつて、資産の形態による区分が困難であり、又は資産の機能別等による区分が適当であると認められる場合は、この限りでない。

（資産、負債及び純資産の分類）
第12条　資産、負債及び純資産は、それぞれ資産の部、負債の部及び純資産の部に分類して記載しなければならない。

第13条　資産及び負債の科目の記載の配列は、流動性配列法によるものとする。

第2節　資　産

第1目　総　則

（資産の分類）
第14条　資産は、流動資産、固定資産及び繰延資産に分類し、更に、固定資産に属する資産は、有形固定資産、無形固定資産及び投資その他の資産に分類して記載しなければならない。

第2目　流動資産

（流動資産の範囲）
第15条　次に掲げる資産は、流動資産に属するものとする。

一　現金及び預金。ただし、1年内に期限の到来しない預金を除く。

二　受取手形（顧客との契約に基づく財貨の交付又は役務の提供の対価として当該顧客から支払を受ける権利（当該顧客に対する法的な請求権を有するものに限る。第3号及び第17条第4項において「顧客との契約から生じた債権」という。）その他の通常の取引に基づいて発生した手形債権をいう。ただし、破産更生債権等で1年内に回収されないことが明らかなものを除く。以下同じ。）

二の二　通常の取引に基づいて発生した電子記録債権（電子記録債権法（平成19年法律第102号）第2条第1項に規定する電子記録債権をいう。第31条の4、第47条第1号の2及

び第51条の4において同じ。ただし、破産更
生債権等で1年内に回収されないことが明ら
かなものを除く。）

三　売掛金（顧客との契約から生じた債権その
他の通常の取引に基づいて発生した営業上の
未収金をいう。ただし、破産更生債権等で1
年内に回収されないことが明らかなものを除
く。以下同じ。）

三の二　契約資産（顧客との契約に基づく財貨
の交付又は役務の提供の対価として当該顧客
から支払を受ける権利のうち、第2号に掲げ
る受取手形及び前号に掲げる売掛金以外のも
のをいう。ただし、破産更生債権等で1年内
に回収されないことが明らかなものを除く。
以下同じ。）

四　売買目的有価証券及び1年内に満期の到来
する有価証券

五　商品（販売の目的をもつて所有する土地、
建物その他の不動産を含む。以下同じ。）

六　製品、副産物及び作業くず

七　半製品（自製部分品を含む。）

八　原料及び材料（購入部分品を含む。）

九　仕掛品及び半成工事

十　消耗品、消耗工具、器具及び備品その他の
貯蔵品で相当価額以上のもの

十一　前渡金（商品及び原材料（これらに準ず
るものを含む。）の購入のための前渡金をい
う。ただし、破産更生債権等で1年内に回収
されないことが明らかなものを除く。第17条
第1項第10号において同じ。）

十二　その他の資産で1年内に現金化できると
認められるもの

15－1　規則第15条第1号の現金及び預金に関し
ては、次の点に留意する。

1　規則第15条第1号の現金には、小口現金、
手元にある当座小切手、送金小切手、送金為
替手形、預金手形、郵便為替証書及び振替貯
金払出証書等を含むものとする。ただし、未
渡小切手は、預金として処理するものとする。

なお、期限の到来した公社債の利札その他
金銭と同一の性質をもつものは、規則第15条

第1号の現金に含めることができるものとす
る。

2　規則第15条第1号の預金は、金融機関（銀
行、協同組織金融機関の優先出資に関する法
律（平成5年法律第44号）第2条第1項に規
定する協同組織金融機関及び金融商品取引法
施行令（昭和40年政令第321号）第1条の9
各号に掲げる金融機関をいう。以下同じ。）
に対する預金、貯金及び掛金、郵便貯金並び
に郵便振替貯金に限るものとする。

なお、預金には、契約期間が1年を超える
預金で1年内に期限の到来するものを含むも
のとする。

15－2　規則第15条第2号の手形債権は、得意先
との間に発生した営業取引に関する手形債権を
いう。

15－4　規則第15条第4号の有価証券及び規則第
31条第1号の有価証券には、当該会社が役員、
従業員又はその他の者の名義をもって所有する
ものを含むものとする。

15－5　規則第15条第5号の商品とは、商業を営
む会社が販売の目的をもって所有する物品で
あって、当該企業の営業主目的に係るもの（た
だし、15－6により製品とされる物品を除く。）
をいい、販売の目的をもって所有する土地、建
物その他の不動産とは、不動産の売買、あっ旋
等を業とする会社が販売の目的をもって所有す
る土地、建物その他の不動産をいう。

15－6　規則第15条第6号の製品、副産物及び作
業くずに関しては、以下の点に留意する。

1　製品とは、工業、鉱業その他商業以外の事
業を営む会社が販売の目的をもって所有する
製造品その他の生産品であって、当該企業の
営業主目的に係るものをいう。

2　商業を営む会社で製造部門をもつものがそ
の製造する物品を販売の目的をもって所有す
る場合は、当該物品を規則第15条第6号の製
品とすることができるものとする。

3　副産物とは、主産物の製造過程から必然的
に派生する物品をいい、主産物たる製品との
区分は、企業における会計処理の慣習による
ものとする。

4　作業くずとは、皮革くず、裁断くず、落綿、
その他原材料、部分品又は貯蔵品を製造に使
用したために残存するくず物をいう。

5　仕損品は、副産物若しくは作業くず又は規
則第15条第8号の原料若しくは材料に属する

金商法

ものとする。ただし、製品、半製品又は部分品に含めることが適当と認められる場合は、当該項目に属させることができるものとする。

15-7　規則第15条第7号において、半製品とは、中間的製品として既に加工を終り現に貯蔵中のもので販売できる状態にあるものをいい、自製部品とは、製品又は半製品の組成部分として当該製品又は半製品に取り付けられる物品で当該企業の製作に係るものをいう。なお、自製部分品の一部を直接販売に供する場合には、当該販売に供される自製部品は、規則第15条第5号の商品又は第6号の製品とすることができるものとする。

15-8　規則第15条第8号において、原料及び材料とは、製品の製造目的で費消される物品で未だその用に供されないもの（ただし、半製品、部分品又は貯蔵品に属するものを除く。）をいい、購入部品とは、製品又は半製品の組成部分として当該製品又は半製品に取り付けられる物品で他から購入したものをいう。

15-9　規則第15条第9号において、仕掛品とは、製品、半製品又は部分品の生産のため現に仕掛中のものをいい、半成工事とは、長期にわたる注文生産又は請負作業について仕掛中のもので仕掛品以外のものをいう。

15-10　規則第15条第10号の消耗品、消耗工具、器具及び備品その他の貯蔵品とは、燃料、油、釘、包装材料その他事務用品等の消耗品、耐用年数1年未満又は耐用年数1年以上で相当価額未満の工具、器具及び備品のうち、取得のときに経費又は材料費として処理されなかったもので貯蔵中のものをいう。なお、燃料、油等で製品の生産のため補助的に使用されるもの（補助材料をいう。）は、貯蔵品に属させることができるものとする。

15-11　規則第15条第11号の前渡金には、製品の外注加工のための前渡金を含むものとする。

15-12　規則第15条第12号に規定するその他の資産に関しては、次の点に留意する。

1　その他の資産に属する債権は、1年内に弁済期日の到来するもの又は通常の状態において1年内に確実に回収できると認められるものに限るものとする。

2　固定資産又は有価証券の売却その他通常の取引以外の取引に基づいて発生した手形債権は、その他の資産に属するものとする。

3　通常の取引に基づいて発生した未収入金で売掛金及び契約資産以外のもの及び通常の取引以外の取引に基づいて発生した未収入金で1年内に回収されると認められるものは、その他の資産に属するものとする。

4　流動資産たる有価証券で営業の必要のため担保に提供し又は、差入保証金の代用として提供しているものは、その他の資産に属するものとする。ただし、その金額を有価証券に含めて記載することができる。この場合には、その旨及びその金額を注記するものとする。なお、預り有価証券又は借入有価証券の対照勘定は、その他の資産に属するものとする。

5　契約期間が1年を超える貸付金その他の債権で1年内に期限の到来するものであっても、その金額の僅少なものについては、投資その他の資産として記載することができる。

6　返済期限が1年後に到来する債権（規則第15条第1号から第11号までに掲げる資産に属するものを除く。）で分割返済の定めがあるものについては、1年内の分割返済予定額を正確に算定しうるものであっても1年内の返済予定額が資産の総額の100分の5以下である場合には、その全額を投資その他の資産として記載することができる。なお、分割返済の定めがあっても、個々の分割返済の金額及び期日の定めがないため1年内の返済予定額を正確に算定できないものについては、その全額を投資その他の資産として記載するものとする。ただし、適当な方法によって1年内に返済が見込まれる額を算定し、その金額を流動資産として記載することができる。

第16条　前払費用で1年内に費用となるべきもの及び未収収益は、流動資産に属するものとする。

第16条の2　所有権移転ファイナンス・リース取引（ファイナンス・リース取引のうち、リース契約上の諸条件に照らしてリース物件の所有権が借主に移転すると認められるものをいう。以下同じ。）におけるリース債権及び所有権移転外ファイナンス・リース取引（ファイナンス・リース取引のうち、所有権移転ファイナンス・リース取引以外のものをいう。以下同じ。）におけるリース投資資産のうち、通常の取引に基づいて発生したもの（破産更生債権等で1年内に回収されないことが明らかなものを除く。）

は、流動資産に属するものとする。

2　所有権移転ファイナンス・リース取引におけるリース債権及び所有権移転外ファイナンス・リース取引におけるリース投資資産のうち、通常の取引以外の取引に基づいて発生したもので1年内に期限が到来するものは、流動資産に属するものとする。

（流動資産の区分表示）

第17条　流動資産に属する資産は、次に掲げる項目の区分に従い、当該資産を示す名称を付した科目をもつて掲記しなければならない。

一　現金及び預金

二　受取手形

三　売掛金

三の二　契約資産

四　リース債権（通常の取引に基づいて発生したものに限り、破産更生債権等で1年内に回収されないことが明らかなものを除く。）

五　リース投資資産（通常の取引に基づいて発生したものに限り、破産更生債権等で1年内に回収されないことが明らかなものを除く。）

六　有価証券

七　商品及び製品（半製品を含む。）

八　仕掛品

九　原材料及び貯蔵品

十　前渡金

十一　前払費用

十二　その他

17-1-2　通常の取引以外の取引に基づいて発生した手形債権の金額が資産の総額の100分の5以下である場合には、当該手形債権については、規則第17条第1項第2号に規定する受取手形の科目に含めて記載することができる。

17-1-7　規則第17条第1項第7号から第9号までに規定する項目の区分については、次の点に留意する。

1　規則第17条第1項第7号に規定する商品及び製品には、副産物、作業くず及び自製部分品を含むものとする。ただし、自製部分品を商品及び製品の項目に含めることが困難であると認められる場合には、当該資産を同項第9号に規定する原材料及び貯蔵品の項目に含

めて区分することができる。

2　規則第17条第1項第8号に規定する仕掛品には、半成工事を含むものとする。

3　規則第17条第1項第9号に規定する原材料及び貯蔵品には、購入部分品及び補助材料を含むものとする。ただし、購入部分品を原材料及び貯蔵品の項目に含めることが困難であると認められる場合には、当該資産を同項第7号に規定する商品及び製品の項目に含めて区分することができる。

2　前項の規定は、同項各号の項目に属する資産で、別に表示することが適当であると認められるものについて、当該資産を示す名称を付した科目をもつて別に掲記することを妨げない。

3　第1項の規定にかかわらず、同項第7号から第9号までに掲げる項目に属する資産については、棚卸資産の科目をもつて一括して掲記することができる。この場合において、当該項目に属する資産の科目及びその金額を注記しなければならない。

4　第1項の規定にかかわらず、同項第2号及び第3号に掲げる項目に属する資産（顧客との契約から生じた債権に限る。）並びに同項第3号の2に掲げる項目に属する資産のそれぞれについて、他の項目に属する資産と一括して表示することができる。この場合において、同項第2号及び第3号に掲げる項目に属する資産（顧客との契約から生じた債権に限る。）並びに同項第3号の2に掲げる項目に属する資産の科目及びその金額をそれぞれ注記しなければならない。ただし、財務諸表提出会社が連結財務諸表を作成しているときは、当該注記を省略することができる。

第18条　親会社株式（会社法第135条第2項及び第800条第1項の規定により取得したものに限る。第31条第1号及び第32条の2において同じ。）のうち1年内に処分されると認められるものは、流動資産に親会社株式の科目をもつて別に掲記しなければならない。ただし、その金額が僅少である場合には、注記によることができる。

金商法

第19条　第17条第1項第12号に掲げる項目に属する資産のうち、未収収益、短期貸付金（金融手形を含む。）、株主、役員若しくは従業員に対する短期債権又はその他の資産で、その金額が資産の総額の100分の5を超えるものについては、当該資産を示す名称を付した科目をもつて掲記しなければならない。

19　規則第19条の規定の適用に関しては、次の点に留意する。

1　短期貸付金に含まれる金融手形は、手形貸付金をいう。

2　株主、役員若しくは従業員に対する短期債権を区分掲記しなければならない場合とは、株主、役員若しくは従業員に対する短期債権の合計額が資産の総額の100分の5を超える場合をいう。

3　仮払金その他の未決算勘定でその金額が資産の総額の100分の5を超えるものについては、当該未決算勘定の内容を示す名称を付した科目をもって掲記するものとする。

4　通常の取引以外の取引に基づいて発生した手形債権について、区分掲記する場合（規則第33条の規定により区分掲記する場合を含む。）には、固定資産、有価証券等物品の売却により発生した手形債権、営業保証金の代用として受け取った手形債権等の区別を示す名称を付した科目をもって掲記するものとする。

5　金銭の信託及びデリバティブ取引により生じる正味の債権で、それぞれの合計額が資産の総額の100分の5を超えるものについては、当該金銭の信託等の内容を示す名称を付した科目をもって掲記するものとする。

6　通常の取引以外の取引に基づいて発生したリース債権又はリース投資資産で1年内に期限が到来するものについて、それぞれの合計額が資産の総額の100分の5を超える場合には、リース債権又はリース投資資産の科目をもって掲記するものとする。

（流動資産に係る引当金の表示）

第20条　流動資産に属する資産に係る引当金は、当該各資産科目に対する控除科目として、当該各資産科目別に貸倒引当金その他当該引当金の設定目的を示す名称を付した科目をもつて掲記しなければならない。ただし、次の各号に掲げる方法によることを妨げない。

一　当該引当金を、当該各資産科目に対する控除科目として一括して掲記する方法

二　当該引当金を当該各資産の金額から直接控除し、その控除残高を当該各資産の金額として表示する方法

2　前項第2号の場合において、当該引当金は当該各資産科目別に又は一括して注記しなければならない。

3　前項に規定する事項は、財務諸表提出会社が連結財務諸表を作成している場合には、記載することを要しない。

第21条　削除

第3目　固定資産

（有形固定資産の範囲）

第22条　次に掲げる資産（ただし、第1号から第8号までに掲げる資産については、営業の用に供するものに限る。）は、有形固定資産に属するものとする。

一　建物及び暖房、照明、通風等の付属設備

二　構築物（ドック、橋、岸壁、さん橋、軌道、貯水池、坑道、煙突その他土地に定着する土木設備又は工作物をいう。以下同じ。）

三　機械及び装置並びにコンベヤー、ホイスト、起重機等の搬送設備その他の付属設備

四　船舶及び水上運搬具

五　鉄道車両、自動車その他の陸上運搬具

六　工具、器具及び備品。ただし、耐用年数1年以上のものに限る。

七　土地

八　リース資産（財務諸表提出会社がファイナンス・リース取引におけるリース物件の借主である資産であつて、当該リース物件が前各号及び第10号に掲げるものである場合に限る。）

九　建設仮勘定（第1号から第7号までに掲げる資産で営業の用に供するものを建設した場合における支出及び当該建設の目的のために充当した材料をいう。次条において同じ。）

金商法

十　その他の有形資産で流動資産又は投資たる資産に属しないもの

22　規則第22条に規定する営業の用に供する資産に関しては、次の点に留意する。

1　営業の用に供する資産には、貸借対照表日において現に営業の用に供している資産のほか、将来営業の用に供する目的をもって所有する資産、例えば、遊休施設、未稼働設備等が含まれるものとする。

2　同一の資産について、営業の用に供しているほか、賃貸等他の用途に供している場合には、適正な計算方式に基づき、当該資産部分の用途に従い、有形固定資産及び投資その他の資産に区分するものとする。ただし、営業の用に供している部分又は他の用途に供している部分の額が他の部分の額に比して僅少である場合は、この限りでない。

3　当該会社の営業目的のために他の会社に貸与している建物、機械等の設備、例えば、当該会社の製品の加工又は部品の製作等の下請を専業としている会社等に対し当該作業に必要な設備を貸与している場合又は製品の販売会社として設立されている関係会社に対し、当該販売設備として使用させるために貸与している場合における当該設備は、営業の用に供するものに含まれるものとする。

22-6　規則第22条第6号の工具、器具及び備品は、耐用年数1年以上で相当額以上のものに限るものとする。容器（ただし、耐用年数1年以上で相当額以上のものに限る。）は、同号の工具、器具及び備品に属するものとする。

22-7　規則第22条第7号の土地には、工場及び事務所の敷地のほか、社宅敷地、運動場、農園等の経営付属用の土地が含まれるものとする。

22-9　規則第22条第9号の建設仮勘定に関しては、次の点に留意する。

1　設備の建設のために支出した手付金若しくは前渡金又は設備の建設のために取得した機械等で保管中のものは、建設仮勘定に属するものとする。

2　建設又はその他の目的に充てられる資材で、取得の際に建設に充てるものとその他の目的に充てるものとの区分が困難なものは、規則第15条第10号の貯蔵品に属するものとすることができる。

3　建設又はその他の目的に充てられる資材の購入のための前渡金で、その資材を建設に充てるものとその他の目的に充てるものとに区分することが困難である場合には、当該前渡金は規則第15条第11号の資産に属するものとすることができる。

4　建設仮勘定は、建設目的ごとに区分しないで一括して掲記するものとする。ただし、長期にわたる巨額の資産の建設については、建設目的物ごとに掲記できるものとする。

5　建設仮勘定に属するものは、規則第23条第2項の規定により、建設仮勘定の名称を用いないで、建設前渡金、その他の名称を付した科目をもって掲記することができるものとする。

22-10　山林及び植林（ただし、付属する土地を除く。）は、規則第22条第10号に掲げる資産に属するものとする。

（有形固定資産の区分表示）

第23条　有形固定資産に属する資産は、次に掲げる項目の区分に従い、当該資産を示す名称を付した科目をもつて掲記しなければならない。

一　建物（その付属設備を含む。以下同じ。）

二　構築物

三　機械及び装置（その付属設備を含む。以下同じ。）

四　船舶（水上運搬具を含む。以下同じ。）

五　車両及びその他の陸上運搬具

六　工具、器具及び備品

七　土地

八　リース資産（財務諸表提出会社がファイナンス・リース取引におけるリース物件の借主である資産であつて、当該リース物件が前各号及び第10号に掲げるものである場合に限る。）

九　建設仮勘定

十　その他

2　第17条第2項の規定は、前項の場合に準用する。

3　第1項の規定にかかわらず、同項第8号に掲げるリース資産に区分される資産については、同項各号（第8号及び第9号を除く。）に掲げる項目に含めることができる。

第24条　前条第1項第10号の資産のうち、その金

額が資産の総額の100分の5を超えるものについては、当該資産を示す名称を付した科目をもつて掲記しなければならない。

（減価償却累計額の表示）

第25条　第23条第1項各号に掲げる建物、構築物、機械及び装置、船舶、車両及びその他の陸上運搬具、工具、器具及び備品、リース資産又はその他の有形固定資産に対する減価償却累計額は、次条の規定による場合のほか、当該各資産科目に対する控除科目として、減価償却累計額の科目をもつて掲記しなければならない。ただし、これらの固定資産に対する控除科目として一括して掲記することを妨げない。

第26条　第23条第1項各号に掲げる建物、構築物、機械及び装置、船舶、車両及びその他の陸上運搬具、工具、器具及び備品、リース資産又はその他の有形固定資産に対する減価償却累計額は、当該各資産の金額から直接控除し、その控除残高を当該各資産の金額として表示することができる。この場合においては、当該減価償却累計額は、当該各資産の資産科目別に、又は一括して注記しなければならない。

2　前項に規定する事項は、財務諸表提出会社が連結財務諸表を作成している場合には、記載することを要しない。

（減損損失累計額の表示）

第26条の2　各有形固定資産に対する減損損失累計額は、次項及び第3項の規定による場合のほか、当該各資産の金額（前条の規定により有形固定資産に対する減価償却累計額を、当該資産の金額から直接控除しているときは、その控除後の金額）から直接控除し、その控除残高を当該各資産の金額として表示しなければならない。

> **26の2**　規則第26条の2の規定は、建設仮勘定について減損損失累計額がある場合にも適用があることに留意する。

2　減価償却を行う有形固定資産に対する減損損失累計額は、当該各資産科目に対する控除科目として、減損損失累計額の科目をもつて掲記す

ることができる。ただし、これらの固定資産に対する控除科目として一括して掲記することを妨げない。

3　第25条及び前項の規定により減価償却累計額及び減損損失累計額を控除科目として掲記する場合には、減損損失累計額を減価償却累計額に合算して、減価償却累計額の科目をもつて掲記することができる。

> **26の2-3**　規則第26条の2第3項の規定に従い、減損損失累計額を減価償却累計額に合算した場合には、減価償却累計額及び減損損失累計額の科目をもって掲記することができる。この場合においては、規則第26条の2第4項の注記を要しない。

4　前項の場合には、減価償却累計額に減損損失累計額が含まれている旨を注記しなければならない。

5　前項に規定する事項は、財務諸表提出会社が連結財務諸表を作成している場合には、記載することを要しない。

（無形固定資産の範囲）

第27条　次に掲げる資産は、無形固定資産に属するものとする。

一　のれん

二　特許権

三　借地権

四　地上権

五　商標権

六　実用新案権

七　意匠権

八　鉱業権

九　漁業権

十　入漁権

十一　ソフトウエア

十二　リース資産（財務諸表提出会社がファイナンス・リース取引におけるリース物件の借主である資産であつて、当該リース物件が第2号から前号まで、次号及び第14号に掲げるものである場合に限る。）

十三　公共施設等運営権

十四　その他の無形資産で流動資産又は投資たる資産に属しないもの

27-13　水利権、版権、著作権、映画会社の原画権等は、規則第27条第13号に掲げる資産に属するものとする。

27-14　水利権、版権、著作権、映画会社の原画権、公共施設等運営事業における更新投資に係る資産等は、規則第27条第14号に掲げる資産に属するものとする。

（無形固定資産の区分表示）

第28条　無形固定資産に属する資産は、次に掲げる項目の区分に従い、当該資産を示す名称を付した科目をもつて掲記しなければならない。

一　のれん

二　特許権

三　借地権（地上権を含む。）

四　商標権

五　実用新案権

六　意匠権

七　鉱業権

八　漁業権（入漁権を含む。）

九　ソフトウエア

十　リース資産（財務諸表提出会社がファイナンス・リース取引におけるリース物件の借主である資産であつて、当該リース物件が第2号から前号まで、次号及び第12号に掲げるものである場合に限る。）

十一　公共施設等運営権

十二　その他

2　第17条第2項の規定は、前項の場合に準用する。

3　第1項の規定にかかわらず、同項第10号に掲げるリース資産に区分される資産については、同項各号（第1号及び第10号を除く。）に掲げる項目に含めることができる。

第29条　前条第1項第12号の資産のうち、その金額が資産の総額の100分の5を超えるものについては、当該資産を示す名称を付した科目をもつて掲記しなければならない。

第30条　各無形固定資産に対する減価償却累計額及び減損損失累計額は、当該無形固定資産の金額から直接控除し、その控除残高を各無形固定資産の金額として表示しなければならない。

（投資その他の資産の範囲）

第31条　次に掲げる資産は、投資その他の資産に属するものとする。

一　関係会社株式（売買目的有価証券に該当する株式及び親会社株式を除く。以下同じ。）その他流動資産に属しない有価証券

二　出資金

三　長期貸付金

四　前払年金費用

五　繰延税金資産

六　前各号に掲げるもののほか、流動資産、有形固定資産、無形固定資産又は繰延資産に属するもの以外の長期資産

31-6　いわゆる敷金等のうち当該契約解除の際に返還されるもの及び差入保証金（代用有価証券を含む。）で一般の取引慣行において短期間に返却されないものは、規則第31条第6号の長期資産に属するものとする。

第31条の2　前払費用で、第16条に規定するもの以外のものは、投資その他の資産に属するものとする。

第31条の3　所有権移転ファイナンス・リース取引におけるリース債権及び所有権移転外ファイナンス・リース取引におけるリース投資資産のうち第16条の2に規定するもの以外のものは、投資その他の資産に属するものとする。

第31条の4　電子記録債権のうち第15条第2号の2及び第12号に掲げる資産に該当するもの以外のものは、投資その他の資産に属するものとする。

（投資その他の資産の区分表示）

第32条　投資その他の資産に属する資産は、次に掲げる項目の区分に従い、当該資産を示す名称を付した科目をもつて掲記しなければならない。

一　投資有価証券。ただし、関係会社株式、関係会社社債及びその他の関係会社有価証券

金商法

（関係会社有価証券のうち、関係会社株式及び関係会社社債以外のものをいう。以下この項において同じ。）を除く。

二　関係会社株式

三　関係会社社債

四　その他の関係会社有価証券

五　出資金。ただし、関係会社出資金を除く。

六　関係会社出資金

七　長期貸付金。ただし、株主、役員、従業員又は関係会社に対する長期貸付金を除く。

八　株主、役員又は従業員に対する長期貸付金

九　関係会社長期貸付金

十　破産更生債権等

十一　長期前払費用

十二　前払年金費用

十三　繰延税金資産

十四　その他

> 32-1-11　当初1年を超えた後に費用となるものとして支出された前払費用について、1年内に費用となるべき部分の金額がある場合において、その金額が僅少であるものについては、当該金額を流動資産として区分しないで、規則第32条第1項第11号の長期前払費用に含めて記載することができるものとする。

2　第17条第2項の規定は、前項の場合に準用する。

第32条の2　親会社株式のうち第18条に規定するもの以外のものは、投資その他の資産に親会社株式の科目をもつて別に掲記しなければならない。ただし、その金額が僅少である場合には、注記によることができる。

第32条の3　土地の再評価に関する法律（平成10年法律第34号。以下「土地再評価法」という。）第7条第1項に規定する再評価に係る繰延税金資産は、投資その他の資産に再評価に係る繰延税金資産の科目をもつて別に掲記しなければならない。

第33条　第32条第1項第14号の資産のうち、投資不動産（投資の目的で所有する土地、建物その他の不動産をいう。）、1年内に期限の到来しな

い預金又はその他の資産で、その金額が資産の総額の100分の5を超えるものについては、当該資産を示す名称を付した科目をもつて掲記しなければならない。

> 33　規則第33条の規定の適用に関しては、次の点に留意する。
> 　1　投資の目的をもつて所有する建物その他の資産に係る減価償却累計額及び減損損失累計額については、有形固定資産の例により、記載することができるものとする。
> 　2　規則第31条の4に規定するリース債権又はリース投資資産で、それぞれの合計額が資産の総額の100分の5を超えるものについては、リース債権又はリース投資資産の科目をもつて掲記するものとする。

（投資その他の資産に係る引当金の表示）

第34条　第20条の規定は、投資その他の資産に属する資産に係る引当金について準用する。

第35条　削除

第4目　繰延資産

（繰延資産の範囲）

第36条　創立費、開業費、株式交付費、社債発行費及び開発費は、繰延資産に属するものとする。

> 36　規則第36条に規定する繰延資産に関しては、次の点に留意する。
> 　1　創立費とは、会社の負担に帰すべき設立費用、例えば、定款及び諸規則作成のための費用、株式募集その他のための広告費、目論見書・株券等の印刷費、創立事務所の賃借料、設立事務に使用する使用人の手当給料等、金融機関の取扱手数料、金融商品取引業者の取扱手数料、創立総会に関する費用その他会社設立事務に関する必要な費用、発起人が受ける報酬で定款に記載して創立総会の承認を受けた金額並びに設立登記の登録税等をいう。
> 　2　開業費とは、土地、建物等の賃借料、広告宣伝費、通信交通費、事務用消耗品費、支払利子、使用人の給料、保険料、電気・ガス・水道料等で、会社成立後営業開始までに支出した開業準備のための費用をいう。
> 　3　株式交付費とは、株式募集のための広告費、金融機関の取扱手数料、金融商品取引業者の

取扱手数料、目論見書・株券等の印刷費、変更登記の登録免許税、その他株式の交付等のため直接支出した費用をいう。

4　社債発行費とは、社債募集のための広告費、金融機関の取扱手数料、金融商品取引業者の取扱手数料、目論見書・社債券等の印刷費、社債の登記の登録免許税その他社債発行のため直接支出した費用をいう。なお、資金調達などの財務活動に係るものとして、繰延資産に計上された新株予約権の発行等に係る費用についても、社債発行費に含まれることに留意する。

5　開発費とは、新技術又は新経営組織の採用、資源の開発、市場の開拓等のため支出した費用、生産能率の向上又は生産計画の変更等により、設備の大規模な配置替を行った場合等の費用をいう。ただし、経常費の性格をもつものは含まれないものとする。

（繰延資産の区分表示）

第37条　繰延資産に属する資産は、次に掲げる項目の区分に従い、当該資産を示す名称を付した科目をもつて掲記しなければならない。

一　創立費

二　開業費

三　株式交付費

四　社債発行費

五　開発費

2　第17条第2項の規定は、前項の場合に準用する。

第38条　各繰延資産に対する償却累計額は、当該繰延資産の金額から直接控除し、その控除残高を各繰延資産の金額として表示しなければならない。

第5目　雑　則

（関係会社に対する資産の注記）

第39条　関係会社との取引に基づいて発生した受取手形、売掛金及び契約資産の合計額が資産の総額の100分の5を超える場合には、当該受取手形、売掛金及び契約資産の金額をそれぞれ注記しなければならない。ただし、関係会社に対する受取手形又は売掛金及び契約資産の合計額のいずれかの金額が資産の総額の100分の5以下である場合には、これらの合計額のみを注記

することができる。

39-1　規則第39条第1項の関係会社との取引に基づいて発生した受取手形には、関係会社が裏書した手形を含むものとする。

2　関係会社との取引に基づいて発生した債権（受取手形、売掛金、契約資産及び第32条第1項の規定により区分掲記されるものを除く。）、未着品、積送品、前払費用又は未収収益で、その金額が資産の総額の100分の5を超えるものについては、その金額を注記しなければならない。

3　前2項に規定する関係会社に対する資産で、前2項の規定により注記したもの以外のものの金額の合計額が資産の総額の100分の5を超える場合には、その旨及びその金額を注記しなければならない。

第40条及び第41条　削除

（事業用土地の再評価に関する注記）

第42条　土地再評価法の規定により事業用土地の再評価を行つた場合には、その旨、同法第3条第3項に規定する再評価の方法、当該再評価を行つた年月日、当該事業用土地の再評価前及び再評価後の帳簿価額を注記しなければならない。

2　土地再評価法の規定により再評価されている事業用土地がある場合には、その旨、同法第3条第3項に規定する再評価の方法、当該再評価年月日及び同法第10条に規定する差額を注記しなければならない。

42-2　規則第42条第2項に規定する土地再評価法第10条に規定する差額を注記する場合であつて、規則第8条の30第1項に規定する賃貸等不動産のうち土地に係る再評価差額がある場合には、重要性が乏しい場合を除き、これらの関係が明確となるように記載する必要があることに留意する。

3　前2項に規定する事項は、財務諸表提出会社が連結財務諸表を作成している場合には、記載することを要しない。

（担保資産の注記）

第43条　資産が担保に供されているときは、その旨を注記しなければならない。

43　規則第43条の規定による注記は、当該資産の全部又は一部が、担保に供されている旨並びに当該担保資産が担保に供されている債務を示す科目の名称及びその金額（当該債務の一部に担保が付されている場合には、その部分の金額）を記載するものとする。なお、当該資産の一部が担保に供されている場合には、当該部分の金額を明らかにするものとする。

ただし、資産が財団抵当に供されている場合には、その旨、資産の種類、金額の合計、当該債務を示す科目の名称及び金額を注記するものとする。

第44条　削除

第3節　負　債

第1目　総　則

（負債の分類）

第45条　負債は、流動負債及び固定負債に分類して記載しなければならない。

第46条　削除

第2目　流動負債

（流動負債の範囲）

第47条　次に掲げる負債は、流動負債に属するものとする。

一　支払手形（通常の取引に基づいて発生した手形債務をいう。以下同じ。）

一の二　電子記録債権に係る債務（通常の取引に基づいて発生したものに限る。）

二　買掛金（通常の取引に基づいて発生した営業上の未払金をいう。以下同じ。）

二の二　契約負債（顧客との契約に基づいて財貨若しくは役務を交付又は提供する義務に対して、当該顧客から支払を受けた対価又は当該対価を受領する期限が到来しているものであつて、かつ、未だ顧客との契約から生じる収益を認識していないものをいう。以下同じ。）

三　前受金

四　引当金（資産に係る引当金を除く。以下この目及び第3目において同じ。）。ただし、1年内に使用されないと認められるものを除く。

五　通常の取引に関連して発生する未払金又は預り金で一般の取引慣行として発生後短期間に支払われるもの

六　その他の負債で1年内に支払又は返済されると認められるもの

47−1　規則第47条第1号の手形債務は、仕入先との間に発生した営業取引に関する手形債務をいう。

47−2　規則第47条第2号の買掛金は、仕入先との間の通常の取引に基づいて発生した営業上の未払金をいい、役務の受入による営業上の未払金を含むものとする。なお、買掛金には、通常の取引に基づいて発生した役務の提供による営業上の未払金、例えば、電気・ガス・水道料、外注加工賃等の未払額を含めることができる。

47−2の2　不動産業、倉庫業、映画業その他役務の給付を営業目的とするものの営業収益（例えば、不動産賃貸料、倉庫保管料、映画配給料等）の前受額（顧客との契約から生じたものに限る。）は、規則第47条第2号の2に規定する契約負債に属するものとする。

47−5　広告料、販売手数料等の未払額（ただし、未払費用に属するものを除く。）は、規則第47条第5号に規定する未払金に属するものとする。また、営業取引に関連する預り保証金で入札保証金その他一般の取引慣行において短期間に返済されるものは、同号に規定する預り金に属するものとする。

47−6　規則第47条第6号に規定するその他の負債に関しては、次の点に留意する。

1　設備の建設、固定資産又は有価証券の購入その他通常の取引以外の取引に基づいて発生した手形債務及び未払金は、その他の負債に属するものとする。

2　預り有価証券（保護預りとして受け入れた有価証券又は担保物件として受け入れて保管している有価証券のように、当該有価証券を直接営業の用に供しておらず、貸借対照表に計上することが適当でないと認められるものを除く。）及び借入有価証券は、その他の負債に属するものとする。

金
商
法

3　返済期限が1年後に到来する債務（規則第47条第1号から第5号までに掲げる負債に属するものを除く。）で分割返済の定めがあるものについては、1年内の分割返済予定額を正確に算定しうるものであっても1年内の返済予定額が負債及び純資産の合計額の100分の5以下である場合には、その全額を固定負債として記載することができる。

なお、分割返済の定めがあっても、個々の分割返済の金額及び期日の定めがないため、1年内の返済予定額を正確に算定できないものについては、その全額を固定負債として記載するものとする。ただし、適当な方法によって1年内に返済が見込まれる額を算定し、その金額を流動負債として記載することができる。

4　仮受金その他の未決算勘定は、貸借対照表日において当該受入額等の属すべき勘定又は金額の確定しないものに限り、その他の負債に属するものとして計上することができるものとする。

第48条　未払費用及び前受収益は、流動負債に属するものとする。

第48条の2　ファイナンス・リース取引におけるリース債務のうち、1年内に期限が到来するものは、流動負債に属するものとする。

第48条の3　資産除去債務のうち、1年内に履行されると認められるものは、流動負債に属するものとする。

（流動負債の区分表示）

第49条　流動負債に属する負債は、次に掲げる項目の区分に従い、当該負債を示す名称を付した科目をもって掲記しなければならない。ただし、未払配当金又は期限経過の未償還社債で、その金額が負債及び純資産の合計額の100分の5を超えるものについては、当該負債を示す名称を付した科目をもって別に掲記しなければならない。

一　支払手形

二　買掛金

三　短期借入金（金融手形及び当座借越を含む。以下同じ。）。ただし、株主、役員又は従業員からの短期借入金を除く。

四　リース債務

五　未払金

六　未払費用

七　未払法人税等

七の二　契約負債

八　前受金

九　預り金。ただし、株主、役員又は従業員からの預り金を除く。

十　前受収益

十一　引当金

十二　資産除去債務

十三　公共施設等運営権に係る負債

十四　その他

49−1−1　47−6に掲げる通常の取引以外の取引に基づいて発生した手形上の債務の金額が負債及び純資産の合計額の100分の5以下である場合には、当該手形債務については、規則第49条第1項第1号に規定する支払手形の科目に含めて記載することができる。

49−1−3　規則第49条第1項第3号に規定する短期借入金に含まれる金融手形は、手形借入金をいう。

49−1−5　規則第49条第1項第5号の未払金の項目を示す科目には、規則第47条第5号の未払金及び同条第6号のその他の負債に含まれる未払金について記載するものとする。

49−1−9　規則第49条第1項第9号の預り金の項目を示す科目には、規則第47条第5号の預り金及び同条第6号のその他の負債に含まれる預り金並びに当該会社が源泉徴収した役員又は従業員の所得税等について記載するものとする。

なお、規則第49条第1項第9号ただし書の規定により除くこととされている株主、役員又は従業員からの預り金には、役員又は従業員の社内預金等が含まれる。

2　前項の規定は、同項各号の項目に属する負債で、別に表示することが適当であると認められるものについて、当該負債を示す名称を付した科目をもって、別に掲記することを妨げない。

3　第1項第7号の未払法人税等とは、法人税、住民税（都道府県民税及び市町村民税をいう。以下同じ。）及び事業税の未払額をいう。

金商法

4　第1項第11号の引当金は、修繕引当金その他当該引当金の設定目的を示す名称を付した科目をもつて掲記しなければならない。

5　第1項の規定にかかわらず、同項第7号の2に掲げる項目に属する負債については、他の項目に属する負債と一括して表示することができる。この場合においては、同号に掲げる項目に属する負債の科目及びその金額を注記しなければならない。ただし、財務諸表提出会社が連結財務諸表を作成しているときは、当該注記を省略することができる。

第50条　前条第1項第14号に掲げる項目に属する負債のうち、株主、役員若しくは従業員からの短期借入金等の短期債務又はその他の負債で、その金額が負債及び純資産の合計額の100分の5を超えるものについては、当該負債を示す名称を付した科目をもつて掲記しなければならない。

50　規則第50条の規定による区分掲記に関しては、次の点に留意する。

1　株主、役員若しくは従業員からの短期借入金等の短期債務を区分掲記しなければならない場合とは、株主、役員若しくは従業員からの短期借入金等の短期債務の合計額が負債及び純資産の合計額の100分の5を超える場合をいう。

2　通常の取引以外の取引に基づいて発生した手形債務について区分掲記する場合（規則第53条の規定により区分掲記する場合を含む。）には、固定資産、有価証券等の物品の購入により発生した手形債務、営業保証金の代用として振り出した手形債務等の区別を示す名称を付した科目をもって掲記するものとする。

3　仮受金その他の未決算勘定でその金額が負債及び純資産の合計額の100分の5を超えるものについては、当該未決算勘定の内容を示す名称を付した科目をもって掲記するものとする。

4　デリバティブ取引により生じる正味の債務でその合計額が負債及び純資産の合計額の100分の5を超えるものについては、当該デリバティブ取引により生じる正味の債務の内容を示す名称を付した科目をもって掲記するものとする。

第3目　固定負債

（固定負債の範囲）

第51条　社債、長期借入金、関係会社からの長期借入金、繰延税金負債、引当金（第47条第4号に掲げる引当金を除く。）及びその他の負債で流動負債に属しないものは、固定負債に属するものとする。

51　規則第47条第1号から第5号までに掲げる負債以外の負債で、敷金その他契約に返済期日の定めがなく短期間に返却されないことが明らかなものは、固定負債に属するものとする。

第51条の2　ファイナンス・リース取引におけるリース債務のうち、第48条の2に規定するもの以外のものは、固定負債に属するものとする。

第51条の3　資産除去債務のうち、第48条の3に規定するもの以外のものは、固定負債に属するものとする。

第51条の4　電子記録債権に係る債務のうち第47条第1号の2及び第6号に掲げる負債に該当するもの以外のものは、固定負債に属するものとする。

（固定負債の区分表示）

第52条　固定負債に属する負債は、次に掲げる項目の区分に従い、当該負債を示す名称を付した科目をもつて掲記しなければならない。

一　社債

二　長期借入金（金融手形を含む。以下同じ。）。ただし、株主、役員、従業員又は関係会社からの長期借入金を除く。

三　関係会社長期借入金

四　リース債務

五　繰延税金負債

六　引当金

七　資産除去債務

八　公共施設等運営権に係る負債

九　その他

52-1-2　規則第52条第1項第2号に規定する長期借入金に含まれる金融手形は、手形借入金をいう。

52-1-6　規則第52条第1項第6号の引当金に

金商法

ついては、1年内にその一部の金額の使用が見込まれるものであっても、1年内の使用額を正確に算定できないものについては、その全額を固定負債として記載するものとする。ただし、その全部又は大部分が1年内に使用されることが確実に見込まれる場合には、その全部について又は1年内の使用額を適当な方法によって算定し、その金額を流動負債として記載するものとする。

2　第49条第2項の規定は、前項の場合に準用する。

3　第1項第6号の引当金は、退職給付引当金その他当該引当金の設定目的を示す名称を付した科目をもつて掲記しなければならない。

第52条の2　土地再評価法第7条第1項に規定する再評価に係る繰延税金負債は、固定負債に再評価に係る繰延税金負債の科目をもつて別に掲記しなければならない。

第53条　第52条第1項第9号に掲げる項目に属する負債のうち、株主、役員若しくは従業員からの長期借入金又はその他の負債で、その金額が負債及び純資産の合計額の100分の5を超えるものについては、当該負債を示す名称を付した科目をもつて掲記しなければならない。

53　規則第53条に規定する株主、役員若しくは従業員からの長期借入金を区分掲記しなければならない場合とは、株主、役員若しくは従業員からの長期借入金の合計額が負債及び純資産の合計額の100分の5を超える場合であることに留意する。

第4目　雑　則
（繰延税金資産及び繰延税金負債の表示）

第54条　第32条第1項第13号に掲げる繰延税金資産と第52条第1項第5号に掲げる繰延税金負債とがある場合には、その差額を繰延税金資産又は繰延税金負債として投資その他の資産又は固定負債に表示しなければならない。

第54条の2　削除
（特別法上の準備金等）

第54条の3　法令の規定により準備金又は引当金

の名称をもつて計上しなければならない準備金又は引当金で、資産の部又は負債の部に計上することが適当でないもの（以下「準備金等」という。）は、第13条及び第45条の規定にかかわらず、固定負債の次に別の区分を設けて記載しなければならない。

54の3-1　規則第54条の3第1項に規定する準備金等の表示方法は、おおむね次によるものとする。
　　固定負債
　　――――――――――　×××
　　　固定負債合計　　　×××
　　特別法上の準備金（又は引当金）
　　――――――――――　×××
　　　特別法上の準備金（又は引当金）合計　×××
　　負債合計　　　　　　×××

2　準備金等については、当該準備金等の設定目的を示す名称を付した科目をもつて掲記し、その計上を規定した法令の条項を注記しなければならない。

3　準備金等については、1年内に使用されると認められるものであるかどうかの区別を注記しなければならない。ただし、その区別をすることが困難なものについては、この限りでない。
（棚卸資産及び工事損失引当金の表示）

第54条の4　同一の工事契約に係る棚卸資産及び工事損失引当金がある場合には、両者を相殺した差額を棚卸資産又は工事損失引当金として流動資産又は流動負債に表示することができる。

54の4　規則第54条の4及び第76条の2に掲げる工事損失引当金は、「収益認識に関する会計基準の適用指針」に規定する工事損失引当金をいうものとする。

2　同一の工事契約に係る棚卸資産及び工事損失引当金がある場合には、次の各号に掲げる場合の区分に応じ、当該各号に定める事項を注記し

なければならない。ただし、重要性の乏しいものについては、注記を省略することができる。

一　同一の工事契約に係る棚卸資産及び工事損失引当金を相殺しないで表示している場合　その旨及び当該工事損失引当金に対応する当該棚卸資産の金額

二　前項の規定により同一の工事契約に係る棚卸資産及び工事損失引当金を相殺した差額を表示している場合　その旨及び相殺表示した棚卸資産の金額

3　第17条第2項の規定は、前項第2号に規定する棚卸資産について準用する。

4　第2項に規定する事項は、財務諸表提出会社が連結財務諸表を作成している場合には、記載することを要しない。

（関係会社に対する負債の注記）

第55条　関係会社との取引に基づいて発生した支払手形及び買掛金の合計額が負債及び純資産の合計額の100分の5を超える場合には、当該支払手形及び買掛金の金額をそれぞれ注記しなければならない。ただし、関係会社に対する支払手形又は買掛金のいずれかの金額が負債及び純資産の合計額の100分の5以下である場合には、これらの合計額のみを注記することができる。

2　関係会社との取引に基づいて発生した債務（支払手形、買掛金及び第52条第1項の規定により区分掲記されるものを除く。）、未払費用又は前受収益で、その金額が負債及び純資産の合計額の100分の5を超えるものについては、その金額を注記しなければならない。

3　前2項に規定する関係会社に対する負債で、前2項の規定により注記したもの以外のものの金額の合計額が負債及び純資産の合計額の100分の5を超える場合には、その旨及びその金額を注記しなければならない。

（企業結合に係る特定勘定の注記）

第56条　取得と判定された企業結合において、企業結合に係る特定勘定（取得後に発生することが予測される費用又は損失であつて、その発生の可能性が取得の対価の算定に反映されているものをいう。第95条の3の3において同じ。）

が負債に計上されている場合には、その主な内容及び金額を注記しなければならない。

> **56**　規則第56条に規定する企業結合に係る特定勘定には、例えば人員の配置転換や再教育費用、割増（一時）退職金、訴訟案件等に係る偶発債務、工場用地の公害対策や環境整備費用、資産の処分に係る費用など特定の事象に対応した費用又は損失が含まれることに留意する。

2　前項に規定する事項は、連結財務諸表において同一の内容が記載される場合には、記載することを要しない。この場合には、その旨を記載しなければならない。

第57条　削除

（偶発債務の注記）

第58条　偶発債務（債務の保証（債務の保証と同様の効果を有するものを含む。）、係争事件に係る賠償義務その他現実に発生していない債務で、将来において事業の負担となる可能性のあるものをいう。）がある場合には、その内容及び金額を注記しなければならない。ただし、重要性の乏しいものについては、注記を省略することができる。

> **58**　規則第58条の規定による注記に際しては、次の点に留意する。
>
> 1　当該偶発債務の内容（債務の保証（債務の保証と同様の効果を有するものを含む。）については、その種類及び保証先等、係争事件に係る賠償義務については、当該事件の概要及び相手方等）を示し、その金額を記載するものとする。
>
> 2　受取手形及びその他の手形の割引高又は裏書譲渡高は、割引に付し又は裏書譲渡した当該手形の額面金額を記載するものとする。
>
> 3　譲渡記録により電子記録債権を譲渡する際（金融資産の消滅を認識する場合に限る。）に、保証記録も行っている場合には2に準じて注記するものとする。

第4節　純資産

第1目　総則

（純資産の分類）

第59条　純資産は、株主資本、評価・換算差額等、株式引受権及び新株予約権に分類して記載しなければならない。

59　持分会社（合名会社、合資会社又は合同会社をいう。以下同じ。）、組合及び信託の貸借対照表を作成する場合には、その純資産の記載については、規則第59条から第68条までの規定に準じて、適当な項目に分類して記載することができる。

第2目　株主資本

（株主資本の分類）

第60条　株主資本は、資本金、資本剰余金及び利益剰余金に分類して記載しなければならない。

（資本金の表示）

第61条　資本金は、資本金の科目をもって掲記しなければならない。

（新株式申込証拠金の表示）

第62条　申込期日経過後における新株式申込証拠金は、第60条の規定にかかわらず、資本金の次に別に区分を設け、新株式申込証拠金の科目をもって掲記しなければならない。

62−1　規則第62条第1項に規定する新株式申込証拠金の表示方法は、おおむね次によるものとする。

資本金	×××
新株式申込証拠金	×××
資本剰余金	×××

2　前項の場合には、当該株式の発行数、資本金増加の日及び当該金額のうち資本準備金に繰り入れられることが予定されている金額を注記しなければならない。

（資本剰余金の区分表示）

第63条　資本剰余金に属する剰余金は、次に掲げる項目の区分に従い、当該剰余金の名称を付し

た科目をもって掲記しなければならない。

一　資本準備金

二　その他資本剰余金（資本準備金及び法律で定める準備金で資本準備金に準ずるもの以外の資本剰余金をいう。）

2　法律で定める準備金で資本準備金に準ずるものは、資本準備金の次に別の科目を設け、当該準備金の名称を付した科目をもって掲記しなければならない。

第64条　削除

（利益剰余金の区分表示）

第65条　利益剰余金に属する剰余金は、次に掲げる項目の区分に従い、当該剰余金を示す名称を付した科目をもって掲記しなければならない。

一　利益準備金

二　その他利益剰余金

2　法律で定める準備金で利益準備金に準ずるものは、利益準備金の次に別の科目を設け、当該準備金の名称を付した科目をもって掲記しなければならない。

3　その他利益剰余金は、株主総会又は取締役会の決議に基づく設定目的を示す科目又は繰越利益剰余金の科目をもって掲記しなければならない。

（自己株式の表示）

第66条　自己株式は、株主資本に対する控除項目として利益剰余金の次に自己株式の科目をもって掲記しなければならない。

（自己株式申込証拠金の表示）

第66条の2　自己株式の処分に係る申込期日経過後における申込証拠金は、第60条の規定にかかわらず、自己株式の次に自己株式申込証拠金の科目をもって掲記しなければならない。

第3目　評価・換算差額等

（評価・換算差額等の分類及び区分表示）

第67条　評価・換算差額等は、次に掲げる項目の区分に従い、当該項目を示す名称を付した科目をもって掲記しなければならない。

一　その他有価証券評価差額金（純資産の部に計上されるその他有価証券の評価差額をいう。）

二　繰延ヘッジ損益（ヘッジ対象に係る損益が認識されるまで繰り延べられるヘッジ手段に

係る損益又は時価評価差額をいう。)

三　土地再評価差額金（土地再評価法第7条第
　2項に規定する再評価差額金をいう。)

2　前項に掲げる項目のほか、評価・換算差額等
　の項目として計上することが適当であると認め
　られるものは、当該項目を示す名称を付した科
　目をもつて掲記することができる。

第3目の2　株式引受権

（株式引受権の表示）

第67条の2　株式引受権は、株式引受権の科目を
　もつて掲記しなければならない。

第4目　新株予約権

（新株予約権の表示）

第68条　新株予約権は、新株予約権の科目をもつ
　て掲記しなければならない。

2　自己新株予約権は、新株予約権から控除しな
　ければならない。ただし、新株予約権に対する
　控除項目として新株予約権の次に自己新株予約
　権の科目をもつて掲記することを妨げない。

第5目　雑　則

第68条の2　削除

（指定法人の純資産の記載）

第68条の3　指定法人が貸借対照表を作成する場
　合において、その純資産についてこの規則によ
　り記載することが適当でないと認められるとき
　は、当該指定法人は、その財務諸表について適
　用される法令又は準則の定めるところに準じて
　記載することができる。この場合において、準
　拠した法令又は準則を注記しなければならない。

（1株当たり純資産額の注記）

第68条の4　1株当たり純資産額は、注記しなけ
　ればならない。

> 68の4　規則第68条の4の規定による記載につい
> 　ては、次の点に留意する。
> 　1　1株当たり純資産額とは、「1株当たり当
> 　　期純利益に関する会計基準の適用指針」に定
> 　　める1株当たり純資産額をいうものとする。
> 　2　1株当たり純資産額の算定上の基礎として、
> 　　次に掲げる事項を注記することを妨げない。
> 　　(1)　貸借対照表の純資産の部の合計額と1株
> 　　　当たり純資産額の算定に用いられた普通株

> 　　　式に係る事業年度末の純資産額との差額の
> 　　　主な内訳
> 　　(2)　1株当たり純資産額の算定に用いられた
> 　　　事業年度末の普通株式の数の種類別の内訳
> 　3　持分会社、組合及び信託の貸借対照表を作
> 　　成する場合には、1単位当たり純資産額を注
> 　　記するものとする。

2　当事業年度又は貸借対照表日後において株式
　併合又は株式分割が行われた場合には、前項に
　規定する事項のほか、次に掲げる事項を注記し
　なければならない。

一　株式併合又は株式分割が行われた旨

二　前事業年度の期首に株式併合又は株式分割
　　が行われたと仮定して1株当たり純資産額が
　　算定されている旨

3　前2項に規定する事項は、財務諸表提出会社
　が連結財務諸表を作成している場合には、記載
　することを要しない。

第3章　損益計算書

> 第3章　損益計算書

第1節　総　則

（損益計算書の記載方法）

第69条　損益計算書の記載方法は、本章の規定の
　定めるところによる。

2　損益計算書は、様式第六号により記載するも
　のとする。

（収益及び費用の分類）

第70条　収益又は費用は、次に掲げる項目を示す
　名称を付した科目に分類して記載しなければな
　らない。

一　売上高

二　売上原価（役務原価を含む。以下同じ。)

三　販売費及び一般管理費

四　営業外収益

五　営業外費用

六　特別利益

七　特別損失

（兼業会社の売上高等の記載方法）

第71条　2以上の種類の事業を営む場合における売上高及び売上原価に関する記載は、事業の種類ごとに区分してすることができる。

第2節　売上高及び売上原価

（売上高の表示方法）

第72条　売上高は、売上高を示す名称を付した科目をもつて掲記しなければならない。

> 72-1　規則第72条第1項に規定する売上高については、各企業の実態に応じ、売上高、売上収益、営業収益等適切な名称を付すことに留意する。

2　前項の売上高の記載については、顧客との契約から生じる収益及びそれ以外の収益に区分して記載するものとする。この場合において、当該記載は、顧客との契約から生じる収益の金額の注記をもつて代えることができる。ただし、財務諸表提出会社が連結財務諸表を作成しているときは、当該記載及び当該注記を省略することができる。

> 72-2　規則第72条第2項の規定に従い記載する売上高については、顧客との契約に重要な金融要素が含まれる場合には、顧客との契約から生じる収益と金融要素の影響（受取利息又は支払利息）を損益計算書において区分して表示することに留意する。

（棚卸資産の評価差額の表示方法）

第72条の2　市場価格の変動により利益を得る目的をもつて所有する棚卸資産の評価差額は、売上高を示す名称を付した科目に含めて記載しなければならない。ただし、当該金額の重要性が乏しい場合には、営業外収益又は営業外費用に含めて記載することができる。

第73条　削除

（関係会社に対する売上高の注記）

第74条　関係会社に対する売上高が売上高の総額の100分の20を超える場合には、その金額を注記しなければならない。

> 74　規則第74条の関係会社に対する売上高には、前事業年度末において関係会社に該当しない会社が関係会社に該当することとなった場合における当該会社に対する売上高のすべてを含めることができるものとする。

（売上原価の表示方法）

第75条　売上原価に属する項目は、第1号及び第2号の項目を示す名称を付した科目並びにこれらの科目に対する控除科目としての第3号の項目を示す名称を付した科目をもつて掲記しなければならない。

一　商品又は製品（半製品、副産物、作業くず等を含む。以下同じ。）の期首棚卸高

二　当期商品仕入高又は当期製品製造原価

三　商品又は製品の期末棚卸高

2　前項第2号の当期製品製造原価については、その内訳を記載した明細書を損益計算書に添付しなければならない。ただし、連結財務諸表において、連結財務諸表規則第15条の2第1項に規定するセグメント情報を注記している場合は、この限りでない。

> 75-2　規則第75条第2項に規定する当期製品製造原価に関する明細書又は第77条に規定する売上原価に関する明細書の記載は、おおむね次によるものとする。
> 1　当期製品製造原価については、当期の総製造原価を材料費、労務費、間接費（又は経費）に区分して期首仕掛品原価に加え、これから期末仕掛品原価を控除する等の方式により表示し、売上原価については、当該売上品の製造原価を材料費、労務費、間接費（又は経費）に区分する等の方式により表示するものとする。
> 　原価差額を仕掛品、製品等に賦課している場合には、総製造原価又は売上原価の内訳項目として当該原価差額を示す科目を付加する等の方式により表示するものとする。
> 2　1の間接費（又は経費）のうち外注加工費等金額の大きいものについては、注記又は間接費（又は経費）の項目に内書きするものと

金商法

する。

第76条　前条第1項の商品又は製品について販売、生産又は仕入以外の理由による増減高がある場合、その他売上原価の項目として付加すべきものがある場合には、同項各号の項目を示す科目のほか、当該項目の内容を示す科目をもつて別に掲記しなければならない。

> **76**　規則第76条の規定により売上原価の項目として付加すべきものがある場合とは、商品又は製品について合併、営業譲渡、災害、贈与、自家消費等による増減高がある場合又は製造費以外の費用で売上原価に賦課したものがある場合等をいう。

（工事損失引当金繰入額の注記）

第76条の2　売上原価に含まれている工事損失引当金繰入額については、その金額を注記しなければならない。

2　前項に規定する事項は、財務諸表提出会社が連結財務諸表を作成している場合には、記載することを要しない。

（売上原価明細書の添付）

第77条　第75条第1項の規定は、売上原価を同項各号の項目に区分して記載することが困難であると認められる場合又は不適当と認められる場合には、適用しない。この場合においては、売上原価の内訳を記載した明細書を損益計算書に添付しなければならない。

（特定事業会社の原価明細書）

第78条　第2条の規定の適用を受ける事業に関して定められた法令又は準則において、第75条第2項又は前条に規定する明細書と同一内容の書類が附属明細表として規定されている場合には、当該事業を営む株式会社及び指定法人が法の規定により提出する財務諸表については、当該明細表を損益計算書に添付し、附属明細表としての記載を省略するものとする。

2　第2条に規定する法令又は準則において定められている附属明細表のうち次に掲げるものは、前項に規定する明細書と同一の内容の書類に該

当するものとする。

一　鉄道事業会計規則（昭和62年運輸省令第7号）に定める鉄道事業営業費明細表

二　自動車道事業会計規則（昭和39年運輸省・建設省令第3号）に定める自動車道事業営業費明細表

三　電気通信事業会計規則（昭和60年郵政省令第26号）に定める電気通信事業営業費用明細表（部門別再掲）

四　電気事業会計規則（昭和40年通商産業省令第57号）に定める電気事業営業費用明細表

五　ガス事業会計規則（昭和29年通商産業省令第15号）に定める営業費明細表

六　高速道路事業等会計規則（平成17年国土交通省令第65号）に定める高速道路事業営業費用、営業外費用及び特別損失等明細表

七　社会医療法人債を発行する社会医療法人の財務諸表の用語、様式及び作成方法に関する規則（平成19年厚生労働省令第38号）に定める事業費用明細表

八　有価証券発行学校法人の財務諸表の用語、様式及び作成方法に関する規則（平成19年文部科学省令第36号）に定める事業費用明細表

3　前項第1号から第3号までに掲げる附属明細表については、適当と認められる費目に要約して記載することができる。

> **78-3**　民営鉄道業及び第一種電気通信業を営む株式会社が作成する鉄道事業営業費明細表及び電気通信事業営業費用明細表（部門別再掲）の要約の方法については、原則として別紙様式によるものとし、道路運送固定施設業を営む株式会社が作成する自動車道事業営業費明細表については、鉄道事業営業費明細表の要約の方法に準じて取り扱うものとする。

（商品仕入高の表示方法）

第79条　第75条第1項第2号の当期商品仕入高は、当期商品仕入高の名称を付した科目をもつて掲記しなければならない。ただし、商品の総仕入高（仕入運賃及び直接購入諸掛を含む。）を示す名称を付した科目及びその控除科目としての

仕入値引、戻し高等の項目を示す名称を付した科目をもって掲記することを妨げない。

> 79　規則第79条の仕入値引とは、仕入品の量目不足、品質不良、破損等の理由により代価から控除される額をいい、代金支払期日前の支払に対する買掛金の一部免除等の仕入割引と区別するものとする。なお、一定期間に多額又は多量の取引をした得意先に対する仕入代金の返戻額等の仕入割戻は、仕入値引に準じて取扱うものとする。

(棚卸資産の帳簿価額の切下げに関する記載)

第80条　通常の販売の目的をもって所有する棚卸資産について、収益性の低下により帳簿価額を切り下げた場合には、当該切下額（前事業年度末に計上した切下額を当事業年度に戻し入れる場合には、当該戻入額と当事業年度末に計上した当該切下額を相殺した後の金額）は、売上原価その他の項目の内訳項目として、その内容を示す名称を付した科目をもって区分掲記しなければならない。ただし、当該棚卸資産の期末棚卸高を帳簿価額の切下げ後の金額によって計上し、その旨及び当該切下額を注記することを妨げない。

2　前項の規定にかかわらず、当該切下額に重要性が乏しい場合には、区分掲記又は注記を省略することができる。

3　第1項の規定にかかわらず、財務諸表提出会社が連結財務諸表を作成している場合には、区分掲記又は注記を要しない。

第81条　削除

第82条　削除

(売上総損益金額の表示)

第83条　売上高から売上原価を控除した額（売上原価が売上高をこえる場合は、売上原価から売上高を控除した額）は、売上総利益金額又は売上総損失金額として表示しなければならない。

第3節　販売費及び一般管理費

(販売費及び一般管理費の範囲)

第84条　会社の販売及び一般管理業務に関して発生したすべての費用は、販売費及び一般管理費に属するものとする。

> 84　規則第84条に規定する販売費及び一般管理費に属する費用とは、会社の販売及び一般管理業務に関して発生した費用例えば販売手数料、荷造費、運搬費、広告宣伝費、見本費、保管費、納入試験費、販売及び一般管理業務に従事する役員、従業員の給料、賃金、手当、賞与、福利厚生費並びに販売及び一般管理部門関係の交際費、旅費、交通費、通信費、光熱費及び消耗品費、租税公課、減価償却費、修繕費、保険料、不動産賃借料及びのれんの償却額をいう。

(販売費及び一般管理費の表示方法)

第85条　販売費及び一般管理費は、適当と認められる費目に分類し、当該費用を示す名称を付した科目をもって掲記しなければならない。ただし、販売費の科目若しくは一般管理費の科目又は販売費及び一般管理費の科目に一括して掲記し、その主要な費目及びその金額を注記することを妨げない。

> 85-1　規則第85条第1項ただし書の規定により、販売費及び一般管理費の科目に一括して掲記した場合には、販売費に属する費用と一般管理費に属する費用のおおよその割合を併せて注記するものとする。

2　前項ただし書に規定する主要な費目とは、減価償却費及び引当金繰入額（これらの費目のうちその金額が少額であるものを除く。）並びにこれら以外の費目でその金額が販売費及び一般管理費の合計額の100分の10を超える費目をいう。

(研究開発費の注記)

第86条　一般管理費及び当期製造費用に含まれている研究開発費については、その総額を注記しなければならない。

2　前項に規定する事項は、財務諸表提出会社が連結財務諸表を作成している場合には、記載することを要しない。

（貸倒償却の表示方法）

第87条　通常の取引に基づいて発生した債権に対する貸倒引当金繰入額又は貸倒損失は、異常なものを除き販売費として、当該費用を示す名称を付した科目をもつて別に掲記しなければならない。

> 87　規則第87条に規定する通常の取引に基づいて発生した債権に対する貸倒引当金繰入額又は貸倒損失には、売上債権又は前渡金に対するもののほか、当該会社の営業の必要に基づいて経常的に発生する得意先又は仕入先に対する貸付金、立替金等の債権に対するものを含むものとする。
>
> なお、通常の取引以外の取引に基づいて発生した債権に対する貸倒引当金繰入額又は貸倒損失の金額が僅少な場合には、規則第87条に規定する貸倒引当金繰入額又は貸倒損失に含めて記載することができる。

（関係会社に係る営業費用の注記）

第88条　関係会社との取引により発生した商品若しくは原材料の仕入高、委託加工費、不動産賃借料又は経費分担額（関係会社において発生した事業年度中の経費の一定割合を財務諸表提出会社において負担する契約に基づくものをいう。）で、その金額が売上原価と販売費及び一般管理費の合計額の100分の20を超えるものについては、その金額を注記しなければならない。

2　前項に規定する関係会社との取引により発生した費用で、前項の規定により注記したもの以外のものの金額の合計額が売上原価と販売費及び一般管理費の合計額の100分の20を超える場合には、その旨及びその金額を注記しなければならない。

（営業損益金額の表示）

第89条　売上総利益金額から販売費及び一般管理費の合計額を控除した額（販売費及び一般管理費の合計額が売上総利益金額をこえる場合は、販売費及び一般管理費の合計額から売上総利益金額を控除した額）を営業利益金額若しくは営業損失金額として表示し、又は売上総損失金額に販売費及び一般管理費の合計額を加えた額を営業損失金額として表示しなければならない。

第4節　営業外収益及び営業外費用

（営業外収益の表示方法）

第90条　営業外収益に属する収益は、受取利息（有価証券利息を除く。）、有価証券利息、受取配当金、有価証券売却益、仕入割引その他の項目の区分に従い、当該収益を示す名称を付した科目をもつて掲記しなければならない。ただし、各収益のうちその金額が営業外収益の総額の100分の10以下のもので一括して表示することが適当であると認められるものについては、当該収益を一括して示す名称を付した科目をもつて掲記することができる。

> 90　規則第90条に規定する営業外収益に属する収益とは、受取利息、有価証券利息、受取配当金、仕入割引その他の金融上の収益、有価証券売却益、有価証券評価益及び投資不動産賃貸料等をいう。ただし、規則第95条の2に規定する特別利益に記載することが適当であると認められるものを除く。
>
> 90-2　売買目的有価証券の評価損益は、規則第90条に規定する有価証券売却益及び規則第93条に規定する有価証券売却損に含めて掲記することができる。

（関係会社に係る営業外収益の注記）

第91条　営業外収益に属する関係会社との取引により発生した収益で、その金額が営業外収益の総額の100分の10を超えるものについては、その金額を注記しなければならない。

2　前項の規定により注記したもの以外の関係会社に係る収益の合計額が営業外収益の総額の100分の10を超える場合には、その旨及びその金額を注記しなければならない。

第92条　削除

（営業外費用の表示方法）

第93条　営業外費用に属する費用は、支払利息、社債利息、社債発行費償却、創立費償却、開業費償却、貸倒引当金繰入額又は貸倒損失（第87条の規定により販売費として記載されるものを

除く。）、有価証券売却損その他の項目の区分に従い、当該費用を示す名称を付した科目をもつて掲記しなければならない。ただし、各費用のうちその金額が営業外費用の総額の100分の10以下のもので一括して表示することが適当であると認められるものについては、当該費用を一括して示す名称を付した科目をもつて掲記することができる。

> 93　規則第93条に規定する営業外費用に属する費用とは、支払利息、社債利息その他の金融上の費用、社債発行費償却、創立費償却、開業費償却、有価証券売却損、有価証券評価損、原材料評価損等をいう。ただし、規則第95条の3に規定する特別損失に属する損失とすることが適当であると認められるものを除く。

（関係会社に係る営業外費用の注記）

第94条　営業外費用に属する関係会社との取引により発生した費用で、その金額が営業外費用の総額の100分の10を超えるものについては、その金額を注記しなければならない。

2　前項の規定により注記したもの以外の関係会社に係る費用の合計額が営業外費用の総額の100分の10を超える場合には、その旨及びその金額を注記しなければならない。

（経常損益金額の表示）

第95条　営業利益金額又は営業損失金額に、営業外収益の金額を加算し、次に営業外費用の金額を加減した額を、経常利益金額又は経常損失金額として表示しなければならない。

第5節　特別利益及び特別損失

（特別利益の表示方法）

第95条の2　特別利益に属する利益は、固定資産売却益、負ののれん発生益その他の項目の区分に従い、当該利益を示す名称を付した科目をもつて掲記しなければならない。ただし、各利益のうち、その金額が特別利益の総額の100分の10以下のもので一括して表示することが適当であると認められるものについては、当該利益を一括して示す名称を付した科目をもつて掲記す

ることができる。

> 95の2　規則第95条の2及び規則第95条の3の規定に関しては、次の点に留意する。
> 1　その他の項目を示す科目には、設備の廃棄による損益（当該会社において経常的に発生するものを除く。）、転売以外の目的で取得した有価証券その他の資産の売却又は処分による損益、企業結合に係る特定勘定の取崩益、企業結合における交換損益、事業分離における移転損益、支出の効果が期待されなくなったことによる繰延資産の一時的償却額、通常の取引以外の原因に基づいて発生した臨時的損失等を記載するものとする。
> 2　固定資産売却損益の記載については当該固定資産の種類又は内容を、その他の項目の記載については当該項目の発生原因又は性格を示す名称を付した科目によって掲記するものとする。ただし、当該事項を科目によって表示することが困難な場合には、注記することができるものとする。
> 3　関係会社との取引に基づいて発生したものがある場合には、その項目の金額が重要なものについては、注記において、関係会社に係るものであることを明示するものとする。

（特別損失の表示方法）

第95条の3　特別損失に属する損失は、固定資産売却損、減損損失、災害による損失その他の項目の区分に従い、当該損失を示す名称を付した科目をもつて掲記しなければならない。ただし、各損失のうち、その金額が特別損失の総額の100分の10以下のもので一括して表示することが適当であると認められるものについては、当該損失を一括して示す名称を付した科目をもつて掲記することができる。

（減損損失に関する注記）

第95条の3の2　減損損失を認識した資産又は資産グループ（複数の資産が一体となつてキャッシュ・フローを生み出す場合における当該資産の集まりをいう。以下同じ。）がある場合には、当該資産又は資産グループごとに、次の各号に掲げる事項を注記しなければならない。ただし、重要性が乏しい場合には、注記を省略すること

金商法

ができる。

一　当該資産又は資産グループについて、次に掲げる事項の概要

イ　用途

ロ　種類

ハ　場所

ニ　その他当該資産又は資産グループの内容を理解するために必要と認められる事項がある場合には、その内容

二　減損損失を認識するに至つた経緯

三　減損損失の金額及び主な固定資産の種類ごとの当該金額の内訳

四　資産グループがある場合には、当該資産グループに係る資産をグループ化した方法

五　回収可能価額が正味売却価額の場合にはその旨及び時価の算定方法、回収可能価額が使用価値の場合にはその旨及び割引率

> **95の3の2**　規則第95条の3の2の注記に関しては、次の点に留意する。
> 1　規則第95条の3の2にいう資産又は資産グループ、回収可能価額等の用語は、「固定資産の減損に係る会計基準」にいう資産又は資産グループ、回収可能価額等をいうものとする。
> 2　規則第95条の3の2に規定する注記事項は、多数の資産グループにおいて重要な減損損失が発生している場合には、資産の用途や場所等に基づいて、まとめて記載することができるものとする。

2　前項各号に掲げる事項は、財務諸表提出会社が連結財務諸表を作成している場合には、記載することを要しない。

（企業結合に係る特定勘定の取崩益の注記）

第95条の3の3　企業結合に係る特定勘定の取崩益が生じた場合には、重要性が乏しい場合を除き、内容及び金額を注記しなければならない。

2　前項に規定する事項は、連結財務諸表において同一の内容が記載される場合には、記載することを要しない。この場合には、その旨を記載しなければならない。

（税引前当期純損益の表示）

第95条の4　経常利益金額又は経常損失金額に特別利益の金額を加減し、次に特別損失の金額を加減した額を、税引前当期純利益金額又は税引前当期純損失金額として表示しなければならない。

第6節　当期純利益又は当期純損失

（当期純利益又は当期純損失）

第95条の5　次の各号に掲げる項目の金額は、その内容を示す名称を付した科目をもつて、税引前当期純利益金額又は税引前当期純損失金額の次に記載しなければならない。

一　当該事業年度に係る法人税、住民税及び事業税（利益に関連する金額を課税標準として課される事業税をいう。次号において同じ。）

二　法人税等調整額（税効果会計の適用により計上される前号に掲げる法人税、住民税及び事業税の調整額をいう。）

2　税引前当期純利益金額又は税引前当期純損失金額に前項各号に掲げる項目の金額を加減した金額は、当期純利益金額又は当期純損失金額として記載しなければならない。

3　法人税等の更正、決定等による納付税額又は還付税額がある場合には、第1項第1号に掲げる項目の次に、その内容を示す名称を付した科目をもつて記載するものとする。ただし、これらの金額の重要性が乏しい場合には、同号に掲げる項目の金額に含めて表示することができる。

（1株当たり当期純損益金額に関する注記）

第95条の5の2　1株当たり当期純利益金額又は当期純損失金額及びその算定上の基礎は、注記しなければならない。

2　当事業年度又は貸借対照表日後において株式併合又は株式分割が行われた場合には、前項に規定する事項のほか、次に掲げる事項を注記しなければならない。

一　株式併合又は株式分割が行われた旨

二　前事業年度の期首に株式併合又は株式分割が行われたと仮定して1株当たり当期純利益金額又は当期純損失金額が算定されている旨

一　株式併合又は株式分割が行われた旨

二　前事業年度の期首に株式併合又は株式分割が行われたと仮定して潜在株式調整後1株当たり当期純利益金額が算定されている旨

3　前2項の規定にかかわらず、潜在株式が存在しない場合、潜在株式調整後1株当たり当期純利益金額が1株当たり当期純利益金額を下回らない場合及び1株当たり当期純損失金額の場合には、その旨を記載し、潜在株式調整後1株当たり当期純利益金額の記載は要しないものとする。

95の5の3　規則第95条の5の3の適用に関しては、次の点に留意する。

1　規則第95条の5の3に規定する潜在株式調整後1株当たり当期純利益金額等の用語は、「1株当たり当期純利益に関する会計基準」に定める潜在株式調整後1株当たり当期純利益等をいうものとする。

2　規則第95条の5の3に規定する潜在株式調整後1株当たり当期純利益金額の算定上の基礎には、次の事項が含まれることに留意する。

(1)　潜在株式調整後1株当たり当期純利益金額の算定に用いられた当期純利益調整額の主な内訳

(2)　潜在株式調整後1株当たり当期純利益金額の算定に用いられた普通株式増加数の主な内訳

(3)　希薄化効果を有しないため、潜在株式調整後1株当たり当期純利益金額の算定に含まれなかった潜在株式については、その旨、潜在株式の種類及び潜在株式の数

95の5の2　規則第95条の5の2の適用に関しては、次の点に留意する。

1　規則第95条の5の2に規定する1株当たり当期純利益金額等の用語は、「1株当たり当期純利益に関する会計基準」に定める1株当たり当期純利益等をいうものとする。

2　持分会社、組合及び信託の損益計算書を作成する場合には、1単位当たり当期純利益金額又は当期純損失金額及び当該金額の算定上の基礎を注記するものとする。

3　規則第95条の5の2に規定する1株当たり当期純利益金額又は当期純損失金額の算定上の基礎には、次の事項が含まれることに留意する。

(1)　損益計算書上の当期純利益金額又は当期純損失金額、1株当たり当期純利益金額又は当期純損失金額の算定に用いられた普通株式に係る当期純利益金額又は当期純損失金額及びこれらの差額（普通株主に帰属しない金額）の主な内訳

(2)　1株当たり当期純利益金額又は当期純損失金額の算定に用いられた普通株式及び普通株式と同等の株式の期中平均株式数の種類別の内訳

3　前2項に規定する事項は、財務諸表提出会社が連結財務諸表を作成している場合には、記載することを要しない。

（潜在株式調整後1株当たり当期純利益金額に関する注記）

第95条の5の3　潜在株式調整後1株当たり当期純利益金額（普通株式を取得することができる権利又は普通株式への転換請求権その他これらに準ずる権利が付された証券又は契約（以下「潜在株式」という。）に係る権利が行使されることを仮定することにより算定した1株当たり当期純利益金額をいう。以下この条において同じ。）及びその算定上の基礎は、前条の規定による注記の次に記載しなければならない。

2　当事業年度又は貸借対照表日後において株式併合又は株式分割が行われた場合には、前項の規定により記載すべき事項のほか、次に掲げる事項を注記しなければならない。

4　前3項に規定する事項は、財務諸表提出会社が連結財務諸表を作成している場合には、記載することを要しない。

第7節　雑　則

（原価差額の表示方法）

第96条　財務諸表提出会社の採用する原価計算方法に基づいて計上される原価差額は、一般に公正妥当と認められる原価計算の基準に従つて処理された結果に基づいて、売上原価又は棚卸資

金商法

産の期末棚卸高に含めて記載しなければならない。ただし、原価性を有しないと認められるものについては、営業外収益若しくは営業外費用として、又は特別利益若しくは特別損失として記載するものとする。

第97条　削除

（引当金繰入額の区分表示）

第98条　引当金繰入額は、その設定目的及び引当金繰入額であることを示す名称を付した科目をもつて別に掲記しなければならない。

> 98　規則第98条の規定は、工事損失引当金について規則第76条の2の記載をする場合及び販売費及び一般管理費について規則第85条第1項ただし書の記載をする場合には、適用がないことに留意する。

（特別法上の準備金等の繰入額又は取崩額）

第98条の2　準備金等の繰入れ又は取崩しがあるときは、当該繰入額又は取崩額は、特別損失又は特別利益として、当該繰入れ又は取崩しによるものであることを示す名称を付した科目をもつて掲記しなければならない。

第4章　株主資本等変動計算書

> **第4章**　株主資本等変動計算書

第1節　総　則

（株主資本等変動計算書の記載方法）

第99条　株主資本等変動計算書の記載方法は、本章の定めるところによる。

2　株主資本等変動計算書は、様式第七号により記載するものとする。

（株主資本等変動計算書の区分表示）

第100条　株主資本等変動計算書は、株主資本、評価・換算差額等、株式引受権及び新株予約権に分類して記載しなければならない。

2　株主資本等変動計算書は、適切な項目に区分し、当該項目を示す名称を付した科目をもつて

掲記しなければならない。当該項目及び科目は、前事業年度末及び当事業年度末の貸借対照表における純資産の部の項目及び科目と整合していなければならない。

第2節　株主資本

第101条　株主資本は、当事業年度期首残高、当事業年度変動額及び当事業年度末残高に区分して記載しなければならない。

2　株主資本に記載される科目の当事業年度変動額は、変動事由ごとに記載しなければならない。

3　剰余金の配当は、その他資本剰余金又はその他利益剰余金の変動事由として表示しなければならない。

4　当期純利益金額又は当期純損失金額は、その他利益剰余金の変動事由として表示しなければならない。

第102条　その他利益剰余金は、第100条第2項の規定にかかわらず、科目ごとの記載に代えて、その他利益剰余金の合計額を当事業年度期首残高、当事業年度変動額及び当事業年度末残高に区分して記載することができる。この場合には、科目ごとのそれぞれの金額を注記するものとする。

第3節　評価・換算差額等

第103条　評価・換算差額等は、当事業年度期首残高、当事業年度変動額及び当事業年度末残高に区分して記載しなければならない。

2　評価・換算差額等に記載される科目は、当事業年度変動額を一括して記載するものとする。ただし、主な変動事由ごとに記載又は注記することを妨げない。

第104条　評価・換算差額等は、第100条第2項の規定にかかわらず、科目ごとの記載に代えて、評価・換算差額等の合計額を当事業年度期首残高、当事業年度変動額及び当事業年度末残高に区分して記載することができる。この場合には、科目ごとのそれぞれの金額を注記するものとする。

第3節の2　株式引受権

第104条の2　株式引受権は、当事業年度期首残高、当事業年度変動額及び当事業年度末残高に区分して記載しなければならない。

2　株式引受権の当事業年度変動額は、一括して記載するものとする。ただし、主な変動事由ごとに記載又は注記することを妨げない。

第4節　新株予約権

第105条　新株予約権は、当事業年度期首残高、当事業年度変動額及び当事業年度末残高に区分して記載しなければならない。

2　新株予約権の当事業年度変動額は、一括して記載するものとする。ただし、主な変動事由ごとに記載又は注記することを妨げない。

第5節　注記事項

（発行済株式に関する注記）

第106条　発行済株式の種類及び総数については、次の各号に掲げる事項を注記しなければならない。

一　発行済株式の種類ごとに、当事業年度期首及び当事業年度末の発行済株式総数並びに当事業年度に増加又は減少した発行済株式数

二　発行済株式の種類ごとの変動事由の概要

2　前項に掲げる事項は、財務諸表提出会社が連結財務諸表を作成している場合には、記載することを要しない。

（自己株式に関する注記）

第107条　自己株式の種類及び株式数については、次の各号に掲げる事項を注記しなければならない。

一　自己株式の種類ごとに、当事業年度期首及び当事業年度末の自己株式数並びに当事業年度に増加又は減少した自己株式数

二　自己株式の種類ごとの変動事由の概要

2　前項に規定する事項は、財務諸表提出会社が連結財務諸表を作成している場合には、記載することを要しない。

（新株予約権等に関する注記）

第108条　新株予約権については、次の各号に掲げる事項を注記しなければならない。

一　新株予約権の目的となる株式の種類

二　新株予約権の目的となる株式の数

三　新株予約権の事業年度末残高

108－1－2　規則第108条第1項第2号に掲げる事項の記載において、新株予約権を行使することができる期間（会社法第236条第1項第4号）の初日が到来していない新株予約権については、それが明らかになるように記載することに留意する。

2　前項第1号及び第2号に掲げる事項は、新株予約権がストック・オプション又は自社株式オプションとして付与されている場合には、記載することを要しない。

3　第1項第2号の株式の数は、新株予約権の目的となる株式の種類ごとに、新株予約権の目的となる株式の当事業年度期首及び当事業年度末の数、当事業年度に増加及び減少する株式の数並びに変動事由の概要を記載しなければならない。ただし、新株予約権が権利行使されたものと仮定した場合の増加株式数の、当事業年度末の発行済株式総数（自己株式を保有しているときは、当該自己株式の株式数を控除した株式数）に対する割合に重要性が乏しい場合には、注記を省略することができる。

4　前3項の規定は、自己新株予約権について準用する。

5　第1項から前項までに定める事項は、財務諸表提出会社が連結財務諸表を作成している場合には、記載することを要しない。

（配当に関する注記）

第109条　配当については、次の各号に掲げる事項を注記しなければならない。

一　配当財産が金銭の場合には、株式の種類ごとの配当金の総額、1株当たり配当額、基準日及び効力発生日

二　配当財産が金銭以外の場合には、株式の種類ごとの配当財産の種類及び帳簿価額（剰余金の配当をした日においてその時の時価を付

金商法

した場合にあつては、当該時価を付した後の帳簿価額）、1株当たり配当額、基準日並びに効力発生日

三　基準日が当事業年度に属する配当のうち、配当の効力発生日が翌事業年度となるものについては、配当の原資及び前2号に準ずる事項

2　前項に掲げる事項は、財務諸表提出会社が連結財務諸表を作成している場合には、記載することを要しない。

第6節　雑　則

第109条の2　指定法人が、株主資本等変動計算書を作成する場合において、この規則により記載することが適当でないと認められるときは、当該指定法人は、その財務諸表について適用される法令又は準則の定めるところに準じて記載することができる。

第5章　キャッシュ・フロー計算書

第5章　キャッシュ・フロー計算書

第1節　総　則

（キャッシュ・フロー計算書の記載方法）
第110条　キャッシュ・フロー計算書の記載方法は、本章の定めるところによる。

2　キャッシュ・フロー計算書は、様式第八号又は第九号により記載するものとする。
（キャッシュ・フロー計算書の作成の対象）
第111条　キャッシュ・フロー計算書は、連結財務諸表を作成していない会社が作成するものとする。
（キャッシュ・フロー計算書の表示区分）
第112条　キャッシュ・フロー計算書には、次の各号に掲げる区分を設けてキャッシュ・フローの状況を記載しなければならない。

一　営業活動によるキャッシュ・フロー

二　投資活動によるキャッシュ・フロー

三　財務活動によるキャッシュ・フロー

四　現金及び現金同等物に係る換算差額

五　現金及び現金同等物の増加額又は減少額

六　現金及び現金同等物の期首残高

七　現金及び現金同等物の期末残高

第2節　キャッシュ・フロー計算書の記載方法

（営業活動によるキャッシュ・フローの表示方法）
第113条　前条第1号に掲げる営業活動によるキャッシュ・フローの区分には、次の各号に掲げるいずれかの方法により、営業利益又は営業損失の計算の対象となつた取引に係るキャッシュ・フロー並びに投資活動及び財務活動以外の取引に係るキャッシュ・フローを、その内容を示す名称を付した科目をもつて掲記しなければならない。ただし、その金額が少額なもので一括して表示することが適当であると認められるものについては、適当な名称を付した科目をもつて一括して掲記することができる。

一　営業収入、原材料又は商品の仕入れによる支出、人件費の支出その他適当と認められる項目に分けて主要な取引ごとにキャッシュ・フローを総額により表示する方法

二　税引前当期純利益金額又は税引前当期純損失金額に、次に掲げる項目を加算又は減算して表示する方法

イ　損益計算書に収益又は費用として計上されている項目のうち資金の増加又は減少を伴わない項目

ロ　売上債権、棚卸資産、仕入債務その他営業活動により生じた資産及び負債の増加額又は減少額

ハ　損益計算書に収益又は費用として計上されている項目のうち投資活動によるキャッシュ・フロー及び財務活動によるキャッシュ・フローの区分に含まれる項目

（投資活動によるキャッシュ・フローの表示方法）
第114条　第112条第2号に掲げる投資活動によるキャッシュ・フローの区分には、主要な取引ごとにキャッシュ・フローを総額により表示する方法により、有価証券（現金同等物を除く。以

金商法

下この条において同じ。）の取得による支出、有価証券の売却による収入、有形固定資産の取得による支出、有形固定資産の売却による収入、投資有価証券の取得による支出、投資有価証券の売却による収入、貸付けによる支出、貸付金の回収による収入その他投資活動に係るキャッシュ・フローを、その内容を示す名称を付した科目をもつて掲記しなければならない。ただし、その金額が少額なもので一括して表示することが適当であると認められるものについては、適当な名称を付した科目をもつて一括して掲記することができる。

（財務活動によるキャッシュ・フローの表示方法）

第115条 　第112条第3号に掲げる財務活動によるキャッシュ・フローの区分には、主要な取引ごとにキャッシュ・フローを総額により表示する方法により、短期借入れによる収入、短期借入金の返済による支出、長期借入れによる収入、長期借入金の返済による支出、社債の発行による収入、社債の償還による支出、株式の発行による収入、自己株式の取得による支出その他財務活動に係るキャッシュ・フローを、その内容を示す名称を付した科目をもつて掲記しなければならない。ただし、その金額が少額なもので一括して表示することが適当であると認められるものについては、適当な名称を付した科目をもつて一括して掲記することができる。

（現金及び現金同等物に係る換算差額等の記載）

第116条 　第112条第4号に掲げる現金及び現金同等物に係る換算差額の区分には、外貨建ての資金の円貨への換算による差額を記載するものとする。

2　第112条第5号に掲げる現金及び現金同等物の増加額又は減少額の区分には、営業活動によるキャッシュ・フロー、投資活動によるキャッシュ・フロー及び財務活動によるキャッシュ・フローの収支差額の合計額に前項に規定する外貨建ての資金の円貨への換算による差額を加算又は減算した額を記載するものとする。

第3節　雑　則

（利息及び配当金に係るキャッシュ・フローの表示方法）

第117条 　利息及び配当金に係るキャッシュ・フローは、次の各号に掲げるいずれかの方法により記載するものとする。

一　利息及び配当金の受取額並びに利息の支払額は第112条第1号に掲げる営業活動によるキャッシュ・フローの区分に記載し、配当金の支払額は同条第3号に掲げる財務活動によるキャッシュ・フローの区分に記載する方法

二　利息及び配当金の受取額は第112条第2号に掲げる投資活動によるキャッシュ・フローの区分に記載し、利息及び配当金の支払額は同条第3号に掲げる財務活動によるキャッシュ・フローの区分に記載する方法

（現金及び現金同等物を対価とする事業の譲受け若しくは譲渡又は合併等に係るキャッシュ・フローの表示方法）

第118条 　現金及び現金同等物を対価とする事業の譲受け若しくは譲渡又は合併等に係るキャッシュ・フローは、第112条第2号に掲げる投資活動によるキャッシュ・フローの区分にその内容を示す名称を付した科目をもつて掲記しなければならない。

（キャッシュ・フロー計算書に関する注記事項）

第119条 　キャッシュ・フロー計算書には、次の各号に掲げる事項を注記しなければならない。ただし、第2号に掲げる事項については、同号に規定する資産及び負債の金額の重要性が乏しい場合には、注記を省略することができる。

一　現金及び現金同等物の期末残高と貸借対照表に掲記されている科目の金額との関係

二　現金及び現金同等物を対価とする事業の譲受け若しくは譲渡又は合併等を行つた場合には、当該事業の譲受け若しくは譲渡又は合併等により増加又は減少した資産及び負債の主な内訳

三　重要な非資金取引の内容

119-1-3　規則第119条第1項第3号に規定する重要な非資金取引の内容には、当事業年度において重要な資産除去債務を計上した場合における当該重要な資産除去債務が含まれることに留意する。

2　前項第3号に掲げる非資金取引とは、社債の償還と引換えによる新株予約権付社債に付された新株予約権の行使、株式の発行等による資産（現金及び現金同等物を除く。）の取得及び合併、その他資金の増加又は減少を伴わない取引であつて、かつ、翌事業年度以降のキャッシュ・フローに重要な影響を与えるものをいう。

第6章　附属明細表

第6章　附属明細表

（附属明細表の記載方法）

第120条　附属明細表の記載方法は、本章の定めるところによる。

（附属明細表の種類）

第121条　附属明細表の種類は、次に掲げるものとする。

一　有価証券明細表

二　有形固定資産等明細表

三　社債明細表

四　借入金等明細表

五　引当金明細表

六　資産除去債務明細表

121-1-2　規則様式第十一号の有形固定資産等明細表の記載に関しては、次の点に留意する。

　1　規則様式第十一号の有形固定資産等明細表に記載すべき減価償却累計額のうち、総合償却の方法による会計処理を行ったため、規則第25条ただし書の規定により貸借対照表に一括して掲記したものについては、減価償却累計額欄に一括して記載することができるものとする。なお、当期償却額欄に記載された償却額のうちに、租税特別措置法の規定による特別償却額（普通償却範囲額を超える額）が

含まれている場合には、その旨及びその金額を注記するものとする。

　2　減損損失累計額について、減損損失累計額を減価償却累計額に合算し、減価償却累計額及び減損損失累計額の科目をもって掲記している場合には、「当期末減価償却累計額又は償却累計額」の欄を「当期末減価償却累計額及び減損損失累計額又は償却累計額」とすることができるものとする。この場合において、様式第十一号（記載上の注意）11の減価償却累計額又は償却累計額に、減損損失累計額が含まれている旨の記載を要しない。

　3　減損損失累計額について、減損損失累計額を固定資産に対する控除科目として一括して掲記している場合には、減損損失累計額は、これら固定資産に対する控除科目として一括して、「当期末減損損失累計額」の欄又は「当期末減価償却累計額又は償却累計額」の欄に含めて記載することができる。ただし、減損損失累計額を「減価償却累計額及び償却累計額」の欄に含めている場合は、その旨を記載しなければならない。

　4　2の取扱いは、減損損失累計額をこれら固定資産に対する控除科目として一括して、減価償却累計額及び減損損失累計額の科目をもって掲記している場合に準用する。

　5　規則様式第十一号の有形固定資産等明細表に記載すべき無形固定資産の減損損失の金額は、「当期減少額」の欄に内書（括弧書）として記載するものとする。

121-1-4　規則様式第十三号の借入金等明細表（記載上の注意）第2号にいう特別の条件による利率とは、国内における金融機関の貸付利率の水準に比し著しく差異のあるものをいう。

121-1-5　規則様式第十四号の引当金明細表における同一の引当金の当期増加額と当期減少額は相殺せずそれぞれ記載するものとする。ただし、法人税法等の取扱いに基づくいわゆる洗替計算による増減額であってその全額が実質的な増加額又は減少額とは認められないものについては、減少額は当期減少額のその他の欄に記載するものとする。

2　前項各号に掲げる附属明細表の様式は、様式第十号から第十五号までに定めるところによる。

3　財務諸表提出会社（法第24条第1項第1号又は第2号に掲げる有価証券の発行者に限る。）

は、第1項第1号に掲げる附属明細表については、作成を要しない（次条及び第123条第1号に規定する場合を除く。）。

4　財務諸表提出会社が連結財務諸表を作成している場合には、第1項第3号、第4号及び第6号に掲げる附属明細表については、作成を要しない（次条及び第123条第1号に規定する場合を除く。）。

（特定事業を営む会社の附属明細表）

第122条　別記事業を営む株式会社又は指定法人のうち次の各号に掲げるものが法の規定により提出する附属明細表の用語、様式及び作成方法は、当該各号の定めるところによる。ただし、当該株式会社又は指定法人が連結財務諸表を作成している場合には、前条第1項第3号、第4号及び第6号に掲げる附属明細表又はこれらに相当する附属明細表については、作成を要しない。

一　建設業法施行規則（昭和24年建設省令第14号）、金融商品取引業等に関する内閣府令（平成19年内閣府令第52号）、鉄道事業会計規則又は自動車道事業会計規則の適用を受ける株式会社については、前条第1項各号に掲げる附属明細表を同条第2項に定める様式により作成するものとする。

二　銀行法施行規則（昭和57年大蔵省令第10号）、長期信用銀行法施行規則（昭和57年大蔵省令第13号）、経済産業省・財務省・内閣府関係株式会社商工組合中央金庫法施行規則（平成20年内閣府・財務省・経済産業省令第1号）、株式会社日本政策金融公庫の会計に関する省令（平成20年財務省、厚生労働省、農林水産省、経済産業省令第3号）、株式会社日本政策投資銀行の会計に関する省令（平成20年財務省令第60号）又は株式会社国際協力銀行の会計に関する省令（平成24年財務省令第15号）の適用を受ける株式会社及び農林中央金庫法施行規則（平成13年内閣府・農林水産省令第16号）、協同組合による金融事業に関する法律施行規則（平成5年大蔵省令第10号）、信用金庫法施行規則（昭和57年大蔵省令第15号）又は労働金庫法施行規則（昭和57年大蔵省・労働省令第1号）の適用を受ける指定法人については、前条第1項第2号から第6号までに掲げる附属明細表を同条第2項に定める様式により作成するものとする。

三　海運企業財務諸表準則（昭和29年運輸省告示第431号）の適用を受ける株式会社については、同準則に定める海運業収益及び費用明細表を作成するとともに、前条第1項各号に掲げる附属明細表を同条第2項に定める様式により作成するものとする。

四　公共工事の前払金保証事業に関する法律施行規則（昭和27年建設省令第23号）の適用を受ける株式会社については、同令に定める別表中の有価証券明細表及び信託有価証券明細表を作成するとともに、前条第1項第2号から第6号までに掲げる附属明細表を同条第2項に定める様式により作成するものとする。ただし、有価証券明細表及び信託有価証券明細表に記載する有価証券の種類及び銘柄については、株式は発行会社の事業の種類別に、その他のものは法第2条第1項に規定する有価証券の種類別に要約して記載することができる。

五　保険業法施行規則（平成8年大蔵省令第5号）の適用を受ける株式会社又は指定法人については、同令に定める書式による事業費明細表を作成するとともに、前条第1項第2号から第6号までに掲げる附属明細表を同条第2項に定める様式により作成するものとし、株式会社日本貿易保険の会計に関する省令（平成29年経済産業省令第27号）の適用を受ける株式会社については、前条第1項各号に掲げる附属明細表を同条第2項に定める様式により作成するものとする。

六　電気通信事業会計規則の適用を受ける株式会社については、同令に規定する附属明細表のうち次に掲げるものを作成するとともに、前条第1項第4号に掲げる附属明細表を同条第2項に定める様式により作成するものとする。

金商法

イ　固定資産等明細表

ロ　有価証券明細表

ハ　社債明細表

ニ　引当金明細表

ホ　資産除去債務明細表

六の二　ガス事業会計規則の適用を受ける株式会社については、同令に規定する附属明細表のうち次に掲げるものを作成するとともに、前条第1項第3号、第4号及び第6号に掲げる附属明細表を同条第2項に定める様式により作成するものとする。

イ　固定資産等明細表

ロ　有価証券明細表

ハ　引当金明細表

七　電気事業会計規則の適用を受ける株式会社については、同令に規定する附属明細表のうち次に掲げるものを作成するとともに、前条第1項第6号に掲げる附属明細表を同条第2項に定める様式により作成するものとする。

イ　固定資産期中増減明細表

ロ　固定資産期中増減明細表（無形固定資産再掲）

ハ　減価償却費等明細表

ニ　長期投資及び短期投資明細表

ホ　社債明細表

ヘ　借入金、長期未払債務、リース債務、雑固定負債及びコマーシャル・ペーパー明細表

ト　引当金明細表

八　特定目的会社の計算に関する規則（平成18年内閣府令第44号）の適用を受ける特定目的会社については、前条第1項各号に掲げる附属明細表を同条第2項に定める様式により作成するものとする。ただし、同条第1項第2号に掲げる附属明細表を同条第2項に定める様式により作成する場合には、特定資産（資産流動化法第2条第1項に規定する特定資産をいう。以下この号及び次条第1号において同じ。）をその内容に含めて特定資産及び有形固定資産等明細表として作成するものとする。

九　投資法人の計算に関する規則（平成18年内閣府令第47号）の適用を受ける投資法人については、同令に定める様式による有価証券明細表、デリバティブ取引及び為替予約取引の契約額等及び時価の状況表、不動産等明細表のうち総括表、その他特定資産（投資信託及び投資法人に関する法律（昭和26年法律第198号）第2条第1項に規定する特定資産をいう。次条第2号において同じ。）の明細表、投資法人債明細表並びに借入金明細表を作成するものとする。

十　特定金融会社等の会計の整理に関する内閣府令の適用を受ける株式会社又は指定法人については、前条第1項各号に掲げる附属明細表を同条第2項に定める様式により作成するものとする。ただし、前各号に掲げる株式会社又は指定法人に該当する場合には、当該各号に規定するところにより作成するものとする。

十一　高速道路事業等会計規則の適用を受ける株式会社については、同令に規定する附属明細表のうち固定資産等明細表並びに社債、長期借入金及び短期借入金の増減明細表を作成するとともに、前条第1項第1号、第5号及び第6号に掲げる附属明細表を同条第2項に定める様式により作成するものとする。

十二　社会医療法人債を発行する社会医療法人の財務諸表の用語、様式及び作成方法に関する規則の適用を受ける医療法人については、同令に規定する附属明細表のうち次に掲げるものを作成するとともに、前条第1項第6号に掲げる附属明細表を同条第2項に定める様式により作成するものとする。

イ　有価証券明細表

ロ　有形固定資産等明細表

ハ　社会医療法人債明細表

ニ　借入金等明細表

ホ　引当金明細表

十三　有価証券発行学校法人の財務諸表の用語、様式及び作成方法に関する規則の適用を受ける学校法人等（私立学校法（昭和24年法律第

270号）第3条に規定する学校法人又は同法第64条第4項に規定する法人をいう。別記第21号において同じ。）については、同令に規定する附属明細表のうち次に掲げるものを作成するとともに、前条第1項第6号に掲げる附属明細表を同条第2項に定める様式により作成するものとする。

　イ　有形固定資産等明細表
　ロ　有価証券明細表
　ハ　特定資産明細表
　ニ　学校債明細表
　ホ　借入金等明細表
　ヘ　引当金明細表

> 122　別記に掲げる事業（以下「別記事業」という。）を営む株式会社の貸借対照表に掲げられている科目の区分が一般事業を営む株式会社について規則が定める科目区分と異なるときは、規則様式第十一号の有形固定資産等明細表の作成に当たっては、一般事業を営む株式会社に準じた科目に区分し、その区別により記載するものとする。

（特定信託財産の附属明細表）

第123条　特定信託財産の附属明細表の用語、様式及び作成方法は、次の各号の定めるところによる。

　一　特定目的信託財産計算規則の適用を受ける特定信託財産については、第121条第1項各号に掲げる附属明細表を同条第2項に定める様式により作成するものとする。ただし、同条第1項第2号に掲げる附属明細表を同条第2項に定める様式により作成する場合には、特定資産をその内容に含めて特定資産及び有形固定資産等明細表として作成するものとする。

　二　投資信託財産計算規則の適用を受ける特定信託財産については、投資信託財産計算規則に定める様式による有価証券明細表、デリバティブ取引及び為替予約取引の契約額等及び時価の状況表、不動産等明細表、その他特定資産の明細表及び借入金明細表を作成するも

のとする。

（附属明細表の作成の省略）

第124条　有価証券の金額が資産の総額の100分の1以下である場合には、第121条第1項第1号の附属明細表の作成を省略することができる。

第125条　当該事業年度期首及び当該事業年度末における短期借入金、長期借入金、リース債務及びその他の負債であつて、金利の負担を伴うもの（社債を除く。）の金額が当該事業年度期首及び当該事業年度末における負債及び純資産の合計額の100分の1以下である場合には、第121条第1項第4号の附属明細表の作成を省略することができる。

第125条の2　当該事業年度期首及び当該事業年度末における資産除去債務の金額が当該事業年度期首及び当該事業年度末における負債及び純資産の合計額の100分の1以下である場合には、第121条第1項第6号の附属明細表の作成を省略することができる。

第126条　前3条の規定により附属明細表の作成を省略した場合には、その旨を注記しなければならない。

第7章　特例財務諸表提出会社の財務諸表

（特例財務諸表提出会社の財務諸表の作成基準）

第127条　特例財務諸表提出会社が作成する財務諸表の様式は、前各章の規定にかかわらず、次の各号の区分に応じ、当該各号に定める様式によることができる。

　一　貸借対照表　様式第5号の2
　二　損益計算書　様式第6号の2
　三　株主資本等変動計算書　様式第7号の2
　四　有形固定資産等明細表　様式第11号の2
　五　引当金明細表　様式第14号の2

2　特例財務諸表提出会社は、次の各号に掲げる規定にかかわらず、当該各号に定める事項の注記をもつて当該各号に掲げる規定の注記に代えることができる。

　一　第8条の2　会社計算規則（平成18年法務省令第13号）第101条各号に掲げる事項（重

要性の乏しいものを除く。）

二　第８条の３の４　会社計算規則第102条の３第１項各号に掲げる事項（重要性の乏しいものを除く。）

三　第８条の３の５　会社計算規則第102条の４各号に掲げる事項（重要性の乏しいものを除く。）

四　第18条及び第32条の２　会社計算規則第103条第９号に掲げる事項

五　第39条及び第55条　会社計算規則第103条第６号に掲げる事項

六　第43条　会社計算規則第103条第１号に掲げる事項

七　第58条　会社計算規則第103条第５号に掲げる事項

八　第74条、第88条、第91条及び第94条　会社計算規則第104条に規定する関係会社との営業取引による取引高の総額及び営業取引以外の取引による取引高の総額

（特例財務諸表提出会社に該当する旨の記載）

第128条　特例財務諸表提出会社が前条の規定により財務諸表を作成した場合には、次に掲げる事項を記載しなければならない。

一　特例財務諸表提出会社に該当する旨

二　前条の規定により財務諸表を作成している旨

第８章　指定国際会計基準特定会社の財務諸表

（指定国際会計基準特定会社の財務諸表の作成基準）

第129条　指定国際会計基準特定会社が提出する財務諸表の用語、様式及び作成方法は、第１章から第６章までの規定による。

２　指定国際会計基準特定会社は、前項の規定により作成した財務諸表のほか、指定国際会計基準によつて財務諸表を作成することができる。

（会計基準の特例に関する注記）

第130条　指定国際会計基準に準拠して作成した財務諸表には、次に掲げる事項を注記しなければならない。

一　指定国際会計基準が国際会計基準（連結財務諸表規則第93条に規定する国際会計基準をいう。以下この号及び次号において同じ。）と同一である場合には、国際会計基準に準拠して財務諸表を作成している旨

二　指定国際会計基準が国際会計基準と異なる場合には、指定国際会計基準に準拠して財務諸表を作成している旨

三　指定国際会計基準特定会社に該当する旨及びその理由

第９章　外国会社の財務書類

第９章　外国会社の財務書類

（外国会社の財務書類の作成基準）

第131条　外国会社がその本国（本拠とする州その他の地域を含む。以下同じ。）において開示している財務計算に関する書類を財務書類として提出することを、金融庁長官が公益又は投資者保護に欠けることがないものとして認める場合には、当該財務書類の用語、様式及び作成方法は、金融庁長官が必要と認めて指示する事項を除き、その本国における用語、様式及び作成方法によるものとする。

２　外国会社がその本国において開示している財務計算に関する書類が前項の規定に基づく金融庁長官の認めるところとならない場合等において、当該外国会社がその本国以外の本邦外地域において開示している財務計算に関する書類を財務書類として提出することを、金融庁長官が公益又は投資者保護に欠けることがないものとして認める場合には、当該財務書類の用語、様式及び作成方法は、金融庁長官が必要と認めて指示する事項を除き、当該本国以外の本邦外地域における用語、様式及び作成方法によるものとする。

３　前２項の規定により本邦外地域で開示している財務計算に関する書類を財務書類として提出することが金融庁長官の認めるところとなつた外国会社が、当該地域で開示している財務計算

に関する書類以外の財務計算に関する書類を財務書類として提出する場合には、当該財務計算に関する書類の用語、様式及び作成方法は、金融庁長官の指示するところによるものとする。

4　外国会社が本国その他の本邦外地域において開示している財務計算に関する書類が第1項又は第2項の規定に基づく金融庁長官の認めるところとならない場合には、当該外国会社が提出する財務書類の用語、様式及び作成方法は、金融庁長官の指示するところによるものとする。

5　前各項の規定にかかわらず、特定有価証券（法第5条第1項において規定する特定有価証券をいう。）を発行する外国会社が、当該特定有価証券に関して提出する財務書類の用語、様式及び作成方法は、金融庁長官の指示するところによるものとする。ただし、当該外国会社がその本国において作成している財務計算に関する書類を財務書類として提出することを、金融庁長官が公益又は投資者保護に欠けることがないものとして認める場合には、当該財務書類の用語、様式及び作成方法は、金融庁長官が必要と認めて指示する事項を除き、その本国における用語、様式及び作成方法によるものとする。

（会計処理基準に関する注記）
第132条　前条第1項から第4項までの規定による財務書類について、当該外国会社が採用する会計処理の原則及び手続のうち、本邦における会計処理の原則及び手続と異なるものがある場合には、その内容を当該財務書類に注記しなければならない。

> **132**　規則第132条に規定する注記は、重要な項目について、当該外国会社の財務書類と当該会社が本邦における会計処理の原則及び手続に基づいて作成したと仮定した場合の財務諸表とを比較した相違を金額により記載することができる場合には、当該金額による相違も記載するものとする。

（表示方法）
第133条　第5条第2項の規定は、外国会社が提出する財務書類について準用する。

2　外国会社が提出する財務書類の表示方法のうち、本邦における表示方法と異なるものがある場合には、その内容を当該財務書類に注記しなければならない。

> **133−2**　規則第133条第2項の規定に関しては、次の点に留意する。
> 　1　本邦における表示方法と異なるものがある場合とは、本邦における投資者が、当該本邦外地域における用語、様式及び作成方法によって作成された財務書類の内容を十分に理解することが困難であり又は誤解を生ずるおそれのある場合であって、おおむね次に該当するような場合をいうものとする。
> 　①　当該外国会社が採用する会計処理の原則及び手続が本邦における会計処理の原則及び手続と異なることにより、特異な勘定科目が用いられている場合
> 　②　規則第2章から第5章までに規定する勘定科目の名称と同様の名称を付した科目をもって区分掲記された科目であって、当該科目の内容が、規則第2章から第5章までの規定による区分基準と異なる基準で区分されている場合
> 　③　流動資産、固定資産等資産の分類、流動負債、固定負債等負債の分類等、分類の基準が規則第2章から第5章までに規定する分類の基準と異なる場合
> 　2　注記の内容に関しては、その旨を記載するとともに、当該事項に係る科目その他記載の内容について十分に理解せしめるために必要な事項を記載するものとする。なお、この注記は、規則第132条に規定する注記と併せて記載することができる。

（金額表示）
第134条　外国会社が提出する財務書類に掲記される科目その他の事項について、本邦通貨以外の通貨建ての金額により表示している場合には、主要な事項について本邦通貨に換算した金額を併記するものとする。この場合においては、本邦通貨への換算に当たつて採用した換算の基準を当該財務書類に注記しなければならない。

金
商
法

> **134**　規則第134条に規定する本邦通貨に換算した
> 金額は、一定の日における為替相場により換算
> した金額とし、同条に規定する注記は、当該為
> 替相場について、その日、換算率、為替相場の
> 種類その他必要な事項を記載するものとする。

（注記の方法）

第135条　第132条、第133条第2項及び前条の規
定により記載すべき注記は、脚注として記載し
なければならない。ただし、脚注として記載す
ることが適当でないと認められるものについて
は、他の適当な箇所に記載することができる。

2　第9条第5項の規定は、第132条及び第133条
第2項の規定により注記する場合に準用する。

別　記

一　建設業

二　削除

三　銀行・信託業

四　建設業保証業

五　第一種金融商品取引業（有価証券関連業に
該当するものに限る。）

六　保険業

七　民営鉄道業

八　削除

九　水運業

十　道路運送固定施設業

十一　電気通信業

十二　電気業

十三　ガス業

十四　中小企業等金融業

十五　農林水産金融業

十六　資産流動化業

十七　投資運用業（法第28条第4項に規定する
投資運用業のうち、法第2条第8項第14号に
掲げる行為を業として行う場合に限る。）

十八　投資業（投資法人の行う業務に限る。）

十九　特定金融業

二十　医業（社会医療法人債を発行し、又は発
行しようとする医療法人が行う業務に限る。）

二十一　学校設置事業（金融商品取引法施行令

（昭和40年政令第321号）第1条第2号に掲げ
る証券若しくは証書を発行し、若しくは発行
しようとする学校法人等又は同令第1条の3
の4に規定する権利を有価証券として発行し、
若しくは発行しようとする学校法人等が行う
業務に限る。）

附　則

1　この省令は、公布の日〔昭和38年11月27日〕
から施行する。

2　昭和38年4月1日以前に開始された事業年度
に係る財務諸表については、なお従前の例によ
ることができる。

3　平成24年3月31日以後に終了する事業年度
（以下この項において「当事業年度」という。）
の前事業年度に係る財務諸表（法第5条第1項
又は第24条第1項から第3項までの規定により
提出された有価証券届出書又は有価証券報告書
に記載されていないものに限る。以下この項及
び次項において「前財務諸表」という。）を、
法又は法に基づく命令により当事業年度に係る
財務諸表（以下この項及び次項において「当財
務諸表」という。）を最近事業年度に係る財務
諸表として記載すべき有価証券届出書又は当事
業年度に係る有価証券報告書に記載する場合に
おける前財務諸表の用語、様式及び作成方法は、
当財務諸表を作成するために適用すべきこの規
則の定めるところによるものとし、当該規則に
おいて定めのない事項については、当財務諸表
を作成するために準拠すべき一般に公正妥当と
認められる企業会計の基準に従うものとする。
ただし、この規則又は一般に公正妥当と認めら
れる企業会計の基準の規定により、当財務諸表
の用語、様式及び作成方法を前財務諸表に適用
していない場合には、この限りではない。

4　前項の規定により前財務諸表を作成するとき
は、第6条の規定にかかわらず、前財務諸表及
び当財務諸表は、同条に規定する比較情報を含
めないで作成するものとする。

> **附　則**
> 2　規則附則第3項及び第4項の規定の適用に関

しては、次の点に留意する。
(1) 当事業年度に会計方針又は表示方法（以下「会計方針等」という。）の変更を行ったときは、次に掲げる場合を除き、前事業年度に係る財務諸表に当事業年度の会計方針等を適用し、遡及適用に関する原則的な取扱い（規則第8条の3第2項本文に定める遡及適用に関する原則的な取扱いをいう。以下同じ。）及び前事業年度に係る財務諸表の組替えを行うものとする。
　① 遡及適用に関する原則的な取扱いが実務上不可能な場合
　② 会計基準等に遡及適用を行わない旨の経過措置が規定されている場合
　③ 財務諸表の組替えが実務上不可能な場合
(2) 当事業年度に会計方針等の変更を行った場合において、前事業年度に係る財務諸表に当事業年度の会計方針等を適用するときは、規則第8条の3第1項及び第4項、規則第8条の3の2第1項及び第3項並びに規則第8条の3の4第1項、第3項及び第4項の規定による注記については、同一の内容を前事業年度及び当事業年度に係る財務諸表に記載するものとする。
(3) 当事業年度に会計方針等の変更を行った場合において、前事業年度に係る財務諸表に当事業年度の会計方針等を適用しないときは、規則第8条の3第2項から第4項まで、規則第8条の3の2第2項及び第3項並びに規則第8条の3の4第2項から第4項までの規定による注記については、当事業年度に係る財務諸表に記載するものとする。
(4) 当事業年度に会計方針の変更を行った場合において、当該会計方針の変更を会計上の見積りの変更と区別することが困難なときは、前事業年度に係る財務諸表については、当該変更前の会計方針を適用するものとする。

別記事業関係（略）

附　則（昭和39年7月25日蔵令第52号　財務諸表等の用語、様式及び作成方法に関する規則の一部を改正する省令）

1　この省令は公布の日から施行する。
2　昭和38年4月1日以前に開始された事業年度に係る財務諸表については、なお従前の例によることができる。

附　則（昭和40年蔵令第14号～　平成17年内閣府令第75号）　　（略）

附　則（平成18年4月25日内閣府令第52号　業務補助等に関する規則等の一部を改正する内閣府令）

（施行期日）
第1条　この府令は、平成18年5月1日から施行する。
（財務諸表等の用語、様式及び作成方法に関する規則の一部改正に伴う経過措置）
第3条　第3条の規定による改正後の財務諸表等の用語、様式及び作成方法に関する規則（以下「新財務諸表等規則」という。）は、施行日以後終了する事業年度に係る財務諸表について適用し、同日前に終了する事業年度に係るものについては、なお従前の例による。ただし、新財務諸表等規則第78条第2項第7号及び第122条第11号の規定については、高速道路事業等会計規則（平成17年国土交通省令第65号）の適用を受ける株式会社が作成する平成18年3月31日後に終了する事業年度に係る附属明細表から適用し、同日以前に終了する事業年度に係る附属明細表のうち、有価証券明細表、有形固定資産等明細表及び引当金明細表については、なお従前の例による。

附　則（平成18年4月26日内閣府令第56号　財務諸表等の監査証明に関する内閣府令等の一部を改正する内閣府令）

1　この府令は会社法（平成17年法律第86号）の施行の日〔平成18年5月1日〕から施行する。
2　第2条の規定による改正後の財務諸表等の用語、様式及び作成方法に関する規則（以下「新財務諸表等規則」という。）（中略）は、平成18年4月1日以後開始する事業年度及び連結会計年度（以下「事業年度等」という。）に係る財務諸表及び連結財務諸表（以下「財務諸表等」という。）（中略）について適用し、同日前に開始する事業年度等（中略）に係るものについては、なお従前の例による。ただし、同日前に開始する事業年度等（中略）に係る財務諸表等（中略）のうち施行日以後提出する有価証券届出書、有価証券報告書（中略）に記載されるものにつ

いては、新財務諸表等規則（中略）を適用することができる。

附　則（平成18年12月26日内閣府令第88号）
（財務諸表等の用語、様式及び作成方法に関する規則等の一部を改正する内閣府令）

（施行期日）

1　この府令は、公布の日から施行する。

2　第1条の規定による改正後の財務諸表等の用語、様式及び作成方法に関する規則（以下「新財務諸表等規則」という。）の規定（第72条の2及び第80条の規定を除く。）（中略）は、この府令の施行の日（以下「施行日」という。）以後に提出する有価証券届出書、有価証券報告書（中略）に記載される財務諸表及び連結財務諸表（以下「財務諸表等」という。）（中略）で平成18年9月30日以後に終了する事業年度及び連結会計年度（以下「事業年度等」という。）（中略）に係るものについて適用し、同日前に終了する事業年度等（中略）については、なお従前の例による。ただし、平成18年5月1日以後に終了する事業年度等（中略）に係る財務諸表等（中略）のうち、施行日以後に提出する有価証券届出書、有価証券報告書（中略）に記載されるものについては、新財務諸表等規則（中略）を適用することができる。

3　新財務諸表等規則第72条の2及び第80条（中略）（次項において「新財務諸表等規則第72条の2等」という。）の規定は、平成20年4月1日以後に開始する事業年度等に係る財務諸表等について適用する。ただし、施行日以後に提出する有価証券届出書又は有価証券報告書に記載される財務諸表等のうち、平成20年3月31日以前に開始する事業年度等に係るものについても適用することができる。

4　第1条の規定による改正前の財務諸表等の用語、様式及び作成方法に関する規則第81条及び第82条の規定（中略）は、平成20年3月31日以前に開始する事業年度等に係る財務諸表等について、なお効力を有するものとする。ただし、前項ただし書の規定により新財務諸表等規則第72条の2等の規定の適用を受けるものについて

は、この限りでない。

附　則（平成19年3月30日内閣府令第31号）
（財務諸表等の用語、様式及び作成方法に関する規則等の一部を改正する内閣府令）

この府令は、平成19年4月1日から施行する。

附　則（平成19年8月15日内閣府令第65号）
（企業内容等の開示に関する内閣府令等の一部を改正する内閣府令）

（施行期日）

第1条　この府令は、証券取引法等の一部を改正する法律の施行の日〔平成19年9月30日〕（以下「施行日」という。）から施行する。

（財務諸表等の用語、様式及び作成方法に関する規則の一部改正に伴う経過措置）

第9条　第9条の規定による改正後の財務諸表等の用語、様式及び作成方法に関する規則（以下「新財務諸表等規則」という。）の規定は、施行日以後に終了する事業年度に係る財務諸表について適用する。

2　前項の規定にかかわらず、次の各号に掲げる規定の適用は、当該各号に定めるところによる。

一　新財務諸表等規則第8条第3項、第4項、第5項、第7項及び第17項、第8条の10並びに第8条の10の2の規定　平成20年4月1日以後に開始する事業年度に係る財務諸表について適用し、同日前に開始する事業年度に係るものについては、なお従前の例による。ただし、平成19年4月1日以後に開始する事業年度に係るもののうち、施行日以後に提出する有価証券届出書又は有価証券報告書に記載されるものについては、これらの規定を適用することができる。

二　新財務諸表等規則第8条の2（第8号から第10号までを除く。）、第8条の6、第16条の3、第17条第1項第4号及び第5号、第22条第8号、第23条第1項第8号及び第3項、第25条、第26条、第27条第12号、第28条第1項第10号及び第3項、第31条の4、第48条の3、第49条第1項第4号、第51条の3並びに第52条第1項第4号の規定　平成20年4月1日以後に開始する事業年度に係る財務諸表について適用し、同日前に開始する事業年度に係る

ものについては、なお従前の例による。ただし、平成19年4月1日以後に開始する事業年度に係るもののうち、施行日以後に提出する有価証券届出書又は有価証券報告書に記載されるものについては、これらの規定を適用することができる。

3　平成20年4月1日以後に開始する事業年度に係る財務諸表について新財務諸表等規則第8条の2（第8号から第10号までを除く。）、第8条の6、第16条の3、第17条第1項第4号及び第5号、第22条第8号、第23条第1項第8号及び第3項、第25条、第26条、第27条第12号、第28条第1項第10号及び第3項、第31条の4、第48条の3、第49条第1項第4号、第51条の3並びに第52条第1項第4号の規定を適用する場合において、所有権移転外ファイナンス・リース取引のリース取引開始日（リース物件を使用収益する権利を行使することができることとなった日をいう。以下同じ。）が平成20年4月1日前に開始する事業年度に属するときは、次の各号に掲げる場合の区分に応じ、当該各号に定める事項を注記しなければならない。ただし、重要性の乏しいものについては、注記を省略することができる。

一　財務諸表提出会社がリース物件の借主である場合において、当該所有権移転外ファイナンス・リース取引について通常の賃貸借取引に係る方法に準じて会計処理を行っているとき　第9条の規定による改正前の財務諸表等の用語、様式及び作成方法に関する規則（以下「旧財務諸表等規則」という。）第8条の2第8号及び第8条の6第1項第1号（同条第2項、第3項及び第6項の規定を適用する場合を含む。）に定める事項

二　リース取引を通常の取引以外の取引とする財務諸表提出会社がリース物件の貸主である場合において、当該所有権移転外ファイナンス・リース取引について通常の賃貸借取引に係る方法に準じて会計処理を行っているとき　旧財務諸表等規則第8条の2第8号及び第8条の6第1項第2号（同条第4項の規定を

適用する場合を含む。）に定める事項

三　リース取引を通常の取引とする財務諸表提出会社がリース物件の貸主である場合において、当該所有権移転外ファイナンス・リース取引について、平成20年4月1日以後に開始する事業年度の直前の事業年度の末日におけるリース物件に係る固定資産の適正な帳簿価額（当該固定資産に対する減価償却累計額を控除した金額をいう。以下同じ。）を平成20年4月1日以後に開始する事業年度の開始の日におけるリース投資資産の価額として計上する会計処理を行っているとき　税引前当期純利益金額又は税引前当期純損失金額と当該所有権移転外ファイナンス・リース取引について通常の売買取引に係る方法に準じて会計処理を行った場合に計上されるべき税引前当期純利益金額又は税引前当期純損失金額との差額

4　前項の規定は、平成19年4月1日以後に開始する事業年度に係る財務諸表について、新財務諸表等規則第8条の2（第8号から第10号までを除く。）、第8条の6、第16条の3、第17条第1項第4号及び第5号、第22条第8号、第23条第1項第8号及び第3項、第25条、第26条、第27条第12号、第28条第1項第10号及び第3項、第31条の4、第48条の3、第49条第1項第4号、第51条の3並びに第52条第1項第4号の規定を適用する場合に準用する。この場合において、同項中「平成20年4月1日」とあるのは、「平成19年4月1日」と読み替えるものとする。

　　　附　則（平成19年10月31日内閣府令第78号
　　　　　財務諸表等の用語、様式及び作成
　　　　　方法に関する規則の一部を改正す
　　　　　る内閣府令）

（施行期日）
第1条　この府令は、公布の日から施行する。

　　　附　則（平成20年6月6日内閣府令第36号
　　　　　財務諸表等の用語、様式及び作成
　　　　　方法に関する規則等の一部を改正
　　　　　する内閣府令）

（施行期日）
第1条　この府令は、公布の日から施行する。

（財務諸表等の様式に係る経過措置）

第2条　第1条の規定による改正後の財務諸表等の用語、様式及び作成方法に関する規則様式第二号から様式第六号まで（中略）は、この府令の施行の日（以下「施行日」という。）以後に提出する有価証券届出書等（有価証券届出書（その訂正届出書を含む。）並びに有価証券報告書、四半期報告書及び半期報告書（これらの訂正報告書を含む。）をいう。以下同じ。）に記載すべき財務諸表等（財務諸表、四半期財務諸表、中間財務諸表、連結財務諸表、四半期連結財務諸表及び中間連結財務諸表をいう。以下同じ。）で、直近の事業年度又は特定期間（金融商品取引法第24条第5項において準用する同条第1項に規定する特定期間をいう。）（以下「事業年度等」という。）が平成20年4月1日以後に開始する事業年度等であるものから適用し、直近の事業年度等が同日前に開始する事業年度等であるものについては、なお従前の例による。

2　（略）

　　附　則　　平成20年8月7日内閣府令第50号
　　　　　　　　財務諸表等の用語、様式及び作成
　　　　　　　　方法に関する規則等の一部を改正
　　　　　　　　する内閣府令

（施行期日）

第1条　この府令は、公布の日から施行する。

（財務諸表等の用語、様式及び作成方法に関する規則の一部改正に伴う経過措置）

第2条　第1条の規定による改正後の財務諸表等の用語、様式及び作成方法に関する規則（以下「新財務諸表等規則」という。）の規定の適用は、次の各号に掲げる改正規定の区分に応じ、当該各号に定めるところによる。

　一　第8条に3項を加える改正規定（新財務諸表等規則第8条第41項に係る部分に限る。）、第8条の2第8号の改正規定、第8条の6の次に1条を加える改正規定、第8条の7の改正規定、第8条の8の改正規定、第125条の改正規定及び様式第十号の改正規定　平成22年3月31日以後に終了する事業年度に係る財務諸表について適用し、同日前に終了する事業年度に係るものについては、なお従前の例

による。ただし、平成22年3月31日前に終了する事業年度に係る財務諸表のうち、この府令の施行の日（以下「施行日」という。）以後に提出されるものについては、これらのすべての改正規定による新財務諸表等規則の規定により作成することができる。

　二　第8条に3項を加える改正規定（新財務諸表等規則第8条第42項に係る部分に限る。）、第8条の27の次に1条を加える改正規定、第9条第2項の改正規定、第48条の3の次に1条を加える改正規定、第49条第1項の改正規定、第51条の3の次に1条を加える改正規定、第52条第1項の改正規定、第53条の改正規定、第54条の2の改正規定、第121条の改正規定、第122条の改正規定（第7号ヘを改める部分を除く。）、第123条第1号の改正規定、第125条の次に1条を加える改正規定、第126条の改正規定、様式第二号の改正規定（資産除去債務に係る部分に限る。）及び様式第十一号の次に一様式を加える改正規定　平成22年4月1日以後に開始する事業年度に係る財務諸表について適用し、同日前に開始する事業年度に係るものについては、なお従前の例による。ただし、平成22年4月1日前に開始する事業年度に係る財務諸表のうち、施行日以後に提出されるものについては、これらのすべての改正規定による新財務諸表等規則の規定により作成することができる。

　三　第8条に3項を加える改正規定（新財務諸表等規則第8条第43項に係る部分に限る。）、第54条の3の次に1条を加える改正規定、第76条の次に1条を加える改正規定及び第84条ただし書の改正規定　平成21年4月1日以後に開始する事業年度に係る財務諸表について適用し、同日前に開始する事業年度に係るものについては、なお従前の例による。ただし、平成21年4月1日前に開始する事業年度に係る財務諸表のうち、施行日以後に提出されるものについては、これらのすべての改正規定による新財務諸表等規則の規定により作成することができる。

四　第8条の9の改正規定　平成20年4月1日以後に開始する事業年度に係る財務諸表のうち、施行日以後に提出されるものについて適用し、平成20年4月1日前に開始する事業年度に係る財務諸表については、なお従前の例による。

五　第15条第11号の改正規定、第17条の改正規定、第19条の改正規定、第54条第1項の改正規定及び様式第二号の改正規定（資産除去債務に係る部分を除く。）　平成21年3月31日以後に終了する事業年度に係る財務諸表について適用し、同日前に終了する事業年度に係るものについては、なお従前の例による。ただし、平成21年3月31日前に終了する事業年度に係る財務諸表のうち、施行日以後に提出されるものについては、これらのすべての改正規定による新財務諸表等規則の規定により作成することができる。

2　前項第1号の規定にかかわらず、新財務諸表等規則第8条の6の2第3項及び第4項の規定による注記は、平成23年3月31日前に終了する事業年度に係る財務諸表については記載しないことができる。

3　第1項第3号に掲げる改正規定による新財務諸表等規則の規定により財務諸表を作成する最初の事業年度において、当該事業年度の前事業年度末に存在する工事契約について新財務諸表等規則の規定による場合には、その旨並びに当該事業年度の前事業年度末までの工事の進捗度に対応する工事収益の額及び工事原価の額を損益計算書に注記しなければならない。

　　附　則〔平成20年9月24日内閣府令第56号　株式会社日本政策金融公庫法等の施行に伴う金融庁関係内閣府令の整備に関する内閣府令〕

この府令は、平成20年10月1日から施行する。

　　附　則〔平成20年12月12日内閣府令第80号　財務諸表等の用語、様式及び作成方法に関する規則等の一部を改正する内閣府令〕

この府令は、公布の日から施行する。

　　附　則〔平成21年3月24日内閣府令第5号　財務諸表等の用語、様式及び作成方法に関する規則等の一部を改正する内閣府令〕

（施行期日）

第1条　この府令は、公布の日から施行する。

（財務諸表等の用語、様式及び作成方法に関する規則の一部改正に伴う経過措置）

第2条　第1条の規定による改正後の財務諸表等の用語、様式及び作成方法に関する規則（以下「新財務諸表等規則」という。）の規定の適用は、次の各号に掲げる改正規定の区分に応じ、当該各号に定めるところによる。

一　第8条の改正規定、第8条の17から第8条の22までの改正規定、第8条の23の見出しの改正規定、同条第1項の改正規定（同項中第4号を第5号とし、第3号を第4号とし、第2号の次に1号を加える部分を除く。）及び同条第3項の改正規定、第8条の24及び第8条の25の改正規定、第8条の26の改正規定（新財務諸表等規則第8条の23第1項第3号に掲げる事項に準ずる事項に係る部分を除く。）、第51条、第52条第1項、第53条、第54条の2、第56条、第95条の2及び第97条の改正規定、様式第三号の改正規定（負ののれん発生益に係る部分に限る。）並びに様式第二号の改正規定（負ののれんに係る部分に限る。）　平成22年4月1日以後に行われる企業結合（新財務諸表等規則第8条第27項に規定する企業結合をいう。以下この号において同じ。）及び事業分離（新財務諸表等規則第8条第38項に規定する事業分離をいう。以下この号において同じ。）について適用し、同日前に行われる企業結合及び事業分離については、なお従前の例による。ただし、平成21年4月1日以後に開始する事業年度の開始の日から平成22年3月31日までに企業結合又は事業分離が行われる場合には、当該企業結合及び事業分離について、これらのすべての改正規定による新財務諸表等規則の規定により当該事業年度に係る財務諸表を作成することができる。

二　第8条の23第1項の改正規定（同項中第4号を第5号とし、第3号を第4号とし、第2号の次に1号を加える部分に限る。）、同条第2項及び第4項の改正規定、第8条の26第1

項の改正規定（新財務諸表等規則第8条の23第1項第3号に掲げる事項に準ずる事項に係る部分に限る。）、第8条の28の次に2条を加える改正規定（第8条の29を加える部分に限る。）、第11条第2項、第69条第2項、第99条第2項、第110条第2項及び第121条第2項の改正規定、様式第十二号を様式第十五号とし、様式第四号から様式第十一号までを3号ずつ繰り下げる改正規定、様式第三号の改正規定（同様式を様式第六号とする部分に限る。）、様式第二号の改正規定（同様式を様式第五号とする部分に限る。）並びに様式第一号の次に3様式を加える改正規定　平成22年4月1日以後に開始する事業年度に係る財務諸表について適用し、同日前に開始する事業年度に係るものについては、なお従前の例による。

三　第8条の28の次に2条を加える改正規定（第8条の30を加える部分に限る。）　平成22年3月31日以後に終了する事業年度に係る財務諸表について適用し、同日前に終了する事業年度に係るものについては、なお従前の例による。ただし、同日前に終了する事業年度に係る財務諸表のうち、この府令の施行の日（以下「施行日」という。）以後に提出するものについては、当該改正規定による新財務諸表等規則の規定により作成することができる。

四　第122条第1号の改正規定及び別記第2号の改正規定　平成21年4月1日以後に開始する事業年度に係る財務諸表について適用し、同日前に開始する事業年度に係る財務諸表については、なお従前の例による。

2　前項第1号に掲げる改正規定による新財務諸表等規則の規定により財務諸表を作成する最初の事業年度においては、新財務諸表等規則第8条の3第1号に掲げる事項のうち、会計処理の原則又は手続の変更が財務諸表に与えている影響の内容（当該改正規定に係るものに限る。）について記載することを要しない。

3　平成22年4月1日以後に開始する事業年度に係る財務諸表を作成する場合において、第1項第1号の規定によりなお従前の例によることと

される場合における負ののれんの償却額については、新財務諸表等規則第8条の29第1項第2号及び第3号に掲げる事項として当該負ののれんの償却額を新財務諸表等規則様式第二号に定めるところにより注記し、同条第3項各号に掲げる項目に該当するものとして当該負ののれんの償却額及び未償却残高を新財務諸表等規則様式第四号に定めるところに準じて注記しなければならない。

附　則〔平成21年4月20日内閣府令第27号財務諸表等の用語、様式及び作成方法に関する規則等の一部を改正する内閣府令〕

（施行期日）

第1条　この府令は、公布の日から施行する。

（財務諸表等の用語、様式及び作成方法に関する規則の一部改正に伴う経過措置）

第2条　第1条の規定による改正後の財務諸表等の用語、様式及び作成方法に関する規則第8条の27の規定は、平成21年3月31日以後に終了する事業年度に係る財務諸表について適用し、同日前に終了する事業年度に係る財務諸表については、なお従前の例による。

附　則〔平成21年12月11日内閣府令第73号連結財務諸表の用語、様式及び作成方法に関する規則等の一部を改正する内閣府令〕

（施行期日）

第1条　この府令は、公布の日から施行する。

（財務諸表等の用語、様式及び作成方法に関する規則の一部改正に伴う経過措置）

第3条　第2条の規定による改正後の財務諸表等の用語、様式及び作成方法に関する規則第7章の規定は、平成22年3月31日以後に終了する事業年度に係る財務諸表について適用し、同日前に終了する事業年度に係るものについては、なお従前の例による。

附　則〔平成22年9月30日内閣府令第45号連結財務諸表の用語、様式及び作成方法に関する規則等の一部を改正する内閣府令〕

（施行期日）

第1条　この府令は、公布の日から施行する。

（財務諸表等の用語、様式及び作成方法に関する
　規則の一部改正に伴う経過措置）

第３条　第２条の規定による改正後の財務諸表等
の用語、様式及び作成方法に関する規則（以下
この条において「新財務諸表等規則」という。）
の規定の適用は、次の各号に掲げる規定の区分
に応じ、当該各号に定めるところによる。

　一　新財務諸表等規則第６条、第８条第44項か
　　ら53項まで、第８条の２、第８条の３から
　　第８条の３の７まで、第９条、第68条の４第
　　２項、第95条の２、第95条の３、第95条の５
　　の２第２項、第95条の５の３、第101条第１項、
　　第102条、第103条第１項、第104条、第105条
　　第１項、第106条第１項第１号、第107条第１
　　号、第108条第３項、第131条第１項、第133
　　条第２項、様式第二号、様式第六号、様式第
　　七号及び様式第十一号から様式第十五号まで
　　　平成23年４月１日以後に開始する事業年度
　　に係る財務諸表（財務諸表等の用語、様式及
　　び作成方法に関する規則第１条第１項に規定
　　する財務諸表をいう。以下同じ。）について
　　適用し、同日前に開始する事業年度に係るも
　　のについては、なお従前の例による。

　二　新財務諸表等規則第128条　施行日以後に
　　終了する事業年度に係る財務諸表について適
　　用する。

２　財務諸表提出会社が、平成20年12月５日から
平成22年３月31日までに売買目的有価証券（財
務諸表等の用語、様式及び作成方法に関する規
則（以下この項において「財務諸表等規則」と
いう。）第８条第20項に規定する有価証券をい
う。以下同じ。）又はその他有価証券（売買目
的有価証券、満期保有目的の債券（この府令に
よる改正前の財務諸表等規則第８条第21項に規
定する満期保有目的の債券をいう。以下この項
において同じ。）、子会社株式及び関連会社株式
以外の有価証券をいう。）を満期保有目的の債
券へ変更した場合における当該変更後の満期保
有目的の債券についての新財務諸表等規則第８
条第21項の規定の適用については、なお従前の
例による。

３　新財務諸表等規則第８条の７の規定は、平成
22年４月１日以後に開始する事業年度に係る財
務諸表から適用し、同日前に開始した事業年度
に係るものについては、なお従前の例による。

　　　附　則　（平成22年11月19日内閣府令第49号
　　　　　　　　金融商品取引清算機関等に関する
　　　　　　　　内閣府令等の一部を改正する内閣
　　　　　　　　府令）

（施行期日）

１　この府令は、平成23年１月１日から施行する。

２　（略）

　　　附　則　（平成23年３月31日内閣府令第10号
　　　　　　　　四半期連結財務諸表の用語、様式
　　　　　　　　及び作成方法に関する規則等の一
　　　　　　　　部を改正する内閣府令）

（施行期日）

第１条　この府令は、平成23年４月１日（以下「施
行日」という。）から施行する。

（財務諸表等の用語、様式及び作成方法に関する
　規則の一部改正に伴う経過措置）

第７条　第６条の規定による改正後の財務諸表等
の用語、様式及び作成方法に関する規則は、施
行日以後に開始する事業年度に係る財務諸表に
ついて適用し、同日前に開始する事業年度に係
るものについては、なお従前の例による。

　　　附　則　（平成23年６月30日内閣府令第30号
　　　　　　　　財務諸表等の用語、様式及び作成
　　　　　　　　方法に関する規則等の一部を改正
　　　　　　　　する内閣府令）

（施行期日）

第１条　この府令は、公布の日から施行する。

（財務諸表等の用語、様式及び作成方法に関する
　規則の一部改正に伴う経過措置）

第２条　第１条の規定による改正後の財務諸表等
の用語、様式及び作成方法に関する規則第８条
第７項及び第８条の９第２号の規定は、平成25
年４月１日以後に開始する事業年度に係る財務
諸表について適用し、同日前に開始する事業年
度に係るものについては、なお従前の例による。
ただし、平成23年４月１日以後に開始する事業
年度に係るものについては、これらの規定を適
用することができる。

金
商
法

　　　　　　平成23年11月16日内閣府令第61号
　附　則　資本市場及び金融業の基盤強化の
　　　　　　ための金融商品取引法等の一部を
　　　　　　改正する法律の一部の施行に伴う
　　　　　　金融庁関係内閣府令の整備に関す
　　　　　　る内閣府令

（施行期日）

第1条　この府令は、資本市場及び金融業の基盤
　強化のための金融商品取引法等の一部を改正す
　る法律附則第1条第2号に掲げる規定の施行の
　日（平成23年11月24日）から施行する。

　　　　　　平成24年2月15日内閣府令第4号
　附　則　資本市場及び金融業の基盤強化の
　　　　　　ための金融商品取引法等の一部を
　　　　　　改正する法律の施行に伴う金融庁
　　　　　　関係内閣府令の整備等に関する内
　　　　　　閣府令

（施行期日）

第1条　この府令は、資本市場及び金融業の基盤
　強化のための金融商品取引法等の一部を改正す
　る法律の施行の日（平成24年4月1日）から施
　行する。

　　　　　　平成24年3月26日内閣府令第11号
　附　則　株式会社国際協力銀行法の施行に
　　　　　　伴う金融庁関係内閣府令の整備に
　　　　　　関する内閣府令

　この府令は、平成24年4月1日から施行する。

　　　　　　平成24年9月21日内閣府令第61号
　附　則　財務諸表等の用語、様式及び作成
　　　　　　方法に関する規則等の一部を改正
　　　　　　する内閣府令

（施行期日）

第1条　この府令は、公布の日から施行する。

（財務諸表等の用語、様式及び作成方法に関する
　規則の一部改正に伴う経過措置）

第2条　第1条の規定による改正後の財務諸表等
　の用語、様式及び作成方法に関する規則（附則
　第3項を除く。次項において「新財務諸表等規
　則」という。）は、平成25年4月1日以後に開
　始する事業年度に係る財務諸表について適用し、
　同日前に開始する事業年度に係るものについて
　は、なお従前の例による。

2　平成25年4月1日以後に開始する事業年度に
　係る財務諸表に初めて新財務諸表等規則を適用
　する場合における当該財務諸表に含まれる比較
　情報（財務諸表等の用語、様式及び作成方法に
　関する規則第6条に規定する比較情報をいう。）
　については、第1条の規定による改正前の財務

諸表等の用語、様式及び作成方法に関する規則
（附則第3項を除く。次項において「旧財務諸
表等規則」という。）を適用する。

3　平成25年4月1日から平成26年3月31日まで
　の間に開始する事業年度（以下この項において
　「当事業年度」という。）の前事業年度に係る財
　務諸表（金融商品取引法第5条第1項又は第24
　条第1項から第3項までの規定により提出され
　た有価証券届出書又は有価証券報告書に記載さ
　れていないものに限る。以下この項において「前
　財務諸表」という。）を、金融商品取引法又は
　金融商品取引法に基づく命令により当事業年度
　に係る財務諸表を最近事業年度に係る財務諸表
　として記載すべき有価証券届出書又は当事業年
　度に係る有価証券報告書に記載する場合におけ
　る前財務諸表については、旧財務諸表等規則を
　適用する。

　　　　　　平成25年8月21日内閣府令第52号
　附　則　財務諸表等の用語、様式及び作成
　　　　　　方法に関する規則等の一部を改正
　　　　　　する内閣府令

第1条　第1条の規定による改正後の財務諸表等
　の用語、様式及び作成方法に関する規則様式第
　7号（中略）は、次の表の書類の欄に掲げる書
　類ごとに、同表の適用対象の欄に定めるもの及
　びその訂正に係る書類に記載すべき株主資本等
　変動計算書等（株主資本等変動計算書、連結株
　主資本等変動計算書、中間株主資本等変動計算
　書及び中間連結株主資本等変動計算書をいう。
　以下同じ。）について適用し、当該欄に定めの
　ないもの及びその訂正に係る書類に記載すべき
　株主資本等変動計算書等については、なお従前
　の例による。

書　類	適　用　対　象
有価証券届出書	直近の事業年度又は特定期間（金融商品取引法第24条第5項において準用する同条第1項に規定する特定期間をいう。以下同じ。）（以下「事業年度等」という。）が平成25年12月31日以後に終了するもの
有価証券報告書	平成25年12月31日以後に終了する事業年度等に係るもの

| 半期報告書 | 平成26年1月1日以後に開始する事業年度等に属する中間会計期間又は中間計算期間（特定期間開始の日から起算して6月を経過する日までの期間をいう。）に係るもの |

第2条　（略）

附　則 $\begin{pmatrix} \text{平成25年10月28日内閣府令第70号} \\ \text{連結財務諸表の用語、様式及び作成方法に関する規則等の一部を改正する内閣府令} \end{pmatrix}$

この府令は、公布の日から施行する。

附　則 $\begin{pmatrix} \text{平成26年3月26日内閣府令第19号} \\ \text{財務諸表等の用語、様式及び作成方法に関する規則等の一部を改正する内閣府令} \end{pmatrix}$

（施行期日）

第1条　この府令は、公布の日から施行する。

（財務諸表等の用語、様式及び作成方法に関する規則の一部改正に伴う経過措置）

第2条　第1条の規定による改正後の財務諸表等の用語、様式及び作成方法に関する規則（次項及び第3項において「新財務諸表等規則」という。）は、平成26年3月31日以後に終了する事業年度に係る財務諸表について適用し、同日前に終了する事業年度に係るものについては、なお従前の例による。

2　平成26年3月31日以後に終了する事業年度に係る財務諸表に初めて新財務諸表等規則を適用する場合には、新財務諸表等規則第8条の3の4第1項第3号に掲げる金額（第1条中財務諸表等の用語、様式及び作成方法に関する規則第8条の6、第8条の23、第8条の28、第20条、第26条、第26条の2、第42条、第54条の4、第56条、第68条の4、第75条、第76条の2、第80条、第86条、第95条の3の2、第95条の3の3、第95条の5の2、第95条の5の3、第107条、第121条及び第127条の改正規定に係るものに限る。）について記載することを要しない。

3　企業内容等の開示に関する内閣府令等の一部を改正する内閣府令（平成19年内閣府令第65号）附則第9条第3項（同条第4項において準用する場合を含む。以下この項において同じ。）の規定にかかわらず、同条第3項各号に定める事項は、財務諸表提出会社（新財務諸表等規則第5条第1項第1号に規定する財務諸表等提出会社をいう。）が連結財務諸表を作成している場合には、記載することを要しない。

附　則 $\begin{pmatrix} \text{平成26年3月28日内閣府令第22号} \\ \text{財務諸表等の用語、様式及び作成方法に関する規則等の一部を改正する内閣府令} \end{pmatrix}$

（施行期日）

第1条　この府令は、公布の日から施行する。

（財務諸表等の用語、様式及び作成方法に関する規則の一部改正に伴う経過措置）

第2条　第1条の規定による改正後の財務諸表等の用語、様式及び作成方法に関する規則（以下この条において「新財務諸表等規則」という。）の規定は、平成27年4月1日以後に開始する事業年度に係る財務諸表について適用し、同日前に開始する事業年度に係る財務諸表については、なお従前の例による。ただし、平成26年4月1日以後に開始する事業年度に係る財務諸表については、新財務諸表等規則の規定（財務諸表等の用語、様式及び作成方法に関する規則（次項において「財務諸表等規則」という。）様式第7号の改正規定に係る部分を除く。）を適用することができる。

2　前項の規定により財務諸表に初めて新財務諸表等規則の規定を適用する場合における当該財務諸表に含まれる比較情報（新財務諸表等規則第6条に規定する比較情報をいう。）については、前項の規定にかかわらず、第1条の規定による改正前の財務諸表等規則の規定を適用して作成するものとする。

附　則 $\begin{pmatrix} \text{平成26年9月30日内閣府令第63号} \\ \text{四半期財務諸表等の用語、様式及び作成方法に関する規則等の一部を改正する内閣府令} \end{pmatrix}$

（施行期日）

第1条　この府令は、公布の日から施行する。

附　則 $\begin{pmatrix} \text{平成27年9月4日内閣府令第52号} \\ \text{連結財務諸表の用語、様式及び作成方法に関する規則等の一部を改正する内閣府令} \end{pmatrix}$

（施行期日）

第1条　この府令は、公布の日から施行する。

金商法

（財務諸表等の用語、様式及び作成方法に関する
　規則の一部改正に伴う経過措置）

第6条　第5条の規定による改正後の財務諸表等
　の用語、様式及び作成方法に関する規則の規定
　は、平成28年3月31日以後に終了する事業年度
　に係る財務諸表について適用し、同日前に終了
　する事業年度に係るものについては、なお従前
　の例による。

　　附　則　(平成28年12月27日内閣府令第66号／財務諸表等の用語、様式及び作成／方法に関する規則等の一部を改正／する内閣府令)

　この府令は、平成29年1月1日から施行する。

　　附　則　(平成29年5月25日内閣府令第28号／財務諸表等の用語、様式及び作成／方法に関する規則及び連結財務諸／表の用語、様式及び作成方法に関／する規則の一部を改正する内閣府／令)

（施行期日）

第1条　この府令は、公布の日から施行する。

（財務諸表等の用語、様式及び作成方法に関する
　規則の一部改正に伴う経過措置）

第2条　第1条の規定による改正後の財務諸表等
　の用語、様式及び作成方法に関する規則は、平
　成29年5月31日以後に終了する事業年度に係る
　財務諸表について適用し、同日前に終了する事
　業年度に係るものについては、なお従前の例に
　よる。

　　附　則　(平成29年6月30日内閣府令第35号／財務諸表等の用語、様式及び作成／方法に関する規則の一部を改正す／る内閣府令)

　この府令は、公布の日から施行する。

　　附　則　(平成30年3月23日内閣府令第7号／財務諸表等の用語、様式及び／方法に関する規則等の一部を改正／する内閣府令)

（施行期日）

第1条　この府令は、公布の日から施行する。

（財務諸表等の用語、様式及び作成方法に関する
　規則の一部改正に伴う経過措置）

第2条　第1条の規定による改正後の財務諸表等
　の用語、様式及び作成方法に関する規則（以下
　この条において「新財務諸表等規則」という。）
　の規定は、平成30年4月1日以後に開始する事
　業年度に係る財務諸表について適用し、同日前

に開始する事業年度に係る財務諸表については、
なお従前の例による。ただし、平成30年3月31
日以後最初に終了する事業年度に係る財務諸表
については、新財務諸表等規則の規定を適用す
ることができる。

2　前項の規定により財務諸表に初めて新財務諸
　表等規則の規定を適用する場合における財務諸
　表に含まれる比較情報（新財務諸表等規則第6
　条に規定する比較情報をいい、新財務諸表等規
　則第8条の12第2項第2号及び同条第3項に係
　るものに限る。）については、前項の規定にか
　かわらず、第1条の規定による改正前の財務諸
　表等の用語、様式及び作成方法に関する規則の
　規定を適用して作成することができる。

　　附　則　(平成30年6月8日内閣府令第29号／財務諸表等の用語、様式及び作成／方法に関する規則等の一部を改正／する内閣府令)

（施行期日）

第1条　この府令は、公布の日から施行する。

（財務諸表等の用語、様式及び作成方法に関する
　規則の一部改正に伴う経過措置）

第2条　第1条の規定による改正後の財務諸表等
　の用語、様式及び作成方法に関する規則（以下
　この条において「新財務諸表等規則」という。）
　の規定は、令和3年4月1日以後に開始する事
　業年度に係る財務諸表について適用し、同日前
　に開始する事業年度に係る財務諸表については、
　なお従前の例による。ただし、平成30年4月1
　日以後に開始する事業年度に係る財務諸表又は
　平成30年12月31日以後に終了する事業年度に係
　る財務諸表については、新財務諸表等規則の規
　定を適用することができる。

　　附　則　(平成31年4月26日内閣府令第27号／財務諸表等の用語、様式及び作成／方法に関する規則及び連結財務諸／表の用語、様式及び作成方法に関／する規則の一部を改正する内閣府／令)

（施行期日）

第1条　この府令は、公布の日から施行する。

（財務諸表等の用語、様式及び作成方法に関する
　規則の一部改正に伴う経過措置）

第2条　第1条の規定による改正後の財務諸表等

の用語、様式及び作成方法に関する規則（以下
この条において「新財務諸表等規則」という。）
の規定は、平成31年4月1日以後に開始する事
業年度において行われる企業結合(新財務諸表
等規則第8条第27項に規定する企業結合をいう。
以下この条において同じ。）について適用し、
同日以後に開始する最初の事業年度の開始の日
の前日までに行われる企業結合については、な
お従前の例による。

　　　附　則〔令和元年5月7日内閣府令第2号
無尽業法施行細則等の一部を改正
する内閣府令〕

この府令は、公布の日から施行する。

　　　附　則〔令和元年6月21日内閣府令第13号
企業内容等の開示に関する内閣府
令等の一部を改正する内閣府令〕

（施行期日）
第1条　この府令は、公布の日から施行する。（以
下略）

　　　附　則〔令和2年3月6日内閣府令第9号
財務諸表等の用語、様式及び作成
方法に関する規則等の一部を改正
する内閣府令〕

（施行期日）
第1条　この府令は、公布の日から施行する。
（財務諸表等の用語、様式及び作成方法に関する
規則の一部改正に伴う経過措置）
第2条　第1条の規定による改正後の財務諸表等
の用語、様式及び作成方法に関する規則（以下
「新財務諸表等規則」という。）の規定は、令和
3年4月1日以後に開始する事業年度に係る財
務諸表について適用し、同日前に開始する事業
年度に係る財務諸表については、なお従前の例
による。ただし、令和2年3月31日以後に終了
する事業年度に係る財務諸表又は同年4月1日
以後に開始する事業年度に係る財務諸表につい
ては、新財務諸表等規則の規定を適用すること
ができる。

2　前項の規定により財務諸表に初めて新財務
諸表等規則の規定を適用する場合には、当該財務
諸表に含まれる比較情報（新財務諸表等規則第
6条に規定する比較情報をいい、新財務諸表等
規則第8条の6の2第1項第3号及び第8条の
33に係るものに限る。）について記載すること

を要しない。

3　第1項ただし書の規定により令和2年3月31
日以後に終了する事業年度に係る財務諸表に初
めて新財務諸表等規則の規定を適用する場合に
は、新財務諸表等規則第8条の6の2第1項第
3号ニ(2)に掲げる事項の記載を省略することが
できる。この場合には、翌事業年度の財務諸表
に含まれる比較情報（同号ニ(2)に係るものに限
る。）について記載することを要しない。

4　第1項の規定により財務諸表に初めて新財務
諸表等規則の規定を適用する場合であって、金
融商品又は市場価格の変動により利益を得る目
的をもって所有する棚卸資産の時価の算定方法
を変更した場合（新財務諸表等規則第8条第47
項に規定する会計方針の変更として同条第51項
に規定する遡及適用を行っていない場合に限
る。）には、新財務諸表等規則第8条の3、第
8条の3の5又は第8条の3の6に規定する事
項に代えて、当該変更の内容を注記しなければ
ならない。

5　貸借対照表に持分相当額を純額で計上する組
合その他これに準ずる事業体（外国におけるこ
れらに相当するものを含む。）への出資につい
ては、第1項の規定にかかわらず、令和4年4
月1日前に開始する事業年度に係る財務諸表に
ついて、新財務諸表等規則第8条の6の2第1
項第2号に掲げる事項の記載を省略することが
できる。この場合には、その旨及び当該出資の
貸借対照表計上額を注記しなければならない。

6　金融商品取引法第2条第1項第10号に掲げる
投資信託又は外国投資信託の受益証券、同項第
11号に掲げる投資証券又は外国投資証券その他
これらに準ずる有価証券を含む金融商品（以下
「投資信託等」という。）については、第1項の
規定にかかわらず、令和4年4月1日前に開始
する事業年度に係る財務諸表について、新財務
諸表等規則第8条の6の2第1項第3号に掲げ
る事項の記載を省略することができる。この場
合には、その旨及び当該投資信託等の貸借対照
表計上額を注記しなければならない。

7　投資信託等について、財務諸表に初めて新財

務諸表等規則第８条の６の２第１項第３号に掲げる事項を記載する場合には、当該財務諸表に含まれる比較情報（新財務諸表等規則第６条に規定する比較情報をいい、同号（投資信託等に係るものに限る。）に係るものに限る。）について記載することを要しない。

8　投資信託等について、令和４年４月１日前に開始する事業年度に係る財務諸表に初めて新財務諸表等規則第８条の６の２第１項第３号に掲げる事項を記載する場合（投資信託等について、一般に公正妥当と認められる企業会計の基準に従い、時価の算定に係る会計処理を事業年度末に係る財務諸表から適用する場合に限る。）には、同号ニ(2)に掲げる事項の記載を省略することができる。この場合には、翌事業年度の財務諸表に含まれる比較情報（新財務諸表等規則第６条に規定する比較情報をいい、同号ニ(2)（投資信託等に係るものに限る。）に係るものに限る。）について記載することを要しない。

附　則　〔令和２年６月12日内閣府令第46号／財務諸表等の用語、様式及び作成方法に関する規則等の一部を改正する内閣府令〕

（施行期日）

第1条　この府令は、公布の日から施行する。

（財務諸表等の用語、様式及び作成方法に関する規則等の一部改正に伴う経過措置）

第2条　第１条の規定による改正後の財務諸表等の用語、様式及び作成方法に関する規則（以下「新財務諸表等規則」という。）第８条第69項、第８条の２、第８条の２の２、第８条の３の３、第８条の８及び第９条の規定、第２条の規定による改正後の中間財務諸表等の用語、様式及び作成方法に関する規則（以下「新中間財務諸表等規則」という。）第４条及び第５条の５の規定、第３条の規定による改正後の四半期財務諸表等の用語、様式及び作成方法に関する規則（以下「新四半期財務諸表等規則」という。）第10条の規定、第４条の規定による改正後の連結財務諸表の用語、様式及び作成方法に関する規則（以下「新連結財務諸表規則」という。）第13条第５項、第13条の２、第14条の４、第15条の７、

第16条及び第43条の２の規定、第５条の規定による改正後の中間連結財務諸表の用語、様式及び作成方法に関する規則（以下「新中間連結財務諸表規則」という。）第10条第５項及び第17条の規定並びに第６条の規定による改正後の四半期連結財務諸表の用語、様式及び作成方法に関する規則（以下「新四半期連結財務諸表規則」という。）第17条の規定は、令和３年３月31日以後終了する事業年度及び連結会計年度（以下「事業年度等」という。）に係る財務諸表及び連結財務諸表（以下「財務諸表等」という。）、同日以後終了する中間会計期間及び中間連結会計期間（以下「中間会計期間等」という。）に係る中間財務諸表及び中間連結財務諸表（以下「中間財務諸表等」という。）並びに同日以後終了する事業年度等に属する四半期累計期間及び四半期会計期間並びに四半期連結累計期間及び四半期連結会計期間（以下「四半期累計期間等」という。）に係る四半期財務諸表及び四半期連結財務諸表（以下「四半期財務諸表等」という。）について適用し、同日前に終了する事業年度等、中間会計期間等及び四半期累計期間等に係るものについては、なお従前の例による。ただし、直近の事業年度等が令和２年３月31日以後終了する事業年度等に係る財務諸表等、直近の中間会計期間等が同日以後終了する中間会計期間等に係る中間財務諸表等及び直近の四半期累計期間等が同日以後終了する四半期累計期間等に係る四半期財務諸表等については、これらの規定を適用することができる。

2　前項の規定により財務諸表に初めて新財務諸表等規則の規定を適用する場合には、当該財務諸表に含まれる比較情報（新財務諸表等規則第６条に規定する比較情報をいい、新財務諸表等規則第８条の２の２に係るものに限る。）について記載することを要しない。

3　（略）

第3条　新財務諸表等規則第８条の32、第15条、第17条、第39条、第47条、第49条、第54条の４、第72条及び第93条の規定並びに様式第五号及び様式第五号の二、新中間財務諸表等規則第五条

の23、第13条及び第31条の3の規定並びに様式第四号、新四半期財務諸表等規則第22条の4及び第30条の規定並びに様式第二号、新連結財務諸表規則第15条の26、第23条、第37条、第40条及び第51条の規定並びに様式第四号、新中間連結財務諸表規則第17条の18、第25条及び第43条の規定並びに様式第四号並びに新四半期連結財務諸表規則第27条の3及び第35条の規定並びに様式第二号は、令和3年4月1日以後開始する事業年度等に係る財務諸表等、同日以後開始する中間会計期間等に係る中間財務諸表等及び同日以後開始する四半期累計期間等に係る四半期財務諸表等について適用し、同日前に開始する事業年度等、中間会計期間等及び四半期累計期間等に係るものについては、なお従前の例による。ただし、令和2年4月1日以後開始する事業年度等に係る財務諸表等、同日以後開始する中間会計期間等に係る中間財務諸表等及び同日以後開始する四半期累計期間等に係る四半期財務諸表等については、これらの規定を適用することができる。

2　前項の規定により財務諸表に初めて新財務諸表等規則の規定を適用する場合における当該財務諸表に含まれる比較情報（新財務諸表等規則第6条に規定する比較情報をいう。以下この項及び次項において同じ。）については、前項の規定にかかわらず、第1条の規定による改正前の財務諸表等の用語、様式及び作成方法に関する規則の規定を適用して作成することができる。この場合において、当該財務諸表に含まれる比較情報（新財務諸表等規則第8条の32、第17条第4項、第49条第5項及び第72条第2項に係るものに限る。）について記載することを要しない。

3　この府令の施行の日（以下「施行日」という。）前に財務諸表等の用語、様式及び作成方法に関する規則等の一部を改正する内閣府令（平成30年内閣府令第29号。第8項において「平成30年改正府令」という。）第1条の規定による改正後の財務諸表等の用語、様式及び作成方法に関する規則（第5項において「平成30年改正財務諸表等規則」という。）を適用する場合であって、

第1項の規定により新財務諸表等規則第8条第48項に規定する表示方法の変更として財務諸表に初めて新財務諸表等規則の規定を適用するときにおける当該財務諸表に含まれる比較情報については、第1項の規定にかかわらず、第1条の規定による改正前の財務諸表等の用語、様式及び作成方法に関する規則の規定を適用して作成することができる。この場合には、新財務諸表等規則第8条の3の4第1項第3号に規定する事項について記載することを要しない。

4～11　（略）

附　則
$\binom{令和3年2月3日内閣府令第5号}{無尽業法施行細則等の一部を改正する内閣府令}$

（施行期日）

第1条　この府令は、会社法の一部を改正する法律の施行の日（令和3年3月1日）から施行する。

（財務諸表等の用語、様式及び作成方法に関する規則等の一部改正に伴う経過措置）

第2条　第3条の規定による改正後の財務諸表等の用語、様式及び作成方法に関する規則第8条第25項、同条第36項第4号、第8条の18第3項第4号、第59条、第67条の2、第100条第1項、第104条の2、様式第五号、様式第五号の二、様式第七号及び様式第七号の二の規定（中略）は、この府令の施行の日（以下「施行日」という。）以後終了する事業年度及び連結会計年度（以下この条において「事業年度等」という。）に係る財務諸表及び連結財務諸表、同日以後終了する中間会計期間及び中間連結会計期間（以下この条において「中間会計期間等」という。）に係る中間財務諸表及び中間連結財務諸表並びに同日以後終了する事業年度等に属する四半期累計期間及び四半期会計期間並びに四半期連結累計期間及び四半期連結会計期間（以下この条において「四半期累計期間等」という。）に係る四半期財務諸表及び四半期連結財務諸表について適用し、同日前に終了する事業年度等、中間会計期間等及び四半期累計期間等に係るものについては、なお従前の例による。

附　則 \
令和３年９月24日内閣府令第61号 \
財務諸表等の用語、様式及び作成 \
方法に関する規則等の一部を改正 \
する内閣府令

（施行期日）

第１条　この府令は、公布の日から施行する。

（財務諸表等の用語、様式及び作成方法に関する
規則の一部改正に伴う経過措置）

第２条　第１条の規定による改正後の財務諸表等
の用語、様式及び作成方法に関する規則（以下
「新財務諸表等規則」という。）の規定は、令和
４年４月１日以後に開始する事業年度に係る財
務諸表について適用し、同日前に開始する事業
年度に係る財務諸表については、なお従前の例
による。ただし、令和３年４月１日以後に開始
する事業年度に係る財務諸表については、新財
務諸表等規則の規定を適用することができる。

２　前項の規定により財務諸表に初めて新財務諸
表等規則の規定を適用する場合には、当該財務
諸表に含まれる比較情報（新財務諸表等規則第
６条に規定する比較情報をいい、新財務諸表等
規則第８条の６の２第３項から第５項までに係
るものに限る。）について記載することを要し
ない。

３　第１項ただし書の規定により財務諸表に初め
て新財務諸表等規則の規定を適用する場合（投
資信託等について、一般に公正妥当と認められ
る企業会計の基準に従い、時価の算定に係る会
計処理を事業年度末に係る財務諸表から適用す
る場合に限る。）には、新財務諸表等規則第８
条の６の２第５項第３号に掲げる事項の記載を
省略することができる。この場合には、翌事業
年度の財務諸表に含まれる比較情報（新財務諸
表等規則第６条に規定する比較情報をいい、同
号に係るものに限る。）について記載すること
を要しない。

４　第１項の規定により財務諸表に初めて新財務
諸表等規則の規定を適用する場合であって、金
融商品の時価の算定方法を変更した場合には、
新財務諸表等規則第８条の３、第８条の３の５
又は第８条の３の６に規定する事項に代えて、
当該変更の内容を注記しなければならない。

５　投資信託財産の計算に関する規則（平成12年
総理府令第133号）の適用を受ける信託財産に
ついて作成すべき財務諸表又は投資法人の計算
に関する規則（平成18年内閣府令第47号）の適
用を受ける投資法人が作成すべき財務諸表につ
いては、当分の間、新財務諸表等規則第８条の
６の２第１項第３号に掲げる事項の記載を省略
することができる。

財務諸表等規則様式

様式第一号　関連当事者情報 \
様式第二号　セグメント情報 \
様式第三号　関連情報 \
様式第四号　報告セグメントごとの固定資産の減 \
　　　　　　　損損失に関する情報 \
　　　　　　　報告セグメントごとののれんの償却 \
　　　　　　　額及び未償却残高に関する情報 \
　　　　　　　報告セグメントごとの負ののれん発 \
　　　　　　　生益に関する情報 \
様式第五号　貸借対照表 \
様式第五号の二　貸借対照表 \
様式第六号　損益計算書 \
様式第六号の二　損益計算書 \
様式第七号　株主資本等変動計算書 \
様式第七号の二　株主資本等変動計算書 \
様式第八号　キャッシュ・フロー計算書 \
様式第九号　キャッシュ・フロー計算書 \
様式第十号　有価証券明細表 \
様式第十一号　有形固定資産等明細表 \
様式第十一号の二　有形固定資産等明細表 \
様式第十二号　社債明細表 \
様式第十三号　借入金等明細表 \
様式第十四号　引当金明細表 \
様式第十四号の二　引当金明細表 \
様式第十五号　資産除去債務明細表

財務諸表等規則ガイドライン別記事業関係
（略）

様式第一号

【関連当事者情報】

種類	会社等の名称又は氏名	所在地	資本金又は出資金	事業の内容又は職業	議決権等の所有（被所有）割合	関連当事者との関係	取引の内容	取引金額	科　目	期末残高

(記載上の注意)

1．「種類」の欄には、第８条第17項各号に掲げられている関連当事者の種類を記載すること。

2．「所在地」の欄には、国内に住所を有する関連当事者にあつては市町村（政令指定都市においては区）まで、海外に住所を有する関連当事者にあつてはそれに準じて記載すること。ただし、関連当事者が個人である場合には記載を要しない。

3．「議決権等の所有（被所有）割合」の欄には、議決権等の所有関係を所有・被所有及び直接・間接の別がわかるように記載すること。

4．「関連当事者との関係」の欄には、資金援助、営業上の取引、設備の賃貸借、業務提携等の関係内容について簡潔に記載すること。なお、関連当事者が第三者のために財務諸表提出会社との間で行う取引については、その旨を併せて記載すること。

　　兼任をしている財務諸表提出会社の役員の有無のほか、出向、転籍等の形態により財務諸表提出会社から派遣されている役員の有無について期末日現在の状況を記載すること。

5．財務諸表提出会社と第三者との間の取引が、実質的に当該財務諸表提出会社と関連当事者との間の取引である場合には、その旨及び当該第三者の名称又は氏名を「取引の内容」の欄に記載すること。

6．「取引金額」の欄には、事業年度中の取引について、取引の種類ごとに総額で記載すること。

　　財務諸表提出会社と関連当事者との間の取引が債務の保証の場合には、当該債務の保証の期末残高を「取引金額」の欄に記載し、当該債務の保証の内容を注記すること。

　　関連当事者に担保として資産を提供しているとき又は関連当事者から担保として資産を受け入れているときは、当該資産に対応する債権又は債務の期末残高を「取引金額」の欄に記載し、担保の提供又は担保の受け入れについて、その内容を注記すること。

7．「科目」及び「期末残高」の欄には、取引により発生した債権債務に係る主要な科目及びその期末残高を記載すること。

8．取引条件及び取引条件の決定方針を注記すること。なお、取引条件が、一般の取引に比べ著しく異なる場合には、その条件を具体的に記載すること。

9．第８条の10第１項第９号に掲げる事項については、関連当事者ごとに注記すること。ただし、第８条第17項各号に掲げる関連当事者の種類ごとに合算して注記することができる。この場合には、第８条の10第１項第１号から第８号までに掲げる事項の記載の対象となつた関連当事者について合算して注記すること又は同項第１号から第８号までに掲げる事項の記載の対象となつた関連当事者を含むすべての関連当事者について合算して注記することができる。

　　同項第10号に規定する引当金については、同項第９号に掲げる事項の記載に準じて記載すること。

10．関連当事者が個人である場合には、「資本金又は出資金」の欄の記載を要しない。また、関連当事者が従業員のための企業年金である場合には、「資本金又は出資金」の欄及び「議決権等の所有（被所有）割合」の欄の記載を要しない。

11．関連当事者に該当するか否かは、個々の取引の開始時点で判定するものとし、関連当事者が事業年度中に関連当事者に該当しなくなつた場合には、同一事業年度における取引であつても関連当事者に該当しなくなつた後の取引については記載を要しない。

金
商
法

12. 関連当事者が、財務諸表提出会社の製品の販売会社で地域別に多数設立されており、それぞれの取引内容がおおむね同様である場合には、代表的な会社等を明示し、一括して記載することができるものとする。

13. 関連当事者情報の記載に当たつては、(1)　財務諸表提出会社の親会社及び主要株主（会社等の場合に限る。）等、(2)　財務諸表提出会社の子会社及び関連会社等、(3)　財務諸表提出会社と同一の親会社をもつ会社等及び財務諸表提出会社のその他の関係会社の子会社等並びに(4)　財務諸表提出会社の役員及び主要株主（個人の場合に限る。）等の別に記載することができる。

14. 財務諸表提出会社に親会社又は重要な関連会社が存在する場合には、第8条の10の2に規定する事項について注記すること。

様式第二号

【セグメント情報】

Ⅰ　前事業年度（自　　　年　月　日　至　　　年　月　日）

　1．報告セグメントの概要

　2．報告セグメントごとの売上高、利益又は損失、資産、負債その他の項目の金額の算定方法

　3．報告セグメントごとの売上高、利益又は損失、資産、負債その他の項目の金額に関する情報

（単位：　円）

	………	………	………	………	その他	合　計
売上高						
外部顧客への売上高	×××	×××	×××	×××	×××	×××
セグメント間の内部売上高又は振替高	×××	×××	×××	×××	×××	×××
計	×××	×××	×××	×××	×××	×××
セグメント利益又は損失（△）	×××	×××	×××	×××	×××	×××
セグメント資産	×××	×××	×××	×××	×××	×××
セグメント負債	×××	×××	×××	×××	×××	×××
その他の項目						
減価償却費	×××	×××	×××	×××	×××	×××
のれんの償却額	×××	×××	×××	×××	×××	×××
受取利息	×××	×××	×××	×××	×××	×××
支払利息	×××	×××	×××	×××	×××	×××
特別利益	×××	×××	×××	×××	×××	×××
（負ののれん発生益）	×××	×××	×××	×××	×××	×××
特別損失	×××	×××	×××	×××	×××	×××
（減損損失）	×××	×××	×××	×××	×××	×××
税金費用	×××	×××	×××	×××	×××	×××
有形固定資産及び無形固定資産の増加額	×××	×××	×××	×××	×××	×××
………	×××	×××	×××	×××	×××	×××

　4．報告セグメント合計額と財務諸表計上額との差額及び当該差額の主な内容（差異調整に関する事項）

Ⅱ　当事業年度（自　　　年　月　日　至　　　年　月　日）

　1．報告セグメントの概要

　2．報告セグメントごとの売上高、利益又は損失、資産、負債その他の項目の金額の算定方法

　3．報告セグメントごとの売上高、利益又は損失、資産、負債その他の項目の金額に関する情報

（単位：　円）

	………	………	………	………	その他	合　計
売上高						
外部顧客への売上高	×××	×××	×××	×××	×××	×××
セグメント間の内部売上高又は振替高	×××	×××	×××	×××	×××	×××
計	×××	×××	×××	×××	×××	×××
セグメント利益又は損失（△）	×××	×××	×××	×××	×××	×××
セグメント資産	×××	×××	×××	×××	×××	×××
セグメント負債	×××	×××	×××	×××	×××	×××
その他の項目						
減価償却費	×××	×××	×××	×××	×××	×××
のれんの償却額	×××	×××	×××	×××	×××	×××
受取利息	×××	×××	×××	×××	×××	×××
支払利息	×××	×××	×××	×××	×××	×××
特別利益	×××	×××	×××	×××	×××	×××
（負ののれん発生益）	×××	×××	×××	×××	×××	×××
特別損失	×××	×××	×××	×××	×××	×××
（減損損失）	×××	×××	×××	×××	×××	×××
税金費用	×××	×××	×××	×××	×××	×××
有形固定資産及び無形固定資産の増加額	×××	×××	×××	×××	×××	×××
………	×××	×××	×××	×××	×××	×××

　4．報告セグメント合計額と財務諸表計上額との差額及び当該差額の主な内容（差異調整に関する事項）

（記載上の注意）

1．この様式において「事業セグメント」とは、企業を構成する単位（以下この様式において「セグメント」という。）のうち、次に掲げる要件のすべてに該当するものをいう。

　⑴　収益及び費用（他のセグメントとの取引に関連する収益及び費用を含む。）を生じる事業活動に係るものであること。

　⑵　最高経営意思決定機関（各セグメントに資源を配分し、業績を評価する機能を有する機関をいう。以下この様式において同じ。）が、各セグメントに配分すべき資源に関する意思決定を行い、かつ、業績を評価するために、経営成績を定期的に検討するものであること。

　⑶　他のセグメントの財務情報と区分した財務情報が入手可能なものであること。

2．2以上の事業セグメントが次に掲げる要件のすべてに該当する場合には、当該事業セグメントを集約して1つの事業セグメントとすることができる。
　(1)　当該事業セグメントを1つの事業セグメントとすることが、過去の業績を理解し、将来のキャッシュ・フローの予測を適切に評価するために、事業活動の内容及び経営環境に関して適切な情報を提供するものとなること。
　(2)　当該事業セグメントについて、経済的特徴が概ね類似していること。
　(3)　当該事業セグメントについて、次に掲げるすべての要素が概ね類似していること。
　　①　製品及びサービスの内容
　　②　製品の製造方法又は製造過程及びサービスの提供方法
　　③　製品及びサービスを販売する市場又は顧客の種類
　　④　製品及びサービスの販売方法
　　⑤　業種に特有の規制環境

3．この様式において記載すべき「報告セグメント」の一定の単位は、事業セグメントのうち、次に掲げる基準のいずれかに該当するもの（2以上の基準に該当するものを含む。）とする。ただし、次に掲げる基準のいずれにも該当しない事業セグメントであつても、報告セグメントとすることができる。
　(1)　売上高（事業セグメント間の内部売上高又は振替高を含む。）が、すべての事業セグメントの売上高の合計額の10％以上であること。
　(2)　利益又は損失の金額の絶対値が、次の絶対値のいずれか大きい方の10％以上であること。
　　①　利益の生じているすべての事業セグメントの利益の合計額の絶対値
　　②　損失の生じているすべての事業セグメントの損失の合計額の絶対値
　(3)　資産の金額が、すべての事業セグメントの資産の合計額の10％以上であること。

4．3．に掲げる基準のいずれにも該当しない事業セグメントのうち、その経済的特徴及び2．(3)①から⑤までに掲げる要素の過半数について概ね類似している2以上の事業セグメントがあるときは、これらの事業セグメントを結合して1つの報告セグメントとすることができる。

5．3．及び4．によるもののほか、報告セグメントの売上高（事業セグメント間の内部売上高及び振替高を除く。）の合計額が、損益計算書の売上高の75％未満の金額となる場合には、3．に掲げる基準のいずれにも該当しない事業セグメントのうち、当該事業セグメントを報告セグメントとしたときの報告セグメントの売上高の合計額が、損益計算書の売上高の75％以上の金額に至るまでのものを報告セグメントとする。

6．「1．報告セグメントの概要」には、次に掲げる事項を記載すること。
　(1)　事業セグメントを識別するために用いた方法（例えば、製品・サービス別、地域別、規制環境別又はこれらの組合せその他の事業セグメントの基礎となる要素の別）
　(2)　2．により、2以上の事業セグメントを集約して1つの事業セグメントとしている場合には、その旨
　(3)　各報告セグメントに属する製品及びサービスの種類

7．「1．報告セグメントの概要」に関して、次の(1)又は(2)に掲げる場合に該当するときは、それぞれに定める内容を追加して記載すること。ただし、(2)により記載すべき情報のうち、一部の項目について記載することが困難な場合には、その旨及びその理由を記載することにより、当該項目に係る記載を省略することができる。また、(2)により記載すべき情報を記載することが困難な場合には、当該情報に代えて、その旨及びその理由を記載することができる。
　(1)　3．に掲げる基準に基づき、報告セグメントとして記載する事業セグメントが変更になる場合　その旨及び前事業年度のセグメント情報を当事業年度の報告セグメントの区分により作成した情報（当該情報を記載することが実務上困難な場合には、セグメント情報に与える影響）
　(2)　組織構造の変更その他の事由により、報告セグメントの区分方法を変更した場合　その旨及び前事業年度のセグメント情報を当事業年度の区分方法により作成した情報（当該情報を作成することが実務上困難な場合には、当事業年度のセグメント情報を前事業年度の区分方法により作成した情報）

8．「2．報告セグメントごとの売上高、利益又は損失、資産、負債その他の項目の金額の算定方法」には、次の(1)から(7)までに掲げる場合の区分に応じ、それぞれの場合に定める事項を記載すること。

(1)　報告セグメント間の取引がある場合　当該取引における取引価格及び振替価格の決定方法その他の当該取引の会計処理の基礎となる事項

(2)　報告セグメントの利益又は損失の合計額と損益計算書の利益計上額又は損失計上額（損益計算書の営業利益若しくは営業損失、経常利益若しくは経常損失、税引前当期純利益若しくは税引前当期純損失又は当期純利益若しくは当期純損失のうち、適当と判断される科目の金額をいう。10．(2)において同じ。）との間に差異があり、「４．報告セグメント合計額と財務諸表計上額との差額及び当該差額の主な内容（差異調整に関する事項）」の記載から差異の内容が明らかでない場合　差異の内容に関する事項

(3)　報告セグメントの資産の合計額と貸借対照表の資産計上額との間に差異があり、「４．報告セグメント合計額と財務諸表計上額との差額及び当該差額の主な内容（差異調整に関する事項）」の記載から差異の内容が明らかでない場合　差異の内容に関する事項

(4)　報告セグメントの負債の合計額と貸借対照表の負債計上額との間に差異があり、「４．報告セグメント合計額と財務諸表計上額との差額及び当該差額の主な内容（差異調整に関する事項）」の記載から差異の内容が明らかでない場合　差異の内容に関する事項

(5)　事業セグメントの利益又は損失の算定方法を前事業年度に採用した方法から変更した場合　その旨、変更の理由及び当該変更がセグメント情報に与える影響

(6)　事業セグメントに対する特定の資産又は負債の配分基準と関連する収益又は費用の配分基準が異なる場合　その内容

(7)　その他参考となるべき事項がある場合　その内容

9．「３．報告セグメントごとの売上高、利益又は損失、資産、負債その他の項目の金額に関する情報」には、最高経営意思決定機関が各セグメントに配分すべき資源に関する意思決定を行い、かつ、業績を評価するために、最高経営意思決定機関に提供される金額に基づき、次に掲げる金額を記載すること。

(1)　報告セグメントごとの利益又は損失及び資産の金額

(2)　報告セグメントごとの負債の金額（負債に関する情報が最高経営意思決定機関に対して定期的に提供され、かつ、使用されている場合に限る。）

(3)　報告セグメントの利益又は損失に関する金額のうち、次に掲げる項目の金額（報告セグメントの利益若しくは損失の金額の算定に次に掲げる項目が含まれている場合又は当該項目に係る事業セグメント別の情報が最高経営意思決定機関に対して定期的に提供され、かつ、使用されている場合に限る。）

①　外部顧客への売上高

②　事業セグメント間の内部売上高又は振替高

③　減価償却費（のれんを除く無形固定資産に係る償却費を含む。）

④　のれんの償却額

⑤　受取利息

⑥　支払利息

⑦　特別利益（主な内訳を含む。）

⑧　特別損失（主な内訳を含む。）

⑨　税金費用（法人税等及び法人税等調整額）

⑩　①から⑨までの項目に含まれていない重要な非資金損益項目（損益計算書における利益又は損失の計算に影響を及ぼすもののうち、キャッシュ・フローを伴わない項目をいう。）

(4)　報告セグメントの資産に関する金額のうち、当該事業年度における有形固定資産及び無形固定資産の増加額（報告セグメントの資産の金額の算定に当該項目が含まれている場合又は当該項目に係る事業セグメント別の情報が最高経営意思決定機関に対して定期的に提供され、かつ、使用されている場合に限る。）

10．「４．報告セグメント合計額と財務諸表計上額との差額及び当該差額の主な内容（差異調整に関する事項）」には、次に掲げる項目に差異がある場合において、差異調整に関する事項を記載すること。また、重要な調整事項がある場合には、当該事項を個別に記載すること。ただし、これらの差異調整に関する事項については、「３．報告セグメントごとの売上高、利益又は損失、資産、負債その他の項目の金額に関する情報」に係る注記事項と併せて記載することができる。この場合には、当欄の記載を要しない。

(1)　報告セグメントの売上高の合計額と損益計算書の売上高計上額

  (2)　報告セグメントの利益又は損失の合計額と損益計算書の利益計上額又は損失計上額

  (3)　報告セグメントの資産の合計額と貸借対照表の資産計上額

  (4)　報告セグメントの負債の合計額と貸借対照表の負債計上額

  (5)　報告セグメントのその他の項目（(1)から(4)までに掲げる項目を除く。）の合計額と当該項目に相当する科目の財務諸表計上額

11．10．において、報告セグメントに含まれない事業セグメント及びその他の収益を得る事業活動に関する情報については、他の調整項目と区分して「その他」の区分に一括して記載すること。

12．別記事業を営んでいる場合その他この様式によりがたい場合には、当該様式に準じて記載することができる。

様式第三号

【関連情報】

Ⅰ　前事業年度（自　　　年　月　日　至　　　年　月　日）

  1．製品及びサービスごとの情報

（単位：　円）

	…………	…………	…………	合　計
外部顧客への売上高	×××	×××	×××	×××

  2．地域ごとの情報

   (1)　売上高

（単位：　円）

日　本	…………	…………	…………	…………	合　計
×××	×××	×××	×××	×××	×××

   (2)　有形固定資産

（単位：　円）

日　本	…………	…………	…………	…………	合　計
×××	×××	×××	×××	×××	×××

  3．主要な顧客ごとの情報

（単位：　円）

顧客の名称又は氏名	売上高	関連するセグメント名
…………	×××	…………

Ⅱ　当事業年度（自　　　年　月　日　至　　　年　月　日）

  1．製品及びサービスごとの情報

（単位：　円）

	…………	…………	…………	合　計
外部顧客への売上高	×××	×××	×××	×××

  2．地域ごとの情報

   (1)　売上高

（単位：　円）

日　本	…………	…………	…………	…………	合　計
×× ×	×× ×	×× ×	×× ×	×× ×	×× ×

（2）　有形固定資産

（単位：　円）

日　本	…………	…………	…………	…………	合　計
×× ×	×× ×	×× ×	×× ×	×× ×	×× ×

３．主要な顧客ごとの情報

（単位：　円）

顧客の名称又は氏名	売上高	関連するセグメント名
…………	×× ×	…………

金商法

（記載上の注意）

1．財務諸表作成のために採用している会計処理基準に基づく金額により記載すること。

2．「1．製品及びサービスごとの情報」には、個別の製品・サービス、製品・サービスの種類、製品・サービスの性質、製品の製造方法、製品の販売市場その他の類似性に基づいて区分した顧客への売上高（セグメント間の内部売上高及び振替高を除く。以下この様式において「外部顧客への売上高」という。）のうち、損益計算書の売上高の10％以上を占めるものについて記載すること。ただし、当該事項を記載することが困難である場合には、当該事項に代えて、その旨及びその理由を記載することができる。

　　また、単一の製品・サービスの区分の外部顧客への売上高が損益計算書の売上高の90％を超える場合には、その旨を記載することにより当欄の記載を省略することができる。

3．「1．地域ごとの情報」には、次の(1)及び(2)に掲げる事項を記載すること。ただし、当該事項を記載することが困難である場合には、当該事項に代えて、その旨及びその理由を記載することができる。

　(1)　外部顧客への売上高を本邦（外国為替及び外国貿易法（昭和24年法律第228号）第6条第1項第1号に規定する本邦をいう。以下この様式において同じ。）又は本邦以外に区分した金額（本邦以外の外部顧客への売上高のうち、一国に係る金額であつて、損益計算書の売上高の10％以上を占めるものがある場合には、当該国に区分した金額）及び当該区分の基準

　(2)　有形固定資産の金額を有形固定資産の所在地によつて本邦又は本邦以外に区分した金額（本邦以外の有形固定資産の金額のうち、一国に所在している有形固定資産の金額であつて、貸借対照表の有形固定資産の金額の10％以上を占めるものがある場合には、当該国に区分した金額）

4．「2．地域ごとの情報」には、3．に定める国に区分した金額のほか、特定の地域に属する複数の国に係る金額を合計した金額を記載することができる。

5．3．にかかわらず、本邦の外部顧客への売上高に区分した金額が損益計算書の売上高の90％を超える場合又は本邦に所在している有形固定資産の金額が貸借対照表の有形固定資産の金額の90％を超える場合には、その旨を記載することにより3．(1)又は(2)に掲げる事項の記載を省略することができる。

6．「3．主要な顧客ごとの情報」には、外部顧客への売上高のうち、特定の顧客への売上高（同一の企業集団に属する顧客への売上高を集約している場合には、その売上高）であつて、損益計算書の売上高の10％以上を占めるものがある場合には、当該顧客の名称又は氏名、当該顧客への売上高及び当該顧客との取引に関連する主な報告セグメントの名称を記載しなければならない。

7．別記事業を営んでいる場合その他この様式によりがたい場合には、当該様式に準じて記載することができる。

様式第四号

【報告セグメントごとの固定資産の減損損失に関する情報】

前事業年度（自　　　年　月　日　至　　　年　月　日）

（単位：　円）

	…………	…………	…………	…………	…………	合　計
減損損失	×××	×××	×××	×××	×××	×××

当事業年度（自　　　年　月　日　至　　　年　月　日）

（単位：　円）

	…………	…………	…………	…………	…………	合　計
減損損失	×××	×××	×××	×××	×××	×××

【報告セグメントごとののれんの償却額及び未償却残高に関する情報】

前事業年度（自　　　年　月　日　至　　　年　月　日）

（単位：　円）

	…………	…………	…………	…………	…………	合　計
当期償却額	×××	×××	×××	×××	×××	×××
当期末残高	×××	×××	×××	×××	×××	×××

当事業年度（自　　　年　月　日　至　　　年　月　日）

（単位：　円）

	…………	…………	…………	…………	…………	合　計
当期償却額	×××	×××	×××	×××	×××	×××
当期末残高	×××	×××	×××	×××	×××	×××

【報告セグメントごとの負ののれん発生益に関する情報】

（記載上の注意）

1．財務諸表作成のために採用している会計処理基準に基づく金額により記載すること。
2．「報告セグメントごとの固定資産の減損損失に関する情報」には、報告セグメントごとに固定資産の減損損失の金額を記載すること。この場合において、報告セグメントに配分されていない減損損失の金額がある場合には、当該金額及びその内容を記載すること。
3．「報告セグメントごとののれんの償却額及び未償却残高に関する情報」には、報告セグメントごとにのれんの償却額及び未償却残高を記載すること。この場合において、報告セグメントに配分されていないのれんの償却額又は未償却残高がある場合には、当該償却額、未償却残高及びその内容を記載すること。
4．「報告セグメントごとの負ののれん発生益に関する情報」には、重要な負ののれん発生益を認識した場合において、当該負ののれん発生益を認識する要因となつた事象の概要を報告セグメントごとに記載すること。
5．別記事業を営んでいる場合その他この様式によりがたい場合には、当該様式に準じて記載することができる。

金
商
法

様式第五号

【貸借対照表】

（単位：　　　円）

	前事業年度 （　　年　月　日）	当事業年度 （　　年　月　日）
資産の部		
流動資産		
現金及び預金	×××	×××
受取手形	×××	×××
貸倒引当金	△×××	△×××
受取手形（純額）	×××	×××
売掛金	×××	×××
貸倒引当金	△×××	△×××
売掛金（純額）	×××	×××
契約資産	×××	×××
貸倒引当金	△×××	△×××
契約資産（純額）	×××	×××
リース債権	×××	×××
貸倒引当金	△×××	△×××
リース債権（純額）	×××	×××
リース投資資産	×××	×××
貸倒引当金	△×××	△×××
リース投資資産（純額）	×××	×××
有価証券	×××	×××
商品及び製品	×××	×××
仕掛品	×××	×××
原材料及び貯蔵品	×××	×××
前渡金	×××	×××
前払費用	×××	×××
未収収益	×××	×××
株主、役員又は従業員に対する短期債権	×××	×××
貸倒引当金	△×××	△×××
株主、役員又は従業員に対する短期債権（純額）	×××	×××
短期貸付金	×××	×××
貸倒引当金	△×××	△×××
短期貸付金（純額）	×××	×××
未収入金	×××	×××

…………………	×××	×××
流動資産合計	×××	×××
固定資産		
有形固定資産		
建物	×××	×××
減価償却累計額	△×××	△×××
建物（純額）	×××	×××
構築物	×××	×××
減価償却累計額	△×××	△×××
構築物（純額）	×××	×××
機械及び装置	×××	×××
減価償却累計額	△×××	△×××
機械及び装置（純額）	×××	×××
船舶	×××	×××
減価償却累計額	△×××	△×××
船舶（純額）	×××	×××
車両運搬具	×××	×××
減価償却累計額	△×××	△×××
車両運搬具（純額）	×××	×××
工具、器具及び備品	×××	×××
減価償却累計額	△×××	△×××
工具、器具及び備品（純額）	×××	×××
土地	×××	×××
リース資産	×××	×××
減価償却累計額	△×××	△×××
リース資産（純額）	×××	×××
建設仮勘定	×××	×××
………………	×××	×××
有形固定資産合計	×××	×××
無形固定資産		
のれん	×××	×××
特許権	×××	×××
借地権	×××	×××
商標権	×××	×××
実用新案権	×××	×××
意匠権	×××	×××
鉱業権	×××	×××
漁業権	×××	×××
ソフトウエア	×××	×××

金
商
法

リース資産	×××	×××
公共施設等運営権	×××	×××
………………	×××	×××
無形固定資産合計	×××	×××
投資その他の資産		
投資有価証券	×××	×××
関係会社株式	×××	×××
関係会社社債	×××	×××
その他の関係会社有価証券	×××	×××
出資金	×××	×××
関係会社出資金	×××	×××
長期貸付金	×××	×××
貸倒引当金	△×××	△×××
長期貸付金（純額）	×××	×××
株主、役員又は従業員に対する長期貸付金	×××	×××
貸倒引当金	△×××	△×××
株主、役員又は従業員に対する長期貸付金（純額）	×××	×××
関係会社長期貸付金	×××	×××
貸倒引当金	△×××	△×××
関係会社長期貸付金（純額）	×××	×××
破産更生債権等	×××	×××
貸倒引当金	△×××	△×××
破産更生債権等（純額）	×××	×××
長期前払費用	×××	×××
前払年金費用	×××	×××
繰延税金資産	×××	×××
投資不動産	×××	×××
減価償却累計額	△×××	△×××
投資不動産（純額）	×××	×××
………………	×××	×××
投資その他の資産合計	×××	×××
固定資産合計	×××	×××
繰延資産		
創立費	×××	×××
開業費	×××	×××
株式交付費	×××	×××
社債発行費	×××	×××

金
商
法

開発費	×××	×××
繰延資産合計	×××	×××
資産合計	×××	×××
負債の部		
流動負債		
支払手形	×××	×××
買掛金	×××	×××
短期借入金	×××	×××
リース債務	×××	×××
未払金	×××	×××
未払費用	×××	×××
未払法人税等	×××	×××
契約負債	×××	×××
前受金	×××	×××
預り金	×××	×××
前受収益	×××	×××
修繕引当金	×××	×××
………………	×××	×××
資産除去債務	×××	×××
公共施設等運営権に係る負債	×××	×××
株主、役員又は従業員からの短期借入金	×××	×××
従業員預り金	×××	×××
………………	×××	×××
流動負債合計	×××	×××
固定負債	×××	×××
社債	×××	×××
長期借入金	×××	×××
関係会社長期借入金	×××	×××
株主、役員又は従業員からの長期借入金	×××	×××
リース債務	×××	×××
長期未払金	×××	×××
繰延税金負債	×××	×××
退職給付引当金	×××	×××
………………	×××	×××
資産除去債務	×××	×××
公共施設等運営権に係る負債	×××	×××
………………	×××	×××
固定負債合計	×××	×××
負債合計	×××	×××

純資産の部		
株主資本		
資本金	×　×　×	×　×　×
資本剰余金		
資本準備金	×　×　×	×　×　×
その他資本剰余金	×　×　×	×　×　×
資本剰余金合計	×　×　×	×　×　×
利益剰余金		
利益準備金	×　×　×	×　×　×
その他利益剰余金		
××積立金	×　×　×	×　×　×
………………	×　×　×	×　×　×
繰越利益剰余金	×　×　×	×　×　×
利益剰余金合計	×　×　×	×　×　×
自己株式	△×　×　×	△×　×　×
株主資本合計	×　×　×	×　×　×
評価・換算差額等		
その他有価証券評価差額金	×　×　×	×　×　×
繰延ヘッジ損益	×　×　×	×　×　×
土地再評価差額金	×　×　×	×　×　×
………………	×　×　×	×　×　×
評価・換算差額等合計	×　×　×	×　×　×
株式引受権	×　×　×	×　×　×
新株予約権	×　×　×	×　×　×
純資産合計	×　×　×	×　×　×
負債純資産合計	×　×　×	×　×　×

（記載上の注意）

　1．別記事業を営んでいる場合その他上記の様式によりがたい場合には、当該様式に準じて記載すること。

　2．繰延税金資産及び繰延税金負債については、第54条の規定により表示すること。

金
商
法

様式第五号の二

【貸借対照表】

(単位:　　円)

	前事業年度 (　　年 月 日)	当事業年度 (　　年 月 日)
資産の部		
流動資産		
現金及び預金	×× ×	×× ×
受取手形	×× ×	×× ×
売掛金	×× ×	×× ×
契約資産	×× ×	×× ×
有価証券	×× ×	×× ×
商品及び製品	×× ×	×× ×
仕掛品	×× ×	×× ×
原材料及び貯蔵品	×× ×	×× ×
前払費用	×× ×	×× ×
その他	×× ×	×× ×
貸倒引当金	△×× ×	△×× ×
流動資産合計	×× ×	×× ×
固定資産		
有形固定資産		
建物	×× ×	×× ×
構築物	×× ×	×× ×
機械及び装置	×× ×	×× ×
車両運搬具	×× ×	×× ×
工具、器具及び備品	×× ×	×× ×
土地	×× ×	×× ×
リース資産	×× ×	×× ×
建設仮勘定	×× ×	×× ×
その他	×× ×	×× ×
有形固定資産合計	×× ×	×× ×
無形固定資産		
ソフトウエア	×× ×	×× ×
リース資産	×× ×	×× ×
のれん	×× ×	×× ×
その他	×× ×	×× ×
無形固定資産合計	×× ×	×× ×

金
商
法

投資その他の資産		
投資有価証券	×××	×××
関係会社株式	×××	×××
長期貸付金	×××	×××
繰延税金資産	×××	×××
その他	×××	×××
貸倒引当金	△×××	△×××
投資その他の資産合計	×××	×××
固定資産合計	×××	×××
繰延資産		
社債発行費	×××	×××
繰延資産合計	×××	×××
資産合計	×××	×××
負債の部		
流動負債		
支払手形	×××	×××
買掛金	×××	×××
短期借入金	×××	×××
リース債務	×××	×××
未払金	×××	×××
未払費用	×××	×××
未払法人税等	×××	×××
契約負債	×××	×××
前受金	×××	×××
預り金	×××	×××
前受収益	×××	×××
××引当金	×××	×××
その他	×××	×××
流動負債合計	×××	×××
固定負債		
社債	×××	×××
長期借入金	×××	×××
リース債務	×××	×××
××引当金	×××	×××
その他	×××	×××
固定負債合計	×××	×××
負債合計	×××	×××
純資産の部		
株主資本		

金
商
法

資本金	×××	×××
資本剰余金		
資本準備金	×××	×××
その他資本剰余金	×××	×××
資本剰余金合計	×××	×××
利益剰余金		
利益準備金	×××	×××
その他利益剰余金		
××積立金	×××	×××
繰越利益剰余金	×××	×××
利益剰余金合計	×××	×××
自己株式	△×××	△×××
株主資本合計	×××	×××
評価・換算差額等		
その他有価証券評価差額金	×××	×××
繰延ヘッジ損益	×××	×××
土地再評価差額金	×××	×××
評価・換算差額等合計	×××	×××
株式引受権	×××	×××
新株予約権	×××	×××
純資産合計	×××	×××
負債純資産合計	×××	×××

（記載上の注意）

1．上記の様式は、会社計算規則第3編第2章の規定に基づいて記載すること。

2．上記の様式によりがたい場合には、当該様式に準じて記載すること。

3．新株式申込証拠金又は自己株式申込証拠金がある場合には、純資産の部の株主資本の内訳項目として区分掲記すること。

4．ファイナンス・リース取引の貸主側の場合には、リース債権又はリース投資資産により表示すること。

5．資産除去債務については、1年内に履行されると認められるものは、流動負債において資産除去債務により表示し、それ以外のものは、固定負債において資産除去債務により表示すること。

6．工事損失引当金の残高は、貸借対照表に流動負債として計上すること。ただし、同一の工事契約に係る棚卸資産及び工事損失引当金がある場合には、両者を相殺した差額を棚卸資産又は工事損失引当金として流動資産又は流動負債に表示することができる。

様式第六号

【損益計算書】

(単位：　　　円)

	前事業年度	当事業年度
	自　　年　月　日 至　　年　月　日	自　　年　月　日 至　　年　月　日
売上高	×××	×××
売上原価		
商品（又は製品）期首棚卸高	×××	×××
当期商品仕入高（又は当期製品製造原価）	×××	×××
合計	×××	×××
商品（又は製品）期末棚卸高	×××	×××
商品（又は製品）売上原価	×××	×××
売上総利益（又は売上総損失）	×××	×××
販売費及び一般管理費		
………………	×××	×××
………………	×××	×××
………………	×××	×××
販売費及び一般管理費合計	×××	×××
営業利益（又は営業損失）	×××	×××
営業外収益		
受取利息	×××	×××
有価証券利息	×××	×××
受取配当金	×××	×××
仕入割引	×××	×××
投資不動産賃貸料	×××	×××
………………	×××	×××
………………	×××	×××
営業外収益合計	×××	×××
営業外費用		
支払利息	×××	×××
社債利息	×××	×××
社債発行費償却	×××	×××
売上割引	×××	×××
………………	×××	×××
………………	×××	×××
営業外費用合計	×××	×××

金商法

経常利益（又は経常損失）	×××	×××
特別利益		
固定資産売却益	×××	×××
負ののれん発生益	×××	×××
………………	×××	×××
………………	×××	×××
特別利益合計	×××	×××
特別損失		
固定資産売却損	×××	×××
減損損失	×××	×××
災害による損失	×××	×××
………………	×××	×××
………………	×××	×××
特別損失合計	×××	×××
税引前当期純利益（又は税引前当期純損失）	×××	×××
法人税、住民税及び事業税	×××	×××
法人税等調整額	×××	×××
法人税等合計	×××	×××
当期純利益（又は当期純損失）	×××	×××

（記載上の注意）

　別記事業を営んでいる場合その他上記の様式によりがたい場合には、当該様式に準じて記載すること。

金
商
法

様式第六号の二

【損益計算書】

(単位：　　　円)

	前事業年度〔自　年　月　日　至　年　月　日〕	当事業年度〔自　年　月　日　至　年　月　日〕
売上高	×××	×××
売上原価	×××	×××
売上総利益（又は売上総損失）	×××	×××
販売費及び一般管理費	×××	×××
営業利益（又は営業損失）	×××	×××
営業外収益		
受取利息及び受取配当金	×××	×××
その他	×××	×××
営業外収益合計	×××	×××
営業外費用		
支払利息	×××	×××
その他	×××	×××
営業外費用合計	×××	×××
経常利益（又は経常損失）	×××	×××
特別利益		
固定資産売却益	×××	×××
その他	×××	×××
特別利益合計	×××	×××
特別損失		
固定資産売却損	×××	×××
減損損失	×××	×××
その他	×××	×××
特別損失合計	×××	×××
税引前当期純利益（又は税引前当期純損失）	×××	×××
法人税、住民税及び事業税	×××	×××
法人税等調整額	×××	×××
法人税等合計	×××	×××
当期純利益（又は当期純損失）	×××	×××

（記載上の注意）
1．上記の様式は、会社計算規則第3編第3章の規定に基づいて記載すること。
2．上記の様式によりがたい場合には、当該様式に準じて記載すること。

金商法

様式第七号

【株主資本等変動計算書】

前事業年度（自　年　月　日　至　年　月　日）

(単位：円)

	株主資本										評価・換算差額等				株式引受権	新株予約権	純資産合計
	資本金	資本剰余金			利益剰余金				自己株式	株主資本合計	その他有価証券評価差額金	繰延ヘッジ損益	土地再評価差額金	評価・換算差額等合計			
		資本準備金	その他資本剰余金	資本剰余金合計	利益準備金	その他利益剰余金		利益剰余金合計									
						××積立金	繰越利益剰余金										
当期首残高	×××	×××		×××	×××	×××	×××	×××	△×××	×××	×××	×××	×××	×××	×××	×××	×××
当期変動額																	
新株の発行	×××	×××		×××						×××							×××
剰余金の配当					×××		△×××	△×××		△×××							△×××
当期純利益							×××	×××		×××							×××
自己株式の処分									×××	×××							×××
………																	
株主資本以外の項目の当期変動額（純額）											×××	×××	×××	×××	×××	×××	×××
当期変動額合計	×××	×××	－	×××	×××	－	×××	×××	×××	×××	×××	×××	×××	×××	×××	×××	×××
当期末残高	×××	×××	×××	×××	×××	×××	×××	×××	△×××	×××	×××	×××	×××	×××	×××	×××	×××

金商法

当事業年度（自　　年　　月　　日　至　　年　　月　　日）

(単位：円)

	株主資本										評価・換算差額等				新株予約権	純資産合計
		資本剰余金			利益剰余金						その他有価証券評価差額金	繰延ヘッジ損益	土地再評価差額金	評価・換算差額等合計		
						その他利益剰余金										
	資本金	資本準備金	その他資本剰余金	資本剰余金合計	利益準備金	××積立金	繰越利益剰余金	利益剰余金合計	自己株式	株主資本合計						
当期首残高	×××	×××	×××	×××	×××	×××	×××	×××	△×××	×××	×××	×××	×××	×××	×××	×××
当期変動額																
新株の発行	×××	×××		×××						×××						×××
剰余金の配当					×××		△×××	△×××		△×××						△×××
当期純利益							×××	×××		×××						×××
自己株式の処分									×××	×××						×××
…………																
株主資本以外の項目の当期変動額（純額）											×××	×××	×××	×××	×××	×××
当期変動額合計	×××	×××	−	×××	×××	−	×××	×××	×××	×××	×××	×××	×××	×××	×××	×××
当期末残高	×××	×××	×××	×××	×××	×××	×××	×××	△×××	×××	×××	×××	×××	×××	×××	×××

(記載上の注意)
1. 変動事由及び金額の記載は、概ね貸借対照表における記載の順序によること。
2. 株主資本以外の科目については、事業年度中の変動額を、変動事由ごとにその金額を、変動事由ごとに記載することができる。
3. その他利益剰余金は、科目ごとにその金額を記載し、又はその科目の合計額を注記すること。
4. 評価・換算差額等は、科目ごとにその科目に代えて、評価・換算差額等の合計額を記載することができる。
この場合には、科目ごとにそれぞれの金額を注記すること。
5. 資本剰余金、利益剰余金、評価・換算差額及び純資産の各合計欄の記載は省略することができる。
6. 遡及適用及び修正再表示（以下「遡及適用等」という。）を行った場合には、前事業年度の期首残高に対する累積的影響額を区分表示すること。
7. 会計基準等に規定されている遡及適用に関する経過措置において、会計方針の変更による影響額の反映後の期首残高を区分表示すること。
事業年度の期首残高に対する影響額及び遡及適用後の期首残高に加減する場合には、当
8. 別記事業を営んでいる場合その他この様式により難い場合には、当該様式に準じて記載すること。

金
商
法

様式第七号の二

【株主資本等変動計算書】

前事業年度（自　年　月　日　至　年　月　日）

（単位：円）

	株主資本										評価・換算差額等				株式引受権	新株予約権	純資産合計
	資本金	資本剰余金			利益剰余金				自己株式	株主資本合計	その他有価証券評価差額金	繰延ヘッジ損益	土地再評価差額金	評価・換算差額等合計			
		資本準備金	その他資本剰余金	資本剰余金合計	利益準備金	その他利益剰余金		利益剰余金合計									
						××積立金	繰越利益剰余金										
当期首残高	×××	×××		×××	×××	××	×××	×××	△××××	×××	×××	×××	×××	×××	×××	××××	××
当期変動額																	
新株の発行	×××	×××		×××						×××							×××
剰余金の配当					×××		△××××	△××××		△××××							△×××
当期純利益							×××	×××		×××							×××
自己株式の処分									×××	×××							×××
………																	
株主資本以外の項目の当期変動額（純額）											×××	×××	×××	×××	×××	×××	×××
当期変動額合計	×××	×××	－	×××	×××	－	×××	×××	×××	×××	×××	×××	×××	×××	×××	×××	××
当期末残高	×××	×××	×××	×××	×××	×××	×××	×××	△××××	×××	×××	×××	×××	×××	×××	××××	××

当事業年度（自　　年　月　日　至　　年　月　日）

（単位：円）

	株主資本										評価・換算差額等				株式引受権	新株予約権	純資産合計
		資本剰余金			利益剰余金												
						その他利益剰余金											
	資本金	資本準備金	その他資本剰余金	資本剰余金合計	利益準備金	××積立金	繰越利益剰余金	利益剰余金合計	自己株式	株主資本合計	その他有価証券評価差額金	繰延ヘッジ損益	土地再評価差額金	評価・換算差額等合計			
当期首残高	×××	×××	×××	×××	×××	×××	×××	×××	△×××	×××	×××	×××	×××	×××	×××	×××	×××
当期変動額																	
新株の発行	×××	×××		×××						×××							×××
剰余金の配当					×××		△×××	△×××		△×××							△×××
当期純利益							×××	×××		×××							×××
自己株式の処分									×××	×××							×××
………											×××	×××	×××	×××	×××	×××	×××
株主資本以外の項目の当期変動額（純額）																	
当期変動額合計	×××	×××	－	×××	×××	－	×××	×××	×××	×××	×××	×××	×××	×××	×××	×××	×××
当期末残高	×××	×××	×××	×××	×××	×××	×××	×××	△×××	×××	×××	×××	×××	×××	×××	×××	×××

（記載上の注意）

1. 上記の様式は、会社計算規則第3編第4章の規定に基づいて記載すること。
2. 株主資本等変動計算書の表示区分は、貸借対照表の純資産の部における各項目との整合性に留意すること。
3. 遡及適用又は修正再表示（以下3. において「遡及適用等」という。）を行った場合には、前事業年度の期首残高に対する累積的影響額及び遡及適用等の後の期首残高を区分表示すること。
4. 会計基準等に規定されている遡及適用に関する経過措置において、会計方針の変更による影響額を適用初年度の期首残高に加減することが定められている場合には、当事業年度の期首残高及び当該影響額を区分表示すること。
5. 上記の様式によりがたい場合には、当該様式に準じて記載すること。

金
商
法

様式第八号

【キャッシュ・フロー計算書】

(単位：　　　　円)

	前事業年度 (自　　年　月　日) (至　　年　月　日)	当事業年度 (自　　年　月　日) (至　　年　月　日)
営業活動によるキャッシュ・フロー		
営業収入	×××	×××
原材料又は商品の仕入れによる支出	△×××	△×××
人件費の支出	△×××	△×××
その他の営業支出	△×××	△×××
小計	×××	×××
利息及び配当金の受取額	×××	×××
利息の支払額	△×××	△×××
損害賠償金の支払額	△×××	△×××
………………	×××	×××
法人税等の支払額	△×××	△×××
営業活動によるキャッシュ・フロー	×××	×××
投資活動によるキャッシュ・フロー		
有価証券の取得による支出	△×××	△×××
有価証券の売却による収入	×××	×××
有形固定資産の取得による支出	△×××	△×××
有形固定資産の売却による収入	×××	×××
投資有価証券の取得による支出	△×××	△×××
投資有価証券の売却による収入	×××	×××
貸付けによる支出	△×××	△×××
貸付金の回収による収入	×××	×××
………………	×××	×××
投資活動によるキャッシュ・フロー	×××	×××
財務活動によるキャッシュ・フロー		
短期借入れによる収入	×××	×××
短期借入金の返済による支出	△×××	△×××
長期借入れによる収入	×××	×××
長期借入金の返済による支出	△×××	△×××
社債の発行による収入	×××	×××
社債の償還による支出	△×××	△×××
株式の発行による収入	×××	×××

金
商
法

	前事業年度	当事業年度
自己株式の取得による支出	△××	△××
配当金の支払額	△××	△××
…………………	××	××
財務活動によるキャッシュ・フロー	××	××
現金及び現金同等物に係る換算差額	××	××
現金及び現金同等物の増減額（△は減少）	××	××
現金及び現金同等物の期首残高	××	××
現金及び現金同等物の期末残高	××	××

（記載上の注意）

　1．「利息及び配当金の受取額」については、「投資活動によるキャッシュ・フロー」の区分に記載し、「利息の支払額」については、「財務活動によるキャッシュ・フロー」の区分に記載することができる。

　2．金額の重要性が乏しい項目については、「その他」として一括して記載することができる。

　3．別記事業を営んでいる場合その他上記の様式によりがたい場合には、当該様式に準じて記載すること。

金商法

様式第九号

【キャッシュ・フロー計算書】

（単位：　　　　円）

	前事業年度 （自　年　月　日） （至　年　月　日）	当事業年度 （自　年　月　日） （至　年　月　日）
営業活動によるキャッシュ・フロー		
税引前当期純利益(又は税引前当期純損失)	××	××
減価償却費	××	××
減損損失	××	××
貸倒引当金の増減額（△は減少）	××	××
受取利息及び受取配当金	△××	△××
支払利息	××	××
為替差損益（△は益）	××	××
有形固定資産売却損益（△は益）	××	××
損害賠償損失	××	××
売上債権の増減額（△は増加）		
棚卸資産の増減額（△は増加）	××	
仕入債務の増減額（△は減少）	××	××
…………………	××	××
小計	××	××
利息及び配当金の受取額	××	××
利息の支払額	△××	△××
損害賠償金の支払額	△××	△××

………………	×××	×××
法人税等の支払額	△×××	△×××
営業活動によるキャッシュ・フロー	×××	×××
投資活動によるキャッシュ・フロー		
有価証券の取得による支出	△×××	△×××
有価証券の売却による収入	×××	×××
有形固定資産の取得による支出	△×××	△×××
有形固定資産の売却による収入	×××	×××
投資有価証券の取得による支出	△×××	△×××
投資有価証券の売却による収入	×××	×××
貸付けによる支出	△×××	△×××
貸付金の回収による収入	×××	×××
………………	×××	×××
投資活動によるキャッシュ・フロー	×××	×××
財務活動によるキャッシュ・フロー		
短期借入れによる収入	×××	×××
短期借入金の返済による支出	△×××	△×××
長期借入れによる収入	×××	×××
長期借入金の返済による支出	△×××	△×××
社債の発行による収入	×××	×××
社債の償還による支出	△×××	△×××
株式の発行による収入	×××	×××
自己株式の取得による支出	△×××	△×××
配当金の支払額	△×××	△×××
………………	×××	×××
財務活動によるキャッシュ・フロー	×××	×××
現金及び現金同等物に係る換算差額	×××	×××
現金及び現金同等物の増減額（△は減少）	×××	×××
現金及び現金同等物の期首残高	×××	×××
現金及び現金同等物の期末残高	×××	×××

（記載上の注意）

1．「利息及び配当金の受取額」については、「投資活動によるキャッシュ・フロー」の区分に記載し、「利息の支払額」については、「財務活動によるキャッシュ・フロー」の区分に記載することができる。
2．金額の重要性が乏しい項目については、「その他」として一括して記載することができる。
3．別記事業を営んでいる場合その他上記の様式によりがたい場合には、当該様式に準じて記載すること。

様式第十号

【有価証券明細表】

【株式】

銘　　　　柄	株式数（株）	貸借対照表計上額（円）
計		

【債券】

銘　　　　柄	券面総額（円）	貸借対照表計上額（円）
計		

【その他】

種類及び銘柄	投資口数等	貸借対照表計上額（円）
計		

（記載上の注意）

1．第17条第1項第6号及び第32条第1項第1号に規定する有価証券で貸借対照表に計上されているもの（当該会社の所有に係るもので保証差入有価証券等の別科目で計上されているものを含む。）について記載すること。

2．流動資産に計上した有価証券と投資有価証券を区分し、さらに売買目的有価証券、満期保有目的の債券及びその他有価証券に区分して記載すること。

3．銘柄別による有価証券の貸借対照表計上額が財務諸表提出会社の資本金額（第60条に規定する株主資本の合計額が資本金額に満たない場合には、当該合計額。以下この項において同じ。）の1％以下である場合には、当該有価証券に関する記載を省略することができる。ただし、株式のうち投資有価証券に属するものについては、資本金額の1％を超える銘柄が10銘柄を下回るときは、貸借対照表計上額が多い順に上位10銘柄（貸借対照表計上額が僅少である銘柄を除く。）について記載すること。

4．記載を省略した株式については、銘柄の総数及び貸借対照表計上額を記載し、記載を省略した債券については、公社債、国債、地方債等に大別して、銘柄の総数及び貸借対照表計上額を記載し、その他のものについては証券投資信託の受益証券、出資証券等に大別して銘柄の総数及び貸借対照表計上額を記載すること。

5．公社債の銘柄は、「○会社物上担保付社債」のように記載し、国債及び地方債の銘柄は、「○分利付国債」又は「○分利付○債」のように記載すること。

　なお、新株予約権が付与されている場合には、その旨を付記すること。

6．「その他」の欄には有価証券の種類（法第2条第1項各号に掲げる種類をいう。）に区分して記載すること。

金
商
法

様式第十一号

【有形固定資産等明細表】

資産の種類	当期首残高（円）	当期増加額（円）	当期減少額（円）	当期末残高（円）	当期末減価償却累計額又は償却累計額（円）	当期償却額（円）	差引当期末残高（円）
有形固定資産							
有形固定資産計							
無形固定資産							
無形固定資産計							
長期前払費用							
繰延資産							
繰延資産計							

（記載上の注意）

1．有形固定資産（第23条第1項各号に掲げられている資産）、無形固定資産（第28条第1項各号に掲げられている資産）、長期前払費用及び繰延資産（第37条第1項各号に掲げられている資産）について記載すること。

2．「有形固定資産」、「無形固定資産」及び「繰延資産」の欄は、貸借対照表に掲げられている科目の区別により記載すること。

3．「当期首残高」、「当期増加額」、「当期減少額」及び「当期末残高」の欄は、当該資産の取得原価によつて記載すること。ただし、減損損失累計額を取得原価から直接控除している場合には、当該事業年度の減損損失の金額は「当期減少額」の欄に内書（括弧書）として記載し、「当期末残高」の欄は、減損損失控除後の金額を記載すること。

4．当期末残高から減価償却累計額又は償却累計額及び減損損失累計額（減損損失累計額を取得原価から直接控除している場合を除く。）を控除した残高を、「差引当期末残高」の欄に記載すること。

5．合併、事業の譲渡、贈与、災害による廃棄、滅失等の特殊な事由で増加若しくは減少があつた場合又は同一の種類のものについて資産の総額の1％を超える額の増加若しくは減少があつた場合（ただし、建設仮勘定の減少のうち各資産科目への振替によるものは除く。）は、その事由を欄外に記載すること。

6．特別の法律の規定により資産の再評価が行われた場合その他特別の事由により取得原価の修正が行われた場合には、当該再評価差額等については、「当期首残高」、「当期増加額」又は「当期減少額」及び「当期末残高」の欄に内書（括弧書）として記載し、その増減の事由を欄外に記載すること。

7．有形固定資産又は無形固定資産の金額が資産の総額の1％以下である場合には、有形固定資産又は無形固定資産に係る記載中「当期首残高」、「当期増加額」及び「当期減少額」の欄の記載を省略することができる。なお、記載を省略した場合には、その旨注記すること。

8．有形固定資産の当該事業年度における増加額及び減少額がいずれも当該事業年度末における有形固定資産の総額の5％以下である場合には、有形固定資産に係る記載中「当期首残高」、「当期増加額」及び「当期減少額」の欄の記載を省略することができる。なお、記載を省略した場合には、その旨注記すること。

9．無形固定資産の当該事業年度における増加額及び減少額がいずれも当該事業年度末における無形固定資産の総額の5％以下である場合には、無形固定資産に係る記載中「当期首残高」、「当期増加額」及び「当期減少額」の欄の記載を省略することができる。なお、記載を省略した場合には、その旨注記すること。

10．減価償却を行う有形固定資産に対する減損損失累計額を、当該各資産科目に対する控除科目として、減損損失累計額の科目をもつて掲記している場合には、減損損失の金額は「当期償却額」の欄に内書（括弧書）として記載し、減損損失累計額は、「当期末減価償却累計額又は償却累計額」の欄と「当期償却額」

の欄の間に「当期末減損損失累計額」の欄を設けて記載すること。

11. 減価償却を行う有形固定資産に対する減損損失累計額を、当該各資産科目に対する控除科目として、減価償却累計額に合算して掲記している場合には、減損損失の金額は「当期償却額」の欄に内書（括弧書）として記載し、「当期末減価償却累計額又は償却累計額」の欄に減損損失累計額を含めて記載する。この場合には、「減価償却累計額又は償却累計額」の欄に、減損損失累計額が含まれている旨を注記すること。

様式第十一号の二

【有形固定資産等明細表】

（単位：円）

区　　　分	資産の種類	当期首残高	当期増加額	当期減少額	当期償却額	当期末残高	減価償却累計額
有形固定資産							
	計						
無形固定資産							
	計						

（記載上の注意）

1. 重要な増減額がある場合には、その理由を注記すること。
2. 特別の法律の規定により資産の再評価が行われた場合その他特別の事由により取得原価の修正が行われた場合には、当該再評価差額等については「当期首残高」、「当期増加額」又は「当期減少額」及び「当期末残高」の欄に内書（括弧書）として記載し、その増減の事由を欄外に記載すること。
3. 固定資産の減損に係る会計基準に基づき減損損失を認識した場合には、貸借対照表における表示（直接控除形式又は間接控除形式）にあわせて以下のとおり記載すること。
   直接控除形式により表示する場合については、当期の減損損失の金額を「当期減少額」に含めて記載し、その額を内書（括弧書）として記載すること。また、間接控除形式により表示する場合については、当期の減損損失の金額を「当期償却額」に含めて記載し、その額を内書（括弧書）として記載すること。
4. 当期首残高又は当期末残高について、取得価額により記載する場合には、その旨を記載すること。

様式第十二号

【社債明細表】

銘　　　柄	発行年月日	当期首残高（円）	当期末残高（円）	利　率（％）	担　保	償還期限
合　　計	—		—	—	—	—

（記載上の注意）

1. 当該会社の発行している社債（当該事業年度中に償還済みとなつたものを含む。以下同じ。）について記載すること。

2. 「銘柄」の欄には、「第○回物上担保付○号社債」のように記載すること。ただし、発行している社債が多数ある場合には、その種類ごとにまとめて記載することができる。

   なお、新株予約権付社債については、新株予約権付社債である旨を付記すること。

3. 金額の重要性が乏しい社債については、「その他の社債」として一括して記載することができる。

4. 「担保」の欄には、担保付社債及び無担保社債の別を記載すること。

5. 新株予約権付社債については、発行すべき株式の内容、新株予約権の発行価額、株式の発行価格、発行価額の総額、新株予約権の行使により発行した株式の発行価額の総額、新株予約権の付与割合、新株予約権の行使期間及び会社法第236条第1項第3号に掲げる事項の定めのあるものである場合にはその内容を欄外に記載すること。

6. 社債と同時に募集しかつ同時に割り当てた新株予約権がある場合には、当該新株予約権について、発行すべき株式の内容、発行価額、株式の発行価格、新株予約権の行使により発行した株式の発行価額の総額、新株予約権の付与割合及び新株予約権の行使期間に関する事項を欄外に記載すること。

7. 減債基金付社債については、その内容を欄外に記載すること。

8. 外国において発行したものについては、金額を記載すべき欄には外貨建による金額を付記し、欄外にその旨を記載すること。

9. 当期末残高のうち1年内に償還が予定されるものがある場合には、「当期末残高」の欄にその金額を内書（括弧書）として記載し、その旨を注記すること。

10. 貸借対照表日後5年内における1年ごとの償還予定額の総額を注記すること。

様式第十三号

【借入金等明細表】

区　　　　分	当期首残高（円）	当期末残高（円）	平均利率（％）	返済期限
短期借入金				―
1年以内に返済予定の長期借入金				―
1年以内に返済予定のリース債務				―
長期借入金（1年以内に返済予定のものを除く。）				
リース債務（1年以内に返済予定のものを除く。）				
その他有利子負債				
合　　　　計				―

（記載上の注意）

1. 第49条第1項第3号に規定する短期借入金、同項第4号及び第52条第1項第4号に規定するリース債務、同項第2号及び第3号に規定する長期借入金（貸借対照表において流動負債として掲げられているものを含む。以下同じ。）並びにその他の負債であつて、金利の負債を伴うもの（社債を除く。第5号において「その他有利子負債」という。）について記載すること。

2. 重要な借入金で無利息又は特別の条件による利率が約定されているものがある場合には、その内容を

欄外に記載すること。

3. 「その他有利子負債」の欄は、その種類ごとにその内容を示したうえで記載すること。

4. 「平均利率」の欄には、加重平均利率を記載すること。ただし、財務諸表提出会社がリース料総額に含まれる利息相当額を控除する前の金額でリース債務を貸借対照表に計上している場合又はリース料総額に含まれる利息相当額を定額法により各事業年度に配分している場合には、リース債務については「平均利率」の欄の記載を要しない。なお、リース債務について「平均利率」の欄の記載を行わない場合には、その旨及びその理由を注記すること。

5. リース債務、長期借入金及びその他有利子負債（1年以内に返済予定のものを除く。）については、貸借対照表日後5年内における1年ごとの返済予定額の総額を注記すること。

6. 別記事業を営んでいる場合その他上記の様式によりがたい場合には、当該様式に準じて記載すること。

様式第十四号

【引当金明細表】

区　　　分	当期首残高 （円）	当期増加額 （円）	当期減少額 （目的使用） （円）	当期減少額 （その他） （円）	当期末残高 （円）

（記載上の注意）

1. 当期首及び当期末貸借対照表に計上されている引当金（退職給付引当金を除く。）及び第54条の3第1項に規定する準備金等（以下「引当金等」という。）について、各引当金等の設定目的ごとの科目の区分により記載すること。

2. 「当期減少額」の欄のうち「目的使用」の欄には、各引当金等の設定目的である支出又は事実の発生があつたことによる取崩額を記載すること。

3. 「当期減少額」の欄のうち「その他」の欄には、目的使用以外の理由による減少額を記載し、減少の理由を注記すること。

金商法

様式第十四号の二

【引当金明細表】

（単位：円）

科　　目	当期首残高	当期増加額	当期減少額	当期末残高

（記載上の注意）

1．当期首又は当期末のいずれかに引当金（退職給付引当金を除く。）の残高がある場合にのみ作成すること。
2．当期増加額と当期減少額は相殺せずに、それぞれ総額で記載すること。

様式第十五号

【資産除去債務明細表】

区　　分	当期首残高（円）	当期増加額（円）	当期減少額（円）	当期末残高（円）

（記載上の注意）

1．貸借対照表に計上されている当期首及び当期末の資産除去債務について、当該資産除去債務に係る法的規制等の種類ごとの区分により記載すること。
2．本明細表に記載すべき事項が第8条の28第1項に規定する注記事項として記載されている場合には、その旨を記載することにより本明細表の記載を省略することができる。

連結財務諸表規則

（連結財務諸表の用語、様式及び作成方法に関する規則）

昭和51年10月30日大蔵省令第28号
最終改正令和3年9月24日内閣府令第61号

連結財務諸表規則ガイドライン

「連結財務諸表の用語、様式及び作成方法に関する規則」
の取扱いに関する留意事項について

平成12年7月金融庁総務企画部
最終改正令和3年9月24日金融庁企画市場局

このガイドラインは、連結財務諸表の用語、様式及び作成方法に関する留意事項（制定・発出時点において最適と考えられる法令解釈・運用等）を示したものである。

第1章　総則

第1章　総則

（適用の一般原則）

第1条　金融商品取引法（昭和23年法律第25号。以下「法」という。）第5条、第7条第1項、第9条第1項、第10条第1項又は第24条第1項若しくは第3項（これらの規定のうち第24条の2第1項において準用し、及び財務諸表等の用語、様式及び作成方法に関する規則（昭和38年大蔵省令第59号。以下「財務諸表等規則」とい

う。）第1条第1項の規定により金融庁長官が指定した法人（以下「指定法人」という。）についてこれらの規定を法第27条において準用する場合を含む。）の規定により提出される財務計算に関する書類のうち、連結財務諸表（連結貸借対照表、連結損益計算書、連結包括利益計算書、連結株主資本等変動計算書、連結キャッシュ・フロー計算書及び連結附属明細表又は第93条の規定により指定国際会計基準（同条に規定する指定国際会計基準をいう。以下この項及び次条第2号において同じ。）により作成する場合若しくは第94条の規定により修正国際基準（同条に規定する修正国際基準をいう。以下この項及び第1条の3第2号において同じ。）により作成する場合において当該指定国際会計基準若しくは当該修正国際基準により作成が求められる連結貸借対照表、連結損益計算書、連結包括利益計算書、連結株主資本等変動計算書及び連結キャッシュ・フロー計算書に相当するものをいう。以下同じ。）の用語、様式及び作成方法は、財務諸表等規則第1条の3の規定の適用を受けるものを除き、この規則の定めるところによるものとし、この規則において定めのない事項については、一般に公正妥当と認められる企業会計の基準に従うものとする。

1-1 連結財務諸表の用語、様式及び作成方法に関する規則（昭和51年大蔵省令第28号。以下「規則」という。）第1条第1項に規定する指定国際会計基準により作成が求められる連結貸借対照表、連結損益計算書、連結株主資本等変動計算書及び連結キャッシュ・フロー計算書に相当するものは、指定国際会計基準に定める連結財政状態計算書、連結包括利益計算書、連結持分変動計算書及び連結キャッシュ・フロー計算書をいうものとし、同項に規定する修正国際基準により作成が求められる連結貸借対照表、連結損益計算書、連結株主資本等変動計算書及び連結キャッシュ・フロー計算書に相当するものは、修正国際基準に定める連結財政状態計算書、連結包括利益計算書、連結持分変動計算書及び連結キャッシュ・フロー計算書をいうものとする。

---

2 金融庁組織令（平成10年政令第392号）第24条第1項に規定する企業会計審議会により公表された企業会計の基準は、前項に規定する一般に公正妥当と認められる企業会計の基準に該当するものとする。

3 企業会計の基準についての調査研究及び作成を業として行う団体であつて次に掲げる要件の全てを満たすもの（第94条において「特定団体」という。）が作成及び公表を行つた企業会計の基準のうち、公正かつ適正な手続の下に作成及び公表が行われたものと認められ、一般に公正妥当な企業会計の基準として認められることが見込まれるものとして金融庁長官が定めるものは、第1項に規定する一般に公正妥当と認められる企業会計の基準に該当するものとする。

一 利害関係を有する者から独立した民間の団体であること。

二 特定の者に偏ることなく多数の者から継続的に資金の提供を受けていること。

三 高い専門的見地から企業会計の基準を作成する能力を有する者による合議制の機関（次号及び第5号において「基準委員会」という。）を設けていること。

四 基準委員会が公正かつ誠実に業務を行うものであること。

五 基準委員会が会社等（会社、指定法人、組合その他これらに準ずる事業体（外国におけるこれらに相当するものを含む。）をいう。以下同じ。）を取り巻く経営環境及び会社等の実務の変化への適確な対応並びに国際的収れん（企業会計の基準について国際的に共通化を図ることをいう。）の観点から継続して検討を加えるものであること。

1-3 「財務諸表等の用語、様式及び作成方法に関する規則」の取扱いに関する留意事項（以下「財務諸表等規則ガイドライン」という。）1-3の取扱いは、規則第1条第3項に規定する公正かつ適正な手続の下に作成及び公表が行われたものと認められ、一般に公正妥当な企業会計の基準として認められることが見込まれるものを定める場合の留意点について準用する。

1-3-1　財務諸表等規則ガイドライン1-3-1の取扱いは、規則第1条第3項第1号に規定する要件の充足を検討する場合の留意点について準用する。

1-3-3　財務諸表等規則ガイドライン1-3-3の取扱いは、規則第1条第3項第3号に規定する要件の充足を検討する場合の留意点について準用する。

（適用の特例）

第1条の2　法第2条第1項第5号又は第9号に掲げる有価証券の発行者（同条第5項に規定する発行者をいう。次条において同じ。）のうち、次に掲げる要件の全てを満たす株式会社（以下「指定国際会計基準特定会社」という。）が提出する連結財務諸表の用語、様式及び作成方法は、第7章第1節の定めるところによることができる。

一　法第5条第1項の規定に基づき提出する有価証券届出書又は法第24条第1項若しくは第3項の規定に基づき提出する有価証券報告書において、連結財務諸表の適正性を確保するための特段の取組みに係る記載を行つていること。

二　指定国際会計基準に関する十分な知識を有する役員又は使用人を置いており、指定国際会計基準に基づいて連結財務諸表を適正に作成することができる体制を整備していること。

第1条の3　法第2条第1項第5号又は第9号に掲げる有価証券の発行者のうち、次に掲げる要件の全てを満たす株式会社（以下「修正国際基準特定会社」という。）が提出する連結財務諸表の用語、様式及び作成方法は、第7章第2節の定めるところによることができる。

一　法第5条第1項の規定に基づき提出する有価証券届出書又は法第24条第1項若しくは第3項の規定に基づき提出する有価証券報告書において、連結財務諸表の適正性を確保するための特段の取組みに係る記載を行つていること。

二　修正国際基準に関する十分な知識を有する役員又は使用人を置いており、修正国際基準

に基づいて連結財務諸表を適正に作成することができる体制を整備していること。

（定義）

第2条　この規則において、次の各号に掲げる用語の意義は、当該各号に定めるところによる。

一　連結財務諸表提出会社　法の規定により連結財務諸表を提出すべき会社及び指定法人をいう。

二　親会社　財務諸表等規則第8条第3項の規定により、連結財務諸表提出会社の親会社とされる者をいう。

三　子会社　財務諸表等規則第8条第3項、第4項及び第7項の規定により連結財務諸表提出会社の子会社とされる者をいう。

四　連結子会社　連結の範囲に含められる子会社をいう。

五　連結会社　連結財務諸表提出会社及び連結子会社をいう。

六　非連結子会社　連結の範囲から除かれる子会社をいう。

七　関連会社　財務諸表等規則第8条第5項及び第6項の規定により連結財務諸表提出会社の関連会社とされる者をいう。

八　持分法　投資会社が、被投資会社の純資産及び損益のうち当該投資会社に帰属する部分の変動に応じて、その投資の金額を各事業年度ごとに修正する方法をいう。

九　削除

十　有価証券届出書　法第2条第7項に規定する有価証券届出書のうち、法第5条第1項（法第27条において準用する場合を含む。）の規定によるものをいう。

十一　有価証券報告書　法第24条第1項に規定する有価証券報告書をいう。

十二　非支配株主持分　連結子会社の資本のうち連結財務諸表提出会社の持分に帰属しない部分をいう。

十三　キャッシュ・フロー　次号に規定する資金の増加又は減少をいう。

十四　資金　現金（当座預金、普通預金その他預金者が一定の期間を経ることなく引き出す

ことができる預金を含む。第5章において同じ。）及び現金同等物（容易に換金することが可能であり、かつ、価値の変動のリスクが低い短期的な投資をいう。第5章において同じ。）の合計額をいう。

十五　デリバティブ取引　財務諸表等規則第8条第14項に規定する取引をいう。

> **2-15**　財務諸表等規則ガイドライン8-11-2及び8-14の取扱いは、規則第2条第15号に規定するデリバティブ取引について準用する。

十六　売買目的有価証券　財務諸表等規則第8条第20項に規定する有価証券をいう。

十七　満期保有目的の債券　財務諸表等規則第8条第21項に規定する債券をいう。

十八　その他有価証券　財務諸表等規則第8条第22項に規定する有価証券をいう。

十九　自己株式　連結財務諸表提出会社が保有する連結財務諸表提出会社の株式に、連結子会社並びに持分法を適用する非連結子会社及び関連会社が保有する連結財務諸表提出会社の株式のうち当該連結財務諸表提出会社の持分相当を合計したものをいう。

二十　自社の株式　連結会社の株式をいう。

二十一　自社株式オプション　自社の株式を原資産とするコール・オプション（一定の金額の支払により原資産である当該自社の株式を取得する権利をいう。）及び金銭の払込み又は財産の給付を要しないで原資産である当該自社の株式を取得する権利をいう。

二十二　ストック・オプション　自社株式オプション（前号に規定する自社株式オプションをいう。）のうち、連結会社が従業員等（当該連結会社と雇用関係にある使用人及び当該連結会社の役員（法第21条第1項第1号（法第27条において準用する場合を含む。）に規定する役員をいう。以下同じ。）をいう。以下この号において同じ。）に報酬（労働や業務執行等の対価として当該連結会社が従業員等に給付するものをいう。）として付与する

ものをいう。

二十三　企業結合　財務諸表等規則第8条第27項に規定する企業結合をいう。

二十四　取得企業　財務諸表等規則第8条第28項に規定する企業をいう。

二十五　被取得企業　財務諸表等規則第8条第29項に規定する企業をいう。

二十六　結合企業　財務諸表等規則第8条第31項に規定する企業をいう。

二十七　被結合企業　財務諸表等規則第8条第32項に規定する企業をいう。

二十八　結合後企業　財務諸表等規則第8条第33項に規定する企業をいう。

二十九　結合当事企業　財務諸表等規則第8条第34項に規定する企業をいう。

三十　共通支配下の取引等　財務諸表等規則第8条第37項に規定する共通支配下の取引等をいう。

三十一　事業分離　財務諸表等規則第8条第38項に規定する事業分離をいう。

三十二　分離元企業　財務諸表等規則第8条第39項に規定する企業をいう。

三十三　分離先企業　財務諸表等規則第8条第40項に規定する企業をいう。

三十四　金融商品　財務諸表等規則第8条第41項に規定する金融商品をいう。

三十五　資産除去債務　財務諸表等規則第8条第42項に規定する資産除去債務をいう。

三十六　会計方針　連結財務諸表の作成に当つて採用した会計処理の原則及び手続をいう。

三十七　表示方法　連結財務諸表の作成に当つて採用した表示の方法をいう。

三十八　会計上の見積り　資産、負債、収益及び費用等の額に不確実性がある場合において、連結財務諸表作成時に入手可能な情報に基づき、それらの合理的な金額を算定することをいう。

三十九　会計方針の変更　一般に公正妥当と認められる会計方針を他の一般に公正妥当と認められる会計方針に変更することをいう。

四十　表示方法の変更　一般に公正妥当と認め

られる表示方法を他の一般に公正妥当と認められる表示方法に変更することをいう。

四十一　会計上の見積りの変更　新たに入手可能となつた情報に基づき、当連結会計年度（第3条第2項に規定する期間をいう。）の直前の連結会計年度（以下「前連結会計年度」という。）以前の連結財務諸表の作成に当たつて行つた会計上の見積りを変更することをいう。

四十二　誤謬　その原因となる行為が意図的であるか否かにかかわらず、連結財務諸表作成時に入手可能な情報を使用しなかつたこと又は誤つて使用したことにより生じた誤りをいう。

四十三　遡及適用　新たな会計方針を前連結会計年度以前の連結財務諸表に遡つて適用したと仮定して会計処理を行うことをいう。

四十四　連結財務諸表の組替え　新たな表示方法を前連結会計年度以前の連結財務諸表に遡つて適用したと仮定して表示を変更することをいう。

四十五　修正再表示　前連結会計年度以前の連結財務諸表における誤謬の訂正を連結財務諸表に反映することをいう。

四十六　退職給付　財務諸表等規則第8条第54項に規定する退職給付をいう。

四十七　退職給付債務　財務諸表等規則第8条第55項に規定する負債をいう。

四十八　勤務費用　財務諸表等規則第8条第56項に規定する費用をいう。

四十九　利息費用　財務諸表等規則第8条第57項に規定する費用をいう。

五十　年金資産　財務諸表等規則第8条第58項に規定する資産をいう。

五十一　期待運用収益　財務諸表等規則第8条第59項に規定する収益をいう。

五十二　数理計算上の差異　財務諸表等規則第8条第60項に規定する差異をいう。

五十三　過去勤務費用　財務諸表等規則第8条第61項に規定する過去勤務費用をいう。

五十四　未認識数理計算上の差異　財務諸表等規則第8条第62項に規定する未認識数理計算上の差異をいう。

五十五　未認識過去勤務費用　財務諸表等規則第8条第63項に規定する未認識過去勤務費用をいう。

五十六　市場参加者　時価の算定の対象となる資産若しくは負債に関する取引の数量及び頻度が最も大きい市場、当該資産の売却による受取額を最も大きくすることができる市場又は当該負債の移転による支払額を最も小さくすることができる市場において売買を行う者であつて、次に掲げる要件の全てを満たす者をいう。

イ　それぞれ独立しており、関連当事者（第15条の4に規定する関連当事者をいう。）でないこと。

ロ　当該資産又は当該負債に関する知識を有しており、かつ、全ての入手可能な情報に基づき当該資産又は当該負債について十分に理解していること。

ハ　当該資産又は当該負債に関して取引を行う能力があること。

ニ　当該資産又は当該負債に関して自発的に取引を行う意思があること。

五十七　時価の算定に係るインプット　市場参加者が資産又は負債の時価を算定する際に用いると仮定した基礎数値その他の情報（当該資産又は当該負債に関する相場価格を含む。）をいう。

五十八　観察可能な時価の算定に係るインプット　時価の算定に係るインプットのうち、入手可能な市場データ（実際の事象又は取引に関して公開されている情報その他の情報をいう。）に基づくものをいう。

五十九　観察できない時価の算定に係るインプット　時価の算定に係るインプットのうち、観察可能な時価の算定に係るインプット以外のもので、入手可能な最良の情報に基づくものをいう。

六十　時価の算定に係るインプットが属するレベル　次のイからハまでに掲げる時価の算定に

係るインプットの区分に応じ、当該イからハまでに定めるレベルをいう。

イ　観察可能な時価の算定に係るインプットのうち、活発な市場（時価の算定の対象となる資産又は負債に関する取引が十分な数量及び頻度で行われていることによつて当該資産又は当該負債の価格の情報が継続的に提供されている市場をいう。）において形成される当該時価の算定の対象となる資産又は負債に関する相場価格　レベル1

ロ　観察可能な時価の算定に係るインプットのうち、イに掲げる時価の算定に係るインプット以外の時価の算定に係るインプット　レベル2

ハ　観察できない時価の算定に係るインプット　レベル3

（連結決算日及び連結会計年度）

第3条　連結財務諸表提出会社は、当該会社の事業年度の末日を連結決算日と定め、当該日を基準として連結財務諸表を作成するものとする。

> 3-1　規則第3条第1項に規定する事業年度の末日とは、連結財務諸表提出会社の各事業年度に係る会社法第435条第2項に規定する計算書類につき第438条第2項の承認（第439条前段に規定する場合にあつては、第436条第3項の承認）を受けた場合における当該各事業年度の末日をいう。

2　前項の場合において、連結財務諸表の作成に係る期間（以下「連結会計年度」という。）は、当該連結決算日の前連結決算日の翌日から当該連結決算日までの期間とする。

3　連結決算日を変更した場合には、その旨、変更の理由及び当該変更に伴う連結会計年度の期間を連結財務諸表に注記しなければならない。

> 3-3　規則第3条第3項に規定する注記は、変更が行われた連結決算日を基準として作成する連結財務諸表に記載する。この場合において、同項に規定する当該変更に伴う連結会計年度の期間については、当該連結会計年度の月数を記

載するものとする。

　なお、連結子会社の決算期が変更されたこと等により、当該連結子会社の事業年度の月数が、連結会計年度の月数と異なる場合には、その旨及びその内容を連結財務諸表に注記するものとする。

（連結財務諸表作成の一般原則）

第4条　法の規定により提出される連結財務諸表の用語、様式及び作成方法は、次に掲げる基準に適合したものでなければならない。

一　企業集団（連結財務諸表提出会社及びその子会社をいう。以下同じ。）の財政状態、経営成績及びキャッシュ・フローの状況に関する真実な内容を表示すること。

二　一般に公正妥当と認められる企業会計の基準に準拠して作成された連結会社の財務諸表を基礎として作成されていること。

三　連結財務諸表提出会社の利害関係人に対して、企業集団の財政状態、経営成績及びキャッシュ・フローの状況に関する判断を誤らせないために必要な財務情報を明瞭に表示すること。

四　連結財務諸表提出会社が連結財務諸表作成のために採用する基準及び手続については、正当な理由により変更を行う場合を除き、各連結会計年度を通じて継続して適用されていること。

2　連結財務諸表に記載すべき事項で同一の内容のものについては、連結財務諸表を作成する各連結会計年度を通じて、同一の表示方法を採用しなければならない。ただし、正当な理由がある場合は、この限りでない。

（連結の範囲）

第5条　連結財務諸表提出会社は、そのすべての子会社を連結の範囲に含めなければならない。ただし、次の各号の一に該当する子会社は、連結の範囲に含めないものとする。

一　財務及び営業又は事業の方針を決定する機関（株主総会その他これに準ずる機関をいう。）に対する支配が一時的であると認めら

れる子会社

二　連結の範囲に含めることにより連結財務諸表提出会社の利害関係人の判断を著しく誤らせるおそれがあると認められる子会社

2　前項の規定により連結の範囲に含めるべき子会社のうち、その資産、売上高（役務収益を含む。以下同じ。）、損益、利益剰余金及びキャッシュ・フローその他の項目からみて、連結の範囲から除いても企業集団の財政状態、経営成績及びキャッシュ・フローの状況に関する合理的な判断を妨げない程度に重要性の乏しいものは、連結の範囲から除くことができる。

> 5-2　規則第5条第2項に規定する連結の範囲の適用に当たっては、次の点に留意する。
> 　1　規則第5条第2項の規定は、重要性の乏しい子会社を連結の範囲から積極的に除くことを意図したものではないこと。
> 　2　重要性の乏しい子会社を連結の範囲から除くに当たっては、連結の範囲から除こうとする子会社が2以上あるときは、これらの子会社が全体として重要性が乏しいものでなければならないこと。
> 　3　連結の範囲から除かれる子会社が翌連結会計年度以降相当期間にわたり、重要性の乏しい子会社として同項の規定の適用が認められるかどうかをも考慮し、連結の範囲が継続されること。

3　次に掲げる会社等の財政状態、経営成績又はキャッシュ・フローの状況に関する事項で、当該企業集団の財政状態、経営成績及びキャッシュ・フローの状況の判断に影響を与えると認められる重要なものがある場合には、その内容を連結財務諸表に注記しなければならない。

一　第1項ただし書の規定により連結の範囲から除かれた子会社

二　連結財務諸表提出会社が議決権の過半数を自己の計算において所有している会社等のうち、民事再生法（平成11年法律第225号）の規定による再生手続開始の決定を受けた会社等、会社更生法（平成14年法律第154号）の規定による更生手続開始の決定を受けた株式会社、破産法（平成16年法律第75号）の規定による破産手続開始の決定を受けた会社等その他これらに準ずる会社等であつて、かつ、有効な支配従属関係が存在しないと認められることにより子会社に該当しない会社等

> 5-3　規則第5条第3項に規定する当該企業集団の財政状態、経営成績及びキャッシュ・フローの状況の判断に影響を与えると認められる重要なものがある場合とは、同項第1号及び第2号に掲げる会社等の財政状態、経営成績及びキャッシュ・フローの状況からみて、連結会社の財政状態、経営成績及びキャッシュ・フローの状況に対する負担になると見込まれるもので重要なものがある場合をいう。この場合において、同項の規定による注記は、例えば、当該会社等が更生会社であるときは、更生手続の遂行の状況及び当該会社等の財政の状態等が連結会社の当該子会社に対する投資又は債権等に与える影響等を、当該会社等が破産会社であるときは、破産手続の進行の状況及び残余財産の分配等の連結会社への影響等を記載するものとする。

（連結貸借対照表）

第6条　連結貸借対照表は、連結財務諸表提出会社の連結会計年度に対応する期間に係る連結会社の貸借対照表（第12条第1項の規定による決算を行う場合の当該連結子会社については、当該決算に係る貸借対照表）の資産、負債及び純資産の金額を基礎として作成しなければならない。

（連結損益計算書）

第7条　連結損益計算書は、連結財務諸表提出会社の連結会計年度に対応する期間に係る連結会社の損益計算書（第12条第1項の規定による決算を行う場合の当該連結子会社については、当該決算に係る損益計算書）の収益、費用等の金額を基礎として作成しなければならない。

（連結包括利益計算書）

第7条の2　連結包括利益計算書は、連結財務諸表提出会社の連結会計年度に対応する期間に係る連結会社の当期純利益及びその他の包括利益の金額を基礎として作成しなければならない。

金商法

金
商
法

（連結株主資本等変動計算書）

第8条　連結株主資本等変動計算書は、連結財務諸表提出会社の連結会計年度に対応する期間に係る連結会社の純資産の増加又は減少の金額を基礎として作成しなければならない。

（連結キャッシュ・フロー計算書）

第8条の2　連結キャッシュ・フロー計算書は、連結財務諸表提出会社の連結会計年度に対応する期間に係る連結会社のキャッシュ・フロー計算書（第12条第1項の規定による決算を行う場合の当該連結子会社については、当該決算に係るキャッシュ・フロー計算書）の金額を基礎として作成しなければならない。

（比較情報の作成）

第8条の3　当連結会計年度に係る連結財務諸表は、当該連結財務諸表の一部を構成するものとして比較情報（当連結会計年度に係る連結財務諸表（連結附属明細表を除く。）に記載された事項に対応する前連結会計年度に係る事項をいう。）を含めて作成しなければならない。

8の3　規則第8条の3に規定する比較情報に関しては、以下の点に留意する。
1　当連結会計年度に係る連結財務諸表において記載されたすべての数値について、原則として、対応する前連結会計年度に係る数値を含めなければならない。
2　当連結会計年度に係る連結財務諸表の理解に資すると認められる場合には、前連結会計年度に係る定性的な情報を含めなければならない。

（連結子会社の資産及び負債の評価等）

第9条　連結財務諸表の作成に当たっては、連結子会社の資産及び負債の評価並びに連結財務諸表提出会社の連結子会社に対する投資とこれに対応する当該連結子会社の資本との相殺消去その他必要とされる連結会社相互間の項目の消去をしなければならない。

（持分法の適用）

第10条　非連結子会社及び関連会社に対する投資については、持分法により計算した価額をもって連結貸借対照表に計上しなければならない。ただし、次の各号の一に該当する会社に対する投資については、持分法を適用しないものとする。

一　財務及び営業又は事業の方針の決定に対する影響が一時的であると認められる関連会社

二　持分法を適用することにより連結財務諸表提出会社の利害関係人の判断を著しく誤らせるおそれがあると認められる非連結子会社及び関連会社

10-1　規則第10条第1項本文の規定により、非連結子会社又は関連会社に対する投資について持分法による価額を計算する場合には、原則として、当該非連結子会社又は関連会社がその子会社又は関連会社に対する投資について持分法を適用して認識した損益を当該非連結子会社又は関連会社の損益に含めて計算することに留意する。

2　前項の規定により持分法を適用すべき非連結子会社及び関連会社のうち、その損益及び利益剰余金その他の項目からみて、持分法の適用の対象から除いても連結財務諸表に重要な影響を与えないものは、持分法の適用の対象から除くことができる。

（税効果会計の適用）

第11条　連結会社の法人税その他利益に関連する金額を課税標準として課される租税（以下「法人税等」という。）については、税効果会計（連結貸借対照表に計上されている資産及び負債の金額と課税所得の計算の結果算定された資産及び負債の金額との間に差異がある場合において、当該差異に係る法人税等の金額を適切に期間配分することにより、法人税等を控除する前の当期純利益の金額と法人税等の金額を合理的に対応させるための会計処理をいう。以下同じ。）を適用して連結財務諸表を作成しなければならない。

（決算期の異なる子会社）

第12条　その事業年度の末日が連結決算日と異なる連結子会社は、連結決算日において、連結財

務諸表作成の基礎となる財務諸表を作成するために必要とされる決算を行わなければならない。ただし、当該連結子会社の事業年度の末日と連結決算日との差異が３か月を超えない場合において、当該事業年度に係る財務諸表を基礎として連結財務諸表を作成するときは、この限りでない。

> 12-1　規則第12条第１項本文の規定の適用については、相当の理由がある場合には、連結決算日から３か月を超えない範囲の一定の日において、決算を行うことができるものとする。この場合においては、当該決算日と連結決算日が異なることから生ずる連結会社相互間の取引に係る会計記録の重要な不一致についての調整又は当該決算日と連結決算日との間に生じた当該子会社と連結会社以外の会社との取引、債権、債務等に係る重要な変動の調整をしなければならないことに留意する。

2　前項ただし書の規定により連結財務諸表を作成する場合には、連結子会社の事業年度の末日と連結決算日が異なることから生ずる連結会社相互間の取引に係る会計記録の重要な不一致について、調整をしなければならない。

（連結の範囲等に関する記載）

第13条　連結の範囲に関する事項その他連結財務諸表作成のための基本となる重要な事項については、次に掲げる事項に区別して注記しなければならない。

一　連結の範囲に関する事項
二　持分法の適用に関する事項
三　連結子会社の事業年度等に関する事項
四　会計方針に関する事項

> 13-1　規則第13条第１項の規定による注記については、次の点に留意する。
> 　1　各号に掲げる事項以外の事項であっても、重要な事項がある場合には記載するものとする。
> 　2　連結財務諸表作成のための基本となる重要な事項には、連結財務諸表作成の基礎となっている各連結会社の財務諸表の作成に係る会

計方針を含むものとする。

> 13-1-4　連結子会社が採用する会計方針のうちに連結財務諸表提出会社が採用する会計方針と異なるものがある場合には、その差異の概要（その差異が、在外子会社の所在地国における会計の方針とわが国の会計方針とが異なることによるものである場合には、その旨を含む。）を規則第13条第１項第４号に規定する事項として記載するものとする。ただし、重要でない場合には、記載しないことができる。

2　前項第１号に掲げる連結の範囲に関する事項については、次の各号に掲げる事項を記載するものとする。ただし、第１号に掲げる事項については、有価証券届出書及び有価証券報告書の連結財務諸表以外の箇所に当該事項が記載されている場合には、その旨を記載することにより記載を省略することができる。

一　連結子会社の数及び主要な連結子会社の名称

二　非連結子会社がある場合には、主要な非連結子会社の名称及び連結の範囲から除いた理由

三　他の会社等の議決権の過半数を自己の計算において所有しているにもかかわらず当該他の会社等を子会社としなかつた場合には、当該他の会社等の名称及び子会社としなかつた理由

四　開示対象特別目的会社（財務諸表等規則第８条の９第２号に規定する開示対象特別目的会社をいう。以下この号において同じ。）がある場合には、開示対象特別目的会社の概要、開示対象特別目的会社との取引の概要及び取引金額その他の重要な事項

> 13-2-4　財務諸表等規則ガイドライン８の９-2の取扱いは、規則第13条第２項第４号に規定する事項について準用する。この場合において、財務諸表等規則ガイドライン８の９-2の３中「当事業年度」とあるのは「当連結会計年度」と、「当事業年度末」とあるのは「当連結会計年度末」と読み替えるものとする。

金商法

3　第1項第2号に掲げる持分法の適用に関する事項については、次の各号に掲げる事項を記載するものとする。

一　持分法を適用した非連結子会社又は関連会社の数及びこれらのうち主要な会社等の名称

二　持分法を適用しない非連結子会社又は関連会社がある場合には、これらのうち主要な会社等の名称

三　持分法を適用しない非連結子会社又は関連会社がある場合には、持分法を適用しない理由

四　他の会社等の議決権の100分の20以上、100分の50以下を自己の計算において所有しているにもかかわらず当該他の会社等を関連会社としなかつた場合には、当該他の会社等の名称及び関連会社としなかつた理由

五　持分法の適用の手続について特に記載する必要があると認められる事項がある場合には、その内容

4　第1項第3号に掲げる連結子会社の事業年度等に関する事項については、事業年度の末日が連結決算日と異なる連結子会社がある場合において、その内容及び当該連結子会社について連結財務諸表の作成の基礎となる財務諸表を作成するための決算が行われたかどうかを記載するものとする。

> 13−4　連結子会社の事業年度の末日と連結決算日との間に3ヵ月を超えない差異がある場合において、規則第12条第1項本文の規定による決算を行うか否かに係る変更を行つたときは、次に掲げる事項を記載するものとする。ただし、3に該当する事項は記載しないことができる。
> 1　当該変更を行つた旨
> 2　当該変更の理由
> 3　当該変更が連結財務諸表に与えている影響

5　第1項第4号に掲げる会計方針に関する事項については、連結財務諸表作成のための基礎となる事項であつて、投資者その他の連結財務諸表の利用者の理解に資するものを記載するものとする。

> 13−5　規則第13条第5項に規定する事項については、次の点に留意する。
> 1　財務諸表等規則ガイドライン8の2の1の取扱いは、規則第13条第5項に規定する事項について準用する。この場合において、財務諸表等規則ガイドライン8の2の1中「財務諸表の」とあるのは「連結財務諸表の」と、「財務諸表作成のための」とあるのは「連結財務諸表作成のための」と、「財務諸表提出会社」とあるのは「連結財務諸表提出会社」と読み替えるものとする。
> 2　会計方針には、例えば次の事項が含まれるものとする。
> ⑴　重要な資産の評価基準及び評価方法
> ⑵　重要な減価償却資産の減価償却の方法
> ⑶　重要な引当金の計上基準
> ⑷　退職給付に係る会計処理の方法
> ⑸　重要な収益及び費用の計上基準
> ⑹　連結財務諸表の作成の基礎となつた連結会社の財務諸表の作成に当たつて採用した重要な外貨建の資産又は負債の本邦通貨への換算の基準
> ⑺　重要なヘッジ会計の方法
> ⑻　のれんの償却方法及び償却期間
> ⑼　連結キャッシュ・フロー計算書における資金の範囲
> ⑽　その他連結財務諸表作成のための重要な事項
> 3　財務諸表等規則ガイドライン8の2の3（⑸②及び⑻②を除く。）の取扱いは、2の⑴から⑽までに例示されている会計方針の記載について準用する。この場合において、財務諸表等規則ガイドライン8の2の3中「財務諸表」とあるのは「連結財務諸表」と、「財務諸表提出会社」とあるのは「連結会社」と読み替えるものとする。
> 4　2の⑷に記載する退職給付に係る会計処理の方法には、退職給付見込額の期間帰属方法並びに数理計算上の差異、過去勤務費用及び会計基準変更時差異の費用処理方法が含まれることに留意する。

（重要な会計上の見積りに関する注記）

第13条の2　財務諸表等規則第8条の2の2（第3項及び第4項を除く。）の規定は、重要な会

計上の見積りについて準用する。この場合において、同条第1項中「事業年度」とあるのは「連結会計年度」と、「財務諸表」とあるのは「連結財務諸表」と読み替えるものとする。

> 13の2　財務諸表等規則ガイドライン8の2の2の取扱いは、規則第13条の2に規定する重要な会計上の見積りに関する注記について準用する。この場合において、財務諸表等規則ガイドライン8の2の2中「財務諸表の」とあるのは「連結財務諸表の」と、「財務諸表提出会社」とあるのは「連結財務諸表提出会社」と読み替えるものとする。

（連結の範囲又は持分法適用の範囲の変更に関する注記）

第14条　連結財務諸表作成のための基本となる重要な事項のうち、連結の範囲又は持分法適用の範囲を変更した場合には、その旨及び変更の理由を注記しなければならない。

> 14　規則第14条の規定による注記については、次の点に留意する。
> 1　連結の範囲又は持分法適用の範囲の変更は、会計方針の変更に該当しないことに留意する。
> 2　連結の範囲又は持分法適用の範囲の変更が、当連結会計年度の翌連結会計年度の連結財務諸表に重要な影響を与えることが確実であると認められる場合には、翌連結会計年度の連結財務諸表に重要な影響を与える旨及びその影響の概要を併せて記載するものとする。

（会計基準等の改正等に伴う会計方針の変更に関する注記）

第14条の2　財務諸表等規則第8条の3（第1項ただし書、第2項ただし書及び第3項ただし書を除く。）の規定は、会計基準等（同条第1項本文に規定する会計基準等をいう。以下同じ。）の改正等（同項本文に規定する会計基準等の改正等をいう。次条において同じ。）に伴い会計方針の変更を行つた場合について準用する。この場合において、財務諸表等規則第8条の3中「事業年度」とあるのは「連結会計年度」と、「財務諸表」とあるのは「連結財務諸表」と読み替えるものとする。

> 14の2　財務諸表等規則ガイドライン8の3の取扱いは、規則第14条の2及び第14条の3に規定する会計方針の変更に関する注記について準用する。

（会計基準等の改正等以外の正当な理由による会計方針の変更に関する注記）

第14条の3　財務諸表等規則第8条の3の2（第1項ただし書及び第2項ただし書を除く。）の規定は、会計基準等の改正等以外の正当な理由により会計方針の変更を行つた場合について準用する。この場合において、同条中「事業年度」とあるのは「連結会計年度」と、「財務諸表」とあるのは「連結財務諸表」と読み替えるものとする。

（未適用の会計基準等に関する注記）

第14条の4　財務諸表等規則第8条の3の3第1項及び第2項の規定は、既に公表されている会計基準等のうち、適用していないものがある場合について準用する。この場合において、同条第1項第3号中「財務諸表」とあるのは、「連結財務諸表」と読み替えるものとする。

> 14の4　財務諸表等規則ガイドライン8の3の3から8の3の3-1-3までの取扱いは、規則第14条の4に規定する未適用の会計基準等に関する注記について準用する。

（表示方法の変更に関する注記）

第14条の5　財務諸表等規則第8条の3の4（第四項を除く。）の規定は、表示方法の変更を行つた場合について準用する。この場合において、同条中「財務諸表」とあるのは「連結財務諸表」と、「事業年度」とあるのは「連結会計年度」と読み替えるものとする。

（会計上の見積りの変更に関する注記）

第14条の6　財務諸表等規則第8条の3の5の規定は、会計上の見積りの変更を行つた場合について準用する。この場合において、同条第2号

中「財務諸表」とあるのは「連結財務諸表」と、同条第3号中「事業年度」とあるのは「連結会計年度」と読み替えるものとする。

> 14の6　財務諸表等規則ガイドライン8の3の5－3の取扱いは、規則第14条の6に規定する会計上の見積りの変更に関する注記及び規則第14条の7に規定する会計方針の変更を会計上の見積りの変更と区別することが困難な場合の注記について準用する。

（会計方針の変更を会計上の見積りの変更と区別することが困難な場合の注記）

第14条の7　財務諸表等規則第8条の3の6の規定は、会計方針の変更を会計上の見積りの変更と区別することが困難な場合について準用する。この場合において、同条第3号中「財務諸表」とあるのは「連結財務諸表」と、同条第4号中「事業年度」とあるのは「連結会計年度」と読み替えるものとする。

（修正再表示に関する注記）

第14条の8　財務諸表等規則第8条の3の7の規定は、修正再表示を行つた場合について準用する。この場合において、同条中「財務諸表」とあるのは「連結財務諸表」と、「事業年度」とあるのは「連結会計年度」と読み替えるものとする。

（重要な後発事象の注記）

第14条の9　連結決算日後、連結会社並びに持分法が適用される非連結子会社及び関連会社の翌連結会計年度以降の財政状態、経営成績及びキャッシュ・フローの状況に重要な影響を及ぼす事象（以下「重要な後発事象」という。）が発生したときは、当該事象を注記しなければならない。ただし、その事業年度の末日が連結決算日と異なる子会社及び関連会社については、当該子会社及び関連会社の貸借対照表日後に発生した当該事象を注記しなければならない。

> 14の9　財務諸表等規則ガイドライン8の4の取扱いは、規則第14条の9に規定する重要な後発事象の注記について準用する。

（追加情報の注記）

第15条　この規則において特に定める注記のほか、連結財務諸表提出会社の利害関係人が企業集団の財政状態、経営成績及びキャッシュ・フローの状況に関する適正な判断を行うために必要と認められる事項があるときは、当該事項を注記しなければならない。

> 15　規則第15条に規定する事項には、指定法人にあっては規則第44条の2及び規則第65条の2の規定により注記することとされている事項に相当する事項が含まれることに留意する。

（セグメント情報等の注記）

第15条の2　企業を構成する一定の単位（以下「報告セグメント」という。）に関する情報（以下「セグメント情報」という。）については、次に掲げる事項を様式第一号に定めるところにより注記しなければならない。

一　報告セグメントの概要

二　報告セグメントごとの売上高、利益又は損失、資産、負債その他の項目の金額及びこれらの金額の算定方法

三　前号に掲げる金額の項目ごとの合計額と当該項目に相当する科目ごとの連結貸借対照表計上額又は連結損益計算書計上額との差額及び当該差額の主な内容

2　報告セグメントに関連する情報（様式第二号において「関連情報」という。）については、次に掲げる事項を同様式に定めるところにより注記しなければならない。

一　製品及びサービスごとの情報

二　地域ごとの情報

三　主要な顧客ごとの情報

3　連結貸借対照表又は連結損益計算書において、次に掲げる項目を計上している場合には、報告セグメントごとの概要を様式第三号に定めるところにより注記しなければならない。

一　固定資産の減損損失

二　のれんの償却額及び未償却残高

三　負ののれん発生益

金商法

4　前3項の規定にかかわらず、重要性の乏しいものについては、注記を省略することができる。

（リース取引に関する注記）

第15条の3　財務諸表等規則第8条の6（第4項を除く。）の規定は、リース取引について準用する。この場合において、同条第1項及び第3項中「財務諸表提出会社」とあるのは「連結会社」と、同条第1項第1号イ及び第2号並びに第2項中「当事業年度末」とあるのは「当連結会計年度末」と、同条第1項第2号ロ中「貸借対照表日」とあるのは「連結決算日」と、同条第3項中「貸借対照表」とあるのは「連結貸借対照表」と読み替えるものとする。

> 15の3　財務諸表等規則ガイドライン8の6から8の6-2までの取扱いは、規則第15条の3に規定するリース取引に関する注記について準用する。

（関連当事者の範囲）

第15条の4　この規則において「関連当事者」とは、次に掲げる者をいう。

一　連結財務諸表提出会社の親会社

二　連結財務諸表提出会社の非連結子会社

三　連結財務諸表提出会社と同一の親会社をもつ会社等

四　連結財務諸表提出会社のその他の関係会社（連結財務諸表提出会社が他の会社等の関連会社である場合における当該他の会社等をいう。以下この号において同じ。）並びに当該その他の関係会社の親会社及び子会社

五　連結財務諸表提出会社の関連会社及び当該関連会社の子会社

六　連結財務諸表提出会社の主要株主（法第163条第1項に規定する主要株主をいう。）及びその近親者（二親等内の親族をいう。次号から第9号までにおいて同じ。）

七　連結財務諸表提出会社の役員及びその近親者

八　連結財務諸表提出会社の親会社の役員及びその近親者

九　連結財務諸表提出会社の重要な子会社の役員及びその近親者

十　前4号に掲げる者が議決権の過半数を自己の計算において所有している会社等及び当該会社等の子会社

十一　従業員のための企業年金（連結財務諸表提出会社又は連結子会社と重要な取引（掛金の拠出を除く。）を行う場合に限る。）

（関連当事者との取引に関する注記）

第15条の4の2　連結財務諸表提出会社が関連当事者との取引（当該関連当事者が第三者のために当該連結財務諸表提出会社との間で行う取引及び当該連結財務諸表提出会社と第三者との間の取引で当該関連当事者が当該取引に関して当該連結財務諸表提出会社に重要な影響を及ぼしているものを含む。）を行つている場合には、その重要なものについて、次の各号に掲げる事項を原則として関連当事者ごとに注記しなければならない。

一　当該関連当事者が会社等の場合には、その名称、所在地、資本金又は出資金、事業の内容及び当該関連当事者の議決権に対する当該連結財務諸表提出会社の所有割合又は当該連結財務諸表提出会社の議決権に対する当該関連当事者の所有割合

二　当該関連当事者が個人の場合には、その氏名、職業及び当該連結財務諸表提出会社の議決権に対する当該関連当事者の所有割合

三　当該連結財務諸表提出会社と当該関連当事者との関係

四　取引の内容

五　取引の種類別の取引金額

六　取引条件及び取引条件の決定方針

七　取引により発生した債権債務に係る主な科目別の期末残高

八　取引条件の変更があつた場合には、その旨、変更の内容及び当該変更が連結財務諸表に与えている影響の内容

九　関連当事者に対する債権が貸倒懸念債権（財務諸表等規則第8条の10第1項第9号に規定する貸倒懸念債権をいう。）又は破産更

生債権等（同号に規定する破産更生債権等を
いう。第23条第1項第3号において同じ。）
に区分されている場合には、次に掲げる事項

イ　当連結会計年度末の貸倒引当金残高

ロ　当連結会計年度に計上した貸倒引当金繰
入額等

ハ　当連結会計年度に計上した貸倒損失等
（一般債権（財務諸表等規則第8条の10第
1項第9号ハに規定する一般債権をいう。）
に区分されていた場合において生じた貸倒
損失を含む。）

十　関連当事者との取引に関して、貸倒引当金
以外の引当金が設定されている場合において、
注記することが適当と認められるものについ
ては、前号に準ずる事項

> **15の4の2**　財務諸表等規則ガイドライン8の10
> の取扱いは、規則第15条の4の2及び第15条の
> 4の3に規定する関連当事者との取引等に関す
> る注記について準用する。
> **15の4の2-1**　財務諸表等規則ガイドライン8
> の10-1の取扱いは、規則第15条の4の2に規
> 定する取引について準用する。
> **15の4の2-1-10**　財務諸表等規則ガイドライ
> ン8の10-1-10の取扱いは、規則第15条の4
> の2第1項第10号に掲げる事項について準用す
> る。

2　前項の規定にかかわらず、同項第9号及び第
10号に掲げる事項は、第15条の4各号に掲げる
関連当事者の種類ごとに合算して記載すること
ができる。

3　前2項の規定は、連結子会社と関連当事者と
の間に取引がある場合に準用する。

4　関連当事者との取引のうち連結財務諸表の作
成に当たつて相殺消去された取引については、
注記を要しない。

5　関連当事者との取引のうち次の各号に定める
取引については、第1項に規定する注記を要し
ない。

一　一般競争入札による取引並びに預金利息及
び配当の受取りその他取引の性質からみて取

引条件が一般の取引と同様であることが明白
な取引

二　役員に対する報酬、賞与及び退職慰労金の
支払い

> **15の4の2-5**　財務諸表等規則ガイドライン8
> の10-3の取扱いは、規則第15条の4の2第5
> 項各号に掲げる取引について準用する。この場
> 合において、財務諸表等規則ガイドライン8の
> 10-3中「財務諸表提出会社」とあるのは、「連
> 結財務諸表提出会社又は連結子会社」と読み替
> えるものとする。

6　第1項（第3項において準用する場合を含
む。）に掲げる事項は、財務諸表等規則様式第
一号に準じて注記しなければならない。

（親会社又は重要な関連会社に関する注記）

第15条の4の3　連結財務諸表提出会社について、
次の各号に掲げる会社が存在する場合には、当
該各号に定める事項を注記しなければならない。

一　親会社　当該親会社の名称並びにその発行
する有価証券を金融商品取引所（法第2条第
16項に規定する金融商品取引所をいい、本邦
以外の地域において設立されている同じ性質
を有するものを含む。以下この号において同
じ。）に上場している場合にあつてはその旨
及び当該金融商品取引所の名称、その発行す
る有価証券を金融商品取引所に上場していな
い場合にあつてはその旨

二　重要な関連会社　当該関連会社の名称並び
に持分法による投資利益又は持分法による投
資損失の金額の算定対象となつた当該関連会
社の貸借対照表及び損益計算書における次に
掲げる項目の金額

イ　貸借対照表項目（流動資産合計、固定資
産合計、流動負債合計、固定負債合計、純
資産合計その他の重要な項目をいう。）

ロ　損益計算書項目（売上高、税引前当期純
利益金額又は税引前当期純損失金額、当期
純利益金額又は当期純損失金額その他の重
要な項目をいう。）

2　前項第2号イ及びロに掲げる項目の金額は、

同項の規定にかかわらず、次の各号に掲げる方法により記載することができる。この場合には、その旨を記載しなければならない。

一　重要な関連会社について合算して記載する方法

二　持分法による投資利益又は持分法による投資損失の金額の算定対象となつた関連会社について合算して記載する方法

（税効果会計に関する注記）

第15条の5　第11条の規定により税効果会計を適用したときは、次の各号に掲げる事項を注記しなければならない。

一　繰延税金資産（税効果会計の適用により資産として計上される金額をいう。以下同じ。）及び繰延税金負債（税効果会計の適用により負債として計上される金額をいう。以下同じ。）の発生の主な原因別の内訳

二　当該連結会計年度に係る連結財務諸表提出会社の法人税等の計算に用いられた税率（以下この条において「法定実効税率」という。）と法人税等を控除する前の当期純利益に対する法人税等（税効果会計の適用により計上される法人税等の調整額を含む。）の比率（以下この条において「税効果会計適用後の法人税等の負担率」という。）との間に差異があるときは、当該差異の原因となつた主な項目別の内訳

三　法人税等の税率の変更により繰延税金資産及び繰延税金負債の金額が修正されたときは、その旨及び修正額

四　連結決算日後に法人税等の税率の変更があつた場合には、その内容及び影響

2　繰延税金資産の算定に当たり繰延税金資産から控除された額（以下この条において「評価性引当額」という。）がある場合には、次の各号に掲げる事項を前項第1号に掲げる事項に併せて注記しなければならない。

一　当該評価性引当額

二　当該評価性引当額に重要な変動が生じた場合には、その主な内容

3　第1項第1号に掲げる事項に繰越欠損金（法人税等に係る法令の規定において繰越しが認められる期限（第1号において「繰越期限」という。）まで繰り越すことができる欠損金額（法人税等に係る法令の規定に基づき算定した各事業年度の所得の金額の計算上当該事業年度の損金の額が当該事業年度の益金の額を超える場合におけるその超える部分の金額をいう。）をいう。以下この項において同じ。）を記載する場合であつて、当該繰越欠損金が重要であるときは、次の各号に掲げる事項を併せて注記しなければならない。

一　繰越期限別の繰越欠損金に係る次に掲げる事項

イ　繰越欠損金に納税主体ごとの法定実効税率を乗じた額

ロ　繰越欠損金に係る評価性引当額

ハ　繰越欠損金に係る繰延税金資産の額

二　繰越欠損金に係る重要な繰延税金資産を計上している場合には、当該繰延税金資産を回収することが可能と判断した主な理由

4　第1項第2号に掲げる事項については、法定実効税率と税効果会計適用後の法人税等の負担率との間の差異が法定実効税率の100分の5以下である場合には、注記を省略することができる。

15の5　財務諸表等規則ガイドライン8の12-2-1の取扱いは、規則第15条の5に規定する税効果会計に関する注記について準用する。

（金融商品に関する注記）

第15条の5の2　金融商品については、次の各号に掲げる事項を注記しなければならない。ただし、重要性の乏しいものについては、注記を省略することができる。

一　金融商品の状況に関する次に掲げる事項

イ　金融商品に対する取組方針

ロ　金融商品の内容及び当該金融商品に係るリスク

ハ　金融商品に係るリスク管理体制

二　金融商品の時価に関する次に掲げる事項

イ　連結決算日における連結貸借対照表の科目ごとの連結貸借対照表計上額

ロ　連結決算日における連結貸借対照表の科目ごとの時価

ハ　連結決算日における連結貸借対照表の科目ごとの連結貸借対照表計上額と連結決算日における連結貸借対照表の科目ごとの時価との差額

ニ　ロ及びハに掲げる事項に関する説明

三　金融商品（前号の規定により注記した金融商品に限る。以下この号において同じ。）の時価を当該時価の算定に重要な影響を与える時価の算定に係るインプットが属するレベルに応じて分類し、その内訳に関する次に掲げる事項

イ　時価で連結貸借対照表に計上している金融商品の場合には、当該金融商品を適切な項目に区分し、その項目ごとの次の(1)から(3)までに掲げる事項

(1)　連結決算日におけるレベル1に分類された金融商品の時価の合計額

(2)　連結決算日におけるレベル2に分類された金融商品の時価の合計額

(3)　連結決算日におけるレベル3に分類された金融商品の時価の合計額

ロ　時価で連結貸借対照表に計上している金融商品以外の金融商品の場合には、当該金融商品を適切な項目に区分し、その項目ごとの次の(1)から(3)までに掲げる事項

(1)　連結決算日におけるレベル1に分類された金融商品の時価の合計額

(2)　連結決算日におけるレベル2に分類された金融商品の時価の合計額

(3)　連結決算日におけるレベル3に分類された金融商品の時価の合計額

ハ　イ(2)若しくは(3)又はロ(2)若しくは(3)の規定により注記した金融商品の場合には、次の(1)及び(2)に掲げる事項

(1)　時価の算定に用いた評価技法及び時価の算定に係るインプットの説明

(2)　時価の算定に用いる評価技法又はその

適用を変更した場合には、その旨及びその理由

ニ　イ(3)の規定により注記した金融商品の場合には、次の(1)から(5)までに掲げる事項

(1)　時価の算定に用いた重要な観察できない時価の算定に係るインプットに関する定量的情報

(2)　当該金融商品の期首残高から期末残高への調整表

(3)　レベル3に分類された金融商品の時価についての評価の過程に関する説明

(4)　時価の算定に用いた重要な観察できない時価の算定に係るインプットの変化によって連結決算日における時価が著しく変動する場合における当該時価に対する影響に関する説明

(5)　時価の算定に用いた重要な観察できない時価の算定に係るインプットと他の重要な観察できない時価の算定に係るインプットとの間に相関関係がある場合には、当該相関関係の内容及び時価に対する影響に関する説明

2　前項本文の規定にかかわらず、市場価格のない株式、出資金その他これらに準ずる金融商品については、同項第2号に掲げる事項の記載を要しない。この場合には、その旨並びに当該金融商品の概要及び連結貸借対照表計上額を注記しなければならない。

3　第1項本文の規定にかかわらず、連結貸借対照表に持分相当額を純額で計上する組合その他これに準ずる事業体（外国におけるこれらに相当するものを含む。）への出資については、同項第2号に掲げる事項の記載を要しない。この場合には、その旨及び当該出資の連結貸借対照表計上額を注記しなければならない。

4　投資信託等（法第2条第1項第10号に掲げる投資信託又は外国投資信託の受益証券、同項第11号に掲げる投資証券又は外国投資証券その他これらに準ずる有価証券を含む金融商品をいう。以下この項及び次項において同じ。）について、一般に公正妥当と認められる企業会計の基準に

従い、投資信託等の基準価額を時価とみなす場合には、第1項第2号に掲げる事項の記載については、当該投資信託等が含まれている旨を注記しなければならない（当該投資信託等の連結貸借対照表計上額に重要性が乏しい場合を除く。）。

5　第1項本文の規定にかかわらず、投資信託等について、一般に公正妥当と認められる企業会計の基準に従い、投資信託等の基準価額を時価とみなす場合には、同項第3号に掲げる事項の記載を要しない。この場合には、次に掲げる事項を注記しなければならない。

一　第1項第3号に掲げる事項を注記していない旨

二　当該投資信託等の連結貸借対照表計上額

三　当該投資信託等の期首残高から期末残高への調整表（当該投資信託等の連結貸借対照表計上額に重要性が乏しい場合を除く。）

四　連結決算日における解約又は買戻請求に関する制限の内容ごとの内訳（投資信託等について、信託財産又は資産を主として金融商品に対する投資として運用することを目的としている場合に限り、その投資信託等の連結貸借対照表計上額に重要性が乏しい場合を除く。）

6　金融資産（財務諸表等規則第8条第41項に規定する金融資産をいう。以下この項において同じ。）及び金融負債（同条第41項に規定する金融負債をいう。以下この項において同じ。）の双方がそれぞれ資産の総額及び負債の総額の大部分を占めており、かつ、当該金融資産及び金融負債の双方が事業目的に照らして重要である連結会社にあつては、当該金融資産及び金融負債の主要な市場リスク（金利、通貨の価格、金融商品市場（法第2条第14項に規定する金融商品市場をいう。以下この項において同じ。）における相場その他の指標の数値の変動に係るリスクをいう。以下この項及び次項において同じ。）の要因となる当該指標の数値の変動に対する当該金融資産及び金融負債の価値の変動率に重要性がある場合には、次の各号に掲げる金

融商品の区分に応じ、当該各号に定める事項を注記しなければならない。

一　そのリスク管理において、市場リスクに関する定量的分析を利用している金融商品　当該分析に基づく定量的情報及びこれに関連する情報

二　そのリスク管理において、市場リスクに関する定量的分析を利用していない金融商品　次のイ及びロに掲げる事項

イ　そのリスク管理において、市場リスクに関する定量的分析を利用していない旨

ロ　市場リスクの要因となる金利、通貨の価格、金融商品市場における相場その他の指標の数値の変動を合理的な範囲で仮定して算定した時価の増減額及びこれに関連する情報

7　前項第2号ロに掲げる事項が、連結会社の市場リスクの実態を適切に反映していない場合には、その旨及びその理由を注記しなければならない。

8　金銭債権（時価の変動により利益を得ることを目的として保有するものを除く。）及び有価証券（売買目的有価証券を除く。）のうち満期のあるものについては、償還予定額の合計額を一定の期間に区分した金額を注記しなければならない。

9　社債、長期借入金、リース債務及びその他の負債であつて、金利の負担を伴うものについては、返済予定額の合計額を一定の期間に区分した金額を注記しなければならない。ただし、当該金額が第92条第1項に規定する社債明細表又は借入金等明細表に記載されている場合には、その旨の注記をもつて代えることができる。

15の5の2　財務諸表等規則ガイドライン8の6の2-1-1から8の6の2-9までの取扱いは、規則第15条の5の2に規定する金融商品に関する注記について準用する。この場合において、財務諸表等規則ガイドライン8の6の2-1-1中「貸借対照表計上額」とあるのは「連結貸借対照表計上額」と、「貸借対照表の」とあるのは「連結貸借対照表の」と、8の6の2-1-2

1331

中「貸借対照表に」とあるのは「連結貸借対照表に」と、「貸借対照表の」とあるのは「連結貸借対照表の」と、8の6の2-1-3中「貸借対照表の」とあるのは「連結貸借対照表の」と、「当事業年度」とあるのは「当連結会計年度」と、「当該事業年度」とあるのは「当該連結会計年度」と、「貸借対照表日」とあるのは「連結決算日」と、「評価・換算差額等」とあるのは「その他の包括利益」と、8の6の2-5中「当事業年度」とあるのは「当連結会計年度」と、「評価・換算差額等」とあるのは「その他の包括利益」と、「貸借対照表日」とあるのは「連結決算日」と、「貸借対照表計上額」とあるのは「連結貸借対照表計上額」と、8の6の2-9中「貸借対照表日」とあるのは「連結決算日」と読み替えるものとする。

（有価証券に関する注記）

第15条の6　前条に定める事項のほか、有価証券については、次の各号に掲げる有価証券の区分に応じ、当該各号に定める事項を注記しなければならない。ただし、重要性の乏しいものについては、注記を省略することができる。

一　売買目的有価証券　当連結会計年度の損益に含まれた評価差額

二　満期保有目的の債券　当該債券を連結決算日における時価が連結決算日における連結貸借対照表計上額を超えるもの及び当該時価が当該連結貸借対照表計上額を超えないものに区分し、その区分ごとの次に掲げる事項

イ　連結決算日における連結貸借対照表計上額

ロ　連結決算日における時価

ハ　連結決算日における連結貸借対照表計上額と連結決算日における時価との差額

三　その他有価証券　有価証券（株式、債券及びその他の有価証券をいう。第5号において同じ。）の種類ごとに当該有価証券を連結決算日における連結貸借対照表計上額が取得原価を超えるもの及び当該連結貸借対照表計上額が取得原価を超えないものに区分し、その区分ごとの次に掲げる事項

イ　連結決算日における連結貸借対照表計上

額

ロ　取得原価

ハ　連結決算日における連結貸借対照表計上額と取得原価との差額

四　当連結会計年度中に売却した満期保有目的の債券　債券の種類ごとの売却原価、売却額、売却損益及び売却の理由

五　当連結会計年度中に売却したその他有価証券　有価証券の種類ごとの売却額、売却益の合計額及び売却損の合計額

2　当連結会計年度中に売買目的有価証券、満期保有目的の債券、子会社株式及び関連会社株式並びにその他有価証券の保有目的を変更した場合には、その旨、変更の理由（満期保有目的の債券の保有目的を変更した場合に限る。）及び当該変更が連結財務諸表に与えている影響の内容を注記しなければならない。ただし、重要性の乏しいものについては、注記を省略することができる。

3　当連結会計年度中に有価証券の減損処理を行つた場合には、その旨及び減損処理額を注記しなければならない。ただし、重要性の乏しいものについては、注記を省略することができる。

> **15の6**　財務諸表等規則ガイドライン8の7-1の取扱いは、規則第15条の6に規定する有価証券に関する注記について準用する。

（デリバティブ取引に関する注記）

第15条の7　第15条の5の2に規定する事項のほか、デリバティブ取引については、次の各号に掲げる取引の区分に応じ、当該各号に定める事項を注記しなければならない。ただし、重要性の乏しいものについては、注記を省略することができる。

一　ヘッジ会計（財務諸表等規則第8条第69項に規定する会計処理をいう。以下この項及び第3項において同じ。）が適用されていないデリバティブ取引　取引の対象物（通貨、金利、株式、債券、商品及びその他の取引の対象物をいう。次号において同じ。）の種類ご

との次に掲げる事項

　イ　連結決算日における契約額又は契約において定められた元本相当額

　ロ　連結決算日における時価及び評価損益

二　ヘッジ会計が適用されているデリバティブ取引　取引の対象物の種類ごとの次に掲げる事項

　イ　連結決算日における契約額又は契約において定められた元本相当額

　ロ　連結決算日における時価

2　前項第1号に規定する事項は、取引（先物取引、オプション取引、先渡取引、スワップ取引及びその他のデリバティブ取引をいう。次項において同じ。）の種類、市場取引（財務諸表等規則第8条第10項第3号に規定する市場取引をいう。）又は市場取引以外の取引、買付約定に係るもの又は売付約定に係るもの、連結決算日から取引の決済日又は契約の終了時までの期間及びその他の項目に区分して記載しなければならない。

3　第1項第2号に規定する事項は、ヘッジ会計の方法、取引の種類、ヘッジ対象（財務諸表等規則第8条第69項に規定するヘッジ対象をいう。第43条の2第1項第2号において同じ。）及びその他の項目に区分して記載しなければならない。

> 15の7　財務諸表等規則ガイドライン8の8の取扱いは、規則第15条の7に規定するデリバティブ取引に関する注記について準用する。

（確定給付制度に基づく退職給付に関する注記）

第15条の8　退職給付に関し、確定給付制度（財務諸表等規則第8条の13第1項に規定する確定給付制度をいう。第1号において同じ。）を採用している場合には、次の各号に掲げる事項を注記しなければならない。

一　確定給付制度の概要

二　退職給付債務の期首残高と期末残高の次に掲げる項目の金額を含む調整表

　イ　勤務費用

　ロ　利息費用

　ハ　数理計算上の差異の発生額

　ニ　退職給付の支払額

　ホ　過去勤務費用の発生額

　ヘ　その他

三　年金資産の期首残高と期末残高の次に掲げる項目の金額を含む調整表

　イ　期待運用収益

　ロ　数理計算上の差異の発生額

　ハ　事業主である会社等からの拠出額

　ニ　退職給付の支払額

　ホ　その他

四　退職給付債務及び年金資産の期末残高と連結貸借対照表に計上された退職給付に係る負債及び退職給付に係る資産の調整表

五　退職給付費用及び次に掲げるその内訳項目の金額

　イ　勤務費用

　ロ　利息費用

　ハ　期待運用収益

　ニ　数理計算上の差異の費用処理額

　ホ　過去勤務費用の費用処理額

　ヘ　その他

六　退職給付に係る調整額（次のイからハまでに掲げる額の合計額をいう。第69条の5第1項第4号において同じ。）及び次に掲げるその内訳項目の金額

　イ　数理計算上の差異の発生額（当連結会計年度において費用処理された額を除く。）及び退職給付に係る調整累計額（次号イからハまでに掲げる額の合計額をいう。この項及び第43条の2第1項第5号において同じ。）に計上されている未認識数理計算上の差異の額のうち、費用処理された額に対応する額の合計額

　ロ　過去勤務費用の発生額（当連結会計年度において費用処理された額を除く。）及び退職給付に係る調整累計額に計上されている未認識過去勤務費用の額のうち、費用処理された額に対応する額の合計額

　ハ　その他

金商法

七　退職給付に係る調整累計額及び次に掲げる
その内訳項目の金額
　　イ　未認識数理計算上の差異
　　ロ　未認識過去勤務費用
　　ハ　その他
八　年金資産に関する次に掲げる事項
　　イ　年金資産の主な内訳（退職給付信託（退
職給付を目的とする信託をいう。）が設定
されている企業年金制度（会社等以外の外
部に積み立てた資産を原資として退職給付
を支払う制度をいう。）において、年金資
産の合計額に対する当該退職給付信託に係
る信託財産の額の割合に重要性がある場合
には、当該割合又は金額を含む。）
　　ロ　長期期待運用収益率の設定方法
九　数理計算上の計算基礎に関する次に掲げる
事項
　　イ　割引率
　　ロ　長期期待運用収益率
　　ハ　その他
十　その他の事項
2　前項第2号へ、第3号ホ、第5号へ、第6号
ハ及び第7号ハに掲げる項目に属する項目につ
いては、その金額に重要性が乏しいと認められ
る場合を除き、当該項目を示す名称を付して掲
記しなければならない。

15の8　規則第15条の8第1項に規定する注記に
関しては、次の点に留意する。
　1　第1号に規定する確定給付制度の概要とは、
確定給付制度の一般的説明（厚生年金基金、
退職一時金及び確定給付企業年金等、会社等
が採用している確定給付制度及びこれらに関
する補足説明（例えば、当該制度の対象範囲、
設定時期及び移行時期等並びに退職給付信託
の設定状況等をいう。））いうものとする。
　2　第2号に掲げる事項（へを除く。）及び第
3号に掲げる事項（ホを除く。）の金額に重
要性が乏しい場合には、その他の項目に含め
ることができるものとする。
　3　第4号に規定する退職給付債務については、
積立型制度及び非積立型制度別に記載するも
のとする。

4(1)　第5号に掲げる事項（へを除く。）の金
額に重要性が乏しい場合には、項目を集約
して記載することができるものとする。
　(2)　第5号への項目には、臨時に支払った割
増退職金及び会計基準変更時差異の費用処
理額等が含まれるものとする。
5　第6号ハの項目には、退職給付に係る調整
累計額の項目に計上されている会計基準変更
時差異の未処理額のうち、費用処理された額
に対応する額が含まれることに留意する。
6　第7号ハの項目には、会計基準変更時差異
の未処理額が含まれるものとする。
7(1)　第8号イに規定する年金資産の主な内訳
は、株式、債券等の種類ごとの割合又は金
額を記載するものとする。なお、退職給付
信託に係る信託財産の割合又は金額は、年
金資産の主な内訳の記載とは別に付記する
ものとする。
　(2)　第8号ロに規定する長期期待運用収益率
の設定方法については、年金資産の主な種
類との関連性を踏まえて記載するものとす
る。
　　　なお、長期期待運用収益率は、年金資産
が退職給付の支払いに充てられるまでの期
間に保有している年金資産のポートフォリ
オ、過去の運用実績、運用方針及び市場の
動向等を考慮して設定するものとする。
8　第9号ハの項目には、予想昇給率等が含ま
れるものとする。
9　第10号に規定する事項には、厚生年金基金
制度における代行部分に係る退職給付債務及
び最低責任準備金の内容等を記載することが
できるものとする。

（確定拠出制度に基づく退職給付に関する注記）
第15条の8の2　財務諸表等規則第8条の13の2
第1項の規定は、退職給付に関し、確定拠出制
度（財務諸表等規則第8条の13第1項に規定す
る確定拠出制度をいう。）を採用している場合
について準用する。

15の8の2　財務諸表等規則ガイドライン8の13
の2の取扱いは、規則第15条の8の2に規定す
る確定拠出制度に関する注記について準用する。

（複数事業主制度に基づく退職給付に関する注記）

第15条の8の3　財務諸表等規則第8条の13の3（第3項を除く。）の規定は、退職給付に関し、複数事業主制度（同条第1項に規定する複数事業主制度をいう。）を採用している場合について準用する。この場合において、同条第1項中「第8条の13の規定」とあるのは「第15条の8の規定」と、「財務諸表提出会社」とあるのは「連結会社」と、同項第1号中「第8条の13第1項第2号から第8号まで」とあるのは「第15条の8第1項第2号から第10号まで」と、同条第2項中「第8条の13第1項」とあるのは「第15条の8第1項」と読み替えるものとする。

> 15の8の3　財務諸表等規則ガイドライン8の13の3の取扱いは、規則第15条の8の3に規定する複数事業主制度に関する注記について準用する。

（ストック・オプション、自社株式オプション又は自社の株式の付与又は交付に関する注記）

第15条の9　財務諸表等規則第8条の14第1項の規定は、ストック・オプション若しくは自社株式オプションを付与又は自社の株式を交付している場合について準用する。この場合において、同項第1号中「事業年度」とあるのは、「連結会計年度」と読み替えるものとする。

> 15の9　財務諸表等規則ガイドライン8の14及び8の14-1-1の取扱いは、規則第15条の9に規定するストック・オプション若しくは自社株式オプションの付与又は自社の株式の交付に関する注記について準用する。

（ストック・オプションに関する注記）

第15条の10　財務諸表等規則第8条の15（第9項を除く。）の規定は、ストック・オプションを付与している場合について準用する。この場合において、同条第1項第2号ロ、ハ、ホ、ヘ及び同項第9号、第4項並びに第7項中「事業年度に」とあるのは「連結会計年度に」と、同条第1項第2号ニ、ト及び第7項中「事業年度末」とあるのは「連結会計年度末」と、同条第4項中「事業年度の」とあるのは「連結会計年度の」と読み替えるものとする。

> 15の10　財務諸表等規則ガイドライン8の15から8の15-7までの取扱いは、規則第15条の10に規定するストック・オプションに関する注記について準用する。

（自社株式オプション及び自社の株式を対価とする取引の注記）

第15条の11　財務諸表等規則第8条の16（第3項を除く。）の規定は、役務の受領又は財貨の取得の対価として自社株式オプションを付与又は自社の株式を交付している場合について準用する。

（取得による企業結合が行われた場合の注記）

第15条の12　当連結会計年度において他の企業又は企業を構成する事業の取得による企業結合が行われた場合には、次に掲げる事項を注記しなければならない。

一　企業結合の概要

二　連結財務諸表に含まれている被取得企業又は取得した事業の業績の期間

三　被取得企業又は取得した事業の取得原価及び対価の種類ごとの内訳

四　取得の対価として株式を交付した場合には、株式の種類別の交換比率及びその算定方法並びに交付又は交付予定の株式数

五　主要な取得関連費用の内容及び金額

六　取得が複数の取引によつて行われた場合には、被取得企業の取得原価と取得するに至つた取引ごとの取得原価の合計額との差額

七　発生したのれんの金額、発生原因、償却方法及び償却期間又は負ののれん発生益の金額及び発生原因

八　企業結合日に受け入れた資産及び引き受けた負債の額並びにその主な内訳

九　企業結合契約に規定される条件付取得対価（企業結合契約において定められる企業結合契約締結後の将来の事象又は取引の結果に依存して追加的に交付され、引き渡され、又は

返還される取得対価をいう。）の内容及び当連結会計年度以降の会計処理方針

十　取得原価の大部分がのれん以外の無形固定資産に配分された場合には、のれん以外の無形固定資産に配分された金額及びその主要な種類別の内訳並びに全体及び主要な種類別の加重平均償却期間

十一　取得原価の配分が完了していない場合には、その旨及びその理由

十二　企業結合が連結会計年度開始の日に完了したと仮定した場合の当連結会計年度の連結損益計算書に及ぼす影響の概算額及びその算定方法（当該影響の概算額に重要性が乏しい場合を除く。）

> 15の12　規則第15条の12から第15条の15まで、第15条の18、第15条の19及び第15条の21に規定する注記とは、「企業結合に関する会計基準」が適用される場合の注記とし、企業結合日、のれん、条件付取得対価及び支配等の用語は、「企業結合に関する会計基準」に定める企業結合日、のれん、条件付取得対価及び支配等の用語をいうものとする。
>
> 15の12-1-1　財務諸表等規則ガイドライン8の17-1-1の取扱いは、規則第15条の12第1項第1号に掲げる「企業結合の概要」に係る注記について準用する。
>
> 15の12-1-12　財務諸表等規則ガイドライン8の17-1-11の取扱いは、規則第15条の12第1項第12号に規定する影響の概算額及びその算定方法の注記について準用する。

2　前項の規定にかかわらず、企業結合に係る取引に重要性が乏しい場合には、注記を省略することができる。ただし、当連結会計年度における個々の企業結合に係る取引に重要性は乏しいが、当連結会計年度における複数の企業結合に係る取引全体に重要性がある場合には、同項第1号及び第3号から第11号までに掲げる事項を当該企業結合に係る取引全体について注記しなければならない。

3　第1項第12号に掲げる影響の概算額は、次に掲げる額のいずれかによるものとし、当該注記

が監査証明を受けていない場合には、その旨を記載しなければならない。

一　企業結合が連結会計年度開始の日に完了したと仮定して算定された売上高及び損益情報と取得企業の連結損益計算書における売上高及び損益情報との差額

二　企業結合が連結会計年度開始の日に完了したと仮定して算定された売上高及び損益情報

> 15の12-3　財務諸表等規則ガイドライン8の17-3の取扱いは、規則第15条の12第3項第1号及び第2号に規定する損益情報の注記について準用する。この場合において、財務諸表等規則ガイドライン8の17-3中「税引前当期純損益」とあるのは「税金等調整前当期純損益」と読み替えるものとする。

4　前連結会計年度に行われた企業結合に係る暫定的な会計処理の確定に伴い、当連結会計年度において取得原価の当初配分額に重要な見直しがなされた場合には、当該見直しの内容及び金額を注記しなければならない。

> 15の12-4　財務諸表等規則ガイドライン8の17-4の取扱いは、規則第15条の12第4項に規定する取得原価に係る配分額の注記について準用する。

第15条の13　削除

（共通支配下の取引等の注記）

第15条の14　当連結会計年度において共通支配下の取引等が行われた場合には、次に掲げる事項を注記しなければならない。

一　取引の概要

二　実施した会計処理の概要

三　子会社株式を追加取得した場合には、第15条の12第1項第3号、第4号及び第9号に掲げる事項

四　非支配株主（連結子会社の株主のうち連結会社以外の株主をいう。以下この号及び第88条第2項において同じ。）との取引に係る連結財務諸表提出会社の持分変動に関する事項

（非支配株主との取引によって増加又は減少した資本剰余金の主な変動要因及び金額をいう。）

2　前項の規定にかかわらず、共通支配下の取引等に重要性が乏しい場合には、注記を省略することができる。ただし、当連結会計年度における個々の共通支配下の取引等に重要性は乏しいが、当連結会計年度における複数の共通支配下の取引等全体に重要性がある場合には、同項各号に掲げる事項を当該共通支配下の取引等全体について注記しなければならない。

15の14　財務諸表等規則ガイドライン8の20-1-1の取扱いは、規則第15条の14第1号に掲げる「取引の概要」に係る注記について準用する。

（共同支配企業の形成の注記）

第15条の15　財務諸表等規則第8条の22（第3項を除く。）の規定は、共同支配企業の形成（同条第1項に規定する共同支配企業の形成をいう。次条第1項において同じ。）について準用する。この場合において、財務諸表等規則第8条の22中「事業年度」とあるのは、「連結会計年度」と読み替えるものとする。

15の15　財務諸表等規則ガイドライン8の22-1-1の取扱いは、規則第15条の15において準用する財務諸表等規則第8条の22第1項第1号に掲げる「取引の概要」に係る注記について準用する。

（事業分離における分離元企業の注記）

第15条の16　当連結会計年度において重要な事業分離が行われ、当該事業分離が共通支配下の取引等及び共同支配企業の形成に該当しない場合には、分離元企業は、事業分離が行われた連結会計年度において、次に掲げる事項を注記しなければならない。

一　事業分離の概要
二　実施した会計処理の概要
三　分離した事業が含まれていた報告セグメントの名称

四　当連結会計年度の連結損益計算書に計上されている分離した事業に係る損益の概算額
五　移転損益を認識した事業分離において、分離先企業の株式を子会社株式又は関連会社株式として保有する以外に、継続的関与がある場合には、当該継続的関与の概要

15の16　規則第15条の16、第15条の17及び第15条の20に規定する注記とは、「事業分離等に関する会計基準」が適用される場合の注記とし、事業分離日、移転損益及び継続的関与等の用語は、「事業分離等に関する会計基準」に定める事業分離日、移転損益及び継続的関与等の用語をいうものとする。

15の16-1-1　財務諸表等規則ガイドライン8の23-1-1の取扱いは、規則第15条の16第1項第1号に掲げる「事業分離の概要」に係る注記について準用する。

15の16-1-2　規則第15条の16第1項第2号に掲げる「実施した会計処理の概要」には、段階取得に係る損益の金額、持分変動差額の金額及び会計処理が含まれることに留意する。

15の16-1-4　財務諸表等規則ガイドライン8の23-1-4の取扱いは、規則第15条の16第1項第4号に規定する分離した事業に係る注記について準用する。

2　前項第5号に掲げる事項は、当該継続的関与が軽微な場合には、注記を省略することができる。

3　当連結会計年度における個々の事業分離に係る取引に重要性が乏しいが、当連結会計年度における複数の事業分離に係る取引全体に重要性がある場合には、第1項の規定にかかわらず、同項第1号及び第2号に掲げる事項を当該事業分離に係る取引全体について注記しなければならない。

（事業分離における分離先企業の注記）

第15条の17　財務諸表等規則第8条の24第1項の規定は、企業結合に該当しない事業分離について準用する。

（子会社の企業結合の注記）

第15条の18　連結財務諸表提出会社は、子会社が

企業結合を行つたことにより子会社に該当しなくなる場合には、当該企業結合が行われた連結会計年度において、次に掲げる事項を注記しなければならない。

一　子会社が行つた企業結合の概要

二　実施した会計処理の概要

三　当該子会社が含まれていた報告セグメントの名称

四　当該連結会計年度の連結損益計算書に計上されている当該子会社に係る損益の概算額

五　親会社が交換損益を認識した子会社の企業結合において、当該子会社の株式を関連会社株式として保有する以外に継続的関与がある場合には、当該継続的関与の概要

15の18-1-1　規則第15条の18第1項第1号に掲げる「子会社が行つた企業結合の概要」には、次に掲げる事項が含まれることに留意する。

1　子会社を含む各結合当事企業の名称及び当該事業の内容

2　企業結合を行った主な理由

3　企業結合日

4　取引の概要（法的形式を含む。）

15の18-1-2　規則第15条の18第1項第2号に掲げる「実施した会計処理の概要」には、段階取得に準じた処理の結果認識された損益の金額が含まれることに留意する。

2　前項第5号に掲げる事項は、当該継続的関与が軽微な場合には、注記を省略することができる。

3　第1項の規定にかかわらず、企業結合に係る取引に重要性が乏しい場合には、注記を省略することができる。ただし、当連結会計年度における個々の企業結合に係る取引に重要性は乏しいが、当連結会計年度における複数の企業結合に係る取引全体に重要性がある場合には、同項第1号及び第2号に掲げる事項を注記しなければならない。

（企業結合に関する重要な後発事象等の注記）

第15条の19　財務諸表等規則第8条の25（第3項を除く。）の規定は、企業結合に関する重要な後発事象及び連結決算日までに主要な条件について合意をした企業結合であつて同日までに完了していないものについて準用する。この場合において、同条中「貸借対照表日」とあるのは、「連結決算日」と読み替えるものとする。

（事業分離に関する重要な後発事象等の注記）

第15条の20　財務諸表等規則第8条の26第1項の規定は、事業分離に関する重要な後発事象及び連結決算日までに主要な条件について合意をした事業分離であつて同日までに完了していないものについて準用する。この場合において、同項中「貸借対照表日」とあるのは、「連結決算日」と読み替えるものとする。

（子会社の企業結合に関する後発事象等の注記）

第15条の21　子会社の企業結合（当該企業結合により子会社に該当しなくなる場合に限る。）が次の各号に掲げる場合には、当該各号に定める事項を注記しなければならない。

一　連結決算日後に完了した子会社の企業結合が重要な後発事象に該当する場合　第15条の18第1項各号に掲げる事項に準ずる事項

二　連結決算日後に主要な条件について合意をした子会社の企業結合が重要な後発事象に該当する場合　第15条の18第1項第1号及び第3号に掲げる事項に準ずる事項

三　連結決算日前に主要な条件について合意をした子会社の企業結合が同日までに完了していない場合（第1号に掲げる場合を除く。）　第15条の18条第1項第1号及び第3号に掲げる事項に準ずる事項

（継続企業の前提に関する注記）

第15条の22　財務諸表等規則第8条の27の規定は、連結財務諸表提出会社について準用する。この場合において、同条中「貸借対照表日」とあるのは「連結決算日」と、同条第4号中「財務諸表」とあるのは「連結財務諸表」と読み替えるものとする。

15の22　財務諸表等規則ガイドライン8の27-1から8の27-5までの取扱いは、規則第15条の22に規定する継続企業の前提に関する注記につ

いて準用する。

（資産除去債務に関する注記）

第15条の23　財務諸表等規則第８条の28第１項の規定は、資産除去債務について準用する。この場合において、同項中「貸借対照表」とあるのは「連結貸借対照表」と、「当該事業年度」とあるのは「当連結会計年度」と読み替えるものとする。

15の23　財務諸表等規則ガイドライン８の28の取扱いは、規則第15条の23に規定する資産除去債務に関する注記について準用する。

（賃貸等不動産に関する注記）

第15条の24　賃貸等不動産（棚卸資産に分類される不動産以外の不動産であつて、賃貸又は譲渡による収益又は利益を目的として所有する不動産をいう。以下この条において同じ。）がある場合には、次に掲げる事項を注記しなければならない。ただし、賃貸等不動産の総額に重要性が乏しい場合には、注記を省略することができる。

一　賃貸等不動産の概要

二　賃貸等不動産の連結貸借対照表計上額及び当連結会計年度における主な変動

三　賃貸等不動産の連結決算日における時価及び当該時価の算定方法

四　賃貸等不動産に関する損益

15の24　財務諸表等規則ガイドライン８の30から８の30-1-4までの取扱いは、規則第15条の24に規定する賃貸等不動産に関する注記について準用する。この場合において、財務諸表等規則ガイドライン８の30の４及び８の30-1-2の２中「貸借対照表」とあるのは「連結貸借対照表」と、財務諸表等規則ガイドライン８の30-1-4の１中「損益計算書」とあるのは「連結損益計算書」と読み替えるものとする。

（公共施設等運営事業に関する注記）

第15条の25　連結財務諸表提出会社は、当該会社又は連結子会社が公共施設等運営事業（民間資金等の活用による公共施設等の整備等の促進に関する法律（平成11年法律第117号。以下この項及び次項において「民間資金法」という。）第２条第６項に規定する公共施設等運営事業をいう。次項において同じ。）における公共施設等運営権者（民間資金法第９条第４号に規定する公共施設等運営権者をいう。次項において同じ。）である場合には、次に掲げる事項を公共施設等運営権（民間資金法第２条第７項に規定する公共施設等運営権をいう。以下同じ。）ごとに注記しなければならない。

一　公共施設等運営権の概要

二　公共施設等運営権の減価償却の方法

2　更新投資（公共施設等運営権者が行う公共施設等運営事業における公共施設等（民間資金法第２条第１項に規定する公共施設等をいう。以下この項において同じ。）の維持管理をいう。以下この項において同じ。）については、次の各号に掲げる場合の区分に応じ、当該各号に定める事項を公共施設等運営権ごとに注記しなければならない。

一　次号に掲げる場合以外の場合　次のイからニまでに掲げる事項

イ　主な更新投資の内容及び当該更新投資を予定している時期

ロ　更新投資に係る資産の計上方法

ハ　更新投資に係る資産の減価償却の方法

ニ　翌連結会計年度以降に実施すると見込まれる更新投資のうち資本的支出に該当する部分（所有権が公共施設等の管理者等（民間資金法第２条第３項に規定する公共施設等の管理者等をいう。以下この項において同じ。）に帰属するものに限る。以下この項において同じ。）について、支出額を合理的に見積ることができる場合には、当該資本的支出に該当する部分の内容及びその金額

二　公共施設等運営権を取得した時において、大部分の更新投資の実施時期及び対象となる公共施設等の具体的な設備の内容が、公共施設等の管理者等から公共施設等運営権者に対

して、公共施設等運営権実施契約（民間資金法第22条第１項に規定する公共施設等運営権実施契約をいう。次項において同じ。）等で提示され、かつ、当該更新投資のうち資本的支出に該当する部分について、運営権設定期間（民間資金法第17条第３号に掲げる公共施設等運営権の存続期間をいう。）にわたつて支出すると見込まれる額の総額及び支出時期を合理的に見積ることができる場合　次に掲げる事項

イ　前号イ及びハに掲げる事項

ロ　更新投資に係る資産及び負債の計上方法

3　前２項の規定にかかわらず、次の各号に掲げる場合には、当該各号に定める事項を集約して記載することができる。

一　同一の公共施設等運営権実施契約において複数の公共施設等運営権を対象とすることにより一体的な運営等を行う場合　当該複数の公共施設等運営権に係る前２項に規定する事項

二　個々の公共施設等運営権の重要性は乏しいが、同一種類の複数の公共施設等運営権全体の重要性が乏しいとは認められない場合　当該複数の公共施設等運営権に係る前２項に規定する事項

> 15の25　財務諸表等規則ガイドライン８の31−１−１及び８の31−２の取扱いは、規則第15条の25に規定する公共施設等運営事業に関する注記について準用する。

（収益認識に関する注記）

第15条の26　財務諸表等規則第８条の32（第４項及び第５項を除く。）の規定は、顧客との契約から生じる収益について準用する。この場合において、同条第１項中「財務諸表」とあるのは「連結財務諸表」と、同項第３号中「事業年度」とあるのは「連結会計年度」と読み替えるものとする。

> 15の26　財務諸表等規則ガイドライン８の32の取

扱いは、規則第15条の26に規定する収益認識に関する注記について準用する。この場合において、財務諸表等規則ガイドライン８の32中「財務諸表の」とあるのは「連結財務諸表の」と、「財務諸表提出会社」とあるのは「連結財務諸表提出会社」と、「当事業年度」とあるのは「当連結会計年度」と、「当事業年度末」とあるのは「当連結会計年度末」と、「翌事業年度」とあるのは「翌連結会計年度」と読み替えるものとする。

（棚卸資産に関する注記）

第15条の27　市場価格の変動により利益を得る目的をもつて所有する棚卸資産については、第15条の５の２第１項第３号の規定に準じて注記しなければならない。ただし、重要性の乏しいものについては、注記を省略することができる。

> 15の27　財務諸表等規則ガイドライン８の33の取扱いは、規則第15条の27に規定する棚卸資産に関する注記について準用する。

（注記の方法）

第16条　第13条の規定による注記は、連結キャッシュ・フロー計算書の次に記載しなければならない。

2　第13条の２から第14条の３までの規定による注記は、第13条の規定による注記の次に記載しなければならない。

3　この規則の規定により記載すべき注記（第13条から第14条の３までの規定による注記を除く。）は、第13条の２から第14条の３までの規定による注記の次に記載しなければならない。ただし、次に掲げる場合は、この限りでない。

一　第13条の規定により記載した事項と関係がある事項について、これと併せて記載を行つた場合

二　脚注（当該注記に係る事項が記載されている連結財務諸表中の本文又は計算書の末尾に記載することをいう。）として記載することが適当と認められるものについて、当該記載を行つた場合

4　第15条の22の規定による注記は、前項の規定

にかかわらず、連結キャッシュ・フロー計算書の次に記載しなければならない。この場合において、第13条の規定による注記は、第１項の規定にかかわらず、第15条の22の規定による注記の次に記載しなければならない。

5　この規則の規定により特定の科目に関係ある注記を記載する場合には、当該科目に記号を付記する方法その他これに類する方法によつて、当該注記との関連を明らかにしなければならない。

（金額の表示の単位）

第16条の２　連結財務諸表に掲記される科目その他の事項の金額は、100万円単位又は1,000円単位をもつて表示するものとする。

第２章　連結貸借対照表

第２章　連結貸借対照表

第１節　総　則

（連結貸借対照表の記載方法）

第17条　連結貸借対照表の記載方法は、本章の定めるところによる。

2　連結貸借対照表は、様式第四号により記載するものとする。

（資産、負債及び純資産の分類記載）

第18条　資産、負債及び純資産は、それぞれ資産の部、負債の部及び純資産の部に分類して記載しなければならない。

（資産及び負債の事業別区分）

第19条　連結会社が２以上の異なる種類の事業を営んでいる場合には、資産及び負債に関する記載は、事業の種類ごとに区分して行うことができる。

19　規則第19条の規定は、連結会社が営む事業のうちに、その種類及び内容が著しく異なる２以上の事業があり、それらの事業に係る資産及び負債を同一の区分に記載することが困難な場合又は同一の区分に記載すると著しく明瞭性を阻害することとなる場合に適用するものとする。ただし、これらの事情がない場合においても、

事業の種類ごとに区分して記載することがより明瞭な表示になると認められるときは、同条の規定を適用することを妨げない。

なお、資産及び負債を事業の種類ごとに区分して記載する場合は、それぞれ、例えば何業資産及び何業負債のように区分の名称を付して、当該資産及び負債に係る事業の種類が明確に判別されるように記載するものとする。

（科目の記載の配列）

第20条　資産及び負債の科目の記載の配列は、流動性配列法によるものとする。

第２節　資　産

（資産の分類）

第21条　資産は、流動資産、固定資産及び繰延資産に分類し、更に、固定資産に属する資産は、有形固定資産、無形固定資産及び投資その他の資産に分類して記載しなければならない。

（各資産の範囲）

第22条　財務諸表等規則第15条から第16条の２まで、第22条、第27条、第31条から第31条の４まで及び第36条の規定は、流動資産、有形固定資産、無形固定資産、投資その他の資産及び繰延資産の範囲について準用する。この場合において、財務諸表等規則第22条第８号及び第27条第12号中「財務諸表提出会社」とあるのは「連結会社」と、財務諸表等規則第31条第４号中「前払年金費用」とあるのは「退職給付に係る資産」と読み替えるものとする。

（流動資産の区分表示）

第23条　流動資産に属する資産は、次に掲げる項目の区分に従い、当該資産を示す名称を付した科目をもつて掲記しなければならない。ただし、第２号から第２号の３までに掲げる項目以外の項目に属する資産の金額が資産の総額の100分の１以下のもので、他の項目に属する資産と一括して表示することが適当であると認められるものについては、適当な名称を付した科目をもつて一括して掲記することができる。

一　現金及び預金

二　受取手形

金商法

二の二　売掛金

二の三　契約資産

三　リース債権及びリース投資資産（通常の取引に基づいて発生したものに限り、破産更生債権等で1年内に回収されないことが明らかなものを除く。）

四　有価証券

五　商品及び製品（半製品を含む。）

六　仕掛品

七　原材料及び貯蔵品

八　その他

23-1-2　財務務諸表等規則ガイドライン15-12の2に掲げるその他通常の取引以外の取引に基づいて発生した手形債権の金額が資産の総額の100分の1以下である場合には、当該手形債権については、規則第23条第1項第2号に規定する受取手形の科目に含めて記載することができるものとする。

23-1-5　財務諸表等規則ガイドライン17-1-7の取扱いは、規則第23条第1項第5号から第7号までに規定する項目の区分について準用する。

2　前項の規定は、同項各号の項目に属する資産で、別に表示することが適当であると認められるものについて、当該資産を示す名称を付した科目をもって別に掲記することを妨げない。

3　第1項第8号に掲げる項目に属する資産のうち、その金額が資産の総額の100分の5を超えるものについては、当該資産を示す名称を付した科目をもって別に掲記しなければならない。

23-3　規則第23条第3項の規定の適用に関しては、次の点に留意する。

1　金銭の信託及びデリバティブ取引により生じる正味の債権で、それぞれの合計額が資産の総額の100分の5を超えるものについては、当該金銭の信託等の内容を示す名称を付した科目をもって掲記するものとする。

2　通常の取引以外の取引に基づいて発生したリース債権及びリース投資資産で1年内に期限が到来するものについて、これらの合計額が資産の総額の100分の5を超える場合には、

リース債権及びリース投資資産の科目をもって掲記するものとする。

4　第1項本文の規定にかかわらず、同項第5号から第7号までに掲げる項目に属する資産については、棚卸資産の科目をもつて一括して掲記することができる。この場合においては、当該項目に属する資産の科目及びその金額を注記しなければならない。

5　第1項本文の規定にかかわらず、同項第2号及び第2号の2に掲げる項目に属する資産（顧客との契約から生じた債権（財務諸表等規則第15条第2号に規定する顧客との契約から生じた債権をいう。以下この項において同じ。）に限る。）並びに第2号の3に掲げる項目に属する資産のそれぞれについて、他の項目に属する資産と一括して表示することができる。この場合においては、同項第2号及び第2号の2に掲げる項目に属する資産（顧客との契約から生じた債権に限る。）並びに第2号の3に掲げる項目に属する資産の科目及びその金額をそれぞれ注記しなければならない。

（流動資産に係る引当金の表示）

第24条　財務諸表等規則第20条（第3項を除く。）の規定は、流動資産に属する資産に係る引当金について準用する。

第25条　削除

（有形固定資産の区分表示）

第26条　有形固定資産に属する資産は、次に掲げる項目の区分に従い、当該資産を示す名称を付した科目をもって掲記しなければならない。ただし、当該項目に属する資産の金額が資産の総額の100分の1以下のもので、他の項目に属する資産と一括して表示することが適当であると認められるものについては、適当な名称を付した科目をもって一括して掲記することができる。

一　建物（その付属設備を含む。）及び構築物

二　機械装置（その付属設備を含む。）及び運搬具（船舶及び水上運搬具、鉄道車両その他の陸上運搬具並びに航空機）

三　土地

金商法

四　リース資産（連結会社がファイナンス・リース取引におけるリース物件の借主である資産であつて、当該リース物件が前３号及び第６号に掲げるものである場合に限る。）

五　建設仮勘定

六　その他

2　第23条第２項の規定は、前項の場合に準用する。

3　第１項の規定にかかわらず、同項第４号に掲げるリース資産に区分される資産については、同項各号（第４号及び第５号を除く。）に掲げる項目に含めることができる。

4　第23条第３項の規定は、第１項第６号の資産について準用する。

（減価償却累計額の表示）

第27条　財務諸表等規則第25条及び第26条第１項の規定は、建物、構築物その他の有形固定資産に対する減価償却累計額について準用する。

（減損損失累計額の表示）

第27条の２　財務諸表等規則第26条の２（第５項を除く。）の規定は、有形固定資産に対する減損損失累計額について準用する。

27の２　財務諸表等規則ガイドライン26の２-３の取扱いは、規則第27条の２に規定する有形固定資産の減損損失累計額の記載について準用する。

（無形固定資産の区分表示）

第28条　無形固定資産に属する資産は、次に掲げる項目の区分に従い、当該資産を示す名称を付した科目をもつて掲記しなければならない。ただし、第１号、第２号又は第３号の項目に属する資産の金額が資産の総額の100分の１以下である場合には、第４号に属する資産と一括して掲記することができる。

一　のれん

二　リース資産（連結会社がファイナンス・リース取引におけるリース物件の借主である資産であつて、当該リース物件が次号及び第４号に掲げるものである場合に限る。）

三　公共施設等運営権

四　その他

2　第23条第２項の規定は、前項の場合に準用する。

3　第１項の規定にかかわらず、同項第２号に掲げるリース資産に区分される資産については、同項第４号に掲げる項目に含めることができる。

4　第23条第３項の規定は、第１項第４号の資産について準用する。

5　連結会社の投資がこれに対応する連結子会社の資本の金額を超えることにより生じる差額は、のれんに含めて表示する。

第29条　財務諸表等規則第30条の規定は、無形固定資産に対する減価償却累計額及び減損損失計額について準用する。

（投資その他の資産の区分表示等）

第30条　投資その他の資産に属する資産は、次に掲げる項目の区分に従い、当該資産を示す名称を付した科目をもつて掲記しなければならない。ただし、第４号に掲げる項目以外の項目に属する資産の金額が資産の総額の100分の１以下のもので、他の項目に属する資産と一括して表示することが適当であると認められるものについては、適当な名称を付した科目をもつて一括して掲記することができる。

一　投資有価証券

二　長期貸付金

三　繰延税金資産

四　退職給付に係る資産

五　その他

2　非連結子会社及び関連会社の株式、及び社債、非連結子会社及び関連会社の発行するその他の有価証券（有価証券のうち、株式及び社債以外のものをいう。）並びに非連結子会社及び関連会社に対する出資金の額は、それぞれ注記しなければならない。

30-２　規則第30条第２項の項目に属する資産の金額が極めて僅少な場合は、一括して注記することができる。

3　前項の記載において、関連会社の株式等の内

訳として、共同支配企業に対する投資の金額を注記しなければならない。

4　第23条第2項の規定は、第1項の場合に準用する。

5　第23条第3項の規定は、第1項第5号の資産について準用する。

30-5　財務諸表等規則ガイドライン33の2に掲げるリース債権及びリース投資資産で、これらの合計額が資産の総額の100分の5を超えるものについては、リース債権及びリース投資資産の科目をもって掲記するものとする。

第30条の2　財務諸表等規則第32条の3の規定は、土地の再評価に関する法律（平成10年法律第34号。以下「土地再評価法」という。）第7条第1項に規定する再評価に係る繰延税金資産について準用する。

（投資その他の資産に係る引当金の表示）

第31条　財務諸表等規則第34条の規定において準用する同令第20条（第3項を除く。）の規定は、投資その他の資産に属する資産に係る引当金について準用する。

（繰延資産の区分表示）

第32条　繰延資産に属する資産は、次に掲げる項目の区分に従い、当該資産を示す名称を付した科目をもって掲記しなければならない。ただし、当該項目に属する資産の金額が資産の総額の100分の1以下のもので、他の項目に属する資産と一括して表示することが適当であると認められるものについては、適当な名称を付した科目をもって一括して掲記することができる。

一　創立費
二　開業費
三　株式交付費
四　社債発行費
五　開発費

2　第23条第2項の規定は、前項の場合に準用する。

第33条　財務諸表等規則第38条の規定は、繰延資産に対する償却累計額について準用する。

第34条　削除

（事業用土地の再評価に関する注記）

第34条の2　財務諸表等規則第42条（第3項を除く。）の規定は、土地再評価法の規定による事業用土地の再評価に関する注記について準用する。

34の2　財務諸表等規則ガイドライン42-2の取扱いは、規則第34条の2に規定する土地再評価法の規定による事業用土地の再評価に関する注記について準用する。

（担保資産の注記）

第34条の3　財務諸表等規則第43条の規定は、担保に供されている資産について準用する。

第3節　負　債

（負債の分類）

第35条　負債は、流動負債及び固定負債に分類して記載しなければならない。

（各負債の範囲）

第36条　財務諸表等規則第47条から第48条の3まで及び第51条から第51条の4までの規定は、流動負債及び固定負債の範囲について準用する。

第36条の2　退職給付に係る負債は、固定負債に属するものとする。

（流動負債の区分表示）

第37条　流動負債に属する負債は、次に掲げる項目の区分に従い、当該負債を示す名称を付した科目をもって掲記しなければならない。ただし、第4号の2及び第5号に掲げる項目以外の項目に属する負債の金額が負債及び純資産の合計額の100分の1以下のもので、他の項目に属する負債と一括して表示することが適当であると認められるものについては、適当な名称を付した科目をもって一括して掲記することができる。

一　支払手形及び買掛金
二　短期借入金（金融手形及び当座借越を含む。）
三　リース債務
四　未払法人税等
四の二　契約負債

五　引当金

六　資産除去債務

七　公共施設等運営権に係る負債

八　その他

> 37-1-1　財務諸表等規則ガイドライン47-6の
> 1に掲げる通常の取引以外の取引に基づいて発
> 生した手形上の債務の金額が負債及び純資産の
> 合計額の100分の1以下である場合には、当該
> 手形債務については、規則第37条第1項第1号
> に規定する支払手形及び買掛金の科目に含めて
> 記載することができるものとする。

2　前項の規定は、同項各号の項目に属する負債
　で、別に表示することが適当であると認められ
　るものについて、当該負債を示す名称を付した
　科目をもつて、別に掲記することを妨げない。

3　第1項第4号の未払法人税等とは、法人税、
　住民税（都道府県民税及び市町村民税をいう。
　以下同じ。）並びに事業税の未払額をいう。

4　第1項第5号の引当金は、当該引当金の設定
　目的を示す名称を付した科目をもつて掲記しな
　ければならない。ただし、その金額が少額なも
　ので、他の項目に属する負債と一括して表示す
　ることが適当であると認められるものについて
　は、適当な名称を付した科目をもつて一括して
　掲記することができる。

5　第1項第8号に掲げる項目に属する負債のう
　ち、その金額が負債及び純資産の合計額の100
　分の5を超えるものについては、当該負債を示
　す名称を付した科目をもつて別に掲記しなけれ
　ばならない。

6　第1項本文の規定にかかわらず、同項第4号
　の2に掲げる項目に属する負債については、他
　の項目に属する負債と一括して表示することが
　できる。この場合においては、同号に掲げる項
　目に属する負債の科目及びその金額を注記しな
　ければならない。

> 37-5　デリバティブ取引により生じる正味の債
> 務で、その合計額が負債及び純資産の合計額の
> 100分の5を超えるものについては、当該デリ

バティブ取引により生じる正味の債務等の内容
を示す名称を付した科目をもって掲記するもの
とする。

（固定負債の区分表示）

第38条　固定負債に属する負債は、次に掲げる項
　目の区分に従い、当該負債を示す名称を付した
　科目をもつて掲記しなければならない。ただし、
　第5号及び第6号に掲げる項目以外の項目に属
　する負債の金額が負債及び純資産の合計額の
　100分の1以下のもので、他の項目に属する負
　債と一括して表示することが適当であると認め
　られるものについては、適当な名称を付した科
　目をもつて一括して掲記することができる。

一　社債

二　長期借入金（金融手形を含む。以下同じ。）

三　リース債務

四　繰延税金負債

五　引当金

六　退職給付に係る負債

七　資産除去債務

八　公共施設等運営権に係る負債

九　その他

> 38-1-5　規則第38条第1項第5号の引当金に
> ついては、1年内にその一部の金額の使用が見
> 込まれるものであっても、1年内の使用額を正
> 確に算定できない場合には、その全額を固定負
> 債として記載するものとする。ただし、その全
> 部又は大部分が1年内に使用されることが確実
> に見込まれる場合には、その全部について又は
> 1年内の使用額を適当な方法によって算定し、
> その金額を流動負債として記載するものとする。

2　前条第2項の規定は、前項の場合に準用する。

3　前条第4項の規定は、第1項第5号の引当金
　について準用する。

4　前条第5項の規定は、第1項第9号に掲げる
　項目に属する負債について準用する。

第39条　財務諸表等規則第52条の2の規定は、土
　地再評価法第7条第1項に規定する再評価に係
　る繰延税金負債について準用する。

金商法

1345

（偶発債務の注記）

第39条の２　連結会社に係る偶発債務（債務の保証（債務の保証と同様の効果を有するものを含む。）、係争事件に係る賠償義務その他現実に発生していない債務で、将来において事業の負担となる可能性のあるものをいう。）がある場合には、その内容及び金額を注記しなければならない。ただし、重要性の乏しいものについては、注記を省略することができる。

> **39の２**　財務諸表等規則ガイドライン58の取扱いは、規則第39条の２に規定する偶発債務について準用する。

（棚卸資産及び工事損失引当金の表示）

第40条　財務諸表等規則第54条の４（第４項を除く。）の規定は、棚卸資産及び工事損失引当金の表示について準用する。

（企業結合に係る特定勘定の注記）

第41条　財務諸表等規則第56条第１項の規定は、企業結合に係る特定勘定について準用する。

（特別目的会社の債務等の区分表示）

第41条の２　連結の範囲に含めた特別目的会社（財務諸表等規則第８条第７項に規定する特別目的会社をいう。）が有するノンリコース債務（当該特別目的会社の資産の全部又は一部及び当該資産から生じる収益のみを返済原資とし、当該資産以外の資産及び当該収益以外の収益に遡及しない債務をいう。以下この条において同じ。）については、社債又は借入金その他の負債の項目ごとに当該ノンリコース債務を示す名称を付した科目をもつて流動負債又は固定負債に掲記しなければならない。ただし、ノンリコース債務を社債又は借入金その他の負債を示す科目（ノンリコース債務を示す名称を付した科目を除く。）に含めて掲記することを妨げない。

2　前項ただし書の規定により掲記する場合には、社債又は借入金その他の負債を示す科目ごとにノンリコース債務の金額を注記しなければならない。

3　ノンリコース債務に対応する資産については、当該資産の科目及びその金額を注記しなければ

ならない。

第４節　純資産

（純資産の分類）

第42条　純資産は、株主資本、その他の包括利益累計額、株式引受権、新株予約権及び非支配株主持分に分類して記載しなければならない。

（株主資本の分類及び区分表示）

第43条　株主資本は、資本金、資本剰余金及び利益剰余金に分類し、それぞれ、資本金、資本剰余金及び利益剰余金の科目をもつて掲記しなければならない。

2　財務諸表等規則第62条、第63条第２項及び第65条第２項の規定は、新株式申込証拠金及び法律で定める準備金で資本準備金又は利益準備金に準ずるものについて準用する。

3　自己株式は、株主資本に対する控除項目として利益剰余金の次に自己株式の科目をもつて掲記しなければならない。

4　自己株式の処分に係る申込期日経過後における申込証拠金は、第１項の規定にかかわらず、自己株式の次に自己株式申込証拠金の科目をもつて掲記しなければならない。

（その他の包括利益累計額の分類及び区分表示）

第43条の２　その他の包括利益累計額は、次に掲げる項目の区分に従い、当該項目を示す名称を付した科目をもつて掲記しなければならない。

一　その他有価証券評価差額金（純資産の部に計上されるその他有価証券の評価差額をいう。第69条の５第１項第１号において同じ。）

二　繰延ヘッジ損益（ヘッジ対象に係る損益が認識されるまで繰り延べられるヘッジ手段（財務諸表等規則第８条第69項に規定するヘッジ手段をいう。）に係る損益又は時価評価差額をいう。第69条の５第１項第２号において同じ。）

三　土地再評価差額金（土地再評価法第７条第２項に規定する再評価差額金をいう。）

四　為替換算調整勘定（外国にある子会社又は関連会社の資産及び負債の換算に用いる為替相場と純資産の換算に用いる為替相場とが異

なることによつて生じる換算差額をいう。第69条の5第1項第3号において同じ。）

　五　退職給付に係る調整累計額

2　前項に掲げる項目のほか、その他の包括利益累計額の項目として計上することが適当であると認められるものは、当該項目を示す名称を付した科目をもつて掲記することができる。

（株式引受権の表示）

第43条の2の2　株式引受権は、株式引受権の科目をもつて掲記しなければならない。

（新株予約権の表示）

第43条の3　新株予約権は、新株予約権の科目をもつて掲記しなければならない。

2　連結財務諸表提出会社が保有する連結財務諸表提出会社が発行した新株予約権及び連結子会社が保有する当該連結子会社が発行した新株予約権は、新株予約権から控除しなければならない。ただし、新株予約権に対する控除項目として新株予約権の次に自己新株予約権の科目をもつて掲記することを妨げない。

（非支配株主持分の表示）

第43条の4　非支配株主持分は、非支配株主持分の科目をもつて掲記しなければならない。

（契約による積立金の注記）

第44条　第43条第1項に規定する利益剰余金の金額のうちに、減債積立金その他債権者との契約等により特定目的のために積立てられたものがある場合には、その内容及び金額を注記しなければならない。

（1株当たり純資産額の注記）

第44条の2　1株当たり純資産額は、注記しなければならない。

2　財務諸表等規則第68条の4第2項の規定は、当連結会計年度又は連結貸借対照表日後において株式併合又は株式分割が行われた場合について準用する。この場合において、同項第2号中「事業年度」とあるのは、「連結会計年度」と読み替えるものとする。

44の2　財務諸表等規則ガイドライン68の4の取扱いは、規則第44条の2に規定する1株当たり

純資産額の注記について準用する。

第5節　雑　則

（繰延税金資産又は繰延税金負債の表示）

第45条　第30条第1項第3号に掲げる繰延税金資産と第38条第1項第4号に掲げる繰延税金負債とがある場合には、異なる納税主体に係るものを除き、その差額を繰延税金資産又は繰延税金負債として投資その他の資産又は固定負債に表示しなければならない。

（特別法上の準備金等）

第45条の2　法令の規定により準備金又は引当金の名称をもつて計上しなければならない準備金又は引当金で、資産の部又は負債の部に計上することが適当でないもの（以下「準備金等」という。）は、第20条及び第35条の規定にかかわらず、固定負債の次に別の区分を設けて記載しなければならない。

2　準備金等については、当該準備金等の設定目的を示す名称を付した科目をもつて掲記し、その計上を規定した法令の条項を注記しなければならない。

3　準備金等については、1年内に使用されると認められるものであるかどうかの区別を注記しなければならない。ただし、その区別をすることが困難なものについては、この限りでない。

（別記事業の資産及び負債の分類）

第46条　企業集団の主たる事業が、財務諸表等規則別記に掲げる事業（以下「別記事業」という。）である場合において、その資産及び負債を第21条及び第35条の規定による分類により記載することが適当でないと認められるときは、これらの規定にかかわらず、当該別記事業を営む会社の財務諸表について適用される法令又は準則（財務諸表等規則第2条に規定する法令又は準則をいう。以下同じ。）に定める分類に準じて記載することができる。この場合においては、その準拠した法令又は準則を注記しなければならない。

46　規則第19条の規定は、規則第46条の規定によ

る記載をする場合にも適用があることに留意する。なお、規則第46条の規定による記載をした場合における資産及び負債の科目の配列は、その準拠した法令又は準則の定めるところによることに留意する。

（指定法人の純資産の記載）

第46条の2　指定法人が連結貸借対照表を作成する場合において、その純資産についてこの規則により記載することが適当でないと認められるときは、当該指定法人は、その財務諸表について適用される法令又は準則の定めるところに準じて記載することができる。この場合において、準拠した法令又は準則を記載しなければならない。

（別記事業の資産及び負債の科目の記載）

第47条　連結会社が営む事業のうちに別記事業がある場合において、当該別記事業に係る資産又は負債について、第23条第1項、第26条第1項、第28条第1項、第30条第1項、第37条第1項及び第38条第1項に規定する項目の区分に従い科目の記載をすることが適当でないと認められるときは、これらの規定にかかわらず、当該別記事業を営む会社の財務諸表について適用される法令又は準則の定めるところに準じて記載することができる。

47　規則第47条の規定は、規則第46条の規定による記載をしない場合にも適用があることに留意する。

2　前項の場合において、資産及び負債の科目を一括し、又は区別して掲記する基準は、この規則の定めるところに準ずるものとする。

第3章　連結損益計算書

第3章　連結損益計算書

第1節　総　則

（連結損益計算書の記載方法）

第48条　連結損益計算書の記載方法は、本章の定めるところによる。

2　連結損益計算書は、様式第五号により記載するものとする。

（収益及び費用の分類）

第49条　収益又は費用は、次に掲げる項目を示す名称を付した科目に分類して記載しなければならない。

一　売上高

二　売上原価（役務原価を含む。以下同じ。）

三　販売費及び一般管理費

四　営業外収益

五　営業外費用

六　特別利益

七　特別損失

（売上高等の事業別記載）

第50条　連結会社が2以上の異なる種類の事業を営んでいる場合には、前条第1号から第3号までに掲げる収益又は費用に関する記載は、事業の種類ごとに区分して行うことができる。

50　規則第50条の規定は、連結会社が営む事業のうちに、その種類、内容が著しく異なる2以上の事業があり、それらの事業に係る規則第49条第1号から第3号までに相当する収益及び費用を同一の区分に記載することが困難な場合又は同一の区分に記載すると著しく明瞭性を阻害することとなる場合に適用するものとする。ただし、これらの事情がない場合においても、事業の種類ごとに区分して記載することがより明瞭な表示になると認められるときは同条の規定を適用することを妨げない。

なお、規則第49条第1号から第3号までに相当する収益及び費用を事業の種類ごとに区分して記載する場合は、それぞれ、例えば、何業営業収益及び何業営業費用のような区分の名称を付して、当該収益及び費用に係る事業の種類が明確に判別されるように記載するものとする。

第2節　売上高及び売上原価

（売上高の表示方法）

第51条　売上高は、売上高を示す名称を付した科目をもつて掲記しなければならない。

> 51　財務諸表等規則ガイドライン72−1の取扱いは、規則第51条に規定する売上高の表示方法について準用する。

2　前項の売上高の記載については、顧客との契約から生じる収益及びそれ以外の収益に区分して記載するものとする。この場合において、当該記載は、顧客との契約から生じる収益の金額の注記をもつて代えることができる。

（棚卸資産の評価差額の表示方法）

第51条の2　市場価格の変動により利益を得る目的をもつて所有する棚卸資産の評価差額は、売上高を示す名称を付した科目に含めて記載しなければならない。ただし、当該金額の重要性が乏しい場合には、営業外収益又は営業外費用に含めて記載することができる。

（売上原価の表示方法）

第52条　売上原価は、売上原価を示す名称を付した科目をもつて掲記しなければならない。

（工事損失引当金繰入額の注記）

第52条の2　財務諸表等規則第76条の2第1項の規定は、工事損失引当金の繰入れについて準用する。

> 52の2　財務諸表等規則ガイドライン54の4の取扱いは、規則第52条の2に規定する工事損失引当金繰入額の注記について準用する。

（棚卸資産の帳簿価額の切下げに関する記載）

第53条　通常の販売の目的をもつて所有する棚卸資産について、収益性の低下により帳簿価額を切り下げた場合には、当該切下額（前連結会計年度末に計上した切下額を当連結会計年度に戻し入れる場合には、当該戻入額と当連結会計年度末に計上した当該切下額を相殺した後の金額）は、売上原価その他の項目の内訳項目として、その内容を示す名称を付した科目をもつて区分掲記しなければならない。ただし、当該棚卸資産の期末棚卸高を帳簿価額の切下げ後の金額によつて計上し、その旨及び当該切下額を注

記することを妨げない。

2　前項の規定にかかわらず、当該切下額に重要性が乏しい場合には、区分掲記又は注記を省略することができる。

（売上総損益金額の表示）

第54条　売上高と売上原価との差額は、売上総利益金額又は売上総損失金額として記載しなければならない。

第3節　販売費及び一般管理費

（販売費及び一般管理費の表示方法）

第55条　販売費及び一般管理費は、適当と認められる費目に分類し、当該費用を示す名称を付した科目をもつて掲記しなければならない。ただし、販売費の科目若しくは一般管理費の科目又は販売費及び一般管理費の科目に一括して掲記し、その主要な費目及びその金額を注記することを妨げない。

> 55　規則第55条に規定する販売費及び一般管理費には、のれんの償却額が含まれることに留意する。

2　前項ただし書に規定する主要な費目とは、退職給付費用及び引当金繰入額（これらの費目のうちその金額が少額であるものを除く。）並びにこれら以外の費目でその金額が販売費及び一般管理費の合計額の100分の10を超える費用をいう。

（研究開発費の注記）

第55条の2　一般管理費及び当期製造費用に含まれている研究開発費については、その総額を注記しなければならない。

（営業損益金額の表示）

第56条　売上総利益金額又は売上総損失金額に販売費及び一般管理費の総額を加減した額は、営業利益金額又は営業損失金額として記載しなければならない。

第4節　営業外収益及び営業外費用

（営業外収益の表示方法）

第57条　営業外収益に属する収益は、受取利息（有

価証券利息を含む。）、受取配当金、有価証券売却益、持分法による投資利益その他の項目の区分に従い、当該収益を示す名称を付した科目をもって掲記しなければならない。ただし、各収益のうち、その金額が営業外収益の総額の100分の10以下のもので一括して表示することが適当であると認められるものについては、当該収益を一括して示す名称を付した科目をもって掲記することができる。

（営業外費用の表示方法）

第58条　営業外費用に属する費用は、支払利息（社債利息を含む。）、有価証券売却損、持分法による投資損失その他の項目の区分に従い、当該費用を示す名称を付した科目をもって掲記しなければならない。ただし、各費用のうち、その金額が営業外費用の総額の100分の10以下のもので一括して表示することが適当であると認められるものについては、当該費用を一括して示す名称を付した科目をもって掲記することができる。

第59条及び第60条　削除

（経常損益金額の表示）

第61条　営業利益金額又は営業損失金額に営業外収益の総額及び営業外費用の総額を加減した額は、経常利益金額又は経常損失金額として記載しなければならない。

第5節　特別利益及び特別損失

（特別利益の表示方法）

第62条　特別利益に属する利益は、固定資産売却益、負ののれん発生益その他の項目の区分に従い、当該利益を示す名称を付した科目をもって掲記しなければならない。ただし、各利益のうち、その金額が特別利益の総額の100分の10以下のもので一括して表示することが適当であると認められるものについては、当該利益を一括して示す名称を付した科目をもって掲記することができる。

> **62**　財務諸表等規則ガイドライン95の2（3を除く。）の取扱いは、規則第62条及び第63条に規

定する特別利益の表示方法及び特別損失の表示方法について準用する。

（特別損失の表示方法）

第63条　特別損失に属する損失は、固定資産売却損、減損損失、災害による損失その他の項目の区分に従い、当該損失を示す名称を付した科目をもって掲記しなければならない。ただし、各損失のうち、その金額が特別損失の総額の100分の10以下のもので一括して表示することが適当であると認められるものについては、当該損失を一括して示す名称を付した科目をもって掲記することができる。

（減損損失に関する注記）

第63条の2　財務諸表等規則第95条の3の2第1項の規定は、減損損失を認識した資産又は資産グループ（同条に規定する資産グループをいう。）について準用する。

> **63の2**　財務諸表等規則ガイドライン95の3の2の取扱いは、規則第63条の2に規定する減損損失に関する注記について準用する。

（企業結合に係る特定勘定の取崩益の注記）

第63条の3　財務諸表等規則第95条の3の3第1項の規定は、企業結合に係る特定勘定の取崩益の注記について準用する。

（税金等調整前当期純損益の表示）

第64条　経常利益金額又は経常損失金額に特別利益の総額及び特別損失の総額を加減した額は、税金等調整前当期純利益金額又は税金等調整前当期純損失金額として記載しなければならない。

第6節　当期純利益又は当期純損失

（当期純利益又は当期純損失）

第65条　次に掲げる項目の金額は、その内容を示す名称を付した科目をもって、税金等調整前当期純利益金額又は税金等調整前当期純損失金額の次に記載しなければならない。

一　当該連結会計年度に係る法人税、住民税及び事業税（利益に関連する金額を課税標準と

して課される事業税をいう。次号において同じ。）

二　法人税等調整額（税効果会計の適用により計上される前号に掲げる法人税、住民税及び事業税の調整額をいう。）

65-1-1　規則第65条第1項第1号に規定する法人税、住民税及び事業税は、当該連結会計年度に対応する期間の法人税、住民税及び事業税として連結会社が納付すべき額（中間納付額を含む。）をいうものとする。

2　税金等調整前当期純利益金額又は税金等調整前当期純損失金額に前項各号に掲げる項目の金額を加減した金額は、当期純利益金額又は当期純損失金額として記載しなければならない。

3　当期純利益又は当期純損失のうち非支配株主持分に帰属する金額は、その内容を示す名称を付した科目をもつて、当期純利益金額又は当期純損失金額の次に記載しなければならない。

4　当期純利益金額又は当期純損失金額に当期純利益又は当期純損失のうち非支配株主持分に帰属する金額を加減した金額は、親会社株主に帰属する当期純利益金額又は親会社株主に帰属する当期純損失金額として記載しなければならない。

5　法人税等の更正、決定等による納付税額又は還付税額がある場合には、第1項第1号に掲げる項目の次に、その内容を示す名称を付した科目をもつて記載するものとする。ただし、これらの金額の重要性が乏しい場合には、同号に掲げる項目の金額に含めて表示することができる。

（1株当たり当期純損益金額に関する注記）

第65条の2　1株当たり当期純利益金額又は当期純損失金額及びその算定上の基礎は、注記しなければならない。

2　財務諸表等規則第95条の5の2第2項の規定は、当連結会計年度又は連結貸借対照表日後において株式併合又は株式分割が行われた場合について準用する。この場合において、同項第2号中「前事業年度」とあるのは、「前連結会計年度」と読み替えるものとする。

65の2　財務諸表等規則ガイドライン95の5の2及び95の5の3の取扱いは、規則第65条の2に規定する1株当たり当期純損益金額に関する注記及び規則第65条の3に規定する潜在株式調整後1株当たり当期純利益金額に関する注記について準用する。

（潜在株式調整後1株当たり当期純利益金額に関する注記）

第65条の3　財務諸表等規則第95条の5の3（第4項を除く。）の規定は、潜在株式調整後1株当たり当期純利益金額について準用する。この場合において、同条第2項第2号中「事業年度」とあるのは、「連結会計年度」と読み替えるものとする。

第7節　雑　則

（引当金繰入額の区分表示）

第66条　引当金繰入額は、その設定目的及び引当金繰入額であることを示す名称を付した科目をもつて別に掲記しなければならない。ただし、第52条の2及び第55条第1項ただし書の規定による場合には、区分掲記に代えて、その内容及びその金額を注記することができる。

2　前項本文の規定による場合において、その金額が少額なもので、他の科目と一括して表示することが適当であると認められるものについては、適当な名称を付した科目をもつて一括して掲記することができる。

（持分法による投資利益等の表示）

第66条の2　持分法による投資利益と持分法による投資損失が生ずる場合には、これらを相殺して表示することができる。

（特別法上の準備金等の繰入額又は取崩額）

第67条　準備金等の繰入れ又は取崩しがあるときは、当該繰入額又は取崩額は、特別損失又は特別利益として、当該繰入れ又は取崩しによるものであることを示す名称を付した科目をもつて掲記しなければならない。

金商法

（別記事業の収益及び費用の分類）

第68条　企業集団の主たる事業が、別記事業である場合において、その収益及び費用を第49条に規定する項目に分類して記載することが適当でないと認められるときは、同条の規定にかかわらず、当該別記事業を営む会社の財務諸表について適用される法令又は準則の定めるところに準じて記載することができる。この場合においては、その準拠した法令又は準則を注記しなければならない。

> 68　規則第50条の規定は、規則第68条の規定による記載をする場合にも適用があることに留意する。

（別記事業の収益及び費用の科目の記載）

第69条　連結会社が営む事業のうちに別記事業がある場合において、当該別記事業に係る収益又は費用について、第51条、第52条、第55条、第57条及び第58条に規定するところにより科目の記載をすることが適当でないと認められるときは、これらの規定にかかわらず、当該別記事業を営む会社の財務諸表について適用される法令又は準則の定めるところに準じて記載することができる。

> 69　規則第69条の規定は、規則第68条の規定による記載をしない場合にも適用があることに留意する。

2　前項の場合において、収益及び費用の科目を一括し又は区別して掲記する基準は、この規則の定めるところに準ずるものとする。

第3章の2　連結包括利益計算書

> 第3章の2　連結包括利益計算書

第1節　総　則

（連結包括利益計算書の記載方法）

第69条の2　連結包括利益計算書の記載方法は、本章の定めるところによる。

2　連結包括利益計算書は、様式第五号の二により記載するものとする。

（連結損益及び包括利益計算書）

第69条の3　連結包括利益計算書は、連結損益及び包括利益計算書（連結損益計算書の末尾に本章の規定による記載を行つたものをいう。）を作成する場合には、記載を要しない。

> 69の3　規則第69条の3に規定する連結損益及び包括利益計算書については、別紙様式により作成するものとする。

（連結包括利益計算書の区分表示）

第69条の4　連結包括利益計算書は、当期純利益又は当期純損失、その他の包括利益及び包括利益に分類して記載しなければならない。

第2節　その他の包括利益

（その他の包括利益の区分表示）

第69条の5　その他の包括利益は、次に掲げる項目の区分に従い、当該項目を示す名称を付した科目をもつて掲記しなければならない。

一　その他有価証券評価差額金

二　繰延ヘッジ損益

三　為替換算調整勘定

四　退職給付に係る調整額

2　前項各号に掲げる項目のほか、その他の包括利益の項目として計上することが適当であると認められるものは、当該項目を示す名称を付した科目をもつて掲記することができる。

3　第1項の規定にかかわらず、持分法を適用する非連結子会社及び関連会社のその他の包括利益の項目の金額に対する連結財務諸表提出会社の持分相当額は、当該項目の名称を示す科目をもつて一括して掲記しなければならない。

4　その他の包括利益の項目の金額は、税効果の金額を控除した金額を記載するものとする。ただし、税効果の金額を控除する前のその他の包括利益の項目の金額に、税効果の金額を一括して加減して記載することを妨げない。

（その他の包括利益に関する注記）

第69条の6　前条第4項に規定する税効果の金額は、その他の包括利益の項目ごとに注記しなければならない。

2　当期純利益金額又は当期純損失金額を構成する項目のうち、当連結会計年度以前にその他の包括利益の項目に含まれていた金額は、組替調整額として、その他の包括利益の項目ごとに注記しなければならない。

3　前2項に規定する事項は、併せて記載することができる。

第3節　包括利益

（包括利益）

第69条の7　当期純利益金額又は当期純損失金額にその他の包括利益の項目の金額を加減した金額は、包括利益金額として記載しなければならない。

2　前項に規定する包括利益金額については、連結財務諸表提出会社の株主に係る金額及び非支配株主に係る金額に区分し、その区分ごとの金額を連結包括利益計算書の末尾に記載しなければならない。

第4章　連結株主資本等変動計算書

第4章　連結株主資本等変動計算書

第1節　総　則

（連結株主資本等変動計算書の記載方法）

第70条　連結株主資本等変動計算書の記載方法は、本章の定めるところによる。

2　連結株主資本等変動計算書は、様式第六号により記載するものとする。

（連結株主資本等変動計算書の区分表示）

第71条　連結株主資本等変動計算書は、株主資本、その他の包括利益累計額、株式引受権、新株予約権及び非支配株主持分に分類して記載しなければならない。

2　連結株主資本等変動計算書は、適切な項目に区分し、当該項目を示す名称を付した科目をもつて掲記しなければならない。当該項目及び科目は、前連結会計年度末及び当連結会計年度末の連結貸借対照表における純資産の部の項目及び科目と整合していなければならない。

第2節　株主資本

第72条　株主資本は、当連結会計年度期首残高、当連結会計年度変動額及び当連結会計年度末残高に区分して記載しなければならない。

2　株主資本に記載される科目の当連結会計年度変動額は、変動事由ごとに記載しなければならない。

3　剰余金の配当は、資本剰余金又は利益剰余金の変動事由として表示しなければならない。

4　親会社株主に帰属する当期純利益金額又は親会社株主に帰属する当期純損失金額は、利益剰余金の変動事由として表示しなければならない。

第3節　その他の包括利益累計額

第73条　その他の包括利益累計額は、当連結会計年度期首残高、当連結会計年度変動額及び当連結会計年度末残高に区分して記載しなければならない。

2　その他の包括利益累計額に記載される科目は、当連結会計年度変動額を一括して記載するものとする。ただし、主な変動事由ごとに記載又は注記することを妨げない。

第74条　その他の包括利益累計額は、第71条第2項の規定にかかわらず、科目ごとの記載に代えて、その他の包括利益累計額の合計額を当連結会計年度期首残高、当連結会計年度変動額及び当連結会計年度末残高に区分して記載することができる。この場合においては、科目ごとのそれぞれの金額を注記するものとする。

第3節の2　株式引受権

第74条の2　株式引受権は、当連結会計年度期首残高、当連結会計年度変動額及び当連結会計年度末残高に区分して記載しなければならない。

2　株式引受権の当連結会計年度変動額は、一括

金商法

して記載するものとする。ただし、主な変動事由ごとに記載又は注記することを妨げない。

第4節　新株予約権

第75条　新株予約権は、当連結会計年度期首残高、当連結会計年度変動額及び当連結会計年度末残高に区分して記載しなければならない。

2　新株予約権の当連結会計年度変動額は、一括して記載するものとする。ただし、主な変動事由ごとに記載又は注記することを妨げない。

第5節　非支配株主持分

第76条　非支配株主持分は、当連結会計年度期首残高、当連結会計年度変動額及び当連結会計年度末残高に区分して記載しなければならない。

2　非支配株主持分の当連結会計年度変動額は、一括して記載するものとする。ただし、主な変動事由ごとに記載又は注記することを妨げない。

第6節　注記事項

（発行済株式に関する注記）

第77条　発行済株式の種類及び総数については、次に掲げる事項を注記しなければならない。

一　発行済株式の種類ごとに、当連結会計年度期首及び当連結会計年度末の発行済株式総数並びに当連結会計年度に増加又は減少した発行済株式数

二　発行済株式の種類ごとの変動事由の概要

（自己株式に関する注記）

第78条　自己株式の種類及び株式数については、次に掲げる事項を注記しなければならない。

一　自己株式の種類ごとに、当連結会計年度期首及び当連結会計年度末の自己株式数並びに当連結会計年度に増加又は減少した自己株式数

二　自己株式の種類ごとの変動事由の概要

（新株予約権等に関する注記）

第79条　新株予約権については、次の各号に掲げる事項を注記しなければならない。

一　新株予約権の目的となる株式の種類

二　新株予約権の目的となる株式の数

三　新株予約権の連結会計年度末残高

79-1　規則第79条第1項第1号及び第2号に規定する注記は、親会社が発行する新株予約権を対象とすることに留意する。

79-1-2　財務諸表等規則ガイドライン108-1-2の取扱いは、規則第79条第1項第2号に規定する新株予約権の注記について準用する。

2　前項第1号及び第2号に掲げる事項は、新株予約権がストック・オプション又は自社株式オプションとして付与されている場合には、記載することを要しない。

3　第1項第2号の株式の数は、新株予約権の目的となる株式の種類ごとに、新株予約権の目的となる株式の当連結会計年度期首及び当連結会計年度末の数、当連結会計年度に増加及び減少する株式の数並びに変動事由の概要を記載しなければならない。ただし、新株予約権が権利行使されたものと仮定した場合の増加株式数の、当連結会計年度末の発行済株式総数（自己株式を保有しているときは、当該自己株式の株式数を控除した株式数）に対する割合に重要性が乏しい場合には、注記を省略することができる。

4　第1項第3号の連結会計年度末残高は、連結財務諸表提出会社の新株予約権と連結子会社の新株予約権に区分して記載しなければならない。

5　自己新株予約権については、新株予約権との対応が明らかになるように、次の各号に掲げる事項を注記しなければならない。

一　連結財務諸表提出会社が保有する連結財務諸表提出会社が発行した新株予約権については、第1項各号に掲げる事項

二　連結子会社が保有する当該連結子会社が発行した新株予約権については、第1項第3号に掲げる事項

（配当に関する注記）

第80条　財務諸表等規則第109条第1項の規定は、配当について準用する。この場合において、同項第3号中「事業年度」とあるのは、「連結会計年度」と読み替えるものとする。

第7節　雑　則

第81条　指定法人が、連結株主資本等変動計算書を作成する場合において、この規則により記載することが適当でないと認められるときは、当該指定法人は、その財務諸表について適用される法令又は準則の定めるところに準じて記載することができる。

第5章　連結キャッシュ・フロー計算書

第5章　連結キャッシュ・フロー計算書

第1節　総　則

（連結キャッシュ・フロー計算書の記載方法）

第82条　連結キャッシュ・フロー計算書の記載方法は、本章の定めるところによる。

2　連結キャッシュ・フロー計算書は、様式第七号又は第八号により記載するものとする。

（連結キャッシュ・フロー計算書の表示区分）

第83条　連結キャッシュ・フロー計算書には、次の各号に掲げる区分を設けてキャッシュ・フローの状況を記載しなければならない。

一　営業活動によるキャッシュ・フロー
二　投資活動によるキャッシュ・フロー
三　財務活動によるキャッシュ・フロー
四　現金及び現金同等物に係る換算差額
五　現金及び現金同等物の増加額又は減少額
六　現金及び現金同等物の期首残高
七　現金及び現金同等物の期末残高

第2節　連結キャッシュ・フロー計算書の記載方法

（営業活動によるキャッシュ・フローの表示方法）

第84条　前条第1号に掲げる営業活動によるキャッシュ・フローの区分には、次の各号に掲げるいずれかの方法により、営業利益又は営業損失の計算の対象となつた取引に係るキャッシュ・フロー並びに投資活動及び財務活動以外の取引に係るキャッシュ・フローを、その内容を示す名称を付した科目をもつて掲記しなければならない。ただし、その金額が少額なもので一括して表示することが適当であると認められるものについては、適当な名称を付した科目をもつて一括して掲記することができる。

一　営業収入、原材料又は商品の仕入れによる支出、人件費の支出その他適当と認められる項目に分けて主要な取引ごとにキャッシュ・フローを総額により表示する方法
二　税金等調整前当期純利益金額又は税金等調整前当期純損失金額に、次に掲げる項目を加算又は減算して表示する方法
　イ　連結損益計算書に収益又は費用として計上されている項目のうち資金の増加又は減少を伴わない項目
　ロ　売上債権、棚卸資産、仕入債務その他営業活動により生じた資産及び負債の増加額又は減少額
　ハ　連結損益計算書に収益又は費用として計上されている項目のうち投資活動によるキャッシュ・フロー及び財務活動によるキャッシュ・フローの区分に含まれる項目

（投資活動によるキャッシュ・フローの表示方法）

第85条　第83条第2号に掲げる投資活動によるキャッシュ・フローの区分には、主要な取引ごとにキャッシュ・フローを総額により表示する方法により、有価証券（現金同等物を除く。以下この条において同じ。）の取得による支出、有価証券の売却による収入、有形固定資産の取得による支出、有形固定資産の売却による収入、投資有価証券の取得による支出、投資有価証券の売却による収入、貸付けによる支出、貸付金の回収による収入その他投資活動に係るキャッシュ・フローを、その内容を示す名称を付した科目をもつて掲記しなければならない。ただし、その金額が少額なもので一括して表示することが適当であると認められるものについては、適当な名称を付した科目をもつて一括して掲記することができる。

（財務活動によるキャッシュ・フローの表示方法）

第86条　第83条第3号に掲げる財務活動によるキャッシュ・フローの区分には、主要な取引ごとにキャッシュ・フローを総額により表示する方法により、短期借入れによる収入、短期借入金の返済による支出、長期借入れによる収入、長期借入金の返済による支出、社債の発行による収入、社債の償還による支出、株式の発行による収入、自己株式の取得による支出その他財務活動に係るキャッシュ・フローを、その内容を示す名称を付した科目をもつて掲記しなければならない。ただし、その金額が少額なもので一括して表示することが適当であると認められるものについては、適当な名称を付した科目をもつて一括して掲記することができる。

（現金及び現金同等物に係る換算差額等の記載）

第87条　第83条第4号に掲げる現金及び現金同等物に係る換算差額の区分には、外貨建ての資金の円貨への換算による差額を記載するものとする。

2　第83条第5号に掲げる現金及び現金同等物の増加額又は減少額の区分には、営業活動によるキャッシュ・フロー、投資活動によるキャッシュ・フロー及び財務活動によるキャッシュ・フローの収支差額の合計額に前項に規定する外貨建ての資金の円貨への換算による差額を加算又は減算した額を記載するものとする。

第3節　雑　則

（利息及び配当金に係るキャッシュ・フローの表示方法）

第88条　利息及び配当金に係るキャッシュ・フローは、次の各号に掲げるいずれかの方法により記載するものとする。

一　利息及び配当金の受取額並びに利息の支払額は第83条第1号に掲げる営業活動によるキャッシュ・フローの区分に記載し、配当金の支払額は同条第3号に掲げる財務活動によるキャッシュ・フローの区分に記載する方法

二　利息及び配当金の受取額は第83条第2号に掲げる投資活動によるキャッシュ・フローの区分に記載し、利息及び配当金の支払額は同条第3号に掲げる財務活動によるキャッシュ・フローの区分に記載する方法

2　配当金の支払額は、連結財務諸表提出会社による配当金の支払額と非支配株主への配当金の支払額とに分けて記載しなければならない。

（連結の範囲の変更を伴う子会社株式の取得又は売却に係るキャッシュ・フロー等の表示方法）

第89条　連結の範囲の変更を伴う子会社株式の取得又は売却に係るキャッシュ・フローは、第83条第2号に掲げる投資活動によるキャッシュ・フローの区分にその内容を示す名称を付した科目をもつて掲記しなければならない。

2　前項の規定は、現金及び現金同等物を対価とする事業の譲受け若しくは譲渡又は合併等に係るキャッシュ・フローについて準用する。

（連結キャッシュ・フロー計算書に関する注記事項）

第90条　連結キャッシュ・フロー計算書には、次の各号に掲げる事項を注記しなければならない。ただし、第2号から第4号までに掲げる事項については、当該各号に掲げる資産及び負債の金額の重要性が乏しい場合には、注記を省略することができる。

一　現金及び現金同等物の期末残高と連結貸借対照表に掲記されている科目の金額との関係

二　株式の取得により新たに連結子会社となつた会社がある場合には、当該会社の資産及び負債の主な内訳

三　株式の売却により連結子会社でなくなつた会社がある場合には、当該会社の資産及び負債の主な内訳

四　現金及び現金同等物を対価とする事業の譲受け若しくは譲渡又は合併等を行つた場合には、当該事業の譲受け若しくは譲渡又は合併等により増加又は減少した資産及び負債の主な内訳

五　重要な非資金取引の内容

90-1-5　財務諸表等規則ガイドライン119-1-3の取扱いは、規則第90条第1項第5号に規定

する連結キャッシュ・フロー計算書に関する注記について準用する。

2　前項第5号に掲げる非資金取引とは、社債の償還と引換えによる新株予約権付社債に付された新株予約権の行使、株式の発行等による資産（現金及び現金同等物を除く。）の取得及び合併、その他資金の増加又は減少を伴わない取引であつて、かつ、翌連結会計年度以降のキャッシュ・フローに重要な影響を与えるものをいう。

第6章　連結附属明細表

（連結附属明細表の記載方法）
第91条　連結附属明細表の記載方法は、本章の定めるところによる。
（連結附属明細表の種類）
第92条　連結附属明細表の種類は、社債明細表、借入金等明細表及び資産除去債務明細表とする。

2　前項に規定する社債明細表、借入金等明細表及び資産除去債務明細表の様式は、様式第九号から第十一号までに定めるところによる。
（連結附属明細表の作成の省略）
第92条の2　当連結会計年度期首及び当連結会計年度末における資産除去債務の金額が当連結会計年度期首及び当連結会計年度末における負債及び純資産の合計額の100分の1以下である場合には、前条第1項に規定する資産除去債務明細表の作成を省略することができる。

2　前項の規定により資産除去債務明細表の作成を省略した場合には、その旨を注記しなければならない。

第7章　企業会計の基準の特例

第7章　企業会計の基準の特例

第1節　指定国際会計基準

（指定国際会計基準に係る特例）
第93条　指定国際会計基準特定会社が提出する連結財務諸表の用語、様式及び作成方法は、指定国際会計基準（国際会計基準（国際的に共通した企業会計の基準として使用されることを目的とした企業会計の基準についての調査研究及び作成を業として行う団体であつて第1条第3項各号に掲げる要件の全てを満たすものが作成及び公表を行つた企業会計の基準のうち、金融庁長官が定めるものをいう。次条及び第94条において同じ。）のうち、公正かつ適正な手続の下に作成及び公表が行われたものと認められ、公正妥当な企業会計の基準として認められることが見込まれるものとして金融庁長官が定めるものに限る。次条において同じ。）に従うことができる。

93-1　規則第93条に規定する公正かつ適正な手続の下に作成及び公表が行われたものと認められ、公正妥当な企業会計の基準として認められることが見込まれるものを定める場合は、次に掲げる手続によるものとする。
(1)　当該企業会計の基準を定めるに当たっては、内容が明確なものとして企業会計の基準案が予め広く周知され、関係者間で適切な議論がなされており、多数の関係者が当該基準案を経済実態に適合した合理的な内容と評価し、公正妥当な企業会計の基準として受け入れられる程度にまで至るような手続を経て作成及び公表が行われたものかどうかを確認するものとする。
(2)　当該企業会計の基準を定める場合は、当該企業会計の基準の公表が行われた日の翌日から1年以内（金融庁長官が当該手続を行うために必要と認めて延長する場合は、当該延長する期間を含む。）に行うものとする。
93-2　指定国際会計基準の適用に当たっては次の点に留意するものとする。
(1)　指定国際会計基準の指定については、適用時期も含めて行われるものであることから、個々の指定国際会計基準の適用時期については、特段の定めのない限り、個々の国際会計基準の規定に従うものとする。
(2)　新たに指定された指定国際会計基準が適用（早期適用を除く。）されるまでは、「連結財務諸表の用語、様式及び作成方法に関する規則に規定する金融庁長官が定める企業会計の基準を指定する件（平成21年金融庁告示第69

金商法

号）」別表二に掲げる指定国際会計基準から削除されたものであっても、当該新たに指定された指定国際会計基準に相当する従前の指定国際会計基準については、引き続き適用することができるものとする。

（指定国際会計基準に関する注記）

第93条の2　指定国際会計基準に準拠して作成した連結財務諸表には、次に掲げる事項を注記しなければならない。

一　指定国際会計基準が国際会計基準と同一である場合には、国際会計基準に準拠して連結財務諸表を作成している旨

二　指定国際会計基準が国際会計基準と異なる場合には、指定国際会計基準に準拠して連結財務諸表を作成している旨

三　指定国際会計基準特定会社に該当する旨及びその理由

第2節　修正国際基準

（修正国際基準に係る特例）

第94条　修正国際基準特定会社が提出する連結財務諸表の用語、様式及び作成方法は、修正国際基準（特定団体において国際会計基準を修正することにより作成及び公表を行つた企業会計の基準のうち、公正かつ適正な手続の下に作成及び公表が行われたものと認められ、公正妥当な企業会計の基準として認められることが見込まれるものとして金融庁長官が定めるものに限る。次条において同じ。）に従うことができる。

> 94　規則第94条に規定する公正かつ適正な手続の下に作成及び公表が行われたものと認められ、公正妥当な企業会計の基準として認められることが見込まれるものを定める場合は、次に掲げる手続によるものとする。
> (1)　当該企業会計の基準を定めるに当たっては、内容が明確なものとして企業会計の基準案が予め広く周知され、関係者間で適切な議論がなされており、多数の関係者が当該基準案を経済実態に適合した合理的な内容と評価し、公正妥当な企業会計の基準として受け入れられる程度にまで至るような手続を経て作成及

> び公表が行われたものかどうかを確認するものとする。
> (2)　当該企業会計の基準を定める場合は、当該企業会計の基準の公表が行われた日の翌日から1年以内（金融庁長官が当該手続を行うために必要と認めて延長する場合は、当該延長する期間を含む。）に行うものとする。

（修正国際基準に関する注記）

第94条の2　修正国際基準に準拠して作成した連結財務諸表には、次に掲げる事項を注記しなければならない。

一　修正国際基準に準拠して連結財務諸表を作成している旨

二　修正国際基準特定会社に該当する旨及びその理由

第8章　雑　則

第8章　雑　則

第95条　米国預託証券の発行等に関して要請されている用語、様式及び作成方法により作成した連結財務諸表（以下「米国式連結財務諸表」という。）を米国証券取引委員会に登録している連結財務諸表提出会社が当該米国式連結財務諸表を法の規定による連結財務諸表として提出することを、金融庁長官が公益又は投資者保護に欠けることがないものとして認める場合には、当該会社の提出する連結財務諸表の用語、様式及び作成方法は、金融庁長官が必要と認めて指示した事項を除き、米国預託証券の発行等に関して要請されている用語、様式及び作成方法によることができる。

第96条　前条の規定は、米国式連結財務諸表を米国証券取引委員会に登録しなくなつた場合には、適用がないものとする。

第97条　第95条の規定による連結財務諸表は、日本語をもつて記載しなければならない。

第98条　第95条の規定による連結財務諸表には、次の事項を追加して注記しなければならない。

一　当該連結財務諸表が準拠している用語、様

金商法

式及び作成方法

二　当該連結財務諸表の作成状況及び米国証券取引委員会における登録状況

三　この規則（第7章及びこの章を除く。）に準拠して作成する場合との主要な相違点

98-3　連結財務諸表提出会社が、規則第95条の規定に基づき、米国式連結財務諸表を法の規定により提出する場合において、賃貸等不動産の総額に重要性があるときは、規則第15条の24に掲げる事項に相当する事項を注記するものとする。なお、この規則の第1章から第6章までの規定による連結財務諸表と米国式連結財務諸表との主要な相違点として記載することができるものとする。

附　則

1　この省令は、昭和52年4月1日から施行する。

2　平成24年3月31日以後に終了する連結会計年度（以下この項において「当連結会計年度」という。）の前連結会計年度に係る連結財務諸表（法第5条第1項又は第24条第1項から第3項までの規定により提出された有価証券届出書又は有価証券報告書に記載されていないものに限る。以下この項及び次項において「前連結財務諸表」という。）を、法又は法に基づく命令により当連結会計年度に係る連結財務諸表（以下この項及び次項において「当連結財務諸表」という。）を最近連結会計年度に係る連結財務諸表として記載すべき有価証券届出書又は当連結会計年度に係る有価証券報告書に記載する場合における前連結財務諸表の用語、様式及び作成方法は、当連結財務諸表を作成するために適用すべきこの規則の定めるところによるものとし、当該規則において定めのない事項については、当連結財務諸表を作成するために準拠すべき一般に公正妥当と認められる企業会計の基準に従うものとする。ただし、この規則又は一般に公正妥当と認められる企業会計の基準の規定により、当連結財務諸表の用語、様式及び作成方法を前連結財務諸表に適用していない場合には、この限りではない。

3　前項の規定により前連結財務諸表を作成するときは、第8条の3の規定にかかわらず、前連結財務諸表及び当連結財務諸表は、同条に規定する比較情報を含めないで作成するものとする。

附　則

1　98-3の取扱いは、連結財務諸表提出会社が、平成14年内閣府令第11号附則第3項の規定に基づき、米国式連結財務諸表を法の規定により提出する場合について準用する。

2　規則附則第2項及び第3項の規定の適用に関しては、次の点に留意する。

(1)　当連結会計年度に会計方針又は表示方法（以下「会計方針等」という。）を変更したときは、次に掲げる場合を除き、前連結会計年度に係る連結財務諸表に当連結会計年度の会計方針等を適用し、遡及適用に関する原則的な取扱い（財務諸表等規則第8条の3第2項本文に定める遡及適用に関する原則的な取扱いをいう。以下同じ。）及び前連結会計年度に係る連結財務諸表の組替えを行うものとする。

①　遡及適用に関する原則的な取扱いが実務上不可能な場合

②　会計基準等に遡及適用を行わない旨の経過措置が規定されている場合

③　連結財務諸表の組替えが実務上不可能な場合

(2)　当連結会計年度に会計方針等を変更した場合において、前連結会計年度に係る連結財務諸表に当連結会計年度の会計方針等を適用するときは、規則第14条の2において準用する財務諸表等規則第8条の3第1項及び第4項、第14条の3において準用する財務諸表等規則第8条の3の2第1項及び第3項並びに第14条の5において準用する財務諸表等規則第8条の3の4第1項及び第3項の規定による注記については、同一の内容を前連結会計年度及び当連結会計年度に係る連結財務諸表に記載するものとする。

(3)　当連結会計年度に会計方針等の変更を行った場合において、前連結会計年度に係る連結財務諸表に当連結会計年度の会計方針等を適用していないときは、連結財務諸表規則第14条の2において準用する財務諸表等規則第8条の3第2項から第4項まで、第14条の3において準用する財務諸表等規則第8条の3の2第2項及び第3項並びに第14条の5におい

金商法

て準用する財務諸表等規則第8条の3の4第2項から第4項までの規定による注記については、当連結会計年度に係る連結財務諸表に記載するものとする。

(4)　当連結会計年度に会計方針を変更した場合において、当該会計方針の変更を会計上の見積りの変更と区別することが困難なときは、前連結会計年度に係る連結財務諸表については、当該変更前の会計方針を適用するものとする。

(5)　当連結会計年度に「企業結合に関する会計基準」に定められた暫定的会計処理の確定を行ったときは、前連結会計年度に当該確定を行ったものとみなして取得原価の配分額を反映させた上で前連結会計年度に係る連結財務諸表を作成するものとする。

　　附　則 $\binom{\text{昭和54年蔵令第6号〜}}{\text{平成13年内閣府令第49号}}$（略）

　　附　則 $\binom{\text{平成14年3月26日内閣府令第11号}}{\substack{\text{連結財務諸表の用語、様式及び作}\\\text{成方法に関する規則等の一部を改}\\\text{正する内閣府令}}}$

1　この府令は、平成14年4月1日から施行する。

2　この府令の規定による改正後の連結財務諸表の用語、様式及び作成方法に関する規則（以下「新連結財務諸表規則」という。）は、この府令の施行の日（以下「施行日」という。）以後に開始する連結会計年度に係る連結財務諸表について適用し、同日前に開始する連結会計年度に係るものについては、なお従前の例による。ただし、施行日前に開始する連結会計年度に係る連結財務諸表のうち施行日以後に終了する連結会計年度に係るものについては、第7章に係る改正規定を除き、新連結財務諸表規則を適用して作成することができる。

3　施行日以後最初に開始する連結会計年度に係る米国式連結財務諸表を法の規定により提出している連結財務諸表提出会社（連結財務諸表の用語、様式及び作成方法に関する規則第95条の規定の適用を受けるものを除く。）の提出する連結財務諸表の用語、様式及び作成方法は、当分の間、金融庁長官が必要と認めて指示した事項を除き、米国預託証券の発行等に関して要請されている用語、様式及び作成方法によること

ができる。

4　前項の規定による連結財務諸表は、日本語をもって記載しなければならない。

5　第3項の規定による連結財務諸表には、次に掲げる事項を追加して注記しなければならない。

一　当該連結財務諸表が準拠している用語、様式及び作成方法

二　当該連結財務諸表の作成状況及び米国証券取引委員会における登録状況

三　連結財務諸表の用語、様式及び作成方法に関する規則（第7章及び第8章を除く。）に準拠して作成する場合との主要な相違点

　　附　則 $\binom{\text{平成14年内閣府令17号〜}}{\text{平成16年内閣府令第109号}}$（略）

　　附　則 $\binom{\substack{\text{平成18年4月25日内閣府令第52号}}}{\substack{\text{業務補助等に関する規則等の一部}\\\text{を改正する内閣府令}}}$

（施行期日）

第1条　この府令は、平成18年5月1日から施行する。

（連結財務諸表の用語、様式及び作成方法に関する規則の一部改正に伴う経過措置）

第6条　第7条の規定による改正後の連結財務諸表の用語、様式及び作成方法に関する規則は、施行日以後終了する連結会計年度に係る連結財務諸表について適用し、同日前に終了する連結会計年度に係るものについては、なお従前の例による。

　　附　則 $\binom{\substack{\text{平成18年4月26日内閣府令第56号}}}{\substack{\text{財務諸表等の監査証明に関する内}\\\text{閣府令等の一部を改正する内閣府}\\\text{令}}}$

1　この府令は会社法（平成17年法律第86号）の施行の日〔平成18年5月1日〕から施行する。

2　（前略）第3条の規定による改正後の連結財務諸表の用語、様式及び作成方法に関する規則（以下「新連結財務諸表規則」という。）（中略）は、平成18年4月1日以後開始する事業年度及び連結会計年度（以下「事業年度等」という。）に係る財務諸表及び連結財務諸表（以下「財務諸表等」という。）（中略）について適用し、同日前に開始する事業年度等（中略）に係るものについては、なお従前の例による。ただし、同

日前に開始する事業年度等（中略）に係る財務諸表等（中略）のうち施行日以後提出する有価証券届出書、有価証券報告書（中略）に記載されるものについては、（中略）新連結財務諸表規則（中略）を適用することができる。

附　則〔平成18年12月26日内閣府令第88号　財務諸表等の用語、様式及び作成方法に関する規則等の一部を改正する内閣府令〕

〔施行期日〕

1　この府令は、公布の日から施行する。

2　（前略）第２条の規定による改正後の連結財務諸表の用語、様式及び作成方法に関する規則（以下「新連結財務諸表規則」という。）の規定（第51条の２及び第53条の規定を除く。）（中略）は、この府令の施行の日（以下「施行日」という。）以後に提出する有価証券届出書、有価証券報告書（中略）に記載される財務諸表及び連結財務諸表（以下「財務諸表等」という。）（中略）で平成18年９月30日以後に終了する事業年度及び連結会計年度（以下「事業年度等」という。）（中略）に係るものについて適用し、同日前に終了する事業年度等（中略）に係るものについては、なお従前の例による。ただし、平成18年５月１日以後に終了する事業年度等（中略）に係る財務諸表等（中略）のうち、施行日以後に提出する有価証券届出書、有価証券報告書（中略）に記載されるものについては、（中略）新連結財務諸表規則（中略）を適用することができる。

3　（前略）新連結財務諸表規則第51条の２及び第53条（次項において「新財務諸表等規則第72条の２等」という。）の規定は、平成20年４月１日以後に開始する事業年度等に係る財務諸表等について適用する。ただし、施行日以後に提出する有価証券届出書又は有価証券報告書に記載される財務諸表等のうち、平成20年３月31日以前に開始する事業年度等に係るものについても適用することができる。

4　（前略）第２条の規定による改正前の連結財務諸表の用語、様式及び作成方法に関する規則第53条の規定は、平成20年３月31日以前に開始する事業年度等に係る財務諸表等について、な

お効力を有するものとする。ただし、前項ただし書の規定により新財務諸表等規則第72条の２等の規定の適用を受けるものについては、この限りでない。

附　則〔平成19年８月15日内閣府令第65号　企業内容等の開示に関する内閣府令等の一部を改正する内閣府令〕

〔施行期日〕

第１条　この府令は、証券取引法等の一部を改正する法律の施行の日〔平成19年９月30日〕（以下「施行日」という。）から施行する。

（連結財務諸表の用語、様式及び作成方法に関する規則の一部改正に伴う経過措置）

第10条　第10条の規定による改正後の連結財務諸表の用語、様式及び作成方法に関する規則（以下「新連結財務諸表規則」という。）の規定は、施行日以後に終了する連結会計年度に係る連結財務諸表について適用する。

2　前項の規定にかかわらず、次の各号に掲げる規定の適用は、当該各号に定めるところによる。

一　新連結財務諸表規則第２条第１号から第７号まで、第５条第３項及び第15条の４から第15条の４の３までの規定　平成20年４月１日以後に開始する連結会計年度に係る連結財務諸表について適用し、同日前に開始する連結会計年度に係るものについては、なお従前の例による。ただし、平成19年４月１日以後に開始する連結会計年度に係るもののうち、施行日以後に提出する有価証券届出書又は有価証券報告書に記載されるものについては、これらの規定を適用することができる。

二　新連結財務諸表規則第13条第５項（第５号及び第６号を除く。）、第15条の３、第22条、第23条第１項第３号、第26条第１項第４号及び第３項、第28条第１項第２号及び第３項、第36条、第37条第１項第３号並びに第38条第１項第３号の規定　平成20年４月１日以後に開始する連結会計年度に係る連結財務諸表について適用し、同日前に開始する連結会計年度に係るものについては、なお従前の例による。ただし、平成19年４月１日以後に開始す

る連結会計年度に係るもののうち、施行日以後に提出する有価証券届出書又は有価証券報告書に記載されるものについては、これらの規定を適用することができる。

3　平成20年4月1日以後に開始する連結会計年度に係る連結財務諸表について新連結財務諸表規則第13条第5項（第5号及び第6号を除く。）、第15条の3、第22条、第23条第1項第3号、第26条第1項第4号及び第3項、第28条第1項第2号及び第3項、第36条、第37条第1項第3号並びに第38条第1項第3号の規定を適用する場合において、所有権移転外ファイナンス・リース取引のリース取引開始日が平成20年4月1日前に開始する連結会計年度に属するときは、次の各号に掲げる場合の区分に応じ、当該各号に定める事項を注記しなければならない。ただし、重要性の乏しいものについては、注記を省略することができる。

一　連結会社がリース物件の借主である場合において、当該所有権移転外ファイナンス・リース取引について通常の賃貸借取引に係る方法に準じて会計処理を行っているとき　第10条の規定による改正前の連結財務諸表の用語、様式及び作成方法に関する規則（以下この号及び次号において「旧連結財務諸表規則」という。）第13条第5項第5号及び第15条の3（同条において準用する旧財務諸表等規則第8条の6第1項第1号（同条第2項、第3項及び第6項の規定を適用する場合を含む。）の規定に限る。）に定める事項

二　リース取引を通常の取引以外の取引とする連結会社がリース物件の貸主である場合において、当該所有権移転外ファイナンス・リース取引について通常の賃貸借取引に係る方法に準じて会計処理を行っているとき　旧連結財務諸表規則第13条第5項第5号及び第15条の3（同条において準用する旧財務諸表等規則第8条の6第1項第2号（同条第4項の規定を適用する場合を含む。）の規定に限る。）に定める事項

三　リース取引を通常の取引とする連結会社が

リース物件の貸主である場合において、当該所有権移転外ファイナンス・リース取引について、平成20年4月1日以後に開始する連結会計年度の直前の連結会計年度の末日におけるリース物件に係る固定資産の適正な帳簿価額を平成20年4月1日以後に開始する連結会計年度の開始の日におけるリース投資資産の価額として計上する会計処理を行っているとき

税金等調整前当期純利益金額又は税金等調整前当期純損失金額と当該所有権移転外ファイナンス・リース取引について通常の売買取引に係る方法に準じて会計処理を行った場合に計上されるべき税金等調整前当期純利益金額又は税金等調整前当期純損失金額との差額

4　前項の規定は、平成19年4月1日以後に開始する連結会計年度に係る連結財務諸表について、新連結財務諸表規則第13条第5項（第5号及び第6号を除く。）、第15条の3、第22条、第23条第1項第3号、第26条第1項第4号及び第3項、第28条第1項第2号及び第3項、第36条、第37条第1項第3号並びに第38条第1項第3号の規定を適用する場合に準用する。この場合において、同項中「平成20年4月1日」とあるのは、「平成19年4月1日」と読み替えるものとする。

附　則　（平成20年6月6日内閣府令第36号 財務諸表等の用語、様式及び作成方法に関する規則等の一部を改正する内閣府令）

（施行期日）

第1条　この府令は、公布の日から施行する。

（財務諸表等の様式に係る経過措置）

第2条　（前略）第2条の規定による改正後の連結財務諸表の用語、様式及び作成方法に関する規則様式第四号から様式第八号まで（中略）は、この府令の施行の日（以下「施行日」という。）以後に提出する有価証券届出書等（有価証券届出書（その訂正届出書を含む。）並びに有価証券報告書、四半期報告書及び半期報告書（これらの訂正報告書を含む。）をいう。以下同じ。）に記載すべき財務諸表等（財務諸表、四半期財務諸表、中間財務諸表、連結財務諸表、四半期連結財務諸表及び中間連結財務諸表をいう。以

下同じ。）で、直近の事業年度又は特定期間（金融商品取引法第24条第5項において準用する同条第1項に規定する特定期間をいう。）（以下「事業年度等」という。）が平成20年4月1日以後に開始する事業年度等であるものから適用し、直近の事業年度等が同日前に開始する事業年度等であるものについては、なお従前の例による。

2　（略）

附　則〔平成20年8月7日内閣府令第50号／財務諸表等の用語、様式及び作成方法に関する規則等の一部を改正する内閣府令〕

（施行期日）

第1条　この府令は、公布の日から施行する。

（連結財務諸表の用語、様式及び作成方法に関する規則の一部改正に伴う経過措置）

第3条　第2条の規定による改正後の連結財務諸表の用語、様式及び作成方法に関する規則（以下「新連結財務諸表規則」という。）の規定の適用は、次の各号に掲げる改正規定の区分に応じ、当該各号に定めるところによる。

一　第2条に2号を加える改正規定（新連結財務諸表規則第2条第36号に係る部分に限る。）、第13条第5項の改正規定（「第15条の7第1項第2号」を「第15条の7第1項及び第3項」に改める部分に限る。）、第15条の5の次に1条を加える改正規定、第15条の6の改正規定、第15条の7の改正規定及び様式第十号の改正規定　平成22年3月31日以後に終了する連結会計年度に係る連結財務諸表について適用し、同日前に終了する連結会計年度に係るものについては、なお従前の例による。ただし、平成22年3月31日前に終了する連結会計年度に係る連結財務諸表のうち、施行日以後に提出されるものについては、これらのすべての改正規定による新連結財務諸表規則の規定により作成することができる。

二　第2条に2号を加える改正規定（新連結財務諸表規則第2条第37号に係る部分に限る。）、第15条の22の次に1条を加える改正規定、第16条第2項の改正規定、第36条の改正規定、第37条第1項及び第5項の改正規定、第38条第1項及び第4項の改正規定、第92条の改正規定、第6章中第92条の次に1条を加える改正規定、様式第四号の改正規定（資産除去債務に係る部分に限る。）並びに様式第十号の次に一様式を加える改正規定　平成22年4月1日以後に開始する連結会計年度に係る連結財務諸表について適用し、同日前に開始する連結会計年度に係るものについては、なお従前の例による。ただし、平成22年4月1日前に開始する連結会計年度に係る連結財務諸表のうち、施行日以後に提出されるものについては、これらのすべての改正規定による新連結財務諸表規則の規定により作成することができる。

三　第13条第5項の改正規定（「第15条の7第1項第2号」を「第15条の7第1項及び第3項」に改める部分を除く。）、第40条の次に1条を加える改正規定、第52条の次に1条を加える改正規定及び第66条第1項の改正規定　平成21年4月1日以後に開始する連結会計年度に係る連結財務諸表について適用し、同日前に開始する連結会計年度に係るものについては、なお従前の例による。ただし、平成21年4月1日前に開始する連結会計年度に係る連結財務諸表のうち、施行日以後に提出されるものについては、これらのすべての改正規定による新連結財務諸表規則の規定により作成することができる。

四　第13条第2項の改正規定　平成20年4月1日以後に開始する連結会計年度に係る連結財務諸表のうち、施行日以後に提出されるものについて適用し、平成20年4月1日前に開始する連結会計年度に係る連結財務諸表については、なお従前の例による。

五　第23条の改正規定、第45条第1項の改正規定及び様式第四号の改正規定（資産除去債務に係る部分を除く。）　平成21年3月31日以後に終了する連結会計年度に係る連結財務諸表について適用し、同日前に終了する連結会計年度に係るものについては、なお従前の例による。ただし、平成21年3月31日前に終了する連結会計年度に係る連結財務諸表のうち、

施行日以後に提出されるものについては、これらのすべての改正規定による新連結財務諸表規則の規定により作成することができる。

2　前項第1号の規定にかかわらず、新連結財務諸表規則第15条の5の2第3項及び第4項の規定による注記は、平成23年3月31日前に終了する連結会計年度に係る連結財務諸表については記載しないことができる。

3　第1項第3号に掲げる改正規定による新連結財務諸表規則の規定により連結財務諸表を作成する最初の連結会計年度において、当該連結会計年度の前連結会計年度末に存在する工事契約について当該規定による場合には、その旨並びに当該連結会計年度の前連結会計年度末までの工事の進捗度に対応する工事収益の額及び工事原価の額を連結損益計算書に注記しなければならない。

　　附　則（平成20年12月12日内閣府令第80号　財務諸表等の用語、様式及び作成方法に関する規則等の一部を改正する内閣府令）

この府令は、公布の日から施行する。

　　附　則（平成21年3月24日内閣府令第5号　財務諸表等の用語、様式及び作成方法に関する規則等の一部を改正する内閣府令）

（施行期日）

第1条　この府令は、公布の日から施行する。

（連結財務諸表の用語、様式及び作成方法に関する規則の一部改正に伴う経過措置）

第3条　第2条の規定による改正後の連結財務諸表の用語、様式及び作成方法に関する規則（以下「新連結財務諸表規則」という。）の規定の適用は、次の各号に掲げる改正規定の区分に応じ、当該各号に定めるところによる。

　一　第2条、第13条、第15条の12、第15条の13及び第15条の15の改正規定、第15条の16の改正規定（同条第1項第3号に係る部分を除く。）、第15条の17の改正規定、第15条の18の改正規定（同条第1項第3号に係る部分を除く。）、第15条の19及び第15条の20の改正規定、第15条の21の改正規定（新連結財務諸表規則第15条の18第1項第3号に掲げる事項に準ず

る事項に係る部分を除く。）、第38条の改正規定、第40条を削り、第40条の2を第40条とする改正規定、第57条、第62条及び第66条の2の改正規定、様式第四号の改正規定並びに様式第五号の改正規定（負ののれん償却額及び負ののれん発生益に係る部分に限る。）　平成22年4月1日以後に行われる企業結合（新連結財務諸表規則第2条第23号に規定する企業結合をいう。以下この号において同じ。）、事業分離（新連結財務諸表規則第2条第31号に規定する事業分離をいう。以下この号において同じ。）及び子会社の企業結合（新連結財務諸表規則第15条の18第1項に定める場合に該当するものに限る。以下この号において同じ。）について適用し、同日前に行われる企業結合、事業分離及び子会社の企業結合については、なお従前の例による。ただし、平成21年4月1日以後に開始する連結会計年度の開始の日から平成22年3月31日までに企業結合、事業分離又は子会社の企業結合が行われる場合には、当該企業結合、事業分離及び子会社の企業結合について、これらのすべての改正規定による新連結財務諸表規則の規定により当該連結会計年度に係る連結財務諸表を作成することができる。

　二　第15条の2の改正規定、第15条の16の改正規定（同条第1項第3号に係る部分に限る。）、第15条の18の改正規定（同条第1項第3号に係る部分に限る。）、第15条の21の改正規定（新連結財務諸表規則第15条の18第1項第3号に掲げる事項に準ずる事項に係る部分に限る。）及び様式第一号から様式第三号までの改正規定　平成22年4月1日以後に開始する連結会計年度に係る連結財務諸表について適用し、同日前に開始する連結会計年度に係るものについては、なお従前の例による。

　三　第15条の23の次に1条を加える改正規定　平成22年3月31日以後に終了する連結会計年度に係る連結財務諸表について適用し、同日前に終了する連結会計年度に係るものについては、なお従前の例による。ただし、同

日前に終了する連結会計年度に係る連結財務諸表のうち、施行日以後に提出するものについては、当該改正規定による新連結財務諸表規則の規定により作成することができる。

四　第65条の改正規定及び様式第五号の改正規定（負ののれん償却額及び負ののれん発生益に係る部分を除く。）　平成22年４月１日以後に開始する連結会計年度に係る連結財務諸表について適用し、同日前に開始する連結会計年度に係るものについては、なお従前の例による。ただし、平成21年４月１日以後に開始する連結会計年度に係る連結財務諸表（附則第５条第１項第４号ただし書の規定により作成した中間連結財務諸表又は附則第７条第１項第４号ただし書の規定により作成した四半期連結財務諸表を提出している場合に限る。）については、これらのすべての改正規定による新連結財務諸表規則の規定により作成することができる。

2　前項第１号に掲げる改正規定による新連結財務諸表規則の規定により連結財務諸表を作成する最初の連結会計年度においては、連結財務諸表の用語、様式及び作成方法に関する規則第14条第２号に掲げる事項のうち、会計処理の原則及び手続の変更（連結子会社の資産及び負債の評価方法に係るものを除く。）が連結財務諸表に与えている影響の内容（当該改正規定に係るものに限る。）について記載することを要しない。

3　平成22年４月１日以後に開始する連結会計年度に係る連結財務諸表を作成する場合において、第１項第１号の規定によりなお従前の例によることとされる場合における負ののれんの償却額については、新連結財務諸表規則第15条の２第１項第２号及び第３号に掲げる事項として当該負ののれんの償却額を新連結財務諸表規則様式第一号に定めるところにより注記し、同条第３項各号に掲げる項目に該当するものとして当該負ののれんの償却額及び未償却残高を新連結財務諸表規則様式第三号に定めるところに準じて注記しなければならない。

附　則（平成21年７月８日内閣府令第41号
四半期財務諸表等の用語、様式及
び作成方法に関する規則等の一部
を改正する内閣府令）

（施行期日）
第１条　この府令は、公布の日から施行する。

附　則（平成21年12月11日内閣府令第73号
連結財務諸表の用語、様式及び作
成方法に関する規則等の一部を改
正する内閣府令）

（施行期日）
第１条　この府令は、公布の日から施行する。
（連結財務諸表の用語、様式及び作成方法に関する規則の一部改正に伴う経過措置）
第２条　第１条の規定による改正後の連結財務諸表の用語、様式及び作成方法に関する規則（附則第９条第１項において「新連結財務諸表規則」という。）第７章の規定は、平成22年３月31日以後に終了する連結会計年度に係る連結財務諸表について適用し、同日前に終了する連結会計年度に係るものについては、なお従前の例による。

2　前項の規定にかかわらず、連結財務諸表提出会社は、平成22年３月31日に終了する連結会計年度に係る連結財務諸表を第１条の規定による改正前の連結財務諸表の用語、様式及び作成方法に関する規則（以下「旧連結財務諸表規則」という。）第93条の規定により作成することができる。この場合においては、旧連結財務諸表規則第94条から第96条までの規定を適用する。

附　則（平成22年９月30日内閣府令第45号
連結財務諸表の用語、様式及び作
成方法に関する規則等の一部を改
正する内閣府令）

（施行期日）
第１条　この府令は、公布の日から施行する。
（連結財務諸表の用語、様式及び作成方法に関する規則の一部改正に伴う経過措置）
第２条　第１条の規定による改正後の連結財務諸表の用語、様式及び作成方法に関する規則（以下「新連結財務諸表規則」という。）の規定の適用は、次の各号に掲げる規定の区分に応じ、当該各号に定めるところによる。

一　新連結財務諸表規則第１条第１項、第７条の２、第42条、第43条の２、第３章の２（第69条の６を除く。）、第71条第１項、第73条第２

項、様式第四号、様式第五号の二並びに様式第六号（「その他の包括利益累計額」に係る部分に限る。）　平成23年３月31日以後に終了する連結会計年度（連結財務諸表の用語、様式及び作成方法に関する規則第３条第２項に規定する連結会計年度をいう。以下同じ。）に係る連結財務諸表（連結財務諸表の用語、様式及び作成方法に関する規則第１条第１項に規定する連結財務諸表をいう。以下同じ。）について適用し、同日前に終了する連結会計年度に係るものについては、なお従前の例による。ただし、平成22年９月30日以後に終了する連結会計年度に係るものについては、これらのすべての規定により作成することができる。

二　新連結財務諸表規則第69条の６　平成24年３月31日以後に終了する連結会計年度に係る連結財務諸表について適用し、同日前に終了する連結会計年度に係るものについては、なお従前の例による。ただし、平成22年９月30日以後に終了する連結会計年度に係るものについては、新連結財務諸表規則第69条の６の規定により作成することができる。

三　新連結財務諸表規則第２条第36号から第45号まで、第８条の３、第14条から第14条の９まで、第16条、第44条の２第２項、第62条、第63条、第65条の２第２項、第65条の３、第71条第２項、第72条第１項、第75条第１項、第76条第１項、第77条、第78条、第79条第３項、様式第一号、様式第五号、様式第六号（「その他の包括利益累計額」に係る部分を除く。）及び様式第九号から様式第十一号まで　平成23年４月１日以後に開始する連結会計年度に係る連結財務諸表について適用し、同日前に開始する連結会計年度に係るものについては、なお従前の例による。

四　新連結財務諸表規則第１条の２第２項及び第94条　この府令の施行の日（以下「施行日」という。）以後に終了する連結会計年度に係る連結財務諸表について適用する。

五　新連結財務諸表規則第73条第１項及び第74条　施行日以後に開始する連結会計年度に係

る連結財務諸表について適用する。ただし、平成21年10月１日から平成22年３月31日までに開始する連結会計年度に係る連結財務諸表については、「当連結会計年度期首残高」とあるのは「前連結会計年度末残高」とし、「その他の包括利益累計額」とあるのは「評価・換算差額等」とすることができるものとし、平成22年４月１日から平成23年３月31日までに開始する連結会計年度に係る連結財務諸表については、「当連結会計年度期首残高」とあるのは「前連結会計年度末残高」とする。

2　平成22年９月30日から平成24年３月30日までに終了する連結会計年度において、最初に連結包括利益計算書又は連結損益及び包括利益計算書を作成する場合には、当該連結会計年度の直前連結会計年度における包括利益金額（連結財務諸表提出会社の株主に属する金額及び少数株主に属する金額を含む。）及びその他の包括利益の項目の金額を注記しなければならない。

3　平成22年９月30日以後に終了する連結会計年度において、最初に新連結財務諸表規則第69条の６の規定による注記の記載を行う場合には、当該連結会計年度の直前連結会計年度に係る同条の規定による注記の記載を要しない。

4　新連結財務諸表規則第15条の６の規定は、平成22年４月１日以後に開始する連結会計年度に係る連結財務諸表から適用し、同日前に開始した連結会計年度に係るものについては、なお従前の例による。

　　　附　則〔平成23年３月31日内閣府令第10号
四半期連結財務諸表の用語、様式
及び作成方法に関する規則等の一
部を改正する内閣府令〕

（施行期日）

第１条　この府令は、平成23年４月１日（以下「施行日」という。）から施行する。

（連結財務諸表の用語、様式及び作成方法に関する規則の一部改正に伴う経過措置）

第６条　第５条の規定による改正後の連結財務諸表の用語、様式及び作成方法に関する規則は、施行日以後に開始する連結会計年度に係る連結財務諸表について適用し、同日前に開始する連

結会計年度に係るものについては、なお従前の例による。

附　則（平成23年６月30日内閣府令第30号　財務諸表等の用語、様式及び作成方法に関する規則等の一部を改正する内閣府令）

（施行期日）

第１条　この府令は、公布の日から施行する。

（連結財務諸表の用語、様式及び作成方法に関する規則の一部改正に伴う経過措置）

第３条　第２条の規定による改正後の連結財務諸表の用語、様式及び作成方法に関する規則（以下この項において「新連結財務諸表規則」という。）の規定は、平成25年４月１日以後に開始する連結会計年度に係る連結財務諸表について適用し、同日前に開始する連結会計年度に係るものについては、なお従前の例による。ただし、平成23年４月１日以後に開始する連結会計年度に係るものについては、新連結財務諸表規則の規定を適用することができる。

2　第１条の規定による改正前の財務諸表等の用語、様式及び作成方法に関する規則（以下「旧財務諸表等規則」という。）第８条第７項の規定により子会社に該当しないものとされた特別目的会社を初めて連結の範囲に含めた連結会計年度における当該連結の範囲の変更は、会計方針の変更（連結財務諸表の用語、様式及び作成方法に関する規則（以下この項において「連結財務諸表規則」という。）第２条第39号に規定する会計方針の変更をいう。）とみなして、連結財務諸表規則第14条の２において準用する財務諸表等の用語、様式及び作成方法に関する規則第８条の３第３項（第４号から第６号までを除く。）の規定を適用する。この場合において、同項中「次に掲げる事項」とあるのは、「次に掲げる事項及び適用初年度の期首における利益剰余金に対する影響額」とする。

附　則（平成23年８月31日内閣府令第44号　連結財務諸表の用語、様式及び作成方法に関する規則等の一部を改正する内閣府令）

この府令は、公布の日から施行する。

附　則（平成23年９月30日内閣府令第53号　連結財務諸表の用語、様式及び作成方法に関する規則等の一部を改正する内閣府令）

この府令は、公布の日から施行する。

附　則（平成24年２月15日内閣府令第４号　資本市場及び金融業の基盤強化のための金融商品取引法等の一部を改正する法律の施行に伴う金融庁関係内閣府令の整備等に関する内閣府令）

（施行期日）

第１条　この府令は、資本市場及び金融業の基盤強化のための金融商品取引法等の一部を改正する法律の施行の日（平成24年４月１日）から施行する。

附　則（平成24年９月21日内閣府令第61号　財務諸表等の用語、様式及び作成方法に関する規則等の一部を改正する内閣府令）

（施行期日）

第１条　この府令は、公布の日から施行する。

（連結財務諸表の用語、様式及び作成方法に関する規則の一部改正に伴う経過措置）

第３条　第２条の規定による改正後の連結財務諸表の用語、様式及び作成方法に関する規則（附則第２項を除く。以下「新連結財務諸表規則」という。）は、平成25年４月１日以後に開始する連結会計年度に係る連結財務諸表について適用し、同日前に開始する連結会計年度に係るものについては、なお従前の例による。

2　平成25年４月１日以後に開始する連結会計年度に係る連結財務諸表に初めて新連結財務諸表規則を適用する場合における当該連結財務諸表に含まれる比較情報（連結財務諸表の用語、様式及び作成方法に関する規則第８条の３に規定する比較情報をいう。）については、第２条の規定による改正前の連結財務諸表の用語、様式及び作成方法に関する規則（附則第２項を除く。次項において「旧連結財務諸表規則」という。）を適用する。

3　平成25年４月１日から平成26年３月31日までの間に開始する連結会計年度（以下この項において「当連結会計年度」という。）の前連結会計年度に係る連結財務諸表（金融商品取引法第

5条第1項又は第24条第1項から第3項までの規定により提出された有価証券届出書又は有価証券報告書に記載されていないものに限る。以下この項において「前連結財務諸表」という。）を、金融商品取引法又は金融商品取引法に基づく命令により当連結会計年度に係る連結財務諸表を最近連結会計年度に係る連結財務諸表として記載すべき有価証券届出書又は当連結会計年度に係る有価証券報告書に記載する場合における前連結財務諸表については、旧連結財務諸表規則を適用する。

附　則 （平成25年8月21日内閣府令第52号
財務諸表等の用語、様式及び作成方法に関する規則等の一部を改正する内閣府令）

第1条　（前略）第2条の規定による改正後の連結財務諸表の用語、様式及び作成方法に関する規則様式第六号（中略）は、次の表の書類の欄に掲げる書類ごとに、同表の適用対象の欄に定めるもの及びその訂正に係る書類に記載すべき株主資本等変動計算書等（株主資本等変動計算書、連結株主資本等変動計算書、中間株主資本等変動計算書及び中間連結株主資本等変動計算書をいう。以下同じ。）について適用し、当該欄に定めのないもの及びその訂正に係る書類に記載すべき株主資本等変動計算書等については、なお従前の例による。

書　類	適　用　対　象
有価証券届出書	直近の事業年度又は特定期間（金融商品取引法第24条第5項において準用する同条第1項に規定する特定期間をいう。以下同じ。）（以下「事業年度等」という。）が平成25年12月31日以後に終了するもの
有価証券報告書	平成25年12月31日以後に終了する事業年度等に係るもの
半期報告書	平成26年1月1日以後に開始する事業年度等に属する中間会計期間又は中間計算期間（特定期間開始の日から起算して6月を経過する日までの期間をいう。）に係るもの

第2条　（略）

附　則 （平成25年10月28日内閣府令第70号
連結財務諸表の用語、様式及び作成方法に関する規則等の一部を改正する内閣府令）

この府令は、公布の日から施行する。

附　則 （平成26年3月26日内閣府令第19号
財務諸表等の用語、様式及び作成方法に関する規則等の一部を改正する内閣府令）

（施行期日）

第1条　この府令は、公布の日から施行する。

（連結財務諸表の用語、様式及び作成方法に関する規則の一部改正に伴う経過措置）

第3条　第2条の規定による改正後の連結財務諸表の用語、様式及び作成方法に関する規則は、平成26年3月31日以後に終了する連結会計年度に係る連結財務諸表について適用し、同日前に終了する連結会計年度に係るものについては、なお従前の例による。

附　則 （平成26年3月28日内閣府令第22号
財務諸表等の用語、様式及び作成方法に関する規則等の一部を改正する内閣府令）

（施行期日）

第1条　この府令は、公布の日から施行する。

（連結財務諸表の用語、様式及び作成方法に関する規則の一部改正に伴う経過措置）

第3条　第2条の規定による改正後の連結財務諸表の用語、様式及び作成方法に関する規則（以下この条及び附則第5条において「新連結財務諸表規則」という。）の規定は、平成27年4月1日以後に開始する連結会計年度に係る連結財務諸表について適用し、同日前に開始する連結会計年度に係るものについては、なお従前の例による。ただし、平成27年4月1日から平成28年3月31日までの間に開始する連結会計年度（以下この項において「当連結会計年度」という。）に係る連結財務諸表を最近連結会計年度に係る連結財務諸表として記載すべき有価証券届出書又は当連結会計年度に係る有価証券報告書に、当連結会計年度の前連結会計年度に係る連結財務諸表（金融商品取引法第5条第1項又は第24条第1項から第3項まで（新連結財務諸表規則第1条第1項に規定する指定法人についてこれらの規定を同法第27条において準用する

場合を含む。）の規定により提出された有価証券届出書又は有価証券報告書に記載されていないものに限る。以下この項において同じ。）を記載する場合には、当該当連結会計年度の前連結会計年度に係る連結財務諸表については、連結財務諸表の用語、様式及び作成方法に関する規則（以下この条において「連結財務諸表規則」という。）第2条第12号、第42条、第43条の4、第65条、第69条の4、第69条の7、第71条第1項、第72条第4項、第76条及び第88条第2項の改正規定並びに様式第四号から様式第八号までの改正規定に係る部分を除き、第2条の規定による改正前の連結財務諸表規則（次項において「旧連結財務諸表規則」という。）の規定を適用するものとする。

2　前項の規定にかかわらず、連結財務諸表規則第13条、第15条の12及び第15条の14の改正規定については、平成26年4月1日から平成27年3月31日までの間に開始する連結会計年度に係る連結財務諸表について適用することができる。この場合において、新連結財務諸表規則第15条の14第1項第4号中「非支配株主」とあるのは「少数株主」とし、当該連結財務諸表に含まれる比較情報（新連結財務諸表規則第8条の3に規定する比較情報をいう。）については、旧連結財務諸表規則の規定を適用して作成するものとする。

3　前2項の規定にかかわらず、新連結財務諸表規則第15条の12第4項の規定については、平成27年4月1日以後に開始する連結会計年度において行われる企業結合（新連結財務諸表規則第2条第23号に規定する企業結合をいう。以下この項において同じ。）について適用し、同日以後に開始する連結会計年度の開始の日の前日までに行われる企業結合については、なお従前の例による。ただし、平成26年4月1日以後に開始する連結会計年度の開始の日から平成27年4月1日以後に開始する連結会計年度の開始の日の前日までに企業結合が行われる場合には、新連結財務諸表規則第15条の12第4項の規定を当該企業結合について適用することができる。

附　則　〔平成27年9月4日内閣府令第52号
連結財務諸表の用語、様式及び作成方法に関する規則等の一部を改正する内閣府令〕

（施行期日）

第1条　この府令は、公布の日から施行する。

（連結財務諸表の用語、様式及び作成方法に関する規則の一部改正に伴う経過措置）

第2条　第1条の規定による改正後の連結財務諸表の用語、様式及び作成方法に関する規則（附則第5条第1号において「新連結財務諸表規則」という。）の規定は、平成28年3月31日以後に終了する連結会計年度に係る連結財務諸表について適用し、同日前に終了する連結会計年度に係るものについては、なお従前の例による。ただし、連結財務諸表の用語、様式及び作成方法に関する規則様式第一号の改正規定は、平成27年4月1日以後に開始する連結会計年度に係る連結財務諸表について適用し、同日前に開始する連結会計年度に係るものについては、なお従前の例による。

附　則　〔平成28年12月27日内閣府令第66号
財務諸表等の用語、様式及び作成方法に関する規則等の一部を改正する内閣府令〕

この府令は、平成29年1月1日から施行する。

附　則　〔平成29年5月25日内閣府令第28号
財務諸表等の用語、様式及び作成方法に関する規則及び連結財務諸表の用語、様式及び作成方法に関する規則の一部を改正する内閣府令〕

（施行期日）

第1条　この府令は、公布の日から施行する。

（連結財務諸表の用語、様式及び作成方法に関する規則の一部改正に伴う経過措置）

第3条　第2条の規定による改正後の連結財務諸表の用語、様式及び作成方法に関する規則は、平成29年5月31日以後に終了する連結会計年度に係る連結財務諸表について適用し、同日前に終了する連結会計年度に係るものについては、なお従前の例による。

附　則　〔平成30年3月23日内閣府令第7号
財務諸表等の用語、様式及び作成方法に関する規則等の一部を改正する内閣府令〕

（施行期日）

第1条　この府令は、公布の日から施行する。

（連結財務諸表の用語、様式及び作成方法に関する規則の一部改正に伴う経過措置）

第3条　第2条の規定による改正後の連結財務諸表の用語、様式及び作成方法に関する規則（以下この条において「新連結財務諸表規則」という。）の規定は、平成30年4月1日以後に開始する連結会計年度に係る連結財務諸表について適用し、同日前に開始する連結会計年度に係る連結財務諸表については、なお従前の例による。ただし、平成30年3月31日以後最初に終了する連結会計年度に係る連結財務諸表については、新連結財務諸表規則の規定を適用することができる。

2　前項の規定により連結財務諸表に初めて新連結財務諸表規則の規定を適用する場合における連結財務諸表に含まれる比較情報（新連結財務諸表規則第8条の3に規定する比較情報をいい、新連結財務諸表規則第15条の5第2項第2号及び同条第3項に係るものに限る。）については、前項の規定にかかわらず、第2条の規定による改正前の連結財務諸表の用語、様式及び作成方法に関する規則の規定を適用して作成することができる。

　　　附　則（平成30年6月8日内閣府令第29号 財務諸表等の用語、様式及び作成方法に関する規則等の一部を改正する内閣府令）

（施行期日）

第1条　この府令は、公布の日から施行する。

（連結財務諸表の用語、様式及び作成方法に関する規則の一部改正に伴う経過措置）

第3条　第2条の規定による改正後の連結財務諸表の用語、様式及び作成方法に関する規則（以下この条において「新連結財務諸表規則」という。）の規定は、令和3年4月1日以後に開始する連結会計年度に係る連結財務諸表について適用し、同日前に開始する連結会計年度に係る連結財務諸表については、なお従前の例による。ただし、平成30年4月1日以後に開始する連結会計年度に係る連結財務諸表又は平成30年12月31日以後に終了する連結会計年度に係る連結財務諸表については、新連結財務諸表規則の規定を適用することができる。

　　　附　則（平成31年4月26日内閣府令第27号 財務諸表等の用語、様式及び作成方法に関する規則及び連結財務諸表の用語、様式及び作成方法に関する規則の一部を改正する内閣府令）

（施行期日）

第1条　この府令は、公布の日から施行する。

（連結財務諸表の用語、様式及び作成方法に関する規則の一部改正に伴う経過措置）

第3条　第2条の規定による改正後の連結財務諸表の用語、様式及び作成方法に関する規則（以下この条において「新連結財務諸表規則」という。）第15条の12の規定は、平成31年4月1日以後に開始する連結会計年度において行われる企業結合（新連結財務諸表規則第2条第23号に規定する企業結合をいう。以下この条において同じ。）について適用し、同日以後に開始する最初の連結会計年度の開始の日の前日までに行われる企業結合については、なお従前の例による。

　　　附　則（令和元年5月7日内閣府令第2号 無尽業法施行細則等の一部を改正する内閣府令）

この府令は、公布の日から施行する。

　　　附　則（令和元年6月21日内閣府令第13号 企業内容等の開示に関する内閣府令等の一部を改正する内閣府令）

（施行期日）

第1条　この府令は、公布の日から施行する。（以下略）

　　　附　則（令和2年3月6日内閣府令第9号 財務諸表等の用語、様式及び作成方法に関する規則等の一部を改正する内閣府令）

（施行期日）

第1条　この府令は、公布の日から施行する。

（連結財務諸表の用語、様式及び作成方法に関する規則の一部改正に伴う経過措置）

第5条　第4条の規定による改正後の連結財務諸表の用語、様式及び作成方法に関する規則（以下「新連結財務諸表規則」という。）の規定は、令和3年4月1日以後に開始する連結会計年度

に係る連結財務諸表について適用し、同日前に開始する連結会計年度に係る連結財務諸表については、なお従前の例による。ただし、令和2年3月31日以後に終了する連結会計年度に係る連結財務諸表又は同年4月1日以後に開始する連結会計年度に係る連結財務諸表については、新連結財務諸表規則の規定を適用することができる。

2　前項の規定により連結財務諸表に初めて新連結財務諸表規則の規定を適用する場合には、当該連結財務諸表に含まれる比較情報（新連結財務諸表規則第8条の3に規定する比較情報をいい、新連結財務諸表規則第15条の5の2第1項第3号及び第15条の27に係るものに限る。）について記載することを要しない。

3　第1項ただし書の規定により令和2年3月31日以後に終了する連結会計年度に係る連結財務諸表に初めて新連結財務諸表規則の規定を適用する場合には、新連結財務諸表規則第15条の5の2第1項第3号ニ(2)に掲げる事項の記載を省略することができる。この場合には、翌連結会計年度の連結財務諸表に含まれる比較情報（新連結財務諸表規則第8条の3に規定する比較情報をいい、新連結財務諸表規則第15条の5の2第1項第3号ニ(2)に係るものに限る。）について記載することを要しない。

4　第1項の規定により連結財務諸表に初めて新連結財務諸表規則の規定を適用する場合であって、金融商品又は市場価格の変動により利益を得る目的をもって所有する棚卸資産の時価の算定方法を変更した場合（新連結財務諸表規則第2条第39号に規定する会計方針の変更として同条第43号に規定する遡及適用を行っていない場合に限る。）には、新連結財務諸表規則第14条の2において準用する新財務諸表等規則第8条の3、新連結財務諸表規則第14条の6において準用する新財務諸表等規則第8条の3の5又は新連結財務諸表規則第14条の7において準用する新財務諸表等規則第8条の3の6に規定する事項に代えて、当該変更の内容を注記しなければならない。

5　連結貸借対照表に持分相当額を純額で計上する組合その他これに準ずる事業体（外国におけるこれらに相当するものを含む。）への出資については、第1項の規定にかかわらず、令和4年4月1日前に開始する連結会計年度に係る連結財務諸表について、新連結財務諸表規則第15条の5の2第1項第2号に掲げる事項の記載を省略することができる。この場合には、その旨及び当該出資の連結貸借対照表計上額を注記しなければならない。

6　投資信託等については、第1項の規定にかかわらず、令和4年4月1日前に開始する連結会計年度に係る連結財務諸表について、新連結財務諸表規則第15条の5の2第1項第3号に掲げる事項の記載を省略することができる。この場合には、その旨及び当該投資信託等の連結貸借対照表計上額を注記しなければならない。

7　投資信託等について、連結財務諸表に初めて新連結財務諸表規則第15条の5の2第1項第3号に掲げる事項を記載する場合には、当該連結財務諸表に含まれる比較情報（新連結財務諸表規則第8条の3に規定する比較情報をいい、同号（投資信託等に係るものに限る。）に係るものに限る。）について記載することを要しない。

8　投資信託等について、令和4年4月1日前に開始する連結会計年度に係る連結財務諸表に初めて新連結財務諸表規則第15条の5の2第1項第3号に掲げる事項を記載する場合（投資信託等について、一般に公正妥当と認められる企業会計の基準に従い、時価の算定に係る会計処理を連結会計年度末に係る連結財務諸表から適用する場合に限る。）には、同号ニ(2)に掲げる事項の記載を省略することができる。この場合には、翌連結会計年度の連結財務諸表に含まれる比較情報（新連結財務諸表規則第8条の3に規定する比較情報をいい、同号ニ(2)（投資信託等に係るものに限る。）に係るものに限る。）について記載することを要しない。

附　則　（令和2年6月12日内閣府令第46号　財務諸表等の用語、様式及び作成方法に関する規則等の一部を改正する内閣府令）

金商法

（施行期日）

第1条　この府令は、公布の日から施行する。

（財務諸表等の用語、様式及び作成方法に関する
　規則等の一部改正に伴う経過措置）

第2条　第1条の規定による改正後の財務諸表等
の用語、様式及び作成方法に関する規則（以下
「新財務諸表等規則」という。）第8条第69項、
第8条の2、第8条の2の2、第8条の3の3、
第8条の8及び第9条の規定、第2条の規定に
よる改正後の中間財務諸表等の用語、様式及び
作成方法に関する規則（以下「新中間財務諸表
等規則」という。）第4条及び第5条の5の規定、
第3条の規定による改正後の四半期財務諸表等
の用語、様式及び作成方法に関する規則（以下
「新四半期財務諸表等規則」という。）第10条の
規定、第4条の規定による改正後の連結財務諸
表の用語、様式及び作成方法に関する規則（以
下「新連結財務諸表規則」という。）第13条第
5項、第13条の2、第14条の4、第15条の7、
第16条及び第43条の2の規定、第5条の規定に
よる改正後の中間連結財務諸表の用語、様式及
び作成方法に関する規則（以下「新中間連結財
務諸表規則」という。）第10条第5項及び第17
条の規定並びに第6条の規定による改正後の四
半期連結財務諸表の用語、様式及び作成方法に
関する規則（以下「新四半期連結財務諸表規則」
という。）第17条の規定は、令和3年3月31日
以後終了する事業年度及び連結会計年度（以下
「事業年度等」という。）に係る財務諸表及び連
結財務諸表（以下「財務諸表等」という。）、同
日以後終了する中間会計期間及び中間連結会計
期間（以下「中間会計期間等」という。）に係
る中間財務諸表及び中間連結財務諸表（以下「中
間財務諸表等」という。）並びに同日以後終了
する事業年度等に属する四半期累計期間及び四
半期会計期間並びに四半期連結累計期間及び四
半期連結会計期間（以下「四半期累計期間等」
という。）に係る四半期財務諸表及び四半期連
結財務諸表（以下「四半期財務諸表等」という。）
について適用し、同日前に終了する事業年度等、
中間会計期間等及び四半期累計期間等に係るも

のについては、なお従前の例による。ただし、
直近の事業年度等が令和2年3月31日以後終了
する事業年度等に係る財務諸表等、直近の中間
会計期間等が同日以後終了する中間会計期間等
に係る中間財務諸表等及び直近の四半期累計期
間等が同日以後終了する四半期累計期間等に係
る四半期財務諸表等については、これらの規定
を適用することができる。

2　（略）

3　第1項の規定により連結財務諸表に初めて新
連結財務諸表規則の規定を適用する場合には、
当該連結財務諸表に含まれる比較情報（新連結
財務諸表規則第8条の3に規定する比較情報を
いい、新連結財務諸表規則第13条の2に係るも
のに限る。）について記載することを要しない。

第3条　新財務諸表等規則第8条の32、第15条、
第17条、第39条、第47条、第49条、第54条の4、
第72条及び第93条の規定並びに様式第五号及び
様式第五号の二、新中間財務諸表等規則第5条
の23、第13条及び第31条の3の規定並びに様式
第四号、新四半期財務諸表等規則第22条の4及
び第30条の規定並びに様式第二号、新連結財務
諸表規則第15条の26、第23条、第37条、第40条
及び第51条の規定並びに様式第四号、新中間連
結財務諸表規則第17条の18、第25条及び第43条
の規定並びに様式第四号並びに新四半期連結財
務諸表規則第27条の3及び第35条の規定並びに
様式第二号は、令和3年4月1日以後開始する
事業年度等に係る財務諸表等、同日以後開始す
る中間会計期間等に係る中間財務諸表等及び同
日以後開始する四半期累計期間等に係る四半期
財務諸表等について適用し、同日前に開始する
事業年度等、中間会計期間等及び四半期累計期
間等に係るものについては、なお従前の例によ
る。ただし、令和2年4月1日以後開始する事
業年度等に係る財務諸表等、同日以後開始する
中間会計期間等に係る中間財務諸表等及び同日
以後開始する四半期累計期間等に係る四半期財
務諸表等については、これらの規定を適用する
ことができる。

2〜6　（略）

7　第1項の規定により連結財務諸表に初めて新連結財務諸表規則の規定を適用する場合における当該連結財務諸表に含まれる比較情報（新連結財務諸表規則第8条の3に規定する比較情報をいう。以下この項及び次項において同じ。）については、第1項の規定にかかわらず、第4条の規定による改正前の連結財務諸表の用語、様式及び作成方法に関する規則の規定を適用して作成することができる。この場合において、当該連結財務諸表に含まれる比較情報（新連結財務諸表規則第15条の26において準用する新財務諸表等規則第8条の32、第23条第5項、第37条第6項、第51条第2項に係るものに限る。）について記載することを要しない。

8　施行日前に平成30年改正府令第2条の規定による改正後の連結財務諸表の用語、様式及び作成方法に関する規則（第10項において「平成30年改正連結財務諸表規則」をいう。）を適用する場合であって、第1項の規定により新連結財務諸表規則第2条第40号に規定する表示方法の変更として連結財務諸表に初めて新連結財務諸表規則の規定を適用するときに含まれる比較情報については、同項の規定にかかわらず、第4条の規定による改正前の連結財務諸表の用語、様式及び作成方法に関する規則の規定を適用して作成することができる。この場合には、新連結財務諸表規則第14条の5において準用する新財務諸表等規則第8条の3の4第1項第3号に規定する事項について記載することを要しない。

9～11　（略）

附　則 （令和3年2月3日内閣府第5号　無尽業法施行細則等の一部を改正する内閣府令）

（施行期日）

第1条　この府令は、会社法の一部を改正する法律の施行の日（令和3年3月1日）から施行する。

（財務諸表等の用語、様式及び作成方法に関する規則等の一部改正に伴う経過措置）

第2条　（前略）第5条の規定による改正後の連結財務諸表の用語、様式及び作成方法に関する規則第2条第21号、第42条、第43条の2の2、第71条第1項、第74条の2、様式第四号及び様式第六号の規定（中略）は、この府令の施行の日（以下「施行日」という。）以後終了する事業年度及び連結会計年度（以下この条において「事業年度等」という。）に係る財務諸表及び連結財務諸表、同日以後終了する中間会計期間及び中間連結会計期間（以下この条において「中間会計期間等」という。）に係る中間財務諸表及び中間連結財務諸表並びに同日以後終了する事業年度等に属する四半期累計期間及び四半期会計期間並びに四半期連結累計期間及び四半期連結会計期間（以下この条において「四半期累計期間等」という。）に係る四半期財務諸表及び四半期連結財務諸表について適用し、同日前に終了する事業年度等、中間会計期間等及び四半期累計期間等に係るものについては、なお従前の例による。

附　則 （令和3年9月24日内閣府令第61号　財務諸表等の用語、様式及び作成方法に関する規則等の一部を改正する内閣府令）

（施行期日）

第1条　この府令は、公布の日から施行する。

（連結財務諸表の用語、様式及び作成方法に関する規則の一部改正に伴う経過措置）

第3条　第2条の規定による改正後の連結財務諸表の用語、様式及び作成方法に関する規則（以下「新連結財務諸表規則」という。）の規定は、令和4年4月1日以後に開始する連結会計年度に係る連結財務諸表について適用し、同日前に開始する連結会計年度に係る連結財務諸表については、なお従前の例による。ただし、令和3年4月1日以後に開始する連結会計年度に係る連結財務諸表については、新連結財務諸表規則の規定を適用することができる。

2　前項の規定により連結財務諸表に初めて新連結財務諸表規則の規定を適用する場合には、当該連結財務諸表に含まれる比較情報（新連結財務諸表規則第8条の3に規定する比較情報をいい、新連結財務諸表規則第15条の5の2第3項から第5項までに係るものに限る。）について

金商法

記載することを要しない。

3　第1項ただし書の規定により連結財務諸表に初めて新連結財務諸表規則の規定を適用する場合（投資信託等について、一般に公正妥当と認められる企業会計の基準に従い、時価の算定に係る会計処理を連結会計年度末に係る連結財務諸表から適用する場合に限る。）には、新連結財務諸表規則第15条の5の2第5項第3号に掲げる事項の記載を省略することができる。この場合には、翌連結会計年度の連結財務諸表に含まれる比較情報（新連結財務諸表規則第8条の3に規定する比較情報をいい、同号に係るもの

に限る。）について記載することを要しない。

4　第1項の規定により連結財務諸表に初めて新連結財務諸表規則の規定を適用する場合であって、金融商品の時価の算定方法を変更した場合には、新連結財務諸表規則第14条の2において準用する新財務諸表等規則第8条の3、新連結財務諸表規則第14条の6において準用する新財務諸表等規則第8条の3の5又は新連結財務諸表規則第14条の7において準用する新財務諸表等規則第8条の3の6に規定する事項に代えて、当該変更の内容を注記しなければならない。

様式第一号

【セグメント情報】

I　前連結会計年度（自　　　年　月　日　至　　　年　月　日）

　1．報告セグメントの概要

　2．報告セグメントごとの売上高、利益又は損失、資産、負債その他の項目の金額の算定方法

　3．報告セグメントごとの売上高、利益又は損失、資産、負債その他の項目の金額に関する情報

（単位：　円）

	………	………	………	………	その他	合　計
売上高						
外部顧客への売上高	×××	×××	×××	×××	×××	×××
セグメント間の内部売上高又は振替高	×××	×××	×××	×××	×××	×××
計	×××	×××	×××	×××	×××	×××
セグメント利益又は損失（△）	×××	×××	×××	×××	×××	×××
セグメント資産	×××	×××	×××	×××	×××	×××
セグメント負債	×××	×××	×××	×××	×××	×××
その他の項目						
減価償却費	×××	×××	×××	×××	×××	×××
のれんの償却額	×××	×××	×××	×××	×××	×××
受取利息	×××	×××	×××	×××	×××	×××
支払利息	×××	×××	×××	×××	×××	×××
持分法投資利益又は損失（△）	×××	×××	×××	×××	×××	×××
特別利益	×××	×××	×××	×××	×××	×××
（負ののれん発生益）	×××	×××	×××	×××	×××	×××
特別損失	×××	×××	×××	×××	×××	×××

	…………	…………	…………	…………		
（減損損失）	×××	×××	×××	×××	×××	×××
税金費用	×××	×××	×××	×××	×××	×××
持分法適用会社への投資額	×××	×××	×××	×××	×××	×××
有形固定資産及び無形固定資産の増加額	×××	×××	×××	×××	×××	×××
………	×××	×××	×××	×××	×××	×××

　４．報告セグメント合計額と連結財務諸表計上額との差額及び当該差額の主な内容（差異調整に関する事項）

Ⅱ　当連結会計年度（自　　年　月　日　至　　　年　月　日）

　１．報告セグメントの概要

　２．報告セグメントごとの売上高、利益又は損失、資産、負債その他の項目の金額の算定方法

　３．報告セグメントごとの売上高、利益又は損失、資産、負債その他の項目の金額に関する情報

（単位：　円）

	………	………	………	………	その他	合　計
売上高						
外部顧客への売上高	×××	×××	×××	×××	×××	×××
セグメント間の内部売上高又は振替高	×××	×××	×××	×××	×××	×××
計	×××	×××	×××	×××	×××	×××
セグメント利益又は損失（△）	×××	×××	×××	×××	×××	×××
セグメント資産	×××	×××	×××	×××	×××	×××
セグメント負債	×××	×××	×××	×××	×××	×××
その他の項目						
減価償却費	×××	×××	×××	×××	×××	×××
のれんの償却額	×××	×××	×××	×××	×××	×××
受取利息	×××	×××	×××	×××	×××	×××
支払利息	×××	×××	×××	×××	×××	×××
持分法投資利益又は損失（△）	×××	×××	×××	×××	×××	×××
特別利益	×××	×××	×××	×××	×××	×××
（負ののれん発生益）	×××	×××	×××	×××	×××	×××
特別損失	×××	×××	×××	×××	×××	×××
（減損損失）	×××	×××	×××	×××	×××	×××
税金費用	×××	×××	×××	×××		×××
持分法適用会社への投資額	×××	×××	×××	×××	×××	×××
有形固定資産及び無形固定資産の増加額	×××	×××	×××	×××	×××	×××
………	×××	×××	×××	×××	×××	×××

　４．報告セグメント合計額と連結財務諸表計上額との差額及び当該差額の主な内容（差異調整に関する事項）

（記載上の注意）

1．この様式において「事業セグメント」とは、企業を構成する単位（以下この様式において「セグメント」という。）のうち、次に掲げる要件のすべてに該当するものをいう。

　(1)　収益及び費用（他のセグメントとの取引に関連する収益及び費用を含む。）を生じる事業活動に係るものであること。

　(2)　最高経営意思決定機関（各セグメントに資源を配分し、業績を評価する機能を有する機関をいう。以下この様式において同じ。）が、各セグメントに配分すべき資源に関する意思決定を行い、かつ、業績を評価するために、経営成績を定期的に検討するものであること。

　(3)　他のセグメントの財務情報と区分した財務情報が入手可能なものであること。

2．2以上の事業セグメントが次に掲げる要件のすべてに該当する場合には、当該事業セグメントを集約して一つの事業セグメントとすることができる。

　(1)　当該事業セグメントを1つの事業セグメントとすることが、過去の業績を理解し、将来のキャッシュ・フローの予測を適切に評価するために、事業活動の内容及び経営環境に関して適切な情報を提供するものとなること。

　(2)　当該事業セグメントについて、経済的特徴が概ね類似していること。

　(3)　当該事業セグメントについて、次に掲げるすべての要素が概ね類似していること。

　　①　製品及びサービスの内容

　　②　製品の製造方法又は製造過程及びサービスの提供方法

　　③　製品及びサービスを販売する市場又は顧客の種類

　　④　製品及びサービスの販売方法

　　⑤　業種に特有の規制環境

3．この様式において記載すべき「報告セグメント」の一定の単位は、事業セグメントのうち、次に掲げる基準のいずれかに該当するもの（2以上の基準に該当するものを含む。）とする。ただし、次に掲げる基準のいずれにも該当しない事業セグメントであっても、報告セグメントとすることができる。

　(1)　売上高（事業セグメント間の内部売上高又は振替高を含む。）が、すべての事業セグメントの売上高の合計額の10％以上であること。

　(2)　利益又は損失の金額の絶対値が、次の絶対値のいずれか大きい方の10％以上であること。

　　①　利益の生じているすべての事業セグメントの利益の合計額の絶対値

　　②　損失の生じているすべての事業セグメントの損失の合計額の絶対値

　(3)　資産の金額が、すべての事業セグメントの資産の合計額の10％以上であること。

4．3．に掲げる基準のいずれにも該当しない事業セグメントのうち、その経済的特徴及び2．(3)①から⑤までに掲げる要素の過半数について概ね類似している2以上の事業セグメントがあるときは、これらの事業セグメントを結合して1つの報告セグメントとすることができる。

5．3．及び4．によるもののほか、報告セグメントの売上高（事業セグメント間の内部売上高及び振替高を除く。）の合計額が、連結損益計算書の売上高の75％未満の金額となる場合には、3．に掲げる基準のいずれにも該当しない事業セグメントのうち、当該事業セグメントを報告セグメントとしたときの報告セグメントの売上高の合計額が、連結損益計算書の売上高の75％以上の金額に至るまでのものを報告セグメントとする。

6．「1．報告セグメントの概要」には、次に掲げる事項を記載すること。

　(1)　事業セグメントを識別するために用いた方法（製品・サービス別、地域別、規制環境別又はこれらの組合せその他の事業セグメントの基礎となる要素の別）

　(2)　2．により、2以上の事業セグメントを集約して1つの事業セグメントとしている場合には、その旨

　(3)　各報告セグメントに属する製品及びサービスの種類

7．「1．報告セグメントの概要」に関して、次の(1)又は(2)に掲げる場合に該当するときは、それぞれに定める内容を追加して記載すること。ただし、(2)により記載すべき情報のうち、一部の項目について記載することが困難な場合には、その旨及びその理由を記載することにより、当該項目に係る記載を省略することができる。また、(2)により記載すべき情報を記載することが困難な場合には、当該情報に代えて、その

旨及びその理由を記載することができる。
- (1) 3．に掲げる基準に基づき、報告セグメントとして記載する事業セグメントが変更になる場合　その旨及び前連結会計年度のセグメント情報を当連結会計年度の報告セグメントの区分により作成した情報（当該情報を記載することが実務上困難な場合には、セグメント情報に与える影響）
- (2) 組織構造の変更その他の事由により、報告セグメントの区分方法を変更した場合　その旨及び前連結会計年度のセグメント情報を当連結会計年度の区分方法により作成した情報（当該情報を作成することが実務上困難な場合には、当連結会計年度のセグメント情報を前連結会計年度の区分方法により作成した情報）

8．「2．報告セグメントごとの売上高、利益又は損失、資産、負債その他の項目の金額の算定方法」には、次の(1)から(7)までに掲げる場合の区分に応じ、それぞれの場合に定める事項を記載すること。
- (1) 報告セグメント間の取引がある場合　当該取引における取引価格及び振替価格の決定方法その他の当該取引の会計処理の基礎となる事項
- (2) 報告セグメントの利益又は損失の合計額と連結損益計算書の利益計上額又は損失計上額（連結損益計算書の営業利益若しくは営業損失、経常利益若しくは経常損失、税金等調整前当期純利益若しくは税金等調整前当期純損失、当期純利益若しくは当期純損失又は親会社株主に帰属する当期純利益若しくは親会社株主に帰属する当期純損失のうち、適当と判断される科目の金額をいう。10．(2)において同じ。）との間に差異があり、「4．報告セグメント合計額と連結財務諸表計上額との差額及び当該差額の主な内容（差異調整に関する事項）」の記載から差異の内容が明らかでない場合　差異の内容に関する事項
- (3) 報告セグメントの資産の合計額と連結貸借対照表の資産計上額との間に差異があり、「4．報告セグメント合計額と連結財務諸表計上額との差額及び当該差額の主な内容（差異調整に関する事項）」の記載から差異の内容が明らかでない場合　差異の内容に関する事項
- (4) 報告セグメントの負債の合計額と連結貸借対照表の負債計上額との間に差異があり、「4．報告セグメント合計額と連結財務諸表計上額との差額及び当該差額の主な内容（差異調整に関する事項）」の記載から差異の内容が明らかでない場合　差異の内容に関する事項
- (5) 事業セグメントの利益又は損失の算定方法を前連結会計年度に採用した方法から変更した場合　その旨、変更の理由及び当該変更がセグメント情報に与える影響
- (6) 事業セグメントに対する特定の資産又は負債の配分基準と関連する収益又は費用の配分基準が異なる場合　その内容
- (7) その他参考となるべき事項がある場合　その内容

9．「3．報告セグメントごとの売上高、利益又は損失、資産、負債その他の項目の金額に関する情報」には、最高経営意思決定機関が各セグメントに配分すべき資源に関する意思決定を行い、かつ、業績を評価するために、最高経営意思決定機関に提供される金額に基づき、次に掲げる金額を記載すること。
- (1) 報告セグメントごとの利益又は損失及び資産の金額
- (2) 報告セグメントごとの負債の金額（負債に関する情報が最高経営意思決定機関に対して定期的に提供され、かつ、使用されている場合に限る。）
- (3) 報告セグメントの利益又は損失に関する金額のうち、次に掲げる項目の金額（報告セグメントの利益若しくは損失の金額の算定に次に掲げる項目が含まれている場合又は当該項目に係る事業セグメント別の情報が最高経営意思決定機関に対して定期的に提供され、かつ、使用されている場合に限る。）
  - ① 外部顧客への売上高
  - ② 事業セグメント間の内部売上高又は振替高
  - ③ 減価償却費（のれんを除く無形固定資産に係る償却費を含む。）
  - ④ のれんの償却額
  - ⑤ 受取利息
  - ⑥ 支払利息
  - ⑦ 持分法投資利益
  - ⑧ 持分法投資損失
  - ⑨ 特別利益（主な内訳を含む。）

⑩　特別損失（主な内訳を含む。）

⑪　税金費用（法人税等及び法人税等調整額）

⑫　①から⑪までの項目に含まれていない重要な非資金損益項目（連結損益計算書における利益又は損失の計算に影響を及ぼすもののうち、キャッシュ・フローを伴わない項目をいう。）

(4) 報告セグメントの資産に関する金額のうち、次に掲げる項目の金額（報告セグメントの資産の金額の算定に次に掲げる項目が含まれている場合又は当該項目に係る事業セグメント別の情報が最高経営意思決定機関に対して定期的に提供され、かつ、使用されている場合に限る。）

①　当連結会計年度末における持分法適用会社への投資額

②　当連結会計年度における有形固定資産及び無形固定資産の増加額

10.「４．報告セグメント合計額と連結財務諸表計上額との差額及び当該差額の主な内容（差異調整に関する事項）」には、次に掲げる項目に差異がある場合において、差異調整に関する事項を記載すること。また、重要な調整事項がある場合には、当該事項を個別に記載すること。ただし、これらの差異調整に関する事項については、「３．報告セグメントごとの売上高、利益又は損失、資産、負債その他の項目の金額に関する情報」に係る注記事項と併せて記載することができる。この場合には、当欄の記載を要しない。

(1) 報告セグメントの売上高の合計額と連結損益計算書の売上高計上額

(2) 報告セグメントの利益又は損失の合計額と連結損益計算書の利益計上額又は損失計上額

(3) 報告セグメントの資産の合計額と連結貸借対照表の資産計上額

(4) 報告セグメントの負債の合計額と連結貸借対照表の負債計上額

(5) 報告セグメントのその他の項目（(1)から(4)までに掲げる項目を除く。）の合計額と当該項目に相当する科目の連結財務諸表計上額

11. 10. において、報告セグメントに含まれない事業セグメント及びその他の収益を得る事業活動に関する情報については、他の調整項目と区分して「その他」の区分に一括して記載すること。

12. 連結会社が営む事業のうちに別記事業がある場合その他この様式によりがたい場合には、当該様式に準じて記載することができる。

様式第二号

【関連情報】

Ⅰ　前連結会計年度（自　　　年　月　日　至　　　年　月　日）

１．製品及びサービスごとの情報

（単位：　円）

	………	………	………	合　計
外部顧客への売上高	×××	×××	×××	×××

２．地域ごとの情報

(1) 売上高

（単位：　　円）

日　本	………	………	………	………	合　計
×××	×××	×××	×××	×××	×××

(2) 有形固定資産

（単位：　　円）

日　本	………	………	………	………	合　計
×××	×××	×××	×××	×××	×××

３．主要な顧客ごとの情報

（単位：　円）

顧客の名称又は氏名	売上高	関連するセグメント名
………	×××	………

Ⅱ　当連結会計年度（自　　　年　月　日　至　　　年　月　日）

１．製品及びサービスごとの情報

（単位：　円）

	………	………	………	合　計
外部顧客への売上高	×××	×××	×××	×××

２．地域ごとの情報

(1)　売上高

（単位：　円）

日　本	………				合　計
×××	×××	×××	×××	×××	×××

(2)　有形固定資産

（単位：　円）

日　本	………				合　計
×××	×××	×××	×××	×××	×××

３．主要な顧客ごとの情報

（単位：　円）

顧客の名称又は氏名	売上高	関連するセグメント名
………	×××	………

（記載上の注意）

1．連結財務諸表作成のために採用している会計処理基準に基づく金額により記載すること。

2．「１．製品及びサービスごとの情報」には、個別の製品・サービス、製品・サービスの種類、製品・サービスの性質、製品の製造方法、製品の販売市場その他の類似性に基づいて区分した顧客への売上高（セグメント間の内部売上高及び振替高を除く。以下この様式において「外部顧客への売上高」という。）のうち、連結損益計算書の売上高の10％以上を占めるものについて記載すること。ただし、当該事項を記載することが困難である場合には、当該事項に代えて、その旨及びその理由を記載することができる。

　　また、単一の製品・サービスの区分の外部顧客への売上高が連結損益計算書の売上高の90％を超える場合には、その旨を記載することにより当欄の記載を省略することができる。

3．「２．地域ごとの情報」には、次の(1)及び(2)に掲げる事項を記載すること。ただし、当該事項を記載することが困難である場合には、当該事項に代えて、その旨及びその理由を記載することができる。

(1)　外部顧客への売上高を本邦（外国為替及び外国貿易法（昭和24年法律第228号）第６条第１項第１号に規定する本邦をいう。以下この様式において同じ。）又は本邦以外に区分した金額（本邦以外の外部顧客への売上高のうち、一国に係る金額であつて、連結損益計算書の売上高の10％以上を占めるものがある場合には、当該国に区分した金額）及び当該区分の基準

(2)　有形固定資産の金額を有形固定資産の所在地によつて本邦又は本邦以外に区分した金額（本邦以外の有形固定資産の金額のうち、一国に所在している有形固定資産の金額であつて、連結貸借対照表の有形固定資産の金額の10％以上を占めるものがある場合には、当該国に区分した金額）

1379

4．「2．地域ごとの情報」には、3．に定める国に区分した金額のほか、特定の地域に属する複数の国に係る金額を合計した金額を記載することができる。

5．3．にかかわらず、本邦の外部顧客への売上高に区分した金額が連結損益計算書の売上高の90％を超える場合又は本邦に所在している有形固定資産の金額が連結貸借対照表の有形固定資産の金額の90％を超える場合には、その旨を記載することにより3．(1)又は(2)に掲げる事項の記載を省略することができる。

6．「3．主要な顧客ごとの情報」には、外部顧客への売上高のうち、特定の顧客への売上高（同一の企業集団に属する顧客への売上高を集約している場合には、その売上高）であつて、連結損益計算書の売上高の10％以上を占めるものがある場合には、当該顧客の名称又は氏名、当該顧客への売上高及び当該顧客との取引に関連する主な報告セグメントの名称を記載しなければならない。

7．連結会社が営む事業のうちに別記事業がある場合その他この様式によりがたい場合には、当該様式に準じて記載することができる。

様式第三号

【報告セグメントごとの固定資産の減損損失に関する情報】

前連結会計年度（自　　　年　月　日　至　　　年　月　日）

（単位：　円）

	....	....	....	....	....	合　計
減損損失	×××	×××	×××	×××	×××	×××

当連結会計年度（自　　　年　月　日　至　　　年　月　日）

（単位：　円）

	....	....	....	....	....	合　計
減損損失	×××	×××	×××	×××	×××	×××

【報告セグメントごとののれんの償却額及び未償却残高に関する情報】

前連結会計年度（自　　　年　月　日　至　　　年　月　日）

（単位：　円）

	....	....	....	....	....	合　計
当期償却額	×××	×××	×××	×××	×××	×××
当期末残高	×××	×××	×××	×××	×××	×××

当連結会計年度（自　　　年　月　日　至　　　年　月　日）

（単位：　円）

	....	....	....	....	....	合　計
当期償却額	×××	×××	×××	×××	×××	×××
当期末残高	×××	×××	×××	×××	×××	×××

【報告セグメントごとの負ののれん発生益に関する情報】

（記載上の注意）

1．連結財務諸表作成のために採用している会計処理基準に基づく金額により記載すること。

2．「報告セグメントごとの固定資産の減損損失に関する情報」には、報告セグメントごとに固定資産の減損損失の金額を記載すること。この場合において、報告セグメントに配分されていない減損損失の金額がある場合には、当該金額及びその内容を記載すること。

3．「報告セグメントごとののれんの償却額及び未償却残高に関する情報」には、報告セグメントごとにのれんの償却額及び未償却残高を記載すること。この場合において、報告セグメントに配分されていないのれんの償却額又は未償却残高がある場合には、当該償却額、未償却残高及びその内容を記載すること。

4．「報告セグメントごとの負ののれん発生益に関する情報」には、重要な負ののれん発生益を認識した場合において、当該負ののれん発生益を認識する要因となった事象の概要を報告セグメントごとに記載すること。

5．連結会社が営む事業のうちに別記事業がある場合その他この様式によりがたい場合には、当該様式に準じて記載することができる。

様式第四号

【連結貸借対照表】

（単位：　　　円）

	前連結会計年度 （　　　年　月　日）	当連結会計年度 （　　　年　月　日）
資産の部		
流動資産		
現金及び預金	×××	×××
受取手形	×××	×××
貸倒引当金	△×××	△×××
受取手形（純額）	×××	×××
売掛金	×××	×××
貸倒引当金	△×××	△×××
売掛金（純額）	×××	×××
契約資産	×××	×××
貸倒引当金	△×××	△×××
契約資産（純額）	×××	×××
リース債権及びリース投資資産	×××	×××
貸倒引当金	△×××	△×××
リース債権及びリース投資資産(純額)	×××	×××
有価証券	×××	×××
商品及び製品	×××	×××
仕掛品	×××	×××
原材料及び貯蔵品	×××	×××
その他	×××	×××
流動資産合計	×××	×××
固定資産		
有形固定資産		
建物及び構築物	×××	×××
減価償却累計額	△×××	△×××
建物及び構築物（純額）	×××	×××

金商法

機械装置及び運搬具	× × ×	× × ×
減価償却累計額	△× × ×	△× × ×
機械装置及び運搬具（純額）	× × ×	× × ×
土地	× × ×	× × ×
リース資産	× × ×	× × ×
減価償却累計額	△× × ×	△× × ×
リース資産（純額）	× × ×	× × ×
建設仮勘定	× × ×	× × ×
その他	× × ×	× × ×
減価償却累計額	△× × ×	△× × ×
その他（純額）	× × ×	× × ×
有形固定資産合計	× × ×	× × ×
無形固定資産		
のれん	× × ×	× × ×
リース資産	× × ×	× × ×
公共施設等運営権	× × ×	× × ×
その他	× × ×	× × ×
無形固定資産合計	× × ×	× × ×
投資その他の資産		
投資有価証券	× × ×	× × ×
長期貸付金	× × ×	× × ×
貸倒引当金	△× × ×	△× × ×
長期貸付金（純額）	× × ×	× × ×
退職給付に係る資産	× × ×	× × ×
繰延税金資産	× × ×	× × ×
その他	× × ×	× × ×
投資その他の資産合計	× × ×	× × ×
固定資産合計	× × ×	× × ×
繰延資産		
創立費	× × ×	× × ×
開業費	× × ×	× × ×
株式交付費	× × ×	× × ×
社債発行費	× × ×	× × ×
開発費	× × ×	× × ×
繰延資産合計	× × ×	× × ×
資産合計	× × ×	× × ×
負債の部		
流動負債		
支払手形及び買掛金	× × ×	× × ×

金
商
法

短期借入金	×××	×××
リース債務	×××	×××
未払法人税等	×××	×××
契約負債	×××	×××
××引当金	×××	×××
資産除去債務	×××	×××
公共施設等運営権に係る負債	×××	×××
その他	×××	×××
流動負債合計	×××	×××
固定負債		
社債	×××	×××
長期借入金	×××	×××
リース債務	×××	×××
繰延税金負債	×××	×××
××引当金	×××	×××
退職給付に係る負債	×××	×××
資産除去債務	×××	×××
公共施設等運営権に係る負債	×××	×××
その他	×××	×××
固定負債合計	×××	×××
負債合計	×××	×××
純資産の部		
株主資本		
資本金	×××	×××
資本剰余金	×××	×××
利益剰余金	×××	×××
自己株式	△×××	△×××
株主資本合計	×××	×××
その他の包括利益累計額		
その他有価証券評価差額金	×××	×××
繰延ヘッジ損益	×××	×××
土地再評価差額金	×××	×××
為替換算調整勘定	×××	×××
退職給付に係る調整累計額	×××	×××
………………	×××	×××
その他の包括利益累計額合計	×××	×××
株式引受権	×××	×××
新株予約権	×××	×××
非支配株主持分	×××	×××

金
商
法

	前連結会計年度	当連結会計年度
純資産合計	×× ×	×× ×
負債純資産合計	×× ×	×× ×

（記載上の注意）

1．連結会社が営む事業のうちに別記事業がある場合その他上記の様式によりがたい場合には、当該様式に準じて記載すること。

2．繰延税金資産及び繰延税金負債については、第45条の規定により表示すること。

様式第五号

【連結損益計算書】

（単位：　　　円）

	前連結会計年度 （自　　　年　月　日 至　　　年　月　日）	当連結会計年度 （自　　　年　月　日 至　　　年　月　日）
売上高	×× ×	×× ×
売上原価	×× ×	×× ×
売上総利益（又は売上総損失）	×× ×	×× ×
販売費及び一般管理費		
………………	×× ×	×× ×
………………	×× ×	×× ×
………………	×× ×	×× ×
販売費及び一般管理費合計	×× ×	×× ×
営業利益（又は営業損失）	×× ×	×× ×
営業外収益		
受取利息	×× ×	×× ×
受取配当金	×× ×	×× ×
有価証券売却益	×× ×	×× ×
持分法による投資利益	×× ×	×× ×
………………	×× ×	×× ×
………………	×× ×	×× ×
営業外収益合計	×× ×	×× ×
営業外費用		
支払利息	×× ×	×× ×
有価証券売却損	×× ×	×× ×
持分法による投資損失	×× ×	×× ×
………………	×× ×	×× ×
………………		×× ×
営業外費用合計	×× ×	×× ×
経常利益（又は経常損失）	×× ×	×× ×

金
商
法

	前連結会計年度	当連結会計年度

特別利益

固定資産売却益	×××	×××
負ののれん発生益	×××	×××
………………	×××	×××
………………	×××	×××
特別利益合計	×××	×××

特別損失

固定資産売却損	×××	×××
減損損失	×××	×××
災害による損失	×××	×××
………………	×××	×××
………………	×××	×××
特別損失合計	×××	×××
税金等調整前当期純利益（又は税金等調整前当期純損失）	×××	×××
法人税、住民税及び事業税	×××	×××
法人税等調整額	×××	×××
法人税等合計	×××	×××
当期純利益（又は当期純損失）	×××	×××
非支配株主に帰属する当期純利益（又は非支配株主に帰属する当期純損失）	×××	×××
親会社株主に帰属する当期純利益（又は親会社株主に帰属する当期純損失）	×××	×××

（記載上の注意）

　連結会社が営む事業のうちに別記事業がある場合その他上記の様式によりがたい場合には、当該様式に準じて記載すること。

様式第五号の二

【連結包括利益計算書】

（単位：　　　　円）

	前連結会計年度 （自　　年　月　日 至　　年　月　日）	当連結会計年度 （自　　年　月　日 至　　年　月　日）
当期純利益（又は当期純損失）	×××	×××

その他の包括利益

その他有価証券評価差額金	×××	×××
繰延ヘッジ損益	×××	×××
為替換算調整勘定	×××	×××
退職給付に係る調整額	×××	×××

持分法適用会社に対する持分相当額	×××	×××
‥‥‥‥‥‥‥‥	×××	×××
その他の包括利益合計	×××	×××
包括利益	×××	×××
（内訳）		
親会社株主に係る包括利益	×××	×××
非支配株主に係る包括利益	×××	×××

（記載上の注意）

　連結会社が営む事業のうちに別記事業がある場合その他上記の様式によりがたい場合には、当該様式に準じて記載すること。

金
商
法

様式第六号

【連結株主資本等変動計算書】

前連結会計年度（自　　　年　　月　　日　至　　　年　　月　　日）

（単位：　　　円）

	株主資本					その他の包括利益累計額						株式引受権	新株予約権	非支配株主持分	純資産合計
	資本金	資本剰余金	利益剰余金	自己株式	株主資本合計	その他有価証券評価差額金	繰延ヘッジ損益	土地再評価差額金	為替換算調整勘定	退職給付に係る調整累計額	その他の包括利益累計額合計				
当期首残高	×××	×××	×××	△×××	×××	×××	×××	×××	×××	×××	×××	×××	×××	×××	×××
当期変動額															
新株の発行	×××	×××			×××										×××
剰余金の配当			△×××		△×××										△×××
親会社株主に帰属する当期純利益			×××		×××										×××
自己株式の処分				×××	×××										×××
………………															
株主資本以外の項目の当期変動額（純額）						×××	×××	×××	×××	×××	×××	×××	×××	×××	×××
当期変動額合計	×××	×××	×××	×××	×××	×××	×××	×××	×××	×××	×××	×××	×××	×××	×××
当期末残高	×××	×××	×××	△×××	×××	×××	×××	×××	×××	×××	×××	×××	×××	×××	×××

金商法

当連結会計年度（自　年　月　日　至　年　月　日）

（単位：　円）

	株主資本					その他の包括利益累計額						株式引受権	新株予約権	非支配株主持分	純資産合計
	資本金	資本剰余金	利益剰余金	自己株式	株主資本合計	その他有価証券評価差額金	繰延ヘッジ損益	土地再評価差額金	為替換算調整勘定	退職給付に係る調整累計額	その他の包括利益累計額合計				
当期首残高	×××	×××	×××	△×××	×××	×××	×××	×××	×××	×××	×××	×××	×××	×××	×××
当期変動額															
新株の発行	×××	×××			×××										×××
剰余金の配当			△×××		△×××										△×××
親会社株主に帰属する当期純利益			×××		×××										×××
自己株式の処分				×××	×××										×××
……………															
株主資本以外の項目の当期変動額（純額）						×××	×××	×××	×××	×××	×××	×××	×××	×××	×××
当期変動額合計	×××	×××	×××	×××	×××	×××	×××	×××	×××	×××	×××	×××	×××	×××	×××
当期末残高	×××	×××	×××	△×××	×××	×××	×××	×××	×××	×××	×××	×××	×××	×××	×××

（記載上の注意）

1. 変動事由及び金額の記載は、概ね連結貸借対照表における記載の順序によること。
2. 株主資本以外の科目については、連結会計年度中の変動額を、変動事由ごとに記載すること。
3. その他の包括利益累計額は、科目ごとの記載に代えてその他の包括利益累計額の合計額を記載することができる。この場合には、科目ごとの金額を注記すること。
4. その他の包括利益累計額の各合計欄の記載は省略することができる。
5. 遡及適用及び修正再表示（以下「５．において「遡及適用等」という。）を行った場合には、前連結会計年度の期首残高に対する累積的影響額及び遡及適用及び修正再表示後の期首残高を区分表示すること。
6. 会計基準等に規定されている遡及適用に関する経過措置において、会計方針の変更による影響額を区分表示すること、当該影響額を適用初年度の期首残高に加減することが定められている場合には、前連結会計年度の期首残高に対する影響額を適用初年度の期首残高に加減することが定められている場合には、当連結会計年度の期首残高に反映後の期首残高を区分表示すること。
7. 連結会社が営む事業のうちに別記事業がある場合において、当該様式により難いときは、当該様式に準じて記載すること。

様式第七号

【連結キャッシュ・フロー計算書】

(単位：　　　　円)

	前連結会計年度 (自　　　年　月　日) (至　　　年　月　日)	当連結会計年度 (自　　　年　月　日) (至　　　年　月　日)
営業活動によるキャッシュ・フロー		
営業収入	×××	×××
原材料又は商品の仕入れによる支出	△×××	△×××
人件費の支出	△×××	△×××
その他の営業支出	△×××	△×××
小計	×××	×××
利息及び配当金の受取額	×××	×××
利息の支払額	△×××	△×××
損害賠償金の支払額	△×××	△×××
………………	×××	×××
法人税等の支払額	△×××	△×××
営業活動によるキャッシュ・フロー	×××	×××
投資活動によるキャッシュ・フロー		
有価証券の取得による支出	△×××	△×××
有価証券の売却による収入	×××	×××
有形固定資産の取得による支出	△×××	△×××
有形固定資産の売却による収入	×××	×××
投資有価証券の取得による支出	△×××	△×××
投資有価証券の売却による収入	×××	×××
連結の範囲の変更を伴う子会社株式の取得 　による支出	△×××	△×××
連結の範囲の変更を伴う子会社株式の売却 　による収入	×××	×××
貸付けによる支出	△×××	△×××
貸付金の回収による収入	×××	×××
………………	×××	×××
投資活動によるキャッシュ・フロー	×××	×××
財務活動によるキャッシュ・フロー		
短期借入れによる収入	×××	×××
短期借入金の返済による支出	△×××	△×××
長期借入れによる収入	×××	×××
長期借入金の返済による支出	△×××	△×××

金
商
法

社債の発行による収入	×××	×××
社債の償還による支出	△×××	△×××
株式の発行による収入	×××	×××
自己株式の取得による支出	△×××	△×××
配当金の支払額	△×××	△×××
非支配株主への配当金の支払額	△×××	△×××
連結の範囲の変更を伴わない子会社株式の取得による支出	△×××	△×××
連結の範囲の変更を伴わない子会社株式の売却による収入	×××	×××
………………	×××	×××
財務活動によるキャッシュ・フロー	×××	×××
現金及び現金同等物に係る換算差額	×××	×××
現金及び現金同等物の増減額（△は減少）	×××	×××
現金及び現金同等物の期首残高	×××	×××
現金及び現金同等物の期末残高	×××	×××

（記載上の注意）

1．「配当金の支払額」には、連結財務諸表提出会社による配当金の支払額を記載すること。
2．「利息及び配当金の受取額」については、「投資活動によるキャッシュ・フロー」の区分に記載し、「利息の支払額」については、「財務活動によるキャッシュ・フロー」の区分に記載することができる。
3．金額の重要性が乏しい項目については、「その他」として一括して記載することができる。
4．連結会社が営む事業のうちに別記事業がある場合その他上記の様式によりがたい場合には、当該様式に準じて記載すること。

様式第八号

【連結キャッシュ・フロー計算書】

（単位：　　　　円）

	前連結会計年度 （自　　　年　月　日 　至　　　年　月　日）	当連結会計年度 （自　　　年　月　日 　至　　　年　月　日）
営業活動によるキャッシュ・フロー		
税金等調整前当期純利益（又は税金等調整前当期純損失）	×××	×××
減価償却費	×××	×××
減損損失	×××	×××
のれん償却額	×××	×××
貸倒引当金の増減額（△は減少）	×××	×××
受取利息及び受取配当金	△×××	△×××
支払利息	×××	×××

為替差損益（△は益）	×××	×××
持分法による投資損益（△は益）	×××	×××
有形固定資産売却損益（△は益）	×××	×××
損害賠償損失	×××	×××
売上債権の増減額（△は増加）	×××	×××
棚卸資産の増減額（△は増加）	×××	×××
仕入債務の増減額（△は減少）	×××	×××
………………	×××	×××
小計	×××	×××
利息及び配当金の受取額	×××	×××
利息の支払額	△×××	△×××
損害賠償金の支払額	△×××	△×××
………………	×××	×××
法人税等の支払額	△×××	△×××
営業活動によるキャッシュ・フロー	×××	×××
投資活動によるキャッシュ・フロー		
有価証券の取得による支出	△×××	△×××
有価証券の売却による収入	×××	×××
有形固定資産の取得による支出	△×××	△×××
有形固定資産の売却による収入	×××	×××
投資有価証券の取得による支出	△×××	△×××
投資有価証券の売却による収入	×××	×××
連結の範囲の変更を伴う子会社株式の取得による支出	△×××	△×××
連結の範囲の変更を伴う子会社株式の売却による収入	×××	×××
貸付けによる支出	△×××	△×××
貸付金の回収による収入	×××	×××
………………	×××	×××
投資活動によるキャッシュ・フロー	×××	×××
財務活動によるキャッシュ・フロー		
短期借入れによる収入	×××	×××
短期借入金の返済による支出	△×××	△×××
長期借入れによる収入	×××	×××
長期借入金の返済による支出	△×××	△×××
社債の発行による収入	×××	×××
社債の償還による支出	△×××	△×××
株式の発行による収入	×××	×××
自己株式の取得による支出	△×××	△×××
配当金の支払額	△×××	△×××

金商法

非支配株主への配当金の支払額	△×××	△×××
連結の範囲の変更を伴わない子会社株式の取得による支出	△×××	△×××
連結の範囲の変更を伴わない子会社株式の売却による収入	×××	×××
………………	×××	×××
財務活動によるキャッシュ・フロー	×××	×××
現金及び現金同等物に係る換算差額	×××	×××
現金及び現金同等物の増減額（△は減少）	×××	×××
現金及び現金同等物の期首残高	×××	×××
現金及び現金同等物の期末残高	×××	×××

（記載上の注意）

1．「配当金の支払額」には、連結財務諸表提出会社による配当金の支払額を記載すること。

2．「利息及び配当金の受取額」については、「投資活動によるキャッシュ・フロー」の区分に記載し、「利息の支払額」については、「財務活動によるキャッシュ・フロー」の区分に記載することができる。

3．金額の重要性が乏しい項目については、「その他」として一括して記載することができる。

4．連結会社が営む事業のうちに別記事業がある場合その他上記の様式によりがたい場合には、当該様式に準じて記載すること。

様式第九号

【社債明細表】

会社名	銘　柄	発行年月日	当期首残高(円)	当期末残高(円)	利率（％）	担　保	償還期限
合　計	—				—	—	—

（記載上の注意）

1．連結会社の発行している社債（当該連結会計年度中に償還済みとなつたものを含む。以下同じ。）について記載すること。

2．「銘柄」の欄には、「第○回物上担保付○号社債」のように記載すること。ただし、連結会社の発行している社債が多数ある場合には、その種類ごとにまとめて記載することができる。

なお、新株予約権付社債については、新株予約権付社債である旨を付記すること。

3．連結会社の発行している社債のうちに連結財務諸表提出会社又は連結子会社が所有しているものがある場合には、社債の銘柄ごとに、連結財務諸表提出会社又は連結子会社が所有している社債の金額を控除した金額を「当期首残高」又は「当期末残高」の欄に記載すること。

ただし、合計欄の直前に「内部取引の消去」の欄を設けて、連結財務諸表提出会社又は連結子会社が所有している社債の金額の合計額を一括して控除する方法によることができる。

4．金額の重要性が乏しい社債については、「その他の社債」として一括して記載することができる。

5．「担保」の欄には、担保付社債及び無担保社債の別を記載すること。

6．新株予約権付社債については、発行すべき株式の内容、新株予約権の発行価額、株式の発行価格、発

行価額の総額、新株予約権の行使により発行した株式の発行価額の総額、新株予約権の付与割合、新株予約権の行使期間及び会社法第236条第１項第３号に掲げる事項の定めのあるものである場合にはその内容を欄外に記載すること。

7．社債と同時に募集しかつ同時に割り当てた新株予約権がある場合には、当該新株予約権について、発行すべき株式の内容、発行価額、株式の発行価格、新株予約権の行使により発行した株式の発行価額の総額、新株予約権の付与割合及び新株予約権の行使期間に関する事項を欄外に記載すること。

8．減債基金付社債については、その内容を欄外に記載すること。

9．特別目的会社（財務諸表等規則第８条第７項に規定する特別目的会社をいう。）の発行している社債がノンリコース債務（第41条の２第１項に規定するノンリコース債務をいう。12において同じ。）に該当する場合には、欄外にその旨を記載すること。

10．外国において発行したものについては、金額を記載すべき欄には外貨建による金額を付記し、欄外にその旨を記載すること。

11．当期末残高のうち１年内に償還が予定されるものがある場合には、「当期末残高」の欄にその金額を内書（括弧書）として記載し、その旨を注記すること。

12．連結決算日後５年内における１年ごとの償還予定額の総額を注記すること。ただし、社債がノンリコース債務に該当する場合には別に注記すること。

様式第十号

【借入金等明細表】

区　　　分	当期首残高（円）	当期末残高（円）	平均利率（％）	返済期限
短期借入金				―
１年以内に返済予定の長期借入金				―
１年以内に返済予定のリース債務				―
長期借入金（１年以内に返済予定のものを除く。）				
リース債務（１年以内に返済予定のものを除く。）				
その他有利子負債				
合　　　計			―	―

（記載上の注意）

1．第37条第１項第２号に規定する短期借入金、同項第３号及び第38条第１項第３号に規定するリース債務、同項第２号に規定する長期借入金（連結貸借対照表において流動負債として掲げられているものを含む。以下同じ。）並びにその他の負債であつて、金利の負担を伴うもの（社債を除く。以下「その他有利子負債」という。）について記載すること。ただし、ノンリコース債務（第41条の２第１項に規定するノンリコース債務をいう。６において同じ。）については、短期借入金、リース債務、長期借入金及びその他有利子負債とは別に科目ごとに区分して記載すること。

2．重要な借入金で無利息又は特別の条件による利率が約定されているものがある場合には、その内容を欄外に記載すること。

3．「その他有利子負債」の欄は、その種類ごとにその内容を示したうえで記載すること。

4．連結会社相互間の取引に係るものがある場合には、各区分ごとに、連結会社相互間の取引に係るもの

金
商
法

の金額を控除した金額を「当期首残高」又は「当期末残高」の欄に記載すること。

　　　ただし、合計欄の直前に「内部取引の消去」の欄を設けて、連結会社相互間の取引に係るものの金額の合計額を一括して控除する方法によることができる。

5．「平均利率」の欄には、加重平均利率を記載すること。ただし、連結会社がリース料総額に含まれる利息相当額を控除する前の金額でリース債務を連結貸借対照表に計上している場合又はリース料総額に含まれる利息相当額を定額法により各連結会計年度に配分している場合には、リース債務については「平均利率」の欄の記載を要しない。なお、リース債務について「平均利率」の欄の記載を行わない場合には、その旨及びその理由を注記すること。

6．リース債務、長期借入金及びその他有利子負債（1年以内に返済予定のものを除く。）については、連結決算日後5年内における1年ごとの返済予定額の総額を注記すること。ただし、ノンリコース債務（1年以内に返済予定のものを除く。）に係る連結決算日後5年内における1年ごとの返済予定額の総額については、リース債務、長期借入金及びその他有利子負債とは別に科目ごとに区分して注記すること。

7．連結会社が営む事業のうちに別記事業がある場合その他上記の様式によりがたい場合には、当該様式に準じて記載すること。

様式第十一号

【資産除去債務明細表】

区　　　　分	当期首残高（円）	当期増加額（円）	当期減少額（円）	当期末残高（円）

（記載上の注意）

1．連結貸借対照表に計上されている当期首及び当期末の資産除去債務について、当該資産除去債務に係る法的規制等の種類ごとの区分により記載すること。

2．本明細表に記載すべき事項が第15条の23において読み替えて準用する財務諸表等規則第8条の28第1項に規定する注記事項として記載されている場合には、その旨を記載することにより本明細表の記載を省略することができる。

（別紙）

連結損益及び包括利益計算書に関する様式

【連結損益及び包括利益計算書】

(単位：　　　　円)

	前連結会計年度 (自　　　年　月　日) (至　　　年　月　日)	当連結会計年度 (自　　　年　月　日) (至　　　年　月　日)
売上高	×××	×××
売上原価	×××	×××
売上総利益（又は売上総損失）	×××	×××

販売費及び一般管理費		
………………	×××	×××
………………	×××	×××
………………	×××	×××
販売費及び一般管理費合計	×××	×××
営業利益（又は営業損失）	×××	
営業外収益		
受取利息	×××	×××
受取配当金	×××	×××
有価証券売却益	×××	×××
持分法による投資利益	×××	×××
………………	×××	×××
………………	×××	×××
営業外収益合計	×××	×××
営業外費用		
支払利息	×××	×××
有価証券売却損	×××	×××
持分法による投資損失	×××	×××
………………	×××	×××
………………	×××	×××
営業外費用合計	×××	×××
経常利益（又は経常損失）	×××	×××
特別利益		
固定資産売却益	×××	×××
負ののれん発生益	×××	×××
………………	×××	×××
………………	×××	×××
特別利益合計	×××	×××
特別損失		
固定資産売却損	×××	×××
減損損失	×××	×××
災害による損失	×××	×××
………………	×××	×××
………………	×××	×××
特別損失合計	×××	×××
税金等調整前当期純利益（又は税金等調整前当期純損失）	×××	×××
法人税、住民税及び事業税	×××	×××
法人税等調整額	×××	×××

金
商
法

法人税等合計	×××	×××
当期純利益（又は当期純損失）	×××	×××
（内訳）		
親会社株主に帰属する当期純利益（又は親会社株主に帰属する当期純損失）	×××	×××
非支配株主に帰属する当期純利益（又は非支配株主に帰属する当期純損失）	×××	×××
その他の包括利益		
その他有価証券評価差額金	×××	×××
繰延ヘッジ損益	×××	×××
為替換算調整勘定	×××	×××
退職給付に係る調整額	×××	×××
持分法適用会社に対する持分相当額	×××	×××
………………	×××	×××
その他の包括利益合計	×××	×××
包括利益	×××	×××
（内訳）		
親会社株主に係る包括利益	×××	×××
非支配株主に係る包括利益	×××	×××

（記載上の注意）

　連結会社が営む事業のうちに別記事業がある場合その他上記の様式によりがたい場合には、当該様式に準じて記載すること。

金
商
法

連結財務諸表規則に規定する金融庁長官が定める企業会計の基準を指定する件

（連結財務諸表の用語、様式及び作成方法に関する規則に規定する
金融庁長官が定める企業会計の基準を指定する件）

平成21年12月11日金融庁告示第69号
最終改正令和4年3月15日金融庁告示第5号

連結財務諸表の用語、様式及び作成方法に関する規則（昭和51年大蔵省令第28号）第1条の2第1号ニ及び第93条の規定に基づき、金融庁長官が定める企業会計の基準を次のように定め、平成21年12月11日から適用する。

（一般に公正妥当な企業会計の基準）

第1条 連結財務諸表の用語、様式及び作成方法に関する規則（以下「規則」という。）第1条第3項に規定する金融庁長官が定める企業会計の基準は、公益財団法人財務会計基準機構（平成13年7月26日に財団法人財務会計基準機構という名称で設立された法人をいう。）が設置した企業会計基準委員会において作成が行われた企業会計の基準であって、令和3年12月31日までに企業会計基準委員会の名において公表が行われた別表一に掲げるものとする。

（国際会計基準）

第2条 国際会計基準（規則第93条に規定する国際会計基準をいう。次条において同じ。）は、英国ロンドン市カナリー・ワーフ　ウェストフェリー・サーカス7に所在する国際財務報告基準財団が設置した国際会計基準審議会において作成が行われた企業会計の基準であって、国際会計基準審議会の名において公表が行われたものとする。

（指定国際会計基準）

第3条 指定国際会計基準（規則第93条に規定する指定国際会計基準をいう。）は、国際会計基準であって、令和3年6月30日までに国際会計基準審議会の名において公表が行われた別表二に掲げるものとする。

（修正国際基準）

第4条 修正国際基準（規則第94条に規定する修正国際基準をいう。）は、平成30年12月31日までに企業会計基準委員会の名において公表が行われた修正国際基準（国際会計基準と企業会計基準委員会による修正会計基準によって構成される会計基準）であって、次に掲げるものとする。

一　修正国際基準の適用（企業会計基準委員会による修正会計基準を除く。）

二　企業会計基準委員会による修正会計基準のうち別表三に掲げるもの

別表一（第1条関係）

号　数	表　題
企業会計基準第1号	自己株式及び準備金の額の減少等に関する会計基準
企業会計基準第2号	1株当たり当期純利益に関する会計基準
企業会計基準第4号	役員賞与に関する会計基準
企業会計基準第5号	貸借対照表の純資産の部の表示に関する会計基準
企業会計基準第6号	株主資本等変動計算書に関する会計基準
企業会計基準第7号	事業分離等に関する会計基準
企業会計基準第8号	ストック・オプション等に関する会計基準
企業会計基準第9号	棚卸資産の評価に関する会計基準
企業会計基準第10号	金融商品に関する会計基準
企業会計基準第11号	関連当事者の開示に関する会計基準

企業会計基準第12号	四半期財務諸表に関する会計基準
企業会計基準第13号	リース取引に関する会計基準
企業会計基準第16号	持分法に関する会計基準
企業会計基準第17号	セグメント情報等の開示に関する会計基準
企業会計基準第18号	資産除去債務に関する会計基準
企業会計基準第20号	賃貸等不動産の時価等の開示に関する会計基準
企業会計基準第21号	企業結合に関する会計基準
企業会計基準第22号	連結財務諸表に関する会計基準
企業会計基準第23号	「研究開発費等に係る会計基準」の一部改正
企業会計基準第24号	会計方針の開示、会計上の変更及び誤謬の訂正に関する会計基準
企業会計基準第25号	包括利益の表示に関する会計基準
企業会計基準第26号	退職給付に関する会計基準
企業会計基準第27号	法人税、住民税及び事業税等に関する会計基準
企業会計基準第28号	「税効果会計に係る会計基準」の一部改正
企業会計基準第29号	収益認識に関する会計基準
企業会計基準第30号	時価の算定に関する会計基準
企業会計基準第31号	会計上の見積りの開示に関する会計基準

別表二 （第3条関係）

号　　数	表　　題
	財務報告に関する概念フレームワーク（The Conceptual Framework for Financial Reporting）
国際財務報告基準（IFRS）第1号	国際財務報告基準の初度適用（First-time Adoption of International Financial Reporting Standards）
国際財務報告基準（IFRS）第2号	株式報酬（Share-based Payment）
国際財務報告基準（IFRS）第3号	企業結合（Business Combinations）
国際財務報告基準（IFRS）第5号	売却目的で保有する非流動資産及び非継続事業（Noncurrent Assets Held for Sale and Discontinued Operations）
国際財務報告基準（IFRS）第6号	鉱物資源の探査及び評価（Exploration for and Evaluation of Mineral Resources）
国際財務報告基準（IFRS）第7号	金融商品：開示（Financial Instruments : Disclosures）
国際財務報告基準（IFRS）第8号	事業セグメント（Operating Segments）
国際財務報告基準（IFRS）第9号	金融商品（Financial Instruments）
国際財務報告基準（IFRS）第10号	連結財務諸表（Consolidated Financial Statements）
国際財務報告基準（IFRS）第11号	共同支配の取決め（Joint Arrangements）
国際財務報告基準（IFRS）第12号	他の企業への関与の開示（Disclosure of Interests in Other Entities）
国際財務報告基準（IFRS）第13号	公正価値測定（Fair Value Measurement）
国際財務報告基準（IFRS）第14号	規制繰延勘定（Regulatory Deferral Accounts）
国際財務報告基準（IFRS）第15号	顧客との契約から生じる収益（Revenue from Contracts with Customers）
国際財務報告基準（IFRS）第16号	リース（Leases）
国際財務報告基準（IFRS）第17号	保険契約（Insurance Contracts）
国際会計基準（IAS）第1号	財務諸表の表示（Presentation of Financial Statements）
国際会計基準（IAS）第2号	棚卸資産（Inventories）
国際会計基準（IAS）第7号	キャッシュ・フロー計算書（Statement of Cash Flows）

国際会計基準（IAS）第8号	会計方針、会計上の見積りの変更及び誤謬（Accounting Policies, Changes in Accounting Estimates and Errors）
国際会計基準（IAS）第10号	後発事象（Events after the Reporting Period）
国際会計基準（IAS）第12号	法人所得税（Income Taxes）
国際会計基準（IAS）第16号	有形固定資産（Property, Plant and Equipment）
国際会計基準（IAS）第19号	従業員給付（Employee Benefits）
国際会計基準（IAS）第20号	政府補助金の会計処理及び政府援助の開示（Accounting for Government Grants and Disclosure of Government Assistance）
国際会計基準（IAS）第21号	外国為替レート変動の影響（The Effects of Changes in Foreign Exchange Rates）
国際会計基準（IAS）第23号	借入費用（Borrowing Costs）
国際会計基準（IAS）第24号	関連当事者についての開示（Related Party Disclosures）
国際会計基準（IAS）第26号	退職給付制度の会計及び報告（Accounting and Reporting by Retirement Benefit Plans）
国際会計基準（IAS）第27号	個別財務諸表（Separate Financial Statements）
国際会計基準（IAS）第28号	関連会社及び共同支配企業に対する投資（Investments in Associates and Joint Ventures）
国際会計基準（IAS）第29号	超インフレ経済下における財務報告（Financial Reporting in Hyperinflationary Economies）
国際会計基準（IAS）第32号	金融商品：表示（Financial Instruments : Presentation）
国際会計基準（IAS）第33号	1株当たり利益（Earnings per Share）
国際会計基準（IAS）第34号	期中財務報告（Interim Financial Reporting）
国際会計基準（IAS）第36号	資産の減損（Impairment of Assets）
国際会計基準（IAS）第37号	引当金、偶発負債及び偶発資産（Provisions, Contingent Liabilities and Contingent Assets）
国際会計基準（IAS）第38号	無形資産（Intangible Assets）
国際会計基準（IAS）第39号	金融商品：認識及び測定（Financial Instruments : Recognition and Measurement）
国際会計基準（IAS）第40号	投資不動産（Investment Property）
国際会計基準（IAS）第41号	農業（Agriculture）

指定国際会計基準は、国際財務報告基準解釈指針委員会、国際財務報告解釈指針委員会又は解釈指針委員会が作成した解釈指針を含む。

別表三（第4条関係）

号　　　　数	表　　　題
企業会計基準委員会による修正会計基準第1号	のれんの会計処理
企業会計基準委員会による修正会計基準第2号	その他の包括利益の会計処理

財務諸表等規則に規定する金融庁長官が定める企業会計の基準を指定する件

（財務諸表等の用語、様式及び作成方法に関する規則に規定する
　金融庁長官が定める企業会計の基準を指定する件）

平成21年12月11日金融庁告示第70号
最終改正令和3年9月24日金融庁告示第47号

財務諸表等の用語、様式及び作成方法に関する規則（昭和38年大蔵省令第59号）第1条第3項に規定する金融庁長官が定める企業会計の基準は、公益財団法人財務会計基準機構（平成13年7月26日に財団法人財務会計基準機構という名称で設立された法人をいう。）が設置した企業会計基準委員会において作成が行われた企業会計の基準であって、令和3年3月31日までに企業会計基準委員会の名において公表が行われた別表に掲げるものとし、平成21年12月11日から適用する。

別表

号　　　　数	表　　　　　　題
企業会計基準第1号	自己株式及び準備金の額の減少等に関する会計基準
企業会計基準第2号	1株当たり当期純利益に関する会計基準
企業会計基準第4号	役員賞与に関する会計基準
企業会計基準第5号	貸借対照表の純資産の部の表示に関する会計基準
企業会計基準第6号	株主資本等変動計算書に関する会計基準
企業会計基準第7号	事業分離等に関する会計基準
企業会計基準第8号	ストック・オプション等に関する会計基準
企業会計基準第9号	棚卸資産の評価に関する会計基準
企業会計基準第10号	金融商品に関する会計基準
企業会計基準第11号	関連当事者の開示に関する会計基準
企業会計基準第12号	四半期財務諸表に関する会計基準
企業会計基準第13号	リース取引に関する会計基準
企業会計基準第16号	持分法に関する会計基準
企業会計基準第17号	セグメント情報等の開示に関する会計基準
企業会計基準第18号	資産除去債務に関する会計基準
企業会計基準第20号	賃貸等不動産の時価等の開示に関する会計基準
企業会計基準第21号	企業結合に関する会計基準
企業会計基準第22号	連結財務諸表に関する会計基準
企業会計基準第23号	「研究開発費等に係る会計基準」の一部改正
企業会計基準第24号	会計方針の開示、会計上の変更及び誤謬の訂正に関する会計基準
企業会計基準第25号	包括利益の表示に関する会計基準
企業会計基準第26号	退職給付に関する会計基準
企業会計基準第27号	法人税、住民税及び事業税等に関する会計基準
企業会計基準第28号	「税効果会計に係る会計基準」の一部改正
企業会計基準第29号	収益認識に関する会計基準
企業会計基準第30号	時価の算定に関する会計基準
企業会計基準第31号	会計上の見積りの開示に関する会計基準

金
商
法

関 連 法 規 編

税 理 士 法

昭和26年 6 月15日法律第237号
最終改正令和 4 年 6 月17日法律第68号

第 1 章　総　則

（税理士の使命）

第 1 条　税理士は、税務に関する専門家として、独立した公正な立場において、申告納税制度の理念にそつて、納税義務者の信頼にこたえ、租税に関する法令に規定された納税義務の適正な実現を図ることを使命とする。

（税理士の業務）

第 2 条　税理士は、他人の求めに応じ、租税（印紙税、登録免許税、関税、法定外普通税（地方税法（昭和25年法律第226号）第10条の 4 第 2 項に規定する道府県法定外普通税及び市町村法定外普通税をいう。）、法定外目的税（同項に規定する法定外目的税をいう。）その他の政令で定めるものを除く。第49条の 2 第 2 項第11号を除き、以下同じ。）に関し、次に掲げる事務を行うことを業とする。

一　税務代理（税務官公署（税関官署を除くものとし、国税不服審判所を含むものとする。以下同じ。）に対する租税に関する法令若しくは行政不服審査法（平成26年法律第68号）の規定に基づく申告、申請、請求若しくは不服申立て（これらに準ずるものとして政令で定める行為を含むものとし、酒税法（昭和28年法律第 6 号）第 2 章の規定に係る申告、申請及び審査請求を除くものとする。以下「申告等」という。）につき、又は当該申告等若しくは税務官公署の調査若しくは処分に関し税務官公署に対してする主張若しくは陳述につき、代理し、又は代行すること（次号の税務書類の作成にとどまるものを除く。）をいう。）

二　税務書類の作成（税務官公署に対する申告等に係る申告書、申請書、請求書、不服申立書その他租税に関する法令の規定に基づき、作成し、かつ、税務官公署に提出する書類（その作成に代えて電磁的記録（電子的方式、磁気的方式その他人の知覚によつては認識することができない方式で作られる記録であつて、電子計算機による情報処理の用に供されるものをいう。以下同じ。）を作成する場合における当該電磁的記録を含む。以下同じ。）で財務省令で定めるもの（以下「申告書等」という。）を作成することをいう。）

三　税務相談（税務官公署に対する申告等、第 1 号に規定する主張若しくは陳述又は申告書等の作成に関し、租税の課税標準等（国税通則法（昭和37年法律第66号）第 2 条第 6 号イからへまでに掲げる事項及び地方税（特別法人事業税を含む。以下同じ。）に係るこれらに相当するものをいう。以下同じ。）の計算に関する事項について相談に応ずることをいう。）

2　税理士は、前項に規定する業務（以下「税理士業務」という。）のほか、税理士の名称を用いて、他人の求めに応じ、税理士業務に付随して、財務書類の作成、会計帳簿の記帳の代行その他財務に関する事務を業として行うことができる。ただし、他の法律においてその事務を業

として行うことが制限されている事項については、この限りでない。

3　前2項の規定は、税理士が他の税理士又は税理士法人（第48条の2に規定する税理士法人をいう。次章、第4章及び第5章において同じ。）の補助者として前2項の業務に従事することを妨げない。

〔施行　令和6年1月1日〕
（税理士の業務）
第2条　現行条文に同じ
　一・二　現行条文に同じ
　三　税務相談（税務官公署に対する申告等、第1号に規定する主張若しくは陳述又は申告書等の作成に関し、租税の課税標準等（国税通則法（昭和37年法律第66号）第2条第6号イからヘまでに掲げる事項及び地方税（森林環境税及び特別法人事業税を含む。以下同じ。）に係るこれらに相当するものをいう。以下同じ。）の計算に関する事項について相談に応ずることをいう。）
　2・3　現行条文に同じ

第2条の2　税理士は、租税に関する事項について、裁判所において、補佐人として、弁護士である訴訟代理人とともに出頭し、陳述をすることができる。

2　前項の陳述は、当事者又は訴訟代理人が自らしたものとみなす。ただし、当事者又は訴訟代理人が同項の陳述を直ちに取り消し、又は更正したときは、この限りでない。

（税理士の業務における電磁的方法の利用等を通じた納税義務者の利便の向上等）

第2条の3　税理士は、第2条の業務を行うに当たつては、同条第1項各号に掲げる事務及び同条第2項の事務における電磁的方法（電子情報処理組織を使用する方法その他の情報通信の技術を利用する方法をいう。第49条の2第2項第8号において同じ。）の積極的な利用その他の取組を通じて、納税義務者の利便の向上及びその業務の改善進歩を図るよう努めるものとする。

（税理士の資格）

第3条　次の各号の1に該当する者は、税理士となる資格を有する。ただし、第1号又は第2号に該当する者については、租税に関する事務又は会計に関する事務で政令で定めるものに従事した期間が通算して2年以上あることを必要とする。

一　税理士試験に合格した者

二　第6条に定める試験科目の全部について、第7条又は第8条の規定により税理士試験を免除された者

三　弁護士（弁護士となる資格を有する者を含む。）

四　公認会計士（公認会計士となる資格を有する者を含む。）

2　公認会計士法（昭和23年法律第103号）第16条の2第1項の規定により同法第2条に規定する業務を行うことができる者は、この法律の規定の適用については、公認会計士とみなす。

3　第1項第4号に掲げる公認会計士は、公認会計士法第16条第1項に規定する実務補習団体等が実施する研修のうち、財務省令で定める税法に関する研修を修了した公認会計士とする。

（欠格条項）

第4条　次の各号のいずれかに該当する者は、前条の規定にかかわらず、税理士となる資格を有しない。

一　未成年者

二　破産手続開始の決定を受けて復権を得ない者

三　国税（特別法人事業税を除く。以下この条、第24条、第36条、第41条の3及び第46条において同じ。）若しくは地方税に関する法令又はこの法律の規定により禁錮以上の刑に処せられた者で、その刑の執行を終わり、又は執行を受けることがなくなつた日から5年を経過しないもの

四　国税若しくは地方税に関する法令若しくはこの法律の規定により罰金の刑に処せられた者又は国税通則法、関税法（昭和29年法律第61号）（とん税法（昭和32年法律第37号）及び特別とん税法（昭和32年法律第38号）において準用する場合を含む。）若しくは地方税

法の規定により通告処分を受けた者で、それ
ぞれその刑の執行を終わり、若しくは執行を
受けることがなくなつた日又はその通告の旨
を履行した日から３年を経過しないもの

五　国税又は地方税に関する法令及びこの法律
以外の法令の規定により禁錮以上の刑に処せ
られた者で、その刑の執行を終わり、又は執
行を受けることがなくなつた日から３年を経
過しないもの

六　懲戒処分により税理士業務を行うことを禁
止された者で、当該処分を受けた日から３年
を経過しないもの

七　第48条第１項の規定により第44条第３号に
掲げる処分を受けるべきであつたことについ
て決定を受けた者で、当該決定を受けた日か
ら３年を経過しないもの

八　国家公務員法（昭和22年法律第120号）、国
会職員法（昭和22年法律第85号）又は地方公
務員法（昭和25年法律第261号）の規定によ
り懲戒免職の処分を受け、当該処分を受けた
日から３年を経過しない者

九　国家公務員法若しくは国会職員法の規定に
よる懲戒免職の処分を受けるべき行為をした
と認められたことにより退職手当支給制限等
処分（国家公務員退職手当法（昭和28年法律
第182号）第14条第１項第３号に該当するこ
とにより同項の規定による一般の退職手当等
（同法第５条の２第２項に規定する一般の退
職手当等をいう。以下この号において同じ。）
の全部若しくは一部を支給しないこととする
処分又は同法第15条第１項第３号に該当する
ことにより同項の規定による一般の退職手当
等の額の全部若しくは一部の返納を命ずる処
分をいう。以下この号において同じ。）を受
けた者又は地方公務員法の規定による懲戒免
職の処分を受けるべき行為をしたと認められ
たことにより退職手当支給制限等処分に相当
する処分を受けた者で、これらの処分を受け
た日から３年を経過しないもの

十　弁護士法（昭和24年法律第205号）若しく
は外国弁護士による法律事務の取扱い等に関

する法律（昭和61年法律第66号）、公認会計
士法、弁理士法（平成12年法律第49号）、司
法書士法（昭和25年法律第197号）、行政書士
法（昭和26年法律第４号）、社会保険労務士
法（昭和43年法律第89号）又は不動産の鑑定
評価に関する法律（昭和38年法律第152号）
の規定による懲戒処分により、弁護士会から
の除名、公認会計士の登録の抹消、弁理士、
司法書士若しくは行政書士の業務の禁止、社
会保険労務士の失格処分又は不動産鑑定士の
登録の消除の処分を受けた者でこれらの処分
を受けた日から３年を経過しないもの（これ
らの法律の規定により再び業務を営むことが
できることとなつた者を除く。）

十一　税理士の登録を拒否された者のうち第22
条第４項の規定に該当する者又は第25条第１
項第１号の規定により税理士の登録を取り消
された者で、これらの処分を受けた日から３
年を経過しないもの

〔施行　令和６年１月１日〕
（欠格条項）
第４条　現行条文に同じ
　一・二　現行条文に同じ
　三　国税（森林環境税及び特別法人事業税を除
く。以下この条、第24条、第36条、第41条の
３及び第46条において同じ。）若しくは地方
税に関する法令又はこの法律の規定により禁
錮以上の刑に処せられた者で、その刑の執行
を終わり、又は執行を受けることがなくなつ
た日から５年を経過しないもの
　四～十一　現行条文に同じ

〔施行　刑法等の一部を改正する法律（令和４年
６月17日法律第67号）の公布の日〔令和４
年６月17日〕から起算して３年を超えない
範囲内において政令で定める日〕
（欠格条項）
第４条　現行条文に同じ
　一・二　現行条文に同じ
　三　国税（森林環境税及び特別法人事業税を除
く。以下この条、第24条、第36条、第41条の
３及び第46条において同じ。）若しくは地方

税に関する法令又はこの法律の規定により拘禁刑に処せられた者で、その刑の執行を終わり、又は執行を受けることがなくなつた日から5年を経過しないもの
四　現行条文に同じ
五　国税又は地方税に関する法令及びこの法律以外の法令の規定により拘禁刑以上の刑に処せられた者で、その刑の執行を終わり、又は執行を受けることがなくなつた日から3年を経過しないもの
六～十一　現行条文に同じ

第2章　税理士試験

（受験資格）
第5条　税理士試験（次条第1号に定める科目の試験に限る。）は、次の各号のいずれかに該当する者でなければ、受けることができない。
一　次に掲げる事務又は業務に従事した期間が通算して2年以上になる者
イ　税務官公署における事務又はその他の官公署における国税（関税、とん税、特別とん税及び特別法人事業税を除く。第24条、第36条、第41条の3及び第46条を除き、以下同じ。）若しくは地方税に関する事務
ロ　行政機関における政令で定める会計検査、金融検査又は会社その他の団体の経理に関する行政事務
ハ　銀行、信託会社（信託業法（平成16年法律第154号）第3条又は第53条第1項の免許を受けた者をいう。）、保険会社又は特別の法律により設立された金融業務を営む法人における政令で定める貸付けその他資金の運用（貸付先の経理についての審査を含む。）に関する事務
ニ　法人（国又は地方公共団体の特別会計を含む。）又は事業を営む個人の会計に関する事務で政令で定めるもの
ホ　税理士若しくは税理士法人、弁護士、弁護士法人若しくは弁護士・外国法事務弁護士共同法人又は公認会計士若しくは監査法人の業務の補助の事務

ヘ　弁理士、司法書士、行政書士その他の政令で定める法律上資格を有する者の業務
二　学校教育法（昭和22年法律第26号）の規定による大学若しくは高等専門学校を卒業した者でこれらの学校において社会科学に属する科目を修めたもの又は同法第91条第2項の規定により同法による大学を卒業した者と同等以上の学力があると認められた者で財務省令で定める学校において社会科学に属する科目を修めたもの
三　司法修習生となる資格を得た者
四　公認会計士法第8条第1項に規定する公認会計士試験の短答式による試験に合格した者又は当該試験を免除された者（当該試験の試験科目の全部について試験を免除された者を含む。）
五　国税審議会が社会科学に属する科目に関し前3号に掲げる者と同等以上の学力を有するものと認定した者
2　前項第1号イからへまでに掲げる事務又は業務の2以上に従事した者は、これらの事務又は業務の2以上に従事した期間を通算した場合に、その期間が2年以上になるときは、同号に該当する者とみなして、同項の規定を適用する。
3　第1項第1号イからへまでに掲げる事務又は業務に類する事務又は業務として国税審議会の認定を受けた事務又は業務は、同号イからへまでに掲げる事務又は業務とみなして、前2項の規定を適用する。
4　第1項第5号及び前項に規定する国税審議会の認定の手続については、財務省令で定める。

〔施行　令和6年1月1日〕
（受験資格）
第5条　現行条文に同じ
一　現行条文に同じ
イ　税務官公署における事務又はその他の官公署における国税（関税、とん税、特別とん税、森林環境税及び特別法人事業税を除く。第24条、第36条、第41条の3及び第46条を除き、以下同じ。）若しくは地方税に関する事務

　　　ホ・ヘ　現行条文に同じ
　　　ニ～五　現行条文に同じ
　　2～4　現行条文に同じ

（試験の目的及び試験科目）

第6条　税理士試験は、税理士となるのに必要な学識及びその応用能力を有するかどうかを判定することを目的とし、次に定める科目について行う。

　一　次に掲げる科目（イからホまでに掲げる科目にあつては、国税通則法その他の法律に定める当該科目に関連する事項を含む。以下「税法に属する科目」という。）のうち受験者の選択する3科目。ただし、イ又はロに掲げる科目のいずれか1科目は、必ず選択しなければならないものとする。

　　　イ　所得税法
　　　ロ　法人税法
　　　ハ　相続税法
　　　ニ　消費税法又は酒税法のいずれか1科目
　　　ホ　国税徴収法
　　　ヘ　地方税法のうち道府県民税（都民税を含む。）及び市町村民税（特別区民税を含む。）に関する部分又は地方税法のうち事業税に関する部分のいずれか1科目
　　　ト　地方税法のうち固定資産税に関する部分

　二　会計学のうち簿記論及び財務諸表論の2科目（以下「会計学に属する科目」という。）

（試験科目の一部の免除等）

第7条　税理士試験において試験科目のうちの一部の科目について政令で定める基準以上の成績を得た者に対しては、その申請により、その後に行われる税理士試験において当該科目の試験を免除する。

　2　税法に属する科目その他財務省令で定めるもの（以下この項及び次条第1項第1号において「税法に属する科目等」という。）に関する研究により修士の学位（学校教育法第104条に規定する学位をいう。次項及び次条第1項において同じ。）又は同法第104条第3項に規定する文部科学大臣の定める学位で財務省令で定めるもの

を授与された者で税理士試験において税法に属する科目のいずれか1科目について政令で定める基準以上の成績を得た者が、当該研究が税法に属する科目等に関するものであるとの国税審議会の認定を受けた場合には、試験科目のうちの当該1科目以外の税法に属する科目について、前項に規定する政令で定める基準以上の成績を得たものとみなす。

　3　会計学に属する科目その他財務省令で定めるもの（以下この項及び次条第1項第2号において「会計学に属する科目等」という。）に関する研究により修士の学位又は学校教育法第104条第3項に規定する文部科学大臣の定める学位で財務省令で定めるものを授与された者で税理士試験において会計学に属する科目のいずれか1科目について政令で定める基準以上の成績を得た者が、当該研究が会計学に属する科目等に関するものであるとの国税審議会の認定を受けた場合には、試験科目のうちの当該1科目以外の会計学に属する科目について、第1項に規定する政令で定める基準以上の成績を得たものとみなす。

　4　税理士試験の試験科目であつた科目のうち試験科目でなくなつたものについて第1項に規定する成績を得た者については、当該科目は、前条第1号に掲げられている試験科目とみなす。

　5　第2項及び第3項に規定する国税審議会の認定の手続については、財務省令で定める。

第8条　次の各号のいずれかに該当する者に対しては、その申請により、税理士試験において当該各号に掲げる科目の試験を免除する。

　一　大学等（学校教育法の規定による大学若しくは高等専門学校又は同法第104条第7項第2号に規定する大学若しくは大学院に相当する教育を行う課程が置かれる教育施設をいう。次号において同じ。）において税法に属する科目等の教授、准教授又は講師の職にあつた期間が通算して3年以上になる者及び税法に属する科目等に関する研究により博士の学位を授与された者については、税法に属する科目

二　大学等において会計学に属する科目等の教授、准教授又は講師の職にあつた期間が通算して3年以上になる者及び会計学に属する科目等に関する研究により博士の学位を授与された者については、会計学に属する科目

三　公認会計士法第3条に規定する公認会計士試験に合格した者又は同法第10条第2項の規定により公認会計士試験の論文式による試験において会計学の科目について公認会計士・監査審査会が相当と認める成績を得た者については、会計学に属する科目

四　官公署における事務のうち所得税、法人税、相続税、贈与税、消費税若しくは酒税の賦課又はこれらの国税に関する法律の立案に関する事務に従事した期間が通算して10年以上になる者については、税法に属する科目のうち国税に関するもの

五　官公署における国税に関する事務のうち前号に規定する事務以外の事務に従事した期間が通算して15年以上になる者については、税法に属する科目のうち国税に関するもの

六　官公署における事務のうち道府県民税（都民税を含む。）、市町村民税（特別区民税を含む。）、事業税（特別法人事業税を含む。）若しくは固定資産税の賦課又はこれらの地方税に関する法律の立案に関する事務に従事した期間が通算して10年以上になる者については、税法に属する科目のうち地方税に関するもの

七　官公署における地方税に関する事務のうち前号に規定する事務以外の事務に従事した期間が通算して15年以上になる者については、税法に属する科目のうち地方税に関するもの

八　第6号に規定する事務に従事した期間が通算して15年以上になる者については、税法に属する科目

九　第7号に規定する事務に従事した期間が通算して20年以上になる者については、税法に属する科目

十　次に掲げる者で、官公署における国税若しくは地方税に関する事務を管理し、若しくは監督することを職務とする職又は国税若しく

は地方税に関する高度の知識若しくは経験を必要とする事務を処理することを職務とする職として財務省令で定めるものに在職した期間が通算して5年以上になるもののうち、国税審議会の指定した研修（財務省令で定める要件を満たす研修のうち、国税審議会が税理士試験の試験科目のうち会計学に属する科目について前条第1項に規定する成績を得た者が有する学識と同程度のものを習得することができるものと認めて指定したものをいう。）を修了した者については、会計学に属する科目

イ　第4号から第6号までに規定する事務に従事した期間が通算して23年以上になる者

ロ　第7号に規定する事務に従事した期間が通算して28年以上になる者

ハ　イに規定する期間を通算した年数の23分の28に相当する年数とロに規定する期間を通算した年数とを合計した年数が28年以上になる者

2　前項第1号又は第4号から第9号までに規定する職又は事務のうち、試験の免除科目を同じくする職又は事務の2以上に従事した者に対しては、それぞれ当該職又は事務についてこれらの号に規定する年数を10年とする割合により年数を換算してこれらの職又は事務の2以上に従事した期間を通算した場合に、その期間が10年以上になるときは、その申請により、税理士試験において当該科目の試験を免除する。この場合において、第1号又は第8号若しくは第9号に規定する職又は事務に従事した者については、当該職又は事務に従事した期間を税法に属する科目のうち国税に関するもの又は地方税に関するもののいずれかを免除する他の事務に従事した期間に通算することができるものとする。

〔施行　令和6年1月1日〕
第8条　現行条文に同じ
　一～五　現行条文に同じ
　六　官公署における事務のうち道府県民税（都民税を含む。）、市町村民税（特別区民税及び

森林環境税を含む。）、事業税（特別法人事業税を含む。）若しくは固定資産税の賦課又はこれらの地方税に関する法律の立案に関する事務に従事した期間が通算して10年以上になる者については、税法に属する科目のうち地方税に関するもの

七〜十　現行条文に同じ

2　現行条文に同じ

（受験手数料等）

第9条　税理士試験を受けようとする者は、実費を勘案して政令で定める額の受験手数料を納付しなければならない。

2　第7条第2項又は第3項の規定による認定を受けようとする者は、実費を勘案して政令で定める額の認定手数料を納付しなければならない。

3　第1項の規定により納付した受験手数料は、税理士試験を受けなかつた場合においても還付しない。

（合格の取消し等）

第10条　国税審議会は、不正の手段によつて税理士試験を受け、又は受けようとした者に対しては、その試験を停止し、又は合格の決定を取り消すことができる。

2　国税審議会は、第7条第2項若しくは第3項の規定による認定又は第8条第1項各号の規定による免除を決定した後、当該認定又は免除を受けた者が虚偽又は不正の事実に基づいてその認定又は免除を受けた者であることが判明したときは、その認定又は免除を取り消すことができる。

3　国税審議会は、第1項の規定による処分を受けた者に対し、情状により3年以内の期間を定めて税理士試験を受けることができないものとすることができる。

（合格証書等）

第11条　税理士試験に合格した者には、当該試験に合格したことを証する証書を授与する。

2　試験科目のうちの一部の科目について政令で定める基準以上の成績を得た者には、その基準以上の成績を得た科目を通知する。

（試験の執行）

第12条　税理士試験は、国税審議会が行う。

2　税理士試験は、毎年1回以上行う。

（試験の細目）

第13条　この法律に定めるもののほか、税理士試験（第8条第1項第10号の規定による指定を含む。）の執行に関する細目については、財務省令で定める。

第14条から第17条まで　削除

第3章　登録

（登録）

第18条　税理士となる資格を有する者が、税理士となるには、税理士名簿に、財務省令で定めるところにより、氏名、生年月日、事務所の名称及び所在地その他の事項の登録を受けなければならない。

（税理士名簿）

第19条　税理士名簿は、日本税理士会連合会に備える。

2　税理士名簿の登録は、日本税理士会連合会が行う。

3　日本税理士会連合会は、財務省令で定めるところにより、第1項の税理士名簿を電磁的記録をもつて作成することができる。

（変更登録）

第20条　税理士は、第18条の規定により登録を受けた事項に変更を生じたときは、遅滞なく変更の登録を申請しなければならない。

（登録の申請）

第21条　第18条の規定による登録を受けようとする者は、同条に規定する事項その他の財務省令で定める事項を記載した登録申請書を、第3条第1項各号のいずれかに該当する者であることを証する書面を添付の上、財務省令で定める税理士会を経由して、日本税理士会連合会に提出しなければならない。

2　前項の規定による登録申請書には、その副本3通を添付するものとし、同項の税理士会は、当該申請書を受理したときは、遅滞なく当該副本1通ずつを当該申請者の住所地の所轄税務署

長並びに当該住所地を管轄する市町村（特別区を含む。以下同じ。）及び都道府県の長に送付するものとする。

（登録に関する決定）

第22条　日本税理士会連合会は、前条第1項の規定による登録申請書を受理した場合においては、当該申請者が税理士となる資格を有し、かつ、第24条各号のいずれにも該当しない者であると認めたときは税理士名簿に登録し、当該申請者が税理士となる資格を有せず、又は同条各号のいずれかに該当する者であると認めたときは登録を拒否しなければならない。この場合において、次条第1項の規定による通知に係る者につき登録をしようとするとき、又は登録を拒否しようとするときは、第49条の16に規定する資格審査会の議決に基づいてしなければならない。

2　日本税理士会連合会は、前項の規定により登録を拒否しようとするときは、あらかじめ当該申請者にその旨を通知して、相当の期間内に自ら又はその代理人を通じて弁明する機会を与えなければならない。

3　日本税理士会連合会は、第1項の規定により税理士名簿に登録したときは当該申請者に税理士証票を交付し、同項の規定により登録を拒否するときはその理由を付記した書面によりその旨を当該申請者に通知しなければならない。

4　日本税理士会連合会は、第1項の規定により登録を拒否する場合において、当該申請者が税理士となる資格又は第24条各号に規定する登録拒否事由に関する事項について、記載すべき事項を記載せず、又は虚偽の記載をして前条第1項の規定による登録申請書を提出した者であるときは、前項の規定による通知の書面においてその旨を明らかにしなければならない。

（国等と日本税理士会連合会との間の通知）

第23条　税務署長並びに市町村及び都道府県の長は、第21条第1項の規定による登録申請書を提出した者が税理士となる資格を有せず、又は次条各号の1に該当する者であると認めたときは、第21条第2項の規定により登録申請書の副本の送付を受けた日から1月以内に、その事実を日

本税理士会連合会に通知するものとする。

2　日本税理士会連合会は、前条第1項の規定により登録を拒否したときは、その旨を国税庁長官並びに当該申請者の住所地を管轄する市町村及び都道府県の長に通知しなければならない。

（登録拒否事由）

第24条　次の各号のいずれかに該当する者は、税理士の登録を受けることができない。

一　懲戒処分により、弁護士、外国法事務弁護士、公認会計士、弁理士、司法書士、行政書士若しくは社会保険労務士の業務を停止された者又は不動産の鑑定評価に関する法律第5条に規定する鑑定評価等業務（第43条において「鑑定評価等業務」という。）を行うことを禁止された不動産鑑定士で、現にその処分を受けているもの

二　報酬のある公職（国会又は地方公共団体の議会の議員の職、非常勤の職その他財務省令で定める公職を除く。第43条において同じ。）に就いている者

三　不正に国税又は地方税の賦課又は徴収を免れ、若しくは免れようとし、又は免れさせ、若しくは免れさせようとした者で、その行為があつた日から2年を経過しないもの

四　不正に国税又は地方税の還付を受け、若しくは受けようとし、又は受けさせ、若しくは受けさせようとした者で、その行為があつた日から2年を経過しないもの

五　国税若しくは地方税又は会計に関する事務について刑罰法令に触れる行為をした者で、その行為があつた日から2年を経過しないもの

六　第48条第1項の規定により第44条第2号に掲げる処分を受けるべきであつたことについて決定を受けた者で、同項後段の規定により明らかにされた期間を経過しないもの

七　次のイ又はロのいずれかに該当し、税理士業務を行わせることがその適正を欠くおそれがある者

イ　心身に故障があるとき。

ロ　第4条第3号から第11号までのいずれか

に該当していた者が当該各号に規定する日
から当該各号に規定する年数を経過して登
録の申請をしたとき。

八　税理士の信用又は品位を害するおそれがあ
る者その他税理士の職責に照らし税理士とし
ての適格性を欠く者

（登録を拒否された場合等の審査請求）

第24条の２　第22条第１項の規定により登録を拒
否された者は、当該処分に不服があるときは、
国税庁長官に対して審査請求をすることができ
る。

2　第21条第１項の規定による登録申請書を提出
した者は、当該申請書を提出した日から３月を
経過しても当該申請に対して何らの処分がされ
ない場合には、当該登録を拒否されたものとし
て、国税庁長官に対して審査請求をすることが
できる。この場合においては、審査請求があつ
た日に日本税理士会連合会が第22条第１項の規
定により当該登録を拒否したものとみなす。

3　前２項の規定による審査請求を棄却する場合
において、審査請求人が第22条第４項の規定に
該当する者であるときは、国税庁長官は、裁決
書にその旨を付記しなければならない。

4　第１項又は第２項の場合において、国税庁長
官は、行政不服審査法第25条第２項及び第３項
並びに第46条第２項の規定の適用については、
日本税理士会連合会の上級行政庁とみなす。

（登録の取消し）

第25条　日本税理士会連合会は、税理士の登録を
受けた者が、次の各号のいずれかに該当すると
きは、第49条の16に規定する資格審査会の議決
に基づき、当該登録を取り消すことができる。

一　税理士となる資格又は第24条各号に規定す
る登録拒否事由に関する事項について、記載
すべき事項を記載せず若しくは虚偽の記載を
して第21条第１項の規定による登録申請書を
提出し、その申請に基づき当該登録を受けた
者であることが判明したとき。

二　第24条第７号（イに係る部分に限る。）に
規定する者に該当するに至つたとき。

三　２年以上継続して所在が不明であるとき。

2　日本税理士会連合会は、前項第１号又は第２
号のいずれかに該当することとなつたことによ
り同項の規定により登録を取り消すときは、そ
の理由を付記した書面により、その旨を当該処
分を受ける者に通知しなければならない。

3　前条第１項及び第４項の規定は、第１項の規
定により登録を取り消された者において当該処
分に不服がある場合について準用する。この場
合において、同条第４項中「第46条第２項」と
あるのは、「第46条第１項」と読み替えるもの
とする。

（登録の抹消）

第26条　日本税理士会連合会は、税理士が次の各
号のいずれかに該当することとなつたときは、
遅滞なくその登録を抹消しなければならない。

一　その業務を廃止したとき。

二　死亡したとき。

三　前条第１項の規定による登録の取消しの処
分を受けたとき。

四　前号に規定するもののほか、第４条第２号
から第６号まで又は第８号から第10号までの
いずれかに該当するに至つたことその他の事
由により税理士たる資格を有しないこととな
つたとき。

2　税理士が前項第１号、第２号又は第４号のい
ずれかに該当することとなつたときは、その者、
その法定代理人又はその相続人は、遅滞なくそ
の旨を日本税理士会連合会に届け出なければな
らない。

（登録及び登録のまつ消の公告）

第27条　日本税理士会連合会は、税理士の登録を
したとき、及び当該登録をまつ消したときは、
遅滞なくその旨及び登録をまつ消した場合には
その事由を官報をもつて公告しなければならな
い。

（税理士証票の返還）

第28条　税理士の登録がまつ消されたときは、そ
の者、その法定代理人又はその相続人は、遅滞
なく税理士証票を日本税理士会連合会に返還し
なければならない。税理士が第43条の規定に該
当することとなつた場合又は第45条若しくは第

46条の規定による税理士業務の停止の処分を受けた場合においても、また同様とする。

2　日本税理士会連合会は、前項後段の規定に該当する税理士が税理士業務を行うことができることとなつたときは、その申請により、税理士証票をその者に再交付しなければならない。

（登録の細目）

第29条　この法律に定めるもののほか、登録の手続、登録のまつ消、税理士名簿、税理士証票その他登録に関する細目については、財務省令で定める。

第4章　税理士の権利及び義務

（税務代理の権限の明示）

第30条　税理士は、税務代理をする場合においては、財務省令で定めるところにより、その権限を有することを証する書面を税務官公署に提出しなければならない。

（特別の委任を要する事項）

第31条　税理士は、税務代理をする場合において、次の行為をするときは、特別の委任を受けなければならない。

一　不服申立ての取下げ

二　代理人の選任

（税理士証票の提示）

第32条　税理士又は税理士法人が税務代理をする場合において、当該税務代理に係る税理士が税務官公署の職員と面接するときは、当該税理士は、税理士証票を提示しなければならない。

（署名の義務）

第33条　税理士又は税理士法人が税務代理をする場合において、租税に関する申告書等を作成して税務官公署に提出するときは、当該税務代理に係る税理士は、当該申告書等に署名しなければならない。この場合において、当該申告書等が租税の課税標準等に関する申告書又は租税に関する法令の規定による還付金の還付の請求に関する書類であるときは、当該申告書等には、併せて本人（その者が法人又は法人でない社団若しくは財団で代表者若しくは管理人の定めがあるものであるときは、その代表者又は管理人）

が署名しなければならない。

2　税理士又は税理士法人が税務書類の作成をしたときは、当該税務書類の作成に係る税理士は、当該書類に署名しなければならない。

3　税理士は、前2項の規定により署名するときは、税理士である旨その他財務省令で定める事項を付記しなければならない。

4　第1項又は第2項の規定による署名の有無は、当該書類の効力に影響を及ぼすものと解してはならない。

（計算事項、審査事項等を記載した書面の添付）

第33条の2　税理士又は税理士法人は、国税通則法第16条第1項第1号に掲げる申告納税方式又は地方税法第1条第1項第8号若しくは第11号に掲げる申告納付若しくは申告納入の方法による租税の課税標準等を記載した申告書を作成したときは、当該申告書の作成に関し、計算し、整理し、又は相談に応じた事項を財務省令で定めるところにより記載した書面を当該申告書に添付することができる。

2　税理士又は税理士法人は、前項に規定する租税の課税標準等を記載した申告書で他人の作成したものにつき相談を受けてこれを審査した場合において、当該申告書が当該租税に関する法令の規定に従つて作成されていると認めたときは、その審査した事項及び当該申告書が当該法令の規定に従つて作成されている旨を財務省令で定めるところにより記載した書面を当該申告書に添付することができる。

3　税理士又は税理士法人が前2項の書面を作成したときは、当該書面の作成に係る税理士は、当該書面に税理士である旨その他財務省令で定める事項を付記して署名しなければならない。

（調査の通知）

第34条　税務官公署の当該職員は、租税の課税標準等を記載した申告書を提出した者について、当該申告書に係る租税に関しあらかじめその者に日時場所を通知してその帳簿書類（その作成又は保存に代えて電磁的記録の作成又は保存がされている場合における当該電磁的記録を含む。以下同じ。）を調査する場合において、当該租

税に関し第30条の規定による書面を提出している税理士があるときは、併せて当該税理士に対しその調査の日時場所を通知しなければならない。

2　前項の場合において、同項に規定する申告書を提出した者の同意がある場合として財務省令で定める場合に該当するときは、当該申告書を提出した者への通知は、同項に規定する税理士に対してすれば足りる。

3　第１項に規定する税理士が数人ある場合において、同項に規定する申告書を提出した者がこれらの税理士のうちから代表する税理士を定めた場合として財務省令で定める場合に該当するときは、これらの税理士への同項の規定による通知は、当該代表する税理士に対してすれば足りる。

（意見の聴取）

第35条　税務官公署の当該職員は、第33条の２第１項又は第２項に規定する書面（以下この項及び次項において「添付書面」という。）が添付されている申告書を提出した者について、当該申告書に係る租税に関しあらかじめその者に日時場所を通知してその帳簿書類を調査する場合において、当該租税に関し第30条の規定による書面を提出している税理士があるときは、当該通知をする前に、当該税理士に対し、当該添付書面に記載された事項に関し意見を述べる機会を与えなければならない。

2　添付書面が添付されている申告書について国税通則法又は地方税法の規定による更正をすべき場合において、当該添付書面に記載されたところにより当該更正の基因となる事実につき税理士が計算し、整理し、若しくは相談に応じ、又は審査していると認められるときは、税務署長（当該更正が国税庁又は国税局の当該職員の調査に基づいてされるものである場合においては、国税庁長官又は国税局長）又は地方公共団体の長は、当該税理士に対し、当該事実に関し意見を述べる機会を与えなければならない。ただし、申告書及びこれに添付された書類の調査により課税標準等の計算について法令の規定に従つていないことが明らかであること又はその計算に誤りがあることにより更正を行う場合には、この限りでない。

3　国税不服審判所の担当審判官又は行政不服審査法第９条第１項の規定により国税庁長官若しくは地方公共団体の長が指名した者は、租税についての審査請求に係る事案について調査する場合において、当該審査請求に関し第30条の規定による書面を提出している税理士があるときは、当該税理士に対し当該事案に関し意見を述べる機会を与えなければならない。

4　前３項の規定による措置の有無は、これらの規定に規定する調査に係る処分、更正又は審査請求についての裁決の効力に影響を及ぼすものと解してはならない。

（脱税相談等の禁止）

第36条　税理士は、不正に国税若しくは地方税の賦課若しくは徴収を免れ、又は不正に国税若しくは地方税の還付を受けることにつき、指示をし、相談に応じ、その他これらに類似する行為をしてはならない。

（信用失墜行為の禁止）

第37条　税理士は、税理士の信用又は品位を害するような行為をしてはならない。

（非税理士に対する名義貸しの禁止）

第37条の２　税理士は、第52条又は第53条第１項から第３項までの規定に違反する者に自己の名義を利用させてはならない。

（秘密を守る義務）

第38条　税理士は、正当な理由がなくて、税理士業務に関して知り得た秘密を他に洩らし、又は窃用してはならない。税理士でなくなつた後においても、また同様とする。

（会則を守る義務）

第39条　税理士は、所属税理士会及び日本税理士会連合会の会則を守らなければならない。

（研　修）

第39条の２　税理士は、所属税理士会及び日本税理士会連合会が行う研修を受け、その資質の向上を図るように努めなければならない。

関連法規

（事務所の設置）

第40条　税理士（税理士法人の社員（財務省令で定める者を含む。第4項において同じ。）を除く。次項及び第3項において同じ。）及び税理士法人は、税理士業務を行うための事務所を設けなければならない。

2　税理士が設けなければならない事務所は、税理士事務所と称する。

3　税理士は、税理士事務所を2以上設けてはならない。

4　税理士法人の社員は、税理士業務を行うための事務所を設けてはならない。

（帳簿作成の義務）

第41条　税理士は、税理士業務に関して帳簿を作成し、委嘱者別に、かつ、1件ごとに、税務代理、税務書類の作成又は税務相談の内容及びそのてん末を記載しなければならない。

2　前項の帳簿は、閉鎖後5年間保存しなければならない。

3　税理士は、財務省令で定めるところにより、第1項の帳簿を電磁的記録をもつて作成することができる。

（使用人等に対する監督義務）

第41条の2　税理士は、税理士業務を行うため使用人その他の従業者を使用するときは、税理士業務の適正な遂行に欠けるところのないよう当該使用人その他の従業者を監督しなければならない。

（助言義務）

第41条の3　税理士は、税理士業務を行うに当たつて、委嘱者が不正に国税若しくは地方税の賦課若しくは徴収を免れている事実、不正に国税若しくは地方税の還付を受けている事実又は国税若しくは地方税の課税標準等の計算の基礎となるべき事実の全部若しくは一部を隠ぺいし、若しくは仮装している事実があることを知つたときは、直ちに、その是正をするよう助言しなければならない。

（業務の制限）

第42条　国税又は地方税に関する行政事務に従事していた国又は地方公共団体の公務員で税理士となつたものは、離職後1年間は、その離職前1年内に占めていた職の所掌に属すべき事件について税理士業務を行つてはならない。但し、国税庁長官の承認を受けた者については、この限りでない。

（業務の停止）

第43条　税理士は、懲戒処分により、弁護士、外国法事務弁護士、公認会計士、弁理士、司法書士、行政書士若しくは社会保険労務士の業務を停止された場合又は不動産鑑定士の鑑定評価等業務を禁止された場合においては、その処分を受けている間、税理士業務を行つてはならない。税理士が報酬のある公職に就き、その職にある間においても、また同様とする。

第5章　税理士の責任

（懲戒の種類）

第44条　税理士に対する懲戒処分は、次の3種とする。

一　戒告

二　2年以内の税理士業務の停止

三　税理士業務の禁止

（脱税相談等をした場合の懲戒）

第45条　財務大臣は、税理士が、故意に、真正の事実に反して税務代理若しくは税務書類の作成をしたとき、又は第36条の規定に違反する行為をしたときは、2年以内の税理士業務の停止又は税理士業務の禁止の処分をすることができる。

2　財務大臣は、税理士が、相当の注意を怠り、前項に規定する行為をしたときは、戒告又は2年以内の税理士業務の停止の処分をすることができる。

（一般の懲戒）

第46条　財務大臣は、前条の規定に該当する場合を除くほか、税理士が、第33条の2第1項若しくは第2項の規定により添付する書面に虚偽の記載をしたとき、又はこの法律若しくは国税若しくは地方税に関する法令の規定に違反したときは、第44条に規定する懲戒処分をすることができる。

（懲戒の手続等）

第47条　地方公共団体の長は、税理士について、地方税に関し前2条に規定する行為又は事実があると認めたときは、財務大臣に対し、当該税理士の氏名及び税理士事務所又は税理士法人の事務所の所在地並びにその行為又は事実を通知するものとする。

2　税理士会は、その会員について、前2条に規定する行為又は事実があると認めたときは、財務大臣に対し、当該会員の氏名及び税理士事務所又は税理士法人の事務所の所在地並びにその行為又は事実を通知しなければならない。

3　何人も、税理士について、前2条に規定する行為又は事実があると認めたときは、財務大臣に対し、当該税理士の氏名及びその行為又は事実を通知し、適当な措置をとるべきことを求めることができる。

4　財務大臣は、前2条の規定により税理士の懲戒処分をしようとするときは、国税審議会に諮り、その議決に基づいてしなければならない。当該懲戒処分に係る審査請求について、行政不服審査法第46条第1項の規定により裁決をしようとするときも、同様とする。

5　財務大臣は、前2条の規定により税理士の懲戒処分をするときは、その理由を付記した書面により、その旨を当該税理士に通知しなければならない。

（登録抹消の制限）

第47条の2　日本税理士会連合会は、税理士が懲戒の手続に付された場合においては、その手続が結了するまでは、第26条第1項第1号の規定による当該税理士の登録の抹消をすることができない。

（除斥期間）

第47条の3　懲戒の事由があつたときから10年を経過したときは、懲戒の手続を開始することができない。

（懲戒処分の公告）

第47条の4　財務大臣は、第45条又は第46条の規定により懲戒処分をしたときは、遅滞なくその旨を官報をもつて公告しなければならない。

（懲戒処分を受けるべきであつたことについての決定等）

第48条　財務大臣は、税理士であつた者につき税理士であつた期間内に第45条又は第46条に規定する行為又は事実があると認めたときは、当該税理士であつた者がこれらの規定による懲戒処分を受けるべきであつたことについて決定をすることができる。この場合において、財務大臣は、当該税理士であつた者が受けるべきであつた懲戒処分の種類（当該懲戒処分が第44条第2号に掲げる処分である場合には、懲戒処分の種類及び税理士業務の停止をすべき期間）を明らかにしなければならない。

2　第47条第1項から第3項までの規定は、税理士であつた者につき税理士であつた期間内に第45条又は第46条に規定する行為又は事実があると認めた場合について準用する。

3　第47条第四項及び第五項並びに前2条の規定は、第1項の規定による決定について準用する。

第5章の2　税理士法人

（設　立）

第48条の2　税理士は、この章の定めるところにより、税理士法人（税理士業務を組織的に行うことを目的として、税理士が共同して設立した法人をいう。以下同じ。）を設立することができる。

（名　称）

第48条の3　税理士法人は、その名称中に税理士法人という文字を使用しなければならない。

（社員の資格）

第48条の4　税理士法人の社員は、税理士でなければならない。

2　次に掲げる者は、社員となることができない。

一　第43条の規定に該当することとなつた場合又は第45条若しくは第46条の規定による税理士業務の停止の処分を受けた場合において、当該業務の停止の期間を経過しない者

二　第48条の20第1項の規定により税理士法人が解散又は業務の停止を命ぜられた場合において、その処分の日以前30日内にその社員で

あつた者でその処分の日から３年（業務の停止を命ぜられた場合にあつては、当該業務の停止の期間）を経過しないもの

（業務の範囲）

第48条の５　税理士法人は、税理士業務を行うほか、定款で定めるところにより、第２条第２項の業務その他の業務で税理士が行うことができるものとして財務省令で定める業務の全部又は一部を行うことができる。

第48条の６　前条に規定するもののほか、税理士法人は、第２条の２第１項の規定により税理士が処理することができる事務を当該税理士法人の社員又は使用人である税理士（以下この条及び第48条の20第４項において「社員等」という。）に行わせる事務の委託を受けることができる。この場合において、当該税理士法人は、委託者に、当該税理士法人の社員等のうちからその補佐人を選任させなければならない。

（登　記）

第48条の７　税理士法人は、政令で定めるところにより、登記をしなければならない。

２　前項の規定により登記をしなければならない事項は、登記の後でなければ、これをもつて第三者に対抗することができない。

（設立の手続）

第48条の８　税理士法人を設立するには、その社員になろうとする税理士が、共同して定款を定めなければならない。

２　会社法（平成17年法律第86号）第30条第１項の規定は、税理士法人の定款について準用する。

３　定款には、少なくとも次に掲げる事項を記載しなければならない。

一　目的

二　名称

三　事務所の所在地

四　社員の氏名及び住所

五　社員の出資に関する事項

六　業務の執行に関する事項

（成立の時期）

第48条の９　税理士法人は、その主たる事務所の所在地において設立の登記をすることによつて成立する。

（成立の届出等）

第48条の10　税理士法人は、成立したときは、成立の日から２週間以内に、登記事項証明書及び定款の写しを添えて、その旨を、その主たる事務所の所在地を含む区域に設立されている税理士会（以下この章において「本店所在地の税理士会」という。）を経由して、日本税理士会連合会に届け出なければならない。

２　日本税理士会連合会は、財務省令で定めるところにより、税理士法人の名簿を作成し、これを国税庁長官に提出しなければならない。

３　日本税理士会連合会は、財務省令で定めるところにより、前項の名簿を電磁的記録をもつて作成することができる。

（業務を執行する権限）

第48条の11　税理士法人の社員は、すべて業務を執行する権利を有し、義務を負う。

２　税理士法人の社員は、定款によつて禁止されていないときに限り、特定の行為の代理を他人に委任することができる。

（社員の常駐）

第48条の12　税理士法人の事務所には、その事務所の所在地を含む区域に設立されている税理士会の会員である社員を常駐させなければならない。

（定款の変更）

第48条の13　税理士法人は、定款に別段の定めがある場合を除き、総社員の同意によつて、定款の変更をすることができる。

２　税理士法人は、定款を変更したときは、変更の日から２週間以内に、変更に係る事項を、本店所在地の税理士会を経由して、日本税理士会連合会に届け出なければならない。

（社員の競業の禁止）

第48条の14　税理士法人の社員は、自己若しくは第三者のためにその税理士法人の業務の範囲に属する業務を行い、又は他の税理士法人の社員となつてはならない。

２　税理士法人の社員が前項の規定に違反して自己又は第三者のためにその税理士法人の業務の

範囲に属する業務を行つたときは、当該業務によって当該社員又は第三者が得た利益の額は、税理士法人に生じた損害の額と推定する。

（業務の執行方法）

第48条の15　税理士法人は、税理士でない者に税理士業務を行わせてはならない。

（税理士の権利及び義務等に関する規定の準用）

第48条の16　第1条、第2条の3、第30条、第31条、第34条から第37条の2まで、第39条及び第41条から第41条の3までの規定は、税理士法人について準用する。

（法定脱退）

第48条の17　税理士法人の社員は、次に掲げる理由によつて脱退する。

一　税理士の登録の抹消

二　定款に定める理由の発生

三　総社員の同意

四　第43条の規定に該当することとなつたこと。

五　第45条又は第46条の規定による税理士業務の停止の処分を受けたこと。

六　除名

（解散）

第48条の18　税理士法人は、次に掲げる理由によつて解散する。

一　定款に定める理由の発生

二　総社員の同意

三　他の税理士法人との合併

四　破産手続開始の決定

五　解散を命ずる裁判

六　第48条の20第1項の規定による解散の命令

2　税理士法人は、前項の規定による場合のほか、社員が1人になり、そのなつた日から引き続き6月間その社員が2人以上にならなかつた場合においても、その6月を経過した時に解散する。

3　税理士法人は、第1項第3号の事由以外の事由により解散したときは、解散の日から2週間以内に、その旨を、本店所在地の税理士会を経由して、日本税理士会連合会に届け出なければならない。

（裁判所による監督）

第48条の18の2　税理士法人の解散及び清算は、裁判所の監督に属する。

2　裁判所は、職権で、いつでも前項の監督に必要な検査をすることができる。

3　税理士法人の解散及び清算を監督する裁判所は、財務大臣に対し、意見を求め、又は調査を嘱託することができる。

4　財務大臣は、前項に規定する裁判所に対し、意見を述べることができる。

（清算結了の届出）

第48条の18の3　清算が結了したときは、清算人は、その旨を日本税理士会連合会に届け出なければならない。

（解散及び清算の監督に関する事件の管轄）

第48条の18の4　税理士法人の解散及び清算の監督に関する事件は、その主たる事務所の所在地を管轄する地方裁判所の管轄に属する。

（検査役の選任）

第48条の18の5　裁判所は、税理士法人の解散及び清算の監督に必要な調査をさせるため、検査役を選任することができる。

2　前項の検査役の選任の裁判に対しては、不服を申し立てることができない。

3　裁判所は、第1項の検査役を選任した場合には、税理士法人が当該検査役に対して支払う報酬の額を定めることができる。この場合においては、裁判所は、当該税理士法人及び検査役の陳述を聴かなければならない。

（合併）

第48条の19　税理士法人は、総社員の同意があるときは、他の税理士法人と合併することができる。

2　合併は、合併後存続する税理士法人又は合併により設立する税理士法人が、その主たる事務所の所在地において登記をすることによつて、その効力を生ずる。

3　税理士法人は、合併したときは、合併の日から2週間以内に、登記事項証明書（合併により設立する税理士法人にあつては、登記事項証明書及び定款の写し）を添えて、その旨を、本店所在地の税理士会を経由して、日本税理士会連合会に届け出なければならない。

関連法規

4　合併後存続する税理士法人又は合併により設立する税理士法人は、合併により消滅する税理士法人の権利義務を承継する。

（債権者の異議等）

第48条の19の２　合併をする税理士法人の債権者は、当該税理士法人に対し、合併について異議を述べることができる。

2　合併をする税理士法人は、次に掲げる事項を官報に公告し、かつ、知れている債権者には、各別にこれを催告しなければならない。ただし、第３号の期間は、１月を下ることができない。

一　合併をする旨

二　合併により消滅する税理士法人及び合併後存続する税理士法人又は合併により設立する税理士法人の名称及び主たる事務所の所在地

三　債権者が一定の期間内に異議を述べることができる旨

3　前項の規定にかかわらず、合併をする税理士法人が同項の規定による公告を、官報のほか、第６項において準用する会社法第939条第１項の規定による定款の定めに従い、同項第２号又は第３号に掲げる方法によりするときは、前項の規定による各別の催告は、することを要しない。

4　債権者が第２項第３号の期間内に異議を述べなかつたときは、当該債権者は、当該合併について承認をしたものとみなす。

5　債権者が第２項第３号の期間内に異議を述べたときは、合併をする税理士法人は、当該債権者に対し、弁済し、若しくは相当の担保を提供し、又は当該債権者に弁済を受けさせることを目的として信託会社等（信託会社及び信託業務を営む金融機関（金融機関の信託業務の兼営等に関する法律（昭和18年法律第43号）第１条第１項の認可を受けた金融機関をいう。）をいう。）に相当の財産を信託しなければならない。ただし、当該合併をしても当該債権者を害するおそれがないときは、この限りでない。

6　会社法第939条第１項（第２号及び第３号に係る部分に限る。）及び第３項、第940条第１項（第３号に係る部分に限る。）及び第３項、第941条、第946条、第947条、第951条第２項、第953条並びに第955条の規定は、税理士法人が第２項の規定による公告をする場合について準用する。この場合において、同法第939条第１項及び第３項中「公告方法」とあるのは「合併の公告の方法」と、同法第946条第３項中「商号」とあるのは「名称」と読み替えるものとする。

（合併の無効の訴え）

第48条の19の３　会社法第828条第１項（第７号及び第８号に係る部分に限る。）及び第２項（第７号及び第８号に係る部分に限る。）、第834条（第７号及び第８号に係る部分に限る。）、第835条第１項、第836条第２項及び第３項、第837条から第839条まで、第843条（第１項第３号及び第４号並びに第２項ただし書を除く。）並びに第846条の規定は税理士法人の合併の無効の訴えについて、同法第868条第６項、第870条第２項（第６号に係る部分に限る。）、第870条の２、第871条本文、第872条（第５号に係る部分に限る。）、第872条の２、第873条本文、第875条及び第876条の規定はこの条において準用する同法第843条第４項の申立てについて、それぞれ準用する。

（違法行為等についての処分）

第48条の20　財務大臣は、税理士法人がこの法律若しくはこの法律に基づく命令に違反し、又は運営が著しく不当と認められるときは、その税理士法人に対し、戒告し、若しくは２年以内の期間を定めて業務の全部若しくは一部の停止を命じ、又は解散を命ずることができる。

2　第47条、第47条の３及び第47条の４の規定は、前項の処分について準用する。

3　第１項の規定による処分の手続に付された税理士法人は、清算が結了した後においても、この条の規定の適用については、当該手続が結了するまで、なお存続するものとみなす。

4　第１項の規定は、同項の規定により税理士法人を処分する場合において、当該税理士法人の社員等につき第45条又は第46条に該当する事実があるときは、その社員等である税理士に対し、懲戒処分を併せて行うことを妨げるものと解し

てはならない。

（一般社団法人及び一般財団法人に関する法律及び会社法の準用等）

第48条の21　一般社団法人及び一般財団法人に関する法律（平成18年法律第48号）第４条並びに会社法第600条、第614条から第619条まで、第621条及び第622条の規定は税理士法人について、同法第580条第１項、第581条、第582条、第585条第１項及び第４項、第586条、第593条、第595条、第596条、第599条、第601条、第605条、第606条、第609条第１項及び第２項、第611条（第１項ただし書を除く。）、第612条並びに第613条の規定は税理士法人の社員について、同法第589条第１項の規定は税理士法人の社員であると誤認させる行為をした者の責任について、同法第859条から第862条までの規定は税理士法人の社員の除名並びに業務を執行する権利及び代表権の消滅の訴えについて、それぞれ準用する。この場合において、同法第613条中「商号」とあるのは「名称」と、同法第615条第１項、第617条第１項及び第２項並びに第618条第１項第２号中「法務省令」とあるのは「財務省令」と、同法第617条第３項中「電磁的記録」とあるのは「電磁的記録（税理士法第２条第１項第２号に規定する電磁的記録をいう。次条第１項第２号において同じ。）」と、同法第859条第２号中「第594条第１項（第598条第２項において準用する場合を含む。）」とあるのは「税理士法第48条の14第１項」と読み替えるものとする。

2　会社法第644条（第３号を除く。）、第645条から第649条まで、第650条第１項及び第２項、第651条第１項及び第２項（同法第594条の準用に係る部分を除く。）、第652条、第653条、第655条から第659条まで、第662条から第664条まで、第666条から第673条まで、第675条、第863条、第864条、第868条第１項、第869条、第870条第１項（第１号及び第２号に係る部分に限る。）、第871条、第872条（第４号に係る部分に限る。）、第874条（第１号及び第４号に係る部分に限る。）、第875条並びに第876条の規定は、税理士法人の解散及び清算について準用する。この場合において、同法第644条第１号中「第641条第５号」とあるのは「税理士法第48条の18第１項第３号」と、同法第647条第３項中「第641条第４号又は第７号」とあるのは「税理士法第48条の18第１項第５号若しくは第６号又は第２項」と、同法第658条第１項及び第669条中「法務省令」とあるのは「財務省令」と、同法第668条第１項及び第669条中「第641条第１号から第３号まで」とあるのは「税理士法第48条の18第１項第１号又は第２号」と、同法第670条第３項中「第939条第１項」とあるのは「税理士法第48条の19の２第６項において準用する第939条第１項」と、同法第673条第１項中「第580条」とあるのは「税理士法第48条の21第１項において準用する第580条第１項」と読み替えるものとする。

3　会社法第824条、第826条、第868条第１項、第870条第１項（第10号に係る部分に限る。）、第871条本文、第872条（第４号に係る部分に限る。）、第873条本文、第875条、第876条、第904条及び第937条第１項（第３号ロに係る部分に限る。）の規定は税理士法人の解散の命令について、同法第825条、第868条第１項、第870条第１項（第１号に係る部分に限る。）、第871条、第872条（第１号及び第４号に係る部分に限る。）、第873条、第874条（第２号及び第３号に係る部分に限る。）、第875条、第876条、第905条及び第906条の規定はこの項において準用する同法第824条第１項の申立てがあつた場合における税理士法人の財産の保全について、それぞれ準用する。

4　会社法第828条第１項（第１号に係る部分に限る。）及び第２項（第１号に係る部分に限る。）、第834条（第１号に係る部分に限る。）、第835条第１項、第837条から第839条まで並びに第846条の規定は、税理士法人の設立の無効の訴えについて準用する。

5　会社法第833条第２項、第834条（第21号に係る部分に限る。）、第835条第１項、第837条、第838条、第846条及び第937条第１項（第１号リに係る部分に限る。）の規定は、税理士法人の解

散の訴えについて準用する。

6　破産法（平成16年法律第75号）第16条の規定の適用については、税理士法人は、合名会社とみなす。

第６章　税理士会及び日本税理士会連合会

（税理士会）

第49条　税理士は、国税局の管轄区域ごとに、１の税理士会を設立しなければならない。

2　税理士会は、会員である税理士の数が財務省令で定める数を超える場合には、財務省令で定めるところにより、国税庁長官に対し、当該税理士会が設立されている区域内において新たに税理士会を設立することができる区域（以下「指定区域」という。）を定めることを請求することができる。

3　国税庁長官は、前項の規定による請求があつたときは、財務省令で定めるところにより、当該請求をした税理士会が設立されている区域内において指定区域を定めることができる。

4　前項の規定により指定区域が定められたときは、当該指定区域内に税理士事務所又は税理士法人の事務所の登録を受けた税理士は、当該指定区域に１の税理士会を設立することができる。

5　前項の規定により新たに税理士会が設立されたときは、その設立の時において、当該税理士会が設立された指定区域は第２項の規定による請求をした税理士会（以下この項において「前の税理士会」という。）が設立されていた区域から除かれるものとし、当該前の税理士会が設立されていた区域のうち当該指定区域以外の区域は第３項の規定により国税庁長官が定めたものとし、当該前の税理士会は前項の規定により設立されたものとする。

6　税理士会は、税理士及び税理士法人の使命及び職責にかんがみ、税理士及び税理士法人の義務の遵守及び税理士業務の改善進歩に資するため、支部（第49条の３第１項に規定する支部をいう。）及び会員に対する指導、連絡及び監督

に関する事務を行うことを目的とする。

7　税理士会は、法人とする。

8　税理士会は、その名称中に税理士会という文字を用いなければならない。

（税理士会の会則）

第49条の２　税理士は、税理士会を設立しようとするときは、会則を定め、その会則について財務大臣の認可を受けなければならない。

2　税理士会の会則には、次の事項を記載しなければならない。

一　名称及び事務所の所在地

二　入会及び退会に関する規定

三　役員に関する規定

四　会議に関する規定

五　税理士の品位保持に関する規定

六　会員の研修に関する規定

七　会員の業務に関する紛議の調停に関する規定

八　第２条の業務において電磁的方法により行う事務に関する規定

九　税理士業務に係る使用人その他の従業者に対する監督に関する規定

十　委嘱者の経済的理由により無償又は著しく低い報酬で行う税理士業務に関する規定

十一　租税に関する教育その他知識の普及及び啓発のための活動に関する規定

十二　会費に関する規定

十三　庶務及び会計に関する規定

3　税理士会の会則の変更（政令で定める重要な事項に係るものに限る。）は、財務大臣の認可を受けなければ、その効力を生じない。

（税理士会の支部）

第49条の３　税理士会は、１の税務署の管轄区域ごとに支部を設けなければならない。ただし、国税局長の承認を受けたときは、隣接する２以上の税務署の管轄区域を地区として支部を設けることができる。

2　支部は、税理士会の目的の達成に資するため、支部に所属する会員に対する指導、連絡及び監督を行う。

（成立の時期）

第49条の4　税理士会は、その主たる事務所の所在地において設立の登記をすることによつて成立する。

（登　記）

第49条の5　税理士会は、政令で定めるところにより、登記をしなければならない。

2　前項の規定により登記しなければならない事項は、登記の後でなければ、これをもつて第三者に対抗することができない。

（入会及び退会等）

第49条の6　税理士は、登録を受けた時に、当然、その登録を受けた税理士事務所又は税理士法人の事務所の所在地を含む区域に設立されている税理士会の会員となる。

2　税理士は、登録を受けた税理士事務所又は税理士法人の事務所を所属税理士会以外の税理士会が設立されている区域に所在地のある税理士事務所又は税理士法人の事務所に変更する旨の申請をしたときは、その変更の登録の申請をした時に、当然、従前の所属税理士会を退会し、変更後の税理士事務所又は税理士法人の事務所の所在地を含む区域に設立されている税理士会の会員となる。

3　税理士法人は、その成立の時に、当然、税理士法人の主たる事務所の所在地を含む区域に設立されている税理士会の会員となる。

4　税理士法人は、主たる事務所以外に事務所を設け、又は税理士法人の各事務所を各所属税理士会以外の税理士会が設立されている区域に移転したときは、税理士法人の事務所の新所在地（主たる事務所以外の事務所を設け、又は移転したときにあつては、主たる事務所の所在地）においてその旨を登記した時に、当然、当該事務所（主たる事務所以外の事務所を設け、又は移転したときにあつては、当該主たる事務所以外の事務所）の所在地を含む区域に設立されている税理士会の会員となる。

5　税理士法人は、その事務所の移転又は廃止により、所属税理士会の区域内に税理士法人の事務所を有しないこととなつたときは、旧所在地（主たる事務所以外の事務所を移転し、又は廃止したときにあつては、主たる事務所の所在地）においてその旨を登記した時に、当然、当該税理士会を退会する。

6　税理士及び税理士法人は、所属税理士会が設立されている区域の変更（第49条第5項の規定による区域の変更を含む。）があり、税理士事務所又は税理士法人の事務所の所在地が所属税理士会以外の税理士会が設立されている区域に含まれることとなつたときは、その区域の変更があつた時に、当然、従前の所属税理士会を退会し、その区域の変更後の税理士事務所又は税理士法人の事務所の所在地を含む区域に設立されている税理士会の会員となる。

7　税理士は、第26条第1項各号のいずれかに該当することとなつたときは、その該当することとなつた時に、当然、所属税理士会を退会する。

8　税理士法人は、解散した時に、当然、所属税理士会を退会する。

9　税理士及び税理士法人は、税理士事務所又は税理士法人の事務所の所在地を含む区域に設けられている税理士会の支部に所属するものとする。

（役　員）

第49条の7　税理士会に、会長、副会長その他会則で定める役員を置く。

2　会長は、税理士会を代表し、その会務を総理する。

3　副会長は、会長の定めるところにより、会長を補佐し、会長に事故があるときはその職務を代理し、会長が欠員のときはその職務を行う。

4　役員は、会則又は総会の決議によつて禁止されていないときに限り、特定の行為の代理を他人に委任することができる。

（総　会）

第49条の8　税理士会は、毎年定期総会を開かなければならない。

2　税理士会は、必要と認める場合には、臨時総会を開くことができる。

3　税理士会の会則の変更、予算及び決算は、総会の決議を経なければならない。

関連法規

（総会の決議等の報告）

第49条の9　税理士会は、総会の決議並びに役員の就任及び退任を財務大臣に報告しなければならない。

（紛議の調停）

第49条の10　税理士会は、会員の業務に関する紛議について、会員又は当事者その他関係人の請求により調停をすることができる。

（建議等）

第49条の11　税理士会は、税務行政その他租税又は税理士に関する制度について、権限のある官公署に建議し、又はその諮問に答申することができる。

（合併及び解散）

第49条の12　国税局の管轄区域が変更されたためその区域内にある税理士会が合併又は解散する必要があるときは、その税理士会は、総会の決議により合併又は解散する。

2　合併後存続する税理士会又は合併により設立する税理士会は、合併により消滅する税理士会の権利義務を承継する。

3　第48条の19の2の規定は、税理士会が合併をする場合について準用する。

4　税理士会が合併したときは、合併により解散した税理士会に所属した税理士は、当然、合併後存続し又は合併により設立された税理士会の会員となる。

（清算中の税理士会の能力）

第49条の12の2　解散した税理士会は、清算の目的の範囲内において、その清算の結了に至るまではなお存続するものとみなす。

（清算人）

第49条の12の3　税理士会が解散したときは、破産手続開始の決定による解散の場合を除き、会長及び副会長がその清算人となる。ただし、会則に別段の定めがあるとき、又は総会において会長及び副会長以外の者を選任したときは、この限りでない。

2　次に掲げる者は、清算人となることができない。

一　死刑又は無期若しくは6年以上の懲役若し

くは禁錮の刑に処せられ、復権を得ない者

二　6年未満の懲役又は禁錮の刑に処せられ、その執行を終わるまで又はその執行を受けることがなくなるまでの者

〔施行　刑法等の一部を改正する法律（令和4年6月17日法律第67号）の公布の日〔令和4年6月17日〕から起算して3年を超えない範囲内において政令で定める日〕

（清算人）

第49条の12の3　現行条文に同じ

2　現行条文に同じ

一　死刑又は無期若しくは6年以上の拘禁刑に処せられ、復権を得ない者

二　6年未満の拘禁刑に処せられ、その執行を終わるまで又はその執行を受けることがなくなるまでの者

（裁判所による清算人の選任）

第49条の12の4　前条第1項の規定により清算人となる者がないとき、又は清算人が欠けたため損害を生ずるおそれがあるときは、裁判所は、利害関係人若しくは検察官の請求により又は職権で、清算人を選任することができる。

（清算人の解任）

第49条の12の5　重要な事由があるときは、裁判所は、利害関係人若しくは検察官の請求により又は職権で、清算人を解任することができる。

（清算人の職務及び権限）

第49条の12の6　清算人の職務は、次のとおりとする。

一　現務の結了

二　債権の取立て及び債務の弁済

三　残余財産の引渡し

2　清算人は、前項各号に掲げる職務を行うために必要な一切の行為をすることができる。

（債権の申出の催告等）

第49条の12の7　清算人は、その就職の日から2月以内に、少なくとも3回の公告をもつて、債権者に対し、一定の期間内にその債権の申出をすべき旨の催告をしなければならない。この場合において、その期間は、2月を下ることがで

きない。

2　前項の公告には、債権者がその期間内に申出をしないときは清算から除斥されるべき旨を付記しなければならない。ただし、清算人は、知れている債権者を除斥することができない。

3　清算人は、知れている債権者には、各別にその申出の催告をしなければならない。

4　第１項の公告は、官報に掲載してする。

（期間経過後の債権の申出）

第49条の12の８　前条第１項の期間の経過後に申出をした債権者は、税理士会の債務が完済された後まだ権利の帰属すべき者に引き渡されていない財産に対してのみ、請求をすることができる。

（裁判所による監督）

第49条の12の９　税理士会の解散及び清算は、裁判所の監督に属する。

2　裁判所は、職権で、いつでも前項の監督に必要な検査をすることができる。

（日本税理士会連合会）

第49条の13　全国の税理士会は、日本税理士会連合会を設立しなければならない。

2　日本税理士会連合会は、税理士及び税理士法人の使命及び職責にかんがみ、税理士及び税理士法人の義務の遵守及び税理士業務の改善進歩に資するため、税理士会及びその会員に対する指導、連絡及び監督に関する事務を行い、並びに税理士の登録に関する事務を行うことを目的とする。

3　日本税理士会連合会は、法人とする。

4　税理士会は、当然、日本税理士会連合会の会員となる。

（日本税理士会連合会の会則）

第49条の14　日本税理士会連合会の会則には、次の事項を記載しなければならない。

一　第49条の２第２項第１号、第３号から第５号まで、第８号及び第11号から第13号までに掲げる事項

二　税理士の登録に関する規定

三　第49条の16に規定する資格審査会に関する規定

四　第41条第１項の帳簿及びその記載に関する規定

五　税理士会の会員の研修に関する規定

六　第49条の２第２項第10号に規定する税理士業務の実施の基準に関する規定

2　日本税理士会連合会の会則の変更（前項第２号に掲げる事項その他政令で定める重要な事項に係るものに限る。）は、財務大臣の認可を受けなければ、その効力を生じない。

（税理士会に関する規定の準用）

第49条の15　第49条の２第１項、第49条の４、第49条の５、第49条の７から第49条の９まで及び第49条の11の規定は、日本税理士会連合会について準用する。

（資格審査会）

第49条の16　日本税理士会連合会に、資格審査会を置く。

2　資格審査会は、日本税理士会連合会の請求により、第22条第１項の規定による登録若しくは登録の拒否又は第25条第１項の規定による登録の取消しについて審議を行うものとする。

3　資格審査会は、会長及び委員４人をもつて組織する。

4　会長は日本税理士会連合会の会長をもつてこれに充てる。

5　委員は、会長が、財務大臣の承認を受けて、税理士、国税又は地方税の行政事務に従事する職員及び学識経験者のうちから委嘱する。

6　委員の任期は、２年とする。ただし、欠員が生じた場合の補欠の委員の任期は、前任者の残任期間とする。

7　前各項に規定するもののほか、資格審査会の組織及び運営に関し必要な事項は、政令で定める。

（総会の決議の取消し）

第49条の17　財務大臣は、税理士会又は日本税理士会連合会の総会の決議が法令又はその税理士会若しくは日本税理士会連合会の会則に違反し、その他公益を害するときは、その決議を取り消すべきことを命ずることができる。

（貸借対照表等）

第49条の18　日本税理士会連合会は、毎事業年度、

関連法規

第49条の15の規定において準用する第49条の8第3項に規定する総会の決議を経た後、遅滞なく、貸借対照表及び収支計算書を官報に公告し、かつ、財産目録、貸借対照表、収支計算書及び附属明細書並びに会則で定める事業報告書及び監事の意見書を、事務所に備えて置き、財務省令で定める期間、一般の閲覧に供しなければならない。

（一般的監督）

第49条の19　財務大臣は、税理士会又は日本税理士会連合会の適正な運営を確保するため必要があるときは、これらの団体から報告を徴し、その行う業務について勧告し、又は当該職員をしてこれらの団体の業務の状況若しくは帳簿書類その他の物件を検査させることができる。

2　前項の規定による報告の徴取又は検査の権限は、犯罪捜査のために認められたものと解してはならない。

（一般社団法人及び一般財団法人に関する法律の準用）

第49条の20　一般社団法人及び一般財団法人に関する法律第4条及び第78条の規定は、税理士会及び日本税理士会連合会について準用する。

（政令への委任）

第49条の21　この法律に定めるもののほか、税理士会及び日本税理士会連合会の設立、運営、合併、解散及び清算に関し必要な事項は、政令で定める。

第7章　雑　　則

（臨時の税務書類の作成等）

第50条　国税局長（地方税については、地方公共団体の長）は、租税の申告時期において、又はその管轄区域内に災害があつた場合その他特別の必要がある場合においては、申告者等の便宜を図るため、税理士又は税理士法人以外の者に対し、その申請により、2月以内の期間を限り、かつ、租税を指定して、無報酬で申告書等の作成及びこれに関連する課税標準等の計算に関する事項について相談に応ずることを許可することができる。ただし、その許可を受けることが

できる者は、地方公共団体の職員及び公益社団法人又は公益財団法人その他政令で定める法人その他の団体の役員又は職員に限るものとする。

2　第33条第2項及び第4項、第36条並びに第38条の規定は、前項の規定による許可を受けた者に準用する。

（税理士業務を行う弁護士等）

第51条　弁護士は、所属弁護士会を経て、国税局長に通知することにより、その国税局の管轄区域内において、随時、税理士業務を行うことができる。

2　前項の規定により税理士業務を行う弁護士は、税理士業務を行う範囲において、第1条、第30条、第31条、第33条から第38条まで、第41条から第41条の3まで、第43条前段、第44条から第46条まで（これらの規定中税理士業務の禁止の処分に関する部分を除く。）、第47条、第47条の3、第47条の4及び第54条から第56条までの規定の適用については、税理士とみなす。この場合において、第33条第3項及び第33条の2第3項中「税理士である旨その他財務省令で定める事項」とあるのは、「第51条第1項の規定による通知をした弁護士である旨及び同条第3項の規定による通知をした弁護士法人又は弁護士・外国法事務弁護士共同法人の業務として同項の業務を行う場合にはこれらの法人の名称」とする。

3　弁護士法人又は弁護士・外国法事務弁護士共同法人（これらの法人の社員（弁護士に限る。）の全員が、第1項の規定により国税局長に通知している法人に限る。）は、所属弁護士会を経て、国税局長に通知することにより、その国税局の管轄区域内において、随時、税理士業務を行うことができる。

4　前項の規定により税理士業務を行う弁護士法人又は弁護士・外国法事務弁護士共同法人は、税理士業務を行う範囲において、第33条、第33条の2、第48条の16（第2条の3及び第39条の規定を準用する部分を除く。）、第48条の20（税理士法人に対する解散の命令に関する部分を除く。）及び第54条から第56条までの規定の適用

については、税理士法人とみなす。

（行政書士等が行う税務書類の作成）

第51条の2　行政書士又は行政書士法人は、それ
ぞれ行政書士又は行政書士法人の名称を用いて、
他人の求めに応じ、ゴルフ場利用税、自動車税、
軽自動車税、事業所税その他政令で定める租税
に関し税務書類の作成を業として行うことがで
きる。

（税理士業務の制限）

第52条　税理士又は税理士法人でない者は、この
法律に別段の定めがある場合を除くほか、税理
士業務を行つてはならない。

（名称の使用制限）

第53条　税理士でない者は、税理士若しくは税理
士事務所又はこれらに類似する名称を用いては
ならない。

2　税理士法人でない者は、税理士法人又はこれ
に類似する名称を用いてはならない。

3　税理士会及び日本税理士会連合会でない団体
は、税理士会若しくは日本税理士会連合会又は
これらに類似する名称を用いてはならない。

4　前3項の規定は、税理士又は税理士法人でな
い者並びに税理士会及び日本税理士会連合会で
ない団体が他の法律の規定により認められた名
称を用いることを妨げるものと解してはならな
い。

（税理士の使用人等の秘密を守る義務）

第54条　税理士又は税理士法人の使用人その他の
従業者は、正当な理由がなくて、税理士業務に
関して知り得た秘密を他に漏らし、又は盗用し
てはならない。税理士又は税理士法人の使用人
その他の従業者でなくなつた後においても、ま
た同様とする。

（監督上の措置）

第55条　国税庁長官は、税理士業務の適正な運営
を確保するため必要があるときは、税理士又は
税理士法人から報告を徴し、又は当該職員をし
て税理士又は税理士法人に質問し、若しくはそ
の業務に関する帳簿書類を検査させることがで
きる。

2　国税庁長官は、第48条第1項の規定による決

定のため必要があるときは、税理士であつた者
から報告を徴し、又は当該職員をして税理士で
あつた者に質問し、若しくはその業務に関する
帳簿書類を検査させることができる。

3　前2項の規定による報告の徴取、質問又は検
査の権限は、犯罪捜査のために認められたもの
と解してはならない。

（関係人等への協力要請）

第56条　国税庁長官は、この法律の規定に違反す
る行為又は事実があると思料するときその他税
理士業務の適正な運営を確保するため必要があ
るときは、関係人又は官公署に対し、当該職員
をして、必要な帳簿書類その他の物件の閲覧又
は提供その他の協力を求めさせることができる。

（事務の委任）

第57条　国税庁長官は、第55条第1項若しくは第
2項又は前条の規定によりその権限に属せしめ
られた事務を国税局長又は税務署長に取り扱わ
せることができる。

2　国税庁長官は、前項の規定により事務を国税
局長又は税務署長に取り扱わせることとしたと
きは、その旨を告示しなければならない。

第8章　罰　則

第58条　第36条（第48条の16又は第50条第2項に
おいて準用する場合を含む。）の規定に違反し
たときは、その違反行為をした者は、3年以下
の懲役又は200万円以下の罰金に処する。

> 〔施行　刑法等の一部を改正する法律（令和4年
> 6月17日法律第67号）の公布の日〔令和4
> 年6月17日〕から起算して3年を超えない
> 範囲内において政令で定める日〕
> **第58条**　第36条（第48条の16又は第50条第2項に
> おいて準用する場合を含む。）の規定に違反し
> たときは、その違反行為をした者は、3年以下
> の拘禁刑又は200万円以下の罰金に処する。

第59条　次の各号のいずれかに該当する場合には、
その違反行為をした者は、2年以下の懲役又は
100万円以下の罰金に処する。

一　税理士となる資格を有しない者が、日本税

理士会連合会に対し、その資格につき虚偽の申請をして税理士名簿に登録させたとき。

二　第37条の2（第48条の16において準用する場合を含む。）の規定に違反したとき。

三　第38条（第50条第2項において準用する場合を含む。）又は第54条の規定に違反したとき。

四　第52条の規定に違反したとき。

2　前項第3号の罪は、告訴がなければ公訴を提起することができない。

〔施行　刑法等の一部を改正する法律（令和4年6月17日法律第67号）の公布の日〔令和4年6月17日〕から起算して3年を超えない範囲内において政令で定める日〕

第59条　次の各号のいずれかに該当する場合には、その違反行為をした者は、2年以下の拘禁刑又は100万円以下の罰金に処する。

一〜四　現行条文に同じ

2　現行条文に同じ

第60条　次の各号のいずれかに該当する場合には、その違反行為をした者は、1年以下の懲役又は100万円以下の罰金に処する。

一　第42条の規定に違反したとき。

二　第43条の規定に違反したとき。

三　第45条若しくは第46条又は第48条の20第1項の規定による税理士業務の停止の処分を受けた場合において、その処分に違反して税理士業務を行つたとき。

〔施行　刑法等の一部を改正する法律（令和4年6月17日法律第67号）の公布の日〔令和4年6月17日〕から起算して3年を超えない範囲内において政令で定める日〕

第60条　次の各号のいずれかに該当する場合には、その違反行為をした者は、1年以下の拘禁刑又は100万円以下の罰金に処する。

一〜三　現行条文に同じ

第61条　次の各号のいずれかに該当する場合には、その違反行為をした者は、100万円以下の罰金に処する。

一　第53条第1項の規定に違反したとき。

二　第53条第2項の規定に違反したとき。

三　第53条第3項の規定に違反したとき。

第62条　次の各号のいずれかに該当する場合には、その違反行為をした者は、30万円以下の罰金に処する。

一　第48条の19の2第6項（第49条の12第3項において準用する場合を含む。）において準用する会社法第955条第1項の規定に違反して、同項に規定する調査記録簿等に同項に規定する電子公告調査に関し法務省令で定めるものを記載せず、若しくは記録せず、若しくは虚偽の記載若しくは記録をし、又は当該調査記録簿等を保存しなかつたとき。

二　第49条の19第1項又は第55条第1項若しくは第2項の規定による報告、質問又は検査について、報告をせず、若しくは虚偽の報告をし、質問に答弁せず、若しくは虚偽の答弁をし、又は検査を拒み、妨げ、若しくは忌避したとき。

第63条　法人の代表者又は法人若しくは人の代理人、使用人その他の従業者が、その法人又は人の業務に関し、第58条、第59条第1項第2号（第48条の16において準用する第37条の2に係る部分に限る。）若しくは第4号、第60条第3号（第48条の20第1項に係る部分に限る。）、第61条又は前条第1号若しくは第2号（第49条の19第1項及び第55条第1項（税理士法人に係る部分に限る。）に係る部分に限る。）の違反行為をしたときは、その行為者を罰するほか、その法人又は人に対し、各本条の罰金刑を科する。

第64条　次の各号のいずれかに該当する者は、100万円以下の過料に処する。

一　第48条の19の2第6項（第49条の12第3項において準用する場合を含む。次号において同じ。）において準用する会社法第946条第3項の規定に違反して、報告をせず、又は虚偽の報告をした者

二　正当な理由がないのに、第48条の19の2第6項において準用する会社法第951条第2項各号又は第955条第2項各号に掲げる請求を拒んだ者

関連法規

第65条　次の各号のいずれかに該当する場合には、税理士法人の社員若しくは清算人又は税理士会若しくは日本税理士会連合会の役員は、30万円以下の過料に処する。

一　この法律に基づく政令の規定に違反して登記をすることを怠つたとき。

二　第48条の19の２第２項又は第５項の規定に違反して合併をしたとき。

三　第48条の19の２第６項（第49条の12第３項において準用する場合を含む。）において準用する会社法第941条の規定に違反して同条の調査を求めなかつたとき。

四　定款又は第48条の21第１項において準用する会社法第615条第１項の会計帳簿若しくは第48条の21第１項において準用する同法第617条第１項若しくは第２項の貸借対照表に記載し、若しくは記録すべき事項を記載せず、若しくは記録せず、又は虚偽の記載若しくは記録をしたとき。

五　第48条の21第２項において準用する会社法第656条第１項の規定に違反して破産手続開始の申立てを怠つたとき。

六　第48条の21第２項において準用する会社法第664条の規定に違反して財産を分配したとき。

七　第48条の21第２項において準用する会社法第670条第２項又は第５項の規定に違反して財産を処分したとき。

　　　附　則

1　この法律は、公布の日から起算して１月を経過した日から施行する。

2　税務代理士法は、廃止する。但し、同法第４条第１項の規定による税務代理士の許可に関する規定は、この法律施行の日から起算して３月間は、なおその効力を有し、その期間の満了の日までに同項の規定による許可を申請した者については、昭和27年３月31日まで、なおその効力を有する。

3　税務代理士法の廃止前にした行為に対する罰則の適用については、なお従前の例による。

4　左に掲げる者（弁護士及び公認会計士である者を除く。）は、第３条の規定にかかわらず、税理士となる資格を有するものとする。但し、これらの者は、第22条第１項の規定にかかわらず、政令で定める30時間以上の税法に関する講習又は研修を経た後でなければ税理士の登録を受けることができない。

一　この法律施行の際現に旧税務代理士法の規定による税務代理士の許可を受けている者

二　第２項但書の規定に基きなおその効力を有する旧税務代理士法の規定による税務代理士の許可を受けた者

5　この法律施行の際現に国又は地方公共団体の職員である者で、もつぱら国税に関する行政事務に従事した期間又はもつぱら地方税の賦課に関する事務に従事した期間がそれぞれ通算して15年又は20年以上になるものは、政令で定める基準により税法及び会計学に関し税理士試験の合格者と同等以上の学識を有する旨の試験委員の認定を受けた場合に限り、第３条の規定にかかわらず、税理士となる資格を有するものとする。

6　前項に規定する者は、同項の規定による試験委員の認定を受けようとするときは、この法律施行の日から起算して３月以内に、大蔵省令で定める手続により、その認定を試験委員に申請しなければならない。

7　試験委員は、前項の規定による申請に基き第５項の規定による認定をしたとき、又はその認定をしなかつたときは、その旨を申請者に通知する。

8　昭和26年６月30日以前に実施された公認会計士第３次試験又は特別公認会計士試験に合格した公認会計士は、第22条第１項の規定にかかわらず、政令で定める30時間以上の税法に関する講習又は研修を経た後でなければ、税理士の登録を受けることができない。

9　左に掲げる者については、この法律施行の日から起算して３月間（その期間内に第21条第１項の規定による登録の申請をした場合には、当該申請に基き税理士の登録を受けた日又は当該申請の却下の処分が確定した日までの期間）は、

　この法律施行の日において税理士となつたものとみなして、この法律の規定（税理士の登録及び税理士証票に関する規定を除く。）を適用する。この場合において、これらの者がこの法律施行の際現に税理士業務を行うための事務所を2以上設けているときは、この法律施行の日においてその設置について第40条第2項但書の規定による国税庁長官の許可を受けたものとみなす。

一　第4項第1号に掲げる者

二　この法律施行の際現に税務代理業を行つている弁護士

三　この法律施行の際現に旧税務代理士法の規定による税務代理士の許可を受けている公認会計士

10　前項前段の規定は、第4項第2号に掲げる者に準用する。この場合において、前項前段中「この法律施行の日」とあるのは、「旧税務代理士法の規定による税務代理士の許可を受けた日」と読み替えるものとする。

11　前2項の規定は、第4条の規定の適用を妨げるものと解してはならない。

12　旧税務代理士法に基く税務代理士会は、この法律施行の日において第49条第4項に規定する事務を行うことを目的とする法人となつたものとする。

13　前項の法人（以下「旧税務代理士会」という。）の組織及び運営に関しては、旧税務代理士法及び旧税務代理士法施行規則（昭和17年大蔵省令第13号）の規定（国税庁長官及び国税局長の監督に関する規定を除く。）の例による。但し、旧税務代理士会の会員は、同会を退会することができるものとし、税理士は、新たに同会の会員となることができるものとする。

14　旧税務代理士会の会員が同会を退会した場合のその退会した者に対する財産の分与については、この法律施行の際現に同会の会員である者の3分の2以上の多数をもつてする決議によつて定めるところによる。

15　旧税務代理士会は、第53条第2項の規定にかかわらず、税理士会又はこれに類似する名称を用いることができる。

16　旧税務代理士会は、法人税法の規定の適用については、同法第5条第1項に規定する法人とみなす。

17　旧税務代理士会は、その組織を変更して税理士会となることができる。

18　旧税務代理士会は、前項の規定によりその組織を変更して税理士会となるには、この法律施行の日から起算して3月以内に、会員の3分の2以上の多数をもつてする決議により定款を作成し、大蔵省令で定める手続により、その定款について、大蔵大臣の認可を申請しなければならない。

19　大蔵大臣は、前項の規定による申請に基きその認可をしたとき、又はその認可をしなかつたときは、その旨を申請者に通知する。

20　第17項の規定による組織変更は、第18項の規定による大蔵大臣の認可に因つてその効力を生ずる。

21　第17項の規定による組織変更がその効力を生じた場合においては、第18項の規定による大蔵大臣の認可をもつて税理士会の設立の許可とみなして民法第34条の規定による法人の設立の登記に関する同法及び非訟事件手続法（明治31年法律第14号）の規定を適用する。

22　旧税務代理士会は、第18項に規定する期間内に定款の認可の申請をしなかつた場合又は当該認可の申請をしたがその認可を受けることができなかつた場合においては、当該期間の満了の日又はその認可をしない旨の通知を受けた日において解散する。

23　前項の規定により旧税務代理士会が解散したときは、会長がその清算人となる。但し、会長が欠員のとき、又は会長に事故があるときは、副会長がその清算人となる。

24　前項の規定により清算人となる者がないとき、又は清算人が欠けたとき、若しくは清算人に事故が生じたときは、総会が選任した者が清算人となる。

25　旧税務代理士会の残余財産の処分については、会員の3分の2以上の多数をもつてする決議に

26　旧税務代理士会の清算は、国税庁長官が監督する。

27　民法第73条、第78条から第80条まで、第83条及び第84条第6号（同法第79条の公告に関する部分に限る。）の規定（法人の清算）は、旧税務代理士会の清算に準用する。

28　当分の間、第4条第5号中「地方税法」とあるのは、「地方税法又は旧地方税法（昭和23年法律第110号）（地方税法附則第3項において旧地方税法の規定の例によるものとされた場合を含む。）」と読み替えるものとする。

29　昭和26年及び昭和27年において実施される税理士試験に関しては、第6条第1号中「地方税法のうち附加価値税に関する部分」とあるのは、「地方税法のうち附加価値税に関する部分又は事業税（特別所得税を含む。）に関する部分」と読み替えるものとする。

30　昭和56年4月1日から昭和61年3月31日までの間、第6条の規定による税理士試験のほか、特別な税理士試験を行う。

31　次の各号の1に該当する者は、前項の規定による税理士試験を受けることができる。

一　官公署における国税又は地方税に関する事務にもつぱら従事した期間が通算して20年以上で政令で定める事務の区分に応じ政令で定める年数以上になる者

二　計理士又は会計士補の業務に従事した期間が通算して10年以上になる者

32　第30項の規定による税理士試験は、税理士審査会が、政令で定めるところにより、租税又は会計に関する実務について行う。

33　第30項の規定による税理士試験の合格者を定める場合には、政令で定めるところにより、当該試験の成績によるほか、受験者の第31項各号に規定する事務又は業務に従事した年数を3酌して定めることができる。

34　第30項の規定による税理士試験は、第3条第1項及び第48条の5の規定の適用については、第6条の規定による税理士試験とみなす。

35　第9条の規定は、第30項の規定による税理士試験について準用する。

36　前5項に定めるもののほか、第30項の規定による税理士試験の実施に関し必要な事項は、大蔵省令で定める。

37　公認会計士（第22条第1項の規定による税理士の登録を受けている者を除く。次項から第43項までにおいて同じ。）は、当分の間、第52条の規定にかかわらず、国税局長の許可を受けて、その行おうとする税理士業務の規模が小規模なものとして委嘱者の数その他の事項につき財務省令で定める規模の範囲内である場合に限り、税理士業務を行うことができる。

38　前項の許可を受けようとする公認会計士は、税理士業務を行おうとする事務所の所在地の所轄国税局長（第41項から第43項までにおいて「所轄国税局長」という。）に対し、氏名及び住所、当該事務所の所在地のほか、その行おうとする税理士業務に係る委嘱者の氏名又は名称及び住所若しくは居所又は主たる事務所の所在地（第42項において「委嘱者の氏名等」という。）その他財務省令で定める事項を記載した申請書を提出しなければならない。

39　国税局長は、前項の申請書を提出した公認会計士が、第4条各号若しくは第24条各号（第7号を除く。）の1に掲げる者に該当すると認めたとき又は当該申請書に記載すべき事項につき、当該事項を記載せず、若しくは虚偽の記載をした者であると認めたときは、第37項の許可をしてはならない。

40　第51条第2項の規定は、第37項の規定により税理士業務を行う公認会計士について準用する。この場合において、同条第2項中「第46条まで（これらの規定中税理士業務の禁止の処分に関する部分を除く。）」とあるのは「第46条まで」と、「第51条第1項の規定による通知をした弁護士である旨」とあるのは「附則第37項の許可を受けた公認会計士である旨」と読み替えるものとする。

41　所轄国税局長は、第37項の許可を受けた公認会計士が、同項に規定する財務省令で定める規模の範囲を超えて税理士業務を行つたとき又は

第38項の申請書に記載すべき事項につき、当該事項を記載せず、若しくは虚偽の記載をして申請書を提出し、その申請に基づき当該許可を受けた者であることが判明したときは、当該許可を取り消すことができる。

42　第37項の許可を受けた公認会計士は、当該許可を受けた日の属する年の翌年以後の各年3月31日までに、その年の前年において行つた税理士業務に係る委嘱者の氏名等その他財務省令で定める事項を記載した書類を所轄国税局長に提出しなければならない。

43　所轄国税局長は、第37項の許可を受けた公認会計士が、前項の書類を同項に定める期限までに提出しない場合又は当該書類に記載すべき事項につき、当該事項を記載せず、若しくは虚偽の記載をして当該書類を提出した場合には、第37項の規定により行つた許可を取り消すことができる。

44　第37項から前項までに定めるもののほか、第37項の許可及び当該許可に係る税理士業務に関し必要な事項は、財務省令で定める。

　　　附　則（昭和27年法律第216号〜／平成17年法律第83号）　（略）

　　　附　則（平成17年7月26日法律第87号／会社法の施行に伴う関係法律の整備等に関する法律）

この法律は、会社法の施行の日〔平成18年5月1日〕から施行する。（以下略）

　　　附　則（平成18年6月2日法律第50号／一般社団法人及び一般財団法人に関する法律及び公益社団法人及び公益財団法人の認定等に関する法律の施行に伴う関係法律の整備等に関する法律）

この法律は、一般社団・財団法人法の施行の日〔平成20年12月1日〕から施行する。（以下略）

（税理士法の一部改正に伴う経過措置）

第251条　前条の規定による改正後の税理士法第50条第1項ただし書に規定する公益社団法人又は公益財団法人には、第42条第1項に規定する特例社団法人又は特例財団法人を含むものとする。

　　　附　則（平成19年6月27日法律第96号／学校教育法等の一部を改正する法律）

（施行期日）

第1条　この法律は、公布の日から起算して6月を超えない範囲内において政令で定める日〔平成19年12月26日〕から施行する。（以下略）

　　　附　則（平成23年5月2日法律第35号／地方自治法の一部を改正する法律）

（施行期日）

第1条　この法律は、公布の日から起算して3月を超えない範囲内において政令で定める日から施行する。（以下略）

　　　附　則（平成23年5月25日法律第53号／非訟事件手続法及び家事事件手続法の施行に伴う関係法律の整備等に関する法律）

この法律は、新非訟事件手続法の施行の日〔平成25年1月1日〕から施行する。

　　　附　則（平成23年6月24日法律第74号／情報処理の高度化等に対処するための刑法等の一部を改正する法律）

（施行期日）

第1条　この法律は、公布の日から起算して20日を経過した日〔平成23年7月14日〕から施行する。（以下略）

　　　附　則（平成26年3月31日法律第10号／所得税法等の一部を改正する法律）

（施行期日）

第1条　この法律は、平成26年4月1日から施行する。ただし、次の各号に掲げる規定は、当該各号に定める日から施行する。

一　次に掲げる規定　平成26年7月1日

　イ　（略）

　ロ　第11条中税理士法第2条第1項第2号の改正規定及び同法第34条の改正規定並びに附則第136条第4項の規定

二　（略）

三　次に掲げる規定　平成27年4月1日

　イ〜ヘ　（略）

　ト　第11条の規定（同条中税理士法第2条第1項第2号の改正規定、同法第3条に1項を加える改正規定、同法第4条の改正規定、同法第5条第1項第5号の改正規定、同法第24条の改正規定（同条第2号中「及び非常勤の職を除く。以下」を「、非常勤の職その他財務省令で定める公職を除く。第43

条において」に改める部分を除く。）、同法第25条第1項第2号の改正規定、同法第26条（見出しを含む。）の改正規定、同法第33条第5項の改正規定及び同法第34条の改正規定を除く。）及び附則第136条第5項から第7項までの規定

チ　（略）

四〜七　（略）

八　第11条中税理士法第3条に1項を加える改正規定及び附則第136条第1項の規定　平成29年4月1日

九〜十一　（略）

十二　次に掲げる規定　地方法人税法の施行の日〔平成26年10月1日〕

イ〜ニ　（略）

ホ　第11条中税理士法第33条第5項の改正規定

ヘ〜ヌ　（略）

十三〜二十二　（略）

（税理士法の一部改正に伴う経過措置）

第136条　第11条の規定による改正後の税理士法（以下この条において「新税理士法」という。）第3条第3項の規定は、平成29年4月1日以後に公認会計士法（昭和23年法律第103号）第3条に規定する公認会計士試験に合格した者について適用し、同日前に同条に規定する公認会計士試験に合格した者については、なお従前の例による。

2　新税理士法第4条第9号の規定は、施行日以後に同号に規定する退職手当支給制限等処分又は当該退職手当支給制限等処分に相当する処分を受けた者について適用する。

3　新税理士法第24条（第6号ロに係る部分に限る。）の規定は、施行日以後にされる税理士法第21条第1項の規定による登録の申請について適用する。

4　新税理士法第34条第2項の規定は、平成26年7月1日以後にされる同項に規定する申告書を提出した者への通知について適用する。

5　新税理士法第45条の規定は、税理士の平成27年4月1日以後にした同条第1項の税務代理、税務書類の作成若しくは新税理士法第36条の規定に違反する行為又は新税理士法第45条第2項の行為について適用し、税理士の同日前にした第11条の規定による改正前の税理士法（以下この条において「旧税理士法」という。）第45条第1項の税務代理、税務書類の作成若しくは旧税理士法第36条の規定に違反する行為又は旧税理士法第45条第2項の行為については、なお従前の例による。

6　新税理士法第46条の規定は、税理士の平成27年4月1日以後にした同条の虚偽の記載又は新税理士法若しくは国税若しくは地方税に関する法令の規定に違反する行為について適用し、税理士の同日前にした旧税理士法第46条の虚偽の記載又は旧税理士法若しくは国税若しくは地方税に関する法令の規定に違反する行為については、なお従前の例による。

7　新税理士法第48条の20第1項の規定は、税理士法人の平成27年4月1日以後にした新税理士法若しくは新税理士法に基づく命令に違反する行為又は著しく不当な運営について適用し、税理士法人の同日前にした旧税理士法若しくは旧税理士法に基づく命令に違反する行為又は著しく不当な運営については、なお従前の例による。

附　則〔平成26年6月13日法律第69号 行政不服審査法の施行に伴う関係法律の整備等に関する法律〕

（施行期日）

第1条　この法律は、行政不服審査法（平成26年法律第68号）の施行の日〔平成28年4月1日〕から施行する。

（経過措置の原則）

第5条　行政庁の処分その他の行為又は不作為についての不服申立てであってこの法律の施行前にされた行政庁の処分その他の行為又はこの法律の施行前にされた申請に係る行政庁の不作為に係るものについては、この附則に特別の定めがある場合を除き、なお従前の例による。

附　則〔平成26年6月27日法律第91号 会社法の一部を改正する法律の施行に伴う関係法律の整備等に関する法律〕

この法律は、会社法の一部を改正する法律の施

行の日〔平成27年5月1日〕から施行する。（以下略）

附　則 $\binom{平成27年3月31日法律第9号}{所得税法等の一部を改正する法律}$

（施行期日）

第1条　この法律は、平成27年4月1日から施行する。ただし、次の各号に掲げる規定は、当該各号に定める日から施行する。

一　（略）

二　次に掲げる規定　平成27年7月1日

イ～ホ　（略）

ヘ　第9条中税理士法第34条に1項を加える改正規定及び附則第100条の規定

ト～リ　（略）

三～十七　（略）

（税理士法の一部改正に伴う経過措置）

第100条　第9条の規定による改正後の税理士法第34条第3項の規定は、平成27年7月1日以後にされる同条第1項の規定による通知について適用する。

附　則 $\binom{平成28年3月31日法律第13号}{地方税法等の一部を改正する等の法律}$

（施行期日）

第1条　この法律は、平成28年4月1日から施行する。ただし、次の各号に掲げる規定は、当該各号に定める日から施行する。

一　（略）

二　（前略）附則（中略）第41条（第5号の4に掲げる改正規定を除く。）の規定　平成29年1月1日

三～五の三　（略）

五の四　（前略）附則（中略）第41条（税理士法（昭和26年法律第237号）第51条の2の改正規定に限る。）、第42条から第47条まで（中略）の規定　平成31年10月1日

五の四の二～二十五　（略）

（税理士法の一部改正に伴う経過措置）

第42条　附則第11条の規定によりなお従前の例によることとされる自動車取得税については、前条の規定による改正前の税理士法第51条の2の規定は、前条（税理士法第51条の2の改正規定

に限る。）の規定の施行後も、なおその効力を有する。

附　則 $\binom{平成28年11月28日法律第86号}{社会保障の安定財源の確保等を図る税制の抜本的な改革を行うための地方税法及び地方交付税法の一部を改正する法律等の一部を改正する法律}$

（施行期日）

1　この法律は、公布の日から施行する。

2　（略）

附　則 $\binom{平成29年3月31日法律第2号}{地方税法及び航空機燃料譲与税法の一部を改正する法律}$

（施行期日）

第1条　この法律は、平成29年4月1日から施行する。ただし、次の各号に掲げる規定は、当該各号に定める日から施行する。

一～三　（略）

四　（前略）附則（中略）第24条から第30条まで（中略）の規定　平成30年4月1日

五～十一　（略）

（税理士法の一部改正に伴う経過措置）

第25条　前条の規定による改正後の税理士法第4条（第5号に係る部分に限る。）の規定の適用については、30年旧法において準用する廃止前国税犯則取締法第14条第1項の規定による通告処分は、30年新法第22条の28第1項の規定による通告処分とみなす。

附　則 $\binom{平成29年3月31日法律第4号}{所得税法等の一部を改正する法律}$

（施行期日）

第1条　この法律は、平成29年4月1日から施行する。ただし、次の各号に掲げる規定は、当該各号に定める日から施行する。

一～四　（略）

五　次に掲げる規定　平成30年4月1日

イ～ハ　略

ニ　（前略）附則（中略）第108条から第114条まで（中略）の規定

ホ～ル　（略）

六～十八　（略）

（税理士法の一部改正に伴う経過措置）

第112条　前条の規定による改正後の税理士法第

4条（第5号に係る部分に限る。）の規定の適用については、旧国税犯則取締法第14条第1項の規定による通告処分は、新国税通則法第157条第1項の規定による通告処分とみなす。

　　附　則 $\left(\begin{array}{l}平成29年5月31日法律第41号\\学校教育法の一部を改正する法律\end{array}\right)$

（施行期日）

第1条　この法律は、平成31年4月1日から施行する。（以下略）

（税理士法の一部改正に伴う経過措置）

第19条　前条の規定による改正後の税理士法第7条第2項及び第3項（これらの項に規定する文部科学大臣の定める学位を授与された者に係る部分に限る。）の規定は、施行日以後に新学校教育法第104条第3項に規定する文部科学大臣の定める学位を授与された者について適用し、施行日前に旧学校教育法第104条第1項に規定する文部科学大臣の定める学位を授与された者に係る税理士試験の試験科目の免除については、なお従前の例による。

　　附　則 $\left(\begin{array}{l}平成30年3月31日法律第7号\\所得税法等の一部を改正する法律\end{array}\right)$

（施行期日）

第1条　この法律は、平成30年4月1日から施行する。（以下略）

　　附　則 $\left(\begin{array}{l}平成31年3月29日法律第2号\\地方税法等の一部を改正する法律\end{array}\right)$

（施行期日）

第1条　この法律は、平成31年4月1日から施行する。（以下略）

　　附　則 $\left(\begin{array}{l}平成31年3月29日法律第3号\\森林環境税及び森林環境譲与税に\\関する法律\end{array}\right)$

（施行期日）

第1条　この法律は、平成31年4月1日から施行する。ただし、第2章並びに附則（中略）第9条から第16条まで（中略）の規定は、令和6年1月1日から施行する。

　　附　則 $\left(\begin{array}{l}平成31年3月29日法律第4号\\特別法人事業税及び特別法人事業\\譲与税に関する法律\end{array}\right)$

（施行期日）

第1条　この法律は、令和元年10月1日から施行する。ただし、次の各号に掲げる規定は、当該

各号に定める日から施行する。

　一　附則第24条の規定　公布の日

　二　（略）

　　附　則 $\left(\begin{array}{l}令和元年6月14日法律第37号\\成年被後見人等の権利の制限に係\\る措置の適正化等を図るための関\\係法律の整備に関する法律\end{array}\right)$

（施行期日）

第1条　この法律は、公布の日から起算して3月を経過した日から施行する。ただし、次の各号に掲げる規定は、当該各号に定める日から施行する。

　一　（略）

　二　（前略）第60条（中略）の規定　公布の日から起算して6月を経過した日〔令和元年12月14日〕

　三・四　（略）

　　附　則 $\left(\begin{array}{l}令和元年6月26日法律第44号\\法科大学院の教育と司法試験等と\\の連携等に関する法律等の一部を\\改正する法律\end{array}\right)$

（施行期日）

第1条　この法律は、平成32年4月1日から施行する。ただし、次の各号に掲げる規定は、当該各号に定める日から施行する。

　一・二　（略）

　三　（前略）附則第5条から第8条までの規定　平成34年10月1日〔令和4年10月1日〕

　　附　則 $\left(\begin{array}{l}令和元年12月11日法律第71号\\会社法の一部を改正する法律の施\\行に伴う関係法律の整備等に関す\\る法律\end{array}\right)$

この法律は、会社法改正法の施行の日から施行する。ただし、次の各号に掲げる規定は、当該各号に定める日から施行する。

　一・二　（略）

　三　（前略）第55条の規定（中略）　会社法改正法附則第1条ただし書に規定する規定の施行の日〔令和4年9月1日〕

　　附　則 $\left(\begin{array}{l}令和2年3月31日法律第5号\\地方税法等の一部を改正する法律\end{array}\right)$

（施行期日）

第1条　この法律は、令和2年4月1日から施行する。ただし、次の各号に掲げる規定は、当該各号に定める日から施行する。（以下略）

関連法規

附　則（令和2年5月29日法律第33号
外国弁護士による法律事務の取扱
いに関する特別措置法の一部を改
正する法律）

（施行期日）

第1条　この法律は、公布の日から起算して2年6月を超えない範囲内において政令で定める日〔令和4年11月1日〕から施行する。（以下略）

附　則（令和3年3月31日法律第11号
所得税法等の一部を改正する法律）

（施行期日）

第1条　この法律は、令和3年4月1日から施行する。（以下略）

附　則（令和4年3月31日法律第4号
所得税法等の一部を改正する法律）

（施行期日）

第1条　この法律は、令和4年4月1日から施行する。ただし、次の各号に掲げる規定は、当該各号に定める日から施行する。

一～三　（略）

四　次に掲げる規定　令和5年4月1日

　イ・ロ　〔略〕

　ハ　第13条中税理士法第2条の改正規定（同条第1項第2号に係る部分を除く。）、同法第4条の改正規定、同法第5条の改正規定、同法第24条の改正規定、同法第25条の改正規定、同法第26条第1項第4号の改正規定、同法第47条の2の次に1条を加える改正規定、同法第48条を同法第47条の4とし、同法第5章中同条の次に1条を加える改正規定、同法第48条の20第2項の改正規定、同法第49条の2第2項の改正規定、同法第49条の14第1項の改正規定、同法第51条第2項の改正規定、同条第四項の改正規定（「第39条」を「第2条の3及び第39条」に改める部分を除く。）、同法第55条の改正規定、同法第56条の改正規定、同法第57条第1項の改正規定、同法第58条の改正規定、同法第59条第1項の改正規定、同法第60条の改正規定、同法第61条の改正規定、同法第62条の改正規定及び同法第63条の改正規定並びに附則第70条第2項及び第3項（以下略）

五～十一　（略）

（税理士法の一部改正に伴う経過措置）

第70条　施行日から令和5年3月31日までの間における第13条の規定による改正後の税理士法（以下この条において「新税理士法」という。）第2条の3の規定の適用については、同条中「いう。第49条の2第2項第8号において同じ」とあるのは、「いう」とする。

2　新税理士法第47条の3及び第48条の規定は、令和5年4月1日以後の税理士法第45条又は第46条に規定する行為又は事実について適用する。

3　新税理士法第48条の20第2項において準用する新税理士法第47条の3の規定は、令和5年4月1日以後の新税理士法第48条の20第1項に規定する行為又は事実について適用する。

附　則（令和4年6月17日法律第68号
刑法等の一部を改正する法律の施
行に伴う関係法律の整理等に関す
る法律）

（施行期日）

1　この法律は、刑法等一部改正法施行日から施行する。〔以下略〕

2・3　（略）

減価償却資産の償却率、改定償却率及び保証率の表（Ⅰ）

（耐用年数省令別表第七、別表第八、別表第九）

耐用年数	平成19年3月31日以前取得		耐用年数	平成19年4月1日以後取得	耐用年数	平成19年4月1日～平成24年3月31日取得		
	旧定額法償却率	旧定率法償却率		定額法償却率		定率法		
						償却率	改定償却率	保証率
2	0.500	0.684	2	0.500	2	1.000	－	－
3	0.333	0.536	3	0.334	3	0.833	1.000	0.02789
4	0.250	0.438	4	0.250	4	0.625	1.000	0.05274
5	0.200	0.369	5	0.200	5	0.500	1.000	0.06249
6	0.166	0.319	6	0.167	6	0.417	0.500	0.05776
7	0.142	0.280	7	0.143	7	0.357	0.500	0.05496
8	0.125	0.250	8	0.125	8	0.313	0.334	0.05111
9	0.111	0.226	9	0.112	9	0.278	0.334	0.04731
10	0.100	0.206	10	0.100	10	0.250	0.334	0.04448
11	0.090	0.189	11	0.091	11	0.227	0.250	0.04123
12	0.083	0.175	12	0.084	12	0.208	0.250	0.03870
13	0.076	0.162	13	0.077	13	0.192	0.200	0.03633
14	0.071	0.152	14	0.072	14	0.179	0.200	0.03389
15	0.066	0.142	15	0.067	15	0.167	0.200	0.03217
16	0.062	0.134	16	0.063	16	0.156	0.167	0.03063
17	0.058	0.127	17	0.059	17	0.147	0.167	0.02905
18	0.055	0.120	18	0.056	18	0.139	0.143	0.02757
19	0.052	0.114	19	0.053	19	0.132	0.143	0.02616
20	0.050	0.109	20	0.050	20	0.125	0.143	0.02517
21	0.048	0.104	21	0.048	21	0.119	0.125	0.02408
22	0.046	0.099	22	0.046	22	0.114	0.125	0.02296
23	0.044	0.095	23	0.044	23	0.109	0.112	0.02226
24	0.042	0.092	24	0.042	24	0.104	0.112	0.02157
25	0.040	0.088	25	0.040	25	0.100	0.112	0.02058
26	0.039	0.085	26	0.039	26	0.096	0.100	0.01989
27	0.037	0.082	27	0.038	27	0.093	0.100	0.01902
28	0.036	0.079	28	0.036	28	0.089	0.091	0.01866
29	0.035	0.076	29	0.035	29	0.086	0.091	0.01803
30	0.034	0.074	30	0.034	30	0.083	0.084	0.01766
31	0.033	0.072	31	0.033	31	0.081	0.084	0.01688
32	0.032	0.069	32	0.032	32	0.078	0.084	0.01655
33	0.031	0.067	33	0.031	33	0.076	0.077	0.01585
34	0.030	0.066	34	0.030	34	0.074	0.077	0.01532
35	0.029	0.064	35	0.029	35	0.071	0.072	0.01532
36	0.028	0.062	36	0.028	36	0.069	0.072	0.01494
37	0.027	0.060	37	0.028	37	0.068	0.072	0.01425
38	0.027	0.059	38	0.027	38	0.066	0.067	0.01393
39	0.026	0.057	39	0.026	39	0.064	0.067	0.01370
40	0.025	0.056	40	0.025	40	0.063	0.067	0.01317
41	0.025	0.055	41	0.025	41	0.061	0.063	0.01306
42	0.024	0.053	42	0.024	42	0.060	0.063	0.01261
43	0.024	0.052	43	0.024	43	0.058	0.059	0.01248
44	0.023	0.051	44	0.023	44	0.057	0.059	0.01210
45	0.023	0.050	45	0.023	45	0.056	0.059	0.01175
46	0.022	0.049	46	0.022	46	0.054	0.056	0.01175
47	0.022	0.048	47	0.022	47	0.053	0.056	0.01153
48	0.021	0.047	48	0.021	48	0.052	0.053	0.01126
49	0.021	0.046	49	0.021	49	0.051	0.053	0.01102
50	0.020	0.045	50	0.020	50	0.050	0.053	0.01072

（注） 耐用年数省令別表第七、別表第八及び別表第九には、耐用年数100年までの計数が掲げられています。

減価償却資産の償却率、改定償却率及び保証率の表（Ⅱ）

（耐用年数省令別表第十）

耐用年数	平成24年4月1日以後取得		
	償却率	改定償却率	保証率
2	1.000	－	－
3	0.667	1.000	0.11089
4	0.500	1.000	0.12499
5	0.400	0.500	0.10800
6	0.333	0.334	0.09911
7	0.286	0.334	0.08680
8	0.250	0.334	0.07909
9	0.222	0.250	0.07126
10	0.200	0.250	0.06552
11	0.182	0.200	0.05992
12	0.167	0.200	0.05566
13	0.154	0.167	0.05180
14	0.143	0.167	0.04854
15	0.133	0.143	0.04565
16	0.125	0.143	0.04294
17	0.118	0.125	0.04038
18	0.111	0.112	0.03884
19	0.105	0.112	0.03693
20	0.100	0.112	0.03486
21	0.095	0.100	0.03335
22	0.091	0.100	0.03182
23	0.087	0.091	0.03052
24	0.083	0.084	0.02969
25	0.080	0.084	0.02841
26	0.077	0.084	0.02716
27	0.074	0.077	0.02624
28	0.071	0.072	0.02568
29	0.069	0.072	0.02463
30	0.067	0.072	0.02366
31	0.065	0.067	0.02286
32	0.063	0.067	0.02216
33	0.061	0.063	0.02161
34	0.059	0.063	0.02097
35	0.057	0.059	0.02051
36	0.056	0.059	0.01974
37	0.054	0.056	0.01950
38	0.053	0.056	0.01882
39	0.051	0.053	0.01860
40	0.050	0.053	0.01791
41	0.049	0.050	0.01741
42	0.048	0.050	0.01694
43	0.047	0.048	0.01664
44	0.045	0.046	0.01664
45	0.044	0.046	0.01634
46	0.043	0.044	0.01601
47	0.043	0.044	0.01532
48	0.042	0.044	0.01499
49	0.041	0.042	0.01475
50	0.040	0.042	0.01440

（注）　耐用年数省令別表第十には、耐用年数100年までの計数が掲げられています。

関
連
法
規

前　文

概念フレームワークの役割

　概念フレームワークは、企業会計（特に財務会計）の基礎にある前提や概念を体系化したものである。

　それは、会計基準の概念的な基礎を提供するものであり、それによって、会計基準に対する理解が深まり、その解釈についての予見可能性も高まるであろう。また、概念フレームワークは、財務諸表の利用者に資するものであり、利用者が会計基準を解釈する際に無用のコストが生じることを避けるという効果も有するであろう。

　概念フレームワークは、将来の基準開発に指針を与える役割も有するため、既存の基礎的な前提

や概念を要約するだけでなく、吟味と再検討を加えた結果が反映されている。したがって、概念フレームワークの内容には、現行の会計基準の一部を説明できないものが含まれていたり、いまだ基準化されていないものが含まれていたりする。しかし、概念フレームワークは個別具体的な会計基準の新設・改廃をただちに提案するものではない。その役割は、あくまでも基本的な指針を提示することにある。

会計基準を取り巻く環境

　概念フレームワークは、現行の会計基準の基礎にある前提や概念を出発点としており、財務報告を取り巻く現在の制約要因を反映している。ここでいう制約要因とは、具体的には、市場慣行、投資家の情報分析能力、法の体系やそれを支える基本的な考え方及び基準設定の経済的影響に係る社会的な価値判断などを指す。

　今日ではそれらの制約要因について等質化が進んでおり、各国の違いは、少なくとも部分的には解消されつつある。この傾向がとりわけ顕著なのはビジネス環境であり、財、サービス、マネー、人材などの国際的な移動に対する障壁が取り払われ、共通のルールに基づく自由な取引が実現されつつある。その一環で、会計基準についても国際的な収斂が進められている。

　当委員会は、日本の会計基準及び財務報告の基礎となる概念を定める概念フレームワークの整備が、会計基準の国際的収斂に向けた国際的な場での議論に資するものと確信している。

　しかしながら、現在、国際会計基準審議会と米国財務会計基準審議会により共通の概念フレームワーク策定に向けた共同作業が行われていることに鑑みると、このタイミングで概念フレームワークを公開草案という形で公表することは適切ではないとの懸念もありうるかもしれない。そこで、無用な混乱と誤解を避けるために、当委員会は、概念フレームワークの討議資料として公表することにとどめ、コメントは求めないことにした。その意味では、本討議資料は、我が国の様々な会計基準についての概念的な基礎を提供するための努

力の一環として、当委員会がこれまで数年にわたって行ってきた議論の結果を示すという性質を有する。

本討議資料は、当委員会の今後の国際的な場での議論への参加、特に国際会計基準審議会と米国財務会計基準審議会による共通の概念フレームワーク策定に向けた共同プロジェクトへの積極的な参加を通じて、さらに進化することになろう。

概念フレームワークと会計基準

概念フレームワークは、会計基準の基礎にある前提や概念を体系化したものであるから、その記述内容はおのずから抽象的にならざるを得ず、個別基準の設定・改廃に際しては、概念フレームワークの内容に関する解釈が必要になる。そのため、概念フレームワークだけでは、個別の会計基準の具体的な内容を直接定めることはできない。

また、この討議資料の第1章で述べる財務報告の目的などは、当委員会の中心的な役割との関係上、原則として証券市場におけるディスクロージャー制度を念頭に置いて記述されたものである点にも留意しなければならない。ここでは公開企業を中心とする証券市場への情報開示が前提とされている。ただし、証券市場への情報開示を前提とする概念フレームワークの下で開発された会計基準は、財務諸表の様々な利用者にとっても、有用であり得る。

概念フレームワークの構成

概念フレームワークの構成については、本来、多様な選択肢があり得るが、ここでは、海外の先例にならっている。海外の主な会計基準設定主体が公表した概念フレームワークは、我が国でもすでに広く知られているため、それらと構成を揃えることで理解が容易になり、概念フレームワークとしての機能がより効果的に発揮されると期待できるからである。このことにより、上述したように、本討議資料によって海外基準設定主体とのコミュニケーションもより円滑になるであろう。

第1章　財務報告の目的

【序　文】

本章では、財務報告を支える基本的な前提や概念のうち、その目的の記述に主眼が置かれている。基礎概念の体系化に際し、財務報告の目的を最初にとりあげたのは、一般に社会のシステムは、その目的が基本的な性格を決めているからである。財務報告のシステムも、その例外ではない。

ただし、どのような社会のシステムも、時代や環境の違いを超えた普遍的な目的を持つわけではない。

財務報告制度の目的は、社会からの要請によって与えられるものであり、自然に決まってくるのではない。とすれば、この制度に対し、いま社会からいかなる要請がなされているのかを確かめることは、そのあり方を検討する際に最優先すべき作業であろう。

財務報告はさまざまな役割を果たしているが、ここでは、その目的が、投資家による企業成果の予測と企業価値の評価に役立つような、企業の財務状況の開示にあると考える。自己の責任で将来を予測し投資の判断をする人々のために、企業の投資のポジション（ストック）とその成果（フロー）が開示されるとみるのである。

もちろん、会計情報を企業価値の推定に利用することを重視するからといって、それ以外の使われ方を無視できるわけではない。本章では、会計情報の副次的な利用の典型例やそれらと会計基準設定との関係についても記述されている。

【本　文】
〔ディスクロージャー制度と財務報告の目的〕

1. 企業の将来を予測するうえで、企業の現状に関する情報は不可欠であるが、その情報を入手する機会について、投資家と経営者の間には一般に大きな格差がある。このような状況のもとで、情報開示が不十分にしか行われないと、企業の発行する株式や社債などの価値を推定する際に投資家が自己責任を負うことはできず、それらの証券の円滑な発行・流通が妨げられるこ

関連法規

とにもなる。そうした情報の非対称性を緩和し、それが生み出す市場の機能障害を解決するため、経営者による私的情報の開示を促進するのがディスクロージャー制度の存在意義である。

2．投資家は不確実な将来キャッシュフローへの期待のもとに、自らの意思で自己の資金を企業に投下する。その不確実な成果を予測して意思決定をする際、投資家は企業が資金をどのように投資し、実際にどれだけの成果をあげているかについての情報を必要としている。経営者に開示が求められるのは、基本的にはこうした情報である。財務報告の目的は、投資家の意思決定に資するディスクロージャー制度の一環として、投資のポジション[1]とその成果を測定して開示することである。

> [1] 「投資のポジション」に類似する用語としては、従来、「財政状態」という用語が用いられてきた。しかし、この用語は、多義的に用いられているため、新たに抽象的な概念レベルで使用する用語として、「投資のポジション」を用いた。

3．財務報告において提供される情報の中で、投資の成果を示す利益情報は基本的に過去の成果を表すが、企業価値評価の基礎となる将来キャッシュフローの予測に広く用いられている。このように利益の情報を利用することは、同時に、利益を生み出す投資のストックの情報を利用することも含意している。投資の成果の絶対的な大きさのみならず、それを生み出す投資のストックと比較した収益性（あるいは効率性）も重視されるからである。

〔会計基準の役割〕

4．経営者は本来、投資家の保守的なリスク評価によって企業価値が損なわれないよう、自分の持つ私的な企業情報を自発的に開示する誘因を有している。それゆえ、たとえ公的な規制がなくても、投資家に必要な情報はある程度まで自然に開示されるはずである。ただし、その場合でも、虚偽情報を排除するとともに情報の等質

性を確保する最小限のルールは必要であり、それを当事者間の交渉（契約）に委ねていたのではコストがかかりすぎることになる。それを社会的に削減するべく、標準的な契約を一般化して、会計基準が形成される。ディスクロージャー制度を支える社会規範としての役割が、会計基準に求められているのである。

5．会計基準が「最小限のルール（ミニマム・スタンダード）」として有効に機能するか否かは、契約の標準化ないし画一化による便益がそれに伴うコストを上回っているか否かに依存する。そこでいうコストや便益は環境に依存して決まるため、その環境変化に応じて、会計基準のあり方も変わり得る。

〔ディスクロージャー制度における各当事者の役割〕

6．ディスクロージャー制度の主たる当事者としては、情報を利用して企業に資金を提供する投資家、情報を開示して資金を調達する経営者、及び両者の間に介在し、保証業務を通じて情報の信頼を高める監査人の3者を想定できる。

7．ここで投資家とは、証券市場で取引される株式や社債などに投資する者をいい、これらを現に保有する者だけでなく、これらを保有する可能性のある者を含んでいる。投資家は開示された情報を利用して、自己の責任で将来の企業成果を予想し、現在の企業価値を評価する。投資家の中には会計情報の分析能力に優れた者のほか、自らは十分な分析能力を持たず専門家の助けを必要とする者も含まれているが、証券市場が効率的であれば、情報処理能力の差は投資家の間に不公正をもたらさない。それゆえ、会計基準の設定にあたっては、原則として、一定以上の分析能力を持った投資家を想定すればよい。

8．経営者には、投資家がその役割を果たすのに必要な情報を開示することが期待されている。予測は投資家の自己責任で行われるべきであり、経営者が負うべき責任は基本的には事実の開示である。会計情報を開示するうえで経営者自身の予測が必要な場合でも、それを開示する目的は原則として現在までに生じている事実を明ら

かにすることにある。

9．監査人は、投資家の必要とする会計情報を経営者が適正に開示しているか否かを確かめる。具体的には、一般に公正妥当と認められた会計基準への準拠性について、一般に公正妥当と認められた監査基準に従って監査することを、その役割としている。監査人には経営者が作成した情報を監査する責任が課されているのであり、財務情報の作成責任はあくまでも経営者が負う。

10．ディスクロージャー制度の当事者はそれぞれ、会計基準が遵守されることで便益を享受する。会計基準に従って作成され、独立した監査人の監査を受けた情報は、一般に投資家の信頼を得られやすい。そうした情報を低いコストで入手できることは、投資家にとっての便益となる。それによって投資家の要求する資本のコストが下がり、企業価値が高まれば、経営者も会計基準から便益を享受することなる。また経営者は、投資家の情報要求を個別に確かめるためのコストを削減できるという点でも、便益を享受する。投資家の最低限の情報要求に応えるには、どのような会計情報を提供すればよいのかを、会計基準が明らかにするからである。さらに会計基準は、監査上の判断の基礎を提供する機能を果たし、監査人にも便益を与える。

〔会計情報の副次的な利用〕

11．ディスクロージャー制度において開示される会計情報は、企業関係者の間の私的契約等を通じた利害調整にも副次的に利用されている。また、会計情報は不特定多数を対象とするいくつかの関連諸法規や政府等の規制においても副次的に利用されている。その典型例は、配当制限（会社法）、税務申告制度（税法）、金融規制（例えば自己資本比率規制、ソルベンシー・マージン規制）などである。

12．会計基準の設定にあたり最も重視されるべきは、本章第2項に記述されている目的の達成である。しかし、会計情報の副次的な利用の事実は、会計基準を設定・改廃する際の制約となることがある。すなわち会計基準の設定・改廃を進める際には、それが公的規制や私的契約等を

通じた利害調整に及ぼす影響も、同時に考慮の対象となる。そうした副次的な利用との関係も検討しながら、財務報告の目的の達成が図られる。

【結論の根拠と背景説明】
〔ディスクロージャー制度と財務報告の目的〕

13．情報の非対称性は、証券の発行市場のみならず流通市場においても問題となる。将来の売却機会が保証されないかぎり、投資家はそもそも証券の発行市場においてさえその購入に応じようとしないであろう。企業が証券市場で資金調達をするかぎり、企業には、証券売買を円滑にするように情報の非対称性を緩和する努力が継続的に求められる。

14．情報の非対称性を緩和するための会計情報や、その内容を規制する会計基準は、市場が効率的であれば不要になるわけではない。市場の効率性は、提供された情報を市場参加者が正しく理解しているか否か、市場価格はそれを速やかに反映するか否かに関わる問題であり、何を開示するのかという「情報の中身」は効率性とは別問題である。市場参加者の合理的な行動と効率的市場を前提としても、開示すべき会計情報の内容については、なお会計基準による規制が必要である。

15．会計情報は技術的な制約や環境制約のもとで作成されるものである。会計情報だけで投資家からの要求のすべてに応えることはできない。

16．会計情報は企業価値の推定に資することが期待されているが、企業価値それ自体を表現するものではない。企業価値を主体的に見積るのは自らの意思で投資を行う投資家であり、会計情報には、その見積りにあたって必要な、予想形成に役立つ基礎を提供する役割だけが期待されている。

〔ディスクロージャー制度における各当事者の役割〕

17．今日の証券市場においてはさまざまな情報仲介者が存在し、十分な分析能力を持たない投資家に代わって証券投資に必要な情報の分析を

行っている。したがって、十分な分析能力を持たない投資家も、これらの仲介者を利用することにより、分析能力を高めるのに必要なコストを節約しながら証券投資を行うことができる。情報仲介者の間で市場競争が行われているとすれば、十分な分析能力を持たない投資家にも会計情報は効率的に伝播するであろう。今日のディスクロージャー制度はこうした市場の効率性を前提としているため、この概念フレームワークでは一定以上の分析能力を持つ投資家を情報の主要な受け手として想定している。

18. 本章第7項及び第8項に述べた投資家と経営者との役割分担とは異なり、特定の事業について情報優位にある経営者は企業価値の推定についても投資家より高い能力を持つという考え方から、その推定値の開示を経営者に期待する向きもある(2)。しかし経営者自身による企業価値の開示は、証券の発行体が、その証券の価値に関する自己の判断を示して投資家に売買を勧誘することになりかねない。それは、証券取引法制の精神に反するだけでなく、経営者としてもその判断に責任を負うのは難しい。そのため、財務報告の目的は事実の開示に限定される。

> (2) 企業の経営者は独自の内部情報を有しているため、将来のキャッシュフローを決定する要因のうち、企業固有の要因を把握することについては優位な立場にあるとしても、景気、金利、為替など経済全体に関わる要因については、経営者が優位な立場にあるとは限らないため、全体として経営者が企業価値の推定について投資家より高い能力を持つとはいえない。

19. 経営者には、自己（または自社）の利益を図るうえで、事実を歪めた会計情報を開示する誘因もある。しかし投資家は、その可能性に対して、企業の発行する証券の価格を引き下げたり、経営者を解任したり、あるいは経営者報酬を引き下げたりするといった対抗手段を有している。合理的な経営者は、そのような事態をあらかじめ避けるため、むしろ監査人による監査を積極

的に受け入れるであろう。すなわち、ディスクロージャー制度のもとで会計監査は、投資家に不利益が生じないよう、経営者が自身の行動を束縛する「ボンディング」の一環としての役割を果たしている。

20. 会計監査が社会的に信頼され、有効に機能するのは、監査人の職業倫理だけでなく、経営者と監査人との関係に一定の規律を与える仕組みが補完的な役割を果たしているからである。監査の質を維持するために監査基準が存在することに加えて、監査人の選任等をめぐる競争原理が働いていることによっても、監査人の利己的な行為は抑止されているはずである。すなわち監査の信頼性は、監査人に求められる職業倫理とともに、監査人自身のボンディングなどを含む市場規律の働きによっても高められている。

〔会計情報の副次的な利用〕

21. 会計情報は、公的な規制や私的な契約等を通じた利害調整にも利用されている。会計情報の副次的な利用者は、個別の政策目的・契約目的に応じて、ディスクロージャー制度で開示される会計情報を適宜、加工・修正して利用する。それぞれの目的に適う会計情報を別個に作成するよりも、コストの節約が期待できる場合には、会計情報がそのように利用されることもある。しかし会計基準の設定・改廃の際、規制や契約のすべてを視野に収める必要はない。当事者の多くが関わる規制や契約については、会計基準の設定・改廃がそれらに及ぼす影響を考慮しなければならないが、ごく少数の当事者しか関わらない契約等については、必ずしも同様の配慮が求められるわけではない。その契約に関わらない多数の当事者にまで会計基準の変更に伴う再契約のコストを負担させることと、それに伴う便益とのバランスを考慮する必要があるからである。

第2章 会計情報の質的特性

【序 文】

　本章では、財務報告の目的を達成するにあたり、会計情報が備えるべき質的な特性を論じている。

財務報告の目的は、投資家による企業成果の予測や企業評価のために、将来キャッシュフローの予測に役立つ情報を提供することである。会計情報に求められる最も重要な特性は、その目的にとっての有用性である。この概念フレームワークでは、この特性を意思決定有用性と称している。これは、すべての会計情報とそれを生み出すすべての会計基準に要求される規範として機能する。

しかし、その特性は具体性や操作性に欠けるため、それだけでは、将来の基準設定の指針として十分ではない。本章では、意思決定有用性を支える下位の諸特性を具体化して、整理するとともに、特性間の関係を記述することにより、意思決定有用性という規範が機能できるようにすることを目的としている。したがって、この概念フレームワークは現行の会計基準や会計実務を帰納要約的に記述したものではなく、その内容には、財務報告の目的の達成にとって有益であるか否か、必要であるか否かという判断が反映されている。

会計情報の質的特性は、しばしば会計基準を設定する際の象徴的な標語として自己目的化する危険性を有している。そのような危険をなくすため、本章は、海外の先例における諸特性を議論の出発点にしながら、それらを相対化・客観化する検討作業を経て、まとめられている。その検討結果に基づき、諸特性の並列・対立関係と上下の階層関係などに対して特別な注意が払われるとともに、諸特性の記述に際しては、常に財務報告の目的との関連が意識されている。

ただし、本章に記した諸特性は、予定調和的に体系を形成しているものでもなければ、相互排他的な関係にあるわけでもない。会計基準の設定にあたり、どの特性をどれほど重視するのかは、与えられた環境条件の下で、財務報告の目的に照らして個々に判断されなければならない。本章の目的は、その判断の指針を示すことではなく、もっぱら諸特性の意義と相互関係を明らかにすることに向けられている。

【本　文】

〔会計情報の基本的な特性：意思決定有用性〕

1．財務報告の目的は、企業価値評価の基礎となる情報、つまり投資家が将来キャッシュフローを予測するのに役立つ企業成果等を開示することである。この目的を達成するにあたり、会計情報に求められる最も基本的な特性は、意思決定有用性である。すなわち、会計情報には、投資家が企業の不確実な成果を予測するのに有用であることが期待されている。

2．意思決定有用性は、意思決定目的に関連する情報であること（意思決定との関連性）と、一定の水準で信頼できる情報であること（信頼性）の2つの下位の特性により支えられている。さらに、内的整合性と比較可能性が、それら3者の階層を基礎から支えると同時に、必要条件ないし閾限界として機能する。

〔意思決定有用性を支える特性(1)：意思決定との関連性〕

3．このうち意思決定との関連性とは、会計情報が将来の投資の成果についての予測に関連する内容を含んでおり、企業価値の推定を通じた投資家による意思決定に積極的な影響を与えて貢献することを指す。

4．会計情報が投資家の意思決定に貢献するか否かは、第一に、それが情報価値を有しているか否かと関わっている。ここでいう情報価値とは、投資家の予測や行動が当該情報の入手によって改善されることをいう。ただし、会計基準の設定局面において、新たな基準に基づく会計情報の情報価値は不確かな場合も多い(1)。そのケースでは、投資家による情報ニーズの存在が、情報価値を期待させる。そのような期待に基づいて、情報価値の存否について事前に確たることがいえない場合であっても、投資家からの要求に応えるために会計基準の設定・改廃が行われることもある。この意味で、情報価値の存在と情報ニーズの充足は、意思決定との関連性を支える2つの特性と位置づけられる。

(1)　特定の情報が投資家の行動を改善するか否

かについて、事前に確たることをいうのは難しい。投資家の意思決定モデルを特定するのが困難なうえ、予想される多様な結果を社会全体としてどのように評価したらよいのか、評価の尺度を特定するのも困難だからである。

5．もっとも、情報開示のニーズがある会計情報のすべてが投資家の意思決定と関連しているとは限らない。投資家の意思決定に関連する情報はディスクロージャー制度以外の情報源からも投資家に提供されており、投資家の情報ニーズのすべてにディスクロージャー制度で応えるべきか否かは、慎重な検討を要する問題である。これらの点で、情報ニーズの充足が基準設定で果たす役割には一定の限界がある。

〔意思決定有用性を支える特性(2)：信頼性〕

6．会計情報の有用性は、信頼性にも支えられている。信頼性とは、中立性・検証可能性・表現の忠実性などに支えられ、会計情報が信頼に足る情報であることを指す。

7．会計情報の作成者である経営者の利害は、投資家の利害と必ずしも一致していない。そのため、経営者の自己申告による情報を投資家が全面的に信頼するのは難しい。利害の不一致に起因する弊害を小さく抑えるためには、一部の関係者の利害だけを偏重することのない財務報告が求められる（中立性）。また、利益の測定では将来事象の見積りが不可欠であるが、見積りによる測定値は、誰が見積るのかによっても、大きなばらつきが生じることがある。このような利益情報には、ある種のノイズが含まれており、見積りのみに基づく情報を投資家が完全に信頼するのは難しい。そのような事態を避けるには、測定者の主観には左右されない事実に基づく財務報告が求められる（検証可能性）。さらに企業が直面した事実を会計データの形で表現しようとする際、もともと多様な事実を少数の会計上の項目へと分類しなければならない。しかし、その分類規準に解釈の余地が残されている場合は、分類結果を信頼できない事態も起こり得る。このような事態を避けるため、事実

と会計上の分類項目との明確な対応関係が求められる（表現の忠実性）[2]。

(2) 信頼性は意思決定との関連性から完全に独立しているわけではない。例えば表現の忠実性に関して述べた、事実を会計データにどう置き換えるのかという問題は、会計情報の情報価値を左右する問題でもある。

〔特性間の関係〕

8．意思決定との関連性と信頼性は同時に満たすことが可能な場合もあれば、両者の間にトレードオフが生じることもある[3]。ある種の情報が、いずれかの特性を高める反面で、他方の特性を損なうケースもあり得る。両特性間にトレードオフの関係がみられる場合は、双方の特性を考慮に入れたうえで、新たな基準のもとで期待される会計情報の有用性を総合的に判断することになる。

(3) 例えば、測定に主観が入る見積り情報の場合には、意思決定との関連性と信頼性との間にトレードオフが生じ得る。

〔一般的制約となる特性(1)：内的整合性〕

9．会計情報が利用者の意思決定にとって有用であるためには、会計情報を生み出す会計基準が内的整合性を満たしていなければならない。会計基準は少数の基礎概念に支えられた1つの体系をなしており、意思決定有用性がその体系の目標仮説となっている。一般に、ある個別の会計基準が、会計基準全体を支える基本的な考え方と矛盾しないとき、その個別基準は内的整合性を有しているという。そのように個別基準が内的に整合している場合、その個別基準に従って作成される会計情報は有用であると推定される。

10．新たな経済事象や新たな形態の取引に関する個別基準についても、それによる会計情報が意思決定との関連性と信頼性という特性を満たしているか否かを事前に判断しなければならない。そのとき、類推可能な経験的証拠が、結論を下

せるほどには十分に得られていないこともある。その場合、その会計情報（を生み出す個別基準）が既存の会計基準の体系と整合的であるか否かの判断を通じて、意思決定との関連性や信頼性が満たされているかが判断される。すなわち、この内的整合性は、会計情報の意思決定との関連性や信頼性について、間接的、補完的に推定する役割をもっている。ただし、そのような推定方法が有効に機能するのは、既存の会計基準の体系が有用な会計情報を生み出していると合意されている場合である。環境条件や会計理論のパラダイムが変化したことにより、そのような合意が成立していないと判断される場合には、既存の体系との内的整合性によって意思決定との関連性や信頼性を推定することはできない。

〔一般的制約となる特性(2)：比較可能性〕

11．会計情報が利用者の意思決定にとって有用であるためには、会計情報には比較可能性がなければならない。ここで比較可能性とは、同一企業の会計情報を時系列で比較する場合、あるいは、同一時点の会計情報を企業間で比較する場合、それらの比較に障害とならないように会計情報が作成されていることを要請するものである。そのためには、同様の事実（対象）には同一の会計処理が適用され、異なる事実（対象）には異なる会計処理が適用されることにより、会計情報の利用者が、時系列比較や企業間比較にあたって、事実の同質性と異質性を峻別できるようにしなければならない。

12．比較可能性が確保されるためには、財務諸表の報告様式の統一はもちろん、企業において同一の会計方法が継続的に（首尾一貫して）適用されなければならない。さらに、その変更に際しては、利用者の比較作業に資するための情報の開示が必要となる。また、会計基準が変更された場合の移行措置を検討したり、注意喚起のために注記で開示すべき項目や内容を決めたりする場合にも、比較可能性が考慮されなければならない。しかし、比較可能性は必ずしも、形式基準を求めるものでも、画一的な会計処理を求めるものでもない。事実の差異が会計情報の

利用者の比較にとって必要であり、それを知ることが利用者の意思決定に役立つのであれば、その差異に応じて、異なる会計処理（方法）が必要とされる。

【結論の根拠と背景説明】

〔質的特性の意義〕

13．この概念フレームワークのとりまとめに際しては、現在の基準設定のあり方を記述するのが目的なのか、それとも望ましい基準設定のあり方を論じ、将来の指針たり得る規範を示すのが目的なのかが議論された。この概念フレームワークは基準設定の指針として機能することが期待されているため、ここでは単に事実を記述するのではなく、その機能を果たすための価値判断を含んだ記述を行うこととした。

〔信頼性の下位概念〕

14．諸外国で信頼性の下位概念とされている中立性・検証可能性・表現の忠実性については、それらを改めて定義し直すべきか否かが議論の対象となった。それらの中には、原義から離れた使われ方をしているものもあるという意見も出された。しかし、それらの用語はすでに会計実践で定着しており、それを変更すれば無用な混乱を招きかねない。それは、将来の基準設定に指針を提供するという概念フレームワークの役割、及び整合性を重視するという基本姿勢などに反する帰結であろう。そうした事態を避けるため、この概念フレームワークでは、それらの定義については、海外の先例を踏襲することとした。

15．検証可能性と関連して、利用可能な監査技法が議論されることがある。しかし、会計基準の設定は、あくまでも財務報告の目的を効率的に達成するという観点から行われるべきものであり、監査のコストを抑えること自体は目的とはなり得ない。

〔一般的制約となる特性〕

16．意思決定との関連性と信頼性は、会計情報が利用者の意思決定にとって有用であるか否かを直接判定する規準として機能する。それに対し

て、内的整合性と比較可能性の2つの特性は、会計情報が有用であるために必要とされる最低限の基礎的な条件である。これらの特性によって意思決定有用性が直接的に判断されるわけではないが、しばしば、これらは、意思決定との関連性や信頼性が満たされているか否かを間接的に推定する際に利用される。それゆえに、それらを意思決定との関連性と信頼性の階層関係の中ではなく、階層全体を支える一般的制約となる特性として位置づけた。

〔内的整合性〕

17. 個別の会計基準は、それぞれが基本的な考え方と整合的であることにより、全体としての体系性が与えられている。ここでいう基本的な考え方とは、会計基準、会計実務、会計研究などについての歴史的経験と集積された知識の総体である。その核心をなすのは会計理論であるが、その妥当性は経験によって裏打ちされるものであり、知識と経験が結合されたものが、内的整合性の参照枠となる。そのうち、会計基準設定にとって重要な部分は、この概念フレームワークに記述されている。しかし、経験の集積の中には記述できないものもあり、この概念フレームワークにおいて基本的な考え方の全貌が示されているわけではない。それゆえ、ここで書かれている概念フレームワークに準拠して会計基準を設定することは、内的整合性を満たすうえでの必要条件であっても、十分条件ではない。

18. 内的整合性が最も有効に機能するのは、既存の会計基準の体系が有用な会計情報を生み出しているという合意がある状況である。その合意が崩れ、有用な会計情報を作成するために従来とは異なる体系を必要とすると考えられる状況では、概念フレームワークそれ自体を改訂しなければならないであろう。その場合であっても、新たな会計基準の体系が固まれば、その体系の下で、内的整合性は機能を発揮する。いたずらに既存の会計基準に執着すると、改革を拒む保守的な姿勢に陥りかねないから、会計情報の有用性を支える基本的な考え方に立ち返ってその継続と変化を注視しなければならない。内的整合性は、慣行の維持、継続を目的とするものではない。

19. このように、内的整合性は一義的には会計基準にかかわるものであるが、複数の会計基準に基づいて集約される会計情報は、整合性のとれた会計諸基準により生み出されることによってはじめて意味づけを行うことができる。そこで、この概念フレームワークでは、内的整合性を会計情報の質的特性に位置づけることにした。なお、この概念フレームワークでいう内的整合性は、いわゆる首尾一貫性とは異なっている。後者は特定の会計手続が毎期継続的に（中間報告と決算報告とで同一の手続が）適用されることを要請するものであるのに対し、前者は現行基準の体系と矛盾しない個別基準を採用するよう要請するものである。

〔比較可能性〕

20. 会計情報が比較可能であるためには、実質が同じ、すなわち、企業の将来キャッシュフロー（の金額、タイミング、不確実性）が投資家の意思決定の観点から同じとみられる場合には同一の会計処理を、それが異なる場合には異なる会計処理がなされていなければならない。この比較可能性は、しばしば形式と実質が分離している2種類の状況をめぐって議論されてきた。1つは、2つの取引（企業活動）の法的形式が異なっているが、実質が同じケースである。その場合、2つの取引には同じ会計処理が適用される。この要請は、従来から実質優先と呼ばれており、この意味での比較可能性は、表現の忠実性と重複している。もう1つは、2つの取引（企業活動）の外形的形式や一般属性が同じであるものの、実質が異なるケースである。例えば、ある財を販売目的で所有するケースと自己使用目的で保有するケースを想起すればよい。この場合には、2つのケースには、それぞれ異なる会計処理が適用されなければならない。会計情報を通じてその相違が投資家に知られることにより、投資家は両者を適切に比較することができるからである。後者のケースについては、表現の忠実性に包摂されているか否かが必ずし

も明確ではないと考えられるため、ここでは、2つのケースを比較可能性としてまとめて、一般的制約となる特性として記述している。

21. 会計情報の比較可能性は、国内のみならず国際的にも重要な特性であるとみられており、この観点から、会計基準の差異を縮小する国際的な収斂の努力が必要になっている。ただし、比較可能性は、会計基準の内部において、形式基準だけに基づいた画一的な会計処理を一律に求めるものではなく、状況に応じた会計方法の使い分けを否定するものではない。意思決定に有用な会計情報を作成するためには、前述のように、企業活動の実態や取引（企業活動）の実質を考慮しなければならず、その結果、非画一的な処理や企業の裁量的判断が必要とされる場合もある。

〔その他の特性〕

22. 諸外国では一般的な制約条件などに位置づけられている理解可能性、重要性、コストとベネフィットの斟酌などについては自明であることから、質的特性を簡潔な体系として記述するため、独立の特性としては採り上げないことにした。理解可能性については、人間の合理性には限界があるという意味なら自明であるとの指摘がなされた。また、重要性、及びコストとベネフィットの斟酌についても、情報価値や経済合理性の観点からすれば自明であるとの議論がなされた。

「会計情報の質的特性」

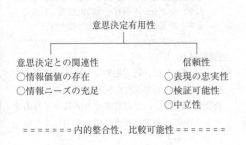

第3章 財務諸表の構成要素

【序 文】

本章では、財務諸表の構成要素を特定し、それらに定義を与えることを通じて、財務報告が対象とすべき事象を明確にしている。そうすることで、環境の変化により新たな経済事象が生じたとき、それを財務報告の対象に含めるか否かの指針としての機能が果たされる。財務報告の対象として不適格な項目を排除するとともに、財務報告の対象とすべき項目を包摂するように構成要素の定義を記述することが、本章の役割である。その記述に際しては、財務報告の目的に資することを判断規準としている。財務諸表には財務報告の目的に関連して特定の役割が期待されており、それぞれの構成要素となり得るのは、その役割を果たすものに限られる。

財務諸表の構成要素の中には、他から独立しているものもあれば、他に従属しているものもある。本章では、はじめに資産と負債に独立した定義を与え、そこから純資産と包括利益の定義を導いている。また、投資家の利用目的との適合性を考慮して、包括利益とは別に純利益に定義を与え、純利益と関連させて収益と費用の定義を導出している。ここで資産・負債の定義からはじめるのは、財務報告の対象を確定し定義する作業が容易になるからであり、情報としての有用性を比較したものでもなければ、特定の測定方法を一義的に導くことを意図したものでもない。

構成要素に定義を与えるといっても、それらは別の抽象概念に依存する。会計の専門用語をより一般的な用語に置き換えることはできても、解釈の余地のない用語に還元しつくすことはできない。そのため、会計基準の設定に際しては一定の解釈が必要になるが、構成要素の定義の字義を解釈するだけでは、財務報告の対象とすべき事象は決められない。財務報告の対象とすべきか否かは、財務報告の対象とすることによってその目的がよりよく達成できるようになるのかどうかも加味して、総合的に判断しなければならない。

【本 文】
〔財務諸表の役割とその構成要素〕

1. 財務報告の目的を達成するため、現行のディスクロージャー制度においては、貸借対照表、損益計算書、キャッシュ・フロー計算書等の財務諸表が開示されている。これらは企業の所有者が提供した資金をもとに、企業が実行した投資の特定時点のポジションと、その投資から得られた特定期間の成果を反映している。

2. この概念フレームワークでは、投資のポジションと成果を表すため、貸借対照表及び損益計算書に関する構成要素として、資産や負債、純資産、株主資本、包括利益、純利益、収益、費用が定義される[(1)]。

> (1) キャッシュ・フロー計算書等については、改めて構成要素を定義しない。

〔財務報告の目的による制約〕

3. 貸借対照表と損益計算書が投資のポジションと成果を開示するという役割を担っているため、それぞれの構成要素は、これらの役割を果たすものに限られる。構成要素の定義は、財務報告の目的と財務諸表の役割に適合するかぎりで意味を持つのであり、そうした役割を果たさないものは、たとえ以下の各定義を充足しても、財務諸表の構成要素とはならない。

〔資 産〕

4. 資産とは、過去の取引または事象の結果として、報告主体が支配している経済的資源をいう[(2)(3)]。

> (2) ここでいう支配とは、所有権の有無にかかわらず、報告主体が経済的資源を利用し、そこから生み出される便益を享受できる状態をいう。経済的資源とは、キャッシュの獲得に貢献する便益の源泉をいい、実物財に限らず、金融資産及びそれらとの同等物を含む。経済資源は市場での処分可能性を有する場合もあれば、そうでない場合もある。
>
> (3) 一般に、繰延費用と呼ばれてきたものでも、将来の便益が得られると期待できるのであれ

ば、それは、資産の定義には必ずしも反していない。その資産計上がもし否定されるとしたら、資産の定義によるのではなく、認識・測定の要件または制約による。

〔負 債〕

5. 負債とは、過去の取引または事象の結果として、報告主体が支配している経済的資源を放棄もしくは引き渡す義務、またはその同等物をいう[(4)(5)]。

> (4) ここでいう義務の同等物には、法律上の義務に準じるものが含まれる。
>
> (5) 繰延収益は、この概念フレームワークでは、原則として、純資産のうち株主資本以外の部分となる。

〔純資産〕

6. 純資産とは、資産と負債の差額をいう。

〔株主資本〕

7. 株主資本とは、純資産のうち報告主体の所有者である株主（連結財務諸表の場合には親会社株主）に帰属する部分をいう[(6)(7)]。

> (6) ここで報告主体の所有者である株主に帰属する部分とは、報告主体の所有者との直接的な取引によって発生した部分、及び投資のリスクから解放された部分のうち、報告主体の所有者に割り当てられた部分をいう。
>
> (7) 株主資本は、株主との直接的な取引、または、株主に帰属する純利益によって増減する。その結果、子会社の少数株主との直接的な取引や、オプション所有者との直接的な取引で発生した部分は、株主資本から除かれる。

〔包括利益〕

8. 包括利益とは、特定期間における純資産の変動額のうち、報告主体の所有者である株主、子会社の少数株主、及び将来それらになり得るオプションの所有者との直接的な取引によらない部分をいう[(8)]。

> (8) 直接的な取引の典型例は、親会社の増資による親会社株主持分の増加、いわゆる資本連

結手続を通じた少数株主持分の発生、新株予約権の発行などである。なお、純資産を構成する項目間の振替であっても、それらの項目の一部がここでいう直接的な取引によらないものであるときは、その部分が包括利益に含められる場合もある。

と、純利益が求められる[11]。

⑽　このことを、リサイクリングということもある。

⑾　本章第12項の⑵の処理に伴う調整項目と、⑴の要素をあわせて、その他の包括利益と呼ばれることもある。

〔純利益〕

9．純利益とは、特定期間の期末までに生じた純資産の変動額（報告主体の所有者である株主、子会社の少数株主、及び前項にいうオプションの所有者との直接的な取引による部分を除く。）のうち、その期間中にリスクから解放された投資の成果であって、報告主体の所有者に帰属する部分をいう。純利益は、純資産のうちもっぱら株主資本だけを増減させる。

10．企業の投資の成果は、最終的には、投下した資金と回収した資金の差額にあたるネット・キャッシュフローであり、各期の利益の合計がその額に等しくなることが、利益の測定にとって基本的な制約になる。包括利益と純利益はともにこの制約を満たすが、このうち純利益はリスクから解放された投資の成果であり、それは、企業が行った投資に関する期待に対比される事実が生じたか否か[9]で判断される。

⑼　投資に関する期待の内容は、投資の実態や本質に応じて異なる。したがって、投資の成果のリスクからの解放のタイミングをどのように捉えるかも、投資の実態や本質に応じて異なり得る。

11．純利益は、収益から費用を控除した後、少数株主損益を控除して求められる。ここでいう少数株主損益とは、特定期間中にリスクから解放された投資の成果のうち、子会社の少数株主に帰属する部分をいう。

〔包括利益と純利益との関係〕

12．包括利益のうち、⑴投資のリスクから解放されていない部分を除き、⑵過年度に計上された包括利益のうち期中に投資のリスクから解放された部分を加え[10]、⑶少数株主損益を控除する

〔収　益〕

13．収益とは、純利益または少数株主損益を増加させる項目であり、特定期間の期末までに生じた資産の増加や負債の減少に見合う額のうち、投資のリスクから解放された部分である[12]。収益は、投資の産出要素、すなわち、投資から得られるキャッシュフローに見合う会計上の尺度である。投入要素に投下された資金は、将来得られるキャッシュフローが不確実であるというリスクにさらされている。キャッシュが獲得されることにより、投資のリスクがなくなったり、得られたキャッシュの分だけ投資のリスクが減少したりする。一般に、キャッシュとは現金及びその同等物をいうが、投資の成果がリスクから解放されるという判断においては、実質的にキャッシュの獲得とみなされる事態も含まれる。収益は、そのように投下資金が投資のリスクから解放されたときに把握される。

⑿　収益は、多くの場合、同時に資産の増加や負債の減少を伴うが、そうでないケースには、純資産を構成する項目間の振替と同時に収益が計上される場合（新株予約権が失効した場合や過年度の包括利益をリサイクリングした場合など）がある。

14．収益を生み出す資産の増加は、事実としてのキャッシュ・インフローの発生という形をとる。そうしたキャッシュ・インフローについては、投資のリスクからの解放に基づいて、収益としての期間帰属を決める必要がある。なお、事業に拘束されている資産については、現実とは異なる売却取引等を仮定し、キャッシュ・インフローを擬制して、収益が把握されるわけではな

い。

〔費　用〕

15. 費用とは、純利益または少数株主損益を減少させる項目であり、特定期間の期末までに生じた資産の減少や負債の増加に見合う額のうち、投資のリスクから解放された部分である[13]。費用は、投資によりキャッシュを獲得するために費やされた（犠牲にされた）投入要素に見合う会計上の尺度である。投入要素に投下された資金は、キャッシュが獲得されたとき、または、もはやキャッシュを獲得できないと判断されたときに、その役割を終えて消滅し、投資のリスクから解放される。費用は、そのように投下資金が投資のリスクから解放されたときに把握される。

> [13]　費用は、多くの場合、同時に資産の減少や負債の増加を伴うが、そうでないケースには、純資産を構成する項目間の振替と同時に費用が計上される場合（過年度の包括利益をリサイクリングした場合など）がある。

16. 費用についても、投入要素の取得に要するキャッシュ・アウトフローとの関係が重視される。そうしたキャッシュ・アウトフローについては、投資のリスクからの解放に基づいて、費用としての期間帰属を決める必要がある。

【結論の根拠と背景説明】
〔財務報告の目的による制約〕

17. 本章の第3項では、ある事象が財務報告の対象とされるのは、財務報告の目的の達成に寄与し、財務諸表に期待される役割を果たす場合に限られることが強調されている。これは自明であるにもかかわらず、あえて強調した理由は、構成要素の定義を満たすことだけが強調されると、財務報告に不適格な事象も対象にすべきであるという主張がなされるおそれがあるからである[14]。なお、このような制約を、海外の概念フレームワークに見られるように、認識に関する制約条件として記述すべきであるとの意見も

あったが、この制約は何を財務諸表における報告の対象に含めるかに関するものであり、財務諸表において報告の対象となり得るものについて、いつ認識し、どのように測定するかを問題にしているわけではないことから、構成要素の段階で記述することが適切であると考えられた。

> [14]　第4項の要件は充足するものの、財務報告の目的の観点から資産に含まれないものの代表例には、いわゆる自己創設のれんがある。自己創設のれんの計上は、経営者による企業価値の自己評価・自己申告を意味するため、財務報告の目的に反するからである（第1章「財務報告の目的」第18項）。

〔純資産と株主資本〕

18. 本章では、構成要素の定義を確定する作業を容易にするため、かつ国際的な動向を尊重して、まず資産と負債を定義している。資産総額のうち負債に該当しない部分は、すべて純資産に分類される。これと同時に、純利益を重視して、これを生み出す投資の正味ストックとしての株主資本を、純資産の内訳として定義している。その結果、純資産には株主資本に属さない部分が含まれることになる。

19. 第1章「財務報告の目的」にあるように、投資の成果を表す利益の情報は、企業価値を評価する際の基礎となる将来キャッシュフローの予測に広く用いられている。利益情報の主要な利用者であり受益者であるのは、報告主体の企業価値に関心を持つ当該報告主体の（現在及び将来の）所有者である。そのような理解に基づいて、本章では、純利益に対応する株主資本を、報告主体の所有者に帰属するものと位置付けている。前項で述べたように、この株主資本は、純利益を生み出す投資の正味ストックを表している。

20. 純資産のうち、株主資本以外の部分には、子会社の少数株主との直接的な取引で発生した部分や投資のリスクから解放された部分のうち子会社の少数株主に割り当てられた部分、報告主体の将来の所有者となり得るオプションの所有

者との直接的な取引で発生した部分、投資のリスクから解放されていない部分が含まれる。

〔純利益と包括利益の並存〕

21. 純利益の概念を排除し、包括利益で代替させようとする動きもみられるが、この概念フレームワークでは、包括利益が純利益に代替し得るものとは考えていない。現時点までの実証研究の成果によると、包括利益情報は投資家にとって純利益情報を超えるだけの価値を有しているとはいえないからである。これに対し、純利益の情報は長期にわたって投資家に広く利用されており、その有用性を支持する経験的な証拠も確認されている。それゆえ、純利益に従来どおりの独立した地位を与えることとした。

22. この概念フレームワークにおいては、純利益と並んで包括利益にも、独立した地位を与えた。今後の研究の進展次第では、包括利益にも純利益を超える有用性が見出される可能性もあるからである。また、純利益に追加して包括利益を開示する形をとるかぎり、特に投資家を誤導するとは考えにくいこともあり、国際的な動向にあわせてこれを構成要素の体系に含めておくこととした。

〔投資のリスクからの解放〕

23. この概念フレームワークでは、純利益を定義する上で、「投資のリスクから解放された」という表現を用いている。投資のリスクとは、投資の成果の不確定性であるから、成果が事実となれば、それはリスクから解放されることになる。投資家が求めているのは、投資にあたって期待された成果に対して、どれだけ実際の成果が得られたのかについての情報である。

〔収益と費用の定義〕

24. 本章第9項及び第21項で述べたように、この概念フレームワークでは、純利益を財務諸表の構成要素として積極的に位置付けており、その原因を明らかにする収益や費用についても、純利益（及び少数株主損益）に関連づけて定義している。

25. 利益を増加させる要素を収益と利得に分け、利益を減少させる要素を費用と損失に分ける考

え方もあるが、この概念フレームワークでは、収益と利得、費用と損失を特に区別することなく一括して収益、費用と称している。それらを細分して独立の要素とみなければならないほど、根源的な相違があるとは考えられないからである。

第4章　財務諸表における認識と測定

【序　文】

本章では、第3章「財務諸表の構成要素」における定義を充足した各種構成要素をいつ認識し、それらをどのように測定するのかという問題を取り扱っている。最初に、定義を充足した構成要素が、どのようなタイミングで財務諸表に計上されるのか（認識の契機）について記述しており、次いで、財務諸表で認識される各構成要素の測定方法としてどのような選択肢があり得るのか、さらに、それぞれの測定値がどのような意味を持ち得るのかを記述している。その記述は、資産・負債に関する部分と収益・費用に関する部分に大別されている。

資産と負債に関する部分では、各種の測定値が企業の投資とどのような関連を持つのかに着目して、測定値の意味が説明されている。特に、資産・負債それ自体の価値を直接表現する測定値には、その測定値が投資のどのような状況を表現しているのかについて、独立の説明を与えている。

収益と費用に関する部分では、企業が投資した資金は、いつ投資のリスクから解放され、投資の成果を表す収益はどのように計上されるのか、その成果を得るための犠牲である費用は、いつ、どのように計上されるのか、といった事項の説明に主眼が置かれている。これは、第3章「財務諸表の構成要素」において、純利益がリスクから解放された投資の成果として定義されていることを受けたものである。

本章で列挙されている認識・測定方法には、現在用いられている主要な方法に加え、近い将来に用いられる可能性のある方法も含まれている。この概念フレームワークには、現在の会計基準を規定する基礎概念を体系化するとともに将来の基準

設定に対する指針を提示する役割が期待されているからである。その使命を果たすため、本章では、現在日本で採用されていない認識・測定方法も記述の対象となっている。逆に、たとえ現在用いられている認識・測定方法であっても、その適用範囲が極めて狭く限られているものは、ここではとりあげていない。それらに特定の意味を与えたところで、その記述には、将来の基準設定に対する指針としての役割を期待できないからである。したがって、本章は、想定可能な認識・測定方法のすべてを網羅しているわけではない。

個々の認識・測定方法の意味を記述するにあたり、本章では、企業の投資と会計上の測定値との関係に着目している。すなわち、それぞれの認識・測定方法はどのような状態の投資に適用し得るのか、またそれを適用した結果、各測定値にはどのような意味が与えられるのかに着目している。投資家が会計情報から企業の将来キャッシュフローを予測するには、会計数値は企業の投資活動と経験的に意味のある関連を持つ必要があるからである。その関連を記述しておけば、将来、新たな会計基準が対象とする投資活動を明確にすることを通じて、適切な認識・測定方法を選択できるようになると期待される。もちろん、適切な認識・測定方法を選択するには、各種の投資の実態や本質について共通の解釈が必要となるが、その解釈は会計基準設定段階での検討に委ねられている。

【本 文】

認識及び測定の意義

1. 財務諸表における認識とは、構成要素を財務諸表の本体に計上することをいう。
2. 財務諸表における測定とは、財務諸表に計上される諸項目に貨幣額を割り当てることをいう。

認識に関する制約条件

（認識の契機）

3. 第3章「財務諸表の構成要素」の定義を充足した各種項目の認識は、基礎となる契約の原則として少なくとも一方の履行が契機となる。さらに、いったん認識した資産・負債に生じた価値の変動も、新たな構成要素を認識する契機となる。

4. 前項の第一文は、双務契約であって、双方が未履行の段階にとどまるものは、原則として、財務諸表上で認識しないことを述べている。履行の見込みが不確実な契約から各種の構成要素を認識すれば、誤解を招く情報が生み出されてしまうとみるのが通念である。それを避けるため、伝統的に、各種構成要素の認識は、契約が少なくとも部分的に履行されるのを待って行われてきた。

5. ただし、金融商品に属する契約の一部は、双務未履行の段階で財務諸表に計上されている。その典型例が、決済額と市場価格との差額である純額を市場で随時取引できる金融商品である。そのような金融商品への投資について、その純額の変動そのものがリスクから解放された投資の成果とみなされる場合には、その変動額を未履行の段階で認識することもある。

（認識に求められる蓋然性）

6. 第3章「財務諸表の構成要素」の定義を充足した各種項目が、財務諸表上での認識対象となるためには、本章第3項に記した事象が生じることに加え、一定程度の発生の可能性が求められる。一定程度の発生の可能性（蓋然性）とは、財務諸表の構成要素に関わる将来事象が、一定水準以上の確からしさで生じると見積もられることをいう。

7. 財務諸表の構成要素を認識する際に前項の要件が求められるのは、発生の可能性が極めて乏しい構成要素を財務諸表上で認識すると、誤解を招く情報が生まれるからである。とはいえ、逆に確定した事実のみに依拠した会計情報は有用ではないとみるのも、伝統的な通念である。発生の可能性を問題にする場合には、2つの相反する要請のバランスを考えなければならない[1]。

---

(1) 発生の可能性に関する判断は、資産と負債との間で必ずしも対称的になされるわけではない。こうした非対称性の一部は、伝統的に、投資家の意思決定に有用な情報の提供とは別

の観点から保守性あるいは保守的思考と呼ばれ、定着してきた。

資産の測定

(1) 取得原価

(定　義)

8. 取得原価とは、資産取得の際に支払われた現金もしくは現金同等物の金額、または取得のために犠牲にされた財やサービスの公正な金額をいう。これを特に原始取得原価と呼ぶこともある。原始取得原価の一部を費用に配分した結果の資産の残高は、未償却原価と呼ばれる。原始取得原価を基礎としていることから、未償却原価も広義にとらえた取得原価の範疇に含まれる。

(測定値の意味)

9. 原始取得原価は、実際に投下した資金の額であり、未償却原価は、そのうち、いまだ収益に賦課されていない額である。原始取得原価であれ未償却原価であれ、取得原価によって資産を測定する場合は、現在の投資行動をそのまま継続することが前提とされる。また、未償却原価によって資産が測定される場合は、投下資金の一部が、投資成果を得るための犠牲を表す費用として、計画的・規則的に配分される。

10. 取得原価、特に未償却原価による測定値は、継続利用している資産について将来に回収されるべき投資の残高を表す。つまり、この測定は、資産の価値の測定方法としてよりも、資産の利用に伴う費用を測定するうえで重要な意味を持つ。なお、費用測定のための期間配分の手続においては、いくつかの将来事象について見積りが必要であり、重要な誤りが事後的に判明した場合は、見積りが適宜修正され、それに応じて未償却原価も修正される[2]。

> (2) 一般に、見積りが修正された場合の会計処理には、その影響額の全額を修正した期の会計数値に反映させる方法と、複数の会計期間に分けて影響額を反映させる方法との2通りの方法がある。

(2) 市場価格

(定義と分類)

11. 市場価格とは、特定の資産について、流通市場で成立している価格をいう[3]。報告主体が直面する市場は、購買市場と売却市場とが区別される場合と、されない場合に分けることができる。それぞれのケースに応じて、市場価格の意味は異なる。その点を考慮して、ここでは、2つのケースを区別する。

> (3) 日本の現行基準においては、市場価格と時価が異なる意味で用いられている。狭い意味で使われるのは市場価格であり、この用語は実際に市場が存在する場合にしか用いられない。これに対し、時価は公正な評価額と同義であり、観察可能な市場価格のほか、推定された市場価格なども含んでいる。

(2-a) 購買市場と売却市場とが区別されない場合

(測定値の意味)

12. 購買市場と売却市場とが区別されない場合の市場価格は、資産の経済価値を表す代表的な指標の1つであり、資産を処分ないし清算したときに得られる資金の額、あるいは再取得するのに必要な資金の額を表す（ただし取引コストは考慮していない。）。現在の事業投資活動の継続が前提とされる場合、それに利用されている資産については、この測定値に経験的な意味を見出すのは困難であるが、例えば個別の資産の売却処分が前提とされる場合には、その市場価格の情報が投資家にとって有益なこともある[4]。また、予期せざる環境変化などにより、簿価が従来の意味を失うことがあり、臨時の簿価修正手続として、市場価格による再測定が意味を持つこともある。

> (4) この測定値が意味を持つ典型例は、売買目的の有価証券である。

13. 市場価格の変動額には、将来キャッシュフローや割引率に関する市場の平均的な期待の改訂が

反映される。その変動額は、事業上の制約がなく清算できる投資で、かつ市場における有利な価格変動を期待しているものについての成果を表す[5]。

> (5) より正確には、市場価格の変動に加え、利付債に係る受取利息のように、投資対象から分離する形で生じたキャッシュフローも投資の成果に含まれる。同様のことは、後述の再調達原価・正味実現可能価額・割引価値などにもあてはまる。

14. 独立した第三者間の取引を前提とするかぎり、資産取得に際しての支出額は、そのときの市場価格と大きく乖離しないと想定できる。両者に著しい乖離がなく、また支出額を操作する意図が推察されない場合は、取得した資産は当初認識時には支出額で測定されるのが原則である。ただし、それらの点について反証がある場合は、支出額にとらわれることなく、市場価格によって原始取得原価が測定されることもある。

(2-b) 購買市場と売却市場とが区別される場合

(2-b-①) 再調達原価

(定 義)

15. 再調達原価とは、購買市場と売却市場とが区別される場合において、購買市場（当該資産を購入し直す場合に参加する市場）で成立している価格をいう。

(測定値の意味)

16. 再調達原価は、保有する資産を測定時点で改めて調達するのに必要な資金の額を表す。しばしば、その変動額は、資産の調達時期を遅らせていたならば生じたはずの損益として意味づけられている。しかし、実際には保有したまま再調達していないときに購入価格の変動額を投資成果とみなせる状況は、限られている。ただし、予期せざる環境変化などにより、簿価が従来の意味を失うことがあり、臨時の簿価修正手続として、再調達原価による再測定が意味を持つこともある。

(2-b-②) 正味実現可能価額

(定 義)

17. 正味実現可能価額とは、購買市場と売却市場とが区別される場合において、売却市場（当該資産を売却処分する場合に参加する市場）で成立している価格から見積販売経費（アフター・コストを含む。）を控除したものをいう。

(測定値の意味)

18. 正味実現可能価額は、保有する資産を測定時点で売却処分することによって回収できる資金の額を表す。しばしば、その変動額は、資産を期末に売却したら生じたはずの損益（の一部）として意味づけられている。しかし、実際には保有したまま売却していないときに売却価格の変動額を投資成果とみなせる状況は、限られている。ただし、予期せざる環境変化などにより、簿価が従来の意味を失うことがあり、臨時の簿価修正手続として、正味実現可能価額による再測定が意味を持つこともある。

(3) 割引価値

(定義と分類)

19. 割引価値とは、資産の利用から得られる将来キャッシュフローの見積額を、何らかの割引率によって測定時点まで割り引いた測定値をいう。この測定方法を採用する場合は、キャッシュフローが発生するタイミングを合理的に予想できることが前提となる。割引価値による測定は、①将来キャッシュフローを継続的に見積り直すか否か、②割引率を継続的に改訂するか否かに応じて、いくつかの類型に分けられる。

(3-a) 将来キャッシュフローを継続的に見積り直すとともに、割引率も改訂する場合

(3-a-①) 利用価値

(定 義)

20. 利用価値は、使用価値とも呼ばれ、資産の利用から得られる将来キャッシュフローを測定時点で見積り、その期待キャッシュフローをその時点の割引率で割り引いた測定値をいう[6]。

> (6) ここで用いられる割引率については、いくつかの選択肢があり得る。

(測定値の意味)

21. 利用価値は、市場価格と並んで、資産の価値

を表す代表的な指標の1つである。利用価値は、報告主体の主観的な期待価値であり、測定時点の市場価格と、それを超える無形ののれん価値とを含んでいる。そのため、利用価値は、個々の資産の価値ではなく、貸借対照表には計上されていない無形資産も含んだ企業全体の価値を推定する必要がある場合に利用される。ただし、取得原価を超える利用価値で資産を測定した場合には、自己創設のれんが計上されることになる。

22. 仮に将来に関する期待が変わらなければ、利用価値の変動額は、この投資額に対する正常なリターンの額（資本コストに見合う額）に等しくなる。他方、その期待が期中で変化した場合は、正常なリターンに加えて、期待の変化（いわゆるウィンドフォール）が、経営者の主観的な見込みだけで、その変動額に算入される。第1章「財務報告の目的」において記述されているとおり、事実あるいは実績を開示するという財務報告の目的に照らすと、利用価値による測定が意味を持つ状況は、主観的な見積りを事実の代理とするしかない例外的なケースに限られる(7)。

> (7) 例えば資産の収益性が低下し、簿価を回収できる見込みがなくなったときに、回収可能な額まで簿価を切り下げるようなケースがこれに該当する。

(3-a-②)　市場価格を推定するための割引価値 （時価または公正な評価額）

（定　義）

23. 市場価格を推定するための割引価値とは、市場で平均的に予想されているキャッシュフローと市場の平均的な割引率を測定時点で見積り、前者を後者で割り引いた測定値をいう。市場価格が存在しない資産について、期末時点の価値を測定する必要がある場合には、この測定値が市場価格の代理指標として積極的な意味を持つ。この測定については、本章の第12項から第14項を参照。

(3-b)　将来キャッシュフローのみを継続的に 見積り直す場合

（定　義）

24. 将来キャッシュフローのみを継続的に見積り直した割引価値とは、資産の利用から得られる将来キャッシュフローを測定時点で見積り、その期待キャッシュフローを資産の取得時点における割引率で割り引いた測定値をいう(8)。

> (8) 金銭債権については、その取得時点で回収が見込まれる将来キャッシュフローを原始取得原価に一致させる割引率（当初の実効金利）を求め、この割引率で割り増して毎期の簿価を計算するのが支配的な実務となっている。この簿価は利息法による簿価と呼ばれ、第24項にいう割引価値の典型例である。

（測定値の意味）

25. この測定値は、資産から得られる将来キャッシュフローについて、回収可能性の変化のみを反映させた額を表す。必ずしも回収リスクのすべてを反映させたものではなく、また割引率に内在する金利のリスクを無視する点でも、それは測定時点の資産価値を表しているとはいえないが、その変動額に含まれる2つの要素を投資の成果としてとらえるために、この測定方法が利用されることもある。1つは、当初用いた割引率に見合う利息収益の要素である。もう1つは、期待キャッシュフローが変化したことに伴う損益の要素である。そこでは回収可能額の改訂分を当初の割引率で割り引いた全額が、見積りの修正時点に生じた損益とみなされる。

(4)　入金予定額（決済価額または将来収入額）

（定　義）

26. 入金予定額とは、資産から期待される将来キャッシュフローを単純に（割り引かずに）合計した金額をいう。一般に、入金予定額という場合、債権の契約上の元本についての回収可能額を指すことが多い。

（測定値の意味）

27. この測定値は、将来に入金が予定される額、回収可能見込額（貸倒引当金が別に設定されて

いる場合は、それを控除した額）を表す。その
変動額には、借り手の信用状況の変化が反映さ
れる。

(5) 被投資企業の純資産額に基づく額

（定　義）

28. 被投資企業の純資産額に基づく額とは、被投
資企業の純資産のうち、投資企業の持分に対応
する額をいう[9]。

> [9] この測定値には、いわゆる持分法による評
> 価額も含まれる。ただし、「持分法による評
> 価額」という用語法には、未償却の連結調整
> 勘定相当額を含めた意味で使われるケースと、
> それを除いた意味で使われるケースとがある。

（測定値の意味）

29. この測定値は、被投資企業に対する報告主体
の持分額、あるいは投資額を表す。被投資企業
の純資産変動に基づいて利益を測定する際に用
いられるが[10]、他の測定方法では投資の現状を
とらえられないケースで利用されることもある。
例えば予期せざる環境変化などにより、簿価が
従来の意味を失う場合は、臨時の簿価修正手続
として、この測定値が意味を持つこともある[11]。

> [10] 被投資企業の活動成果に着目した収益の測
> 定については、本章第47項にも記述がある。
> [11] 例えば、非上場株式の簿価切下げに用いら
> れることがある。

負債の測定

(1) 支払予定額（決済価額または将来支出額）

（定　義）

30. 支払予定額とは、負債の返済に要する将来
キャッシュフローを単純に（割り引かずに）合
計した金額をいう。一般に、支払予定額という
場合、債務の契約上の元本額を指すことが多い。

（測定値の意味）

31. 支払予定額は、将来支払うべき金額を表す。
支払予定額が契約などにより固定されている場
合、この方法で負債を測定すれば、返済までの

間、支払利息以外の損益は計上されない[12]。他
方、支払予定額が見積りによる場合、この方法
によると、見積りの変更のすべてがその期の損
益に計上される。

> [12] ただし、債務が免除された場合は、契約上
> の要返済額と実際の（要）返済額との差に見
> 合う債務免除益が生じる。

(2) 現金受入額

（定　義）

32. 現金受入額とは、財・サービスを提供する義
務の見返りに受け取った現金または現金同等物
の金額をいう。時の経過に応じてサービスの提
供が行われるケースなどにおいては、現金受入
額を計画的・規則的に減額する期間配分の手続
がとられる。その配分した結果の負債の残高は、
未決済残高または未消滅残高と呼ばれる。現金
受入額を基礎としていることから、未決済残
高・未消滅残高も、広義にとらえた現金受入額
の範疇に含まれる。

（測定値の意味）

33. 現金受入額は、実際に受け入れた資金の額を
表す。金融負債を現金受入額で測定する場合、
この負債に係る支出額（元利返済額）との差は
利息費用や償還損益となる。他方、非金融負債
の場合は、財・サービスの引渡し義務の履行に
伴って、その履行に見合う額が収益に振り替え
られる。その結果、負債は未決済残高・未消滅
残高によって測定される。

(3) 割引価値

34. 割引価値の定義、割引価値を採用することの
意味、割引価値の類型については、本章第19項
を参照。

(3-a) 将来キャッシュフローを継続的に見積り
直すとともに、割引率も改訂する場合

(3-a-①) リスクフリー・レートによる割引価値

（定　義）

35. リスクフリー・レートによる割引価値とは、
測定時点で見積った将来のキャッシュ・アウト
フロー[13]を、その時点におけるリスクフリー・

レートで割り引いた測定値をいう。

⒀　本章の第35項から第41項にいうキャッシュ・アウトフローには、元本の返済額だけでなく、利息の支払額も含まれる。

（測定値の意味）

36．リスクフリー・レートによる割引価値は、借り手である報告主体が自身のデフォルトを考慮せずに見積った、負債の価値を表す。その変動額には、期待キャッシュ・アウトフローの増減や時の経過、及びリスクフリー・レートの変化は反映される一方、報告主体の信用リスクの変化は反映されない。

（3-a-②）　リスクを調整した割引率による割引価値

（定　義）

37．リスクを調整した割引率による割引価値とは、測定時点で見積った将来のキャッシュ・アウトフローを、その時点における報告主体の信用リスクを加味した最新の割引率で割り引いた測定値をいう。

（測定値の意味）

38．この測定値は、負債の市場価格を推定する際に意味を持つことがある。その変動額には、期待キャッシュ・アウトフローの増減、時の経過や、リスクフリー・レートの変化に加えて、報告主体の信用リスクの変化も反映される。ただし、報告主体の契約上の支払義務が変わらない状況では、その変動額を投資成果とみなすことはできない。

（3-b）　将来キャッシュフローのみを継続的に見積り直す場合

（定　義）

39．将来キャッシュフローのみを継続的に見積り直した割引価値とは、測定時点で見積った将来のキャッシュ・アウトフローを、負債が生じた時点における割引率で割り引いた測定値をいう。

（測定値の意味）

40．この測定値の変動額には、2つの要素が含まれている。1つは、負債発生当初に用いた割引率に見合う利息費用の要素である。もう1つは、期待キャッシュ・アウトフローが変化したことに伴う損益の要素である。要返済額の改訂分を当初の割引率で割り引いた全額が、その変動額に含まれる。

（3-c）　将来キャッシュフローを見積り直さず、割引率も改訂しない場合

（定　義）

41．将来キャッシュフローを見積り直さず、割引率も改訂しない場合の割引価値とは、負債が生じた時点で見積った将来のキャッシュ・アウトフローを、その時点での割引率によって割り引いた測定値をいう。

（測定値の意味）

42．この測定値の変動額は、期首の負債額（期中に発生したものについては発生時の負債額）に対する当初の実効金利による利息費用を表す。

⑷　市場価格

43．市場価格の定義とその意味については、本章の第11項及び第12項を参照。

収益の測定

⑴　交換に着目した収益の測定

44．交換に着目した収益の測定とは、財やサービスを第三者に引き渡すことで獲得した対価によって収益をとらえる方法をいう。収益計上の判断規準は投資のリスクから解放されたか否かであり、事業投資の場合、原則として、事業のリスクに拘束されない資産を交換によって獲得したか否かで判断される。この場合の収益の額は、獲得した対価の測定値に依存する。すなわち、対価が資産の増加となる場合にはその増加額、負債の減少となる場合にはその減少額によって収益は測定され、収益は当該資産・負債の測定値に基づくことになる。

⑵　市場価格の変動に着目した収益の測定

45．市場価格の変動に着目した収益の測定とは、資産や負債に関する市場価格の有利な変動によって収益をとらえる方法をいう。随時換金（決済）可能で、換金（決済）の機会が事業活動による制約・拘束を受けない資産・負債について

関連法規

は、換金（決済）による成果を期待して資金の回収（返済）と再投資（再構築）とが繰り返されているとみなすこともできる。その場合には、市場価格の変動によって、投資の成果が生じたと判断される。この場合の収益の額は、1期間中に生じた市場価格の上昇額によって測定される。

(3) 契約の部分的な履行に着目した収益の測定

46. 契約の部分的な履行に着目した収益の測定とは、財やサービスを継続的に提供する契約が存在する場合、契約の部分的な履行に着目して収益をとらえる方法をいう。そのような契約において、相手方による契約の履行（代金の支払）が確実視される場合は、報告主体が部分的に履行しただけで（つまり相手方の履行を待たずに）、契約価額の一部を成果として得たとみなすことができる[14]。この場合の収益の額は、1期間中に履行された割合を契約額に乗じて測定される[15]。

---

[14] これと同様に、契約価額を受領済みで、自身による契約の履行が確実視される場合も、報告主体が部分的に履行しただけで（つまり契約の完全な履行を待たずに）、履行割合に見合う成果を得たとみなすことができる。

[15] 例えば、金銭消費貸借契約の場合、時の経過によって契約が部分的に履行したとみなされる。

---

(4) 被投資企業の活動成果に着目した収益の測定

47. 被投資企業の活動成果に着目した収益の測定とは、投資企業が、被投資企業の成果の獲得に応じて投資勘定を増加させて収益をとらえる方法をいう。被投資企業との間に一体性を見出せる場合は、被投資企業の事業活動は投資企業の事業活動の延長線上にあると位置づけられる。その場合、被投資企業の成果の帰属に着目して、投資企業の成果を計算することができる。この場合の収益の額は、被投資企業の純利益に持分割合を乗じた額として測定される。

費用の測定

(1) 交換に着目した費用の測定

48. 交換に着目した費用の測定とは、財やサービスを第三者に引き渡すことで犠牲にした対価によって費用をとらえる方法をいう。この測定については、本章第44項を参照。

(2) 市場価格の変動に着目した費用の測定

49. 市場価格の変動に着目した費用の測定とは、資産や負債に関する市場価格の不利な変動によって費用をとらえる方法をいう。この測定については、本章第45項を参照。

(3) 契約の部分的な履行に着目した費用の測定

50. 契約の部分的な履行に着目した費用の測定とは、財やサービスの継続的な提供を受ける契約が存在する場合、契約の部分的な履行に着目して費用をとらえる方法をいう。この測定については、本章第46項を参照。

(4) 利用の事実に着目した費用の測定

51. 利用の事実に着目した費用の測定とは、資産を実際に利用することによって生じた消費や価値の減耗に基づいて費用をとらえる方法をいう。これは一般には、事業活動に拘束された資産に適用される方法である。この場合の費用は、減少した資産の測定値（財・サービスの取得と同時に消費される場合には、それらの原始取得原価）によって測定される。なお、財・サービスの消費に伴う費用のうち、資産の定義と認識・測定の要件を充足するものについては、繰延費用として資産に計上されることもある。

52. 利用に伴う資産の数量的な減少を把握するのが困難な場合には、費用配分が、資産の金額的な減少を測る方法として妥当であると伝統的にみなされてきた。費用配分とは、あらかじめ定められた計画に従って、資産の原始取得原価を一定の期間にわたって規則的に費用に配分するものである。規則的な配分によって費用を測定する場合には、事前にいくつかの将来事象を見積らなければならない。その見積りについて事後的に誤りが判明した場合は、見積りの改訂に伴う配分計画の修正が求められることもある。また、修正方法によっては、修正の際に損益が

計上されることもある。

【結論の根拠と背景説明】
〔測定値の選択〕

53．本章では、資産や負債のさまざまな測定値を混在させている。そこでは、市場価格や利用価値を、すべてのケースにおいて優先的に適用すべき測定値とは考えていない。原始取得原価や未償却原価を、市場価格などによる測定が困難な場合に限って適用が許容される測定値として消極的に考えるのではなく、それらを積極的に並列させている。財務報告の目的を達成するためには、投資の状況に応じて多様な測定値が求められるからである。資産と負債の測定値をいわゆる原価なり時価なりで統一すること自体が、財務報告の目的に役立つわけではない。

54．一部の項目は、複数の測定値に関連づけて解釈できる。例えば毎期一定額の利息収入が予定されている貸付金を当初の貸付額で測定した場合、これは取得原価、割引価値、入金予定額などとして意味づけることができる。それぞれの測定値の意味は必ずしも相互に対立しているわけでも排他的でもないことから、ここでは、1つの会計数値に対して複数の測定方法による意味づけができることを否定せず、解釈の余地を残したままとしている。

55．資産・負債の定義を満たしていても、資産・負債の測定値として独立した意味を持たない数値が付されることもある。例えば、工事進行基準を適用した結果計上される債権に準じて計上する額や、過去に消費された労働サービスに見合って計上される退職給付引当金のように、投資の成果を計算した結果として、それらの測定値が付される場合がある。

〔投資のリスクからの解放〕

56．第3章「財務諸表の構成要素」では、リスクから解放された投資の成果が純利益として定義されている。したがって、本章では、特定の測定値やその変動などで測った投資の成果にどのような意味が付与されるのかを説明する際、投資のリスクから解放されているか否かに注意が向けられている。

57．第3章の第23項で述べたように、投資の成果がリスクから解放されるというのは、投資にあたって期待された成果が事実として確定することをいうが、特に事業投資については、事業のリスクに拘束されない独立の資産を獲得したとみなすことができるときに、投資のリスクから解放されると考えられる[16]。もちろん、どのような事象をもって独立の資産を獲得したとみるのかについては、解釈の余地が残されている。個別具体的なケースにおける解釈は、個別基準の新設・改廃に際し、コンセンサスなどに基づき与えられる。これに対して、事業の目的に拘束されず、保有資産の値上りを期待した金融投資に生じる価値の変動は、そのまま期待に見合う事実として、リスクから解放された投資の成果に該当する。

> [16]　異種資産の交換にともなって、収益が認識される場合には、リスクから解放された投資の成果の獲得とは、交換以前の事業のリスクに拘束されない資産の獲得を指すこととなる。

58．「投資のリスクからの解放」と類似したものとして、「実現」、あるいは「実現可能」という概念がある。「実現した成果」については解釈が分かれるものの、最も狭義に解した「実現した成果」は、売却という事実に裏づけられた成果、すなわち非貨幣性資産の貨幣性資産への転換という事実に裏づけられた成果として意味づけられることが多い。この意味での「実現した成果」は、この概念フレームワークでいう「リスクから解放された投資の成果」に含まれる。ただし、投資のリスクからの解放は、いわゆる換金可能性や処分可能性のみで判断されるのではない。他方の「実現可能な成果」は、現金またはその同等物への転換が容易である成果（あるいは容易になった成果）として意味づけられることが多い。この意味での「実現可能な成果」の中には、「リスクから解放された投資の成果」に該当しないものも含まれている[17]。このよう

に「実現」という用語が多義的に用いられていること、及びそのいずれか1つの意義では、様々な実態や本質を有する投資について、純利益及び収益・費用の認識の全体を説明するものではないことから、これらを包摂的に説明する用語として「投資のリスクからの解放」という表現を用いることとした。

やその他有価証券は、現金あるいはその同等物への転換が容易であり、その時価評価差額は「実現可能な成果」と解釈することもできる。しかしこれらの有価証券の売却処分には事業上の制約が課されており、その時価評価差額はリスクから解放された投資の成果とはいえない。

(17) 例えば、上場している子会社関連会社株式

以　上

「修正国際基準（国際会計基準と企業会計基準委員会による修正会計基準によって構成される会計基準)」の公表にあたって

2015年6月30日
企業会計基準委員会

Ⅰ．公表の経緯

1．2009年6月に企業会計審議会から、「我が国における国際会計基準の取扱いに関する意見書（中間報告)」が公表され、国際会計基準（IFRS）の任意適用等に関する提言が示された。この中間報告で示された提言に基づき、2009年12月に、「連結財務諸表の用語、様式及び作成方法に関する規則」等が改正され、新たに「指定国際会計基準」が設けられた。また、一定の要件を満たした会社に、2010年3月31日以後に終了する連結会計年度から、指定国際会計基準に準拠して作成された連結財務諸表を金融商品取引法の規定により提出される財務計算に関する書類として認めることとされた。

　その後、企業会計審議会では、我が国における IFRS の適用のあり方が継続的に審議され、2013年6月に、「国際会計基準（IFRS）への対応のあり方に関する当面の方針」（以下「当面の方針」という。）が公表された。

2．「当面の方針」では、単一で高品質な国際基準の策定という目標がグローバルに実現されていくことは、世界経済の効率化・活性化を図る観点から有効であり、我が国としてこの目標を実現していくために主体的に取り組むことは、日本の企業活動・資金調達に有益であるとともに、日本市場の国際的競争力を確保する観点からも重要であるとされている。

3．そのうえで、IFRS の任意適用の積上げ及び我が国による IFRS に対する積極的な意見発信を図ることが重要であるとされ、その方策の一つとして、IFRS のエンドースメント手続の導入が提言され、会計基準の策定能力を有する当委員会において検討を行い、当委員会が検討した IFRS の個々の会計基準について、金融庁が指定する方式を採用することが適当であるとされている。

4．この「当面の方針」の公表を受け、当委員会では、2013年7月に財務諸表の作成者、利用者、監査人及び学識経験者から構成される「IFRS のエンドースメントに関する作業部会」（以下「作業部会」という。）を設置した。作業部会では、17回の会合を重ね、当委員会は作業部会での検討状況を踏まえ審議を行い、2014年7月24日に開催した第292回企業会計基準委員会において「修正国際基準（国際会計基準と企業会計基準委員会による修正会計基準によって構成される会計基準)」（以下「修正国際基準」という。）の公開草案の公表を承認し、2014年7月31日に公表した。

5．3か月のコメント募集期間経過後、当委員会及び作業部会は公開草案に寄せられた意見について審議を行い、当委員会は2015年6月29日に開催された第314回企業会計基準委員会において修正国際基準の公表を承認し、本日公表するに至った。

Ⅱ．エンドースメント手続の概要

6．エンドースメント手続は、「当面の方針」では、国際会計基準審議会（IASB）により公表された会計基準及び解釈指針（以下、会計基準及び解釈指針を合わせて「会計基準等」という。）について、我が国で受け入れ可能か否かを判断したうえで、必要に応じて、一部の会計基準等について「削除又は修正」し、金融庁において指定する仕組みとされており、このエンドース

メント手続は指定国際会計基準の指定とは別の制度として行われるものである。当委員会は、このエンドースメント手続のうち、個々の会計基準等を「削除又は修正」するか否かを判断する部分を担う。

7．当委員会において、個々の会計基準等を「削除又は修正」するか否かについて、検討する手順は、次のとおりである。

(1) IASBにより新規の又は改正された会計基準等が公表される。

(2) 当該会計基準等について「削除又は修正」せずに採択することができるか否かについて検討を行う。ここで、「削除又は修正」とは、会計基準等の全部、一部の条項又は条項の一部を適用しないこと及び会計基準等の一部の条項に追加又は修正を加えることをいう。

(3) 当該会計基準等について「削除又は修正」を行わずに採択する場合には、その旨の公開草案を公表する。また、「削除又は修正」を行って採択する場合には、企業会計基準委員会による修正会計基準の公開草案を作成し、公表する（「Ⅴ．修正国際基準の適用」を参照のこと）。

(4) 公開草案に寄せられた意見を踏まえ、当委員会において審議を行い、最終的な採択を行う。

8．今回公表した修正国際基準は、2012年12月31日現在でIASBにより公表されている会計基準等を対象にエンドースメント手続を行い（以下、エンドースメント手続のうち当委員会が担った部分を「初度エンドースメント手続」という。）、公表された（今後のエンドースメント手続において、当委員会が担う部分については「Ⅵ．エンドースメント手続の対象等　2．今後のエンドースメント手続」を参照のこと）。

Ⅲ．エンドースメント手続の意義

9．現在、任意適用において使用されている指定国際会計基準については、IASBにより公表された会計基準等の一部を指定しないことも可能

な枠組みとなっているが、その一部を修正する手続を念頭に置いた規定とはなっていない。

現時点では、IASBにより公表された会計基準等のすべてが指定されており、結果として指定国際会計基準はIASBにより公表された会計基準等と同一なものとなっている。「当面の方針」では、指定国際会計基準は、実態的にはピュアなIFRSのアドプションとなっているとしたうえで、ピュアなIFRSを適用する意図で既に任意適用している企業が存在することなどを踏まえ、ピュアなIFRSの適用は維持する必要があるとされている。

それに加え、エンドースメント手続を行い、我が国における会計基準に係る基本的な考え方と合わない場合及び実務上の困難さがある場合において、一部の会計基準等を「削除又は修正」して採択する仕組みを設けることで、IFRSをより柔軟に受け入れることが可能となるとともに、「削除又は修正」する項目についての我が国の考え方を意見発信することが可能となると考えられる。

10．ここでいう我が国における会計基準に係る基本的な考え方には、企業の総合的な業績指標としての当期純利益の有用性を保つことなどが含まれる。

この基本的な考え方は、会計基準は、企業経営に規律をもたらすべきものであり、その結果、企業の持続的成長、長期的な企業価値の向上に資する役割を担うとの考えを背景とする。

この基本的な考え方に基づき、IFRSの個々の会計基準等をレビューするエンドースメント手続を行うことは、会計基準が資本市場における重要なインフラの一部とされる中、財務諸表の利用者の意思決定有用性を高め、財務諸表の利用者及び作成者に便益をもたらすものと考えられる。

11．今回実施した初度エンドースメント手続では、既存の会計基準等を対象に、我が国における会計基準に係る基本的な考え方等に照らして受け入れ可能か否かを検討しており、既存の会計基準等に対する我が国の考えを、適用可能な1組

の会計基準として表明することになった。

　また、今後、IASB による検討過程において、IFRS の開発に対して我が国の考え方を適切に表明していくことにより、我が国において受け入れ可能な会計基準等の開発を IASB に促すことが期待される。こうしたプロセスは、単一で高品質な国際基準の開発に一層主体的に貢献をしていくために必要とされるものと考えられる。さらに、エンドースメント手続における議論を通じて、我が国の市場関係者における IFRS への理解とより高品質な基準開発に向けた裾野の広い議論が深まることも期待される。

12. また、初度エンドースメント手続において、実務上の困難さへの対応が検討されたが、その過程においてより我が国の実情に即した適用を可能とするために、ガイダンスや教育文書の作成について検討することが議論された。今後、ガイダンスや教育文書の作成については、指定国際会計基準に関する実務への影響を勘案し、検討する対象を指定国際会計基準と修正国際基準の双方とするかも含めて、さらに検討を行っていく予定である。

Ⅳ．国際会計基準審議会（IASB）が公表する IFRS との関係

13. IFRS のエンドースメント手続は、究極的に単一で高品質な国際基準が達成されることを目指す中で、我が国における IFRS の適用を促進するための取組みであると考えられる。また、今回行った IASB により公表された会計基準等に対する限定的な「削除又は修正」については、将来的な我が国及び IASB の議論次第では解消され得るものであると考えられ、当面の取扱いとし、意見発信を続けることが適当であると考えられる。

Ⅴ．修正国際基準の適用

14. 修正国際基準を適用する場合には、「修正国際基準の適用」に従って基準を適用することになる。

15. 「修正国際基準の適用」は、修正国際基準に準拠した連結財務諸表を作成する場合には、当委員会が採択した IASB により公表された会計基準等の規定に、企業会計基準委員会による修正会計基準における「削除又は修正」を加えた規定に準拠しなければならないとしている。

16. このように IASB が公表した会計基準等を直接「削除又は修正」することなく、「削除又は修正」した箇所について企業会計基準委員会による修正会計基準を公表することによって、財務諸表利用者が「削除又は修正」の内容を容易に識別することができるようになる。また、「削除又は修正」を行った理由をより明瞭に示すために、主要な論点ごとに修正会計基準にまとめることが適切と考えられる。さらに、修正国際基準が IFRS から派生したものであることがより明らかになると考えられる。

Ⅵ．エンドースメント手続の対象等

1．初度エンドースメント手続

17. 今回公表した修正国際基準では、2012年12月31日現在で IASB により公表されている次の会計基準等を、エンドースメント手続の対象としている。
  (1) 国際財務報告基準13本
  (2) 国際会計基準28本
  (3) IFRIC 解釈指針17本
  (4) SIC 解釈指針8本
　なお、IASB により公表された「財務報告に関する概念フレームワーク」については、エンドースメント手続の対象に含まないこととした。

2．今後のエンドースメント手続

18. 初度エンドースメント手続終了後は、2013年12月31日現在で IASB により公表されている会計基準等のエンドースメント手続を早期に完了し、その後、2013年12月31日後に IASB により公表された会計基準等のエンドースメント手続に着手することを予定している。

Ⅶ．「削除又は修正」の判断基準

1．「当面の方針」における判断基準

19．「Ⅱ．エンドースメント手続の概要」に記載したとおり、エンドースメント手続は、IASBにより公表された会計基準等について、我が国で受け入れ可能か否かを判断したうえで、必要に応じて、一部の会計基準等について「削除又は修正」し、金融庁において指定する仕組みである。

20．「当面の方針」では、任意適用を前提としたうえで、IASBにより公表された会計基準等をエンドースメントする際の判断基準としては、公益及び投資者保護の観点から、例えば、次の点を勘案すべきであるとされている。

　　・会計基準に係る基本的な考え方
　　・実務上の困難さ（作成コストが便益に見合わない等）
　　・周辺制度との関連（各種業規制などに関連して適用が困難又は多大なコストを要することがないか）

2．「削除又は修正」を必要最小限とすべきこと

21．前項の判断基準に従い、エンドースメント手続を行ううえでは、次の理由から、「削除又は修正」を必要最小限とすること、すなわち、可能な限り受け入れることとしたうえで、十分な検討を尽くし、我が国における会計基準に係る基本的な考え方及び実務上の困難さの観点からなお受け入れ難いとの結論に達したもののみを「削除又は修正」することが適切であると考えられる。

　　・IFRSは所定のデュー・プロセスを経て開発及び公表されたものであり、また、当委員会及び我が国の市場関係者も関与して開発されていること。
　　・多くの「削除又は修正」が行われた場合、市場関係者に修正国際基準がIFRSから派生したものとして受け止められない可能性があること。

　　・各国又は地域におけるエンドースメント手続の状況をみると、IASBにより公表された会計基準等について、「削除又は修正」を行っている国又は地域は限られており、「削除又は修正」を行っている場合においても、必要最小限にとどめていること。
　　・IASBにより公表された会計基準等との比較可能性に配慮すること。
　　・少数の項目に絞ることによって、我が国の考え方をより強く表明することができると考えられること。

22．「削除又は修正」を必要最小限とすることについては、「当面の方針」においても「我が国の国益も勘案しつつ、単一で高品質な会計基準の策定という目標を達成する観点から、削除又は修正する項目は国際的にも合理的に説明できる範囲に限定すべきである。」と記載されている。

23．なお、必要最小限とする観点から「削除又は修正」を行わなかったもののうち、これまで国際的な意見発信を行っている項目については、今後も意見発信を続ける必要があると考えられる。

Ⅷ．初度エンドースメント手続における検討

1．論点の抽出

24．作業部会では、IASBにより公表された会計基準等について、「削除又は修正」を行わずに採択することが可能か否かを検討するために、2012年12月31日現在でIASBにより公表されている会計基準等と日本基準を比較することにより、論点の抽出を行った。

　　また、同時に、どのような項目についてガイダンスや教育文書の作成が必要となり得るかについても検討を行い、論点の抽出を行った。

25．このような検討の結果、別紙1に記載した論点が抽出された。これらの論点は、「(a)会計基準に係る基本的な考え方に重要な差異があるもの」と「(b)任意適用を積み上げていくうえで実

務上の困難さがあるもの（周辺制度との関連を含む。）」に大別される。

２．「(a)会計基準に係る基本的な考え方に重要な差異があるもの」

26．「(a)会計基準に係る基本的な考え方に重要な差異があるもの」としては、主として、次の項目が識別された。
・のれんの非償却
・その他の包括利益（OCI）のリサイクリング処理及び当期純利益（純損益）に関する項目
・公正価値測定の範囲
・開発費の資産計上
　　これらについては、財務諸表の利用者に対して企業の適切な財政状態や経営成績等を開示するにあたり、懸念が示された項目である。

のれんの非償却

27．IFRS ではのれんの償却が禁止されており、減損のみが行われることとされている（IFRS 第３号「企業結合」（以下「IFRS 第３号」という。））。当委員会は、のれんは、投資原価の一部であり、企業結合後の成果に対応させて費用計上すべきものであるため、償却すべき資産と考えている。したがって、のれんの非償却については、我が国における会計基準に係る基本的な考え方と相違が大きいため、「削除又は修正」を行ったうえで採択することとした。「削除又は修正」の内容及び「削除又は修正」を行うに至った詳細な理由は、企業会計基準委員会による修正会計基準第１号「のれんの会計処理」の本文及び結論の背景に記載している。

その他の包括利益のリサイクリング処理及び当期純利益に関する項目

28．IFRS では、次の項目について、その他の包括利益に計上した後に、当期純利益に組替調整（リサイクリング処理）しない会計処理、いわゆるノンリサイクリング処理を採用している。
・「その他の包括利益を通じて公正価値で測定する資本性金融商品への投資の公正価値の変動（IFRS 第９号「金融商品」（以下「IFRS 第９号」という。））」
・「純損益を通じて公正価値で測定する金融負債の発行者自身の信用リスクに起因する公正価値の変動（IFRS 第９号）」
・「確定給付負債又は資産（純額）の再測定（IAS 第19号「従業員給付」（以下「IAS 第19号」という。））」
・「有形固定資産及び無形資産の再評価モデルに係る再評価剰余金（IAS 第16号「有形固定資産」（以下「IAS 第16号」という。）及び IAS 第38号「無形資産」（以下「IAS 第38号」という。））」

29．当委員会は、これらのノンリサイクリング処理によって、当期純利益の総合的な業績指標としての有用性が低下すると考えている。したがって、有形固定資産及び無形資産の再評価モデルに係る再評価剰余金を除く、すべてのノンリサイクリング処理は、我が国における会計基準に係る基本的な考え方と相違が大きいため、「削除又は修正」を行ったうえで採択することとした。「削除又は修正」の内容及び「削除又は修正」を行うに至った詳細な理由は、企業会計基準委員会による修正会計基準第２号「その他の包括利益の会計処理」の本文及び結論の背景に記載している。

30．なお、有形固定資産及び無形資産の再評価モデルに係る再評価剰余金についてもノンリサイクリング処理であるが、実体資本維持の概念に基づくものかどうか議論されているものであり、この項目以外のその他の包括利益に認識する項目のノンリサイクリング処理とは異なる側面が見受けられるため、「削除又は修正」を行わずに採択することとした。

公正価値測定の範囲

31．公正価値測定の範囲については、当期純利益を計算するうえで密接に関連する項目であり、我が国では重要な論点と考えられている。当委員会は、基本的に、保有資産の値上がりを期待した投資に生じる価値の変動を除き、資産及び

負債の価値の変動を当期純利益に含めて認識することは適切でないと考えている。

32. 前項の観点からは、次の論点について、適切ではない部分が含まれていると考えている。本論点に係る議論の詳細は、別紙2に記載している。

・「有形固定資産及び無形資産の再評価モデル（IAS 第16号及び IAS 第38号）」
・「投資不動産の公正価値モデル（IAS 第40号「投資不動産」（以下「IAS 第40号」という。））」
・「相場価格のない資本性金融商品への投資に関する公正価値測定（IFRS 第9号）」
・「生物資産及び農産物の公正価値測定（IAS 第41号「農業」（以下「IAS 第41号」という。））」

しかしながら、「削除又は修正」を必要最小限とする観点から、当委員会はこれらの論点については、「削除又は修正」を行わずに採択することとした。

開発費の資産計上

33. 開発費の資産計上（IAS 第38号）については、提供される情報の有用性への懸念から、開発局面での支出の資産計上の目的適合性について疑問が示された。本論点に係る議論の詳細は、別紙2に記載している。

しかしながら、同様に、「削除又は修正」を必要最小限とする観点から、当委員会はこの論点については、「削除又は修正」を行わずに採択することとした。

3. 「(b)任意適用を積み上げていくうえで実務上の困難さがあるもの（周辺制度との関連を含む。）」

34. 「(b)任意適用を積み上げていくうえで実務上の困難さがあるもの（周辺制度との関連を含む。）」については、どのような項目について「削除又は修正」を行わずに採択することが可能か否か、及び、ガイダンスや教育文書の作成が必要かの観点から、論点の抽出を行った。

その結果、抽出された論点は、「会計基準の適用、解釈に関する項目」、「その他の重要な実務上の困難さを含む会計処理に関する項目」及び「開示に関する項目」に大別された。

会計基準の適用、解釈に関する項目

35. 会計基準の適用、解釈に関する項目については、例えば、「有形固定資産に関する減価償却方法の選択（定率法、定額法の選択）（IAS 第16号）」、「相場価格のない資本性金融商品への投資に関する公正価値測定（IFRS 第9号）」、「子会社、関連会社の報告日が異なる場合の取扱い（IFRS 第10号「連結財務諸表」（以下「IFRS 第10号」という。）及び IAS 第28号「関連会社及び共同支配企業に対する投資」（以下「IAS 第28号」という。））」などが抽出された。公開草案の公表時は、これらについて「削除又は修正」を行わず、ガイダンスや教育文書の作成を検討することを提案した。

36. 前項の公開草案における提案に対して、ガイダンスや教育文書を作成することを支持する意見が多く聞かれた一方で、修正国際基準としてガイダンスや教育文書を公表するのではなく、指定国際会計基準でも適用することができるようなガイダンスや教育文書を作成すべきという意見や修正国際基準としてガイダンスや教育文書を公表した場合における指定国際会計基準への影響を懸念する意見が聞かれた。

寄せられた意見を踏まえて審議を行った結果、ガイダンスや教育文書については、指定国際会計基準に関する実務への影響を勘案し、検討する対象を指定国際会計基準と修正国際基準の双方とするかも含めて、今後さらに検討を行っていくこととした。

なお、基準の適用にあたって遵守することが求められるものをガイダンス、基準の適用にあたって参考となるものを教育文書と整理し、ガイダンスについては、実質的な「削除又は修正」とならないよう留意しつつ、国際的な議論と整合させるために、IFRS を採用している諸外国における取組みを参考として、IFRS 解釈指針委員会への論点の提出や IFRS 解釈指針委員会で取り上げられなかった場合の対応を含めた具

体的な検討プロセスのあり方について検討を
行っていくこととした。また、教育文書に関し
ても、実質的な解釈とならないように留意しつ
つ、IFRS の基準に対する実務的な対応方法な
どについて公表することを検討することとした。

その他の重要な実務上の困難さを含む会計処理に
関する項目

37. その他の重要な実務上の困難さを含む会計処
理に関する項目については、影響する業種や企
業が一定程度限定されるものの、影響が生じる
場合には、IFRS の適用そのものが極めて困難
となるほどの重要性があるものが含まれる。そ
のような論点としては、例えば、「機能通貨（IAS
第21号「外国為替レート変動の影響」（以下「IAS
第21号」という。））」に関する論点が抽出され
ており、それに係る懸念及び議論の詳細は別紙
2 に記載している。他にも主に業種固有の論点
がいくつかあり、例えば特定の業種において適
用されている減価償却方法に関する論点などが
抽出された。

　これらの項目については、現在の IFRS の任
意適用の状況及び「削除又は修正」を必要最小
限とする観点から、「削除又は修正」を行わな
いこととした。今後の IFRS の任意適用の進展
に伴って、将来的に取扱いを見直す必要が生じ
る可能性も考えられる。

開示に関する項目

38. 開示に関する項目については、年度の注記及
び四半期の開示（第 1 四半期及び第 3 四半期の
本表及び注記）について、コストと便益の観点
から、一部の項目について懸念が聞かれた。

　これらの開示に関する項目については、財務
諸表における開示のあり方が外観上、大きく異
なり得ることになること及び「削除又は修正」
を必要最小限とする観点から「削除又は修正」
を行わないこととした。

IX．適用時期

39. 修正国際基準は、2016年 3 月31日以後終了す
る連結会計年度に係る連結財務諸表から適用す
ることができるものとする。四半期連結財務諸
表に関しては、2016年 4 月 1 日以後開始する連
結会計年度に係る四半期連結財務諸表から修正
国際基準を適用することができるものとする。

関連法規

「検討が必要な項目」として抽出された論点の一覧

　次に示すものは、IASB により公表された会計基準等について「削除又は修正」を行わずに採択することが可能か否か、ガイダンスや教育文書の作成が必要となり得るかどうかを検討するために、2012年12月31日現在で IASB により公表されている会計基準等と日本基準を比較した際、「検討が必要な項目」として抽出された論点の一覧である。

(a) **会計基準に係る基本的な考え方に重要な差異があるもの**
　① **これまで「アジェンダ・コンサルテーション2011」等を通じて IASB に対して意見発信を行ってきている項目**
　（その他の包括利益（OCI）のリサイクリング処理及び当期純利益（純損益）に関する項目）
　(1)　その他の包括利益を通じて公正価値で測定する資本性金融商品への投資の公正価値の変動（IFRS 第 9 号）
　(2)　純損益を通じて公正価値で測定する金融負債の発行者自身の信用リスクに起因する公正価値の変動（IFRS 第 9 号）
　(3)　確定給付負債又は資産（純額）の再測定、過去勤務費用（IAS 第19号）
　(4)　有形固定資産及び無形資産の再評価モデルに係る再評価剰余金（IAS 第16号及び IAS 第38号）
　（公正価値測定の範囲に関連する項目）
　(5)　有形固定資産及び無形資産の再評価モデル（IAS 第16号及び IAS 第38号）
　(6)　投資不動産の公正価値モデル（IAS 第40号）
　(7)　相場価格のない資本性金融商品への投資に関する公正価値測定（IFRS 第 9 号）
　(8)　生物資産及び農産物の公正価値測定（IAS 第41号）

（「アジェンダ・コンサルテーション2011」で指摘したその他の個別項目）
　(9)　のれんの非償却（IFRS 第 3 号）
　(10)　開発費の資産計上（IAS 第38号）
　(11)　固定資産の減損の戻入れ（IAS 第36号「資産の減損」）

　② **その他の基本的な考え方に関連する項目**
　(12)　財政状態計算書における資本の部の表示（IAS 第 1 号「財務諸表の表示」（以下「IAS 第 1 号」という。））
　(13)　包括利益計算書の段階別表示（IAS 第 1 号）
　(14)　引当金の認識規準（IAS 第37号「引当金、偶発負債及び偶発資産」）
　(15)　企業結合における全部のれん方式（IFRS 第 3 号）

(b) **任意適用を積み上げていくうえで実務上の困難さがあるもの（周辺制度との関連を含む。）**
　① **会計基準の適用、解釈に関する項目**
　(16)　有形固定資産に関する減価償却方法の選択、耐用年数の決定（IAS 第16号）
　(17)　開発費の資産計上（IAS 第38号）
　(18)　相場価格のない資本性金融商品への投資に関する公正価値測定（IFRS 第 9 号）
　(19)　有給休暇（IAS 第19号）
　(20)　金融負債と資本の分類（IAS 第32号「金融商品：表示」）
　(21)　子会社、関連会社の報告日が異なる場合の取扱い（IFRS 第10号及び IAS 第28号）
　(22)　契約にリースが含まれているか否かの判断（IFRIC 第 4 号「契約にリースが含まれているか否かの判断」）

　② **その他の重要な実務上の困難さを含む会計処理に関する項目**
　(23)　機能通貨（IAS 第21号）
　(24)　外貨建負債性金融商品の外貨換算（IAS 第21号）
　(25)　投資信託の評価方法（IFRS 第 9 号）

㉖　特定の業種において適用されている減価償却方法（IAS 第16号）

㉗　修正後発事象の会計処理（IAS 第10号「後発事象」）

㉘　償却原価で計上されている金融資産の減損（IAS 第39号「金融商品：認識及び測定」（以下「IAS 第39号」という。））

③　開示に関する項目

㉙　年度における開示（リスク感応度分析、確定給付制度に関する開示、子会社及び関連会社等の要約財務情報）

㉚　期中財務報告の範囲及び開示対象の期間（財務諸表注記を含む。）（IAS 第34号「期中財務報告」）

（別紙２）

「削除又は修正」を行わずに採択した項目のうち特に懸念が寄せられた項目

次に示すものは、「削除又は修正」を行わずに採択した項目のうち、会計基準に係る基本的な考え方の相違や実務上の困難さに照らして特に多くの懸念が寄せられた項目について、その概要を記載している。これらについては、基本的に、「削除又は修正」を必要最小限とする観点から、「削除又は修正」を行わずに採択した。

１．公正価値測定の範囲
⑴　有形固定資産及び無形資産の再評価モデル

１．IAS 第16号及び IAS 第38号では、有形固定資産及び無形資産については、原価モデル又は再評価モデルのいずれかを選択して適用する。その際、会計方針として選択し、同じ種類の資産全体に適用することが求められているほかは、選択に関して特段の要件はない。

２．有形固定資産及び無形資産の再評価モデルについて、次の理由から、IFRS の取扱いについて懸念する意見が聞かれた。

⑴　事業用の固定資産は、一般的に、他の資産と組み合わせて使用されてキャッシュ・フローの創出に寄与するものであり、公正価値の変動により利益を獲得することを目的としていないため、これを公正価値で再評価することは投資の目的を反映しない。

⑵　仮に公正価値測定により生じる実体資本維持修正を行うのが趣旨であれば、評価差額は資本に含めて直接認識することが考えられる。

⑵　投資不動産の公正価値モデル

３．IAS 第40号では、投資不動産に対して、企業が公正価値モデル又は原価モデルのいずれかを選択して適用する。公正価値モデルを採用した場合、評価差額は、当期純利益に含められる。

４．投資不動産の公正価値モデルについて、次の理由から、IFRS の取扱いについて懸念する意見が聞かれた。

・投資不動産には、公正価値の変動により利益を獲得することを目的とした投資と、専ら長期的に賃貸収入を得ることを目的とした不動産の両方が含まれる。後者については、企業の様々なノウハウやブランド力、そして付随的なサービスの要素と不動産が結びついている場合など、原価モデルが適切と考えられる場合もあると考えられる。このため、投資不動産について、任意に測定モデルを会計方針として選択可能としていることが忠実な表現や比較可能性を損なう可能性があると考えられ、公正価値モデルと原価モデルの適用について、適切な要件を定め、投資不動産の性質によって使い分けることが適切である。

⑶　相場価格のない資本性金融商品への投資に関する公正価値測定

５．IAS 第39号では、資本性金融商品への投資のうち、活発な市場における相場価格がなく、公正価値を信頼性をもって測定できないものは、取得原価で測定しなければならないとされている。一方、IFRS 第9号では、この規定を引き継がず、資本性金融商品への投資すべてを公正価値で測定することとされている。

６．相場価格のない資本性金融商品への投資に関

関連法規

する公正価値測定について、次の理由から、IFRS第9号の取扱いについて懸念する意見が聞かれた。

(1) 相場価格のない資本性金融商品への投資については、他の資産と組み合わせてキャッシュ・フローの創出に寄与する場合にはのれん価値が含まれていると考えられるため、公正価値測定は適切ではないと考えられる。

(2) 相場価格のない資本性金融商品への投資については、一般的に、公正価値を信頼性をもって測定することは難しいと考えられ、特に公正価値の上昇によって、利益を計上することは、目的適合的でない可能性がある。

(4) 生物資産及び農産物の公正価値測定

7. IAS第41号では、生物資産については、公正価値を信頼性をもって測定できない場合を除き、見積売却コスト控除後の公正価値で測定され、公正価値の変動は、当期純利益に含めて認識される。また、生物資産から収穫された農産物については、収穫時点で見積売却コスト控除後の公正価値により測定される。

8. 生物資産及び農産物の公正価値測定について、次の理由から、IFRSの取扱いについて懸念する意見が聞かれた。

・生物資産及び農産物は、一般的に公正価値の変動により利益を獲得することを目的としていないため、その投資の性格から取得原価により測定すべき資産であると考えられる。

2．開発費の資産計上

9. IAS第38号では、研究局面での支出は、発生時に費用として認識し、資産を認識してはならないとされている。他方、開発局面では、企業がIAS第38号第57項に規定されている要件のすべてを立証できる場合には、資産を認識しなければならないとされている。

10. 開発費の資産計上について、次の理由から、IFRSの取扱いについて懸念する意見が聞かれた。

(1) 収益獲得の不確実性が高い開発費を資産計上しても有用な情報を提供しないと考えられ

る。

(2) 一般的に、相当程度の支出が費用処理された後でなければ、認識規準を満たすための技術的な実行可能性や将来の経済的な便益の創出等を立証できないと考えられるため、資産計上される原価は研究開発費に関する支出のうちごく限定的なものとなり、情報の有用性に疑問がある。

3．機能通貨

11. IAS第21号では、機能通貨は、「企業が営業活動を行う主たる経済環境における通貨」とされる。機能通貨は、いくつかの要因を考慮して決定することとされており、営業上のキャッシュ・フローなどの優先的に考慮すべき要因と追加的に考慮すべき要因といった要因間のヒエラルキーがある。

12. 機能通貨について、次の理由から、IFRSの取扱いについて懸念する意見が聞かれた。

(1) 営業上のキャッシュ・フローは、企業のキャッシュ・フローを生み出す主要な源泉であるものの、資金調達により資金が創出されるときの通貨及び機能通貨以外の通貨も含めた営業活動の結果に課される親会社所在地国の税金支払や株主への配当の源泉として留保する通貨も、機能通貨を判断するうえでは、重要な要因となる場合があると考えられる。したがって、営業上のキャッシュ・フローを優先するのではなく、すべての主要な要因を総合的に判断するようにIAS第21号の規定におけるヒエラルキーを見直すことを求めるべきである。

(2) 親会社所在地国の通貨が機能通貨と異なる場合、企業の内部管理を反映しない財務報告を行うこととなる問題があり、また、親会社所在地国の税法や会社法（配当可能利益の算出）が機能通貨を容認していない場合、複数の通貨をベースとする帳簿を用意する必要があり、便益に見合わない多大なコストが生じる。

以 上

関連法規

新版 会 計 法 規 集〈第13版〉

1964年10月13日	第1版第1刷発行
1982年10月20日	最新版第1刷発行
1984年3月15日	最新増補版第1刷発行
2009年10月1日	最新増補第31版第1刷発行
2010年4月1日	新版第1刷発行
2010年10月1日	新版第2版第1刷発行
2011年3月20日	新版第3版第1刷発行
2011年9月10日	新版第4版第1刷発行
2012年9月20日	新版第5版第1刷発行
2013年11月10日	新版第6版第1刷発行
2014年9月10日	新版第7版第1刷発行
2015年9月25日	新版第8版第1刷発行
2017年5月10日	新版第9版第1刷発行
2018年7月25日	新版第10版第1刷発行
2019年9月30日	新版第11版第1刷発行
2021年7月25日	新版第12版第1刷発行
2023年4月25日	新版第13版第1刷発行

編集兼発行人　山 本　　継

発行所　㈱中 央 経 済 社

発売元　㈱中央経済グループ　パ ブ リ ッ シ ン グ

〒101-0051　東京都千代田区神田神保町1-31-2
電話 03（3293）3371（編集代表）
　　 03（3293）3381（営業代表）
https://www.chuokeizai.co.jp
印刷／昭和情報プロセス㈱
製本／誠 製 本 ㈱

© 2023
Printed in Japan

現在最もくわしいテキスト

スタンダードテキスト財務会計論 I

基本論点編

佐藤信彦・河﨑照行・齋藤真哉
柴健次・高須教夫・松本敏史 (編著)

　会計基準等の解説だけでなく，その基礎にある考え方に重点を置いたテキスト。＜基本論点編＞では，基礎概念から個別財務諸表項目の基本事項を詳述。

＜目次＞

中央経済社

現在最もくわしいテキスト

スタンダードテキスト財務会計論 II

応用論点編

佐藤信彦・河﨑照行・齋藤真哉
柴健次・高須教夫・松本敏史 (編著)

　会計基準等の解説だけでなく，その基礎にある考え方に重点を置いたテキスト。＜応用論点編＞では，金融商品，減損，退職給付，税効果，企業結合，事業分離，連結，外貨換算等の論点を詳述。

中央経済社

現在最もくわしいテキスト

スタンダードテキスト管理会計論

山本浩二・小倉昇・尾畑裕

小菅正伸・中村博之 (編著)

　原価計算編と管理会計編の 2 部構成で会計士試験の出題範囲を網羅。実務で適用する能力をつけるための計算の論理と意義が理解できるように解説。

中央経済社

スタンダードテキスト監査論

蟹江章・井上善弘・栗濱竜一郎 (編著)

新しい監査環境に対応出来る人材育成を目的とした上級テキスト。
会計士法，金商法・会社法監査，監査基準，内部統制監査，四半期レ
ビュー，保証業務などについて図表を多用して詳細かつ平易に解説。

中央経済社

エッセンシャル IFRS

秋葉賢一 （著）

　IFRS の基本的な考え方に重点を置き，その全体像を体系的に解説。IFRS に関する動向や各種改正をフォローしている。また，章末のエクササイズで理解度が確認できる。

中央経済社

IFRS 会計学基本テキスト

橋本尚・山田善隆 （著）

IFRS をはじめて学ぶ人を対象に，基本的な考え方を理解するために必要な基礎知識や主要な IFRS の概要を解説したテキスト。

中央経済社

検定簿記講義

◆1級～3級／全7巻

出題傾向に基づいた解説を2色刷りで見やすくレイアウトした

最新の簿記学習書

◇日商簿記検定試験合格へ向けた最も定番の全7巻シリーズ

◇各級・各科目の試験に要求される知識を，出題区分表に準拠して体系的に整理

◇わかりやすい解説とともに豊富な例題・練習問題で理解が深まり，試験対策も行える

◇姉妹書『検定簿記ワークブック』と章構成が連動しているため，検定試験突破には最適のテキスト

1級　商業簿記・会計学（上巻・下巻）
　　　渡部裕亘・片山　覚・北村敬子［編著］
　　　工業簿記・原価計算（上巻・下巻）
　　　岡本　清・廣本敏郎［編著］

2級　商業簿記　渡部裕亘・片山　覚・北村敬子［編著］
　　　工業簿記　岡本　清・廣本敏郎［編著］

3級　商業簿記　渡部裕亘・片山　覚・北村敬子［編著］

中央経済社

日商簿記検定試験　完全対応

検定簿記ワークブック

◆1級〜3級／全7巻

■問題編〔解答欄付〕　■解答編〔取りはずし式〕

最新の出題傾向に沿って

厳選された練習問題を多数収録

◇日商簿記検定試験合格へ向けた最も定番の全7巻シリーズ

◇各級・各科目の試験に要求される知識を，出題区分表に準拠して体系的に整理

◇わかりやすい解説とともに豊富な例題・練習問題で理解が深まり，試験対策も行える

◇姉妹書『検定簿記講義』と章構成が連動しているため，検定試験突破には最適の問題集

1級　商業簿記・会計学（上巻・下巻）
　　　渡部裕亘・片山　覚・北村敬子［編著］
　　　工業簿記・原価計算（上巻・下巻）
　　　岡本　清・廣本敏郎［編著］

2級　商業簿記　渡部裕亘・片山　覚・北村敬子［編著］
　　　工業簿記　岡本　清・廣本敏郎［編著］

3級　商業簿記　渡部裕亘・片山　覚・北村敬子［編著］

中央経済社

■最新の監査諸基準・報告書・法令を収録■

監査法規集

中央経済社編

本法規集は，企業会計審議会より公表された監査基準をはじめとする諸基準，日本公認会計士協会より公表された各種監査基準委員会報告書・実務指針等，および関係法令等を体系的に整理して編集したものである。監査論の学習・研究用に，また公認会計士や企業等の監査実務に役立つ1冊。

《主要内容》

企業会計審議会編＝監査基準／不正リスク対応基準／中間監査基準／四半期レビュー基準／品質管理基準／保証業務の枠組みに関する意見書／内部統制基準・実施基準

会計士協会委員会報告編＝会則／倫理規則／監査事務所における品質管理　《監査基準委員会報告書》　監査報告書の体系・用語／総括的な目的／監査業務の品質管理／監査調書／監査における不正／監査における法令の検討／監査役等とのコミュニケーション／監査計画／重要な虚偽表示リスク／監査計画・実施の重要性／評価リスクに対する監査手続／虚偽表示の評価／監査証拠／特定項目の監査証拠／確認／分析的手続／監査サンプリング／見積りの監査／後発事象／継続企業／経営者確認書／専門家の利用／意見の形成と監査報告／除外事項付意見　他《監査・保証実務委員会報告》継続企業の開示／後発事象／会計方針の変更／内部統制監査／四半期レビュー実務指針／監査報告書の文例

関係法令編＝会社法・同施行規則・同計算規則／金商法・同施行令／監査証明府令・同ガイドライン／内部統制府令・同ガイドライン／公認会計士法・同施行令・同施行規則

法改正解釈指針編＝大会社等監査における単独監査の禁止／非監査証明業務／規制対象範囲／ローテーション／就職制限又は公認会計士・監査法人の業務制限

会社法施行規則・会社計算規則を完全収録！

「会社法」法令集 第十四版

中央経済社 編　A5判・744頁　定価3,740円（税込）

◉重要条文ミニ解説
◉会社法－省令対応表　付き
◉改正箇所表示

令和4年9月1日までの法令改正を反映した最新版。令和
元年改正会社法の改正箇所を施行日ごとに色分け表記し、
条文理解を助ける「ミニ解説」を加筆。実務必携の一冊！

本書の特徴

◆会社法関連法規を完全収録
☞ 本書は、平成17年7月に公布された「会社法」から同18年2月に公布された3本の法務
省令等、会社法に関連するすべての重要な法令を完全収録したものです。

◆改正箇所が一目瞭然！
☞ 令和元年改正会社法の2つの施行日（令和3年3月1日、同4年9月1日）ごとに改正箇所を明示。
どの条文がどう変わったか、追加や削除された条文は何かなどが一目でわかります！

◆好評の「ミニ解説」さらに充実！
☞ 令和4年9月1日施行の改正箇所を中心に、重要条文のポイントを簡潔にまとめた「ミニ
解説」の加筆・見直しを行いました。改正が実務にどう反映されるかがわかります！

◆引用条文の見出しを表示
☞ 会社法条文中、引用されている条文番号の下に、その条文の見出し（ない場合は適宜工
夫）を色刷りで明記しました。条文の相互関係がすぐわかり、理解を助けます。

◆政省令探しは簡単！条文中に番号を明記
☞ 法律条文の該当箇所に、政省令（略称＝目次参照）の条文番号を色刷りで表示しました。
意外に手間取る政省令探しもこれでラクラク。

中央経済社

このインデックスの項目は、国家試験において頻繁に出題される項目です。

会　計　諸　則	略　　称
企業会計原則	——
外貨建取引等会計処理基準	(審) 外　貨　基　準
連結キャッシュ・フロー計算書等の作成基準	(審) キャッシュ・フロー
研究開発費等に係る会計基準	(審) 研　究　開　発
税効果会計に係る会計基準	(審) 税　効　果
固定資産の減損に係る会計基準	(審) 減　損　基　準
自己株式及び準備金の額の減少等に関する会計基準	① 自　己　株　式
1株当たり当期純利益に関する会計基準	② Ｅ　Ｐ　Ｓ
役員賞与に関する会計基準	④ 役　員　賞　与
貸借対照表の純資産の部の表示に関する会計基準	⑤ 純　資　産　の　表　示
株主資本等変動計算書に関する会計基準	⑥ 株　主　資　本　計　算　書
事業分離等に関する会計基準	⑦ 事　業　分　離
ストック・オプション等に関する会計基準	⑧ ストックオプション
棚卸資産の評価に関する会計基準	⑨ 棚　卸　資　産
金融商品に関する会計基準	⑩ 金　融　商　品
関連当事者の開示に関する会計基準	⑪ 関　連　当　事　者
四半期財務諸表に関する会計基準	⑫ 四　半　期
リース取引に関する会計基準	⑬ リ　ー　ス
持分法に関する会計基準	⑯ 持　分　法
セグメント情報等の開示に関する会計基準	⑰ セグメント情報
資産除去債務に関する会計基準	⑱ 資　産　除　去　債　務
賃貸等不動産の時価等の開示に関する会計基準	⑳ 賃　貸　等　不　動　産
企業結合に関する会計基準	㉑ 企　業　結　合
連結財務諸表に関する会計基準	㉒ 連　結　基　準
「研究開発費等に係る会計基準」の一部改正	㉓ 研　究　開　発　の　改　正
会計方針の開示、会計上の変更及び誤謬の訂正に関する会計基準	㉔ 会計方針開示、変更・誤謬
包括利益の表示に関する会計基準	㉕ 包　括　利　益
退職給付に関する会計基準	㉖ 退　職　給　付
法人税,住民税及び事業税等に関する会計基準	㉗ 法　人　税　等
「税効果会計に係る会計基準」の一部改正	㉘ 税　効　果　の　改　正
収益認識に関する会計基準	㉙ 収　益　認　識
時価の算定に関する会計基準	㉚ 時　価　算　定
会計上の見積りの開示に関する会計基準	㉛ 見　積　り　の　開　示
連結財務諸表作成における在外子会社の会計処理に関する当面の取扱い	在　外　子　会　社
繰延資産の会計処理に関する当面の取扱い	繰　延　資　産
原価計算基準	——
監査基準	——
企業会計原則と関連諸法令との調整に関する連続意見書	連　続　意　見　書
会社法	
会社計算規則	
金融商品取引法	金　商　法
企業内容等の開示に関する内閣府令	開　示　府　令
財務諸表等規則・同ガイドライン	財規・ガイドライン
連結財務諸表規則・同ガイドライン	連結財規・ガイドライン
討議資料　財務会計の概念フレームワーク	概念フレームワーク

会 計 法 規 集　INDEX　中央経済社

(審)企業会計原則	(審)外貨基準	(審)キャッシュフロー	(審)研究開発	(審)税効果	(審)減損基準
(審)企業会計原則	(審)外貨基準	(審)キャッシュフロー	(審)研究開発	(審)税効果	(審)減損基準
①自己株式	②EPS	④役員賞与	⑤純資産の表示	⑥株主資本計算書	⑦事業分離
①自己株式	②EPS	④役員賞与	⑤純資産の表示	⑥株主資本計算書	⑦事業分離
⑧ストック・オプション	⑨棚卸資産	⑩金融商品	⑪関連当事者	⑫四半期	⑬リース
⑧ストック・オプション	⑨棚卸資産	⑩金融商品	⑪関連当事者	⑫四半期	⑬リース
⑯持分法	⑰セグメント情報	⑱資産除去債務	⑳賃貸等不動産	㉑企業結合	㉒連結基準
⑯持分法	⑰セグメント情報	⑱資産除去債務	⑳賃貸等不動産	㉑企業結合	㉒連結基準
㉓研究開発の改正	㉔会計方針開示変更・誤謬	㉕包括利益	㉖退職給付	㉗法人税等	㉘税効果の改正
㉓研究開発の改正	㉔会計方針開示変更・誤謬	㉕包括利益	㉖退職給付	㉗法人税等	㉘税効果の改正
㉙収益認識	㉚時価算定	㉛見積りの開示	在外子会社	繰延資産	原価計算基準
㉙収益認識	㉚時価算定	㉛見積りの開示	在外子会社	繰延資産	原価計算基準
監査基準	連続意見書	会社法	会社計算規則	金商法	開示府令
監査基準	連続意見書	会社法	会社計算規則	金商法	開示府令
財規ガイドライン	連結財規・ガイドライン	概念フレームワーク			
財規ガイドライン	連結財規・ガイドライン	概念フレームワーク			